Curso de Direito da Criança e do Adolescente

CURSO DE DIREITO
DA CRIANÇA E DO
ADOLESCENTE

Kátia Regina Ferreira Lobo Andrade Maciel (Coordenação)
In memoriam Rosa Maria Xavier Gomes Carneiro (Revisão Jurídica)

Curso de Direito da Criança e do Adolescente
Aspectos teóricos e práticos

- Andréa Rodrigues Amin • Ângela Maria Silveira dos Santos
- Bianca Mota de Moraes • Cláudia Canto Condack
- Galdino Augusto Coelho Bordallo • Helane Vieira Ramos
- Kátia Regina Ferreira Lobo Andrade Maciel
- Patrícia Pimentel de Oliveira
- Patrícia Silveira Tavares

17ª edição
De acordo com as Leis n. 14.811, 14.950 e 14.987, de 2024

- Os autores deste livro e a editora empenharam seus melhores esforços para assegurar que as informações e os procedimentos apresentados no texto estejam em acordo com os padrões aceitos à época da publicação, *e todos os dados foram atualizados pelos autores até a data de fechamento do livro.* Entretanto, tendo em conta a evolução das ciências, as atualizações legislativas, as mudanças regulamentares governamentais e o constante fluxo de novas informações sobre os temas que constam do livro, recomendamos enfaticamente que os leitores consultem sempre outras fontes fidedignas, de modo a se certificarem de que as informações contidas no texto estão corretas e de que não houve alterações nas recomendações ou na legislação regulamentadora.

- Data do fechamento do livro: 22/01/2025

- Os autores e a editora se empenharam para citar adequadamente e dar o devido crédito a todos os detentores de direitos autorais de qualquer material utilizado neste livro, dispondo-se a possíveis acertos posteriores caso, inadvertida e involuntariamente, a identificação de algum deles tenha sido omitida.

- Direitos exclusivos para a língua portuguesa
  Copyright ©2025 by
  Saraiva Jur, um selo da SRV Editora Ltda.
  Uma editora integrante do GEN | Grupo Editorial Nacional
  Travessa do Ouvidor, 11
  Rio de Janeiro – RJ – 20040-040

- **Atendimento ao cliente: https://www.editoradodireito.com.br/contato**

- Reservados todos os direitos. É proibida a duplicação ou reprodução deste volume, no todo ou em parte, em quaisquer formas ou por quaisquer meios (eletrônico, mecânico, gravação, fotocópia, distribuição pela Internet ou outros), sem permissão, por escrito, da **SRV Editora Ltda.**

- Capa: Tiago Dela Rosa

DADOS INTERNACIONAIS DE CATALOGAÇÃO NA PUBLICAÇÃO (CIP)
DE ACORDO COM ISBD
ELABORADO POR VAGNER RODOLFO DA SILVA – CRB-8/9410

M152c   Maciel, Katia Regina Ferreira Lobo Andrade
Curso de direito da criança e do adolescente / Katia Regina Ferreira Lobo
    Andrade Maciel. – 17. ed. - São Paulo : Saraiva Jur, 2025.

1.400 p.

ISBN: 978-85-5362-683-0 (Impresso)

1. Direito. 2. Direito da criança e do adolescente. I. Título.

	CDD 342.17
2024-4381	CDU 342.726

Índice para catálogo sistemático:
1.   Direito da criança e do adolescente 342.17
2.   Direito da criança e do adolescente 342.726

Autores

ANDRÉA RODRIGUES AMIN – Titular da 2ª Procuradora de Justiça de Tutela Coletiva do Ministério Público do Estado do Rio de Janeiro. Ex-titular da 1ª Promotoria de Justiça da Infância e Juventude da Comarca de Duque de Caxias, onde atuou por dez anos. Professora de Direito Civil da Escola da Magistratura do Estado do Rio de Janeiro (EMERJ), da Escola de Direito da Associação do Ministério Público do Estado do Rio de Janeiro (AMPERJ) e da Pós-graduação em Crianças, Adolescentes e Famílias do Instituto de Educação Roberto Bernardes Barroso do MPRJ (IERBB). Pós-graduada em Direito e Gênero pela EMERJ. Ex-defensora pública do Estado do Rio de Janeiro. Membro do Instituto Brasileiro de Direito de Família. Membro do Fórum Permanente de Direito de Famílias e Sucessões da EMERJ.

ÂNGELA MARIA SILVEIRA DOS SANTOS – Titular da 5ª Procuradoria de Justiça da Infância e da Juventude do Ministério Público do Estado do Rio de Janeiro. Ex-titular da 3ª Promotoria de Justiça da Infância e Juventude da Comarca de Duque de Caxias, onde atuou por mais de dez anos.

BIANCA MOTA DE MORAES – Titular da Promotoria de Justiça de Tutela Coletiva de Proteção à Educação do Núcleo São Gonçalo do Ministério Público do Rio de Janeiro. Mestre em Ciências da Educação pela Universidade do Porto – Portugal. Coordenadora do Centro de Apoio Operacional das Promotorias de Justiça de Tutela Coletiva de Proteção à Educação de 2013 a 2016. Subcoordenadora do 4º Centro de Apoio Operacional das Promotorias de Justiça de Infância e Juventude – Ministério Público do Estado do Rio de Janeiro de 2005 a 2008. Membro da Comissão Permanente de Educação do Grupo Nacional de Direitos Humanos do Conselho Nacional de Procuradores-Gerais de 2011 a 2016. Membro do Grupo de Trabalho da Educação da Comissão de Defesa dos Direitos Fundamentais do Conselho Nacional do Ministério Público de 2015 a 2016. Trabalhos publicados: *Justiça pela Qualidade na Educação*, Editora Saraiva, e *30 anos da Constituição de 1988 e o Ministério Público: avanços, retrocessos e os novos desafios*, Editora D'Plácido.

CLÁUDIA CANTO CONDACK – Titular da 5ª Procuradoria de Justiça de Tutela Coletiva do Ministério Público do Rio de Janeiro. Ex-titular da 1ª Promotoria de Justiça de Tutela Coletiva do Núcleo Nova Friburgo, e da 10ª Promotoria de Investigação Penal da 1ª Central de Inquéritos da Comarca da Capital. Pós-graduada em Políticas Públicas e Tutela Coletiva pelo IERBB. Mestre em Ciências Penais pela Universidade Cândido Mendes do Rio de Janeiro (UCAM). Lecionou Direito Penal na Universidade Estácio de Sá (UNESA), na Escola da Magistratura do Estado do Rio de Janeiro (EMERJ), na Escola de Direito da Associação do Ministério Público do Estado do Rio de Janeiro (AMPERJ) e no Instituto de Educação Roberto Bernardes Barroso, do Ministério Público do Estado do Rio de Janeiro (IERBB – MPRJ).

GALDINO AUGUSTO COELHO BORDALLO – Titular da 2ª Procuradoria de Justiça da 19ª Câmara de Direito Privado do Ministério Público do Estado do Rio de Janeiro. Ex-titular da 2ª Promotoria de Justiça da Infância e Juventude da Comarca de Duque de Caxias, onde atuou por doze anos. Mestre em Direito pela Universidade Gama Filho, na área de Estado e Cidadania. Ex-defensor público no Estado do Rio de Janeiro. Professor do curso de Pós-graduação em Crianças, Adolescentes e Famílias do Instituto de Educação Roberto Bernardes Barroso do MPRJ (IERBB). Professor de Direito Civil e Direito da Criança e do Adolescente da Escola da Magistratura do Estado do Rio de Janeiro (EMERJ). Membro do Instituto Brasileiro de Direito de Família e da ABMP. Trabalhos publicados: *Código Civil: do direito de família*, Editora Freitas Bastos, e A prescrição da pretensão socioeducativa, *Revista do Ministério Público do Estado do Rio de Janeiro*, n. 22, 2005.

HELANE VIEIRA RAMOS – Titular da 3ª Procuradoria de Justiça da Infância e Juventude do Ministério Público do Estado do Rio de Janeiro. Titular da 3ª Promotoria de Justiça da Infância e Juventude da Comarca de Niterói no período de 1994 a 2010. Ex-Coordenadora Regional do Grupo Especial de Atuação Integrada Regional (GEAIR) do Ministério Público do Estado do Rio de Janeiro na matéria da Infância e Juventude não infracional/Capital. Ex-Coordenadora do Grupo Especial de Apoio à Atuação dos Procuradores de Justiça na área da Infância e Juventude. Ex-subcoordenadora e articuladora da área infantojuvenil não infracional do Núcleo de Articulação Institucional (NAI/MPRJ).

KÁTIA REGINA FERREIRA LOBO ANDRADE MACIEL – Titular da 2ª Procuradoria de Justiça da Infância e Juventude do Ministério Público do Estado do Rio de Janeiro. Mestre em Direitos Fundamentais e Novos Direitos pela UNESA. Pós-graduada em Direito da Criança e dos Jovens (Promoção e Proteção) pelo Centro de Direito de Família da Faculdade de Direito da Universidade de Coimbra (Portugal). Titular da 3ª Promotoria de Justiça da Infância e Juventude da Capital de 1994 a 2000. Titular da 11ª Promotoria de Justiça de Família da Capital de 2000 a 2010. Professora do curso de Pós-graduação em Crianças, Adolescentes e Famílias do Instituto de Educação Roberto Bernardes Barroso do MPRJ (IERBB). Professora do curso de Pós-graduação de Direito das Famílias e das Sucessões da Pontifícia Universidade Católica do Rio de Janeiro (PUC-RJ). Professora do curso de Extensão em Direito da Criança e do Adolescente, do Centro de Estudos e Pesquisas no Ensino do Direito da Universidade do Estado do Rio de Janeiro (UERJ). Articuladora da área infantojuvenil não infracional do Núcleo de Articulação Institucional (NAI/MPRJ) no período de 2016 a 2019. Coordenadora do Núcleo de Articulação Institucional (NAI/MPRJ) no período de 2021 a 2022. Ex-Subprocuradora-Geral de Justiça de Assuntos Cíveis e Institucionais do MPRJ. Membro do Instituto Brasileiro de Direito de Família (IBDFAM) e do Instituto Brasileiro de Direito da Criança e do Adolescente (IBDCRIA-ABMP). Autora de livros e artigos em revistas especializados em direito infantojuvenil e de família.

PATRÍCIA PIMENTEL DE OLIVEIRA – Titular da 12ª Procuradoria de Justiça da Região Especial do Ministério Público do Estado do Rio de Janeiro. Mestre e Doutora em Direito pela Universidade Estadual do Rio de Janeiro. Pós-graduada no curso de Violência Doméstica em face de Crianças e Adolescentes da PUC-Rio. Professora da Fundação Escola do Ministério Público do Rio de Janeiro (FEMPERJ) e do Instituto de Educação Roberto Bernardes Barroso do MPRJ (IERBB). Trabalhos publicados: *O poder familiar e a guarda compartilhada sob o enfoque dos novos paradigmas do direito de família*, Editora Saraiva; coautora dos livros *Guarda compartilhada: aspectos psicológicos e jurídicos*, Editora Equilíbrio; *Direito civil: constitucional*, Editora Renovar; *Psicologia na prática jurídica*, Editora Saraiva. Autora de diversos artigos em revistas especializadas.

PATRÍCIA SILVEIRA TAVARES – Titular da 1ª Promotoria de Justiça de Tutela Coletiva da Saúde da Comarca da Capital do Ministério Público do Estado do Rio de Janeiro. Mestre em Direito Civil pela Universidade Estadual do Rio de Janeiro. Ex-titular da Promotoria de Justiça da Infância e Juventude das Comarcas de Duque de Caxias e de Nova Iguaçu. Ex-Defensora Pública no Estado do Rio de Janeiro.

A Deus, a quem servimos: toda a honra.
Aos nossos familiares, pelo apoio e inspiração: todo o nosso amor.

A Deus, a quem ser vimos, toda a honra.

Aos nossos familiares, pelo apoio e inspiração e todo o nosso amor.

*"Ensina a criança no caminho em que deve andar,
e, ainda quando for velho, não se desviará dele."*
*Provérbio de Salomão, capítulo 22,
versículo 6 (Bíblia Sagrada)*

Agradecimento especial

Nossa, que nó imenso na garganta, que aperto profundo no coração... Não há como definir o que aprendemos com a Rosa, o imenso legado que ela nos deixou. Certamente ela continuará florescendo e fazendo florescer onde quer que esteja! Que a nossa tristeza se transforme em imensa vibração de gratidão por tudo que ela fez pela infância e juventude e pelo MPRJ!

Bianca Mota de Moraes

À Rosa Maria Xavier Gomes Carneiro, querida colega e amiga, pelo dedicado trabalho de orientar e rever nossos textos durante 13 edições. Nossa eterna gratidão e saudade!

Os autores

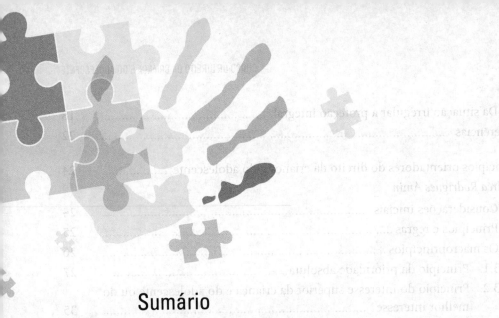

Sumário

Autores V
Agradecimento especial XIII
Prefácio à 1ª edição XXXV
Apresentação XXXIX
Homenagem Póstuma à Dra. Rosa Carneiro XLI
Nota à 17ª edição XLVII
Nota à 16ª edição LI
Nota à 15ª edição LV
Nota à 14ª edição LVII

PARTE I O DIREITO MATERIAL SOB O ENFOQUE CONSTITUCIONAL

Evolução histórica do direito da criança e do adolescente 3
Andréa Rodrigues Amin

1. Idade Antiga 3
2. Idade Média 4
3. O direito brasileiro 5
4. O período pós-Constituição de 1988 9
Referências 12

Doutrina da Proteção Integral 13
Andréa Rodrigues Amin

1. Introdução 13
2. Documentos internacionais 15

3. Da situação irregular à proteção integral.. 18

Referências 22

Princípios orientadores do direito da criança e do adolescente 24

Andréa Rodrigues Amin

1. Considerações iniciais 24
2. Princípios e regras 25
3. Os macroprincípios 26
   3.1. Princípio da prioridade absoluta 27
   3.2. Princípio do interesse superior da criança e do adolescente ou do melhor interesse 35
4. Princípio da municipalização 39

Referências 41

Dos direitos fundamentais 43

Andréa Rodrigues Amin

1. Considerações gerais 43
2. Âmbito de aplicação do Estatuto da Criança e do Adolescente 44
3. Direito à vida 45
4. Direito à saúde 46
   4.1. Nascituro e atendimento à gestante 47
   4.2. Saúde de crianças e jovens 56
   4.3. Atendimento médico a criança e adolescente desacompanhados ... 63
   4.4. Crianças e adolescentes com deficiência 65
   4.5. Crianças e adolescentes com transtorno do espectro autista 66
   4.6. Doentes crônicos 67
   4.7. Direito a acompanhante 68
   4.8. Adolescentes em cumprimento de medida socioeducativa 69
5. Direito à liberdade 69
6. Direito ao respeito e à dignidade 73
   6.1. Da violência doméstica e familiar contra a criança e o adolescente ... 78
7. Direito à educação 80
   7.1. Igualdade 82
   7.2. Acesso e permanência 88
   7.3. Níveis e modalidades de ensino 91
   7.4. Ensino noturno 102
   7.5. Educação de jovens e adultos 103
   7.6. Flexibilização do ensino 104

SUMÁRIO

7.7. Regime especial para gestantes 105
7.8. Educação das relações étnico-raciais 105
7.9. Educação digital 106
7.10. Educação democratizada 107
7.11. Financiamento da Educação Básica 108
8. Direito a cultura, esporte e lazer 111
9. Direito à profissionalização e à proteção no trabalho 112
   9.1. Aprendizagem 115
   9.2. Trabalho rural 116
   9.3. Atletas mirins 117
Referências 119

Direito fundamental à convivência familiar e comunitária 121
Kátia Regina Ferreira Lobo Andrade Maciel
1. Origem da família 121
2. Princípios norteadores da família 123
3. Noção atual de família 128
4. Conceituação de convivência familiar e comunitária 134
5. A convivência familiar e comunitária da criança e do adolescente na situação do art. 98 do ECA 137
Referências 143

Poder familiar 146
Kátia Regina Ferreira Lobo Andrade Maciel
1. A denominação do instituto 146
2. Aspectos pessoais 153
   2.1. Dever de registrar o filho e o direito ao estado de filiação 155
      2.1.1. Considerações gerais 155
      2.1.2. Regularização dos dados parentais na certidão de nascimento do filho 162
      2.1.3. O registro civil de criança e de adolescente na hipótese do art. 98 do ECA 164
      2.1.4. Do dever ao nome: sanções possíveis 169
      2.1.5. Dos dados registrais decorrentes da adoção e o conhecimento da ascendência genética pelo adotado 174
      2.1.6. Os vínculos parentais socioafetivos 177
   2.2. Dever de guarda e o direito fundamental do filho de ser cuidado .. 182
      2.2.1. Guarda na ruptura da relação afetiva dos pais 186

		2.2.1.1. Guarda compartilhada	193
		2.2.1.2. Convivência com o não guardião	197
		2.2.1.3. Situações delicadas de convivência	200
		2.2.1.4. A convivência na alienação parental	203
		2.2.1.5. Convivência com a família extensa e afins	206

2.3. Dever de criar e educar o filho e o direito fundamental deste à educação, à profissionalização e à cidadania 207

2.4. Dever de sustento e o direito fundamental à assistência material .. 211

2.5. Dever de assistência imaterial e o direito ao afeto 217

    2.5.1. Da devolução do filho adotivo 221

2.6. Dever de proteção à imagem e à privacidade do filho e o direito ao respeito 227

3. Aspectos patrimoniais do poder familiar 236

4. Suspensão do poder familiar 237

5. Extinção do poder familiar 241

    5.1. Morte 243

    5.2. Emancipação 243

    5.3. Maioridade civil 244

    5.4. Adoção 244

    5.5. Decisão judicial 246

6. Perda ou destituição do poder familiar 247

    6.1. Castigo imoderado 248

    6.2. Abandono 256

    6.3. Atos contrários à moral e aos bons costumes 258

    6.4. Reiteração das faltas 260

    6.5. Entrega de forma irregular do filho a terceiros para fins de adoção ... 261

    6.6. Prática de crimes contra titular do poder familiar 262

        6.6.1. Crimes de homicídio, feminicídio ou lesão corporal grave ou seguida de morte, quando se tratar de crime doloso envolvendo violência doméstica e familiar ou menosprezo ou discriminação à condição de mulher 262

        6.6.2. Estupro ou outro crime contra a dignidade sexual sujeito à pena de reclusão 263

    6.7. Prática de crime contra filho, filha ou outro descendente 264

        6.7.1. Crimes de homicídio, feminicídio ou lesão corporal grave ou seguida de morte, quando se tratar de crime doloso envolvendo violência doméstica e familiar ou menosprezo ou discriminação à condição de mulher 264

SUMÁRIO

6.7.2. Estupro, estupro de vulnerável ou outro crime contra a dignidade sexual sujeito a pena de reclusão 264

6.8. Perda do poder familiar na lei penal 265

7. Restabelecimento do poder familiar 266

Referências 268

Regras gerais sobre a colocação em família substituta 275
Kátia Regina Ferreira Lobo Andrade Maciel

1. Introdução 275
2. Modalidades 277
Referências 280

Guarda 281
Kátia Regina Ferreira Lobo Andrade Maciel

1. Introdução 281
2. Guarda provisória, definitiva, instrumental e excepcional 284
3. Guarda de fato 287
4. Guarda como medida protetiva ou estatutária 288
5. Guarda em favor da família extensa 289
6. Compartilhamento da guarda dos pais com a família substituta 292
7. Guarda subsidiada ou por incentivo: medida de acolhimento familiar .. 293
8. Guarda legal do dirigente da entidade de acolhimento institucional 296
9. Guarda da criança ou do adolescente estrangeiro 301
10. Dependência para todos os fins 301
11. Visitação de criança ou de adolescente sob a guarda de terceiros 304
12. Visitação dos filhos sob medida de proteção de acolhimento institucional ou socioeducativa 304
13. Apadrinhamento de crianças e adolescentes institucionalizados 307
Referências 309

Tutela 312
Kátia Regina Ferreira Lobo Andrade Maciel

1. Introdução 312
2. Tutela testamentária 315
3. Tutela legítima 316
4. Tutela dativa 317
5. Tutela provisória e definitiva 317
6. Características controvertidas da tutela 318

6.1. Da unipessoalidade	318
6.2. Cabimento de curatela a pessoa menor de idade	320
7. Entrega do filho em tutela	322
8. Obrigações pessoais	323
8.1. Guarda do tutelado	324
9. Obrigações patrimoniais	325
10. Tutela como medida protetiva ou estatutária	327
11. Tutela no Código Civil: outras notas	329
12. Causas de cessação da tutela	329
Referências	330

Adoção	332

Galdino Augusto Coelho Bordallo

1. Introdução	332
2. Histórico	333
3. Conceito e natureza jurídica	340
4. Legitimidade	342
4.1. Considerações gerais	342
4.2. Impedimento parcial (tutor e curador)	346
4.3. Impedimento total (avós e irmãos)	347
4.4. Adoção por divorciados e ex-companheiros	351
4.5. Adoção por casal homossexual	352
4.6. Adoção de nascituro	363
5. Cadastro e habilitação para adoção	365
6. Requisitos	372
6.1. Idade mínima e estabilidade da família	372
6.2. Diferença de 16 anos	374
6.3. Consentimento	376
6.3.1. Dispensa do consentimento	376
6.3.2. Revogabilidade do consentimento	377
6.4. Concordância do adotando	379
6.5. Reais benefícios para o adotando	381
7. Estágio de convivência	382
8. Efeitos	387
8.1. Efeitos pessoais	387
8.2. Efeitos patrimoniais	392
9. Modalidades	392

SUMÁRIO

9.1. Adoção bilateral 393

9.2. Adoção unilateral 395

9.3. Adoção póstuma 396

9.4. Adoção *intuitu personae* 397

9.5. Adoção "à brasileira" 402

10. Adoção internacional 404

Referências 410

Prevenção 414

Ângela Maria Silveira dos Santos

1. Introdução 414

2. Prevenção especial 419

2.1. Acesso aos espetáculos e diversões públicas 420

2.2. Acesso aos programas de rádio e televisão 424

2.2.1. Entrada e permanência 424

2.2.2. Participação em espetáculos públicos 424

2.3. Exibição de programas pelas emissoras de rádio e de televisão 432

2.4. Venda e locação de fitas de programação em vídeo 435

2.5. Revistas e publicações 435

2.6. Estabelecimentos que exploram jogos com apostas 439

2.7. Produtos proibidos 440

2.8. Hospedagem 442

2.9. Autorização de viagem 443

2.9.1. Considerações iniciais 443

2.9.2. Autorização judicial para viagem nacional 445

2.9.3. Autorização para viagem ao exterior 446

Referências 450

PARTE II A REDE DE ATENDIMENTO

A política de atendimento 455

Patrícia Silveira Tavares

1. Introdução 455

2. Uma visão geral da nova política de atendimento 464

2.1. As linhas de ação da política de atendimento 466

2.2. As diretrizes da política de atendimento 477

3. Os fundos dos direitos da criança e do adolescente 483

3.1. Introdução	483
3.2. Definição	485
3.3. Disciplina legal	486
3.4. A organização essencial	488
3.5. Nota sobre os denominados "certificados de captação" e as "doações casadas"	500
4. As entidades de atendimento	508
4.1. Aspectos gerais	508
4.2. Registro das entidades e inscrição dos programas	512
4.3. Os princípios e as regras especialmente aplicáveis às entidades que desenvolvem programas de acolhimento institucional ou familiar	517
4.4. Os princípios e as regras especialmente aplicáveis às entidades que desenvolvem programas de atendimento socioeducativo	527
4.5. A fiscalização das entidades de atendimento	531
Referências	534

Os Conselhos dos Direitos da Criança e do Adolescente 536

Patrícia Silveira Tavares

1. Introdução	536
2. Definição	538
3. Natureza jurídica	539
4. A formação dos Conselhos dos Direitos da Criança e do Adolescente	540
4.1. A criação do órgão	540
4.2. A composição paritária	541
4.3. A escolha dos membros	543
4.4. As normas de funcionamento	547
5. As atribuições dos Conselhos dos Direitos da Criança e do Adolescente	548
5.1. A deliberação e o controle das ações relacionadas à política de atendimento	550
5.2. A gestão dos Fundos dos direitos da criança e do adolescente	554
5.3. O registro e a inscrição dos programas e a inscrição das entidades de atendimento não governamentais	556
5.4. A organização do processo de escolha dos membros do Conselho Tutelar	559
6. O controle da atuação dos Conselhos dos Direitos da Criança e do Adolescente	561
Referências	563

SUMÁRIO   XXIII

O Conselho Tutelar 565
Patrícia Silveira Tavares
1. Introdução 565
2. Visão geral 567
   2.1. Conceito 567
   2.2. Características... 567
3. A estruturação do Conselho Tutelar 570
   3.1. A implantação do órgão 570
   3.2. A composição 580
   3.3. Os requisitos mínimos para o exercício da função de conselheiro
        tutelar 586
4. O processo de escolha dos membros do Conselho Tutelar 589
   4.1. Regra geral 589
   4.2. As peculiaridades municipais 591
5. As atribuições e o limite territorial de atuação do Conselho Tutelar 594
   5.1. As atribuições do Conselho Tutelar 594
   5.2. O limite territorial de atuação do Conselho Tutelar 613
6. A fiscalização do Conselho Tutelar.. 614
   6.1. A revisão das decisões do Conselho Tutelar 615
   6.2. O controle da atuação dos membros do Conselho Tutelar 616
Referências 619

O Poder Judiciário.. 621
Galdino Augusto Coelho Bordallo
1. O juiz.. 621
2. Órgãos auxiliares... 623

Ministério Público... 628
Galdino Augusto Coelho Bordallo
1. Introdução 628
2. Instauração de procedimentos administrativos e sindicâncias (art. 201,
   VI e VII).. 631
3. Promover medidas judiciais e extrajudiciais para zelar pelo efetivo res-
   peito aos direitos e garantias legais das crianças e dos adolescentes (art.
   201, VIII e XIII)... 633
4. Inspeção às entidades de atendimento (art. 201, XI) 635
5. Fiscalização da aplicação das verbas do fundo municipal (art. 260, § 4º).... 636
Referências 639

O advogado 640
Galdino Augusto Coelho Bordallo

PARTE III DAS INFRAÇÕES ADMINISTRATIVAS

Infrações administrativas 647
Patrícia Pimentel de Oliveira

1. Conceito de infração administrativa 647
2. Princípios gerais das infrações administrativas 651
   2.1. Princípio da proteção integral... 651
   2.2. Princípio da prioridade absoluta.. 652
   2.3. Princípio da legalidade.. 653
   2.4. Princípio da presunção de legitimidade dos atos administrativos.. 655
   2.5. Princípio da objetividade 657
   2.6. Princípio da independência das sanções administrativas 659
   2.7. Princípio da publicidade.. 660
   2.8. Princípio do devido processo legal 660
   2.9. Princípio da ampla defesa e contraditório 661
3. Das infrações administrativas previstas no Estatuto da Criança e do Adolescente... 662
   3.1. Breve histórico 662
   3.2. A interpretação das infrações administrativas 666
   3.3. A multa 667
   3.4. Da prescrição 673
4. As infrações administrativas em espécie 676
   4.1. Omissão de comunicação de maus-tratos.................................. 676
   4.2. Impedir o exercício de direitos fundamentais de ampla defesa, contraditório, convivência familiar e escolarização de adolescente privado da liberdade 685
   4.3. Divulgação de dados e identificação de criança ou adolescente a que se atribua ato infracional 686
   4.4. Guarda para fins de trabalho doméstico 691
   4.5. Descumprimento dos deveres decorrentes da autoridade familiar 692
   4.6. Hospedagem de criança ou adolescente desacompanhado............ 718
   4.7. Transporte irregular de criança ou adolescente 721
   4.8. Proteção dos valores éticos e sociais da pessoa e da família na formação de crianças e adolescentes (arts. 252 a 258 do Estatuto da Criança e do Adolescente).. 725

SUMÁRIO

4.8.1. Ausência de informação na entrada sobre diversão ou espetáculo público 729

4.8.2. Ausência de indicação dos limites de idade no anúncio de representações ou espetáculos.. 732

4.8.3. Transmissão, via rádio ou televisão, de espetáculo de forma irregular... 737

4.8.4. Exibição de espetáculo de forma irregular 740

4.8.5. Venda ou locação de programação inadequada................. 743

4.8.6. Comercialização de revistas e periódicos de maneira irregular 744

4.8.7. Entrada e participação irregular de crianças e adolescentes em diversões e espetáculos.. 750

   4.8.7.1. A entrada de criança ou adolescente nos locais de diversão 752

   4.8.7.2. Participação de criança ou adolescente em espetáculos públicos.. 758

4.8.8. Não providenciar a instalação e operacionalização dos cadastros de adoção 762

4.8.9. Deixar de encaminhar imediatamente à autoridade judiciária mãe ou gestante interessada em entregar seu filho para adoção 763

4.8.10. Venda de bebidas alcoólicas a menores de 18 anos............ 764

Referências 767

PARTE IV A EFETIVIDADE DO ECA: MEDIDAS JUDICIAIS E EXTRAJUDICIAIS

As medidas de proteção.. 773

Patrícia Silveira Tavares

1. Introdução 773

   1.1. Evolução legislativa.. 773

   1.2. Definição... 775

   1.3. Hipóteses de aplicação 775

2. As medidas específicas de proteção.. 777

   2.1. Normas gerais 777

   2.2. A autoridade competente 780

   2.3. As hipóteses elencadas no art. 101 do ECA 783

   2.4. Os procedimentos para a aplicação das medidas específicas de proteção 792

Referências 799

As medidas pertinentes aos pais, responsáveis ou outras pessoas encarregadas do cuidado de crianças e adolescentes 801

Patrícia Silveira Tavares

1. Introdução 801
2. As medidas previstas nos arts. 129 e 18-B do ECA 804
3. Observações quanto ao procedimento 807

Referência 809

Os princípios constitucionais do processo 810

Galdino Augusto Coelho Bordallo

1. Introdução 810
2. Devido processo legal 812
3. Igualdade 814
4. Contraditório 816
5. Acesso à justiça 818
6. Juiz natural 822
7. Promotor natural 823
8. Motivação das decisões 824
9. Publicidade 824
10. Tempestividade da tutela jurisdicional 825

Referências 828

As regras gerais de processo 831

Galdino Augusto Coelho Bordallo

1. Introdução 831
2. Capacidade processual 833
3. Curadoria especial 834
4. Gratuidade de justiça 839
5. Segredo de justiça 841
6. Competência 842
   6.1. Jurisdição. Conceito de competência 842
   6.2. Critérios determinadores da competência 844
   6.3. Competência absoluta e competência relativa 846
   6.4. Critérios específicos de fixação da competência constantes do ECA 847
   6.5. *Perpetuatio jurisdictionis* 853
7. Poder geral de cautela 856

SUMÁRIO

XXVII

8. Princípio da intervenção mínima 862

Referências 862

Ação de suspensão e de destituição do poder familiar 865
Kátia Regina Ferreira Lobo Andrade Maciel

1. Introdução 865
2. Competência 867
3. Fase postulatória 871
4. Legitimidade ativa 872
5. Legitimidade passiva 876
6. Pedido cumulativo 881
7. Tutelas provisórias correlatas 883
8. Resposta do réu 888
9. Fase instrutória 890
10. Fase decisória 895
11. Ação de restituição do poder familiar 899

Referências 902

As regras gerais do procedimento de colocação em família substituta 904
Kátia Regina Ferreira Lobo Andrade Maciel

1. Introdução 904
2. Fase postulatória 906
3. O consentimento dos pais 907
4. Pedido formulado diretamente em cartório 909
5. Fase instrutória 910
6. A oitiva da criança e do adolescente 913
7. Fase decisória 916

Referências 917

Ação de guarda 918
Kátia Regina Ferreira Lobo Andrade Maciel

1. Competência 918
2. Fase postulatória 920
3. Citação ou a concordância dos pais 923
4. Concessão da guarda provisória e definitiva 924
5. Perda ou revogação da guarda 924

Referências 927

Ação de tutela e procedimentos correlatos.. 928
Kátia Regina Ferreira Lobo Andrade Maciel

1. Introdução.. 928
2. A competência considerando a situação do tutelando........................... 928
3. Fase postulatória... 928
4. Oitiva obrigatória do tutelando... 930
5. Pedido de tutela cumulado com a perda do poder familiar.................... 930
6. Termo de tutela... 931
7. Procedimento de escusa da tutela... 931
8. Prestação de contas e balanço na tutela... 932
9. Remoção ou destituição do tutor.. 935
Referências 937

Procedimento da habilitação para adoção... 939
Galdino Augusto Coelho Bordallo

Ação de adoção.. 942
Galdino Augusto Coelho Bordallo

1. Rito e competência.. 942
2. Petição inicial e pedido.. 942
3. Citação... 946
4. Oitiva dos pais biológicos.. 947
5. Estudo de caso.. 948
6. Audiência prévia e de instrução e julgamento....................................... 949
7. Sentença 949
8. Adoção internacional.. 950
Referências 951

Procedimento de apuração de irregularidades em entidade de atendimento 953
Kátia Regina Ferreira Lobo Andrade Maciel

1. Introdução.. 953
2. Natureza jurídica do procedimento... 954
3. Competência.. 958
4. Fase postulatória... 958
5. Legitimados passivos.. 962
6. Afastamento provisório do dirigente... 965
7. Resposta escrita... 969
8. Fase instrutória... 971

SUMÁRIO XXIX

9. Fase decisória 972
10. Medidas aplicáveis à entidade condenada..................................... 975
Referências 983

Procedimento das infrações administrativas.................................. 986
Patrícia Pimentel de Oliveira
1. Natureza jurídica do procedimento.. 986
2. Princípios 988
3. Competência 989
4. Rito processual 990
5. O Ministério Público e a cumulação do pedido para a aplicação da multa em outras ações 996
6. Abuso sexual intrafamiliar e a representação prevista no art. 249 do Estatuto da Criança e do Adolescente 1000
Referências 1001

Procedimento de portaria e de expedição de alvará........................ 1003
Ângela Maria Silveira dos Santos
1. Natureza jurídica e competência para disciplinar por meio de portaria 1003
   1.1. Introdução.. 1003
   1.2. Conceituação e natureza jurídica da portaria e do alvará.............. 1005
   1.3. Portaria do art. 149 do ECA... 1008
2. Autorização para a participação e a entrada em espetáculos públicos.... 1009
Referências 1011

Ação civil pública... 1012
Galdino Augusto Coelho Bordallo
1. Introdução 1012
2. Direitos metaindividuais 1014
3. Inquérito civil.. 1017
4. Termo de ajustamento de conduta 1022
5. Ação civil pública 1026
   5.1. Introdução e conceito 1026
   5.2. Legitimidade 1028
   5.3. Litisconsórcio entre Ministérios Públicos.............................. 1031
   5.4. Liminar 1031
       5.4.1. Suspensão da liminar pelo presidente do tribunal............. 1035
   5.5. Objeto e competência 1038
   5.6. Sentença.. 1042

5.7.	Coisa julgada	1046
	5.7.1. Introdução	1046
	5.7.2. Coisa julgada na ação coletiva	1049
5.8.	Execução	1058
6.	Processo estrutural	1064
	Referências	1069

Outras ações previstas no Estatuto 1074
Galdino Augusto Coelho Bordallo

1.	Introdução	1074
2.	Mandado de segurança	1077
3.	Ação para cumprimento de obrigação de fazer	1081
	Referências	1087

Recursos 1089
Galdino Augusto Coelho Bordallo

1.	Introdução	1089
2.	Unicidade do sistema	1091
	2.1. Juízo de admissibilidade e juízo de mérito	1095
	2.2. Legitimidade e interesse para recorrer	1098
	2.3. Motivação	1099
	2.4. Forma	1099
	2.5. Renúncia e desistência	1100
3.	Preparo	1100
4.	Tempestividade	1102
5.	Efeitos	1108
	5.1. Concessão do efeito suspensivo	1113
	5.2. Efeitos da apelação nas ações socioeducativas	1115
6.	Juízo de retratação	1117
7.	Procedimento no tribunal	1121
8.	Recurso contra portarias e alvarás	1123
	Referências	1124

PARTE V DA PRÁTICA DO ATO INFRACIONAL

A prática de ato infracional 1129
Bianca Mota de Moraes
Helane Vieira Ramos

1. Disposições gerais (arts. 103 a 105 do ECA) 1129

SUMÁRIO

1.1. Inimputabilidade infantojuvenil 1130

1.2. Ato infracional praticado por criança 1137

1.3. Ato infracional e indisciplina escolar 1138

2. Direitos individuais (arts. 106 a 109 do ECA) 1141

3. Garantias processuais (arts. 110 e 111 do ECA) 1145

4. Apuração do ato infracional (arts. 171 a 190 do ECA) 1147

4.1. Fase policial 1147

4.2. Fase de atuação do Ministério Público 1151

4.3. Fase judicial 1165

5. Medidas socioeducativas (arts. 112 a 125 do ECA) 1176

5.1. Disposições gerais 1176

5.1.1. Adolescente em situação de uso ou de dependência de drogas 1182

5.1.2. Adolescente com transtorno mental ou outras enfermidades ... 1186

5.1.3. Aplicação de medidas socioeducativas ao jovem adulto 1190

5.2. Advertência 1191

5.3. Obrigação de reparar o dano 1192

5.4. Prestação de serviços à comunidade 1193

5.5. Liberdade assistida 1193

5.6. Semiliberdade 1194

5.7. Internação 1197

5.7.1. Internação provisória 1198

5.7.2. Internação definitiva 1205

5.7.3. Internação-sanção 1223

6. Execução das medidas socioeducativas (ECA e Lei n. 12.594/2012 – Sinase) 1224

6.1. Tramitação processual na fase executória 1229

6.2. Reavaliação de medida socioeducativa 1234

6.3. Não vinculação do juiz ao laudo técnico para a reavaliação das medidas 1239

6.4. Revisão de medida aplicada em sede de remissão (art. 128 do ECA) 1240

6.5. Visitas e regime disciplinar 1249

7. Prescrição e extinção 1251

Referências 1261

PARTE VI DA INFILTRAÇÃO DE AGENTES DE POLÍCIA PARA A INVESTIGAÇÃO DE CRIMES CONTRA A DIGNIDADE SEXUAL DE CRIANÇA E DE ADOLESCENTE

Da infiltração de agentes de polícia para a investigação de crimes contra a dignidade sexual de criança e de adolescente 1269
Cláudia Canto Condack
Referências 1272

PARTE VII DOS CRIMES

Dos crimes... 1275
Cláudia Canto Condack

1. Introdução 1275
2. Disposições gerais 1276
3. Dos crimes em espécie 1279
   3.1. Omissão do registro de atividades ou do fornecimento da declaração de nascimento 1279
   3.2. Omissão de identificação do neonato e da parturiente ou de realização de exames necessários.. 1281
   3.3. Privação ilegal da liberdade de criança ou adolescente 1283
   3.4. Omissão da comunicação de apreensão de criança ou adolescente..... 1286
   3.5. Submissão de criança ou adolescente a vexame ou constrangimento 1287
   3.6. Tortura 1289
   3.7. Omissão na liberação de criança ou adolescente ilegalmente apreendido... 1297
   3.8. Descumprimento injustificado de prazo legal 1299
   3.9. Impedimento ou embaraço à ação de autoridades........................ 1301
   3.10. Subtração de criança ou adolescente 1302
   3.11. Promessa ou entrega de filho ou pupilo 1303
   3.12. Tráfico internacional de criança ou adolescente.......................... 1305
   3.13. Utilização de criança ou adolescente em cena pornográfica ou de sexo explícito 1308
   3.14. Comércio de material pedófilo.. 1312
   3.15. Difusão de pedofilia 1314
   3.16. Posse de material pornográfico... 1318
   3.17. Simulacro de pedofilia 1321
   3.18. Aliciamento de menores 1322

3.19. Norma explicativa 1324

3.20. Venda, fornecimento ou entrega de arma, munição ou explosivo..... 1324

3.21. Venda, fornecimento ou entrega de produto causador de dependência física ou psíquica 1325

3.22. Venda, fornecimento ou entrega de fogos de estampido ou artifício... 1328

3.23. Exploração sexual de criança ou adolescente 1329

3.24. Corrupção de menores.. 1332

3.25. Omissão à comunicação de desaparecimento 1335

Referências 1336

Prefácio à 1ª edição

*Heloisa Helena Barboza**

O Estatuto da Criança e do Adolescente está fazendo quinze anos. As merecidas comemorações foram eclipsadas na mídia, por assuntos do momento que, ainda que rapidamente esquecidos ou substituídos por outros de igual natureza, tornam-se temas de "importância nacional". Há o que comemorar? Os eternos opositores do Estatuto, mantendo sua linha de resistência, certamente afirmarão que não. Aqueles que, desde a edição da Lei n. 8.069, em 13 de julho de 1990, incorporaram a Doutrina da Proteção Integral a um conjunto de medidas indispensáveis à construção de um "novo tempo" não terão dúvida em dizer que sim, não obstante reconhecendo que há um longo caminho a percorrer.

Lembrar a rejeição e as pesadas críticas ao Estatuto, quando de sua aprovação e que, até o presente, permanecem, é preciso, na medida em que, a rigor, sua plena implantação ainda não se verificou. Muitas foram as razões apresentadas para se atacar o ECA, considerado, em síntese, como uma lei "fora da realidade brasileira". De que realidade se estaria falando? Daquela regida pela imutabilidade que atende apenas aos interesses dos (poucos) detentores do poder ou da que é enfrentada para ser analisada, pensada e ter seus problemas minorados, se não resolvidos, ainda que alterando situações de há muito estabelecidas e cuja manutenção só atende aos citados interesses?

Reflexões dessa ordem não dizem respeito ao mundo político ou sociológico, mas interessam diretamente à ordem jurídica instituída para um Estado Democrático de Direito, que tem como um de seus fundamentos a dignidade da pessoa

---

* Professora Titular de Direito Civil da Faculdade de Direito da UERJ. Procuradora de Justiça (aposentada) do Ministério Público do Estado do Rio de Janeiro.

humana, para uma República que tem como objetivo fundamental construir uma sociedade livre, justa e solidária, erradicando a pobreza e a marginalidade, reduzindo as desigualdades sociais e regionais, promovendo o bem de todos sem preconceitos ou qualquer forma de discriminação.

Tais determinações estão expressas na Constituição da República, a Lei Maior, e há muito deixaram de constituir meras recomendações, aplicáveis ao sabor das conveniências políticas, na medida em que adquiriram efetividade, quando não direta, mediante instrumentos jurídicos próprios. Este o caso do Estatuto, instrumento, por excelência, de efetivação dos princípios constitucionais, no que se refere à criança e ao adolescente. Aplicar o ECA é cumprir a Constituição Federal, é realizar seus princípios, concretizar os altos valores que contém.

Nessa linha de efetivação dos mandamentos constitucionais inscreve-se o *Curso de direito da criança e do adolescente: aspectos teóricos e práticos*, obra que assume papel de destaque na interpretação, no debate e na aplicação da Lei n. 8.069/90, norma complexa, que carece de trabalhos como o presente. Elaborado por Promotores e Procuradores de Justiça do Estado do Rio de Janeiro, todos com vivência na área da infância e juventude, o *Curso* não constitui apenas um manual prático, já que realiza estudos dogmáticos, revelando a formação acadêmica de vários autores, o que lhe confere também viés didático. A coordenação dos trabalhos teve o cuidado de preservar os entendimentos individuais, sem prejuízo da harmonia do conjunto.

Indispensável registrar que, embora fruto da experiência de membros do Ministério Público do Estado do Rio de Janeiro, o *Curso* demonstra o franco comprometimento desses "profissionais da área" com o atendimento do melhor interesse da criança e do adolescente, núcleo da Doutrina da Proteção Integral instaurada pela Constituição da República. Tal fato merece ser ressaltado e reverenciado. Não raro, a prática cotidiana e as dificuldades que a cercam apresentam tal grau de exigência que só mediante redobrado esforço é possível manter a perspectiva de visão dos problemas em conjunto.

Talvez em nenhuma outra área do Direito as situações individuais evidenciem com tanta clareza a problemática social. Não seria exagero afirmar que a infância e a juventude são a vitrine da sociedade. No processo de construção da identidade e de aprendizado, há permanente absorção pela criança e pelo adolescente da sociedade que os cerca. Neles ficam tatuados todos os momentos desse processo. A abrangência da questão evidencia-se no ECA, que procurou disciplinar os aspectos que se imbricam, reunindo-os sob base principiológica única, de natureza constitucional. Nessa percepção, *o Curso*, após contextualizar o nascimento do Estatuto da Criança e do Adolescente, examina a Doutrina da Proteção Integral e seus princípios orientadores, dedicando capítulo especial aos direitos fundamentais da criança e do adolescente. Segue-se análise minuciosa das disposições estatutárias, que não perde de vista o papel essencial dessas normas: o de mediadoras das relações entre a criança, o adolescente e a sociedade em que vivem, atentas à sua condição especial de pessoa em desenvolvimento.

O estudo levado a efeito tem natureza interdisciplinar, incluindo temas muitas vezes preteridos, como a rede e a política de atendimento, as infrações administrativas e medidas judiciais e extrajudiciais que dão efetividade ao Estatuto. Examinam-se o ato infracional e os crimes em espécie.

Constata-se que a obra *Curso de direito da criança e do adolescente: aspectos teóricos e práticos*, por suas características, transcende o objetivo de auxiliar os operadores do Direito, buscando respostas às muitas indagações que surgem quando da aplicação da Lei n. 8.069/90. Na verdade, constitui importante instrumento na construção de um Direito que efetive os direitos fundamentais da criança e do adolescente.

Apresentação

Rosa Maria Xavier Gomes Carneiro* (in memoriam)

A Lei n. 8.069/90 (ECA) operou uma verdadeira revolução no ordenamento jurídico nacional, introduzindo novos paradigmas na proteção e garantia dos direitos infantojuvenis.

Regulamentando a Doutrina da Proteção Integral, recepcionada pelo art. 227 da Carta Magna, o ECA apresenta-se como diploma legal inovador, verdadeiro instrumento da democracia participativa, que retirou crianças e adolescentes da condição de mero objeto de medidas policiais e judiciais, conferindo-lhes a posição de sujeitos de direitos fundamentais.

Erigindo a população infantojuvenil à condição de prioridade nacional, o Estatuto se sobressai, ainda, por fornecer os meios necessários à efetivação de seus interesses, direitos e garantias, largamente previstos na legislação constitucional e infraconstitucional.

Entre os principais recursos introduzidos pelo ECA, capazes de transformar a lei em realidade e operar a mudança social pretendida pelo legislador, destacam-se os Conselhos Tutelares, os Conselhos de Direitos e seus respectivos Fundos, bem como a nova feição conferida ao Ministério Público, alçado a guardião dos direitos

---

* Titular da 1ª Procuradoria de Justiça da Infância e da Juventude do Ministério Público do Estado do Rio de Janeiro. Assistente da Assessoria de Recursos Constitucionais da área da Infância. Ex-Assessora de Proteção Integral à Infância e à Juventude do MPRJ. Ex-Promotora de Justiça da Infância e Juventude por mais de 10 anos. Ex-Subcoordenadora da Coordenação das Promotorias de Justiça da Infância e da Juventude do Rio de Janeiro. Pós-graduada, em nível de especialização, em Direito Civil e Direito Processual Civil pela Universidade Estácio de Sá. Pós-graduada em Direito da Infância e da Juventude pelo Instituto Superior do Ministério Público do Estado do Rio de Janeiro. Mestre em Direitos Fundamentais pela Faculdade de Direito da Universidade de Lisboa.

infantojuvenis e expressamente legitimado para a propositura de todas as medidas extrajudiciais e judiciais cabíveis para a defesa de direitos difusos, coletivos, individuais homogêneos e individuais heterogêneos protegidos pelo citado diploma, de que crianças e adolescentes são titulares.

Algumas das normas introduzidas pela Lei n. 8.069/90 eram tão inovadoras e avançadas em relação à época em que foi promulgada, que, até hoje, muitas delas ainda geram dúvidas e causam perplexidade nos operadores do direito, enquanto outras são fielmente copiadas por diferentes diplomas legais, como é o caso do Estatuto do Idoso, bem como do Código de Processo Civil, que, em suas muitas alterações, incluiu em seu texto vários dispositivos que já existiam no ECA.

Não obstante o transcurso de quinze anos desde a entrada em vigor do Estatuto da Criança e do Adolescente, sua leitura, estudo e prática ainda nos surpreendem. Antigas certezas são substituídas por novos questionamentos. Uma nova análise revela importantes aspectos antes não observados.

Dessa forma, com o objetivo de auxiliar os profissionais que atuam na esfera da Justiça da Infância e da Juventude, buscando fornecer respostas às suas muitas perguntas e dúvidas, os autores deste livro, todos Promotores de Justiça, se reuniram para colocar no papel seus estudos, suas experiências e seus posicionamentos, em ambiente de total liberdade de opinião, independentemente de eventual posição divergente dos demais autores e da revisora, como é natural ocorrer, levando-se em consideração a constante evolução do Direito e da sociedade a que ele se destina. Assim é que algumas posições adotadas, embora não unânimes, merecem ser trazidas para reflexão, discussão e amadurecimento.

No presente *Curso de direito da criança e do adolescente,* os autores nos contemplam com uma abordagem profunda e profícua de todo o ECA, em minucioso trabalho de pesquisa, em que exploram os diversos posicionamentos da doutrina e jurisprudência pátrias, aportando, algumas vezes, em outras paragens, por exemplo, no caso dos direitos relacionados ao poder familiar, ocasião em que se faz necessária a abordagem de aspectos relacionados com o Direito de Família, intimamente ligado à questão.

Ter sido convidada a participar deste projeto, na função de revisora, foi uma honra inestimável. O que poderia ter sido uma tarefa árdua, em razão da profundidade da abordagem, transformou-se em trabalho prazeroso para todo o grupo, em decorrência dos estudos, debates e trocas de experiências. O contato com o idealismo e o saber destes missionários que militam na árida seara da efetivação do Estatuto reafirmam a crença de que a garantia dos direitos infantojuvenis é o caminho para uma sociedade mais justa, digna e igualitária.

Esperamos que este trabalho possa ajudar os diversos atores que travam esta luta diária na busca pela proteção e garantia dos direitos infantojuvenis, acendendo e/ou mantendo acesa a chama da paixão pela causa da criança e do adolescente, de modo que todos juntos possamos contribuir, de forma efetiva, para mudar a realidade de nossa sociedade.

Homenagem Póstuma à Dra. Rosa Carneiro

Maria Amélia Barretto Peixoto[1]
Rodrigo Cézar Medina da Cunha[2]

O honroso convite para elaborar a nota à 14ª edição do livro *Curso de direito da criança e do adolescente: aspectos teóricos e práticos*, ao tempo que nos orgulha, vem precedido de profunda tristeza, por substituirmos na presente edição aquela que, ao longo de 13 edições, fez os comentários às alterações da Lei n. 8.069/90 (Estatuto da Criança e do Adolescente), a Procuradora de Justiça, Dra. Rosa Maria Xavier Gomes Carneiro.

---

[1] Procuradora de Justiça do Ministério Público do Estado do Rio de Janeiro. Pós-graduada em Direito da Infância e da Juventude pelo Instituto Superior do Ministério Público do Estado do Rio de Janeiro. Ex-Coordenadora do Centro de Apoio Operacional das Promotorias da Infância e da Juventude do Ministério Público, no período compreendido entre 1993 a 2000, tendo atuado como membro do Conselho Estadual da Criança e do Adolescente (CEDCA). Trabalhou no período de 2006 a 2007 na Assessoria de Direito Público do Estado do Rio, posteriormente, na Assessoria de Recursos Constitucionais (ARC), atuando na área dos recursos constitucionais relacionados a crianças e adolescentes. Atualmente, é titular da 6ª Procuradoria de Justiça da Tutela Coletiva.

[2] Promotor de Justiça do Ministério Público do Estado do Rio de Janeiro, Coordenador do Centro de Apoio Operacional das Promotorias da Infância e Juventude do Ministério Público do Estado do Rio de Janeiro (área não infracional) e Titular da 6ª Promotoria de Justiça da Infância e Juventude (não infracional) da Capital. Pós-graduado em Direito da Infância e Juventude pelo Instituto Superior do Ministério Público do Estado do Rio de Janeiro (ISMP/MPRJ). Atuou como Membro Auxiliar da Comissão Permanente da Infância e Juventude (CIJ) do Conselho Nacional do Ministério Público (CNMP). Coordenador dos Grupos de Trabalho "Conselho Tutelar" e "Convivência Familiar e Comunitária" do Conselho Nacional do Ministério Público (CNMP) na atual gestão.

Com muito pesar, o Ministério Público do Estado do Rio de Janeiro, enlutado pelo falecimento prematuro da Dra. Rosa Carneiro, ocorrido em 18-10-2021, lamenta a perda daquela que foi um dos expoentes na defesa de crianças e adolescentes e cuja atuação extrapolou em muito o Estado do Rio de Janeiro, refletindo-se país afora.

Ao longo de sua carreira, trilhou, com brilhantismo e generosidade, o caminho percorrido por muitos membros do Ministério Público do Estado do Rio de Janeiro, dedicando-se, com devoção, ao serviço público e à defesa dos direitos humanos, especialmente os de crianças e adolescentes, atribuição ministerial em que assumiu grande protagonismo.

Lembrar a sua trajetória profissional importa em acessar o âmago do próprio Ministério Público do Estado do Rio de Janeiro, revisitando a nossa história institucional a partir de um olhar humanitário de quem soube, como ninguém, incorporar em sua atuação os princípios insculpidos na Constituição Federal de 1988 e na Lei n. 8.069/90 (Estatuto da Criança e do Adolescente – ECA), em um equilíbrio entre razão e emoção, que sempre foram a marca de seu trabalho.

Relembre-se de que as profundas alterações trazidas pelo Estatuto da Criança e do Adolescente no cenário jurídico nacional fizeram com que um novo cenário surgisse em relação ao atendimento até então prestado às nossas crianças e adolescentes. Não só a Constituição como o próprio ECA alçou o Ministério Público à condição de garantidor e defensor dessa nova ordem jurídica, obrigando todos os Ministérios Públicos Estaduais a se readequarem, para fazer frente a essas novas atribuições, até então exercidas prioritariamente pelo Poder Judiciário.

Novos tempos se avizinhavam. O Estado do Rio de Janeiro, embora tendo inúmeras complexidades, foi um dos que primeiro aderiram à nova ordem, graças à dedicação e ao empenho de uma Promotora de Justiça (à época) do quilate da Dra. Rosa Carneiro. A sua atuação firme e propositiva foi capaz de garantir a efetividade do ECA, contribuindo para que o Rio de Janeiro seja hoje um dos Estados de vanguarda em sua atuação na área da infância e da juventude.

Em todo esse processo de sedimentação do ECA, pode-se dizer que, direta ou indiretamente, encontramos o trabalho e a dedicação da Dra. Rosa. Nos primeiros anos de implementação do Estatuto, não só promoveu como deflagrou ações junto com os demais Promotores de Justiça para a criação dos Conselhos Tutelares; lutou pela implantação de políticas públicas referentes à ampliação de vagas em escolas e creches; buscou, incessantemente, melhores condições para o atendimento de adolescentes em conflito com a lei; atuou para viabilizar o atendimento de crianças e adolescentes em situação de rua, acompanhando, pessoalmente, as equipes da assistência social nas abordagens, a qualquer hora do dia ou da noite; fomentou a criação de equipamentos para atendimento de crianças e adolescentes que faziam uso de substâncias entorpecentes; atuou no combate à mortalidade infantil em todo o Estado e também na fiscalização incansável aos serviços de acolhimento, evitando abusos, negligências e omissões contra aqueles que se encontravam acolhidos.

No que concerne às instituições de acolhimento, uma das grandes preocupações não só da Dra. Rosa, mas também de todos os Promotores de Justiça, Juízes e demais atores que compõem a rede protetiva, era a tormentosa questão do grande contingente de crianças e adolescentes acolhidos. Sim, porque, anteriormente ao ano de 2007, crianças e adolescentes em acolhimento no Estado do Rio de Janeiro padeciam de invisibilidade aos olhos dos órgãos integrantes do Sistema de Garantia de Direitos de Crianças e Adolescentes e da própria sociedade.

Naquele momento histórico, que antecedeu o controle judicial das medidas protetivas de acolhimento, introduzido no Estatuto da Criança e do Adolescente pela Lei n. 12.010/2009, não se sabia, com precisão, quantos eram as crianças e os adolescentes acolhidos; quais eram os seus perfis; há quanto tempo encontravam-se afastados do convívio familiar; quantos recebiam visitas dos pais ou da família extensa; quantos possuíam ações judiciais propostas para a definição de sua situação jurídica; quantos estavam disponíveis à adoção, entre outras questões relevantes.

Diante desse cenário de tantas incertezas, que exigiam do Ministério Público medidas efetivas e urgentes para a garantia do direito à convivência familiar e comunitária de crianças e adolescentes em acolhimento, a Dra. Rosa Carneiro, então integrante da Assessoria de Proteção Integral à Infância e Juventude do MPRJ, idealizou a criação de um grande sistema, consistente em banco de dados de acolhimento, com abrangência estadual, que seria desenvolvido e gerido pelo Ministério Público do Estado do Rio de Janeiro, mas que se destinava a registrar a história de meninos e meninas que, em algum momento, passaram pelos serviços de acolhimento.

Surgia o embrião do sistema Módulo Criança e Adolescente (MCA), instituído pela Resolução GPGJ n. 1.369/2007, com a finalidade de democratizar e conferir transparência às informações sobre crianças e adolescentes em acolhimento no Estado do Rio de Janeiro. Em 2008, o MCA foi o vencedor do V Prêmio Innovare, na categoria Ministério Público, mesmo ano em que foi escolhido como prática inovadora pelo Movimento Ministério Público Democrático. Em 2013, o MCA recebeu Menção Honrosa no "Prêmio CNMP", criado pelo Conselho Nacional do Ministério Público, e que tem por objetivo dar visibilidade aos programas e projetos do Ministério Público Brasileiro que mais se destacaram na concretização e alinhamento ao Planejamento Estratégico Nacional.

Como toda ideia inovadora e de caráter revolucionário, o MCA exigiu grande empenho da equipe de desenvolvimento, liderada pela Dra. Rosa Carneiro e integrada pelas então Promotoras de Justiça Maria Amélia Barretto Peixoto e Liana Barros Cardozo de Sant'Ana.

Com sua grande capacidade de agregar e mobilizar milhares de pessoas em torno de um ideal, dentro e fora da instituição, a Dra. Rosa Carneiro conduziu, com humildade e sabedoria, a sensibilização dos principais atores do Sistema de Garantia de Direitos de Crianças e Adolescentes no Estado do Rio de Janeiro, demonstrando que a criação e a alimentação contínua do MCA se reverteriam em benefício das próprias crianças e adolescentes acolhidos, por meio do registro de suas histórias de vida em fichas individualizadas do sistema.[3]

A partir do esforço envidado pela Dra. Rosa Carneiro e pela equipe criadora do MCA, atualmente o banco de dados é utilizado por todos os serviços de acolhimento do Estado do Rio de Janeiro, bem como por membros do MPRJ, juízes, defensores públicos, conselheiros tutelares, dirigentes e integrantes das equipes técnicas e gestores municipais, sendo o sistema mais acessado no Portal do Ministério Público do Estado do Rio de Janeiro.

O MCA é um sistema vivo e pulsante, que aponta na direção do futuro e carrega consigo o legado deixado pela inesquecível Dra. Rosa Carneiro ao MPRJ e a todas as crianças e adolescentes acolhidos no Estado do Rio de Janeiro. Em 2022, será lançado o MCA 2.0, ampliado e potencializado pelas sugestões de todos os seus usuários, dando continuidade ao importante trabalho iniciado pela Dra. Rosa e toda a equipe de desenvolvimento no ano de 2007.

Nos últimos anos de sua carreira, após cursar Mestrado em Direitos Fundamentais pela Faculdade de Direito da Universidade de Lisboa, a Dra. Rosa Carneiro passou a voltar o seu olhar para a inovadora – e ainda pouco estudada – atuação do Ministério Público perante a Corte Interamericana de Direitos Humanos, elaborando tese ainda não publicada.

Na esteira destas breves considerações, que não têm a pretensão de esgotar a grandiosidade do trabalho realizado pela Dra. Rosa Carneiro e entregue ao Ministério Público do Estado do Rio de Janeiro e a toda a sociedade, nos cabe refletir que

---

3   Em virtude de convênio celebrado em 2 de dezembro de 2008 entre o Conselho Nacional de Justiça (CNJ), o Conselho Nacional do Ministério Público (CNMP) e o Ministério Público do Estado do Rio de Janeiro (MPRJ), nossa instituição cedeu, sem qualquer ônus, a tecnologia do MCA para o desenvolvimento do Cadastro Nacional de Crianças e Adolescentes Acolhidos (CNCA), gerido pelo CNJ, tendo como objetivo sistematizar informações sobre a população infantojuvenil acolhida em todo o País, sendo atualmente sucedido pelo Sistema Nacional de Adoção e Acolhimento (SNA). Embora voltado para a análise individualizada da situação sociojurídica de crianças e adolescentes em acolhimento, o MCA tinha a aptidão de produzir importantes indicadores de políticas públicas. Criou-se, então, o Censo MCA, que passou a ser produzido a partir da sistematização de dados do sistema, tendo como marco inicial o ano de 2008 e que atualmente se encontra em sua 27ª edição, apresentando dados coletados em 30 de junho de 2021 e a análise do impacto da pandemia de COVID-19 nos serviços de acolhimento de crianças e adolescentes no Estado do Rio de Janeiro.

a perda de uma pessoa tão querida e admirada é dolorosa e irreparável, mas que os seus ideais, sonhos e aspirações seguirão sempre vivos na melhor parte de cada um de nós e servirão de norte e inspiração nas atuações institucionais. A ela, em nome do Ministério Público do Rio de Janeiro e de nossas crianças e adolescentes, rendemos as nossas homenagens e a nossa profunda gratidão.

Nota à 17ª edição

Nesta nova edição, os autores do *Curso*, mais uma vez, trilharam o caminho de oferecer aos leitores um texto amplo, mas de acessível entendimento, a fim de que qualquer cidadão esteja apto a promover eficazmente a proteção dos direitos infantojuvenis. Para tanto, além da análise do microssistema estatutário (Lei n. 8.069/90), os autores se debruçaram no arcabouço legislativo mais recente sobre a temática, sem esquecer da prática jurisprudencial e da visão doutrinária atualizadas.

O Estatuto da Criança e do Adolescente experimentou, no ano de 2024, três alterações em sua redação, todas abordadas pelos autores: a **Lei n. 14.987, de 25 de setembro de 2024**, para estender o direito ao atendimento psicossocial às crianças e aos adolescentes que tiverem qualquer dos pais ou responsáveis vitimado por grave violência ou preso em regime fechado (art. 87, III, do ECA); a **Lei n. 14.950, de 2 de agosto de 2024**, que acrescentou parágrafo único ao art. 12 do ECA para dispor sobre o direito da criança e do adolescente de visitação à mãe ou ao pai internados em instituição de saúde; e a **Lei n. 14.811, de 12 de janeiro de 2024**, que institui medidas de proteção à criança e ao adolescente contra a violência nos estabelecimentos educacionais ou similares, prevê a Política Nacional de Prevenção e Combate ao Abuso e Exploração Sexual da Criança e do Adolescente, e altera o Decreto-Lei n. 2.848/40 (Código Penal) e as Leis n. 8.072/90 (Lei dos Crimes Hediondos) e n. 8.069/90 (Estatuto da Criança e do Adolescente).

Foram incluídas no *Curso*, também, a **Lei n. 14.721, de 8 de novembro de 2023**, que alterou os arts. 8º e 10 do ECA para ampliar a assistência à gestante e à mãe no período da gravidez, do pré-natal e do puerpério; a **Lei n. 14.826, de 20 de março de 2024**, que instituiu a parentalidade positiva e o direito de brincar como estratégias intersetoriais de prevenção à violência contra crianças, e alterou a Lei n. 14.344, de 24 de maio de 2022; e, ainda, foi inserida importante alteração na Lei de Diretrizes e Bases da Educação pela **Lei n. 14.986, de 25 de setembro de 2024**, que incluiu no art. 26-B a obrigatoriedade de abordar as contribuições femininas no ensino fundamental e no médio.

Atos normativos emanados pelos Conselhos Nacionais ganharam destaque nesta 17ª edição. Provenientes do **Conselho Nacional de Justiça (CNJ)**, foram alvo de análise pelos autores os seguintes: (1) **Provimento n. 165, de 16 de abril de 2024**, que institui o Código Nacional de Normas da Corregedoria Nacional de Justiça do Conselho Nacional de Justiça – Foro Judicial (CNN/CN/CNJ-Jud), que regulamenta os foros judiciais; (2) **Resolução n. 543, de 10 de janeiro de 2024**, que instituiu o Programa Nacional Permanente de Apoio à Desinstitucionalização de Crianças e Adolescentes Acolhidos e a Egressos de Unidades de Acolhimento – Programa Novos Caminhos/CNJ; (3) **Resolução n. 524, de 27 de setembro de 2023**, que estabelece parâmetros ao tratamento de adolescentes e jovens indígenas no caso de apreensão, de representação em processo de apuração de ato infracional ou de cumprimento de medida socioeducativa, e dá diretrizes para assegurar os direitos dessa população no âmbito da Justiça da Infância e da Juventude ou de juízos que exerçam essa competência; (4) **Provimento n. 153, de 26 de setembro de 2023**, que alterou o Código Nacional de Normas da Corregedoria Nacional de Justiça do Conselho Nacional de Justiça – Foro Extrajudicial (CNN/CN/CNJ-Extra), instituído pelo Provimento n. 149/2023 para dispor sobre o procedimento de alteração extrajudicial do nome perante o Registro Civil das Pessoas Naturais; e (5) **Provimento n. 149, de 30 de agosto de 2023**, que institui o Código Nacional de Normas da Corregedoria Nacional de Justiça do Conselho Nacional de Justiça – Foro Extrajudicial (CNN/CN/CNJ-Extra), que regulamenta os serviços notariais e de registro.

As mais recentes Resoluções do **Conselho Nacional do Ministério Público (CNMP)**, acerca do direito infantojuvenil, também foram inseridas no *Curso*. São elas: (1) **Resolução n. 293, de 28 de maio de 2024**, que dispõe sobre a atuação dos membros do Ministério Público na defesa do direito fundamental à convivência familiar e comunitária de crianças e adolescentes em serviços de acolhimento; e (2) **Resolução n. 287, de 12 de março de 2024**, que dispõe sobre a atuação integrada do Ministério Público para a efetiva defesa e proteção de crianças e adolescentes vítimas ou testemunhas de violência, conforme Leis n. 13.431/2017 e n. 14.344/2022.

Vários foram os atos emitidos recentemente pelo **Conselho Nacional dos Direitos da Criança (Conanda)** incorporados ao *Curso*: (1) **Resolução n. 252, de 16 de outubro de 2024**, que dispõe sobre as diretrizes nacionais para a segurança e proteção integral de adolescentes e jovens em restrição e privação de liberdade no Sistema Nacional de Atendimento Socioeducativo; (2) **Resolução n. 253, de 10 de outubro de 2024**, que dispõe sobre os parâmetros para aplicação da consulta livre, prévia e informada pelo Sistema de Garantia dos Direitos da Criança e do Adolescente; (3) **Resolução n. 254, de 10 de outubro de 2024**, que dispõe sobre os parâmetros para aplicação do art. 17, parágrafo único, do Decreto n. 9.603/2018; (4) **Resolução n. 249, de 10 de julho de 2024**, que dispõe sobre a proibição do acolhimento de crianças e adolescentes em comunidades terapêuticas; (5) **Resolução n. 245, de 5 de abril de 2024**, que dispõe sobre os direitos das crianças e dos adolescentes em ambiente digital; e (6) **Resolução n. 241, de 3 de outubro de 2023**, que trata dos parâmetros de implementação e funcionamento da modalidade de acolhimento familiar em Família Solidária no âmbito do Programa de Proteção a Crianças e Adolescentes Ameaçados de Morte (PPCAAM).

O tema do acesso e da participação de criança e adolescentes no ambiente digital, bem como o papel da família, da sociedade, das empresas de tecnologia e do poder público na proteção desse direito foram substancialmente ampliados com novas doutrinas e a referência ao Comentário geral n. 25 sobre os Direitos das Crianças em relação ao ambiente digital, do Comitê de Direito das Crianças da ONU, adotado em 2021.

No que tange às menções jurisprudenciais, o *Curso* apresenta nesta edição ampla reformulação, mantendo as mais antigas, que possuem significativo valor histórico ao direito da criança, mas, como sempre, acrescentando novas decisões acerca de temas atuais relevantes, a serem dilapidados pelos operadores do direito da criança, como os que tratam da desfiliação, da alteração do nome e do gênero de crianças, da reparação civil dos pais por abandono digital do filho, entre outros.

Acerca das demandas de saúde, o *Curso* acrescentou a posição do Supremo Tribunal Federal no **Tema de Repercussão Geral 793** (RE 855.178): *Os entes da federação, em decorrência da competência comum, são solidariamente responsáveis nas demandas prestacionais na área de saúde, e diante dos critérios constitucionais de descentralização e hierarquização, compete à autoridade judicial direcionar o cumprimento conforme as regras de repartição de competências e determinar o ressarcimento a quem suportou o ônus financeiro.*

Sobre o direito de infantes a creches e pré-escolas, o *Curso* destaca o **Tema de Repercussão Geral 548 do STF** (RE 1.008.166) sobre a obrigatoriedade do Poder Público de assegurar: *1. A educação básica em todas as suas fases – educação infantil, ensino fundamental e ensino médio – constitui direito fundamental de todas as crianças e jovens, assegurando por normas constitucionais de eficácia plena e aplicabilidade direta e imediata. 2. A educação infantil compreende creche (de zero a três anos) e pré-escola (de quatro a cinco anos). Sua oferta pelo poder Público pode ser exigida individualmente, como no caso examinado neste processo. 3. O Poder Público tem o dever jurídico de dar efetividade integral às normas constitucionais sobre o acesso à educação básica.*

O Tema Repetitivo 1.127 e a respectiva modulação de efeitos, do Superior Tribunal de Justiça, acerca do ingresso em supletivo por menores de 18 anos, igualmente foram inseridos no *Curso*: "*É ilegal menor de 18 anos, mesmo emancipado ou com altas habilidades, antecipar a conclusão de sua educação básica submetendo-se ao sistema de avaliação diferenciado oferecido pelos Centros de Educação de Jovens e*

Adultos – CEJAS, ainda que o intuito seja obter o diploma de ensino médio para matricular-se em curso superior".

Esse é um pequeno retrato das atualizações da 17ª edição! Preparada com muito cuidado e dedicação pelos autores, desejamos que a obra permaneça como instrumento útil de estudo e trabalho para todos que atuam ou pretendem operar na proteção de nossos pequenos cidadãos.

Os autores

Nota à 16ª edição

Há 16 edições, o *Curso de direito da criança e do adolescente: aspectos teóricos e práticos* busca trazer o arcabouço legislativo, doutrinário e jurisprudencial mais recente e de fácil compreensão aos leitores.

Nesta nova edição, foram comentadas quatro novas leis que modificaram o Estatuto da Criança e do Adolescente: a **Lei n. 14.548, de 13 de abril de 2023** (para compatibilizá-lo com a Lei n. 12.127, de 17 de dezembro de 2009, que criou o Cadastro Nacional de Crianças e Adolescentes Desaparecidos, e com a Lei n. 13.812, de 16 de março de 2019, que instituiu a Política Nacional de Busca de Pessoas Desaparecidas e criou o Cadastro Nacional de Pessoas Desaparecidas), a **Lei n. 14.692, de 3 de outubro de 2023** (para possibilitar ao doador de recursos aos Fundos dos Direitos da Criança e do Adolescente a indicação da destinação desses recursos, na forma que especifica), a **Lei n. 14.721, de 8 de novembro de 2023** (para ampliar a assistência à gestante e à mãe no período da gravidez, do pré-natal e do puerpério), e a **Lei n. 14.811, de 12 de janeiro de 2024** (que instituiu medidas de proteção à criança e ao adolescente contra a violência nos estabelecimentos educacionais ou similares, prevê a Política Nacional de Prevenção e Combate ao Abuso e Exploração Sexual da Criança e do Adolescente e altera o Decreto-Lei n. 2.848, de 7 de dezembro de 1940 (Código Penal), e as Leis n. 8.072, de 25 de julho de 1990 (Lei dos Crimes Hediondos), e n. 8.069, de 13 de julho de 1990 (Estatuto da Criança e do Adolescente)). A Lei n. 14.692/2023, vale conferir, mereceu observações críticas no capítulo *Nota sobre os denominados "certificados de captação" e as "doações casadas"*.

No que se refere ao direito à educação, são mencionadas as mudanças operadas na Lei n. 9.394/96 (LDB), quais sejam: a **Lei n. 14.533, de 11 de janeiro de 2023** (institui a Política Nacional de Educação Digital e altera as Leis ns. 9.394, de 20 de dezembro de 1996 (Lei de Diretrizes e Bases da Educação Nacional), 9.448, de 14 de março de 1997, 10.260, de 12 de julho de 2001, e 10.753, de 30 de outubro de 2003); a **Lei n. 14.644, de 2 de agosto de 2023** (prevê na LDB a instituição de Conselhos Escolares e de Fóruns dos Conselhos Escolares); a **Lei n. 14.645, de 2 de agosto de 2023** (altera a LDB para dispor sobre a educação profissional e tecnológica e articula a educação profissional técnica de nível médio com programas de aprendizagem profissional, e a Lei n. 8.742, de 7 de dezembro de 1993, para dispor sobre isenção do cômputo de determinados rendimentos no cálculo da renda familiar *per capita* para efeitos da concessão do Benefício de Prestação Continuada (BPC)); e a **Lei n. 14.685, de 20 de setembro de 2023** (determina ao Poder Público a obrigação de divulgar a lista de espera por vagas nos estabelecimentos de educação básica de sua rede de ensino).

Mereceu relevante destaque no livro, também, a **Lei n. 14.713, de 30 de outubro de 2023**, que alterou o art. 1.584, § 2º, do Código Civil e acrescentou o art. 699-A no Código de Processo Civil, para estabelecer o risco de violência doméstica ou familiar como causa impeditiva ao exercício da guarda compartilhada, bem como para impor ao juiz o dever de indagar previamente o Ministério Público e as partes sobre situações de violência doméstica ou familiar que envolvam o casal ou os filhos.

Além de tratarem das leis novas, os autores adicionaram a seus textos algumas normativas complementares, aperfeiçoando o texto já publicado, como o **Decreto n. 11.713/2023**, que institui a Estratégia Nacional de Escolas Conectadas (Enec); o **Decreto n. 10.656/2021**, que regulamenta a Lei n. 14.113/2020, que dispõe sobre o Fundo de Manutenção e Desenvolvimento da Educação Básica e de Valorização dos Profissionais da Educação; e o **Decreto n. 9.603/2018**, que regulamenta a Lei n. 13.431, de 4 de abril de 2017, que estabelece o sistema de garantia de direitos da criança e do adolescente vítima ou testemunha de violência.

Mais uma vez os autores colacionaram atos normativos atualizados emitidos por Conselhos Nacionais, como a **Resolução n. 235, de 12 de maio de 2023, do Conanda** (estabelece aos Conselhos Estaduais, Distrital e Municipais dos Direitos da Criança e do Adolescente a obrigação de implantação de Comitês de Gestão Colegiada da Rede de Cuidado e Proteção Social das Crianças e Adolescentes Vítimas ou Testemunhas de Violência nas suas localidades); a **Resolução n. 485, de 18 de janeiro de 2023, do CNJ** (dispõe sobre o adequado atendimento de gestante ou parturiente que manifeste desejo de entregar o filho para adoção e a proteção integral da criança); a **Resolução n. 231, de 28 de dezembro de 2022, do Conanda** (altera a Resolução n. 170, de 10 de dezembro de 2014, para dispor sobre o processo de escolha em data unificada em todo o território nacional dos membros do Conselho Tutelar); a **Resolução CFM n. 2.320, de 1º de setembro de 2022** (adota normas éticas para a utilização de técnicas de reprodução assistida – sempre em defesa do aperfeiçoamento das práticas e da observância aos princípios éticos e bioéticos que ajudam a trazer maior segurança e eficácia a tratamentos e procedimentos médicos, tornando-se o dispositivo deontológico a ser seguido pelos médicos brasileiros e revogando a Resolução CFM n. 2.294, publicada no *Diário Oficial da União* de 15 de junho de 2021); e a **Resolução CNJ n. 451, de 22 de abril de 2022** (altera a Resolução CNJ n. 289/2019, que dispõe sobre a implantação e o funcionamento do Sistema Nacional de Adoção e Acolhimento – SNA e dá outras providências).

No âmbito jurisprudencial, além das atualizações de acórdãos, dentre tantas transcrições, deu-se ênfase à análise do **Tema 1.182 Repercussão Geral**, que trata da licença-maternidade para pai genitor monoparental, da **ADI 7.028**, reconhecida como Repercussão Geral sobre lei do Amapá, que restringiu o conceito de pessoa com deficiência e limitou a educação inclusiva, e da **Súmula STJ 657**, que trata de salário-maternidade para indígena menor de 16 anos.

Na parte infracional, em adição às pertinentes modernizações no texto, as autoras se debruçaram acerca da aplicação supletiva do art. 400 do CPP – que dispõe sobre o interrogatório do acusado como último ato da audiência – aos procedimentos para apuração de atos infracionais, efetuando pesquisa doutrinária e jurisprudencial e apresentando soluções para o debate.

Por fim, registre-se a inserção de um novo capítulo ao livro, dando maior projeção ao procedimento da Seção V-A do ECA, acerca da Infiltração de Agentes de Polícia para a Investigação de Crimes contra a Dignidade Sexual de Criança e de Adolescente, e a inclusão de tópico sobre a educação digital, no capítulo dos direitos fundamentais.

Os autores desejam que esta nova edição possa contribuir para o aperfeiçoamento dos agentes de defesa, promoção e proteção do sistema de garantia de direitos de nossos meninos e meninas.

Nota à 15ª edição

A Lei n. 8.069 completou 32 anos! Até o fechamento desta edição, 35 profundas alterações foram realizadas em seu texto original, duas delas efetuadas em 2022.

Neste último aniversário da Lei infantojuvenil, a principal mudança implementada decorre de um sonoro grito de meninos e meninas contra as violências perpetradas contra eles no seio de seus lares.

Essa alteração se deu pela edição da Lei n. 14.344, em 24 de maio de 2022 (Lei Henry Borel), que criou mecanismos para a prevenção e o enfrentamento da violência doméstica e familiar contra crianças e adolescentes, nos termos do § 8º do art. 226 e do § 4º do art. 227 da Constituição Federal e das disposições específicas previstas em tratados, convenções e acordos internacionais ratificados pela República Federativa do Brasil.

O enfrentamento dessa espécie de violência no ambiente familiar se materializou por meio da construção de um Sistema próprio de Garantia dos Direitos da Criança e do Adolescente que sustente o fortalecimento de uma parentalidade positiva, protetiva e responsável.

Nessa esteira, a Lei em questão foi examinada pelos autores a partir das novas redações estabelecidas nos arts. 18-B, 70-A, 70-B, 136, 201 e 226 do Estatuto, as quais municiaram dois atores desse Sistema – o Conselho Tutelar e o Ministério Público – com instrumentos mais eficazes para coibir a prática nefasta da violência intrafamiliar contra os pequenos.

No ano de 2022, o Estatuto experimentou, ainda, as novidades carreadas pela Lei n. 14.340, de 18 de maio de 2022, que, embora tenha sido promulgada com o fito de alterar a Lei da Alienação Parental (Lei n. 12.318/2010), estabeleceu procedimentos adicionais para a medida de suspensão do poder familiar, inserindo os §§ 3º e 4º ao art. 157 do ECA.

Mas não somente essas duas alterações legislativas, ocorridas no ECA, foram alvo de atenção na 15ª edição do *Curso*. O arcabouço legislativo do Direito Infantojuvenil em 2022 igualmente foi robustecido por duas novas leis.

Nesse patamar, foram tecidos comentários às novas regras de registros públicos trazidas pela Lei n. 14.382, de 27 de junho de 2022, especialmente por ter desjudicializado as averbações registrais relevantes, como a alteração dos prenomes e sobrenomes.

Foi objeto de exame dos autores, também, a Lei n. 14.443, de 2 de setembro de 2022, que, alterando a Lei do Planejamento Familiar (Lei n. 9.263/96), determinou prazo para oferecimento de métodos e técnicas contraceptivas, diminuiu a idade mínima para a esterilização voluntária, permitiu que, na mulher, o procedimento seja realizado logo após o parto, passou a não exigir idade mínima de quem já possui ao menos dois filhos vivos e excluiu a necessidade de consentimento expresso de ambos os cônjuges para a esterilização.

No âmbito infralegal, destaca-se a edição da Resolução n. 470, de 31 de agosto de 2022, do Conselho Nacional de Justiça (CNJ), que instituiu a Política Judiciária Nacional para a Primeira Infância, a fim de assegurar, com absoluta prioridade, os direitos fundamentais das crianças de 0 (zero) a 6 (seis) anos de idade no âmbito do Poder Judiciário, em consideração à especificidade e à relevância dos primeiros anos de vida no desenvolvimento infantil e do ser humano.

Como sempre, os autores esperam que a leitura dos acréscimos textuais da novel edição do *Curso de direito da criança e do adolescente* qualifique ainda mais os operadores dos direitos infantojuvenis, gerando multiplicadores de defensores de nossas crianças.

Os autores

Nota à 14ª edição

O *Curso de direito da criança e do adolescente: aspectos teóricos e práticos* lança a sua 14ª edição, reafirmando-se como obra de referência nacional para os estudiosos da matéria e demais órgãos do Sistema de Garantia de Direitos de Crianças e Adolescentes (SGD), que incorporam as lições aprendidas no cotidiano de trabalho na área da infância e juventude.

Visando manter a obra sempre atualizada, em consonância com a doutrina especializada na área da infância e juventude e a jurisprudência, os autores apresentam a complementação de seus textos.

Nesta edição, destacam-se as atualizações decorrentes de importantes alterações legislativas e de atos normativos editados pelo Conselho Nacional de Justiça (CNJ), entre outras.

No ano de 2021, o Estatuto da Criança e do Adolescente foi alterado pela Lei n. 14.154, de 26 de maio de 2021, para aperfeiçoar o Programa Nacional de Triagem Neonatal (PNTN), por meio do estabelecimento de rol mínimo de doenças a serem rastreadas pelo teste do pezinho, além de outras providências. Houve também a publicação da nova Resolução CFM n. 2.294, de 27 de maio de 2021, versando sobre o uso das técnicas de Reprodução Assistida.

Foram também publicadas a Lei n. 13.709, de 14 de agosto de 2018 (Lei Geral de Proteção de Dados Pessoais – LGPD); a Lei n. 14.040, de 18 de agosto de 2020, que estabelece normas educacionais excepcionais a serem adotadas durante o estado de calamidade pública reconhecido pelo Decreto Legislativo n. 6, de 20 de março de 2020; a Lei n. 14.113, de 25 de dezembro de 2020, que regulamenta o Fundo de Manutenção e Desenvolvimento da Educação Básica e da Valorização dos Profissionais da Educação (Fundeb); a Lei n. 14.191, de 3 de agosto de 2021, que alterou a Lei n. 9.394/96 (LDB) para dispor sobre a modalidade de educação bilíngue de surdos; a Lei n. 14.254, de 30 de novembro de 2021, que dispõe sobre o acompanhamento integral para educandos com dislexia ou Transtorno do Déficit de Atenção com Hiperatividade (TDAH) ou outro transtorno de aprendizagem, além do Decreto n. 10.656, de 22 de março de 2021, que regulamenta a Lei n. 14.113/2021, e do Decreto n. 10.622, de 9 de fevereiro de 2021, que regula a Política Nacional de Busca de Pessoas Desaparecidas (Lei n. 13.812, de 16-3-2019).

Merecem igual destaque diversos atos normativos editados pelo Conselho Nacional de Justiça, com impacto no exercício da jurisdição nas Varas da Infância e Juventude de todo o País. A Recomendação CNJ n. 81/2020 estabeleceu diretrizes para assegurar a acessibilidade das pessoas com deficiência auditiva e/ou visual no âmbito da justiça criminal e da infância e adolescência, com a disponibilização de serviços de intérprete e de equipamentos que propiciem o apoio adequado à sua comunicação, nos moldes da Lei Brasileira de Inclusão (Lei n. 3.146/2015). A Recomendação CNJ n. 91/2021 orientou os tribunais e magistrados quanto à adoção de medidas preventivas à propagação da infecção pelo novo coronavírus no âmbito dos sistemas de justiça penal e socioeducativo, e teve como um dos seus objetivos assegurar a continuidade da prestação jurisdicional.

Destacam-se, ainda, o Provimento CNJ n. 120, de 8 de julho de 2021, que alterou os arts. 4º e 6º do Provimento CNJ n. 113/2020, sobre autorização de viagem, e o Provimento CNJ n. 122, de 13 de agosto de 2021, que dispõe sobre o assento de nascimento no Registro Civil das Pessoas Naturais, nos casos em que o campo sexo da Declaração de Nascido Vivo (DNV), ou da Declaração de Óbito (DO) fetal, tenha sido preenchido "ignorado".

Objetivando fortalecer a defesa do direito à convivência familiar e comunitária de crianças e adolescentes em acolhimento no contexto de enfrentamento à pandemia de COVID-19, o Conselho Nacional de Justiça editou o Provimento n. 113/2021, que permite a realização de audiência concentrada por videoconferência, nos casos em que o acolhimento institucional se opera em comarca diversa daquela em que a medida é determinada. Registra-se, ainda, a edição do Provimento CNJ n. 118/2021 pela Corregedoria Nacional de Justiça, o qual revogou o Provimento n. 32/2013, que versava sobre as audiências concentradas realizadas em Varas da Infância e da Juventude.

Por sua vez, na seara infracional, a Recomendação CNJ n. 98/2021 previu a realização de audiências concentradas para reavaliar as medidas restritivas de liberdade, preferencialmente a cada três meses, nas dependências das unidades de atendimento, sem prejuízo da solicitação prevista no art. 43 da Lei do Sinase e da possibilidade de realização do ato por meio virtual nos termos da Resolução CNJ n. 330/2020. Foi editada, ainda, a Resolução CNJ n. 367/2021, sobre as diretrizes e as normas gerais para a criação da Central de Vagas no Sistema Estadual de Atendimento Socioeducativo, no âmbito do Poder Judiciário.

Esta edição apresenta jurisprudência sobre o reconhecimento fotográfico de pessoa realizado na fase de inquérito policial, em observância ao procedimento previsto no art. 226 do CPP, discussão de grande relevância para o direito brasileiro, com impacto na apuração da autoria dos atos infracionais.

No âmbito do Poder Executivo Federal, foi editada a Recomendação n. 2, de 1º de julho de 2021, da SNDCA/MMFDH, pela Secretaria Nacional dos Direitos da Criança e do Adolescente/Ministério da Mulher, da Família e dos Direitos Humanos, a qual teve por escopo orientar os Conselhos Estaduais, Distrital e Municipais dos Direitos da Criança e do Adolescente e os gestores dos Fundos dos Direitos da Criança e do Adolescente a dar ampla publicidade e transparência na destinação dos recursos dos referidos fundos. A Portaria n. 59, de 22 de abril de 2020, foi editada pelo Ministério da Cidadania e aprovou as orientações e recomendações gerais aos gestores e trabalhadores do Sistema Único de Assistência Social (SUAS) dos Estados, Municípios e Distrito Federal quanto ao atendimento nos serviços de acolhimento de crianças e adolescentes no contexto de emergência em saúde pública decorrente do novo coronavírus.

Por fim, a nova edição menciona os projetos de lei em tramitação perante a Câmara dos Deputados e o Senado Federal, referentes à inserção do nome afetivo no Estatuto da Criança e do Adolescente, a saber: o Projeto de Lei n. 1.535/2019 e o Projeto de Lei do Senado n. 330/2018.

Decorridos 15 anos desde a primeira edição, o *Curso de direito da criança e do adolescente: aspectos teóricos e práticos* permanece como uma obra sempre atual, acompanhando o dinamismo inerente à atuação na área da infância e juventude.

Parte I
O Direito Material sob o Enfoque Constitucional

Parte I

O Direito Material sob o
Enfoque Constitucional

Evolução histórica do direito da criança e do adolescente

Andréa Rodrigues Amin

Vivemos um momento sem igual no plano do direito infantojuvenil. Crianças e adolescentes ultrapassam a esfera de meros objetos de "proteção" e "tutela" pela família e pelo Estado e passam à condição de sujeitos de direito, beneficiários e destinatários imediatos da Doutrina da Proteção Integral.

A sociedade brasileira, por oportunidade da construção da nova norma fundante de todo o ordenamento jurídico pátrio, elegeu a dignidade da pessoa humana como um dos princípios fundamentais da nossa República, reconhecendo cada indivíduo como centro autônomo de direitos e valores essenciais à sua realização plena como pessoa. Configura, em suma, verdadeira "cláusula geral de tutela e promoção da pessoa humana"[1], o que significa dizer que todo ser humano se encontra sob seu manto, aqui se incluindo nossas crianças e adolescentes.

Sem dúvida, muito se avançou. Contudo, não podemos olvidar que o presente é produto da soma de erros e acertos vividos no passado. Conhecer a história é indispensável instrumento para melhor compreender o hoje e construir o amanhã. Por meio de um breve histórico, tornar-se-á mais fácil compreender a grande revolução causada pela adoção da Doutrina da Proteção Integral.

1. IDADE ANTIGA

Nas antigas civilizações, os laços familiares eram estabelecidos pelo culto à religião e não pelas relações afetivas ou consanguíneas. A família romana funda-

---

1 TEPEDINO, Gustavo. A tutela da personalidade no ordenamento civil-constitucional brasileiro. *Temas de direito civil*. 2. ed. rev. e atual. Rio de Janeiro: Renovar, 2001, p. 48.

va-se no poder paterno (*pater familiae*) marital, ficando a cargo do chefe da família o cumprimento dos deveres religiosos. O pai era, portanto, a autoridade familiar e religiosa. A religião, em que pese não formar a família, ditava suas regras, estabelecia o direito. Juridicamente, a sociedade familiar era uma associação religiosa e não uma associação natural.

Como autoridade, o pai exercia poder absoluto sobre os seus. Os filhos mantinham-se sob a autoridade paterna enquanto vivessem na casa do pai, independentemente da menoridade, já que àquela época não se distinguiam maiores e menores. Filhos não eram sujeitos de direitos, mas sim objeto de relações jurídicas, sobre os quais o pai exercia um direito de proprietário. Assim, era-lhe conferido o poder de decidir, inclusive, sobre a vida e a morte dos seus descendentes[2].

Os gregos mantinham vivas apenas crianças saudáveis e fortes. Em Esparta, cidade grega famosa por seus guerreiros, o pai transferia para um tribunal do Estado o poder sobre a vida e a criação dos filhos, com o objetivo de preparar novos guerreiros. As crianças eram, portanto, "patrimônio" do Estado. No Oriente, era comum o sacrifício religioso de crianças, em razão de sua pureza. Também era corrente, entre os antigos, sacrificarem crianças doentes, deficientes, malformadas, jogando-as de despenhadeiros; desfazia-se de um peso morto para a sociedade. A exceção ficava a cargo dos hebreus, que proibiam o aborto ou o sacrifício dos filhos, apesar de permitirem sua venda como escravos.

O tratamento entre os filhos não era isonômico. Os direitos sucessórios limitavam-se ao primogênito e desde que fosse do sexo masculino. Segundo o Código de Manu, o primogênito era o filho gerado para o cumprimento do dever religioso, por isso privilegiado.

Em um segundo momento, alguns povos indiretamente procuraram resguardar interesses da população infantojuvenil. Mais uma vez foi importante a contribuição romana, que distinguiu menores impúberes e púberes, muito próxima das incapacidades absoluta e relativa de nosso tempo. A distinção refletiu em um abrandamento nas sanções pela prática de ilícito por menores púberes e impúberes ou órfãos. Outros povos, como lombardos e visigodos, proibiram o infanticídio, enquanto frísios restringiram o direito do pai sobre a vida dos filhos[3].

2. IDADE MÉDIA

A Idade Média foi marcada pelo crescimento da religião cristã, com seu grande poder de influência sobre os sistemas jurídicos da época. "Deus falava, a Igreja

---

2 COULANGES, Fustel. *A cidade antiga*. Trad. de J. Cretella Jr. e Agnes Cretella. São Paulo: Revista dos Tribunais, 2003.

3 TAVARES, José de Farias. *Direito da infância e da juventude*. Belo Horizonte: Del Rey, 2001.

PARTE I – O DIREITO MATERIAL SOB O ENFOQUE CONSTITUCIONAL

traduzia e o monarca cumpria a determinação divina". O homem não era um ser racional, mas sim um pecador, portanto precisava seguir as determinações da autoridade religiosa para que sua alma fosse salva.

O Cristianismo trouxe uma grande contribuição para o início do reconhecimento de direitos para as crianças: defendeu o direito à dignidade para todos, inclusive para os menores.

Como reflexo, atenuou a severidade de tratamento na relação pai e filho, pregando, contudo, o dever de respeito, aplicação prática do quarto mandamento do catolicismo: "honrar pai e mãe".

Por meio de diversos concílios, a Igreja foi outorgando certa proteção aos menores, estabelecendo e aplicando penas corporais e espirituais para os pais que abandonavam ou expunham os filhos. Em contrapartida, os filhos nascidos fora do manto sagrado do matrimônio (um dos sete sacramentos do catolicismo) eram discriminados, pois indiretamente atentavam contra a instituição sagrada, àquela época única forma de se constituir família, base de toda sociedade. Segundo doutrina traçada no Concílio de Trento, a filiação natural ou ilegítima – filhos espúrios, adulterinos ou sacrílegos – deveria permanecer à margem do Direito, já que era a prova viva da violação do modelo moral imposto à época.

3. O DIREITO BRASILEIRO

No Brasil Colônia, as Ordenações do Reino tiveram larga aplicação. Mantinha-se o respeito ao pai como autoridade máxima no seio familiar. Contudo, em relação aos indígenas que aqui viviam e cujos costumes eram de todo próprio, havia uma inversão de valores. Dada a dificuldade que os jesuítas encontraram para catequizar os indígenas adultos e percebendo que era muito mais simples educar as crianças, utilizaram-nas como forma de alcançar os pais. Em outras palavras, os filhos foram o instrumento para educar e adequar os pais à nova ordem moral.

Para resguardo da autoridade parental, ao pai era assegurado o direito de castigar o filho como forma de educá-lo, excluindo-se a ilicitude da conduta paterna se no "exercício desse mister" o filho viesse a falecer ou sofresse lesão.

Durante a fase imperial teve início a preocupação com os infratores, menores ou maiores, e a política repressiva era fundada no temor ante a crueldade das penas. Vigentes as Ordenações Filipinas, a imputabilidade penal era alcançada aos 7 anos de idade. Dos 7 aos 17 anos, o tratamento era similar ao do adulto, com certa atenuação na aplicação da pena. Dos 17 aos 21 anos de idade, eram considerados jovens adultos, portanto já poderiam sofrer a pena de morte natural (por enforcamento). A exceção era o crime de falsificação de moeda, para o qual se autorizava a pena de morte natural para maiores de 14 anos[4].

---

4 TAVARES, José Farias. Op. cit., nota 2, p. 51.

Houve uma pequena alteração do quadro com o Código Penal do Império, de 1830, que introduziu o exame da capacidade de discernimento para aplicação da pena[5]. Menores de 14 anos eram inimputáveis. Contudo, se houvesse discernimento para os compreendidos na faixa dos 7 aos 14 anos, poderiam ser encaminhados para casas de correção, onde poderiam permanecer até os 17 anos de idade.

O Primeiro Código Penal dos Estados Unidos do Brasil[6] manteve a mesma linha do código anterior com pequenas modificações. Menores de 9 anos eram inimputáveis. A verificação do discernimento foi mantida para os adolescentes entre 9 e 14 anos de idade. Até 17 anos seriam apenados com 2/3 da pena do adulto.

Em paralelo, no campo não infracional, o Estado agia por meio da Igreja. Já em 1551 foi fundada a primeira casa de recolhimento de crianças do Brasil, gerida pelos jesuítas, que buscavam isolar crianças indígenas e negras da má influência dos pais, com seus costumes "bárbaros". Consolidava-se o início da política de recolhimento.

No século XVIII, aumentou a preocupação do Estado com órfãos e expostos, pois era prática comum o abandono de crianças (crianças ilegítimas e filhos de escravos, principalmente) nas portas das igrejas, conventos, residências ou mesmo pelas ruas. Como solução, importou-se da Europa a Roda dos Expostos, mantida pelas Santas Casas de Misericórdia.

O início do período republicano foi marcado pelo aumento da população do Rio de Janeiro e de São Paulo, em razão, principalmente, da intensa migração dos escravos recém-libertos. Os males sociais (doenças, sem-teto, analfabetismo) exigiram medidas urgentes, já que era um momento de construção da imagem da nova república. Assim, foram fundadas entidades assistenciais que passaram a adotar práticas de caridade ou medidas higienistas[7-8].

O pensamento social oscilava entre assegurar direitos e "se defender" dos menores. Casas de recolhimento são inauguradas em 1906, dividindo-se em escolas de prevenção, destinadas a educar menores em abandono, escolas de reforma e colônias correcionais[9], cujo objetivo era regenerar menores em conflito com a lei.

Em 1912, o Deputado João Chaves apresentou projeto de lei alterando a perspectiva do direito de crianças e adolescentes, afastando-o da área penal e

---

5   Esse sistema foi mantido até 1921, ano em que a Lei n. 4.242 substituiu o subjetivismo do sistema biopsicológico pelo critério objetivo de imputabilidade de acordo com a idade.

6   Decreto n. 847, de 11 de outubro de 1890.

7   Movimento surgido na Europa que, teoricamente, fundamentava-se em noções de eugenia e degenerescência.

8   O assunto é aprofundado no capítulo "A política de atendimento".

9   Foram criadas em 1908, pela Lei n. 6.994, para cumprimento dos casos de internação, de menores e maiores, estes de acordo com o tipo penal e a situação processual.

PARTE I – O DIREITO MATERIAL SOB O ENFOQUE CONSTITUCIONAL

propondo a especialização de tribunais e juízes, na linha, portanto, dos movimentos internacionais da época.

A influência externa[10] e as discussões internas levaram à construção de uma Doutrina do Direito do Menor, fundada no binômio carência-delinquência. Era a fase da criminalização da infância pobre. Havia uma consciência geral de que o Estado teria o dever de proteger os menores, mesmo que suprimindo suas garantias. Delineava-se, assim, a Doutrina da Situação Irregular.

Em um inevitável desenrolar dos fatos, em 1926 foi publicado o Decreto n. 5.083, primeiro Código de Menores' do Brasil, que cuidava dos infantes expostos, menores abandonados e menores delinquentes. Cerca de um ano depois, em 12 de outubro de 1927, veio a ser substituído pelo Decreto n. 17.943-A[11], mais conhecido como Código Mello Mattos. De acordo com a nova lei, caberia ao Juiz de Menores decidir o destino de crianças e adolescentes abandonados e delinquentes. A família, independentemente da situação econômica, tinha o dever de suprir adequadamente as necessidades básicas das crianças e dos jovens, de acordo com o modelo idealizado pelo Estado. Medidas assistenciais[12] e preventivas foram previstas com o objetivo de minimizar a infância de rua.

No campo infracional, crianças e adolescentes até 14 anos eram objeto de medidas punitivas com finalidade educacional. Já os adolescentes, entre 14 e 18 anos, eram passíveis de punição, mas com responsabilidade atenuada. Foi uma lei que uniu justiça e assistência, união necessária para que o Juiz de Menores exercesse toda a sua autoridade centralizadora, controladora e protecionista sobre a infância pobre, potencialmente perigosa. Estava construída a categoria Menor, conceito estigmatizante que acompanharia crianças e adolescentes até a Lei n. 8.069/90.

A Constituição da República do Brasil de 1937, permeável às lutas pelos direitos humanos, buscou, além do aspecto jurídico, ampliar o horizonte social da infância e juventude, bem como dos setores mais carentes da população. O Serviço Social passou a integrar programas de bem-estar, valendo destacar o Decreto-lei n. 3.799/41, que criou o Serviço de Assistência do Menor (SAM), que atendia menores delinquentes e desvalidos, redefinido em 1944 pelo Decreto-lei n. 6.865.

A tutela da infância, nesse momento histórico, caracterizava-se pelo regime de internações com quebra dos vínculos familiares, substituídos por vínculos institu-

---

10 No cenário internacional, destacaram-se o Congresso Internacional de Menores, realizado em Paris, no ano de 1911, e a Declaração de Genebra, que, em 1924, veio a ser adotada pela Liga das Nações, reconhecendo-se a existência de um Direito da Criança.

11 Consolidou as leis de assistência e proteção a menores, constituindo o Código de Menores.

12 Em 1923, por meio do Decreto n. 16.272, foram publicadas as primeiras normas de assistência social visando à proteção dos menores abandonados e delinquentes, após ampla discussão no I Congresso Brasileiro de Proteção à Infância.

cionais. O objetivo era recuperar o menor, adequando-o ao comportamento ditado pelo Estado, mesmo que o afastasse por completo da família. A preocupação era correcional e não afetiva.

Em 1943, foi instalada uma Comissão Revisora do Código Mello Mattos. Diagnosticado que o problema das crianças era principalmente social, a comissão trabalhou no propósito de elaborar um código misto, com aspectos social e jurídico.

No projeto, percebia-se claramente a influência dos movimentos pós-Segunda Grande Guerra em prol dos Direitos Humanos que levaram a ONU, em 1948, a elaborar a Declaração Universal dos Direitos do Homem, atualmente denominada Declaração dos Direitos Humanos e, em 20 de novembro de 1959, a publicar a Declaração dos Direitos da Criança, que reconheceu a criança como sujeito de direito e cuja evolução originou a Doutrina da Proteção Integral.

Contudo, após o golpe militar, a comissão foi desfeita e os trabalhos interrompidos.

A década de 1960 foi marcada por severas críticas ao SAM, que não cumpria, e até se distanciava, do seu objetivo inicial. Desvio de verbas, superlotação, ensino precário, incapacidade de recuperação dos internos foram alguns dos problemas que levaram à sua extinção em novembro de 1964, pela Lei n. 4.513, que criou a Fundação Nacional do Bem-Estar do Menor (Funabem).

A atuação da nova entidade era baseada na Política Nacional do Bem-Estar do Menor (PNBEM), com gestão centralizadora e verticalizada. Nítida a contradição entre o técnico e a prática. Legalmente, a Funabem apresentava uma proposta pedagógico-assistencial progressista. Na prática, era mais um instrumento de controle do regime político autoritário exercido pelos militares. Em nome da segurança nacional, buscava-se reduzir ou anular ameaças ou pressões antagônicas de qualquer origem, mesmo se tratando de menores, elevados, naquele momento histórico, à categoria de "problema de segurança nacional".

No auge do regime militar, em franco retrocesso, foi publicado o Decreto-lei n. 1.004, de 21 de outubro de 1969, que instituiu o Código Penal e reduziu a responsabilidade penal para 16 anos, se comprovada a capacidade de discernimento acerca da ilicitude do fato. Na hipótese, a pena poderia ser diminuída de um terço até a metade. O referido dispositivo só foi revogado pela Lei n. 6.016, de 31 de dezembro de 1973, que restabeleceu a idade de 18 anos para alcance da imputabilidade penal[13].

---

13 O Decreto-lei n. 1.004, de 21 de outubro de 1969, instituiu o Código Penal e em seu art. 33 estabeleceu: "O menor de dezoito anos é inimputável salvo se, já tendo completado dezesseis anos, revela suficiente desenvolvimento psíquico para entender o caráter ilícito do fato e determinar-se de acordo com este entendimento. Neste caso, a pena aplicável é diminuída de um terço até a metade".

PARTE I – O DIREITO MATERIAL SOB O ENFOQUE CONSTITUCIONAL 9

No final dos anos 1960 e começo da década de 1970 iniciaram-se debates para reforma ou criação de uma nova legislação menorista. Em 10 de outubro de 1979 foi publicada a Lei n. 6.697, novo Código de Menores, que, sem pretender surpreender ou verdadeiramente inovar, consolidou a Doutrina da Situação Irregular.

Durante todo esse período, a cultura da internação, para carentes ou delinquentes, foi a tônica. A segregação era vista, na maioria dos casos, como única solução.

Em 1990, já completamente desgastada pelos mesmos sintomas que levaram à extinção do SAM, a Funabem foi substituída pelo Centro Brasileiro para Infância e Adolescência (CBIA). Percebe-se, desde logo, a mudança terminológica, não mais se utilizando o estigma "menor", mas sim "criança e adolescente", expressão consagrada na Constituição da República de 1988 e nos documentos internacionais.

4. O PERÍODO PÓS-CONSTITUIÇÃO DE 1988

A Carta Constitucional de 1988 trouxe e coroou significativas mudanças em nosso ordenamento jurídico, estabelecendo novos paradigmas.

Do ponto de vista político, houve uma necessidade de reafirmar valores caros que nos foram ceifados durante o regime militar. No campo das relações privadas se fazia imprescindível atender aos anseios de uma sociedade mais justa e fraterna, menos patrimonialista e liberal. Movimentos europeus pós-guerra influenciaram o legislador constituinte na busca de um direito funcional, pró-sociedade. De um sistema normativo garantidor do patrimônio do indivíduo passamos para um novo modelo, que prima pelo resguardo da dignidade da pessoa humana. O binômio individual-patrimonial é substituído pelo coletivo-social.

Por certo, o novo perfil social almejado pelo legislador constitucional não poderia deixar intocado o sistema jurídico da criança e do adolescente, restrito aos "menores" em abandono ou estado de delinquência. E, de fato, não o fez.

A intensa mobilização de organizações populares nacionais e de atores da área da infância e juventude, acrescida da pressão de organismos internacionais, como a Unicef, foi essencial para que o legislador constituinte se tornasse sensível a uma causa já reconhecida como primordial em diversos documentos internacionais, como a Declaração de Genebra, de 1924; a Declaração Universal dos Direitos Humanos das Nações Unidas (Paris, 1948); a Declaração dos Direitos da Criança, de 1959; a Convenção Americana Sobre os Direitos Humanos (Pacto de São José da Costa Rica, 1969) e as Regras Mínimas das Nações Unidas para a Administração da Justiça da Infância e da Juventude – Regras Mínimas de Beijing (Resolução n. 40/33 da Assembleia Geral, de 29 de novembro de 1985). A nova ordem rompeu, assim,

---

A Lei n. 6.016, de 31 de dezembro de 1973, deu nova redação ao art. 33 do CP: "O menor de dezoito anos é inimputável".

com o já consolidado modelo da situação irregular e adotou a Doutrina da Proteção Integral.

No caminho da ruptura, merece destaque a atuação do Movimento Nacional dos Meninos e Meninas de Rua (MNMMR), resultado do 1º Encontro Nacional de Meninos e Meninas de Rua, realizado em 1984, cujo objetivo era discutir e sensibilizar a sociedade para a questão das crianças e adolescentes rotulados como "menores abandonados" ou "meninos de rua".

O MNMMR foi um dos mais importantes polos de mobilização nacional na busca de uma participação ativa de diversos segmentos da sociedade atuantes na área da infância e juventude. O objetivo a ser alcançado era uma Constituição que garantisse e ampliasse os direitos sociais e individuais de nossas crianças e adolescentes.

Segundo Almir Rogério Pereira[14], "a Comissão Nacional Criança e Constituinte conseguiu reunir 1.200.000 assinaturas para sua emenda e promoveu intenso *lobby* entre os parlamentares pela inclusão dos direitos infantojuvenis na nova Carta".

O esforço foi recompensado com a aprovação dos textos dos arts. 227 e 228 da Constituição Federal de 1988, resultado da fusão de duas emendas populares, que levaram ao Congresso as assinaturas de quase 200 mil eleitores e de mais de 1,2 milhão de cidadãos-crianças e cidadãos-adolescentes.

Coroando a revolução constitucional que colocou o Brasil no seleto rol das nações mais avançadas na defesa dos interesses infantojuvenis, para as quais crianças, adolescentes e jovens são sujeitos de direito, titulares de direitos fundamentais que devem ser assegurados com absoluta prioridade, foi adotado o sistema garantista da Doutrina da Proteção Integral. Objetivando regulamentar e implementar o novo sistema, foi promulgada a Lei n. 8.069, de 13 de julho de 1990, de autoria do Senador Ronan Tito e relatório da Deputada Rita Camata, que incorporou em seu texto os compromissos expostos na Convenção Sobre os Direitos da Criança, de 20 de novembro de 1989, da qual o Brasil é signatário[15].

O Estatuto da Criança e do Adolescente resultou da articulação de três vertentes: o movimento social, os agentes do campo jurídico e as políticas públicas.

Coube ao movimento social reivindicar e pressionar. Aos agentes jurídicos (estudiosos e aplicadores), traduzir tecnicamente os anseios da sociedade civil, desejosa de mudança do arcabouço jurídico-institucional das décadas anteriores. Embalado pelo ambiente extremamente propício de retomada democrática pós-ditadura militar e promulgação de uma nova ordem constitucional, coube ao

---

14 *Visualizando a política de atendimento*. Rio de Janeiro: Kroart, 1998, p. 33.

15 A Convenção das Nações Unidas Sobre os Direitos da Criança foi promulgada pelo Decreto n. 99.710, de 21 de novembro de 1990.

PARTE I – O DIREITO MATERIAL SOB O ENFOQUE CONSTITUCIONAL

Poder Público, por meio das Casas legislativas, efetivar os anseios sociais e a determinação constitucional.

O termo "estatuto" – do latim *statutum*, regulamento, sentença, aresto – foi de todo próprio, porque traduz o conjunto de regras que dispõe sobre os direitos fundamentais sob a perspectiva da sua indispensabilidade à formação integral de crianças e adolescentes. Mas não só. Cuida ainda de organizar o meio pelo qual se garantirá esse conjunto de direitos, assim como estabelece procedimentos sobre os quais se percebe um olhar mais atento à premência, à celeridade e à segurança necessárias para defesa dos direitos infantojuvenis.

Trata-se de um verdadeiro microssistema que cuida de todo o arcabouço necessário para efetivar o ditame constitucional de ampla tutela a crianças e adolescentes. É norma especial com extenso campo de abrangência, enumerando regras processuais, instituindo tipos penais, estabelecendo normas de direito administrativo, princípios de interpretação, política legislativa, em suma, todo o instrumental necessário e indispensável para efetivar a determinação constitucional.

A adoção da Doutrina da Proteção Integral, na visão de Antonio Carlos Gomes da Costa, constituiu uma verdadeira "revolução copernicana" na área da infância e adolescência[16].

Com ela, constrói-se um novo paradigma para o direito infantojuvenil. Formalmente, sai de cena a Doutrina da Situação Irregular, de caráter filantrópico e assistencial, com gestão centralizadora do Poder Judiciário, a quem cabia a execução de qualquer medida referente aos menores que integravam o binômio abandono-delinquência.

Em seu lugar, implanta-se a Doutrina da Proteção Integral, com caráter de política pública. Crianças e adolescentes deixam de ser objeto de proteção assistencial e passam a titulares de direitos subjetivos. Para assegurá-los é estabelecido um sistema de garantia de direitos, que se materializa precipuamente no Município, a quem cabe estabelecer a política de atendimento dos direitos da criança e do adolescente, por meio do Conselho Municipal de Direito da Criança e do Adolescente (CMDCA), bem como, numa cogestão com a sociedade civil, executá-la.

Trata-se de um novo modelo, universal, democrático e participativo, no qual família, sociedade e Estado são partícipes, corresponsáveis e cogestores do sistema de garantias que não se restringe à infância e juventude pobres, protagonistas da Doutrina da Situação Irregular, mas sim a *todas* as crianças e adolescentes, pobres ou ricos, lesados em seus direitos fundamentais de pessoas em desenvolvimento.

Novos atores entram em cena: a comunidade local, por meio dos Conselhos Municipal e Tutelar; a sociedade civil, por intermédio dos organismos não gover-

---

16 *A mutação social*. In: *Brasil criança urgente*: a Lei n. 8.069/90. São Paulo: Columbus Cultural, 1990, p. 38.

namentais que integram a rede de atendimento; a família, cumprindo os deveres inerentes ao poder familiar; o Judiciário, exercendo precipuamente a função judicante; o Ministério Público, como um grande agente garantidor e promotor de toda a rede, fiscalizando seu funcionamento, exigindo resultados, assegurando o respeito prioritário aos direitos fundamentais infantojuvenis estabelecidos na Lei Maior; sem esquecer a Defensoria Pública, os advogados, os comissários e os serviços auxiliares, por intermédio das equipes interprofissionais imprescindíveis ao cotidiano das Varas da infância e juventude.

Implantar o sistema de garantias é o grande desafio dos operadores da área da infância e juventude. Inicialmente, faz-se indispensável romper com a dogmática anterior, não apenas no aspecto formal, como já o fizeram a Constituição da República e a Lei n. 8.069/90, mas, e principalmente, no plano prático. Trata-se de uma tarefa árdua, pois exige conhecer, entender e aplicar uma nova sistemática, completamente diferente da pretérita, entranhada em nosso tecido social há quase um século.

Nesses mais de 30 anos de vigência do Estatuto o sistema de garantias vem sendo aprimorado por meio de novos diplomas legais, valendo menção às Leis n. 11.829/2008, 12.010/2009, 12.594/2012, 12.696/2012, 12.852/2013, 13.010/2014, 13.146/2015, 13.257/2016, 13.344/2016, Lei 13.431/2017, 13.509/2017, 13.812/2019 e, mais recentemente, a Lei n. 14.344/2022, conhecida como Lei Henry Borel. Outros tantos projetos de lei ainda tramitam nas Casas Legislativas, muitos deles sem compreender a nova ordem. Outros tantos, contudo, já a incorporaram e buscam de fato tornar real o cumprimento dos deveres impostos, a todos, pela Carta Constitucional em seu art. 227.

REFERÊNCIAS

COSTA, Antonio Carlos Gomes da. A mutação social. *In: Brasil criança urgente. A Lei n. 8.069/90.* São Paulo: Columbus Cultural, 1990.

COULANGES, Fustel. *A cidade antiga.* Trad. de J. Cretella Jr. e Agnes Cretella. São Paulo: Revista dos Tribunais, 2003.

PEREIRA, Almir Rogério. *Visualizando a política de atendimento.* Rio de Janeiro: Kroart, 1998.

TAVARES, José de Farias. *O direito da infância e da juventude.* Belo Horizonte: Del Rey, 2001.

TEPEDINO, Gustavo. A tutela da personalidade no ordenamento civil-constitucional brasileiro. *Temas de direito civil.* 2. ed. rev. e atual. Rio de Janeiro: Renovar, 2001.

Doutrina da Proteção Integral

Andréa Rodrigues Amin

1. INTRODUÇÃO

A origem etimológica do termo "doutrina" vem do latim *doctrina,* que, por sua vez, vem de *doceo,* ensino. Esse é seu sentido mais antigo, ligado ao ensino de uma disciplina, à formação de um conhecimento, de um saber geral ou apenas acerca de um assunto específico. Ao longo do tempo o termo se afastou do seu conceito de origem, passando a compreender outras acepções, firmando-se, "cada vez mais, como indicador de um conjunto de teorias, noções e princípios, coordenados entre eles organicamente, que constituem o fundamento de uma ciência, de uma filosofia, de uma religião, etc., ou então que são relativos a um determinado problema e, portanto, passíveis de ser ensinados"[1].

É nesse sentido que a define Aurélio Buarque de Holanda Ferreira[2], para quem *doutrina* "é o conjunto de princípios que servem de base a um sistema religioso, político, filosófico, científico etc.".

Os princípios, por sua vez, no dizer de Miguel Reale[3], são "enunciados lógicos admitidos como condição ou base de validade das demais asserções que compõem dado campo do saber". Em outras palavras, "são verdades fundantes de um sistema de conhecimento".

---

1 BOBBIO, Norberto *et al. Dicionário de política.* 11. ed. Brasília: Ed. UnB.
2 *Novo dicionário Aurélio da língua portuguesa.* 2. ed. 36. imp. Rio de Janeiro: Nova Fronteira, 1986, p. 610.
3 *Lições preliminares de direito.* 27. ed. São Paulo: Saraiva, 2009, p. 303.

Para Josef Esser, "são aquelas normas que estabelecem fundamentos para que determinado mandamento seja encontrado"[4]. Já Karl Larenz, citado por Ávila, os define como normas de grande relevância para o ordenamento jurídico, na medida em que estabelecem fundamentos normativos para a interpretação e aplicação do Direito, deles decorrendo, direta ou indiretamente, normas de comportamento. Os princípios seriam pensamentos diretivos de uma regulação jurídica existente ou possível, mas que ainda não são regras suscetíveis de aplicação, na medida em que lhes falta o caráter formal de proposições jurídicas, isto é, a conexão entre uma hipótese de incidência e uma consequência jurídica[5]. Indicam a direção a ser seguida, a regra a ser encontrada, a forma como deve ser interpretada, o valor que dela deve ser extraído.

Já um sistema pode ser compreendido como um conjunto de normas dependentes entre si, reunidas sob um critério lógico de organização, fundado em um ou mais princípios-base. Segundo Larenz, as normas jurídicas "estão numa conexão multímoda umas com as outras". Essa conexão, essa forma como são organizadas, sua lógica, são elementos relevantes no processo interpretativo. Segundo o autor, "toda a interpretação de uma norma tem de tomar em consideração a cadeia de significado, o contexto e a sede sistemática da norma, a sua função no contexto da regulamentação em causa"[6].

A Doutrina da Proteção Integral encontra seu nascedouro na Declaração dos Direitos da Criança, de 1959, que já no seu *princípio 1* reconheceu que todas as crianças gozariam e seriam, portanto, "credoras" dos direitos enunciados naquele documento, considerando-as, portanto, sujeitos de direitos. Trata-se de um marco normativo de enorme relevância, com força política para servir de norte à elaboração de normativas no âmbito externo, assim como na legislação de Estados-Membros.

Contudo, foi apenas com a Convenção sobre os Direitos da Criança das Nações Unidas, promulgada em 20 de novembro de 1989, que a Doutrina da Proteção Integral ganhou força coercitiva. Trata-se do mais relevante e amplo documento internacional de proteção das crianças, aqui reconhecidas como sujeitos de direito com uma peculiar condição de pessoas ainda em desenvolvimento cujos direitos fundamentais devem ser assegurados pelos membros signatários com absoluta prioridade.

Expressão de alto valor ético, humanitário e universal, foi originalmente inserida em nosso ordenamento jurídico por meio dos arts. 227 e 228 da Constituição da República de 1988[7], em perfeito silogismo e diálogo com o princípio da dignidade da

---

4   ÁVILA, Humberto. *Teoria dos princípios*: da definição à aplicação dos princípios jurídicos. 13. ed. rev. e ampl. São Paulo: Malheiros, 2012, p. 38.

5   ÁVILA, Humberto. Op. cit., p. 38-39.

6   LARENZ, Karl. *Metodologia da ciência do direito*. 3. ed. Lisboa: Fundação Calouste Gulbenkian, 1997, p. 621.

7   Apesar de a Convenção datar do ano de 1989, sua formulação e a busca por consenso exigiram alto volume de trabalho e discussões que perduraram por cerca de seis anos.

PARTE I – O DIREITO MATERIAL SOB O ENFOQUE CONSTITUCIONAL

pessoa humana. A formatação e a modelagem do sistema de garantia de direitos (SGD) vieram a seguir, com a promulgação do Estatuto da Criança e do Adolescente.

Segundo Maria Dinair Acosta Gonçalves[8], superaram-se o direito tradicional, que não percebia a criança como indivíduo, e o direito moderno do menor incapaz, objeto de manipulação dos adultos. Na era pós-moderna, a criança, o adolescente e o jovem são tratados como sujeitos de direitos, em sua integralidade.

A Carta Constitucional de 1988, distanciando-se da Doutrina da Situação Irregular até então vigente, assegurou às crianças e aos adolescentes, com absoluta prioridade, direitos fundamentais, determinando à família, à sociedade e ao Estado o dever legal e concorrente de assegurá-los, com prioridade.

Regulamentando e com o objetivo de dar efetividade à norma constitucional, foi promulgado o Estatuto da Criança e do Adolescente, microssistema aberto de regras e princípios, fundado em três pilares básicos: 1) criança e adolescente são sujeitos de direito; 2) afirmação de sua condição peculiar de pessoa em desenvolvimento, e, portanto, sujeita a uma legislação especial e protetiva; 3) prioridade absoluta na garantia de seus direitos fundamentais.

2. DOCUMENTOS INTERNACIONAIS

O primeiro documento internacional que expôs a preocupação de reconhecer direitos a crianças e adolescentes foi a Declaração dos Direitos da Criança de Genebra, em 1924, também conhecida apenas como Declaração de Genebra.

O momento histórico compreendia o término da Primeira Guerra Mundial, a Revolução Russa de 1917, seguida pela guerra civil russa e a crescente exploração da mão de obra infantil, migrada dos campos para o chão das fábricas. Crianças órfãs, pobres, esfaimadas, com extenuante carga de trabalho de até 14 horas diárias, sem folga, sem escola, sem lazer e ao custo de 1/3 a 2/3 da mão de obra adulta demonstraram a necessidade de promover mecanismos de proteção à infância. Esse cenário levou a britânica Eglantyne Jebb a fundar, no ano de 1919, a associação internacional *Save the Children* e a redigir e impulsionar a Declaração de Genebra sobre os direitos da criança, sancionada pela Liga das Nações no ano de 1924[9].

Nesse ínterim, foi instalada nossa Assembleia Constituinte, ocasião em que se buscou inserir no corpo da Carta Constitucional os preceitos da Doutrina da Proteção Integral.

8   *Proteção integral*: paradigma multidisciplinar do direito pós-moderno. Porto Alegre: Alcance, 2002, p. 15.

9   Texto da primeira declaração de direitos da criança redigido por Eglantyne Jebb (tradução da autora):
    I – À criança devem ser concedidos os meios necessários para o seu desenvolvimento normal, tanto material como espiritual.
    II – A criança que tem fome deve ser alimentada, a criança que está doente deve receber os cuidados de saúde necessários, a criança que está atrasada deve ser ajudada, a

Em 1959, a agora Organização das Nações Unidas publicou a Declaração Universal dos Direitos da Criança, o grande marco no reconhecimento de crianças como sujeitos de direitos, carecedoras de proteção e cuidados especiais. Trata-se de documento que aprimorou a Declaração Universal dos Direitos Humanos, de 1948, adequando-a a uma parcela peculiar da humanidade, carecedora de proteção especial e cuidado, dada sua vulnerabilidade, sua imaturidade física e intelectual.

O documento incorporou e acresceu novas regras às já estabelecidas pela Convenção de Genebra. Trata-se dos dez pontos (ou princípios) da Declaração Universal dos Direitos da Criança, a saber: i) universalidade dos direitos reconhecidos sem discriminação alguma; ii) proteção especial para desenvolvimento físico e mental saudável, levando-se sempre em conta seu interesse superior; iii) direito a nome e nacionalidade; iv) segurança social para desenvolvimento com saúde, garantindo-se moradia, alimentação, recreio e cuidados médicos; v) tratamento e cuidado especial para crianças com deficiência; vi) convivência com sua família, recebendo cuidado, afeto e proteção, cabendo ao Estado e à sociedade provê-los de subsídios quando carentes; vii) direito à educação gratuita e obrigatória, pelo menos nos graus elementares, promovendo sua cultura e lhe permitindo desenvolver suas aptidões. Com o mesmo objetivo ser-lhe-á assegurado direito a brincar e participar de atividades recreativas; viii) terá prioridade em receber proteção e socorro; ix) deverá ser protegida de toda forma de abandono, crueldade e exploração, não devendo ser empregada para o trabalho sem uma idade mínima adequada; x) deverá ser protegida contra as práticas que possam fomentar a discriminação racial, religiosa ou de qualquer outra natureza. Deve ser educada em um espírito de compreensão, tolerância, amizade entre os povos, paz e fraternidade universal, e com plena consciência de que deve devotar as suas energias e aptidões ao serviço dos seus semelhantes.

Seu caráter de "declaração" não lhe conferiu a força coercitiva necessária para assegurar sua efetividade. Em 1979, o governo da Polônia levou à ONU uma proposta provisória para a elaboração de uma convenção universal dos direitos da criança.

Atenta aos avanços e anseios sociais, mormente no plano dos direitos fundamentais, a ONU reconheceu que a atualização do documento se fazia necessária, assim como lhe conferiu caráter obrigatório. Dessa forma, em 1979, criou um

---

criança delinquente deve ser recuperada, e o órfão e a criança abandonados devem ser protegidos e abrigados.

III – A criança deve ser a primeira a receber o socorro em tempos de crise ou emergência.

IV – À criança devem ser dadas todas as ferramentas para que ela se torne capaz de sustentar-se, e deve ser protegida contra toda forma de exploração.

V – A criança deve ser criada na consciência de que seus talentos devem ser colocados a serviço de seus semelhantes.

PARTE I – O DIREITO MATERIAL SOB O ENFOQUE CONSTITUCIONAL

grupo de trabalho com o objetivo de preparar o texto da Convenção dos Direitos da Criança, aprovado em novembro de 1989 pela Resolução n. 44[10, 11].

Pela primeira vez foi adotada, em caráter obrigatório, a Doutrina da Proteção Integral, marcada por três fundamentos: 1) reconhecimento da peculiar condição da criança e do jovem como sujeito de direito, como pessoa em desenvolvimento e titular de proteção especial; 2) crianças e jovens têm direito à convivência familiar; 3) as Nações subscritoras obrigam-se a assegurar os direitos insculpidos na Convenção com absoluta prioridade.

Importante consignar que a Convenção também estipulou uma "ponte permanente" com as demais convenções e documentos internacionais. Vale dizer, nem todos os direitos consagrados em documentos internacionais afetos à humanidade foram reproduzidos ou previstos no texto da Convenção. Contudo, a ponte permite estabelecer um diálogo entre os documentos, ampliando a proteção para crianças e adolescentes.

Em setembro de 1990, como mais um passo na busca da efetividade da Convenção dos Direitos da Criança, foi realizado o Encontro Mundial de Cúpula pela Criança, no qual representantes de 80 países, entre eles o Brasil, assinaram a Declaração Mundial sobre a Sobrevivência, a Proteção e o Desenvolvimento da Criança. No mesmo Encontro, foi ainda lançado o Plano de Ação para a década de 1990, cujos signatários assumiram o compromisso de promover a rápida implementação da Convenção, comprometendo-se ainda a melhorar a saúde de crianças e mães e a combater a desnutrição e o analfabetismo[12].

---

10   A Convenção dos Direitos da Criança foi subscrita pelo governo brasileiro em 26 de janeiro de 1990, aprovada pelo Congresso Nacional por meio do Decreto n. 28/90 e promulgada pelo Decreto Executivo n. 99.710/90.

11   No período compreendido entre a Declaração Universal dos Direitos da Criança e a Convenção dos Direitos da Criança, as Nações Unidas elaboraram vários documentos internacionais que muito contribuíram para a evolução do direito infantojuvenil. Alguns merecem destaque. A Convenção Americana sobre Direitos Humanos ou Pacto de San José da Costa Rica, de 1969, promulgada, no Brasil, pelo Decreto n. 678/92, reconheceu direitos aos já concebidos, especializou o tratamento judicial para crianças e jovens, estabeleceu uma corresponsabilidade entre família, sociedade e Estado na proteção de crianças e adolescentes. As Regras Mínimas das Nações Unidas para a Administração da Justiça Juvenil ou Regras Mínimas de Beijing, aprovadas pela Resolução n. 40/33, de novembro de 1985, estabeleceram diretrizes para a Justiça especializada, principalmente, nos processos e procedimentos relativos a adolescentes em conflito com a lei. No mesmo passo e complementando o documento, em novembro de 1990 foram aprovadas regras preventivas da delinquência juvenil, conhecidas como Diretrizes de Riad, que formam a base das ações e medidas socioeducativas previstas no ECA.

12   Em razão da Emenda Constitucional n. 45, os tratados e convenções internacionais sobre direitos humanos que forem aprovados em cada Casa do Congresso Nacional, em dois turnos, por três quintos dos votos dos respectivos membros, serão equivalentes às

Outro importante documento internacional, com relevância na área de prevenção do crime e do tratamento delinquencial[13], são as Regras Mínimas das Nações Unidas para a Administração da Justiça de Menores, mais conhecidas como Regras de Beijing. Apresentam orientações preventivas, com destaque para a proteção social dos jovens, assim como orientações para atuação da justiça delinquencial aplicada a menores, com destaque para a defesa e o resguardo dos direitos fundamentais e garantias processuais.

Oportuno destacar que vários outros documentos internacionais referem-se, direta ou indiretamente, a crianças e adolescentes, e, ratificados pelo Brasil, têm levado à criação ou modificação de nossas leis, valendo aqui mencionar a Convenção Sobre os Direitos das Pessoas com Deficiência, documento norteador da Lei n. 13.146/2015, mais conhecida como Estatuto da Pessoa com Deficiência, que, dentre outros, produziu reflexos na legislação infantojuvenil quanto à saúde, educação, cultura, lazer e profissionalização[14].

3. DA SITUAÇÃO IRREGULAR À PROTEÇÃO INTEGRAL

A Doutrina da Proteção Integral, estabelecida no art. 227 da Constituição da República, substituiu a Doutrina da Situação Irregular, oficializada pelo Código de Menores de 1979, mas de fato já implícita no Código Mello Mattos, de 1927.

---

emendas constitucionais (art. 5º, § 3º, da CF). A Convenção dos Direitos da Criança foi subscrita pelo governo brasileiro em 26 de janeiro de 1990, aprovada pelo Congresso Nacional pelo Decreto n. 28/90 e promulgada pelo Decreto Executivo n. 99.710/90.

13 Nomenclatura utilizada pelos documentos internacionais.

14 Outros documentos internacionais com reflexos nos direitos de crianças e adolescentes: Regras de Bangkok – Regras das Nações Unidas para o Tratamento de Mulheres Presas e Medidas Não Privativas de Liberdade para Mulheres Infratoras; Convenção de Haia sobre Cobrança Internacional de Alimentos para Crianças e o Protocolo de Haia sobre Alimentos; Convenção Interamericana sobre a Restituição Internacional de Menores; Convenção Internacional sobre Tráfico Internacional de Menores; Convenção sobre os Aspectos Civis da Abdução Internacional de Crianças; Convenção na Jurisdição, na Lei Aplicável, no Reconhecimento, na Aplicação e na Cooperação Respectivamente à Responsabilidade Parental e nas Medidas de Proteção das Crianças; Declaração Sobre os Princípios Sociais e Jurídicos Relativos à Proteção e ao Bem-estar das Crianças, com Particular Referência à Colocação em Lares de Guarda, nos Planos Nacional e Internacional; Resolução n. 20/2005 – ECOSOC, que versa sobre Diretrizes para a Justiça em Assuntos Envolvendo Crianças Vítimas ou Testemunhas de Crimes; Protocolo Facultativo Sobre o Envolvimento de Crianças em Conflitos Armados, adotado pela Assembleia Geral das Nações Unidas, em 25 de maio de 200, promulgado pelo Decreto n. 5.006, de 8 de março de 2004; Protocolo Facultativo Sobre a Venda de Crianças, Prostituição e Pornografias Infantis, adotado pela Assembleia Geral das Nações Unidas em 25 de maio de 2000, promulgado pelo Decreto n. 5.007, de 8 de março de 2004; Protocolo Facultativo Relativo aos Procedimentos de Comunicação, adotado pela Assembleia Geral das Nações Unidas, em 19 de dezembro de 2011, assinado pelo Brasil em 28 de fevereiro de 2012; Convenção n. 182 e Recomendação n. 190, da OIT, sobre as piores formas de trabalho infantil e sua forma de eliminação; Convenção n. 138, complementada pela Resolução n. 144, da OIT, sobre idade mínima para o trabalho.

PARTE I – O DIREITO MATERIAL SOB O ENFOQUE CONSTITUCIONAL

Trata-se, em verdade, não de uma simples substituição terminológica ou de princípios, mas sim de uma mudança de paradigma.

A Doutrina da Situação Irregular, que ocupou o cenário jurídico infantojuvenil por quase um século, era restrita. Limitava-se a tratar daqueles que se enquadravam no modelo predefinido de situação irregular, estabelecido no art. 2º do Código de Menores.

Compreendia o menor privado de condições essenciais à sua subsistência, saúde e instrução obrigatória, em razão da falta, ação ou omissão dos pais ou responsável; as vítimas de maus-tratos; os que estavam em perigo moral por se encontrarem em ambientes ou atividades contrários aos bons costumes; o autor de infração penal; e ainda todos os menores que apresentassem "desvio de conduta, em virtude de grave inadaptação familiar ou comunitária".

Aqui se apresentava o campo de atuação do Juiz de Menores, restrito ao binômio carência-delinquência. Todas as demais questões que envolvessem crianças e adolescentes deveriam ser discutidas na Vara de Família e regidas pelo Código Civil.

Segundo Roberto da Silva[15], "se os conceitos ontológicos fundamentam o capítulo referente à família no Código Civil brasileiro, dando origem a um ramo das ciências jurídicas, que é o Direito de Família, os hábitos e os costumes social e culturalmente aceitos no Brasil fundamentaram uma legislação paralela, o Direito do Menor, destinada a legislar sobre aqueles que não se enquadravam dentro do protótipo familiar concebido pelas elites intelectuais e jurídicas".

O Juiz de Menores centralizava as funções jurisdicional e administrativa, muitas vezes dando forma e estruturando a rede de atendimento. Enquanto era certa a competência da Vara de Menores, pairavam indefinições sobre os limites da atuação do Juiz.

Apesar das diversas medidas de assistência e proteção previstas pela lei[16] para regularizar a situação dos menores, a prática era de uma atuação segregatória na qual, normalmente, estes eram levados para internatos ou, no caso de infratores, institutos de detenção mantidos pela Febem. Inexistia preocupação em manter vínculos familiares, até porque a família, ou a falta dela, era considerada a causa da situação irregular.

Em resumo, a situação irregular era uma doutrina não universal, restrita, de forma quase absoluta, a um limitado público infantojuvenil.

Segundo José Ricardo Cunha[17], "os menores considerados em *situação irregular* passam a ser identificados por um rosto muito concreto: são os filhos das famílias empobrecidas, geralmente negros ou pardos, vindos do interior e das periferias".

---

15 A construção do Estatuto da Criança e do Adolescente. *Âmbito Jurídico*. Disponível em: <http://www.ambitojuridico.com.br>. Acesso em: 7 ago. 2012.

16 *Vide* art. 14 do Código de Menores de 1979.

17 O Estatuto da Criança e do Adolescente no marco da doutrina jurídica da proteção integral. *Revista da Faculdade de Direito Candido Mendes*, Rio de Janeiro, v. 1, 1996, p. 98.

Não era uma doutrina garantista, até porque não enunciava direitos, mas apenas predefinia situações e determinava uma atuação de resultados. Agia-se apenas na consequência e não na causa do problema, "apagando-se incêndios". Era um Direito do Menor, ou seja, que agia sobre ele, como objeto de proteção e não como sujeito de direitos. Daí a grande dificuldade de, por exemplo, exigir do Poder Público construção de escolas, atendimento pré-natal, transporte escolar, direitos fundamentais que, por não encontrarem previsão no código menorista, não sendo titularizados por sujeitos de direitos – já que a esse tempo ainda não se reconhecia às crianças e adolescentes esse *status* –, esbarravam na ausência de tutela jurídica.

A Doutrina da Proteção Integral, por outro lado, rompe o padrão preestabelecido e absorve os valores insculpidos na Convenção dos Direitos da Criança. Pela primeira vez, crianças e adolescentes titularizam direitos fundamentais, como qualquer ser humano cuja dignidade é passível de proteção como valor em si. Passamos, dessa forma, a ter um Direito da Criança e do Adolescente amplo, abrangente, universal e, principalmente, exigível, em substituição ao Direito do Menor.

A conjuntura político-social vivida nos anos 1980, de resgate da democracia e busca veemente por direitos humanos, acrescida da pressão de organismos sociais nacionais e internacionais, levou o legislador constituinte a promulgar a "Constituição Cidadã", e nela foi assegurado com absoluta prioridade às crianças, adolescentes e ao jovem o direito à vida, à saúde, à alimentação, à educação, ao lazer, à profissionalização, à cultura, à dignidade, ao respeito, à liberdade e à convivência familiar e comunitária[18].

A responsabilidade de assegurar o exercício e o respeito a esses direitos foi diluída solidariamente entre família, sociedade e Estado, em uma perfeita cogestão e corresponsabilidade.

Apesar de o art. 227 da Constituição da República ser definidor, em seu *caput*, de direitos fundamentais e, portanto, ser de aplicação imediata[19], coube ao Estatuto da Criança e do Adolescente a construção sistêmica da Doutrina da Proteção Integral.

A nova lei, como não poderia deixar de ser *ab initio*, estendeu seu alcance a todas as crianças e adolescentes, indistintamente, respeitada sua condição peculiar de pessoa em desenvolvimento.

Para fins protetivos, foi levado, em linha de conta, eventual risco social, situação predefinida no art. 98 da Lei n. 8.069/90, e não mais a situação irregular. Trata-se de um tipo aberto, conforme a melhor técnica legislativa, que permite ao juiz e a operadores da rede maior liberdade na análise dos casos que ensejam medidas de proteção. O art. 98 não é uma norma limitadora da aplicação do ECA, mas delimitadora, principalmente, do campo de atuação do Juiz da Infância na área não infracional.

---

18 Art. 227, *caput*, primeira parte, da Constituição Federal.
19 *Vide* art. 5º, § 1º, da Constituição Federal de 1988.

PARTE I – O DIREITO MATERIAL SOB O ENFOQUE CONSTITUCIONAL

Com o fim de dar efetividade à Doutrina da Proteção Integral, a nova lei previu um conjunto de medidas governamentais aos três entes federativos, por meio de políticas sociais básicas, políticas e programas de assistência social, serviços especiais de prevenção e atendimento médico e psicossocial às vítimas de negligência, maus-tratos e abuso, e proteção jurídico-social por entidades da sociedade civil.

Adotou-se o princípio da descentralização político-administrativa, materializando-o na esfera municipal pela participação direta da comunidade por meio do Conselho Municipal de Direitos e do Conselho Tutelar. A responsabilidade pela causa da infância ultrapassa a esfera do poder familiar e recai sobre a comunidade da criança ou do adolescente e sobre o poder público, principalmente o municipal, executor da política de atendimento básica, de acordo com o art. 88, I, do ECA.

Ao Juiz coube a função que lhe é própria: julgar. A atuação *ex officio* é exceção[20]. Não está elencada nos arts. 148 e 149 da legislação estatutária, mas apenas restrita à função judicante e normativa. Agora é a própria sociedade, por meio do Conselho Tutelar, que atua, diretamente, na proteção de suas crianças e adolescentes, encaminhando à autoridade judiciária os casos de sua competência e ao Ministério Público notícia de fato que constitua infração administrativa ou penal contra os direitos infantojuvenis[21].

A atuação do Ministério Público no sistema garantista do ECA foi sobremaneira ampliada seguindo a tendência preconizada pela Constituição Federal, que promove o *Parquet* a agente de transformação social[22]. Às atribuições listadas no art. 210 somam-se as ferramentas que lhe permitem exercê-las de forma plena, sem prejuízo das prerrogativas que também lhe são asseguradas nas leis que dispõem sobre o *Parquet* em nível estadual ou federal.

Nesse confronto entre a Doutrina da Situação Irregular e a da Proteção Integral se mostra ilustrativo o quadro comparativo apresentado por Leoberto Narciso Brancher[23]:

ASPECTO	ANTERIOR	ATUAL
Doutrinário	Situação irregular	Proteção integral
Caráter	Filantrópico	Política pública
Fundamento	Assistencialista	Direito subjetivo
Centralidade local	Judiciário	Município

---

20 Art. 153 do ECA.
21 *Vide* art. 136 do ECA, que dispõe sobre as atribuições do Conselho Tutelar.
22 *Vide* neste livro o capítulo "Ministério Público".
23 Organização e gestão do sistema de garantias de direitos da infância e da juventude. *Encontros pela justiça na educação*. Brasília: Fundescola/MEC, 2000, p. 126.

ASPECTO	ANTERIOR	ATUAL
Competência executória	União/Estados	Município
Decisório	Centralizador	Participativo
Institucional	Estatal	Cogestão sociedade civil
Organização	Piramidal hierárquica	Rede
Gestão	Monocrática	Democrática

Em resumo, resta por demais claro que no campo formal a Doutrina da Proteção Integral está perfeitamente delineada e dotada dos instrumentos necessários para garantir os direitos fundamentais a crianças e adolescentes. O desafio, contudo, é tornar a doutrina real, efetiva, palpável; é romper a cultura da situação irregular, da doutrina menorista, da criança objeto, do não sujeito, daquele sobre o qual pais e Estado intervêm diretamente por acreditar na completa incapacidade do ser criança. A tarefa não é simples. Muito ao revés. Exige conhecimento aprofundado da nova ordem, capacitação constante, sem deixar esquecer as lições e experiências do passado. Mais. Exige comprometimento de todos os atores – Judiciário, Ministério Público, Executivo, técnicos, sociedade civil, família, comunidade – em querer mudar e adequar o cotidiano infantojuvenil a um sistema garantista. Exige vontade política. Exige respeito pelos vulneráveis. Exige um grau de cidadania elevado de toda a sociedade.

REFERÊNCIAS

ÁVILA, Humberto. *Teoria dos princípios:* da definição à aplicação dos princípios jurídicos. 13. ed. rev. e ampl. São Paulo: Malheiros, 2012.

BOBBIO, Norberto *et al. Dicionário de política.* 11. ed. Brasília: Ed. UnB.

BRANCHER, Leoberto Narciso. Organização e gestão do sistema de garantias de direitos da infância e da juventude. In: *Encontros pela justiça na educação.* Brasília: Fundescola/MEC, 2000.

CUNHA, José Ricardo. O Estatuto da Criança e do Adolescente no marco da doutrina jurídica da proteção integral. *Revista da Faculdade de Direito Candido Mendes,* Rio de Janeiro, v. 1, 1996.

FERREIRA, Aurélio Buarque de Holanda. *Novo dicionário Aurélio da língua portuguesa.* 2. ed. 36. imp. Rio de Janeiro: Nova Fronteira, 1986.

GONÇALVES, Maria Dinair Acosta. *Proteção integral:* paradigma multidisciplinar do direito pós-moderno. Porto Alegre: Alcance, 2002.

JENSEN, Simone Cristina. Os documentos internacionais sobre os direitos das crianças e dos adolescentes. *Jornal de Relações Internacionais,* 6 mar. 2018.

Disponível em: <http://jornalri.com.br/artigos/os-documentos-internacionais-
-sobre-os-direitos-das-criancas-e-dos-adolescentes>. Acesso em: 21 jul. 2020.

LARENZ, Karl. *Metodologia da ciência do direito*. 3 ed. Lisboa: Fundação Calouste
Gulbenkian, 1997.

REALE, Miguel. *Lições preliminares de direito*. 27. ed. São Paulo: Saraiva, 2009.

SILVA, Roberto da. A construção do Estatuto da Criança e do Adolescente. *Âmbito
Jurídico*. Disponível em: <http://www.ambitojuridico.com.br>. Acesso em: 7
ago. 2012.

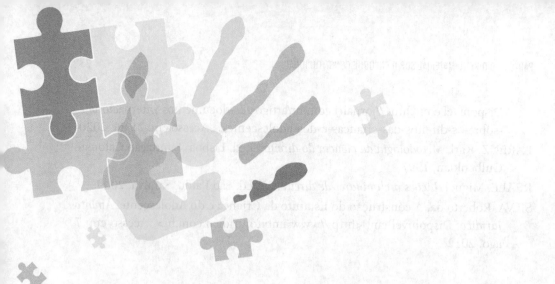

Princípios orientadores do direito da criança e do adolescente

Andréa Rodrigues Amin

1. CONSIDERAÇÕES INICIAIS

O Estatuto da Criança e do Adolescente é um microssistema cuja especialidade de suas regras e princípios tem por objetivo a garantia dos direitos fundamentais e a proteção integral de uma das parcelas mais vulneráveis de nossa sociedade, qual seja, crianças e adolescentes.

De forma assemelhada a outros tantos microssistemas, como o Estatuto do Idoso, o Estatuto da Pessoa com Deficiência, o Código de Defesa do Consumidor, o Estatuto da Igualdade Racial, resulta de um movimento de descodificação e especialização de temas afetos, principalmente, a minorias vulneráveis, consideradas hipossuficientes, com a finalidade de lhes dar real proteção e, em seu fim último, de lhes assegurar igualdade substancial.

Trata-se de movimento que superou a visão oitocentista e não intervencionista do Estado sobre a vida privada e que se apresentou como resposta às graves violações de direitos humanos praticadas durante as duas grandes guerras, com maior destaque para a Segunda Guerra Mundial. Acompanhando a evolução dos direitos humanos, mostrou-se importante mecanismo de diálogo e aproximação entre a especificidade dos direitos tutelados e os valores traduzidos na Carta Constitucional de 1988.

Segundo Tepedino, "tais diplomas não se circunscrevem a tratar do direito substantivo mas, no que tange ao setor temático de incidência, introduzem dispo-

PARTE I – O DIREITO MATERIAL SOB O ENFOQUE CONSTITUCIONAL

sitivos processuais, não raro instituem tipos penais, veiculam normas de direito administrativo e estabelecem, inclusive, princípios interpretativos"[1].

Reconhecendo a profunda alteração na técnica legislativa, aponta o autor algumas características dos estatutos, tais como: i) tratar-se de uma legislação de objetivos, fixando diretrizes, políticas públicas, programas, metas; ii) uso de linguagem menos jurídica e mais setorial; iii) promoção de vantagens, por exemplo, a dedução do imposto de renda aos contribuintes que efetuarem doação para os Fundos dos Direitos da Criança e do Adolescente; iv) imposição de deveres extrapatrimoniais, como, no caso do ECA, a imposição de medidas pertinentes aos pais ou responsável; v) caráter contratual, opondo ao legislador o ônus de negociador com diferentes atores, como na deliberação de políticas públicas para a infância e juventude, cujo *locus* são os Conselhos de Direitos.

2. PRINCÍPIOS E REGRAS

As normas, do latim *norma.ae*[2], traduzem o sentido de regramento, de padrão, de um modelo a ser seguido, de uma forma de proceder. Ao ganharem a qualificação de *jurídicas*, passam a integrar um conjunto de normas que constituem o ordenamento jurídico, sendo caracterizadas pela sua capacidade de imposição, por vezes pela força, ou pela associação de consequências em caso de descumprimento, obtendo-se pela via da substituição o efeito que se pretendia alcançar, ou, diante de sua impossibilidade, pela via reparatória[3].

Regras e princípios são espécies de normas, "sentidos construídos a partir da interpretação sistêmica de textos normativos"[4]. A distinção nos é dada por Canotilho[5]:

> Os princípios são normas jurídicas impositivas de uma "optimização", compatíveis com vários graus de concretização, consoante os condicionalismos "fácticos" e jurídicos; as regras são normas que prescrevem imperativamente uma exigência (impõem, permitem ou proíbem) que é ou não cumprida; a convivência dos princípios é conflitual, a convivência de regras antinômica;

---

1 TEPEDINO, Gustavo. *Temas de direito civil*. Rio de Janeiro: Renovar, 1999, p. 8.
2 Disponível em: <https://www.dicio.com.br/>. Acesso em: 31 ago. 2020.
3 Segundo Ana Paula de Barcellos, "situação peculiar é a do direito penal que, na maior parte dos casos, exceto nos crimes contra o patrimônio, não tem condições de oferecer uma forma coativa substitutiva dos efeitos da norma que não tenham sido observados. A sanção no direito penal tem natureza e função diversas [...]" (*A eficácia jurídica dos princípios constitucionais*: o princípio da dignidade da pessoa humana. 3. ed. rev. e atual. Rio de Janeiro: Renovar, 2011, p. 39).
4 ÁVILA, Humberto. *Teoria dos princípios*: da definição à aplicação dos princípios jurídicos. 13. ed. rev. e ampl. São Paulo: Malheiros, 2012, p. 33.
5 CANOTILHO, J. J. Gomes. *Direito constitucional e teoria da Constituição*. Coimbra: Almedina, 1998, p. 1034.

os princípios coexistem, as regras antinômicas excluem-se. Consequentemente, os princípios, ao constituírem "exigência de optimização", permitem o balanceamento de valores e interesses (não obedecem, como as regras, à lógica do "tudo ou nada"), consoante seu "peso" e a ponderação de outros princípios eventualmente conflitantes.

Como sistema jurídico, o Estatuto da Criança e do Adolescente congrega princípios e diferentes tipos de regras. No Título VII, que dispõe sobre os crimes e as infrações administrativas, dispõe sobre regras de natureza penal e administrativa; ao tratar da proteção judicial dos interesses individuais, difusos e coletivos, há um misto de regras substantivas e procedimentais. Já ao cuidar das medidas específicas de proteção, no Capítulo II do Título II, ao lado de regras precipuamente procedimentais, lista uma série de princípios que deverão ser levados em linha de conta quando da aplicação das medidas de proteção a crianças e adolescentes em situação de risco.

3. OS MACROPRINCÍPIOS

A par da pluralidade de princípios dispostos ao longo do ECA, presentes em alguns de seus títulos, pertinentes a uma área de abrangência específica e restrita, há dois princípios implícitos e aplicáveis em todo o Estatuto, que se espraiam por toda a temática regulada pelo ECA. Mais. Pode-se afirmar que vão além do Estatuto, que estão presentes em toda e qualquer área na qual se verse sobre direitos de crianças e adolescentes. Dada sua amplitude, podem ser classificados como macroprincípios. São princípios gerais e orientadores de todo o sistema de garantia de direitos infantojuvenis, a saber: 1) princípio da prioridade absoluta; 2) princípio do superior interesse da criança e do adolescente ou do melhor interesse.

Em edições anteriores, também o princípio da municipalização fora considerado um macroprincípio, tendo em vista o protagonismo do ente municipal na política de atendimento[6]. Contudo, melhor analisando a questão, principalmente no que respeita à abrangência e aos valores traduzidos nos macroprincípios, desde a 12ª edição desta obra, decidi por sua exclusão do rol original, guardando-o para o campo das políticas de atendimento. Ainda assim, para que não haja prejuízo ao leitor e à sistematização original desta obra coletiva, mantive sua análise neste capítulo.

Os macroprincípios da prioridade absoluta e do melhor interesse ou interesse superior da criança e do adolescente são de aplicação em todas as áreas, em todos os campos, em todas as searas em que houver interesse de crianças e adolescentes.

Vejo-o como uma lente através da qual julgadores e todos os demais corresponsáveis no sistema de garantias devem olhar e analisar as questões afetas ao cotidiano infantojuvenil. Desde as questões mais pueris até as mais complexas.

---

6   Arts. 87, I, e 88, II, da Lei n. 8.069/90.

PARTE I – O DIREITO MATERIAL SOB O ENFOQUE CONSTITUCIONAL

3.1. Princípio da prioridade absoluta

Trata-se de princípio constitucional estabelecido com ineditismo pelo art. 227 da Lei Maior. Explicitado de forma mais pormenorizada no art. 4º, cujo rol é exemplificativo, e repisado no art. 100, parágrafo único, II, da Lei n. 8.069/90, é princípio que fala por si e não comporta dúvidas sobre o seu significado.

Prioridade, do latim *prioritas, atis,* "condição do que ocorre em primeiro lugar, o primeiro em relação aos demais, preferência, primado". Absoluto, do latim *absolutus.a.um,* "sem restrições, total, completo, que não permite limitações, restrições ou reservas"[7]. Trata-se de princípio autoexplicativo.

Seu alcance é amplo e irrestrito. Estabelece a primazia em favor das crianças e dos adolescentes em todas as esferas de interesse. Seja no campo judicial, extrajudicial, administrativo, social ou familiar, o interesse infantojuvenil deve ser analisado com preponderância. Não comporta indagações sobre o interesse a tutelar em primeiro lugar, já que a escolha foi realizada pela nação por meio do legislador constituinte.

A Lei n. 13.257/2016, conhecida como Marco da Primeira Infância, ao reconhecer a relevância dos primeiros anos de vida no desenvolvimento infantil e no desenvolvimento do ser humano (art. 1º) foi além, estabelecendo uma *prioridade dentro da prioridade.* Ao dispor sobre a prioridade absoluta em seu art. 3º, impôs ao Estado o dever de estabelecer políticas, planos, programas e serviços para a primeira infância que atendam às suas especificidades, visando garantir seu desenvolvimento integral[8].

Atente-se que o legislador não cuidou apenas de estabelecer ao Estado o dever de criar políticas, programas e oferecer serviços específicos destinados às crianças nos 6 primeiros anos, mas cuidou de inserir no mesmo artigo, na verdade iniciá--lo, com *prioridade absoluta.* Não há palavras inúteis na lei. Trata-se de regra básica de hermenêutica.

O privilégio e a primazia dados à primeira infância, caso seja necessário repartir recursos ou fazer escolhas – e normalmente é –, têm justificativa de ordem técnica. É nessa etapa da vida que são formadas três importantes estruturas cerebrais: flexibilidade cognitiva, memória de trabalho e controle inibitório. Trata-se de funções que permitem armazenar informações de curto prazo extremamente relevantes para a organização de rotinas e a realização de tarefas do dia a dia.

É também durante essa fase que se formam as primeiras conexões do lobo frontal que auxiliam a concentração, habilidade que permitirá ler um texto, compreendê-lo, tomar decisões, identificar erros e acertos. A primeira infância, principalmente em seus 3 primeiros anos, é um período de grande intensidade e desenvolvimento emocional, gerando consequências por toda a vida.

---

7   Disponível em: <https://www.dicio.com.br/>. Acesso em: 31 ago. 2020.

8   Arts. 3º e 4º da Lei n. 13.257, de 8 de março de 2016.

Segundo estudo realizado pelo Comitê Científico Núcleo Ciência Pela Infância,

> [...] desperdiçar as possibilidades da primeira infância significa limitar potencial individual, uma vez que nem sempre é possível recuperá-lo plenamente com investimentos posteriores [...] diversos estudos indicam que um bom desenvolvimento do funcionamento executivo na infância está associado a um melhor desempenho na vida acadêmica e maior aquisição de capital humano. Realização profissional também é um resultado frequentemente associado à aquisição de funções executivas. Igualmente importantes são os resultados positivos sobre a saúde física e sobre a probabilidade de não adotar comportamento de risco[9].

Em resumo, priorizar políticas para a primeira infância se traduz em trabalhar para a redução do enorme fosso que separa as crianças mais pobres das mais privilegiadas. Significa agir para diminuir as graves desigualdades que impedem o alcance de uma sociedade mais justa e equânime.

Nesse cenário, diante de uma demanda pela construção de creches e, em paralelo, pela reforma de escolas de ensino fundamental, ambas legítimas, necessárias e urgentes, há, por certo, um fundamento legal para que o administrador, à míngua de recursos, opte pelo investimento na educação infantil. Trata-se de cumprir a *prioridade da prioridade*.

Veja que se está diante de direitos fundamentais legítimos, cujos titulares são crianças, que gozam da prioridade absoluta constitucionalmente estabelecida no art. 227 da Carta Constitucional e repisada no art. 4º do ECA, mas que, diante de uma ponderação de valores, previamente realizada pelo próprio legislador, deverá pender para aquelas que estão na primeira etapa de vida, na chamada primeira infância, diante da clara redação do art. 3º da Lei n. 13.257/2016.

Da mesma forma, haverá um aparente conflito a ser decidido, não raro pela razoabilidade e pela ponderação, quando se estiver diante de uma segunda situação: a prioridade em favor da infância e juventude e a prioridade estabelecida, por exemplo, no Estatuto do Idoso.

De maneira fria, objetiva e literal, poder-se-ia analisar a questão com base na hierarquia das fontes. O princípio da prioridade em favor dos idosos é infraconstitucional, estabelecido no art. 3º da Lei n. 10.741/2003, enquanto a prioridade em favor de crianças é constitucionalmente assegurada, sendo uma das ferramentas necessárias para dar efetividade à Doutrina da Proteção Integral. Assim, esta última "ganharia" daquela.

No entanto, tratar das humanidades, das vulnerabilidades, das necessidades humanas não é simples. Diante de interesses legítimos, que versam, não raro, sobre direitos fundamentais, tem-se feito uso dos postulados de razoabilidade e da proporcionalidade.

---

9   Disponível em: <http://www.mds.gov.br/webarquivos/arquivo/crianca_feliz/Treinamento_Multiplicadores_Coordenadores/Wp_FuncoesExecutivas.pdf>. Acesso em: 31 ago. 2020.

PARTE I – O DIREITO MATERIAL SOB O ENFOQUE CONSTITUCIONAL

Tratando-se de interesses coletivos, de escolha sobre políticas públicas, parece-me que a questão é mais simples. A rede da infância guarda prioridade sobre todas as demais, e recursos devem ser destinados a realizar as políticas públicas deliberadas para atender ao sistema de garantias.

Contudo, diante de um caso concreto, por exemplo, o atendimento em emergência de unidade de saúde, com número limitado de profissionais, como decidir entre uma criança e um idoso? Ou ainda a disputa por um leito? A quem se dará prioridade?

Segundo Humberto Ávila,

> [...] a razoabilidade é utilizada como diretriz que exige a relação das normas gerais com as individualidades do caso concreto, quer mostrando sob qual perspectiva a norma deve ser aplicada, quer indicando em quais hipóteses o caso individual, em virtude de suas especificidades, deixa de se enquadrar na norma geral[10].

Assim, caberá a análise das circunstâncias do caso concreto, caso a caso. As condições de saúde da criança e do idoso, no exemplo posto, deverão conduzir a decisão dos profissionais de saúde.

Ressalte-se que a prioridade tem um objetivo bem claro: realizar a proteção integral, assegurando a primazia, que facilitará a concretização dos direitos fundamentais enumerados no art. 227, *caput,* da Constituição da República e renumerados no *caput* do art. 4º do ECA.

Mais. Leva em conta a condição de pessoa em desenvolvimento, pois a criança e o adolescente têm uma fragilidade peculiar de pessoa em formação, correndo, por vezes, mais riscos que um adulto, por exemplo.

A prioridade deve ser assegurada por todos: família, comunidade, sociedade em geral e Poder Público.

A família, seja natural ou substituta, já tem um dever de formação decorrente do poder familiar, mas não só. Recai sobre ela o dever moral natural e ético de se responsabilizar pelo bem-estar das suas crianças e adolescentes, pelo vínculo consanguíneo ou simplesmente afetivo. Na prática, independentemente de qualquer previsão legal, muitas famílias já garantem instintivamente a primazia para os seus menores[11]. Quem nunca viu uma mãe deixar de se alimentar para alimentar o filho, ou deixar de comprar uma roupa, sair, divertir-se, renunciar ao seu prazer pessoal em favor dos filhos?

A comunidade, parcela da sociedade mais próxima das crianças e adolescentes, residindo na mesma região, comungando dos mesmos costumes, como vizinhos, membros da escola e igreja ou entidades religiosas, também é responsável pelo

---

10   ÁVILA, Humberto. *Teoria dos princípios:* da definição à aplicação dos princípios jurídicos. 13. ed. rev. e ampl. São Paulo: Malheiros, 2012, p. 173.

11   O termo "menor" aqui é utilizado de forma técnica, ou seja, aquele que não alcançou a maioridade.

resguardo dos direitos fundamentais daqueles. Pela proximidade com suas crianças e adolescentes, tem melhores condições de identificar a violação de seus direitos ou um comportamento desregrado, que os coloque em risco ou prejudique a boa convivência.

A sociedade em geral, que tanto cobra comportamentos previamente estabelecidos pela elite como adequados, que tanto exige de todos nós – bons modos, educação, cultura, sucesso financeiro, acúmulo de riqueza –, mas nem sempre põe à disposição os meios necessários para atender às suas expectativas, agora também é vista como responsável pela garantia dos direitos fundamentais, indispensáveis para que esse modelo de cidadão previamente estabelecido se torne real. Cobrar dos governantes, exigir compromissos para a infância e a juventude, fiscalizar gastos, denunciar abusos, é papel relevante a ser assumido por todos.

Comum, em sede de responsabilidade civil, falarmos na tendência moderna a socializar o dano. No Direito da Criança e do Adolescente estamos "socializando a responsabilidade", buscando assim prevenir, evitar ou mesmo minimizar o dano que imediatamente recairá sobre a criança, adolescente ou jovem, mas que de forma mediata será suportado pelo grupamento social.

Por fim, ao Poder Público, em todas as suas esferas – legislativa, judiciária ou executiva –, é determinado o respeito e o resguardo, com primazia, dos direitos fundamentais infantojuvenis. Infelizmente, na prática, não é o que se vê.

Cito aqui, como exemplo, um fato ocorrido no Rio de Janeiro, mais especificamente no Poder Judiciário, a quem cabe prover os órgãos jurisdicionais de todo o material humano e físico que permita prestar jurisdição com eficiência. Na Cidade do Rio de Janeiro foram criadas três Varas Regionais da Infância e Juventude, por meio da Lei n. 2.602/96, mas instaladas apenas no ano de 2009. A cidade, durante anos, era atendida apenas por duas Varas da Infância e Juventude – uma com competência para julgar a prática de atos infracionais e a outra para todo o restante, inclusive interesses de pessoas idosas[12]. Em contrapartida, só no ano de 1996 foram criados[13] e instalados 60 Juizados Especiais Cíveis e Criminais.

Não se está a dizer que não precisamos de Juizados Especiais. Contudo, antes de criá-los caberia ao gestor, em atenção ao princípio da prioridade absoluta, verificar, minimamente, se existia número suficiente de Varas da Infância e Juventude (até hoje vulgarmente chamadas de "Juizados de Menores") ou se estavam bem instaladas, com equipes técnicas em número adequado, providas de carros, servidores, comissários. Assim, o Poder Judiciário, aqui na sua função adminis-

---

12 Em 21 de dezembro de 2006, por Ato da Presidência do Tribunal de Justiça do Rio de Janeiro, foram criados dois Juizados da Infância, Juventude e Idoso, vinculados à 1ª Vara da Infância, Juventude e Idoso da Comarca da Capital, instalados na zona oeste da cidade.

13 Alguns Juizados Especiais Criminais decorreram de transformação de Varas criminais em JECRIMS.

PARTE I – O DIREITO MATERIAL SOB O ENFOQUE CONSTITUCIONAL

trativa, estaria dando o exemplo e o adequado cumprimento do princípio da prioridade *absoluta* (plena, irrestrita).

O mesmo há que se falar do Poder Executivo, usualmente ator das maiores violações ao princípio da prioridade absoluta. É comum vermos a inauguração de prédios públicos com os fins mais variados, sem que o Estado cuide, por exemplo, da formação de sua rede de atendimento de forma plena e suficiente para a demanda. Outro fato comum é a demora na liberação de verbas para programas sociais, muitos da área da infância e juventude, enquanto verbas sem primazia constitucional são liberadas dentro do prazo, em uma aparente "corrupção de prioridades".

A Resolução conjunta CNAS/Conanda n. 1, de 7 de junho de 2017, estabelece diretrizes políticas e metodológicas para o atendimento de crianças e adolescentes em situação de rua, no âmbito da política de assistência social, e reconhece, em seu art. 1º, I, a *criança e o adolescente em situação de rua como público prioritário das políticas públicas*, incluindo a política de assistência social. Trata-se de mais uma orientação ao poder público que referencia e relembra que o sujeito de direito em formação, ou seja, a criança e o adolescente – e aqui em situação de maior vulnerabilidade social –, por um comando constitucional, deve gozar de prioridade absoluta em sua proteção.

O Ministério Público, seja no âmbito interno[14], seja por meio de inquéritos civis públicos, Termos de Ajustamento de Conduta (TACs) ou por intermédio do ajuizamento de ações civis públicas, tem se valido de todos os instrumentos para assegurar o atendimento do princípio da prioridade absoluta.

O Poder Judiciário, por sua vez, tem reiteradamente aplicado o princípio da prioridade absoluta em seus julgados, seja versando sobre direitos coletivos ou difusos, seja versando sobre direitos individuais[15].

Lapidar o acórdão da 1ª Turma do Superior Tribunal de Justiça, cuja atualidade ainda se faz presente, que, fundamentado no princípio da prioridade absoluta, assegurou o direito fundamental à saúde. É ler:

> DIREITO CONSTITUCIONAL À ABSOLUTA PRIORIDADE NA EFETIVAÇÃO DO DIREITO À SAÚDE DA CRIANÇA E DO ADOLESCENTE. NORMA CONSTITUCIONAL REPRODUZIDA NOS ARTS. 7º E 11 DO ESTATUTO DA

---

14 Resolução Conjunta GPGJ/CGMP n. 18, de 21 de novembro de 2018 – Estabelece, no âmbito do Ministério Público, tramitação prioritária dos inquéritos policiais, procedimentos investigatórios e infracionais que visem à apuração e responsabilização de crimes dolosos com resultado morte, inclusive na modalidade tentada, que tenham como vítimas crianças e adolescentes. Posteriormente, foi publicada a Lei Estadual n. 9.180/2021, conhecida como "Lei Ágatha", determinando prioridade nas investigações de crimes contra a vida de crianças e adolescentes.

15 STF, ADI 4878, Tribunal Pleno,Rel. Min. Gilmar Mendes, j. 08-06-2021; STF, RE 1348854-SP, Tribunal Pleno, Rel. Min. Alexandre de Moraes, j. 18-01-2021; STF, ADI 6327 MC, Tribunal Pleno, Rel. Min. Edson Fachin, j. 03-04-2020; e STJ, HC 666.247-DF, Primeira Seção, Rel. Min. Sérgio Kukina, j. 10-11-2021.

CRIANÇA E DO ADOLESCENTE. NORMAS DEFINIDORAS DE DIREITOS NÃO PROGRAMÁTICAS. EXIGIBILIDADE EM JUÍZO. INTERESSE TRANSINDIVIDUAL ATINENTE ÀS CRIANÇAS SITUADAS NESSA FAIXA ETÁRIA. AÇÃO CIVIL PÚBLICA. CABIMENTO E PROCEDÊNCIA. [...] 2. O direito constitucional à absoluta prioridade na efetivação do direito à saúde da criança e do adolescente é consagrado em norma constitucional reproduzida nos arts. 7º e 11 do Estatuto da Criança e do Adolescente. [...] 12. *O direito do menor à absoluta Prioridade na garantia de sua saúde, insta o Estado a desincumbir-se do mesmo através da sua rede própria. Deveras, colocar um menor na fila de espera e atender a outros é o mesmo que tentar legalizar a mais violenta afronta ao princípio da isonomia, pilar não só da sociedade democrática anunciada pela Carta Magna, mercê de ferir de morte a cláusula de defesa da dignidade humana.* 13. Recurso especial provido para, reconhecida a legitimidade do Ministério Público, prosseguir no processo até o julgamento do mérito[16].

Buscando aclarar os contornos do princípio da prioridade absoluta, a lei estabeleceu no parágrafo único do art. 4º, do ECA, um rol exemplificativo de hipóteses compreendidas pelo aludido princípio.

Segundo Dalmo de Abreu Dallari[17], a "enumeração não é exaustiva, não estando, aí, especificadas todas as situações em que deverá ser assegurada a preferência à infância e juventude, nem todas as formas de assegurá-la". Seguindo a mais moderna técnica legislativa, trata-se de uma norma aberta, com um mínimo legal, mas permissiva de uma interpretação ampla a permitir o respeito e a aplicação da Doutrina da Proteção Integral[18].

---

16 STJ, REsp 577.836/SC, 1ª Turma, Rel. Min. Luiz Fux, j. 21-10-2004 – grifos nossos.

17 Art. 4º. In: CURY, Munir (coord.). *Estatuto da Criança e do Adolescente comentado.* Comentários jurídicos e sociais. 13. ed. rev. e atual. São Paulo: Malheiros, 2018, p. 72.

18 Em 30 de dezembro de 2005 foi promulgada a **Lei n. 11.259**, publicada no *DOU* de 2-1-2006, acrescentando dois parágrafos ao art. 208 do ECA. A lei assim dispôs no seus § 2º: "A investigação do **desaparecimento de crianças ou adolescentes** será realizada imediatamente após notificação aos órgãos competentes, que deverão comunicar o fato aos portos, aeroportos, polícia rodoviária e companhias de transporte interestaduais e internacionais, fornecendo-lhes todos os dados necessários à identificação do desaparecido". O artigo pôde ser visto como um reflexo do **princípio da prioridade absoluta** infanto-juvenil ao determinar o início da investigação imediatamente após o desaparecimento ser comunicado. Afasta-se, assim, o prazo moral de 48 horas – quase uma lenda urbana – para registrar e iniciar a investigação. Para obter maior controle sobre dados de crianças e adolescentes desaparecidas a Lei n. 12.127, de 11-12-2009, criou o **Cadastro Nacional de Crianças e Adolescentes Desaparecidos**, sob a responsabilidade do Ministério da Justiça. Qualquer pessoa pode comunicar o desaparecimento, mas essa comunicação não substitui ou dispensa o boletim de ocorrência. O Ministério Público do Estado do Rio de Janeiro também tem um programa de localização e identificação de desaparecidos (PLID) por meio do qual se pode noticiar qualquer desaparecimento, seja de crianças ou adultos. O programa data do ano de 2010 e já é adotado por Ministérios

A primazia para receber proteção e socorro, em quaisquer circunstâncias, assegurada a crianças e adolescentes, é a primeira garantia de prioridade estabelecida no parágrafo único do art. 4º da Lei n. 8.069/90.

Foi prevista originalmente na Convenção de Genebra, de 1924, e reiterada no princípio 8 da Declaração Universal dos Direitos da Criança, de 1959.

Além de critério de fácil assimilação para o cotidiano das equipes de saúde e socorro, também dela têm se valido órgãos públicos na construção de suas normativas.

Nesse sentido temos a Portaria do Ministério da Saúde n. 2.600, de 21 outubro de 2009, que aprova o regulamento técnico para o sistema nacional de transplantes e dispõe, entre os critérios de seleção para recebimento de órgãos, que os menores de 18 anos terão prioridade para o recebimento de órgãos de doadores na mesma faixa etária. Além disso, podem se inscrever em fila para transplante de rim antes mesmo de dar início à diálise.

A discricionariedade do Poder Público também estará limitada na formulação e na execução das políticas sociais públicas, cabe ao gestor assegurar primazia para políticas públicas destinadas direta ou indiretamente à população infantojuvenil.

Resta claro o caráter preventivo da Doutrina da Proteção Integral ao buscar políticas públicas voltadas para a criança, para o adolescente e para a família, sem as quais o texto legal será letra morta, não alcançando efetividade social. Não se resolve problemas "apagando os incêndios". A prevenção por meio das políticas públicas é essencial para o resguardo dos direitos fundamentais de crianças e jovens.

Por fim, a última alínea do parágrafo único do art. 4º da Lei n. 8.069/90 determina a destinação privilegiada de recursos públicos nas áreas relacionadas à proteção à infância e à juventude, transformando crianças e adolescentes em credores do poder público.

A melhor forma de dar efetividade à Doutrina da Proteção Integral é assegurar recursos para os programas, projetos e ações voltados à garantia dos direitos fundamentais de crianças e adolescentes. Não se há de negar a relevância da construção de políticas públicas, programas a ela inerentes, ações voltadas para a política de

---

Públicos de outros estados. Mais recentemente, o CNMP lançou o **Sistema Nacional de Localização e Identificação de Desaparecidos** (Sinalid) com "objetivo de potencializar o conhecimento e buscar soluções em relação ao desaparecimento de pessoas e tráfico de seres humanos incrementando os modelos de rotinas capazes de equacionar o tema em âmbito nacional". A Lei n. 13.812/ 2019 instituiu a **Política Nacional de Busca de Pessoas Desaparecidas** e criou o **Cadastro Nacional de Pessoas Desaparecidas**, que incorporou o Cadastro de Crianças e Adolescentes Desaparecidos. A lei identifica os atores e suas responsabilidades e foi regulamentada pelo Decreto n. 10.622/2021.

A Lei n. 14.548, de 13 de abril de 2023, acrescentou um parágrafo único ao art. 87 do ECA, determinando que a linha de ação estabelecida no inciso IV deverá ser executada em cooperação com o Cadastro Nacional de Pessoas Desaparecidas, com o Cadastro Nacional de Crianças e Adolescentes Desaparecidos e com os demais cadastros, sejam eles nacionais, estaduais ou municipais.

atendimento e a consequente garantia dos direitos fundamentais infantojuvenis. Mas de nada adianta a política sem lhe assegurar recursos.

O exemplo já nos foi dado pelo próprio legislador constituinte que reservou recursos nas três esferas do Poder Público para a manutenção e o desenvolvimento do ensino:

> Art. 212. A União aplicará, anualmente, nunca menos de dezoito, e os Estados, o Distrito Federal e os Municípios vinte e cinco por cento, no mínimo, da receita resultante de impostos, compreendida a proveniente de transferências, na manutenção e desenvolvimento do ensino.

Na elaboração da proposta de lei orçamentária, deverá ser garantida, dentro dos recursos disponíveis, prioridade para promoção dos interesses infantojuvenis, cabendo ao Ministério Público e aos demais agentes do sistema de garantias fiscalizar o cumprimento da lei e contribuir para sua elaboração.

Na prática, contudo, a fiscalização dos recursos destinados à infância e juventude não é tarefa das mais simples. O orçamento público no Brasil dificulta sobremaneira a identificação direta dos recursos e dos projetos necessários para a implantação e execução das políticas públicas. Há um vasto número de programas de trabalho cujo conteúdo e abrangência não se conhecem de imediato. Recursos são alocados sem que se tenha plena noção do seu destino final. Não é por outro motivo que algumas iniciativas da sociedade civil, por vezes em conjunto com instituições públicas como o próprio Ministério Público, vêm buscando modelar o trabalho de fiscalização do orçamento destinado à infância, o que tem sido nominado como *"orçamento criança"*. Já é possível encontrarmos plataformas que disponibilizam os dados orçamentários para fins de controle pela sociedade civil e instituições que integram o sistema de garantias. Por meio de dados por vezes fornecidos pelo TCE, filtram-se aqueles que são exclusivos para a área da infância e adolescência. Algumas plataformas, por sua vez, também filtram dados não exclusivos, mas que dialogam com as políticas de proteção, como, por exemplo, gastos destinados à habitação[19].

Percebe-se todo um esforço em garantir um orçamento adequado para que as políticas públicas saiam do papel e possam ser traduzidas em mudanças efetivas no cenário de extrema desigualdade e violação de direitos a que estão sujeitas crianças e adolescentes em nosso país.

Oportuno ainda lembrar ser de fundamental importância a atuação do Conselho Tutelar, a quem cabe, por força do art. 136, IX, do ECA, "assessorar o Poder Executivo local na elaboração da proposta orçamentária para planos e programas de atendimento dos direitos da criança e do adolescente". É a cogestão do sistema jurídico infantojuvenil, com atuação preventiva.

---

19   O Ministério Público do Paraná, em conjunto com o Centro Marista de Defesa da Infância, lançou a plataforma Orçamento Criança e Adolescente (OCA), e o Estado do Paraná foi um dos primeiros a adotar o orçamento criança.

PARTE I – O DIREITO MATERIAL SOB O ENFOQUE CONSTITUCIONAL

Registre-se que a lei orçamentária não é estanque. Ao revés, possui mecanismos de remanejamento de verbas. No exercício desses mecanismos, por certo, deverá ser respeitada a opção do legislador constitucional de assegurar *sempre* prioridade para a tutela dos interesses de crianças e adolescentes, o que, por vezes, não é observado.

Não raro há um desvio de prioridades, destinando recursos para áreas não essenciais e deixando outras à míngua. Não é incomum o destino de verbas milionárias para propaganda de governo enquanto a demanda por creches e pré-escolas não é atendida sob o argumento de "falta de recursos" ou "ausência de previsão orçamentária".

Não há colidência entre princípios orçamentários e o princípio da prioridade absoluta.

O que falta é o respeito do nosso administrador público pela Lei Maior, não se furtando a descumpri-la, prestando um verdadeiro "desfavor público". Vontade política é ingrediente fundamental para uma nação justa e democrática. Exigi-la é dever de todos.

3.2. Princípio do interesse superior da criança e do adolescente ou do melhor interesse

Mencionado no *Princípio 2* da Declaração Universal dos Direitos da Criança, de 1959[20], e repetido no artigo 3º da Convenção dos Direitos da Criança, de 1989[21], o princípio do melhor interesse tem sua origem histórica no instituto protetivo do *parens patriae* do direito anglo-saxônico, pelo qual o Estado outorgava para si a guarda dos indivíduos juridicamente limitados – menores e loucos.

Segundo Tânia da Silva Pereira[22], no século XVIII o instituto foi cindido, separando-se a proteção infantil da proteção do louco e, em 1836, o princípio do superior interesse foi oficializado pelo sistema jurídico inglês.

Com sua importância reconhecida, o *best interest* foi adotado pela comunidade internacional na Declaração dos Direitos da Criança, de 1959, e por esse motivo já estava incorporado ao Código de Menores, de 1979, mais especificamente em seu art. 5º.

---

20 "A criança gozará proteção social e ser-lhe-ão proporcionadas oportunidades e facilidades, por lei e por outros meios, a fim de lhe facultar o desenvolvimento físico, mental, moral, espiritual e social, de forma sadia e normal e em condições de liberdade e dignidade. Na instituição das leis visando este objetivo levar-se-ão em conta sobretudo, os melhores interesses da criança."

21 "Todas as ações relativas às crianças, levadas a efeito por instituições públicas ou privadas de bem-estar social, tribunais, autoridades administrativas ou órgãos legislativos, devem considerar, primordialmente, o melhor interesse da criança."

22 O princípio do superior interesse da criança: da teoria à prática. *II Congresso Brasileiro de Direito de Família*, 1999, Belo Horizonte. *Anais...* IBDFAM: OAB-MG: Del Rey, 2000, p. 217.

A Convenção dos Direitos da Criança fundamentou seu texto na Doutrina da Proteção Integral, incorporada ao nosso ordenamento jurídico pelo art. 227 da Constituição da República e pela legislação estatutária infantojuvenil. O melhor interesse da criança foi mantido no artigo 3º da Convenção e ganhou previsão textual no art. 100, parágrafo único, IV, do ECA.

Oportuno observar a diferença na abrangência do princípio quando comparamos o Código de Menores com o Estatuto da Criança e do Adolescente, cujos paradigmas são de todo distintos. Na vigência do Código de Menores, a aplicação do superior interesse limitava-se a crianças e adolescentes em situação irregular[23].

Agora, com a adoção da Doutrina da Proteção Integral, o princípio universalizou-se, ganhou amplitude, passou a se destinar a todo o público infantojuvenil, sendo muito utilizado nos litígios de natureza familiar.

> RECURSO ESPECIAL. AÇÃO DE ALVARÁ. REGISTRO DE DUPLA MATERNI-DADE. NEGATIVA DE PRESTAÇÃO JURISDICIONAL. AUSÊNCIA. INSEMI-NAÇÃO ARTIFICIAL HETERÓLOGA. UNIÃO ESTÁVEL HOMOAFETIVA. PRESUNÇÃO DE MATERNIDADE. ART. 1.597, V, DO CC/202. POSSIBILIDA-DE. PRINCÍPIO DO LIVRE PLANEJAMENTO FAMILIAR. PRINCÍPIO DO MELHOR INTERESSE DA CRIANÇA E DO ADOLESCENTE (STJ, REsp. 2137415/SP, 3ª Turma, Rel. Min. Nancy Andrighi, j. 15-10-2024).

Sua aplicação, contudo, estende-se a todas as áreas que versam sobre interesse e direitos fundamentais de crianças e adolescentes, valendo menção a recente Lei Geral de Proteção de Dados (LGPD)[24] que, ao tratar dos dados pessoais de crianças e adolescentes, determinou que se realizasse com vistas ao melhor interesse (art. 14).

Também é digna de registro decisão do Supremo Tribunal Federal que, em Recurso Extraordinário com Repercussão Geral sobre direito previdenciário, estendeu o benefício da licença-maternidade de 180 dias a pai genitor monoparental, com amparo no princípio do melhor interesse. É ler:

> RECURSO EXTRAORDINÁRIO COM REPERCUSSÃO GERAL. SERVIDOR PÚ-BLICO FEDERAL. GENITOR MONOPARENTAL DE CRIANÇAS GÊMEAS GE-RADAS POR MEIO DE TÉCNICA DE FERTILIZAÇÃO *IN VITRO* E GESTAÇÃO POR SUBSTITUIÇÃO ("BARRIGA DE ALUGUEL"). DIREITO AO BENEFÍCIO DE SALÁRIO-MATERNIDADE PELO PRAZO DE 180 DIAS. 1. Não há previsão legal da possibilidade de o pai solteiro, que optou pelo procedimento de fertiliza-ção *in vitro* em "barriga de aluguel", obter a licença-maternidade. 2. A Constitui-ção Federal, no art. 227, estabelece com *absoluta prioridade* a integral proteção à criança. A *ratio* dos artigos 6º e 7º da CF não é só salvaguardar os direitos sociais da mulher, mas também efetivar a integral proteção ao recém-nascido. 3. O art. 226, § 5º, da Lei Fundamental estabelece que os direitos e deveres referentes à

---

23 *Vide* nesta obra o capítulo "Doutrina da Proteção Integral", na Parte I.
24 Lei n. 13.709, de 14 de agosto de 2018.

PARTE I – O DIREITO MATERIAL SOB O ENFOQUE CONSTITUCIONAL

sociedade conjugal são exercidos igualmente pelo homem e pela mulher, não só em relação à sociedade conjugal em si, mas, sobretudo, no que tange ao cuidado, guarda e educação dos filhos menores. 4. A circunstância de as crianças terem sido geradas por meio de fertilização *in vitro* e utilização de barriga de aluguel mostra-se irrelevante, pois, se a licença adotante é assegurada a homens e mulheres indistintamente, não há razão lógica para que a licença e o salário-maternidade não seja estendido ao homem quando do nascimento de filhos biológicos que serão criados unicamente pelo pai. Entendimento contrário afronta os ***princípios do melhor interesse da criança***, da razoabilidade e da isonomia [...] 7. Recurso Extraordinário a que se nega provimento. Fixada, para fins de repercussão geral, a seguinte tese ao Tema 1182: "À luz do art. 227 da CF que confere proteção integral da criança com *absoluta prioridade*, bem como do princípio da isonomia de direitos entre o homem e a mulher (art. 5º, I, CF), a licença-maternidade, prevista no art. 7º, XVIII, da CF/88, e regulamentada pelo art. 207 da Lei 8.112/1990, estende-se ao pai, genitor monoparental, servidor público"[25].

Apesar de sua manifesta importância, o princípio do melhor interesse da criança e do adolescente também é objeto de críticas. Sua imprecisão, seu conteúdo por demais vago, tornam difícil sua aplicação e lhe conferem enorme margem de discricionariedade, sujeitando-o a acepções e percepções pessoais[26].

De fato, a redação do art. 100, parágrafo único, IV, que trata expressamente do interesse superior da criança e do adolescente, pouco esclarece. Destina-se mais a orientar aparente conflito entre interesses legítimos.

Melhor caminhou a própria Convenção dos Direitos da Criança quando dispôs sobre o melhor interesse em seu artigo 3º. De sua leitura podem ser extraídas algumas assertivas:

1. O princípio se dirige e deve ser observado por instituições públicas e privadas de atenção à criança e ao adolescente, Poder Judiciário, Poder Executivo e Poder Legislativo, no âmbito de suas ações.

Curiosamente, não fez menção à família, o que a meu ver não impede a inclusão desta como sua destinatária, já que, nos termos do art. 227 da Constituição da República e do art. 4º do ECA, integra o rol dos corresponsáveis pela garantia dos direitos fundamentais de crianças e adolescentes, a todos se aplicando o princípio do melhor interesse.

2. Às crianças e aos adolescentes são assegurados a proteção e o cuidado necessários ao seu bem-estar. Para garanti-los, os Estados-Membros comprometem-se a adotar todas as medidas legislativas e administrativas necessárias para que os pais ou responsáveis possam exercer seus direitos e cumprir seus deveres.

---

25 STF, RE 1.348.854/SP, Tribunal Pleno, Rel. Min. Alexandre de Moraes, j. 12-5-2022.

26 SKIVENES, Marit; SORSDAL, Line Marie. The child's best interest principle across child protection jurisdictions. *Human Rights in Child Protection*. Disponível em: <https://link.springer.com/content/pdf/10.1007%2F978-3-319-94800-3.pdf>. Acesso em: 31 ago. 2020.

3. Impõe ao Estado o dever de exigir e fiscalizar os serviços de atendimento às crianças e adolescentes, exigindo padrão mínimo de atendimento e cuidado. Curioso que o melhor interesse nos é apresentado pela Convenção como um princípio dirigido até mais ao Estado, a quem cabe compromissos normativos, fiscalizatórios, de suporte, enquanto usualmente é mais utilizado nas demandas individuais, seja nas Varas de família, seja nas Varas da infância e juventude. Talvez assim o seja por uma falsa percepção acerca do seu alcance.

Diante dessa perspectiva, o princípio do interesse superior ombreia o princípio da prioridade absoluta sempre que acionado, pois complementares. Se na formulação do orçamento deve se dar primazia a políticas, programas e ações que digam respeito a direitos de crianças e adolescentes, é porque também cabe ao poder público adotar medidas necessárias para garantir políticas de bem-estar que direta ou indiretamente reflitam nos interesses infantojuvenis. Isso é aplicar o princípio do melhor interesse.

Ainda cuidando da difícil tarefa de dar concretude aos valores inerentes ao referido princípio, dada sua generalidade, que o torna permeável a discricionaridades e subjetividades, e buscando ferramentas que permitam seu uso seguro e adequado no cotidiano das questões afetas às crianças e adolescentes, é possível estabelecer critérios para sua aplicação. Em cada questão posta será necessário analisá-la levando em linha de conta os direitos fundamentais postos, ou seja, os que se quer tutelar e os que eventualmente poderão ser mitigados para alcançar o melhor interesse. Atenderá a esse princípio a decisão que os garantir em maior grau, em maior número, sem discricionaridade ou puro subjetivismo.

Atender ao princípio do interesse superior ou do melhor interesse não é o que o Julgador ou o Conselheiro Tutelar, ou o Promotor de Justiça, entendem que é o melhor para a criança, partindo apenas da sua "experiência de vida", do "seu saber", das suas experiências pessoais, mas sim o que objetivamente atende à necessidade trazida a qualquer dos órgãos do sistema de justiça.

A decisão sempre deverá partir da análise da proteção dos direitos fundamentais da criança e do adolescente, ponderando a solução que os assegurar em maior grau e extensão.

O norte para todos os atores do sistema de garantias será sempre a criança e o adolescente. São eles os "clientes", os sujeitos e titulares dos direitos, que devem ter seus interesses assegurados. Ainda que se trate de uma conclusão de clara obviedade, nem sempre a prática corresponde ao objetivo legal.

Não raro, profissionais, principalmente da área da infância e juventude, se esquecem de que o destinatário final da doutrina protetiva é a criança e o adolescente e não "o pai, a mãe, os avós, tios etc.", extremamente relevantes no cotidiano das crianças nas suas relações afetivas, mas nunca os destinatários finais da norma. Por vezes, apesar de remotíssima a chance de reintegração familiar, insistem as equipes técnicas em buscar um vínculo jurídico despido do vínculo de afeto e afinidade.

PARTE I – O DIREITO MATERIAL SOB O ENFOQUE CONSTITUCIONAL

Procura-se uma avó, uma tia, o pai que nem sequer reconheceu o filho, mas chegou a ter seu nome mencionado em dado momento, mendigando-se caridade, amor, afeto. Enquanto perdura essa *via-crúcis*, a criança vai se tornando "filha do abrigo", privada do direito fundamental à convivência familiar, ainda que não seja junto à sua família consanguínea. A essa situação procuraram a Lei n. 12.010/2009 e, posteriormente, a Lei n. 13.509/2017 evitar, fixando prazos menores para reavaliação e solução mais célere de cada caso de acolhimento institucional.

Indispensável, portanto, que todos os atores da área infantojuvenil tenham claro para si que o destinatário final de sua atuação, repise-se, é a criança e o adolescente. Para eles é que se tem de trabalhar. É o direito deles que goza de proteção constitucional em primazia, ainda que eventualmente colidente com o direito da própria família.

Relevante ainda registrar que, apesar da relevância do aludido princípio, não se está diante de um "salvo-conduto", para, com amparo no *best interest*, se ignorar a lei. O julgador não está autorizado a afastar princípios como o do contraditório ou o do devido processo legal, justificando seu agir no interesse superior da criança. Segundo Canotilho[27]:

> [...] os princípios, ao constituírem "exigências de otimização", permitem o balanceamento de valores e interesses (não obedecem, como as regras, à "lógica do tudo ou nada"), consoante seu "peso" e a ponderação de outros princípios eventualmente conflitantes [...] em caso de "conflito entre princípios", estes podem ser objeto de ponderação, de harmonização, pois eles contêm apenas "exigências" ou "*standards*" que, em primeira linha (*prima facie*), devem ser realizados.

Princípio do interesse superior é, pois, o norte a orientar todos aqueles que se defrontam com as exigências naturais da infância e juventude, em todos os aspectos e áreas em que porventura com elas se deparar. É mandamento para a família, para a sociedade, para o Estado-Juiz, o Estado que legisla, o Estado que executa. Não está restrito ao âmbito das relações individuais que se apresentam no cotidiano das Varas de infância e juventude e de família. Muito ao revés. Tem maior amplitude do que na prática se lhe está reconhecendo. Ombreia-se com o princípio da prioridade absoluta em muitos de seus campos, e, apesar de sua generalidade, há critérios objetivos para sua aplicação que devem ser seguidos por todos, afastando-se um indesejado, e ainda comum, subjetivismo.

4. PRINCÍPIO DA MUNICIPALIZAÇÃO

Apesar de não se tratar de um macroprincípio do sistema de garantias infantojuvenil, como anteriormente esclarecido, é princípio prioritário na concretização da política de atendimento estabelecida no ECA.

---

27 CANOTILHO, J. J. Gomes. Op. cit., p. 1035.

A Constituição da República descentralizou e ampliou a política assistencial[28].

Disciplinou a atribuição concorrente dos entes da federação, resguardando para a União competência para dispor sobre as normas gerais e coordenação de programas assistenciais[29].

Seguindo os sistemas de gestão contemporâneos, fundados na descentralização administrativa, o legislador constituinte reservou a execução dos programas de política assistencial à esfera estadual e municipal, bem como a entidades beneficentes e de assistência social.

A cogestão da política assistencial acaba por envolver todos os agentes que, por serem partícipes, se responsabilizam com maior afinco em sua implementação e busca por resultados.

Acrescente-se que é mais simples fiscalizar a implementação e cumprimento das metas determinadas nos programas se o Poder Público estiver próximo, até porque reúne melhores condições de cuidar das adaptações necessárias à realidade local. Aqui está o importante papel dos municípios na realização das políticas públicas de abrangência social.

A Lei n. 8.069/90 incorporou a modernidade e lógica desse pensamento, seguindo a determinação do § 7º do art. 227 da Carta Constitucional.

Segundo Leoberto Narciso Brancher[30], a mobilização da cidadania em torno da Constituição

> [...] conseguiu romper com aquele ciclo concentrador e filantropista, também no que se refere ao modelo de organização e gestão das políticas públicas voltadas ao asseguramento desses direitos. [...] Concentração que se dava não só verticalmente, na distribuição das competências entre as esferas de governo, com exclusão do papel municipal, mas também horizontalmente, no que se refere ao papel dos próprios atores do atendimento em âmbito local, onde o modelo se concentrava monoliticamente na autoridade judiciária.

A relevância do Poder Público local na legislação estatutária é facilmente verificável. O art. 88 elenca as diretrizes da política de atendimento determinando sua municipalização, criação de Conselhos municipais dos direitos da criança, criação e manutenção de programas de atendimento com observância da descentralização político-administrativa[31-32].

---

28   Arts. 203 e 204.

29   Cabe ao Conselho Nacional dos Direitos da Criança e do Adolescente elaborar as normas gerais de política nacional de atendimento dos direitos infantojuvenis (Lei n. 8.242/91).

30   BRANCHER, Leoberto Narciso. Organização e gestão do sistema de garantias de direitos da infância e da juventude. *Encontros pela justiça na educação*. Brasília: Fundescola/ MEC, 2000, p. 125.

31   *Vide* o capítulo "A política de atendimento".

32   Temos ainda como exemplos: arts. 59, 74, 210, II, 214 do ECA.

PARTE I – O DIREITO MATERIAL SOB O ENFOQUE CONSTITUCIONAL

A Lei n. 12.594, de 18 de janeiro de 2012, que instituiu o Sistema Nacional de Atendimento Socioeducativo (Sinase), conferiu aos Municípios o dever de formular, instituir, coordenar e manter o Sistema Municipal de Atendimento Socioeducativo, criando e mantendo programas de atendimento para execução das medidas em meio aberto. A execução das medidas socioeducativas, que era de integral responsabilidade do Estado, foi delegada em parte ao Município, em clara aplicação do princípio da municipalização.

A municipalização, seja na formulação de políticas locais, por meio do Conselho Municipal de Direito da Criança e do Adolescente (CMDCA), seja solucionando seus conflitos mais simples e resguardando diretamente os direitos fundamentais infantojuvenis, por sua própria gente, escolhida para integrar o Conselho Tutelar, seja por fim, pela rede de atendimento formada pelo Poder Público, agências sociais e ONGs, busca alcançar eficiência e eficácia na prática da Doutrina da Proteção Integral.

Risco social ou familiar em que se encontram crianças e adolescentes são mazelas produzidas pelo meio onde vivem. Cabe, portanto, ao meio resolvê-las e, principalmente, evitá-las. *Mutatis mutandis,* é o mesmo princípio da responsabilidade civil: aquele que causa o dano deve repará-lo.

Contudo, mostra-se indispensável tornar a municipalização real, exigindo que cada município instale seus Conselhos – sendo essencial, nesse aspecto, a atuação do Ministério Público –, fiscalizando a elaboração da lei orçamentária, para que seja assegurada a prioridade nos programas sociais e a destinação de recursos para programações, culturais, esportivas e de lazer, voltadas para a infância e juventude (art. 59), estabelecendo convênios e parcerias com o terceiro setor.

A despeito da regra geral da municipalização do atendimento, é certo que Estado e União são solidários ao Município na tutela e resguardo dos direitos infantojuvenis. O texto do art. 100, parágrafo único, III, do ECA assim o determina. É ler:

> III – responsabilidade primária e solidária do poder público: a plena efetivação do direito assegurado a crianças e adolescentes por esta Lei e pela Constituição Federal, salvo nos casos por esta expressamente ressalvados, é de responsabilidade primária e solidária das 3 (três) esferas de governo, sem prejuízo da municipalização do atendimento e da possibilidade da execução de programas por entidades não governamentais.

É a prefalada corresponsabilidade estabelecida pelo art. 227 da Constituição da República.

REFERÊNCIAS

ÁVILA, Humberto. *Teoria dos princípios:* da definição à aplicação dos princípios jurídicos. 13. ed. rev. e ampl. São Paulo: Malheiros, 2012.

BARCELLOS, Ana Paula de. *A eficácia jurídica dos princípios constitucionais:* o princípio da dignidade da pessoa humana. 3. ed. rev. e atual. Rio de Janeiro: Renovar, 2011.

BRANCHER, Leoberto Narciso. Organização e gestão do sistema de garantias de direitos da infância e da juventude. *Encontros pela justiça na educação.* Brasília: Fundescola/MEC, 2000.

CANOTILHO, J. J. Gomes. *Direito constitucional e teoria da Constituição.* Coimbra: Almedina, 1998.

DALLARI, Dalmo de Abreu. Art. 4º. In: CURY, Munir (coord.). *Estatuto da Criança e do Adolescente comentado.* Comentários jurídicos e sociais. 7. ed. rev. e atual. São Paulo: Malheiros, 2005.

NOGUEIRA, Paulo Lúcio. *Estatuto da Criança e do Adolescente comentado.* São Paulo: Saraiva, 1998.

PEREIRA, Tânia da Silva. O princípio do superior interesse da criança: da teoria à prática. *II Congresso Brasileiro de Direito de Família,* 1999, Belo Horizonte. *Anais...* IBDFAM: OAB-MG: Del Rey, 2000.

SKIVENES, Marit; SORSDAL, Line Marie. The child's best interest principle across child protection jurisdictions. *Human Rights in Child Protection.* Disponível em: <https://link.springer.com/content/pdf/10.1007%2F978-3-319-94800-3.pdf>. Acesso em: 31 ago. 2020.

TEPEDINO, Gustavo. *Temas de direito civil.* Rio de Janeiro: Renovar, 1999.

Dos direitos fundamentais

Andréa Rodrigues Amin

1. CONSIDERAÇÕES GERAIS

Segundo J. J. Gomes Canotilho[1], **direitos fundamentais** "são os direitos do homem, jurídico-institucionalmente garantidos e limitados espaciotemporalmente [...] direitos fundamentais seriam os direitos objetivamente vigentes numa ordem jurídica concreta".

São direitos inatos ao ser humano, mas variáveis ao longo da história. Estão atualmente previstos na Declaração Universal dos Direitos do Homem e do Cidadão[2] e presentes nos Estados Democráticos de Direito. São direitos que se opõem ao Estado, limitando e condicionando sua atuação.

Norberto Bobbio[3] distingue três fases no desenvolvimento dos direitos do homem:

> [...] num primeiro momento, afirmaram-se os direitos de liberdade, isto é, todos aqueles direitos que tendem a limitar o poder do Estado e a reservar para o indivíduo, ou para grupos particulares, uma esfera de liberdade em relação ao Estado; num segundo momento, foram propugnados direitos políticos, os quais – concebendo a liberdade não apenas negativamente, como não impedimento, mas positivamente, como autonomia – tiveram como consequência a participação cada vez mais ampla, generalizada e frequente dos membros de uma comunidade no

---

1 CANOTILHO, J. J. Gomes. *Direito constitucional e teoria da Constituição*. Coimbra: Almedina, 1998, p. 359.
2 Aprovada em 10 de dezembro de 1948, na Assembleia Geral das Nações Unidas, por 48 Estados.
3 BOBBIO, Norberto. *A era dos direitos*. 4. reimp. Rio de Janeiro: Campus, 1992, p. 33.

poder político (ou liberdade no Estado); finalmente, foram proclamados os direitos sociais, que expressam o amadurecimento de novas exigências – podemos dizer, de novos valores – como o bem-estar e da igualdade não apenas formal, e que poderíamos chamar de liberdade através ou por meio do Estado.

Hoje já há quem acrescente duas novas gerações (ou dimensões) aos direitos humanos: 4ª geração, representada pela democracia e pela informação, e 5ª geração, traduzida como o direito à paz.

O Brasil tem na proteção dos direitos humanos um dos pilares do Estado Democrático de Direito. Ao longo do texto constitucional, principalmente em seu art. 5º, considerado cláusula pétrea da Constituição, previu e garantiu uma série de direitos fundamentais.

No que tange a crianças e adolescentes, o legislador constituinte particularizou entre os direitos fundamentais aqueles que se mostram indispensáveis à formação do indivíduo ainda em desenvolvimento, elencando-os no *caput* do art. 227. São eles: direito à vida, à saúde, à alimentação, à educação, ao lazer, à profissionalização, à cultura, à dignidade, ao respeito, à liberdade e à convivência familiar. Coube ao Estatuto da Criança e do Adolescente lhes dar uma roupagem que correspondesse à circunstância de seu sujeito ser pessoa em desenvolvimento.

O presente capítulo tem por objeto a análise de cada um deles.

2. ÂMBITO DE APLICAÇÃO DO ESTATUTO DA CRIANÇA E DO ADOLESCENTE

O art. 2º da Lei n. 8.069/90 considera criança a pessoa de até 12 anos de idade incompletos e adolescente aquela entre 12 e 18 anos de idade incompletos. Por exceção e apenas nos casos expressos na lei especial, permite-se sua aplicação a pessoas entre 18 e 21 anos de idade[4-5].

Para os efeitos da Lei n. 13.257/2016, que dispõe sobre políticas públicas para a primeira infância, considera-se **primeira infância** o período que abrange os primeiros 6 anos completos ou 72 meses de vida da criança.

O caráter universal do sistema de garantia de direitos fundamentais estabelecido pelo Estatuto da Criança e do Adolescente, evidenciado pelo parágrafo único

---

4 A Lei n. 12.852, de 5 de agosto de 2013, instituiu o Estatuto da Juventude e dispôs sobre os direitos dos jovens, princípios e diretrizes das políticas públicas de juventude, além de criar o Sistema Nacional de Juventude – SINAJUVE. Em seu art. 1º, § 1º, definiu como jovens as pessoas com idade entre 15 e 29 anos. Com relação aos adolescentes entre 15 e 18 anos incompletos, o § 2º do mesmo dispositivo legal manteve a aplicação do Estatuto da Criança e do Adolescente, mas assegurou-lhes a aplicação do Estatuto da Juventude apenas naquilo em que não conflitar com a Lei n. 8.069/90.

5 A Convenção sobre os Direitos da Criança dispõe, em seu art. 1º, que todas as pessoas com menos de 18 anos de idade são consideradas crianças, salvo quando, em conformidade com a lei aplicável à criança, a maioridade seja alcançada antes.

PARTE I – O DIREITO MATERIAL SOB O ENFOQUE CONSTITUCIONAL

do seu art. 3º, estende-se a todas as crianças e adolescentes – e não apenas àquelas em situação irregular como outrora –, sem discriminação de nascimento, situação familiar, etnia, cor, crença, deficiência ou condição econômica.

Na fixação do âmbito de aplicação do ECA, levou-se em conta o critério biológico – objetivo, igualitário e mais seguro. Estudos demonstram que a formação do cérebro se completa apenas com o alcance da vida adulta. Na adolescência o córtex pré-frontal ainda não refreia emoções e impulsos primários. Também nessa fase de formação o cérebro adolescente reduz as sensações de prazer e satisfação que os estímulos da infância proporcionam, o que impulsiona a busca de novos estímulos. Atitudes impensadas, variações de humor, tempestade hormonal, onipotência juvenil são características comuns a essa fase de formação fisiológica do adolescente, justificando tratamento diferenciado por meio da lei especial que o acompanha durante essa etapa de vida.

A emancipação, instituto pelo qual o menor de idade atinge a capacidade civil por concessão dos pais, no exercício do poder familiar a eles conferido por lei, ou em hipóteses previamente elencadas na lei como causas emancipatórias (art. 5º, parágrafo único, II a V, do Código Civil), não altera o quadro acima retratado.

É instituto que põe fim ao poder familiar, permite ao emancipado a prática de atos negociais, sem assistência, mas não tem o condão de conferir maturidade fisiológica a pessoa cujo próprio cérebro ainda está em formação.

Assim, seus efeitos no âmbito infantojuvenil restringem-se às hipóteses pertinentes ao poder familiar, à guarda ou ao exercício dos direitos que dependam de autorização dos pais, em razão do exercício do poder familiar, ora extinto. No âmbito da prevenção, por exemplo, poderá o emancipado se hospedar em hotel sem autorização dos pais ou responsável (art. 82) ou viajar sem precisar de autorização expressa (art. 84).

Direitos fundamentais e normas de garantia à formação do adolescente até o alcance de sua maturidade fisiológica continuam aplicáveis ao adolescente emancipado.

Nesse sentido posiciona-se o Fórum Nacional da Justiça Protetiva (FONAJUP), em seu Enunciado 3: "A emancipação não afasta a proteção do Estatuto da Criança e do Adolescente e das portarias dos juizados da infância e juventude".

3. DIREITO À VIDA

Segundo Jorge Biscaia, citado por Gustavo Ferraz de Campos Monaco[6], vida é "um bem limitado no tempo (que é) vivida em cada momento como realidade cuja grandeza depende mais da qualidade do que da temporariedade".

Trata-se de direito fundamental homogêneo considerado o mais elementar e absoluto dos direitos, pois indispensável para o exercício de todos os demais. Não

---

6   MONACO, Gustavo Ferraz de Campos. *A proteção da criança no cenário internacional*. Belo Horizonte: Del Rey, 2005, p. 216.

se confunde com sobrevivência, pois no atual estágio evolutivo implica o reconhecimento do *direito de viver com dignidade,* direito de viver bem, desde o momento da formação do ser humano.

Para José Afonso da Silva[7], a "palavra dignidade é empregada seja como uma forma de comportar-se, seja como atributo intrínseco da pessoa humana, nesse último caso, como um valor de todo ser racional". É valor supremo que fundamenta nossa atual ordem jurídica e implica o reconhecimento de direitos indispensáveis para a realização do ser humano.

Trata-se de direito reconhecido pelo artigo 6º da Convenção dos Direitos da Criança, que determina aos Estados-Partes que assegurem a sobrevivência e o desenvolvimento da criança.

4. DIREITO À SAÚDE

Segundo a Organização Mundial de Saúde (OMS), saúde "é um estado de completo bem-estar físico, mental e social, não apenas ausência de doenças".

Trata-se de direito fundamental homogêneo, mas com certo grau de especificidade em relação à saúde adulta. Por esse motivo, Martha de Toledo Machado[8] afirma que constitui "direito fundamental especial de crianças e adolescentes".

Previsto nos *princípios 4 e 5* da Declaração dos Direitos da Criança, no artigo 24 da Convenção dos Direitos da Criança, que priorizou a redução da mortalidade infantil, a assistência médica e sanitária, os cuidados básicos, nutrição adequada, higiene e saneamento ambiental como ações prioritárias, também conta com previsão na Carta Constitucional (arts. 196 a 200 da CF e art. 77 do ADCT).

No sistema de garantias do ECA, cabe à família, à comunidade e ao Poder Público assegurar esse direito fundamental estreitamente e diretamente vinculado ao direito à vida.

Casos suspeitos ou confirmados de violência autoprovocada – ato de automutilação, tentativa de suicídio e suicídio – por crianças e adolescentes são de notificação compulsória pelos estabelecimentos de ensino público ou privado ao Conselho Tutelar[9].

Os pais, como dever inerente ao poder familiar, devem cuidar do bem-estar físico e mental dos filhos, levando-os regularmente ao médico, principalmente na primeira infância, fase em que a saúde é mais frágil e inspira maiores cuidados, manter a vacinação em dia e, principalmente, manter-se atentos aos filhos.

---

7   SILVA, José Afonso da. *Curso de direito constitucional positivo.* 9. ed. São Paulo: Malheiros, 1992, p. 92.

8   MACHADO, Martha de Toledo. *A proteção constitucional de crianças e adolescentes e os direitos humanos.* São Paulo: Manole, 2003, p. 193.

9   Lei n. 13.819, de 26 de abril de 2019 – Institui a Política Nacional de Prevenção da Automutilação e do Suicídio.

PARTE I – O DIREITO MATERIAL SOB O ENFOQUE CONSTITUCIONAL

A atenção a eles dispensada talvez seja a principal garantia e proteção para uma vida saudável. No aspecto psíquico, já que os filhos acolhidos, amados e ouvidos terão menor probabilidade de sofrer abalos e transtornos psicológicos. No aspecto físico, manter-se atento às mudanças comportamentais mostra-se medida salutar. Via de regra, ninguém melhor que os pais para identificar se há algo errado com os filhos e ao primeiro sinal já buscar atendimento adequado.

A ausência de programas públicos na área de saúde envolve a atuação direta do Ministério Público e da comunidade por meio da coleta de dados, verificação da real necessidade e provocação do Poder Público para atender à demanda social. Caso a atuação extrajudicial do *Parquet* não surta o efeito esperado, a via judicial será o único caminho na tutela dos direitos fundamentais de crianças e jovens[10].

Com a atual Carta Constitucional, a prestação de serviços de saúde ficou a cargo do Sistema Único de Saúde (SUS), seguindo as premissas do art. 198 (descentralização, atendimento integral com prioridade para atividades preventivas e participação da comunidade). Competem ao SUS as atribuições elencadas no art. 200, merecendo destaque o inciso IV, que trata da participação na formulação da política e da execução das ações de saneamento básico.

4.1. Nascituro e atendimento à gestante

O Estatuto da Criança e do Adolescente buscou garantir direitos fundamentais a crianças e adolescentes em suas diversas fases de vida, inclusive a uterina. O Código Civil, no art. 2°, manteve a já tradicional corrente natalista, que apenas reconhece o início da personalidade civil a partir do nascimento com vida[11], mas, sendo o nascituro[12] um ser em expectativa, o início de uma vida, resguarda seus direitos desde a concepção[13].

---

10 *Vide* os capítulos "Ministério Público" e "Ação civil pública".

11 Entenda-se aqui "nascer com vida" como respirar, independentemente de a criança estar unida à mãe pelo cordão umbilical.

12 Nascituro é o ser já concebido, mas não nascido, ainda no ventre materno. Não confundir com concepturo, que é terminologia utilizada para prole eventual.

13 São três as correntes doutrinárias que tratam da personalidade do nascituro. A primeira corrente é a natalista, adotada pelo CC/16 e pelo atual Código Civil acima explicada. Segundo os natalistas, o nascituro tem expectativa de direitos. São adeptos dessa primeira corrente: Paulo Carneiro Maia, Silvio Rodrigues, João Luiz Alves, Eduardo Espínola. A segunda corrente adota a teoria da personalidade condicional. O nascituro tem personalidade desde a concepção, mas a aquisição de direitos fica subordinada à condição de que o feto venha a nascer com vida. São, portanto, direitos sujeitos a condição suspensiva. Nesse sentido, Washington de Barros Monteiro, Miguel Maria de Serpa Lopes, Gastão Grossé Saraiva. A terceira corrente é adepta da teoria concepcionista. É reconhecida personalidade civil ao nascituro desde a concepção, sendo condicional apenas a aquisição de direitos patrimoniais. Nesse sentido, Teixeira de Freitas, Francisco dos Santos Amaral, R. Limongi França.

Apesar da atualidade cronológica do Código Civil de 2002, a nova lei se mostra distante do significado atual do nosso sistema jurídico. A garantia do patrimônio era o fim almejado no antigo Código, considerado durante vasto tempo como a constituição do direito privado. Essa designação foi se mostrando desgastada diante da crescente legislação especial que melhor atendia às necessidades da sociedade moderna. A chamada "crise do direito civil" levou o direito comum a buscar sua unidade na Constituição da República, fundamento de validade de todo o ordenamento jurídico. Esse movimento foi batizado de constitucionalização do direito civil, cujo principal reflexo foi a mudança de paradigma, substituindo-se o tradicional individualismo patrimonialista pela função social do sistema, fundada na dignidade da pessoa humana. Salvaguardar interesses do nascituro, sem lhe conferir personalidade, é limitar sua tutela aos direitos de ordem patrimonial, sem lhe assegurar durante sua vida intrauterina a gama de direitos formadora dos direitos da personalidade, que hoje refletem a dignidade preconizada na Carta Constitucional.

Para Cristiano Chaves de Farias[14]:

> [...] o valor da pessoa humana, que reveste todo o ordenamento brasileiro, é estendido a todos os seres humanos, sejam nascidos ou estando em desenvolvimento no útero materno. Perceber essa assertiva significa, em plano principal, respeitar o ser humano em toda a sua plenitude [...] A toda evidência, a cláusula constitucional de proteção à vida humana não poderia se limitar a proteger os que já nasceram.

Importante lembrar que vários dispositivos legais que dispõem sobre direitos do nascituro respeitam à sua pessoa. Ora, não podemos pensar em pessoa despida de personalidade. Nesse sentido, os arts. 124 a 126 do Código Penal, ao vedar práticas abortivas como violadoras do *direito à vida*, ressalvando-se apenas os casos do art. 128, acrescidos da possibilidade de aborto legal em caso de gestação de feto anencéfalo, como reconhecido pelo Supremo Tribunal Federal na ADPF 54.

A doutrina ainda aponta outros exemplos previstos no Código Civil, como o art. 1.609, parágrafo único, que trata do reconhecimento da filiação do nascituro; o art. 1.779, que trata da nomeação de curador ao nascituro; o art. 542, permitindo ao nascituro ser donatário; e o art. 1.798, que trata da legitimidade sucessória do nascituro.

Acrescente-se que o Brasil é signatário da Convenção Americana sobre Direitos Humanos[15], mais conhecida como Pacto de São José da Costa Rica, documento internacional que em seu texto reconhece o direito do nascituro à vida. É ler:

---

14 FARIAS, Cristiano Chaves de. *Direito civil* – Teoria geral. Rio de Janeiro: Lumen Juris, 2005, p. 183.

15 O Brasil promulgou o texto da Convenção Interamericana por meio do Decreto n. 678, de 6 de novembro de 1992.

PARTE I - O DIREITO MATERIAL SOB O ENFOQUE CONSTITUCIONAL

> Art. 4º Direito à vida
>
> 1. Toda pessoa tem o direito de que se respeite sua vida. Esse direito deve ser protegido pela lei e, em geral, desde o momento da concepção. Ninguém pode ser privado da vida arbitrariamente.

As consequências de adotar a teoria concepcionista são relevantes, pois lhe conferir personalidade significa considerá-lo titular de direitos da personalidade inerentes à sua condição. Nessa linha de raciocínio, admissível o ajuizamento, pelo nascituro, de ação de investigação de paternidade, o reconhecimento espontâneo de sua paternidade ou ação fundada na responsabilidade civil se direito da personalidade foi atingido ou ainda ação de alimentos, deveras importante durante a gestação.

Em resumo, a despeito da redação do art. 2º do Código Civil, parece-nos que o sistema jurídico atual, fundado no reconhecimento da dignidade do ser humano como valor fundamental, recepciona o dispositivo legal como enunciador da doutrina concepcionista. A uma porque, em sua parte final, reconhece direitos ao nascituro, e direitos só podem ser titularizados por quem detém personalidade. Ainda que se fale em direitos condicionados ao nascimento com vida, são direitos e, portanto, titularizados por quem tem personalidade civil. A Duas porque, de acordo com a Emenda Constitucional n. 45, tratados e convenções internacionais sobre direitos humanos aprovados por 3/5 dos votos dos membros do Congresso Nacional, em dois turnos, serão equivalentes às emendas constitucionais. Por fim, é a corrente que se coaduna e encontra fundamento de validade na Lei Maior.

Oportuno salientar, contudo, que essa não é a corrente doutrinária que vem sendo adotada pelo Supremo Tribunal Federal, como se constata pelo exame da ADI 3.510, que analisou a constitucionalidade do art. 5º da Lei de Biossegurança, admitindo as pesquisas com células-tronco embrionárias, e a ADPF 54, que cuidou da possibilidade de antecipação do parto em caso de fetos anencéfalos. Nos dois julgados, prevaleceu a tese natalista, mas sem descurar da salvaguarda dos interesses do nascituro[16].

O Estatuto da Criança e do Adolescente reconhece direitos que devem ser exercidos mesmo antes do nascimento por meio de políticas e ações destinadas à gestante. Não bastaria, e até atentaria contra a integralidade da proteção infantojuvenil, assegurar saúde e vida a crianças e adolescentes destinatários da norma estatutária sem reconhecer a importância da boa formação do feto, para garantia de uma vida saudável após o nascimento. Seria o mesmo que "cobrir a cabeça e descobrir os pés".

Assim, o art. 7º da Lei n. 8.069/90 estabelece a toda criança e adolescente "proteção à vida e à saúde, mediante efetivação de políticas sociais públicas que permitam o nascimento e o desenvolvimento sadio e harmonioso, em condições dignas de existência". Em seu art. 8º, reconhece como necessário assegurar à

---

16 Encontra-se em tramitação na Câmara dos Deputados, o Projeto de Lei n. 478/2007, intitulado Estatuto do Nascituro.

gestante o acesso a programas e às políticas de saúde da mulher e de planejamento reprodutivo. Às gestantes, assegura a lei nutrição adequada, atenção humanizada à gravidez, ao parto, ao puerpério, atendimento pré-natal, perinatal e pós-natal no âmbito do SUS.

O monitoramento da saúde da gestante e do feto durante a gestação é imprescindível para assegurar a saúde pós-parto. É sabido que a desnutrição ou carência alimentar durante a fase gestacional pode comprometer a boa formação da criança, assim como o consumo de álcool, cigarro e entorpecentes. O acompanhamento médico diagnosticará os casos que deverão ser encaminhados a programa de saúde nutricional, ou a atendimento para *adictos*. Havendo recusa da gestante em se submeter a qualquer medida necessária para assegurar vida e saúde ao feto, direitos indisponíveis, o médico comunicará o fato ao Conselho Tutelar para providências[17].

A inclusão em programa de saúde voltado para a nutrição não impedia o ajuizamento pelo nascituro, representado pela genitora, de ação de alimentos contra o genitor, cumulada, ou não, com investigação de paternidade, ainda que a questão fosse divergente em sede doutrinária e jurisprudencial.

A questão foi pacificada com a Lei n. 11.804, de 5 de novembro de 2008, que disciplinou o direito de alimentos à mulher gestante, também conhecido como **alimentos gravídicos**, bem como sua forma de efetivação. A finalidade da norma é clara: assegurar o direito à vida e à saúde do nascituro desde a concepção.

Trata-se de mais uma ferramenta do sistema de garantias cujo paradigma é a Doutrina da Proteção Integral. Em uma sociedade cujo pilar constitucional é o princípio da dignidade da pessoa humana, não se mostrava mais razoável, ou mesmo tolerável, que o nascituro em risco social e humano ficasse ao desamparo, aguardando seu nascimento com vida e seu reconhecimento como filho para, só então, pleitear alimentos.

A questão da legitimidade ativa do nascituro para a ação de alimentos, considerada por muitos um empecilho para a concessão do direito, foi superada. A mulher gestante tem a legitimidade para requerer a concessão dos alimentos gravídicos, cuja amplitude, pela especificidade, é maior que a dos alimentos regra, previstos no art. 1.694 do Código Civil. Diverge a doutrina se a legitimidade da gestante é ordinária ou extraordinária, ou ainda se houve atecnia do legislador, pois, em verdade, a ação poderia ter sido ajuizada pelo próprio nascituro.

De acordo com o art. 2º da Lei n. 11.804/2008,

---

17 No caso, o Conselho Tutelar poderá desde logo adotar uma das medidas pertinentes aos pais ou responsáveis previstas no art. 129 do ECA. Se for descumprida a medida, o Conselho Tutelar apresentará o caso ao Ministério Público, que providenciará as medidas acautelatórias necessárias podendo chegar à internação da gestante, suspensão do poder familiar e nomeação de curador, sem prejuízo de eventual representação por infração administrativa.

PARTE I – O DIREITO MATERIAL SOB O ENFOQUE CONSTITUCIONAL

> [...] os alimentos de que trata esta Lei compreenderão os valores suficientes para cobrir as despesas adicionais do período de gravidez e que sejam dela decorrentes, da concepção ao parto, inclusive as referentes à alimentação especial, assistência médica e psicológica, exames complementares, internações, parto, medicamentos e demais prescrições preventivas e terapêuticas indispensáveis, a juízo do médico, além de outras que o juiz considere pertinentes.

Tratando-se os alimentos de dever comum aos pais, seu valor será, proporcionalmente, dividido por ambos, levando-se em linha de conta a condição social e os recursos de cada um.

Segundo Marklea de Cunha Ferst[18],

> [...] o juiz deverá pautar-se, todavia, ao decidir o pedido de alimentos gravídicos, também, na condição social do alimentante, uma vez que o art. 1.694 do CC fala em alimentos necessários para viver de modo compatível com a sua condição social. Assim, pode incluir nos alimentos despesas com cuidados adicionais, que, embora não indispensáveis, contribuem para saúde da gestante, e, consequentemente, do nascituro, tais como a realização de atividades físicas como hidroginástica, yoga etc. Se a gestante possuir plano de assistência médica particular, é razoável que o requerido contribua, com no mínimo, 50% da mensalidade do plano de saúde.

Por se aplicarem supletivamente aos alimentos gravídicos a Lei n. 5.478/68 e o CPC, cabe ao juiz, ao receber a petição inicial, fixar liminarmente os alimentos se convencido da existência de indícios da paternidade imputada ao réu. A este é concedido o prazo de 5 dias para apresentar defesa, e, caso mantida a decisão liminar, os alimentos gravídicos deverão ser pagos até o nascimento da criança. Depois, será convertido em pensão alimentícia em favor do infante, assim devendo ser mantido enquanto qualquer das partes não requerer sua revisão.

Questão sempre suscitada ao discutir os alimentos gravídicos respeita à irrepetibilidade dos valores pagos a título de alimentos, na hipótese de a paternidade não se confirmar. Por certo que os alimentos não serão devolvidos, pois irrepetíveis. Contudo, duas soluções mostram-se viáveis para evitar maior prejuízo para o alimentante.

A primeira delas, fundada na comprovação de que a genitora praticara ilícito civil ao imputar, levianamente, ao réu uma falsa paternidade. Nos termos do art. 927 do CC, estaria obrigada a reparar o dano.

Ainda que juridicamente plausível, a solução, se adotada, deverá sê-lo com muita cautela, temperando-se o direito de acesso à justiça com o legítimo dever de reparar o dano decorrente da prática de ilícito, para que o receio de eventual demanda ressarcitória não coloque em risco o direito do nascituro e a própria finalidade da Lei n. 11.804/2008.

---

18 FERST, Marklea da Cunha. *Alimentos e ação de alimentos*: manual do operador do direito. Curitiba: Juruá, 2009, p. 60.

A segunda solução apresenta-se mais segura para os direitos do nascituro. Fundamenta-se no art. 305 do Código Civil, que assegura ao terceiro interessado que paga em nome próprio dívida alheia direito ao reembolso dos valores. Na hipótese, a demanda ressarcitória deverá ser ajuizada contra o verdadeiro genitor, a quem cabe o sustento do filho.

A Lei n. 13.257/2016 ampliou a rede de atenção à gestante[19]. O atendimento pré-natal será realizado por profissionais da atenção básica, que também se incumbirão da busca ativa à gestante que não iniciar ou que abandonar as consultas de pré-natal. Ainda ficará a cargo do profissional de atenção básica a busca da puérpera que não comparecer às consultas do pós-parto. Já os profissionais de saúde de referência da gestante garantirão sua vinculação, no último trimestre da gestação, ao estabelecimento em que será realizado o parto. A medida é de todo salutar, pois o profissional tem ciência de todo o quadro clínico gestacional e pode diagnosticar com maior rapidez qualquer complicação que possa pôr em risco a sobrevivência da criança e da mãe. A lei também lhe assegura o direito a um acompanhante de sua preferência durante o período do pré-natal, durante o trabalho de parto no pós-parto imediato.

No Brasil foi firmado o Pacto Nacional pela Redução da Mortalidade Materna e Neonatal, e, buscando também diminuir os índices de mortalidade, o Ministério da Saúde lançou o Programa de Humanização do Parto – Humanização do Pré--Natal e do Nascimento. Trata-se de um conjunto de princípios a serem observados pelo profissional de saúde no atendimento à gestante com dignidade[20]. Com a Lei n. 13.257/2016, a humanização do parto, o cuidado com a parturiente durante todo o período gestacional e pós-parto, assim como instruções sobre aleitamento materno, alimentação complementar saudável, crescimento e desenvolvimento infantil foram inseridos no ECA, ampliando as formas de assegurar o direito fundamental à vida e à saúde.

Na mesma linha, a Lei n. 12.010/2009 já acrescentara dois novos parágrafos ao art. 8º do ECA, a saber:

> § 4º Incumbe ao poder público proporcionar assistência psicológica à gestante e à mãe, no período pré e pós-natal, inclusive como forma de prevenir ou minorar as consequências do estado puerperal.
>
> § 5º A assistência referida no § 4º deste artigo deverá ser também prestada a gestantes ou mães que manifestem interesse em entregar seus filhos para adoção.

---

19   Art. 19 da Lei n. 13.257/2016, que alterou a redação do art. 8º da Lei n. 8.069/90

20   À guisa de exemplo, durante o pré-natal a gestante deve receber as informações necessárias para o parto, informações sobre saúde do bebê, tem direito a seis consultas de pré-natal e aos exames necessários para assegurar a saúde pessoal e do feto. O Programa busca ainda o resgate da naturalidade do parto, com preferência para métodos menos intervencionistas e invasivos. No puerpério, a mãe recebe informações sobre planejamento familiar e maternidade responsável.

PARTE I – O DIREITO MATERIAL SOB O ENFOQUE CONSTITUCIONAL

Mais recentemente, a Lei n. 14.721, de 8 de novembro de 2023, acrescentou o § 11 ao art. 8º, a seguir transcrito: "A assistência psicológica à gestante, à parturiente e à puérpera deve ser indicada após avaliação do profissional de saúde no pré-natal e no puerpério, com encaminhamento de acordo com o prognóstico".

A mesma lei ainda acrescentou ao art. 10 do ECA o inciso VII, determinando aos hospitais e demais estabelecimentos de atenção à saúde de gestantes, públicos e particulares, a obrigação de "desenvolver atividades de educação e de conscientização e esclarecimento a respeito da saúde mental da mulher no período de gravidez e puerpério".

A maternidade tem sido, há muito, romantizada como um "estado de graça" na vida da mulher. Para muitas, realmente é. Para outras, não. Enquanto algumas gestações ocorrem de forma muito tranquila, na qual a saúde física e a psíquica da mulher não sofrem sobressaltos, outras transcorrem com inúmeras dúvidas, incertezas, sentimentos dúbios, que levam a gravidez a ser uma angústia.

Problemas de ordem financeira, gestações anteriores, maternidade solitária, gravidez indesejada, filhos já renunciados e entregues à adoção, abandono pelo genitor, sentimento de incapacidade para a criação, cobranças e críticas da sociedade que recaem sobre a mãe, "esquecendo-se" por vezes da figura do pai, são apenas alguns dos problemas que fragilizam a mulher, levando-a a tomar atitudes impensadas, com prejuízo e risco para a prole e para si, como abortos malsucedidos, que poderão conduzi-la a futuro arrependimento e até mesmo à morte. A assistência psicológica assegurada à gestante e à mãe também será prestada àquelas que manifestem interesse em entregar seus filhos para adoção, bem como às mães que se encontrem em situação de privação de liberdade[21].

Não raro nos deparamos com notícias sobre crianças recém-natas abandonadas no lixo, nas ruas, em terrenos baldios, deixadas à sua própria sorte. A sociedade se revolta, crucifica a mãe, comenta o caso por alguns dias e depois o esquece. A causa não é analisada, ou alguns profissionais são entrevistados e, depois, tudo se apaga até a próxima "atrocidade materna de abandono". Nunca é demais lembrar que há um pai nesse roteiro, mas a crítica social é sempre voltada para a mulher.

São esses alguns dos casos que os novos parágrafos introduzidos no art. 8º pretendem evitar. Amparar a gestante, física e psicologicamente, durante o período gestacional e logo após, durante o puerpério, é medida salutar e necessária, inclusive para mostrar-lhe de forma clara as opções que se abrem a partir do nascimento da criança.

Se as dificuldades são de ordem social, o encaminhamento para o SUAS pode bastar. Se as dúvidas são em relação à capacidade de criar o filho, não raro sozinha, o acompanhamento e a "capacitação" da mãe podem se mostrar suficientes. Mas se, apesar dos esforços das equipes de apoio das unidades de saúde e da rede social, a genitora se mantiver firme no propósito de entregar o filho em adoção, todo o

---

21   Art. 8º, §§ 4º e 5º, da Lei n. 8.069/90.

processo e as consequências de sua decisão deverão lhe ser passadas, propiciando uma manifestação de vontade consciente[22].

Assim, a criança estará a salvo de eventual situação de risco – típica do abandono –, a mãe ficará mais distante dos assédios sobre seu filho, sua intimidade e direito de escolha serão respeitados e estará amparada pelos órgãos de saúde e pela rede social.

A Lei n. 13.509/2017 dispôs sobre a entrega voluntária do filho para adoção e, ao acrescentar o art. 19-A, estabeleceu o procedimento que deverá ser observado quando a gestante ou mãe manifestar interesse em entregar o filho para adoção, seja antes ou logo após o nascimento. O atendimento no âmbito do Poder Judiciário também foi objeto de regulamentação através da Resolução CNJ n. 485, de 18 de janeiro de 2023.

Ao ser encaminhada ao Juízo da infância e juventude, a mãe será ouvida pela equipe interprofissional, que, levando em conta seu estado gestacional ou puerperal, elaborará relatório e o apresentará à autoridade judicial.

Será encaminhada, mediante sua concordância, à rede de saúde e à rede de assistência para acompanhamento especializado. Sem prejuízo, a equipe técnica fará busca pela família extensa da criança, respeitado o prazo máximo de 90 dias, prorrogável por igual período, salvo na hipótese de a genitora exercer o direito ao sigilo estabelecido no art. 19-A, § 9º, do ECA, que, segundo a Terceira Turma do STJ, pode ser aplicado também em relação ao suposto pai e à família extensa do recém-nascido[23].

Não havendo indicação do genitor e na falta de membro da família apto a exercer a guarda da criança, será designada audiência, nos termos do art. 166, § 1º, para que seja manifestada a concordância com a adoção, devendo a mãe estar devidamente assistida por advogado ou defensor público, além de o ato contar com a presença do Ministério Público. Ratificada a entrega do filho em adoção, será decretado extinto o poder familiar e a criança será colocada sob a guarda provisória daquele que estiver cadastrado como apto a adotar.

Por fim, em caso de arrependimento da mãe, poderá, no prazo decadencial de dez dias contados da data da prolação da sentença de extinção do poder familiar, exercer seu direito de retratação.

Questão preocupante e de grande relevância é a **gravidez precoce**. A antecipação da maternidade é um dos fatores que impactam o acesso de meninas à educação – é fator de evasão escolar – e a oportunidades profissionais. Também é considerado um problema de saúde pública, pois há o aumento do risco de aborto natural, partos prematuros e mortalidade materna.

Discutir os papéis sociais impostos a homens e mulheres mostra-se medida indispensável para desconstruir masculinidades que aprofundam a irresponsabilidade dos homens

---

22   Art. 13, § 1º, e art. 19-A da Lei n. 8.069/90.

23   STJ, REsp n. 2.086.404/MG, 3ª Turma, Rel. Min. Moura Ribeiro, j. 24-09-2024.

PARTE I – O DIREITO MATERIAL SOB O ENFOQUE CONSTITUCIONAL

em relação aos filhos, que agravam a desigualdade entre homens e mulheres em vários espaços e ampliam a vulnerabilidade de meninas e mulheres. Trata-se de diretriz estabelecida no art. 8º, IX, da Lei n. 11.340/2006 destacar nos currículos escolares de todos os níveis de ensino conteúdos relativos aos direitos humanos, à equidade de gênero e de raça ou etnia e ao problema da violência doméstica e familiar contra a mulher.

Reconhecendo a importância do tema, foi instituída a Semana Nacional de Prevenção da Gravidez na Adolescência, com objetivo de disseminar informações sobre medidas preventivas e educativas que contribuam para a redução da incidência da gravidez na adolescência (art. 8º-A do ECA).

A política preventiva na área de saúde também tem levado à promulgação de leis buscando diagnósticos precoces. O chamado Teste do Pezinho, obrigatório para todas as crianças, e que deve ser realizado preferencialmente entre as 48 horas e o 5º dia de vida, teve seu rol ampliado para a identificação precoce de 50 doenças. A Lei n. 14.154, de 26 de maio de 2021, acrescentou ao artigo 10 do ECA quatro parágrafos. Caberá ao SUS disponibilizar, no âmbito do Programa Nacional de Triagem Neonatal – PNTN o rastreamento precoce das doenças de forma escalonada, seguindo a ordem de progressão estabelecida nos incisos I a V que será regulamentada pelo Ministério da Saúde.

A delimitação das doenças que integram o PTNT, assim como o rol constante do parágrafo primeiro do artigo 10, será revisada e poderá ser expandida periodicamente, com base em evidências científicas, considerados os benefícios do rastreamento, diagnóstico e tratamento precoce das doenças com maior prevalência, com protocolo de tratamento aprovado e incorporado ao SUS.

A importância do teste do pezinho deverá ser informada à gestante durante os atendimentos de pré-natal e de puerpério imediato no SUS e na rede privada de saúde.

Ainda no âmbito do diagnóstico precoce de doenças de recém-natos, há a Lei n. 3.331, de 5 de setembro de 2002, do Estado do Rio de Janeiro, que estabelece a obrigatoriedade da realização de exames de identificação de catarata congênita nos recém-nascidos, permitindo que em 30 dias da positivação do exame seja realizada cirurgia[24].

No pós-parto, o recém-nato e a mãe têm direito ao **aleitamento materno**, medida econômica e profilática que imuniza o bebê quanto a um considerável número de doenças, assegurando o início de uma vida saudável. Ademais, fortalece os vínculos afetivos entre a mãe e o filho principalmente em fase de grande fragilidade da mulher. No sentido de estimular e orientar a mãe acerca da amamentação, a Lei n. 13.436, de 12 de abril de 2017, alterou o art. 10 do ECA, inserindo-lhe o inciso VI, que obriga hospitais e estabelecimentos de atenção à saúde de gestantes, públicos ou particulares, a acompanhar a prática do processo de amamentação, prestando orientação adequada à gestante durante o período de internação.

O poder público, as instituições e os empregadores propiciarão condições adequadas ao aleitamento materno, inclusive aos filhos de mães submetidas a medida privati-

---

24 Assim se dá efetividade ao disposto no inciso III do art. 10 do ECA.

va de liberdade[25]. Não havendo condições clínicas de aleitamento, caberá ao Poder Público garantir ao recém-nato leite materno por intermédio dos bancos de leite.

No Estado do Rio de Janeiro encontra-se em vigor, desde 10 de janeiro de 2006, a Lei n. 4.700, que cria para o Poder Executivo Estadual a obrigação de fornecer leite em pó para crianças nascidas de mães portadoras do vírus HIV, no mínimo durante os 2 primeiros anos de vida do bebê, e para mães doentes de AIDS, desde que ambos carentes.

Durante a internação pós-parto, deve ser assegurado ao neonato alojamento conjunto no qual possa permanecer em companhia da mãe (art. 10, V, do ECA). A medida reforça os laços de afeto entre mãe e filho, permitindo desde logo que aquela já exercite a maternidade, e ainda facilita o aleitamento.

Medidas que asseguram a identificação do recém-nato que traçam um histórico do parto e de todo o pré-natal também foram previstas no art. 10 do Estatuto. É ler:

> Art. 10. Os hospitais e demais estabelecimentos de atenção à saúde de gestantes, públicos e particulares, são obrigados a:
> I – manter o registro das atividades desenvolvidas, através de prontuários individuais, pelo prazo de dezoito anos;
> II – identificar o recém-nascido mediante o registro de sua impressão plantar e digital e da impressão digital da mãe, sem prejuízo de outras formas normatizadas pela autoridade administrativa competente;
> [...]
> III – fornecer declaração de nascimento onde constem necessariamente as intercorrências do parto e do desenvolvimento do neonato.

O direito à identidade é direito da personalidade, e a imediata identificação do recém-nato é medida acautelatória que visa assegurar aquele direito. Em alguns casos, as mães já saem da maternidade com o registro de nascimento do filho[26]. É uma feliz solução para que consigamos, em médio prazo, diminuir o número de pessoas que não têm qualquer documento de identificação, a quem, não raro, se nega cidadania.

O registro dos prontuários e a obrigatoriedade de declarar com o nascimento as intercorrências do parto são medidas preventivas que têm por fim facilitar o diagnóstico de futuras doenças do recém-nascido que possam guardar relação com o parto ou mesmo com o período gestacional.

4.2. Saúde de crianças e jovens

O art. 11 da Lei n. 8.069/90 assegura "atendimento integral às linhas de cuidado voltadas à saúde da criança e do adolescente, por intermédio do Sistema Único

---

25   Art. 9º da Lei n. 8.069/90. *Vide* ainda Regra 48 da Convenção de Bangkok.
26   Depende de acordo firmado com a Corregedoria-Geral de Justiça do Estado.

PARTE I – O DIREITO MATERIAL SOB O ENFOQUE CONSTITUCIONAL

de Saúde, observado o princípio da equidade no acesso a ações e serviços para promoção, proteção e recuperação da saúde"[27].

Com o intuito de estabelecer padrões para avaliação de riscos para o desenvolvimento psíquico das crianças, a Lei n. 13.438, de 26 de abril de 2017, alterou o art. 14 do ECA, inserindo-lhe o § 5º. Desde o dia 27 de outubro de 2017, passou a ser obrigatória a aplicação a todas as crianças, nos seus primeiros meses de vida, de protocolo ou outro instrumento constituído com a finalidade de facilitar a detecção, em consulta pediátrica de acompanhamento da criança, de risco para o seu desenvolvimento psíquico.

As **crianças e adolescentes com deficiência** serão atendidos em suas necessidades gerais de saúde e específicas de habilitação e reabilitação, incumbindo ao poder público fornecer gratuitamente, aos que necessitarem, medicamentos, órteses, próteses e outras tecnologias assistivas, de acordo com as linhas de cuidado voltadas às suas necessidades específicas.

A atenção à **saúde bucal** será prestada por meio do Sistema Único de Saúde à criança e à gestante, de forma transversal, integral e intersetorial com as demais linhas de cuidado. A atenção odontológica terá função educativa e protetiva e será prestada, inicialmente, antes de o bebê nascer, por meio de aconselhamento pré-natal e, posteriormente, no sexto e no décimo segundo anos de vida, com orientações sobre saúde bucal[28].

Saúde compreende sanidade física e mental. Sua universalidade encontra-se formalmente estabelecida; contudo, na prática, a enorme desigualdade social presente em nosso país também resvala no campo da saúde, seja preventiva, clínica ou emergencial.

A crise econômica e social impede o acesso à moradia digna, com água tratada e saneamento básico, acesso à boa alimentação e às informações mínimas quanto a higiene, nutrição, cuidados mínimos de saúde. O reflexo é facilmente visto nas enormes filas dos hospitais públicos, que já não dão conta de toda a demanda. Enquanto isso, crianças e jovens de classe média e alta não padecem da mesma aflição. Formalmente iguais, mas materialmente desiguais.

O esforço do Poder Público e da própria sociedade ao exigir uma mudança no quadro se mostra indispensável para alterarmos essa realidade, mas se trata de política de médio e longo prazo.

E a curto prazo, o que fazer? O art. 87 do ECA já estabelece as políticas de atenção básica, programas de proteção social e prevenção como linhas de ação a adotar. Buscar melhores resultados por meio de políticas preventivas e de esclarecimento. Campanhas nacionais e regionais de vacinação, sempre atualizadas com

---

27 Redação de acordo com a Lei n. 13.257, de 8 de março de 2016.

28 Art. 14, §§ 2º e 3º, da Lei n. 8.069/90 (redação de acordo com a Lei n. 13.257, de 8 de março de 2016).

as novas vacinas aprovadas pelos órgãos de saúde, programas educativos sobre saúde bucal e gravidez precoce são exemplos de medidas preventivas que, se realizadas com seriedade e atenção às peculiaridades de cada região, comumente apresentam bons resultados. Erradicamos a poliomielite e o sarampo.

Infelizmente, há um crescente **movimento antivacina** que coloca esses dados em risco. O sarampo foi uma das doenças que, depois de erradicadas, retornou em vários países do mundo, inclusive no Brasil, como consequência do boicote à vacinação.

Identifica-se que o movimento ganhou força no ano de 1998, após o médico britânico Andrew Wakefield ter divulgado estudo na revista *Lancet*, posteriormente desmentido e desautorizado pelas autoridades em saúde, relacionando o desenvolvimento de autismo à vacina tríplice viral. O medo das vacinas espalhou-se pelo Reino Unido e por boa parte do mundo, incluindo o Brasil, com quedas alarmantes nos índices de vacinação.

Segundo o médico Drauzio Varella, outros fatores também contribuem para o movimento antivacina: questões religiosas, como é o caso da comunidade Amish; suposta sobrecarga imunológica pela administração simultânea de vacinas agravada pelo excesso de alumínio, albumina purificada de sangue humano e timerosal, presentes nas imunizações, dificultando a resposta segura e eficaz. Há certos grupos que passaram a recomendar o adiamento da vacinação até o bebê estar mais maduro, mas, segundo a comunidade científica, a tese carece de fundamento, já que há comprovação de que os neonatos têm capacidade de resposta a antígenos mesmo antes do nascimento[29].

A questão é de tamanha relevância que foi levada ao Supremo Tribunal Federal. O caso se originou em ação civil pública ajuizada pelo Ministério Público com o objetivo de obrigar os pais de uma criança de 2 anos de idade a regularizar a vacinação. Adeptos da filosofia vegana e contrários a intervenções medicinais invasivas, deixaram de cumprir o calendário de vacinação. Em primeiro grau, foi reconhecida a liberdade conferida aos pais para escolher a melhor forma de educar e prestar saúde ao filho, inclusive evitando métodos por eles considerados perigosos. No entendimento do julgador, a decisão se mostrava consciente e baseada em estudos científicos. Houve recurso, e a decisão foi revertida em segundo grau, sob o argumento de que não há base científica para os alegados riscos. Acrescentaram que os movimentos antivacina trazem graves riscos imunológicos para a sociedade e fizeram menção ao art. 14, § 1º, do ECA. Ponderou-se, por fim, a liberdade filosófica e religiosa dos pais em cotejo com o direito à saúde pública.

Nas razões de recurso apresentadas ao STF foram apontados os seguintes argumentos: i) a criança apresentava boa saúde, era acompanhada por médicos e cuidada seguindo a filosofia vegana; ii) a escolha dos pais é ideológica e informada,

---

29 Disponível em: <https://drauziovarella.uol.com.br/saude-publica/por-que-antivacinas-optam-por-nao-imunizar-seus-filhos/>. Acesso em: 31 ago. 2020.

não negligente; iii) a obrigatoriedade da vacinação deve ser analisada em conjunto com a liberdade de consciência, a convicção filosófica e a intimidade, garantidas pela Constituição da República.

O Relator, Ministro Luís Roberto Barroso, em 6 de agosto de 2020, manifestou-se no sentido de reconhecer caráter constitucional e repercussão geral ao tema: *Saber se os pais podem deixar de vacinar os seus filhos, tendo como fundamento convicções filosóficas, religiosas, morais e existenciais.*

Segundo o Ministro,

> [...] a controvérsia constitucional envolve, portanto, a definição dos contornos da relação entre Estado e família na garantia da saúde das crianças e adolescentes, bem como os limites da autonomia privada contra imposições estatais. De um lado, tem-se o direito dos pais de dirigirem a criação dos seus filhos e a liberdade de defenderem as bandeiras ideológicas, políticas e religiosas de sua escolha. De outro lado, encontra-se o dever do Estado de proteger a saúde das crianças e da coletividade por meio de políticas sanitárias preventivas de doenças infecciosas, como é o caso da vacinação infantil. O tema apresenta repercussão geral, especificamente do ponto de vista social, político e jurídico: i) social, em razão da própria natureza do direito pleiteado e da importância das políticas de vacinação infantil determinadas pelo Ministério da Saúde; ii) político, tendo em conta o crescimento e a visibilidade do movimento antivacina no Brasil, especialmente após a pandemia da Covid-19, o que tem contribuído para diminuir a cobertura imunológica da população brasileira; e iii) jurídico, porque relacionado à interpretação das normas constitucionais que garantem o direito à saúde de crianças e da coletividade, bem como a liberdade de consciência e crença. (ARE 1267879 – Repercussão Geral – Tema 1103.)

Em decisão unânime proferida em 17-12-2020, o Tribunal negou provimento ao recurso extraordinário e fixou a seguinte tese:

> É constitucional a obrigatoriedade de imunização por meio de vacina que, registrada em órgão de vigilância sanitária, (i) tenha sido incluída no Programa Nacional de Imunizações ou (ii) tenha sua aplicação obrigatória determinada em lei ou (iii) seja objeto de determinação da União, Estado, Distrito Federal ou Município, com base em consenso médico-científico. Em tais casos, não se caracteriza violação à liberdade de consciência e de convicção filosófica dos pais ou responsáveis, nem tampouco ao poder familiar.

A **saúde mental** é outro fator de grande preocupação. Há uma falsa ideia de que o período da infância e da adolescência seja de certa tranquilidade no que se refere à saúde. Mudanças de humor são normalmente creditadas ao amadurecimento e às fases de mudanças físicas, mas por vezes escondem distúrbios mentais diagnosticáveis e tratáveis.

> Como os adultos, as crianças e os adolescentes têm temperamento variável. Alguns são tímidos e reticentes, outros são impulsivos e descuidados. Pode-se

notar se uma criança tem o comportamento típico de uma criança ou se tem um distúrbio pela presença de debilidades relacionadas com os sintomas[30].

Os distúrbios mentais mais comuns são: i) transtornos de ansiedade; ii) transtornos relacionados a estresse; iii) transtornos do humor; iv) transtorno obsessivo-compulsivo; v) transtornos comportamentais disruptivos (p. ex.: transtorno de déficit de atenção/hiperatividade – TDAH).

A atenção psicossocial é formada pelos Centros de Atenção Psicossocial (CAPS) nas suas várias modalidades: CAPS I, II, III, álcool e drogas (AD) e infantojuvenil[31].

São serviços de portas abertas, onde novos casos são acolhidos sem agendamento. É elaborado um programa terapêutico singular pela equipe multidisciplinar, em conjunto com o paciente e a família. O CAPS atua em rede, estabelecendo parcerias fora de sua unidade física, o que permite a reabilitação psicossocial daqueles que são excluídos das relações sociais pela sua condição de saúde e estigma.

A reforma psiquiátrica no Brasil teve por escopo afastar as práticas de isolamento, terapias repressoras e desumanas que marcaram, ao longo dos anos, a assistência psiquiátrica no país.

Segundo Joelma de Sousa Correia[32],

---

30 Disponível em: <https://www.msdmanuals.com/pt-br/profissional/pediatria/transtornos-mentais-em-crian%C3%A7as-e-adolescentes/vis%C3%A3o-geral-dos-transtornos-mentais-em-crian%C3%A7as-e-adolescentes#:~:text=Os%20dist%C3%BArbios%20mentais%20mais%20comuns,Transtornos%20do%20humor>. Acesso em: 31 ago. 2020.

31 CAPS I: Atendimento a todas as faixas etárias, para transtornos mentais graves e persistentes, inclusive pelo uso de substâncias psicoativas, atende cidades e ou regiões com pelo menos 15 mil habitantes.
CAPS II: Atendimento a todas as faixas etárias, para transtornos mentais graves e persistentes, inclusive pelo uso de substâncias psicoativas, atende cidades e ou regiões com pelo menos 70 mil habitantes.
CAPS i: Atendimento a crianças e adolescentes para transtornos mentais graves e persistentes, inclusive pelo uso de substâncias psicoativas, atende cidades e ou regiões com pelo menos 70 mil habitantes.
CAPS AD – Álcool e Drogas: Atendimento a todas as faixas etárias, especializado em transtornos pelo uso de álcool e outras drogas, atende cidades e ou regiões com pelo menos 70 mil habitantes.
CAPS III: Atendimento com até 5 vagas de acolhimento noturno e observação; todas as faixas etárias; transtornos mentais graves e persistentes, inclusive pelo uso de substâncias psicoativas, atende cidades e ou regiões com pelo menos 150 mil habitantes.
CAPS AD – III Álcool e Drogas: Atendimento e 8 a 12 vagas de acolhimento noturno e observação; funcionamento 24 horas; todas as faixas etárias; transtornos pelo uso de álcool e outras drogas, atende cidades e ou regiões com pelo menos 150 mil habitantes.

32 CORREIA, Joelma de Sousa. Saúde mental na contemporaneidade. In: *Saúde mental e o direito:* ensaios em homenagem ao professor Heitor Carrilho. São Paulo: Método, 2004, p. 74.

PARTE I – O DIREITO MATERIAL SOB O ENFOQUE CONSTITUCIONAL

> [...] a reforma tem se orientado pela transformação nas relações cotidianas entre trabalhadores de saúde mental, usuários, famílias, comunidade e serviços, em busca da desinstitucionalização e da humanização nas relações. Propõe-se o fechamento dos hospícios (substituição por outros serviços), a redução gradativa de leitos, a municipalização dos serviços, o questionamento das admissões involuntárias, a vigilância, avaliação e acompanhamento das ações pelas comissões locais de saúde. Os aspectos principais da Reforma Psiquiátrica no Brasil, caracterizada nas novas leis operacionais do SUS (Sistema Único de Saúde), priorizam a municipalização, a criação de equipes de saúde necessariamente multiprofissionais e assessoria de familiares e usuários (não mais loucos ou pacientes) como auxiliares no acompanhamento e vigilância do novo modelo assistencial.

O número de hospitais psiquiátricos diminuiu, abrindo-se vagas psiquiátricas em hospitais gerais – a maioria apenas com emergência psiquiátrica, ou seja, 72 horas de internação – e em hospitais-dia.

Questão corrente no dia a dia dos profissionais da área infantojuvenil diz respeito à dificuldade de convencimento de crianças e adolescentes em estágio avançado de adicção a se submeterem a tratamento. A grande maioria afirma que deseja largar o vício, mas parece não reunir forças para vencer o martírio da drogadição e abandonar o tratamento precocemente. Outros terminantemente o rejeitam, porque acreditam que podem largar o vício quando o desejarem, ou porque não querem abandonar a fugaz euforia do entorpecente.

Assim agindo, colocam-se em constante situação de risco. A uma, porque o vício os mantém na perniciosa convivência com o tráfico, seja para adquirir o entorpecente, seja para recebê-lo como pagamento pelos atos de traficância. A duas, porque arriscam a própria vida com doses cada vez mais elevadas de droga, que, se não os conduzir à morte, os levará a danos permanentes no sistema nervoso central.

Os diversos atores do sistema de garantias não podem se manter inertes diante de quadro de tamanha gravidade. O argumento de que a vontade do menor precisa sempre ser respeitada, inclusive na recusa a tratamento, não se sustenta. O entorpecente impede o pleno discernimento quanto ao seu alcance, retirando a capacidade de compreensão, mormente quando se trata de pessoa ainda em formação, como no caso dos menores. Some-se a isso que, ao valorar a vontade de crianças e adolescentes, temos de analisá-la sob a ótica do superior interesse. Ou seja, se ao manifestar sua vontade coloca-se em risco, viola seus próprios direitos com sua forma de agir, passa a ser paciente de medida específica de proteção, por exemplo, inclusão obrigatória em programa ou unidade de tratamento para drogadição, nos termos do art. 98, III, c/c o art. 101, VI, da Lei n. 8.069/90.

A internação só é indicada quando os recursos extra-hospitalares se mostram insuficientes e exige laudo médico circunstanciado que indique os motivos que a justifiquem.

A Lei n. 10.216/2001 define três modalidades de internação psiquiátrica: (i) a internação voluntária; (ii) a internação involuntária (sem consentimento do usuário e a pedido de terceiro); (iii) a internação compulsória (determinada pela Justiça).

A internação involuntária deve ser comunicada ao Ministério Público Estadual pelo responsável técnico do estabelecimento de saúde no prazo de 72 horas. Em caso de internação compulsória de adolescente, o pedido poderá ser formulado pelo responsável legal ou pelo Ministério Público e dirigido ao Juiz da Infância e da Juventude.

As ações de saúde às pessoas com transtornos mentais deverão incluir a participação da sociedade e da família, dialogando diretamente com o direito à convivência familiar e comunitária, e será prestada em estabelecimento de saúde mental, ou seja, instituições ou unidades que ofereçam assistência em saúde aos portadores de transtornos mentais.

O acolhimento de crianças e adolescentes adictos, em comunidades terapêuticas, ou seja, instituições de acolhimento voluntário onde o paciente se compromete com a abstinência como condição para iniciar o tratamento. Durante a internação, a convivência se restringe aos demais internos e funcionários, interrompendo o vínculo com a comunidade exterior, violando o direito fundamental à convivência família e comunitária.

A Resolução Conanda 249, de 10 de julho de 2024, dispõe sobre a proibição de acolhimento, atendimento, tratamento e acompanhamento de crianças e adolescentes em comunidades terapêuticas ou em instituições que prestam serviços de atenção a pessoas com transtornos decorrentes de uso, abuso, ou dependência de substâncias psicoativas em regime de residência e que utilizam como principal instrumento terapêutico a convivência entre os pares.

A atenção integral de crianças e adolescentes com necessidades de saúde mental deverá ser ofertada pelos serviços que compõem a Rede de Atenção Psicossocial (RAPS) do Sistema Único de Saúde (SUS), por espaços protetivos do Sistema Único de Assistência Social (SUAS) e da rede intersetorial realizada no território e de caráter antimanicomial, garantindo a manutenção dos vínculos familiares e comunitários, a partir da execução de políticas públicas de proteção social e promoção de direitos humanos.

Sendo necessário, o acolhimento transitório de crianças e adolescentes deve preferencialmente ocorrer no CAPS i, CAPS Ad, leitos em hospitais gerais e em Unidade de Acolhimento Infantojuvenil de Saúde (UAIS) de caráter transitório.

Outra questão a ser observada no que concerne à saúde infantojuvenil é a crescente **medicalização de crianças e adolescentes**. Acredita-se que 7% a 12,5% da população formada por crianças e adolescentes sofram de transtornos mentais, com prevalência de deficiência mental, autismo, psicose infantil e transtornos de ansiedade. Preocupa, contudo, o aumento do uso de substâncias psicoativas, bem como de medicamentos utilizados de forma desproporcional, como é o caso do metilfenidato, alternativa comum para o tratamento de transtorno de déficit de atenção e hiperatividade (TDAH)[33].

---

33 Disponível em: <www.analisepoliticaemsaude.org>. Acesso em: 31 ago. 2020.

PARTE I – O DIREITO MATERIAL SOB O ENFOQUE CONSTITUCIONAL

O TDAH é definido pelos Descritores em Ciências da Saúde como *transtorno comportamental que tem origem na infância e cujas características essenciais são sinais de desatenção inconsistentes com o nível de desenvolvimento, impulsividade e hiperatividade*. Os sintomas se manifestam antes dos 7 anos e provocam um prejuízo ao desenvolvimento infantil, social e educacional[34].

O Brasil é o segundo mercado mundial no consumo de metilfenidato, com um aumento de 775% entre 2003 e 2012, segundo dados do Instituto de Medicina Social da Universidade Estadual do Rio de Janeiro. O alto crescimento no uso do medicamento levou especialistas a afirmarem seu uso como um facilitador e um eficiente substituto de práticas pedagógicas de aprendizagem e disciplina e, com relação a adolescentes infratores, meio de contenção em unidades para cumprimento de medidas socioeducativas.

Diante desse quadro, o Conanda publicou a Resolução n. 177, de 11 de dezembro de 2015, que dispõe sobre o direito da criança e do adolescente de não serem submetidos à excessiva medicalização. Recomenda uma abordagem multiprofissional e intersetorial das questões de aprendizagem, comportamento e disciplina, com o intuito de diminuir a medicalização. Indica a veiculação de campanhas educativas e debates sobre o tema. Já no âmbito do Sinase, determina que o adolescente em cumprimento de medida socioeducativa com sinais de transtorno mental, deficiência ou associados, deverá ser avaliado por equipe técnica multidisciplinar, com elaboração e execução da terapêutica a ser adotada, tudo devidamente registrado no PIA (Plano Individual de Atendimento) do adolescente.

4.3. Atendimento médico a criança e adolescente desacompanhados

Questão tormentosa no cotidiano dos profissionais de saúde respeita ao atendimento médico a menores desacompanhados do responsável legal.

Tratando-se de pessoa incapaz – enquanto não alcança a maioridade civil –, ou ao menos relativamente incapaz – enquanto não atinge a idade de 16 anos –, possuem a criança e o adolescente autonomia para tomar decisões quanto à sua saúde? Sendo este um direito fundamental, assegurado-lhe com absoluta prioridade, ao lado dos direitos à liberdade, respeito, integridade, dignidade, pode ter seu exercício limitado? Em caso positivo, sob que argumento?

Para responder a indagações formuladas pela comunidade médica, o Conselho Federal de Medicina publicou o parecer CFM n. 25/2013 que distinguiu o atendimento de urgência e o eletivo, bem como o realizado a crianças e adolescentes. É ler:

1) *Em caso de urgência/emergência, o atendimento deve ser realizado, cuidando-se para garantir a maior segurança possível ao paciente. Após esta etapa, comunicar-se com os responsáveis o mais rápido possível.*

---

34 Idem.

2) *Em pacientes pré-adolescentes, mas em condições de comparecimento espontâneo ao serviço, o atendimento poderá ser efetuado e, simultaneamente, estabelecido contato com os responsáveis.*

3) *Com relação aos pacientes adolescentes, há o consenso internacional, reconhecido pela lei brasileira, de que entre 12 e 18 anos estes já têm sua privacidade garantida, principalmente com mais de 14 anos e 11 meses, considerados maduros quanto ao entendimento e cumprimento das orientações recebidas.*

4) *Na faixa de 12 a 14 anos e 11 meses, o atendimento pode ser efetuado, devendo, se necessário, comunicar os responsáveis.*

O mesmo documento ressalva que o conceito de adolescente maduro pode não ser avaliado apenas quanto à faixa etária, podendo variar por circunstâncias pessoais ou socioambientais, o que levará a uma avaliação a ser realizada pelo profissional que vier a atendê-lo.

Quanto ao sigilo médico/paciente, este é assegurado pelo art. 74 do Código de Ética Médica, condicionado ao discernimento do paciente.

Tratamento diverso não pode ser conferido ao exercício do direito fundamental à saúde reprodutiva – direito à sexualidade e à reprodução – que integra o conceito amplo de saúde.

Os termos *saúde reprodutiva* e *direitos reprodutivos* foram definidos de forma mais clara pela Conferência Internacional Sobre População e Desenvolvimento, mais conhecida como Plataforma de Cairo, realizada na cidade do Cairo, no ano de 1994.

Segundo o **princípio 8**,

> toda pessoa tem direito ao gozo do mais alto padrão possível de saúde física e mental. Os Estados devem tomar todas as devidas providências para assegurar, na base da igualdade entre homens e mulheres, o acesso universal aos serviços de assistência médica, inclusive os relacionados com saúde reprodutiva, que inclui planejamento familiar e saúde sexual [...].

No plano das ações, cabe aos países signatários, dentre os quais o Brasil, eliminar toda a prática de discriminação contra a mulher, ajudando-a a estabelecer e exercer seus direitos, inclusive os relativos à saúde sexual e reprodutiva.

Em que pese o ECA ser omisso quanto aos direitos sexuais e reprodutivos, tratando a lei especial apenas de questões que envolvem a violação da sexualidade infantojuvenil, opção normativa de documentos nacionais e internacionais que procuram "enfatizar aspectos patológicos relacionados à sexualidade e à reprodução, tais como: abuso, violência, exploração sexual não se voltando aos aspectos positivos do exercício da sexualidade e reprodução nesta faixa etária"[35], a Recomendação Geral n. 4 do Comitê sobre os Direitos da Criança do alto comissariado da ONU apresentou

---

35 VENTURA, Míriam; CORRÊA, Sônia. *Adolescência, sexualidade e reprodução*: construções culturais, controvérsias normativas, alternativas interpretativas. Cad. Saúde Pública. Rio de Janeiro, jul./2006.

PARTE I – O DIREITO MATERIAL SOB O ENFOQUE CONSTITUCIONAL

a diretriz a guiar as ações que devem ser adotadas pelos estados-membros quanto aos direitos fundamentais infantojuvenis, incluindo os direitos sexuais e reprodutivos.

Nesta toada, ao tratar da assistência integral à saúde, recomendou o respeito à privacidade, confidencialidade, consentimento informado, no trato profissional da saúde dos adolescentes, ressalvando a quebra do sigilo médico/paciente apenas nos casos em que assim se procederia para os adultos.

> Os países devem facilitar o acesso do adolescente à informação sobre sexualidade e reprodução e implementar programas relativos à saúde sexual e reprodutiva, incluindo planejamento familiar e métodos contraceptivos, aborto seguro nas circunstâncias que a lei do país permita aconselhamento e serviços obstétricos adequados[36].

A proteção integral parte da premissa de que o adolescente ainda é pessoa em desenvolvimento e, por isso, carecedora de um regramento especial. Tal circunstância, contudo, não lhe retira a capacidade de decisão sobre questões que lhe são próprias e pertinem aos seus direitos fundamentais. O próprio Estatuto reconhece este fato quando, por exemplo, exige que se colha o consentimento do adolescente quando for colocado em família substituta (art. 28, § 2º). A restrição à sua autonomia limita-se, portanto, apenas aos casos em que sua própria conduta o coloca em situação de risco (art. 98, III, do ECA), ocasião em que os atores do sistema de garantias têm o dever de agir, mas não quando exerce regularmente seus direitos fundamentais.

No que concerne aos direitos sexuais e reprodutivos, cabe ao Estado assegurar-lhes o direito básico à informação e o acesso aos meios de contracepção, permitindo-lhes, assim, o exercício pleno do direito à saúde.

4.4. Crianças e adolescentes com deficiência

Tratando-se de crianças e jovens especiais – portadores de alguma deficiência[37] –, busca o legislador reforçar-lhes a garantia de atendimento médico e tratamentos específicos, levando-se em conta a peculiaridade de suas condições.

O Estatuto da Pessoa com Deficiência[38] assegura atenção integral à saúde da pessoa com deficiência, em todos os níveis de complexidade, por meio do SUS e de instituições privadas que o complementam.

As ações e os serviços de saúde devem proporcionar aos deficientes diagnóstico e intervenção precoces[39] realizados por equipe multidisciplinar, serviços de

---

36 Idem.

37 Estão aqui compreendidos os que possuem deficiência física, mental, neuropatias, deficiência visual, auditiva.

38 Lei n. 13.146, de 6 de julho de 2015, publicada em 7 de julho de 2015.

39 A Lei n. 13.438, de 26 de abril de 2017, tornou obrigatória a adoção pelo SUS de protocolo estabelecendo padrões para avaliação de riscos para o desenvolvimento psíquico das crianças nos seus 18 primeiros meses de vida.

habilitação e reabilitação, inclusive para melhorar a qualidade de vida, atendimento domiciliar multidisciplinar, tratamento ambulatorial e internação, hipótese na qual a lei assegura ao deficiente o direito a acompanhante ou atendente pessoal, campanhas de vacinação, atendimento psicológico, inclusive para familiares e atendentes pessoais, respeito à especificidade, à identidade de gênero e à orientação sexual, atenção sexual e reprodutiva, informação adequada sobre sua condição de saúde, oferta e órteses, próteses, meios auxiliares de locomoção, medicamentos, insumos e fórmulas nutricionais.

É garantido o livre acesso das pessoas com deficiência a espaços dos serviços de saúde, públicos ou privados, mediante a remoção de barreiras, por meio de projetos arquitetônicos, de ambientação de interior e de comunicação que atendam às especificidades das pessoas com deficiência física, sensorial, intelectual e mental.

Os casos de suspeita ou de confirmação de violência praticada contra a pessoa com deficiência, assim como os casos de violência contra menores, serão objeto de notificação compulsória pelos serviços de saúde públicos e privados à autoridade policial e ao Ministério Público, além dos Conselhos dos Direitos de Pessoa com Deficiência, sem prejuízo do Conselho Tutelar, tratando-se de criança ou de adolescente.

Trata-se de norma imperativa para os garantidores do sistema. Não se está apenas prevendo, programando, mas sim determinando que se ponha à disposição das pessoas com deficiência, tratamento especial, bem como meios que assegurem seu acesso.

4.5. Crianças e adolescentes com transtorno do espectro autista

A política nacional de proteção dos direitos da pessoa com transtorno do espectro autista foi instituída pela Lei n. 12.764, de 27 de dezembro de 2012, e regulamentada pelo Decreto n. 8.368, de 2 de dezembro de 2014.

A pessoa diagnosticada com autismo (art. 1º, § 1º, da Lei n. 12.764/2012) é considerada com deficiência, nos termos do decreto regulamentador, a ela se aplicando os direitos, garantias e obrigações estatais previstos no Estatuto da Pessoa com Deficiência, bem como na Convenção Internacional sobre os Direitos da Pessoa com Deficiência.

O atendimento inclusivo deve ser observado na garantia de seus direitos fundamentais à saúde, à convivência familiar e à educação, sendo vedada qualquer forma de tratamento degradante, desumano ou discriminatório.

Cabe ao Ministério da Saúde promover a qualificação e a articulação de ações e serviços da rede de atenção à saúde, com cuidado integral na atenção básica, capacitação dos profissionais e da rede de atenção psicossocial, ampliação dos serviços de atendimento bucal e disponibilidade de medicamentos.

Em caso de necessidade de internação médica, deverá ser atendida em unidades especializadas, observando-se o que dispõe o art. 4º da Lei n. 10.216/2001.

PARTE I – O DIREITO MATERIAL SOB O ENFOQUE CONSTITUCIONAL

Importante providência foi adotada no que concerne à contratação de planos privados de assistência à saúde, sendo vedado que se neguem a contratar em razão da condição de pessoa com deficiência[40].

4.6. Doentes crônicos

Os doentes crônicos necessitam de regularidade nos tratamentos a que são submetidos, bem como de medicação indicada, sem interrupções.

Para tanto, os Estados e Municípios devem ter programa de saúde que os contemple, de forma específica ou não, mas que assegure que o tratamento não sofrerá solução de continuidade. Infelizmente, a concorrência dos três entes da federação na prestação do serviço de saúde, muitas vezes, tem acarretado a ausência de prestação do serviço por meio de uma transferência corriqueira de responsabilidade.

O Supremo Tribunal Federal se posicionou sobre a matéria no tema de repercussão geral 793: *Os entes da federação, em decorrência da competência comum, são solidariamente responsáveis nas demandas prestacionais na área de saúde, e diante dos critérios constitucionais de descentralização e hierarquização, compete à autoridade judicial direcionar o cumprimento conforme as regras de repartição de competências e determinar o ressarcimento a quem suportou o ônus financeiro.*

Doentes renais, deficientes físicos, neuropatas, doentes com câncer, em resumo, todas as patologias que conduzem a um tratamento a médio e longo prazo, precisam contar com uma rede de saúde sempre pronta a atender suas necessidades vitais, assegurando qualidade de vida.

O Ministério da Saúde elaborou o Plano de Ações Estratégicas para o Enfrentamento das Doenças Crônicas Não Transmissíveis (DCNT) no Brasil, com objetivo de promover o desenvolvimento e a implementação de políticas públicas efetivas, integradas e sustentáveis, baseadas em evidências para a prevenção, controle, cuidado e fatores de risco.

O Plano fundamenta-se em três eixos: a) vigilância, informação, avaliação e monitoramento; b) promoção da saúde; e c) cuidado integral. Estabelece metas, diretrizes e ações para formação e conhecimento de uma rede de cuidado.

Indispensável a elaboração de políticas públicas de atenção aos doentes crônicos nos três níveis de governo, buscando o alcance de melhor qualidade de vida e saúde.

Um programa de saúde para doentes crônicos impede interrupções. Com o cadastramento do paciente, as reavaliações são previamente agendadas, providenciam-se remédios com antecedência e na quantidade necessária. É ainda mecanismo de controle da conduta do representante legal da criança e do adolescente doente, que não pode negligenciar nos cuidados básicos, principalmente no tocante à saúde.

---

40   Art. 5º da Lei n. 12.764/2012.

4.7. Direito a acompanhante

O art. 12 do ECA dispõe sobre o direito de crianças e adolescentes não ficarem sós, garantindo-lhes, durante a internação hospitalar – período de grande fragilidade emocional, com medos, dúvidas, angústias –, que estejam acompanhados por um dos pais ou responsável. Os estabelecimentos de atendimento à saúde, inclusive as unidades neonatais, de terapia intensiva e de cuidados intermediários deverão proporcionar condições para a permanência do acompanhante.

Salutar a medida, pois comprovadamente há maior rapidez na recuperação do paciente quando acompanhado.

A esse respeito já dispôs a Lei n. 9.656/98 (Lei dos Planos de Saúde) no seu art. 10, II, *f*, ao assegurar dentro da cobertura mínima "cobertura de despesas de acompanhante, no caso de pacientes menores de 18 (dezoito) anos".

Tratando-se de direito fundamental – irrenunciável, ilimitado, imprescritível –, não pode ser negado aos adolescentes que praticaram ato infracional. Caso internados, devem ter o direito de se manterem acompanhados. Não se mostra plausível negar o cumprimento da lei sob o fundamento de que o infrator se encontra em custódia e a presença de um responsável poderia facilitar eventual fuga, argumento não raro utilizado. Cabe ao Estado estudar meios de manter os dois interesses – vigilância e acompanhante. O que não pode ser admitida é a solução simplista de se negar o direito[41].

O exercício do direito de não ficar só esbarra em outra dificuldade: os direitos trabalhistas dos pais durante a internação hospitalar do filho. Leis do funcionalismo público, geralmente, asseguram licença para tratamento médico pessoal e de parente, permitindo, em alguns casos, o afastamento do cargo por até dois anos, com eventual redução proporcional das vantagens. A Lei n. 13.257/2016 alterou o art. 473 da Consolidação das Leis do Trabalho, acrescentando-lhe dois importantes incisos:

> Art. 473. O empregado poderá deixar de comparecer ao serviço sem prejuízo do salário
>
> [...]
>
> X – até 2 (dois) dias para acompanhar consultas médicas e exames complementares durante o período de gravidez de sua esposa ou companheira;
>
> XI – por 1 (um) dia por ano para acompanhar filho de até 6 (seis) anos em consulta médica.

Ainda não há, contudo, dispositivo legal que autorize a ausência do trabalho para acompanhamento de internação do filho. Na prática, os empregadores, por

---

41 O Estado do Rio de Janeiro assegurou ao adolescente infrator o direito de ser submetido ao teste de HIV – Lei n. 4.587, de 5 de setembro de 2005.

PARTE I – O DIREITO MATERIAL SOB O ENFOQUE CONSTITUCIONAL

liberalidade, costumam, desde que justificado, abonar as faltas. Sindicatos também vêm tentando incluir nos acordos coletivos cláusulas que assegurem o direito infantojuvenil, sem prejudicar a atividade profissional dos pais. Um ponto é certo: ausências para fim de cumprimento do art. 12 do ECA não ensejam dispensa por justa causa, desde que devidamente comprovadas. Cumprimento regular dos deveres inerentes ao poder familiar não pode ser considerado ilícito contratual de trabalho. A harmonização do sistema jurídico pátrio é dever do intérprete e aplicador que se norteia pelos fins sociais da lei (art. 5º da LINDB).

Quanto às crianças e aos adolescentes em desamparo, que não contam com o apoio de qualquer responsável, nem ao menos um guardião de fato, é indispensável que os profissionais de saúde busquem humanizar a internação mantendo não apenas o acompanhamento clínico, mas também o psicológico e afetivo.

4.8. Adolescentes em cumprimento de medida socioeducativa

A Lei n. 12.594, de 18 de janeiro de 2012, que constitui o Sistema Nacional de Atendimento Socioeducativo (Sinase), estabeleceu parâmetros mínimos para garantir o direito à saúde dos adolescentes em conflito com a lei, durante o cumprimento de medida.

É direito fundamental receber assistência integral à saúde (art. 49, VII, do referido diploma legal), cujas diretrizes são enumeradas pelo art. 60.

Resta claro que a intenção do legislador, a par de atender o adolescente, foi também integrá-lo ao SUS, garantindo informação e acesso a todos os níveis de atenção à saúde. Seus dados serão incluídos no Sistema de Informações sobre Atendimento Socioeducativo, medida de todo profícua na análise e formulação de políticas infantojuvenis.

A atenção à saúde do adolescente infrator é ampla, compreendendo cuidados especiais com saúde mental (uso de álcool e outras substâncias psicoativas), saúde sexual e reprodutiva e amparo à gestante privada de sua liberdade que terá o direito de permanecer com o filho durante o período de amamentação.

As medidas específicas de atenção à saúde do adolescente em cumprimento de medida deverão constar do Plano Individual de Atendimento (PIA), nos termos dos arts. 52 e 54, VI, da Lei n. 12.594/2012.

5. DIREITO À LIBERDADE

Segundo De Plácido e Silva[42], a "liberdade é faculdade ou poder outorgado à pessoa para que possa agir segundo a sua própria determinação, respeitadas, no entanto, as regras legais instituídas".

---

42   *Vocabulário jurídico*. 10. ed. Rio de Janeiro: Forense, 1987, v. 1. p. 84.

É normalmente traduzido como o direito de ir e vir. Mas não é só. A liberdade preconizada no art. 16 do Estatuto da Criança e do Adolescente é mais ampla. Consequência natural da adoção do princípio fundamental da dignidade da pessoa, compreende o direito à autodeterminação, à busca pela construção de sua identidade, valendo-se do direito à liberdade de opinião, expressão, crença e culto religioso[43], liberdade para brincar, praticar esportes, divertir-se, participar da vida em família, na sociedade e na vida política, assim como buscar refúgio, auxílio e orientação[44]. Em suma, liberdade para ser.

O Partido Social Liberal (PSL) questionou a constitucionalidade dos arts. 16, I, 105, 122, II e III, 136, I, 138 e 230 da Lei n. 8.069/90. Na Ação Direta de Inconstitucional n. 3.446/DF, sustentou que os arts. 16, I, e 230 violavam o devido processo legal e a proteção integral. Alegou que *as crianças carentes, ainda que integrantes deste quadro dantesco e desumano, não mais poderão ser recolhidas pois adquiriram o direito de permanecer na sarjeta*", o que seria violador da proteção constitucional. Argumentou que os arts. 105, 136, I, e 138 violavam a regra da inafastabilidade da jurisdição. Apontou a inconstitucionalidade do art. 122, II e III, sob o argumento da violação à proporcionalidade.

O Relator, Ministro Gilmar Mendes, discorreu sobre a realidade fática de crianças e adolescentes no Brasil e comparou o antigo Código de Menores com o Estatuto da Criança e do Adolescente amparado em novos paradigmas, que reconhecem à criança e ao adolescente a condição de sujeitos de direitos e titulares de direitos fundamentais, dentre os quais o de ir e vir. Trouxe ao texto o inciso LXI do art. 5º da Constituição da República, que limita a prisão às hipóteses de flagrante delito, ordem escrita e fundamentada da autoridade judiciária competente, com ressalva das transgressões militares ou crimes militares, e reconheceu que, a admitir os argumentos do requerente, estaria violando não só a Constituição Federal, mas um conjunto de documentos internacionais, destacando-se a Declaração Universal dos Direitos do Homem e a Convenção dos Direitos da Criança, além de dar azo a uma série de apreensões não fundamentadas e sem qualquer tipo de controle. "*Serviriam, ainda, para a implementação de uma política higienista que, em vez de reforçar a tutela dos direitos dos menores, restringiria ainda mais o nível de fruição de direitos, amontoando crianças em unidades institucionais sem qualquer cuidado ou preocupação com o bem-estar desses indivíduos*". Quanto à alegada inconstitucionalidade do art. 230, disse o i. Ministro: "*A declaração de inconstitucionalidade do referido tipo penal re-*

---

43 O respeito à liberdade de crenças ou religião é diretiva firmada no art. 1º, VIII, da Resolução conjunta CNAS/Conanda n. 1, de 7 de junho de 2017, que estabelece as diretrizes políticas e metodológicas para o atendimento de crianças e adolescentes em situação de rua no âmbito da Política de Assistência.

44 A Lei n. 12.594/2012, no art. 49, III, elenca a liberdade de pensamento e religião dentre os direitos individuais do adolescente em cumprimento de medida socioeducativa.

PARTE I – O DIREITO MATERIAL SOB O ENFOQUE CONSTITUCIONAL

71

presentaria verdadeiro cheque em branco para que detenções arbitrárias, restrições indevidas à liberdade dos menores e violências de todo tipo pudessem ser livremente praticadas, o que não pode ser admitido". Ainda reforçou que o tipo penal mais se aproxima da proibição da proteção deficiente que da inconstitucionalidade. Quanto à suposta inconstitucionalidade do art. 105, reconheceu o Relator haver margem de discricionariedade ao legislador para definir o tratamento adequado a ser dado à criança em situação de risco. Concluiu seu voto pela **improcedência total** dos pedidos. O julgamento foi unânime, o que permite concluir pela solidez da Doutrina da Proteção Integral na Corte Superior.

A *liberdade de ir e vir* envolve também o estar e permanecer, mas não se traduz na absoluta autodeterminação de crianças e adolescentes decidirem seu destino, pois a lei ressalva as restrições legais.

Segundo Gustavo Ferraz de Campos Monaco[45],

> [...] a criança deve gozar a possibilidade de ir, vir e estar (liberdade de locomoção) onde possa desenvolver sua personalidade com vistas à sua plena conformação e de acordo com seu interesse superior [...]. Todavia, sofre restrições nessa liberdade justamente em função desse mesmo interesse superior flexionado para o pleno desenvolvimento de suas características humanas. Trata-se assim, de uma liberdade que se autocontém ou que é autocontida pelos princípios e pelas finalidades desse direito.

Caberá aos pais, família e comunidade fiscalizar o exercício desse direito concedido pró-criança e adolescente e não em seu desfavor. Assim, não é de aceitar que crianças e adolescentes permaneçam, por vontade própria, nas ruas, afastados dos bancos escolares, dormindo em calçadas, cheirando cola de sapateiro e solvente, sobrevivendo de caridade ou de pequenos furtos, mesmo que afirmem que estão na rua porque assim desejam. Em razão de sua conduta se colocam em risco, passando a ser enquadrados na hipótese do art. 98, III, do ECA, justo motivo para pronta intervenção da rede garantidora.

A dificuldade prática diante desse quadro está na abordagem e no convencimento, principalmente dos adolescentes. Necessária a capacitação das equipes de abordagem e acolhimento, bem como a formação de uma estrutura para cuidar das crianças *de rua* e reintegração dos que apenas *estão na rua*. Casas de passagem, equipes técnicas capacitadas, apoio clínico para o caso de *adictos*, que, em razão do vício, não conseguem reagir às intervenções técnicas, estão na ordem do dia dos centros urbanos.

O Conanda, através da Resolução n. 187/2017, aprovou o documento "Orientações Técnicas para Educadores Sociais de Rua em Programas, Projetos e Serviços com Crianças e Adolescentes em Situação de Rua". Na sequência, foi também

---

45   Op. cit., p. 164.

aprovada a Resolução conjunta CNAS/Conanda n. 1/2017, que estabelece as diretrizes políticas e metodológicas para o atendimento de crianças e adolescentes em situação de rua, no âmbito da Política de Assistência Social.

A *liberdade de opinião e a de expressão* são complementares: a opinião é passiva e a expressão é ativa. Opinar é formar o convencimento, expressar é externá-lo.

Crianças e adolescentes têm assegurada a liberdade de pensar e formar sua opinião sobre os mais variados assuntos que os circundam. Mas, para que não se esteja falando de uma pseudoliberdade, precisam ter acesso à educação. Não existe verdadeira liberdade com ignorância.

Assim, crianças e jovens têm o direito de ser informados; portanto, aos pais, parentes, comunidade, profissionais de educação, médicos, enfim, todos os que fazem parte do cotidiano infantojuvenil, é incumbido o correlato dever de informar.

A mudança paradigmática promovida pela Carta Constitucional de 1988 refletiu na liberdade de expressão no seio familiar. O sistema patriarcal fundamentava a autocracia paterna. A liberdade de expressão dos membros da família era tolhida para manter o poder hierárquico do pai, fundamental para a estabilidade da família, à época hegemonicamente matrimonial. A realização dos filhos e da mulher como pessoa era passada para um segundo plano.

Nossa atual ordem jurídica fundada na dignidade da pessoa humana altera esse quadro. A família é funcionalizada, existindo não mais por si e para a sociedade, mas principalmente para a realização das relações de afeto entre seus membros. O modelo patriarcal é substituído pelo isonômico, no qual a direção da sociedade familiar é exercida pelo casal. A fala de cada membro da família ganha relevância no regime democrata-afetivo, e os filhos têm a liberdade de se expressar, questionar, argumentar, participar da vida familiar, sem discriminação, num delicioso exercício de descoberta e formação do futuro adulto.

Participação livre não se restringe à órbita familiar. É ampla e compreende a *participação na vida comunitária e política*, na forma da lei. Reflexo desta última é o direito de voto assegurado aos adolescentes a partir dos 16 anos. Participar, opinar, discutir sobre a vida comunitária e sobre a direção do país é mais uma etapa no desenvolvimento e crescimento pessoal dos adolescentes.

Crença e cultos religiosos livres também estão compreendidos no direito à liberdade. Os pais, no cumprimento do dever de educar, devem oferecer aos filhos educação formal e moral, formação religiosa. De início, os filhos absorvem a religião dos pais, pois normalmente a única que lhes foi apresentada.

Quando começam a sofrer o natural processo de amadurecimento, já na adolescência, questionam e apreendem que a religião se expressa de várias formas e a lei lhes assegura o direito de escolher uma dessas formas como a que melhor realiza seus objetivos de vida. Não podem os pais interferir nesse processo de escolha, mesmo que contrário às suas próprias convicções religiosas. O agir dos pais está

PARTE I – O DIREITO MATERIAL SOB O ENFOQUE CONSTITUCIONAL

limitado pelo princípio do superior interesse do filho; se este não foi violado, os pais não podem interferir impondo seu querer.

A *liberdade de brincar, praticar esportes e se divertir*, com respeito à sua peculiar condição de pessoa em desenvolvimento, é liberdade de ser criança e adolescente. Os esportes são importantes para o desenvolvimento motor, físico e integração social de crianças e jovens. Atividades lúdicas, como brincar e se divertir, integram e permitem experiências que se refletem no amadurecimento paulatino da criança e do adolescente.

> O brincar é uma das atividades fundamentais para o desenvolvimento e a educação das crianças pequenas. O fato de a criança, desde muito cedo, poder se comunicar através de gestos, sons e mais tarde representar determinado papel na brincadeira faz com que desenvolva sua imaginação. Nas brincadeiras podem desenvolver-se algumas capacidades importantes como: a atenção, a imitação, a memória, a imaginação. Amadurecem também algumas competências para a vida coletiva, através da interação e da utilização de experiência de regras e papéis sociais. É sabido, enfim, que ao brincar as crianças exploram, perguntam e refletem sobre as formas culturais nas quais vivem e sobre a realidade circundante, desenvolvendo-se psicológica e socialmente[46].

6. DIREITO AO RESPEITO E À DIGNIDADE

Respeito – do latim *respectus,* particípio passado de *respicere,* "olhar outra vez", de *re-,* "de novo", mais *specere,* "olhar" – traduz o sentido de reconhecimento, olhar atento, valorização[47]. É definido como "o tratamento atencioso à própria consideração que se deve manter nas relações com as pessoas respeitáveis, seja pela idade, por sua condição social, pela ascendência ou grau de hierarquia em que se acham colocadas"[48].

Também mencionado no artigo 8º da Convenção dos Direitos da Criança, guarda o sentido de preservação e valorização da identidade, da nacionalidade, do nome, das relações familiares, da história e cultura próprias, e de todo o conjunto de atributos que compõem a individualidade. Traduz-se em uma acolhida ao Outro.

Dignidade, do latim *dignitas,* é a "qualidade moral que, possuída por uma pessoa, serve de base ao próprio respeito em que é tida"[49-50]. Também costuma ser

---

46 Trecho retirado do Referencial Curricular Nacional para a Educação Infantil – versão preliminar – Ministério da Educação e do Desporto – Brasília – janeiro/98.

47 Disponível em: <https://pt.wikipedia.org/wiki/Respeito>. Acesso em: 31 ago. 2020.

48 DE PLÁCIDO E SILVA. Op. cit., p. 124.

49 Idem, ibidem, p. 72.

50 A Lei n. 12.594/2012, no art. 49, III, elenca os direitos ao respeito à sua personalidade e intimidade dentre os direitos individuais do adolescente em cumprimento de medida socioeducativa.

conceituada como atributo moral que incita respeito aos próprios valores, ao amor-próprio.

Para Ingo Wolfgang Sarlet, dignidade humana é:

> [...] a qualidade intrínseca e distintiva em cada ser humano que o faz merecedor do mesmo respeito e consideração por parte do Estado e da comunidade, implicando, neste sentido, um complexo de direitos e deveres fundamentais que assegurem a pessoa tanto contra todo e qualquer ato de cunho degradante e desumano, como venham a lhe garantir as condições existenciais mínimas para uma vida saudável, além de propiciar e promover sua participação ativa e corresponsável nos destinos da própria existência e da vida em comunhão com os demais seres humanos, *mediante o devido respeito aos demais seres que integram a rede da vida*[51].

Os conceitos mostram-se e são complementares. A criança e o adolescente, como sujeitos de direitos, como pessoas ainda em desenvolvimento na sua humanidade, são credores e titulares dos direitos à dignidade e ao respeito. Seus valores, sua imagem, seu amor-próprio, são atributos que compõem sua dignidade. Suas escolhas, sua condição física ainda imatura, sua inocência e imaturidades psíquicas são características próprias dessa fase de vida que merecem e devem contar com um olhar atento, não discriminatório, de valorização do ser em formação.

Contudo, como nos diz Janusz Korczak, "todos nós crescemos convencidos de que o grande vale mais do que o pequeno [...] para conquistar respeito e admiração é preciso ser grande, ocupar muito espaço. O que é pequeno é banal e desinteressante. [...] A criança é pequena, é leve, é pouca coisa... é fraca"[52].

Há aqui um desafio cultural que precisa ser superado. Crianças e adolescentes não são inferiores aos adultos. Estão apenas em fases diferentes. Dada sua imaturidade, precisam ser cuidadas, educadas, mas sua vontade deve ser considerada em suas questões existenciais[53]. O direito ao seu corpo, à sua sexualidade, às suas escolhas, às suas idiossincrasias, devem ser objeto de consideração e respeito. Trata-se de tarefa complexa para a sociedade "adultocêntrica" e individualista na qual vivemos. A difícil tarefa de enxergar e respeitar o Outro.

Nesse universo, não raro para que a criança e o adolescente alcancem o respeito, por vezes passam a externar uma sede de crescer, de se "adultecer", de pular fases essenciais para o seu desenvolvimento sadio. Trata-se de um fato que exige

---

51 SARLET, Ingo Wolfgang. *Dignidade da pessoa humana e direitos fundamentais na Constituição Federal de 1988.* 9. ed. rev. e atual. Porto Alegre: Livraria do Advogado, 2011, p. 73 (itálico no original).

52 KORCZAK, Janusz. *O direito da criança ao respeito.* 4. ed. São Paulo: Summus, 1986. p. 69.

53 A título de exemplo podemos citar o art. 28, §§ 1º e 2º, do ECA, que trata da oitiva prévia da criança e do adolescente nos casos de colocação em família substituta.

PARTE I – O DIREITO MATERIAL SOB O ENFOQUE CONSTITUCIONAL

75

atenção e resposta. Campanhas de conscientização dirigidas à família e à comunidade, capacitação dos atores da rede, uso da linguagem mais próxima aos adolescentes e crianças são ações relevantes e possíveis.

O paradigma da proteção integral, sistematicamente, está consolidado, mas, culturalmente, resta claro, que ainda há muito a fazer. O estigma do "menor" como objeto de proteção parece conceder o direito de tratar a criança e o adolescente como bem se entender, sem enxergá-los na sua individualidade como pessoas, com querer próprio, carecedoras de tratamento digno e resguardo à sua integridade física, psíquica e intelectual[54].

A sociedade parece exigir e aplaudir um comportamento cada vez mais adulto e sexualizado por parte daqueles que ainda não estão amadurecidos. Crianças e jovens encontram-se estressados com uma agenda a cumprir similar à de um adulto, a ponto de não sobrar tempo para brincar, conversar, se divertir, descansar, atividades indispensáveis para o crescimento saudável. Outras, dada a enorme desigualdade social em nosso país, no lugar da agenda repleta de tarefas, precisam amadurecer precocemente e assumir a responsabilidade de cuidar dos irmãos menores para que os pais possam trabalhar, ou exercer atividades de trabalho precarizadas para auxiliar no sustento da família, muitas vezes com o alto custo do abandono das atividades escolares.

O reflexo da exigência de um comportamento adulto para quem ainda é credor de cuidados, é um pseudoamadurecimento vazio no qual crianças e adolescentes se veem muitas vezes perdidos, desejosos de viver fases da vida para as quais ainda não estão prontos.

Segundo Gustavo Ferraz de Campos Monaco[55],

> [...] o desenvolvimento das características infantis e juvenis dos menores de 18 anos deve ser garantido de forma prospectiva, tendo-se sempre em vista a especial condição de seres em desenvolvimento que devem ser dotados de condições necessárias e suficientes para a plena compreensão do papel que devem desempenhar na comunidade.

Essa vontade de ultrapassar fases, acrescida da vulnerabilidade infantojuvenil – física e psicológica –, tem se mostrado uma combinação perigosa que facilita a prática de comportamentos abusivos e criminosos. A objetificação da criança e do adolescente, o ranço cultural externado pela expressão "o filho é meu e faço com

---

54 A não discriminação e o tratamento com respeito e dignidade são orientações estabelecidas no art. 1º, IX, da Resolução conjunta CNAS/Conanda n. 1, de 7 de junho de 2017, que estabelece as Diretrizes Políticas e Metodológicas para o atendimento de crianças e adolescentes em situação de rua no âmbito da Política de Assistência Social.

55 MONACO, Gustavo Ferraz de Campos. *A proteção da criança no cenário internacional.* Belo Horizonte: Del Rey, 2005, p. 158.

ele o que quiser", parecem fortalecer comportamentos violentos em seus mais diversos graus.

Segundo Luiz Antonio Miguel Ferreira[56],

> [...] uma das manifestações mais evidentes de ofensa ao direito ao respeito consiste na prática da violência doméstica, que se manifesta sob modalidades de agressão física, sexual, psicológica ou em razão da negligência, que, como já afirmamos, está presente em todas as classes sociais, sem distinção, e ocorre de forma intensa como resultado do abuso do poder disciplinador dos adultos, sejam eles pais, padrastos, responsáveis, que transformam a criança e o adolescente em meros objetos, com consequente violação de seus direitos fundamentais, em especial o direito ao respeito como ser humano em desenvolvimento.

A Lei n. 13.010/2014, popularmente conhecida como "Lei Menino Bernardo" ou "Lei da Palmada", alterou a redação do art. 18 do ECA, para assegurar à criança e ao adolescente o direito de ser criado e educado sem o uso de castigo físico ou de tratamento cruel ou degradante, como formas de correção. O mandamento legal se dirige a pais, membros da família ampliada, responsáveis, agentes públicos executores de medidas socioeducativas ou qualquer pessoa responsável pelo cuidado, trato e proteção.

O infrator estará sujeito a medidas como encaminhamento a programa oficial ou comunitário de proteção à família, tratamento psicológico ou psiquiátrico, encaminhamento a cursos ou programas de orientação, obrigação de encaminhar a criança a tratamento especializado e advertência, aplicáveis pelo Conselho Tutelar. Sujeitam-se ainda às medidas descritas no art. 129 do ECA, à sanção por infração administrativa (art. 249 do ECA), ou ainda a responder pela prática de crime, por exemplo, os descritos no art. 232 do ECA ou nos arts. 129, § 9º, e 136 do CP, sem prejuízo da possibilidade de suspensão ou perda do poder familiar (arts. 1.637 e 1.638 do CC).

Com o mesmo propósito protetivo da condição de pessoa em desenvolvimento, o sistema de garantias reconheceu que muitas de suas ações acabavam por também ser violadoras da integridade psicológica, do respeito e da dignidade de crianças e adolescentes. Não raro, quando uma notificação compulsória de maus-tratos chegava ao Conselho Tutelar ou a outro órgão do sistema de garantias, talvez no afã de responsabilizar o culpado, ouvia-se a criança vítima ou testemunha por diversas vezes, sem cautela ou preparo do ouvidor. Revitimizar passou a ser uma indesejada prática. Para estabelecer metodologia específica que melhor garantisse os direitos fundamentais inerentes à pessoa humana, respeitada a condição de pessoa em desenvolvimento, em 4 de abril de 2017 foi publicada a Lei n. 13.431/2017[57], que

---

56 FERREIRA, Luiz Antonio Miguel. *O Estatuto da Criança e do Adolescente e os direitos fundamentais*. São Paulo: Edições APMP, 2008, p. 38.

57 O início da vigência foi em 4 de abril de 2018, um ano após a publicação.

PARTE I – O DIREITO MATERIAL SOB O ENFOQUE CONSTITUCIONAL

estabeleceu o sistema de garantia de direitos da criança e do adolescente vítima ou testemunha de violência.

A lei conceitua as várias espécies de violência: física, institucional, psicológica, sexual e patrimonial. Demonstra maior preocupação com as violências psicológica e sexual, elencando de forma mais pormenorizada suas várias modalidades. Destaco aqui a menção ao constrangimento, humilhação, agressão verbal, ridicularização, indiferença, exploração ou intimidação sistemática (*bullying*)[58], exposição à violência familiar ou ato de alienação parental, como modalidades de violência psicológica. A violência sexual é compreendida como qualquer conduta que constranja a criança ou o adolescente a praticar ou presenciar conjunção carnal ou qualquer ato libidinoso, inclusive exposição do corpo em foto ou vídeo por meio eletrônico. Relevante e oportuna a menção ao tráfico de pessoas definido como ato de recrutamento, transporte, transferência, alojamento ou acolhimento da criança ou adolescente com o fim de exploração sexual, mediante violência, ameaça ou aproveitando-se de situação de vulnerabilidade. Com ineditismo, trouxe para o corpo da lei a violência institucional, entendida como a praticada por instituição pública ou conveniada, inclusive quando gera a revitimização.

Diante desse cenário de violência, a lei assegurou garantias e direitos para a criança e o adolescente vítimas ou testemunhas (art. 5º) e disciplinou, nos arts. 7º a 12, dois modelos para escuta: a) escuta especializada; b) depoimento especial. A escuta especializada é realizada perante órgão da rede de proteção, cujo conteúdo é restrito ao cumprimento de sua finalidade. Já o depoimento especial será colhido perante a autoridade judiciária ou policial, preferencialmente em delegacias especializadas no atendimento de crianças e adolescentes vítimas e, na sua falta, prioritariamente, em delegacia especializada em temas de direitos humanos. Seguirá obrigatoriamente o rito cautelar de antecipação de prova quando a criança tiver menos de 7 anos e em caso de violência sexual.

Dialogando com a política de atendimento adotada pelo ECA, determinou a implementação de políticas articuladas com os demais sistemas (SUAS, SUS, Sistema de Justiça e de Segurança) para acolhimento e atendimento integral às vítimas de violência, assim como estabeleceu a possibilidade da criação de sistema de ouvidoria ou de respostas, integrados à rede de proteção, para receber denúncias de violações de direitos de crianças e adolescentes. Também previu a possibilidade de criação de programas, serviços ou equipamentos de atenção integral, multidisciplinares, que

---

58   A Lei n. 14.811, de 12 de janeiro de 2024, institui medidas de proteção à criança e ao adolescente contra a violência nos estabelecimentos educacionais ou similares, prevê a Política Nacional de Prevenção e Combate ao Abuso e Exploração Sexual da Criança e do Adolescente e, dentre outras medidas, acresceu ao Código Penal o art. 146-A, que trata dos crimes de "intimidação sistemática" (*bullying*) e "intimidação sistemática virtual" (*cyberbullying*).

poderão contar com delegacias especializadas, serviços de saúde, perícia médico-legal, serviços socioassistenciais, Varas especializadas, Ministério Público e Defensoria Pública, entre outros.

A segurança pública ganhou capítulo próprio com destaque para a postura da autoridade policial diante da constatação de situação de risco. Impôs-lhe uma atuação ativa/protetiva, cabendo-lhe resguardar a criança ou o adolescente do contato direto com o suposto autor da violência, representar ao Ministério Público para propositura de ação cautelar de antecipação de prova, solicitar à autoridade judiciária medidas de proteção, afastamento do agressor, inclusão da vítima e familiares nos programas que se mostrarem mais adequados ao caso e, em hipóteses de maior risco, poderá requerer a inclusão da criança ou adolescente em programa de proteção a vítimas ou testemunhas ameaçadas[59].

Foi prevista a criação de Varas ou Juizados especializados em crimes contra criança e adolescentes, cabendo a cada órgão responsável pela organização judiciária propor sua criação. Nos Estados onde não houver Varas especializadas, o julgamento e a execução das causas decorrentes das práticas de violência caberão aos Juizados ou Varas especializadas em violência doméstica e afins, preferencialmente.

A aplicação da lei é facultativa para vítimas e testemunhas de violência entre 18 e 21 anos, sendo obrigatória para os menores de idade, garantindo-se o direito de prestar declarações diretamente ao juiz, se assim o entender (art. 12, § 1º).

6.1. Da violência doméstica e familiar contra a criança e o adolescente

A Lei n. 14.344, de 24 de maio de 2022[60], conhecida como Lei Henry Borel, cria mecanismos para a prevenção e o enfrentamento da violência doméstica e familiar contra a criança e o adolescente.

Com origem no PL n. 1.360/2021, a lei busca referência na Lei Maria da Penha, conceituando as hipóteses de violência doméstica e familiar contra a criança e o adolescente[61], listando medidas protetivas de urgência, estabelecendo procedimentos policiais e legais e de assistência médica e social.

---

59 Lei n. 9.807, de 13 de julho de 1999.
60 A Lei entrou em vigor no dia 8 de julho de 2022.
61 "Art. 2º Configura violência doméstica e familiar contra a criança e o adolescente qualquer ação ou omissão que lhe cause morte, lesão, sofrimento físico, sexual, psicológico ou dano patrimonial:
I – no âmbito do domicílio ou da residência da criança e do adolescente, compreendida como o espaço de convívio permanente de pessoas, com ou sem vínculo familiar, inclusive as esporadicamente agregadas;
II – no âmbito da família, compreendida como a comunidade formada por indivíduos que compõem a família natural, ampliada ou substituta, por laços naturais, por afinidade ou por vontade expressa;

PARTE I – O DIREITO MATERIAL SOB O ENFOQUE CONSTITUCIONAL

Ao ter conhecimento da prática de violência doméstica contra criança e adolescente, a autoridade policial deverá colher o depoimento da vítima na forma da Lei n. 13.431/2017 e adotar, entre outras providências, o encaminhamento da vítima ao SUS e ao IML; garantir proteção policial; fornecer transporte para a vítima e, quando necessário, para seu responsável ou acompanhante, para serviço de acolhimento ou, havendo risco à vida, para local seguro; encaminhar a vítima, os familiares e as testemunhas, caso sejam crianças ou adolescentes, ao Conselho Tutelar.

Em caso de risco atual ou iminente à vida ou à integridade física da criança e do adolescente, ou de seus familiares, o agressor será imediatamente afastado do lar ou do local de convivência com a vítima, pela autoridade judicial, delegado de polícia, não sendo o Município sede de comarca ou pelo próprio policial, não havendo delegado presente no momento da denúncia.

São previstas medidas protetivas de urgência que obrigam o agressor (art. 20), sem prejuízo de outras previstas na legislação em vigor, e medidas protetivas de urgência à vítima (art. 21).

O descumprimento das medidas impostas é considerado crime (art. 25) e, em caso de prisão em flagrante, é vedada a concessão de fiança pela autoridade policial.

Impõe-se o dever de comunicar a prática de atos de violência doméstica e familiar contra criança e adolescente a todos aqueles que tenham conhecimento de sua prática (art. 23), devendo o poder público garantir meios e estabelecer medidas e ações para a proteção e compensação do noticiante. O descumprimento do dever de comunicar enseja a prática de crime (art. 26), com pena de 6 (seis) meses a 3 (três) anos, aumentada de metade se da omissão resulta lesão corporal de natureza grave, e triplicada, se resulta morte. Aplica-se ainda em dobro se a omissão é praticada por ascendente, parente consanguíneo até o terceiro grau, responsável legal, tutor, guardião, padrasto ou madrasta da vítima.

O crime de homicídio contra menor de 14 anos passa a ser considerado hediondo e há causa de aumento de pena sendo a vítima pessoa com deficiência ou com doença que aumente sua vulnerabilidade. Também há aumento de pena sendo o crime praticado por ascendente, padrasto ou madrasta, tio, irmão, cônjuge, companheiro, tutor, curador, preceptor ou empregador da vítima, ou por qualquer pessoa que tiver autoridade sobre ela.

A prescrição para crimes praticados contra criança e adolescente passa a ter como prazo inicial a data em que a vítima completa 18 anos, sendo vedada a aplicação de penas de cestas básicas ou de outras prestações pecuniárias, bem como a substituição de pena que implique o pagamento isolado de multa nos casos de violência doméstica e familiar contra criança e adolescente.

III – em qualquer relação doméstica e familiar na qual o agressor conviva ou tenha convivido com a vítima, independentemente de coabitação."

Sem prejuízo de outras atribuições, cabe ao Ministério Público, nos casos de violência doméstica e familiar contra criança e adolescente, registrar os casos no sistema de dados; requisitar força policial e serviços públicos de saúde, educação, assistência e de segurança, em prejuízo de outros que se mostrarem necessários. Também é sua atribuição fiscalizar os estabelecimentos públicos e particulares de atendimento à criança e ao adolescente em situação de violência doméstica e adotar as medidas administrativas ou judiciais pertinentes quando identificar irregularidades. Ainda é atribuição do *Parquet* intervir, quando não for parte, nas causas cíveis e criminais decorrentes de violência doméstica e familiar contra a criança e o adolescente.

As atribuições do Conselho Tutelar também foram ampliadas, acrescentando-se oito incisos ao art. 136 do ECA. É sua atribuição, entre outras, representar à autoridade policial ou judicial para requerer o afastamento do agressor do lar, domicílio ou local de convivência com a vítima; representar à autoridade judicial para requerer a concessão de medida protetiva de urgência à criança ou ao adolescente vítima; representar ao Ministério Público para requerer a propositura de ação cautelar de antecipação de produção de prova.

Por fim, as estatísticas sobre violência doméstica e familiar contra a criança e o adolescente deverão ser incluídas nas bases de dados dos órgãos oficiais do Sistema de Garantia dos Direitos da Criança e do Adolescente, do Sistema Único de Saúde, do Sistema Único de Assistência Social e do Sistema de Justiça e Segurança, de forma integrada, para subsidiar o sistema nacional de dados e informações relativo às crianças e aos adolescentes.

O Sistema de Garantia dos Direitos da Criança e do Adolescente, por meio dos seus diversos atores, intervirá nas situações de violência contra a criança e o adolescente para mapear as ocorrências; prevenir e fazer cessar os atos de violência; prevenir a reiteração da violência; promover o atendimento da criança e do adolescente para minimizar as sequelas da violência sofrida, além de promover a reparação integral dos direitos da vítima.

7. DIREITO À EDUCAÇÃO

Conceitua-se educação como "o processo de desenvolvimento da capacidade física, intelectual e moral da criança e do ser humano em geral, visando à sua melhor integração individual e social"[62].

O processo educacional visa à integral formação da criança e do adolescente, buscando seu desenvolvimento, seu preparo para o pleno exercício da cidadania e para ingresso no mercado de trabalho (art. 205 da CF).

---

62 FERREIRA, Aurélio Buarque de Holanda. *Novo dicionário Aurélio da língua portuguesa.* 2. ed. 36. imp. Rio de Janeiro: Nova Fronteira, 1986.

PARTE I – O DIREITO MATERIAL SOB O ENFOQUE CONSTITUCIONAL

"Ensinar não é transferir conhecimento, mas criar as possibilidades para a sua própria produção ou a sua construção."[63]

É por meio do processo educacional que cada pessoa começa a forjar sua identidade com a absorção das lições tiradas da convivência diária no ambiente escolar, do conhecimento material e dos valores morais e éticos perpassados. É o direito fundamental que na sua essência permite a instrumentalização de todos os demais e que cada um se dê conta do seu papel social, do seu local de fala, do seu poder de questionar e de exigir, de ser tratado e respeitado como cidadão.

Nossa atual política educacional funda-se nos seguintes princípios constitucionais:

Art. 206. O ensino será ministrado com base nos seguintes princípios:

I – igualdade de condições para o acesso e permanência na escola;

II – liberdade de aprender, ensinar, pesquisar e divulgar o pensamento, a arte e o saber;

III – pluralismo de ideias e concepções pedagógicas, e coexistência de instituições públicas e privadas de ensino;

IV – gratuidade do ensino público em estabelecimentos oficiais;

V – valorização dos profissionais da educação escolar, garantidos, na forma da lei, planos de carreira, com ingresso exclusivamente por concurso público de provas e títulos, aos das redes públicas;

VI – gestão democrática do ensino público, na forma da lei;

VII – garantia de padrão de qualidade;

VIII – piso salarial profissional nacional para os profissionais da educação escolar pública, nos termos de lei federal.

A Lei n. 9.394/96 – Lei de Diretrizes e Bases da Educação – ainda acrescenta em seu art. 3º a valorização da experiência extraescolar; vinculação entre a educação escolar, o trabalho e as práticas sociais e a consideração com a diversidade étnico-racial.

Em que pese a educação ser um direito fundamental, não se pode olvidar que seu exercício deverá ser regular. Se exercido de forma abusiva, excedendo os limites impostos pelo seu fim econômico ou social, pela boa-fé e pelos bons costumes, configurará, em tese, ato ilícito, consoante o art. 187 do Código Civil. À guisa de exemplo, se a criança ou o adolescente, a pretexto do exercício do direito de estudar, comporta-se de forma contrária às regras de convivência estabelecidas no regimento escolar, prejudicando ou impedindo o regular exercício do mesmo direito pelos demais estudantes, poderá sofrer sanções disciplinares como advertência, suspensão e mesmo a não renovação de sua matrícula.

---

63   FREIRE, Paulo. *Pedagogia da autonomia*: saberes necessários à prática educativa. 62. ed. Rio de Janeiro-São Paulo: Paz e Terra, 2019, p. 47.

Cabe à escola, em conjunto com os pais, diagnosticar os motivos que levam o aluno a apresentar um comportamento prejudicial ao seu aprendizado e ao dos demais colegas, apoiando-o no que for necessário e buscando soluções em conjunto. Se, apesar dos esforços, os resultados esperados não forem alcançados, outras medidas poderão ser adotadas.

As medidas disciplinares deverão ser aplicadas sem ofertar prejuízo irreparável para a criança ou o adolescente, valendo aqui ponderação e razoabilidade. Medidas de suspensão ou expulsão em períodos de provas ou em momento que impossibilite a transferência para outra unidade não cabem se frustrarem o direito de estudar. Na hipótese, aguarda-se período oportuno para a tomada da decisão extrema

Tratando-se de ato administrativo constritivo de direitos, a expulsão deve ser precedida de procedimento administrativo, com garantia da ampla defesa e do contraditório, sob pena de ser considerada ilegal. Também deve observar as normas contidas no regime interno da unidade de ensino.

7.1. Igualdade

Educação é direito de todos, sem distinção. Assegurá-lo é dever dos pais, por meio da matrícula dos filhos na rede de ensino; dever da sociedade, fiscalizando os casos de evasão ou de não ingresso na escola por meio do Conselho Tutelar, dos profissionais de educação ou qualquer outro meio e, principalmente, dever do Poder Público, mantendo uma oferta de vagas que permita o livre e irrestrito acesso à educação.

Caso a rede pública não seja suficiente para absorver toda a demanda, caberá ao Poder Público custear o ensino na rede privada por meio de um sistema de bolsas de estudos, como autorizado pelo art. 213, § 1º, da Constituição Federal.

Pessoas com deficiência[64] são titulares do direito fundamental à educação em todos os níveis do sistema educacional, de forma a alcançar o máximo de desenvolvimento. O poder público deve assegurar, criar, desenvolver, implementar, incentivar, acompanhar e avaliar o sistema educacional inclusivo.

Segundo o art. 28 do Estatuto da Pessoa com Deficiência, incumbe ao Poder Público, dentre outras obrigações, aprimorar os sistemas educacionais, garantindo condições de acesso, permanência, participação e aprendizagem, por meio da oferta de serviços que eliminem as barreiras e promovam a inclusão plena; projeto pedagógico que institucionalize o atendimento educacional especializado, para atender às características dos estudantes com deficiência e garantir o seu pleno

---

64 Lei n. 13.146, de 6 de julho de 2015 – Estatuto da Pessoa com Deficiência – "Art. 2º *Considera-se pessoa com deficiência aquela que tem impedimento de longo prazo de natureza física, mental, intelectual ou sensorial, o qual, em interação com uma ou mais barreiras, pode obstruir sua participação plena e efetiva na sociedade em igualdade de condições com as demais pessoas".*

PARTE I - O DIREITO MATERIAL SOB O ENFOQUE CONSTITUCIONAL

acesso ao currículo em condições de igualdade, promovendo a conquista de sua autonomia; oferta de educação bilíngue em libras; participação dos estudantes com deficiência e de suas famílias nas diversas instâncias de atuação da comunidade escolar; oferta de profissionais de apoio escolar.

O objetivo da normativa é assegurar a inclusão da pessoa com deficiência no ambiente escolar, medida deveras salutar, pois, além de promover maior igualdade no trato – igualdade nas diferenças – desenvolve um sentimento de pertencimento, deveras importante para o fortalecimento da autoestima da criança e do adolescente, sem deixar de levar em linha de conta que a diversidade é um fator que contribui para o desenvolvimento emocional e ético de todo o grupo.

Nessa toada, evitando-se ações que possam estimular a exclusão do estudante que apresenta alguma deficiência, principalmente cognitiva, é vedado às instituições privadas de ensino, de qualquer nível e modalidade, cobrar valores adicionais de qualquer natureza em suas mensalidades, anuidades e matrículas no cumprimento das determinações estabelecidas no art. 28 da referida lei. Trata-se de mecanismo de socialização do custo, ou seja, todos irão contribuir para uma política inclusiva. Não é a criança ou o adolescente com deficiência que deve se adaptar à escola. É esta que ao assumir o compromisso ético de tratar e formar a todos com igualdade, mesmo diante das diferenças, deve se adaptar para incluí-los. Não é favor, nem ônus. É parte da formação educacional de todos. Compreender que as pessoas são diferentes entre si apenas demonstra que a sociedade é diversa, plural, mas una.

Oportuna transcrição dos seguintes arestos:

> AÇÃO DIRETA DE INCONSTITUCIONALIDADE. MEDIDA CAUTELAR. LEI N. 13.146/2015. ESTATUTO DA PESSOA COM DEFICIÊNCIA. ENSINO INCLUSIVO. CONVENÇÃO INTERNACIONAL SOBRE OS DIREITOS DA PESSOA COM DEFICIÊNCIA. INDEFERIMENTO DA MEDIDA CAUTELAR. CONSTITUCIONALIDADE DA LEI N. 13.146/2015 (arts. 28, § 1º, e 30, *caput*, da Lei n. 13.146/2015). 1. A Convenção Internacional sobre os Direitos da Pessoa com Deficiência concretiza o princípio da igualdade como fundamento de uma sociedade democrática que respeita a dignidade humana. 2. À luz da Convenção e, por consequência, da própria Constituição da República, o ensino inclusivo em todos os níveis de educação não é realidade estranha ao ordenamento jurídico pátrio, mas sim imperativo que se põe mediante regra explícita. [...] 4. Pluralidade e igualdade são duas faces da mesma moeda. O respeito à pluralidade não prescinde do respeito ao princípio da igualdade. E na atual quadra histórica, uma leitura focada tão somente em seu aspecto formal não satisfaz a completude que exige o princípio. Assim, a igualdade não se esgota com a previsão normativa de acesso igualitário a bens jurídicos, mas engloba também a previsão normativa de medidas que efetivamente possibilitem tal acesso e sua efetivação concreta [...]. 7. A Lei nº 13.1346/2015 indica assumir o compromisso ético de acolhimento e pluralidade democrática adotados pela Constituição ao exigir que não apenas as escolas públicas, mas também as particulares deverão pautar sua atuação educacional a partir de todas as facetas e potencia-

lidades que o direito à educação possui e que são densificadas em seu Capítulo IV. 8. Medida cautelar indeferida. 9. Conversão do julgamento do referendo do indeferimento da cautelar, por unanimidade, em julgamento definitivo de mérito, julgando, por maioria e nos termos do Voto do Min. Relator Edson Fachin, improcedente a presente ação direta de inconstitucionalidade[65].

Crianças e adolescentes diagnosticados com **transtorno do espectro autista** são considerados pessoas com deficiência, nos termos do art. 1º do Decreto n. 8.368/2014, devendo-lhes ser assegurada educação inclusiva, não discriminatória, com igualdade de oportunidades.

Sendo necessário apoio às atividades de interação social, locomoção, alimentação e cuidados pessoais, a instituição de ensino – privada ou pública – deverá disponibilizar acompanhante especializado[66].

Não é incomum que os estabelecimentos de ensino venham recusando o direito do autista a um profissional de auxílio (cuidador/mediador), mesmo quando constatada sua indispensabilidade no processo educacional do aluno. A prática é tida por ilegal e já há precedentes nesse sentido. É ler:

> Agravo de Instrumento. Ação de obrigação de fazer. Decisão que deferiu a tutela antecipada requerida pelo agravado, consistentes na providência de cuidados para acompanhar o Menor em escola da rede municipal de ensino, sob pena de ser condenado a fornecer, na rede privada de ensino, arcando com todas as despesas. Agravante que não respondeu à solicitação formulada, de fornecimento de mediador para acompanhar o menor com transtorno do espectro autista. Preliminar de falta de interesse de agir rejeitada. Afirmação de contar o agravante com agente de apoio à condição especial do agravado não comprovada. Não há de se falar em violação à separação dos poderes e muito menos em invasão do Poder Judiciário na esfera da discricionariedade da administração pública, eis que, seu múnus o controle judicial dos atos e omissões administrativas, com base na Constituição Federal, ECA e na Lei de diretrizes Básicas da Educação. Incidência do verbete n. 59, da Súmula deste E. Tribunal de Justiça. Nega-se provimento ao recurso[67].

> Agravo de Instrumento. Obrigação de fazer. Município de Duque de Caxias. Menor com Transtorno do Espectro Autista. Indeferimento da tutela antecipada, que requeria acompanhamento individual e especializado durante o horário escolar. Lei n. 123.764/12, que institui a Política de proteção dos direitos da Pessoa com Transtorno do Espectro Autista, a assegurando o direito a acompanhamento especializado durante o expediente escolar. Estatuto da Pessoa com Deficiência (Lei n. 13.146/2015), que também assegura o direito a educação de

---

65   ADI 5.357 MC-Ref/DF, T. Pleno, Rel. Min. Edson Fachin, j. 9-6-2016.

66   Art. 3º da Lei n. 12.764/2012 e art. 4º do Decreto n. 8.368/2014.

67   TJRJ, Agravo de Instrumento 0026819-76.2017.8.19.0000, 3ª Câm. Cív., Rel. Des. Helda Lima Meireles, j. 2-8-2017.

PARTE I – O DIREITO MATERIAL SOB O ENFOQUE CONSTITUCIONAL

forma inclusiva, em todos os níveis de aprendizado. Obrigação do Município agravado de disponibilizar mediador habilitado para acompanhamento da criança durante o período escolar. Perigo de dano ou risco ao resultado útil do processo, tendo em vista o início do ano letivo. Recuso a que se dá provimento[68].

O Supremo Tribunal Federal também se debruçou sobre o tema ao reconhecer a inconstitucionalidade de lei do Estado do Amapá que reduzia o conceito de pessoas com deficiência e excluía o dever da escola de prover medidas para o ensino inclusivo. A matéria foi tratada na Ação Direta de Inconstitucionalidade 7.028[69], cujo tema foi reconhecido como de repercussão geral. É ler:

> É inconstitucional lei estadual que (a) reduza o conceito de pessoas com deficiência previsto na Constituição, na Convenção Internacional sobre os Direitos das Pessoas com Deficiência, de estatura constitucional, e na lei federal de normas gerais; (b) desconsidere, para a aferição da deficiência, a avaliação biopsicossocial por equipe multiprofissional e interdisciplinar prevista pela lei federal; ou (c) exclua o dever de adaptação de unidade escolar para o ensino inclusivo.

Caso não seja possível a integração do aluno com deficiência em classes comuns de ensino regular, o atendimento educacional será feito, excepcionalmente, em classes, escolas ou serviços especializados, sempre em função das condições específicas do aluno (art. 58, § 2º, da Lei de Diretrizes e Bases da Educação – LDB).

Importante ainda destacar que a Lei n. 12.764/2012 sanciona o gestor escolar ou autoridade competente, com multa de 3 a 20 salários-mínimos, com perda do cargo em caso de reincidência, quando recusar a matrícula de aluno com transtorno do espectro autista, ou qualquer outro tipo de deficiência. A sanção será aplicada após prévio processo administrativo, e o valor da multa será calculado levando--se em conta as justificativas apresentadas e o número de matrículas recusadas[70].

Educandos com **dislexia, Transtorno do Déficit de Atenção com Hiperatividade (TDAH) ou outro transtorno de aprendizagem**, passam a contar com um programa de acompanhamento integral que compreende: a identificação precoce do transtorno, o encaminhamento do educando para diagnóstico, o apoio educacional na rede de ensino, bem como o apoio terapêutico especializado na área de saúde[71].

Caso apresentem alterações no desenvolvimento da leitura e da escrita ou instabilidade na atenção que repercutam na sua aprendizagem, devem os alunos ter assegurado pelos seus educadores, no âmbito da escola na qual estão matriculados,

---

68 TJRJ, Agravo de Instrumento 0058502-68.2016.8.19.0000, 2ª Câm. Cív., Rel. Des. Jessé Torres Pereira Júnior, j. 15-3-2017.

69 STF, ADI 7.028, Tribunal Pleno, Rel. Min. Roberto Barroso, j. 19-6-2023.

70 Art. 7º da Lei n. 12.764/2012 e art. 5º do Decreto n. 8.368/2014.

71 Lei n. 14.254, de 30 de novembro de 2021.

o acompanhamento específico direcionado à sua dificuldade, de forma célere e precoce. As necessidades específicas deverão ser atendidas por profissionais da rede de ensino em parceria com profissionais da saúde, cabendo aos sistemas de ensino garantir aos professores da educação básica acesso à informação inclusive quanto aos possíveis encaminhamentos multissetoriais.

Alunos **surdos e surdos-mudos** precisam ser ensinados por um profissional que se expresse pela linguagem de sinais, pela língua de libras, ou adapte a metodologia de ensino ao grau e nível de deficiência[72]. **Cegos** precisam, além do profissional capacitado, de material didático adequado. Aluno com **deficiência motora** precisa ter acesso à sala de aula e a todos os espaços essenciais para o cotidiano escolar, como banheiros e refeitório. As peculiaridades deverão ser analisadas para que se assegure a regular prestação do serviço público essencial de educação.

Nunca é demais lembrar que o Brasil é signatário da Convenção Internacional Sobre os Direitos das Pessoas com Deficiência, aprovada por meio do Decreto-legislativo n. 186, de 9 de julho de 2008 e promulgada pelo Decreto n. 6.949, de 25 de agosto de 2009.

De acordo com a Convenção, os Estados-Partes assegurarão que

> [...] as pessoas com deficiência não sejam excluídas do sistema educacional geral sob alegação de deficiência e que as crianças com deficiência não sejam excluídas do ensino primário gratuito e compulsório ou do ensino secundário, sob alegação de deficiência. E mais, as pessoas com deficiência possam ter acesso ao ensino primário *inclusivo*, de qualidade e gratuito [...][73].

A regra, assim, é a educação *inclusiva*, não discriminatória e fundada na dignidade da pessoa com deficiência. O processo educacional deve ter por objetivo não só sua formação intelectual, mas também a garantia da "possibilidade de adquirir as competências práticas e sociais necessárias de modo a facilitar às pessoas com deficiência sua plena e igual participação no sistema de ensino e na vida em comunidade"[74].

O que se pretende, ao final do processo educacional, é obter um ser humano apto a enfrentar o cotidiano e exercer a cidadania em igualdade com os demais, de forma digna, em que a deficiência seja um "mero detalhe", que não limite ou o retire do mercado de trabalho ou da vida em sociedade.

Para cumprir esse objetivo,

> [...] os Estados-Partes tomarão medidas apropriadas para empregar professores, inclusive professores com deficiência, habilitados para o ensino da língua de

---

72 A Lei n. 14.191/2021 dispôs sobre a modalidade de educação bilíngue para surdos. Institui o Capítulo V-A (Da Educação Bilíngue de Surdos) na LDB, que definiu e disciplinou a nova modalidade de ensino nos arts. 60-A e 60-B.

73 Decreto n. 6.949/2009 – Educação, item 2, al. *a* e *b*.

74 Idem – item 3.

PARTE I – O DIREITO MATERIAL SOB O ENFOQUE CONSTITUCIONAL

sinais e/ou do Braille, e para capacitar profissionais e equipes atuantes em todos os níveis de ensino. Essa capacitação incorporará a conscientização da deficiência e a utilização de modos, meio e formatos apropriados de comunicação aumentativa e alternativa, e técnicas e materiais pedagógicos, como apoios para pessoas com deficiência[75].

Aluno internado para tratamento de saúde em regime hospitalar ou domiciliar também tem assegurado o exercício do seu direito à educação. A Lei n. 13.716/2018, publicada em 25 de setembro de 2018, acrescentou à LDB previsão já contida na Resolução n. 2/2001 da Câmara de Educação Básica do Conselho Nacional de Educação que instituiu diretrizes nacionais para a educação especial na educação básica, entre elas a chamada "classe hospitalar"[76].

Em 2002, o Ministério da Educação publicou um Guia de estratégias e orientações para a Organização de Classes Hospitalares e de Atendimento Pedagógico Domiciliar, vinculando este atendimento aos sistemas educacionais de estados e municípios como unidades.

Em que pese não se tratar de uma inovação no sistema educacional em regime especial, a inserção da "educação hospitalar" no art. 4-A da Lei de Diretrizes e Bases da Educação confere maior segurança jurídica aos titulares desse direito e impõe a todos os entes responsáveis ou que ofertam a educação básica que, se ainda não o fizeram, estabeleçam regulamentação para o regime especial.

Adolescentes infratores, provisoriamente internados, ou em cumprimento de medida socioeducativa também devem ter assegurado o direito à educação, como parte integrante do processo de ressocialização. O período da execução da medida não pode ser motivo para interromper a formação do adolescente. Ao revés, de suma importância que seja prestada com qualidade e com maior ênfase aos valores sociais e morais, pois só assim a medida alcançará seu fim.

A Lei n. 12.494/2012, no art. 82, concede prazo de um ano, a partir de sua publicação (ocorrida em 19 de janeiro de 2012) para que os órgãos responsáveis

---

75 Idem – item 4.

76 "Art. 13. Os sistemas de ensino, mediante ação integrada com os sistemas de saúde, devem organizar o atendimento educacional especializado a alunos impossibilitados de frequentar as aulas em razão de tratamento de saúde que implique internação hospitalar, atendimento ambulatorial ou permanência prolongada em domicílio.

§ 1º As classes hospitalares e o atendimento em ambiente domiciliar devem dar continuidade ao processo de desenvolvimento e ao processo de aprendizagem de alunos matriculados em escolas da Educação Básica, contribuindo para seu retorno e reintegração ao grupo escolar, e desenvolver currículo flexibilizado com crianças, jovens e adultos não matriculados no sistema educacional local, facilitando seu posterior acesso à escola regular.

§ 2º Nos casos de que trata este artigo, certificação de frequência deve ser realizada com base no relatório elaborado pelo professor especializado que atende o aluno."

pelo sistema de educação pública garantam a inserção dos adolescentes em cumprimento de medida socioeducativa na rede pública de educação, em qualquer fase do período letivo, contemplando as diversas faixas etárias e níveis de instrução.

As escolas do Senai, Senac, programas de formação profissional do Senat e Senar também poderão ofertar vagas aos usuários do Sinase, por meio de instrumentos de cooperação celebrados entre os operadores dos sistemas e os gestores dos Sistemas de Atendimento Socioeducativo locais[77].

7.2. Acesso e permanência

Não basta que o Poder Público oferte vagas. É necessário que garanta o acesso e a permanência na escola, preferencialmente próximo à residência da criança e do adolescente.

Na prática, o acesso vem sendo assegurado por meio de leis estaduais e municipais que dispõem sobre passe livre no transporte público urbano[78] para estudantes da rede pública de ensino ou por meio de um sistema de transporte escolar prestado, posto à disposição de crianças e jovens residentes em área sem transporte urbano, ou locais de difícil acesso ou, ainda, quando o aluno tiver dificuldade de locomoção (deficiente físico, por exemplo).

A Lei de Diretrizes e Bases da Educação também determina ao Estado que assegure ao estudante da rede pública transporte em todas as etapas da educação básica (art. 4º, VIII).

Permanência em sala de aula é alcançada com ensino de qualidade, ministrado por bons profissionais, instalações físicas adequadas, material didático, alimentação. A valorização do estudo pela família também é ponto crucial para que o aluno perceba a importância de sua formação.

O abandono e a **evasão escolar**[79] têm sido severamente combatidos em todo o Brasil. A atuação do Ministério Público tem sido essencial no processo de conscientização da sociedade civil, dos profissionais de educação e do poder público da necessidade de manter o aluno em sala de aula.

São ações antieconômicas, pois o afastamento precoce dos bancos escolares é forma de desperdício do investimento até então realizado. É antissocial, pois a criança ou jovem despreparado, malformado, se transformará num adulto marginalizado, desempregado ou subempregado.

---

77 Lei n. 12.594/2012 – arts. 76/79.

78 O Estado do Rio de Janeiro promulgou, em 13 de janeiro de 2005, a Lei n. 4.510, assegurando passe livre para alunos da rede pública, desde que uniformizados.

79 O abandono escolar ocorre quando o aluno regularmente matriculado deixa de frequentar as aulas sem concluir a série ou o ano letivo. A evasão escolar se dá quando o aluno conclui a série ou o ano letivo e não renova a matrícula, deixando de dar continuidade aos estudos e desligando-se do sistema de ensino.

PARTE I – O DIREITO MATERIAL SOB O ENFOQUE CONSTITUCIONAL

Em razão da *Carta de Belo Horizonte em defesa da criança e do adolescente,* documento elaborado pelo Conselho Nacional de Procuradores-Gerais de Justiça, recomendou-se a adoção de medidas judiciais e extrajudiciais para garantia do ensino fundamental para crianças e adolescentes, com combate à evasão e ao abandono escolar e garantia de educação infantil e especial.

Em todo o país, o Ministério Público iniciou tratativas com o Poder Público buscando formular, de forma regionalizada, um programa de combate à evasão e ao abandono escolar com ampla participação: escola, comunidade e Conselho Tutelar.

Um dos primeiros estados a implementar um programa de combate à evasão escolar foi o Rio Grande do Sul. Por meio da Ficha de Comunicação de Aluno Infrequente (Ficai), a escola comunica a ausência do aluno após o sétimo dia consecutivo de falta escolar. A ficha é preenchida em três vias, sendo inicialmente encaminhada à direção da escola, que buscará com a comunidade escolar e local saber o motivo das faltas e buscar o retorno do aluno.

Não obtendo sucesso, a escola encaminha outra via da Ficai ao Conselho Tutelar, que, após investigar o caso, poderá optar pela aplicação de medida aos pais e/ou alunos. A terceira via da Ficai é remetida ao órgão municipal de educação para fins estatísticos e de controle preventivo da evasão escolar.

A Ficai se popularizou e em vários estados encontramos programas semelhantes, adaptados às diversas realidades regionais.

Na luta contra a evasão escolar é indispensável que os estabelecimentos de ensino cumpram o disposto no art. 12, VIII, da LDB, que torna obrigatório o envio ao Conselho Tutelar, ao juiz competente e ao Ministério Público da relação dos alunos que apresentam quantidade de faltas acima de 50% do percentual permitido em lei[80].

A comunicação permite que medidas sancionatórias em relação aos pais e protetivas em relação às crianças e adolescentes sejam tomadas com rapidez, evitando, em muitos casos, a perda do ano letivo.

A Lei n. 12.013, de 6 de agosto de 2009, que alterou o art. 12 da Lei n. 9.394/96 – LDB –, acrescentando-lhe o inciso VII, tornou obrigatório "informar pai e mãe, conviventes ou não com seus filhos, e, se for o caso, os responsáveis legais, sobre frequência e rendimento dos alunos, bem como sobre a execução da proposta pedagógica da escola". No mesmo sentido, o § 6º do art. 1.584 do Código Civil, cuja redação foi inserida pela Lei n. 13.058/2014, determina a obrigação de qualquer estabelecimento público ou privado prestar informações a qualquer dos genitores acerca de seus filhos, sob pena de multa diária de R$ 200,00 (duzentos reais) a R$ 500,00 (quinhentos) reais em caso de descumprimento.

---

80 Inciso incluído pela Lei n. 10.287, de 20 de setembro de 2001.

A medida é de todo salutar, pois facilitará o acompanhamento do processo educacional dos filhos. O dever de educar não se limita a matricular o filho na escola. Vai muito além. Exige acompanhamento constante dos trabalhos, frequência, avaliações, comparecimento às reuniões de pais, enfim, o saudável exercício da paternidade/maternidade responsável, buscando integral formação do menor.

Sempre oportuno lembrar que o *bullying* vem sendo apontado como uma das causas de abandono e evasão escolar. A criança ou adolescente, em razão da forte hostilização encontrada nos demais alunos, recusa-se a ir para a escola, seu rendimento escolar diminui, passa a viver isolado, aumenta sua baixa autoestima, sente-se incompreendido pelo grupo e desenvolve traumas psicológicos e físicos (como distúrbios alimentares) que não raro o acompanham por toda a vida.

Durante anos o problema foi ignorado ou minimizado, sendo considerado "brincadeira da idade", "infantilidade", fruto da ausência de maturidade. Contudo, os números demonstram a gravidade do caso. Pesquisas realizadas no município paulista de São José do Rio Preto e no município do Rio de Janeiro (FANTE, 2000/03 e ABRAPIA, 2002, respectivamente) mostraram que cerca de 45% dos estudantes de escolas públicas e privadas estão envolvidos com o problema.

Buscando maior envolvimento dos educadores e da sociedade com o problema, em 2009, o Deputado Vieira da Cunha apresentou o Projeto de Lei n. 5.369/2009, que deu origem à Lei n. 13.185, de 6 de novembro de 2015[81] e institui o Programa de Combate à Intimidação Sistemática (*Bullying*).

Todo ato de violência física ou psicológica, intencional e repetitivo, sem motivação evidente, praticado individualmente ou em grupo, contra uma ou mais pessoas, com objetivo de intimidá-la ou agredi-la, causando-lhe dor e angústia, em uma relação de desequilíbrio entre as partes envolvidas é considerado *intimidação sistemática*.

A intimidação pode ser verbal, moral, sexual, social, psicológica, física, material ou virtual. Caracteriza-se pela violência física ou psicológica em atos de intimidação, humilhação ou discriminação. Externa-se por meio de ataques físicos, insultos pessoais, comentários sistemáticos, apelidos pejorativos, ameaças, grafites depreciativos, expressões preconceituosas, isolamento social consciente e premeditado, pilhérias.

O *cyberbullying* – uma das práticas de intimidação sistemática de maior alcance – mereceu destaque no parágrafo único do art. 2º do referido diploma legal. É caracterizado pelo uso dos instrumentos virtuais para depreciar, incitar a violência, adulterar fotos e dados pessoais, com o intuito de criar meios de constrangimento psicossocial.

Os objetivos do Programa estão definidos no art. 4º. Incluem a capacitação de docentes e equipes pedagógicas; campanhas de educação, conscientização e infor-

---

81 Lei n. 13.185, de 6 de novembro de 2015, publicada em 9 de novembro de 2015, com vigência após decorridos 90 dias da data de sua publicação oficial.

PARTE I – O DIREITO MATERIAL SOB O ENFOQUE CONSTITUCIONAL

mação; orientação de pais, familiares e responsáveis de vítimas e agressores; assistência psicológica, social e jurídica, dentre outros.

A lei também impôs a estabelecimentos de ensino, clubes, agremiações recreativas o dever de assegurar medidas de conscientização, prevenção, diagnose e combate à violência e à intimidação sistemática, sem, contudo, impor qualquer sanção em caso de descumprimento.

Para acompanhamento e análise do programa, deverão ser produzidos e publicados relatórios bimestrais das ocorrências de intimidação sistemática, nos Estados e Municípios para planejamento das ações (art. 6º). Para coleta de dados será necessário que as Secretarias Estadual e Municipal de Educação estabeleçam normas que obriguem as escolas a notificarem os casos de *bullying,* impondo sanções de ordem administrativa em caso de omissão. Será ainda necessário identificar o modo pelo qual agremiações e clubes informarão os casos que porventura vieram a ser identificados como intimidação sistemática. Acredita-se que cada município adote regra própria, ou que o caso seja discutido pelos Conselhos de Direitos.

A Lei n. 14.811, de 12 de janeiro de 2024, dispôs de forma ainda mais específica sobre o tema, instituindo medidas de proteção à criança e ao adolescente contra a violência nos estabelecimentos educacionais ou similares, públicos ou privados, que devem ser implementadas pelo Poder Executivo municipal e do Distrito Federal, em cooperação com os Estados e a União. Caberá ao poder público local desenvolver, em conjunto com os órgãos de segurança pública e de saúde e com a participação da comunidade escolar, protocolos para estabelecer as medidas de proteção e que deverão também prever a capacitação continuada do corpo docente. A mesma lei também modificou o Código Penal, acrescendo-lhe o art. 146-A, que dispõe sobre os crimes de intimidação sistemática (*bullying*), cuja pena é de multa, se a conduta não constituir crime mais grave, e intimidação sistemática virtual (*cyberbullying*), cuja pena é de reclusão de dois a quatro anos, e multa, se a conduta não constituir crime mais grave.

Viola também o acesso à educação a odiosa, mas comum, prática de **retenção do histórico escolar** como meio coercitivo de exigir o pagamento de mensalidades em atraso. Educação é direito fundamental e, portanto, não negociável, seja direta ou indiretamente. Trata-se de prática proibida, nos termos do art. 6º da Lei n. 9.870/99.

Em caso de atraso no pagamento de mensalidades, cabe ao estabelecimento de ensino valer-se dos meios judiciais para exigir o cumprimento da obrigação firmada pelos pais. O que não se pode admitir é a barganha com o direito fundamental à educação como meio de coerção.

7.3. Níveis e modalidades de ensino

A Lei de Diretrizes e Bases da Educação (Lei n. 9.394/96) classifica a educação em dois níveis: educação básica e educação superior.

A *educação básica* destina-se a crianças e adolescentes, compreendendo:

a) *educação infantil*: ministrada em creches ou entidades equivalentes (crianças até três anos de idade) e pré-escolas (dos quatro aos cinco anos de idade);

b) *ensino fundamental*: duração mínima de nove anos, iniciando-se aos seis anos de idade e tendo por objetivo a formação básica do cidadão;

c) *ensino médio*: finaliza a educação básica. É obrigatório, tem duração de três anos e nessa fase final deve enfatizar a profissionalização, buscando preparar o adolescente para a escolha de sua profissão.

A **educação infantil** é a primeira etapa da educação básica. Tem por finalidade o desenvolvimento integral da criança de até 5 anos, em seus aspectos físico, psicológico, intelectual e social, complementando a ação da família e da comunidade (art. 29 da LDB).

Possui como regras comuns: a) avaliação mediante acompanhamento e registro do seu desenvolvimento; b) carga horária mínima de 800 horas distribuídas em 200 dias de trabalho educacional; c) atendimento por quatro horas para turno parcial e sete horas para turno integral, no mínimo; d) frequência mínima de 60% do total de horas para educação pré-escolar; e) expedição de documentos que atestem os processos de desenvolvimento e aprendizagem da criança.

A expansão da educação infantil deverá ser feita de maneira a assegurar a qualidade da oferta, com instalações e equipamentos que obedeçam a padrões de infraestrutura estabelecidos pelo Ministério da Educação, com profissionais qualificados, como dispõe a Lei de Diretrizes e Bases da Educação Nacional, e com currículo e materiais pedagógicos adequados. No cumprimento da meta do Plano Nacional de Educação a expansão da educação infantil das crianças de 0 a 3 anos de idade atenderá aos critérios definidos no território nacional pelo competente sistema de ensino, em articulação com as demais políticas sociais[82]. A matrícula de crianças na educação infantil é obrigatória, a partir dos 4 anos de idade (art. 6º da LDB). A mudança adequou a Lei de Diretrizes e Bases da Educação à nova redação do art. 208, I, que determinou ao poder público a obrigatoriedade de ofertar educação básica obrigatória e gratuita dos 4 aos 17 anos[83].

O **ensino fundamental** obrigatório, gratuito na escola pública, tem por objetivo a formação básica do aluno mediante: a) o desenvolvimento da capacidade de aprender, por meio do pleno domínio da leitura, da escrita e do cálculo; compreensão do meio natural, social, político, tecnológico e das artes; c) formação de atitudes e valores; d) fortalecimento dos vínculos de família, laços solidários e de tolerância.

A LDB faculta desdobrar o ensino fundamental em ciclos. Para os estabelecimentos que utilizam a progressão regular por série, permite-se adotar o regime de

---

82   Art. 16 da Lei n. 13.257, de 8 de março de 2016.

83   Lei n. 12.796, de 4 de abril de 2013.

PARTE I – O DIREITO MATERIAL SOB O ENFOQUE CONSTITUCIONAL

progressão continuada. A jornada escolar incluirá quatro horas de trabalho efetivo em sala de aula, sendo progressivamente ampliado o período de permanência na escola. Ressalvam-se os casos de ensino noturno e formas alternativas de organização previstas na LDB. O ensino será presencial, admitindo-se o ensino a distância como complementação da aprendizagem ou em situações emergenciais.

O currículo incluirá, obrigatoriamente, conteúdo que trate dos direitos de crianças e adolescentes, assim como abordagens fundamentadas nas experiências e nas perspectivas femininas, resgatando as contribuições, vivências e conquistas femininas nas áreas científica, social, artística, cultural, econômica e política[84]. O ensino religioso é de matrícula facultativa, assegurado o respeito à diversidade religiosa.

O **ensino médio**, etapa final da educação básica, tem por finalidades: a) consolidar e aprofundar os conhecimentos adquiridos no ensino fundamental; b) preparar o educando para o trabalho e cidadania; c) aprimorá-lo como pessoa, incluindo formação ética, desenvolvimento da autonomia intelectual e do pensamento crítico; d) compreensão dos fundamentos dos processos produtivos.

O currículo dessa fase de ensino destacará a educação tecnológica básica, compreensão da ciência, letras e artes, processo histórico de transformação da sociedade e da cultura, língua portuguesa como instrumento de comunicação, acesso ao conhecimento e exercício da cidadania. É obrigatória a inclusão de uma língua estrangeira, filosofia e sociologia.

O ensino médio também poderá preparar o aluno para o exercício profissional técnico. A **educação profissional técnica de nível médio articulada**, poderá ser desenvolvida: a) *de forma integrada* – oferecida a quem já concluiu o ensino fundamental, sendo o curso planejado para conduzir o educando à habilitação técnica profissional na mesma instituição de ensino; b) *concomitante* – oferecida a quem ingresse no ensino médio ou já o está cursando, efetivando-se matrículas distintas para cada curso, podendo ocorrer na mesma instituição, em instituições de ensino distintas e mediante convênios de intercomplementaridade.

A Constituição Federal[85] atribuiu aos três entes federativos a organização do sistema de ensino em regime de colaboração. À União cabe organizar o sistema federal de ensino, financiar instituições de ensino públicas federais e exercer a função redistributiva e supletiva para universalizar as oportunidades educacionais, e, por fim, o oferecimento de assistência técnica e financeira aos demais entes.

A educação básica é direito fundamental cujas normas constitucionais são de eficácia plena, como já reconhecido pelo Supremo Tribunal Federal no Tema de Repercussão Geral 548[86].

---

84 Lei n. 14.986, de 25 de setembro de 2024, incluiu o art. 26-B na Lei de Diretrizes e Bases da Educação.

85 Art. 211 da Constituição Federal.

86 "1. A educação básica em todas as suas fases – educação infantil, ensino fundamental e ensino médio – constitui direito fundamental de todas as crianças e jovens, assegu-

De acordo com a LDB[87] cabe à União a coordenação da política nacional de educação, articulando os diferentes níveis e sistemas de ensino que, todavia, terão liberdade de organização, nos termos do referido diploma legal.

Em cumprimento ao disposto nos arts. 214 da Carta Constitucional e 9º da LDB, a União elaborou o Plano Nacional de Educação[88], com vigência por 10 anos. Como diretrizes estabeleceu: I) erradicação do analfabetismo; II) universalização do atendimento escolar; III) superação das desigualdades educacionais; IV) melhoria da qualidade da educação; V) formação para trabalho e cidadania; VI) promoção do princípio da gestão democrática da educação pública; VII) promoção humanística, científica, cultural e tecnológica do país; VIII) meta de aplicação de recursos públicos em educação como proporção do PIB, que assegure atendimento às necessidades de expansão, com padrão de qualidade e equidade; IX) valorização dos profissionais de educação; X) promoção dos princípios do respeito aos direitos humanos, à diversidade e à sustentabilidade socioambiental.

O Anexo ao PNE estabeleceu 20 metas, com as correlatas estratégias. À guisa de exemplo, pretende-se com a Meta 1 *universalizar, até 2016, a educação infantil na pré-escola para as crianças de 4 (quatro) a 5 (cinco) anos de idade e ampliar a oferta de educação infantil em creches de forma a atender, no mínimo, 50% (cinquenta por cento) das crianças de até 3 (três) anos até o final da vigência do PNE.* Uma das estratégias *é realizar, periodicamente, em regime de colaboração, levantamento da demanda por creche para a população até 3 (três) anos, como forma de planejar a oferta e verificar o atendimento da demanda manifesta.*

A execução do PNE e o cumprimento de suas metas serão objeto de monitoramento contínuo e avaliações periódicas, a ser realizadas pelo MEC, Conselho Nacional de Educação, Comissão de Educação da Câmara dos Deputados e Comissão de Educação, Cultura e Esporte do Senado Federal, além do Fórum Nacional de Educação.

A cada dois anos o Instituto Nacional de Estudo e Pesquisas Educacionais Anísio Teixeira (INEP) publicará estudos para aferir a evolução no cumprimento das metas.

Os Estados e o Distrito Federal atuarão, prioritariamente, no ensino fundamental e médio. Cabe aos Estados[89] organizar, manter e desenvolver os órgãos e

---

rado por normas constitucionais de eficácia plena e aplicabilidade direta e imediata. 2. A educação infantil compreende creche (de zero a 3 anos) e a pré-escola (de 4 a 5 anos). Sua oferta pelo Poder Público pode ser exigida individualmente, como no caso examinado neste processo. 3. O Poder Público tem o dever jurídico de dar efetividade integral às normas constitucionais sobre acesso à educação básica" (STF, RE 1.008.166/SC, Tribunal Pleno, Rel. Min. Luiz Fux, j. 22-9-2022).

87 Art. 8º, § 1º, da Lei n. 9.394, de 20 de dezembro de 1996.

88 Lei n. 13.005, de 25 de junho de 2014.

89 Art. 10 da LDB.

PARTE I – O DIREITO MATERIAL SOB O ENFOQUE CONSTITUCIONAL

instituições oficiais dos seus sistemas de ensino; definir com os Municípios as formas de colaboração na oferta do ensino fundamental; elaborar e executar políticas e planos educacionais, em consonância com as diretrizes e planos nacionais de educação, integrando e coordenando as suas ações e as dos seus Municípios; autorizar, reconhecer, credenciar, supervisionar e avaliar os cursos de educação superior e os estabelecimentos do seu sistema de ensino; baixar normas complementares; assumir o transporte escolar dos alunos da rede estadual; assegurar o ensino fundamental e oferecer, com prioridade, o ensino médio a todos que o demandarem, respeitado o disposto no art. 38 da Lei.

Os Municípios terão atuação prioritária no ensino fundamental e educação infantil. Estão ainda incumbidos[90] de organizar, manter e desenvolver os órgãos e instituições oficiais dos seus sistemas de ensino, integrando-os às políticas e planos educacionais da União e dos Estados; exercer ação redistributiva em relação às suas escolas; baixar normas complementares para o seu sistema de ensino; autorizar, credenciar e supervisionar instituições do seu sistema de ensino; oferecer educação infantil em creches e pré-escolas, e, com prioridade, o ensino fundamental, permitida a atuação em outros níveis de ensino somente quando estiverem atendidas plenamente as necessidades de sua área de competência e com recursos acima dos percentuais mínimos vinculados pela Constituição Federal à manutenção e desenvolvimento do ensino; assumir o transporte escolar dos alunos da sua rede.

Ao dispor que Municípios atuarão prioritariamente na educação infantil e no ensino fundamental a norma constitucional, assim como a LDB, não desobrigaram ou afastaram os Estados do seu dever de prestar e assegurar a universalização do ensino fundamental. A normativa elaborou um sistema educacional colaborativo em que todos os entes públicos se mostram corresponsáveis por universalizar a educação básica. Com objetivo de melhor organizar as atribuições de cada ente, a LDB explicitou a incumbência da União, dos Estados e dos Municípios (arts. 9º/11).

É obrigação dos Municípios oferecer educação infantil em creches e pré-escolas e, com prioridade, o ensino fundamental. Aos Estados incumbe assegurar o ensino fundamental e oferecer, com prioridade o ensino médio.

A educação infantil prestada, prioritariamente, pelos Municípios, visa o desenvolvimento da criança na primeira infância com estímulos motores, intelectuais, psicológicos e sociais. Integra a educação básica e deve ser obrigatoriamente prestada.

O Supremo Tribunal Federal já se manifestou sobre a obrigatoriedade de o Poder Público assegurar o atendimento em creches e pré-escolas, no Tema de Repercussão Geral 548: *1. A educação básica em todas as suas fases – educação infantil, ensino fundamental e ensino médio – constitui direito fundamental de todas as crianças e jovens, assegurando por normas constitucionais de eficácia plena e aplicabilidade*

---

90   Art. 11, idem.

direta e imediata. 2. A educação infantil compreende creche (de zero a três anos) e a pré-escola (de quatro a cinco anos). Sua oferta pelo poder Público pode ser exigida individualmente, como no caso examinado neste processo. 3. O Poder Público tem o dever jurídico de dar efetividade integral às normas constitucionais sobre o acesso à educação básica (RE 1008166).

A educação básica obrigatória é direito público subjetivo indisponível, líquido, certo e exigível do Poder Público e dos pais. O Poder Público tem de assegurar vagas suficientes e a prestação de um serviço de qualidade, atendendo à finalidade desse ciclo.

Quanto às vagas, cabe ao Poder Público, na esfera de sua competência, divulgar a lista de espera por vagas nos estabelecimentos de educação básica de sua rede, por ordem de colocação e, sempre que possível, por unidade escolar, bem como divulgar os critérios para a elaboração da lista, de forma transparente, a permitir o efetivo controle por parte da sociedade e demais órgãos públicos[91].

Os pais ou responsáveis, por sua vez, devem efetuar a matrícula dos filhos na rede de ensino (art. 55 do ECA e art. 6º da LDB), a partir dos 4 anos de idade, sob pena de serem autuados por crime de abandono intelectual, sem prejuízo de sanções administrativas por descumprimento dos deveres inerentes ao poder familiar (art. 249 do ECA) e de eventual medida aplicável aos pais (art. 129 do ECA).

O instituto do **homeschooling**, ou, em tradução livre, "**estudo em casa**", ainda não tem sido aplicado no Brasil. Pela análise da legislação já mencionada e pertinente ao tema, conclui-se pelo dever legal de matricular a criança ou o adolescente sob sua responsabilidade no ensino fundamental, bem como de mantê-lo na escola. A eles some-se o art. 208, I e § 3º, da Constituição da República.

Segundo Alexandre Magno Fernandes Moreira Aguiar[92], "o movimento existe há décadas em diversos países, como Estados Unidos, França, Reino Unido, Irlanda e Austrália". De acordo com o autor, os motivos que levam os pais a adotarem a educação doméstica em substituição à educação na escola são, dentre outros: o baixo nível educacional, razões de ordem religiosa, ambiente degradado das escolas para desenvolver caráter, oposição aos valores ensinados nas escolas, dificuldades de deslocamento e falta de vagas em boas escolas.

Para o autor, o *homeschooling* se justifica pelos seguintes fundamentos: 1) o art. 208, I e § 3º, da CF/88 deve ser interpretado em conjunto com o art. 5º, que protege a liberdade de expressão; 2) o inciso VIII do art. 5º da CF, que proíbe privação de direitos por motivo de crença religiosa ou convicção filosófica ou política; 3) a falta

---

91 Art. 5º, § 1º, IV, da LDB, incluído pela Lei n. 14.685/2023.

92 AGUIAR, Alexandre Magno Fernandes Moreira. *Homeschooling*: uma alternativa constitucional à falência da Educação no Brasil. Disponível em: <http://www.alexandre-magno.com/site/index.php?p=artigos_2&id=27>. Acesso em: 7 set. 2012.

PARTE I – O DIREITO MATERIAL SOB O ENFOQUE CONSTITUCIONAL

de previsão legal da prestação alternativa não inviabiliza o exercício do direito, bastando a utilização do princípio da proporcionalidade; 4) princípio do pluralismo político (art. 1º, V, da CF), não havendo opção para os pais na escolha das matérias ministradas ou nos valores repassados[93].

Segundo Wilson Donizeti Liberati[94]:

> [...] a obrigatoriedade do ensino fundamental desdobra-se em dois momentos: do Poder Público, que deve oferecer (obrigatoriamente) o serviço essencial e básico da educação; e dos pais, que devem (obrigatoriamente) matricular seus filhos. Temos, portanto, dois atores responsáveis pela garantia do direito à educação, e temos a criança e o adolescente, que são protagonistas de seu direito de acesso, à permanência e ao ensino de qualidade no ensino fundamental.

A questão foi analisada pelo Supremo Tribunal Federal, que reconheceu repercussão geral ao tema:

> DIREITO CONSTITUCIONAL. EDUCAÇÃO. ENSINO DOMICILIAR. LIBERDADES E DEVERES DO ESTADO E DA FAMÍLIA. PRESENÇA DE REPERCUSSÃO GERAL. 1. Constitui questão constitucional saber se o ensino domiciliar (*homeschooling*) pode ser proibido pelo Estado ou viabilizado como meio lícito de cumprimento, pela família, do dever de prover educação, tal como previsto no art. 205 da CRFB/1988. 2. Repercussão geral reconhecida[95].

Em julgamento realizado em setembro de 2018 a Corte Constitucional negou provimento ao recurso que pretendia reconhecer a licitude do ensino domiciliar como forma de cumprimento pela família do dever de educar.

O Min. Luís Roberto Barroso, relator do recurso, votou pelo provimento do recurso, considerando a prática constitucional e reconhecendo sua compatibilidade com as finalidades e valores da educação infantojuvenil.

Abrindo divergência, o Min. Alexandre de Morais reconheceu a constitucionalidade da prática, mas ponderou que

> [...] deve seguir preceitos e regras, que incluam cadastramento dos alunos, avaliações pedagógicas e de socialização e frequência, até para que se evite uma piora no quadro da evasão escolar disfarçada sob o manto do ensino domiciliar. Por entender que não se trata de um direito, e sim de uma possibilidade legal, mas que falta regulamentação para a aplicação do ensino domiciliar, o ministro votou pelo desprovimento do recurso[96].

---

93 Tramita na Câmara dos Deputados o PL n. 3.179/2012, de autoria do Deputado Federal Lincoln Portela, para regulamentar a educação básica domiciliar.

94 LIBERATI, Wilson Donizeti. Conteúdo material do direito à educação escolar. *Direito à educação*: uma questão de justiça. São Paulo: Malheiros, 2004, p. 222.

95 STF, RE 888.815 RG/RS, Tribunal Pleno, Rel. Min. Roberto Barroso, j. 12-9-2018.

96 Disponível em: <http://portal.stf.jus.br/noticias/verNoticiaDetahe.asp?idConteudo= 389496>. Acesso em: 28 set. 2018.

Os demais ministros, em sua maioria, votaram pela constitucionalidade do *homeschooling*, mas reconheceram a necessidade de regulamentação legislativa. Por ter aberto a divergência, o Min. Alexandre de Morais foi escolhido redator do acórdão do julgamento.

> CONSTITUCIONAL. EDUCAÇÃO. DIREITO FUNDAMENTAL RELACIONADO À DIGNIDADE DA PESSOA HUMANA E À EFETIVIDADE DA CIDADANIA. DEVER SOLIDÁRIO DO ESTADO E DA FAMÍLIA NA PRESTAÇÃO DO ENSINO FUNDAMENTAL. NECESSIDADE DE LEI FORMAL, EDITADA PELO CONGRESSO NACIONAL, PARA REGULAMENTAR O ENSINO DOMICILIAR. RECURSO DESPROVIDO. 1. A educação é um direito fundamental relacionado à dignidade da pessoa humana e à própria cidadania, pois exerce dupla função: de um lado, qualifica a comunidade como um todo, tornando-a esclarecida, politizada, desenvolvida (CIDADANIA); de outro, dignifica o indivíduo, verdadeiro titular desse direito subjetivo fundamental (DIGNIDADE DA PESSOA HUMANA). No caso da educação básica obrigatória (CF, art. 208, I), os titulares desse direito indisponível à educação são as crianças e adolescentes em idade escolar. 2. É dever da família, sociedade e Estado assegurar à criança, ao adolescente e ao jovem, com absoluta prioridade, a educação. A Constituição Federal consagrou o dever de solidariedade entre a família e o Estado como núcleo principal à formação educacional das crianças, jovens e adolescentes com a dupla finalidade de defesa integral dos direitos das crianças e dos adolescentes e sua formação em cidadania, para que o Brasil possa vencer o grande desafio de uma educação melhor para as novas gerações, imprescindível para os países que se querem ver desenvolvidos. 3. **A Constituição Federal não veda de forma absoluta o ensino domiciliar, mas proíbe qualquer de suas espécies que não respeite o dever de solidariedade entre a família e o Estado como núcleo principal à formação educacional das crianças, jovens e adolescentes. São inconstitucionais, portanto, as espécies de *unschooling* radical (desescolarização radical), *unschooling* moderado (desescolarização moderada) e *homeschooling* puro, em qualquer de suas variações. 4. O ensino domiciliar não é um direito público subjetivo do aluno ou de sua família, porém não é vedada constitucionalmente** sua criação por meio de lei federal, editada pelo Congresso Nacional, na modalidade "utilitarista" ou "por conveniência circunstancial", desde que se cumpra a obrigatoriedade, de 4 a 17 anos, e se respeite o dever solidário Família/Estado, o núcleo básico de matérias acadêmicas, a supervisão, avaliação e fiscalização pelo Poder Público; bem como as demais previsões impostas diretamente pelo texto constitucional, inclusive no tocante às finalidades e objetivos do ensino; em especial, evitar a evasão escolar e garantir a socialização do indivíduo, por meio de ampla convivência familiar e comunitária (CF, art. 227). 5. Recurso extraordinário desprovido, com a fixação da seguinte tese **(TEMA 822): "Não existe direito público subjetivo do aluno ou de sua família ao ensino domiciliar, inexistente na legislação brasileira"** (RE 888.815).

O Fórum Nacional da Justiça Protetiva – FONAJUP também se posicionou sobre o tema:

PARTE I – O DIREITO MATERIAL SOB O ENFOQUE CONSTITUCIONAL

> Enunciado 18: O ensino domiciliar (*homeschooling*) viola o direito à convivência comunitária e o princípio do melhor interesse da criança, uma vez que impede sua socialização e controle de evasão escolar pelo Conselho Tutelar, como determinado no artigo 12, VII, da Lei 9.394/96. Cabe aos entes federativos oferecer escola pública, gratuita, integral, próxima à residência, da creche ao ensino superior, com valorização dos professores, visando ao pleno desenvolvimento da criança e do adolescente, preparando para o exercício da cidadania e qualificação para o trabalho.

O Poder Executivo enviou à Câmara dos Deputados o PL n. 2.401/2019, para regulamentação da educação domiciliar no país. O Projeto de Lei foi declarado prejudicado e arquivado após a aprovação da Subemenda Substitutiva Global ao Projeto de Lei n. 3.179, de 2012. O texto final aprovado na Câmara dos Deputados e encaminhado ao Senado Federal em maio de 2022 estabelece, em síntese, que: i) que o ensino domiciliar é uma faculdade dos pais, que deverão formalizá-la perante uma instituição de ensino que será responsável pelo cadastro e pela designação de um tutor que acompanhará o desenvolvimento do estudante; ii) o aluno será avaliado semestralmente por equipe multidisciplinar da rede ou da unidade de ensino onde estiver matriculado; iii) os pais devem garantir a convivência familiar e comunitária do estudante; iv) os pais perderão o direito a optar pelo ensino domiciliar nas hipóteses de condenação por crimes descritos na Lei Maria da Penha, no ECA, no Título VI da Parte Especial do Código Penal (crimes contra a dignidade sexual), na Lei n. 8.072/90 (Crimes Hediondos) e na Lei n. 11.343/2006 (Lei de Drogas); v) também perderão a faculdade de prestarem ensino domiciliar em caso de progresso insuficiente do educando; reprovação nos dois anos consecutivos ou três alternados nos exames anuais.

O Conselho Nacional dos Procuradores Gerais – Ministério Públicos dos Estados e da União (CNPG) apresentou a Nota Técnica n. 06/2022 sobre o referido Projeto de Lei que regulamenta o ensino domiciliar, reafirmando a importância do fator escola no processo de ensino/aprendizagem, no enfrentamento do fracasso escolar e nos efeitos indiretos na proteção de crianças e adolescentes (enfrentamento da violência doméstica, abusos sexuais, maus-tratos, abandono, controle das metas da política nutricional). Apontou a contradição legislativa, pois, ao passo que a Lei n. 14.333/2022 trata de equipamentos mínimos necessários ao processo de ensino e aprendizagem, permite que o ensino se dê no ambiente doméstico e privado desse arcabouço mínimo. Frisou a inconstitucionalidade do *Homeschooling* na educação infantil, em afronta ao art. 208, IV, da Constituição da República; a contrariedade a princípios constitucionais fundamentais da educação, como pluralismo de ideias e formação de cidadão; a violação das Diretrizes do Plano Nacional de Educação em vigor; a fiscalização genérica e deficiente a cargo dos municípios, mostrando a distância entre o texto legal e o conhecimento da realidade dos municípios que já apresentam enorme dificuldades para execução de políticas públicas vigentes. Por fim, destaca a interação social, vivências e contribuições culturais diversas propiciadas pelo convívio com a diversidade de grupos de aluno, moldando a qualidade do processo de ensino e aprendizagem.

A UNICEF também emitiu nota sobre a aprovação do Projeto de Lei n. 3.179, pontuando que "autorizar a educação domiciliar significa privar crianças e adolescentes do seu pleno direito de aprender. Família e escola têm deveres diferentes e complementares na vida de meninas e meninos. A família é o lugar do cuidado e de aprendizagens não curriculares, dentro de um ambiente privado. A escola é o lugar da aprendizagem curricular e é o principal espaço público em que o estudante interage com outras pessoas, socializa e aprende". Registra, ainda, que a educação domiciliar não pode ser confundida com o ensino remoto ou híbrido adotado durante os períodos mais intensos da pandemia causada pela covid-19, visto que no ensino remoto famílias apoiavam os estudantes em casa, mas a partir de atividades pedagógicas preparadas pelos professores, seguindo o currículo da escola, alinhado às referências da Base Nacional Comum Curricular (BNCC), o que não está assegurado na educação domiciliar.

A EC n. 59/2009 antecipou o ingresso na educação básica, agora iniciada aos 4 anos de idade na educação infantil. Dúvidas surgiram, todavia, quanto ao **momento** em que se deveria **efetuar a matrícula nas séries iniciais**. A criança já deveria contar 6 anos de idade na data da matrícula ou poderia completá-los no decorrer daquele ano? A mesma dúvida ocorreu quanto à educação infantil.

Com o intuito de uniformizar entendimento sobre o tema, a Câmara de Educação Básica do Conselho Nacional de Educação Publicou a **Resolução n. 6/2010**. Assim, para ingresso na pré-escola, a criança deverá contar 4 anos completos até o dia 31 de março do ano em que ocorrer a matrícula. Já para ingresso no primeiro ano do ensino fundamental, a criança deverá ter 6 anos completos até o dia 31 de março do ano da matrícula. As crianças que completarem 4 e 6 anos após a data deverão ser mantidas em creches e na educação infantil, respectivamente[97].

Alguns Estados, contudo, publicaram lei sobre o tema ampliando a data-limite para matrículao que acarretou um grande número de ações judiciais. Estas, amparadas nas leis locais, passaram a questionar a legalidade e a constitucionalidade das Resoluções CNE n. 1 e 6 de 2010.

A questão foi apreciada pelo Superior Tribunal de Justiça no Recurso Especial n. 1.412.704/PE, que reconheceu a legalidade das resoluções, amparadas nos arts. 29 e 32 da Lei n. 9.394/96 (LDB). Segundo o Ministro Sérgio Kukina,

> [...] não é dado ao Judiciário, como pretendido na ação civil pública movida pelo *Parquet*, substituir-se às autoridades públicas de educação para fixar ou suprimir requisitos para o ingresso de crianças no ensino fundamental, quando

---

97 A data para o ingresso no ensino fundamental, foi fixada originariamente pela Resolução CNE n. 1, de 14 de janeiro de 2010, da Câmara de Educação Básica do Conselho Nacional de Educação, sendo reafirmada na Resolução CNE n. 6/2010.

PARTE I – O DIREITO MATERIAL SOB O ENFOQUE CONSTITUCIONAL

os atos normativos de regência não revelem traços de ilegalidade, abusividade ou ilegitimidade.

Em seu voto, ressaltou que o critério cronológico utilizado pelas autoridades educacionais federais não foi aleatório. Ao revés, foi precedido de estudos, audiências públicas, nas quais foi possível ouvir *experts* no tema. Rechaçou, por fim, a argumentação do *Parquet* de que crianças com 6 anos incompletos pudessem ingressar no primeiro ano do ensino fundamental desde que comprovada a capacidade intelectual por meio de avaliação psicopedagógica. Para o relator, isso *"equivaleria, ultima ratio, a que o Poder Judiciário estivesse fazendo as vezes do Executivo, substituindo-lhe, indevidamente, na tarefa de definir diretrizes educacionais no âmbito do ensino fundamental"*.

Em 1º de agosto de 2018, o Supremo Tribunal Federal julgou a ADPF 292, ajuizada pela Procuradoria-Geral da República em face do Ministério da Educação, questionando a legalidade dos atos normativos editados pela Câmara de Educação Básica do Conselho Nacional de Educação, mais especificamente as Resoluções n. 1 e 6 de 2010 e a ADC 17, de iniciativa do governador de Mato Grosso do Sul, que pedia a declaração de constitucionalidade dos arts. 24, II, 31 e 32, *caput,* da LDB. Em julgamento apertado (6 votos a 5), o Supremo considerou legais as Resoluções do CNE, ficando, portanto, determinada a idade mínima de 6 anos completos até o dia 31 de março do ano em que a matrícula for efetuada para ingresso no primeiro ano do ensino fundamental.

No caso da ausência de prestação do serviço público essencial de educação, seja pela falta de vagas, seja pela prestação irregular do ensino (ausência de professor de certa disciplina, por exemplo), a autoridade omissa deverá ser responsabilizada. No caso, aponta-se a prática de crime de responsabilidade, como previsto no art. 208, § 2º, da CF, e no art. 5º, § 4º, da LDB, sem prejuízo de eventual enquadramento na Lei de Improbidade Administrativa, em caso de desvio de recursos públicos vinculados.

Dispõe o art. 208, II, da CF que o ensino médio será efetivado de forma progressiva e universal. Aparentemente, em comparação com o ensino fundamental (inciso I do art. 208 da CF) poder-se-ia afirmar que o ensino médio não é obrigatório e, portanto, o Poder Público não estaria obrigado a assegurá-lo para todos.

Em verdade, esta é uma leitura simplista e apressada da lei, que deve ser interpretada em conjunto com os demais dispositivos que cuidam da matéria.

Erigida à categoria de direito fundamental, a educação passou a integrar o grupo de direitos que asseguram a sobrevivência e formação digna do ser humano e, por esse motivo, direitos universais. Nesse sentido, dispôs o art. 205 da CF: "A educação, *direito de todos e dever do Estado e da família*, será promovida e incentivada com a colaboração da sociedade, visando ao pleno desenvolvimento da pessoa, seu preparo para o exercício da cidadania e sua qualificação para o trabalho" (grifos nossos).

Podemos assim entender que o ensino médio, como parte integrante do processo de formação do indivíduo, deve ser obrigatoriamente prestado pelo Poder Público, sempre que o cidadão – criança, adolescente, jovem ou adulto – quiser ter acesso à sua terceira etapa de formação, focada, principalmente, no preparo para o mercado de trabalho.

O que o art. 208, I e II, da CF estabeleceu foi uma prioridade em favor do ensino fundamental. Ou seja, os esforços do Poder Público devem ser focados na prestação desse segmento de ensino, pois é base de formação da capacidade de compreensão do ser humano. Mas o Estado deve assegurar que todos os níveis de ensino (educação infantil, ensino fundamental, médio e superior) serão prestados. A norma do art. 205 da CF não discriminou que espécie de educação seria garantida a todos, mas sim dispôs sobre educação, gênero que, portanto, compreende todas as espécies.

De acordo com Wilson Donizeti Liberati[98]:

> [...] se a educação, como um todo, é considerada direito fundamental, pressupõe-se que é dever do Estado garantir o acesso (a todos) ao ensino médio – considerado uma etapa da educação básica –, como forma de iniciar um processo de distribuição de justiça social, através da universalização do atendimento, concretizando, deste modo, a finalidade do Estado.

Há lógica na concentração dos esforços no ensino fundamental, pois é etapa indispensável para as demais escalas de instrução. Se não houver um combate à evasão escolar, se não for prestado ensino de qualidade, se não for trabalhada e garantida a permanência da criança e do adolescente em sala de aula, o contingente disposto a continuar sua formação profissional será diminuto e o prejuízo para o desenvolvimento econômico e social da nação, imenso.

7.4. Ensino noturno

É fato que os adolescentes, durante seu processo de amadurecimento, muitas vezes não se contentam em apenas trabalhar sua formação. Principalmente os adolescentes carentes, diante da falta de recursos para o consumo de uma gama de produtos que a mídia e a sociedade de consumo nos impõem, encaram a escola como um empecilho para o trabalho. Explico. O tempo na escola é considerado perda de tempo no trabalho, único que lhe dá possibilidade real de adquirir bens. O imediatismo típico da adolescência não se coaduna com o tempo necessário para sua formação. Assim, não raro, opta por abandonar a escola, começar a trabalhar, comumente como biscateiro e, quem sabe, um dia, se der, voltar a estudar.

Diante desse quadro, o estudo noturno (art. 208, VI, da CF), tem grande importância, pois permite conciliar a formação do adolescente, do jovem, e até mesmo

---

98   LIBERATI, Wilson Donizeti. Op. cit., p. 226.

PARTE I – O DIREITO MATERIAL SOB O ENFOQUE CONSTITUCIONAL

do adulto, sem prejuízo da atividade profissional eleita que, desde logo, lhe permite realizar, no todo ou em parte, desejos materiais.

Mais uma vez, leciona Wilson Donizeti Liberati[99]:

> [...] esse ensino foi estabelecido para atender ao adolescente (ou educando) que está inserido no mercado de trabalho regular. Não se trata somente da oferta do ensino médio, como pode parecer à primeira vista; mas também da educação de jovens e adultos, que necessitarem do serviço. A oferta de ensino regular noturno é dever do Estado – obrigatória, portanto.

Quando o adolescente ainda não alcançou a idade mínima de 16 anos para ingresso no mercado de trabalho, mas já firmou contrato de aprendizagem, o ensino noturno se mostra necessário, muitas vezes indispensável. Diante da pouca idade, o adolescente costuma encontrar óbices para efetivar sua matrícula e, nesses casos, deverá recorrer ao Judiciário, requerendo autorização para estudar à noite.

O mesmo se diga em relação a adolescentes cuja defasagem entre idade e série a ser cursada é tamanha que o simples comparecimento à sala de aula configura uma situação de constrangimento para o adolescente, circunstância que o leva a abandonar os bancos escolares. Também aqui se justifica a autorização para frequentar o ensino noturno como meio de acesso à educação. O importante é que a análise de cada caso seja permeada pelo princípio do superior interesse.

7.5. Educação de jovens e adultos

A Constituição Federal, ao determinar o dever estatal de prestar o serviço público essencial de educação, não o limitou às crianças e aos adolescentes, o que nos permite concluir que jovens e adultos também são potenciais credores do serviço público essencial de educação.

A educação de jovens e adultos destina-se àqueles que não tiveram acesso ou continuidade de estudos nos ensinos fundamental e médio na idade própria. Esse sistema de ensino leva em consideração as características do alunado, seus interesses, condições de vida e de trabalho, ofertando-lhe oportunidades educacionais apropriadas, mediante cursos e exames.

Os cursos e exames supletivos, que compreenderão a base nacional comum do currículo, habilitam ao prosseguimento de estudos em caráter regular.

Os exames são realizados no nível de conclusão do ensino fundamental, para os maiores de 15 anos e no nível de conclusão do ensino médio, para os maiores de 18 anos (art. 38 da LDB).

Questão submetida a julgamento pelo Superior Tribunal de Justiça se referiu à possibilidade de menor de 18 (dezoito) anos que não concluiu a educação básica

---

99   LIBERATI, Wilson Donizeti. Op. cit., p. 240.

se submeter, a despeito do previsto no art. 38, § 1º, II, da LDB, ao sistema de avaliação diferenciado de jovens e adultos, de modo a adquirir diploma de conclusão de ensino médio para fins de matrícula em curso de educação superior.

Em seu voto, o Relator, Ministro Afrânio Vilela, esclareceu que "a educação de jovens e adultos tem por finalidade viabilizar o acesso ao ensino a quem não teve a possibilidade de ingresso na idade própria a recuperar o tempo perdido, e não antecipar a possibilidade de jovens com idade abaixo de 18 (dezoito) anos ingressarem em instituição de ensino superior". Seria uma burla ao sistema cuja estrutura foi construída mediante o preenchimento das diversas etapas do sistema educacional, mantendo a integridade do processo de formação escolar.

Quanto ao Tema Repetitivo 1127, firmou-se a seguinte tese: "É ilegal menor de 18 anos, mesmo emancipado ou com altas habilidades, antecipar a conclusão de sua educação básica submetendo-se ao sistema de avaliação diferenciado oferecido pelos Centros de Educação de Jovens e Adultos (CEJAS), ainda que o intuito seja obter o diploma de ensino médio para matricular-se em curso superior".

7.6. Flexibilização do ensino

A LDB, buscando universalizar e manter o aluno na sala de aula, inovou flexibilizando a prestação do ensino. Instituiu regimes especiais (ensino noturno a jovens e adultos, ensino rural e o ensino em regiões de difícil acesso ou sob adversidades climáticas); previu seriação diferenciada (séries anuais, períodos semestrais), dispôs sobre o período de recesso escolar para reforço do aluno ou aprimoramento do professor.

Além disso, preocupando-se em aproximar a teoria da realidade, expandir a cultura popular regional e nacional, adequando o estudo à realidade local, deu margem à organização diferenciada da grade curricular levando em conta as variadas diversidades existentes em nosso país e peculiaridades da comunidade local.

Assim, viabilizou às classes de aceleração escolar[100] importantes mecanismos para diminuição da distorção entre idade e série. Permitiu a implantação da escola rural multisseriada, adotando-se o sistema de módulos em substituição ao regime seriado. Esta prática adequou o calendário escolar ao campo, reconhecendo que muitos alunos, na época do plantio e colheita, se afastavam da escola para auxiliar a família no campo, e alguns não retornavam, mantendo altos os níveis de analfabetismo ou semialfabetização no campo.

Percebe-se que a educação saiu de sua redoma formal, limitada, estanque, e se flexibilizou, adaptando-se às peculiaridades e à própria vida, em suas variadas facetas. Com isso, busca-se efetivar a universalização do ensino e alcançar metas de alfabetização que permitam aumentar a Justiça Social, tão cara e necessária.

---

100 LDB, art. 24, V, b.

PARTE I – O DIREITO MATERIAL SOB O ENFOQUE CONSTITUCIONAL

7.7. Regime especial para gestantes

A Lei n. 6.202, de 17 de abril de 1975, criou um regime especial para que a estudante em estado gestacional continue seu processo de formação educacional, autorizando seu afastamento da sala de aula e assistência pelo regime de exercícios domiciliares a partir do 8º mês de gestação, pelo prazo de 3 meses. Esse prazo pode ser estendido para período anterior ou posterior ao parto mediante atestado médico a ser apresentado à direção da escola, assegurando-se, em qualquer caso, o direito à prestação dos exames finais.

A medida é de suma importância, pois um dos motivos que vem levando as adolescentes a se afastarem dos bancos escolares é a gravidez precoce e o desconhecimento da existência de um regime próprio que as assiste.

7.8. Educação das relações étnico-raciais

A temática "história e cultura afro-brasileira" foi incluída no currículo oficial da rede de ensino por meio da Lei n. 10.639, de 9 de janeiro de 2003, modificada pela Lei n. 11.645, de 10 de março de 2008, que alterou a Lei de Diretrizes e Bases da Educação acrescentando-lhe os arts. 26-A e 79-B[101].

Fruto da luta do movimento negro e de organizações de luta contra o racismo, a nova lei rompeu com a postura neutra e passiva do Estado quanto à invisibilidade da história, cultura e contribuição do negro e, em um segundo momento, do índio na formação da sociedade brasileira.

A introdução da diversidade étnico-racial na grade curricular, rompendo o silêncio sobre a realidade africana e indígena, corrige uma desigualdade histórica sobre certos segmentos da população, sendo ainda reconhecida como medida de ação afirmativa na educação.

---

101 "Art. 26-A. Nos estabelecimentos de ensino fundamental e de ensino médio, públicos e privados, torna-se obrigatório o estudo da história e cultura afro-brasileira e indígena.

§ 1º O conteúdo programático a que se refere este artigo incluirá diversos aspectos da história e da cultura que caracterizam a formação da população brasileira, a partir desses dois grupos étnicos, tais como o estudo da história da África e dos africanos, a luta dos negros e dos povos indígenas no Brasil, a cultura negra e indígena brasileira e o negro e o índio na formação da sociedade nacional, resgatando as suas contribuições nas áreas social, econômica e política, pertinentes à história do Brasil.

§ 2º Os conteúdos referentes à história e cultura afro-brasileira e dos povos indígenas brasileiros serão ministrados no âmbito de todo o currículo escolar, em especial nas áreas de educação artística e de literatura e história brasileiras."

"Art. 79-B. O calendário escolar incluirá o dia 20 de novembro como 'Dia Nacional da Consciência Negra'."

Com amplitude maior que a política de cotas no ensino superior, dada sua abrangência – ensinos fundamental e médio –, é instrumento de grande valia na produção de conhecimento sobre o negro brasileiro nas relações de poder, sua cultura, identidade e memória.

A escola, lugar de formação do conhecimento, é o espaço ideal para valorização das diversas matrizes culturais, dando a cada membro da sociedade, independentemente da etnia, uma sensação de pertencimento e de identidade.

O Plano Nacional de Implementação das Diretrizes Curriculares Nacionais para a Educação das Relações Étnico-raciais e para o Ensino de História e Cultura Afro-brasileira e Africana tem como objetivo orientar as instituições educacionais na implementação das Leis n. 10.639/2003 e 11.645/2008. Oportuno ressaltar as recomendações para áreas remanescentes de quilombolas, por considerar as especificidades dos negros ali residentes, o que justifica ações diferenciadas que melhor retratem sua história e cultura.

7.9. Educação digital

A Política Nacional de Educação Digital (PNED) foi instituída pela Lei n. 14.533, de 11 de janeiro de 2023, e alterou o art. 4º da LDB e lhe acrescentou o inciso XII, determinando ao Estado o dever de garantir educação digital, assegurando a conectividade de todas as instituições públicas de educação básica e superior à internet em alta velocidade, adequada para o uso pedagógico, com o desenvolvimento de competências voltadas ao letramento digital de jovens e adultos, a criação de conteúdos digitais, comunicação, segurança e resolução de problemas[102].

Com a finalidade de articular ações e universalizar a conectividade de qualidade para uso pedagógico e administrativo nos estabelecimentos de ensino da rede pública da educação básica, foi instituída, pelo Decreto n. 11.713, de 26 de setembro de 2023, a Estratégia Nacional de Escolas Conectadas (Enec).

Ainda que com relativo atraso, com a Lei n. 14.533/2023, o Estado brasileiro se alinha à Declaração de Princípios de Genebra, publicada pela ONU em 2003, e reconhece a necessidade de capacitação digital para novas competências a partir de quatro eixos estruturantes: I – Inclusão Digital; II – Educação Digital Escolar; III – Capacitação e Especialização Digital; IV – Pesquisa e Desenvolvimento em Tecnologias da Informação e Comunicação.

Para cada eixo há um conjunto de estratégias e objetivos que devem ser desenvolvidos pelos governos e sistema de ensino, cabendo ao INEP operacionalizar um sistema de medição definido pelo governo federal.

Os recursos para o financiamento da PNED são as dotações orçamentárias da União, dos Estados, do Distrito Federal e dos Municípios; dotações públicas ou

---

102 Art. 4º, XII, da LDB.

PARTE I – O DIREITO MATERIAL SOB O ENFOQUE CONSTITUCIONAL

privadas; recursos do Fundo para o Desenvolvimento Tecnológico das Telecomunicações e, a partir de 1º de janeiro de 2025, recursos do Fundo de Universalização dos Serviços de Telecomunicações.

7.10. Educação democratizada

A Constituição Federal de 1988 estabeleceu no art. 206 princípios mínimos de ensino. Inovou ao ofertar maior liberdade ao docente para experimentar novos métodos de ensino e pesquisa, novas concepções pedagógicas na busca pela meta da educação com qualidade (incisos II, III, VII).

A gestão democrática do ensino público foi assegurada constitucionalmente (art. 206, VI) e também prevista no art. 3º, VIII, da LDB. Trata-se da gestão compartilhada da escola pública com a comunidade, pais, alunos e profissionais de educação.

A cogestão permite constante avaliação dos métodos pedagógicos, busca de resultados, novos experimentos, aproximação dos parceiros que se sentem responsáveis pela escola. Esta, por sua vez, busca também melhorar não só o ensino, mas a realidade social à sua volta. Não são poucas as escolas que abrem seus portões nos finais de semana para que a comunidade possa usar as quadras de esporte como forma de lazer, ou que mantêm consultórios dentários e médicos para atender às emergências da comunidade.

Agiliza e facilita o exercício de alguns dos direitos elencados no art. 53 do ECA, tais como: direito de contestar critérios avaliativos e recorrer às instâncias escolares superiores (inciso III) ou o direito dos pais ou responsáveis de conhecerem o processo pedagógico e participarem da definição das propostas educacionais (parágrafo único).

A Lei n. 14.644, de 2 de agosto de 2023, alterou a Lei de Diretrizes e Bases da Educação, estabelecendo que o princípio da gestão democrática do ensino público deve ser disciplinado não apenas pela LDB, mas também pela legislação dos respectivos Estados, Municípios e Distrito Federal, que definirá as normas de gestão democrática de acordo com as peculiaridades locais e os meios de participação da comunidade escolar e local através de conselhos e fóruns.

O Conselho Escolar é órgão deliberativo, tendo como membro nato o Diretor da Escola e como membros eleitos por seus pares; i) professores, orientadores educacionais, supervisores e administradores escolares; ii) demais servidores públicos que exerçam atividades administrativas na escola; iii) estudantes; iv) pais ou responsáveis; v) membros da comunidade local.

O Fórum dos Conselhos Escolares tem como objetivo o fortalecimento dos Conselhos Escolares de sua circunscrição e a efetivação do processo democrático nas unidades de ensino, buscando melhorar a qualidade da educação norteada pelos princípios da democratização da gestão, democratização do acesso e permanência e qualidade social da educação.

A composição do Fórum compreenderá dois representantes do órgão responsável pelo sistema de ensino e dois representantes de cada Conselho Escolar da área de atuação do respectivo Fórum dos Conselhos Escolares.

A aproximação entre educação e democracia também deve compreender o direito de organização e participação em entidades estudantis, os famosos grêmios. São organismos estudantis de grande importância para a conscientização social e política de nossos jovens. Portanto, integram o processo de formação de crianças e jovens em paralelo à educação formal.

7.11. Financiamento da Educação Básica

A Constituição Federal de 1988 reestruturou formalmente o sistema educacional no Brasil e inovou ao cuidar de um orçamento específico para a educação.

O art. 212 da Carta Constitucional fixou patamares mínimos a serem aplicados exclusivamente em educação para cada um dos entes da federação. Anualmente, caberá à União[103] aplicar 18%, e aos Estados[104], Distrito Federal e Municípios[105], 25%, no mínimo, da receita resultante de impostos, compreendida a proveniente de transferências, na manutenção e no desenvolvimento do ensino. A esse montante é acrescido o valor auferido por meio da contribuição social do salário-educação, recolhida pelas empresas, mas só poderá ser utilizado como fonte adicional destinada à educação básica.

Na aplicação desse orçamento educacional, deverá ser assegurada prioridade ao atendimento do ensino obrigatório, nos termos do Plano Nacional de Educação

---

103 São impostos federais: imposto de exportação (IE), imposto de renda e proventos (IR), imposto sobre produtos industrializados (IPI), imposto sobre propriedade territorial rural (ITR) e imposto sobre operações financeiras (IOF).

104 Impostos estaduais: imposto de transmissão *causa mortis* e doação de quaisquer bens e direitos (ITCM), imposto sobre circulação de mercadorias (ICMS), imposto sobre propriedade de veículos automotores (IPVA). A base de incidência dos 25% destinados à educação é formada pelo conjunto das receitas de impostos estaduais, deduzidas as transferências obrigatórias para os Municípios (arts. 158 e 159 da CF), e acrescidas as transferências recebidas da União (30% do IOF com ouro; parcela do IR incidente na fonte sobre rendimentos dos Estados, autarquias e fundações estaduais; 21,5% do IR e do IPI que formam o Fundo de Participação do Estado e Distrito Federal e 10% do IPI proporcional às respectivas exportações.

105 Impostos municipais: imposto sobre propriedade predial e territorial urbana (IPTU); imposto de transmissão *inter vivos*, por ato oneroso (ITBI); imposto sobre serviços (ISS). A base de incidência dos 25% destinados à educação é formada pelo conjunto de receitas com impostos municipais, acrescidas dos repasses da União e Estado. A União repassará 70% do IOF com ouro, parcela do IR na fonte sobre rendimentos pagos pelo Município e suas autarquias e fundações, 50% do ITR além de 22,5% do IR e do IPI que integram o Fundo de Participação dos Municípios. O Estado repassará: 25% das transferências recebidas da União do IPI – exportação, 50% do IPVA e 25% do ICMS.

PARTE I – O DIREITO MATERIAL SOB O ENFOQUE CONSTITUCIONAL

(PNE)[106], não podendo ser utilizado para custeio de programas suplementares de alimentação e assistência à saúde, que são financiados com recursos provenientes de contribuições sociais e outros recursos orçamentários. Os percentuais só poderão ser aplicados para manutenção e desenvolvimento do ensino, conceitos estabelecidos pelo art. 70 da LDB.

Acrescente-se que o art. 60 do ADCT, com redação dada pela Emenda Constitucional n. 14, de 12 de setembro de 1996, vinculou 60% dos recursos referidos no *caput* do art. 212 da CF, à manutenção e ao desenvolvimento do ensino fundamental, por 10 anos a contar da promulgação da EC.

O § 1º determinou a criação de um Fundo de Manutenção e Desenvolvimento do Ensino Fundamental e da Valorização do Magistério (Fundef), no âmbito de cada Estado, com a finalidade de redistribuir os recursos da educação e assegurar maior igualdade na prestação dos serviços educacionais, com uma *per capita* mínima de investimento na educação de cada brasileiro.

Dez anos após sua implantação, o Fundef foi substituído pelo Fundo de Manutenção e Desenvolvimento da Educação Básica e de Valorização dos Profissionais da Educação (Fundeb), criado pela Emenda Constitucional n. 53/2006 e regulamentado pela Lei n. 11.494/2007, alterando a redação original do art. 60 do ADCT. Trata-se de fundo de natureza contábil, de âmbito estadual, com aplicação ampla, compreendendo todas as etapas da educação básica, incluindo a pré-escola, o ensino médio e a educação de jovens e adultos, com duração de 14 anos (2007 a 2020) a partir do primeiro ano e implantação gradual nos 3 primeiros anos.

O Fundeb elevou o percentual da subvinculação das receitas de alguns impostos e das transferências dos Estados, Distrito Federal e Municípios, que compõem o fundo, para 20%[107], acrescidos de parcela de recursos federais, assegurados sob a forma de complementação da União, e ainda ampliou o rol de beneficiários.

Os recursos aplicados não dispensam Estados, Municípios e Distrito Federal de aplicar os demais 5% dos recursos provenientes da arrecadação dos impostos e transferências que compõem a cesta do Fundo, acrescidos dos 25% das receitas dos impostos que não entram na sua composição (IPTU, ISS, ITBI e a parcela do IR do Município), acrescidos das receitas da dívida ativa tributária incidentes sobre esses impostos (art. 1º da Lei n. 11.494/2007).

---

106 Lei n. 10.172, de 9 de janeiro de 2001.

107 Incide sobre as seguintes receitas: Fundo de Participação dos Estados (FPE); Fundo de Participação dos Municípios (FPM); Imposto sobre Circulação de Mercadorias e Serviços (ICMS); Imposto Sobre Produtos Industrializados, proporcional às exportações (Iplexp); Imposto sobre Propriedade de Veículos Automotores (IPVA); Imposto Territorial Rural (Quota-Parte dos Municípios) (ITRm); Imposto sobre Transmissão Causa *Mortis* e Doações (ITCMD); Ressarcimento pela Desoneração de Exportações (LC n. 87/96); Receitas da Dívida Ativa incidentes sobre estes impostos.

Na hipótese de extinção ou substituição de impostos, percentuais dos remanescentes serão revistos para que se alcance o patamar mínimo de investimentos. Nunca é demais lembrar que os recursos se destinam exclusivamente à manutenção e desenvolvimento do ensino público básico (MDE) e à valorização dos trabalhadores da educação, sendo vedado o uso dos recursos para pagamento de pensões e aposentadorias.

A Emenda Constitucional n. 108, promulgada em 26 de agosto de 2020 pelo Presidente do Congresso Nacional, tornou permanente o Fundo de Manutenção e Desenvolvimento da Educação Básica e de Valorização dos Profissionais da Educação (Fundeb) e elevou de 10% para 23% a participação da União no financiamento da educação básica. Também alterou a forma de distribuição dos recursos aos entes federados.

O aumento na complementação dos recursos provindos da União se dará da seguinte forma: 12% (2021), 15% (2022), 17% (2023), 19% (2024), 21% (2025) e 23% (2026).

Dos 13% a mais por meio do aumento da contribuição da União, 2,5% serão destinados aos Municípios que apresentarem bons resultados educacionais. O restante será investido nas redes municipal e estadual que não tiverem alcançado o Valor Anual Total por Aluno (VAAT) por intermédio de suas próprias arrecadações e com o aporte inicial do Fundeb. Assim, será garantido o mínimo de gastos para cada estudante, em um esforço para diminuir as desigualdades regionais.

A Lei n. 14.113, de 25 de dezembro de 2020, revogou a Lei n. 14.494/2007, a partir de 1º de janeiro, com ressalva ao art. 12, mantidos seus efeitos financeiros no que se refere à execução dos Fundos relativa ao exercício de 2020. Sua regulamentação se dá pelo Decreto n. 10.656, de 22 de março de 2021.

O acompanhamento e o controle social sobre a aplicação dos recursos do Fundo ficam a cargo dos órgãos de controle interno dos respectivos entes, Tribunais de Contas e dos Conselhos de acompanhamento e controle social dos Fundos. Trata-se de órgãos colegiados independentes que não integram a estrutura da administração direta, atuando de forma autônoma. Para o exercício regular de sua função, deverá ser provido pelo Poder Executivo do apoio material e logístico (art. 33, §§ 3º e 4º, da Lei n. 14.113/2020).

Além do controle social dos recursos, outras funções são atribuídas ao Conselho do Fundo, a saber: a) supervisionar o censo escolar; b) supervisionar a elaboração da proposta orçamentária anual, no âmbito de sua respetiva esfera governamental de atuação; c) elaborar parecer, nas prestações de contas encaminhadas ao Tribunal de Contas; d) acompanhar a aplicação dos recursos federais transferidos à conta do Programa Nacional de Apoio ao Transporte Escolar – PNATE e do Programa de Apoio aos Sistemas de Ensino para Atendimento à Educação de Jovens e Adultos (PEJA), responsabilizando-se pela análise da prestação de contas desses programas, encaminhando ao FNDE parecer conclusivo acerca da aplicação dos recursos.

PARTE I – O DIREITO MATERIAL SOB O ENFOQUE CONSTITUCIONAL

Aos órgãos de controle interno, externo e social soma-se a fiscalização do Ministério Público, como instituição defensora dos interesses transindividuais (arts. 127 e 129, III, da CF, c/c o art. 29 da Lei n. 11.494/2007).

Fica a cargo do Ministério Público Federal a fiscalização das transferências voluntárias da União para os Estados e Municípios decorrentes dos convênios firmados com o FNDE (Fundo Nacional de Desenvolvimento da Educação) e o MEC, tais como os Programas Dinheiro Direto na Escola, Programa Nacional de Apoio ao Transporte Escolar e Programa Nacional de Alimentação Escolar, nos termos da Súmula 208 do Superior Tribunal de Justiça.

Contudo, se a verba é aplicada ao fim a que se destina, mas o produto é distribuído com desvio de finalidade, a atribuição passa ao Ministério Público Estadual, de acordo com a Súmula 209 do STJ.

Tratando-se de verba pública, com repercussão nas políticas públicas educacionais, o desvio ou uso irregular dos recursos que envolvem o Fundeb configuram atos de improbidade administrativa, cabendo ao Ministério Público promover a responsabilização do gestor.

Acrescente-se a isso a atuação preventiva do *Parquet* exigindo e acompanhando a composição do Conselho de Acompanhamento e Controle Social do Fundeb, além de fiscalizar a correta aplicação dos valores. A relevância do tema e a necessidade de garantir a correta aplicação dos valores mínimos fixados em lei para educação levaram o CNMP a expedir a Recomendação n. 44, de 27 de setembro de 2016, elencando ações de capacitação, articulação, prevenção, acompanhamento e responsabilização, que devem ser observados pela Chefia Institucional e pelos órgãos do *Parquet* com o objetivo último de assegurar que União, Estados, Municípios e Distrito Federal cumpram o dever legal de manter o gasto mínimo em educação por meio de um acompanhamento direto da execução do orçamento.

8. DIREITO A CULTURA, ESPORTE E LAZER

A criança e o adolescente no seu desenvolver necessitam de variados estímulos: emocionais, sociais, culturais, educacionais, motores, enfim, todo o arcabouço necessário para sua formação.

O ECA, fundado na Doutrina da Proteção Integral, assegurou a crianças e jovens não apenas direitos considerados imprescindíveis ao ser humano, como vida, saúde, educação, mas ainda aqueles que, de certa forma, são vistos como secundários ou até supérfluos por parte de nossa sociedade, mas que exercem importante papel no desenvolvimento da criança e do adolescente.

A cultura estimula o pensamento de maneira diversa da educação formal. Os espetáculos culturais – música, dança, cinema – permitem que crianças e jovens tenham contato com padrões de comportamento, valores, crenças, socialmente difundidos, por meio de outro canal.

O esporte desenvolve as habilidades motoras, socializa e pode ser o início da vida profissional da criança e do adolescente. É comum ouvirmos histórias, principalmente de jogadores de futebol, que depois de privações na infância hoje têm reconhecimento profissional. Além disso, a prática esportiva é atual aliada da saúde. O exercício estimula o bom colesterol, melhora a capacidade cardiorrespiratória, diminui a obesidade quando aliada a uma alimentação racional.

Criança e adolescente têm direito de brincar e de se divertir, e até de não fazer nada. O lazer envolve entretenimento, diversão, importantes ingredientes para a felicidade, antídoto da depressão. Na escola é obrigatório o recesso, chamado recreio, momento de descontração, no qual os alunos descansam a mente e se inter--relacionam. Em casa, a família deve reservar algum tempo para que a criança brinque e possa de fato ser criança, afastando o adulto em miniatura exigido pela sociedade moderna.

Poder Público e família têm importante papel na efetivação desses direitos fundamentais. O Estado deve assegurar o acesso à cultura, esporte e lazer por meio da construção de praças, instalação de lonas culturais, de teatros populares, promoção de *shows* abertos ao público, construção de complexos ou simples ginásios poliesportivos. A família deve buscar, de acordo com sua classe social, ofertar às suas crianças e jovens a possibilidade de frequentar teatros, *shows,* assistir a filmes ou, simplesmente, brincar. A própria escola tem importante papel na promoção desses direitos, sendo comum passeios a museus ou formação de grupos de teatro pelos próprios alunos.

A Doutrina da Proteção Integral não comporta relativização. Assim, cabe à sociedade exigir o respeito e a efetivação dos direitos fundamentais preconizados no art. 227 da Constituição da República em favor de nossas crianças e jovens, conquista da nossa atual sociedade.

9. DIREITO À PROFISSIONALIZAÇÃO E À PROTEÇÃO NO TRABALHO

A profissionalização integra o processo de formação do adolescente e, por isso, lhe é assegurada. Contudo, sua peculiar condição de pessoa em desenvolvimento exige um regime especial de trabalho, com direitos e restrições.

A Constituição Federal de 1988, mantendo a tradição brasileira e a tendência mundial, fixava a idade mínima de trabalho para o adolescente em 14 anos, ressalvada a condição de aprendiz a partir dos 12 anos de idade. Com a Emenda Constitucional n. 20, de 15 de dezembro de 1998, que alterou o inciso XXXIII do art. 7º, foi proibido o trabalho noturno, perigoso ou insalubre a menores de 18 e de qualquer trabalho a menores de 16, salvo na condição de aprendiz, a partir de 14 anos[108].

---

108 Em razão da EC n. 20, o art. 60 da Lei n. 8.069/90 deve ser recepcionado de acordo com o novo texto constitucional.

PARTE I – O DIREITO MATERIAL SOB O ENFOQUE CONSTITUCIONAL

Em linha de princípio, a vedação ao trabalho infantil tem a finalidade de evitar desgastes indesejados e prejudiciais à formação e à necessidade de escolarização do menor, guardando harmonia com a Doutrina da Proteção Integral.

Segundo Antônio Gomes de Vasconcelos, *"constitui capítulo especial na política de proteção à criança e ao adolescente aquele referente à sua inserção no mercado de trabalho, na qual se procura conjugar a educação e o trabalho, sendo este último, nesta hipótese, apenas instrumento da primeira, de maneira a prevalecer o aspecto educativo sobre o processo laborativo"*[109].

A proibição legal do trabalho infantil tem o objetivo de proteger as crianças, trazendo-lhe benefícios, mas ela não pode ser utilizada em seu prejuízo, mormente contra aqueles que foram obrigados a trabalhar durante a infância.

Não por outro motivo, o STJ, em acórdão do Ministro Napoleão Nunes Maia, reconheceu a possibilidade de contagem do tempo de trabalho infantil para fins de aposentadoria. Em seu voto, o Ministro reafirmou a ilegalidade do trabalho infantil, como prática odiosa, mas reconheceu que não somar o tempo para o cálculo da aposentadoria é punir o trabalhador duas vezes[110].

Também na mesma linha já se posicionara a Primeira Turma do Supremo Tribunal Federal, no RE 600.616, quanto à possibilidade de concessão de salário-maternidade para adolescente que já exercia atividade laboral rural, mesmo sem ter alcançado a idade mínima para o trabalho. É ler:

> DIREITO PREVIDENCIÁRIO. TRABALHADORA RURAL. MENOR DE 16 ANOS DE IDADE. CONCESSÃO DE SALÁRIO-MATERNIDADE. ART. 7º, XXXVIII, DA CONSTITUIÇÃO FEDERAL. NORMA PROTETIVA QUE NÃO PODE PRIVAR DIREITOS PRECEDENTES. Nos termos da jurisprudência do Supremo Tribunal Federal, o art. 7º, XXXIII, da Constituição "não pode ser interpretado em prejuízo da criança ou adolescente que exerce atividade laboral, haja vista que a regra constitucional foi criada para a proteção e defesa dos trabalhadores, não podendo ser utilizada para privá-los dos seus direitos" (RE 537.040, Rel. Min. Dias Toffoli)[111].

No mesmo sentido decidiu o Superior Tribunal de Justiça quanto à possibilidade da concessão de salário-maternidade à mãe indígena menor de 16 anos, objeto da Súmula 657. É ler:

> Atendidos os requisitos de segurada especial no RGPS e do período de carência, a indígena menor de 16 anos faz jus ao salário-maternidade.

---

109 Trabalho educativo: inexistência de vínculo empregatício e inserção do adolescente no mercado de trabalho, *Rev. TRT 3ª R.*, Belo Horizonte, jan./dez. 1998.

110 AgInt no AREsp 956.558/SP, 1ª Turma, Rel. Min. Napoleão Nunes Maia Filho, j. 2-6-2020, *DJe* 17-6-2020.

111 RE 600.616 AgR, 1ª Turma, Rel. Min. Roberto Barroso, j. 26-8-2014.

O trabalho noturno (entre 22 e 5 horas)[112], perigoso, insalubre ou penoso[113], realizado em locais prejudiciais à sua formação e desenvolvimento físico, psíquico, moral e social, são proibidos.

Perigoso é o trabalho que expõe o trabalhador a contato com explosivo, eletricidade, substâncias radioativas, material inflamável, ionizante, em condições de acentuado risco.

Insalubre é a atividade que expõe a pessoa a agentes nocivos à saúde, acima dos limites permitidos e está assim classificada na relação oficial elaborada pelo Ministério do Trabalho e Emprego.

O Brasil é signatário da Convenção 182 da Organização Internacional do Trabalho (OIT), que trata da proibição das piores formas de trabalho infantil, aprovada pelo Decreto Legislativo n. 178, de 14 de dezembro de 1999, e promulgada pelo Decreto n. 3.597, de 12 de setembro de 2000. A lista das piores formas de trabalho infantil (Lista TIP), que inclui a relação de atividades insalubres e perigosas para menores, está no anexo I do Decreto n. 6.481, de 12 de junho de 2008.

Se a criança ou o adolescente for reduzido à condição análoga à de escravo, o autor estará sujeito à pena de reclusão de dois a oito anos, aumentada de metade, nos termos do art. 149, § 2º, do Código Penal.

O art. 405, § 3º, da CLT dispõe sobre locais de trabalho considerados prejudiciais à moralidade do adolescente. À guisa de exemplo, citamos teatros de revista, cinemas, boates, cassinos, cabarés, *dancings*, circos, venda de bebidas alcoólicas etc. Contudo o Juiz da Infância e Juventude poderá conceder autorização para o adolescente trabalhar ou apenas participar de espetáculos, circos, cinemas e afins, desde que não se mostre prejudicial à sua formação moral (art. 406 da CLT)

O mesmo tratamento será dado aos "atores-mirins", crianças que participam de novelas, peças teatrais e congêneres. Não se trata de um contrato de trabalho regido pela CLT, pois o trabalho infantil é proibido constitucionalmente, mas sim de um contrato de participação em obra televisiva, teatral ou cinematográfica, dependente de autorização judicial e sujeito a um regime especial, de acordo com a portaria do Juízo da infância e juventude.

Ainda que não expressamente regulado por lei, torna-se oportuno registrar que o alvará expedido para esse fim deverá levar em conta a peculiaridade de cada trabalho a ser realizado, adequando-o ao cotidiano dos jovens atores, a fim de não os prejudicar no exercício de seus direitos fundamentais, como educação, saúde, convivência familiar, lazer. Não podemos deixar de lembrar a especial condição de pessoas em desenvolvimento que demanda uma análise particularizada de cada caso, podendo ser impostas limitações na quantidade de horas, cenas, turnos da

---

112 Art. 404 da CLT.

113 NR15 do MTE classifica as atividades insalubres. NR16 do MTE classifica as atividades perigosas.

PARTE I – O DIREITO MATERIAL SOB O ENFOQUE CONSTITUCIONAL

participação. Caso violados os termos do alvará, o responsável estará sujeito às penalidades descritas no art. 258 do ECA.

A legislação especial também condiciona à autorização do Juiz da Infância e Juventude o trabalho exercido nas ruas, praças e outros logradouros. Caberá à autoridade judicial verificar se a ocupação é indispensável à subsistência do adolescente ou família e se não sofrerá prejuízo quanto à sua formação moral (art. 405, § 2º, da CLT).

Não se admitirá atividade profissional realizada em horários e locais que não permitam a frequência à escola. O direito à educação é indisponível e poderá ser complementado pela atividade profissional, mas não o contrário.

A carga horária do trabalho poderá ser de até 44 horas semanais, com intervalo intrajornada de 1 a 2 horas se o trabalho for superior a 6 horas diárias e de 15 minutos se a jornada for de 4 horas.

Os direitos trabalhistas do adolescente lhe são assegurados, e seu contrato de trabalho deverá ser anotado na CTPS. Férias são concedidas após período de 12 meses de atividade, devendo coincidir com o período de férias escolares (arts. 134 e 136 da CLT).

O empregador deverá assegurar ao trabalhador adolescente tempo necessário para frequentar as aulas (art. 427 da CLT). Caso os pais constatem que o trabalho é prejudicial ao desenvolvimento do adolescente, poderão (deverão) rescindir o contrato de trabalho sem qualquer prejuízo.

9.1. Aprendizagem

O contrato de aprendizagem é definido no art. 428 da CLT como

> [...] contrato de trabalho especial, ajustado por escrito e por prazo determinado, em que o empregador se compromete a assegurar ao maior de 14 (quatorze) e menor de 24 (vinte e quatro) anos, inscrito em programa de aprendizagem, formação técnico-profissional metódica, compatível com o seu desenvolvimento físico, moral e psicológico, e o aprendiz a executar com zelo e diligência, as tarefas necessárias a essa formação[114].

Trata-se de um contrato especial de trabalho com duração máxima de 2 anos sobre o qual incidirão direitos trabalhistas. O aprendiz com deficiência não está sujeito à idade máxima de 24 anos. É obrigatória anotação na Carteira de Trabalho e Previdência Social, recolhimento de FGTS no valor de 2% sobre a remuneração, matrícula e frequência do aprendiz à escola, caso não haja concluído o ensino fundamental, e inscrição em programa de aprendizagem desenvolvido sob orientação de entidade qualificada em formação técnico-profissional metódica (art. 6º do Dec. n.

---

114 Decreto n. 5.598, de 1º de dezembro de 2005, regulamenta a contratação de aprendizes e dá outras providências.

5.598/2005). Descumpridos os requisitos de validade do contrato de aprendizagem, será reconhecido o vínculo empregatício diretamente com o empregador responsável pelo cumprimento da cota de aprendizagem, salvo se for pessoa jurídica de direito público.

O aprendiz receberá remuneração equivalente ao salário mínimo-hora, possuindo jornada máxima de 6 horas diárias, vedada prorrogação ou compensação (art. 432 da CLT). Se já concluído o ensino fundamental, a jornada poderá alcançar até 8 (oito) horas diárias, se nela forem computadas as horas destinadas à aprendizagem teórica. Sua atividade será supervisionada, complementada por atividades teóricas e práticas organizadas em tarefas de complexidade progressiva.

Se não foi concluído o ensino fundamental, a educação profissionalizante será considerada básica e regida pela LDB (arts. 36-A/42). Também serão regidas pela LDB as atividades de aprendizagem desenvolvidas em escolas de ensino regular e em instituições especializadas.

A Lei n. 14.645, de 2 de agosto de 2023, inclui três parágrafos ao art. 36-B da Lei de Diretrizes e Bases da Educação, permitindo que a educação profissional técnica de nível médio estabelecida no § 1º, I e II, seja oferecida em articulação com a aprendizagem profissional. Nesse caso, será possível o aproveitamento das atividades pedagógicas de educação profissional técnica para o cumprimento do contrato de aprendizagem profissional e o aproveitamento das horas de trabalho em aprendizagem profissional para efeito de integralização da carga horária do ensino médio, no itinerário da formação técnica e profissional ou na educação profissional técnica de nível médio, nos termos do regulamento.

Os programas de aprendizagem, por força do art. 90, § 1º, do ECA deverão ser inscritos no Conselho Municipal de Direitos da Criança e do Adolescente – CMDCA[115], e findo o curso será concedido ao aprendiz certificado de qualificação profissional e aprendizagem.

As causas de extinção do contrato de aprendizagem encontram-se no art. 433 da CLT, compreendendo: a) alcance do termo; b) alcance da idade limite de 18 anos; c) desempenho insuficiente ou inadaptação do aprendiz; d) falta disciplinar grave; e) ausência injustificada à escola que implique perda do ano letivo; f) a pedido do aprendiz.

9.2. Trabalho rural

O trabalho rural é regulado pela Lei n. 5.889/73 e pela Constituição Federal, que o equiparou ao trabalho urbano quanto às garantias previstas no art. 7º.

O trabalho realizado por adolescente no campo se submete à idade mínima de 16 anos, ressalvada a aprendizagem a partir dos 14 anos. É vedado o trabalho no-

---

115 *Vide* Resolução Conanda n. 164, de 9 de abril de 2014, que dispõe sobre registro e fiscalização de programas de profissionalização de adolescentes.

PARTE I – O DIREITO MATERIAL SOB O ENFOQUE CONSTITUCIONAL

turno que na lavoura é compreendido entre as 21 horas e as 5 horas do dia seguinte e na atividade pecuária, entre as 20 horas e as 4 horas do dia seguinte.

A remuneração não poderá ser inferior ao salário mínimo-hora, e o empregador assegurará o período de frequência à escola.

Infelizmente, um grande número de crianças e jovens vive à margem da lei e desde cedo asseguram sua subsistência, e às vezes a dos pais, numa completa inversão de valores, trabalhando pelas ruas, de dia e à noite, sem se submeter à lei formal, mas apenas à lei da vida.

Várias atividades consideradas perigosas e insalubres que integram a Lista TIP, como atuação na lavoura do fumo, algodão, cana-de-açúcar, colheita de cítricos, trabalho em estábulos, currais sem condições adequadas de higienização ainda são exercidas por menores.

O Brasil firmou compromisso de combater a prática por meio de ações que identifiquem as crianças e adolescentes explorados, dê-lhes apoio, assegure o ensino básico e a assistência necessária ao menor e à família. Programas como o Programa de Erradicação do Trabalho Infantil e Agente Jovem (PETI), ações de fiscalização e repressão aos empregadores e programas de conscientização sobre direitos, deveres e exploração do trabalho infantil são exemplos de combate à nefasta prática.

9.3. Atletas mirins

No "país do futebol" e de enormes contrastes socioeconômicos é comum que os jovens busquem no esporte, principalmente no futebol, o caminho para sair da pobreza e alcançar riqueza e fama.

Desde cedo "olheiros", representantes de clubes, empresários, estimulam os sonhos daqueles que têm algum jeito para a bola, colocando-os num pedestal como se já fossem os "bola de ouro". Desde cedo são submetidos a enorme pressão durante os testes e as conhecidas "peneiradas". Os agraciados são convidados a participar do período de seleção no qual serão avaliados pelo clube para, ao final, assinar um contrato de "formação desportiva" ou ser dispensados.

A Lei n. 9.615, de 24 de março de 1998, mais conhecida como Lei Pelé, estabelece as normas gerais sobre desportos. Estes são classificados em quatro modalidades, a saber:

> I – desporto educacional, praticado nos sistemas de ensino e em formas assistemáticas de educação, evitando-se a seletividade, a hipercompetitividade de seus praticantes, com a finalidade de alcançar o desenvolvimento integral do indivíduo e a sua formação para o exercício da cidadania e a prática do lazer;
>
> II – desporto de participação, de modo voluntário, compreendendo as modalidades desportivas praticadas com a finalidade de contribuir para a integração dos praticantes na plenitude da vida social, na promoção da saúde e educação e na preservação do meio ambiente;

III – desporto de rendimento, praticado segundo normas gerais desta Lei e regras de prática desportiva, nacionais e internacionais, com a finalidade de obter resultados e integrar pessoas e comunidades do País e estas com as de outras nações.

IV – desporto de formação, caracterizado pelo fomento e aquisição inicial dos conhecimentos desportivos que garantem competência técnica na intervenção desportiva, com o objetivo de promover o aperfeiçoamento qualitativo e quantitativo da prática desportiva em termos recreativos, competitivos ou de alta competição.

Os centros de treinamento desportivo, ao contrário do que pretendem fazer crer seus dirigentes, possuem claro objetivo de formação do atleta para rendimento e obtenção de resultados. Ali estão para disputa de campeonatos e para auferir lucro, sem prejuízo da diversão e lazer típicos das atividades esportivas.

O desporto de rendimento pode ser organizado de modo profissional, mediante remuneração pactuada em contrato formal de trabalho, ou de modo não profissional, identificado pela liberdade de prática, ausência de contrato de trabalho, sendo permitido o recebimento de materiais e patrocínio.

Segundo a Lei Pelé, são considerados atletas em formação aqueles que integram programas de treinamento nas categorias de base. Buscou a referida norma afastar a natureza empregatícia dos contratos de formação profissional dispondo no art. 29, § 4º:

> O atleta não profissional em formação, maior de quatorze anos e menor de vinte anos de idade, poderá receber auxílio financeiro da entidade de prática desportiva formadora, sob a forma de bolsa de aprendizagem livremente pactuada mediante contrato formal, sem que seja gerado vínculo empregatício entre as partes.

Contudo, inegável que a natureza jurídica da relação atleta/entidade formadora é de trabalho no seu aspecto *lato*, com vínculo de subordinação e busca por resultados. A interpretação da norma não pode assim se distanciar da lógica trabalhista, com seus princípios e vedações.

Nesse sentido já se posicionou o Tribunal Regional do Trabalho da 3ª Região. É ler:

> MENORES DE 14 ANOS. CATEGORIA DE BASE. FUTEBOL. Constatada a hipercompetitividade e a seletividade dos treinamentos ofertados por grandes clubes de futebol a crianças e adolescentes, a prática desportiva enquadra-se na modalidade de desporto de rendimento, ainda que não profissional, a teor do art. 3º, III, da Lei n. 9.615/98. Sendo assim, verifica-se a existência de relação de trabalho *lato sensu*, o que no caso de jovens menores de 14 anos é vedado pelos arts. 7º, XXXIII, e 227, § 3º, I, da CR/88 (TRT--RO-01656.2009.011.03.00-3).

Assim, viola o preceito constitucional a manutenção de menores de 14 anos nos centros de formação das categorias de base. A atividade esportiva para essa

PARTE I – O DIREITO MATERIAL SOB O ENFOQUE CONSTITUCIONAL

faixa etária deverá ser realizada apenas na modalidade *desporto educacional,* em escolinhas de futebol, com finalidade lúdica, recreativa, educacional.

Quanto aos adolescentes que já contam com 14 anos selecionados para categorias de base de entidades formadoras, de acordo com o art. 29, § 2º, da Lei Pelé, estas deverão assegurar aos atletas em formação: I) garantia de assistência educacional, psicológica, médica e odontológica, assim como alimentação, transporte e convivência familiar; II) manter alojamento e instalações desportivas adequados, sobretudo em matéria de alimentação, higiene, segurança e salubridade; III) manter corpo de profissionais especializados em formação técnico-desportiva; IV) ajustar o tempo destinado à efetiva atividade de formação do atleta, não superior a 4 horas por dia, aos horários do currículo escolar ou de curso profissionalizante, além de propiciar-lhe a matrícula escolar, com exigência de frequência e satisfatório aproveitamento; V) ser a formação do atleta gratuita e a expensas da entidade de prática desportiva; VI) garantir que o período de seleção não coincida com os horários escolares.

A formação dos atletas mirins, além de buscar sua profissionalização, deverá também respeitar os demais direitos fundamentais estabelecidos em prol do menor, levando-se em linha de conta sua peculiar condição de pessoa em desenvolvimento. Ao prestar serviços que guardam direitos como saúde, educação, lazer, cultura, convivência familiar do adolescente, as entidades formadoras acabam por ser verdadeiras entidades de atendimento, nos termos do art. 90, II, do ECA, e, portanto, seus programas de formação estão sujeitos às regras da legislação especial. Assim, deverão proceder à inscrição do seu programa no CMDCA, que os reavaliará a cada 2 anos, sem prejuízo da fiscalização pelos órgãos próprios, como Conselho Tutelar e Ministério Público, sujeitando-se ainda a eventual procedimento para apuração de irregularidade, conforme arts. 191/193 da Lei n. 8.069/90.

REFERÊNCIAS

AGUIAR, Alexandre Magno Fernandes Moreira. *Homeschooling*: uma alternativa constitucional à falência da Educação no Brasil. Disponível em: <http://www.alexandremagno.com/site/index.php?p=artigos_2&id=27>. Acesso: 7 set. 2012.

BOBBIO, Norberto. *A era dos direitos*. 4. reimp. Rio de Janeiro: Campus, 1992.

CANOTILHO, J. J. Gomes. *Direito constitucional e teoria da Constituição*. Coimbra: Almedina, 1998.

CORREIA, Joelma de Sousa. Saúde mental na contemporaneidade. In: *Saúde mental e o direito*: ensaios em homenagem ao professor Heitor Carrilho. São Paulo: Método, 2004.

DE PLÁCIDO E SILVA. *Vocabulário jurídico*. 10. ed. Rio de Janeiro: Forense, 1987. v. 1.

FARIAS, Cristiano Chaves de. *Direito civil – Teoria geral*. Rio de Janeiro: Lumen Juris, 2005.

FERREIRA, Aurélio Buarque de Holanda. *Novo dicionário Aurélio da língua portuguesa*. 2. ed. 36. imp. Rio de Janeiro: Nova Fronteira, 1986.

FERREIRA, Luiz Antonio Miguel. *O Estatuto da Criança e do Adolescente e os direitos fundamentais*. São Paulo: Edições APMP, 2008.

FERST, Marklea da Cunha. *Alimentos e ação de alimentos:* manual do operador do direito. Curitiba: Juruá, 2009.

FREIRE, Paulo. *Pedagogia da autonomia:* saberes necessários à prática educativa. 62. ed. Rio de Janeiro-São Paulo: Paz e Terra, 2019.

KORCZAK, Janusz. *O direito da criança ao respeito*. 4. ed. São Paulo: Summus, 1986.

LIBERATI, Wilson Donizeti. Conteúdo material do direito à educação escolar. *Direito à educação:* uma questão de justiça. São Paulo: Malheiros, 2004.

MACHADO, Martha de Toledo. *A proteção constitucional de crianças e adolescentes e os direitos humanos*. São Paulo: Manole, 2003.

MONACO, Gustavo Ferraz de Campos. *A proteção da criança no cenário internacional*. Belo Horizonte: Del Rey, 2005.

Projeto Nacional Atletas da Copa e das Olimpíadas: da formação profissional desportiva – ESMPU.

Referencial curricular nacional para a educação infantil – versão preliminar – Ministério da Educação e do Desporto – Brasília – janeiro/98.

SARLET, Ingo Wolfgang. *Dignidade da pessoa humana e direitos fundamentais na Constituição Federal de 1988*. 9. ed. rev. e atual. Porto Alegre: Livraria do Advogado, 2011.

SILVA, José Afonso da. *Curso de direito constitucional positivo*. 9. ed. São Paulo: Malheiros, 1992.

Direito fundamental à convivência familiar e comunitária

Kátia Regina Ferreira Lobo Andrade Maciel

1. ORIGEM DA FAMÍLIA

Pelos preceitos judaico-cristãos, Deus criou o ser humano desdobrado em dois sexos, homem e mulher, e mandou que se multiplicassem (Gn. 1:27-28). Deus estava, ao mesmo tempo, criando o homem e a mulher e instituindo a família, dando início à sociedade humana. Pela narrativa de Moisés, não foi o homem que decidiu gerar filhos, mas o Criador assim o ordenou que fizesse e organizasse o núcleo familiar[1].

No mesmo relato do Gênesis, o homem é denominado "varão" e a mulher, "varoa". Estes vocábulos hebraicos têm o sentido de companheiro e companheira e indicam a identidade do homem e da mulher: companheiros um do outro. Esta era a condição do primeiro casal, segundo a narrativa bíblica.

Nos primórdios das civilizações romana e grega, a família era uma instituição que tinha base política e, principalmente, religiosa. O afeto natural entre o grupo

---

1 Na Bíblia Sagrada, a primeira menção à palavra família é encontrada em Gênesis 24:38. Apesar de ser uma citação distanciada da criação, não quer isso dizer que a família somente começou a existir séculos depois, porquanto percebemos que faz referência à instituição social existente desde o início da criação: um núcleo de pessoas com ligações consanguíneas, que foram geradas a partir da união de um homem e de uma mulher.

familiar não era o seu esteio. Tampouco foi o poder paternal ou marital a causa de sua constituição, mas este poder veio de uma religião do lar presidida pelo pai[2].

Comprovado está, por registros históricos, que a família brasileira existiu por um longo tempo sob o tipo patriarcal, retratando a organização institucional da família romana[3].

A Constituição Federal do Brasil, outorgada no Império (1824), não fez referência à família ou ao casamento. De semelhante maneira, a Constituição Federal de 1891 não dedicou capítulo à família. Esta, como instituição, somente mereceu a tutela constitucional em 1934, mas seus integrantes, como pessoas, não gozavam de tal proteção[4].

No cenário internacional, a redação sucinta, mas extremamente pertinente, da Declaração Universal dos Direitos do Homem de 1948[5] assegurou que toda pessoa humana tem o direito de fundar uma família (art. 16.1) e que "A família é o núcleo natural e fundamental da sociedade e tem direito à proteção da sociedade e do Estado" (art. 16.3).

O art. 17 do Pacto de San José da Costa Rica[6] possui redação semelhante ao estabelecer que a "família é o núcleo natural e fundamental da sociedade e deve ser protegida pela sociedade e pelo Estado".

No Brasil, somente após a promulgação da Constituição Federal de 1988, todos os familiares foram reconhecidos e tratados como sujeitos de direitos, respeitando--se suas individualidades e seus direitos fundamentais.

A partir de então, a conceituação de família foi ampliada, reconhecendo-se a possibilidade de sua origem na informalidade, na uniparentalidade e, principalmente, no afeto. Tornou-se irreversível a pluralidade das entidades familiares (art. 226, §§ 1º, 3º e 4º, da CF/88)[7].

---

2   FUSTEL DE COULANGES, Numa-Denis. *A cidade antiga*. Trad. Frederico Ozanam Pessoa de Barros. eBookLibris, 2006. p. 36-37. Disponível em: <http://www.ebooks-brasil.org/eLibris/cidadeantiga.html>. Acesso em: 17 jun. 2020.

3   PEREIRA, Caio Mário da Silva. *Instituições de direito civil*. v. V, 30. ed. rev., atual. e reformulada. Rio de Janeiro: Forense, 2024, p. 27-28.

4   BRASIL. *Constituições do Brasil*. DIAS, Floriano Aguiar (org.). [S.l.]: Liber Juris, 1975, v. 1. 610p. (Coleção de Códigos Liber Juris).

5   Disponível em: <https://www.unicef.org/brazil/declaracao-universal-dos-direitos-humanos>. Acesso em: 31 ago. 2024.

6   O Decreto n. 678/92 promulgou a Convenção Americana sobre Direitos Humanos (Pacto de São José da Costa Rica), adotada pela Organização dos Estados Americanos em 22 de novembro de 1969. Disponível em: <https://www.planalto.gov.br/ccivil_03/decreto/d0678.htm>. Acesso em: 31 ago. 2024.

7   O casal DINC (Duplo Ingresso, Nenhuma Criança ou Double Income, No Children) é um arranjo familiar formado por laços de aliança entre duas pessoas (de sexos diferentes ou do mesmo sexo), mas que não possui a continuidade geracional. A família DINC é a expressão familiar mais singular das transformações econômicas e sociais do

PARTE I – O DIREITO MATERIAL SOB O ENFOQUE CONSTITUCIONAL

Em estreita síntese, família não é somente uma instituição decorrente do matrimônio, tampouco se limita a uma função meramente econômica, política ou religiosa. Com a repersonalização da família[8], é adequado concluir que a célula *mater* da sociedade, modernamente, no direito brasileiro, passou a significar o ambiente de desenvolvimento da personalidade e da promoção da dignidade de seus membros, sejam adultos ou infantes, o qual pode apresentar uma pluralidade de formas decorrentes das variadas origens e que possui como elemento nuclear o afeto.

2. PRINCÍPIOS NORTEADORES DA FAMÍLIA

A partir do momento em que a Constituição Federal brasileira de 1988 deslocou o enfoque principal da família do instituto do casamento e passou a olhar com mais atenção para as relações entre pessoas unidas por laços de sangue ou de afeto, todos os institutos relacionados aos direitos dos membros de uma entidade familiar tiveram de se amoldar aos novos tempos. Diante do modelo familiar remodelado e pluralista[9], o Direito da Criança e do Adolescente e de sua família precisou ajustar-se aos princípios constitucionais de 1988. Os mais destacados destes princípios norteadores constitucionais são aqueles que tiveram por base estabelecer a isonomia entre os diversos membros da família, tratados, até então, discriminadamente, se ressaltando o *princípio da isonomia entre os filhos* (art. 227, § 6º), *da igualdade de direitos entre os gêneros* (art. 5º, I), e *da igualdade entre os cônjuges e companheiros* (art. 226, § 5º). Ainda no âmbito constitucional, embasam a nova ordem familiar o *princípio da dignidade humana* (art. 1º, III)[10], *o princípio da prioridade absoluta* dos direitos da crian-

---

século XXI e considerada pela Organização Nacional das Nações Unidas como uma espécie de família (BARROS, Luiz Felipe Walter, ALVES, José Eustáquio Diniz, CAVENAGHI, Suzana. Novos arranjos domiciliares: condições socioeconômicas dos casais de dupla renda e sem filhos (DINC). In: *Anais do XVI Encontro Nacional de Estudos Populacionais*. Caxambu: Associação Brasileira de Estudos Populacionais, 2008).

8   Ensina Paulo Luiz Netto Lôbo que "a excessiva preocupação com os interesses patrimoniais que marcou o direito de família tradicional não encontra eco na família atual, vincada por outros interesses de cunho pessoal ou humano, tipificados por um elemento aglutinador e nuclear distinto – a afetividade. Esse elemento nuclear define o suporte fático da família tutelada pela Constituição, conduzindo ao fenômeno que denominamos 'repersonalização'". *Direito civil*: famílias. 10. ed. São Paulo: Saraiva Educação, 2020, v. 5, p. 24.

9   Art. 226 da Constituição Federal de 1988 (*princípio do pluralismo das entidades familiares*).

10 Zapater se refere ao princípio da dignidade da pessoa em desenvolvimento como aquele que "decorre do reconhecimento de crianças e adolescentes como pessoas enquanto categoria política, o que implica a consideração de seu valor inato pelo fato de serem humanos". ZAPATER, Maíra. *Direito da criança e do adolescente*. São Paulo: Saraiva Educação, 2019, p. 72.

ça (art. 227)[11] e o *princípio da parentalidade responsável* (art. 226, § 7º)[12], que vieram agregar a preocupação da sociedade e do Estado com todos os membros da família, em especial com aqueles cujas vozes pouco ou nada ecoavam[13].

---

11 Nas palavras de Emerson Garcia, a prioridade absoluta qualifica a forma como diversos direitos, a maioria de natureza prestacional, deve ser ofertada, pela família, pela sociedade e pelo Estado, a crianças, adolescente e jovens: "[...] estamos perante uma locução adverbial de modo, indicando que algo deve ser feito com primazia, o que estabelece uma posição de preferência sobre todos os outros que podem fruir esses direitos. [...] no cotejo entre direitos de idêntica ou similar natureza, a primazia será de crianças, adolescentes e jovens. No interior deste grupo, ainda será preciso identificar a natureza dos respectivos direitos, considerando o vetor da proteção integral e os diferentes níveis de desenvolvimento biológico de cada uma dessas classes. Com isso, alcançaremos um escalonamento entre as necessidades a serem satisfeitas, com a consequente definição de uma escala de prioridades". GARCIA, Emerson. A coexistência de absolutas prioridades e o sistema brasileiro de proteção à infância e à juventude. In: MARANHÃO, Clayton; CAMBI, Eduardo (org.). *30 anos do Estatuto da Criança e do Adolescente.* Belo Horizonte. São Paulo: D'Plácido, 2020, p. 383 e 386.

12 O art. 226, § 7º, da CF/88 menciona o princípio como paternidade responsável. Por ser expressão de maior espectro e que se ajusta melhor à igualdade de responsabilidades entre os pais, preferimos utilizar a nomenclatura como *princípio da parentalidade responsável*. Este termo originou-se na Inglaterra, do corpo do *Children Act* de 1898, em que a *parental responsibility* foi inserida como o principal conceito em favor dos interesses e do bem-estar da criança. Cf. GAMA, Guilherme Calmon Nogueira da. *Princípios constitucionais de direito de família.* São Paulo: Atlas, 2008, p. 77. Este princípio foi revigorado no ECA no art. 100, parágrafo único, IX, denominado de responsabilidade parental.

13 Gianpaolo Poggio Smanio, em seu artigo A tutela constitucional dos interesses difusos, ao comentar os arts. 226 e 227 da CF/88, enfatiza dois outros princípios relativos à família e aos seus membros: "O primeiro princípio constitucional que destacamos é o da *obrigatoriedade da intervenção estatal. Em relação à família,* o referido princípio vem estipulado pelo art. 226, *caput* e § 8º, da CF. Ao estabelecer que a família tem especial proteção do Estado e que este assegurará a sua assistência na pessoa de cada um dos que a integram, a Carta Constitucional impõe um dever de atuação concreta ao Poder Público, não se tratando de mera norma programática... O art. 227, *caput* e § 1º, da Magna Carta trazem a obrigatoriedade da intervenção estatal *em relação à criança e ao adolescente...* O segundo princípio constitucional que destacamos é o *'princípio da cooperação'.* Tanto o mencionado art. 227, *caput*, quanto o referido art. 230, *caput*, da CF determinam o dever de assegurar os direitos da criança, do adolescente e do idoso à família e à sociedade, além de ao Estado. Dessa forma, não é apenas o Estado que tem o dever de atuação, mas também a sociedade como um todo. Surge, assim, o "dever de cooperação da sociedade", bem como da família, com o Estado, para assegurar os direitos fundamentais da criança, do adolescente e do idoso. Também as entidades não governamentais (ONGs) poderão participar dos programas de assistência integral à saúde da criança e do adolescente, em cooperação com o Poder Público, conforme permissão constitucional expressa constante do § 1º do art. 227 da CF". *Revista Jurídica da Escola Superior do Ministério Público,* ano 3, n. 2, 1-268, p. 39-41, jul./dez. 2004.

PARTE I – O DIREITO MATERIAL SOB O ENFOQUE CONSTITUCIONAL

Nesta esteira, ainda, não se pode deixar de mencionar a importantíssima integração ao direito brasileiro da *Doutrina da Proteção Integral* expressa no art. 227 da CRFB/88, *do princípio do superior interesse* da criança e do adolescente[14] e, por derradeiro, do reconhecimento do *afeto*[15] e do *cuidado*[16] como princípios jurídicos e o valor do amor, como "a máxima expressão do afeto"[17], elementos indispensáveis para a constituição, estruturação e manutenção da família.

---

14   Art. 3º da Convenção Internacional dos Direitos da Criança, aprovada em 20-9-1989 na Assembleia Geral das Nações Unidas, ratificada pelo Brasil pelo Decreto n. 99.710/90. Disponível em: <https://www.unicef.org/brazil/convencao-sobre-os-direitos-da-crianca>. Acesso em: 31 ago. 2024. Consultar MACIEL, Kátia Regina Ferreira Lobo Andrade. Em defesa do superior interesse da criança como princípio constitucional e sua interpretação pelas cortes superiores no Brasil nas demandas de relações parentofiliais. In: *Revista do Ministério Público*. Rio de Janeiro. n. 47, jan./mar. 2013. No ECA, o Princípio do Superior Interesse está previsto no art. 100, parágrafo único, IV.

15   "A afetividade é um princípio constitucional da categoria dos princípios não expressos. Ele está implícito e construído nas normas constitucionais, pois aí estão seus fundamentos essenciais e basilares." PEREIRA, Rodrigo da Cunha. *Princípios fundamentais norteadores do direito de família*. 3. ed. São Paulo: Saraiva, 2016, p. 220. O direito ao afeto está cunhado na Declaração dos princípios sociais e jurídicos relativos à proteção e ao bem-estar das crianças, com especial referência à adoção e colocação familiar, em nível nacional e internacional (art. 5º). Disponível em: <http://www.dh-net.org.br/direitos/sip/onu/c_a/dec86.htm>. Acesso em: 8 out. 2024. A afetividade é localizada no ECA nos seguintes dispositivos legais: arts. 25, parágrafo único, 28, § 3º, 42, § 4º, e 50, § 13, II e III.

16   Além de localizarmos a previsão do cuidado na redação dos arts. 3º, 7º, 9º e 18 da Convenção Internacional sobre Direitos da Criança, impende salientar que o cuidado como princípio emerge da interpretação do próprio significado conferido pelo legislador constitucional ao vocábulo "proteção". A Constituição Federal brasileira de 1988 garante proteção à família (art. 226 e § 8º) e a seus participantes (arts. 227, § 3º, 229 e 230). Do latim *protectio*, de *protegere* (cobrir, amparar, abrigar), *"proteção se entende com toda espécie de assistência ou de auxílio, prestado às pessoas [...], a fim de que se resguardem contra os males que lhes possam advir"* (DE PLÁCIDO E SILVA. *Vocabulário jurídico*. 28. ed. atual. por Nagib Slaibi Filho e Geraldo Magela Alves. Rio de Janeiro: Gen/Forense, 2010, p. 1116). Na doutrina, sobre o assunto, recomendamos a leitura do trabalho precursor da Prof. Tânia da Silva Pereira, intitulado O cuidado como valor jurídico. In: *A ética da convivência familiar*. Rio de Janeiro: Forense, 2006, p. 231-256. Na jurisprudência, o pioneirismo é encontrado na Decisão proferida na Apelação 436.704.4/20-0 da 5ª Câmara (Seção de Direito Privado) do Tribunal de Justiça do Estado de São Paulo, Rel. Des. Antônio Carlos Mathias Couto. No ECA, o cuidado é mencionado nos seguintes artigos: 18-A, 22, parágrafo único, 70-A, I e 70-B, parágrafo único.

17   Conforme ensina BARROS, Sérgio Resende de. Direitos humanos da família: dos fundamentais aos operacionais. In: *Afeto, ética, família e o novo Código Civil: anais do IV Congresso Brasileiro de Direito de Família*. Belo Horizonte: IBDFAM: Del Rey, 2004, p. 614. O direito ao amor é encontrado no art. 6º da Declaração Universal dos Direitos da Criança: "[...] para o desenvolvimento completo e harmonioso de sua personalida-

O Estatuto da Criança e do Adolescente, com alteração conferida pela Lei n. 12.010/2009, passou a enumerar princípios relacionados aos direitos fundamentais de crianças e adolescentes. Dois desses destacam-se por estarem relacionados diretamente à importância do papel da família na formação dos filhos menores. Estão eles encerrados nos incisos IX e X do parágrafo único do art. 100: *princípio da responsabilidade parental* e *princípio da prevalência da família*. Representam tais princípios que a intervenção deve ser efetuada de modo que os pais assumam os seus deveres com os filhos e na promoção de seus direitos e proteção devem ser dadas prevalências àquelas medidas que os mantenham ou reintegrem na sua família natural ou extensa ou, se isto não for possível, que promovam a sua integração em família adotiva[18].

Ainda no que tange aos princípios estabelecidos no ECA, não se pode deixar de destacar o da *oitiva e participação obrigatória da criança e do adolescente* (art. 100, parágrafo único, XII, do ECA), em consonância com o art. 12 da Convenção dos Direitos da Criança. O direito de a pessoa menor de 18 anos expressar sua opinião está relacionado com o direito ao respeito, à dignidade e à liberdade (arts. 15 e 16, II, do ECA) e quando se trata do direito à voz de crianças e adolescentes institucionalizados, este princípio se apresenta essencial. Estes pequeninos devem ter, portanto, "no Sistema de Garantia de Direitos infantojuvenil um lugar de ancoragem no qual possam expressar suas referências afetivas, perante equipes técnicas aptas para traduzir esta manifestação e zelar para que o seu interesse na busca da referência afetiva seja prioritário, assegurando-lhes o direito ao afeto de uma família"[19].

A doutrina[20] tem adicionado na principiologia do Direito das Famílias a *boa-fé objetiva*, traduzida como a expectativa de um comportamento ético e coerente, leal e

---

de, *a criança precisa de amor e compreensão. Criar-se-á, sempre que possível, aos cuidados e sob a responsabilidade dos pais, e em qualquer hipótese, num ambiente de afeto e de segurança moral e material;* salvo circunstâncias excepcionais, a criança de tenra idade não será apartada da mãe." Disponível em: <https://www.unicef.org/brazil/media/22026/file/declaracao-dos-direitos-da-crianca-1959.pdf>. Acesso em: 8 out. 2024. A referência ao *amor* na Convenção dos Direitos da Criança está situada no preâmbulo que diz: "[...] Reconhecendo que a criança, para o pleno e harmonioso desenvolvimento de sua personalidade, deve crescer no seio da família, em um ambiente de felicidade, amor e compreensão; [...]". Disponível em: <https://www.unicef.org/brazil/convencao-sobre-os-direitos-da-crianca>. Acesso em: 8 out. 2024.

18   A Lei n. 13.509, de 22-11-2017, substituiu a expressão anterior "família substituta" do princípio contido no inciso X, parágrafo único, do art. 100 do ECA por "família adotiva."

19   Para o desenvolvimento do tema: MACIEL, Kátia Regina Ferreira Lobo Andrade. Reflexões sobre as referências afetivas da criança e do adolescente institucionalizados a partir de sua própria narrativa. In: PEREIRA, Tânia da Silva; OLIVEIRA, Guilherme de; COLTRO, Antônio Carlos Mathias (org.). *Cuidado e afetividade*: Projeto Brasil/Portugal-2016-2017. São Paulo: Atlas, 2017, p. 239.

20   DIAS, Maria Berenice. *Manual de direito das famílias*. 12. ed. rev., atual. e ampl. São Paulo: Revista dos Tribunais, 2017, p. 67; e FARIAS, Cristiano Chaves de; ROSENVALD,

PARTE I – O DIREITO MATERIAL SOB O ENFOQUE CONSTITUCIONAL

respeitoso que deve ser mantido nas relações familiares. Trata-se do cultivo do valor *confiança* no âmbito familiar, vedando-se aos seus membros a prática de comportamentos contraditórios que configurem abuso de direito (art. 187 do Código Civil). Derivado do princípio da boa-fé objetiva, destaca-se o *nemo potest venire contra factum proprium*[21] como princípio norteador para dirimir demandas familiares as quais exigem "coerência comportamental daqueles que buscam a tutela jurisdicional no âmbito do Direito de Família", como alerta Pereira[22]. Esse princípio, embora oriundo do direito obrigacional, vem sendo aplicado nas fundamentações de decisões na seara de família e de infância[23].

A solidariedade familiar[24], migrada da previsão do art. 3º, I, da CF/88, de igual modo, tem sido considerada um princípio do Direito de Família contemporâneo e é plenamente aplicável na seara infantojuvenil, uma vez que os membros adultos da entidade familiar compartilham, de forma igualitária, responsabilidades com relação a suas crianças e adolescentes, como se o observa do teor do parágrafo único do art. 22 do ECA e dos arts. 1.694 c/c 1.696, 1.697 e 1.698 do Código Civil.

Com pertinência, Rodrigo da Cunha Pereira ressalta que nem todos os princípios relacionados à família estão escritos na lei, pois alguns se encontram contidos e subentendidos nesta, na medida em que "eles já são inscritos no espírito ético dos ordenamentos jurídicos". Como exemplo destes princípios gerais não expressos, mas não menos importantes, o referido doutrinador menciona especificadamente, no âmbito do direito familiar, o *princípio da interdição do incesto*. O *princípio da monogamia*, por sua vez, complementa Pereira, tem função de um princípio jurídico básico e ordenador das relações jurídicas de família do mundo ocidental.[25]

Nelson. *Curso de direito civil*: famílias. 12. ed. rev., atual. e ampl. Salvador: JusPodivm, 2020, p. 128-131.

21 "É a vedação de inesperada e incoerente mudança de comportamento, contradizendo ou contrariando um comportamento ou conduta anteriormente esperado." PEREIRA, Rodrigo da Cunha. *Dicionário de direito de família e de sucessões ilustrado*. São Paulo: Saraiva, 2015, p. 714.

22 PEREIRA, Caio Mário da Silva. Op. cit., p. 69.

23 TJMG, Agravo de Instrumento 1.0024.10.287875-8/003, 4ª Câm. Cív., Rel. Des. Ana Paula Caixeta, j. 10-2-2022.

24 LÔBO, Paulo Luiz Netto. Princípio da Solidariedade Familiar. In: *Revista Brasileira de Direito das Famílias e Sucessões*. Porto Alegre: Magister/IBDFAM, 2007.

25 PEREIRA, Rodrigo da Cunha. *Princípios fundamentais norteadores do direito de família*. 3. ed. São Paulo: Saraiva, 2016, p. 45 e 127. O princípio da monogamia, no entanto, não se encontra presente na denominada relação poliafetiva ou poliamorosa definida como a "união conjugal formada por mais de duas pessoas que convivem" de forma consensual "em interação e reciprocidade afetiva entre si". As chamadas relações "simultâneas" ou paralelas, por sua vez, diferenciam-se da poliafetiva, pois naquelas, geralmente, uma das partes não sabe da existência da outra, formando núcleo familiar distinto. A família paralela é tratada no CC como concubinato (art. 1.727). PEREIRA,

3. NOÇÃO ATUAL DE FAMÍLIA

A família natural, tal como conceituada pelo Estatuto da Criança e do Adolescente, na Seção II do Capítulo do Direito à Convivência Familiar e Comunitária, é aquela compreendida pelos pais e seus filhos, mas também se apresenta como aquela formatada por qualquer um deles e sua prole (art. 25), prevista constitucionalmente no § 4º do art. 226 e doutrinariamente denominada família monoparental[26]. Todas essas espécies encontram-se inseridas no gênero de família denominada "nuclear".

No que concerne à relação familiar entre a mãe e o nascituro, as normas civis e estatutária infantojuvenil não a regulamentam. Desnecessária a referência expressa, na medida em que se estende à expressão "qualquer dos pais e seus descendentes" preceituada no § 4º do art. 226 da CF/88. Com efeito, no art. 2º do Código Civil são garantidos ao nascituro direitos desde o nascimento com vida (corrente natalista) ou a partir da concepção (corrente concepcionista). O nascituro tem legitimidade para propor ação de reconhecimento de paternidade, consoante permissivo do parágrafo único do art. 1.609 do Código Civil, o direito de ser-lhe nomeado curador (art. 1.779 do CC), e a ele e à gestante são assegurados alimentos para a sua formação (Lei n. 11.804/2008), eliminando quaisquer dúvidas de que precisa ser representado. Logo, reconhece-se o direito de o nascituro ter uma família, como ser humano que é, vinculado aos seus progenitores por laços de parentesco. Destarte, ante a notoriedade da gestação, a mãe solteira grávida e seu feto, gerado

---

Rodrigo da Cunha. *Direito das famílias*. Rio de Janeiro: Forense, 2020, p. 36-37. Sobre a impossibilidade de reconhecimento da relação poliafetiva como família, vale conferir a decisão proferida no Pedido de Providências n. 0001459-08.2016.2.00.0000 pelo Conselho Nacional de Justiça em 26-6-2018. Disponível em: <https://www.cnj.jus.br/InfojurisI2/Jurisprudencia.seam;jsessionid=DE5A3222422A59727199EC826B62482C?jurisprudenciaIdJuris=51260&indiceListaJurisprudencia=6&firstResult=7875&tipoPesquisa=BANCO>. Acesso em: 28 jun. 2020. A Comissão de Previdência, Assistência Social, Infância, Adolescência e Família da Câmara dos Deputados aprovou o Projeto de Lei n. 4.302/2016, que proíbe o registro civil de uniões poliafetivas. Encontra-se desde maio/2024 na Comissão de Direitos Humanos, Minorias e Igualdade Racial (CDHMIR). Disponível em: <https://www.camara.leg.br/proposicoesWeb/prop_mostrarintegra?codteor=1431635&filename=PL%204302/2016>. Acesso em: 8 out. 2024.

26 Expressão utilizada pela primeira vez, em 1981, pelo Instituto Nacional de Estatística e de Estudos Econômicos francês, de acordo com Eduardo de Oliveira Leite (*Famílias monoparentais*. 2. ed. rev., atual. e ampl. São Paulo: Revista dos Tribunais, 2003, p. 21). Ampliando o conceito de famílias monoparentais, pode se conceber aquelas "constituídas pelo pai ou mãe viúvos, mãe ou pai solteiros, ou seja, pode ser constituída por escolha ou por acaso (viuvez) [...] pode ser também constituída pela avó/avô, ou um parente, ou mesmo um terceiro qualquer 'chefiando' a criação de um ou mais filhos [...] e as chamadas "produções independentes"" (PEREIRA, Rodrigo da Cunha. *Dicionário de direito de família e de sucessões ilustrado*. São Paulo: Saraiva, 2015, p. 303).

PARTE I – O DIREITO MATERIAL SOB O ENFOQUE CONSTITUCIONAL

por reprodução assistida[27] ou cujo genitor do nascituro não assumiu a paternidade, constituem uma família monoparental[28].

Note-se que a lei estatutária não menciona em qualquer destes dispositivos a origem da relação jurídica dos pais, diante do princípio da isonomia filial consagrada constitucionalmente (art. 227, § 6º). Portanto, não importa se matrimonial ou não o vínculo que une ou uniu os pais, estes e a respectiva prole constituem uma família natural ou nuclear.

Com a Lei n. 12.010/2009, houve o alargamento da conceituação estatutária da expressão família natural. Reconheceu-se no ECA a importância de uma vertente familiar, já estabelecida no Direito de Família no capítulo do parentesco (arts. 1.591 a 1.595 do Código Civil), denominada família extensa ou ampliada[29]. Alocada fisicamente na mesma Seção II onde é tratada a família natural, este "braço familiar" se estende para além da unidade pais e filhos ou da unidade do casal; é formado por parentes próximos com os quais a criança ou o adolescente conviva e mantenha vínculos de afinidade e de afetividade (parágrafo único do art. 25).

Nesta conceituação legal se destaca, além do pré-requisito da convivência do infante com os parentes próximos, a presença de liames de afinidade e de afetividade. Este último – *o afeto* – é o suporte de todo e qualquer relacionamento familiar. Todavia, dois significados podem ser entendidos na expressão "vínculo de afinidade". Na primeira interpretação, de natureza legal, seria a relação existente entre a criança e o cônjuge/companheiro de seus pais (art. 1.595 do Código Civil)[30]. Nesta esteira, a família extensa da criança seria a madrasta/o padrasto. No entanto, a afinidade existente entre a criança e seu familiar próximo pode surgir independen-

---

27 Resolução CFM n. 2.320, de 1º de setembro de 2022. Disponível em: <https://sistemas.cfm.org.br/normas/visualizar/resolucoes/BR/2022/2320>. Acesso em: 31 ago. 2024.

28 Ampliando o tema, para a teoria concepcionista, o embrião humano é, desde a concepção, uma pessoa humana e goza de proteção jurídica, seja no útero materno, seja *in vitro* (PUSSI, Willian Artur. *Personalidade jurídica do nascituro*. 2. ed. rev. e atual. Curitiba: Juruá, 2008, p. 188).

29 A família ampliada está prevista também na Convenção dos Direitos da Criança, ratificada em 1990 pelo Brasil: "Art. 5º Os Estados Partes respeitarão as responsabilidades, os direitos e os deveres dos pais ou, quando for o caso, dos membros da *família ampliada* ou da comunidade, conforme determinem os costumes locais dos tutores ou de outras pessoas legalmente responsáveis por proporcionar à criança instrução e orientação adequadas e acordes com a evolução de sua capacidade, no exercício dos direitos reconhecidos na presente Convenção" (grifo nosso).

30 Art. 1.595 do Código Civil: "Cada cônjuge ou companheiro é aliado aos parentes do outro pelo vínculo da afinidade. § 1º O parentesco por afinidade limita-se aos ascendentes, aos descendentes e aos irmãos do cônjuge ou companheiro. § 2º Na linha reta, afinidade não se extingue com a dissolução do casamento ou da união estável". Encontramos a menção à relação de afinidade, também, na redação do § 5º do art. 1.584 quando o Código Civil trata da guarda como modalidade de família substituta.

temente do parentesco consanguíneo (avós/tios/irmãos) ou desta relação afim (enteado/padrasto/madrasta), mas ser oriunda de uma identidade de sentimentos, semelhanças no pensar e agir que tornam as pessoas unidas em razão do próprio conviver diário. Esta interpretação gramatical da relação de afinidade é, sem dúvida, a que mais se equaliza com a sistemática do ECA.

Nessa linha de pensar, na falta dos pais ou quando estes não possam garantir o direito à convivência familiar, a busca pela família extensa deve estar pautada em dois aspectos da relação: a afinidade e o afeto, sob pena de ser imposto o convívio com pessoas estranhas à criança ou ao adolescente.

Note-se o aspecto eminentemente consanguíneo/biológico do vínculo familiar definido como família natural e extensa preceituado pelo legislador estatutário, parecendo não abarcar a família ampliada socioafetiva oriunda de adoção, esta última tratada na Seção III do mesmo Capítulo, que cuida da família substituta.

Entretanto, dúvidas não há de que a adoção é uma espécie de constituição de família e a que mais genuinamente tem como marco fundador o afeto, conforme preceituam expressamente o art. 227, § 6º, da CF/88 e o art. 1.596 do CC. É a modalidade da família prevista no ECA (art. 28) que preenche de forma mais completa e plena o vínculo de parentesco de modo irrevogável, e a única que recebe integralmente todos os atributos do poder familiar (quando se tratar de criança e de adolescente). É a família que se forma mediante laços de amor entre pai/mãe e filho e se aperfeiçoa através de decisão judicial[31]. Assim, formada a família socioafetiva por adoção, os avós, irmãos, primos, tios que a compõem serão designados também de família socioafetiva ampliada.

A criança ou o adolescente, ainda, pode inserir-se em entidades familiares denominadas substitutas e acolhedoras, mas com finalidade provisória, pois possuem o papel primordial de preencher, excepcionalmente, a maioria das responsabilidades relativas à paternidade e à maternidade, sem que seja transferido o vínculo da parentalidade e do poder familiar.

As famílias substitutas provisórias se apresentam sob a modalidade de guarda e de tutela (art. 28 do ECA) e podem ser exercidas pela família extensa, que terá, sobre aquelas, prevalência, quando presentes a afinidade e a afetividade[32].

A família acolhedora, inserida pela Lei n. 12.010/2010 como espécie de medida protetiva (art. 101, VIII, do ECA), tem a função de cuidar e zelar temporariamente pela criança e pelo adolescente em situação de risco, enquanto a família natural ou

---

31 "Art. 47. O vínculo da adoção constitui-se por sentença judicial, que será inscrita no registro civil mediante mandado do qual não se fornecerá certidão."

32 Todas as modalidades de família substituta – guarda, tutela e adoção – serão examinadas detalhadamente em capítulos próprios, assim como a família acolhedora (acolhimento familiar).

PARTE I – O DIREITO MATERIAL SOB O ENFOQUE CONSTITUCIONAL

a extensa é fortalecida pelo programa de acolhimento familiar com o fito de reintegrar seus pequenos.

Outra modalidade de entidade familiar é a denominada recomposta, plural ou mosaica. Define-se como família recomposta ou reconstituída aquela "estrutura familiar originada do casamento ou da união estável de um casal, na qual um ou ambos de seus membros têm um ou vários filhos de uma relação anterior. Numa formulação mais sintética, é a família na qual ao menos um dos adultos é um padrasto ou uma madrasta"[33]. O crescente aumento quantitativo de pessoas sozinhas, viúvas, divorciadas e de crianças nascidas fora do relacionamento matrimonial ou informal dos pais vem alterando a composição da família tradicional nuclear, antes formada pelos genitores casados e sua prole. Com a ampliação dos divórcios, as dissoluções das uniões estáveis e das relações afetivas de qualquer natureza e a reconstrução, quase sempre ocorrente, de novos relacionamentos amorosos dos pais descasados, são comuns, na sociedade pós-moderna, os diversos tipos de arranjos familiares, nos quais o papel do padrasto, da madrasta e dos enteados deve ser efetivamente considerado por exercer função suplementar e, por vezes, substitutiva[34] de um dos genitores.

Sob a perspectiva de que o núcleo fundamental da família é o afeto e que as pessoas que a compõem devem ser respeitadas em suas individualidades e dignidade humana, a realidade social do relacionamento afetivo estável entre pessoas do mesmo sexo, na ausência de lei específica regulamentando esta relação, foi enfrentada pelo Superior Tribunal de Justiça na Ação Direta de Inconstitucionalidade 4.277 e na Arguição de Descumprimento de Preceito Fundamental 132, em maio de 2011, que decidiu ser aplicável o regime da união estável às uniões entre pessoas de gênero igual[35].

---

33 GRISARD FILHO, Waldyr. *Famílias reconstituídas:* novas uniões depois da separação. 2. ed. rev. e atual. São Paulo: Revista dos Tribunais, 2010, p. 85.

34 O Estatuto infantojuvenil, embora não utilize a denominação "família recomposta" ou "mosaico", prevê a possibilidade de constituição de uma nova parentalidade à criança inserida nessa espécie de família. É a hipótese de um dos genitores não mais exercer o poder familiar, seja pela perda, seja pela extinção desse múnus, sendo este transferido ao novo companheiro(a) ou cônjuge do outro genitor por meio da adoção unilateral (art. 41, §1º). "Art. 41. [...] § 1º Se um dos cônjuges ou concubinos adota o filho do outro, mantêm-se os vínculos de filiação entre o adotado e o cônjuge ou concubino do adotante e os respectivos parentes."

35 Por decisão do STJ restou pacificada a possibilidade da habilitação de casamento por pessoas do mesmo sexo: REsp 2010/003663-8, Rel. Min. Luis Felipe Salomão, 4ª Turma, j. 25-2-2011. O Conselho Nacional de Justiça, pela Resolução n. 175/2013 c/c art. 554 do Provimento n. 149/2023, estabeleceu que os cartórios de registro civil não podem se recursar a habilitar ou celebrar casamentos civis de casais do mesmo sexo ou deixar de converter em casamento a união estável homoafetiva. Cabe destaque o Recurso Extraordinário 609039/RS, Rel. Min. Dias Toffoli, j. 4-2-2015, que, afirmando

A moderna noção de família, todavia, não se encontra engessada nos conceitos elencados; antes, está em constante transformação e renovação. A expressão entidade familiar recebeu conotação ainda mais elástica com o advento da Lei n. 11.340/2006, conhecida como Lei Maria da Penha. A compreensão de família passou a abranger, também, "a comunidade formada por indivíduos que são ou se consideram aparentados, unidos por laços naturais, por afinidade ou por vontade expressa" (art. 5º, II). Em outras palavras, a entidade familiar pode surgir do desejo de seus membros de se receberem como parentes ou companheiros(as)[36].

Gerada também pelo afeto, a família anaparental, conceituação cunhada na doutrina de Sérgio Resende de Barros, é aquela composta pelos descendentes privados de ambos os pais[37]. Tendo em mira que os fatores que definem um núcleo familiar estável têm prioritariamente caráter subjetivo, independentemente do estado civil das partes, como os laços afetivos; a congruência de interesses; o compartilhamento de ideias e ideais; a solidariedade psicológica, social e financeira, a família anaparental foi percebida como entidade familiar estável, inclusive, para fins de adoção[38]. É a família formada entre pessoas com parentesco colateral (sem

---

o direito subjetivo de constituir uma família e o conjugando com uma interpretação não reducionista do art. 226, § 3º, da Constituição Federal, reconheceu uma união homoafetiva como entidade familiar para fins sucessórios.

36 Art. 5º: "Para os efeitos desta Lei, configura violência doméstica e familiar contra a mulher qualquer ação ou omissão baseada no gênero que lhe cause morte, lesão, sofrimento físico, sexual ou psicológico e dano moral ou patrimonial: I – no âmbito da unidade doméstica, compreendida como o espaço de convívio permanente de pessoas, com ou sem vínculo familiar, inclusive as esporadicamente agregadas; II – *no âmbito da família, compreendida como a comunidade formada por indivíduos que são ou se consideram aparentados, unidos por laços naturais, por afinidade ou por vontade expressa*; III – em qualquer relação íntima de afeto, na qual o agressor conviva ou tenha convivido com a ofendida, independentemente de coabitação. Parágrafo único. As relações pessoais enunciadas neste artigo independem de orientação sexual" (a ênfase é nossa). Para Leonardo Barreto Moreira Alves, por força deste dispositivo legal, estaria definitivamente reconhecida a união homoafetiva entre mulheres e entre homens, dispensando-se, por ausência de interesse, a disciplina da matéria por outra lei (O reconhecimento legal do conceito moderno de família: o artigo 5º, II, parágrafo único, da Lei n. 11.340/2006 (Lei Maria da Penha). *Revista Brasileira de Direito de Família*, Porto Alegre, n. 39, p. 131-153, dez./jan. 2007).

37 "[...] O prefixo de origem grega *ana* ou *am* traduz a ideia de privação [...] Com esse prefixo estou criando o termo "anaparental" ou "amparental" para designar a família sem pais." BARROS, Sérgio Resende de. Op. cit. p. 616. (grifo no original).

38 Conforme REsp 1.217.415/RS – 2010/0184476-0, Rel. Min. Nancy Andrighi, 3ª Turma, j. 19-6-2012. Afirma o julgado que a chamada família anaparental – sem a presença de um ascendente –, quando constatados os vínculos subjetivos que remetem à família, merece o reconhecimento e igual *status* daqueles grupos familiares descritos no

PARTE I – O DIREITO MATERIAL SOB O ENFOQUE CONSTITUCIONAL

relação de ascendência ou descendência), como ocorre entre os irmãos (2º grau) ou entre os primos (4º grau).

Família multiparental, também denominada pluriparental, por seu turno, é aquela na qual o filho é registrado por múltiplos pais ou mães. Inicialmente utilizada como forma de solucionar o registro de nascimento do filho adotado por casal homoafetivo, passou-se ao estágio de reconhecimento da coexistência da parentalidade biológica e da relação afetiva decorrente da adoção ou do *padrastio/madrastio*, mormente quando há expressa manifestação da criança ou do adolescente nesse sentido[39].

Diante das técnicas de inseminações artificiais homólogas e heterólogas, ou mesmo do uso de útero de substituição, a doutrina utiliza a expressão ectogenética[40] para qualificar a família que possui filhos nascidos a partir da utilização dessas técnicas de reprodução assistida, cujos regramentos são emanados por atos normativos do Conselho Nacional de Justiça (Provimento n. 149/2023) e do Conselho Federal de Medicina (Resolução CFM n. 2.320/2022).[41]

Colocada a questão nesses termos, não pairam dúvidas de que a dualidade de qualificações anteriormente eleitas pelo legislador estatutário para o termo "família", natural e substituta, prevista no art. 25, *caput*, deve ser apreendida apenas para fins didáticos, pois extremamente restrita, diante do amplo leque de entidades familiares sedimentadas na doutrina e na jurisprudência.

---

art. 42, § 2º, do ECA. A decisão refere-se à adoção póstuma de incapaz por família anaparental.

39 Para ampliação da análise das questões que podem advir da pluriparentalidade, recomenda-se a indispensável leitura de CASSETTARI, Christiano. *Multiparentalidade e parentalidade socioafetiva: efeitos jurídicos*. 2 ed. São Paulo: Atlas, 2015, p. 169-235.

40 PEREIRA, Rodrigo da Cunha. *Direito das famílias*. Rio de Janeiro: Forense, 2020, p. 28.

41 Flexibilizando a disciplina trazida por esses dois atos normativos (CNJ e CFM), acerca da necessidade de apresentação de declaração, com firma reconhecida, de diretor técnico da clínica, centro ou serviço de reprodução humana assistida em que realizada a inseminação artificial, o STJ dispensou tal documento e reconheceu como válida a inseminação artificial heteróloga caseira realizada por companheiras homoafetivas. "RECURSO ESPECIAL. AÇÃO DE ALVARÁ. REGISTRO DE DUPLA MATERNIDADE. NEGATIVA DE PRESTAÇÃO JURISDICIONAL. AUSÊNCIA. INSEMINAÇÃO ARTIFICIAL HETERÓLOGA. UNIÃO ESTÁVEL HOMOAFETIVA. PRESUNÇÃO DE MATERNIDADE. ART. 1.597, V, DO CC/2002. POSSIBILIDADE. PRINCÍPIO DO LIVRE PLANEJAMENTO FAMILIAR. PRINCÍPIO DO MELHOR INTERESSE DA CRIANÇA E DO ADOLESCENTE. [...] 8. Recurso especial conhecido e provido para autorizar o registro da maternidade de S F DE M e seus ascendentes no assento de nascimento de J, dispensando-se a necessidade de apresentação do documento exigido pelo art. 513, II, do Provimento 149/2023 do CNJ, com seus jurídicos e legais efeitos" (STJ, RE 2137415–SP (2024/0136744-9), 3ª T., Rel. Min. Nancy Andrighi, j. 15-10-2024).

Cumpre realçar, entretanto, a expressa *proteção especial* deferida à família natural (art. 226 da CF/88), prevendo o legislador estatutário os meios para garantir que os filhos menores de 18 anos sejam criados no seio de sua família de origem (arts. 19 e 23 do ECA).

A propósito, a conceituação de Wilson Donizeti Liberati sobre a família natural destaca o papel desta comunidade primeira da criança: "Lá ela deve ser mantida, sempre que possível, mesmo apresentando carência financeira. Lá é o lugar onde devem ser cultivados e fortalecidos os sentimentos básicos de um crescimento sadio e harmonioso"[42].

Por ser o seio familiar um local privilegiado, somente em casos excepcionais a prioridade de conviver com os pais naturais deve ser afastada, sob pena de lesar o próprio desenvolvimento da criança. Em qualquer caso, porém, o ECA exorta ser inadmissível que se mantenha um ser em formação, sem discernimento para o certo e o errado, em local onde adultos não forneçam um ambiente saudável e protetivo que garanta seu desenvolvimento integral (art. 19, *in fine*, do ECA, com a redação da Lei n. 13.257/2016).

Seja composta por um homem e uma mulher casados ou conviventes homo ou heterossexuais e seus filhos, seja a família monoparental (art. 226, §§ 1º, 2º, 3º e 4º, da CF/88) ou substituta (arts. 28 a 52 do ECA), a entidade familiar permanece sob a proteção do Estado (art. 226 da CF/88) e deve priorizar os direitos fundamentais de seus membros menores de idade (art. 227 da CF/88).

As entidades familiares, portanto, devem reproduzir a formação democrática da convivência social e fundar-se em valores como solidariedade, afeto, cuidado, respeito, compreensão, carinho e aceitação das necessidades existenciais de seus integrantes.

Possuindo uma função instrumental para a melhor realização dos interesses afetivos e existenciais de seus componentes, a família, como sociedade natural, é, portanto, a formação social, garantida pela Constituição Federal, "não como portadora de um interesse superior e superindividual, mas, sim, em função da realização das exigências humanas, como lugar onde se desenvolve a pessoa", consoante exato ensinamento de Pietro Perlingieri[43].

4. CONCEITUAÇÃO DE CONVIVÊNCIA FAMILIAR E COMUNITÁRIA

A Constituição Federal Brasileira, no art. 227, assegura expressamente, como direito fundamental disperso, a convivência familiar para toda criança e adolescente.

---

42 LIBERATI, Wilson Donizeti. *Comentários ao Estatuto da Criança e do Adolescente*. 12. ed. rev. e ampl. de acordo com a Lei 13.058, de 22-12-2014. São Paulo: Malheiros, 2015, p. 37.

43 PERLINGIERI, Pietro. *Perfis do direito civil*: introdução ao direito civil constitucional. 3. ed. rev. e ampl. Rio de Janeiro: Renovar, 2007, p. 243.

PARTE I – O DIREITO MATERIAL SOB O ENFOQUE CONSTITUCIONAL

135

Esta garantia constitucional foi integralmente inserida na Lei n. 8.069/90 (Estatuto da Criança e do Adolescente) nos arts. 4º e 16, V, e, de modo destacado, em todo o Capítulo III do Título II[44].

A deficiência das pessoas não impede nem deve dificultar o direito de usufruir da convivência familiar ou comunitária. Nesta esteira, a Lei n. 13.146, de 6 de julho de 2015 (Estatuto da Pessoa com Deficiência)[45] assegura este direito fundamental mesmo diante das limitações físicas e psíquicas que, eventualmente, acometam o ser humano.

Com efeito, enfatizando a preservação dos vínculos familiares por meio da ampla convivência, a Convenção das Nações Unidas sobre os Direitos da Criança, no art. 9, I, normatiza: "Os Estados-Partes deverão zelar para que a criança não seja separada dos pais contra a vontade dos mesmos, exceto quando, sujeita à revisão judicial, as autoridades competentes determinarem, em conformidade com a lei e com os procedimentos legais cabíveis, que tal separação é necessária ao interesse maior da criança".

Sobrelevando a importância do convívio familiar, Tarcísio José Martins Costa aponta que o direito à convivência familiar, antes de ser um direito, é uma necessidade vital da criança, no mesmo patamar de importância do direito fundamental à vida[46].

Destarte, podemos conceituar a convivência familiar como o direito fundamental de toda pessoa humana de viver em família, em ambiente de afeto[47] e de cuidado mútuos, configurando-se um direito vital[48] quando se tratar de pessoa em formação (criança e adolescente).

---

44 Art. 4º: "É dever da família, da comunidade, da sociedade em geral e do Poder Público assegurar, com absoluta prioridade, a efetivação dos direitos referentes à vida, à saúde, à alimentação, à educação, ao esporte, ao lazer, à profissionalização, à cultura, à dignidade, à liberdade e à *convivência familiar* e comunitária". Art. 16: "O direito à liberdade compreende os seguintes aspectos: [...] V – *participar da vida familiar e comunitária*, sem discriminação". Art. 19: "É direito da criança e do adolescente ser criado e educado no seio de sua família e, excepcionalmente, em família substituta, assegurada a *convivência familiar* e comunitária, em ambiente que garanta seu desenvolvimento integral" (com redação dada pela Lei n. 13.257/2016) (grifos nossos).

45 "Art. 6º A deficiência não afeta a plena capacidade civil da pessoa, inclusive para: [...] V – exercer o direito à família e à *convivência familiar e comunitária*; [...]." (grifos nossos)

46 COSTA, Tarcísio José Martins. *Estatuto da Criança e do Adolescente comentado*. Belo Horizonte: Del Rey, 2004, p. 38.

47 Barros ensina que o direito ao afeto constitui, na escala da fundamentalidade, o primeiro dos direitos humanos operacionais da família, seguido do *direito ao lar*, cuja base é o afeto, que consiste no recinto basilar da família, onde ela convive. BARROS, Sérgio Resende de. Op. cit., p. 613.

48 A importância do vínculo familiar é trabalhada por Cenise Monte Vicente juntamente com o direito à vida, no texto "O direito à convivência familiar e comunitária:

Ao lado da convivência familiar, ora em destaque, os legisladores constituintes e estatutários normatizaram o direito fundamental à convivência comunitária nos mesmos dispositivos legais referidos, pois constitui uma interseção imperativa com aquele outro direito, de maneira que somente com a presença de ambos haverá um bom e saudável desenvolvimento do ser humano em processo de formação. A criança e o adolescente, com o passar dos anos, ampliam os seus relacionamentos e passam a viver experiências próprias fora do âmbito familiar que lhe auxiliarão no incremento da personalidade e do caráter. Neste ponto, a convivência escolar, religiosa e recreativa deve ser incentivada e facilitada pelos pais. Estes espaços complementares do ambiente doméstico constituem pontos de identificação importantes, inclusive para a proteção e o amparo do infante, mormente quando perdido o referencial familiar. Na comunidade, ainda, a criança e o adolescente poderão desenvolver os seus direitos como cidadãos[49].

Para Irene Rizzini, entende-se a convivência familiar e comunitária como a possibilidade de a criança permanecer no meio a que pertence, preferencialmente junto a sua família, seus pais e/ou outros familiares e, caso não seja possível, em outra família que a acolher[50]. Em outras palavras, conviver em família e na comunidade é sinônimo de segurança e estabilidade para o desenvolvimento de um ser em formação. O afastamento do núcleo familiar representa grave violação do direito à vida de um infante.

Desta sorte, a convivência em família é, sem dúvida, um porto seguro para a integridade física e emocional de toda criança e todo adolescente. Ser criado e

---

uma política de manutenção do vínculo": "O vínculo é um aspecto tão fundamental na condição humana, e particularmente essencial ao desenvolvimento, que os direitos da criança o levam em consideração na categoria *convivência – viver junto*. O que está em jogo não é uma questão moral, religiosa ou cultural, mas sim uma questão vital. Na discussão das situações de risco para a criança a questão da mortalidade infantil ou da desnutrição é imediata. Sobreviver é condição básica, óbvia, para o direito à vida. Deve-se acrescentar a dimensão afetiva na defesa da vida. Em outras palavras, sobreviver é pouco. A criança tem direito *a viver*, a desfrutar de uma rede afetiva, na qual possa crescer plenamente, brincar, contar com a paciência, a tolerância e a compreensão dos adultos sempre que estiver em dificuldade". KALOUSTIAN, Sílvio Manoug (org.). *Família brasileira*: a base de tudo. 9. ed. São Paulo: Cortez, 2010, p. 50-51.

49 Como bem esclarecido por Rossato e Lépore: "A comunidade, por sua vez, propiciará à pessoa em desenvolvimento envolver-se com os valores sociais e políticos que irão reger a sua vida cidadã, que se inicia, formalmente, aos 16 anos, quando já poderá exercer o direito de sufrágio por meio do voto direto". ROSSATO, Luciano Alves; LÉPORE, Paulo Eduardo. *Estatuto da Criança e do Adolescente comentado artigo por artigo*. 14. ed. rev. atual. e ampl. São Paulo: JusPodivm, 2024, p. 150.

50 RIZZINI, Irene (coord.), RIZZINI, Irma, NAIFF, Luciene, BAPTISTA, Rachel. *Acolhendo crianças e adolescentes*: experiências de promoção do direito à convivência familiar e comunitária no Brasil. São Paulo: Cortez, 2006, p. 22.

PARTE I – O DIREITO MATERIAL SOB O ENFOQUE CONSTITUCIONAL

educado junto aos pais biológicos ou adotivos deve representar para o menor de 18 anos estar integrado a um núcleo de amor, respeito e proteção.

5. A CONVIVÊNCIA FAMILIAR E COMUNITÁRIA DA CRIANÇA E DO ADOLESCENTE NA SITUAÇÃO DO ART. 98 DO ECA

Ante a magnitude do direito em apreço, reconhecido como fundamental pelas normas internacionais (arts. 9 e 10 da Convenção dos Direitos da Criança) e pela Lei Maior do País (art. 227), a convivência familiar e a comunitária transcenderam a mera letra dos textos normativos antes enumerados e alargaram a sua discussão e implementação nacional, notadamente para as crianças que se encontram em situações de risco descritas no art. 98 do ECA[51]. Com a edição do Plano Nacional de Promoção, Proteção e Defesa do Direito de Crianças e Adolescentes à Convivência Familiar e Comunitária[52], passou-se a prever novas políticas públicas a fim de evitar o afastamento de crianças e de adolescentes do convívio familiar, priorizando-se a recuperação do ambiente familiar vulnerável[53].

Reforçando este paradigma, cabe ressaltar a importância da observância das normas contidas nas Orientações Técnicas do Conanda[54]. Neste documento de

---

51 "Art. 98. As medidas de proteção à criança e ao adolescente são aplicáveis sempre que os direitos reconhecidos nesta Lei forem ameaçados ou violados: I – por ação ou omissão da sociedade ou do Estado; II – por falta, omissão ou abuso dos pais ou responsável; III – em razão de sua conduta."

52 O Plano Nacional, aprovado pelo Conselho Nacional dos Direitos da Criança e do Adolescente (Conanda) e pelo Conselho Nacional de Assistência Social (CNAS), em 13 de dezembro de 2006, disciplina que o atendimento será fundamentado nas seguintes diretrizes: centralidade da família nas políticas públicas; primazia da responsabilidade do Estado no fomento de políticas integradas de apoio à família; reconhecimento das competências da família na sua organização interna e na superação de suas dificuldades; respeito à diversidade étnico-cultural, à identidade e orientação sexuais, à equidade de gênero e às particularidades das condições físicas, sensoriais e mentais; fortalecimento da autonomia da criança, do adolescente e do jovem adulto na elaboração do seu projeto de vida; garantia dos princípios de excepcionalidade e provisoriedade dos programas de famílias acolhedoras e de acolhimento institucional de crianças e de adolescentes; reordenamento dos programas de acolhimento institucional, adoção centrada no interesse da criança e do adolescente e o controle social das políticas públicas. Disponível em: <http://www.sdh.gov.br/assuntos/criancas-e-adolescentes/programas/pdf/plano-nacional-de-convivencia-familiar-e.pdf>. Acesso em: 28 out. 2024.

53 "Família em situação de vulnerabilidade ou risco social: grupo familiar que enfrenta condições sociais, culturais ou relacionais adversas ao cumprimento de suas responsabilidades e/ou cujos direitos encontram-se ameaçados ou violados". Conceito expresso no *Glossário do Plano Nacional*, p. 128.

54 Orientações Técnicas: Serviços de Acolhimento para Crianças e Adolescentes. Conselho Nacional dos Direitos da Criança e do Adolescente (Conanda). Brasília, junho de 2009. Disponível em: <http://www.mds.gov.br/cnas/noticias/cnas-e-conanda-

âmbito nacional, resta claro que os vínculos da criança com a família natural são fundamentais nessa etapa do desenvolvimento humano, de modo a oferecer ao infante condição para uma formação saudável, que favoreça a construção de sua identidade, sua constituição como sujeito de direitos e fortaleça a sua cidadania. Nesse sentido, conclui a orientação técnica ser importante que essa conservação dos liames familiares ocorra nas ações cotidianas dos serviços de acolhimento – visitas e encontros com as famílias e com as pessoas de referências da comunidade da criança e do adolescente, por exemplo. Por tal razão, os serviços de acolhimento devem estar localizados em áreas residenciais, sem distanciar-se excessivamente, do ponto de vista geográfico e socioeconômico, do contexto de origem das crianças e adolescentes.

Em hipóteses excepcionais, e somente por determinação judicial, quando necessário o afastamento do convívio familiar e encaminhamento para serviço de acolhimento, esforços devem ser empreendidos para manter a criança e o adolescente o mais próximo possível de seu domicílio, a fim de facilitar o contato com a família e o trabalho pela reintegração familiar. A proximidade com o contexto de origem tem como objetivo, ainda, preservar os vínculos comunitários já existentes e evitar que, além do afastamento da família, o acolhimento implique a privação da criança e do adolescente do convívio com seus colegas, vizinhos, escola e das atividades realizadas na comunidade (art. 20 da Convenção dos Direitos da Criança).

O direito à convivência familiar previsto no ECA teve aperfeiçoada a sua sistemática por meio da Lei n. 12.010/2009, com ênfase na necessidade de implementação de políticas públicas específicas destinadas à orientação, apoio e promoção social da família de origem que, por força do dispositivo do art. 226, *caput*, da CF/88, tem direito à especial proteção do Estado.

Estabeleceu aquela lei diversas normas que regem a aplicação das medidas de proteção, dentre elas o princípio da prevalência da família significando que, na promoção de direitos e na proteção da criança e do adolescente, deve ser dada prioridade às medidas que mantenham ou reintegrem os filhos menores na sua família natural ou extensa ou, se isto não for possível, que promovam a sua integração em família adotiva (art. 100, parágrafo único, X, do ECA, com redação dada pela Lei n. 13.509/2017).

Em outras palavras, a referida lei pretendeu "fechar as brechas" deixadas pela redação do ECA, sistematizando obrigações mais rígidas para os atores do sistema de proteção, de maneira que nas ações desenvolvidas em benefício dos infantes esteja incluída prioritariamente a preservação da família natural, uma vez que reconhecidamente fundamental para a vida da criança.

-orientacoes-tecnicas-servicos-de-acolhimento-para-criancas-e-adolescentes-1>. Acesso em: 28 out. 2024.

PARTE I – O DIREITO MATERIAL SOB O ENFOQUE CONSTITUCIONAL

A Lei n. 12.010/2009 incluiu, também, a determinação aos dirigentes de programas de acolhimento familiar ou de acolhimento institucional (antigo abrigo) de reavaliarem a situação das crianças e dos adolescentes inseridos naquelas medidas, de maneira que a autoridade judiciária possa decidir sem delongas acerca do retorno do infante ao seio de sua família natural ou, em sendo inviável, ser acionada para a colocação em família substituta (§ 1º do art. 19). O prazo de seis meses para reavaliação, previsto no § 1º do art. 19, foi reduzido para três meses pela Lei n. 13.509/2017.[55] O valor desta regra que assegura o direito a convivência familiar é inegável, especialmente por fixar prazo máximo de 18 meses para o acolhimento institucional, salvo comprovada necessidade (§ 2º do art. 19). Nesta mesma toada, a Lei n. 13.257/2016 aperfeiçoou o § 3º do art. 19 enfatizando que a manutenção ou a reintegração de criança ou adolescente à sua família terá preferência em relação a qualquer outra providência, caso em que será esta incluída em serviços e programas de proteção, apoio e promoção, nos termos do § 1º do art. 23, dos incisos I e IV do *caput* do art. 101 e dos incisos I a IV do *caput* do art. 129 desta lei.

Ao tratar do convívio entre a genitora adolescente acolhida institucionalmente e sua prole, o ECA prevê que será garantida a convivência integral entre eles e a mãe acolhida com assistência de equipe especializada multidisciplinar (§§ 5º e 6º do art. 19, incluídos pela Lei n. 13.509/2017). Esse atendimento personalizado e especializado visa fortalecer a vinculação afetiva, contribuir para o desenvolvimento de habilidades para o cuidado, a construção de um projeto de vida e da autonomia, de modo a garantir a proteção à adolescente e ao filho. "Esse cuidado pode contribuir para prevenir a perpetuação de ciclos transgeracionais de ruptura de vínculos, abandono, negligência ou violência, representando importante recurso para garantir o direito à convivência familiar da(o) adolescente e da criança. Nesses casos, é importante que sejam viabilizadas condições para assegurar às mães e aos pais adolescentes os direitos inerentes aos dois momentos de vida: maternidade/paternidade e adolescência"[56].

Com a promulgação da Lei n. 12.594/2012, que instituiu o Sistema Nacional de Atendimento Socioeducativo (Sinase) e regulamentou a execução das medidas socioeducativas destinadas a adolescentes que pratiquem ato infracional, pode-se observar a preocupação em identificar a situação e a perspectiva familiar daqueles na avaliação dos resultados desta execução, notadamente porque a nova lei elencou como um de seus princípios norteadores a *convivencialidade,* ou seja, o fortaleci-

---

55 Nessa senda de reavaliações periódicas das medidas, cabe mencionar o Provimento n. 165/2024 do CNJ, que, nos arts. 68 a 74, trata das audiências concentradas nas instituições de acolhimento com a presença dos atores do Sistema de Garantia de Direitos da criança e do adolescente.

56 Conforme consta nas Orientações Técnicas: serviços de acolhimento para crianças e adolescentes, Op. cit. p. 51-52.

mento dos vínculos familiares e comunitários no processo socioeducativo (art. 35, IX), corroborando com o ditame do art. 113 do ECA que preceitua o incentivo e a manutenção da relação familiar durante o cumprimento da medida.

Ademais, para o cumprimento do Plano Individual de Atendimento do adolescente infrator (PIA), devem ser levadas em consideração atividades de integração e apoio à família e as formas de participação do núcleo familiar para efetivo cumprimento daquele plano individual.

Como corolário da convivência familiar e comunitária, a permissão de visitas ao adolescente em cumprimento de medida de internação pelo cônjuge, companheiro, pais, responsáveis, filhos, parentes e amigos daquele, além do direito à visita íntima, quando comprovadamente estiver o(a) adolescente casado(a) ou em união estável (arts. 67 a 69), denota o papel fundamental da família na ressocialização do adolescente e o respeito ao que dispõe o art. 16, V, do ECA (direito de participar da vida familiar e comunitária, sem discriminação). A Resolução n. 252/2024 do Conanda previu, em seu art. 25, § 2º, a idade mínima de 16 anos do(a) adolescente internado(a) para que receba visita de esposa(o) ou companheira(o).

A garantia de convivência da criança ou do adolescente com os pais privados de liberdade foi tratada no Estatuto infantojuvenil pela Lei n. 12.962/2014. O § 4º inserido no art. 19 do ECA, por força da referida lei, estabeleceu o convívio por meio de visitas periódicas promovidas pelo responsável ou, nas hipóteses de acolhimento institucional, pela entidade responsável, independentemente de autorização judicial. Esta regra deve ser conjugada com o preceito do art. 23, § 2º, do ECA, incluído pela Lei n. 12.962/2014 e aperfeiçoada pela Lei n. 13.715/2018 , que reza que somente haverá o afastamento do poder familiar e, por consequência, a convivência entre genitores presos e sua prole, em caso de condenação criminal do pai ou da mãe na hipótese de prática de crime doloso, sujeito à pena de reclusão, contra o próprio filho ou filha[57], ou outro descendente ou titular do poder familiar.

---

57 A Resolução n. 210, de 5 de junho de 2018, do Conanda, que dispõe sobre os direitos de crianças cujas mães, adultas ou adolescentes, estejam em situação de privação de liberdade, prevê no art. 3º que: "IV – Em relação ao direito à convivência familiar, deve-se garantir à criança a permanência e o contato com sua mãe em espaços e ambientes saudáveis, separados da unidade prisional e de internação, os quais devem proporcionar rotinas próprias e específicas, bem como oferecer atividades lúdicas, psicossociais e de atenção à saúde física e mental, buscando o desenvolvimento da criança e o fortalecimento do vínculo materno-infantil, objetivando reduzir o impacto negativo do ambiente carcerário e de internação para a criança e sua mãe. V – Em relação ao direito à convivência comunitária, deve-se resguardar a convivência da criança com sua família extensa e pessoas de referência, oportunizando horários diferenciados e locais adequados para a visitação". Disponível em: <https://www.gov.br/participamaisbrasil/https-wwwgovbr-participamaisbrasil-blob-baixar-7359>. Acesso em: 31 ago. 2024.

PARTE I – O DIREITO MATERIAL SOB O ENFOQUE CONSTITUCIONAL

Ainda favorecendo o convívio da criança com os genitores detentos, menciona-se a modificação efetuada no art. 318 do Código de Processo Penal pelo Marco da Primeira Infância – Lei n. 13.257/2016 – que passou a prever a substituição da prisão preventiva dos pais pela domiciliar quando se tratar de gestante (IV); mulher com filho de até 12 anos de idade incompletos (V); e homem, caso seja o único responsável pelos cuidados do filho de até 12 anos de idade incompletos (VI)[58].

Embora a convivência familiar de crianças filhas de presos preventivamente tenha sido estendida nos casos estabelecidos no art. 318 do CPP, o STF[59] ampliou a prisão domiciliar a todas as gestantes, puérperas ou mães de crianças e de pessoas com deficiência presas preventivamente, inclusive a adolescentes internadas no sistema socioeducativo.

Aperfeiçoando ainda mais esse direito, a Lei n. 13.768/2018, em seguida, incluiu o art. 318-A no CPP, assegurando que a prisão preventiva imposta à gestante ou mãe/responsável por crianças ou pessoas com deficiência será substituída por prisão domiciliar, desde que não tenha cometido crime com violência ou grave ameaça a

---

58 "*Habeas corpus* coletivo. Admissibilidade. Lesão a direitos individuais homogêneos. Caracterização do *habeas corpus* como cláusula pétrea e garantia fundamental. Máxima efetividade do *writ*. Acesso à justiça. 2. Direito Penal. Processo Penal. *Pedido de concessão de prisão domiciliar a pais e responsáveis por crianças menores ou pessoas com deficiência. 3. Doutrina da Proteção Integral conferida pela Constituição de 1988 a crianças, adolescentes e pessoas com deficiência.* Normas internacionais de proteção a pessoas com deficiência, incorporadas ao ordenamento jurídico brasileiro com *status* de emenda constitucional. Consideração dos perniciosos efeitos que decorrem da separação das crianças e pessoas com deficiência dos seus responsáveis. 4. *Previsão legislativa no art. 318, III e VI, do CPP. 5. Situação agravada pela urgência em saúde pública decorrente da propagação da Covid-19 no Brasil.* Resolução 62/2020 do CNJ. 6. Parecer da PGR pelo conhecimento da ação e concessão da ordem. 7. *Extensão dos efeitos do acórdão proferido nos autos do HC 143.641, com o estabelecimento das condicionantes trazidas neste precedente, nos arts. 318, III e VI, do CPP e na Resolução 62/2020 do CNJ. Possibilidade de substituição de prisão preventiva pela domiciliar aos pais (homens), desde que seja o único responsável pelos cuidados do menor de 12 (doze) anos ou de pessoa com deficiência, desde que não tenha cometido crime com grave violência ou ameaça ou, ainda, contra a sua prole. Substituição de prisão preventiva por domiciliar para outros responsáveis que sejam imprescindíveis aos cuidados do menor de 6 (seis) anos de idade ou da pessoa com deficiência.* 8. Concessão do *habeas corpus* coletivo" (STF, HC 165.704/DF, 2ª Turma, Rel. Min. Gilmar Mendes, j. 20-10-2020) (grifos nossos). E ainda: STJ, AgRg no HC 663.492/SP, 5ª Turma, Rel. Min. Jesuino Rissato, j. 17-8-2021; e HC 667.695/SP, 6ª Turma, Rel. Min. Antônio Saldanha Palheiro, j. 10-8-2021.

59 STF, HC 143.641/SP, 2ª Turma, Rel. Min. Ricardo Lewandowski, j. 20-2-2018; e STF, HC 192.627 AgR/RO, 2ª Turma, Ag. Reg. no HC, Rel. Min. Edson Fachin, Redator do acórdão Min. Ricardo Lewandowski, j. 17-2-2021.

pessoa ou contra filho ou dependente[60]. Convém aduzir, também, o cabimento do regime domiciliar da mulher condenada à prisão definitiva. A Lei de Execução Penal (Lei n. 7.210/1984), no art. 117, III e IV, preceitua o recolhimento da beneficiária de regime aberto em residência particular quando se tratar de condenada gestante, com filho com idade inferior a 18 anos ou portador de deficiência física ou mental.

Cabe adicionar que a Lei n. 14.987/2024 alterou o ECA acrescendo o direito ao atendimento psicossocial às crianças e aos adolescentes que tiverem qualquer dos pais ou responsáveis vitimado por grave violência ou preso em regime fechado (art. 87, III, do ECA).

Caracterizando, ainda, as hipóteses de risco e vulnerabilidade desenhadas no art. 98 do ECA que violam o direito à convivência familiar e comunitária, não se pode deixar de mencionar as crianças e os adolescentes em situação de rua, quais sejam, aqueles que estão afastados do seio familiar e experimentam a ausência de inúmeros direitos fundamentais nos logradouros públicos. Esta parcela da população infantojuvenil, para a qual foram destinadas regras especiais na Resolução Conjunta Conanda/CNAS n. 1/2016[61], compõe um público que demanda serviços de

---

60 Portanto, a redação atual sobre o tema no CPP, após o Marco da Primeira Infância (Lei n. 13.257/2016) e a Lei n. 13.768/2018, é a seguinte: "Art. 318. Poderá o juiz substituir a prisão preventiva pela domiciliar quando o agente for: I – maior de 80 (oitenta) anos; II – extremamente debilitado por motivo de doença grave; III – imprescindível aos cuidados especiais de pessoa menor de 6 (seis) anos de idade ou com deficiência; *IV – gestante; V – mulher com filho de até 12 (doze) anos de idade incompletos; VI – homem, caso seja o único responsável pelos cuidados do filho de até 12 (doze) anos de idade incompletos. Parágrafo único. Para a substituição, o juiz exigirá prova idônea dos requisitos estabelecidos neste artigo. Art. 318-A. A prisão preventiva imposta à mulher gestante ou que for mãe ou responsável por crianças ou pessoas com deficiência será substituída por prisão domiciliar, desde que: I – não tenha cometido crime com violência ou grave ameaça a pessoa; II – não tenha cometido o crime contra seu filho ou dependente.* Art. 318-B. A substituição de que tratam os arts. 318 e 318-A poderá ser efetuada sem prejuízo da aplicação concomitante das medidas alternativas previstas no art. 319 deste Código" (grifos nossos).
A despeito da previsão contida nos incisos I e II do art. 318-A do CPP, há decisões do STJ indeferindo, excepcionalmente, a prisão domiciliar aos pais presos, fundadas em dados concretos que indicam a necessidade de acautelamento da ordem pública com a medida extrema para o melhor cumprimento da proteção integral da criança: AgRg no HC 677.578/SP, 5ª Turma, Rel. Min. Jesuíno Rissato, j. 24-8-2021, e HC 676.700/PB, 6ª Turma, Rela. Mina. Laurita Vaz, j. 24-8-2021.

61 O art. 1º da referida Resolução conceitua como crianças e adolescentes em situação de rua "os sujeitos em desenvolvimento com direitos violados, que utilizam logradouros públicos, áreas degradadas como espaço de moradia ou sobrevivência, de forma permanente e/ou intermitente, em situação de vulnerabilidade e/ou risco pessoal e social pelo rompimento ou fragilidade do cuidado e dos vínculos familiares e comunitários, prioritariamente situação de pobreza e/ou pobreza extrema, dificuldade de acesso e/ou permanência nas políticas públicas, sendo caracterizados por sua heterogeneidade, como gênero, orientação sexual, identidade de gênero, diversidade étnico-racial,

PARTE I – O DIREITO MATERIAL SOB O ENFOQUE CONSTITUCIONAL

atendimento que adotem estratégias diferenciadas e níveis de cuidado peculiares, notadamente para aqueles que pernoitam nas ruas, permanecendo nesses espaços por longos períodos, sem convivência com familiares ou responsáveis, estabelecendo com a rua uma relação semelhante àquela de moradia. Os parâmetros de funcionamento dos serviços de acolhimento destinados a crianças e adolescentes nesta situação foram inseridos nas orientações técnicas[62], prevendo a metodologia, as formas de oferta e os pressupostos do trabalho social, sendo certo que tais serviços não podem, de modo algum, ser espaços de estigmatização, segregação, isolamento, discriminação, nem possuir natureza de acolhimento compulsório, devendo favorecer, com ênfase e sempre que possível, o restabelecimento dos vínculos familiares e comunitários. Caso assim não seja possível ou realizável, recomenda a Resolução em apreço que se deva buscar o encaminhamento para família substituta ou, ainda, o desenvolvimento da autonomia e a preparação gradativa para o desligamento e/ou para a vida adulta.

REFERÊNCIAS

ALVES, Leonardo Barreto Moreira. O reconhecimento legal do conceito moderno de família: o artigo 5º, II, parágrafo único, da Lei n. 11.340/2006 (Lei Maria da Penha). *Revista Brasileira de Direito de Família*, Porto Alegre, n. 39, p. 131-153, dez./jan. 2007.

BARROS, Luiz Felipe Walter; ALVES, José Eustáquio Diniz; CAVENAGHI, Suzana. Novos arranjos domiciliares: condições socioeconômicas dos casais de dupla

---

religiosa, geracional, territorial, de nacionalidade, de posição política, deficiência, entre outros". E acrescenta no § 1º do art. 1º a abrangência do termo "situação": "Utiliza-se o termo 'situação' para enfatizar a possível transitoriedade e efemeridade dos perfis desta população, podendo mudar por completo o perfil, repentinamente ou gradativamente, em razão de um fato novo". Disponível em: <https://aplicacoes.mds.gov.br/snas/regulacao/visualizar.php?codigo=4519>. Acesso em: 31 ago. 2024.

62 O atendimento a crianças e adolescentes em situação de rua, tratado na Resolução n. 1/2016, complementou, nesse aspecto, as Orientações Técnicas: serviços de acolhimento para crianças e adolescentes aprovadas pela Resolução Conjunta n. 1/2009, do CNAS e Conanda. A Resolução conjunta CNAS/Conanda n. 1/2017, por sua vez, estabeleceu as diretrizes políticas e metodológicas para o atendimento de crianças e adolescentes em situação de rua no âmbito da política de assistência social. Disponível em: <https://primeirainfancia.org.br/wp-content/uploads/2017/08/0344c7_4fe2ba1cd 6854b649d45d71a6517f80d.pdf>. Acesso em: 28 out. 2024. Vale mencionar, também, a Resolução n. 187/2017, que aprovou as Orientações Técnicas para Educadores Sociais de Rua em Programas, Projetos e Serviços com Crianças e Adolescentes em Situação de Rua, e a Resolução n. 203/2017, que dispõe acerca da instituição de grupos de trabalho no âmbito dos Conselhos Estaduais, Distrital e Municipais dos Direitos da Criança e do Adolescente para tratar do tema da promoção, proteção e garantia dos direitos de crianças e adolescentes em situação de rua.

renda e sem filhos (DINC). In: ENCONTRO NACIONAL DE ESTUDOS PO-PULACIONAIS, XVI. *Anais...* Caxambu: Associação Brasileira de Estudos Populacionais, 2008.

BARROS, Sérgio Resende de. Direitos humanos da família: dos fundamentais aos operacionais. In: *Afeto, ética, família e o novo Código Civil: anais do IV Congresso Brasileiro de Direito de Família.* Belo Horizonte: IBDFAM: Del Rey, 2004.

BRASIL. *Constituições do Brasil.* DIAS, Floriano Aguiar (org.). [S.l.]: Liber Juris, 1975, v. 1, 610 p. (Coleção de Códigos Liber Juris).

CASSETTARI, Christiano. *Multiparentalidade e parentalidade socioafetiva*: efeitos jurídicos. 2. ed. São Paulo: Atlas, 2015.

COSTA, Tarcísio José Martins. *Estatuto da Criança e do Adolescente comentado.* Belo Horizonte: Del Rey, 2004.

DE PLÁCIDO E SILVA. *Vocabulário jurídico.* 28. ed. atual. por Nagib Slaibi Filho e Geraldo Magela Alves. Rio de Janeiro: Gen/Forense, 2010.

DIAS, Maria Berenice. *Manual de direito das famílias.* 12. ed. rev., atual. e ampl. São Paulo: Revista dos Tribunais, 2017.

FARIAS, Cristiano Chaves de; ROSENVALD, Nelson. *Curso de direito civil*: famílias. 12. ed. rev., atual. e ampl. Salvador: JusPodivm, 2020.

FUSTEL DE COULANGES, Numa Denis. *A cidade antiga.* Trad. Frederico Ozanam Pessoa de Barros. eBookLibris, 2006. Disponível em: <http://www.ebooksbrasil.org/eLibris/cidadeantiga.html>. Acesso em: 17 jun. 2020.

GAMA, Guilherme Calmon Nogueira da. *Princípios constitucionais de direito de família.* São Paulo: Atlas, 2008.

GARCIA, Emerson. A coexistência de absolutas prioridades e o sistema brasileiro de proteção à infância e à juventude. In: MARANHÃO, Clayton; CAMBI, Eduardo (org.). *30 anos do Estatuto da Criança e do Adolescente.* Belo Horizonte-São Paulo: D'Plácido, 2020.

GRISARD FILHO, Waldyr. *Famílias reconstituídas:* novas uniões depois da separação. 2. ed. rev. e atual. São Paulo: Revista dos Tribunais, 2010.

LEITE, Eduardo Oliveira. *Famílias monoparentais.* 2. ed. rev., atual. e ampl. São Paulo: Revista dos Tribunais, 2003.

LIBERATI, Wilson Donizeti. *Comentários ao Estatuto da Criança e do Adolescente.* 12. ed. rev. e ampl. de acordo com a Lei 13.058, de 22-12-2014. São Paulo: Malheiros, 2015.

LÔBO, Paulo Luiz Netto. *Direito civil*: famílias. 10. ed. São Paulo: Saraiva Educação, 2020. v. 5.

LÔBO, Paulo Luiz Netto. Princípio da Solidariedade Familiar. In: *Revista Brasileira de Direito das Famílias e Sucessões.* Porto Alegre: Magister/IBDFAM, 2007.

MACIEL, Kátia Regina Ferreira Lobo Andrade. Em defesa do superior interesse da criança como princípio constitucional e sua interpretação pelas cortes supe-

PARTE I – O DIREITO MATERIAL SOB O ENFOQUE CONSTITUCIONAL

riores no Brasil nas demandas de relações parentofiliais. *Revista do Ministério Público*. Rio de Janeiro. n. 47, jan./mar. 2013.

MACIEL, Kátia Regina Ferreira Lobo Andrade. Reflexões sobre as referências afetivas da criança e do adolescente institucionalizados a partir de sua própria narrativa. In: PEREIRA, Tânia da Silva; OLIVEIRA, Guilherme de; COLTRO, Antônio Carlos Mathias (orgs.). *Cuidado e afetividade*: Projeto Brasil/Portugal-2016-2017. São Paulo: Atlas, 2017.

Orientações Técnicas: Serviços de Acolhimento para Crianças e Adolescentes. CONANDA. Brasília, junho de 2009. Disponível em: <http://www.mds.gov.br/cnas/noticias/cnas-e-conanda-orientacoes-tecnicas-servicos-de-acolhimento--para-criancas-e-adolescentes-1>. Acesso em: 4 abr. 2020.

PEREIRA, Caio Mário da Silva. *Instituições de direito civil*. v. V. 30. ed. rev., atual. e reformulada. Rio de Janeiro: Forense, 2024.

PEREIRA, Rodrigo da Cunha. *Direito das famílias*. Rio de Janeiro: Forense, 2020.

PEREIRA, Rodrigo da Cunha. *Dicionário de direito de família e de sucessões ilustrado*. São Paulo: Saraiva, 2015.

PEREIRA, Rodrigo da Cunha. *Princípios fundamentais norteadores do direito de família*. 3. ed. São Paulo: Saraiva, 2016.

PEREIRA, Tânia da Silva. O cuidado como valor jurídico. In: PEREIRA, Tânia da Silva e PEREIRA, Rodrigo da Cunha (coord.). *A ética da convivência familiar*. Rio de Janeiro: Forense, 2006.

PERLINGIERI, Pietro. *Perfis do direito civil*: introdução ao direito civil constitucional. 3. ed. Rio de Janeiro: Renovar, 2007.

PUSSI, Willian Artur. *Personalidade jurídica do nascituro*. 2. ed. rev. e atual. Curitiba: Juruá, 2008.

RIZZINI, Irene (coord.); RIZZINI, Irma; NAIFF, Luciene; BAPTISTA, Rachel. *Acolhendo crianças e adolescentes*: experiências de promoção do direito à convivência familiar e comunitária no Brasil. São Paulo: Cortez, 2006.

ROSSATO, Luciano Alves; LÉPORE, Paulo Eduardo. *Estatuto da Criança e do Adolescente comentado artigo por artigo*. 14. ed. rev. atual. e ampl. São Paulo: JusPodivm, 2024.

SMANIO, Gianpaolo Poggio. A tutela constitucional dos interesses difusos. *Revista Jurídica da Escola Superior do Ministério Público*, ano 3, n. 2, 1-268, p. 39-41, jul./dez. 2004.

VICENTE, Cenise Monte. O direito à convivência familiar e comunitária: uma política de manutenção do vínculo. In: KALOUSTIAN, Sílvio Manoug (org.). *Família brasileira*: a base de tudo. 9. ed. São Paulo: Cortez, 2010.

ZAPATER, Maíra. *Direito da criança e do adolescente*. São Paulo: Saraiva Educação, 2019.

Poder familiar

Kátia Regina Ferreira Lobo Andrade Maciel

1. A DENOMINAÇÃO DO INSTITUTO

A atual designação do instituto milenar do pátrio poder, consagrada pelo Código Civil de 2002 como poder familiar, teve por meta abraçar a ideia da função conjunta dos pais. Muitos doutrinadores, porém, a criticam, visto que manteve componente da antiga expressão (*poder*) e por, aparentemente, atribuir prerrogativa à família (*familiar*) e não aos pais. Para evitar interpretações dúbias, tal doutrina prefere nomear o instituto como autoridade parental ou função parental[1].

Criticando a locução "autoridade parental", Françoise Dolto leciona que aquele termo não mais corresponde à realidade da personalidade dos pais modernos. Para a autora francesa, atualmente, os adultos já não têm a mesma autoridade, e as crianças percebem perfeitamente a carência dessa autoridade dos pais. Explica a especialista que os filhos sabem que os pais são seus "responsáveis"; sendo assim, a utilização da expressão "responsabilidade parental" seria mais facilmente compreendida[2].

---

1 Nesse sentido, LÔBO, Paulo Luiz Netto. *Direito civil*: famílias. 10. ed. São Paulo: Saraiva Educação, 2020, v. V, p. 310; PEREIRA, Rodrigo da Cunha. *Direito das famílias*. Rio de Janeiro: Forense, 2020, p. 381; e TEPEDINO, Gustavo; TEIXEIRA, Ana Carolina Brochado. *Fundamentos do direito civil*: direito de família. Rio de Janeiro: Forense, 2020, v. 6, p. 287 (autoridade parental); e ROSA, Conrado Paulino da. *Direito de família contemporâneo*. 7. ed. rev., ampl. e atual. Salvador: JusPodivm, 2020, p. 455 (Função Parental).

2 DOLTO, Françoise. *Quando os pais se separam*. Rio de Janeiro: Jorge Zahar, 2003, p. 44. A Recomendação n. R (84)4, de 28-2-1984, adotada pelo Comitê de Ministros do Conselho da Europa, optou pela designação responsabilidade parental, definindo-a

PARTE I – O DIREITO MATERIAL SOB O ENFOQUE CONSTITUCIONAL

Não obstante a denominação inapropriada, fato certo e indiscutível é que a função para exercício do poder familiar deve obrigatoriamente ser compartilhada entre os pais, na medida em que consagrada no art. 5º, I, da Constituição Federal de 1988, a isonomia entre homem e mulher. O Estatuto da Criança e do Adolescente, trilhando a mesma senda, prevê que o poder familiar impõe divisão igualitária de tarefas entre os pais (art. 21 do ECA).

O poder familiar tem caráter de múnus público, logo os seus atributos são irrenunciáveis, pois se originam da lei e se protraem no tempo independentemente da vontade de quem os tem, uma vez que não são criados para o seu serviço e utilidade, mas em vista de um fim superior: o da criança e do adolescente[3].

Este direito é indisponível, pois os pais não podem dele abrir mão; é inalienável, pois não pode ser transferido; é irrenunciável e incompatível com a transação, além de imprescritível[4]. No entanto, impõe ressalvar que os detentores do poder familiar poderão efetuar voluntária e conscientemente a entrega do filho em adoção, ato de disposição que possui previsão legal, ensejando a extinção do poder familiar por sentença (art. 19-A, §§ 1º a 9º c/c art. 166, § 1º, I e II, do ECA).

A representação do filho pelos pais, múnus do poder familiar, repercute também na fase de concepção (nascituro), apesar de faltar personalidade ao filho, visto que adquirida somente com o nascimento com vida (art. 2º do CC). O poder familiar sob o filho ainda não nascido (nascituro), portanto, é exercido pelos pais diante da

---

como o "conjunto de poderes e deveres destinados a assegurar o bem-estar moral e material do filho, designadamente tomando conta da pessoa do filho, mantendo relações pessoais com ele, assegurando a sua educação, o seu sustento, a sua representação legal e a administração dos seus bens". A Convenção sobre os Direitos da Criança de 1989, ratificada pelo Brasil em 1990, utiliza a palavra "responsabilidade" para designar o exercício parental comum na educação e no desenvolvimento da criança (artigos 18º, n. 1, e 27º n. 2). A Convenção Europeia sobre o Exercício dos Direitos da Criança, de 25 de janeiro de 1996, utiliza a expressão "responsabilidades parentais" relacionando-as aos poderes exercidos pelos pais (artigos 1º, n. 3, 2º, alínea *b*, 4º, n. 1, e 6º, alínea *a*). A Convenção de Haia, concluída em 19 de outubro de 1996, sobre "jurisdição, lei aplicável, reconhecimento, execução e cooperação relativas à responsabilidade parental e medidas para a proteção das crianças", porém, utiliza a expressão **responsabilidade parental** de forma mais abrangente. Diz o art. 1º, 2: "Para as finalidades desta Convenção, o termo 'responsabilidade parental' inclui a autoridade parental, ou qualquer autoridade com relacionamento analógico determinando os direitos, poderes e responsabilidades dos pais, dos guardiões ou de outros representantes legais com relação à pessoa ou ao patrimônio da criança".

3 Tepedino e Teixeira ensinam que, na autoridade parental, tanto o poder quanto o dever são dirigidos aos pais que devem usá-lo para "a concreção do princípio do melhor interesse da criança e do adolescente". Portanto, concluem ser ele um "ofício de direito privado". TEPEDINO, Gustavo; TEIXEIRA, Ana Carolina Brochado. Op. cit., p. 294.

4 PEREIRA, Caio Mário da Silva. *Instituições de direito civil*. 30. ed. rev., atual. e reformulada. Rio de Janeiro: Forense, 2024, v. V, p. 464.

interpretação *a contrario sensu* do art. 1.778 do Código Civil e, ainda, por ser o feto o destinatário dos alimentos gravídicos previstos na Lei n. 11.804/2008[5].

O filho está sujeito ao poder parental até completar 18 anos, sendo pelos pais representado ou assistido, na forma prevista no art. 1.634, VII, do CC (com a redação da Lei n. 13.058/2014). Depois de atingidos os 18 anos de idade, os filhos, apesar de representarem a descendência de seus pais por toda a vida, em razão do vínculo de parentesco, não estão mais sujeitos à sua autoridade e representatividade.

Por seu turno, os filhos que completarem a idade de 18 anos, mas não tiverem discernimento mental para exercerem a autonomia e a independência (art. 1.767 do CC), serão representados pelos pais por meio do instituto da curatela, embora extinto o poder familiar (art. 1.768 do CC).

Na hipótese de o filho adolescente, em cumprimento de medida socioeducativa, apresentar indícios de transtorno mental, deficiência mental, com dependência de álcool e de substância psicoativa, prescrevem os arts. 64 e seguintes da Lei do Sinase (Lei n. 12.594/2012) que aquele deverá ser avaliado por equipe técnica multidisciplinar e multissetorial para o fim de ser-lhe nomeado um curador diante da incapacidade. No entanto, entendemos que a representação do infrator naquela situação, nos moldes do art. 1.634, VII, do Código Civil, permanecerá recaindo sob os genitores, em razão da menoridade.

Enquanto não cessada a jurisdição da Infância e Juventude, prevê a Lei do Sinase que a autoridade judiciária poderá remeter cópia dos autos ao Ministério Público para eventual propositura de interdição e outras providências pertinentes aos interesses do incapaz. Ocorre que a hipótese em comento de propositura de interdição, a nosso entender, cinge-se aos jovens infratores portadores de deficiência mental, na faixa etária entre 18 e 21 anos, prevista no § 5º do art. 121 do ECA, para fins de cumprimento de medida socioeducativa de natureza curativa. Portanto, do que se depreende do estabelecido naquela lei, a representação por curatela dos pais afeta apenas o filho na idade entre 18 e 21 anos que apresente as incapacidades enumeradas no art. 64 da referida lei, seguindo-se a normativa acerca da curatela estabelecida nos arts. 1.767 a 1.778 do Código Civil que enumera as pessoas e deficiências sujeitas a aquele instituto protetivo[6].

---

5   Tepedino e Teixeira afirmam que autoridade parental se inicia com a concepção e, desde então, imputam-se aos pais os deveres de cuidado e proteção dos filhos (TEPEDINO, Gustavo; TEIXEIRA, Ana Carolina Brochado Teixeira. Op. cit., p. 291). O art. 15 do Projeto de Lei n. 478/2007, Estatuto do Nascituro, é claro ao dispor: "Sempre que, no exercício do poder familiar, colidir o interesse dos pais com o do nascituro, o Ministério Público requererá ao juiz que lhe dê curador especial", não deixando dúvidas de que a melhor interpretação é estender o múnus parental ao nascituro.

6   Conceitua Maria Berenice Dias: "A curatela é instituto *protetivo* dos *maiores de idade* mas *incapazes* de zelar por seus próprios interesses, reger sua vida e administrar seu

PARTE I – O DIREITO MATERIAL SOB O ENFOQUE CONSTITUCIONAL

Em resumo, a representação legal dos pais imanada do poder familiar para suprir a incapacidade do filho não desaparece em se tratando de adolescentes infratores que se encontrarem na hipótese do art. 64 da Lei do Sinase, a não ser quando o poder familiar de ambos os pais esteja extinto ou perdido, quando, então, deverá ser nomeado curador para este[7].

O tratamento ao qual se submeterá o adolescente, por sua vez, deverá observar o previsto na Lei n. 10.216, de 6 de abril de 2001, conhecida como Lei da Reforma Psiquiátrica, que dispõe sobre a proteção e os direitos das pessoas portadoras de transtornos mentais e redireciona o modelo assistencial em saúde mental.

No que tange aos deveres parentais dos pais deficientes maiores, prescreve o art. 6º, V e VI, da Lei n. 13.146/2015 (Estatuto da Pessoa com Deficiência) que será assegurado o exercício dos direitos pessoais à família e à convivência familiar; à guarda, à tutela, à curatela e à adoção, como adotante ou adotando, em igualdade de oportunidades com as demais pessoas. Entretanto, sendo necessário, os pais deficientes poderão ser amparados pela curatela (art. 84, § 1º, da Lei n. 13.146/2015) ou pela medida de tomada de decisão apoiada (art. 84, § 2º, do EPD c/c o art. 1.793-A do CC). Quanto aos atos atingidos por estas medidas, dispõe o art. 85 do mencionado Estatuto que "a curatela afetará tão somente os atos relacionados aos direitos de natureza patrimonial e negocial", dando a entender que a decisão judicial que a pronunciar preservará o múnus da responsabilidade parental.

Ao lado dessas disposições estatutárias, todavia, foi mantida a previsão da curatela extensiva pela qual se estende ao filho a autoridade do curador nomeado ao pai/mãe curatelado (art. 1.778 do CC). No mesmo caminho, o art. 757 do CPC estabelece que "a autoridade do curador estende-se à pessoa e aos bens do incapaz que se encontrar sob a guarda e a responsabilidade do curatelado ao tempo da in-

---

patrimônio. Sujeitam-se também a curatela os nascituros, os ausentes, os enfermos e os deficientes físicos" (*Manual de direito das famílias*. 12. ed. rev., atual. e ampl. São Paulo: Revista dos Tribunais, 2017, p. 707 – destaque no original).

7   Entendendo cabível a curatela de pessoas menores de idade: PEREIRA, Caio Mário da Silva. Op. cit., p. 541; LEITE, Eduardo de Oliveira. *Direito civil aplicado*. 2. ed. rev., atual. e ampl. São Paulo: Revista dos Tribunais, 2013, v. 5, p. 413; e ISHIDA, Válter Kenji. *Estatuto da Criança e do Adolescente*: doutrina e jurisprudência. 25. ed. rev., atual. e ampl. São Paulo: JusPodivm, 2024, p. 202 (interdição apenas de menor púbere, quanto ao impúbere caberia a tutela). Dimas Messias de Carvalho entende que a curatela, em seu sentido estrito, é encargo cometido a alguém "para dirigir a pessoa e administrar os bens de maiores incapazes que não podem exprimir sua vontade, por causa temporária ou permanente [...]", mas o instituto possui, também, sentido amplo e abrange espécies provisórias que, pela natureza e os efeitos específicos, denominam-se curadorias, atingindo nascituros, menores de idade ou pessoas no gozo de sua capacidade (CARVALHO, Dimas Messias de. Op. cit., p. 920-921). Remete-se a discussão ao capítulo "Tutela" desta obra, no qual os posicionamentos são expostos amiúde.

terdição, salvo se o juiz considerar outra solução como mais conveniente aos interesses do incapaz".

Nelson Rosenvald[8] ensina que o modo de conjugar a antiga regra do art. 1.778 do CC ao ditame do art. 85 da Lei n. 13.146/2015 será integrando-os aos princípios dos arts. 227 e 229 da Constituição Federal, reservando a curatela extensiva "para aquelas situações em que evidentemente os filhos se encontram em situação de risco diante de pais disfuncionais, pelo fato de a enfermidade ou deficiência influir negativamente na parentalidade". E conclui o autor que, nesta hipótese "justificar-se-á a transmissão do poder de família para uma pessoa designada pelo magistrado".

Em suma, não há previsão legal de extinção, perda ou suspensão do poder familiar pelo fato de serem os pais portadores das deficiências descritas no art. 2º da Lei n. 13.146/2015 ou mesmo das incapacidades relativas previstas no art. 4º do Código Civil. Porém, se aplicada a medida excepcional de curatela, a decisão judicial poderá determinar os limites do exercício do poder familiar, segundo as potencialidades dos pais (art. 1.772 do CC), ou estabelecer a curatela extensiva à prole.

Ainda na seara da capacidade para o exercício do poder familiar, muito se tem debatido acerca da responsabilidade dos pais menores de idade com relação à respectiva prole. Firme na posição de haver incapacidade para o exercício da autoridade parental pelas pessoas menores de 18 anos, tem-se o entendimento de Digiácomo:

> [...] um dos *requisitos* necessários ao exercício do poder familiar é a *plena capacidade civil*, pelo que os pais, enquanto adolescentes (e não emancipados), que estiverem ainda sob o poder familiar de seus pais ou tutela de outrem, *não têm capacidade jurídica* para tanto. Por via de consequência, *não é juridicamente exigível o cumprimento, por parte de pais adolescentes, dos deveres relacionados nos arts.* 1.634, *do CC e 22, do ECA,* cujo exercício demanda uma *enorme responsabilidade, que a própria lei PRESUME que adolescentes – em especial os absolutamente incapazes – NÃO POSSUEM,* tanto que, de maneira expressa, o art. 1.633, do CC prevê que, quando a mãe de uma criança que não tem a paternidade reconhecida é *INCAPAZ de exercer o poder familiar,* "dar-se á (obrigatoriamente) *TUTOR ao menor*" (sic. nota explicativa e destaque dos autores). E caberá *ao TUTOR do filho da adolescente* (e não a ela própria), o papel de *responsável* e *representante legal da criança,* com todos os deveres inerentes a esta condição, nos moldes do previsto no art. 1.740 e seguintes do CC[9].

---

8 ROSENVALD, Nelson. Curatela. In: PEREIRA, Rodrigo da Cunha (coord.). *Tratado de direito das famílias.* Belo Horizonte: IBDFAM, 2015, p. 770.

9 DIGIÁCOMO, Murillo José; DIGIÁCOMO, Ildeara de Amorim. *Estatuto da Criança e do Adolescente anotado e interpretado.* 8. ed. revisada e ampliada. Curitiba: Ministério Público do Estado do Paraná. Centro de Apoio Operacional das Promotorias da Criança e do Adolescente, 2020, p. 51 (itálicos e maiúsculas no original).

PARTE I – O DIREITO MATERIAL SOB O ENFOQUE CONSTITUCIONAL

Giuliano D'Andrea[10], por sua vez, pondera que o exercício do poder familiar se inclui nos atos da vida civil. Por essa razão, o absolutamente incapaz não pode exercê-lo, mas sim o relativamente, desde que assistido pelo respectivo responsável. Examinando os atributos inerentes ao poder familiar, o autor aduz que

> [...] não é difícil concluir que se trata de atos que exigem a aptidão para o exercício da capacidade. Assim, dirigir a educação e sustento, conceder autorização para casar, nomear tutor e até reclamar o filho de quem ilegalmente o detenha são faculdades e obrigações que demandam exercício de atos da vida civil. Com efeito, quem está em tese sujeito ao poder familiar (menor não emancipado) não pode exercê-lo, ainda que o adolescente pai ou mãe, como sujeito de direitos, possua, potencialmente, direitos afetos ao poder familiar (como ter o filho em sua companhia ou exigir-lhe respeito).

Não se pode negar que os menores de 16 anos de idade possuem capacidade de direito, por possuírem personalidade, mas conclui o referido doutrinador que[11]:

> Não tem, por outro lado, a capacidade de *exercê-lo*, já que o exercício do poder familiar está adstrito aos pais aptos a praticar os atos da vida civil. Falta-lhe, assim, a *capacidade de fato* (ou de exercício), que se resume na inaptidão para praticar pessoalmente os atos da vida civil. Por isso, temos como inadmissível a propositura de ação de suspensão e destituição do poder familiar contra adolescente até 16 anos absolutamente incapaz. [...] questão é colocar em pé de igualdade a criança ou adolescente incapaz sujeito ao poder familiar e o pai ou mãe, adolescente e absolutamente incapaz, impossibilitado de exercê-lo. Em ambos os casos se está diante de criança e adolescente na peculiar condição de pessoa em desenvolvimento, conforme expressa o art. 6º, do ECA. Na colidência de interesses entre ambos, não se pode optar pela prevalência de um sobre o outro.

Confrontando as posições esposadas e as decisões jurisprudenciais que enfrentam a questão da responsabilidade parental por pessoas menores de idade, nota-se a tendência de admitir que o(a) adolescente, maior de 16 anos, apesar de necessitar da assistência legal de seus pais para a prática da vida civil, nela incluído o exercício do poder familiar, pode exercer alguns encargos limitados desse múnus. Assim, plenamente cabível a responsabilização no âmbito civil pelo descumprimento de cuidados para com a prole[12]. Os pais adolescentes com idade entre 12 e 16 anos

---

10   D'ANDREA, Giuliano. Da impossibilidade de suspensão e destituição do poder familiar de pais adolescentes absolutamente incapazes. *Revista Especial da Infância e Juventude*, n. 1, São Paulo: EDEPE, 2011, p. 61-62 (grifos no original).

11   D'ANDREA, Giuliano. Op. cit., p. 61-62 – grifos no original.

12   "APELAÇÃO – Destituição do poder familiar – Sentença que destituiu a genitora do poder familiar sobre as crianças L. e E. – Genitora apela – Alegação de desacerto do julgado – Pedido de reforma da sentença para reverter a destituição do poder familiar – Prova técnica e oral aptas a apontar e a demonstrar o abandono e ausência da acionada nos cuidados da criança – *Crianças que foram expostas a situação de risco,*

incompletos, representados pelos respectivos pais ou tutores por possuírem a sua capacidade reduzida, somente em situações excepcionais e graves, esgotados os recursos de auxílio à família, poderão sofrer a intervenção sobre a maternidade ou paternidade que passaram a exercer.

Válter Kenji Ishida[13], no entanto, entende que os genitores menores de idade, sejam absolutamente ou relativamente incapazes, podem ser alvo de controle de seu poder familiar, sob o fundamento de que toda pessoa que se acha no exercício dos seus direitos tem capacidade para estar em Juízo (arts. 70 e 71 do CPC).

Desse modo, por se tratar de uma medida de natureza protetiva de crianças e adolescentes, mais do que sancionatória, a perda da função parental é possível aos pais incapazes.

> [...] se a doença dos pais expuser a criança a risco, numa situação de indignidade e insegurança, deve-se encarar a destituição do poder familiar e a inserção em família substituta como formas de proteção – e não como sanção civil dos pais. O mesmo se diga quando os pais forem menores de idade. [...] tal destituição será possível quando se mostrar como única forma de proteger a criança em questão. É a conclusão que se extrai não apenas de uma ponderação de interesses, mas também da constatação de que o bebê também é sujeito prioritário de direitos, não passível de ser tratado como objeto dos interesses alheios, de modo que a condição pessoal dos genitores, ainda que menores de idade, não pode significar o sacrifício dos direitos fundamentais da respectiva prole[14].

---

consistente em violência doméstica e vulnerabilidade – Genitora, adolescente, que foi acolhida com seus filhos – Posterior evasão da requerida, que configura abandono por sua parte – Genitora apelante que, embora não concorde com o pedido inicial, quedou-se inerte quanto aos seus deveres decorrentes do poder familiar – Ausência de ente da família extensa apto e disposto para assumir a guarda das crianças – Descumprimento dos deveres de guarda, proteção e educação caracterizados – Esgotamento dos meios de integração familiar, nos termos dos arts. 19 e 100, do ECA e 227 da CF – Determinação impugnada que encontra fundamento nos arts. 1.637, 1.638, II e IV, do C.C., 98, II e 129 X, do ECA – Superiores interesses da menor que devem ser o norte para o deslinde do caso – Medida combatida que se mostra a mais adequada à efetivação do direito ao convívio familiar e social garantidos pelos arts. 227 da CF e 19 do ECA – Manutenção da sentença, que é medida que se impõe. Apelação não provida" (TJSP, Apelação 1019711-90.2018.8.26.0309, Câmara Especial, Rel. Des. Renato Genzani Filho, j.15-4-2020). No mesmo sentido: TJRJ, Apelação 0000343-75.2018.8.19.0061, 4ª Câm. Cív., Rel. Des. Antônio Iloizio Barros Bastos, j. 25-09-2019; TJRS, Apelação Cível 70075810010, 7ª Câm. Cív., Rel. Jorge Luís Dall'Agnol, j. 28-2-2018 e STJ, HC 342325/RJ-2015/0299868, 3ª Turma, Rel. Min. Paulo de Tarso Sanseverino, j. 18-2-2016.

13 ISHIDA, Válter Kenji. Op. cit., p. 622.

14 SOUZA, Nathália Moreira Nunes de. A destituição do poder familiar à luz dos princípios do direito das famílias. Revista de Direito do Tribunal de Justiça do Estado do Rio de Janeiro, v. 121, p. 76, set./dez. 2020.

PARTE I – O DIREITO MATERIAL SOB O ENFOQUE CONSTITUCIONAL

Cabe aduzir, por fim, acerca do exercício do poder familiar de pais que experimentaram ruptura de seu relacionamento afetivo. Havendo casamento ou união estável posterior do genitor ou da genitora, estes não perderão o poder familiar sobre os filhos, conforme previsto expressamente no art. 1.636 e parágrafo único do Código Civil. Evidentemente que o interesse da criança deve ser observado, mas a alteração da qualificação civil do titular do poder familiar não deve interferir no exercício desta função, não podendo o pai ou a mãe recasados disporem ou delegarem esse múnus ao novo parceiro[15].

A autoridade dos pais é exclusiva na medida em que a eles, e somente a eles, a lei delegou este encargo (art. 1.631 do CC) e, por ser um poder/dever funcional e serviente, decorrente do *status* paterno e materno, o poder familiar é, como antes aduzido, irrenunciável, salvo na hipótese legal de entrega do filho em adoção (arts. 19-A e 166 do ECA).

O poder familiar, pois, pode ser definido como um complexo de direitos e deveres pessoais e patrimoniais com relação ao filho menor de idade, não emancipado, e ao nascituro e que deve ser exercido no superior interesse destes últimos. Sendo um direito-função, os pais biológicos ou adotivos não podem renunciar a ele e não o podem transferir a título gratuito ou oneroso.

2. ASPECTOS PESSOAIS

Os atributos do poder parental descritos no art. 22 do ECA (guarda, sustento e educação) não expressam a completa abrangência da responsabilidade parental que o legislador constitucional outorgou aos pais com relação aos filhos menores de 18 anos, devendo ser complementados com a relação de encargos e direitos preceituados no art. 1.634 do CC de 2002 e, por óbvio, com o rol de direitos fundamentais expressos no art. 227 da CF/88 e de maneira difusa no texto constitucional, assim como com aqueles previstos nos documentos internacionais ratificados pelo Brasil.

Cabe relembrar que o referido dispositivo do Código Civil foi revigorado em 2014, por meio da Lei n. 13.058, sob o foco de concretizar ainda mais o instituto da guarda compartilhada no direito brasileiro. Nesse diapasão, ambos os pais (consanguíneos ou adotivos) têm o dever moral e a obrigação jurídica de, conjuntamente, sobre os filhos, "dirigir-lhes a criação e a educação" (art. 1.634, I), na esteira dos arts. 227 e 229 da CF/88. Renovado, também, foi o art. 22 do ECA com a inclusão de parágrafo único pela Lei n. 13.257/2016 – Marco da Primeira Infância –, dispondo que a mãe e o pai (ou os responsáveis) têm direitos iguais e deveres e responsa-

---

15 Se o padrasto ou a madrasta do filho pretender o exercício do poder familiar do enteado/a deverá fazê-lo mediante ação de adoção unilateral ou ação de reconhecimento de parentalidade socioafetiva.

bilidades compartilhados no cuidado e na educação da criança, devendo ser resguardado o direito de transmissão familiar de suas crenças e culturas, assegurados os direitos da criança estabelecidos naquela lei.

Bem se nota que o aperfeiçoamento do art. 22 do ECA pela Lei n. 13.257/2016 está em perfeita consonância com a alteração do Código Civil realizada em 2014 pela Lei n. 13.058, que detalhou a responsabilidade/direito dos pais de "exercer a guarda unilateral ou compartilhada nos termos do art. 1.584" (inciso II do art. 1.634), deixando clara a isonomia entre os detentores do poder familiar para o exercício deste encargo. A lei civil, registre-se, prevê, também, que compete aos genitores conceder ou negar o consentimento para o casamento do filho (art. 1.634, III)[16]; para a prole viajar ao exterior (inciso IV)[17] e para o filho mudar sua residência permanente para outro Município (inciso V). Nos derradeiros incisos, a redação do art. 1.634 do CC foi mantida com mínimas alterações: "nomear-lhes tutor por testamento ou documento autentico, se o outro dos pais não lhe sobreviver, ou o sobrevivo não puder exercer o poder familiar" (inciso VI); "representá-los *judicial e extrajudicialmente*[18] até os 16 (dezesseis) anos, nos atos da vida civil, e assisti-los, após essa idade, nos atos em que forem partes, suprindo-lhes o consentimento" (inciso VII); "reclamá-los de quem ilegalmente os detenha" (inciso VIII) e, por fim, "exigir que lhes prestem obediência, respeito e os serviços próprios de sua idade e condição" (inciso IX).

Com referência ao dever dos pais de conceder ou negar o consentimento para o filho se casar, as regras disciplinadoras estão contidas nos arts. 1.517 a 1.520 do Código Civil. Com a edição da Lei n. 13.811/2019, foram suprimidas as exceções legais permissivas do casamento infantil (casamento antes da idade núbil em razão de gravidez), revogando, portanto, a possibilidade de casamento pelos menores de 16 anos (art. 1.520 do Código Civil)[19].

Existindo divergência entre os pais acerca do exercício do poder familiar, não importando a forma como é exercida a guarda ou, mesmo, coabitando ambos os

---

16 Pelo Enunciado 512 da V Jornada de Direito Civil do Conselho da Justiça Federal: "O art. 1.517 do Código Civil, que exige autorização dos pais ou responsáveis para casamento, enquanto não atingida a maioridade civil, não se aplica ao emancipado".

17 Remetemos o leitor à explanação sobre autorização de viagem nacional e internacional no capítulo "Prevenção".

18 A mesma obrigação parental incide em prol do nascituro que deve ser representado extra e judicialmente pelos pais. Se falecido ou ausente o poder familiar, a representação será feita pelo curador (art. 1.779 do CC) (grifos nossos).

19 Veronese relaciona a mudança normativa da idade núbil como uma das ferramentas para que o Brasil atinja o Objetivo 5 da Agenda 2030 dos Objetivos de Desenvolvimento Sustentável – ODS (UNICEF) de alcançar a "igualdade de gênero e empoderar todas as mulheres e meninas em todos os níveis". VERONESE, Josiane Rose Petry. *Convenção sobre os Direitos da Criança*: 30 anos. Salvador: JusPodivm, 2019, p. 50-51.

PARTE I – O DIREITO MATERIAL SOB O ENFOQUE CONSTITUCIONAL

genitores juntamente com o filho, qualquer deles poderá acionar a autoridade judiciária para intervir na solução do dissenso (art. 21 do ECA c/c o parágrafo único do art. 1.631 do CC).

O domicílio do filho incapaz é determinado pela lei em razão de sua condição peculiar. A pessoa menor de 18 anos, na maior parte das famílias, reside com aqueles que a assistem ou a representam. Assim sendo, o art. 76 e seu parágrafo único do CC estabelecem como domicílio necessário do incapaz o mesmo eleito pelo seu representante ou assistente. Até mesmo para a pessoa relativamente incapaz não emancipada (16 a 18 anos incompletos), o legislador civil não permite a escolha de um domicílio[20]. Estando, pois, o filho menor sob o poder familiar integral de ambos os pais, o domicílio daquele é o mesmo destes. Com a nova redação do § 3º do art. 1.583 do CC, conferida pela Lei n. 13.058/2014, a cidade considerada base de moradia dos filhos será aquela que melhor atender aos interesses destes.

Por terem a lei de proteção à criança e ao adolescente (ECA) e o Código Civil sido editados após a promulgação da Constituição Federal de 1988, ou seja, sob a égide de novos paradigmas, o exame dos encargos do poder familiar, enumerados no ECA, será realizado por meio do enfoque constitucional a seguir.

2.1. Dever de registrar o filho e o direito ao estado de filiação

2.1.1. Considerações gerais

A Declaração dos Direitos da Criança de 1959[21] foi o primeiro documento internacional que atribuiu ao nome a qualidade de direito humano. Reza o seu princípio III que: "A criança tem direito, desde o seu nascimento, a *um nome* e a uma nacionalidade". Caminhando nesta senda e enfatizando a urgência no exercício do *direito ao nome*, o Pacto Internacional sobre Direitos Civis e Políticos de 1966[22] das Nações Unidas, proclamou a obrigação de a criança ser registrada imediatamente após o nascimento. Diz o texto que: "Art. 24. [...]. 2. *Toda criança deverá ser registrada imediatamente após seu nascimento e deverá receber um nome*".

Em 20 de novembro de 1989, a Organização das Nações Unidas publicou a Convenção Internacional sobre os Direitos da Criança[23]. Com a ratificação desta

---

20 RODRIGUES, Sílvio. *Direito civil*. Parte geral. 34. ed. São Paulo: Saraiva, 2006, v. 1, p. 108.

21 A referida Declaração foi aprovada em 20 de novembro de 1959 por meio da Resolução n. 1.386 da ONU (grifos nossos).

22 O Pacto Internacional sobre Direitos Civis e Políticos foi adotado pela XXI Sessão da Assembleia Geral das Nações Unidas, em 16 de dezembro de 1966, aprovado no Congresso Nacional brasileiro por meio do Decreto Legislativo n. 226/91 e promulgado pelo Decreto n. 592/92 (grifos nossos).

23 O Brasil a incorporou por meio do Decreto Legislativo n. 28, de 14 de setembro de 1990, e a promulgou pelo Decreto n. 99.710, de 21 de novembro de 1990 (grifos nossos).

importante convenção dos direitos infantis, o Brasil incorporou, definitivamente, como direito fundamental o direito ao nome e à manutenção da identidade da criança, estabelecido em seus arts. 7º e 8º, ora transcritos:

> Art. 7.1. *A criança será registrada imediatamente após seu nascimento e terá direito, desde o momento em que nasce, a um nome,* a uma nacionalidade e, na medida do possível, a conhecer seus pais e a ser cuidada por eles.
>
> Art. 8.1. *Os Estados Partes comprometem-se a respeitar o direito a criança de preservar sua identidade, inclusive a nacionalidade, o nome e as relações familiares, de acordo com a lei, sem interferência ilícitas. 2. Quando uma criança se vir privada ilegalmente de algum ou de todos os elementos que configuram sua identidade, os Estados Partes deverão prestar assistência e proteção adequadas, com vistas a restabelecer rapidamente sua identidade.*

O Pacto de São José da Costa Rica[24], também ratificado pelo Brasil, por sua vez, associou o *nome* ao direito da pessoa humana de ter uma família:

> Artigo 17 – Proteção da família. 1. A família é o núcleo natural e fundamental da sociedade e deve ser protegida pela sociedade e pelo Estado. 2. É reconhecido o direito do homem e da mulher de contraírem casamento e de constituírem uma família, se tiverem a idade e as condições para isso exigidas pelas leis internas, na medida em que não afetem estas o princípio da não discriminação estabelecido nesta Convenção. [...] 4. Os Estados-partes devem adotar as medidas apropriadas para assegurar a igualdade de direitos e a adequada equivalência de responsabilidades dos cônjuges quanto ao casamento, durante o mesmo e por ocasião de sua dissolução. Em caso de dissolução, serão adotadas as disposições que assegurem a proteção necessária aos filhos, com base unicamente no interesse e conveniência dos mesmos. 5. A lei deve reconhecer iguais direitos tanto aos filhos nascidos fora do casamento, como aos nascidos dentro do casamento. *Artigo 18 – Direito ao nome. Toda pessoa tem direito a um prenome e aos nomes de seus pais ou ao de um destes.* A lei deve regular a forma de assegurar a todos esse direito, mediante nomes fictícios, se for necessário. Artigo 19 – Direitos da criança. Toda criança terá direito às medidas de proteção que a sua condição de menor requer, por parte da sua família, da sociedade e do Estado.

Portar o nome integral de ambos os pais, portanto, representa para o ser humano a exteriorização de uma ligação completa de sua identificação com determinado grupo familiar e social, gerando respectiva responsabilidade daqueles que o geraram.

Além disso, a partir da lavratura da certidão de nascimento, a criança e o adolescente tornam-se efetiva e legalmente cidadãos de determinado país e adquirem

---

24 Denominação conferida à Convenção Americana sobre Direitos Humanos, de 22 de novembro de 1969, somente ratificada pelo Brasil em 1992, por meio do Decreto n. 678/92 (grifos nossos).

PARTE I - O DIREITO MATERIAL SOB O ENFOQUE CONSTITUCIONAL

um *status* (posição do indivíduo perante a sociedade), passando a serem detentores de relações jurídicas.

Com o registro civil, a criança liga-se a determinada família, acrescendo ao prenome o sobrenome dos pais (art. 16 do CC)[25], surgindo daí todos os direitos decorrentes do parentesco e o estado de filiação, maternidade e paternidade.[26]

A filiação é a relação de parentesco, em linha reta, de 1º grau, de natureza consanguínea e/ou civil que une uma pessoa àquelas que a geraram ou que a adotaram (art. 1.591 c/c o art. 1.593 do CC).

A propósito, anteriormente à Constituição Federal de 1988, era extremamente injusta a diferenciação entre os direitos dos filhos, considerando a origem do nascimento deles. Rotulava-se o filho nascido na constância do casamento como legítimo (arts. 337/351 do CC de 1916), enquanto o ilegítimo era aquele cujos pais não eram casados ou não vieram a casar-se entre si, em razão de adultério ou de incesto, mas que houvera sido reconhecido como filho voluntariamente ou por sentença (arts. 355/367 do CC de 1916).

Havia, portanto, manifesta discriminação quanto à qualificação (filho adulterino, filho incestuoso, filho ilegítimo, filho espúrio), ao direito sucessório e ao direito alimentar, sendo mais odiosa ainda a proibição do reconhecimento do filho incestuoso e do adulterino *a matre* que vigorou por longo período (art. 358 do CC de 1916).

Com a consagração do princípio da isonomia entre os filhos pela Constituição Federal de 1988 (art. 227, § 6º), vedou-se a designação desigual e discriminatória dos filhos, garantindo-se a todos os mesmos direitos e qualificações e a possibilidade de reconhecimento (o art. 358 do CC/16 foi revogado pela Lei n. 7.841/1989). Note-se que a igualdade da prole é princípio tão basilar para toda criança e adolescente que o ECA transcreveu literalmente a norma constitucional em seu art. 20. De igual modo, este novo paradigma foi sufragado nos arts. 5º e 6º da Lei n. 8.560/1992, não restando dúvida quanto à importância do direito ao nome do filho, não importando a natureza da relação entre seus genitores.

---

25 Não há previsão na Lei n. 6.015/73 (Lei de Registros Públicos) de que o patronímico paterno seja prevalente ao materno, pelo contrário, o sobrenome pode ser lançado em qualquer ordem (art. 55). Diz, ainda, o art. 55, § 2º, da LRP que, "quando o declarante não indicar o nome completo, o oficial de registro lançará adiante do prenome escolhido ao menos um sobrenome de cada um dos genitores, na ordem que julgar mais conveniente para evitar homonímias".

26 Para ampliação do estudo sobre o nome como direito fundamental, recomenda-se a leitura de MACIEL, Kátia Regina Ferreira Lobo Andrade. Breve análise do direito ao nome sob a perspectiva de sua natureza fundamental para a formação da pessoa humana em processo de desenvolvimento. In: MORAES, Carlos Eduardo Guerra de; RIBEIRO, Ricardo Lodi (Coord.). *Criança e adolescente*. Direito UERJ, v. 10, Rio de Janeiro: Freitas Bastos, 2015, p. 121-142.

Assevere-se, por oportuno, que o Código Civil de 2002 mantém resquício discriminatório relativo à origem da filiação no art. 1.611, quando dispõe que "o filho havido fora do casamento, reconhecido por um dos cônjuges, não poderá residir no lar conjugal sem o consentimento do outro". Tendo por alvo a manutenção da exclusiva paz doméstica do casal, ignorou o legislador civil que a criança e o adolescente, reconhecidos pelo genitor, dispõem de proteção integral e não devem ficar subjugados aos interesses de adultos, em prejuízo de seus direitos fundamentais. Não é admissível, portanto, condicionar a convivência familiar do filho com o pai (art. 227 da CF/88) ao desejo de pessoa que com este conviva (cônjuge ou companheiro). Esta norma pode levar à absurda situação de colocação de uma pessoa de 18 anos (filho) sob a guarda de outros familiares ou terceiros, por mero capricho ou ciúme daquele com quem convive o genitor que o reconheceu. Pela referida norma, tem-se que um infante possa ser alijado do lar pelo pai ou mãe que o reconheceu como filho, por ausência de anuência do cônjuge/companheiro daquele(a). Tal regra jurídica, por evidente, mostra-se inconstitucional, apesar de doutrina favorável à sua manutenção[27], haja vista que a concordância do cônjuge/companheiro (art. 165, I, do ECA) só se justifica em ação que se pretenda a colocação em família substituta, e não na inserção no seio da família natural.

Com efeito, em consonância com o princípio da igualdade de qualificações dos filhos, a Lei n. 8.560/1992, regulamentadora da investigação de paternidade dos filhos havidos fora do casamento, em seus arts. 5º e 6º, proíbe expressamente que conste do registro de nascimento qualquer referência à natureza da filiação, indícios de a concepção haver sido decorrente de relação carnal ou por inseminação artificial heteróloga, conjugal ou extraconjugal, ou, ainda, menção ao estado civil dos pais.

Assim, diante da importância do direito ao nome, os pais, quando receberem do hospital ou estabelecimento de saúde (públicos ou privados) a declaração de nascimento do filho (art. 10, IV, do ECA), devem, munidos deste documento, implantado pelo Sistema de Informação sobre Nascidos Vivos (Sinasc) do Ministério

---

27   LEITE, Eduardo de Oliveira. *Direito civil aplicado*. 2. ed. rev., atual. e ampl. São Paulo: Revista dos Tribunais, 2013, p. 213-214; RIZZARDO, Arnaldo. *Direito de família*. 10. ed. Rio de Janeiro: Forense, 2019, p. 384; e VENOSA, Sílvio de Salvo. *Direito civil*: família. 17. ed. São Paulo: Atlas, 2017, v. 5, p. 357. Caio Mário da Silva Pereira entende que o art. 1.611 do CC atende à orientação do art. 165, I, do ECA ao exigir a concordância expressa do cônjuge ou companheiro, nas hipóteses de colocação em guarda, tutela e adoção, uma vez que se pretende uma convivência familiar sem atritos. PEREIRA, Caio Mário da Silva. Op. cit., p. 359. Para Lôbo, a interpretação do art. 1.611 do CC, em conformidade com o art. 227 da CF, restringe-se à hipótese em que o filho "não possa ter assegurada a convivência familiar compartilhada nas residências de ambos os pais" ou quando "o filho reconhecido possa pôr em risco a formação dos filhos do casal". LÔBO, Paulo. *Direito civil*: famílias. 10. ed. São Paulo: Saraiva Educação, 2020, v. 5, p. 279.

PARTE I – O DIREITO MATERIAL SOB O ENFOQUE CONSTITUCIONAL

da Saúde, providenciar imediatamente o registro de nascimento do recém-nato junto ao Cartório de Registro Civil de Pessoas Naturais mais próximo do local do parto (art. 50 da Lei n. 6.015/1973 c/c o art. 1.603 do CC)[28].

Foram unificadas e padronizadas nacionalmente as matrículas das certidões de nascimento, de casamento e de óbito por meio do Decreto n. 7.231/2010, que regulamentou o art. 29 da Lei de Registros Públicos (Lei n. 6.015/1973). Por esta normatização, em campo próprio da certidão de nascimento, deverá constar o número da Declaração de Nascido Vivo (DNV), quando houver, facilitando a comparação do número de pessoas que nasceram e as que foram efetivamente registradas.

Decorrente da inércia dos pais quanto a este direito fundamental do filho, surge o fenômeno do sub-registro/subnotificações de nascimento[29].

Para agilizar o acesso ao documento de registro civil e evitar o aumento dos sub-registros no Brasil, várias normas foram implementadas, como: Lei n. 9.534/1997, garantidora da gratuidade da primeira via dos registros de nascimentos e de óbitos; Lei n. 12.662/2012, tornando válida em todo o país a declaração de nascido vivo emitida por médicos ou parteiras tradicionais, logo após o nascimento de uma criança, com o intuito de garantir os direitos de cidadania ao recém-nascido, antes mesmo de obter a respectiva certidão de nascimento. Por evidente, esta medida não desobriga a lavratura do devido registro de nascimento no cartório de pessoas naturais. Aperfeiçoando a referida lei, o Marco da Primeira Infância – Lei n. 13.257/2016 – conferiu nova redação aos §§ 4º e 5º do art. 5º da Lei n. 12.662/2012,

---

28 No que tange às crianças e adolescentes indígenas, o Estatuto do Índio (Lei n. 6.001/1973 preceitua no art. 12 que: "Os nascimentos e óbitos, e os casamentos civis dos índios não integrados, serão registrados de acordo com a legislação comum, atendidas as peculiaridades de sua condição quanto à qualificação do nome, prenome e filiação. Parágrafo único. O registro civil será feito a pedido do interessado ou da autoridade administrativa competente". Pelo referido estatuto também foi criado o Registro Administrativo de Nascimento de Indígena (Rani) que constitui documento administrativo fornecido pela Funai enquanto não lavrada a certidão de nascimento: "Art. 13. Haverá livros próprios, no órgão competente de assistência, para o registro administrativo de nascimentos e óbitos dos índios, da cessação de sua incapacidade e dos casamentos contraídos segundo os costumes tribais. Parágrafo único. O registro administrativo constituirá, quando couber documento hábil para proceder ao registro civil do ato correspondente, admitido, na falta deste, como meio subsidiário de prova". Disponível em: <http://www.funai.gov.br/index.php/docb/registro-administrativo-de-nascimento-de-indigena-rani>. Acesso em: 7 set. 2024. Sobre o tema, consultar, ainda, a Resolução conjunta CNJ/CNMP n. 3/2012 que dispõe sobre o assento de nascimento de indígena no Registro Civil das Pessoas Naturais. Disponível em: <https://atos.cnj.jus.br/atos/detalhar/1731>. Acesso em: 7 set. 2024.

29 Para maiores informações acerca dos dados de sub-registro e subnotificações obtidos pelo IBGE referentes ao ano de 2022 (último censo): <https://www.ibge.gov.br/estatisticas/sociais/populacao/9110-estatisticas-do-registro-civil.html?=&t=o-que-e>. Acesso em: 7 set. 2024.

tornando mais efetivo o sistema de informação dos dados colhidos nas DNVs ao dispor que aquele deverá assegurar a interoperabilidade com o Sistema Nacional de Informações de Registro Civil (Sirc) (§ 3º) e, ainda, que os estabelecimentos de saúde públicos e privados que realizam partos terão prazo de 1 (um) ano para se interligarem, mediante sistema informatizado, às serventias de registro civil existentes nas unidades federativas que aderirem ao sistema interligado previsto em regramento do Conselho Nacional de Justiça (CNJ) (§ 3º). Vale referir sobre o tema a edição do Decreto n. 10.063/2019, que dispõe sobre o Compromisso Nacional pela Erradicação do Sub-registro Civil de Nascimento e Ampliação do Acesso à Documentação Básica e dos Provimentos 63/2017, 149/2023 e 153/2023 do CNJ.

Cabe acentuar, por oportuno, que, depois de registrada a pessoa natural no Cartório de Registro Civil, o nome e o sobrenome somente excepcionalmente poderão ser alterados, consoante disposto na Lei de Registros Públicos (Lei n. 6.015/1973).[30]

Com a promulgação da Lei n. 14.382/2022, a alteração do prenome e do sobrenome ficou facilitada, haja vista a desjudicialização desse procedimento. Os arts. 56 e 57 da LRP, que tratavam da autorização judicial da mudança do nome e do sobrenome, ouvido o Ministério Público, foram modificados para assegurar que a pessoa registrada possa, após ter atingido a maioridade civil, requerer pessoal e imotivadamente a alteração de seu prenome, independentemente de decisão judicial; a alteração será averbada e publicada em meio eletrônico; a alteração posterior de sobrenomes poderá ser requerida pessoalmente perante o oficial de registro civil, com a apresentação de certidões e de documentos necessários, e será averbada nos

---

30 "CIVIL. RECURSO ESPECIAL. *AÇÃO DE SUPRESSÃO DE PRENOME. CONSTRANGIMENTO. COMPROVAÇÃO. PRENOME UTILIZADO NO MEIO SOCIAL E PROFISSIONAL DIVERSO DO CONSTANTE NO REGISTRO DE NASCIMENTO.* PATRONÍMICOS. MANUTENÇÃO. PREJUÍZO A TERCEIROS. AUSÊNCIA. BOA-FÉ. ALTERAÇÃO DO NOME. JUSTO MOTIVO. RECURSO PROVIDO. 1. *"A regra da inalterabilidade relativa do nome civil preconiza que o nome (prenome e sobrenome), estabelecido por ocasião do nascimento, reveste-se de definitividade, admitindo-se sua modificação, excepcionalmente, nas hipóteses expressamente previstas em lei ou reconhecidas como excepcionais por decisão judicial (art. 57, Lei 6.015/75), exigindo-se, para tanto, justo motivo e ausência de prejuízo a terceiros"* (REsp 1138103/PR, Rel. Min. Luis Felipe Salomão, 4ª Turma, j. 6-9-2011, DJe 29-9-2011). [...]. 4. *No caso dos autos, há justificado motivo para alteração do prenome, seja pelo fato de a recorrente ser conhecida em seu meio social e profissional por nome diverso do constante no registro de nascimento, seja em razão da escolha do prenome pelo genitor remetê-la a história de abandono paternal, causa de grande sofrimento. 5. Ademais, a exclusão do prenome não ocasiona insegurança jurídica nas relações cíveis, sobretudo porque inalterados os patronímicos da recorrente. 6.* Recurso especial provido para restabelecer o disposto na sentença" (STJ, REsp n. 1.514.382-DF, 4ª Turma, Rel. Min. Antônio Carlos Ferreira, j. 1º-9-2020) (grifos nossos).

PARTE I – O DIREITO MATERIAL SOB O ENFOQUE CONSTITUCIONAL

assentos de nascimento e casamento, independentemente de autorização judicial, a fim de inclusão de sobrenomes familiares; inclusão ou exclusão de sobrenome do cônjuge, na constância do casamento; exclusão de sobrenome do ex-cônjuge, após a dissolução da sociedade conjugal, por qualquer de suas causas e, por fim, para prever a inclusão e exclusão de sobrenomes em razão de alteração das relações de filiação, inclusive para os descendentes, cônjuge ou companheiro da pessoa que teve seu estado alterado.

É relevante assinalar, no entanto, que a alteração imotivada de prenome somente poderá ser feita na via extrajudicial 1 (uma) vez e sua desconstituição dependerá de sentença judicial (§ 1º do art. 56) e quando houver a averbação de alteração de prenome conterá, obrigatoriamente, o prenome anterior, os números de documento de identidade, de inscrição no Cadastro de Pessoas Físicas (CPF) da Secretaria Especial da Receita Federal do Brasil, de passaporte e de título de eleitor do registrado, dados esses que deverão constar expressamente de todas as certidões solicitadas (§ 2º do art. 56).

No que tange à alteração do prenome e do gênero no registro de nascimento da pessoa maior de 18 anos, a fim de adequá-los à identidade autopercebida, o CNJ disciplinou o tema através do Provimento n. 149/2023, denominado de Código Nacional de Normas da Corregedoria-Geral de Justiça do CNJ – Foro Extrajudicial (arts. 516/523).

Com relação à criança e ao adolescente, o Provimento n. 153/2023 do CNJ, que alterou o Provimento n. 149/2023, por seu lado, no art. 515-J prevê que, se aquele cujo sobrenome se pretenda alterar for pessoa incapaz, a alteração dependerá de: I – no caso de incapacidade por menoridade, requerimento escrito formalizado por ambos os pais na forma do art. 515-P, admitida a representação de qualquer deles mediante procuração por escritura pública ou instrumento particular com firma reconhecida, cumulativamente com o consentimento da pessoa se esta for maior de dezesseis anos; II – nos demais casos, decisão do juiz corregedor competente. Aduz, ainda, o Provimento n. 149/2023, nos arts. 524 a 526, § 3º, que, na lavratura dos registros civis de pessoas naturais, sendo verificado que, na Declaração de Nascido Vivo (DNV), o campo sexo foi preenchido "ignorado", o oficial recomendará ao declarante a escolha de prenome comum aos dois sexos; recusada a sugestão, o registro deve ser feito com o prenome indicado pelo declarante. No caso do *caput* do art. 525, a designação de sexo será feita por opção, a ser realizada a qualquer tempo e averbada no registro civil de pessoas naturais, independentemente de autorização judicial ou de comprovação de realização de cirurgia de designação sexual ou de tratamento hormonal, ou de apresentação de laudo médico ou psicológico. Foi facultada a mudança do prenome junto à opção pela designação de sexo (§ 1º); a pessoa optante sob poder familiar poderá ser representada ou assistida apenas pela mãe ou pelo pai (§ 2º) e tratando-se de maior de 12 anos de idade, será necessário o consentimento da pessoa optante (§ 3º).

2.1.2. Regularização dos dados parentais na certidão de nascimento do filho

Como dito anteriormente, o nome é direito fundamental da personalidade da pessoa humana, nele compreendidos o prenome e o sobrenome (art. 16 do CC). O sobrenome do filho, normalmente, é composto pelos sobrenomes da mãe e do pai que constam do registro da pessoa natural. O nome tem por finalidade identificar a origem da pessoa no universo do gênero humano e na sua estirpe familiar[31].

Casados os pais da criança ou do adolescente, o nome paterno que constará do registro de nascimento será o do marido da mãe, havendo o acréscimo do sobrenome paterno no nome do filho (art. 1.597 do CC), diante da presunção da paternidade. Não havendo matrimônio dos pais do registrando, a inserção do nome paterno advirá do reconhecimento (art. 1.607 do CC)[32].

O reconhecimento da filiação fora do matrimônio pode ocorrer de modo voluntário e espontâneo ou por perfilhação (art. 1.609 do CC) diretamente no registro de nascimento, por escritura pública, testamento, escrito particular arquivado em cartório, mediante manifestação expressa e direta ao magistrado (art. 1º, I, II, III e IV, da Lei n. 8.560/1992) e, ainda, por meio de outro documento público (art. 26 da Lei n. 8.069/1990). O reconhecimento, ainda, pode ser judicial através de ação declaratória, cumulada ou não com direito de convivência e alimentos, objetivando a regularização do registro e acréscimo do patronímico ao nome do filho. Entendemos que o reconhecimento da maternidade, sem comprovação documental deste estado, igualmente, pode ser efetivada por meio de qualquer um destes modos, diante da igualdade constitucional entre homem e mulher (art. 5º, I, da CF/88)[33].

Assim é que a Lei n. 8.560/1992, que trata da investigação de paternidade, garante a possibilidade, desde o momento do registro unilateral, de se averiguar quem é o pai de determinada pessoa, a fim de incluir no nome desta os sobrenomes daquele e, consequentemente, criar o vínculo do poder familiar, demonstrando a preocupação do legislador em facilitar a regularização dos dados de filiação.

Foi criado pela referida lei o procedimento de averiguação oficiosa de natureza jurídica administrativa, que é utilizado para aqueles registros civis nos quais constem

---

31 Sobre a rede parental no direito brasileiro: MACIEL, Kátia Regina Ferreira Lobo Andrade; MACIEL, Raquel Ferreira Lobo Andrade. A metáfora da árvore genealógica no sistema de parentesco brasileiro. *Revista IBDFAM: Famílias e Sucessões*, v. 51 (maio/jun.), Belo Horizonte: IBDFAM, 2022.

32 O Código Civil brasileiro, no Livro *Direito de Família*, destina capítulo específico, denominado Reconhecimento dos filhos, que trata da regularização dos registros civis de nascimentos de filhos havidos fora do casamento (arts. 1.607 a 1.617). O CNJ disciplinou a matéria por meio do Provimento n. 149/2023 (arts. 496 a 504).

33 Com a promulgação da Lei n. 13.112/2015 foram alterados os itens 1º e 2º do art. 52 da Lei n. 6.015/1973 para permitir à mulher, em igualdade de condições, proceder ao registro de nascimento do filho.

PARTE I – O DIREITO MATERIAL SOB O ENFOQUE CONSTITUCIONAL

163

somente os dados maternos. O Oficial do Registro Civil remete ao juiz, com competência nesta matéria, uma certidão com os dados do suposto pai indicado pela representante legal da criança ou do adolescente. Após, ouve-se a genitora e notifica-se a pessoa referida como pai. Confirmando este, expressamente, a paternidade, lavra-se e averba-se o termo de reconhecimento. Decorridos 30 dias da notificação, se o alegado pai negar ou não atender à convocação, remete-se o procedimento para o Ministério Público (detentor de legitimação extraordinária) para propor a ação de investigação de paternidade ou promover o arquivamento. Nas hipóteses de recusa ou de não comparecimento paterno, se a criança for encaminhada para adoção, é dispensável o ajuizamento de ação de investigação de paternidade pelo Ministério Público, haja vista a inserção do titular do direito – criança ou adolescente – em família socioafetiva[34].

Observe-se que, na qualidade de substituto processual concorrente da criança ou do adolescente (art. 2º, § 4º, da Lei n. 8.560/1992), o Ministério Público pode cumular à ação investigatória o pleito alimentar. Ressalte-se que a legitimidade ativa foi ampliada com a alteração da referida Lei da Investigação de Paternidade pela Lei n. 12.010/2009 (art. 5º) ao ressalvar que a iniciativa conferida ao *Parquet* para a propositura da referida ação investigatória não impede a quem tenha legítimo interesse de intentar investigação, visando obter o pretendido reconhecimento de paternidade (§ 6º do art. 2º da Lei n. 8.560/1992).

Dessa maneira, quando os pretensos genitores se negarem a reconhecer o vínculo, a regularização do registro civil será forçada ou judicial, porque dependerá da propositura de ação de investigação de paternidade ou de ação de investigação de maternidade pelos legitimados[35]. Frise-se, em tempo, que, com a edição da Lei n. 12.004/2009, que incluiu o art. 2º-A na Lei n. 8.560/1992, restou reconhecido expressamente que todos os meios legais, bem como os moralmente legítimos, serão hábeis para provar a verdade dos fatos e que a recusa do réu em se submeter ao exame de DNA gerará a presunção da paternidade, a ser apreciada em conjunto com o contexto probatório. Cumpre observar, entretanto, que essa presunção de

---

34 Art. 2º, § 5º, da Lei n. 8.560/1992: "Nas hipóteses previstas no § 4º deste artigo, é dispensável o ajuizamento de ação de investigação de paternidade pelo Ministério Público se, após o não comparecimento ou a recusa do suposto pai em assumir a paternidade a ele atribuída, a criança for encaminhada para adoção". Igual regra consta no art. 102, § 4º, do ECA: "Nas hipóteses previstas no § 3º deste artigo, é dispensável o ajuizamento de ação de investigação de paternidade pelo Ministério Público se, após o não comparecimento ou a recusa do suposto pai em assumir a paternidade a ele atribuída, a criança for encaminhada para adoção".

35 O direito fundamental ao nome pleno do investigante deve ser priorizado ante a recusa do investigado de realizar o exame de DNA, mediante a condução coercitiva daquele para efetuar esta prova. Seguindo este mesmo pensamento: DIAS, Maria Berenice; CHAVES, Marianna. A humanização do reconhecimento da paternidade. In: PES, João Hélio Ferreira. *Direitos humanos*: crianças e adolescentes. Curitiba: Juruá, 2010, p. 137.

paternidade prevista na nova lei já estava sumulada pelo Superior Tribunal de Justiça[36], mas que restou reforçada no caso da negativa do suposto pai em submeter-se ao exame de código genético.

Caso, entretanto, o suposto genitor haja falecido ou tenha paradeiro desconhecido, o magistrado determinará, às expensas do autor da ação, a realização do exame de pareamento de DNA em parentes consanguíneos daquele, conforme preconiza o § 2º do art. 2º-A da Lei n. 8.560/1992, com redação dada pela Lei n. 14.138/2021.

O fundamento jurídico para a ação investigatória repousa no art. 27 do ECA c/c o art. 1.606 do CC, em que não há mais descrição de *causa petendi*, restando sedimentada a assertiva anterior de que, qualquer que seja a relação procriante, é possível a ação de investigação de paternidade.

O caráter personalíssimo do direito ao estado de filiação previsto no art. 27 do ECA foi derrogado pela Lei n. 8.560/1992, haja vista a extensão da legitimidade ativa para ajuizar a ação de investigação de paternidade conferida também ao Ministério Público (§ 4º do art. 2º da referida lei).

A propósito, as principais características do reconhecimento do estado de filiação estão previstas no art. 27 do ECA, acrescendo-se a irrevogabilidade (art. 1.610 do CC), a perpetuidade, a irrenunciabilidade e a unilateralidade, salvo quanto ao filho maior (art. 4º da Lei n. 8.560/1992). Além disso, o direito à filiação é um ato puro e simples, não admitindo termo ou condições (art. 1.613 do CC).

A natureza jurídica do reconhecimento judicial ou do voluntário é a de um ato declaratório porque não cria a paternidade – pois já existia, antes da declaração judicial – e produz efeitos *ex tunc*, retroagindo ao dia do nascimento. A averbação da paternidade no assento de nascimento do filho está prevista no art. 29, § 1º, *d*, c/c o art. 102, § 4º, da Lei n. 6.015/1973.

Alerte-se, por derradeiro, que a ação para a busca do *status* de filho é imprescritível[37], uma vez que se trata de direito da personalidade essencial: a falta de identificação do nome do pai no documento público que exterioriza o retrato da vinculação paterno-filial conduz a situações constrangedoras, humilhantes, além de implicar a carência do exercício da paternidade em sua acepção plena, pois ausente parte da identidade do indivíduo.

2.1.3. O registro civil de criança e de adolescente na hipótese do art. 98 do ECA

O ECA estabelece que as entidades que desenvolvam programas de acolhimento institucional ou familiar e, ainda, de internação deverão zelar pelo direito do

---

36 Súmula 301: "Em ação investigatória, a recusa do suposto pai a submeter-se ao exame de DNA induz presunção *juris tantum* de paternidade".

37 Art. 27 do ECA: "O reconhecimento do estado de filiação é direito personalíssimo, indisponível e imprescritível, podendo ser exercido contra os pais ou seus herdeiros, sem qualquer restrição, observado o segredo de Justiça".

PARTE I – O DIREITO MATERIAL SOB O ENFOQUE CONSTITUCIONAL

acolhido e do interno de manter a sua memória familiar intacta. Este direito está consagrado a partir de uma interpretação das regras e princípios trazidos em 2009 pela Lei da Convivência Familiar (Lei n. 12.010), como a preservação dos vínculos familiares e promoção da reintegração familiar (art. 92, I); a integração em família substituta, quando esgotados os recursos de manutenção na família natural ou extensa (art. 92, II); o atendimento personalizado e em pequenos grupos (art. 92, III); não desmembramento de grupo de irmãos (art. 92, V); evitar a transferência de crianças e adolescentes abrigados para outras unidades (art. 92, VI); participação na vida da comunidade local (art. 92, VII); preparar o acolhido gradativamente para o desligamento (art. 92, VIII); estimular o contato dos acolhidos com os pais e parentes (§ 4º do art. 92); preservar a identidade do interno (art. 94, IV); diligenciar no sentido do restabelecimento e da preservação dos vínculos familiares do infrator (art. 94, V) e manter arquivo de anotações onde constem data e circunstâncias do atendimento, nome do adolescente, seus pais ou responsável, parentes, endereços, sexo, idade, acompanhamento da sua formação, relação de seus pertences e demais dados que possibilitem sua identificação e a individualização do atendimento (art. 94, XX).

Com efeito, na hipótese de acolhimento, a identificação familiar do acolhido passou a ser obrigatoriamente realizada no instante de sua separação da família de origem. Neste sentido, o art. 101, § 3º e incisos I, II, III e IV preconizam que na guia de acolhimento deverá constar a identificação da criança e do adolescente; a qualificação completa de seus pais ou de seu responsável, se conhecidos; o endereço de residência dos pais ou do responsável, com pontos de referência; os nomes de parentes ou de terceiros interessados em tê-los sob sua guarda e os motivos da retirada ou da não reintegração ao convívio familiar[38].

À falta comprovada da Declaração de Nascido Vivo (DNV), instrumento obrigatório de coleta de informações sobre a gestação, o parto e as características maternas, o assento do nascimento será feito à vista dos elementos disponíveis (art. 102 e seus parágrafos do ECA). A oitiva de testemunhas, a consulta a documentos referentes ao registrando e o exame de idade óssea são instrumentos importantes para subsidiar a regularização do registro nestes casos.

O reconhecimento da maternidade e da paternidade, na hipótese de população de rua, deve ser muito cauteloso, a fim de evitar a prática de crime (art. 242 do Código Penal). Assim, se não for possível, por qualquer razão, obter a Declaração

---

38 Quanto ao pioneirismo do ECA na garantia do direito à identidade: MACIEL, Kátia Regina Ferreira Lobo Andrade. A identidade familiar da criança e do adolescente em acolhimento institucional à luz da proteção integral da Lei n. 8.069/90: uma história a ser narrada. In: VERONESE, Josiane Rose Petry; ROSSATO, Luciano Alves; LÉPORE, Paulo Eduardo. *Estatuto da Criança e do Adolescente*: 25 anos de desafios e conquistas. São Paulo: Saraiva, 2015, p. 419-439.

de Nascido Vivo (DNV) expedida pelo hospital, a maternidade deve ser comprovada, enfatize-se, por meio de testemunhas idôneas e/ou de outros elementos disponíveis, por meio de um breve procedimento.

Por sua vez, os pais carentes financeiramente, muitas vezes, nem sequer possuem seus próprios registros de nascimento. Configurada essa situação de ausência de documentação dos genitores, o Conselho Tutelar e a Justiça da Infância poderão encaminhá-los ao Registro Civil para o devido requerimento de registro tardio, sem prejuízo da lavratura, mesmo que provisória, do registro de nascimento do filho daqueles.

Na hipótese de a criança ou de o adolescente não ser registrado, por omissão, abuso ou falta dos pais (art. 98, II, do ECA), a Justiça da Infância e da Juventude determinará a regularização do seu registro civil (art. 102, §§ 1º e 2º), sem prejuízo da aplicação de medidas protetivas ao infante (art. 101 do ECA) e em face dos pais (art. 129 do ECA, dentre outras cabíveis).

A Resolução n. 485/2023, do Conselho Nacional de Justiça, ao tratar do atendimento da gestante ou parturiente que deseja entregar o filho em adoção, preceitua no art. 8º, § 3º, que, não tendo a genitora atribuído nome à criança, o registro será feito com o prenome de algum de seus avós ou de outro familiar da genitora biológica, conforme dados constantes do relatório da equipe técnica, e dispõe no § 4º que, inexistindo outros dados, o juiz atribuirá prenome e sobrenome, bem como o nome da mãe, escolhendo-os entre os da onomástica comum e mais usual brasileira.

O ECA, com as alterações da Lei n. 12.010/2009, passou a prever de modo expresso e isento de dúvidas que, caso ainda não definida a paternidade, será deflagrado procedimento específico pelo Ministério Público da Infância e Juventude destinado à sua averiguação, conforme previsto pela Lei n. 8.560, de 29 de dezembro de 1992 (§ 3º do art. 102). Será dispensável o ajuizamento da ação de investigação de paternidade pelo Ministério Público se, após o não comparecimento ou a recusa do suposto pai em assumir a paternidade a ele atribuída, a criança for encaminhada para adoção (§ 4º do art. 102).

Vale enfatizar que, com a promulgação da Lei n. 13.257/2016 (Marco da Primeira Infância), foram acrescentados novos parágrafos ao art. 102 garantindo prioridade e gratuidade nestas averbações, com a seguinte redação: "§ 5º Os registros e certidões necessários à inclusão, a qualquer tempo, do nome do pai no assento de nascimento são isentos de multas, custas e emolumentos, gozando de absoluta prioridade" e "§ 6º São gratuitas, a qualquer tempo, a averbação requerida do reconhecimento de paternidade no assento de nascimento e a certidão correspondente".

É importantíssimo precisar que tal medida de regularização dos registros de nascimentos no âmbito da Justiça da Infância e da Juventude, especialmente de crianças e de adolescentes acolhidos em instituição, cujos dados paternos normalmente são desconhecidos, constitui um direito fundamental à identidade, do qual

PARTE I – O DIREITO MATERIAL SOB O ENFOQUE CONSTITUCIONAL

167

decorrem todos os demais inerentes ao vínculo de parentalidade, notadamente o direito à convivência familiar e o direito ao afeto dos pais e ser cuidado por eles. Por este motivo, a norma ora comentada é apenas uma expressão do reconhecimento legislativo de um dever legal já previamente existente de as Promotorias de Justiça da Infância e Juventude promoverem a regularização dos registros de nascimento das crianças e dos adolescentes vinculados àquela Justiça especializada onde atuam.

Na Justiça da Infância e da Juventude, não raras vezes, há o reconhecimento voluntário de paternidade e de maternidade efetuado por pessoas menores de 18 anos que vivem em situação de rua[39], os quais nem sequer possuem seus próprios registros de nascimento[40]. Por não haver orientação acerca das responsabilidades advindas da

---

39 A expressão "criança ou adolescente em situação de rua" foi definida no art. 1º da Resolução Conjunta CNAS/Conanda n. 1/2016 como os "sujeitos em desenvolvimento com direitos violados, que utilizam logradouros públicos, áreas degradadas como espaço de moradia ou sobrevivência, de forma permanente e/ou intermitente, em situação de vulnerabilidade e/ou risco pessoal e social pelo rompimento ou fragilidade do cuidado e dos vínculos familiares e comunitários, prioritariamente situação de pobreza e/ou pobreza extrema, dificuldade de acesso e/ou permanência nas políticas públicas, sendo caracterizados por sua heterogeneidade, como gênero, orientação sexual, identidade de gênero, diversidade étnico-racial, religiosa, geracional, territorial, de nacionalidade, de posição política, deficiência, entre outros". E complementam os parágrafos do art. 1º: "§ 1º Utiliza-se o termo 'situação' para enfatizar a possível transitoriedade e efemeridade dos perfis desta população, podendo mudar por completo o perfil, repentinamente ou gradativamente, em razão de um fato novo. § 2º A situação de rua de crianças e adolescentes pode estar associada a: I – trabalho infantil; II – mendicância; III – violência sexual; IV – consumo de álcool e outras drogas; V – violência intrafamiliar, institucional ou urbana; VI – ameaça de morte, sofrimento ou transtorno mental; VII – LGBT fobia, racismo, sexismo e misoginia; VIII – cumprimento de medidas socioeducativas ou medidas de proteção de acolhimento; IX – encarceramento dos pais. § 3º Pode ainda ocorrer a incidência de outras circunstâncias que levem crianças e adolescentes à situação de rua, acompanhadas ou não de suas famílias, existentes em contextos regionais diversos, como as de populações itinerantes, trecheiros, migrantes, desabrigados em razão de desastres, alojados em ocupações ou desalojados de ocupações por realização de grandes obras e/ou eventos".

40 Tendo em conta a adesão da Corregedoria Nacional de Justiça à Agenda 2030 das Nações Unidas (Provimento n. 85/2019), que dispõe no item 16.9 como Objetivo de Desenvolvimento Sustentável que *até 2030, fornecer identidade legal para todos, incluindo o registro de nascimento*", o Conselho Nacional de Justiça editou o Provimento n. 104, em 9 de junho de 2020, que dispõe sobre o envio de dados registrais, das pessoas em estado de vulnerabilidade socioeconômica, pelo Cartórios de Registro Civil de Pessoas Naturais, diretamente ou por intermédio da Central de Informações de Registro Civil de Pessoas Naturais – CRC, aos Institutos de Identificação dos Estados e do Distrito Federal, para fins exclusivos de emissão de registro geral de identidade. Para este ato normativo, considera-se em estado de vulnerabilidade socioeconômica: I – população em situação de rua, definida no Decreto n. 7.053/2009; II – povos e comunidades tradicionais, hipossuficientes, definidos no Decreto n. 6.040/2007; III

procriação, esses pais negligenciam o dever legal de registrar seus filhos, sendo indispensável a intervenção dos serviços específicos de atendimento e a regularização desses dados registrais de nascimento pela justiça especializada (art. 102, §§ 1º a 6º, do ECA). Quando o reconhecimento for praticado pelo menor de 16 anos de idade, ou seja, por absolutamente incapaz, seria tal ato nulo e não poderia ser ratificado (arts. 3º, I, 166, I, e 169 do CC). Nesse caso, é indispensável que o pai ou a mãe, menor de 16 anos, esteja devidamente representado, ressaltando que, à falta de representante legal, deve ser nomeado curador especial para o ato, na forma prevista no art. 142, parágrafo único, do ECA.

No entanto, é relevante frisar que, para evitar que o filho do incapaz permaneça sem o registro, entendemos que, havendo provas concretas da paternidade, a Justiça da Infância e da Juventude deverá providenciar a certidão com os dados disponíveis, inclusive paternos, pois não se trata de nulidade de manifestação de vontade, mas medida de proteção *ex officio* da Justiça (art. 102, §§ 1º e 2º, do ECA)[41]. Nesta hipótese de pais menores de 16 anos, absolutamente incapazes para exercer pessoalmente os atos da vida civil (art. 3º do Código Civil com a redação conferida pela Lei n. 13.146/2015), mesmo que o filho esteja registrado, estarão impedidos de exercer o encargo do poder familiar, sendo assegurado ao filho dos incapazes o mesmo responsável que atua em prol do pai ou da mãe (art. 1.778 do CC).

Se, contudo, a declaração de vontade de reconhecer o filho perante o juiz da infância for proferida por pessoa com idade entre 16 e 18 anos incompletos, ou seja, por relativamente incapaz para os atos da vida civil, sem a autorização de seus representantes ou assistência de um curador, o ato será apenas anulável e poderá ser confirmado e validado (arts. 4º, I, 172 e 176 do CC)[42].

– pessoa beneficiada por programas sociais do governo federal; IV – pessoa com deficiência ou idosa incapaz de prover sua manutenção, cuja renda familiar, *per capita*, seja igual ou inferior a ¼ do salário mínimo; V – migrantes, imigrantes e refugiados sem qualquer identidade civil nacional" (art. 2º).

41 Ensina Caio Mário da Silva Pereira que "Seria plausível abrandar o caráter formalista do reconhecimento de paternidade, permitindo a legislação civil que, nos moldes do direito alemão ou, adotando-se a solução pouco técnica, mas interessante do Estatuto da Criança e do Adolescente no que tange ao 'consentimento' do adotando, pudesse ser efetivado o reconhecimento espontâneo de paternidade pelo pai menor impúbere, devidamente representado, sob o crivo do Poder Judiciário. Nos moldes do procedimento de averiguação oficiosa, disciplinado pela Lei n. 8.560/1992, poderia ser instaurado um procedimento próprio para a formalização do reconhecimento exercido pelo incapaz, através do seu representante legal, com a autorização do Juízo competente" (*Reconhecimento de paternidade e seus efeitos*. Atual. por Lúcia Maria Teixeira Ferreira. Rio de Janeiro: Forense, 2006, p. 95).

42 Conforme Provimento n. 149/2023, do CNJ (Código Nacional de Normas da Corregedoria Nacional de Justiça do Conselho Nacional de Justiça – Foro Extrajudicial (CNN/CN/CNJ-Extra), que regulamenta os serviços notariais e de registro), o relativamente

PARTE I - O DIREITO MATERIAL SOB O ENFOQUE CONSTITUCIONAL

Assim, não havendo representante legal, o Juízo deverá regularizar a representação do pai/mãe relativamente incapaz, por meio de nomeação de curador especial, para que aquele ato obedeça aos ditames legais, notadamente porque acarretará àquele adolescente inúmeras obrigações parentais com relação ao filho reconhecido.

Como a incapacidade do adolescente, entre 16 e 18 anos incompletos, é relativa a determinados atos ou à maneira de exercê-los, alguns elementos do poder familiar já poderão ser usufruídos por ele, como o direito de guarda e convivência, enquanto outros múnus devem ser exercidos indiretamente pelos genitores dos adolescentes.

No que concerne à lavratura de certidão de nascimento da prole de adolescentes que estejam cumprindo medida socioeducativa de privação de liberdade, estabelece a Lei n. 12.594/2012, nos parágrafos do seu art. 63, que o filho daqueles que nascer em estabelecimentos de execução daquela medida não terá tal informação lançada em seu registro de nascimento e que serão asseguradas as condições necessárias para que a adolescente submetida à execução de medida socioeducativa de privação de liberdade permaneça com o seu filho durante o período de amamentação.

No que toca às crianças e aos adolescentes refugiados, decisão do Superior Tribunal de Justiça reconheceu o Registro Nacional de Estrangeiro como documento de identidade equivalente ao registro civil de pessoas naturais garantidor de direitos fundamentais, sendo incabível a lavratura de certidão de nascimento brasileira[43]

O direito à identidade de crianças e adolescentes é tão relevante que o Pacto de São José da Costa Rica, ratificado pelo Brasil em 1992, faz referência ao *direito ao nome*, ainda que fictício (art. 18), alusivo à eventual impossibilidade de identificação das crianças e dos adolescentes diante da ascendência biológica desconhecida, ignorada ou não comprovada, o que ensejará a lavratura de registro de nascimento conhecido como de "caridade".

Aliás, esta é, também, a posição consolidada no Enunciado n. 29 do Fórum Nacional da Justiça Protetiva – FONAJUP: "Quando se tratar de crianças em estado de abandono e não for possível identificar sua qualificação, o juiz atribuirá prenome e sobrenome, bem como o nome da mãe, escolhendo-os entre os da onomástica comum e mais usual brasileira, consideradas as circunstâncias locais, históricas e pessoais com o fato, em atenção ao artigo 18 do Pacto de São José da Costa Rica".

2.1.4. Do dever ao nome: sanções possíveis

Como antes afirmado, a certidão do registro do nascimento é o documento que comprova que a pessoa existe juridicamente e a qual grupo familiar ela está ligada.

---

incapaz poderá declarar a paternidade/maternidade independentemente da assistência dos pais, tutores ou curadores (§ 4º do art. 501).

43 STJ, 4ª Turma, Recurso Especial 1.475.580/RJ (2014/0108779-3), Rel. Min. Luis Felipe Salomão, j. 4-5-2017.

O filho não registrado não tem existência no plano jurídico e terá dificuldades de exercer seus direitos como cidadão pela falta de documentos indispensáveis à vida em sociedade (identidade, inscrição no cadastro de pessoa física, título de eleitor etc.). O registro pleno de nascimento, portanto, é essencial para a visibilidade do ser humano. O nome não pertence apenas ao portador, mas também ao grupo familiar e à sociedade.

O caráter impositivo das normas constantes na lei de registros públicos é sublinhado por Anderson Schreiber[44] quando se refere ao dever de indicação do nome de toda pessoa natural no instante em que nasce, visto que em todos os atos solenes da vida civil exige-se essa identificação. Nesses termos, enfatiza o referido autor que "o que a legislação infraconstitucional consagra expressamente não é um direito, mas um dever ao nome". Esse posicionamento foi preconizado por Pontes de Miranda[45] ao observar que o direito ao nome é um direito da personalidade, mas que, por razão de ordem pública, há, também, o *dever ao nome*.

Há de se acentuar, lamentavelmente, que persiste no Brasil a omissão de mães que, não possuindo vínculo conjugal com o genitor de sua prole, no momento da lavratura da certidão de nascimento do filho, não fornecem os dados paternos ao oficial do Cartório do Registro Civil onde será lavrado o RCN ou, ainda, não buscam, apesar de esclarecidas acerca do dever legal de assegurar o direito ao nome pleno do filho, a regularização forçada da paternidade, caracterizando verdadeira afronta ao direito fundamental de o infante ter o patronímico do genitor.

O direito fundamental do filho ao nome do pai, por vezes, é sopesado na doutrina com o direito da personalidade da mãe de manter em segredo a identificação do genitor de seu filho. Por essa vertente, leva-se em conta o fato de a intimidade da mãe que declara o nascimento não poder ser invadida, seja pelo oficial do registro civil que a argui, seja pelo Ministério Público que preside o procedimento de investigação oficiosa. Avaliando a delicada questão, Silmara Almeida[46] aduz que, por vezes, a mãe não tem certeza quanto à paternidade de seu filho, e, por caber responsabilidade civil e penal decorrente da falsa imputação da paternidade, aquela prefere silenciar. Pode ainda ocorrer, exemplifica a autora, que a gravidez seja resultante de crime de estupro ou incesto, ou, ainda, o pai da criança se revele pessoa criminosa e que possa causar riscos ao filho por seu péssimo caráter, não recaindo sobre a mãe a obrigação de desvendar o segredo da paternidade nessas

---

44 SCHREIBER, Anderson. *Direitos da personalidade*. 2. ed. rev. e atual. São Paulo: Atlas, 2013, p. 191.

45 PONTES DE MIRANDA. *Apud* BORGES, Roxana Cardoso Brasileiro. *Direitos de personalidade e autonomia privada*. 2. ed. rev. São Paulo: Saraiva, 2007.

46 ALMEIDA, Silmara Juny de Abreu Chinellato e. Exame de DNA, filiação e direitos da personalidade. In: LEITE, Eduardo de Oliveira (Coord.). *Grandes temas da atualidade*: DNA como meio de prova de filiação. Rio de Janeiro: Forense, 2000, p. 358.

PARTE I – O DIREITO MATERIAL SOB O ENFOQUE CONSTITUCIONAL

hipóteses. No entanto, conclui Silmara Almeida que o direito é do filho, e, de tal modo, não há como prevalecer o direito da mãe que "aniquilaria o direito geral de personalidade do filho e todos os demais direitos que daquele decorrem".

Estas facetas dramáticas da ausência de responsabilidade materna e paterna de não registrarem o filho, sonegando a filiação biológica da criança, entregando diretamente o infante a terceiros, sem intervenção judicial ou abandonando o recém-nascido ao relento, devem ser severamente punidas. O prévio acompanhamento das mães gestantes e de pais que pretendem consentir com a adoção dos filhos é programa válido e eficaz para minimizar a exposição da criança a riscos e adoções ilegais.

Seguindo essa linha de pensar, os §§ 4º e 5º do art. 8º do ECA, com a redação conferida pela Lei n. 12.010/2009 e pela Lei n. 13.257/2016, determinam ao Poder Público o dever de proporcionar assistência psicológica à gestante e à mãe (além da inserção em programas de promoção familiar), como forma de prevenir ou minorar as consequências do estado puerperal, assim como igual acompanhamento será dispensado para aquelas que manifestem interesse em entregar seus filhos para adoção[47]. Nessa hipótese, as gestantes e as mães que expressem a intenção de que seus filhos sejam adotados serão obrigatoriamente encaminhadas, sem constrangimento, à Justiça da Infância e da Juventude (§ 1º do art. 13 do ECA, com redação dada pela Lei n. 13.257/2016 c/c art. 19-A do ECA, acrescido pela Lei n. 13.509/2017), não havendo qualquer sanção cível ou criminal para essa disposição voluntária de colocar o filho regularmente em família substituta. Todavia, o ato de entrega do filho em adoção deve ser revestido de todas as cautelas e orientações necessárias pela equipe técnica interprofissional da Justiça da Infância[48]. Diante da promulgação da Lei n. 13.509/2017, o ECA, no § 9º do art. 19-A, passou a garantir à genitora o direito ao sigilo sobre o nascimento do filho, respeitado o direito deste conhecer a sua ancestralidade (art. 48 do ECA). Em outras palavras, a gestante ou parturiente deve ser informada, pela equipe técnica ou por servidor designado do Judiciário, sobre o direito ao sigilo do nascimento, inclusive, em relação aos membros da família extensa e pai indicado, observando-se eventuais justificativas apresentadas, respeitada sempre sua manifestação de vontade e esclarecendo-se sobre o direito da criança ao conhecimento da origem biológica[49].

---

47 No Estado do Rio de Janeiro, a Lei n. 8.594, em 30 de outubro de 2019, instituiu o Programa de Orientação à Entrega Voluntária de bebês à adoção após o parto.

48 Art. 19-A, § 1º, do ECA e arts. 2º a 7º da Resolução n. 485/2023 do CNJ.

49 Com o fito de deixar claro que esse dispositivo não deve incentivar o anonimato, a deserção dos pais ou dificultar o acesso da criança/adolescente à sua origem biológica foi consolidado o Enunciado 14 do Fórum Nacional da Justiça Protetiva (FONAJUP): "A Lei 13.509/2017 não instituiu o denominado 'parto anônimo', e sim o direito ao sigilo quanto à entrega à adoção, manifestado em audiência, na forma prevista no ar-

Desse modo, o detentor do poder familiar tem o direito ao sigilo do nascimento, mas, por outro lado, o dever de garantir ao filho o estado de filiação completo, o direito à origem biológica e à convivência com o outro genitor e respectiva família extensa paterna, quando não houver qualquer justificativa para a omissão desses dados, sob pena de ferir a dignidade de uma pessoa em processo de desenvolvimento físico e psíquico.[50]

---

tigo 166 do ECA, hipótese em que o registro civil da criança será lavrado com os dados constantes da Declaração de Nascido Vivo, respeitado assim o direito previsto no artigo 48 do ECA". Vale consultar sobre o tema o artigo de Ivone Coelho de Souza e Maria Regina Fay de Azambuja denominado Parto anônimo: uma omissão que não protege. *Revista Brasileira de Direito das Famílias e Sucessões*, Porto Alegre, n. 4, p. 63-73, jun./ jul. 2008.

50 "CIVIL E ESTATUTO DA CRIANÇA E DO ADOLESCENTE. RECURSO ESPECIAL. FAMÍLIA. ENTREGA VOLUNTÁRIA DE RECÉM-NASCIDO PARA ADOÇÃO. *DIREITO AO SIGILO DO NASCIMENTO E DA ENTREGA, INCLUSIVE EM RELAÇÃO AO SUPOSTO GENITOR E À FAMÍLIA AMPLA. INTERPRETAÇÃO DO ART. 19-A, §§ 3º, 5º E 9º, DO ESTATUTO DA CRIANÇA E DO ADOLESCENTE (LEI Nº 8.069/1990). RESOLUÇÃO Nº 458 DO CONSELHO NACIONAL DE JUSTIÇA.* ACÓRDÃO REFORMADO. RECURSO ESPECIAL PROVIDO. [...] 1.1. O Tribunal estadual deu provimento ao agravo, o que ensejou o presente recurso especial, no qual se discute se é possível, na vigência da Lei nº 13.509/2017 que acrescentou o art. 19-A ao Estatuto da Criança e do Adolescente (ECA), a ampliação do sigilo do nascimento e da entrega voluntária para adoção de criança pela genitora também em relação ao suposto pai e à família extensa. 2. A gestante ou parturiente que manifeste o seu interesse, tem direito ao sigilo judicial em torno do nascimento e da entrega de criança para adoção à Justiça Infantojuvenil, inclusive em relação ao suposto genitor e à família ampla, ressalvado o direito da criança ao conhecimento de sua origem biológica, nos termos do § 9º do art. 19-A e 48 do Estatuto da Criança e do Adolescente. 2.1. Nenhuma mãe, salvo se casada ou vivendo em regime de companheirismo, é obrigada a revelar o nome do pai do seu filho. 3. O direito ao sigilo previsto nos §§ 5º e 9º do art. 19-A do Estatuto da Criança e do Adolescente é de suma importância, pois resguarda e protege a mulher gestante ou parturiente de pré-julgamentos, preconceitos, constrangimentos e cobranças por parte de quem quer seja em nível familiar ou social, bem como garante que o procedimento de entrega voluntária do filho à adoção ocorra de forma tranquila e humanizada, preservando-se até mesmo os superiores interesses da criança. 3. O procedimento de entrega voluntária de recém-nascido para adoção tem como escopo principal a proteção da genitora e do bebê, afastando ou coibindo a possibilidade de aborto clandestino, adoção irregular e abandono em vias públicas, não a responsabilizando civil ou criminalmente pelo ato. 4. Nos termos da Resolução n. 458, de 18 de Janeiro de 2023, do Conselho Nacional de Justiça (CNJ), a gestante ou parturiente deve ser informada, pela equipe técnica ou por servidor designado pelo Judiciário, sobre o direito ao sigilo do nascimento, inclusive em relação aos membros da família extensa ou pai indicado, *observando-se eventuais justificativas apresentadas, respeitada sempre sua manifestação de vontade e esclarecendo-se sobre o direito da criança ao conhecimento da origem biológica (ECA, art. 48).* 5. Recurso especial provido para reformar o acórdão recorrido e restabelecer a decisão de primeiro grau (STJ, REsp 2.086.404/ MG, 3ª Turma, Rel. Min. Moura Ribeiro, j. 24-9-2024) (grifos nossos).

PARTE I – O DIREITO MATERIAL SOB O ENFOQUE CONSTITUCIONAL

Tal é a intensidade dos reflexos prejudiciais na vida de um ser em formação descrita por especialistas[51] que se mostra cabível a utilização de ação de responsabilidade civil (arts. 186 e 187 do CC) como resposta para suprir a dor moral do filho praticada pela mãe que oculta de forma intencional e injustificada a paternidade ou indica pessoa diversa como pai.

De igual forma, é totalmente reprovável a recusa voluntária do genitor de reconhecer a filiação extramatrimonial. A conduta recalcitrante desse que, sabedor desta condição, nega e posterga o direito fundamental do filho à identidade pessoal, ao uso do nome paterno, deve ter como consequência obrigatória a declaração

---

Apreciando a hipótese de omissão materna de declinar o nome do genitor do filho comum, de forma injustificada, o STJ reconheceu a legitimidade do pai biológico de figurar no registro de nascimento do filho adotado, por não haver tipificação de qualquer causa para a perda do poder familiar, uma vez que desconhecia esse vínculo parental, justificando assim o reconhecimento da paternidade. "FAMÍLIA. CÓDIGO CIVIL. ESTATUTO DA CRIANÇA E DO ADOLESCENTE. *ADOÇÃO UNILATERAL. MEDIDA EXCEPCIONAL. DESTITUIÇÃO DO PODER FAMILIAR. NÃO OCORRÊNCIA DE NENHUMA DAS HIPÓTESES AUTORIZADORAS EM RELAÇÃO AO GENITOR. DESTITUIÇÃO APENAS DA GENITORA.* BOA-FÉ DA POSTULANTE À ADOÇÃO. MELHOR INTERESSE DO MENOR. ECA, ARTS 39, § 3º, 50, § 13. RECURSO ESPECIAL PARCIALMENTE PROVIDO. 1. A adoção depende do devido consentimento dos pais ou da destituição do poder familiar (Estatuto da Criança e do Adolescente, art. 45). 2. *Hipótese em que a menor foi entregue irregularmente pela genitora à postulante da adoção nos primeiros dias de vida e, somente no curso do processo de adoção e destituição de poder familiar, o pai biológico descobriu ser o seu genitor, ajuizando ação de investigação de paternidade para reivindicar o poder familiar sobre a criança. Incontroversa ausência de violação dos deveres legais autorizadores da destituição do poder familiar e expressa discordância paterna em relação à adoção.* 3. Nos termos do art. 39, § 3º, do ECA, inserido pela Lei 13.509/2017, 'em caso de conflito entre os direitos e interesses do adotando e de outras pessoas, inclusive seus pais biológicos, devem prevalecer os direitos e os interesses do adotando'. 4. Boa fé da postulante à adoção assentada pela instância ordinária. 5. *Adoção unilateral materna, com preservação do poder familiar do genitor, permitida, dadas as peculiaridades do caso, com base no art. 50, § 13º, incisos I e III, do ECA, a fim de assegurar o melhor interesse da menor. 6. Recurso especial parcialmente provido*" (STJ, REsp 1.410.478-RN (2013/0344972-0), 4ª Turma, Rel. Min. Maria Isabel Gallotti, j. 5-12-2019) (grifos nossos).

51 Dentre todos, consigne a indispensável leitura da obra de Ana Liési Thuerler, que analisou com profundidade a deserção paterna por meio da evolução da questão da paternidade e da filiação no Brasil, inclusive estudando as consequências para a democracia brasileira (*Em nome da mãe*: o não reconhecimento paterno no Brasil. Florianópolis: Mulheres, 2009). No dizer de Thuerler à fl. 307, "deserdar um filho tem, para o homem, o sentido de exercício de uma forma de poder patriarcal. Tem, também, o sentido de busca de reconhecimento de senhor, como aquele que decide, define e não se submete (a leis, a normas)", sentido este inconcebível na atual sociedade contemporânea onde reina a igualdade entre os membros da família e onde a primazia dos direitos dos filhos deve ser respeitada, primeiramente, pelos próprios pais.

judicial da paternidade, como também o ressarcimento por dano moral, decorrente do ato ilícito desta recusa injustificada[52].

Ressalte-se, por derradeiro, que constituem crimes previstos nos arts. 241 a 243 do Código Penal a sonegação, a supressão e a alteração do estado de filiação. A finalidade da punição do ato de promoção de registro civil inexistente (art. 241), de registro de filho alheio, supressão ou alteração do direito ao nome do recém-nascido (art. 242) é a segurança e a certeza do estado de filiação, pois a conduta criminosa objetiva destruir o vínculo de parentesco que liga um indivíduo à sua família. Note-se, entretanto, que o registro altruístico de criança carente, da qual se saiba não ser filho ("reconhecida nobreza"), não se configurará delito (parágrafo único do art. 242), mas nem por esta razão deve ser incentivado.

Por seu turno, a descrição da conduta ilícita do art. 243 do CP, ou seja, deixar o filho em abrigo, ocultando-lhe a filiação ou atribuindo-lhe outra com o fim de prejudicar direito inerente ao estado civil, tem por objetivo jurídico a organização regular da família, evitando que a criança seja registrada com dados fictícios e cresça sem vínculos com a família biológica e sem a consequente proteção e direitos decorrentes desta relação familiar.

2.1.5. Dos dados registrais decorrentes da adoção e o conhecimento da ascendência genética pelo adotado

No tocante à lavratura do registro de nascimento em caso de adoção, a Lei n. 12.010/2009, que alterou o ECA, tratou de maneira mais minuciosa a questão, incluindo a possibilidade de lavratura do novo registro no Cartório do Registro Civil do Município da residência do adotante (§ 3º do art. 47), bem como manteve a possibilidade de modificação do prenome do adotando, mas garantindo o direito de ser sempre ouvido caso a alteração seja requerida pelo adotante (§ 6º do art. 47).

O ECA, de forma totalmente inovadora, dispôs acerca do acesso do adotado à sua ascendência consanguínea, por meio da promulgação da Lei n. 12.010/2009. O *caput* e o parágrafo único do art. 48 do ECA, acrescidos por esta lei, conferiram ao adotado a possibilidade de conhecer a sua origem biológica, bem como de obter acesso irrestrito ao processo no qual a medida foi aplicada e seus eventuais incidentes. Se o

---

52 Ensina Rolf Madaleno que "o pressuposto básico para a incidência da responsabilidade civil é que o genitor tenha se omitido voluntariamente de proceder ao reconhecimento da filiação, sendo ela determinada por ação judicial que precisou forçar o reconhecimento do elo de filiação paterno ou materno. O dano moral pode ser lisamente presumido e dispensa qualquer outro meio de prova, diante de quem sabe da existência de um filho e não o reconhece durante anos e quando acionado para admitir sua vinculação biológica, resiste por todos os meios e deliberadamente ainda posterga o inexorável reconhecimento judicial do seu vínculo parental [...]". MADALENO, Rolf. *Direito de família*. 10. ed. Rio de Janeiro: Forense, 2020, p. 394-395.

PARTE I – O DIREITO MATERIAL SOB O ENFOQUE CONSTITUCIONAL

adotado for criança ou adolescente, este acesso dependerá de pedido do próprio, desde que esteja assegurada ao infante orientação e assistência jurídica e psicológica, de maneira que o deferimento judicial esteja fundamentado em razões que acarretem benefícios morais, emocionais e psicológicos ao adotado menor de idade[53].

Diferentemente do direito ao estado de filiação, no qual o legislador conferiu legitimidade extraordinária ao Ministério Público para investigar a paternidade, sendo o conhecimento da ascendência genética um direito da personalidade para o qual não há regra expressa sobre a substituição processual do *Parquet*, a titularidade para postulá-lo recai somente sobre o adotado. Entretanto, nada impede que o Promotor de Justiça possa, no caso de criança ou adolescente institucionalizado, e desde que provocado, postule medidas que assegurem este direito fundamental para aqueles. Por outro lado, a norma em comento conferiu legitimidade ao adotado maior de idade para requerer o amplo conhecimento de conteúdo do respectivo processo de adoção, junto ao Juízo onde tramitou este feito.

O meio de o adotado conhecer sua origem biológica, portanto, a princípio, é administrativo, inclusive quanto ao pedido de certidões, sem a necessidade de propositura de qualquer ação. Inexistentes essas informações no processo de adoção, de destituição do poder familiar ou mesmo no procedimento de acolhimento, não há vedação legal para a judicialização dessa busca por meio de ação própria de investigação de ascendência genética pela pessoa adotada, observando-se que, na medida em que a adoção gera vínculo de filiação socioafetiva, a declaração da paternidade biológica não surtirá efeitos registrais, o que impede, por evidente, benefícios de caráter econômico.

Observa-se, pois, o acerto da inserção da previsão legal acerca da identidade biológica do adotado no âmbito do ECA, uma vez que a verdade biológica do filho adotivo, para Jorge Trindade[54], tem grande importância para o crescimento hígido da criança e para o incremento dos sentimentos de confiança e valorização entre pais e filhos, na medida em que os pais que discutem abertamente com a prole, que compartilham informações sobre suas origens e, até mesmo, os ajudam na busca pelos pais naturais daqueles, criam adultos mais seguros. Maria Josefina Becker[55] também é categórica quanto ao direito à revelação:

---

53 O conhecimento da ascendência genética da criança e do adolescente adotados se diferencia do conceito de investigação de paternidade, não só em sua versão biológica, mas no plano psíquico, espiritual e social, e deve ser entendido como direito inerente à personalidade humana, e não um direito funcional ou instrumental que visa atingir implicações patrimoniais. Consultar o artigo de Kátia Maciel: A verdade biológica e a verdade adotiva: a construção da identidade plena do filho adotado. *Revista Brasileira de Direito de Família*, Porto Alegre, n. 30, p. 35-66, out./nov. 2012.

54 TRINDADE, Jorge. *Manual de psicologia jurídica para operadores do direito*. 2. ed. rev. e ampl. Porto Alegre: Livraria do Advogado, 2007, p. 196.

55 BECKER, Maria Josefina. Art. 47. In: VERONESE, Josiane Rose Petry; SILVEIRA, Mayra; CURY, Munir (coord.). *Estatuto da Criança e do Adolescente comentado*: comentários jurídicos e sociais. 13. ed. rev. e atual. São Paulo: Malheiros, 2018, p. 356.

Parece importante, no entanto, considerar que, por mais radical e definitiva, a adoção não tem o poder de revogar o passado, a história e a identidade do adotado. Em que pese a igualdade incontestável de direitos e qualificações em relação aos filhos havidos biologicamente, isto não deve significar que a construção dos vínculos familiares deva-se dar sobre a negação da verdade.

Os pais adotivos e o filho do coração devem buscar, portanto, apoio e orientação especializada quanto à revelação da origem da filiação para fortalecerem os laços, por meio da verdade, "primeira 'regra ética' de uma família adotiva"[56].

Por fim, cabe aduzir acerca da possibilidade do uso do nome afetivo pelo adotando enquanto em trâmite o processo de adoção, questão ainda não disciplinada no ECA. A previsão legal deste direito tem por objetivo conferir visibilidade social à forma como o adotando é nominado no âmbito da família adotiva, assegurando a verdadeira identidade deste perante a comunidade em que está inserido[57]. Nesse sentido, por exemplo, vale citar a Lei estadual n. 7.930, de 2 de abril

---

56 Conforme enuncia Weber, que complementa "o filho adotivo deve saber *desde sempre* desta sua condição" (WEBER, Lídia Natalia Dobrianskyj. *Aspectos psicológicos da adoção*. 2. ed. rev. e ampl. Curitiba: Juruá, 2011, p. 25 – itálicos da autora).

57 Projeto de Lei n. 1.535/2019, de autoria da Senadora Leila Barros, prevê o acréscimo dos seguintes parágrafos no art. 46 da Lei n. 8.069, de 13 de julho de 1990 (Estatuto da Criança e do Adolescente): "Art. 46. [...] § 6º O adotante poderá solicitar a inclusão do nome afetivo do adotando no termo de responsabilidade. § 7º Para todos os fins, o nome afetivo poderá ser utilizado para representar o adotando. § 8º À criança ou ao adolescente, mesmo que em situação de guarda provisória para fins de adoção, serão concedidos, a qualquer tempo, o direito e a garantia de matrícula em escola pública próxima de sua residência, mesmo que provisória, ou do local de trabalho do adotante, desde que não seja exigido concurso público para seu ingresso. § 9º É assegurada às crianças e aos adolescentes a continuidade do atendimento pelo serviço público hospitalar, psicológico, educacional, esportivo, cultural, odontológico, jurídico ou social, entre outros, que estejam recebendo no período de acolhimento institucional ou em família acolhedora, sem a necessidade de efetivar nova matrícula ou de aguardar, em cadastro ou instrumento semelhante, a disponibilidade de vaga". O Projeto de Lei do Senado n. 330/2018, da autoria do Senador Gladson Cameli, igualmente, acrescenta a previsão do nome afetivo no Estatuto da Criança e do Adolescente, no capítulo que trata da guarda: "Art. 33-A. Poderá ser utilizado nome afetivo nos cadastros das instituições escolares, de saúde, cultura e lazer, para crianças e adolescentes que estejam sob a guarda provisória, no processo de adoção. § 1º O nome afetivo é a designação pela qual a criança ou adolescente passará a ser identificada após a concessão da guarda provisória, com modificação do nome, do prenome, ou de ambos. § 2º Caso seja requerida a modificação de prenome, tratando-se de adolescente maior de 12 (doze) anos de idade, será necessário seu consentimento, colhido em audiência. Art. 33-B. Os registros dos sistemas de informação, dos cadastros, dos programas, dos serviços, das fichas, dos formulários, dos prontuários e congêneres das entidades descritas no *caput* deverão conter o campo 'nome afetivo' em destaque, acompanhado do nome civil, que será utilizado apenas para

PARTE I - O DIREITO MATERIAL SOB O ENFOQUE CONSTITUCIONAL

de 2018, do Estado do Rio de Janeiro, que dispõe sobre uso do nome afetivo nos cadastros das instituições escolares, de saúde, cultura e lazer, localizadas nesse Estado, para crianças e adolescentes que estejam sob a guarda da família adotiva, no período anterior à destituição familiar dos pais biológicos.

O STJ apreciou pleito dos adotantes para a utilização pelo adotando do nome afetivo em relações sociais, antes da prolação da sentença de adoção. Todavia, no caso concreto, o STJ decidiu que, por se tratar de direito da personalidade não previsto no Estatuto da Criança e do Adolescente, o deferimento de tutela antecipatória exige extrema cautela e sólido respaldo técnico e científico, e mostra-se "insuficiente averiguar apenas se é possível o desfecho positivo da ação de adoção, sendo igualmente imprescindível examinar, sobretudo sob o ponto de vista psicológico, se há efetivo benefício à criança com a imediata consolidação de um novo nome e se esse virtual benefício será maior do que o eventual prejuízo que decorreria do insucesso da adoção após a consolidação prematura de um novo nome"[58].

2.1.6. Os vínculos parentais socioafetivos

O estado de filiação pode, como alhures apontado, advir de outras formas, diversas do relacionamento sexual dos pais da criança, e ser construído por meio de sentimentos nobres que surgem da convivência em família. Nesse sentido, o art. 1.593 do Código Civil admite o reconhecimento do parentesco de raiz não biológica, além da adoção, ao estabelecer que "o parentesco é natural ou civil, conforme

---

fins administrativos internos. Parágrafo único. Poderá ser empregado o nome civil da criança ou adolescente, acompanhado do nome afetivo, apenas quando estritamente necessário ao atendimento do interesse público e à salvaguarda de direitos de terceiros".

58   "CIVIL. PROCESSUAL CIVIL. DIREITO DE FAMÍLIA. ADOÇÃO. *POSSIBILIDADE DE ADOÇÃO DE NOME AFETIVO, EM RELAÇÕES SOCIAIS E SEM ALTERAÇÃO DE REGISTRO, EM ANTECIPAÇÃO DOS EFEITOS DA TUTELA DE MÉRITO. QUESTÃO AFETA AOS DIREITOS DA PERSONALIDADE E EM DISCUSSÃO NO PODER LEGISLATIVO, EM VIRTUDE DA NECESSIDADE DE ALTERAÇÃO DO ECA.* REQUISITOS PARA CONCESSÃO DA TUTELA ANTECIPATÓRIA. PROBABILIDADE DO DIREITO ALEGADO. RISCO DE INEFICÁCIA DO PROVIMENTO FINAL OU RISCO DE DANO IRREPARÁVEL OU DE DIFÍCIL REPARAÇÃO. OBSERVÂNCIA, AINDA, DOS REQUISITOS DA REVERSIBILIDADE DA TUTELA DEFERIDA E DA AUSÊNCIA DE RISCO DE DANO REVERSO OU INVERSO. *IMPRESCINDIBILIDADE DE ESTUDO PSICOLÓGICO SOBRE O DESFECHO DA AÇÃO DE ADOÇÃO, SOBRE O EFETIVO BENEFÍCIO À CRIANÇA E SOBRE OS PREJUÍZOS DECORRENTES DE EVENTUAL INSUCESSO DA ADOÇÃO.*[...]. 8 – Recurso especial conhecido e provido" (STJ, REsp 1.878.298/MG (2020/0135883-7), 3ª Turma, Rel. Min. Ricardo Villas Bôas Cueva, Rela. p/ acórdão Min. Nancy Andrighi, j. 16-3-2021) (grifos nossos).

resulte de consanguinidade ou outra origem". Trilhando este modo de pensar, Perlingieri[59] afirma:

> O sangue e o afeto são razões autônomas de justificação para o momento constitutivo da família, mas o perfil consensual e a *affectio* constante e espontânea exercem cada vez mais o papel de denominador comum de qualquer núcleo familiar.

Com a incorporação da Doutrina da Proteção Integral da criança e do adolescente assentou-se no mundo jurídico o reconhecimento da chamada "parentalidade afetiva", que surge fora do vínculo consanguíneo, pois nasce do coração, dos sentimentos e afetos cultivados.

Derivada do latim *affectus*[60], a palavra afeto possui a conotação de sentimento, ternura e afeição de uma pessoa por outra. A filiação socioafetiva possui seu esteio na cláusula geral de tutela da personalidade humana, que a salvaguarda como elemento fundamental na formação da identidade e definição da personalidade da criança. Esta condição, não raras vezes, é encontrada na história familiar de crianças e adolescentes privados da convivência com os genitores, através do acolhimento, que se identificam como filhos de pessoas que delas cuidam e com elas estreitam laços de afeto. Então, sob a ótica do princípio da afetividade surgem novas configurações de filiação.

Nesta esteira, o vínculo entre a criança e os membros da família socioafetiva está atrelado ao convívio fraterno mútuo, como afirma Beatrice Marinho Paulo[61]:

> [...] "ser mãe", "ser pai" ou "ser irmão" é algo que vai muito além de laços consanguíneos. É preciso tempo e disponibilidade. O compartilhar de experiências, a vivência conjunta, o afeto trocado, as demonstrações de carinho e de preocupação, os cuidados e a proteção ofertados contam muitos pontos para que uma pessoa seja assim percebida pela criança e assuma esses papéis de grande importância em sua vida.

Sendo assim, não se pode deixar de aludir que é direito dos filhos regularizar esta situação fática socioafetiva e portar os sobrenomes dos pais e mães que os criaram e com os quais possuam a denominada "posse de estado de filho"[62], que se

---

59 PERLINGIERI, Pietro. *Perfis do direito civil*. 3. ed. Rio de Janeiro: Renovar, 2007, p. 244.

60 Palavra formada pela justaposição dos termos latinos *ad* (para) e *fectum* (feito), significa "feito um para o outro".

61 PAULO, Beatrice Marinho. Família: uma relação socioafetiva. In: *Psicologia na prática jurídica*. São Paulo: Saraiva, 2012, p. 56.

62 O art. 1.605 do CC dispõe que: "Na falta, ou defeito, do termo de nascimento, poderá provar-se a filiação por qualquer modo admissível em direito: I – quando houver começo de prova por escrito, proveniente dos pais, conjunta ou separadamente; II – quando existirem veementes presunções resultantes de fatos já certos". Pelo

PARTE I – O DIREITO MATERIAL SOB O ENFOQUE CONSTITUCIONAL

consubstancia na junção dos elementos do nome (uso do apelido da família), do trato (tratamento que entre si deferem) e da fama (visibilidade social da relação paterno-filial). Por seu turno, Belmiro Welter[63], em crítica àquela expressão, aduz que, em decorrência dos princípios da Constituição Federal de 1988, o vínculo entre pai e filho não é de posse, de domínio, e sim de amor, na busca da felicidade mútua, em cuja convivência não há hierarquia. Portanto, o autor cunhou a expressão *estado de filho afetivo* para tipificar a relação fática geradora da filiação socioafetiva.

O reconhecimento de parentalidade socioafetiva dos "filhos de criação" pode advir da iniciativa daquele que detém o estado de pai/mãe ou do filho afetivo, buscando a regularização do registro de nascimento[64], assim como pode o Ministério Público, objetivando a plena cidadania da identificação, postular essa declaração judicial, especialmente nas situações em que os pais biológicos nunca manifestaram interesse em registrar ou exercer a parentalidade sobre a criança.

Christiano Cassettari[65] ensina que, comprovada a existência da parentalidade socioafetiva, a ação declaratória de paternidade e/ou maternidade poderá ser proposta, igualmente, por aquele que exerce a função de pai ou de mãe e, complementa, que a comprovação desta relação socioafetiva é fato gerador de diversos efeitos jurídicos, tais como os alimentos e visitação.

Por ser uma situação fática que se constitui pela notoriedade e continuidade na relação parentofilial socioafetiva, a decisão que reconhece a posse do estado de filho possui natureza declaratória, o que difere daquela proferida no estabelecimen-

---

Enunciado 256 do CJF acerca do art. 1.593: "A posse do estado de filho (parentalidade socioafetiva) constitui modalidade de parentesco civil". Pelo Enunciado 519 do Conselho Nacional de Justiça: "O reconhecimento judicial do vínculo de parentesco em virtude da socioafetividade deve ocorrer a partir da relação entre pai(s) e filho(s), com base na posse do estado de filho, para que produza efeitos pessoais e patrimoniais".

63 WELTER, Belmiro Pedro. Igualdade entre filiação biológica e socioafetiva. *Revista Brasileira de Direito de Família*, Porto Alegre: Síntese, ano 4, n. 14, p. 136, jul./set. 2002.

64 Sobre o reconhecimento voluntário de parentalidade socioafetiva perante o Registro Civil das Pessoas Naturais, consultar os arts. 505 a 511 do Provimento n. 149/2023, do CNJ (Código Nacional de Normas da Corregedoria Nacional de Justiça do Conselho Nacional de Justiça – Foro Extrajudicial (CNN/ CN/CNJ-Extra), que regulamenta os serviços notariais e de registro).

65 CASSETTARI, Christiano. *Multiparentalidade e parentalidade socioafetiva: efeitos jurídicos*. 2. ed. São Paulo: Atlas, 2015, p. 28. Para o autor (fls. 234 e 235): "[...] uma vez reconhecida a parentalidade socioafetiva, o filho e o pai/mãe socioafetivos se ligam aos parentes do outro, ganhando avós, irmãos, tios, primos, netos, dentre outros"; "[...] são efeitos do reconhecimento da parentalidade socioafetiva o direito aos alimentos, à guarda e visita dos filhos menores, de participar da sucessão, de modificar o nome e receber novos avós no registro civil, de exercer o poder familiar, de receber benefícios previdenciários, de ser inelegível, dentre outros".

to do liame adotivo, a ser analisado em capítulo próprio, pois tem este o efeito sempre constitutivo de filiação.

A despeito de a lei penal prever como crime a falsa declaração de parentalidade, os pais socioafetivos, por vezes, no afã de deterem o *status familiae* de uma criança, recorrem à falsidade ideológica de parentesco denominada pela doutrina e pela jurisprudência de "adoção à brasileira", forjando um vínculo de maternidade/paternidade em detrimento daqueles habilitados e cadastrados regularmente para a adoção. O Superior Tribunal de Justiça tem se valido das peculiaridades de cada caso e mantido a criança com os adotantes registrais ou não, que tenham recebido irregularmente a criança, apenas quando entre estes e o infante já se formou um relacionamento afetivo recíproco e desde que a entrega do filho em adoção pelos pais biológicos não tenha sido efetuada de forma irregular ou fraudulenta[66].

---

66 "*HABEAS CORPUS* – AÇÃO DE AFASTAMENTO DO CONVÍVIO FAMILIAR E APLICAÇÃO DE MEDIDA DE PROTEÇÃO DE ACOLHIMENTO INSTITUCIONAL – ENTREGA IRREGULAR DO INFANTE A TERCEIROS – A MANUTENÇÃO DO ABRIGAMENTO É MEDIDA QUE SE IMPÕE, NO CASO – ORDEM DENEGADA. 1. Não se admite a impetração de *habeas corpus* como sucedâneo de recurso, ressalvada a hipótese excepcional de concessão *ex officio* da ordem quando constatada flagrante ilegalidade ou decisão teratológica, o que não é o caso dos autos. Precedentes. 2. *Em princípio, não se afigura teratológica a deliberação das instâncias ordinárias que, frente às circunstâncias fáticas do caso concreto, entenderam prudente o acolhimento institucional do menor, ante a existência de fortes indícios acerca da irregularidade na conduta dos impetrantes, ao afrontarem a legislação regulamentadora da matéria sobre as políticas públicas implementadas pelo Estatuto da Criança e do Adolescente, com amparo do Conselho Nacional de Justiça, que visam coibir práticas como a da adoção à brasileira. 3. Na hipótese, a defesa do melhor interesse da criança se consubstancia no acolhimento provisório institucional, tanto em razão do pequeno lapso de tempo de convívio com os impetrantes, de modo a evitar o estreitamento desses laços afetivos, quanto para resguardar a adequada aplicação da lei e a observância aos procedimentos por ela instituídos.* 4. Ordem denegada" (STJ, HC. 861.843/SP, 4a Turma, Rel. Min. Marco Buzzi, j. 9-4-2024) (grifos nossos). "*HABEAS CORPUS*. AÇÃO DE DESTITUIÇÃO DO PODER FAMILIAR COM APLICAÇÃODE MEDIDA DE PROTEÇÃO C/C BUSCA E APREENSÃO AJUIZADA PELO MINISTÉRIOPÚBLICO. ENTREGA IRREGULAR DE CRIANÇA PELA MÃE BIOLÓGICA A TERCEIROS. DEFERIMENTO LIMINAR DA MEDIDA PROTETIVA DE ACOLHIMENTO INSTITUCIONAL. FLAGRANTE ILEGALIDADE. MENOR QUE SE ENCONTRAVA EM AMBIENTE ACOLHEDOR, SEGURO E FAMILIAR, RECEBENDO CUIDADOS MÉDICOS, ASSISTENCIAIS E AFETIVOS. NECESSIDADE DE OBSERVÂNCIA AO PRINCÍPIO DO MELHOR INTERESSE DO MENOR. *HABEAS CORPUS* CONCEDIDO, DE OFÍCIO. [...] 3. *Na hipótese, a criança foi entregue, irregularmente, a um casal com o qual não possuía nenhum vínculo de parentesco, que, ao menos de acordo com os elementos colhidos até o presente momento, tem proporcionado um ambiente acolhedor, seguro e familiar, em que o menor recebeu cuidados médicos, assistenciais e afetivos.4. Não há nenhum incentivo por parte do Poder Judiciário à adoção irregular, pois o foco da proteção do Estado não deve ser o "cadastro de adotantes", mas sim a criança e o adolescente, evitando-se, sempre que possível, a sua retirada abrupta de um lar*

PARTE I – O DIREITO MATERIAL SOB O ENFOQUE CONSTITUCIONAL

Hodiernamente, ainda, a responsabilidade da "referência parental" estabelecida pelo Estado-juiz tem-se posto mais cuidadosa ao apreciar as lides de pais e mães que pretendem conceder às crianças e aos adolescentes a dupla paternidade, a dupla maternidade ou, ainda, a multiparentalidade/pluriparentalidade. Passa-se, pois, de um momento histórico e social no qual havia a ausência completa do nome do pai nos registros de nascimento do filho para o estado atual de parentalidade plural ou multiparentalidade, no qual vários genitores, biológicos e socioafetivos, são reconhecidos concomitantemente, com efeitos jurídicos recaindo sobre todos[67], incluindo os direitos e os deveres inerentes ao poder familiar.

Há de se realçar, no que concerne ao reconhecimento da existência de laços de afeto entre pais e filhos socioafetivos, a inovação introduzida no cenário brasileiro pela Lei n. 11.924/2009 (conhecida como Lei Clodovil), que, alterando o art. 57

---

em que recebe segurança, afeto e cuidado – como na hipótese, pois privilegiar o formalismo do cadastro em detrimento da dor e do sofrimento infligidos ao menor (inclusive reconhecidos pelos próprios executores da medida na origem), subverte toda a lógica constitucional sobre a matéria. 5. Portanto, não havendo nem sequer indício de risco à integridade física ou psíquica do infante, evidencia-se manifesta ilegalidade na decisão que determinou, em caráter liminar, o acolhimento institucional do paciente, contrariando o princípio do melhor interesse da criança e do adolescente, devendo-se ressaltar que a observância do cadastro de adoção não tem caráter absoluto.6. Habeas corpus concedido, de ofício" (STJ, HC 879091/SP-*Habeas Corpus* 2023/0460220-7, 3ª Turma, Rel. Min. Marco Aurélio Bellizze, j. 2-4-2024) (grifos nossos).

67 "RECURSO ESPECIAL. DIREITO CIVIL. AÇÃO DECLARATÓRIA DE PATERNIDADE SOCIOAFETIVA. RECONHECIMENTO DA MULTIPARENTALIDADE. TRATAMENTO JURÍDICO DIFERENCIADO. PAI BIOLÓGICO. PAI SOCIOAFETIVO. IMPOSSIBILIDADE. RECURSO PROVIDO. 1. O Supremo Tribunal Federal, ao reconhecer, em sede de repercussão geral, a possibilidade da multiparentalidade, fixou a seguinte tese: 'a paternidade socioafetiva, declarada ou não em registro público, não impede o reconhecimento do vínculo de filiação concomitante baseado na origem biológica, com os efeitos jurídicos próprios' (RE 898.060, Relator: Luiz Fux, Tribunal Pleno, j. 21-9-2016, Processo Eletrônico Repercussão Geral – Mérito *DJe*-187 Divulg 23-8-2017 Public 24-8-2017). 2. A possibilidade de cumulação da paternidade socioafetiva com a biológica contempla especialmente o princípio constitucional da igualdade dos filhos (art. 227, § 6º, da CF). Isso porque conferir 'status' diferenciado entre o genitor biológico e o socioafetivo é, por consequência, conceber um tratamento desigual entre os filhos. 3. *No caso dos autos, a instância de origem, apesar de reconhecer a multiparentalidade, em razão da ligação afetiva entre enteada e padrasto, determinou que, na certidão de nascimento, constasse o termo 'pai socioafetivo', e afastou a possibilidade de efeitos patrimoniais e sucessórios. 3.1. Ao assim decidir, a Corte estadual conferiu à recorrente uma posição filial inferior em relação aos demais descendentes do 'genitor socioafetivo', violando o disposto nos arts. 1.596 do CC/2002 e 20 da Lei n. 8.069/1990. 4. Recurso especial provido para reconhecer a equivalência de tratamento e dos efeitos jurídicos entre as paternidades biológica e socioafetiva na hipótese de multiparentalidade*" (STJ, REsp 1.487.596/MG, 4ª Turma, Rel. Min. Antônio Carlos Ferreira, j. 28-9-2021) (grifos nossos).

da Lei n. 6.015/1973, autorizou o enteado ou a enteada a averbar o nome de família do padrasto ou da madrasta em seu registro de nascimento, havendo motivo ponderável e na forma dos §§ 2º e 7º desse artigo, por meio de requerimento ao juiz competente, desde que haja a expressa concordância daqueles, sem prejuízo de seus apelidos de família. Essa exteriorização da posse do estado de filho dos enteados traduziu um anseio antigo daqueles que se sentiam diferenciados e, por vezes, discriminados por portarem sobrenomes diferentes dos filhos biológicos. Com a edição da Lei n. 14.382/2022, o § 8º do art. 57 da LRP passou a prever a possibilidade de acréscimo do sobrenome do padrasto e da madrasta extrajudicialmente, ou seja, o enteado ou a enteada, se houver motivo justificável, poderá requerer ao oficial de registro civil que, nos registros de nascimento e de casamento, seja averbado o nome de família do padrasto ou da madrasta, desde que haja expressa concordância destes, sem prejuízo de seus sobrenomes de família.[68]

O estado de filiação, portanto, deve ser compreendido como aquele que é construído com o passar do tempo, dia após dia, seja a origem biológica ou socioafetiva, de maneira que a pessoa que gerou a criança (fisicamente ou no coração) exerça efetivamente o papel de pai ou mãe (construção cultural) e todas as suas funções parentais, para o superior interesse do filho em formação.

2.2. Dever de guarda e o direito fundamental do filho de ser cuidado

Sendo a *família* o grupo essencial da sociedade e o ambiente natural para o crescimento e bem-estar de todos os seus membros, e em particular das crianças, os pais devem assumir plenamente suas responsabilidades dentro da sociedade e no seio familiar, cuidando dos filhos menores. Cuidado e proteção são expressões irmãs, ligadas de modo indelével à afetividade. Sem elas não há família.

A Convenção dos Direitos da Criança expressa de forma clara que os filhos têm o direito de conhecer seus pais e de ser *cuidados* por eles (art. 7.1).

Por opção legislativa, o cuidado não foi mencionado expressamente no Estatuto infantojuvenil em sua redação original.

Com o advento da Lei n. 13.010/2014, foi inserido o art. 18-A ao ECA, que, expressamente, utiliza o vocábulo *cuidado* em um sentido mais específico, relacio-

---

68   O art. 515-M do Provimento n. 149/2023, do CNJ, incluído pelo Provimento n. 153/2023, dispõe que esse acréscimo extrajudicial do sobrenome depende de motivo justificável, o qual será presumido com a declaração de relação de afetividade decorrente do padrastio ou madrastio, o que, entretanto, não importa em reconhecimento de filiação socioafetiva, embora possa servir de prova desta; do consentimento, por escrito, de ambos os pais registrais e do padrasto ou madrasta e, por fim, da comprovação da relação de padrastio ou madrastio mediante apresentação de certidão de casamento ou sentença judicial, escritura pública ou termo declaratório que comprove relação de união estável entre um dos pais registrais e o padrasto/madrasta.

PARTE I – O DIREITO MATERIAL SOB O ENFOQUE CONSTITUCIONAL

nando-o ao dever de educar e disciplinar que os pais e a família ampliada devem dispensar aos seus pequenos. A criança e o adolescente têm o direito de ser educados e cuidados sem o uso de castigo físico ou de tratamento cruel ou degradante, como formas de correção, disciplina, educação ou qualquer outro pretexto pelos pais, pelos integrantes da família ampliada e por aqueles que deles cuidem[69].

O cuidado a ser examinado neste tópico, todavia, está relacionado à base da proteção integral que rege o direito infantojuvenil e se expressa por meio de instituto correlato denominado de guarda. Considera-se guarda comum ou natural aquela exercida pelos pais sobre os filhos menores de idade e que deve se refletir na convivência em família. Este dever jurídico e material é legalmente previsto no art. 22 do ECA e no art. 1.634, II, do Código Civil (com a redação dada pela Lei n. 13.058/2014). Cumpre aduzir que os direitos iguais e deveres e responsabilidades compartilhados pelos pais no cuidado do filho foi enfatizado com a inserção de parágrafo único ao art. 22 do ECA pelo Marco Legal da Primeira Infância – Lei n. 13.257/2016[70].

A guarda como atributo do poder familiar constitui um direito e um dever. Não é só o direito de manter o filho junto de si, disciplinando-lhe as relações, mas também representa o dever de resguardar a vida do filho e exercer vigilância sobre ele. Engloba o dever de assistência e representação[71].

Por outro aspecto, há que se fazer distinção entre guarda e companhia. Enquanto a guarda é um direito/dever, a companhia diz respeito ao direito de estar junto, convivendo com o filho, mesmo sem estar exercendo a guarda. A autoridade parental abrange a guarda e a companhia[72].

Esse múnus, portanto, exterioriza-se por meio do respeito, do acolhimento e do cuidado.

A cada genitor incumbe, portanto, exercer esse modo de ser do cuidado: ter o filho ao seu lado, protegendo-o, demonstrando amor, zelo e atenção na guarda e

---

69 O castigo imoderado e os comentários à Lei n. 13.010/2014 (Lei da Palmada ou Lei Menino Bernardo) serão examinados neste capítulo, no tópico da destituição do poder familiar.

70 "Art. 1.634. Compete a ambos os pais, qualquer que seja a sua situação conjugal, o pleno exercício do poder familiar, que consiste em, quanto aos filhos: I – dirigir-lhes a criação e a educação; II – *exercer a guarda unilateral ou compartilhada nos termos do art. 1.584*" e "Art. 22 do ECA. Aos pais incumbe o dever de sustento, guarda e educação dos filhos menores, cabendo-lhes ainda, no interesse destes, a obrigação de cumprir e fazer cumprir as determinações judiciais. Parágrafo único. A mãe e o pai, ou os responsáveis, *têm direitos iguais e deveres e responsabilidades compartilhados no cuidado* e na educação da criança, devendo ser resguardado o direito de transmissão familiar de suas crenças e culturas, assegurados os direitos da criança estabelecidos nesta Lei" (Incluído pela Lei n. 13.257, de 2016) (grifos nossos).

71 Art. 71 do CPC; arts. 3º, 4º, 76, 928, 932, I, do CC; e arts. 19 e 142 do ECA.

72 Com fundamento no art. 1.634, II, do CC, que menciona os dois atributos em questão.

companhia diárias; o dever de saber onde, com quem e por que o filho menor de idade está longe de suas vistas. Devem os pais assegurar-se de que, distante dos seus olhos, o filho estará em segurança porque algum adulto o assistirá. Cuidar do filho é obrigação básica dos pais.

Por vezes, no entanto, verifica-se o descaso e descuido dos genitores com relação ao exercício da vigilância sobre o filho, seja este bem pequeno ou púbere. A este, normalmente, lhe é permitido transitar, sem restrições, pelas ruas e frequentar sozinho alguns locais. Havendo displicência e negligência dos pais acerca da orientação e da vigilância do filho, com frequência redunda na escolha de ambientes e pessoas inadequadas por parte deste, expondo-o a danos em sua formação moral e quiçá física.

Saliente-se, por oportuno, que os pais são responsáveis também pelos danos causados pelo filho que estiver sob sua autoridade (poder familiar) e em sua companhia (art. 932, I, do CC). A regra em apreço acerca da reparação civil por dano causado pelo filho pressupõe que a família natural (pais e filho) resida sob o mesmo teto e que os genitores estejam exercendo o poder familiar, sem restrições. Dessa maneira, se o adolescente for emancipado ou estiver sob a guarda de terceiros, os pais não responderão pelo respectivo dano.

O incapaz responde, ainda, pelos prejuízos que causar, caso as pessoas responsáveis por ele não tiverem obrigação de fazê-lo ou não tiverem recursos financeiros para arcar com a indenização (art. 928), mas tendo em foco que esta deverá ser equitativa, não terá lugar se privar do necessário o incapaz ou as pessoas que dele dependam.

Por outro ângulo, a responsabilidade de velar, cuidar e ter o filho sob sua companhia é muito relevante, pois a culpa dos pais não precisa ser demonstrada (art. 933 do CC)[73].

---

[73] Enunciado n. 450 do CJF: "Art. 932, I: Considerando que a responsabilidade dos pais pelos atos danosos praticados pelos filhos menores é objetiva, e não por culpa presumida, ambos os genitores, no exercício do poder familiar, são, em regra, solidariamente responsáveis por tais atos, ainda que estejam separados, ressalvado o direito de regresso em caso de culpa exclusiva de um dos genitores". Cassettari aduz que a expressão "em sua companhia" do art. 932, I, do CC, segundo a jurisprudência dominante, principalmente depois do advento da guarda compartilhada, significa responsabilidade de ambos os pais, "independentemente de quem fica a maior parte do tempo com o filho, considerando que todos participam de sua criação, e serão (um pouco) responsáveis por suas atitudes. Assim sendo, cumpre salientar que todos serão responsáveis pela reparação civil nesse caso, que será, por força do art. 928 do Código Civil, subsidiária ao incapaz, nas duas hipóteses nele contidas". E conclui, discordando do Enunciado 450 da CJF, por entender não haver solidariedade entre os vários genitores, porque não há previsão legal e o art. 265 veda essa presunção. Logo, "deve haver um litisconsórcio passivo necessário, para que ambos respondam conjuntamente, cada qual com uma parte da responsabilidade, que deverá ser calculada por cabeça".

PARTE I – O DIREITO MATERIAL SOB O ENFOQUE CONSTITUCIONAL

Cabe transcrever a importante síntese, elaborada por Sérgio Cavalieri Filho[74], acerca da responsabilidade civil dos pais:

> Em suma, o princípio essencial da responsabilidade dos pais pelos filhos menores é uma presunção *juris tantum* de culpa. A vítima não necessita provar que o fato ocorreu por culpa *in vigilando* dos pais; deve apenas provar o dano e que o mesmo foi causado por fato culposo do filho. Essa prova é indispensável, porque presumida é apenas a culpa dos pais, e não do filho. Sem culpa do filho, não haverá que se falar de indenização. Provada a culpa do filho, presume-se a culpa dos pais, que só poderão exonerar-se do dever de indenizar demonstrando *in concreto* que não mais tinham o poder de direção sobre o menor e o correspondente dever de vigilância, afastando, assim, a presunção de culpa.

Os pais omissos em seu dever de guarda poderão ser acionados judicialmente pela falta no exercício deste encargo do poder familiar (arts. 129 e 249 do ECA e art. 247 do Código Penal).

Com o advento da Lei n. 12.010/2009, a obrigação da família natural de exercer a guarda dos filhos (art. 22 do ECA) restou ainda mais sedimentada, uma vez que foram criados instrumentos processuais que têm por objetivo preservar a integridade da família de origem e evitar que a guarda do filho seja entregue a terceiros ou, pior, seja transferida para entidade de acolhimento, sem a apreciação judicial, por desejo exclusivo dos guardiães.

Comentando as modificações trazidas pela lei em apreço, Murillo José Digiácomo[75] teceu as seguintes considerações acerca da "perda ou a transferência" da guarda dos genitores sem o devido processo legal:

> A lei também procura acabar com práticas arbitrárias ainda hoje verificadas, como o afastamento da criança ou adolescente de sua família de origem por simples decisão (administrativa) do Conselho Tutelar ou em sede de procedimento judicial inominado, instaurado nos moldes do art. 153, da Lei n. 8.069/90, passando a exigir a deflagração, em tais casos, de procedimento judicial contencioso, no qual seja assegurado aos pais ou responsável o indispensável exercício do contraditório e da ampla defesa.

E adiante o doutrinador reafirma a prioridade da guarda à família natural:

> Neste contexto, a título de exemplo, o encaminhamento de crianças e adolescentes a programas de acolhimento institucional "a pedido" da família e/ou em razão

---

CASSETTARI, Christiano. *Multiparentalidade e parentalidade socioafetiva*: efeitos jurídicos. 2. ed. São Paulo: Atlas, 2015, p. 225.

74 CAVALIERI FILHO, Sérgio. *Programa de responsabilidade civil*. 10. ed. São Paulo: Atlas, 2012, p. 137.

75 DIGIÁCOMO, Murilo José. Breves considerações sobre a nova "Lei Nacional de Adoção". Disponível em: <http://www.crianca.caop.mp.pr.gov.br/modules/conteudo/conteudo.php?conteudo=334>. Acesso em: 31 jul. 2018.

da falta de condições materiais não mais devem ocorrer ou ser "tolerados" pelas autoridades competentes, tendo o art. 93, par. único, primeira parte, da Lei n. 8.069/90, sido instituído justamente para assegurar que, em tais casos, sejam tomadas providências destinadas a promover a imediata reintegração familiar e a inserção da família em programas e serviços de apoio e promoção social (conforme há tanto já previa o art. 23, parágrafo único, da Lei n. 8.069/90).

Cabe aduzir que aplicada a medida de acolhimento institucional, não havendo decisão suspendendo ou destituindo o poder familiar dos genitores, este permanecerá intacto, com os direitos e deveres que lhe são inerentes. O encargo da guarda, entretanto, será exercido, por força de lei, pelo dirigente da entidade que será o responsável legal dos acolhidos (art. 92, § 1º, do ECA). A representação legal dos filhos, no entanto, permanece recaindo sobre os pais, detentores da autoridade parental.

Em resumo, a guarda é um dever legal de ambos os genitores para com os filhos menores de idade e somente cessa definitivamente com a maioridade civil, a emancipação ou a morte. Além dessas hipóteses, os pais podem perder a guarda dos filhos mediante decisão judicial, que pode ser revista a qualquer tempo, mas desde que o poder familiar (e com ele a guarda) dos genitores não tenha sido transmitido aos pais adotivos.

2.2.1. Guarda na ruptura da relação afetiva dos pais

As regras materiais acerca da guarda dos filhos exercida pelos pais cujos vínculos afetivos se romperam são previstas somente no Código Civil, mas alguns reflexos podem estender-se à legislação estatutária, quando esse múnus não for, adequadamente, desempenhado. Portanto, o exame, embora superficial, da convivência do filho com os pais separados[76] (matéria, a princípio, do direito de família) faz-se indispensável para identificar os mecanismos jurídicos para solucionar e sarar as feridas decorrentes da ruptura da relação dos adultos, com o fito de evitar que a prole, por consequência, venha a ser inserida em lar substituto.

Com efeito, é por demais sabido que a separação do casal com filhos, fática ou judicial, não importando o meio ou instrumento processual que regularize a situação instalada, não altera o poder familiar dos pais com relação à sua prole (art. 1.632 do CC).

Por não estar visceralmente ligada à essência do poder familiar, a guarda pode, por vezes, ser apartada e atribuída a um só dos pais ou a terceiros (familiares ou não). A guarda é um elemento importantíssimo do poder familiar por refletir-se em outros direitos indisponíveis como o de alimentos e o de conviver com o genitor não guardião.

---

76 A expressão "separação" utilizada no texto abrange toda forma de rompimento de relação afetiva entre um par.

PARTE I – O DIREITO MATERIAL SOB O ENFOQUE CONSTITUCIONAL

Pela perspectiva psicológica, o rompimento da relação afetiva dos pais não pode representar para o filho uma violação à sua integridade biopsíquica, cabendo ao Estado criar instrumentos jurídicos e sociais, para que a convivência com os pais se perpetue, principalmente nos momentos de crise da família.

Nos primórdios da legislação civil brasileira, havia critérios objetivos para orientação da Justiça acerca de qual dos pais deveria permanecer com a guarda dos filhos, bases essas que não satisfaziam os interesses dos filhos como, por exemplo, a entrega do filho menor de idade ao cônjuge inocente pela separação (Decreto-lei n. 181/1890), mesmo sem comprovação de que o pai/mãe inocente fosse presente ou afetuoso para com a prole. No Código Civil de 1916, se ambos fossem culpados, a decisão sobre a guarda do filho dependeria da idade e do sexo da criança. No Estatuto da Mulher Casada (Lei n. 4.121 de 1962), se ambos os genitores fossem culpados, abrir-se-ia à mulher a possibilidade, mesmo culpada, de ficar com os filhos. Com a Lei n. 6.515/77 (Lei do Divórcio), manteve-se o critério da ausência de culpa para se indicar o guardião do filho menor, mas previa-se a possibilidade de o juiz regular de maneira diferente (art. 13), havendo motivos graves.

No Código Civil de 2002, contudo, a guarda dos filhos não está vinculada à culpa de qualquer dos pais quanto à falência do relacionamento amoroso. A lei civil, em seus termos atuais, objetiva atender aos interesses dos filhos, obedecendo a princípios constitucionais que passaram a adubar e nutrir toda a seara do direito de família. Todavia, casos existem nos quais ambos os pais preenchem os requisitos para exercer bem a guarda dos filhos. Ouvir a criança é indispensável e, sempre que possível, mantê-la na custódia de ambos é o ideal. Assim é que o interesse do filho menor é o fator peremptório para a atribuição da convivência com os pais.

Neste ponto, é indispensável ter em mente, como premissa básica, que, no direito positivo pátrio, em decorrência da ruptura dos laços afetivos dos pais, a guarda jurídica (poder de decisão e representação do filho menor) não é, e nem precisa ser, unilateral. Desse modo, não convivendo mais o casal sob o mesmo teto, para o êxito do exercício da guarda, ambos os pais devem apresentar características essenciais de um bom guardião, valorizando a convivência familiar com o filho, mesmo que distanciada e não tão frequente. Dentre as mais importantes características do exercício adequado da guarda podemos mencionar três indispensáveis: amor e laços afetivos com a criança; saber ouvir e acatar a sua preferência, sem induzi-la, e ter a habilidade de encorajar a continuidade de sua relação afetiva com o não guardião, sem rancor ou críticas a este[77]. Nesse sentido, o art. 7º da Lei da Alienação Parental prescreve que a atribuição ou alteração da guarda dar-se-á por

---

77 Para aprofundamento do tema, recomendamos a leitura do livro de RAMOS, Patrícia Pimentel de Oliveira Chambers. *Poder familiar e guarda compartilhada*: novos paradigmas do direito de família. 2. ed. São Paulo: Saraiva, 2016.

preferência ao genitor que viabiliza a efetiva convivência da criança ou adolescente com o outro genitor nas hipóteses em que seja inviável a guarda compartilhada, denotando que essa aptidão é uma característica indispensável ao guardião que prioriza os interesses da prole. O bom guardião, também, deve conceder ao filho estabilidade emocional, financeira e afetiva, isto é, garantir a permanência deste no meio em que vive, evitando alterações bruscas em sua rotina; separar tempo quantitativo e qualitativo para poder dedicar-se exclusivamente a ele; ter disponibilidade para dar ao filho orientação e atenção; contribuir, de alguma forma, para o seu sustento e não depender exclusivamente de outros para mantê-lo, de modo a afastar conflitos judiciais acerca dos alimentos do filho e apresentar um padrão de vida social estabelecido, e não flutuante e instável.

Ocorre que, o estabelecimento de quem seja o guardião do filho, no momento do rompimento da relação afetiva dos pais, é assunto que, frequentemente, possui alta litigiosidade, haja vista que ambos os genitores possuem o direito/dever de guarda e, portanto, possuem conjuntamente a legitimidade para postularem uma convivência ampla. Na prática, aquele genitor que permaneceu com os filhos após a separação física do casal exerce uma guarda dita "de fato exclusiva", mas que é, por óbvio, uma guarda jurídica unilateral, que não exclui a do outro genitor, pois inexistente decisão judicial a afastando.

Assim, havendo discussão entre os genitores separados, acerca de quem será o guardião, a regularização judicial ou a composição consensual da guarda se faz indispensável para a segurança e a tranquilidade dos filhos, na medida em que a guarda jurídica, por força do art. 22 do ECA, é encargo cuja titularidade recai sobre ambos os pais, decorrente do poder familiar.

Nesta esteira, a guarda e a companhia dos filhos podem ser acordadas pelos pais em processo específico sobre esta matéria, no bojo de ação de dissolução do vínculo matrimonial ou de união estável, ou mesmo em ação de alimentos ou de investigação de paternidade. Mesmo que seja consensual, algumas modalidades de guarda podem apresentar-se: a guarda unilateral, a guarda compartilhada ou, ainda, a guarda em favor de terceiro (familiar ou não).

É fato que a avaliação do que é melhor para a criança é extremamente difícil do ponto de vista de quem não integra o grupo familiar, ou seja, pela ótica do magistrado, do promotor de justiça, do advogado dos pais, do conciliador ou do mediador. Isso ocorre porque somente os genitores conhecem profundamente a personalidade, os hábitos e os sentimentos de seus filhos e, em tese, saberão optar pela guarda que atenda aos superiores interesses destes.

Presume-se que os pais elegem o melhor caminho para os filhos ao entabularem as cláusulas concernentes aos direitos destes. Não se perquire a razão da escolha deste ou daquele guardião, desta ou daquela forma de visitação, pois dos pais somente se exige que comprovem o vínculo de parentesco e que estabeleçam um pacto que possibilite aos filhos um amplo convívio com ambos os genitores.

PARTE I – O DIREITO MATERIAL SOB O ENFOQUE CONSTITUCIONAL

Nesta seara, o Código de Processo Civil (Lei n. 13.105, de 16-3-2015) estimula o diálogo entre os pais que litigam sobre a guarda dos filhos, objetivando a solução consensual da controvérsia, determinando que o juiz tenha a seu dispor o auxílio de profissionais de outras áreas de conhecimento para a mediação e a conciliação dos membros da família (art. 694).

Se, entretanto, após a decisão homologatória de guarda, com o convívio diário, for constatado que o acordo causará eventual prejuízo para o filho, é indispensável que a questão seja prontamente revista pelos genitores, evitando desgastes emocionais para todos os familiares.

Em caso de rompimento do relacionamento dos pais, o domicílio do filho menor de idade é aquele escolhido pelo(a) guardião(ã), sendo inquestionável que possui este(a) o direito de transferir o seu domicílio para qualquer lugar dentro do território nacional ou mesmo para o exterior, levando consigo o filho sob sua guarda. Ocorre que, havendo mudança para outra cidade, estado ou país, o não guardião estará, a princípio, privado da companhia do filho, fazendo-se necessária a autorização daquele, de modo a reajustar o direito de visitas ou, caso não a conceda o não guardião, seja suprida mediante decisão judicial, de maneira que o filho possa acompanhar o(a) guardião(ã) para onde quer que ele(a) venha a fixar o novo domicílio.

Daí decorre outra questão tormentosa e que, frequentemente, vem assoberbando os tribunais: a fixação da competência para julgar o direito fundamental à guarda e à convivência dos filhos, isso porque os domicílios de seus representantes legais, pós-ruptura, normalmente, são diversos.

Com suporte em inúmeros precedentes de conflitos de competência decorrentes de lides de guarda de filhos, o STJ consolidou a Súmula 383 com o seguinte teor: "A competência para processar e julgar as ações conexas de interesse de menor é, em princípio, do foro do domicílio do detentor de sua guarda".

Gize-se, em tempo, que a Lei n. 12.318/2010 (Lei da Alienação Parental), em seu art. 8º, disciplinou o tema da seguinte forma: "a alteração de domicílio da criança ou adolescente é irrelevante para a determinação da competência relacionada às ações fundadas em direito de convivência familiar, salvo se decorrente de consenso entre os genitores ou de decisão judicial".

Observa-se, portanto, que os filhos devem ser preservados dos litígios familiares, das mudanças bruscas de seu modo de vida, de forma a evitar a angústia, o medo, o sentimento de perda, insegurança, sintomas vários que surgem diante do conflito relacional dos pais. Por esta razão, a regra prevista no § 3º do art. 1.583 do CC, moldada pela Lei n. 13.058/2014 (Lei da Guarda Compartilhada), soluciona, também em guardas unilaterais, a prática abusiva de o guardião afastar o filho do genitor visitador, mudando-o de cidade, estado ou país, ao prescrever que, "na guarda compartilhada, a cidade considerada base de moradia dos filhos será aquela que melhor atender aos interesses dos filhos".

No tocante à mudança abusiva de endereço que inviabilize ou obstrua a convivência familiar entre a prole e o não guardião, a Lei n. 14.340/2022, ao alterar a Lei da Alienação Parental, inseriu, no § 1º do art. 6º, a possibilidade de o juiz determinar a inversão da obrigação de levar para ou retirar a criança ou adolescente da residência do genitor, por ocasião das alternâncias dos períodos de convivência familiar.

A Lei da Guarda Compartilhada referida alhures, ainda, prevê que a guarda unilateral obriga o pai ou a mãe que não a detenha supervisionar os interesses dos filhos e, para possibilitar tal supervisão, qualquer dos genitores sempre será parte legítima para solicitar informações e/ou prestação de contas, objetivas ou subjetivas, em assuntos ou situações que direta ou indiretamente afetem a saúde física e psicológica e a educação de seus filhos (§ 5º do art. 1.583 do CC). Esta modificação foi inserida na lei civil em boa hora, pacificando inúmeras dúvidas acerca dos limites do controle do não guardador sob a administração dos recursos destinados ao filho, especialmente quando existem empecilhos colocados pelo guardião. Veja-se que a lei não confere o direito à informação e à prestação de contas apenas ao genitor não guardador. A regra é válida para ambos os pais. Estes não somente podem, diretamente, colher informes acerca da saúde, estudos, alimentação, lazer, atividades diversas do filho, como também questionar judicialmente o modo como o outro exerce a guarda e a companhia do filho.

Essa questão sempre ser mostrou assaz complexa, na medida em que, indiretamente, o não guardião poderia imiscuir-se nas decisões unilaterais do guardião concernentes à vida do filho comum questionando-as sem fundamento ou justificativas. Ora, as obrigações inerentes à guarda, elemento do poder familiar, compreendem a assistência material, moral e educacional da criança ou do adolescente. Havendo alimentos arbitrados em favor do filho e, sendo o guardião um dos genitores, este será o administrador dos recursos financeiros que sustentarão a criança. A eventual má administração de tais recursos poderá acarretar a perda da guarda, por meio de comunicação ao Juízo que a concedeu.

Com o advento da Lei n. 13.058/2014, o trato sobre o tema restou esclarecido, pacificando a possibilidade do não guardião de exigir informações ao guardião do filho ou, havendo guarda compartilhada, qualquer deles o requerer com relação ao outro. A jurisprudência do STJ, por suas Turmas de Direito Privado, no entanto, vinha se orientando no sentido de que a ação de prestação de contas (arts. 550 a 553 do CPC) era a via inadequada para a fiscalização dos recursos decorrentes da obrigação alimentar[78].

---

78 AREsp 1561495/SP, Rel. Min. Luiz Felipe Salomão, *DJ* 26-11-2019; REsp 1704311/MG, Rel. Min. Luiz Felipe Salomão, j. 12-11-2019; REsp 1664532/SP, Rel. Min. Marco Buzzi, j. 5-8-2019; AREsp 1277379/RS, Rel. Min. Paulo de Tarso Sanseverino, j. 14-6-

PARTE I – O DIREITO MATERIAL SOB O ENFOQUE CONSTITUCIONAL

Decisão da Terceira Turma, no entanto, entendeu de forma diversa e reconheceu a possibilidade de o alimentante utilizar a ação de exigir contas, levando-se em consideração que o princípio supremo a ser observado nessa espécie de medida é o da proteção integral do alimentado e que a função supervisora dos detentores do poder familiar com relação à verba alimentar se constitui em um mecanismo que dá concretude ao superior interesse da criança ou do adolescente, porém a Quarta Turma do STJ excluiu a possibilidade dessa demanda quando houver a guarda compartilhada entre os pais[79].

2019; AREsp 1450163/SP, Rel. Min. Ricardo Villas Bôas Cueva, j. 2-5-2019; REsp 1637378/DF, 3ª Turma, Rel. Min. Ricardo Villas Boas Cueva, j. 19-2-2019; e AREsp 1315093/RS, Rel. Min. Moura Ribeiro, j. 30-11-2018.

79 "AGRAVO INTERNO NOS EMBARGOS DE DECLARAÇÃO NO RECURSO ESPE-CIAL. *AGRAVO DE INSTRUMENTO CONTRA DETERMINAÇÃO DE PRESTAÇÃO DE CONTAS EM FAVOR DO GENITOR ALIMENTANTE. GUARDA COMPARTILHADA.* 1. À luz do disposto no § 5º do artigo 1.583 do Código Civil incluído pela Lei 13.058/2014, 'a guarda unilateral obriga o pai ou a mãe que não a detenha a supervisionar os interesses dos filhos, e, para possibilitar tal supervisão, qualquer dos genitores sempre será parte legítima para solicitar informações e/ou prestação de contas, objetivas ou subjetivas, em assuntos ou situações que direta ou indiretamente afetem a saúde física e psicológica e a educação de seus filhos'. 2. *Tal norma positivou a viabilidade da propositura de ação de exigir contas de verba alimentar, cujo propósito não reside em apurar um saldo devedor a ensejar eventual execução (dada a irrepetibilidade dos valores pagos a esse título), mas sim o exercício do direito-dever daquele que não detém a guarda de fiscalização da aplicação dos recursos destinados ao menor, o que poderá dar azo, caso comprovada a má administração da pensão alimentícia, a um pedido de alteração da guarda ou a um futuro processo para suspensão ou extinção do poder familiar do ascendente guardião* (REsp 1.911.030/PR, Rel. Min. Luís Felipe Salomão, 4a Turma, j. 01-06-2021, pendente de publicação). 3. O manejo da citada ação que deve seguir o rito ordinário reclama a existência de guarda unilateral que inviabilize (ou dificulte) a ciência do alimentante sobre as reais necessidades materiais e imateriais do alimentando e o exclusivo intento de proteção do bem estar do menor, vedando-se 'eventual acertamento de contas, perseguições ou picuinhas com a(o) guardiã(ão)', bem como a 'apuração de créditos ou a preparação de revisional' (REsp 1.814.639/RS, Rel. Min. Paulo de Tarso Sanseverino, Relator para Acórdão Ministro Moura Ribeiro, Terceira Turma, julgado em 26-05-2020, *DJe* 9-6-2020). 4. *Na hipótese dos autos, a guarda exercida pelos genitores é compartilhada, tendo ambos, portanto, convivência cotidiana (habitual) com o menor.* Outrossim, na inicial, o autor não apontou nenhum fato indicativo de danos à educação e à saúde física ou psicológica da criança que conta, atualmente, com cinco anos de idade, mas apenas a recusa da mãe em matriculá-la em escola de maior custo. Por outro lado, mostrou-se contrariado com as boas condições da moradia da ré (que exerce a atividade profissional de terapeuta ocupacional), a aquisição de veículo automotor, a utilização de roupas e acessórios (supostamente de marcas luxuosas) e a realização de tratamentos estéticos de beleza. 5. *Nesse contexto, a pretensão formulada na inicial não se enquadra na hipótese prevista no § 5º do artigo 1.583 do Código Civil, revelando-se, portanto, manifesta a carência da ação de exigir contas, ante a inadequação da via eleita.* 6. Agravo interno não provido" (STJ, AgInt nos EDcl no REsp n. 1.857.050/SP, 4a Turma, Rel. Min. Luís Felipe Salomão, j. 26-8-2021) (grifos nossos).

E mais. A Lei da Guarda Compartilhada de 2014 passou a prever a obrigação das escolas[80], postos de saúde e quaisquer locais onde a criança habitualmente exerça

"PROCESSUAL CIVIL E CIVIL. RECURSO ESPECIAL. RECURSO INTERPOSTO SOB A ÉGIDE DO NCPC. AÇÃO DE PRESTAÇÃO DE CONTAS. PENSÃO ALIMENTÍCIA. ART. 1.583, § 5º, DO CC/02. NEGATIVA DE PRESTAÇÃO JURISDICIONAL. INOCORRÊNCIA. VIABILIDADE JURÍDICA DA AÇÃO DE EXIGIR CONTAS. INTERESSE JURÍDICO E ADEQUAÇÃO DO MEIO PROCESSUAL PRESENTES. RECURSO ESPECIAL PARCIALMENTE.PROVIDO. 1. [...]. 3. O cerne da controvérsia gira em torno da viabilidade jurídica da ação de prestar (exigir) contas ajuizada pelo alimentante contra a guardiã do menor/alimentado para obtenção de informações acerca da destinação da pensão paga mensalmente. 4. O ingresso no ordenamento jurídico da Lei n. 13.058/2014 incluiu a polêmica norma contida no § 5º do art. 1.583 do CC/02, versando sobre a legitimidade do genitor não guardião para exigir informações e/ou prestação de contas contra a guardiã unilateral, devendo a questão ser analisada, com especial ênfase, à luz dos princípios da proteção integral da criança e do adolescente, da isonomia e, principalmente, da dignidade da pessoa humana, que são consagrados pela ordem constitucional vigente. 5. *Na perspectiva do princípio da proteção integral e do melhor interesse da criança e do adolescente e do legítimo exercício da autoridade parental, em determinadas hipóteses, é juridicamente viável a ação de exigir contas ajuizada por genitor(a) alimentante contra a(o) guardiã(o) e representante legal de alimentado incapaz, na medida em que tal pretensão, no mínimo,* **indiretamente,** *está relacionada com a saúde física e também psicológica do menor, lembrando que a lei não traz palavras inúteis. 6. Como os alimentos prestados são imprescindíveis para própria sobrevivência do alimentado, que no caso tem seríssimos problemas de saúde, eles devem ao menos assegurar uma existência digna a quem os recebe. Assim, a* **função supervisora,** *por quaisquer dos detentores do poder familiar, em relação ao modo pelo qual a verba alimentar fornecida é empregada, além de ser um dever imposto pelo legislador, é um mecanismo que dá concretude ao princípio do melhor interesse e da proteção integral da criança ou do adolescente. 7. O poder familiar que detêm os genitores em relação aos filhos menores, a teor do art. 1.632 do CC/02, não se desfaz com o término do vínculo matrimonial ou da união estável deles, permanecendo intacto o poder-dever do não guardião de defender os interesses superiores do menor incapaz, ressaltando que a base que o legitima é o princípio já destacado. 8. Em determinadas situações, não se pode negar ao alimentante não guardião o direito de averiguar se os valores que paga a título de pensão alimentícia estão sendo realmente dirigidos ao beneficiário e voltados ao pagamento de suas despesas e ao atendimento dos seus interesses básicos fundamentais, sob pena de se impedir o exercício pleno do poder familiar. 9. Não há apenas interesse jurídico, mas também o dever legal, por força do § 5º do art. 1.538 do CC/02, do genitor alimentante de acompanhar os gastos com o filho alimentado que não se encontra sob a sua guarda, fiscalizando o atendimento integral de suas necessidades materiais e imateriais essenciais ao seu desenvolvimento físico e também psicológico, aferindo o real destino do emprego da verba alimentar que paga mensalmente, pois ela é voltada para esse fim. 9.1. O que justifica o legítimo interesse processual em ação dessa natureza é só e exclusivamente a finalidade protetiva da criança ou do adolescente beneficiário dos alimentos, diante da sua possível malversação, e não o eventual acertamento de contas, perseguições ou picuinhas com a(o) guardiã(ao),* **devendo ela ser dosada,** *ficando vedada a possibilidade de apuração de créditos ou preparação de revisional pois os alimentos são irrepetíveis.* 10. Recurso especial parcialmente provido" (STJ, REsp 1814639/RS, Recurso Especial 2018/0136893-1, 3ª Turma, Rel. para o Acórdão Min. Moura Ribeiro, j. 26-5-2020) (itálicos nossos, negrito e sublinhado no original).

80 Anteriormente à alteração do CC, a Lei n. 12.013/2009 modificou o art. 12 da Lei n. 9.394/96 (LDB) para obrigar os estabelecimentos de ensino a informar os pais, convi-

PARTE I - O DIREITO MATERIAL SOB O ENFOQUE CONSTITUCIONAL

alguma atividade de comunicar ao não guardião acerca das notas, boletins escolares, doenças, atividades esportivas, reuniões, para que aquele possa, ativamente, participar da vida do filho (§ 6º do art. 1.584 do CC).

Cabe aduzir, ainda, que o poder de fiscalizar o exercício da guarda não é privilégio exclusivo daquele que exerce o poder familiar. Da mesma forma que o direito à visita é cabível em prol de todos os parentes e pessoas com as quais o menor de 18 anos mantenha vínculo socioafetivo, a fiscalização do encargo da guarda pode ser feita por qualquer pessoa da família e, também, por todos aqueles que tiverem informações acerca do tratamento indigno dispensado a uma criança ou a um adolescente, inclusive aquele praticado pelo guardião (art. 18 do ECA).

2.2.1.1. *Guarda compartilhada*

Esta modalidade de guarda, como antevisto nas linhas precedentes, tem por base o direito fundamental de toda criança e adolescente de ter uma convivência familiar plena (art. 227 da CF/88) e está relacionada diretamente ao exercício do poder familiar cuja titularidade pertence a ambos os genitores (art. 22 do ECA). Por não haver qualquer regra de primazia do pai ou da mãe para cuidar e estar na companhia do filho, a guarda é um encargo que deve ser sempre desempenhado em prol do filho, conjuntamente pelos genitores, assegurando a segurança e a estabilidade da prole mesmo após a ruptura do relacionamento dos pais. Nesta linha de pensamento, foi acrescido o parágrafo único ao art. 22 do ECA pela Lei n. 13.257/2016 (Lei da Primeira Infância) prevendo que "a mãe e o pai, ou os responsáveis, têm direitos iguais e deveres e responsabilidades *compartilhados* no cuidado e na educação da criança, devendo ser resguardado o direito de transmissão familiar de suas crenças e culturas, assegurados os direitos da criança estabelecidos nesta Lei" [g.n.].

Este instituto, também denominado, por vezes, de guarda conjunta pela doutrina, ingressou formalmente no ordenamento jurídico com o *nomen juris* de guarda compartilhada por meio da Lei n. 11.698, de 13 de junho de 2008, modificando o capítulo "Da proteção da pessoa dos filhos" do Livro do Direito de Família (Código Civil).

Essa espécie de guarda constitui uma prerrogativa de ambos os genitores tomarem, em conjunto, decisões importantes sobre o filho comum, dividindo as responsabilidades sobre este, ainda que resida unicamente com um dos pais, que exerce a guarda física ou material enquanto o outro convive de forma flexível.

A guarda jurídica conjunta tem finalidade diversa da implementação do sistema de guarda alternada, ou seja, quando se divide a guarda física em detrimento da

---

ventes ou não com os filhos, e, se for o caso, os responsáveis legais, sobre a frequência e rendimento dos alunos e a execução da proposta pedagógica da escola.

rotina e da integridade psíquica da criança, o que para vários autores se mostra prejudicial[81].

Outra questão que se mostrou dúbia quando da implementação da Lei n. 11.698/2008 foi a necessidade de comprovação prévia (ou não), para o ideal e eficaz resultado da guarda conjunta, do amadurecimento do casal, da estabilidade emocional e do bom relacionamento e diálogo dos pais.

Diante das divergências jurisprudenciais e doutrinárias acerca da aplicação do instituto, havendo discórdia entre os genitores e quanto ao compartilhamento da guarda física do filho, foi promulgada a Lei n. 13.058/2014 cuja finalidade maior foi aperfeiçoar a prática da guarda compartilhada, mantendo a mesma designação da lei anterior, mas deixando evidenciado que o tempo de custódia física dos filhos deve ser dividido de forma equilibrada com a mãe e com o pai, sempre tendo em vista as condições fáticas e os interesses da prole (§ 2º do art. 1.583 do CC), mesmo que demande dos pais separados reestruturações, concessões e adequações diversas para que os filhos possam usufruir, durante a formação, do ideal psicológico de duplo referencial.

Como ensina Patrícia Pimentel, a referida lei instituiu tanto a guarda jurídica compartilhada quanto a guarda física/material compartilhada, haja vista a menção expressa à importância do equilíbrio do tempo de convívio entre os genitores, pois

---

81 Euclides Oliveira argumenta que "alternada seria o mesmo que guarda dividida", "que se reduz à divisão exata do tempo em que o filho ficaria com um ou outro dos pais, como se fosse uma espécie de troca de comando, o que não é saudável para a formação da criança". Alienação parental e as nuances da parentalidade – guarda e convivência familiar. In: PEREIRA, Rodrigo da Cunha (coord.). *Tratado de Direito das Famílias*. Belo Horizonte, 2015, p. 334. Calçada e Paulo explicam que a guarda alternada não é prevista no ordenamento jurídico brasileiro e "pressupõe o exercício exclusivo e unilateral do poder familiar pelo genitor que está com a criança naquele período, passando ele a ser exercido pelo outro, também de forma exclusiva e unilateral, quando a criança vai para a sua companhia. Seriam, então, duas guardas exclusivas e unilaterais que se alternam". Em contrapartida, as autoras defendem a possibilidade do estabelecimento da dupla residência da criança em guarda compartilhada, haja vista que, em todos os momentos, os pais exerceriam em conjunto o poder familiar, não se tratando de exercício exclusivo unilateral ou alternância entre eles. CALÇADA, Andreia Soares, PAULO, Beatrice Marinho. Do duplo domicílio da criança em guarda compartilhada: (im)possibilidade e (contra)indicações. *Revista Nacional de Direito de Família e Sucessões*, Porto Alegre: Magister, n. 42, maio-jun. 2021, p. 65. Nesse mesmo sentido o Enunciado n. 604 da VII Jornada de Direito Civil: "A divisão, de forma equilibrada, do tempo de convívio dos filhos com a mãe e com o pai, imposta na guarda compartilhada pelo § 2° do art. 1.583 do Código Civil, não deve ser confundida com a imposição do tempo previsto pelo instituto da guarda alternada, pois esta não implica apenas a divisão do tempo de permanência dos filhos com os pais, mas também o exercício exclusivo da guarda pelo genitor que se encontra na companhia do filho".

PARTE I – O DIREITO MATERIAL SOB O ENFOQUE CONSTITUCIONAL

a *joint legal custody* não garante, por si só, o convívio paterno-materno-filial, fazendo-se necessária a previsão legal da *joint physical custody*[82].

Por óbvio, a guarda compartilhada, jurídica e física, implementada com harmonia, prioriza a manutenção dos vínculos afetivos entre pais e filhos, observando o princípio da continuidade do lar, pois será reproduzida a rotina de vida da prole de forma semelhante à que esta usufruía quando o poder familiar era exercido sob o mesmo teto pelos genitores.

Alterando, ainda, o art. 1.583 do CC, a lei em comento estabelece que, na guarda compartilhada, a cidade considerada base de moradia dos filhos será aquela que melhor atender aos interesses dos filhos (§ 3º do art. 1.583 do CC). De fato, o estabelecimento dessa regra veio solucionar muitos impasses quanto às alterações injustificadas de domicílio impostas pelo guardião unilateral.

Outra alteração importante acerca da guarda compartilhada situa-se no art. 1.584, § 2º, do CC, efetuada pela Lei n. 14.713/2023. Essa norma preceitua que, quando não houver acordo entre a mãe e o pai quanto à guarda do filho, encontrando-se ambos os genitores aptos a exercer o poder familiar, será aplicada a guarda compartilhada, salvo se um dos genitores declarar ao magistrado que não deseja a guarda da prole ou quando houver elementos que evidenciem a probabilidade de risco de violência doméstica ou familiar. Quer a redação legal alertar que, mesmo havendo lide e desarmonia entre o ex-casal, a guarda compartilhada terá preferência sobre as demais modalidades de convivência, excetuando-se quando um dos pais não desejar exercer a guarda dos filhos ou havendo indícios de violência doméstica ou familiar.

O cuidado na verificação de situações de risco de violência no âmbito familiar[83] deve ser observado no bojo da ação respectiva, haja vista que a aludida Lei n. 14.713/2023 modificou também a regra procedimental concernente às ações de guarda ao acrescer o art. 699-A no CPC: "Nas ações de guarda, antes de iniciada a audiência de mediação e conciliação de que trata o art. 695 deste Código, o juiz indagará às partes e ao Ministério Público se há risco de violência doméstica ou familiar, fixando o prazo de 5 (cinco) dias para a apresentação de prova ou de indícios pertinentes". Portanto, diante dos indícios de violência doméstica ou familiar, será conferida a guarda unilateral ao genitor que não é responsável pela violência ou pela situação de risco.

Por óbvio que, em casos extremos de litígio, torna-se evidente que a imposição deverá ser precedida de esclarecimentos e acompanhamento pela equipe técnica

---

82   RAMOS, Patrícia Pimentel de Oliveira Chambers. Op. cit., p. 73-74.

83   Violência tendo como vítimas crianças e adolescentes (Leis n. 8.069/90, 12.318/2010, 13.431/2017, 14.344/2022 e 14.826/2024), mulheres (Lei n. 11.340/2006) e homens (arts. 129, § 9º, e 147-A do CP).

sobre os benefícios do instituto e, sem dúvida, de acompanhamento posterior de modo a assegurar que o filho não seja prejudicado pelo mau uso da guarda conjunta e beligerância dos pais. Em suma, o magistrado deve estar atento para discernir se há mero dissenso entre o ex-casal sobre o exercício do poder familiar, que não inviabiliza o compartilhamento da guarda, ou se trata de desentendimentos insuperáveis entre os genitores, que podem causar prejuízo à formação e ao saudável desenvolvimento do filho, como a violência doméstica, que é causa impeditiva para a aplicação da regra geral da guarda compartilhada.

Nesse sentido, há a previsão do § 3º do art. 1.584 do CC de que, antes de estabelecer as atribuições do pai e da mãe e os períodos de convivência da guarda compartilhada, o juiz, de ofício ou a requerimento do Ministério Público, poderá se basear em orientação técnico-profissional ou de equipe interdisciplinar, que deverá visar à divisão equilibrada do tempo com o pai e com a mãe.

Sanções também estão previstas na Lei n. 13.058/2014, quais sejam: no § 4º do art. 1.584, a alteração não autorizada ou o descumprimento imotivado de cláusula de guarda unilateral ou compartilhada poderá implicar redução de prerrogativas atribuídas ao seu detentor; no § 5º do art. 1.584, se o juiz verificar que o filho não deve permanecer sob a guarda do pai ou da mãe, deferirá a guarda à pessoa que revele compatibilidade com a natureza da medida, considerados, de preferência, o grau de parentesco e as relações de afinidade e afetividade.

Além das sanções de redução e perda da guarda direcionadas aos pais, dispõe a nova lei que qualquer estabelecimento público ou privado que deixar de prestar informações a qualquer dos genitores sobre os filhos destes será condenado à pena de multa de R$ 200,00 (duzentos reais) à R$ 500,00 (quinhentos reais) por dia pelo não atendimento da solicitação (§ 6º do art. 1.584).

Por evidente, estas medidas punitivas e pedagógicas não excluem outras, tais como a representação administrativa (art. 249 do ECA) ou as estabelecidas no art. 129 do ECA e, em caso de indícios ou comprovação de alienação parental, a aplicação das medidas da Lei n. 12.318/2010

Digna de nota, por fim, a atualização da redação do art. 1.585 do CC: "Em sede de medida cautelar de separação de corpos, em sede de medida cautelar de guarda ou em outra sede de fixação liminar de guarda, a decisão sobre guarda de filhos, mesmo que provisória, será proferida preferencialmente após a oitiva de ambas as partes perante o juiz, salvo se a proteção aos interesses dos filhos exigir a concessão de liminar sem a oitiva da outra parte, aplicando-se as disposições do art. 1.584". Esta regra visa equilibrar os papéis parentais, evitando decisões precipitadas baseadas apenas na manifestação unilateral de um dos genitores, ou pior, sem que o filho seja ouvido, quando puder expressar a sua vontade.

Assim sendo, em decorrência do princípio constitucional do superior interesse da criança e do princípio da proteção integral, não há qualquer óbice à definição da lide pela guarda compartilhada, mesmo não havendo o bom entrosamento entre

PARTE I – O DIREITO MATERIAL SOB O ENFOQUE CONSTITUCIONAL

as partes, quando a criança demonstra querer conviver intensamente com ambos os genitores, e há a possibilidade de compartilhamento das decisões envolvendo os direitos fundamentais do filho, como o direito à saúde e à educação, podendo ser determinada, de ofício, aos pais a participação em cursos acerca das responsabilidades da parentalidade[84].

Note-se que, seguindo a priorização do estabelecimento dessa espécie de guarda, o § 5º do art. 42 do ECA, inserido pela Lei n. 12.010/2009, prescreve que, em caso de adoção postulada por casal separado judicialmente, divorciado ou ex-companheiros, desde que demonstrado efetivo benefício ao adotando, será assegurada entre os pais adotivos a guarda compartilhada do filho.

2.2.1.2. *Convivência com o não guardião*

Como antes destacado, o § 2º do art. 1.583 do CC estabelece uma paridade de tempo de convivência entre os genitores para que ocorra efetivamente o equilíbrio dos papéis parentais. Reza o citado dispositivo que "na guarda compartilhada, o tempo de convívio com os filhos deve ser dividido de forma equilibrada com a mãe e com o pai, sempre tendo em vista as condições fáticas e os interesses dos filhos".

Ocorre, todavia, que a guarda compartilhada pode não se apresentar como solução viável a determinada situação familiar, como na hipótese de um dos genitores declarar ao magistrado que não deseja a guarda do filho menor de idade ou houver indícios de violência doméstica (art. 1.584, § 2º, do CC). Nessa hipótese, surge a figura do não guardião ou genitor que não exerce a guarda, mas que deve

---

84 "PROCESSUAL CIVIL E DIREITO DE FAMÍLIA. AGRAVO INTERNO NOS EMBARGOS DE DECLARAÇÃO NO AGRAVO EM RECURSO ESPECIAL. AÇÃO DE GUARDA. FATO NOVO. ALEGAÇÃO EM SEDE DE RECURSO ESPECIAL. IMPOSSIBILIDADE. *GUARDA COMPARTILHADA. RELAÇÃO CONFLITUOSA ENTRE GENITORES. IMPOSSIBILIDADE. MELHOR INTERESSE DA CRIANÇA.* REVISÃO DAS CONCLUSÕES DO ACÓRDÃO. IMPOSSIBILIDADE. SÚMULA 7/STJ. AGRAVO IMPROVIDO. [...] 2. *Conforme entendimento desta Corte, embora a guarda compartilhada seja a regra, e um ideal a ser buscado em prol do bem-estar dos filhos, existem casos nos quais, em razão da elevada animosidade e beligerância entre os genitores, sua adoção não é recomendada por não representar o melhor interesse da criança. Precedentes.* 3. Na hipótese, o acórdão recorrido reconheceu expressamente a capacidade da genitora para exercer a guarda unilateral da criança, com preponderância sobre o genitor, e afastou a possibilidade de adoção da guarda compartilhada em razão da litigiosidade vivida entre os pais e da inexistência de diálogo salutar na tomada de decisões a favor da criança. Para se alterar tal conclusão, seria necessário o revolvimento de matéria fático-probatória, procedimento vedado pela Súmula 7/STJ. 4. Em virtude do caráter 'rebus sic stantibus' da decisão relativa à guarda de filhos, nada impede que o regime de guarda venha a ser futuramente modificado caso comprovada, em ação própria a este fim, eventual alteração do comportamento das partes. 5. Agravo interno a que se nega provimento" (STJ, AgInt nos EDcl no AREsp. 1820674 RJ 2021/0009556-3, 4ª Turma, Rel. Ministro Raul Araújo, j. 20-5-2024) (grifos nossos).

exercer o convívio com a prole, assegurando a esta um desenvolvimento biopsicos-social saudável. Essa convivência, para a qual são estipulados os dias, os horários e o local dos encontros, pode ser arbitrada através de decisão homologatória de acordo ou condenatória.

Para tanto, cabe situar as regras que disciplinam o convívio do não guardião/guardador, também denominado de genitor visitador, com o filho.

De início, vale pontuar que o termo "visitação" ou "visitas", ainda utilizado na legislação civil brasileira, mostra-se indiscutivelmente ultrapassado e possui conotação que desvaloriza os momentos de afeto que usufruem pais não guardiães e seus filhos, como se esta convivência fosse apequenada por sua duração restrita e limitada o que, na verdade, não se coaduna com o direito fundamental do filho e, portanto, deve ser evitada.

Feitas estas críticas, somente para fins de afinação com o texto da lei civil, os comentários a seguir utilizam a palavra "visitas" ou "visitação" para designar o período de convivência do filho com o não guardião.

Enquanto a família permanece unida sob o mesmo teto, o filho desfruta da convivência com ambos os genitores. A ruptura cria uma nova estrutura e a responsabilidade parental, se não for adequadamente orientada pela guarda compartilhada, concentra-se, na maior parte das vezes, sobre um só dos pais, restando ao outro um papel secundário e coadjuvante na missão de criar o filho menor de idade, embora seja cotitular do poder familiar.

Esta visão deturpada de que o não guardião possui convivência limitada precisa ser banida da prática judicial, pois o direito de convivência através de "visitas" significa a oportunidade de preservação do afeto entre o genitor visitador e a prole, portanto, deve ser valorizada e ampliada da maior forma possível.

Como visto no tópico anterior, o exercício comum da autoridade parental é o ideal desejado, reservando a cada um dos pais o direito de participar ativamente das decisões sobre o filho durante a menoridade. Somente o equilíbrio e a harmonia dos papéis dos genitores, valorizando a paternidade e a maternidade, trarão ao filho de pais separados um desenvolvimento físico e mental adequado, minorando os efeitos desastrosos da fragmentação da família.

O objetivo do convívio com o não guardião, portanto, é a manutenção da natural comunicação do filho para com o(a) genitor(a) com quem não convive diariamente, incentivando e consolidando o vínculo paterno e materno-filial.

Durante os encontros, o visitante deve cuidar para que o visitado cumpra com suas tarefas sociais e escolares, zelar para que desfrute de toda a assistência material e imaterial de que necessitar, assim como fiscalizar a sua manutenção e educação.

Por seu lado, no exercício da guarda, o genitor ou terceiro deve favorecer o acesso entre o não guardião e o infante, isso porque o normal andamento da visitação, geralmente, está nas mãos do guardião. Este precisa organizar as atividades

PARTE I – O DIREITO MATERIAL SOB O ENFOQUE CONSTITUCIONAL

do filho fora do período em que o outro genitor exerce o direito de visitas; valorizar o outro genitor na presença do filho; informar ao outro genitor sobre as atividades em que o filho está envolvido; falar de maneira educada do outro genitor e de seu(sua) novo(a) companheiro(a) ou cônjuge; avisar o outro genitor de compromissos importantes, como consultas médicas do filho; tomar decisões importantes a respeito do filho consultando o outro genitor; garantir ao outro genitor o acesso às informações escolares e/ou médicas dos filhos, enfim, retirando os obstáculos e construindo pontes de convivência entre visitante e visitado. O guardião deve estar ciente de que o visitado não é sua propriedade e que seu encargo deve ser exercido em prol dos interesses da criança ou do adolescente, deixando de lado mágoas, vinganças e chantagens.

Quanto aos critérios de dia e local para a realização de visitas, é importante frisar que a tendência doutrinária e jurisprudencial é de se democratizar, o máximo possível, a convivência com o visitador, deixando de lado a rotineira e obsoleta regulamentação padrão que prevê visitas quinzenais e em festas especiais.

O melhor para o filho menor de idade, por evidente, é poder sedimentar, diuturnamente, os vínculos afetivos com ambos os pais. Esta meta somente é possível se a convivência for mais elástica, favorecendo os encontros entre visitante e visitado, também, durante os dias úteis da semana, respeitando-se os horários escolares, mesmo (e principalmente) quando exista resistência por parte do guardião. Deste modo, o filho não sentirá tanto a ausência prolongada do visitador, pois poderá desfrutar de sua companhia com mais assiduidade.

Nesta linha, ainda, não cremos ser nociva a estipulação da visitação livre, se houver bom entrosamento entre os pais e, principalmente, se o alvo da visita for filho adolescente, geralmente mais relutante em observar horários restritos. A visita em período mais aberto, sem dúvida, neste caso, possibilitará e facilitará os encontros.

No que concerne à convivência através de visitas entre a pessoa menor de 18 anos e seus genitores ou pessoas com as quais mantenha vínculo de parentesco ou de afinidade, o Estatuto da Criança e do Adolescente, em sua redação original, foi bastante parcimonioso.

Entretanto, com as alterações trazidas pela Lei n. 12.010/2009, que enfatiza o direito à convivência familiar, o ECA passou a ter uma redação mais condizente com a especificação deste direito tão relevante e intimamente relacionado à garantia de a pessoa menor de idade manter vínculos constantes com os pais, mesmo que deles afastados fisicamente. Mantidas as previsões originais do texto estatutário (art. 92, I e VIII, e art. 124, VII), o direito-dever de convivência do não guardião com o filho ganhou previsões expressas no § 4º do art. 33 e § 4º do art. 92, tornando regra obrigatória nos casos em que terceiras pessoas exerçam o encargo da guarda.

Em resumo, no que diz respeito ao exercício do direito de convívio do não guardião, o Código Civil, no art. 1.589, manteve a redação do antigo art. 15 da

Lei n. 6.515/77 (Lei do Divórcio)[85], teor este bastante tímido diante da força normativa da Lei n. 13.058/2014 que prioriza outra modalidade de convivência: a guarda compartilhada.

De qualquer modo, não sendo possível o compartilhamento da guarda, a convivência por meio das visitas representa um direito dos pais, mas também um dever de assistência afetiva e moral (imaterial) ao filho. Para a criança/adolescente configura um direito irrenunciável, o qual deve ser trabalhado pela rede protetiva, através de mediação ou da técnica de composição amigável, quando espontaneamente o não guardião não desejar cumpri-lo, inclusive utilizando-se meios pedagógicos punitivos como a advertência (art. 129, VII, do ECA), a aplicação judicial de penalidade pecuniária decorrente de representação por infração administrativa (art. 249 do ECA), imposição de multa diária (astreintes)[86] ou, ainda, mediante ação de indenização por dano moral, com base na obrigação decorrente do exercício responsável da parentalidade (art. 226, § 7º, da CF/88), se for o caso.

2.2.1.3. *Situações delicadas de convivência*

Como se trata de um direito tanto dos pais como dos filhos, a regulamentação de convivência tão somente será benéfica a estes últimos quando os interesses sejam convergentes, ou prevaleça a subordinação do direito dos genitores ao superior interesse dos visitados.

Seja por avença ou por sentença condenatória, deve-se levar em consideração alguns parâmetros para caracterizar o superior interesse da criança/adolescente, tais como a idade deste, a sua vontade manifesta, a disponibilidade dos pais e filhos, o grau de afeto entre as partes, a união de irmãos e, em alguns casos, até mesmo a profissão dos pais, quando, em razão de prolongadas viagens, a convivência deve ser efetivada dentro da possibilidade de folgas do não guardião. Atente-se, assim, que o lugar, o tempo e a forma dos encontros devem estar conjugados aos interesses de todos os envolvidos, mas prioritariamente aos da pessoa menor de idade.

Quanto aos pais detentos, poderão ser visitados pelos filhos menores de 18 anos, desde que verificadas pela equipe de serviço social da unidade prisional que estas visitas não acarretarão danos físicos e psicológicos a estes. A Lei n. 12.962/2014

---

85 Art. 1.589 do CC: "O pai ou a mãe, em cuja guarda não estejam os filhos, poderá visitá-los e tê-los em sua companhia, segundo o que acordar com o outro cônjuge, ou for fixado pelo juiz, bem como fiscalizar sua manutenção e educação".

86 A sanção pecuniária, conforme Pereira, serve como instrumento de pressão para chamar à responsabilidade os pais quanto aos seus deveres parentais, bem como ao guardião ou quem detiver a criança quando não a entregar aos genitores nos dias e horários estabelecidos de convivência. Pereira situa o fundamento legal dessas ações obrigacionais nos arts. 208, § 1º, e 213 do ECA. PEREIRA, Rodrigo da Cunha. *Direito das famílias*. Rio de Janeiro: Forense, 2020, p. 419.

PARTE I – O DIREITO MATERIAL SOB O ENFOQUE CONSTITUCIONAL

alterou o ECA a fim de assegurar a convivência, através de visitas periódicas, entre crianças e adolescentes e os respectivos pais privados de liberdade (art. 19, § 4º). A Lei n. 14.987/2024, por seu lado, acresceu em decorrência dessa condição especial dos pais o direito ao atendimento psicossocial às crianças e aos adolescentes que tiverem qualquer dos pais ou responsáveis vitimado por grave violência ou preso em regime fechado (art. 87, III, do ECA).

Situações há nas quais os pais se encontram doentes, internados em nosocômios e a convivência com os filhos fica mais difícil de ocorrer diante das regras hospitalares, em especial nos casos graves de saúde. A fim de evitar o afastamento dos filhos dos pais que se encontram enfermos, o ECA passou por aperfeiçoamento em 2024, por meio da Lei n. 14.950, com a inclusão do parágrafo único ao art. 12, garantindo à criança e ao adolescente o direito de visitação à mãe ou ao pai internados em instituição de saúde, nos termos das normas regulamentadoras.

Hipótese de difícil trato é aquela na qual os genitores possuem distúrbios psíquicos graves, alcoolismo ou drogadição[87]. O poder familiar, não raras vezes, ficará restringido e, por via de consequência, os encontros entre pais e filho deverão ser precedidos de cuidados, que, dependendo do caso concreto, podem culminar em convívio supervisionado, de maneira a garantir a integridade física e psíquica do infante. Assim, deve ser observada a regra do art. 19, *in fine*, do ECA, com a redação dada pela Lei n. 13.257/2016, que assegura a convivência com a família natural, em ambiente que garanta seu desenvolvimento integral, o que engloba ser o local livre da presença de pessoas dependentes de substâncias entorpecentes (redação original do art. 19 do ECA).

Caso igualmente delicado mostra-se o exercício da visitação quando há suspeitas de que o(a) visitador(a) violou a integridade física e psíquica do filho. É evidente que, se as provas se voltarem, indubitavelmente, contra o não guardião, inclusive pela própria palavra da vítima, recomenda-se a suspensão das visitas e/ou do poder familiar e a inclusão de todos os envolvidos em acompanhamento psicológico e psiquiátrico, se necessário, além das medidas criminais cabíveis.

Ocorre que, muitas vezes, até o deslinde do processo, no qual se discute a alegada violência , o contato entre o filho e o(a) suposto(a) agressor(a) vai rareando-se,

---

87 "APELAÇÃO CÍVEL. DIREITO DE FAMÍLIA. REGULAMENTAÇÃO DE VISITA PLEITEADA PELO GENITOR E AVÓ PATERNA. Sentença que fixou a visitação em favor dos autores em um fim de semana por mês. Pai que é portador de distúrbios psíquicos. Criança com oito anos de idade. Estudo técnico entendendo viável a visitação desde que acompanhada pela rede familiar paterna que se disponibiliza e possui interesse em desfrutar do convívio. Julgado que merece pequeno reparo, por cautela, apenas para constar que na visitação, a entrega da criança deve se dar exclusivamente para a avó paterna e que a visitação do genitor deve sempre ser assistida pelos parentes paternos. PARCIAL PROVIMENTO AO RECURSO" (TJRJ, Apelação 0001768-09.2014.8.19.0052, 18ª Câm. Cív., Rel. Des. Eduardo de Azevedo Paiva, j. 19-6-2019).

até que o vínculo de afeto se esvai pelo longo tempo decorrido. A experiência tem apontado que, na ausência de provas acerca da violência, a visitação deve ser mantida. Havendo indícios da ocorrência do fato, a convivência poderá ocorrer, quando do interesse do filho, mas sob a supervisão de familiar ou da equipe técnica do Judiciário, em prol da defesa superior dos interesses da criança, cuja proteção não pode o Estado se negar a propiciar[88].

Assim sendo, não se pode tratar a questão precipitadamente e suspender o exercício do direito de visitação do genitor em relação ao filho, se o alegado abuso praticado pelo primeiro quanto ao segundo não ultrapassar a seara da especulação, pois o direito de visitação entre pais e filhos está intimamente relacionado ao bem-estar da criança/adolescente e ao desenvolvimento saudável desta.

As visitas supervisionadas ou restritivas, preferencialmente, devem ser levadas a efeito em local onde a criança ou o adolescente se sinta confortavelmente protegido, na companhia de pessoas com as quais ela mantenha vínculo de confiança e segurança. É recomendável que se impeça a presença de estranhos que poderão constrangê-los e, também, que sejam evitados os encontros nas dependências do Poder Judiciário, onde, muitas vezes, não há disponibilidade de ambientes adequados para uma visita dessa natureza.

---

88 "AGRAVOS DE INSTRUMENTO. MEDIDA PROTETIVA. VISITAÇÃO DE MENOR, ATUALMENTE COM 09 (NOVE) ANOS DE IDADE. *DECISUM* QUE, INTEGRANDO SOLUÇÃO ANTERIOR, MANTEVE AS DATAS E HORÁRIOS DE VISITAÇÃO DA CRIANÇA ESTABELECIDOS ANTERIORMENTE, ACOMPANHADA POR UM MEMBRO DA FAMÍLIA PATERNA, LIVRE DE INTERFERÊNCIAS DA GENITORA E DA AVÓ MATERNA, SOB PENA DE MULTA E EVENTUAL BUSCA E APREENSÃO. IRRESIGNAÇÃO. SOLUÇÃO DE 1º GRAU QUE CONSIDERA OS ELEMENTOS CONSTANTES DOS AUTOS, EXAME PSICOLÓGICO E SOCIAL, BEM COMO A OITIVA DOS GENITORES EM AUDIÊNCIAS ESPECIAIS. FORTES INDÍCIOS DE ALIENAÇÃO PARENTAL PELA GENITORA, AO CRIAR PRETEXTOS PARA DIFICULTAR E IMPEDIR A CONVIVÊNCIA ENTRE PAI E FILHA DURANTE LONGOS ANOS, APESAR DA VISITAÇÃO ESTABELECIDA PELO JUÍZO PARA ESTA FINALIDADE NO PERÍODO. COMPORTAMENTO QUE SE REPETIU APÓS A CONCESSÃO DA TUTELA RECURSAL, QUANDO ESTABELECIDA, TEMPORARIAMENTE, VISITAÇÃO POR MEIO VIRTUAL, DIANTE DO ISOLAMENTO SOCIAL DECRETADO POR FORÇA DA COVID-19. AUSÊNCIA DE ELEMENTOS CONCRETOS, ATÉ O MOMENTO, QUE CORROBORASSEM AS ALEGAÇÕES DE PRÁTICA DE ABUSOS À MENOR, SOBRETUDO PELO PAI E SUA COMPANHEIRA. INEXISTÊNCIA DE QUALQUER PROVA SUPERVENIENTE NO SENTIDO DE QUE A CONVIVÊNCIA DA INFANTE COM SEU GENITOR, NA FORMA ESTABELECIDA, VENHA A EXPÔ-LA A RISCOS QUANTO À SUA INTEGRIDADE FÍSICA OU MORAL. INCIDÊNCIA DA CLÁUSULA *REBUS SIC STANTIBUS* NAS RELAÇÕES FAMILIARES. AMPLIAÇÃO DO HORÁRIO DE VISITAÇÃO, DE OFÍCIO, EM PROL DO MELHOR INTERESSE DA CRIANÇA. RECURSOS CONHECIDOS E DESPROVIDOS" (TJRJ, Agravo de Instrumento 0077771-54.2020.8.19.0000, 16ª Câm. Cív., Rel. Des. Mauro Dickstein, j. 15-7-2021).

PARTE I – O DIREITO MATERIAL SOB O ENFOQUE CONSTITUCIONAL

2.2.1.4. *A convivência na alienação parental*

No palco de disputas pela guarda de filhos, não raras vezes, surgem relatos de falso alarme de abuso sexual ou de outras supostas violências, denunciados por um dos genitores ou familiar, tendo por mira o afastamento do pretenso agressor da convivência familiar com a prole. Essa prática é considerada uma forma nefasta de abuso psicológico, tão ou mais prejudicial à formação psíquica do filho quanto a própria violência física ou sexual.

No campo jurídico, a alienação parental se expressa como uma forma de violência praticada pelo guardião, parente ou não, de uma pessoa menor de 18 anos de idade, consistente no ato ou na omissão de impedir, de forma injustificada, a convivência daquela com o genitor não guardião. A meta do alienante é desmoralizar o não guardião, de forma que este perca os direitos inerentes à autoridade parental. Essa prática, denominada de alienação parental, se manifesta principalmente nas disputas pela guarda e companhia do filho, sem excluir outras formas[89].

A alienação parental foi disciplinada pela Lei n. 12.318/2010[90], que a definiu e tipificou os atos alienadores (art. 2º), além de ter criado diversos mecanismos para coibi-la (art. 6º com a redação da Lei n. 14.340/2022), buscando na legislação civil e no Estatuto da Criança e do Adolescente as sanções já conhecidas na prática judiciária, tais como a advertência, multa, alteração da guarda e acompanhamento psicológico, medidas gradativas de caráter punitivo e pedagógico a serem aplicadas pelo Juízo que examinar a questão, inclusive a suspensão do poder familiar[91]. Ao lado da atuação da Justiça de família e da infância, o Juízo penal poderá punir o alienante por práticas delituosas configuradas nos arts. 241 e 243 do Código Penal e/ou no art. 233 do ECA, sem prejuízo do cabimento de eventual indenização pelos danos morais causados ao genitor alienado[92].

---

89 Sobre as diversas manifestações de alienação parental nas relações familiares, consultar MACIEL, Kátia Regina Ferreira Lobo Andrade; GOLDRAJCH, Danielle; VALENTE, Maria Luiza Campos da Silva. A alienação parental e a reconstrução dos vínculos parentais: uma abordagem interdisciplinar. *Revista Brasileira de Direito de Família*, Porto Alegre, n. 37, p. 5-26, ago./set. 2006, e MACIEL, Kátia Regina Ferreira Lobo Andrade. A alienação da identidade familiar: os filhos do anonimato. In: SILVA, Alan Minas Ribeiro da; BORBA, Daniela Vitorino (org.). *A morte inventada. Alienação parental em ensaios e vozes*. São Paulo: Saraiva, 2014.

90 Esta lei passou por alterações com a edição da Lei n. 14.340/2022.

91 A declaração da suspensão do poder familiar que constava expressamente no rol originário de medidas da Lei da Alienação Parental (art. 6º, VII) foi banida com a alteração realizada pela Lei n. 14.340/2022. Porém, poderá ser aplicada com base no art. 129, X, ou no art. 157 da Lei n. 8.069/90 (ECA).

92 "Apelação cível. Ação indenizatória. Pretensão indenizatória tendo em vista acusações supostamente infundadas. Sentença de improcedência dos pedidos. Inconformismo da parte autora. Entendimento desta Relatora quanto à reforma da r. sentença de improcedência, para reconhecer a ofensa à honra a ensejar a condenação moral pretendida.

No entanto, cumpre reiterar que a Lei n. 8.069/90 é o diploma legal que normatiza as medidas judiciais e extrajudiciais em face de genitores que descumpram o dever parental. Sendo assim, mesmo com a promulgação da lei regulamentadora da alienação parental, podem ser aplicadas ao genitor, denominado alienador (quem faz as falsas acusações), as medidas previstas no art. 129 do ECA, além de responder pela infração administrativa tipificada no art. 249 do ECA. Com efeito, as regras estatutárias se coadunam perfeitamente com o espírito legislativo daquela outra lei: salvaguardar a integridade física e psíquica da criança vítima, corrigir e punir o alienador e manter a convivência saudável entre os membros da família.

Há, todavia, casos graves de alienação parental nos quais os profissionais da área da psiquiatria recomendam a suspensão do convívio entre o filho vitimado e o genitor alienador, pois somente assim é possível iniciar-se uma terapia e a violência psicológica poderá findar-se (art. 130 do ECA). Nesta hipótese, a aplicação da medida de perda da guarda com a reversão em favor do não guardião

---

Em que pese não se pretenda afastar do cidadão comum o direito previsto no art. 5º, XXXIV, 'a', de levar ao conhecimento da autoridade competente situações nas quais vislumbre alguma irregularidade, ainda que esta não venha a ser, efetivamente, comprovada, não pode tal direito ser exercido com abuso, e utilizado como lança no propósito de prejudicar injustamente outrem, ocorrência que se verifica na hipótese dos autos. Com efeito, conquanto à primeira vista esteja exercendo direito seu, o agente extravasa os limites para os quais esse direito foi criado, ingressa na esfera do abuso de direito a merecer reparação na forma do art. 186 e 187 do CC. *Pelo que se tem posto nos autos, verifica-se que todos os comportamentos imputados pelos réus à genitora dos menores, fls. 19/21, mostram-se hábeis a ensejar mácula à honra da autora. Acusações imputadas de ser usuária de drogas, álcool e substâncias entorpecentes, e de promiscuidade, em razão de posição sexual por ela adotada, buscando denegrir a imagem da autora perante seus filhos e da sociedade sem qualquer prova produzida a embasar as acusações, afirmativas todas que não restaram comprovadas, que para efeito de responsabilização, os artigo 186 e art. 927 do CC. Conduta dos réus aliás, que de forma reflexa, amolda-se à previsão legal do art. 2º da lei n. 12.318/2010:* Art. 2º Considera-se ato de alienação parental a interferência na formação psicológica da criança ou do adolescente promovida ou induzida por um dos genitores, pelos avós ou pelos que tenham a criança ou adolescente sob a sua autoridade, guarda ou vigilância para que repudie genitor ou que cause prejuízo ao estabelecimento ou à manutenção de vínculos com este. [...] VI – apresentar falsa denúncia contra genitor, contra familiares deste ou contra avós, para obstar ou dificultar a convivência deles com a criança ou adolescente. *Dano moral caracterizados. Fixação do valor de R$ 8.000,00 (oito mil reais), corrigidos da fixação, e em observância aos critérios objetivos como a condição econômica das partes, haja vista o conflito existente entre pessoas físicas, a gravidade do dano, o grau de culpa, atendendo, especialmente, para o caráter punitivo-pedagógico da indenização, sem acarretar o enriquecimento ilícito da vítima. Honorários advocatícios, em 10% sobre o valor atribuído à causa. Sentença de improcedência que se reforma. CONHECIMENTO DO RECURSO. PROVIMENTO AO APELO, para julgar procedente o pleito indenizatório no valor de R$ 8.000,00 (oito mil reais)"* (TJRJ, Apelação 0102708-38.2014.8.19.0001, 20ª Câm. Cív., Rel. Des. Conceição Aparecida Mousnier Teixeira de Guimarães Pena, j. 11-2-2021) (grifos nossos).

PARTE I – O DIREITO MATERIAL SOB O ENFOQUE CONSTITUCIONAL

tem sido uma forma de contrabalançar os papéis e evitar danos afetivos e emocionais irreversíveis.

A Lei da Alienação Parental, com modificação efetuada pela Lei n. 14.340/2022, passou a dispor expressamente sobre a possibilidade de convivência da criança através de visita supervisionada, como se lê no parágrafo único do art. 4º: "Assegurar-se-á à criança ou ao adolescente e ao genitor garantia mínima de visitação assistida no fórum em que tramita a ação ou em entidades conveniadas com a Justiça, ressalvados os casos em que há iminente risco de prejuízo à integridade física ou psicológica da criança ou do adolescente, atestado por profissional eventualmente designado pelo juiz para acompanhamento das visitas"[93].

Com a promulgação da Lei n. 13.431/2017[94], que instituiu o sistema de garantia de direitos da criança e do adolescente vítima ou testemunha de violência, o ato de alienação parental foi reafirmado como uma das formas de violência psicológica merecendo cuidados especializados no atendimento e na escuta de meninos e meninas vitimizados, para que estes sejam ouvidos através do sistema do depoimento sem dano, observando-se o princípio da intervenção mínima (art. 100, parágrafo único, VII, do ECA), a fim de evitar a revitimização da criança ou do adolescente[95].

---

93 "AGRAVO DE INSTRUMENTO – AÇÃO DE MODIFICAÇÃO DE GUARDA – *ALIE-NAÇÃO PARENTAL – AUSÊNCIA DE CONDUTA DESABONADORA DO GENITOR – VISITAS – REGULAMENTAÇÃO – NECESSIDADE DE CONVIVÊNCIA PATERNO-FI-LIAL.* – Cumpre destacar que o poder familiar é um dever dos pais, competindo-lhes, principalmente, o dever de sustento, educação e guarda dos filhos menores, nos termos do artigo 1.634 do Código Civil e artigo 22 do Estatuto da Criança e do Adolescente – ECA – Nas ações que envolvam menores deve-se sempre priorizar o seu melhor interesse – *A regulamentação de visitas objetiva garantir à parte que não tem a guarda do filho o direito de visitá-lo, cabendo ao julgador, na estipulação, sobretudo, das condições e do horário, considerar os elementos referentes à necessidade de convivência mínima, como forma de assegurar o melhor interesse da criança – Havendo estudo social indicando a convivência paterno-filial e inexistindo comprovação de conduta desabonadora do genitor, prudente a regulamentação das visitas até a melhor instrução os autos de origem*" (TJMG, Agravo de Instrumento 10000211338041001, 8ª Câm. Cív., Rel. Des. Ângela de Lourdes Rodrigues, j. 28-7-2022) (grifos nossos).

94 Regulamentada pelo Decreto n. 9.603/2018.

95 Lei n. 13.431/2017: "Art. 7º Escuta especializada é o procedimento de entrevista sobre situação de violência com criança ou adolescente perante órgão da rede de proteção, limitado o relato estritamente ao necessário para o cumprimento de sua finalidade. Art. 8º Depoimento especial é o procedimento de oitiva de criança ou adolescente vítima ou testemunha de violência perante autoridade policial ou judiciária. Art. 9º A criança ou o adolescente será resguardado de qualquer contato, ainda que visual, com o suposto autor ou acusado, ou com outra pessoa que represente ameaça, coação ou constrangimento. Art. 10. A escuta especializada e o depoimento especial serão realizados em local apropriado e acolhedor, com infraestrutura e espaço físico que garantam a privacidade da criança ou do adolescente vítima ou testemunha de violência. Art. 11. O depoimento especial reger-se-á por protocolos e, sempre que possível, será

Nesse caminhar de cuidados com a escuta da criança/adolescente vítima da alienação parental, a alteração promovida pela Lei n. 14.340/2022 estabeleceu no art. 8º-A da LAP que: "Sempre que necessário o depoimento ou a oitiva de crianças e de adolescentes em casos de alienação parental, eles serão realizados obrigatoriamente nos termos da Lei n. 13.431, de 4 de abril de 2017, sob pena de nulidade processual".

Dessa maneira, por se tratar de violação grave ao direito fundamental de convivência familiar de um ser humano em processo de desenvolvimento, a atuação conjugada dos órgãos de proteção é estratégia indispensável para estancar a permanência da alienação parental, com a cautela de que a criança/adolescente vítima seja ouvida adequadamente[96] e, preferencialmente, uma única vez (art. 11 da Lei n. 13.431/2017).

2.2.1.5. *Convivência com a família extensa e afins*

O direito de convivência entre avós e netos foi positivado por meio da Lei n. 12.398, promulgada em 2011, que acrescentou o parágrafo único ao art. 1.589 do Código Civil, passando a prever que o direito de visita da família natural estende-se a qualquer dos avós, a critério do juiz, observados os interesses da criança ou do adolescente. Por evidente, a referida lei não deve ser interpretada de forma restritiva, assegurando o direito somente aos ascendentes de 2º grau. Dependendo do caso concreto, os parentes dos graus subsequentes na linha reta, colateral e até mesmo os afins estão legitimados a exercer este direito[97].

De acordo com o atual teor da referida lei, a família extensa pode e deve postular a regulamentação de convivência com os respectivos descendentes, com o fito de estreitar relacionamentos saudáveis, sem prejudicar o período de convívio da criança e do adolescente com os genitores.

---

realizado uma única vez, em sede de produção antecipada de prova judicial, garantida a ampla defesa do investigado".

96 Vale mencionar as orientações contidas na Resolução n. 299/2019, do Conselho Nacional de Justiça e o Protocolo Brasileiro de Entrevista Forense com Crianças e Adolescentes Vítimas ou Testemunhas de Violência. Organizadores: Benedito Rodrigues dos Santos, Itamar Batista Gonçalves, Reginaldo Torres Alves Júnior. São Paulo e Brasília: Childhood – Instituto WCF-Brasil: CNJ: UNICEF, 2020. No tocante às práticas de atendimento desenvolvidas por povos indígenas, comunidades quilombolas e povos e comunidades tradicionais com crianças e adolescentes vítimas ou testemunhas de violência, o Conanda editou a Resolução n. 254/2024 que dispõe Sobre os Parâmetros para Aplicação do Artigo 17, parágrafo único, do Decreto n. 9.603, de 10 de dezembro de 2018.

97 Conforme o Projeto de Lei n. 699/2011, que objetiva modificar o Código Civil de 2002, o § 1º do art. 1.589 passaria a ter a seguinte redação: "Aos avós e outros parentes, inclusive afins, do menor é assegurado o direito de visitá-lo, com vistas à preservação dos respectivos laços de afetividade".

PARTE I - O DIREITO MATERIAL SOB O ENFOQUE CONSTITUCIONAL

Se os parentes da linha ascendente, colateral e os afins podem assumir a guarda ou a tutela dos netos, sobrinhos, irmãos ou enteados menores de idade, consoante dicção do § 2º do art. 28 do ECA, não há óbices legais para que detenham o direito de convivência familiar por meio de visitas, direito este de menor amplitude. Em sendo assim, parentes próximos ao infante, ancorados na solidariedade familiar, poderão postular o direito de participar diretamente de sua vida por meio de visitas, inclusive de criança e de adolescente abrigados ou internados por prática de ato infracional[98].

Estando o infante sob a guarda ou a tutela de outrem, os vínculos de parentesco deste com a família ampliada permanecem intocáveis. Portanto, nenhum obstáculo há de ter convivência com todos os parentes que com ele tenham afinidade e afetividade.

Todavia, a visitação dos parentes biológicos aos infantes que foram inseridos em família adotiva não é questão pacífica. Com o surgimento de um novo vínculo de parentesco (civil), rompidos estarão os laços decorrentes do poder familiar com os pais e o liame parental com a família de origem da criança adotada. O registro de nascimento é refeito e, nele, constarão novos avós, de acordo com o ditame do § 1º do art. 47 do ECA, *in verbis*: "a inscrição consignará o nome dos adotantes como pais, bem como o nome de seus ascendentes".

Porém, se o vínculo afetivo entre neto adotado e avós biológicos estiver inalterado, o convívio pode ser estabelecido, pois o valor jurídico "afeto" deve sobrepujar todas as formas de redução da teia familiar, prejudiciais ao superior interesse do infante.

Para sedimentar o que foi analisado antes, então, é importante salientar que existem três condições que fundamentam a legitimidade para postular o direito de convívio: o poder familiar, o vínculo de parentesco ou o liame de afetividade.

Por sua vez, em se tratando de convívio no seio de família recomposta, havendo o rompimento desta, faz-se necessário minorar os efeitos da nova ruptura sobre as crianças. Desse modo, existindo vínculos afetivos entre padrastos e madrastas e filhos afins (enteados), no superior interesse destes últimos, apesar do silêncio legal, não se vislumbram óbices a ser estabelecido o convívio familiar.

2.3. Dever de criar e educar o filho e o direito fundamental deste à educação, à profissionalização e à cidadania

O dever de criar e o de educar o filho estão previstos no art. 229 da Constituição Federal e foram inseridos no inciso I do art. 1.634 do Código Civil de 2002, repetindo norma idêntica do Código Civil de 1916. O art. 22 do ECA, de igual modo, prevê o dever de educar dentre os deveres inerentes ao poder familiar. Cumpre aduzir que

---

98 Art. 16, V, do ECA: "O direito à liberdade compreende os seguintes aspectos: [...] V – participar da vida familiar e comunitária, sem discriminação".

neste dispositivo estatutário foi inserido um parágrafo único (alteração da Lei n. 13.257/2016) destacando que o dever de educação dos filhos deve ser compartilhado pelos pais, devendo ser resguardado o direito de transmissão familiar de suas crenças e culturas, assegurados os direitos da criança estabelecidos no ECA[99].

Educar significa orientar a criança, desenvolvendo sua personalidade, aptidões e capacidade, conceder instrução básica ou elementar, ensino em seus graus subsequentes, incluindo a orientação espiritual, tudo dentro do padrão da condição socioeconômica dos pais.

No que se refere à opção dos pais de assegurarem a educação dos filhos fora do ambiente escolar, o STF decidiu não haver direito público subjetivo da criança ou de sua família ao ensino domiciliar, pois esta modalidade de ensino inexiste na legislação brasileira (Tema 822)[100]. Enfatiza a aludida decisão do STF que "a Constituição Federal não veda de forma absoluta o ensino domiciliar, mas proíbe qualquer de suas espécies que não respeite o dever de solidariedade entre a família e o Estado como núcleo principal à formação educacional das crianças, jovens e adolescentes. São inconstitucionais, portanto, as espécies de *unschooling* radical (desescolarização radical), *unschooling* moderado (desescolarização moderada) e *homeschooling* puro, em qualquer de suas variações".

Assim, o art. 6º da Lei n. 9.394/96 (Lei de Diretrizes e Bases da Educação Nacional), prevê que "é dever dos pais ou responsáveis efetuar a matrícula dos menores, a partir dos seis anos de idade, no ensino fundamental"[101]. Neste particular, vale

---

99 "Art. 53. A criança e o adolescente têm o direito à educação, visando ao pleno desenvolvimento de sua pessoa, preparo para o exercício da cidadania e qualificação para o trabalho" e "Art. 55. Os pais ou responsável têm a obrigação de matricular seus filhos ou pupilos na rede regular de ensino". Prevê o art. 18.1 da Convenção dos Direitos da Criança que: "Os Estados Partes envidarão os seus melhores esforços a fim de assegurar o reconhecimento do *princípio de que ambos os pais têm obrigações comuns com relação à educação e pelo desenvolvimento da criança.* Caberá aos pais ou, quando for o caso, aos representantes legais para o desempenho de suas funções no que tange à educação da criança, e assegurarão a criação de instituições e serviços para o cuidado das crianças" (grifos nossos).

100 STF, Tribunal Pleno, RE 888.815/RS, Rel. Min. Roberto Barroso, Red. do acórdão Min. Alexandre de Moraes, j. 12-9-2018. *De lege ferenda*, cabe citar as seguintes proposições que objetivam disciplinar o tema: o Projeto de Lei n. 3.179/2012, que acrescenta parágrafo ao art. 23 da Lei n. 9.394/96, de diretrizes e bases da educação nacional, para dispor sobre a possibilidade de oferta domiciliar da educação básica, e o Projeto de Lei n. 3.262/2019, que altera o Decreto-lei n. 2.848, de 7 de dezembro de 1940 – Código Penal, para incluir o parágrafo único no seu art. 246, a fim de prever que a educação domiciliar (*homeschooling*) não configura crime de abandono intelectual.

101 A Lei n. 11.274/2006 alterou a redação dos arts. 29, 30, 32 e 87 da LDB, dispondo sobre a duração de 9 anos para o Ensino Fundamental, com matrícula obrigatória a partir dos 6 anos de idade.

PARTE I - O DIREITO MATERIAL SOB O ENFOQUE CONSTITUCIONAL

dizer que a Emenda Constitucional n. 59/2009 procedeu a alteração no art. 208 da CF/88 e estabeleceu que a educação básica e gratuita será a partir dos 4 anos até os 17 anos de idade.

A mencionada Lei de Diretrizes e Bases da Educação recomenda a educação profissional, integrada às diferentes formas de educação, ao trabalho, à ciência e à tecnologia, dos estudantes do ensino fundamental e médio, visando ao permanente desenvolvimento das aptidões para a vida produtiva (art. 39). Os pais, portanto, devem ater-se também ao preparo dos filhos adolescentes para o exercício de uma atividade laborativa.

Quanto ao limite de idade do filho, no que concerne ao elemento educação, vinculado ao direito de ser sustentado pelos pais, tem-se ampliado ao alimentado, sem renda própria, o pensionamento, após os 18 anos e até os 24 anos de idade, desde que este esteja cursando ensino médio ou universitário, de maneira que se evite a interrupção da ascensão educacional daquele, sendo esta uma prorrogação construída pela doutrina e, especialmente, pelas decisões dos tribunais, do dever de educar o filho, mesmo após completar a maioridade civil.

Por igual razão, se o filho menor de 18 anos, emancipado em razão do art. 5º, I, do CC, estiver frequentando universidade, desde que não tenha recursos financeiros suficientes para sua mantença, o direito à educação ainda deve ser suprido pelos genitores.

Como extensão ao dever de educar, aos pais compete, quanto à pessoa dos filhos menores, exigir que lhes prestem obediência, respeito e os serviços próprios de sua idade e condição (art. 1.634, IX, do CC com a redação conferida pela Lei n. 13.058/2014), de modo que o aprendizado para a vida em sociedade comece com o exemplo e a experiência da convivência doméstica, sem, evidentemente, ferir direitos fundamentais relativos à educação formal, à saúde e à vida.

Acopladas à educação formal estão a correição e a disciplina, que significam impor limites claros de comportamento ao filho, necessários à boa convivência familiar e social, afinal os pais estão formando cidadãos. Para tanto, todavia, os pais devem observar regras de respeito, liberdade e dignidade do filho (art. 18 do ECA). A disciplina da prole deve ser debatida e negociada na dinâmica familiar através da comunicação familiar equilibrada, despida de permissibilidades irresponsáveis ou de uso da força.

Atento à tênue linha divisória entre a moderação dos castigos disciplinares e a violência física e psicológica, Paulo Luiz Netto Lôbo[102] comenta:

> Sob o ponto de vista estritamente constitucional não há fundamento jurídico para o castigo físico ou psíquico, ainda que *moderado*, pois não deixa de consistir

---

102 LÔBO, Paulo Luiz Netto. Op. cit., p. 323 (grifos no original).

violência à integridade física do filho, que é direito fundamental inviolável da pessoa humana, também oponível aos pais.

Nesse sentido, foi promulgada a Lei n. 13.010/2014, que estabeleceu o direito da criança e do adolescente de serem educados e cuidados sem o uso de castigos físicos ou de tratamento cruel e degradante, como forma de correção, disciplina, educação ou qualquer outro pretexto pelos pais. Observa-se que, além de tratar da vedação do uso da força física, a lei proíbe, ainda, a disciplina ou correição por meio de conduta ou forma cruel que humilhe, ameace gravemente ou ridicularize o filho, pois as palavras também ferem[103].

A fim de coibir formas violentas de educação, correção ou disciplina e mirando no fortalecimento da parentalidade positiva, protetiva e responsável, o Estatuto infantojuvenil foi robustecido em 2022 pela Lei n. 14.344 (Lei Henry Borel), através das alterações nos arts. 18-B, 70-A, 70-B, 136, 201 e 226, criando mecanismos e ações mais contundentes de prevenção e enfrentamento da violência doméstica e familiar contra a criança e o adolescente, deixando claro que a função parental deve ser norteada pelo respeito à dignidade dos filhos. Com a edição da Lei n. 15.826/2024, a parentalidade positiva foi conceituada como o processo desenvolvido pelas famílias na educação das crianças na condição de sujeitos de direitos no desenvolvimento de um relacionamento fundado no respeito, no acolhimento e na não violência.

Ainda pelo prisma do dever dos pais de educar, é inegável que engloba, também, o de garantir o direito dos filhos menores de idade ao acesso a ambiente digital, assegurando-se que os conteúdos e serviços acessados sejam compatíveis com seus direitos e seu superior interesse, utilizando para tanto o dever fiscalizatório parental para evitar que a prole tenha contato com conteúdo violento, sexual, *cyber* agressão ou *cyberbullying*, discurso de ódio, assédio, adicção, jogos de azar, exploração e abuso – inclusive sexual e comercial, incitação ao suicídio, à automutilação, publicidade ilegal ou a atividades que estimulem e/ou exponham a risco sua vida ou integridade física. Ademais, devem os pais atentar que o uso de equipamentos e plataformas digitais não deve ser prejudicial, tampouco substituir ou restringir as interações pessoais entre crianças e adolescentes, familiares, cuidadores e a comunidade em geral[104].

Em suma, como alerta João Ricardo Aguirre[105], "a função de evitar que crianças e adolescentes venham a se tornar vítimas de danos em suas incursões no mundo virtual, integra de forma inequívoca a responsabilidade parental [...] Exsurge,

---

103 O tema foi ampliado neste mesmo capítulo no item 6.1, "Castigo imoderado".
104 Art. 6º, § 2º, da Resolução n. 245/2024 do Conanda.
105 AGUIRRE, João Ricardo Brandão. A responsabilidade parental e o abandono digital. In: *Direito das famílias e sucessões na era digital*. SANCHES, Patrícia Corrêa (coord.) Belo Horizonte: Instituto Brasileiro de Direito de Família-IBDFAM, 2021, p. 206/207. Para ampliação do tema, remetemos o leitor aos itens 7.9 sobre Educação Digital do capítulo dos Direitos Fundamentais e ao 2.6 do capítulo Poder Familiar.

PARTE I – O DIREITO MATERIAL SOB O ENFOQUE CONSTITUCIONAL

consequentemente, o dever de cuidado, bem como o de educação dos filhos menores, para municiá-los de informações relacionadas a sua própria segurança, além de impor limites e estabelecer formas adequadas de supervisão".

2.4. Dever de sustento e o direito fundamental à assistência material

O dever de sustentar o filho menor de 18 anos, resultante do poder familiar, configura-se na provisão da subsistência material, ou seja, no fornecimento de alimentação, vestuário, moradia, educação, medicamentos, de condições de sobrevivência e desenvolvimento do alimentado[106]. Esse múnus alimentar dos pais aos filhos menores está estatuído no art. 22 do ECA c/c nos arts. 1.566, IV, 1.568 e 1.724 do CC.

Registre-se que, tendo o nascituro o *status* de filho a partir do momento da concepção, a ele são reconhecidos todos os direitos conferidos aos demais filhos, dentre eles o direito ao reconhecimento da paternidade (parágrafo único do art. 1.609 do CC) e o direito aos alimentos, decorrente do vínculo de parentesco e do poder familiar para que possa, saudavelmente, desenvolver-se no ventre materno e nascer vivo (art. 5º, *caput,* e art. 227 da CF/88; art. 4º da Declaração Universal dos Direitos Humanos; e arts. 7º e 8º do ECA).

O sustento do nascituro foi legislado com o nome de alimentos gravídicos em favor da gestante e do filho (Lei n. 11.804/2008). Esta lei específica sedimentou o direito de o nascituro ter valores suficientes para as despesas adicionais deste período de sua formação e da situação de gravidez de sua genitora e que sejam dela decorrentes, da concepção ao parto, inclusive as referentes à alimentação especial, assistência médica e psicológica, exames complementares, internações, parto, medicamentos e demais prescrições preventivas e terapêuticas indispensáveis, a juízo do médico, além de outras que o juiz considere pertinentes. A referida lei conferiu ao procedimento alimentar uma celeridade maior, diante da peculiaridade da situação, qual seja a de que os alimentos são fixados durante o estágio de gestação e, portanto, o prazo de defesa do pai passou a ser de cinco dias. Após o nascimento, os alimentos gravídicos ficam convertidos em pensão alimentícia em favor do filho menor até que uma das partes solicite a sua revisão e passam a ser divididos proporcionalmente entre ambos os genitores[107].

---

106 A Emenda Constitucional n. 64/2010 incluiu no rol dos direitos sociais o direito à alimentação.

107 Tramita no Congresso Nacional o Projeto de Lei n. 478/2007, que trata dos direitos do nascituro. No seu bojo consta previsão do direito do nascituro à pensão alimentícia, caso concebido em decorrência de estupro, cuja redação foi reformulada pela Comissão de Seguridade Social e Família: "Art. 13. O nascituro concebido em decorrência de estupro terá assegurado os seguintes direitos, ressalvado o disposto no art. 128 do Código Penal Brasileiro: I – direito à assistência pré-natal, com acompanhamento psicológico da mãe; II – direito de ser encaminhado à adoção, caso a mãe assim o deseje.

Cessa o dever de sustento, a princípio, com a maioridade civil ou a emancipação, porque estas causas rompem com o poder familiar.

Vale destacar, sem receio de sermos repetitivos, que o dever de assistência material dos pais à prole, inerente ao poder familiar, pode e deve ser prorrogado até que o filho atinja a idade de 24 anos, mas desde que esteja cursando nível superior, ou até os 21 anos, quando o filho está estudando para o ingresso na faculdade, valorizando-se, assim, o alimentando que deseja se aperfeiçoar nos estudos e preparar-se para a vida independente.

Mesmo que o filho menor de idade trabalhe ou disponha de recursos financeiros para manter-se por meio de bens próprios, aos pais incumbe o dever de sustentá-lo, pois se presume a sua necessidade diante da incapacidade de gerir sozinho sua pessoa e suas rendas.

Destaque-se, em tempo, que a assistência material dos pais ao filho menor de idade não é um dever recíproco, pelo contrário, é unilateral. É uma obrigação legal dos pais aos filhos, e não entre filhos e pais.

Assevere-se, entretanto, que o dever alimentar existente entre a prole e os pais, após a maioridade civil, baseia-se unicamente no vínculo do parentesco (art. 229, *in fine,* da CF/88 c/c art. 1.694 do CC) e, então, passará a ser recíproco.

O Código de Menores (Lei n. 6.697/1979) previa expressamente que "a perda ou a suspensão do pátrio poder não exonera os pais do dever de sustento dos filhos" (parágrafo único do art. 45). O Estatuto da Criança e do Adolescente nada fala a respeito, contudo, a Lei n. 8.069/1990 afirma, no art. 41, que o vínculo de parentesco cessa com a adoção. Logo, não havendo sentença de adoção, mas apenas decisão destituindo ou suspendendo o poder familiar, o liame de parentesco permanece. Prova desta afirmação é o fato de que não são retirados da certidão de nascimento do filho os nomes dos pais destituídos ou suspensos do citado múnus, mas apenas averba-se a sentença referente às mencionadas medidas à margem de seu registro civil (parágrafo único do art. 163 do ECA).

Em outras palavras, se houver decisão destituindo ou suspendendo o poder familiar, o dever de alimentar o filho subsiste *ex vi legis*, como obrigação decorrente do vínculo de parentesco, não importando se outrem esteja exercendo a sua guarda (arts. 1.694, 1.696 e 1.701 do CC)[108].

---

§ 1º Identificado o genitor do nascituro ou da criança já nascida, será este responsável por pensão alimentícia nos termos da lei. § 2º Na hipótese de a mãe vítima de estupro não dispor de meios econômicos suficientes para cuidar da vida, da saúde, do desenvolvimento e da educação da criança, o Estado arcará com os custos respectivos até que venha a ser identificado e responsabilizado por pensão o genitor ou venha a ser adotada a criança, se assim for da vontade da mãe".

108 O Projeto de Lei n. 6.594/2016, de autoria da Deputada Federal Tia Eron, que tramita na Câmara dos Deputados, prevê alteração no art. 163 do ECA, acrescendo que: "Art. 163.

PARTE I - O DIREITO MATERIAL SOB O ENFOQUE CONSTITUCIONAL

213

Importante frisar, ainda, que a Lei n. 8.069/1990, ao contrário do Código de Menores de 1979, firmou posicionamento de que a falta ou a carência de recursos materiais, por si só, não poderá ensejar a suspensão ou a perda do poder familiar (art. 23). Na realidade, do Código anterior podia-se inferir que se a situação irregular do filho não fosse ocasionada pelos genitores, a perda do poder familiar não seria cabível, de acordo com a interpretação sistemática do art. 45, I, c/c o art. 2º, I, *a* e *b*, da Lei n. 6.697/1979.

Todavia, a miséria ou a pobreza dos genitores era real motivo para qualificar o filho como "criança em situação irregular". Dessa maneira, se este estivesse privado de condições essenciais à sua subsistência, saúde e instrução obrigatória, ainda que eventualmente, em razão de falta, ação ou omissão dos pais ou responsável, era recomendável que ensejasse o afastamento do antigo pátrio poder. Contudo, na alínea *b* do art. 2º, I, da citada lei, a causa da privação estaria relacionada à manifesta impossibilidade dos pais ou responsável para prové-las. Assim, o "menor" estaria abandonado materialmente pelos pais pelo simples fato de a família ser carente financeiramente[109]. Desta forma, puniam-se os pais e o filho com a medida mais drástica ou, ainda, em razão da pobreza, a família biológica era compelida a entregar o filho ao lar substituto.

Portanto, diferentemente do Código de Menores de 1979, pela Doutrina da Proteção Integral abraçada pelo ECA a situação da criança não deve ser definida pelas condições financeiras de seus pais, mas o abandono material dos pais deve ser conjugado com uma série de fatores, especialmente com a verificação da permanência dos vínculos afetivos e emocionais que permeiam a relação paterno-filial.

Como dito, a punição com a perda do poder familiar, exclusivamente, em razão da falta de recursos materiais dos pais, é vedada pelo art. 23 do ECA. Na prática, todavia, há casos em que se verifica que a situação econômica da família, aliada a outros fatores, embora não seja causa da destituição, impede o exercício da parentalidade. Como exemplo, a hipótese de pais que possuem jornada integral de trabalho e não dispõem de creches próximas à residência para cuidarem da prole em sua ausência. Nesses casos, com muita frequência, deixam os filhos à guarda fática de terceiros, inclusive de abrigos, durante a semana. Ou, pior, por desemprego ou no subemprego, há falta concreta dos alimentos e da habitação familiar, o que faz com que o acolhimento da prole se prolongue no tempo, incentivando a acomodação e gerando omissão e negligência dos genitores, inclusive no que diz respeito ao convívio e à mobilização para a reintegração dos filhos ao lar de origem.

[...] § 2º O trânsito em julgado da sentença que decretar a perda ou suspensão do poder familiar dos pais não obsta o pagamento de alimentos, salvo se a criança ou adolescente for incluído em família substituta".

109 *Código de Menores*. Brasília: Senado Federal, 1982, p. 90.

Tendo em vista a aludida regra do art. 23 do ECA, caso tenha sido proposta a ação de destituição do poder familiar por omissão e negligência de direitos fundamentais, havendo fortes indícios de que a desestruturação familiar ocorreu tão somente por ausência de recursos materiais, a referida ação deve ser suspensa e concedida a oportunidade de fortalecimento da família, por meio de atendimento assistencial integral.

Por outro turno, durante o período de suspensão do processo de destituição do poder familiar, deve ser averiguado se o oferecimento de melhores condições de vida aos pais será suficiente para que estes passem a cuidar dos filhos de forma diligente e responsável. Havendo, portanto, o interesse dos genitores em receber uma nova oportunidade para exercerem responsavelmente o poder familiar, por meio do atendimento pelo Poder Público, sanada a situação de vulnerabilidade e de risco, o investimento deve sempre se dar no sentido do retorno da criança para a casa da família biológica.

Fortalecendo o princípio da prevalência da família natural (inciso X do parágrafo único do art. 100 do ECA), apesar da falta de recursos materiais, a Lei n. 12.010/2009 em diversos dispositivos acrescentou ao ECA a obrigação do Poder Público de fornecer o devido suporte às famílias carentes para que possam conviver com seus filhos (§ 3º do art. 19 – cuja redação foi ampliada pela Lei n. 13.257/2016; inciso VI do art. 88; § 9º do art. 101; inciso IX do art. 208). O Ministério Público, em seus dois níveis, estadual e federal, deve estar atento para propor ações civis públicas individuais ou de obrigação de fazer em face do Poder Público para que a família pobre, carente de recursos materiais, tenha o mínimo de estrutura de moradia, de alimentação e educação para oferecer à prole.

Em suma, deve ser prioridade orçamentária de os governantes oferecerem políticas públicas de ajuda às famílias carentes, orientando-as e reestruturando-as para o bem dos filhos e da própria sociedade.

Dessa maneira, deve ser sempre confrontada a realidade da comunidade, na qual a criança ou o adolescente esteja inserido, com as causas que sustentam o pleito de perda do poder familiar, uma vez que a retirada de filhos de seus pais é inexoravelmente uma questão delicada. Se a pobreza e a falta de assistência às famílias da comunidade são uma constante e não houve indícios de maus-tratos, violência, imoralidade, abuso sexual, enfim, nenhuma das situações que ameacem os direitos dos filhos, o fato de os pais serem pobres não é hipótese legal para que os pais sejam destituídos da autoridade parental.

Importa registrar, ainda, que a regra do art. 23 do ECA foi reforçada em seu conteúdo por meio da Lei n. 12.962/2014, que acresceu o § 1º, dando destaque ao princípio da prevalência da família natural e à manutenção da criança ao lado de seus familiares biológicos. A redação do § 1º do art. 23 foi, ainda, aperfeiçoada pela Lei n. 13.257/2016 ao dispor que "não existindo outro motivo que por si só autorize a decretação da medida, a criança ou o adolescente será mantido em sua família de

PARTE I – O DIREITO MATERIAL SOB O ENFOQUE CONSTITUCIONAL

215

origem, a qual deverá obrigatoriamente ser incluída em serviços e programas oficiais de proteção, apoio e promoção".

De fato, o poder familiar é instituto regido por normas de ordem pública, de modo que é fundamental que o Poder Público coopere neste papel, dotando a família de condições para exercer estes deveres em favor dos filhos.

De todo modo, é importante registrar que o ECA se refere expressamente à ação de alimentos no elenco das matérias afetas à Justiça da Infância e da Juventude (art. 148, parágrafo único, g) e, também, ao enumerar as atribuições das Promotorias de Justiça da infância e da juventude (art. 201, III).

Por se tratar de competência concorrente com a Justiça de família, deve-se perquirir a situação da criança e do adolescente alimentados. A ação de alimentos que tramita perante a Justiça da infância deve restringir-se a beneficiar menores de 18 anos que estejam vinculados a esta Justiça especializada, ou seja, favorecer aos acolhidos em instituições.

Muito se tem debatido acerca da legitimidade para a propositura da ação alimentar perante a Justiça da Infância e da Juventude. Não há dúvidas quanto ao direito personalíssimo da criança e do adolescente abrigados de serem sustentados por seus genitores que exerçam, ou não, o poder familiar, mesmo que todas as suas necessidades básicas estejam sendo supridas pela entidade de abrigo ou por seu responsável legal.

A hipótese ventilada tem por fundamento a incontestável legitimidade do órgão ministerial conferida para a defesa de direito fundamental indisponível quando a criança ou o adolescente não disponha de responsável, ou seja, no caso de o menor de 18 anos estar acolhido em entidade e cujos pais não exerçam o poder familiar adequadamente (art. 98 do ECA).

Com isso, além da legitimidade ativa da própria criança ou do adolescente, representados ou assistidos pelo dirigente do abrigo, guardião, tutor etc., a lei estatutária deixou claro que o Ministério Público poderá propor a referida ação para garantir direito individual indisponível e irrenunciável da criança ou do adolescente, caso o seu representante legal não o faça (art. 201, III, do ECA). Esta é uma questão que se afigura bastante clara, já que o Ministério Público foi erigido pela Constituição Federal como guardião dos interesses sociais e individuais indisponíveis (art. 127).

Assim, mesmo que não expressamente referida a legitimidade para a ação de alimentos nas funções institucionais do art. 129 da CF/88, o *Parquet* exerce outras atribuições que lhe forem conferidas na defesa dos interesses individuais, desde que compatíveis com sua finalidade (inciso IX).

O art. 201, III, do ECA, portanto, apresenta-se absolutamente coerente com a atribuição constitucional conferida ao Ministério Público[110]. A defesa do direito

---

110 "Art. 201. Compete ao Ministério Público: [...] III – promover e acompanhar as ações de alimentos; [...]."

individual indisponível do infante em situação de risco a ser sustentado pelos genitores ou por seus guardiães, portanto, deve ser alvo de pronta atuação ministerial.

Ampliando a autuação ministerial, em qualquer situação de defesa de direito indisponível infantojuvenil, encontra-se o posicionamento de Cristiano Chaves de Farias[111]:

> É que os interesses relativos à infância e juventude (e tuteláveis pelo *Parquet*) são indisponíveis, independendo do *status* econômico ou social dos interessados. Enfim, a *indisponibilidade* é o traço marcante desses interesses. A importância e especificidade (dado o caráter indisponível) do interesse menorista suplanta – e muito – a questão econômica, patrimonial. Por isso, a legitimação da Promotoria de Justiça não depende da existência, ou não, de serviço de assistência judiciária gratuita na localidade.

Nesse sentido, o teor da Súmula n. 594 do STJ, publicada em 6 de novembro de 2017:

> O Ministério Público tem legitimidade ativa para ajuizar ação de alimentos em proveito de criança ou adolescente independentemente do exercício do poder familiar dos pais, ou do fato de o menor se encontrar nas situações de risco descritas no art. 98 do Estatuto da Criança e do Adolescente, ou de quaisquer outros questionamentos acerca da existência ou eficiência da Defensoria Pública na comarca.

Como corolário deste entendimento, a Lei n. 12.415/2011 incluiu no ECA a possibilidade de fixação de alimentos provisórios (parágrafo único do art. 130), em prol de crianças e adolescentes vítimas de maus-tratos, opressão e abuso social, quando o agressor for afastado da moradia comum. A intenção do legislador, a toda evidência, foi impedir que o agressor permanecesse no lar pelo fato de ser o provedor da família e fortalecer o direito fundamental à assistência material dos filhos vitimizados.

Não se deve confundir, por derradeiro, o dever de sustento dos genitores (guardião ou não guardador) decorrente do poder familiar (art. 22 do ECA) com a obrigação dos demais parentes de sustentarem os seus netos/bisnetos e irmãos menores de idade, cuja fonte legal situa-se na solidariedade familiar expressa nos arts. 1.694 c/c 1.696, 1.697 e 1.698 do Código Civil. Para tanto, não basta a comprovação do vínculo de parentesco para postular o pensionamento desses parentes próximos, mas se exigem pressupostos específicos do binômio necessidade e possibilidade, sob pena de serem burlados os deveres primários dos detentores do

---

111 FARIAS, Cristiano Chaves de. A legitimidade do Ministério Público para a ação de alimentos: uma conclusão constitucional. In: FARIAS, Cristiano Chaves de (coord.). *Temas atuais do Ministério Público*. 6. ed. totalmente reformulada. Salvador: JusPodivm, 2016, p. 1013 (itálico no original).

PARTE I – O DIREITO MATERIAL SOB O ENFOQUE CONSTITUCIONAL

poder familiar. Assim, o STJ vem se posicionando, de forma firme, no sentido de que a responsabilidade de prestação alimentar por parentes, notadamente pelos avós, acionados que são com mais frequência, não é automática, mas excepcional, tem natureza subsidiária e complementar àquela de ambos os genitores e somente pode ser exigida na impossibilidade de cumprimento da prestação ou cumprimento insuficiente dos pais, de modo a não estimular a inércia ou acomodação dos primeiros responsáveis. E mais: a insuficiência dos alimentos pelos pais deve ser efetivamente demonstrada, mediante o esgotamento dos meios processuais disponíveis para compelir os alimentantes primários a sustentar o filho, pois as sanções decorrentes do inadimplemento são rigorosamente as mesmas para os pais e para os demais parentes, como a prisão civil.

Deve-se lembrar que o procedimento da Ação de Alimentos, qualquer que seja a competência, é o previsto na Lei n. 5.478/1968, e o valor a ser judicialmente arbitrado ou acordado entre as partes deve atender ao trinômio das necessidades do alimentado menor de idade, que são sempre presumidas, da possibilidade do alimentante e do padrão de vida da família.

Convém adicionar, por fim, que o abandono material dos filhos menores de 18 anos pode tipificar crime (art. 244 do CP) e, também, ilícito civil, nos termos do art. 186 do CC, com a reparação moral pelos genitores que, apesar de disporem de recursos financeiros, faltarem com o dever de sustento da prole[112].

2.5. Dever de assistência imaterial e o direito ao afeto

O papel dos pais com relação aos filhos menores de idade, qualquer que seja a origem do vínculo de filiação, não se limita ao aspecto patrimonial da relação paterno-filial, ou seja, ao dever de sustento material. A assistência emocional também é uma obrigação legal dos detentores do poder familiar, sob o aspecto existencial, de acordo com a norma constitucional do art. 229, interpretada extensivamente.

---

112 "RECURSO ESPECIAL. *FAMÍLIA. ABANDONO MATERIAL. MENOR. DESCUMPRIMENTO DO DEVER DE PRESTAR ASSISTÊNCIA MATERIAL AO FILHO. ATO ILÍCITO (CC/2002, ARTS. 186, 1.566, IV, 1.568, 1.579, 1.632 E 1.634, I; ECA, ARTS. 18-A, 18-B E 22). REPARAÇÃO. DANOS MORAIS. POSSIBILIDADE.* RECURSO IMPROVIDO. 1. *O descumprimento da obrigação pelo pai, que, apesar de dispor de recursos, deixa de prestar assistência material ao filho, não proporcionando a este condições dignas de sobrevivência e causando danos à sua integridade física, moral, intelectual e psicológica, configura ilícito civil, nos termos do art. 186 do Código Civil de 2002.* 2. Estabelecida a correlação entre a omissão voluntária e injustificada do pai quanto ao amparo material e os danos morais ao filho dali decorrentes, é possível a condenação ao pagamento de reparação por danos morais, com fulcro também no princípio constitucional da dignidade da pessoa humana. 3. Recurso especial improvido" (STJ, REsp n. 1.087.561/RS, 4ª Turma, Rel. Min. Raul Araújo, j. 13-6-2017) (grifos nossos).

Com efeito, analisando detidamente a redação do art. 229 da CF/88, no que tange ao dever dos pais de assistir os filhos menores, notamos a amplitude do termo e as suas vertentes possíveis. Se, por um lado, significa ajudar, auxiliar e socorrer, por outro, há o aspecto de estar presente, perto, acompanhar e conviver. Pela assistência se mostra o apoio, a atenção, o cuidado que uma pessoa deve ter por outra, tão importantes para a construção psíquica e emocional de uma criança e adolescente.

Sob este último ângulo, a palavra *assistir* adquire a conotação de participação dos pais, ativa e contínua, na vida do filho. Este encargo está atrelado ao princípio da solidariedade, migrado do art. 3º, I, da CF/88 para atingir as relações familiares. Deste se desmembra o princípio da parentalidade responsável. Como ensina Paulo Luiz Netto Lôbo, a solidariedade em relação aos filhos responde à exigência de a pessoa ser cuidada até atingir a idade adulta, ou seja, de ser mantida, instruída e educada para sua plena formação social[113].

Assim, dissecando os aspectos relacionados aos deveres de assistência, Fábio Bauab Boschi[114] deve ser citado por sua clareza:

> O dever de assistência ampla e geral previsto na Carta Magna abrange a *assistência material*, que pode ser caracterizada como o auxílio econômico imprescindível para a subsistência integral do filho menor, abarcando todas as suas necessidades básicas, como alimentação, vestuário, educação, assistência médico-odontológica, remédio, lazer e outras; e a *assistência imaterial* traduzida no apoio, carinho, aconchego, atenção, cuidado, participação em todos os momentos da vida, proteção e respeito pelos pais aos direitos da personalidade do filho, como à honra, imagem, liberdade, dignidade, patronímico de família, segredo, intimidade, integridade física psíquica e moral, convivência familiar e direito aos pais, entre outros.

A assistência imaterial, pois, traduz-se na efetiva participação dos pais na vida do filho e no respeito por seus direitos da personalidade como o direito de conviver no âmbito da família e ser cuidado pelos pais (art. 7º, *in fine*, da Convenção dos Direitos da Criança).

O direito ao amor e ao afeto são aspectos imateriais dessa assistência, mas, como visto, não são os únicos. O amor não é encontrado como direito, expressamente, nas leis brasileiras, mas está consagrado no art. 6º da Declaração Universal dos Direitos da Criança: "[...] para o desenvolvimento completo e harmonioso de sua personalidade, *a criança precisa de amor e compreensão. Criar-se-á, sempre que possível, aos cuidados e sob a responsabilidade dos pais, e em qualquer hipótese, num ambiente de afeto e de segurança moral e material;* [...]". A referência ao amor na

---

113 LÔBO, Paulo Luiz Netto. Op. cit., p. 61.
114 BOSCHI, Fabio Bauab. *Direito de visita*. São Paulo: Saraiva, 2005, p. 61-62.

PARTE I – O DIREITO MATERIAL SOB O ENFOQUE CONSTITUCIONAL

Convenção dos Direitos da Criança está situada no preâmbulo que diz: "[...] Reconhecendo que a criança, para o pleno e harmonioso desenvolvimento de sua personalidade, *deve crescer no seio da família, em um ambiente de felicidade, amor e compreensão*". Vê-se, assim, que o sentir-se amado para as crianças, segundo contido nesses documentos internacionais, está relacionado diretamente a conviver em ambiente familiar no qual, com responsabilidade, os pais demonstrem amor, por meio da presença, segurança moral e material e do cuidado.

O direito ao afeto, por seu lado, está cunhado na Declaração dos princípios sociais e jurídicos relativos à proteção e ao bem-estar das crianças, com especial referência à adoção e colocação familiar, em nível nacional e internacional (art. 5º)[115]. Cabe lembrar que a afetividade é localizada em diversos dispositivos do ECA relacionados à convivência familiar como vetor a ser buscado para efetivar o superior interesse das crianças: arts. 25, parágrafo único, 28, § 3º, 42, § 4º, e 50, § 13, II e III.

Dessa maneira, embora o amor e o afeto dos pais não possam ser exigidos mediante contrapartida punitiva, certo é que a desassistência imaterial dos genitores deve ser sempre desmotivada por meio de sanções, uma vez que compreende bem mais do que sentimentos, mas, principalmente, envolve atitudes cuidadosas no âmbito familiar. A ausência de assistência afetiva, consubstanciada no descuido dos pais para com os filhos, caracterizada por um abandono de qualquer natureza, seja pela omissão no dever de convivência ou de dar-lhes suporte material, emocional, afetivo, seja pela ausência de apoio, entre tantas outras formas de falta de alteridade, pode ser motivo de indenização por dano moral, cumulada ou não com a ação de suspensão ou destituição do poder familiar (art. 327, § 1º, I, II e III, do CPC).

O Superior Tribunal de Justiça, embora, inicialmente, tenha reconhecido a possibilidade de os pais repararem os danos decorrentes do abandono afetivo do filho por descumprimento do dever do cuidado (RE 1.159.242/SP, 3a Turma, Rel. Min. Nancy Andrighi, j. 24-4-2012), possui atualmente entendimentos diversificados acerca da temática.[116]

---

115 Disponível em: <http://www.dhnet.org.br/direitos/sip/onu/c_a/dec86.htm>. Acesso em: 8 out. 2024.

116 *"CIVIL DIREITO DE FAMÍLIA. RESPONSABILIDADE CIVIL SUBJETIVA. GENITOR. ATO ILÍCITO. DEVER JURÍDICO INEXISTENTE. ABANDONO AFETIVO. INDENIZAÇÃO POR DANOS MORAIS. 1. [...] 2. A indenização por dano moral, no âmbito das relações familiares, pressupõe a prática de ato ilícito. 3. O dever de cuidado compreende o dever de sustento, guarda e educação dos filhos. Não há dever jurídico de cuidar afetuosamente, de modo que o abandono afetivo, se cumpridos os deveres de sustento, guarda e educação da prole, ou de prover as necessidades de filhos maiores e pais, em situação de vulnerabilidade, não configura dano moral indenizável. Precedentes da 4ª Turma.[...] 4. Recurso especial conhecido em parte e, na parte conhecida, não provido"* (REsp 1579021/RS, 4ª Turma, Rel. Min. Maria Isabel Gallotti, j. 19-10-2017); "CIVIL PROCESSUAL CIVIL. DIREITO DE FAMÍLIA. *ABANDONO AFETIVO. REPARAÇÃO DE*

Sobre a responsabilidade civil dos pais em casos de desassistência imaterial, como a ausência de convívio dos pais com os filhos, assevera Maria Berenice Dias[117] que:

> Ainda que a falta de afetividade não seja indenizável, o reconhecimento da existência do *dano psicológico* deve servir, no mínimo, para gerar o comprometimento do pai com o pleno e sadio desenvolvimento do filho. Não se trata de atribuir um valor ao amor, mas reconhecer que o afeto é um bem que tem valor.

Em resumida síntese, é possível inferir que a imposição da sanção civil nessas espécies de ações tem por meta principal castigar o culpado pelo agravo moral, mas também conscientizar o genitor faltoso e negligente de que a conduta deve cessar e ser evitada, buscando-se o caminho da reconciliação e o restabelecimento dos laços de afeto.

Entendemos, porém, que havendo pais que abandonam emocionalmente os filhos em instituição de acolhimento ou em família acolhedora, de forma injustificada, estes poderão acioná-los, representados pelo guardião legal, desde que detenha poderes para tanto ou pelo Ministério Público, a fim de serem indenizados pela dor moral sofrida pelo distanciamento, independentemente da propositura da ação de perda do poder familiar e da ação de alimentos.[118]

A competência para apreciar e julgar tal questão é da Justiça da Infância e da Juventude, à qual a criança violada em seus direitos está vinculada, em decorrência do abrigamento e, ainda, por força do art. 148, IV, do ECA, que prevê a competência daquela justiça para as ações civis fundadas em interesses individuais. O Ministério Público da infância possui legitimidade para a propositura da ação civil pública objetivando a reparação do dano.

DANOS MORAIS. PEDIDO JURIDICAMENTE POSSÍVEL. APLICAÇÃO DAS REGRAS DE RESPONSABILIDADE CIVIL NAS RELAÇÕES FAMILIARES. OBRIGAÇÃO DE PRESTAR ALIMENTOS E PERDA DO PODER FAMILIAR. *DEVER DE ASSISTÊNCIA MATERIAL E PROTEÇÃO À INTEGRIDADE DA CRIANÇA QUE NÃO EXCLUEM A POSSIBILIDADE DA REPARAÇÃO DE DANOS. RESPONSABILIZAÇÃO CIVIL DOS PAIS.* PRESSUPOSTOS. *AÇÃO OU OMISSÃO RELEVANTE QUE REPRESENTE VIOLAÇÃO AO DEVER DE CUIDADO. EXISTÊNCIA DO DANO MATERIAL OU MORAL. NEXO DE CAUSALIDADE. REQUISITOS PREENCHIDOS NA HIPÓTESE. CONDENAÇÃO A REPARAR DANOS MORAIS. CUSTEIO DE SESSÕES DE PSICOTERAPIA. DANO MATERIAL OBJETO DE TRANSAÇÃO NA AÇÃO DE ALIMENTOS.* INVIABILIDADE DA DISCUSSÃO NESTA AÇÃO" (REsp 1.887.697/RJ, 3ª Turma, Rel. Min. Nancy Andrighi, j. 21-9-2021) (grifos nossos).

117 DIAS, Maria Berenice. *Manual de direito das famílias.* 12. ed. rev., atual. e ampl. São Paulo: Revista dos Tribunais, 2017, p. 108 (grifos no original).

118 Tramita na Câmara dos Deputados o Projeto de Lei n. 3.012/2023, que pretende alterar o ECA e o CC para dispor sobre a assistência afetiva e sobre medidas preventivas e compensatórias do abandono afetivo dos filhos. Essa proposição está, desde 13/05/2024, na Comissão de Constituição e Justiça e de Cidadania.

PARTE I – O DIREITO MATERIAL SOB O ENFOQUE CONSTITUCIONAL

Nas hipóteses de crianças ou adolescentes que não se enquadrem na situação do art. 98, II, do ECA, a competência para apreciar ações postulando danos morais será definida pela Lei de Organização Judiciária local.

A verificação da ocorrência de dolo (intenção) ou culpa (negligência) por parte dos pais é fator fundamental para justificar a propositura de ação cível ou penal em face dos genitores, pelo Ministério Público, especialmente quando ocorre concomitantemente a transferência do poder familiar, como nos casos de adoção.

2.5.1. Da devolução do filho adotivo

A adoção é um ato de amor que gera, por meio de decisão judicial, liame de parentalidade e de filiação civil. A posição de filho adotivo é definitiva e irrevogável, para todos os efeitos legais. A irrevogabilidade, para Guilherme Gama, representa uma aplicação específica do princípio constitucional da igualdade entre os filhos (independentemente da origem, ou da fonte que gerou a filiação). Caso não ocorresse a irrevogabilidade, não haveria absoluta equiparação entre os filhos, levando em conta que os filhos decorrentes da adoção se sujeitariam à extinção do vínculo da parentalidade-filiação por força de possível revogação da adoção, como era prevista no Código Civil de 1916. Pelo fato de o vínculo criado pela adoção ser irrevogável, deve o mesmo ser respeitado por ambas as partes: adotante e adotado. Na lição de Gama[119]:

> [...] a irrevogabilidade gera duas consequências que atendem aos interesses das pessoas envolvidas em relação à segurança jurídica especialmente relacionada aos vínculos jurídico-familiares: a) *a impossibilidade de o adotante desfazer, por vontade e iniciativa próprias, a adoção que ele mesmo desejou que fosse constituída*; b) a mesma impossibilidade de o adotado também revogar a adoção, ainda que tenha sido adotado quando era criança ou adolescente, o que também preserva os interesses do adotante.

A origem da parentalidade, como visto no item anterior, não possui qualquer relevância para a configuração ou não da responsabilidade civil dos pais pela ausência de assistência material ou imaterial com relação à prole, diante do que dispõe o § 6º do art. 227 da CF/88, preceito que sedimenta o princípio da isonomia filial.

Nesse sentido, a devolução de um filho ao acolhimento institucional, após experimentar a convivência familiar com os pais adotivos, pode constituir abuso de direito, correspondente a ato ilícito e, por consequência, gerar o dever de indenizar (art.

---

119 GAMA, Guilherme Calmon Nogueira da. *A nova filiação*: o biodireito e as relações parentais: o estabelecimento da parentalidade-filiação e os efeitos jurídicos da reprodução assistida heteróloga. Rio de Janeiro: Renovar, 2003. p. 575 e 624. O grifo é nosso.

187 do CC).[120] Tratando-se de abandono de filho adotivo, pois, também é pertinente

---

120 Enunciado n. 414 da V Jornada de Direito Civil: "A cláusula geral do art. 187 do Código Civil tem fundamento constitucional nos princípios da solidariedade, devido processo legal e proteção da confiança, e aplica-se a todos os ramos do direito." Na jurisprudência: "Apelação. Ação Civil Pública. *Réus que, após cinco anos de convívio familiar, desistem da adoção dos filhos.* De acordo com o artigo 39, § 1º da Lei nº 8.069/90, "a adoção é medida excepcional e irrevogável". *Devolução das crianças que caracterizou ato ilícito. Estudos social e psicológico que constataram o trauma sofrido pelas crianças, decorrente do novo colhimento institucional. Dano moral.* Sentença procedência mantida. Recurso desprovido" (TJRJ, Apelação 0836800-57.2022.8.19.0021, 5ª Câmara de Direito Privado, Rel. Des. Agostinho Teixeira de Almeida Filho, j. 18-09-2024) (grifos nossos). "CIVIL. PROCESSUAL CIVIL. DIREITO DE FAMÍLIA. ADOÇÃO. DESTITUIÇÃO DO PODER FAMILIAR E ABANDONO AFETIVO. CABIMENTO. EXAME DAS ESPECÍFICAS CIRCUNSTÂNCIAS FÁTICAS DA HIPÓTESE. [...]. *FALHA DAS ETAPAS DE VERIFICAÇÃO DA APTIDÃO DOS PAIS ADOTIVOS E DE CONTROLE DO BENEFÍCIO DA ADOÇÃO. FATO QUE NÃO ELIMINA A RESPONSABILIDADE CIVIL DOS PAIS QUE PRATICARAM ATOS CONCRETOS E EFICAZES PARA DEVOLUÇÃO DA FILHA ADOTADA AO ACOLHIMENTO. CONDENAÇÃO DOS ADOTANTES A REPARAR OS DANOS MORAIS CAUSADOS À CRIANÇA. POSSIBILIDADE. CULPA CONFIGURADA.* IMPOSSIBILIDADE DE EXCLUSÃO DA RESPONSABILIDADE CIVIL. VALOR DOS DANOS MORAIS. FIXAÇÃO EM VALOR MÓDICO. OBSERVÂNCIA DO CONTEXTO FÁTICO. EQUILÍBRIO DO DIREITO À INDENIZAÇÃO E DO GRAU DE CULPA DOS PAIS, SEM COMPROMETER A EFICÁCIA DA POLÍTICA PÚBLICA. DESTITUIÇÃO DO PODER FAMILIAR. CONDENAÇÃO DOS PAIS DESTITUÍDOS A PAGAR ALIMENTOS. POSSIBILIDADE. ROMPIMENTO DO PODER DE GESTÃO DA VIDA DO FILHO, MAS NÃO DO VÍNCULO DE PARENTESCO. MAIORIDADE CIVIL DA FILHA. FATO NOVO RELEVANTE. RETORNO DO PROCESSO AO TRIBUNAL COM DETERMINAÇÃO DE CONVERSÃO EM DILIGÊNCIA. OBSERVÂNCIA DO BINÔMIO NECESSIDADE DA ALIMENTADA E POSSIBILIDADE DOS ALIMENTANTES. [...] *9 – A formação de uma família a partir da adoção de uma criança é um ato que exige, dos pais adotivos, elevado senso de responsabilidade parental, diante da necessidade de considerar as diferenças de personalidade, as idiossincrasias da pessoa humana e, especialmente, a vida pregressa da criança adotada, pois o filho decorrente da adoção não é uma espécie de produto que se escolhe na prateleira e que pode ser devolvido se se constatar a existência de vícios ocultos. 10 – Considerada a parcela de responsabilidade dos pais adotivos, arbitra-se a condenação a título de danos morais em R$ 5.000,00, corrigidos monetariamente a partir da data do arbitramento na forma da Súmula 362/STJ, valor que, conquanto módico, considera o contexto acima mencionado de modo a equilibrar a tensão existente entre o direito à indenização da filha e o grau de culpa dos pais, bem como de modo a não comprometer a eficácia da política pública de adoção. 11 – Mesmo quando houver a destituição do poder familiar, não há correlatamente a desobrigação de prestação de assistência material ao filho, uma vez que a destituição do poder familiar apenas retira dos pais o poder que lhes é conferido para gerir a vida da prole, mas, ao revés, não rompe o vínculo de parentesco. [...] 13 – Recurso especial conhecido e provido, a fim de: (i) restabelecer a sentença que julgou procedente o pedido, mas arbitrando em R$ 5.000,00 a condenação a título de reparação de danos morais, corrigidos monetariamente a partir da data do presente arbitramento; (ii) determinar o retorno do processo ao Tribunal, com determinação de conversão do julgamento da apelação em diligência, para investigar a necessidade da alimentada e as possibilidades dos alimentantes"*

PARTE I – O DIREITO MATERIAL SOB O ENFOQUE CONSTITUCIONAL

a propositura de ação de destituição do poder familiar e de alimentos, inclusive pelo Ministério Público com atribuição na área da infância (art. 201, III, do ECA)[121].

Situação semelhante de abandono moral e material pode ser verificada nas desistências de adoção durante o estágio de convivência. A rejeição deixa marcas na autoestima da criança adotanda que revive o abandono, além de dificultar o desenvolvimento saudável de novas relações afetivas, especialmente quando a guarda provisória durou prazo razoável sem intercorrências no relacionamento entre pretensos adotantes e adotando. Este angustiante momento na vida da criança rejeitada acarreta danos em sua integridade psíquica e moral (por vezes, física) e, por consequência, devem ser ressarcidos, pelo menos, com acompanhamento psicológico a ser financiado, pelo tempo que for necessário, pelo casal ou pessoa que deu causa (art. 186 do CC), havendo legitimidade extraordinária do Ministério Público para requerer a indenização pelo dano experimentado pelo adotando[122].

(STJ, REsp n. 1.698.728/MS, 3ª Turma, Rel. Min. Moura Ribeiro, Relatora para acórdão Ministra Nancy Andrighi, j. 4-5-2021) (grifos nossos).

121 "APELAÇÃO CÍVEL. *Ação Civil Pública ajuizada pelo Ministério Público, que busca a condenação de genitores ao pagamento de indenização por danos morais e materiais, após desistência dos pais de assumirem os cuidados com o filho adotivo, quando este entrou na fase da adolescência. Entrega do menor ao abrigo pelos pais adotivos. Sentença que julgou procedente o pedido, para convolar em definitiva a antecipação de tutela deferida (que determinou que os réus custeiem todo o tratamento psicológico e/ou psiquiátrico que o adolescente necessite, e que arbitrou alimentos no valor correspondente a 15% (quinze por cento) dos rendimentos líquidos mensais de cada um dos réus), até que o adolescente complete 21 anos de idade, e para condenar os réus ao pagamento de R$ 5.000,00 (cinco mil reais) cada um, a título de danos morais causados ao adolescente, a ser depositado na mesma conta poupança onde é depositada a pensão alimentícia. [...] Relatórios e depoimentos constante nos autos que indicam que o adolescente era maltratado e negligenciado, sofria preconceitos sociais, dose de racismo, bem como que era mantido em cárcere privado, ou deixado na rua sem ter possibilidade de entrar no imóvel por seus genitores. Conduta ilícita conduta dos réus em relação aos limites impostos pela boa-fé objetiva, na medida em que se eximem da responsabilidade pelo filho, entregando-o à entidade de acolhimento, violaram as legítimas expectativas criadas no adolescente, surgindo a obrigação de reparar o dano, nos termos do art. 186, 187 e 927 do Código Civil. Danos morais configurados, considerando os prejuízos emocionais causados a uma pessoa em processo de desenvolvimento. Quantum indenizatório razoavelmente fixado na quantia de R$ 5.000,00 para* cada um dos réus. Correta determinação do pagamento de indenização por danos morais, de tratamento psicológico, que contribuirá para atenuar o sofrimento do menor, bem como de alimentos, conforme decisão liminar, até que o adolescente complete 21 anos de idade, para preservação mínima da dignidade do menor, ressaltando-se que os réus sempre arcaram com as despesas do adolescente, o que afasta a alegação de não possuírem condições financeiras para cumprir a obrigação agora imposta. Sentença de procedência que se mantém. RECURSO AO QUAL SE NEGA PROVIMENTO" (TJRJ, Apelação 0089522-40.2017.8.19.0001, Décima Nona Câmara Cível, Rel. Des. Fabio Uchoa Pinto de Miranda Montenegro, j. 22-9-2022) (grifos nossos).

122 "Apelação cível. Infância e Juventude. *Ação indenizatória por danos morais ajuizada pelo Ministério Público em favor de menor. Desistência do processo de adoção após exercício da*

Além do dano moral suportado pela criança devolvida após período de convivência com postulantes à sua adoção, não se pode deixar de considerar o evidente dano material decorrente da privação da oportunidade da criança de ter uma família, conforme estabelece a teoria da responsabilidade pela perda da chance ou oportunidade. Sobre o tema, cabe transcrever as palavras de Sérgio Cavalieri Filho[123]:

---

guarda provisória de 13.04.2015 a 20.02.2019. Sentença de procedência. Recurso dos réus que não merece acolhida. Longo estágio de convivência no período dos 6 aos 10 anos de idade da criança, que desenvolveu vínculo afetivo com os réus e se entendia como pertencente à família. *Dano moral configurado em razão do contexto fático. Acompanhamento assíduo da equipe técnica interprofissional dos setores de serviço social e de psicologia deste Tribunal. Parecer psicossocial conclusivo no sentido da violência sofrida pelo menor, que vivenciava insegurança emocional, psicológica e constantes ameaças de desistência do processo de adoção. Desistência formalizada de forma abrupta, sem qualquer cautela ou preocupação com o bem-estar do menor, vindo a ser concretizada com a criança sendo levada à Vara de Infância e Juventude, apenas com uma mochila com algumas roupas, onde foi agredida verbalmente por aqueles a quem entendia como seus pais e demais parentes. Descumprimento* dos deveres inerentes à guarda. Art. 33 do Estatuto da Criança e do Adolescente. *Indenização por dano moral fixada de acordo com as peculiaridades do caso e observância aos princípios da proporcionalidade e razoabilidade.* Inteligência da Súmula nº 343 do TJRJ. Desprovimento ao recurso" (TJRJ, Apelação n. 0020313-04.2019.8.19.0004, 4ª Câmara de Direito Privado, Rel. Des. Cláudia Telles de Menezes, j. 1º-8-2023) (grifos nossos).
"RECURSO ESPECIAL. DIREITO CIVIL. *AÇÃO CIVIL PÚBLICA. RESPONSABILIDADE CIVIL. DESISTÊNCIA DE ADOÇÃO DEPOIS DE LONGO PERÍODO DE CONVIVÊNCIA. RUPTURA ABRUPTA DO VÍNCULO AFETIVO. DANO MORAL CONFIGURADO.* REVISÃO DO 'QUANTUM' COMPENSATÓRIO. IMPOSSIBILIDADE. VALOR QUE NÃO É EXORBITANTE. SÚMULA 07/STJ. 1. Controvérsia acerca do cabimento da responsabilização civil de casal de adotantes que desistiram da adoção no curso do estágio de convivência pelo dano moral causado ao adotando. [...]. 6. *Indubitável constituição, a partir do longo período de convivência, de sólido vínculo afetivo, há muito tempo reconhecido como valor jurídico pelo ordenamento. 7. Possibilidade de desistência da adoção durante o estágio de convivência, prevista no art. 46, da Lei n.º 8.069/90, que não exime os adotantes de agirem em conformidade com a finalidade social deste direito subjetivo, sob pena de restar configurado o abuso, uma vez que assumiram voluntariamente os riscos e as dificuldades inerentes à adoção. 8. Desistência tardia que causou ao adotando dor, angústia e sentimento de abandono, sobretudo porque já havia construído uma identidade em relação ao casal de adotantes e estava bem adaptado ao ambiente familiar, possuindo a legítima expectativa de que não haveria ruptura da convivência com estes, como reconhecido no acórdão recorrido. 9. Conduta dos adotantes que faz consubstanciado o dano moral indenizável, com respaldo na orientação jurisprudencial desta Corte Superior, que tem reconhecido o direito a indenização nos casos de abandono afetivo.* 10. Razoabilidade do montante indenizatório arbitrado em 50 salários mínimos, ante as peculiaridades da causa, que a diferenciam dos casos semelhantes que costumam ser jugados por esta Corte, notadamente em razão de o adolescente ter sido abandonado por ambos os pais socioafetivos. 11. RECURSO ESPECIAL CONHECIDO EM PARTE E DESPROVIDO" (STJ, REsp n. 1.981.131/MS, 3ª Turma, Rel. Min. Paulo de Tarso Sanseverino, j. 8-11-2022) (grifos nossos).

123 CAVALIERI FILHO, Sergio. *Programa de responsabilidade civil.* 10. ed. São Paulo: Atlas, 2012, p. 81.

PARTE I – O DIREITO MATERIAL SOB O ENFOQUE CONSTITUCIONAL

225

> A teoria da perda de uma chance (*perte d'une chance*) guarda certa relação com o lucro cessante, uma vez que a doutrina francesa, onde a teoria teve origem na década de 60 do século passado, dela se utiliza nos casos em que o ato ilícito tira da vítima oportunidade de obter uma situação futura melhor. Caracteriza-se essa perda de uma chance quando, em virtude da conduta de outrem, desaparece a probabilidade de um evento que possibilitaria um benefício futuro para a vítima [...].

Em outras palavras, o retorno da criança ou do adolescente à entidade de acolhimento institucional impede ou dificulta sobremaneira uma nova colocação em família substituta, pois as consequências traumáticas do ato ilícito podem gerar a possível frustração de outra possibilidade de adoção da criança, seja pela resistência nos demais casais habilitados, seja por uma provável dificuldade de adaptação da criança a uma nova adoção, caso venha a apresentar problema psicológico temporário ou permanente.

Com a promulgação da Lei n. 13.509/2017, a questão ora em destaque foi adicionada ao ECA, com a inclusão do § 5º ao art. 197-E, como se lê:

> A desistência do pretendente em relação à guarda para fins de adoção ou a devolução da criança ou do adolescente depois do trânsito em julgado da sentença de adoção importará na sua exclusão dos cadastros de adoção e na vedação de renovação da habilitação, salvo decisão judicial fundamentada, sem prejuízo das demais sanções previstas na legislação vigente.

O legislador estatutário, pois, determinou a exclusão no Sistema Nacional de Adoção e a vedação de nova habilitação para os pais adotivos que devolveram o filho adotado, bem como para aqueles que, durante o estágio de convivência para adoção, devolveram o adotando. Porém, a lei foi clara em incluir a possibilidade de propositura de outras demandas sancionatórias como a reparação civil por danos morais e materiais, destituição do poder familiar, além do pagamento de eventuais tratamentos psicológicos de que a criança necessite, ante a desconstituição do vínculo com a família adotiva.

Alerte-se, entretanto, que o direito aos alimentos pelo adotando não é matéria pacífica quando se tratar de criança/adolescente devolvido durante o estágio de convivência, haja vista que o vínculo de parentalidade adotiva somente produz efeitos a partir da sentença judicial, de acordo com os arts. 47 e 199-A, do ECA e portanto, antes desta decisão de adoção, não existe qualquer dever legal de sustento pelos pretensos adotantes, na medida em que não assumiram o poder familiar (art. 22 do ECA c/c art.1.696 do CC), mas apenas possuíam o dever de assistência material enquanto exerciam a guarda provisória do adotando (art. 33 do ECA)[124].

---

124 Vale conferir: TJRJ, Apelação n. 0009909-40.2014.8.19.0206, 16ª Câm. Cív., Rel. Carlos José Martins Gomes j. 12-6-2018.

CURSO DE DIREITO DA CRIANÇA E DO ADOLESCENTE

Com o fito de evitar estas desastrosas situações de abandono da criança ou do adolescente em processo de adoção, como medida preventiva, a pessoa ou casal adotante deve ser preparado gradativamente, de maneira mais cuidadosa, para o exercício da parentalidade, antes de assumir a sua guarda. Esta preparação, normalmente, antecede ou é concomitante ao procedimento *de habilitação para adoção* (arts. 28, § 5º, e 46, § 4º, do ECA). Ademais, deve estar bem definida a *finalidade* deste ato de amor: *o interesse superior da criança a ser adotada*. O procedimento prévio, assim, deve ter por objetivo incentivar e apurar se existe disponibilidade dos pretensos pais de aceitarem a criança ou o adolescente como ele é, conhecendo a sua origem, sua personalidade e respeitando as suas subjetividades.

Evita-se a desistência de adoção e o abandono moral dos pretensos adotantes, ainda, assegurando-se que *a criança ou o adolescente participe de todos os procedimentos que digam respeito a sua vida, sendo ouvido, sempre que possível, e tendo apoio das equipes técnicas para estar disponível à formação de novos vínculos afetivos* (art. 100, parágrafo único, XII, do ECA, em consonância com o art. 12 da Convenção dos Direitos da Criança). Se sua voz não for ouvida quando da preparação para a inserção em adoção, depois pode ser muito tarde, pois não se examinou a sua condição de adotabilidade, indispensável para o êxito da construção desta modalidade de família socioafetiva (art. 28, § 1º c/c art. 45, § 2º do ECA). Não raras vezes, entretanto, o adotando não possui conhecimento sequer de sua real situação familiar e ainda nutre esperança de retornar à família biológica, o que dificulta a integração na família adotante. O papel da sociedade e do Poder Público na observância destas regras é essencial para a colocação em adoção ser exitosa, evitando-se o fracasso da convivência e os danos causados pela inabilidade da família adotiva em formação[125].

---

125 O art. 197-C do ECA, alterado pela Lei n. 13.509/2017, passou a prescrever o seguinte: '§ 1º É obrigatória a participação dos postulantes em programa oferecido pela Justiça da Infância e da Juventude preferencialmente com apoio dos técnicos responsáveis pela execução da política municipal de garantia do direito à convivência familiar e grupos de apoio à adoção devidamente habilitados junto à Justiça da Infância e da Juventude, que inclua preparação psicológica, orientação e estímulo à adoção inter-racial, de crianças ou de adolescentes com deficiência, doença crônica, ou com necessidades específicas de saúde, e de grupos de irmãos. § 2º Sempre que possível e recomendável, a etapa obrigatória da preparação referida no § 1º deste artigo incluirá o contato com crianças e adolescentes em regime de acolhimento familiar ou institucional, a ser realizado sob orientação, supervisão e avaliação da equipe técnica da Justiça da Infância e da Juventude, dos grupos de apoio à adoção, com apoio dos técnicos responsáveis pelo programa de acolhimento familiar e institucional e pela execução da política municipal de garantia do direito à convivência familiar. § 3º É recomendável que as crianças e adolescentes acolhidos institucionalmente ou por família acolhedora sejam preparados por equipe interprofissional, antes da inclusão em família adotiva'".

PARTE I - O DIREITO MATERIAL SOB O ENFOQUE CONSTITUCIONAL

2.6. Dever de proteção à imagem e à privacidade do filho e o direito ao respeito

Com o avanço da tecnologia digital e sua utilização por crianças e adolescentes, com mais frequência os detentores do poder familiar precisam estar atentos e zelar pela privacidade e a exposição da imagem da prole nesse ambiente. Sob o pretexto de assegurar o direito à participação e à expressão infantojuvenil, a integridade psíquica e moral dos filhos muitas vezes é ameaçada ou violada quando há excesso dessa exposição. Se, por um lado, a participação de crianças nos meios de comunicação, incluindo os digitais, é uma forma de garantir o direito à voz e à liberdade de expressão dessa parcela da população[126], por outro viés, com grande frequência os cuidados com as peculiaridades da pessoa em processo de formação da personalidade não são plenamente observados[127].

Fato incontestável é que crianças e adolescentes têm se tornando cada vez mais participantes assíduos e não somente meros espectadores nesses ambientes virtuais, por meio de celulares, *tablets*, computadores, inclusive tendo acesso a conteúdo voltado para o mundo adulto[128].

A exposição da vida privada dos filhos pelos pais na internet tem sido denominada "*sharenting*", como explica Eberlin[129]:

---

126 "[...] a participação das crianças na mídia pode ser uma abordagem estratégica para educar as pessoas de uma determinada sociedade, no que se refere à criança e à infância. Por causa da visibilidade, alcance e impacto da mídia, ela pode influenciar as atitudes com relação às crianças. Se as imagens recorrentes forem de crianças genuinamente habilitadas a participar da mídia de modo apropriado ao seu desenvolvimento e, se suas vozes reais forem ouvidas, isso contribuirá para alimentar uma cultura de respeito e sensibilidade com relação às crianças." BAUTISTA, Feny de los Angeles. A mídia e nossas crianças: a promessa de participação. In: CARLSSON, Ulla; FEILITZEN Cecilia von (org.). *A criança e a mídia*: imagem, educação, participação. São Paulo: Cortez, 2002, p. 316.

127 No período de afastamento social decorrente da pandemia pela Covid-19, em 2020, muitas crianças e adolescentes utilizaram o ciberespaço para inúmeras tarefas, tais como estudo e comunicação, o que dificultou ainda mais o controle pelos pais e ampliou o período de utilização dos meios virtuais.

128 Cerca de 24,3 milhões de crianças e adolescentes, com idade entre 9 e 17 anos, são usuários da *web* no Brasil, o que corresponde a cerca de 86% da população nessa faixa etária, segundo dados da pesquisa TIC Kids Online Brasil 2018, divulgada pelo Comitê Gestor da Internet no Brasil (CGI.br). Disponível em: <https://educamidia.org.br/como-discutir-a-exposicao-de-criancas-na-internet/>. Acesso em: 28 out. 2024.

129 EBERLIN, Fernando Büscher von Teschenhausen. *Sharenting*, liberdade de expressão e privacidade de crianças no ambiente digital: o papel dos provedores de aplicação no cenário jurídico brasileiro. *Revista Brasileira de Políticas Públicas*, Brasília, v. 7, n. 3, p. 255-273, 2017, p. 258. Diz o autor que o Regulamento (UE) do Parlamento Europeu e do Conselho n. 2016/679, de 27 de abril de 2016, relativo à proteção das pessoas singulares no que diz

Sharenting é uma expressão da Língua Inglesa que decorre da união das palavras "share" (compartilhar) e "parenting" (cuidar, no sentido de exercer o poder familiar). A prática consiste no hábito de pais ou responsáveis legais postarem informações, fotos e dados dos menores que estão sob a sua tutela em aplicações de internet. O compartilhamento dessas informações, normalmente, decorre da nova forma de relacionamento via redes sociais e é realizado no âmbito do legítimo interesse dos pais de contar, livremente, as suas próprias histórias de vida, da qual os filhos são, naturalmente, um elemento central. O problema jurídico decorrente do sharenting diz respeito aos dados pessoais das crianças que são inseridos na rede mundial de computadores ao longo dos anos e que permanecem na internet e podem ser acessados muito tempo posteriormente à publicação, tanto pelo titular dos dados (criança à época da divulgação) quanto por terceiros.

Cabe aduzir ao fenômeno denominado de *oversharing* pelo qual pessoas compartilham excessivamente o seu cotidiano de vida, expondo informações íntimas, muitas vezes sensíveis, nas redes sociais. O termo deriva das palavras inglesas "over" (excessivo) e "sharing" (compartilhamento). O excesso do compartilhamento de fotos e vídeos dos filhos menores de idade pelos pais na internet, na maioria das vezes sem o consentimento, sem o conhecimento ou à revelia do desejo dos filhos, enseja efeitos muito prejudiciais à pessoa menor de idade, na medida em que há violação de direitos fundamentais como o respeito, a imagem do filho, a privacidade e a integridade psicológica, afetando a saúde mental do exposto. Como os detalhes pessoais da vida da criança são mostrados nas redes sociais e lá permanecem para sempre, os riscos à própria segurança do infante são reais, uma vez que predadores e assediadores poderão utilizar sua imagem através da inteligência artificial, roubar a identidade (sequestro digital) e, até mesmo, por meio das informações confidenciais da criança (nome completo e identificação do colégio, por exemplo) rastrear e aproximar-se dela para a prática de pedofilia, ameaças ou *cyberbullying*.

Estudos científicos comprovam que a tecnologia influencia comportamentos através do mundo digital, modificando hábitos desde a infância, que podem causar prejuízos e danos à saúde. O uso precoce e de longa duração de jogos *online*, redes sociais ou diversos aplicativos com filmes e vídeos na Internet pode causar dificuldades de socialização e conexão com outras pessoas e dificuldades escolares; a dependência ou o uso problemático e interativo das mídias causa problemas mentais, aumento da ansiedade, violência, *cyberbullying*, transtornos de sono e alimentação, sedentarismo, problemas auditivos por uso de *headphones*, problemas visuais, problemas posturais e lesões de esforço repetitivo (LER); problemas que envolvem a sexualidade, como maior vulnerabilidade ao *grooming* e *sexting*, incluindo pornografia,

---

respeito ao tratamento de dados pessoais e à livre circulação desses dados. prevê, no artigo 17, 1, *f*, inclusive, no âmbito do *sharenting*, o direito de apagamento, ao titular dos dados pessoais, de suas informações quando elas forem coletadas durante a infância.

PARTE I – O DIREITO MATERIAL SOB O ENFOQUE CONSTITUCIONAL   229

acesso facilitado às redes de pedofilia e exploração sexual *online*; compra e uso de drogas, pensamentos ou gestos de autoagressão e suicídio; além das "brincadeiras" ou "desafios" *online* que podem ocasionar consequências graves e até o coma por anóxia cerebral ou morte[130].

Outro aspecto a que os detentores do poder familiar devem estar atentos quanto ao dever de fiscalização dos filhos é a "hipervulnerabilidade" ou a "vulnerabilidade agravada" de sua prole como consumidores ou participantes desses ambientes virtuais, decorrentes de sua pouca experiência, resistência mental e senso crítico[131], acarretando consequências nefastas para os pequenos, tais como a insatisfação, o vazio do consumo, estresse e desgaste familiar, erotização precoce, violência, transtornos alimentares e obesidade[132].

Portanto, é inegável a responsabilidade dos pais quanto aos direitos da personalidade inerentes à imagem e à privacidade dos filhos, bem como à exposição à

---

130 SOCIEDADE BRASILEIRA DE PEDIATRIA – SBP. *Saúde de Crianças e Adolescentes na Era Digital. Manual de Orientação Departamento de Adolescência*, nº 1, outubro de 2016, p. 2. Disponível em: <https://www.sbp.com.br/fileadmin/user_upload/2016/11/19166d-MOrient-Saude-Crian-e-Adolesc.pdf>. Acesso em: 26 out. 2024.

131 As expressões "hipervulnerabilidade" e "vulnerabilidade agravada" foram cunhadas, respectivamente, por Bruno Miragem e Claudia Lima Marques, segundo ensina a autora Sandra Muriel Zadróski Zanette, que destaca que a criança "não tem a capacidade de entender o caráter persuasivo da publicidade [...]. Os pais, nem mesmos os mais informados, conseguirão livrar seus filhos da pressão do mercado, pior, muitas vezes são eles que mais reforçam o consumismo, diante da tamanha eficiência da publicidade e da 'culpa' que carregam pela falta de presença, compensando esta falta com presentes". ZANETTE, Sandra Muriel Zadróski. Publicidade infantil; suas implicações jurídicas. In: VERONESE, Josiane Rose (autora e organizadora). *Estatuto da Criança e do Adolescente* – 30 anos: grandes temas, grandes desafios. Rio de Janeiro: Lumen Juris, 2020, p. 422 e 430. "AÇÃO INDENIZATÓRIA. DANOS MATERIAIS E MORAIS. *Criança que adquiriu jogos pela internet utilizando cartões de crédito dos pais.* Relação de consumo. Inexistência de defeito no serviço. Culpa exclusiva do consumidor ou de terceiro. Art. 14, § 3º, I e II, CDC. *Responsabilidade dos pais pela fiscalização dos atos dos filhos menores. Desrespeito à restrição de idade para possuir conta Google. Acesso à internet e aos cartões de crédito permitido pelos pais.* Ausência de responsabilidade da ré. Sentença mantida. Honorários advocatícios majorados. Recurso não provido, com observação" (TJSP 10161789820178260361 SP 1016178-98.2017.8.26.0361, 5ª Câmara de Direito Privado, Rel. Des. Fernanda Gomes Camacho, j. 14-6-2018) (grifos nossos).

132 VERONESE, Josiane Rose Petry; ZANETTE, Sandra Muriel Zadróski. *Criança, consumo e publicidade por uma sociedade fraterna*. Rio de Janeiro: Lumen Juris, 2018. p. 69 e139. O Conanda editou em 2014 a Resolução n. 163, que dispõe sobre a abusividade do direcionamento de publicidade e de comunicação mercadológica à criança e ao adolescente, assim considerada aquela cuja intenção é persuadir o público infantojuvenil ao consumo de qualquer produto ou serviço, usando para tanto de expedientes que explorem sua vulnerabilidade, imaturidade, ingenuidade e/ou suscetibilidade à sugestão, decorrentes de sua condição de pessoas em desenvolvimento. É considerada abusiva, dentre outras, a publicidade e/ou a comunicação mercadológica no interior das instituições escolares de educação infantil.

230 CURSO DE DIREITO DA CRIANÇA E DO ADOLESCENTE

publicidade consumista, uma vez que os pequenos não têm discernimento e autonomia para autorizar a divulgação de sua vida privada nem para discernir a abusividade da publicidade nociva. Nessa esteira, a Convenção dos Direitos da Criança, nos arts. 13, 16, 17 e 18, impõe vigilância e cuidado às informações e aos materiais advindos dos meios de comunicação, de maneira que seu acesso vise somente à promoção do bem-estar social, espiritual, moral e da saúde física e mental de nossas crianças e adolescentes[133]. Destaque-se especialmente a redação do art. 18 desse Tratado ao ressaltar a importância da responsabilidade parental, com o apoio da sociedade e do Poder Público, na proteção integral da criança, respeitando sua condição peculiar de pessoa em desenvolvimento.

Com efeito, a imagem é um direito fundamental assegurado na Constituição Federal (art. 5º, X), aspecto indissociável do direito à dignidade e ao respeito às crianças e adolescentes como sujeitos de direitos prioritários (art. 227 da CF/88). É direito, também, da personalidade, disposto no art. 20 do Código Civil[134], cuja violação possibilita, inclusive, a indenização por dano material ou moral.

---

133 "Artigo 17. Os Estados Partes reconhecem a função importante desempenhada pelos meios de comunicação e zelarão para que a criança tenha acesso a informações e materiais procedentes de diversas fontes nacionais e internacionais, especialmente informações e materiais que visem a promover seu bem-estar social, espiritual e moral e sua saúde física e mental. Para tanto, os Estados Partes: a) incentivarão os meios de comunicação a difundir informações e materiais de interesse social e cultural para a criança, de acordo com o espírito do Artigo 29; b) promoverão a cooperação internacional na produção, no intercâmbio e na divulgação dessas informações e desses materiais procedentes de diversas fontes culturais, nacionais e internacionais; c) incentivarão a produção e difusão de livros para crianças; d) incentivarão os meios de comunicação no sentido de, particularmente, considerar as necessidades linguísticas da criança que pertença a um grupo minoritário ou que seja indígena; e) promoverão a elaboração de diretrizes apropriadas a fim de proteger a criança contra toda informação e material prejudiciais ao seu bem-estar, tendo em conta as disposições dos Artigos 13 e 18.» «Artigo 18 1. Os Estados membros farão uso de seus esforços máximos para assegurar o reconhecimento do princípio de que tanto pai quanto mãe têm responsabilidades comuns pelo crescimento e desenvolvimento da criança. É de responsabilidade dos pais ou, conforme o caso, dos guardiões legais, o crescimento e desenvolvimento da criança. Os maiores interesses da criança serão sua preocupação básica. 2. Com o propósito de garantir e promover os direitos expostos na presente Convenção, os Estados membros prestarão assistência apropriada aos pais e guardiões legais no desempenho das responsabilidades de criar a criança e assegurarão o desenvolvimento de instituições, instalações e serviços para o cuidado da criança. 3. Os Estados membros tomarão todas as medidas apropriadas para assegurar que os filhos de pais que trabalham tenham direito ao benefício de serviços e instalações de cuidados infantis para o qual eles são qualificados."

134 "Art. 20. Salvo se autorizadas, ou se necessárias à administração da justiça ou à manutenção da ordem pública, a divulgação de escritos, a transmissão da palavra, ou a publicação, *a exposição ou a utilização da imagem de uma pessoa poderão ser proibidas, a seu requerimento e sem prejuízo da indenização que couber, se lhe atingirem a honra, a boa fama ou a respeitabilidade,* ou se se destinarem a fins comerciais" (grifos nossos).

PARTE I – O DIREITO MATERIAL SOB O ENFOQUE CONSTITUCIONAL

A privacidade também foi erigida a direito fundamental (art. 5º, X, da CF/88). No art. 21 do Código Civil, tem-se o direito à privacidade entendido como a inviolabilidade da vida privada da pessoa natural, podendo o juiz, a requerimento do interessado, adotar as providências necessárias para impedir ou fazer cessar ato contrário a esta norma. O princípio da proteção à privacidade de crianças e adolescentes foi previsto no inciso V do parágrafo único do art. 100 do ECA[135] e está relacionado ao respeito à intimidade, imagem e reserva da sua vida privada. Assim como o direito à imagem, a privacidade está intimamente intrincada ao direito à dignidade e ao respeito esculpidos no art. 227 da Constituição Federal. Esses direitos fundamentais estão consolidados no ECA em seus arts. 15, 16, II, 17 e 18, os quais, lidos sob o prisma da principiologia infantojuvenil, orienta-nos no sentido de que a liberdade de expressão da criança e do adolescente deve estar aliada à preservação da sua dignidade, de sua imagem, identidade, autonomia, valores, ideias e crenças, espaços e objetos.

O acesso indiscriminado dos filhos aos meios digitais, sem controle de tempo ou de tema pelos genitores ou responsáveis, com grande frequência os torna alvos de informações, serviços e produtos impróprios e inadequados para a sua idade (arts. 71 a 82 do ECA). Ao serem superexpostos aos canais de comunicação, seja dispondo de sua privacidade de modo excessivo, seja consumindo produtos ou serviços em demasia, tornam-se reféns da denominada monetização de sua imagem e da publicidade abusiva (art. 37, § 2º, do CDC, c/c art. 37 do Código Brasileiro de Autorregulamentação Publicitária)[136].

---

135 No que concerne ao direito à privacidade e à imagem dos menores de 18 anos em conflito com a lei, vale lembrar que o art. 143 do ECA veda a divulgação de atos judiciais, policiais e administrativos que digam respeito a crianças e adolescentes a que se atribua autoria de ato infracional. O parágrafo único do art. 143 dispõe que: "Qualquer notícia a respeito do fato não poderá identificar a criança ou adolescente, vedando-se fotografia, referência a nome, apelido, filiação, parentesco, residência e, inclusive, iniciais do nome e sobrenome". Constitui infração administrativa prevista no art. 247 a exibição total ou parcial de fotografia de criança ou adolescente envolvido em ato infracional, ou qualquer ilustração que lhe diga respeito ou se refira a atos que lhe sejam atribuídos, de forma a permitir sua identificação, direta ou indiretamente.

136 Lei n. 8.078/1990. "Art. 37. É proibida toda publicidade enganosa ou abusiva. [...] § 2º É abusiva, dentre outras a publicidade discriminatória de qualquer natureza, a que incite à violência, explore o medo ou a superstição, se aproveite da deficiência de julgamento e experiência da criança, desrespeita valores ambientais, ou que seja capaz de induzir o consumidor a se comportar de forma prejudicial ou perigosa à sua saúde ou segurança." Código Brasileiro de Autorregulamentação Publicitária. "Seção 11 – Crianças e Jovens. Art. 37. No anúncio dirigido à criança e ao jovem: a) dar-se-á sempre atenção especial às características psicológicas da audiência-alvo; b) respeitar-se-á especialmente a ingenuidade e a credulidade, a inexperiência e o sentimento de lealdade dos menores; c) não se ofenderá moralmente o menor; d) não se admitirá que o anúncio torne implícita uma inferioridade do menor, caso este não consuma o produto

Não se pode deixar de mencionar a Lei n. 12.965/2014, Marco Civil da Internet, que dispõe ser o usuário livre para escolher sobre a utilização de programa de computador para exercício do controle parental sobre conteúdos inapropriados e sobre a incumbência do poder público de, juntamente com os provedores de conexão e de aplicações de internet e a sociedade civil, promover a educação e fornecer informações sobre o uso dos programas digitais (art. 29, parágrafo único)[137].

A Lei n. 13.185/2015, por seu lado, instituiu o programa de combate à intimidação sistemática e a fatos ou imagens que depreciem, incitem à violência, adulteração de fotos ou dados pessoais com o intuito de criar meios de constrangimento psicossocial (*bullying*) ou pela rede mundial de computadores (*cyberbullying*).

A Lei Geral de Proteção de Dados Pessoais – Lei n. 13.709/2018 –, por sua vez, tem uma seção específica (Seção III) dispondo sobre o tratamento dos dados pessoais de crianças e de adolescentes, inclusive nos meios digitais, por pessoa natural ou por pessoa jurídica de direito público ou privado, com o objetivo de proteger os direitos fundamentais de liberdade e de privacidade e o livre desenvolvimento da personalidade da pessoa natural. Preveem o art. 14 e seus incisos a necessidade do consentimento específico de pelo menos um dos pais, o qual deverá ser realizado no melhor interesse dos filhos menores de 12 anos de idade. Ora, sendo os pais representantes legais dos filhos durante a menoridade civil (art. 1.634, VII, do Código Civil), justificativa não há para a omissão daquela lei quanto à autorização dos pais com relação aos filhos adolescentes. A correta interpretação desses dispositivos, que se coaduna com o princípio do superior interesse, é a de aplicar a obrigatoriedade do consentimento igualmente às pessoas de 12 a 18 idade incom-

---

oferecido; e) não se permitirá que a influência do menor, estimulada pelo anúncio, leve-o a constranger seus responsáveis ou importunar terceiros, ou o arraste a uma posição socialmente condenável; f) o uso de menores em anúncios obedecerá sempre a cuidados especiais que evitem distorções psicológicas nos modelos e impeçam a promoção de comportamentos socialmente condenáveis; g) qualquer situação publicitária que envolva a presença de menores deve ter a segurança como primeira preocupação e as boas maneiras como segunda preocupação." A Lei n. 9.294/1996 (com redação da Lei n. 10.167/2000), que trata da propaganda de cigarros, bebidas e medicamentos, proíbe a participação de crianças ou adolescentes na publicidade desses produtos, de acordo com o art. 220, § 4º, da CF.

137 "Art. 29. O usuário terá a opção de livre escolha na utilização de programa de computador em seu terminal para *exercício do controle parental de conteúdo entendido por ele como impróprio a seus filhos menores,* desde que respeitados os princípios desta Lei e da Lei n. 8.069, de 13 de julho de 1990 – Estatuto da Criança e do Adolescente. Parágrafo único. *Cabe ao poder público, em conjunto com os provedores de conexão e de aplicações de internet e a sociedade civil, promover a educação e fornecer informações sobre o uso dos programas de computador previstos no caput, bem como para a definição de boas práticas para a inclusão digital de crianças e adolescentes.*" (grifos nossos) O Decreto n. 8.771/2016, que regulamentou o Marco Civil da Internet, no entanto, não tratou da proteção de crianças a esse meio digital.

PARTE I – O DIREITO MATERIAL SOB O ENFOQUE CONSTITUCIONAL

pletos, haja vista que a seção da lei em análise expressamente a eles também se destina. Quanto à responsabilidade dos pais no tratamento de dados pessoais dos filhos, oportuna a admoestação de Brasileiro e Holanda:

> Questionamento que se faz obrigatório, portanto, é se o poder familiar prevê espaço para os pais autorizarem, ou melhor, fornecerem os dados pessoais de seus filhos nas redes sociais. A lei de proteção de dados pessoais parte da premissa de que sim, na medida em que prevê, como já mencionado, que ao menos um dos pais ou responsáveis atue na condição de operadores. Mas, se considerarmos que *esse fornecimento se contrapõe à privacidade, sendo este um direito de personalidade, é inviolável e indisponível.* Assim, o fornecimento de dados pessoais na infância e, ainda, o uso indiscriminado da imagem infantil em redes sociais, especialmente com fins comerciais, *com base na representação conferida à autoridade parental, pode se caracterizar como hipótese de abuso, capaz até mesmo de ensejar a suspensão do poder familiar, conforme prevê o art.* 1.637 *do Código Civil*[138].

A ONU editou em 2021 o Comentário geral nº 25 sobre os Direitos das Crianças em relação ao ambiente digital incluindo medidas especiais de proteção de crianças, de modo a protegê-las de todas as formas de exploração prejudicial a qualquer aspecto de seu bem-estar em relação ao mundo digital[139].

Assim sendo, o acesso e a participação em plataformas digitais por pessoas menores de 18 anos devem ser alvo de controle e da orientação dos pais, múnus da função parental, através de uma intervenção familiar franca e direta com a prole, adotando-se medidas de cunho preventivo para que não haja violação à integridade moral, física e psíquica daqueles. Diante da inobservância das regras de preven-

---

138 BRASILEIRO, Luciana; HOLANDA, Maria Rita. A proteção de dados pessoais na infância e o dever parental de preservação da privacidade. *Revista Fórum de Direito Civil – RFDC,* Belo Horizonte, ano 8, n. 22, p. 235-243, set./dez. 2019, p. 241 (grifos nossos). Eberlin sugere que a LGPD seja aprimorada em três aspectos: 1) seja positivado, de maneira clara e inequívoca, o direito ao esquecimento para crianças e adolescentes, a fim de que, a qualquer momento, possa ser determinado o apagamento dos dados coletados durante a infância e a adolescência, com ou sem o seu consentimento; 2) a modificação do art. 14 para que o consentimento parental deixe de ser a única hipótese legal de tratamento dos dados pessoas de crianças, a fim de que os princípios do melhor interesse e da função social orientem a aplicação das hipóteses legais deste tratamento; e 3) os controladores de dados pessoais sejam estimulados a compartilhar as informações por eles tratadas para que empresas e Estado possam utilizá-las no desenvolvimento de melhores produtos e serviços e políticas públicas que beneficiem o público infantil. EBERLIN, Fernando Büscher Von Teschenhausen. *Direitos da criança na sociedade de informação.* Ambiente digital, privacidade e dados pessoais. São Paulo: Thomson Reuters Brasil, 2020, p. 251.

139 Comentário geral nº 25 sobre os Direitos das Crianças em relação ao ambiente digital. In: *Comentários Gerais do Comitê de Direito das Crianças,* 2023. Disponível em: <https://alana.org.br/wp-content/uploads/2023/10/comentarios-gerais-portugues.pdf>. Acesso em: 14 out. 2024.

ção, em caso de abuso da autoridade parental por ação ou omissão (abandono digital), poderão ser aplicadas medidas punitivas voltadas aos detentores do poder familiar (assim como ao responsável), que poderão responder pelo desrespeito aos direitos da personalidade dos filhos (arts. 24, 129 e 249 do ECA) [140], sem prejuízo das sanções penais eventualmente tipificadas. Teixeira e Nery vislumbram que as condutas omissivas dos pais, por não cumprirem com o dever de fiscalização do filho no ambiente cibernético, podem gerar danos graves e, deste modo, acarretar a perda da autoridade parental na forma do art. 1.638, II, do Código Civil, ou seja, por abandono. E concluem as autoras que "abandono digital é, portanto, a face oposta da educação digital"[141].

---

140 Enfrentando a responsabilização pelo *sharenting*, Berti e Fachin acrescentam que, nos casos de abuso do poder parental, a própria criança e o adolescente podem acessar a justiça quando seus interesses colidirem com os de seus responsáveis legais (art. 141 do ECA). Além disso, ratificam que a autoridade judiciária, a requerimento de algum parente ou do próprio Ministério Público, poderá aplicar medida de proteção (art. 129 do ECA), inclusive a suspensão do poder familiar (art. 1637 do CC) e a destituição do poder familiar, em especial pela prática de atos contrários à moral e aos bons costumes, além da reparação civil pelos danos causados ao filho. BERTI, Luiza Gabriella; FACHIN, Zulmar Antônio. *Sharenting*: violação do direito de imagem das crianças e adolescentes pelos próprios genitores na era digital. *Revista de Direito de Família e Sucessão*, v. 7, n. 1, p. 95-113, jan.-jul. 2021, p. 106.
"*Agravo de instrumento. Ação civil pública. Tutela dos interesses econômicos e direitos fundamentais de menores 'youtubers'. Decisão agravada que deferiu o pedido de tutela de urgência pretendido pelo* Parquet*, e determinou o bloqueio de valores e bens dos genitores- -agravantes*, com requisição de informações bancárias e fiscais ao Banco Central do Brasil, além de haver nomeado Curador Especial em favor das menores. Indícios da inadequada administração da renda auferida por meio do trabalho artístico-infantil por elas realizado. *Aquisição de bens imóveis e de carros de alto valor em nome dos réus. Produção de 4.000 (quatro mil) vídeos em 08 (oito) anos*. Plausibilidade irrestrita do direito discutido em juízo. Necessidade do imediato respeito aos princípios protetivos, com proteção integral e prioridade absoluta, como previsto pelo artigo 227 da Constituição Federal. *Genitores que, em virtude do poder familiar, exercem a administração dos bens dos filhos menores sob sua autoridade, o que comporta a necessária prestação de contas, de forma que, após questionados pela Promotoria de Justiça sobre os vídeos, a monetização recebida e a destinação das quantias, não poderiam simplesmente ter omitido informações sobre os valores e bens, como o fizeram.* [...] *Ação que objetiva não somente que os demandados pleiteiem a regulação da atividade artística de suas filhas, na forma do artigo 149 da Lei n. 8.069/90, e que respeitem seu direito patrimonial, de forma que as medidas deferidas pelo Juízo de origem estão em perfeita consonância com a salvaguarda de tais finalidades. Nomeação de Curador Especial às menores que decorre da mera aplicabilidade do parágrafo único do artigo 142 do Estatuto da Criança e do Adolescente ao caso.* Agravo interno interposto contra a decisão que indeferiu o efeito suspensivo, requerido no agravo de instrumento, que perdeu seu objeto. Recurso improvido" (TJRJ, Agravo de Instrumento 0048675-23.2022.8.19.0000, 10ª Câmara Cível, Rel. Des. Celso Luiz de Matos Peres, j. 19-10-2022) (grifos nossos).

141 TEIXEIRA, Ana Carolina Brochado; NERY, Maria Carla Moutinho. Vulnerabilidade Digital das crianças e adolescentes: a importância da autoridade parental para uma

PARTE I – O DIREITO MATERIAL SOB O ENFOQUE CONSTITUCIONAL

Diante da ausência de legislação federal específica acerca da educação digital infantojuvenil, cabe trazer a lume a edição da Resolução n. 245/2024 do Conanda, que, dispondo sobre os direitos das crianças e adolescentes em ambiente digital, preceitua que as empresas provedoras e prestadoras de serviços digitais aos quais crianças e adolescentes tenham acesso devem informá-los sobre o uso de seus dados, em linguagem simples, acessível, adequada e transparente (art. 13) e sempre que o tratamento de dados pessoais de crianças e adolescentes for realizado com base no consentimento deverá ser obtido de forma livre e prévia junto aos responsáveis, solicitado de forma específica e destacada, para finalidades específicas e, sempre que possível, junto à criança ou adolescente, observado seu grau de maturidade e compreensão sobre os efeitos do consentimento, sendo certo que essa concordância fornecida pela criança ou adolescente poderá ser retirada a qualquer momento, devendo a decisão ser respeitada pelos pais, cuidadores e demais responsáveis (art. 14 e parágrafo único).

No que toca às empresas de tecnologia, aquele ato normativo do Conanda preceitua que estas devem desenvolver mecanismos de proteção e prevenção de violações específicas para o nível dos intermediários que agregam grandes bases de seguidores de crianças e adolescentes, como influenciadores, *streamers*, *gamers*, administradores de grupos e canais, moderadores de lives e afins (art. 23). Devem, então, priorizar, nos seus sistemas, ferramentas, equipes e recursos de moderação, o controle de conteúdo ilegal ou impróprio envolvendo ou direcionado para crianças e adolescentes (art. 24); prever, em seus termos de uso, proibição de postagem de conteúdo ilegal ou impróprio envolvendo ou direcionado para crianças e adolescentes, bem como sanções proporcionais aos usuários infratores (§ 1º do art. 24); disponibilizar, para os usuários, mecanismos de notificação eletrônica de conteúdo ilegal ou impróprio envolvendo ou direcionado para crianças e adolescentes (§ 2º do art. 24) e tornar indisponíveis conteúdo ilegal ou nocivo envolvendo ou direcionado para crianças e adolescentes tão logo constatado o seu teor, independentemente de ordem judicial (§ 3º do art. 24).

E complementa que o Poder Público e as empresas provedoras de produtos e serviços digitais devem promover ações de sensibilização sobre os direitos e riscos a crianças e adolescentes no ambiente digital, focando, particularmente, os setores cujas práticas tenham impacto direto ou indireto nas crianças e adolescentes (art. 29). Para tanto, deve ser estimulado o desenvolvimento de ações educacionais para crianças e adolescentes, familiares, responsáveis e cuidadores, autoridades públicas e sociedade em geral, para ampliar o conhecimento sobre os direitos de crianças e adolescentes, especificamente quanto aos benefícios e riscos associados com produtos e serviços digitais, bem como ampliar a autonomia e o senso crítico, indivi-

---

educação nas redes. EHRHARDT JR. Marcos; LOBO, Fabíola (Org.) *Vulnerabilidade e sua compreensão no direito Brasileiro*. São Paulo: Foco, 2021, p. 139.

dual e coletivos, sobre decisões relacionadas ao desenvolvimento e gestão do ambiente digital (§ 1º do art. 29).

Portanto, o papel orientador e educador dos pais quanto aos limites do acesso e da participação do filho menor de idade em publicidade, televisão, internet, computador, celulares, *tablet* ou outros aparatos digitais constitui encargo inerente ao exercício do poder familiar e se afigura indispensável para que a pessoa em processo de formação da personalidade esteja protegida de forma integral[142].

3. ASPECTOS PATRIMONIAIS DO PODER FAMILIAR

As normas relativas à administração dos bens dos filhos, no Código Civil de 2002, foram retiradas do capítulo do poder familiar e inseridas no título do direito patrimonial. Esta matéria, entretanto, não foi aventada no Estatuto da Criança e do Adolescente. Assim sendo, o tema deve ser examinado à luz da lei civil, não importando se a criança ou adolescente situa-se na hipótese do art. 98 do ECA. Desde que os genitores estejam investidos do poder familiar, cabe a eles a administração e o usufruto dos bens dos filhos, menores de 18 anos, não emancipados.

Os pais devem cumprir essa tarefa com zelo e sem qualquer interesse financeiro, pois não recebem remuneração (diferentemente do tutor), podendo ser chamados a prestar contas dessa administração e do usufruto[143], a qualquer tempo, se verificado que estão fazendo uso irregular dos recursos financeiros do filho (art. 550 do CPC). Dessa maneira, inequivocamente os poderes conferidos aos genitores de administrar os bens dos filhos menores não são ilimitados (art. 1.691 do CC).

Com efeito, no que concerne à conservação dos bens do incapaz, a regra é a manutenção integral do patrimônio imobiliário, preservando-lhe o valor econômico. Os poderes dos genitores devem restringir-se aos de meros administradores, pagando os tributos, fazendo a manutenção periódica dos bens, alugando o bem, se necessário etc.

---

142 Remetemos o leitor ao capítulo "Prevenção", onde a questão é ampliada. Vale conferir como instrumento digital de controle desses acessos o aplicativo AppGuardian de conexão entre pais e filhos que oferece ferramentas para auxiliar as famílias nas mudanças de hábitos digitais. Disponível em: <https://www.appguardian.com.br/>. Acesso em: 30 ago. 2020. Registre-se, ainda, a importante publicação de cartilha, elaborada pela Safernet, tendo como objetivo desenvolver instrumentos de educação e comunicação para o empoderamento da população sobre o uso da internet e os cuidados diante de *sites* que contenham mensagens violadoras dos direitos de crianças e adolescentes, em especial de pornografia infantil. Disponível em: <https://new.safernet.org.br/content/cartilhas>. Acesso em: 30 ago. 2020.

143 OLIVEIRA, J. M. Leoni Lopes de. *Direito civil:* família. Rio de Janeiro: Forense, 2018, p. 453. Para Venosa, na administração legal dos bens dos filhos, não há necessidade de caução ou qualquer garantia, respondendo o progenitor por culpa grave, embora não esteja obrigado a prestar contas. VENOSA, Sílvio de Salvo. *Direito civil:* família. 17. ed. São Paulo: Atlas, 2017, v. 5, p. 362.

PARTE I – O DIREITO MATERIAL SOB O ENFOQUE CONSTITUCIONAL

Para a lisura de todo o procedimento de venda dos bens do incapaz, assinale-se que deverá sempre ser judicial (art. 1.691 do CC), observando o rito de jurisdição voluntária (art. 725, III, do CPC).

O deferimento judicial da alienação somente será possível desde que comprovada a manifesta vantagem da venda e a sua conveniência para a criança ou o adolescente. O pedido, pois, deve vir acompanhado de prova inequívoca do benefício para a criança ou da urgente necessidade de pagamento de despesas inesperadas do filho menor de idade ou a possibilidade de perda do bem pela não conservação.

Na apreciação dos pedidos de venda de bens de menores de 18 anos, normalmente, busca-se uma forma de manutenção do patrimônio, seja pela venda do bem original, que será sub-rogado pela compra de outro mais vantajoso ou em condições de ser mantido, seja pelo depósito do preço em caderneta de poupança ou outra categoria de investimento seguro.

No caso de venda de bem imóvel para compra de outro, faz-se necessária a apresentação da certidão atualizada do Registro Geral de Imóveis e de ônus reais do imóvel que se pretende adquirir, a certidão do ofício de registro e distribuição cível e do cartório de protesto do proprietário do imóvel a ser comprado, bem como a certidão de quitação dos tributos municipais relativos tanto ao imóvel que se pretende adquirir quanto ao imóvel da criança ou do adolescente. Após a apresentação dos referidos documentos, é devida a avaliação judicial do bem do incapaz e do que se pretende comprar, tal como ocorre com a tutela (art. 1.750 do CC), além da indispensável manifestação da Curadoria Especial, quando se vislumbrar a colidência de interesses entre a criança e seus pais, na forma do art. 1.692 do CC c/c o art. 72, I, do CPC e parágrafo único do art. 142 da Lei n. 8.069/90, sem prejuízo de outras diligências que o caso requerer.

Não sendo a transação casada ou concluída imediatamente, o valor alcançado com a venda (nunca inferior ao arbitrado pela avaliação judicial) deverá ser depositado em caderneta de poupança ou outro investimento sólido à disposição do Juízo, comprovando-se judicialmente tal aplicação e evitando-se a desvalorização do patrimônio do filho. Se ficar demonstrada a negligência por parte dos pais, poderá ser instaurado inquérito criminal, pela eventual prática de conduta prevista no art. 168 do Código Penal.

A opção de depositar o produto da venda em investimento que possa efetuar retiradas mensais, com toda evidência, acarretará diminuição patrimonial para a criança ou o adolescente. Esta alternativa somente poderia ser considerada como de utilidade e de interesse para o titular do bem, se comprovada a penúria financeira desse e de sua família ou a urgência na utilização dos recursos em prol da criança/adolescente, em razão de enfermidade, estudo ou outra situação emergencial.

4. SUSPENSÃO DO PODER FAMILIAR

Inegável que as normas de caráter protetivo, preventivo e punitivo prescritas no ECA devem ser aplicadas aos pais que não garantam aos filhos os seus direitos fundamentais, não importando se famílias abastadas ou muito pobres. As medidas em face dos pais previstas no ECA, especialmente as elencadas no art. 129[144], representam uma forma de controle do exercício do poder familiar pela sociedade e pelo poder público.

A suspensão e a destituição do poder familiar são as medidas mais graves impostas aos genitores, devendo ser decretadas por sentença, em procedimento judicial próprio, garantindo-se-lhes o princípio do contraditório e o da ampla defesa, na hipótese de seus atos se caracterizarem como atentatórios aos direitos do filho (art. 129, X, c/c os arts. 155 a 163 da Lei n. 8.069/90). Por constituírem medidas drásticas e excepcionais, devem ser aplicadas com a máxima prudência.

A distinção entre os dois institutos estabelece-se pela graduação da gravidade das causas que as motivam e pela duração de seus efeitos. Se, por um lado, a suspensão é provisória e fixada ao criterioso arbítrio do juiz, dependendo do caso concreto e no interesse do filho menor de idade, a perda do poder familiar pode revestir-se de caráter irrevogável, quando na situação de transferência do poder familiar pela adoção.

Segundo o entendimento de Tepedino, Barboza e Moraes[145], é possível também haver a suspensão de alguns dos atributos da autoridade familiar, por exemplo, a perda da guarda ou do poder de representação, sem que o exercício dos demais direitos e deveres seja afetado.

Ressalte-se que, na Lei Civil de 2002, os artigos relativos à suspensão do poder familiar, assim como no Código Civil de 1916, estão implantados após tratar da hipótese de extinção. Melhor seria que as disposições referentes à suspensão fossem inseridas, topologicamente, antes da extinção, já que suas consequências são mais brandas. Todavia, o legislador civil preferiu manter-se na linha adotada pelo Código anterior, tratando da suspensão após traçar as causas de extinção do poder parental.

Assim, a suspensão está prevista no art. 1.637 do CC e relaciona-se ao abuso de autoridade, à falta aos deveres inerentes ao poder familiar, à ruína dos bens dos filhos e, ainda, à condenação por sentença irrecorrível, em virtude de crime cuja pena exceda a dois anos de prisão (parágrafo único do art. 1.637).

---

144 O exame detalhado de cada medida expressa no art. 129 do ECA encontra-se no capítulo "As medidas pertinentes aos pais, responsáveis ou outras pessoas encarregadas do cuidado de crianças e adolescentes", escrito por Patrícia Tavares.

145 TEPEDINO, Gustavo; BARBOZA, Heloisa Helena; MORAES, Maria Celina Bodin de. *Código Civil interpretado conforme a Constituição da República*. Rio de Janeiro: Renovar, 2014, v. IV, p. 247. No mesmo sentido, de a suspensão alcançar apenas parte dos atributos do poder familiar, está VENOSA, Sílvio de Salvo. *Direito civil*: família. 17. ed. São Paulo: Atlas, 2017, v. 5, p. 367; e OLIVEIRA, J. M. Leoni Lopes de. *Direito civil*: família. Rio de Janeiro: Forense, 2018, p. 458.

PARTE I – O DIREITO MATERIAL SOB O ENFOQUE CONSTITUCIONAL

Quanto ao alcance da expressão "abuso da autoridade parental", vale trazer as ponderações de Souza[146]:

> O termo "abusar de sua autoridade", utilizado pelo legislador, deve ser lido em consonância com o art. 187 do CC, que prevê a figura do abuso de direito como ato ilícito sempre que o exercício do direito violar seu fim econômico ou social, a boa-fé e os bons costumes. Destarte, mesmo que o genitor esteja exercendo algum poder-dever previsto no art. 1.634 do CC ou no art. 22 do ECA, se tal exercício contrariar a função social, a boa-fé e os bons costumes, surge o ato ilícito a justificar a suspensão ou a destituição do poder familiar (conforme o caso concreto).

A falta aos deveres inerentes ao poder familiar (art. 22 do ECA c/c 1.634 do CC), que fundamenta a aplicação de suspensão da função parental, deve ser avaliada pelo magistrado sob o prisma da graduação da gravidade do comportamento dos genitores, de modo a diferenciar-se das causas de perda (art. 24 do ECA).

No que concerne à hipótese de afastamento provisório do poder familiar por ruína dos bens dos filhos, o legislador estatutário se referiu aos cuidados com os encargos patrimoniais exercidos pelos detentores daquele múnus, incluindo-se, em caso de desrespeito ao encargo, a possibilidade de, judicialmente, proibir-se a administração e o usufruto legal dos bens dos filhos[147].

No que toca à suspensão do poder familiar dos pais privados da liberdade, deve ser asseverado que essa causa deve estar relacionada a crime cuja vítima seja o próprio filho[148].

Portanto, se os pais presos não se encontrarem nesta situação e mantiverem estreita afetividade com os filhos, mesmo acolhidos institucionalmente, poderão manter contatos com eles. Nesta esteira, a Lei n. 12.962, de 8 de abril de 2014,

---

146 E exemplifica a autora: "[...] representação judicial (art. 1.634, inc. VII, CC) exercida em verdadeiro prejuízo da criança ou do adolescente, ou para satisfazer sentimentos pessoais do representante legal contra aquele inserido no polo passivo; ou ainda quando o genitor reclama a criança de guardiões de fato que não cederam à pressão para lhe conferir vantagens financeiras (art. 1.634, inc. VIII, CC); ou quando o genitor transforma o dever de obediência da criança em tirania, exigindo-lhe serviços domésticos que deveriam estar sendo prestados pelo próprio adulto (art. 1.634, inc. IX, CC)." SOUZA, Nathália Moreira Nunes de. Op. cit., p. 64-65.

147 OLIVEIRA, J. M. Leoni Lopes de. Op. cit., p. 458; e VENOSA, Sílvio de Salvo. Op. cit., p. 367.

148 Diante das alterações trazidas pelo ECA, por meio da Lei n. 13.715/2018, quanto às novas hipóteses de perda do poder familiar, Madaleno deduz que "resta completamente sem sentido o parágrafo único do artigo 1.637 do Código Civil ao suspender do poder familiar o pai ou a mãe condenado por sentença irrecorrível, em virtude de qualquer crime cuja pena exceda a dois anos de prisão, quando este mesmo genitor só seria destituído do poder familiar se o seu crime doloso fosse contra o próprio rebento [...]". MADALENO, Rolf. *Direito de família*. 10. ed. Rio de Janeiro: Forense, 2020, p. 757.

assegurou esta convivência familiar ao inserir o § 4º no art. 19 do ECA, preconizando a garantia da convivência da criança e do adolescente com a mãe ou o pai privado de liberdade, por meio de visitas periódicas promovidas pelo responsável ou, nas hipóteses de acolhimento institucional, pela entidade responsável, independentemente de autorização judicial. O Marco da Primeira Infância (Lei n. 13.257/2016), por seu turno, permitiu aos pais presos obterem o benefício da prisão domiciliar para conviverem com a prole até 12 anos incompletos (art. 318, V e VI, do CPP). Todavia, estas modalidades de convivência entre filhos e pais detentos estarão condicionadas à inexistência de causas de suspensão dos deveres parentais.

Saliente-se, por oportuno, que tendo a violência que ensejou a condenação supramencionada sido perpetrada em face do filho ou contra outrem igualmente titular do poder familiar[149], ou sendo relacionada ao estado de filiação ou à assistência familiar, o art. 92, II, do Código Penal prevê expressamente a incapacidade para o exercício do poder familiar, como efeito da condenação.

Além das hipóteses de suspensão enumeradas acima, Pontes de Miranda elenca outras causas como a incapacidade do pai ou da mãe, declarada por sentença, de reger sua pessoa ou seus bens e, ainda, no caso de os pais serem julgados ausentes. Em sendo transitória a situação, levantando-se a interdição provisória e retornando o ausente à sede do lar, a suspensão do poder familiar findaria[150].

Assim, a Lei Civil manteve a suspensão do poder familiar como medida protetiva na defesa da prole, com natureza temporária e obtida somente por meio de decreto judicial que determinará o tempo necessário de suspensão dos direitos dos pais. Depois de expirado este período, como dito, os pais terão restaurado o poder familiar, se constatada a ausência dos motivos iniciais da suspensão.

Vale destacar que a suspensão do poder familiar não suprime o direito do filho de continuar a ser sustentado pelos genitores, tendo em vista que a assistência material decorrente dos liames de parentalidade subsiste (arts. 1.694, 1.696 e 1.701 do CC).

O Estatuto da Criança e do Adolescente, por sua vez, no art. 157, prevê a possibilidade de, liminarmente, decretar-se a suspensão do poder familiar até o julgamento definitivo da causa, ficando a criança ou o adolescente confiado a pessoa idônea, mediante termo de responsabilidade, quando em face de ambos os pais. O aludido artigo, ainda, com os acréscimos efetuados pela Lei n. 14.340/2022, passou a dispor em seu § 3º que a concessão da liminar será, preferencialmente, precedida de entrevista da criança ou do adolescente perante equipe multidisciplinar e de oitiva da outra parte, nos termos do que, se houver indícios de ato de violação de

---

149 Sanção estendida ao agressor(a) do pai/mãe da criança pela Lei n. 13.715/2018.
150 PONTES DE MIRANDA. *Tratado de direito de família*. São Paulo: Bookseller, 2001, v. III, p. 183.

PARTE I – O DIREITO MATERIAL SOB O ENFOQUE CONSTITUCIONAL 241

direitos de criança ou de adolescente, o juiz comunicará o fato ao Ministério Público e encaminhará os documentos pertinentes (§ 4º do art. 157).

O ECA dispõe ainda acerca da suspensão do poder familiar no art. 19, § 6º, quando a genitora deseja entregar o filho em adoção, mas à audiência de anuência não comparecem nem o genitor nem representante da família extensa para confirmar a intenção de exercer o poder familiar ou a guarda. Nesse caso, o referido dispositivo reza que que a autoridade judiciária suspenderá o poder familiar da mãe e a criança será colocada sob a guarda provisória de quem esteja habilitado a adotá-la[151].

5. EXTINÇÃO DO PODER FAMILIAR

O ECA, em sua redação original, não se referia expressamente à extinção do poder familiar, mas apenas indiretamente, ao mencionar a dependência de consentimento dos pais do adotado para a colocação em família substituta, sob a modalidade de adoção (art. 45 do ECA) e no seu art. 24, ao tratar de uma das hipóteses de extinção do poder familiar: a decisão acerca da perda do poder familiar.

Porém, este panorama foi totalmente reformulado a partir da inclusão no ECA, pela Lei n. 13.509/2017, da consequência legal da entrega regular e a concordância dos genitores com a adoção da prole: a extinção do poder familiar. Embora os pais possam exercer a retratação antes da audiência (art. 166, § 5º do ECA), desistir na audiência (art. 19-A, § 8º, do ECA) ou manifestar o arrependimento até 10 dias após a prolação da sentença de extinção (art. 166, § 1º, I c/c § 5º, do ECA), a concordância passou a ser causa de extinção da autoridade parental, possibilitando a colocação imediata da criança em família adotiva.

A aludida lei descreveu a situação ensejadora da extinção da autoridade parental em dois momentos: 1) na entrega do filho pela mãe para adoção, não havendo indicação de pai no registro de nascimento ou existência de família extensa e, também, 2) no ato de consentimento dos pais com a colocação do filho em família adotiva, no bojo deste procedimento. Eis a disciplina da extinção do poder familiar no ECA: "Art. 19-A. [...] § 4º Na hipótese de não haver a indicação do genitor e de não existir outro representante da família extensa apto a receber a guarda, a autoridade judiciária competente deverá decretar a extinção do poder familiar e determinar a colocação da criança sob a guarda provisória de quem estiver habilitado a adotá-la ou de entidade que desenvolva programa de acolhimento familiar ou

---

151 O Enunciado 15 do Fórum Nacional da Justiça Protetiva – FONAJUP, porém, possui o seguinte entendimento: "Na hipótese do artigo 19-A, § 6º, do ECA, caso a mãe tenha manifestado em audiência o interesse em entregar seu filho à adoção, na forma do *caput* e parágrafos do dispositivo e do artigo 166, § 1º, será extinto o seu poder familiar, podendo ser suspenso o do genitor registral que não compareceu ao ato, após regularmente intimado ou quando não tenha sido localizado, em ação própria de perda do poder familiar".

institucional" e "Art. 166 [...] § 1º Na hipótese de concordância dos pais, o juiz: I – na presença do Ministério Público, ouvirá as partes, devidamente assistidas por advogado ou por defensor público, para verificar sua concordância com a adoção, no prazo máximo de 10 (dez) dias, contado da data do protocolo da petição ou da entrega da criança em juízo, tomando por termo as declarações; e II – declarará a extinção do poder familiar. [...] § 3º São garantidos a livre manifestação de vontade dos detentores do poder familiar e o direito ao sigilo das informações. § 4º O consentimento prestado por escrito não terá validade se não for ratificado na audiência a que se refere o § 1º deste artigo. § 5º O consentimento é retratável até a data da realização da audiência especificada no § 1º deste artigo, e os pais podem exercer o arrependimento no prazo de 10 (dez) dias, contado da data de prolação da sentença de extinção do poder familiar".

Para orientar o Juízo da Infância e respectivas Equipes Técnicas, a Resolução n. 485/2023 do Conselho Nacional de Justiça disciplinou o atendimento, no âmbito do Poder Judiciário, de gestante ou parturiente que manifeste o desejo de entregar o filho para adoção, focando a importância do trabalho da equipe interprofissional no sentido de elaborar relatório circunstanciado (art. 7º) após minucioso atendimento que inclua especialmente o acolhimento da mãe (art. 2º, § 1º), a avaliação das condições emocionais e psicológicas da mãe (art. 4º, IV e V), dados do suposto pai e família paterna (art. 4º, VI), informar sobre o direito ao sigilo do nascimento (art. 5º, §§ 1º a 3º), dados sobre a existência de integrantes da família natural ou extensa com quem ela tenha relação de afinidade para, se possível, e com anuência dela, também serem ouvidos (art. 5º, § 4º), o direito do filho ao nome e ao conhecimento de sua identidade biológica (art. 6º, II a V), tudo com o fito de que a entrega seja efetivamente fruto de uma decisão amadurecida e consciente da mãe, além de, obviamente, ser benéfica para a criança.

Em suma, o ato de anuência à entrega do filho em adoção deve ser precedido de orientações, obedecer às formalidades prescritas em lei e ser sempre formalizado em sede judicial, haja vista a consequência jurídica dele decorrente: a extinção do poder familiar.

O Código Civil, por sua vez, dedicou artigo específico sobre o tema (art. 1.635) e inseriu na relação dos casos de extinção, diversamente do CC de 1916, a decisão de perda do poder familiar (art. 1.635, V)[152]. Em outras palavras, na lei civil encontram-se sob o mesmo gênero – extinção – a cessação natural e a judicial do poder familiar, que serão examinadas uma a uma, em ordem topográfica a seguir.

---

152 O Projeto de Lei n. 6.594/2016, da autoria da Deputada Federal Tia Eron, que também prevê a anuência dos pais com a adoção do filho como uma das causas de extinção do múnus parental, propõe a ampliação das hipóteses de extinção do poder familiar do Código Civil: "Art. 1.635 [...] VI – por decisão judicial de homologação de entrega voluntária para fins de adoção na forma do art. 166 da Lei n. 8.069, de 13 de julho de 1990".

PARTE I - O DIREITO MATERIAL SOB O ENFOQUE CONSTITUCIONAL

5.1. Morte

Durante o exercício do poder parental, fatos naturais podem interferir na manutenção deste dever. A morte de ambos os pais ou do filho coloca fim ao poder familiar (art. 1.635, I, do CC), caracterizando uma cessação ou extinção natural deste múnus.

O menor de 18 anos de idade que ficou órfão de ambos os pais e não for adotado, então, terá como resposta legal mais adequada à ausência de representante legal e de convivência familiar ser recebido em família substituta, sob a modalidade de tutela, visando ao preenchimento do encargo deixado por seus responsáveis legais (art. 1.728, I, do CC), até que complete a maioridade civil.

Poderá, ainda, diante da orfandade bilateral, a criança ou o adolescente ser adotado e, então, extinto estará, além do poder familiar, também o vínculo de parentesco com os pais biológicos falecidos.

Ressalve-se, entretanto, que o falecimento de um dos genitores, por evidente, não tem o condão de cessar o poder familiar do outro, haja vista que, embora o pai e a mãe detenham este poder-dever conjunto, o exercício é pessoal. O genitor sobrevivente exercerá, então, a autoridade parental exclusivamente, cabendo-lhe, inclusive, a administração dos bens do filho (art. 1.570 do CC).

5.2. Emancipação

O desejo manifesto pelos pais e pelo filho de obter a capacidade plena desse último também pode acarretar a extinção do poder familiar, desde que preenchidos determinados requisitos legais. É o caso da emancipação (art. 1.635, II, do CC), a qual objetiva a antecipação da maioridade civil do menor de 18 anos, tornando-o apto para os atos da vida civil. Não se trata de dever dos pais ou direito da prole, mas mera faculdade jurídica dos detentores do poder familiar, os quais dependerão da aceitação do filho menor de idade por meio de sua assinatura no registro (art. 90 da Lei n. 6.015/73).

Com efeito, o Código Civil exige categoricamente que a manifestação de vontade para a emancipação seja expressa por meio de escritura pública, sendo certo que o ato somente produzirá efeitos após o registro perante o ofício de registro civil das pessoas naturais da circunscrição onde o adolescente for domiciliado e com a anotação na certidão de nascimento deste (arts. 89, 90, 91 e § 1º do art. 107 da Lei n. 6.015/73). Para tanto, o adolescente, após completar 16 anos, deverá estar capacitado nos termos do art. 5º, I, do CC para lidar diretamente com sua vida, para, então, os pais concederem esta autorização.

A emancipação, também, pode verificar-se no caso do casamento, do exercício de emprego público efetivo, pela colação de grau em curso de ensino superior, pelo estabelecimento civil ou comercial, ou pela existência de relação de emprego, desde que, em função deles, o menor com 16 anos completos tenha economia própria (art. 5º, II a V, do CC). É importante salientar que a concessão da emancipação perante a Justiça da Infância e da Juventude é restrita aos menores de 18 anos que estiverem em qualquer das situações descritas no art. 98 (art. 148, parágrafo único, *e*, do ECA).

Não sendo assim, a competência será determinada pela lei de organização judiciária local.

5.3. Maioridade civil

Como o poder parental tem duração limitada no tempo, atingida a maioridade civil aos 18 anos de idade, o múnus cessa automaticamente, consoante disposto expressa e desnecessariamente no inciso III do art. 1.635 c/c o art. 5º do CC. É uma causa eminentemente natural de extinção ou cessação do poder familiar.

Por vezes, entretanto, apesar de ter atingido a maioridade civil e extinta a função parental, a capacidade do filho não é alcançada em razão da presença das causas que dão margem à interdição (art. 1.767 do CC). Nesta hipótese, não se prorroga o dever de representação dos pais, antes inerente ao poder familiar, mas, sim, concede-se a curatela preferencialmente aos genitores que mantenham convívio e afetividade com o filho maior incapaz, para a sua representação.

5.4. Adoção

A adoção permaneceu inserida na lista das causas de extinção do poder familiar no Código Civil de 2002 (art. 1.635, IV), como já o era no Código Civil de 1916 (art. 392, IV).

Ocorre que, com o advento do Estatuto da Criança e do Adolescente, a adoção passou a ter sempre o caráter irrevogável (art. 48), e o vínculo de filiação, constituído pela decisão judicial, pressupõe, por óbvio, a anterior extinção do poder familiar (§ 1º do art. 45).

Com o fito de auferir melhor a razão da inclusão da adoção como causa de extinção do poder familiar, deve-se analisar a qual hipótese o legislador referiu-se.

Se o adotando é órfão de ambos os pais, extinto está o poder familiar pelo evento morte. Logo, se há uma cessação natural do encargo dos genitores prevista no art. 1.635, I, do CC, a eventual adoção posterior do órfão não necessitará extinguir o poder familiar anterior, mas sim desconstituirá o vínculo de parentalidade dos falecidos com o órfão e decretará uma nova relação jurídica parental. Portanto, o art. 1.635, IV, não trata da adoção quando há orfandade do adotando.

No caso de maioridade civil ou de emancipação do filho, igualmente, ocorre a cessação natural do poder familiar (art. 1.635, II, do CC). Ocorrendo a adoção de pessoa maior ou emancipada, não haverá a necessidade de decretação de extinção da autoridade parental, pois esta não mais subsistiria. Portanto, o art. 1.635, IV, não trata de adoção de pessoa maior ou emancipada.

PARTE I – O DIREITO MATERIAL SOB O ENFOQUE CONSTITUCIONAL

Outra modalidade de extinção do poder familiar seria a hipótese de os pais do adotando estarem no pleno gozo deste múnus e, para a colocação em família adotiva, a autoridade parental da família natural necessitar ser afastada (art. 1.635, V, c/c o art. 1.638 do CC e art. 24 do ECA). Ocorre que havendo a perda do poder familiar por sentença (hipótese do art. 1.635, IV) necessária ser decretada, também, a extinção do múnus pela adoção.

Portanto, a destituição do poder familiar é um pressuposto lógico para que haja a adoção. Mas esta medida de perda, pura e simples, não extingue o encargo parental dos pais biológicos.

Diante desses argumentos, se conclui que o legislador civil cuidou, no art. 1.635, IV, da adoção com o consentimento dos pais (arts. 45 e 166, §§ 1º a 7º do ECA, com a redação dada pela Lei n. 13.509/2017), pois, nesse caso, os genitores estariam "delegando ou transferindo" o poder familiar para outra família. Seria uma inapropriada "renúncia", a despeito de a figura da "delegação do pátrio poder", prevista no antigo Código de Menores (arts. 21 a 23), não ter sido reproduzida na Lei n. 8.069/90.

Com efeito, com a vigência do ECA e, por conseguinte, com a disciplina da aquiescência dos pais biológicos com o ato judicial da adoção do filho, a doutrina e a jurisprudência passaram a apreender que a regra da indisponibilidade do poder familiar permitiria esta exceção. Diante disso, com a exteriorização de vontades colhidas em audiência, os pais poderiam despojar-se do poder familiar, com fulcro nos permissivos legais dispostos no *caput* e nos parágrafos do art. 166 do ECA[153]. Dessa maneira, a natureza jurídica da manifestação de vontade dos pais seria, também, a de um pressuposto lógico para a colocação em família substituta do filho, na modalidade de adoção (art. 45 do ECA).

Para formalização desta disposição, os genitores, espontaneamente, na presença do juiz da infância e do Ministério Público, em audiência especialmente designada, podem concordar com a adoção do filho, desde que sejam previamente orientados e advertidos acerca das consequências deste ato (§§ 1º a 7º do art. 166 do ECA, na forma da redação conferida pela Lei n. 13.509/2017 e art. 4º da Convenção Relativa à Proteção de Crianças e à Cooperação em Matéria de Adoção Internacional). Logicamente o ato de disposição não admite ser praticado por procuração, haja vista que o ECA veda a adoção por procuração (art. 39, § 2º) e, consequentemente, proíbe a desconstituição da adoção e do poder familiar através do instrumento de mandato.

A propósito, antes da promulgação da Lei n. 13.509/2017, tinha-se afirmado que a concordância dos pais corresponde à extinção do poder familiar sobre a qual

---

153 AZEVEDO, Luiz Carlos. Art. 162. In: VERONESE, Josiane Rose Petry; SILVEIRA, Mayra; CURY, Munir (coord.). *Estatuto da Criança e do Adolescente comentado*. Comentários jurídicos e sociais. 13. ed. rev. e atual. São Paulo: Malheiros, 2018, p. 1081.

o magistrado não estará obrigado a declarar na sentença da adoção, uma vez que só o deferimento desta conduzirá automaticamente à extinção daquele, visto que os institutos não poderão existir simultaneamente[154].

Outra corrente doutrinária entende que a concordância dos pais com a adoção corresponde a uma exceção à irrenunciabilidade do poder familiar, pois resulta em um benefício de outro instituto admitido no direito positivo, ou seja, a adoção[155].

Assevere-se que, apesar do assentimento dos genitores, a adoção somente deverá ser deferida depois de apurada a presença de todas as condições legais objetivas (arts. 39 e seguintes c/c os arts. 165 e s. do ECA) e quando a medida apresentar reais vantagens para o adotando e fundamentar-se em motivos legítimos (art. 43 do ECA).

No trajeto do processo, pois, é indispensável também que se investigue a permanência ou não dos vínculos socioafetivos do adotando com a sua família biológica e a razão de esta ter desejado colocá-lo em família substituta, isto tudo de modo a evitar a tipificação do crime disciplinado no art. 238 do ECA.

Assim, embora a anuência dos pais biológicos assemelhe-se a uma "renúncia", ela dependerá de decisão judicial para ter efeito jurídico desconstitutivo da filiação de origem. Em outras palavras, com a edição da Lei n. 13.509/2017, a concordância dos pais com a colocação do filho em família adotiva passou a acarretar a extinção do poder familiar (art. 166, § 1º, inciso II, do ECA), mas como dito, não extingue a parentalidade biológica por si só, pois este vínculo de parentesco somente desaparecerá com a sentença transitada em julgado de adoção.

A adoção, portanto, não se configura em mera causa de extinção do poder familiar, mas, sim, se constitui uma causa translatícia do vínculo de parentesco, pois a criança ou o adolescente não estará fora do poder parental nem um só momento sequer[156].

5.5. Decisão judicial

Como acentuado antes, com o Código Civil de 2002, a perda ou a destituição do poder familiar passou a ser uma das formas de extinção do poder familiar (art. 1.635, V, do CC), haja vista a expressa referência ao art. 1.638. Esta decisão decorre da tipificação de castigos imoderados, abandono, atos contrários à moral e aos bons costumes, incidência reiterada nas faltas antecedentes e, ainda, quando comprovado o descumprimento injustificado dos deveres inerentes ao poder familiar (art. 24 do ECA).

---

154 SILVA, José Luiz Mônaco da. A concordância dos pais nos procedimentos de adoção. *Revista Justitia* do Ministério Público do Estado de São Paulo, n. 176, p. 49-50. Disponível em: <http://www.revistajustitia.com.br/revistas/62x7d5.pdf>. Acesso em: 25 jun. 2020.

155 RIZZARDO, Arnaldo. *Direito de família.* 10. ed. Rio de Janeiro: Forense, 2019, p. 556.

156 PEREIRA, Caio Mário da Silva. *Instituições de direito civil,* p. 478.

PARTE I – O DIREITO MATERIAL SOB O ENFOQUE CONSTITUCIONAL

Essas hipóteses dependem de uma decisão judicial condenatória, a ser proferida em ação própria[157], que visa aplicar a medida punitiva mais gravosa aos pais: a destituição do poder familiar (art. 129, X, do ECA) através da qual este encargo será extinto[158]. Estas causas serão a seguir examinadas.

6. PERDA OU DESTITUIÇÃO DO PODER FAMILIAR

A destituição da função parental (inciso X) é a medida mais drástica prevista no art. 129 do ECA, aplicável aos pais biológicos e socioafetivos. Mais do que uma punição aos responsáveis legais por uma criança ou adolescente, esta medida possui cunho protetivo, pois tem por meta retirar o filho menor de 18 anos de uma situação de risco ou vulnerabilidade perpetrada por aqueles que deveriam zelar, com afeto e cuidado, por seus direitos fundamentais[159].

O sustentáculo legal para o afastamento do poder familiar dos pais (biológicos ou civis) repousa no art. 24 do ECA. Esta norma estatutária prevê que, além do descumprimento dos deveres e obrigações a que alude o art. 22 do ECA, a legislação civil indicará os casos de destituição, quais sejam, aqueles descritos no art. 1.638, I a V, parágrafo único, I e II, do CC[160], sobre os quais nos debruçaremos em seguida[161].

---

157 Recomenda-se a consulta ao capítulo "Ação de suspensão e de destituição do poder familiar".

158 Comentando tal dispositivo da lei civil codificada, Antonio Fonseca elucida que, mesmo na hipótese de mera "perda" do poder familiar, o magistrado poderá determinar a "extinção" do poder familiar (art. 1.635, V, c/c art. 1.638 e incisos), dependendo do caso concreto, como na hipótese de abuso sexual do(a) filho(a). Assim, sendo determinada a extinção, o agressor não poderia reaver o poder familiar. FONSECA, Antonio Cezar Lima da. *Direitos da criança e do adolescente*. 3. ed. São Paulo: Atlas, 2015, p. 121.

159 Para fins históricos, cabe mencionar a previsão da Consolidação das Leis do Trabalho (Decreto-lei n. 5.452/43), que, não permitindo a atividade laborativa de menores em locais e serviços perigosos, insalubres ou prejudiciais à sua moralidade (art. 405 da CLT), punia os genitores do adolescente empregado que infringissem os dispositivos proibitivos referentes ao trabalho juvenil, os quais, além da multa, poderiam ser destituídos do poder familiar (art. 437 da CLT). Essa regra foi revogada pela Lei n. 10.097/2000, não significando dizer que a conduta supradescrita não seja tipificada na norma civil como violadora do exercício da responsabilidade parental, como na hipótese de negligência, maus-tratos e abandono e, assim, possa ser sancionada com a medida da perda do poder familiar, perante o Juízo da Infância e Juventude ou de Família.

160 A Lei n. 13.509/2017 criou mais uma hipótese de destituição do poder familiar, ao introduzir novo inciso no art. 1.638 do CC: "Art. 1.638. [...] V – entregar de forma irregular o filho a terceiros para fins de adoção". O relator do respectivo projeto de lei justificou a ampliação do rol da lei civil para "coibir prática nefasta de venda de crianças e tentativas de contornar o cadastro nacional de adoção, instituto que deve ser respeitado pelo ganho e segurança que traz para toda a sociedade". A Lei n. 13.715/2018, por sua vez, acrescentou parágrafo único ao art. 1.638 do CC e inseriu duas hipóteses de perda do poder familiar: a prática de feminicídio, homicídio, lesões corporais graves seguidas de morte, estupro ou crime contra a dignidade sexual do outro titular do poder familiar ou do filho, filha ou descendente. Essas novas modificações foram analisadas detalhadamente adiante.

6.1. Castigo imoderado

O castigo imoderado é considerado causa de perda da autoridade parental desde o Código Civil de 1916, sendo mantido no Código Civil de 2002 no inciso I do art. 1.638.

No exercício do poder familiar, de acordo com o abordado acima, confere-se aos pais o dever de educar os filhos com carinho e diálogo, aplicando medidas disciplinares moderadas, jamais por meio de atos que atinjam a dignidade do filho.

O direito ao respeito, previsto no art. 227 da CF/88 e nos arts. 15 e 17 do ECA, consiste na inviolabilidade da integridade física, psíquica e moral da criança e do adolescente. Qualquer espécie de punição aplicada ao filho que redunde em lesão a tal direito, deve ser prontamente repudiada e severamente punida. A prevenção é essencial para evitar tais abusos e incutir a noção de cuidados para com a prole, especialmente voltada para os pais imaturos ou que reproduzem violência igualmente experimentada na infância. Nesta esteira, a Lei n. 13.257/2016 estabeleceu, no art. 14, § 3º, orientações para gestantes e famílias de crianças na primeira infância acerca da "maternidade e paternidade responsáveis, aleitamento materno, alimentação complementar saudável, crescimento e desenvolvimento infantil integral, prevenção de acidentes *e educação sem uso de castigos físicos, nos termos da Lei n. 13.010, de 26 de junho de 2014, com o intuito de favorecer a formação e a consolidação de vínculos afetivos e estimular o desenvolvimento integral na primeira infância"* [g.n.].

Desta forma, há que se aferir se o direito à correção foi extrapolado pelos pais e se violou as regras mínimas de respeito à integridade física e psicológica do filho, tipificando, inclusive, um delito criminal[162].

---

161 Entendendo que aludido rol não é taxativo: DIAS, Maria Berenice. Op. cit., p. 498; SOUZA, Nathália Moreira Nunes de. Op. cit., p. 66.

162 "APELAÇÃO CÍVEL. *AÇÃO DE DESTITUIÇÃO DO PODER FAMILIAR.* SENTENÇA DE PROCEDÊNCIA. ARTIGO 227 DA CRFB/88. ARTIGO 1.638 DO CC. DESTITUIÇÃO QUE DEVE SER MANTIDA. NEGADO PROVIMENTO AO RECURSO [...] 2 – Destituição do poder familiar que deve ser mantida. 3 – *In casu, as provas dos autos são robustas no sentido de que os réus não possuem condições de exercer a parentalidade do menor, assim como de sua irmã. Todos os relatórios psicossociais são nesse sentido. Frise- se que restou demonstrada a existência de castigos físicos e psicológicos imoderados, o que justificam os episódios de fuga do menor.* Condição psiquiátrica da ré, que sofre de surtos psicóticos decorrentes do lúpus, agrava ainda mais a situação objeto da ação. 4 – Vale ressaltar que o adolescente não manifesta interesse em restabelecer convívio com os réus e que estes, após audiência realizada em 2019, deixaram de realizar visitas no abrigo, sendo certo que, antes de tal período, apenas o pai – 2º réu – havia realizado poucas visitas. Destaco inexistir decisão do Juízo impedindo a visitação. 5 – Frise-se que o 2º réu era conivente com os maus-tratos sofridos pelo menor, eis que presencia- va os mesmos e nada fazia e, de acordo com os relatórios acostados aos autos, o suposto interesse dos réus em permanecer com o menor, não é genuíno, além de contradi-

PARTE I – O DIREITO MATERIAL SOB O ENFOQUE CONSTITUCIONAL

Com efeito, consoante disposto no art. 18-A do ECA cuja redação foi dada pela Lei n. 13.010/2014, a criança e o adolescente têm o direito de ser educados e cuidados sem o uso de castigo físico ou de tratamento cruel ou degradante, como formas de correção, disciplina, educação ou qualquer outro pretexto pelos pais, pelos integrantes da família ampliada e por aqueles que deles cuidem, tratem, eduquem ou protejam.

Seguindo o princípio da cooperação esculpido no art. 227 da CF/88, foi ampliado, pela mencionada Lei n. 13.010, o rol de pessoas responsáveis por educar infantes e jovens (múnus do poder parental exercido pelos genitores conforme o art. 22 do ECA): a família extensa, os responsáveis, os agentes públicos executores de medidas socioeducativas ou por qualquer pessoa encarregada de cuidar deles, tratá-los, educá-los ou protegê-los.

A referida lei definiu as ações caracterizadoras de violação à educação e ao cuidado: I – castigo físico: ação de natureza disciplinar ou punitiva aplicada com o uso da força física sobre a criança ou o adolescente que resulte em: a) sofrimento físico; ou b) lesão; II – tratamento cruel ou degradante: conduta ou forma cruel de tratamento em relação à criança ou ao adolescente que: a) humilhe; ou b) ameace gravemente; ou c) ridicularize.

Dessa forma, a lei veda comportamentos que acarretem violações à integridade física da criança, como os maus-tratos e as lesões, ambos considerados crimes pelo Código Penal (arts. 136 e 129), e, também, violações à integridade psicológica, pois palavras ou situações vexatórias e constrangedoras igualmente ferem indelevelmente a autoestima da pessoa em formação da personalidade. Essa violação pode tipificar o crime previsto no art. 232 do ECA.

Castigo ou maus-tratos físicos, portanto, são aqueles nos quais os pais usam a força física de maneira intencional, não acidental, ou também aqueles atos de omissão intencional, não contingentes, com o objetivo de ferir, danificar ou destruir o filho menor de 18 anos deixando-o, ou não, com marcas físicas evidentes.

O tipo penal denominado "maus-tratos" situa-se no art. 136 do Código Penal e nele se inclui a previsão do abuso, na forma de diversos castigos. Diz a lei penal que constitui maus-tratos expor a perigo de vida ou a saúde de pessoa sob sua autoridade, guarda ou vigilância, para fim de educação, ensino, tratamento ou custódia, quer privando-a de alimentação ou cuidados indispensáveis, quer sujeitando-a a trabalho excessivo ou inadequado, quer abusando de meios de correção ou de disciplina. O tipo penal de lesões corporais, por sua vez, situado no art. 129 do CP, consiste em ofender a integridade corporal ou a saúde de outrem. Será con-

---

tório. 6 – Manutenção da sentença; [...] 9 – Recurso conhecido e desprovido" (TJRJ, Apelação 0000632-36.2019.8.19.0008, 25ª Câm. Cív., Rela. Desa. JDS Isabela Pessanha Chagas, j. 15-4-2021) (grifos nossos).

siderada a lesão uma violência doméstica, de acordo com o § 9º, se for praticada contra o irmão, cônjuge ou companheiro, ou com quem conviva ou tenha convivido, ou, ainda, prevalecendo-se o agente das relações domésticas, de coabitação ou de hospitalidade (inclusão da Lei n. 11.340/2006 – Lei Maria da Penha). Caso a lesão seja grave ou seguida de morte, os pais agressores terão a pena aumentada em 1/3 (um terço), conforme redação do § 10.

Ensinam Rachel Niskier Sanchez e Maria Cecília de Souza Minayo[163] sobre a violência psicológica intrafamiliar que:

> A violência psicológica ocorre quando os adultos sistematicamente depreciam as crianças, bloqueiam seus esforços de autoestima e as ameaçam de abandono e crueldade. Essa forma de relacionamento, também difícil de ser quantificada, provoca grandes prejuízos à formação da identidade e da subjetividade, gerando pessoas medrosas ou agressivas e que, dificilmente, aportarão à sociedade todo o potencial que poderiam desenvolver. Essa forma de abuso passa pela forma cultural com que pais e adultos concebem as crianças e os adolescentes, considerando-os sua posse exclusiva e acreditando que humilhá-los é a melhor forma de educar. O abuso psicológico frequentemente está associado a distúrbios do crescimento e do desenvolvimento psicomotor, intelectual e social. Um ambiente de dominação e humilhante pode potencializar sintomas de agressividade, passividade, hiperatividade, depressão e de baixa autoestima. Ou, ainda, aumentar, nos jovens, as dificuldades de lidar com a sexualidade.

Complementa o art. 18-B e parágrafo único do ECA, com a redação conferida pela Lei n. 13.010/2014 e Lei n. 14.344/2022, que os agressores estarão sujeitos, sem prejuízo de outras sanções cabíveis, às medidas punitivas, que serão aplicadas de acordo com a gravidade do caso pelo Conselho Tutelar: I – encaminhamento a programa oficial ou comunitário de proteção à família; II – encaminhamento a tratamento psicológico ou psiquiátrico; III – encaminhamento a cursos ou programas de orientação; IV – obrigação de encaminhar a criança a tratamento especializado; V – advertência; e VI – garantia de tratamento de saúde especializado à vítima.

Estas sanções aplicadas pelo Conselho Tutelar no âmbito de suas atribuições e obedecidas as formalidades legais têm eficácia plena e são passíveis de execução imediata e, se descumpridas, poderão caracterizar a infração administrativa prevista no art. 249 do ECA. Cabe ao agressor, em caso de discordância, requerer ao Poder Judiciário a revisão da medida (art. 137 do ECA)[164].

---

163 SANCHEZ, Rachel Niskier; MINAYO, Maria Cecília de Souza. Violência contra crianças e adolescentes: questão histórica, social e de saúde. In: LIMA, Cláudia Araújo de *et al.* (coord.). *Violência faz mal à saúde*. Brasília: Ministério da Saúde, 2006, p. 35. (Série B. Textos Básicos de Saúde).

164 Neste sentido o art. 27 da Resolução n. 170 de 10 de dezembro de 2014 do Conanda.

PARTE I – O DIREITO MATERIAL SOB O ENFOQUE CONSTITUCIONAL

Portanto, a atuação do Conselho Tutelar não impede que o Poder Judiciário seja informado das providências tomadas, ou seja, acionado quando necessário. Em suma, não exclui e nem condiciona a aplicação da medida da perda do poder familiar quando os castigos forem imoderados, pois o dever de cuidar e as consequências punitivas podem abranger outros titulares, além dos próprios genitores.

Como estes abusos físicos são cometidos, normalmente, no âmbito restrito da família, o diagnóstico da criança maltratada requer técnicas específicas pelos setores que interagem com a vítima, como, por exemplo, de ensino e de saúde, de maneira a apontar a ocorrência dos maus-tratos e evitar a sua perpetuação. Neste sentido, o art. 10 da Lei n. 13.257/2016 preceitua que os profissionais que atuam nos diferentes ambientes de execução das políticas e programas destinados à criança na primeira infância terão acesso garantido e prioritário à qualificação, sob a forma de especialização e atualização, em programas que contemplem, entre outros temas, a especificidade da primeira infância, a estratégia da intersetorialidade na promoção do desenvolvimento integral e a prevenção e a proteção contra toda forma de violência contra a criança. Assim, deixando estes profissionais de comunicar a autoridade competente os casos de que tenham conhecimento, envolvendo suspeita ou confirmação de maus-tratos contra criança ou adolescente, poderão ser punidos financeiramente pela infração do art. 245 do ECA.

Acentue-se, no entanto, que o dever legal não está restrito àqueles profissionais, mas é dever de todos zelar pela dignidade da criança e do adolescente, pondo-os a salvo de qualquer tratamento desumano, violento, aterrorizante, vexatório ou constrangedor (art. 18 do ECA)[165].

Esta norma estatutária que impõe responsabilidades *a todos* baseia-se na Constituição Federal brasileira, a qual inseriu, como direito fundamental, o dever da família, da sociedade e do Estado de colocar criança e adolescente a salvo de toda forma de violência e crueldade (art. 227).

A verificação dos castigos imoderados pode ser realizada, também, por pessoas próximas (parentes, professores, médicos e vizinhos), por meio da presença de alguns sintomas de que a criança está sendo submetida a maus-tratos físicos, tais como: lesões físicas, doenças não tratadas, comportamento agressivo ou apático, isolamento, tristeza, falta à escola, aparência desleixada e suja, doenças sexualmen-

---

165 Deixe-se claro, pois, que as medidas punitivas elencadas no parágrafo único do art. 18-B (incluído pela Lei n. 13.010/2014 e Lei n. 14.344/2022), a serem aplicadas pelo Conselho Tutelar, possuem destinatários não somente os titulares do poder parental, mas igualmente os integrantes da família ampliada, os responsáveis, os agentes públicos executores de medidas socioeducativas ou qualquer pessoa encarregada de cuidar, tratar, educar e proteger crianças e adolescentes que utilizarem castigo físico ou tratamento cruel ou degradante como formas de correção, disciplina, educação ou qualquer outro pretexto.

te transmissíveis, regressão, problemas de aprendizagem, rebeldia, choro compulsivo, dificuldade de concentração, fugas de casa, autoflagelação, poucos amigos, distúrbios do sono e da alimentação, desnutrição, dentre outros. Havendo suspeita ou confirmação de castigo físico, de tratamento cruel ou degradante e de maus-tratos contra criança ou adolescente, qualquer pessoa deverá obrigatoriamente comunicar ao Conselho Tutelar da respectiva localidade, sem prejuízo de outras providências legais[166].

Cumpre enfatizar que o Marco da Primeira Infância – Lei n. 13.257/2016 – deu destaque ao atendimento das crianças desta faixa etária, vítimas de violência, acrescentando o § 2º ao art. 13 do ECA com a seguinte redação: "Os serviços de saúde em suas diferentes portas de entrada, os serviços de assistência social em seu componente especializado, o Centro de Referência Especializado de Assistência Social (Creas) e os demais órgãos do Sistema de Garantia de Direitos da Criança e do Adolescente deverão conferir máxima prioridade ao atendimento das crianças na faixa etária da primeira infância com suspeita ou confirmação de violência de qualquer natureza, formulando projeto terapêutico singular que inclua intervenção em rede e, se necessário, acompanhamento domiciliar".

Visando aperfeiçoar o sistema de proteção dos direitos de crianças e dos adolescentes, o Conanda editou a Resolução n. 169 de 13 de novembro de 2014, assegurando que, no atendimento realizado pelos atores da rede protetiva, as vítimas possam se expressar livremente, com privacidade necessária, sem agravar o sofrimento psíquico, respeitando o seu tempo e silêncio. Este ato normativo, ainda, recomenda que o atendimento use meios técnicos e metodológicos que preservem a integridade física, psíquica e moral das pequenas vítimas, sem causar-lhes constrangimentos.

Por sua vez, para garantir a segurança dos menores de 18 anos, alvo de violência, maus-tratos, opressão ou abuso sexual, é prevista a medida cautelar do art. 130 da Lei n. 8.069/90. Neste caso, o afastamento do agressor da moradia comum é medida necessária e pode ser conjugada com a perda da guarda, com a representação preceituada no art. 249 do ECA ou com a perda do poder familiar. Além disto, poderão ser aplicadas aos autores da violência outras medidas enumeradas no art. 129 do ECA, tal como tratamento especializado que os ajudem a romper com o ciclo da violência (parágrafo único do art. 4º da Resolução n. 169/2014 do Conanda).

De maneira que sejam aplicadas as medidas de proteção mais adequadas às especificidades dos sujeitos envolvidos, os atores do sistema de garantia de direitos devem ter por base entrevista, estudo social, estudo psicológico e perícia da vítima conduzidos por profissionais tecnicamente habilitados (art. 5º da Resolução n. 169/2014).

---

166 A nova redação do art. 13 do ECA, conferida pela Lei n. 13.010/2014, concentrou nas mãos do Conselho Tutelar as atribuições para aplicação das medidas mais imediatas.

PARTE I – O DIREITO MATERIAL SOB O ENFOQUE CONSTITUCIONAL

Com o fito, ainda, de assegurar a proteção integral, as oportunidades e facilidades para que os filhos convivam sem violência no âmbito doméstico, tenham preservadas sua saúde física e mental e seu desenvolvimento moral, intelectual e social, a Lei n. 13.431/2017 instituiu o sistema de garantia de direitos da criança e do adolescente vítima ou testemunha de violência, na qual foram definidas as violências físicas e psicológicas, além das sexuais e institucionais[167], bem como trata da escuta especializada e do depoimento especial da criança colhido por profissionais habilitados[168].

---

167 "Art. 4º Para os efeitos desta Lei, sem prejuízo da tipificação das condutas criminosas, são formas de violência: I – violência física, entendida como a ação infligida à criança ou ao adolescente que ofenda sua integridade ou saúde corporal ou que lhe cause sofrimento físico; II – violência psicológica: a) qualquer conduta de discriminação, depreciação ou desrespeito em relação à criança ou ao adolescente mediante ameaça, constrangimento, humilhação, manipulação, isolamento, agressão verbal e xingamento, ridicularização, indiferença, exploração ou intimidação sistemática (*bullying*) que possa comprometer seu desenvolvimento psíquico ou emocional; b) o ato de alienação parental, assim entendido como a interferência na formação psicológica da criança ou do adolescente, promovida ou induzida por um dos genitores, pelos avós ou por quem os tenha sob sua autoridade, guarda ou vigilância, que leve ao repúdio de genitor ou que cause prejuízo ao estabelecimento ou à manutenção de vínculo com este; c) qualquer conduta que exponha a criança ou o adolescente, direta ou indiretamente, a crime violento contra membro de sua família ou de sua rede de apoio, independentemente do ambiente em que cometido, particularmente quando isto a torna testemunha; III – violência sexual, entendida como qualquer conduta que constranja a criança ou o adolescente a praticar ou presenciar conjunção carnal ou qualquer outro ato libidinoso, inclusive exposição do corpo em foto ou vídeo por meio eletrônico ou não, que compreenda: a) abuso sexual, entendido como toda ação que se utiliza da criança ou do adolescente para fins sexuais, seja conjunção carnal ou outro ato libidinoso, realizado de modo presencial ou por meio eletrônico, para estimulação sexual do agente ou de terceiro; b) exploração sexual comercial, entendida como o uso da criança ou do adolescente em atividade sexual em troca de remuneração ou qualquer outra forma de compensação, de forma independente ou sob patrocínio, apoio ou incentivo de terceiro, seja de modo presencial ou por meio eletrônico; c) tráfico de pessoas, entendido como o recrutamento, o transporte, a transferência, o alojamento ou o acolhimento da criança ou do adolescente, dentro do território nacional ou para o estrangeiro, com o fim de exploração sexual, mediante ameaça, uso de força ou outra forma de coação, rapto, fraude, engano, abuso de autoridade, aproveitamento de situação de vulnerabilidade ou entrega ou aceitação de pagamento, entre os casos previstos na legislação; IV – violência institucional, entendida como a praticada por instituição pública ou conveniada, inclusive quando gerar revitimização; e V – violência patrimonial, entendida como qualquer conduta que configure retenção, subtração, destruição parcial ou total de seus documentos pessoais, bens, valores e direitos ou recursos econômicos, incluídos os destinados a satisfazer suas necessidades, desde que a medida não se enquadre como educacional." O inciso V foi acrescentado pela Lei n. 14.344/2022. O Decreto n. 9.603/2018 regulamentou a Lei n. 13.431/2017.

168 Protocolo brasileiro de entrevista forense com crianças e adolescentes vítimas ou testemunhas de violência. Organizadores: Benedito Rodrigues dos Santos, Itamar Batista

Como essas ferramentas da Lei n. 13.431/2017 devem ser revestidas por cuidados pelos profissionais que delas se utilizam, foi expedida a Resolução n. 299/2019, pelo Conselho Nacional de Justiça, bem como um protocolo foi elaborado para disciplinar a metodologia da tomada de depoimento especial.

Por fim, convém complementar que a violência praticada em face da mulher, no âmbito da unidade doméstica, da família ou do relacionamento íntimo de afeto, pode refletir, direta ou indiretamente, sobre as pessoas com as quais ela conviva, especialmente sobre os filhos menores. Fundada nestas premissas, a Lei n. 11.340/2006 (Lei Maria da Penha), criou mecanismos para coibir a violência doméstica e abusos contra a mulher e previu medidas protetivas de urgência e algumas sanções ao agressor que salvaguardam, por extensão, o direito à integridade física e psíquica dos filhos da ofendida. Denota-se, portanto, mais uma vez a preocupação do legislador em fiscalizar e controlar os abusos dos adultos, sobre a pessoa da criança e do adolescente que com eles convivam e tenham autoridade.

Visando impedir com mais robustez a violência praticada pelos pais em face da prole, foi promulgada a Lei n. 14.344/2022 (com acréscimo efetuado pela Lei nº 14.826/2024) criando mecanismos para a prevenção e o enfrentamento da violência doméstica e familiar contra a criança e o adolescente. A denominada Lei Henry Borel, no art. 2º, define que configura essa espécie de violência qualquer ação ou omissão que lhe cause morte, lesão, sofrimento físico, sexual, psicológico ou dano patrimonial: I – no âmbito do domicílio ou da residência da criança e do adolescente, compreendida como o espaço de convívio permanente de pessoas, com ou sem vínculo familiar, inclusive as esporadicamente agregadas; II – no âmbito da família, compreendida como a comunidade formada por indivíduos que compõem a família natural, ampliada ou substituta, por laços naturais, por afinidade ou por vontade expressa; III – em qualquer relação doméstica e familiar na qual o agressor conviva ou tenha convivido com a vítima, independentemente de coabitação.

A Lei n. 14.344/2022 instituiu procedimentos específicos para aplicação de Medidas Protetivas de Urgência[169], Medidas Protetivas de Urgência que Obrigam o Agressor[170]

Gonçalves, Reginaldo Torres Alves Júnior. São Paulo e Brasília: Childhood – Instituto WCF-Brasil: CNJ: UNICEF, 2020.

169 "Art. 15. Recebido o expediente com o pedido em favor de criança e de adolescente em situação de violência doméstica e familiar, caberá ao juiz, no prazo de 24 (vinte e quatro) horas: I – conhecer do expediente e do pedido e decidir sobre as medidas protetivas de urgência; II – determinar o encaminhamento do responsável pela criança ou pelo adolescente ao órgão de assistência judiciária, quando for o caso; III – comunicar ao Ministério Público para que adote as providências cabíveis; IV – determinar a apreensão imediata de arma de fogo sob a posse do agressor."

170 "Art. 20. Constatada a prática de violência doméstica e familiar contra a criança e o adolescente nos termos desta Lei, o juiz poderá determinar ao agressor, de imediato, em conjunto ou separadamente, a aplicação das seguintes medidas protetivas de ur-

PARTE I – O DIREITO MATERIAL SOB O ENFOQUE CONSTITUCIONAL

e Medidas Protetivas de Urgência à Vítima[171]. Além disso, a aludida Lei operou alterações relevantes nos arts. 18-B, 70-A, 70-B, 136, 201 e 226 do Estatuto, municiando o Conselho Tutelar e o Ministério Público com instrumentos mais eficazes para coibir a prática nefasta da violência intrafamiliar contra os pequenos. A Resolução Conanda n. 235/2023 atentou para a necessidade de ampliação da rede protetiva nesta seara e estabeleceu aos Conselhos Estaduais, Distrital e Municipais dos Direitos da Criança e do Adolescente a obrigação de implantação de Comitês de Gestão Colegiada da Rede de Cuidado e Proteção Social das Crianças e Adolescentes Vítimas ou Testemunhas de Violência nas suas localidades. No âmbito nacional do Ministério Público, o Conselho Nacional (CNMP) editou a Resolução n. 287/2024, preceituando diretrizes sobre a

---

gência, entre outras: I – a suspensão da posse ou a restrição do porte de armas, com comunicação ao órgão competente, nos termos da Lei n. 10.826, de 22 de dezembro de 2003; II – o afastamento do lar, do domicílio ou do local de convivência com a vítima; III – a proibição de aproximação da vítima, de seus familiares, das testemunhas e de noticiantes ou denunciantes, com a fixação do limite mínimo de distância entre estes e o agressor; IV – a vedação de contato com a vítima, com seus familiares, com testemunhas e com noticiantes ou denunciantes, por qualquer meio de comunicação; V – a proibição de frequentação de determinados lugares a fim de preservar a integridade física e psicológica da criança ou do adolescente, respeitadas as disposições da Lei n. 8.069, de 13 de julho de 1990 (Estatuto da Criança e do Adolescente); VI – a restrição ou a suspensão de visitas à criança ou ao adolescente; VII – a prestação de alimentos provisionais ou provisórios; VIII – o comparecimento a programas de recuperação e reeducação; IX – o acompanhamento psicossocial, por meio de atendimento individual e/ou em grupo de apoio."

171 "Art. 21. Poderá o juiz, quando necessário, sem prejuízo de outras medidas, determinar: I – a proibição do contato, por qualquer meio, entre a criança ou o adolescente vítima ou testemunha de violência e o agressor; II – o afastamento do agressor da residência ou do local de convivência ou de coabitação; III – a prisão preventiva do agressor, quando houver suficientes indícios de ameaça à criança ou ao adolescente vítima ou testemunha de violência; IV – a inclusão da vítima e de sua família natural, ampliada ou substituta nos atendimentos a que têm direito nos órgãos de assistência social; V – a inclusão da criança ou do adolescente, de familiar ou de noticiante ou denunciante em programa de proteção a vítimas ou a testemunhas; VI – no caso da impossibilidade de afastamento do lar do agressor ou de prisão, a remessa do caso para o juízo competente, a fim de avaliar a necessidade de acolhimento familiar, institucional ou colação em família substituta; VII – a realização da matrícula da criança ou do adolescente em instituição de educação mais próxima de seu domicílio ou do local de trabalho de seu responsável legal, ou sua transferência para instituição congênere, independentemente da existência de vaga. § 1º A autoridade policial poderá requisitar e o Conselho Tutelar requerer ao Ministério Público a propositura de ação cautelar de antecipação de produção de prova nas causas que envolvam violência contra a criança e o adolescente, observadas as disposições da Lei n. 13.431, de 4 de abril de 2017. § 2º O juiz poderá determinar a adoção de outras medidas cautelares previstas na legislação em vigor, sempre que as circunstâncias o exigirem, com vistas à manutenção da integridade ou da segurança da criança ou do adolescente, de seus familiares e de noticiante ou denunciante."

atuação integrada do Ministério Público para a efetiva defesa e proteção das crianças e adolescentes vítimas ou testemunhas de violência, conforme Leis n. 13.431/2017 e n. 14.344/2022.

6.2. Abandono

O abandono é causa de destituição do poder familiar desde a lei codificada civil de 1916, permanecendo no Código Civil de 2002, no inciso II do art. 1.638.

O abandono de filho menor de idade na conjuntura atual da família brasileira de baixa renda deve ser examinado com muita cautela pelos operadores da lei, tendo como foco, principalmente, o alerta do legislador estatutário de que a falta ou a carência de recursos materiais não constitui motivo suficiente para a perda ou a suspensão do poder familiar (art. 23). Lamentável, mas notória, é a desassistência de milhares de famílias hipossuficientes pelo Poder Público em nosso país, redundando em desemprego dos pais, fome e miséria da prole.

Antes de configurarmos a culpa ou o dolo dos pais carentes financeiramente pelo abandono do filho, devemos assegurar-nos de que, pela ausência de condições materiais, foi precedida, obrigatoriamente, a aplicação de medidas protetivas à prole (art. 101 do ECA) e à família vulnerável (§ 1º do art. 23 c/c art. 129 do ECA), bem como a prestação de assistência social, objetivando à proteção daquela (art. 203, I, da Constituição Federal).

Exauridas as diligências de promoção da família, por meio de sua inclusão em serviços e programas oficiais ou comunitários de proteção, apoio e promoção (art. 129, I a VII, do ECA, com redação da Lei n. 13.257/2016), e constatada a relutância e a negligência dos genitores em proporcionar aos filhos meios de subsistência, saúde e instrução obrigatória, então, estará caracterizado o abandono voluntário[172].

Esse abandono parental, encontrado com frequência nos acompanhamentos das medidas de acolhimento institucional e familiar pela Justiça da Infância, se tipifica quando, pela acomodação dos genitores, a medida que deveria ser temporária e rápida é prolongada desnecessariamente em prejuízo do filho acolhido. Embora todos os meios sejam encetados para a reintegração familiar, os pais permanecem omissos quanto aos deveres parentais, abandonando os filhos por

---

172 Como alerta Souza: "[...] o art. 23 do ECA não constitui um salvo-conduto para as famílias hipossuficientes abandonarem os filhos menores. Se a pobreza vier acompanhada de violações aos direitos fundamentais da criança ou adolescente, expondo-os a situação de risco (art. 98, inc. II, ECA), não há óbice à perda do poder familiar, como forma de proteger os filhos vitimados. Negar a possibilidade de destituição, unicamente pela condição socioeconômica dos genitores, significaria uma violação à isonomia (art. 5º, *caput*, CF c/c art. 3º, p. único, ECA), aceitando que crianças pobres poderiam ser sujeitas a determinadas violações de direitos, a que não estariam sujeitas as crianças de famílias abastadas, em total violação da dignidade humana (art. 1º, III, CF)." SOUZA, Nathália Moreira Nunes de. Op. cit., p. 61-62.

PARTE I – O DIREITO MATERIAL SOB O ENFOQUE CONSTITUCIONAL

longo período institucionalizados. Essa caracterização de abandono, ensejador da perda do poder familiar, encontra-se descrita no Enunciado n. 28 do Fórum Nacional da Justiça Protetiva – FONAJUP: *"A permanência da criança ou adolescente, em programa de acolhimento institucional ou familiar, por prazo superior ao prazo legal do artigo 19, parágrafo 2º do ECA é elemento indicativo da hipótese prevista no artigo 1.638, II, do Código Civil"*.

Portanto, o abandono é a forma extrema de negligência. Negligência significa a omissão dos pais em prover as necessidades básicas para o desenvolvimento do filho[173]. O abandono físico normalmente está acompanhado pelo abandono material e afetivo. Nessa hipótese, hodiernamente, têm-se utilizado instrumentos processuais que compelem os genitores a assistir material e imaterialmente a prole, conforme examinado anteriormente[174].

---

173 Relacionando o abandono à negligência, esclarece Maria Cecília de Souza Minayo que: "Negligências, abandonos e privação de cuidados são formas de violência caracterizadas pela ausência, recusa ou a deserção do atendimento necessário a alguém que deveria receber atenção e cuidados. Quando ocorrem com crianças e adolescentes, geralmente os expõem a maus-tratos, desnutrição, atraso escolar, comportamentos hiperativos ou hipoativos e a uma série de riscos de vida, como queimaduras, atropelamentos, ingestão de produtos de limpeza, abusos sexuais, dentre outros". Conceitos, teorias e tipologias de violência: a violência faz mal à saúde. In: SOUSA, E.R. (org.). *Curso impactos da violência na saúde.* Rio de Janeiro: EAD/ENSP; 2007. p. 24-35.

174 *"Apelação Cível. Ação de destituição do poder familiar. Negligência e abandono dos infantes pelos genitores.* Denúncias de maus-tratos. *Abandono das crianças em ambiente absolutamente insalubre e subnutridos.* Pais que são usuários de drogas (crack). Sentença de procedência. Apelo dos réus. Preliminar de nulidade da sentença, por demora na nomeação de curador especial que se rejeita. Defensoria Pública que tomou ciência dos atos processuais. Ausência de prejuízo efetivo das partes. Infantes que desde 2013 foram acolhidos em família extensa e, segundo diversos estudos, social e psicológico, do caso, se encontram adaptados e bem cuidados. *Destituição do poder familiar que, na realidade, se deu ante a constatação de negligência nos cuidados dos filhos, de seu abandono, conduta que foi apenas potencializada pela dependência química dos genitores. Farta comprovação de situação de negligência, com abandono moral, afetivo e material dos menores.* Genitores/réus que não demonstraram modificação em suas condutas e meios de oferecer uma vida digna aos seus filhos. Cabe aos pais promover o desenvolvimento emocional e psíquico da prole, trazendo equilíbrio e harmonia à vida dos menores, para que cresçam de forma saudável. Incidência do art. 1.638 do Código Civil. Direitos das crianças e dos adolescentes que devem ser tratados com prioridade absoluta, assegurando o princípio do melhor interesse. Destituição do poder familiar que, apesar de ser permanente, não é definitiva, havendo possibilidade de recuperação através de processo judicial, desde que não tenha ocorrido o encaminhamento à adoção. Recurso a que se nega provimento" (TJRJ, Apelação 0006446-21.2013.8.19.0014, 16ª Câm. Cív., Rel. Des. Carlos José Martins Gomes, j. 12-8-2021) (grifos nossos). Quanto aos abandonos material e imaterial, remetemos o leitor à exposição dos itens 2.4 (Dever de sustento e o direito fundamental à assistência material), 2.5 (Dever de assistência imaterial e o direito ao afeto) e 2.5.1 (Da devolução do filho adotivo).

Neste ponto, faz-se necessário relacionar o abandono e a negligência aos maus-tratos psicológicos. Esta espécie de maus-tratos decorre da rejeição, da depreciação, da falta de atenção e cuidado dos pais para com a prole. É muito sutil este ato praticado pelos genitores, o qual poderá acarretar danos psicológicos ao filho e, portanto, difícil de caracterizar e punir.

O abandono pode, ainda, se exteriorizar por meio da depreciação, humilhação, isolamento e indiferença do filho, atos graves que foram caracterizados como violência psicológica pelo art. 4º, II, da Lei n. 13.431/2017.

O abandono digital, por seu lado, é terminologia mais recente e foi cunhada por Patrícia Peck Pinheiro[175]. Essa modalidade de abandono foi definida por Jones Alves[176] como "a negligência parental configurada por atos omissos dos genitores, que descuidam da segurança dos filhos no ambiente cibernético proporcionado pela internet e por redes sociais, não evitando os efeitos nocivos delas diante de inúmeras situações de risco e de vulnerabilidade". Dependendo da amplitude da exposição e a gravidade dos danos gerados ao filho, portanto, pode acarretar a perda da autoridade parental (art. 1.638, II, do CC).

Impende destacar que a tipificação do abandono deve ser sempre robustamente comprovada, notadamente quando intelectual ou material, pois constituem, também, crimes definidos nos arts. 244 e 246 do Código Penal.

6.3. Atos contrários à moral e aos bons costumes

Esta causa de perda ou destituição da função parental também esteve referida no Código Civil de 1916 e foi mantida no Código Civil atual no inciso III do art. 1.638.

Não há como negar a forte influência do comportamento parental no desenvolvimento da personalidade dos filhos e o impacto que pode causar em sua formação moral, já que é natural que a prole se espelhe nos pais e repita o mesmo modelo de vida e valores. Sendo assim, a prática de atos contrários à moral e aos bons costumes pelos pais também poderá ensejar a penalidade máxima de retirada da autoridade familiar. Deste modo, poderão ser destituídos do poder parental os pais, por exemplo, que utilizam substâncias entorpecentes ou ingiram bebidas alcoólicas usualmente, a ponto de tornarem-se drogados e alcoólatras; permitem que os filhos convivam ou

---

175 PINHEIRO, Patrícia Peck. Abandono digital. In: *Direito Digital Aplicado 2.0.* 2 ed. (coord.). São Paulo: Thompson Reuters/Revista dos Tribunais, 2016.

176 ALVES, Jones Figueiredo. *Negligência dos pais no mundo virtual expõe criança a efeitos nocivos da rede.* IBDFAM. Artigos. 2017. Disponível em: <https://ibdfam.org.br/artigos/1188/Neglig%C3%AAncia+dos+pais+no+mundo+virtual+exp%C3%B5e+crian%C3%A7a+a+efeitos+nocivos+da+rede>. Acesso em: 25 out. 2024. Para maior compreensão do tema, remetemos o leitor para o item 2.6. do Capítulo do Poder Familiar: Dever de proteção à imagem e à privacidade do filho e o direito ao respeito.

PARTE I – O DIREITO MATERIAL SOB O ENFOQUE CONSTITUCIONAL

sejam entregues a pessoas violentas, drogadas ou mentalmente doentes (art. 245 do Código Penal); permitem que os filhos frequentem casas de jogatina, espetáculos de sexo e prostituição ou, ainda, que mendiguem ou sirvam a mendigo para excitar a comiseração pública (art. 247 do Código Penal), dentre outras situações imorais, que atentem contra os bons costumes ou caracterizem crimes.

A Lei n. 12.962/2014 e, posteriormente, a Lei n. 13.715/2018 são explícitas ao preverem no § 2º do art. 23 do ECA que a condenação criminal do pai ou da mãe não implicará a destituição do poder familiar, exceto na hipótese de condenação por crime doloso, sujeito à pena de reclusão, contra o próprio filho ou filha, descendente ou em face do outro titular do poder familiar. Em outras palavras, o fato de os genitores estarem cumprindo pena por crime culposo perpetrado em face da prole ou do outro detentor do poder familiar não é causa, por si só, da perda do encargo parental. De igual forma, se os pais estiverem cumprindo pena privativa de liberdade por outros crimes que não tenham qualquer relação com os filhos ou com o titular da autoridade familiar, este fato, por si só, não tipifica causa de aplicação da medida mais drástica.

Embora a lei civil e o ECA não prevejam a condenação por crime como motivo ensejador da perda do encargo parental, mas somente como causa de suspensão do poder familiar (parágrafo único do art. 1.637 do CC), é inegável que a vida desregrada dos pais, cujos comportamentos são imorais ou criminosos, pode expor o filho menor de idade a situações e a ambientes promíscuos e inadequados para um ser em processo de formação da personalidade. Tal conduta desrespeitosa para com o desenvolvimento biopsíquico do filho poderá acarretar a perda da autoridade parental, que se revestirá não somente de punição para os pais, mas servirá de medida protetiva necessária a assegurar condições de crescimento ideais para o filho[177].

Por sua vez, o abuso sexual, crime contra a pessoa humana no que diz respeito à sua integridade física e psíquica mais íntima, igualmente está inserido nesta hipótese. Preocupou-se o legislador constituinte com a violência específica de natureza sexual ao dispor que "a lei punirá severamente o abuso, a violência e a exploração sexual da criança e do adolescente" (§ 4º do art. 227 da CF/88).

---

177 "APELAÇÃO CÍVEL. FAMÍLIA. DESTITUIÇÃO DO PODER FAMILIAR. SITUAÇÃO DE *MAUS TRATOS PELA GENITORA. EMBRIAGUEZ. DROGAS ILÍCITAS. PERDA DO PODER FAMILIAR* DECRETADA. MEDIDA NECESSÁRIA. PRINCÍPIO DA PROTEÇÃO INTEGRAL. FAMÍLIA SUBSTITUTA. 1. A destituição do poder familiar é medida drástica e excepcional, somente se justificando nas hipóteses arroladas na legislação (CC 1.638). 2. Considerando que a criança se encontra em lar substituto e *restando configurado o descumprimento dos deveres de cuidado e proteção pela genitora, em razão dos maus tratos ocasionados pelo uso de álcool e drogas ilícitas pela mãe, a destituição do poder familiar é medida que se impõe.* Precedentes do E. TJDFT. 3. Negou-se provimento ao apelo da ré" (TJDF, Apelação 07034177420218070013, 4ª Turma Cível, Rel. Des. Sérgio Rocha, j. 1º-12-2022) (grifos nossos).

CURSO DE DIREITO DA CRIANÇA E DO ADOLESCENTE

Na terminologia "abuso sexual", portanto, inclui-se uma série variada de situações que pode advir do contato físico, ou não, dos pais com o filho – a vítima[178]. A expressão "violência sexual" foi escolhida pela Lei n. 13.431/2017 para abranger o abuso sexual, a exploração comercial sexual e, ainda, o tráfico de pessoas (art. 4º, III).

Com efeito, pelo fato de que, ao sentir-se ameaçada, a família da vítima normalmente se fecha em si mesma a fim de que tal abuso não seja revelado, é indispensável que os profissionais, especialmente da área da saúde, que atendam a criança abusada, comuniquem aos órgãos competentes a ocorrência de eventual suspeita.

A palavra do filho, nessas espécies de crimes sexuais, assume relevância especial, notadamente quando o relato é perfeitamente convincente, coerente e verossímil e está amparado por laudo psicológico que aponte para a existência de abuso sexual. O testemunho da vítima menor de idade deve ser levado em consideração, embora o auto de conjunção carnal conclua pela virgindade ou a ausência de qualquer vestígio de penetração. Isso porque o atentado ao pudor ou a prática de ato libidinoso diverso da conjunção carnal não deixa, geralmente, qualquer vestígio.

Diante dessa grave violação do dever parental e considerando que o filho vítima de violência enfrenta inúmeras dificuldades para narrar o ocorrido, a Lei n. 13.431/2017, visando resguardar a sua dignidade, estabelece a escuta ou a coleta de seu depoimento por meio de técnicas específicas utilizadas por profissionais aptos, limitado o relato estritamente ao necessário para o cumprimento de sua finalidade, de modo a "impedir o fenômeno da revitimização, violência institucional ou a vitimização secundária por parte dos agentes do Estado"[179].

6.4. Reiteração das faltas

Foi inserida no Código Civil de 2002, no rol de causas de destituição do poder familiar, a reiteração nas faltas ensejadoras de suspensão ou de perda. Assim, quando o afastamento provisório do poder familiar não se fizer suficiente para que os pais assumam plenamente seus encargos familiares para com os filhos e aqueles continuarem a perpetrar as mesmas faltas em face da prole, é cabível o afastamento definitivo do múnus.

---

178 Nesse sentido a alteração do Código Penal pela Lei n. 12.015/2009 que estabeleceu os crimes contra a dignidade sexual (Título VI – arts. 213 a 234-B).

179 Recomenda Souza que a proteção deva ser pontual, cirúrgica e objetiva visando à redução dos danos psicológicos causados à vítima. Remete ao art. 100, parágrafo único, VII, do ECA, que fixa o princípio de que a atuação do Estado deve ser mínima e suficiente para a proteção dos direitos fundamentais de crianças e de adolescente. "Não deve ser, assim, indiferente e/ou excessiva." SOUZA, Jadir Cirqueira de. *Depoimento especial de crianças e adolescente no sistema de justiça*. São Paulo: Pillares, 2018, p. 25.

PARTE I – O DIREITO MATERIAL SOB O ENFOQUE CONSTITUCIONAL

Assevere-se que a prática de atos ensejadores da perda do poder familiar por um só dos genitores pode receber a chancela ativa ou concordância passiva do outro, impedindo a cessação da violação dos direitos do filho e ensejando novas práticas.

Hipótese muito comum em qualquer estrato social, o receio do cônjuge ou companheiro do agressor de comunicar o fato à autoridade competente e prender-se a uma suposta segurança familiar, especialmente quando existe a dependência financeira da família para com o abusador. Diante do silêncio e da conivência dos demais familiares, a negligência, a omissão e os atos que tipificam faltas ensejadoras da destituição do poder familiar permanecem no tempo e tendem a se agravar.

Neste caso, caracterizada a coautoria do genitor conivente com o agressor, deverão ambos responder à ação de destituição do poder familiar.

6.5. Entrega de forma irregular do filho a terceiros para fins de adoção

Esta causa de perda ou destituição do poder familiar não figurou no Código Civil de 1916 e nem na redação inicial do Código Civil de 2002.

A entrega do filho em adoção foi tratada inicialmente por meio da alteração do ECA pela Lei n. 12.010/2009, sendo aperfeiçoada, a seguir, pela Lei n. 13.257/2016 em diversos dispositivos. Foram muitas as cautelas do legislador estatutário com a formalização deste importante ato de disposição parental, tais como: a assistência psicológica à gestante/parturiente, inclusive às privadas de liberdade (art. 8º, § 5º) e encaminhamentos obrigatórios das mães à Justiça especializada infantojuvenil (art. 13, § 1º).

Com o advento da Lei n.13.509/2017, a entrega do filho em adoção passou a ser disciplinada ainda com mais minúcias, como a oitiva da mãe pela equipe interprofissional da Justiça da infância, que elaborará relatório, considerando inclusive os eventuais efeitos do estado gestacional e puerperal (art. 19-A, § 1º); diante das conclusões desse relatório, a Justiça da infância poderá fazer o encaminhamento da genitora à rede pública de saúde e assistência social para atendimento especializado (art. 19-A, § 2º); a fim de que se verifique a possibilidade de a criança permanecer sob os cuidados dos parentes, foi prevista a busca pela família extensa, pelo prazo máximo de 90 dias, prorrogável por igual período (art. 19-A, § 3º)[180], e, ainda, estabeleceu a referida lei, após o nascimento da criança, a obrigatoriedade de que a manifestação de entrega seja exarada em audiência judicial (art. 19, § 5º, c/c 166, § 1º), quando, então, será extinto o poder familiar dos genitores, ressalvados os casos de retratação ou de arrependimento no prazo assinalado em lei.

---

180 Enunciado 17 do Fórum Nacional da Justiça Protetiva – FONAJUP: "A busca pela família extensa nos casos de procedimento de entrega voluntária prevista no artigo 19-A, § 3º, do ECA, somente ocorrerá quando a genitora renunciar seu direito ao sigilo".

Nota-se, portanto, que as formalidades expressas na lei infantojuvenil, a serem obedecidas pelas partes, têm por alvo assegurar que a entrega do filho seja consciente, válida e produza seus regulares efeitos jurídicos, facilitando a colocação em família adotiva, que será mais célere. O CNJ dispôs, através da Resolução n. 485/2023, acerca do adequado atendimento de gestante ou parturiente que manifeste desejo de entregar o filho para adoção.

A Lei n. 13.509/2017, ao incluir uma nova hipótese de destituição do poder familiar (inciso V) na relação do art. 1.638 do Código Civil, visou, sem dúvida, coibir a prática de entrega direta e irregular do filho em adoção, sem obediência às cautelas descritas no ECA, seja a pessoas inabilitadas e desconhecidas, seja objetivando fins pecuniários e/ou a burla ao cadastro de adoção.

Cabe consignar, por fim, que, além da sanção da perda do poder familiar, a entrega de filho em adoção com fins financeiros tipifica o crime prescrito no art. 238 do ECA: "Prometer ou efetivar a entrega de filho ou pupilo a terceiro, mediante paga ou recompensa: Pena – reclusão de um a quatro anos, e multa. Parágrafo único. Incide nas mesmas penas quem oferece ou efetiva a paga ou recompensa".

6.6. Prática de crimes contra titular do poder familiar

6.6.1. Crimes de homicídio, feminicídio ou lesão corporal grave ou seguida de morte, quando se tratar de crime doloso envolvendo violência doméstica e familiar ou menosprezo ou discriminação à condição de mulher

A causa de destituição do poder familiar, trazida pela Lei n. 13.715/2018, no art. 1.638, parágrafo único, inciso I, alínea *a*, do CC, teve por finalidade punir na esfera cível o genitor que, intencionalmente, pratica crime gravíssimo de violência no ambiente doméstico e familiar contra a mãe de seus filhos, o que, além de violar a vida e a integridade física da vítima, reflexamente viola direitos da prole, uma vez que, na maioria das vezes, esta é testemunha silenciosa das agressões cometidas contra a genitora.

Convém pontuar, por oportuno, que a Lei Maria da Penha (Lei n. 11.340/2006) teve por escopo a proteção do gênero feminino, diante de situação de vulnerabilidade e hipossuficiência em que se encontram as mulheres vítimas da violência doméstica e familiar. Preceitua o art. 5º da referida lei que configura violência doméstica e familiar contra a mulher qualquer ação ou omissão "baseada no gênero que lhe cause morte, lesão, sofrimento físico, sexual ou psicológico e dano moral ou patrimonial: I – no âmbito da unidade doméstica; II – da família ou III – em qualquer relação íntima de afeto".

Por sua vez, o art. 4º lembra que, na interpretação daquela lei, serão considerados os fins sociais a que ela se destina, especialmente, as condições peculiares das mulheres em situação de violência doméstica e familiar, notadamente porque a violência de gênero se caracteriza pela submissão da mulher pelo fato de ser mulher.

PARTE I – O DIREITO MATERIAL SOB O ENFOQUE CONSTITUCIONAL

Neste espectro protetivo, ainda, vale destacar a Lei n. 13.104/2015 que incluiu o crime de feminicídio[181] no Código Penal[182] como qualificador e causa de aumento de pena nos homicídios perpetrados contra mulheres por razões da condição do sexo feminino, envolvendo violência doméstica e familiar e menosprezo ou discriminação à condição de mulher.

Dessa maneira, tratando de crimes de natureza grave no âmbito familiar, bem andou o legislador ao incluir essa espécie de crime no rol das causas de perda pelo pai agressor do múnus parental de seus filhos[183].

6.6.2. Estupro ou outro crime contra a dignidade sexual sujeito à pena de reclusão

A Lei n. 13.715/2018 acrescentou, ainda, a alínea *b* ao inciso I do parágrafo único do art. 1.638 do CC, que prevê a prática de crimes relacionados à dignidade sexual, sujeitos à reclusão, como causa cabível de afastamento do poder familiar do violador. Esta espécie de agressão de natureza sexual denota a má formação do caráter do indivíduo que a pratica, sendo imprescindível o afastamento do meio familiar daquela personalidade deturpada, uma vez que incompatível com o exercício responsável da paternidade.

Nesta esteira, vale elencar que são considerados crimes contra a dignidade sexual aqueles previstos no Título VI do Código Penal, com pena de reclusão: o

---

181 Adriana Ramos de Mello define o termo feminicídio como "a morte de uma mulher por razões de gênero por discriminação ou menosprezo à condição de sexo feminino". MELLO, Adriana Ramos de. Breves comentários à Lei n. 13.104/2015. *Revista dos Tribunais*, São Paulo: Revista dos Tribunais, ano 104, v. 958, p. 273-291, ago. 2015.

182 "Homicídio simples. Art. 121. Matar alguém. Homicídio qualificado. § 2º [...] Feminicídio. VI – contra a mulher por razões da condição de sexo feminino: [...] § 2º-A Considera-se que há razões de condição de sexo feminino quando o crime envolve: I – violência doméstica e familiar; II – menosprezo ou discriminação à condição de mulher. Aumento de pena [...] § 7º A pena do feminicídio é aumentada de 1/3 (um terço) até a metade se o crime for praticado: I – durante a gestação ou nos 3 (três) meses posteriores ao parto; II – contra pessoa menor de 14 (catorze) anos, maior de 60 (sessenta) anos ou com deficiência; III – na presença de descendente ou de ascendente da vítima."

183 "APELAÇÃO CÍVEL – *AÇÃO DE DESTITUIÇÃO DO PODER FAMILIAR – MEDIDA EXTREMA* – FARTO BOJO PROBATÓRIO – MELHOR INTERESSE DA CRIANÇA – *FEMINICÍDIO CONTRA A GENITORA DA CRIANÇA – PREVISÃO EXPRESSA DO ART. 1.638, PARÁGRAFO ÚNICO, I, A DO CÓDIGO CIVIL* – RECURSO NÃO PROVIDO. 1. A destituição do poder familiar constitui medida extrema que gera impactos, principalmente de ordem psicológica, na vida dos genitores e dos menores. Logo, essas ações devem ser conduzidas com extrema cautela e dependem de farto bojo probatório, a fim de assegurar sempre o melhor interesse da criança. 2. *Restando evidenciada a hipótese do art. 1.638, § único, I, a do Código Civil, no caso, feminicídio praticado contra a mãe da criança, confirma-se a sentença que determinou a perda do poder familiar*" (TJMG, Apelação Cível 0088627-02.2020.8.13.0079, 8ª Câmara Cível Especializada, Rel. Des. Carlos Roberto de Faria, j. 7-3-2024) (grifos nossos).

estupro[184] (art. 213, §§ 1º e 2º, do CP); violação sexual mediante fraude[185] (art. 215); importunação sexual[186] (art. 215-A); assédio sexual[187] (art. 216-A).

6.7. Prática de crime contra filho, filha ou outro descendente

6.7.1. Crimes de homicídio, feminicídio ou lesão corporal grave ou seguida de morte, quando se tratar de crime doloso envolvendo violência doméstica e familiar ou menosprezo ou discriminação à condição de mulher

Nesta hipótese, o alvo da violência grave, apontada no art. 1.638, parágrafo único, inciso II, alínea *a*, do CC, com redação da Lei n. 13.715/2018, é o próprio filho, filha ou qualquer descendente, seja neto, bisneto ou mesmo filho de outro relacionamento. De semelhante maneira, o autor de qualquer destes delitos graves deve ter sua autoridade familiar perdida, haja vista que tais crimes demonstram que o genitor não possui aptidão para assegurar a formação saudável da personalidade de uma criança ou adolescente.

6.7.2. Estupro, estupro de vulnerável ou outro crime contra a dignidade sexual sujeito a pena de reclusão

Além dos comentários carreados no item 6.6.2, impõe-se enfatizar que, quando se tratar de violência sexual em face do filho, filha ou descendente, a Lei n. 13.715/2018, ao incluir a alínea *b*, inciso II, parágrafo único, do art. 1.638 do CC, acrescentou como causa de destituição do poder familiar a prática do crime de estupro de vulnerável, disposto no art. 217-A do Código Penal[188].

---

184 "Art. 213. Constranger alguém, mediante violência ou grave ameaça, a ter conjunção carnal ou a praticar ou permitir que com ele se pratique outro ato libidinoso: Pena – reclusão, de 6 (seis) a 10 (dez) anos. § 1º Se da conduta resulta lesão corporal de natureza grave ou se a vítima é menor de 18 (dezoito) ou maior de 14 (catorze) anos: Pena – reclusão, de 8 (oito) a 12 (doze) anos. § 2º Se da conduta resulta morte: Pena – reclusão, de 12 (doze) a 30 (trinta) anos."

185 "Art. 215. Ter conjunção carnal ou praticar outro ato libidinoso com alguém, mediante fraude ou outro meio que impeça ou dificulte a livre manifestação de vontade da vítima: Pena – reclusão, de 2 (dois) a 6 (seis) anos. Parágrafo único. Se o crime é cometido com o fim de obter vantagem econômica, aplica-se também multa."

186 "Art. 215-A. Praticar contra alguém e sem a sua anuência ato libidinoso com o objetivo de satisfazer a própria lascívia ou a de terceiro: Pena – reclusão, de 1 (um) a 5 (cinco) anos, se o ato não constitui crime mais grave. [Incluído pela Lei n. 13.718/2018.]"

187 "Art. 216-A. Constranger alguém com o intuito de obter vantagem ou favorecimento sexual, prevalecendo-se o agente da sua condição de superior hierárquico ou ascendência inerentes ao exercício de emprego, cargo ou função. Pena – detenção, de 1 (um) a 2 (dois) anos. § 2º A pena é aumentada em até um terço se a vítima é menor de 18 (dezoito) anos."

188 "Art. 217-A. Ter conjunção carnal ou praticar outro ato libidinoso com menor de 14 (catorze) anos: Pena – reclusão, de 8 (oito) a 15 (quinze) anos. § 1º Incorre na mesma

6.8. Perda do poder familiar na lei penal

A perda do poder familiar também pode ocorrer fora da legislação civil consoante prevê o Código Penal. Reza o Decreto-lei n. 2.848/40, com a alteração conferida pela Lei n. 13.715/2018, sobre a incapacidade para o exercício do poder familiar do pai ou da mãe que praticarem crimes dolosos, sujeitos a pena de reclusão (art. 92, II), contra outrem igualmente titular do poder familiar, o filho, a filha ou outro descendente. Esse efeito da condenação deve ser declarado de forma motivada na sentença pelo Juízo Criminal que julgar os pais[189].

Esta medida de cunho evidentemente preventivo propõe-se a inviabilizar a manutenção da situação que ensejou a prática do fato delituoso. Observa-se, portanto, que a lei exige a intenção, o dolo na atuação dos pais.

---

pena quem pratica as ações descritas no caput com alguém que, por enfermidade ou deficiência mental, não tem o necessário discernimento para a prática do ato, ou que, por qualquer outra causa, não pode oferecer resistência. § 2º (Vetado). 3º Se da conduta resulta lesão corporal de natureza grave: Pena – reclusão, de 10 (dez) a 20 (vinte) anos. § 4º Se da conduta resulta morte: Pena – reclusão, de 12 (doze) a 30 (trinta) anos. § 5º As penas previstas no caput e nos §§ 1º, 3º e 4º deste artigo aplicam-se independentemente do consentimento da vítima ou do fato de ela ter mantido relações sexuais anteriormente ao crime. [Incluído pela Lei n. 13.718/2018.]"
"APELAÇÃO CÍVEL. ESTATUTO DA CRIANÇA E DO ADOLESCENTE. *AÇÃO DECLARATÓRIA DOS EFEITOS DE SENTENÇA PENAL TRANSITADA EM JULGADO. DESTITUIÇÃO DO PODER FAMILIAR. CONDENAÇÃO CRIMINAL DO GENITOR PELA PRÁTICA DE CRIME CONTRA A DIGNIDADE SEXUAL PERPETRADO CONTRA DUAS DAS FILHAS. AUSÊNCIA DE CONDIÇÕES PESSOAIS POR PARTE DO GENITORA PARA O EXERCÍCIO DA PATERNIDADE RESPONSÁVEL.* SENTENÇA MANTIDA. RECURSO DESPROVIDO (TJRS, Apelação Cível 5008424-55.2018.8.21.0033, Sétima Câmara Cível, Rel. Des. Roberto Arriada Lorea, j. 13-1-2023).

189 Para o Procurador de Justiça Antonio Cezar Lima da Fonseca, o juiz criminal não pode condenar, mas apenas reconhecer em sua sentença tanto a hipótese de perda quanto a de suspensão do poder familiar, no caso do art. 92, II, do Código Penal. Argumenta o doutrinador que: "A lei especial do Estatuto (a lei penal é geral) determina que a perda do pátrio poder seja feita em procedimento contraditório (*art. 24, ECA*). Obviamente, em se tratando de um *efeito da condenação*, inocorreu o devido *contraditório específico* a respeito do assunto 'pátrio poder'. Destarte, se decretada e efetivada a perda do pátrio poder, por sentença penal condenatória, feriu-se não só a lei do Estatuto, mas a própria Constituição Federal (art. 5º, inc. LV)". E acrescenta: "[...] se reconhecida ou decretada a perda do pátrio poder (destituição), cópia da sentença penal condenatória deve ser enviada ao agente ministerial competente (cível ou de família, ou aquele que oficia no juizado da infância e da juventude), para as providências posteriores, relativas à perda do pátrio poder dentro do *due process of law*". Consultar o artigo: FONSECA, Antonio Cezar Lima da. A ação de destituição do pátrio poder. *Revista de Informação Legislativa*, v. 37, n. 146, p. 261-279, abr./jun. 2000, p. 276. Itálico no original. Disponível em: <https://www2.senado.leg.br/bdsf/handle/id/496878>. Acesso em: 14 out. 2024.

Paralelamente à presença dos requisitos objetivos e subjetivos do fato delituoso, deve-se, com a devida prudência, reservar esta medida repressiva para os casos de clara gravidade e prejuízo imediato à vítima menor de idade ou o outro titular do poder familiar. A condenação deve ser incompatível com o exercício do poder familiar. Dessa maneira, quando a condenação for por crime culposo, a sanção não terá aplicação.

Nada impede, todavia, que, em face da independência da responsabilidade penal e civil, possa ser proposta ação de destituição do poder familiar perante o Juízo cível (art. 66 do CPP), em detrimento do decidido perante a Justiça penal. Em outras palavras, a absolvição em sede criminal não vincula a apreciação naquela outra esfera, salvo quando o Juízo criminal reconhecer a inexistência do fato ou negativa da autoria imputada, conforme disciplinado no art. 935 do Código Civil.

Estando plenamente configurada a grave violação aos deveres inerentes ao poder familiar, é inadmissível que o genitor continue a exercê-lo, pois foi justamente nessa condição que praticou a conduta criminosa contra o filho/descendente vítima ou outro titular do poder familiar, devendo ter decretada, como efeito da condenação, a perda de seu poder-dever.

A incapacidade para o exercício do múnus parental, uma vez declarada em sede criminal, tem caráter permanente e somente poderá desaparecer por meio do instituto da reabilitação, mas não permite aos pais a reintegração na situação anterior (art. 93, parágrafo único, do Código Penal).

Por fim, cabe aduzir que a medida aplicada em sede criminal de destituição do encargo parental não afasta a possibilidade de reparação do dano causado pelo delito dos pais ao filho vítima, na sentença condenatória, notadamente nos casos de violência sexual, cujos danos são predominantemente extrapatrimoniais (art. 387, IV, do Código de Processo Penal)[190].

7. RESTABELECIMENTO DO PODER FAMILIAR

A cautela quanto ao afastamento do poder familiar dos pais biológicos ou dos adotivos afigura-se-nos indispensável na medida em que a legislação civil e a Lei

---

190 Nessa esteira, o ensino de Ramos de que a fixação da reparação moral em benefício da vítima nas sentenças criminais tem por base os seguintes atos normativos: Resolução n. 40/34, de 29-11-1985, da ONU; art. 387, IV, do Código de Processo Penal; art. 91, I, do Código Penal; arts. 29, § 1º, *a*, e 39, VII, da Lei de Execução Penal e art. 3º, IX, da Lei Complementar n. 79/94 (Fundo Penitenciário). RAMOS, Patrícia Pimentel de Oliveira Chambers. A proteção de crianças vítimas de abuso sexual pelo sistema de justiça: depoimento especial e reparação mínima. In: PÖTTER, Luciane (org.). *A escuta protegida de crianças e adolescentes:* os desafios da implantação da Lei n. 13.431/2017. Porto Alegre: Livraria do Advogado, 2019, p. 61.

PARTE I - O DIREITO MATERIAL SOB O ENFOQUE CONSTITUCIONAL

n. 8.069/90 silenciaram acerca da recuperação do poder familiar, uma vez destituídos os genitores[191].

A doutrina pátria que enfrentou a discussão é unânime em asseverar a possibilidade de restabelecimento do poder familiar, quando cessadas as razões que geraram a perda[192], notadamente porque permanecem os vínculos parentofiliais, tais como o dever alimentar dos pais para com a prole menor de idade e o direito sucessório recíproco.

Sob este fundamento, é prevista a restituição da autoridade parental no Código Civil argentino: "La privación de la autoridad de los padres podrá ser dejada sin efecto por el juez si los padres demostraran que, por circunstancias nuevas, la restitución se justifica en beneficio o interés de los hijos"[193].

Algumas legislações civis europeias, de igual maneira, preveem a restauração de maneira expressa, como a francesa e a italiana[194].

O restabelecimento do poder familiar, entretanto, deve ser examinado sob duas vertentes: a primeira concretiza-se na perda da autoridade parental com a transferência do poder familiar aos pais adotivos, hipótese na qual a lei expressamente estabelece o término definitivo do vínculo com os pais biológicos, porque extinto também o parentesco (art. 49 do ECA); na segunda circunstância, entre os pais destituídos e o filho permanece o parentesco consanguíneo em 1º grau e linha reta,

---

191 O restabelecimento do poder familiar esteve previsto no Brasil no Decreto n. 16.272/1923 e no Código Mello Mattos (Decreto n. 17.943-A/1927) com a seguinte redação: "Art. 45. O pae ou a mãe inhibido do patrio poder não póde ser reintegrado senão depois de preenchidas as seguintes condições. I, serem decorridos dous annos, pelo menos, depois de passada em julgado a respectiva Sentença, no caso de suspensão e cinco annos pelo menos, no caso de perda; II, provar a sua regeneração ou o desapparecimento da causa da inhibição; III, não haver inconveniencia na volta do menor ao seu poder; IV, ficar o menor sob a vigilancia do juiz ou tribunal durante um anno". O Código de Menores de 1979, por sua vez, foi silente quanto a esta possibilidade.

192 Ressaltando a possibilidade da reversibilidade da medida, Goulart diz que, "pautando-se em interpretação sistemática das disposições contidas no ECA, evidencia-se que a única medida 'irreversível', por ser expressamente irrevogável, é a adoção, conforme apresenta o art. 39, § 1º, do ECA. Diante do silêncio da lei acerca do restabelecimento da autoridade parental, também se poderia inferir, *a contrario sensu*, pela possibilidade de reversão da medida de destituição do poder". GOULART JÚNIOR, Edward; GOULART, João Pedro Minguete. Restituição do poder familiar; considerações acerca de sua possibilidade jurídica. *Revista do Direito Público*, Londrina, v. 14, n. 1, p. 83-102, abr. 2019, p. 83. Favoráveis ao restabelecimento do poder familiar: PEREIRA, Caio Mário da Silva. *Instituições de Direito Civil*, p. 484-485, ISHIDA, Válter Kenji. Op. cit., p. 639-640 e , por seu lado, FONSECA, Antonio Cezar Lima da. *Direitos da criança e do adolescente*. ..., p. 121.

193 Art. 308 do Código Civil argentino.

194 Art. 381 do *Code Civil*, Paris: Litec, 2004, p. 280; e Art. 332 do *Il Codice del Diritto di Famiglia*. Piacenza: Casa Editrice La Tribuna S.p.A., 2003, p. 92.

apesar da perda do poder familiar. Nesta segunda hipótese, sendo a relação jurídica entre pais/filho de natureza continuativa, poderá a decisão de destituição ser alterada se sobrevier modificação no estado de fato e de direito (art. 505, I, do CPC).

Por evidente, se mediante uma decisão judicial ocorre a perda do poder familiar, somente por meio de outro pronunciamento judicial de natureza revisional será possível restabelecê-lo. Para tanto, é fundamental que os motivos determinantes da destituição tenham findado e que o filho expresse inequívoca aceitação ao retorno para o convívio dos pais biológicos.

O tema é bastante delicado, pois os pais destituídos do poder familiar muitas vezes transformam-se em verdadeiros estranhos para o filho. Assim, o restabelecimento do poder familiar deve pautar-se sempre em perícia multidisciplinar que aponte a alteração na situação biopsicossocial dos pais e, principalmente, indique o superior interesse do filho e sua manifestação de vontade.[195]

REFERÊNCIAS

AGUIRRE, João Ricardo Brandão. A responsabilidade parental e o abandono digital. In: SANCHES, Patrícia Corrêa (coord.). *Direito das famílias e sucessões na era digital*. Belo Horizonte: Instituto Brasileiro de Direito de Família-IBDFAM, 2021.

ALMEIDA, Silmara Juny de Abreu Chinellato e. Exame de DNA, filiação e direitos da personalidade. In: LEITE, Eduardo de Oliveira (coord.). *Grandes temas da atualidade*: DNA como meio de prova de filiação. Rio de Janeiro: Forense, 2000.

---

195 "APELAÇÃO CÍVEL. *AÇÃO DE RESTABELECIMENTO DO PODER FAMILIAR. AÇÃO DE DESTITUIÇÃO DO PODER FAMILIAR. CITAÇÃO POR EDITAL. ABANDONO. POSSIBILIDADE JURÍDICA DO PEDIDO. PROTEÇÃO INTEGRAL E PRIORITÁRIA DOS DIREITOS DA CRIANÇA E DO ADOLESCENTE.* A leitura dos artigos do Estatuto da Criança e do Adolescente permite concluir que apenas a adoção tem caráter irrevogável, porque expressamente consignado no § 1o do art. 39. *Diante do silêncio da lei acerca do restabelecimento do poder familiar, também se pode concluir, modo contrário, pela possibilidade da reversão da destituição do poder familiar, desde que seja proposta ação própria para tanto, devendo restar comprovada a modificação da situação fática que ensejou o decreto de perda do poder familiar.* No caso trazido para desate, no entanto, além de ter sido comprovado cabalmente o abandono da menor pelo genitor, a citação no processo de destituição obedeceu ao devido processo legal, não sendo essas alegações suficientes para o desiderato da sua pretensão. Ademais, *não resta efetivamente demonstrado que o melhor para a criança seja o retorno ao convívio do genitor, mormente porque a menina está em família substituta e plenamente adaptada, não sendo conveniente, no momento, promover o restabelecimento, que poderá novamente levá-la a situação de descaso e abandono.* Portanto, em que pese não ocorrer coisa julgada, deve prevalecer, na hipótese, o principal interesse da criança. RECURSO DESPROVIDO" (TJRS, Apelação Cível 70083903229, Sétima Câmara Cível, Rel. Des. Afif Jorge Simões Neto, j. 27-8-2020) (grifos nossos).

PARTE I – O DIREITO MATERIAL SOB O ENFOQUE CONSTITUCIONAL

ALVES, Jones Figueiredo. *Negligência dos pais no mundo virtual expõe criança a efeitos nocivos da rede.* IBDFAM. Artigos. 2017. Disponível em: https://ibdfam.org.br/artigos/1188/Neglig%C3%AAncia+dos+pais+no+mundo+virtual+exp%C3%B5e+crian%C3%A7a+a+efeitos+nocivos+da+rede. Acesso em: 25 out. 2024.

AZEVEDO, Luiz Carlos. Art. 162. In: VERONESE, Josiane Rose Petry; SILVEIRA, Mayra; CURY, Munir (coord.). *Estatuto da Criança e do Adolescente comentado*: comentários jurídicos e sociais. 13. ed. rev. e atual. São Paulo: Malheiros, 2018.

BAUTISTA, Feny de los Angeles. A mídia e nossas crianças: a promessa de participação. In: CARLSSON, Ulla; FEILITZEN Cecilia von (org.). *A criança e a mídia*: imagem, educação, participação. São Paulo: Cortez, 2002.

BECKER, Maria Josefina. Art. 47. In: VERONESE, Josiane Rose Petry; SILVEIRA, Mayra; CURY, Munir (coord.). *Estatuto da Criança e do Adolescente comentado*: comentários jurídicos e sociais. 13. ed. rev. e atual. São Paulo: Malheiros, 2018.

BERTI, Luiza Gabriella; FACHIN, Zulmar Antônio. *Sharenting*: violação do direito de imagem das crianças e adolescentes pelos próprios genitores na era digital. *Revista de Direito de Família e Sucessão*, v. 7, n. 1, p. 95-113, jan.-jul. 2021.

BORGES, Roxana Cardoso Brasileiro. *Direitos de personalidade e autonomia privada.* 2. ed. rev. São Paulo: Saraiva, 2007.

BOSCHI, Fabio Bauab. *Direito de visita.* São Paulo: Saraiva, 2005.

BRASILEIRO, Luciana; HOLANDA, Maria Rita. A proteção de dados pessoais na infância e o dever parental de preservação da privacidade. *Revista Fórum de Direito Civil – RFDC*, Belo Horizonte, ano 8, n. 22, p. 235-243, set./dez. 2019.

CALÇADA, Andreia Soares; PAULO, Beatrice Marinho. Do duplo domicílio da criança em guarda compartilhada: (im)possibilidade e (contra)indicações. *Revista Nacional de Direito de Família e Sucessões*, Porto Alegre: Magister, n. 42, maio-jun. 2021.

CARVALHO, Dimas Messias de. *Direitos das famílias.* 6. ed. São Paulo: Saraiva Educação, 2018.

CASSETTARI, Christiano. *Multiparentalidade e parentalidade socioafetiva*: efeitos jurídicos. 2. ed. São Paulo: Atlas, 2015.

CAVALIERI FILHO, Sergio. *Programa de responsabilidade civil.* 10. ed. São Paulo: Malheiros, 2012.

CODE CIVIL. Paris: Litec, 2004.

CÓDIGO DE MENORES. Brasília: Senado Federal, 1982.

Comentário geral n° 25 sobre os Direitos das Crianças em relação ao ambiente digital. In: *Comentários Gerais do Comitê de Direito das Crianças*, 2023. Disponível em: <https://alana.org.br/wp-content/uploads/2023/10/comentarios--gerais-portugues.pdf>. Acesso em: 14 out. 2024.

D'ANDREA, Giuliano. Da impossibilidade de suspensão e destituição do poder familiar de pais adolescentes absolutamente incapazes. *Revista Especial da Infância e Juventude,* n. 1, São Paulo: EDEPE, 2011.

DIAS, Maria Berenice. *Manual de direito das famílias.* 12. ed. rev., atual. e ampl. São Paulo: Revista dos Tribunais, 2017.

DIAS, Maria Berenice; CHAVES, Marianna. A humanização do reconhecimento da paternidade. In: PES, João Hélio Ferreira. *Direitos humanos:* crianças e adolescentes. Curitiba: Juruá, 2010.

DIGIÁCOMO, Murilo José. Breves considerações sobre a nova "Lei Nacional de Adoção". Disponível em: <http://www.crianca.caop.mp.pr.gov.br/modules/conteudo/conteudo.php?conteudo=334>. Acesso em: 31 jul. 2018.

DIGIÁCOMO, Murillo José; DIGIÁCOMO, Ildeara de Amorim. *Estatuto da criança e do adolescente anotado e interpretado.* 8. ed. revisada e ampliada. Curitiba: Ministério Público do Estado do Paraná. Centro de Apoio Operacional das Promotorias da Criança e do Adolescente, 2020.

DOLTO, Françoise. *Quando os pais se separam.* Rio de Janeiro: Jorge Zahar, 2003.

DUARTE, Lenita Pacheco Lemos. *A guarda dos filhos na família em litígio:* uma interlocução da psicanálise com o direito. 3. ed. Rio de Janeiro: Lumen Juris, 2009.

EBERLIN, Fernando Büscher von Teschenhausen. *Sharenting,* liberdade de expressão e privacidade de crianças no ambiente digital: o papel dos provedores de aplicação no cenário jurídico brasileiro. *Revista Brasileira de Políticas Públicas,* Brasília, v. 7, n. 3, p. 255-273, 2017.

EBERLIN, Fernando Büscher von Teschenhausen. *Direitos da criança na sociedade de informação.* Ambiente digital, privacidade e dados pessoais. São Paulo: Thomson Reuters Brasil, 2020.

FARIAS, Cristiano Chaves de. A legitimidade do Ministério Público para a ação de alimentos: uma conclusão constitucional. In: FARIAS, Cristiano Chaves de (coord.) *Temas atuais do Ministério Público.* 6. ed. totalmente reformulada. Salvador: JusPodivm, 2016.

FONSECA, Antonio Cezar Lima da. A ação de destituição do pátrio poder. *Revista de Informação Legislativa,* v. 37, n. 146, p. 261-279, abr./jun. 2000. Disponível em: <https://www2.senado.leg.br/bdsf/handle/id/496878>. Acesso em: 14 out. 2024.

FONSECA, Antonio Cezar Lima da. *Direitos da criança e do adolescente.* 3. ed. São Paulo: Atlas, 2015.

GAMA, Guilherme Calmon Nogueira da. *A nova filiação:* o biodireito e as relações parentais: o estabelecimento da parentalidade-filiação e os efeitos jurídicos da reprodução assistida heteróloga. Rio de Janeiro: Renovar, 2003.

PARTE I – O DIREITO MATERIAL SOB O ENFOQUE CONSTITUCIONAL

GOULART JÚNIOR, Edward; GOULART, João Pedro Minguete. Restituição do poder familiar: considerações acerca de sua possibilidade jurídica. *Revista do Direito Público*, Londrina, v. 14, n. 1, p. 83-102, abr. 2019.

IL CODICE DEL DIRITTO DI FAMIGLIA. Piacenza: Casa Editrice La Tribuna S.p.A., 2003.

ISHIDA, Válter Kenji. *Estatuto da Criança e do Adolescente*: doutrina e jurisprudência. 25. ed. rev., atual. e ampl. São Paulo: JusPodivm, 2024.

LEITE, Eduardo de Oliveira. *Direito civil aplicado*. 2. ed. rev., atual. e ampl. São Paulo: Revista dos Tribunais, 2013.

LÔBO, Paulo Luiz Netto. *Direito civil:* famílias. 10. ed. São Paulo: Saraiva Educação, 2020. v. 5.

MACIEL, Kátia Regina Ferreira Lobo Andrade. A verdade biológica e a verdade adotiva: a construção da identidade plena do filho adotado. *Revista Brasileira de Direito de Família*, Porto Alegre, n. 30, out./nov. 2012.

MACIEL, Kátia Regina Ferreira Lobo Andrade. Breve análise do direito ao nome sob a perspectiva de sua natureza fundamental para a formação da pessoa humana em processo de desenvolvimento. In: MORAES, Carlos Eduardo Guerra de; RIBEIRO, Ricardo Lodi (coord.). *Criança e adolescente*. Direito UERJ. Rio de Janeiro: Freitas Bastos, 2015. v. 10.

MACIEL, Kátia Regina Ferreira Lobo Andrade; GOLDRAJCH, Danielle; VALENTE, Maria Luiza Campos da Silva. A alienação parental e a reconstrução dos vínculos parentais: uma abordagem interdisciplinar. *Revista Brasileira de Direito de Família*, Porto Alegre, n. 37, ago./set. 2006.

MACIEL, Kátia Regina Ferreira Lobo Andrade. A alienação da identidade familiar: os filhos do anonimato. In: SILVA, Alan Minas Ribeiro da; BORBA, Daniela Vitorino (org.). *A morte inventada*: alienação parental em ensaios e vozes. São Paulo: Saraiva, 2014.

MACIEL, Kátia Regina Ferreira Lobo Andrade. A identidade familiar da criança e do adolescente em acolhimento institucional à luz da proteção integral da Lei n. 8.069/90: uma história a ser narrada. In: VERONESE, Josiane Rose Petry; ROSSATO, Luciano Alves; LÉPORE, Paulo Eduardo. *Estatuto da Criança e do Adolescente*: 25 anos de desafios e conquistas. São Paulo: Saraiva, 2015.

MACIEL, Kátia Regina Ferreira Lobo Andrade; MACIEL, Raquel Ferreira Lobo Andrade. A metáfora da árvore genealógica no sistema de parentesco brasileiro. *Revista IBDFAM*: Famílias e Sucessões, v. 51, Belo Horizonte: IBDFAM, maio/jun. 2022.

MADALENO, Rolf. *Direito de família*. 10. ed. Rio de Janeiro: Forense, 2020.

MELLO, Adriana Ramos de. Breves comentários à Lei n. 13.104/2015. *Revista dos Tribunais*, São Paulo: Revista dos Tribunais, ano 104, v. 958, p. 273-291, ago. 2015.

MINAYO, Maria Cecília de Souza. Conceitos, teorias e tipologias de violência: a violência faz mal à saúde. In: SOUSA, E. R. (org.). *Curso impactos da violência na saúde*. Rio de Janeiro: EAD/ENSP, 2007.

MORAES, Maria Celina Bodin de. Deveres parentais e responsabilidade civil. *Revista Brasileira de Direito de Família,* Porto Alegre, n. 31, p. 39-66, ago./set. 2005.

OLIVEIRA, Euclides Benedito. Alienação parental e as nuances da parentalidade: guarda e convivência familiar. In: PEREIRA, Rodrigo da Cunha (coord.). *Tratado de direito das famílias.* Belo Horizonte: IBDFAM, 2015.

OLIVEIRA, J. M. Leoni Lopes de. *Direito civil:* família. Rio de Janeiro: Forense, 2018.

PAULO, Beatrice Marinho. Família: uma relação socioafetiva. *Psicologia na prática jurídica.* São Paulo: Saraiva, 2012.

PEREIRA, Caio Mário da Silva. *Reconhecimento de paternidade e seus efeitos.* Atual. por Lúcia Maria Teixeira Ferreira. Rio de Janeiro: Forense, 2006.

PEREIRA, Caio Mário da Silva. *Instituições de direito civil.* 29. ed. rev., ampl. e atual. Rio de Janeiro: Forense, 2022. v. V.

PEREIRA, Rodrigo da Cunha. *Direito das famílias.* Rio de Janeiro: Forense, 2020.

PERLINGIERI, Pietro. *Perfis do direito civil.* 3. ed. Rio de Janeiro: Renovar, 2007.

PINHEIRO, Patrícia Peck. Abandono digital. In: PINHEIRO, Patrícia Peck (coord.). *Direito digital aplicado 2.0.* 2 ed. São Paulo: Thompson Reuters/Revista dos Tribunais, 2016.

PONTES DE MIRANDA, Francisco Cavalcanti. *Tratado de direito de família.* São Paulo: Bookseller, 2001. v. III.

Protocolo brasileiro de entrevista forense com crianças e adolescentes vítimas ou testemunhas de violência. Organizadores: Benedito Rodrigues dos Santos, Itamar Batista Gonçalves, Reginaldo Torres Alves Júnior. São Paulo e Brasília: Childhood – Instituto WCF-Brasil: CNJ: UNICEF, 2020.

RAMOS, Patrícia Pimentel de Oliveira Chambers. A proteção de crianças vítimas de abuso sexual pelo sistema de justiça: depoimento especial e reparação mínima. In: PÖTTER, Luciane (org.). *A escuta protegida de crianças e adolescentes:* os desafios da implantação da Lei n. 13.431/2017. Porto Alegre: Livraria do Advogado, 2019.

RAMOS, Patrícia Pimentel de Oliveira Chambers. *Poder familiar e guarda compartilhada:* novos paradigmas do direito de família. 2. ed. São Paulo: Saraiva, 2016.

RAMOS, Patrícia Pimentel de Oliveira Chambers. A moderna visão da autoridade parental. In: APASE (org.). *Guarda compartilhada:* aspectos psicológicos e jurídicos. Porto Alegre: Equilíbrio, 2005. p. 97-121.

RIZZARDO, Arnaldo. *Direito de família.* 10. ed. Rio de Janeiro: Forense, 2019.

RODRIGUES, Silvio. *Direito civil:* Parte geral. 34. ed. São Paulo: Saraiva, 2006. v. 1.

PARTE I – O DIREITO MATERIAL SOB O ENFOQUE CONSTITUCIONAL

ROSA, Conrado Paulino da. *Direito de família contemporâneo*. 7. ed. rev., ampl. e atual. Salvador: JusPodivm, 2020.

ROSENVALD, Nelson. Curatela. In: PEREIRA, Rodrigo da Cunha (coord.). *Tratado de direito das famílias*. Belo Horizonte: IBDFAM, 2015.

SANCHEZ, Rachel Niskier; MINAYO, Maria Cecília de Souza. Violência contra crianças e adolescentes: questão histórica, social e de saúde. In: LIMA, Cláudia Araújo de *et al* (coord.). *Violência faz mal à saúde*. Brasília: Ministério da Saúde, 2006. (Série B. Textos Básicos de Saúde).

SCHREIBER, Anderson. *Direitos da personalidade*. 2. ed. rev. e atual. São Paulo: Atlas, 2013.

SILVA, José Luiz Mônaco. A concordância dos pais nos procedimentos de adoção. Revista *Justitia* do Ministério Público do Estado de São Paulo, n. 176. Disponível em: <http://www.revistajustitia.com.br/revistas/62x7d5.pdf>. Acesso em: 25 jun. 2020.

SOCIEDADE BRASILEIRA DE PEDIATRIA – SBP. *Saúde de Crianças e Adolescentes na Era Digital. Manual de Orientação Departamento de Adolescência*, nº 1, outubro de 2016, p. 2. Disponível em: <https://www.sbp.com.br/fileadmin/user_upload/2016/11/19166d-MOrient-Saude-Crian-e-Adolesc.pdf>. Acesso em: 26 out. 2024.

SOUZA, Ivone Coelho de; AZAMBUJA, Maria Regina Fay de. Parto anônimo: uma omissão que não protege. *Revista Brasileira de Direito das Famílias e Sucessões*, Porto Alegre, n. 4, jun./jul. 2008.

SOUZA, Jadir Cirqueira de. *Depoimento especial de crianças e adolescente no sistema de justiça*. São Paulo: Pillares, 2018.

SOUZA, Nathália Moreira Nunes de. A destituição do poder familiar à luz dos princípios do direito das famílias. *Revista de Direito do Tribunal de Justiça do Estado do Rio de Janeiro*, v. 121, set./dez. 2020.

TEIXEIRA, Ana Carolina Brochado; NERY, Maria Carla Moutinho. Vulnerabilidade Digital das crianças e adolescentes: a importância da autoridade parental para uma educação nas redes. EHRHARDT JR. Marcos; LOBO, Fabíola (Org.). *Vulnerabilidade e sua compreensão no direito brasileiro*. São Paulo: Foco, 2021.

TEPEDINO, Gustavo; TEIXEIRA, Ana Carolina Brochado. *Fundamentos do direito civil*: direito de família. Rio de Janeiro: Forense, 2020. v. 6.

TEPEDINO, Gustavo; TEIXEIRA, Ana Carolina Brochado; BARBOZA, Heloisa Helena; MORAES, Maria Celina Bodin de. *Código Civil interpretado conforme a Constituição da República*. Rio de Janeiro: Renovar, 2014. v. IV.

THURLER, Ana Liési. *Em nome da mãe*: o não reconhecimento paterno no Brasil. Florianópolis: Mulheres, 2009.

TRINDADE, Jorge. *Manual de psicologia jurídica para operadores do direito*. 2. ed. rev. e ampl. Porto Alegre: Livraria do Advogado, 2007.

VENOSA, Sílvio de Salvo. *Direito civil*: família. 17. ed. São Paulo: Atlas, 2017. v. 5.

VERONESE, Josiane Rose Petry. *Convenção sobre os Direitos da Criança:* 30 anos. Salvador: JusPodivm, 2019.

VERONESE, Josiane Rose Petry; ZANETTE, Sandra Muriel Zadróski. *Criança, consumo e publicidade por uma sociedade fraterna.* Rio de Janeiro: Lumen Juris, 2018.

WEBER, Lídia Natalia Dobrianskyj. *Aspectos psicológicos da adoção.* 2. ed. rev. e ampl. Curitiba: Juruá, 2011.

WELTER, Belmiro Pedro. Filiação biológica e socioafetiva: igualdade. *Revista Brasileira de Direito de Família*, Porto Alegre, n. 14, jul./set. 2002.

ZANETTE, Sandra Muriel Zadróski. Publicidade infantil; suas implicações jurídicas. In: VERONESE, Josiane Rose (autora e organizadora). *Estatuto da Criança e do Adolescente – 30 anos*: grandes temas, grandes desafios. Josiane Rose Petry Veronese. Rio de Janeiro: Lumen Juris, 2020.

Regras gerais sobre a colocação em família substituta

Kátia Regina Ferreira Lobo Andrade Maciel

1. INTRODUÇÃO

O art. 6º da Declaração Universal dos Direitos da Criança[1] afirma que,

> [...] para o desenvolvimento completo e harmonioso de sua personalidade, *a criança precisa de amor e compreensão. Criar-se-á, sempre que possível, aos cuidados e sob a responsabilidade dos pais, e em qualquer hipótese, num ambiente de afeto e de segurança moral e material;* salvo circunstâncias excepcionais, a criança de tenra idade não será apartada da mãe (grifos nossos).

Nesse mesmo tom, a Constituição Federal de 1988 (art. 227) e o ECA (art. 19) asseguram a toda criança e a todo adolescente o direito à convivência familiar, ou seja, de serem criados e educados no seio de sua família natural, por ambos os pais, expressão da responsabilidade parental destes (art. 22 do ECA). Pressupõe-se que esse é o ambiente que garante seu desenvolvimento integral (redação conferida pela Lei n. 13.257/2016 ao art. 19), em que encontrarão amor, respeito, compreensão e segurança.

---

[1] Por meio deste documento internacional foi declarado que as crianças deixavam de ser objetos, receptáculos passivos do atuar assistencialista da humanidade e passaram a ter proteção especial como sujeitos de direitos, com aptidão de gozo de determinados direitos, como o *direito ao amor no seio da família*. A referida Declaração da Unicef foi aprovada em 20 de novembro de 1959, por meio da Resolução n. 1.386.

A Lei n. 12.010/2009 – Lei da Convivência Familiar –, ao reformar o ECA, estabeleceu inúmeras normas reafirmatórias da primazia da família natural e instituiu como princípio a prevalência da manutenção ou reintegração da criança no seio de sua família natural ou extensa (inciso X do parágrafo único do art. 100) e o princípio da responsabilidade parental, pelo qual a intervenção protetiva deve ser efetuada de modo que os pais assumam seus deveres para com a criança e o adolescente (inciso IX do parágrafo único do art. 100), dentre eles o de cuidar diretamente da prole.

A regra, portanto, é a permanência dos filhos junto aos pais biológicos que devem exercer o poder familiar em sua plenitude. Existem situações, todavia, em que, para o saudável desenvolvimento mental e físico do infante, o distanciamento, provisório ou definitivo, de seus genitores biológicos ou civis é a única solução. Situações outras de afastamento, ainda, são motivadas pelos próprios pais que abandonam a prole à própria sorte. Estar-se-á diante da *família disfuncional*, que, sob o enfoque jurídico, significa o núcleo familiar que, invariavelmente, não atende às necessidades emocionais, físicas e intelectuais da prole, mesmo que auxiliada para tanto, tornando-se inadequada para desempenhar sua função ou seu papel parental.

Nessas hipóteses, a criança ou o adolescente deverá ser inserido em outra entidade familiar, denominada substituta, cujo principal objetivo é suprir, em tese, a maioria dos encargos relativos à paternidade e à maternidade.

Sobre a transferência dos cuidados da criança, a Declaração sobre os Princípios Sociais e Jurídicos Relativos à Proteção e ao Bem-estar das Crianças, com Particular Referência à Colocação em Lares de Guarda, nos Planos Nacional e Internacional[2] prevê:

> Art. 4º Quando os pais da criança não possam cuidar dela ou seus cuidados sejam impróprios, *deve ser considerada a possibilidade de que os cuidados sejam encarregados a outros familiares dos pais da criança, outra família substitutiva – adotiva ou de guarda –* ou caso seja necessário, uma instituição apropriada (grifos nossos).

A Convenção dos Direitos da Criança, por sua vez, ao priorizar o direito da criança de viver com os pais, alude ao fato de que essa convivência deve ser compatível com o superior interesse do filho. E prevê a hipótese de que, havendo necessidade de separação de um ou de ambos os pais do convívio com a prole, esta tem o direito de manter o contato com os genitores:

> Artigo 9. 1. Os Estados Partes deverão zelar para que a criança não seja separada dos pais contra a vontade dos mesmos, exceto quando, sujeita à revisão judicial, as autoridades competentes determinarem, em conformidade com a lei e os procedimentos legais cabíveis, que tal separação é necessária ao interesse maior da criança. Tal determinação pode ser necessária em casos específicos,

---

2   Adotada pela Assembleia Geral das Nações Unidas, em 3 de dezembro de 1986.

PARTE I - O DIREITO MATERIAL SOB O ENFOQUE CONSTITUCIONAL

por exemplo, nos casos em que a criança sofre maus-tratos ou descuido por parte de seus pais ou quando estes vivem separados e uma decisão deve ser tomada a respeito do local da residência da criança. [...] 3. Os Estados Partes respeitarão o direito da criança que esteja separada de um ou de ambos os pais de manter regularmente relações pessoais e contato direto com ambos, a menos que isso seja contrário ao interesse maior da criança[3].

2. MODALIDADES

A colocação de criança e de adolescente em família substituta não foi inovação da Lei n. 8.069/90, pois o Código de Menores (Lei n. 6.697/79) já a estabelecia sob as modalidades de delegação do pátrio poder, guarda, tutela, adoção simples e adoção plena.

Seguindo a linha do revogado Código, a colocação em lar substituto permanece com a natureza jurídica de medida de proteção (art. 101, IX, do ECA), mas possui apenas três modalidades: guarda, tutela e adoção (art. 28). Esta medida foi intencionalmente inserida ao término do rol do art. 101 do ECA, demonstrando a sua natureza excepcional.

A propósito, algumas disposições gerais são extremamente relevantes em se tratando de medida protetiva de colocação em família substituta, pois norteiam a finalidade assistencial do instituto: a oitiva da criança ou do adolescente (§ 1º do art. 28); o consentimento do adolescente (de 12 a 18 anos incompletos) colhido em audiência (§ 2º do art. 28); o parentesco e a relação de afinidade ou afetividade entre o pretenso guardião e a pessoa menor de idade, a fim de evitar ou minorar as consequências decorrentes da medida (§ 3º do art. 28); a colocação do grupo de irmãos em uma mesma família substituta, ressalvada a comprovada existência de risco de abuso ou outra situação que justifique a solução diversa, evitando-se o rompimento definitivo dos vínculos fraternais (§ 4º do art. 28); a preparação prévia e o acompanhamento posterior da colocação em família substituta, realizados por equipe interprofissional (§ 5º do art. 28); a observância das peculiaridades da

---

3   O artigo 9 possui, ainda, as seguintes disposições: "[...] 2. Caso seja adotado qualquer procedimento em conformidade com o estipulado no parágrafo 1 do presente Artigo, todas as Partes interessadas terão a oportunidade de participar e de manifestar suas opiniões. [...] 4. Quando essa separação ocorrer em virtude de uma medida adotada por um Estado Parte, tal como detenção, prisão, exílio, deportação ou morte (inclusive falecimento decorrente de qualquer causa enquanto a pessoa estiver sob a custódia do Estado) de um dos pais da criança, ou de ambos, ou da própria criança, o Estado Parte, quando solicitado, proporcionará aos pais, à criança ou, se for o caso, a outro familiar, informações básicas a respeito do paradeiro do familiar ou familiares ausentes, a não ser que tal procedimento seja prejudicial ao bem-estar da criança. Os Estados Partes se certificarão, além disso, de que a apresentação de tal petição não acarrete, por si só, consequências adversas para a pessoa ou pessoas interessadas."

criança ou do adolescente indígena (§ 6º do art. 28); a possibilidade de indeferimento da medida no caso de incompatibilidade ou ambiente inadequado (art. 29); a proibição de transferência da guarda para terceiros ou entidades sem autorização judicial (art. 30); a excepcionalidade da adoção internacional como medida, não sendo cabível o deferimento de guarda provisória ou definitiva para estrangeiros não residentes no Brasil (art. 31); e a formalidade de um compromisso firmado, mediante termo lavrado nos autos e registrado em Cartório em livro próprio (art. 32).

No que se refere à inserção em família substituta de criança ou adolescente de povo indígena, comunidade quilombola ou povo ou comunidade tradicional, a Resolução n. 253/2024, do Conanda, no art. 10, §§ 4º e 5º, assegura que sua colocação familiar ocorra prioritariamente no seio de sua comunidade ou junto a membros da mesma etnia, conforme o disposto no art. 28, § 6º, II, do ECA e que havendo necessidade de colocação em acolhimento institucional ou familiar ou em família substituta deve ser discutida e acordada previamente com representantes do povo indígena, comunidade quilombola ou povo ou comunidade tradicional da pertença do sujeito, sob pena de incorrer em prática de assimilação forçada, racismo e violência institucional.

Ressalte-se que as normas legais acerca da colocação em família substituta proíbem, implicitamente, a extensão da guarda e da tutela para uma família estrangeira, mesmo que residente no Brasil (art. 31 do ECA).

A intenção legislativa para esta proibição, sem dúvida, foi a de evitar a saída de crianças ilegalmente do Brasil (art. 239 do ECA). Atenta à proteção efetiva das crianças, a doutrina pátria vem ressalvando a possibilidade de requerimento de guarda e de tutela por estrangeiros residentes no Brasil, com apoio na norma do art. 46, § 2º, do ECA, a qual exige o estágio de convivência no Brasil somente para a família estrangeira residente no exterior[4].

Deste modo, permanecendo a criança no país de origem sob os cuidados de família estrangeira que aqui reside e trabalha com intenção definitiva, sob o controle estatal e sob o manto do tratamento isonômico dispensado ao estrangeiro perante a lei (art. 5º da CF/88), a entrega para pessoa ou casal de outra nacionalidade não ensejaria perigo, em tese, à criança brasileira.

Contudo, tal posicionamento não é unânime, havendo doutrina reservando, expressamente, a guarda e a tutela às famílias brasileiras, ante o princípio da excepcionalidade[5].

---

4 ELIAS, Roberto João. *Comentários ao Estatuto da Criança e do Adolescente*. 4. ed. São Paulo: Saraiva, 2010, p. 43; e AOKI, Luis Paulo Santos. Art. 31. In: VERONESE, Josiane Rose Petry; SILVEIRA, Mayra; CURY, Munir (coord.). *Estatuto da Criança e do Adolescente comentado*. Comentários jurídicos e sociais. 13. ed. rev. e atual. São Paulo: Malheiros, 2018, p. 292.

5 TAVARES, José Farias. *Comentários ao Estatuto da Criança e do Adolescente*. 8. ed. Rio de Janeiro: Forense, 2012, p. 34.

PARTE I – O DIREITO MATERIAL SOB O ENFOQUE CONSTITUCIONAL

Tânia da Silva Pereira[6] considera que o superior interesse da criança estará na inserção em família estrangeira residente fora do Brasil, sob a modalidade de guarda ou de tutela, quando no exterior o infante encontrar efetiva assistência dos familiares, com os quais mantenha vínculo de afetividade e aqui, no entanto, inexistam pessoas que venham a pleitear aquela espécie de medida.

No que toca à família brasileira residente no exterior, o ECA silenciou, levando a crer que a nomeação de guardião e tutor é cabível[7].

Outro aspecto a ser considerado na escolha da família substituta refere-se ao ambiente familiar adequado. A família deve ser propícia a favorecer a criança e o adolescente em seu desenvolvimento físico, mental, moral, espiritual e social, em condições de liberdade e dignidade (art. 3º do ECA).

Diante das intensas responsabilidades assumidas pela família substituta no que tange a um ser em formação de sua personalidade, as obrigações decorrentes dessa colocação, sob qualquer uma de suas modalidades, são indelegáveis e irrenunciáveis enquanto não for decretada a sua perda ou destituição.

É sabido que a renúncia é um ato jurídico pelo qual o titular de um direito dele se despoja, enquanto na delegação o referido titular confere a outrem as atribuições que originariamente lhe competiam. Logo, ante as suas consequências, não se admite a transferência da criança ou do adolescente, colocados em família substituta, para terceiros ou entidades, sejam elas governamentais ou não, sem a autorização judicial (art. 30 do ECA).

Impende ressaltar, ainda, que a deficiência não afeta a plena capacidade civil da pessoa para exercer o direito à guarda, à tutela e à adoção, como adotante ou adotando, em igualdade de oportunidades com as demais pessoas (art. 6º, VI, da Lei n. 13.146/2015).

Observe-se que o legislador estatutário efetuou uma gradação de medidas aplicáveis que são prévias à inserção de criança ou o adolescente em família substituta. De modo bem claro, a Lei n. 8.069/90 impõe ao aplicador das medidas protetivas que mantenha ou reintegre a criança no seio da família natural ou, não sendo possível, junto à família extensa para, então, buscar a solução da convivência familiar por intermédio da família substituta. O acolhimento institucional é medida extrema e somente deve ser aplicado na hipótese de não haver uma família (natural, extensa ou substituta) apta a cuidar do infante ou um lar acolhedor (acolhimento familiar)[8].

---

6   PEREIRA, Tânia da Silva. *Direito da criança e do adolescente*: uma proposta interdisciplinar. 2. ed. Rio de Janeiro: Renovar, 2008, p. 407-408.

7   TAVARES, José de Farias. Op. cit., p. 34.

8   "Art. 34, § 1º A inclusão da criança ou adolescente em programas de acolhimento familiar terá preferência a seu acolhimento institucional, observado, em qualquer caso, o caráter temporário e excepcional da medida, nos termos desta Lei." "Art. 92. As

Sem mais delongas, o exame de cada uma das espécies de colocação em família substituta será feito a seguir.

REFERÊNCIAS

AOKI, Luis Paulo Santos. Art. 31. In: VERONESE, Josiane Rose Petry; SILVEIRA, Mayra; CURY, Munir (coord.). *Estatuto da Criança e do Adolescente comentado.* Comentários jurídicos e sociais. 13. ed. rev. e atual. São Paulo: Malheiros, 2018.

ELIAS, Roberto João. *Comentários ao Estatuto da Criança e do Adolescente.* 4. ed. São Paulo: Saraiva, 2010.

PEREIRA, Tânia da Silva. *Direito da criança e do adolescente:* uma proposta inter-disciplinar. 2. ed. Rio de Janeiro: Renovar, 2008.

TAVARES, José Farias. *Comentários ao Estatuto da Criança e do Adolescente.* 8. ed. Rio de Janeiro: Forense, 2012.

---

entidades que desenvolvam programas de acolhimento familiar ou institucional deverão adotar os seguintes princípios: I – preservação dos vínculos familiares e promoção da reintegração familiar; II – integração em família substituta, quando esgotados os recursos de manutenção na família natural ou extensa."

Guarda

Kátia Regina Ferreira Lobo Andrade Maciel

1. INTRODUÇÃO

A colocação em família substituta, de acordo com o examinado anteriormente, é uma medida excepcional aplicada à criança e ao adolescente, quando não se mostrar possível a criação e a educação destes no seio da sua família natural (art. 19 do ECA).

A guarda é uma dessas modalidades de colocação de criança ou adolescente em família substituta prevista no ECA, na qual assume o detentor (terceira pessoa) o compromisso de prestar toda a assistência à pessoa menor de 18 anos e o direito de opor-se aos pais, regularizando a posse de fato da criança ou do adolescente (art. 33). A palavra "posse", evidentemente, foi utilizada pelo legislador estatutário com o significado de companhia, guarda e responsabilidade.

Logo, se a disputa da guarda se cingir aos próprios genitores, não estará configurada a medida de colocação em família substituta. Esta somente se perfaz quando ocorre a perda da guarda dos pais (não importando se estes mantêm ou não o relacionamento afetivo) e há a imediata entrega dos cuidados da criança a um terceiro que irá exercer o encargo por ordem judicial.

O atributo do poder familiar que se transfere nessa espécie de família substituta é o direito/dever de guarda dos pais (arts. 1.566, IV, 1.583, 1.584 e 1.634, II, do CC), de modo que a criança/adolescente tenha um responsável judicialmente nomeado e não apenas seja entregue a terceiros para o exercício de cuidados de fato.

Portanto, na guarda como modalidade de família substituta não há alteração na titularidade do poder familiar dos genitores, mas apenas a mudança no exercício do encargo da guarda (art. 22 do ECA) em favor de quem não possui a autoridade parental. Apesar de os filhos menores de idade serem colocados sob guarda, sobre os pais ainda recai o dever de sustento decorrente da autoridade parental (art. 22 do ECA), concomitantemente à assistência material devida pela família guardiã (art. 33 do ECA)[1].

Assim, a guarda exercida por terceiro é coexistente ao poder familiar dos pais, não operando mudanças substanciais na autoridade exercida pelos genitores, mas apenas destacando o ônus da guarda e responsabilidade ao(s) detentor(es) de fato da criança ou do adolescente.

Não se trata, portanto, de transferência do múnus dentro da família natural definida no art. 25 do ECA (pais biológicos) ou da família adotiva (pais civis), mas sim para terceiro(s), seja(m) ele(s) parente(s) ou não da criança, que o assumirá(ão) com exclusividade, ou de modo compartilhado, incluindo o direito de opor-se aos pais (art. 33, *in fine*, do ECA). O registro de nascimento da criança sob a guarda de terceiros, é importante consignar, não é alterado, pois não é averbada essa transferência.

Observe-se que o capítulo do Direito de Família do Código Civil, no § 5º do art. 1.584[2], ao tratar da proteção da pessoa do filho na ruptura do relacionamento conjugal, quando inviável a manutenção sob a guarda de um ou de ambos os pais, aponta como intervenção possível o deferimento judicial desse encargo a terceiro que revele compatibilidade com o exercício da medida, atentando para o grau de parentesco, afinidade de afetividade entre o pretenso guardião e o pupilo.

Apesar de a Lei n. 8.069/90, na esteira do art. 24 do revogado Código de Menores de 1979, e o aludido § 5º do art. 1.584 do CC mencionarem as palavras "detentor" e "terceiro" no singular, isso não significa que o múnus não possa ser concedido a um casal, diante da interpretação sistemática da lei estatutária. A criança ou o adolescente precisa idealizar a família substituta como um espelho de sua família natural, de maneira que se sinta aconchegado e protegido integralmente. Conceber a guarda como um instituto unipessoal é limitar o alcance da medida, restringindo os seus efeitos[3].

---

1 Comungando desse pensamento: ROSSATO, Luciano ALVES e LÉPORE, Paulo Eduardo. *Estatuto da criança e do adolescente comentado artigo por artigo*. 14. ed. rev., atual. e ampl. São Paulo: JusPodivm, 2024, p. 186.

2 Art. 1.584, § 5º: "Se o juiz verificar que o filho não deve permanecer sob a guarda do pai ou da mãe, deferirá a guarda a pessoa que revele compatibilidade com a natureza da medida, considerados, de preferência, o grau de parentesco e as relações de afinidade e afetividade. (Redação dada pela Lei n. 13.058, de 2014)".

3 Reforçando este entendimento, citamos Giovanne Serra Azul Guimarães: "nada impede o deferimento a casal, casados ou não, desde que apresentem as características pessoais já mencionadas. Aliás, isto só trará benefício à criança ou adolescente que, inserido em família substituta, terá o guardião e a guardiã, como responsáveis legais em substituição ao pai e à mãe, além de estar o deferimento a casal em consonância

PARTE I – O DIREITO MATERIAL SOB O ENFOQUE CONSTITUCIONAL

A entrega consensual do filho pelos pais para terceiro sob a modalidade de guarda é plenamente possível diante do texto legal (art. 166 do ECA).

Todavia, a observância dos requisitos legais dessa entrega é indispensável, porquanto o guardião poderá utilizar indevidamente a concordância, exarada pelos genitores de forma limitada à guarda, e arguir a dispensa da anuência dos pais quanto a um novo pedido, mais amplo: de adoção.

Pior hipótese, ainda, pode vir a apresentar-se: com base em concordância dos pais para a colocação do filho em família substituta (genericamente falando), sem as orientações de praxe, deixar-se de cumular o pedido de adoção com a destituição do poder familiar, sob o pretexto de que os pais já concordaram, de forma genérica, com a inserção do filho em outra família.

Toda precaução é, pois, indispensável, já que a delegação deste encargo pelos genitores para terceiros, provisória ou definitivamente, pode efetivar-se por desejo próprio, mas nunca sem a intervenção judicial.

Não basta, portanto, a presença do advogado ou do defensor público ou, ainda, do promotor de justiça da infância ou do conselheiro tutelar. O ato é formal e exige a lavratura de termo próprio de declaração, após a oitiva dos pais pelo magistrado e pelo Ministério Público (inciso I do § 1º do art. 166 do ECA, conforme redação dada pela Lei n. 13.509/2017) que orientarão os pais sobre as consequências da concordância com a transferência da guarda.

A formalidade do ato afigura-se devida para evitar que os pais sejam levados a erro, pois a aceitação da colocação do filho em família substituta não raras vezes se consuma em medida mais gravosa com o passar do tempo ante os vínculos de afetividade que são construídos com a criança.

Anote-se que, mesmo quando consensual a transferência, os detentores do poder familiar da criança colocada em família substituta, sob a espécie de guarda, não podem retirar, sem ordem judicial, o filho da companhia daquele(s) que exerce(m) este múnus. Em contrapartida, o guardião passará a ter a legitimidade para postular a busca e a apreensão da criança sob seus cuidados contra quem ilegalmente a detenha, mesmo que sejam os titulares da autoridade parental (pais).

Por tal razão, o art. 32 do ECA estabelece que, ao assumir a guarda, o responsável prestará compromisso de bem e fielmente desempenhar o encargo, mediante termo nos autos. Note-se que a norma em comento qualifica o guardião como responsável e, sendo assim, a ele deve ser estendida a responsabilidade civil pelos atos ilícitos praticados pelo incapaz sob sua guarda (arts. 928 e 932, II, do CC).

---

com o princípio da proteção integral contido no art. 1º do ECA" (*Adoção, tutela e guarda*. 3. ed. São Paulo: Juarez de Oliveira, 2005, p. 19).

CURSO DE DIREITO DA CRIANÇA E DO ADOLESCENTE

A representação do infante pelo guardião, no entanto, precisa ser requerida judicialmente (art. 33 § 2º, *in fine*, do ECA), consoante a necessidade, uma vez que sob os pais ainda repousa o poder familiar, o que inclui a representação legal da prole (art. 1634, VII, do CC, com a redação dada pela Lei n. 13.058/2014). Ressalta Roberto João Elias alguns casos nos quais a representação deve ser postulada especificadamente: "Assim, por exemplo, se for preciso promover uma ação para a defesa dos direitos da criança ou do adolescente ou, então, para defendê-lo em ação em que são réus. E, também, nos casos de habilitação"[4] (arts. 687 a 692 do CPC).

2. GUARDA PROVISÓRIA, DEFINITIVA, INSTRUMENTAL E EXCEPCIONAL

Têm-se diferenciado as espécies de guarda, dependendo de seu tempo de duração ou de sua origem. Sob o primeiro aspecto, a guarda provisória é aquela deferida, por determinado tempo arbitrado pelo magistrado, normalmente pelo período entre 30 e 90 dias, no curso do processo de guarda, podendo ser deferida também nos procedimentos de tutela e adoção.

Com a edição da Lei n. 12.010/2009, o termo "guarda provisória" passou a se denominar "termo de responsabilidade" (parágrafo único do art. 167 do ECA).

Em processo de adoção, confere-se ao detentor da guarda fática ou à pessoa (ou casal) habilitada o termo de guarda provisória ou de responsabilidade para início do estágio de convivência com o adotando, pelo prazo máximo de 90 dias, observadas a idade da criança ou adolescente e as peculiaridades do caso, podendo ser prorrogado por igual período, mediante decisão judicial fundamentada (art. 46, *caput* e § 2º-A do ECA, com a redação conferida pela Lei n. 13.509/2017)[5]. A Lei n. 13.509/2017, aliás, passou a prever a concessão da guarda provisória ao(s) habilitado(s) para a adoção, nas hipóteses de haver manifestação judicial da mãe em entregar o filho (§ 4º do art. 19-A e do § 6º do art. 19-A do ECA). Esses detentores da guarda provisória deverão, então, propor a ação de adoção no prazo de 15 dias, contado do dia seguinte à data do término do estágio de convivência (§ 7º do art. 19-A).

---

4 ELIAS, Roberto João. *Comentários ao Estatuto da Criança e do Adolescente*. 4. ed. São Paulo: Saraiva, 2010, p. 45.

5 Promulgada a Lei n. 12.010/2009, o § 1º do art. 46 do ECA foi alterado para agilizar o processo de adoção quando o adotado já estiver sob a guarda legal do adotante. Vejamos a redação: "§ 1º O estágio de convivência poderá ser dispensado se o adotando já estiver sob a tutela ou guarda legal do adotante durante tempo suficiente para que seja possível avaliar a conveniência da constituição do vínculo". Contudo, alerta o § 2º do mesmo artigo: "A simples guarda de fato não autoriza, por si só, a dispensa da realização do estágio de convivência".

PARTE I – O DIREITO MATERIAL SOB O ENFOQUE CONSTITUCIONAL

Na ação de tutela, por seu lado, a guarda é conferida ao tutor provisoriamente para que, desde logo, possa representar o tutelado.

Seja visando à adoção ou à tutela, a guarda provisória tem a natureza *instrumental* pois se serve como instrumento processual de finalidade mais ampla, qual seja, a de regularizar a situação jurídica familiar da criança ou de adolescente, normalmente, em ação de adoção ou de tutela (art. 33, § 1º, do ECA)[6].

Tratando-se de pessoa ou casal residente ou domiciliado fora do País, contudo, na impossibilidade legal de se deferir a guarda, o meio de se formalizar a entrega do adotando para o início do estágio de convivência é o termo de responsabilidade ou de compromisso que será de, no mínimo, 30 (trinta) dias e, no máximo, 45 (quarenta e cinco) dias, prorrogável por até igual período, uma única vez, mediante decisão fundamentada da autoridade judiciária, conforme dispõe o § 3º do art. 46 do ECA, com a redação dada pela Lei n. 13.509/2017.

A concessão de uma das modalidades de colocação em família substituta não deve ser imediata, daí a importância de não se deferir, desde logo, o termo definitivo, pois a criança ou o adolescente deve integrar-se ao novo seio familiar, adaptando-se ao lar que o acolheu. A guarda provisória, portanto, é indispensável como medida preliminar, a título de estágio da criança, junto ao lar familiar substituto.

Já a guarda dita *definitiva* pode ser conceituada como aquela deferida por sentença em processo cujo pleito seja somente e expressamente o de guarda. Alguns autores denominam esta modalidade de guarda de *permanente* (art. 33, § 2º, primeira parte, do ECA)[7]. Outros tantos[8], todavia, consideram imprópria a terminologia de guarda permanente ou definitiva, diante da natureza precária desta medida.

---

6 Neste sentido, o ensinamento de Tonial: "A instrumentalidade da guarda é a regra. Sua natureza é processual. Especialmente cautelar. Note-se que não existe tratamento isolado da guarda no direito material. O Código Civil não traz regulamentação específica e isolada sobre a guarda, fazendo menção a ela somente quando trata do exercício do poder familiar. O Estatuto, por sua vez, foi bastante explícito ao definir em seu art. 33, § 1º, a finalidade processual desse instituto". TONIAL, Cleber Augusto. *Crítica da guarda estatutária*. Tribunal de Justiça do Estado do Rio Grande do Sul, Corregedoria-Geral da Justiça. n. 1 (nov. 2003). ano III n. 6/7. Porto Alegre: Departamento de Artes Gráficas do TJRS, 2003, p. 44. Sobre os efeitos da guarda provisória instrumental para fins de adoção, cabe aduzir os benefícios trabalhistas trazidos pela Lei n.13.509/2017, que passou a prever a estabilidade provisória ao empregado adotante ao qual tenha sido concedida guarda provisória para fins de adoção (parágrafo único do art. 391-A da CLT), bem como a licença-maternidade à empregada que adotar ou obtiver guarda judicial para fins de adoção de criança ou adolescente (art. 392-A da CLT).

7 Ishida, na esteira de Ana Maria Moreira Marchesan, leciona que a guarda permanente tem por fonte o art. 227, § 3º, VI, da Constituição Federal que inspirou o art. 34 do ECA. ISHIDA, Válter Kenji. *Estatuto da Criança e do Adolescente*: doutrina e jurisprudência. 25. ed. rev., atual. e ampl. São Paulo: JusPodivm, 2024, p. 180-181.

8 Tonial alerta que "É causadora de apreensão a distinção costumeira feita entre guardas "provisórias" e guardas 'definitivas'. Toda e qualquer guarda é, por natureza, provisó-

Em ambos os casos, seja a guarda deferida provisória ou definitivamente, o termo de compromisso deve ser expedido nos autos (art. 32 do ECA).

Sendo provisória a guarda, o prazo do termo é definido e prorrogado ao longo do processo, mas alguns magistrados entendem desnecessário fazer menção a qualquer tempo de duração, o que não nos parece aconselhável, visto que poderá incentivar a inércia do requerente acerca das diligências indispensáveis durante o curso do procedimento, como, por exemplo, a tentativa de esgotar a localização dos pais.

Recomenda-se, assim, que mesmo sendo a guarda provisória deferida a um dos pais ou a um parente da criança, como ocorre corriqueiramente no Juízo de família, também seja documentada por meio da lavratura do competente termo específico de guarda, com prazo definido, não só de modo a garantir ao detentor provisório a visibilidade do seu múnus, mas também com o objetivo de facilitar o bom exercício de seu encargo, evitando-se obstáculos desnecessários, em decorrência de dúvidas acerca de seu direito-dever. Quanto mais nas guardas estatutárias, deferidas em favor de terceiros com o fim de adoção e de tutela, o prazo deve ser assinalado no termo de responsabilidade.

Especialmente perante repartições públicas, estabelecimentos escolares ou de saúde, o termo será o documento legal de comprovação de que o menor de idade possui, mesmo que provisoriamente, um guardião.

Decorrendo do instituto da tutela, denomina-se *guarda derivada* aquela de caráter provisório deferida no bojo deste procedimento (parágrafo único do art. 36 do ECA).

Por sua vez, a *guarda excepcional* é aquela que atende a situações peculiares ou supre a falta eventual dos pais ou responsável (art. 33, § 2º, do ECA). Nesta hipótese, recomenda-se que a guarda de caráter provisório seja expedida pelo tempo necessário para a representação excepcional da criança. A guarda excepcional também possui a natureza jurídica de família substituta e não prescinde do termo próprio. A falta eventual dos pais, prevista na segunda parte do § 2º do art. 33, inovação da Lei n. 8.069/90, é denominada por alguns doutrinadores de *guarda peculiar*[9].

Como antes sublinhado, o direito de representação dos guardiães, por não ser automático, deve constar expressamente da decisão que concede a guarda e do respectivo termo, uma vez que, mesmo sob a guarda de terceiro, a representação da criança ou do adolescente permanece sendo exercida por seus pais, nos termos do Código Civil (art. 1.634, VII, do CC, com a redação dada pela Lei n. 13.058/2014).

---

ria. A própria tutela é provisória, pois não se mantém por toda a vida do tutelado. A imprecisão terminológica só se presta à perpetuação dos equívocos e à manutenção de uma cultura que aceita a guarda, precária por natureza, como um fim em si mesma. A guarda estatutária tem na provisoriedade a sua nota marcante". Op. cit., p. 44.

9   ISHIDA, Válter Kenji. Op. cit., 181.

PARTE I – O DIREITO MATERIAL SOB O ENFOQUE CONSTITUCIONAL

Ainda acerca do poder de representação, mister lembrar que a Lei n. 13.509/2017 inseriu no art. 19-A do ECA a possibilidade de o juiz da infância extinguir o poder familiar diante da entrega do filho pela genitora. Na hipótese de não haver a indicação do genitor e de não existir outro representante da família extensa apto a receber a guarda, prevê o § 4º do referido art. 19-A que a autoridade judiciária competente deverá, além de decretar a extinção do poder familiar, determinar a colocação da criança sob a guarda provisória de quem estiver habilitado a adotá-la ou de entidade que desenvolva programa de acolhimento familiar ou institucional. Isso significa que o direito de representação será transferido para estes guardiães, uma vez que, com a extinção do poder familiar, todos os encargos dos pais não serão mais exercitados e que a criança/adolescente necessita de um representante legal.

Assevere-se que a única autoridade competente para expedir o termo de guarda é a judiciária, jamais o Conselho Tutelar, o Comissariado de Justiça, nem mesmo o órgão do *Parquet* ou da Defensoria Pública.

3. GUARDA DE FATO

A guarda fática ou informal é aquela na qual o menor de 18 anos encontra-se na companhia de pessoa que não detém atribuição legal ou deferimento judicial para tal mister. Evidentemente, por se tratar de situação ainda a ser regularizada, o guardião fático não possui, nem provisória nem definitivamente, o encargo.

Sendo assim, aquele que detém a posse de um infante sem regularizá-la não pode ser considerado o responsável pela criança ou pelo adolescente, enquanto não definida judicialmente a sua guarda, isso porque o ECA prescreve que a finalidade ou destinação do instituto é regularizar a "posse de fato" (§ 1º do art. 33), dando a entender que a guarda fática não produz efeitos jurídicos.

Note-se que a Lei n. 8.069/90 é omissa no tocante à conceituação de quem deva ser considerado "responsável" pela criança ou adolescente. A revogada Lei n. 6.697/79 (Código de Menores), de forma expressa, denominava responsável ("encarregado da guarda" no Código de 1927) aquele que, não sendo pai ou mãe, exerce, a qualquer título, a vigilância, direção ou educação do menor, ou voluntariamente o traz em seu poder ou companhia, independentemente de ato judicial (parágrafo único do art. 2º).

Bem andou o legislador estatutário em não reprisar tal definição, haja vista que estaria em divergência com o princípio do interesse superior da criança e seu direito indisponível de conviver em família, pois a situação jurídica do infante poderia manter-se sempre irregular[10].

10 Como define Fonseca, é aquela que ainda deve ser "acertada" na via judicial, uma guarda "de momento". FONSECA, Antonio Cezar Lima da. *Direitos da criança e do adolescente*. 3. ed. São Paulo: Atlas, 2015, p. 158.

Como acentuado anteriormente, o Conselho Tutelar, por força de suas atribuições legais previstas no art. 136 do ECA, não pode outorgar a guarda de qualquer espécie ao guardião fático. Esse órgão somente poderá aplicar as medidas indispensáveis para sanar a situação de risco emergencial e deverá encaminhar a questão ao Judiciário[11].

No que se refere aos efeitos do exercício fático da guarda, a jurisprudência tem se posicionado no sentido de possibilitar a responsabilização daqueles que assumem esse encargo de cuidados sem regularizá-lo ou, pior, transformando um suposto cuidado em práticas inadequadas que não se conformam com o dever de assistência. Nesses casos, embora não exista uma formalização da relação entre guardião e pupilo, o dever de cuidado estampado no arts. 18, 18-A e 18-B do ECA fundamentará a aplicação de medidas punitivas[12].

4. GUARDA COMO MEDIDA PROTETIVA OU ESTATUTÁRIA

Para efeitos didáticos de configuração da finalidade da guarda e a sua função social, tem-se que esta medida protetiva direcionada à criança ou ao adolescente, na hipótese do art. 98, II, do ECA, ou seja, cujos pais apresentem-se omissos, negligentes, faltosos ou abusadores de seu direito-dever, é um tipo específico de guarda, denominada *estatutária*.

A *guarda estatutária*, pois, pode ser definida como a "situação jurídica supletiva do *poder-dever familiar* estabelecida por decisão judicial em procedimento regular perante o Juizado da Infância e da Juventude"[13].

É medida protetiva expressa no art. 101, IX, do ECA, mas deve ser cogitada somente depois de esgotados todos os recursos que almejam a manutenção da criança junto aos pais biológicos.

Esta modalidade de guarda é a medida direcionada à criança ou ao adolescente na hipótese do art. 98, II, do ECA (pais omissos, negligentes, faltosos, abusadores) que objetiva conferir um responsável a um menor de 18 anos, quando a guarda natural dos genitores não possa ou não deva ser exercida.

---

11 Cabe aduzir que o art. 248 do ECA que tratava da regularização da guarda fática de adolescente trazido de outra comarca para prestação de serviços domésticos foi revogado pela Lei n. 13.431, de 4 de abril de 2017.

12 Seguindo essa senda, o guardião de fato pode ser responsabilizado pela prática de violações aos direitos da pessoa menor de idade que estejam sob seus cuidados: STJ, Recurso Especial n. 1.799.075-RJ (2019/0007967-0), Min. Raul Araújo, j. 18-8-2019. No TJRJ colhem-se as seguintes Decisões: Agravo de Instrumento 0058283-50.2019.8.19.0000, 27ª Câm. Cív., Rel. Des. Jacqueline Lima Montenegro, j. 23-10-2019 e Apelação 0026182-30.2010.8.19.0014, 14ª Câm. Cív., Rel. Des. José Carlos Paes, j. 20-6-2018.

13 TAVARES, José de Farias. *Comentários ao Estatuto da Criança e do Adolescente*. 8. ed. rev. e atual. Rio de Janeiro: Forense, 2012, p. 34 – grifos no original.

PARTE I – O DIREITO MATERIAL SOB O ENFOQUE CONSTITUCIONAL

A trilogia assistencial do direito da criança e do adolescente inclui, portanto, a guarda, juntamente com as medidas mais amplas, como a tutela e a adoção, esta última com a finalidade de criação do vínculo de parentesco, quando presentes questões de vulnerabilidade e risco que inviabilizem a manutenção do infante na família natural.

Apesar de o ECA regular direitos de crianças não importando sua situação (como as regras de prevenção, de respeito, direitos fundamentais, profissionalização, viagem etc.), reserva a guarda apenas como medida protetiva específica para determinados casos (art. 101), ou seja, para a orfandade, o abandono e para os casos de abusos dos pais.

A guarda afeta parcialmente o poder familiar, em especial o direito dos pais de conviver diariamente com o filho, mas não afasta o dever daqueles de assistir material e imaterialmente este último. Mesmo assim, o guardião nomeado poderá afastar-se dos genitores biológicos, a fim de preservar a integridade física e moral da criança sob sua custódia (art. 33, *in fine,* do ECA).

A entrega provisória de criança ou de adolescente em guarda deve sempre estar fundamentada em motivos legítimos e benéficos para aqueles, pois há casos nos quais a finalidade é a posterior adoção da criança por guardiães, que pretendem burlar a norma do art. 50 do ECA. O escopo da guarda, portanto, deve ser analisada pelo Judiciário com cautela, por meio da oitiva dos genitores, dos pretensos guardiães e da criança ou do adolescente, de preferência através de estudo psicossocial, para apuração das razões da transferência do encargo dos pais a terceiros, apurando se não está revestida de interesses financeiros ou de má-fé[14].

5. GUARDA EM FAVOR DA FAMÍLIA EXTENSA

A regra da preferência da manutenção da criança no seio da família de origem está prevista no art. 19 e no § 3º do art. 28 do ECA. Todavia, há casos nos quais o filho não deve permanecer sob a guarda dos pais e existem outros familiares que podem por ele se responsabilizar.

A guarda deferida em Juízo de Família é reservada à transferência do múnus a outro familiar da criança ou do adolescente. Esta é a regra, mas também pode ser

---

14   Em igual sentido, Tonial: "Pela permissividade no deferimento de guardas excepcionais, pessoas que na verdade pretendem adotar pleiteiam guardas provisórias contando com a concordância dos genitores. Além da falsidade inicial, pela alteração de fato juridicamente relevante, aguardam o decurso de alguns meses, ou anos, para ingressar com uma adoção embasada na vinculação afetiva. Evidente a ilegalidade do procedimento, não apenas porque a adoção é um ato oficial por excelência (art. 30 do Estatuto), mas por contornar as exigências de prévia habilitação e de solução da situação jurídica da criança. O deferimento da guarda, em tais casos, cria uma situação de instabilidade e de perigo, pois não é possível garantir que uma demanda pela retomada da guarda não seja proposta pelos genitores". Op. cit., p. 45.

deferida a terceiro, se os pais, no exercício do poder familiar, concordarem, ou se a criança não estiver em situação de abandono.

A guarda familiar[15] não é inovação. Desde 1945 (Decreto-lei n. 9.701) podia-se transferir a guarda da criança para a família do cônjuge inocente, garantindo visitas ao que era considerado culpado.

O art. 10, § 2º, da Lei n. 6.515/77 (Lei do Divórcio), ao tratar da proteção da pessoa dos filhos, previa que "sempre que verificado que não devem os filhos permanecer em poder da mãe nem do pai, deferirá o juiz a sua guarda a pessoa notoriamente idônea da família de qualquer dos cônjuges".

Por outro lado, a transferência para terceiro, que não possua liame de parentesco com a criança, é inovação no âmbito da lei civil, consoante se depreende da redação do § 5º do art. 1.584, com a redação conferida pela Lei n. 13.058/2014: "Se o juiz verificar que o filho não deve permanecer sob a guarda do pai ou da mãe, deferirá a guarda a pessoa que revele compatibilidade com a natureza da medida, considerados, de preferência, o grau de parentesco e as relações de afinidade e afetividade"[16].

Assim, nas hipóteses antes referidas, ou seja, nos casos de afastamento do filho do seio familiar, sem a possibilidade deste ser mantido junto a ambos os pais, as normas legais a serem seguidas serão as estabelecidas para a colocação em família substituta, dispostas na Lei n. 8.069/90. Depreende-se, outrossim, que depende de pedido expresso perante o Poder Judiciário, mesmo que formulado por familiar próximo, para ser deferida a guarda.

A redação do art. 1.586 do diploma civil reforça ainda mais a prioridade concedida à prole da família desunida, ao determinar que o magistrado com competência em matéria de direito de família pode regular de maneira diferente, a bem dos filhos, a situação destes para com os pais, nos casos mais graves.

A noção do que significa família substituta, entretanto, é variável na jurisprudência, quando há vínculo de parentesco entre a criança e o pretenso guardião. Noutras palavras, há controvérsia acerca da natureza jurídica da guarda de criança em favor dos avós, no sentido de que se trata ou não de colocação em família substituta pelo fato de os netos estarem acolhidos no seio da grande família natural do art. 25 do ECA, que, não raras vezes, exerce a guarda fática por longo período sem regularizá-la.

---

15 Fonseca, por outro lado, restringe a expressão "guarda familiar" para aquela afeta ao Direito de Família (arts. 1.630, 1.631 e 1.634, II, do CC), deferida pelo Juízo de Família por ocasião de disputas judiciais entre os casais separados ou divorciados. FONSECA, Antonio Cezar Lima da. Op. cit., p. 154.

16 Estendendo a hipótese às outras modalidades de entidades familiares, tem-se o Enunciado 336 da Justiça Federal, in verbis: "O parágrafo único do art. 1.584 aplica-se também aos filhos advindos de qualquer forma de família".

PARTE I – O DIREITO MATERIAL SOB O ENFOQUE CONSTITUCIONAL

De fato, pertinente a celeuma, uma vez que a guarda exercida pela família extensa pode ter a natureza de substituta, mas também pode se revestir de caráter complementar, não excludente da guarda dos pais.

Explica-se: a guarda constitui atributo inerente ao poder familiar, que é, por evidente, encargo dos pais. O seu exercício fora da família natural, quando entregue à família ampliada (avós, tios, irmãos), deve ser considerado, por isso, uma transferência de cunho complementar à responsabilidade parental e sempre condicionada ao elemento subjetivo, qual seja, o vínculo de afetividade e visando complementar as funções dos pais. Esta a sua finalidade original e primária.

Todavia, havendo falta, omissão, negligência de ambos os pais, a família extensa pode ser convocada para assumir a função substitutiva de guarda e, então, nesta hipótese, ela cumprirá o papel de medida protetiva de família substituta (art. 101, IX, do ECA).

Nesse sentido, a natureza jurídica da incumbência dos familiares extensos ou ampliados não se restringe à medida protetiva de colocação em família substituta.

Configura-se, na realidade, principalmente, num prolongamento natural da guarda parental que, com esta, pode até mesmo se compartilhar, em casos de interesse e necessidade de assegurar direitos fundamentais do filho. Em outras palavras, a guarda exercida pela família extensa não possui a excepcionalidade contida no art. 19 do ECA, não somente por situar-se estrategicamente no mesmo capítulo da família natural (parágrafo único do art. 25), mas também por ser família complementar ou suplementar que, na prática e com frequência, exerce tarefas parentais de cuidado direto das crianças e dos adolescentes.

Destarte, a guarda complementar da família extensa possui evidente *função preventiva* e não, apenas, *protetiva substitutiva* (art. 101, IX, do ECA), pois se presta a resguardar e evitar que a família natural se desestruture, desfuncionalize e, em decorrência, venha a expor ou causar danos à criança, que, por ser o membro mais vulnerável, pode ser vítima de uma situação de risco. A família extensa, neste caso, se torna corresponsável pela manutenção da integridade biopsicossocial da própria família natural.

Em suma, a atuação da família extensa tem natureza substitutiva aos deveres dos pais quando estes faltam com seus deveres parentais. Neste aspecto, aquela exerce uma guarda excepcional e oponível aos genitores (art. 33 c/c art. 101, IX, do ECA).

Entretanto, também, a guarda pelos familiares pode se revestir de função de cooperação à guarda dos genitores, tendo caráter *complementar preventivo*, tal como ocorre na obrigação alimentar suplementar da família extensa (art. 1.698 do CC)[17].

___

17 Para ampliação do tema, consultar MACIEL, Kátia Regina Ferreira Lobo Andrade; SANTOS, Ângela Silveira dos. Guarda exercida pela família extensa: substitutiva e

Convém registrar que, na hipótese de concordância da mãe com a colocação do filho em família adotiva, a Lei n. 13.509/2017, que alterou o ECA, passou a dispor que a busca pela família extensa (art. 25, parágrafo único), para o exercício da guarda da criança, deve respeitar o prazo máximo de 90 dias, prorrogável por igual período (art. 19-A, § 3º)[18]. Quando não houver parente apto para o exercício da guardiania e não houver indicação de genitor, o Juízo determinará a colocação da criança sob a guarda provisória de quem estiver habilitado a adotá-la ou de entidade que desenvolva programa de acolhimento familiar ou institucional (§ 4º do art. 19-A).

6. COMPARTILHAMENTO DA GUARDA DOS PAIS COM A FAMÍLIA SUBSTITUTA

Com todas as cautelas antes mencionadas, é possível, na hipótese de guarda, o compartilhamento do encargo entre o terceiro (guardião físico e jurídico) e os pais do menor de 18 anos (guardiães legais e jurídicos).

Com efeito, hipóteses mais comuns de guarda compartilhada com a família natural se encontram no bojo da família extensa, como visto, mas também pode ser verificada entre os parentes por afinidade (art. 1.595, § 1º, do CC).

Veja-se o caso de o(a) companheiro(a) ou novo cônjuge do pai ou da mãe requerer a guarda do filho do outro, notadamente quando o genitor não guardião é inerte e negligente com o direito de convivência familiar do filho e todos os envolvidos (guardião legal, guardião fático e criança) residem no mesmo domicílio. Normalmente não há motivos para extirpar a guarda do(a) genitor(a) e deferi-la ao novo companheiro/cônjuge, a não ser em total impossibilidade daquele pai ou daquela mãe exercer o poder familiar.

Deste modo, se o companheiro/cônjuge do(a) guardião (ã) postular a guarda do "enteado", é preferível que se mantenha a guarda deste(a) e a complemente com a guarda compartilhada do companheiro/cônjuge, que assume o papel de guardião secundário, observado o princípio do contraditório ou colhida a concordância do outro titular do poder familiar.

Por seu lado, o compartilhamento da guarda entre a família extensa e os pais tem se apresentado cada vez mais constante na jurisprudência[19].

---

complementar. *Revista IBDFAM: Famílias e Sucessões*, Belo Horizonte: IBDFAM, v. 11, set./out. 2015.

18 Enunciado 17 do Fórum Nacional da Justiça Protetiva – FONAJUP: "A busca pela família extensa nos casos de procedimento de entrega voluntária prevista no artigo 19-A, § 3º do ECA, somente ocorrerá quando a genitora renunciar seu direito ao sigilo".

19 "APELAÇÃO CÍVEL. DIREITO DA CRIANÇA E DO ADOLESCENTE. MEDIDA PROTETIVA DE COLOCAÇÃO EM FAMÍLIA AMPLIADA CUMULADA COM SUSPENSÃO DO PODER FAMILIAR. SENTENÇA DE PARCIAL PROCEDÊNCIA, QUE DEVE SER MANTIDA. PRESERVAÇÃO DA CRIANÇA NO BOJO DA FAMÍLIA NA-

PARTE I – O DIREITO MATERIAL SOB O ENFOQUE CONSTITUCIONAL

O pleito de compartilhamento da guarda, como se observa, pode ser determinado até mesmo de ofício pelo Juízo de família ou da infância e da juventude, dependendo da situação do infante, desde que constatada, por meio de perícia social e psicológica, que o fim não é meramente previdenciário e que a decisão compartilhada sobre os direitos do infante trará reais benefícios para este.

Em sentido mais amplo, o STJ deferiu a guarda compartilhada entre membros da família extensa: avó e tio paternos. A decisão foi lastreada na consolidação em guarda fática exercida pela família ampliada, no consentimento dos genitores e no princípio do superior interesse da criança que estava privada da guarda do pai (preso) e da mãe (paradeiro incerto)[20].

7. GUARDA SUBSIDIADA OU POR INCENTIVO: MEDIDA DE ACOLHIMENTO FAMILIAR

Ocorrem situações nas quais a criança e o adolescente não podem ou não devem permanecer na companhia dos genitores, e verifica-se que inexistem outros familiares ou, se existem, estes não possuem condições de assumir a guarda.

Assim, com a impossibilidade momentânea de exercício da guarda pelos pais e por outros parentes, o ideal é que sejam buscados recursos sociais nos programas assistenciais, de modo a que a criança seja acolhida por pessoas ou famílias previamente cadastradas e que se responsabilizarão por aquela, por meio de termo próprio de guarda, durante o período que se fizer necessário, até que os pais voltem a ter condições de exercitar este múnus.

Imperioso, pois, o investimento em *cuidados alternativos* como os serviços de guarda subsidiada ou família guardiã, destinando apoio financeiro e de outros tipos, a fim de que os infantes apartados do seio familiar natural recebam acolhimento que assegure uma atenção individualizada em um lar[21].

TURAL. AUSÊNCIA DE MOTIVOS PARA SUSPENDER O PODER FAMILIAR DO GENITOR, QUE TEM INTERESSE E CONDIÇÕES PARA O EXERCÍCIO DA GUARDA DA FILHA. *CIRCUNSTÂNCIAS DO CASO CONCRETO QUE PERMITEM A MANUTENÇÃO DA CRIANÇA SOB A GUARDA COMPARTILHADA DA AVÓ PATERNA E DO GENITOR, QUE RESIDEM NO MESMO TERRENO E POSSUEM AMBOS FORTES LAÇOS DE AFETO COM A MENINA.* PRECEDENTES. SENTENÇA MANTIDA. APELO DESPROVIDO" (TJRS, Apelação Cível 50194538920238210013, Primeira Câmara Especial Cível, Rel. Des. Glaucia Dipp Dreher, j. 24-6-2024) (grifos nossos). Sobre o compartilhamento da guarda entre pais e avós, vale mencionar a seguinte Decisão Monocrática no STJ: AgInt no AREsp 1.760.503, Min. Moura Ribeiro, j. 31-5-2021).

20   STJ, 4ª T., REsp 1.147.138/SP, Recurso Especial 2009/0125640-2, Rel. Min. Aldir Passarinho Junior, j. 11-5-2010.

21   Nesse sentido, cabe mencionar as Diretrizes para o Cuidado Alternativo de Crianças, adotadas pela ONU em 20 de novembro de 2019, ao definir como *Acolhimento Familiar* a situação na qual as crianças são colocadas por uma autoridade competente, para

Assinale-se que a guarda mediante incentivo financeiro está prevista no art. 34 e parágrafos e, no § 2º do art. 260 do ECA (ambos com redação da Lei n. 13.257/2016), além do art. 227, § 3º, VI, da CF/88. Com a promulgação da Lei n. 12.010/2009, esta espécie de guarda passou a ter a natureza jurídica de medida protetiva denominada de acolhimento familiar, possuindo caráter provisório e excepcional, utilizável como forma de transição para a reintegração familiar ou, não sendo esta possível, para a colocação em família substituta (art. 101, VIII, § 1º)[22].

De fato, veja-se que, considerada a criança (ou adolescente) apta para a adoção, se não houver pessoa ou casal interessado nesta modalidade de colocação em família substituta, o § 11 do art. 50 (inserido pela Lei n. 12.010/2009) reza que, sempre que possível e recomendável, o referido infante liberado para ser adotado será colocado sob a guarda de família cadastrada em programa de acolhimento familiar. Em outras palavras, quando inexistente a família natural/extensa de criança ou adolescente e estando este no aguardo de uma família adotiva cadastrada no SNA[23], a medida mais adequada *não é o acolhimento institucional*, mas sim a guarda subsidiada ou o acolhimento familiar.

Liberati[24], por outro lado, denomina esta modalidade de guarda de *familiar*, "também conhecida por *famílias de apoio, casais hospedeiros, casas lares, creche domiciliar, lar vicinal* e outros [...]".

---

fins de cuidados alternativos, no ambiente doméstico de uma família distinta da sua própria, selecionada, capacitada e aprovada para prestar tais cuidados e sujeita à supervisão. Disponível em: <http://www.neca.org.br/images/apresent._II%20seminario/Guidelines%20Portuguese%20-%20ONU%20CUIDADOS%20ALTERNATIVOS%20(1).pdf>. Acesso em: 28 out. 2024.

22 Com a edição da Lei n. 12.010/2009, o referido art. 34 foi aperfeiçoado retirando-se a destinação limitada da guarda subsidiada para órfãos e abandonados e privilegiando esta medida a do acolhimento institucional. Fiori Jr. efetua a diferenciação entre a família guardiã (guarda subsidiada) e o serviço de acolhimento em Família Acolhedora (SFA), argumentando que, na primeira, a criança permanece no seio da família ampliada que receberá o subsídio financeiro, enquanto no acolhimento familiar a criança é inserida em um ambiente diverso da família de origem, desprovido de vínculos de afinidade e afetividade. FIORI JR., Sidney. *Acolhimento familiar*: ensaio sobre a família guardiã (guarda subsidiada). Rio de Janeiro: Lumen Juris, 2022, p. 151.

23 Sistema Nacional de Adoção (Resolução CNJ n. 289/2019, alterada parcialmente pela Resolução CNJ n. 451/2022).

24 Diz Liberati, "é a designação dada àquele instituto, de natureza substitutiva da família natural, outorgada a casal ou família que recebe uma criança ou adolescente, provisoriamente, por ordem da autoridade judiciária, para dela cuidar, assistir e prestar todo o tipo de assistência material, moral, espiritual e emocional, sem a finalidade de se tornar definitiva". LIBERATI, Wilson Donizeti. *Comentários ao Estatuto da Criança e do Adolescente*. 12. ed. rev. e ampl. de acordo com a Lei 13.058, de 22-12-2014. São Paulo: Malheiros, 2015, p. 41 [itálico no original].

PARTE I – O DIREITO MATERIAL SOB O ENFOQUE CONSTITUCIONAL

Como exemplo bem-sucedido da aplicação desta modalidade de guarda remunerada, pode-se citar a política pública da secretaria municipal de assistência social do Rio de Janeiro, denominada de "Família Acolhedora"[25], criada com a finalidade de acolher crianças e adolescentes vitimizados pela família natural. Utilizando a mesma nomenclatura e incentivando esta espécie de medida protetiva, cabe aduzir que o art. 34 do ECA passou a vigorar acrescido de dois novos parágrafos, inseridos pela Lei n. 13.257/2016, dispondo que "a União apoiará a implementação de serviços de acolhimento em família acolhedora como política pública, os quais deverão dispor de equipe que organize o acolhimento temporário de crianças e de adolescentes em residências de famílias selecionadas, capacitadas e acompanhadas que não estejam no cadastro de adoção" (§ 3º) e que "poderão ser utilizados recursos federais, estaduais, distritais e municipais para a manutenção dos serviços de acolhimento em família acolhedora, facultando-se o repasse de recursos para a própria família acolhedora"(§ 4º).

Observe-se, por oportuno, que o papel dos acolhedores não é o de "pais substitutos", uma vez que não existe a intenção de afastar definitivamente ou substituir a família de origem, mas apenas de fortalecê-la. Os pais acolhedores são corresponsáveis pelas intervenções a serem encetadas, inclusive com a família biológica, e devem ser, por isso, encarados como parte da equipe profissional responsável pelo programa. Funciona a família acolhedora como "pais terapeutas"[26].

As funções da família que acolhe um infante, consoante disciplinado nas Orientações Técnicas aos Serviços de Atendimento de Crianças e de Adolescentes (Conanda), têm como parâmetros: vincular-se afetivamente às crianças/adolescentes atendidos e contribuir para a construção de um ambiente familiar, evitando, porém, "se apossar" da criança ou do adolescente e competir ou desvalorizar a família de origem ou substituta. O serviço de acolhimento não deve ter a pretensão de ocupar o lugar da família da criança ou adolescente, mas contribuir para o fortalecimento dos vínculos familiares, favorecendo o processo de reintegração familiar ou o encaminhamento para família substituta, quando for o caso[27].

Há crianças e adolescentes, entretanto, que, desprovidos da guarda dos pais, encontram-se ameaçados de morte e, portanto, necessitam de acolhimento especí-

---

25 Projeto criado pelo Decreto Municipal n. 32, de 22 de junho de 1996.

26 CARREIRÃO, Úrsula Lehmkuhl. Modalidades de abrigo e a busca pelo direito à convivência familiar e comunitária. In: SILVA, Enid Rocha Andrade da (coord.). *O direito à convivência familiar e comunitária*: os abrigos para crianças e adolescentes no Brasil. Brasília: IPEA/Conanda, 2004, p. 316.

27 Orientações Técnicas: Serviços de Acolhimento para Crianças e Adolescentes. Conselho Nacional dos Direitos da Criança e do Adolescente (Conanda). Brasília, junho de 2009. Disponível em: <http://www.mds.gov.br/webarquivos/publicacao/assistencia_social/Cadernos/orientacoes-tecnicas-servicos-de-alcolhimento.pdf>. Acesso em: 12 out. 2024.

fico para a situação de urgência que estão experimentando. A Resolução n. 241/2023 do Conanda trata dessa modalidade de acolhimento familiar no âmbito do Programa de Proteção a Crianças e Adolescentes Ameaçados de Morte (PPCAAM). As famílias selecionadas e cadastradas, denominadas de *famílias solidárias*, recebem o subsídio financeiro de 1 (um) salário mínimo federal em nome do guardião. Aquela família, além do termo de guarda, firmará termo se comprometendo com o sigilo das informações da proteção e da identificação do ameaçado.

Por fim, saliente-se que, qualquer que seja o projeto ou programa[28] visando ao acolhimento familiar de um infante, é recomendável que se expeça o competente termo de compromisso de guarda provisória à família cadastrada, pelas vantagens antes mencionadas, observado o disposto nos arts. 28 a 33 do ECA. Ademais, diante da natureza desta guarda, conferida pela Lei n. 12.010/2009, a entidade responsável pelo programa de acolhimento familiar deverá seguir aos ditames previstos nos arts. 92 e §§ 2º, 4º, 5º e 6º; 94, § 1º, §§ 4º, 5º, 6º, 7º, 8º e 9º do art. 101.

8. GUARDA LEGAL DO DIRIGENTE DA ENTIDADE DE ACOLHIMENTO INSTITUCIONAL

Em hipóteses excepcionais, que envolvam grave violação aos direitos de crianças e adolescentes (negligência, abusos físicos, sexuais ou psicológicos, abandono etc.), a Lei Civil e o ECA preveem o afastamento do infante ou do adolescente do convívio familiar de modo a viabilizar sua proteção e a verificação da medida adequada à garantia de seus direitos.

O acolhimento institucional apresenta-se, assim, como medida que pode ser utilizada em situação emergencial, sempre respeitando os princípios da excepcionalidade e da provisoriedade (art. 101, VII, § 1º, do ECA).

Neste caso, o dirigente da entidade que desenvolva o programa de acolhimento institucional será o responsável legal do abrigado, enquanto este permanecer acolhido até o seu desligamento, equiparando-se ao papel de guardião, conforme dispõe o art. 92, § 1º, do ECA, garantindo por meio da assistência material e moral o pleno desenvolvimento do infante

Note-se que, por se cuidar de guarda preceituada expressamente na lei, não há a necessidade de formular-se pedido ou assumir compromisso formal. Contudo, apesar da dispensa do termo formal de guarda, somente será considerado guardião, nos termos da lei, o dirigente de entidade quando o programa de acolhimento institucional estiver devidamente regularizado, ou seja, a medida tenha sido aplicada na forma preconizada pelas regras de institucionalização de crianças e de

---

28 Discorrendo sobre a natureza da guarda subsidiada, Fiori Jr. conclui tratar-se de um serviço e não de programa, pois essa política pública deve ser perene. FIORI JR., Sidney. Op. cit., p. 104.

PARTE I – O DIREITO MATERIAL SOB O ENFOQUE CONSTITUCIONAL

adolescentes (arts. 101, §§ 3º, 4º, 5º, 6º, 7º, 8º, 9º). Em outras palavras, o dirigente de entidade que não esteja registrada, não cumpra as diretrizes do ECA e das orientações técnicas do Conanda, não comunique o acolhimento dos infantes abrigados à Justiça especializada, ou seja, esteja funcionando na clandestinidade, não exerce e nem poderá exercer este encargo legal.

O acolhimento institucional não é espécie de guarda, mas, como dito, seu dirigente é equiparado ao guardião, por exercitar a responsabilidade pelo cuidado direto do acolhido, em seu sentido mais amplo. A guarda exercida pelo diretor ou presidente da instituição, diferentemente das outras espécies de guarda, estará em constante observação, uma vez que é dever do Poder Judiciário, do Ministério Público e do Conselho Tutelar fiscalizarem as entidades governamentais e não governamentais de atendimento, dentre elas as que executem programas de proteção em regime de acolhimento institucional (art. 90, IV, do ECA)[29].

Ademais, toda vez que o dirigente do abrigo receber criança ou adolescente, sem prévia determinação da autoridade competente, deverá efetuar a comunicação do fato em até 24 horas, sob pena de responsabilidade (art. 93, *caput*, do ECA).

A intenção primordial da Lei n. 12.010/2009 foi a de não deixar margem a qualquer espécie de dúvida de que a instituição de acolhimento tem deveres sociais a serem cumpridos, a partir do momento em que registra um programa de atendimento que pretende funcionar como local onde se respeitam todos os direitos fundamentais das crianças, especialmente o direito à convivência familiar.

O dirigente da entidade, além dos deveres normais inerentes ao encargo (art. 33 do ECA), deverá observar os princípios estatuídos no art. 92 do ECA e, no que couberem, as obrigações do art. 94. Assim, deve assegurar não só que o ambiente do abrigo seja salutar ao pleno desenvolvimento emocional, intelectual e físico do infante, mas seguir algumas precauções que, na prática, são indispensáveis para que o abrigado retorne o mais rapidamente possível para o seio familiar[30].

---

29 A Resolução n. 293/2024 do CNMP dispõe sobre a atuação dos membros do Ministério Público na defesa do direito fundamental à convivência familiar e comunitária de crianças e adolescentes em serviços de acolhimento. Por esse ato normativo, o membro do *Parquet* deverá instaurar procedimento administrativo de acompanhamento e fiscalização de instituições, na forma do art. 8º, II, da Resolução CNMP n. 174/2017, onde serão juntados os respectivos relatórios e demais atividades relacionadas. Se, no curso da atividade de fiscalização ou de acompanhamento, surgir fato revelador de lesão ou ameaça de lesão a direito, deverá o membro do Ministério Público adotar as medidas extrajudiciais e judiciais que entender cabíveis, informando-se nos autos do procedimento a que se refere (art. 6º e parágrafo único).

30 Nesta esteira: "Art. 92. As entidades que desenvolvam programas de acolhimento familiar ou institucional deverão adotar os seguintes princípios: I – preservação dos vínculos familiares e promoção da reintegração familiar; II – integração em

Neste ponto, ressalte-se que, quando a criança ou o adolescente ingressar na entidade de acolhimento, o dirigente guardião deverá: a) recolher todos os dados pessoais e familiares disponíveis acerca do acolhido, tais como nomes completos e endereço dos pais, o local e a data de nascimento (caso não possua RCN) para a regularização da certidão de nascimento do infante; b) verificar a existência de doença infectocontagiosa do novo acolhido, para evitar o contágio de outros abrigados; c) esclarecer aos pais do abrigado que a medida de acolhimento institucional é provisória e excepcional (art. 101, § 1º, da Lei n. 8.069/90) e que devem visitá-lo frequentemente; d) mandar realizar estudo psicossocial e, quando possível, visita domiciliar, encaminhando relatório ao Juízo; e) participar ativamente das audiências de reavaliação da medida de acolhimento (art. 19, § 1º c/c art. 92, § 2º, do ECA), enfim, com a alteração do ECA, o legislador conferiu maiores cuidados no momento da institucionalização de crianças e de adolescentes, a fim de que estes sejam prontamente identificados e cada caso tratado com rapidez (art. 101, §§ 3º a 6º, do ECA).

É indispensável que o dirigente zele pela confecção do Plano Individual de Atendimento (PIA)[31] para cada criança ou adolescente em acolhimento, a ser elaborado sob a responsabilidade de equipe interprofissional ou multidisciplinar da entidade de acolhimento, com oitiva dos acolhidos e de seus pais ou responsável legal, contendo, minimamente, a previsão de atividades visando à reintegração familiar ou, caso tal providência não se mostre viável, as providências a serem adotadas para colocação em família substituta. O dirigente, ainda, deve diligenciar pela elaboração de relatório atualizado pela equipe técnica do serviço de acolhimento a cada 3 (três) meses, sobre a situação de cada criança e adolescente em acolhimento, devendo formular requerimento ao Juízo, caso tal documento não tenha sido elaborado.

No caso de os genitores demonstrarem a intenção de entregar o filho em adoção, o dirigente do acolhimento, no bom exercício da guarda, deverá proceder como indicado no item anterior e determinar seja efetuado o estudo psicossocial com a família, verificando a possibilidade de outro parente assistir o abrigado, de modo a serem esgotados todos os recursos de manutenção do infante na família de origem, conforme preceitua o art. 19 c/c o art. 92, I e II, do ECA. Resolvidos os pais do abrigado que devem entregar o filho para adoção, com ou sem família extensa do acolhido que deseje requerer a sua guarda, o diretor guardião, ou mesmo membro

---

família substituta, quando esgotados os recursos de manutenção na família natural ou extensa".

31 Conforme as Orientações Técnicas para Elaboração do Plano Individual de Atendimento de Crianças e Adolescentes (PIA) em Serviços de Acolhimento, elaborado pelo Ministério de Desenvolvimento Social, Secretaria Nacional de Assistência Social, abril de 2018. Disponível em: <https://www.mds.gov.br/webarquivos/arquivo/assistencia_social/OrientacoestecnicasparaelaboracaodoPIA.pdf>. Acesso em: 22 out. 2024.

PARTE I – O DIREITO MATERIAL SOB O ENFOQUE CONSTITUCIONAL

299

da equipe técnica com a ciência da direção, deverá orientar os genitores a procurar a Vara da Infância e da Juventude do local onde a criança está acolhida para, querendo, anuírem perante a autoridade Judiciária e o Ministério Público quanto à colocação do filho em família substituta (art. 166, §§ 1º a 7º, do ECA).

Liberada pelo Juízo da infância a colocação do acolhido em família substituta mediante ordem escrita enviada à entidade de acolhimento, em nenhuma hipótese, o guardião, ou qualquer pessoa ligada à instituição, poderá fornecer aos pais biológicos do acolhido o endereço e/ou telefone dos adotantes do filho, tendo em vista que o processo de adoção tramita em segredo de justiça. Em nenhuma hipótese, ainda, o dirigente guardião poderá permitir a saída de abrigados com pessoas estranhas ao seu convívio, assim como com pessoas que, segundo constatado pela entidade, pretendam transferir o acolhido para os familiares ou terceiros, sem confirmar na Vara da Infância a existência de autorização judicial para o desligamento[32].

De igual forma, é vedado ao dirigente da entidade, como guardião que é, permitir visitas ou quaisquer outros contatos de estrangeiros com os acolhidos, para fins de adoção, sem que apresentem à direção da entidade o laudo de habilitação expedido pela comissão estadual judiciária de adoção e estejam autorizados judicialmente para tal[33].

Assevere-se, ainda, que eventuais programas de apadrinhamento (art. 19-B do ECA) devem ser rigorosamente acompanhados pela direção e equipe técnica da instituição, de maneira que este saudável convívio não induza crianças e adolescentes acolhidos à expectativa errônea de que serão adotados pelos padrinhos ou, muito menos, de que a família natural os abandonou.

O guardião, ainda, deverá diligenciar com a equipe técnica da instituição a atualização dos relatórios sociais dos acolhidos, pelo menos a cada semestre, consoante determina o § 2º do art. 92: "Os dirigentes de entidades que desenvolvem programas de acolhimento familiar ou institucional remeterão à autoridade judiciária, no máximo a cada 6 (seis) meses, relatório circunstanciado acerca da situação de cada criança ou adolescente acolhido e sua família, para fins da reavaliação prevista no § 1º do art. 19 desta Lei". Dessa maneira, incontestável que, mesmo com a proteção da guarda legal exercida pelo dirigente da entidade, o objetivo a ser buscado é o retorno

---

32   Remete-se o leitor aos comentários dos crimes previstos nos arts. 237, 238 e 239 do ECA.

33   Art. 92, § 1º, do ECA, c/c art. 29 da Convenção Relativa à Proteção das Crianças e à Cooperação em Matéria de Adoção Internacional. "Artigo 29. Não deverá haver nenhum contato entre os futuros pais adotivos e os pais da criança ou qualquer outra pessoa que detenha a sua guarda até que se tenham cumprido as disposições do artigo 4, alíneas 'a' a 'c' e do artigo 5, alínea 'a', salvo os casos em que a adoção for efetuada entre membros de uma mesma família ou em que as condições fixadas pela autoridade competente do Estado de origem forem cumpridas."

da criança ou do adolescente institucionalizado para a companhia de seus genitores, considerando-se a provisoriedade e excepcionalidade da medida de acolhimento (art. 101, § 1º, do ECA) e a necessidade do exercício pleno do direito fundamental de convivência familiar (art. 19 do ECA com a redação dada pela Lei n. 13.257/2016).

Na hipótese de adolescentes que estejam próximos do desacolhimento em razão da idade, o dirigente deverá buscar recursos comunitários para inserir tais jovens em programas que auxiliem em sua autonomia social e financeira[34].

Em suma, o dirigente de entidade que desenvolva programas de acolhimento institucional (ou familiar), por exercer o papel de guardião, deverá observar todos os princípios elencados no ECA, especialmente os descritos no art. 92, sob pena de ser destituído de sua função, sem prejuízo da apuração de sua responsabilidade administrativa, civil e criminal (art. 92, § 6º, do ECA).

Casos existem, por fim, de crianças e adolescentes em acolhimento institucional que são portadores de deficiência incapacitante para a vida independente, e cujas subsistências não estejam sendo plenamente supridas, diante dos inúmeros tratamentos necessários que, por vezes, não estão disponibilizados no âmbito interno da entidade.

Nesta hipótese, comprovada a carência econômica do acolhido menor de 18 anos com necessidades especiais, deverá o dirigente da entidade – no papel de guardião – na ausência dos pais ou responsável, postular o benefício assistencial em favor do acolhido[35].

Cabe arrematar que, se o infante acolhido não estiver sendo assistido afetiva ou materialmente pela família e, concomitantemente, existam necessidades vitais do abrigado que não possam ser supridas pela entidade, havendo possibilidade financeira dos genitores de prestarem alimentos ou de visitarem o filho, não há qualquer óbice no sentido de nomear o dirigente da entidade (guardiã) como curador especial do autor (criança/adolescente acolhido) para representá-lo em ações específicas

---

34   A Resolução n. 543/2024 do CNJ instituiu o Programa Nacional Permanente de Apoio à Desinstitucionalização de Crianças e Adolescentes Acolhidos e a Egressos de Unidades de Acolhimento – Programa Novos Caminhos/CNJ, que possui o objetivo geral de viabilizar a empregabilidade dos(as) jovens acolhidos(as) institucionalmente, no âmbito territorial de jurisdição de cada Tribunal, por meio de capacitação e da articulação com outros órgãos públicos, empresas, empresários e instituições da sociedade civil. O Programa tem como público-alvo, primordialmente, adolescentes acolhidos(as) com idade igual ou superior a 14 anos de idade e egressos de unidades de acolhimento até 24 meses depois do desligamento.

35   Arts. 2º, V, 20, *caput* e § 5º da Lei n. 8.742/93 (LOAS) e Orientação Interna INSS/DIRBEN, n. 61, de 16 de janeiro de 2002. No que tange à criança ou adolescente deficiente, dispõe a Lei n. 13.146/2015, art. 85, § 3º: "No caso de pessoa em situação de institucionalização, ao nomear curador, o juiz deve dar preferência a pessoa que tenha vínculo de natureza familiar, afetiva ou comunitária com o curatelado".

PARTE I – O DIREITO MATERIAL SOB O ENFOQUE CONSTITUCIONAL

no Juízo da infância e da juventude, de maneira que os direitos fundamentais à vida, à saúde, à convivência familiar, dentre outros direitos do filho, sejam observados pelos pais faltosos, além, por evidente, da legitimidade conferida ao Ministério Público pelo art. 201 do ECA para a defesa destes interesses.

9. GUARDA DA CRIANÇA OU DO ADOLESCENTE ESTRANGEIRO

Existe, ainda, a possibilidade da ocorrência de pedido de guarda de menores de 18 anos estrangeiros, refugiados ou não, cujos pais estão na mesma situação, com a permanência indefinida no Brasil ou estão mortos, objetivando a regularização da condição jurídica daqueles[36].

Pessoas da mesma nacionalidade, normalmente parentes do infante estrangeiro, habilitam-se ao requerimento de guarda, na tentativa de minorar os efeitos negativos e cumulativos da separação da família e da terra natal.

Nessa hipótese, não se pode afastar a possibilidade de concessão de guarda da pessoa menor de idade estrangeira por pessoa maior, de igual nacionalidade, que lhe compreenda a língua e possua afetividade e afinidade com aquele, desde que a sua situação legal esteja devidamente regularizada, isso porque, obviamente, não estamos diante de uma colocação em família substituta estrangeira, na medida em que criança e guardião são oriundos de um mesmo país. Assevere-se, no entanto, que o pedido deve ser fundamentado em razões afetivas e humanitárias e seja comprovado que o requerente possui domicílio certo no Brasil e está laborando para o seu sustento e da criança da qual pretende a guarda[37].

10. DEPENDÊNCIA PARA TODOS OS FINS

A guarda de filho exercida pela família natural é um múnus de imensa responsabilidade e, por tal razão, não pode ser abdicada em favor de terceiros sem respal-

---

36 No Brasil, a Lei n. 9.474/97 define mecanismos para a implementação do Estatuto dos Refugiados de 1951 e reconhece como refugiado todo indivíduo que: "Art. 1º [...] I – devido a fundados temores de perseguição por motivos de raça, religião, nacionalidade, grupo social ou opiniões políticas encontre-se fora de seu país de nacionalidade e não possa ou não queira acolher-se à proteção de tal país; II – não tendo nacionalidade e estando fora do país onde antes teve sua residência habitual, não possa ou não queira regressar a ele, em função das circunstâncias descritas no inciso anterior; III – devido a grave e generalizada violação de direitos humanos, é obrigado a deixar seu país de nacionalidade para buscar refúgio em outro país". Consultar, sobre os direitos do refugiado, o Estatuto do Alto Comissariado das Nações Unidas para os Refugiados e o Conare. O Ministério da Justiça expediu a Resolução Normativa n. 18, de 30 de abril de 2014, estabelecendo o procedimento de pedido de refúgio.

37 Sendo a guarda uma questão de Estado, aplicar-se-á o art. 7º da Lei de Introdução às Normas do Direito Brasileiro, que prevê: "A lei do país em que for domiciliada a pessoa determina as regras sobre o começo e o fim da personalidade, o nome, a capacidade e os direitos de família".

do judicial e com pretextos escusos, notadamente econômicos. Os filhos são dependentes financeiros naturais dos pais, porque estes, no exercício do poder familiar, detêm legalmente o dever de guarda e de sustento da prole. São obrigações que recaem primariamente sobre os pais (art. 22 do ECA).

Não sendo possível o exercício da guarda pela família natural e havendo a necessidade de colocação do filho em família substituta, a dependência para todos os fins, inclusive previdenciários, do infante para com a família substituta é consequência e não fundamento deste encargo.[38] Sob outra vertente, a dependência da criança com relação ao seu guardião é apenas um efeito ou incentivo para aqueles que exercem a nobre atitude de acolher uma criança ou adolescente, quando faltam os pais ou os responsáveis, minorando as condições de abandono e responsabilizando-se por ela(e), nos termos dos arts. 19, 28, 33, 101, IX, e 129, VIII, da Lei n. 8.069/90.

Por outro turno, a mera dependência econômica da criança com relação a terceiros, mormente os parentes mais próximos, não autoriza a transferência da guarda. Se o sustento dos filhos não está sendo suprido suficientemente pelos pais, a obrigação de assistir materialmente o infante pode ser sucessiva ou complementarmente efetivada pelos demais ascendentes, por meio de ação própria de alimentos (art. 1.694, c/c o art. 1.698 do Código Civil).

De igual forma, incabível a inclusão em guarda de filho que resida com os pais, quando aquele não se encontra em qualquer tipo de situação peculiar, tal como problema de saúde física ou mental, que demande cuidados adicionais a serem despendidos pela família substituta, mas com o fito de apenas fazer jus à previdência social do guardião. A condição singular do infante deverá ser provada por meio de perícia social e psicológica, quiçá médica, no bojo do processo, demonstrada a real vantagem para a criança na transferência do encargo.

---

38 "RECURSO ESPECIAL. AÇÃO DE OBRIGAÇÃO DE FAZER. INSCRIÇÃO EM PLANO DE SAÚDE. MENOR SOB GUARDA JUDICIAL. EQUIPARAÇÃO A FILHO. INCLUSÃO COMO DEPENDENTE NATURAL DO GUARDIÃO. 1. Ação de obrigação de fazer ajuizada em 27/04/2018, da qual foi extraído o presente recurso especial, interposto em 21/06/2022 e concluso ao gabinete em 26/09/2022. 2. O propósito recursal consiste em decidir sobre a possibilidade de equiparação de menor sob guarda à condição de filho para o fim de inclusão na categoria de dependente natural, e não de dependente agregado, do titular do plano de saúde. 3. A jurisprudência desta Corte se consolidou no sentido de que o menor sob guarda é tido como dependente, para todos os fins e efeitos de direito, inclusive previdenciários, consoante estabelece o § 3º do art. 33 do ECA. 4. Hipótese em que o menor sob guarda judicial do titular do plano de saúde deve ser equiparado a filho natural, impondo-se à operadora, por conseguinte, a obrigação de inscrevê-lo como dependente natural – e não como agregado – do guardião. 5. Recurso especial conhecido e provido" (STJ, REsp. 2.026.425/MS, 3ª Turma, Rel. Ministra Nancy Andrighi, j. 23-5-2023) (grifos nossos).

PARTE I – O DIREITO MATERIAL SOB O ENFOQUE CONSTITUCIONAL

Desse modo, deve ser repudiada a utilização deturpada da medida protetiva de guarda, quando restar evidente que os verdadeiros responsáveis pela criança são os pais e não o alegado guardião.

Como ressaltado antes, não é esta a finalidade do instituto da guarda, de sorte que a sua concessão, nessas circunstâncias, terá como consequência, inevitavelmente, uma lesão ao patrimônio de entidade, pública ou privada, que, agregando o menor de idade como dependente de pessoa estranha, passará a ter um dispêndio a que não está obrigada.

Hipótese, porém, plenamente razoável na prática é o requerimento temporário da guarda por familiar ou terceiro, apesar de o filho menor de idade residir juntamente com os pais e o pretenso guardião, quando houver risco a um direito fundamental da criança como, por exemplo, o direito à vida e à saúde.

Parece-nos recomendável que, ante a excepcionalidade e a índole meramente provisória da guarda, revogável a qualquer tempo, o caso concreto esteja sob a fiscalização do Ministério Público e o acompanhamento do Serviço Social do Juízo que a concedeu, a fim de que, cessada a necessidade da guarda, extinta seja a medida. Sob o manto dos princípios do superior interesse da criança e da temporariedade da medida, a guarda poderá ser concedida em favor de terceiros, proporcionando o benefício previdenciário como uma das consequências naturais do instituto.

Em suma, não se retratando uma situação excepcional e havendo possibilidade de os pais exercerem diretamente esse encargo, conferir a guarda para terceiras pessoas caracteriza burla à finalidade estatutária.[39]

Pela instrumentalidade das Ações Diretas de Inconstitucionalidade 4.878 e 5.083[40], a situação previdenciária da criança sob guarda foi restaurada, de modo a conferir interpretação conforme ao § 2º do art. 16 da Lei n. 8.213/91[41], contemplando em seu âmbito de proteção o "menor sob guarda".

---

39 STJ, REsp 1711037/MS, 2017/0295703-8, 3ª Turma, Rel. Min. Nancy Andrighi, j. 13-2-2020.

40 STF, ADI: 4878 DF 9984969-55.2012.1.00.0000, Relator: Gilmar Mendes, Tribunal Pleno j. 8-8-2021; e STF, ADI 5.083, Rel. Min. Gilmar Mendes, Redator do Acórdão Min. Edson Fachin, Tribunal Pleno, j. 8-6-2021.

41 A Lei n. 9.032/95 revogou o § 2º do art. 16 da Lei n. 8.213/91, que previa a condição de beneficiário do Regime Geral de Previdência Social à criança e ao adolescente sob a guarda judicial do segurado. Tal norma, entretanto, fere a garantia constitucional conferida à pessoa menor de idade, que possui dependência econômica com o guardião judicial, de fazer jus aos mesmos benefícios previdenciários dos demais dependentes daquele (art. 227, § 3º, II e VI, da CF/88). Ademais, o Brasil ratificou a Convenção Internacional dos Direitos da Criança, que, em seu art. 26, estabelece que: "Os Estados-Partes reconhecerão a todas as crianças o direito de usufruir da previdência social, e adotarão as medidas necessárias para lograr a plena consecução desses direitos, em conformidade com sua legislação nacional".

Tendo como parâmetro o direito da adotante de afastar-se do trabalho para exercer os cuidados do filho adotado, reconheceu o TRF4 que a avó segurada do INSS que possui o encargo judicial da guarda de um neto também necessita do benefício do salário-maternidade.[42]

11. VISITAÇÃO DE CRIANÇA OU DE ADOLESCENTE SOB A GUARDA DE TERCEIROS

O direito fundamental à convivência familiar também se aperfeiçoa nos contatos dos pais com os filhos que estejam sob a guarda de terceiros (familiares ou não). Esta é, aliás, a melhor interpretação extraída do art. 9º, item 3, da Convenção sobre os Direitos da Criança: "Os Estados-Partes respeitarão o direito da criança separada de um ou de ambos os pais de manter regularmente relações pessoais e contato com ambos, a menos que isso seja contrário ao interesse maior da criança".

Havendo acordo entre os guardiães e os pais da criança e demonstrado que a visitação será um instrumento importante para a garantia de preservação dos vínculos afetivos com a família biológica, não há qualquer impedimento legal para a sua homologação pela Justiça da infância, ante a ligação estreita entre os dois institutos de cunho protetivo: a guarda e a visitação.

Dessa maneira, mesmo que os pais percam a guarda por decreto judicial, não havendo razões para o afastamento completo daqueles do convívio com o filho que se encontra sob a guarda de terceiros, é aconselhável que se regularizem as visitas dos genitores.

Sendo assim, salvo expressa e fundamentada determinação em contrário da autoridade judiciária competente, ou quando a medida for aplicada em preparação para adoção, o deferimento da guarda de criança ou adolescente a terceiros não impede o exercício do direito de visitas pelos pais, assim como o dever de prestar alimentos, que serão objeto de regulamentação específica, a pedido do interessado ou do Ministério Público (§ 4º do art. 33). Registre-se, por fim, que o direito ao convívio se estende à família natural mesmo quando a criança ou o adolescente estiver sob a guarda de família acolhedora e desde que não haja impedimento justificado mediante laudos técnicos.

12. VISITAÇÃO DOS FILHOS SOB MEDIDA DE PROTEÇÃO DE ACOLHIMENTO INSTITUCIONAL OU SOCIOEDUCATIVA

Considerando que o programa de acolhimento institucional deve privilegiar e preservar os vínculos familiares, visando à preparação gradativa para o desligamen-

---

42 TRF4, Pedido de Uniformização de Interpretação de Lei (TRU) 5043905-06.2019. 4.04.7000/PR, Rel. Alessandra Günther Favaro, j. 29-4-2022.

PARTE I – O DIREITO MATERIAL SOB O ENFOQUE CONSTITUCIONAL

to (art. 92, I, II e VIII, do ECA), é regra a ser seguida pelo dirigente guardião permitir e incentivar as saídas semanais dos acolhidos em companhia dos familiares, após avaliação favorável realizada pelo serviço social da entidade, e ampliar o máximo possível os dias de visitação na instituição, sem que interfira na rotina de estudos, alimentação e sono dos abrigados, isto tudo visando à reintegração familiar.

Para que o retorno ao lar das crianças institucionalizadas seja bem-sucedido, foi inserido o comando do § 4º no art. 92 do ECA pela Lei n. 12.010/2009, determinando-se a toda equipe da entidade, especialmente ao dirigente do programa de acolhimento institucional, que, "salvo determinação em contrário da autoridade judiciária competente, as entidades que desenvolvem programas de acolhimento familiar ou institucional, se necessário com o auxílio do Conselho Tutelar e dos órgãos de assistência social, estimularão o contato da criança ou adolescente com seus pais e parentes, em cumprimento ao disposto nos incisos I e VIII do *caput* deste artigo".

É salutar que, durante as visitas, sejam desenvolvidas atividades pedagógicas voltadas, principalmente, para o fortalecimento dos vínculos familiares, proporcionando também atividades culturais, esportivas e de lazer para os abrigados e familiares, de modo a confraternizá-los.

Diante do comando constitucional de que é dever da sociedade e do Estado assegurar à criança e ao adolescente, com absoluta prioridade, o direito à convivência familiar (art. 227), é inadmissível que, ainda atualmente, preserve-se a tradição ultrapassada de "proteger" os filhos acolhidos em entidade dos próprios pais, impedindo que estes se avistem com os filhos ou permitindo que os visitem somente em festas especiais, como aniversário, Páscoa, Dia das Crianças e Natal.

Por outro turno, caracterizada a desassistência do filho acolhido pelos genitores, o guardião deverá, depois de esgotadas todas as tentativas de localização e reintegração familiar por parte da entidade, remeter ao Ministério Público o relatório social do caso, para a propositura de ação de destituição do poder familiar, em 15 dias, a fim de que seja possível a colocação em família substituta mais ampla (art. 92, II e §§ 8º e 9º, do art. 101 do ECA)[43].

Apesar de o art. 33 do ECA rezar que a guarda confere a seu detentor o direito de opor-se a terceiros, inclusive aos pais, entende-se que, para o dirigente da entidade proibir o acesso do filho aos genitores, deverá fazê-lo com o respaldo em decisão judicial.

O guardião deverá atentar que somente os pais suspensos ou destituídos do poder familiar e, ainda, aqueles que causarem qualquer risco à integridade física e psicológica do filho ou dos demais abrigados, assim determinado à entidade pelo Juízo da infância e da juventude, estarão impedidos de visitar os filhos.

---

43   O prazo para a propositura da ação pelo MP, previsto no § 10 do art. 101, foi reduzido de 30 para 15 dias, pela Lei n. 13.509/2017.

É prudente que o dirigente guardião mantenha um meio de controle das datas das visitas na secretaria/administração da entidade de atendimento, no qual constarão os dados referentes à entrada e à saída das crianças e dos adolescentes para a visitação ou à ausência dos genitores e de outros familiares nas atividades da instituição. Estes dados relativos à presença dos pais e da família extensa na instituição em dias de visitas, ou quando convocados para entrevistas, são essenciais para o conhecimento da Justiça da infância e devem constar obrigatoriamente no plano de atendimento semestral.

É importante, ainda, que o guardião remeta com assiduidade ao Ministério Público a relação de crianças e de adolescentes abrigados, informando a data da última visitação pelos pais, a frequência das visitas e saídas e a cópia do termo de entrega quando houver desligamento. Deverá, também, o guardião fornecer, sempre que possível, os endereços dos genitores, objetivando a propositura de ações pelo *Parquet,* para garantir os direitos fundamentais do infante acolhido, como, por exemplo, ação de alimentos e representação contra aqueles que não cumpram seus deveres parentais[44].

No que toca aos adolescentes que praticaram atos infracionais e que estejam cumprindo medidas socioeducativas, deve ser ressalvada a manutenção da guarda pelos pais ou por terceiros que a detenham por medida judicial. Em outras palavras, o fato de o filho adolescente estar privado de liberdade não significa a transferência deste encargo dos pais ao dirigente do programa de atendimento em regime de semiliberdade ou de internação.

De igual modo, as visitas pelos pais ou responsáveis serão, a princípio, mantidas, a não ser que desaconselhadas com base em laudo técnico e por ordem judicial. Há de se inserir o núcleo familiar nas atividades desenvolvidas pela entidade durante o trajeto de cumprimento da medida socioeducativa aplicada ao adolescente. Somente com a facilitação do convívio do adolescente infrator com a respectiva família (art. 124, VI, VII e VIII do ECA), seja mediante visita dos pais, parentes, cônjuge,

---

44 No Rio de Janeiro funciona o banco de dados criado pelo Ministério Público carioca que contém informações acerca de todas as crianças e adolescentes que estejam sob a medida de proteção de acolhimento familiar e institucional. Este premiado Sistema (V Prêmio Innovare) denomina-se "Módulo Criança e Adolescente" (MCA) e é compartilhado pelos diversos atores da rede de proteção: deve ser alimentado pelas entidades de atendimento periodicamente, mediante a inserção de relatórios atualizados dos acolhidos e informes acerca das visitas dos genitores e, é claro, pelo Ministério Público quando propostas ações judiciais. Sem estas indispensáveis informações das instituições, destaca-se com letras fortes, é impossível a atuação dos demais componentes do sistema protetivo, especialmente do Ministério Público, que tem a obrigação legal de promover as referidas ações cabíveis que transformem a situação familiar da criança, de modo que o acolhimento seja efetivamente provisório e o infante retorne o quanto antes para o seio familiar.

PARTE I – O DIREITO MATERIAL SOB O ENFOQUE CONSTITUCIONAL

companheiro e filhos (art. 67 da Lei n. 12.594/2012) ou pela visita íntima do cônjuge ou companheiro (art. 68 da Lei n. 12.594/2012) é que será possível assegurar ao interno o direito fundamental de conviver com a família (art. 35, IX), "fator este importante para a sua (re)integração familiar e inclusão comunitária (social)"[45].

Cabe aduzir, por fim, que, com a alteração do ECA advinda da Lei n. 12.962/2014, o § 4º do art. 19 passou a prever a garantia de convivência da criança ou do adolescente com os genitores privados de liberdade, por meio de visitas periódicas promovidas pelo responsável ou, nas hipóteses de acolhimento institucional, pela entidade responsável, independentemente de autorização judicial. Pelo princípio da isonomia entre os filhos, entende-se ampliado este direito de convivência dos filhos acolhidos também em prol daqueles que se encontrem sob medida de acolhimento institucional, familiar e em cumprimento de medida socioeducativa, uma vez que se trata de direito fundamental à convivência familiar que visa à manutenção da identidade da pessoa humana.

13. APADRINHAMENTO DE CRIANÇAS E ADOLESCENTES INSTITUCIONALIZADOS

Dentre os princípios a serem seguidos pelos programas de acolhimento institucional, destaca-se a participação na vida da comunidade local e a participação de pessoas da comunidade no processo educativo dos abrigados (art. 92, VII e IX, do ECA), de maneira a assegurar que aqueles que estão privados de visitas de familiares ou dos pais destituídos do poder parental venham a desfrutar da convivência familiar e comunitária, tão cara para a formação de uma pessoa em processo de desenvolvimento (art. 227 da CF/88 c/c o art. 4º do ECA).

Visando favorecer estes contatos próximos com pessoas da comunidade e da sociedade, as instituições devem estabelecer normas internas de visitas aos acolhidos, criando e incentivando relações de cuidado por acordos espontâneos.

Entretanto, de modo a evitar que as pessoas interessadas nesse convívio com os acolhidos venham a burlar o cadastro de adoção, cuja finalidade é diversa, ou seja, a inserção da criança adotável em família adotiva, o Plano Nacional de Promoção, Proteção e Defesa do Direito de Crianças e Adolescentes à Convivência Familiar e Comunitária, expedido em 2006 pelo Conanda, indica haver na "rede social de apoio"[46] pessoas que podem e devem ajudar no implemento do direito

---

45 RAMIDOFF, Mário Luiz. SINASE. *Sistema nacional de atendimento socioeducativo.* Comentários à Lei n. 12.594, de 18 de janeiro de 2012. São Paulo: Saraiva, 2012. p. 133.

46 O Plano Nacional define a denominada "rede de apoio" como "os diversos arranjos constituídos no cotidiano para dar conta da sobrevivência, do cuidado e da socialização de crianças e adolescentes" (p. 24). Disponível em: <https://www.mds.gov.br/we-

fundamental dos abrigados à convivência familiar e comunitária, sem que implique o exercício da guarda, da tutela ou da adoção: são os padrinhos afetivos. Portanto, por não se tratar de modalidade de acolhimento ou de família substituta, o apadrinhamento é desenhado pelo Plano Nacional como:

> Programa, por meio do qual, pessoas da comunidade contribuem para o desenvolvimento de crianças e adolescentes em Acolhimento Institucional, seja por meio do estabelecimento de vínculos afetivos significativos, seja por meio de contribuição financeira. Os programas de apadrinhamento afetivo têm como objetivo desenvolver estratégias e ações que possibilitem e estimulem a construção e manutenção de vínculos afetivos individualizados e duradouros entre crianças e/ou adolescentes abrigados e padrinhos/madrinhas voluntários, previamente selecionados e preparados, ampliando, assim, a rede de apoio afetivo, social e comunitário para além do abrigo. Não se trata, portanto, de modalidade de acolhimento[47].

Bem se nota que se faz indispensável que as pessoas interessadas em pertencer a esta rede de apoio sejam esclarecidas acerca de seu papel e cadastradas em um programa específico, cujos parâmetros encontram-se traçados pelos documentos emitidos pelo Conanda. Neste sentido, estas diretrizes traçam uma metodologia com previsão de cadastramento, seleção, preparação e acompanhamento de padrinhos e afilhados por uma equipe interprofissional, em parceria com a Justiça da Infância e Juventude e Ministério Público, e, ainda, recomendam aos serviços de acolhimento o público infantojuvenil alvo do apadrinhamento: "prioritariamente, crianças e adolescentes com previsão de longa permanência no serviço de acolhimento, com remotas perspectivas de retorno ao convívio familiar ou adoção, para os quais vínculos significativos com pessoas da comunidade serão essenciais, sobretudo, no desligamento do serviço de acolhimento"[48].

Diante da promulgação da Lei n. 13.509/2017, o programa de apadrinhamento de crianças e de adolescentes inseridos em acolhimento institucional ou familiar foi disciplinado no ECA no art. 19-B. Podem ser padrinhos ou madrinhas pessoas maiores de 18 (dezoito) anos não inscritas nos cadastros de adoção, desde que cumpram os requisitos exigidos pelo programa de apadrinhamento de que fazem parte (§ 2º do

---

barquivos/publicacao/assistencia_social/Cadernos/Plano_Defesa_CriancasAdolescentes%20.pdf>. Acesso em: 12 out. 2024.

47 Glossário do Plano Nacional, p. 126. Disponível em: <https://www.mds.gov.br/webarquivos/publicacao/assistencia_social/Cadernos/Plano_Defesa_CriancasAdolescentes%20.pdf>. Acesso em: 12 out. 2024.

48 Orientações Técnicas: Serviços de Acolhimento para Crianças e Adolescentes. Conselho Nacional dos Direitos da Criança e do Adolescente (Conanda). Brasília, junho de 2009. Disponível em: <http://www.mds.gov.br/webarquivos/publicacao/assistencia_social/Cadernos/orientacoes-tecnicas-servicos-de-alcolhimento.pdf>. Acesso em: 12 out. 2024, p. 52.

PARTE I – O DIREITO MATERIAL SOB O ENFOQUE CONSTITUCIONAL

art. 19-A do ECA), bem como pessoas jurídicas, a fim de colaborar para o seu desenvolvimento (§ 3º do art. 19-A do ECA). O perfil da criança ou do adolescente a ser apadrinhado será definido no âmbito de cada programa de apadrinhamento, com prioridade para crianças ou adolescentes com remota possibilidade de reinserção familiar ou colocação em família adotiva (§ 4º do art. 19-A do ECA)[49].

O apadrinhamento afetivo tem sido legislado em âmbito estadual[50] e municipal, além de ser regulamentado por Resoluções de Tribunais de Justiça[51], com enormes benefícios a crianças e adolescentes institucionalizados que passam a desfrutar de uma vivência fora da entidade com pessoa(s) cadastrada(s) comprometida(s) com seu bem-estar, educação, reforço escolar, lazer, transmissão de valores, além da indispensável troca de afeto. Por evidente que, caso o padrinho afetivo necessite representar o afilhado, na ausência dos pais ou de qualquer responsável, poderá se valer da guarda específica e transitória, prevista no art. 33, § 2º, do ECA. Todavia, a regularização desta convivência não é fator necessário para todo o exercício do apadrinhamento afetivo[52].

REFERÊNCIAS

BITTENCOURT, Sávio. *Apadrinhamento civil*: análise à luz do ordenamento jurídico português. Porto: Juruá, 2020.

BRASIL. *Código de Menores*: Lei n. 6.697/97, comparações, anotações, histórico. Brasília: Senado Federal, 1982.

---

49 O § 2º do art. 19-B foi inicialmente vetado pelo Presidente da República. Todavia, após retornar ao Congresso Nacional, o veto foi derrubado e essa regra foi promulgada e publicada em 23 de fevereiro de 2018.

50 Como exemplos: a Lei Estadual n. 7.149, de 17 de dezembro de 2015 (Programa "Um lar para todos" – criou o apadrinhamento social no âmbito do Estado do RJ).

51 Resolução do Órgão Especial do Tribunal de Justiça do Ceará n. 13/2015 trata do apadrinhamento afetivo, financeiro e para prestação de serviços de crianças e adolescentes institucionalizados em todo o Estado do Ceará.

52 Diversamente ocorre com o Apadrinhamento Civil implementado em Portugal pela Lei n. 103/2009 que possui a natureza quase familiar, por criar vínculo que não se extingue com a maioridade, transmitindo aos padrinhos os mesmos direitos e deveres dos pais e cuja forma de constituição depende de decisão judicial, inclusive homologatória, mas sujeita ao registro civil. MELO, Helena Gomes; RAPOSO, João Vasconcelos; CARVALHO, Luís Baptista e outros. *Poder Paternal e Responsabilidades Parentais*. 2. ed. Lisboa: Quid Juris, 2010, p. 229. Na conceituação de Sávio Bittencourt, o "apadrinhamento civil significa, em apertada síntese, a assunção das responsabilidades parentais por parte de uma pessoa ou uma família, para que se desenvolva, com o afilhado, uma relação afetiva tendencialmente permanente, sem que os pais sejam alijados completamente de conviver com ele". BITTENCOURT, Sávio. *Apadrinhamento civil*: análise à luz do ordenamento jurídico português. Porto: Juruá, 2020, p. 51.

CARREIRÃO, Úrsula Lehmkuhl. Modalidades de abrigo e a busca pelo direito à convivência familiar e comunitária. In: SILVA, Enid Rocha Andrade da (coord.). *O direito à convivência familiar e comunitária: os abrigos para crianças e adolescentes no Brasil*. Brasília: IPEA/Conanda, 2004.

ELIAS, Roberto João. *Comentários ao Estatuto da Criança e do Adolescente*. 4. ed. São Paulo: Saraiva, 2010.

FIORI JR., Sidney. *Acolhimento familiar*: ensaio sobre a família guardiã (guarda subsidiada). Rio de Janeiro: Lumen Juris, 2022.

FONSECA, Antonio Cezar Lima da. *Direitos da criança e do adolescente*. 3. ed. São Paulo: Atlas, 2015.

Glossário do Plano Nacional. Disponível em: <https://www.mds.gov.br/webarquivos/ publicacao/assistencia_social/Cadernos/Plano_Defesa_CriancasAdolescentes%20.pdf>. Acesso em: 3 ago. 2020.

GUIMARÃES, Giovane Serra Azul. *Adoção, tutela e guarda*. 3. ed. São Paulo: Juarez de Oliveira, 2005.

ISHIDA, Válter Kenji. *Estatuto da Criança e do Adolescente*: doutrina e jurisprudência. 25. ed. rev., atual. e ampl. São Paulo: JusPodivm, 2024.

LIBERATI, Wilson Donizeti. *Comentários ao Estatuto da Criança e do Adolescente*. 12. ed. rev. e ampl. de acordo com a Lei 13.058, de 22-12-2014. São Paulo: Malheiros, 2015.

MACIEL, Kátia Regina Ferreira Lobo Andrade; SANTOS, Ângela Silveira dos. Guarda exercida pela família extensa: substitutiva e complementar. *Revista IBDFAM: Famílias e Sucessões*, Belo Horizonte: IBDFAM, v. 11, set./out. 2015.

MELO, Helena Gomes; RAPOSO, João Vasconcelos; CARVALHO, Luís Baptista *et al*. *Poder paternal e responsabilidades parentais*. 2. ed. Lisboa: Quid Juris, 2010.

ORIENTAÇÕES TÉCNICAS: Serviços de Acolhimento para Crianças e Adolescentes. Conselho Nacional dos Direitos da Criança e do Adolescente (Conanda). Brasília, junho de 2009. Disponível em: <http://www.mds.gov.br/webarquivos/ publicacao/assistencia_social/Cadernos/orientacoes-tecnicas-servicos-de-alcolhimento.pdf>. Acesso em: 22 abr. 2020.

Orientações Técnicas para Elaboração do Plano Individual de Atendimento de Crianças e Adolescentes (PIA) em Serviços de Acolhimento, elaborado pelo Ministério de Desenvolvimento Social, Secretaria Nacional de Assistência Social, abril de 2018. Disponível em: <https://www.mds.gov.br/webarquivos/ arquivo/assistencia_social/OrientacoestecnicasparaelaboracaodoPIA.pdf>. Acesso em: 22 out. 2024.

RAMIDOFF, Mário Luiz. SINASE. *Sistema Nacional de Atendimento Socioeducativo*: comentários à Lei n. 12.594, de 18 de janeiro de 2012. São Paulo: Saraiva, 2012.

PARTE I – O DIREITO MATERIAL SOB O ENFOQUE CONSTITUCIONAL

ROSSATO, Luciano ALVES e LÉPORE, Paulo Eduardo. *Estatuto da Criança e do Adolescente comentado artigo por artigo*. 14. ed. rev. atual. e ampl. São Paulo: JusPodivm, 2024.

TAVARES, José Farias. *Comentários ao Estatuto da Criança e do Adolescente*. 8. ed. Rio de Janeiro: Forense, 2012.

TONIAL, Cleber Augusto. *Crítica da guarda estatutária*. Tribunal de Justiça do Estado do Rio Grande do Sul, Corregedoria-Geral da Justiça. n. 1 (nov. 2003). Porto Alegre: Departamento de Artes Gráficas do TJRS, 2003.

Tutela

Kátia Regina Ferreira Lobo Andrade Maciel

1. INTRODUÇÃO

A tutela, tratada nos arts. 36 a 38 do ECA como modalidade de colocação em família substituta, foi totalmente delineada na lei civil em vigor, razão pela qual, mesmo mantida a sua natureza jurídica protetiva, para o devido exame do instituto deve-se confrontar as duas leis, e, havendo incompatibilidade entre as regras, prevalecerão os dispositivos do Código Civil de 2002, previstos nos arts. 1.728 até 1.766.

A opção do legislador por remeter a matéria para o Código Civil não é nova. O Código de Menores, em seu art. 26, já previa que a tutela seria deferida nos termos da lei civil em benefício do menor de idade que carecesse de representação permanente[1].

Assim, o instituto mantém-se como um conjunto de poderes e encargos conferidos pela lei a um terceiro, que possua, preferencialmente, afinidade e afetividade com o pupilo, para que cuide não só da pessoa menor de 18 anos de idade que se encontra fora do poder familiar como também lhe administre os bens.

À primeira vista, o instituto parecia destinado a órfãos abastados financeiramente, haja vista o grande número de regramentos no Código Civil de 1916 relacionados aos bens do tutelado. Mas, indubitavelmente, a medida independe da situação econômica da criança ou do adolescente, pois a sua finalidade não se

---

1 Com a nova redação do art. 36 do ECA pela Lei n. 12.010/2009, permaneceu a referência ao Código Civil como legislação base acerca da tutela: "A tutela será deferida, *nos termos da lei civil*, a pessoa de até 18 (dezoito) anos incompletos" (grifos nossos).

PARTE I – O DIREITO MATERIAL SOB O ENFOQUE CONSTITUCIONAL

restringe à administração do patrimônio de menores de 18 anos, mas sim assegurar a meninos e meninas o desfrute de uma convivência familiar com pessoa ou pessoas com as quais mantenham relações parentesco e de proximidade, conforme preceitua o § 3º do art. 28 do ECA.

Assinale-se que a roupagem jurídica da codificação civil de 2002 é a mesma da que persistiu desde o Código Civil de 1916. A diferença repousa na ênfase à proteção da criança e do adolescente, à formação integral destes, à garantia de seu direito à convivência familiar, mesmo que não parental.

É de sua natureza a impossibilidade de coexistência com o poder familiar. A tutela é medida de proteção que exige como pressuposto a extinção do poder familiar, pela morte (física ou ficta) dos genitores ou a prévia decretação de perda da autoridade parental, em procedimento contraditório (art. 1.728 do CC).

A referida norma do Código Civil de 2002, posterior à Lei n. 8.069/90, não prevê a suspensão do poder familiar como causa para a concessão da tutela como faz o parágrafo único do art. 36 do ECA, o que nos conduziria ao entendimento de que não basta para o deferimento da tutela a mera suspensão do poder familiar. Porém, com a promulgação da Lei n. 12.010/2009 e a alteração do referido dispositivo estatutário, observa-se que o parágrafo único do art. 36 não seguiu a regra da lei civil e manteve como pressuposto para o deferimento da tutela a possibilidade da suspensão do poder familiar[2]. De igual modo, a Lei n. 12.010/2009, ao modificar a redação do art. 1.734 do CC, lá inseriu a possibilidade de a tutela ser deferida em caso de suspensão da função parental.

Dessa maneira, a tutela é o instituto recomendado para os casos de órfãos, de pais mortos ou declarados ausentes – presunção de morte (art. 1.728, I c/c art. 6º do CC) – e para as hipóteses de os pais biológicos ou civis serem suspensos ou decaírem do poder familiar (art. 1.728, II c/c arts. 1.626 e 1.734 do CC), quando o menor de 18 anos não for adotado.

O Código Civil também prevê no art. 1.633 mais uma hipótese de aplicação do instituto da tutela. Esse dispositivo, entretanto, deve ser examinado à luz do art. 5º da CF/88, não tendo sido boa a técnica utilizada em sua redação, diante do princípio da isonomia, segundo o qual todos são iguais perante a lei. Nessa medida infere-se que, não sendo o menor de 18 anos reconhecido por ambos os pais no registro de nascimento ou, ainda, sendo os genitores incapazes de exercer a autoridade parental, dar-se-á tutor para aquele.

---

2   Digiácomo, seguindo o teor da regra estatutária, comenta que: "Ao contrário do que ocorre com a guarda, *a tutela não pode coexistir com o poder familiar*, tendo assim por *pressuposto* a prévia suspensão, destituição ou extinção deste". DIGIÁCOMO, Murillo José; DIGIÁCOMO, Ildeara de Amorim. *Estatuto da Criança e do Adolescente anotado e interpretado*. 8. ed. Curitiba: Ministério Público do Estado do Paraná. Centro de Apoio Operacional das Promotorias da Criança e do Adolescente, 2020, p. 74. Itálico no original.

A norma em comento prevê, na primeira parte, a hipótese da família monoparental, ao dispor que um dos pais exercerá com exclusividade o poder familiar, como também dispõe, na segunda parte, acerca da criança ou do adolescente desprovido de registro de nascimento, sendo desconhecidos os genitores.

Nesta última hipótese, verificada a inexistência de registro anterior, o assento de nascimento será realizado à vista dos elementos disponíveis, mediante requisição da autoridade judiciária (art. 102, § 1º, do ECA). É a denominada "certidão de nascimento com dados de caridade", lavrada com o fito de identificar o menor de 18 anos (art. 18 do Pacto de São José da Costa Rica). Nessa circunstância (de natureza provisória), não sendo localizada a família biológica, deve-se priorizar a colocação em família substituta sob a modalidade de adoção, medida esta que melhor atende aos interesses da criança ou adolescente, por ser mais completa e definitiva do que a tutela.

É importante assinalar que a pessoa tutelada, em decorrência de os pais terem sido destituídos do poder familiar, após atingir a maioridade civil ou emancipar-se e não tendo sido adotada, mantém os vínculos de parentesco com os pais destituídos, uma vez que no registro civil de nascimento constará apenas a averbação da perda do poder familiar (art. 163, parágrafo único, do ECA). Esse fato pode, eventualmente, redundar na reaproximação com a família natural (se íntegro o liame afetivo) ou no afastamento da parentela (se desaparecido o afeto), dependendo da situação que ocasionou a medida de tutela e a avaliação da equipe técnica que acompanha o caso.

Em outra vertente, se o instituto for direcionado ao incapaz órfão, sem genitores vivos ou outros parentes que possam exercer o encargo, com a extinção da medida de tutela exercida por pessoa alheia ao contexto familiar, não existirá a possibilidade de regresso do ex-tutelado ao convívio dos pais biológicos (já falecidos ou ausentes) ou familiares. Por sua vez, aos 18 anos de idade findará, também, o relacionamento meramente formal existente entre o tutelado e o tutor nomeado pelo magistrado, rompendo-se as obrigações legais deste último para com o pupilo. Diante desse quadro de ausência de familiares e de vínculo com o ex-tutor, torna-se indispensável a prévia preparação do jovem para a vida autônoma, pois com a aquisição da capacidade civil não mais estará sob medida de proteção acompanhada pelo Juízo da Infância e da Juventude

A lei fixa o prazo mínimo de dois anos para o exercício da função de tutor, porém não fixa o prazo máximo (art. 1.765 do CC). Assim, a regra é que a duração da tutela não seja por prazo inferior a dois anos, com exceção dos motivos que ensejem a escusa legítima ou a remoção.

O deferimento da tutela terá sempre prazo indeterminado. Todavia, quando se cuidar de criança e adolescente em situação de risco e a competência for da Justiça da Infância e da Juventude (art. 98, c/c o art. 148, parágrafo único, *a*, do ECA), ela

PARTE I – O DIREITO MATERIAL SOB O ENFOQUE CONSTITUCIONAL

permanecerá até que o tutelado complete a capacidade civil, seja emancipado ou esteja sob o poder familiar de família adotiva.

Acentue-se, por oportuno, que a tutela enseja a dependência para todos os fins e efeitos de direito, inclusive previdenciários, do tutelado para com seu tutor. De acordo com o previsto na Lei n. 8.213/91, em seu art. 16, § 2º, cuja redação foi dada pela Lei n. 9.528/97, o menor de idade tutelado equipara-se ao filho, mediante declaração do segurado e desde que comprovada a dependência econômica.[3]

A tutela é uma medida assistencial, portanto mais ampla que a guarda, porque substitui, integralmente, alguns aspectos da autoridade parental[4].

2. TUTELA TESTAMENTÁRIA

Pela Lei Civil de 2002, a nomeação do tutor pode ser realizada pelos próprios pais da pessoa menor de 18 anos, mediante testamento ou documento autêntico. Quanto à instituição por pais destituídos do poder familiar, mas que ao morrerem exerciam este *munus*, valerá a nomeação. Contudo, se ao morrerem os genitores não exerciam mais a autoridade parental, a nomeação será nula (art. 1.730 do CC).

Assim, denomina-se testamentária a tutela quando o pai e a mãe manifestam o desejo, por testamento ou documento autêntico (codicilo ou escritura pública, por exemplo), de colocar o filho em família substituta, indicando quem será o seu tutor, após o falecimento de ambos.

Se apenas um dos pais vier a morrer, é perceptível que o poder familiar do outro genitor permanece e será exercido com exclusividade, restando a disposição *causa mortis* condicionada, quanto à sua executividade, à abertura da sucessão do sobrevivente (art. 1.631 do CC).

O ECA em sua redação inicial não estendia expressamente o procedimento dos arts. 165 e seguintes a esta modalidade de tutela testamentária, havendo interpretação pela sua dispensabilidade.

Com o advento da Lei n. 12.010/2009, passou o art. 37 do ECA a determinar que o tutor nomeado por testamento ou por qualquer documento autêntico, conforme previsto no parágrafo único do art. 1.729 do Código Civil, deverá, no prazo de 30 dias, após a abertura da sucessão, ingressar com pedido destinado ao contro-

---

3 A Emenda Constitucional n. 103/2019, que alterou as regras da previdência social, igualmente prevê que o "menor tutelado" usufrua da pensão por morte do respectivo tutor (art. 23, § 6º).

4 Ensina Conrado Rosa que a tutela se distancia da autoridade parental em dois aspectos básicos: 1) o dever de afetividade não pode ser imputado ao tutor, especialmente quando não for parente e 2) o não reconhecimento do benefício do usufruto legal dos pais (art. 1.689, I, do CC) ao tutor. ROSA, Conrado Paulino da. *Direito de família contemporâneo*. 7. ed. rev., ampl. e atual. Salvador: JusPodivm, 2020, p. 714.

le judicial do ato, observando o procedimento previsto nos arts. 165 a 170 do ECA, que será analisado em capítulo próprio.

Dispôs, também, a referida alteração estatutária que, na apreciação do pedido, serão observados os requisitos previstos nos arts. 28 e 29 do ECA, somente sendo deferida a tutela à pessoa indicada na disposição de última vontade, se restar comprovado que a medida é vantajosa ao tutelando e que não existe outra pessoa em melhores condições de assumi-la. Portanto, se percebe a preocupação do legislador de regularizar o mais breve possível a representação legal do órfão, impondo aos nomeados o múnus de postular a tutela por meio de procedimento específico, no qual será apurado o vínculo existente entre o tutor e o pupilo.

Por derradeiro, cabe aduzir que se os pais, ao falecerem, não exerciam nem sequer a guarda do filho e este se encontrava sob os cuidados de pessoa mais próxima afetivamente do menor de 18 anos de idade, ouvido esse órfão e sua manifestação sendo devidamente considerada, não se recomenda alterar a situação já sedimentada e, portanto, não se transferirá a guarda para o tutor nomeado, mas sim se privilegiará o *status quo ante*.

3. TUTELA LEGÍTIMA

A tutela chamada legítima dá-se inexistindo a indicação testamentária pelos pais, sendo, então, deferida aos parentes consanguíneos do menor de 18 anos. Apesar de privilegiar a relação de parentesco com o infante tutelado (§ 2º do art. 28 do ECA), deve a tutela, dita legal, obedecer aos ditames dos arts. 28 e 29 do ECA, na medida em que a pessoa indicada pelo juiz precisa revelar compatibilidade com a natureza do instituto e oferecer ambiente adequado ao tutelado, além de possuir relação de afinidade e afetividade com este (§ 3º do art. 28 do ECA).

Embora o legislador civil tenha elencado uma ordem de parentes (art. 1.731, I e II), iniciando-se com os mais idosos (ascendentes) e seguindo-se com os mais distantes (colaterais até o terceiro grau), esta enumeração não é absoluta e deve ser flexível, considerando os interesses da criança, inclusive se observando com quem esta convive no momento da colocação em família substituta.

Com a isonomia constitucional entre homem e mulher (art. 5º, I), foi extinta da lei civil a preferência masculina para o exercício da tutela.

Quanto ao direito do parente afim de postular a tutela do familiar menor de 18 anos não emancipado, deve-se levar em consideração que entre eles não há obrigação alimentar (arts. 1.694 e 1.697 do CC), nem direito à sucessão legítima (art. 1.829 do CC) e, ante o silêncio do art. 1.731 do CC, aparentemente, não seria cabível.

Contudo, não se vislumbra qualquer óbice legal à nomeação do parente por afinidade como tutor, porque a relação dos parentes do art. 1.731 é puramente exemplificativa e não taxativa. Além do mais, o art. 1.737 do CC faz referência

PARTE I – O DIREITO MATERIAL SOB O ENFOQUE CONSTITUCIONAL

expressa à prioridade do exercício da tutela por um parente afim da criança sobre um estranho, com o qual o tutelando não possua qualquer tipo de vínculo.

4. TUTELA DATIVA

Sendo assim, pelo Código Civil, tem-se a possibilidade de nomeação de tutor pelos pais em testamento ou documento autêntico e, ainda, na falta da manifestação de sua última vontade, tem-se o critério do requerimento formulado por um parente do órfão.

Ocorre que, inexistindo indicação pelos pais ou na falta de outros parentes aos quais possa o magistrado nomear para o exercício da tutela, ou, ainda, havendo tais pessoas, foram excluídas ou removidas, a tutela será exercida por tutor idôneo e residente no domicílio do menor de 18 anos não emancipado (art. 1.732 do CC).

Este encargo é denominado de tutela dativa, pois é a decorrente da escolha do magistrado mediante sentença judicial e não de nomeação pela lei, sempre tendo um caráter subsidiário. Em se tratando de criança ou adolescente em situação de vulnerabilidade, esta espécie de tutela é aplicada pelos Juízos especializados da Infância e da Juventude e independe de pedido de pessoa interessada em exercer o encargo, sendo requerida a nomeação por iniciativa do *Parquet*.

5. TUTELA PROVISÓRIA E DEFINITIVA

O Código Civil nada preleciona acerca da expedição de termo de tutela provisória. O ECA, por seu lado, prevê que no pedido de tutela, com o fito de regularizar a posse de fato do menor de 18 anos, é cabível o deferimento de guarda provisória (§ 1º do art. 33). O Código de Processo Civil de 2015, diferentemente, faz menção à prestação de compromisso (art. 759), esclarecendo que se formalizará mediante termo assinado em livro próprio rubricado pelo juiz.

Na hipótese de criança ou adolescente que se encontra em acolhimento institucional, até a consumação do processo de tutela, afigura-se-nos indispensável que haja o desligamento da medida, já que provisória e excepcional, de maneira que o infante possa ser inserido imediatamente em uma família substituta. Para tanto, faz-se necessária a formalização, mediante um documento, da transferência da guarda para o pretenso tutor.

No entanto, considerando que a tutela não pode coexistir com o poder familiar, pode falar-se em tutela provisória, quando ainda pendente ação de destituição da autoridade dos pais? De acordo com o art. 1.728 do Código Civil, o deferimento da medida de tutela pressupõe o falecimento dos pais, a ausência destes (art. 6º do CC) ou a perda do poder familiar. O parágrafo único do art. 36 do ECA e a nova redação do art. 1.734 do CC, porém, como antes assinalado, incluíram como pressuposto para o deferimento da tutela a possibilidade da suspensão do poder familiar.

Com efeito, pois, o magistrado poderá de forma temporária, então, conceder a guarda excepcional (art. 33, § 2º, do ECA) deferindo o direito de representação do menor de 18 anos para a prática de atos determinados, de modo que, até a finalização da ação e a nomeação definitiva do tutor, a criança ou o adolescente tenha sua situação legal regularizada.

Também é possível deferir-se o termo de administração provisória (utilizada no Juízo Orfanológico), com a finalidade de resguardar os bens do tutelando, como antecipação de tutela judicial.

Assim sendo, a concomitância de obrigações relativas ao poder familiar com a tutela é inadmissível e, portanto, indiscutível o fato de que, enquanto não for suspenso ou perdido o poder familiar, a tutela não pode ser deferida e, por este motivo, inadequado o seu caráter provisório.

Pela regra do art. 1.728, II, do CC, portanto, a tutela somente deve ser deferida em caráter definitivo, com a decretação da destituição do poder familiar[5].

No entanto, pode apresentar-se a exceção de expedição do termo de tutela provisória, quando o menor de 18 anos for órfão, não havendo empecilho para a lavratura do termo provisório, neste caso. Pode, ainda, haver um interstício entre a cessação ou suspensão da tutela anterior e a nova nomeação de tutor. Tendo em conta que o tutelando não pode ficar desprovido de representante legal e seus bens sem um administrador, prevê o art. 762 do Código de Processo Civil a nomeação interina de um tutor substituto, que assumirá o encargo, mediante termo de tutela provisória, pois neste caso não colidirão as funções deste com as dos pais que já não mais exercem o poder familiar.

6. CARACTERÍSTICAS CONTROVERTIDAS DA TUTELA

6.1. Da unipessoalidade

A tutela é um encargo indelegável e indisponível. Realmente, o ECA, no art. 30, proíbe a transferência da criança ou do adolescente para terceiros ou a entidades governamentais ou não governamentais, sem o pronunciamento judicial.

Todavia, a lei civil proclamou expressamente a delegação a outras pessoas físicas ou jurídicas do exercício parcial da tutela, as quais zelarão pelos bens e interesses administrativos do tutelado, desde que haja aprovação judicial (art. 1.743 do CC).

No que se refere à indivisibilidade e unicidade da tutela, a doutrina não é unânime. Enumerando diferenças entre a tutela e o poder familiar, José Maria Leoni limita o exercício tutelar a uma só pessoa e não a um casal, quando afirma: "A

---

5   Doutrinando pela inexistência da figura da tutela provisória e indicando a concessão de guarda provisória como medida adequada até a perda do poder familiar dos pais está Ishida. Op. cit., p. 204.

PARTE I – O DIREITO MATERIAL SOB O ENFOQUE CONSTITUCIONAL

outro tanto, a tutela é unipessoal, enquanto o poder familiar é exercido pelos pais em conjunto e em pé de igualdade"[6], mas ressalva quanto à unipessoalidade: "o que não impede o tutor de nomear outra pessoa para a prática de atos de mera administração"[7].

Observe-se que parte da doutrina não admite sequer o exercício da tutela por cônjuges ou companheiros. Assim entende, com todas as letras, Arnaldo Rizzardo, ao afirmar sobre a tutela: "Cuida-se, ainda, de uma função exclusiva, posto que vedada a nomeação concomitante de duas ou mais pessoas para um mesmo tutelado. Nem é admitido o exercício conjunto por marido e mulher"[8]. Venosa, por sua vez, embora considere ser a tutela um encargo unipessoal, ao ponderar sobre a sistemática e a concepção protetiva do ECA, defende que o critério tradicional do Código Civil seja revisto e dispara ser a melhor forma de integração de uma criança e um adolescente na família substituta entregá-lo "ao carinho e à proteção de um casal que lhe dê um lar"[9].

A posição da unicidade da tutela parece-nos que foi fundamentada na interpretação errônea de que a lei menciona a expressão "tutor" no singular, é porque tal característica não possui cunho relativo, mas absoluto e literal. Além disso, certamente tal posicionamento fulcra-se na interpretação extensiva do § 1º do art. 1.733 (unicidade de tutor para irmãos órfãos) a todas as hipóteses de tutela.

A vedação legal no sentido de se nomear um tutor para cada irmão órfão (art. 1.733 do CC) fundamenta-se na vantagem de se manter o vínculo de afetividade entre o grupo de irmãos e disponibilizar a eles a mesma educação intelectual, moral, religiosa e social, além de facilitar a administração dos bens que normalmente são comuns (art. 1.733 do CC)[10].

Arrazoada a controvérsia acerca da função exclusiva ou não da tutela, perfilhamos o entendimento favorável à nomeação de duas pessoas para a função de tutores, por garantir à criança ou ao adolescente, de forma plena, a convivência em *família* substituta, com pessoas exercendo o papel de pai e de mãe, preferencialmente de forma compartilhada.

Resume-se a posição sustentada com o comentário de Heloisa Maria Daltro Leite[11], acerca da tutela no Código Civil:

---

6 OLIVEIRA, J. M. Leoni Lopes de. *Direito civil:* família. Rio de Janeiro: Forense, 2018, p. 671.

7 Idem, ibidem, p. 663.

8 RIZZARDO, Arnaldo. *Direito de família.* 10. ed. Rio de Janeiro: Forense, 2019, p. 905.

9 VENOSA, Sílvio de Salvo. *Direito civil:* família. 17. ed. São Paulo: Atlas, 2017, v. 5, p. 526.

10 DINIZ, Maria Helena. *Curso de direito civil brasileiro.* 32. ed. São Paulo: Saraiva Educação, 2018, v. V, p. 730.

11 LEITE, Heloisa Maria Daltro. Tutela. In: LEITE, Heloisa Maria Daltro (coord.). *Código Civil:* do direito de família. Rio de Janeiro: Freitas Bastos, 2006, p. 479. Desfavorável

Assim, não há oposição, inclusive legal (a lei não exclui a hipótese expressamente, havendo mesmo referência a "tutores", no plural, no artigo 1.726, I, do Novo Código Civil), que a tutela seja exercida por casal (desde que viva *more uxorio*), fator que só contribuirá para minimizar situação de eventual problema ou dificuldade da criança ou adolescente desatendido por seus pais naturais, seja pela morte ou ausência, seja pela destituição do pátrio poder.

Cabe destacar que o Código Civil, com a redação conferida pela Lei n. 13.146/2015, no Título "Da Tutela, da Curatela e da Tomada da Decisão Apoiada", prevê de maneira clara o compartilhamento desses encargos assistenciais ao prescrever no art. 1.775-A que, "na nomeação de curador para a pessoa com deficiência, o juiz poderá estabelecer curatela compartilhada a mais de uma pessoa". Apesar de estar inserido no Capítulo da curatela, a dupla titularidade se estende ao instituto da tutela (art. 1.774 do CC).

É possível, de igual forma, a nomeação de curador especial, concomitantemente à tutela, quando o testador ou legador instituir um menor de 18 anos seu herdeiro ou legatário (art. 1.733 do CC), com a finalidade de administrar os seus bens.

6.2. Cabimento de curatela a pessoa menor de idade

No que toca à criança ou ao adolescente portador de necessidades especiais, cujos pais tenham falecido ou sido destituídos do poder familiar, tem-se discutido a melhor opção legal para a sua proteção, na medida em que a tutela confere a representação ao tutelado, mas se prolonga até somente os 18 anos de idade deste, diferentemente da curatela, que visa à proteção do incapaz sem limitação temporal (art. 1.767 do CC).

Apesar de a doutrina brasileira ter tradicionalmente conceituado a curatela como instituto de proteção ao maior incapaz, para Eduardo de Oliveira Leite[12], a curatela estende-se também aos menores de 18 anos. Define o mestre: *"A curatela é também um múnus que tem por finalidade reger a pessoa e administrar os bens, ou somente administrar os bens de menores ou maiores incapazes, afetados por enfermidades físicas ou mentais"* De modo semelhante, Pontes de Miranda[13] ensina que a curatela ou curadoria *"é o cargo conferido por lei a alguém, para reger a pessoa e os bens, ou somente os bens, de pessoas menores, ou maiores, que por si só não o podem fazer, devido a perturbações mentais, surdo-mudez, prodigalidade, ausência, ou por ainda não terem nascido".*

---

ao modelo unipessoal da tutela tem-se ainda: MADALENO, Rolf. *Direito de família.* 10. ed. Rio de Janeiro: Forense, 2020, p. 1263-1264.

12 LEITE, Eduardo de Oliveira. *Direito civil aplicado.* 2. ed. rev., atual. e ampl. São Paulo: Revista dos Tribunais, 2013, v. 5, p. 413.

13 PONTES DE MIRANDA. *Tratado de direito de família.* São Paulo: Bookseller, 2001, v. III, p. 371.

PARTE I – O DIREITO MATERIAL SOB O ENFOQUE CONSTITUCIONAL

Após o exame de algumas decisões dos tribunais a respeito do instituto protetivo mais adequado para a representação de pessoas menores de idade com deficiência física (surdo-mudo) ou mental, Valter Kenji Ishida[14] conclui que o melhor critério, para a escolha da medida, parece ser a aferição da menoridade. Se a pessoa menor de idade é passível de exercer alguns atos da vida civil, por ser relativamente incapaz (art. 4º, I, do CC), é possível a sua interdição. Caso, entretanto, cuide-se de menor absolutamente incapaz (art. 3º, I, do CC), a hipótese cabível é de tutela.

Gustavo Tepedino, Heloisa Helena Barbosa e Maria Celina Bodin de Moraes[15], seguindo o posicionamento de Clóvis Bevilacqua, entendem que a diferença entre os dois instrumentos de assistência de vulneráveis encontra-se exatamente em seu destinatário. Prescrevem os referidos autores que: *"a curatela é o encargo público, conferido por lei a alguém, em favor de pessoa incapaz de dirigir sua própria vida e administrar seus bens, e sua diferença básica em relação à tutela radica em que esse poder seja exercido em favor de pessoas maiores ou de nascituro"*[16].

Note-se que, diante da promulgação do Estatuto da Pessoa com Deficiência (Lei n. 13.146/2015), a curatela passou a ser um instituto mais específico e temporário, mormente pelas importantes alterações no instituto da incapacidade. No entanto, a referida lei inseriu no art. 1.769 do Código Civil uma nova hipótese de requerimento de curatela pelo Ministério Público: quando se tratar de pessoa *menor* de idade[17], o que nos leva à conclusão de que é possível, excepcionalmente, a curate-

---

14 ISHIDA, Válter Kenji. *Estatuto da Criança e do Adolescente:* doutrina e jurisprudência. 25. ed. rev., atual. e ampl. São Paulo: JusPodivm, 2024, p. 202.

15 TEPEDINO, Gustavo; BARBOZA, Heloisa Helena; MORAES, Maria Celina Bodin de. *Código Civil interpretado conforme a Constituição da República.* Rio de Janeiro: Renovar, 2014, v. IV, p. 494. Em igual posição de que a tutela se destina a suprir a incapacidade da idade do tutelado e a curatela dos casos do art. 1.767 do CC, para pessoas maiores de idade: LIBERATI, Wilson Donizeti. *Comentários ao Estatuto da Criança e do Adolescente.* 12. ed. rev. e ampl. de acordo com a Lei 13.058, de 22-12-2014. São Paulo: Malheiros, 2015, p. 48; DIGIÁCOMO, Murillo José; DIGIÁCOMO, Ildeara de Amorim. *Estatuto da Criança e do Adolescente anotado e interpretado.* 8. ed. Curitiba: Ministério Público do Estado do Paraná. Centro de Apoio Operacional das Promotorias da Criança e do Adolescente, 2020, p. 73; GAGLIANO, Pablo Stolze; PAMPLONA FILHO, Rodolfo. *Direito de família.* 8. ed. São Paulo: Saraiva Educação, 2018, p. 734, CARVALHO, Dimas Messias. *Direito das famílias.* 6. ed. São Paulo: Saraiva Educação, 2018, p. 892; e MADALENO, Rolf. *Direito de família.* 10. ed. Rio de Janeiro: Forense, 2020, p. 1297.

16 Entendendo ser a curatela o instituto protetivo de maiores de idade, mas incapazes de zelar por seus próprios interesses pessoais e patrimoniais (p. 707), e, no caso de nascituro, a hipótese seria de tutoria (p. 718), está Maria Berenice Dias. DIAS, Maria Berenice. *Manual de direito das famílias.* 12. ed. rev., atual. e ampl. São Paulo: Revista dos Tribunais, 2017.

17 Passou a rezar o art. 1.769 do CC, conforme redação do Estatuto da Pessoa com Deficiência: "O Ministério Público somente promoverá o processo que define os termos da

la de crianças e de adolescentes com deficiência, mas desde que não se encontrem sob o poder familiar dos pais[18].

7. ENTREGA DO FILHO EM TUTELA

O poder familiar somente é extinto nos casos previstos no art. 1.635 do CC e nos arts. 19-A, § 4º, 166, § 1º, I e II e 24 da Lei n. 8.069/90. Cuida-se de direito indisponível, uma vez que os pais não podem abrir mão dele, é inalienável, irrenunciável e incompatível com a transação[19], mas, como alhures afirmado, há a exceção legal de possibilidade de entrega do filho para fins de guarda e de adoção.

Admitir a concordância dos pais com a tutela do filho é compactuar com a inusitada transferência de um encargo de natureza pública originária e natural (poder familiar) para outrem que assumirá essa função exclusiva dos pais, vivos e capazes para o exercício desse múnus, de forma subsidiária e temporária, o que, por evidente, fere de morte o superior interesse do filho. É impossível juridicamente, pois, o acordo dos genitores com o pedido de tutela da prole, diante do silêncio da lei codificada civil e do ECA sobre a possibilidade dessa disposição. Assim, em uma interpretação sistemática do tema de acordo com os princípios estatutários (art. 6º do ECA), a delegação do poder familiar dos pais aos tutores é incabível[20].

Como dito anteriormente, o art. 16, § 2º da Lei n. 8.213/1991 e a Emenda Constitucional n. 103/2019 preveem que a criança ou o adolescente colocado sob tutela usufrua de benefícios previdenciários do tutor respectivo (art. 23, § 6º). Essa dependência para todos os fins estabelecida judicialmente, porém, é consequência e não causa ou finalidade dessa medida protetiva. Logo, a inserção de um infante como dependente previdenciário do tutor por vontade dos pais é uma forma de burla ao sistema previdenciário.

Ora, se o pressuposto lógico para a medida de tutela é que sejam falecidos os pais, julgados ausentes ou decaídos do poder familiar (art. 169 do ECA), há impos-

---

curatela: I – nos casos de deficiência mental ou intelectual; [...] III – se, existindo, *forem menores* ou incapazes as pessoas mencionadas no inciso II" (grifos nossos).

18 Se os pais detiverem o exercício pleno do poder familiar, consolidada estará sobre eles a representação do filho menor de idade que possua outra espécie de incapacidade e dispensável será a curatela.

19 PEREIRA, Caio Mário da Silva. *Instituições de direito civil.* v. V. 30. ed. rev., atual. e reformulada. Rio de Janeiro: Forense, 2024, p..

20 Ishida aduz a possibilidade de concordância dos pais com o pedido de tutela, mediante redução por termo em audiência judicial com a presença do Ministério Público e do advogado ou defensor público. ISHIDA, Válter Kenji. *Estatuto da Criança e do Adolescente:* doutrina e jurisprudência. 25. ed. rev., atual. e ampl. São Paulo: JusPodivm, 2024, p. 645.

PARTE I – O DIREITO MATERIAL SOB O ENFOQUE CONSTITUCIONAL

sibilidade da concessão de tutela estando os pais vivos, presentes e bem exercendo o aludido encargo.

A concordância dos pais com a colocação dos filhos em família substituta, assim, não se aplica ao instituto da tutela, pois, na forma do art. 169 do ECA, deverá ser observado o procedimento contraditório de perda do poder familiar.

Logo, se há pleito de tutela com o consentimento de pais vivos, o caminho a ser trilhado será retificar o pedido para guarda ou adoção, dependendo da finalidade da medida.

8. OBRIGAÇÕES PESSOAIS

O tutor exercerá todas as tarefas que caberiam originalmente aos pais (art. 1.634 do CC c/c os arts. 22 do ECA e 1.740, III, do CC). Nesta esteira, remetemos o leitor aos comentários relativos aos deveres inerentes ao poder familiar, quais sejam, guarda, educação, sustento material e assistência imaterial, além da representação do menor até os 16 anos e a assistência dos 16 até os 18 anos de idade.

A educação do tutelado deve seguir o parâmetro previsto no art. 55 do ECA, ampliando o dever de proporcionar a sua profissionalização, de maneira a conferir--lhe aptidão para a vida produtiva (art. 39 da Lei n. 9.394/96).

O dever de corrigir e de disciplinar o pupilo foram acrescentados no art. 1.740, II, do CC, objetivando que, com o auxílio da Justiça, o tutelando possa não só ser educado para a vida por meio da orientação do tutor, mas também, se necessário, com a admoestação e acompanhamento de profissionais técnicos, como assistente social e psicólogo, tudo de modo a garantir ao menor de idade o direito ao respeito e à sua dignidade (arts. 17 e 18 do ECA).

A questão da guarda exercida pelo tutor será analisada no tópico a seguir. A princípio, no entanto, o tutelado deve ficar sob a guarda do tutor. Em sendo assim, a assistência material do tutelado é suprida por aquele. Se, no entanto, a guarda for exercida por outrem, é cabível a prestação de alimentos pelo tutor ao tutelado.

A hipótese antes mencionada, contudo, só ocorrerá se não houver parentes e o tutelado não possuir bens. Se o tutor for parente do tutelado, dependendo de seu grau de parentesco, pode ser acionado por este (arts. 1.694 e 1.697 do CC).

Se o tutelado, no entanto, possuir patrimônio, não será preciso que o tutor preste-lhe alimentos, uma vez que a criança ou o adolescente será mantido e educado por meio de seus rendimentos próprios, sendo a quantia mensal fixada pelo juiz, de modo a suprir todas as necessidades daquele (art. 1.746 do CC).

Da mesma forma que ocorre com os pais, o tutor deve garantir ao tutelado todos os direitos fundamentais prescritos no art. 227 da CF/88 e no art. 4º do ECA, haja vista que a expressão "família" dos textos referidos sugere, em primeiro plano, aqueles que convivem diretamente com a criança ou o adolescente, sejam eles os pais ou o responsável.

Apesar de o art. 1.740 do CC nada referir acerca do controle e fiscalização judicial das incumbências do tutor quanto à pessoa do menor de 18 anos, parece-nos pertinente esta inspeção, tendo em vista, em primeiro lugar, a natureza de múnus público do encargo e, em segundo lugar, que esta modalidade de colocação em família substituta objetiva suprir as obrigações relativas ao poder familiar.

A melhor interpretação para a aplicação do controle judicial é confrontá-lo com os princípios norteadores do direito da criança e do adolescente, em especial com o princípio do superior interesse. Se a autoridade exercida pelos pais naturais do infante pode ser alvo do controle estatal, de modo a garantir ao filho todos os seus direitos fundamentais, quanto mais a inspeção dos encargos praticados por família substituta, uma vez que possuem natureza excepcional.

O Código Civil, no art. 1.740, III, estatui a observância do §§1º e 2º do art. 28 do ECA de ouvir-se o adolescente nas matérias que digam respeito à sua vida, devendo o tutor, no cumprimento de seus deveres, atentar para a opinião do pupilo, se este já contar 12 anos de idade.

Por fim, impende aduzir que ao tutor não é conferido o poder de emancipar o pupilo, haja vista que esta competência do poder familiar não lhe é estendida expressamente. Assim, é necessário o procedimento judicial de emancipação, com oitiva do tutor, consoante dispõe o inciso I do parágrafo único do art. 5º do Código Civil.

8.1. Guarda do tutelado

A Lei Civil de 2002 restringiu a indispensabilidade da residência do domicílio do tutelado para o tutor dativo, nada mencionando ao tratar das demais espécies de tutela, nem ao relacionar as incumbências do tutor nos arts. 1.740 e 1.741 do CC.

O Estatuto da Criança e do Adolescente, por outro lado, insere a tutela entre as modalidades de família substituta, no capítulo da convivência familiar e comunitária, e enfatiza que aquela implica necessariamente o dever de guarda do pupilo (parágrafo único do art. 36)[21].

Com pertinência, Marcelo Vieira[22] alerta que *"não se pode efetivar um direito à convivência familiar se tutor e tutelado efetivamente não convivem. É no dia a dia, na*

---

21 Afirmando implicar a tutela necessariamente o dever de guarda, com todos os deveres que esta acarreta, tais como assistência material, moral e educacional está Washington de Barros Monteiro. BARROS MONTEIRO, Washington de; SILVA, Regina Beatriz Tavares da. *Direito de família.* 43. ed. São Paulo: Saraiva, 2016, p. 641 (Coleção Curso de Direito Civil, v. 2). Neste sentido, ainda: NUCCI, Guilherme de Souza. *Estatuto da Criança e do Adolescente Comentado.* 5. ed. rev., atual. e reform. Rio de Janeiro: Forense, 2021, p. 146.

22 VIEIRA, Marcelo de Mello. Direito à convivência familiar de crianças e de adolescentes e tutela: por uma nova relação entre pupilo e tutor. *Revista Brasileira de Direito Civil – RBDCivil,* Belo Horizonte, v. 23, p. 81-97, jan./mar. 2020, p. 93.

PARTE I - O DIREITO MATERIAL SOB O ENFOQUE CONSTITUCIONAL

participação das rotinas e dos rituais, que essa relação de convivência permitirá a criação de laços entre o tutor e o pupilo e que o primeiro poderá exercer sua função de cuidar do segundo, acompanhando o desenvolvimento deste".

Parece-nos, então, que a interpretação que melhor se coaduna com o cotejo dessas duas leis (Código Civil e Estatuto da Criança e do Adolescente) é ampliar a obrigação de guarda do tutelado ao tutor, qualquer que seja a origem de nomeação. Há exceções, entretanto, como na hipótese na qual o tutelado já se encontra sob a guarda judicial de outra pessoa, mas tal guardião, em razão da idade avançada ou da ausência de conhecimentos acerca de administração de bens, por exemplo, necessite que se compartilhem as tarefas da tutela com a pessoa especialmente nomeada para o seu exercício.

O tutelado, portanto, residiria com o antigo guardião, que permanecerá exercendo os deveres pessoais com relação àquele, enquanto ao tutor caberiam os encargos relativos à administração de seus bens ou patrimônio.

Dessa maneira, qualquer que seja a amplitude do dever de guarda e companhia na tutela, o adolescente deverá ser sempre ouvido quanto a esse aspecto do encargo (§ 2º do art. 28 do ECA c/c o art. 1.740, III, do CC).

9. OBRIGAÇÕES PATRIMONIAIS

Prestado o compromisso, o tutor assume a administração dos bens do tutelado, de acordo com o que reza o § 2º do art. 759 do CPC. O comando legal acerca da tarefa do tutor de administrar os bens do tutelado significa que aquele deve conservar os bens e fazer com que produza frutos, assim como tomar medidas legais para a sua defesa (art. 1.741 do CC).

Frise-se que a perda do poder familiar dos pais e a colocação em família substituta tutora não significa que o tutelado foi excluído da sucessão dos bens daqueles ascendentes, agora falecidos (art. 1.814 do CC). Pelo contrário, *"não se extingue, contudo, o vínculo sucessório do Código Civil, que possui tanto o descendente como o ascendente (art. 1.603 do CC). A tutela visa apenas sanar a falta de representação legal"*[23], especialmente quando, perante o Juízo sucessório, o pupilo menor de idade figurar como herdeiro necessário. Por outro lado, não há sucessão entre tutor e seu pupilo, a não ser que aquele o nomeie por testamento como herdeiro ou, ainda, o pupilo esteja na ordem sucessória do tutor parente, como na hipótese dos avôs tutores e neto tutelado.

O juiz e o Ministério Público inspecionarão a administração dos bens do tutelado e fiscalizarão a atuação do tutor por meio de prestações de contas periódicas, mas aquele pode gerir o patrimônio de seu pupilo dentro do que foi estipulado na

---

23 ISHIDA, Válter Kenji. Op. cit., p. 201 (grifo no original).

lei, havendo hipóteses, porém, nas quais necessariamente deverá postular a autorização judicial (arts. 1.747 a 1.750 do ECA).

Com efeito, foi criada pela lei civil a figura do protutor, que tem por finalidade fiscalizar os atos do tutor e informar ao magistrado sobre eventuais irregularidades encontradas na administração dos bens do tutelado, bem como acerca da relação pessoal entre o tutor e o pupilo (art. 1.742 do CC). Este fiscal não é investido da posição de tutor, apenas intervém e fiscaliza as funções da tutela, exercendo-a como auxiliar do juiz. Para tanto, o protutor deverá elaborar termo especificado do estado dos bens do tutelado.

Esta figura, prevista no Código Civil italiano (art. 360) do qual o instituto foi transportado para o direito brasileiro, possui a mesma denominação e o papel de *longa manus* do juiz, ou seja, representa a pessoa de confiança do magistrado que possa acompanhar de perto a administração da pessoa e bens do tutelado[24].

A nomeação do protutor, entretanto, é mera faculdade do magistrado, e a este auxiliar será arbitrada uma gratificação módica pela atuação realizada (§ 1º do art. 1.752 do CC).

Para exemplificar a preocupação com a lisura no exercício da administração dos bens pelo tutor, deverá ser lavrado termo especificado de todos os bens da criança ou do adolescente sob a tutela, dele constando seus valores, ainda que os pais tenham dispensado esta formalidade, isso porque esta norma é princípio de ordem pública e, portanto, não pode ser desrespeitada (art. 1.745 do CC).

Ainda quanto à probidade no exercício deste ônus, vale destacar o pleito comumente formulado pelo tutor quanto à alienação de bem imóvel do tutelado (art. 1.750 do CC). Embora o legislador civil tenha abolido a necessidade de venda em hasta pública (leilão), por razões de celeridade e redução de custos, a avaliação judicial do bem do tutelado permanece indispensável, assim como é imprescindível a apresentação de um conjunto probatório cabal de que efetivamente haverá vantagem para o menor de idade proprietário.

Assinale-se que deve ser observado que, diferentemente do que ocorre com os pais na administração dos bens dos filhos (art. 1.689 do CC), o tutor não possui o usufruto do patrimônio de seu pupilo, mas tem o direito de ser remunerado pelos gastos que despender no exercício da tutela. Ainda de modo diverso do múnus parental, o tutor recebe remuneração proporcional à importância dos bens administrados (art. 1.752, *in fine*, do CC).

Por fim, acentue-se que, no art. 1.743 do CC, foi inserida a figura da delegação da tutela para pessoa física ou jurídica que detenha conhecimentos técnicos para administrar os bens e interesses complexos do tutelado, dos quais, por óbvio, o tutor não dispõe. Diversamente da protutoria (art. 1.723), o legis-

---

24 *Il Codice del Diritto di Famiglia.* Casa Editrice La Tribuna, 2003, p. 98.

PARTE I – O DIREITO MATERIAL SOB O ENFOQUE CONSTITUCIONAL

lador civil não denominou esta espécie de encargo complementar da tutela e, por consequência, não há uniformidade desta nomenclatura na doutrina. Maria Helena Diniz, por exemplo, por entender tratar-se de uma concessão judicial excepcional a um assistente técnico de assuntos complexos, a considera uma tutela parcial[25].

Constitui, como dito, uma transferência de alguns encargos da tutoria pelo próprio tutor, com a aprovação do juiz, mas somente quanto aos bens do tutelado. Por tal razão, Eduardo de Oliveira Leite denomina tutor sub-rogado a pessoa física ou jurídica que auxilia na tutela, *"sempre que o vulto e a complexidade do patrimônio o exigir e, mediante justificativa em juízo"*[26].

Com efeito, Heloisa Maria Daltro Leite[27] qualifica, entretanto, esta forma de administração dos bens do tutelado de cotutoria, fundamentando-se na *"admissão da partilha da tutela, quer em razão da especialização necessária à administração dos bens e interesses do tutelado, quer pela distância entre o local onde está estabelecido o bem e o domicílio do menor e seu tutor"*.

10. TUTELA COMO MEDIDA PROTETIVA OU ESTATUTÁRIA

A tutela era considerada pelo Código de Menores medida de assistência e proteção para menores em situação irregular (art. 14, III, c/c o art. 17, III, da Lei n. 6.697/79). No Estatuto da Criança e do Adolescente permanece o instituto inserido na relação das medidas protetivas destinadas às crianças e aos adolescentes, na hipótese do art. 98 desta lei especial (art. 101, VIII, do ECA).

Todavia, como acentuado anteriormente, a Lei n. 8.069/90 remeteu toda a disciplina de direito material relacionada à tutela para o Código Civil, inclusive para nortear a tutela dita estatutária.

Por sua vez, a anterior redação do art. 1.734 do CC era um esboço de tentativa do legislador de inserir, na lei civil, a tutela como medida protetiva, porém tal regra continha tantas impropriedades, se lida em confronto com os princípios do ECA, que era despicienda e mesmo inconstitucional, diante do princípio da proteção integral.

Com efeito, a interpretação sistemática do ECA revela que o impróprio termo utilizado na antiga redação *"recolhimento de menores abandonados em estabelecimento público"* deveria significar uma medida de proteção provisória e excepcional (art. 101, VII e § 1º, do ECA).

O art. 1.734 do Código Civil, entretanto, foi em boa hora alterado pela Lei n. 12.010/2009, estabelecendo-se que as crianças e os adolescentes, cujos pais forem

---

25 DINIZ, Maria Helena. Op. cit., p. 738.
26 LEITE, Eduardo de Oliveira. Op. cit., p. 417.
27 LEITE, Heloisa Maria Daltro. Op. cit., p. 510.

desconhecidos, falecidos ou que tiverem sido suspensos ou destituídos do poder familiar, terão tutores nomeados pelo juiz ou serão incluídos em programa de colocação familiar, na forma prevista pela Lei n. 8.069/1990.

Ademais, deve ser considerado que, se o menor de 18 anos está na hipótese familiar descrita no art. 98, II, do ECA, ou seja, ambos os pais são desconhecidos, estão em local incerto e não sabido, são omissos, negligentes e abusadores, a medida protetiva mais adequada é a colocação em família substituta mais ampla, a adoção.

Ocorre que, na prática da Justiça da Infância, dependendo da idade, da cor e do sexo do infante, por vezes, por escolha da pessoa ou da família cadastrada, a criança abandonada não se encaixa no perfil pretendido pelos habilitados e, lamentavelmente, não há quem requeira a sua adoção, quanto mais a sua tutela, instituto pouco utilizado nas Varas de Infância e da Juventude.

Assim, a determinação assistencial e emergencial de encaminhamento ao acolhimento institucional é a solução transitória que se afigura única, para suprir a falta dos pais e outros familiares destes menores de 18 anos em situação de risco.

Desta maneira, a finalidade do art. 1.734 do CC, de garantir uma família substituta que, voluntária e gratuitamente, encarregue-se da criação de um menor de idade abandonado somente possui algum sentido prático se tais pessoas tenham algum vínculo de afetividade com aquele. E mais: respeitado o seu desejo de ser inserido naquele núcleo familiar, sob a modalidade de tutela[28].

Vale salientar que, sendo o abrigado órfão de ambos os genitores ou estes tenham sido suspensos ou destituídos do poder familiar, abre-se a possibilidade de o Ministério Público, identificando parentes ou pessoas com as quais o infante possua ligação afetiva e não tenham, contudo, estes requerido a tutela do acolhido, promover ação de nomeação de tutor, na forma do disposto no art. 201, III, do ECA.

---

28 Vieira e Sillmann refletem que, diante do rigorismo da lei civil quanto à administração dos bens do tutelado, à prestação de contas e à responsabilização direta ou indireta do magistrado que nomeia ou deixa de remover um tutor, nas hipóteses de crianças e adolescentes vinculados à Justiça da Infância e Juventude, com parcos ou nenhum patrimônio, a tutela estaria em desuso e o instituto protetivo mais utilizado seria a guarda, que os deixaria sem representação legal. Sugerem, então, os doutrinadores, *de lege ferenda*, a simplificação da prestação de constas ou, ainda, a delegação dos deveres do tutor quanto aos interesses patrimoniais do pupilo à outra pessoa (que poderia ser o protutor), mediante autorização judicial (art. 1.743 do CC). VIEIRA, Marcelo de Mello; SILMANN, Mariana Carneiro Matos. Repensando a tutela de crianças e adolescentes para o século XXI: reflexões sobre uma necessária relação entre o direito civil e o direito infantojuvenil. In: VIEIRA, Marcelo de Mello; BARCELOS, Paulo Tadeu Rigletti (orgs.). *Direitos da criança e do adolescente*: desafios para a efetivação do direito à convivência familiar. Belo Horizonte: D'Plácido, 2021, p. 139-141.

PARTE I – O DIREITO MATERIAL SOB O ENFOQUE CONSTITUCIONAL

11. TUTELA NO CÓDIGO CIVIL: OUTRAS NOTAS

Algumas observações acerca das normas do instituto da tutela previstas no Código Civil merecem destaque: a nomeação do tutor deverá ser feita apenas pelos pais, em conjunto, desde que estejam exercendo o poder familiar. Logo, não compete ao avô paterno ou ao materno a escolha do tutor para o(a) neto(a), consoante previa o art. 407 do Código Civil de 1916, o que não retira dos avós o direito-dever de exercerem o encargo de tutores quando nomeados pelos pais ou pelo juiz (arts. 1.729 e 1.731, I, do CC).

A preferência na tutela legítima será dada em favor dos afetivamente mais próximos do tutelado (art. 1.731 do CC), acompanhando os ditames do § 3º do art. 28 do ECA. Fica patente, então, que a aptidão para o exercício desta tutoria em benefício do menor de idade é o fator que norteará a escolha pelo magistrado dentre os parentes do tutelado (art. 1.731, II, do CC).

O Código Civil, no art. 1.736, I, faz distinção entre mulher solteira e casada. As mulheres casadas podem escusar-se voluntariamente da tutela. Contudo, essa forma de dispensa afigura-se inconstitucional, pois fere o princípio da igualdade entre os sexos, prevista no art. 5º, I, da CF/88.

Vale destacar, como uma das principais novidades inseridas na lei civil, o fato de que deve o tutor ouvir sempre a opinião do pupilo, se este for adolescente (maior de 12 anos), no exercício e cumprimento dos deveres da tutela (art. 1.740, III, do CC). Esta norma já existia para a tutela estatutária, conforme referido anteriormente (art. 28, § 1º, do ECA).

O art. 37 do ECA dispensa a especialização de hipoteca legal, se os bens do tutelado estivessem registrados no Registro Geral de Imóveis ou se seus rendimentos fossem suficientes apenas para a mantença do tutelado. O Código Civil, por sua vez, não determina a especialização da hipoteca legal e dispensa a caução se for tutor idôneo (parágrafo único do art. 1.745 do CC).

12. CAUSAS DE CESSAÇÃO DA TUTELA

Motivos naturais podem acarretar a extinção da condição de tutelado, tais como a hipótese de morte deste e do tutor (não prevista em lei) ou a sua maioridade civil e emancipação (art. 1.763, I, do CC). Além destas causas, o surgimento do poder familiar, seja por meio do reconhecimento de paternidade ou de maternidade, seja pela adoção, também foi expressamente previsto (art. 1.763, II, do CC).

O legislador civil, entretanto, por equívoco certamente, esqueceu-se de mencionar a possibilidade de ressurgimento ou restabelecimento do poder familiar dos pais biológicos ou dos pais civis. Mediante ação própria visando recobrar o direito parental perdido, os referidos pais retornarão a deter o poder familiar, não se justificando, assim, a permanência da criança em família substituta, a não ser que esta medida atenda melhor a seus interesses. Resumindo: no caso de perda do poder familiar, se este for restaurado, finda estará a tutela.

Extingue-se também a tutela quando expirado o tempo em que era o tutor obrigado a servir (arts. 1.764, I, e 1.765 do CC). Neste caso, deverá ser observado o disposto no art. 763, §§ 1º e 2º do CPC acerca do pedido de exoneração do encargo, pois não o fazendo, dentro dos dez dias seguintes à expiração do termo, entender-se-á reconduzido, salvo se o juiz o dispensar, por julgar conveniente ao tutelado.

A instituição da tutela é ato unilateral, não dependendo da aceitação do tutor, podendo este, no entanto, escusar-se do encargo. A escusa legítima igualmente cessa a função de tutor, estando suas motivações expostas nos arts. 1.736 e 1.737 (escusa voluntária), todos do Código Civil c/c art. 760 do CPC.

Cessa, por fim, a tutela em caso de remoção do tutor por exercício irregular do encargo, sendo a sua exoneração recomendada nos casos do art. 1.735 (escusa necessária) e nos casos de destituição previstos no art. 1.766 do CC. Às causas de destituição do tutor adicionam-se as causas de destituição do poder familiar previstas no art. 1.638 do CC c/c o art. 24 do ECA c/c art. 761 do CPC.

A remoção do tutor possui procedimento próprio, a ser analisado adiante, e por este motivo não nos parece ser admissível a destituição de ofício pelo juiz, sem o devido processo legal.

Por sua vez, o art. 437 da Consolidação das Leis do Trabalho estatui como causa de destituição de tutela a permissão ilegal do tutor de manter o tutelado trabalhando em local perigoso, insalubre ou prejudicial à sua moralidade, bem como em horário noturno.

No Código Penal encontra-se ainda outra forma de incapacidade para o exercício da tutela, ou seja, quando o tutor praticar crime doloso, sujeito à pena de reclusão, contra o tutelado (art. 92, II).

REFERÊNCIAS

BARROS MONTEIRO, Washington de; SILVA, Regina Beatriz Tavares da. *Direito de família*. 43. ed. São Paulo: Saraiva, 2016. (Coleção Curso de Direito Civil, v. 2).

CARVALHO, Dimas Messias. *Direito das famílias*. 6. ed. São Paulo: Saraiva Educação, 2018.

DIAS, Maria Berenice. *Manual de direito das famílias*. 12. ed. rev., atual. e ampl. São Paulo: Revista dos Tribunais, 2017.

DIGIÁCOMO, Murillo José; DIGIÁCOMO, Ildeara de Amorim. *Estatuto da Criança e do Adolescente anotado e interpretado*. 8. ed. Curitiba: Ministério Público do Estado do Paraná. Centro de Apoio Operacional das Promotorias da Criança e do Adolescente, 2020.

DINIZ, Maria Helena. *Curso de direito civil brasileiro*. 32. ed. São Paulo: Saraiva Educação, 2018. v. V.

ISHIDA, Válter Kenji. *Estatuto da Criança e do Adolescente*: doutrina e jurisprudência. 25. ed. rev., atual. e ampl. São Paulo: JusPodivm, 2024.

GAGLIANO, Pablo Stolze; PAMPLONA FILHO, Rodolfo. *Direito de família*. 8. ed. São Paulo: Saraiva Educação, 2018 (Coleção Novo Curso de Direito Civil, v. 6).

LEITE, Eduardo de Oliveira. *Direito civil aplicado*. 2. ed. rev., atual. e ampl. São Paulo: Revista dos Tribunais, 2013. v. 5.

LEITE, Heloisa Maria Daltro. Tutela. *Código Civil*: do direito de família. Rio de Janeiro: Freitas Bastos, 2006.

LIBERATI, Wilson Donizeti. *Comentários ao Estatuto da Criança e do Adolescente*. 12 ed. rev. e ampl. de acordo com a Lei 13.058, de 22-12-2014. São Paulo: Malheiros, 2015.

MADALENO, Rolf. *Direito de família*. 10. ed. Rio de Janeiro: Forense, 2020.

NUCCI, Guilherme de Souza. *Estatuto da Criança e do Adolescente Comentado*. 5. ed. rev., atual. e reform. Rio de Janeiro: Forense, 2021.

OLIVEIRA, J. M. Leoni Lopes de. *Direito civil*: família. Rio de Janeiro: Forense, 2018.

PEREIRA, Caio Mário da Silva. *Instituições de direito civil*. 30. ed. rev., atual. e reformulada. Rio de Janeiro: Forense, 2024. v. V.

PONTES DE MIRANDA, Francisco Cavalcanti. *Tratado de direito de família*. São Paulo: Bookseller, 2001. v. III.

RIZZARDO, Arnaldo. *Direito de família*. 10. ed. Rio de Janeiro: Forense, 2019.

ROSA, Conrado Paulino da. *Direito de família contemporâneo*. 7. ed. rev., ampl. e atual. Salvador: JusPodivm, 2020.

TEPEDINO, Gustavo; BARBOZA, Heloisa Helena; MORAES, Maria Celina Bodin de. *Código Civil interpretado conforme a Constituição da República*. Rio de Janeiro: Renovar, 2014. v. IV.

VENOSA, Sílvio de Salvo. *Direito civil*: família. 17. ed. São Paulo: Atlas, 2017. v. 5.

VIEIRA, Marcelo de Mello. Direito à convivência familiar de crianças e de adolescentes e tutela: por uma nova relação entre pupilo e tutor. *Revista Brasileira de Direito Civil – RBDCivil*, Belo Horizonte, v. 23, p. 81-97, jan./mar. 2020.

VIEIRA, Marcelo de Mello; SILMANN, Mariana Carneiro Matos. Repensando a tutela de crianças e adolescentes para o século XXI: reflexões sobre uma necessária relação entre o direito civil e o direito infantojuvenil. In: VIEIRA, Marcelo de Mello; BARCELOS, Paulo Tadeu Rigletti (orgs.). *Direitos da criança e do adolescente*: desafios para a efetivação do direito à convivência familiar. Belo Horizonte: D'Plácido, 2021.

Adoção

Galdino Augusto Coelho Bordallo

1. INTRODUÇÃO

De todas as modalidades de colocação em família substituta previstas em nosso ordenamento jurídico, a adoção é a mais completa, no sentido de que há a inserção da criança/adolescente no seio de um novo núcleo familiar, enquanto as demais (guarda e tutela) limitam-se a conceder ao responsável alguns dos atributos do poder familiar. A adoção transforma a criança/adolescente em membro da família, o que faz com que a proteção que será dada ao adotando seja muito mais integral.

Por meio da adoção será exercida a paternidade em sua forma mais ampla, a paternidade do afeto, do amor. A paternidade escolhida, que nas palavras de Rodrigo da Cunha Pereira[1] é a verdadeira paternidade, pois a paternidade *adotiva está ligada à função, escolha, enfim, ao desejo*. Só uma pessoa verdadeiramente amadurecida terá condições de adotar, de fazer esta escolha, de ter um filho do coração.

Quando se fala em adoção pensa-se sempre naquelas pessoas que, em busca de um filho, escolhem uma criança que preenche suas expectativas e a levam para casa, complementando, assim, a família. Na maioria dos casos, dá-se o contrário, pois a escolha não é realizada pelos adultos, mas pela criança/adolescente. É este quem escolhe a família, em um processo em que não entra nenhum outro ingrediente que não seja o amor e a vontade de ser feliz. Podemos dizer, sem qualquer sombra de

---

1 PEREIRA, Rodrigo da Cunha. Pai, por que me abandonaste? In: PEREIRA, Tânia da Silva. *O superior interesse da criança*: um debate interdisciplinar. Rio de Janeiro: Renovar, 2000, p. 580.

PARTE I – O DIREITO MATERIAL SOB O ENFOQUE CONSTITUCIONAL

333

dúvida, como o faz Lúcia Maria de Paula Freitas[2], que a "adoção é sempre via de mão dupla, que pais e filhos se adotam e não os pais aos filhos e que essa relação de troca vai-se dando na órbita familiar mais ampla", o que é a mais pura verdade, pois só quando ocorre essa construção sentimental é que teremos a efetivação do mandamento constitucional do art. 227, § 6º, que proíbe qualquer discriminação com relação aos filhos, qualquer que seja sua origem. Só haverá verdadeiramente a adoção quando a troca do sentimento ocorrer entre todos os membros da nova família.

2. HISTÓRICO

O instituto da adoção é encontrado nos sistemas jurídicos dos povos mais antigos, tendo expressiva evolução, desde os seus primórdios, no direito ancião, até os dias de hoje.

Existindo desde as civilizações mais remotas, a adoção foi instituída com a finalidade de dar filhos a quem não podia tê-los, a fim de que a religião da família fosse perpetuada. Encontramos menção a ela, por exemplo, nos Códigos de Hamurabi, Manu[3], no Deuteronômio, na Grécia Antiga e em Roma, onde o instituto teve seu apogeu. Na Bíblia, no Livro do Deuteronômio[4], encontramos regra que obrigava o irmão do marido morto a desposar a cunhada para dar-lhe descendência, com a finalidade de que seu nome não se extinguisse em Israel. Ainda na Bíblia, não podemos nos esquecer da história de Moisés, que, largado por sua mãe em um cesto dentro do rio, foi encontrado pela filha do faraó e por ela adotado (Livro do Êxodo, Capítulo 2, versículos 1 a 10).

Era medida empregada com o intuito de manter os cultos domésticos, pois as civilizações mais remotas entendiam que os mortos deviam ser cultuados por seus descendentes, a fim de que sua memória fosse honrada. Assim, poderia adotar aquele que não tivesse filhos e isto viesse a acarretar o risco da extinção da família.

No direito romano, a adoção teve seu ápice, vindo a ser mais bem disciplinada. Os romanos, além da função religiosa, davam à adoção papel de natureza familiar, política e econômica. A religião exigia, de forma imperiosa, que a família não se extinguisse e, quando a natureza não permitia que o cidadão romano concebesse filhos, poderia fazer uso do instituto da adoção. Os efeitos de natureza política

---

2   FREITAS, Lúcia Maria de Paula. Adoção – Quem de nós quer um filho? *Revista Brasileira de Direito de Família*. Porto Alegre, n. 10, p. 146-155, jul./set., 2001, p. 153.

3   "Aquele a quem a natureza não deu filhos pode adotar um, para que não cessem as cerimônias fúnebres." Código de Manu, IX, 10, citado por Fustel de Coulanges, em *A cidade antiga*. Trad. de Fernando de Aguiar. 4. ed. São Paulo: Martins Fontes, 1998, p. 50.

4   Na Bíblia, dos Livros que compõem o Antigo Testamento, o Deuteronômio não possui, originalmente, cunho religioso, sendo um código legal para o povo judeu. Em seu corpo encontramos regras de direito de família, direito sucessório, direito penal, entre outras.

faziam com que obtivesse a cidadania romana, transformando-o de plebeu em patrício, sendo também uma forma de preparar para o poder (Nero foi adotado por Augusto, transformando-se, posteriormente, em imperador). Vislumbrava-se a finalidade econômica quando era utilizada para deslocar de uma família para outra a mão de obra excedente.

Na Roma antiga, aquele que entrava para uma nova família tinha o vínculo rompido com a família anterior, passando a ser um estranho para esta[5].

Sua existência foi ameaçada durante o período da Idade Média, pois as regras da adoção iam de encontro aos interesses reinantes naquele período, já que se a pessoa morresse sem herdeiros seus bens seriam herdados pelos senhores feudais ou pela Igreja. Foi nesta época escassamente praticada, sendo utilizada como um instrumento cristão de paternidade e de proteção, e quase nenhum direito era conferido ao adotado. Ademais, como os filhos eram considerados uma bênção divina para o casal e sua falta, um castigo, a doutrina religiosa entendia que a esterilidade não deveria ser compensada com a possibilidade da adoção.

Retornou às legislações no direito moderno, com a elaboração do Código de Napoleão, na França, em 1804. Napoleão foi um dos defensores da inserção da adoção no Código Civil então em elaboração, pois como não conseguia ter filhos com sua imperatriz, pensava em adotar. Após o advento do Código de Napoleão, o instituto da adoção voltou a inserir-se em todos os diplomas legais ocidentais, haja vista a grande influência do Código Francês nas legislações modernas dos demais países.

Com seu retorno aos textos legais, a adoção transformou-se em mecanismo para dar filhos a quem não podia tê-los. Com o passar dos tempos, seu sentido se alterou, passando, nos dias de hoje, a significar o dar uma família a quem não a possui. Podemos efetivamente afirmar que a adoção evoluiu de um caráter potestativo para um caráter assistencialista.

No século XX seu incremento veio a se dar com o final da 1ª Guerra Mundial. A tragédia causada pelo conflito internacional acarretou um grande número de crianças órfãs e abandonadas, o que veio a comover a população, fazendo com que a adoção retornasse à ordem do dia.

Em nosso país, a adoção sempre foi prevista em lei. Existia nas Ordenações do Reino, que vigeram em nossa terra após a Independência.

Em Portugal havia a figura da perfilhação, de conceito e abrangência muito mais restrita do que a adoção e que, com o passar do tempo, começou a ser mais e mais controlada pela Coroa, passando a ser limitada com relação aos nobres, com o fito de evitar o acesso dos nobres aos recursos do Estado[6]. Enquanto era restringida para a nobreza, era liberada para o povo.

---

5   Conforme Fustel de Coulanges, op. cit., p. 51.

6   VENÂNCIO, Renato Pinto. Adoção antes de 1916. *Adoção* – Aspectos jurídicos e metajurídicos. Rio de Janeiro: Forense, 2005, p. 275.

PARTE I – O DIREITO MATERIAL SOB O ENFOQUE CONSTITUCIONAL

335

A figura da perfilhação vigorou no Brasil. Por lei do ano de 1828, a competência para a concessão das cartas de perfilhação passou a ser dos juízes de primeira instância. Mesmo assim, poucas adoções ocorriam.

Mesmo com a legislação existente à época do Brasil Colônia e Brasil Império, a adoção de crianças órfãs e abandonadas era nula, o que acabou por acarretar a elaboração de um conjunto de leis visando estabelecer os limites de sua exploração enquanto força de trabalho doméstico.

Para o cuidado das crianças expostas ou enjeitadas (os termos utilizados naquela época para denominar as crianças abandonadas) foram instituídos os orfanatos, dentro de todo um espírito cristão de exercer o amor e a caridade e de evitar o infanticídio. A legislação colonial determinava que os hospitais cuidassem das crianças abandonadas e, em sua falta, as Santas Casas de Misericórdia[7].

Havia a necessidade de ser preservada a identidade dos pais da criança que era objeto de um "mau passo", da "lascívia" dos pais, considerados pecadores. Da mesma forma, a necessidade de se preservar a vida das crianças, que, pelo espírito cristão, não podiam ser responsabilizadas pelos pecados de seus pais. Assim, foram criadas as *Rodas dos Expostos* que ficavam localizadas nas Santas Casas de Misericórdia ou em conventos. Era uma mesa giratória que ficava com sua abertura virada para a via pública; na parte aberta da roda era colocada a criança e a pessoa que a levava girava a alavanca, fazendo com que a mesa girasse para o interior do prédio, fechando a parte externa. Após ser a roda girada, tocava-se um sino para acordar o funcionário ou a freira que ficava de plantão, que retirava a criança da mesa e a encaminhava ao orfanato. Todo o procedimento visava evitar a identificação da família que não queria a criança, tanto que as rodas eram localizadas em vias de pouco movimento[8]. No Brasil ficou muito conhecida a Roda dos Expostos da Santa Casa da Misericórdia do Rio de Janeiro.

As Rodas dos Expostos funcionaram ainda durante a primeira metade do século XX.

O Decreto n. 5.083/26, que instituía o Código de Menores, cuidava dos infantes expostos em seu Capítulo III (arts. 14 a 25) e dos menores abandonados em seu Capítulo IV (arts. 26 a 44). O Código Mello Matos, Decreto n. 17.943-A/1927, que consolidou as leis de assistência e proteção a menores, utilizava a mesma denominação, cuidando dos infantes expostos no Capítulo III (arts. 14 a 25) e dos menores abandonados no Capítulo IV (arts. 26 a 30). Os textos de ambas as leis eram praticamente idênticos e consideravam expostas as crianças até 7 anos de idade e menores abandonados aquelas com idade superior a 7 e menores de 18 anos.

---

7   VENÂNCIO, Renato Pinto. Op. cit., p. 277.

8   Sobre a evolução da legislação luso-brasileira, perfilhação e funcionamento das Rodas dos Expostos, recomendamos a leitura do excelente texto de Renato Pinto Venâncio, *Adoção antes de 1916*, que serviu de base para nossas consultas.

O Código Civil de 1916 previu a adoção nos seus arts. 368 a 378, localizados no Título V (Relações de Parentesco), Livro I (Do Direito de Família), da Parte Especial.

Em 8 de maio de 1957, a Lei n. 3.133 veio alterar o Código Civil, a fim de atualizar o instituto e fazer com que este tivesse maior aplicabilidade, reduzindo a idade mínima do adotante para 30 anos.

Em 2 de junho de 1965, foi promulgada a Lei n. 4.655, que veio atribuir nova feição à adoção, fazendo com que os adotados passassem a ter integração mais ampla com a família (trata-se da *legitimação adotiva*). O tratamento dado à legitimação adotiva era mais benéfico para a criança do que o sistema de adoção simples constante do Código Civil. Os critérios para a legitimação adotiva divergiam dos exigidos para a adoção simples, tanto que a doutrina entendia existir um "sistema inteiramente autônomo, ao estabelecer as condições em que é admitida a adoção legitimante"[9]. As regras da legitimação adotiva só eram aplicadas para crianças de até 7 anos de idade, salvo se já vivessem na companhia dos adotantes, pois se baseava na ideia de que não houvesse nenhum resquício de lembrança da família biológica, pois desejava uma inclusão mais efetiva da criança na família adotiva (art. 1º e seus parágrafos). Era irrevogável, fazendo-se emitir uma nova certidão de nascimento, como se se tratasse de registro tardio, e equiparava os filhos adotados àqueles naturais que, porventura, o casal viesse a conceber, salvo o direito sucessório (arts. 6º, 7º e 9º).

Com o advento do Código de Menores (Lei n. 6.697/79), ficaram estabelecidas em nosso sistema legal a adoção simples e a adoção plena. A adoção simples era aplicada aos menores de 18 anos, em situação irregular, utilizando-se os dispositivos do Código Civil no que fossem pertinentes, sendo realizada por meio de escritura pública. A adoção plena era aplicada aos menores de 7 anos de idade, mediante procedimento judicial, tendo caráter assistencial, vindo a substituir a figura da legitimação adotiva. A adoção plena conferia ao adotando a situação de filho, desligando-o totalmente da família biológica. Concedida a adoção plena, era expedido mandado de cancelamento do registro civil original. A figura da adoção plena foi mantida no Estatuto da Criança e do Adolescente com a denominação única de adoção, sendo extinta a figura da adoção simples. Havia, ainda, a figura da adoção dos maiores de 18 anos de idade, que se regia pelas regras do Código Civil.

A Constituição Federal de 1988 trouxe nova roupagem para o direito de família, e, consequentemente, para a adoção. Em decorrência desta nova disciplina da matéria, surge a Lei n. 8.069, de 13 de julho de 1990 – Estatuto da Criança e do Adolescente, que traz, em seu bojo, nova sistemática para a adoção de crianças e

---

9   LIMA, Cláudio Vianna de. *Legitimação adotiva*. Rio de Janeiro: M. S. Rodrigues Ed., 1965, p. 11.

PARTE I - O DIREITO MATERIAL SOB O ENFOQUE CONSTITUCIONAL

de adolescentes. Passa-se a ter dois regramentos: a adoção regida pelo ECA, restrita a crianças e adolescentes e promovida judicialmente, e a adoção de maiores de 18 anos, regulada pelo Código Civil de 1916 e instrumentalizada por meio de escritura pública.

Com o advento do Código Civil de 2002 passamos a ter um regime jurídico único para a adoção: o judicial. O art. 1.623 do Código Civil dispõe que, qualquer que seja a idade do adotando, será judicial o processo para adoção. Como o Código Civil de 2002 trazia capítulo que disciplinava o instituto da adoção, repetindo, inclusive, alguns artigos do Estatuto da Criança e do Adolescente, não se podia tratar da adoção sem que se aplicassem os dois diplomas legais. Não havia nenhuma incompatibilidade entre o Código Civil e o ECA, até mesmo porque, ao lerem as justificativas apresentadas para as emendas realizadas ao capítulo do CC que tratava da adoção, verificava-se que traziam como justificativa a necessidade de adaptação do texto do Código ao do Estatuto. O Estatuto da Criança e do Adolescente era muito mais minucioso do que o Código Civil.

Todo o capítulo do CC que cuidava da adoção foi revogado pela Lei n. 12.010/2009, restando apenas dois artigos – 1.618 e 1.619. O primeiro deles dispõe que a adoção de crianças e adolescentes será regida pelas normas constantes do Estatuto da Criança e do Adolescente. O segundo artigo cuida da adoção de pessoas maiores de 18 anos, determinando que sua constituição se dê por meio de processo judicial e que serão aplicadas, no que couber, as regras do ECA.

Quando da primeira edição desta obra, encontravam-se em curso no Congresso Nacional três projetos de lei que visavam alterar as regras da adoção. O primeiro projeto, de autoria do Deputado Ricardo Fiúza, de n. 6.960/2002, visava introduzir inúmeras alterações no texto do CC de 2002, inclusive no Capítulo que trata da adoção. Este projeto incluía no texto do CC as regras constantes do Estatuto da Criança e do Adolescente, revogando o Capítulo respectivo da Lei n. 8.069/90. Este projeto acabou por ser arquivado.

O segundo projeto, de autoria do Deputado João Matos, de n. 1.756/2003, cuidava da Lei Nacional de Adoção, que tem como objetivo reunir todos os temas que envolviam a adoção em um único diploma legal, inclusive a adoção de pessoas maiores de 18 anos, revogando os Capítulos do CC e do ECA que cuidavam da adoção. Foi bom este projeto também ter sido arquivado. Dentre os piores problemas que este projeto trazia estava o de entender a adoção como um direito da criança e do adolescente, ignorando o direito fundamental à convivência familiar (tendo-se aqui a convivência familiar não só com a família natural, mas também com a família extensiva).

Por fim, o Projeto de Lei n. 314, de autoria da Senadora Patrícia Saboya, que acabou por ser aprovado e sancionado, culminando na Lei n. 12.010/2009. Esta lei tem sido erroneamente denominada "Lei de Adoção". Esta denominação acaba por ser um grande equívoco, a um porque não é uma lei que reúne em seu corpo todo o regramento do instituto da adoção (a de crianças e adolescentes e a de adultos). A dois, porque sua finalidade foi a de realizar uma adequação do ECA, atualizando-o e tentando melhorar não só as regras da adoção, mas as concernentes às políticas públicas realizadas com a finalidade de garantir a convivência familiar. A mencionada lei altera regras processuais, instituindo procedimento para a habilitação para adoção, alterando o sistema recursal, criando novas infrações administrativas, revogando normas do ECA, todo o Capítulo do CC que cuidava da adoção e artigos da CLT.

Muitos elogios têm sido feitos a esta lei, mas é necessário que se tenha uma visão isenta, sendo realizadas as necessárias críticas a algumas normas. Umas por serem de aplicação impraticável, outras por terem piorado o sistema que existia. Todas as críticas serão apresentadas no momento oportuno.

A Constituição Federal de 1988 trouxe, no Título VIII, Capítulo VII, regras concernentes ao direito de família, regulando a estrutura da entidade familiar, sua proteção, bem como a proteção à pessoa dos filhos. Dispôs, desta forma, nos arts. 226 a 230, acerca dos princípios básicos que regulam o direito de família, não se podendo interpretar as regras da legislação ordinária e nem serem elaboradas novas leis, sem que se estabeleça cotejo e adaptação ao texto constitucional, para que não haja discrepância com a Lei Maior. Neste sentido, a lição de Gustavo Tepedino[10]:

> Pode-se dizer, portanto, que na atividade interpretativa o civilista deve superar alguns graves preconceitos, que o afastam de uma perspectiva civil-constitucional. Em primeiro lugar, não se pode imaginar, no âmbito do direito civil, que os princípios constitucionais sejam apenas princípios políticos. Há que se eliminar do vocabulário jurídico a expressão "carta política", porque suscita uma perigosa leitura que acaba por relegar a Constituição a um programa longínquo de ação, destituindo-a de seu papel unificador do direito privado.

Com a nova sistemática constitucional, houve mudança mais do que significativa com referência à hipótese de colocação dos filhos no seio da família. No sistema anterior à Constituição Federal de 1988, os filhos pertenciam às famílias, sem que tivessem qualquer direito, pois, na hierarquia familiar, ficavam em plano inferior. Na nova sistemática, com a consagração do princípio da igualdade trazido para a família, combinado com o princípio fundamental da dignidade humana (art. 1º, III, da Constituição Federal), a família se torna instituição democrática, deixando de ser encarada sob o prisma patrimonial e passando a receber enfoque social, o que se denomina *despatrimonialização da família*. Isso faz com que os filhos passem a ser tratados como membros participativos da família, tornando-se titulares de direitos.

---

10 TEPEDIDO, Gustavo. Premissas metodológicas para a constituição do direito civil. In: *Temas de direito civil*. 2. ed. Rio de Janeiro: Renovar, 1999, p. 17-18.

PARTE I – O DIREITO MATERIAL SOB O ENFOQUE CONSTITUCIONAL

O filho passa a ser o centro de atenção da família e, no dizer de Gustavo Tepedino[11], "no que tange à filiação, o extenso conjunto de preceitos reguladores do regime patrimonial passa a ser informado pela prioridade absoluta à pessoa dos filhos".

Por ser uma forma de filiação, criando um parentesco eletivo, a adoção também foi alcançada pela nova sistemática constitucional, passando a ser tutelada pelos princípios antes referidos. Em decorrência, o filho adotivo passa a ser tratado sem nenhuma distinção do filho biológico, pois o regime atual faz com que não haja mais nenhuma "sanção" a ser aplicada àquele filho que não se origina da procriação dentro do casamento (art. 227, § 6º, da CF). O teor do texto constitucional é repetido pelo art. 41, *caput*, do ECA.

O princípio da dignidade humana há que ser o norte para as relações de parentesco, qualquer que seja sua origem. Não se cumprirá a determinação constitucional se não buscarmos incrementar a colocação em família substituta daquelas crianças/adolescentes que se encontram acolhidos e sem nenhuma possibilidade de reintegração familiar. A instituição de acolhimento e a família acolhedora são medidas excepcionais (art. 101, § 1º, do ECA, com a redação dada pela Lei n. 12.010/2009), devendo ser mantidos apenas pelo tempo necessário[12]. Deixar que

---

11 TEPEDINO, Gustavo. A disciplina jurídica da filiação na perspectiva civil-constitucional. *Temas de direito civil*. 2. ed. Rio de Janeiro: Renovar, 1999, p. 397. Ao tratar das relações de parentesco e enfocá-las em consonância com a nova sistemática constitucional, Guilherme Calmon Nogueira da Gama ensina que: "As relações familiares, portanto, são funcionalizadas em razão da dignidade de cada partícipe. A efetividade das normas constitucionais implica a defesa das instituições sociais que cumpram o seu papel maior. A dignidade da pessoa humana, colocada no ápice do ordenamento jurídico, encontra na família o solo apropriado para seu enraizamento e desenvolvimento; daí a ordem constitucional dirigida ao Estado no sentido de dar especial e efetiva proteção à família, independentemente de sua espécie" (Das relações de parentesco. In: DIAS, Maria Berenice; PEREIRA, Rodrigo da Cunha. *Direito de família e o novo Código Civil*. Belo Horizonte: Del Rey, 2001, p. 85).

12 A Lei n. 12.010/2009 acrescentou parágrafos ao art. 19 do ECA (posteriormente aperfeiçoados pela Lei n. 13.257/2016 e Lei n. 13.509/2017), dispondo que a situação de cada criança e/ou adolescente acolhidos deverá ser avaliada a cada seis meses e que o período de duração da medida de acolhimento institucional não poderá durar mais que 18 meses, salvo nas hipóteses em que ela se mostrar necessária, atendendo ao superior interesse dessas pessoas em formação. É regra que merece elogios, pois pelo fato de o abrigo ser, desde a entrada em vigor do Estatuto, medida excepcional, deve durar pelo tempo estritamente necessário. A fixação de um prazo é medida salutar, pois, em muitos locais, inclusive em grandes centros, as crianças e os adolescentes eram esquecidos em instituições pelas pessoas (autoridades) que deveriam zelar pela proteção dos direitos fundamentais daquelas. Sempre que se realiza o acolhimento de uma criança/adolescente – e este pensamento deveria ser, desde sempre, o norte dos aplicadores do ECA –, seu objetivo deve ser o de atender ao superior interesse desta pessoa em formação, nunca o de seus genitores, familiares ou responsáveis. As entidades de acolhimento não devem funcionar como depósito de crianças, uma vez que já superamos a época dos orfanatos em que viveu Oliver Twist, na velha Inglaterra.

uma criança/adolescente chegue à idade adulta em acolhimento é um total desrespeito ao princípio da dignidade humana.

Incentivar adoções será a melhor maneira de darmos aplicabilidade à norma constitucional.

Em decorrência da nova visão trazida para o direito de família (aqui incluído o direito da infância e juventude), ocorreu sensível modificação na finalidade da adoção.

Os fins clássicos do instituto, dar um filho a quem não podia tê-lo pela forma da natureza foi alterado para o de dar-se uma família para quem não a possui. Passou-se para uma visão assistencialista, protecionista da adoção, onde será buscada uma família para aquela criança ou adolescente que não a possua, a fim de garantir o direito à convivência familiar, assegurado pelo Estatuto da Criança e do Adolescente em seu art. 19.

A família decorrente do afeto é a verdadeira forma de se constituir uma família, da qual a adoção é o grande exemplo. A relação pai e filho surgida da adoção, a filiação socioafetiva, é a verdadeira, já que não foi impingida por nenhum fato ocorrido contra a vontade das pessoas (muitas vezes o nascimento de um filho decorre de uma gravidez totalmente indesejada, o que faz com que este filho seja recebido, mas não amado). A paternidade socioafetiva será sempre fundada no amor, no afeto, sentimentos que, nem sempre, infelizmente, existem na paternidade biológica.

Por estar sendo formada uma família, por estar sendo concebido um filho por meio da adoção, por ser este filho idêntico a qualquer outro, já que filho, o legislador, corretamente, disciplinou, no art. 39, § 1º, do ECA (com a redação dada pela Lei n. 12.010/2009), ser irrevogável a adoção. O filho biológico não pode ser devolvido, o vínculo de parentesco se mantém por toda a vida e até depois dela; não poderia ser diferente com relação à adoção. Como consequência desta regra temos a constante do art. 49 do ECA, que dispõe que o poder familiar dos pais biológicos não se restabelece com a morte dos pais adotivos. Rompido o vínculo de parentesco com a criação de um vínculo novo, aquele não mais se restabelece.

A importância da adoção é tanta para as pessoas envolvidas, por tratar-se, acima de tudo, de um ato de amor, que deve ser demonstrado para o Poder Público, a fim de obter sua chancela, sendo imprescindível que os adotantes se façam presentes ao ato. É preciso que o Estado se convença da presença do sentimento justificativo de tão importante passo, a assunção de um filho. Isso fica claro pelo teor do § 2º do art. 39 do ECA (parágrafo renumerado pela Lei n. 12.010/2009), que veda a adoção por procuração. É ato personalíssimo, não podendo o adotante se fazer representar por quem quer se seja, nem mesmo pelo outro adotante.

3. CONCEITO E NATUREZA JURÍDICA

O termo adoção se origina do latim, de *adoptio*, significando em nossa língua, na expressão corrente, *tomar alguém como filho*.

PARTE I - O DIREITO MATERIAL SOB O ENFOQUE CONSTITUCIONAL

Juridicamente, a adoção tem recebido da doutrina conceitos diferenciados, fugindo ao âmbito deste trabalho discussão sobre tal diversidade. Arnoldo Wald[13] conceitua a adoção como "um ato jurídico bilateral que gera laços de paternidade e filiação entre pessoas para as quais tal relação inexiste naturalmente". Plácido e Silva[14] a conceitua como "ato jurídico, solene, pelo qual uma pessoa, maior de vinte e um anos, adota como filho outra pessoa que seja, pelo menos, dezesseis anos mais moça que ela".

Em obra sobre o direito da criança e do adolescente, José de Faria Tavares[15] conceitua o instituto como "ato judicial complexo [...] que transforma, por ficção jurídica, sob total discrição, um estranho em filho do adotante, para todos os fins de direito e para sempre".

Todos os conceitos, porém, por mais diversos, confluem para um ponto comum: a criação de vínculo jurídico de filiação. Ninguém discorda, portanto, de que a adoção confere a alguém o estado de filho. A esta modalidade de filiação dá-se o nome de parentesco civil, pois desvinculado do laço de consanguinidade, sendo parentesco constituído pela lei, que cria uma nova situação jurídica, uma nova relação de filiação.

Esta nova relação de filiação, por determinação constitucional (art. 227, § 6º, CF), não pode sofrer qualquer distinção com relação à filiação biológica.

Com relação à natureza jurídica da adoção, também a doutrina traz posições distintas. Há cinco correntes que tentam explicar a natureza jurídica da adoção. A primeira corrente defende a adoção como uma *instituição*; a segunda entende a adoção como um *ato jurídico*; a terceira corrente explica a adoção como um ato de *natureza híbrida*; a quarta corrente vê na adoção um *contrato*; a quinta corrente conceitua a adoção como um *ato complexo*.

Em face da dimensão desta obra, que não comporta que se discorra sobre as correntes acima mencionadas, referir-se-á a apenas duas delas[16]. A primeira corrente, que alude à natureza contratual da adoção, foi defendida pela maioria da doutrina civilista no século XIX. Nela se justifica a natureza contratual da adoção

---

13   WALD, Arnoldo. *Curso de direito civil brasileiro*. 8. ed. rev., ampl. e atual. com a colaboração de Luiz Murillo Fábregas. São Paulo: Revista dos Tribunais 1991, v. IV, p. 183.

14   *Vocabulário jurídico*. 16. ed., atualizada por Nagib Slaibi Filho e Geraldo Magela Alves. Rio de Janeiro: Forense, 1999, p. 40.

15   TAVARES, José de Faria. *Direito da infância e da juventude*. Belo Horizonte: Del Rey, 2001, p. 149.

16   Sobre as cinco correntes mencionadas, remetemos ao excelente trabalho sobre adoção, dissertação de mestrado de Patrícia Silveira Tavares, ainda inédito, p. 15-17, intitulado *A adoção após a Constituição Federal de 1988*, aprovada pela banca examinadora em 19 de abril de 2002. Por todos, CHAVES, Antônio. *Da adoção*. Belo Horizonte: Del Rey, 1995, p. 29-31, discorre sobre as correntes doutrinárias sobre a natureza jurídica da adoção.

por encerrar, em sua formação, a manifestação de vontade das pessoas envolvidas. Esta corrente amparou o texto do Código Civil brasileiro de 1916. Foi abandonada, por não se enquadrar na concepção moderna de contrato, já que a adoção não admite a liberdade na estipulação de seus efeitos e por não possuir conteúdo essencialmente econômico, características inerentes à conceituação hodierna do contrato.

A segunda vê a adoção como *ato complexo*[17]. Para sua formalização, a adoção passará por dois momentos: o primeiro, de natureza negocial, em que haverá a manifestação das partes interessadas, afirmando quererem a adoção; um segundo momento, em que haverá a intervenção do Estado, que verificará da conveniência, ou não, da adoção. O primeiro momento se dá na fase postulatória da adoção, enquanto o segundo se dará ao fim da fase instrutória do processo judicial, com a prolação da sentença. Para que se consume e se aperfeiçoe a adoção, se fará necessária a manifestação da vontade do adotante, do adotando e do Estado.

Esta é, a nosso ver, a melhor corrente.

4. LEGITIMIDADE

4.1. Considerações gerais

Cuidaremos neste item das pessoas que podem adotar, daquelas que podem ser adotadas, bem como daquelas que estão impedidas de adotar.

O Estatuto de Criança e do Adolescente estabelece qualquer exigência para que a pessoa possa adotar, salvo a maioridade, pois só assim a pessoa tem capacidade para a prática dos atos da vida civil (art. 42, *caput*, do ECA, com a redação dada pela Lei n. 12.010/2009). Conseguindo preencher os requisitos legais, que não são muitos, o postulante à adoção terá legitimidade para fazê-lo. No que se refere aos requisitos para a adoção, serão desenvolvidos em item próprio por uma questão de didática. Nenhuma restrição com relação à idade, sexo, cor, religião, situação financeira, preferência sexual poderá ser utilizada, seja pelo legislador, seja pelo aplicador da lei, sob pena de estar sendo violado o princípio constitucional da igualdade, decorrente do princípio constitucional da dignidade humana.

Porém, algumas pessoas estão impedidas de adotar, por expressa disposição legal. Os impedimentos podem ser classificados em duas espécies: parcial e total.

É parcial o impedimento colocado ao tutor e ao curador do menor de idade que pretendam adotar (o tutelado ou o pupilo) enquanto não prestarem conta de suas administrações, conforme dispõe o art. 44 do ECA. Diz-se parcial o impedimento

---

17 Adotam esta posição, entre outros: TAVARES, José de Arias. Op. cit.; OLIVEIRA, J. M. Leoni Lopes de. *Guarda, tutela e adoção*. 4. ed. Rio de Janeiro: Lumen Juris, 2001, p. 151-152.

PARTE I – O DIREITO MATERIAL SOB O ENFOQUE CONSTITUCIONAL

porque ao ser superada a causa, ou seja, forem prestadas as contas, não haverá nenhum empecilho à adoção.

Considera-se total o impedimento colocado pelo legislador aos ascendentes e irmãos do adotando, conforme a regra constante do § 1º do art. 42 do ECA, é total porque não haverá nenhuma atitude que possam tomar essas pessoas para que o impedimento seja superado, já que o vínculo jurídico do parentesco perdurará por toda a vida.

Estes não são colocados contra as pessoas que postulam a adoção, mas em benefício da criança/adolescente, com o intuito de protegê-los, conforme veremos de maneira mais detida ao estudarmos cada situação em item específico.

Com relação a quem pode ser adotado, é imperioso que não haja nenhuma possibilidade de reintegração familiar da criança/adolescente. O direito à convivência familiar lhe é assegurado em primeiro lugar (art. 19 do ECA), sendo exceção a colocação em família substituta, como dispõe o § 1º do art. 39 do ECA (acrescido pela Lei n. 12.010/2009). Deve ser tentada sua manutenção ou reintegração familiar, sempre no superior interesse da criança/adolescente – esse entendimento encontra-se reforçado pelo § 3º do art. 19 do ECA (acrescentado pela Lei n. 12.010/2009 e aperfeiçoado pela Lei n. 13.257/2016) –, sendo que essas tentativas não devem ser repetidas a ponto de fazer com que se perca a possibilidade de colocação em família substituta, principalmente na modalidade da adoção.

A atual redação do § 1º do art. 39 do ECA tem causado uma grande dificuldade no deferimento das adoções, tendo trazido, podemos dizer, uma certa covardia aos operadores do direito, em prejuízo às crianças e adolescentes. Verificamos que estão sendo adotados posicionamentos de manutenção/tentativa de manutenção das crianças e adolescentes com seus parentes biológicos, mesmo em situações em que, claramente, a família natural não apresenta condições de manter seus rebentos em sua companhia. Já tivemos conhecimento de situações em que a mãe biológica não deseja ficar com o filho em sua companhia, já tendo outros filhos mais velhos que estão sendo criados com parentes ou se encontram em instituições de acolhimento e, mesmo assim, os profissionais que atuam na rede de proteção às crianças e adolescentes continuam buscando meios de manter a criança com a família biológica.

Quando se atua na proteção dos direitos das crianças e adolescentes, temos que ter sempre como ponto principal de nossa atividade (qualquer que seja o profissional e qualquer que seja a função exercida) o melhor para estas pessoas em desenvolvimento. Para que seja efetivamente implementado o princípio do superior interesse, imperioso que se tomem atitudes que venham a proteger as crianças/adolescentes e, em inúmeros casos, o melhor para estas pessoas em formação é a colocação em família substituta. A correta interpretação do disposto no § 1º do mencionado art. 39 é a de que a criança/adolescente deve ser mantido em sua família natural, desde que esta apresente condições mínimas de ser um porto de afeto e desenvolvimento para aquelas. Caso isto não seja demonstrado, a colocação em família substituta deve ser buscada com a maior brevidade.

São passíveis de adoção, portanto, todas as crianças e adolescentes que não tenham possibilidade de reintegração familiar ou que não possuam família natural. Dentre as hipóteses em que não é possível a reintegração familiar, podemos elencar aquelas em que houve a destituição do poder familiar, quando os pais estejam em local incerto e não sabido e as situações das crianças/adolescentes que se encontrem em programa de acolhimento familiar ou abrigo por período superior a seis meses sem indicação de possibilidade de reintegração familiar (art. 19, § 1º, do ECA, acrescido pela Lei n. 12.010/2009). Com relação a este prazo de seis meses, é importante que se faça uma pequena digressão histórica. Até o advento do CC de 2002 não se tinha prazo mínimo para permanência de crianças/adolescentes em abrigos até que se pudessem fazer suas inserções em programas de colocação em família substituta, ficando a solução para a vida das crianças que se encontravam abandonadas, a critério da equipe interprofissional, do Ministério Público e do Juízo, o que era um sério risco. Com o início da vigência do Código Civil de 2002, a norma constante do art. 1.624 (hoje revogado pela Lei n. 12.010/2009) fixava prazo mínimo de um ano para colocação em família substituta sem concordância dos pais biológicos quando a criança/adolescente estivesse em instituição de acolhimento sem contato com qualquer parente. Era um prazo muito longo, pois um ano é muito tempo na vida de uma criança ou de um adolescente, mas já funcionava como um ponto de referência, um norte para quem antes nada possuía, mas foi um parâmetro inicial. Agora este prazo foi reduzido pela metade, pois como é obrigatória a avaliação da situação de cada criança/adolescente que se encontra em instituições de acolhimento ou em família acolhedora a cada seis meses, atingido este período e sendo demonstrado no estudo de caso que a criança/adolescente permanece sem nenhum contato com sua família natural ou extensiva, entendemos perfeitamente possível que se proceda à inserção destas pessoas em formação em família substituta – preferencialmente na modalidade da adoção, é claro – sem que se tenha que buscar a concordância de seus pais.

A Lei n. 13.509/2017 criou o art. 19-A, que regulamenta a entrega de criança recém-nascida para adoção. Em seus parágrafos, é disciplinado que nessas situações, caso não haja indicação de quem é o pai, a busca pela família extensa que se interesse em exercer a guarda da criança não poderá ultrapassar 90 dias, prorrogáveis por igual prazo, caso em que, não surgindo parente, será decretada a extinção do poder familiar da mãe e colocada a criança sob guarda provisória de pessoa habilitada a adotar ou em instituição de acolhimento.

É disposto, também, que as pessoas que detiverem a guarda provisória da criança terão 15 dias, a contar do dia seguinte ao término do estágio de convivência, para propor a ação de adoção. A determinação de um prazo para a propositura da ação não é de todo ruim, pois evita que a criança fique em situação irregular, mas

PARTE I – O DIREITO MATERIAL SOB O ENFOQUE CONSTITUCIONAL

o que se verifica é a ausência de sanção caso esse prazo não seja respeitado, sendo lógico pensar que a sanção seria a retirada da criança da responsabilidade dessas pessoas e entregue a outras que se encontrem cadastradas.

Temos de ter atenção para a regra constante no § 9º do art. 19-A, que dispõe sobre o sigilo sobre o nascimento a requerimento da mãe biológica e regra constante do § 3º do mesmo artigo, que determina a busca pela família extensa após a entrega da criança à Vara da Infância e da Juventude. Como garantir a manutenção do sigilo sobre o nascimento garantido à mãe biológica e o direito à convivência familiar comunitária à qual têm direito a criança e o adolescente?

O sigilo sobre o parto é uma garantia concedida a todas as mulheres sem se questionar o motivo, sendo certo que, se a mãe biológica traz algum motivo para querer que não seja divulgado que deu à luz a criança que está entregando à Vara da Infância e da Juventude, temos de entender que a divulgação desse parto é um ato violento para ela, pois o fato de ter engravidado pode ser um ato violento para essa mulher, por inúmeros motivos. Não podemos esquecer que o Brasil ratificou a Convenção Interamericana para Prevenir, Punir e Erradicar a Violência contra a Mulher (Convenção de Belém do Pará), promulgada pelo Decreto n. 1.973, de 1º de agosto de 1996. A Convenção assegura à mulher a proteção contra qualquer espécie de violência, praticada inclusive pelo Estado.

Se a mãe biológica requer que seu parto seja acobertado pelo sigilo, terá seus devidos motivos para tal solicitação, que já passou por avaliação da equipe interprofissional da maternidade e da Vara da Infância. Assim, com o pedido de sigilo, certamente não deseja que sua família tenha conhecimento desse nascimento. Logo, como se irá buscar a família extensa para verificar se esta tem interesse em assumir a guarda do recém-nato? Diversas pessoas responderão que deve ser visto o melhor interesse da criança e que esta tem o direito à convivência familiar. Concordamos com isso. Mas o direito à convivência familiar é o de ter direito a uma família que lhe dê todo o amor, não importando a origem dessa família.

O único entendimento que podemos retirar da conjugação de todos esses dispositivos e princípios e para a preservação de todos os direitos envolvidos é a preservação do sigilo do parto requerido pela mãe biológica, o que implicará que não seja realizado qualquer contato pela equipe da Vara da Infância com a família extensa[18]. Com isso, a criança será imediatamente encaminhada para abrigamento até que seja contatada a pessoa que se encontre em primeiro lugar no cadastro, a fim de que seja iniciado o processo de adoção. A criança será, o mais breve possível, inserida em sua nova família, tendo todos os seus direitos garantidos.

Nos subitens a seguir trataremos de forma específica as hipóteses de impedimento à adoção e as hipóteses particulares referentes à legitimidade, que merecem maior atenção.

---

18   Nesse sentido o Enunciado 127 do Fórum Nacional da Justiça Protetiva (FONAJUP).

4.2. Impedimento parcial (tutor e curador)

É certo que o tutor ou curador, por ter contato direto com o tutelado ou curatelado, mantém com estes um vínculo de afetividade que pode chegar à monta de converter-se em amor paterno-filial. Não há óbice na adoção de seu pupilo, mas, antes, o tutor ou o curador deve demonstrar que exerceu seu *munus* com zelo e correção, apresentando a respectiva prestação de contas.

Esta regra visa proteger a pessoa do tutelado ou curatelado da má administração acaso realizada pelo tutor ou curador, que pode interessar-se pela adoção unicamente com o intuito de ocultá-la, ou mesmo para apropriar-se dos bens do incapaz, já que o pai, no exercício da administração dos bens de seus filhos, como decorrência do poder familiar, não está obrigado a realizar a prestação de contas[19]. A adoção não pode servir de instrumento a que tutores e curadores deixem de exercer suas responsabilidades como administradores de bens de terceiros.

A vedação constante do art. 44 do ECA foi repetida no revogado art. 1.620 do CC e já constava no Código Civil de 1916 (art. 371). A preocupação com a boa administração e o intuito de evitar que o tutor ou o curador tente ocultar desvios realizados com o patrimônio do incapaz fizeram com que, desde Roma, o legislador já editasse regras neste sentido, como demonstra Antônio Chaves[20] ao transcrever o Digesto (L.I, VII, 17).

Para que possam propor a ação de adoção, necessário é que o tutor e o curador superem a causa impeditiva, realizando a prestação de contas perante o Juízo competente e aguardem sua homologação.

É necessário que se verifique se haverá algum impedimento a que o tutor ou o curador continue a exercer o *munus* ou deva transferi-lo a terceiros, a fim de que possa iniciar o processo de adoção.

A única exigência que faz a lei é a que já foi exposta, não constituindo requisito essencial à propositura da ação de adoção a dispensa do representante legal de seu cargo. Neste sentido, o posicionamento de Antônio Chaves[21]. Seria ideal, por uma questão de ética, que se afastasse do exercício da tutela ou da curatela, a fim de evitar qualquer suspeita sobre suas ações, mas onde não há a exigência expressa não cabe ao intérprete fazê-lo.

Assim, de nenhum vício padecerá a adoção, até por ser obrigatória a intervenção do Ministério Público em todas estas ações (art. 178, II, do CPC e art. 201, III,

---

19 Isso não significa que os pais estejam acima de qualquer fiscalização no que se refere à administração dos bens de seus filhos, pois podem ter até o poder familiar suspenso quando arruinarem os bens de seus filhos, conforme determina o CC em seu art. 1.637.

20 CHAVES, Antônio. Op. cit., p. 322.

21 Op. cit., p. 320-321.

PARTE I - O DIREITO MATERIAL SOB O ENFOQUE CONSTITUCIONAL

347

da Lei n. 8.069/90), fiscalizando a correta aplicação da lei e protegendo os interesses do adotando.

Na hipótese de não exoneração do adotante de seu *munus*, será obrigatória a nomeação de curador especial para defesa dos interesses do adotando (art. 72, I, do CPC), diante de eventual conflito de interesses entre este e seu representante legal, ficando este último impedido de fornecer o necessário consentimento à adoção.

4.3. Impedimento total (avós e irmãos)

O § 1º do art. 42 do ECA traz a vedação da adoção por ascendentes ou irmãos, que é genérica, não discriminando limite quanto à capacidade do adotando, referindo-se, tão somente, a parentesco próximo. Cuidou o legislador de instituir impedimento total à legitimidade para adotar, a fim de evitar inversões e confusões nas relações de parentesco.

A proteção às crianças e adolescentes deverá ser exercida, em primeiro lugar, pela família, conforme dispõe o art. 4º do ECA. Toda e qualquer pessoa está inserida dentro de uma família, mesmo que não mantenha nenhum contato com os demais membros que a compõem. Quando ocorre a perda dos pais biológicos, a criança e o adolescente deverão ser protegidos e acolhidos pelos demais membros de sua família, qualquer que seja o grau de parentesco, a denominada família extensa ou ampliada, cuja conceituação legal se encontra no parágrafo único do art. 25 do ECA (acrescentado pela Lei n. 12.010/2009). Normalmente este acolhimento é dado pelos avós ou irmãos mais velhos, que são os mais próximos, sendo parentes em 2º grau.

Caso fosse permitida a adoção por estes parentes, haveria um verdadeiro tumulto nas relações familiares, em decorrência da alteração dos graus de parentesco. Em sendo a adoção realizada pelos avós, a criança passaria a ser filho destes, irmão de um de seus pais e de seus tios e tio de seus irmãos e primos. Sendo a adoção realizada por um irmão, passaria a ser filho deste, neto de seus pais, bisneto de seus avós, sobrinho de outros irmãos, irmão de seus sobrinhos. Como se vê, haveria a alteração de todos os graus de parentesco, o que tumultuaria demasiadamente as relações familiares. Foi, certamente, pensando neste tumulto, entre outras coisas, que o legislador criou o impedimento.

Esta proibição é uma forma de não se alterar as relações de afeto existentes no seio familiar. A situação artificial que seria trazida pela adoção realizada pelos avós ou irmãos tumultuaria a família, trazendo um desequilíbrio às suas sadias relações. Existindo afeto entre os membros da família, não será a permissão da adoção que fará com que este sentimento se torne mais forte.

Com esta possibilidade de adoção surgiriam problemas de novos impedimentos matrimoniais, com a manutenção dos impedimentos anteriormente existentes, além de questões sucessórias. Deve-se levar em conta que, em muitas situações, a intenção de avós em adotar um neto para reduzir a quota da legítima de seu filho pode ser o motivador da decisão, o que será uma distorção dos fundamentos da adoção.

Ademais, a proteção que se deseja com a colocação da criança/adolescente em família substituta mediante adoção, já será suprida pelos avós e pelos irmãos ao assumirem o cuidado daqueles, não estando eles ao desamparo. Para a regularização da situação de fato que se criou com a morte, desaparecimento ou total irresponsabilidade dos pais, podem os avós e irmãos utilizar os institutos da guarda ou da tutela, conforme exigir a situação fática que se apresente. Estes são os institutos ideais para os parentes.

O entendimento por nós esposado vem encontrando guarida na parcela dominante da doutrina. Antônio Chaves[22], mesmo antes do advento do ECA, já apresentava posicionamento contrário à adoção por avós e irmãos, que passou a ser reforçado após a vigência do ECA. Omar Gama Ben Kauss[23], Arnaldo Marmitt[24], Eunice Ferreira Rodrigues Granato[25], entre outros, abraçam este entendimento.

Merece transcrição a lição de Omar Gama Ben Kauss[26], em face de sua simplicidade e clareza, que não deixa dúvidas sobre a correção da vedação:

> O instituto volta as costas para pequenos caprichos familiares que seriam resolvidos pela adoção e que diante do fim maior da legislação são problemas de pequena repercussão social. Não parece ser relevante o menor ser adotado pelo avô. Afinal, no caso já existe uma família constituída e dela não há de cuidar a lei nova. A proibição deixa transparecer que o intuito maior de regra é dar uma família ao menor que não a tem ou se tem foi por ela desconsiderado no drama social dos tempos hodiernos. De sorte que, com esse fim, não tem mesmo cabimento a lei cogitar de parentesco entre os que já são parentes pelos laços consanguíneos.

Alguns autores[27] defendem a possibilidade da permissão da adoção por parte dos avós, a despeito da regra impeditiva do art. 42, § 1º, da Lei n. 8.069/90, tomando como base a regra do art. 6º do mesmo diploma legal. Adriana Kruchin Hirschfeld[28], em posição contrária ao texto legal, afirma que o legislador preocupou-se com o aspecto puramente patrimonial, desconsiderando o lado afetivo do problema, o que faz com que se tenha uma solução jurídica, não social. Afirma a autora[29] que

---

22 CHAVES, Antônio. Op. cit., p. 244-256.

23 KAUSS, Omar Gama Ben. *A adoção*. 2. ed. Rio de Janeiro: Lumen Juris, 1993, p. 49-50.

24 MARMITT, Arnaldo. *Adoção*. Rio de Janeiro: Aide, 1993, p. 16-18 e 104.

25 GRANATO, Eunice Ferreira Rodrigues. *Adoção*. 3. tir. Curitiba: Juruá, 2005, p. 84-86.

26 KAUSS, Omar Gama Ben. Op. cit., p. 49-50.

27 HIRSCHFELD, Adriana Kruchin. A adoção pelos avós. In: LEITE, Eduardo de Oliveira (coord.). *Grandes temas da atualidade* – adoção. Rio de Janeiro: Forense, 2005.

28 HIRSCHFELD, Adriana Kruchin. Op. cit., p. 7.

29 Op. cit., p. 20.

PARTE I – O DIREITO MATERIAL SOB O ENFOQUE CONSTITUCIONAL

349

entre a regra do art. 6º do ECA e a do art. 42 do mesmo diploma legal haveria uma antinomia jurídica, devendo, por aplicação da norma do art. 6º – que determina que sejam atendidos aos fins sociais a que a lei se destina, pela supremacia do superior interesse –, ser permitida a adoção pelos avós. E consequentemente pelos irmãos, acrescentamos.

O primeiro argumento trazido, o de não ter o legislador se preocupado com o afeto, mas apenas com a questão patrimonial, não condiz com todo o espírito do Estatuto e com as novas diretrizes adotadas pelo direito de família como um todo. O afeto é um valor jurídico, devendo ser considerado em todas as relações familiares, qualquer que seja sua origem. Nenhum instituto é mais pautado no afeto do que a filiação e, dentre suas modalidades, a socioafetiva. Quando uma criança/adolescente está sendo criada por seu avô ou irmão, a relação de afeto torna-se mais intensa em virtude da convivência diária. Não será a conversão jurídica do vínculo familiar já existente em relação pai e filho que fará com que o cuidado seja melhor e o amor maior, ledo engano.

Do mesmo modo, não há como se conceber a existência de antinomia jurídica entre as regras constantes dos arts. 6º e 42, § 1º, ambos do ECA. Não se pode aceitar que, para atendimento dos fins sociais a que o Estatuto se destina – a proteção integral à criança e ao adolescente –, seja necessário que o menor de 18 anos seja adotado por seus avós ou seus irmãos, como se a adoção fosse acarretar uma proteção maior do que aquela que já está ocorrendo. Este entendimento nada mais é do que a utilização dos princípios jurídicos para buscar uma interpretação *contra legem* e dar maior importância ao aspecto patrimonial da adoção do que ao pessoal.

É perfeitamente correto o impedimento total à adoção imposto aos ascendentes e irmãos. Tão correto que essa vedação é também aplicável quando se tratar de adoção de pessoa maior de idade e se estende por toda a linha parental. A jurisprudência pátria tem acolhido o entendimento que adotamos[30].

A regra de impedimento é específica para os ascendentes e irmãos, não se estendendo a outros membros da família. Apesar de não ser aconselhável a adoção por nenhum membro da família, pelas razões já expostas com relação aos avós e irmãos, não há impedimento legal para aqueles. Assim, crianças e adolescentes podem ser adotados por tios e primos.

E com relação aos afins? Haverá para eles a aplicação do impedimento constante do § 1º do art. 42? Entendemos que aos avós por afinidade aplica-se o impedimento por encontrarem-se na mesma situação que os avós biológicos e, caso seja a eles permitida a adoção, teremos o mesmo tumulto nas relações familiares.

---

30   STJ, REsp 1.796.733, 3ª Turma, maioria, Rel. Min. Paulo de Tarso Sanseverino, j. 27-8-2019; TJRS, Embargos Infringentes 70005635594, 4º Grupo de Câm. Cíveis, maioria, Rel. Des. Luiz Felipe Brasil Santos, j. 11-4-2003; TJMG, AC 1.0693.03.108261-4/0001, 6ª Câm. Cív., Rel. Des. José Domingues Ferreira Esteves, *DJMG* 21-10-2004.

Quando falamos em *avós por afinidade* referimo-nos aos cônjuges ou companheiros dos avós biológicos. Sendo permitida a adoção àqueles, teremos a retirada do nome dos pais biológicos do registro de nascimento do adotado, constando apenas o adotante como pai/mãe. Com isso, haverá a possibilidade de que o cônjuge ou companheiro do pai socioafetivo possa postular a adoção unilateral, fazendo com que acabássemos por ter uma burla à proibição legal da adoção por avós.

Apesar da vedação à adoção por avós, encontramos decisões que a permitem, mas amparadas por critérios de proteção social que acabam por superar a vedação legal, atendendo ao superior interesse da criança, tudo sustentado pela Doutrina da Proteção Integral[31].

Na hipótese dessas decisões, foi realizada justiça social, apesar de ser frontalmente contra a norma estatutária. A avó tinha adotado a mãe biológica da criança, que foi para sua companhia aos 8 anos de idade e já grávida da criança mencionada no acórdão. Fica claro que uma criança de 8 anos não tem condições de exercer a maternidade, que foi, de fato, exercida pela adotante. No caso em tela, mãe e filha foram sempre criadas como irmãs, e a decisão do STJ só veio a tornar jurídica uma situação fática.

Encontramos, também, julgado de tribunal estadual que, em grau de recurso, converteu uma ação de ação proposta por avós e que tinha sido julgada improcedente em decorrência da vedação legal, em ação de reconhecimento de filiação socioafetiva[32]. Na situação fática ficou demonstrado que os avós sempre exerceram o papel dos pais, por total ausência dos pais biológicos – situação que é muito comum e cada um de nós conhece vários casos assim – e que laudos comprovavam a existência de relação socioafetiva entre eles. Ora, na omissão dos pais biológicos é normal que os avós assumam a criação dos netos, sendo o que se espera, pois nenhum avô ou avó irá deixar um neto desamparado. A existência de relação de afeto, de amor entre avós é netos é, também, o que se espera existir em uma família, sendo esse amor muito mais intenso quando a convivência é diuturna e os avós exercem papel que deveria ser dos pais. O amor sempre existirá em uma família que cumpre sua função social. Logo, essa torção interpretativa que o julgado dá a uma situação de impedimento total de adotar, para transformá-lo em instituto que não encontra vedação, é um julgamento completamente contrário à lei. Não se pode nem dizer que *foi feita justiça*, pois o neto já tinha o amor e amparo dos avós e todas as proteções legais.

Mas isso não significa que temos que passar a ignorar a vedação trazida pelo Estatuto.

---

31 STJ, Recurso Especial 1.448.969, Rel. Min. Moura Ribeiro, 3ª Turma, , j. 21-10-2014; REsp 1.635.649/SP (2016/0273312-3), 3ª Turma, Rel. Min. Nancy Andrighi, j. 27-2-2018.
32 TJRS, Apelação Cível 70081327611, 8ª Câm. Cív., Rel. Rui Portanova, j. 21-5-2020.

PARTE I – O DIREITO MATERIAL SOB O ENFOQUE CONSTITUCIONAL

4.4. Adoção por divorciados e ex-companheiros

O § 4º do art. 42 do ECA disciplina a adoção por pessoas divorciadas, o que não é nenhuma novidade para nosso direito, pois a Lei n. 4.655/65, que dispunha sobre a legitimação adotiva, em seu art. 4º, bem como o art. 34 do Código de Menores, Lei n. 6.697/79, continham regra semelhante. A Lei n. 12.010/2009, adequando o texto do Estatuto da Criança e do Adolescente à realidade de vida, acrescentou o termo *ex-companheiros* ao texto do § 4º do art. 42, pois não se pode negar o fato de que inúmeras pessoas vivem em união estável. Este acréscimo tem a finalidade única de evitar discussões, pois na prática a regra do mencionado parágrafo já era aplicada aos ex-conviventes.

O fim do casamento ou da união estável é situação que ocorre com muita frequência nos dias de hoje, não podendo ser ignorado pelo legislador quando cuida da filiação, principalmente quando esta filiação é algo novo na vida dos pais e dos filhos. Sempre que ocorre a separação, faz-se necessário que o casal estabeleça o regime de guarda e visitação dos filhos.

Tanto o já adotado como o adotando são filhos na mais profunda acepção do vocábulo, pois o sentimento dedicado àquela criança/adolescente em nada difere daquele que se tem por um filho biológico. Ora, se não se pode impedir o divórcio a casais com prole natural, por que vedar-se a adoção a pares em processo de separação?

Não seria razoável que o legislador impedisse que casais em fase de dissolução do casamento viessem a concretizar uma adoção, pois estaria sendo praticada séria discriminação, sem respaldo, obviamente, na Lei Magna, sendo o adotando o único prejudicado, por deixar de ganhar uma família.

A regra do art. 42, § 4º, tem por finalidade, portanto, tornar a adoção uma modalidade de filiação o mais natural possível.

O primeiro pressuposto para a consumação da adoção é o de que a convivência dos adotantes com o adotando tenha se iniciado antes da dissolução da vida em comum. Esta exigência é totalmente pertinente, pois a paternidade emergente da adoção precisa ser exercitada com a convivência diária, para que, com isso, o sentimento venha a se fortalecer e ficar cada dia mais intenso, pois estamos diante de relação de filiação que não é biológica (na qual o amor vem do fato de o filho ser parte dos pais), mas socioafetiva, na qual o papel da afetividade é decisivo, decorrendo da vontade de amar e servir a este filho que foi escolhido. A paternidade adotiva fundamenta-se nos mais fortes alicerces do relacionamento humano: consentimento, afeição, amor e responsabilidade. Esta paternidade só fincará suas âncoras no coração dos envolvidos, se houver a convivência, que deverá ser mantida após a separação dos pais.

O segundo pressuposto, surgido com a nova redação do § 4º do art. 42 do ECA (dada pela Lei n. 12.010/2009), é o de que seja comprovada a existência de vínculo de afinidade e afetividade com aquele que não seja detentor da guarda, para que se justifique a concessão da adoção, considerada, pelo legislador, uma forma excepcional. Apesar de totalmente desnecessária, já que esta determinação nada mais é do que a lógica e sempre foi verificada nos processos de adoção por ex-conviventes, não se pode deixar de verificar boa intenção na ação do legislador. É muito comum o surgimento de problemas no transcurso do processo de adoção quando os adotantes estão separados, pois o relacionamento existente entre eles já não é mais tão bom quanto o que tinham enquanto a sociedade conjugal vigia. Esses desentendimentos que podem surgir entre os adotantes acabam por influenciar o relacionamento com o adotando e pode não haver muita vontade por parte de um dos adotantes em efetivar a medida, só o fazendo porque já tinham este projeto quando ainda conviviam. Quando de nossa atuação em Promotoria de Justiça da Infância e da Juventude já tínhamos este ponto de vista e buscávamos, por meio dos estudos de caso apresentados pela equipe interprofissional do Juízo, verificar se o afeto entre adotantes e adotando ainda persistia.

É necessário que seja esclarecido o porquê de o legislador considerar excepcional a concessão da adoção para o adotante que não venha a ter a guarda direta da criança/adolescente. Quando se postula uma adoção, está a se buscar a constituição de uma família, nos idênticos moldes da família natural, e nada mais natural do que os pais quererem viver com seus filhos sob o mesmo teto, sendo certo que esta também é a determinação da lei quando cuida do regramento do poder familiar (art. 1.634, II, do CC). O pai (gênero) só não morará na mesma casa que seu filho quando ocorrer a dissolução da sociedade conjugal, pois nesta situação a criança/adolescente residirá apenas com um deles. Por ser hipótese que, a princípio, não se coaduna com o desejo de quem está iniciando uma família, até mesmo porque o ECA, em seu art. 46, cuida do estágio de convivência, que nada mais é do que o adotante residir com o adotando sob o mesmo teto, há que se entender como excepcional este modo de se começar uma relação paterno-filial, com pai e filho morando em casas diferentes.

Há, ainda, a possibilidade de ser determinado que a guarda do adotando seja compartilhada, desde que isso atenda ao superior interesse deste, conforme dispõe o § 5º do art. 42 do ECA (acrescido pela Lei n. 12.010/2009). A concessão de guarda compartilhada para adotantes que estejam separados é medida que se adequa perfeitamente ao instituto da adoção. Isso porque o ex-casal, para obter a adoção, deverá manter um excelente relacionamento e um convívio harmonioso, caso contrário haverá sério risco de que a doção não venha a ser concedida. Para que seja concedida a guarda compartilhada, o primeiro requisito que o ex-casal deve apresentar é a manutenção de um bom relacionamento, pois será necessário que resolvam, sem intervenção judicial, todas as questões referentes à vida de seu filho.

4.5. Adoção por casal homossexual

A questão já foi uma das mais discutidas no meio jurídico, sendo o ponto de atenção da mais moderna doutrina civilística, encontrando-se posicionamentos

PARTE I – O DIREITO MATERIAL SOB O ENFOQUE CONSTITUCIONAL   353

contrários e favoráveis à adoção por casal homossexual. A discussão está sendo travada tanto em nosso país quanto no exterior, pois os anseios são os mesmos em qualquer lugar do mundo. Apesar de termos a quase unanimidade das decisões judiciais favoráveis ao tema, entendemos importante manter todo o desenvolvimento do assunto.

Antes de adentrarmos no tema, cabe ressaltar não haver nenhum empecilho à adoção fincado na opção sexual do adotante. Inicialmente eram julgados improcedentes os pedidos de adoção quando vinha à tona a preferência sexual do requerente, sob o fundamento de que a vida que o adotante levaria e os exemplos que a criança/adolescente teria na convivência doméstica seriam prejudiciais para seu bom desenvolvimento como pessoa. Com o passar do tempo este posicionamento foi sendo alterado e passaram a ser concedidas adoções, independentemente da opção sexual do adotante, orientados por estudos e pareceres psicológicos e psiquiátricos de que a orientação sexual dos pais não influencia a dos filhos. Com base nos princípios da dignidade humana, igualdade e não discriminação, os tribunais passaram a conceder as adoções. Como exemplo, temos os acórdãos abaixo, ambos do final da década de 1990:

> Adoção. Elegibilidade admitida, diante da idoneidade do adotante e reais vantagens para o adotando. Absurda discriminação, por questão de sexualidade do requerente, afrontando sagrados princípios constitucionais e de direitos humanos e da criança. Apelo improvido, confirmada a sentença positiva da Vara da Infância[33].

> ADOÇÃO – Pedido efetuado por pessoa solteira com a concordância da mãe natural – Possibilidade – Hipótese onde os relatórios social e psicológico comprovam condições morais e materiais da requerente para assumir o mister, a despeito de ser homossexual – Circunstância que, por si só, não impede a adoção que, no caso presente, constitui medida que atende aos superiores interesses da criança, que já se encontra sob os cuidados da adotante há mais de 3 (três) anos – Recurso não provido[34].

Também do Tribunal de Justiça do Estado do Rio de Janeiro encontra-se acórdão do ano de 1998, tendo como relator o Desembargador Jorge Miranda Magalhães (Ap. Cível 143.322/98) em que foi concedida a adoção a uma pessoa homossexual. A ementa traz como motivo para a concessão as reais vantagens para a criança que, com 10 anos de idade, sentia, como consta da ementa "orgulho de ter um pai e uma família, já que abandonado pelos genitores com um ano de idade".

___

33 TJRJ, Apelação Cível 0014109.88.1998.8.19.0000, 17ª Câm. Cív., Rel. Des. Severiano Aragão, j. 21-01-1999.

34 TJSP, Apelação Cível 51.111-015-00, Câmara Especial, Rel. Des. Otterer Guedes, unânime, j. 11-11-1999.

Este o correto posicionamento que deve ser adotado em face de nosso ordenamento jurídico constitucional e infraconstitucional. Verificado, no curso da instrução processual, que a adoção atenderá aos reais interesses do adotando e que se funda em motivos legítimos, há que ser deferida. O sentimento paterno-filial surgirá independentemente de credo, cor, sexo, idade. Para a criança/adolescente, a adoção trará grandes vantagens, pois sairá da situação de abandono para o seio de uma família, onde receberá amor e proteção.

Surge o problema quando a postulação de adoção é realizada por duas pessoas do mesmo sexo.

O primeiro ponto a ser indicado é a ausência de regulamentação da união homoafetiva. Com o advento do CC de 2002, o legislador perdeu grande oportunidade para regulamentar esta união. Porém não se pode esquecer que o CC em vigor é lei oriunda de anteprojeto antigo, o qual esteve paralisado por quase 30 anos no Congresso Nacional. Não se pode esquecer que expressiva parcela dos membros do Poder Legislativo Federal se compõe de representantes de segmentos conservadores da sociedade, trazendo preconceitos que, a toda evidência, não devem ser elementos informadores de qualquer legislação moderna.

O legislador não pode se imbuir de preconceitos quando de sua função de regulamentar as regras sociais de conduta. O Estado é laico, mas os legisladores não conseguem se libertar das pressões religiosas e se recusam a discutir uma situação que existe, que causa problemas para pessoas que nela convivem e que acaba nas salas de audiência pela simples ausência de norma regulamentadora. Havia dois projetos de lei[35] em trâmite no Congresso Nacional e que nunca foram levados à votação pelo fato de nossos congressistas não desejarem exposição à opinião pública, o que acabou levando estes projetos a serem arquivados. Enquanto o medo e o preconceito imperarem no Congresso Nacional, que continua a ignorar os fatos sociais, estes continuarão a acontecer e a solução dos problemas caberá ao Poder Judiciário.

Parcela da doutrina brasileira[36] entende que, enquanto não há regulamentação expressa da união homoafetiva, a lacuna legal há que ser preenchida. Inicialmente, esta corrente interpreta a regra constante no art. 226, *caput,* como norma de inclu-

---

35 Trata-se de projeto de lei de autoria da Deputada Marta Suplicy. Existia também em trâmite no Congresso Nacional o PL n. 5.252/2001, de autoria do Deputado Roberto Jefferson, que propunha a ampliação do conceito de parceria civil.

36 Por todos, DIAS, Maria Berenice Dias. *União homossexual.* Porto Alegre: Livraria do Advogado, 2000; ANDRADE, Diogo de Calazans Melo. Adoção entre pessoas do mesmo sexo e os princípios constitucionais. *Revista Brasileira de Direito de Família,* Porto Alegre, n. 30, p. 99-121, jun./jul., 2005. Maria Berenice Dias mantém este mesmo pensamento em seu *Manual de direito das famílias.* Com o mesmo posicionamento Paulo Lôbo em sua obra *Direito Civil* – famílias.

PARTE I – O DIREITO MATERIAL SOB O ENFOQUE CONSTITUCIONAL

355

são e seus §§ 3º e 4º como exemplificativos, diante do princípio da dignidade humana, igualdade, liberdade e afetividade. Com isso, em face da lacuna existente no sistema jurídico e do fato de que a relação homoafetiva necessita de norma protetiva, a incluem como espécie do gênero união estável, por se tratar de uma unidade familiar que em nada se diferencia daquela.

Em decorrência deste entendimento, não vislumbram nenhum impedimento para que seja deferida a adoção para duas pessoas do mesmo sexo, afirmando que a recusa se dá apenas com base em preconceito[37]. Em grande parte dos pedidos de adoção formulados por homossexuais, verifica-se a existência de uma relação estável com pessoa do mesmo sexo, em que a criança/adolescente também viverá, sendo tratada como filho pelas duas pessoas. Porém o vínculo jurídico existirá apenas com relação a uma delas, o que gerará total insegurança para a criança e o adolescente adotados como para o pai/mãe que não a adotou, tudo causado por uma postura omissiva do Estado.

Verificamos que o posicionamento de grande parte dos autores que escreve sobre o tema se coloca a favor da concessão da adoção a duas pessoas que vivam uma união homoafetiva, discutindo, todos os textos, a existência de preconceito, pela visão dos postulantes à adoção, sem se atentar para a posição da criança/adolescente que passará a ser um terceiro nesta relação. Não encontramos, dentre todos os autores que não vislumbram impedimento para a adoção por duas pessoas do mesmo sexo, um estudo pelo ponto de vista de quem está sendo adotado, limitando-se todos a afirmar que a criança/adolescente estará melhor em qualquer família onde será amada, do que em um abrigo[38]. Parece-nos que fazem dessas argumentações uma bandeira em defesa do "politicamente correto", algo que passou a ser moda em nosso país.

Concordamos que a negativa da concessão de adoção a duas pessoas do mesmo sexo tem uma grande dose de preconceito. Não é o preconceito ou a luta contra este que fará com que seja possível, ou não, adoção por casal que viva relação homoafetiva. A legislação é que dirá sobre a possibilidade, ou não, de sua realização.

Desde a primeira edição desta obra adotávamos posicionamento de que nossa legislação criava óbices para que fosse concedida a adoção para duas pessoas do mesmo sexo, como, de fato, ainda o mantém. A primeira edição deste curso data de 2006, e quando indicamos todos os óbices existentes em nossa legislação a impedir a adoção por pessoas do mesmo sexo, fizemos todas as indicações na espe-

---

37 DIAS, Maria Berenice. Adoção por homossexuais. *Boletim IBDFAM*, n. 28, ano 4, 2004, p. 7.

38 Neste sentido, o posicionamento de Eduardo de Oliveira Leite. Adoção por homossexuais e o interesse das crianças. *Adoção* – aspectos jurídicos e metajurídicos. Rio de Janeiro: Forense, 2005, p. 105.

rança de que os projetos que tinham curso no Congresso Nacional referentes à regulamentação das uniões homoafetivas acabassem por ser aprovados, pensamento que se mostrou totalmente equivocado. A eterna inação do Congresso Nacional, quando o tema é polêmico, não data dos dias atuais, bastando se buscar em nossa História as décadas de omissão legislativa para com as uniões informais, que acabou tendo todo seu arcabouço jurídico construído pelo Poder Judiciário.

A história se repete com relação às uniões homoafetivas. A doutrina iniciou sua equiparação com a entidade familiar com a qual mostra maior semelhança a união estável. É mais do que certo que a união homoafetiva não é uma união estável, uma vez que esta tem de ser composta por pessoas de sexos diferentes. Como, dentre as entidades familiares, a união estável é que possui mais pontos de contato com a união entre pessoas do mesmo sexo, por aplicação da analogia o Poder Judiciário passou a dar a esta o tratamento legal daquela, já que o juiz não pode deixar de julgar em virtude de omissão legislativa. Entendemos que não há que se fazer equiparação da união homoafetiva com a união estável, pois são entidades familiares distintas, mas apenas aplicar o regramento de uma à outra[39].

Ao lermos o texto do art. 226 da Constituição Federal, verificamos tratar-se de norma de inclusão, não de exclusão das entidades familiares. Afirmamos tratar-se de norma de inclusão, pois o *caput* do mencionado artigo cuida da proteção da *família,* sem realizar qualquer tipo de referência a determinado tipo de família. Se o texto constitucional não realiza nenhum tipo de exclusão, não cabe ao intérprete criá-la.

Logo, a união homoafetiva é uma entidade familiar, merecendo toda a proteção do Estado.

No que se refere à adoção por casal formado por pessoas do mesmo sexo, a legislação é omissa à sua possibilidade, cabendo ao intérprete realizar esta análise.

Acima já estão mencionados os óbices legais para a concessão da adoção a casal formado por pessoas do mesmo sexo.

---

39 Neste sentido merece transcrição o ensinamento de Paulo Lôbo: "A ausência de lei que regulamente estas uniões não é impedimento para sua existência, porque as normas do art. 226 são autoaplicáveis, independentemente de regulamentação. Por outro lado, entendemos que não há necessidade de equipará-las à união estável, que é entidade familiar completamente distinta. As uniões homossexuais são constitucionalmente protegidas enquanto tais, com sua natureza própria. Como a legislação ainda não disciplinou seus efeitos jurídicos, como fez com a união estável, as regras desta podem ser aplicáveis àquelas, por analogia (art. 4º da Lei de Introdução ao Código Civil), em virtude de ser a entidade familiar com maior aproximação de estrutura, nomeadamente quanto às relações pessoais, de lealdade, respeito e assistência, alimentos, filhos, adoção, regime de bens e impedimentos. O efeito prático é o mesmo, mas preservando-se as singularidades" (*Direito civil* – famílias. São Paulo: Saraiva, 2008, p. 68-69).

PARTE I – O DIREITO MATERIAL SOB O ENFOQUE CONSTITUCIONAL

Em face da realidade que se mostra, e tendo-se a certeza de que a esperada legislação de regulamentação desta entidade familiar não será editada tão cedo, é importante que se realize interpretação legal, aplicando-se os princípios gerais de direito e a analogia, como determina a LINDB, a fim de se atender aos anseios de um grupo social, bem como de crianças e adolescentes que buscam uma família que os acolham com todo o amor que merecem. Neste sentido, merece transcrição parte de sentença proferida por Maurício Porfírio Rosa[40], juiz da Vara da Infância e da Juventude de Goiânia, em 9 junho de 2009, que concedeu a adoção a um casal homoafetivo, ao cuidar da atividade do juiz na interpretação do sistema jurídico quando da omissão legislativa:

> E a ausência de lei específica sobre o tema não implica ausência de direito, pois existem mecanismos para suprir as lacunas legais, aplicando-se aos casos concretos a analogia, os costumes e os princípios gerais de direito.
> O Juiz, em qualquer ação, deve se tornar uma criatura inventiva, pesquisadora, ousada e expressiva, tornar-se convincente aos olhos de outras pessoas, esclarecendo e abrindo o caminho para que seja feita a justiça, no reto cumprimento de seu dever de intérprete da lei, mesmo quando estão fechadas saídas, portas, ele deve abrir uma ou outra e fazer justiça.

A filiação adotiva em nada diverge da filiação biológica. O vínculo jurídico que criam é real. A criação do vínculo de filiação é exclusiva do Direito, pois só este tem o condão de estabelecer relações humanas que geram direitos e obrigações. E a filiação, enquanto fato humanamente relevante, é vínculo de deveres e direitos; não procriação biológica. Desta feita, a filiação não é uma questão biológica, mas uma questão jurídica, pois só o Direito é capaz de criar filiação[41].

Foi o homem que estabeleceu as normas de filiação, regras que inexistem na natureza, ou seja, independentemente de qualquer ordem natural. Não se pode, assim, considerar que seja um absurdo jurídico que, em assento de nascimento, conste o nome de dois homens ou de duas mulheres como genitores de uma pessoa. Até este momento, a filiação jurídica imita a procriação biológica, apenas porque as regras criadas pelo homem assim o determinam, mas até quando? Não podemos

---

40   Sentença obtida em seu inteiro teor pelo Setor de Pesquisa do Ministério Público do Estado do Rio de Janeiro, em agosto de 2009.

41   Como mais um argumento para que não reste nenhuma dúvida de que a filiação é jurídica, e não biológica, lembramos a regra existente no direito revogado, de distinção dos filhos. Nenhum direito era reconhecido aos filhos adulterinos e incestuosos, que eram filhos oriundos de procriação, biológicos, portanto. Não possuíam nenhum direito, não podendo ser nem sequer reconhecidos juridicamente. Se a filiação não fosse uma criação jurídica, não se poderia colocar nenhum impedimento a que determinada classe de filhos viesse a ser rechaçada em seus direitos para com seus genitores, pois todos os filhos havidos da procriação são biológicos.

nos esquecer de que o avanço da fertilização artificial e da genética está alcançando níveis tão altos que é bem possível que daqui a algum tempo tenhamos a possibilidade de criação de filho em laboratório, com a chance de escolha de todas as características da criança indicadas em formulário.

Ademais, não podemos nos esquecer de que a finalidade da família moderna não é a procriação, mas a criação de um local onde a afetividade seja exercida, tanto que, mesmo com todas as possibilidades que a ciência nos dá para a realização da fecundação artificial, muitos casais não a desejam e muitos não conseguem seu intento por impedimentos biológicos. Quando encontramos um casal heterossexual que não tem filhos, deixamos de considerá-los uma família? Claro que não. Estarão impedidos de adotar? Não.

Este o raciocínio a ser aplicado para as entidades familiares homoafetivas. Fica claro que não poderão procriar entre si, não sendo este detalhe o fator impeditivo de poderem desejar e conseguir a chance de exercerem a paternidade.

O único cuidado que se tem de ter ao se pensar na possibilidade de ser permitida a adoção por pessoas do mesmo sexo será com relação à criança/adolescente. Temos de ter certeza de que esta pessoa em formação não venha a passar por nenhum constrangimento em suas relações sociais. Temos de nos certificar de que ela não será alvo de nenhum tipo de discriminação pelo fato de possuir dois pais ou duas mães, já que não temos certeza se a sociedade está preparada para conviver com este tipo de situação.

Estaremos lidando com uma criança ou um adolescente e é nela/nele que devemos prioritariamente pensar quando do curso de um processo de adoção, mesmo em detrimento da pessoa do adotante. Não basta a pura alteração da lei ou do entendimento da doutrina e da jurisprudência. A alteração há que ser muito mais profunda, terá de ser da sociedade como um todo, o que ainda levará um bom tempo.

Por ser o direito reflexo dos anseios e da vontade da sociedade, resta apenas esperar demonstração da vontade social neste tema, não podendo o legislador furtar-se a enfrentar a questão e regulamentá-la, mas tudo há que ser feito no momento oportuno. É um tema que não é apenas juridicamente delicado, mas, e principalmente, socialmente delicado. Não deve o jurista querer forçar a opinião social, impondo sua vontade, mas convencer a sociedade de que seu ponto de vista é o mais adequado. Não deve o jurista querer arrombar a porta que se encontra fechada, causando danos, mas abri-la. Esta abertura só se dará com a aceitação da ideia pela sociedade e com a alteração legislativa que apontamos.

Enquanto não ocorre a alteração legislativa – sendo certo que não ocorrerá tão cedo, se é que haverá apreciação deste tema pelo Congresso Nacional... –, tomados todos os cuidados que mencionamos nos parágrafos anteriores, a adoção por pessoas do mesmo sexo *pode e deve* ser concedida com base nos princípios constitucionais da convivência familiar e do superior interesse (constante do art. 227 da

PARTE I – O DIREITO MATERIAL SOB O ENFOQUE CONSTITUCIONAL

Constituição da República e do art. 4º do ECA) e pelo fato de apresentar reais vantagens para o adotando e fundar-se em motivos legítimos (art. 43 do ECA).

Não resta nenhuma dúvida de que, qualquer que seja a modalidade de família que venha a se formar com a adoção, havendo afeto, havendo amor, havendo a formação do vínculo paterno-filial, havendo a integração da criança/adolescente na nova família e no grupo social com o qual conviverá, estarão atendidos os princípios norteadores do direito da criança e do adolescente, e a adoção atingirá todos os seus objetivos.

Uma pergunta há sempre que ser feita: o que atende ao superior interesse da criança/adolescente que está sendo adotado, ser inserido em uma família formada nos moldes tradicionais e totalmente disfuncional ou ser inserido em uma família formada por pessoas do mesmo sexo e que seja funcional? Certamente que a inserção em uma família funcional, qualquer que seja sua modalidade[42].

Após a entrega dos originais da 1ª edição desta obra à editora, foi julgada pelo TJRS apelação em ação de adoção, na modalidade unilateral, em que a autora mantinha união homoafetiva com a mãe das crianças que desejava adotar. A ação foi julgada procedente em 1º grau, tendo havido apelação do Ministério Público. Distribuído o recurso para a 7ª Câmara Cível, foi a sentença mantida, com a seguinte ementa:

> APELAÇÃO CÍVEL. ADOÇÃO. CASAL FORMADO POR DUAS PESSOAS DO MESMO SEXO. POSSIBILIDADE. Reconhecida como entidade familiar, merecedora da proteção estatal, a união formada por pessoas do mesmo sexo, com características de duração, publicidade, continuidade e intenção de constituir família, decorrência inafastável é a possibilidade de que seus componentes possam adotar. Os estudos especializados não apontam qualquer inconveniente em que crianças sejam adotadas por casais homossexuais, mais importando a qualidade do vínculo e do afeto que permeia o meio familiar em que serão inseridas e que as liga aos seus cuidadores. É hora de abandonar de vez preconceitos e atitudes hipócritas desprovidas de base científica, adotando-se uma postura de firme defesa da absoluta prioridade que constitucionalmente é assegurada aos direitos das crianças e dos adolescentes (art. 227 da Constituição Federal). Caso em que o laudo especializado comprova o saudável vínculo existente entre as crianças e as adotantes. NEGARAM PROVIMENTO. UNÂNIME[43].

---

42 Ressaltamos que, quando nos referimos a famílias funcionais e disfuncionais, estamos nos referindo às famílias que atendem à sua função social, ou seja, as famílias que são constituídas com base no afeto, no amor, constituindo um porto seguro para seus membros, um local de acolhida. Quando uma família se mantém com base em outros fins que não seja o afeto, não pode ser considerada uma família que atenda sua função social, o que faz com que não alcance as proteções legais. Assim, apenas as famílias que cumpram sua função social podem ser candidatas a adotar.

43 Ap. Cível 70012801592, Rel. Des. Luiz Felipe Brasil Santos, j. 5-4-2006.

O julgado acima transcrito foi o primeiro de muitos que surgiram, demonstrando mais uma vez que, na eterna omissão do Poder Legislativo em regulamentar situações fáticas familiares – como ocorreu no caso dos companheiros por décadas e décadas –, o Judiciário acaba por ter de solucionar as questões, com interpretações analógicas, para suprir a lacuna legal.

No fato que deu origem ao julgamento em questão, uma das conviventes já havia adotado as duas crianças, tendo a segunda postulado a adoção unilateral. Segundo o relatório do voto do relator, a convivência entre as duas era estável, as famílias aceitavam o relacionamento, as crianças reconheciam as duas como mãe, a comunidade em que conviviam aceitava o relacionamento e as crianças participavam de todas as atividades sociais sem nenhuma discriminação.

A jurisprudência, tendo em vista a lacuna da lei no que se refere à união afetiva entre pessoas do mesmo sexo, acolheu o posicionamento doutrinário defendido por Maria Berenice Dias, exposto anteriormente, que entende esta modalidade de família como gênero da união estável, permitindo assim a adoção. Ressaltamos já termos demonstrado nossa discordância com este posicionamento.

No caso concreto, o TJRS analisou toda a situação pelo ponto de vista das crianças, que não estavam sofrendo nenhum discrímen por viverem em uma família em que seus pais apresentam o mesmo sexo. Foi aplicado o princípio do superior interesse, pois, para as crianças, a família socioafetiva já estava formada e elas viviam, sem nenhum problema, com duas mães, o que, por certo, ainda não ocorrerá com todas as famílias formadas por pessoas do mesmo sexo.

No que se refere ao registro de nascimento das crianças, o Juízo de primeiro grau determinou, e o tribunal confirmou, que a certidão fosse lavrada com a omissão dos termos "pai", "mãe", "paterno" e "materno". Entendemos que esta é a forma correta que as certidões de nascimento devem ter com a permissão da adoção por duas pessoas do mesmo sexo, tanto que é o que expusemos anteriormente neste tópico. As certidões de nascimento não podem ser lavradas de outra forma que não a determinada na sentença. Porém, para que a verdadeira igualdade entre todos os filhos e todas as famílias possa existir, é imprescindível que *todas* as certidões de nascimento sejam lavradas da mesma forma. Caso apenas as certidões de nascimento dos filhos de pais do mesmo sexo sejam lavradas sem a indicação da linha de parentesco, estará havendo uma discriminação para com estas, o que é inaceitável. É imprescindível que as mudanças legislativas ocorram com a maior brevidade possível, pois as crianças e adolescentes que conseguem uma família não podem ser punidas pelo preconceito e pela covardia de nossos legisladores, pois está claro que o Judiciário solucionará os casos que lhes forem apresentados.

Este nosso entendimento passou a constar do Provimento n. 63, de 14 de novembro de 2017, do CNJ.

Pela importância deste caso, considerando ter sido o primeiro processo de adoção por pessoas do mesmo sexo que veio a conhecimento do mundo jurídico,

PARTE I – O DIREITO MATERIAL SOB O ENFOQUE CONSTITUCIONAL

não podíamos deixar de apresentar o final de toda a saga judicial. O Superior Tribunal de Justiça, em julgamento ocorrido em 27-4-2010, por unanimidade, conheceu do recurso especial e confirmou a adoção, conforme acórdão da 4ª Turma, que teve como relator o Ministro Luiz Felipe Salomão, o qual transcrevemos na íntegra:

DIREITO CIVIL. FAMÍLIA. ADOÇÃO DE MENORES POR CASAL HOMOSSEXUAL. SITUAÇÃO JÁ CONSOLIDADA. ESTABILIDADE DA FAMÍLIA. PRESENÇA DE FORTES VÍNCULOS AFETIVOS ENTRE OS MENORES E A REQUERENTE. IMPRESCINDIBILIDADE DA PREVALÊNCIA DOS INTERESSES DOS MENORES. RELATÓRIO DA ASSISTENTE SOCIAL FAVORÁVEL AO PEDIDO. REAIS VANTAGENS PARA OS ADOTANDOS. ARTIGOS 1º DA LEI 12.010/2009 E 43 DO ESTATUTO DA CRIANÇA E DO ADOLESCENTE. DEFERIMENTO DA MEDIDA. 1. A questão diz respeito à possibilidade de adoção de crianças por parte de requerente que vive em união homoafetiva com companheira que antes já adotara os mesmos filhos, circunstância a particularizar o caso em julgamento. 2. Em um mundo pós-moderno de velocidade instantânea da informação, sem fronteiras ou barreiras, sobretudo as culturais e as relativas aos costumes, onde a sociedade transforma-se velozmente, a interpretação da lei deve levar em conta, sempre que possível, os postulados maiores do direito universal. 3. O artigo 1º da Lei 12.010/2009 prevê a "garantia do direito à convivência familiar a todas as crianças e adolescentes". Por sua vez, o artigo 43 do ECA estabelece que "a adoção será deferida quando apresentar reais vantagens para o adotando e fundar-se em motivos legítimos". 4. Mister observar a imprescindibilidade da prevalência dos interesses dos menores sobre quaisquer outros, até porque está em jogo o próprio direito de filiação, do qual decorrem as mais diversas consequências que refletem por toda a vida de qualquer indivíduo. 5. A matéria relativa à possibilidade de adoção de menores por casais homossexuais vincula-se obrigatoriamente à necessidade de verificar qual é a melhor solução a ser dada para a proteção dos direitos das crianças, pois são questões indissociáveis entre si. 6. Os diversos e respeitados estudos especializados sobre o tema, fundados em fortes bases científicas (realizados na Universidade de Virgínia, na Universidade de Valência, na Academia Americana de Pediatria), "não indicam qualquer inconveniente em que crianças sejam adotadas por casais homossexuais, mais importando a qualidade do vínculo e do afeto que permeia o meio familiar em que serão inseridas e que as liga a seus cuidadores". 7. Existência de consistente relatório social elaborado por assistente social favorável ao pedido da requerente, ante a constatação da estabilidade da família. Acórdão que se posiciona a favor do pedido, bem como parecer do Ministério Público Federal pelo acolhimento da tese autoral. 8. É incontroverso que existem fortes vínculos afetivos entre a recorrida e os menores – sendo a afetividade o aspecto preponderante a ser sopesado numa situação como a que ora se coloca em julgamento. 9. Se os estudos científicos não sinalizam qualquer prejuízo de qualquer natureza para as crianças, se elas vêm sendo criadas com amor e se cabe ao Estado, ao mesmo tempo, assegurar seus direitos, o deferimento da adoção é medida que se impõe. 10. O Judiciário não pode fechar os olhos para a realidade fenomênica. Vale dizer, no plano da "realidade", são ambas, a requerente e sua companheira, responsáveis pela criação e educação dos dois infantes, de modo que a elas, solidariamente, compete a responsabilidade. 11. Não se pode olvidar que se trata de situação fática consolidada, pois as crianças já chamam as duas mulheres de mães e são cuidadas por ambas como filhos. Existe dupla maternidade desde o nascimento das crianças, e não houve qualquer prejuízo em suas criações. 12. Com o deferimento da adoção, fica preservado o direito de convívio dos filhos com a requerente no caso de separação ou falecimento de sua companheira. Asseguram-se os direitos relativos a alimentos e sucessão, viabilizando-se, ainda, a inclusão dos adotandos em convênios de saúde da requerente e no ensino básico e superior, por ela ser professora universitária. 13. A adoção, antes de mais nada, representa um ato de amor, desprendimento. Quando efetivada com o objetivo de atender aos interesses do menor, é um gesto de humanidade. Hipótese em que ainda se foi além, pretendendo-se a adoção de dois menores, irmãos biológicos, quando, segundo dados do Conselho Nacional de Justiça, que criou, em 29 de abril de 2008, o Cadastro Nacional de Adoção, 86% das pessoas que desejavam adotar limitavam sua intenção a apenas uma criança. 14. Por qualquer ângulo que se analise a questão, seja em relação à situação fática consolidada, seja no tocante à expressa previsão legal de primazia à proteção integral das crianças, chega-se à conclusão de que, no caso dos autos, há mais do que reais vantagens para os adotandos, conforme preceitua o artigo 43 do ECA. Na verdade, ocorrerá verdadeiro prejuízo aos menores, caso não deferida a medida. 15. Recurso especial improvido[44].

Todos os casos em que foi deferida a adoção para casais homoafetivos foram efetivamente avaliados pelos juízes e pelo Ministério Público, com acompanhamento pelas equipes interprofissionais do Juízo, extremamente importantes para a avaliação da estabilidade familiar e para a constatação de que família homoafetiva, assim como qualquer outra entidade, possui as mínimas condições para receber, criar e educar uma pessoa em formação. São famílias que atendem sua função social.

A construção de todo o tema está sendo feita, de forma coerente, pelo Poder Judiciário, já havendo decisões favoráveis, em primeiro e segundo grau, em quase todos os Estados brasileiros.

Em 5-5-2011, o STF, por decisão unânime, em julgamento conjunto na ADPF 132/RJ e ADI 4.277/DF, cujo relator foi o Min. Carlos Ayres Britto, reconheceu como união estável as uniões homoafetivas, concedendo, a estas uniões, os mesmos direitos concedidos àquelas heterossexuais. Dentre esses direitos, encontra-se o de adotar. Mais uma vez, o Poder Judiciário brasileiro adota atitude correta que deveria ter sido tomada pelo Congresso Nacional. Com este julgamento, pensamos que não há mais o que ser contestado.

---

44 STJ, REsp 889.852/RS (2006/0209137-4), 4ª Turma, Rel. Min. Luis Felipe Salomão, j. 27-10-2010.

PARTE I – O DIREITO MATERIAL SOB O ENFOQUE CONSTITUCIONAL

363

4.6. Adoção de nascituro

O Estatuto da Criança e do Adolescente não traz qualquer regra sobre a possibilidade, ou não, de adoção de nascituro. Sua possibilidade era prevista no art. 372 do CC de 1916, por alteração trazida pela Lei n. 3.133/57. Antônio Chaves[45], citando doutrina estrangeira, afirma que apenas o direito brasileiro trazia previsão sobre o tema.

O regime constitucional vigente não recepcionou, no que concerne à adoção do nascituro, o texto da Lei Civil de 1916. Se a atual lei nem sequer faz menção à possibilidade da adoção do nascituro, conclui-se que esta não mais é possível. Logo, pela interpretação sistemática e integrada da legislação, o correto entendimento a ser utilizado é o de não ser permitida a adoção do nascituro.

Nosso posicionamento não é aceito pacificamente pela doutrina.

A grande defensora da possibilidade da adoção do nascituro, Silmara Juny Chinellato[46], entende que o nascituro é um ser humano, e que está incluído no conceito de criança trazido pelo ECA. Em consequência, a mencionada autora paulista defende que, com a possibilidade da adoção do nascituro, será garantido seu direito a alimentos e à saúde, o que, por si só, justificaria a permanência do instituto. Com relação aos requisitos exigidos por lei para a concessão da adoção, entende que todos serão atendidos, pois, com relação à diferença de 16 anos que devem ter adotante e adotando, esta sempre haverá; com relação ao estágio de convivência, entende que este será dispensado por contar o nascituro menos de um ano de idade, conforme a regra do § 1º do art. 46 do ECA.

Aderem ao posicionamento da possibilidade da adoção de nascituros Arnaldo Marmitt[47], Sérgio G. Pereira[48] e Maria Alice Lotufo[49].

A despeito das respeitadas opiniões, incabível esta modalidade de adoção. O conceito de criança, fornecido pelo Estatuto da Criança e do Adolescente, refere-se a ser humano que tem de 0 a 12 anos incompletos de idade, logo, já nascido. Tal definição, evidentemente, não é atribuível ao nascituro. Ademais, a sobrevivência do nascituro ao parto é incerta. Pelo espírito do instituto, não se pode sujeitar a adoção a fato futuro e incerto, como é o referente ao nascimento de pessoa em gestação. Este fundamento é trazido por Antônio Chaves[50].

---

45 CHAVES, Antônio. Op. cit., p. 164.

46 CHINELLATO, Silmara Juny. *Comentários ao Código Civil*. São Paulo: Saraiva, 2004, v. 18, p. 173 e ss.

47 MARMITT, Arnaldo. Op. cit., p. 24-27.

48 PEREIRA, Sérgio G. Algumas considerações sobre a nova adoção. *Revista Ajuris*, n. 53, ano 18, 1991, citado por Silmara Chinellato e Arnaldo Marmitt.

49 LOTUFO, Maria Alice. *Adoção*: perfil histórico e evolução teleológica no direito positivo. Dissertação de Mestrado apresentada e aprovada pela Faculdade de Direito da PUC de São Paulo, 1992, citada por Silmara Chinellato.

50 CHAVES, Antônio. Op. cit., p. 165.

Outro argumento é trazido por Eunice Ferreira Rodrigues Granato[51]:

> O nascituro não pode ser considerado pessoa, pois, de acordo com o Código Civil, a personalidade civil do homem começa com o nascimento com vida. Embora esse mesmo art. 4º já lhe assegure direitos, estão eles condicionados ao nascimento com vida.

Ressalvamos que o Código Civil ao qual a autora faz menção é o de 1916 e, no Código Civil em vigor, o texto correspondente encontra-se no art. 2º.

Acresça-se que é exigido o estágio de convivência, entre o adotante e o adotado, o que será impossível de acontecer com relação ao nascituro. A adoção deste já estará concluída quando de seu nascimento, o que impedirá por completo a realização do estágio, tão importante para se saber se haverá adaptação entre o adotante e o adotado e se aquele possui as condições necessárias para bem cuidar de uma criança. O estágio de convivência está dirigido muito mais para as possibilidades de adaptação do adotante do que do adotando.

Considerando que a adoção é irrevogável e concebendo-se a admissibilidade desta em relação a nascituro, estar-se-á, de certa forma, "legalizando" a prática conhecida como "barriga de aluguel" e se subtraindo à mãe biológica o direito de arrepender-se da entrega de seu filho para colocação em família substituta. Ademais, pelo simples exame do ECA (art. 19), verifica-se que a colocação em família substituta é exceção, devendo sempre apoiar-se a manutenção da criança e/ou adolescente no seio da família natural[52].

Tânia da Silva Pereira[53] traz argumento de ordem processual que demonstra não ser possível a adoção do nascituro: a exigência da qualificação completa da criança e de seus pais, constante do art. 165, III, do ECA. Conclui, por fim, a mencionada autora que "admitir expressamente a adoção do nascituro representaria uma contradição entre as premissas básicas da lei, fugindo à sua própria definição de prioridade".

A exegese legal é o derradeiro argumento quanto à impossibilidade da adoção de nascituro. Não se deve querer dizer mais do que o quis o legislador. Claro está que o legislador não desejou preservar no universo jurídico a adoção do nascituro.

Não estamos, com isso, querendo dizer que não há nenhuma segurança legal para a figura do nascituro. A lei o protege. A primeira proteção é encontrada na CF que, em seus arts. 5º e 227, garantem o direito à vida.

Na legislação ordinária, o ECA garante à gestante o atendimento pré e perinatal, em diversos níveis, bem como o apoio alimentar que esta necessitar (art. 8º),

---

51 GRANATO, Eunice Ferreira Rodrigues. Op. cit., p. 137.
52 Nesse sentido, PEREIRA, Tânia da Silva. O direito à vida e a proteção ao nascituro. In: *Direito da criança e do adolescente*: uma proposta interdisciplinar. Rio de Janeiro: Renovar, 1996, p. 146.
53 PEREIRA, Tânia da Silva. Op. cit., p. 146.

PARTE I – O DIREITO MATERIAL SOB O ENFOQUE CONSTITUCIONAL

estando assegurada a proteção ao nascituro. Sobre este tema remetemos o leitor ao capítulo que cuida dos Direitos Fundamentais. É a ele assegurado direito sucessório, conforme arts. 1.798 e 1.799, I, ambos do CC c/c art. 650 do CPC. O aborto é considerado crime.

Inúmeras regras existem a proteger o nascituro, a fim de que consiga nascer com vida e possa exercer seus direitos. Dentre elas não se encontra a adoção.

5. CADASTRO E HABILITAÇÃO PARA ADOÇÃO

Dispõe o Estatuto, em seu art. 50, sobre a necessidade de existir, em cada comarca e Juízo (pois não podemos esquecer que em uma única comarca poderá haver mais de uma Vara da Infância), um cadastro das crianças e adolescentes passíveis de serem adotados e de pessoas que desejam adotar.

A existência desses cadastros é bastante útil, pois facilita a apuração dos requisitos legais e facilita a compatibilidade entre adotante e adotando pela equipe interprofissional, o que tornará mais célere os processos de adoção.

A relação de crianças e adolescentes será elaborada pela equipe interprofissional da Vara da Infância, com base em informações constantes nos processos e procedimentos em curso no Juízo e nas informações que são repassadas periodicamente pelos acolhimentos sobre a situação de cada criança e adolescente que assistam. Cabe a indagação sobre o critério a ser utilizado para que seja entendido que determinada criança se encontra em condições de ser adotada. O abandono por parte dos genitores e da família será o critério mais frequente.

Quando não há genitor e família, como nos casos de bebês e crianças de tenra idade que são abandonados e não se consegue nenhuma informação de sua origem, não existe nenhum problema para sua inclusão no cadastro. A inclusão deve acontecer dentro do prazo mais breve possível, só sendo aceita a demora que for necessária para se tentar descobrir a família biológica da criança.

Tratando-se de criança abandonada que já consiga fornecer dados sobre sua origem, assim como adolescente que venha a ser encontrado pelas ruas, deve-se tentar buscar a veracidade das informações prestadas[54] e verificar os motivos que

---

54 Quando se encontram crianças e adolescentes que vivem pelas ruas, as informações que prestam sobre sua família e o local de moradia muitas vezes não são verdadeiras, pois não desejam retornar para casa. Os motivos que levam ao fornecimento de informações falsas são os mais diversos, a maioria ligada a alguma violência física ou psicológica sofrida. Em alguns casos, a criança e o adolescente saem de casa por achar que sua presença é prejudicial para a família, isso se dando quando são muitas as bocas a serem alimentadas ou o genitor inicia novo relacionamento e o convívio do filho com o companheiro não é bom. A pior de todas as situações que leva a que informações falsas sejam dadas ocorre quando a criança/adolescente passou a gostar da vida pelas ruas, mesmo com todos os riscos que esta traz; muitos, infelizmente, sentem-se

ensejaram o abrigo para que seja estudado se há a possibilidade de reintegração familiar. Constatado que não há possibilidade de reintegração familiar, a inserção do nome da criança e do adolescente no cadastro deve ser feita o mais rapidamente possível, para que ainda exista possibilidade de colocação em família substituta, pois o brasileiro não tem o hábito de realizar adoções de crianças que tenham ultrapassado 6 anos de idade, sendo extremamente difícil a realização de adoções quando esta idade é ultrapassada, ou seja, as denominadas adoções tardias[55].

Surge o problema quando a criança/adolescente encontra-se acolhida, recebendo visitação esparsa de seus pais e/ou de sua família. Cria-se, nessa hipótese, um sério problema para os acolhidos e para as equipes técnicas, o juiz e o promotor de justiça. Como caracterizar que a criança/adolescente está abandonada? Inicialmente, a lei não trazia nenhum critério. A primeira referência que se teve foi o prazo de um ano constante do revogado art. 1.624 do CC, quando tratava da desnecessidade do consentimento do representante legal do órfão não reclamado por qualquer parente. Esse prazo era o único que se tinha para utilizar como parâmetro, mas não era o ideal, por ser muito longo, já que um ano na vida de uma criança é muito tempo, tempo que pode fazê-la perder a chance de conseguir uma família substituta. A Lei n. 12.010/2009 acrescentou parágrafos ao art. 19 do ECA, que teve sua redação alterada pelas Leis n. 13.257/2016 e 13.509/2017, que cuidam de prazo para avaliação da situação das crianças/adolescentes que se encontrarem em instituição de acolhimento ou inseridos em programa de acolhimento familiar. O § 1º do art. 19 torna obrigatória a reavaliação da situação de cada abrigado a cada três meses, no máximo, prazo efetivamente menor que o anteriormente existente e

---

atraídos por esta forma de vida, em que não existem limites, horários e não há a imposição de obrigações. Nesta última hipótese, o trabalho a ser realizado pelos técnicos será extremamente difícil, pois após descartarem as informações falsas, terão um longo caminho para superar a resistência na reintegração familiar.

55 No Brasil ainda não existe a *cultura da adoção*, não sendo um costume o cuidado com crianças abandonadas por seus pais, a não ser pela própria família ou por pessoas amigas. A solidariedade social que leva à prática da adoção ainda não está inserida em nossos hábitos, diferente do que acontece na Europa, até mesmo porque a história do Velho Mundo é bem diferente da nossa, haja vista a ocorrência das duas Grandes Guerras, que fizeram com que existisse a necessidade de se cuidar do grande número de órfãos deixados pelos conflitos. Quando há a busca de adoção pelo brasileiro, este quer o filho que acabou de nascer, existindo a clara preferência pelos recém-natos, sendo que o sexo feminino tem maior preferência (em face daquela velha ideia de que a menina será mais caseira, mais amiga dos pais, vindo a cuidar deles quando precisarem), da mesma forma que a pele clara. O desejo por crianças maiores vai decrescendo na mesma proporção em que a idade vai crescendo, pois ainda existe o pensamento de que as crianças maiores já virão com problemas, com vícios e mau comportamento adquirido nos abrigos, o que é um ledo engano. Adoções tardias dificilmente ocorrem, o que faz com que as crianças mais velhas e os adolescentes tenham de ser colocados em cadastro de adoção internacional.

PARTE I – O DIREITO MATERIAL SOB O ENFOQUE CONSTITUCIONAL

muito menos prejudicial para as crianças/adolescentes. Essa avaliação periódica da situação de cada criança/adolescente que se encontra em sistema de acolhimento fará com que se consiga mapear de forma muito mais eficiente a necessidade de inserção em família substituta, fazendo o direito fundamental à convivência familiar ser assegurado com maior presteza. Verificada a impossibilidade de reinserção familiar, a criança/adolescente será encaminhada para inserção em cadastro para colocação em família substituta.

Apesar de termos o prazo de três meses para a avaliação de cada um dos casos, necessitamos ter em mente que esse prazo não precisa ser de todo utilizado, podendo e devendo ser elaborado relatório de cada um dos acolhidos em período inferior, tudo dependendo do fato em concreto. Devemos trabalhar com o conceito de razoabilidade em face de cada caso para chegarmos à conclusão de estar, ou não, o institucionalizado em condição de ser inserido no cadastro de adoção. Exemplificando, a criança/adolescente que recebe visitas esporádicas de seu pai ou parente e este, depois de instado a buscar meios para poder ter o filho novamente sob sua guarda, nada faz, mostrando que prefere que a medida de acolhimento institucional se mantenha, está em condições de ser adotada. Assim, todos os que atuam nas Varas da infância e juventude devem, deparando-se com situações desse porte, agir com bom senso, sempre visando ao superior interesse da criança e do adolescente. A pior coisa que pode acontecer para uma criança/adolescente é encontrar um profissional que fica com pena da situação apresentada pelo genitor ou parente e fica tentando manter um vínculo que, de fato, não existe. Ao agir dessa forma, o profissional está desrespeitando o princípio do superior interesse. Mesmo existindo norma expressa (§ 3º do art. 19 do ECA, acrescido pela Lei n. 12.010/2009, com nova redação conferida pela Lei n. 13.257/2016) determinando que a manutenção e a reintegração familiar serão medidas que terão preferência sobre qualquer outra, não podemos nos esquecer de que a atuação de todos os profissionais da área da infância e juventude deverá ter em mente o que for melhor para o destinatário da medida. E o destinatário da medida é a criança/adolescente, não sua família. Essa nova regra não muda em nada a forma de atuar que havia antes de sua vigência, podendo ela vir a ser, até mesmo, um elemento pernicioso para uma atuação em prol das crianças e adolescentes.

Para a inclusão da criança/adolescente no cadastro, não é necessário que os pais já estejam destituídos do poder familiar, mas apenas que haja um estudo de caso com parecer da equipe interprofissional do Juízo, ou de qualquer um dos programas de acolhimento, indicando a adoção como a medida que melhor atenderá os interesses da criança e do adolescente[56]. A destituição do poder familiar se dará como pressuposto lógico da decretação da adoção.

---

56   Neste sentido, entendendo que, não sendo demonstrada a impossibilidade de reintegração familiar, não será possível a inclusão no cadastro (acórdão do TJRJ, AI 199900208475, 12ª Câm. Cív., Rel. Des. Alexandre H. Varella, j. 30-11-1999).

Verificado que a criança/adolescente se encontra em condições de colocação em família substituta, será providenciada sua inserção no cadastro no prazo de 48 horas (art. 50, § 8º, do ECA, acrescido pela Lei n. 12.010/2009).

O cadastro de pessoas interessadas em adotar só poderá ser criado a partir do momento em que os interessados busquem a Vara da infância demonstrando seu desejo de adotar e a idade e sexo da criança/adolescente que pretendem adotar. Estas pessoas devem ser orientadas a requererem sua habilitação para adoção. Hoje, além dos cadastros das pessoas habilitadas para adotar em cada uma das unidades da federação, temos o cadastro nacional (art. 50, § 5º, do ECA, acrescido pela Lei n. 12.010/2009), além de cadastro especial para as pessoas que não residem no território nacional, qualquer que seja sua nacionalidade (art. 50, § 6º, do ECA, acrescido pela Lei n. 12.010/2009). Este último cadastro só será utilizado quando não houver nenhuma pessoa habilitada no cadastro nacional interessada em adotar determinada pessoa, o que é desnecessário, pois desde que o Estatuto da Criança e do Adolescente entrou em vigor, adoção internacional é uma exceção.

O Conselho Nacional de Justiça, por intermédio da Resolução n. 289, de 14 de agosto de 2019, implantou o Sistema Nacional de Adoção e Acolhimento – SNA, que veio a substituir o Cadastro Nacional de Adoção, sendo mais amplo do que o anterior. Além de cadastrar as crianças e os adolescentes em condições de serem adotados, assim como as pessoas cadastradas para adoção (nacionais e estrangeiros), compila os dados referentes ao acolhimento institucional e familiar e as demais modalidades de colocação em família substituta.

Foi de grande vantagem a criação de um cadastro nacional de crianças/adolescentes e pessoas interessadas em adotar (devemos ressaltar que já defendíamos a ideia da centralização do cadastro desde a primeira edição desta obra), pois só assim passou-se a ter um real mapeamento das crianças/adolescentes passíveis de serem adotadas. A nacionalização do cadastro fez com que se soubesse quem e quantas são essas crianças e adolescentes, fazendo com que se possa buscar de forma mais rápida uma família para eles. O cadastro único é, também, um facilitador para as pessoas habilitadas, pois muitas vezes não encontram crianças/adolescentes para serem adotados no local onde se habilitaram e, com a unificação de todas as informações, poderão encontrar o filho que tanto desejam, em outra unidade da federação.

Com a ampliação da abrangência do cadastro com a instituição do SNA, uma vez que todos os dados referentes aos acolhimentos institucional e familiar são ali incluídos, passa-se a ter a possibilidade de se verificar quais são as causas que ensejam a retirada das crianças e adolescentes de suas famílias de origem. Com isso, os promotores de justiça da infância e da juventude poderão trabalhar na origem dos problemas que acarretam a necessidade do acolhimento e buscar a implementação de políticas públicas que visem minorá-los.

O responsável pela alimentação dos cadastros será a autoridade central estadual (art. 50, § 9º, do ECA, acrescido pela Lei n. 12.010/2009) – o Poder Judiciário – que

PARTE I – O DIREITO MATERIAL SOB O ENFOQUE CONSTITUCIONAL

transmitirá essas informações para o cadastro nacional, cuja responsabilidade está a cargo do Conselho Nacional de Justiça.

Habilitada, a pessoa será inscrita no cadastro, que terá uma ordem sequencial e ficará aguardando o surgimento de uma criança ou adolescente que se enquadre nas suas opções de idade e sexo. Será entregue certificado à pessoa, constando que se encontra habilitada a adotar.

Surgindo esta criança ou adolescente, serão chamadas as pessoas constantes no cadastro por ordem de antiguidade para que a conheçam (art. 50, § 12, do ECA, acrescido pela Lei n. 12.010/2009). Havendo empatia entre elas, será iniciado o processo de adoção. Caso contrário, será chamada a pessoa seguinte constante do cadastro.

Entre as alterações trazidas ao ECA pela Lei n. 13.509/2017, temos a nova redação do § 10 do art. 50, ficando expresso que serão encaminhados à adoção internacional as crianças e os adolescentes que não encontrarem interessados cadastrados para adoção nacional. É acrescido o § 15, que dá prioridade no cadastro às pessoas que manifestarem interesse em adotar crianças portadoras de necessidades especiais e grupos de irmãos; é uma medida de cunho social que merece elogio.

Tem por finalidade dar publicidade sobre quem são as pessoas cadastradas e, entre elas, demonstrar a existência de imparcialidade por parte do Estado, por estarem sendo convocadas as pessoas pela estrita ordem de habilitação.

Com a existência do cadastro de pessoas habilitadas a adotar, é obrigatório o respeito a este. Surgindo uma criança para ser adotada, devem ser chamadas as pessoas previamente cadastradas e não qualquer outra que surja interessada na criança. Logo, se alguém encontra uma criança abandonada, deverá levá-la até a Vara da infância, onde será encaminhada para abrigo e, posteriormente, inserida no cadastro para adoção. Serão, em seguida, chamadas as pessoas cadastradas para realizarem a adoção. A pessoa que encontrou a criança não poderá adotar, já que a preferência será para aquelas cadastradas, salvo se nenhuma das pessoas cadastradas mostra interesse em adotá-la.

Nesta mesma linha de ideia, temos uma medida salutar estampada no § 1º do art. 13 do ECA (acrescido pela Lei n. 13.257/2016). Esta regra cuida das gestantes e mães que manifestarem o desejo de entregar seu filho para adoção, dispondo que sejam encaminhadas, sem constrangimento, pela equipe do hospital ou posto de saúde para a Vara da infância e da juventude. Esta regra evitará que membros da equipe do hospital tentem ficar com essas crianças, fugindo da exigência de estarem habilitados. É importante termos atenção para a questão da necessidade do acompanhamento psicológico a ser fornecido pelo Poder Público às mães que manifestam o desejo de entregar seu filho para adoção, como dispõe o art. 8º, § 5º, do ECA.

Apesar da obrigatoriedade de consulta e respeito ao cadastro, em algumas situações, considerando a aplicação do princípio do superior interesse, a preferência para adoção de determinada criança não será conferida às pessoas cadastradas.

É o que temos no § 13 do art. 50 que, em seus incisos, traz situações nas quais a adoção será deferida para pessoas que não se encontram cadastradas: quando se tratar de adoção unilateral; quando a adoção for formulada por parente com o qual a criança/adolescente mantenha vínculos de afeto e afinidade (em consonância com a norma do art. 28, § 3º, ECA); quando se tratar de postulação realizada por quem detenha a guarda ou tutela de criança maior de 3 anos ou adolescente, bem como apresente tempo de convivência do que se extraia a existência de vínculos de afeto e afetividade.

Em todas essas hipóteses temos a existência do vínculo de afeto anterior à propositura da medida, em situações já consolidadas e que, pelo princípio do melhor interesse, não se justifica que se busque pessoa estranha, apenas com o pretexto de que o cadastro tem de ser respeitado. Temos, aqui, a adoção *intuitu personae*. Nesse momento, o vínculo afetivo prevalecerá sobre a letra fria da lei, com o intuito de minorar as consequências da medida (art. 28, § 3º, do ECA). A adoção é o grande exemplo da filiação socioafetiva; seu único elo é o afeto, que deve prevalecer sobre tudo. Toda criança/adolescente que tem a possibilidade de ser adotado já passou por um momento de rejeição em sua vida, tendo conseguido obter e dar amor a um estranho, que vê, agora, como um pai, superando o sentimento de perda. Não se justifica que, em nome ao respeito a uma regra que tem a finalidade única de dar publicidade e legalidade às adoções, o sentimento, o sustentáculo da adoção, seja colocado em segundo plano e a criança seja obrigada a passar por outro drama em sua vida, sair da companhia de quem aprendeu a amar. No sentido do texto está se guiando a jurisprudência, que tem decidido retirar crianças que estejam irregularmente em companhia de terceiros e encaminhá-las para acolhimento e cadastro de adoção, quando constatado não ter sido construído o vínculo de afeto[57].

Não se pode deixar de criticar a regra do inciso III do § 13 do artigo em estudo. Verifica-se, mais uma vez, o grande medo impingido ao legislador da possibilidade de existir a adoção *intuitu personae*. Para que possa existir uma adoção desta modalidade, deve o postulante já estar com a guarda ou tutela da criança e ela contar com mais de três anos de idade e ficar demonstrado o laço de afeto e afinidade, além de não ser constatada a má-fé. Esta é mais uma tentativa de se evitar que o afeto seja construído sem a intervenção do Estado, sempre com a ideia de que se adotante e adotando se aproximaram sem a participação estatal, haverá, fatalmente, alguma coisa errada.

Aqueles que adotam posicionamento radical com relação à obrigatoriedade da habilitação prévia e da necessidade de inscrição no cadastro daqueles que desejam

---

57 AgInt no REsp 1.774.015/SC, 4ª Turma, Rel. Min. Raul Araújo, j. 11-2-2020; RHC 118.696/MS, 3ª Turma, Rel. Min. Marco Aurélio Bellizze, j. 18-2-2020.

PARTE I – O DIREITO MATERIAL SOB O ENFOQUE CONSTITUCIONAL

adotar, por certo estão se afastando dos princípios norteadores do direito da criança e do adolescente, principalmente do princípio do superior interesse. Estas pessoas que reverenciam a obrigatoriedade do cadastro como se fosse um dogma religioso não estão atuando em prol da proteção integral das crianças e adolescentes. Estão apenas querendo aplicar a fria letra da lei, entendendo que o Poder Público tem mais condições de avaliar o que é melhor para uma criança, sem pensar que ela é um ser humano, dotado de sentimentos. Aqueles que defendem que as crianças sejam arrancadas dos braços daqueles que detêm sua guarda de fato, que já cuidam delas com todo o carinho e afeto, apenas pelo fato de não estarem previamente inscritos no cadastro, estão cometendo um enorme ato de violência contra estas crianças, pois não pensam no vínculo de afeto que já formaram com seus guardiões de fato. Fazem as crianças sofrerem apenas por um temor reverencial à lei e a uma interpretação errônea desta.

Queremos deixar claro que não estamos defendendo o desrespeito ao cadastro e nem que devamos ignorar a lei. O cadastro há que ser defendido e respeitado, mas as situações fáticas que aparecerem nos Juízos da Infância e da Juventude devem ser interpretadas em benefício das crianças e adolescentes, única e exclusivamente. É necessário que tenhamos Juízes e Promotores de Justiça da Infância e da Juventude que façam jus ao título que carregam e atuem em prol destas pessoas em formação e não como meros aplicadores da lei, pois se assim fosse o exercício deste tão importante *munus*, não precisaríamos de pessoas, utilizaríamos máquinas com uma programação preestabelecida.

Há que se afastar a ideia de que todas as pessoas que recebem as crianças diretamente de seus pais biológicos as compraram. A grande maioria dessas pessoas recebe diretamente as crianças de seus pais biológicos porque foram por eles escolhidos, escolha que os pais biológicos podem fazer, uma vez que não há nenhuma vedação legal a tal coisa e, se escolhem a família substituta para onde seu filho vai, estão realizando esta escolha dentro do permitido pelo poder familiar que exercem. Isso deve ser respeitado. Para um melhor desenvolvimento do tema, remetemos o leitor ao item que cuida da adoção *intuitu personae*.

Quando tivermos hipóteses de adoções *intuitu personae* onde ficar claro que os adotantes não compraram a criança e não cometeram nenhum crime, estes devem ter a permissão de adotar, pelo bem da criança, mesmo que não estejam cadastrados. Caso contrário, a criança deverá ser retirada deles e entregue àquele que estiver em primeiro lugar no cadastro. Cada caso deve ser analisado *de per si* e verificada qual a interpretação que se dará, atendendo-se ao superior interesse da criança e do adolescente e não ao superior interesse do cadastro[58] .

---

58   STJ, REsp 1.172.067-MG, 3ª Turma, unânime, Rel. Min. Massami Uyeda, j. 18-3-2010; TJRJ, AI 0026448-59.2010.8.19.0000, 11ª Câm. Cív., Rel. Des. Otávio Rodrigues, j.

É importante que haja um incremento, por parte do Poder Judiciário, do cadastro, seja de crianças e adolescentes, seja de pessoas habilitadas a adotar, já que é obrigatória sua existência, como se vê pela simples leitura do art. 50 do ECA. Para a elaboração do cadastro é importante que o juiz participe do início de seu processo, atuando junto com a equipe interprofissional e os abrigos.

6. REQUISITOS

Cuidaremos neste item dos requisitos necessários que devem ser preenchidos para que o direito material da adoção se realize. São eles: idade mínima que deve ter o adotante, estabilidade da família, diferença de 16 anos entre adotante e adotando, consentimento dos pais biológicos, concordância do adotando e reais vantagens para o adotando.

6.1. Idade mínima e estabilidade da família

Trataremos de forma conjunta desses dois requisitos, em face de sua íntima ligação, o que faz com que se torne mais fácil seu entendimento.

O art. 42, *caput*, e seu § 2º, do ECA, traz como exigência que o requerente tenha uma idade mínima para que possa adotar e, caso seja casado ou viva em união estável, que sua família seja estável.

A regra coloca como idade mínima para adoção a maioridade civil, tendo sido alterada pela Lei n. 12.010/2009, para adequar a idade mínima ali constante para a de 18 anos. Mas nem sempre foi assim em nossa legislação.

Na primeira redação do art. 368 do CC de 1916, a idade mínima para se adotar era de 50 anos. Com o advento da Lei n. 3.133/57, que veio a adaptar o instituto da adoção aos novos tempos, a fim de incrementar o número de adoções, foi alterado o texto do art. 368, passando tal idade a ser de 30 anos. Com o advento do Estatuto da Criança e do Adolescente, a idade para adotar passou a ser a mesma que confere a capacidade para os atos da vida civil às pessoas naturais, tendo o CC de 2002 seguido a mesma linha de pensamento.

A pessoa natural, aos 18 anos, pode livremente praticar todos os atos da vida civil. Assim, nenhum empecilho há em que possa adotar. Com a redução da idade para que se possa adotar, possivelmente se conseguirá um aumento no número de adoções e as crianças e adolescentes poderão conseguir uma família. Estes os argumentos que militam em prol da fixação da nova idade, a toda evidência, corretos.

Não há, porém, qualquer obrigatoriedade em observar-se o critério aqui exposto. Nem sempre se deve permitir que, apenas por ter atingido a maioridade, possa uma pessoa praticar alguns atos da vida civil. Entre estes casos figura a adoção.

6-10-2010; HC 404545/CE (*Habeas Corpus* 2017/0146674-8), 3ª Turma, Rel. Min. Ricardo Villas Bôas Cueva, j. 22-8-2017.

PARTE I – O DIREITO MATERIAL SOB O ENFOQUE CONSTITUCIONAL

Terá uma pessoa, com 18 anos de idade, amadurecimento para adotar criança com, no máximo, dois anos de idade, já que há de ser respeitada a regra do art. 42, § 3º, do ECA? Terá a mesma pessoa vida suficientemente estabilizada, como exige a regra do parágrafo único do artigo em comento? A situação atual do país e do jovem brasileiro de 18 anos evidencia que não.

Na adoção, como em qualquer outro instituto do direito de família, não se pode aplicar cega e friamente a lei, devendo o operador do direito manejá-la tendo em mira os fins a que se destina. A adoção tem finalidade assistencial: dar uma família a quem não a possui.

O fato de que uma pessoa com 18 anos de idade possa vir a ter um filho não é fundamento lógico para que seja permitido que adote. Um filho natural pode surgir sem que seja programada a sua concepção, como sói acontecer na maioria esmagadora das situações, principalmente entre os jovens. A gravidez e o nascimento de um filho são, muitas vezes, um "acidente" de percurso e, mesmo irresponsáveis, os pais têm de cuidar de seu filho e, quando não, os avós o fazem.

O simples fato da procriação não significa que haverá um cuidado efetivo para com o filho concebido, se não, não teríamos nenhuma criança ou adolescente abandonado.

Totalmente diferente da biológica, a adoção é uma modalidade de assunção de paternidade que, obviamente, não decorre do acaso. É paternidade extremamente responsável, pois escolhida, pensada, amadurecida, muitas vezes por longo período. Representa o maior exemplo da paternidade socioafetiva aquela que se reveste de maior autenticidade e, por isso, verdadeira na mais significativa acepção do termo. Só uma pessoa verdadeiramente amadurecida terá condições de adotar, de fazer esta escolha, de ter um filho do coração.

A alegação que pode ser utilizada de que a adoção deve imitar, o máximo possível, a família biológica e que muitas pessoas com 18 anos já têm filhos, não procederá, pois, se pensarmos desta forma, porque não colocar a idade de 16 anos, quando a pessoa já é relativamente capaz, para adotar, já que com esta idade muitas pessoas também já possuem filhos?

Não vimos, até hoje, processo de adoção em que o autor tenha apenas 18 anos de idade, e dificilmente haverá.

Entendemos que a idade fixada em lei para que se possa adotar não deve ficar vinculada à maioridade civil, mas em critérios outros, como condições de amadurecimento e estrutura de vida para poder cuidar de outra vida. Melhor teria andado o legislador se tivesse fixado idade mais elevada para a habilitação à adoção.

Exige o legislador que seja demonstrada a estabilidade da família (art. 42, § 2º, ECA, acrescentado pela Lei n. 12.010/2009).

O que deve ser entendido por *estabilidade da família*? Será financeira ou referente ao relacionamento entre os membros da família adotante, para que se comprove se esta última é forte, sólida e duradoura? E como se avaliará que a união é sólida? Qual o tempo mínimo de convivência que se exigirá para que se tenha demonstrada a estabilidade?

Não se pode trabalhar com regras prontas, pois o direito não é ciência exata. Para que se afira a estabilidade de uma relação familiar, necessária avaliação individualizada.

Certo é que a situação financeira do adotante não é fator decisivo para a verificação da possibilidade de efetivar-se a adoção, pois não adianta a inserção de alguém em família substituta de confortável situação financeira, se nenhum afeto, nenhum amor for transmitido ao novo filho[59].

Para a avaliação da estabilidade familiar, é imprescindível a atuação da equipe interprofissional, a fim de que venham a colher subsídios que possam indicar a existência desta correta exigência legal. Esta colheita de informações será realizada em dois momentos: no transcorrer do procedimento judicial de habilitação das pessoas interessadas em adotar e durante o processo judicial de adoção[60].

Com relação a casais de tenra idade, com um ou ambos os cônjuges ainda adolescentes, verifica-se, com base no trabalho diário com ações de adoção, que será impossível comprovar-se a estabilidade da família. Para essas pessoas a comprovação da estabilidade familiar será quase impossível, salvo se parecer da equipe interprofissional demonstrar, de forma inequívoca, a existência deste requisito.

6.2. Diferença de 16 anos

Tal regra, constante do art. 42, § 3º, do ECA, impõe diferença de idade que tem o escopo de conferir cunho biológico à família civil que está sendo constituída, já que a substituta há que ser semelhante e mesmo idêntica à família biológica. Destaque-se o caráter peremptório da norma, cuja inobservância implicará o indeferimento do pedido de adoção.

---

59 Não podemos, durante o transcurso de um processo de adoção, nos esquecer de que o mais importante é a comprovação de um sentimento paterno-filial entre adotante e adotando. Não basta que o adotante demonstre possuir condições de dar uma casa para o adotando. A criação de uma nova família é o que se deseja por meio do processo adotivo, onde deverá ser demonstrada a existência de amor incondicional entre pai e filho.

60 Ressaltamos a utilização da expressão judicial para nos referirmos ao procedimento de habilitação para adoção e ao processo de adoção, pois estes não têm início apenas quando as pessoas trazem sua postulação ao Poder Judiciário, mas em momento bem anterior, quando começam a discutir e pensar em ter um filho, quando começam a amadurecer a ideia de realizar a verdadeira paternidade.

PARTE I – O DIREITO MATERIAL SOB O ENFOQUE CONSTITUCIONAL

Este comando já constava do corpo do Código Civil de 1916. Carvalho Santos[61], ao comentar o texto original do art. 369 do Código Civil de 1916, afirma que "a diferença é essencial para a ilusão da paternidade ou maternidade".

A diferença de 16 anos entre adotante e adotado evitará que se confundam os limites que há entre o amor essencialmente filial e paterno em relação àquele, entre homem e mulher, em que a atração física pode ser preponderante, fator que induvidosamente poderá produzir reflexos prejudiciais à nova família que se está formando.

Com esta diferença mínima evita-se, por exemplo, que uma pessoa de 25 anos de idade queira adotar outra com 17 anos; com esta idade pode-se adotar uma pessoa com, no máximo, 9 anos de idade. O adotante que tiver 18 anos de idade poderá adotar uma criança com, no máximo, 2 anos de idade.

Evita-se, com tal exigência, a realização de adoção com motivo escuso, configurado este por meio de falsa demonstração de amor paternal pelo adotante para com o adotado, a fim de mascarar interesse sexual por aquela pessoa, encobrindo intenção inconfessável.

O cuidado apresentado pelo legislador é o norte que o aplicador da lei deve ter. Porém há que ser ressaltado que esta diferença de 16 anos entre adotante e adotando não deve ser aplicada de forma rígida, de modo a prejudicar a formação da família socioafetiva, que é o ponto nodal da adoção.

Há que se buscar o sentimento na formação da família socioafetiva, sendo certo que o sentimento não se encontra vinculado à idade. O sentimento paterno-filial pode existir entre pessoas com diferença etária inferior aos 16 anos exigidos pelo legislador. Não há nenhum empecilho que, em face do caso concreto, conceda-se a adoção em que a diferença de idade entre o adotante e adotando seja inferior aos 16 anos estipulados na legislação, desde que fique apontado, pelo estudo de caso apresentado pela equipe interprofissional do Juízo, que a relação afetiva entre adotante e adotando é a paterno-filial.

O cuidado que devemos ter para com a formação da família adotiva dá-se em verificar se o sentimento existente entre as pessoas envolvidas é o de pai e filho. Assim, pode-se conceder a adoção para pessoas cuja diferença de idade seja inferior ao exigido pela lei, desde que essa diferença ainda mantenha a aparência de uma filiação biológica e esteja comprovada a existência de vínculo fático de filiação. Este entendimento foi estatuído pelos Tribunais de todo o País, já sendo pacífico há mais de uma década.

Da mesma forma, não se deve conceder a adoção para as pessoas que não consigam demonstrar a existência do mencionado vínculo, mesmo que a diferença de idade seja superior ao mínimo legal.

___

61   SANTOS, Carvalho. *Código Civil brasileiro interpretado.* 12. ed. Rio de Janeiro: Freitas Bastos, 1989, v. VI, p. 10.

6.3. Consentimento

Com a adoção é rompido o vínculo de parentesco com a família biológica como consequência lógica da criação de novo vínculo: do adotivo com a família substituta. Por tal motivo, a lei exige que os pais biológicos consintam na adoção, como se verifica pela regra constante do art. 45, *caput*, do ECA, já que possuem legítimo interesse em realizar oposição a que seu filho ingresse em uma família substituta.

A menção ao representante legal diz respeito às hipóteses de ausência dos pais biológicos, quando a criança/adolescente encontra-se sob a tutela ou curatela de alguém[62].

Para a validade do consentimento, é necessário que este seja ratificado perante o juiz e o Ministério Público.

Não tendo o pai ou a mãe alcançado a maioridade, ou sendo portador de alguma incapacidade relativa para os atos da vida civil (art. 4º do CC), necessário que sejam assistidos por seu representante legal, sob pena de não ser válido o ato.

Não sendo obtido o consentimento dos pais ou representantes legais, deverá o juiz decidir tomando como base, caso seja o adotando menor de idade, o princípio do superior interesse da criança e do adolescente, destituindo os pais biológicos do poder familiar.

6.3.1. Dispensa do consentimento

A regra constante do art. 45, § 1º, do ECA tem como objetivo evitar retardamento indevido no processo, por conta da impossibilidade de obter suprimento de autorização de pais desconhecidos e destituídos do poder familiar.

Neste ponto, andou bem o legislador, pois a paralisação do feito é totalmente contrária ao espírito do instituto da adoção, que é o de atender ao superior interesse do adotando.

No que se refere aos pais que foram destituídos do poder familiar por meio de ação própria fulcrada em algum dos fundamentos previstos no art. 1.638 do CC, tiveram, naquela oportunidade, evidenciada a ausência de condições para ter o filho em sua companhia, razão por que não mais detêm o poder familiar. Assim, com razão o legislador. Descabida a exigência de sua concordância com o pedido de adoção.

Considerando que os artigos fazem menção à destituição do poder familiar e que, como é cediço, a lei não diz mais do que nela está expresso, as normas não são aplicáveis à hipótese de suspensão do poder familiar, situação em que a obtenção do consentimento dos pais biológicos é necessária.

Com relação aos pais biológicos desconhecidos, claro está que o consentimento não poderá ser obtido. Esta hipótese se dará quando a criança/adolescente tiver

---

62 Com relação à figura da curatela, entendemos ser perfeitamente cabível a curatela dos menores relativamente incapazes.

PARTE I – O DIREITO MATERIAL SOB O ENFOQUE CONSTITUCIONAL

sido abandonada em tenra idade ou não se tenha conseguido obter nenhuma informação para incluir em seu registro de nascimento.

No entanto, o fato de os pais biológicos serem desconhecidos faz com que não seja necessária a propositura de ação de destituição do poder familiar.

Quando os genitores estiverem em local incerto e não sabido, não será dispensada a propositura de ação para destituição do poder familiar, pedido que se cumulará com o de adoção, devendo, a fim de que se observe o princípio do contraditório e da ampla defesa, proceder-se a citação editalícia daqueles, nos termos do art. 256, II, do CPC.

6.3.2. Revogabilidade do consentimento

O Código Civil de 2002, no § 2º de seu art. 1.621[63] (revogado pela Lei n. 12.010/2009), trazia, de forma expressa, a possibilidade de revogação do consentimento.

O dispositivo não constituía novidade, pois não havia dúvida de que tanto os pais como o representante legal do adotando poderiam revogar o consentimento, já que se pode alterar toda manifestação de vontade, especialmente no que diz respeito ao arrependimento quanto à concordância de que o filho seja assistido por família substituta.

Com o texto do § 2º, o legislador enfocava a adoção do ponto de vista dos pais biológicos, devendo-se ressaltar que, de regra, os estudiosos da adoção consideram estes como vilões, que abandonaram seu filho indefeso, principalmente quando se trata de criança de tenra idade. Raramente há preocupação na análise do instituto da adoção a partir dos motivos que levaram os pais biológicos a entregarem o filho em adoção ou mesmo que fator os levou a considerar mais benéfico passasse aquele a integrar uma nova família, em vez de continuar no seio da família natural.

Trata-se aqui daqueles pais que decidem entregar seu filho para adoção e não daqueles que simplesmente o abandonam à própria sorte, pois há sensível diferença prática e teórica entre "entrega" e "abandono".

O pai e a mãe que decidem entregar seu filho para adoção estão, na verdade, praticando um ato de amor, pois entendem que a criança poderá gozar de mais amplas oportunidades se for criada por outra família. Tal decisão exige dos pais amadurecimento, consciência, reflexão e, sobretudo, coragem e grande amor pelo filho que conceberam.

Ao decidirem entregar seu filho para criação por outra família, e sabendo que, possivelmente, nunca mais terão contato com este, os pais estão, eles próprios, em situação de abandono, já que marginalizados pela sociedade, diante das inúmeras

---

63   Art. 1.621, § 2º, CC: "O consentimento previsto no *caput* é revogável até a publicação da sentença constitutiva da adoção".

dificuldades que a vida lhes apresenta[64]. Na 2ª Promotoria de Justiça da Infância e da Juventude de Duque de Caxias, já ocorreu, infelizmente, semelhante situação quando um casal se dirigiu à Vara da Infância a fim de entregar a filha recém-nata, pois vivia em situação de penúria extrema e não teria como dar a ela o mínimo conforto. Quem terá coragem de afirmar que esta atitude não demonstra amor extremo dos pais para com este filho?

Assim, o legislador reputou conveniente não deixar dúvida de que podem os pais biológicos desistir do consentimento, a fim de terem o filho de volta. Com a revogação do consentimento, sempre expressa, não se admitindo, pois, revogação tácita, a criança/adolescente terá aberta a possibilidade de retorno à família natural, já que a família substituta é exceção, conforme dispõe o Estatuto da Criança e do Adolescente, em seu art. 19. Na hipótese de entrega do filho recém-nato pela mãe à Vara da Infância (art. 19-A, do ECA), é prevista a possibilidade de desistência (§ 8º) da entrega, que poderá ser realizada em audiência ou em reunião com a equipe interprofissional do Juízo. Nessa hipótese, haverá o acompanhamento da família biológica pelo prazo de 180 dias.

Com a revogação da concordância, deflagrar-se-á, em regra, novo litígio, devendo o juiz decidir com base no princípio do superior interesse da criança. O § 3º do art. 39 do ECA, acrescido pela Lei n. 13.509/2017, dispõe expressamente que o juiz deve decidir sempre em favor do adotando, mesmo que em detrimento dos interesses dos pais biológicos.

A despeito de haver disposição legal considerando excepcional a colocação em família substituta, dever-se-á sempre aplicar o princípio aqui mencionado, isso porque criar a criança e o adolescente no seio da família natural pode não ser o mais conveniente para estes, inclusive porque eventualmente terá o adotando maior identificação com a família substituta, já estando integrado a esta, constituindo indesejável violência o retorno à família natural. Para uma solução justa, deve ser utilizado o imprescindível trabalho da equipe interprofissional, de inestimável valia.

Verifica-se que a jurisprudência vem adotando entendimento no sentido de não acatar a revogabilidade do consentimento como um direito potestativo dos pais biológicos. Os tribunais vêm acolhendo a revogabilidade do consentimento apenas quando este atender o superior interesse da criança[65].

---

64 Sobre este ponto de vista, existe o trabalho de Maria Antonieta Pisano Motta, intitulado *Mães abandonadas:* a entrega de um filho em adoção, São Paulo Cortez, 2001. Também da mesma autora o excelente texto "Adoção pronta X Adoção pelo cadastro". In: LEITE, Eduardo de Oliveira (coord.). *Adoção – Aspectos jurídicos e metajurídicos.* Rio de Janeiro: Forense, 2005. Neste trabalho a autora realiza discussão sobre a possibilidade da participação dos pais biológicos no processo de adoção no que concerne à entrega da criança aos pais socioafetivos como uma maneira de tornar a criança um ser humano mais "inteiro" e fazer com que o sentimento de perda dos pais biológicos seja mais bem trabalhado.

65 TJRJ, Apelação Cível 2003.001.29999, 2ª Câm. Cív., Rel. Des. Leila Mariano, j. 10-12-2003.

PARTE I – O DIREITO MATERIAL SOB O ENFOQUE CONSTITUCIONAL

Com a nova redação dada ao art. 166 do ECA pela Lei n. 13.509/2017, passamos a ter a figura da retratação e a figura do arrependimento pelos pais biológicos da entrega de seu filho para adoção. Embora o § 5º do art. 166 use duas expressões diferentes e, a princípio, dois momentos para sua ocorrência, um até a data da audiência prévia (retratação) e outro até dez dias contados da prolação da sentença que extingue o poder familiar (arrependimento), o que temos, na verdade, é a mesma retratação. A confusão pode se instalar com essa situação. Assim, o melhor entendimento e o que mais se amolda às regras do direito processual civil é a de que o arrependimento poderá se dar até dez dias contados da intimação da sentença que declarou extinto o poder familiar[66].

Após a prolação da sentença de extinção do poder familiar (que pode ser proferida logo no início da ação de adoção consentida), o processo de adoção seguirá o seu curso.

6.4. Concordância do adotando

Deve-se sempre realizar a oitiva do adolescente, pois sua opinião há que ser considerada quando da decisão. É determinação legal que deve ser cumprida pelo juiz, trazida pelo art. 45, § 2º, do ECA.

Não só o adolescente deve ser ouvido, mas também a criança, conforme comando do § 1º do art. 28 (com redação dada pela Lei n. 12.010/2009) e art. 100, parágrafo único, XII (acrescido pela Lei n. 12.010/2009), ambos do Estatuto da Criança e do Adolescente. A criança será ouvida pela equipe interprofissional do Juízo, que elaborará estudo de caso com parecer. Este parecer deverá ser considerado pelo juiz e pelo promotor de justiça no momento da decisão, até mesmo porque a parte final do mencionado parágrafo determina que a opinião da criança deverá ser devidamente considerada. A determinação de que a criança seja entrevistada pela equipe interprofissional do Juízo é excelente, pois os profissionais que a compõem (assistentes sociais e psicólogos) possuem melhor qualificação para contato com criança, principalmente as de tenra idade, o que fará com que o diálogo com esta flua com maior facilidade. Devemos ressaltar que o termo *sempre que possível* constante do início do § 1º do art. 28 deve ser entendido como *sempre*. Só não se concebe a oitiva da criança ou adolescente pela equipe interprofissional do Juízo quando for de tão tenra idade que ainda não consiga expressar opinião e quando, por algum problema de desenvolvimento mental, não tenha como expressar sua vontade ou se fazer entender (pessoas especiais). Fora estas hipóteses, as entrevistas com a equipe interprofissional são indispensáveis.

---

66 Nesse sentido o Enunciado 12 do Fórum Nacional da Justiça Protetiva: "O prazo de dez dias de arrependimento, previsto no art. 166, § 5º, do ECA conta-se a partir da intimação da sentença".

Estas regras não dizem respeito à possibilidade de o juiz ouvir a criança/adolescente, mas a destes poderem manifestar sua vontade, o que não afasta a possibilidade de serem ouvidos em audiência, o que será medida extremamente salutar, pois o contato direto do juiz e do promotor de justiça com a criança que está sendo adotada é uma grande oportunidade para ajudar na formação do convencimento.

Quando se trata de adolescente, é obrigatória sua oitiva em Juízo, como determina o § 2º do art. 28 do ECA (com redação dada pela Lei n. 12.010/2009).

Como argumenta Luiz Paulo Santos Aoki[67]:

> É o reconhecimento do direito da criança e do adolescente de expressar sua opinião a respeito daquilo que fatalmente os atingirá, pois, dependendo do entrosamento maior ou menor com a família substituta, poderá o julgador aferir a conveniência da sua colocação naquele meio.

Para decidir, o magistrado não poderá deixar de levar em conta a opinião do adotando, usando-a como um dos fundamentos para decidir. O juiz é livre para decidir, de acordo com o seu convencimento e levando em consideração o superior interesse da criança e do adolescente, podendo entender que a adoção não será a decisão mais benéfica para aquele, que ela não apresenta reais vantagens para o menor de idade. Não está adstrito a fazer o que deseja o adotando, pois nem sempre sua vontade é o fiel retrato do que será melhor para ele. Para contrariar, entretanto, o teor das declarações do adotando, deverá fundamentar sua decisão, a fim de justificar conclusão diversa da vontade expressada por aquele.

Ouvir a criança e o adolescente é de suma importância não só nos processos de adoção, mas em qualquer processo de colocação em família substituta, pois só aqueles podem revelar aspectos que tenham passado despercebidos, inclusive dos técnicos, ou propositalmente ocultados. A oitiva deve ser realizada sem a presença dos requerentes da medida e dos pais biológicos, a fim de que a criança não se sinta intimidada ou constrangida, sofrendo influência em suas respostas, permanecendo na sala apenas o Ministério Público e os advogados. Sendo necessário, o juiz poderá determinar a presença de membro da equipe interprofissional do Juízo, para que a oitiva da criança ou adolescente ocorra com apoio técnico. Em algumas audiências, no momento da oitiva da criança/adolescente objeto do pedido, situações gravíssimas são reveladas, que fazem com que medidas emergenciais sejam tomadas no momento, a fim de salvaguardar a integridade física e psicológica da criança, importando, por vezes, no imediato reconhecimento da improcedência do pedido, não podendo ser esquecido que a adoção deve apresentar reais benefícios para o adotando, como se estudará no item seguinte.

---

67 AOKI, Luiz Paulo Santos. Comentários ao art. 28 do ECA. In: VERONESE, Josiane Rose Petry; SILVEIRA, Mayra; CURY, Munir (coord.). *Estatuto da Criança e do Adolescente comentado*. Comentários jurídicos e sociais. 13. ed. rev. e atual. São Paulo: Malheiros, 2018, p. 277.

PARTE I – O DIREITO MATERIAL SOB O ENFOQUE CONSTITUCIONAL 381

Em algumas situações, considerando as circunstâncias fáticas que envolvem a adoção, faz-se imperioso que o adolescente não seja ouvido em Juízo. Esta situação se dará naquelas adoções em que não foi dado a conhecer ao adotando sua situação e os adotantes realizam requerimento para que o fato seja mantido em segredo. Verificado não haver nenhum interesse dos adotantes em esconder algum fato que pudesse impedir a adoção, mas apenas o fato da adoção, sendo constatado pelos pareceres apresentados pela equipe interprofissional que a adoção apresenta reais vantagens para o adotando, pois se encontra ele integrado na família socioafetiva, deve, com base no princípio do superior interesse, ser dispensada a oitiva do adolescente para manifestar sua concordância com o pedido.

Considerando o princípio da obrigatoriedade da informação, constante do art. 100, parágrafo único, XI, do ECA (acrescido pela Lei n. 12.010/2009), o adotando, em todas as hipóteses em que possui pleno conhecimento de que está sendo adotado, deve receber todos os esclarecimentos sobre o processo e as consequências que esta medida terá para sua vida. Como dispõe a norma, as informações devem ser fornecidas de acordo com o estágio de desenvolvimento do adotando, considerando sua idade e sua condição de capacidade de discernimento. Estas informações, considerando-se especificamente a adoção, só não devem ser fornecidas quando nos depararmos com a situação explicitada no parágrafo anterior.

6.5. Reais benefícios para o adotando

O requisito em estudo, trazido pelo legislador no art. 43 do ECA, representa a materialização do princípio do superior interesse da criança e da Doutrina da Proteção Integral.

No centro de todo o processo de adoção está a criança/adolescente. Todos os atos devem ser praticados no sentido de verificar se a colocação na família substituta será vantajosa para ela. Estas vantagens devem ser aferidas no âmbito do afeto, que deve ser tratado como um valor jurídico. O adotando vem de uma situação de rejeição por parte de seus genitores, não devendo ser submetido a novos momentos traumáticos. Logo, deve ser buscado pelas equipes interprofissionais se os adotantes detêm as condições necessárias a dar ao adotando um lar estável onde possa ser acolhido e amado.

Esta a única e real vantagem que a adoção deve trazer ao adotando, uma família que o ame, não se devendo ter em plano principal a questão patrimonial. Este ponto não deve ser ignorado pelo juiz, promotor de justiça e equipe interprofissional, mas não deve ser o norte para se verificar se a família substituta será um porto seguro para o adotando.

Deve-se ressalvar que a aplicação do princípio do superior interesse é eminentemente subjetiva, pois não há como estipular critérios únicos e objetivos para a solução de todas as hipóteses. Apenas de forma casuística se poderá avaliar qual o superior interesse para criança/adolescente, dependendo sua correta aplicação da sensibilidade e experiência do juiz e do promotor de justiça, sendo certo que nem sempre haverá coincidência entre o desejo exposto pela criança/adolescente quando de sua oitiva em Juízo e a decisão judicial.

Em suma, numa adoção a decisão judicial será sempre informada pelas circunstâncias que efetivamente constituírem reais vantagens para a criança ou adolescente, atentando-se para que se resguardem fatores que lhes possibilitem integral desenvolvimento como pessoas, nos expressos termos do art. 43 do ECA, devendo ser aquilatada a conveniência de sua manutenção na família biológica ou inserção em família substituta.

Pela regra do art. 19, toda criança ou adolescente tem direito à convivência familiar que, se não for possível na família biológica, deve sê-lo na família substituta. A criança e o adolescente não têm direito a qualquer família, mas à família que lhes possa dar o carinho, a atenção, o amor necessário à construção dos laços de afeto que estruturarão o vínculo do parentesco socioafetivo. Deve-se, sempre, buscar o que for melhor para o adotando, a família onde seus interesses sejam mais bem atendidos.

As reais vantagens para a criança e o adolescente e a aplicação do princípio do superior interesse também devem ser verificadas quando do transcurso do processo de adoção, para que o adotando não seja submetido, desnecessariamente, a expor sua vida e relembrar as situações de abandono pelas quais passou anteriormente. Em casos em que há a violação de princípios outros e seja necessária a aplicação do princípio do superior interesse, imperioso que seja realizado o sopesamento entre eles e se verifique qual dos princípios prevalecerá.

7. ESTÁGIO DE CONVIVÊNCIA

Apesar de sua grande importância para a concessão, ou não da adoção, o estágio de convivência é regulamentado pelo legislador estatutário (art. 46 do ECA). A Lei n. 12.010/2009 acresceu parágrafos ao art. 46 do ECA, melhorando a regulamentação do estágio de convivência, que antes era realizado de forma muito tímida.

O estágio de convivência é o período de avaliação da nova família, a ser acompanhado pela equipe técnica do Juízo, com o intuito de verificar-se quanto à adaptação recíproca entre adotando e adotante. Esta aferição se faz extremamente necessária, pois não basta que o adotante se mostre uma pessoa equilibrada e que nutre grande amor pelo próximo, uma vez que breve e superficial contato nas dependências do Juízo não garante aquilatarem-se as condições necessárias de um bom pai ou boa mãe. Indispensável a realização de acompanhamento do dia a dia da nova família, a fim de ser verificado o comportamento de seus membros e como enfrentam os problemas diários surgidos pela convivência. O § 4º do art. 46 da Lei n. 8.069/90 (acrescido pela Lei n. 12.010/2009) dispõe, de forma expressa,

PARTE I – O DIREITO MATERIAL SOB O ENFOQUE CONSTITUCIONAL

da necessidade de que o estágio de convivência seja acompanhado por equipe interprofissional.

Muitas vezes as pessoas que, à primeira vista, se mostram perfeitas para criarem e educarem são as que mais surpreendem por sua inadaptação para agirem como pai e mãe. Inúmeros são os casos em que, surpreendentemente, se percebeu que pessoas de aparente extremo equilíbrio exibiam reações indicadoras de total inaptidão para a paternidade ou maternidade ao enfrentarem situação de dificuldade com a criança ou adolescente que pretendiam adotar.

Nestas situações, a equipe técnica do Juízo deve acompanhar de forma mais minuciosa a família, dando-lhe o tratamento adequado para superação da crise. Evidenciando-se, pelos estudos e pareceres da equipe interprofissional, que a adoção não será a melhor solução para o caso, dever-se-á julgar improcedente o pedido.

Da mesma forma, este acompanhamento se presta à verificação quanto à adaptação do adotando à família substituta. Enfatizamos não bastar a escolha do adotando pelo adotado. A adoção se reveste de alta relevância sociojurídica, de óbvios reflexos na vida dos envolvidos, que, como seres humanos, trazem sentimentos, vontades, traumas, ressentimentos.

A adaptação do adotando à família substituta não é, evidentemente, automática, pois há que se adequar o perfil daquela pessoa que se está inserindo num novo ambiente familiar, por vezes completamente estranho, aos hábitos do adotante. Ademais, há por parte de alguns aplicadores do direito temerária perspectiva de suporem que qualquer lar substituto será melhor do que a situação anteriormente vivida pelo adotante. Tal visão, porém, não é verdadeira, havendo inúmeras situações de conflito no seio da família adotiva. O estágio de convivência servirá aos mesmos fins antes mencionados, acompanhando a equipe interprofissional o período de adaptação do adotando, auxiliando-o, bem como ao adotante a superar seus problemas.

O legislador não especifica a duração do estágio de convivência nem poderia fazê-lo, pois não há como aquilatar-se o tempo necessário ao acompanhamento da vida do adotando em sua nova família. Há de avaliar-se *de per si* cada situação, devendo o juiz fixar o prazo de forma casuística, atento ao conteúdo dos relatórios e pareceres apresentados pela equipe interprofissional. Neste sentido o *caput* do art. 46 da Lei n. 8.069/90.

Este artigo foi alterado, sendo fixado um prazo máximo de duração para o estágio de convivência, que passa a ser de 90 dias, podendo ser prorrogável por até igual período por decisão fundamentada, conforme nova redação do § 2º-A do mesmo artigo dada pela Lei n. 13.509/2017.

Ainda é cedo para avaliar se a fixação de um prazo para a duração do estágio de convivência é uma boa medida, mas por certo isso tornará mais célere a conclusão do processo de adoção, que, em verdade, é o que se busca com esta alteração.

Do mesmo modo que cabe ao juiz fixar o prazo de duração do estágio de convivência, pode dispensá-lo na hipótese de já estar o adotando na companhia dos adotantes, sob a tutela ou a guarda legal, por período que permita a comprovação de que o vínculo afetivo já se encontra cristalizado (art. 46, § 1º, da Lei n. 8.069/90, com redação determinada pela Lei n. 12.010/2009). Infeliz a regra constante do § 2º do art. 46 (com redação determinada pela Lei n. 12.010/2009), que não dispensa o estágio de convivência na hipótese de guarda de fato. A nosso ver, melhor que se tivesse mantido a redação original do parágrafo primeiro do art. 46, onde todas as situações em que a criança/adolescente já se encontrasse na companhia dos adotantes se encontravam previstas.

Algumas tentativas de regulamentação realizadas pela Lei n. 12.010/2009 não são boas, pois acabam sendo discriminatórias para com aquelas pessoas que já criam uma criança por longo tempo – coisa muito comum em nosso país – e que desejam regularizar a situação de fato. Apesar dos inúmeros elogios que foram feitos à mencionada lei, ela não é tão boa quanto falam, pois discrimina todas as situações que ocorrem longe da intervenção estatal. Vemos que esta lei dá mais importância às situações que passaram pelo crivo do Poder Público, tratando com desprezo aquelas que foram parcialmente solucionadas por pessoas que nutriam afeto pela criança/adolescente. Não se pode esquecer que estamos tratando de relações pessoais, de sentimentos, lugares onde a intervenção estatal deve ocorrer, mas com parcimônia, dando às pessoas liberdade para solucionar seus problemas. Algumas das alterações trazidas ao ECA pela Lei n. 12.010/2009 são contrárias à diretriz primária daquela lei, que dispõe que o primeiro ente a cuidar dos problemas surgidos com relação às crianças e adolescentes é a própria família, seguida pela sociedade, ficando em último lugar o Estado.

A Lei n. 12.010/2009 aumenta o intervencionismo estatal nas relações familiares, discriminando as soluções encontradas pela própria família, pelos próprios pais, que buscaram uma melhor solução para a situação de risco que envolvia sua criança/adolescente. Este não foi um bom passo, pois se verifica um crescer do medo de permitir aos pais biológicos decidir sobre o futuro de seu filho em uma família substituta. Fica claro que o legislador foi pessimamente influenciado por um grupo de pessoas que ainda pensa que todas as adoções em que há a entrega direta da criança aos futuros adotantes configura a execrável venda de um ser humano. É certo que estes fatos existiram, existem e existirão, o que não quer dizer que todas as entregas diretas trazem algum fato escuso por detrás. Este grupo de pessoas possui, como premissa, a má-fé generalizada, o que é um grande erro, pois devemos, em todas as situações do direito, trabalhar com a boa-fé, sendo a má-fé uma exceção.

Para que seja iniciado o estágio de convivência, deve o adotante requerer a concessão da guarda provisória do adotando, com base no art. 33, § 1º, do ECA. Pelo fato de não haver permissão de concessão de guarda provisória nos processos de adoção internacional por expressa previsão legal (art. 31 do ECA) não é concedida a

PARTE I – O DIREITO MATERIAL SOB O ENFOQUE CONSTITUCIONAL

guarda provisória como meio de instrumentalizar o estágio de convivência, sendo apenas autorizado pelo Juízo que este tenha início.

O § 3º do art. 46 do ECA (acrescido pela Lei n. 12.010/2009) altera o regramento sobre o estágio de convivência nas adoções internacionais, antes existente no § 2º do mesmo artigo. Passa existir um tratamento único para as adoções internacionais, independentemente da idade do adotando. O prazo para o estágio de convivência será de, no mínimo, 30 dias, sendo o prazo máximo de 45 dias, podendo ser prorrogado por mais um período, uma única vez. O antigo § 3º foi renumerado pela Lei n. 13.509/2017, passando a ser o § 5º, que determina que o estágio de convivência por casal residente ou domiciliado fora do Brasil será realizado em território nacional. Todos os que trabalham com adoção sabem que o brasileiro não adota crianças que tenham idade superior a 3 anos e as doentes. Dificilmente houve ou haverá adoção internacional de crianças com idade igual ou inferior a 3 anos. Dificultar-se esta modalidade de adoção é quase uma condenação para as crianças mais velhas e para os adolescentes em permanecer, até a idade adulta, abrigados, o que é contrário às novas regras das políticas sociais. Temos mais um contrassenso do legislador.

Temos verificado a ocorrência de inúmeros problemas entre adotantes e adotandos no transcurso do estágio de convivência, a maior parte deles causados por aqueles, culminando com prática de atos de violência contra crianças, onde se faz necessária a retirada do adotando da companhia do adotante. Muitas vezes temos a situação de os adotantes comparecerem ao Juízo da infância para devolver a criança/adolescente, pois não possuem mais interesse em adotá-la. Diversas são as situações que ocorrem; diferentes são os motivos pelos quais o estágio de convivência é interrompido; como assim também são as consequências que esta interrupção acarreta para o adotando.

A hipótese em que ocorre a devolução do adotando porque não houve adaptação entre os membros da família que estava se formando é comum. Neste caso, necessária uma avaliação da equipe do Juízo e, sendo constatada que, de fato, a adaptação não se deu, a devolução ocorrerá, sem que haja nenhuma repercussão para a vida dos adotantes, salvo a sensação de frustração que ocorre com o fim de um relacionamento, o mesmo se dando para o adotando, que será submetido aos necessários acompanhamentos psicossociais. Ressaltamos que só podemos aceitar como "normal" esta devolução do adotando quando o estágio de convivência ainda se encontrar em seu momento inicial.

Quando o período de convivência é longo e a devolução do adotando se dá sem motivo ou por algum motivo fútil – como exemplo podemos dar situação de casal em que a mulher ficou com ciúmes do carinho que o homem tinha para com a criança – ou por situação de violência para com o adotando – sendo que a violência pode ser dar por diversas formas –, teremos a prática de ato ilícito por parte dos adotantes, na forma do disposto no art. 187 do CC, uma vez que excederam aos limites do direito a que tinham, devendo ser civilmente responsabilizados.

386 CURSO DE DIREITO DA CRIANÇA E DO ADOLESCENTE

Com o início do estágio de convivência está sendo iniciada uma família, criando-se expectativas para todos os envolvidos. Quando é autorizado o início do estágio de convivência, já foi superado aquele período inicial em que os adotantes e adotandos estão se conhecendo, ou seja, aquele momento em que a criança/adolescente é levada pelos adotantes para com eles passar os finais de semana. Já se está em um momento de convivência mais intensa, tanto que é autorizado, mediante guarda, que o adotando vá viver na companhia dos adotantes. Com a convivência diária logo se poderá saber se surgirão as condições emocionais para a constituição de uma família, sendo certo que com a passagem de um par de meses será possível saber se a família se formará. Quanto mais tempo passa, mais se forma no adotando o sentimento de amor e carinho e a sensação de estar sendo aceito em um núcleo familiar, passando a sentir a segurança de ter uma família; a passagem do tempo forma, mais e mais, o senso de segurança e de estar sendo aceito no novo núcleo familiar. Quando ocorre a devolução do adotando, após longo decurso de tempo, sem motivo justo, está sendo cometida grande violência contra aquele, que está sendo rejeitado mais uma vez (sendo a primeira por sua família natural), ocorrendo abuso do direito por parte dos adotantes, que não estão lidando com uma coisa que não tem mais utilidade, mas com uma pessoa, detentora de sentimentos e expectativas. A devolução destrói o amor próprio do adotando.

De idêntico modo, está sendo violado o direito do adotando quando são cometidos atos de violência contra ele no transcorrer do estágio de convivência, fatos que, infelizmente, acontecem, mesmo quando os adotantes são submetidos à avaliação no transcorrer do procedimento de habilitação. Estes fatos, muitos dos quais alcançam repercussão nacional e levam o adotante à prisão e à condenação criminal, acarretam, por óbvio, a devolução do adotando para a Vara da infância e seu consequente reabrigamento. Está claro o abuso do direito por parte do adotante.

Não se pode aceitar que haja a devolução ao Juízo da infância do adotando, nestas situações, de modo impune, pois este ato violou o direito fundamental do adotante à convivência familiar, bem como foi desrespeitado o princípio da responsabilidade parental (art. 100, parágrafo único, IX, do ECA)[68].

A devolução do adotando no curso do estágio de convivência, por si só, já é uma violência para com este. Ficando demonstrado que os adotantes agiram com abuso de direito, está caracterizada a prática de ato ilícito, podendo e devendo haver a responsabilização civil destes. Contra eles deverá ser proposta ação de indenização pela prática de dano moral, na qual deverão ser condenados a indenizar

---

68 A responsabilidade parental, a fim de que o princípio alcance seus reais efeitos e de fato proteja as crianças e adolescentes, há que ser entendida em um sentido mais amplo. Assim, este princípio deve ser aplicado a todos os que figurem no papel dos pais biológicos, exercendo atributos do poder familiar. Os que exercerem a guarda (mesmo de fato), os tutores e os adotantes têm de se submeter a este princípio.

PARTE I – O DIREITO MATERIAL SOB O ENFOQUE CONSTITUCIONAL

o adotando, custear os tratamentos psicológicos e médicos que acaso venha a necessitar, além da obrigação de pagar alimentos. No que concerne aos alimentos, com base no superior interesse da criança e do adolescente, seu pedido deve ser formulado em ação própria, seguindo o rito da Lei n. 5.478/68.

8. EFEITOS

Em virtude de, com a adoção, ficar instituído o vínculo jurídico do parentesco, efeitos surgirão com a sua finalização. Os efeitos são de duas espécies: pessoais e patrimoniais.

É realizada menção aos efeitos no art. 41, *caput* e § 2º, do ECA.

8.1. Efeitos pessoais

Os efeitos pessoais dizem respeito à relação de parentesco entre adotando, adotante e a família deste. Pelo fato de o adotado passar a integrar família substituta, seu relacionamento jurídico não se dará apenas com o adotante, mas com toda a família deste.

A Carta Magna de 1988 previu o estabelecimento de relações de parentesco entre o adotado e a família do adotante, decorrendo de tal norma constitucional regra de igual conteúdo constante do Estatuto da Criança e do Adolescente. Assim, todos os membros da família do adotante passam a ser parentes do adotado.

O primeiro destes efeitos é o de atribuir condição de filho ao adotado, com os mesmos direitos e deveres que qualquer outro filho. Trata-se da aplicação concreta do princípio constitucional da igualdade e da dignidade humana, pois inconcebível que se pense em qualquer modalidade de preconceito para com aquele que foi adotado.

O art. 1.596 do CC, assim como o art. 20 da Lei n. 8.069/90, trata do princípio da isonomia entre os filhos, confirmando a norma constitucional prevista no art. 227, § 6º, da CF. Este também o teor do art. 41 do ECA. Desde o advento da Carta Magna de 1988, portanto, é inadmissível discriminação entre filhos, qualquer que seja a natureza destes.

Em virtude de, com a adoção, estabelecer-se o vínculo jurídico de filiação socioafetiva com a família substituta, fica rompido automaticamente aquele com a família natural, passando o filho adotivo a se integrar à família substituta sem qualquer distinção, mínima que seja, em relação aos filhos biológicos já existentes ou a existir.

A ruptura dos vínculos com a família biológica é total, não restando qualquer tipo de relacionamento jurídico[69]. Neste sentido, a adoção mantém as mesmas ca-

---

69 "AGRAVO DE INSTRUMENTO. INVENTÁRIO. FILHA BIOLÓGICA ADOTADA POR TERCEIROS. PRETENSÃO DE PARTICIPAR DA SUCESSÃO DO PAI BIOLÓGICO.

racterísticas de seus primórdios, quando o filho saía de sua família natural, ingressava na adotiva, cortando todos os vínculos existentes, havendo, até mesmo, a proibição de participar das cerimônias fúnebres na família biológica.

A igualdade trazida pela Constituição há de ser aplicada até mesmo para as adoções realizadas antes da vigência do Estatuto da Criança e do Adolescente. Assim já entendeu a jurisprudência ao determinar a inclusão do nome dos pais dos adotantes na certidão de nascimento do adotado em substituição ao nome dos avós biológicos, para não perpetuar discriminações injustas, trazendo constrangimentos ao adotado, adotantes e seus familiares.

Outro efeito de ordem pessoal é o impedimento matrimonial.

O CC de 2002, mantendo a tradição de nosso direito, arrolou em seu art. 1.521 as hipóteses de impedimentos matrimoniais, referente, a maior parte delas, à proibição de casamento entre as pessoas próximas, ligadas por laços de parentesco, principalmente na linha reta.

Os impedimentos matrimoniais, antes de constituírem comando jurídico formal, têm fundamento moral e religioso. Não há do ponto de vista da natureza qualquer óbice à procriação entre filhos e pais. Entretanto, para evitar o nascimento de crianças com doenças congênitas, bem como a descendência portadora de problemas físicos ou mentais, a lei estabeleceu tais impedimentos.

A mesma preocupação ética existente para com os impedimentos decorrentes do parentesco biológico se estende ao parentesco civil. Se há impedimento de casamento nas relações de parentesco biológicas, o mesmo há que ocorrer nas relações de parentesco adotivas, em face do princípio da igualdade já mencionado. Este impedimento tem de ser aplicado à adoção, sob pena de subverter-se a essência e a finalidade do instituto.

Este é o único vínculo que permanece entre o adotado e sua família natural.

Um terceiro efeito de ordem pessoal será a adoção dos patronímicos do adotante (art. 47, § 5º, do ECA).

Não se trata de nenhuma novidade. O fato de que o adotando passará a utilizar os patronímicos do adotante nada mais é do que consequência do princípio da isonomia entre os filhos. A adoção atribui situação de filho ao adotado. Natural que aquele que adotado integre família substituta e deseje exibir, doravante, patronímico representativo de sua nova condição.

Em algumas situações será permitida a alteração do prenome do adotando.

IMPOSSIBILIDADE. DECISÃO MANTIDA. 1. A adoção atribui a condição de filho ao adotado, com direitos e deveres, desligando-o de qualquer vínculo com os pais e parentes não podendo, portanto, participar da sucessão do pai biológico aquele que foi adotado. 2. Agravo de instrumento desprovido" (TJDF, AI 0714299-76.2017.85.07.0000, 7ª T. Cível, Rel. Des. Romeu Gonzaga Neiva, j. 7-2-2018).

PARTE I – O DIREITO MATERIAL SOB O ENFOQUE CONSTITUCIONAL

O prenome é sinal de identificação da pessoa, seu cartão de visitas, a forma como é conhecido por todos na sociedade, decorrendo daí a norma da imutabilidade deste, a qual atende aos interesses superiores da sociedade (art. 58 da Lei n. 6.015/73).

A exceção autorizada pelo legislador, de todo correta, no sentido da alteração do prenome do adotando menor de idade, justifica-se por ser muito comum que os adotantes chamem a criança por nome diverso daquele constante em seu registro, passando a identificar-se pelo novo vocábulo. A alteração do prenome do adotando poderá se dar a pedido deste ou do adotante (art. 47, § 5º, do ECA, com redação dada pela Lei n. 12.010/2009). Quando a alteração do prenome é requerida pelo adotante, necessário que se ouça o adotando (art. 47, § 6º, do ECA, acrescido pela Lei n. 12.010/2009). Aplicam-se a esta situação as mesmas regras para oitiva de crianças e adolescentes constantes dos §§ 1º e 2º do art. 28 do ECA. Como já tivemos oportunidade de estudar estas regras quando falamos do consentimento, para lá remetemos o leitor.

Ressalte-se, ainda, que a possibilidade de alteração do prenome do adotado deve ser apreciada com cuidado, pois não podemos nos esquecer que o nome integra a personalidade (que está intimamente ligada à ideia de pessoa, já que exprime a aptidão que cada um de nós temos, desde o momento do nascimento, para a aquisição de direitos, sendo um direito dela decorrente), estando diretamente ligado à identificação da pessoa, inclusive para si mesma. Portanto, devem o juiz e o promotor de justiça, antes de autorizada a modificação, verificar por qual nome a criança e o adolescente atendem: aquele constante do registro ou o indicado pelos adotandos. Tal cuidado, que deverá ser tomado mais amiúde quanto maior for a idade da criança, evitará que o adotado venha a apresentar problema de autoidentificação. Nenhuma formalidade especial é necessária para a verificação do nome pelo qual a criança e o adolescente atendem, bastando que durante a audiência ou, até mesmo, durante as entrevistas para elaboração do parecer da equipe técnica do Juízo, seja perguntado a eles qual seu nome.

Questão que vem sendo discutida em processos em curso nas Varas da Infância é o momento em que pode ser autorizado o uso do nome afetivo, ou seja, se há a necessidade de se aguardar o encerramento do processo de adoção ou se a modificação pode ser autorizada quando da concessão da guarda provisória aos adotandos ou, até mesmo, em processos de guarda. A princípio, isso pode parecer uma questão de pouca importância, já que o objeto das duas ações é a colocação de uma pessoa em formação em uma família substituta. Mas não o é, pois o nome é um dos mais importantes atributos da personalidade, é nossa identificação perante o grupo social e pelo qual nos conhecemos. Tem-se como habitual que o nome nos seja dado pelos genitores no momento do nascimento e que este nos acompanhe por toda a vida, mas sabemos, também, que podem surgir situações no transcorrer da vida que levem à sua modificação.

Uma dessas situações é o nome afetivo de uma criança e de um adolescente. O nome (prenome) afetivo é aquele que é dado a uma criança ou adolescente, diverso do nome registral, seja porque por um determinado tempo seja desconhecido seu assento de nascimento e ele passa a ser conhecido pelo nome que lhe é dado na instituição de acolhimento (por exemplo), seja porque passa a ser chamado por outro nome pelos guardiões ou adotandos.

Nenhuma dúvida existe sobre o adotando passar a utilizar de forma legal seu nome afetivo ao final do processo de adoção, ficando a discussão sobre a possibilidade de sua autorização em sede de tutela antecipada.

Não vemos nenhum problema que em sede antecipada à decisão final seja concedida autorização para que a criança/adolescente passe a utilizar oficialmente seu nome afetivo. Há que se ter a certeza de que o adotando seja reconhecido pelo nome afetivo e o aceite, assim como a probabilidade de que pretensão veiculada naquele processo venha a ter um resultado positivo. Essa comprovação poderá ser feita pela oitiva do adotando em Juízo – caso possua idade para manifestar sua vontade – bem como por relatório da equipe interprofissional do Juízo, esclarecendo, também, as implicações psicológicas negativas com a manutenção do nome registral. Entendemos que a autorização prévia à sentença de mérito para que o adotando passe a utilizar seu prenome afetivo será de todo benéfica para ele, pois, além de preservar sua saúde psíquica, assegurará a proteção à sua personalidade e sua dignidade como pessoa.

Quanto à probabilidade do sucesso da pretensão autoral, temos que, nas adoções onde já tenha ocorrido a destituição do poder familiar e naquelas em que a criança tenha sido abandonada e seus pais biológicos sejam desconhecidos, esta é quase uma certeza. Maior cuidado deverá existir nas adoções em que o pedido seja cumulado com DPF e haja possibilidade de ser apresentada contestação. Mas mesmo nesta última hipótese, a decisão deverá levar em conta, sempre, o Princípio do Melhor Interesse.

Já encontramos diversas decisões autorizando o uso no nome afetivo antes da conclusão do processo de adoção, mas a nível dos Tribunais Superiores temos uma decisão negando a autorização[70]. Quanto à legislação, alguns estados da federação

---

70 STJ, REsp 1.878.298/MG, 3ª T., por maioria, Rel. Min. Ricardo Villas Bôas Cueva – Rel. Designado Min. Nancy Andrighi, j. 16-3-2021. O voto vencedor entendeu louvável a iniciativa, mencionou a existência de leis estaduais e os projetos em curso no Congresso Nacional, mas entendeu que seria necessário examinar, do ponto de vista psicológico, se há benefício à criança e se a imediata consolidação de um novo nome será um risco maior do que o eventual prejuízo que decorreria do insucesso da adoção após a consolidação prematura do novo nome, dando provimento ao recurso do Ministério Público e negando a possibilidade da alteração do nome para o afetivo antes da sentença.

PARTE I – O DIREITO MATERIAL SOB O ENFOQUE CONSTITUCIONAL

já aprovaram leis autorizando o uso do nome afetivo (entre eles o Rio de Janeiro e o Rio Grande do Sul) e no Congresso Nacional há alguns projetos de lei para alteração do Estatuto da Criança e do Adolescente para incluir a autorização do nome afetivo antes do final do processo de adoção[71]. Esperamos que algum desses projetos seja aprovado o mais breve possível.

Tema que merece ser estudado e não pode ser esquecido é a possibilidade de termos a autorização para uso do nome social para o adotando. Toda a discussão sobre o tema da garantia dos direitos da pessoa transexual ainda está evoluindo e sabemos das inúmeras decisões que não garantem seus direitos da personalidade e da dignidade, isso quando falamos de pessoas adultas. E o que dizer quando temos a questão da sexualidade ligada a crianças e adolescentes?

Não podemos ignorar que muitas crianças já manifestam, desde tenra idade, o não reconhecimento do corpo que possuem, do sexo biológico que trazem, se reconhecendo e se apresentando como do sexo oposto. Estas crianças – e também os adolescentes – escolhem um nome que representa o que verdadeiramente são em sua essência e obrigá-los a utilizar um nome que não os representa, um nome que, na verdade, os violenta, é desrespeitar sua honra e dignidade. Por que fazê-los aguardar até alcançarem a maioridade para que tenham seu direito ao nome garantido?

Aqui não estamos nos referindo à redesignação cirúrgica do sexo, pois tal alteração, pela definitividade que apresenta, necessita de um acompanhamento muito mais intenso e severo por psicólogos e é uma coisa que nem todos que não se reconhecem no corpo que possuem desejam. Estamos nos referindo à utilização de um nome que seja representação da imagem, da psique daquela criança e/ou adolescente. Uma pessoa se apresentar com uma aparência para si e para a sociedade e ter que utilizar um nome registral que não lhe representa é um ato que certamente lhe violentará, sendo um desrespeito à sua honra e sua dignidade. Não podemos esquecer que a dignidade humana é fundamento da República Federativa do Brasil (CR, art. 1º, III) e que o art. 5º, II, da CR dispõe que ninguém será submetido a um tratamento degradante. O art. 227 da CR determina que o Estado deverá assegurar à criança e ao adolescente, entre outros direitos, a dignidade, o respeito, colocando-os a salvo de qualquer discriminação.

A Convenção Internacional sobre os Direitos da Criança dispõe que toda criança será protegida de qualquer forma de discriminação por causa de sua condição, e o Pacto de San José da Costa Rica impõe o respeito ao nome, liberdade pessoal, honra e dignidade.

Os arts. 3º, 4º e 5º do ECA repetem o que dispõem a Constituição da República e as Convenções Internacionais.

---

71   Tramitam, hoje, no Congresso Nacional os seguintes Projetos de Lei que tratam do tema: 10.027/18, de autoria do Dep. Federal Glauber Braga; 330/18, de autoria do Senador Gladson Cameli; 1.535/19, de autoria da Senadora Leila Barros.

Assim, o único entendimento que podemos com a conjugação de todos estes diplomas legais é o da possibilidade de ser autorizada a utilização do nome social pelas crianças e adolescentes que demonstrarem esta necessidade, devendo, por óbvio, vir aos autos do processo, a fim de permitir um embasamento maior à decisão judicial, relatórios e laudos psicológicos demonstrando que aquela criança e/ou adolescente não se reconhece como pessoa com o sexo biológico que apresenta. Só com a autorização da inclusão do nome social no assento de nascimento serão respeitados os direitos fundamentais destas pessoas em desenvolvimento[72].

8.2. Efeitos patrimoniais

Os efeitos patrimoniais dizem respeito ao direito a alimentos e à sucessão.

Passando a ser filho do adotante, a este se transfere a guarda do adotado, havendo, em consequência, dever de sustento. É um dos atributos do poder familiar (art. 1.634, I, do CC). Assim, se o pai deixa de prover a subsistência do filho, este, como filho que é, fará jus à percepção de alimentos (art. 1.694 do CC).

Falecendo o adotante, participará da sucessão, na qualidade de descendente, recebendo seu quinhão na partilha dos bens deixados pelo adotante por ocasião de sua morte (arts. 1.784, 1.829, I, 1.845 e 1.846 do CC). Da mesma forma, sucederá o adotado aos parentes do adotante, obedecidas as regras sucessórias (art. 1.829 do CC). O respeito a esta regra é absoluto, tanto que nas hipóteses de adoção póstuma (tema que será tratado no item 9.3 deste capítulo) sua constituição é motivo para anulação de partilha em inventário.

9. MODALIDADES

Apesar de, depois do advento do Código Civil de 2002, termos um único sistema legal de adoção, o judicial, diversas são as modalidades de adoção, que decorrem dos seguintes critérios: a forma como é postulada e quem a postula.

A classificação pode ser assim realizada:

- adoção nacional, que pode ser:
  - bilateral;
  - unilateral;
  - póstuma;
  - *intuitu personae*.
- adoção internacional, que pode ser:
  - bilateral;
  - unilateral.

---

72   O Conselho Nacional de Justiça já deu um primeiro passo nesse sentido com a edição do Provimento n. 149, de 30 de agosto de 2023.

PARTE I - O DIREITO MATERIAL SOB O ENFOQUE CONSTITUCIONAL

393

Neste item cuidaremos apenas da adoção nacional, que é aquela que tem como adotantes cidadãos brasileiros e estrangeiros residentes em território nacional. A adoção internacional será tratada no item seguinte (10).

9.1. Adoção bilateral

Encontra-se ela prevista no art. 42, § 2º, do ECA.

Esta regra já existia no Código Civil de 1916, e, mais uma vez, nos valemos da lição de Carvalho Santos[73], ao comentar o art. 370 do CC de 1916:

> A regra geral é a de que ninguém pode ser adotado por duas pessoas. Assim, não é possível que dois irmãos, ou duas irmãs, ou um irmão e uma irmã, ou duas pessoas quaisquer adotem o mesmo filho simultânea ou sucessivamente. O que se justifica, porque a adoção imita as relações naturais entre pais e filhos.

Uma única pessoa pode pleitear adoção, haja vista que esta tinha como objetivo dar filhos a quem não podia tê-los. Na época da promulgação do Código Civil de 1916 e até recentemente, não gerava boa repercussão social o fato de que pessoas não casadas tivessem filhos. Assim, muitas pessoas, principalmente as solteiras, para tornarem concreto o sentimento de paternidade que traziam latentes, teriam de lançar mão da adoção.

Há que utilizar-se semelhante raciocínio na atual perspectiva da adoção: a assistencialista. A exigência de que o requerente da adoção seja casado importa em obstáculo a que se retirem crianças e adolescentes de uma vida de infortúnios para colocá-los no seio de uma família. Enfim, não se pode ter como pressuposto à postulação da adoção o estado civil do requerente.

A figura da família monoparental, muito festejada pelos doutrinadores e aplicadores do direito por ter sido reconhecida pelo constituinte (art. 226, § 4º, da CF), já era prevista pelo legislador infraconstitucional, nos casos de adoção, desde o início do século XX, apenas não sendo utilizada com esta denominação.

Como se verifica, a regra é que uma única pessoa postule a adoção, constituindo exceção a existência de dois adotantes, circunstância que só ocorrerá se forem casados ou viverem em união estável.

O Superior Tribunal de Justiça concedeu a adoção de uma pessoa maior de idade a dois irmãos, sob a fundamentação de que o adotando sempre foi criado como filho pelos dois, em núcleo familiar estável[74]. O acórdão menciona que os dois irmãos viviam sob o mesmo teto até a data da morte de um deles, formando

---

73 SANTOS, Carvalho. Op. cit., p. 17.

74 "CIVIL. PROCESSUAL CIVIL. RECURSO ESPECIAL. ADOÇÃO PÓSTUMA. VALI-DADE. ADOÇÃO CONJUNTA. PRESSUPOSTOS. FAMÍLIA ANAPARENTAL. POSSI-BILIDADE" (STJ, 3ª Turma, REsp 1.217.415/RS, Recurso Especial 2010/0184476-0, Rel. Min. Nancy Andrighi, unânime, j. 19-6-2012, *DJU* 28-6-2012).

um núcleo familiar estável e afetivo, amparando o adotando em todas as suas necessidades materiais e emocionais, cuidando dele como filho. A repercussão social para o caso concreto foi boa, na medida em que o adotando era interditado e necessitava da pensão de seu pai socioafetivo para seu sustento.

Este entendimento, justo para o caso concreto, abre um precedente que pode não vir a ser aceito por nossa sociedade. Apesar de a família anaparental ser protegida, corretamente, por nosso direito, obtendo todas as garantias do Estado, temos de ter muito cuidado ao pensar nela como família adequada para efeito de adoção.

Não podemos esquecer que a família adotiva é uma representação da família biológica e que não há nenhuma menção no registro de nascimento de que a pessoa foi adotada. Não estamos aqui ignorando que a família não tem mais a finalidade de procriar, gerar filhos. Sua finalidade atual é ser um porto de afeto (esta é sua função social); tanto isso é verdade que diversas modalidades de família onde não haverá procriação são reconhecidas e protegidas pelo direito, como, por exemplo, a família unipessoal e a família homoafetiva. É certo que a adoção por duas pessoas do mesmo sexo não representa a tradicional família biológica a que nos referimos acima, mas esta modalidade de adoção, mesmo passando a ser deferida, só agora está começando a ser aceita pela sociedade. Mas a cada dia o preconceito vem cedendo ao reconhecimento como ato de amor.

A adoção por irmãos terá ainda maior dificuldade de ser aceita pela sociedade do que a de duas pessoas do mesmo sexo. Ao ver-se que uma criança tem em sua certidão o nome de duas pessoas que são irmãos, todos os preconceitos sociais serão ativados de uma única vez. Nossa sociedade, assim como as estrangeiras, não aceita relações sexuais entre irmãos, sendo isso, inclusive, uma vedação imposta pelas religiões. Desde o mais longínquo dos tempos o relacionamento sexual entre irmãos é execrado pelas sociedades, sendo certo que mesmo nas épocas em que os casamentos eram realizados entre membros da mesma família, o casamento entre irmãos nunca foi aceito. Isto é uma coisa que nem o mais progressista dos homens aceita de bom grado. Temos de pensar no preconceito que a criança sofrerá quando for percebido que seu pai e sua mãe são irmãos.

Fato que não pode ser por nós ignorado, já que é realidade em nossa sociedade e já é aceito pelos mais diversos tribunais, é a multiparentalidade. Registros de nascimento com mais de um pai ou mais de uma mãe já estão sendo permitidos, tudo com base no melhor interesse da criança e do adolescente e na efetiva comprovação da existência de afeto entre o filho e seus diversos pais e mães. Já está sendo plenamente aceita a documentação da convivência efetiva e afetiva do filho com seus pais biológicos e socioafetivos.

O reconhecimento da multiparentalidade pela doutrina e pelos tribunais nada mais é do que o reconhecimento pelo direito das novas modalidades de família (pluralidade de famílias) existentes na contemporaneidade, reflexo, no caso específico, das famílias reconstituídas. Cabe, assim, considerando que a família adotiva

PARTE I – O DIREITO MATERIAL SOB O ENFOQUE CONSTITUCIONAL

tem de ser semelhante à família natural, perguntar: é cabível haver multiparentalidade na adoção?

Os primeiros casos de multiparentalidade ocorreram em situações em que se descobriu que o pai registral não era o pai biológico e quando da ação de anulação de registro e reconhecimento de paternidade foi verificado que o filho mantinha laços de afeto com ambos os pais e estes, em acordo, entenderam que o melhor seria manter o nome do pai registral e acrescer o do pai biológico, pois isso atenderia ao melhor interesse da criança. Uma situação desta é benéfica, pois quanto mais amor, melhor.

Trazendo-se estas figuras para o instituto da adoção, podemos afirmar, sem a menor dúvida, haver grande semelhança entre elas e não haver nenhuma incompatibilidade entre o reconhecimento da multiparentalidade e o instituto da adoção. Para que isso ocorra, necessário haver vínculo de afeto entre a criança/adolescente e os pais biológicos e uma convivência pacífica e amistosa entre os pais adotivos e os biológicos, havendo de ser fixadas regras de guarda e visitação, sendo certo que a guarda, para que haja uma lógica na existência da adoção, deve ser unilateral para os pais adotivos.

A multiparentalidade na adoção poderá ser muito útil nas adoções unilaterais. Nos dias atuais, é muito comum ter famílias reconstituídas, havendo convivência por longo tempo entre a criança/adolescente e o novo companheiro de um de seus pais, criando verdadeira relação paterno-filial sem que seja rompido o vínculo com o pai/mãe biológico. Em uma situação como esta, não haverá fundamento para a destituição do poder familiar do pai/mãe biológico para que se constitua a adoção unilateral, sendo hipótese perfeita para, caso os adultos concordem, ser constituída a adoção sem a desconstituição do poder familiar, instituindo-se a multiparentalidade.

Mesmo com os avanços da doutrina e da jurisprudência no que se refere ao reconhecimento das mais diversas modalidades de família para fim de proteção do direito, com os quais concordamos plenamente, temos de ter muito cuidado com esta ampliação para a adoção. Nem tudo pode ser decidido em nome do princípio do superior interesse, pois mesmo que o julgador faça a correta interpretação das normas, adaptando-as às novas entidades familiares, deverá pensar na realidade da vida na qual a criança/adolescente está inserida. Muitas vezes a aplicação das doutrinas mais modernas do direito e a interpretação das normas legais em consonância com aquelas pode não ser o melhor para a sociedade. É neste caso que se insere a decisão do STJ em comento.

9.2. Adoção unilateral

As regras do art. 41, § 1º, do ECA tratam da figura da adoção unilateral, na qual, por meio da adoção, será alterada uma das linhas de parentesco, a materna ou a paterna.

É permitida a adoção dos filhos de um dos cônjuges ou companheiro pelo outro.

O legislador reconhece as situações afetivas incidentes quando um dos pais biológicos reconstrói sua vida, tornando-se o novo companheiro seu auxiliar na criação do filho daquele, surgindo, em decorrência deste convívio, sentimento paternal que vem a fazer com que ambos desejem jurisdicionalizar esta filiação socioafetiva. Tal situação é bastante comum, havendo casos de o adotante ser o único pai ou mãe que o adotando conheceu em sua vida. Nada mais justo, portanto, que autorize o legislador a legalização, passando a ser de direito o que, de fato, existe de longa data.

Quanto ao registro de nascimento do adotado, o nome do adotante passará a constar de uma das linhas de filiação, mantido intacto o assentamento referente ao genitor biológico.

Deve-se atentar para a necessidade de destituição do poder familiar do genitor que virá a ser substituído. Para que seja realizada a destituição do poder familiar, necessário que se comprove alguns dos requisitos exigidos em lei para tal desiderato. O fato de um genitor ter permitido que o filho viva em companhia do outro, mas o visita e o acompanha, não há que ser considerado motivo para a destituição do poder familiar. Do mesmo modo, não pode ser considerado motivo o fato de o cônjuge ou companheiro do genitor possuir condições financeiras melhores que a do outro genitor.

9.3. Adoção póstuma

A adoção póstuma é a que se concede após a morte do adotante, desde que este tenha manifestado, de forma inequívoca, seu desejo de adotar (art. 42, § 6º, do ECA).

Prevista também no Estatuto da Criança e do Adolescente, esta modalidade de adoção só passou a figurar em nosso direito após o advento da Constituição Federal de 1988, com a implementação da adoção judicial.

A adoção é ato de amor, que acontece no coração do adotante e do adotado, ocorrendo anterior e independentemente do ato judicial que faz produzir os efeitos jurídicos. Assim, justa e adequada a possibilidade da adoção póstuma.

A legislação anterior permitia a ocorrência, por vezes comum, de irreparável injustiça. Depois de estabelecidos profundos e irreversíveis laços de afetividade entre adotando e adotante, com a morte prematura deste último no curso do processo, ficava o "filho" desprovido não só do direito à sucessão, mas especialmente do reconhecimento judicial da filiação, já, de fato, efetivamente estabelecida, retornando ao anterior estado de abandono em que se encontrava.

Com a previsão legal da adoção póstuma, bastará inequívoca manifestação de vontade do adotante para que o processo, apesar da morte do autor, prossiga até

PARTE I – O DIREITO MATERIAL SOB O ENFOQUE CONSTITUCIONAL

seu termo, com o julgamento do mérito. Basta que a ação tenha sido proposta antes da morte do autor, para que se tenha tal iniciativa como manifestação expressa de sua vontade.

Nesta hipótese, por expressa determinação legal, os efeitos da sentença, que é de natureza constitutiva, retroagem ao momento da morte do autor, de modo a não haver qualquer rompimento no vínculo já estabelecido entre adotante e adotando (art. 47, § 7º, do ECA).

Os tribunais brasileiros têm dado uma interpretação extensiva benéfica para a regra legal da adoção póstuma. A jurisprudência, com o objetivo de beneficiar o adotando, tem concedido adoção em situações nas quais um dos adotantes faleceu antes da propositura da ação, desde que haja demonstração inequívoca da vontade do morto em adotar, pelo fato de já tratar o adotando como filho. Verifica-se que os tribunais estão dando correta aplicação ao princípio do superior interesse da criança[75].

Devemos ressalvar nossa preocupação em que haja muito cuidado na avaliação das provas trazidas aos autos para a adoção póstuma, quando um dos adotantes já tiver falecido, a fim de que não se realize uma perfilhação que não configura a verdadeira intenção do morto.

9.4. Adoção *intuitu personae*

Nesta modalidade de adoção há a intervenção dos pais biológicos na escolha da família substituta, ocorrendo esta escolha em momento anterior à chegada do pedido de adoção ao conhecimento do Poder Judiciário.

Toda a situação de escolha e entrega da criança aos pais socioafetivos se dá sem qualquer intervenção das pessoas que compõem o sistema de justiça da infância e juventude. O contato entre a mãe biológica e as pessoas desejosas em adotar se dá, de regra, durante a gestação, sendo o contato mantido durante todo o período em que existe a prestação de auxílios à gestante. Com o nascimento da criança, esta é entregue à família substituta.

Aqui começam a surgir os problemas que devem ser analisados.

O primeiro deles diz respeito aos pais biológicos escolherem quem serão os pais afetivos de seu filho. Não vemos nenhum problema nesta possibilidade, pois são os detentores do poder familiar e possuem todo o direito de zelarem pelo bem-estar de seu rebento. Temos de deixar de encarar os pais que optam por entregar seu filho em adoção como pessoas que cometem alguma espécie de crime. A ação destes pais

---

75   TJRJ, Ap. Cível 2007.001.16970, 17ª Câm. Cív., Rel. Des. Rogério de Oliveira Souza, j. 13-6-2007; TJRS, Apelação Cível 70003643745, 7ª Câm. Cív., unânime, Rel. Des. Luiz Felipe Brasil Santos, j. 29-5-2002; STJ, REsp 457.635/PB, 4ª Turma, Rel. Min. Ruy Rosado de Aguiar, *DJU* 17-03-2003; TJRS, EI 70025810441, 4º G. Cível, Rel. Des. André Luiz Planella Villarinho, publ. 1º-12-2008.

merece compreensão, pois quando verificam que não terão condições de cuidar da criança e optam pela entrega, estão agindo com todo amor e carinho por seu filho, buscando aquilo que entendem melhor para ele. Assim, se escolhem pessoas para assumir a paternidade de seu filho, deve-se respeitar esta escolha.

Já ouvimos muitas argumentações contra esta possibilidade. Levanta-se que ao se permitir que os pais entreguem diretamente seu filho, estar-se-á compactuando com a "venda" de uma criança, pois os adotantes podem ter dado algum dinheiro ou favorecimento de qualquer outra ordem para a mãe em troca de seu filho e tal fato viola a dignidade humana.

Por certo que a troca de uma criança por dinheiro ou algum outro benefício é fato que causa grande repulsa, e somos contrários a ela. Mas é certo que nem sempre isso ocorrerá. Não se deve ter a ideia de má-fé abrangendo todos os atos que são praticados envolvendo a entrega de uma criança, sendo este um preconceito dos profissionais do direito. Existindo alguma suspeita que tal situação possa ter ocorrido, deverá ser investigada no transcorrer do processo de adoção, sendo tomadas as medidas legais cabíveis, caso seja ele comprovado.

Outra argumentação que é alçada diz respeito a não haver certeza se os adotantes terão as condições necessárias para exercer a paternidade. Este fato será avaliado no transcorrer da instrução processual, por meio dos pareceres da equipe interprofissional. Concluindo o parecer pela inabilidade dos adotantes para exercer o papel de pai e mãe, deverá ser retirada a criança da guarda destes e ser buscada outra pessoa para cumprir este papel.

Um terceiro argumento apresentado contra a adoção *intuitu personae* refere-se ao desrespeito ao cadastro, considerando sua obrigatoriedade. Como já tivemos condições de expor, as pessoas que constam do cadastro, que já demonstraram possuir condições de bem exercer a paternidade, serão preteridas e deverão aguardar por muito mais tempo, já que a quase totalidade destas pessoas está aguardando o surgimento de um bebê. Como já tivemos oportunidade de expor no item 5, acima, sendo demonstrada a existência de vínculos afetivos entre a criança e os adotantes, conforme regra constante no art. 28, § 3º, do ECA (parágrafo renumerado pela Lei n. 12.010/2009), estes deverão prevalecer, tendo em vista o superior interesse da criança.

Para a verificação da existência do vínculo e pelo fato de nestas situações sempre estarmos diante de bebês, Júlio Alfredo de Almeida[76] sugere critérios que devam ser

---

76 Adoção *Intuitu Personae* – uma proposta de agir. Texto consultado no *site* do Ministério Público do Rio Grande do Sul. Disponível em: <https://www.google.com/search?q=Ado%C3%A7%C3%A3o+Intuitu+Personae+%E2%80%93+uma+proposta+de+agir&rlz=1C1CHZN_pt-BRBR1079BR1079&oq=Ado%C3%A7%C3%A3o+Intuitu+Personae+%E2%80%93+uma+proposta+de+agir&gs_lcrp=EgZjaHJvbWUyBggAEEUYOTIHCAEQIRigAdIBCDkzOGowajE1qAIAsAIA&sourceid=chrome&ie=UTF-8>. Acesso em: 29 out. 2024.

PARTE I – O DIREITO MATERIAL SOB O ENFOQUE CONSTITUCIONAL

399

utilizados, dividindo-os pelo tempo de vida da criança, entendendo que as crianças de até seis meses de idade devam ser retiradas da guarda dos adotantes e entregues a pessoas cadastradas, afirmando que estas ainda não criaram vínculos afetivos com aqueles. Para as demais crianças, o autor entende que devam passar por avaliação da equipe interprofissional para que seja atestada a existência do vínculo. Não temos certeza se este critério proposto por Júlio Alfredo de Almeida é correto no que se refere às crianças com idade igual ou inferior a seis meses, já que se pode perceber que desde muito pequenas as crianças já reconhecem as pessoas com as quais convivem diariamente.

Do ponto de vista psicológico, é importante a participação dos pais biológicos na escolha e entrega de seu filho, a fim de auxiliar na superação do período de luto. Há o apego da mãe a seu filho durante a gestação, sendo extremamente importante para a mãe ver seu filho e a ele dizer adeus antes da separação[77], para que o sofrimento e a dor sejam menores. Maria Antonieta Pisano Motta[78], apresentando posição favorável à participação dos pais na entrega do filho, aponta que grande parte dos profissionais que trabalham com adoção "considera que essa perda não existe em função de uma preconcepção de que a separação é voluntária e, portanto, sem significado para a mulher que escolhe este caminho".

Do ponto de vista jurídico, não encontramos nenhum empecilho na legislação quanto a poderem os pais biológicos entregar seu filho a quem acharem que poderá bem exercer a paternidade socioafetiva, estando a jurisprudência a adotar este entendimento[79].

Hão que ser ter critérios para se aceitar as adoções *intuitu personae*. Estes devem ser a entrega de forma regular do filho pelos pais biológicos aos pais adotivos e a existência de vínculo de afeto entre adotantes e adotando.

Quando falamos de entrega de um filho de forma regular, queremos dizer que os pais biológicos, dentro do regular exercício do poder familiar, têm toda a liberdade para escolherem os futuros pais de seu filho. Mas isto, desde que possuam um vínculo de afeto com aqueles que escolheram para serem os pais de seu filho que seja anterior ao momento da entrega. Com a existência deste vínculo de afeto e desta afinidade entre os pais biológicos da criança e os pais adotivos, estará sendo respeitada toda a vedação legal ao exercício desta escolha. Fazemos tal observação porque já tivemos oportunidade de ouvir que dentro dos atributos do poder familiar dos pais não se encontra o poder de escolher quem adotará seu filho, principalmente depois

---

77   MOTTA, Maria Antonieta Pisano. Adoção aberta x adoção pelo cadastro. *Adoção – Aspectos jurídicos e metajurídicos*. Rio de Janeiro: Forense, 2005, p. 262.

78   MOTTA, Maria Antonieta Pisano. Op. cit., p. 262.

79   TJRJ, AI 2007.002.26351, 2ª Câm. Cív., Rel. Des. Cristina Tereza Gaulia, j. 21-11-2007; TJRS, AC 70006597223, 7ª Câm. Cív., Rel. Des. Luiz Felipe Brasil Santos, j. 13-8-2003; TJRJ, Apelação 0006371-74.2009.8.19.0061, 6ª Câm. Cív., Rel. Des. Nagib Slaibi j. 5-5-2010; TJRJ, Agravo de Instrumento 0010184-64.2010.8.19.0000, 8ª Câm. Cív., Rel. Des. Mônica Costa di Piero, j. 19-10-2010.

da entrada em vigor do inciso V do art. 1.638 do CC (acrescido pela Lei n. 13.509/2017). Este inciso inclui como fundamento para a destituição do poder familiar a entrega de forma irregular de um filho para fins de adoção. A entrega direta de um filho para adoção quando há vínculo de afeto entre os pais biológicos e o adotante é situação análoga a dos pais que por ato de última vontade podem indicar quem desejam que seja o tutor de seus filhos; estão exercendo de forma correta o poder familiar (CC, art. 1.634, VII). A indicação do tutor será, com toda a certeza, a de uma pessoa com a qual os pais tenham afeto e boa convivência. Nesta mesma situação os pais biológicos têm toda a possibilidade escolher quem adotará seu filho.

Daí surgem os questionamentos: o que é entrega irregular?; qual o momento em que os pais biológicos devem demonstrar que a entrega que desejam fazer é regular?. Ao primeiro questionamento já apontamos a resposta no parágrafo acima. A entrega irregular será aquela feita a um desconhecido, a uma terceira pessoa que foi indicada por um parente ou um amigo. É aquela situação em que alguém diz para os pais biológicos que conhece uma boa pessoa que deseja ter um filho. Esta entrega a um desconhecido, mesmo tendo boas referências dadas por parente ou amigo, será considerada uma entrega irregular, sendo fundamento para a destituição do poder familiar, pois ausente o elemento do afeto ou da afinidade entre os pais biológicos e os pretensos pais adotivos.

Qual o preciso momento em que os pais biológicos devem indicar que desejam entregar seu filho para uma específica pessoa? Entendemos que este momento deva ser aquele apontado no art. 19-A do ECA, ou seja, antes ou logo após o nascimento da criança, ainda na maternidade. Antes da equipe do hospital realizar o encaminhamento dos pais para a Vara da Infância e da Juventude. Ao serem ouvidos pela equipe interprofissional do Juízo, os pais biológicos devem reafirmar sua vontade de entregar seu filho para adoção e indicar a pessoa que desejam que venha a se tornar pai de seu filho. A equipe, então, liberta de qualquer preconceito contra a possibilidade de os pais biológicos poderem escolher os pais adotivos de seu filho, diligenciará para verificação da efetiva existência de vínculos de afetividade entre as pessoas envolvidas na questão. Feito isto, o trâmite para entrega da criança seguirá o disposto nos parágrafos do art. 19-A.

A existência deste vínculo será demonstrada pelos pareceres sociais e psicológicos apresentados pela equipe da Vara da infância. Toda a situação deve ser trabalhada com bom senso. Não devemos nos posicionar contrários, com a alegação de que está sendo violada a regra que obriga o respeito ao cadastro. Não devemos aceitá-la sempre, pois o superior interesse da criança pode não estar sendo atendido se não houver vínculo de afetividade. Neste sentido, merece transcrição o posicionamento de Eunice Ferreira Rodrigues Granato[80]:

---

80 GRANATO, Eunice Ferreira Rodrigues. Op. cit., p. 135.

PARTE I – O DIREITO MATERIAL SOB O ENFOQUE CONSTITUCIONAL

Cada caso há de ser avaliado pelo juizado especial, e o juiz deverá decidir de acordo com as circunstâncias, sem se sentir tolhido por eventuais procedimentos burocráticos. Nossa proposta é no sentido de, em tais circunstâncias, manter os pretendentes à adoção na posse da criança e realizar os estudos necessários para se saber se estão eles em condições de adotar. Em caso positivo, regulariza-se a adoção. Em caso negativo, isto é, se não estão em condições de adotar, evidentemente a criança há de ser retirada de sua guarda, dando-se-lhe o destino conveniente. Estes estudos devem ser realizados com toda a brevidade possível, pois quanto mais tempo a criança ficar sob a guarda dos postulantes, mais chance haverá na formação do vínculo de afeto e, se a conclusão do estudo não lhes for favorável, a criança sofrerá.

Segunda situação que temos que enfrentar é aquela em que os pretendentes a adotar já se encontram com a criança em seu poder quando vão buscar o Poder Judiciário para propor a ação de adoção. A existência do afeto é o ponto fundamental para que se permita a realização da adoção *intuitu personae*. Antes da negativa para que se efetive a adoção – pelo fato de os pretendentes não estarem previamente cadastrados para adotar –, a equipe interprofissional do Juízo deve verificar se já está consolidado o afeto entre adotantes e adotando, sempre atuando em benefício da criança, fazendo tudo que atenda ao melhor interesse desta. O princípio do superior interesse é a viga mestra para esta situação, suplantando todas as regras de obrigatoriedade do cadastro, que não pode ser impositiva a ponto de prejudicar a criança, destinatária de todos os princípios e normas do direito da criança e do adolescente[81].

É importante a aceitação da adoção *intuitu personae*, pois sua negação fará com que as pessoas tenham medo de comparecer às Varas da infância para regularizar sua situação com a criança, o que acarretará duas coisas: que permaneçam com a criança de modo totalmente irregular ou que ocorra a adoção "à brasileira".

Infelizmente nosso legislador, influenciado por grupo que deseja controlar a tudo e a todos e possui um exacerbado medo da liberdade de ação das pessoas, rendeu-se ao amor incontido pelo cadastro de pessoas habilitadas a adotar, estabelecendo regramento com o intuito de impedir a adoção *intuitu personae*. O art. 50,

---

81 No sentido do nosso pensamento, a jurisprudência: "RECURSO ESPECIAL. CIVIL E PROCESSUAL CIVIL. DIREITO DE FAMÍLIA. ADOÇÃO *INTUITU PERSONAE*. PRETENDENTE NÃO INSCRITA NO CADASTRO DE ADOTANTES. IMPOSSIBILIDADE JURÍDICA DO PEDIDO. APLICAÇÃO DO PRINCÍPIO DO MELHOR INTERESSE DO MENOR. ESTABELECIMENTO DE VÍNCULO AFETIVO DA CRIANÇA COM A PRETENSA ADOTANTE NÃO CADASTRADA. RECURSO ESPECIAL PROVIDO" (STJ, REsp 1.628.245/SP (2011/0285556-3), 4ª Turma, Rel. Min. Raul Araújo, j. 13-6-2016 – unânime); STJ, HC 404545/CE (*Habeas Corpus* 2017/0146674-8), 3ª Turma, Rel. Min. Ricardo Villas Bôas Cueva, j. 22-8-2017; TJRJ, Agravo de Instrumento 0071376-22.2015.8.19.0000, 8ª Câm. Cív., Rel. Des. Mônica Maria Costa Di Piero, j. 29-3-2016.

§ 13, do ECA (inserido pela Lei n. 12.010/2009) dispõe que somente será deferida a adoção: para pessoa que não esteja previamente cadastrada se estivermos diante de hipótese de adoção unilateral; se a adoção for postulada por parente com o qual o adotando tenha vínculos de afinidade e afeto; quando o pedido é formulado por quem detenha a guarda jurídica ou a tutela de criança maior de 3 anos de idade, desde que demonstrado o vínculo de afinidade e afeto.

É uma péssima regra, que não deveria constar de nosso ordenamento jurídico. Trata-se, como já tivemos oportunidade de mencionar, de necessidade de controle excessivo da vida privada e ideia de que todas as pessoas agem de má-fé. Esta regra restringe a liberdade individual, viola o poder familiar, pois tenta impedir que os pais biológicos, ainda detentores do poder familiar, escolham quem lhes pareça deter melhores condições para lhes substituir no exercício da paternidade. À primeira vista podemos ver um quê de inconstitucionalidade neste dispositivo.

Considerando o posicionamento da doutrina e da jurisprudência sobre a possibilidade de permissão da adoção *intuitu personae,* temos esperança de que esta péssima regra constante do § 13 do art. 50 do ECA seja mitigada, continuando a ser a modalidade de adoção em estudo permitida sempre que ficar demonstrado que os adotantes já mantêm vínculo de afeto para com a criança.

Lembramos ao leitor que estamos cuidando, ainda, da adoção nacional, sendo certo ser incabível a modalidade da adoção *intuitu personae* quando se tratar de adoção internacional, que é tratada no item 10 deste capítulo.

9.5. Adoção "à brasileira"

Esta figura não pode ser classificada como uma modalidade do instituto da adoção, pois se trata, na verdade, do registro de filho alheio como próprio. Vem recebendo esta denominação pela doutrina e pela jurisprudência pelo fato de configurar a paternidade socioafetiva, cujo grande exemplo é a adoção e a ela se assemelhar neste ponto.

Que motivos levam a esta prática? Vários podem ser elencados.

Ao receberem o filho dos pais que não o desejam criar, muitas pessoas dirigem-se ao Cartório de Registro Civil das Pessoas Naturais e declaram-se pais da criança, seguindo-se o trâmite disposto na Lei de Registros Públicos. Por conter uma declaração falsa, vício intrínseco, o registro é nulo, passível de desconstituição a qualquer tempo.

Muitas pessoas assim procedem por motivos os mais diversos, dos quais podemos enumerar: não desejarem que o fato seja exposto em um processo, achando que assim agindo a criança nunca saberá que foi adotada; receio que a criança lhes seja tomada ao proporem a ação, considerando a existência do cadastro que deve ser respeitado; medo de não lhes ser concedida a adoção.

PARTE I – O DIREITO MATERIAL SOB O ENFOQUE CONSTITUCIONAL

Preferem assumir o risco e praticar ato que o ordenamento jurídico tipifica como crime (art. 242 do CP).

Para os pais socioafetivos, a situação nunca será estável, pois o registro pode ser desconstituído a pedido dos pais biológicos, uma vez que nossa legislação civil ainda trata com maior importância a filiação biológica (arts. 1.596 e s., do CC).

A importância do afeto, seu reconhecimento como valor jurídico, vem sendo construído pela doutrina e jurisprudência mais modernas, que começam a aceitar as novas ideias difundidas pelo Instituto Brasileiro de Direito de Família (IBDFAM). O afeto é o componente mais importante nas relações familiares, pois lhes dá sustentação. É ele que mantém as relações conjugais e paterno-filiais. Sem afeto a família não será família, mas uma instituição a qual se poderá dar qualquer outro nome.

Para o filho será uma relação segura, pois a paternidade socioafetiva não poderá ser desconstituída. Aquele que registrou, que reconheceu como seu filho quem sabia não o ser, não poderá valer-se deste fato para, em momento futuro, tentar anular o registro. Nenhum motivo será considerado bastante para embasar tal pedido[82].

O registro de filho alheio como próprio é situação incorreta que não deve ser aceita, sob os argumentos de que é menos trabalhoso agir dessa forma do que propor a ação de adoção. Há, no sistema jurídico, instituto que tem por finalidade única tornar jurídica a paternidade de fato já existente, a adoção. Não se deve aceitar que as pessoas usem de meios ilegais para obter o mesmo fim. Para evitar essas situações, devemos buscar instrumentos que retirem das pessoas o medo de procurar nas Varas da infância o meio correto para regularizar a situação de afeto que já mantêm com uma criança. Devemos, para tanto, aceitar as adoções *intuitu personae*, conforme exposto no subitem anterior, pois essa é a única forma que o Estado terá de controlar o estabelecimento das filiações socioafetivas e verificar se as crianças estarão sendo protegidas de forma efetiva.

Com a proteção que é conferida à manutenção da paternidade socioafetiva, como demonstrado nos acórdãos acima transcritos e em centenas de outros proferidos por tribunais de todo o país, não se está a concordar com tais atos, mas proteger a família com a manutenção dos laços afetivos familiares, principalmente quando ainda envolvem crianças e adolescentes.

---

82 TJRJ, Ap. Cível 2009.001.25056, 2ª Câm. Cív., Rel. Des. Leila Mariano, j. 17-6-2009; TJRS, AC 70003476488, 8ª Câm. Cív., Rel. Des. José Ataídes Siqueira Trindade, j. 6-11-2003; TJMA, AC 44.448/2003, 4ª Câm. Cív., maioria, Rel. Des. Maria Dulce Soares Clementino, publ. em 16-5-2003; TJRJ, Ap. Cível 2008.001.45085, 17ª Câm. Cív., Rel. Des. Elton Leme, j. 12-11-2008; TJRS, AC 70004973095, 7ª Câm. Cív., Rel. Des. Luiz Felipe Brasil Santos, j. 26-3-2003; TJRS, AC 70008096562, 8ª Câm. Cív., Rel. Des. José Ataídes Siqueira Trindade, j. 22-4-2004; TJRJ, Ap. Cível 2009.001.07647, 9ª Câm. Cív., Rel. Des. Carlos Santos de Oliveira, j. 19-5-2009.

10. ADOÇÃO INTERNACIONAL

A adoção internacional é tratada pelo Estatuto da Criança e do Adolescente – Lei n. 8.069/90 – nos arts. 46, § 3º, 51, 52, 52-A, 52-B, 52-C, 52-D e pela Convenção de Haia, relativa à proteção das crianças e à cooperação em matéria de adoção, de 1993 – Decreto n. 3.087/99 e Decreto Legislativo n. 01/99. A Convenção de Haia[83] vige em nosso ordenamento jurídico por força do Decreto n. 3.087/99, tendo de aplicar-se juntamente com o Estatuto da Criança e do Adolescente, tendo plena aplicabilidade e devendo ser respeitada, a fim de que as adoções internacionais possam se concretizar. Não houve revogação do Estatuto da Criança e do Adolescente pela Convenção de Haia, até mesmo porque seu art. 28 dispõe que as leis nacionais devem ser mantidas. Temos, assim, um pluralismo de fontes que determinam o regramento da adoção internacional.

A Lei n. 12.010/2009 alterou a redação dos arts. 51 e 52 do ECA, acrescendo diversos parágrafos e incisos, bem como criando quatro novos artigos. Pela leitura dos novos dispositivos, verifica-se que quase nada de novo e proveitoso foi inserido em nossa legislação. Grande parte dos dispositivos nada mais constitui do que repetição das regras existentes na Convenção de Haia, que vigia e vige em nosso ordenamento. O excessivo número de regras jurídicas afirmando a mesma coisa só tornará mais confuso o trabalho do aplicador da lei. Não conseguimos entender porque nosso legislador necessita repetir regras que já constam de nosso ordenamento[84].

Sob o argumento de que a criança apta à adoção deve ser mantida no território nacional, a fim de que não perca contato com sua origem, cultura e língua, durante determinado período a adoção internacional foi apreciada com reserva pelos juristas. Com o tempo, a xenofobia começou a desvanecer, atenuando-se a aversão a esta modalidade do instituto.

Não devemos ter oposição à adoção internacional, encará-la como forma de omissão, como se estivéssemos deixando de proteger nossas crianças e, até, abrin-

---

83 A Convenção de Haia foi elaborada no sentido de sanar os problemas relacionados com corrupção, busca de lucro com a adoção, falsificação de registros de nascimento, compra de crianças dos pais biológicos, entre outros, além de tentar uma regulamentação uniforme no que concerne aos requisitos para reconhecimento das adoções pelos diversos países que recebiam as crianças adotadas. Os objetivos da Convenção são expostos em seu art. 1º, pretendendo, com eles, estabelecer uma nova legislação multilateral para todos os Estados Contratantes que se propõem a solucionar os problemas apontados pela Convenção. Visa interromper os abusos que se davam em algumas situações de adoção internacional, assegurando que os interesses dos menores de idade prevaleçam em qualquer situação.

84 A Lei n. 13.509/2017 altera o *caput* do art. 51 do ECA, dando-lhe redação um pouco mais técnica, bem como alterando a redação do inciso II do § 1º desse mesmo artigo, mas sem mudar sua essência.

PARTE I – O DIREITO MATERIAL SOB O ENFOQUE CONSTITUCIONAL

do mão de nossa soberania, pelo fato de permitirmos que brasileiros se tornem cidadãos de país estrangeiro. Nesse particular, oportunas as palavras de Antônio Chaves[85]:

> Outra corrente, da qual fazemos parte, tomada de pavor pelo espetáculo de miséria, doença, abandono em que fazem jus tantas centenas de milhares de criaturas, lutando em meio à promiscuidade, como animais selvagens pela própria subsistência e, para tanto, levadas à criminalidade, entende que, enquanto não estivermos em condições de retirá-las da rua, acolher, manter e educar todo esse contingente, o melhor será transigir provisoriamente com esses brios, pensar nelas, e admitir, pelo menos por enquanto, que encontrem o abrigo e o afeto que merece todo ser humano, mesmo em lares estrangeiros.

Ressalte-se, ademais, que a adoção internacional, como qualquer modalidade de colocação em família substituta, é excepcional, sendo ela mais ainda, pois só será utilizada quando não se conseguir a realização da adoção nacional (arts. 19, 31 e 51, § 1º, todos do ECA e Convenção de Haia, art. 4º, *b*). Logo, deve-se fazer empenho no sentido de que a criança/adolescente permaneça no seio de sua família natural. Se impossível, passa-se à colocação em família substituta brasileira, só se devendo cogitar da colocação em lar estrangeiro na hipótese de frustrarem-se aquelas tentativas. Na hipótese em que o adotando for adolescente, este deverá ser consultado sobre seu interesse na medida. São as regras constantes dos incisos do § 1º do art. 51 do ECA (acrescentado pela Lei n. 12.010/2009)[86].

Assim procedendo, estar-se-á aplicando o princípio da subsidiariedade da adoção internacional, sustentado pela Convenção de Haia[87]. Deve-se tentar manter a

---

85 CURY, Munir (coord.). *Estatuto da Criança e do Adolescente comentado*. Comentários jurídicos e sociais. São Paulo: Malheiros, 1992, p. 159.

86 REsp 196.406/SP (98/0087704-5), 4ª Turma, unânime, Rel. Min. Ruy Rosado de Aguiar, j. 9-3-1999. Neste mesmo sentido os seguintes arestos: STJ, REsp 27.901-3/MG, 4ª Turma, Rel. Min. Barros Monteiro, *DJU* 12-5-1997; e STJ, REsp 159.075/SP, 3ª Turma, Rel. Min. Ari Pargendler, *DJU* 4-6-2001.

87 Em face da existência da Convenção de Haia sobre adoção, o Conselho da Europa elaborou a Recomendação n. 1.443/2000, que trata da necessidade de serem respeitados os direitos das crianças nas adoções internacionais. Em sua cláusula primeira, a Recomendação dispõe que as crianças possuem direitos, em particular o de serem mantidas no seio de sua família natural, e a existência da adoção internacional tem como propósito dar um pai e uma mãe às crianças e não satisfazer os desejos dos estrangeiros de ter uma criança a qualquer preço. A cláusula segunda dispõe que não será aceito que as adoções internacionais se transformem em uma economia de mercado, o que inclui a utilização de pressões psicológicas e financeiras em famílias que sejam "vulneráveis". A cláusula terceira da Recomendação sugere que para que as adoções internacionais atendam ao superior interesse das crianças, devem ser elas mantidas em contato com sua língua natal, sua religião e a cultura de seu País de origem.

criança no seu país de origem, pois tem ela direito de ser mantida em contato com suas raízes, seus hábitos e costumes, sua cultura.

Tratando-se de questão de direito internacional, deve-se estabelecer qual a legislação aplicável para a adoção. O Brasil adotou o critério distributivo. As leis pessoais regulam a capacidade tanto do adotante quanto do adotado, i.e., a lei do país do adotante regula sua capacidade para adotar e a do adotando sua capacidade para ser adotado. A *lex fori* regulará o procedimento da adoção e a forma como esta se efetivará, enquanto a lei pessoal das partes regulará os efeitos da adoção. O art. 7º da LINDB e os arts. 2º, I, 14 e 15, da Convenção de Haia indicam a distribuição dos requisitos de cada legislação.

Os requisitos para adotar deverão ser preenchidos pelo adotante em seu país de residência habitual, denominado pela Convenção "país de acolhida" (art. 51, § 1º, do ECA e arts. 14 e 15 da Convenção de Haia), enquanto a lei brasileira indicará os pressupostos a serem preenchidos pela criança/adolescente para que possa ser adotada (art. 16 da Convenção). Pelo fato de a adoção ser realizada em nosso território, denominado "país de origem" pela Convenção, aplicar-se-ão, para o deferimento daquela, as regras do direito brasileiro. Assim, se houver alguma incompatibilidade entre os requisitos impostos ao adotante e os exigidos por nossa legislação, deverá realizar-se adaptação, a fim de que a adoção possa ser concretizada, atendendo a legislação pátria, bem como a estrangeira.

É de se atentar que a Convenção não faz uso da expressão *domicílio* para indicar o local onde vivem o adotante e o adotando, preferindo a expressão *residência habitual*, o que difere da prática do direito brasileiro.

A Convenção de Haia cria a figura da *Autoridade Central* (arts. 6º e s.), órgão responsável pelo cadastramento das crianças aptas à adoção, bem como dos interessados em adotar. Cada Estado Contratante deverá manter uma Autoridade Central, encarregada das adoções internacionais, cabendo-lhe a análise da documentação apresentada pelos adotantes, de modo a verificar-se se preenchem os requerentes os requisitos legais exigidos para o ato (art. 52, I e II, da Lei n. 8.069/90, alterado pela Lei n. 12.010/2009). O art. 52 do ECA já fazia menção a esta Autoridade Central, denominada Comissão Estadual Judiciária de Adoção – CEJA (ou CEJAI, como preferem alguns). A Autoridade Central, nas palavras de Cláudia Lima Marques[88], "aparece como um polo controlador da lisura do processo de adoção, como fórum de contatos e de informação entre os interessados na adoção".

Pelo fato de o Brasil ser uma República Federativa, temos a figura da Autoridade Central no âmbito da União Federal e no âmbito dos Estados Federados. O Decreto n. 3.174, de 16 de setembro de 1999, designa em seu art. 1º, como a

---

88 A subsidiariedade da adoção internacional: diálogo entre a Convenção de Haia de 1993, o ECA e o novo Código Civil brasileiro. In: LEITE, Eduardo de Oliveira (coord.). *Adoção* – Aspectos jurídicos e metajurídicos. Rio de Janeiro: Forense, 2005, p. 40.

PARTE I – O DIREITO MATERIAL SOB O ENFOQUE CONSTITUCIONAL

Autoridade Central Federal a Secretaria de Estado de Direitos Humanos do Ministério da Justiça. No art. 4º do mesmo decreto ficam designadas como Autoridades Centrais no âmbito dos Estados Federados e do Distrito Federal as Comissões Estaduais Judiciárias de Adoção.

Assim, a Autoridade Central do país dos postulantes remete a documentação referente a estes, a qual será analisada pela CEJA, concedendo este órgão, se for o caso, certificado de habilitação dos postulantes à adoção de criança brasileira, que terá prazo de validade de 1 ano, podendo ser renovado (art. 52, III a VI e § 13, do ECA, acrescidos pela Lei n. 12.010/2009). Como a lei não menciona sobre período de renovação, entendemos que só poderá haver a renovação por mais um período de 2 anos, até mesmo porque há que ter cuidado com o período de validade da autorização concedida pelo país de origem dos adotandos. Há necessidade de que o adotante estrangeiro seja representado por um *organismo credenciado*, que são as agências de adoção internacional, as quais, tendo por finalidade adequar as crianças aptas à adoção às pessoas nestas interessadas, existem em todo o mundo, havendo esta determinação no § 1º do art. 52 do ECA (acrescido pela Lei n. 12.010/2009). Tais organismos não podem ter fim lucrativo e constituem exigência da Convenção de Haia para que alguém possa adotar em país diverso daquele onde tem residência habitual (arts. 11, 12 e 13). O Decreto n. 5.491, de 18 de julho de 2005, regulamenta a atuação dos organismos estrangeiros e nacionais de adoção internacional. O credenciamento deste organismo fica a cargo da Autoridade Central Federal Brasileira, conforme art. 52, § 2º, do ECA (acrescentado pela Lei n. 12.010/2009). Os requisitos para o credenciamento encontram-se no § 3º do art. 52 do ECA e as finalidades dos organismos, no § 4º do mesmo artigo.

O art. 4º, *a*, da Convenção de Haia determina que a criança deverá ser *adotável*. Este termo deixa claro que a criança submetida a um processo de adoção internacional deverá ostentar as condições necessárias a ser colocada em família substituta.

Não é aconselhável que sejam propostas ações de destituição do poder familiar de todas as crianças e adolescentes que se encontrem abrigados e tenham sido abandonados por seus genitores. Porém, quando se verifica a impossibilidade da adoção nacional e buscam-se pessoas interessadas no cadastro internacional, a destituição prévia se faz necessária.

Esta diferença de tratamento que se faz com relação ao pretendente estrangeiro leva em conta os princípios do superior interesse da criança e do adolescente e o da igualdade. É necessário, assim, que se proponha previamente a ação de destituição do poder familiar, não para que a criança/adolescente fique *adotável*, conforme regra da Convenção de Haia, pois adotáveis são quase todas as crianças e adolescentes que se encontram abrigados. A necessidade de propositura prévia da ação de destituição do poder familiar diz respeito a fazer com que o processo de adoção internacional seja mais célere, já que o adotante estrangeiro não tem disponibilidade para ficar em nosso país por longo tempo.

O princípio constitucional da igualdade, ao ser aplicado nas relações processuais, há que ser de modo a que as pessoas que se encontram em situações diferentes sejam tratadas de forma diferente. É a aplicação material do mencionado princípio (tratar-se desigualmente os desiguais). Ninguém há de discordar que a situação de um estrangeiro é totalmente diversa da de um brasileiro. Não podemos ignorar que o adotante estrangeiro, movido pela grande vontade de tornar-se pai, desloca-se de seu país de origem com o intento de criar uma família e que não pode ficar por longo tempo longe de seu trabalho e demais compromissos.

A celeridade com que se chegará ao final do processo de adoção, já que não haverá a intervenção dos pais biológicos – pois já foram destituídos do poder familiar –, fará com que o princípio constitucional do superior interesse seja atendido, pois o adotando será mais rapidamente retirado de um abrigo, que é medida protetiva excepcional e deverá durar o mínimo de tempo possível, e inserido em uma família substituta.

Nem sempre será necessária a propositura de ação prévia de destituição do poder familiar para que se torne célere o processo de adoção internacional.

Havendo a dispensa legal do consentimento dos pais biológicos também nestas hipóteses, o processo de adoção será rápido, mesmo que cumulado com a destituição do poder familiar, o que faz com que não seja necessária a propositura prévia de ação de destituição do poder familiar pelo Ministério Público.

Para que se inicie o processo de adoção, não é necessário que os adotantes estejam no Brasil. Segundo o disposto no art. 46, § 3º, do Estatuto da Criança e do Adolescente, é necessária a realização de estágio de convivência, em nosso país, no curso da ação, sendo este o momento em que se faz necessária a presença dos adotantes estrangeiros no território nacional. O período do estágio de convivência será de, no mínimo, 30 dias. Incidirá, assim, a regra do art. 28 da Convenção de Haia, em lugar da do art. 21, que indica hipótese de transferência do adotando ao país do adotante antes de ultimada a adoção. O referido art. 28 dispõe que a lei do Estado de origem da criança prevalecerá sempre que vetar, antes da adoção, o deslocamento do adotando para o Estado de acolhida.

Merece destaque o art. 17, *d*, da Convenção de Haia, que dispõe que só se autorizará adoção pelo país de origem da criança, se restar demonstrado que esta poderá ingressar no país de acolhida e nele residir definitivamente. Este comando soluciona problema frequente, de não ser a adoção aceita no país dos adotantes e, fato mais grave, não se permitir o ingresso do adotando, considerado estrangeiro. Deve-se atentar, assim, para o limite de idade da criança/adolescente que o pretendente estrangeiro pode adotar e verificar a idade que o adotando ostenta para que o processo esteja finalizado e possa a criança/adolescente sair do país antes de alcançar a idade limite.

O art. 29 da Convenção de Haia veta contato entre os pais biológicos e a família substituta estrangeira antes da verificação de que a criança pode ser adotada

PARTE I – O DIREITO MATERIAL SOB O ENFOQUE CONSTITUCIONAL

409

(art. 4º da Convenção). Tal proibição se dá para evitar eventual alegação de coação por parte dos pais biológicos, no que toca à concordância do pedido dos estrangeiros.

Fato extremamente benéfico para as nossas crianças, a Convenção de Haia, conforme art. 23, 1, equiparou, em todos os Estados Contratantes, os efeitos da adoção.

Assim, se nosso sistema confere situação de filho ao adotado, este ingressará no país de acolhida garantido pelo princípio da igualdade.

Deve ser ressalvado que o adotante brasileiro residente no exterior será tratado como estrangeiro, devendo se submeter a todo o procedimento exigido pela Convenção de Haia para adoção internacional. Em sentido inverso, o estrangeiro com residência definitiva no Brasil, caso deseje adotar, receberá o mesmo tratamento concedido ao brasileiro residente no território nacional. Este entendimento é respaldado pela cláusula 9ª da Resolução n. 3/2001 do Conselho das Autoridades Centrais Brasileiras. O § 2º do art. 51 do ECA (acrescido pela Lei n. 12.010/2009) cria critério de preferência para o brasileiro residente no exterior sobre o estrangeiro para a concessão da adoção. A ideia do legislador deve ser a de manter a criança/adolescente brasileiro, com maior contato com nossa cultura, mas é norma que, a nosso ver, viola o princípio constitucional da igualdade, pois, apesar de ser brasileiro, o postulante é considerado estrangeiro para efeito de adoção, não havendo justificativa para este tratamento diferenciado.

Quando o casal é formado por brasileiro e estrangeiro, deve ser verificado onde foi fixada a residência definitiva, se no Brasil ou no exterior. Esta fará com que a adoção seja encarada como nacional ou internacional. Assim já teve oportunidade de decidir o Tribunal de Justiça do Estado de Minas Gerais:

> ADOÇÃO – CASAL FORMADO POR ESTRANGEIRO E BRASILEIRA – DUPLA RESIDÊNCIA SENDO UMA NO EXTERIOR – CIRCUNSTÂNCIAS REVELADORAS DA POSSIBILIDADE DE ADOÇÃO TRANSNACIONAL – FALTA DE INSCRIÇÃO PERANTE A COMISSÃO ESTADUAL JUDICIAL DE ADOÇÃO/CEJA – INVIABILIDADE DA PRETENSÃO – A Adoção transnacional tem caráter excepcional e somente é deferida se não houver adotante brasileiro interessado. A CEJA é o órgão institucional filiado à Corregedoria de Justiça a quem pertine declarar habilitação dos casais estrangeiros. O juiz pode conceder a adoção por estrangeiro e brasileira, desde que a residência permanente seja no Brasil, não caracteriza adoção transnacional. Todavia, tendo o casal dupla residência, sendo uma no exterior e de onde também aufere rendimento para sua subsistência, é circunstância que revela a possibilidade de ser a adoção transnacional. Neste caso, sem prévia inscrição na CEJA, revela-se inviável o pedido[89].

---

89 TJMG, AC 307.098-4-00, 3ª Câm. Cív., maioria, Rel. Des. Caetano Levi Lopes, publ. em 29-5-2003.

A norma do art. 52-B e parágrafos do ECA (acrescentado pela Lei n. 12.010/2009) cuida de hipótese de remotíssima ocorrência, a de adoção por brasileiro no exterior. Se o país onde se deu a adoção for signatário da Convenção de Haia, a decisão será automaticamente recepcionada. Se o país estrangeiro não for signatário da Convenção, será necessária a homologação da sentença pelo Superior Tribunal de Justiça.

O art. 52-C do ECA (acrescentado pela Lei n. 12.010/2009) complementa a norma anterior, afirmando que se a habilitação para adoção tiver tido curso em nosso território, a decisão será encaminhada à CEJA, que comunicará tal fato à Autoridade Central federal, que expedirá o certificado de naturalização provisória da criança. Isso se faz necessário pelo fato de o Brasil adotar, em tema de direito internacional, a regra do *jus soli*, o que faz com que só se considere brasileira a pessoa que tiver nascido em nosso território, qualquer que seja a naturalidade de seus pais.

Caso a adoção não atenda ao superior interesse da criança ou adolescente, dispõe o § 1º do art. 52-C do ECA que esta não será reconhecida. Nesta situação, caberá ao Ministério Público promover as medidas que forem cabíveis para preservar os interesses do adotando, conforme determina o § 2º do mesmo artigo. É um assunto delicado que deve ser tratado com muito cuidado pelo Promotor de Justiça, que não deve agir açodadamente e, desde logo, retirar o adotado da guarda de seus pais, pois isso, certamente, causará grande sofrimento para aquele. Deve ser avaliado, em cada caso que se apresente, se não será melhor deixar a criança/adolescente na companhia dos adotantes, havendo, nesta hipótese, que se apreender os passaportes, a fim de evitar a saída do país.

O art. 52-D (acrescentado pela Lei n. 12.010/2009) determina que, nas hipóteses em que a adoção tenha sido concedida em país que não seja signatário da Convenção de Haia, será necessária a realização de novo processo de adoção, para que esta se adeque ao nosso ordenamento jurídico.

REFERÊNCIAS

ALMEIDA, Júlio Alfredo. Adoção *intuitu personae* – uma proposta de agir. Disponível em: <www.mp.rs.gov.br>. Acesso em: 1º dez. 2005.

AMIN, Andréa Rodrigues. Da união estável. In: LEITE, Heloisa Maria Daltro (coord.). *O novo Código Civil* – Do direito de família. Rio de Janeiro: Freitas Bastos, 2002.

ANDRADE, Diogo de Calazans Melo. Adoção entre pessoas do mesmo sexo e os princípios constitucionais. *Revista Brasileira de Direito de Família*, Porto Alegre, n. 30, p. 99-121, jun./jul., 2005.

AOKI, Luiz Paulo dos Santos. Comentário ao art. 28 do ECA. In: VERONESE, Josiane Rose Petry; SILVEIRA, Mayra; CURY, Munir (coord.). *Estatuto da*

PARTE I – O DIREITO MATERIAL SOB O ENFOQUE CONSTITUCIONAL

Criança e do Adolescente comentado. Comentários jurídicos e sociais. 13. ed. rev. e atual. São Paulo: Malheiros, 2018.

BORDALLO, Galdino Augusto Coelho. Da adoção. In: LEITE, Heloisa Maria Daltro (coord.). *O novo Código Civil – Do direito de família.* Rio de Janeiro: Freitas Bastos, 2002.

CACHAPUZ, Rozane da Rosa. Da importância da adoção internacional. In: LEITE, Eduardo de Oliveira (coord.). *Adoção – Aspectos jurídicos e metajurídicos.* Rio de Janeiro: Forense, 2005.

CARVALHO SANTOS. *Código Civil brasileiro interpretado.* 12. ed. Rio de Janeiro: Freitas Bastos, 1989. v. VI.

CHAVES, Antônio. *Adoção.* Belo Horizonte: Del Rey, 1995.

CHAVES, Antônio; CURY, Munir (coord.). *Estatuto da Criança e do Adolescente comentado.* São Paulo: Malheiros, 1992.

CHINELLATO, Silmara Juny. In: AZEVEDO, Antonio Junqueira (coord.). *Comentários ao Código Civil.* São Paulo: Saraiva, 2004. v. 18.

CUNEO, Mônica Rodrigues. Adoção por casais homoafetivos. *Boletim Informativo do 4º Centro de Apoio Operacional do Ministério Público do Estado do Rio de Janeiro*, n. 5, ano I, junho. Rio de Janeiro, 2009.

DIAS, Maria Berenice. *União homossexual – O preconceito e a justiça.* Porto Alegre: Livraria do Advogado, 2000.

DIAS, Maria Berenice. Adoção por homossexuais. *Boletim IBDFAM*, n. 28, ano 4. Belo Horizonte, 2004.

DIAS, Maria Berenice. *Manual de direito das famílias.* 4. ed. rev., atual. e ampl. São Paulo: Revista dos Tribunais, 2007.

FREITAS, Lúcia Maria de Paula. Adoção – Quem de nós quer um filho? *Revista Brasileira de Direito de Família*, Porto Alegre, n. 10, p. 146-155, jul./set. 2001.

FUSTEL DE COULANGES, Numa Denis. *A cidade antiga.* Trad. Fernando de Aguiar. 4. ed. 2. tir. São Paulo: Martins Fontes, 2000.

GAMA, Guilherme Calmon Nogueira. Das relações de parentesco. In: DIAS, Maria Berenice; PEREIRA, Rodrigo da Cunha (coord.). *Direito de família e o novo Código Civil.* Belo Horizonte, Del Rey, 2001.

GRANATO, Eunice Ferreira Rodrigues. *Adoção – Doutrina e prática.* 3. tir. Curitiba: Juruá, 2005.

HIRSCHFELD, Adriana Kurchin. A adoção pelos avós. In: LEITE, Eduardo de Oliveira (coord.). *Adoção – Aspectos jurídicos e metajurídicos.* Rio de Janeiro: Forense, 2005.

KAUSS, Omar Gama Bem. *A adoção.* 2. ed. Rio de Janeiro: Lumen Juris, 1993.

LAMENZA, Francismar. Comentários sobre aspectos relevantes do Projeto de Lei n. 1.756/03. Disponível em: <www.mp.sp.gov.br>. Acesso em: 7 nov. 2005.

LEITE, Eduardo de Oliveira. Adoção por homossexuais e interesse das crianças. *Adoção* – Aspectos jurídicos e metajurídicos. Rio de Janeiro: Forense, 2005.

LIBERATI, Wilson Donizeti. *Adoção internacional*. São Paulo: Malheiros, 1995.

LIMA, Cláudio Vianna. *Legitimação adotiva*. Rio de Janeiro: M. S. Rodrigues editor, 1965.

LÔBO, Paulo Luiz Netto. *Direito civil* – Famílias. São Paulo: Saraiva, 2008.

MARMITT, Arnaldo. *Adoção*. Rio de Janeiro: Aide, 1993.

MARQUES, Cláudia Lima. A subsidiariedade da adoção internacional: diálogo entre a Convenção de Haia de 1993, o ECA e o novo Código Civil brasileiro. In: LEITE, Eduardo de Oliveira (coord.). *Adoção* – Aspectos jurídicos e meta-jurídicos. Rio de Janeiro: Forense, 2005.

MONACO, Gustavo Ferraz de Campos. *Direitos da criança e adoção internacional*. São Paulo: Revista dos Tribunais, 2002.

MOTTA, Maria Antonieta Pisano. Adoção pronta x adoção pelo cadastro. In: LEITE, Eduardo de Oliveira (coord.). *Adoção* – Aspectos jurídicos e metajurídicos. Rio de Janeiro: Forense, 2005.

OLIVEIRA, José Maria Leoni Lopes. *Guarda, tutela e adoção*. 4. ed. Rio de Janeiro: Lumen Juris, 2001.

OLTRAMARI, Fernanda. Adoção por homossexuais – Possibilidade da formação de um novo núcleo afetivo. *Revista IOB de Direito de Família*, ano IX, n. 49. Porto Alegre: IOB, 2008.

PEREIRA, Caio Mário da Silva. *Instituições de direito civil*. 14. ed. rev. e atual. de acordo com o Código Civil de 2002 por Tânia da Silva Pereira. Rio de Janeiro: Forense, v. V, 2004.

PEREIRA, Rodrigo da Cunha. Pai, por que me abandonastes? PEREIRA, Tânia da Silva (coord.). *O superior interesse da criança:* um debate interdisciplinar. Rio de Janeiro: Renovar, 2000.

PEREIRA, Tânia da Silva. O direito à vida e a proteção do nascituro. *Direito da criança e do adolescente:* uma proposta interdisciplinar. Rio de Janeiro: Renovar, 1996.

PLÁCIDO E SILVA. *Vocabulário jurídico*. 16. ed. atual. por Nagib Slaibi Filho e Geraldo Magela Alves. Rio de Janeiro: Forense, 1999.

SILVA JUNIOR, Enézio de Deus. Adoção por casais homossexuais. *Revista Brasileira de Direito de Família*, Porto Alegre, n. 30, p. 124-159, jun./jul.,2005.

TAVARES, José de Farias. *Direito da infância e da juventude*. Belo Horizonte: Del Rey, 2001.

TAVARES, Patrícia Silveira. *A adoção após a Constituição de 1988*. Rio de Janeiro: UERJ, 2002.

TEPEDINO, Gustavo. A disciplina jurídica da filiação na perspectiva civil-constitucional. *Temas de direito civil*. 2. ed. Rio de Janeiro: Renovar, 1999.

PARTE I - O DIREITO MATERIAL SOB O ENFOQUE CONSTITUCIONAL

TEPEDINO, Gustavo. Premissas metodológicas para a constituição do direito civil. In: *Temas de direito civil*. 2. ed. Rio de Janeiro: Renovar, 1999.

VENÂNCIO, Renato Pinto. Adoção antes de 1916. In: LEITE, Eduardo de Oliveira (coord.). *Adoção* – Aspectos jurídicos e metajurídicos. Rio de Janeiro: Forense, 2005.

WALD, Arnoldo. *Curso de direito civil brasileiro*. 8. ed. rev., ampl. e atual. com a colaboração de Luiz Murillo Fábregas. São Paulo: Revista dos Tribunais, 1991, v. IV.

Prevenção

Ângela Maria Silveira dos Santos

1. INTRODUÇÃO

Partindo-se de uma análise histórica, infere-se ter sido pelo saldo negativo legado pelas duas grandes guerras mundiais que a sociedade do século XX começou a se preocupar com o próprio destino. Por conta dessa conscientização, iniciou-se uma série de encontros em busca do caminho da paz, que acabou redundando na elaboração de vários documentos internacionais, dentre eles a Declaração Universal dos Direitos Humanos, aprovada pela ONU em 1948, a Declaração dos Direitos da Criança em 1959, a Convenção Americana sobre os Direitos Humanos, conhecida como "Pacto de San José", de 1969, e a Convenção Internacional sobre os Direitos da Criança, aprovada em 1989 pelas Nações Unidas.

Uma das grandes conquistas do século XX constituiu-se no fato de que a humanidade começou a entender que a solução para os seus problemas centrava-se na mudança de visão sobre a criança que, até então, não tinha qualquer valor e representava somente a "sociedade do amanhã". Esta visão transmudou-se, na medida em que a população infantojuvenil passa a ser considerada a base sobre a qual a sociedade irá se desenvolver e, por conta disso, deixou de ser objeto de proteção do Estado para se tornar sujeito de direitos.

Como fruto desta nova concepção, concluiu-se, também, que o tratamento a ser dispensado a esta parcela da sociedade, constituída por crianças e adolescentes, deverá pautar-se na Doutrina da Proteção Integral, de forma a lhes garantir o efetivo exercício de todos os direitos fundamentais, tão necessários a sua formação, independentemente da cor, do sexo, da situação financeira ou da condição física ou mental.

PARTE I – O DIREITO MATERIAL SOB O ENFOQUE CONSTITUCIONAL

Esta mudança de paradigma foi incorporada em nosso direito pátrio, por meio do art. 227 da CF/1988 e, posteriormente, foi regulamentada pelo Estatuto da Criança e do Adolescente em 1990 (Lei n. 8.069).

O Brasil, consciente dessas novas tendências, ratificou os documentos internacionais relativos à infância, notadamente a Convenção da ONU sobre os Direitos da Criança, por meio do Decreto n. 99.710, de 21 de novembro de 19901, e a Convenção de Haia, ratificada pelo Decreto n. 3.087, de 21 de junho de 1999, e aprovada pelo Decreto Legislativo n. 1, de 14 janeiro de 1999.

Na esteira da Doutrina da Proteção Integral, o legislador estatutário, partindo do pressuposto de que a criança e o adolescente possuem um espírito maleável suscetível a todo tipo de influências sociais, outorgou-lhes um cuidado especial, de prevenção e tratamento por parte da família, da sociedade e do Poder Público, para que possam se desenvolver de forma plena, sem correrem o risco de se transformarem em fardos difíceis de serem suportados pela própria sociedade.

Isso levou o legislador do ECA a tratar da matéria atinente à prevenção sob dois enfoques: o da prevenção geral nos arts. 70 ao 73 e o da prevenção especial nos arts. 74 ao 75.

Antes de iniciarmos uma reflexão acerca dos dispositivos do ECA, para uma melhor compreensão acerca deste tema, faz-se necessária uma breve análise sobre as espécies de prevenção.

Ishida[2], de forma objetiva, compreende que a "prevenção geral trata de regras *gerais* de proteção principalmente relacionadas à informação, cultura, lazer, esportes, diversões, espetáculos e produtos e serviços (art. 71)", enquanto a "prevenção especial trata de especificar as vedações à criança ou ao adolescente, principalmente no que concerne às diversões infantojuvenis".

Muitos doutrinadores, por entenderem que o legislador não primou por um rigor sistêmico ao abordar esta matéria, procuraram complementar a lei com definições mais abrangentes[3].

---

1 A Convenção dos Direitos da Criança, em seu artigo 17, aponta para a importância de as crianças terem acesso a informações e materiais que visem à promoção de "seu bem-estar social, espiritual e moral, e sua saúde física e mental".

2 ISHIDA, Válter Kenji. *Estatuto da Criança e do Adolescente*: doutrina e jurisprudência. 25. ed. rev., atual. e ampl. São Paulo: JusPodivm, 2024, p. 317 (itálico no original).

3 Dentre os mais renomados, podemos citar, por exemplo, Antonio Fernando do Amaral e Silva, que nos ensina que a prevenção geral da delinquência juvenil estabelece-se em três níveis: "Exterioriza-se a prevenção primária através de medidas no sentido de garantir os direitos fundamentais e as políticas sociais básicas. Se as causas da delinquência juvenil decorrem principalmente de fatores exógenos (Barros Leal), a política de prevenção deve se basear em medidas capazes de garantir direitos básicos: saúde; liberdade e dignidade; educação, convivência familiar e comunitária, esporte e lazer; profissionalização e proteção no trabalho. Tenha-se presente, enquanto falharem as

Como a prevenção especial, efetivamente, visa preservar a infância e a adolescência da influência dos ambientes perniciosos ou que sejam contraproducentes à sua formação.

Contudo, não podemos partir da premissa de que o legislador estatutário foi inábil ao regulamentar esta matéria englobando direitos diversificados sob o mesmo título, na medida em que esta lei objetiva criar uma nova mentalidade em torno dos direitos desses seres em formação, de forma a lhes proporcionar um desenvolvimento sadio e equilibrado.

Por conseguinte, as regras nela contidas devem ser interpretadas sistematicamente, jamais literalmente, sob pena de chegarmos a conclusões absurdas: é permitido às crianças e aos adolescentes permanecerem nas ruas o tempo que quiserem, ou o aluno não está mais obrigado a respeitar os seus educadores na escola.

Assim, fazendo uma comparação com a técnica empregada na lei, percebe-se que o legislador, ao preceituar no art. 72 que as obrigações previstas nesta Lei não excluem da prevenção especial outras decorrentes dos princípios por ele adotados de forma implícita, previu a adoção de medidas e programas de atendimento como forma de prevenção, a fim de se evitar a marginalização, a discriminação e a caracterização da situação de risco.

Na verdade, o legislador, ao adotar a técnica, no art. 71, no sentido de apenas mencionar os direitos referentes à informação, à cultura, ao lazer, aos esportes, às diversões, aos espetáculos e aos produtos e serviços sob a ressalva de que respeitem sua condição peculiar de pessoa em desenvolvimento, teve duplo objetivo, a saber: 1) alertar a sociedade no sentido de que todos os direitos fundamentais possuem

---

políticas sociais básicas, dificilmente se logrará prevenir a criminalidade. Saúde, educação, profissionalização, esporte, lazer, devem ser valorizados, principalmente a nível comunitário. A prevenção primária deve se orientar no apoio às ações dos Conselhos dos Direitos da Criança e do Adolescente. *Prevenção Secundária. A* prevenção secundária deve se materializar através dos Conselhos Tutelares. Se a etiologia da delinquência aponta geralmente para a falta de atendimento das necessidades básicas; para a desagregação familiar, para as más companhias; para a exploração dos adultos; para a falta de escolaridade; para o abandono; numa palavra, para a miséria; se muitos consideram em estado de risco, jovens em dificuldades; é claro que a prevenção secundária deve se basear em programas de apoio, auxílio e orientação ao jovem e à família. Tais programas, preconizados no Estatuto da Criança e do Adolescente, precisam ser implementados com a máxima brevidade, principalmente a assistência educativa a ser gerenciada pelas comunidades locais. Se a criança e o jovem em dificuldade forem atendidos na própria família; se o atendimento for de natureza educativa com a participação do núcleo familiar e comunitário, as perspectivas de prevenção serão promissoras. *Prevenção Terciária.* Exterioriza-se a prevenção terciária através de medidas socioeducativas visando readaptar ou educar o adolescente infrator" (SILVA, Antonio Fernando do Amaral e. A criança e o adolescente em conflito com a lei. Disponível em: <http://amaralesilva.com.br/artigo/a-crianca-e-o-adolescente-em-conflito- com-a-lei>. Acesso em: 30 jul. 2018).

PARTE I – O DIREITO MATERIAL SOB O ENFOQUE CONSTITUCIONAL

peso semelhante, na formação de qualquer ser em desenvolvimento e 2) criar uma nova mentalidade em torno deles, de forma a impedir que continuem a ser relegados ao segundo plano, sob o pretexto de eles estarem condicionados ao efetivo exercício dos direitos básicos.

Esta posição retrógrada faz com que muitos se sintam desmotivados de exigir do governo mecanismos voltados para o atendimento desses direitos, o que não se justifica nos dias de hoje, diante da nova ordem jurídica constitucional que prioriza os direitos infantojuvenis.

Também, como desdobramento desta nova visão voltada para a garantia da proteção integral, o legislador, ao preceituar no art. 70 ser "dever de todos prevenir a ocorrência da ameaça ou violação dos direitos da criança e do adolescente", trouxe inovação importante, qual seja, alterou a responsabilidade desta tarefa que antes era exclusiva do Estado, passando a ser compartilhada entre a família, a sociedade e o Poder Público, de forma a impedir a incidência de danos ou risco de dano à pessoa dos menores de idade em formação.

A Lei n. 13.010, de 2014, denominada "Lei Menino Bernardo", que trata da proteção de infantes e de jovens no que tange ao dever de educar e cuidar por parte dos pais e responsáveis, incluiu novo dispositivo ao ECA (art. 70-A) com o propósito de especificar as diretrizes a serem adotadas pelos entes federativos visando a efetividade da prevenção em relação à violência decorrente de castigo físico, tratamento cruel, degradante ou qualquer outra forma violenta de educação.

Ainda na esteira da prevenção geral e da Lei n. 13.010/2014, o legislador federal, por meio da Lei n. 13.046, de 1º de dezembro de 2014, mediante três novos dispositivos, tratou da obrigação das entidades de terem, em seus quadros, pessoal capacitado para reconhecer e reportar maus-tratos de crianças e adolescentes.

Para tanto, inseriu o art. 70-B no ECA com o objetivo de determinar às instituições, públicas e privadas, a inclusão, em seus quadros, de pessoas capacitadas a reconhecer e comunicar ao Conselho Tutelar suspeitas ou casos de maus-tratos praticados contra infantes e jovens.

A questão a ser perquirida diz respeito à identificação de quais seriam as entidades obrigadas a ter essa equipe, na medida em que se reporta às instituições do art. 71, "dentre outras" (*caput* do art. 70-B). Esta abordagem genérica em nada contribui para a interpretação da norma. O tipo de entidade de atendimento afigura-se indispensável, já que a redação do art. 245 do ECA submete à infração administrativa apenas os profissionais de atenção à saúde, ensino fundamental, pré-escola e creche, do que se depreende, pelo princípio da legalidade, que não há como se estender a estabelecimentos não especificados a aplicação da respectiva sanção pecuniária.

Diante da ausência de tipo penal ou administrativo expresso que puna o infrator daquela norma, questiona-se a medida a ser adotada nesta hipótese. No que tange à obrigação de criação desta equipe, dúvidas não há de que poderá o Ministério

Público propor ação civil pública para a implementação deste programa. Por evidente, ainda, havendo dano à criança ou ao adolescente vítima de maus-tratos, caberá ação de indenização em face da entidade omissa.

Cabe consignar que a responsabilidade por esta capacitação vai além. Dispõe o parágrafo único do art. 70-B que são igualmente responsáveis pela comunicação de que trata este artigo, "as pessoas encarregadas, por razão de cargo, função, ofício, ministério, profissão ou ocupação, do cuidado, assistência ou guarda de crianças e adolescentes, punível, na forma do Estatuto, o injustificado retardamento ou omissão, culposo ou doloso". Observa-se que as atividades compreendidas como "cargo, função, ofício, ministério, profissão ou ocupação" englobam funcionários públicos, eclesiásticos, autônomos, enfim, todos aqueles que tiverem acesso à situação de violência perpetrada contra criança ou adolescente, na esteira do que já ditavam os arts. 13, 18, 56, I, e 70 do ECA e, principalmente, o art. 227 da Lei Maior que estabeleceu o princípio da cooperação ou corresponsabilidade.

Pela redação do art. 94-A do ECA, também, foi prevista que a capacitação da equipe se estende a todas as entidades, públicas ou privadas, que abriguem ou recepcionem crianças e adolescentes, ainda que em caráter temporário. Inobstante tenha a regra sido inserida no bojo do preceito que cuida das entidades que desenvolvam programas de internação, nota-se que a reforma visou ampliar o espectro de abrangência da responsabilidade, não somente em defesa do adolescente infrator vítima de maus-tratos, mas também na prevenção da violência em relação à população infantojuvenil institucionalizada.

Por fim, a citada lei inseriu uma atribuição de cunho operacional de política de atendimento ao rol do art. 136 do ECA, concernente às funções do Conselho Tutelar. Na realidade, o inciso XII acrescido ao art. 136 conferiu ao Conselho Tutelar uma diretriz já prevista no art. 88, VII, do ECA. A regra complementa o conjunto de atribuições conferidas ao Conselho Tutelar. Em suma, ao Conselho Tutelar serão comunicadas as suspeitas de maus-tratos; a ele caberá aplicar as medidas protetivas e a este órgão, ainda, incumbirá "promover e incentivar, na comunidade e nos grupos profissionais, ações de divulgação e treinamento para o reconhecimento de sintomas de maus-tratos em crianças e adolescentes".

No art. 71 do ECA, por sua vez, o legislador estabeleceu como limite a pessoa da própria criança ou adolescente que exercerá os direitos e não em outros menores de idade, diferentemente dos adultos em que o limite está no outro e não nele mesmo. Esta técnica é muito importante, na medida em que respeita cada um individualmente, de forma a permitir um crescimento harmonioso do ser em formação.

Sobre este aspecto, é interessante destacar alguns artigos que nos parecem vinculados à técnica acima apontada. O legislador do ECA, ao tratar no Capítulo II do Direito à Liberdade, ao Respeito e à Dignidade, em seu art. 15, condicionou o exercício desses direitos ao processo de desenvolvimento de cada criança ou

PARTE I – O DIREITO MATERIAL SOB O ENFOQUE CONSTITUCIONAL

adolescente, como sujeitos de direitos civis, humanos e sociais. Mais adiante, o ECA volta-se, novamente, para este enfoque e vincula o exercício do direito dos infantes à sua condição peculiar de pessoa em desenvolvimento, consoante reza, por exemplo, o § 1º do art. 112.

O legislador, conferindo uma maior importância ao tema, encerrou o capítulo das "Disposições Gerais", ressaltando, no art. 73, que a inobservância das normas de prevenção importará em responsabilidade da pessoa física ou jurídica, nos termos desta lei, responsabilidade esta que poderá estar definida no ECA ou em outra lei civil ou penal.

Com a edição da Lei n. 12.010/2009, além do princípio da cooperação estatuído nos arts. 227 da Constituição Federal e 70 do ECA, novos princípios foram inseridos às normas concernentes à prevenção: os princípios da solidariedade e responsabilidade primária do Poder Público e o da privacidade da criança e do adolescente (art. 100, III e V, do ECA).

Nessa mesma linha de prevenção da Lei Menino Bernardo, foi promulgado o Marco Legal da Primeira Infância – Lei n. 13.527, de 2016 –, que, em seu art. 5º, ressalta a proteção das crianças em face da "pressão consumista" e da "exposição precoce da comunicação mercadológica".[4]

2. PREVENÇÃO ESPECIAL

O legislador estatutário, ao abordar a matéria relativa aos direitos referentes à informação, à cultura, ao lazer, aos esportes, às diversões e aos espetáculos, procurou regulamentá-los de forma singela, no capítulo da prevenção especial, previsto nos arts. 74 a 85, deixando a cargo dos operadores da lei o mister de valerem-se dos princípios norteadores da Doutrina da Proteção Integral e dos demais dispositivos constitucionais e infraconstitucionais em vigor, especialmente daqueles contidos no próprio Estatuto, para complementar a regulamentação de eventual omissão legal.

Antes de adentrarmos no estudo do capítulo em comento, cumpre ressaltar que, dentre as mais importantes inovações trazidas pelo Estatuto, destaca-se a mudança de paradigma, no que diz respeito à "censura" sobre os programas, produtos, diversões etc., a serem acessados pelo público infantojuvenil, na medida em que este poder de proibição era conferido, com exclusividade, a determinadas autoridades públicas. Hoje, a decisão do que é permitido ou não foi devolvida à família, recaindo sobre os pais, detentores do poder familiar, o poder de autorizar ou não, de acordo com seus conceitos e valores, o acesso aos citados espetáculos e produtos, mas sempre norteados pelas orientações indicativas constantes da Lei Maior do país e do ECA.

---

4   Expressões utilizadas em VERONESE, Josiane Rose Petry; ZANETTE, Sandra Muriel Zadróski. *Criança, consumo e publicidade por uma sociedade fraterna*. Rio de Janeiro: Lumen Juris, 2018, p. 52.

Verifica-se da leitura sistemática da lei em comento que o legislador, ao prever a necessidade de afixar informação destacada sobre a natureza do espetáculo e a faixa etária especificada no certificado de classificação (parágrafo único do art. 74 do ECA), o fez com o propósito de permitir aos pais o exercício da valoração do seu conteúdo.

Ultrapassada esta questão preliminar, passaremos a analisar as normas de prevenção contidas na legislação em vigor.

2.1. Acesso aos espetáculos e diversões públicas

Muito embora o legislador constituinte, objetivando garantir uma autêntica liberdade de expressão, tenha vedado todo e qualquer tipo de censura, seja de natureza ideológica, política ou artística, esse posicionamento não deve ser confundido com uma liberalidade, quanto ao que será proporcionado às crianças e aos adolescentes no tocante a diversões, espetáculos e informações a que venham a ter acesso, tanto que a própria Carta Magna institui regras e princípios norteadores com o propósito de restringir as atividades mencionadas (arts. 220 e 221).

Tais parâmetros decorrem da necessidade de proteção que demandam crianças e adolescentes, enquanto seres em desenvolvimento, uma vez que o contato com diversões, informações e espetáculos inadequados à sua faixa etária poderá ser nocivo à formação deles.

Há de se destacar, como imprescindível, que a Constituição Federal, no § 3º do citado art. 220, delega à lei federal regular a matéria referente às diversões e espetáculos públicos e estabelecer os meios legais que garantam à pessoa e à família a possibilidade de se defenderem de programas ou programações de rádio e de televisão que contrariem o disposto no art. 221.

Nesta mesma linha, o legislador constituinte estabeleceu no inciso XVI do art. 21 ser da competência exclusiva da União a função de legislar sobre classificação para efeito indicativo de diversões públicas e de programas de rádio e de televisão.

O legislador estatutário, ao regulamentar a matéria, praticamente repete o texto dos dispositivos constitucionais acima mencionados (arts. 74 e 75).

No *caput* do art. 74 dispõe o ECA, em consonância com o § 3º do art. 220 da CF, que caberá ao Poder Público, por meio de órgão competente, regulamentar as diversões e espetáculos públicos, informando sobre a natureza deles, as faixas etárias a que não se recomendem, locais e horário em que sua apresentação se mostre inadequada.

Na mesma linha preventiva da Constituição Federal de 1988, o Código de Defesa do Consumidor (Lei n. 8.078/90) tipificou como abusiva a publicidade que tem por fim aproveitar o pouco discernimento da criança e do adolescente para compreensão da informação veiculada pelos meios de comunicação:

> Art. 37. É proibida toda publicidade enganosa ou abusiva.
>
> [...]

PARTE I – O DIREITO MATERIAL SOB O ENFOQUE CONSTITUCIONAL

§ 2º É abusiva, dentre outras a publicidade discriminatória de qualquer natureza, a que incite à violência, explore o medo ou a superstição, se aproveite da deficiência de julgamento e experiência da criança, desrespeita valores ambientais, ou que seja capaz de induzir o consumidor a se comportar de forma prejudicial ou perigosa à sua saúde ou segurança.

Na doutrina de Antonio Jorge Pereira Júnior[5], colhe-se o significado do abuso na publicidade:

O que se deduz do art. 37, § 2º? Entre outras coisas, se vedam estímulos a condutas contrárias aos valores éticos e sociais da pessoa e da família, e a manipulação da vulnerabilidade da criança e do adolescente. Ou seja, há sob tal preceito, o dever de garantir o direito à formação integral em face da publicidade, reconhecendo-se sua força persuasiva. [...] Na perspectiva do direito do consumidor, como ora se concebe, há responsabilidade dos meios de comunicação social pela exposição de publicidade e também pelo conteúdo dos programas de TV que geram danos imateriais. [...] Publicidade e programas de TV podem danificar a personalidade, no sentido psíquico, moral e, indiretamente, pelo forte estímulo a hábitos deletérios para a saúde, causar danos físicos. Maior a gravidade quando o consumidor está na "condição peculiar de pessoa em desenvolvimento" (ECA, art. 71).

Ainda nesta linha, o Conanda publicou a Resolução n. 163 em 13 de março de 2014, na qual dispôs acerca da abusividade no direcionamento de publicidade e de comunicação mercadológica à criança e ao adolescente, estabelecendo no art. 2º os aspectos considerados abusivos:

Art. 2º Considera-se abusiva, em razão da política nacional de atendimento da criança e do adolescente, a prática do direcionamento de publicidade e de comunicação mercadológica à criança, com a intenção de persuadi-la para o consumo de qualquer produto ou serviço e utilizando-se, dentre outros, dos seguintes aspectos:

I – linguagem infantil, efeitos especiais e excesso de cores;

II – trilhas sonoras de músicas infantis ou cantadas por vozes de criança;

III – representação de criança;

IV – pessoas ou celebridades com apelo ao público infantil;

V – personagens ou apresentadores infantis;

VI – desenho animado ou de animação;

VII – bonecos ou similares;

VIII – promoção com distribuição de prêmios ou de brindes colecionáveis ou com apelos ao público infantil; e

IX – promoção com competições ou jogos com apelo ao público infantil.

---

5   PEREIRA JÚNIOR, Antônio Jorge. *Direitos da Criança e do adolescente em face da TV.* São Paulo: Saraiva, 2011, p. 294-296.

§ 1º O disposto no *caput* se aplica à publicidade e à comunicação mercadológica realizada, dentre outros meios e lugares, em eventos, espaços públicos, páginas de internet, canais televisivos, em qualquer horário, por meio de qualquer suporte ou mídia, seja de produtos ou serviços relacionados à infância ou relacionados ao público adolescente e adulto.

§ 2º Considera-se abusiva a publicidade e comunicação mercadológica no interior de creches e das instituições escolares da educação infantil e fundamental, inclusive em seus uniformes escolares ou materiais didáticos.

Por outro ângulo, a classificação indicativa foi tratada através da Lei n. 10.359, de 27 de dezembro de 2001, que somente entrou em vigor em 30 de junho de 2004, por meio da redação dada pela Lei n. 10.672/2003.

A referida lei tratou de duas situações distintas, pois, além de prever a necessidade da prévia classificação indicativa a ser estabelecida pelo Poder Executivo (art. 3º), ainda, determina que os aparelhos de televisão produzidos no território nacional deverão dispor, obrigatoriamente, de dispositivo eletrônico que permita ao usuário bloquear a recepção de programas transmitidos pelas emissoras, concessionárias e permissionárias de serviços de televisão, inclusive por assinatura e a cabo (art. 1º).

O recurso de controle tecnológico previsto naquela lei é feito por meio do *software V-chip*, abreviatura de *violence-chip,* que visa ao bloqueio da recepção de programas de televisão. Com tal dispositivo, os pais poderão selecionar o que seus filhos assistirão na TV, evitando programas considerados impróprios ou com excessiva carga de violência.

Esta é, sem dúvida, uma forma eficaz de controle da programação televisiva, inclusive já adotada, com êxito, em outros países, auxiliando a família quanto ao acesso de informações aos meios de comunicação, a ser permitido aos filhos submetidos ao poder familiar.

Regulamentando a Lei n. 10.359/2001, a Lei n. 12.485/2011 e o próprio ECA, foi editada a Portaria n. 368, de 11 de fevereiro de 2014, pelo Ministério da Justiça, relativa ao processo de classificação indicativa que passou a integrar o *sistema de garantias dos direitos da criança e do adolescente.*

Qual a proposta desta Portaria? Dispor acerca da natureza e o objetivo da classificação indicativa. O objetivo é promover, defender e garantir o acesso a espetáculos e diversões públicas adequados à condição peculiar de seu desenvolvimento (art. 6º). Ela possui natureza pedagógica e informativa, de modo a dar condições à família ou a qualquer pessoa que represente um incapaz de analisar e optar pelo acesso às diversões e espetáculos públicos adequados à formação daquele, sejam eles filhos, tutelados e curatelados (art. 7º).

De modo inédito, o Ministério da Justiça, através deste ato, definiu três situações sujeitas à classificação indicativa (art. 3º): "I – obras audiovisuais destinadas à televisão e aos mercados de cinema e vídeo doméstico; II – jogos eletrônicos e aplicativos; e III – jogos de interpretação de personagens".

PARTE I – O DIREITO MATERIAL SOB O ENFOQUE CONSTITUCIONAL

A seguir, a Portaria dispensa de classificação indicativa as exibições ou apresentações ao vivo, abertas ao público, tais como as circenses, teatrais e shows musicais; competições esportivas; programas e propagandas eleitorais; propagandas e publicidades em geral e programas jornalísticos (art. 4º).

Os meios do exercício do controle da classificação indicativa pelos titulares do poder familiar estão contidos no parágrafo único do art. 7º, através de bloqueio de acesso a programas ou canais de televisão, quando aplicável; bloqueio de acesso a jogos eletrônicos e aplicativos, quando aplicável e autorização de acesso a diversões e espetáculos públicos, seja por meio do ingresso a salas de cinema, compra ou aluguel de vídeos e de jogos para uso doméstico, ainda que a classificação indique faixa etária superior à da criança ou do adolescente.

Para tanto, os responsáveis pelas diversões e espetáculos públicos deverão afixar em lugar visível e de fácil acesso, à entrada do local de exibição, informação destacada sobre a natureza do espetáculo e a faixa etária especificada no certificado de classificação obtido junto ao órgão competente (parágrafo único do art. 74 do ECA), podendo tipificar infração administrativa prevista no art. 252 do ECA.

Por seu turno, o art. 75 do ECA impede o acesso de qualquer criança ou adolescente às diversões e aos espetáculos públicos considerados inadequados. Contudo, como vimos acima, esta norma hodiernamente deve ser entendida em cotejo com o moderno conceito de poder familiar, no caso em tela, consistindo no direito/dever dos pais de garantir o lazer dos filhos (art. 227 da CF/88 c/c art. 4º do ECA) e, ao mesmo tempo, estabelecer limites ao seu acesso, respeitando a formação física e psicológica da prole (art. 17 do ECA). Esta autonomia dos genitores, entretanto, não é ilimitada, tanto assim que estão sujeitos à aplicação das medidas dos arts. 129 e 249 do ECA, além de outras sanções em sede criminal.

Quanto à restrição contida no parágrafo único do art. 75, no sentido de que as crianças menores de 10 anos somente poderão ingressar e permanecer nos locais de apresentação ou exibição quando acompanhadas dos pais ou responsável, entendemos que andou bem a lei na medida em que, nesta faixa etária, abaixo dos 10 anos, a criança ainda não possui amadurecimento suficiente para estar sozinho em espaços públicos.

Contudo, a criança entre 10 e 12 anos passa a apresentar uma natural transformação do próprio corpo, que implica uma maturidade psíquica para compreender melhor as situações ao seu redor. Esta fase é entendida como pré-adolescência ou puberdade. Esta a razão do legislador ter dispensado a companhia dos pais ou responsáveis em eventos.

Em sentido contrário, tem-se o argumento de Guilherme Nucci[6] pelo qual o critério eleito pela lei não é o mais adequado, pois todos os menores de 12 anos são

---

6   NUCCI, Guilherme de Souza. *Estatuto da Criança e do Adolescente comentado*. 5. ed. rev., atual. e reform. Rio de Janeiro: Forense, 2021, p. 285.

424 CURSO DE DIREITO DA CRIANÇA E DO ADOLESCENTE

crianças e, por conseguinte, "seria mais lógico estabelecer a liberdade de andar só, nesses lugares, para maiores de 12 anos".

2.2. Acesso aos programas de rádio e televisão

2.2.1. Entrada e permanência

A Lei n. 8.069/90, ao estabelecer regras com o fim de regulamentar a entrada e a permanência de crianças e adolescentes nos estúdios de rádio e de televisão, objetivou, tão somente, preceituar o acesso fora do âmbito familiar, ou seja, em locais públicos.

Com efeito, dentro do lar, esta função é delegada aos pais, dentro do poder familiar que exercem, pois se presume que terão por parâmetro o que é melhor para o filho, no que diz respeito à informação, cultura, lazer, esportes, diversões, espetáculos, produtos e serviços.

2.2.2. Participação em espetáculos públicos

Preliminarmente, cumpre esclarecer que o termo "espetáculo público" utilizado pelo legislador do ECA é uma expressão ampla, na medida em que nela não incidem apenas aqueles eventos onde o público em geral tenha acesso no momento da sua realização, tais como ocorre nas peças teatrais, nos espetáculos circenses, nos *shows* musicais ou em *ballets*.

O termo abrange, também, os programas de rádio e de televisão previamente ensaiados e gravados, antes da transmissão ao público. Cumpre ressaltar que o simples fato de o programa não ter ido ao ar não retira a natureza pública de espetáculo. É pacífico o entendimento de que os programas televisivos têm natureza de espetáculo público.

No entanto, não devemos confundir a presença da criança e do adolescente em espetáculos públicos ou seus ensaios na qualidade de mero espectador ou de participante.

A distinção faz-se necessária porque, na primeira hipótese (criança espectadora), não haverá a necessidade do pedido de expedição de alvará judicial, quando acompanhada pelos pais ou responsáveis, ao passo que, quando se tratar de criança ou adolescente participante, independentemente ou não da presença de seus pais no estúdio, será imprescindível a autorização judicial por meio de alvará. A existência de portaria disciplinando a participação de criança e de adolescente em espetáculos públicos não elidirá a expedição do referido alvará. Ademais, portaria que dispensa a expedição de alvará fere os preceitos do Estatuto[7].

---

7   A autorização dos pais para a participação do filho em programa não isenta a emissora do pedido de autorização judicial por cuidar de hipótese de menor participante e não

PARTE I – O DIREITO MATERIAL SOB O ENFOQUE CONSTITUCIONAL

Vale dizer que o termo "participação" abrange também a situação da criança e do adolescente na condição de figurantes do espetáculo e, portanto, necessitam aqueles, igualmente, de alvará judicial.

Ainda sobre este assunto, vale destacar a questão da relação profissional do menor de 18 anos com o produtor do espetáculo público. Tratando-se de adolescente acima de 16 anos, a norma estatutária e constitucional é clara ao permitir a formação de um contrato de trabalho, dentro dos parâmetros da Consolidação das Leis do Trabalho, circunscrita ao capítulo referente ao trabalho do menor (arts. 402 a 441).

A matéria atinente ao trabalho do menor de idade foi remetida na lei trabalhista ao juiz da infância e juventude quando se tratar da situação de atividades a serem desempenhadas em logradouros, praças e ruas, cabendo ao magistrado verificar se a ocupação é indispensável à sua própria subsistência ou à de seus pais, avós ou irmãos, e se dessa ocupação não poderá advir prejuízo à sua formação moral (art. 405, § 2º, da CLT).

A lei trabalhista ainda considerou prejudiciais à formação do pequeno trabalhador, quando a atividade for prestada em: a) teatros de revista, cinemas, boates, cassinos, cabarés, *dancings* e estabelecimentos análogos; b) empresas circenses, em funções de acrobata, saltimbanco, ginasta e outras semelhantes; c) produção, composição, entrega ou venda de escritos, impressos, cartazes, desenhos, gravuras, pinturas, emblemas, imagens e quaisquer outros objetos que possam, a juízo da autoridade competente, prejudicar sua formação moral; d) consistente na venda, a varejo, de bebidas alcoólicas (art. 405, § 3º). Excepcionou, entretanto, a referida lei a possibilidade de autorização judicial nas hipóteses previstas nas alíneas *a* e *b* do referido artigo, desde que a representação tenha fim educativo ou a peça de que participe não seja prejudicial à sua formação moral e desde que se certifique ser a ocupação do menor indispensável à própria subsistência ou à de seus pais, avós ou irmãos e não advir nenhum prejuízo à sua formação moral (art. 406).

No entanto, aos adolescentes entre 14 e 16 anos também são assegurados os direitos trabalhistas e previdenciários, na condição de aprendizes (art. 65 do ECA; art. 403 da CLT, com as alterações decorrentes da Lei n. 10.097, de 19-12-2000).

O problema surge em relação à participação dos menores de 14 anos em espetáculos, na medida em que a Constituição Federal, em seu art. 7º, XXXIII, proíbe qualquer trabalho por eles exercido, salvo na condição de aprendiz (Redação dada pela Emenda Constitucional n. 20, de 1998).

Observe-se que o legislador constituinte não teve por objetivo proibir as atividades do menor de 14 anos no âmbito doméstico ou nas atividades artísticas even-

---

de espectador. A ausência do alvará implicará o descumprimento do disposto no art. 149, II, *a*, do ECA, passível de incidir na infração capitulada no art. 258 do ECA.

tuais, nas quais se retratem cenas do cotidiano de um contexto familiar ou outro, ainda que haja a necessidade de evidenciar o dia a dia infantojuvenil.

Essa conclusão advém da exegese do direito positivo vigente, que permite aos pais exigir dos filhos serviços próprios de sua idade e condição (art. 1.634, VII, do CC) e, também, da Lei n. 9.394/96 (Lei de Diretrizes e Bases), que autoriza a fixar o início do ano letivo de forma a não prejudicar certas atividades rurais, onde há participação do filho menor de idade, junto aos pais, bem como permite a inclusão de grades curriculares ligadas a essas atividades.

Deve ser ressaltado, por oportuno, que a Organização Internacional do Trabalho expediu a Convenção n. 138 e a Recomendação n. 146, ratificadas pelo Brasil em 2002, pelo Decreto n. 4.134 quanto ao tema em tela. Por estes documentos internacionais, pode-se observar a utilização da terminologia "trabalho" e "emprego", mas limitados à idade de 14 anos, com algumas exceções:

> Artigo 7º
> 1. As leis ou regulamentos nacionais poderão permitir o emprego ou trabalho a pessoas entre *treze e quinze anos* em serviços leves que:
> a) não prejudiquem sua saúde ou desenvolvimento, e
> b) não prejudiquem sua frequência escolar, sua participação em programas de orientação vocacional ou de treinamento aprovados pela autoridade competente ou sua capacidade de se beneficiar da instrução recebida.
> [...]
> Artigo 8º
> 1. A autoridade competente, após consulta às organizações de empregadores e de trabalhadores concernentes, se as houver, poderá, mediante licenças concedidas em casos individuais, permitir exceções para a proibição de emprego ou trabalho provida no Artigo 2º desta Convenção, *para finalidades como a participação em representações artísticas.*

Nesta esteira, foi editado o Plano Nacional de Prevenção e Erradicação do Trabalho Infantil e Proteção ao Adolescente Trabalhador[8] que traçou a definição de trabalho infantil.

> O termo "trabalho infantil" refere-se, neste Plano, às atividades econômicas e/ou atividades de sobrevivência, com ou sem finalidade de lucro, remuneradas ou não, realizadas por crianças ou adolescentes em idade inferior a 16 (dezesseis) anos, ressalvada a condição de aprendiz a partir dos 14 (quatorze) anos, independentemente da sua condição ocupacional. Para efeitos de proteção ao adolescente trabalhador será considerado todo trabalho desempenhado por pessoa com idade

---

8   Plano Nacional de Prevenção e Erradicação do Trabalho Infantil e Proteção do Adolescente Trabalhador/Comissão Nacional de Erradicação do Trabalho Infantil. 2. ed. Brasília: Ministério do Trabalho e Emprego, 2011.

PARTE I – O DIREITO MATERIAL SOB O ENFOQUE CONSTITUCIONAL

entre 16 e 18 anos e, na condição de aprendiz, de 14 a 18 anos, conforme definido pela Emenda Constitucional n. 20, de 15 de dezembro de 1998.

Bem se nota, portanto, que em que pese a participação de crianças e adolescentes em atividades laborativas artísticas ser uma exceção por força da ratificação da Convenção n. 138 pelo Brasil, na prática, se tem uma tolerância por parte da sociedade brasileira de permitir a participação de pessoas menores de 14 anos nestes trabalhos, embora a maioria da doutrina se apresente contrária à postura mais liberal:

> A aceitação social em relação a esta prática é determinante. A mídia, por sua vez, reforça o estereótipo do lúdico e do pedagógico e explora, sistematicamente, o trabalho de crianças e adolescentes, auferindo benefícios econômicos decorrentes da comercialização de produtos, venda de espaços para publicidade e exploração da imagem e da infância dos pequenos trabalhadores. Porém, nem tudo é glamour e brincadeira. O trabalho infantil nos meios de comunicação apresenta consequências graves decorrentes da exposição precoce e do sucesso midiático, da extensa jornada e das condições de trabalho, da privação do convívio familiar, com colegas e amigos da mesma faixa etária, o que impõe uma série de limitações à infância e à adolescência[9].

De fato, o trabalho precoce pode ceifar uma fase da vida de uma pessoa em formação, além de lhe incutir uma expectativa de sucesso e ganho financeiro fácil que, nem sempre, se protrai ao longo da vida, propiciando pessoas frustradas e despreparadas para o mercado de trabalho, uma vez que os estudos passam a ser secundários.

Portanto, pode-se concluir que, por não estar revestida de caráter educativo ou pedagógico, o trabalho desenvolvido por crianças e adolescentes menores de 14 anos nos meios de comunicação tem a característica de atividade meramente econômica e, portanto, deve ser vedada, a princípio.

Entretanto, o ECA possibilitou a participação eventual de crianças e de adolescentes em espetáculos públicos, o que abrange as atividades artísticas, mediante a expedição de alvará específico deferido pelo Poder Judiciário para aquela determinada atuação, seja como participante, seja como figurante. Vale dizer, o alvará do Juiz da Infância determinará a forma, horário e condições desta participação, observando-se as regras contidas no § 1º do art. 149 do ECA.

Dessa forma, a solução a ser conferida à questão do trabalho infantojuvenil nos meios de comunicação, dar-se-á mediante autorização judicial que permitirá à criança ou ao adolescente atuar na condição de participante do espetáculo, desde que se observe que a atividade a ser desenvolvida não se afaste das regras impostas

---

9 CUSTÓDIO, André Viana; REIS, Suzéte da Silva. Trabalho infantil nos meios de comunicação: do conceito ao marco legal. In: VERONESE, Josiane Rose Petry; ROSSATO, Luciano Alves; LÉPORE, Paulo Eduardo (coord.). *Estatuto da Criança e do Adolescente:* 25 anos de desafios e conquistas. São Paulo, Saraiva, 2015, p. 198-199.

pela Convenção n. 138, das normas Constitucionais e das Estatutárias infantojuvenis. Em outras palavras, o juiz da infância ao examinar o pedido de participação em espetáculo deve atentar à finalidade desta, verificando se trará benefícios educacionais e pedagógicos ao participante.

Por evidente, infantes e crianças de tenra idade não possuem discernimento acerca de sua participação. Logo, a princípio, deve ser vedada a sua autorização, somente admitida em casos excepcionais, condicionada, na expedição do alvará, à natureza do espetáculo e, por óbvio, este não conter cenas de violência, sexo, drogas, atividades ilícitas ou contrárias à moral e aos bons costumes, além de condicionar, ainda, a participação à presença dos pais nos ensaios e gravações.

Na hipótese de participação de infantes e jovens até 18 anos como modelos publicitários, o Código Brasileiro de Autorregulamentação Publicitária[10], em seu art. 37, § 1º, prescreve, também, algumas limitações no seguinte sentido:

> Crianças e adolescentes não deverão figurar como modelos publicitários em anúncio que promova o consumo de quaisquer bens e serviços incompatíveis com sua condição, tais como armas de fogo, bebidas alcoólicas, cigarros, fogos de artifício e loterias, e todos os demais igualmente afetados por restrição legal.

Não se pode deixar de mencionar, ainda, a Lei n. 9.294/96 que, ao dispor sobre restrições ao uso e à propaganda de produtos fumígeros, bebidas alcoólicas, medicamentos, terapias e defensivos agrícolas, nos termos do § 4º do art. 220 da Constituição Federal, proibiu a propaganda de tais produtos com a participação de crianças e adolescentes (art. 3º, § 1º, VI, com a redação da Lei n. 10.167/2000).

No tocante ao contrato de trabalho a ser firmado em decorrência de participação de menores de 16 anos, este se limitará aos pais e à emissora de rádio ou de televisão, ou ainda entre os pais e as respectivas agências especializadas nesta área, dependendo do número de participações que configurem uma prestação de atividade laboral continuada.

Em que pese à disciplina antes mencionada constar da Consolidação das Leis do Trabalho, não existe no ordenamento jurídico lei específica acerca do trabalho infantil junto às empresas de comunicação e de espetáculos públicos, ou seja, que trate especificamente do trabalho artístico infantojuvenil. A regulamentação dessa matéria deve ser enfrentada com seriedade e urgência pelo Poder Legislativo, a fim de evitar possíveis abusos dos contratantes, tais como a sujeição de crianças e de adolescentes aos ensaios e às atuações em horários inadequados, com carga horária elevada ou em prejuízo aos seus estudos ou à vida familiar.

---

10 Apesar deste documento de 1980 publicado pelo CONAR – Conselho Nacional de Autorregulamentação Publicitária – não ter força de lei, é utilizado como diretriz aos meios de publicidade.

PARTE I – O DIREITO MATERIAL SOB O ENFOQUE CONSTITUCIONAL

Na ausência da lei, os pais (como titulares do poder familiar), com a colaboração da Justiça da Infância e do Ministério Público, devem fiscalizar se a atividade exercida pelos infantes está respeitando a condição peculiar de pessoa em desenvolvimento e seus direitos fundamentais, em que pese o Brasil, como antes assinalado, ser signatário da Convenção n. 138 da Organização Internacional do Trabalho[11], que preceitua, no art. 8º, I, que o trabalho artístico infantil se submeta a condições especiais e protetivas do trabalho.

No que tange à competência para tratar da situação em comento, tramitam no Congresso Nacional vários Projetos de Lei. O mais antigo, PL n. 3.974, de 2012, da autoria do Deputado Manoel Júnior, pretende alterar o art. 406 da CLT para substituir a competência do então "Juiz de Menores" de autorizar o trabalho do adolescente nas atividades a que se referem as letras *a* e *b* do § 3º do art. 405 para o Juiz do Trabalho, desde que a representação tenha fim educativo ou a peça de que participe não possa ser prejudicial à sua formação moral. Essa proposta tem por objetivo proteger o efetivo trabalho do adolescente sob o olhar da legislação trabalhista.

O segundo Projeto – n. 4.968, de 2013 –, da autoria do Deputado Jean Wyllys, apensado ao primeiro, por sua vez, pretende alterar o art. 60 do ECA, revogando o parágrafo único do art. 402, os §§ 2º e 4º do art. 405 e o art. 406 da CLT. Trazendo a matéria somente para o âmbito do Estatuto infantojuvenil, o Projeto no primeiro momento adequou a redação do art. 60 aos moldes do inciso XXXIII do art. 7º da Constituição Federal, ao dispor que é proibido qualquer trabalho aos menores de 16 anos de idade, salvo na condição de aprendiz a partir de 14 anos.

Ademais, o Projeto, ao excluir a matéria do trabalho artístico infantojuvenil da Consolidação das Leis do Trabalho, a regulamentou detalhadamente em parágrafos acrescidos ao art. 60. No § 1º, excepcionou a possibilidade de autorização judicial de trabalho de pessoas menores de 14 anos somente à hipótese de participação em representações artísticas. Nos §§ 3º, 4º e 5º estabeleceu os princípios a serem observados na concessão do respectivo alvará, inclusive a previsão de revogá-lo em caso de infrequência escolar. Essas regras, além de caráter protetivo, são oportunas na medida em que orientam a autoridade competente por ocasião da análise do pedido de autorização para o trabalho artístico.

No § 2º do art. 60, entretanto, o referido Projeto peca ao transferir a competência para expedição de alvará, nas circunstâncias acima, ao Juiz do Trabalho, tendo em vista que essa Justiça, nos moldes do art. 114 da CF, é talhada para julgar somente ações decorrentes de relações de trabalho, diversamente da Justiça da Infância e Juventude, que possui nítida missão de proteger integralmente as pessoas em processo de formação.

---

11 Esta Convenção foi recepcionada pelo Decreto Legislativo n. 179, de 1999, e pelo Decreto Presidencial n. 4.134, de 15 de fevereiro de 2002.

Nessa mesma esteira, encontram-se apensados ao mais antigo os PLs n. 8.288/2014[12], 3.629/2015[13], 3.867/2015[14], 4.635/2016[15], 5.197/2016[16] e 5.338/2019[17].

Da análise das proposições acima, verifica-se que têm como ponto comum a proteção das atividades de trabalho de crianças e adolescentes sob o olhar de justiças estanques, embora a Doutrina da Proteção Integral clame pela participação da sociedade, da família e do poder público como um todo, de forma a garantir os direitos fundamentais infantojuvenis. A proteção, portanto, deve ser una, no sentido de conjugação de todos, em especial do Poder Judiciário em todas as suas esferas e níveis de competência.

Em outras palavras, o princípio da cooperação esculpido no art. 227 da CF somente repercutirá em prol de crianças e jovens, no que tange ao trabalho artístico, se houver a participação das duas justiças especializadas, ou seja, mantendo-se a competência da Justiça da infância para a concessão do alvará, tendo por base a Doutrina da Proteção Integral e conferindo-se à justiça trabalhista a análise de eventuais situações de trabalho decorrentes daquela autorização para trabalho artístico.

Esta posição tem por premissa a competência estabelecida no ECA para a Justiça da infância conceder alvarás para a participação de crianças e de adolescentes em atividades artísticas que, em sua grande maioria, limitam-se a uma única apresentação, sem relação de vínculos empregatícios. Quando se tratar de trabalho artístico de natureza continuada, como ocorre na hipótese de novelas, filmes ou peças de teatro, o superior interesse da criança ou adolescente somente se fará respeitado se, uma vez concedida a autorização pelo juiz da infância, esta seja imediatamente comunicada ao Ministério Público do Trabalho para fiscalização da possível formalização de eventual relação de trabalho na atividade desempenhada pelo menor de idade e adotar as medidas judiciais cabíveis no âmbito da Justiça do Trabalho.

---

12 Altera os arts. 404, 405, 406 e 429 da Consolidação das Leis do Trabalho, e o art. 149 da Lei n. 8.069, de 13 de junho de 1990, para dispor sobre o trabalho de crianças e adolescentes, inclusive o exercício de representações artísticas.

13 Altera a redação do art. 60 da Lei n. 8.069, de 13 de julho de 1990, que dispõe sobre o Estatuto da Criança e do Adolescente e dá outras providências, para proibir qualquer trabalho a menores de 16 anos de idade, salvo na condição de aprendiz.

14 Altera o art. 60 da Lei n. 8.069, de 13 de julho de 1990, revoga artigos da Consolidação das Leis do Trabalho e dá outras disposições protetivas dos direitos das crianças e dos adolescentes.

15 Proíbe o trabalho noturno, perigoso ou insalubre a menores de 18 anos e de qualquer trabalho a menores de 16 anos, salvo na condição de aprendiz a partir de 14 anos.

16 Altera os arts. 404, 405, 406 e 429 da Consolidação das Leis do Trabalho, e o art. 149 da Lei n. 8.069, de 13 de junho de 1990, para dispor sobre o trabalho de crianças e adolescentes, inclusive o exercício de representações artísticas.

17 Altera o dispositivo 402 da Consolidação das Leis do Trabalho – CLT, aprovada pelo Decreto-lei n. 5.452, de 1º de maio de 1943, que trata do trabalho em oficinas familiares.

PARTE I – O DIREITO MATERIAL SOB O ENFOQUE CONSTITUCIONAL

Neste exato sentido, caminha a posição de Emerson Garcia[18]:

> Apesar de a autorização para o trabalho não se confundir com a relação de trabalho, é evidente que não ocupam compartimentos estanques e incomunicáveis. Afinal, a autorização há de ser concedida com os olhos voltados à essência da relação de trabalho que será formada. Nessa linha de raciocínio, não se pode negar que, da mesma maneira que a relação de trabalho interessa ao Juízo da Infância e da Juventude, à Justiça do Trabalho interessa o sopro anímico de sua atuação, que nada mais é que a autorização permissiva do surgimento da relação de trabalho. Embora a autorização tangencie matérias afetas a dois ramos distintos do Poder Judiciário, ela é quase que integralmente absorvida pela área de atuação do Juízo da Infância e da Juventude, remanescendo, para a Justiça do Trabalho, os interesses decorrentes de uma relação de trabalho que, repita-se, sequer pode vir a surgir.

A questão da competência para apreciar o trabalho infantojuvenil, como observado, tem sido alvo de discussões acirradas em diversas instâncias da sociedade, sendo objeto da Ação Declaratória de Inconstitucionalidade n. 5326, promovida pela Associação Brasileira de Emissoras de Rádio e Televisão (ABERT), na qual se questiona as Recomendações Conjuntas 01/2014-SP e 01/2014-MT, bem como o Ato GP 19/2013 e o Provimento GP/CR 07/2014 por atribuírem competência à Justiça do Trabalho para processar e julgar "causas que tenham como fulcro a autorização para trabalho de crianças e adolescentes, inclusive artístico", em detrimento da Justiça da infância e da juventude.

O pedido fundamenta-se no disposto no art. 114 da Constituição Federal, por não conferir a competência à Justiça do Trabalho para conhecer pedidos de autorização de participação de crianças e adolescentes em representações artísticas[19].

---

18 GARCIA, Emerson. Trabalho de crianças e adolescentes e participação em espetáculos públicos: reflexões sobre o Juízo competente para autorizá-los. In: SOUZA, Alexander Araujo e outros. *Direito em debate*: da teoria à prática. Rio de Janeiro: AMPERJ-CONAMP, 2015, p. 76.

19 Até o fechamento da 16ª edição desta obra, a ADI ainda não havia sido julgada, sendo o Relator atual o Ministro André Mendonça. O então Relator Ministro Marco Aurélio Mello, acompanhado pelo Ministro Luiz Edson Fachin, deferiu a liminar para suspender, até o exame definitivo da ADI, a eficácia da expressão "inclusive artístico", constante do inciso II da Recomendação Conjunta n. 1/14-SP, e do art. 1º, II, da Recomendação Conjunta n. 1/14-MT, e para afastar a atribuição, definida no Ato GP n. 19/2013 e no Provimento GP/CR n. 7/2014, quanto à apreciação de pedidos de alvará visando à participação de crianças e adolescentes em representações artísticas e à criação do Juizado Especial na Justiça do Trabalho. Em suma, a tendência desse julgamento é a de manter na Justiça Comum a competência para analisar os pedidos de autorização. "PROCESSO OBJETIVO – CONTROLE DE CONSTITUCIONALIDADE – LIMINAR – CONCESSÃO. Surgindo a plausibilidade jurídica da pretensão e o risco de manter-se com plena eficácia o quadro normativo impugnado, impõe-se o implemento de medida acauteladora, suspendendo-o. COMPETÊNCIA JURISDICIONAL – FIXAÇÃO –

O questionamento se mostra muito pertinente, na medida em que ao transferir a competência para a Justiça do Trabalho para analisar a participação de infantes e jovens em atividades artísticas, estar-se-ia admitindo que estas atuações constituem-se um trabalho (e não uma mera participação), caminhando contrariamente à Emenda Constitucional n. 20 que proíbe expressamente o trabalho desenvolvido por pessoa menor de 16 anos, salvo na condição de aprendiz, a partir dos 14 anos.

No âmbito jurisprudencial, verifica-se que o Superior Tribunal de Justiça há muito não aprecia a questão da competência para o trabalho infantojuvenil, bem como sua participação em espetáculos, remanescendo apenas poucas decisões sobre o tema, atribuindo-a à Justiça da Infância e Juventude.

2.3. Exibição de programas pelas emissoras de rádio e de televisão

Embora os pais, no exercício do poder familiar, devam orientar seus filhos quanto aos programas inadequados à sua faixa etária, o aviso de classificação é *obrigatório*, para que se faça a respectiva seleção do que é permitido para cada idade, até porque os genitores, no atual contexto de vida de uma cidade grande, não estão em tempo integral em suas residências para efetuar tal controle (parágrafo único do art. 76 do ECA).

Inúmeras são as manifestações na área de psicologia infantil que apontam o excesso de violência e cenas de sexo na televisão como fatores influenciadores para a agressividade, desvio e abusos sexuais na infância e na juventude.

As crianças e os adolescentes, como pessoas em desenvolvimento, não podem conceber a violência como algo banal nem tampouco despertar a sexualidade prematuramente à idade que despertariam naturalmente. Os programas destinados ao público infantojuvenil e demais direcionados à população em geral devem não só ser educativos, como também respeitar os valores éticos e sociais da pessoa e da família.

Neste sentido, o art. 76 do ECA preceitua que as emissoras de rádio e de televisão somente exibirão, no horário recomendado para o público infantojuvenil,

---

ÓRGÃOS JUDICIAIS – CRIAÇÃO – LEGALIDADE ESTRITA. Considerado o princípio da legalidade estrita, a instituição, mediante atos infralegais, de preceitos a versarem a fixação de competência jurisdicional e a criação de órgãos judiciais é incompatível, sob o ângulo formal, com a Constituição Federal. COMPETÊNCIA – JURISDIÇÃO VOLUNTÁRIA – CRIANÇAS E ADOLESCENTES – EVENTOS ARTÍSTICOS – PARTICIPAÇÃO – AUTORIZAÇÃO. Ausente controvérsia a envolver relação de trabalho, compete ao Juízo da Infância e da Juventude, inserido no âmbito da Justiça Comum, apreciar, no campo da jurisdição voluntária, pedido de autorização visando à participação de crianças e adolescentes em eventos de caráter artístico. deferir a medida cautelar na ação direta de inconstitucionalidade" (STF, ADI 5.326 MC, Tribunal Pleno, Rel. Min. Marco Aurélio Mello, j. 27-9-2018).

PARTE I – O DIREITO MATERIAL SOB O ENFOQUE CONSTITUCIONAL

programas com finalidades educativas, artísticas, culturais e informativas, sob o prisma da Constituição Federal, em seu art. 221.

Objetivando pôr fim às diversas controvérsias existentes acerca da classificação indicativa em relação às obras e aos programas audiovisuais destinados a televisão e congêneres, foi editada a Portaria n. 368, de 11 de fevereiro de 2014, pelo Ministério da Justiça, antes comentada no item 2.1.

Em razão da grande importância da matéria em apreço e da sua indiscutível repercussão no desenvolvimento intelectual e moral de crianças e de adolescentes, o Ministério Público, por meio das Promotorias de Justiça da infância e da juventude, tem, comumente, expedido recomendações às diversas emissoras de televisão, objetivando a inserção, em sua programação, das respectivas classificações (art. 201, § 5º, c) e também celebrando termos de ajustamento de conduta com o fito de cessarem os abusos cometidos pelas emissoras, sob pena de execução específica (art. 211).

Em caso de descumprimento das recomendações, a ação civil pública vem sendo o instrumento processual capaz de compelir as emissoras acerca do cumprimento da regra do parágrafo único do art. 76, que determina que nenhum espetáculo será apresentado ou anunciado sem o aviso de sua classificação, antes de sua transmissão, apresentação ou exibição.

Ainda acerca do controle dos abusos cometidos mediante os meios de comunicação, o ECA dispõe de uma série de instrumentos jurídicos, na esteira do recomendado no § 3º do art. 220 da CF/88.

Nesta linha, encontramos as ações cíveis destinadas à defesa dos direitos e interesses protegidos pela Constituição Federal ou pelo próprio Estatuto, consoante reza o parágrafo único do art. 208, destacando-se a ação civil pública tendo por pedido a condenação em dinheiro ou o cumprimento de obrigação de fazer ou não fazer (art. 224 do ECA e Lei n. 7.347/85)[20].

Tem-se ainda como forma de prevenção a propositura de ação mandamental, regida pelas normas da Lei do Mandado de Segurança (Lei n. 12.016/2009), contra atos ilegais ou abusivos de autoridade pública ou agente de pessoa jurídica no exercício de atribuições do Poder Público que lesem direito líquido e certo previsto no ECA (§ 2º do art. 212)[21].

---

20   "Ação civil pública – Liminar – Não veiculação do filme 'Calígula' e de seus trailers ou anúncios – Admissibilidade – Infração ao art. 227 da CF – Exibição do filme que é notoriamente imoral – Observância ao art. 213, § 1º, do ECA – Recurso parcialmente provido" (JTJ 153/155).

21   Esta é a posição de Eliseu F. da Mota Júnior em Infância e juventude os meios modernos de comunicação e os mecanismos de controle. Revista Justitia, São Paulo, 63 (196), out./dez. 2001, p. 146-157.

Podem ser punidos, por derradeiro, os abusos praticados pelas emissoras de rádio e de televisão por meio de procedimento destinado à imposição de penalidade pecuniária por infração às normas de proteção à criança e ao adolescente (arts. 194 a 197 do ECA), notadamente nas hipóteses das infrações administrativas previstas nos arts. 252 a 256 do mesmo diploma legal, podendo ocorrer a determinação da suspensão da programação da emissora até por 2 dias (art. 254) e da suspensão do espetáculo ou o fechamento do estabelecimento por até 15 dias (arts. 255 e 256)[22].

Em que pese o Estatuto da Criança e do Adolescente não ter previsto norma regulamentando o acesso da população infantojuvenil aos meios de comunicação através da internet, não podemos ignorar o crescente interesse e participação de pessoas menores de idade no mundo virtual, até mesmo com a finalidade educacional.

A omissão legislativa acerca do uso da Internet no Brasil foi regulamentada pela Lei n. 12.965, de 23 de abril de 2014, que estabeleceu princípios, garantias, direitos e deveres sobre o tema.

Quanto aos princípios enumerados na referida lei, há de se destacar a ressalva contida no parágrafo único do art. 3º no sentido de não excluir os demais princípios previstos em outras leis do ordenamento jurídico pátrio relacionados à matéria, além daqueles expressos em tratados internacionais em que a República Federativa do Brasil seja parte. Por evidente, os princípios devem ser aplicados de forma concomitante, sem que haja superposição entre eles, por exemplo, os princípios insculpidos no Estatuto da Criança e do Adolescente que sempre serão aplicados, notadamente aqueles que se referem à proteção da pessoa em formação ao acesso aos meios de comunicação (art. 4º, *caput*; incisos I, II, IV, V, IX, XI do parágrafo único do art. 100), de modo a evitar a sua exposição à situação vexatória e perigosa à integridade física e psíquica e participação com linguagem inapropriada e apologia à prática de crimes e de intolerância.

É cabível, assim, ação indenizatória por dano moral proposta por criança ou por adolescente em face de sistema de televisão por assinatura em casos de transmissão indevida de material impróprio à sua faixa etária.

No que tange, também, ao acesso de crianças e adolescentes à internet, a referida lei, ao utilizar a expressão "controle parental" no art. 29, leva-nos a concluir que aos pais foi destinada a opção de utilizarem programas de modo a limitar o uso indiscriminado deste meio de comunicação pelos filhos. Percebe-se, assim, que este marco regulatório civil da internet está na esteira do direito contemporâneo de devolver à família a direção exclusiva do poder familiar, nele incluso o dever de prevenir e fiscalizar o uso indevido da internet pelos usuários menores de idade.

---

22   Quanto às tipificações criminais das condutas relacionadas ao uso indevido da internet, remetemos ao capítulo "Dos crimes".

PARTE I – O DIREITO MATERIAL SOB O ENFOQUE CONSTITUCIONAL

Seguindo, ainda, a diretriz de política de atendimento contida no art. 88, VII, do ECA, que cuida da indispensabilidade da efetiva mobilização da opinião pública como fator determinante da efetividade da garantia dos direitos fundamentais infantojuvenis, a lei determinou de forma expressa ao Poder Público, em conjunto com os provedores de conexão e de aplicações de internet e a sociedade civil, promover a educação e fornecer informações sobre o uso dos programas de computador previstos no art. 29, bem como para a definição de boas práticas para a inclusão digital de crianças e adolescentes.

2.4. Venda e locação de fitas de programação em vídeo

Não obstante os filmes de vídeos e DVDs não se enquadrarem na categoria de diversões públicas, segundo as regras estatutárias, na medida em que o acesso ao seu conteúdo, na maioria das vezes, se dá em locais privados, o legislador, dentro de uma lógica sistemática, norteada pela Doutrina da Proteção Integral, preocupou-se com essas questões, agravadas que foram com a grande proliferação dos aparelhos de videocassete e de DVDs, uma vez que, por dificuldades financeiras ou até mesmo culturais, grande parte da população brasileira se vê impedida de ter acesso a eventos artísticos ou culturais públicos, fomentando, dessa forma, o uso excessivo desses meios de lazer. A conjugação desses fatores contribui para o risco da utilização indevida de vídeos e DVDs por crianças e adolescentes, seduzidos pela fantasia acerca das imagens e mensagens ali contidas.

Por conta disso, a divulgação de qualquer diversão mediante os meios audiovisuais foi regulamentada pela Portaria n. 1.100/2006 do Ministério da Justiça, a fim de evitar possíveis prejuízos irreparáveis na formação de crianças e de adolescentes.

Assim, visando à proteção de menores de idade em relação à exposição de produtos que pudessem influenciar negativamente na sua formação, tendo por fim ainda evitar a venda ou locação em desacordo com a classificação atribuída pelo órgão competente, o ECA, em seu art. 77, determinou que as fitas e programações em vídeo expostas à venda ou locação deverão exibir em seus invólucros informação sobre a natureza da obra e a faixa etária a que se destina. O desrespeito a esta norma implica a infração administrativa prevista no art. 256 do ECA, podendo ensejar, inclusive, a apreensão do material.

2.5. Revistas e publicações

O ECA, diversamente das legislações que o antecederam, criou restrições à comercialização de revistas e publicações reservadas para pessoas adultas e àquelas destinadas ao público infantojuvenil.

Na primeira hipótese, que está prevista no art. 78 do ECA, o legislador restringiu o comércio de revistas e publicações que contenham material impróprio ou inadequado às crianças e aos adolescentes, na medida em que determinou que estes impressos sejam vendidos em embalagem lacrada.

Algumas questões merecem ser examinadas detalhadamente à luz do preceito estatutário. Em primeiro lugar, a referida norma utiliza-se do termo "publicações" sem indicar a sua abrangência, o que leva o intérprete a concluir que não se restringe somente a livros, revistas e jornais, mas sim a qualquer tipo de impresso ou de qualquer material que contenha informações impressas, na forma escrita ou de imagem, como, por exemplo, cadernos e material escolar.

Por outro lado, o legislador, de forma sábia, refere-se, no citado artigo, a duas expressões muito vagas – "impróprio ou inadequado" – ao qualificar o material contido nas revistas e nas publicações. Assevere-se que as duas expressões possuem o mesmo significado, o que nos leva a crer que o legislador optou por ser enfático na disciplina deste assunto, de forma a impedir qualquer interpretação mais branda ou elástica, sem, contudo, engessar o seu sentido, permitindo ao intérprete chegar a uma definição com base na realidade de cada época.

A impropriedade ou inadequação do material pode se apresentar tanto por meio da forma escrita quanto por meio de imagens, inclusive obras fotográficas, desde que sejam capazes de transmitir mensagens com conteúdos fantasiosos, falsos, mentirosos, contrários à moral e aos bons costumes e, até mesmo, criminosos.

Ainda no parágrafo único do artigo em comento, o legislador determinou às editoras que as capas de suas publicações que contenham mensagens pornográficas ou obscenas sejam protegidas com embalagem opaca. Nesta linha, torna-se imperioso demonstrar a intenção do legislador ao utilizar-se dos conceitos de pornografia e obscenidade.

Com efeito, considera-se obsceno aquilo que fere o pudor do cidadão médio. Pudor, por sua vez, está relacionado à ideia de decência, honestidade, vergonha e seriedade. A pornografia, por seu lado, é definida como "obras, espetáculos, figuras, fotografias ou filmes obscenos ou libidinosos, explorando, de forma devassa, a sexualidade individual"[23].

Assim, por estarem ambos os termos relacionados, o legislador, mais uma vez, empregou a mesma técnica acima mencionada, com o propósito de enfatizar a ideia de não permitir o acesso de crianças e adolescentes ao material cujo conteúdo desperte sensações impróprias à fase de vida que estão atravessando.

No tocante às consequências decorrentes do acesso prematuro por parte de crianças e adolescentes a estes materiais impróprios, adverte Sílvia Maria S. Vilela[24], ao comentar o art. 78 do ECA, que: "quando a criança vê cenas sexuais, ao vivo ou

---

23 DE PLÁCIDO E SILVA. *Vocabulário Jurídico*. 28. ed. atual. por Nagib Slaibi Filho e Geraldo Magela Alves. Rio de Janeiro: Gen/Forense, 2010, p. 1054.

24 VILELA, Sílvia Maria S. Art. 78. In: VERONESE, Josiane Rose Petry; SILVEIRA, Mayra; CURY, Munir (coord.). *Estatuto da Criança e do Adolescente comentado*. Comentários jurídicos e sociais. 13. ed. rev. e atual. São Paulo: Malheiros, 2018, p. 523.

PARTE I – O DIREITO MATERIAL SOB O ENFOQUE CONSTITUCIONAL

através de foto é, portanto, violentada no seu tempo de amadurecimento sexual. Isto pode provocar sérias inibições à sua criatividade, uma vez que a ausência de crítica fará com que acredite que o que viu é o que deve ser [...] Poderá se erotizar precocemente, o que lhe traria muito desgaste psíquico [...]".

A influência negativa de publicação pornográfica é sutil e cumulativa, nem por isso inexistente. A criança é um ser em desenvolvimento e em formação. Os menores de idade expostos repetidamente a imagens com mensagens socialmente negativas tendem a querer imitar ou repetir os padrões de comportamento transmitidos. Dessa forma, a exposição repetida às imagens pornográficas e obscenas tende a estereotipar uma conduta erotizada a ser seguida, em que o indivíduo assume uma posição de degradação e objeto sexual.

Vale ressaltar, como já dito anteriormente, que material impróprio ou inadequado não se cinge à noção de pornografia ou de obscenidade. Pode abranger, igualmente, mensagens sutis ou explícitas de violência e desrespeito aos valores da família e da sociedade.

A novidade trazida pelo ECA, em relação a este tema, tem por fundamento dois argumentos de grande importância. Primeiramente, as crianças e os adolescentes, no mundo moderno e globalizado, têm tido acesso fácil ao material pornográfico na mídia impressa e na internet. Em segundo lugar, é de conhecimento de todos que as revistas são o segundo meio de comunicação preferido por menores de 18 anos, seguido da televisão.

Saliente-se que ao comercializar as referidas revistas é obrigação do editor verificar se estas estão devidamente embaladas com o lacre opaco e a advertência com relação ao seu conteúdo (art. 78, parágrafo único, ECA), sob pena de incidência na infração administrativa prevista no art. 257 do ECA.

Após tratar das publicações destinadas ao público em geral, o legislador preocupou-se em disciplinar o conteúdo de revistas e impressos destinados ao público infantojuvenil. A matéria está prevista no art. 79 do ECA, onde se proíbe a inserção naquele material de fotografias, legendas, crônicas, anúncios de bebidas alcoólicas, tabaco, armas e munições, acrescendo que tais publicações não poderão se afastar dos valores éticos e sociais da pessoa e da família.

Considerando a hipossuficiência da criança e do adolescente alvo das publicações, o legislador procurou resguardar o tipo de mensagem a ser apreendida por meio daquelas. Buscou-se incentivar a veiculação de imagens e mensagens que contribuíssem para um bom e adequado desenvolvimento desta população diferenciada.

Impende salientar que a comercialização e a exposição pública desse tipo de publicação podem vir a ferir, até mesmo, a dignidade do cidadão adulto, dependendo da forma como algumas mensagens são veiculadas, quanto mais no que toca aos seres em formação.

Tais normas refletem o preceito contido no art. 227 da Constituição Federal que assegura à criança e ao adolescente o direito ao respeito e proclama ser dever da família, da sociedade e do Estado colocá-lo a salvo de toda forma de negligência, discriminação, exploração, violência, crueldade e opressão.

O direito ao respeito consiste na inviolabilidade da integridade psíquica e moral das crianças e adolescente e abrange a preservação dos seus valores (arts. 4º e 17 do ECA).

É importante lembrar que a obrigação contida no parágrafo único do art. 78, destinada especialmente às editoras (para que comercializem suas revistas ou publicações, cujas capas contenham mensagens pornográficas ou obscenas, com embalagens lacradas, opacas e com advertência da impropriedade para menores de 18 anos), não interfere na forma e no conteúdo das publicações. Por conseguinte, este dever legal em nada prejudicará a livre comercialização do produto.

No âmbito do Município do Rio de Janeiro, cabe mencionar a Lei n. 3.425, de 22 de julho de 2002, que recomenda no § 2º do art. 2º a proibição de fixação, exposição e a comercialização de publicações pornográficas no exterior de bancas de jornais, assim consideradas pela legislação municipal, estadual e federal pertinente. O mesmo se aplica a todo tipo de publicidade das publicações pornográficas, como cartazes e banners. Esta mesma lei, ainda, determina no art. 2º, § 2º, I, que as publicações pornográficas só poderão ser comercializadas *no interior das bancas de jornais e deverão estar acondicionadas em embalagens plásticas opacas e lacradas.*

A posição jurisprudencial[25] se assenta no argumento de que a comercialização não se restringe ao editor que confecciona o material, mas também inclui aquele que o distribui e o vende diretamente (bancas de jornal, livrarias, lojas, supermercados etc.). Essa interpretação baseia-se no preceito contido no art. 78 do ECA, na medida em que o legislador se reporta ao comércio, de forma a abranger todos os possíveis envolvidos na venda do produto final. Nessa linha de raciocínio, a fim de evitar prejuízo à formação moral e psicológica de menores de 18 anos, seria punido aquele que publica, guarda, distribui e vende esse material, sem a observância dessas exigências legais, uma vez que as normas de prevenção são destinadas a todos, na forma prevista no art. 70 do ECA.

Realmente, velar no sentido de evitar a má-formação, moral e psíquica de nossas crianças e adolescentes, é dever que abrange a toda a sociedade (art. 70 da Lei n. 8.069/90). Dessa maneira, os meios de comunicação, na condição de formadores de opiniões e comportamentos, têm papel decisivo na contribuição do desenvolvimento moral e sadio da população infantojuvenil. Esta contribuição, no entanto,

---

25 TJRJ, Apelação 0402824-73.2011.8.19.0001, 17ª Câm. Cív., Rel. Des. Cezar Augusto Rodrigues Costa, j. 14-6-2022.

PARTE I - O DIREITO MATERIAL SOB O ENFOQUE CONSTITUCIONAL

439

deve ter por meta o sentido do "coletivo" e não o individualismo e o consumismo reinantes.

O Superior Tribunal de Justiça vem sedimentando essa posição[26]:

Por derradeiro, acrescente-se que, além da responsabilização cível advinda do desrespeito a essas normas, poder-se-ia pensar também na sujeição do agente ao tipo penal do art. 243, parágrafo único, I, do Código Penal. Sucede, porém, que, a despeito de sua aparente vigência formal, há que pensar, partindo de uma premissa constitucional, na não recepção da aludida norma incriminadora por princípios insculpidos no art. 5º da Carta de 1988, a exemplo daqueles dos incisos IV e IX, que consagram a liberdade de pensamento, intelectual e artística. Nesse sentido caminha não só a doutrina, mas também a prática criminal, que revela a ausência de processos penais pelo crime em tela.

2.6. Estabelecimentos que exploram jogos com apostas

Não obstante os jogos, na modalidade de competição entre os povos, sejam extremamente salutares a toda a sociedade, por possibilitar a busca da perfeição humana dentro do equilíbrio mental e/ou corporal, o mesmo não pode ser dito acerca dos chamados jogos de azar, na medida em que propiciam o surgimento do vício que, por sua vez, se constitui uma das causas da degradação da espécie humana.

Assim, o legislador estatutário, ciente do quanto crianças e adolescentes são vulneráveis, pela sua própria condição de pessoas em formação, objetivando evitar qualquer risco de sedução, proibiu no art. 80 do ECA a entrada e a permanência de infantes e jovens, acompanhados ou não de seus pais ou responsáveis, em estabelecimentos que explorem comercialmente bilhar, sinuca ou congênere ou em casas de jogos, assim entendidas as que realizem apostas, ainda que eventualmente.

Na verdade, o legislador não trouxe qualquer novidade no que tange a este assunto, na medida em que ele praticamente se limitou a repetir a proibição já contida nas normas anteriores.

Para uma melhor compreensão deste tema, faz-se necessário um exame do direito anterior e da legislação vigente. Com efeito, o Código de Menores de 1927, em seu art. 130, proibia a frequência de menores de 21 anos em casas de jogo.

Por seu turno, o Código de Menores de 1979, não só manteve a redação anterior, como acrescentou outros jogos como bilhares, sinucas e congêneres. Ampliou também o conceito de casa de jogo, ao entender como tal aquela que explore apostas, ainda que eventualmente e, finalmente, o antigo Código abrandou a vedação na medida em que reduziu a idade para 18 anos.

---

26   STJ, REsp 1.584.134/RJ, REsp 2015/0239177-6, 1ª Turma, Rel. Min. Napoleão Nunes Maia Filho, j. 20-2-2020.

Da análise destes dispositivos acima, a conclusão a que se chega é que, não obstante os jogos de sinuca, bilhar e congêneres não possam ser classificados como jogos de azar, porque não dependem do fator sorte, mas sim da técnica e habilidade do jogador, o legislador, mesmo ciente desta circunstância, manteve-os no rol de locais proibidos a menores de 18 anos, com o propósito de evitar qualquer tipo de risco de corrupção a estes, na medida em que os estabelecimentos que exploram este tipo de atividade cobram um preço pelo tempo a ser despendido na partida e/ou estão localizados em ambientes inadequados para a permanência de adolescentes e jovens.

No que toca à classificação indicativa dos jogos eletrônicos, a matéria está regulamentada nos arts. 32 a 37 da Portaria n. 368/2014, sem prejuízo da competência do juiz da infância e da juventude de disciplinar por meio de portaria, ou autorizar através de alvarás, a entrada e a permanência de crianças e adolescentes desacompanhados dos pais ou responsáveis em casas que explorem comercialmente diversões eletrônicas, conforme se depreende do disposto no art. 149, I, *d*, do ECA

A atitude do legislador de excluir, da proibição prevista na regra do art. 80 do ECA, os estabelecimentos que exploram diversões eletrônicas, parece-nos criticável, por conta não só da proliferação descontrolada destes tipos de máquinas, mas também pelo fato de a lei estatutária ter deixado a cargo do Juiz da infância autorizar, mediante alvará, a entrada e permanência de menores de idade, desacompanhados de seus pais ou responsáveis, nestes estabelecimentos.

Com fundamento na interpretação sistemática do Estatuto, conclui-se que o legislador, a fim de evitar qualquer risco de contato da criança e do adolescente com jogos de apostas, foi extremamente cauteloso, pois procurou cercar-se de todas as formas de prevenção, proibindo não só a sua entrada e permanência nestes tipos de estabelecimentos, como ainda lhes proibiu a venda de bilhetes lotéricos (art. 81, VI, do ECA), abrangendo inclusive os jogos de apostas patrocinados pelo Estado, como loteria esportiva, sena, raspadinha etc.

Finalmente, cumpre ressaltar que a inobservância das obrigações contidas no art. 80 da ECA, quais sejam, permitir a entrada ou a permanência de crianças ou adolescentes em estabelecimentos que explorem bilhar, sinuca ou congênere e casas de jogos, assim entendidas aquelas que realizem apostas, ou não afixar aviso para orientação do público, sujeita o infrator à pena de multa em dinheiro, podendo a autoridade judiciária determinar o fechamento do estabelecimento por até 15 dias, em caso de reincidência, segundo o disposto no art. 258 do mesmo diploma legal.

2.7. Produtos proibidos

A Lei n. 8.069/90, ao regulamentar os produtos considerados nocivos à formação das crianças e adolescentes, reafirmou o seu propósito de se constituir num instrumento de transformação social, com vistas à formação de uma nova sociedade,

PARTE I - O DIREITO MATERIAL SOB O ENFOQUE CONSTITUCIONAL

uma vez que proíbe condutas, até então aceitas em sociedade. Por esta razão, tais dispositivos tornaram-se alvo de muitas críticas, sob o pretexto de estarem divorciados do nosso contexto social.

Como ponto de partida para criação de novos hábitos sociais, ao apresentar o rol desta matéria, o legislador estatutário utilizou-se de uma graduação seguindo um sistema decrescente, ou seja, cuidou primeiramente daqueles produtos e serviços que causam maior risco quando em contato com a camada infantojuvenil. Vejamos cada uma dessas hipóteses.

No inciso I do art. 81, o ECA inicia a relação proibindo a venda de armas, munições e explosivos. A razão desta proibição não se fundamenta somente no fato de que, hoje, este tipo de conduta se constitui num tipo penal, previsto na Lei n. 10.826, de 22 de dezembro de 2003, mas sim em decorrência do risco que esta conduta causa àquele que traz consigo este tipo de material, sem as devidas cautelas.

Em seguida, no inciso II do art. 81, ciente dos malefícios causados pelo uso indevido e excessivo de bebida alcoólica, o legislador proibiu a sua venda às crianças ou aos adolescentes. A técnica por ele utilizada, em punir somente a venda, leva-nos a inferir que a sua intenção não se restringiu apenas à complementação do inciso I do art. 63 da Lei das Contravenções Penais, cuja conduta típica restringe-se à modalidade de servir, dispositivo este que foi expressamente revogado pela Lei n. 13.106/2015.

Na realidade, o legislador estatutário encetou novas reflexões acerca da facilidade de acesso às bebidas alcoólicas por menores de 18 anos, pelo fato de elas se enquadrarem dentre as categorias de drogas lícitas e, por conta disso, se tornarem mais nocivas do que as drogas consideradas ilícitas, tendo em vista que podem ser adquiridas até mesmo em supermercados. O descumprimento deste inciso leva à aplicação das penalidades previstas no art. 243 do ECA, para cujos comentários remetemos à Parte VI – "Dos crimes" e pode tipificar infração administrativa prevista no art. 258-C, incluída pela Lei n. 13.106/2015, a qual foi delineada no capítulo próprio das "Infrações Administrativas". Para harmonizar a existência destas duas normas punitivas de venda de bebida alcoólica, ora como infração administrativa, ora como crime, a única conclusão que podemos chegar é no sentido de que a infração administrativa se aplica à pessoa jurídica, ao proprietário, ao gerente e ao funcionário[27], enquanto à infração penal se amplia a qualquer pessoa física.

O inciso III, por sua vez, do art. 81 proíbe a venda de produtos cujos componentes possam causar dependência química ou psíquica às crianças e aos adoles-

---

27 Para Ishida, "inexiste a vedação do *nes bis in idem* porquanto trata-se de norma administrativa ao passo que a norma do art. 243 é de natureza penal". ISHIDA, Válter Kenji. *Estatuto da Criança e do Adolescente*: doutrina e jurisprudência, op. cit., p. 1050.

centes. Também aqui, teve-se a intenção de garantir uma maior proteção aos seres humanos em formação, posto que a vigente Lei de Tóxicos (Lei n. 11.343/2006), assim como a revogada Lei n. 6.368/76, não abrange todos os produtos capazes de causar dependência(s) física(s) ou psíquica(s), deixando de fora a cola de sapateiro, o tíner, o xarope etc., ou seja, substâncias alucinógenas, muito utilizadas em razão do seu baixo custo. O descumprimento deste dispositivo conduz à aplicação do disposto no art. 243 do ECA.

Em seguida, no inciso IV, a lei veda a venda de fogos de estampido e de artifício, com exceção daqueles que, pelo seu reduzido potencial, seriam incapazes de provocar qualquer dano físico, em caso de utilização indevida. Em razão da inexistência de qualquer restrição ao uso deste tipo de produto, o legislador utilizou-se de uma técnica bastante clara, a fim de evitar qualquer dúvida acerca do que é ou não permitido ao menor. O descumprimento deste inciso incidirá na tipificação do art. 244 do ECA.

Por seu lado, o inciso V do art. 81 coíbe a venda de publicações em desacordo com as normas contidas no art. 78 do ECA. O legislador procurou manter certa coerência com as novas regras criadas por ele, no tocante às revistas e às publicações que contenham material impróprio ou inadequado.

Finalmente, o inciso VI do art. 81 vedou a venda de bilhetes lotéricos e equivalentes, em consonância com a regra do artigo anterior, de forma a impedir qualquer tipo de acesso ao jogo de azar. Caso haja inadimplemento deste inciso, aplica-se o preceito do art. 258 do ECA, desde que o fato ocorra no interior do estabelecimento comercial.

Da análise do art. 81 da ECA, a crítica a ser pontuada é que o legislador, apesar de preocupado com o bem-estar físico da população infantojuvenil, dispensou uma ótima oportunidade de proibir a venda de cigarros para menores de 18 anos. Tal hábito está profundamente disseminado, principalmente entre os adolescentes, sendo altamente prejudicial à saúde de qualquer pessoa, como já amplamente divulgado pelo Ministério da Saúde.

2.8. Hospedagem

No passado, esta matéria foi alvo de muitas críticas, pelo fato de o legislador condicionar a hospedagem de crianças e de adolescentes, desacompanhados dos pais, à autorização judicial (parágrafo único do art. 56 da Lei n. 6.697/79). Naquela época já se entendia que nem sempre o Poder Judiciário estaria em condições de proferir uma melhor avaliação quanto à hospedagem de menores de 18 anos do que os próprios pais.

O legislador do ECA, ao regulamentar o tema, recepcionou aquelas censuras, na medida em que retirou do Estado esta função de autorizar a hospedagem de menores de idade desacompanhados, e não somente repassou aos pais esta discri-

PARTE I – O DIREITO MATERIAL SOB O ENFOQUE CONSTITUCIONAL

cionariedade, como ainda ampliou os legitimados para tanto, ao estender aos responsáveis (guardião e tutor).

Não obstante o avanço da lei, o ECA, por excesso de cautela, não incluiu os parentes próximos do menor, como avós, tios e irmãos, que compõem o círculo familiar mais íntimo, haja vista que, mesmo acompanhados destes últimos, o menor de 18 anos não poderá hospedar-se sem a autorização dos pais ou dos responsáveis (art. 82 do ECA).

Condena-se, modernamente, o fato de o legislador estatutário ter igualado os estabelecimentos que prestam serviços de hotelaria, sob o fundamento de que deveria ter se restringido apenas aos motéis, tendo em conta que estes locais são, reconhecidamente, utilizados para fins libidinosos. Assim, conclui-se que o ECA foi feliz em igualar todos os tipos de estabelecimentos de hospedagem, fornecendo ao intérprete apenas alguns exemplos (motéis, hotéis, pensões), e, ainda, estendendo a ideia, ao se reportar aos "estabelecimentos congêneres", de forma a incluir na norma outros tantos que possam surgir ou, até mesmo, venham a se transmudar, na tentativa de auferirem maiores ganhos comerciais.

A finalidade maior do art. 82 do ECA consiste em criar obstáculos à prostituição infantojuvenil e impedir aos filhos menores evadirem-se da residência dos pais, por conta da facilidade de ter um local onde possam pernoitar, sem o conhecimento daqueles.

A autorização prevista no dispositivo em comento, pela própria sistemática da lei, não é revestida de formalidades. Todavia, é evidente que esta deva ser subscrita pelos pais ou responsáveis de maneira a conferir uma certeza de que, realmente, foram eles que expressaram o consentimento, restando vedada a autorização oral.

Impende aduzir, por fim, que hospedar criança ou adolescente, desacompanhado dos pais ou responsável ou sem autorização escrita destes, ou da autoridade judiciária, em hotel, pensão, motel ou congênere constitui infração administrativa estabelecida no art. 250 do ECA, cujo comentário remetemos o leitor ao capítulo próprio.

2.9. Autorização de viagem

2.9.1. Considerações iniciais

Há de se destacar, preliminarmente, que o legislador estatutário, acerca da matéria, praticamente repetiu o texto contido no art. 62 do Código de Menores (Lei n. 6.697/79), excluindo, apenas, a incidência da autorização judicial para adolescentes (menores entre 12 e 18 anos).

Embora a questão da viagem esteja atrelada ao direito de ir e vir dos menores de idade, concebido pelo ECA, como direito à liberdade (art. 16, I), o legislador, no art. 83, não se afastando da ideia de que este direito tem como limite o próprio menor de idade, reportou-se apenas às crianças, dada a sua condição de vulnerabilidade física e psíquica, excluindo os adolescentes, por entender que estes possuem discernimento de autodefesa.

Dentro de uma interpretação sistemática entre os arts. 82 e 83 do ECA, percebe-se uma incompatibilidade entre os dois textos, na medida em que não se complementam de forma lógica. Com efeito, segundo a regra do art. 83, ao adolescente é permitido viajar, desacompanhado e sem autorização, o Brasil inteiro, mas, por outro lado, o art. 82 não o autoriza a se hospedar em estabelecimentos hoteleiros sem a autorização dos genitores ou responsáveis. Assim, desprovido dessa autorização e não conhecendo ninguém capaz de lhe acolher, será ele obrigado a pernoitar nos logradouros públicos. Com o advento da Lei n. 13.812/2019, que disciplina a política nacional de busca de pessoas desaparecidas, o *caput* e as alíneas do § 1º do art. 83 foram alterados[28], fixando a idade mínima do adolescente para a viagem nacional, desacompanhado dos pais, para até 16 anos. Em outras palavras, o adolescente menor de 16 anos não pode mais, a partir dessa lei, viajar sem autorização judicial para fora de sua comarca de domicílio, desacompanhado pelos pais, a não ser nas exceções das alíneas. Do que se conclui que a incoerência apontada anteriormente quanto à hospedagem (art. 82) ainda persiste com relação ao adolescente a partir dos 16 anos.

A regra relativa à viagem de filhos menores de 12 anos não está adstrita ao consentimento de ambos os pais. Na prática, entendemos haver exceção somente com relação aos pais que estejam *em litígio* acerca da guarda e da visitação dos filhos, pela falta de definição da situação familiar do filho, especialmente quando a viagem tiver caráter permanente. Assim, no bojo da ação em que se discute esta matéria, o genitor que desejar viajar com a prole dentro do país deverá solicitar a concordância do outro ou o suprimento judicial desta anuência, sob o risco de infringir o art. 347 do Código Penal.

Sendo a família monoparental, ou seja, aquela formada por qualquer dos pais e sua prole (art. 226, § 4º, da CF/88, e art. 25, *in fine,* do ECA), por óbvio, não haverá esta necessidade.

Dessa forma, qualquer que seja o destino da viagem (nacional ou internacional), quando não regularizada a guarda do filho e a autorização não puder ser exarada por ambos os pais, ou por não se encontrarem presentes ou por discordância no exercício do poder familiar, a anuência deverá ser suprida pela autoridade judicial competente, que, dependendo da situação em concreto, será do Juízo de família ou

---

28   "Art. 83. Nenhuma criança ou adolescente menor de 16 (dezesseis) anos poderá viajar para fora da comarca onde reside desacompanhado dos pais ou dos responsáveis sem expressa autorização judicial. § 1º [...] a) tratar-se de comarca contígua à da residência da criança ou do adolescente menor de 16 (dezesseis) anos, se na mesma unidade da Federação, ou incluída na mesma região metropolitana; b) a criança ou o adolescente menor de 16 (dezesseis) anos estiver acompanhado."

PARTE I – O DIREITO MATERIAL SOB O ENFOQUE CONSTITUCIONAL

da infância e da juventude, conforme estabelece o preceito contido no parágrafo único, alínea *d*, do art. 148 do ECA.

2.9.2. Autorização judicial para viagem nacional

É permitido à criança e ao adolescente menor de 16 (dezesseis) anos viajar acompanhados por ambos os pais, para qualquer local no território brasileiro, conforme redação do art. 83 do ECA, conferida pela Lei n. 13.812/2019. Caso estejam acompanhados apenas por um dos pais que lhes detenha a guarda, não precisa da autorização do outro genitor, na forma do art. 83, § 1º, *b*.

Contudo, se a viagem dos menores de 16 anos se der de forma desacompanhada, esta dependerá de autorização judicial (art. 83, *caput*, do ECA). Todavia, o legislador, objetivando facilitar o trânsito de crianças e de adolescentes menores de 16 anos, flexibilizou essa regra ao dispensar a autorização do Magistrado nas situações a seguir comentadas.

A primeira hipótese apontada pelo legislador está contida na alínea *a* do § 1º do art. 83 e diz respeito à situação na qual a pessoa menor de 16 anos poderá viajar sozinha quando se tratar de comarca contígua a sua residência ou incluída na mesma região metropolitana, em ambas as situações, na mesma unidade da federação. Entende-se por comarca contígua aquela que é limítrofe à outra comarca. Por sua vez, região metropolitana pode ser entendida como agrupamentos de municípios limítrofes para integrar a organização, o planejamento e a execução de funções públicas de interesse comum. Como exemplo, no Estado do Rio de Janeiro, podemos citar a Baixada Fluminense e, em São Paulo, o ABC Paulista.

Quanto à disposição legal acima exposta, deduz-se que o legislador se preocupou em manter a criança sob a vigilância não só da família, mas também da comunidade onde reside e do Poder Público, que, no caso concreto, foi conferida ao Poder Judiciário, sobre a qual exerce a sua jurisdição, segundo a regra constante do art. 146 do ECA.

Por sua vez, a alínea *b*, 1, do art. 83 proclama a desnecessidade da autorização judicial quando a criança ou o adolescente menor de 16 anos viajar acompanhado de ascendente ou colateral maior, até o terceiro grau, comprovado documentalmente o parentesco, seja biológico ou adotivo, na forma dos arts. 1.591 e 1.592 do CC.

Interessante hipótese consistiria no elastério do conceito de núcleo familiar para efeitos de permissão de viagem sem autorização, como no caso de padrasto, madrasta e avós afetivos. Neste sentido, o Tribunal de Justiça de São Paulo já enfrentou a questão e admitiu a companhia em viagem nacional do companheiro da avó da criança, sem autorização do responsável[29].

---

29 "Empresa autuada por permitir viagem de menor em companhia de pessoa sem vínculo consanguíneo – Inadmissibilidade – Acompanhante amásio da avó da criança –

CURSO DE DIREITO DA CRIANÇA E DO ADOLESCENTE

Ainda nesta alínea, permitiu o legislador a viagem da criança e do adolescente menor de 16 anos, sem autorização judicial, desde que acompanhados de pessoas maiores de idade, devidamente autorizadas pelo pai, mãe ou responsável (art. 83, § 1º, *b*, 2, do ECA). O legislador, no afã de facilitar a vida dos pais, delegou a estes o poder de permitir a viagem de sua prole menor de 16 anos, acompanhada de pessoas maiores de 18 anos, mesmo que sem qualquer vínculo de parentesco.

É muito comum, nesta hipótese acima, delegar-se a professores e monitores de escola ou de igrejas este encargo de acompanhar o filho menor em excursões. Ressalte-se, no entanto, que aos pais caberá o cuidado de verificar, com antecedência, o destino da viagem e as companhias do filho durante o afastamento do lar.

O § 2º do art. 83, por seu turno, disciplina que, apesar de a autorização para a viagem de criança ser concedida caso a caso, poderá o Poder Judiciário autorizar a viagem, com validade por até dois anos, desde que requerida pelos pais ou responsável.

2.9.3. Autorização para viagem ao exterior

De início, cabe aduzir que o art. 1.634 do Código Civil, com a alteração concedida pela Lei n. 13.058/2014, inseriu nas competências da autoridade familiar dos pais, qualquer que seja a sua situação conjugal, conceder ou negar aos filhos o consentimento para viajarem ao exterior (inciso IV). Esta inserção na lei civil, ao contrário de alterar qualquer regra estatutária infantojuvenil, demonstrou sintonia com os deveres parentais já estabelecidos no Estatuto.

Com efeito, a regra do art. 84 do ECA consiste em que a criança ou o adolescente somente poderá viajar para fora do país, mediante autorização judicial, exceto nas duas situações taxativamente previstas no citado artigo, ou seja, quando acompanhados de ambos os pais ou responsável ou na companhia de um deles, autorizado expressamente pelo outro, por meio de documento com firma reconhecida.

A questão que se apresenta inicialmente controvertida é a verdadeira conceituação do termo responsável. Pela exegese literal do texto estatutário, responsável legal se cinge ao guardião e ao tutor, portador do respectivo termo de responsabilidade (art. 170 c/c o art. 32 do ECA).

Estando o responsável com a guarda ou a tutela provisória, dependerá de autorização judicial para deixar o país em companhia de seu guardado ou pupilo. Na hipótese de adoção internacional, na qual não existe guarda provisória, a saída do país de criança ou de adolescente brasileiro está condicionada ao término da ação de adoção ou à prévia e expressa autorização judicial, a teor do art. 85 do citado diploma legal.

Auto de infração improcedente – Multa cancelada – Inteligência do art. 226, §§ 3º e 4º, da CF" (*RT* 733/201).

PARTE I – O DIREITO MATERIAL SOB O ENFOQUE CONSTITUCIONAL

447

Situação que se mostra tormentosa é a do guardião fático, por deter a custódia da criança/adolescente de forma precária e, como tal, sem poderes[30]. Deve este, primeiramente, regularizar a sua situação em relação a ele, por meio do pedido de guarda peculiar, com o propósito de representá-lo para aquele fim de acompanhá--lo ou de autorizar a viagem, desacompanhado (art. 33, § 2º), sendo certo que deverão ser citados os pais ou responsáveis.

Outrossim, compreende-se por guardião fático toda pessoa que detenha a custódia de menor de 18 anos, que não esteja na condição de pai ou mãe e que não lhe tenha sido outorgado este encargo por meio de sentença judicial.

A autorização prevista no inciso II do art. 84 é revestida de certa formalidade, na medida em que este documento, para ter validade, terá de conter o reconhecimento da firma do anuente, podendo ser manuscrito.

O documento autorizador, por vezes, é enviado de outro país por via eletrônica. Neste caso, por causa da dificuldade de se remeter o documento original, tem--se admitido como válida a cópia deste, mas desde que a assinatura de seu subscritor esteja reconhecida segundo as leis do país onde foi emitido o referido documento. Caso a autorização tenha sido outorgada perante autoridade consular, o reconhecimento torna-se dispensável.

Na hipótese de os pais haverem rompido a relação afetiva e havendo discordância de um deles com a viagem internacional do filho na companhia do outro, com a finalidade de, no exterior, assentar domicílio, é notório que o superior interesse da criança está em se regularizar a situação de sua guarda, com estabelecimento de visitas ao não guardião, para, então, modificar ou não a sua residência.

Vedou o ECA, no art. 85, a saída de qualquer criança ou adolescente do território nacional em companhia de estrangeiro residente ou domiciliado no exterior, sem prévia e expressa autorização judicial. Nesta mesma esteira, a Convenção de Haia relativa à adoção internacional, ratificada em 1999 pelo Brasil, por meio seus arts. 18 e 19, estabeleceu critérios para que somente fosse permitida a saída da criança ou do adolescente adotado, do território nacional, na companhia dos pais adotivos.

Sobre a questão deve ser aplicada a Lei de Introdução às Normas do Direito Brasileiro, que estabelece que se aplique a lei do domicílio e da residência às situações que envolvem direitos da personalidade da pessoa, do que se conclui que é permitido ao estrangeiro domiciliado no Brasil, dentro das hipóteses do art. 84, deixar o país em companhia de seus filhos menores, sem autorização judicial.

Finalmente, com relação à viagem de criança ou adolescente ao exterior, não se pode deixar de mencionar a edição, pelo Conselho Nacional de Justiça, da Re-

---

30 Remetemos o leitor ao item "Guarda de fato" do capítulo "Guarda".

solução n. 131, de 26 de maio de 2011, que revogou expressamente a Resolução n. 74/2009. Esse ato normativo expedido pelo CNJ teve por mérito primordial atentar para as normas contidas no ECA, regulamentando as lacunas.

A Resolução n. 131 teve por escopo inicial disciplinar a matéria sobre dois aspectos inovadores: autorizações de viagem internacional para crianças ou adolescentes brasileiros, sejam eles residentes no Brasil ou no exterior.

No tocante à primeira situação, após reprisar hipóteses previstas nos incisos I e II do art. 83, inovou o inciso III do art. 1º da mencionada Resolução, acerca da viagem de crianças e adolescentes brasileiros desacompanhados dos pais. A Resolução, seguindo a linha de pensar da anterior, afastou a necessidade de autorização judicial, delegando aos pais a função concessiva da viagem ao exterior dos filhos menores, condicionando-a apenas à emissão de autorização com firma reconhecida.

Em que pese o propósito de agilizar o procedimento de autorização de viagem ao exterior de pessoas menores de idade, a Resolução n. 131 reincidiu na infração ao princípio da hierarquia das leis ao revogar de forma implícita as regras contidas nos arts. 83, 84 e 85 do ECA, na medida em que retirou da esfera do Poder Judiciário a função de autorizar a viagem do menor desacompanhado ou acompanhado por terceiro e repassou esta função aos pais ou responsável. Este é o único equívoco encontrado em sua redação.

Bem andou o CNJ, por outro lado, ao cuidar na segunda hipótese de dúvidas existentes acerca do retorno da criança e do adolescente brasileiros residentes no exterior, ao dispensar a exigência de autorização judicial quando acompanhado ou não de seus pais ou responsáveis. Exige a resolução apenas a comprovação do domicílio no exterior, mediante atestado de residência emitido por repartição consular brasileira há menos de dois anos. Em caso de ausência deste documento, remete sua solução nos moldes do inciso III do art. 1º, ou seja, a autorização deverá ser concedida pelos pais, com firma reconhecida.

Por meio das disposições gerais da Resolução n. 131, por seu turno, há evidente intuito de solucionar impasses procedimentais acerca da aplicabilidade do disposto no art. 85 do ECA. Inicialmente, o texto reporta-se ao impedimento da saída de crianças e adolescentes brasileiros na companhia de estrangeiro residente ou domiciliado no exterior (art. 3º, *caput*), condicionando-a à prévia e expressa autorização judicial.

De modo a privilegiar o direito fundamental dos filhos de estarem na companhia de seus respectivos genitores, o parágrafo único do art. 3º da Resolução n. 131 disciplinou a questão da diversidade de nacionalidades dos mesmos quando se tratar de viagens internacionais, dispensando a outorga judicial em duas situações: I – quando o estrangeiro residente ou domiciliado no exterior for o genitor da criança ou adolescente brasileiro e II – quando a criança ou adolescente, cujos pais

PARTE I – O DIREITO MATERIAL SOB O ENFOQUE CONSTITUCIONAL

sejam estrangeiros residentes ou domiciliados em outro país, apesar de nascido no Brasil, não obtiver nacionalidade brasileira.

No tocante à forma de autorização, previu o art. 4º do mencionado ato do CNJ que poderá também ser efetuada por meio de escritura pública.

Os dispositivos seguintes tratam da dispensa da autorização parental, em caso de extinção e de perda do poder familiar, por meio da morte dos pais ou de destituição da autoridade parental, todas comprovadas documentalmente (arts. 5º e 6º).

Diversamente do que estabelecia na redação da Resolução n. 74, o CNJ foi mais cauteloso ao permitir apenas ao guardião e ao tutor judicial (definitivamente nomeados) a outorga da autorização judicial de seus pupilos em viagem ao exterior. Afastada, pois, qualquer possibilidade de autorização por parte do guardião ou tutor de fato.

Nas disposições gerais, ainda, o CNJ estabeleceu os documentos necessários à autorização para viagem pelos pais ou responsáveis e também limitou a validade desta para o prazo de 2 anos, em consonância com a norma estatutária.

Em seu art. 11, por fim, a Resolução deixou pacificada a posição jurisprudencial no sentido de que a autorização de viagem emitida por um dos pais, ou ambos, não configura alteração do domicílio da criança e do adolescente, ou seja, a autorização não se constitui documento hábil para permitir a fixação de residência permanente do infante no exterior. Tal advertência deve, inclusive, nos moldes do parágrafo único do art. 11, constar dos formulários de autorização emitidos pelos órgãos competentes.

Em 13 de setembro de 2019, o CNJ emitiu Resolução sobre a matéria – n. 295 – na qual a autorização para viagem de adolescente menor de 16 anos, desacompanhado ou acompanhado por pessoa maior, passou a ser concedida pela mãe, pai ou responsável legal, também, mediante escritura pública, documento particular, com firma reconhecida por semelhança ou autenticidade. Prevê, ainda, a autorização pelos pais ou responsável legal no próprio passaporte da criança ou do adolescente, sendo certo que caberá aos pais indicar a validade dessa autorização, e, na omissão, será por dois anos, conforme já estabelecia a Resolução n. 131/2011[31].

---

31 Os arts. 4º e 6º do Provimento n. 113/2020 foram alterados em 8 de julho de 2021 pelo Provimento n. 120 e passaram a conter a seguinte redação: "Art. 4º Os pais ou responsáveis, nas hipóteses em que não seja necessária a autorização judicial, poderão autorizar a viagem da criança e do adolescente por instrumento particular eletrônico, com firma reconhecida por autenticidade por um tabelião de notas, nos termos do art. 8º da Resolução CNJ n. 131, de 26 de maio de 2011, e do art. 2º da Resolução CNJ n. 295, de 13 de setembro de 2019". [...] "Art. 6º Para a assinatura da Autorização Eletrônica de Viagem é imprescindível a realização de videoconfe-

Com o fito de desburocratizar e simplificar a autorização de viagem de crianças e adolescentes até 16 anos desacompanhados, seja nacional ou internacional, o Conselho Nacional de Justiça aprovou o Provimento n. 103, em 4 de junho de 2020, instituindo uma nova modalidade de autorização que utiliza a tecnologia digital denominada Autorização Eletrônica de Viagem – AEV, emitida, exclusivamente, por intermédio do Sistema de Atos Notariais Eletrônicos – e-Notariado, acessível por meio do *link* <www.e-notariado.org.br>. Esse requerimento eletrônico formulado pelos pais e responsáveis é gratuito e facultativo, mas deverá obedecer ao procedimento previsto naquele ato normativo.

A aludida Autorização Eletrônica de Viagem, firmada perante o Tabelião pelos pais ou responsáveis, tem o mesmo valor do instrumento particular emitido de forma física (Resolução n. 295/2019) e poderá ser apresentada à Polícia Federal e às empresas de transporte rodoviário, marítimo ou aeroportuário. O prazo de validade desse documento digital é determinado pelos pais ou responsável e, em sua omissão, perdurará por dois anos. Prevê, ainda, o Provimento em comento que a Autorização Eletrônica de Viagem poderá contemplar a necessidade de hospedagem da pessoa menor de idade, em caso de emergência decorrente de atrasos, alterações ou cancelamentos de voos ou viagens, nos termos art. 82 do Estatuto da Criança e do Adolescente.

REFERÊNCIAS

CUSTÓDIO, André Viana; REIS, Suzéte da Silva. Trabalho Infantil nos Meios de Comunicação: do conceito ao marco legal. In: VERONESE, Josiane Rose Petry; ROSSATO, Luciano Alves; LÉPORE, Paulo Eduardo (Coord.). *Estatuto da Criança e do Adolescente*: 25 anos de desafios e conquistas. São Paulo: Saraiva, 2015.

D'ANDREA, Giuliano. *Noções de direito da criança e do adolescente*. Florianópolis: OAB/SC Editora, 2005.

DE PLÁCIDO E SILVA. *Vocabulário Jurídico*. 28. ed. atual. por Nagib Slaibi Filho e Geraldo Magela Alves. Rio de Janeiro: Gen/Forense, 2010.

GARCIA, Emerson. Trabalho de crianças e adolescentes e participação em espetáculos públicos: reflexões sobre o juízo competente para autorizá-los. In:

---

rência notarial para confirmação da identidade e da autoria daquele que assina, a utilização da assinatura digital notarizada pelas partes e a assinatura do Tabelião de Notas com o uso do certificado digital, segundo a Infraestrutura de Chaves Públicas Brasileiras – ICP."

SOUZA, Alexander Araujo e outros. *Direito em debate*: da teoria à prática. Rio de Janeiro: AMPERJ-CONAMP, 2015.

ISHIDA, Válter Kenji. *Estatuto da Criança e do Adolescente*: doutrina e jurisprudência. 25. ed. rev., atual. e ampl. São Paulo: JusPodivm, 2024.

MOTA JÚNIOR, Eliseu F. Infância e juventude os meios modernos de comunicação e os mecanismos de controle. *Revista Justitia*, São Paulo, 63 (196), out./dez. 2001.

NUCCI, Guilherme de Souza. *Estatuto da Criança e do Adolescente comentado*. 5. ed. rev., atual. e reform. Rio de Janeiro: Forense, 2021.

PEREIRA JÚNIOR, Antonio Jorge. *Direitos da criança e do adolescente em face da TV*. São Paulo: Saraiva, 2011.

SILVA, Antonio Fernando do Amaral e. A criança e o adolescente em conflito com a lei. Disponível em: <http://amaralesilva.com.br/artigo/a-crianca-e-o-adolescente-em-conflito-com-a-lei>. Acesso em: 30 jul. 2018.

VERONESE, Josiane Rose Petry; ZANETTE, Sandra Muriel Zadróski. *Criança, consumo e publicidade por uma sociedade fraterna*. Rio de Janeiro: Lumen Juris, 2018.

VILELA, Sílvia Maria S. Art. 78. In: VERONESE, Josiane Rose Petry; SILVEIRA, Mayra; CURY, Munir (coord.). *Estatuto da Criança e do Adolescente comentado*: comentários jurídicos e sociais. 13. ed. rev. e atual. São Paulo: Malheiros, 2018.

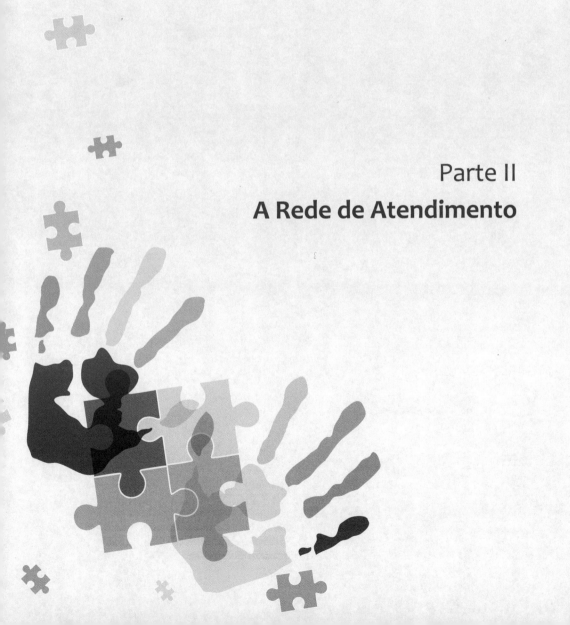

Parte II
A Rede de Atendimento

A política de atendimento

Patrícia Silveira Tavares

1. INTRODUÇÃO

A análise da literatura dedicada ao estudo da história da política de assistência à infância e à adolescência no Brasil, bem como da legislação correlata à matéria, permite afirmar que datam do período colonial as primeiras referências de atendimento à população infantojuvenil do país.

A experiência inicial atrela-se à missão de catequese da Igreja que instituiu, entre as suas principais estratégias, ações destinadas a separar as crianças índias e mestiças dos adultos, a fim de livrá-las da ingerência de seus pais e, quando possível, influenciá-las com as ideias vindas da "civilização", formando, assim, a "nova cristandade". Para tanto, em 1551, por Manoel da Nóbrega, foi ordenada a criação da primeira casa de recolhimento para meninos, seguida de outras casas e de colégios administrados, durante longo período, pela Companhia de Jesus[1].

---

1 Sobre o assunto, vale fazer referência à lição de Esther Maria de Magalhães Arantes (In: PILOTTI, Francisco; RIZZINI, Irene (org.). *A arte de governar crianças*: a história das políticas sociais, da legislação e da assistência à infância no Brasil. Rio de Janeiro: Instituto Interamericano Del Niño, Editora Universitária Santa Úrsula, Amais Livraria e Editora, 1995, p. 182 e s.) ao afirmar que: "Necessitando de 'boas línguas' e 'bons espelhos', um tanto descrentes da eficácia da conversão de índios adultos pelos hábitos já formados, e contraditoriamente, acreditando serem os índios tábulas rasas onde tudo se podia imprimir, voltaram-se os jesuítas, prioritariamente, para a educação das crianças [...] Construindo casas e colégios, atraindo para junto de si os filhos dos índios e mestiços, amparando órfãos portugueses e brasileiros, ocupando-se das famílias

Outra experiência de atendimento iniciada no período colonial, nos idos do século XVIII, consistiu no Sistema das Rodas de Expostos, criado por iniciativa da Santa Casa de Misericórdia, em função do crescente número de crianças recém--nascidas deixadas em portas de conventos, das Igrejas ou até mesmo nas ruas dos centros urbanos que começavam a se formar. Segundo explicação da doutrina especializada no tema, a "roda" era um aparelho geralmente feito de madeira, em formato de cilindro e com um dos lados vazados, assentado em um eixo que produzia um movimento giratório, de modo a permitir a não identificação da pessoa que ali depositava a criança. Situava-se em local anexo às instituições destinadas ao acolhimento de crianças abandonadas, comumente denominadas "Casas dos Expostos", "Depósito dos Expostos" ou "Casas de Roda"[2].

O Sistema de Rodas perdurou quase três séculos no Brasil e foi utilizado em larga escala, visando, especialmente, amparar recém-nascidos órfãos ou doentes, esconder a existência de filhos oriundos de relações obtidas fora do casamento, ou, até mesmo, acolher filhos de escravos, a fim de garantir-lhes sorte diversa dos seus pais.

O período do Império caracterizou-se pela conservação do Sistema de Rodas, bem assim pelo incremento do número de instituições, fundadas e dirigidas por religiosos, destinadas ao recebimento e à educação de crianças ou adolescentes.

Foi também durante o período imperial que o poder público começou a dar sinais de participação nas questões infantojuvenis por meio da criação das denominadas Casas de Correção, destinadas a crianças ou a adolescentes envolvidos em atos ilícitos, assim como de outros internatos, valendo destaque para o Asilo dos Meninos Desvalidos, criado no ano de 1875, com o objetivo de internar meninos encontrados nas ruas em razão da miséria, do abandono ou da ausência da família[3].

Somente no final da referida época, no entanto, é que começaram a se formar as bases para a intervenção mais efetiva do poder público no atendimento à infância e à adolescência, até então delegado à filantropia privada ou à caridade religiosa.

---

e dos filhos dos portugueses, foram os jesuítas, por mais de 200 anos, os educadores do Brasil [...]. Em 1585 a Companhia de Jesus já havia fundado no Brasil três Colégios (Bahia, Rio de Janeiro e Pernambuco) e cinco Casas (Ilhéus, Porto Seguro, Espírito Santo, São Vicente, São Paulo)".

2 A prática costumeira, quer na Europa medieval, quer no Brasil colônia, foi retratada em célebres momentos da história e da literatura mundial. No livro I do aclamado romance de Victor Hugo *O corcunda de Notre D'ame*, uma criança disforme de 4 anos é depositada na roda dos enjeitados da Catedral, e acolhida por Claudio Frollo, o arquidiácono, em descrição detalhada de tal prática. O pároco nomeia o menino de Quasimodo, junção dos primeiros provérbios em latim da missa do dia, domingo seguinte ao da páscoa. A respeito do assunto *vide*, ainda, *A arte de governar* ..., p. 191 e ss.

3 Sobre as Casas de Correção e o Asilo dos Meninos Desvalidos, respectivamente, v. Decreto n. 678, de julho de 1850, e Decreto n. 5.848, de 9 de janeiro de 1875.

PARTE II – A REDE DE ATENDIMENTO

As mudanças políticas e socioeconômicas ocorridas na segunda metade do século XIX, notadamente, a abolição da escravatura, a proclamação da República, e, ainda, a crescente migração do campo para as cidades – sendo estas despidas da infraestrutura incapaz de absorver a demanda populacional – fizeram que situações de delinquência, carência e miséria se tornassem mais evidentes no país.

Os primeiros anos do período republicano foram, dessa forma, marcados pela proliferação dos males urbanos, em especial, pelas grandes epidemias e pelo aumento da criminalidade, sem a correspondente reação do Estado para a reversão deste quadro.

A conjuntura em comento abriu espaço para que emergisse o movimento higienista, baseado em métodos racionais e científicos no atendimento da população infantojuvenil, que passou a ser compreendida como o "futuro do homem e da pátria"[4], sendo este movimento o principal responsável pelo questionamento do modelo de assistência até então existente, fundado na filantropia privada[5].

No começo do século XX, a ideia de investimento na criança como forma de garantir o desenvolvimento da nação brasileira, e, consequentemente, da necessidade do estabelecimento de ações capazes de prepará-la corretamente para a convivência na sociedade, consolidou-se entre os intelectuais da época, notadamente, entre médicos e juristas.

O segmento infantojuvenil despertou não só interesse dos setores mais atuantes da sociedade, mas também do Estado, acarretando, assim, o surgimento das primeiras políticas públicas destinadas àquela parcela da população. Como bem leciona a doutrina especializada no tema:

> Se a grande questão do Império brasileiro repousou na ilustração do povo, sob a perspectiva da formação da força de trabalho, da colonização do país e da contenção das massas desvalidas, no período republicano a tônica centrou-se na

---

4   A expressão é de Esther Maria de Magalhães Arantes. *A arte de governar...*, p. 200.

5   Sobre o contexto do surgimento do movimento higienista no Brasil, cumpre fazer menção à lição de Irene Rizzini (*A arte de governar...*, p. 108 e s.) ao salientar que na "conjuntura caracterizada pelo processo de transformação das cidades, em que se vislumbrava com temor o crescimento e a concentração das populações urbanas, ganhavam particular relevo os conhecimentos médicos sobre higiene, notadamente, sobre controle e prevenção de doenças infectocontagiosas". Após a detecção das principais causas e dominados os focos das doenças que assolavam a população, começaram, então, a surgir novas aplicações dos conhecimentos adquiridos pela chamada medicina higienista; "os olhares preocupados dos médicos" passaram a se voltar para a criança, especialmente, em função dos altos índices de mortalidade infantil detectados, inclusive, nos asilos ou "casa dos expostos". Foi Moncorvo Filho "um dos mais contundentes denunciadores do descaso da nação em relação ao estado de pobreza em que vivia a população, demonstrando seus efeitos maléficos sobre a infância – nunca deixando de apontar que, ao afetarem a criança, comprometiam o futuro do país", estando, assim, lançadas as bases da puericultura no Brasil.

identificação e no estudo das categorias necessitadas de proteção e reforma, visando ao melhor aparelhamento institucional capaz de "salvar" a infância brasileira no século XX. Os debates tomaram conta do cenário da assistência à infância no Brasil, escorados na meta da construção da nação republicana, e subsidiados pelas resoluções dos congressos internacionais sobre assistência social, médico-higienista e jurídica à já consolidada categoria dos *menores* (grifo da transcrição)[6].

"O problema da criança" começa a adquirir uma dimensão política, consubstanciada no que muitos denominavam de "ideal republicano" na época. Não se tratava mais de ressaltar a importância, mas sim a urgência de se intervir, educando ou corrigindo "os menores" para que se transformassem em cidadãos úteis e produtivos para o país, assegurando a organização moral da sociedade[7].

A inauguração da rede de assistência pelo Estado foi balizada no ideário higienista e, consequentemente, na implementação de políticas ligadas ao controle sanitário e eugênico das camadas menos favorecidas da sociedade; foi ainda caracterizada pela manutenção do sistema de acolhimento de crianças e de adolescentes pobres – ou em conflito com a lei – em instituições oficiais ou conveniadas, que funcionavam em regime de internação.

A atenção estatal para as crianças e os adolescentes pobres ou envolvidos com a prática de atos ilícitos ensejou reflexos na conjuntura legislativa do período, culminando na promulgação do Código Mello Mattos (Decreto n. 17.943-A/27), sendo este a primeira legislação consolidada a respeito da matéria.

Reforçando o tratamento diferenciado que se pretendia conferir ao dito segmento e coroando a intervenção da comunidade jurídica das questões infantojuvenis, o Código Mello Mattos teve sua metodologia fundada na categorização dos "menores" entre "abandonados" e "delinquentes", sendo estes tratados ora como vítimas, ora como um perigo à sociedade, conforme estivessem em situação de desamparo ou se envolvessem em delitos[8].

---

6 RIZZINI, Irene; RIZZINI, Irma. *A institucionalização de crianças no Brasil*: percurso histórico e desafios do presente. Rio de Janeiro: Editora PUC-Rio; São Paulo: Loyola, 2004, p. 28 e s.

7 RIZZINI, Irene. *A arte de governar...*, p. 112.

8 Neste sentido era o art. 1º da lei, segundo o qual "o menor, de um ou outro sexo, abandonado ou delinquente, que tiver menos de 18 anos de idade, será submetido pela autoridade competente às medidas de assistência e proteção contidas neste Código". A definição de abandono e de delinquência era encontrada no próprio Código Mello Mattos, valendo destaque para o art. 26, que incluía na categoria "abandonados", crianças e adolescentes vitimizados pela pobreza, pelo desamparo, pela violência de adultos, ou envolvidos em outras situações, entre as quais eram incluídas a vadiagem e a mendicância, bem como para os arts. 68 e 69, de acordo com os quais se consideravam "delinquentes" os menores apontados como autores ou cúmplices de ato qualificado como crime ou contravenção.

PARTE II – A REDE DE ATENDIMENTO

O atendimento à população infantojuvenil "abandonada" ou "delinquente", de início, concentrou-se no Juízo de Menores, incumbido, especialmente, de organizar a rede de assistência, de fiscalizar as instituições, assim como de aplicar medidas de caráter protetivo ou repressivo aos referidos menores, a depender da hipótese concreta que lhe fosse apresentada.

No período do Estado Novo (1937/1945), no entanto, em consonância com o regime intervencionista e centralizador instituído por Getúlio Vargas, houve a criação de órgãos federais específicos destinados à organização do atendimento da população infantojuvenil, tais como o Serviço de Assistência aos Menores (SAM), o Departamento Nacional da Criança (DNCr) e a Legião Brasileira de Assistência (LBA), ficando o Juízo de Menores responsável, no que toca à rede de assistência, tão somente, pela fiscalização das instituições.

Entre os órgãos anteriormente mencionados importa destacar o SAM – Serviço de Assistência aos Menores –, criado com o objetivo de buscar soluções aos problemas que vinham sendo identificados na rede de atendimento, como, por exemplo, a ausência de estabelecimentos suficientes para o acolhimento de crianças ou adolescentes. Ao referido órgão foram transferidas as funções concernentes à organização da assistência, na tentativa de integrar as instituições públicas e privadas encarregadas de receber a aludida clientela[9].

A experiência de criação do SAM, contudo, não foi suficiente para afastar os problemas relacionados à ausência de estruturação adequada da rede de atendimento, uma vez que a atuação do órgão, na prática, ficou limitada à triagem e ao posterior encaminhamento dos menores aos estabelecimentos de internação. A ausência de investimentos capazes de garantir a qualidade do atendimento prestado à população infantojuvenil ensejou o agravamento da situação das instituições, não sendo raras denúncias vinculadas à precariedade de sua infraestrutura, ou ainda, de maus-tratos perpetrados aos internos. O próprio SAM foi alvo de inúmeras críticas em função das irregularidades e das deficiências técnicas e administrativas ali constatadas, e, ainda, em razão de denúncias atreladas às práticas de corrupção em todos os níveis de sua estruturação hierárquica.

Daí por que, logo após a instalação do governo militar, na década de 1960, foi extinto o Serviço de Assistência ao Menor (SAM) – e instituída a Política Nacional do Bem-Estar do Menor (PNBEM), cujos alicerces já vinham sendo formados por conta das inúmeras críticas e debates envolvendo o sistema anterior.

Na doutrina abalizada de Arno Vogel[10]:

> Ao finado órgão veio substituir-se a Fundação Nacional do Bem-Estar do Menor, fruto da impiedosa crítica aos métodos e resultados do Serviço de Assistência ao Menor, bem como da concretização e consolidação das propostas formu-

---

9 Sobre a estrutura normativa do Serviço de Assistência aos Menores (SAM), v. Decreto-Lei n. 3.799/41 e Decreto-Lei n. 6.865/44.

10 VOGEL, Arno. *A arte de governar...*, p. 300.

ladas desde o momento em que se pensou, pela primeira vez, na radical transformação de suas estruturas e práticas. O novo órgão pretendia ser o reverso de seu antecessor, mais ou menos como o novo regime pretendia opor-se ao antigo, isto é, como sua antítese.

À Fundação Nacional do Bem-Estar do Menor (Funabem), instituída pela Lei n. 4.513/64, foi atribuída autonomia administrativa e financeira, a fim de viabilizar o cumprimento de sua principal missão, consistente na elaboração e na implantação da Política Nacional do Bem-Estar do Menor, mediante a avaliação dos problemas existentes, planejamento das soluções, bem como a orientação, a coordenação e a fiscalização das entidades executoras desta política[11].

A política nacional de assistência, de acordo com o art. 6º da referida lei, teve como diretrizes, além dos princípios consagrados nos documentos internacionais atrelados aos direitos do menor e de sua família, aos quais o Brasil tivesse aderido: I – assegurar prioridade aos programas que visassem à integração do menor na comunidade, mediante a assistência da própria família e da colocação familiar em lares substitutos; II – o incremento da criação de instituições para menores que possuíssem características aproximadas das que informam a vida familiar, e, bem assim, a adaptação, a esse objetivo, das entidades já existentes, admitindo-se a internação à falta de instituições deste tipo ou por determinação judicial; III – o respeito, no atendimento às necessidades de cada região do País, às suas peculiaridades, de modo a incentivar as iniciativas locais, públicas ou privadas, e atuar como fator positivo na dinamização e autopromoção dessas comunidades.

O público-alvo da nova proposta de assistência passou a ser não só o menor carente e marginalizado, mas também a sua família. A principal estratégia consistiu na tentativa de implementação de programas de prevenção e de tratamento, a serem elaborados por equipes técnicas especializadas e aplicados de forma unificada em todo o país.

O contorno autoritário do regime militar, no entanto, impôs a adequação das diretrizes traçadas pela Política do Bem-Estar do Menor à "Política de Segurança Nacional", gerando um distanciamento, na prática, do que era sustentado em termos teóricos; a partir da concepção de que a população infantojuvenil deveria ser objeto de "controle social", o Estado continuou a atuar de forma centralizadora e repressiva.

Durante todo o governo militar prevaleceu a concepção de que qualquer criança ou adolescente que estivesse passando por privação capaz de retirá-lo dos "padrões de normalidade" sociais deveria ser institucionalizado, como forma de garantir a sua ressocialização, instaurando-se, assim, no dizer de Almir Rogério Pereira[12], verdadeira "esquizofrenia": para se aprender a viver em sociedade, retirava-se da sociedade.

---

11   Esta é a determinação constante do art. 5º da Lei n. 4.513/64.
12   PEREIRA, Almir Rogério. In: DINIZ, Andréa Diniz; CUNHA, José Ricardo (org.). *Visualizando a política de atendimento à criança e ao adolescente*. Rio de Janeiro: Litteris Editora, KroArt Editores, Fundação Bento Rubião, 1998, p. 40.

PARTE II – A REDE DE ATENDIMENTO

Como observa o mesmo autor:

> A prática da internação continuou sendo a tônica do atendimento da Funabem como mostram os dados do juizado do Rio de Janeiro criados anteriormente, apesar de já nos tempos da instalação desta instituição, reconhecer-se nos dirigentes e profissionais dos órgãos, de atendimento a infância e a adolescência, a visão de que este atendimento deveria ser estendido à família, pois residiam nela as causas da marginalização infantojuvenil, além de já se perceber que a internação, por romper os laços familiares, aumentava ainda mais a marginalização[13].

O momento histórico em questão foi ainda caracterizado pela promulgação de um novo Código de Menores (Lei n. 6.697/79) que, referendando o sistema vigente, objetivou regrar a vida das crianças e adolescentes vitimizados pela pobreza, pela violência, pela ausência de representação legal, bem assim os autores de infrações penais, todos, indistintamente, marcados com a pecha da "situação irregular" e, por conta disso, alvos de medidas aplicáveis pela autoridade judiciária[14].

A rede de atendimento que serviu de retaguarda para as medidas instituídas pela Lei n. 6.697/79 em nada se diferenciou da já existente, permanecendo o modelo de gestão centralizado e vertical, típico do regime militar, assim como as práticas correicionais-repressivas de outrora.

A realidade em comento começou, contudo, a ser objeto de críticas mais acirradas a partir do momento em que o regime ditatorial passou a apresentar sinais de enfraquecimento, notadamente, entre os setores mais influentes da sociedade, ao se depararem com um modelo político e econômico absolutamente falido e desgastado aos olhos do país e do mundo.

A década de 1980, período de transição política em direção à democratização do país, distinguiu-se pelo incremento, na sociedade civil, dos debates relacionados à garantia de direitos humanos, e, igualmente, pela reivindicação de mecanismos capazes de garantir a participação da população na gestão da coisa pública;

---

13 PEREIRA, A. R. Op. cit., p. 27.

14 O art. 2º da Lei n. 6.697/79 (Código de Menores) considerava em situação irregular o menor: a) privado de condições essenciais à sua subsistência, saúde e instrução obrigatória, ainda que eventualmente, em razão de falta, ação ou omissão dos pais ou responsável, ou ainda manifesta impossibilidade destes em provê-las; b) vítima de maus-tratos ou castigos imoderados impostos pelos pais ou responsável; c) em perigo moral; d) privado de representação ou assistência legal; e) com desvio de conduta em virtude de grave inadaptação familiar ou comunitária, ou então f) autor de ato infracional. A verificação da situação irregular do menor era feita por meio de procedimento instaurado e presidido pela própria autoridade judiciária e regulado no Título II, Capítulo I, intitulado "Da verificação da situação do menor". Nas hipóteses de ato infracional, havia rito específico regulado no Capítulo II, denominado "Da apuração de infração penal".

a grande mobilização no sentido de estabelecer uma nova ordem jurídica, capaz de atender aos novos anseios da sociedade, culminou na promulgação da Constituição de 1988.

Como já foi possível indicar no capítulo referente à evolução histórica do Direito da Criança e do Adolescente, os rumos da infância e da juventude brasileiras também foram incluídos nesses debates, sobretudo em razão da grande mobilização de entes não governamentais e de alguns setores do governo no sentido de alterar as condições de vida da população infantojuvenil. Este movimento culminou na inclusão, no Capítulo III (Da Ordem Social), Capítulo VII (Da família, da criança, do adolescente e do Idoso) da Constituição da República Federativa do Brasil de 1988, de normas especialmente voltadas à esfera infantojuvenil.

O art. 227, *caput*, da CF/88 colacionou de forma inédita no ordenamento jurídico pátrio rol de direitos dos quais são titulares todas as crianças e os adolescentes, instituindo, desta forma, verdadeira "Declaração dos Direitos e Garantias Infantojuvenis Fundamentais"[15]. O referido dispositivo legal estabelece, *in verbis*:

> Art. 227. É dever da família, da sociedade e do Estado assegurar à criança, ao adolescente e ao jovem, com absoluta prioridade, o direito à vida, à saúde, à alimentação, à educação, ao lazer, à profissionalização, à cultura, à dignidade, ao respeito, à liberdade e à convivência familiar e comunitária, além de colocá-los a salvo de toda forma de negligência, discriminação, exploração, violência, crueldade e opressão.

Assim o fazendo abarcou a Doutrina da Proteção Integral, já consagrada na normativa internacional, de acordo com a qual crianças e adolescentes possuem o *status* de sujeitos de direitos, dignos de proteção especial, em razão da sua condição peculiar de pessoas em desenvolvimento, independentemente de sua situação socioeconômica, sendo esta a base doutrinária para o tratamento da matéria na legislação específica.

O § 7º do mesmo dispositivo constitucional tratou especificamente de normas concernentes à política de atendimento das crianças e dos adolescentes, impondo como principais diretrizes as mesmas atreladas à política de assistência social, a saber, a descentralização político-administrativa e a participação popular[16].

---

15 PONTES JUNIOR, Felício. *Conselho de direitos da criança e do adolescente*. São Paulo: Malheiros, 1993, p. 10.

16 De acordo com o art. 227, § 7º, da CF/88: "No atendimento dos direitos da criança e do adolescente levar-se-á em consideração o disposto no art. 204". O art. 204 da CF/88, por sua vez, estabelece que "as ações governamentais na área da assistência social serão realizadas com recursos do orçamento da seguridade social, previstos no art. 195, além de outras fontes, e organizadas com base nas seguintes diretrizes: I – descentralização político-administrativa, cabendo à coordenação e as normas gerais à esfera federal e a coordenação e a execução dos respectivos programas às esferas esta-

PARTE II – A REDE DE ATENDIMENTO

Por descentralização político-administrativa compreende-se a distribuição do poder por todas as entidades federativas, que, atuando de forma harmônica e complementar, responsabilizam-se pela definição e pela execução da política de atendimento. A participação popular, neste caso, consiste no chamamento da sociedade a colaborar no processo de formulação das políticas públicas, bem como a controlar as ações governamentais em todos os níveis.

A simples leitura das referidas disposições constitucionais já permite concluir que o tratamento conferido às crianças e aos adolescentes pelo novo ordenamento jurídico fundado pela Constituição de 1988 gerou verdadeira "mutação"[17] em todas as células integrantes do corpo legislativo até então existente, em especial, na política de atendimento.

A partir de então, não houve mais espaço para a subsistência do modelo de atendimento centralizado, vertical, assistencialista e correicional-repressivo construído sob a égide do Código de Menores, sendo a promulgação da Lei n. 8.069/90 – Estatuto da Criança e do Adolescente – o passo subsequente na instituição de uma nova ordem jurídico-social e, consequentemente, de uma nova política de atendimento.

Ao comentar o contexto de surgimento do Estatuto da Criança e do Adolescente, Antônio Carlos Gomes da Costa[18] bem asseverou que,

> O Estatuto da Criança e do Adolescente introduz mudanças tão profundas e amplas nas políticas públicas dirigidas à infância e à juventude brasileiras que não é exagerado afirmar que ele promove, literalmente, uma revolução copernicana neste campo. [...] Ao revogar o velho paradigma, representado pelas Leis 4.513/64 (Política Nacional do Bem-Estar do Menor) e 6.697/79 (Código de

---

dual e municipal, bem como a entidades beneficentes e de assistência social; II – participação da população, por meio de organizações representativas, na formulação das políticas e no controle das ações em todos os níveis".

Elencadas as diretrizes da Assistência Social, o parágrafo único, acréscimo da EC n. 42/2003, ainda alerta que "é facultado aos Estados e ao Distrito Federal vincular a programa de apoio à inclusão e promoção social até cinco décimos por cento de sua receita tributária líquida, vedada a aplicação desses recursos no pagamento de: I – despesas com pessoal e encargos sociais; II – serviço da dívida; III – qualquer outra despesa corrente não vinculada diretamente aos investimentos ou ações apoiados", buscando coibir a temerosa prática estadual de despender recursos vinculados ao investimento em assistência social no pagamento de despesas correntes sem caráter assistencial.

17 A expressão é utilizada no livro *Brasil criança urgente*: a lei, volume 3, da "Coleção Pedagogia Social", lançado pelo Instituto Brasileiro de Pedagogia Social (IBPS) e pela Columbus Cultural Editora, logo após a promulgação do Estatuto da Criança e do Adolescente, destinado à ampla divulgação da lei, bem como à sua contextualização histórica.

18 COSTA, Antonio Carlos Gomes da. *Brasil criança urgente...*, p. 38.

Menores), o estatuto cria condições legais para que se desencadeie uma verdadeira revolução, tanto na formulação das políticas públicas para a infância e a juventude como na estrutura e funcionamento dos organismos que atuam na área. Estamos, portanto, diante da possibilidade de virar a página, não de duas décadas de regime autoritário, mas de quase quinhentos anos de práticas equivocadas nas relações do Estado e da sociedade brasileiros com um dos contingentes mais vulneráveis e frágeis da nossa população: as crianças e os adolescentes.

A dita "revolução copernicana" culminou no nascimento do que hoje se denomina Sistema de Garantia de Direitos (SGD), compreendido como o conjunto de elementos – órgãos, entidades, programas e serviços – que, sinergicamente, é capaz de tornar efetiva a Doutrina da Proteção Integral, garantindo a todas as crianças e adolescentes os direitos previstos em lei[19]. Ao Sistema de Garantia dos Direitos estão integrados vários subsistemas, destinados à tutela de direitos específicos (ex.: Sistema Único de Saúde – SUS, Sistema Único de Assistência Social – SUAS, Sistema Educacional etc.) ou a atender de forma especial, situações peculiares, como a situação de adolescentes em conflito com a lei (Sistema Nacional de Atendimento Socioeducativo) ou de crianças ou adolescentes vítimas ou testemunhas de violência (Sistema de Garantia de Direitos da Criança e do Adolescente vítima ou testemunha de violência)[20].

Realizadas estas breves considerações históricas e estando, portanto, o leitor munido das informações mínimas necessárias à compreensão da evolução da política de atendimento à infância e à juventude no país, e da relevância do Estatuto da Criança e do Adolescente neste contexto, cumpre, na etapa subsequente, analisar as regras e os princípios que atualmente regem a matéria.

2. UMA VISÃO GERAL DA NOVA POLÍTICA DE ATENDIMENTO

A Lei n. 8.069/90 – Estatuto da Criança e do Adolescente – após tratar, na Parte Geral, dos direitos fundamentais das crianças e dos adolescentes, esmiuçando o comando constante do art. 227, *caput*, da CF/88, indica os mecanismos legais destinados à promoção destes direitos, inaugurando a Parte Especial, com a exposição de normas sobre as quais deverá se assentar a nova política de atendimento.

---

19 Ainda sobre o Sistema de Garantia dos Direitos (SGD), v. art. 1º da Resolução Conanda n. 113, de 19 de abril de 2006, segundo o qual "o Sistema de Garantia dos Direitos constitui-se na articulação e integração das instâncias públicas governamentais e sociedade civil na aplicação dos instrumentos normativos e no funcionamento dos mecanismos de promoção, defesa e controle para a efetivação dos direitos humanos da criança e do adolescente, nos níveis Federal, Estadual, Distrital e Municipal", estabelecendo, em seguida, parâmetros para a sua institucionalização e fortalecimento.

20 A respeito, consultem-se as Leis n. 12.594, de 18 de janeiro de 2012 (Sinase), e n. 13.431, de 4 de abril de 2017 (Lei do Depoimento sem Dano ou Depoimento Especial).

PARTE II – A REDE DE ATENDIMENTO

Compreende-se, hodiernamente, a política de atendimento, como o conjunto de instituições, princípios, regras, objetivos e metas que dirigem a elaboração de planos destinados à tutela dos direitos da população infantojuvenil, permitindo, dessa forma, a materialização do que é determinado, idealmente, pela ordem jurídica.

É, portanto, pelo desenvolvimento da política de atendimento – que integra o âmbito maior da política de promoção e proteção dos direitos humanos –, que o eixo estratégico da promoção dos direitos humanos de crianças e adolescentes é operacionalizado[21].

Estruturada com base no paradigma da proteção integral, constitucionalmente estabelecido pelo art. 227 e parágrafos da Constituição de 1988, apresenta como principais aspectos dissonantes da política anterior: o seu público-alvo, consistente em todas as crianças e os adolescentes, estando definitivamente extirpada do país a pecha da situação irregular; a difusão das decisões e a operacionalização das ações entre todos os entes federativos, sendo a União responsável, tão somente, pelos seus delineamentos gerais e, por fim, a participação da sociedade na sua gestão.

O estudo da atual política de atendimento, em nível infraconstitucional, deve ser iniciado pelo art. 86 do ECA, segundo o qual:

> Art. 86. A política de atendimento dos direitos da criança e do adolescente far-se-á através de um conjunto articulado de ações governamentais e não governamentais, da União, dos Estados, do Distrito Federal e dos Municípios.

A regra ratifica o comando constante do § 7º do art. 227 da CF/88, que, combinado com o art. 204 da CF/88, indica a responsabilidade de todos os entes da federação e da sociedade no tratamento das questões infantojuvenis.

A nova organização político-administrativa instituída pela Constituição de 1988 fez que os Estados, o Distrito Federal e os Municípios passassem de coadjuvantes a protagonistas na fixação das ações que visam satisfazer as necessidades da população infantojuvenil, permitindo, dessa forma, o atendimento das demandas de cada localidade.

Ao lado do Poder Público, colocam-se as organizações do terceiro setor, cuja atuação deverá ocorrer de forma articulada e integrada com os órgãos governamentais, a fim de evitar sobreposição ou contradição entre as ações.

O legislador federal, no entanto, não se contentou em determinar, genericamente, no art. 86 do ECA, a articulação entre o Estado e a sociedade na promoção

---

21 Este é o conceito introduzido pelo art. 14 da Resolução Conanda n. 113/2006, ao tratar da promoção dos direitos humanos infantojuvenis. De acordo com o art. 5º da mesma normativa, os órgãos públicos e as organizações da sociedade civil, que integram o Sistema de Garantia dos Direitos – SGD, devem exercer suas funções, em rede, a partir de três eixos estratégicos de ação: a) defesa dos direitos humanos; b) promoção dos direitos humanos e c) controle da efetivação dos direitos humanos.

da política de atendimento. A normatização da matéria vai um pouco além, mediante a consignação das principais ações que compõem esta nova política, bem como das instruções que devem ser seguidas por todos que participam deste processo, para que tais ações cheguem a um bom termo, sendo esta a função dos arts. 87 e 88 da lei.

2.1. As linhas de ação da política de atendimento

A implementação da política de atendimento, como já visto, perpassa pela concretização de ações destinadas à efetivação de todos os direitos constitucionalmente assegurados às crianças e aos adolescentes, indiscriminadamente, sendo, por isso, muito mais complexa do que em tempos pretéritos.

Daí por que o legislador entendeu por bem indicar, no art. 87 do ECA, o rol de ações sem as quais não será possível atingir tal objetivo, sendo este o ponto de partida para os operadores do estatuto, na consolidação do que, idealmente, está garantido na ordem jurídica.

Cumpre ressaltar que tais ações, integrantes da política especializada de promoção dos direitos humanos de crianças e adolescentes, devem ser desenvolvidas, sempre, de maneira transversal e intersetorial, de modo a permitir as necessárias integração e articulação com as demais políticas setoriais (ex.: saúde, assistência social, educação, trabalho etc.).

É também importante ressalvar que o elenco constante do art. 87 não constitui mera recomendação ao Poder Público; pelo contrário, consubstancia verdadeiro comando normativo e, consequentemente, de execução obrigatória, cujo descumprimento legitima o ajuizamento das "ações de responsabilidade" a que faz alusão o art. 208 da lei.

As linhas de ação da política de atendimento podem ser definidas, portanto, como as ações indicadas pelo legislador como imprescindíveis, como o mínimo necessário para a construção e o desenvolvimento da política de atendimento dos direitos da criança e do adolescente. Em outras palavras, como os "âmbitos operativos juridicamente reconhecidos como espaços de agir humano necessários à consecução dos fins sociais a que o Estatuto se destina"[22].

Consoante determina o art. 87 do ECA são linhas de ação da política de atendimento:

> Art. 87. [...]
> I – políticas sociais básicas;

---

22 SÊDA, Edson. Art. 87. In: VERONESE, Josiane Rose Petry; SILVEIRA, Mayra; CURY, Munir (coord.). *Estatuto da Criança e do Adolescente comentado*: comentários jurídicos e sociais. 13. ed. rev. e atual. São Paulo: Malheiros, 2018, p. 554.

PARTE II – A REDE DE ATENDIMENTO

II – serviços, programas, projetos e benefícios de assistência social de garantia de proteção social e de prevenção e redução de violações de direitos, seus agravamentos ou reincidências; (Redação dada pela Lei n. 13.257/2016)

III – serviços especiais de prevenção e atendimento médico e psicossocial as vítimas de negligência, maus-tratos, exploração, abuso, crueldade e opressão e às crianças e aos adolescentes que tiverem qualquer dos pais ou responsáveis vitimado por grave violência ou preso em regime fechado[23];

IV – serviço de identificação e localização de pais, responsável, crianças e adolescentes desaparecidos;

V – proteção jurídico-social por entidades de defesa dos direitos da criança e do adolescente;

VI – políticas e programas destinados a prevenir ou abreviar o período de afastamento do convívio familiar e a garantir o efetivo exercício do direito à convivência familiar de crianças e adolescentes;

VII – campanhas de estímulo ao acolhimento sob a forma de guarda de crianças e adolescentes afastados do convívio familiar e a adoção, especificamente inter-racial, de crianças maiores ou de adolescentes, com necessidades específicas de saúde ou com deficiência e de grupos de irmãos[24].

As políticas sociais básicas de que trata o inciso I do dispositivo legal em análise são aquelas que representam a satisfação do mínimo necessário à existência digna do ser humano sendo, por conseguinte, destinadas a todas as crianças e aos adolescentes.

No dizer de Wilson Donizeti Liberati[25] são as "ações que representam a qualidade de vida de um povo e devem ser estendidas a toda a população", sendo, então, apontadas como de primeira necessidade ou de primeira linha.

Podem ser citadas como exemplos de políticas sociais básicas, entre outras, aquelas relacionadas à saúde, à educação, à profissionalização, à habitação, ao transporte, à cultura e ao lazer.

O inciso II do art. 87 do ECA, com o texto trazido pela Lei n. 13.257/2016, impõe como ação de política de atendimento a todas as crianças e adolescentes a criação de serviços, programas, projetos e benefícios de assistência social de garantia de proteção social e de prevenção e redução de violações de direitos, seus agravamentos ou reincidências.

Importante a compreensão deste inciso dentro do contexto da história recente da Assistência Social no Brasil, marcada por profundas e significativas mudanças deflagradas a partir da nova ordem constitucional. A Constituição de 88 conferiu

---

23 Nova redação dada pela Lei n. 14.987, de 25 de setembro de 2024.

24 Incisos VI e VII introduzidos pela Lei n. 12.010/2009.

25 LIBERATI, Wilson Donizeti. *Comentários ao Estatuto da Criança e do Adolescente*. 12. ed. São Paulo: Malheiros, 2015, p. 93.

à assistência social uma nova concepção: a de política pública de estado. Integrada ao Sistema de Seguridade Social, ao lado da saúde e da previdência, e regulamentada pela Lei Orgânica de Assistência Social (LOAS)[26], a assistência foi alçada ao patamar de direito do cidadão e dever do Estado, despindo-se, uma vez por todas, das vestes da caridade e do voluntarismo[27].

Os demais incisos, por sua vez, tratam de ações específicas, a serem desenvolvidas de forma prioritária pelos operadores do Sistema de Garantia dos Direitos, para crianças e adolescentes violadas em seus direitos e, por isso, em situação de risco.

Assim, são também linhas de ação da política de atendimento a criação de serviços especiais de prevenção e de atendimento médico e psicossocial às crianças ou adolescentes crianças vítimas de violência ou cujos pais ou responsáveis foram

---

26 Lei n. 8.742, de 7 de dezembro de 1993.

27 Desde então, importantes avanços foram alcançados rumo à afirmação da assistência como política pública e direito social. No ano de 2004, o Conselho Nacional de Assistência Social (CNAS) aprovou a Política Nacional de Assistência Social, responsável por traçar os princípios e as diretrizes para a implementação do Sistema Único de Assistência Social (SUAS). Nos últimos anos foram editadas a Norma Operacional Básica da Assistência Social (NOB/SUAS) e a Norma Operacional Básica de Recursos Humanos do SUAS (NOB-RH/SUAS), instrumentos que disciplinam, respectivamente, a gestão pública da Assistência Social e a gestão do trabalho no âmbito do novo sistema. Entre as inovações trazidas pelo novo sistema, está a classificação dos municípios em três níveis de gestão: Inicial, Básica e Plena. Outra novidade está na divisão das ações e dos serviços de assistência em duas categorias de atenção ao cidadão: Proteção Social Básica e Proteção Especial. A proteção social básica tem como objetivos prevenir situações de risco por meio do fortalecimento de vínculos familiares e comunitários, e do desenvolvimento de potencialidades dos indivíduos. A proteção especial, de caráter restaurativo, tem como alvo situações de risco ou de violações de direitos. Os serviços de proteção básica e especial encontram, respectivamente, nos Centros de Referência de Assistência Social (CRAS) e nos Centros de Referência Especializada em Assistência Social (CREAS), as suas unidades de execução e de organização e coordenação das redes locais. Embora dissolvido o Ministério de Desenvolvimento Social (MDS) em primeiro de janeiro de 2019, órgão previamente responsável pela supervisão de tais políticas, houve a manutenção dos serviços de proteção social, bem como sua execução pelos Centros de Referência – atualmente sob a direção do Ministério da Cidadania (MC), pasta a qual compila, além do Desenvolvimento Social, os extintos Ministérios da Cultura, do Esporte e do Trabalho.
Vale ressaltar a continuidade da gestão das políticas de proteção social em detrimento do deslocamento de atribuições, uma vez coordenado o MC pelo antigo Ministro do MDS no governo Temer, qual seja, o deputado federal Osmar Terra. Sua estrutura baseia-se na subdivisão interna, com o assessoramento de Secretaria Especial própria, instituída no dia seguinte a extinção do respectivo Ministério. Para aprofundamento do assunto, acesse o *site* do extinto Ministério do Desenvolvimento Social – MDS: <http://www.mds.gov.br>. Acesso em: 23 set. 2021 – para informações acerca de projetos anteriores; e <http://www.gov.br/cidadania/pt-br/composicao/orgaos-especificos/desenvolvimento-social> para novos direcionamentos na área.

PARTE II – A REDE DE ATENDIMENTO

vitimados por grave violência ou estão presos em regime fechado (inciso III)[28], serviços de identificação e localização de pais, responsável, crianças e adolescentes desaparecidos (inciso IV), a proteção jurídico-social por entidades de defesa dos direitos da criança e do adolescente (inciso V), políticas ou programas destinados a prevenir ou abreviar o período de afastamento do convívio familiar e a garantir o efetivo exercício do direito à convivência familiar de crianças e adolescentes (inciso VI) e campanhas de estímulo à guarda ou à adoção (inciso VII).

Tais ações devem ser implementadas, sempre, de forma articulada e integrada com os demais sistemas nacionais de operacionalização de políticas públicas, sejam estes de caráter geral, como o Sistema Único de Saúde (SUS) e o Sistema Único de Assistência Social (SUAS), sejam estes mais específicos, como o Sistema Nacional de Atendimento Socioeducativo (Sinase) ou o Sistema de Garantia de Direitos da Criança e do Adolescente vítima ou testemunha de violência.

Exemplo recente e reforço legislativo dessa necessidade de articulação é a norma constante do parágrafo único do art. 87, inserido pela Lei n. 14.548, de 13 de abril de 2023. De acordo com o novel dispositivo:

> Art. 87. [...]
> Parágrafo único. A linha de ação da política de atendimento a que se refere o inciso IV do *caput* deste artigo será executada em cooperação com o Cadastro Nacional de Pessoas Desaparecidas, criado pela Lei n. 13.812, de 16 de março de 2019, com o Cadastro Nacional de Crianças e Adolescentes Desaparecidos, criado pela Lei n. 12.127, de 17 de dezembro de 2009, e com os demais cadastros, sejam eles nacionais, estaduais ou municipais.

Não se pode perder de vista que crianças e o adolescente são seres indissociáveis de seu contexto familiar e sociocomunitário. Desta feita, o atendimento integral às suas necessidades somente se dará mediante políticas públicas ampliadas, integradas e articuladas, tendo a família, neste contexto, a referência central.

Nesse sentido, vale especial atenção para os incisos VI e VII do art. 87, inseridos pela Lei n. 12.010, de 29 de julho de 2009. Promulgada com o objetivo de aperfeiçoar a sistemática para garantia do direito à convivência familiar de crianças e adolescentes, a Lei n. 12.010/2009 fez inserir como ações indispensáveis à edificação da política de atendimento: a) políticas e programas de prevenção ou abreviação do período de afastamento do convívio da família e b) campanhas de estímulo ao acolhimento sob a forma de guarda e à adoção[29].

---

28 Destaque-se, neste inciso, a nova redação dada pela Lei n. 14.987, de 25 de setembro de 2024, para inclusão, como destinatários da norma, crianças e adolescentes que, embora não sendo vítimas diretas da violência, são impactados com situações envolvendo seus pais ou responsáveis.

29 O aperfeiçoamento dos Marcos Normativos e Regulatórios para a efetivação da promoção, proteção e defesa do direito à convivência familiar e comunitária no âmbito do

A iniciativa de contemplar, no âmbito normativo, políticas e programas destinados à promoção, proteção e defesa do direito de crianças e adolescentes à convivência familiar e comunitária, em suas mais variadas formas, é digna de nota e elogio. Ao privilegiar tais políticas, o legislador fortalece a compreensão de que família e comunidade exercem papel fundamental no crescimento e na formação de crianças e adolescentes, sendo a institucionalização a alternativa última e breve, quando da promoção e da defesa de seus direitos[30].

Sistema Único de Assistência Social (SUAS) e do Sistema de Garantia de Direitos (SGD) foi uma das ações estabelecidas no Plano Nacional de Promoção, Proteção e Defesa do Direito de Crianças e Adolescentes à Convivência Familiar e Comunitária. Este Plano, produto histórico da reflexão e da discussão de inúmeros atores comprometidos com a efetivação dos direitos infantojuvenis, foi aprovado, conjuntamente, pelo Conselho Nacional dos Direitos da Criança e do Adolescente (Conanda) e pelo Conselho Nacional de Assistência Social (CNAS), no ano de 2006, e prevê ações permanentes e de curto, médio e longo prazo para garantir efetivamente o direito de crianças e adolescentes à convivência familiar e comunitária, a serem implementadas até o ano de 2015.

30 Sobre o tema, vale ainda a transcrição do seguinte trecho do parecer da Comissão de Constituição, Justiça e Cidadania, sobre o Substitutivo da Câmara dos Deputados ao Projeto de Lei do Senado n. 314/2004, sobre a adoção, que culminou na referida alteração legislativa: "A constatação de que a imensa maioria das crianças e adolescentes abrigados tem família e não possui características próprias daqueles considerados adotáveis, ao menos por pessoas ou casais nacionais – seja porque tem idade superior a três anos, seja porque pertencem a grupos de irmãos ou apresentam alguma deficiência ou necessidade específica de saúde – exige revisão das normas legais e das políticas públicas adotadas pelo Brasil. Segundo dados do relatório do Instituto de Pesquisa Econômica Aplicada – IPEA, que efetuou levantamento nacional de abrigos para crianças e adolescentes no Brasil, em um total de 682 instituições atendendo a cerca de vinte mil crianças, foi possível concluir que, para a maioria dessas crianças, de nada adianta a simples modificação das disposições legais relativas à adoção, *sendo necessárias modificações mais profundas, que busquem explicitar o dever do Poder Público em todos os níveis, no sentido de elaborar e implementar políticas públicas destinadas a assegurar o efetivo exercício do direito à convivência familiar, em suas diversas formas*. Assim é que foram formuladas diversas alterações a vários dispositivos no Estatuto da Criança e do Adolescente, *que dizem respeito ao direito referido, com ênfase na necessidade de implementação de políticas públicas específicas, destinadas à orientação, apoio e promoção da família de origem da criança ou adolescente, que, por força do dispositivo do art. 226, caput, da Constituição Federal, tem direito à especial proteção por parte do Estado*" (grifos da transcrição). Parecer disponível em: <http://www.senado.gov.br/sf/atividade/default.asp>. Acesso em: 13 ago. 2018. Vale também especial referência, como mecanismo legislativo dedicado a assegurar o efetivo exercício do direito à convivência familiar, a aprovação da Lei n. 13.769, em 19 de dezembro de 2018. Ao modificar concomitantemente o Código de Processo Penal (Decreto-Lei n. 3.689/41), a Lei de Execução Penal (Lei n. 7.210/84) e a Lei de Crimes Hediondos (Lei n. 8.072/90), determina *"a substituição da prisão preventiva por prisão domiciliar da mulher gestante ou que for mãe ou responsável por crianças ou pessoas com deficiência"* (art. 1º), bem como requisitos para sujeitar-se à progressão de regime especial, mais célere (art. 3º da Lei

PARTE II – A REDE DE ATENDIMENTO

Também digna de elogio e nota foi a incorporação do Sinase – Sistema Nacional de Atendimento Socioeducativo – ao campo legislativo, o que se deu por meio da Lei n. 12.594/2012[31]. Assim agindo, reconheceu-se a necessidade de integrar ao Sistema de Garantia dos Direitos, de forma mais contundente, subsistema dedicado à previsão de normativas específicas para a política de atendimento de adolescentes em conflito com a lei, orientando a promoção de seus direitos por meio de ações e programas destinados a atuar nesses ambiente e público específicos.

Compreende-se como Sinase o conjunto ordenado de princípios, regras e critérios que envolvem a execução de medidas socioeducativas, incluindo-se nele, por adesão, os sistemas estaduais, distrital e municipais, bem como todos os planos, políticas e programas específicos de atendimento ao adolescente em conflito com a lei.

São exemplos de inovações legislativas trazidas pela Lei n. 12.594/2012 – Sinase: 1 – comando normativo destinado aos entes federativos para a criação de Planos Nacional, Estadual e Municipal de Atendimento Socioeducativo[32]; 2 – estabelecimento, aos Conselhos Nacional, Estadual e Municipal dos Direitos da Criança e do Adolescente, da atribuição de deliberar e controlar os respectivos sistemas de atendimento socioeducativo[33]; 3 – obrigatoriedade, aos Estados, ao Distrito Federal e aos Municípios de inscrição dos programas de atendimento e suas respectivas alterações nos Conselhos correspondentes[34], observando-se, quando da sua elaboração, os requisitos gerais constantes do arts. 11 a 17 da mencionada lei.

Importante observar a divisão de competências estabelecidas pela lei. É, assim, de responsabilidade da União a coordenação do Sinase e, por sua vez, dos Estados, Distrito Federal e Municípios a criação de seus respectivos sistemas, com a consequente implementação de programas de atendimento ao adolescente para quem será aplicada a medida socioeducativa[35].

Com a integração do Sinase à seara legislativa, são supridas algumas lacunas antes existentes na normatização da matéria, fazendo com que os programas voltados para esse segmento específico da sociedade passem a merecer especial olhar dos operadores do Sistema de Garantia dos Direitos.

Estabelecem-se na normatização desses programas lógica sistêmica e mecanismos de controle e de avaliação capazes de lhes conferir maior efetividade e, consequentemente, melhor responder aos anseios da sociedade.

---

n. 13.769, que altera dispositivos da LEP). Tal normativa ressalva, por óbvio, o crime cometido contra filho ou dependente, caso no qual não haverá qualquer benefício ou progressão excepcional.

31 V. art. 1º, § 1º, da Lei n. 12.594/2012.

32 V. art. 3º, II; art. 4º, II, e art. 5º, II, todos da Lei n. 12.594/2012.

33 V. art. 3º, §§ 2º e 3º; art. 4º, §§ 1º e 2º, e art. 5º, §§ 2º e 3º, todos da Lei n. 12.594/2012.

34 V. arts. 9º e 10 da Lei n. 12.594/2012.

35 V. art. 2º da Lei n. 12.594/2012.

Outras normativas específicas para as quais se deve chamar a atenção, na medida em que também integradas à política de atendimento de crianças e adolescentes, são a Lei n. 13.010, de 26 de junho de 2014, a Lei n. 13.431, de 4 de abril de 2017, e a Lei n. 14.344, de 24 de maio de 2022, todas editadas no propósito de reforçar o arcabouço normativo dedicado à proteção de crianças e adolescentes vítimas de violência[36].

A primeira, que tem como foco central o direito das crianças e dos adolescentes de serem educados e cuidados sem o uso de castigos físicos ou de tratamento cruel ou degradante, incorporou novo dispositivo – o art. 70-A – ao Estatuto da Criança e do Adolescente, no Título destinado às normas de prevenção. Assim, fixou novos comandos para a política de atendimento, determinando à União, aos Estados, ao Distrito Federal e aos Municípios a atuação de forma articulada na elaboração de políticas públicas e na execução de ações destinadas a coibir o uso de castigo físico ou de tratamento cruel ou degradante e a difundir formas não violentas de educação de crianças e de adolescentes.

A partir da edição dessa lei, foram instituídas como ações e diretrizes das políticas especialmente voltadas para a garantia do direito à educação e ao cuidado sem o uso de violência:

> Art. 70-A. [...]
>
> I – a promoção de campanhas educativas permanentes para a divulgação do direito da criança e do adolescente de serem educados e cuidados sem o uso de castigo físico ou de tratamento cruel ou degradante e dos instrumentos de proteção aos direitos humanos;
>
> II – a integração com os órgãos do Poder Judiciário, do Ministério Público e da Defensoria Pública, com o Conselho Tutelar, com os Conselhos de Direitos da Criança e do Adolescente e com as entidades não governamentais que atuam na promoção, proteção e defesa dos direitos da criança e do adolescente;
>
> III – a formação continuada e a capacitação dos profissionais de saúde, educação e assistência social e dos demais agentes que atuam na promoção, proteção e defesa dos direitos da criança e do adolescente para o desenvolvimento das competências necessárias à prevenção, à identificação de evidências, ao diagnóstico e ao enfrentamento de todas as formas de violência contra a criança e o adolescente;
>
> IV – o apoio e o incentivo às práticas de resolução pacífica de conflitos que envolvam violência contra a criança e o adolescente;

---

36 Complementando essas normas, no campo infralegal, vale mencionar o Decreto n. 9.603, de 10 de dezembro de 2018, que estabelece a criação de Comitês de Gestão Colegiada da Rede de Cuidado e de Proteção Social da Criança e do Adolescente Vítimas ou Testemunhas de Violência, preferencialmente no âmbito dos Conselhos de Direitos de Crianças e Adolescentes, e a Resolução Conanda n. 235, de 12 de maio de 2023, que estabelece aos Conselhos Estaduais, Distrital e Municipais dos Direitos da Criança e do Adolescente a obrigação de implantação de Comitês de Gestão Colegiada da Rede de Cuidado e Proteção Social das Crianças e Adolescentes Vítimas ou Testemunhas de Violência nas suas localidades.

PARTE II – A REDE DE ATENDIMENTO

V – a inclusão, nas políticas públicas, de ações que visem a garantir os direitos da criança e do adolescente, desde a atenção pré-natal, e de atividades junto aos pais e responsáveis com o objetivo de promover a informação, a reflexão, o debate e a orientação sobre alternativas ao uso de castigo físico ou de tratamento cruel ou degradante no processo educativo;

VI – a promoção de espaços intersetoriais locais para a articulação de ações e a elaboração de planos de atuação conjunta focados nas famílias em situação de violência, com participação de profissionais de saúde, de assistência social e de educação e de órgãos de promoção, proteção e defesa dos direitos da criança e do adolescente.

Já a Lei n. 13.431, de 4 de abril de 2017, popularmente conhecida como Lei do Depoimento sem Dano (ou Depoimento Especial), utilizando-se de técnica legislativa distinta da anteriormente citada, não promoveu alterações pontuais no Estatuto da Criança e do Adolescente, optando, assim, por inserir em seu corpo normativo verdadeiro sistema de garantia de direitos da criança e do adolescente vítima ou testemunha de violência, mediante a previsão de mecanismos destinados a prevenir ou a coibir a violência contra a população infantojuvenil, nas mais variadas formas descritas em seu art. $4^{\text{o}37}$.

---

37 São formas de violência descritas no art. 4° da Lei n. 13.431, de 4 de abril de 2017, sem prejuízo da tipificação das condutas criminosas: "I – violência física, entendida como a ação infligida à criança ou ao adolescente que ofenda sua integridade ou saúde corporal ou que lhe cause sofrimento físico; II – violência psicológica: a) qualquer conduta de discriminação, depreciação ou desrespeito em relação à criança ou ao adolescente mediante ameaça, constrangimento, humilhação, manipulação, isolamento, agressão verbal e xingamento, ridicularização, indiferença, exploração ou intimidação sistemática (bullying) que possa comprometer seu desenvolvimento psíquico ou emocional; b) o ato de alienação parental, assim entendido como a interferência na formação psicológica da criança ou do adolescente, promovida ou induzida por um dos genitores, pelos avós ou por quem os tenha sob sua autoridade, guarda ou vigilância, que leve ao repúdio de genitor ou que cause prejuízo ao estabelecimento ou à manutenção de vínculo com este; c) qualquer conduta que exponha a criança ou o adolescente, direta ou indiretamente, a crime violento contra membro de sua família ou de sua rede de apoio, independentemente do ambiente em que cometido, particularmente quando isto a torna testemunha; III – violência sexual, entendida como qualquer conduta que constranja a criança ou o adolescente a praticar ou presenciar conjunção carnal ou qualquer outro ato libidinoso, inclusive exposição do corpo em foto ou vídeo por meio eletrônico ou não, que compreenda: a) abuso sexual, entendido como toda ação que se utiliza da criança ou do adolescente para fins sexuais, seja conjunção carnal ou outro ato libidinoso, realizado de modo presencial ou por meio eletrônico, para estimulação sexual do agente ou de terceiro; b) exploração sexual comercial, entendida como o uso da criança ou do adolescente em atividade sexual em troca de remuneração ou qualquer outra forma de compensação, de forma independente ou sob patrocínio, apoio ou incentivo de terceiro, seja de modo presencial ou por meio eletrônico; c) tráfico de pessoas, entendido como o recrutamento, o transporte, a

474 CURSO DE DIREITO DA CRIANÇA E DO ADOLESCENTE

Dentre os mecanismos previstos nessa lei destacam-se não apenas a escuta especializada e o depoimento especial de crianças ou adolescentes vítimas de violência[38], mas também várias ações destinadas à integração das políticas já existentes, de modo a permitir o seu acolhimento e o seu atendimento de forma célere e integral. Nesse sentido é o art. 14 da lei, *in verbis*:

> Art. 14. As políticas implementadas nos sistemas de justiça, segurança pública, assistência social, educação e saúde deverão adotar ações articuladas, coordenadas e efetivas voltadas ao acolhimento e ao atendimento integral às vítimas de violência.
>
> § 1º As ações de que trata o caput observarão as seguintes diretrizes:
>
> I – abrangência e integralidade, devendo comportar avaliação e atenção de todas as necessidades da vítima decorrentes da ofensa sofrida;
>
> II – capacitação interdisciplinar continuada, preferencialmente conjunta, dos profissionais;
>
> III – estabelecimento de mecanismos de informação, referência, contrarreferência e monitoramento;
>
> IV – planejamento coordenado do atendimento e do acompanhamento, respeitadas as especificidades da vítima ou testemunha e de suas famílias;
>
> V – celeridade do atendimento, que deve ser realizado imediatamente – ou tão logo quanto possível – após a revelação da violência;
>
> VI – priorização do atendimento em razão da idade ou de eventual prejuízo ao desenvolvimento psicossocial, garantida a intervenção preventiva;
>
> VII – mínima intervenção dos profissionais envolvidos; e
>
> VIII – monitoramento e avaliação periódica das políticas de atendimento.
>
> § 2º Nos casos de violência sexual, cabe ao responsável da rede de proteção garantir a urgência e a celeridade necessárias ao atendimento de saúde e à produção probatória, preservada a confidencialidade.

Finalmente, nessa mesma lei, vale especial referência aos arts. 17, 19, 20 e 23, os quais preveem a possibilidade de os macrossistemas de Saúde, Assistência, Segurança Pública e Justiça instituírem, respectivamente, serviços, procedimentos,

---

transferência, o alojamento ou o acolhimento da criança ou do adolescente, dentro do território nacional ou para o estrangeiro, com o fim de exploração sexual, mediante ameaça, uso de força ou outra forma de coação, rapto, fraude, engano, abuso de autoridade, aproveitamento de situação de vulnerabilidade ou entrega ou aceitação de pagamento, entre os casos previstos na legislação; IV – violência institucional, entendida como a praticada por instituição pública ou conveniada, inclusive quando gerar revitimização; V – violência patrimonial, entendida como qualquer conduta que configure retenção, subtração, destruição parcial ou total de seus documentos pessoais, bens, valores e direitos ou recursos econômicos, incluídos os destinados a satisfazer suas necessidades, desde que a medida não se enquadre como educacional. (Incluído pela Lei n. 14.344, de 2022)".

38 Consulte-se, a respeito, os arts. 7º a 12 desta lei.

PARTE II – A REDE DE ATENDIMENTO

equipamentos e órgãos exclusivamente voltados a situações de violência infanto-juvenil, qualificando, assim, o atendimento a esse público específico.

A Lei n. 14.344, de 24 de maio de 2022, por sua vez, possui caráter nitidamente complementar àquelas que a precederam, sendo responsável pela recente criação de mecanismos específicos para a prevenção e o enfrentamento da violência contra crianças e adolescentes, quando esta ocorre no âmbito familiar ou doméstico[39].

Para tanto, acrescentou, no rol constante do art. 70-A do Estatuto da Criança e do Adolescente, mais ações a serem implementadas pela União, Estados, Distrito Federal e Municípios, quando da elaboração das políticas e programas destinados a coibir o uso de castigo físico ou tratamento cruel ou degradante ou propagar formas não violentas de educação de crianças e adolescentes, sendo estas:

[...]

VII – a promoção de estudos e pesquisas, de estatísticas e de outras informações relevantes às consequências e à frequência das formas de violência contra a criança e o adolescente para a sistematização de dados nacionalmente unificados e a avaliação periódica dos resultados das medidas adotadas;

VIII – o respeito aos valores da dignidade da pessoa humana, de forma a coibir a violência, o tratamento cruel ou degradante e as formas violentas de educação, correção ou disciplina;

IX – a promoção e a realização de campanhas educativas direcionadas ao público escolar e à sociedade em geral e a difusão desta Lei e dos instrumentos de proteção aos direitos humanos das crianças e dos adolescentes, incluídos os canais de denúncia existentes;

X – a celebração de convênios, de protocolos, de ajustes, de termos e de outros instrumentos de promoção de parceria entre órgãos governamentais ou entre estes e entidades não governamentais, com o objetivo de implementar programas de erradicação da violência, de tratamento cruel ou degradante e de formas violentas de educação, correção ou disciplina;

XI – a capacitação permanente das Polícias Civil e Militar, da Guarda Municipal, do Corpo de Bombeiros, dos profissionais nas escolas, dos Conselhos Tutelares e dos profissionais pertencentes aos órgãos e às áreas referidos no inciso II deste *caput*, para que identifiquem situações em que crianças e adolescentes vivenciam violência e agressões no âmbito familiar ou institucional;

XII – a promoção de programas educacionais que disseminem valores éticos de irrestrito respeito à dignidade da pessoa humana, bem como de programas de fortalecimento da parentalidade positiva, da educação sem castigos físicos e de ações de prevenção e enfrentamento da violência doméstica e familiar contra a criança e o adolescente;

---

39 Lei intitulada Henry Borel, em referência ao menino de 4 anos morto em 2021 após ser espancado no apartamento em que morava com a mãe e o padrasto, no Rio de Janeiro (RJ).

XIII – o destaque, nos currículos escolares de todos os níveis de ensino, dos conteúdos relativos à prevenção, à identificação e à resposta à violência doméstica e familiar.

Além disso, como mecanismos específicos para a assistência à criança e ao adolescente em situação de violência doméstica e familiar, previu, entre outras ações, a possibilidade de União, Distrito Federal, Estados e Municípios criarem e promoverem, no limite de suas atribuições: I – centros de atendimento integral e multidisciplinar; II – espaços para acolhimento familiar e institucional e programas de apadrinhamento; III – delegacias, núcleos de defensoria pública, serviços de saúde e centros de perícia médico-legal especializados; IV – programas e campanhas de enfrentamento da violência doméstica e familiar; V – centros de educação e de reabilitação para os agressores[40].

Importantes mecanismos de enfrentamento da violência doméstica e familiar contra a criança e o adolescente, previstos nessa novel legislação e inspirados no conteúdo da Lei n. 11.340, de 7 de agosto de 2006 (Lei Maria da Penha), também são a possibilidade de imediato afastamento do agressor do lar, do domicílio ou do local de convivência com a vítima, e, ainda, da aplicação, pela autoridade judicial, de medidas protetivas de urgência que estabelecem obrigações (de fazer ou não fazer) ao agressor ou de medidas protetivas de urgência à vítima criança ou adolescente[41].

Por fim, dentre as mais recentes modificações legislativas em promoção dos direitos humanos de crianças e adolescentes, cumpre destacar a Lei n. 13.798, de 3 de janeiro de 2019, a qual instituiu a Semana Nacional de Prevenção da Gravidez na Adolescência, que deve ocorrer anualmente na semana que incluir o dia 1º de fevereiro.

> Art. 8º-A. Fica instituída a Semana Nacional de Prevenção da Gravidez na Adolescência, ser realizada anualmente na semana que incluir o dia 1º de fevereiro, com o objetivo de disseminar informações sobre medidas preventivas e educativas que contribuam para a redução da incidência da gravidez na adolescência.
> Parágrafo único. As ações destinadas a efetivar o disposto no *caput* deste artigo ficarão a cargo do poder público, em conjunto com organizações da sociedade civil, e serão dirigidas prioritariamente ao público adolescente.

Esse dispositivo cria o dever do Poder Público de, durante a referida semana, engendrar ou divulgar políticas próprias com o fim de prevenir a erotização do público infantojuvenil, objetivando reduzir a gravidez na adolescência por meio da informação e assistência. Mira, outrossim, minguar a evasão escolar e a mortalidade materna, consequências eventuais da gestação na mocidade.

---

40 Consulte-se, a respeito, os arts. 6º a 10 da lei.

41 Os procedimentos para a aplicação das medidas protetivas de urgência estão descritos nos arts. 15 a 21 da lei.

PARTE II – A REDE DE ATENDIMENTO

A prescrita atuação, como determina o parágrafo único do art. 8º-A, deve ser conjunta da sociedade civil, reflexo da integração público-privada característica da proteção integral. Parece razoável, portanto, a projeção de que tais políticas não apenas serão direcionadas como delas devem participar a família e comunidade, a fim de proporcionar o contexto social adequado para que o adolescente possa desenvolver livremente todas as suas potencialidades.

Finalmente, vale aqui deixar o alerta de que pensar na implementação de políticas públicas não significa garantir, tão somente, a distribuição de bens ou serviços à população; significa permitir que tais bens e serviços viabilizem, sempre que possível, a emancipação social dos indivíduos, promovendo a sua cidadania e afirmando a sua dignidade.

É também importante não perder de vista que as políticas públicas "não são benesses, ou favores políticos. Há necessidade de superar os papéis tradicionais desempenhados pelas crianças, adolescentes e seus responsáveis de "meros clientes, consumidores ou pacientes" dessas políticas públicas, concebendo-os como sujeitos de direitos"[42].

Assim, partindo-se da concepção de que as crianças e os adolescentes e, consequentemente, suas respectivas famílias, devem ser o foco central das políticas públicas – destinadas a atender as suas necessidades, e não as de seus governantes, visto que instrumentos para a efetivação de direitos – o legislador estatutário preocupou-se em delinear diretrizes a serem cumpridas no processo de estruturação da nova política de atendimento.

2.2. As diretrizes da política de atendimento

As diretrizes esboçadas no art. 88 do ECA podem ser definidas como as diretivas ou conjunto de instruções que devem ser seguidos na elaboração e na implementação da política de atendimento.

Da mesma forma que as linhas de ação delineadas no art. 87 do ECA, tais diretrizes, mais do que simples instruções, são comandos normativos que devem ser cumpridos pelos operadores do estatuto, objetivando a concretização do novo modelo de atendimento preconizado pelo legislador.

De acordo com o art. 88 do ECA, são diretrizes da política de atendimento a:

> Art. 88. [...]
> I – municipalização do atendimento;
> II – criação de conselhos municipais, estaduais e nacional dos direitos da criança e do adolescente, órgãos deliberativos e controladores das ações em todos os

---

42   FERREIRA, Luiz Antonio Miguel. *O papel do Ministério Público na política de atendimento à criança e ao adolescente.* Disponível em: <www.abmp.org.br/publicacoes/Portal_ABMP_Publicação_471.doc>. Acesso em: 21 nov. 2005, p. 4 e s.

níveis, assegurada a participação popular paritária por meio de organizações representativas, segundo leis federal, estaduais e municipais;

III – criação e manutenção de programas específicos, observada a descentralização político-administrativa;

IV – manutenção de fundos nacional, estaduais e municipais vinculados aos respectivos conselhos dos direitos da criança e do adolescente;

V – integração operacional de órgãos do Judiciário, do Ministério Público, Defensoria, Segurança Pública e Assistência Social, preferencialmente em um mesmo local, para efeito de agilização do atendimento inicial a adolescente a que se atribua autoria de ato infracional;

VI – integração operacional de órgãos do Judiciário, Ministério Público, Defensoria, Conselho Tutelar, encarregados da execução das políticas sociais básicas e de assistência social, para efeito de agilização do atendimento de crianças e de adolescentes inseridos em programas de acolhimento familiar ou institucional, com vista à sua rápida reintegração à família de origem ou, se tal solução se mostrar comprovadamente inviável, sua colocação em família substituta, em quaisquer das modalidades previstas no art. 28 desta Lei;

VII – mobilização da opinião pública para a indispensável participação dos diversos segmentos da sociedade;

VIII – especialização e formação continuada dos profissionais que trabalham nas diferentes áreas da atenção à primeira infância, incluindo os conhecimentos sobre direitos da criança e sobre desenvolvimento infantil; (Redação dada pela Lei n. 13.257/2016)

IX – formação profissional com abrangência dos diversos direitos da criança e do adolescente que favoreça a intersetorialidade no atendimento da criança e do adolescente e seu desenvolvimento integral; (Redação dada pela Lei n. 13.257/2016)

X – realização e divulgação de pesquisas sobre desenvolvimento infantil e sobre prevenção da violência. (Redação dada pela Lei n. 13.257/2016)

A primeira diretriz traçada pelo art. 88 do ECA reside na municipalização do atendimento, que surge como corolário da descentralização político-administrativa propagada pela nova carta constitucional.

Municipalizar o atendimento consiste em confirmar o poder de decisão – e, consequentemente, a responsabilidade – do Município e da comunidade na estruturação da política de atendimento local. Não significa, logicamente, exonerar os demais entes federativos de qualquer obrigação em relação ao setor infantojuvenil; à União e aos Estados compete a coordenação e a complementação da política de atendimento naquilo que ultrapassar as possibilidades dos Municípios:

A respeito do tema, vale a transcrição da sempre douta lição de Edson Sêda ao afirmar que:

> Assumindo sua condição de adulto, o município brasileiro assume a contrapartida desta maioridade, que são os deveres de toda pessoa, individual ou coletiva, para com os que dela dependem. Enquanto era tratado como mera unidade

PARTE II – A REDE DE ATENDIMENTO

administrativa do Estado, o Município sempre pôde, como as crianças, jogar a solução de problemas para os que os tutelavam: o Estado e a União. Agora, com a Constituição, a União, o Estado e o município são entidades autônomas e solidárias no encaminhamento dos destinos do Brasil e dos brasileiros. A Constituição é o *grande contrato* que a sociedade brasileira firmou, distribuindo responsabilidades para cada uma destas esferas da realidade nacional. O município se governará em função dos interesses dos munícipes, seus habitantes, captando recursos e tomando decisões públicas em relação às questões que lhe são afetas. O Estado fará a mesma coisa na defesa dos interesses dos municípios que o compõem. E a União governará os assuntos que realizam aspirações comuns a todos os brasileiros, respeitadas as peculiaridades dos Estados e dos Municípios[43].

Tendo como base a repartição de competências constitucionalmente estabelecidas, é possível, então, afirmar, genericamente, que à União cabe a coordenação global da política de atendimento e a definição das normas gerais de ação[44], aos Estados, a coordenação da política de maneira complementar à União e a execução de políticas que extrapolem a capacidade dos Municípios e, finalmente, aos Municípios, a coordenação da política em nível local e a execução direta de políticas e programas de atendimento em sua maioria.

A principal consequência disso, como bem alerta Felício Pontes Jr.[45], está em que

> a União não pode, de forma alguma, elaborar e executar programas que visem ao atendimento dos direitos infantojuvenis sob pena de ferir o princípio constitucional da descentralização político-administrativa e o princípio estatutário da municipalização. Constata-se, assim, que a função primordial atribuída à União não está na elaboração e execução de projetos que visem ao atendimento dos direitos de crianças e adolescentes, e sim no repasse dos recursos técnicos e financeiros aos Estados e municípios, os quais formularão a política social para a infantoadolescência por meio dos respectivos Conselhos de Direitos.

Os argumentos ora expostos são reforçados pela norma de transição constante do art. 261, parágrafo único, do ECA, segundo a qual, instituídos os Conselhos dos Direitos da Criança e do Adolescente, órgãos responsáveis pelo estabelecimento da política de atendimento em nível local, estará a União autorizada a repassar as verbas aos Estados e Municípios[46].

---

43 SÊDA, Edson. *Brasil, criança, urgente...*, p. 54 e s.

44 A exemplo das diretrizes traçadas no Plano Nacional de Promoção, Proteção e Defesa do Direito de Crianças e Adolescentes à Convivência Familiar e Comunitária, elaborado e aprovado pelo Conanda e pelo CNAS, em 13 de dezembro de 2006, e, ainda, do Sinase, aprovado pelo Conanda no dia 8 de junho de 2006 e incorporado ao âmbito legislativo na Lei n. 12.594/2012.

45 PONTES JUNIOR, Felício. Op. cit., p. 14.

46 Cumpre observar que o papel dos entes federativos, em especial, da União, na política de atendimento infantojuvenil é também objeto da Resolução n. 113, de 19 de abril de

A diretriz seguinte, indicada no inciso II do art. 88 do ECA, impõe a criação dos Conselhos dos Direitos da Criança e do Adolescente, órgãos responsáveis pela deliberação e controle das ações relacionadas à política de atendimento, em todos os níveis da federação.

Os conselhos dos direitos materializam o já citado comando constitucional de participação popular na definição e no controle das políticas públicas, sendo instrumentos, por excelência, de exercício da democracia participativa em matéria infantojuvenil. É por intermédio dos Conselhos dos Direitos da Criança e do Adolescente que a sociedade participa, em parceria com o Poder Público, da gestão da política de atendimento, deliberando políticas de proteção especial e controlando as suas diversas ações.

Em razão de sua relevância e por integrarem o rol de instituições responsáveis pela operacionalização do sistema de garantias, serão objeto de estudo mais aprofundado em capítulo próprio.

Outra diretriz que compõe o rol do art. 88 do ECA consiste na criação e na manutenção de programas específicos, observada a descentralização político-administrativa.

Os programas mencionados no inciso III podem ter natureza protetiva ou socioeducativa, sendo o seu planejamento e sua execução de responsabilidade do Poder Executivo, por intermédio de alguma de suas secretarias (ex.: Assistência Social, Saúde, Educação, Trabalho, Segurança etc.), ou das entidades de atendimento – governamentais ou não governamentais – reguladas nos arts. 90 e s. da lei.

Visam a atender, de forma especial, situações peculiares de crianças e adolescentes, observadas as especificidades e diferentes características regionais, estaduais e municipais. São exemplos de programas específicos aqueles voltados a crianças ou adolescentes em situação de rua, usuários de substâncias que causam dependência química, vítimas de exploração sexual ou de violência doméstica, entre outros.

2006, do Conanda, que dispõe sobre os parâmetros para a institucionalização e fortalecimento do Sistema de Garantia dos Direitos da Criança e do Adolescente. De acordo com o art. 28 da resolução, incumbe à União: I – elaborar os Planos Nacionais de Proteção de Direitos Humanos e de Socioeducação, em colaboração com os estados, o Distrito Federal e os municípios; II – prestar assistência técnica e financeira aos estados, ao Distrito Federal e aos municípios para o desenvolvimento de seus sistemas de proteção especial de direitos e de atendimento socioeducativo, no exercício de sua função supletiva; III – colher informações sobre a organização e funcionamento dos sistemas, entidades e programas de atendimento e oferecer subsídios técnicos para a qualificação da oferta; IV – estabelecer diretrizes gerais sobre as condições mínimas das estruturas físicas e dos recursos humanos das unidades de execução; e V – instituir e manter processo nacional de avaliação dos sistemas, entidades e programas de atendimento.

PARTE II – A REDE DE ATENDIMENTO

481

Importa observar que o legislador estatutário impôs a necessidade de respeito ao princípio da descentralização político-administrativa na criação e na manutenção destes programas. Assim, reforçado o mandamento constitucional no sentido de observar os espaços de competência da nova política de atendimento, e, sempre que necessário, redesenhar o papel e a escala social de organização dos serviços, de modo a facilitar a transferência das ações para territórios mais próximos da população e viabilizar a distribuição mais equitativa dos recursos financeiros e operacionais, entre os diversos entes federativos.

Também constitui diretriz da nova política de atendimento, assinalada no inciso V do art. 88 do ECA, a integração operacional dos órgãos responsáveis pelo atendimento ao adolescente a quem se atribua a autoria de ato infracional.

O termo atendimento aqui empregado deve ser compreendido de forma ampla, de modo a abranger desde o primeiro momento em que ao adolescente é atribuída a prática do ato infracional até o final do processo de execução da medida socioeducativa. No primeiro contato do adolescente com o sistema, é fundamental que os órgãos do Sistema de Justiça funcionem de forma integrada e ágil, de modo a permitir que os direitos individuais e garantias processuais que lhe são conferidos por lei sejam observados desde o primeiro instante.

Como bem ensina Wilson Donizeti Liberati[47] a diretriz em apreço:

> [...] tem sua razão de ser na avaliação dos novos métodos de atendimento ao adolescente quando considerado autor de ato infracional. Dentre esses novos métodos está a agilização do atendimento inicial, que deverá contar com técnicos capazes para operar essa nova política e, ao mesmo tempo, promover a defesa dos direitos daquele adolescente. Com a colocação, em um mesmo lugar, da Delegacia de Defesa, do Juizado, do Ministério Público, Defensoria e Assistência Social, o atendimento será rápido, digno, e apresentará bons resultados, evitando que o jovem seja transportado para inúmeros locais onde tenha que ser atendido.

Logicamente, esta integração operacional de que trata a lei não se esgota no atendimento inicial do adolescente nos órgãos da Justiça e no processo de conhecimento. Quando da execução da medida socioeducativa, é fundamental que haja interlocução entre estes órgãos e a entidade responsável pela execução do programa de atendimento. É também essencial que estas entidades se articulem com as demais políticas setoriais, as quais darão o suporte necessário para as atividades que serão desenvolvidas no processo de ressocialização do adolescente em conflito com a lei.

Somente com esta integração operacional é que se garantirá o sucesso do Plano Individual de Atendimento (PIA), instrumento de previsão, registro e gestão das atividades a serem desenvolvidas com o adolescente, cuja elaboração é de respon-

---

47   LIBERATI, Wilson Donizeti. Op. cit., p. 98.

sabilidade da entidade de atendimento, mas que deve ser submetido ao crivo e controle do Poder Judiciário, Ministério Público e defensor[48].

O inciso VI do art. 88, por sua vez, trata da necessária integração operacional dos órgãos do Sistema de Justiça (Judiciário, Ministério Público e Defensoria), Conselho Tutelar e daqueles encarregados da execução de políticas básicas e de assistência, com vistas à consecução de dois objetivos: a agilização do atendimento de crianças e adolescentes inseridos em programas de acolhimento familiar ou institucional e, consequentemente, a sua rápida reintegração familiar ou, na impossibilidade, inserção em família substituta.

A inclusão do referido dispositivo pela Lei n. 12.010/2009 eliminou a omissão legislativa existente em relação às crianças e aos adolescentes afastados do convívio familiar, não em razão da prática de ato infracional, mas em função da aplicação da medida protetiva de abrigo – hoje denominada acolhimento institucional.

Apesar da mencionada integração entre os diversos atores do Sistema de Garantia dos Direitos ser decorrência lógica do sistema, este comando explícito veio em boa hora, já que o afastamento do convívio familiar – seja em virtude da prática de ato infracional, seja como efeito da aplicação de medida protetiva – sempre teve como princípios norteadores a excepcionalidade e a provisoriedade[49].

As distorções encontradas na prática justificam essa providência legislativa, que torna clara e manifesta a necessidade de todos – Judiciário, Ministério Público, Defensoria Pública, Conselhos Tutelares, Poder Executivo e Organizações não governamentais – desempenharem ativamente as suas respectivas tarefas e responsabilidades, traçando estratégias conjuntas e articuladas de ações capazes de abreviar, ao máximo, o período de afastamento de determinada criança ou adolescente da família, e, sem prejuízo, exigindo ou adotando as necessárias providências para o seu retorno ao lar ou, sendo isto comprovadamente inviável, a sua colocação em família substituta.

Para tanto, indispensável a manifestação da criança e do adolescente no momento de ingresso no Sistema, na linha do estabelecido no art. 100, parágrafo

---

48 De acordo com os arts. 52 e 53 da Lei n. 12.594/2012, a qual dispõe sobre o processo de execução de medidas socioeducativas, o cumprimento das medidas em regime de prestação de serviços à comunidade, liberdade assistida, semiliberdade ou internação dependerá de Plano Individual de Atendimento (PIA). Devem constar, minimamente, deste plano: os resultados da avaliação interdisciplinar do adolescente; os objetivos por ele declarados; as atividades de integração social ou capacitação profissional que estão programadas; as atividades de integração e apoio à família; as formas de participação da família para efetivo cumprimento do plano individual; e as medidas específicas de atenção à sua saúde.

49 Na redação original, estabelecia o art. 101, parágrafo único, do ECA que: "O abrigo é medida provisória e excepcional, utilizável como forma de transição para a colocação em família substituta, não implicando privação de liberdade".

PARTE II – A REDE DE ATENDIMENTO

único, incisos XI e XII do ECA. Acerca do atendimento a ser prestado pelos órgãos e entidades do Sistema de Garantia de Direitos e enfatizando a importância da implementação do princípio da privacidade e da oitiva e participação, o Conanda editou a Resolução n. 169, de 13 de novembro de 2014. Em seus arts. 1º e 2º, este ato normativo define o atendimento e estabelece os meios e modos de o Sistema proporcionar à criança e ao adolescente a oportunidade de expressar livremente as suas opiniões e demandas sobre assuntos a eles relacionados.

O art. 88, VII, do ECA instrui os órgãos responsáveis pelo manuseio da política de atendimento a criarem instrumentos de mobilização da opinião pública, visando à participação de diversos segmentos da sociedade em sua formulação.

Como já se teve a oportunidade de explanar, a nova política de atendimento tem como um de seus pilares a participação popular. É, no entanto, evidente que a participação da sociedade jamais será completa sem que seus segmentos mais expressivos se apropriem de seu papel, pelo que a estratégia de mobilização da opinião pública é indispensável no processo de estruturação desta nova política.

A mobilização da opinião pública poderá ocorrer, por exemplo, por meio de campanhas informativas de ampla divulgação nos principais meios de comunicação, distribuição de cartilhas a respeito do Estatuto da Criança e do Adolescente nas escolas, centros comunitários e associação de moradores, ou ainda mediante a promoção de palestras ou grupos de discussão a respeito de temas sensíveis atrelados à realidade da população infantojuvenil de cada localidade.

Outra diretiva delineada no art. 88 do ECA, prevista no inciso IV, é a criação, bem como a manutenção de Fundos Nacional, Estaduais e Municipais, vinculados aos respectivos Conselhos dos Direitos da Criança e do Adolescente. Tais Fundos, em razão da sua relevância, terão suas linhas mestras traçadas de forma destacada, a seguir.

Com o advento da Lei n. 13.257/2016, foram acrescidas três novas diretrizes na política de atendimento direcionadas para a primeira infância, considerando as especificidades e peculiaridades desta faixa etária, quais sejam: VIII – especialização e formação continuada dos profissionais que trabalham nas diferentes áreas da atenção à primeira infância, incluindo os conhecimentos sobre direitos da criança e sobre desenvolvimento infantil; IX – formação profissional com abrangência dos diversos direitos da criança e do adolescente que favoreça a intersetorialidade no atendimento da criança e do adolescente e seu desenvolvimento integral; X – realização e divulgação de pesquisas sobre desenvolvimento infantil e sobre prevenção da violência.

3. OS FUNDOS DOS DIREITOS DA CRIANÇA E DO ADOLESCENTE

3.1. Introdução

A imposição legal da criação dos Fundos dos Direitos da Criança e do Adolescente – ou Fundos da Infância e da Adolescência (FIA), como também são conhecidos –

representa uma das inovações estabelecidas pelo legislador quando da eleição das diretrizes que regem a construção da nova política de atendimento.

O estudo dos fundos dos direitos da criança e do adolescente deve ser iniciado partindo da compreensão do que são os fundos especiais.

Os fundos especiais são parcelas de recursos financeiros recebidos pelo Poder Público, que são destacados para a consecução de determinados objetivos, segundo princípios e regras próprios. São conceituados, legalmente, como "produtos de receitas específicas que, por lei, se vinculam à realização de determinados objetivos ou serviços, facultada a adoção de normas peculiares de aplicação"[50].

A admissão dos fundos representa exceção ao princípio geral de direito financeiro segundo o qual todos os recursos financeiros devem ingressar nos cofres públicos por uma única via, qual seja, a Fazenda Pública, sendo, a partir disso, distribuídos de acordo com a escala de prioridades dos governantes. As receitas dos fundos especiais, diversamente das demais, são alocadas em conta própria e somente podem ser aplicadas na aquisição de bens ou realização de serviços previamente definidos, não se admitindo a sua utilização para a aquisição de produtos desvinculados das normas específicas de gestão[51].

Os fundos especiais têm como fundamento a necessidade de tornar certa a destinação de recursos financeiros para áreas entendidas como de especial relevância, e ainda facilitar a captação e, de certo modo, a aplicação destes recursos.

Na doutrina de Afonso Armando Konzen[52]

> O fundo é um facilitador de captação de recursos extraordinários e, em consequência, facilitador dessa receita, desse recurso extraordinário. [...] A van-

---

50 Este é o conceito do art. 71 da Lei n. 4.320/64, destinada a instituir normas gerais de Direito Financeiro para a elaboração e o controle dos orçamentos e balanços da União, dos Estados, dos Municípios e do Distrito Federal. Recomenda-se, para aprofundamento do tema dos Fundos dos Direitos da Criança e do Adolescente, inclusive sob as óticas financeira e orçamentária, a consulta a relevante material produzido pelo Conselho Nacional do Ministério Público, por intermédio da sua Comissão da Infância, Juventude e Educação (CIJE), intitulado "Orientações sobre Orçamento e Fundos dos Direitos da Criança e do Adolescente", disponível no sítio eletrônico <https://www.cnmp.mp.br/portal/publicacoes>. Acesso em: 4 set. 2022.

51 Daí a afirmação corrente da doutrina especializada na matéria no sentido de que os fundos representam exceção ao princípio da unidade de tesouraria de que trata o art. 56 da Lei n. 4.320/64.

52 KONZEN, Afonso Armando. Aspectos teóricos e implicações jurídico-administrativas na implementação dos Fundos dos Direitos da Criança e do Adolescente. *Revista Igualdade* – Revista Trimestral do Centro de Apoio Operacional das Promotorias da Criança e do Adolescente, Curitiba, n. V, p. 1 – XX, out./dez. 1994. Disponível em: <http://www.crianca.mppr.mp.br/modules/conteudo/conteudo.php?conteudo=6>. Acesso em: 3 out. 2021.

PARTE II – A REDE DE ATENDIMENTO

tagem do fundo especial consiste na relativa autonomia que tem, como forma especial de arrecadação. Nada mais do que isso. É também, de ter, em consequência, previamente definido o destino desse recurso. É um facilitador de arrecadação, porque é incentivador de arrecadações extraordinárias. Um instrumento para que se possa, extraordinariamente, fora as receitas comuns derivadas dos impostos, taxas ou outras formas de arrecadação, auferir recursos para um fim específico.

Traçadas essas considerações introdutórias, torna-se claro o motivo pelo qual a criação de fundos especiais dos direitos das crianças e dos adolescentes foi escolhida como uma das diretrizes da nova política de atendimento; decerto, não poderia o legislador prescindir de ferramenta capaz de multiplicar as possibilidades de alocação de recursos para a execução de políticas voltadas à população infantojuvenil, notadamente, para as políticas de proteção especial.

3.2. Definição

Os Fundos Especiais dos Direitos da Criança e do Adolescente ou Fundos da Infância e da Adolescência (FIA) são compreendidos, de forma genérica, como

> recursos destinados ao atendimento das políticas, programas e ações voltados para o atendimento dos direitos de crianças e dos adolescentes, distribuídos mediante deliberação dos Conselhos de Direitos nos diferentes níveis de governo (União, Estados e Municípios)[53].

Utilizando como ponto de partida o conceito técnico dos fundos especiais, os fundos dos direitos das crianças e dos adolescentes podem ser definidos como aportes de recursos financeiros constituídos de receitas específicas e aplicados na aquisição de bens e na execução de serviços diretamente vinculados à política de atendimento da população infantojuvenil, com base em plano de ação elaborado pelos Conselhos de Direitos, observadas as normas da legislação própria de cada ente federativo.

É importante notar, desde logo, que os Fundos são uma unidade orçamentária, e, portanto, não são dotados de personalidade jurídica própria. Não é por outro motivo que os Fundos estão vinculados aos Conselhos de Direitos e, em regra, têm sua administração delegada a órgão do Poder Executivo, conforme será visto adiante[54].

---

53 *Conselhos e fundos municipais dos direitos da criança e do adolescente passo a passo.* Guia elaborado pelo Ministério Público do Estado de Minas Gerais como estratégia de ação no Projeto "Minas de bons conselhos". Disponível em: <http://www.dominiopublico. gov.br/download/texto/fa000006.pdf>. Acesso em: 3 out. 2021.

54 Note-se que tal característica não desonera a inscrição destes fundos no Cadastro Nacional da Pessoa Jurídica – CNPJ, exigência que consta do art. 4º, inciso 10, da Instrução Normativa RFB n. 1.863, de 27 de dezembro de 2018.

3.3. Disciplina legal

Os Fundos dos Direitos da Criança e do Adolescente têm suas normas de funcionamento indicadas, genericamente, nos arts. 165 *usque* 169, da CF/88, na Lei n. 4.320/64 – notadamente, nos arts. 71 *usque* 74 –, na Lei n. 8.666/93, bem assim nos arts. 88, IV, 154, 214 e 260 *usque* 260-L do ECA[55].

As disposições constitucionais anteriormente mencionadas, a Lei n. 4.320/64 e a Lei n. 8.666/93 contêm normas gerais atinentes à administração de recursos financeiros públicos, aplicáveis a qualquer modalidade de Fundo Especial; todo fundo especial está subordinado, por exemplo, ao princípio da universalidade orçamentária, ou ainda, às normas de licitação e contratos administrativos[56].

O Estatuto da Criança e do Adolescente, por sua vez, estabelece normas específicas, referentes aos Fundos Nacional, Estaduais e Municipais dos Direitos da Criança e do Adolescente.

O art. 88, IV, do ECA os subordina diretamente aos respectivos Conselhos dos Direitos; os arts. 154 e 214 determinam a reversão dos valores das multas aplicadas pelo Juiz da Infância e da Juventude ao Fundo gerido pelo Conselho Municipal dos Direitos da Criança e do Adolescente.

O art. 260 da lei, além de indicar a possibilidade de dedução dos valores doados aos Fundos no imposto de renda[57], determina, no § 2º, que os Conselhos dos Direitos fixem os critérios para a utilização dos recursos financeiros provenientes das doações subsidiadas e demais receitas[58]. Finalmente, os arts. 260-A a 260-L estabe-

---

55 Os arts. 260-A a 260-L foram inseridos pela Lei n. 12.594/2012.

56 V. art. 165, § 5º, III, da CF/88, e art. 1º, parágrafo único, da Lei n. 8.666/93.

57 Art. 260. Os contribuintes poderão efetuar doações aos Fundos dos Direitos da Criança e do Adolescente nacional, distrital, estaduais ou municipais, devidamente comprovadas, sendo essas integralmente deduzidas do imposto de renda, obedecidos os seguintes limites: I – 1% (um por cento) do imposto sobre a renda devido apurado pelas pessoas jurídicas tributadas com base no lucro real; e   II – 6% (seis por cento) do imposto sobre a renda apurado pelas pessoas físicas na Declaração de Ajuste Anual, observado o disposto no art. 22 da Lei n. 9.532, de 10 de dezembro de 1997.

58 Art. 260. [...]
§ 1º-A. Na definição das prioridades a serem atendidas com os recursos captados pelos fundos nacional, estaduais e municipais dos direitos da criança e do adolescente, serão consideradas as disposições do Plano Nacional de Promoção, Proteção e Defesa do Direito de Crianças e Adolescentes à Convivência Familiar e Comunitária e as do Plano Nacional pela Primeira Infância.
§ 2º Os Conselhos Municipais, Estaduais e Nacional dos Direitos da Criança e do Adolescente fixarão critérios de utilização, através de planos de aplicação das doações subsidiadas e demais receitas, aplicando necessariamente percentual para incentivo ao acolhimento, sob a forma de guarda, de criança ou adolescente, órfãos ou abandonado, na forma do disposto no art. 227, § 3º, VI, da Constituição Federal.

PARTE II – A REDE DE ATENDIMENTO

lecem regras de cunho operacional que estimulam as doações e pretendem conferir maior transparência à aplicação das verbas.

Cumpre salientar que cabe à União, aos Estados, ao Distrito Federal e aos Municípios elaborar leis destinadas à criação e à normatização dos respectivos Fundos, respeitadas as normas gerais anteriormente mencionadas. O Fundo Nacional dos Direitos da Criança e do Adolescente, por exemplo, está previsto na Lei n. 8.242/91 e regulamentado no Dec. n. 1.196/94[59].

Por fim, cabe registrar que, com a promulgação do Marco da Primeira Infância – Lei n. 13.257/2016, o art. 260 do ECA passou a prever diretrizes específicas voltadas para essa parcela da população infantil, relacionadas aos Fundos, quais sejam: "§ 1º-A. Na definição das prioridades a serem atendidas com os recursos captados pelos fundos nacional, estaduais e municipais dos direitos da criança e do adolescente, serão consideradas as disposições do Plano Nacional de Promoção, Proteção e Defesa do Direito de Crianças e Adolescentes à Convivência Familiar e Comunitária e as do Plano Nacional pela Primeira Infância" e "§ 2º Os conselhos nacional, estaduais e municipais dos direitos da criança e do adolescente fixarão critérios de utilização, por meio de planos de aplicação, das dotações subsidiadas e demais receitas, aplicando necessariamente percentual para incentivo ao acolhimento, sob a forma de guarda, de crianças e adolescentes e para programas de atenção integral à primeira infância em áreas de maior carência socioeconômica e em situações de calamidade".

---

§ 2º-A. O contribuinte poderá indicar o projeto que receberá a destinação de recursos, entre os projetos aprovados por conselho dos direitos da criança e do adolescente.

§ 2º-B. É facultado aos conselhos chancelar projetos ou banco de projetos, por meio de regulamentação própria, observadas as seguintes regras:

I – a chancela deverá ser entendida como a autorização para captação de recursos por meio dos Fundos dos Direitos da Criança e do Adolescente com a finalidade de viabilizar a execução dos projetos aprovados pelos conselhos;

II – os projetos deverão garantir os direitos fundamentais e humanos das crianças e dos adolescentes;

III – a captação de recursos por meio do Fundo dos Direitos da Criança e do Adolescente deverá ser realizada pela instituição proponente para o financiamento do respectivo projeto;

IV – os recursos captados serão repassados para a instituição proponente mediante formalização de instrumento de repasse de recursos, conforme a legislação vigente;

V – os conselhos deverão fixar percentual de retenção dos recursos captados, em cada chancela, que serão destinados ao Fundo dos Direitos da Criança e do Adolescente;

VI – o tempo de duração entre a aprovação do projeto e a captação dos recursos deverá ser de 2 (dois) anos e poderá ser prorrogado por igual período;

VII – a chancela do projeto não deverá obrigar seu financiamento pelo Fundo dos Direitos da Criança e do Adolescente, caso não tenha sido captado valor suficiente.

59 No Estado do Rio de Janeiro o Fundo Estadual dos Direitos da Criança e do Adolescente foi criado pela Lei n. 1.697, de 22 de agosto de 1990, e o Fundo Municipal, pela Lei n. 1.873, de 29 de maio de 1992.

Igualmente fixando diretrizes específicas para a definição dos critérios para aplicação dos recursos dos Fundos, o art. 31 da Lei n. 12.594/2012 (Sistema Nacional de Atendimento Socioeducativo) estabelece que os Conselhos de Direitos, nas três esferas de governo, definirão, anualmente, o percentual de recursos dos Fundos dos Direitos da Criança e do Adolescente a serem aplicados no financiamento das ações previstas nesta Lei, em especial para capacitação, sistemas de informação e de avaliação.

3.4. A organização essencial

a) A criação, a gestão e a administração dos Fundos

Como já afirmado anteriormente, os fundos municipais, estaduais e nacional dos direitos da criança e do adolescente são instituídos por leis de iniciativa das chefias dos respectivos Poderes Executivos, aos quais competirá, também, a edição de decretos ou portarias com o objetivo de regulamentar o seu funcionamento.

O arcabouço normativo destinado à disciplina do Fundo terá a feição que melhor aprouver ao ente federativo responsável pela sua criação; entretanto, deverá ser composto, necessariamente, de regras que indiquem a origem e a destinação das receitas que irão integrá-lo, assim como de dispositivos de natureza instrumental, entre estes, a indicação do órgão responsável pela sua administração contábil.

A gestão dos Fundos é função exclusiva dos Conselhos dos direitos da criança e do adolescente, assertiva que decorre da combinação das normas espelhadas nos arts. 88, IV, 214, 260 e 260-I do ECA[60], não sendo possível à legislação especial estabelecer de forma diversa.

Como será possível estudar de forma mais aprofundada adiante, são os Conselhos dos direitos órgãos deliberativos e controladores das ações das políticas de atendimento, em todos os níveis da federação; daí por que são estes os órgãos eleitos pelo legislador para gerir os Fundos dos direitos da criança e do adolescente, trabalho que consiste, sobretudo, no delineamento das diretrizes para a aplicação de seus recursos e no controle das atividades do Poder Executivo a estes relacionadas.

Entre as atribuições atinentes à gestão dos fundos, vale destaque para a tarefa de elaboração dos planos de ação e de aplicação.

---

60 Como dito, o art. 88, IV, do ECA institui como uma das diretrizes da política de atendimento "a manutenção dos fundos nacional, estaduais e municipais *vinculados* aos respectivos conselhos dos direitos da criança e do adolescente" (grifo nosso). O art. 260, § 2º, da mesma lei, com texto atualizado pela Lei n. 13.257/2016, ainda, estabelece que "os conselhos nacional, estaduais e municipais dos direitos da criança e do adolescente *fixarão critérios de utilização,* por meio de planos de aplicação, *das dotações subsidiadas e demais receitas* [...]" dos fundos (grifos nossos). O art. 214, por sua vez, fala explicitamente em gestão, ao estabelecer que os valores das multas aplicadas pelo juiz na área da infância e da juventude "reverterão ao fundo gerido pelo Conselho dos Direitos da Criança e do Adolescente do respectivo município".

PARTE II – A REDE DE ATENDIMENTO

O plano de ação é o documento que tem como objetivo consolidar as deliberações dos Conselhos de Direitos, retratando de forma estruturada as atividades que devem ser implementadas com os recursos do Fundo, durante determinado período; consiste no planejamento estratégico das ações voltadas ao atendimento do segmento infantojuvenil, notadamente, das crianças e dos adolescentes em situação de risco pessoal e social.

O Plano de Aplicação, por sua vez, é o instrumento tático pelo qual são distribuídos os recursos que serão utilizados para a implementação das ações eleitas como prioritárias pelos Conselhos de Direitos, tornando, assim, viável a operacionalização do que é apontado no Plano de Ação.

Na lição abalizada de Wilson Donizeti Liberati e Públio Caio Bessa Cyrino[61]:

> O Plano de Aplicação nada mais é que a distribuição dos recursos para as áreas prioritárias em relação aos objetivos políticos fixados pelo Conselho. É o "orçamento" do Fundo, o qual integra o orçamento geral da entidade a que esteja vinculado. [...] O Plano de Ação é o documento que faz constar a definição de objetivos e metas, com a especificação das prioridades, que atendam a uma necessidade ou propósito de quem decide. Em termos comparativos, o Plano de Ação é a Lei de Diretrizes Orçamentárias – LDO, e o Plano de aplicação é a Lei Orçamentária.

Caso o Conselho Municipal dos Direitos da Criança e do Adolescente entenda relevante, por exemplo, a implementação, com recursos do Fundo Municipal, de política de proteção especial às crianças ou aos adolescentes vítimas de violência doméstica, deverá incluir tal política no Plano de Ação, providenciando que dele conste, no mínimo, a justificativa desta escolha (p. ex., crescimento do número de crianças ou adolescentes atendidos pelos Conselhos Tutelares e Hospitais), os objetivos a ser alcançados em determinado período (p. ex., redução percentual de casos de violência doméstica), os programas prioritários (p. ex., programa destinado ao atendimento psicológico das famílias vitimizadas) e os entes responsáveis pela execução (p. ex., Secretaria de Promoção Social). Deverá fazer constar do Plano de Aplicação os projetos que serão levados a cabo para a execução da referida política, com seus respectivos prazos, metas, órgãos executores, e, principalmente, com a quantificação e a distribuição dos recursos financeiros.

É importante ressaltar que os Planos de Ação e de Aplicação devem ser concebidos como componentes do plano geral de governo traçado pelo Administrador Público, que, neste caso, em razão de comando legal expresso, tem seu poder de decisão transferido ao Conselho dos Direitos; portanto, não só representam as "leis orçamentárias dos Fundos", como também devem integrar, respectivamen-

---

61 CYRINO, Públio Caio Bessa; LIBERATI, Wilson Donizeti. *Conselhos e fundos no Estatuto da Criança e do* Adolescente, p. 225-226.

490 CURSO DE DIREITO DA CRIANÇA E DO ADOLESCENTE

te, a lei de diretrizes orçamentárias e a lei orçamentária do ente federativo ao qual o Conselho está vinculado. Em razão desta circunstância, é também função do Conselho dos Direitos encaminhar tais documentos ao órgão do Poder Executivo responsável pela matéria orçamentária e realizar, caso necessário, as devidas gestões junto ao Poder Legislativo na ocasião da aprovação das referidas leis, a fim de tornar factíveis as suas escolhas políticas. Em outras palavras, não basta que os Planos de Ação e de Aplicação sejam elaborados e aprovados pelo Conselho dos Direitos; para que sejam eficazes, é ainda necessário que estejam agregados ao orçamento público[62].

A responsabilidade dos Conselhos dos Direitos da Criança e do Adolescente, contudo, não se esgota no exercício das atividades relacionadas à elaboração ou à aprovação do conteúdo dos Planos de Ação e de Aplicação. Na qualidade de gestores dos Fundos, devem também se preocupar se os recursos estão sendo aplicados de forma condizente com o que foi traçado nos referidos planos.

Conforme leciona a doutrina especializada no tema, são, ainda, atribuições que devem ser exercidas pelos Conselhos dos Direitos da Criança e do Adolescente, em relação aos Fundos,

> acompanhar e avaliar a execução, desempenho e resultados financeiros do Fundo; avaliar e aprovar os balancetes mensais e o balanço anual do Fundo; solicitar, a qualquer tempo e a seu critério, as informações necessárias ao acompanhamento, ao controle e à avaliação das atividades a cargo do Fundo; mobilizar os diversos segmentos da sociedade, no planejamento, execução e

---

62 Não é demais lembrar que, de acordo com as normas de Direito Financeiro hodiernamente vigentes – em especial, as constantes dos arts. 165 e s. da CF/88 e da Lei Complementar n. 101/2000 (Lei de Responsabilidade Fiscal) –, o orçamento público, ou seja, o plano que expressa em termos financeiros o programa geral do governo para determinado período é composto de três elementos fundamentais: O Plano Plurianual (PPA), a Lei de Diretrizes Orçamentárias (LDO) e a Lei Orçamentária Anual (LOA). O PPA é lei na qual irão constar as diretrizes, os objetivos e as metas para as despesas de capital e aquelas relativas aos programas de duração continuada, durante o período de 4 anos, a contar do segundo ano do mandato de cada governante. A LDO, por sua vez, é a lei que tem como principais objetivos consolidar as metas e as prioridades para o exercício financeiro subsequente, orientando a elaboração da LOA. A LOA, finalmente, tem como objeto o detalhamento das despesas e das receitas para o período de um ano, de modo a viabilizar, na prática, as orientações estabelecidas na LDO. Estes três instrumentos legislativos guardam entre si relação de subordinação e visam, principalmente, permitir a realização de gastos com os programas de trabalho neles especificados; em outras palavras, a LDO deverá respeitar os limites do PPA, e a LOA deve respeitar a respectiva LDO, sendo certo que, de acordo com o princípio autorizativo, somente as despesas previstas na LOA podem ser realizadas pelo administrador público. Daí por que não é possível a realização de qualquer despesa correspondente ao Fundo da Criança e do Adolescente que não conste do orçamento.

PARTE II – A REDE DE ATENDIMENTO

491

controle das ações e do Fundo; fiscalizar os programas desenvolvidos com os recursos do Fundo[63].

A imputação aos Conselhos dos Direitos da responsabilidade de gerir os Fundos, no entanto, não significa que a tais órgãos deva ser atribuída a função de administrá-los, embora seja isso o mais recomendado. Nada impede que a administração dos Fundos, especialmente na área contábil, fique a cargo de outro órgão integrante da Administração Pública, como, por exemplo, as Secretarias de Fazenda ou de Promoção Social.

Qualquer que seja o órgão, tocará a este, fundamentalmente, na qualidade de administrador do Fundo: participar da elaboração do Plano de Aplicação; viabilizar a execução do Plano de Aplicação, adotando todas as providências de caráter operacional, em especial, a ordenação de despesas; periodicamente, prestar contas da aplicação dos recursos aos Conselhos de Direitos, à Chefia do Poder Executivo e ao Tribunal de Contas.

É importante notar que o administrador do Fundo jamais poderá exercer qualquer avaliação de mérito acerca das opções adotadas pelo Conselho de Direitos, cabendo-lhe, tão somente, seguir as diretrizes traçadas nos Planos de Ação e de Aplicação. Na hipótese de sua atuação extrapolar os limites operacionais, implicando a avaliação da conveniência e oportunidade do que já foi deliberado pelo Conselho, estará sua ação – ou eventual omissão – sujeita a questionamento nas vias administrativa e judicial, sem prejuízo da responsabilização criminal e civil do agente, inclusive, quanto à prática de ato de improbidade administrativa[64].

b) A captação dos recursos financeiros

Conforme já salientado quando da análise da definição técnica dos Fundos, uma de suas características peculiares consiste na sua composição por meio de receitas específicas, ou seja, pelo ingresso de recursos financeiros com origem própria, em atenção a normas legais especialmente destinadas à regulação da matéria.

São exemplos de fontes de recursos dos Fundos, geralmente citados pelas respectivas leis de criação e amplamente propagados pela doutrina: 1) as dotações orçamentárias do Poder Executivo; 2) as transferências entre os diversos entes da federação; 3) as doações de pessoas físicas ou jurídicas; 4) as multas aplicadas pela autoridade judiciária, e, por fim, 5) o resultado de aplicações financeiras.

Em relação às dotações orçamentárias do Poder Executivo, é imperioso ressaltar a necessidade de o Poder Público reconhecer que os Fundos são instrumentos poderosos de captação e de aplicação de recursos para as políticas especiais

---

63 MELLO, José Carlos Garcia de. *Fundos da Criança e do Adolescente*. Disponível em: <http://www.crianca.mppr.mp.br/arquivos/File/publi/pro_conselho/capacitacao_2_conselho_de_direitos.pdf>. Acesso em: 4 out. 2021.

64 *Vide* Lei n. 8.429/92, arts. 9º, 10 e 11.

de atendimento à população infantojuvenil, razão pela qual as receitas que pretenda destinar para esta área devem, preferencialmente, neste ser alocadas, evitando-se, assim, que sejam atingidas por eventual contingenciamento ou remanejamento de verbas.

Logicamente – como bem advertiu o legislador no § 2º do art. 90 e na antiga redação do § 5º do art. 260 do ECA[65] –, isso não exclui a obrigação de previsão, no orçamento dos respectivos órgãos encarregados da execução de políticas setoriais (ex. assistência social, educação e saúde), dos recursos necessários à implementação das ações, serviços e programas de atendimento a crianças, adolescentes e respectivas famílias, em respeito ao princípio da prioridade absoluta estabelecido pelo *caput* do art. 227 da CF/88, reproduzido no parágrafo único do art. 4º da lei estatutária.

É também de suma importância que os Conselhos de Direitos, responsáveis pela elaboração dos planos de ação e de aplicação dos recursos dos Fundos, nestes façam constar programas, projetos, objetivos e metas condizentes com a realidade e baseados, sempre, em diagnóstico da situação da infância e da adolescência local, ressaltando as demandas sociais mais relevantes, na esperança de dar relevo e permitir o saneamento de qualquer falha existente na rede de proteção.

O Grupo de Trabalho do CNMP publicou em 2020 Orientações sobre o FDCA, nas quais sugeriu a criação de Comissão formada por dois membros do Conselho Tutelar, dois Conselheiros de Direito e um Assistente Social para "avaliar as potencialidades da rede, mapear os serviços e programas importantes, verificar quais precisam de maiores investimentos, qualificação e expansão[66]", sem, contudo, esquecer do aspecto intersetorial das políticas voltadas para esta área.

A omissão do Poder Público na destinação de verbas constantes do Plano de Aplicação e, consequentemente, da Lei Orçamentária Anual é circunstância que pode ensejar o ajuizamento de ação específica para tal fim, com fulcro no art. 208 do ECA, tendo como objeto específico o depósito da quantia ali declarada, na conta do Fundo[67].

---

65 Redação dada pela Lei n. 12.010/2009 e substituída por nova composição legal, mediante aprovação da Lei n. 12.594, de 2012.

66 BRASIL. Conselho Nacional do Ministério Público. *Orientações sobre Fundos dos Direitos da Criança e do Adolescente* / Conselho Nacional do Ministério Público. Brasília: CNMP, 2020, p.19.

67 Entre os exemplos existentes na jurisprudência, vale a consulta aos seguintes arestos: 1. TJMG, AC 00273679020208130056, 4ª Câmara Cível Especializada. Rel. Des. Moreira Diniz, j. 1-12-2022; 2. TJRJ, APL 00097836120198190061 202200157990, 25ª Câmara Cível, Rel. Des. Leila Maria Rodrigues Pinto de Carvalho e Albuquerque, j. 18-8-2022; 3. TJCE, Agravo de Instrumento 0639487-85.2020.8.06.0000, 3ª Câmara Direito Público, Rel. Des. Inácio de Alencar Cortez Neto, j. 31-5-2021.

PARTE II – A REDE DE ATENDIMENTO

A segunda fonte de receitas citada anteriormente decorre do princípio da descentralização político-administrativa. Uma vez que não é crível à União executar programas e que aos Estados cumpre, tão somente, a implementação de políticas que tenham como objetivo complementar as ações dos Municípios, não é só possível, como também recomendável, a cooperação entre os entes da federação, por meio de transferências de verbas.

Não se quer com isso afirmar que o Fundo Nacional ou os Fundos Estaduais dos Direitos da Criança e do Adolescente estarão, na prática, despidos de finalidade ou terão sua relevância ofuscada pelos Fundos Municipais. Como bem nota a doutrina especializada no tema:

> ao Fundo Nacional caberá a aplicação de recursos que fortaleçam Municípios e Estados na execução de programas de proteção especial, prioritariamente. O Fundo do Estado voltar-se-á para programas estaduais e para o apoio aos Municípios, suprindo eventuais deficiências na condução da política de atendimento[68].

A terceira forma de captação de recursos para os Fundos reside nas "doações" realizadas por pessoas físicas ou jurídicas, na forma do art. 260 do Estatuto da Criança e do Adolescente.

O art. 260 do ECA permite aos contribuintes deduzirem do imposto de renda devido, na Declaração do Imposto de Renda, o total das "doações" feitas aos Fundos, obedecidos os limites estabelecidos em decreto da Presidência da República.

A despeito da utilização, pelo legislador, do termo "doação", esta não se confunde com a doação prevista na lei civil[69]; qualquer "doação" – melhor seria dizer direcionamento de valor – aos Fundos, além de não ensejar a formação de contrato com a Administração Pública, não possui o caráter de liberalidade, essencial à doação propriamente dita.

Trata-se, em verdade, de faculdade que é dada ao contribuinte – vulgo doador – de antecipar o pagamento de parcela do imposto devido e, por conta disso, direcioná-la para a conta específica do Fundo.

De acordo com as regras atualmente vigentes, é possível às pessoas jurídicas deduzirem até 1%, e, às pessoas físicas, até 6% (seis por cento) do valor devido de imposto. O valor direcionado ao Fundo, respeitados os limites em apreço, deverá ser diminuído do imposto a ser pago – e não da sua base cálculo! – ensejando res-

---

68 MELLO, José Carlos Garcia de. *Fundos da Criança e do Adolescente*. Disponível em: <http://www.mp.go.gov.br/portalweb/hp/8/docs/fundcaa-tcrs.pdf>. Acesso em: 7 out. 2021.

69 De acordo com o art. 538 do Código Civil, considera-se doação o contrato em que uma pessoa, por liberalidade, transfere do seu patrimônio bens ou vantagens para o de outra.

tituição ou diminuição do valor final do Imposto de Renda. Caberá aos Conselhos de Direitos o fornecimento de recibo ao contribuinte, bem como a apresentação da Declaração de Benefícios Fiscais à Receita Federal[70].

As "doações" realizadas não constituem, por conseguinte, qualquer ônus adicional aos contribuintes; sua vantagem está na garantia da aplicação de parte do valor que pagam de imposto na política de atendimento à população infanto-juvenil.

Levantamento da União, acerca das doações aos Fundos por meio do Imposto de Renda, sinalizou o repasse de mais de 51 milhões de reais para 1.212 Fundos da Criança e do Adolescente em 2017. Já em 2018, foram arrecadados cerca de R$ 67,88 milhões destinados aos Fundos, a maior cifra desde 2013, data em que as benesses começaram a ser feitas via DIRPF[71].

Outra origem de recursos financeiros para os Fundos, neste caso específico, para os Fundos Municipais, são as multas aplicadas em razão da violação de normas instituídas pelo próprio Estatuto da Criança e do Adolescente.

O descumprimento de obrigação de fazer ou de não fazer estabelecidas nos autos das ações instauradas com a finalidade de proteção aos direitos das crianças ou adolescentes, ou, ainda, a prática das infrações administrativas indicadas na lei, dão ensejo à aplicação de multa pela autoridade judiciária, cujo valor, por expressa determinação legal, será revertido ao Fundo Municipal de Direitos da Criança e do Adolescente.

Nesse sentido é o art. 214 do ECA, que estabelece, *in verbis*:

> Art. 214. Os valores das multas reverterão ao fundo gerido pelo Conselho dos Direitos da Criança e do Adolescente do respectivo município.
>
> § 1º As multas serão recolhidas até trinta dias após o trânsito em julgado da decisão e serão exigidas através de execução promovida pelo Ministério Público, nos mesmos autos, facultada igual iniciativa aos demais legitimados.
>
> § 2º Enquanto o Fundo não for regulamentado, o dinheiro ficará depositado em estabelecimento oficial de crédito, em conta com correção monetária.

A regra legal ora mencionada integra o capítulo destinado à instituição de normas relacionadas à proteção judicial dos interesses individuais, difusos e coletivos

---

70 Os arts. 260-A até 260-L do Estatuto da Criança e do Adolescente, introduzidos pela Lei n. 12.594/2012, detalham as regras para estas doações. Dentre as novas regras destaca-se a possibilidade de a pessoa física, mesmo após o encerramento do ano, doar parte de seu imposto devido, fazendo esta opção diretamente em sua Declaração de Ajuste Anual.

71 BRASIL. Conselho Nacional do Ministério Público. *Orientações sobre Fundos dos Direitos da Criança e do Adolescente* / Conselho Nacional do Ministério Público. Brasília: CNMP, 2020.

PARTE II – A REDE DE ATENDIMENTO

das crianças e dos adolescentes, sendo, no entanto, aplicada em relação às multas em geral, em razão de comando expresso constante do art. 154 da lei[72].

É relevante notar que nos Municípios nos quais os Fundos ainda não foram criados ou regulamentados[73], a autoridade judiciária deverá determinar que os valores concernentes às multas sejam depositados em conta especialmente criada para tal fim, até que seja possível a sua transferência à conta do Fundo Municipal, garantida a sua correção monetária, conforme disposto no § 2º do art. 214 do ECA, acima transcrito.

Não é possível, portanto, à autoridade judiciária, ao argumento da inoperância do Fundo Municipal, atribuir destinação diferente aos recursos financeiros provenientes das multas, como, por exemplo, determinar a sua reversão em cestas básicas ou em bens a serem utilizados em prol de entidades de atendimento ou de programas de assistência ou de proteção especial às crianças e aos adolescentes.

Tal alternativa, à primeira vista, pode parecer sedutora, uma vez que tornaria viável, desde logo, a aplicação dos recursos em benefício de ações da política de atendimento. Representa, no entanto, expressa violação à norma legal e, mesmo que assim não fosse, não seria recomendável: uma, porque permitiria à autoridade judiciária o exercício de mais uma função atípica, consistente no financiamento direto das ações da política de atendimento; duas, porque não estimularia às chefias dos Poderes Executivos, ou ainda, os Conselhos Municipais, a se apropriarem de suas respectivas missões dentro da nova política de atendimento, retardando, assim, a sua implementação[74].

A última forma de captação de recursos financeiros para os Fundos de Direitos da Criança e do Adolescente, sobre a qual se fez referência, consiste na aplicação de seus valores no mercado financeiro. Os recursos daí decorrentes retornam ao Fundo, garantindo, assim, a manutenção e, por vezes, a majoração do valor real da verba dos Fundos, enquanto não utilizada.

---

72 O art. 154 do ECA integra as disposições gerais do capítulo destinado à parte procedimental e estabelece: "Aplica-se às multas o disposto no art. 214".

73 Em respeito ao cadastramento e regularização dos Fundos Municipais, atualmente é possível acompanhar de forma remota seu comparativo por estado e potencial de arrecadação no *site*: https://www.gov.br/participamaisbrasil/cadastramento-de-fundos.

74 A respeito do tema, recomenda-se a consulta aos seguintes precedentes do Egrégio Superior Tribunal de Justiça: 1 – AgInt. no REsp. n. 2036066 GO 2022/0258080-3, 1ª Turma, Rel. Min. Regina Helena Costa, j. 15-5-2023; 2 – REsp. n. 562.391/ES, 5ª Turma, Rel. Min. Felix Fischer, j. 3-8-2004; 3 – REsp. n. 614.985/ES, 5ª Turma, Rel. Min. Laurita Vaz, j.23-6-2004; 4 – Resp. n. 512.145/ES, 5ª Turma, Rel. Min. José Arnaldo da Fonseca, j. 28-10-2003; 5 – REsp n. 564.722/ES, 1ª Turma, Rel. Min. Luiz Fux, j. 21-10-2004.

c) A destinação dos recursos financeiros

Em sendo os Fundos dos Direitos da Criança e do Adolescente instrumentos legais para a salvaguarda de recursos destinados a financiar as ações da política de atendimento da população infantojuvenil, é necessário avaliar quais são as espécies de programas e projetos que, mediante deliberação dos Conselhos de Direitos, podem – e devem – ser beneficiados com tais verbas especiais.

Inicialmente, vale notar a determinação constante do § 1º-A do art. 260 do ECA, com a redação conferida pela Lei n. 13.257/2016, segundo o qual "na definição das prioridades a serem atendidas com os recursos captados pelos fundos nacional, estaduais e municipais dos direitos da criança e do adolescente, serão consideradas as disposições do Plano Nacional de Promoção, Proteção e Defesa do Direito de Crianças e Adolescentes à Convivência Familiar e Comunitária e as do Plano Nacional pela Primeira Infância"[75].

Em seguida, o § 2º do mesmo artigo, também alterado pela Lei n. 13.257/2016, estabelece regra indicativa da necessidade de aplicação de recursos dos Fundos em programas de incentivo ao acolhimento de criança ou adolescente, sob a forma de guarda, conforme disposto no art. 227, § 3º, VI, da CF/88, e para programas de atenção integral à primeira infância em áreas de maior carência socioeconômica e em situações de calamidade.

Tais dispositivos legais – o primeiro, inserido inicialmente pela Lei n. 12.010/2009 e, o segundo, constante da redação original do Estatuto da Criança e do Adolescente e destinado ao cumprimento de comando de natureza constitucional – aperfeiçoados pelo Marco da Primeira Infância, são estratégias legislativas voltadas à priorização, no orçamento, de programas de trabalho voltados à implantação ou à ampliação de políticas que tragam em seu bojo ações destinadas à manutenção dos vínculos familiares entre crianças e adolescentes e suas famílias e, não sendo isso possível, a busca por uma família substituta.

São exemplos destas ações, tendo como referência o Plano Nacional de Promoção, Proteção e Defesa dos Direitos de Crianças e Adolescentes à Convivência Familiar[76], a ampliação dos programas e serviços de atendimento às crianças e adolescentes vítimas de violência; a ampliação dos programas e serviços de apoio

---

75 Redação dada pela Lei n. 12.010/2009.

76 Como já se teve a oportunidade de afirmar nesta obra, o referido plano, aprovado pelo Conanda e CNAS, no ano de 2006, estabelece ações permanentes e de curto, médio e longo prazos para a garantia do direito de crianças e adolescentes à convivência familiar e comunitária, a serem implementadas até o ano de 2015. É considerado um marco nas políticas públicas no país, na medida em que, rompendo com a cultura da institucionalização, tem entre as suas diretrizes estratégicas a centralidade da família nas políticas públicas, a primazia da responsabilidade do Estado no fomento de políticas integradas de apoio à família, a garantia dos princípios da excepcionalidade e

PARTE II – A REDE DE ATENDIMENTO

pedagógico, sociocultural, esportivos e de lazer às crianças e aos adolescentes em situação de vulnerabilidade; o reordenamento e a qualificação dos programas e serviços de acolhimento institucional; a implementação de programas de famílias acolhedoras; e o estímulo à busca ativa de pais para crianças e adolescentes cujos recursos de manutenção na família de origem foram esgotados.

Conclui-se daí que é obrigatório aos conselhos dos direitos estipularem em seus respectivos planos de ação e de aplicação programas que tenham como diretriz a centralidade na família, com especial ênfase na guarda subsidiada – ou família acolhedora –, estando a sua discricionariedade limitada, neste particular, ao delineamento das estratégias referentes à sua implementação.

Sendo respeitado o referido comando legal, por meio da aplicação de um mínimo percentual de recursos nos mencionados programas, também é possível a aplicação de recursos dos fundos em outras políticas especialmente voltadas ao público infantojuvenil, sempre em atenção às necessidades e especificidades locais. Podem ser citados como exemplos: a) projetos de pesquisa e estudos destinados a diagnosticar ou debater a situação da infância e da adolescência de determinada área; b) projetos de divulgação dos direitos das crianças e dos adolescentes e do próprio Fundo e c) programas destinados à qualificação dos agentes responsáveis pelo manuseio dos instrumentos que compõem o Sistema de Garantias de Direitos, tais como a realização de cursos para conselheiros dos direitos, tutelares e membros do Poder Executivo sobre administração pública, planejamento e orçamento público na área.

Não se permite, no entanto, em razão da natureza transitória das receitas que integram os Fundos, a destinação de seus recursos financeiros para atividades de caráter permanente, ainda que relacionadas com a matéria infantojuvenil, como, por exemplo, gastos com a manutenção da estrutura dos Conselhos de Direitos ou Tutelares, ou, ainda, o pagamento da remuneração destes últimos; as despesas ora enumeradas deverão ser objeto de dotação orçamentária específica, em especial, aquelas relacionadas à manutenção e ao pagamento do Conselho Tutelar, por força do parágrafo único do art. 134 do ECA[77].

Questão que tem merecido a atenção da doutrina consiste na viabilidade de aplicação de verbas dos Fundos em programas e projetos que tragam em seu bojo ações integrantes das demais políticas setoriais, especialmente das políticas básicas, como a saúde e a educação.

Embora não haja vedação legal expressa, não se deve admitir tal prática, principalmente em razão da natureza transitória e, por vezes, incerta dos recursos dos Fundos.

---

provisoriedade do acolhimento institucional ou familiar e a adoção centrada no interesse da criança e do adolescente.

77 De acordo com o art. 134, parágrafo único, do ECA, "constará da Lei Orçamentária Municipal previsão dos recursos necessários ao funcionamento do Conselho Tutelar".

Não é demais lembrar que as ações vinculadas às referidas políticas, além de possuírem caráter permanente, são intrínsecas à esfera governamental e geralmente voltadas a toda população, indiscriminadamente, não podendo, desse modo, receber o mesmo tratamento das ações percebidas como de natureza especial. A omissão do Poder Executivo em financiar, a contento, tais políticas, nos moldes preconizados pela Constituição da República, não deve – e não pode – ser suprida pelos recursos do Fundo Especial, cujo fundamento de criação está atrelado à política especial de atendimento da população infantojuvenil.

Tanto é assim que o § 2º do art. 90 e o § 5º do art. 260[78], ambos do Estatuto da Criança e do Adolescente, estabelecem que a destinação de recursos provenientes dos fundos não desobriga os Entes Federados à previsão dos recursos necessários à implementação das ações, serviços e programas de atendimento a crianças, adolescentes e famílias, no orçamento dos respectivos órgãos encarregados da execução das políticas públicas setoriais – citando expressamente as políticas públicas de assistência social, educação e saúde.

Têm-se admitido, contudo, duas exceções: a primeira, a possibilidade de inclusão, nos Planos de Ação e de Aplicação, de programas e projetos envolvendo tais ações, quando estas se mostrarem imprescindíveis à realidade que se visa atingir, porém, de forma transitória e complementar, de modo a não impedir o ajuizamento de ação destinada a suprir a lacuna deixada pela omissão do Poder Executivo, com fundamento no art. 208 do ECA; a segunda, a viabilidade de utilização das verbas do Fundo, caso, mesmo que aplicados os recursos financeiros constitucionalmente fixados para o financiamento de tais políticas, isto não se revele suficiente para o atendimento da demanda do setor infantojuvenil[79].

Ainda sobre os critérios para a aplicação dos recursos dos Fundos, vale também destacar as alterações legislativas instituídas pela Lei n. 14.692/2023, que, inserindo novos parágrafos ao art. 260, tratou da possibilidade de o doador indicar a destinação dos recursos por ele destinados ao Fundo[80].

d) Os mecanismos de controle

Os Fundos dos Direitos da Criança e do Adolescente, por envolverem a utilização de verbas públicas, sujeitam-se aos instrumentos gerais de controle e de fiscalização

---

78 Redação dada pela Lei n. 12.010/2009.

79 Esta é a possibilidade aventada por Wilson Donizeti Liberati e Caio Públio Bessa (op. cit., p. 234), ao afirmarem que: "Talvez fosse admitido o uso de tais recursos se, no Plano de Aplicação e no Plano de Metas se fizesse constar essas ações e respectivos valores, com o necessário repasse do Poder Executivo, o qual não se desobriga, contudo, de destinar em orçamento os percentuais constitucionais, sendo os recursos do Fundo, no caso, uma atividade complementar".

80 Sobre o assunto, remetemos o leitor ao item 3.5 deste capítulo, intitulado Nota sobre os denominados "certificados de captação" e as "doações casadas".

PARTE II – A REDE DE ATENDIMENTO

da atuação da Administração Pública, notadamente, aos mecanismos de controle da execução orçamentária indicados nos arts. 75 *usque* 82 da Lei n. 4.320/64.

Estão, portanto, sujeitos ao controle externo do Poder Legislativo, auxiliado pelo Tribunal de Contas, bem assim, do Ministério Público, uma vez que é este órgão o responsável, entre outras tarefas, por garantir o funcionamento adequado da rede de atendimento, fiscalizando o exato cumprimento dos princípios e regras vigentes[81].

O controle interno é exercido por meio dos instrumentos de autotutela da Administração Pública, em especial, pelos próprios agentes públicos que dentro da escala administrativo-hierárquica participam das etapas do processo de execução de despesas, na forma dos arts. 76 *usque* 80 da Lei n. 4.320/64.

Nada há que impeça, no entanto, que a lei instituidora do Fundo estabeleça mecanismos próprios de controle e de fiscalização, como, por exemplo, o estabelecimento de normas que assegurem a precisão e a confiabilidade das informações prestadas internamente, ou, ainda, a apresentação periódica de balancetes a órgão específico de controle ou ao próprio Conselho dos Direitos, quando não for este o responsável pela administração contábil dos recursos financeiros do Fundo.

Por certo, o extenso período de pandemia ao qual os países foram submetidos gerou ao menos um estímulo contundente à digitalização e às demais vias eletrônicas, alternativas tecnológicas para facilitar o acesso remoto. Também na fiscalização dos Fundos, o fenômeno da virtualização dos sistemas de informações teve seus efeitos. A disponibilidade de dados pormenorizadas sobre a execução orçamentária e financeira dos recursos, em tempo real e por meios eletrônicos de acesso público, com fundamento no princípio da transparência e nos ditames do art. 7º, VII, da Lei de Acesso à Informação[82], ganhou contornos mais concretos neste interlúdio, com a Recomendação n. 2, de 1º de julho de 2021, da SNDCA/MMFDH (Secretaria Nacional dos Direitos da Criança e do Adolescente/Ministério da Mulher, da Família e dos Direitos Humanos).

É necessário, contudo, ressaltar que independentemente de disposição expressa em lei específica, é tarefa dos Conselhos dos Direitos, por lhes ser atribuída a

---

81   Não é por outro motivo que o art. 260, § 4º, do ECA determina ao Ministério Público, em especial, a fiscalização da aplicação dos benefícios fiscais relativos ao Imposto de Renda, nas "doações" aos Fundos Municipais dos Direitos da Criança e do Adolescente, atribuição esta que é tratada em capítulo específico desta obra, dedicado à atuação ministerial na área infantojuvenil.

82   "Art. 7º O acesso à informação de que trata esta Lei compreende, entre outros, os direitos de obter: VII – informação relativa: *a*) à implementação, acompanhamento e resultados dos programas, projetos e ações dos órgãos e entidades públicas, bem como metas e indicadores propostos; *b*) ao resultado de inspeções, auditorias, prestações e tomadas de contas realizadas pelos órgãos de controle interno e externo, incluindo prestações de contas relativas a exercícios anteriores" (Lei n. 12.527).

função de gestão dos Fundos, controlar e fiscalizar, no âmbito administrativo interno, a aplicação dos recursos financeiros dos Fundos, em especial, a sua compatibilidade com o que foi estabelecido no Plano de Aplicação. Cumpre também aos Conselhos dos Direitos exercer o controle e a fiscalização dos programas e projetos beneficiados com recursos dos Fundos, notadamente, quanto ao atendimento dos objetivos e metas por estes preconizados.

Nesse diapasão, é lícito afirmar, resumidamente, que

> o controle do Fundo se submete a dois distintos níveis: um primeiro, chamado político-finalístico; um segundo, chamado controle técnico-contábil. O controle político deve ser feito pelo próprio Conselho dos Direitos, o qual avaliará e fiscalizará a realização dos programas e atividades de atendimento. Nada impede igual atuação pelo órgão ministerial. O controle técnico-contábil observará as normas próprias (arts. 76 a 81 da Lei 4.320/64) e demais normas pertinentes[83]

3.5. Nota sobre os denominados "certificados de captação" e as "doações casadas"

Ao longo das edições deste livro, temos traçado considerações acerca de duas práticas relacionadas aos critérios para a captação e a destinação dos recursos dos Fundos da Criança e do Adolescente. Consistem tais práticas na emissão, pelos Conselhos dos Direitos, dos denominados "certificados de captação", ou, ainda, na permissão das chamadas "doações casadas".

A primeira situação traduz-se na emissão, pelo Conselho dos Direitos, mediante análise prévia, de certificado destinado a qualificar determinado projeto ao recebimento de verbas do Fundo; realizada a "doação" ao Fundo, parcela do valor direcionado geralmente é retida pelo Conselho, como taxa de administração, sendo o restante destinado à entidade responsável pela captação do recurso e executora do projeto.

A segunda situação, de natureza semelhante, reside nas denominadas "doações casadas", ou seja, "doações" realizadas aos Fundos, sob a condição de financiamento de projeto previamente indicado pelo contribuinte.

Tais práticas, embora duramente criticadas por parte da doutrina[84], inclusive no âmbito desta obra, passaram a contar com previsão legal expressa no art. 260

---

83 CYRINO, Públio Caio Bessa; LIBERATI, Wilson Donizeti. Op. cit., p. 321-322.

84 Vale aqui: 1. Deferência especial ao Promotor de Justiça do Estado do Paraná, Murillo José Digiácomo, que, no artigo intitulado *O Fundo Especial dos Direitos da Criança e do Adolescente e as "doações casadas"* (Disponível em: <http://www.crianca.mppr.mp.br/modules/conteudo/conteudo.php?conteudo=1664>, último acesso em: 13 out. 2021), primeiro alertou para a temática; 2. Referência à importante tese do Promotor de Justiça do Estado de São Paulo, Fernando Henrique de Moraes Araújo, intitulada *Da*

PARTE II – A REDE DE ATENDIMENTO

do ECA. Por intermédio de alteração legislativa instituída pela Lei n. 14.692, de 3 de outubro de 2023, ao referido dispositivo foram acrescidos os §§ 2º-A e 2º-B, com a seguinte redação:

> Art. 260. Os contribuintes poderão efetuar doações aos Fundos dos Direitos da Criança e do Adolescente nacional, distrital, estaduais ou municipais, devidamente comprovadas, sendo essas integralmente deduzidas do imposto de renda, obedecidos os seguintes limites:
>
> [...]

Destinação Ilegal de Recursos dos Fundos dos Direitos da Criança e do Adolescente e a Sujeição dos Conselheiros de Direitos à Lei de Improbidade Administrativa, apresentada e aprovada no XXI Congresso da Associação Brasileira de Magistrados e Promotores da Infância e da Juventude – ABMP (Disponível em: <https://www.mpdft.mp.br/portal/pdf/unidades/promotorias/pdij/XXICongressoNacional_ABMP/4%20TESE%20FUNDOS-DOACAO-CASADA%2009.05%20-%20G8.pdf>, último acesso em: 13 out. 2021); 3. Menção à deliberação decorrente do IX Encontro do Fórum Nacional de Coordenadores de Centros de Apoio da Infância e da Juventude dos Ministérios Públicos dos Estados e do Distrito Federal (FONCAIJ), no sentido de noticiar ao Conanda entendimento contrário à "doação casada" ou qualquer outra prática que induza ou permita o direcionamento, pelo "doador", de verbas ao Fundo, com indicação de entidade, programa ou projeto beneficiário da verba; e, por fim, 4. Atenção aos enunciados da Comissão Permanente da Infância e Juventude e da Educação (COPEIJE) do Grupo Nacional de Direitos Humanos (GNDH) do Conselho Nacional de Procuradores-Gerais de Justiça (CNPG), aprovados por ocasião da sua IV Reunião Ordinária, reconhecendo a ilegalidade das "doações casadas" ou "doações subsidiadas" ao Fundos: Enunciado n. 1: Ao ingressar nos Fundos de Direitos da Criança e do Adolescente ou Fundo da Infância e Adolescência (FIA) os recursos passam a ter natureza jurídica, estando sujeitos aos princípios que regem a Administração Pública. Enunciado n. 2: O contribuinte ou doador subsidiado, ao efetuar depósito nos Fundos de Direitos da Criança e do Adolescente ou Fundo da Infância e Adolescência (FIA), não pode escolher, por qualquer meio, a destinação dos recursos. Enunciado n. 3: Os recursos depositados pelo contribuinte ou doador subsidiado no Fundo de Direitos da Criança e do Adolescente ou Fundo da Infância e Adolescência (FIA) não podem ser condicionados à vinculação, através de convênio ou qualquer outro instrumento jurídico, a um projeto ou programa específico. Enunciado n. 4: Os Conselhos de Direitos da Criança e do Adolescente são órgãos deliberadores de políticas públicas em matéria de infância e adolescência, por força do art. 204, II, da Constituição da República, e do art. 88, II, da Lei Federal n. 8.069/90 (ECA), sendo os únicos gestores do Fundo de Direitos da Criança e do Adolescente ou Fundo da Infância e Adolescência (FIA), conforme artigo 214, *caput*, da Lei Federal n. 8.069/90 (ECA). Enunciado n. 5: O Ministério Público, em razão do exercício da fiscalização de que trata o art. 260, § 4º, do ECA, não pode ter assento como membro no Conselho de Direitos da Criança e do Adolescente, reputando-se inconstitucionais as normas que prevejam tal atribuição. Enunciado n. 6: Na destinação de recursos dos Fundos de Direitos da Criança e do Adolescente ou Fundos da Infância e Adolescência (FIA), os Conselhos de Direitos da Criança e do Adolescente devem observar o disposto no art. 260, § 2º, da Lei n. 8.069/90 (ECA).

§ 2º-A. O contribuinte poderá indicar o projeto que receberá a destinação de recursos, entre os projetos aprovados por conselho dos direitos da criança e do adolescente.

§ 2º-B. É facultado aos conselhos chancelar projetos ou banco de projetos, por meio de regulamentação própria, observadas as seguintes regras:

I – a chancela deverá ser entendida como a autorização para captação de recursos por meio dos Fundos dos Direitos da Criança e do Adolescente com a finalidade de viabilizar a execução dos projetos aprovados pelos conselhos;

II – os projetos deverão garantir os direitos fundamentais e humanos das crianças e dos adolescentes;

III – a captação de recursos por meio do Fundo dos Direitos da Criança e do Adolescente deverá ser realizada pela instituição proponente para o financiamento do respectivo projeto;

IV – os recursos captados serão repassados para a instituição proponente mediante formalização de instrumento de repasse de recursos, conforme a legislação vigente;

V – os conselhos deverão fixar percentual de retenção dos recursos captados, em cada chancela, que serão destinados ao Fundo dos Direitos da Criança e do Adolescente;

VI – o tempo de duração entre a aprovação do projeto e a captação dos recursos deverá ser de 2 (dois) anos e poderá ser prorrogado por igual período;

VII – a chancela do projeto não deverá obrigar seu financiamento pelo Fundo dos Direitos da Criança e do Adolescente, caso não tenha sido captado valor suficiente.

Conquanto as doações casadas, certificados de captação ou instrumentos congêneres sejam estratégias de captação de recursos defendidas por alguns, sob o argumento de que possuem o mérito de incrementar as "doações" para os Fundos, durante muito tempo, parte dos operadores sustentou que estas representariam odiosa violação às normas que regem a atuação dos Conselhos dos Direitos, na qualidade de legítimos representantes da sociedade na deliberação e no controle da política de atendimento à infância e à juventude. Explica-se.

De acordo com o Estatuto da Criança e do Adolescente (arts. 88, inciso IV, 214 e 260, § 2º), são os Conselhos dos Direitos os órgãos públicos responsáveis pela gestão dos Fundos, tarefa que, como já explanado, abarca a autoridade de delimitar os critérios para a aplicação dos recursos financeiros que o compõem.

Este poder confiado aos Conselhos, por óbvio, não pode ser exercido de forma absolutamente livre; estão estes órgãos limitados pelos preceitos legais que regulam a atividade administrativa pública. Decorrência lógica desta premissa é a impossibilidade de os Conselhos dos Direitos, na qualidade de gestores públicos dos Fundos, se exonerarem de parcela de competência que lhes é conferida por lei, em prol de terceiros.

Qualquer competência pública, por representar, em sua natureza, verdadeiro poder-dever do administrador, é irrenunciável e, salvo disposição legal expressa,

PARTE II – A REDE DE ATENDIMENTO

intransferível. Assim sendo, não estão os Conselhos dos Direitos autorizados – ainda que de forma indireta – a delegar a terceiro a escolha dos programas e projetos que serão financiados pelas verbas dos fundos; fazê-lo implica tornar letra morta o princípio da democracia participativa que inspirou a sua criação.

A respeito do tema Emerson Garcia[85] bem salientou:

> De forma simples e objetiva: os Conselhos são os gestores dos fundos. Tratando-se de obrigação de cunho essencialmente financeiro, ao ser desempenhada por órgão de composição colegiada, afigura-se evidente a impossibilidade de delegação. Aos Conselhos, e só a eles, compete definir os critérios de utilização dos recursos públicos contidos nos fundos. Note-se que na seara da realização da despesa pública somente se faz aquilo que é permitido por lei, não aquilo que a lei simplesmente não veda. Na medida em que os Conselhos atuam como órgãos deliberativos e não meramente consultivos, mostra-se manifestamente ilegal a edição de um ato regulamentar que busque definir *a priori*, de forma contínua e inalterável, insensível aos circunstancialismos fáticos e jurídicos pelos quais passa qualquer sociedade, em especial em um país de modernidade tardia como é o Brasil, a forma de aplicação dos referidos recursos. A *ratio* dos Conselhos é simples: conferir a mobilidade necessária em matéria tão sensível, como aquela afeta à infância e juventude, permitindo que um órgão público, dotado de representatividade popular, defina as prioridades que lhe pareçam mais adequadas à satisfação do interesse público. À evidência, não é legítimo aos Conselhos abrirem mão de seu decisionismo concreto em prol de uma regulamentação abstrata, isto sob pena de colocar em causa a própria razão de ser de sua existência, pois deliberações dessa natureza fazem melhor figura na lei, editada por órgão democraticamente legitimado.

Ainda sobre o relevante papel dos Conselhos dos Direitos nessa seara, o Conselho Nacional do Ministério Público notabilizou[86]:

> [...] é importante registrar que ainda que o legislador federal viesse a editar lei específica, com estimativa do impacto orçamentário-financeiro e indicação de medidas de compensação, prevendo incentivo fiscal para a doação direta para entidades de atendimento a direitos de crianças e adolescentes, sua constitucionalidade seria duvidosa. Como já dito, o art. 204, II, da Constituição Federal exige participação da população, por meio de organizações representativas, na formulação das políticas e no controle das ações de todos os níveis; e o art. 227, § 7º, estende essa determinação para os direitos de crianças e adolescentes, o que não acontece com esportes e cultura. Ora, tanto na assistência quanto na infância, essa participação se dá por meio dos conselhos de direitos, órgão paritário, com representantes indicados pelo chefe do executivo, e representantes

---

85 GARCIA, Emerson; ALVES, Rogério Pacheco. *Improbidade administrativa*, p. 333-334.

86 BRASIL. Conselho Nacional do Ministério Público. *Orientações sobre Fundos dos Direitos da Criança e do Adolescente*. Brasília: CNMP, 2020.

da sociedade, com o objetivo de democratizar o processo decisório. Qualquer lei que autoriza a doação direta, com incentivo fiscal, transfere exclusivamente ao contribuinte a discricionariedade acerca dos rumos da política pública, uma vez que é o contribuinte que vai escolher os projetos a serem financiados, ainda que dentre uma série de projetos previamente autorizados, como é feito nos esportes e na cultura. Compatibilizar essa escolha com o papel atribuído aos Conselhos de Direitos, de formulador e controlador das políticas públicas, seria um desafio extra para o legislador federal. Não se pode perder de vista que o objetivo do fundo é assegurar os direitos fundamentais de crianças e adolescentes. Todas elas. A universalidade é característica inerente aos direitos fundamentais. O apoio direto, por sua vez – a cultura e o esporte demonstram – viabilizam grande movimentação de recursos, mas com inegável concentração. O fato é que ainda parece difícil a quebra de paradigma de séculos de caridade e filantropia para a era da garantia de direitos. Portanto, é dever do operador do Direito, e de toda a rede de proteção, zelar para que o Conselho elabore políticas públicas planejadas, articuladas e integradas, com vistas à universalização dos direitos fundamentais, e faça uma gestão do fundo com transparência e controle, para que se possa, com respeito à ordem jurídica, canalizar para os fundos, republicana e democraticamente, o enorme potencial solidário do cidadão contribuinte.

Vale ainda fazer referência, na mesma linha de raciocínio, ao acórdão do Tribunal de Justiça do Estado de São Paulo, que declarou nula a Resolução n. 52, de 19 de outubro de 2001, do Conselho dos Direitos do Município de São José dos Campos, facultando aos "doadores" dar destinação certa aos valores depositados na conta do Fundo Municipal (FUNDICAD)[87].

O Desembargador relator, em seu voto, destacou, de forma bastante apropriada, que

> A resolução em questão não pode realmente substituir [*sic*] diante da manifesta ilegalidade nela contida, porque, através dela, o referido conselho abdicou de atribuição que a lei federal expressamente lhe conferiu (ECA, art. 88, II), ou seja, gerir a destinação de suas receitas para operacionalizar a política de atendimento dos direitos da criança e do adolescente que envolve conjunta atuação do poder público em seus três níveis, através de ações governamentais e não governamentais (ECA, Livro II, Título I). [...] Se o legislador pretendesse con-

---

87 "Menor. Mandado de Segurança contra resolução de Conselho Municipal dos Direitos da Criança e do Adolescente que facultou ao doador particular direcionar o montante doado às entidades de atendimento. Decisão concessiva. Recurso voluntário pela municipalidade. Possibilidade. Qualidade de assistente (CPC, art. 52). Fundo Municipal da Criança e do Adolescente (FUNDICAD), que é gerido pelo Conselho. Faculdade conferida ao particular doador que afronta o Estatuto da Criança e do Adolescente (arts. 88, 259, 260) e implica abdicação de atribuição conferida pelo legislador. Ato ilegal. Preliminar rejeitada. Recursos improvidos" (TJSP, Apelação Cível 99.575.0/2, Câmara Especial, Rel. Des. Fábio Quadros, j. 17-3-2003).

PARTE II – A REDE DE ATENDIMENTO

ferir a entidades privadas a gestão da coisa pública fora daqueles casos específicos, teria disposto de forma diferente. Da maneira atualmente encontrada no Estatuto da Criança e do Adolescente, a gestão das receitas obtidas pelo FINDICAD (*sic*), através de dotações públicas ou mesmo doações de particulares, cabe exclusivamente e unicamente ao conselho municipal.

Se sob o prisma do papel dos Conselhos dos Direitos no Sistema de Garantias não era difícil identificar patente ilegalidade nas "doações casadas", "certificados de captação" ou outras práticas semelhantes, esta se tornava ainda mais evidente quando analisada sob o ponto de vista das normas que regem a administração pública, notadamente, no aspecto financeiro.

É de curial sabença que as verbas que integram os Fundos da Criança e do Adolescente são verbas públicas e, por conseguinte, têm sua aplicação sujeita aos preceitos constitucionais e legais referentes às finanças públicas.

Não é por outro motivo que a legislação de regência determina que, por intermédio dos planos de ação e de aplicação, os Conselhos dos Direitos fixem os critérios de utilização das receitas dos Fundos. Os planos de ação e de aplicação, conforme já explicitado, devem integrar, respectivamente, a lei de diretrizes orçamentárias e a lei orçamentária do ente federativo ao qual estão vinculados; caso contrário, serão absolutamente ineficazes como instrumentos autorizativos das despesas relacionadas aos Fundos.

Ora, permitir ao contribuinte – ou "doador" – que se substitua ao gestor público – no caso, o Conselho dos Direitos – na determinação do destino das verbas dos Fundos poderia significar prescindir dos planos estratégicos e táticos previamente traçados no orçamento público; e mais, significaria abstrair-se das normas concernentes às licitações e aos contratos administrativos, que também regulam a gestão dos Fundos[88].

Não obstante os argumentos *supra*, fato é que, atualmente, a opção do legislador reside em apoiar as práticas em comento.

Em se tratando de normativa recente, não há como saber quais serão seus impactos no mundo jurídico, dentro do qual haverá espaço, inclusive, para questionar sua constitucionalidade, na linha dos argumentos já expostos e, também, do que foi antevisto pelo E. Conselho Nacional do Ministério Público, no âmbito das orientações anteriormente referidas.

Impõe-se atenção para o fato de o legislador estatutário, abrindo mão da competência funcional dos Conselhos dos Direitos da Criança e do Adolescente para a gestão de recursos – papel este que, repise-se, tem fundamento na democracia participativa constitucionalmente estabelecida –, ter permitido de forma tão flexível que

---

88 Os fundos especiais, consoante determina o art. 1º, parágrafo único, da Lei n. 8.666/93, estão subordinados aos ditames dessa lei.

particulares possam ditar ou alterar critérios para a execução de ações e de projetos cuja avaliação deveria ser exclusiva do órgão constitucionalmente destinado para isso.

Imagine-se, por absurdo, hipotética situação de uma doação vultosa para projeto que, embora conste denominado "banco de projetos" dos conselhos, não se enquadre nos critérios de prioridade fixados pelo próprio Conselho da Criança e do Adolescente por ocasião dos planos de ação e de aplicação, quiçá, pelo próprio art. 260 dessa mesma lei. Deveria a vontade da pessoa física ou jurídica, a pretexto de uma "doação" que, sabe-se, nem doação é no sentido técnico da palavra, sobrepor-se ao que consta dos instrumentos de gestão das verbas do Fundo ou da própria lei?

Vale aqui manter a referência a julgados dentro dos quais houve debate acerca da legalidade e adequação constitucional de resoluções e de leis estaduais de conteúdo semelhante às regras estatutárias agora em vigor.

Reconhecendo no certificado de captação violação aos princípios da moralidade e da impessoalidade, o E. Órgão Especial do Tribunal de Justiça do Estado do Rio de Janeiro, por exemplo, nos autos da Ação Direta de Inconstitucionalidade 2009.007.00062, declarou inconstitucional a Lei Estadual n. 5.459, de 3 de junho de 2009.

A lei em apreço instituía o "certificado de captação" para o repasse de recursos financeiros do Fundo Estadual da Criança e do Adolescente às entidades governamentais e não governamentais beneficiadas com doações financeiras feitas por pessoas físicas e jurídicas.

Sem prejuízo do reconhecimento da inconstitucionalidade formal da lei, por vício de iniciativa, o E. Órgão Especial declarou ser ela inconstitucional, também sob o aspecto material. Encampando os argumentos apresentados pelo representante, o Exmo. Sr. Procurador-Geral de Justiça do Estado do Rio de Janeiro, o Exmo. Sr. Desembargador Relator, Manoel Alberto Rebêlo dos Santos, afirmou que:

> [...] uma simples leitura da lei é suficiente à constatação de que em quase todos os seus artigos, como até enumerados pelo Ministério Público, em seu judicioso parecer (fls. 174/5), traça atribuições específicas e até detalhadas ao Conselho Estadual de Direito da Criança e do Adolescente. Sua inconstitucionalidade formal é, pois, flagrante, eis que sua iniciativa não foi do Chefe do Poder Executivo Estadual, mas de Deputado: é evidente sua contrariedade ao artigo 112, § 1º, inciso II, alínea *d*, da Constituição Estadual.

Não fosse isso bastante, e ainda vulnera evidentemente pelo menos os princípios da moralidade e da impessoalidade, referidos não apenas pela Constituição da República, como igualmente pela Estadual (art. 77), como percucientemente observa o Ministério Público, *in verbis*:

> A moralidade e a impessoalidade, princípios reitores da atividade administrativa e que encontram previsão expressa no art. 77, *caput*, da Constituição Estadual,

PARTE II – A REDE DE ATENDIMENTO

foram simplesmente aniquiladas. Justifica-se a conclusão: ao se direcionar a aplicação dos recursos do Fundo Estadual da Criança e do Adolescente não às necessidades das incontáveis entidades assistenciais existentes, que deveriam concorrer em pé de igualdade para a sua percepção, mas sim, à opção do doador, que indicará aquela que pretende beneficiar, permitiu-se, a um só tempo, que as decisões fossem direcionadas por motivos menos nobres, como o de obter benesses políticas (*v.g.*: sociedade de economia mista com vultosa arrecadação direciona recursos a entidades dirigidas por apaniguados políticos, permitindo, assim, que aufiram maior popularidade e rompam a igualdade que deveria existir entre os candidatos em eleição futura), e pior, que entidades abastadas fiquem cada vez mais abastadas e entidades deficitárias simplesmente fechem suas portas.

Digno de transcrição, até mesmo por dispensar, por redundantes, quaisquer outras considerações, é ainda o trecho da fala da Procuradoria de Justiça:

> A razoabilidade, princípio implícito na Constituição Estadual e que pode ser extraída da cláusula do devido processo legal (CE/1989, art. 16), como, aliás, já fez o Supremo Tribunal Federal (Pleno, ADI n. 1.158-8-liminar, rel. Min. Celso de Mello, j. em 19-12-1994, *DJ* de 26-5-1995), foi igualmente vilipendiada. Afinal, os arts. 6º, 7º, 8º e 9º concentram no mesmo ente as operações de elaboração do projeto, captação dos recursos e execução do projeto, isto sem qualquer comprovação de solvência ou lastro patrimonial, ao que se soma o repasse dos recursos antes mesmo da execução do projeto.

O Tribunal de Justiça do Estado do Rio de Janeiro, em outra oportunidade, também asseverou que observar diretriz contrária às doações casadas não impediria a participação popular *não* vinculativa na gestão dos fundos.

No caso em comento, o Conselho Estadual de Defesa da Criança e do Adolescente (CEDCA) criou, por intermédio das Deliberações n. 14/2007 e 17/2008, um Banco de Projetos, nos quais os doadores do FIA teriam a possibilidade de indicar para qual ação prefeririam ofertar, dentre os projetos aprovados e disponíveis no referido banco[89].

A legalidade e constitucionalidade dessas deliberações foi questionada em juízo pelo MP-RJ. Entretanto, o acórdão do Tribunal de Justiça do Estado distinguiu que "o fato de os doadores sugerirem, entre os projetos aprovados no Banco de Projetos, *não vincula o valor de suas doações ao referido projeto*. A uma, porque as indicações de apoio ficam sujeitas à aprovação do Conselho, mantendo-se o poder discricionário do CEDCA para aprovar ou reprovar as sugestões. A duas, porque os valores doados, necessariamente passam a integrar o Fundo e desvinculam-se de sua origem, sendo livremente geridos pelo CEDCA"[90] (grifo nosso). As doações,

---

89 As propostas, conforme o CEDCA, podem inclusive ser apresentadas por organizações da sociedade civil, e serão ou não aprovadas pelo Conselho para integrar o Banco de Projetos.

90 Disponível em: <http://redir.stf.jus.br/paginadorpub/paginador.jsp?docTP=TP&docID=751595573>. Acesso em: 10 out. 2021.

in casu, não seriam "casadas", correspondendo às indicações realizadas reles expectativas populares.

Em AgReg no RE com Ag 1229056-RJ do MP-RJ, referente à mencionada ACP, sob a relatoria da Ministra Carmen Lúcia, a 2ª Turma do STJ, tendo negado provimento ao Recurso Extraordinário com agravo do MP-RJ, refuta igualmente o Agravo Regimental, sob o argumento de que qualquer possível inconstitucionalidade seria indireta, o que inviabilizaria o processamento do RE. Eventual controle restaria restrito ao de legalidade dos atos normativos por norma geral infraconstitucional (ECA)[91].

Tem-se, pois, como conclusão, que, a despeito da atual previsão legal, a questão acerca da legalidade – e, agora, constitucionalidade – de normas destinadas a referendar práticas como doações casadas, "certificados de captação" ou instrumentos congêneres ainda estará longe de tornar-se pacífica, devendo-se aguardar qual será o posicionamento dos órgãos que compõem o Sistema de Justiça, à luz da nova realidade normativa.

4. AS ENTIDADES DE ATENDIMENTO

4.1. Aspectos gerais

As entidades de atendimento estão reguladas no Estatuto da Criança e do Adolescente no Capítulo II do Título I da Parte Especial, logo após o delineamento das normas gerais que regulam a nova política de atendimento.

A técnica legislativa é justificável, na medida em que são tais entidades responsáveis pela execução dos programas e projetos concernentes às políticas especialmente voltadas à infância e à adolescência.

Tais políticas compõem as linhas de ação indicadas no art. 87 do ECA e são compreendidas, genericamente, como o conjunto de ações destinadas ao amparo de crianças e de adolescentes que, em razão de situação específica de vulnerabilidade social, são credores de estratégias de atuação que extrapolam as possibilidades de ação eficaz das políticas básicas.

Suas estratégias consubstanciam-se em programas de atendimento, que têm como público-alvo ora crianças e adolescentes em situação de risco que, em razão desta circunstância, são destinatários de programas de proteção, ora adolescentes envolvidos na prática de atos infracionais, incluídos em programas voltados a

---

91 Nesse caso, não caberia recurso extraordinário por potencial ofensa ao direito local (Súmula 280 STF), ou por eventual contrariedade ao princípio constitucional da legalidade, quando do seu exame pressuponha rever interpretação dada a normas infraconstitucionais pela decisão recorrida (Súmula 636 STF), motivo pelo qual se negou provimento ao agravo regimental. Julgado disponível em: <http://redir.stf.jus.br/paginadorpub/paginador.jsp?docTP=TP&docID=751595573>. Acesso em: 10 out. 2021.

PARTE II – A REDE DE ATENDIMENTO

execução de medidas socioeducativas determinadas judicialmente, observadas as normas procedimentais apontadas nos arts. 171 a 190 do ECA[92].

Este é o sentido do art. 90, *caput,* do ECA, ao estabelecer que,

> Art. 90. As entidades de atendimento são responsáveis pela manutenção das próprias unidades, assim como pelo planejamento e execução de programas de proteção e socioeducativos destinados a crianças e adolescentes, em regime de:
> I – orientação e apoio sociofamiliar;
> II – apoio socioeducativo em meio aberto;
> III – colocação familiar;
> IV – acolhimento institucional;
> V – prestação de serviços à comunidade[93];
> VI – liberdade assistida;
> VII – semiliberdade;
> VIII – internação.

Cumpre observar que o legislador estatutário se preocupou não só em determinar o objeto das entidades – o planejamento e a execução de programas de proteção e socioeducativos –, como também indicou as suas várias possibilidades de atuação, por meio do elenco exemplificativo dos principais regimes de atendimento.

A primeira possibilidade consiste no atendimento de crianças, adolescentes e suas respectivas famílias em regime de orientação e apoio sociofamiliar (art. 90, I).

Por orientação sociofamiliar compreende-se a intervenção técnica – de assistentes sociais, psicólogos, médicos, entre outros – na família, a fim de identificar as suas fragilidades e, em seguida, apontar aos seus membros os caminhos para a superação; a metodologia deverá ser escolhida pela entidade executora, que poderá, por exemplo, proporcionar palestras educativas, coordenar grupos de ajuda, ou, ainda, oferecer terapia familiar e acompanhamento psicológico individualizado. A expressão "apoio sociofamiliar", por sua vez, é geralmente vinculada ao auxílio material ou financeiro do núcleo familiar, sendo o fornecimento de cesta básica o exemplo, por excelência, de tal atividade.

O segundo regime de atendimento mencionado na lei consiste no apoio socioeducativo em meio aberto (art. 90, II).

---

92 Vale ressaltar que o Estatuto da Criança e do Adolescente, de forma inédita, distinguiu as medidas destinadas a crianças ou aos adolescentes em situação de risco pessoal ou social daquelas aplicáveis aos adolescentes em conflito com a lei. As primeiras, denominadas de medidas protetivas, estão reguladas nos arts. 99 e s. do ECA; as segundas, intituladas medidas socioeducativas, estão disciplinadas nos arts. 112 e s. da mesma lei e somente podem ser aplicadas após a instauração de procedimento específico para tanto. Para aprofundamento do tema, indicamos consulta às Partes IV e V do presente trabalho.

93 Inserido pela Lei n. 12.594/2012.

Não obstante a expressão utilizada pelo legislador, tal regime de atendimento não está necessariamente atrelado à medida de liberdade assistida ou outra medida socioeducativa aplicável aos adolescentes em conflito com a lei, podendo, portanto, ter como público-alvo qualquer criança ou adolescente. As alternativas de atuação da entidade que se propõe ao oferecimento de apoio socioeducativo são, por exemplo, o oferecimento de reforço escolar, a oferta de cursos de profissionalização, assim como a promoção de atividades esportivas e culturais.

A possibilidade seguinte de atuação consiste no desenvolvimento de programa destinado à colocação familiar (art. 90, III).

O regime de atendimento em tela tem como público-alvo crianças e adolescentes privados, temporária ou definitivamente, do convívio familiar. Enquadram-se nesta modalidade os programas que têm como estratégia de ação o acolhimento de crianças ou adolescentes em famílias previamente cadastradas e preparadas para tanto, como forma de transição à reinserção familiar ou à colocação em família substituta – denominados "acolhimento familiar" ou "famílias acolhedoras" –, ou, ainda, programas que têm metodologia especialmente voltada para as formas de colocação em família substituta – guarda, tutela ou adoção –, tais como os programas de incentivo à adoção tardia, grupos de irmãos ou de crianças e adolescentes com deficiências, transtornos mentais e outros agravos.

Cumpre aqui registrar a preferência dada pelo nosso ordenamento jurídico aos programas de acolhimento familiar, se comparados ao acolhimento institucional. Nesse sentido são as regras constantes do art. 227, § 3º, VI, da CF/88, do art. 34 e parágrafos e, ainda, do art. 260, § 2º, ambos do ECA, com alterações conferidas pela Lei n. 13.257/2016. A quarta opção de atendimento vislumbrada pelo legislador estatutário consiste no acolhimento institucional[94] (art. 90, IV).

Por acolhimento institucional compreende-se o regime de atendimento voltado ao acolhimento provisório de criança ou adolescente, em entidade de atendimento, quando constatada a necessidade de afastamento do convívio com a família ou comunidade de origem, por meio da aplicação da medida protetiva homônima (art. 101, VII, do ECA), até que seja viabilizada a sua reinserção familiar ou a sua colocação em família substituta. Pode ser oferecido em diversas modalidades, tais como o acolhimento institucional para pequenos grupos, casa-lar[95], casa de passagem, república, entre outros.

---

94 Com a promulgação da Lei n. 12.010/2009, os programas em regime de abrigo passaram a ser denominados de "programas de acolhimento institucional", adequando o Estatuto da Criança e do Adolescente à terminologia empregada no Plano Nacional de Promoção, Proteção e Defesa do Direito de Crianças e Adolescentes à Convivência Familiar e Comunitária, aprovado pela Resolução conjunta CNAS/Conanda n. 01, de 13 de dezembro de 2006.

95 Serviço de acolhimento para crianças e adolescentes de 0 a 18 anos, particularmente adequado ao atendimento a grupos de irmãos e com número máximo de 10 usuários

PARTE II – A REDE DE ATENDIMENTO

Distingue-se do acolhimento familiar, na medida em que, neste último, não ocorre a institucionalização. A criança ou o adolescente são acolhidos em residências de famílias acolhedoras previamente capacitadas e cadastradas, até que seja encontrada solução de caráter permanente para a sua situação.

Qualquer que seja o regime ou a modalidade de acolhimento é, contudo, fundamental que o serviço oferecido observe os princípios e as regras estabelecidas na legislação estatutária (arts. 90, 91, 92, 93, 94, 100 e 101 do ECA) e normas regulamentares, notadamente as constantes do Plano Nacional de Promoção, Proteção e Defesa dos Direitos de Crianças e Adolescentes à Convivência Familiar e Comunitária e das Orientações Técnicas para os Serviços de Acolhimento de Crianças e Adolescentes[96], sobre os quais será possível se debruçar mais adiante[97].

É, também, indispensável, a observância às orientações e recomendações gerais quanto às precauções sanitárias nos serviços de acolhimento durante o contexto emergencial do novo Coronavírus, sistematizadas na Portaria n. 59, de 2020, do MC. O referido documento busca articular o acolhimento de crianças e adolescentes com o Sistema de Justiça e a nova política de Saúde[98].

Observe-se, desde logo, que a inobservância dos princípios, exigências e finalidades do estatuto impede as entidades que desenvolvem programas de acolhimento de receber recursos de origem pública (art. 92, § 5º, do ECA).

Os quatro últimos regimes de atendimento enumerados na lei (art. 90, V a VIII) têm como público-alvo específico os adolescentes envolvidos na prática de ato infracional, funcionando como estrutura de retaguarda para as medidas socioeducativas homônimas, enumeradas no art. 112, III a VI, do ECA.

Importa observar que as entidades de atendimento destinadas a desenvolver programas socioeducativos devem ter as suas ações pautadas nas normas gerais

---

por equipamento. CONANDA, Orientações Técnicas: Serviços de Acolhimento para Crianças e Adolescentes, Ministério do Desenvolvimento Social e Combate à Fome, Brasília, junho de 2009, p. 74-75. Disponível em: <https://www.mds.gov.br/webarquivos/publicacao/assistencia_social/Cadernos/orientacoes-tecnicas-servicos-de-acolhimento.pdf>. Acesso em: 10 out. 2021.

96 Consulte-se, a respeito, Resolução conjunta Conanda e CNAS n. 1, de 13 de dezembro de 2006, e Resolução conjunta Conanda e CNAS n. 1, de 18 de junho de 2009. Documentos disponíveis em: <https://www.direitosdacrianca.gov.br/conanda/resolucoes/119-resolucao-119-de-11-de-dezembro-de-2006/view>, e <http://mds.gov.br/acesso-a-informacao/legislacao/resolucao/resolucao-conjunta-no-1-de-13-de-dezembro-de-2006>. Acesso em: 9 out. 2021.

97 V. item 4.3 deste capítulo e, na Parte IV ("A efetividade do ECA: medidas judiciais e extrajudiciais"), o capítulo "As medidas de proteção".

98 A Portaria n. 59 de 22 de abril de 2020 – emitida pelo Ministério da Cidadania, através de sua Secretaria especial do Desenvolvimento Social/Secretaria nacional de Assistência Social – é aplicável apenas no que couber à modalidade *casa-lar*, tendo em vista ser ambiente mais restrito e com fluxo menor de pessoas.

concernentes às medidas socioeducativas correspondentes, devendo, em relação à liberdade assistida, observar as diretrizes indicadas nos arts. 118 e 119 do ECA, em relação à semiliberdade, atentar para o que consta do art. 120 da lei e, finalmente, no que toca à internação, cumprir as determinações constantes dos arts. 121 a 125 do ECA e as obrigações apontadas no art. 94 da mesma lei. Também devem obedecer aos parâmetros estabelecidos pelo Sistema Nacional de Atendimento Socioeducativo (Sinase), conjunto de princípios, regras e critérios que envolvem a execução de medidas socioeducativas, originariamente previsto em resoluções conjuntas do Conanda e CNAS[99] e hodiernamente incorporado ao campo legislativo pela Lei n. 12.594/2012. Tais parâmetros serão mais bem desenvolvidos adiante.

A perspectiva sistêmica imposta pelo Estatuto da Criança e do Adolescente, quando da construção da política de atendimento infantojuvenil, impõe, ainda, quanto aos programas acima enumerados, uma lógica de financiamento que se coadune com a necessária comunicação e interferência entre os seus diversos subsistemas que integram o Sistema de Garantia dos Direitos (Sinase, SUS, SUAS etc.), razão pela qual estabelece o § 2º do art. 90 que os recursos destinados à implementação e manutenção dos programas relacionados neste artigo serão previstos nas dotações orçamentárias dos órgãos públicos encarregados das áreas de Educação, Saúde e Assistência Social, dentre outros, em observância ao princípio da prioridade absoluta previsto na lei e na Constituição de 1988[100].

4.2. Registro das entidades e inscrição dos programas

Ainda sobre as entidades de atendimento, é relevante frisar que estas são denominadas governamentais ou não governamentais, conforme tenham a natureza jurídica de pessoa jurídica – ou órgão – de direito público ou de pessoa jurídica de

---

99 O Sistema Nacional de Atendimento Socioeducativo – Sinase está em vigor desde o mês de junho de 2006, quando foi aprovado pelo Conanda, por meio da Resolução n. 119, de 11 de dezembro de 2006. Para consulta ao Sinase e informações complementares, acesse: <https://www.direitosdacrianca.gov.br/conanda/resolucoes/119-resolucao-119-de-11-de-dezembro-de-2006/view>. Acesso em: 10 out. 2021.

100 Exemplo do que ora se afirma está no cofinanciamento, desde 2008, pelo Ministério do Desenvolvimento Social – MDS, da execução das Medidas Socioeducativas – MSE em Meio Aberto (Prestação de Serviços à Comunidade e Liberdade Assistida), a serem desenvolvidos no âmbito dos CREAS – Centros de Referência Especializados em Assistência Social. Sobre o assunto, v. Resolução SNAS n. 05, de 3 de junho de 2008. Embora extinto o MDS, a Resolução n. 3, de 21 de março 2018, permanece em vigor, estabelecendo os critérios de partilha e elegibilidade para o cofinanciamento federal em situações como as acima mencionadas. Disponível em: <http://mds.gov.br/acesso--a-informacao/legislacao-1/resolucao/resolucao-no-5-de-3-de-junho-de-2008> e <https://crianca.mppr.mp.br/arquivos/File/legis/mds/resolucao_3_2018_cit_snas_mds_cofinanciamento_socioeducacao.pdf>. Ambos os sítios, acesso em: 11 out. 2021.

PARTE II – A REDE DE ATENDIMENTO

direito privado, devendo observar, quando da sua constituição, as regras gerais de Direito Administrativo e de Direito Civil, valendo destaque, neste último caso, para as determinações constantes dos arts. 44 a 69 do Código Civil[101].

Qualquer que seja a sua natureza, tais entidades devem ter seus respectivos programas, com a indicação do regime de atendimento, registrados junto ao Conselho Municipal dos Direitos da Criança e do Adolescente (CMDCA), consoante determina o § 1º do art. 90 do ECA, *in verbis*:

> Art. 90. [...] § 1º As entidades governamentais e não governamentais deverão proceder à inscrição de seus programas, especificando os regimes de atendimento, na forma definida neste artigo, no Conselho Municipal dos Direitos da Criança e do Adolescente, o qual manterá registro das inscrições e de suas alterações, do que fará comunicação ao Conselho Tutelar e à autoridade judiciária[102].

Em sendo o Conselho Municipal dos Direitos (CMDCA) o órgão deliberativo e controlador das ações que compõem a política de atendimento infantojuvenil, necessário que a este seja incumbida a função de inscrever os programas a serem desenvolvidos pelas entidades, viabilizando-lhe, assim, uma visão geral das ações existentes no Município, com estratégias de atuação que busquem evitar ações sobrepostas ou dissonantes com a realidade local.

A tarefa deste órgão, porém, não se esgota na inscrição dos programas, cabendo-lhe ainda a função de avaliação e monitoramento das ações executadas. Daí a regra no sentido de que os programas já inscritos e em execução deverão por este ser reavaliados, no máximo, a cada 2 anos, com base nos seguintes critérios, sem prejuízo de outros que se mostrarem compatíveis com a legislação de regência.

> Art. 90. [...]
> § 3º [...]
> I – o efetivo respeito às regras e princípios desta Lei, bem como às resoluções relativas à modalidade de atendimento prestado expedidas pelos Conselhos de Direitos da Criança e do Adolescente, em todos os níveis;

---

101 Destaque para as alterações realizadas pela Lei n. 13.874/2019 no CC/2002, incluindo a inserção do art. 49-A e a nova redação do art. 50, relativos à desconsideração da personalidade jurídica.

102 Redação dada pela Lei n. 12.010/2009. Consultem-se, ainda, a respeito, as Resoluções Conanda n. 116/2006, 106/2005 e 105/2005, todas sobre Parâmetros para Criação e Funcionamento dos Conselhos dos Direitos da Criança e do Adolescente, a Resolução Conanda n. 71/01, sobre o Registro de entidades não governamentais e a Inscrição de programas de proteção e socioeducativos no Conselho Municipal dos Direitos da Criança e do Adolescente, e, ainda, a Resolução MDS n. 16/2010, que definiu os parâmetros nacionais para inscrição das entidades e organizações de assistência social, bem como dos serviços, programas, projetos e benefícios socioassistenciais nos Conselhos de Assistência Social dos Municípios e do Distrito Federal.

II – a qualidade e eficiência do trabalho desenvolvido, atestadas pelo Conselho Tutelar, pelo Ministério Público e pela Justiça da Infância e da Juventude;

III – em se tratando de programas de acolhimento institucional ou familiar, serão considerados os índices de sucesso na reintegração familiar ou de adaptação à família substituta, conforme o caso.

O dispositivo em questão, inserido pela Lei n. 12.010/2009, trouxe para a esfera legislativa federal regra indispensável ao bom andamento da política nos municípios, na medida em que antes da sua vigência ficava ao alvitre da legislação ou normativa local indicar a metodologia a ser empregada pelo Conselho Municipal dos Direitos quando na fiscalização dos programas em execução no município, gerando, assim, margem para algumas omissões ou distorções.

É elogiável o reconhecimento, no inciso I, da força cogente dos atos expedidos pelos Conselhos dos Direitos relacionados às modalidades de atendimento, ainda que na escala hierárquica normativa tenham tais resoluções natureza essencialmente regulamentar. Neste aspecto, fundamental lembrar, quanto ao atendimento dos adolescentes em conflito com a lei, dos parâmetros estabelecidos pelo Sinase e, quanto aos serviços de acolhimento, as disposições do Plano Nacional de Promoção, Proteção e Defesa do Direito de Crianças e Adolescentes à Convivência Familiar e Comunitária e do documento intitulado "Orientações Técnicas: Serviços de Acolhimento para Crianças e Adolescentes", todos aprovados pelo Conanda e os quais devem ser obrigatoriamente observados pelas entidades, sob pena de não verem seus registros renovados[103].

Quanto à necessidade do efetivo respeito às regras e princípios estatutários como critério de avaliação e renovação de registro, importante atentar para a alteração feita pela Lei n. 13.046/2014, a qual, instituindo os arts. 70-B e 94-A do ECA, criou a obrigatoriedade das entidades, públicas ou privadas, que atuem nas áreas a que se refere o art. 71 do ECA ou que abriguem ou recepcionem crianças e adolescentes, terem, em seus quadros, pessoal capacitado para reconhecer e reportar maus-tratos de crianças e adolescentes. Estas normas, extremamente relevantes e de cunho essencialmente prático, não podem jamais ser olvidadas pelos conselheiros quando da avaliação das entidades.

Também é digna de nota a inclusão, entre os critérios de avaliação dos programas de acolhimento institucional ou familiar, do índice de sucesso na reintegração familiar ou na colocação em família substituta (inciso III).

---

103 V. Resolução Conanda n. 119, de 4 de dezembro de 2006, Resolução conjunta Conanda e CNAS n. 1, de 13 de dezembro de 2006, e Resolução conjunta Conanda e CNAS n. 1, de 18 de junho de 2009. Documentos disponíveis em: <https://crianca.mppr. mp.br/arquivos/File/download/resolucao_119_conanda_sinase.pdf>, <https://crianca. mppr.mp.br/pagina-1350.html>, e <https://crianca.mppr.mp.br/pagina-1349.html>. Acesso em: 11 out. 2021.

PARTE II – A REDE DE ATENDIMENTO

Tal disposição visa a garantir que todos os esforços da entidade ou da família responsável pelo acolhimento sejam, sempre, no sentido de garantir à criança ou ao adolescente o retorno ao convívio familiar. Devem-se compreender, neste índice, não só os casos de crianças e adolescentes que saem da instituição ou da família acolhedora, sendo reinseridos em tais programas após um período, como também os que ali permanecem sem retorno à família de origem ou colocação em família substituta, embora reúnam condições favoráveis para tanto.

Deve, contudo, ser objeto de crítica a inserção, como critério de renovação da autorização para funcionamento, de atestado de qualidade e eficiência do trabalho desenvolvido, a ser emitido pelo Conselho Tutelar, pelo Ministério Público e pela Justiça da Infância e da Juventude (inciso II).

A uma, porque a tais órgãos, tal como aos Conselhos Municipais dos Direitos, incumbe função maior, qual seja, a de fiscalizar o regular funcionamento das entidades e respectivos programas, não podendo ter suas atribuições reduzidas à emissão de simples "atestado de qualidade e eficiência". A duas, porque tal dispositivo veio despido de qualquer indicação objetiva do que se deve compreender por funcionamento "adequado e eficiente", gerando margem a subjetivismos. A três, porquanto incompatível com as funções do Ministério Público e do Poder Judiciário a expedição de documentos dessa natureza, de cunho essencialmente administrativo[104].

Caso não haja eficiência ou qualidade no atendimento prestado pelas entidades, é certo que pelos órgãos acima citados deverá ser deflagrado procedimento visando à apuração de irregularidades, na forma dos arts. 191 a 193 do ECA, sendo, assim, despiciendo o "atestado" que se pretende.

Impõe-se, nesse diapasão, interpretação lógico-sistemática da norma em tela para compreender como suficiente à renovação da autorização para o funcionamento a apresentação de certidão negativa atestando a ausência de ação judicial ou de inquérito civil em curso no Ministério Público que tenha como ré ou investigada a entidade ou o ente responsável pela execução do programa.

As entidades de atendimento não governamentais somente funcionarão de forma regular caso efetuem, além da inscrição de seus programas, o seu registro no

---

104 Nessa linha, vale aqui a referência a interessante parecer da lavra da Corregedoria Geral da Justiça do Tribunal de Justiça do Estado de São Paulo. "CERTIDÃO DE INEXISTÊNCIA DE PENALIDADES. Aplicada ao diligente da entidade de acolhimento e atestado de qualidade eficiência, para reavaliação de instituição de acolhimento perante o Conselho Municipal dos Direitos da Criança e do Adolescente – arts. 191 e 90, § 3º, II, do ECA – atestado a ser emitido a partir do quanto observado pelo magistrado, na lida diária com a instituição – prescindibilidade da exigência de documentação que comprove observância do disposto no art. 90, § 3º, I, do ECA, embora não haja vedação de que se o faça – ausência de forma predeterminada para elaboração do atestado – autuação do pedido de atestado como procedimento administrativo" (Processo n. 2018/111.424, Parecer n. 512/2018-J, data de publicação: 30-8-2018).

Conselho Municipal dos Direitos da Criança e do Adolescente, conforme determinação constante do art. 91 do ECA, segundo o qual

> Art. 91. As entidades não governamentais somente poderão funcionar depois de registradas no Conselho Municipal dos Direitos da Criança e do Adolescente, o qual comunicará o registro ao Conselho Tutelar e à autoridade judiciária da respectiva localidade.

Frise-se que tal dispositivo aplica-se não só às entidades não governamentais, cuja sede esteja situada no município, mas igualmente àquelas que desenvolvam programas na localidade, ainda que indiretamente, mediante a celebração de convênios ou constituição de parcerias com entidades locais.

Importante ressaltar que a exigência de registro não se aplica às entidades governamentais, uma vez que estas, em razão de sua natureza, já estão subordinadas às normas específicas de constituição, cabendo-lhes, tão somente, a inscrição de seus respectivos programas, na forma anteriormente exposta.

Também importa frisar que as instituições de ensino que desenvolvam, tão somente, atividades educacionais formais – entre as quais estão incluídas as creches e as pré-escolas – não têm a obrigação de providenciar registro ou inscrição no Conselho Municipal dos Direitos da Criança e do Adolescente. Isso porque, apesar de desenvolverem atividades relacionadas ao público infantojuvenil, não se enquadram no conceito legal de entidade de atendimento, na medida em que exercem ações relacionadas à política básica de educação, sujeitando-se, pois, a regime jurídico específico[105].

Situação distinta é a das instituições que têm por objetivo a assistência ao adolescente e a educação profissional, as quais, obrigatoriamente, devem promover seu registro e inscrição de seus programas de aprendizagem no Conselho Municipal dos Direitos da Criança e do Adolescente. Espancando qualquer dúvida a respeito do tema, o Conanda editou a Resolução n. 164, de 9 de abril de 2014.

O parágrafo único do art. 91 ainda fixa os critérios mínimos sobre os quais deverá pautar-se o Conselho Municipal dos Direitos da Criança e do Adolescente quando da avaliação da possibilidade ou não do registro das entidades não governamentais, estabelecendo que

---

105 Este alerta consta, inclusive, da Resolução n. 71, de 10 de junho de 2001, do Conanda, que, ao dispor sobre o registro de entidades não governamentais e da inscrição de programas de proteção e socioeducativos, recomenda, no art. 3º, que os "Conselhos Municipais dos Direitos da Criança e do Adolescente não concedam registros para funcionamento de entidades ou inscrição de programas àquelas que desenvolvam, apenas, atendimento em modalidades educacionais formais, tais como: creche, pré-escola, ensino fundamental e médio". Sobre as normas de funcionamento de instituições públicas e particulares de ensino, responsáveis pela educação básica – na qual estão compreendidas a educação infantil e os níveis fundamental e médio – recomenda-se consulta aos arts. 10, 11, 17 e 18 da Lei n. 9.394/96 (Lei de Diretrizes e Bases da Educação Nacional) e resoluções dos Conselhos Estaduais e Municipais de Educação.

PARTE II – A REDE DE ATENDIMENTO

Art. 91. [...]

§ 1º Será negado registro à entidade que:

a) não ofereça instalações físicas em condições adequadas de habitabilidade, higiene, salubridade e segurança;

b) não apresente plano de trabalho compatível com os princípios desta Lei;

c) esteja irregularmente constituída;

d) tenha em seus quadros pessoas inidôneas;

e) não se adequar ou deixar de cumprir as resoluções e deliberações relativas à modalidade de atendimento prestado expedidas pelos Conselhos de Direitos da Criança e do Adolescente[106].

O registro das entidades terá validade máxima de 4 anos, cabendo ao Conselho dos Direitos da Criança e do Adolescente, periodicamente, reavaliar o cabimento de sua renovação, observando-se os mesmos critérios estabelecidos para a concessão do primeiro registro (art. 90, § 2º)[107].

Regra de cunho geral, aplicável a todas as entidades, públicas ou privadas, que atuem nas áreas a que se refere o art. 71 ou abriguem ou recepcionem crianças e adolescentes, ainda que em caráter temporário, reside na obrigatoriedade de estas terem em seus quadros profissionais capacitados a reconhecer e reportar ao Conselho Tutelar suspeitas ou ocorrências de maus-tratos (v. arts. 70-B e 94-A do ECA). Esta inovação, trazida em boa hora pela Lei n. 13.046/2014, reforça o arcabouço normativo atualmente existente na legislação pátria, destinado à proteção de crianças e adolescente vítimas de violência.

Por fim, é também relevante notar que, de acordo com o art. 261 do ECA, à falta dos Conselhos Municipais dos Direitos da Criança e do Adolescente, os registros, as inscrições e as alterações aludidos no art. 90, parágrafo único, e no art. 91 da lei serão efetuados perante a autoridade judiciária onde for localizada a entidade.

Outras considerações a respeito do registro das entidades e da inscrição de seus respectivos programas, notadamente, no que toca ao papel do Conselho Municipal dos Direitos da Criança e do Adolescente no exercício deste mister, constam do capítulo referente ao procedimento de apuração de irregularidades em entidades de atendimento, para o qual remetemos o leitor.

4.3. Os princípios e as regras especialmente aplicáveis às entidades que desenvolvem programas de acolhimento institucional ou familiar

A inserção de criança ou adolescente em ambiente distinto da sua família natural ou extensa, por meio da inclusão em programas de acolhimento institucional

---

106 Redação dada pela Lei n. 12.010/2009.

107 O estabelecimento de prazo de validade para o registro das entidades não governamentais é também inovação trazida pela Lei n. 12.010/2009.

ou familiar, é medida de proteção pautada pelos princípios da excepcionalidade e provisoriedade (art. 101, § 1º, do ECA).

Os critérios da excepcionalidade e da provisoriedade que regem a aplicação das medidas de acolhimento partem da compreensão de que, por melhor que seja o atendimento prestado pela instituição, esta jamais será capaz de substituir a família em todas as nuances que permitem o crescimento saudável de seus pequenos componentes, notadamente no que se refere ao fortalecimento de sua estrutura psíquica e emocional.

Para o ordenamento jurídico hodiernamente vigente, tão relevante é o direito à convivência familiar de crianças e adolescentes, na perspectiva de sua proteção integral, que o legislador não mediu esforços em instituir mecanismos para a sua garantia, entre os quais merecem destaque: 1) A inclusão, no Estatuto, de regra expressa segundo a qual a ausência – ou exiguidade – de recursos materiais não autoriza a perda ou a suspensão do poder familiar e, portanto, com muito menos motivo, a institucionalização da criança ou do adolescente vitimizados pela pobreza (art. 23 do ECA); 2) A reavaliação da situação da criança ou adolescente inseridos em programa de acolhimento, no máximo, a cada 3 meses, pela autoridade judiciária competente (art. 19, § 1º, do ECA, com redação dada pela Lei n. 13.509/2017); 3) O impedimento à permanência nos serviços de acolhimento por prazo excedente a 18 meses, salvo comprovada necessidade, fundamentada pela autoridade judiciária (art. 19, § 2º, do ECA, com redação dada pela Lei n. 13.509/2017); e 4) A necessidade de os Entes Federados – por intermédio dos Poderes Executivo e Judiciário – promoverem conjuntamente a permanente qualificação dos profissionais que atuam direta ou indiretamente em programas de acolhimento institucional e destinados à colocação familiar de crianças e adolescentes, incluindo membros do Poder Judiciário, Ministério Público e Conselho Tutelar (art. 92, § 3º, do ECA)[108].

---

108 1. Sendo as três últimas normas citadas, inseridas pela Lei n. 12.010/2009, promulgada com o objetivo de aperfeiçoar a sistemática prevista no Estatuto da Criança e do Adolescente para a garantia do direito à convivência familiar e comunitária. A referida lei faz lembrar, no art. 1º, §§ 1º e 2º, que a intervenção estatal, em observância do disposto no *caput* do art. 226 da Constituição Federal, será prioritariamente voltada à orientação, apoio e promoção social da família natural, junto à qual a criança e o adolescente devem permanecer, ressalvada absoluta impossibilidade, demonstrada por decisão judicial fundamentada. Na impossibilidade de permanência na família natural, a criança e o adolescente devem ser colocados sob adoção, tutela ou guarda, observados as regras e princípios contidos no ECA e na Constituição de 1988. 2. Consulte-se, a respeito, Resolução do CNMP n. 96, de 21 de maio de 2013, que alterou parcialmente a Resolução nº 71, de 15 de junho de 2011, e dispõe sobre a atuação dos membros do Ministério Público na defesa do direito fundamental à convivência familiar e comunitária de crianças e adolescentes em acolhimento e dá outras providências. Documento disponível em: <http://www.cnmp.mp.br/portal/images/Resolucoes/Resolu%C3%A7%C3%A3o-096.pdf>. Acesso em: 12 out. 2021.

PARTE II – A REDE DE ATENDIMENTO

Assim, toda metodologia de trabalho das entidades que desenvolvem programas de acolhimento institucional ou familiar deve estar pautada na construção de novos paradigmas e na admissão de novas experiências de vida comunitária e familiar à criança ou ao adolescente, com vistas ao seu mais breve desligamento; ao mesmo tempo, deverá ser construída de modo a atenuar os efeitos traumáticos da retirada da criança ou do adolescente do convívio familiar e comunitário, o que sempre representará, no mínimo, a ruptura com determinado padrão – ainda que nocivo – com o qual já está acostumado.

Tendo em conta as circunstâncias ora anunciadas, o legislador infantojuvenil entendeu por bem declinar normas especiais, aplicáveis às entidades que desenvolvem programas de acolhimento familiar ou institucional[109].

A tarefa é iniciada com a enumeração de alguns princípios e critérios dos quais tais entidades não podem prescindir, no desenvolvimento de suas atividades; de acordo com o art. 92 do ECA, *in verbis*[110]:

> Art. 92. As entidades que desenvolvam programas de acolhimento familiar ou institucional deverão adotar os seguintes princípios:
>
> I – preservação dos vínculos familiares e promoção da reintegração familiar;
>
> II – integração em família substituta, quando esgotados os recursos de manutenção na família natural ou extensa;
>
> III – atendimento personalizado e em pequenos grupos;
>
> IV – desenvolvimento de atividades em regime de coeducação;
>
> V – não desmembramento de grupos de irmãos;
>
> VI – evitar, sempre que possível, a transferência para outras entidades de crianças e adolescentes abrigados;
>
> VII – participação na vida da comunidade local;
>
> VIII – preparação gradativa para o desligamento;
>
> IX – participação de pessoas da comunidade no processo educativo.

Os princípios indicados no art. 92, I e II, do ECA evidenciam que o acolhimento de determinada criança ou adolescente deverá funcionar como etapa precedente à sua futura reintegração familiar ou, constatada a impossibilidade de retorno ao núcleo de origem, à sua colocação em família substituta, sendo a sua permanência no programa indesejável exceção, a ser objeto de determinação e controle pela

---

109 Vale o registro de que a substituição do termo abrigo por "acolhimento institucional" e a expressa referência aos programas de acolhimento familiar são novidades legislativas, decorrentes da Lei n. 12.010/2009. Este último regime de atendimento surge na lei como alternativa ao acolhimento institucional, nas hipóteses em que não for possível a manutenção da criança ou adolescente no convívio com sua família (natural ou extensa).

110 Com redação dada pela Lei n. 12.010/2009.

520 CURSO DE DIREITO DA CRIANÇA E DO ADOLESCENTE

autoridade judiciária (art. 19, §§ 1º, 2º e 3º, do ECA, com redação dada pela Lei n. 13.257/2016).

É relevante frisar, como decorrência do princípio da preservação dos vínculos familiares, a exigência de que os horários de visita de qualquer membro da família sejam flexíveis o suficiente para garantir a preservação – ou o estreitamento – dos laços afetivos existentes com a criança ou o adolescente; deste princípio também origina a compreensão de que qualquer proibição de visita, voltada à pessoa específica da família, deverá ser necessariamente precedida de ordem judicial

Esta obrigação da entidade está robustecida no § 4º do art. 92 do ECA, ao estabelecer que "salvo determinação em contrário da autoridade judiciária competente, as entidades que desenvolvem programas de acolhimento familiar ou institucional, se necessário com o auxílio do Conselho Tutelar e dos órgãos de assistência social, estimularão o contato da criança ou adolescente com seus pais e parentes, em cumprimento ao disposto nos incisos I e VIII do *caput* este artigo".

A necessidade de colocação da criança ou do adolescente em família substituta, quando esgotados os recursos de manutenção na família de origem – na qual estão compreendidas a família natural e extensa de que trata o art. 25 do ECA –, impõe às entidades o dever de sinalizar aos órgãos competentes tal circunstância, tão logo seja constatada.

É também importante que tais entidades não criem qualquer embaraço às famílias que pretendam visitar as crianças ou os adolescentes constantes do cadastro de adoção do juízo[111]; contudo, é necessário observar que o fornecimento de dados sigilosos a respeito destas crianças ou adolescentes – p. ex., informações constantes de processo judicial – a terceiros não poderá ser feito, salvo expressa autorização judicial. Do mesmo modo, caberá, tão somente, ao Juízo da infância e da juventude, autorizar a saída destas crianças ou destes adolescentes da entidade, em companhia de terceiros – ainda de que por curto espaço de tempo – pois, caso contrário, estar-se-ia criando hipótese de estágio de convivência à revelia da autoridade judiciária.

Outra preocupação do legislador estatutário foi determinar no art. 92, III, do ECA o dever de atendimento personalizado e em pequenos grupos às crianças ou aos adolescentes inseridos em programas de acolhimento.

A primeira determinação legal materializa-se a partir da elaboração de plano personalizado (ou individual) de atendimento, ou seja, de um plano de ação voltado para cada criança ou adolescente integrante da entidade, após a análise de todos os elementos que compõem a sua história de vida, em especial, os motivos

---

111 De acordo com o art. 50 do ECA, "a autoridade judiciária manterá, em cada comarca ou foro regional, um registro de crianças e adolescentes em condições de serem adotados e outro de pessoas interessadas na adoção".

PARTE II – A REDE DE ATENDIMENTO

que ensejaram o seu encaminhamento ao programa, os seus vínculos familiares e comunitários, assim como os seus anseios e as suas necessidades.

A obrigatoriedade da elaboração deste plano está hoje explícita no art. 101, § 4º, do ECA[112], ao determinar que a entidade responsável pelo programa de acolhimento institucional, imediatamente após o acolhimento da criança ou adolescente, elaborará plano individual, visando à reintegração familiar, ressalvada a existência de ordem escrita e fundamentada em contrário da autoridade judiciária competente, caso em que também deverá contemplar sua colocação em família substituta, observados as regras e os princípios estatutários[113].

A elaboração do plano individual de atendimento é de responsabilidade da equipe técnica do programa e deverá levar em consideração a opinião da criança ou do adolescente e os elementos colhidos a partir de oitiva dos pais ou responsáveis (art. 101, § 5º, do ECA).

Caberá a cada entidade elaborar o plano personalizado de atendimento na forma que entender mais adequada; não obstante, a lei determina que deste documento constem, no mínimo: I – os resultados da avaliação interdisciplinar; II – os compromissos assumidos pelos pais ou responsável; III – a previsão das atividades a ser desenvolvidas com a criança ou com o adolescente acolhido e seus pais ou responsável, com vistas à reintegração familiar ou, caso seja vedada por expressa e fundamentada determinação judicial, as providências a serem tomadas para a sua colocação em família substituta, sob direta supervisão da autoridade judiciária (art. 101, § 6º, do ECA).

A imposição de atendimento em pequenos grupos, indicada na segunda parte da disposição legal em análise, é consectário lógico da obrigação de personificação do atendimento, e tem como fundamento principal a busca pela atenuação, ao máximo, dos aspectos negativos da vida institucional.

As atividades educacionais e pedagógicas das entidades que desenvolvem programas de acolhimento devem ser decididas por suas respectivas equipes técnicas, quando da elaboração do Projeto Político-Pedagógico da entidade; entretanto, a legislação infantojuvenil buscou estimular a integração entre crianças e adolescentes de idade e de sexo distintos, estabelecendo como regra o desenvolvimento de atividades em regime de coeducação (art. 92, IV).

---

112 Na redação conferida pela Lei n. 12.010/2009.

113 Sobre o Plano Individual de Atendimento (PIA), consulte-se, atualmente, o documento *"Orientações Técnicas para Elaboração do Plano Individual de Atendimento de Crianças e Adolescentes (PIA) em Serviços de Acolhimento"*, elaborado pelo Conselho Nacional dos Direitos da Criança e do Adolescente e Conselho Nacional de Assistência Social. Disponível em: <https://www.mds.gov.br/webarquivos/arquivo/assistencia_social/OrientacoestecnicasparaelaboracaodoPIA.pdf>. Acesso em: 16 out 24.

O reconhecimento da necessidade de oferecer ambiente estável, seguro e integrado à vida familiar e comunitária da criança e do adolescente, de modo a tornar a sua estada em entidade de acolhimento experiência desvinculada a qualquer tipo de sofrimento desnecessário, ensejou a inclusão, na lei estatutária, de normas que impõem o não desmembramento de grupos de irmãos, e, ainda, a excepcionalidade da transferência de instituição (art. 92, V e VI).

Não se pode olvidar que a experiência do acolhimento significa, sempre, uma ruptura com o ambiente familiar ou comunitário, com o qual a criança ou o adolescente já haviam se habituado; é, portanto, vivida com a insegurança – e, por vezes, com a dor – natural de quem se depara com o desconhecido. Daí por que qualquer outra experiência a esta equiparável – tal como o afastamento dos irmãos – deve, a todo custo, ser evitada, a fim de prevenir novas perdas traumáticas.

A orientação no sentido da participação das crianças e dos adolescentes na vida comunitária (art. 92, VII), assim como a determinação da participação de pessoas da comunidade no processo educativo (art. 92, IX), são outros dois princípios indicados na lei, que reforçam a compreensão de que a instituição ou a família responsáveis pelo acolhimento não podem ser a única referência na vida das crianças e dos adolescentes acolhidos.

O princípio da incompletude institucional, que rompe com o paradigma da "instituição total", gera aos serviços de acolhimento a obrigação de se articularem com a comunidade, utilizando-se de todos os recursos ali disponíveis. Isso significa que à entidade não cabe substituir a comunidade na oferta de atividades ali existentes (ex.: quadras de esporte, cultos religiosos etc.), ou em serviços da competência das redes socioassistencial, de saúde ou de educação. Também não deve pretender isolar as crianças ou adolescentes das pessoas da comunidade, permitindo e estimulando a sua interação, mediante a participação em eventos externos ou nas dependências da própria instituição, ou, ainda, com a permissão de visitas, desde que isso se mostre salutar e hábil ao fortalecimento do convívio comunitário[114].

---

114 Cabe aqui o alerta no sentido de que: "O contato direto de pessoas da comunidade com crianças e adolescentes em serviços de acolhimento, nas dependências do mesmo, deverá ser precedido de preparação, visando assegurar que este contato será benéfico às crianças e aos adolescentes. Nesse sentido é importante destacar que visitas esporádicas daqueles que não mantêm vínculo significativo e frequentemente sequer retornam uma segunda vez ao serviço de acolhimento, expõem as crianças e os adolescentes à permanência de vínculos superficiais. Estes podem, inclusive, contribuir para que não aprendam a diferenciar conhecidos de desconhecidos e tenham dificuldades para construir vínculos estáveis e duradouros, essenciais para o seu desenvolvimento. Por esse motivo, Programas de Apadrinhamento Afetivo ou similares devem ser estabelecidos apenas quando dispuserem de metodologia com previsão de cadastramento, seleção, preparação e acompanhamento de padrinhos e afilhados por uma equipe interprofissional, em parceria com a Justiça da Infância e Juventude e Ministé-

PARTE II – A REDE DE ATENDIMENTO

523

A necessidade de a entidade de acolhimento funcionar como ambiente de preparação para o retorno da vida em família ou, caso isso não se revele possível, para a experiência de vida adulta, fora da instituição, é assinalada no art. 92, VIII, do ECA, que coloca a preparação gradativa para o desligamento como um dos princípios que devem reger a dinâmica institucional.

A criança ou o adolescente devem, paulatinamente, adquirir a consciência de que, esgotados os motivos que ensejaram a aplicação da medida ou – na pior das hipóteses – completada a maioridade, não poderão mais permanecer na instituição. O processo para o desligamento deve, portanto, ser vivido de forma tranquila e responsável, a fim de respaldar o início de nova fase de vida, na qual a instituição e todos os seus membros serão vistos como referenciais importantes de proteção, com quem, no entanto, deverá ser construído outro tipo de relação.

Outras determinações de cunho técnico, referentes aos serviços de acolhimento institucional e familiar, constam ainda do documento "Orientações técnicas: Serviços de acolhimento para crianças e adolescentes", aprovado pela Resolução Conjunta Conanda/CNAS n. 1, de 18 de junho de 2009.

Tal documento – frise-se, de observância obrigatória pelas entidades que desenvolvem programas de acolhimento institucional ou familiar – foi elaborado no intuito de regulamentar, no território nacional, a organização e a oferta de Serviços de Acolhimento para Crianças e Adolescentes, ora explicitando, ora complementando as regras acima estabelecidas[115].

Estão previstos, no capítulo inaugural, os princípios que devem orientar a estruturação dos serviços de acolhimento, a saber: 1) Excepcionalidade e Provisoriedade do Afastamento do Convívio Familiar; 2) Preservação e Fortalecimento dos Vínculos Familiares e Comunitários; 3) Garantia de Acesso e Respeito à Diversidade e Não discriminação; 4) Oferta de Atendimento Personalizado e Individualizado; 5) Garantia de Liberdade de Crença e Religião; 6) Respeito à Autonomia da Criança, do Adolescente e do Jovem.

A parte seguinte (Capítulo II) é estruturada com orientações de cunho metodológico a serem seguidas pelos técnicos que avaliarão a situação da criança ou do adolescente, desde o momento em que se opta pelo acolhimento institucional ou

---

rio Público. Nos Programas de Apadrinhamento Afetivo devem ser incluídos, prioritariamente, crianças ou adolescentes com previsão de longa permanência no serviço de acolhimento, com remotas perspectivas de retorno ao convívio familiar ou adoção, para os quais vínculos significativos com pessoas da comunidade serão essenciais, sobretudo, no desligamento do serviço de acolhimento" (*Orientações técnicas*: Serviços de acolhimento para crianças e adolescentes. Op. cit., p. 51-52).

115 Vale lembrar que entre os critérios para a renovação da autorização de funcionamento dos programas está o efetivo respeito às resoluções relativas à modalidade de atendimento prestado, expedidas pelos Conselhos de Direitos da Criança e do Adolescente, em todos os níveis (art. 90, § 3º, do ECA).

familiar até o desligamento do programa. Constam ali diretivas sobre: a) estudo diagnóstico (documento que embasa a opção pela retirada da criança e do adolescente do convívio familiar ou comunitário); b) plano de atendimento individual e familiar; c) acompanhamento da família de origem; d) projeto político-pedagógico; e e) gestão do trabalho e educação permanente.

O terceiro e último capítulo, por sua vez, estabelece parâmetros para a organização dos serviços de acolhimento para crianças e adolescentes. São modalidades de serviços de acolhimento: abrigos institucionais; casas-lares; famílias acolhedoras; repúblicas e serviços de acolhimento para crianças e adolescentes em situação de rua[116]. Para cada uma dessas modalidades, são estabelecidos definição, público-alvo, características, aspectos físicos, recursos humanos, infraestrutura e espaços mínimos sugeridos.

Compreende-se, por exemplo, como abrigo institucional o "serviço que oferece acolhimento provisório para crianças e adolescentes afastados do convívio familiar por meio de medida protetiva de abrigo[117] (art. 101 do ECA), em função de abandono ou cujas famílias ou responsáveis encontrem-se temporariamente impossibilitados de cumprir sua função de cuidado e proteção, até que seja viabilizado o retorno ao convívio com a família de origem ou, na sua impossibilidade, encaminhamento para família substituta"[118].

Para esta modalidade de serviço de acolhimento é estabelecido, por equipamento, o número máximo de 20 crianças e adolescentes e equipe profissional mínima formada por um coordenador, equipe técnica (assistente social e psicólogo), educador/cuidador e auxiliar de educador/cuidador. Sua localização deve ser em áreas residenciais e próximas da realidade de origem das crianças e dos adolescentes acolhidos; seu aspecto arquitetônico deve ser semelhante às demais casas da comunidade onde estiver inserido, sem placas indicativas ou nomenclaturas que impliquem a estigmatização dos usuários.

---

116 Este último criado pela Resolução Conjunta Conanda/CNAS n. 1, de 15 de dezembro de 2016, a qual dispõe sobre o conceito e atendimento de crianças e adolescentes em situação de rua. Compreendendo crianças e adolescentes em situação de rua os sujeitos em desenvolvimento com direitos violados, que utilizam logradouros públicos, áreas degradadas, como espaço de moradia ou sobrevivência, de forma permanente e/ou intermitente, em situação de vulnerabilidade e/ou risco pessoal e social pelo rompimento ou fragilidade do cuidado e dos vínculos familiares e comunitários, prioritariamente situação de pobreza e/ou pobreza extrema, dificuldade de acesso e/ou permanência nas políticas públicas, sendo caracterizados por sua heterogeneidade, como gênero, orientação sexual, identidade de gênero, diversidade étnico-racial, religiosa, geracional, territorial, de nacionalidade, de posição política, deficiência, entre outros (art. 1º).

117 Leia-se "acolhimento institucional".

118 *Orientações técnicas:...*, op. cit., p. 63. Sobre a composição da equipe, consulte-se, ainda, a Norma Operacional Básica de Recursos Humanos do SUAS – NOB/SUAS (Resolução n. 130, de 2005, do CNAS).

PARTE II – A REDE DE ATENDIMENTO

525

Outro exemplo de serviço contemplado na supramencionada resolução consiste no acolhimento de crianças e adolescentes em situação de rua. Este serviço, incluído pela Resolução Conjunta Conanda/CNAS n. 1, de 15 de dezembro de 2016, pode ser prestado nas modalidades institucional (abrigo institucional e casa-lar) ou familiar (família acolhedora). De natureza não compulsória, deve contar com processos e diferenciais para atendimento desse público, não podendo, de forma alguma, constituir espaço de estigmatização, segregação, isolamento ou discriminação. Para tanto, a resolução estabelece metodologias e pressupostos específicos, os quais devem ser observados quando do seu desenvolvimento, sem prejuízo das orientações gerais já aplicadas aos acolhimentos institucional ou familiar.

Ainda sobre a Resolução Conjunta Conanda/CNAS n. 1, de 18 de junho de 2009, vale, por fim, ressaltar a possibilidade de ajuste dos seus parâmetros à realidade e à cultura locais; logicamente, sem prescindir da necessária qualidade dos serviços. Nessa linha, admite-se a oferta de serviços de forma regionalizada – implementados sob a gestão estadual ou mediante consórcio entre municípios – nas hipóteses em que a demanda não justifique a instituição de equipamentos locais, ou, ainda, para o atendimento de crianças e adolescentes ameaçados de morte, quando o acolhimento próximo ao seu contexto familiar e comunitário represente risco à sua segurança[119].

Não é demais lembrar que é obrigação das entidades, sem prejuízo da norma constante do § 3º do art. 92 do ECA[120], promover a qualificação permanente de sua equipe profissional, a ser criteriosamente selecionada, garantindo, assim, que as atividades desenvolvidas pelo programa se coadunem com os princípios e regras supramencionados.

Outra norma especial trazida pelo legislador estatutário, em relação às entidades de acolhimento, consiste na equiparação do dirigente da entidade ao guardião, para todos os efeitos de direito (art. 92, § 1º, do ECA).

Desse modo, cabe ao dirigente da entidade de acolhimento o encargo de prestar à criança ou ao adolescente toda a assistência que se mostrar necessária, durante o período de institucionalização; está, ainda, o dirigente, sujeito à penalidade prevista no art. 249 do ECA, sem prejuízo das demais disposições cíveis ou penais aplicáveis em decorrência de eventual conduta danosa que a este possa ser imputada em razão desta qualidade[121].

---

119 V. Item 4.5 do Capítulo III, "Regionalização do Atendimento nos Serviços de Acolhimento".

120 De acordo com o art. 92, § 3º: "Os entes federados, por intermédio dos Poderes Executivo e Judiciário, promoverão conjuntamente a permanente qualificação dos profissionais que atuam direta ou indiretamente em programas de acolhimento institucional e destinados à colocação familiar de crianças e adolescentes, incluindo membros do Poder Judiciário, Ministério Público e Conselho Tutelar".

121 De acordo com o art. 249 do ECA, o descumprimento, doloso ou culposo, dos deveres decorrentes da guarda é infração administrativa punida com multa de três a vinte salários de referência, aplicada em dobro em caso de reincidência.

O § 2º do art. 92 do ECA prevê, em complementação à regra constante do art. 19, § 1º, da mesma lei, ser obrigação do dirigente da entidade que desenvolve programas de acolhimento institucional ou familiar a remessa à autoridade judiciária, no máximo, a cada 6 meses, de relatório circunstanciado acerca da situação de cada criança ou adolescente acolhido e de sua família.

Este relatório irá embasar a decisão judicial de reavaliação da medida de acolhimento, com vistas à breve reinserção familiar ou à colocação em família substituta, da criança ou do adolescente inseridos no programa. O descumprimento desta determinação, assim como de outras normas constantes da lei, é causa de destituição do dirigente, sem prejuízo da apuração de sua responsabilidade nas demais esferas (art. 92, § 6º).

É importante salientar que as entidades que desenvolvem programas de acolhimento familiar ou institucional somente estão autorizadas a receber recursos públicos caso comprovem sua adequação aos princípios, às exigências e às finalidades estatutárias e demais normas regulamentadoras, norma que consta expressamente do § 5º do art. 92.

Ainda no que tange ao atendimento em regime de acolhimento institucional, cabe aduzir a introdução do § 7º ao art. 92, efetuado pela Lei n. 13.257/2016 – Marco da Primeira Infância, assegurando para os acolhidos na faixa etária entre 0 (zero) a 3 (três) anos, uma especial atenção à atuação de educadores de referência estáveis e qualitativamente significativos, às rotinas específicas e ao atendimento das necessidades básicas, incluindo as de afeto como prioritárias

Cumpre, por fim, ressaltar a possibilidade de as entidades que mantêm programa de acolhimento institucional receberem criança ou adolescente, sem prévia determinação da autoridade competente, desde que em caráter excepcional e de urgência, hipótese em que deverá proceder comunicação do fato ao Juiz da Infância e da Juventude em até 24 horas, sob pena de responsabilidade (art. 93 do ECA)[122].

Vale lembrar que, norteando-se no princípio do melhor interesse da criança e do adolescente, essa possibilidade se estende também ao Conselho Tutelar, conforme o Enunciado n. 4 do Fórum Nacional Da Justiça Protetiva (Fonajup). Em aplicação analógica do art. 93 do ECA. O Conselho Tutelar "poderá deixar crianças ou adolescentes encontrados em situação emergencial de risco aos cuidados da família extensa, a fim de evitar o acolhimento, comunicando em 24 horas à autoridade judiciária e ao Ministério Público"[123].

---

122 A Lei n. 12.010/2009 conferiu nova redação ao art. 93, *caput*, reduzindo o prazo que antes era o segundo dia útil imediato, para 24 horas.

123 Enunciado n. 4 do IV Encontro do Fórum Nacional da Justiça Protetiva, realizado na cidade de Ouro Preto (MG), no dia 18-10-2017, bem como sua justificativa no sítio

PARTE II – A REDE DE ATENDIMENTO

Compreende-se como situação excepcional ou urgente aquela na qual familiares, terceiros ou, tão somente, a criança ou o adolescente, procurem a instituição, por iniciativa própria, sendo, na oportunidade, inviável a adoção de qualquer outra providência apta a proteger a criança ou o adolescente (ex., contato com a autoridade judiciária, encaminhamento ao Conselho Tutelar para aplicação de medidas protetivas outras etc.), senão o seu imediato acolhimento.

Recebida a comunicação, a autoridade judiciária, ouvido o Ministério Público e, se necessário, com o apoio do Conselho Tutelar local, tomará as medidas necessárias para promover a imediata reintegração familiar da criança ou do adolescente ou, se por qualquer razão não for isso possível ou recomendável, para o seu encaminhamento a programa de acolhimento familiar, institucional ou a família substituta, observando-se as normas procedimentais e processuais estabelecidas na lei (art. 93, parágrafo único)[124]. Caso a medida excepcional seja adotada pelo Conselho Tutelar, além das orientações prévias, deverá ser deflagrado procedimento administrativo para acompanhamento do caso.

As entidades que desenvolvem programa de acolhimento institucional ou familiar, consoante determina o art. 94, § 1º, do ECA, também estão sujeitas, no que couber, às obrigações estipuladas às entidades de internação, indicadas adiante.

4.4. Os princípios e as regras especialmente aplicáveis às entidades que desenvolvem programas de atendimento socioeducativo

Na esteira da normativa deflagrada pela Lei n. 12.594/2012, responsável pela incorporação do Sinase ao arcabouço legislativo pátrio, torna-se imprescindível a abertura de tópico específico para tratar dos princípios e regras aplicáveis às entidades que desenvolvem os programas de atendimento ao adolescente em conflito com a lei. Compreende-se como programa de atendimento a organização e o funcionamento, por unidade, das condições necessárias para o cumprimento das medidas socioeducativas. Entende-se como unidade a base física necessária para a organização e o funcionamento de programa de atendimento[125].

De acordo com aquela legislação, incumbe às entidades que pretendam desenvolver tais programas, primeiro, proceder sua inscrição no Conselho Municipal dos Direitos da Criança e do Adolescente, na forma já indicada no tópico 4.2 deste capí-

---

online: <https://www.tjpb.jus.br/sites/default/files/anexos/2018/04/enunciado-04-fonajup.pdf>. Acesso em: 13 out. 2021.

124 O procedimento a ser seguido na hipótese de acolhimento institucional é estabelecido no art. 101 e parágrafos do ECA. Para comentários, remetemos o leitor ao capítulo intitulado "As medidas de proteção", que consta da Parte IV desta obra ("A efetividade do ECA: medidas judiciais e extrajudiciais").

125 V. art. 1º, §§ 3º e 4º, da Lei n. 12.594/2012.

tulo. Para a inscrição destes programas, devem ser observados, afora as regras gerais estatuárias, os seguintes requisitos, elencados nos arts. 11 e 12 da Lei n. 12.594/2012.

Além da especificação do regime de atendimento, deverá a entidade expor, indicar e apresentar, de forma clara e inequívoca:

I – as linhas gerais dos métodos e técnicas pedagógicas, com a especificação das atividades de natureza coletiva;

II – a estrutura material, dos recursos humanos e das estratégias de segurança compatíveis com as necessidades da respectiva unidade;

III – regimento interno que regule o funcionamento da entidade, no qual deverá constar, no mínimo: a) o detalhamento das atribuições e responsabilidades do dirigente, de seus prepostos, dos membros da equipe técnica e dos demais educadores; b) a previsão das condições do exercício da disciplina e concessão de benefícios e o respectivo procedimento de aplicação; e c) a previsão da concessão de benefícios extraordinários e enaltecimento, tendo em vista tornar público o reconhecimento ao adolescente pelo esforço realizado na consecução dos objetivos do plano individual;

IV – a política de formação dos recursos humanos;

V – a previsão das ações de acompanhamento do adolescente após o cumprimento de medida socioeducativa;

VI – a indicação da equipe técnica, cuja quantidade e formação devem estar em conformidade com as normas de referência do sistema e dos conselhos profissionais e com o atendimento socioeducativo a ser realizado; e

VII – a adesão ao Sistema de Informações sobre o Atendimento Socioeducativo, bem como sua operação efetiva.

Especificamente quanto à equipe técnica, é obrigatória a sua feição interdisciplinar, compreendendo, no mínimo, profissionais das áreas de saúde, educação e assistência social, de acordo com as normas de referência. Deverão constar do regimento interno da entidade as atribuições de cada profissional, sendo expressamente proibida a sobreposição dessas atribuições.

Estão ainda previstos, nos arts. 15 *usque* 17 da nova lei, requisitos próprios para a conformação e execução dos programas classificados como de meio aberto – prestação de serviços à comunidade e liberdade assistida – e de privação de liberdade – semiliberdade e internação. Vale citar como exemplos a obrigatoriedade, para os programas classificados como de meio aberto, de o dirigente selecionar e credenciar orientadores, designando-os, caso a caso, para o cumprimento da medida, sendo este rol submetido a controle periódico do Poder Judiciário e do Ministério Público (art. 13, I, parágrafo único). Para os programas de privação de liberdade, é feita, por exemplo, referência expressa à necessidade de a estrutura física da unidade guardar compatibilidade com as normas de referência do Sinase (art. 16)[126].

---

126 Especificamente para as entidades e/ou programas que executam medida socioeducativa de internação, vale citar, como regras do Sinase, entre outras: 1) Quanto à compo-

PARTE II – A REDE DE ATENDIMENTO

Realizada a inscrição dos programas e iniciado o atendimento pelas entidades, estas serão submetidas a avaliações periódicas, a partir das quais será verificado não só o respeito à normativa de regência, mas também o cumprimento das metas de qualidade de atendimento a serem estabelecidas no plano de atendimento socioeducativo quando da execução dos respectivos programas.

Nesse passo, o art. 19 da Lei n. 12.594/2012, ao instituir o Sistema Nacional de Avaliação e Acompanhamento do Sistema Socioeducativo, estabelece, em seu parágrafo único, que a avaliação do atendimento socioeducativo abrangerá, no mínimo, a gestão, as entidades de atendimento, os programas e os resultados da execução das medidas socioeducativas.

Os §§ 2º e 3º do mesmo dispositivo ainda trazem a previsão da elaboração, ao final da avaliação, de relatório contendo histórico e diagnóstico da situação, recomendações e prazos para que sejam cumpridos, sendo este relatório encaminhado aos Conselhos dos Direitos, Tutelares e Ministério Público.

De acordo com o art. 23 da lei, a avaliação das entidades terá por objetivo identificar o perfil e o impacto de sua atuação, considerando as diferentes dimensões institucionais e, entre elas, obrigatoriamente, as seguintes: I – o plano de desenvolvimento institucional; II – a responsabilidade social, considerada especialmente sua contribuição para a inclusão social e o desenvolvimento socioeconômico do adolescente e de sua família; III – a comunicação e o intercâmbio com a sociedade; IV – as políticas de pessoal quanto à qualificação, aperfeiçoamento, desenvolvimento profissional e condições de trabalho; V – a adequação da infraestrutura física às normas de referência; VI – o planejamento e a autoavaliação quanto aos processos, resultados, eficiência e eficácia do projeto pedagógico e da proposta socioeducativa; VII – as políticas de atendimento para os adolescentes e suas famílias; VIII – a atenção integral à saúde dos adolescentes em conformidade com as diretrizes da lei; e IX – a sustentabilidade financeira.

A avaliação dos programas terá por objetivo verificar, no mínimo, o atendimento ao que determinam os arts. 94, 100, 117, 119, 120, 123 e 124 do Estatuto da Criança e do Adolescente.

---

sição do quadro de pessoal, a obrigação da existência, para atender até 40 adolescentes, de equipe composta, minimamente, de 1 diretor, 1 coordenador técnico, 2 assistentes sociais, 2 psicólogos, 1 pedagogo, 1 advogado, profissionais necessários para o atendimento nas áreas de saúde, educação, esporte, cultura, lazer, profissionalização e administração e de socioeducadores; 2) Quanto aos parâmetros arquitetônicos das unidades de atendimento, o número de até 40 (quarenta) adolescentes em cada Unidade, conforme determinação da Resolução n. 46/96 do Conanda, sendo constituída de espaços residenciais (módulos) com capacidade não superior a quinze e quartos para o atendimento de, no máximo, três adolescentes. Para acesso à íntegra do documento, v.: <https://mpdft.mp.br/portal/pdf/unidades/promotorias/pdij/Publicacoes/Sinase.pdf>. Acesso em: 13 out. 2021.

Quanto às disposições estatutárias, vale aqui o registro de o legislador, em razão da severidade das medidas socioeducativas que importam em privação de liberdade, já haver optado por estabelecer rol exemplificativo das principais obrigações das entidades de atendimento responsáveis pelo regime de internação, as quais são também aplicadas às demais entidades que atendam em outros regimes ou desenvolvam programas de acolhimento institucional ou familiar, no que couber (art. 94, *caput*, § 1º).

São obrigações das entidades que desenvolvem programas de internação, indicadas expressamente no art. 94 do ECA: I – observar os direitos e garantias de que são titulares os adolescentes; II – não restringir nenhum direito que não tenha sido objeto de restrição na decisão de internação; III – oferecer atendimento personalizado, em pequenas unidades e grupos reduzidos; IV – preservar a identidade e oferecer ambiente de respeito e dignidade; V – diligenciar no sentido do restabelecimento e da preservação dos vínculos familiares; VI – comunicar à autoridade judiciária, periodicamente, os casos em que se mostre inviável ou impossível o reatamento dos vínculos familiares; VII – oferecer instalações físicas em condições adequadas de habitabilidade, higiene, salubridade e segurança e os objetos necessários à higiene pessoal; VIII – oferecer vestuário e alimentação suficientes e adequados à faixa etária dos adolescentes atendidos; IX – oferecer cuidados médicos, psicológicos, odontológicos e farmacêuticos; X – propiciar escolarização e profissionalização; XI – propiciar atividades culturais, esportivas e de lazer; XII – propiciar assistência religiosa àqueles que desejarem, de acordo com as suas crenças; XIII – proceder a estudo social e pessoal de cada caso; XIV – reavaliar periodicamente cada caso, com intervalo máximo de seis meses, dando ciência dos resultados à autoridade competente; XV – informar, periodicamente, o adolescente internado sobre sua situação processual; XVI – comunicar às autoridades competentes todos os casos de adolescentes portadores de moléstias infectocontagiosas; XVII – fornecer comprovante de depósito dos pertences dos adolescentes; XVIII – manter programas destinados ao apoio e acompanhamento de egressos; XIX – providenciar os documentos necessários ao exercício da cidadania àqueles que não os tiverem; e, finalmente, XX – manter arquivo de anotações onde constem data e circunstâncias do atendimento, nome do adolescente, seus pais ou responsável, parentes, endereços, sexo, idade, acompanhamento da sua formação, relação de seus pertences e demais dados que possibilitem a sua identificação e a individualização do atendimento.

A clareza da disposição legal em apreço dispensa comentários mais detalhados acerca de cada obrigação mencionada pelo legislador.

É dever dos dirigentes e demais integrantes das entidades colaborar com o processo de avaliação, facilitando o acesso às suas instalações, à documentação e a todos os elementos necessários ao seu efetivo cumprimento, obrigação que consta expressa no § 4º do art. 19 da Lei n. 12.594/2012.

PARTE II – A REDE DE ATENDIMENTO

Constatado o não cumprimento das obrigações constantes, quer da normativa estatutária, quer na novel legislação de execução de medidas socioeducativas, estarão as entidades de atendimento, seus dirigentes ou prepostos sujeitos à aplicação das medidas previstas no art. 97 do Estatuto da Criança e do Adolescente, sem prejuízo das demais penalidades aplicáveis ao seu dirigente ou funcionários diretamente envolvidos em outras ilegalidades[127].

Finalmente, é importante ressaltar que o descumprimento das obrigações constantes dos incs. I, II, V e X do citado art. 94, dada a sua gravidade, poderá caracterizar a prática da infração administrativa descrita no art. 246 do ECA, já que, por vezes, trará em seu bojo a restrição de direitos individuais expressamente resguardados ao adolescente privado de sua liberdade. Também para esta situação devem estar atentos todos os operadores do sistema, não medindo esforços em punir aqueles que de forma no mínimo amadora pretenderem descumprir os ditames normativos que integram a política de atendimento destes adolescentes[128].

4.5. A fiscalização das entidades de atendimento

Não obstante, o controle exercido pelos Conselhos Municipais dos Direitos da Criança e do Adolescente quanto ao registro e à inscrição dos programas executados pelas entidades de atendimento, tais instituições, por força do disposto no art. 95 do ECA, estão sujeitas à fiscalização do Poder Judiciário, do Ministério Público e dos Conselhos Tutelares.

A opção legislativa é louvável na medida em que a tais órgãos incumbe – dentro de suas respectivas atribuições – a salvaguarda, no caso concreto, dos direitos infantojuvenis, sendo-lhes, portanto, viável a constatação imediata de qualquer irregularidade envolvendo o atendimento do setor.

Caberá a cada um destes órgãos encontrar a metodologia mais adequada ao exercício desta fiscalização; nada obstante, é recomendável a realização de inspeções recorrentes, com vista à apuração de eventuais irregularidades, tanto no que diz respeito à infraestrutura material oferecida pela entidade como também no que se refere ao atendimento prestado às crianças ou aos adolescentes inseridos nos programas que ali são desenvolvidos.

---

127 V. art. 11, parágrafo único, e art. 12, § 3º, da Lei n. 12.594/2012.

128 O art. 246 do ECA prevê como infração administrativa impedir o responsável ou funcionário de entidade de atendimento o exercício dos direitos constantes nos incs. II, III, VII, VIII e XI do art. 124 da lei. O art. 124 do ECA, por sua vez, estabelece que são direitos do adolescente privado de liberdade, entre outros, os seguintes: [...] II – peticionar diretamente a qualquer autoridade; III – avistar-se reservadamente com seu defensor; [...] VII – receber visitas, ao menos semanalmente; VIII – corresponder-se com seus familiares e amigos; [...] XI – receber escolarização e profissionalização.

Como consectário da atribuição de fiscalização das entidades em geral, a lei ainda prevê, para a autoridade judiciária, a obrigação de estabelecer, em cada comarca ou foro regional, cadastro[129] com informações atualizadas sobre as crianças e os adolescentes em regime de acolhimento institucional e familiar, com informações pormenorizadas sobre a situação jurídica de cada um, bem como as providências tomadas para a sua reintegração familiar ou colocação em família substituta (§ 11 do art. 101 do ECA)[130].

O acesso ao referido cadastro deverá ser franqueado, dentre outros órgãos, ao Ministério Público, ao Conselho Tutelar e ao Conselho Municipal dos Direitos da Criança e do Adolescente (§ 12 do art. 101 do ECA), que deste poderão se valer no exercício de seu *munus* fiscalizatório.

As entidades de atendimento que recebem verbas públicas têm a obrigação, consoante determina o art. 96 do ECA, de apresentar os seus planos de aplicação e as respectivas prestações de contas aos entes federativos responsáveis pelo repasse das verbas; tal fato também deverá ser objeto de apreciação pelos órgãos anteriormente referidos quando da fiscalização.

Em havendo indício – ou constatação – de qualquer irregularidade em entidade de atendimento, notadamente no que se refere às obrigações aludidas nos arts. 92 e 94 da lei estatutária, abrir-se-á margem para a instauração de procedimento visando à aplicação de determinadas medidas, com vista ao restabelecimento da ordem institucional[131].

---

129 Em 20 de agosto de 2018 ocorreu o lançamento oficial do Novo Cadastro Nacional de Adoção: "O objetivo do novo CNA é colocar a criança como sujeito principal para que se permita a busca de uma família para ela, e não o contrário. Uma das medias que corroboram essa intenção é a emissão de alertas em caso de demanda no cumprimento de prazos processuais". "Outra mudança é possibilidade dos pretendentes poderem interagir com o cadastro alterando dados por meio de login e senha". Disponível em, respectivamente: <http://www.cnj.jus.br/noticias/cnj/87169-novo-cadastro-de-adoção-sera-lançado-nacionalmente-em-agosto> e <https://www.cnj.jus.br/juizes-e-servidores-recebem-treinamento-para-o-novo-cna/>. Acesso em: 13 out. 2021.

130 Registre-se que "Deixar a autoridade competente de providenciar a instalação e operacionalização dos cadastros previstos no art. 50 e no parágrafo 11 do art. 101 desta Lei" é infração administrativa descrita no art. 258-A do ECA. "Incorre nas mesmas penas a autoridade que deixa de efetuar o cadastramento de crianças e de adolescentes em condição de serem adotadas, de pessoas ou casais habilitados à adoção e de crianças e adolescentes em regime de acolhimento institucional ou familiar."

131 Apesar de a lei fazer expressa referência às obrigações constantes do art. 94 do ECA, pacificou-se o entendimento no sentido de que o descumprimento de qualquer determinação legal, ainda que não expressamente contida no referido dispositivo, enseja a instauração de procedimento visando à aplicação das medidas indicadas no art. 97 da mesma lei.

PARTE II - A REDE DE ATENDIMENTO

Tais medidas irão variar conforme a natureza da entidade e não excluem eventual responsabilização cível ou criminal dos envolvidos, consoante se infere a partir da leitura do art. 97 do ECA, segundo o qual:

> Art. 97. São medidas aplicáveis às entidades de atendimento que descumprirem obrigação constante do art. 94, sem prejuízo da responsabilidade civil e criminal de seus dirigentes ou prepostos:
>
> I – às entidades governamentais:
>
> a) advertência;
>
> b) afastamento provisório de seus dirigentes;
>
> c) afastamento definitivo de seus dirigentes;
>
> d) fechamento de unidade ou interdição de programa;
>
> II – às entidades não governamentais:
>
> a) advertência;
>
> b) suspensão total ou parcial do repasse de verbas públicas;
>
> c) interdição de unidades ou suspensão de programa;
>
> d) cassação do registro.
>
> § 1º Em caso de reiteradas infrações cometidas por entidades de atendimento, que coloquem em risco os direitos assegurados nesta Lei, deverá ser o fato comunicado ao Ministério Público ou representado perante autoridade judiciária competente para as providências cabíveis, inclusive suspensão das atividades ou dissolução da entidade.
>
> § 2º As pessoas jurídicas de direito público e as organizações não governamentais responderão pelos danos que seus agentes causarem às crianças e aos adolescentes, caracterizado o descumprimento dos princípios norteadores das atividades de proteção específica[132].

O dispositivo legal em tela indica as medidas à disposição do julgador, em ordem crescente de severidade, não havendo critério predeterminado para a sua aplicação; deverá o magistrado optar, entre as providências acima elencadas, por aquela que se mostrar, no caso concreto, suficientemente eficaz a espancar a ilegalidade apurada.

A norma do art. 97 é complementada, quanto às entidades que desenvolvem programas de acolhimento familiar ou institucional, pelo § 6º do art. 92, segundo o qual "o descumprimento das disposições desta Lei pelo dirigente de entidade que desenvolva programas de acolhimento familiar ou institucional é causa de sua destituição, sem prejuízo da apuração de sua responsabilidade administrativa, civil e criminal".

No que diz respeito às entidades de atendimento que desenvolvem programas destinados aos adolescentes em conflito com a lei, a normativa estatutária é referenciada pelas novas regras estabelecidas pela Lei n. 12.594/2012, a qual ratifica as

---

132 Redação dada pela Lei n. 12.010/2009.

medidas previstas no art. 97 do ECA em caso de desrespeito, mesmo que parcial, ou do não cumprimento integral das diretrizes e determinações ali contidas.

É relevante ressaltar que a aplicação das medidas em questão somente poderá ocorrer mediante instauração de procedimento próprio, que seguirá o rito instituído pelos arts. 191 a 193 do ECA, a ser estudado em capítulo específico desta obra ("Procedimento de apuração de irregularidades em entidade de atendimento", na Parte IV), no qual também poderão ser encontradas observações complementares ao tema ora em análise.

Frise-se, por fim, que a responsabilização decorrente do descumprimento das obrigações específicas, constantes da normativa estatutária e normas regulamentares, por óbvio, não exclui a responsabilidade civil das pessoas jurídicas de direito público e das organizações não governamentais pelos danos que seus agentes causarem às crianças e aos adolescentes, notadamente, quando constatado o descumprimento dos princípios que norteiam suas atividades (art. 97, § 2º, do ECA).

REFERÊNCIAS

CARVALHO, Maria do Carmo B. de (coord.). Cadernos de Ação n. 03 – *Trabalhando abrigos*. São Paulo: IEE/PUC-SP e CBIA-SP, 1993.

CONSELHO NACIONAL DOS DIREITOS DA CRIANÇA E DO ADOLESCENTE (CONANDA) E CONSELHO NACIONAL DE ASSISTÊNCIA SOCIAL (CNAS) (coord.). *Orientações técnicas*: Serviços de acolhimento para crianças e adolescentes. Brasília, jun. 2009.

CONSELHO NACIONAL DO MINISTÉRIO PÚBLICO. *Orientações sobre Fundos dos Direitos da Criança e do Adolescente*. Brasília: CNMP, 2020.

CONSELHO NACIONAL DOS DIREITOS DA CRIANÇA E DO ADOLESCENTE (CONANDA). *Sistema Nacional de Atendimento Socioeducativo* (Sinase). Brasília, dez. 2006.

COSTA, Antonio Carlos Gomes da et al. *Brasil criança urgente*: a lei. São Paulo: Instituto Brasileiro de Pedagogia Social, Columbus Cultural Editora, 1990 (Coleção Pedagogia Social, v. 3).

CYRINO, Públio Caio Bessa; LIBERATI, Wilson Donizeti. *Conselhos e fundos no Estatuto da Criança e do Adolescente*. 2. ed. São Paulo: Malheiros, 2003.

DINIZ, Andréa; CUNHA, José Ricardo (org.). *Visualizando a política de atendimento à criança e ao adolescente*. Rio de Janeiro: Litteris Editora, KroArt Editores, Fundação Bento Rubião, 1998.

FERREIRA, Luiz Antonio Miguel. *O papel do Ministério Público na política de atendimento à criança e ao adolescente*. Disponível em: <www.abmp.org.br/publicacoes/Portal_ABMP_Publicação_471.doc>. Acesso em: 21 nov. 2005.

PARTE II – A REDE DE ATENDIMENTO

GARCIA, Emerson; ALVES, Rogério Pacheco. *Improbidade administrativa*. 9. ed. Rio de Janeiro: Lumen Juris, 2017.

KONZEN, Afonso Armando. Aspectos teóricos e implicações jurídico-administrativas na implementação dos Fundos dos Direitos da Criança e do Adolescente. *Revista Igualdade – Revista Trimestral do Centro de Apoio Operacional das Promotorias da Criança e do Adolescente*, Curitiba, n. V, p. 1-XX, out./dez. 1994. Disponível em: <http://www.mp.pr.gov.br/ cpca/crianca.html> (link "Revista Igualdade"). Acesso em: 21 nov. 2005.

LIBERATI, Wilson Donizeti. *Comentários ao Estatuto da Criança e do Adolescente*. 12. ed. rev. e ampl. de acordo com a Lei 13.058, de 22.12.2014. São Paulo: Malheiros, 2015.

MELLO, José Carlos Garcia de. *Fundos da Criança e do Adolescente*. Disponível em: <www.mp.rs.gov.br/infancia/doutrina/id209.htm>. Acesso em: 1º fev. 2013.

MINISTÉRIO PÚBLICO DO ESTADO DE MINAS GERAIS. *Conselhos e Fundos Municipais dos Direitos da Criança e do Adolescente passo a passo*. Guia elaborado pelo Ministério Público do Estado de Minas Gerais como estratégia de ação no Projeto "Minas de Bons Conselhos". Disponível em: <http://www. mp.mg.gov.br/caoij> (link "Minas de Bons Conselhos – Conhecendo o Programa"). Acesso em: 21 nov. 2005.

PILOTTI, Francisco; RIZZINI, Irene (org.). *A arte de governar crianças*: a história das políticas sociais, da legislação e da assistência à infância no Brasil. Rio de Janeiro: Instituto Interamericano Del Niño, Editora Universitária Santa Úrsula, Amais Livraria e Editora, 1995.

PONTES JUNIOR, Felício. *Conselho de Direitos da Criança e do Adolescente*. São Paulo: Malheiros, 1993.

RIZZINI, Irene; RIZZINI, Irma. *A institucionalização de crianças no Brasil*: percurso histórico e desafios do presente. Rio de Janeiro: Editora PUC-Rio; São Paulo: Loyola, 2004.

SÊDA, Edson. Art. 87. In: VERONESE, Josiane Rose Petry; SILVEIRA, Mayra; CURY, Munir (coord.). *Estatuto da Criança e do Adolescente comentado*: comentários jurídicos e sociais. 13. ed. rev. e atual. São Paulo: Malheiros, 2018.

SILVA, Anália dos Santos da; SILVA, Márcia Nogueira da. O plano personalizado de atendimento e a medida de abrigo. Disponível em: <http://www. mp.rj.gov.br/ pls/portal/docs/PAGE/INTRANETMP/CENTROS_DE_APOIO/4_CENTRO_ APOIO/REDE_ATENDIMENTO/MEDIDA%20DE% 20ABRIGO.HTM>. Acesso em: 21 nov. 2005.

Os Conselhos dos Direitos da Criança e do Adolescente

Patrícia Silveira Tavares

1. INTRODUÇÃO

Já se teve a oportunidade de salientar que a ordem jurídica estabelecida pela Constituição de 1988, ao eleger a Doutrina da Proteção Integral como a mola mestra do tratamento normativo das questões atinentes às crianças e aos adolescentes, trouxe à matéria infantojuvenil nova feição, diametralmente oposta à do ordenamento jurídico anterior.

Foi possível compreender, no ensejo, que consubstanciada a esta nova realidade jurídico-normativa está a necessidade da construção de uma política de atendimento, voltada a qualquer criança ou adolescente – não a determinado segmento da população infantojuvenil, marcado pela pobreza, pelo abandono, ou, ainda, pelo seu envolvimento com atos ilícitos – e destinada a garantir todos os direitos propagados no art. 227 da CF/88.

Também foi possível notar que a nova carta constitucional, no § 7º do art. 227, combinado com o art. 204, II, indicou duas diretrizes fundamentais para a nova política de atendimento da infância e da adolescência: a descentralização político-administrativa e a participação da população na formulação das políticas e no controle das ações em todos os níveis da federação, por meio de organizações representativas.

A instituição dos Conselhos dos Direitos da Criança e do Adolescente, determinada pela Lei n. 8.069/90 (ECA) como uma das diretrizes da política de atendi-

PARTE II – A REDE DE ATENDIMENTO

mento, teve como objetivo materializar aquela última diretiva, sendo tais órgãos legítimos instrumentos de democracia participativa na matéria infantojuvenil[1].

Os Conselhos dos Direitos da Criança e do Adolescente foram idealizados pelo legislador infraconstitucional no art. 88, II, do ECA, como detentores da missão institucional de deliberar, bem como controlar as ações da política de atendimento nas esferas federal, estadual e municipal; devem, portanto, ser criados por todos os entes federativos. Têm como característica fundamental a composição paritária, ou seja, a formação por igual número de representantes do governo e da sociedade civil, garantida a participação desta última por meio de organizações representativas.

Com membros da sociedade civil envolvidos na formulação e controle de políticas públicas para crianças e adolescentes reflete-se a pluralidade social, incorporando diferentes perspectivas para atender às diferentes infâncias, assegurando proteção integral e prioritária às crianças e adolescentes. Afinal, a tutela da infância é "uma questão transversal, que atinge os direitos de distintos grupos vulneráveis, (e) que passa por múltiplas dimensões prestacionais[2]" do Estado. Exige, dessa forma, uma abordagem multiparadigmática e interdisciplinar.

Os Conselhos Nacional, Estaduais e Municipais se distinguem das demais formas de participação popular direta no poder, como, por exemplo, do plebiscito ou do referendo, na medida em que possuem caráter permanente e têm um foco específico, qual seja, a política de atendimento infantojuvenil.

Por todo o exposto, são compreendidos pela doutrina como "a mais sofisticada forma de exercício do poder político, numa democracia"[3]; o papel relevante de tais órgãos na estruturação da rede de atendimento à infância e à adolescência será a abertura de capítulo específico destinado a delinear as suas principais nuances, conforme será feito a seguir.

Foi com fulcro neste entendimento que, no julgamento da ADPF 622/DF de relatoria do Ministro Luís Roberto Barroso, em 1º-3-2021, emitiu-se a seguinte tese: "É inconstitucional norma que, a pretexto de regulamentar, dificulta a participação da sociedade civil em conselhos deliberativos".

A ADPF em voga, julgada parcialmente procedente, tem por objeto o Decreto n. 10.003/2019; o qual, por sua vez, alterou a redação do Decreto n. 9.579/2018 –

---

1 Nas palavras de Sepúlveda Pertence na relatoria da ADI 244, além das modalidades explícitas de democracia direta, a Constituição "aventa oportunidades tópicas de participação popular na Administração Pública" e, de fato, elencamos como um de seus mais proeminentes exemplos os Conselhos de Direito.

2 STF, ADPF 622, Rel. Min. Roberto Barroso, j. 1º-3-2021.

3 A expressão é de Wilson Donizeti Liberati e de Públio Caio Bessa Cyrino, na obra *Conselhos e fundos no Estatuto da Criança e do Adolescente*. 2. ed. São Paulo: Malheiros, 2003, p. 87.

em específico, disposições acerca do Conanda. Contabilizam sete as normas altercadas no controle concentrado:

1. A destituição de todos os membros do Conanda no curso de seus mandatos;
2. A redução de 28 para 18 do número total de representantes do Conselho Nacional em questão;
3. O novo método de escolha de representantes das entidades da sociedade civil;
4. A vedação à recondução ao mandato de representantes dentre os particulares;
5. O não custeio público do deslocamento daqueles conselheiros que não residam no Distrito Federal, determinando a participação por videoconferência;
6. A redução do número de reuniões de mensais para trimestrais;
7. E, por fim, a designação do Presidente do Conanda pelo Presidente da República dentre seus membros, bem como atribuição de voto de qualidade ao Presidente do Conanda como critério de desempate.

Dentre as elencadas, admitiram-se constitucionais a redução paritária dos membros (2), a vedação à recondução (4) e a atribuição de voto de qualidade ao Presidente do Conanda (7 segunda parte) e inconstitucionais às demais, pelo motivo já exposto e demais argumentos que serão pormenorizados em temas correspondentes, no decurso deste capítulo.

2. DEFINIÇÃO

Os Conselhos dos Direitos da Criança e do Adolescente são referidos no art. 88, II, do ECA como "órgãos deliberativos e controladores das ações em todos os níveis, assegurada a participação popular paritária, por meio de organizações representativas, segundo leis federal, estaduais e municipais".

A análise pormenorizada dos elementos fornecidos pelo legislador estatutário permite afirmar que são os Conselhos dos Direitos órgãos colegiados criados por lei, em todos os entes da federação, formados paritariamente por membros das alas governamental e não governamental, com a missão institucional de decidir e, ainda, controlar as políticas públicas relacionadas à infância e à adolescência.

É possível, ainda, agregar a tal definição outras duas acepções do Conselho dos Direitos. Segundo a renomada doutrina de Felício Pontes Jr.[4]:

> do ponto de vista dos direitos infantojuvenis, trata-se de uma das respostas encontradas para assegurar, em última análise, a proteção integral a crianças e adolescentes no Brasil; – do ponto de vista participativo, é o instituto jurídico-político realizador de uma modalidade do direito de participação política que

---

4 PONTES JUNIOR, Felício. *Conselho de direitos da criança e do adolescente*. São Paulo: Malheiros, 1993, p. 14.

PARTE II – A REDE DE ATENDIMENTO

exerce efetivo controle sobre os atos governamentais das políticas para a infantoadolescência.

São os referidos Conselhos importante inovação, e as pessoas que os compõem, peças fundamentais na garantia da participação da sociedade na construção de uma política de atendimento que, concretamente, assegure absoluta prioridade e proteção integral ao segmento infantojuvenil.

Não é por outro motivo que o art. 89 do ECA estabelece que "a função de membro do Conselho Nacional e dos conselhos estaduais e municipais dos direitos da criança e do adolescente é considerada de interesse público relevante". O mesmo dispositivo legal, na parte final, veda expressamente a remuneração dos conselheiros de direitos, em razão do caráter eminentemente político e transitório das atividades por este exercidas, impedindo, assim, a utilização da função como forma de garantia de sustento de seus componentes.

3. NATUREZA JURÍDICA

Os Conselhos dos Direitos da Criança e do Adolescente são órgãos públicos, imbuídos da missão institucional de exercer, politicamente, as opções relacionadas ao atendimento da população infantojuvenil; exercem atividade administrativa de governo, distinguindo-se, no entanto, dos demais órgãos que compõem a Administração Pública, na medida em que, mesmo despidos de personalidade jurídica própria, possuem independência e autonomia em relação à chefia do Poder Executivo.

A coexistência de duas características, aparentemente incompatíveis entre si, ou seja, a independência no exercício das suas atividades e a ausência de personalidade jurídica própria, de início, gera certa perplexidade e alguma dificuldade na determinação da natureza jurídica de tais órgãos; contudo, este desconforto inicial é afastado a partir da percepção de que os Conselhos dos Direitos nada mais são do que o próprio Poder Executivo exercendo a sua tarefa de gestão dos interesses da coletividade, de forma conjunta com representantes diretos da população que, no exercício destas funções, devem ser considerados agentes públicos.

Nesse passo, os Conselhos dos Direitos da Criança e do Adolescente representam "um novo *locus* de discricionariedade"[5], no qual a sociedade, quebrando a tradição de escolhas políticas, tão somente, pela cúpula do Poder Executivo, participa da gestão Estatal, na definição das políticas vinculadas à população infantojuvenil.

Devem, portanto, ser concebidos como órgãos situados na esfera do Poder Executivo, com capacidade decisória em relação à infância e à juventude, a cujas deliberações devem se submeter todos os demais, inclusive, a chefia do ente federativo

---

5   LIBERATI, Wilson Donizeti; CYRINO, Públio Caio Bessa. Op. cit., p. 86.

ao qual estiver vinculado; concebê-los desta forma significa ainda afirmar, como consequência, a impossibilidade de, na ala governamental, ser o colegiado composto de representantes dos Poderes Legislativo e Judiciário, ou, ainda, do Ministério Público[6].

Deve-se, por fim, ressaltar que afirmar a ausência de personalidade jurídica aos Conselhos dos Direitos, logicamente, não os impede de estar em juízo, como sujeitos ativos ou passivos de demandas relacionadas ao exercício de suas prerrogativas ou atribuições[7].

4. A FORMAÇÃO DOS CONSELHOS DOS DIREITOS DA CRIANÇA E DO ADOLESCENTE

4.1. A criação do órgão

Os Conselhos dos Direitos da Criança e do Adolescente, por força do que dispõe o art. 61, § 1º, II, *e*, da CF/88, devem ser criados por lei de iniciativa do Poder Executivo[8].

---

6   Cumpre notar que esta ainda é a posição do Conselho Nacional dos Direitos da Criança e do Adolescente (Conanda) que, em resolução destinada a fornecer parâmetros para a criação e o funcionamento dos Conselhos dos Direitos da Criança e do Adolescente (Resolução n. 105, de 15 de junho de 2005), fixou orientação no sentido da impossibilidade da participação, compondo os Conselhos dos Direitos, de órgãos estranhos à Administração Pública do poder ao qual está vinculado (art. 11 e parágrafo único). Também é a orientação da Chefia do Ministério Público do Estado do Rio de Janeiro que na Resolução n. 1.282, de 17 de fevereiro de 2005, destinada a disciplinar a participação do Ministério Público no Conselho Estadual e nos Conselhos Municipais dos Direitos da Criança e do Adolescente, entendeu conflitar com as atribuições constitucionais do Ministério Público, integrar órgãos do Poder Executivo Estadual, de natureza consultiva ou deliberativa, cuja atuação esteja direcionada à consecução de políticas públicas afetas à área social, nada impedindo, contudo, a sua participação na qualidade de convidado, sem direito a voto.

7   Admite-se, por exemplo, a possibilidade de mandado de segurança contra ato do colegiado ou de seu presidente, sendo esta hipótese bastante comum quando se pretende sanar ilegalidade cometida em processo de escolha do Conselho Tutelar que, conforme será visto adiante, é conduzido sob a responsabilidade dos Conselhos Municipais dos Direitos da Criança e do Adolescente.

8   De acordo com o referido dispositivo constitucional, aplicável por simetria aos Estados e aos Municípios, são de iniciativa do Presidente da República as leis referentes à criação e à extinção de órgãos da Administração Pública. Desse modo, a jurisprudência pátria tem entendido não ser cabível ao Poder Legislativo a iniciativa da lei de criação dos Conselhos dos Direitos. Na jurisprudência, vale a consulta aos seguintes arestos: 1 – TJSP – ADI: 22982756820208260000 SP 2298275-68.2020.8.26.0000, Órgão Especial, Rel. Des. Jacob Valente, j. 25-8-2021; 2 – TJRJ, Representação por Inconstitucionalidade n. 68/2003. Proc. 2003.007.00068, Órgão Especial, Rel. Des. Roberto Wider, j. 1º-7-2004.

PARTE II – A REDE DE ATENDIMENTO

Deve a lei de criação, entre outras coisas, posicioná-los dentro da estrutura organizacional da Administração Pública, esmiuçar as suas atribuições, estipular normas atinentes à sua composição – como, por exemplo, a quantidade de órgãos que irão integrá-lo, o procedimento para a escolha de seus membros e a duração dos mandatos –, e, ainda, indicar a estrutura administrativa necessária ao seu regular funcionamento.

Questão relevante está em saber quais seriam as alternativas colocadas à disposição dos operadores do Estatuto, na hipótese de a Chefia do Poder Executivo não elaborar a proposta de lei de instituição de tais órgãos.

Esgotadas as tentativas extrajudiciais de solução da questão, como, por exemplo, a promoção de audiências públicas ou de debates nos principais meios de comunicação dedicados ao tema, não restará outra possibilidade senão a utilização dos mecanismos judiciais destinados a sanar as hipóteses de omissão legislativa, a saber, o mandado de injunção ou a ação de inconstitucionalidade por omissão[9].

Cumpre ainda ressaltar que a omissão do Poder Público, neste caso, ainda gera como consequência a proibição de repasse, aos Estados ou aos Municípios, de recursos destinados a atender aos programas e às atividades relacionados à política de atendimento.

Esta é a interpretação que decorre, *a contrario sensu*, na norma constante do art. 261, parágrafo único, do ECA, segundo a qual

> Art. 261. [...]
> Parágrafo único. A União fica autorizada a repassar aos Estados e Municípios, e os Estados aos Municípios, os recursos referentes aos programas e atividades previstos nesta Lei, tão logo estejam criados os Conselhos dos Direitos da Criança e do Adolescente nos seus respectivos níveis.

Nesse diapasão, em não havendo Conselho dos Direitos da Criança e do Adolescente em determinado Município[10] e constatado o repasse – indevido – das verbas pela União ou pelo Estado, abre-se ainda a possibilidade de anulação do ato na esfera judicial, circunstância que também funcionará como forma de impulsionar a ação das autoridades competentes.

4.2. A composição paritária

Caberá à lei de criação do Conselho dos Direitos, em atenção às necessidades e às peculiaridades do ente federativo ao qual o órgão estiver vinculado, delinear a

---

9   A respeito do mandado de injunção e da ação de inconstitucionalidade por omissão, consultar, respectivamente, o art. 5º, LXXI, e o art. 103, § 2º, da CF/88.

10 Fala-se em Município porque tanto a União como também todos os Estados da Federação já instituíram seus respectivos Conselhos dos Direitos da Criança e do Adolescente.

composição do colegiado, sendo o legislador limitado, tão somente, pela paridade determinada pelo art. 88, II, do Estatuto da Criança e do Adolescente.

Nesse diapasão, a cada ente federativo competirá a formação do respectivo Conselho, da forma que melhor lhe aprouver, não havendo limitação quanto à quantificação de seus membros; há, apenas, a necessidade de garantir representação igualitária da sociedade civil organizada e do Poder Público, permitindo, assim, que as deliberações tenham cunho efetivamente democrático.

Por tal motivo, a redução dos membros do Conanda na nova diretriz regulamentar, o Decreto n. 10.003/2019, foi considerada constitucional pelo STF, uma vez que, embora considerável, o corte manteve a composição paritária, não interferindo na condição simétrica de interferência das partes. Neste sentido, carece de potestade o argumento que afirma prejudicada a representação da sociedade civil pela diminuição do número total de membros, haja vista a inexistência de um número mínimo de representantes, desde que razoável, protegido pelo comando constitucional. Tal linha de entendimento valoriza a composição paritária como baliza e instrumento indispensável para a efetividade da participação popular, pois garante influência substancial dos membros da sociedade civil nas decisões tomadas pelo Conselho.

A respeito do tema vale mencionar a lição de Felício Pontes Junior[11], ao ressaltar que:

> A resposta encontrada pelo legislador do Estatuto da Criança e do Adolescente para que houvesse a efetiva participação popular nas atividades dos Conselhos de Direitos foi impor a característica de igual número de membros da sociedade civil e do Estado em sua composição, ou seja, a paridade. Isso confirma a análise de vários cientistas políticos sobre as respostas para a crise da democracia representativa, uma vez que foi constatada a necessidade de criar novos mecanismos de participação sem eliminá-la. Portanto, não existindo a paridade, ou a área governamental, ou não governamental teria participação apenas formal, pois, tendo em vista a regra da deliberação por maioria de votos, comum nos órgãos colegiados, haveria superposição de uma na outra.

O referido autor ainda lembra, de forma bastante pertinente, que à legislação específica não será crível a previsão de qualquer tipo de mecanismo capaz de desviar a paridade imposta pela lei estatutária, observando que

> Se nunca perdermos de vista as finalidades dos Conselhos dos Direitos da Criança e do Adolescente, fica claro que em nenhum momento o princípio da paridade pode ser quebrado, já que a elaboração e controle na execução das políticas públicas para crianças e adolescentes devem ser deliberados em conjunto, sociedade civil e Estado. Qualquer mecanismo que preveja a quebra des-

---

11   PONTES JUNIOR, Felício. Op. cit., p. 55.

PARTE II – A REDE DE ATENDIMENTO

te princípio – como, por exemplo, o voto de qualidade atribuído ao Presidente do Conselho –, esteja ele incluído na lei criadora do Conselho ou no regimento interno, está em confronto com o Estatuto da Criança e do Adolescente e, por conseguinte, é inválido[12].

São comumente indicados para compor os Conselhos dos Direitos da Criança e do Adolescente, como representantes do Poder Público, órgãos relacionados, direta ou indiretamente, à política de atendimento da população infantojuvenil, como, por exemplo, os órgãos responsáveis pelas políticas sociais básicas, pelas políticas de assistência social, bem como os que exercem o controle das finanças e realizam o planejamento das ações de governo; adotando-se entendimento no sentido de que são os Conselhos de Direitos órgãos que integram o Poder Executivo, não se admitirá a sua composição, na parte governamental, por órgãos estranhos a tal poder.

Na ala não governamental há, geralmente, a indicação da participação de órgãos que tenham a sua finalidade institucional – ou, pelo menos, algumas de suas atividades – atreladas à matéria infantojuvenil, como, por exemplo, entidades de atendimento que promovem políticas de assistência e de proteção especial, ou ainda, associações de moradores que desenvolvem atividades voltadas à infância e à adolescência; logicamente, não deverá a lei indicar nominalmente tais entidades, sendo esta etapa integrante do processo de escolha dos membros não governamentais, dentro de fórum próprio de discussão.

4.3. A escolha dos membros

O procedimento para a escolha dos membros dos Conselhos dos Direitos, notadamente, das entidades representativas da sociedade civil, também deverá ser esmiuçado na lei específica de criação.

Caberá à lei estipular o prazo do qual dispõe a Chefia do Poder Executivo para, após a sua posse, indicar as pessoas responsáveis pela representação do governo, bem como os seus respectivos suplentes.

Importa frisar a necessidade de a Chefia do Poder Executivo ser bastante criteriosa em sua escolha, a fim de garantir a participação de agentes com disponibili-

---

12 Idem. Cumpre ressaltar que o mesmo autor propõe, como alternativa ao voto de qualidade, a criação de outros mecanismos capazes de resolver, eficazmente, os casos de empate, como, por exemplo, a renovação da votação, ou, ainda, a instituição de comissão, composta por igual número de membros que votaram contra e a favor, com vistas ao consenso; não sendo obtido consenso, a matéria seria retirada de votação. Lembra o autor, contudo, que a solução proposta não é pacífica, havendo aqueles que sustentam a possibilidade do voto de qualidade como forma de impedir a demora na solução de questões, que deixariam de ser objeto de deliberação, às vezes, em função de manobras políticas.

544 CURSO DE DIREITO DA CRIANÇA E DO ADOLESCENTE

dade e capacitação técnica compatíveis com a função e capazes de contribuir, efetivamente, para o exercício das atribuições do colegiado.

Em se tratando da sociedade civil, sua representação deverá ser garantida por meio de eleição a ser realizada em fórum próprio de discussão, de forma absolutamente desvinculada do Poder Executivo[13] e sob a fiscalização do Ministério Público, sob pena de nulidade de todo o processo[14].

Não é por outro motivo que foi considerada inconstitucional a nova redação do art. 79 do Decreto n. 9.579/2018 pela Suprema Corte. Com efeito, o referido dispositivo determinou que os representantes da sociedade civil, em vez de eleitos para a constituição do Conanda, seriam selecionados pelo Poder Público, por meio de processo seletivo a ser elaborado pelo Ministério da Mulher, da Família e dos Direitos Humanos[15]. Observe:

> Art. 78. O Conanda é composto por representantes dos seguintes órgãos e entidades:
>
> VII – nove de entidades não governamentais de âmbito nacional de atendimento dos direitos da criança e do adolescente, selecionadas por meio de processo seletivo público.
>
> Art. 79. O regulamento do processo seletivo das entidades referidas no inciso VII do *caput* do art. 78 será elaborado pelo Ministério da Mulher, da Família e dos Direitos Humanos e divulgado por meio de edital público com antecedência mínima de noventa dias da data prevista para a posse dos membros do Conanda. (NR)

O voto do Ministro Barroso na ADPG 622 aludiu a um retrocesso democrático, fruto do esvaziamento de espaços de participação popular, a fundamentar a inconstitucionalidade da norma. Importa destacar que o reconhecimento em referido julgado de exigência constitucional expressa da participação da sociedade civil e

---

13 A respeito do tema, cumpre fazer referência a interessante aresto do Tribunal de Justiça do Paraná, cuja ementa segue transcrita: "AÇÃO CIVIL PÚBLICA. CONSELHO MUNICIPAL DOS DIREITOS DA INFÂNCIA E DA JUVENTUDE – CONSTITUIÇÃO PARITÁRIA – MEMBROS DA SOCIEDADE CIVIL ORGANIZADA – INDICAÇÃO PELO PREFEITO – DESCABIMENTO – APELAÇÃO IMPROVIDA. Na composição do Conselho Municipal dos Direitos da Criança e do Adolescente, não cabe ao Prefeito Municipal a indicação dos membros representantes da sociedade civil organizada. A escolha deve ser feita pelas próprias entidades não governamentais, para garantir a participação popular paritária, prevista no art. 88, II, do Estatuto da Criança e do Adolescente" (TJPR, Apelação Cível 26189-6, 1ª Câm. Cív., Rel. Des. Troiano Netto, j. 16-3-2004).

14 Vale frisar que a necessidade de o Ministério Público ser cientificado do processo de eleição dos membros dos Conselhos dos Direitos, para fins de acompanhamento e fiscalização, é, inclusive, objeto do art. 8º, § 6º, da Resolução n. 105/2005 do Conanda.

15 O Decreto n. 10.003/2019 determina que o Conanda é integrante da estrutura do Ministério da Mulher, da Família e dos Direitos Humanos, órgão que assumiu a pasta de Direitos Humanos e da Promoção da Igualdade racial e de gênero.

PARTE II – A REDE DE ATENDIMENTO

suas entidades se remete a dois dispositivos já abordados neste estudo: o art. 227 e o art. 204, II, da CF/88. Essa atuação deve, como previamente assentado, ser o mais plural possível, espelho fidedigno das opções populares; e a seleção direcionada pelo Poder Público permitiria, consoante voto vencedor no Supremo, "a indevida ingerência do Estado em um processo decisório que compete exclusivamente à sociedade civil, abrindo caminho à captura de tais representantes pelo Poder Público".

Da mesma forma, restaria contrária à Constituição a redação dada pelo Decreto n. 10.003/2019 ao art. 81 do Decreto n. 9.579/2018, pois prescreve a competência para indicar o Presidente do Conanda ao Presidente da República; competência esta anteriormente conferida a seus pares, por eleição dentre os membros conforme regimento interno. Compare:

> Art. 81 (Redação original) **A eleição do Presidente do Conanda ocorrerá conforme estabelecido em seu regimento interno.** Parágrafo único. A designação do Presidente do Conanda será feita pelo Presidente da República.
>
> Art. 26 da Resolução 217/2018 do Ministério de Direitos Humanos. Presidência é órgão constituído pelo presidente e pelo vice-presidente do Conanda. § 1º O **presidente e o vice-presidente do Conanda serão escolhidos pelo Plenário reunido na primeira assembleia ordinária de cada ano,** dentre seus membros titulares, por **voto de maioria simples,** para cumprirem mandato de um ano, assegurando-se a alternância entre representantes do governo e da sociedade civil organizada. § 2º A Presidência nos anos ímpares será do Poder Executivo e nos anos pares da sociedade civil.
>
> Art. 80, § 2º (Nova Redação) Além do voto ordinário, o Presidente do Conanda terá o voto de qualidade em caso de empate.
>
> Art. 81 (Nova redação) Art. 81. **O Presidente da República designará o Presidente do Conanda,** que será escolhido dentre os seus membros. § 1º **A forma de indicação do Presidente do Conanda será definida no regimento interno do Conanda.** § 2º O representante da Secretaria Nacional dos Direitos da Criança e do Adolescente do Ministério da Mulher, da Família e dos Direitos Humanos substituirá o Presidente do Conanda em suas ausências e seus impedimentos.

Percebe-se que, segundo a redação original, o Presidente do Conanda primeiramente seria eleito em Plenário, para em sequência vir a ser nomeado pelo Presidente da República. A nova redação, contudo, permitiria a seleção da Presidência do Conselho Nacional dos Direitos da Criança e do Adolescente diretamente por opção do Presidente da República, estrutura a qual enfraqueceria o poder exercido pela sociedade civil no Conselho – ainda mais somado ao voto de qualidade do Presidente do Conanda como novo e válido critério de desempate[16].

---

16 Em ADI 6.543/DF, da relatoria da Ministra Cármen Lúcia, em julgado do mesmo mês (26-3-2021) sobre tema diverso, o STF utilizou argumentação semelhante em menor escala, ao declarar inconstitucional "decreto que autoriza o Ministério da Educação a

Em harmonia com esse fundamento, considerou-se ilegítima a disposição do art. 81 e válido o método deliberativo do art. 80, que, por si só, subsiste como um instrumento oportuno.

Em contrapartida, porém com similar fundamento, por não traduzir-se em interferência indevida do Poder Público, decidiu-se pela constitucionalidade da vedação à recondução ao mandato dos representantes da sociedade civil prevista no art.78, § 3º, uma vez que atenta-se a necessidade de alternância e até valoriza o pluralismo na representação.

É também tarefa da lei de criação do Conselho a instituição de normas relacionadas ao processo eleitoral, especialmente, ao prazo máximo para a convocação das entidades representativas da sociedade civil, aos requisitos necessários para concorrer à eleição, bem como ao período de duração do mandato.

Costuma-se recomendar a convocação da eleição até 60 dias antes do término do mandato, a fim de evitar o atropelo dos trabalhos. É também recomendável que somente sejam admitidas para concorrer à eleição entidades que atuem no âmbito territorial correspondente do Conselho há pelo menos dois anos. É ainda comum a fixação de mandatos com periodicidade idêntica ao da Chefia do Poder Executivo, evitando, assim, a solução de continuidade dos trabalhos do colegiado; contudo, nada há que impeça a estipulação de regras que indiquem período distinto, como, por exemplo, o período de 2 anos, admitindo-se a reeleição por igual período[17].

Outras regras mais específicas, atinentes à operacionalização do processo de eleição, tais como os prazos para apresentação de documentos e de impugnação das inscrições, a data e o horário da assembleia destinada à votação, poderão constar, à época, de resolução a ser editada pelo próprio Conselho dos Direitos.

Quaisquer que sejam as regras específicas, devem, todavia, se válidas, impreterivelmente ser observadas ao longo de todo o mandato para qual foram previstas. A ADPF 622/DF traz à baila a presente declaração, na qual, para as alterações consideradas constitucionais, tal como a redução do número de membros brevemente explicitada no tópico anterior, fez-se necessário aguardar o fim do mandato para que fossem aplicados no subsequente.

Em nome da Segurança Jurídica, essa redução, não obstante paritária, não poderia implicar destituição imediata e imotivada dos membros "sobressalentes" já eleitos, a desrespeitar o tempo do mandato. Tal preceito do dispositivo foi, nos parece acertadamente, considerado inconstitucional na ADPF 622, pois viola não

---

nomear diretor interino de centros técnicos federais, sem observar processo eleitoral que conta com a participação da comunidade escolar". A nomeação violaria a isonomia, a impessoalidade, a proporcionalidade e a autonomia da gestão democrática do ensino, contendo a participação popular na escolha do referido cargo.

17 A respeito do tema sugere-se a consulta ao art. 10 da Resolução n. 105/2005 do Conanda.

PARTE II – A REDE DE ATENDIMENTO

apenas direito adquirido, como o princípio da democracia representativa e as legítimas expectativas decorrentes de uma eleição.

Por fim, cumpre salientar a importância de constar da respectiva lei de criação normas atinentes aos deveres dos conselheiros, aos impedimentos a estes aplicáveis, bem como as hipóteses de perda e de destituição do mandato, vigentes nos períodos pré e pós-eleitorais[18].

4.4. As normas de funcionamento

As normas relacionadas à organização interna dos Conselhos dos Direitos da Criança e do Adolescente constam, em regra, dos regimentos internos; contudo, nada há que impeça a sua previsão, desde logo, nas respectivas leis de criação.

A estrutura organizacional de tais Conselhos, com algumas variações, é frequentemente composta por órgãos administrativos (Presidência, Vice-Presidência e Secretaria) e por órgãos de natureza deliberativa (Plenário, Comissões Temáticas e, por vezes, Conselho de Administração do Fundo da Infância e da Adolescência), de modo a permitir não só a divisão equânime de tarefas entre os diversos conselheiros, como também a racionalização dos trabalhos[19].

Em se tratando dos órgãos administrativos, vale destaque para a seguinte distribuição de funções: ao presidente compete, comumente, representar o Conselho dos Direitos judicial e extrajudicialmente, bem como convocar e presidir as reuniões ordinárias ou extraordinárias do colegiado; ao vice-presidente, em regra, incumbe substituir o presidente nos casos de impedimento ou de vacância do cargo; ao secretário, por sua vez, é usualmente atribuída a tarefa de assessorar o presidente no exercício de suas funções, elaborando, por exemplo, as atas das reuniões.

Aos órgãos deliberativos incumbe o exercício das atividades típicas dos Conselhos dos Direitos, da forma a seguir: o Plenário é a instância máxima deliberativa, na medida em que todos os atos decisórios praticados pelos demais órgãos devem ser objeto de apreciação daquele; às Comissões Temáticas compete, como principais funções, o estudo e a discussão de temas específicos relacionados à matéria infantojuvenil, com vista à futura deliberação do Plenário, ou, ainda, o exercício de atribuições específicas que, em razão de sua complexidade ou relevância, exigem maior carga de trabalho; finalmente, ao Conselho de Administração do Fundo da Infância e da Adolescência, quando existente, incumbe praticar todos os atos de gestão relacionados a tal instrumento, prestando, periodicamente, contas ao Plenário.

---

18 V. arts. 11 e s. da Resolução n. 105/2005 do Conanda.

19 Este, por exemplo, é o modelo organizacional do Conselho Estadual dos Direitos da Criança e do Adolescente do Rio de Janeiro (CEDCA – RJ), conforme Regimento Interno aprovado em Sessão Plenária de 4 de outubro de 1991.

É também tarefa do regimento interno – ou da própria lei de criação – estipular a periodicidade e a forma de convocação dos conselheiros para as reuniões ordinárias do colegiado, assim como os casos em que será possível a convocação de reuniões extraordinárias, fixando, ainda, a forma de condução dos trabalhos e o quórum necessário para a aprovação das deliberações.

Finalmente, deverá igualmente constar das normas regulamentares a forma pela qual determinado conselheiro irá ocupar quaisquer dos postos de trabalho anteriormente enumerados.

Para o Conanda, a eleição dos membros, o período do mandato e diversas outras normas de funcionamento se encontram previstas no regimento interno, através da Resolução n. 217/2018 do Ministério de Direitos Humanos. O Decreto n. 10.003/2019 revogaria orientações centrais do regimento, quer o formato eletivo de seleção dos membros, quer a periodicidade mensal das reuniões ou a forma de ocupação de postos por não residentes de Brasília, onde se encontra situado o Conselho Nacional, ao negar o antes previsto custeio do deslocamento de fora do distrito para as reuniões.

O STF, por conceber como obstáculos à participação popular efetiva e livre de interferências do Estado: o processo seletivo regulado pelo Ministério, o intervalo trimestral entre as reuniões, e o não custeio daqueles à distância que compareceriam apenas virtualmente, por videoconferência (violando a seu ver também a isonomia material entre os membros integrantes), extirpou as determinações aqui elencadas, gerando a reentrada em vigor dos respectivos preceitos supostamente superados, em evidente efeito repristinatório do controle concentrado.

5. AS ATRIBUIÇÕES DOS CONSELHOS DOS DIREITOS DA CRIANÇA E DO ADOLESCENTE

Considerando que o tratamento normativo conferido pela lei estatutária aos Conselhos dos Direitos da Criança e do Adolescente foi bastante genérico, não havendo, portanto, capítulo ou título destinado, exclusivamente, à regulamentação de tais órgãos, as suas atribuições fundamentais estão localizadas ao longo do referido corpo normativo, quando da abordagem de temas e institutos àqueles relacionados.

Às leis especiais de regência, portanto, incumbe esmiuçar as normas gerais constantes no Estatuto da Criança e do Adolescente, notadamente, no que se refere aos aspectos operacionais das atribuições indicadas nesta lei. Além das atribuições expressamente indicadas na legislação estatutária, outras poderão ser apontadas nas respectivas legislações especiais ou, até mesmo, ser exercidas por aqueles órgãos, sem previsão expressa, desde que compatíveis com a sua missão institucional e não representem invasão na esfera de atribuição de outro órgão integrante do Sistema de Garantias.

PARTE II – A REDE DE ATENDIMENTO

549

Poderão os Conselhos dos Direitos, dessa forma, ser responsáveis pela organização de campanhas ou debates destinados a promover a divulgação dos Direitos e Garantias da Criança e do Adolescente, ou, até mesmo, ser incumbidos da tarefa de, na esfera municipal, processar e julgar procedimentos administrativo-disciplinares relacionados à falta funcional praticada por conselheiro tutelar. Jamais poderão, contudo, ser apontados como órgãos com atribuição para a deflagração de procedimento destinado à apuração de irregularidades em entidades de atendimento, na medida em que o rol de legitimados já consta do art. 191 da lei estatutária[20]; também não poderão ter a pretensão de estipular normas relacionadas ao funcionamento, à composição ou à remuneração dos membros dos Conselhos Tutelares, no primeiro caso, em razão da autonomia funcional deste órgão e, no segundo, por serem estas matérias adstritas às leis federal ou municipal[21].

Em razão da inviabilidade de se prever todas as possibilidades de tratamento normativo da matéria nas legislações específicas, de responsabilidade de cada ente federativo, cumpre, neste trabalho, tratar, tão somente, das atribuições constantes do Estatuto da Criança e do Adolescente.

---

20 O art. 191 do ECA, a ser estudado de forma mais detalhada adiante, estabelece que o procedimento destinado à apuração de irregularidades em entidades de atendimento terá início mediante portaria da autoridade judiciária, representação do Ministério Público ou do Conselho Tutelar, não incluindo os Conselhos Municipais dos Direitos no rol dos legitimados, uma vez que, de acordo com os arts. 90 e s. da mesma lei, a estes já incumbe a inscrição e o registro daquelas entidades.

21 Tais situações já foram, inclusive, objeto de discussão na prática, valendo citar, como exemplo, o seguinte aresto: "1. DUPLO GRAU OBRIGATÓRIO. MANDADO DE SEGURANÇA. AUTONOMIA DOS MEMBROS DO CONSELHO TUTELAR. Ato do Sr. Presidente do Conselho Municipal de Promoção dos Direitos da Criança e do Adolescente que, extrapolando sua atribuição, criou rotinas administrativas de controle de frequência dos membros do Conselho Tutelar. Inteligência das Leis Municipais n. 7.296/2002 e 7.284/2002, que estabelecem a autonomia funcional dos conselhos, vinculando-os administrativamente ao CMPDCA (art. 1º da Lei n. 7.296/2002), porém, limita-o a providenciar a estrutura necessária para o bom funcionamento dos Conselhos como sede, mobiliários, equipe técnica e administrativa e transporte, além de não prever, no art. 4º, da Lei n. 7.296/2002, entre as atribuições do Conselho, a possibilidade de ingerência na organização do Conselho Tutelar para introduzir ações preventivas de controle, notadamente, quanto à frequência dos conselheiros, sendo ainda explícita a previsão de controle a posterior, pelo disposto no art. 32, § 1º, da Lei n. 7.296/2002, que trata das hipóteses de perda do cargo e dos legitimados à provocação do competente procedimento administrativo" (TJRJ, Duplo Grau Obrigatório n. 2005.009.00386, 18ª Câm. Cív., Rel. Des. Célia Meliga Pessoa, j. 6-9-2005). Em igual sentido: a) TJRS, Apelação em Mandado de Segurança 5920699371, 7ª Câm. Cív., Rel. Des. Armando Mário Bianchi, j. 7-10-1992; b) TJMG, Apelação Cível 68.786-5, 3ª T. Cív., Rel. Des. Hamilton Carli, j. 23-8-2000; c) TJRS, ADIn 70005590955, Pleno, Rel. Des. Cacildo de Andrade Xavier, j. 15-3-2004; d) TJMG, Apelação Cível 1.0000.00.294267-0/000, 8ª Câm. Cív., Rel. Des. Roney Oliveira, j. 21-8-2003.

5.1. A deliberação e o controle das ações relacionadas à política de atendimento

A primeira – e a mais importante – atribuição dos Conselhos dos Direitos da Criança e do Adolescente confunde-se com sua própria missão institucional, indicada no art. 88, II, do ECA.

De acordo com o art. 88, II, parte final, do ECA, aos Conselhos dos Direitos cumpre a deliberação e o controle das políticas públicas em nível nacional, estadual e municipal; nesse passo, cabe a tais órgãos participar da gestão da política de atendimento, deliberando e controlando todas as ações a esta política relacionadas.

Frise-se que a lei utiliza vocábulo derivado do verbo "deliberar", que é sinônimo de decidir, após a discussão ou o exame da matéria[22]; assim sendo, são os Conselhos dos Direitos órgãos que não só discutem, mas também definem, politicamente, as escolhas relacionadas ao atendimento da infância e da adolescência, em suas respectivas esferas de atuação.

Adotando como referência a doutrina de Direito Administrativo, tem-se que as deliberações são atos administrativos típicos dos órgãos colegiados, sendo estes, por sua vez, compreendidos como aqueles que projetam uma única vontade, como resultado de várias vontades internas da Administração Pública[23]; as deliberações dos Conselhos dos Direitos da Criança e do Adolescente, materializadas nas suas respectivas resoluções, são, portanto, decisões da própria Administração Pública.

Tomando-se por empréstimo a sempre douta lição de Wilson Donizeti Liberati e Públio Caio Bessa Cyrino[24], vale acrescentar que

> Na medida em que a Constituição exigiu a estruturação de órgãos descentralizados, com a participação popular, para a formulação e controle das políticas públicas, uma vez criados por lei estes órgãos, suas decisões serão verdadeiras manifestações estatais, "de mérito", "opções políticas criativas" adotadas por um órgão público visando o interesse público. Desta forma, ocorre uma *transferência* do *locus* onde se dará a escolha ou opção política – a discricionariedade administrativa – que deixa de ser atividade exclusiva do Chefe do Executivo, passando para uma instância colegiada, fazendo com que o *ato administrativo* se torne um ato complexo, sujeito a múltiplas vontades, as quais serão, depois, sintetizadas em um único ato (*resolução*) exteriorizado como vontade da Administração ou vontade estatal.

Tal compreensão é essencial para a acedência de que, uma vez realizada a deliberação pelo Conselho dos Direitos da Criança e do Adolescente – e estando o ato

---

22 V. FERREIRA, Aurélio Buarque de Holanda. *Novo Aurélio Século XXI: o dicionário da língua portuguesa.* 3. ed. rev. e ampl. Rio de Janeiro: Nova Fronteira, 1999, p. 618.

23 V. CARVALHO FILHO, José dos Santos. *Manual de direito administrativo.* 31. ed. rev. e ampl. Rio de Janeiro: Lumen Juris, 2017, p. 10.

24 LIBERATI, Wilson Donizeti; CYRINO, Públio Caio Bessa. Op. cit., p. 88.

PARTE II – A REDE DE ATENDIMENTO

em conformidade com os requisitos e pressupostos dos atos administrativos em geral, e, ainda, com as regras procedimentais constantes da legislação de regência – não resta alternativa à Chefia do Poder Executivo, senão acatar e respeitar a vontade do colegiado, sendo-lhe vedada, portanto, a criação de qualquer espécie de embaraço à sua execução, sob pena de responder administrativamente ou criminalmente tal ato.

Como bem salienta Murillo José Digiácomo[25],

> uma *resolução* do Conselho de Direitos da Criança e do Adolescente, que consiste na *materialização* de uma *deliberação* do Órgão, tomada no pleno exercício de sua *competência constitucional* específica, *VINCULA (OBRIGA) o administrador público*, que não terá condições de discutir seu *mérito*, sua *oportunidade e/ou conveniência*, cabendo-lhe apenas tomar as medidas administrativas necessárias a seu cumprimento (e também em caráter prioritário, *ex vi* do disposto no art. 4º, parágrafo único, alínea "c", *in fine*, da Lei n. 8.069/90 c/c art. 227, *caput*, da Constituição Federal), a começar pela adequação do *orçamento público* às demandas de recursos que em razão daquela *decisão* porventura surgirem. [...] Uma vez descumprida, por parte do administrador público, uma *deliberação* do Conselho de Direitos, tomada no âmbito de sua esfera de competência e segundo as regras regimentais próprias, deverá o Órgão tomar medidas de cunho administrativo e mesmo judicial, não apenas para *fazer prevalecer a sua decisão* que, como dito acima, é *soberana*, mas também no sentido de buscar a *responsabilidade* daquele, que terá então, na *melhor* das hipóteses, atentado contra os *princípios* fundamentais que regem a administração pública, na forma do previsto no art. 11, da Lei n. 8.429/92 (grifos do original).

O caráter cogente – e não recomendativo – das resoluções emanadas pelos Conselhos dos Direitos já foi, inclusive, afirmado pelo E. Superior Tribunal de Justiça que, no julgamento no Recurso Especial 493.811-SP, admitiu, por maioria de votos, o cabimento de ação civil pública ajuizada pelo Ministério Público paulista, com o objetivo de atribuir ao Município de Santos obrigação de fazer, consis-

---

25 DIGIÁCOMO, Murillo José. Conselho de Direitos da Criança e do Adolescente: transparência de seu funcionamento como condição indispensável à legitimidade e legalidade de suas deliberações. Disponível em: <http://www.crianca.mppr.mp.br/> (*link* Conselhos, Conselho de Direitos, Conselhos de Direitos – Principais Atribuições). Acesso em: 15 out. 2021. Ressalte-se que o dispositivo legal mencionado na transcrição dispõe, *in verbis*: "Constitui ato de improbidade administrativa que atenta contra os princípios da administração pública qualquer ação ou omissão que viole os deveres de honestidade, imparcialidade, legalidade e lealdade às instituições, e notadamente: I – praticar ato visando fim proibido em lei ou regulamento ou diverso daquele previsto, na regra de competência; II – retardar ou deixar de praticar, indevidamente, ato de ofício [...]; III – negar publicidade aos atos oficiais [...]". Tal dispositivo não exclui a hipótese de crime de responsabilidade que, na hipótese de Prefeito, poderá ocorrer em razão do disposto no art. 1º, XIV, do Decreto-lei n. 201/67.

CURSO DE DIREITO DA CRIANÇA E DO ADOLESCENTE

tente na implantação de programa para atendimento de crianças e adolescentes viciados em substâncias entorpecentes, em conformidade com resolução emanada pelo Conselho Municipal dos Direitos[26].

Na fundamentação do voto a Exma. Sra. Ministra Eliana Calmon salienta, brilhantemente, que:

> A Constituição Federal de 1988 revolucionou o Direito Administrativo brasileiro, ao substituir o modelo de Estado Liberal, traçado na Era Vargas, para o Estado social e democrático de direito. No primeiro, o Estado distanciava-se da vida social, econômica e religiosa dos indivíduos, mantendo-os independentes em relação a ele, que estava presente para garantir-lhes essa independência, interferindo minimamente e deixando que a sociedade seguisse, como ordem espontânea dotada de racionalidade imanente. Mas o novo modelo emancipou a sociedade em relação ao Estado, reaproximando-os. Daí o surgimento das políticas intervencionistas como contraponto de uma sociedade que se politiza. As transformações no modo de atuar do Estado alteraram a estrutura da sociedade, acarretando a diluição dos limites entre o Estado e a sociedade, vinculados por um número crescente de inter-relações. No dizer de Bobbio, "o Estado e a sociedade atuam como dois momentos necessários, separados, mas contíguos, distintos, mas interdependentes do sistema social em sua complexidade e articulação interna". O novo modelo ensejou a multiplicação de modos de solução de problemas, mediante negociações, acordos, protocolos de intenções. Esse intrincamento de vínculos torna impossível a previsão, em normas legais, de todas as diretrizes de conduta a serem observadas e de soluções a serem adotadas. *Essa digressão sociológica é importante para direcionar o raciocínio de que não é mais possível dizer, como no passado foi dito, inclusive por mim mesma, que o Judiciário não pode imiscuir-se na conveniência e oportunidade do ato administrativo, adentrando-se na discricionariedade do administrador. E as atividades estatais, impostas por lei, passam a ser fiscalizadas pela sociedade, através do Ministério Público, que, no desempenho de suas atividades precípuas, a representa.* Dentre as numerosas funções, estão as

---

26 TJSP, Apelação Cível 057.700/7-00, Câmara Especial, Rel. Des. Nigro Conceição, j. 11-1-2001. "AÇÃO CIVIL PÚBLICA – Obrigação de fazer – Implantação de programa para atendimento de crianças e adolescentes viciados no uso de entorpecentes e inclusão de previsão orçamentária respectiva, com adoção de providências administrativas cabíveis – Sentença de improcedência, sob argumento de que o Município já vem oferecendo este programa – Inadmissibilidade – Necessidade de observância de resolução baixada pelo Conselho Municipal de Direitos da Criança e do Adolescente – Programa oferecido que, em última análise, não atende aos casos crônicos, por não prever tratamento mais acurado, com internação, se necessária – Dever do Poder Público em dar cumprimento às normas programáticas previstas na Constituição Federal e efetividade dessas normas – Implantação de programa e inclusão de previsão orçamentária determinada, assim como adoção de todas providências indispensáveis à sua efetivação – Desacolhimento da argumentação de intromissão indevida do judiciário na esfera de atuação do Executivo – Necessidade, no entanto, de que seja fixado prazo para cumprimento de todos os pedidos – Recurso provido".

PARTE II – A REDE DE ATENDIMENTO

constantes do Estatuto da Criança e do Adolescente, Lei 8.069/90, especificamente, de interesse nestes autos a de zelar pelo efetivo respeito aos direitos e garantias legais asseguradas às crianças e adolescentes. Daí a legitimidade do Ministério Público e a irrecusável competência do Poder Judiciário, porquanto estabelecida a responsabilidade estatal na Resolução Normativa 4/97, baixada pelo Conselho Municipal de Direitos da Criança e do Adolescente, segmento social em destaque para agir em parceria com o Estado, nos termos do art. 88, II, do ECA. *Consequentemente, tenha-se presente que o pleiteado pelo Ministério Público não foi fruto de sua ingerência. O pedido foi a implementação de um programa adredemente estabelecido por um órgão do próprio município, o Conselho Municipal dos Direitos da Criança e do Adolescente, com função normativa fixada em conjugação com o Estado (Município) e a sociedade civil* (grifos nossos).

A transcrição de grande parte do voto é importante para repisar o motivo pelo qual a postulação, em juízo, do cumprimento de deliberações dos Conselhos dos Direitos da Criança e do Adolescente não significa interferência indevida do Poder Judiciário naquilo que integra o domínio discricionário da Administração Pública; como já afirmado, é nos Conselhos dos Direitos onde os Poderes Executivos dos entes da federação, em parceria com a sociedade, por força de mandamento constitucional, adotam, entre as várias opções políticas legítimas, aquela que julgam a mais conveniente e oportuna.

Admitir qualquer interpretação distinta significaria, em última instância, desconhecer os Conselhos dos Direitos da Criança do Adolescente como instrumentos de democracia participativa e, desta forma, descumprir a própria Constituição.

É relevante frisar, entretanto, que as deliberações dos Conselhos dos Direitos devem ser emanadas em observância ao que determina o art. 87 do ECA, ou seja, dentro das linhas de ação da política de atendimento do público infantojuvenil[27]; devem, ainda, ser resultado de metodologia de trabalho adequada à identificação das reais demandas – e interesses – da população infantojuvenil. Caso contrário, estarão sujeitas a invalidação com base na própria ilegalidade do ato.

Daí o importante alerta – recorrente na doutrina – no sentido de que, para qualquer deliberação, é necessário que os Conselhos dos Direitos tenham, preliminarmente, conhecimento da realidade da população que visam representar, para, em um segundo momento, fixarem as políticas prioritárias para determinado período, por meio do estabelecimento de programas e projetos efetivamente hábeis à paulatina modificação da realidade.

A respeito do assunto, Andréa Diniz[28] salienta, com bastante propriedade, que a atribuição de deliberação de políticas

---

27 Nas linhas de ação da política de atendimento, como já estudado, estão as políticas sociais básicas, as políticas de assistência, bem assim as políticas de proteção especial.

28 DINIZ, Andréa. *Visualizando a política de atendimento à criança e ao adolescente*. Rio de Janeiro: Litteris Editora, KroArt Editores, Fundação Bento Rubião, 1998, p. 64.

tem início com um levantamento da realidade com vistas à realização de um diagnóstico que aponte as faltas ou irregularidades no oferecimento dos serviços destinados à efetivação dos direitos das crianças ou adolescentes. Só para lembrar, são aqueles previstos no art. 87 do ECA. Nesta hipótese, o Conselho deverá se reunir para deliberar, ou seja, determinar a implementação de programas e/ou projetos, que atendam a carência verificada. Teoricamente o procedimento segue um caminho simples, mas para o seu funcionamento na prática é preciso saber como e quando isto vai acontecer, pois não se trata de realizar reunião para deliberação de política cada vez que se verificar que uma criança não pôde ser encaminhada por "falta de vaga", se assim fosse, estaríamos falando de geração de serviços e não de deliberação de política.

Outra face da atribuição delineada no art. 88, II, do ECA, consiste no controle das ações destinadas a compor as políticas públicas relacionadas à infância e à adolescência.

Mais uma vez deve-se recorrer ao sentido semântico da palavra para afirmar que controle significa a fiscalização existente sobre as atividades exercidas por pessoas, órgãos, ou ainda, sobre seus produtos, para que estes não se desviem das normas preestabelecidas[29].

Nesse diapasão, os Conselhos dos Direitos devem, em seus respectivos níveis de atuação, preocupar-se não só com a deliberação das políticas públicas, mas também com acompanhamento e a avaliação das ações levadas a cabo pelo Poder Público ou pelas entidades de atendimento não governamentais, solicitando os dados estatísticos ou quaisquer outras informações que se revelem necessárias para a constatação da eficiência e da eficácia dos programas e projetos por estes implementados; assim o fazendo, terão condições de, por meio de novas deliberações, indicar as ações corretivas destinadas a aperfeiçoar a política de atendimento, fechando, desta forma, o ciclo de proteção aos direitos infantojuvenis.

A atribuição conferida aos Conselhos dos Direitos da Criança e do Adolescente de controlar as ações relacionadas à política de atendimento possui dois desdobramentos, indicados pelo próprio legislador estatutário, quais sejam, a responsabilidade pela gestão dos Fundos dos Direitos da Criança e do Adolescente, e, no âmbito do Município, o registro das entidades de atendimento não governamentais e a inscrição dos programas elencados no art. 90 do ECA.

5.2. A gestão dos Fundos dos direitos da criança e do adolescente

Na ocasião do estudo da Política de Atendimento, constatou-se que a criação dos fundos nacional, estaduais e municipais dos direitos da criança e do adolescen-

---

29 V. FERREIRA, Aurélio Buarque de Holanda. *Novo Aurélio Século XXI*: o dicionário da língua portuguesa. 3. ed. rev. e ampl. Rio de Janeiro: Nova Fronteira, 1999, p. 546.

PARTE II – A REDE DE ATENDIMENTO

te – ou Fundos da Infância e da Adolescência – FIA, como também são conhecidos – é definida pelo legislador estatutário, no art. 88, IV, da lei, como uma das diretrizes da política de atendimento.

Os Fundos dos Direitos da Criança e do Adolescente nada mais são do que fundos especiais destinados à reserva de recursos financeiros – e, consequentemente, à facilitação da captação e da aplicação destes recursos – para a execução de programas e projetos voltados ao segmento infantojuvenil.

O Estatuto da Criança e do Adolescente, reconhecendo os Conselhos dos Direitos como espaços privilegiados de definição das políticas atinentes à infância e à adolescência, determina que os fundos estejam a tais órgãos vinculados, entendendo-se como vinculação a capacidade de gestão das verbas públicas a estes referentes[30].

A tarefa de gestão dos Fundos dos Direitos da Criança e do Adolescente compreende duas linhas principais de atuação: a primeira relacionada, fundamentalmente, à indicação da destinação de seus recursos financeiros; a segunda referente ao controle da aplicação de tais recursos.

A primeira ação é exercida por meio de dois instrumentos: o plano de ação e o plano de aplicação. O plano de ação consiste, em suma, na indicação dos programas que devem ser contemplados, prioritariamente, com as verbas do fundo; o plano de aplicação, por sua vez, viabiliza a materialização do que é fixado no plano de ação, indicando os projetos que serão executados para atingir os objetivos dos programas, com os respectivos prazos, metas, órgãos executores, e ainda, quantificando e distribuindo os recursos financeiros.

A elaboração dos planos de ação e de execução, assim como o exercício de qualquer atividade deliberativa pelo Conselho dos Direitos, deve ser precedida de diagnóstico da situação da população infantojuvenil, a fim de evitar a aplicação errônea de recursos. Também deverá contar com o mínimo de planejamento e de organização, a fim de que nestes estejam previstas ações efetivamente exequíveis, considerando as limitações financeiras de qualquer administrador público.

É relevante ressaltar que tais planos têm como objeto específico os Fundos dos Direitos da Criança e do Adolescente; consequentemente, não eximem os Conselhos de Direitos da tarefa de, na qualidade de órgãos deliberativos e controladores da política de atendimento, traçar o plano geral de atendimento da população infantojuvenil, no qual, certamente, serão utilizadas verbas outras que não aquelas vinculadas aos Fundos.

Como já estudado anteriormente, os Fundos não se destinam, em regra, ao atendimento de políticas básicas ou de assistência, motivo pelo qual os planos a estes atrelados devem fazer parte de plano geral, destinado ao atendimento de todas as crianças e os adolescentes.

---

30   V. art. 88, IV, arts. 214 e 260 do ECA, e art. 71 da Lei n. 4.320/64.

O segundo aspecto relativo à gestão dos fundos diz respeito ao controle da utilização de seus recursos financeiros, tanto pela Administração Pública, quanto pelas entidades de atendimento beneficiadas com tais recursos.

Tal tarefa é extremamente relevante, na medida em que será por meio desse controle que eventuais desvios ou, até mesmo, desperdícios na utilização da verba pública serão prevenidos ou identificados, notadamente, em razão do fato de, na maioria dos casos, não serem os Conselhos dos Direitos da Criança e do Adolescente os órgãos responsáveis pela administração dos fundos.

Nesse passo, deverão os Conselhos de Direitos solicitar ao órgão responsável pelas atividades operacionais dos fundos, periódicas prestações de contas, com o objetivo precípuo de verificar se tais recursos estão sendo aplicados em conformidade com o que foi instituído pelo plano de aplicação; deverão, ainda, avaliar e constatar a execução dos programas e projetos preconizados no referido plano pelas entidades de atendimento contempladas com os recursos dos fundos, denunciando aos órgãos competentes eventuais irregularidades constatadas, para a adoção das providências cabíveis nas esferas cível e criminal.

Outras considerações a respeito da gestão e da aplicação dos recursos dos Fundos constam do capítulo "A política de atendimento", para o qual remetemos o leitor.

5.3. O registro e a inscrição dos programas e a inscrição das entidades de atendimento não governamentais

Compreendem-se como entidades de atendimento as pessoas jurídicas – ou órgãos – de direito público ou de direito privado, destinadas ao planejamento e à execução de programas de proteção ou socioeducativos, voltados à infância e à adolescência, na forma dos arts. 90 e seguintes do ECA.

O Estatuto da Criança e do Adolescente indicou o Conselho Municipal dos Direitos da Criança e do Adolescente como o órgão responsável pelo registro das entidades de atendimento não governamentais, assim como pela inscrição de seus respectivos programas.

Em se tratando das entidades governamentais é o Conselho Municipal dos Direitos da Criança e do Adolescente responsável pela inscrição dos programas àquelas relacionados.

Cumpre acrescentar que tão logo realize o registro da entidade ou a inscrição do programa, deverá o Conselho Municipal dos Direitos da Criança e do Adolescente comunicar tal fato à autoridade judiciária e ao Conselho Tutelar da localidade, permitindo, assim, que estes órgãos tomem conhecimento da rede de atendimento existente no Município e ainda exerçam as suas atividades de fiscalização, na forma da lei.

PARTE II – A REDE DE ATENDIMENTO

557

Tais normas, já analisadas em oportunidade anterior, constam do parágrafo único do art. 90, assim como do art. 91, *caput*, do ECA, na parte destinada à normativa geral das entidades de atendimento[31].

A designação da tarefa de registro e inscrição dos programas das entidades de atendimento aos Conselhos Municipais dos Direitos da Criança e do Adolescente encontra seu fundamento na missão institucional que lhes é conferida, de exercer o controle da política de atendimento na esfera municipal.

Considerando que as entidades de atendimento são o espaço, por excelência, de execução de parcela considerável das ações relacionadas à política de atendimento infantojuvenil, e, considerando, ainda, a diretriz constitucional de municipalização, nada mais razoável do que dotar aqueles órgãos desse instrumento de controle.

A fim de bem desempenhar tal mister, os Conselhos Municipais dos Direitos da Criança e do Adolescente devem estabelecer normas regulamentares, destinadas a tornar público o procedimento necessário ao registro das entidades ou à inscrição de seus respectivos programas[32].

Não é demais lembrar que o § 1º do art. 91 do ECA determina que será negado registro à entidade que: a) não ofereça instalações físicas em condições adequadas de habitabilidade, higiene, salubridade e segurança; b) não apresente plano de trabalho compatível com os princípios desta Lei; c) esteja irregularmente constituída; d) tenha em seus quadros pessoas inidôneas; ou e) não se adequar ou deixar de cumprir as resoluções e deliberações relativas à modalidade de atendimento prestado, expedidas pelos Conselhos de Direitos da Criança e do Adolescente, em todos os níveis[33].

O § 2º do mesmo dispositivo estabelece a validade máxima de 4 (quatro) anos para o registro[34], cabendo ao Conselho Municipal dos Direitos da Criança e do Adolescente reavaliar, periodicamente, o cabimento de sua renovação, observados os critérios anteriormente citados.

---

31 Sobre o tema, remete-se o leitor ao tópico 4.2 do capítulo "A política de atendimento".

32 Consulte-se, a respeito, a Resolução Conanda n. 71, de 10 de junho de 2001 (alterada parcialmente pela Resolução do Conanda n. 96, de maio de 2013).

33 Sendo este último requisito inserido pela Lei n. 12.010/2009.

34 A Resolução n. 116/2006 do Conanda, ao regulamentar os referidos artigos, determinava o prazo máximo de 2 (dois) anos para o recadastramento das entidades e programas em execução, na forma do art. 15-B. Embora o art. 91, § 2º, do ECA estabeleça a validade máxima de 4 (quatro) anos e seja posterior cronologicamente, redação de 2009, não obsta variações em âmbitos municipais, desde que respeitado o limite de 4 anos. É nesse cenário que diversos municípios mantêm o prazo de 2 anos, ou estabelecem variações, como a Resolução n. 138/2020 da Secretaria Municipal de Direitos de São Paulo, que, em seu art. 3º estipula: "o registro das entidades não governamentais que solicitarem a inscrição terá validade de dois anos, enquanto aquelas que lograrem a renovação do registro, de quatro anos".

Nesse diapasão, para o deferimento do registro das entidades não governamentais é recomendável que se exija a apresentação da documentação hábil à comprovação de sua constituição, assim como o respectivo plano de trabalho (ou Projeto Político-Pedagógico); é ainda necessário que se verifique, por meio de visita no local, a estrutura material da qual pretenderá dispor para atender aos seus objetivos institucionais.

Os programas a serem inscritos no Conselho Municipal dos Direitos da Criança e do Adolescente são os que constam do elenco do art. 90 do ECA, ou seja, os programas de proteção especial ou socioeducativos em regime de: I – orientação e apoio sociofamiliar; II – apoio socioeducativo em meio aberto; III – colocação familiar; IV – acolhimento institucional; V – liberdade assistida; VI – semiliberdade ou VI – internação, cujas linhas mestras já se teve a oportunidade de tracejar.

A inscrição de tais programas é feita por meio da avaliação Projeto Político-Pedagógico das entidades, mediante procedimento administrativo que tramita no próprio Conselho Municipal dos Direitos da Criança e do Adolescente[35].

Como esclarece Felício Pontes Júnior[36], na prática

> isso significa que o Conselho de Direitos baixa uma resolução dizendo que os programas que se encaixam em um desses regimes devem lhe ser enviados, em número "x" de vias, constatando a metodologia de trabalho, o número de crianças e/ou adolescentes a serem atendidos, os profissionais envolvidos, etc., juntamente com o requerimento da entidade pedindo a sua inscrição.

Os programas em execução devem ser reavaliados pelo Conselho Municipal dos Direitos da Criança e do Adolescente, no máximo, a cada 2 anos, com base nos seguintes critérios: I – o efetivo respeito às regras e princípios estatutários, bem como às resoluções relativas às modalidades de atendimento prestado, expedidas

---

35 Sobre os parâmetros técnicos para a construção do Projeto Político-Pedagógico das entidades de atendimento, recomenda-se consulta ao Sistema Nacional de Atendimento Socioeducativo (Sinase), e, ainda, às Orientações Técnicas para os Serviços de Acolhimento para Crianças e Adolescentes, documentos cuja utilidade e importância já se fez referência no capítulo anterior. Este último documento traz alguns tópicos a serem considerados para a elaboração do Projeto Político-Pedagógico de entidades de acolhimento, a saber: a) Apresentação; b) Valores do serviço de acolhimento; c) Justificativa; d) Organização do serviço; e) Organograma e quadro de pessoal; f) Atividades psicossociais; g) Fluxo de atendimento e articulação com outros serviços que compõem o Sistema de Garantia de Direitos; h) Fortalecimento da autonomia da criança e do adolescente e preparação para o desligamento; i) Monitoramento e avaliação do atendimento; e j) Regras de convivência (Conselho Nacional dos Direitos da Criança e do Adolescente (Conanda) e Conselho Nacional de Assistência Social (CNAS) (coord.). *Orientações técnicas*: Serviços de acolhimento para crianças e adolescentes, p. 43-44).

36 PONTES JUNIOR, Felício. Op. cit., p. 35.

PARTE II – A REDE DE ATENDIMENTO

pelos Conselhos de Direitos da Criança e do Adolescente, em todos os níveis; II – a qualidade e eficiência do trabalho desenvolvido, atestadas pelo Conselho Tutelar, pelo Ministério Público e pela Justiça da Infância e da Juventude e III – em se tratando de programas de acolhimento institucional ou familiar, os índices de sucesso na reintegração familiar ou de adaptação à família substituta, conforme o caso[37].

É comum que haja a previsão, no regimento interno dos Conselhos Municipais dos Direitos da Criança e do Adolescente, de Comissão destinada à avaliação dos requerimentos de registro das entidades não governamentais ou dos pedidos de inscrição de programas, sendo ainda de sua responsabilidade a realização das visitas à entidade postulante, bem como a posterior elaboração de parecer deferindo ou não o pedido.

Vale ressaltar que qualquer alteração dos atos constitutivos, ou, ainda, dos programas das entidades de atendimento, deve, conforme o disposto no art. 90, § 1º, parte final, do ECA, ser prontamente comunicada ao Conselho Municipal dos Direitos da Criança e do Adolescente, a fim de que se realizem as atualizações ou modificações que se mostrarem necessárias.

Finalmente, é importante lembrar que na falta dos Conselhos Municipais dos Direitos da Criança e do Adolescente, tais atribuições serão exercidas pela autoridade judiciária, na forma do art. 261 da lei.

5.4. A organização do processo de escolha dos membros do Conselho Tutelar

A última tarefa atribuída pelo Estatuto da Criança e do Adolescente aos Conselhos dos Direitos, adstrita ao âmbito municipal, consiste na responsabilidade pela organização e pela condução do processo de escolha dos membros do Conselho Tutelar.

Conforme será visto adiante, os Conselhos Tutelares são órgãos imbuídos da missão institucional de, no caso concreto, proteger os direitos da população infantojuvenil, por meio da adoção de determinadas providências indicadas em lei, como, por exemplo, a aplicação das medidas específicas de proteção elencadas no art. 101, I a VII, do ECA; têm como membros pessoas eleitas pela própria comunidade, mediante processo de escolha específico, disciplinado genericamente pela própria lei estatutária e esmiuçado pela legislação local.

---

37 Tanto o prazo para a reavaliação dos programas quanto o prazo de validade para o registro das entidades foram inovações trazidas pela Lei n. 12.010/2009, a respeito das quais já foi possível se debruçar no capítulo anterior ("A política de atendimento"), para o qual remetemos o leitor. Antes desta alteração legislativa, ficava a critério da normativa local o estabelecimento de prazos para a eficácia das inscrições dos programas e dos registros, sem embargo da atividade fiscalizatória de rotina.

De acordo com o art. 139 do ECA, *in verbis:*

> Art. 139. O processo para a escolha dos membros do Conselho Tutelar será estabelecido em lei municipal e realizado sob a responsabilidade do Conselho Municipal dos Direitos da Criança e do Adolescente, e a fiscalização do Ministério Público.

Esta, no entanto, não era a redação original do referido dispositivo legal que, anteriormente, atribuía ao Juiz Eleitoral a responsabilidade pela condução do processo de escolha dos Conselhos Tutelares[38].

A transferência deste encargo aos Conselhos Municipais dos Direitos da Criança e do Adolescente ocorreu mediante a promulgação da Lei n. 8.242/91, destinada, principalmente, a espancar as dúvidas que surgiram, logo após a promulgação do Estatuto da Criança e do Adolescente, quanto à inconstitucionalidade da norma.

Sem embargo da apontada discussão, a alteração se revelou salutar, na medida em que reforçou o papel dos Conselhos dos Direitos da Criança e do Adolescente como espaços públicos de exercício de cidadania, permitindo que os próprios munícipes, em parceria com o Poder Executivo, administrem os principais aspectos da vida em sociedade, deixando o Poder Judiciário com sua função típica de solucionar eventuais conflitos.

Ao Conselho Municipal de Direitos, na qualidade de órgão responsável pela materialização do processo de escolha dos membros do Conselho Tutelar, caberá, como tarefas fundamentais: a) complementar a legislação municipal no que couber, por meio de resoluções destinadas especificamente para tal fim, estabelecendo, por exemplo, o prazo para a inscrição dos candidatos e o dia, o horário e os locais da votação; b) providenciar a divulgação desse processo nos principais meios de comunicação locais, a fim de permitir a participação do maior número possível de pessoas da comunidade; e, ainda, c) participar ao Ministério Público todas as etapas do processo de escolha, a fim de viabilizar a fiscalização no órgão, nos moldes preconizados na lei.

O Ministério Público, no exercício do seu *munus* de *custos legis*, é apto inclusive a recomendar a recontagem dos votos nas eleições de composição do Conselho Tutelar[39], *"considerando o disposto nos arts. 127 e 129, III, da Constituição Federal,*

---

38 O art. 139 do ECA, na redação original, estabelecia que "o processo eleitoral para a escolha dos membros do Conselho Tutelar será estabelecido em Lei Municipal e realizado sob a presidência do Juiz Eleitoral e a fiscalização do Ministério Público".

39 Objetivando a higidez do processo eleitoral, o MP-RJ emitiu recomendação de recontagem dos votos dos Conselhos Tutelares em sessões públicas no município do Rio pelo CMDA (Conselho Municipal de Direitos da Criança e Adolescente) em novembro de 2019 (disponível em: <http://www.mprj.mp.br/home/-/detalhe-noticia/visualizar/79303>), recomendação essa acatada pelo respectivo conselho. Disponível em: <https://cmdcario.com.br/noticia.php?id=777>. Último acesso: 26 maio 2020.

PARTE II – A REDE DE ATENDIMENTO

nos arts. 26, I, b, II, 27, p. único, IV, e 80 da Lei n. 8.625/93, no art. 6º, XX, da Lei Complementar n. 75/93, no art. 200 a 205 da Lei n. 8.069/90 (Estatuto da Criança e do Adolescente) e no art. 34, IX, da Lei Complementar Estadual n. 106/2003", haja vista a atribuição ao Ministério Público da defesa dos interesses difusos, coletivos e individuais homogêneos, *"podendo, no exercício de suas funções, expedir recomendações a respeito de interesses, direitos e bens cuja defesa lhe cabe promover"*[40].

Como já afirmado anteriormente, não será crível, contudo, ao Conselho Municipal dos Direitos, instituir requisitos diversos dos que constam da lei municipal, para a candidatura ao cargo de conselheiro.

Também não será possível uma atuação a menor, omitindo-se da obrigação de adotar todas as providências necessárias à realização do processo de escolha dos conselhos tutelares na data estipulada em lei, que é o primeiro domingo do mês de outubro do ano subsequente ao da eleição presidencial (art. 139, § 1º, do ECA).

Eventual conduta omissiva do Conselho Municipal de Direitos relacionada a sua obrigação de deflagrar o processo de escolha dos membros do Conselho Tutelar ou viabilizar a sua posse, que de acordo com a lei, deve ocorrer no dia 10 de janeiro do ano subsequente ao processo de escolha (art. 139, § 2º, do ECA), é passível de controle jurisdicional, mediante o ajuizamento de mandado de segurança ou ação civil pública, sem prejuízo de eventual responsabilização de seus membros por ato de improbidade[41].

Na medida da complexidade do processo que irá envolver a escolha dos conselheiros tutelares, especialmente, nos Municípios de grande porte, é recomendável a instituição de Comissão Temporária para a condução do processo, deixando o colegiado responsável, tão somente, pelo controle de seus atos, mediante a sua confirmação ou invalidação, esta última hipótese quando constatada alguma ilegalidade.

6. O CONTROLE DA ATUAÇÃO DOS CONSELHOS DOS DIREITOS DA CRIANÇA E DO ADOLESCENTE

A atuação dos Conselhos dos Direitos da Criança e do Adolescente, de maneira especial, no que toca aos atos administrativos destes emanados, está sujeita aos

---

40 Citação *ipsis litteris* da Recomendação n. 18/2019, disponível em: <http://www.mprj.mp.br/documents/20184/540394/recomendao_eleioes_conselhos_tutelares__18_recontagem_de_votos.pdf>. Acesso em: 14 out. 2021.

41 A respeito do tema, vale a referência ao seguinte julgado do E. Tribunal de Justiça do Estado do Rio de Janeiro, concedendo a ordem em mandado de segurança em que apontada a inércia do Presidente do Conselho Municipal dos Direitos da Criança e do Adolescente quanto à elaboração do edital convocatório e de designação de Comissão Especial para a realização do processo de escolha unificado de conselheiros tutelares (TJRJ, RN 0000635-85.2015.8.19.0022, 8ª Câm. Civ., Rel. Des. Cezar Augusto Rodrigues Costa, j. 5-10-2015).

mesmos mecanismos de fiscalização e de revisão aos quais se vincula a Administração Pública em geral.

O controle de legalidade da atividade exercida pelos Conselhos dos Direitos pode ser realizado tanto na esfera judicial – mediante provocação do Ministério Público ou de qualquer interessado – quanto no âmbito administrativo; nesta segunda hipótese, será o colegiado – ou plenário – a última instância hierárquica de controle, na medida em que a independência funcional intrínseca aos Conselhos dos Direitos os impede de estar administrativamente subordinados a qualquer órgão da Administração Pública.

A consequência da qualidade de independência dos Conselhos dos Direitos da Criança e do Adolescente está em que qualquer decisão destes órgãos, em primeira instância ou em decorrência da confirmação ou invalidação dos atos de seus respectivos membros ou comissões, será presumivelmente válida, até que atacada pela via própria, ou seja, judicialmente.

É possível imaginar hipótese na qual a própria chefia do Poder Executivo identifique vício de legalidade em deliberação do Conselho dos Direitos que determine, por exemplo, a construção de entidade de acolhimento para crianças de certa faixa etária, em razão da ausência de quórum mínimo para votação; caso não consiga a reversão deste quadro no âmbito do próprio colegiado, do qual o governo é parte integrante, terá que recorrer à esfera judicial para não se vincular a tal determinação.

Ainda sobre o controle de legalidade da atuação dos Conselhos dos Direitos da Criança e do Adolescente, vale, finalmente, notar que o Ministério Público é dotado de especial responsabilidade no cumprimento desta tarefa, pois é este o órgão incumbido, no ordenamento jurídico vigente, pela defesa da ordem jurídica, do regime democrático e dos interesses sociais e individuais indisponíveis[42].

Dessa forma, não deverá o *Parquet* limitar a sua atividade fiscalizatória à postulação de invalidação das deliberações ilegais ou à responsabilização dos conselheiros por eventuais ilicitudes praticadas, na medida em que tais fatos cheguem ao seu conhecimento por terceiros; deverá atuar, além disso, preventivamente, participando das reuniões dos Conselhos dos Direitos da Criança e do Adolescente e cobrando a efetiva atuação do órgão naquilo que justifica a sua existência, ou seja, na efetiva gestão da política de atendimento[43].

---

42 V. art. 127, *caput*, da CF/88.

43 A respeito do assunto, vale mencionar a Resolução n. 04/99, da Corregedoria-Geral do Ministério Público do Estado do Paraná, que, repisando a responsabilidade do Ministério Público de velar pela criação e adequado funcionamento dos Conselhos de Direitos da Criança e do Adolescente, em observância, sobretudo, ao mandamento constitucional de efetiva participação popular na formulação da política de atendimento à infância e juventude, orientou aos Promotores em atuação na área: 1. A permanente participação dos Promotores de Justiça da Infância e Juventude nas reuniões – *ordinárias e*

PARTE II – A REDE DE ATENDIMENTO

O controle de mérito da atividade dos Conselhos dos Direitos da Criança e do Adolescente, entretanto, somente poderá ser exercido pelo próprio órgão; nunca pelo Ministério Público, pelo Poder Judiciário ou por qualquer outro órgão do Poder Executivo.

Daí por que, tomando por base o mesmo exemplo anteriormente citado, caso constatado o quórum mínimo para a deliberação do Conselho dos Direitos, não restará alternativa ao administrador público senão a construção da entidade, mediante abertura de crédito suplementar no orçamento ou reserva de recursos financeiros para o exercício financeiro seguinte.

Da mesma forma, não será crível ao Ministério Público ou ao Poder Judiciário determinar qualquer outra forma de solução da questão objeto de deliberação legal do órgão – no exemplo, estipular faixa etária de atendimento distinta da indicada –, pois, caso assim o façam, estarão ingressando, indevidamente, na esfera de atribuição do Conselho dos Direitos, órgão eleito constitucionalmente para a deliberação das políticas públicas infantojuvenis.

Por fim, cumpre ressaltar que a conduta dos membros dos Conselhos dos Direitos da Criança e do Adolescente está sujeita às mesmas regras que pautam a atuação dos agentes públicos; assim sendo, qualquer forma de atuação que escape aos ditames legais os sujeitará às penalidades cabíveis, tanto na esfera penal quanto na esfera cível, valendo, nesta última hipótese, destaque para a perda da função, suspensão dos direitos políticos e pagamento de multa civil previstos na Lei n. 8.429/92.

REFERÊNCIAS

CARVALHO FILHO, José dos Santos. *Manual de direito administrativo*. 31. ed. rev. e ampl. Rio de Janeiro: Lumen Juris, 2017.

Conselho Nacional dos Direitos da Criança e do Adolescente (Conanda) e Conselho Nacional de Assistência Social (CNAS) (coord.). *Orientações técnicas*: Serviços de acolhimento para crianças e adolescentes. Brasília, junho de 2009.

---

extraordinárias – dos Conselhos de Direitos da Criança e do Adolescente dos municípios que integram a Comarca; 2. Contínua fiscalização dos trabalhos de tais Conselhos, cobrando-se a efetiva formulação de políticas de atendimento à criança e ao adolescente, com o estabelecimento do rol de prioridades a serem enfrentadas no âmbito municipal e a elaboração de projetos que viabilizem a adoção de medidas de prevenção, proteção especial e socioeducativas, nos moldes previstos nos arts. 101, 129 e 112 (notadamente em seus incisos III e IV) da Lei n. 8.069/90 e, por fim, 3. A mantença, em arquivo próprio da Promotoria, de cópias de todas as atas de reuniões dos Conselhos de Direitos da Criança e do Adolescente dos municípios que integram a Comarca – *a consignar a presença e participação do "parquet"* –, bem como de documentos outros relacionados ao seu funcionamento, para fins de controle e acompanhamento, cujo acervo passará a integrar o rol de dados aferíveis por ocasião da realização de correições ordinárias.

CYRINO, Públio Caio Bessa; LIBERATI, Wilson Donizeti. *Conselhos e fundos no Estatuto da Criança e do* Adolescente. 2. ed. São Paulo: Malheiros, 2003.

DIGIÁCOMO, Murillo José. Conselho de direitos da criança e do adolescente: transparência de seu funcionamento como condição indispensável à legitimidade e legalidade de suas deliberações. Disponível em: <http://www. mp.pr.gov.br/cpca/crianca.html> (link Conselho de Direitos). Acesso em: 21 nov. 2015.

DINIZ, Andréa; CUNHA, José Ricardo (org.). *Visualizando a política de atendimento à criança e ao adolescente.* Rio de Janeiro: Litteris Editora, KroArt Editores, Fundação Bento Rubião, 1998.

FERREIRA, Aurélio Buarque de Holanda. *Novo Aurélio Século XXI*: o dicionário da língua portuguesa. 3. ed. rev. e ampl. Rio de Janeiro: Nova Fronteira, 1999.

PONTES JUNIOR, Felício. *Conselho de direitos da criança e do adolescente.* São Paulo: Malheiros, 1993.

O Conselho Tutelar

Patrícia Silveira Tavares

1. INTRODUÇÃO

Nos capítulos introdutórios, foi possível formar o arcabouço teórico necessário à compreensão da Doutrina da Proteção Integral, consagrada constitucionalmente, e do contexto histórico em que surgiu o denominado Sistema de Garantia dos Direitos, que tem no Estatuto da Criança e do Adolescente a sua estrutura fundamental. O presente capítulo destina-se à análise de órgão integrante deste sistema, que tem como tarefa principal atuar, concretamente, na tutela dos direitos infantojuvenis: o Conselho Tutelar.

O Conselho Tutelar é órgão que não possui correspondência em qualquer legislação pretérita, pois, como já se teve a oportunidade de explanar, no sistema normativo anterior, era no Estado onde se concentravam as ações relacionadas às crianças e aos adolescentes marcados com a pecha da "situação irregular"[1].

---

[1] Vale lembrar que à época do Código de Menores (Lei n. 6.697/79) cabia ao Poder Judiciário a adoção de providências concretas atinentes às crianças e aos adolescentes compreendidos "em situação irregular". Ao denominado juiz de menores eram atribuídas não só a função jurisdicional, mas também outras tarefas, como, por exemplo, a aplicação de medidas de caráter genérico, consubstanciadas em portarias ou provimentos destinados a adequar a lei à realidade local, por meio das quais havia o exercício de verdadeira atividade legislativa. A respeito do tema cumpre mencionar a lição de Judá Jessé de Bragança Soares (In: VERONESE, Josiane Rose Petry; SILVEIRA, Mayra; CURY, Munir (coord.). *Estatuto da Criança e do Adolescente comentado*. Comentários jurídicos e sociais. 13. ed. rev. e atual. São Paulo: Malheiros, 2018, p. 942),

A Constituição de 1988, no entanto, tornou inevitável a modificação deste sistema, na medida em que este se revelou absolutamente incompatível com a dinâmica de corresponsabilização instituída pelo art. 227, *caput*, da CF/88, segundo o qual é "dever da *família, da sociedade e do Estado* assegurar à criança, ao adolescente e ao jovem, com absoluta prioridade, o direito à vida, à saúde, à alimentação, à educação, ao lazer, à profissionalização, à cultura, à dignidade, ao respeito, à liberdade e à convivência familiar e comunitária [...]" (grifos nossos).

Coube, então, ao legislador infraconstitucional, por meio do Estatuto da Criança e do Adolescente, a previsão, no ordenamento jurídico pátrio, de institutos jurídicos capazes de posicionar a família e a sociedade no mesmo patamar do Estado na tarefa de salvaguardar os direitos da população infantojuvenil.

Uma das soluções vislumbradas pelo legislador estatutário foi a criação do Conselho Tutelar, órgão formado por pessoas escolhidas pela sociedade e encarregado de adotar em âmbito municipal providências concretas destinadas à tutela dos direitos individuais de crianças e adolescentes. Importante notar, como o faz Judá Jessé de Bragança Soares[2], que o

> Conselho Tutelar não é apenas uma experiência, mas uma imposição constitucional decorrente da forma de associação política adotada, que é a Democracia participativa. [...] O Estatuto, como lei tutelar específica, concretiza, define e personifica, na instituição do Conselho Tutelar, o dever abstratamente imposto, na Constituição Federal, à sociedade. O Conselho deve ser como mandatário da sociedade, o braço forte que zelará pelos direitos da criança e do adolescente.

A nova divisão de tarefas imposta constitucionalmente fez que demandas de natureza não jurisdicional, antes destinadas ao Poder Judiciário, passassem a ter no Conselho Tutelar a instância primeira e preferencial de solução. Conforme lecionam Wilson Donizeti Liberati e Públio Caio Bessa[3] há

---

ao afirmar que "desde a instituição do primeiro juízo privativo de menores (em 1927) em nosso país, tornou-se tradicional conferir ao juiz de menores não somente a função judicial, mas, também, atribuições socioassistenciais, além de se lhe reconhecer até certo papel legislativo, não se observando a separação de poderes. [...] Na verdade, a ideia de que a atividade assistencial deveria caber aos juízes de menores sempre foi errônea, conforme escrevia, ainda antes de entrar em vigor o Código de Menores de 1979, o então Juiz de Menores da comarca do Rio de Janeiro Alyrio Cavalieri: 'Formou-se, paralelamente, junto ao consenso público, fomentado pelos meios de comunicação, uma ideia errônea de que os juizados de menores substituiriam qualquer atividade estatal no campo da assistência'" (*Direito do menor*. Rio de Janeiro: Freitas Bastos, 1978, p. 14).

2 SOARES, Judá Jessé de Bragança. Op. cit., p. 445 e s.

3 LIBERATI, Wilson Donizeti; CYRINO, Caio Públio Bessa. *Conselhos e fundos no Estatuto da Criança e do Adolescente*, p. 138.

PARTE II – A REDE DE ATENDIMENTO

uma ruptura no conceito de atendimento: a Justiça da Infância e da Juventude terá função eminentemente jurisdicional, ou seja, decidirá os conflitos de interesses e garantirá a aplicação da lei quando houver desvios. Ao atender crianças e adolescentes em suas necessidades político-sociais, o Conselho Tutelar estará cumprindo a missão constitucional da descentralização político-administrativa, no âmbito municipal, fazendo com que os problemas do Município sejam resolvidos pelos próprios munícipes.

É também importante ressaltar que o Conselho Tutelar, embora semelhante ao Conselho dos Direitos da Criança e do Adolescente, como instrumento de participação da sociedade nas questões relacionadas à infância e à juventude, com este não se confunde, na medida em que tem como escopo principal promover – e não deliberar – ações destinadas à proteção dos direitos infantojuvenis[4].

Traçadas estas linhas introdutórias, passa-se, então, à visão geral do Conselho Tutelar.

2. VISÃO GERAL

2.1. Conceito

O Conselho Tutelar é referido no art. 131 do ECA como "órgão permanente e autônomo, não jurisdicional, encarregado pela sociedade de zelar pelo cumprimento dos direitos da criança e do adolescente, definidos nesta lei".

Este é o conceito que se deve adotar como referência, na medida em que reflete, de forma bastante clara e objetiva, a missão institucional do Conselho Tutelar: representar a sociedade na salvaguarda dos direitos das crianças e dos adolescentes, naquelas questões que demandem medidas de cunho não jurisdicional.

2.2. Características

O art. 131 do ECA, ao mesmo tempo em que indica a missão do Conselho Tutelar – zelar pelo cumprimento dos direitos da criança e do adolescente –, apon-

---

4   Sobre o assunto, vale mencionar a lição de José Ricardo Cunha (In: DINIZ, Andréa; CUNHA, José Ricardo (org.). *Visualizando a política de atendimento à criança e ao adolescente*, p. 52 e s.), ao ressaltar que: enquanto o Conselho de Direitos intervém estruturalmente na macropolítica, o Conselho Tutelar intervém conjunturalmente na micropolítica, sendo que ambos os tipos de intervenção deverão caminhar conjuntamente, diante da nova política de atendimento vislumbrada pelo legislador. Afirma ainda o autor, em outras palavras, que "a *missão institucional do Conselho de Direitos é deliberar e controlar a política de atendimento*, esta é sua razão fundamental de existir, todas as outras atribuições são consequências diretas desta; já a *missão institucional do Conselho Tutelar é atender crianças e adolescentes que tenham seus direitos ameaçados ou violados*, esta é sua razão de existir, todas as outras atribuições são consequências diretas desta".

ta suas características fundamentais, que são a permanência, a autonomia e o não exercício de jurisdição.

O legislador estatutário, ao afirmar que o Conselho Tutelar é órgão permanente, quis atribuir-lhe caráter perene, ou seja, quis estabelecer que uma vez criado, o órgão não pode ser extinto, sendo cabível, tão somente, a renovação de seus componentes, após o exercício de mandato de quatro anos[5].

Outra característica frisada pelo dispositivo legal em apreço consiste na autonomia do Conselho Tutelar.

A autonomia referida em lei é funcional e implica a não subordinação do Conselho Tutelar, na escala administrativo-hierárquica, a qualquer órgão do Poder Público. Consiste em aquele órgão ter sua ação pautada, tão somente, nos ditames legais, não se admitindo qualquer interferência externa na sua atuação. É o Conselho Tutelar livre para decidir, diante do caso concreto, como melhor proteger determinada criança ou adolescente, sendo ele próprio o responsável por promover a execução de suas decisões.

A dita autonomia não impede, contudo, a vinculação – e não subordinação! – administrativa do Conselho Tutelar à Administração Pública, especialmente, para fins orçamentários, uma vez que é o Poder Executivo Municipal o responsável pela sua criação e manutenção[6].

É importante desde logo salientar que o fato de o Conselho Tutelar ser órgão autônomo, por óbvio, não impede que sua atuação seja analisada e revista pelo Poder Judiciário, ou então, fiscalizada pelo Ministério Público ou outro órgão especialmente designado em lei para tal fim, conforme será visto adiante.

É também fundamental registrar que a autonomia referida em lei não é uma prerrogativa individual dos conselheiros, como uma espécie de "carta branca" para que atuem a seu bel-prazer; trata-se de prerrogativa vinculada ao órgão e é sob este prima que deve ser invocada. Nesse passo, jamais poderá ser utilizada como escudo para que determinado conselheiro tutelar atue de forma isolada ou individuali-

---

5   De acordo com o art. 132 do ECA, em cada Município e em cada Região Administrativa do Distrito Federal haverá, no mínimo, um Conselho Tutelar como órgão integrante da administração pública local, composto de cinco membros, escolhidos pela população local para mandato de quatro anos, permitida uma recondução, mediante novo processo de escolha.

6   Sob regime de tramitação ordinário e rito conclusivo (no qual o projeto é votado apenas pelas comissões), o Projeto de Lei n. 1.526/21 do deputado Fábio Abreu (PL-PI) pretende dar nova redação aos arts. 132, 133 e 134, vinculando o Conselho Tutelar à esfera federal em lugar da municipal, tanto financeira quanto administrativamente. O projeto, apresentado em 26 de abril deste ano, também prevê lei federal regulamentadora e possivelmente alteraria de forma aguda a estrutura dos Conselhos Tutelares, uma vez que a municipalidade e descentralização são características primordiais do atendimento tutelar.

PARTE II – A REDE DE ATENDIMENTO

zada, desfigurando outra característica essencial do Conselho Tutelar, que é a sua natureza colegiada.

Como ressalta Murillo José Digiácomo[7], a

> autonomia que, por definição, o Conselho Tutelar possui, se constitui não em um "privilégio" para seus integrantes, que estariam livres de prestar contas de seus atos quer à administração pública (à qual, queiram ou não, estão vinculados), quer a outras autoridades e membros da comunidade, mas sim importa numa prerrogativa *indispensável ao exercício das atribuições do Órgão*, enquanto *colegiado*, que por vezes irá contrariar os interesses do Prefeito Municipal e de outras pessoas influentes que, por ação ou omissão, estejam ameaçando ou violando direitos de crianças e adolescentes que devem ser objeto de sua tutela. [...] A autonomia que detém o Conselho Tutelar, portanto, deve ser considerada como *sinônimo* de *INDEPENDÊNCIA FUNCIONAL que o Órgão colegiado possui*, se constituindo numa *indispensável prerrogativa* para o exercício de suas atribuições, e não com a total impossibilidade de ser aquele *fiscalizado* em sua atuação cotidiana, pela administração pública ou outros órgãos e poderes constituídos (grifos do original).

A autonomia do Conselho Tutelar deve, portanto, ser vista com cuidado e responsabilidade pelos conselheiros, os quais jamais poderão agir em desrespeito às normas previamente determinadas pelo colegiado, quiçá, instituir metodologia própria e autônoma de trabalho, em prejuízo ao espírito de equipe intrínseco ao regular funcionamento do órgão.

A última característica mencionada pelo Estatuto da Criança e do Adolescente reside no fato de o Conselho Tutelar não exercer jurisdição. O Conselho Tutelar é órgão público, de natureza administrativa, pelo que todos os atos por ele praticados devem ser compreendidos como atos administrativos.

Dessa circunstância decorre o dever do Conselho Tutelar de encaminhar à autoridade judiciária os casos de sua competência[8], não lhe sendo permitido, portanto, atuar de forma que, direta ou indiretamente, acarrete a apreciação ou o julgamento de conflitos de interesses.

Não é raro constatar, na prática, hipóteses nas quais os conselheiros tutelares interferem na dinâmica familiar de determinada criança ou determinado adolescente, estipulando alimentos em seu favor, estabelecendo normas de visitação, ou, ainda, retirando-os dos pais, a fim de entregá-los a outro parente, neste último caso, sem qualquer situação de risco que justifique a adoção imediata desta providência. Tal forma de atuação, a depender das circunstâncias do caso concreto, poderá en-

---

7   DIGIÁCOMO, Murillo José. *Conselho tutelar*: parâmetros para a interpretação do alcance de sua autonomia e fiscalização de sua atuação. Disponível em: <https://mppr.mp.br/arquivos/File/ConselhoTutelar-autonomia.pdf>. Acesso em: 18 out. 2021.

8   Esta, inclusive, é a determinação que consta do art. 136, V, do ECA.

sejar a destituição do conselheiro, além de sujeitá-lo às penalidades cíveis ou penais outras que se mostrarem pertinentes, tema que será aprofundado adiante.

Por fim, característica que não consta expressamente da disposição legal em referência, mas que merece ser ressaltada em razão de sua relevância, consiste no fato de o Conselho Tutelar ser órgão colegiado.

A afirmação desta característica decorre da interpretação sistemática da lei, que além de lhe conferir denominação geralmente aplicável a órgãos colegiados – conselho –, instituiu normas de estrutura e de composição típicas de órgãos desta natureza, aplicando, por exemplo, o termo "deliberações", ao tratar de suas atribuições[9].

Como consequência da estrutura colegiada do Conselho Tutelar, surge a necessidade de qualquer deliberação do órgão ser resultado da manifestação de vontade da maioria ou da unanimidade dos conselheiros – e não de um isoladamente –, a depender do que for estipulado na lei especial de regência ou no regimento interno.

Feitas as considerações gerais, cumpre então o aprofundamento do tema, por meio da análise do processo de estruturação do Conselho Tutelar.

3. A ESTRUTURAÇÃO DO CONSELHO TUTELAR

3.1. A implantação do órgão

É do município ou do Distrito Federal, por meio de lei de iniciativa do Poder Executivo[10], a competência para a instituição do Conselho Tutelar, assim como para a determinação das normas de caráter especial atinentes ao órgão, sendo ainda de sua responsabilidade fazer constar da lei orçamentária recursos específicos para todas as atividades relacionadas ao seu pleno funcionamento.

Tal assertiva é conclusão lógica que deflui da leitura do art. 134 do ECA, que estabelece, *in verbis*:

> Art. 134. Lei municipal ou distrital disporá sobre o local, dia e horário de funcionamento do Conselho Tutelar, inclusive quanto à remuneração dos respectivos membros, aos quais é assegurado o direito a:
>
> I – cobertura previdenciária;

---

9 V. art. 136, III, *b*, do ECA.

10 Sobre a iniciativa da lei valem aqui as mesmas observações feitas quando do estudo dos Conselhos Municipais dos Direitos da Criança e do Adolescente. Em se tratando de lei que institui órgão da Administração Pública Municipal, criando, ainda, despesas ao Poder Executivo, é deste a iniciativa para a sua criação. A respeito do tema, vale a consulta aos seguintes arestos: 1 – TJMG, ADIn 10000190240093000 MG, Rel. Des. Caetano Levi Lopes, j. 4-3-2020; 2 – TJRS, ADIn 70071252803 RS, Tribunal Pleno, Rel. Des. Gelson Rolim Stocker, j. 20-2-2017; 3 – TJRS, ADIn 592.062.921, Pleno, Rel. Des. Alfredo Guilherme Englert, j. 23-11-1992; 4 – TJRS, ADIn 591.044.870, Pleno, Rel. Des. Lio Cezar Schmitt, j. 13-4-1992).

PARTE II – A REDE DE ATENDIMENTO

II – gozo de férias anuais remuneradas, acrescidas de 1/3 (um terço) do valor da remuneração mensal;

III – licença-maternidade;

IV – licença-paternidade;

V – gratificação natalina.

Parágrafo único. Constará da lei orçamentária municipal e da do Distrito Federal previsão dos recursos necessários ao funcionamento do Conselho Tutelar e à remuneração e formação continuada dos conselheiros tutelares[11].

A primeira determinação que consta do dispositivo legal acima citado é de que a lei municipal estipule o lugar, os dias e os horários de atendimento do Conselho Tutelar.

É importante frisar que o Conselho Tutelar deverá sempre funcionar em local de fácil acesso, pois como bem alerta Edson Sêda[12]

> O Conselho Tutelar não é uma repartição pública a mais onde o povo seja submetido à tortura de ser destratado, maltratado e violado em seus direitos de cidadão. Deve ser o contrário disso. Foi criado para fazer o contrário do que repartições, em seus hábitos, usos e costumes, vêm fazendo com a população

---

11 Na mesma linha, ratificando o já estabelecido na normativa estatutária, é o art. 4º da Resolução Conanda n. 231, de 28 de dezembro de 2022, *in verbis*: "A Lei Orçamentária Municipal ou do Distrito Federal deverá estabelecer, preferencialmente, dotação específica para implantação, manutenção, funcionamento dos Conselhos Tutelares, bem como para o processo de escolha dos conselheiros tutelares, custeio com remuneração, formação continuada e execução de suas atividades. § 1º Para a finalidade do *caput*, devem ser consideradas as seguintes despesas: a) custeio com mobiliário, água, luz, telefone fixo e móvel, entre outros necessários ao bom funcionamento dos Conselhos Tutelares;
b) formação continuada para os membros do Conselho Tutelar;
c) custeio de despesas dos conselheiros inerentes ao exercício de suas atribuições, inclusive diárias e transporte, quando necessário deslocamento para outro município;
d) espaço adequado para a sede do Conselho Tutelar, seja por meio de aquisição, seja por locação, bem como sua manutenção;
e) transporte adequado, permanente e exclusivo para o exercício da função, incluindo sua manutenção e segurança da sede e de todo o seu patrimônio;
f) processo de escolha dos membros do Conselho Tutelar;
g) computadores equipados com aplicativos de navegação na rede mundial de computadores, em número suficiente para a operação do sistema por todos os membros do Conselho Tutelar, e infraestrutura de rede de comunicação local e de acesso à internet, com volume de dados e velocidade necessários para o acesso aos sistemas operacionais pertinentes às atividades do Conselho Tutelar, assim como para a assinatura digital de documentos".

12 SÊDA, Edson. A a Z do Conselho Tutelar. Providências para mudança de usos, hábitos e costumes da família, sociedade e Estado, quanto a crianças e adolescentes no Brasil. Disponível em: <https://livredetrabalhoinfantil.org.br/wp-content/uploads/2017/02/a-a-z-do-conselho-tutelar-pdf.pdf>. Acesso em: 19 out. 2021, p. 99 e s.

brasileira desrespeitada em sua cidadania. O local deve permitir que o atendimento público seja digno, rápido, simples e desburocratizado.

No que toca aos dias e aos horários de funcionamento do Conselho Tutelar, deve-se ter em mente que a situação de ameaça ou violação aos direitos da criança ou do adolescente pode ocorrer a qualquer momento, pelo que deve o legislador municipal, com o objetivo de vê-la sanada com a maior brevidade possível, estipular que o órgão funcione todos os dias da semana, em horários compatíveis com a demanda infantojuvenil local, instituindo, caso necessário, sistema de plantões noturnos, bem como aos sábados, domingos e feriados[13].

Embora nada impeça que o processo de trabalho do Conselho Tutelar conste da própria lei municipal, é geralmente tarefa do regimento interno dispor sobre a matéria. Deverá o regimento interno, por exemplo, estabelecer normas concernen-

---

13   A respeito do tema, consulte-se a Resolução Conanda n. 75, de 22 de outubro de 2001, a qual, estabelecendo parâmetros para o funcionamento dos Conselhos Tutelares, consigna o entendimento daquele órgão no sentido de que "o funcionamento do Conselho Tutelar deve respeitar o horário comercial durante a semana, assegurando-se um mínimo de 8 horas diárias para todo o colegiado e rodízio para o plantão, por telefone móvel ou outra forma de localização do Conselheiro responsável, durante a noite e final de semana". Na mesma linha, os arts. 19 e 20 da Resolução Conanda n. 231, de 28 de dezembro de 2022, ainda estabelecem que:
"Art. 19. O Conselho Tutelar estará aberto ao público nos moldes estabelecidos pela Lei Municipal ou do Distrito Federal que o criou, sem prejuízo do atendimento ininterrupto à população.
Parágrafo único. Cabe à legislação local definir a forma de fiscalização do cumprimento do horário de funcionamento do Conselho Tutelar e da jornada de trabalho de seus membros.
Art. 20. Todos os membros do Conselho Tutelar serão submetidos à mesma carga horária semanal de trabalho, bem como aos mesmos períodos de plantão ou sobreaviso, sendo vedado qualquer tratamento desigual.
Parágrafo único. O disposto no *caput* não impede a divisão de tarefas entre os conselheiros, para fins de realização de diligências, atendimento descentralizado em comunidades distantes da sede, fiscalização de entidades, programas e outras atividades externas, sem prejuízo do caráter colegiado das decisões tomadas pelo Conselho".
Na doutrina, vale ainda a referência à lição de Edson Sêda (op. cit., p. 100), ao afirmar que, "quanto ao horário de funcionamento, parece evidente que ele deve ocupar os dois turnos do dia, além de plantões para atender queixas, reclamações e denúncias urgentes no período noturno, domingos e feriados. Mas isso não quer dizer, evidentemente, que cada Conselheiro vá ficar vinte e quatro horas, ininterruptamente, na sede do Conselho. Também não quer dizer que cada Conselheiro vá ficar vinte e quatro horas, em qualquer lugar, à disposição dos usuários. O Conselheiro deve ter um horário certo e preciso para operar em sua sede de trabalho, digamos, 8 horas por dia, das tantas às tantas e das tantas às tantas. Fora desse horário, vai se revezar com outros conselheiros para, em sua residência ou outro local onde esteja, ser acionado para emergências. Essa precisão e clareza visa evitar corrupção e uma nova leva de maus hábitos, usos e costumes no serviço público brasileiro".

PARTE II – A REDE DE ATENDIMENTO

tes à forma pela qual as denúncias serão recebidas e registradas no órgão, regras indicativas dos critérios para a distribuição dos casos entre os conselheiros, disposições indicando a periodicidade das sessões, cláusulas destinadas à solução de questões administrativas e, ainda, à determinação da forma de discussão e de deliberação dos casos apresentados pelo conselheiro relator.

Costuma-se recomendar que o fluxo de atendimento no Conselho Tutelar obedeça, no mínimo, às seguintes etapas: 1º) recebimento da denúncia; 2º) formalização do registro; 3º) adoção, caso necessário, das providências urgentes; 4º) vislumbrados outros desdobramentos para o caso, imediata distribuição do expediente para um dos conselheiros, conforme critérios predefinidos no regimento interno; 5º) estudo e elucidação do caso pelo conselheiro responsável, em necessário, com a solicitação de parecer de Equipe Técnica necessário e a posterior indicação, ao colegiado, de outras medidas cabíveis na hipótese concreta; 6º) apresentação e discussão do caso em sessão deliberativa do colegiado, com a ratificação – ou não – das medidas urgentes tomadas, bem assim com a definição das demais providências a serem adotadas.

O fundamental é que se estabeleça dinâmica de trabalho na qual o colegiado defina previamente as regras a serem seguidas pelos conselheiros tutelares e, ainda, por toda a equipe que presta suporte administrativo e técnico ao órgão. É também de extrema importância a instituição de normas internas que não só permitam, mas também facilitem a formalização de todos os procedimentos adotados durante o acompanhamento dos casos que desencadeiam a intervenção do Conselho.

Não é crível aos conselheiros definirem, de forma isolada, o modo como irão atuar, já que as decisões não lhe pertencem, e, sim, ao colegiado – e, em última instância, à sociedade. Também não é possível aos conselheiros prescindirem da formalização de todas as atividades, providências e medidas por eles adotadas, pois só assim será possível dar a necessária publicidade à sua atuação, garantindo a fiscalização de suas atividades pelo Ministério Público e pela sociedade em geral[14].

---

14 Corroborando a necessidade de o Conselho Tutelar atuar de forma colegiada, organizada, formal e transparente, o art. 21 da Resolução Conanda n. 231, de 28 de dezembro de 2022, estipula, *in verbis*:
"Art. 21. As decisões do Conselho Tutelar serão tomadas pelo seu colegiado, conforme dispuser o Regimento Interno.
§ 1º As medidas de caráter emergencial, tomadas durante os plantões, serão comunicadas ao colegiado no primeiro dia útil subsequente, para ratificação ou retificação.
§ 2º As decisões serão motivadas e comunicadas formalmente aos interessados, mediante documento escrito, no prazo máximo de quarenta e oito horas, sem prejuízo de seu registro no Sistema de Informação para Infância e Adolescência – SIPIA.
§ 3º Se não localizado, o interessado será intimado através de publicação do extrato da decisão na sede do Conselho Tutelar, admitindo-se outras formas de publicação, de acordo com o disposto na legislação local.

A determinação da forma pela qual o Conselho Tutelar irá se vincular à Administração Pública do Município é também matéria que ficará ao alvitre da legislação local; poderá o Conselho Tutelar vincular-se à determinada Secretaria de Governo ou até mesmo ao Gabinete do Prefeito, fato que, como já visto, não enseja qualquer interferência em sua autonomia[15].

É importante, contudo, ressaltar que, independentemente da forma escolhida pela lei, deve o Conselho Tutelar contar, sempre, com dotação orçamentária própria, ou seja, deve sempre constar da lei orçamentária programa de trabalho específico, destinado não só à manutenção e ao funcionamento do órgão, mas também à remuneração de seus membros e mecanismos de formação continuada, sob pena de colocar em risco a sua autonomia, tornando letra morta a disposição constante do parágrafo único do art. 134 do ECA – "constará da lei orçamentária municipal previsão dos recursos necessários ao funcionamento do Conselho Tutelar e à remuneração e formação continuada dos conselheiros tutelares"[16].

---

§ 4º É garantido ao Ministério Público e à autoridade judiciária o acesso irrestrito aos registros do Conselho Tutelar, inclusive, no SIPIA, resguardado o sigilo perante terceiros.
§ 5º Os demais interessados ou procuradores legalmente constituídos terão acesso às atas das sessões deliberativas e registros do Conselho Tutelar que lhes digam respeito, ressalvadas as informações que coloquem em risco a imagem ou a integridade física ou psíquica da criança ou adolescente, bem como a segurança de terceiros.
§ 6º Para os efeitos deste artigo, são considerados interessados os pais ou responsável legal da criança ou adolescente atendido, bem como os destinatários das medidas aplicadas e das requisições de serviço efetuadas".

15 V., a respeito, o § 3º do art. 4º da Resolução Conanda n. 231, de 28 de dezembro de 2022, segundo o qual "a gestão orçamentária e administrativa do Conselho Tutelar ficará, preferencialmente, a cargo do Gabinete do Prefeito ou ao Governador, no caso do Distrito Federal".

16 Com nova redação conferida pela Lei n. 12.696/2012. No mesmo sentido é o art. 4º da Resolução Conanda n. 231, de 28 de dezembro de 2022, *in verbis*: "A Lei Orçamentária Municipal ou do Distrito Federal deverá estabelecer, preferencialmente, dotação específica para implantação, manutenção, funcionamento dos Conselhos Tutelares, bem como para o processo de escolha dos conselheiros tutelares, custeio com remuneração, formação continuada e execução de suas atividades.
§ 1º Para a finalidade do *caput*, devem ser considerados as seguintes despesas: a) custeio com mobiliário, água, luz, telefone fixo e móvel, entre outros necessários ao bom funcionamento dos Conselhos Tutelares; b) formação continuada para os membros do Conselho Tutelar; c) custeio de despesas dos conselheiros inerentes ao exercício de suas atribuições, inclusive diárias e transporte, quando necessário deslocamento para outro município; d) espaço adequado para a sede do Conselho Tutelar, seja por meio de aquisição, seja por locação, bem como sua manutenção; e) transporte adequado, permanente e exclusivo para o exercício da função, incluindo sua manutenção e segurança da sede e de todo o seu patrimônio; f) processo de escolha dos membros do Conselho Tutelar; g) computadores equipados com aplicativos de navegação na rede mundial de computadores, em número suficiente para a operação do sistema por to-

PARTE II – A REDE DE ATENDIMENTO

É, portanto, do Poder Executivo Municipal o dever de propiciar as condições para o regular funcionamento do Conselho Tutelar, garantindo dotação orçamentária suficiente para que este seja contemplado com estrutura física adequada e os correspondentes suportes administrativo e técnico, sendo seus membros dotados de remuneração digna e contemplados com capacitação continuada[17].

Questão que sempre mereceu atenção dos operadores consistia na maneira mais apropriada de a legislação municipal regular a situação funcional dos conselheiros tutelares.

Não era incomum encontrar Municípios que tratavam os conselheiros tutelares à semelhança dos agentes particulares colaboradores, não lhes atribuindo qualquer espécie de remuneração; também não eram raros aqueles Municípios que, estabelecendo regra expressa no sentido da não inclusão dos conselheiros tutelares no quadro funcional da Administração Municipal, admitiam sua remuneração, privando-os, porém, de alguns direitos, como, por exemplo, férias; outras leis municipais, por sua vez, com o fito de garantir aos conselheiros tutelares todos os direitos sociais a que fazem jus os servidores públicos, os compreendiam como agentes ocupantes de funções de confiança popular, providas mediante cargo em comissão, vedando, no entanto, sua demissão *ad nutum*[18].

A multiplicidade de tratamento legislativo decorria da liberdade que o Estatuto da Criança e do Adolescente conferia aos Municípios na disciplina do tema, sendo ainda fomentada pelo fato de os conselheiros tutelares, de fato, não se en-

---

dos os membros do Conselho Tutelar, e infraestrutura de rede de comunicação local e de acesso à internet, com volume de dados e velocidade necessários para o acesso aos sistemas operacionais pertinentes às atividades do Conselho Tutelar, assim como para a assinatura digital de documentos.

§ 2º Na hipótese de inexistência de lei local que atenda os fins do *caput* ou de seu descumprimento, o Conselho Municipal ou do Distrito Federal dos Direitos da Criança e do Adolescente, o Conselho Tutelar ou qualquer cidadão poderá requerer aos Poderes Executivo e Legislativo, assim como ao Ministério Público competente, a adoção das medidas administrativas e judiciais cabíveis".

17 A respeito do tema, vale aqui a referência, na jurisprudência, a aresto do Tribunal de Justiça de São Paulo, reconhecendo, acertadamente, que a omissão do gestor em dotar o Conselho Tutelar de recursos orçamentários suficientes para o exercício de suas funções gera até mesmo a sua responsabilização pela prática de ato de improbidade administrativa: "AÇÃO CIVIL PÚBLICA. IMPROBIDADE ADMINISTRATIVA. TUTELA DA MORALIDADE E DO PATRIMÔNIO PÚBLICO. Obrigação de prover o Conselho Tutelar de recursos. Omissão. Descumprimento doloso. Responsabilização da pessoa de direito público e administrador negligente. Reexame necessário. Recursos improvidos" (TJSP, Apelação Cível 990.10.048349-8, Câmara Especial, Rel. Des. Ciro Campos, j. 19-4-2010).

18 Como exemplos da 2ª e da 3ª opções, citamos, respectivamente, a Lei n. 3.282/2001 do Município do Rio de Janeiro (já com as devidas alterações feitas pela Lei n. 3.974, de 6 de abril de 2005) e as Leis n. 6.787/91 e 7.394/93 do Município de Porto Alegre.

quadrarem de modo perfeito em qualquer das categorias de agentes públicos citadas pela tradicional doutrina de Direito Administrativo[19].

Essa situação sofreu importante modificação com a promulgação da Lei n. 12.696/2012, que, corrigindo o histórico vácuo legislativo, alterou a redação original do art. 136 do ECA para tornar obrigatória, além da remuneração dos membros do Conselho Tutelar, a concessão dos seguintes benefícios: I – cobertura previdenciária; II – gozo de férias anuais remuneradas, acrescidas de 1/3 (um terço) do valor da remuneração mensal; III – licença-maternidade; IV – licença-paternidade; V – gratificação natalina[20].

Importa ressaltar que, independentemente da feição normativa instituída pela lei local, o exercício da função de conselheiro tutelar ainda não enseja, em nenhuma hipótese, vínculo de trabalho ou emprego com o Poder Público. Daí a relevân-

---

19 Sabe-se que os agentes públicos são, geralmente, subdivididos em agentes particulares colaboradores, agentes políticos e servidores públicos. Não se enquadram os conselheiros na conceituação clássica dos agentes particulares colaboradores, a exemplo dos jurados ou dos cidadãos convocados a prestar serviços eleitorais, não só em razão da forma de investidura no cargo, de natureza eletiva, mas também em virtude da autonomia funcional intrínseca ao exercício das suas atribuições. O conselheiro tutelar não colabora com o exercício de função pública; ele próprio a exerce de forma absolutamente independente dos demais órgãos do Estado. Por conta disso, surge a segunda possibilidade, consistente em conceber os conselheiros tutelares como agentes políticos, adotando, para tanto, a clássica definição de Hely Lopes Meirelles, para quem os agentes políticos são os componentes do Governo nos seus primeiros escalões, que atuam com plena liberdade funcional, desempenhando suas funções com prerrogativas e responsabilidades próprias, estabelecidas na Constituição e em leis especiais. A questão estaria resolvida caso a definição antes mencionada fosse pacífica na doutrina de Direito Administrativo; assim, para aqueles que incluem na categoria de agentes políticos, tão somente, os agentes públicos responsáveis por traçar as diretrizes políticas do Estado, como, por exemplo, os Chefes do Poder Executivo, os Ministros, os Secretários de Estado e os membros do Poder Legislativo, permanece a tarefa de indicar a posição ocupada pelos conselheiros tutelares; neste caso, poder-se-ia incluir os conselheiros tutelares na classe dos servidores públicos ocupantes de cargo ou emprego público. A opção, todavia, traz subjacente a questão da compatibilização da natureza eletiva do cargo com a norma constante do art. 37, II, da CF/88, determinante do concurso público. A alternativa restante seria compreendê-los como ocupantes de cargo em comissão, o que também é passível de críticas, uma vez que é da natureza de tais cargos a livre nomeação e exoneração pelo administrador.

20 O Projeto de Lei n. 5.285/2016, de autoria do Senador Weverton (PDT), do Maranhão, desarquivado em 2019, encontra-se em tramitação no Congresso nacional, especificamente na Comissão de Constituição, Justiça e Cidadania. Essa proposta visa aumentar o piso salarial mínimo dos conselheiros tutelares para R$ 3.520,00, haja vista "a importância social de tais entidades". Disponível em: <https://www.camara.leg.br/proposicoesWeb/prop_mostrarintegra;jsessionid=A7403C82E0A41D0802EA4785CD80 9E14.proposicoesWebExterno2?codteor=1462474&filename=Avulso+-PL+ 5285/2016>. Acesso em: 19 maio 2021.

PARTE II – A REDE DE ATENDIMENTO

cia da supramencionada alteração legislativa, que, em razão de sua aplicabilidade imediata, garantirá aos conselheiros benefícios antes não reconhecidos pelos Tribunais nas hipóteses em que era silente a lei municipal[21].

É ainda relevante frisar que os conselheiros tutelares exercem função pública, ainda que de forma transitória. Por este motivo, independentemente da forma de regulação de sua atividade na legislação municipal, são os conselheiros tutelares equiparados aos agentes públicos para diversos fins, notadamente, penal e administrativo[22].

Decerto, mais importante do que esquadrinhar um modelo ideal de legislação ou buscar o enquadramento dos conselheiros tutelares em alguma das várias categorias de agentes públicos é permitir que sua situação funcional adote a compleição mais adequada à realidade local, a fim de que estes não sejam esvaziados em suas funções. É inadmissível, por exemplo, que Municípios de grande envergadura, onde, certamente, as questões relacionadas à população infantojuvenil são mais severas, não atribuam aos conselheiros tutelares remuneração compatível, não só com a relevância da função que desempenham, mas igualmente com o grau de dedicação que deverão ter no cumprimento de sua missão.

Não se pode perder de vista que o espírito do Estatuto da Criança e do Adolescente, ao atribuir ao Município a responsabilidade pela criação do Conselho Tutelar, teve como escopo mantê-lo próximo da realidade da comunidade que representa, sendo, deste modo, capaz de corresponder às suas necessidades, aos seus anseios e às suas aspirações; assim, a lei local não poderá, nunca, ser reflexo, tão somente,

---

21 Consultem-se, a respeito, os seguintes arestos: 1. TJRS, Apelação Cível 70033524539, 3ª Câm. Cív., Rel. Matilde Chabar Maia, j. 2-12-2010; 2. TJPR, AC 113.079-2, 6ª Câm. Cív., Rel. Des. Antônio Lopes de Noronha, j. 28-5-2002; 3. TRT da 9ª Região, RO 14.115/95, Ac. 16.639/96, 5ª T., Rel. Juiz José Canisso, *DJPR* 16-8-1996.

22 Na esfera criminal, enquadram-se os conselheiros no conceito de funcionário público descrito no art. 327 do Código Penal, segundo o qual "considera-se funcionário público, para os efeitos penais, quem, embora transitoriamente ou sem remuneração, exerce cargo, emprego ou função pública". Portanto, os conselheiros tutelares podem ser sujeitos ativos de crimes como peculato (art. 312), extravio ou sonegação de livro ou documento (art. 314), concussão (art. 316), corrupção passiva (art. 317), prevaricação (art. 319), advocacia administrativa (art. 321) e violência arbitrária (art. 322). Também se enquadram no conceito de agente público, para fins da Lei federal n. 8.429/92 (Lei de Improbidade Administrativa), cujo art. 2º estabelece ser "agente público, para os efeitos desta lei, todo aquele que exerce, ainda que transitoriamente ou sem remuneração, por eleição, nomeação, designação, contratação ou qualquer outra forma de investidura ou vínculo, mandato, cargo, emprego ou função nas entidades mencionadas no artigo anterior". Assim, qualquer postura do conselheiro que se amolde no conceito de ato de improbidade administrativa, em especial, qualquer ação ou omissão que viole os deveres de honestidade, imparcialidade, legalidade, e lealdade às instituições (art. 11) é suficiente para dar ensejo à sua responsabilização, nos termos desta lei.

das necessidades da chefia do Poder Executivo, que poderá não se interessar pelo fortalecimento do órgão, deixando, inclusive, de prever remuneração digna e justa para seus membros.

Cumpre ainda notar que a previsão estatutária para que o Município inaugure o Conselho Tutelar não confere ao Poder Público local a alternativa de prescindir de sua criação ou ainda de sua instalação, nos moldes adequados ao seu regular funcionamento, motivo pelo qual determina o parágrafo único do art. 134 que constem da lei orçamentária municipal os recursos necessários para tanto.

Caso omisso, deverá o Município ser provocado judicialmente a fazê-lo, sendo oportuno mencionar a intocável lição de Wilson Donizeti Liberati e Públio Caio Bessa Cyrino[23], ao ressaltarem que

> [...] o Conselho Tutelar tem característica de serviço público essencial no atendimento e proteção dos direitos das crianças e dos adolescentes. E a não oferta de serviço essencial protegido pela Constituição Federal (arts. 227, § 7º, e 224) e pelo Estatuto (art. 208, parágrafo único) permite e autoriza a propositura de ação judicial de responsabilidade por ofensa aos direitos assegurados à população infantojuvenil [...]. Quando for constatada a inexistência do Conselho Tutelar ou a resistência à sua criação, compete a todo cidadão, e, em especial, ao servidor público, comunicar a não oferta dos serviços locais prestados pelo

---

23 CYRINO, Públio Caio Bessa; LIBERATI, Wilson Donizeti. Op. cit., p. 143 e s. Vale ressaltar que a jurisprudência vem admitindo, de forma reiterada, o cabimento de ação civil pública visando ao estabelecimento, ao Município, de obrigação de fazer consistente na instalação adequada do Conselho Tutelar. Sobre o assunto vale a menção aos seguintes arestos: 1. Ação Civil Pública movida pelo Ministério Público em face do Município de Teresópolis, visando o aparelhamento do Conselho Tutelar. Sentença julgando procedentes os pedidos. Recurso de Apelação. Manutenção, pois inadmissível que a Prefeitura não cumpra o disposto no art. 6º, § 3º, do ECA, pelo que é de sua obrigação dar condições mínimas para o regular funcionamento do Conselho. Aplicação do art. 227 da CR/88, pelo qual é dever do Estado tratar dos interesses dos menores com absoluta prioridade. Prova indiscutível das péssimas condições de funcionamento do Conselho Tutelar. Afastamento das alegações de julgamento *ultra petita* ou *extra petita*, bem como incompetência do Poder Judiciário para apreciar a matéria. Parecer da Dra. Procuradora de Justiça da Câmara nessa direção, com a ressalva quanto ao fornecimento de passagens de ônibus. Desprovimento do recurso (TJRJ, 11ª Câm. Cív., Rel. Des. Otávio Rodrigues, Apelação Cível 28.299/03, j. 28-1-2004). No mesmo sentido: a) TJRJ, 17ª Câm. Cív., Rel. Des. Bernardo Moreira Garez Neto, Apelação Cível 999/99, j. 4-3-1999; b) TJRJ, 7ª Câm. Cív., AI 2890/04, Rel. Des. Carlos Lavigne de Lemos, j. 10-8-2004; c) TJRJ, 17ª Câm. Cív., Duplo Grau Obrigatório 128/05, Rel. Des. Maria Inês da Penha Gaspar, j. 7-4-2005; d) TJRJ, 3ª Câm. Cív., AI 9361/04, Rel. Des. Ronaldo Rocha Passos, j. 7-6-2005; e) TJRJ, APL 00035912320188190005 202229503067, 5ª Câm. Cív., Rel. Des. Cristina Tereza Gaulia, j. 31-01-2023. Ratificando a possibilidade de intervenção do Poder Judiciário nestes casos, consulte-se, ainda, a decisão do E. Supremo Tribunal Federal no âmbito do Agravo Regimental n. 827568 AgR, Rel. Dias Toffoli, 2ª Turma, j. 15-3-2016.

PARTE II – A REDE DE ATENDIMENTO

Conselho Tutelar ao órgão do Ministério Público, que ingressará com a ação civil pública adequada (art. 220 do ECA).

É recomendável que a própria lei de criação dos Conselhos Tutelares indique a estrutura administrativa e institucional da qual o órgão irá dispor no exercício de suas atribuições, a fim de evitar discussões quanto ao que, efetivamente, se faz necessário à sua adequada estruturação[24].

Por fim, cumpre mencionar que também é atribuição da legislação municipal a definição de quantos Conselhos Tutelares serão inaugurados no Município, tomando como principal parâmetro a complexidade das demandas relacionadas à infância e à juventude, identificadas na localidade.

A conclusão é decorrente do que dispõe o art. 132 do ECA, primeira parte, ao determinar que em cada Município haverá, *no mínimo*, um Conselho Tutelar.

Caso haja opção pela criação de mais de um Conselho Tutelar, caberá também à lei municipal definir suas respectivas áreas de atuação, utilizando, para tanto, critérios como a distribuição das zonas eleitorais, a delimitação dos bairros ou das regiões administrativas do Município[25].

Completando o estudo do processo de instauração do Conselho Tutelar, delineiam-se, a seguir, as regras concernentes à sua composição.

---

24 Na ausência de norma local, recomenda-se a utilização, como referência, das orientações e normas constantes das Resoluções Conanda n. 75/2001 e 231/2022, valendo especial destaque para esta última, que, atualizando e aperfeiçoando a anterior, trata de várias questões práticas relacionadas ao Conselho Tutelar, fixa regras sobre: a sua criação e a manutenção; o seu funcionamento; a sua autonomia e articulação com os demais órgãos na garantia dos direitos da criança e do adolescente; os princípios e cautelas a serem observados no atendimento pelo Conselho Tutelar; função, qualificação e direitos dos seus membros; os deveres e vedações dos membros e o processo de cassação e vacância do mandato.

25 No Município do Rio de Janeiro, por exemplo, as áreas de abrangência dos Conselhos Tutelares correspondem, preferencialmente, às áreas de planejamento do Município, sendo do Conselho Municipal dos Direitos a atribuição de fixá-las e, caso necessário, alterá-las, a fim de melhor atender aos cidadãos (art. 1º, parágrafo único, da Lei n. 3.282/2001, alterada pela Lei n. 3.974, de 6 de abril de 2005). O art. 3º da Resolução Conanda n. 231, de 28 de dezembro de 2022, por sua vez, estabelece, *in verbis*: "Art. 3º Em cada município e no Distrito Federal haverá, no mínimo, um Conselho Tutelar como órgão integrante da administração pública local, em cumprimento ao disposto no art. 132 do Estatuto da Criança e do Adolescente.
§ 1º Para assegurar a equidade de acesso, caberá aos municípios e ao Distrito Federal criar e manter Conselhos Tutelares, observada a proporção mínima de um Conselho para cada cem mil habitantes.
§ 2º Quando houver mais de um Conselho Tutelar em um município ou no Distrito Federal, caberá à gestão municipal e/ou do Distrito Federal distribuí-los conforme a configuração geográfica e administrativa da localidade, a população de crianças e adolescentes e a incidência de violações de direitos, assim como os indicadores sociais.

3.2. A composição

O Conselho Tutelar, de acordo com o que dispõe o art. 132 do ECA, será composto de 5 membros, a serem escolhidos pela comunidade local para o exercício de mandato de 4 anos consecutivos, permitida a recondução[26].

A primeira observação que deve ser feita em relação ao dispositivo legal em apreço consiste no fato de os conselheiros tutelares serem escolhidos pela comunidade local.

Não poderia o legislador estatutário ser mais apropriado em sua escolha, pois assim fazendo permitiu que o Conselho Tutelar adote a compleição mais adequada à realidade dos munícipes que visa representar, sendo, em última instância, reflexo da sociedade que o escolheu.

Como bem ressalta Maria Elisabeth de Faria Ramos[27], ao tecer considerações acerca da norma em questão

> O fato de conselheiros serem escolhidos pela comunidade local, e não indicados política ou administrativamente, os torna mais legítimos no desempenho de suas funções [...] Longe de ser uma atitude ingênua ou de otimismo exagerado do movimento impulsionador da luta pela conquista dos direitos das crianças e adolescentes, é muito mais um acreditar no potencial do povo para resolver suas questões. Tem-se claro que a implantação dessa nova ordem é gradativa e diferenciada, de Município para Município, de acordo com a maturidade dos seus habitantes, individual ou coletivamente.

As dificuldades constatadas na prática, muitas vezes relacionadas à ausência de preparo dos conselheiros tutelares para o exercício de suas funções ou da constante "perda de memória" da atuação do órgão após a renovação de seus integrantes,

---

§ 3º Cabe à legislação local a definição da área de atuação de cada Conselho Tutelar, devendo ser, preferencialmente, criado um Conselho Tutelar para cada região, circunscrição administrativa ou microrregião, observados os parâmetros indicados no § 1º e no § 2º".

26 O prazo do mandato dos conselheiros foi ampliado para quatro anos com o advento da Lei n. 12.696/2012, e a recondução tornou-se ilimitada com a posterior alteração do dispositivo dada pela Lei n. 13.824/2019, a qual conferiu ao art. 132 a seguinte redação: "Em cada Município e em cada Região Administrativa do Distrito Federal haverá, no mínimo, 1 (um) Conselho Tutelar como órgão integrante da administração pública local, composto de 5 (cinco) membros, escolhidos pela população local para mandato de 4 (quatro) anos, permitida recondução por novos processos de escolha".

27 RAMOS, Maria Elisabeth de Faria. Art. 132. In: VERONESE, Josiane Rose Petry; SILVEIRA, Mayra; CURY, Munir (coord.). *Estatuto da Criança e do Adolescente comentado*: comentários jurídicos e sociais. 13. ed. rev. e atual. São Paulo: Malheiros, 2018, p. 905 e s. Sobre o mesmo tema, Judá Jessé de Bragança Soares (ibidem, p. 943-944) ainda observa que, "criados com o mesmo barro de que é formada uma sociedade, tenderão aqueles Conselhos a ser competentes, dignos e operosos ou inoperantes, indignos e incompetentes, conforme a sociedade em que se formarem, pois, mais do que uma representação, serão uma pequena amostra do povo".

PARTE II – A REDE DE ATENDIMENTO

têm ensejado algumas críticas à dita opção legislativa, levando, inclusive, à sustentação da tese, de *lege ferenda*, de que os membros do Conselho Tutelar deveriam ser
escolhidos por meio de certame público[28].

Esta alternativa, em princípio, é tentadora, pois poderia abreviar – ou até
mesmo facilitar – o trabalho de capacitação dos conselheiros tutelares, bem
como a árdua tarefa de conduzir e fiscalizar o processo de escolha do Conselho
Tutelar; porém, certamente, não é a melhor, pois significaria, em última instância, desqualificar a sociedade no exercício de seu dever constitucionalmente
estabelecido de defender, ao lado da família e do Estado, os direitos da criança
e do adolescente.

Melhor opção do que privar a sociedade de participar diretamente da escolha
dos membros do Conselho Tutelar é garantir: aos conselheiros, constante qualificação; ao órgão, estrutura física e de pessoal – equipe técnica e apoio administrativo – permanente e adequada à demanda. Isto certamente eliminará eventuais
vicissitudes decorrentes das mudanças de mandato.

Ademais, cumpre observar que situações relacionadas à falta de decoro ou
ilegalidades cometidas pelo conselheiro têm sua esfera própria de solução – a judicial, por meio de ação própria[29] – e não podem ser utilizadas como pretexto para a
pretendida alteração normativa.

Outra nota que merece ser feita em relação à formação do Conselho Tutelar
refere-se ao número de componentes, que jamais poderá ser superior ou inferior a
5 (cinco) conselheiros.

Há notícia de municípios que, ao argumento da falta de verba orçamentária
suficiente para o pagamento de cinco conselheiros tutelares, ou fundando-se
na ausência de demanda suficiente no município, criam conselhos com menos
componentes ou estabelecem tratamento remuneratório diferenciado entre os
mesmos, em troca de disponibilidade maior para o exercício das funções ou por
conta de mais elevado nível de escolaridade. Tais leis são manifestamente inconstitucionais, pois, dispondo de forma incompatível com o que determina o
Estatuto da Criança e do Adolescente, excedem a competência do Município
de, tão somente, complementar a legislação federal, por meio de normas de

---

28   Tem-se registro, inclusive, de algumas tentativas de alteração do ECA para instituir
     concurso público para o exercício do cargo de conselheiro tutelar (p. ex., PL n.
     4.086/2004), porém todas sem êxito.

29   Repisa-se que a Ação Civil Pública é meio cabível para questionar irregularidades
     cometidas tanto pelo conselheiro tutelar em atividade quanto no seu processo de
     escolha, instrumento esse à disposição do Ministério Público para defesa de direitos
     transindividuais. Nesse sentido, vale a consulta aos seguintes arestos: 1. TJMT,
     10087084420208110000 MT, 1ª Câm. de Dir. Públ. e Col., Rel. Maria Erotides Kneip
     Baranjak, j. 16-8-2021; 2. TJRJ, Apelação 0026009-38.2019.8.19.0063, 2ª Câm. Cív.,
     Rel. Des. Elisabete Filizzola Assunção, j. 27-9-2021.

interesse local a respeito da matéria, *ex vi* do disposto no art. 30, inc. II, da CF/88[30].

Questão que, no entanto, merece maior atenção está em saber qual seria a melhor solução se constatada, no caso concreto, situação em que o Conselho Tutelar fique com o número inferior ao de 5 membros, em razão do afastamento, renúncia ou destituição de um ou mais conselheiros, ultrapassada, logicamente, a possibilidade da nomeação de eventuais suplentes[31].

Neste caso, abrem-se duas alternativas: a primeira seria a dissolução do Conselho Tutelar e a imediata abertura de novo processo de escolha de seus membros; outra opção, por sua vez, consistiria na deflagração de novo processo de escolha destinado, tão somente, ao preenchimento do cargo vago, pelo período restante do mandato.

A última solução parece ser a que melhor atende ao espírito do Estatuto da Criança e do Adolescente, na medida em que impede a abrupta interrupção do

---

30 De acordo com o art. 30, I e II, da CF/88, compete aos Municípios legislar sobre assuntos de interesse local, bem como suplementar a legislação federal e estadual no que couber, não sendo demais lembrar que a competência para legislar acerca da proteção à infância e à juventude é concorrente entre a União, Estados e Distrito Federal, por força do art. 24, inc. XV, da CF/88. Sobre o tema em comento, importa ressaltar o seguinte aresto: "1. MANDADO DE SEGURANÇA. CONSELHO TUTELAR. PREVISÃO DO ECA (LEI N. 8.069/90) DA NOMEAÇÃO E POSSE DE CINCO MEMBROS – PRETENSÃO DA AUTORIDADE MUNICIPAL DE NOMEAR E EMPOSSAR APENAS DOIS – ILEGALIDADE – SEGURANÇA CONCEDIDA – REEXAME NECESSÁRIO IMPROVIDO. O Estatuto da Criança e do Adolescente prescreve, em seu art. 132, que, em cada município, haverá, no mínimo, um Conselho Tutelar composto de cinco (5) membros, de forma a inviabilizar a diminuição desse número, por legislação municipal" (TJPR, Reexame Necessário 0069119-8 (14261), 4ª Câm. Cív., Rel. Des. Conv. Airvaldo Stela Alves, *DJPR* 30-11-1998). Consulte-se ainda: a) TJRS, ADIn 70001476712, Pleno, Rel. Des. Antônio Carlos Stangler Pereira, j. 4-12-2000; e b) TJSC, ADIn 2002.008291-6, j. 19-3-2003.

31 Registre-se que a nomeação de suplentes deve ser, sempre, a primeira alternativa a ser buscada em caso de composição, a menor, do colegiado. A respeito do tema, vale aqui a referência ao art. 16 da Resolução Conanda n. 231, de 28 de dezembro de 2022, segundo o qual, "ocorrendo vacância ou afastamento de quaisquer dos membros titulares do Conselho Tutelar, o Poder Executivo Municipal ou do Distrito Federal convocará imediatamente o suplente para o preenchimento da vaga". Vale também indicar a existência de jurisprudência discutindo a possibilidade do suplente, em não tendo sido convocado durante as férias de conselheiro tutelar titular, receber remuneração referente ao período em que, necessariamente, deveria ter atuado. Admitindo a possibilidade, consulte-se o seguinte aresto do Egrégio Tribunal de Justiça do Estado do Rio de Janeiro: TJRJ, Apelação Cível 0002419-72.2011.8.19.0011, 4ª Câm. Cív., Rel. Des. Antônio Aloizio B. Bastos, j. 5-9-2013. Em sentido distinto é o seguinte julgado do Egrégio Tribunal de Justiça do Estado do Paraná: TJPR, RI 00008201120188160117 PR 0000820-11.2018.8.16.0117, 4ª Turma Recursal, Rel. Juíza Camila Henning Salmoria, j. 11-11-2019.

PARTE II – A REDE DE ATENDIMENTO

funcionamento do Conselho Tutelar, além de permitir a conclusão do mandato pelos demais componentes, respeitando, assim, a vontade originária da sociedade que os elegeu. Ademais, impede que haja retrocesso no sistema de atendimento à população infantojuvenil por meio da devolução ao magistrado das atribuições que hoje são típicas do Conselho Tutelar[32].

A terceira observação em relação ao referido dispositivo legal consiste no período do exercício do mandato de conselheiro, que deverá ser, impreterivelmente, de quatro anos, permitida a recondução.

Daí se conclui que não é permitido à lei municipal estabelecer a ampliação ou a redução do mandato de conselheiro tutelar, contrariando o que estabelece a lei geral de regência; também não será possível à Administração Pública Municipal ou ao Conselho Municipal de Direitos fazê-lo sob seu alvedrio, sob pena de, assim agindo, incorrer em flagrante ilegalidade.

Admite-se, contudo, a possibilidade de prorrogação de mandato de conselheiros tutelares, sempre que tal medida se mostrar legítima e imprescindível à continuidade do atendimento prestado pelo órgão.

A prática demonstra que questões atreladas à necessidade legítima e urgente de prorrogação de mandato estão geralmente vinculadas ao atraso do processo de

---

32 No mesmo sentido é o entendimento do Conanda, o qual, no bojo do art. 16, § 2º, da Resolução n. 231/2022, estabeleceu que, "havendo dois ou menos suplentes disponíveis, caberá ao Conselho Municipal ou do Distrito Federal dos Direitos da Criança e do Adolescente iniciar imediatamente processo de escolha suplementar". Tal recomendação foi reiterada no Guia de Orientação do Processo de Escolha de Conselheiros Tutelares em Data Unificada de 2019, evidenciando a manutenção do entendimento. Essa, contudo, não é a opinião de Murillo José Digiácomo (*Algumas considerações sobre a composição do Conselho Tutelar*. Disponível em: <http://www.mp.pr.gov.br/cpca/crianca. html> (*link* "Conselho Tutelar". Acesso em: 21 out. 2015), para quem, nesses casos "a única alternativa restante, embora drástica e nem um pouco simpática, é o reconhecimento de que o Conselho Tutelar, uma vez que passe a contar com um número de integrantes *inferior*, de forma *invariável*, pelo art. 132 da Lei n. 8.069/90, e não mais existam suplentes a convocar para assumirem a(s) vaga(s) existente(s), *de fato* e *de direito* será *automaticamente DISSOLVIDO*. Como consequência, os demais conselheiros tutelares *deverão ter seus mandatos considerados EXTINTOS* e o Conselho Municipal de Direitos da Criança e do Adolescente local *terá de deflagrar, de imediato, NOVO PROCESSO DE ESCOLHA para o preenchimento da TOTALIDADE das 05 (CINCO) VAGAS regulamentares*. Enquanto não for dada posse ao novo Conselho Tutelar, as atribuições a ele inerentes serão exercidas pelo Juiz da Infância e Juventude da Comarca, aplicando-se analogicamente o disposto no art. 262 da Lei n. 8.069/90" (grifos do original).
Também é de se notar que a nova resolução acresceu novo parágrafo ao art. 16 para afirmar que, "na necessidade de processo de escolha suplementar nos dois últimos anos de mandato, poderá o Conselho Municipal ou Distrital dos Direitos da Criança e do Adolescente, havendo previsão específica na lei municipal, realizá-lo de forma indireta, tendo os Conselheiros de Direitos como colégio eleitoral, facultada a redução de prazos e observadas as demais disposições referentes ao processo de escolha (§ 3º)".

escolha dos conselheiros, seja porque o Conselho Municipal dos Direitos não o deflagrou em tempo hábil, seja por acontecimentos ou situações inopinadas, já no curso deste processo.

Utiliza-se aqui o mesmo argumento que sustenta a viabilidade da deflagração de novo processo de escolha para o preenchimento de cargo vago, no período restante de mandato: uma vez instalado o Conselho Tutelar, não seria razoável devolver ao Poder Judiciário suas atribuições, em flagrante retrocesso ao que já se estabeleceu no município, no caminho rumo à consolidação do Sistema de Garantia dos Direitos – SGD.

Optar pela interrupção das atividades do Conselho Tutelar significaria, em última instância, retirar da sociedade instrumento de sua participação na defesa dos direitos infantojuvenis[33] e, consequentemente, ferir o princípio da democracia participativa que fundamenta a criação do órgão.

Questão interessante está em saber como seria operacionalizada esta prorrogação. A melhor opção, na ausência de qualquer regulamentação específica a respeito, é buscar, judicialmente, tal medida. Admite-se, contudo, que a prorrogação se dê na esfera administrativa quando a própria lei municipal autorizar, sendo, neste caso, imprescindível que o dispositivo não contrarie a regra geral de 4 anos de mandato, constante do art. 132 da lei estatutária. Em outras palavras, admite-se a viabilidade de a lei municipal autorizar a prorrogação de mandato, sempre que motivo urgente e de cunho excepcional demandar esta providência[34].

---

33 Nesse diapasão fundamentou-se a emissão do Ofício n. 18/2020 do Centro de Apoio Operacional das Promotorias da Criança e do Adolescente do MPPR, que, mediante a impossibilidade de interrupção dos serviços de atendimento do Conselho Tutelar durante a pandemia, recomendou administrativamente tanto a requisição do Executivo Municipal para que concedesse a estrutura adequada para o efetivo funcionamento dos Conselhos durante tal período, quanto modelo sobre a necessidade de funcionamento regular do serviço adotando as adaptações dispostas nas normativas especiais das respectivas Secretarias de Saúde. Disponível em: <https://crianca.mppr.mp.br/2020/05/288/OFICIO-CIRCULAR-Atendimento-continuo-e-ininterrupto-do-Conselho-Tutelar-na-pandemia.html>. Acesso em: 22 out. 2021.

34 Em sentido contrário é o art. 10 da Resolução Conanda n. 75/2001, segundo o qual "Em cumprimento ao que determina o Estatuto da Criança e do Adolescente, o mandato de Conselheiro Tutelar é de três anos, permitida uma recondução, sendo vedadas medidas de qualquer natureza que abrevie ou prorrogue esse período". É também a opinião de Murillo José Digiácomo, para quem *"não há margem alguma para que a legislação municipal disponha de maneira diversa acerca do tempo de duração de mandato e/ou número de reconduções possíveis*, até porque tais disposições visam permitir a permanente *renovação* do órgão tutelar de modo que um número cada vez maior de cidadãos possa integrá-lo, valendo lembrar que a legitimidade de atuação do Conselho Tutelar é assegurada nada menos que pelo *princípio constitucional da democracia participativa* insculpido no art. 1º, par. único, *in fine*, da Constituição Federal" (Parecer em consulta acerca da possibilidade de "prorrogação" do mandato de conselheiros tutelares,

PARTE II – A REDE DE ATENDIMENTO

É importante observar que, em qualquer hipótese, a prorrogação de mandato somente poderá se dar pelo período estritamente necessário ao restabelecimento da ordem do processo de renovação dos membros do Conselho, não podendo servir a interesses outros que não evitar a indesejável solução de continuidade dos trabalhos por este realizado. Espera-se que com as alterações legislativas estabelecidas pela Lei n. 12.696/2012 no sentido de indicar data unificada para eleição e posse dos membros dos Conselhos Tutelares de todo o território nacional, sejam cada vez menos recorrentes situações nas quais será imperiosa a prorrogação do mandato dos conselheiros tutelares, já que, realizados os ajustes necessários para a implementação destas alterações, haverá esforço nacional para a organização do processo de eleição, impulsionando os Conselhos dos Direitos no atuar neste sentido.

Outra consideração que se deve fazer sobre o período de mandato de conselheiro tutelar é a de que a recondução a que se refere a lei jamais irá desobrigar o conselheiro de participar do processo de escolha, em condições idênticas aos demais concorrentes, pois, como frisa Valéria Teixeira de Meiroz Grilo,

> Ao se permitir o exercício de novo mandato, a lei federal pretende preservar a continuidade de bom trabalho desempenhado, o qual será aferido pela comunidade com a sua indicação. Entende-se que a recondução ao mandato tutelar implica em verificação minuciosa do preenchimento de todos os requisitos necessários para a candidatura, como se primeiro fosse, bem como a obtenção de escolha pela comunidade, que irá autorizar a recondução através de nova eleição. A expressão recondução, utilizada no art. 132 do Estatuto da Criança e do Adolescente, não significa investidura derivada, que independe de nova submissão ao mesmo procedimento destinado ao preenchimento do cargo quando do primeiro mandato[35].

Entendia-se, além disso, que o exercício anterior de suplência não deveria ser contabilizado para fins de recondução; no entanto, caso o suplente fosse alçado à qualidade de titular, somente poderia se reconduzir mais uma vez, mesmo que a primeira titularidade houvesse sido exercida por lapso temporal inferior ao de quatro anos[36].

---

disponível em: <http://www.mp.go.gov.br/ancb/documentos/ACERVO_DE_%20 APOIO/TEXTOS/CONSELHO%20TUTELAR/ http://www.mpgo.mp.br/portal/noticia/ conselho-tutelar#.XtPFlBNKh-U>. Acesso em: 3 ago. 2015).

35 Parecer publicado na *Revista Igualdade – Revista Trimestral do Centro de Apoio Operacional das Promotorias da Criança e do Adolescente*, Curitiba, ano III, n. VIII, jul./set. 1995. Disponível em: <http://www.mp.pr.gov.br/cpca/crianca.html> (*link* "Revista Igualdade"). Acesso em: 21 nov. 2015.

36 Sobre o assunto, vale fazer menção aos seguintes julgados: TJRS, Apelação Cível 599445384, 1ª Câm. de Férias Cível, Rel. Des. Paulo de Tarso Vieira Sanseverino, j. 18-11-2001; TJRS, 4ª Câm. Cív., Apelação Cível 70058780149/RS, Rel. Alexandre Mussoi Moreira, j. 5-10-2016, *DJ* 13-10-2016; e TJMS, Ap 08043441320128120017/

Esse entendimento encontra-se superado, entretanto, pela alteração legislativa do art. 132 do ECA, dado pela Lei n. 13.824/2019, que suprimiu a restrição legal de uma única recondução para permitir inúmeros mandatos subsequentes. O dispositivo determina apenas que devem ser necessariamente realizados, para fins da recondução, novos processos de escolha. Na literalidade, um Conselheiro Tutelar pode ser reconduzido infinitas vezes para o mesmo cargo, ainda que sem interrupção, desde que seja eleito novamente pela população interessada. O suplente, dessa forma, alçado ou não à titularidade, tampouco terá qualquer contenção quantitativa ao número de candidaturas.

Se à luz do pragmatismo a medida ganha ares positivos, pois desmistifica a difícil renovação dos cinco membros dos Conselhos Tutelares em vários, dentre os 5.570 municípios do Brasil e suas bem diversas realidades, a solução, por sua simplicidade, não é imune a críticas. Em especial por possuir um considerável potencial de nutrir novos e maiores problemas.

Seria leviano, ao menos, desconsiderar a máquina política que pode surgir no intento de manter-se no cargo, em detrimento de missão social tão sensível atribuída ao Conselho Tutelar.

No entanto, o maior entrave que surge dessa nova inteligência concerne a própria ontologia da norma. Afinal, aos Conselhos Tutelares, como supramencionado, cabe representar a sociedade na salvaguarda dos direitos da criança e do adolescente, através da participação social direta. A permanente renovação do órgão atua em favor do princípio da democracia participativa, ao viabilizar uma interação plural e aerada. Conciliar a realidade estática que reconduções indeterminadas podem criar com o dinamismo social se apresenta como um obstáculo.

Por fim, acredita-se que essa nova redação do art. 132 do ECA tem um caráter, atecnicamente, profissionalizante dos conselheiros tutelares.

3.3. Os requisitos mínimos para o exercício da função de conselheiro tutelar

O art. 133 do ECA determina que os conselheiros tutelares devem gozar de reconhecida idoneidade moral, ter idade superior a 21 anos e residir no Município.

O primeiro requisito de que trata a lei consiste na necessidade de o conselheiro tutelar ser pessoa dotada de reconhecida idoneidade moral.

Conquanto tal expressão encerre conceito jurídico indeterminado, pode-se compreendê-la, genericamente, como o atributo ou a qualidade de determinada pessoa de ter suas ações pautadas pelos preceitos éticos e morais vigentes em dado

---

MS (0804344-13.2012.8.12.0017), 2ª Câm. Cív., Rel. Des. Marcos José de Brito Rodrigues, j. 1º-9-2015.

PARTE II – A REDE DE ATENDIMENTO

local e época, sendo, assim, bem-conceituada na comunidade onde vive e recomendada à consideração pública.

Não estabelecendo parâmetros concretos para a aferição deste requisito, o legislador viabilizou a sua aplicação a uma ampla gama de fatos sociais, e, consequentemente, a perfeita adaptação do conceito de reconhecida idoneidade moral às mais variadas realidades sociais. Será, portanto, a partir dos elementos do caso concreto que a idoneidade moral do conselheiro tutelar será avaliada[37].

Essa avaliação, por óbvio, perdura todo o mandato; deste modo, a constatação ou a prática, ainda que posteriormente à posse, de ato que indique o não enquadramento do conselheiro no conceito de pessoa dotada de reconhecida idoneidade moral é motivo suficiente para a sua destituição do cargo[38].

Questão interessante está em saber se as ações praticadas pelos conselheiros tutelares em sua vida privada podem ser invocadas como fatos aptos à exclusão deste requisito. A resposta que se impõe é afirmativa, na medida em que a reconhecida idoneidade moral é qualidade incindível e que não admite qualquer tipo de relativização.

Como representantes da sociedade na tutela dos direitos infantojuvenis, os conselheiros tutelares exercem o papel de fiscalizar a todos, a começar pela família, passando pela comunidade e terminando no Estado para que estes, em suas respectivas esferas, cumpram a missão de velar pelas crianças e adolescentes do município. Impossível, assim, pretender a desvinculação da figura do conselheiro do cidadão comum, pois qualquer ação que repercuta sobre sua honra e consideração fatalmente se projetam negativamente no campo administrativo, atingindo, por ressonância, o prestígio do próprio colegiado.

É, portanto, dever dos conselheiros tutelares, a todo o momento, resguardar a imagem, o decoro e a credibilidade que possuem na sociedade, pois é isto que os credencia para, em representação à própria sociedade, desempenhar tão relevante função.

Outro requisito constante do Estatuto da Criança e do Adolescente para o exercício do cargo de conselheiro tutelar reside na idade superior a 21 (vinte e um)

---

37 Vale a consulta aos seguintes julgados: 1. TJMG, Apelação Cível 1.0079.09.963503-3/001, 8ª Câm. Cív., Rel. Des. Teresa Cristina da Cunha Peixoto, j. 4-11-2010; 2. TJ-GO, AC 03389559620088090009, 2ª Câmara Civel, Rel. Des. Gilberto Marques Filho, j. 21-9-2010; 3. TJPE, AC 00434754820198172990, 3ª CDP, Rel. Des. Itamar Pereira da Silva Junior, j. 15-3-2023; 4. TJRJ, Agravo de Instrumento 0000556-60.2024.8.19.0000, 1ª Câmara de Direito Público, Rel. Des. Henrique Carlos de Andrade Figueira, j. 2-7-2024; 5. TJRJ, Apelação 0020048-05.2019.8.19.0003, 26ª Câm. Cív., Rel. Des. Arthur Narciso de Oliveira Neto, j. 2-3-2023.

38 Sobre o assunto, vale a referência aos seguintes julgados: 1. TJRS, Apelação Cível 70014662662, 4ª Câm. Cív., Rel. Des. Araken de Assis, j. 10-5-2006; 2. TJSC, AC 09000970720168240022 - 0900097-07.2016.8.24.0022, 5ª Câmara de Direito Público, Rel. Hélio do Valle Pereira, j. 14-11-2019.

anos. O requisito etário apoia-se nas necessárias maturidade e experiência de vida para lidar com as questões que serão apresentadas na prática. Registre-se que a redução da maioridade civil para 18 anos, ocorrida em data posterior à promulgação do Estatuto da Criança e do Adolescente, não ensejou qualquer alteração nesta norma, dada a sua natureza especial.

O último requisito previsto no art. 133 da lei está na fixação de residência no Município. Logicamente, somente aquele que vivencia a realidade local será capaz de compreender as demandas da população infantojuvenil e buscar soluções, sendo louvável a previsão legal nesse sentido.

Importa sublinhar que a lei estatutária preocupou-se em determinar o mínimo aceitável ao exercício das funções de conselheiro tutelar, sendo tarefa do legislador municipal, caso entenda necessário, fixar outros requisitos para o exercício da função.

Não há falar, neste caso, em invasão da esfera de competência legislativa da União, pois não estará o Município inviabilizando o cumprimento da lei federal, e, sim, complementando-a, de modo a permitir que o Conselho Tutelar tenha a configuração mais adequada às aspirações da comunidade local.

Nesse passo, é plenamente viável que conste da lei municipal, como requisitos ou pressupostos para o exercício da função de conselheiro tutelar, condições como a experiência mínima de trabalho com crianças ou adolescentes, grau mínimo de escolaridade, dedicação exclusiva ao cargo, entre outras[39].

A regra concernente aos requisitos mínimos para o exercício das funções de conselheiro tutelar é complementada pela norma do art. 140 do ECA, segundo a qual estão impedidos de servir no mesmo Conselho Tutelar – a fim de garantir a lisura e a isenção da condução dos trabalhos dos membros do órgão – marido e mulher, ascendentes e descendentes, sogro e genro ou nora, irmãos, cunhados, durante o cunhadio, tio e sobrinho, padrasto ou madrasta e enteado; tais impedimentos são estendidos à autoridade judiciária e membros do Ministério Público com atuação na Justiça da Infância e da Juventude da mesma comarca.

Não obstante a omissão legal quanto à situação daqueles que vivem em companheirismo e de seus respectivos parentes, entendemos que o impedimento em tela deve a estes ser aplicado, por força do disposto nos arts. 1.595 e 1.723 do atual Có-

---

39 A jurisprudência pátria tem reiteradamente afirmado a possibilidade de ampliação, em lei municipal, dos requisitos constantes do Estatuto, a fim de melhor atender às peculiaridades locais. Consultem-se, a respeito, os seguintes julgados: 1. STJ, REsp 402.155/RJ, Rel. Min. Francisco Galvão, 1ª T., j. 28-10-2003; 2. STJ, AgRg na MC 11835/RS, 2ª T., Rel. Min. Humberto Martins, j. 13-3-2007; 3. TJSC, Reexame Necessário em Mandado de Segurança 2007.061378-1, Rel. Des. Sérgio Roberto Baasch Luz, j. 12-8-2008; 4. TJRS, Agravo de Instrumento 70022165641, 3ª Câm. Cív., Rel. Matilde Chabar Maia, j. 21-2-2008; 5. TJPR, 5ª Câm. Cível, AC 1118802-2, Rel. Des. Luiz Mateus de Lima, *DJ* 12-11-2013.

PARTE II – A REDE DE ATENDIMENTO

digo Civil, evitando, assim, que se viole o sentido e o alcance da norma, deixando de aplicá-la em hipóteses semelhantes daquelas mencionadas pelo legislador[40].

Cumpre, por fim, registrar que aos conselheiros tutelares aplica-se, ainda, o impedimento constitucional do acúmulo remunerado de funções públicas, constante do art. 37, XVI e XVII, da CF/88, ressalvadas as exceções constantes da própria normativa constitucional. Isso se dá em função da natureza e da relevância do cargo de conselheiro, o qual exige dedicação, com afinco, às respectivas atividades, posto que desenvolvidas no interesse de toda a sociedade. A não observância deste impedimento é causa suficiente para a destituição do membro do Conselho Tutelar, sem prejuízo da imposição de restituição ao erário dos valores recebidos indevidamente[41].

Ressalte-se, ainda, que todas as normas atinentes à composição do Conselho Tutelar e ao exercício da função de conselheiro, constantes do Estatuto da Criança e do Adolescente ou da lei municipal, deverão ser atentamente observadas não só enquanto perdurar o mandato, mas também – e principalmente – quando do processo de escolha dos membros do Conselho Tutelar, conforme se verá a seguir.

4. O PROCESSO DE ESCOLHA DOS MEMBROS DO CONSELHO TUTELAR

4.1. Regra geral

No que concerne à escolha dos conselheiros tutelares, seguiu o legislador estatutário a mesma linha traçada quando da definição das normas que norteiam a

---

40 Vale lembrar que à época da promulgação do ECA ainda não havia, no ordenamento jurídico infraconstitucional, qualquer norma referente à união estável, o que somente veio a ocorrer a partir do ano de 1994, com a promulgação das Leis n. 8.971/94 e 9.278/96; frise-se que, hodiernamente, o Código Civil possui título específico, destinado a regular o instituto, ratificando a norma constitucional que atribui à união estável o *status* de entidade familiar (art. 226, § 3º, da CF/88). Daí por que compreendemos ser necessária a extensão do impedimento, sob pena de privilegiar-se, indevidamente, os companheiros, em detrimento dos cônjuges, além de ser esta a interpretação que melhor se coaduna com o espírito da lei. Essa, no entanto, não parece ser a opinião de Wilson Donizeti Liberati e Públio Caio Bessa Cyrino (op. cit., p. 158), para quem "os casos de impedimento relacionados no dispositivo legal acima citado são taxativos, não sendo possível estender-lhes a interpretação: por exemplo, o legislador estatutário não previu o impedimento de concubina e concubino trabalharem num mesmo Conselho. Esse cochilo do legislador não poderá ser entrave para a sua participação, uma vez que não consta da lei vedação específica".

41 Sobre o tema, na jurisprudência pátria, consulte-se: 1. TJSP, Apelação Cível 990.10.194870-2, 6ª Câmara de Direito Público, Rel. Carlos Eduardo Pachi, j. 31-5-2010; 2. TJSP, Apelação Cível 803.544-5, Rel. Laerte Sampaio, j. 19-8-20083; 3. TJRS, Apelação Cível 70022973465, 4ª Câm. Cív., Rel. João Carlos de Branco Cardoso, j. 26-3-20084; 4. TJMG, Agravo de Instrumento 1.0313.10.014649-4/001, 7ª Câm. Cív., Rel. Des. Wander Marotta, j. 18-1-2001. Em sentido contrário: TJMG, Apelação Cível/Reexame Necessário 1.0624.08.014734-8/001, 4ª Câm. Cív., Rel. Des. Dárcio Lopardi Mendes, j. 29-2-2009.

estruturação do órgão: fixou o mínimo exigível na lei federal, deixando a cargo da legislação municipal suplementá-la, em atenção ao interesse local.

A regra geral relativa ao processo de escolha dos conselheiros consta do art. 139 e parágrafos do ECA, ao determinar que

> Art. 139. O processo de escolha dos membros do Conselho Tutelar será estabelecido em lei municipal e realizado sob a responsabilidade do Conselho Municipal de Direitos da Criança e do Adolescente, e a fiscalização do Ministério Público[42].
>
> § 1º O processo de escolha dos membros do Conselho Tutelar ocorrerá em data unificada em todo o território nacional a cada 4 (quatro) anos, no primeiro domingo do mês de outubro do ano subsequente ao da eleição presidencial.
>
> § 2º A posse dos conselheiros tutelares ocorrerá no dia 10 de janeiro do ano subsequente ao processo de escolha.
>
> § 3º No processo de escolha dos membros do Conselho Tutelar, é vedado ao candidato doar, oferecer, prometer ou entregar ao eleitor bem ou vantagem pessoal de qualquer natureza, inclusive brindes de pequeno valor.

Caberá, portanto, ao Conselho Municipal de Direitos da Criança e do Adolescente coordenar o processo de escolha, e ao Ministério Público fiscalizá-lo, adotando todas as medidas necessárias para o cumprimento das normas legais[43], especialmente no que diz respeito ao prazo para a eleição e posse dos conselheiros e ao cumprimento, pelos candidatos, das regras e princípios éticos expressamente estabelecidos pelo citado § 3º do art. 132[44]. Ao órgão do Poder Judiciário com atribui-

---

42 Já se teve a oportunidade de indicar que esta não é a redação original do dispositivo legal. Inicialmente, foi o Juiz Eleitoral apontado como responsável pela condução do processo de escolha dos membros do Conselho Tutelar, o que foi objeto de algumas críticas e questionamentos – inclusive quanto à constitucionalidade da norma –, ensejando, assim, nova redação por meio da Lei n. 8.242, de 12 de outubro de 1991. Recentemente, tal disposição normativa sofreu complementação pela Lei n. 12.696, de 25 de julho de 2012, para estabelecer processo nacional e unificado para a escolha dos membros do Conselho Tutelar, com importante ressalva quanto às regras e aos princípios éticos a serem observados pelos candidatos no curso desse processo.

43 Dentre essas medidas não é incomum a aliança com o TSE, viabilizando cessão de material humano e urnas eletrônicas para o processo eleitoral. *CNMP busca colaboração do TSE para realização das eleições dos Conselhos Tutelares,* disponível em: <https://www.cnmp.mp.br/portal/todas-as-noticias/11927-cnmp-busca-colaboracao-do-tse--para-realizacao-das-eleicoes-dos-conselhos-tutelares>. Acesso em: 23 out. 2021.
Orientações do MP-PR: *Consulta: Conselho Tutelar – Eleição – Processo de escolha – Empréstimo de urnas.* "O empréstimo de urnas eletrônicas é regulamentado pela Resolução TSE n. 22.685/2007 e complementado nesta regional pela Resolução TRE-PR n. 522/2008 e, a princípio, pode-se tomar emprestado urna eletrônica em um ano em que não são realizadas 'eleições oficiais'. *Vide* Portaria n. 298/2019 – TRE-PR." Disponível em: <http://www.crianca.mppr.mp.br/pagina-1368.html>. Acesso em: 23 out. 2021.

44 A não cientificação, ao órgão do Ministério Público, da deflagração do processo de escolha dos membros do Conselho Tutelar e de suas respectivas etapas, é causa de

PARTE II – A REDE DE ATENDIMENTO

ção para a matéria infantojuvenil, incumbirá o julgamento de questões que surgirem ao longo de todo o processo.

Observe-se que o Conselho Municipal de Direitos da Criança e do Adolescente, no cumprimento da tarefa de coordenação e organização do processo de escolha dos membros do Conselho Tutelar, terá no Estatuto da Criança e do Adolescente e na lei municipal os exatos limites de sua atuação.

Ao tratarem do tema, Wilson Donizeti Liberati e Públio Caio Bessa Cyrino[45] bem salientam que

> Existem duas formas básicas para a definição do processo de escolha dos membros do Conselho Tutelar: a) quando a lei determina, claramente, a evolução do processo com regras *inflexíveis* e *completas*; e b) quando a lei, apesar de conter regras rígidas sobre o processo, *permite* e *autoriza* que o Conselho Municipal de Direitos da Criança e do Adolescente *disponha sobre* alguns *detalhes* do processo. Em outras palavras: ou a lei municipal, em seus enunciados, exaure a forma do processo, dando as orientações completas sobre o procedimento, ou, mesmo tendo determinações rígidas, contém autorização expressa para o Conselho Municipal dos Direitos disciplinar os detalhes do processo. É necessário frisar que o Conselho dos Direitos só poderá dispor sobre o processo de escolha se a lei municipal conceder-lhe autorização expressa.

Importa, então, no próximo item, focar a parte instrumental do processo de escolha dos conselhos tutelares, por meio da indicação de algumas regras especiais que poderão constar da lei municipal ou em resolução do Conselho Municipal de Direitos da Criança e do Adolescente, não sendo demais registrar que o Conanda, ao tempo do primeiro processo de escolha unificado dos Conselhos Tutelares, editou a Resolução n. 170, de 10 de dezembro de 2014, destinada, entre outros assuntos, a orientar os municípios e o Distrito Federal quanto às regras aplicáveis neste processo. A normativa ficou vigente até dezembro de 2022, sendo, posteriormente, revogada pela Resolução n. 231, de 28 de dezembro de 2022, a qual, atualmente, é a responsável pela fixação de parâmetros a serem aplicados para o processo de escolha dos membros dos Conselhos Tutelares.

4.2. As peculiaridades municipais

No item anterior, foi possível analisar os arts. 132, 133 e 140 do ECA, que tratam, em suma, do período de duração do mandato, dos requisitos mínimos e dos impedimentos para a candidatura de conselheiro tutelar. Tais dispositivos legais, embora indiquem normas atinentes à estruturação do órgão, guardam relação direta

---

nulidade do pleito eleitoral. Sobre o assunto, consulte-se: TJRS, Apelação Cível 70010135291, 3ª Câm. Cív., Rel. Paulo de Tarso Vieira Sanseverino, j. 9-12-2004.

45 CYRINO, Públio Caio Bessa; LIBERATI, Wilson Donizeti. Op. cit., p. 155.

com o processo de escolha dos conselheiros tutelares, pois não só limitam, mas também norteiam a atuação do legislador municipal.

Não poderá a lei municipal, por exemplo, violar os impedimentos elencados no art. 140 da lei federal; entretanto, deverá se preocupar com a estipulação de normas que permitam, na condução do processo de escolha, identificar a ausência de tais impedimentos. Deverá também cumprir o que determina o art. 133 do ECA, no que toca aos requisitos para a candidatura de conselheiro tutelar; poderá, contudo, como já explicado, estabelecer outros requisitos, esmiuçando como deverão os candidatos demonstrar sua aptidão para o cargo.

A tarefa do Município será, portanto, detalhar o processo de escolha do Conselho Tutelar na forma que melhor se coadune com as especificidades locais. Sem olvidar da normativa estatutária, deverá complementá-la de modo a garantir a sua aplicação, ditando as etapas que irão compor o processo de escolha, indicando normas que abordem o registro das candidaturas a conselheiro tutelar, apontando quem estará apto a votar ou a exercer o direito de voto, bem como definindo o modo pelo qual deverão ser conduzidas a eleição – inclusive propaganda – e a apuração dos votos.

Mais uma vez é necessário frisar a impossibilidade de fixar um padrão ideal de legislação, pois somente no caso concreto, à vista das características e das necessidades de determinado Município, será possível compor as variadas opções de regulação da matéria.

Desse modo, a lei local poderá prever como etapas integrantes do processo de escolha do Conselho Tutelar a realização de curso de capacitação ou ainda a aplicação de prova, sem prejuízo da eleição dos conselheiros tutelares pela comunidade local, sendo esta última obrigatória e unificada, por força do que dispõe o art. 132 do ECA.

Haverá leis que irão determinar que os conselheiros tutelares, individualmente, registrem suas candidaturas. Outros, por sua vez, irão definir que estes o façam por meio de chapas, com a indicação dos respectivos suplentes.

Algumas localidades determinarão que a eleição do conselheiro tutelar seja realizada de forma direta, por meio de voto facultativo e secreto de todos os cidadãos. Haverá ainda aqueles Municípios que entenderão satisfatória a escolha dos conselheiros tutelares, de forma indireta, por intermédio de entidades representativas da comunidade local.

Outros pontos que também ficarão ao alvitre do Município serão, por exemplo, se o voto, caso direto, será uninominal ou plurinominal, ou ainda, se os conselheiros que pretendam a recondução deverão, antes, se desincompatibilizar, afastando-se do órgão.

No que diz respeito à data da eleição e posse dos conselheiros, é fundamental a observância das novas regras estatutárias, introduzidas pela Lei n. 12.696/2012. Com o advento desta lei, o processo de escolha dos membros do Conselho Tutelar ocorrerá em data unificada em todo o território nacional, sendo escolhido o pri-

PARTE II – A REDE DE ATENDIMENTO

meiro domingo do mês de outubro do ano subsequente ao da eleição presidencial. A posse dos conselheiros deverá ocorrer no dia 10 de janeiro do ano subsequente ao processo de escolha.

Não perdendo a oportunidade de trazer para a normativa estatutária questão já vivenciada na prática pelos operadores do Sistema de Garantia dos Direitos, a mesma lei ainda adicionou ao art. 139 parágrafo prevendo expressamente que no processo de escolha dos membros do Conselho Tutelar é vedado ao candidato doar, oferecer, prometer ou entregar ao eleitor bem ou vantagem pessoal de qualquer natureza, inclusive brindes de pequeno valor[46].

Dispondo sobre as diretrizes de transição para o primeiro processo de escolha unificado dos conselheiros tutelares a partir da vigência da Lei n. 12.696/2012, a Resolução Conanda n. 152, de 9 de agosto de 2012, fixou o dia 4 de outubro de 2015 como a primeira data para o processo unificado, com posse de todos os conselheiros tutelares do Brasil em janeiro de 2016.

Para a transição dos mandatos vigentes à época da edição da nova normativa, a mesma resolução estabeleceu as seguintes regras: a) nos municípios ou no Distrito Federal em que os conselheiros tutelares foram empossados em 2009, o processo de escolha e posse ocorrerá em 2012, segundo o rito previsto na lei municipal ou distrital e duração do mandato de 3 (três) anos; b) com o objetivo de assegurar participação de todos os municípios e do Distrito Federal no primeiro processo unificado em todo território nacional, os conselheiros tutelares empossados nos anos de 2011 ou 2012 terão, excepcionalmente, o mandato prorrogado até a posse daqueles escolhidos no primeiro processo unificado; c) os conselheiros tutelares empossados no ano de 2013 terão mandato extraordinário até a posse daqueles escolhidos no primeiro processo unificado, que ocorrerá no ano de 2015, conforme disposições previstas na Lei n. 12.696/2012; d) o mandato dos conselheiros tutelares empossados no ano de 2013, cuja duração ficará prejudicada, não será computado para fins de participação no processo de escolha subsequente que ocorrerá em 2015; e) não haverá processo de escolha para os Conselhos Tutelares em 2014[47].

---

46 Aplicando a referida norma, vale aqui a referência aos seguintes julgados: 1. TJRS, 4ª Câm. Cív., Agravo de Instrumento 70067331454, Des. Rel. Francesco Conti, j. 30-3-2016; 2. TJRJ, 10ª Câmara Cível, APL 00036668320168190053 202200181125, Rel. Des. Celos Luiz de Matos Peres, j. 1o-3-2023.

47 V. art. 2º da Resolução Conanda n. 152, de 9 de agosto de 2012. Em igual sentido, no Rio de Janeiro, foi a Deliberação n. 1.075/2014 – DS/CMDCA. Ainda sobre as regras de transição aplicáveis às eleições subsequentes à promulgação da Lei n. 12.696/2012, vale aqui a referência a aresto do Tribunal de Justiça do Estado de São Paulo, que, reconhecendo a eficácia da Resolução do Conanda, denegou a ordem em mandado de segurança ajuizado por conselheiro tutelar que, eleito em 2009 para o mandato de 3 anos, pleiteou a sua manutenção no cargo até a posse dos novos conselheiros em 2016: "Mandado de Segurança – Direito líquido e certo inexistente – Pretensão de o

Complementando o referido ato normativo, posteriormente, como já dito, o Conanda editou a Resolução n. 170, em 10 de dezembro de 2014, posteriormente revogada pela Resolução n. 231, de 28 de dezembro de 2022, atualmente responsável pela regulamentação do processo de escolha dos conselheiros tutelares, com abordagem de aspectos mais práticos[48].

É importante, finalmente, lembrar que é do Poder Executivo local a tarefa de viabilizar todo processo de escolha do Conselho Tutelar, dotando o Conselho Municipal de Direitos da Criança e do Adolescente de toda infraestrutura necessária para o bom andamento dos trabalhos. Além disso, deverá também promover iniciativa de alteração da lei municipal, adequando-a aos ditames da Lei n. 12.696/2012, não só quanto ao novo prazo do mandato dos conselheiros tutelares – agora de 4 anos –, mas também quanto ao processo de escolha unificado, data do processo e da posse, remuneração, orçamento, direitos sociais e formação continuada[49].

5. AS ATRIBUIÇÕES E O LIMITE TERRITORIAL DE ATUAÇÃO DO CONSELHO TUTELAR

O Estatuto da Criança e do Adolescente, como já visto, estabelece de forma bastante clara a missão do Conselho Tutelar ao afirmar, no art. 131, que a este incumbe a tarefa de "zelar pelo cumprimento dos direitos da criança e do adolescente"; posteriormente, a lei indica de que forma e onde isto deverá ser feito, definindo não apenas as atribuições do Conselho Tutelar, como também o limite territorial de sua atuação.

5.1. As atribuições do Conselho Tutelar

As atribuições do Conselho Tutelar, em sua maioria, estão elencadas no art. 136 do ECA[50], sendo certo que outros dispositivos legais constantes do Estatuto da Crian-

---

Conselho Tutelar eleito continuar no cargo até janeiro de 2016, em virtude da Lei 12.696/12 – Inadmissibilidade – Lei Federal que nada falou acerca do período de transição, devendo ser aplicadas as leis municipais suplementares – Resolução 152/2012 da (sic) Conanda que deve ser aplicada e é constitucional – Recurso improvido" (TJSP, 3ª Câmara de Direito Público, Apelação 0012778-85.2012.8.26.0291, Comarca de Jaboticabal, Des. Rel. José Luiz Gavião de Almeida, j. 29-4-2014).

48 Recomenda-se, pois, quanto ao processo de escolha dos membros do Conselho Tutelar, a leitura dos arts. 5º a 16 da supramencionada resolução, que mais do que orientações práticas são referência importante para solução de questões porventura não abarcadas pela normativa estatutária ou municipal.

49 Não sendo demais lembrar que eventual omissão, quer do Poder Executivo, quer do Conselho Municipal de Direitos, relacionada a sua obrigação de viabilizar o processo de escolha ou posse dos membros do Conselho Tutelar, é passível de controle jurisdicional, mediante o ajuizamento de mandado de segurança ou ação civil pública, sem prejuízo de eventual responsabilização por ato de improbidade.

50 Durante o pouco mais de 30 anos de vigência do ECA, o ex-Conselheiro Tutelar Luciano Betiate, em sua obra *Manual para novos Conselheiros Tutelares,* aponta inúmeras

PARTE II – A REDE DE ATENDIMENTO

ça e do Adolescente – como, por exemplo, o parágrafo único do art. 18-B e o art. 191 da lei – complementam o elenco ali formado, conforme será esmiuçado a seguir.

a) A aplicação das medidas específicas de proteção constantes do art. 101, I a VII

A primeira atribuição assinalada pelo Estatuto da Criança e do Adolescente (art. 136, I) consiste no atendimento da população infantojuvenil, nas hipóteses dos arts. 98 e 105, por meio da aplicação das medidas protetivas elencadas no art. 101, I a VII, da mesma lei.

Pode-se afirmar, resumidamente, que aplicar medida de proteção significa "tomar providências, em nome da Constituição e do Estatuto, para que cessem a ameaça ou violação de direitos da criança e do adolescente"[51]. Daí por que, na qualidade de órgão responsável pela salvaguarda dos direitos infantojuvenis, no caso concreto, é o Conselho Tutelar, por excelência, quem deverá aplicar a maioria das medidas protetivas vislumbradas pelo legislador.

As medidas específicas de proteção elencadas no art. 101 do ECA, cuja atribuição primeira é do Conselho Tutelar, são: I – encaminhamento aos pais ou responsável, mediante termo de responsabilidade; II – orientação, apoio e acompanhamento temporários; III – matrícula e frequência obrigatória em estabelecimento oficial de ensino fundamental; IV – inclusão em serviços e programas oficiais ou comunitários de proteção, apoio e promoção da família, da criança e do adolescente (redação dada pela Lei n. 13.257/2016); V – requisição de tratamento médico, psicológico ou psiquiátrico, em regime hospitalar ou ambulatorial; VI – inclusão em programa oficial ou comunitário de auxílio, orientação e tratamento a alcoólatras e toxicômanos; e VII– acolhimento institucional[52].

Cabe ao Conselho Tutelar, verificada situação de risco pessoal ou social de determinada criança ou adolescente (art. 98 do ECA), utilizar-se destas medidas protetivas, isolada ou cumulativamente, na forma que melhor se adequar às peculiaridades do caso concreto.

Vale ressaltar que as únicas medidas de proteção das quais o Conselho Tutelar não pode lançar mão no exercício de suas atribuições são: a inclusão em programa de acolhimento familiar e a colocação em família substituta. Tais medidas estão

---

distorções práticas das atribuições dos Conselhos Tutelares resultantes de costume e falta de conhecimento legal. Defende a premência de cursos de capacitação para todos os novos conselheiros tutelares a fim de evitar situações do cotidiano em que a atuação do conselheiro, por mais que bem intencionada, gere algum prejuízo aos envolvidos por conta de alguma incompetência técnica.

51 SÊDA, Edson. Op. cit., p. 41.

52 Para estudo dessas medidas remetemos o leitor ao capítulo específico, intitulado "As medidas de proteção" (Parte IV – "A efetividade do ECA: medidas judiciais e extrajudiciais").

previstas, respectivamente, nos incs. VIII e IX do art. 101 do ECA e são de competência exclusiva da autoridade judiciária.

Observe-se que a Lei n. 12.010/2009, responsável por várias alterações no Estatuto da Criança e do Adolescente no campo das medidas de proteção, não retirou do Conselho Tutelar a atribuição para a aplicação da medida protetiva de acolhimento institucional, denominada, na redação original do ECA, de "abrigo em entidade".

Limitou, contudo, a sua esfera de atuação ao impedir-lhe que afaste a criança ou o adolescente do convívio familiar – aqui compreendidas a família natural e extensa[53] –, ainda que com a sua concordância ou a de seus familiares. Também explicitou a regra – a qual se extraía a partir da interpretação lógico-sistemática da lei – no sentido de que, ao Conselho Tutelar não seria possível a aplicação da medida de acolhimento institucional, em oposição à vontade dos pais ou responsáveis. Em ambos os exemplos, cabe ao Conselho Tutelar buscar nos demais órgãos integrantes do Sistema de Justiça (ex.: Ministério Público, Defensoria Pública, Poder Judiciário ou Delegacias de Polícia) a adoção das providências pertinentes. Em conclusão: a regra é que a medida de acolhimento institucional somente seja determinada pelo Conselho Tutelar nos casos em que, ausente qualquer referência familiar, a única medida apta a proteger a criança ou o adolescente for o seu encaminhamento a entidade de acolhimento.

Nessa linha é o § 2º do art. 101 do ECA, segundo o qual "sem prejuízo da tomada de medidas emergenciais para a proteção de vítimas de violência ou abuso sexual e das providências a que alude o art. 130 desta Lei[54], *o afastamento da criança e do adolescente do convívio familiar é de competência exclusiva da autoridade judiciária* e importará na deflagração, a pedido do Ministério Público ou de quem tenha legítimo interesse, de procedimento judicial contencioso, no qual se garanta aos pais ou ao responsável legal o exercício do contraditório e da ampla defesa" (grifos da transcrição).

Assim, se no exercício de suas atribuições o Conselho Tutelar entender necessário o afastamento de determinada criança ou adolescente do convívio com sua família – repita-se, natural ou extensa –, não poderá fazê-lo por conta própria. Deverá proceder a imediata comunicação ao Ministério Público, fazendo acompanhar desta comunicação o elenco dos motivos que justificam tal entendimento e

---

53 Por família natural compreende-se a comunidade formada pelos pais ou qualquer deles e seus descendentes, e por família extensa – ou ampliada – aquela que se estende para além da unidade pais e filhos ou da unidade do casal, formada por parentes próximos com os quais a criança ou o adolescente convivem e mantêm vínculos de afinidade e afetividade (art. 25 do ECA).

54 O art. 130 do ECA estabelece que, "verificada a hipótese de maus-tratos, opressão ou abuso sexual impostos pelos pais ou responsável, a autoridade judiciária poderá determinar, como medida cautelar, o afastamento do agressor da moradia comum".

PARTE II – A REDE DE ATENDIMENTO

as providências tomadas para a orientação, o apoio e a promoção da família (art. 136, parágrafo único, do ECA). São exceções a esta regra as situações de crimes em flagrante ou de risco iminente à vida ou à integridade física de criança ou adolescente, caso em que qualquer do povo pode afastá-los do convívio familiar e, com muito mais autoridade, o Conselho Tutelar[55].

Antes de deliberar pelo encaminhamento da notícia ao Ministério Público, deverá o Conselho Tutelar responder à seguinte questão: existem outras medidas, neste momento, aptas à proteção da criança ou do adolescente senão o acolhimento ou a colocação em família substituta? Se a resposta for afirmativa, a sua atuação ainda não estará esgotada, sendo este encaminhamento precipitado.

Não se pode perder de vista que o sistema prima pela garantia do direito fundamental à convivência familiar e comunitária, de modo que a opção pela medida protetiva de acolhimento, por importar na retirada da criança ou do adolescente da família ou da comunidade na qual está inserido, jamais poderá ocorrer em desconsideração a tão relevante direito.

Nesse passo, medidas de acolhimento institucional sugeridas ou aplicadas, tão somente, em razão da situação de miséria da família, para "dar uma lição" à criança ou ao adolescente em função da sua desobediência, ou, ainda, porque os pais não têm com quem deixar os filhos no período de trabalho, são exemplos de afronta à lei; constatadas quaisquer destas hipóteses existem medidas outras, mais adequadas e eficazes, como o encaminhamento da criança, do adolescente e da sua família a serviços e programas oficiais ou comunitários de proteção, apoio e promoção (art. 101, IV, e art. 129, I e II, do ECA, com redação da Lei n. 13.257/2016), a requisição de tratamento médico, psicológico ou psiquiátrico junto a rede de saúde (art. 101, V, e art. 129, III, do ECA), ou ainda a matrícula em estabelecimento oficial de ensino, inclusive, infantil (art. 101, III, e art. 129, V, da mesma lei).

Sobre o assunto, vale fazer referência à abalizada doutrina de Murillo José Digiácomo[56], ao afirmar que,

> em primeiro lugar devemos ter em mente que, para que possa bem e fielmente cumprir sua missão de zelar pelo efetivo respeito aos direitos de crianças e adolescentes, dando-lhes a *proteção integral* preconizada pela Lei n. 8.069/90 e

---

55 Aplica-se aqui a inteligência do art. 93, segundo o qual "as entidades que mantenham programa de acolhimento institucional poderão, em caráter excepcional e de urgência, acolher crianças e adolescentes sem prévia determinação da autoridade competente, fazendo comunicação do fato em até 24 (vinte e quatro) horas ao Juiz da Infância e da Juventude, sob pena de responsabilidade".

56 DIGIÁCOMO, Murillo José. *Conselho Tutelar e a medida de abrigamento. Revista Igualdade – Revista Trimestral do Centro de Apoio Operacional das Promotorias da Criança e do Adolescente*, Curitiba, n. XXVII, abr./jun. 2000. Disponível em: <http://www.crianca.mppr.mp.br> (*link* "Revista Igualdade"). Acesso em: 24 out. 2021.

Constituição Federal, não pode o Conselho Tutelar *"escolher"* qual ou quais direitos deve se empenhar em assegurar, mas sim fazê-lo igualmente em relação a *todos*. Assim sendo, como o direito à convivência familiar é um dos mais importantes direitos fundamentais de crianças e adolescentes, tendo sido expressamente referido na Constituição Federal e reafirmado pela Lei n. 8.069/90, não se concebe que o Conselho Tutelar, em suas ações, deixe de também zelar pelo seu pleno asseguramento, devendo sempre aplicar medidas que procurem *fortalecer os vínculos familiares*, como aliás determina o art. 100 do mesmo Diploma Legal. Outra não foi a razão, por sinal, de ter a Lei n. 8.069/90, *paralelamente* às medidas de proteção destinadas a crianças e adolescentes, previsto *medidas específicas destinadas aos pais ou responsável* (art. 129 do citado Diploma Legal), que o próprio Conselho Tutelar tem a incumbência (diga-se o *dever*) de aplicar, sempre em caráter *preferencial* (a teor do disposto nos arts. 100 c/c art. 101, inciso IV e 136, inciso II, todos do mesmo Estatuto da Criança e do Adolescente) (grifos do original).

Desta forma, não só é recomendável, como também indispensável que o Conselho Tutelar, antes de aplicar a medida de acolhimento – nos casos em que ainda é possível fazê-lo – ou indicá-la à autoridade competente, esgote todas as outras possibilidades de atuação em prol da manutenção da criança ou do adolescente em sua família, sob pena de, não o fazendo, incorrer em indesejável omissão na sua atuação.

Ainda sobre a atribuição prevista no art. 136, I, do ECA, é importante, por fim, notar que ao Conselho Tutelar também compete a tarefa de aplicar as medidas específicas de proteção às crianças que praticam ato infracional.

Nestes casos, em vista da impossibilidade jurídica de deflagração de ação socioeducativa, por força do que dispõe o art. 105 da mesma lei, deverá o Conselho Tutelar atuar desde logo, não com o objetivo de repreender ou punir a criança, e, sim, com o intuito de protegê-la, aplicando a medida protetiva que se mostrar mais adequada ao caso concreto.

Desse modo, a atuação do Conselho Tutelar não terá qualquer cunho investigatório; tal atividade, caso necessária – em razão do envolvimento de adolescentes ou imputáveis no ato –, permanece sob a responsabilidade da autoridade policial, pois como bem alerta Murillo José Digiácomo[57]

> o objetivo da intervenção do Conselho Tutelar é unicamente a descoberta das causas da conduta infracional atribuída à criança com a aplicação – e posterior acompanhamento da execução – de medidas que venham a neutralizar a situação de ameaça ou efetiva violação a seus direitos fundamentais, numa perspectiva unicamente *preventivo-protetiva* e *JAMAIS repressivo-punitiva*. (grifos do original)

---

57 DIGIÁCOMO, Murillo José. *Criança acusada de ato infracional*: como proceder. Disponível em: <https://www.mpes.mp.br/Arquivos/Anexos/ee69e785-62f5-479d-934b-204b5e07e4e2.pdf>. Acesso em: 24 out. 2021.

PARTE II – A REDE DE ATENDIMENTO

O procedimento para a aplicação das medidas protetivas em prol de criança envolvida na prática de ato infracional, portanto, em nada deverá se diferenciar do procedimento para a aplicação das medidas de proteção relativa a qualquer outra criança ou adolescente, constante do regimento interno ou da lei de criação do órgão, uma vez que aquela deve ser vista como vítima e sujeito de direitos, e não como delinquente.

Em qualquer situação deverá o Conselho Tutelar, também, estar atento para outras possibilidades de intervenção, dentro de suas demais atribuições, como, por exemplo, para a necessidade de aplicação de determinadas medidas aos pais, nos moldes no art. 136, II, do ECA, conforme será visto adiante.

b) O atendimento e o aconselhamento aos pais ou responsável, por meio da aplicação das medidas previstas no art. 129, I a VII

A segunda atribuição apontada pelo legislador estatutário (art. 136, II) reside no atendimento e no aconselhamento dos pais ou responsável, com a aplicação, caso necessário, das medidas elencadas no art. 129, I a VII, do ECA.

As medidas pertinentes aos pais ou responsável, indicadas no art. 129 da lei, têm como escopo principal funcionar como estrutura de retaguarda para as medidas de proteção indicadas no art. 101 do ECA, uma vez que a criança e o adolescente não podem ser vistos isoladamente, e, sim, como integrantes de contexto sociofamiliar que, certamente, exerce grande influência em sua vida.

É o Conselho Tutelar o órgão que, preferencialmente, à semelhança do que ocorre com as medidas específicas de proteção, deve aplicar aos pais ou responsável a maior parte das medidas vislumbradas pelo legislador infantojuvenil, sendo estas: I – encaminhamento a programa oficial ou comunitário de proteção à família; II – inclusão em programa oficial ou comunitário de auxílio, orientação e tratamento a alcoólatras e toxicômanos; III – encaminhamento a tratamento psicológico ou psiquiátrico; IV – encaminhamento a cursos ou programas de orientação; V – obrigação de matricular o filho ou pupilo e acompanhar sua frequência e aproveitamento escolar; VI – obrigação de encaminhar a criança ou adolescente a tratamento especializado; VII – advertência.

As medidas relacionadas à perda da guarda, à destituição da tutela, bem assim à suspensão e à extinção do poder familiar, indicadas nos incs. VIII a X do art. 129 do ECA, são privativas da autoridade judiciária, em perfeita correspondência ao que determina o art. 101, VIII, do mesmo Diploma Legal, quanto à colocação de criança ou de adolescente em família substituta.

Daí por que o Conselho Tutelar deve ficar atento para não adotar providências que, direta ou indiretamente, impliquem na perda ou na transferência de guarda, ou, ainda, na violação dos direitos e dos deveres inerentes ao poder familiar – como, por exemplo, a entrega da criança ou do adolescente a terceiros – sob pena de cometer flagrante arbitrariedade.

CURSO DE DIREITO DA CRIANÇA E DO ADOLESCENTE

Outras considerações acerca das medidas pertinentes aos pais ou responsável, inclusive, com a indicação de casos de sua aplicação, constam de capítulo específico, para o qual remetemos o leitor[58].

c) A promoção da execução das suas decisões

A terceira situação indicada na lei (art. 136, III) versa sobre a atribuição que possui o Conselho Tutelar de promover a execução de suas decisões, podendo, para tanto, requisitar serviços públicos nas áreas de saúde, educação, serviço social, previdência, trabalho e segurança, bem assim representar junto à autoridade judiciária nos casos de descumprimento injustificado de suas deliberações.

Observe-se que a norma em comento deixa bastante evidente que não é atribuição do Conselho Tutelar executar, diretamente, medida que julgar aplicável no caso concreto, e, sim, providenciar para que se realize a sua execução, valendo-se, assim, do vocábulo "promover".

Decerto, as atividades relacionadas às medidas de proteção, ou, ainda, às medidas pertinentes aos pais ou responsáveis, são de responsabilidade dos órgãos ou das entidades vinculadas à política de atendimento que, como já estudado em capítulo próprio, é materializada por meio de conjunto articulado de ações governamentais e não governamentais, conforme as linhas de ação e diretrizes preconizadas na própria lei estatutária (arts. 86 e s. do ECA); assim, caso o Conselho Tutelar entenda oportuno, por exemplo, o apoio, a orientação e o acompanhamento temporário de determinada criança ou adolescente, ou, ainda, de membros da sua família (art. 101, II, e art. 129, I e IV), deverá buscar, na rede de atendimento, órgão ou entidade que o faça, e não executar imediatamente tal medida.

Caso necessário, poderá valer-se do poder de requisição atribuído na alínea *a* da disposição legal em comento, não sendo demais lembrar que o descumprimento da requisição do Conselho Tutelar pode caracterizar crimes de desobediência (art. 330 do CP) ou até mesmo de impedimento ou embaraço à sua atuação (art. 236 do ECA), a depender da hipótese concreta; daí ser extremamente relevante que o conselheiro tutelar, ao requisitar o serviço, tenha a cautela de fazê-lo por meio de documento oficial, no qual deverá ser aposto o ciente do órgão executor.

A lei também prevê a possibilidade de o Conselho Tutelar representar junto à autoridade judiciária, quando houver o descumprimento injustificado de suas deliberações, quando então caberá ao juiz, no próprio procedimento, a adoção das providências necessárias a fazer valer a decisão do órgão.

---

58 "As medidas pertinentes aos pais, responsáveis ou outras pessoas encarregadas do cuidado de crianças e adolescentes" (Parte IV – "A efetividade do ECA: medidas judiciais e extrajudiciais").

PARTE II – A REDE DE ATENDIMENTO

d) O encaminhamento ao ministério público de notícia de fato que constitua infração administrativa ou penal contra os direitos da criança ou adolescente, ou, ainda, encaminhar à autoridade judiciária os casos de sua competência

As duas hipóteses seguintes (art. 136, IV e V) espelham a necessidade de o Conselho Tutelar levar ao conhecimento do Ministério Público ou da autoridade judiciária notícia de fatos que, envolvendo a matéria infantojuvenil, extrapolem os limites das suas atribuições, permitindo, assim, a tomada de providências pelas autoridades competentes.

Pode-se citar como exemplo situação na qual o Conselheiro Tutelar receba denúncia da prática de atos de improbidade administrativa envolvendo o desvio de verbas destinadas ao fundo da infância e da adolescência, ou, ainda, de casal interessado em integrar o cadastro de adoção do juízo, devendo, no primeiro caso, encaminhar a notícia ao Ministério Público, e, no segundo, orientar o casal a comparecer ao Juizado da Infância e da Juventude ou órgão do poder judiciário responsável pelas questões atinentes à matéria.

e) O atendimento de adolescentes em conflito com a lei, mediante a promoção da execução das medidas estabelecidas pela autoridade judiciária, dentre as previstas no art. 101, I a VI

O art. 136, VI, do ECA, preconiza ser atribuição do Conselho Tutelar providenciar a medida estabelecida pela autoridade judiciária, dentre as previstas no art. 101, de I a VI, da mesma lei, para o adolescente autor de ato infracional.

A hipótese é distinta da que se refere à prática de ato infracional por criança, pois, neste caso, irá o Conselho Tutelar funcionar como *longa manus* da autoridade judiciária, providenciando a medida por esta estabelecida e controlando a sua execução pelos órgãos ou instituições competentes; em outras palavras, não exerce o Conselho Tutelar, em princípio, juízo de valor quanto à conveniência ou a oportunidade da medida aplicada pelo juiz, salvo se expressamente autorizado a fazê-lo na decisão que indicar a necessidade de sua intervenção.

É importante observar que a medida protetiva de acolhimento institucional não está prevista no art. 136, VI, ou, ainda, no art. 112, VII, do ECA; isso porque são aplicadas aos adolescentes em conflito com a lei, quando necessário o seu afastamento do convívio social, as medidas socioeducativas de internação ou de semiliberdade, não se admitindo, enquanto não findada a ação socioeducativa, o seu encaminhamento às entidades que desenvolvam programas que não são capazes de atender às suas necessidades, posto que voltadas a públicos distintos.

Finalmente, é relevante frisar que a atuação do Conselho Tutelar na salvaguarda dos direitos dos adolescentes em conflito com a lei não se esgota neste dispositivo, devendo tal órgão atuar sempre que constatada situação de risco, sem, no entanto, substituir-se à autoridade policial, ao Ministério Público ou ao Poder Judiciário.

Daí por que, a despeito da ausência de previsão legal expressa, admite-se, por exemplo, o comparecimento do Conselho Tutelar à Delegacia de Polícia sempre que comunicado da apreensão de determinado adolescente, quando então deverá atuar no sentido de garantir a sua integridade física e moral; no entanto, não poderá ser obrigado a fazê-lo, caso entenda ser tal medida desnecessária no caso concreto.

f) A expedição de notificações

Outra atribuição que consta do rol legal (art. 136, VII) consiste na expedição de notificações.

Não se deve compreender, como fazem alguns, que a possibilidade de o Conselho Tutelar expedir notificações significa que este órgão deva convocar pessoas para comparecer em sua sede, pois, nesta circunstância, notificar significa dar conhecimento ou notícia de determinado ato ou fato que gere – ou tenha gerado – consequências na ordem jurídica.

Deste modo, como exemplifica Edson Sêda[59]:

> O Conselho pode expedir notificação de algo que ocorreu. Exemplo: notificar o Diretor de Escola de que o Conselho determinou a medida de proteção n. III em relação ao aluno fulano de tal, matriculado naquela unidade de ensino. Ou expedir notificação para que algo ocorra. Exemplo: notificar os pais do aluno fulano de tal para que cumpram a medida aplicada, garantindo a frequência obrigatória de seu filho em estabelecimento de ensino, em decorrência de seu dever constitucional de assisti-lo, criá-lo e educá-lo.

Daí por que não é crível ao Conselho Tutelar, diante do não comparecimento de determinada pessoa à sua sede, ainda que expedida "notificação" para tanto, dar ensejo a procedimento visando à apuração da infração administrativa prevista no art. 249, parte final do ECA, ou pretender ver aplicado outro tipo de penalidade – como, por exemplo, a sua condução – pois, como já tido, não é este o sentido ou o alcance da referida norma.

g) A requisição das certidões de nascimento ou de óbito de criança ou adolescente

É também atribuição que consta da lei a possibilidade de o Conselho Tutelar requisitar certidões de nascimento e de óbito de criança ou adolescente (art. 136, VIII).

Frise-se que ao Conselho Tutelar caberá determinar a expedição dos referidos documentos somente nos casos em que já houver registro, na medida em que a determinação do assento de nascimento ou de óbito, quando inexistentes, é de competência exclusiva da autoridade judiciária.

---

59 SÊDA, Edson. Op. cit., p. 74 e s.

PARTE II – A REDE DE ATENDIMENTO

Esta interpretação decorre do disposto no § 1º do art. 102 do ECA, segundo o qual, verificada a inexistência de registro civil de nascimento, quando da aplicação de determinada medida de proteção, este será feito à vista dos elementos disponíveis, mediante requisição da autoridade judiciária.

Assim, como explica Edson Sêda[60],

> o Conselho, ao determinar quaisquer das medidas de proteção deverá fazê-las acompanhar, necessariamente, da regularização do registro civil. Inexistindo o registro, o Conselho comunica ao Juiz para que este requisite o assento de nascimento, o que será feito com absoluta prioridade [...]. Combinando-se o inciso VIII do art. 136 com o par. 1º do art. 102, verifica-se que dois são os órgãos legitimados para requisitar certidões a registros. A Justiça da Infância e da Juventude nos casos em que não há registro e o Conselho Tutelar nos casos em que há o registro mas, administrativamente, há a necessidade da certidão que comprove a existência deste registro.

Vale ressaltar que, caso constatada a possibilidade de realização de registro civil de nascimento, sem a necessária ordem judicial[61], deverá o Conselho Tutelar, tão somente, orientar as partes envolvidas a comparecer ao cartório de registro civil das pessoas naturais para tanto, prescindindo-se, assim, da referida comunicação.

h) O assessoramento do poder executivo local na elaboração da proposta orçamentária

O Estatuto da Criança e do Adolescente também atribuiu ao Conselho Tutelar a responsabilidade pelo assessoramento do Poder Público na elaboração da proposta orçamentária para os planos e programas de atendimento relacionados à população infantojuvenil (art. 136, IX).

Isto porque, entre os órgãos que integram a rede de atendimento, é o Conselho Tutelar, sem dúvida, o mais indicado para apontar as falhas e as omissões da política de atendimento, uma vez que tem como função precípua a tutela dos direitos relacionados à infância e à adolescência, mediante a aplicação de medidas, cuja execução incumbe aos órgãos e entidades responsáveis por tal política.

É importante ressaltar que o Conselho Tutelar, ao ser imbuído da mencionada tarefa – e a fim de exercê-la com eficiência –, deverá sempre se preocupar em, na organização do seu plano de trabalho, abrir espaço para a realização de estatísticas que busquem refletir o perfil da população infantojuvenil atendida, as principais demandas apresentadas, bem assim o retorno – positivo ou negativo – dos encaminhamentos realizados.

Caberá também ao Conselho Tutelar, sem embargo da indicação da necessidade da inclusão de determinado programa ou projeto no orçamento, apontar ao

---

60   SÊDA, Edson. Op. cit., p. 75 e s.
61   V. art. 46, § 1º, da Lei n. 6.015/73.

Ministério Público tal circunstância para que, na hipótese de omissão do Poder Público, seja ajuizada ação civil pública, com fulcro no art. 201, V, da lei[62].

i) A representação em nome da pessoa e da família, contra a violação dos direitos previstos no art. 220, § 3º, II, da Constituição Federal

Outra atribuição incluída no rol do art. 136 do ECA consiste na representação, em nome da família, contra a violação dos direitos previstos no art. 220, § 3º, II, da CF/88[63].

A norma constitucional em referência consta do Capítulo V do Título VIII da Constituição de 1988, intitulado "Da Comunicação Social", e tem como escopo

---

62 Ainda sobre o papel do Conselho Tutelar de monitorar as políticas públicas locais, apontando para o Poder Executivo suas eventuais deficiências, vale a referência ao art. 23 da Resolução Conanda n. 231, de 28 de dezembro de 2022, *in verbis*:
"Art. 23. Cabe ao Poder Executivo Municipal ou do Distrito Federal fornecer ao Conselho Tutelar os meios necessários para sistematização de informações relativas às demandas e deficiências na estrutura de atendimento à população de crianças e adolescentes, tendo como base o Sistema de Informação para a Infância e Adolescência – SIPIA.
§ 1º O Conselho Tutelar encaminhará relatório trimestral ao Conselho Municipal ou do Distrito Federal dos Direitos da Criança e Adolescente, ao Ministério Público e ao juiz da Vara da Infância e da Juventude, contendo a síntese dos dados referentes ao exercício de suas atribuições, bem como as demandas e deficiências na implementação das políticas públicas, de modo que sejam definidas estratégias e deliberadas providências necessárias para solucionar os problemas existentes.
§ 2º Cabe aos órgãos públicos responsáveis pelo atendimento de crianças e adolescentes com atuação no município, auxiliar o Conselho Tutelar na coleta de dados e no encaminhamento das informações relativas à execução das medidas de proteção e demandas de deficiências das políticas públicas ao Conselho Municipal ou do Distrito Federal dos Direitos da Criança e do Adolescente.
§ 3º Cabe ao Conselho Municipal ou do Distrito Federal dos Direitos da Criança e do Adolescente a definição do plano de implantação implementação (*sic*) do SIPIA para o Conselho Tutelar.
§ 4º O registro de todos os atendimentos e a respectiva adoção de medidas de proteção, encaminhamentos e acompanhamento no SIPIA ou sistema que o venha a suceder, pelos membros do Conselho Tutelar, é obrigatório, sob pena de falta funcional.
§ 5º Cabe ao Poder Executivo Federal instituir e manter o SIPIA".
63 De acordo com o art. 220, § 3º, II, da CF/88, compete à lei federal "estabelecer meios legais que garantam à pessoa e à família a possibilidade de se defenderem de programas ou programação de rádio e televisão que contrariem o disposto no art. 221, bem como da propaganda de produtos, práticas e serviços que possam ser nocivos à saúde e ao meio ambiente". O art. 221, por sua vez, institui que "a produção e a programação das emissoras de rádio e televisão atenderão aos seguintes princípios: I – preferência a finalidades educativas, artísticas, culturais e informativas; II – promoção da cultura nacional e regional e estímulo à produção independente que objetive a sua divulgação; III – regionalização da produção cultural, artística e jornalística, conforme percentuais estabelecidos em lei; IV – respeito aos valores éticos e sociais da pessoa e da família".

PARTE II – A REDE DE ATENDIMENTO

imputar à lei federal a responsabilidade pela criação de instrumentos capazes de coibir a transmissão de programas de rádio e de televisão que se revelem incompatíveis com os princípios constitucionalmente estabelecidos.

O Estatuto da Criança e do Adolescente, como já visto, cumpriu o comando constitucional, ao instituir, no art. 76, que as emissoras de rádio e televisão somente exibirão, no horário recomendado para o público infantojuvenil, programas com finalidades educativas, artísticas, culturais e informativas, determinando, ainda, o aviso de sua classificação, antes de sua transmissão, apresentação ou exibição; além disto, estipulou sanções pelo descumprimento da referida determinação, estabelecendo, nos arts. 253 a 255 do ECA, infrações administrativas diretamente vinculadas à dita norma de prevenção.

Caberá, portanto, ao Conselho Tutelar, em nome da família, deflagrar, por iniciativa própria, o procedimento visando à aplicação de penalidade administrativa sempre que constatada a prática de alguma destas infrações, assim como noticiar ao Ministério Público fato que envolva a violação aos direitos das crianças e dos adolescentes, por conta da realização ou veiculação de programas de rádio ou televisão, sempre que as providências exigíveis extrapolem os limites de suas atribuições[64].

j) O oferecimento ao Ministério Público de representação, para efeito das ações de perda ou suspensão do poder familiar quando esgotadas as possibilidades de manutenção da criança ou do adolescente na família natural

O art. 136, XI, do ECA prevê que, nas hipóteses de perda ou suspensão do poder familiar, deverá o Conselho Tutelar representar ao Ministério Público para que providencie judicialmente a medida, em atenção ao que dispõe o art. 201, III, do mesmo Diploma Legal.

Como já afirmado anteriormente, o Conselho Tutelar não possui atribuição para aplicar, em desfavor dos pais ou responsável, as medidas concernentes à perda da guarda, à destituição da tutela, ou, ainda, à suspensão ou à destituição do poder familiar (art. 129, VIII a X, do ECA).

Tais medidas, além de serem de competência exclusiva da autoridade judiciária, *ex vi* do disposto no art. 148, parágrafo único, *b*, do ECA, devem obedecer ao procedimento indicado nos arts. 155 e s. da mesma lei; entretanto, não dispõe o Conselho Tutelar de atribuição, sequer, para deflagrar tal procedimento.

Nesse passo, a lei aponta o caminho a ser percorrido pelo Conselho caso este se depare com situação na qual, esgotadas as possibilidades de atuação junto aos pais, entenda necessária a decretação da perda ou a destituição do poder familiar;

---

64 Quando, por exemplo, a situação trouxer em seu bojo a prática do crime previsto no art. 240 do ECA, ou, ainda, for constatada a necessidade do ajuizamento de ação civil pública para o estabelecimento de obrigação de fazer – ou de não fazer – referente às normas de prevenção em comento.

deverá tal órgão provocar a ação do Ministério Público, de modo a viabilizar o ajuizamento da ação correspondente[65].

É importante ressaltar que a representação do Conselho Tutelar deverá conter a descrição de todos os fatos por ele constatados ao longo de sua intervenção, elencar todas as providências adotadas antes da indicação da medida extrema, bem assim vir acompanhada de toda documentação pertinente às pessoas envolvidas, a fim de melhor embasar a intervenção ministerial.

k) A promoção e o incentivo, na comunidade e nos grupos profissionais, de ações de divulgação e treinamento para o reconhecimento de sintomas de maus--tratos em crianças e adolescentes

Por fim, determina o art. 136, XII, do ECA, com a redação conferida pela Lei n. 13.046/2014, que os Conselhos Tutelares promovam e incentivem, na comunidade e nos grupos profissionais, ações de divulgação e de treinamento para o reconhecimento de sintomas de maus-tratos em crianças e adolescentes.

Importante consignar que esta novel atribuição do Conselho Tutelar não lhe confere a feição de órgão executor de política ou programa de atendimento voltados para crianças ou adolescentes que sofrem maus-tratos. A intenção da norma é, em

---

65 A 4ª Turma do STJ, em reforma de acórdão do TJMG 2019, orienta pela não limitação da legitimidade para o pedido de destituição do poder familiar ao Ministério Público. A seriedade da situação, somada à responsabilidade de toda sociedade com o bem--estar do menor, faz com que o legítimo interesse deva ser analisado *in casu*, considerando a partir do prisma da proteção integral e do melhor interesse da criança, superando até mesmo restrições de parentesco. Sobre o caso em tela, mais informações na notícia: <https://www.conjur.com.br/2019-out-16/destituicao-poder-familiar-pedida--quem-nao-parente>. Acesso em: 26 out. 2021.
Nessas hipóteses, dependendo de quem o pleiteie, a criança ou o adolescente sujeitos ao poder que busca ser destituído podem não integrar formalmente a relação processual, embora essa decisão atinja sobremaneira sua esfera de direitos. Sob esse argumento, a doutrina da Defensoria Pública defende a possibilidade de atuação da instituição na forma de Curadora Especial no contexto explicitado. A prática jurídica em favor do incapaz facilitaria a oitiva do jovem, a fim de verificar em concreto qual o melhor interesse da criança: se a destituição de fato, ou a recomposição do ambiente familiar. Argui, ainda, que o autor da ação de destituição do poder familiar se filia, por óbvio, ao posicionamento da destituição, tornando-se predisposto a ignorar eventual possibilidade de reconstrução dos laços deteriorados, mesmo quando postulada pelo Ministério Público. O órgão em questão responde com sua valiosa função de fiscal do ordenamento jurídico e com o norte de que a ação em si só será deflagrada e mantida no interesse da criança. As opiniões divergentes resultantes desse debate levaram a julgados favoráveis ora a uma, ora a outra douta instituição do nosso país, até a pacificação dessa controvérsia com a nova redação do art. 162, § 4º, do ECA, de 2017, "Quando o procedimento de destituição de poder familiar for iniciado pelo Ministério Público, não haverá necessidade de nomeação de curador especial em favor da criança ou adolescente"; sedimentando a questão pela presença da Defensoria Pública como Curadora especial somente na não deflagração da demanda pelo Ministério Público.

PARTE II – A REDE DE ATENDIMENTO

função da relevância temática da questão, incrementar estratégias legais de prevenção e de combate aos maus-tratos em crianças ou adolescentes, envolvendo e alertando cada vez mais a sociedade e a todos os operadores do Sistema de Garantia dos Direitos para tal problemática.

Para tanto, fundamental que o Conselho Tutelar, embora não executor de programas voltados para crianças e adolescentes vítimas de violência, passe a incentivar e a promover ações que viabilizem um olhar atento e especializado da comunidade e profissionais para tais situações, reforçando o seu papel de órgão encarregado de zelar pelos direitos infantojuvenis.

l) A fiscalização das entidades de atendimento

Como já dito, não é apenas no art. 136 do ECA que estão elencadas as atribuições do Conselho Tutelar; o art. 95 do referido Diploma Legal ainda lhe atribui a tarefa de fiscalizar as entidades de atendimento, ao mesmo tempo que o art. 191 da lei lhe permite deflagrar procedimento visando à apuração de eventuais irregularidades nelas constatadas.

A atribuição em tela é desempenhada, concorrentemente, pelo Conselho Tutelar, pelo Ministério Público e pela autoridade judiciária, que, na qualidade de representantes da população infantojuvenil ou de usuários indiretos dos projetos e programas desenvolvidos pelas entidades, têm o poder-dever de zelar pela qualidade do atendimento prestado.

A atividade fiscalizatória junto às entidades de atendimento tem como parâmetro inicial os princípios e as obrigações indicadas nos arts. 90 e s. do ECA, sobre os quais já se teve a oportunidade de referir em capítulo próprio.

Em sendo constatada violação das disposições legais aplicáveis à espécie, não só no que se refere à infraestrutura física ou material da entidade de atendimento, como também quanto ao *modus operandi* das suas ações, caberá ao Conselho Tutelar, diretamente, representar ao Poder Judiciário a fim de dar ensejo a procedimento com vista à aplicação das medidas destinadas à responsabilização de seu dirigente, bem assim ao restabelecimento da ordem institucional.

A petição a ser elaborada pelo Conselho Tutelar deve ser dirigida à autoridade judiciária competente para a matéria infantojuvenil, devendo ainda conter a descrição sumária dos fatos constatados e a indicação das normas legais violadas; também deve ser instruída da documentação cabível à comprovação dos fatos alegados (p. ex., relatórios de inspeção, fotos e notícias de jornal) e de elementos que permitam constatar que a ação deflagrada é expressão da vontade do colegiado, e não de um conselheiro tutelar isoladamente (p. ex., cópia da ata da sessão deliberativa ou assinatura de mais de um conselheiro).

m) A deflagração de procedimento visando à apuração da prática de infração administrativa

Outra atribuição sobre a qual não se pode deixar de fazer referência consiste na possibilidade de o Conselho Tutelar deflagrar procedimento visando à imposição de penalidade administrativa por infração às normas de proteção à criança e ao adolescente, na forma dos arts. 194 a 197 do ECA[66].

A afirmação desta atribuição decorre da norma constante do art. 194 da lei, que indica expressamente, entre os órgãos com legitimidade para tanto, o Conselho Tutelar.

Não se vislumbra aqui qualquer incompatibilidade com a norma do art. 136, IV, do ECA, segundo a qual compete ao Conselho Tutelar encaminhar ao Ministério Público notícia de fato que constitua infração administrativa contra os direitos da criança ou adolescente; isto porque a legitimidade dos dois órgãos, nestas hipóteses, é concorrente.

Nesse passo, em sendo constatada pelo Conselho Tutelar a prática de quaisquer das infrações administrativas previstas nos arts. 245 a 248 do ECA, abrem--se ao órgão duas alternativas: a representação direta à autoridade judiciária ou o encaminhamento da notícia de tal fato ao Ministério Público para que este ofereça a representação. Entendemos que a primeira alternativa deverá ocorrer quando as providências cabíveis, no caso concreto, esgotarem-se na própria representação administrativa, quando então terá o Conselho Tutelar plena autonomia para atuar; a notícia ao Ministério Público, por sua vez, é possibilidade que se coloca quando a hipótese demandar a adoção de providências outras, que escapem às atribuições do Conselho, quando então caberá a intervenção do Ministério Público no caso[67].

Da mesma forma que a representação a ser ofertada nos casos em que são constatadas irregularidades em entidades de atendimento, a petição inicial, nestas hipóteses, deverá apontar todos os fatos verificados pelo Conselho Tutelar, indicar as normas violadas, vir acompanhada de todos os elementos de prova necessários à

---

66 A previsão, nos arts. 245 a 258 do ECA, de infrações administrativas correspondentes a determinadas condutas que, caso praticadas, importarão em violação às normas estatutárias foi uma das várias estratégias utilizadas pelo legislador para garantir a efetividade dessas normas, e, consequentemente, melhor tutelar os direitos infantojuvenis. Já foi possível estudar, por exemplo, que as entidades de atendimento que desenvolvem programa de internação têm, entre outras, a obrigação de observar os direitos e garantias de que são titulares os adolescentes (art. 94, I, do ECA); o funcionário ou o responsável de entidade de atendimento que impede o exercício dos direitos constantes nos II, III, VII, VIII e XI do art. 124 do ECA, incorre na prática da infração administrativa prevista no art. 246 da mesma lei. Da mesma forma, pratica infração administrativa quem, dolosa ou culposamente, descumpre os deveres inerentes ao poder familiar ou aqueles decorrentes da tutela ou da guarda, sendo essa a norma que consta do art. 249 da mesma lei. Para aprofundamento do tema, remetemos o leitor ao capítulo especialmente destinado ao estudo das infrações administrativas.

67 Conforme orientação do MP-PR, a opção pelo encaminhamento da notícia fato ao MP deve ser realizada quando mais complexo o caso. Disponível em: <http://www.crianca. mppr.mp.br/pagina-161.html>. Último acesso: 25 out. 2021.

PARTE II – A REDE DE ATENDIMENTO

609

comprovação do alegado, e, ainda, ser expressão da vontade do colegiado e não de um conselheiro tutelar, isoladamente[68].

n) A aplicação de medidas a qualquer pessoa que se utilize de castigo físico ou tratamento cruel ou degradante contra crianças ou adolescentes, como forma de correção, disciplina, educação ou sob qualquer outro pretexto

Outra atribuição dada ao Conselho Tutelar consiste na aplicação de medidas a toda pessoa que se utilize de castigo físico ou tratamento cruel ou degradante contra criança ou adolescente, como forma de correção, disciplina, educação ou sob qualquer outro pretexto de natureza análoga[69].

A Lei n. 13.010/2014, acrescentando o art. 18-B e parágrafo ao Estatuto da Criança e do Adolescente, determinou que:

> Art. 18-B. Os pais, os integrantes da família ampliada, os responsáveis, os agentes públicos executores de medidas socioeducativas ou qualquer pessoa encarregada de cuidar de crianças e de adolescentes, tratá-los, educá-los ou protegê-los que utilizarem castigo físico ou tratamento cruel ou degradante como formas de correção, disciplina, educação ou qualquer outro pretexto estarão sujeitos, sem prejuízo de outras sanções cabíveis, às seguintes medidas, que serão aplicadas de acordo com a gravidade do caso:
>
> I – encaminhamento a programa oficial ou comunitário de proteção à família;
>
> II – encaminhamento a tratamento psicológico ou psiquiátrico;
>
> III – encaminhamento a cursos ou programas de orientação;
>
> IV – obrigação de encaminhar a criança a tratamento especializado;
>
> V – advertência.
>
> Parágrafo único. As medidas previstas neste artigo serão aplicadas pelo Conselho Tutelar, sem prejuízo de outras providências legais.

Importante notar que, diferentemente do disposto no art. 136, II, do ECA, o recém-criado art. 18-B, reconhecendo o cuidado como um valor jurídico[70], indica

---

68   A jurisprudência já teve possibilidade de declarar a ilegalidade de auto de infração lavrado por Conselheiro Tutelar, afirmando, por conseguinte, a necessidade de o procedimento para a apuração de prática de infração administrativa ser iniciado mediante representação formal dirigida ao Juiz da Infância e da Juventude, valendo citar, como exemplos, os seguintes arestos: 1. TJPR, Recurso de Apelação 95.0044-0, Conselho da Magistratura, Rel. Des. Carlos Hoffmann, j. 4-12-1995; 2. TJRS, 7ª Câm. Cív., Rel. Des. Waldemar Luiz de Freitas Filho, Recurso de Apelação 594.088.841, j. 21-12-1994.

69   Valendo aqui o registro e a lembrança de que, de acordo com o art. 13 do ECA, os casos de suspeita ou confirmação de castigo físico, de tratamento cruel ou degradante e de maus-tratos contra criança ou adolescente devem ser obrigatoriamente comunicados ao Conselho Tutelar da respectiva localidade, sem prejuízo de outras providências legais.

70   A respeito do cuidado como valor jurídico, reitera-se aqui a recomendação de consulta ao trabalho precursor da Profª Tânia da Silva Pereira, intitulado O cuidado como valor jurídico. In: A ética da convivência familiar. Rio de Janeiro: Forense, 2006.

como sujeitos passivos da medida aplicável pelo Conselho Tutelar, os pais, os responsáveis e, ainda, os integrantes da família ampliada, os agentes públicos executores de medidas socioeducativas, ou, ainda, qualquer outra pessoa encarregada de cuidar da criança ou do adolescente.

As medidas impostas pelo legislador assemelham-se àquelas já previstas no art. 129, I, III, IV, VI e VII, do ECA, antes exclusivas dos pais ou responsáveis, devendo, para a sua aplicação, observar o mesmo rito já previsto na lei.

Tal não poderia ser diferente, já que, como dito anteriormente, é a partir destas medidas que se institui uma estrutura de retaguarda para as medidas de proteção às crianças e adolescentes, devendo estes ser sempre vistos e protegidos de qualquer espécie de violência, independentemente dos contextos social ou familiar no qual estejam inseridos.

o) Representação para a aplicação das medidas protetivas de urgência previstas na Lei n. 14.344, de 24 de maio de 2022

A mais recente atribuição conferida ao Conselho Tutelar decorre da Lei n. 14.344, de 24 de maio de 2022, a qual institui mecanismos para a prevenção e o enfrentamento da violência doméstica e familiar contra a criança e o adolescente.

Para fins de aplicação dessa lei, configura violência doméstica e familiar contra criança e adolescente qualquer ação ou omissão que lhe cause morte, lesão, sofrimento físico, sexual, psicológico ou dano patrimonial: I – no âmbito do domicílio ou da residência da criança e do adolescente, compreendida como o espaço de convívio permanente de pessoas, com ou sem vínculo familiar, inclusive esporadicamente agregadas; II – no âmbito da família, compreendida como a comunidade formada por indivíduos que compõem a família natural, ampliada ou substituta, por laços naturais, por afinidade ou por vontade expressa; e III – em qualquer relação doméstica e familiar na qual o agressor conviva ou tenha convivido com a vítima, independentemente de coabitação[71].

A novel legislação, com foco específico nas situações de violência doméstica ou familiar, amplia o rol normativo de medidas aplicáveis a crianças e adolescentes vítimas de violência, observando, para a caracterização da violência, as definições estabelecidas na Lei n. 13.431, de 4 de abril de 2017[72].

---

71 V. art. 2º.

72 O art. 4º da Lei n. 13.431, de 4 de abril de 2017, estabelece as seguintes formas de violência: "I – violência física, entendida como a ação infligida à criança ou ao adolescente que ofenda sua integridade ou saúde corporal ou que lhe cause sofrimento físico; II – violência psicológica: a) qualquer conduta de discriminação, depreciação ou desrespeito em relação à criança ou ao adolescente mediante ameaça, constrangimento, humilhação, manipulação, isolamento, agressão verbal e xingamento, ridicularização, indiferença, exploração ou intimidação sistemática (*bullying*) que possa comprometer seu desenvolvimento psíquico ou emocional; b) o ato de alienação parental,

PARTE II – A REDE DE ATENDIMENTO

Sendo constatada situação que implique ameaça ou prática de violência doméstica ou familiar contra criança ou adolescente, serão cabíveis as denominadas medidas protetivas de urgência, classificadas em: a) medidas protetivas de urgência que obrigam o agressor; e b) medidas protetivas de urgência à vítima.

De acordo com o art. 20 da Lei n. 14.344/2022, são medidas protetivas de urgência aplicáveis ao agressor:

I – a suspensão da posse ou a restrição do porte de armas, com comunicação ao órgão competente, nos termos da Lei n. 10.826, de 22 de dezembro de 2003;

II – o afastamento do lar, do domicílio ou do local de convivência com a vítima;

III – a proibição de aproximação da vítima, de seus familiares, das testemunhas e de noticiantes ou denunciantes, com a fixação do limite mínimo de distância entre estes e o agressor;

IV – a vedação de contato com a vítima, com seus familiares, com testemunhas e com noticiantes ou denunciantes, por qualquer meio de comunicação;

V – a proibição de frequentação de determinados lugares a fim de preservar a integridade física e psicológica da criança ou do adolescente, respeitadas as disposições da Lei n. 8.069, de 13 de julho de 1990 (Estatuto da Criança e do Adolescente);

---

assim entendido como a interferência na formação psicológica da criança ou do adolescente, promovida ou induzida por um dos genitores, pelos avós ou por quem os tenha sob sua autoridade, guarda ou vigilância, que leve ao repúdio de genitor ou que cause prejuízo ao estabelecimento ou à manutenção de vínculo com este; c) qualquer conduta que exponha a criança ou o adolescente, direta ou indiretamente, a crime violento contra membro de sua família ou de sua rede de apoio, independentemente do ambiente em que cometido, particularmente quando isto a torna testemunha; III – violência sexual, entendida como qualquer conduta que constranja a criança ou o adolescente a praticar ou presenciar conjunção carnal ou qualquer outro ato libidinoso, inclusive exposição do corpo em foto ou vídeo por meio eletrônico ou não, que compreenda: a) abuso sexual, entendido como toda ação que se utiliza da criança ou do adolescente para fins sexuais, seja conjunção carnal ou outro ato libidinoso, realizado de modo presencial ou por meio eletrônico, para estimulação sexual do agente ou de terceiro; b) exploração sexual comercial, entendida como o uso da criança ou do adolescente em atividade sexual em troca de remuneração ou qualquer outra forma de compensação, de forma independente ou sob patrocínio, apoio ou incentivo de terceiro, seja de modo presencial ou por meio eletrônico; c) tráfico de pessoas, entendido como o recrutamento, o transporte, a transferência, o alojamento ou o acolhimento da criança ou do adolescente, dentro do território nacional ou para o estrangeiro, com o fim de exploração sexual, mediante ameaça, uso de força ou outra forma de coação, rapto, fraude, engano, abuso de autoridade, aproveitamento de situação de vulnerabilidade ou entrega ou aceitação de pagamento, entre os casos previstos na legislação; IV – violência institucional, entendida como a praticada por instituição pública ou conveniada, inclusive quando gerar revitimização; V – violência patrimonial, entendida como qualquer conduta que configure retenção, subtração, destruição parcial ou total de seus documentos pessoais, bens, valores e direitos ou recursos econômicos, incluídos os destinados a satisfazer suas necessidades, desde que a medida não se enquadre como educacional".

VI – a restrição ou a suspensão de visitas à criança ou ao adolescente;

VII – a prestação de alimentos provisionais ou provisórios;

VIII – o comparecimento a programas de recuperação e reeducação;

IX – o acompanhamento psicossocial, por meio de atendimento individual e/ou em grupo de apoio.

De outro turno, são medidas protetivas de urgência aplicáveis à vítima, elencadas no art. 21 da novel legislação:

I – a proibição do contato, por qualquer meio, entre a criança ou o adolescente vítima ou testemunha de violência e o agressor;

II – o afastamento do agressor da residência ou do local de convivência ou de coabitação;

III – a prisão preventiva do agressor, quando houver suficientes indícios de ameaça à criança ou ao adolescente vítima ou testemunha de violência;

IV – a inclusão da vítima e de sua família natural, ampliada ou substituta nos atendimentos a que têm direito nos órgãos de assistência social;

V – a inclusão da criança ou do adolescente, de familiar ou de noticiante ou denunciante em programa de proteção a vítimas ou a testemunhas;

VI – no caso da impossibilidade de afastamento do lar do agressor ou de prisão, a remessa do caso para o juízo competente, a fim de avaliar a necessidade de acolhimento familiar, institucional ou colação em família substituta;

VII – a realização da matrícula da criança ou do adolescente em instituição de educação mais próxima de seu domicílio ou do local de trabalho de seu responsável legal, ou sua transferência para instituição congênere, independentemente da existência de vaga.

Importante observar que a aplicação das medidas protetivas de urgência de que trata a Lei n. 14.344/2022, ressalvadas as hipóteses descritas nela própria, é de atribuição exclusiva do Poder Judiciário, não se confundindo, portanto, com as medidas de proteção ou aplicáveis aos pais ou responsáveis, de atribuição do Conselho Tutelar e descritas no Estatuto da Criança e do Adolescente.

Assim, ao Conselho Tutelar, nas hipóteses da nova lei, não é facultada a aplicação direta dessas medidas, e sim atribuída a responsabilidade de requerer ou representar à autoridade judicial a sua aplicação. Tal circunstância, longe de representar uma diminuição do seu papel dentro do Sistema de Garantia dos Direitos, em verdade, o fortalece, na medida em que este é expressamente reconhecido como uma das instâncias primeiras de percepção e enfrentamento da situação de violência, a fim de que medidas outras e de cunho mais gravoso sejam aplicadas pelos órgãos do Sistema de Justiça.

Nesse sentido é o § 1º do art. 14 da lei, segundo o qual o Conselho Tutelar poderá representar às autoridades referidas nos incisos I, II e III do *caput* desse artigo para requerer o afastamento do agressor do lar, do domicílio ou do local de

PARTE II – A REDE DE ATENDIMENTO

convivência com a família. Na mesma linha é o art. 16, ao determinar que as medidas protetivas de urgência poderão ser concedidas pelo juiz, a requerimento do Ministério Público, da autoridade policial, do Conselho Tutelar ou a pedido da pessoa que atue em favor da criança e do adolescente.

Finalmente, também cabe ao Conselho Tutelar, no contexto das situações de violência doméstica ou familiar contra crianças ou adolescentes, requerer ao Ministério Público a propositura de ação cautelar de antecipação de provas nas causas que envolvam violência contra criança e adolescente, observadas as disposições da Lei n. 13.431/2017, e ainda atuar na proteção ao noticiante ou denunciante quando da revelação da violência ou quando houver a necessidade de aplicação de medidas de proteção em seu favor[73].

5.2. O limite territorial de atuação do Conselho Tutelar

A fim de espancar eventuais dúvidas ou discussões a respeito dos limites funcionais e territoriais de atuação dos Conselhos Tutelares, o legislador estatutário instituiu a norma do art. 138 do ECA, determinando que a tais órgãos seja aplicada a regra de competência constante do art. 147 da mesma lei.

De acordo com o art. 147 do ECA, relativo à autoridade judiciária, a competência é determinada: I – pelo domicílio dos pais ou responsável; II – à falta destes, pelo lugar onde se encontre a criança ou adolescente.

A disposição legal em comento impõe, inicialmente, a intervenção do Conselho Tutelar mais próximo do domicílio da criança ou do adolescente que, por determinação legal, é o de seus pais ou responsável[74]; caso estes sejam desconhecidos ou falecidos, aplica-se, subsidiariamente, a regra seguinte, determinante da atuação do Conselho do lugar onde se encontre a criança ou o adolescente.

A intenção do legislador foi ratificar a importância de a criança, do adolescente ou de sua família terem a sua situação avaliada por pessoas que, por estarem mais próximas de seu contexto socioeconômico, possuem melhores condições de identificar as suas necessidades e, por conseguinte, adotar as medidas mais adequadas, em observância às especificidades do caso concreto.

É importante ressaltar que o inciso I do art. 147 do ECA refere-se, tão somente, aos pais ou ao responsável, pelo que a existência de outros familiares em determinado Município – como, por exemplo, tios, avós, ou irmãos – é circunstância que, por si só, não é suficiente para afirmar a atribuição do Conselho Tutelar correspondente; a circunstância em tela, para justificar a sua atuação, deverá, necessariamente, estar acompanhada do fato de ser o Município destes familiares o local onde a

---

73   Consulte-se, a respeito, o art. 21, § 1º, e o art. 24, §§ 2º e 9º, da lei.

74   De acordo com o art. 76 e parágrafo único do Código Civil, tem domicílio necessário o incapaz, sendo o seu domicílio o do seu representante legal ou assistente.

criança ou o adolescente podem, usualmente, ser encontrados. Vale lembrar que não são tais familiares, por vezes, a principal referência familiar da criança ou do adolescente, ou, ainda, o seu Município, o local com o qual estão familiarizados, de modo a ensejar intervenção eficaz do órgão.

Outra observação relevante é a de que, em sendo constatada pelo Conselho Tutelar de determinada localidade a ausência de atribuição para atuar no caso, não estará este eximido de adotar as providências de caráter emergencial, providenciando, apenas em momento posterior, o encaminhamento da criança ou do adolescente ao Conselho competente para continuidade do atendimento; isto porque, em sendo a hipótese urgente, caberia até mesmo a qualquer pessoa do povo atuar em prol da defesa dos direitos da criança e do adolescente.

Questão que tem surgido na prática está em saber se o Conselho Tutelar de determinada localidade possui atribuição para requisitar serviços ou determinar o acolhimento institucional de criança ou de adolescente de outro Município.

Entendemos que o Conselho Tutelar somente possui atribuição para requisitar serviços dentro do Município ao qual está vinculado, devendo, nas demais hipóteses, solicitar a intervenção do Conselho Tutelar, do órgão do Ministério Público ou da autoridade judiciária da localidade para onde pretende realizar o encaminhamento; nas hipóteses de acolhimento institucional vale a mesma regra, devendo-se, contudo, nas hipóteses extremas, atentar para o que dispõe o art. 93 do ECA[75].

Por fim, cumpre lembrar que, nos casos em que o Município cria mais de um Conselho Tutelar, caberá à lei local estipular a área de atuação de cada um deles, não podendo, contudo, contrariar a norma geral ora apreciada.

6. A FISCALIZAÇÃO DO CONSELHO TUTELAR

Já se teve a oportunidade de afirmar que o Conselho Tutelar, sendo uma das peças-chave dentro do Sistema de Garantia de Direitos fundado pelo Estatuto da Criança e do Adolescente, mediante o exercício de atribuições que correspondem à atuação concreta em prol dos direitos infantojuvenis, tem como uma de suas características a autonomia, consistente na possibilidade de agir de forma absolutamente independentemente de qualquer outro órgão integrante do Poder Executivo local, de outra esfera de poder ou do Ministério Público.

Observou-se, desde logo, que asseverar a autonomia do Conselho Tutelar não significa dizer que sua atuação estará despida de qualquer espécie de restrição ou controle, razão pela qual é importante, nesta etapa, compreender os mecanismos

---

75 De acordo com o referido dispositivo legal, como já visto, às entidades, nas hipóteses excepcionais e urgentes, é possível acolher crianças e adolescentes, devendo levar tal fato ao conhecimento da autoridade judiciária no prazo máximo de 24 horas.

PARTE II – A REDE DE ATENDIMENTO

legais de fiscalização do órgão, não só no tocante ao mérito de suas decisões, mas também no que diz respeito à atuação individual de seus membros.

6.1. A revisão das decisões do Conselho Tutelar

O mecanismo legal, por excelência, de fiscalização da atuação do Conselho Tutelar, consiste na possibilidade de revisão de suas decisões pelo Poder Judiciário a pedido de qualquer interessado, revelada pelo art. 137 do ECA, que estabelece, *in verbis*:

> Art. 137. As decisões do Conselho Tutelar somente poderão ser revistas pela autoridade judiciária a pedido de quem tenha legítimo interesse.

O dispositivo legal em apreço reforça a autonomia funcional do Conselho Tutelar, afirmando, *a contrario sensu*, que não será possível à Administração Pública Municipal, ao Ministério Público ou a qualquer outra pessoa física ou jurídica determinar a solução de determinada questão de forma distinta da estabelecida previamente pelo órgão.

Este papel é exclusivo da autoridade judiciária, a quem compete rever a atuação do Conselho Tutelar, analisando não só o mérito da decisão, mas também a sua legalidade.

É importante, contudo, notar que esta avaliação não se opera de ofício, e sim por conta da iniciativa de qualquer *legítimo interessado*, em processo instaurado exclusivamente para tal fim, ou ainda em ação cujo pedido principal, caso deferido, acarrete modificação na realidade inicialmente vislumbrada pelo Conselho Tutelar.

Por legítimos interessados devem-se compreender todos os entes integrantes do Sistema de Garantias de Direitos, tais como o Ministério Público e as entidades de atendimento, ou, ainda, as pessoas físicas ou jurídicas que eventualmente sofram os efeitos da decisão.

Pode-se mencionar como exemplo situação na qual o Conselho Tutelar opte pela aplicação da medida de advertência a determinado pai ou responsável, ou, ainda, pelo seu encaminhamento a tratamento psicológico ou psiquiátrico (art. 136, II, c/c o art. 129, III e VII, do ECA). Não restará alternativa ao destinatário da medida senão recorrer à autoridade judiciária para a sua revisão, verificando se a providência foi, efetivamente, a mais adequada.

Hipótese semelhante é a do diretor de estabelecimento de ensino que, mesmo com as salas de aula lotadas, recebe determinação de matrícula de aluno naquela unidade; este também deverá provocar judicialmente a revisão da decisão do Conselho Tutelar, e não, simplesmente, recusar-se a atender a requisição do órgão.

Diante do exposto, é lícito concluir que, embora seja de competência exclusiva do Poder Judiciário determinar a manutenção ou não das decisões do Conselho Tutelar, o controle destas decisões não é; caberá a todos os operadores do Estatuto da Criança e do Adolescente, bem como à sociedade em geral fazê-lo, de modo a sanar eventual equívoco ou ilegalidade na atuação do órgão[76].

6.2. O controle da atuação dos membros do Conselho Tutelar

Embora o legislador estatutário tenha se preocupado em esclarecer a forma pela qual se opera o controle do mérito das decisões do Conselho Tutelar, o mesmo não acontece quando se tem em mira a conduta individual de seus membros.

A opção legislativa é justificável, já que uma medida adotada pelo conselheiro tutelar, no regular exercício de suas funções e em observância às normas legais ou regulamentares, não deve ser creditada a ele individualmente, e sim ao colegiado.

Como bem salienta Murillo José Digiácomo[77], deve-se reforçar a ideia de que

> o Conselho Tutelar é um Órgão *colegiado*, e que seu *poder de decisão*, tanto em relação às medidas que aplica, requisições que expede e outras atribuições previstas na Lei n. 8.069/90, resulta unicamente de seu funcionamento como tal (e não da iniciativa de um conselheiro isolado, ainda que seja este o "presidente" do Órgão, que a rigor não detém qualquer poder ou prerrogativa a mais que os demais), para o que deve seu regimento interno prever, a depender do volume de serviço, uma ou mais *sessões deliberativas* diárias ou semanais, onde os casos "atendidos" individualmente são levados à plenária para discussão e deliberação quanto às providências a serem tomadas. Nessa perspectiva, a atuação de um conselheiro tutelar isolado não pode (ou ao menos não deveria) ser automaticamente creditada (ou debitada, dependendo do ponto de vista) a *todo* o Conselho Tutelar, valendo lembrar que é este, enquanto **colegiado** (e não a seus membros, individualmente considerados), que se atribui as prefaladas *autonomia e independência funcional* (grifos do original).

Situação distinta se coloca quando o objeto de avaliação é a atuação de determinado conselheiro, se praticada em desacordo com a lei ou com o regimento interno do próprio Conselho.

---

76   Sobre a revisão das decisões do Conselho Tutelar, relevante citar o art. 27 da Resolução Conanda n. 231, de 28 de dezembro de 2022, *in verbis*:   "Art. 27. As decisões colegiadas do Conselho Tutelar proferidas no âmbito de suas atribuições e obedecidas as formalidades legais, têm eficácia plena e são passíveis de execução imediata.
§ 1º Cabe ao destinatário da decisão, em caso de discordância, ou a qualquer interessado requerer ao Poder Judiciário sua revisão, na forma prevista pelo art. 137, da Lei n. 8.069, de 1990.
§ 2º Enquanto não suspensa ou revista pelo Poder Judiciário, a decisão proferida pelo Conselho Tutelar deve ser imediata e integralmente cumprida pelo seu destinatário, sob pena da prática do crime previsto no art. 236 e da prática da infração administrativa prevista no art. 249, da Lei n. 8.069, de 1990".

77   DIGIÁCOMO, Murillo José. *Conselho Tutelar*: parâmetros para a interpretação do alcance de sua autonomia e fiscalização de sua atuação. Disponível em: <http://www.mp.pr.gov.br/cpca/criança.html> (*link* "Doutrina"). Acesso em: 23 out. 2015.

PARTE II – A REDE DE ATENDIMENTO

É tarefa da lei municipal estabelecer o regime administrativo-disciplinar aplicável aos membros do Conselho Tutelar, com a indicação das infrações funcionais e penalidades delas decorrentes, bem como do órgão interno responsável pela condução do processo de responsabilização.

A colocação, em lei municipal, de normas de controle interno e extrajudicial da atuação dos membros do Conselho Tutelar é não só viável juridicamente, como também recomendável, não importando, tal previsão, em interferência indevida na autonomia funcional do órgão.

Nesse passo, em sendo verificada hipótese na qual a conduta de determinado conselheiro tutelar não se harmonize com as regras estipuladas pelo próprio colegiado, ou, ainda, com os ditames constitucionais ou legais, estará aberta a possibilidade de sua responsabilização individual, nos moldes da lei local[78].

Vale frisar, contudo, que a aplicação de determinada penalidade disciplinar a conselheiro tutelar não poderá prescindir de mecanismos que viabilizem a sua defesa dentro do procedimento; é também relevante salientar que, constatada qualquer ilegalidade ou omissão do órgão administrativamente responsável pela aplicação da sanção, caberá a análise da questão pelo Poder Judiciário, mediante provocação do Ministério Público ou de qualquer legítimo interessado.

De qualquer modo e sem embargo da previsão, na lei municipal, de mecanismo interno de controle dos conselheiros tutelares, haverá, sempre – e de forma absolutamente independente do esgotamento ou solução da questão na seara administrativa –, a possibilidade de controle externo de sua atuação e, consequentemente, de sua responsabilização na esfera judicial.

O principal órgão incumbido de tal missão é o Ministério Público e o instrumento, por excelência, para tanto, é a ação civil pública, com vista à destituição de conselheiro tutelar, quando verificada que a sua presença no órgão é prejudicial ao seu regular funcionamento, e, portanto, à salvaguarda dos direitos infantojuvenis.

A respeito do tema vale também citar a doutrina de Murillo José Digiácomo[79] a ressaltar que

> *qualquer pessoa do povo* pode questionar a atuação e mesmo a postura individual dos membros do Conselho Tutelar sempre que estas se mostrem de qualquer modo *ilegais* ou *abusivas*, seja por ação, seja por omissão, podendo nesse sentido provocar tanto a autoridade judiciária, quanto o Ministério Público, sendo a este facultada a expedição de *recomendações administrativas* visando à melhoria do serviço público prestado pelo Órgão e, se necessário, a propositura de *ação civil pública* para fins de *afastamento* de um ou mais de seus integrantes

---

78 Sobre o processo de cassação do mandato de Conselheiro Tutelar na esfera administrativa, consultem-se, ainda, os arts. 43 a 48 da Resolução Conanda n. 231, de 28 de dezembro de 2022.

79 DIGIÁCOMO, Murillo José. *Conselho Tutelar*: parâmetros...

que demonstrem total e comprovada incapacidade para o exercício responsável das relevantes atribuições que lhe são conferidas (grifos do original).

A ação civil pública para a destituição de conselheiro pode ter como fundamentos a prática de atos contrários à lei ou ao regimento interno, a inaptidão para o exercício da função ou a realização de condutas com esta incompatíveis, ou, ainda, a constatação, a qualquer momento, da ausência dos requisitos para a investidura no cargo, entre os quais se destaca idoneidade moral[80].

Podem-se citar como exemplos de fatos que, na prática, têm dado ensejo a pedidos de destituição de membro do Conselho Tutelar, entre outros: 1) A utilização do cargo para fins de promoção pessoal; 2) O reiterado desrespeito à escala e ao horário de trabalho constante da lei de regência ou do regimento interno; 3) A criação de metodologia de trabalho própria e alheia a adotada pelos demais membros do colegiado; 4) A recusa injustificada de atendimento a situação enquadrada em sua esfera de atribuição; 5) A solução de conflitos de interesses que demandem a intervenção do Poder Judiciário, tais como guarda e alimentos de filhos; 6) O tratamento desrespeitoso ou grosseiro aos usuários que buscam atendimento; 7) Equívocos na condução dos casos, em prejuízo à adequada tutela dos direitos da criança ou do adolescente atendidos; 8) A não confecção dos registros pertinentes aos atendimentos prestados; 9) O desrespeito às normas estatutárias referentes ao acolhimento institucional de crianças e adolescentes; e 10) O envolvimento em crime, contravenção, ou, ainda, em ato de improbidade administrativa[81].

Jamais se pode perder de vista que o conselheiro tutelar, ao assumir fatia de atribuições e competências até então incumbidas a outro ente público – o Judiciário –, passou a ser responsável por uma parcela de poder, sendo a ele outorgado o encargo e a força de autoridade administrativa em quem a comunidade depositou sua confiança.

Enquadra-se, portanto, no conceito de agentes públicos para os mais diversos fins, devendo respeito aos princípios e às regras que regem a administração pública em geral, notadamente, aos princípios da legalidade, impessoalidade, moralidade, publicidade e eficiência, insculpidos no art. 37 da CF/88. Reforça-se aqui a observação já feita anteriormente no sentido de que os conselheiros tutelares en-

---

80 Consulte-se a respeito, neste mesmo capítulo, o tópico "3.3. Os requisitos mínimos para o exercício da função de Conselheiro Tutelar".

81 Na jurisprudência, cumpre a referência aos seguintes julgados: 1. STJ, REsp 1.186.969/SP, 1ª T., Rel. Min. Napoleão Nunes Maia Filho, Rel. p/ Acórdão Min. Sérgio Kukina, j. 19-9-2013; 2. TJRJ, Apelação Cível 0007069-66.2012.8.19.0064, 1ª Câm. Cív., Rel. Des. Fabio Dutra, j. 17-11-2015; 3. TJRS, Apelação Cível 70028919975, 3ª Câm. Cív., Rel. Matilde Chabar Maia, j. 9-9-2010; 4. TJRJ, Apelação 0022830-22.2018.8.19.0002, 23ª Câm. Cív., Rel. Des. Marcos Andre Chut, j. 6-10-2021; 5. TJRJ, Apelação 0072454-11.2016.8.19.0002, 11ª Câm. Cív., Rel. Des. Fernando Cerqueira Chagas, j. 21-10-2021.

PARTE II – A REDE DE ATENDIMENTO

quadram-se na definição legal de agente público constante do art. 2º da Lei n. 8.429/92 (Lei de Improbidade Administrativa), assim como no conceito de funcionário público previsto no art. 327 do Código Penal, estando, desta forma, sujeitos às penalidades específicas constantes destas leis[82].

Daí por que o ajuizamento de ação civil pública visando a sua destituição, por óbvio, não irá excluir a possibilidade, a depender das especificidades do caso concreto, de o conselheiro ainda responder criminal, civil e administrativamente, pelos atos praticados, sendo-lhes imputadas sanções outras além da perda da função[83].

REFERÊNCIAS

CYRINO, Públio Caio Bessa; LIBERATI, Wilson Donizeti. *Conselhos e fundos no Estatuto da Criança e do Adolescente.* 2. ed. São Paulo: Malheiros, 2003.

DIGIÁCOMO, Murillo José. Algumas considerações sobre a composição do Conselho Tutelar. Disponível em: <http://www.mp.pr.gov.br/cpca/crianca.html> (*link* "Conselho Tutelar"). Acesso em: 21 out. 2015.

DIGIÁCOMO, Murillo José. Criança acusada da prática de ato infracional: como proceder. Disponível em: <http://www.mp.pr.gov.br/cpca/crianca.html> (*link* "Doutrina"). Acesso em: 21 out. 2015.

DIGIÁCOMO, Murillo José. Conselho Tutelar e a medida de abrigamento. *Revista Igualdade* – Revista Trimestral do Centro de Apoio Operacional das Promotorias da Criança e do Adolescente, Curitiba, n. XXVII, abr./jun. 2000. Disponível em: <http://www.mp.pr. gov.br/cpca/crianca.html> (*link* "Revista Igualdade"). Acesso em: 21 out. 2015.

DIGIÁCOMO, Murillo José. Conselho Tutelar: parâmetros para a interpretação do alcance de sua autonomia e fiscalização de sua atuação. Disponível em: <http://www.mp.pr.gov.br/cpca/crianca.html> (*link* "Doutrina"). Acesso em: 23 out. 2015.

---

82 O art. 2º da Lei n. 8.429/92 estabelece ser agente público, para os efeitos dessa lei, todo aquele que exerce, ainda que transitoriamente ou sem remuneração, por eleição, nomeação, designação, contratação ou qualquer outra forma de investidura ou vínculo, mandato, cargo, emprego ou função nas entidades ali elencadas. O art. 327 do Código Penal, por sua vez, considera funcionário público quem, ainda que transitoriamente ou sem remuneração, exerce cargo, emprego ou função pública.

83 Consultem-se, a respeito, os seguintes julgados: 1. TJRS, Apelação Cível 70022997589, 4ª Câm. Cív., Rel. João Carlos Branco Cardoso, j. 1º-10-2008; 2. TJRS, Apelação Cível 70029971058, 4ª Câm. Cív., Rel. Ricardo Moreira Lins Pastl, j. 8-7-2009; 3. TJSP, Apelação Cível 994.08.104014-3, 7ª Câm. de Dir. Pub., Rel. Moacir Peres, j. 22-11-2010; 4. TJRS, Apelação Crime 70037726924, 4ª Câm. Crim., Rel. Gaspar Marques Batista, j. 7-10-2010.

GRILO, Valéria Teixeira de Meiroz. Parecer publicado na *Revista Igualdade* – Revista Trimestral do Centro de Apoio Operacional das Promotorias da Criança e do Adolescente, Curitiba, ano III, n. VIII, jul./set. 1995. Disponível em: <http://www.mp.pr.gov.br/cpca/crianca.html> (*link* "Revista Igualdade". Acesso em: 21 out. 2015.

PEREIRA, Tânia da Silva. O cuidado como valor jurídico. In: *A ética da convivência familiar.* Rio de Janeiro: Forense, 2006.

RAMOS, Maria Elisabeth de Faria. Art. 132. In: VERONESE, Josiane Rose Petry; SILVEIRA, Mayra; CURY, Munir (coord.). *Estatuto da Criança e do Adolescente comentado.* Comentários jurídicos e sociais. 13. ed. rev. e atual. São Paulo: Malheiros, 2018.

SÊDA, Edson. A a Z do Conselho Tutelar. Providências para mudança de usos, hábitos e costumes da família, sociedade e Estado, quanto a crianças e adolescentes no Brasil. Disponível em: <http://www.abmp.org.br/ publicacoes/ Portal_ABMP_Publicacao_168.doc>. Acesso em: 21 nov. 2005.

O Poder Judiciário

Galdino Augusto Coelho Bordallo

1. O JUIZ

O Poder Judiciário, como o executor da jurisdição, é único para todo o território nacional. Sua divisão em Tribunais de diversos níveis e especializações tem por finalidade melhorar a realização de seu mister.

O sistema judiciário brasileiro é dividido, pela Constituição Federal, em dois grandes aparelhos: o federal, correspondente à Justiça Federal, e o estadual, correspondente às Justiças Estaduais. Acima destes dois aparelhos encontram-se o Supremo Tribunal Federal e o Superior Tribunal de Justiça. Todos exercendo a mesma jurisdição, mas com competência diversa.

Sempre foi regra no direito brasileiro a existência de Juízo especializado para atendimento de crianças e adolescentes. O Código Mello Mattos (Decreto n. 17.943-A, de 12 de outubro de 1927) criava, em seu art. 146, um Juízo privativo dos menores abandonados e delinquentes no Distrito Federal. O Código de Menores (Lei n. 6.697/79), em seus arts. 6º e 84, denominava juiz de menores aquele com competência para conhecer das matérias constantes naquela lei.

A denominada Justiça da Infância e Juventude (ECA, Título VI, Capítulo II) pertence à Justiça Estadual, conforme dispõe expressamente o art. 145 do Estatuto da Criança e do Adolescente. Ao classificar o órgão jurisdicional como Vara da Infância e Juventude, o legislador federal o fez para igualar a nomenclatura para todo o território nacional e para demonstrar a todos os Tribunais estaduais a necessidade de instalação das Varas especializadas.

A criação e instalação das Varas da Infância e Juventude ficam a cargo das necessidades apontadas por cada estado da federação. As leis de organização judiciária fixarão as Comarcas onde haverá a necessidade de uma Vara específica e aquelas onde a competência para conhecer e julgar as ações que tratem de Direito da Criança e do Adolescente serão acrescidas a outro órgão, que, normalmente, são as Varas de Família.

O juiz, além das atribuições e responsabilidades inerentes ao cargo ocupado, quando à frente de uma Vara da Infância e Juventude, possui uma diversidade de funções que o diferenciam dos demais. Não possui apenas competência para conhecer e julgar todos os conflitos de interesses que cheguem às portas do Poder Judiciário, possuindo atribuições que fogem da esfera judicial de atuação. O ECA veio a transformar a figura do juiz no trato das questões referentes às crianças e aos adolescentes, fazendo dele uma figura democrática, muito diferente daquela figura autoritária existente no revogado Código de Menores.

Assim, o juiz da infância e juventude não possui mais "todo o poder do mundo" sobre as crianças e os adolescentes, como o tinha o juiz de menores. O Estatuto da Criança e do Adolescente veio justamente modificar esta situação, devolvendo ao Poder Judiciário a plenitude da função jurisdicional, principalmente a inércia, uma das principais características da jurisdição. Foram retiradas do juiz as funções tutelares – até mesmo pela criação dos Conselhos Tutelares – e as legislativas, mantendo, apenas, algumas poucas funções diferenciadas, mas que devem ser exercidas nos estritos limites da lei.

Tem ele o dever de fiscalizar as instituições de atendimento às crianças e adolescentes localizadas na Comarca onde atue, conforme determina o art. 95 do ECA em concorrência com o Ministério Público e o Conselho Tutelar[1]. Apesar da existência de órgãos auxiliares que podem realizar esta fiscalização por ordem do juiz, é essencial que ele compareça às instituições para conhecer a realidade do trabalho por elas realizado, pois isso faz que os profissionais que lá trabalham saibam que a autoridade judiciária é presente e atuante, podendo haver um contato direto que fará que inúmeros problemas sejam sanados mais facilmente. Essas fiscalizações periódicas são ideais para verificar se as instituições estão, de fato, realizando o correto atendimento às crianças, aos adolescentes e aos seus familiares. Não se pode esquecer a obrigatoriedade da presença física do juiz nas instituições de acolhimento quando da realização das audiências concentradas para reavaliação dos acolhimentos, conforme dispõe o Provimento n. 165/2024 do CNJ, em seu art. 69, § 2º.

Outra atividade atípica à função judicial exercida pelo juiz da infância é a expedição de portarias (art. 149 do ECA). Ao expedir as portarias para regulamentar atividades envolvendo crianças e adolescentes, bem como a possibilidade de participarem de eventos (utilizamos a expressão "participação em eventos" em seu

---

1   Este poder de realizar fiscalizações em instituições já era previsto pelo Código Mello Mattos, no art. 147, XII, e pelo Código de Menores, em seu art. 7º.

PARTE II – A REDE DE ATENDIMENTO

sentido amplo, englobando a atividade artística e a frequência ao mesmo), não estará agindo na atividade típica do Poder Judiciário, mas como o administrador, pois a portaria nada mais é do que um ato administrativo, tendo o juiz o poder de agir de ofício. Esta função de expedição de portarias de ofício é um resquício oriundo da legislação revogada, que não deveria ter sido mantida. Mesmo que seja estranha esta possibilidade de expedição de portarias, ela se adequa à Doutrina da Proteção Integral, pois o juiz assim agindo está visando evitar que direitos das crianças e dos adolescentes sejam violados e que se exponham estes a riscos.

Para o exercício do cargo de Juiz de Direito da Infância e Juventude, não basta o conhecimento do Direito que têm que possuir todos os magistrados, sendo necessário que o profissional se muna de um *plus*. Este *plus* é a sensibilidade que deverá ter para lidar com as graves situações comportamentais e de crises familiares e para tratar com as crianças e os adolescentes, sempre pautando sua atuação e suas decisões em benefício destes.

É muito importante que o juiz da infância e juventude saiba como chegar a uma criança e a um adolescente, como conquistar sua confiança, a fim de que ele consiga contar sua história de vida na esperança de ser socorrido. O juiz deverá, em muitas situações, abandonar a imponência e a severidade que o cargo impõe e voltar a ser criança, a ser adolescente, para poder entender os anseios, as necessidades e as angústias pelas quais passam. Deverá saber conversar com a criança e o adolescente em pé de igualdade. O juiz da infância precisa ter um perfil especial, que nem todos os juízes de direito têm.

2. ÓRGÃOS AUXILIARES

O Juízo da infância e da juventude é o órgão do Poder Judiciário composto de um Juiz de Direito e dos órgãos que o auxiliam na realização da atividade judicante.

Como todo e qualquer órgão jurisdicional, possui como órgãos auxiliares os mesmos que possui todo e qualquer Juízo: um escrivão, técnicos judiciários, auxiliares e oficiais de justiça no quantitativo indicado pela lei de organização judiciária. Como diferencial terá, na categoria de órgão auxiliar, a equipe interprofissional, composta, no mínimo, dos seguintes profissionais: assistentes sociais, psicólogos, pedagogos e educadores (comissários).

É, única e exclusivamente, da equipe interprofissional, como órgão auxiliar do juiz, que trataremos no presente item. Nada de novo há que se falar do escrivão, técnicos judiciários e oficiais de justiça, motivo pelo qual não cansaremos o leitor com assunto que pode ser encontrado em qualquer curso de direito processual.

A existência de equipe interprofissional para auxiliar o Juízo da infância na solução dos casos que lhe são postos a decidir não é uma novidade para o Direito Brasileiro. O Código Mello Mattos trazia, em seu art. 118, a enumeração da equipe do Juízo privativo de menores, incluindo entre os profissionais lá elencados um médico psiquiatra e dez comissários de vigilância. O Código de Menores de 1977, em seus arts. 6º e 7º, mencionava como equipe especial para os Juizados de Menores comissários que auxiliavam o juiz na sua função de fiscalização, podendo estes servidores ser voluntários nomeados pelo juiz, recaindo esta nomeação em pessoa de sua confiança. Como se vê, houve um retrocesso do Código Mello Mattos para o Código de Menores, pois no início do século XX o legislador já vislumbrava a necessidade da presença de profissionais de outro ramo (médico) para o atendimento dos menores. O Código de Menores refletia o autoritarismo vivido pelo Brasil na década de 1970 e centralizava todas as decisões na pessoa do juiz, que não necessitava consultar a ninguém, fazendo o que achasse melhor. Daí só haver previsão de fiscais para o auxiliarem em atividades externas. É excelente a evolução trazida pelo Estatuto da Criança e do Adolescente, que demonstra a necessidade de uma visão de fora do mundo jurídico para a solução dos problemas das crianças, dos adolescentes e de seus responsáveis, pois estamos cuidando de pessoas, de sentimentos[2].

Ao determinar a existência de equipe interprofissional para assessorar o juiz (art. 150), o ECA adota as determinações constantes das Regras Mínimas das Nações Unidas para a Administração da Justiça da Infância e da Juventude (Regras de Beijing), que na regra 16.1 trata dos relatórios de investigação social, demonstrando a necessidade de uma equipe de assistentes sociais.

É extremamente necessário e importante o trabalho destes profissionais, considerando a especialidade de cada um deles, que fará com que seja mais real a análise do caso e, em consequência, a solução a ser dada a este.

Por ter sido deixado a cargo do Poder Judiciário de cada unidade da federação a elaboração de sua equipe interprofissional, não teremos uniformidade na diversidade de profissionais que a comporão (art. 150 do ECA). No Estado do Rio de Janeiro, a equipe interprofissional das Varas de Infância e Juventude[3] é composta de assistentes sociais, psicólogos e comissários, sendo eles subordinados diretos ao juiz

---

2   Devemos ressaltar que as varas da infância e juventude foram os primeiros órgãos judiciais que contaram com equipe interprofissional para auxiliar na solução dos casos. Hoje, as equipes interprofissionais estão se espalhando para outros órgãos, como as Varas de família e Juizados Especiais Criminais, onde se incluem as centrais de penas alternativas, num sinal de que o Poder Judiciário já se conscientizou da necessidade da intervenção de profissionais de outros ramos.

3   E agora também do idoso, o que demonstra uma total falta de sensibilidade do TJRJ no trato com as questões da criança e do adolescente e, também, do idoso. A junção do idoso à competência das Varas da Infância, ao invés da criação de Juízos próprios, foi um andar na contramão da especialização e na da célere prestação jurisdicional, pois o acúmulo de processos que já se tinha nas Varas da Infância será muito maior de agora em diante. Esta junção viola o Princípio Constitucional da Prioridade Absoluta das Crianças e dos Adolescentes e a prioridade da lei ordinária para o idoso.

PARTE II - A REDE DE ATENDIMENTO

Os pareceres sociais elaborados pela Divisão de Serviço Social e os pareceres psicológicos elaborados pelo Serviço de Psicologia são de grande valia para o entendimento das questões que se apresentam. Esses profissionais irão visualizar os casos por um prisma totalmente diferente daquele que terá o profissional do direito, o que é extremamente saudável para a prolação da decisão. A menção à atuação da equipe de assistentes sociais e psicólogos é feita de forma expressa pelo ECA em seus arts. 161, § 1º, 167 e 186, § 4º. A bem da verdade, a atuação dessa equipe é necessária na quase totalidade dos processos e procedimentos da competência da Vara da Infância. Nos processos em que a atuação da equipe interprofissional é imprescindível, poderá ser ela substituída e/ou auxiliada pela equipe da instituição onde a criança/adolescente encontre-se abrigado ou cumprindo medida socioeducativa, sendo esse critério utilizado em todas as Varas da Infância, a fim de não sobrecarregar, ainda mais, a equipe do Juízo.

O art. 151 do ECA dispõe como uma das atribuições principais da equipe interprofissional a emissão de laudos que venham a fornecer subsídios para auxiliar na solução do caso. Nesta função a equipe interprofissional equivalerá à figura do perito judicial, aplicando-se a ela, naquilo que for cabível, todas as regras constantes do CPC, arts. 464 a 480. Podem as partes, portanto, indicar assistentes técnicos e apresentar quesitos. Havendo a necessidade de um profissional específico que não exista nos quadros da Vara da infância, o juiz nomeará algum de sua confiança, conforme regra constante do art. 466 do CPC. Por se tratar de laudo pericial, conforme dispõe o art. 479 do CPC, não fica o juiz adstrito a seu teor, mas para decidir em sentido contrário ao teor do parecer da equipe deverá fundamentar sua decisão com outros elementos de convicção constantes dos autos. A Lei n. 13.509/2017 acresceu o parágrafo único ao art. 151, disciplinando que, nos locais onde não existir ou for insuficiente o número de pessoas na equipe interprofissional do Juízo, poderá ser nomeado perito para exercer tal papel.

Um ponto que merece atenção das equipes interprofissionais é o fato de atuarem em uma Vara da infância, onde sempre devem ter-se as ações pautadas no atendimento do princípio do superior interesse da criança. Esta ressalva é feita pelo fato de percebermos que, em muitos processos, as equipes ficam lutando pela reintegração familiar da criança/adolescente quando se verifica, facilmente, pela situação em concreto, que esta será impossível. Já tivemos condições de perceber que membros de algumas equipes preocupam-se em demasia com a situação dos pais, tentando manter o vínculo familiar a qualquer custo, mesmo que o preço a ser pago seja a manutenção da criança por toda a sua vida em um abrigo. É certo que deve ser tentada a reintegração familiar, mas a tentativa há que ter um limite, que será o momento em que começar a prejudicar as possibilidades que a criança/adolescente tenha de colocação em família substituta.

Sabemos que a partir de uma determinada idade, as possibilidades de colocação em família substituta acabam. Logo, o trabalho de tentativa de reintegração familiar há que ter em mente esse momento. Devem-se trabalhar as possibilidades de reintegração, mas não com o fim de beneficiar os pais ou responsáveis, mas a criança. Vindo a ser, o preço destas tentativas, a perpetuação do abrigo, devem as equipes interprofissionais mudar o enfoque, informar da impossibilidade de reintegração familiar, inserindo a criança/adolescente no cadastro para adoção, a fim de tentar propiciar a ele uma convivência familiar, pois, por certo, a colocação em família substituta, qualquer que seja sua modalidade, será melhor do que uma vida em abrigo.

A família não deve ser colocada em primeiro lugar, mas a criança ou o adolescente, uma vez que o Estatuto tem como objetivo a proteção destes.

A equipe interprofissional será de grande valia para a função de fiscalização das instituições de atendimento às crianças e adolescentes (art. 95 do ECA), pois poderá indicar problemas no funcionamento das instituições que não serão percebidos pelo juiz. Os assistentes sociais e psicólogos, ao realizarem inspeção nas instituições, trazem um olhar totalmente diferente daquele apresentado pelos profissionais do direito, haja vista a completa diferença na formação acadêmica, o que faz com que percebam problemas que passam despercebidos pelo juiz e pelo promotor de justiça.

Muitos profissionais do direito ainda apresentam resistência à atuação das equipes técnicas, por acharem que sua opinião há sempre que prevalecer, sem a necessidade de ouvir outras pessoas. Felizmente este posicionamento retrógrado está sendo, pouco a pouco, superado, e a intervenção de profissionais de diversas áreas do conhecimento está sendo utilizada para auxiliar a solução dos problemas jurídicos. Com o advento da Lei n. 12.010/2009, a importância da equipe interprofissional do Juízo ficou expressa, como se pode verificar pelas novas regras do processo de adoção e do procedimento para habilitação para adotar, entre outros, como será estudado nos capítulos próprios, para os quais remetemos o leitor. Assim, fica, a cada dia, mais e mais sepultado o retrógrado posicionamento de se ignorar a existência dos assistentes sociais e psicólogos para auxílio na solução dos conflitos interpessoais.

O Comissariado, que também compõe a equipe auxiliar do Juízo da infância, é composto de funcionários concursados e voluntários, conforme se depreende do texto do art. 194 do ECA. A função dos Comissários é a de ser uma *longa manus* do juiz, verificando a veracidade de fatos noticiados (através de sindicâncias e diligências), fiscalizando os eventos que contarão com a participação de crianças e adolescentes (para que os mesmos não violem as regras estatutárias), autuando os autores de infrações administrativas. São inúmeras as funções dos Comissários, cabendo às leis de organizações judiciárias a enumeração de suas funções e o limite de sua atuação[4].

---

4   No Estado do Rio de Janeiro as funções dos Comissários estão enumeradas no art. 422 da Consolidação Normativa da Corregedoria-Geral de Justiça.

PARTE II – A REDE DE ATENDIMENTO

A figura do comissário voluntário é resquício do Código de Menores, que o previa em seu art. 7º e que não deveria ter sido mantida, por trazer sérios problemas para o funcionamento dos Juízos da infância e tirar a responsabilidade do Estado de realizar concurso público para provimento de cargos. Muitos problemas já foram causados pelos voluntários, que se arvoravam de autoridade e praticavam atos que configuravam, em tese, figuras penalmente previstas. Os Tribunais de Justiça, infelizmente, continuam a utilizar a figura dos voluntários, extremamente facilitadora por evitar a realização de concursos públicos e aumento de despesa, sendo uma coisa barata que, às vezes, acaba saindo mais cara, pelos problemas que surgem. Pelo que percebemos, a triagem daqueles que desejam prestar o serviço voluntário está sendo melhor, mas esta situação, por certo, não é a ideal. O ideal seria a alteração do texto do art. 194, com a proibição expressa da figura do voluntário, fazendo com que fosse obrigatória a realização de concurso público para o cargo de Comissário.

Ministério Público

Galdino Augusto Coelho Bordallo

1. INTRODUÇÃO

O Ministério Público teve sua face totalmente modificada com a promulgação da Constituição Federal de 1988, tendo sido ampliada sua esfera de atuação, com aumento de suas atribuições. A Constituição Federal, ao tratar das funções essenciais à justiça, inclui o Ministério Público e, em seu art. 127, o qualifica como a instituição permanente e autônoma destinada à defesa da ordem jurídica, do regime democrático e dos interesses sociais individuais indisponíveis.

Seus membros gozam das prerrogativas da vitaliciedade, inamovibilidade e irredutibilidade de subsídios, sendo-lhes vedadas algumas atividades, enumeradas no inciso II do art. 128 da CF. A instituição é regida pelos princípios da unidade, independência funcional e indivisibilidade.

A Carta Constitucional, em seu art. 129, enumera as funções institucionais do Ministério Público.

Com o novo regime constitucional o Ministério Público passou a ter uma fisionomia muito mais voltada para a solução dos problemas sociais, deixando de lado a antiga postura de instituição direcionada unicamente para a persecução criminal. Hoje, podemos seguramente falar do Ministério Público social, voltado para a solução dos diversos problemas.

Em um Estado de Direito Democrático como o brasileiro, faz-se necessária a existência de uma instituição destinada primordialmente à defesa dos interesses da sociedade – especialmente em face de violações perpetradas pelo Poder Público –,

PARTE II – A REDE DE ATENDIMENTO

como o *ombudsman*[1]. Essa função foi reservada ao Ministério Público pelo Constituinte de 1988.

O Ministério Público Brasileiro, considerando a característica de independência com relação a todos os órgãos estatais e o grande número de funções que exerce, não pode ser comparado com nenhum congênere no mundo, não podendo ser enquadrado em nenhuma das críticas realizadas por Mauro Cappelletti[2].

Interessa-nos mais de perto, como função institucional do Ministério Público, a defesa dos direitos das crianças e dos adolescentes (LC n. 75/93, art. 5º, III, *e*).

É dever do Estado, com absoluta prioridade, assegurar à criança e ao adolescente a proteção a todos os seus direitos (art. 227 da CF). Foi o Ministério Público eleito o grande ator na defesa destas pessoas em desenvolvimento, considerando-se a gama de atribuições que são conferidas à instituição, pelo Estatuto da Criança e do Adolescente, art. 201.

No extenso rol do art. 201 são elencadas atribuições judiciais e extrajudiciais para a defesa de todos os direitos das crianças e dos adolescentes, qualquer que seja sua natureza.

Nesse ponto devemos ressaltar haver uma amplitude no rol dos direitos defendidos pelo Ministério Público, pois não fica restrito aos direitos difusos, coletivos e individuais homogêneos, possuindo, também, atribuição para a defesa dos direitos puramente individuais[3]. Essa afirmação resta comprovada com a simples leitura do art. 201, III (que dispõe sobre a legitimidade para propositura de ação de alimentos), VIII (que trata da legitimidade para a propositura de medidas judiciais e extrajudiciais cabíveis para o respeito dos direitos e garantias legais assegurados às crianças e aos adolescentes) e IX (legitimidade para impetrar mandado de segurança). Trata-se de uma atividade específica do Promotor de Justiça da Infância e Juventude, o que causa espanto aos juristas que não têm intimidade com as peculiaridades do Estatuto da Criança e do Adolescente. Em um momento inicial existiram inúmeras decisões, inclusive do Superior Tribunal de Justiça, afirmando que o Ministério Público não tinha legitimidade para a defesa de direitos individuais

---

1 A figura do *ombudsman* surgiu na Suécia há quase dois séculos, tendo sua figura se multiplicado e se espalhado por diversos países. Na Espanha, temos a figura do *Defensor Del Pueblo*, prevista no art. 54 da Constituição Espanhola e criada pela Ley Orgânica 03/81, de 6 de abril, cf. nosso *A coisa julgada nas ações coletivas*, dissertação apresentada no Curso de Mestrado na Universidade Gama Filho, Rio de Janeiro, 1999, p. 81 (inédita).

2 The role of the Ministère Public, the Prokuratura, and the Attorney General in civil litigations. *Public interest parties and the active role of the judge in civil litigations*, Giuffrè, 1975.

3 O tema da proteção aos direitos puramente individuais das crianças e dos adolescentes pelo Ministério Público será desenvolvido no capítulo intitulado "Outras ações previstas no Estatuto".

das crianças e dos adolescentes, equívoco que só pode ser atribuído ao desconhecimento das regras estatutárias. Felizmente esse problema já foi superado.

As atribuições judiciais estão elencadas nos incisos II (promover e acompanhar as ações socioeducativas), III (promover e acompanhar as ações de alimentos, suspensão e destituição do poder familiar, nomeação e remoção de tutores, curadores e guardiães), IV (promover a inscrição de hipoteca legal e prestação de contas de tutores e curadores), V (promover a ação civil pública), VIII (promover as medidas judiciais cabíveis para o efetivo respeito dos direitos e garantias legais assegurados às crianças e adolescentes), IX (impetrar mandado de segurança, mandado de injunção e *habeas corpus*), X (propor representação administrativa para aplicação de penalidade por prática de infrações contra as normas de proteção às crianças e aos adolescentes), XIII (intervir, quando não for parte, nas causas cíveis e criminais decorrentes de violência doméstica e familiar contra a criança e o adolescente).

As atribuições extrajudiciais encontram-se elencadas nos incisos I (conceder a remissão como forma de exclusão do processo), V (promover o inquérito civil), VI (instaurar procedimentos administrativos), VII (instaurar sindicâncias, requisitar diligências investigatórias e determinar a instauração de inquérito policial), VIII (promover as medidas extrajudiciais cabíveis para o efetivo respeito aos direitos e garantias legais assegurados às crianças e adolescentes), XI (inspecionar as entidades públicas e particulares de atendimento às crianças e aos adolescentes), XII (requisitar força policial, bem como a colaboração dos serviços públicos ou particulares, para o desempenho de suas atribuições).

A enumeração constante do artigo é exemplificativa, consoante o teor de seu § 2º, que dispõe sobre a possibilidade de outras atribuições, desde que compatíveis com a finalidade institucional, estando ela discriminada no art. 127 da CF.

Para a propositura das ações de natureza cível constantes dos incisos do art. 201, a legitimidade do Ministério Público não será exclusiva, mas concorrente e disjuntiva com outros legitimados (§ 1º), regra que é correta, pois a instituição atuará como substituto processual, agindo nas situações em que o legitimado ordinário quedar-se inerte. Trata-se de regra semelhante à existente na Lei n. 7.347/85, art. 5º, que será estudada no capítulo que trata da ação civil pública. Não há qualquer impedimento a que o Ministério Público atue em litisconsórcio com outro legitimado.

É obrigatória a intervenção do Ministério Público em todos os atos processuais e em todos os processos em curso na Vara da Infância e Juventude, conforme determina o art. 202 do ECA, acarretando a nulidade do processo a falta da intervenção do *Parquet* (art. 204).

As manifestações do Ministério Público devem ser obrigatoriamente fundamentadas, conforme dispõe o art. 205 do ECA. A regra estende ao Ministério Público o princípio constitucional de motivação das decisões, constante do art. 93, IX e X,

PARTE II – A REDE DE ATENDIMENTO

da CF. Não pode o promotor de justiça dizer apenas se concorda ou se opõe a algo, devendo justificar o porquê do posicionamento adotado.

A atuação do promotor de justiça da infância e juventude é uma das mais diversificadas e gratificantes dentre as especializações funcionais do Ministério Público. A diversidade das funções em um órgão com atribuição para infância e juventude é imensa, trazendo uma experiência de vida que não será obtida em nenhum outro órgão de atuação. A atuação não se limita à aplicação do direito ao caso concreto, sendo muito mais ampla, pois o Promotor de Justiça da Infância e Juventude deve atuar na solução de problemas os mais diversos, muitas vezes apenas ouvindo, aconselhando, orientando pais e filhos. Em muitos casos, a simples oportunidade de as pessoas se fazerem ouvir e serem em seguida aconselhadas, como faziam os anciãos nas sociedades antigas (e ainda hoje nas indígenas), é o bastante para a solução de um problema.

Para exercer de forma correta as atribuições que lhe foram conferidas pelo legislador, o Promotor de Justiça da Infância e Juventude não pode ser um mero burocrata que se manifesta em todos os processos sob sua responsabilidade e só sai de seu gabinete para se dirigir à sala de audiências. Deve ir à rua, contatar os órgãos representativos da sociedade, conhecer a comunidade com a qual trabalha e se fazer conhecer, conhecer os problemas *in loco* para melhor poder solucioná-los. Este o Promotor de Justiça desejado pelo povo.

Para não tornar o texto repetitivo, analisaremos neste capítulo apenas as atribuições que não foram tratadas nos capítulos cujos temas apresentam direta ligação com a atuação ministerial e aquelas que digam respeito à atuação específica na área da infância e juventude. Não cuidaremos das atribuições que são genéricas a todos os membros do Ministério Público, como a requisição de instauração de inquérito policial ou medida que qualquer pessoa pode tomar, como a impetração de *habeas corpus*.

2. INSTAURAÇÃO DE PROCEDIMENTOS ADMINISTRATIVOS E SINDICÂNCIAS (ART. 201, VI E VII)

Inúmeros casos, das mais diversas naturezas, chegam ao conhecimento do Promotor de Justiça da Infância e Juventude e necessitam de apuração para: 1) Constatação de sua veracidade; 2) Colheita de provas para que o caso possa ser mais bem analisado e escolha da providência a ser adotada.

Para maior controle das comunicações que lhe chegam, é ideal que o Promotor de Justiça determine a imediata autuação e registro dos fatos noticiados como notícia de fato ou procedimento administrativo, com numeração sequencial, sempre com atenção ao que dispõem as Resoluções do CNMP e as da Procuradoria-Geral de Justiça. A investigação será realizada por órgão de apoio ao Ministério Público. Nas localidades em que o Ministério Público não contar com órgãos de apoio, deverá buscar auxílio em outros órgãos do Estado como o Conselho Tutelar e a polícia (esta última nas hipóteses em que os fatos noticiados configurem, em tese, a prática de crime).

Os fatos chegam ao conhecimento do Promotor de Justiça das mais diversas formas, sendo anônima a maior parte das comunicações. Por esse motivo, não se deve tomar nenhuma providência antes de determinar a verificação da veracidade dos fatos. Constatado que os fatos não são verdadeiros, o procedimento deve ser arquivado. Sendo verdadeiros os fatos, deve ser iniciada a instrução do procedimento para oitiva das pessoas envolvidas, reduzindo-se a termo suas declarações (art. 201, § 5º, *a*).

Ao ouvir as pessoas que levam fatos a seu conhecimento ou investigando as comunicações anônimas, o Promotor de Justiça da Infância e Juventude funciona como verdadeiro *ombudsman*.

Para a convocação das pessoas a serem ouvidas será expedida notificação (art. 201, VI, *a*) da qual deve constar que o não comparecimento injustificado acarretará a condução coercitiva, podendo ser usada força policial para tanto.

Podem ser requisitados os documentos e as informações necessárias a órgãos públicos e particulares, bem como a pessoas naturais e jurídicas (alíneas *b* e *c*). Sendo preciso, deve o Promotor requisitar a realização de perícia, que deve ser efetuada, preferencialmente, pela equipe técnica do Ministério Público.

Quando da expedição de ofícios contendo requisições de documentos ou qualquer outra informação, deve o promotor de justiça fixar prazo para sua resposta. Essa providência é extremamente importante para que se possa caracterizar o descumprimento por parte da pessoa que deveria atender à requisição ministerial e ter configurado o crime previsto no art. 236 do ECA.

O prazo a ser fixado deve ser aquele necessário a que a informação/documento requisitado possa ser enviado, devendo o promotor de justiça utilizar bom senso em sua fixação, não podendo ser fixado prazo inferior a dez dias úteis, conforme determinação constante do art. 223 do ECA.

Em algumas situações faz-se necessário que a informação ou o documento seja apresentado em prazo inferior a dez dias úteis, a fim de ser garantida a preservação de um direito. Nessas hipóteses, para que o prazo fixado seja inferior àquele previsto no art. 223, deve o promotor de justiça justificar os motivos justificadores da urgência.

Considerando a especialidade das Promotorias de Justiça de infância e juventude e as situações que são cuidadas no dia a dia, envolvendo, muitas vezes, as mais diversas formas de violência contra crianças e adolescentes, torna-se muito importante a existência de equipe interprofissional composta por Assistentes Sociais e Psicólogos.

É extremamente vantajoso para a solução dos problemas diários que são apresentados e cuidados pelas Promotorias de Justiça da infância e juventude que se

PARTE II – A REDE DE ATENDIMENTO

instaurem procedimentos administrativos e sindicâncias, pois muitos problemas são solucionados logo em seu nascedouro, evitando-se consequências mais gravosas para as crianças e os adolescentes. Com os procedimentos administrativos e sindicâncias muitas questões que acabariam por se tornar mais um processo em curso na Vara da Infância são solucionados com simples encaminhamentos para órgãos públicos e acompanhamento da evolução da situação.

Devemos ressalvar que o promotor de justiça deve tomar todas as medidas necessárias para solucionar os problemas que surgem, realizando os encaminhamentos necessários, sendo-lhe vedada, porém, a aplicação de medidas protetivas (art. 101 do ECA). Apesar de posicionamento contrário[4], entendendo que o Promotor de Justiça da Infância e Juventude pode aplicar medidas protetivas, não podemos com ele concordar, por não contar com amparo legal. Apesar de o § 2º do art. 201 dispor que outras atribuições além das expressas nos incisos podem ser exercidas pelo Ministério Público, a aplicação de medidas protetivas fica vedada por falta de previsão no ECA. O Estatuto, ao tratar das medidas protetivas, determina que sejam aplicadas pela autoridade competente (art. 101). O próprio Estatuto dirá expressamente, ao cuidar de seus operadores, quais podem aplicar as medidas protetivas, sendo eles o Conselho Tutelar (art. 136, I) e o juiz (arts. 148, VII, e 153). Ao tratar do Ministério Público, não há qualquer previsão expressa sobre a aplicação de medida. O termo mais aproximado utilizado pelo ECA é *promover as medidas*, muito diferente de aplicar.

Antes de passarmos à análise de algumas situações de atuação extrajudicial do promotor da infância, não se pode deixar de enfatizar a importância dessa atuação e a necessidade de que o promotor de justiça se prepare para ela. A atuação extrajudicial é importante porque traz a possibilidade de solução do problema de forma muito mais célere do que por meio da propositura de uma ação, sendo a solução extrajudicial dos conflitos incentivada pelo CPC (art. 3º, § 2º). Dentre as diversas especializações que o promotor de justiça deve buscar, a mediação é de suma importância, pois lhe fornecerá instrumentos que poderá utilizar para buscar melhor solução aos conflitos que se apresentem.

3. PROMOVER MEDIDAS JUDICIAIS E EXTRAJUDICIAIS PARA ZELAR PELO EFETIVO RESPEITO AOS DIREITOS E GARANTIAS LEGAIS DAS CRIANÇAS E DOS ADOLESCENTES (ART. 201, VIII E XIII)

Esta atribuição é um desdobramento do art. 129, II, da Constituição Federal.

Com base na regra constante do inciso VIII do art. 201, o promotor de justiça da infância e juventude têm aberto à sua frente um leque incontável de possibili-

---

4   LIBERATI, Wilson Donizeti; CYRINO, Públio Caio Bessa. *Conselhos e fundos no Estatuto da Criança e do Adolescente*. 2. ed. São Paulo: Malheiros, 2003, p. 212.

dades para agir na defesa da garantia dos direitos das crianças e dos adolescentes. Pode mover qualquer tipo de ação para proteção de qualquer direito ou garantia que esteja sendo desrespeitado, bem como promover medidas extrajudiciais.

A notícia do desrespeito pode chegar das mais diversas formas, sendo ideal que, ao conhecê-la, o Promotor de Justiça determine a instauração de procedimento administrativo para documentar todos os atos.

De regra, é o Poder Público quem mais desrespeita os direitos e as garantias das crianças e dos adolescentes, ao deixar de cumprir as regras mínimas para a proteção dessas pessoas em desenvolvimento. Para fazer o administrador voltar ou começar a agir da forma correta, o Ministério Público deve agendar reunião, a fim de buscar solucionar extrajudicialmente o problema (art. 201, § 5º, *b*). É importante que o promotor de justiça tenha o controle da reunião, delimite seu tema e procure não juntar diversos assuntos para discutir, pois corre o risco de não conseguir solucionar nenhum deles.

Verificadas as violações aos direitos, deve o Promotor de Justiça elaborar recomendação (art. 201, § 5º, *c*), mostrando onde se encontram os descumprimentos às garantias das crianças e dos adolescentes, indicando prazo razoável para sua correção. O prazo razoável será aquele que normalmente o homem médio levaria para cumprir a determinação, devendo o Promotor de Justiça fixá-lo dentro de um critério equilibrado. Nada impede que na reunião realizada com o agente público seja elaborado acordo sobre como será a ação, sendo importante que se transcreva a reunião, fazendo-se uma ata na qual todos os pontos sejam claramente fixados, com prazo para cumprimento, sendo assinada por todos. Esta ata servirá como um termo de ajustamento de conduta, passível de execução, por aplicação do art. 5º, § 6º, da Lei n. 7.347/85.

Este mesmo proceder deve ser utilizado quando o descumpridor das regras protetivas for um particular.

A Lei n. 14.344, de 24 de maio de 2022, acrescentou o inciso XIII ao art. 201 do ECA. Esse inciso, a nosso ver, nada mais é do que uma redundância trazida pelo legislador.

Sabemos que o ECA é uma lei aplicável a **todas** as crianças e adolescentes e em todos os Juízos. Como já dito no início deste item, este é um desdobramento do disposto no art. 129, II, da CR. Na área da infância e da juventude, o Ministério Público atua em todos os processos, seja como parte, seja como *custos iuris*.

Na esfera cível, o Ministério Público intervirá em todos os processos que envolverem o interesse público ou social e interesse de incapaz (art. 178, I e II, do CPC).

Nos processos originados de violência doméstica que se encontram sob a égide da Lei Maria da Penha (Lei n. 11.340/2006) já há a previsão da intervenção do Ministério Público em todas as causas cíveis e criminais quando não for parte (art. 25). Se já tem a obrigação de atuar quando a vítima é mulher com capacidade

PARTE II - A REDE DE ATENDIMENTO

para os atos da vida civil, com mais razão sua atuação quando a vítima for criança e adolescente. Nesse mesmo sentido, se a criança ou o adolescente foi vítima de qualquer tipo de violência e o processo tiver curso em uma Vara criminal.

A proteção legal para crianças e adolescentes com a atuação obrigatória do Ministério Público nesses processos como fiscal da lei e protetor dessas pessoas em formação já é tradicional em nosso ordenamento jurídico, o que nos dá total certeza de que o inciso em comento apenas veio para reiterar o que a Constituição Federal e a legislação ordinária já afirmam há décadas.

4. INSPEÇÃO ÀS ENTIDADES DE ATENDIMENTO (ART. 201, XI)

É extremamente importante que o Promotor de Justiça inspecione periodicamente as instituições de atendimento às crianças e aos adolescentes que estejam localizadas dentro de sua área física de atuação, a fim de verificar se estão dando cumprimento às determinações constantes do Estatuto da Criança e do Adolescente.

Não pode ser impedida, sob nenhum pretexto, a entrada do Promotor de Justiça em todas as dependências do acolhimento e de qualquer outro local, pois tem ele livre acesso a todo lugar onde se encontre criança e adolescente quando estiver no exercício de suas funções (art. 201, § 3º). Havendo algum embaraço em sua entrada aos locais onde deva ser realizada a inspeção, deve fazer uso de força policial para adentrar e permanecer (art. 201, XII).

As inspeções têm, também, como finalidade: a verificação das condições físicas das instituições, a quantidade e qualidade dos alimentos que serão destinados aos acolhidos, o exame das pastas obrigatórias com a documentação dos acolhidos[5], a composição da equipe técnica, dos educadores e dos demais funcionários do acolhimento. O Promotor de Justiça deve se fazer acompanhar de equipe interprofissional para que lhe auxilie na inspeção, da qual deve ser elaborado Relatório, do promotor de justiça e da equipe técnica.

Deve ser examinada a documentação da instituição, seus estatutos, atas de eleição da diretoria, se há cadastro atualizado de inscrição do Conselho Municipal dos direitos da criança e do adolescente e Conselho Municipal de ação social. O plano de trabalho da instituição deve ser examinado, a fim de verificar se não está sendo desrespeitado.

---

5   Como documentação mínima que as pastas dos acolhidos deve conter, sugerimos a seguinte: ficha de dados pessoais, encaminhamento para o acolhimento, motivo do acolhimento, certidão de nascimento, carteira de vacinação do abrigado, identificação documental do responsável, comprovante de residência do responsável, comprovante de matrícula escolar, cópia do boletim escolar, ficha de evolução do caso, relatórios técnicos, receita e laudo médico (nas hipóteses em que o abrigado tenha algum problema de saúde).

No que se refere à alimentação dos acolhidos deve-se atentar para a existência de cardápio elaborado por nutricionista, a fim de que ele atenda às necessidades de desenvolvimento das crianças e/ou adolescentes atendidos.

Percebendo problemas estruturais no prédio da instituição, o Promotor de Justiça deve requisitar inspeção pela equipe técnica de engenheiros e arquitetos do Ministério Público, que elaborarão laudo. Sabemos das grandes disparidades existentes entre os diversos Estados da Federação, sendo certo que algumas Procuradorias de Justiça ainda não tiveram condições de estruturar seus órgãos de apoio; a estruturação dos órgãos de apoio deve ser realizada o mais rápido possível, a fim de que o Ministério Público possa exercer suas atribuições de modo pleno e independente.

Nos casos de inexistência de equipe técnica própria do Ministério Público ou de órgão conveniado com a Procuradoria-Geral de Justiça, o promotor de justiça deverá requisitar que os laudos sejam realizados por algum profissional de um órgão público.

Constatados os problemas, deve ser elaborada recomendação dirigida à direção da instituição, concedendo prazo razoável para o cumprimento de cada determinação. Para que a recomendação tenha aplicabilidade deve ser dado um prazo adequado para o atendimento de cada item e não um único para o cumprimento de toda a recomendação.

Ao realizar as inspeções é importantíssimo que o promotor de justiça tenha contato direto com as crianças e os adolescentes que são atendidos, a fim de conversar com eles. Estas conversas devem ser realizadas colocando-se os acolhidos à vontade, para que não se sintam constrangidos com a presença do Promotor de Justiça. Percebendo haver algum problema relacionado ao tratamento dispensado aos acolhidos, o promotor de justiça deve conversar reservadamente com eles. Constatado algum desrespeito à pessoa dos acolhidos, devem ser reduzidas a termo as declarações por eles prestadas, para que tenha meios para tomar as medidas legais que entender cabíveis.

Para o acompanhamento da situação de cada instituição de atendimento, o Promotor de Justiça deve determinar, para cada uma delas, a instauração de um procedimento administrativo.

5. FISCALIZAÇÃO DA APLICAÇÃO DAS VERBAS DO FUNDO MUNICIPAL (ART. 260, § 4°)

Cuida a regra do § 4° do art. 260 do Estatuto da Criança e do Adolescente de mais uma atribuição extrajudicial do Ministério Público: determinar a forma de fiscalização da aplicação das verbas constantes do Fundo municipal dos direitos das crianças e dos adolescentes. Deve ser ressaltado, desde logo, que a disposição encontra-se extremamente mal localizada dentro do corpo do Estatuto, já que a ideal localização seria como mais um inciso do art. 201.

PARTE II – A REDE DE ATENDIMENTO

A gestão do Fundo será realizada pelo Conselho dos direitos da criança e do adolescente da respectiva entidade federativa. Interessa-nos mais de perto o Fundo Municipal dos Direitos das Crianças e Adolescentes, cuja gestão será de atribuição do Conselho Municipal dos Direitos das Crianças e Adolescentes (CMDCA)[6].

Os Fundos serão constituídos de verbas transferidas pelo Poder Executivo da entidade federativa a qual pertença e de doações realizadas por pessoas físicas e jurídicas.

Toda e qualquer verba que seja colocada na conta corrente do Fundo será considerada verba pública, devendo ocorrer a fiscalização de sua correta aplicação. A fiscalização primeira caberá ao CMDCA, como seu gestor. Junto com o CMDCA, outros órgãos deverão fiscalizar a correta aplicação das verbas do Fundo, como o Tribunal de Contas e o Ministério Público, não excluída, por certo, a fiscalização popular.

Não há nenhuma dúvida que dentre os múltiplos fiscalizadores das verbas do Fundo encontra-se o Ministério Público, até mesmo por encontrar-se a função fiscalizadora dentre suas atribuições institucionais[7]. Com a certeza desta possibilidade de atuação do Ministério Público, resta o seguinte questionamento: qual a finalidade da regra em estudo?

A primeira ideia que se pode ter será a de um reforço ao poder de fiscalização das verbas do Fundo pelo *Parquet*. Este pensamento, a nosso ver, será por demais limitado, até mesmo porque esta atribuição já é ínsita à atuação da instituição e não podemos crer que o legislador teria acrescido um parágrafo ao art. 260 apenas com tão restrito propósito.

Em uma leitura mais atenta do dispositivo estatutário, verifica-se que o Legislador foi mais além do que apenas reiterar uma atribuição indiscutível. Pela norma em estudo, verifica-se que o Legislador atribui ao Ministério Público poder de comando da fiscalização das verbas do Fundo, pois o Promotor de Justiça *determinará* a forma como a fiscalização se dará.

O texto truncado do dispositivo em estudo fará com que se pense que esta nova atribuição do Ministério Público será aplicável a todas as verbas do Fundo, o que não é verdade. Este *poder de comando* será restrito aos valores que acarretarem *incentivos fiscais*, como se verifica pela parte final do § 4º. Os valores que acarretam incentivos fiscais são aqueles doados por contribuintes, como determina o *caput* do art. 260, e que poderão ser deduzidos da declaração anual de rendimentos.

Logo, há que se fazer uma divisão de fiscalização das verbas constantes da conta do Fundo municipal. Aquelas que forem decorrentes de transferência obrigatória pelo Executivo Municipal deverão ter sua aplicação fiscalizada por iniciativa do

---

6   Para estudo sobre os Fundos e Conselhos de direitos das crianças e dos adolescentes, remetemos o leitor para o capítulo que cuida do tema.

7   LIBERATI, Wilson Donizeti; CYRINO, Públio Caio Bessa. Op. cit., p. 232.

CMDCA, que a regulamentará, sem que isto impeça a que deverá ser realizada por outros órgãos e pelo particular.

No que concerne à fiscalização das verbas decorrentes de doações, a forma de sua fiscalização não será regulamentada pelo CMDCA – apesar da autonomia e independência que o órgão possui –, mas pelo Ministério Público. Este o único entendimento que se pode ter para que a norma constante do § 4º do art. 260 não seja considerada apenas uma redundância.

Ressalte-se que, com a regra do parágrafo, não está sendo retirada a atribuição fiscalizatória do Tribunal de Contas de outro órgão público que a possua, bem como a popular.

O Promotor de Justiça da Infância e da Juventude, ou aquele que tenha atribuição para a matéria, determinará a forma de fiscalização na Comarca em que exerça suas funções. O legislador fez uso do termo *comarca* considerando que em muitas localidades a extensão espacial da Comarca abrange mais de um Município.

As regras do modo como será realizada a fiscalização deverão constar de Portaria expedida com esta única finalidade. Seu teor terá que abranger, por exemplo, a existência de perícia contábil, visitas a serem feitas aos executores dos projetos beneficiados com as verbas oriundas das doações, entrevistas com os destinatários dos projetos, dentre outras que poderão e deverão constar da portaria, a fim de atender a realidade específica de cada localidade.

Elaborada a Portaria, deverá ser dada ciência desta ao CMDCA, que deverá se aparelhar de forma a cumprir as determinações constantes do ato. Haverá a necessidade de composição de corpo técnico para a realização da fiscalização da aplicação das verbas, sendo aconselhável que os membros desta equipe sejam indicados pelo Ministério Público e pelo CMDCA. Nas localidades onde não houver pessoal capacitado, seja do Ministério Público, seja do CMDCA, será imperioso que haja sua contratação, com verba que deverá ser destinada ao Conselho pela Prefeitura.

Nas Comarcas onde houver mais de uma Promotoria de Justiça da Infância e Juventude com atribuição para fiscalização das verbas do Fundo, será necessária a expedição de portaria conjunta dos órgãos de atuação.

Para um melhor exercício dessa importantíssima atribuição, é necessária uma uniformidade de atuação das Promotorias de Justiça da Infância e Juventude de cada unidade da federação, devendo ocorrer reunião entre todos os Promotores de Justiça com esta atribuição, a fim de que sejam estipuladas as diretrizes básicas que adotarão, bem como fixadas as regras mínimas que deverão constar das portarias. Esta reunião será necessária, também, para verificar as necessidades das Promotorias de Justiça, a fim de ser solicitada à Procuradoria-Geral de Justiça a criação do corpo técnico necessário ao suporte da fiscalização.

Uma última indagação há de ser respondida: o que levou o legislador a conferir mais esta atribuição ao Ministério Público?

PARTE II – A REDE DE ATENDIMENTO

Cremos ter sido uma tentativa de incrementar as doações para os Fundos municipais, pois verificamos que em um grande número de localidades estes não saíram do papel, tendo em vista a inexistência de doações. Pensamos que, com a intervenção do Ministério Público no comando da fiscalização, cresça a confiança da população na correta aplicação das doações, o que fará com que estas sejam incrementadas e projetos comecem a ser beneficiados, fazendo com que um maior número de crianças e adolescentes venha a ser atendidos e passem a ter seus direitos assegurados.

REFERÊNCIAS

BORDALLO, Galdino Augusto Coelho. *A coisa julgada nas ações coletivas*. Dissertação apresentada para conclusão do curso de Mestrado em Direito na Universidade Gama Filho, Rio de Janeiro, 1999 (inédita).

CAPPELLETTI, Mauro. The role of the Ministère Public, The Prokuratura, and the Attorney General in civil litigations – with a glance at other forms of representation of public and group interests in civil proceedings. In: *Public interest parties and the active role of the judge in civil litigations*. Milano: Giuffrè, 1975.

CARNEIRO, Paulo Cezar Pinheiro. *O Ministério Público no processo civil e penal*. 6. ed. Rio de Janeiro: Forense, 2003.

CYRINO, Públio Caio Bessa; LIBERATI, Wilson Donizeti. *Conselhos e fundos no Estatuto da Criança e do Adolescente*. 2. ed. São Paulo: Malheiros, 2003.

MAZZILLI, Hugo Nigro. *O acesso à justiça e o Ministério Público*. 4. ed. São Paulo: Saraiva, 2001.

MAZZILLI, Hugo Nigro. In: VERONESE, Josiane Rose Petry; SILVEIRA, Mayra; CURY, Munir (coord.). *Estatuto da Criança e do Adolescente comentado*. Comentários jurídicos e sociais. 13. ed. rev. e atual. São Paulo: Malheiros, 2018.

SAUWEN FILHO, João Francisco. *Ministério Público brasileiro*. Rio de Janeiro: Renovar, 1999.

O advogado

Galdino Augusto Coelho Bordallo

O Estatuto da Criança e do Adolescente quebrou com o terrível sistema existente no revogado Código de Menores, adequando-se aos regramentos internacionais, tratando a criança e o adolescente como sujeitos de direitos e obrigações e não como pessoas inferiores, como era a visão da legislação anterior.

Como não nos cansamos de enfatizar, o Código de Menores de 1979 era uma lei autoritária que não garantia plenamente os direitos das crianças e adolescentes que se encontravam sob sua égide. Não previa as garantias processuais formais, pois, apesar de fazer menção ao contraditório e à ampla defesa em seu texto, não garantia a defesa técnica para estas pessoas em formação. A única menção que fazia a Lei n. 6.697/79 à figura do advogado se dava no art. 93, quando afirmava que os pais ou responsáveis pelo menor poderiam constituir um procurador, não havendo regra sobre a indicação de um profissional habilitado quando não existissem pais ou responsáveis. A defesa técnica era meramente figurativa naquele momento, um verdadeiro desrespeito aos direitos das crianças e adolescentes.

Nem sempre foi assim no Direito Brasileiro. O Código Mello Matos – Decreto n. 17.943-A, de 1927 –, em seu art. 151, previa a necessidade de um advogado junto ao Juízo privativo de menores para defendê-los nos processos criminais onde não tivessem defensor constituído e prestar assistência, nos processos cíveis, aos litigantes pobres. Verifica-se, assim, que no início do século XX o legislador tratava a criança e o adolescente como titulares de direitos e obrigações. Detecta-se, ainda, no texto do art. 151, a visão embrionária da Defensoria Pública quando o legislador pensou em defensor para aqueles que não o possuíssem e para as pessoas que não pudessem pagar pelos serviços de um advogado.

PARTE II – A REDE DE ATENDIMENTO

O Estatuto da Criança e do Adolescente segue as determinações constantes dos Tratados e Convenções Internacionais, que recomendam a existência de defesa técnica por advogado e assistência jurídica para as crianças e os adolescentes. A Declaração Universal dos Direitos Humanos, de 1948, assegura, em seu art. 11.1, todas as garantias à defesa nos julgamentos. A Convenção dos Direitos das Crianças e Adolescentes, da ONU, de 1989, garante, em seus arts. 12.2 e 37, *d*, o direito de a criança e o adolescente serem ouvidos nos processos judiciais por meio de um representante e o de terem assistência jurídica. As Regras Mínimas para a Administração da Justiça da Infância e Juventude da ONU (Regras de Beijing) asseguram, em seu item 7.1, o direito à assistência judiciária e ao contraditório e, na regra 15.1, o direito à presença de um advogado.

A Constituição da República Federativa do Brasil, ao garantir os direitos fundamentais, dispõe, em seu art. 5º, estarem assegurados o contraditório e a ampla defesa, com os meios e recursos a ela inerentes (inciso LV). Esta garantia só será efetivada se a parte puder ser assistida por profissional legalmente habilitado. Para aqueles que não dispõem de condições financeiras suficientes para arcar com os honorários profissionais o Estado fornecerá assistência jurídica integral e gratuita (art. 5º, LXXIV, da CF), como corolário do princípio constitucional do acesso à justiça. Complementando o sistema de garantias a Constituição garante a indispensabilidade da presença de advogado para a administração da justiça (art. 133), reconhecendo, também, a Defensoria Pública como instituição essencial à função jurisdicional do Estado (art. 134).

Em seus arts. 206 e 207, o ECA garante para as crianças e os adolescentes a defesa técnica por advogado e, nas hipóteses de hipossuficiência, a atuação da Defensoria Pública.

A regra a ser aplicada é a da possibilidade de escolha pela criança e pelo adolescente do advogado que irá realizar a postulação em seu nome em Juízo. Não possuindo advogado ou não tendo condições financeiras de arcar com seus honorários profissionais, será indicada a Defensoria Pública ou órgão que exerça a assistência jurídica gratuita. Caso não haja defensor público em atuação no Juízo da infância ou já esteja ele atuando nos autos, deverá ser indicado o Defensor Público Tabelar ou nomeado advogado para atuar gratuitamente, seguindo as regras constantes no Estatuto da OAB (Lei n. 8.906/94, art. 22, § 1º).

Merece ressalva a regra constante do § 2º do art. 207 do ECA. O dispositivo estabelece que a falta do defensor do adolescente infrator no dia e hora aprazados para a realização do ato processual – aqui entendida a realização de alguma audiência – não implicará o adiamento do ato, devendo o juiz nomear algum outro profissional para representar o adolescente única e exclusivamente naquele ato. A norma dá toda a importância à celeridade processual e à prestação jurisdicional, o que torna essa regra ainda mais importante nas hipóteses em que o adolescente infrator encontra-se internado provisoriamente, já que, nesses casos, o Estatuto determina, em seu art. 183, que toda a instrução há que estar finalizada no prazo de 45 dias.

A Defensoria Pública tem importância fundamental na defesa das garantias processuais das crianças e dos adolescentes, por ser responsável por mais de 90% das representações processuais nos feitos em curso nas Varas da Infância e Juventude. Não pode ser esquecido que a Defensoria Pública tem, como prerrogativa de seus membros, o direito à intimação pessoal de seus membros e prazo em dobro para manifestação em todos os atos processuais (art. 5º, § 5º, da Lei n. 1.060/50; art. 44, I, e art. 128, I, ambos da Lei Complementar n. 80/94, e art. 186 do CPC). O prazo em dobro para a prática dos atos processuais para a Defensoria Pública começará a partir do momento em que a instituição passar a atuar no processo.

A Lei Complementar n. 80/94 enumera nos incisos de seu art. 4º as funções institucionais da Defensoria Pública, constando, em seu inciso VII, a defesa da criança e do adolescente. É importante, para o cumprimento de suas funções, que as Defensorias Públicas sempre lotem um defensor público nas Varas da infância e juventude, até mesmo para que a Doutrina da Proteção Integral seja respeitada, pois a defesa técnica para a criança e para o adolescente é englobada pela doutrina.

Justifica-se a diferença de tratamento que a lei concede ao defensor público e ao advogado. O primeiro exerce um *munus* público e deve dividir seu tempo entre centenas de assistidos e processos, arcando com um volume de trabalho muito maior do que o maior dos escritórios de advocacia, o que justifica o prazo em dobro. A intimação pessoal do defensor público se justifica pelo fato de que as intimações são feitas à instituição, que é algo impessoal, o que impede a identificação de qual membro de Defensoria Pública está atuando naquele processo, diferentemente do que acontece com os advogados, que têm seu nome e número de inscrição na OAB publicados no diário oficial, podendo ser identificados.

A diferença de tratamento entre a Defensoria Pública e os advogados constituídos pela parte nada mais é do que a aplicação do Princípio Constitucional da Igualdade em sua vertente material.

Dois pontos merecem ser tratados, tendo em vista algumas situações com as quais nos deparamos no dia a dia. O primeiro diz respeito à presença de advogado durante a oitiva informal do adolescente infrator. A oitiva informal do adolescente é ato privativo do Ministério Público, realizado antes do início da relação processual, o que faz com que não tenha sido instaurado, ainda, o contraditório. Apesar de a oitiva informal situar-se em fase procedimental, o adolescente infrator tem direito à orientação técnica sobre sua situação e sobre o que pode dizer quando questionado, o que torna possível a presença do advogado durante a realização do ato ministerial.

Assim, não pode o promotor de justiça impedir que o advogado do adolescente infrator esteja presente durante a oitiva informal. Porém, por tratar-se de ato privativo do Ministério Público destinado a formar o convencimento do promotor

PARTE II – A REDE DE ATENDIMENTO

de justiça sobre qual medida tomar (representar, arquivar o procedimento ou conceder a remissão), o advogado não pode realizar nenhuma pergunta ao adolescente que representa.

O segundo ponto diz respeito à atuação do advogado junto ao Conselho Tutelar. Pode ter ele acesso a procedimento de acompanhamento de caso pelo Conselho, principalmente quando esteja ele representando pessoa que está sendo apontada como possível autora de abusos ou negligência contra criança/adolescente?

Os procedimentos que têm curso perante o Conselho Tutelar, como qualquer outro que cuide de temas ligados à infância e juventude, são acobertados pelo manto do segredo de justiça (art. 143 do ECA), tudo com o fim de preservar as pessoas em formação nele envolvidas, bem como as relações familiares. Os fatos e pessoas cujas identidades constem dos procedimentos instalados pelos conselheiros tutelares não podem ser trazidos a conhecimento público, só podendo ter acesso a eles as pessoas diretamente ligadas e as que, por dever de ofício, tenham que conhecê-los. Informações constantes destes procedimentos só podem ser fornecidas pelo Conselho Tutelar para atender requisições judiciais e do Ministério Público.

O conselheiro tutelar tem obrigação de manter sigilo sobre os casos que acompanha, sob pena de falta funcional. Assim, quando as pessoas envolvidas se fazem representar por advogado e este requer que lhe seja permitido acesso às informações já colhidas pelo conselheiro tutelar, este deve avaliar se é aconselhável que sejam fornecidas as informações requeridas. Esta avaliação deve se dar no sentido de ser protegida a criança/adolescente, principalmente quando o advogado esteja representando o violador dos direitos das crianças. O cuidado por parte dos conselheiros tutelares deve ser grande, pois, com o fornecimento de determinadas informações, pode a criança/adolescente, assim como aquele que o esteja protegendo, vir a sofrer pressões para omitir dados ou, até mesmo, se retratar.

Caso o advogado não aceite a recusa do conselheiro tutelar em fornecer as informações solicitadas, poderá impetrar mandado de segurança perante a Vara da Infância. Nas informações o conselheiro apresentará os motivos de sua recusa, que será avaliada pelo juiz para a concessão, ou não, da segurança.

Parte III
Das Infrações Administrativas

Parte III

Das Infrações Administrativas

Infrações administrativas

Patrícia Pimentel de Oliveira

1. CONCEITO DE INFRAÇÃO ADMINISTRATIVA

O que são infrações administrativas?

A resposta a esta pergunta não é simples, dada a complexidade do tema e a escassez de obras jurídicas que tratam especificamente desta matéria.

Há quem defenda que as infrações administrativas decorrem do poder de polícia do Poder Público, por configurarem uma interferência do Estado na órbita do interesse particular para salvaguardar o interesse público, restringindo direitos individuais.

Daniel Ferreira[1], ao conceituar as infrações administrativas, traz-nos a seguinte definição: "comportamento voluntário, violador da norma de conduta que o contempla, que enseja a aplicação, no exercício da função administrativa, de uma direta e imediata consequência jurídica, restritiva de direitos, de caráter repressivo".

Segundo Fábio Medina Osório, citando José Suay Ricón, a sanção administrativa é qualquer mal infligido pela administração a um administrado como consequência de uma conduta ilegal a resultar de um procedimento administrativo e com uma finalidade puramente repressora. Existiriam quatro elementos fundamentais: autoridade administrativa, efeito aflitivo, finalidade repressora e natureza administrativa[2].

---

1 FERREIRA, Daniel. *Sanções administrativas*. Coleção Temas de direito administrativo. São Paulo: Malheiros, 2001, p. 63.
2 OSÓRIO, Fábio Medina. *Direito administrativo sancionador*. 5. ed. São Paulo: Revista dos Tribunais, 2015, p. 89.

648 CURSO DE DIREITO DA CRIANÇA E DO ADOLESCENTE

Ao explicitar o tema, admite que existem sanções administrativas jurisdicionalizadas, de modo que a figura da autoridade administrativa não é elemento indissociável, pois as autoridades judiciárias podem aplicar medidas punitivas, outorgadas por lei, de valores protegidos pelo Direito Administrativo[3].

Na definição clássica de Hely Lopes Meirelles, "poder de polícia é a faculdade de que dispõe a Administração Pública para condicionar e restringir o uso e gozo de bens, atividades e direitos individuais, em benefício da coletividade ou do próprio Estado"[4]. A função administrativa de polícia, assim, é aquela por meio da qual o Estado aplica restrições e condicionamentos legalmente impostos ao exercício das liberdades e direitos fundamentais, visando assegurar uma convivência social harmônica[5]. A polícia administrativa pretende evitar a ocorrência de comportamentos nocivos à coletividade num caráter eminentemente preventivo[6], sendo a sanção administrativa o ato punitivo que o ordenamento jurídico prevê como resultado da infração administrativa[7].

Pode-se afirmar, assim, que infrações administrativas são *condutas contrárias a preceitos normativos que estabelecem uma ingerência do Estado na vida do particular, seja pessoa física ou jurídica, com vistas à proteção de interesses tutelados pela sociedade, com sanções de cunho administrativo, ou seja, restritivas de direitos, mas não restritivas da liberdade, geralmente importando um pagamento de uma multa pecuniária, suspensão do programa ou da atividade, fechamento de estabelecimento, apreensão do material inadequado ou simples advertência.*

Os interesses tutelados pela sociedade são denominados "bens jurídicos", e, conforme a definição de Francisco de Assis Toledo, "bens jurídicos são valores

---

3   Idem, ibidem, p. 97.

4   MEIRELES, Hely Lopes. *Direito administrativo brasileiro*. 22. ed. São Paulo: Malheiros, 1997, p. 115.

5   MOREIRA NETO, Diogo de Figueiredo. *Curso de direito administrativo*. 14. ed. Rio de Janeiro: Forense, 2005, p. 395.

6   CARVALHO FILHO, José dos Santos. *Manual de direito administrativo*. 2. ed. Rio de Janeiro: Lumen Juris, 1999, p. 49.

7   "PODER DE POLÍCIA – ABUSO DE DIREITO – SANÇÃO. Constatado o abuso de direito na liberdade de radiodifusão, configurando-se a infração prevista no art. 53, I, do Código Brasileiro de Telecomunicações, é legítimo o uso do poder de polícia conferido à administração, para aplicar a penalidade cabível. Tal procedimento independe de procedimento penal" (TFR., MS 113.903, Rel. Min. Pedro Acioli, *RDA* 169/113)   " P O - DER DE POLÍCIA – FISCALIZAÇÃO – ABUSO DE PODER. Comete desvio e abuso do poder a autoridade que, à guisa de proteger o direito dos trabalhadores ao descanso semanal remunerado (Lei n. 605/49), ordena o fechamento de supermercado em funcionamento em dia de domingo, sob a alegação de que, por não comerciar somente gêneros alimentícios, faria concorrência desleal aos mercados; e, não atendida sua ordem, postase à entrada do estabelecimento a aplicar repetidamente a multa prevista na CLT" (TFR, 5ª T., Ap. Civ. 64.038, 1982, Rel. Min. Justino Ribeiro, *RDA* 149/189).

PARTE III – DAS INFRAÇÕES ADMINISTRATIVAS

ético-sociais que o direito seleciona, com o objetivo de assegurar a paz social, e coloca sob sua proteção para que não sejam expostos a perigo de ataque ou a lesões efetivas"[8].

O Estado-legislador pode optar em descrever determinadas condutas contrárias ao direito e a elas imputar uma consequência de natureza penal (geralmente uma pena restritiva da liberdade) e/ou uma consequência de natureza administrativa (geralmente a aplicação de uma multa). As esferas penal e administrativa são autônomas e independentes, assim como a esfera civil.

Em termos de escolhas legislativas, o que representa um mero ilícito administrativo hoje poderá vir a ser um ilícito penal amanhã e vice-versa. Há uma consideração valorativa feita pelo legislador quanto a certos bens jurídicos, tendo como consequência a cominação de penas mais leves ou mais graves aos realizadores das condutas potencialmente ofensivas.

Conforme expõe Anderson Furlan[9], inexiste diferença estrutural entre a sanção penal e a sanção administrativa. Ambas são normas de conduta. Como regra geral, as normas jurídicas destinadas a disciplinar os comportamentos sociais, ou seja, as normas de conduta são estruturadas em forma de imperativos hipotético-disjuntivos. Toda norma de conduta deve prever a hipótese, a conduta esperada e a sanção pelo seu descumprimento. Logo, acontecendo determinado ato ou fato, deve ocorrer determinada consequência prevista, sob pena de sanção. Depreende-se ser a sanção nada mais que uma consequência destinada a um sujeito em função de uma atitude de descumprimento da conduta esperada perante o ordenamento jurídico. E está consagrada a tese de que o Estado possui um poder punitivo unitário sob aqueles que domina[10], "porque não haveria possibilidade de distinções qualitativas, substanciais entre ilícitos criminais e administrativos"[11].

O objetivo das sanções, tanto criminais como administrativas, é intimidar potenciais infratores (prevenção geral) e punir aquele que descumpriu o mandamento normativo, para que não reincida (prevenção especial).

Assim, o legislador, no limite das atribuições que lhe são conferidas, pressupondo que certas ocorrências causam maior repúdio à sociedade porque relaciona-

---

8   TOLEDO, Francisco de Assis. *Princípios básicos de direito penal*. 5. ed. São Paulo: Saraiva, 1994, p. 16.

9   FURLAN, Anderson. Sanções penais tributárias. In: MACHADO, Hugo de Brito (coord.). *Sanções penais tributárias*. São Paulo: Dialética; Fortaleza: Instituto Cearense de Estudos Tributários, 2005, p. 13.

10 O Tribunal Supremo Espanhol reconhece a teoria da unidade de ilícitos penais e administrativos: RJ 1996/4480, Sentencia de 17-5-1996, Recurso n. 5.810/1992, Sala 3ª, Sección 4ª, Rel. D. Rafael Fernandez Montalvo (OSÓRIO, Fábio Medina. *Direito administrativo sancionador*. 5. ed. São Paulo: Revista dos Tribunais, 2015, p. 125).

11 OSÓRIO, Fábio Medina. *Direito administrativo sancionador*. 5. ed. São Paulo: Revista dos Tribunais, 2015, p. 126.

das com bens jurídicos carecedores de especial proteção, estabelece, de um modo geral, peculiares consequências jurídicas que ora tolhem o direito de liberdade (ir, vir e permanecer) dos cidadãos, ora ensejam a imposição de penas restritivas de direitos ou simplesmente penas administrativas, que, na sua maioria, são pecuniárias[12] (multa) e decorrem do poder de polícia do Estado.

As infrações administrativas previstas no Estatuto da Criança e do Adolescente, dessa forma, são expressão do poder de polícia do Estado.

Diogo de Figueiredo Moreira Neto[13], na tentativa de sistematizar o poder de polícia, divide em quatro grandes áreas de interesse público os campos de atuação da polícia administrativa: segurança, salubridade, decoro e estética, o que se aplicaria, de certa forma, ao tema em estudo.

No contexto de proteção do decoro[14] (valores morais e éticos da pessoa e da família), podemos citar os arts. 252, 253, 254, 255, 256, 257 e 258 do Estatuto da Criança e do Adolescente, ao zelar pelo cuidado na divulgação de revistas, diversões e espetáculos, com respeito à faixa etária das pessoas humanas em desenvolvimento.

Em outros dispositivos, o campo de atuação seria a segurança, com a preocupação quanto à violência doméstica (art. 245), prevenção contra abuso sexual (art. 250), prevenção de sequestro de menores de idade (art. 251), zelo pelo cadastro de adoção (art. 258-A), cuidado na entrega de crianças para adoção (art. 258-B) e proibição de venda de bebidas alcoólicas (art. 258-C).

Nos arts. 246 e 247, o poder de polícia visa garantir direitos fundamentais relativos a crianças ou adolescentes que tenham praticado atos infracionais, como o direito à dignidade, ao respeito, à informação, à ampla defesa, ao contraditório, à convivência familiar, à higiene e à educação do jovem ou adolescente privado da

---

12 CINTRA, Carlos César Sousa; COELHO, Ivson. Ponderações sobre as sanções penais tributárias. In: MACHADO, Hugo de Brito (coord.). *Sanções penais tributárias*. São Paulo: Dialética; Fortaleza: Instituto Cearense de Estudos Tributários, 2005, p. 157-159.

13 MOREIRA NETO, Diogo de Figueiredo. *Curso de direito administrativo*. 14. ed. Rio de Janeiro: Forense, 2005, p. 401.

14 "O valor decoro tornou-se, também, face à crescente exigência coletiva de melhores níveis éticos de comportamento e à difusão explosiva dos meios de comunicação, campo de uma delicada manifestação da atividade de polícia administrativa. As sanções penais aplicadas são insuficientes para garantir um nível razoavelmente ordeiro e respeitoso de convivência social. No turbilhão de uma caleidoscópica interação humana, nas sociedades contemporâneas, multiplicam-se os tipos de comportamento que, mesmo sem configurar crimes ou contravenções, são, efetiva ou potencialmente, agressivos aos padrões assentes da moral social, e extremamente deletérios para os segmentos mais desprotegidos da sociedade. Comete-se, por isso, à Administração, a prevenção e a repressão dos mais variados tipos de comportamentos antiéticos e indecorosos, atentatórios aos costumes da sociedade e a valores gregários fundamentais" (MOREIRA NETO, Diogo de Figueiredo. Op. cit., p. 402).

PARTE III – DAS INFRAÇÕES ADMINISTRATIVAS

liberdade (art. 246), e o direito ao respeito e à imagem de crianças e adolescentes a que se atribua a prática de ato infracional (art. 247).

E, finalmente, no art. 249, o Estado se faz presente para coibir e reprimir abusos no exercício das funções de assistência e proteção de crianças e adolescentes no âmbito familiar. O decurso de séculos se fez necessário para que a noção de filho deixasse de ser tida como objeto para alcançar a ideia de proteção e se chegar à concepção de filho-sujeito. A família perdeu a independência e a concepção privada do direito romano. O Estado tem o dever de assegurar proteção à família na pessoa de cada um dos membros que a integram, criando mecanismos para coibir a violência doméstica (art. 226, § 8º, da Constituição Federal). O princípio da proteção integral da criança e do adolescente impõe que o Estado preste-lhes tutela "independente de estarem as crianças sob o abrigo da família ou expostas à dureza e crueldade das ruas. À pessoa, em peculiar fase de desenvolvimento, é direcionada à proteção integral"[15].

Assim, as infrações administrativas previstas nos arts. 245 a 258-C do Estatuto da Criança e do Adolescente têm natureza administrativa, mas, como se verá após, o procedimento de apuração destas é formalmente judicial (arts. 194 a 197 do Estatuto), de natureza contenciosa, aplicando-se subsidiariamente as normas gerais previstas na legislação processual (art. 152), sendo obrigatoriamente submetido ao julgamento do juiz da infância e juventude, que, ao acolher a pretensão estatal, aplicará as sanções cabíveis, no exercício de uma função híbrida: jurisdicional e administrativa.

2. PRINCÍPIOS GERAIS DAS INFRAÇÕES ADMINISTRATIVAS

De uma maneira geral, os princípios aplicáveis às infrações administrativas são os princípios de direito administrativo, tangenciando o direito penal e o direito processual. Ressalte-se, ainda, que, em se tratando de infrações administrativas previstas no Estatuto da Criança e do Adolescente, necessário compatibilizar com os princípios próprios desse ramo do direito, tais como o da proteção integral e o da prioridade absoluta dos interesses das crianças e adolescentes.

Assim, de maneira concisa, podemos enumerar os seguintes princípios:

2.1. Princípio da proteção integral

Está previsto no art. 227 da Constituição Federal e no art. 1º do Estatuto da Criança e do Adolescente.

Considerando a proteção jurídica global que existe em favor de crianças e adolescentes, as infrações administrativas devem ser interpretadas no sentido de res-

---

15 SILVA, Marcos Alves da. *Do pátrio poder à autoridade parental*. Rio de Janeiro: Renovar, 2002, p. 138.

guardar ao máximo a intenção do legislador de proteger as pessoas humanas em desenvolvimento.

O princípio da proteção integral exige que tanto a família quanto a sociedade e o Estado zelem pelos direitos e cuidados inerentes à formação de crianças e adolescentes, nestes compreendidos quaisquer menores de 18 anos, estejam estes ou não em situação de risco pessoal ou social. Conforme disserta Tarcísio José Martins Costa[16], comentando o princípio da proteção integral,

> as atenções e cuidados são dirigidos a todas as crianças e adolescentes, sem nenhuma distinção, alcançando a norma não somente o menor abandonado ou delinquente, mas a imensa coletividade de infantes e jovens, desde o momento da concepção. [...] Pode-se proclamar que os interesses da criança e do adolescente, considerados sujeitos de direitos, são superiores porque a família, a sociedade e o Estado, todos estão compelidos a protegê-los, tendo em conta a sua peculiar condição de pessoas em formação e desenvolvimento.

A intenção preventiva do legislador manifestada por meio das infrações administrativas, portanto, visa à tutela de quaisquer menores de 18 anos, estejam eles ou não em uma das situações descritas no art. 98 do Estatuto. Em se tratando de normas de prevenção, mesmo antes do Estatuto, as infrações administrativas já eram direcionadas a quaisquer menores de idade, estivessem ou não em "situação irregular"[17].

O princípio da proteção integral da criança e do adolescente impõe, dessa forma, que as infrações administrativas sejam interpretadas com vistas a salvaguardar os interesses de crianças e adolescentes de maneira sistemática e completa, haja vista a obrigação da família, da sociedade e do Estado na proteção das pessoas humanas em desenvolvimento.

2.2. Princípio da prioridade absoluta

Com previsão no art. 227 da Constituição Federal e no art. 4º do Estatuto da Criança e do Adolescente, significa que os interesses de crianças e adolescentes estão

---

16   COSTA, Tarcísio José Martins. *Estatuto da Criança e do Adolescente comentado*. Belo Horizonte: Del Rey, 2004, p. 1.

17   Conforme disserta o nobre jurista Alyrio Cavallieri, ainda fazendo uma análise do Código de Menores de 1927, em sua obra *Direito do Menor*, publicada no ano de 1976 pela Editora Freitas Bastos, "o que releva observar é o fato de que, se no tocante à situação irregular o Direito do Menor só abrange os menores de 18 anos, a não ser quando a competência se prorroga, porque o juiz ocupou-se do caso quando o menor estava abaixo dessa idade – com relação à prevenção abrem-se duas exceções: 1 – a vigilância – forma de exercício da prevenção – atinge também os menores que não estejam em situação irregular e por isto é prevenção. Nos termos do Código Mello Mattos, diz-se que ela abrange mesmo os menores não abandonados e delinquentes. A questão já foi discutida em 1928 pelos tribunais e hoje não há mais dúvidas; 2 – os menores entre 18 e 21 anos são proibidos, expressamente, de frequentar determinadas diversões e jogos de azar".

PARTE III – DAS INFRAÇÕES ADMINISTRATIVAS

acima de quaisquer outros interesses, e devem ser tratados com absoluta prioridade, seja pela família, pela sociedade ou pelo Estado, conforme previsão constitucional explícita[18]. Assim, havendo conflito de interesses em determinado caso concreto, prevalecerão os interesses de crianças e adolescentes, por serem prioritários a quaisquer outros. O princípio já foi abordado na Parte I do Livro, ao qual nos reportamos.

2.3. Princípio da legalidade

Significa que as infrações administrativas devem estar estabelecidas em lei. Tratando-se de restrição e condicionamento de liberdades e direitos individuais[19] inclusive com a aplicação de pena, a infração administrativa está sob o manto da reserva legal.

Dispõe o art. 5°, II, da CF que "ninguém é obrigado a fazer ou deixar de fazer alguma coisa senão em virtude de lei". Por sua vez, o inciso XXXIX do art. 5° da CF determina: "não há crime sem lei anterior que o defina, nem pena sem prévia cominação legal". E o inciso XLVI do art. 5° da CF de 1988 estabelece que "a lei regulará a individualização da pena".

A definição do fato como infração administrativa e a pena a ele cominada decorre somente de lei (Poder Legislativo), conforme se depreende do art. 5°, II e XXXIX. Corroborando a afirmativa acima, o inciso XLVI do art. 5°, ao estabelecer que cabe à "lei" regular a individualização da pena, trouxe em seu conteúdo a afirmativa de que as penas somente poderão ser estabelecidas e individualizadas por lei. Assim, se a Constituição não restringiu a regra às penas criminais, não é de boa técnica o intérprete restringir, de maneira que cabe à lei individualizar e estabelecer a pena, criminal ou administrativa.

Consoante previsão dos arts. 23, 24 e 30 da CF, tanto a União como o Estado, o Distrito Federal e o Município podem legislar sobre direito administrativo, e, portanto, criar infrações administrativas, desde que por meio de regular processo legislativo no âmbito de cada uma das unidades federativas. Por outro lado, a punição criminal é da competência privativa da União (art. 22, I, da CF).

Dessa forma, as infrações administrativas não podem ser criadas por decreto, regulamento ou portaria. Nem tampouco podem ser utilizados a analogia ou costumes para atribuir a alguém uma infração administrativa.

O juiz da Vara da infância e juventude não pode, portanto, criar infrações administrativas por meio de portarias ou alvarás.

---

18   Art. 227 da Constituição Federal: "É dever da *família, da sociedade e do Estado assegurar à criança, ao adolescente e ao jovem, com absoluta prioridade,* o direito à vida, à saúde, à alimentação, à educação, ao lazer, à profissionalização, à cultura, à dignidade, ao respeito, à liberdade e à convivência familiar e comunitária [...]" (grifos nossos).

19   MOREIRA NETO, Diogo de Figueiredo. *Curso de direito administrativo.* 14. ed. Rio de Janeiro: Forense, 2005, p. 396.

Situação diversa ocorre com as normas punitivas em branco, as quais Binding[20] denominou "lei em branco" ao mencionar determinadas normas que contêm a sanção, mas precisam ser completadas por outras normas (leis, decretos, regulamentos, portarias, editais). Estas não fogem da regra referente à legalidade.

No campo do direito penal podem ser mencionados como exemplos de lei penal em branco dados por Zaffaroni e Pierangeli[21] os arts. 268 e 269 do Código Penal: "Infringir determinação do poder público destinada a impedir introdução ou propagação de doença contagiosa" e "Deixar o médico de denunciar à autoridade pública doença cuja notificação é compulsória". A regra precisa ser complementada por decreto, regulamento ou portaria.

Existem, assim, infrações administrativas previstas por lei, que são complementadas por outros atos normativos.

É o que ocorre, por exemplo, com a regra prevista no art. 252 do Estatuto, que remete o intérprete ao "certificado de classificação", documento elaborado, atualmente, pelo Ministério da Justiça, ou pelo art. 258 do Estatuto, que remete ao alvará ou portaria do Juizado da Infância, na forma do art. 149 do mesmo diploma legal.

Cumpre assinalar, por fim, que há diferença entre interpretação extensiva ou analógica e analogia. A interpretação extensiva ou analógica não fere o princípio da legalidade, pois é a própria lei que determina a extensão de seu conteúdo para casos análogos.

A diferença reside em que, na interpretação extensiva ou analógica, a própria lei pretende que a ausência de previsão legislativa seja suprida pela analogia. É o que ocorre, no Estatuto da Criança ou do Adolescente, com o art. 247, que menciona a expressão "por qualquer meio", com o art. 253, ao utilizar a expressão "ou quaisquer representações ou espetáculos", com os arts. 250 e 255, com a expressão "ou congênere" e com o art. 256, no qual a expressão "programação em vídeo" inclui DVD.

Na analogia, porém, trata-se de aplicar o conteúdo de uma lei a casos não abrangidos por ela. A diferença, pois, entre interpretação analógica e analogia reside na *voluntas legis*: na primeira, pretende a vontade da norma abranger os casos semelhantes aos por ela regulados; na segunda, ocorre o inverso: não é pretensão da lei aplicar o seu conceito aos casos análogos, tanto que silencia a respeito, mas o intérprete assim o faz, suprindo a lacuna[22].

---

20 *Apud* JESUS, Damásio E. de. *Direito penal*. São Paulo: Saraiva, 1992, p. 16.
21 ZAFFARONI, Eugenio Raúl; PIERANGELI, José Henrique. *Manual de direito penal brasileiro* – Parte geral. São Paulo: Revista dos Tribunais, 1997, p. 451.
22 A respeito do tema, JESUS, Damásio E. de. *Direito penal*. Parte geral. São Paulo: Saraiva, 1992, p. 34-35: "Diz-se extensiva a interpretação quando o caso requer seja ampliado o alcance das palavras da lei para que a letra corresponda à vontade do texto. Ocorre quando o texto legal não expressa a sua vontade em toda a extensão desejada. Diz menos do que pretendia dizer. [...] Ex. art. 130, que define o crime de exposição a contágio de doença venérea, incrimina não só a situação de perigo como também a situação de dano

PARTE III – DAS INFRAÇÕES ADMINISTRATIVAS

2.4. Princípio da presunção de legitimidade dos atos administrativos

Este princípio decorre das regras gerais do direito administrativo, no qual há a presunção de legitimidade do ato administrativo[23], em favor da Administração Pública[24]. Presume-se legítimo o auto de infração lavrado por agente público no exercício de suas funções[25], considerando, sobretudo, que o Conselheiro Tutelar, no exercício de suas funções, tem fé pública[26].

---

efetivo (não obstante o tipo falar em 'expor alguém [...] a contágio de moléstia venérea', deve ser ampliado para abranger o próprio contágio, o que corresponde à vontade da norma). O art. 235 incrimina a bigamia, abrangendo a poligamia. O crime de rapto (art. 219) abrange não só o meio executivo (remoção) como também a retenção da vítima, não obstante o núcleo do tipo (raptar) significar arrebatar, roubar. Exemplos temos, ainda, no art. 169, parágrafo único, relativo à apropriação de tesouro, em que à palavra proprietário deve ser dado um sentido mais amplo, para abranger também o enfiteuta, que, como aquele, tem, pelo art. 609 do CC, direito à metade do tesouro inventado". TOLEDO, Francisco de Assis. *Princípios básicos de direito penal*. 5. ed. São Paulo: Saraiva, 1994, p. 27: "Na interpretação extensiva amplia-se o espectro de incidência da norma legal de modo a situar sob seu alcance fatos que, numa interpretação restritiva (procedimento oposto), ficariam fora desse alcance. Não se trata, aqui, de analogia, visto que a ampliação referida está contida *in potentia* nas palavras, mais ou menos abrangentes, da própria lei. O tema é controvertido, pois quase sempre, nesses casos, tropeça-se com a dúvida, hipótese em que o princípio *in dubio pro reo* afasta a possibilidade da extensão. Pensamos, contudo, que a melhor solução não está na exclusão dessa forma de interpretação, ou na sua substituição simplista pela restritiva ou pela puramente gramatical, mas sim na utilização adequada de todas as formas de interpretação. Haverá, pois, interpretação restritiva, quando o exigir a compatibilização do preceito com a sua finalidade ou com o todo do sistema. [...]: quando o Código incrimina a bigamia (art. 125), está necessariamente implícito que abrange na incriminação a poligamia".

23 "APELAÇÃO. INFÂNCIA E JUVENTUDE. INFRAÇÃO ADMINISTRATIVA. AUTO DE INFRAÇÃO. ART. 258 DA LEI N. 8.069/90 – ECA. PRESUNÇÃO DE LEGITIMIDADE E VERACIDADE DO AUTO DE INFRAÇÃO. PRESENÇA DE ADOLESCENTE EM EVENTO CUJO ALVARÁ JUDICIAL PERMITIA APENAS MAIORES DE 17 DESACOMPANHADOS DOS RESPECTIVOS RESPONSÁVEIS PORTANDO DOCUMENTO DE IDENTIFICAÇÃO COM FOTO. NÃO VERIFICAÇÃO DA DOCUMENTAÇÃO EXIGIDA NA ENTRADA DO EVENTO. MULTA DE 4 (QUATRO) SALÁRIOS MÍNIMOS EM CONSONÂNCIA COM O PRINCÍPIO DA PROPORCIONALIDADE E RAZOABILIDADE. IMPROVIMENTO AO RECURSO" (TJRJ, Ap 0030811-08.2014.8.19.0014, 23ª Câm. Cív., Des. Antônio Carlos Arrabida Paes, j. 15-8-2018).

24 A professora Odete Medauar prefere a expressão "princípio da presunção de legalidade e veracidade". MEDAUAR, Odete. *Direito administrativo moderno*. 9. ed. São Paulo: Revista dos Tribunais, 2005, p. 151.

25 "IMPOSIÇÃO DE PENALIDADE ADMINISTRATIVA POR INFRAÇÃO ÀS NORMAS DE PROTEÇÃO À CRIANÇA E AO ADOLESCENTE – INTIMAÇÃO FEITA NO PRÓPRIO AUTO DE INFRAÇÃO – *PRESUNÇÃO DE VERACIDADE DO AUTO DE INFRAÇÃO* – MULTA DE 3 (TRÊS) SALÁRIOS MÍNIMOS – ARTS. 249 e 258 DO ECA – FIXAÇÃO NO LIMITE MÍNIMO LEGAL. O autuado terá prazo de 10 (dez) dias para apresentação de defesa, contado da data de intimação, que será feita pelo autuante, no

656 CURSO DE DIREITO DA CRIANÇA E DO ADOLESCENTE

Há uma prévia valoração em favor do Poder Público do agente imbuído da função pública no exercício do poder de polícia, por estar obrigado por lei a agir dentro da legalidade[27], num contexto de veracidade e ética, de que a situação nar-

---

próprio Auto de Infração, quando for lavrado ele na presença do requerido. O Auto de Infração goza de fé pública, devendo se presumir que seu conteúdo relata a verdade dos fatos, a menos que haja prova segura e consistente em sentido contrário. "A penalidade aplicada, qual seja, a multa fixada em 3 (três) salários mínimos, repousa nas normas dos arts. 249 e 258 do ECA, não havendo possibilidade de redução da referida pena, haja vista ter sido ela arbitrada em seu mínimo legal, a despeito de ser a autuada primária e não haver prova de prática reiterada de infrações" (TJMG, Processo 1.0079.04.000277-0/001(1), Rel. Des. Gouvêa Rios, publicado em 20-5-2005). "ESTATUTO DA CRIANÇA E DO ADOLESCENTE. ARTIGO 258 DA LEI N. 8.069/90. AUTO INFRACIONAL LAVRADO POR COMISSÁRIO DE INFÂNCIA. DOCUMENTO PÚBLICO. FÉ PÚBLICA. ATO ADMINISTRATIVO. PRESUNÇÃO *IURIS TANTUM*. ÔNUS DA PROVA DO ADMINISTRADO. I – O auto de infração lavrado por Comissário da Infância, em decorrência do descumprimento do artigo 258 da Lei n. 8.069/90, constitui-se em documento público, merecendo fé pública até prova em contrário. II – O ato administrativo goza de presunção *iuris tantum,* cabendo ao administrado o ônus de provar a maioridade da pessoa que se encontrava no estabelecimento comercial recorrido, haja vista a legitimidade do auto infracional. III – Recurso especial provido" (STJ, 1ª T., Recurso Especial 1.059.007/SC (2008/0110077-2), Rel. Min. Francisco Falcão, *DJ* 7-10-2008).

26 "APELAÇÃO CÍVEL. REPRESENTAÇÃO PELO CONSELHO TUTELAR. PRESENÇA DE MENOR EM DANCETERIA. FLAGRANTE DE INFRAÇÃO ADMINISTRATIVA PREVISTA NO ESTATUTO DA CRIANÇA E DO ADOLESCENTE (ECA). ARTIGO 258. APLICAÇÃO DE MULTA. POSSIBILIDADE. SENTENÇA MANTIDA. 1. Não há falar em concessão da justiça gratuita em ações judiciais de competência da Justiça da Infância e da Juventude, visto que, em regra, não há recolhimento de custas, emolumentos e preparo recursal, segundo o artigo 141, § 2º e artigo 198, inciso I, ambos do Estatuto da Criança e do Adolescente; 2. Os responsáveis por estabelecimentos de diversão/espetáculo devem zelar pelo cumprimento das normas de proteção a crianças e adolescentes. A norma é direcionada para o responsável pelo estabelecimento (pessoa física ou jurídica), inclusive o gerente, locador ou locatário do imóvel, empresário e responsável pela diversão e/ou responsável pelo espetáculo (sujeitos ativos). 3. As funções dos Conselheiros Tutelares são dotadas de fé pública e suas declarações têm presunção de veracidade; 4. *In casu,* o Conselho Tutelar encontrou no estabelecimento dos Agravantes cinco adolescentes desacompanhados dos pais ou responsáveis e, mesmo com o pedido para retirada dos menores do recinto, os Requerentes decaíram-se inertes, quando os conselheiros acionaram os policiais presentes na Delegacia da comarca e juntos retiraram do local os adolescentes; 5. Recurso parcialmente conhecido e, nessa extensão não provido" (TJAM, Apelação Cível/Multas e demais Sanções 0000009-07.2017.8.04.5101, 2ª Câmara Cível, Rel. Des. Cezar Luiz Bandiera, j. 19-6-2024).

27 Já o professor Diogo de Figueiredo Moreira Neto prefere a expressão "presunção de validade", sob o argumento de que o Estado funda sua ação sobre pressupostos reais (realidade), em estrito cumprimento da lei (legalidade), voltado às suas legítimas finalidades (legitimidade) e subordinado à moral (licitude). Esse quádruplo pressuposto

PARTE III – DAS INFRAÇÕES ADMINISTRATIVAS

rada em um auto de infração corresponda à realidade verificada. Considerando, todavia, o princípio da presunção de inocência, a Administração Pública, sempre que possível, deverá trazer provas da infração cometida.

O art. 194 do Estatuto da Criança e do Adolescente menciona que o auto de infração deverá, se possível, ser assinado por duas testemunhas. Em certas ocasiões, contudo, não existem provas além da constatação do agente imbuído da função pública. Considerando, portanto, a superioridade do interesse público, prevalecerá a presunção em favor da Administração[28]. O ônus probatório, dessa forma, recai sobre o autuado, que deverá produzir uma contraprova para demonstrar a ausência da infração administrativa. Note-se que, segundo as regras de direito processual, no campo das provas, prevalece o princípio da livre apreciação das provas fundamentadas. O julgador tem liberdade para apreciar as provas produzidas, valorando-as motivadamente. Deve, assim, sopesar as provas produzidas, considerando a credibilidade que se deve depositar no agente público, mas que pode ser infirmada por prova contrária.

2.5. Princípio da objetividade

Não se exige para a configuração da infração administrativa a existência de dolo ou culpa do infrator[29], a não ser que o dispositivo legal assim o exija expressamente. Basta a conduta do agente fazendo existir no mundo dos fatos a situação prevista como reprovável e digna de sanção. É o comportamento da pessoa física ou jurídica causando a existência da situação prevista na lei como a hipótese, para que seja aplicável a sanção.

Ao contrário do que ocorre na área penal, na qual a existência do crime pressupõe a segura demonstração do dolo do agente, que se mostra como elemento do

---

significa que os atos da Administração gozam de presunção de validade, até prova em contrário. *Curso de direito administrativo*. 14. ed. Rio de Janeiro: Forense, 2005, p. 89.

28 "APELAÇÃO CÍVEL. DIREITO DA CRIANÇA E DO ADOLESCENTE. AUTO DE INFRAÇÃO ADMINISTRATIVA. AUSÊNCIA DE ASSINATURA DAS TESTEMUNHAS. ARTIGO 194 DA LEI 8.069/90 – ECA. AUTO LAVRADO POR SERVIDOR PÚBLICO NO EXERCÍCIO DE SUAS ATRIBUIÇÕES. PRESUNÇÃO DE LEGALIDADE. PRESENÇA DE ADOLESCENTE EM EVENTO PÚBLICO DESACOMPANHADO DOS PAIS OU RESPONSÁVEIS EM DESACORDO COM O DISPOSTO NO ALVARÁ JUDICIAL. INFRINGÊNCIA AO ARTIGO 149 DO ECA. RESPONSABILIDADE DO ORGANIZADOR. PENA DE MULTA FIXADA NO MÍNIMO LEGAL. DESPROVIMENTO DO RECURSO" (TJRJ, 2ª Câm. Cív., Apelação 0001486-88.2006.8.19.0039, Rel. Des. Maria Isabel Paes Gonçalves, j. 2-8-2016).

29 "APELAÇÃO CÍVEL. ECA. APURAÇÃO DE INFRAÇÃO ADMINISTRATIVA. Existindo elementos suficientes nos autos a comprovar a infração prevista no art. 250 do Estatuto da Criança e do Adolescente, cumpre a condenação do estabelecimento-réu ao pagamento de multa, independente da aferição de dolo ou culpa. NEGARAM PROVIMENTO" (TJRS, 8ª Câm. Cív., Apelação Cível 70027456607, Rel. Des. Rui Portanova, j. 16-4-2009, *Diário da Justiça* 23-4-2009).

tipo penal, não se exige o elemento subjetivo para a configuração do tipo administrativo. Conforme disserta Hely Lopes Meirelles[30], "a multa administrativa é de natureza objetiva e se torna devida independentemente da ocorrência de culpa ou dolo do infrator". Neste sentido dispõe o Código Tributário Nacional no art. 136 (referindo-se às infrações administrativas tributárias)[31]. Menciona Edmundo Oliveira[32] que, "diversamente da multa de direito penal, a multa em direito administrativo é objetiva, independe de dolo ou de culpa".

Contudo, alguns doutrinadores na área da infância e juventude, como Wilson Donizete Liberati[33], mencionam haver necessidade do elemento subjetivo. Daniel Ferreira e, mais recentemente Válter Ishida, por sua vez, abordando o tema das sanções administrativas, afastam o dolo e a culpa, mas mencionam a *voluntariedade*[34]. Guilherme de Souza Nucci também menciona a voluntariedade, afirmando que o "mínimo que se espera é ter o agente atuado com vontade"[35].

Em que pese o entendimento destes renomados juristas e de outros no mesmo sentido, a investigação do elemento subjetivo, seja dolo, culpa ou voluntariedade, notadamente quando as infrações administrativas são praticadas por pessoas jurídicas, não parece razoável. Como poderemos analisar a consciência e a vontade de uma empresa de ônibus, de um hotel ou de uma emissora de televisão que descumprem as normas de proteção da infância? O que deve ser apurado é se houve ou não o comportamento desconforme com a norma legal. Por exemplo, se um médico enviou a comunicação de maus-tratos à autoridade competente, mas por motivos alheios a correspondência não chegou ao seu destino, o médico não poderá ser penalizado, porque agiu de acordo com a norma legal. Assim, não é por ausência de dolo, mas por ausência da conduta omissiva mencionada pelo dispositivo que não haverá a infração administrativa. Da mesma forma, não há que se falar em

---

30   MEIRELES, Hely Lopes. *Direito administrativo brasileiro*. 22. ed. São Paulo: Malheiros, 1997, p. 179.

31   Dispõe o art. 136 do Código Tributário Nacional: "Salvo disposição de lei em contrário, a responsabilidade por infrações da legislação tributária independe da intenção do agente ou do responsável e da efetividade, natureza e extensão dos efeitos do ato".

32   OLIVEIRA, Edmundo. Art. 245. In: VERONESE, Josiane Rose Petry; SILVEIRA, Mayra; CURY, Munir (coord.). *Estatuto da Criança e do Adolescente comentado*. Comentários jurídicos e sociais. 13. ed. rev. e atual. São Paulo: Malheiros, 2018. p. 1482.

33   LIBERATI, Wilson Donizeti. *Comentários ao Estatuto da Criança e do Adolescente*. 12. ed. rev. e ampl. de acordo com a Lei 13.058, de 22.12.2014. São Paulo: Malheiros, 2015. p. 316-331.

34   FERREIRA, Daniel. *Sanções administrativas*. Coleção Temas de direito administrativo. São Paulo: Malheiros, 2001, p. 67; ISHIDA, Válter Kenji. *Estatuto da Criança e do Adolescente*: doutrina e jurisprudência. 25. ed. rev., atual. e ampl. São Paulo: JusPodivm, 2024, p. 1001.

35   NUCCI, Guilherme de Souza. *Estatuto da Criança e do Adolescente Comentado*. 5. ed. rev., atual. e reform. Rio de Janeiro: Forense, 2021, p. 840.

PARTE III – DAS INFRAÇÕES ADMINISTRATIVAS 659

conduta se o fato foi praticado por terceiros (ex.: alguém exibe por alguma mídia um filme sem classificação indicativa – quem responde pelo art. 255 do ECA será aquele que exibiu). A conduta é um comportamento livre direcionado a uma finalidade (não se pune alguém que agiu sob coação).

Em razão do princípio da objetividade, as infrações administrativas não admitem tentativa. Não se perquire a respeito da intenção do agente em praticar a infração administrativa. Se iniciada a execução da infração, esta deixa de se consumar por motivos alheios à vontade do agente, não há infração, nem responsabilidade. Deve ser verificado se a situação de fato se subsume no tipo administrativo infracional. Não há que se questionar a intenção do agente, mas sim a sua conduta. A infração administrativa lhe será imputada na hipótese de ter praticado a conduta prevista no tipo administrativo. Assim, com exceção da infração administrativa prevista no art. 249 do Estatuto da Criança e do Adolescente, que expressamente exige dolo ou culpa, as demais infrações administrativas previstas nos arts. 245 a 258 do Estatuto da Criança e do Adolescente são objetivas, não sendo necessário investigar o dolo do agente, bastando que a situação prevista na lei, como passível de punição, passe a existir no mundo dos fatos por uma conduta do agente[36].

2.6. Princípio da independência das sanções administrativas

As sanções administrativas são independentes entre si, como também são independentes das sanções penais e civis eventualmente existentes. Um mesmo fato pode representar um crime, uma infração administrativa e ainda gerar o dever de indenizar o dano cometido[37]. Assim como um mesmo fato pode gerar uma sanção administrativa específica, como a aplicação de multa, pode também ocasionar a apreensão do material inadequado, o fechamento do estabelecimento, a obrigação de pagar danos morais etc. Não há *bis in idem*. O infrator não pode alegar duplici-

---

36 "APELAÇÃO – Infração administrativa – Divulgação de foto e dados pessoais de adolescente acusado da prática de ato infracional – Admissão dos fatos pelos apelantes – Desnecessidade de comprovação de dolo para caracterização da infração – Violação dos artigos 143, *caput*, e 247 do Estatuto da Criança e do Adolescente – Liberdade de manifestação que deve ser compatibilizada com as demais regras constitucionais, principalmente com os direitos fundamentais da criança e do adolescente – Valor da multa proporcional à gravidade do fato – Não provimento do recurso" (TJSP, Apelação 0004364-87.2009.8.26.0070, Seção Cível, Câmara Especial, Rel. Des. Maria Olívia Alves, j. 27-9-2010).

37 "APELAÇÃO. Representação julgada procedente contra sociedade que se dispõe a atender menores portadores de deficiência mental e, por sua direção, comete irregularidades não só administrativas como atentatórias ao direito desses menores. Aplicabilidade de sanções apontadas no ECA (art. 193, § 4º), além de apuração de responsabilidade civil e criminal, ao Presidente da entidade. Apelo Provido" (TJRJ, Conselho da Magistratura, Processo 377/96, Rel. Des. Maria Stella Rodrigues, decisão em 16-1-1997).

dade de sanção, posto que as medidas são diferentes. Um pai que estupra a filha menor, por exemplo, comete o crime previsto no art. 217-A do Código Penal, com todas as agravantes decorrentes da relação paterno-filial e da idade da criança, bem como a infração administrativa prevista no art. 249 do Estatuto, sendo o fato causa suficiente para a perda do poder familiar, conforme previsão dos arts. 22 e 24 do Estatuto e do art. 1.638 do Código Civil, e ainda motivo de reparação civil, sem prejuízo de quaisquer outras medidas e sanções aplicáveis[38].

2.7. Princípio da publicidade

Está previsto no art. 5º, XXXIII, XXXIV, e no art. 37 da Constituição Federal. Consiste no direito de ter conhecimento da existência de procedimento, processo, auto de infração ou inquérito administrativo movido contra si próprio, bem como do teor da imputação, estando assegurado o direito de petição e a obtenção de certidões para defesa de direitos e esclarecimento das situações apresentadas. Note-se que somente foram ressalvadas, pelo dispositivo constitucional, as informações cujo sigilo seja imprescindível à segurança da sociedade e do Estado.

2.8. Princípio do devido processo legal

Decorre do disposto no art. 5º, LIII e LIV, da Constituição Federal. Somente a autoridade competente poderá punir o infrator, respeitado o devido processo legal.

---

38 "MANDADO DE SEGURANÇA. AUTONOMIA E INDEPENDÊNCIA DAS INSTÂNCIAS PENAL E ADMINISTRATIVA. EXCEÇÃO. DIREITO LÍQUIDO E CERTO INEXISTENTE. INSUFICIÊNCIA DE PROVAS. DILAÇÃO PROBATÓRIA. IMPOSSIBILIDADE. 1. Sentença proferida em processo penal poderá servir de prova em processos administrativos apenas se a decisão concluir pela não ocorrência material do fato ou pela negativa de autoria. Exceção ao princípio da independência e autonomia das instâncias administrativa e penal. 2. Decisão judicial em sede penal incapaz de gerar direito líquido e certo de impedir o TCU de proceder à tomada de contas. 3. Questões controvertidas a exigir dilação probatória não são suscetíveis de análise em mandado de segurança. Segurança denegada" (STJ, Corte Especial, MS 23.625/DF, Rel. Min. Maurício Corrêa, j. 8-11-2001, *DJ* 27-6-2003). "RECURSO ESPECIAL. ADMINISTRATIVO. SERVIDOR ESTADUAL DEMITIDO. ALEGAÇÕES INVIÁVEIS NA SEARA DO APELO EXTREMO. REEXAME DE PROVAS – SÚMULA 7/STJ. ATO PUNÍVEL NAS ESFERAS PENAL E ADMINISTRATIVA. PRESCRIÇÃO DA PUNIBILIDADE. INDEPENDÊNCIA ENTRE OS PODERES. PRECEDENTES. O recorrente sustenta inúmeras alegações que, sem sombra de dúvidas, são descabidas na via do recurso especial, por demandarem reexame de provas – Súmula 7 do STJ. No tocante ao principal argumento de que, declarada extinta a punibilidade no feito criminal, o mesmo deveria ter ingerência na esfera administrativa, esta Corte tem firme posicionamento, seguindo orientação doutrinária clássica, de que *a absolvição criminal só afasta a responsabilidade administrativa quando restar decidido sobre a inexistência do fato ou a não autoria imputada ao servidor*. A espécie não se amolda a tal entendimento. Recurso não conhecido" (STJ, 5ª T., REsp 475.175, Recurso Especial 2002/0142198-6, Rel. Min. José Arnaldo da Fonseca, j. 17-8-2004, *DJ* 13-9-2004, p. 275 – grifos nossos).

PARTE III – DAS INFRAÇÕES ADMINISTRATIVAS

Note-se que, de maneira geral, caberia à autoridade administrativa (e não judiciária) aplicar as sanções decorrentes de infrações administrativas. Assim ocorre com as infrações administrativas previstas no Código Tributário, no Código de Defesa do Consumidor e em outras leis específicas.

O Estatuto da Criança e do Adolescente, contudo, estabeleceu que a Justiça da Infância e da Juventude é competente para aplicar penalidades administrativas nos casos de infrações contra norma de proteção a crianças ou adolescentes (art. 148, VI, do ECA). O procedimento de apuração de infração administrativa está disciplinado pelos arts. 194 a 197 do mesmo Estatuto, podendo ser iniciado por representação do Ministério Público ou do Conselho Tutelar ou auto de infração elaborado por servidor efetivo ou voluntário credenciado, e a sanção, após o contraditório e a ampla defesa, é determinada pelo juiz da infância e juventude. O tema será mais bem estudado a seguir.

2.9. Princípio da ampla defesa e contraditório

Assegura-se, aos acusados em geral, por força do disposto no art. 5º, LV, da Constituição Federal, inclusive àqueles a quem se atribui a prática de infração administrativa, o contraditório e ampla defesa, com os meios e recursos a ela inerentes, seja na esfera administrativa seja na esfera judicial. É necessário que o autuado seja cientificado do teor da imputação e tenha a oportunidade de se defender antes de ser prolatada a decisão, sendo-lhe permitida a produção das provas necessárias e pertinentes para sua defesa. A exigência do pagamento de custas para a interposição de recurso não macula o princípio[39].

---

39 "DECISÃO MONOCRÁTICA – APELAÇÃO CÍVEL – REPRESENTAÇÃO POR INFRAÇÃO ADMINISTRATIVA ÀS NORMAS PROTETIVAS DO ESTATUTO DA CRIANÇA E DO ADOLESCENTE – AUSÊNCIA DOS PRESSUPOSTOS RECURSAIS – INTEMPESTIVIDADE E FALTA DE PREPARO APELAÇÃO NÃO CONHECIDA. [...] 2. Da análise dos pressupostos de admissibilidade, verifica-se que a ora recorrente deixou de preencher dois dos requisitos necessários ao conhecimento da Apelação, quais sejam: tempestividade e comprovação do pagamento do preparo. Logo, o recurso manejado não pode ser conhecido. Passo a tratar inicialmente da intempestividade. Sabe-se que nos feitos envolvendo o Estatuto da Criança e do Adolescente o prazo para interposição da apelação é de 10 (dez) dias, conforme dita o artigo 198, inciso II, daquele diploma. A intimação da advogada do apelante deu-se em 11 de dezembro de 2008 (fls. 87), isto é, o prazo de 10 (dez) dias para interposição do presente recurso teve início em 12 de dezembro de 2008 (sexta-feira). Neste sentido: APELAÇÃO CÍVEL. INFRAÇÃO ADMINISTRATIVA. RECURSO INTERPOSTO FORA DO PRAZO. INTEMPESTIVIDADE. PRAZO LEGAL DE DEZ (10) DIAS ESTABELECIDO PELO ART. 198, II DO ESTATUTO DA CRIANÇA E DO ADOLESCENTE. RECURSO NÃO CONHECIDO" (TJPR, 11ª CCv, Ap. Cível 0486907-0, Rel. D'artagnan Serpa Sá, j. 6-8-2008, unânime, pub. 15-8-2008, DJ 7679). O prazo para recorrer, portanto, encerrou-se em 21 de dezembro de 2008 (domingo), logo, prorrogou-se para o primeiro dia

3. DAS INFRAÇÕES ADMINISTRATIVAS PREVISTAS NO ESTATUTO DA CRIANÇA E DO ADOLESCENTE

3.1. Breve histórico

A preocupação do legislador brasileiro na área da infância e juventude, até o início do século XX, era de natureza criminal, com a intenção de fixar a responsabilidade penal e reprimir a delinquência de crianças e adolescentes.

As duas primeiras décadas do século XX, todavia, foram caracterizadas pelo debate em torno da assistência e da proteção relativas aos infantes. Ideias e ações provenientes dos setores da caridade e da filantropia interligaram-se, estabelecendo

---

útil seguinte que, devido ao recesso forense, foi 8 de janeiro de 2009. Assim, pelo fato de o recurso ter sido interposto dia 9 de janeiro de 2009, o apelo é intempestivo. Sobre a necessidade de comprovação do preparo no momento da interposição do recurso, salienta-se o disposto no art. 511 do Código de Processo Civil: "Art. 511. No ato de interposição do recurso, o recorrente comprovará, quando exigido pela legislação pertinente, o respectivo preparo, inclusive porte de remessa e de retorno, sob pena de deserção". Destaca-se, ainda, que a dispensa de preparo, prevista no § 2º do seu art. 141 da Lei n. 8.069/90, aplica-se somente às crianças e aos adolescentes quando partes autoras ou rés. Este é também o entendimento jurisprudencial do Superior Tribunal de Justiça: "PROCESSUAL CIVIL E ADMINISTRATIVO. RECURSO ESPECIAL. LEI 8.069/90. ISENÇÃO DE CUSTAS E EMOLUMENTOS PREVISTA NO ART. 141, § 2º, DO ECA. EXTENSÃO. EXPEDIÇÃO DE ALVARÁ A EMPRESA PROMOTORA DE EVENTO. INAPLICABILIDADE. 1. 'As normas do Estatuto da Criança e do Adolescente tem por objeto garantir condições necessárias para o acesso das crianças e dos adolescentes às medidas de proteção judicial ali previstas. 2. A regra de isenção de custas e emolumentos prevista no § 2º do seu art. 141 se destina às crianças e aos adolescentes quando partes autoras ou rés em demandas movidas perante a Justiça da Infância e da Juventude, não sendo extensíveis a outras pessoas que porventura venham a participar dessas ações.' (REsp 701.969/ES, 2ª Turma, Min. Eliana Calmon, *DJ* 22-3-2006). 2. Precedentes: REsp 830.533/AL, 1ª Turma, Min. Francisco Falcão, *DJ* de 24-8-2006; REsp 995.038/RJ, 2ª Turma, Min. Castro Meira, *DJe* de 22-4-2008; REsp 1.040.944/RJ, 1ª Turma, Min. Francisco Falcão; *DJe* de 15-5-2008; AgRg no Ag 955493/RJ, 1ª Turma, Min. José Delgado, *DJe* de 5-6-2008. 3. Recurso especial a que se nega provimento" (1ª T., REsp 701.964/ES, Rel. Min. Teori Albino Zavascki, j. 16-12-2008, *DJe* 4-2-2009). "PROCESSUAL CIVIL. ART. 535 DO CPC. OMISSÃO. MATÉRIA CONSTITUCIONAL. ESTATUTO DA CRIANÇA E DO ADOLESCENTE. APELAÇÃO. PREPARO. ISENÇÃO. SÚMULA 83/STJ. 1 [...] 2. A regra de isenção de custas e emolumentos inserta no § 2º do artigo 141 do ECA é de aplicação restrita às crianças e aos adolescentes quando partes, autoras ou rés, em ações movidas perante a Justiça da Infância e da Juventude, não alcançando outras pessoas que eventualmente possam participar dessas demandas. Incidência da Súmula 83/STJ. 3. Recurso especial não conhecido" (2ª T., REsp 1.075.038/RJ, Rel. Min. Castro Meira, j. 4-11-2008, *DJe* 16-12-2008). *Ex positis*, nos termos do art. 557 do Código de Processo Civil, nego seguimento ao recurso, monocraticamente. Curitiba, 1º de junho de 2009. Des. Eraclés MESSIAS Relator K. (TJPR, 11ª Câm. Cív., Processo 0578401-0, *DJ* 9-6-2009).

PARTE III – DAS INFRAÇÕES ADMINISTRATIVAS

uma forte aliança entre Justiça e Assistência. Em 1923, foi criado o Juízo de Menores, tendo sido Mello Mattos o primeiro Juiz de Menores da América Latina. Em 1º de dezembro de 1926, foi sancionado o Decreto n. 5.083, instituindo o Código de Menores e mencionando que as leis de assistência e proteção aos menores seriam consolidadas e, finalmente, em 12 de outubro de 1927, o Decreto n. 17.943-A efetivamente consolidou as "Leis de Assistência e Proteção aos Menores", marcando o início de um domínio explícito da ação jurídica sobre a infância. Nota-se a grande interferência, desde então, do mundo jurídico na assistência e proteção à infância, prevalecendo tratamento jurídico a problemas de cunho social. Sobressai-se, muito claramente, desde aquela época, uma dicotomia existente entre as expressões "menores", para se referir a crianças e adolescentes de baixa renda, abandonados ou "delinquentes", provenientes, na maioria dos casos, de famílias monoparentais, e "criança ou jovem", para se referir a menores provenientes de classe média ou alta, inseridos dentro de uma família "modelo", ou seja, matrimonializada, constituída por pai e mãe, sacramentada pelo casamento.

O Código de Menores de 1927 reinou absoluto, com pequenas alterações, por mais de cinquenta anos. Após muitos debates e discussões, em 10 de outubro de 1979, o Brasil promulgou o Código de Menores de 1979, que já nasceu muito criticado, em razão de conferir poderes excessivos ao juiz de menores e ter como tema central a doutrina do "menor em situação irregular".

Inspirada em Convenções Internacionais de Proteção à Infância, a Constituição Federal de 1988 garantiu direitos fundamentais a crianças e adolescentes, introduzindo em nosso sistema jurídico a Doutrina da Proteção Integral e da prioridade dos interesses destes, o que exigiu a reformulação do Código de Menores de 1979 e culminou com a publicação do Estatuto da Criança e do Adolescente, por meio da Lei n. 8.069, em 13 de julho de 1990.

Esses três diplomas legais (ou quatro, quando consideramos o Decreto n. 5.083 que antecedeu o Decreto n. 17.943-A, de 12 de outubro de 1927) relativos à infância, existentes em nosso país, trouxeram a previsão de infrações administrativas. Há muitas semelhanças, aliás, entre as infrações administrativas previstas no Código de Menores de 1927, no Código de Menores de 1979 e no Estatuto da Criança e do Adolescente de 1990. Todas decorrem, como já exposto, do exercício do poder de polícia inerente à função administrativo-jurisdicional do juizado de menores, atualmente denominado juizado da infância e juventude, que ainda hoje é o principal órgão de fiscalização das normas de proteção à infância e juventude. O ideal seria a vinculação dos Comissários da Infância e Juventude a um órgão administrativo ou ao Ministério Público, a fim de preservar a função jurisdicional da Vara da infância, evitando a confusão de funções administrativas e judiciais.

Assim, as infrações administrativas, destinadas à proteção do interesse de crianças e adolescentes, já são previstas há longa data por nossa legislação.

No Código de Menores de 1927, as infrações administrativas não foram sistematizadas em local único. Vários foram os dispositivos de proteção, prevendo a penalidade de multa para o seu descumprimento.

O direito à imagem, e à não exposição pública de crianças e adolescentes em jornais e demais meios de comunicação, previsto no art. 247 do Estatuto da Criança e do Adolescente, foi protegido no Código de Menores de 1927 nos arts. 19 e 89 e no art. 63 do Código de Menores de 1979.

A proteção relativa à informação, entrada e exposição de crianças e adolescentes a diversões, espetáculos, filmes e representações, prevista no Estatuto da Criança e do Adolescente nos arts. 252, 253, 254, 255, 256 e 258, já havia sido prevista nos arts. 128 e seus §§, 129 e 130 do Código de Menores de 1927 e nos arts. 64, 65, 66 e 67 do Código de Menores de 1979.

A preocupação com os estabelecimentos de proteção, assistência e internação de crianças e adolescentes foi prevista nos arts. 8º, 11, 12, 16, 17, 19, 46, 47 e 54 do Código de Menores de 1927, no art. 73 do Código de Menores de 1979. Recebeu tratamento específico nos arts. 90 a 97 do ECA e, de maneira tímida, no art. 246 do Estatuto da Criança e do Adolescente (a redação do artigo indica ser este destinado somente a adolescente privado da liberdade).

Tanto o Código de Menores de 1927 (arts. 60 e 75) e o Código de Menores de 1979 (art. 72) quanto o Estatuto da Criança e do Adolescente trouxeram a previsão de aplicação de multa pelo exercício irregular da autoridade parental (art. 249).

A hospedagem de menor desacompanhado foi prevista no art. 69 do Código de Menores de 1979 e no art. 250 do ECA. O transporte de menores desacompanhados para fora da Comarca foi previsto no art. 70 do Código de Menores de 1979 e no art. 251 do ECA. A omissão em apresentar ao Judiciário menor trazido de outra comarca para serviço doméstico foi prevista no art. 71 do Código de Menores de 1979 e no art. 248 do ECA (revogado pelo art. 28 da Lei n. 13.431/2017). A participação de menores de 18 anos em certames de beleza, proibida pelo Código de Menores de 1979 (art. 68), foi permitida e recebeu regulamentação própria no Estatuto da Criança e do Adolescente (arts. 149, II, b, e 258).

O Código de Menores de 1927 previu como infração administrativa a "subministração" de bebidas alcoólicas nos colégios, escolas e em todos os institutos de educação ou de instrução, com a previsão de pena de multa que, em caso de reincidência, poderia ser substituída por prisão (art. 127). O Código de Menores de 1927, ainda, responsabilizava o pai, a mãe, o tutor ou encarregado da guarda do menor que ciente e diretamente houvesse incitado, favorecido ou concorrido para o tornar alcoólico ou deixando de prevenir tal situação (art. 60).

O Estatuto da Criança e do Adolescente foi alterado pela Lei n. 13.106/2015 para fazer constar expressamente a proteção de crianças e adolescentes em relação ao consumo de álcool. A venda de bebidas alcoólicas a menores de idade foi considerada contravenção penal no ano de 1941 (art. 63, I, da Lei de Contravenções Penais).

PARTE III – DAS INFRAÇÕES ADMINISTRATIVAS

O Código de Menores de 1979 não foi expresso quanto à questão de bebidas alcoólicas. O Estatuto da Criança e do Adolescente estabeleceu, no art. 81, II, que é proibida a venda de bebidas alcoólicas à criança e ao adolescente, sem especificar inicialmente qual seria a sanção. A Lei n. 13.106/2015 alterou o tipo penal previsto no art. 243 para fazer constar expressamente a expressão "bebida alcoólica", aplacando qualquer discussão quanto à criminalização da conduta, e também a incluiu o art. 258-C, que caracteriza como infração administrativa a venda de bebidas alcoólicas.

Tanto o Código de Menores de 1927 quanto o de 1979 (art. 74) trouxeram a previsão de infração administrativa pelo descumprimento de normas de proteção ao trabalho infantil, o que não foi repetido no Estatuto da Criança e do Adolescente, por se tratar de atribuição afeta à fiscalização do trabalho.

Em vista do histórico descrito, verifica-se serem antigas as preocupações quanto ao cuidado necessário a ser prestado a crianças e adolescentes. Desde aquela época, já se mencionava a necessidade de promoção de políticas públicas, efetivo comprometimento dos governantes de nosso país com a infância e juventude, destinação de verbas públicas para a educação e saúde, controle dos programas inadequados na televisão, restrição da entrada de crianças e adolescentes em estabelecimentos impróprios, na prevenção da prostituição infantil etc. São temas antigos, já em voga há muitos anos atrás, sendo interessante mencionar as palavras do nobre jurista Paulo Lúcio Nogueira[40], ao comentar o Código de Menores de 1979 na introdução da 1ª edição de sua obra *Comentários ao Código de Menores*:

> O problema do menor requer mais atenção, pois não basta dispor sobre assistência, proteção e vigilância, quando, na prática, não se dão condições satisfatórias para a sua solução. É preciso antes cuidar do próprio adulto, da família, do meio ambiente, da aplicação justa de verbas, da eliminação dos gastos excessivos, do controle dessa voracidade de ganhos exorbitantes, quando já não se satisfaz com pouco, da repressão dos "grandes" criminosos e não apenas aos "pequenos", que são os únicos processados e punidos. O Código de Menores se destina à proteção, assistência e vigilância de menores com idade até 18 anos, que se encontrem em situação irregular, seja o menor carente, seja o menor abastado, pois a ação do juiz de menores é supletiva da família, e quando esta falha é que entra em ação o juizado. O papel da família tem sido enaltecido frequentemente. Mas ultimamente a própria família tem sido atingida no seu recesso pela televisão, sempre ávida de propaganda ou IBOPE, com programas atentatórios à moral social. E dificilmente os pais podem controlar ou impedir que os filhos sejam influenciados por essa propaganda consumista e deletéria. A frequência com que são exibidos certos programas impróprios torna-se uma rotina no costume brasileiro, e tudo que causa impacto passa depois a ser encarado com naturalidade. E o próprio mal ou mesmo a violência, o erotismo de

40 NOGUEIRA, Paulo Lúcio. *Comentários ao Código de Menores*. 4. ed. São Paulo: Saraiva, 1988, p. 9-10.

certos espetáculos, que abalam os alicerces da família, passam a ser vistos como normais. Contudo, essa normalidade aparente já é um estado anormal do espírito. [...] E ai daquele que se levanta contra essas "inovações" sociais, pois será tachado de "reacionário", de "quadrado" e de outros termos mais apropriados, já que não está acompanhando o progresso. É indispensável que seja dada à família a devida assistência e proteção para que realmente os menores também se sintam assistidos e protegidos.

3.2. A interpretação das infrações administrativas

Em razão da garantia fundamental de liberdade e do princípio da legalidade, a todos é permitido fazer o que não seja proibido por lei.

Esse é um requisito essencial de um Estado Democrático de Direito.

Notamos, de qualquer forma, que se a Constituição Federal e a Lei n. 8.069/90 trazem diversos direitos dos quais crianças e adolescentes são titulares, a estes direitos correspondem deveres, tratando-se de mandamentos respaldados em normas legais, e por que não dizer deveres fundamentais.

A interpretação das infrações administrativas previstas no Estatuto da Criança e do Adolescente, dessa forma, deve considerar, sobretudo, a Doutrina da Proteção Integral e o princípio da prioridade do interesse de crianças e adolescentes, nortes que funcionam como uma diretriz para a interpretação da lei[41].

Tratando-se de normas de proteção e prevenção (uma vez que a finalidade última da norma é evitar o comportamento inadequado nela descrito), o intérprete em matéria relacionada à infância e juventude deve atentar para a necessidade de proteção de crianças e adolescentes, de modo que a interpretação da norma corresponda à vontade do texto legal.

Em relação às infrações administrativas, deverão ser consideradas, sobretudo, as normas de prevenção estabelecidas nos arts. 70 a 85 do Estatuto.

Assim, importante verificar a finalidade da prevenção estabelecida, e o disposto no art. 72, no sentido de que "as obrigações previstas nesta Lei não excluem da prevenção especial outras decorrentes dos princípios por ela adotados", além do disposto no art. 73, que determina a responsabilidade da pessoa física ou jurídica que deixar de observar as normas de proteção.

Ressalte-se, ainda, que consoante previsão do art. 6º do Estatuto da Criança e do Adolescente, na interpretação do referido diploma legal, deve-se levar em conta os fins sociais a que ela se dirige, as exigências do bem comum, os direitos e deve-

---

41 A teoria da interpretação consagra, ainda, como elementos da interpretação: o elemento gramatical, que é a análise do texto da lei; o elemento lógico ou teleológico em que se busca a finalidade da lei; o elemento sistemático onde se verifica como as normas se interagem formando o ordenamento jurídico; e o histórico, a influência dos fatos sociais (históricos) na formação da lei.

PARTE III – DAS INFRAÇÕES ADMINISTRATIVAS

res individuais e coletivos, e a condição peculiar da criança e do adolescente como pessoas em desenvolvimento.

Conforme explicita Wilson Donizeti Liberati[42]:

> Em verdade, na interpretação do texto legal, o que se deve observar é a proteção dos interesses da criança e do adolescente, que deverão sobrepor-se a qualquer outro bem ou interesse juridicamente tutelado, levando em conta a destinação social da lei e o respeito à condição peculiar da criança e do adolescente como pessoas em desenvolvimento.

3.3. A multa

A multa estabelecida como penalidade nas infrações administrativas previstas no Estatuto da Criança e do Adolescente faz menção ao salário de referência, que corresponde ao atual salário mínimo nacional.

Nada há de inconstitucional em tal referência prevista para a multa administrativa, haja vista que o proibido pelo art. 7º, IV, da Constituição Federal é a vinculação do salário mínimo como indexador em contratos bilaterais, notadamente laborativos, devendo ser ressaltado que o dispositivo proibitivo está inserido no capítulo referente aos direitos sociais.

A respeito do assunto, convém ser transcrita a exposição da ilustre Procuradora de Justiça Elisabeth de Moraes Cassar em parecer na Apelação 2003.004.00168, do Conselho da Magistratura do Tribunal de Justiça do Estado do Rio de Janeiro, na data de 31 de março de 2003:

> Preliminarmente, sem qualquer fundamento se apresenta, no caso, a alegação de afronta ao artigo 7º, inciso IV, parte final, da Carta Magna, eis que o mesmo encontra-se inserido no capítulo referente aos Direitos Sociais, que se refere exclusivamente aos direitos dos trabalhadores, urbanos e rurais. Com efeito, o propósito do legislador constitucional, no dispositivo invocado, foi o de retirar do salário mínimo o papel que lhe era costumeiramente dado de coeficiente para indexação da moeda, a ele vinculando-se certos preços e mesmo outros salários, de sorte que, qualquer cogitação de seu aumento causava o temor de um aumento generalizado de preços.

Note-se, ainda, que a jurisprudência tem entendido que a fixação da multa deve ser feita em moeda corrente correspondente ao valor dos salários mínimos da data da sentença, corrigindo-se o valor monetariamente e com juros até a data do efetivo pagamento[43].

---

42   Em *Comentários ao Estatuto da Criança e do Adolescente*. 12. ed. rev. e ampl. de acordo com a Lei 13.058, de 22.12.2014. São Paulo: Malheiros, 2015. p. 22.

43   "ESTATUTO DA CRIANÇA E DO ADOLESCENTE. PUBLICAÇÃO EM JORNAL DE MATERIAL PORNOGRÁFICO, INDUTOR DE PROSTITUIÇÃO. MULTA EM SALÁRIO MÍNIMO. POSSIBILIDADE. As multas eram aplicadas em salário referência que, revogado,

As multas pagas em decorrência do pagamento das infrações administrativas devem ser revertidas ao fundo municipal dos direitos da criança e do adolescente, conforme determinação dos arts. 154 e 214 do Estatuto, sendo vedada a destinação do numerário para outro órgão, pessoas[44] ou instituição.

A respeito do assunto já se pronunciou o Superior Tribunal de Justiça[45], entendendo que todas as multas devem ser revertidas ao fundo municipal gerido pelo Conselho Municipal dos Direitos da Criança e do Adolescente[46].

---

foi substituído pelo salário mínimo. Assim, nenhuma ofensa às normas constitucionais porque, na verdade, o que o Supremo vem proibindo é a vinculação do salário mínimo como forma de correção monetária. Quanto à publicação a responsabilidade do órgão de divulgação decorre do só fato da comercialização dos anúncios contendo material pornográfico impróprio ou inadequado a crianças e adolescentes, inseridos em contexto erotizante que lhes deturpa a boa formação moral e sexual, com aberto convite à prostituição. O anúncio de oferecimento de prostitutas com imagens eróticas e sensuais ofende as regras dos artigos 78 e 79 do ECA e o órgão divulgador dele suportará os ônus de sua publicação." (fl. 82) Dessa decisão interpõe RE alegando ofensa ao art. 7º, IV, *in fine*, da CF. Não assiste razão ao recorrente. O STF firmou a seguinte orientação: 'Vinculação ao salário mínimo: incidência da vedação do art. 7º, IV, da Constituição, restrita à hipótese em que se pretenda fazer das elevações futuras do salário mínimo índice de atualização da indenização fixada; não, qual se deu no acórdão, se o múltiplo do salário mínimo é utilizado apenas para expressar o valor inicial da condenação, a ser atualizado, se for o caso, conforme os índices oficiais da correção monetária' (RE 338760, PERTENCE, *DJ* 28-6-2002). Ante o exposto, nego seguimento ao RE. Publique-se" (STF, decisão monocrática, RE 396.883-1, Rel. Min. Nelson Jobim, j. 15-4-2004, *DJ* 4-5-2004). "Auto de infração lavrado contra o Dia, por ter publicado no seu jornal foto de menores envolvidos em ato infracional, a permitir sua identificação. Sentença que reconheceu a infringência ao disposto no § 1º do art. 247 do ECA. Argumentos desvaliosos. Provimento parcial do recurso para só admitir a fixação da multa em moeda corrente, correspondente ao valor dos salários mínimos da data da sentença" (TJRJ, Conselho da Magistratura, Processo 168/03, classe D, Rel. Des. João Carlos Pestana de Aguiar Silva).

44 "AGRAVO DE INSTRUMENTO. INFÂNCIA E JUVENTUDE. AÇÃO DE OBRIGAÇÃO DE FAZER. VAGA EM CRECHE. CUMPRIMENTO DE SENTENÇA. INDEFERIMENTO DO PEDIDO DE QUE O VALOR DA MULTA FOSSE REVERTIDA EM FAVOR DA CRIANÇA. 1. O valor da multa aplicada por infração administrativa ou por descumprimento de obrigação de fazer ou de não fazer, previstas no Estatuto da Criança e do Adolescente, deve ser revertido ao Fundo Municipal da Infância e Adolescência. 2. A multas cominadas pelo ECA, sejam elas decorrentes de infrações administrativas ou originárias de obrigação de fazer ou não fazer, só divergem quanto à sua origem e não quanto à sua destinação, motivo pelo qual, em ambos os casos, incide o artigo 214, da Lei n.º 8.069/90, *verbis*: 'Os valores das multas reverterão ao fundo gerido pelo Conselho dos Direitos da Criança e do Adolescente do Respectivo Município'. 3. Incensurável a decisão recorrida. 4. Precedentes do C. Superior Tribunal de Justiça. 5. Desprovimento do recurso" (TJRJ, Agravo de Instrumento 0002318-14.2024.8.19.0000, Décima Quinta Câmara de Direito Privado, Rel. Des. Marília de Castro Neves Vieira, j. 8-5-2024).

45 STJ, 2ª T., Recurso Especial 703.241/ES (2004/0148715-3), Rel. Min. Mauro Campbell Marques, *DJ* 16-9-2008.

46 "ESTATUTO DA CRIANÇA E DO ADOLESCENTE. MULTA APLICADA EM DECORRÊNCIA DE INFRAÇÃO ADMINISTRATIVA. DEPÓSITO EM CONTA DESTINADA A

PARTE III – DAS INFRAÇÕES ADMINISTRATIVAS

Alguns operadores do direito, no entanto, considerando a situação de miserabilidade da grande maioria de nossos jurisdicionados, preferem ignorar a existência das infrações administrativas, notadamente daquela prevista no art. 249, por entender que o pagamento da multa será inexequível[47]. Nada obsta que a multa seja reduzida[48] (conquanto haja entendimento contrário[49]), parcelada[50], substituída por advertência

---

MANTER A VARA DA INFÂNCIA E DA JUVENTUDE. CONTRARIEDADE AOS ARTIGOS 154 E 214 DO ECA. [...] 3. Precedentes: RESP n. 562.391/ES, Rel. Min. Felix Fischer, *DJ* de 30-8-2004; RESP n. 614.985/ES, Rel. Minª Laurita Vaz, *DJ* de 23-8-2004; RESP 512.145/ES, Rel. Min. José Arnaldo da Fonseca, *DJ* de 24-11-2003. 4. Recurso conhecido e provido" (STJ, 1ª T., REsp 564.722/ES, Recurso Especial 2003/0125821-7, Rel. Min. Luiz Fux, j. 21-10-2004, publicado em *DJ* 22-11-2004, p. 272).

47 "APELAÇÃO CÍVEL INFRAÇÃO ADMINISTRATIVA. MEDIDA APLICADA AO GENITOR. ART. 129, II, ECA. ALCOOLISMO. DESCABIMENTO, NO CASO CONCRETO, DA APLICAÇÃO DA MULTA. FLAGRANTE VULNERABILIDADE ECONÔMICA DA FAMÍLIA. Em que pese a gravidade da situação, há de se ter presente que a família, formada pelo casal e mais 3 filhos menores, encontra-se em estado de extrema vulnerabilidade econômica, tendo renda mensal inexpressiva com reciclagem de lixo, dependendo ainda dois destes filhos de atendimento médico e hospitalar regular, com o que nenhum efeito positivo adviria da aplicação da multa prevista no art. 249 do ECA, que serviria tão somente para agravar ainda mais a sua situação de penúria, atingindo não apenas o infrator alcoólatra, mas a todos os componentes do grupo. APELAÇÃO DESPROVIDA" (TJRS, 8ª Câm. Cív., Apelação Cível 70041748435, Rel. Ricardo Moreira Lins Pastl, j. 14-4-2011).

48 "APELAÇÃO CÍVEL. Representação por infração administrativa. Genitores que se omitiram nos deveres inerentes ao poder familiar. Aplicação das medidas previstas no art. 129 do ECA e da penalidade descrita no art. 249 do mesmo diploma legal. Abandono moral e intelectual dos filhos menores caracterizado. Arts. 227 da CRFB/88 e arts. 22 e 249 do ECA. Péssimas condições de habitualidade da residência do núcleo familiar. Denúncia de ser o domicílio frequentado por usuário de drogas e crianças encontradas pelo Conselho Tutelar sujas e emagrecidas, sem frequentar regularmente a escola. Correta a aplicação da multa pecuniária abaixo do mínimo legal. Valor arbitrado (20% do salário mínimo, sendo metade para cada requerido) que se mostra adequado à situação financeira peculiar dos requeridos e atendem ao caráter pedagógico na hipótese. Guarda conferida à avó materna das crianças. Precedentes jurisprudenciais desta Corte. Sentença mantida. DESPROVIMENTO DO RECURSO" (TJRJ, 10ª Câm. Cív., Apelação 0009498-92.2014.8.19.0045, Rel. Des. Pedro Saraiva Andrade Lemos, j. 31-8-2016).

49 "Estatuto da Criança e do Adolescente. *Representação Cível. Infração dos pais e guardião ao comando artigo 249 da Lei n. 8.069/90*. Pretensão de aplicação de multa. Procedência. Irresignação. Tese defensiva que se encontra dissociada da prova dos autos. Prova documental e estudos social e psicológico que dão conta da conduta dos recorrentes, nociva à menor, mormente por sua condição especial de pessoa em desenvolvimento. *Sanções previstas no ECA que não podem ser afastadas sob pena de ofensa ao princípio da proteção integral da criança e do adolescente. Necessidade de prevenção e repressão das infrações administrativas, sob pena de esvaziamento do comando constitucional e enfraquecimento do poder político estatal. Multa prevista do artigo 249 do ECA aplicada em seu mínimo legal não comportando exclusão, tampouco redução, diante da prova dos autos.* Desprovimento do recurso e manutenção da sentença" (TJRJ, 21ª Câm. Cív., Apelação 0015614-85.2015.8.19.0011, Rel. Des. Pedro Freire Raguenet, j. 4-7-2017).

50 "APELAÇÃO CÍVEL. Ação de representação por infração administrativa intentada pelo Ministério Público contra a tia materna de menor por violação dos deveres decor-

na hipótese de reversão do comportamento dos pais de modo protetivo ao filho[51] ou que sua não cobrança seja condicionada ao cumprimento de medidas previstas no art. 129 do ECA, tais como tratamento a alcoólatras e toxicômanos[52], tratamento

---

rentes da guarda, com fundamento no artigo 249 do Estatuto da Criança e do Adolescente (Lei n. 8.069/1990). Sentença de procedência com aplicação de multa arbitrada em valor correspondente a três salários mínimos. Inocorrência de violação aos princípios da ampla defesa e do contraditório. Incontestes as conclusões do parecer psicossocial, restando configurada a inobservância ao disposto no art. 33 do ECA. Multa arbitrada no valor mínimo. Parecer da Procuradoria de Justiça do sentido de parcelamento da multa, o que denota ser razoável na espécie. RECURSO A QUE SE DÁ PARCIAL PROVIMENTO" (TJRJ, 10ª Câm. Cív., Processo 0005839-03.2011.8.19.0006 – Apelação, Rel. Des. Patricia Serra Vieira, j. 13-6-2014).

51 "REPRESENTAÇÃO POR INFRAÇÃO ADMINISTRATIVA. DESCUMPRIMENTO DOS DEVERES INERENTES DO PODER FAMILIAR. PENA DE MULTA CONVERTIDA EM ADVERTÊNCIA. COMPROVADA A PRECÁRIA CONDIÇÃO FINANCEIRA DA REPRESENTADA. CABIMENTO. ART. 249 C/C 129 ECA. PRECEDENTES. Afigura-se hipótese de Representação Administrativa na qual a representada foi condenada a pagar MULTA de 1 salário mínimo, na forma do art. 249 do Estatuto da Criança e do Adolescente, medida essa convertida em ADVERTÊNCIA, com fulcro no inciso VII do art. 129 da Lei n. 8.069/90, em razão da violação dos deveres inerentes ao poder familiar, consistente na entrega do filho a terceiro na ocasião de seu nascimento. Como é cediço, a criança e o adolescente gozam de todos os direitos fundamentais inerentes à pessoa humana, sem prejuízo da proteção integral de que trata a Lei 8.069/90, assegurando-se-lhes, por lei ou por outros meios, todas as oportunidades e facilidades, a fim de lhes facultar o desenvolvimento físico, mental, moral, espiritual e social, em condições de liberdade e de dignidade. Por outro vértice, incumbe aos pais o dever de sustento, guarda e educação dos filhos menores, cabendo-lhes ainda, no interesse destes, a obrigação de cumprir e fazer cumprir as determinações judiciais, consoante determina o art. 22 do ECA. Sendo certo que o descumprimento dos deveres inerentes ao poder familiar acarretará, entre outras, as penalidades previstas no art. 129 do Diploma Protetivo, bem como a pena de multa prevista no art. 249 do mesmo diploma legal. Incontroverso nos autos que a genitora entregou o neonato a terceira pessoa, sob a justificativa de que atravessava difícil condição financeira, associado ao fato de uma gravidez inesperada. Outrossim, o parecer da Psicóloga ratifica que a representada se mostrou arrependida e que o infante atualmente se encontra reintegrado ao seio familiar. Destarte, a precária situação financeira da representada justifica a conversão da pena de MULTA, prevista no art. 259 do ECA, na penalidade de ADVERTÊNCIA, disposta no art. 129, VII do ECA, porquanto a medida imposta se afigura pertinente e razoável, máxime porque restou evidenciado no estudo social e no laudo psicológico a mudança de comportamento da genitora que passou a cuidar e zelar pelo infante, estabelecendo laço de afeto entre ambos. Precedentes do TJERJ. NEGAR SEGUIMENTO AO RECURSO 'EX VI' ART. 557, 'CAPUT', CPC" (TJRJ, 9ª Câm. Cív., Processo 0003422-26.2007.8.19.0036 – Apelação. Des. Roberto de Abreu e Silva, j. 19-1-2011).

52 "APELAÇÃO CÍVEL – ESTATUTO DA CRIANÇA E DO ADOLESCENTE – INFRAÇÃO ADMINISTRATIVA DEDUZIDA PELO MINISTÉRIO PÚBLICO EM FACE DO GENITOR – VIOLAÇÃO AOS DEVERES INERENTES AO PODER FAMILIAR – GUARDA TRANSFERIDA PARA A GENITORA – APLICAÇÃO DE ADVERTÊNCIA E MULTA AO GENITOR, ECONOMICAMENTE HIPOSSUFICIENTE – Alegação de hipossuficiência com o fim de afastar a condenação do apelante à multa. Fixada a

PARTE III – DAS INFRAÇÕES ADMINISTRATIVAS

psicológico ou psiquiátrico[53], ou a condições impostas pelo CREAS[54]. A questão da

penalidade no patamar mínimo legalmente previsto, sua exigibilidade restou suspensa mediante o cumprimento regular da medida prevista no art. 129, II, do ECA, consistente em a inclusão do representado em programa de tratamento a alcoólatras e toxicômanos. Medidas que se coadunam com o princípio da adequação punitiva que se aplicam ao caso. Desprovimento ao recurso" (TJRJ, 17ª Câm. Cív., Apelação 0012526-44.2010.8.19.0066, Rel. Des. Edson Vasconcelos, j. 21-9-2016).

53 "APELAÇÃO CÍVEL. REPRESENTAÇÃO DO MINISTÉRIO PÚBLICO POR INFRAÇÃO ADMINISTRATIVA ÀS NORMAS DO ESTATUTO DA CRIANÇA E DO ADOLESCENTE. ART. 227 DA CRFB. PRINCÍPIO DA PROTEÇÃO INTEGRAL DA CRIANÇA E DO ADOLESCENTE. MELHOR INTERESSE DO MENOR. DESCUMPRIMENTO DE DEVER INERENTE AO PODER FAMILIAR. ART. 249 DO ECA. MULTA. Aplicação de penalidade pecuniária por infração administrativa, decorrente de descumprimento de dever inerente ao exercício do poder familiar pela genitora do menor, ora Apelante, com amparo no art. 249 do ECA, em razão de sua omissão em relação aos maus-tratos e abusos sexuais que seu companheiro praticou com sua filha. Compete aos pais o exercício do poder familiar, que consiste no sustento, guarda e educação, em aspecto amplo, dos menores, a fim de protegê-los e proporcioná-los o melhor desenvolvimento possível, tanto no campo afetivo, como social e familiar, visto que isso é fundamental elemento no desenvolvimento da personalidade da criança. É esta a *ratio* extraída do art. 1.631, do Código Civil c/c art. 22, do ECA. A Carta Suprema, através de seu art. 227, elevou a criança e o adolescente ao *status* de sujeitos de direitos, e não mais apenas objetos de proteção, cuja proteção – com prioridade absoluta – constituirá dever dos pais, Estado e de toda sociedade, sendo garantia fundamental, com raízes na tutela do princípio da dignidade da pessoa humana. Flagrante a ocorrência de infração em razão da inobservância dos deveres inerentes ao poder familiar, mediante a mera descrição dos fatos ocorridos, que gritam por si, evidenciando os horrores aos quais a menor foi submetida, vítima de maus-tratos físicos e psicológicos, além do abuso sexual (diverso da conjunção carnal) que lhe retiraram o direito à afetividade através da convivência familiar, sendo manifesta a omissão e negligência da Apelante. Infração cometida justifica a aplicação de penalidade pecuniária, que fora arbitrada em seu mínimo legal, no valor correspondente a 3 (três) salários mínimos, que se mostra razoável diante das peculiaridades do caso concreto. É certo que a aplicação da multa prevista no art. 249 do ECA tem como finalidade primordial a função pedagógica, como instrumento de conscientização dos pais responsáveis aos deveres que lhes cabem em função do exercício do poder familiar, como tentativa última de manutenção da criança e do adolescente em sua família natural, evitando a sua destituição. Pagamento da multa condicionado à adesão da genitora às medidas a serem propostas pelo CREAS. Expedição de ofício aos órgãos competentes para apuração de eventual ilícito penal. Precedentes desta Corte. Manutenção da sentença. Negado provimento ao recurso" (TJRJ, 6ª Câm. Cív., Processo 0008873-34.2008.8.19.0024 – Apelação, Rel. Des. Teresa Castro Neves, j. 17-10-2012).

54 "APELAÇÃO. INFÂNCIA E JUVENTUDE. REPRESENTAÇÃO POR INFRAÇÃO ADMINISTRATIVA. DESCUMPRIMENTO DOS DEVERES INERENTES AO PODER FAMILIAR. NEGLIGÊNCIA. ACOLHIMENTO. A criança apresentava baixa frequência escolar, sendo constantemente vista nas ruas com a higiene comprometida, havendo ainda notícias de que possivelmente estivesse fazendo uso de maconha. Vulnerabilidade social. Violação aos direitos fundamentais da criança. Desligamento da instituição de acolhimento e reintegração da criança ao genitor. A ora apelante não foi capaz de assegurar a educação do seu

miserabilidade deve ser avaliada na execução[55]. A multa tem caráter pedagógico[56] e contribui para que os direitos de crianças e adolescentes sejam assegurados[57]. Todo

---

filho, apesar do suporte ofertado pelos órgãos e serviços da rede de proteção infantojuvenil. Sentença julgando parcialmente procedente o pedido para aplicar à representada a multa no valor corresponde a 01 (um) salário mínimo, ou seja, R$ 998,00 (novecentos e noventa e oito reais), quantia esta que será suspensa em caso de adesão ao programa a ser determinado pelo CREAS, bem como para aplicar a medida prevista no inciso VI, do art. 101, da Lei n. 8.069/90, ou seja, a inclusão da demandada em programa oficial ou comunitário de auxilio, orientação e tratamento a alcoólatras, que deverá ser providenciado pelo CREAS. Recurso desprovido" (TJRJ, Apelação 0010984-10.2017.8.19.0045 10ª Câm. Cív., Rel. Des. José Carlos Varanda dos Santos, j. 8-7-2020).

55 "APELAÇÃO. INFÂNCIA E JUVENTUDE. REPRESENTAÇÃO POR INFRAÇÃO ADMINISTRATIVA. ART. 249 DA LEI N. 8.069 – ECA. Descumprimento dos deveres inerentes ao poder familiar. Negligência. Evasão escolar. Sentença julgando parcialmente procedente a Representação para o fim de aplicar à Representada a medida contida no artigo 129, inc. V, do ECA, com a inclusão da mesma no Projeto Espaço Recriar, ficando advertida de que a sua ausência injustificada ao programa, impossibilitando o cumprimento da medida, importará na possibilidade de incidência de sanção pecuniária. Aplicou ainda aos Representados a sanção pecuniária prevista no artigo 249 da Lei n. 8.069/90, que fixou no valor de três salários mínimo, sendo que em relação à primeira Representada poderá ser parcelada em 12 prestações. Aplicação da multa consubstancia. Poder de polícia estatal, de atuação vinculada. Entendimento do STJ, consagrado no REsp 1658508/RJ. A miserabilidade deve ser apurada na fase executiva, ocasião adequada para produção de provas sobre a situação financeira dos réus. Regras sobre impenhorabilidade garantem o mínimo existencial. Recurso desprovido" (TJRJ, Apelação 0000160-28.2014.8.19.0067, 10ª Câm. Cív., Rel. Des. José Carlos Varanda dos Santos, j. 25-9-2019).

56 "APELAÇÃO. RECONHECIMENTO DE INFRAÇÃO ADMINISTRATIVA. DESCUMPRIMENTO DE DEVERES INERENTES AO PODER FAMILIAR. MENOR EM SITUAÇÃO DE RISCO. EXPOSIÇÃO DA INFANTE À VIOLÊNCIA FÍSICA COMETIDA PELA PRÓPRIA GENITORA. APLICAÇÃO DO ART. 249 DO ECA – ESTATUTO DA CRIANÇA E DO ADOLESCENTE. INCIDÊNCIA DE MULTA PECUNIÁRIA. INSURGÊNCIA. ALEGAÇÃO DE AUSÊNCIA DE CULPA OU DOLO. VULNERABILIDADE SOCIAL E HIPOSSUFICIÊNCIA ECONÔMICO-FINANCEIRA DA AGRESSORA. CONDUTA GRAVE E MERECEDORA DE PUNIÇÃO. CIRCUNSTÂNCIAS ALEGADAS QUE NÃO AFASTAM A APLICAÇÃO DA MULTA PECUNIÁRIA. CARÁTER INIBIDOR E PEDAGÓGICO DA SANÇÃO ADMINISTRATIVA. PRESERVAÇÃO DA SENTENÇA. IMPROVIMENTO DO RECURSO. 1. Inegável a conduta da apelante de exposição da filha a risco e violência física. Omissão quanto aos deveres inerentes ao Poder Familiar. Aplicação do art. 249 do ECA – Estatuto da Criança e do Adolescente. 2. Vulnerabilidade social e hipossuficiência econômico-financeira da agressora que não descaracterizam a conduta reprovável por ela praticada e nem afastam a aplicação da sanção administrativa prevista no ECA. 3. Sanção pecuniária que desempenha papel multifacetado, de cunho coercitivo, pedagógico e punitivo. Patamar razoável do valor da penalidade imposta à agressora, diante dos valores máximos que podem alcançar a sanção, nos termos da legislação de regência. 4. Recurso conhecido e não provido" (TJBA, Apelação 8004013-82.2022.8.05.0271, 3ª Câmara Civil, Rel. Des. Licia Pinto Fragoso Modesto, Data de Publicação: 17-4-2024)

57 "APELAÇÃO CÍVEL. *REPRESENTAÇÃO ADMINISTRATIVA PROPOSTA PELO MINISTÉRIO PÚBLICO. INFÂNCIA E JUVENTUDE. DESCUMPRIMENTO DO DEVER DE*

PARTE III – DAS INFRAÇÕES ADMINISTRATIVAS

comportamento contrário às normas da infância e juventude precisa ficar registrado[58], até porque gera consequências quanto à reincidência, e pode gerar efeitos em outras Varas, notadamente na Vara criminal e na Vara de família, e até mesmo na própria Vara da infância, em relação a uma futura ação de destituição do poder familiar.

3.4. Da prescrição

Há quem defenda serem aplicáveis às infrações administrativas os prazos de prescrição do direito penal[59], enquanto outros entendem que o prazo pres-

---

EDUCAÇÃO. CARACTERIZAÇÃO DA INFRAÇÃO ADMINISTRATIVA PREVISTA NO ART. 249 DO ECA. Representação administrativa. Sentença de procedência que se mantém. Insurgência da ré, sob o argumento de ausência dolo ou culpa. *Conforme restou cabalmente demonstrado nos autos, o comportamento dos genitores pôs em risco os direitos fundamentais de seu filho, em especial, o direito à educação. Há uma resistência tanto da família quanto do jovem Marcus em aderir a qualquer intervenção do CREAS para modificar o atual quadro de desleixo quanto à educação do referido adolescente.* Até a presente data não houve comunicação de reversão do quadro fático, pois o adolescente, está fora da escola e continua a levar uma vida sem responsabilidades impostas pelos pais do referido adolescente. Utilização do salário mínimo em decorrência da extinção do salário de referência. *Multa aplicada que possui Função Pedagógica, não sendo cabível a sua Exclusão. Parcelamento da multa aplicada.* NEGADO PROVIMENTO AO RECURSO" (TJRJ, 12ª Câm. Cív., Apelação 0011113-71.2013.8.19.0007, Rel. Des. Cherubin Helcias Schwartz Júnior, j. 7-3-2017).

58 "Representação do Ministério Público por infração administrativa às normas do Estatuto da Criança e do Adolescente. Artigos 227 da CRFB/88 e 249 do Estatuto da Criança e do Adolescente (ECA). [...] Por fim, no tocante ao pedido de afastamento da penalidade pecuniária, arbitrada em seu mínimo legal, este não merece prosperar. Isto porque, o caráter punitivo das multas estabelecidas nas infrações administrativas interessa à coletividade como um todo, na medida em que seu caráter pedagógico visa a assegurar que os pais não voltem a descumprir com seus deveres. Ademais, se entendêssemos de forma contrária, incabível seria a aplicação de qualquer penalidade pela prática de qualquer infração administrativa, quando o objeto de proteção da norma estivesse às vésperas da maioridade. Precedentes do TJERJ. Acolhimento integral do Parecer do Ilustre Procurador de Justiça. Apelo cujas razões se mostram manifestamente improcedentes e em confronto com a jurisprudência majoritária do TJERJ. RECURSO A QUE SE NEGA SEGUIMENTO, na forma do artigo 557, *caput*, do CPC" (TJRJ, 20ª Câm. Cív., Processo 0008781-51.2011.8.19.0024 – Apelação, Rel. Des. Conceição Mousnier, j. 20-2-2014).

59 "ESTATUTO DA CRIANÇA E DO ADOLESCENTE – INFRAÇÃO ADMINISTRATIVA – ACESSO NÃO RESTRITO A CRIANÇA OU ADOLESCENTE (ART. 258) – APLICAÇÃO SUBSIDIÁRIA DO CÓDIGO PENAL AO ECA – DICÇÃO DO ART. 226 DA LEI N. 8.069/90 – PRESCRIÇÃO DA PRETENSÃO PUNITIVA DO ESTADO NA FORMA RETROATIVA – MEDIDA QUE SE IMPÕE – SENTENÇA MANTIDA – RECURSO DESPROVIDO. Prescreve em dois anos, conforme o disposto no art. 114, inciso I, do Código Penal, analogicamente aplicável ao caso, a ação para imposição da pena de multa pela prática de infração administrativa tipificada no Estatuto da Criança e do Adolescente (Lei n. 8.069/90), contando-se o prazo a partir da data do fato, quando não houver causa impeditiva ou interruptiva do curso da prescrição (CP, arts. 116 e

cricional seria aquele previsto no Código Civil[60], e até mesmo o da Lei de Imprensa[61].

Ocorre que as multas previstas no Estatuto da Criança e do Adolescente têm natureza administrativa e são revertidas ao fundo municipal da criança e do adolescente, motivo pelo qual aplica-se a prescrição quinquenal, na forma do art. 4º da Lei de Introdução às Normas do Direito Brasileiro, art. 174 do CTN, art. 1º do Dec. n. 20.910/32[62] e Súmula n. 150 do STF[63], conforme jurisprudência majoritária sobre o assunto, *in verbis*:

---

117) (Apelação Criminal n. 2002.016439-4, de Indaial, Rel. Des. Jaime Ramos, j. em 19-11-2002)" (TJSC, Processo 2004.023641-7, Rel. Des. Sólon D'Eca Neves, data da decisão 14-6-2005).

60 Em edições anteriores, ISHIDA, Válter Kenji. *Estatuto da Criança e do Adolescente*. 5. ed. São Paulo: Atlas, 2004, p. 428, assinalava: "Questão que se coloca é quanto à prescrição da conduta ilícita. Como bem assinalou José Luis Mônaco da Silva (1994:412), distingue-se a infração penal da administrativa, não se aplicando a prescrição a que alude o art. 109 do Código Penal: 'Não há como entrever analogia entre a prescrição, como modalidade de extinção da punibilidade no Juízo criminal e no procedimento administrativo previsto no Estatuto da Criança e do Adolescente' (TJSP, C.Esp., Ap. 19.771-0, Rel. Lair Loureiro, j. 30-6-1994). A solução, então, é utilizar as regras da prescrição em matéria civil". No entanto, o renomado doutrinador retifica o posicionamento anterior de defesa à adoção da prescrição do Código Civil e afirma: "**rendemo-nos à justificativa da natureza da infração administrativa, ou seja, essencialmente administrativa**" (*Estatuto da Criança e do Adolescente*: doutrina e jurisprudência..25 ed. rev., atual. e ampl. São Paulo: JusPodivm, 2024, p. 1004) (negrito no original).

61 "Infração prevista no art. 247 da Lei n. 8.069/90. De natureza administrativa, não se aplicando a Lei de Imprensa, ainda que se cuide de divulgação jornalística. Reforma da sentença que extinguiu o processo pelo reconhecimento da prescrição, retornando os autos ao Dr. Juiz *a quo*, para que aprecie a conduta da empresa apontada como infratora. Cuida-se de apelo dirigido pelo Ministério Público contra sentença proferida pelo Juízo da 2ª Vara da Infância e da Juventude da Comarca da Capital, que extinguiu, sem julgamento do mérito, em face de prescrição, processo movido contra o jornal 'D', por prática da infração prevista no art. 247 e seu § 1º da Lei n. 8.069/90. Entendeu o Dr. Juiz aplicável subsidiariamente à Lei n. 5.250/67, por se tratar de matéria jornalística. Assevera o recorrente que o Dr. Juiz confundiu prescrição com decadência e contrariando as normas existentes no sistema, aplicou ao procedimento relativo à infração administrativa a Lei de Imprensa. [...] Entendemos que a sentença mereça reforma, visto como os prazos de prescrição ou decadência previstos na chamada Lei de Imprensa, não são aplicáveis à espécie, por não se tratar de hipótese de infração penal, e sim administrativa" (TJRS, Apelação Cível 474/93, Rel. Des. Ferreira Pinto).

62 Art. 1º do Decreto n. 20.910, de 6 de janeiro de 1932: "As dívidas passivas da União, dos Estados e dos Municípios, bem assim todo e qualquer direito ou ação contra a Fazenda Federal, Estadual ou Municipal, seja qual for a natureza, prescrevem em 05 (cinco) anos, contados da data do ato ou fato do qual se originarem".

63 "EXECUÇÃO DE MULTA DECORRENTE DE SENTENÇA QUE JULGOU PROCEDENTE REPRESENTAÇÃO MINISTERIAL. EXTINÇÃO DO PROCESSO. PRESCRIÇÃO. O direito do Ministério Público ou Município exigir o valor da multa, por infração

PARTE III – DAS INFRAÇÕES ADMINISTRATIVAS

ADMINISTRATIVO – ESTATUTO DA CRIANÇA E DO ADOLESCENTE (LEI 8.069/90) – DESCUMPRIMENTO DO ART. 258 DO ECA – ADOLESCENTE INGERINDO BEBIDA ALCOÓLICA – INFRAÇÃO ADMINISTRATIVA – PRESCRIÇÃO QUINQUENAL – TERMO *A QUO* – TRÂNSITO EM JULGADO DA DECISÃO CONDENATÓRIA. 1. Não ocorre ofensa ao art. 535, II, do CPC, se o Tribunal de origem decide, fundamentadamente, as questões essenciais ao julgamento da lide. 2. Em se tratando de sanção administrativa, a multa imposta por força do artigo 247 do ECA segue as regras de Direito Administrativo e não Penal, sendo quinquenal o prazo prescricional. Precedentes da seção de Direito Público. 2. O art. 214, § 1º, da Lei n. 8.069/90 impõe como necessário o trânsito em julgado da decisão condenatória para que comece a correr o prazo para o pagamento espontâneo da multa, por infração administrativa. Não sendo paga, só então pode o Ministério Público executá-la. Precedente da 2ª Turma. 3. Sem o trânsito em julgado da decisão condenatória, não corre prazo para o pagamento espontâneo e não se pode falar em prescrição da execução. 4. Recurso especial parcialmente provido, determinando a baixa dos autos ao Tribunal *a quo* para rejulgamento da apelação, ficando prejudicado o exame da condenação em honorários advocatícios[64].

ADMINISTRATIVO. ECA. INFRAÇÃO ADMINISTRATIVA. MULTA. PRAZO PRESCRICIONAL. O prazo prescricional para a cobrança da multa por infração administrativa tipificada no ECA é de cinco anos. Recurso Especial Provido[65].

O início do prazo prescricional, se não houver procedimento instaurado, se dá com a data do fato. Caso haja procedimento instaurado, se dá com o trânsito em julgado da sentença condenatória[66].

---

administrativa, pela via de execução de que tratam o art. 214 e § 1º da Lei 8.069/90, não prescreve no prazo de 02 (dois) anos, como ocorre com a multa por infringência da Lei Penal a que se refere o art. 114, I, e sim em 05 (cinco) anos, por transgressão de lei civil, na analogia – permitida pelos arts. 4º, do DL n. 4.657/42 (Lei de Introdução), e 126, 2ª parte, do CPC – resultante de combinação dos arts. 174, do CTN, e 1º do Dec. n. 20.910/32 com a Súmula n. 150, do Eg. STF. Decisão de extinção do processo incorreta. Apelação ministerial provida" (TJRJ, Conselho da Magistratura, Apelação no Processo 0700/00-004, classe "D", 1ª Vara da Infância e Juventude, Rel. Des. Sérvio Túlio Vieira, decisão em 30-1-2001).

"PRESCRIÇÃO. Aplicação dos dispositivos do Código Penal. Inadmissibilidade. Infração de cunho administrativo. Lapso prescricional que é de 5 anos. Preliminar rejeitada" (TJSP, Ap. 45.215-0/0, Rel. Des. Djalma Lofrano).

64 STJ, Recurso Especial 894.528/RN (2006/0228112-9), Rel. Min. Eliana Calmon, j. 14-4-2009, *DJ* 8-5-2009.

65 STJ, 2ª T., Recurso Especial 822.839/SC (2006/0039658-7), Rel. Min. Castro Meira, j. 15-8-2006, *DJ* 25-8-2006, p. 330.

66 "ADMINISTRATIVO E PROCESSUAL CIVIL. RECURSO ESPECIAL. ESTATUTO DA CRIANÇA E DO ADOLESCENTE. AUTO DE INFRAÇÃO ADMINISTRATIVA. ESTABELECIMENTO COMERCIAL QUE PERMITIA O INGRESSO DE ADOLESCENTES

4. AS INFRAÇÕES ADMINISTRATIVAS EM ESPÉCIE

4.1. Omissão de comunicação de maus-tratos

> Art. 245. Deixar o médico, professor ou responsável por estabelecimento de atenção à saúde e de ensino fundamental, pré-escola ou creche, de comunicar à autoridade competente os casos de que tenha conhecimento, envolvendo suspeita ou confirmação de maus-tratos contra criança ou adolescente.
>
> Pena – multa de três a vinte salários de referência, aplicando-se o dobro em caso de reincidência.

Vulnerável é a situação de crianças e adolescentes, pessoas humanas em desenvolvimento, que dependem dos adultos para sobreviverem e exercerem seus direitos. A violência nem sempre está nas ruas, mas muitas vezes na própria família. E os principais profissionais envolvidos com crianças e adolescentes, que têm contato com o universo familiar e podem perceber maus-tratos e violência doméstica, são os professores e médicos que os atendem.

No ano de 2022, foi promulgada a Lei n. 14.344, conhecida por Lei Henry Borel, que reforça os mecanismos de proteção de crianças e adolescentes vítimas de violência doméstica e familiar.

Segundo dados internacionais, trazidos pelo autor Tarcísio José Martins[67] em sua obra *Estatuto da Criança e do Adolescente*, na qual comenta estudo realizado

---

DESACOMPANHADOS DE RESPONSÁVEIS. APLICAÇÃO DE MULTA ADMINISTRATIVA POR INFRAÇÃO À LEI N. 8.069/1990. ACÓRDÃO RECORRIDO QUE MANTEVE O DECRETO DE PRESCRIÇÃO DA MULTA, PORQUANTO DECORRIDO O PRAZO DE 5 ANOS DA DATA DO FATO. FUNDAMENTO QUE CONTRARIA JULGADOS DA EGRÉGIA 2ª TURMA DO STJ, QUE, À LUZ DO ART. 214, § 1º, DO ECA, DECLARA QUE O TERMO INICIAL DO REFERIDO PRAZO PRESCRICIONAL SOMENTE PODE OCORRER APÓS O TRÂNSITO EM JULGADO DA DECISÃO CONDENATÓRIA, QUANDO HAVERÁ O PRAZO PARA PAGAMENTO ESPONTÂNEO. RECURSO ESPECIAL DO MINISTÉRIO PÚBLICO DO ESTADO DE SANTA CATARINA CONHECIDO E PROVIDO PARA AFASTAR A PRESCRIÇÃO E DETERMINAR O RETORNO DOS AUTOS AO PRIMEIRO GRAU DE JURISDIÇÃO PARA REGULAR PROSSEGUIMENTO, COMO SE ENTENDER DE JUSTIÇA. 1. A 2ª Turma deste Tribunal Superior já entendeu por diversas vezes que, nos casos como o ora apresentado, o termo inicial da prescrição deve obedecer o que dispõe o art. 214, § 1º, do ECA. Precedentes: REsp 1.323.653/SC, Rel. Min. Mauro Campbell Marques, *DJe* 1º-4-2013; REsp 894.528/RN, Rel. Min. Eliana Calmon, *DJe* 8-5-2009; e REsp 1.079.589/SC, Rel. Min. Eliana Calmon, *DJe* 18-2-2009. 2. Divergência jurisprudencial reconhecida, na medida em que o acórdão recorrido entendeu que o marco inicial da prescrição seria a data do fato. 3. Recurso Especial do Ministério Público do Estado de Santa Catarina conhecido e provido para afastar a prescrição e determinar o retorno dos autos ao Juízo de primeiro grau para regular prosseguimento, como se entender de justiça" (STJ, REsp 1.655.163/SC, Recurso Especial 2017/0035704-0, Rel. Min. Napoleão Nunes Maia Filho, j. 25-8-2020, *DJe* 1º-9-2020).

67 COSTA, Tarcísio José Martins. *Estatuto da Criança e do Adolescente comentado*. Belo Horizonte: Del Rey, 2004, p. 28.

PARTE III – DAS INFRAÇÕES ADMINISTRATIVAS

pelas autoras Maria Amélia Azevedo e Viviane Nogueira Guerra[68], estima-se que 10% das crianças com menos de 5 anos que são atendidas em pronto-socorros ou hospitais são vítimas de violência ou abuso físico em todo o mundo: uma menina em cada cinco e um menino em cada 10 são vítimas de abuso sexual antes dos 18 anos. Assim, de acordo com este estudo, cerca de 9% de todas as mulheres foram sexualmente vitimizadas por parentes e 5% estiveram envolvidas em incesto pai-filha.

José Ângelo Gaiarsa[69], no livro *A família de que se fala e a família de que se sofre*, menciona, indicando a longa distância entre o discurso ideológico da família e as mazelas que ela apresenta: "Se a família, célula mater da sociedade, é tão perfeita como proclama o discurso oficial, como seria possível nascer de tantas famílias tão boas, uma sociedade tão injusta e tão cruel?".

A experiência demonstra que as circunstâncias que envolvem a violência doméstica trazem medo, vergonha e culpa para a família, contribuindo para que o círculo familiar acabe por estabelecer um pacto de silêncio visando encobrir o problema. Muitas mães, por conta do aspecto afetivo e/ou financeiro, preferem acreditar em seus companheiros do que no relato da filha ou filho que sofreu abuso sexual, ignorando indícios de maus-tratos e violências.

É necessário que os médicos e professores tenham consciência do importante papel que lhes cabe de zelar contra os maus-tratos sofridos por crianças e adolescentes, comunicando o fato às autoridades competentes. O legislador de 1990 entendeu, por bem, exigir legalmente o comportamento desses profissionais, estabelecendo a regra nos arts. 13 e 56, I, do Estatuto da Criança e do Adolescente, com a previsão de infração administrativa descrita no art. 245.

Esta infração não existia no Código de Menores de 1927 nem no Código de Menores de 1979.

Há interesse jurídico da sociedade em coibir a violência doméstica, na prevenção e proteção contra abuso sexual e maus-tratos a crianças e adolescentes. O objeto jurídico ou bem jurídico tutelado nesta infração é, portanto, "o bom tratamento da criança ou adolescente", no dizer de Edmundo Oliveira[70], ou a "vida, a integridade física e a incolumidade à saúde", conforme expõe Wilson Donizeti Liberati[71].

---

68 AZEVEDO, Maria Amélia; GUERRA, Viviane Nogueira. Vitimação e vitimização: questões conceituais. *Crianças vitimizadas:* síndrome do pequeno poder. São Paulo: Iglu, 1989, p. 45.

69 GAIARSA, José Ângelo. *A família de que se fala e a família de que se sofre.* São Paulo: Agora, 1986, p. 27.

70 OLIVEIRA, Edmundo. Art. 245. In: VERONESE, Josiane Rose Petry; SILVEIRA, Mayra; CURY, Munir (coord.). *Estatuto da Criança e do Adolescente comentado.* Comentários jurídicos e sociais. 13. ed. rev. e atual. São Paulo: Malheiros, 2018, p. 1471.

71 LIBERATI, Wilson Donizeti. *Comentários ao Estatuto da Criança e do Adolescente.* 12. ed. rev. e ampl. de acordo com a Lei 13.058, de 22.12.2014. São Paulo: Malheiros, 2015, p. 317.

Trata-se de uma infração administrativa de tipo omissivo, ou seja, a vontade do legislador é no sentido de que haja um comportamento ativo, comissivo do agente, no sentido de que faça a comunicação de maus-tratos, e é a falta dessa atitude que gera a infração, ou seja, o comportamento negativo, omisso do sujeito, constitui infração.

O sujeito ativo dessa infração é o médico, o diretor do hospital, o dono do hospital, ou qualquer responsável pelo estabelecimento de atenção à saúde; o professor, o diretor da escola, o dono da escola ou qualquer responsável pelo estabelecimento de ensino fundamental, pré-escola ou creche. Note-se que, em relação ao estabelecimento de ensino, foram mencionados aqueles que lidam com a faixa etária até os 15 anos aproximadamente (ensino fundamental), não tendo sido incluído o ensino médio e cursos profissionalizantes, embora também seja recomendável a comunicação e muitos autores incluam, entre os sujeitos ativos, os responsáveis por quaisquer estabelecimentos que atendam crianças e adolescentes[72].

As entidades de abrigo e de internação têm um tratamento específico, por força dos dispositivos dos arts. 90 a 97 do Estatuto da Criança e do Adolescente.

Não importa se a escola ou o hospital é público ou privado, ou se o médico é particular ou vinculado a algum órgão público. Todos, tendo conhecimento de suspeita ou confirmação de maus-tratos, devem fazer a comunicação. A obrigação decorre da proteção integral estabelecida na Constituição Federal de 1988, impondo que a sociedade também participe da proteção de crianças e adolescentes.

O médico não pode alegar "segredo médico", posto que a comunicação é uma imposição legal, e, portanto, um dever jurídico. O próprio Código de Ética Médica restringe a prática do segredo profissional quando este desrespeita o interesse e a integridade do paciente, a sua saúde física ou psíquica, estando também obrigado eticamente a denunciar o fato[73]. Não pode ser imputado ao médico o crime previsto no art. 154 do CP (violação de segredo profissional) porque este crime envolve um elemento normativo: sem justa causa. E não pode ser considerado injusto o que é obrigatório por força de lei.

Embora seja recomendado que todos os profissionais da saúde, como enfermeiros, dentistas, psicólogos, conselheiros familiares, farmacêuticos, terapeutas ocupacionais, ou quaisquer outros que tenham atendido a criança ou o adolescente façam a comunicação, e a maioria dos autores também os incluam como sujeitos

---

72 SANTOS, Hélio de Oliveira. Art. 245. In: VERONESE, Josiane Rose Petry; SILVEIRA, Mayra; CURY, Munir (coord.). *Estatuto da Criança e do Adolescente comentado*. Comentários jurídicos e sociais. 13. ed. rev. e atual. São Paulo: Malheiros, 2018, p. 1484-1485.

73 SANTOS, Hélio de Oliveira. Art. 245. In: VERONESE, Josiane Rose Petry; SILVEIRA, Mayra; CURY, Munir (coord.). *Estatuto da Criança e do Adolescente comentado*. Comentários jurídicos e sociais. 13. ed. rev. e atual. São Paulo: Malheiros, 2018, p. 1484.

PARTE III – DAS INFRAÇÕES ADMINISTRATIVAS

ativos da infração mencionada[74], estes não podem ser considerados sujeitos ativos da infração por ausência de previsão nesse sentido. De qualquer forma, é de todo recomendável que estes profissionais também façam a comunicação, por força do princípio da proteção integral e art. 23 da Lei n. 14.344/2022. Todavia, o dispositivo em análise foi expresso ao mencionar médico, professor ou responsável por estabelecimento de atenção à saúde e de ensino. Desde que o enfermeiro, o dentista ou o psicólogo seja o responsável pelo estabelecimento de atenção à saúde, então sim poderá responder como sujeito ativo. Caso contrário, a lei punitiva estaria extrapolando os seus limites, em verdadeira violação ao princípio da legalidade, já que não abriu margem para a interpretação ampliativa ao definir expressamente os sujeitos ativos da infração.

A autoridade competente mencionada pela infração administrativa é o Conselho Tutelar, conforme se verifica pelo disposto nos arts. 13 e 56 do Estatuto. Assim, desde que o profissional comunique ao Conselho Tutelar, não estará incorrendo na infração administrativa. De qualquer forma, é de todo recomendável que, além do Conselho Tutelar, a comunicação também seja encaminhada ao CREAS, ao Ministério Público e à Delegacia de Polícia, pois o dispositivo previsto no art. 13 do Estatuto menciona "sem prejuízo de outras providências legais". Importante conhecer o fluxo da cidade para que não haja sobreposição de atuações.

A Lei n. 14.344/2022 (Lei Henry Borel) reforça a necessidade de que a rede esteja bem articulada para que os profissionais envolvidos e o Conselheiro Tutelar possam tomar as providências cabíveis de forma célere e sem revitimizar a criança. Deve-se concentrar, em um único local, com interação entre os profissionais de saúde, assistência social e segurança pública, o atendimento à saúde da criança vítima de violência, o registro da ocorrência criminal, a perícia e a escuta qualificada da criança (com gravação por profissional capacitado para tanto), atendendo ao disposto na Lei n. 12.845, de 1º de agosto de 2013, na Lei n. 13.431/2017, em consonância com os princípios de privacidade, intervenção precoce e intervenção mínima previstos no art. 100, V, VI e VII, do ECA, e na Lei n. 14.344/2022, evitando a peregrinação da criança por diversos profissionais e locais distintos. Após o atendimento emergencial, recomenda-se o encaminhamento da criança e sua família para programas de proteção, acompanhamento pelo CREAS e tratamento psicológico, sem prejuízo das medidas judiciais cabíveis, como o afastamento do agressor do lar (art. 130 do ECA). Note-se que a assistência social deve trabalhar em sistema de plantão, assim como a área de saúde e a segurança pública. Conforme dispõe o art. 6º-C, § 2º, da Lei n. 8.742/93, com a redação dada pela Lei n. 12.435/2011, o

---

74 OLIVEIRA, Edmundo; SANTOS, Hélio de Oliveira. Art. 245. In: VERONESE, Josiane Rose Petry; SILVEIRA, Mayra; CURY, Munir (coord.). *Estatuto da Criança e do Adolescente comentado*. Comentários jurídicos e sociais. 13. ed. rev. e atual. São Paulo: Malheiros, 2018, p. 1480-1486.

CREAS é a unidade pública de abrangência e gestão municipal, estadual ou regional, destinada à prestação de serviços a indivíduos e famílias que se encontram em situação de risco pessoal ou social, por violação de direitos ou contingência, que demandam intervenções especializadas de proteção social especial.

O § 2º do art. 13 do ECA, incluído pela Lei n. 13.257/2016, estabelece que os serviços de saúde em suas diferentes portas de entrada, os serviços de assistência social em seu componente especializado, o CREAS e os demais órgãos do Sistema de Garantia de Direitos da Criança e do Adolescente deverão conferir máxima prioridade ao atendimento de crianças menores de seis anos com suspeita ou confirmação de violência de qualquer natureza, formulando projeto terapêutico singular que inclua intervenção em rede e, se necessário, acompanhamento domiciliar. A Lei n. 13.431/2017 reforça a proteção de crianças e o tratamento adequado por parte de profissionais capacitados para a escuta e o depoimento especial de crianças vítimas ou testemunhas de violência[75]. A Lei n. 14.344/2022 prevê que os serviços deverão compartilhar entre si, de forma integrada, as informações (art. 4º), sendo certo que o Conselho Tutelar deve priorizar o afastamento do agressor do lar e não o abrigamento da criança, representando à autoridade judicial, ao delegado de polícia e ao próprio policial (quando o Município não for sede de comarca e não houver delegado disponível no momento da denúncia), requerendo esse afastamento do agressor (art. 14).

Além do dever dos profissionais de saúde e educação de fazerem a comunicação, qualquer pessoa que tenha conhecimento ou presencie ação ou omissão que constitua violência doméstica e familiar contra crianças e adolescentes deve comunicar o fato ao serviço de recebimento e monitoramento de denúncia, disque 100, Conselho Tutelar ou autoridade policial (art. 23 da Lei Henry Borel). O fato é que a omissão dos profissionais de saúde e educação é mais grave, visto que implica infração administrativa prevista no art. 245 do ECA.

O sujeito passivo da infração é tanto o Estado quanto a criança ou adolescente entregue aos cuidados do sujeito ativo.

O fato típico é a omissão do dever imposto em lei, ou seja, não comunicar à autoridade competente os casos de maus-tratos contra criança ou adolescente de que o sujeito ativo tenha conhecimento. Para que o dever de comunicar se configure basta que o sujeito ativo tenha conhecimento dos maus-tratos ou deles suspeite. Não se trata de exigir dolo ou culpa do sujeito ativo. Deve-se verificar, apenas, se o profissional tinha ou não conhecimento ou suspeitava dos maus-tratos.

Conforme expõe Hélio de Oliveira Santos[76], são situações de maus-tratos que devem ser notificadas: abusos físicos, espancamentos, abusos sexuais, abandono,

---

75 Conceituando a violência física, violência psicológica, violência sexual e a violência sexual (art. 4º da Lei n. 13.431/2017).

76 SANTOS, Hélio de Oliveira. Art. 245. In: VERONESE, Josiane Rose Petry; SILVEIRA, Mayra; CURY, Munir (coord.). *Estatuto da Criança e do Adolescente comentado*. Comentários jurídicos e sociais. 13. ed. rev. e atual. São Paulo: Malheiros, 2018, p. 1483.

PARTE III – DAS INFRAÇÕES ADMINISTRATIVAS

negligência, maus-tratos psicológicos, intoxicações provocadas por envenenamento, privação alimentar, subnutrição, estímulos distorcidos provocados por pais ou responsáveis com distúrbios comportamentais ou toxicomanias.

São fatores de risco para o desencadeamento de situações de maus-tratos, sendo aconselhável, embora não obrigatória, a comunicação ao Conselho Tutelar, quando verificado o uso imoderado de bebidas alcoólicas ou o uso de entorpecentes pelos pais, com vistas à aplicação das medidas previstas no art. 129, II, do Estatuto.

A Lei n. 13.010/2014, chamada popularmente Lei Menino Bernardo, incluiu expressões já abrangidas pela terminologia maus-tratos (castigo físico e tratamento cruel ou degradante), que também devem ser comunicados.

O art. 245 do Estatuto menciona "suspeita ou confirmação de maus-tratos". Exige-se do profissional "*fundada* suspeita, para que não se processe levianamente qualquer pessoa."[77]

Adolescentes envolvidos na prática de atos infracionais não se enquadram no conceito de vítimas de maus-tratos, nem tampouco aqueles que se machucam em acidentes automobilísticos.

Convém ressaltar que, segundo definição dada pelo direito penal, prevista no art. 136 do Código Penal, considera-se crime de maus-tratos "expor a perigo a vida ou a saúde de pessoa sob sua autoridade, guarda ou vigilância, para fim de educação, ensino, tratamento ou custódia, quer privando-a de alimentação ou cuidados indispensáveis, quer sujeitando-a a trabalho excessivo ou inadequado, quer abusando de meios de correção ou disciplina".

Nota-se do conteúdo da expressão "maus-tratos" uma conduta em desconformidade com a esperada por parte daqueles que deveriam cuidar da criança e não o fazem.

As convicções religiosas que violem ou coloquem em risco a integridade física e a vida de crianças e adolescentes não estão tuteladas pelo direito. Em que pese o posicionamento de juristas que defendem integrar o patamar da dignidade humana o direito à convicção religiosa[78], crianças e adolescentes não têm maturidade suficiente para fazer uma opção religiosa e seus pais não podem dispor de suas vidas. O respeito à convicção religiosa tem seus limites na legislação brasileira, não sendo permitido pelo ordenamento jurídico, por exemplo, o casamento ou relações sexuais com crianças, castigos corporais severos etc.

Assim, independentemente da opção religiosa de suas famílias, é preciso resguardar a vida de crianças e adolescentes, sua integridade física e psíquica, devendo

---

77 NUCCI, Guilherme de Souza. Op. cit., p. 840 (itálico no original).

78 TEPEDINO, Gustavo; SCHREIBER, Anderson. Minorias no Direito Civil Brasileiro. In: FARIAS, Cristiano Chaves de (coord.). *Temas atuais de direito e processo de família*. Rio de Janeiro: Lumen Juris, 2004, p. 98-102.

os profissionais de saúde e de educação, ao qual estiverem confiados, zelar para a proteção de todos os seus direitos, inclusive comunicando às autoridades competentes a ocorrência de maus-tratos e abusos sexuais praticados contra crianças e adolescentes, ainda que consentidas por estes, haja vista a presunção de violência antes prevista no art. 224 do Código Penal, e agora tipo autônomo – art. 217-A do Código Penal.

Deve fazer parte do exercício da cidadania plena o direito e dever de todo e qualquer cidadão notificar uma situação de maus-tratos a crianças e adolescentes a órgãos de proteção. Tal dever decorre da Doutrina da Proteção Integral, compelindo a família, a sociedade e o Estado a participar e promover a defesa dos direitos de crianças e adolescentes.

O anonimato é possível para o cidadão comum, haja vista o interesse maior de proteção de crianças e adolescentes, ainda que isso dificulte eventual êxito da investigação por ausência de algum dado essencial, devendo a autoridade competente adotar todas as providências cabíveis e possíveis com os dados disponíveis, para assegurar a proteção integral em favor da infância, sob pena de responsabilidade.

Alguns defendem o anonimato também para os profissionais mencionados no art. 245[79]. Todavia, o médico, o professor ou o responsável por estabelecimento de atenção à saúde ou educação, por força do dispositivo legal previsto no art. 245, passou a ser considerado uma das autoridades[80], na concepção publicista e protetiva das normas de proteção da infância, incumbidas de zelar pela criança ou o adolescente, numa rede integrada e complexa da qual fazem parte também o Conselheiro Tutelar, o policial, o promotor de justiça e o juiz. Há presunção de veracidade em favor do médico, professor ou responsável pelo estabelecimento de saúde ou ensino. A sua responsabilidade e credibilidade são grandes. É importante, ainda, assegurar o contraditório e a ampla defesa, com todos os meios e recursos a eles inerentes (art. 5º, LV, da CF), motivo pelo qual não seria razoável o anonimato. De qualquer forma, na hipótese de esses profissionais correrem risco pessoal, com verdadeiro receio por suas vidas e integridades pessoais, ou de seus familiares, seria aconselhável procurar pessoalmente o Conselho Tutelar, o Ministério Público ou o Poder Judiciário, relatar os maus-tratos verificados, cabendo aos órgãos de proteção, em conjunto com este profissional, buscar outros elementos de prova, como fotos da lesão e filmagens do relato da criança, para o fim de produção de prova.

A filmagem do relato da criança em situações de violência sexual, por meio do depoimento especial, por profissional especializado e sob a supervisão do Ministé-

---

79   SANTOS, Hélio de Oliveira. Op. cit., p. 1485.

80   Existe um "dever de garante" conforme ressalta: NUCCI, Guilherme de Souza. Op. cit., p. 841.

PARTE III – DAS INFRAÇÕES ADMINISTRATIVAS

rio Público e do Poder Judiciário, tornou-se lei (Lei n. 13.431/2017)[81], sendo importante para evitar a revitimização da criança, impedindo que esta seja exposta a

---

81 "PROCESSO PENAL. EMBARGOS DE DECLARAÇÃO NO AGRAVO EM RECURSO ESPECIAL. EMBARGOS RECEBIDOS COMO AGRAVO REGIMENTAL. PRINCÍPIO DA FUNGIBILIDADE. ESTUPRO DE VULNERÁVEL. DEPOIMENTO SEM DANO. MEDIDA EXCEPCIONAL. POSSIBILIDADE. VIOLAÇÃO DO ART. 12, I E II, DA LEI 13.431/17. AUSÊNCIA DE PREQUESTIONAMENTO. REEXAME DE FATOS. SÚMULAS 7/STJ E 282/STF. AUTORIA DOS DELITOS. ALTERAÇÃO DO JULGADO. SÚMULA 7/STJ. CRIME CONTRA OS COSTUMES. PALAVRA DA VÍTIMA. RELEVÂNCIA PROBATÓRIA. AGRAVO NÃO PROVIDO. 1. Considerando o caráter manifestamente infringente da oposição, e em face do princípio da fungibilidade recursal, recebem-se os embargos de declaração como agravo regimental. 2. Assevere-se, inicialmente, que 'esta Corte tem entendido justificada, nos crimes sexuais contra criança e adolescente, a inquirição da vítima na modalidade do 'depoimento sem dano', e respeito à sua condição especial de pessoa em desenvolvimento, procedimento admitido, inclusive, antes da deflagração da persecução penal, mediante prova antecipada' (HC 226.179/RS, Rel. Ministro Jorge Mussi, Quinta Turma, julgado em 8/10/2013, *DJe* 16/10/2013). 3. Quanto à suscitada nulidade do interrogatório da vítima V., em decorrência do fato de sua mãe ter entrado em contato com ela no decorrer da audiência de Depoimento sem Dano – art. 12, II, da Lei 13.431/17 –, a Corte de origem, soberana na análise dos elementos fáticos e probatórios dos autos, adotando como razões de decidir o parecer da lavra do ilustre Procurador de Justiça, destacou expressamente que o acontecimento em nada interferiu no contexto probatório, na medida em que a aproximação foi apenas momentânea, não restando demonstrado, conforme quer a defesa, nenhum direcionamento por parte da genitora da ofendida no depoimento prestado pela menor, de modo que a modificação desse entendimento encontra óbice na Súmula 7 desta Corte. 4. No que tange à alegação de nulidade por violação à norma do art. 12, I, da Lei 13.431/17, sob o argumento de que foi feita a leitura de uma peça processual durante o procedimento de Depoimento Processual, verifica-se que essa questão não foi objeto de análise pelo acórdão recorrido, tampouco constou dos embargos declaratórios opostos pela defesa, faltando-lhe, assim, o requisito indispensável do prequestionamento. Aplica-se, por conseguinte, o óbice da Súmula 282/STF, segundo o qual 'é inadmissível o recurso extraordinário, quando não ventilada, na decisão recorrida, a questão federal suscitada'. 5. A alteração do julgado acerca das conclusões firmadas no acórdão objurgado, sobre a autoria dos crimes imputados ao réu, demandaria necessariamente o reexame dos elementos fáticos e probatórios da lide, o que não é possível nesta via especial, consoante pacífico entendimento desta Corte Superior, nos termos da Súmula 7/STJ. 6. Por fim, cumpre destacar que, de acordo com a jurisprudência desta Corte, 'nos crimes contra os costumes, a palavra da vítima é de suma importância para o esclarecimento dos fatos, considerando a maneira como tais delitos são cometidos, ou seja, de forma obscura e na clandestinidade' (AgRg no AREsp 652.144/SP, Rel. Ministro Reynaldo Soares da Fonseca, Quinta Turma, julgado em 11/6/2015, *DJe* 17/6/2015). Na espécie, as vítimas prestaram depoimentos detalhados e coerentes, os quais foram corroborados pelas demais provas colhidas no curso do processo, notadamente o depoimento de seus pais e o laudo elaborado pela psicóloga do Juízo. 7. Embargos de declaração recebidos como agravo regimental, a que se nega provimento" (STJ, AgRg no AREsp 1612036/RS, Processo 2019/0326219-4, 5ª Turma, Rel. Min. Ribeiro Santas, j. 5-3-2020, *DJe* 13-3-2020).

diferentes intervenções e profissionais, bem como a perguntas inadequadas em audiências, além de servir como prova "viva" (por conta de depoimento gravado) para apreciação do Ministério Público e do Poder Judiciário em suas diversas instâncias. Assim como a não apuração de um abuso sexual é terrível, fomentada pela divergência de laudos psicológicos e eventual retração da vítima (muito comum quando o autor do abuso é um ente querido), o risco de acusações infundadas também é grave e deve ser evitado. A gravação do relato da criança na fase pré--processual, a exemplo do CRAI no Rio Grande do Sul, do CAC (Child Advocacy Center) nos Estados Unidos, do CAAC no Rio de Janeiro, por profissional habilitado em ambiente apropriado, é mecanismo salutar na proteção da criança[82].

Aliás, a retirada da criança da sala de audiência tradicional para que seja ouvida em sala separada e por profissional habilitado, na forma da Lei n. 13.431/2017, já era recomendada pelo Conselho Nacional de Justiça por meio da Recomendação n. 33 do ano de 2010.

Mister ressaltar os princípios da privacidade, intervenção precoce, intervenção mínima, proporcionalidade, oitiva obrigatória e participação, previstos no art. 100 do Estatuto da Criança e Adolescente, com a redação da Lei n. 12.010/2009, a fim de que a criança seja desde logo ouvida por profissional habilitado e seu depoimento seja devidamente gravado, conforme já mencionado. Ressaltando a importância da profissionalização do responsável por essa entrevista, o Código de Processo Civil dispõe, no art. 699, que, quando o processo envolver discussão sobre fato relacionado a abuso ou alienação parental, o juiz, ao tomar o depoimento da criança, deve estar acompanhado por especialista, e a Lei n. 13.431/2017, no art. 5º, XI, assegura como direitos infantojuvenis ser assistido por profissional capacitado e conhecer os profissionais que participam dos procedimentos de escuta especializada e depoimento especial.

A Convenção de Lanzarote, adotada pelo Conselho da Europa para a proteção de crianças contra a exploração sexual e os abusos sexuais, dá essa orientação para a oitiva de crianças no art. 35[83], assim como a Diretiva n. 2011/92 da União Europeia, que determina seja a audição da criança vítima realizada sem demoras injustificadas logo após a denúncia dos fatos, em instalações adaptadas para esse fim, por profissionais qualificados e que sejam as mesmas pessoas, se possível, a realizar todas as audições da criança vítima (art. 20, item 3, *a*, *b*, *c*, *d*).

A infração se consuma com a não comunicação da autoridade competente em tempo razoável, aferível diante das circunstâncias concretas. Em se tratando de

---

82 CEZAR, José Antonio Daltoé. *Depoimento sem dano*: uma alternativa para inquirir crianças e adolescentes nos processos judiciais. Porto Alegre: Livraria do Advogado, 2007.

83 Disponível em: <https://rm.coe.int/CoERMPublicCommonSearchServices>. Acesso em: 29 out. 2016.

PARTE III – DAS INFRAÇÕES ADMINISTRATIVAS

defesa de crianças e adolescentes, quanto antes a comunicação melhor, haja vista a prioridade de seus interesses.

4.2. Impedir o exercício de direitos fundamentais de ampla defesa, contraditório, convivência familiar e escolarização de adolescente privado da liberdade

> Art. 246. Impedir o responsável ou funcionário de entidade de atendimento o exercício dos direitos constantes nos incisos II, III, VII, VIII e XI do art. 124 desta Lei:
> Pena – multa de três a vinte salários de referência, aplicando-se o dobro em caso de reincidência.

O responsável ou funcionário de entidade de atendimento é considerado o sujeito ativo[84] e praticará a infração administrativa ao impedir o adolescente privado de sua liberdade do exercício dos seguintes direitos:

1) peticionar diretamente a qualquer autoridade;

2) avistar-se reservadamente com seu defensor;

3) receber visitas, ao menos semanalmente;

4) corresponder-se com seus familiares e amigos; e

5) receber escolarização e profissionalização.

Segundo o posicionamento de Edmundo Oliveira[85], como o Estatuto não define nem conceitua as entidades de atendimento, estariam abrangidos os estabelecimentos governamentais ou particulares (parágrafo único do art. 90) que desenvolvam programas de abrigo (arts. 92 e 93) ou desenvolvam programas de internação (art. 94).

O dispositivo nos remete ao art. 124 do Estatuto, que trata dos direitos do adolescente privado de liberdade, de modo que o sujeito passivo da infração será, portanto, o adolescente que estiver cumprindo medida socioeducativa de internação e seja privado do exercício dos direitos mencionados[86].

O responsável ou o funcionário de entidade de atendimento que, de qualquer modo, por ação ou omissão, dificulta o exercício desses direitos, impedindo o adolescente de exercê-los, incidirá na infração.

---

84 Wilson Donizeti Liberati menciona que o sujeito ativo é o dirigente ou funcionário da entidade de atendimento que mantém programa socioeducativo de internação (*Comentários ao Estatuto da Criança e do Adolescente*. 12. ed. rev. e ampl. de acordo com a Lei 13.058, de 22.12.2014. São Paulo: Malheiros, 2015, p. 246).

85 OLIVEIRA, Edmundo. Art. 246. In: VERONESE, Josiane Rose Petry; SILVEIRA, Mayra; CURY, Munir (coord.). *Estatuto da Criança e do Adolescente comentado*. Comentários jurídicos e sociais. 13. ed. rev. e atual. São Paulo: Malheiros, 2018, p. 1487.

86 Edmundo Oliveira (op. cit., p. 1487) entende que o sujeito passivo da infração é a Administração Pública, e secundariamente o adolescente privado do exercício dos direitos apontados.

Protegem-se, neste dispositivo, os direitos fundamentais de ampla defesa, contraditório, convivência familiar e escolarização do adolescente privado da liberdade.

Por meio desta infração administrativa, pretendeu-se reforçar a garantia dos direitos previstos no art. 124 relacionados ao pleno exercício do contraditório e da ampla defesa e socialização do infrator, direitos estes mitigados nos Códigos de Menores anteriores. A convivência familiar e a capacitação para a vida profissional visam à recuperação social do adolescente.

4.3. Divulgação de dados e identificação de criança ou adolescente a que se atribua ato infracional

Art. 247. Divulgar, total ou parcialmente, sem autorização devida, por qualquer meio de comunicação, nome, ato ou documento de procedimento policial, administrativo ou judicial relativo a criança ou adolescente a que se atribua ato infracional:

Pena – multa de três a vinte salários de referência, aplicando-se o dobro em caso de reincidência.

§ 1º Incorre na mesma pena quem exibe ou transmite imagem, vídeo ou corrente de vídeo de criança ou adolescente envolvido em ato infracional ou em outro ato ilícito que lhe seja atribuído, de forma a permitir sua identificação (nova redação dada pela Lei n. 14.811/2024).

§ 2º Se o fato for praticado por órgão de imprensa ou emissora de rádio ou televisão, além da pena prevista neste artigo, a autoridade judiciária poderá determinar a apreensão da publicação *ou a suspensão da programação da emissora até por dois dias, bem como da publicação do periódico até por dois números* (nesta parte inconstitucional ADIN 869-2/1998).

A preocupação com a imagem e privacidade de crianças e adolescentes já constava do Código de Menores de 1927[87], bem como do Código de Menores de 1979[88].

---

87 O art. 19 do Decreto n. 5.083, de 1º de dezembro de 1926, repetido no art. 19 do Decreto n. 17.943-A, de 12 de outubro de 1927, impunha uma multa, além de remeter ao art. 192 do Código Penal, à violação do segredo dos atos referentes aos "infantes expostos". O art. 58 do Decreto n. 5.083, de 1º de dezembro de 1926, repetido no art. 89 do Decreto n. 17.943-A, de 12 de outubro de 1927, no Capítulo dos "Menores Delinquentes", estabelecia: "É vedada a publicação, total ou parcial, pela imprensa ou por qualquer outro meio, dos actos e documentos do processo, debates e occurrencias das audiências, e decisões das autoridades. Assim tambem a exibição de retratos dos menores processados, de qualquer ilustração que lhes diga respeito ou se refira aos factos que lhes são imputados. Todavia, as sentenças poderão ser publicadas, sem que o nome do menor possa ser indicado por outro modo que por uma inicial. As infrações deste artigo serão punidas com a multa de 1:000$ a 3:000$, além do sequestro da publicação, e de outras penas que possam caber".

88 O art. 63 do Código de Menores de 1979 dispunha: "Divulgar, total ou parcialmente, sem autorização devida, por qualquer meio de comunicação, nome, atos ou documen-

PARTE III – DAS INFRAÇÕES ADMINISTRATIVAS

A proteção dos direitos à privacidade, à imagem e à intimidade está prevista no art. 5º, X, da Constituição Federal de 1988.

No dispositivo em exame, o bem jurídico tutelado *é a proteção do sigilo que deve cercar a pessoa da criança ou do adolescente a que é atribuído ato infracional*[89], considerando os direitos acima mencionados e o estigma que causaria às crianças e adolescentes de sua exposição pública em razão da prática de ato infracional.

A regra n. 8 do *Standard Minimum Rules for the Administration of Juvenile Justice*, conhecida como *Beijing Rules* ou Regras de Pequim, publicada no ano de 1985[90], prevê a proteção da privacidade (*protection of privacity*).

Note-se que o Estatuto da Criança e do Adolescente traz a previsão da infração administrativa em relação à divulgação de crianças e adolescentes quando se atribua a elas a prática de ato infracional. O sujeito passivo da infração é a criança ou adolescente a que se atribua a prática de ato infracional. Não está abrangida pela norma a divulgação de imagem de menores abandonados ou vítimas de crime. O art. 63 do Código de Menores era mais amplo em relação ao sujeito passivo, abrangendo todo e qualquer menor, inclusive crianças "em situação irregular" ou "vítima de crime".

O tipo administrativo, embora tenha restringido o sujeito passivo, foi ampliado em relação ao Código anterior para incluir, além do procedimento judicial, a referência ao procedimento policial e administrativo relativo à criança ou adolescente a que se atribua ato infracional.

---

tos de procedimento judicial relativo a menor. Pena – multa de até cinquenta valores de referência. § 1º Incorre na mesma pena quem exibe fotografia de menor em situação irregular ou vítima de crime, ou qualquer ilustração que lhe diga respeito ou se refira a atos que lhe sejam imputados, de forma a permitir sua identificação, direta ou indiretamente. § 2º Se o fato for praticado por órgão de imprensa ou emissora de rádio ou televisão, além da pena prevista neste artigo, a autoridade judiciária poderá determinar a apreensão da publicação ou a suspensão da programação da emissora até por dois dias, bem como da publicação do periódico até por dos números".

89   OLIVEIRA, Edmundo. Op. cit., p. 1490.

90   "United Nations Standard Minimum Rules for the Administration of Juvenile Justice ("The Beijing Rules") Adopted by General Assembly resolution 40/33of 29 November 1985, n. 8. PROTECTION OF PRIVACY. 8.1 The juvenile's right to privacy shall be respected at all stages in order to avoid harm being caused to her or him by undue publicity or by the process of labelling. 8.2 In principle, no information that may lead to the identification of a juvenile offender shall be published.
Commentary: Rule 8 stresses the importance of the protection of the juvenile's right to privacy. Young persons are particularly susceptible to stigmatization. Criminological research into labelling processes has provided evidence of the detrimental effects (of different kinds) resulting from the permanent identification of young persons as "delinquent" or "criminal". Rule 8 stresses the importance of protecting the juvenile from the adverse effects that may result from the publication in the mass media of information about the case (for example the names of young offenders, alleged or convicted). The interest of the individual should be protected and upheld, at least in principle (The general contents of rule 8 are further specified in rule 2 1)."

Note-se que, constando de tratado internacional, e não havendo distinção na lei, a norma protege crianças e adolescentes brasileiras ou estrangeiras, residentes ou não no Brasil, a que se atribua a prática de ato infracional.

O sujeito ativo da infração pode ser qualquer pessoa que venha a divulgar, total ou parcialmente, sem autorização devida[91], por qualquer meio de comunicação, nome, ato ou documento de procedimento policial, administrativo ou judicial relativo à criança ou adolescente a que se atribua a autoria de ato infracional ou ato ilícito. E também todo aquele que exibe ou transmite imagem, vídeo ou corrente de vídeo de criança ou adolescente envolvido com ato infracional ou ato ilícito. Assim, além das emissoras de televisão e jornais impressos, também estão abrangidos pela nova regra as pessoas que fazem divulgação em suas redes sociais[92], como Instagram, Facebook, Twitter, WhatsApp e outros.[93]

---

91 A autorização devida a que alude o artigo deve provir do juiz da infância e juventude. Nesse sentido: *RJTJESP* 138/204. In: Cury, Garrido e Marçura. *Estatuto da Criança e do Adolescente anotado.* 2. ed. rev. e atual. São Paulo: Revista dos Tribunais, 2000, p. 208.

92 "APELAÇÃO CÍVEL EM AÇÃO DE REPRESENTAÇÃO PELA PRÁTICA DE INFRAÇÃO ADMINISTRATIVA. ART. 247 DO ESTATUTO DA CRIANÇA E DO ADOLESCENTE. VINCULAÇÃO DA IMAGEM DE ADOLESCENTES ACUSADOS DE PRÁTICA DE ATOS INFRACIONAIS. VEICULAÇÃO DA NOTÍCIA POR MEIO DA INTERNET. INFRAÇÃO AO DIREITO À IMAGEM, INTIMIDADE E PRIVACIDADE DOS MENORES. RESPONSABILIDADE OBJETIVA. MITIGAÇÃO DO DIREITO À LIBERDADE DE IMPRENSA. APLICAÇÃO DE MULTA AO REPRESENTADO NO IMPORTE DE 10 SALÁRIOS DE REFERÊNCIA. ADEQUAÇÃO. SENTENÇA MANTIDA EM TODOS OS SEUS TERMOS. 1. A Constituição Federal de 1988 elencou como princípio fundamental a dignidade da pessoa humana. O dever de zelo pela dignidade das crianças e dos adolescentes não é só do Estado, mas de todos. 2. O objeto jurídico da infração prevista no art. 247 do ECA é a proteção do sigilo que deve cercar a pessoa da criança ou do adolescente a que é atribuído ato infracional e, para a completa tipicidade da infração a lei exige, ainda, um elemento normativo: que a divulgação seja feita sem a autorização devida. Subentendido: sem autorização do 'juiz da infância e da juventude ou do juiz que exerce essa função na forma da lei de organização judiciária local' (art. 146 do ECA). 3. Destarte, não há o que se falar em direito de imprensa ou mesmo em liberdade de expressão, considerando que os excessos devem ser contidos e, se necessário, juridicamente reprimidos, para que sua prática inveterada não resulte em violação de outros direitos fundamentais dos menores. 4. A proteção do sigilo das informações acerca da criança e do adolescente que se envolveram em um acontecimento infracional, destina-se, assim, a preservar respectivamente as identidades daquelas pessoas que se encontram na condição peculiar de desenvolvimento da personalidade, obstando a exposição estigmatizada e o julgamento preconceituoso que vilipendiem a imagem não só daqueles infantes e jovens, mas, também de seus respectivos familiares, sendo ilegal a conduta praticada reiteradamente pelo recorrente, consoante se comprova do id. 57319648. 5. Quanto ao valor da multa arbitrada pelo juízo primevo, no caso dez salários de referência, entende-se razoável e proporcional a sua aplicação, remetendo-me ao art. 247, do ECA, no qual a pena de multa para casos como esse, estima-se entre três a vinte salários de referência, aplicando-se o dobro em caso de reincidência. RECURSO CONHECIDO E DESPROVIDO" (TJBA, Apelação 0000718-81.2018.8.05.0153, Quinta Câmara Cível, Rel. Des. Cassio José Barbosa Miranda, j. 9-4-2024).

PARTE III - DAS INFRAÇÕES ADMINISTRATIVAS

Pretende-se resguardar a criança e o adolescente evitando a sua estigmatização, sobretudo nos lugares onde frequenta, como sua escola e vizinhança[94]. Assim, não basta colocar uma tarja preta nos olhos da criança ou do adolescente, pois seria facilmente identificada[95], nem tampouco mencionar as iniciais acompanhadas de seu endereço[96]. É preciso resguardar a sua imagem de modo que não seja visualizada, sobretudo por aqueles que os conheçam[97].

---

93   "ADMINISTRATIVO – ESTATUTO DA CRIANÇA E DO ADOLESCENTE (ECA) – PICHAÇÃO – NOTÍCIA EM JORNAL ENVOLVENDO MENORES COMO AGENTES DE CONDUTAS ILÍCITAS – AUTORIZAÇÃO DO JUIZ DA INFÂNCIA E DA JUVENTUDE – INEXISTÊNCIA – SANÇÃO ADMINISTRATIVA – LEI 8.069/90, ART. 247 – PRECEDENTES STJ. É vedado aos órgãos de comunicação social a divulgação total, ou parcial, de atos ou fatos denominados infracionais atribuídos a criança ou adolescente, sem a devida autorização do MM. Juiz da Infância e da Juventude. Sendo de conhecimento da imprensa a existência de representação da Curadora contra os menores, por danos ao patrimônio público, descabe a alegação de inocorrência de ato infracional a justificar a conduta do recorrente. A criança e o adolescente têm direito ao resguardo da imagem e intimidade. Vedado, por isso, aos órgãos de comunicação social narrar fatos, denominados infracionais, de modo a identificá-los. STJ, REsp 55.168/RJ, *DJ* 9-10-1995. Ver também: 2ª T., REsp 130.731/SP, Recurso Especial 1997/0031486-3, *DJ* 28-6-2004, p. 215, Rel. Min. Francisco Peçanha Martins, data da decisão 15-4-2004.

94   "Sanção Administrativa. Adolescente. Falecimento. A criança e o adolescente têm direito ao resguardo da imagem e intimidade. Vedado, por isso, aos órgãos de comunicação social narrar fatos, denominados infracionais, de modo a identificá-los. O fenômeno ganha grandeza singular quando a criança ou adolescente integram classe social menos favorecida. Adjetivos desairosos, então, passam a estigmatizar a pessoa. Ainda que agentes de conduta ilícita, não podem ser vilipendiados, expostos à execração pública. O falecimento não modifica o raciocínio. Também quando os mortos são dignos de proteção, em homenagem à honra" (*RSTJ* 78/409 em CURY, GARRIDO e MARÇURA, *Estatuto da Criança e do Adolescente anotado*. 2. ed. São Paulo: Revista dos Tribunais, 2000, p. 209).

95   Ver COSTA, Tarcísio José Martins. Op. cit., p. 456.

96   "Infração. Divulgação. Iniciais de adolescente acompanhadas do endereço. Identificação do menor pela comunidade. Caracterização da infração. Recurso improvido." (*JTJ* 201/106 em Cury, Garrido e Marçura. *Estatuto da Criança e do Adolescente anotado*. 2. ed. São Paulo: Revista dos Tribunais, 2000, p. 208.

97   "ADMINISTRATIVO. ESTATUTO DA CRIANÇA E DO ADOLESCENTE. ART. 247. MENOR INFRATOR. DIVULGAÇÃO POR MEIO DE COMUNICAÇÃO SOCIAL. IDENTIFICAÇÃO INDIRETA. EFEITO QUEBRA-CABEÇAS. FILIAÇÃO. FOTOGRAFIAS. IMPOSSIBILIDADE. RELEVÂNCIA SOCIAL E ENFOQUE DA NOTÍCIA. IRRELEVÂNCIA JURÍDICA. INFRAÇÃO ADMINISTRATIVA CONFIGURADA. 1. No caso, a análise da pretensão recursal não exige o revolvimento de fatos e provas dos autos, mas apenas a ressignificação jurídica dos fatos conforme narrados objetivamente pelo acórdão recorrido. Precedentes. 2. Se o acórdão recorrido trata somente de forma indireta da matéria constitucional, não incide a Súmula 126/STJ. Precedentes. Hipótese em que o acórdão afirma o exercício regular de direitos constitucionais apenas após afastar as premissas de violação de lei infraconstitucional. 3. O ECA veda a veiculação de notícias

690   CURSO DE DIREITO DA CRIANÇA E DO ADOLESCENTE

As penalidades aplicáveis são multa (aplicável em dobro no caso de reincidência) e apreensão da publicação. A expressão "ou a suspensão da programação da emissora até por dois dias, bem como da publicação do periódico até por dois números", contida no § 2º do art. 247, foi declarada inconstitucional pelo Supremo Tribunal Federal na ação direta de inconstitucionalidade ajuizada pelo Procurador--Geral da República (ADIn 869-2/1998), provocada pela Associação Nacional de Jornais, sendo relator o Ministro Ilmar Galvão[98].

---

que permitam a identificação de menores infratores, de forma alinhada a normas internacionais de proteção à criança e ao adolescente. 4. A proteção do menor infrator contra a identificação visa proteger a integridade psíquica do ser humano em formação e assegurar sua reintegração familiar e social. 5. A prática vedada pelo ECA é, em essência, a divulgação, total ou parcial, de qualquer elemento, textual ou visual, que permita a identificação, direta ou indireta, da criança ou do adolescente a que se relacione ato infracional, sem a autorização, inequívoca e anterior, da autoridade judicial competente para a veiculação das informações. 6. Incide na prática interdita a veiculação de nome – inclusive iniciais –, apelido, filiação, parentesco ou residência do menor infrator, assim como fotografias ou qualquer outra ilustração referente a si que permita sua identificação associada a ato infracional. A norma impede o recurso a qualquer subterfúgio que possa resultar na identificação do menor. 7. Para configurar-se a conduta vedada, é desnecessário verificar a ocorrência concreta de identificação, sendo bastante que a notícia veiculada forneça elementos suficientes para tanto. Dispensa-se, também, que a identificação seja possibilitada ao público em geral, bastando que se permita particularizar o menor por sua comunidade ou família. 8. A transgressão ocorre ainda na hipótese em que, apesar de isoladamente incólumes, os elementos divulgados permitam, se conjugados, a identificação indireta do menor. 9. Para a ocorrência da infração é despicienda a análise da intenção dos jornalistas ou o enfoque da notícia. A prática é vedada de forma objetiva e ocorre com a divulgação dos elementos identificadores. 10. Hipótese em que a reportagem: a) obteve autorização para realizar entrevistas com menores, não para divulgar suas identidades; b) publicou fotografias com tatuagens e partes dos corpos dos menores; c) veiculou fotografias e nomes completos das genitoras, associando-as aos menores. 11. Recurso especial provido, para reconhecer a ilicitude da conduta e determinar o retorno dos autos à origem a fim de que aprecie os pedidos subsidiários da apelação dos recorridos, no tocante ao valor da sanção, à luz das premissas ora estabelecidas." (STJ. REsp 1636815/DF, (Recurso Especial 2016/0254183-0), Rel. Min. Og Fernandes, 2ª Turma, j. 5-12-2017, *DJe* 18-12-2017)

98 "AÇÃO DIRETA DE INCONSTITUCIONALIDADE 869 DISTRITO FEDERAL RELATOR: MIN. ILMAR GALVÃO. REQUERENTE PROCURADOR-GERAL DA REPÚBLICA. REQUERIDO: PRESIDENTE DA REPÚBLICA. REQUERIDO CONGRESSO NACIONAL. EMENTA AÇÃO DIRETA DE INCONSTITUCIONALIDADE. LEI FEDERAL 8.069/90. LIBERDADE DE MANIFESTAÇÃO DO PENSAMENTO, DE CRIAÇÃO, DE EXPRESSÃO E DE INFORMAÇÃO. IMPOSSIBILIDADE DE RESTRIÇÃO. 1. Lei 8.069/90. Divulgação total ou parcial por qualquer meio de comunicação, nome, ato ou documento de procedimento policial, administrativo ou judicial relativo à criança ou adolescente a que se atribua ato infracional. Publicidade indevida. Penalidade: suspensão da programação da emissora até por dois dias, bem como da publicação do periódico até por dois números. Inconstitucionalidade. A Constituição de 1988 em

PARTE III – DAS INFRAÇÕES ADMINISTRATIVAS

Consoante as razões expostas, entendeu-se que, no caso, a pena descrita no dispositivo se mostrava de todo inadequada como sanção, posto que, na verdade, o efeito que dela resulta viria justamente de encontro ao direito que tem o público à informação sobre fatos e ideias, privado que dela poderia ficar por até dois dias, extrapolando o razoável alcance de uma sanção administrativa.

De fato, embora a expressão atacada fosse reprodução dos Códigos de Menores anteriores, o Estatuto da Criança e do Adolescente, promulgado sob a égide da Constituição Federal de 1988, na qual se garante o direito à informação, não poderia mitigar o direito dos leitores e espectadores em relação às demais matérias e informações veiculadas. Com a suspensão da programação de rádio e televisão por 2 dias, e de duas edições de um periódico, os demais programas e informações estariam sendo retirados da apreciação do público.

A imprensa desempenha um relevante papel social na medida em que ela constitui um importante mecanismo de controle sobre a atividade política e administrativa, coibindo abusos ao trazer a público situações imorais e ilegais que floresceriam na clandestinidade e na ignorância de todos.

De qualquer forma, nenhum direito é absoluto, notadamente diante da prioridade do interesse de crianças ou adolescentes. A liberdade de imprensa e o direito à informação jornalística não mitigam o direito à imagem e à privacidade de crianças e adolescentes envolvidos em atos infracionais, posto que, além da imposição da pena de multa e da apreensão da publicação, previstas como penalidade no dispositivo em comento, é possível ação cautelar própria que visa impedir a divulgação da imagem da criança ou adolescente, bem como de sua identificação, além de ser cabível indenização por danos morais[99].

4.4. Guarda para fins de trabalho doméstico

> Art. 248. Deixar de apresentar à autoridade judiciária de seu domicílio, no prazo de cinco dias, com o fim de regularizar a guarda, adolescente trazido de outra comarca para a prestação de serviço doméstico, mesmo que autorizado pelos pais ou responsável.

---

seu artigo 220 estabeleceu que a liberdade de manifestação do pensamento, de criação, de expressão e de informação, sob qualquer forma, processo ou veículo, não sofrerá qualquer restrição, observado o que nela estiver disposto. 2. Limitações à liberdade de manifestação do pensamento, pelas suas variadas formas. Restrição que há de estar explícita ou implicitamente prevista na própria Constituição. Ação direta de inconstitucionalidade julgada procedente."

99 "INDENIZAÇÃO – Danos Morais – Imprensa – Notícia da crônica policial envolvendo menor – Indicação do nome do adolescente – Inadmissibilidade – Direito constitucional da liberdade de imprensa que está aquém do direito à privacidade do menor, que ainda está em desenvolvimento e cujos interesses devem ser tutelados – Incidência do ECA, arts. 17, 18 e 143 – Indenização devida. Ação procedente em parte – Recurso provido para esse fim" (TJSP, Responsabilidade Civil 9063362-13.2006.8.26.0000, Rel. Munhoz Soares, data de registro: 18-12-2006).

Pena – multa de três a vinte salários de referência, aplicando-se o dobro em caso de reincidência, independentemente das despesas de retorno do adolescente, se for o caso.

O dispositivo em análise foi revogado pela Lei n. 13.431/2017, que trata sobre a escuta de crianças vítimas ou testemunhas.

Nenhuma criança ou menor de 16 anos pode prestar serviços domésticos, haja vista a vedação constitucional.

4.5. Descumprimento dos deveres decorrentes da autoridade familiar

> Art. 249. Descumprir, dolosa ou culposamente, os deveres inerentes ao poder familiar ou decorrentes de tutela ou guarda, bem assim determinação da autoridade judiciária ou Conselho Tutelar:
>
> Pena – multa de três a vinte salários de referência, aplicando-se o dobro em caso de reincidência.

O tipo previsto no art. 249 do Estatuto procura proteger crianças e adolescentes do descumprimento do exercício da atividade de cuidado e proteção decorrente da autoridade familiar dos pais, do tutor ou do guardião. Já existia, tanto no Código de Menores de 1927[100] como no Código de Menores de 1979[101], a possibilidade de aplicar penalidade administrativa pelo descumprimento dos deveres inerentes à autoridade familiar. O dispositivo foi ampliado para acrescentar a determinação da autoridade judiciária ou do Conselho Tutelar.

A aplicação da pena administrativa prevista no dispositivo é independente das demais sanções cabíveis, seja a destituição ou suspensão do poder familiar, sejam sanções criminais ou civis. Não há *bis in idem*.

Quais são os deveres inerentes ao poder familiar?

O poder familiar, ou autoridade parental, consoante orientação conceitual da moderna doutrina, traduz uma relação na qual pai e mãe, num colegiado, dirigem seus esforços para proporcionar ao filho menor não emancipado todas as condições possíveis e necessárias de criação e desenvolvimento de sua personalidade, numa atmosfera de proteção, amor, carinho, assistência e responsabilidade.

Longos séculos foram necessários para que a noção de filho deixasse de ser tida como objeto para alcançar a ideia de proteção. Na visão humanista da família, a concepção ultrapassada do pátrio poder como um poder-sujeição do pai sobre o

---

100 Art. 72 do Decreto n. 5.083, de 1º de dezembro de 1926; arts. 75 e 114 do Decreto n. 17.943, de 12 de outubro de 1927.

101 Código de Menores de 1979: "Art. 72. Descumprir, dolosa ou culposamente, os deveres inerentes ao pátrio poder ou decorrentes de tutela ou guarda, bem assim determinação judicial sobre medida de assistência, proteção ou vigilância a menor. Pena – multa de até três valores de referência, aplicando-se o dobro na reincidência".

PARTE III – DAS INFRAÇÕES ADMINISTRATIVAS

filho tornou-se inadmissível. O filho deve ser visto como o destinatário principal da relação, da qual também participa e interage, inclusive emitindo a sua opinião[102], na condição de sujeito de direito.

A moderna visão da autoridade parental[103] exige que os pais se façam presentes na vida de seus filhos. É preciso convívio, interação, troca de experiências, atenção e responsabilidade por ter trazido ao mundo um ser humano que não pediu para nascer. A educação do filho, como uma das facetas dos deveres decorrentes do poder familiar, não consiste apenas na obrigação de zelar para que o filho receba instrução escolar ou profissional. Consiste também na transmissão de valores morais e éticos. Os pais são responsáveis pela formação de seus filhos, inclusive por atos ilícitos por eles praticados. Não basta a educação formal, é preciso que o filho seja educado para viver em sociedade, aprendendo a respeitar o próximo, a agir corretamente, devendo ser repreendido por mau comportamento. Nenhuma criança nasce educada, sendo necessário que ambos os pais, num esforço quotidiano, trabalhem para lhe formar o caráter e lhe infundir bons princípios. O exemplo dos pais desempenha um papel relevante na formação psíquica do filho, motivo pelo qual é deveras importante a participação de ambos na fase de crescimento deste, ainda que os pais sejam separados.

O Código de Menores de 1927 permitia que os pais internassem seus filhos em estabelecimento de educação como uma atitude de proteção (art. 36). É comum, hoje em dia, que mães e pais procurem o Conselho Tutelar ou a Promotoria da infância e juventude buscando a internação de seus filhos sob a alegação de rebeldia ou falta de limite destes. Tais razões não justificam a internação.

Muito mais do que bônus, a autoridade parental é um ônus, um dever jurídico imposto aos pais na criação dos filhos visando à plena formação espiritual, educacional e moral destes. Os filhos têm direito à convivência familiar, e os pais, o dever de educá-los no seio da família.

A ausência de creches e escolas em horário integral dificulta o regular exercício do poder familiar das famílias economicamente desfavorecidas quando, em razão da pobreza e da necessidade de trabalho das mães, crianças acabam institucionalizadas. É preciso que a criança não fique abandonada no abrigo e que seja retirada pela família nos finais de semana[104]. Também não se pode sobrecarregar a mulher/

---

102 Art. 16, II e V, da Lei n. 8.069 (Estatuto da Criança e do Adolescente).

103 RAMOS, Patrícia Pimentel de Oliveira Chambers. A moderna visão da autoridade parental. *Guarda compartilhada*, aspectos jurídicos e psicológicos. Porto Alegre: Equilíbrio, 2005.

104 "REPRESENTAÇÃO POR INFRAÇÃO ADMINISTRATIVA. MENORES DEIXADOS EM ABRIGO. CONVIVÊNCIA FAMILIAR DURANTE FINS DE SEMANA. INEXISTÊNCIA DE INTERESSE PROCESSUAL. MANUTENÇÃO. 1. Menores deixados em abrigo que conta com amplo suporte, inclusive pedagógico, e mantêm convívio com a

694 CURSO DE DIREITO DA CRIANÇA E DO ADOLESCENTE

mãe, culpabilizando-a, quando a mesma precisa sair para trabalhar e não tem onde deixar os filhos. Além da participação dos homens/pais na criação dos filhos, é preciso o apoio do poder público, com o funcionamento regular das creches e escolas em horário integral mencionadas anteriormente, mais a busca conjunta de outras soluções para atender as famílias.

Com inovação à ordem jurídica anterior, foi estabelecido pela Constituição da República Federativa do Brasil de 1988 o princípio da dignidade da pessoa humana, o princípio da igualdade entre os cônjuges, o princípio da igualdade entre os filhos, o princípio da paternidade responsável e o princípio da prioridade dos interesses das crianças e dos adolescentes. Foram assegurados direitos iguais a todos os filhos, sejam eles oriundos ou não do casamento, e igualdade entre o homem e a mulher no exercício da paternidade e maternidade. Casados ou não, os pais têm o dever de assistir, conviver, criar e educar os filhos menores. Estabeleceu-se, ainda, que o Estado assegurará a assistência à família na pessoa de cada um dos que a integram, criando mecanismos para coibir a violência no âmbito de suas relações (art. 226, § 6º, da CF). O Estado, por força ainda do princípio da proteção integral, deve intervir na relação decorrente da autoridade parental para evitar abuso dos

---

mãe durante os finais de semana. 2. Mãe que comprovadamente não ostenta meios, sem o concurso do abrigo, para criar e educar os filhos. 3. Inexistência de abandono, sendo que os direitos dos menores estão amplamente respeitados, falecendo interesse do Ministério Público no que tange à adequação econômica de famílias à realidade social em que vivem. 4. Desprovimento do recurso. RECURSO A QUE SE NEGA PROVIMENTO" (TJRJ, Apelação 0285850-89.2007.8.19.0001, 5ª Câm. Cív., Rel. Des. Antônio Saldanha Palheiro, j. 24-8-2010).

"Agravo de instrumento. Decisão agravada que entendeu que o processo de representação por infração administrativa ajuizada pelo MP em face dos pais de dois menores não deveria ser inscrito no 'Plano Mater'. Ato Executivo TJ n. 4065, de 28-8-2009. Plano de ação que é elaborado e executado pelo TJRJ e visa garantir às crianças e adolescentes uma convivência familiar e comunitária, tendo como meta a inserção destes quer na família de origem, quer em família substituta. Genitora que não possui condição econômico-financeira para sustentar os menores. Genitor em cumprimento de pena privativa de liberdade. Mãe que estuda e trabalha eventual e temporariamente em diversas funções desde o ajuizamento da ação, sempre buscando os filhos durante os fins de semana, quando lhes presta assistência afetivo-emocional. Menores que se encontram em abrigamento diferenciado que oferece educação e estrutura para crianças e adolescentes e cuja mãe, pessoa de baixa renda, necessita trabalhar em tempo integral, não havendo apoio do pai. Institucionalização que, em regra, deve ser temporária e excepcional, contudo, no caso concreto, em que pese a longa permanência dos menores na instituição, tal medida acaba por atender o superior interesse das crianças/adolescentes, já que só assim terão acesso à educação e ao lazer, não sendo privados da convivência com a mãe, esta que manifesta interesse em conviver diariamente com os filhos quando tiver condições para tanto. Recurso desprovido" (TJRJ, Agravo de Instrumento 0014916-88.2010.8.19.0000, 5ª Câm. Cív., Rel. Des. Cristina Tereza Gaulia, j. 24-8-2010).

PARTE III – DAS INFRAÇÕES ADMINISTRATIVAS

pais e contribuir para que os atritos familiares sejam minimizados em prol da criança. O legislador, ao criar o arcabouço principiológico de garantias para a criança e o adolescente, o fez para permitir que o ser humano em momento tão peculiar de formação estivesse protegido, e convocou a família, a sociedade e o Estado a promoverem tal proteção[105].

É dever não só dos pais, mas de toda a família, da sociedade e do Estado, "assegurar à criança e, ao adolescente, com absoluta prioridade, o direito à vida, à saúde, à alimentação, à educação, ao lazer, à profissionalização, à cultura, à dignidade, ao respeito, à liberdade e à convivência familiar e comunitária, além de colocá-los a salvo de toda forma de negligência, discriminação, exploração, violência, crueldade e opressão" (art. 227 da CF).

É comportamento ético-jurídico dos pais, como decorrência da responsabilidade parental e interesse superior da criança, portanto, além de buscar garantir os direitos acima mencionados, respeitar a integridade física e psíquica do filho e a figura parental do outro genitor, não criar obstáculos para o acesso do outro genitor à criança, permitir o convívio do filho com os avós e demais parentes, prestar o auxílio moral e material necessário e possível para o sustento do filho, amparar, proteger e se fazer presente na vida da criança. Dos pais se exige muito mais do que simplesmente criar os filhos. É necessário criá-los com amor[106], ética e responsabilidade, preparando-os satisfatoriamente para a vida adulta.

O pai ou mãe destituído do poder familiar não se exonera de seus deveres em relação ao filho. Com a destituição do poder familiar, cessará o convívio e os poderes em relação ao filho, mas os deveres persistem, como o dever de prestar alimentos[107]. Afinal, somente com a adoção do filho por outrem é que os vínculos biológicos são rompidos.

Nota-se, assim, que os deveres que decorrem da autoridade parental são amplos, num rol não exaustivo, com vistas à proteção da integridade física, psíquica e espiritual dos filhos.

---

105 GOMES, Roberto de Almeida Borges. Aspectos gerais da investigação de paternidade à luz do princípio constitucional da proteção integral. In: FARIAS, Cristiano Chaves de (coord.). *Temas atuais de direito e processo de família*. Rio de Janeiro: Lumen Juris, 2004,p. 470.

106 "ECA. Infração administrativa. Descumprimento do dever inerente ao poder familiar. Adolescente que pretende aproximação com o pai. Abandono afetivo por parte do genitor. Infração ao art. 249 do ECA caracterizada. Condenação que se põe como devida. Multa no máximo cominada. Redução, porém, que se recomenda para o mínimo legal. Valoração das diretrizes balizadoras. Apelação parcialmente provida" (TJRS, Apelação Cível 70037322781, 8ª Câm. Cív., Rel. Luiz Ari Azambuja Ramos, j. 12-8-2010).

107 O Código de Menores de 1927 era expresso, afirmando: art. 41. "O juiz ou tribunal, ao pronunciar a suspensão ou a perda do pátrio poder ou a destituição da tutela, fixará a pensão devida pelo pai ou mãe ou pessoa obrigada a prestação de alimentos".

Esses deveres mencionados no dispositivo são exigíveis dos pais biológicos, ainda que o infante não tenha certidão de nascimento[108] ou que não figure o nome do pai ou da mãe na certidão de nascimento do filho (o reconhecimento da paternidade ou maternidade poderá ser incidental no processo), dos pais registrados[109], dos pais adotivos[110] e dos pais separados, exerçam ou não a guarda da criança[111]. Note-se que os filhos havidos ou não da relação do casamento ou por adoção terão os mesmos direitos e qualificações, proibidas quaisquer designações discriminatórias relativas à filiação (art. 1.596 do Código Civil). Ressalte-se, ainda, que a dissolução do vínculo conjugal não afeta a autoridade parental. Conforme dispõe o art. 1.579 do Código Civil: "o divórcio não modificará os direitos e deveres dos pais em relação aos filhos". Ainda que os filhos estejam sob a guarda do outro cônjuge, de uma terceira pessoa, ou até mesmo institucionalizados, persistem os deveres inerentes à paternidade ou maternidade. Assim, juntos ou separados, dos pais exige-se a responsabilidade pela proteção e criação dos filhos[112].

---

108 "REPRESENTAÇÃO CÍVEL – FALTA DE REGISTRO DE NASCIMENTO DE MENOR – MULTA – PAIS MISERÁVEIS – INEXEQUIBILIDADE DA NORMA. Revela-se inexequível a sanção do art. 249 do ECA sendo os pais miseráveis e porque se está diante de um fato de ignorância social, comum na sociedade brasileira carente, qual a lei visa, na essência, orientar e educar. Recurso não provido" (TJRJ, Conselho da Magistratura, Processo 2004.004.00516, por unanimidade, Rel. Des. Paulo Gustavo Horta, publicado em 5-10-2004, registrado em 12-11-2004).

109 Pais registrados são aqueles que constam da certidão de nascimento da criança ou adolescente ainda que não sejam os pais biológicos, posto que figuram legalmente como pais da criança. Quem declara conscientemente como seu filho de outrem está assumindo a paternidade da criança ou adolescente. É uma modalidade de paternidade socioafetiva, denominada "adoção à brasileira". Ninguém pode se beneficiar da própria torpeza para depois fugir à responsabilidade alegando não ser o pai ou mãe biológico.

110 Durante o curso do processo de adoção, deferida a guarda provisória, os adotantes respondem a título de guardiões. Após a prolação da sentença de adoção, respondem na qualidade de pais, detentores do poder familiar, independente da formalização da certidão de nascimento.

111 "INFRAÇÃO ADMINISTRATIVA – Genitores representados pelo Ministério Público por infração ao artigo 249 do Estatuto da Criança e do Adolescente, sob alegação de descumprimento dos deveres inerentes ao poder familiar – Representação acolhida com condenação dos genitores ao pagamento de multa – Infração caracterizada – Genitor que alega não haver desídia, tendo em vista que a guarda do filho estava com a genitora, possuindo ele apenas o dever alimentar – Afastamento – Responsabilidade solidária do genitor – Apelante que nunca se preocupou com o filho, assumindo postura omissiva frente às carências do adolescente – Multa que deve ser expressa em salários de referência, a ser paga de forma parcelada em dez vezes – Recurso não provido" (TJSP, Apelação 0098840-02.2010.8.26.0000, Câmara Especial, Rel. Martins Pinto, Comarca: Itapeva, j. 27-9-2010).

112 "APELAÇÃO – Infração administrativa – Menor sob abandono intelectual dos genitores – Descaso com a frequência escolar – Zelo pela escolaridade inerente ao poder-de-

PARTE III – DAS INFRAÇÕES ADMINISTRATIVAS

Questão que se coloca é a referente à criança ou ao adolescente tratado como filho (posse do estado de filho ou paternidade socioafetiva). Há uma tendência do direito moderno de reconhecer às situações de fato efeitos jurídicos, assim como ocorreu com as uniões estáveis, que foram praticamente equiparadas ao casamento. Nesta linha de raciocínio, a criança tratada como filho seria equiparada ao filho propriamente dito, conforme entendimento de diversos doutrinadores[113]. Todavia, considerando o princípio da legalidade, poderia a norma legal ser estendida para punir os *pais de fato* que praticam alguma irregularidade? Sem entrarmos na controvérsia jurídica relativa ao tema, considerando que o dispositivo legal inclui a responsabilidade, além dos pais, dos tutores e dos guardiões, entendemos que a infração poderá ser aplicada com fundamento na guarda (fática) exercida[114].

Afinal, são deveres que decorrem da guarda (inclusive da guarda de fato), o respeito aos direitos e garantias constitucionais e legais de crianças e adolescentes, previstos, entre outros, no art. 227 da Constituição Federal.

É necessário zelar por sua alimentação, higiene, saúde, integridade física e psicológica, vestuário, educação, entre outros[115], haja vista o princípio da proteção integral.

---

ver familiar – Omissão a que também responde o genitor não guardião – Configuração do ilícito – Provas suficientes – Aplicação do artigo 249 do ECA – Multa – Valor equivalente em salários referência – Apelo não provido. Configura infração administrativa (art. 249 do ECA) por abandono intelectual de menor, o descaso dos genitores em relação à frequência e acompanhamento escolar do filho, anotado que o zelo pela regular escolaridade é poder-dever inerente ao poder familiar, a que também responde o genitor não guardião" (TJSP, Apelação 0045035-37.2010.8.26.0000, Câmara Especial, Rel. Presidente da Seção de Direito Público, j. 6-12-2010).

113 *Vide* a respeito: Jacqueline Filgueras Nogueira em *A filiação que se constrói*: o reconhecimento do afeto como valor jurídico. São Paulo: Memória Jurídica, 2001; Belmiro Pedro Welter em Inconstitucionalidade do processo de adoção judicial, na obra coletiva *Temas atuais de direito e processo de família*. Rio de Janeiro: Lumen Juris, 2004; Luiz Edson Fachin em Paternidade e ascendência genética, na obra *Grandes temas da atualidade. DNA como meio de prova da filiação*. Rio de Janeiro: Forense, 2000 e também em *Estabelecimento da filiação e paternidade presumida*. Porto Alegre: Sergio Antonio Fabris Editor, 1992; Lafayette Rodrigues Pereira em *Direitos de família*: anotações e adaptações ao Código Civil por José Bonifácio de Andrada e Silva. 5. ed. Rio de Janeiro: Livraria Freitas Bastos, 1956; Eduardo de Oliveira Leite em *Temas de direito de família*. São Paulo: Revista dos Tribunais, 1994, p. 115; João Batista Villela em O modelo constitucional da filiação: verdades e superstições, na *Revista Brasileira de Direito de Família*, n. 2, jul./ago./set. 1999.
Súmula proposta por Luiz Felipe Brasil Santos, no III Encontro da Justiça Federal, relativa ao art. 1.593 do Código Civil, assim dispõe: "A posse do estado de filho (parentalidade socioafetiva) constitui modalidade de parentesco civil".

114 Em regra, "pais de fato" exercem a guarda da criança.

115 APELAÇÃO CÍVEL. INFÂNCIA E JUVENTUDE. REPRESENTAÇÃO POR INFRAÇÃO ADMINISTRATIVA EM FACE DA GENITORA. ART. 249 DO ECA. DESCUMPRIMENTO DOS DEVERES INERENTES AO PODER FAMILIAR. SITUAÇÃO DE

Decorrência do questionamento exposto acima é a referente à responsabilidade de padrastos ou madrastas, ou seja, dos cônjuges e companheiros de pais e mães com filhos[116]. Pode-se argumentar que com o vínculo conjugal, seja este de fato (união estável) ou jurídico (casamento), são formados vínculos de afinidade entre o cônjuge e o companheiro e os parentes do outro, por força do art. 1.595 do Código Civil[117].

RISCO. PARCELAMENTO DA MULTA APLICADA. REFORMA PARCIAL DA SENTENÇA. 1. O recurso de apelação, no âmbito dos feitos afetos à Justiça da Infância e da Juventude, é dotado de efeito regressivo, conferindo-se ao magistrado a possibilidade de reexaminar a sentença prolatada, mantendo-a ou reformando-a. 2. Retorno dos autos à instância *a quo*, apenas para o exercício do juízo de retratação, que apenas retardaria a prestação jurisdicional, frustrando-se a celeridade dispensada aos processos em que se debate o interesse de menores. 3. Cuida-se de ação de representação para imposição de penalidade administrativa proposta pelo Ministério Público do Estado do Rio de Janeiro em face de genitora, com fulcro nos artigos 129 e 249 da Lei 8.069/90, pelo descumprimento dos deveres decorrentes do Poder Familiar. 4. Causa de pedir que se encontra lastreada no fato de que a genitora da menor abandonou sua filha de apenas 5 (cinco) anos de idade o que deu ensejo ao desaparecimento da mesma há cerca de dois anos, colocando a criança em extrema situação de risco, face sua negligência, que se perdura desde 2007. 5. Embora se extraia dos documentos acostados que a representada faz tratamento para hanseníase, a referida alegação não foi deduzida em sede de contestação como justificativa para a negligência da recorrente com os cuidados da filha, importando em inovação defensiva, assim como não se empresta a relevar a conduta levada a cabo pela representada. 6. De certo que as questões de fato não propostas no juízo inferior não poderão ser suscitadas em sede recursal, salvo por motivo de força maior (art. 517, do CPC). 7. O poder familiar é um conjunto de deveres e direitos atribuídos aos pais, a quem compete assistir moral, material e psiquicamente, criar e educar os filhos menores, fornecendo subsídios para sua adequada formação como indivíduo. 8. Estatui o art. 5º, do ECA, nenhuma criança ou adolescente será objeto de qualquer forma de negligência, discriminação, exploração, violência, crueldade e opressão, punido na forma da lei qualquer atentado, por ação ou omissão, aos seus direitos fundamentais. 9. Hipótese em que restou cabalmente demonstrado o descumprimento dos deveres inerentes ao Poder Familiar pela genitora, evidenciado pelo abandono físico e afetivo em relação a própria filha, não sabendo sequer onde a mesma se encontra. Procedência da reclamação, conforme reconhecido na sentença. 10. Multa aplicada que possui função pedagógica, não sendo cabível a sua exclusão. 11. Contudo, considerando a situação financeira da apelante e seu estado de saúde, deve ser possibilitado o seu parcelamento, já que a penalidade já foi aplicada no mínimo legal, de modo a atender aos postulados da proporcionalidade e razoabilidade. 12. Recurso parcialmente provido (TJRJ, Apelação 0005936-14.2011.8.19.0067, 8ª Câm. Cív., Rel. Des. Monica Costa Di Piero, j. 16-6-2014).

116 Waldyr Grisard Filho defende o pagamento de alimentos pelo pai ou mãe afim (padrasto ou madrasta) no texto Os alimentos nas famílias reconstituídas. In: DELGADO, Mario Luiz; Alves, Jones Figueiredo (coord.). *Novo Código Civil*. Questões controvertidas. São Paulo: Método, 2004.

117 Código Civil. "Art. 1.595. Cada cônjuge ou companheiro é aliado aos parentes do outro pelo vínculo de afinidade. § 1º O parentesco por afinidade limita-se aos ascen-

PARTE III – DAS INFRAÇÕES ADMINISTRATIVAS

Em situações bastante frequentes, o padrasto e a madrasta desrespeitam direitos de crianças e adolescentes, abusando da relação de confiança e subordinação que se estabeleceu pelo convívio e guarda de fato. Entendemos que a solução jurídica será a mesma exposta no parágrafo anterior, qual seja, exercendo o padrasto ou madrasta as funções de guardião, haverá a responsabilidade em razão da guarda de fato exercida[118]. Assim, considerando que a infração administrativa menciona "descumprir os deveres inerentes ao pátrio poder ou decorrente de tutela *ou guarda*", conquanto sejam os pais os principais responsáveis pelos filhos, o padrasto ou a madrasta poderá responder na qualidade de guardião[119]. Ressalte-se, por fim, que o genitor não pode deixar de fiscalizar o comportamento de seu consorte para evitar situações de perigo e abuso em relação aos seus filhos, respondendo civil, administrativa[120] e criminalmente por omissão nos cuidados com a prole[121].

---

dentes, aos descendentes e aos irmãos do cônjuge ou companheiro. § 2º Na linha reta, a afinidade não se extingue com a dissolução do casamento ou união estável."

118 "AGRAVO DE INSTRUMENTO. INFÂNCIA E JUVENTUDE. REPRESENTAÇÃO POR INFRAÇÃO ADMINISTRATIVA EM FACE DO GENITOR E MADRASTA DE DUAS ADOLESCENTES. Preliminar de ilegitimidade passiva suscitada pela madrasta, em razão de não deter a guarda judicial. Possibilidade de responsabilização. Guarda de fato. Interpretação ampliativa dos dispositivos do ECA, no intuito de conferir maior proteção à criança e ao adolescente. Princípio da proteção integral. Precedentes deste egrégio Tribunal de Justiça. Manutenção da decisão recorrida. Desprovimento do agravo" (TJRJ, Agravo de Instrumento 0058283-50.2019.8.19.0000, 27ª Câm. Cív., Rel. Des. Jacqueline Lima Montenegro, j. 23-10-2019).

119 REPRESENTAÇÃO ADMINISTRATIVA. Padrasto. Abuso sexual de menor. Comprovação. Multa. Cabimento. Representação administrativa. Padrasto que abusa sexualmente da enteada. Sentença que julga procedente a representação. Condenação ao pagamento de multa equivalente a 3 (três) salários mínimos, na forma do artigo 249 do Estatuto da Criança e do Adolescente. Caráter punitivo/pedagógico da sanção. Reconhecimento e guarda do filho nascido que não afasta a violação perpetrada em face da enteada. Recurso manifestamente improcedente ao qual se nega provimento, monocraticamente, na forma do artigo 557, *caput*, do Código de Processo Civil (TJRJ, Apelação 0023317-10.2005.8.19.0014, 9ª Câm. Cív., Rel. Des. Carlos Santos de Oliveira, j. 2-6-2010, Ementário: 08/2010, n. 16, 4-8-2010).

120 "APELAÇÕES CÍVEIS. INFRAÇÃO ADMINISTRATIVA. ESTATUTO DA CRIANÇA E DO ADOLESCENTE – ECA. SENTENÇA QUE JULGOU PROCEDENTE A REPRESENTAÇÃO E APLICOU MULTA POR DESCUMPRIMENTO DOS DEVERES INERENTES AO PODER FAMILIAR, BEM COMO O ENCAMINHAMENTO DOS AGRESSORES PARA TRATAMENTO PSICOLÓGICO OU PSIQUIÁTRICO. RECURSOS. – A Representada apela arguindo a prescrição da multa pelo transcurso de 08 anos a contar do fato, e que o alcance da maioridade do adolescente impõe a extinção do processo por falta de interesse de agir. Defende que nunca soube ou foi informada da alegada ocorrência dos abusos sexuais praticados contra seu filho pelo seu ex-companheiro, não se podendo falar em negligência ou conivência. Acrescenta ser inaplicável a multa, dada a miserabilidade da sua situação financeira, o que colocaria em risco o seu sustento próprio e de seus filhos. – Recorre o Representado, pugnando, prelimi-

Os deveres decorrentes da autoridade parental são aplicáveis, no que for cabível, aos tutores e guardiões. Note-se, de qualquer forma, que os deveres decorrentes da tutela estão descritos nos arts. 1.740 a 1.762 do Código Civil, e os deveres decorrentes da guarda estão descritos no art. 33 do Estatuto da Criança e do Adolescente, acrescidos dos demais deveres constitucionais e legais decorrentes do princípio da proteção integral.

Note-se que a tutela e a guarda podem ser deferidas a uma só pessoa (guarda ou tutela unilateral) ou a um casal (guarda ou tutela conjunta). Neste último caso, a proteção será maior e a responsabilidade ampliada[122], notadamente para os efeitos do art. 249 do Estatuto.

A tutela depende de determinação judicial. A guarda, por sua vez, decorre da lei, de determinação judicial ou da realidade dos fatos. Conforme exposto, entendemos que a guarda mencionada no art. 249 é tanto a guarda legal, como a guarda judicial e também a guarda de fato[123].

---

narmente, pela prescrição da multa administrativa, considerando o decurso do prazo prescricional de 05 anos. No mérito, sustenta que a sentença foi proferida com base nos elementos colhidos apenas na fase investigatória, o que seria vedado pelo art. 155 do Código de Processo Penal. Defende que restou provado nos autos a inocorrência dos abusos sexuais, e que o Juízo proferiu a sentença contra a prova dos autos. Por fim, aduz que a maioridade alcançada no curso do processo gera sua extinção. – Recursos que não merecem prosperar. – Inocorrência da prescrição intercorrente. – Conjunto probatório que, no mérito, impõe a manutenção do julgado, tendo em vista configurada a violência sexual praticada pelo padrasto contra o menor. Genitora que não cumpriu com o seu dever de zelar pela integridade física e moral do seu filho, sendo atuante na tentativa de convencer o filho a prestar declaração desmentindo a violência. – RECURSOS CONHECIDOS E DESPROVIDOS" (TJRJ, Apelação 0242002-23.2005.8.19.0001, 15ª Câm. Cív., Rel. Des. Maria Regina Nova Alves, j. 10-11-2015)

121 "APELAÇÃO. INFÂNCIA E JUVENTUDE. REPRESENTAÇÃO ADMINISTRATIVA. APLICAÇÃO DA MULTA PREVISTA NO ART. 249 DO ESTATUTO DA CRIANÇA E DO ADOLESCENTE (LEI N. 8.069/90). AGRESSÕES FÍSICAS E PSÍQUICAS PRATICADAS PELO GENITOR E PELA MADRASTA DA MENOR. Negligência no exercício da autoridade parental, caracterizada pela violação ao direito fundamental à integridade física e psicológica da filha e enteada dos recorrentes. Provas carreadas aos autos que demonstram cabalmente as infrações praticadas pelos réus, ou seja, a aplicação de graves castigos físicos correcionais, além de tratamento cruel e degradante por parte da madrasta e comportamento omissivo, totalmente conivente, por parte do genitor. Aplicação da multa prevista no art. 249 do ECA que se mostra adequada e proporcional às infrações praticadas. Manutenção da sentença que se impõe. RECURSO NÃO PROVIDO" (TJRJ, Apelação 0030474-42.2011.8.19.0202, 18ª Câm. Cív., Rel. Des. Cláudio Luiz Braga Dell'Orto, j. 11-3-2020).

122 A visão unilateral da guarda ou tutela está ultrapassada. Não há qualquer impeditivo legal para o deferimento conjunto.

123 Os livros que abordam a temática ora analisada, em geral, são omissos em relação ao assunto, mas indicam que somente seria cabível em relação à guarda legal ou judicial, e não à guarda de fato.

PARTE III – DAS INFRAÇÕES ADMINISTRATIVAS

Neste sentido, importante trazer a decisão abaixo:

REPRESENTAÇÃO ADMINISTRATIVA. GUARDA DE FATO. EXPLORAÇÃO DO TRABALHO INFANTIL. VEDAÇÃO CONSTITUCIONAL. FIXAÇÃO DA PENA DE MULTA. CRITÉRIO DA RAZOABILIDADE. APELAÇÃO. REPRESENTAÇÃO ADMINISTRATIVA. MENOR TRAZIDA DO ESTADO DO ESPÍRITO SANTO PARA A RESIDÊNCIA DA REPRESENTADA. GUARDA DE FATO. MAUS-TRATOS E EXPLORAÇÃO DO TRABALHO INFANTIL COMPROVADOS NOS AUTOS. VEDAÇÃO CONSTITUCIONAL AO TRABALHO INFANTIL. TAREFAS DOMÉSTICAS INCOMPATÍVEIS COM A IDADE. CASTIGOS IMODERADOS. REPRESENTADA QUE ADMITE TER "BATIDO" NA MENOR COM UMA MANGUEIRA. DECLARAÇÃO DA VÍTIMA E DEPOIMENTO DE TESTEMUNHA QUE COMPROVAM QUE OS MAUS-TRATOS ERAM FREQUENTES. MENOR QUE APRESENTAVA PROBLEMAS DE SAÚDE E DE DESEMPENHO ESCOLAR NECESSITANDO DE CUIDADOS ESPECIAIS. INFRATOR QUE RESPONDE A TÍTULO DE DOLO OU CULPA POR VIOLAÇÃO AOS DEVERES INERENTES À GUARDA. MULTA FIXADA NO PATAMAR MÁXIMO QUE SE MOSTRA RAZOÁVEL E PROPORCIONAL AO CASO CONCRETO. PEDIDO DE GRATUIDADE DE JUSTIÇA. PROVA DA HIPOSSUFICIÊNCIA. PARCOS RENDIMENTOS DE PENSÃO. APOSENTADORIA PÚBLICA. SENTENÇA QUE SE REFORMA EM PARTE APENAS PARA SE DEFERIR A GRATUIDADE DE JUSTIÇA. 1. Cuida-se de apelação contra sentença que julgou procedente a representação administrativa para condenar a representada ao pagamento de multa no valor de 20 salários mínimos para o Fundo Municipal dos Direitos da Criança e do Adolescente. Indeferida a gratuidade de justiça, condenou-se a representada ao pagamento de custas e taxa judiciária mínima. 2. A questão, lamentavelmente, se revela sobejamente comprovada nos presentes autos, nos quais se verifica a situação de maus-tratos e exploração do trabalho infantil da menor. 3. Vítima trazida do Estado do Espírito Santo para a casa da representada, com cerca de 9 anos de idade, onde permaneceu durante 2 anos, executando trabalhos domésticos e sendo submetida a maus-tratos. 4. Em 16-3-2005, após ter apanhado de mangueira, foi socorrida por vizinhos. Registrada a ocorrência e comunicados os maus-tratos ao Conselho Tutelar, ficou abrigada até ser resgatada pela genitora. Foi realizada também denúncia de abuso sexual supostamente cometido pelo companheiro da representada e maus-tratos junto à Secretaria Especial dos Direitos Humanos da Presidência da República. 5. Guarda irregular, ou de fato, visto que a menor possuía apenas autorização para viajar sem representante legal. 6. A guarda obriga a prestação de assistência material, moral e educacional à criança e ao adolescente (art. 33, *caput*, ECA). 7. Ora, quem acolhe uma criança, a que título for, sobretudo se a mesma tem problemas de saúde e sequelas de privações de recursos materiais, tem o dever de prestar os cuidados médicos necessários e promover a inserção desta criança no convívio escolar e social, proporcionando lazer e viabilizando o pleno desenvolvimento do menor. 8. O fato de a representada ter recebido em sua casa criança que vivia em outro Estado em condições supostamente precárias não a autoriza a submeter tal menor à exploração do trabalho infantil nem a maus-tratos. 9. A Constituição Federal de 1988, em seu art. 7º, inciso XXXIII, veda trabalho noturno, perigoso e insalubre aos menores de

18 anos e qualquer trabalho a menores de 16 anos, salvo na condição de aprendiz. 10. Depoimento da vizinha em juízo e declarações da própria vítima que comprovam que a menor exercia atividades próprias de empregada doméstica, como arrumar a casa, lavar roupa, lavar o quintal e fazer a comida. 11. A própria representada, ora apelante, admite que a menor realizava algumas tarefas domésticas, embora sustente que eram compatíveis com a sua idade, além disso, reconhece ter batido na menor com uma mangueira. 12. A prova testemunhal e as declarações da vítima, hoje com 17 anos, comprovam que os maus-tratos eram frequentes. 13. A alegação da representada, ora apelante, no sentido de que seus filhos também foram "educados" da mesma maneira, inclusive, exerciam tarefas domésticas e eram castigados, em nada favorece a defesa da apelante. Primeiro, porque tais fatos não foram comprovados. Segundo, porque, ainda que sejam verdadeiros, não autorizam a apelante a cometer maus-tratos contra menor que se encontrava em sua guarda. 14. Ademais, aquele que descumprir, dolosa ou culposamente, os deveres inerentes ao poder familiar ou decorrente de tutela ou guarda, bem assim determinação da autoridade judiciária ou Conselho Tutelar, responde nos termos do art. 249 do ECA. 15. Por fim, considerando os documentos de fls. 188, que comprovam receber a apelante benefício do INSS no valor de R$ 1.715,00, em janeiro de 2011, bem como o fato de ser a mesma empregada doméstica, e o parecer da Procuradoria de Justiça pelo acolhimento deste pedido, defere-se a gratuidade de justiça. DÁ-SE PARCIAL PROVIMENTO AO RECURSO[124].

Importante frisar que, a rigor, a pessoa que exerce a guarda de fato de uma criança não é, para efeitos legais, responsável por ela (responsável legal)[125], mas essa guarda exercida a título precário impõe os deveres de cuidado e atenção em relação à criança ou ao adolescente, conforme exposto acima e previsto nas regras de proteção à infância. Nenhuma criança ou adolescente pode ser submetido a tratamento desumano ou vexatório, ou tratado como empregado doméstico, sem qualquer respeito aos seus direitos. A guarda de fato exercida gera efeitos jurídicos[126].

---

124 TJRJ, Apelação 0285973-24.2006.8.19.0001 3ª Câm. Cív., Des. Marcelo Lima Buhatem, j. 14-3-2012, Ementário: 25/2012, n. 18, 5-7-2012.

125 *Vide* SARAIVA, Márcia Tamburini; CORREA, Janaína Marques. O responsável "de fato" e o responsável legal na Lei 8.069/90 e os reflexos na regra de competência. Disponível em: <mprj.mp.br/documents/20184/2823790/Marcia_Maria_Tamburini_Porto_Saraiva_e_Janaina_Marques_Correa.pdf>. Acesso em: 6 jan. 2024.

126 "REPRESENTAÇÃO ADMINISTRATIVA. ABUSO SEXUAL PRATICADO PELO PRIMO MATERNO EM FACE DE DUAS INFANTES. Relatório social conclusivo, no que tange à conduta perpetrada. Sentença julgando procedente o pedido, aplicando a multa prevista no art. 249 do estatuto da criança e do adolescente. Recurso manejado pelo representado, alegando que nunca exerceu a guarda das crianças, postulando, eventualmente, pela redução da multa aplicada. Manutenção do decisum, haja vista que as meninas se encontravam sob seus cuidados. Violação à integridade física e psicológica. Multa razoavelmente arbitrada, consoante os reiterados precedentes deste egrégio tribunal, inclusive desta câmara de julgamento. Medida que possui caráter pedagógico-punitivo e que visa a não reincidência. Nega-se provimento ao recurso"

PARTE III – DAS INFRAÇÕES ADMINISTRATIVAS

É comum, ademais, que avós exerçam a guarda de fato dos netos[127], independentemente de decisão neste sentido, como responsáveis naturais na ausência dos pais. Muitas guardas, aliás, são exercidas no mundo fático de forma irregular, e as crianças crescem, com amor e afeto, criadas por pessoas que não regularizaram judicialmente a situação de fato exercida. O dispositivo tem por finalidade proteger crianças e adolescentes no âmbito familiar, e punir aqueles que descumprem com os deveres decorrentes da autoridade exercida. A lei não distinguiu entre guarda legal, judicial ou guarda de fato, e o termo "guarda", utilizado no idioma português, tem o sentido de cuidado, vigilância e amparo[128]. Note-se que o Estatuto da Criança e do Adolescente utiliza o termo guarda em outros dispositivos legais sem referência expressa à guarda legal ou judicial, como ocorre no art. 232. Por sua vez, ao definir o crime previsto no art. 237, o Estatuto mencionou expressamente a guarda "em virtude de lei ou ordem judicial", o que nos leva a crer que, quisesse restringir a essas hipóteses, também o teria feito explicitamente. Numa interpretação sistemática, conjugada com o disposto no art. 6º, bem como do princípio da proteção integral, entendemos que a norma abrange, também, além da guarda legal e a guarda judicial, a guarda de fato[129].

(TJRJ, Apelação 0055426-67.2011.8.19.0014, 17ª Câm. Cív., Rel. Des. Flavia Romano de Rezende, j. 21-9-2016).

127 *"HABEAS CORPUS*. ESTUPRO E ATENTADO VIOLENTO AO PUDOR. VIOLÊNCIA PRESUMIDA. REPRESENTAÇÃO PELA AVÓ. VALIDADE. A representação deve ser manifestada pelo ofendido, seu representante legal ou detentor da guarda da criança. O processo penal encerra conceito distinto do Código Civil. E mais amplo, resultante da teleologia da norma que visa à proteção integral do infante. Compreende qualquer pessoa que cuide da vítima, ainda que eventualmente traduzindo vontade expressa ou implícita do ofendido de responsabilizar criminalmente o ofensor. A avó tem legitimidade para representar em juízo em favor de sua neta menor de idade que vive sob sua guarda e responsabilidade. Ordem denegada." *"Habeas corpus*. Estupro e atentado violento ao pudor. Violência presumida. Representação pela avó. Validade a representação deve ser manifestada pelo ofendido, seu representante legal ou detentor da guarda da criança. O processo penal encerra conceito distinto do Código Civil. E mais amplo, resultante da teleologia da norma que visa à proteção integral do infante. Compreende qualquer pessoa que cuide da vítima, ainda que eventualmente traduzindo vontade expressa ou implícita do ofendido de responsabilizar criminalmente o ofensor. A avó tem legitimidade para representar em Juízo em favor de sua neta menor de idade que vive sob sua guarda e responsabilidade. Ordem denegada" (TJGO, *Habeas Corpus* 18478-3/217, 2ª Câm. Crim., Rel. Des. Roldão Oliveira de Carvalho, Comarca Pontalina, *DJ* 13605 de 22-8-2001, Livro 159, Acórdão 7-8-2001).

128 Segundo o dicionário *Aurélio da língua portuguesa*, "guarda" significa: "1. Ato ou efeito de guardar. 2. Proteção. 3. Resguardo da mão, na arma branca. 4. Serviço de vigilância feito por uma ou mais pessoas. 5. Pessoa incumbida de vigiar ou guardar alguma coisa; vigia, sentinela, atalaia" (Aurélio Buarque de Holanda Ferreira. *Mini Aurélio*. Rio de Janeiro: Nova Fronteira, 2000, p. 356).

129 O art. 27 do Código de Menores de 1927 traz a seguinte definição: "Entende-se por encarregado da guarda do menor a pessoa que, não sendo seu pai, mãe, tutor, tem por

704 CURSO DE DIREITO DA CRIANÇA E DO ADOLESCENTE

Importante, de qualquer modo, para definir responsabilidades, evitando controvérsias, é a propositura, pelo Ministério Público, da ação de nomeação de tutor e de nomeação de guardião, previstas no art. 201, III, do Estatuto da Criança e do Adolescente, quando verificar situação de criança ou adolescente não regularizada, ou a sua permanência em abrigo, indefinidamente, havendo familiares disponíveis, e não sendo hipótese de destituição do poder familiar.

Note-se, ainda, que os dirigentes de entidade de acolhimento, por força do disposto no art. 92, § 1º, do Estatuto, são equiparados ao guardião, para todos os efeitos de direito (hipótese de guardião legal), respondendo pela infração administrativa.

São sujeitos ativos do dispositivo um ou ambos os pais, o tutor ou tutores, o guardião ou guardiões.

A parte final do art. 249, quando menciona o descumprimento de determinação da autoridade judiciária ou Conselho Tutelar, é direcionada aos pais, tutores e guardiões[130], conquanto haja posicionamento diverso na doutrina[131] e na jurisprudência[132]. É importante notar que o Estatuto da Criança e do Adolescente veio restringir os poderes excessivos dados ao juiz da infância e juventude pelos anteriores Códigos de Menores, devolvendo a função jurisdicional inerente à tripartição dos Poderes. A respeito do assunto cumpre transcrever os entendimentos jurisprudenciais abaixo:

> ADMINISTRATIVO – ESTATUTO DA CRIANÇA E DO ADOLESCENTE – DESCUMPRIMENTO DE DETERMINAÇÃO DO CONSELHO TUTELAR – ILEGITIMIDADE PASSIVA DO SECRETÁRIO MUNICIPAL DE EDUCAÇÃO – REPRESENTAÇÃO FORMULADA COM BASE NO ART. 249 DO ECA – INÉPCIA – PRETENDIDA REFORMA – RECURSO ESPECIAL NÃO PROVIDO. 1. A Seção de Direito Público do STJ, ao interpretar o referido dispositivo, entende que a sua

---

qualquer título a responsabilidade de vigilância, direção ou educação dele, *ou voluntariamente o traz em seu poder ou companhia*" (grifos nossos).

130 No mesmo sentido: LIBERATI, Wilson Donizeti. *Comentários ao Estatuto da Criança e do Adolescente*. 12. ed. rev. e ampl. de acordo com a Lei 13.058, de 22.12.2014. São Paulo: Malheiros, 2015, p. 321.

131 Tarcísio José Martins Costa entende haver na norma um caráter dualista, com inexistência de liame entre as duas partes que compõem o art. 249 (*Estatuto da Criança e do Adolescente comentado*. Belo Horizonte: Del Rey, 2004, p. 459). No mesmo sentido de que a parte final do dispositivo é direcionada a qualquer pessoa que descumpra determinação judicial ou do Conselho Tutelar: ISHIDA, Válter Kenji. Op. cit., p. 903; e ISHIDA, Válter Kenji. *A infração administrativa no Estatuto da Criança e do Adolescente*. São Paulo: Atlas, 2009, p. 155.

132 "APELAÇÃO CÍVEL. APURAÇÃO DE INFRAÇÃO ADMINISTRATIVA. Negativa, por parte da Secretaria Municipal de Educação de Ijuí, de inclusão de criança em creche municipal, apesar de determinação do Conselho Tutelar municipal. Atuação que tipificou a hipótese prevista no art. 249, do ECA. Recurso desprovido" (TJRS, Apelação Cível 70007911084, 8ª Câm. Cív., Rel. Alfredo Guilherme Englert, j. 4-3-2004).

PARTE III – DAS INFRAÇÕES ADMINISTRATIVAS

aplicação tem como destinatários os pais, tutores e guardiães quando descumprem determinação do juiz ou do Conselho Tutelar, não podendo a regra impositiva recair sobre quem não exerça tais poderes, como no caso particular dos autos, o Senhor Secretário Municipal. 2. Precedentes da Seção de Direito Público: REsp 767.089/SC, Rel. Min. Francisco Falcão, 1ª Turma, DJ 28.11.2005; REsp 768334/SC, Rel. Min. Humberto Martins, 2ª Turma, DJ 22.06.2007; REsp 822807/SC, Rel. Min. Luiz Fux, 1ª Turma, DJ 12.11.2007. 3. Recurso especial não provido[133].

ESTATUTO DA CRIANÇA E ADOLESCENTE. INTERNAÇÃO DE MENORES. NEGATIVA. EDUCADORA DA INSTITUIÇÃO. LEGITIMIDADE. A conduta tipificada na norma do art. 249 da Lei 8.069/90 dirige-se ao responsável – pais, tutor e guardião – pela criança ou adolescente. Portanto, ainda que verificado o descumprimento de determinação do Conselho Tutelar pelo abrigo de menores, somente o dirigente da instituição pode ser responsabilizado, pois é quem se equipara ao guardião. Nestes termos, na medida em que não tem autonomia administrativa para decidir sobre a internação, a educadora da instituição é parte ilegítima para figurar no polo passivo da respectiva representação[134].

PROCESSUAL CIVIL E ADMINISTRATIVO. RECURSO ESPECIAL. FUNDAMENTOS DE NATUREZA EMINENTEMENTE CONSTITUCIONAIS. IMPOSSIBILIDADE. ESTATUTO DA CRIANÇA E DO ADOLESCENTE. ART. 149. INFRAÇÃO ADMINISTRATIVA. SECRETÁRIO MUNICIPAL. ILEGITIMIDADE. PRECEDENTES DO STJ. RECURSO ESPECIAL PARCIALMENTE CONHECIDO E, NESSA PARTE, DESPROVIDO[135].

ECA. DESCUMPRIMENTO DE DETERMINAÇÃO JUDICIAL. Art. 249. Não tendo os apelantes cumprido determinação judicial que consista em comprovar a realização de terapia familiar juntamente com as filhas adolescentes, mantém-se a sentença de procedência da representação que lhes aplicou a multa prevista no art. 249 do ECA. Apelação desprovida[136].

ECA. INFRAÇÃO ADMINISTRATIVA. Admitido pelo representado o descumprimento da determinação do Conselho Tutelar, consistente na sua inclusão em programa de tratamento ao alcoolismo, resulta configurada a infração administrativa prevista no art. 249 do ECA, a impor a aplicação de apenação pecuniária. Não se pode olvidar que as medidas de proteção previstas pelo ECA a serem aplicadas aos pais visam precipuamente à preservação dos interesses e direitos dos menores que são, direta ou reflexamente, atingidos pela má-condução paterna. Apelo desprovido[137].

---

133 STJ, Recurso Especial 847.588/SC (2006/0078163-6), 2ª T., Rel. Min. Eliana Calmon, DJ 18-9-2008.

134 TJRJ, Processo 2001.004.00850, classe "D", Conselho da Magistratura, Rel. Des. Milton Fernandes de Souza.

135 STJ, Recurso Especial 823.813/SC (2006/0042331-3), 1ª T., Rel. Min. Teori Albino Zavascki, DJ 17-2-2009.

136 TJRS, Apelação Cível 70004821286, 8ª Câm. Cív., Rel. Des. José Ataídes Siqueira Trindade, j. 26-9-2002.

137 TJRS, Apelação Cível 70004437976, 7ª Câm. Cív., Rel. Des. Maria Berenice Dias, j. 26-6-2002.

Da mesma forma, o descumprimento de portaria do juizado da infância e juventude, relativa à entrada em bailes e eventos, não configura a infração administrativa prevista no art. 249 do Estatuto, conquanto existam diversas decisões judiciais neste sentido[138], mas sim a infração administrativa prevista no art. 258 do mesmo Estatuto[139].

O art. 249 do Estatuto exige o dolo ou a culpa no descumprimento dos deveres decorrentes da autoridade familiar[140]. Assim, é necessário o elemento subjetivo do

---

138 "ECA. INFRAÇÃO ADMINISTRATIVA. DESCUMPRIMENTO DE DETERMINAÇÃO DE AUTORIDADE JUDICIÁRIA. PROVA DA CULPA DO REPRESENTADO. Incorre nas penas do art. 249 do ECA aquele que não observa a imposição judiciária, representada por Portaria, de não permitir o ingresso de menores de 14 anos de idade em festa-baile. Culpabilidade demonstrada pela falta de cuidados para evitar a entrada de menor em baile. Pena aplicada corretamente, considerando os parâmetros mínimo e máximo previstos em lei. DESPROVERAM. UNÂNIME" (TJRS, Apelação Cível 70005408372, 7ª Câm. Cív., Rel. Des. Luiz Felipe Brasil Santos, j. 19-3-2003).
"Estatuto da Criança e do Adolescente. Infração administrativa. Art. 249. Descumprimento de Portaria Judicial regulamentadora do ingresso de crianças e adolescentes em eventos públicos. Incorre em infração administrativa o responsável por evento público que permite o acesso e permanência de adolescentes no local em desconformidade com a norma regulamentadora baixada pela Autoridade Judiciária competente" (TJPR, Apelação 118011-0, 2ª Câm. Crim., Rel. Des. Telmo Cherem, ac. n. 14167, j. 23-5-2002).
139 "APELAÇÃO CÍVEL. ESTATUTO DA CRIANÇA E DO ADOLESCENTE. INFRAÇÃO ADMINISTRATIVA IMPUTADA A COMERCIANTE. COMPETÊNCIA DA CÂMARA CÍVEL ISOLADA. PRESENÇA DE MENORES EM BOATE, EM HORÁRIO NOTURNO PROIBIDO POR PORTARIA DE AUTORIDADE JUDICIÁRIA. PRETENDIDA INFRAÇÃO NO ART. 249 DA LEI N. 8.069/90 NÃO CONFIGURADA. É competente a Câmara Cível Isolada no Tribunal de Justiça para julgar recurso interposto em processo por infração administrativa prevista no Estatuto da Criança e do Adolescente (Lei n. 8.069/90). O comerciante, dono de casa de diversão, não responde pela infração prevista no art. 249 do ECA, posto que o sujeito ativo desta somente poderá ser o pai, tutor ou responsável pela guarda do menor. A presença de menores em boate, em horário noturno proibido por ato de autoridade judiciária, configura infração ao art. 258 do mesmo Estatuto, que no caso, não foi objeto de representação do Ministério Público. Apelo conhecido, mas improvido. Sentença confirmada" (TJGO, Apelação Cível 36747-4/188, 2ª Câm. Cív., Rel. Des. Noé Gonçalves Ferreira, *DJ* 12177, de 31-10-1995, livro 347).
140 "EMBARGOS INFRINGENTES. REPRESENTAÇÃO ADMINISTRATIVA. PODER FAMILIAR. ARTIGO 249 DO ECA. AUSÊNCIA DE PROVAS. 1. Não obstante a integridade física, psíquica e moral seja um direito fundamental assegurado a todos os indivíduos, em decorrência do princípio da dignidade da pessoa humana, fundamento da República Federativa, ainda assim, no tocante à criança e ao adolescente, o constituinte originário afirmou no artigo 227 da Magna Carta, ser dever da família assegurar os direitos ali elencados e colocou-os a salvo de toda forma de negligência, discriminação, exploração, violência, crueldade e opressão. 2. O legislador, no artigo 249 do Estatuto da Criança e Adolescente, não pretendeu impedir que os pais exercessem sua

PARTE III – DAS INFRAÇÕES ADMINISTRATIVAS

tipo: a vontade livre e consciente (dolo) de descumprir os deveres decorrentes do poder familiar, tutela ou guarda, ou não agir, no exercício dessas funções, dentro do "cuidado objetivo necessário" (culpa)[141]. Conforme leciona Damásio E. de Jesus[142], "para saber se o sujeito deixou de observar o cuidado objetivo necessário é preciso comparar a sua conduta com o comportamento que teria uma pessoa dotada de discernimento e de prudência colocada na mesma situação". A imprudência, negligência e imperícia são formas de manifestação da inobservância do cuidado necessário.

Podemos mencionar como condutas dolosas todo e qualquer comportamento livre e consciente de descumprir os deveres decorrentes da autoridade familiar, tutela ou guarda como agredir a criança, física ou verbalmente, praticar abuso sexual[143], não matricular a criança ou o adolescente na escola, abandoná-lo, não vi-

---

função de educadores e repreendessem os filhos quando necessário. 3. De acordo com a vasta prova existente nos autos, é indiscutível que a filha do embargado possui algumas deficiências, tendo, em alguns momentos, crises de agitação psicomotora com heteroagressividade e autoagressividade, com possíveis traços de autismo. 4. Demonstração de serem os genitores da menor zelosos aos compromissos familiares, sempre demonstrando atitude atenciosa com os aspectos relevantes a respeito da menor. 5. Representado que demonstra ser pessoa de boa índole e pai amoroso, além de inexistir nos autos prova de negligência dolosa ou culposa, bem como de ter a menor sofrido humilhação, vexame e/ou maus-tratos. 6. O Órgão Ministerial não comprova descumprimento dos deveres inerentes ao pátrio poder, de forma que não se justifica a penalização pretendida. Precedentes do TJ/RJ e TJ/RS.7. Recurso não provido" (TJRJ, Embargos Infringentes 0241838-58.2005.8.19.0001, 14ª Câm. Cív, Rel. Des. José Carlos Paes, j. 24-11-2010).

141 "Apelação cível. Ministério Público do Estado de Rondônia. Artigo 249 do Estatuto da Criança e do Adolescente. Descumprimento de dever inerente ao poder familiar. Evasão escolar de adolescente. *Bullying*. Dolo ou culpa dos genitores. Não comprovada. Multa. Descabimento. Recurso desprovido. Não ficando evidenciado nos autos dolo ou culpa por parte dos genitores do adolescente no que se refere à sua evasão do ambiente escolar, decorrente de razões psicoemocionais (*bullying*), estando aqueles, ainda, a buscar a resolução de tal situação por meio de seu encaminhamento a tratamento psicoterápico, não se mostra razoável lhes impor a multa prevista no artigo 249 do Estatuto da Criança e do Adolescente, mormente porque descaracterizada a infração administrativa em razão da ausência do elemento anímico. Recurso desprovido" (TJRO, Apelação Cível 70050508120238220004, 1ª Câmara Cível, Rel. Des. Jose Antônio Robles, j. 30-7-2024).

142 JESUS, Damásio E. de. *Direito penal*. São Paulo: Saraiva, 1992, p. 253.

143 "PODER FAMILIAR. DESCUMPRIMENTO. ABUSO SEXUAL DE MENOR. GUARDA DE FATO DA MENOR OFENDIDA. ESTATUTO DA CRIANÇA E DO ADOLESCENTE. APLICAÇÃO DE MULTA. APELAÇÃO. MULTA DO ART. 249, DO ECA. EFETIVO DESCUMPRIMENTO DOS DEVERES DO PODER FAMILIAR. RELAÇÃO SEXUAL ENTRE O GUARDIÃO E A ADOLESCENTE. GUARDA DE FATO COMPROVADA. O Estatuto da Criança e do Adolescente (ECA) é o diploma legal regulamentador da norma constitucional que prevê a proteção integral das crianças e adolescentes recaindo

sitar o filho, fornecer-lhe bebida alcoólica, cigarro ou qualquer substância que cause dependência química, deixar de alimentá-lo, não cuidar de sua saúde, de sua

tal obrigação à família, ao Estado e à sociedade, nos termos do art. 227, *caput*, da Constituição da República. Ainda que a supracitada norma constitucional não estivesse regulamentada pelo ECA e pelo Código Civil (art. 1.634), de sua leitura, extrai-se que, em decorrência do poder familiar, os pais possuem o dever de prover a criança e o adolescente de condições físicas e psíquicas para o seu normal desenvolvimento. Diante desse contexto, o ECA, mais do que simplesmente prever os deveres decorrentes do poder familiar, dispôs também sobre as sanções impostas àqueles que não observassem tais deveres. *In casu*, a presente representação tem por fundamento a infração ao artigo 249, do ECA, figura incidente quando houver descumprimento, doloso ou culposo, dos deveres inerentes ao poder familiar ou decorrentes de tutela ou guarda. O tipo previsto no citado dispositivo procura proteger crianças e adolescentes do descumprimento do exercício da atividade de cuidado e proteção decorrente da autoridade familiar dos pais, do tutor ou do guardião. A infração administrativa, portanto, alcança tão somente os deveres inerentes ao poder familiar ou decorrentes de tutela ou guarda. Trata-se de preceito de ordem administrativa, que não exclui as possíveis medidas criminais ou mesmo cíveis que possam advir do descumprimento desses deveres. Com o fito de proteger o menor, a interpretação a ser dada ao dispositivo do art. 249, do ECA deve ser ampla, de modo que a responsabilidade, no caso da guarda, estenda-se também aos guardiões de fato. Afinal, são deveres que decorrem da guarda, inclusive da de fato, o respeito aos direitos e garantias constitucionais e legais da criança e do adolescente, previstos no art. 227, da Constituição da República. Na hipótese dos autos, a adolescente foi trazida da Bahia para a casa da irmã com a finalidade de estudar, passando a morar com esta e seu companheiro, o ora representado. É evidente, portanto, que o apelante exercia autoridade sobre a adolescente, possuindo a guarda fática no ambiente doméstico, a possibilitar a aplicação do art. 249, do ECA, razão pela qual despropositado o argumento de defesa referente à impossibilidade de aplicação da infração ali prevista. A prova oral colhida dá conta da existência do envolvimento entre o apelante e a adolescente, sendo certo pouco importa para o presente caso se a relação sexual foi ou não consentida. O relatório de avaliação psicológica, obtido através de entrevista com E., irmã da vítima e então companheira do recorrente, não deixa qualquer dúvida, trazendo conclusões tristes a respeito do histórico de ambas. Ademais, ainda que não fosse verdadeira tal afirmação, são fatos incontroversos a gravidez e aborto da menor, o que poderia ter sido evitado caso o apelante tivesse exercido de forma satisfatória os deveres atinentes à guarda. Não se discute nessa seara a presunção de não culpabilidade, mas sim se houve o descumprimento do dever de guarda, devendo-se consignar que, em razão do princípio constitucional da proteção integral ao menor, o dispositivo do art. 249, do ECA tem interpretação ampla e deve ser aplicado em situações que comprovem o comprometimento da dignidade e crescimento moral da criança ou adolescente, fato este comprovado nos autos. Não se pode olvidar também que a palavra da ofendida tem grande relevância, principalmente nos delitos sexuais, cometidos, em sua maioria, na clandestinidade. Aliás, cumpre mencionar que, se o depoimento da vítima é suficiente, inclusive, para lastrear um decreto condenatório nos crimes contra a dignidade sexual, com maior razão para lastrear a imposição de penalidade administrativa. Nesse diapasão, correta a sentença que julgou procedente o pedido formulado na representação, aplicando a sanção máxima prevista, em razão da gravidade dos fatos e das consequências para o desenvolvimento da adolescente. Desprovimento do recurso" (TJRJ, 3ª Câm. Cív., Processo

PARTE III – DAS INFRAÇÕES ADMINISTRATIVAS

higiene etc.[144]. Importante estar atento às perspectivas de gênero, de modo que a mãe não seja responsabilizada pelo fato de ter sido a única a assumir a responsabilidade pelo filho, bem como seja considerado o seu comportamento na proteção desse filho abandonado pela figura paterna[145].

Nas hipóteses de abuso sexual, o pedido judicial para aplicação da multa poderá ser acompanhado do pedido de afastamento do agressor do lar, na forma do art. 130 do ECA, além da aplicação subsidiária da Lei Maria da Penha e fixação de alimentos, na forma do art. 130, parágrafo único, do ECA, sem prejuízo das medidas cautelares e sanções criminais cabíveis.

Em relação às condutas culposas, seriam todo e qualquer comportamento negligente, não razoável, que deixe a criança ou o adolescente exposto, indicando a falta do cuidado objetivo necessário exigível do responsável. Neste sentido, não ficar atento às necessidades do infante de acordo com sua faixa etária, às faltas

---

0280687-31.2007.8.19.0001 – Apelação, Des. Renata Cotta, j. 6-9-2011, Ementário: 02/2012, n. 14, 19-1-2012).

144 "RECURSO DE APELAÇÃO. ECA. Condenação. Infração prevista no artigo 249 do Estatuto da Criança e do Adolescente. Irresignação dos pais. Alegação de decisão contrária às provas dos autos. Requer a improcedência da representação ou fixação da multa em seu mínimo legal. Descumprimento dos deveres do pátrio poder caracterizado. Genitor que ensina o filho a dirigir veículo automotor, ainda em tenra idade. Incentivo deliberado do pai a prática infracional. Consequências graves. Descumprimento dos deveres inerentes ao pátrio poder. Pena corretamente aplicada. Negado provimento ao recurso" (TJPR, 1ª Câm. Crim., Recurso de Apelação 92.988-4, Cascavel, Rel. Des. Clotário Portugal Neto, ac. n. 12708, j. 26-10-2000).

145 "APELAÇÃO CÍVEL. AÇÃO DE REPRESENTAÇÃO AJUIZADA EM FACE DOS GENITORES. ALEGAÇÃO DE NEGLIGÊNCIA QUANTO AOS DEVERES INERENTES AO PODER FAMILIAR. SENTENÇA DE PROCEDÊNCIA. CONDENAÇÃO DE AMBOS OS RÉUS AO PAGAMENTO DE MULTA E IMPOSIÇÃO DAS MEDIDAS PREVISTAS NO ARTIGO 129, I E IV, DA LEI N° 8.069/90. RECURSO DA RÉ. IMPUGNAÇÃO QUANTO À PENALIDADE DE MULTA. PRECLUSÃO NO QUE TOCA ÀS MEDIDAS DO ARTIGO 129 DO ECA E QUANTO À PENA DE MULTA EM FACE DO GENITOR. EXAME DO ACERVO PROBATÓRIO INDICA QUE A RÉ/APELANTE NÃO ADOTOU CONDUTA DOLOSA OU CULPOSA. IMPERIOSA OBSERVÂNCIA DO PRINCÍPIO DA PESSOALIDADE DAS PENAS. OMISSÃO EXCLUSIVA DO GENITOR. LAUDO SOCIAL INDICA QUE A RECORRENTE CUIDOU DOS FILHOS COMO PODE. EXTREMA POBREZA E VULNERABILIDADE SOCIAL AGRAVADA PELA COMPLETA OMISSÃO DO GENITOR. CUIDADOS DO MENOR PELA AVÓ PATERNA, DECORRENTE DE ESTRITA NECESSIDADE. DEPOIMENTO PESSOAL DO MENOR RESSALTA QUE A RECORRENTE COMPRAVA COISAS PARA ELE. DURANTE A APREENSÃO PELO CRIME ANÁLOGO AO TRÁFICO DE DROGAS, A GENITORA O VISITAVA. PROVA DOS AUTOS INDICA QUE A MÃE E O FILHO MANTÊM RELAÇÕES AFETIVAS COM VISITAS AOS DOMINGOS. IMPERIOSA EXCLUSÃO DA PENALIDADE DA MULTA IMPOSTA À GENITORA. PRECEDENTES. RECURSO PROVIDO" (TJRJ, Apelação 0006707-05.2016.8.19.0006, 12ª Câmara de Direito Privado, Rel. Des. Francisco de Assis Pessanha Filho, j. 8-8-2024).

710 CURSO DE DIREITO DA CRIANÇA E DO ADOLESCENTE

escolares, aos locais que frequenta, deixar a criança em local perigoso à sua saúde ou integridade[146], deixar de prestar orientação etc.[147].

Note-se, ainda, que a representação por infração administrativa poderá ser acompanhada de pedido de busca e apreensão[148], pedido de aplicação das medidas

146 "APELAÇÃO CÍVEL. INFRAÇÃO ADMINISTRATIVA. APLICAÇÃO DO ARTIGO 249 E 214 DO ECRIAD. MENOR EM SITUAÇÃO DE RISCO. CARACTERIZAÇÃO DE COMPORTAMENTO NEGLIGENTE DA GENITORA. MENOR QUE SOFRIA ABUSO SEXUAL FREQUENTE COMETIDOS POR OUTROS MENORES DA VIZINHANÇA. 1) No exercício do poder familiar, compete aos pais, em relação aos filhos, dirigir-lhes a criação e educação, conforme preceitua art. 229, da Constituição da Federal, capacitan-do-os especialmente para um pacífico e producente o convívio social. Assim sendo, deixando os genitores de exercer o dever de cuidado com o filho, descumprindo os preceitos inerentes ao poder familiar que lhe foi incumbido, é de rigor a aplicação da penalidade prevista pelo art. 249, do ECRIAD. 2) Os dados da conduta negligente da mãe, ora apelante, são amplos e incontestáveis, no sentido de descumprimento do dever de vigilância, por meio da culpa. 3) No que tange a alegação de que não possuem con-dições financeiras para o adimplemento da multa aplicada, entendo que a hipossuficiên-cia financeira deve vir provada nos autos, não bastando a simples alegação. 4) Denota-se que a apelante, ao menos culposamente, através de sua conduta negligente, descumpriu os deveres inerentes ao poder familiar, não zelando pela saúde, vida e o bem-estar de seu filho o que, por conseguinte, contribuiu para as condutas por ela desenvolvidas. RE-CURSO CONHECIDO E IMPROVIDO MANTENDO INCÓLUME A SENTENÇA OB-JURGADA" (TJES, Apelação Cível 066070005963, 3ª Câm. Cív.,, Rel. Des. Ronaldo Gonçalves de Sousa. Rel. Subs. William Couto Gonçalves, j. 3-11-2009).

147 "ESTATUTO DA CRIANÇA E DO ADOLESCENTE. Art. 249. Violação. Direção de motocicleta, por adolescente, sem habilitação legal. Responsabilidade dos pais. Sen-tença mantida. Recurso não provido. Revelando a prova que os genitores do adoles-cente mostraram-se desidiosos no exercitar o dever de vigilância sobre o filho, possi-bilitando-lhe que pilotasse uma motocicleta em via pública sem a necessária habilitação, configurado está o descumprimento dos deveres inerentes ao exercício do pátrio poder" (TJPR, Recurso de Apelação 106.207-5, 2ª Câm. Crim., Rel. Des. Carlos Hoffmann, ac. n. 13324, j. 16-8-2001).
"INFRAÇÃO ADMINISTRATIVA. Mãe que entrega as chaves do automóvel do pai ao filho de 16 anos, para levá-la à padaria. 1. A mãe que ordena ao filho de 16 anos a pegar as chaves do automóvel do pai ao fim de levá-la à padaria, sendo ambos conscientes da proibição legal, dando causa a uma colisão, incorre na infração administrativa tipificada no art. 249 do ECA, pois deixou de cumprir com dever inerente ao pátrio poder, que é dar educação, dentro dos ditames legais. 2. O valor da multa mostra-se adequado, fican-do dentro do valor mínimo legal. Recurso desprovido" (TJRS, Apelação Cível 599055878, 7ª Câm. Cív., Rel. Des. Sérgio Fernando de Vasconcellos Chaves, j. 26-5-1999).
"AUTO DE INFRAÇÃO – DESCUMPRIMENTO DE DEVERES INERENTES AO PÁ-TRIO PODER. Revelando a atitude dos pais como omissiva e negligente no exercício do pátrio poder, caracterizada está a infração prevista no art. 249 da Lei n. 8.060/90, devendo a representação prosseguir como de direito mesmo havendo a filha atingido a maioridade. Recurso provido" (TJRJ, Processo 2004.004.00772, Conselho da Ma-gistratura, por unanimidade, Rel. Des. Paulo Gustavo Horta, publicado em 9-11-2004, registrado em 3-12-2004).

148 "AGRAVO DE INSTRUMENTO. REPRESENTAÇÃO POR INFRAÇÃO ADMINIS-TRATIVA C/C DESTITUIÇÃO DO PODER FAMILIAR E BUSCA E APREENSÃO.

PARTE III – DAS INFRAÇÕES ADMINISTRATIVAS 711

protetivas previstas no art. 129 do Estatuto da Criança e do Adolescente[149], tais como tratamento psicológico, tratamento antidrogas, bem como ser cumulada com pedido de destituição do poder familiar[150] e regularização do registro civil[151]. O

POSSIBILIDADE DE CUMULAÇÃO DE PEDIDOS. Insurge-se o Agravante contra a decisão que determinou a emenda à inicial ao considerar indevida a formulação conjunta dos pedidos iniciais. Possibilidade de cumulação de pedidos, ante se tratar da mesma causa de pedir e em observância ao sistema da proteção integral ao menor. Ausência de violação ao artigo 292, § 1º, I e III, do Código de Processo Civil. Reforma do *decisum* que se impõe, na esteira da jurisprudência. RECURSO PROVIDO" (TJRJ, Agravo de Instrumento 0012221-59.2013.8.19.0000, 18ª Câm. Cív.,, Rel. Des. Leila Albuquerque, j. 10-5-2013).

149 "APELAÇÃO CÍVEL. INFÂNCIA E JUVENTUDE. REPRESENTAÇÃO ADMINISTRATIVA PROPOSTA PELO MINISTÉRIO PÚBLICO. DESCUMPRIMENTO DOS DEVERES INERENTES AO PODER FAMILIAR. Sentença julgando procedente a representação administrativa, aplicando as medidas protetivas previstas no artigo 129, incisos I (encaminhamento a serviços e programas oficiais ou comunitários de proteção, apoio e promoção da família), IV (encaminhamento a cursos ou programas de orientação, convivência e fortalecimento de vínculos) e VII (advertência) do Estatuto da Criança e do Adolescente. Inconformismo dos representados. Manutenção da r. sentença hostilizada. Comprovação nos autos que os representados, ora apelantes, têm agido com omissão em relação aos seus filhos, configurando-se o abandono intelectual e material dos menores. Compete aos pais o exercício do poder familiar, que consiste no sustento, proteção, guarda e educação dos menores, em aspecto amplo, a fim de protegê-los e proporcioná-los o melhor desenvolvimento possível, tanto no campo afetivo, como social e familiar, visto que isso é fundamental elemento no desenvolvimento da personalidade da criança e adolescente. É esta a *ratio* extraída dos artigos 227 da CRFB/88 e 22 do ECA. Precedentes deste E. TJRJ e do STJ. APELO CONHECIDO E DESPROVIDO" (TJRJ, Apelação 0283846-16.2006.8.19.0001, 19ª Câm. Cív., Rel. Des. Ferdinaldo do Nascimento, j. 30-6-2020).

150 "REPRESENTAÇÃO ADMINISTRATIVA CUMULADA COM PEDIDO DE APLICAÇÃO DAS MEDIDAS PREVISTAS NO ART. 129, DO ECA, INCLUSIVE COM DESTITUIÇÃO DO PODER FAMILIAR, SE NECESSÁRIO. ALEGAÇÃO DE DESCUMPRIMENTO PELA GENITORA DOS DEVERES INERENTES AO ALUDIDO PODER. SENTENÇA DE EXTINÇÃO DO PROCESSO, SEM RESOLUÇÃO DO MÉRITO, NOS TERMOS DO ART. 267, I, E 295, PARÁGRAFO ÚNICO, IV, AMBOS DO CPC, AO FUNDAMENTO DA INÉPCIA DA INICIAL. APELAÇÃO. POSSIBILIDADE DE CUMULAÇÃO DE MEDIDA PROTETIVA PREVISTA NO ART. 129, DO ESTATUTO DA CRIANÇA E DO ADOLESCENTE, COM A MULTA ADMINISTRATIVA DO ART. 249. PEDIDOS QUE NÃO SE REVELAM INCOMPATÍVEIS, MORMENTE QUANDO IDÊNTICA A CAUSA DE PEDIR. INTELIGÊNCIA DO ART. 292, DO CPC. PRECEDENTES DESTE E. TRIBUNAL DE JUSTIÇA. SENTENÇA ANULADA. RECURSO CONHECIDO E PROVIDO" (TJRJ, Apelação 0066411-03.2012.8.19.0001 16ª Câm. Cív., , Rel. Des. Mauro Dickstein, j. 16-5-2014).

151 "APELAÇÃO CÍVEL. INFÂNCIA E JUVENTUDE. Ação de representação administrativa c/c medidas aplicáveis aos genitores, averiguação de situação de risco c/c medidas protetivas c/c nomeação de guardião e pedido de lavratura de registro de nascimento. Negligência e abandono da genitora em relação aos filhos. Impossibilidade de exercício do poder fami-

importante é que o pedido seja expresso[152] e que seja adotado o rito ordinário, com as garantias de ampla defesa e contraditório. A pena de multa da infração administrativa pode ficar suspensa, condicionada ao cumprimento de medida aplicada na forma do art. 129[153], como a frequência a programa de tratamento para alcoólatras ou toxicômanos[154]. As questões econômicas podem ser avaliadas durante a execu-

---

liar. Risco de reintegração das crianças ao núcleo familiar natural. Destituição do poder familiar e improcedência do pedido de nomeação do primo da genitora como guardião. Sentença mantida. Negativa de provimento ao recurso" (TJRJ, Apelação 0033646-16.2016.8.19.0202, 20ª Câm. Cív., Rel. Des. Mônica de Faria Sardas, j. 4-12-2019).

152 "APELAÇÃO CÍVEL. Estatuto da Criança e do Adolescente. Ação de representação por infração administrativa intentada pelo Ministério Público contra os genitores dos menores por violação dos deveres inerentes ao poder familiar com fundamento em infração administrativa tipificada no artigo 249 do Estatuto da Criança e do Adolescente (Lei n. 8.069/1990). Sentença que julgou procedente a representação quanto ao réu-apelante, aplicando-lhe a medida de destituição do poder familiar, tornando definitiva a decisão de afastamento do lar e fixação de alimentos, e improcedente quanto à ré (mãe). Agravos retidos pela coleta de depoimento dos filhos menores. Inconformismo do apelante contra sentença que lhe aplicou a penalidade de destituição do poder familiar. Parecer da Procuradoria de Justiça do sentido de sua nulidade quanto ao capítulo que destituiu o poder familiar e desprovimento do apelo, com procedência do pedido inicial para aplicação de multa. Apesar de terem finalidades diversas, visto que a representação por infração administrativa visa à aplicação de multa decorrente do descumprimento do dever inerente ao exercício do poder familiar como sanção punitivo-pedagógica aos pais e a destituição do poder familiar objetiva o rompimento dos vínculos parentais, tais pedidos podem ser cumulados, adotando-se o rito ordinário, na forma disposta no artigo 292 do Código de Processo Civil, desde que expressos na inicial. No caso concreto, constata-se que não houve pedido expresso nesse sentido. Julgamento *extra petita*. Sentença que se anula parcialmente. RECURSO A QUE SE DÁ PARCIAL PROVIMENTO" (TJRJ, Apelação 0025267-23.2012.8.19.0042, 10ª Câm. Cív., Rel. Des. Patricia Serra Vieira, j. 21-5-2014).

153 "APELAÇÃO. INFÂNCIA E JUVENTUDE. REPRESENTAÇÃO POR INFRAÇÃO ADMINISTRATIVA. ART. 249 DA LEI N. 8.069 – ECA. Preliminares que demandam ser afastadas. Descumprimento dos deveres ligados ao poder familiar. Negligência e omissão nos cuidados em relação aos filhos. Genitora alcoolista que não frequenta o tratamento no CAPS AD de forma regular. Sentença que julgou extinto o processo, sem incursão no mérito, pela perda superveniente do objeto (atingimento da maioridade) em relação aos filhos Jarlan e Alison e julgou procedente com aplicação da multa prevista no art. 249 do Estatuto da Criança e do Adolescente, no valor de três salários mínimos. No entanto, o Juízo *a quo* suspendeu sua exigibilidade, mediante cumprimento regular, por parte da representada, das medidas protetivas de inclusão em programa de tratamento contra o alcoolismo, matrícula e frequência obrigatórias de Rikelme e Nathan em instituição oficial de ensino e de advertência, na forma do artigo 129, II, V e VII do ECA. Desprovimento do recurso" (TJRJ, Apelação 0008596-08.2016.8.19.0066, 11ª Câm. Cív., Rel. Des. Cesar Felipe Cury, j. 6-11-2019).

154 "APELAÇÃO CÍVEL – ESTATUTO DA CRIANÇA E DO ADOLESCENTE – INFRAÇÃO ADMINISTRATIVA DEDUZIDA PELO MINISTÉRIO PÚBLICO EM FACE DO

PARTE III – DAS INFRAÇÕES ADMINISTRATIVAS

ção da multa[155]. O importante não é a questão punitiva, mas pedagógica[156] e de cuidado com a família como um todo[157].

GENITOR – VIOLAÇÃO AOS DEVERES INERENTES AO PODER FAMILIAR – GUARDA TRANSFERIDA PARA A GENITORA – APLICAÇÃO DE ADVERTÊNCIA E MULTA AO GENITOR, ECONOMICAMENTE HIPOSSUFICIENTE – Alegação de hipossuficiência com o fim de afastar a condenação do apelante à multa. Fixada a penalidade no patamar mínimo legalmente previsto, sua exigibilidade restou suspensa mediante o cumprimento regular da medida prevista no art. 129, II, do ECA, consistente em a inclusão do representado em programa de tratamento a alcoólatras e toxicômanos. Medidas que se coadunam com o princípio da adequação punitiva que se aplicam ao caso. Desprovimento ao recurso" (TJRJ, Apelação 0012526-44.2010.8.19.0066, 17ª Câm. Cív., Rel. Des. Edson Vasconcelos, j. 21-9-2016).

155 "APELAÇÃO CÍVEL. REPRESENTAÇÃO POR INFRAÇÃO ADMINISTRATIVA. VIOLAÇÃO DAS NORMAS CONTIDAS NA CARTA MAGNA E NO ESTATUTO DA CRIANÇA E DO ADOLESCENTE. Relatórios social e psicológico que revelam que a representada acabou por submeter a adolescente a situação de risco físico e psíquico incompatível com sua idade e desenvolvimento. Descumprimento dos deveres inerentes ao poder familiar que restou caracterizada, ensejando a aplicação da sanção prevista no art. 249 do Eca. Multa que se reveste de caráter pedagógico e fixada em grau mínimo, não merecendo qualquer reforma. Condições econômicas da representada que serão naturalmente analisadas por ocasião da execução da medida. Sentença correta que deve ser mantida. Desprovimento do apelo" (TJRJ, Processo Ap 0000537-36.2017.8.19.0053, 18ª Câm. Cív., Rel. Des. Eduardo de Azevedo Paiva, j. 22-8-2018).

156 "APELAÇÃO CÍVEL. INFÂNCIA E JUVENTUDE. REPRESENTAÇÃO ADMINISTRATIVA. DESCUMPRIMENTO DOS DEVERES INERENTES AO PODER FAMILIAR. Hipossuficiência que não afasta a incidência da multa prevista no artigo 249 do ECA, aplicada no mínimo legal, dentro dos critérios da razoabilidade e da proporcionalidade. Função pedagógica visando à conscientização dos pais. Incidência dos artigos 226, § da CF/88 e 1.634 do CC. Sentença mantida. DESPROVIMENTO DO RECURSO. Possibilidade de parcelamento da multa, levando em conta a situação de hipossuficiência econômica" (TJRJ, Apelação 0004613-27.2018.8.19.0067, 3ª Câm. Cív., Rel. Des. Peterson Barroso Simão, j. 29-10-2019).

157 "APELAÇÃO CIVEL. INFÂNCIA E JUVENTUDE. REPRESENTAÇÃO ADMINISTRATIVA. COMPORTAMENTO DE MAUS-TRATOS E NEGLIGÊNCIA DA MÃE. ART. 249 DO ECA. DESCUMPRIMENTO DOS DEVERES INERENTES AO PODER FAMILIAR. SENTENÇA DE PROCEDÊNCIA COM ADVERTÊNCIA E DETERMINAÇÃO DE ACOMPANHAMENTO MÉDICO E PSICOLÓGICO PARA TODOS OS MEMBROS DA FAMÍLIA E IMPOSIÇÃO DE MULTA NO VALOR CORRESPONDENTE A TRÊS SALÁRIOS MÍNIMOS. INCONFORMISMO DA REPRESENTADA. 1. Cuida-se de ação de representação para imposição de penalidade administrativa proposta pelo Ministério Público do Estado do Rio de Janeiro em face da genitora, com fulcro no artigo 249 da Lei 8.069/90, pelo descumprimento dos deveres decorrentes do poder familiar, quais sejam, maus-tratos e negligência da genitora. 2. O poder familiar é um conjunto de deveres e direitos atribuídos aos pais, a quem compete assistir moral, material e psiquicamente, criar e educar os filhos menores, fornecendo subsídios para sua adequada formação como indivíduo. Estatui o art. 5º, do ECA que nenhuma criança ou adolescente será objeto de qualquer forma de negligência, discriminação, explo-

A maioridade civil do filho não acarreta necessariamente a extinção do processo[158]. De qualquer forma, há entendimentos no sentido de que, quando a finalida-

---

ração, violência, crueldade e opressão, punido na forma da lei qualquer atentado, por ação ou omissão, aos seus direitos fundamentais. 3. Na presente hipótese, diante das provas produzidas, consistentes nas declarações das profissionais que atenderam e atendem o adolescente, bem como a própria genitora, constata-se que o menor desde o nascimento foi criado pela avó paterna, pois a mãe era adolescente à época e fazia uso de bebida alcoólica. Após o falecimento da avó, com a recusa do pai, o menino foi residir com a mãe e logo foi expulso após ser agredido pela genitora, razão pela qual passou a residir com uma vizinha, depois uma tia, outra vizinha e por último uma outra tia com a qual permaneceu por mais tempo, mas com vários relatos de ameaça com faca à tia e aos primos. Configuração da infração administrativa prevista no art. 249, do ECA. 4. O adolescente relata ao abrigo que a mãe não o visitava, ainda que residente no mesmo quintal que o filho. Criança que voltou a ser abrigada em fevereiro de 2020, após internação para análise de agravo de problema psiquiátrico e se encontra estudando, realizando atividades extracurriculares e sendo acompanhado de perto por equipe psicológica do abrigo. 5. O pagamento da multa arbitrada poderá prejudicar o sustento da demandada bem como de sua prole já que é vendedora ambulante e tem uma filha pequena. Artigo 5º, da Lei de Introdução às normas do Direito Brasileiro. 6. Manutenção da advertência bem como da obrigatoriedade de tratamento junto ao núcleo de psicologia determinado. 5. Parecer da Procuradoria de Justiça pelo desprovimento do recurso, com o parcelamento da multa imposta. 6. Recurso provido em parte para excluir a pena de multa de sua condenação. Precedentes do TJRJ" (TJRJ, Apelação 0000565-48.2016.8.19.0082, 16ª Câm. Cív., Rel. Des. Marco Aurélio Bezerra de Melo, j. 9-6-2020).

158 "APELAÇÃO CÍVEL. REPRESENTAÇÃO DO MINISTÉRIO PÚBLICO. DESCUMPRIMENTO DE DEVER INERENTE AO PODER FAMILIAR. AGRESSÃO FÍSICA. *SUPERVENIÊNCIA DA MAIORIDADE NO CURSO DA DEMANDA. IRRELEVÂNCIA.* APLICAÇÃO DE PENALIDADES PREVISTAS NOS ARTIGOS 129 E 249 DO ESTATUTO DA CRIANÇA E DO ADOLESCENTE. VALOR DA MULTA. 1. *O alcance da maioridade do adolescente no curso do processo não impede que o genitor receba as penalidades da Lei n. 8.069/1990. Precedentes do TJRJ.* [...] 8. *A reprimenda foi estabelecida no mínimo legal, além de ser suspensa a sua exigibilidade na hipótese de o representado frequentar o Programa de Pais deste Tribunal de Justiça. 9. Inviável o afastamento da penalidade, tendo em vista a ausência de previsão legal. Precedentes do TJRJ. 10. Acrescente-se ainda, que o caráter punitivo das multas por infrações administrativas prevista na Lei 8.069/90 interessa à coletividade como um todo, na medida em que seu caráter pedagógico visa a assegurar que os pais não voltem a descumprir os deveres inerentes ao poder familiar.* 11. Recurso não provido" (TJRJ, Apelação 0041197-73.2013.8.19.0001, 14ª Câm. Cív., Rel. Des. José Carlos Paes, j. 14-12-2016).
"REPRESENTAÇÃO ADMINISTRATIVA. PODER FAMILIAR. DESCUMPRIMENTO DE DEVERES INERENTES. MULTA PELO DESCUMPRIMENTO. ESTATUTO DA CRIANÇA E DO ADOLESCENTE. REPRESENTAÇÃO EM FACE DO GENITOR. O implemento da maioridade civil do adolescente não impede que o Estado continue exercendo seu direito de executar as medidas previstas no Estatuto da Criança e do Adolescente, em face dos pais irresponsáveis. O interesse em jogo não é exclusivamente do ex-menor, mas de toda a sociedade. Sanção que tem por escopo a prevenção de novas infrações, por parte dos pais, e não dos adolescentes. No caso, incontese o

PARTE III – DAS INFRAÇÕES ADMINISTRATIVAS   715

de específica da representação é compelir os pais a matricular o filho na escola,
efetivada esta ou alcançada a maioridade, a ação perde o objeto[159] ou se converte a
pena de multa em mera advertência prevista no art. 129 do ECA[160], o que todavia

> descumprimento do dever inerente ao poder familiar pelo pai, que demonstrou total
> desinteresse na reestruturação emocional de seu filho, enquanto menor, visto que não
> compareceu a nenhuma das solicitações feitas por sua psicóloga, nem mesmo compa-
> receu aos demais atos deste processo, depois de citado, impondo a aplicação da medi-
> da administrativa prevista no artigo 249 do ECA. Recurso conhecido e provido" (TJRJ,
> Apelação 2008.001.35586, 7ª Câm. Cív., Rel. Des. Ricardo Couto, DJ 3-12-2008).
> "APELAÇÃO CÍVEL. DIREITO DA CRIANÇA E DO ADOLESCENTE. REPRESEN-
> TAÇÃO ADMINISTRATIVA. PRETENSA APLICAÇÃO DE MEDIDAS E SANÇÕES
> PREVISTAS NO ECA EM FACE DA GENITORA DO MENOR PELO DESCUMPRI-
> MENTO DE DEVERES INERENTES AO PODER FAMILIAR. SENTENÇA EXTINTI-
> VA FUNDADA NA PERDA SUPERVENIENTE DO OBJETO. MAIORIDADE CIVIL
> QUE NÃO TEM O CONDÃO DE IMPEDIR A AÇÃO ESTATAL. INTERESSE QUE
> TRANSPÕE A ESFERA DO EX-MENOR E ALCANÇA TODA A SOCIEDADE. ART.
> 227 DA CRFB/88. CARÁTER PREVENTIVO DAS MEDIDAS CUJA FINALIDADE
> CONSISTE EM EVITAR O COMETIMENTO DE NOVAS INFRAÇÕES. ANULAÇÃO
> DA SENTENÇA. PROSSEGUIMENTO DO FEITO. PROVIMENTO DE PLANO AO
> APELO, COM FULCRO NO ART. 557, § 1º-A, DO CPC" (TJRJ, Apelação 0241777-
> 03.2005.8.19.0001, 14ª Câm. Cív., Rel. Des. Ismenio Pereira de Castro, j. 13-7-2010).

159 "APELAÇÃO CÍVEL. Direito da Criança e do Adolescente. Lei n. 8.069/90. Representação por Infração Administrativa. Descumprimento dos deveres inerentes do poder
familiar. Evasão escolar. Abandono intelectual. Sentença extintiva fundada na perda
superveniente do objeto. Alcance da maioridade civil pelo adolescente no curso do
processo. Descabimento da aplicação da sanção prevista no ECA aos genitores do
menor, quando alcançada a maioridade no curso do processo, porquanto a finalidade do Estatuto é a proteção apenas do menor. Cessação do poder familiar. Precedentes deste Tribunal. Sentença de extinção, sem resolução do mérito, na forma do artigo 267, VI, do Código de Processo Civil. Manutenção. DESPROVIMENTO DO
RECURSO" (TJRJ, 0239292-64.2004.8.19.0001, 18ª Câm. Cív., Rel. Des. Roberto
Felinto, j. 14-10-2010).

160 "DIREITO DA CRIANÇA E DO ADOLESCENTE. EVASÃO ESCOLAR. Representação
administrativa ajuizada pelo Ministério Público do Estado do Rio de Janeiro, em face
de mãe de menor impúbere por descumprimento de poder familiar (ECA, art. 249),
em razão de reprovação, por falta, no ano letivo de 2003. Sentença que, cinco anos
depois, e ainda não citada a representada, extingue o processo sem resolução do mérito, por perda superveniente de objeto. Apelo a perseguir a cassação da sentença para
que o feito prossiga. 1. Havendo nos autos comprovação de que, nos anos subsequentes, o menor frequentara normalmente a escola, sem histórico de reprovação ou nova
evasão, correta a sentença que reconheceu a perda do objeto da ação. 2. Episódio
isolado de evasão escolar de per si não gera a presunção de que tenha havido abandono intelectual a ensejar aplicação das medidas protetivas elencadas no art. 129 do ECA
ou a imposição de multa prevista no art. 249 do mesmo diploma legal, mormente
quando comprovado nos autos que nos anos anteriores e posteriores ao do alegado
abandono o menor frequentara a escola e obtivera aprovação. 3. Ademais, estando o
menor em vésperas de atingir a maioridade, cassar a sentença resultaria em atividade

716

não é indicado, haja vista a finalidade protetiva e pedagógica da lei[161], priorizando-se o parcelamento da multa[162].

A regra do art. 249 viabiliza um olhar preventivo, pedagógico e punitivo de pais e responsáveis no exercício da função parental, permitindo a judicialização de questões familiares com a finalidade de proteção de crianças e adolescentes, conforme

---

judiciária inútil, diante da impossibilidade de se encontrar a representada, de quem se sabe apenas residir em determinada favela. 4. Desprovimento do recurso" (TJRJ, Apelação 0240368-26.2004.8.19.0001, 3ª Câm. Cív., Rel. Des. Fernando Foch Lemos, j. 7-12-2010).

"ESTATUTO DA CRIANÇA E DO ADOLESCENTE. Infração administrativa tipificada no artigo 249 do Estatuto da Criança e do Adolescente. Representação oferecida contra genitores de crianças (2), por não envidarem esforços para realização de matrícula de ambas na escola. Sentença que acolheu a representação e aplicou multa no importe de dois salários mínimos. Apelo visando à improcedência da representação ou, alternativamente, à redução da multa aplicada. Genitores, de parca instrução, catadores de materiais recicláveis, com precária situação financeira. Laudos médicos que atestam que as duas crianças apresentam problemas de saúde mental. Notícia recente dando conta de que um dos menores está matriculado na 5ª série do Ensino Fundamental e frequentando regularmente as aulas, e de que a genitora recebeu advertência pelo Conselho Tutelar tendo em vista o número excessivo de faltas escolares do outro filho. Reforma da sentença recomendável em parte com vista apenas à manutenção da parte dispositiva que determinou ao Conselho Tutelar acompanhamento da frequência escolar das crianças e ao CREAS de Cajobi dar apoio material, psicológico e educacional aos representados e aos filhos, em especial, orientando-os quanto à importância da educação para formação e desenvolvimento mental dos menores. Apelo parcialmente provido" (TJSP, Apelação 0411469-32.2010.8.26.0000, Câmara Especial, Rel. Des. Decano, j. 6-12-2010).

161 *"Direito da Criança e do Adolescente. Representação por infração administrativa. Descumprimento dos deveres inerentes ao poder familiar. Evasão escolar.* Sentença que julgou procedente a representação para impor à genitora do jovem as medidas previstas no artigo 129, III e VI, do ECA. Garantia constitucional de acesso à educação infantil. *Negligência aos cuidados dos filhos quanto ao direito à educação. Abandono intelectual. Maioridade atingida no curso do processo não caracteriza falta de interesse processual a ensejar a extinção do processo sem resolução do mérito, já que os fatos foram praticados quando o adolescente era menor de idade. Ademais, tais medidas protetivas terão a função de coibir novas infrações a quem estiver sob a responsabilidade da genitora do jovem. Caráter pedagógico. Recurso desprovido"* (TJRJ, Apelação 0001148-55.2014.8.19.0065, 4ª Câm. Cív., Rel. Des. Marco Antônio Ibrahim, j. 16-11-2016).

162 "REPRESENTAÇÃO ADMINISTRATIVA. ESTATUTO DA CRIANÇA E DO ADOLESCENTE. ART. 249. *Representação administrativa ajuizada pelo Ministério Público em face da genitora com suporte no art. 249, da Lei 8.069/90 – ECA. Adolescente que deixa de frequentar a escola não adotando a genitora qualquer conduta para reverter tal situação.* Aplicação das medidas coercitivas previstas no art. 101, III, e 249 do ECA. *Provimento do recurso do MP e acolhimento da sugestão da d. Procuradoria de Justiça para parcelamento da multa. Desprovimento do segundo recurso.* Unânime" (TJRJ, Apelação 0008033-65.2014.8.19.0007, 20ª Câm. Cív., Rel. Desa. Marília de Castro Neves Vieira, j. 1-2-2017).

PARTE III – DAS INFRAÇÕES ADMINISTRATIVAS

pontua Kátia Maciel[163]. A insuficiência de recursos financeiros não é motivo para a isenção da multa, pois esta tem caráter sancionador, preventivo, coercitivo e disciplinador, mas o valor pode ser aplicado abaixo do patamar mínimo previsto na legislação nas hipóteses de hipossuficiência financeira ou vulnerabilidade da família[164].

---

163 "A medida administrativa pecuniária prevista na infração administrativa do art. 249 do ECA é bastante abrangente, pois abarca não somente os deveres legais dos pais e responsáveis, inclusive fáticos, mas também as obrigações decorrentes das ordens emanadas pela autoridade judicial e pelo Conselho Tutelar. Por demandar um procedimento contencioso perante a justiça da infância e juventude, esta medida tem sido opção para a judicialização das questões familiares de crianças e adolescentes em acolhimento institucional ou inseridas em famílias acolhedoras, bem como das diversificadas violações de direitos fundamentais de meninos e meninas. Constatou-se, também, que a medida do art. 249 do ECA possui uma finalidade mais ampla do que a aplicação de uma punição pecuniária, pelo fato de, no bojo deste procedimento, ao se apurar o elemento subjetivo (dolo ou culpa) e a gravidade da conduta, se verificar a possibilidade de investimento na manutenção da criança no seio de sua família natural ou afastá-la da situação de ameaça ou risco de violência, inserindo-a em família que a acolha com afeto, dignidade e respeito. Por esta razão, a multa possui o caráter *coercitivo*, como meio de evitar a permanência da violação de direitos, *pedagógico*, como forma de educar, disciplinar e adequar os deveres dos responsáveis e, também, *preventivo* quando é aplicada precocemente antes de a situação de risco se consumar. Conclui-se, deste modo, que a infração administrativa do art. 249 do ECA possui uma natureza *protetiva* às crianças e adolescentes e que, em muito, contribui para assegurar que pais, guardiães e tutores venham a exercer os seus encargos com a responsabilidade que a função requer" (MACIEL, Kátia Regina Ferreira Lobo Andrade. Apontamentos sobre a infração administrativa prevista no art. 249 da Lei 8.069/1990. *Revista do IBDFAM* – Famílias e Sucessões. v. 46 (jul./ago.). Belo Horizonte: IBDFAM, 39-61, 2021).

164 "CIVIL. PROCESSUAL CIVIL. REPRESENTAÇÃO POR INFRAÇÃO ADMINISTRATIVA. APLICAÇÃO DE MULTA POR DESCUMPRIMENTO DE DEVER INERENTE AO PODER FAMILIAR. EXCLUSÃO, MODIFICAÇÃO OU GRADAÇÃO PELO JUIZ. POSSIBILIDADE. EXAME DA EFICÁCIA E ADEQUAÇÃO DA MEDIDA NA HIPÓTESE CONCRETA. HIPOSSUFICIÊNCIA FINANCEIRA OU VULNERABILIDADE FAMILIAR QUE JUSTIFICAM A FIXAÇÃO DA MULTA EM VALOR AQUÉM DO LEGAL, MAS NÃO INTERFERE NO EXAME DE ADEQUAÇÃO DA MEDIDA. MULTA QUE TEM CARÁTER SANCIONADOR E TAMBÉM PREVENTIVO, COERCITIVO E DISCIPLINADOR. FIXAÇÃO DO VALOR ABAIXO DO PATAMAR LEGAL. POSSIBILIDADE. COTEJO ANALÍTICO. AUSÊNCIA. 1 – Ação distribuída em 27-7-2015. Recurso especial interposto em 15-3-2018 e atribuído à Relatora em 15-10-2018. 2 – O propósito recursal consiste em definir se é possível deixar de aplicar a multa por descumprimento dos deveres inerentes ao poder familiar nas hipóteses de hipossuficiência financeira ou vulnerabilidade econômica da família. 3 – A sanção prevista no art. 249 do ECA, segundo a qual quem descumprir os deveres inerentes ao poder familiar estará sujeito a multa, guarda indissociável relação com o rol de medidas preventivas, pedagógicas, educativas e sancionadoras previsto no art. 129 do mesmo Estatuto, de modo que o julgador está autorizado a sopesá-las no momento em que impõe sanções aos pais, sempre em busca daquela que se revele potencialmente

Essa quádrupla função prevista no dispositivo legal (preventiva, protetiva, pedagógica e punitiva) traz a esperança de que as situações de violação dos direitos de crianças e adolescentes no seio familiar sejam evitadas e reprimidas pela rede de atendimento da infância e juventude.

4.6. Hospedagem de criança ou adolescente desacompanhado

> Art. 250. Hospedar criança ou adolescente desacompanhado dos pais ou responsável, ou sem autorização escrita desses ou da autoridade judiciária, em hotel, pensão, motel ou congênere.
>
> Pena. Multa.
>
> § 1º Em caso de reincidência, sem prejuízo da pena de multa, a autoridade judiciária poderá determinar o fechamento do estabelecimento por até 15 (quinze) dias.
>
> § 2º Se comprovada a reincidência em período inferior a 30 (trinta) dias, o estabelecimento será definitivamente fechado e terá sua licença cassada.

O art. 82 do Estatuto prevê que: "É proibida a hospedagem de criança ou adolescente em hotel, motel, pensão ou estabelecimento congênere, salvo se autorizado ou acompanhado pelos pais ou responsáveis".

Essa regra tem como finalidade a proteção da incolumidade física e a prevenção de abusos sexuais contra crianças e adolescentes[165]. É importante que todos os

---

mais adequada e eficaz na hipótese concreta. 4 – A sanção pecuniária prevista no art. 249 do ECA é medida que, a despeito de seu cunho essencialmente sancionatório, também possui caráter preventivo, coercitivo e disciplinador, a fim de que as condutas censuradas não mais se repitam a bem dos filhos. 5 – Estabelecido que a conduta é suficientemente grave para justificar a aplicação da multa, não é admissível que se exclua a sanção aos pais apenas ao fundamento de hipossuficiência financeira ou vulnerabilidade econômica, circunstâncias que influenciam tão somente a fixação do valor da penalidade. 6 – Hipótese em que a multa deve ser reduzida, inclusive para aquém do patamar legal, levando-se em consideração, de um lado, a gravidade das condutas do genitor e, de outro lado, a incontestável hipossuficiência financeira ou a vulnerabilidade da família. 7 – Ausente o cotejo analítico entre o acórdão recorrido e o acórdão paradigma, não se conhece do recurso especial. 8 – Recurso especial conhecido em parte e, nessa extensão, provido em menor extensão, apenas para reduzir o valor da multa, suspensa temporariamente a exigibilidade, enquanto perdurar a situação de pandemia causada pela Covid-19" (STJ, REsp 1.780.008/MG, Recurso Especial 2018/0264460-0, 3ª Turma, Rel. Min. Nancy Andrighi, j. 6-6-2020).

165 "APELAÇÃO CÍVEL. REPRESENTAÇÃO ADMINISTRATIVA. HOTEL. HOSPEDAGEM DE ADOLESCENTE SEM AUTORIZAÇÃO OU PRESENÇA DOS RESPONSÁVEIS. NEGLIGÊNCIA DO REPRESENTADO CARACTERIZADA. VIOLAÇÃO AO ART. 82 DO ECA. PENA DE MULTA. ART. 250 DO ECA. RAZOABILIDADE E PROPORCIONALIDADE. DESPROVIMENTO DO RECURSO. 1. O dever de zelar pela segurança e integridade física, intelectual e moral das crianças e dos adolescentes in-

PARTE III – DAS INFRAÇÕES ADMINISTRATIVAS

719

estabelecimentos desse tipo exijam documento de identificação de seus hóspedes antes de aceitá-los, com a finalidade de proteção e prevenção. É necessário o cuidado com a identificação antes da hospedagem.

O Código de Menores de 1979 assim previa:

> Art. 69. Hospedar menor de 18 anos, desacompanhado dos pais ou responsável, em hotel, pensão, motel ou congênere, sem autorização da autoridade competente.
> Pena – multa de meio a dois valores de referência.

Note-se que, na mudança da lei, se viabilizou a hospedagem com autorização por escrito dos pais ou responsáveis.

Hospedar significa abrigar, aceitar como hóspede, não sendo necessário que a hospedagem seja onerosa, posto que a infração também ocorrerá se a hospedagem for gratuita[166].

Haja vista o princípio da proteção integral, deverá o estabelecimento, por meio da orientação do proprietário, inclusive dos sócios em se tratando de pessoa jurídica, bem como de todos os responsáveis pelo estabelecimento (dirigentes ou gerentes), zelar para que a regra seja respeitada.

Assim, conquanto a pessoa jurídica[167] ou o proprietário do estabelecimento seja o responsável principal nessa infração, haverá responsabilidade subsidiária de todos

---

cumbe a todos em geral, com base no princípio da proteção integral, previsto no art. 227 da Constituição Federal e no art. 1º do Estatuto da Criança e do Adolescente. 2. Representado que, de modo negligente, deixou adolescente se hospedar em seu estabelecimento comercial, acompanhado de adulto, sem aferir os dados pessoais dos hóspedes, uma vez que não apresentou em juízo a ficha de cadastro dos mesmos. 3. As provas documentais acostadas aos autos demonstram a ocorrência do fato que, inclusive, motivou o ajuizamento da ação penal em face do adulto acompanhante, em que se apura a denúncia de estupro de vulnerável. 4. Violação das normas de proteção aos direitos das crianças e adolescentes dispostas nos arts. 84 e 250 do ECA. 5. Pena de multa que condiz com as características da infração praticada. 6. Desprovimento do recurso" (TJRJ, Apelação 0010060-42.2015.8.19.0021, 17ª Câm. Cív., Rel. Des. Elton Martinez Carvalho Leme, j. 29-3-2017).

166 Nesse sentido: LIBERATI, Wilson Donizeti. *Comentários ao Estatuto da Criança e do Adolescente*. 12. ed. rev. e ampl. de acordo com a Lei 13.058, de 22.12.2014. São Paulo: Malheiros, 2015, p. 323.

167 "ADMINISTRATIVO – ESTATUTO DA CRIANÇA E DO ADOLESCENTE – INFRAÇÃO ADMINISTRATIVA – PESSOA JURÍDICA DE DIREITO PRIVADO COMO SUJEITO PASSIVO – POSSIBILIDADE. 1. Infração tipificada no art. 250 do ECA, com lavratura de auto contra a pessoa jurídica (hotel que recebeu uma adolescente desacompanhada dos pais e sem autorização). 2. A responsabilização das pessoas jurídicas, tanto na esfera penal, como administrativa, é perfeitamente compatível com o ordenamento jurídico vigente. 3. A redação dada ao art. 250 do ECA demonstra ter o legislador colocado pessoa jurídica no polo passivo da infração administrativa, ao prever como

os responsáveis pelo estabelecimento, notadamente do gerente ou do responsável pelo estabelecimento durante a infração.

São sujeitos passivos da infração crianças e adolescentes que tenham se hospedado no estabelecimento sem autorização por escrito dos pais ou responsáveis ou da autoridade judiciária, e a própria sociedade.

Trata-se de infração formal, que se consuma com a simples conduta de hospedar crianças ou adolescentes desacompanhados dos pais ou responsável ou sem autorização escrita destes, sem qualquer necessidade de resultado material. Não é necessário que a criança ou adolescente hospedado tenha sido exposto a uma situação de violência, posto que o que se pretende é a prevenção e o controle dos pais e responsáveis.

Não importa, ademais, que adolescentes estejam autorizados a viajar para outras comarcas, consoante dispõe o art. 83 do Estatuto[168], posto que deverão, para se hospedar, trazer consigo a autorização por escrito de seus pais, responsáveis ou da autoridade judiciária.

Não importa também a aparência ou a "reputação" de crianças ou adolescentes, posto que a exploração sexual de crianças e adolescentes deve ser combatida por toda a sociedade.

Questão que se coloca é a relativa a adolescentes já casados, pois a incapacidade cessa na forma da lei civil (art. 5º, parágrafo único, II, do Código Civil). Nesse caso, bastará apresentar a certidão de casamento. Essa situação se estende àqueles que vivem em união estável, havendo filhos em comum, o que poderá ser comprovado desde logo antes da hospedagem. O fato é que o responsável pelo estabelecimento deverá exigir a documentação antes de permitir a hospedagem.

A recente Lei n. 12.038, de 1º de outubro de 2009, modificou o art. 250 para possibilitar o fechamento definitivo do estabelecimento quando comprovada a reincidência em período inferior a trinta dias, além de ter sua licença cassada.

Convém serem mencionados os acórdãos abaixo:

ADMINISTRATIVO – ESTATUTO DA CRIANÇA E DO ADOLESCENTE – INFRAÇÃO ADMINISTRATIVA – PESSOA JURÍDICA DE DIREITO PRIVADO

---

pena acessória à multa, no caso de reincidência na prática de infração, o 'fechamento do estabelecimento'. 4. É fundamental que os estabelecimentos negligentes – que fazem pouco caso das leis que amparam o menor – também sejam responsabilizados, sem prejuízo da responsabilização direta das pessoas físicas envolvidas em cada caso, com o intuito de dar efetividade à norma de proteção integral à criança e ao adolescente. 5. Recurso especial provido" (STJ, Recurso Especial 622.707/SC (2004/0012317-6), 2ª T., Rel. Min. Eliana Calmon, j. 2-2-2010).

168 Na opinião de Tarcísio José Martins Costa, em *Estatuto da Criança e do Adolescente comentado*. Belo Horizonte: Del Rey, 2004, p. 463: "no mínimo, o artigo constitui um contrassenso, pois se o ECA, por um lado, libera a viagem de adolescente desacompanhado para qualquer lugar do País, por outro, não poderia exigir autorização para que possa hospedar-se em hotéis ou pensões".

PARTE III – DAS INFRAÇÕES ADMINISTRATIVAS

COMO SUJEITO PASSIVO – POSSIBILIDADE. 1. Infração tipificada no art. 250 do ECA, com lavratura de auto contra a pessoa jurídica (hotel que recebeu uma adolescente desacompanhada dos pais e sem autorização). 2. A responsabilização das pessoas jurídicas, tanto na esfera penal, como administrativa, é perfeitamente compatível com o ordenamento jurídico vigente. 3. A redação dada ao art. 250 do ECA demonstra ter o legislador colocado pessoa jurídica no polo passivo da infração administrativa, ao prever como pena acessória à multa, no caso de reincidência na prática de infração, o "fechamento do estabelecimento". 4. É fundamental que os estabelecimentos negligentes – que fazem pouco caso das leis que amparam o menor – também sejam responsabilizados, sem prejuízo da responsabilização direta das pessoas físicas envolvidas em cada caso, com o intuito de dar efetividade à norma de proteção integral à criança e ao adolescente. 5. Recurso especial provido[169].

ECA. INFRAÇÃO ADMINISTRATIVA. ECA, art. 250. Hospedagem de menor em boate. Irrelevância da anterior condição do menor como prostituta para configuração da infração em exame. Pena de multa em salários mínimos. Adequação e pertinência. Apelo improvido[170].

MENOR. HOSPEDAGEM EM ESTABELECIMENTO HOTELEIRO. art. 250 do ECA. Permitir o responsável pelo estabelecimento comercial a hospedagem de adolescente de 17 anos, desautorizada ou desacompanhada de seus pais ou responsável, configura a infração administrativa do art. 250 da Lei 8.065/90. A intenção do legislador, certamente, foi dirigida para aquele que detém o poder de fiscalização, pouco importa, no caso, a "vontade" ou a "espontaneidade" dos menores diante desta circunstância, não faz com que a infração seja excluída. Recurso provido. O Tribunal, à unanimidade de votos, conheceu do apelo e lhe deu provimento[171].

4.7. Transporte irregular de criança ou adolescente

Art. 251. Transportar criança ou adolescente, por qualquer meio, com inobservância do disposto nos arts. 83, 84 e 85 desta Lei:

Pena – multa de três a vinte salários de referência, aplicando-se o dobro em caso de reincidência.

O art. 83 do Estatuto estabelece que nenhuma criança pode viajar para fora da comarca onde reside (não se tratando de comarca contígua na mesma unidade da Federação ou incluída na mesma região metropolitana) desacompanhada dos pais ou responsável, salvo se:

---

169 STJ, Recurso Especial 622.707/SC (2004/0012317-6), 2ª T., Rel. Min. Eliana Calmon, j. 2-2-2010.

170 TJRS, Apelação Cível 70002039089, 2ª Câm. Esp. Cív., Rel. Des. Breno Pereira da Costa Vasconcellos, j. 28-3-2001.

171 TJGO, Apelação cível 43313-6/188, 3ª Câm. Cív., Rel. Des. Gercino Carlos Alves da Costa, Acórdão 4-11-1997, *DJ* 12.693 de 1º-12-1997, Livro 640.

a) houver expressa autorização judicial;

b) estiver acompanhada de ascendente (um dos pais, avós, bisavós...) ou colateral maior até o terceiro grau (irmã ou irmão maior de 18 anos, tio ou tia maior de 18 anos), comprovado documentalmente o parentesco;

c) estiver acompanhada de pessoa maior de idade, expressamente autorizada pelo pai, mãe ou responsável.

Trata-se de uma infração de cunho formal, que não exige resultado lesivo. A intenção do legislador é preventiva.

O art. 70 do Código de Menores de 1979 assim dispunha:

> Art. 70. Transportar menor de dezoito anos, desacompanhado dos pais ou responsável e sem autorização escrita da autoridade judiciária, para fora da comarca onde resida, nos termos do art. 62 desta Lei. Pena – Multa de um a três valores de referência, se por via terrestre; de três a seis valores de referência, se por via marítima ou aérea; aplica-se o dobro na reincidência, em qualquer caso.

Houve diferença quanto à idade da criança, posto que a regra atual não se aplica a qualquer menor de 18 anos, mas somente para crianças, ou seja, menores de 12 anos.

A viagem de adolescentes em território nacional é livremente permitida, independentemente de estarem ou não acompanhados de seus pais ou responsáveis. A grande questão, e que dificulta a locomoção, é a hospedagem em hotéis, motéis e congêneres, que lhes é vedada, conforme dispositivo anteriormente comentado.

Adolescente encontrado em situação de rua, sem local para dormir, não deve ser acolhido em hotéis, motéis ou congêneres, mas sim encaminhado para o Conselho Tutelar ou entidade de abrigo.

Tratando-se de comarca contígua na mesma unidade da Federação ou incluída na mesma região metropolitana, não há rigores para a viagem da criança, diferindo do anterior Código de Menores.

Além dessas hipóteses, para a viagem da criança para fora de sua comarca, dentro do território nacional, é preciso autorização judicial, ou que esta esteja acompanhada de um dos pais, de ascendente ou colateral maior até o terceiro grau, comprovando-se documentalmente o parentesco. Comprova-se o parentesco, em regra, por meio da Carteira de Identidade ou Certidão de Nascimento.

É muito importante que as empresas de ônibus façam a verificação da documentação dos seus passageiros, evitando situações que possam levar ao sequestro de crianças. Note-se que o princípio da proteção integral exige a participação da sociedade no cuidado com crianças e adolescentes.

Trata-se de infração do tipo formal, que se consuma com o transporte de crianças e adolescentes sem os cuidados previstos nos arts. 83, 84 e 85. Não importa que, constatado o transporte sem documentação, e lavrado o auto pela autoridade competente, se comprove que a criança estava acompanhada de um dos responsáveis

PARTE III – DAS INFRAÇÕES ADMINISTRATIVAS

mencionados no art. 83. A infração se consuma no instante do transporte sem os cuidados exigidos pela legislação.

Assim, "não basta afirmar que acompanhante é a genitora, havendo a imperiosa necessidade da comprovação documental, no embarque, no curso da viagem ou no desembarque"[172].

A respeito do assunto, convêm serem transcritos os arestos abaixo:

> DIREITO ADMINISTRATIVO – ESTATUTO DA CRIANÇA E DO ADOLES-CENTE – INFRAÇÃO ADMINISTRATIVA – ART. 152 DO ECA – APLICAÇÃO SUBSIDIÁRIA DA NORMA PROCESSUAL PERTINENTE – ART. 251 DO ECA – INFRAÇÃO DE NATUREZA ADMINISTRATIVA – SÚMULA 74/STJ – INAPLICABILIDADE – PRESCINDIBILIDADE DE CERTIDÃO DE DOCU-MENTO – RESPONSABILIZAÇÃO SOCIAL. 1. A aplicação subsidiária de norma processual deve guardar pertinência com a natureza da infração administrativa, no que concerne a regramento geral não previsto no próprio procedimento especial do Estatuto da Criança e do Adolescente, exegese do art. 152 do ECA. 2. Dentro do microssistema de proteção a crianças e adolescentes, as infrações administrativas não se apresentam com atributos de ordem jurisdicional, mas como punição administrativa do Poder Judiciário, no exercício de função atípica, derivada do poder de polícia. (*Estatuto da criança e do adolescente: doutrina e jurisprudência.* 8. ed. São Paulo: Atlas, 2006; ISHIDA, Válter Kenji). 3. "As infrações são de natureza administrativa e a pena estabelecida é de multa" (In: *Comentários ao Estatuto da Criança e do Adolescente.* 10. ed. São Paulo: Malheiros, p. 268; LIBERATI, Wilson Donizeti.) 4. A par da natureza administrativa da infração, ausentes os efeitos penais, é inaplicável a Súmula 74

---

172 Convém ser transcrito parcialmente o voto, no mérito, do Rel. Des. Mario dos Santos Paulo, proferido no Processo 2003.004.00372, Classe D, j. 10-7-2003, TJRJ: "No mérito, o tema é idêntico a tantos outros já decididos por este Conselho, principalmente envolvendo a mesma Apelante, que teimosamente insiste em descumprir a Lei, preferindo arriscar-se à penalização, o que tem se mostrado absolutamente incoerente, além de dispendioso. Visando a proteção da criança, dispõe o art. 83 do ECA: "Nenhuma criança poderá viajar para fora da comarca onde reside, desacompanhada dos pais ou responsável, sem expressa autorização judicial". Com meridiana clareza o texto excluiu o adolescente dessa proibição, situando-a apenas em relação àqueles menores de doze anos, tal como definido no Artigo 2º. Além disso, permitiu, excepcionalmente, a viagem de crianças, independentemente da autorização judicial, nas hipóteses restritas do seu § 1º, dentre elas, para o que aqui interessa, se: 'b) a criança estiver acompanhada: 1) de ascendente ou colateral maior, até o terceiro grau, *comprovado documentalmente o parentesco'.* A toda evidência, não basta alegar que a acompanhante é a genitora, havendo a imperiosa necessidade da comprovação documental, no embarque, no curso da viagem ou no desembarque. A transgressão ao dever imposto por lei acarreta, por si só, a penalização nela prevista. Relativamente à adoção do salário mínimo, utilizado após a extinção do salário referência, a hipótese dos autos é de penalização, não se confundindo com a regra do artigo 7º, inciso IV, da Carta Magna, direcionada para a vinculação negocial. À conta desses fundamentos, rejeito as preliminares e nego provimento ao Recurso".

do STJ: "Para efeitos penais, o reconhecimento da menoridade do réu requer prova por documento hábil". 5. Diferentemente do sistema penal, a responsabilização nas sanções administrativas não busca reprimir o indivíduo em sua subjetividade, mas liga-se, no Estatuto da Criança e do Adolescente, à responsabilidade social que advém do Princípio da Proteção Integral. 6. A infração administrativa constante no art. 251 do ECA prescinde de certidões de nascimento ou documentos equivalentes. 7. Com base no conteúdo fático inscrito aos autos pelo Tribunal *a quo*, forçoso concluir que a permissão do ingresso de "R. da S. B. e D. da S. B., sem autorização judicial, e sem documentação que comprovasse o parentesco com as pessoas que as acompanhavam é suficiente para a aplicação de multa sancionatória. Recurso especial provido"[173].

Estatuto da Criança e do Adolescente. Infração ao artigo 83, c/c o art. 251 do ECA. Preliminares rejeitadas. Menor de 2 (dois) anos transportada pela mãe, mas sem a documentação indispensável a sua identificação e a prova do vínculo de parentesco entre elas. Ilícito configurado. Reincidência. Decisão de primeiro grau que acolhe a autuação e impõe multa a infratora, em dobro. A utilização do salário mínimo como parâmetro para a fixação do valor da multa estabelecida em lei não viola o inciso IV do art. 7º da CR. Recurso desprovido[174].

AUTO DE INFRAÇÃO JULGADO PROCEDENTE – PRELIMINARES REJEITADAS – VIOLAÇÃO DE NORMA PROTETORA DO ECA. MULTA. Menor de 11 anos que viajou no ônibus da recorrente acompanhada de prima, maior de idade. Ausência de solicitação anterior ao embarque da autorização judicial ou da autorização expressa dos pais ou responsáveis, também de documento que comprovasse o parentesco da criança com a acompanhante. Omissão no cumprimento do art. 83 do ECA, que impede o deslocamento de menor para fora da sua comarca desacompanhada dos pais ou responsáveis, sem autorização judicial ou documento comprobatório do parentesco. Documentação obrigatória ante os termos do item "2", letra "b" do parágrafo 1º do art. 83 do Estatuto. Desatenção do motorista da empresa, que não reparou que o pai do menor não viajou, descendo do veículo antes de sua partida. Infração caracterizada no art. 251 do ECA, que não fica elidida pela demonstração posterior do parentesco ou da autorização paterna, realizado o transporte com indefinição da situação da criança. Montante da multa aplicada dentro dos limites legais e justificada a sua elevação. Recurso não provido[175].

O art. 84 determina que, quando se tratar de viagem ao exterior, a autorização judicial é dispensável se a criança ou adolescente estiver acompanhada de ambos

---

173 STJ, Recurso Especial 1163663/SC, 2009/0207274-7, 2ª T., Rel. Min. Humberto Martins, j. 5-8-2010.

174 TJRJ, Processo 2003.004.00780, Conselho da Magistratura, Rel. Des. Fernando Cabral, j. 15-1-2004.

175 TJRJ, , Processo 2003.004.00779, Conselho da Magistratura, Rel. Des. Paulo Gustavo Horta, j. 30-10-2003.

PARTE III – DAS INFRAÇÕES ADMINISTRATIVAS

os pais ou responsável ou viajar na companhia de um dos pais autorizado expressamente pelo outro por meio de documento com firma reconhecida.

O art. 85 exige prévia e expressa autorização judicial a fim de que criança ou adolescente nascido no Brasil possa sair do País em companhia de estrangeiro residente ou domiciliado no exterior.

4.8. Proteção dos valores éticos e sociais da pessoa e da família na formação de crianças e adolescentes (arts. 252 a 258 do Estatuto da Criança e do Adolescente)

Antes de abordarmos o tema das infrações administrativas propriamente ditas, convém fazer uma breve explanação dos valores constitucionais protegidos e da ausência de qualquer violação ao princípio da liberdade de expressão, o que afasta qualquer fundamentação quanto à inconstitucionalidade dos dispositivos legais que serão, logo abaixo, individualmente analisados.

Os princípios, por sua estrutura e natureza, podem ser aplicados com maior ou menor intensidade, sem que um princípio invalide o outro. Vários, aliás, são os valores constitucionalmente tutelados por meio de princípios e regras. Importante notar, ainda, que princípios e regras são normas jurídicas, e tanto as regras como os princípios (sejam explícitos ou implícitos) previstos na Constituição Federal gozam do mesmo privilégio e respeitos jurídicos[176].

Dispõe o art. 220 da Constituição Federal, ao tratar do Capítulo relativo à Comunicação Social, que a manifestação do pensamento, a criação, a expressão e a informação não sofrerão qualquer tipo de restrição, *observado o disposto na Constituição*.

Sem dúvida que a liberdade de expressão é ingrediente essencial na construção de um Estado Democrático de Direito. Todavia, nenhum direito é absoluto. A moderna interpretação constitucional impõe a integração das regras e princípios constitucionais.

O direito à liberdade de expressão recebeu limites no próprio dispositivo que o consagrou, haja vista a expressão "observado o disposto na Constituição" remeter o intérprete a outros dispositivos constitucionais, como aqueles previstos no art. 1º, III e IV, no art. 3º, III e IV, no art. 4º, II, no art. 5º, IX, XII, XIV, XXVII, XXVIII, XXIX, o próprio § 3º do mesmo artigo e art. 221 da Carta Magna.

As normas constitucionais de proteção de crianças e adolescentes têm prioridade estabelecida pelo constituinte originário, podendo-se afirmar que a liberdade de expressão é livre desde que não viole a integridade psíquica e a formação de crianças e adolescentes, o que pode ser obtido com a simples adequação de horários,

---

176 ALEXY, Robert. *Teoría de los Derechos Fundamentales*. Trad. de Ernesto Garzón Valdés. Madrid: Centro de Estudios Constitucionales, 1997, p. 86.

conforme determinado pelos arts. 220, § 3º, e 221 da CF, e pelo art. 76 do Estatuto da Criança e do Adolescente.

A discricionariedade na interpretação do princípio deve ficar "limitada às hipóteses em que o sistema jurídico não tenha sido capaz de oferecer a solução em tese, elegendo um valor ou interesse que deva prevalecer"[177].

Assim, se pretendemos ser e construir uma sociedade pluralista e democrática, é imperioso o respeito ao próximo e demais valores também consagrados no texto constitucional, notadamente os direitos de crianças e adolescentes, eleitos como prioritários.

O § 3º do art. 220 da Constituição Federal menciona que lei federal: a) regulamentará as diversões e espetáculos públicos, cabendo ao Poder Público informar sobre a natureza deles, as faixas etárias a que não se recomendem, *locais e horários em que sua apresentação se mostre inadequada;* b) estabelecerá os meios legais que garantam à pessoa e à família *a possibilidade de se defenderem* de programas ou programações de rádio e televisão que contrariem o disposto no art. 221, bem como da propaganda de produtos, práticas e serviços que possam ser nocivos à saúde e ao meio ambiente.

O art. 221 da Constituição Federal, por sua vez, assim dispõe:

> Art. 221. A produção e a programação das emissoras de rádio e televisão atenderão aos seguintes princípios:
>
> I – preferência a finalidades educativas, artísticas, culturais e informativas;
>
> [...]
>
> IV – respeito aos valores éticos e sociais da pessoa e da família.

Note-se que, no ano de 1990, foi promulgada a Lei federal n. 8.069 (o Estatuto da Criança e do Adolescente), regulamentando e estabelecendo meios legais de proteção da pessoa e da família. Sem prejuízo de outros mecanismos legais de proteção, o Estatuto da Criança e do Adolescente encaixa-se no conceito de lei federal, e já fornece elementos legais de proteção da pessoa e da família.

Ora, se vivemos em uma sociedade pluralista e igualitária, é preciso que haja respeito aos diversos setores da sociedade, dos mais novos aos mais idosos, dos mais liberais aos mais conservadores etc., de modo que a natureza da programação seja devidamente informada e veiculada no horário apropriado.

O acesso à televisão, ademais, como meio de divertimento e informação, não pode ser retirado das pessoas humanas em desenvolvimento, pois, afinal, crianças e adolescentes também têm direito à informação, à cultura, ao lazer, ao respeito e

---

177 BARROSO, Luís Roberto; BARCELLOS, Ana Paula de. A nova interpretação constitucional dos princípios. In: LEITE, George Salomão (org.). *Dos princípios constitucionais.* São Paulo: Malheiros, 2003, p. 120.

PARTE III - DAS INFRAÇÕES ADMINISTRATIVAS

à dignidade. A Lei n. 10.359, de 27 de dezembro de 2001, dispondo sobre a obrigatoriedade de dispositivo de bloqueio de programação inadequada no aparelho de TV, não isenta as emissoras de televisão de cumprirem o disposto no art. 221 da CF e art. 76 do ECA.

É a própria Constituição Federal que determina que a produção e a programação das emissoras de rádio e televisão deverão dar preferência a finalidades educativas, artísticas, culturais e informativas (art. 221, I, da CF), estipulando o art. 76 do Estatuto da Criança e do Adolescente que as emissoras de rádio e televisão *somente* exibirão, no horário recomendado ao público infantojuvenil, programas com finalidades educativas, artísticas, culturais e informativas.

E quais os mecanismos de proteção?

Em primeiro lugar, como medida de autorregulamentação, os responsáveis por diversão, espetáculos públicos e meios de comunicação deveriam organizar os seus programas de modo que houvesse respeito às normas de proteção da infância e juventude, no horário comercial[178], no qual, em regra, crianças e adolescentes não estão sob a supervisão de seus pais, haja vista a presunção de que estariam ausentes em função das atividades laborativas.

Em segundo lugar, e não na qualidade de censura, mas apenas como mecanismo de informação para adequação de horários (art. 21, XVI, da Constituição Federal)[179], a União, por meio do Ministério da Justiça (Decreto n. 5.535, de 13 de setembro de 2005, da Presidência da República), deve classificar as diversões públicas segundo sua natureza e a faixa etária a que não se recomendem[180].

---

178 O art. 53 do Código de Menores de 1927 era expresso: Será vedada a apresentação, em rádio e televisão, de espetáculos proibidos para menores de: "I – dez anos, até as vinte horas; II – quatorze anos, até as vinte e duas horas; III – dezoito anos, em qualquer horário. Atualmente, não há legislação expressa sobre o assunto e os horários passaram a ser regulamentados em Portaria do Ministério da Justiça".

179 Art. 21, XVI, da Constituição Federal. "Compete à União: [...] XVI – exercer a classificação, para efeito indicativo, de diversões públicas e de programas de rádio e televisão".

180 A Constituição Federal estabeleceu no art. 21, XVI, que compete à União exercer a classificação, para efeito indicativo, de diversões públicas e de programas de rádio e televisão. A atividade de classificação é exercida pelo Ministério da Justiça, por meio do Departamento de Justiça, Classificação, Títulos e Qualificação, integrante da Secretaria Nacional de Justiça, por força do Decreto n. 5.535, de 13 de setembro de 2005, da Presidência da República. Há quem sustente que essa competência deveria ter sido estabelecida por lei, por força do art. 220, § 3º, I, e art. 23 do Ato das Disposições Constitucionais Transitórias. Note-se, contudo, que o art. 220, § 3º, I, menciona que compete a lei federal *regular* as diversões, mas não estabelecer a competência do Poder Público para fazer a classificação, pois cabe à União, por força da própria Constituição (art. 21, XVI), exercer a classificação, e o Presidente da República pode, por força do art. 84, VI, *a*, da Constituição, dispor por meio de decreto a respeito da organização e funcionamento da administração federal (sem despesas) delegando ao Ministério da Justiça tal atribuição de classificação, por força do contido no parágrafo único do art. 84 da Constituição.

Note-se, ainda, que quanto mais rigorosa for a proteção de crianças e adolescentes, evitando-se programação imprópria no horário livre (acessível ao público infantojuvenil), maior tranquilidade terão os pais em relação às informações passadas aos seus filhos nos horários em que estão, em regra, ausentes de casa em função do exercício laborativo[181]. A verdadeira democracia existe quando as inúmeras opiniões dentro da sociedade coexistem num ambiente de respeito sem que seja violada a dignidade humana. A transferência de determinada temática para horário posterior ao destinado ao público infantojuvenil não viola a dignidade humana de ninguém. Todavia, a exposição de crianças e adolescentes a sexo, violência, e à banalização de determinados temas, certamente avilta a família tradicional e viola o sentimento de dignidade humana de vários setores da sociedade.

Sem prejuízo da classificação da programação, a ser feita pelo Poder Público, que não é absoluta (em termos de adequação da programação), mas apenas *diretriz informativa*, a sociedade pode recorrer ao Poder Judiciário na defesa dos valores éticos e sociais da pessoa e da família, em razão do disposto no art. 5º, XXXV, da Constituição Federal ("a lei não excluirá da apreciação do Poder Judiciário lesão ou ameaça a direito"), quando entender que a classificação efetuada não atende aos requisitos normativos estabelecidos, ou que os meios de comunicação não estejam respeitando a proteção prevista[182].

Assim, existe a possibilidade de se recorrer ao Poder Judiciário, na tutela desses interesses difusos, evitando-se a veiculação de programas inadequados, bem como, acaso já exposta a programação, para solicitar a condenação em danos morais coletivos[183].

Note-se, ainda, que a Lei federal n. 8.069/90 regulamentou a matéria em diversos dispositivos, não se podendo falar em ausência de regulamentação legal sobre o assunto.

181 Que a Lei n. 10.359, de 17 de dezembro de 2001, dispondo sobre o dispositivo de bloqueio temporário de recepção de programação inadequada, não seja aqui invocada para privar crianças e adolescentes do acesso à televisão no horário livre, e de seu direito constitucional à cultura, à educação, à informação e ao lazer, nem transfira exclusivamente para a família um dever que é de todos (família, sociedade e Estado).

182 "Processual Civil. Ação Civil Pública. Ministério Público. Legitimidade. Medida Cautelar. Liminar. Televisão. Restrições à sua programação. Novela "Laços de Família". Proteção das Crianças e dos Adolescentes. I – O Ministério Público tem legitimidade para propor ação civil pública, visando a observância, pelas emissoras de televisão, dos interesses difusos protegidos pelos preceitos constantes do art. 221 da Lei Maior. II – A liberdade de produção e programação das emissoras de televisão não é absoluta e sofre restrições, entre outras, para observância do direito ao respeito da criança e dos adolescentes, constituindo dever da família, da sociedade e do Estado colocá-los a salvo de toda forma de negligência, discriminação, violência, crueldade e opressão. III – Medida liminar indeferida, porquanto não atendidos os pressupostos para a sua concessão" (STJ, Medida Cautelar 3.339/RJ (2000/0132945-6), Rel. Min. Antônio de Pádua Ribeiro, *DJe* de 18-2-2000).

183 "RECURSO ESPECIAL. AÇÃO CIVIL PÚBLICA. DIGNIDADE DE CRIANÇAS E ADOLESCENTES OFENDIDA POR QUADRO DE PROGRAMA TELEVISIVO. DANO

PARTE III – DAS INFRAÇÕES ADMINISTRATIVAS

O Estatuto da Criança e do Adolescente, lei federal que traz regulamentação sobre a matéria, prevê 7 infrações administrativas cujos bens jurídicos tutelados são os valores éticos e sociais da pessoa e da família: arts. 252, 253, 254, 255, 256, 257 e 258, que serão estudados abaixo separadamente.

4.8.1. Ausência de informação na entrada sobre diversão ou espetáculo público

> Art. 252. Deixar o responsável por diversão ou espetáculo público de afixar, em lugar visível e de fácil acesso, à entrada do local de exibição, informação destacada sobre a natureza da diversão ou espetáculo e a faixa etária especificada no certificado de classificação.
> Pena – multa de três a vinte salários de referência, aplicando-se o dobro em caso de reincidência.

MORAL COLETIVO. EXISTÊNCIA. 1. O dano moral coletivo é aferível *in re ipsa*, ou seja, sua configuração decorre da mera constatação da prática de conduta ilícita que, de maneira injusta e intolerável, viole direitos de conteúdo extrapatrimonial da coletividade, revelando-se despicienda a demonstração de prejuízos concretos ou de efetivo abalo moral. Precedentes. 2. Na espécie, a emissora de televisão exibia programa vespertino chamado 'Bronca Pesada', no qual havia um quadro que expunha a vida e a intimidade de crianças e adolescentes cuja origem biológica era objeto de investigação, tendo sido cunhada, inclusive, expressão extremamente pejorativa para designar tais hipervulneráveis. 3. A análise da configuração do dano moral coletivo, na espécie, não reside na identificação de seus telespectadores, mas sim nos prejuízos causados a toda sociedade, em virtude da vulnerabilização de crianças e adolescentes, notadamente daqueles que tiveram sua origem biológica devassada e tratada de forma jocosa, de modo a, potencialmente, torná-los alvos de humilhações e chacotas pontuais ou, ainda, da execrável violência conhecida por *bullying*. 4. Como de sabença, o artigo 227 da Constituição da República de 1988 impõe a todos (família, sociedade e Estado) o dever de assegurar às crianças e aos adolescentes, com absoluta prioridade, o direito à dignidade e ao respeito e de lhes colocar a salvo de toda forma de discriminação, violência, crueldade ou opressão. 5. No mesmo sentido, os artigos 17 e 18 do ECA consagram a inviolabilidade da integridade física, psíquica e moral das crianças e dos adolescentes, inibindo qualquer tratamento vexatório ou constrangedor, entre outros. 6. Nessa perspectiva, a conduta da emissora de televisão – ao exibir quadro que, potencialmente, poderia criar situações discriminatórias, vexatórias, humilhantes às crianças e aos adolescentes traduz flagrante dissonância com a proteção universalmente conferida às pessoas em franco desenvolvimento físico, mental, moral, espiritual e social, donde se extrai a evidente intolerabilidade da lesão ao direito transindividual da coletividade, configurando-se, portanto, hipótese de dano moral coletivo indenizável, razão pela qual não merece reforma o acórdão recorrido. 7. *Quantum* indenizatório arbitrado em R$ 50.000,00 (cinquenta mil reais). Razoabilidade e proporcionalidade reconhecidas. 8. Recurso especial não provido" (STJ, REsp 1517973/PE (Recurso Especial 2015/0040755-0), 4ª Turma, Rel. Min. Luis Felipe Salomão, j. 16-11-2017).

730

O objeto da norma é o interesse do Estado em tutelar a integridade psíquica, moral e intelectual de crianças e adolescentes, a fim de que não sejam expostos à temática inapropriada para a sua idade[184].

O sujeito ativo da infração é o responsável pelo estabelecimento de diversão[185] ou o empresário do espetáculo (responsabilidade solidária).

A presente infração viola a norma de prevenção estabelecida no art. 74 do Estatuto, que assim dispõe:

> Art. 74. O Poder Público, por meio do órgão competente, regulará as diversões e espetáculos públicos, informando sobre a natureza deles, as faixas etárias a que não se recomendem, locais e horários em que sua apresentação se mostre inadequada.
>
> Parágrafo único. Os responsáveis pelas diversões e espetáculos públicos deverão afixar, em lugar visível e de fácil acesso, à entrada do local da exibição, informação destacada sobre a natureza do espetáculo e a faixa etária especificada no certificado de classificação.

E quais são as diversões ou espetáculos públicos mencionados pelo dispositivo legal?

Em primeiro lugar, são aquelas diversões ou espetáculos cujo trânsito não seja livre, mas precedido de um local de entrada, pois o dispositivo menciona "entrada do local de exibição".

Em segundo lugar, não seriam quaisquer diversões públicas, mas aquelas nas quais houvesse "exibição". Exibir, na definição do *Dicionário Aurélio*[186], "*do latim exhibere*, significa 1. mostrar, apresentar, expor: Gosta de exibir seus títulos. 2. Expor, patentear: Não se devem temer os livros que exibem nossas mazelas. 3. Alardear, ostentar: exibir conhecimento. 4. Mostrar-se, apresentar-se. 5. Mostrar-se com ostentação; alardear-se, ostentar-se".

O dispositivo legal menciona ainda "certificado de classificação".

É atribuição da União (Ministério da Justiça – Decreto n. 5.535, de 13 de setembro de 2005, da Presidência da República), por força do disposto no art. 21, XVI, da CF, fazer a *classificação de diversões públicas e de programas de rádio e televisão*[187].

---

184 O art. 128, § 5º, do Código de Menores de 1927 especificava: "Será affixado claramente na entrada dos lacaes de representações em que limites de idade o espectaculo é accessível sendo prohibida a venda de entrada aos menores impedidos por lei".

185 O estabelecimento, como pessoa jurídica, ou, subsidiariamente, o seu dono ou responsável (gerente ou diretor).

186 *Novo dicionário Aurélio da língua portuguesa*. Rio de Janeiro: Nova Fronteira S.A., 1986, p. 740.

187 Note-se que o art. 21, XVI, foi bem abrangente quando menciona competir à União exercer a classificação, para efeito indicativo, de "diversões públicas".

PARTE III – DAS INFRAÇÕES ADMINISTRATIVAS 731

Assim, somente a diversão ou espetáculo, precedido de um local de entrada, onde haja exibição e que possa receber um "certificado de classificação" é objeto de tutela deste dispositivo legal.

Excluídas, assim, estão as quermesses abertas ao público, os restaurantes, churrascarias, *shoppings*, os *shows* de música em espaço aberto ou peças de teatro também em espaços abertos, locais sem entrada específica ou que não haja exibição. A rigor, até mesmo casas de prostituição e boates[188] estariam excluídas da necessidade de informação em não havendo *show* ou espetáculo para exibição, ressaltando que já são locais inapropriados para menores de 18 anos.

No entanto, são exemplos de diversões ou espetáculos públicos que devem afixar a informação sobre a sua natureza e sua faixa etária: peças de teatros, filmes no cinema, *shows* de música em ambientes fechados, "bailes funk" (bailes realizados com *shows* eróticos e estímulo à violência)[189], entre outros.

Sujeito passivo da infração é a sociedade, de maneira difusa.

A finalidade da norma legal é informativa, para conhecimento prévio quanto ao conteúdo da diversão ou espetáculo, e não de cunho de censura.

---

188 Conforme expõe a Procuradora de Justiça Dra. Rosa Maria Xavier Gomes Carneiro, em Parecer no Processo 2005.004.00988, do Conselho da Magistratura, TJRJ, na data de 28 de outubro de 2005, a necessidade de classificação relaciona-se com as diversões e espetáculos que serão *apresentados ou exibidos* a infantes e jovens, excluindo-se as boates, mencionando "Quanto às boates, nossa cultura sempre considerou tais estabelecimentos como locais destinados ao público adulto. O ingresso de infantes e jovens desacompanhados dos pais ou responsável em tais locais depende de expressa autorização judicial, na forma prevista no art. 149, I, *c*, do ECA, sendo praticamente desnecessário que o poder público classifique tais estabelecimentos, uma vez que os mesmos são, notoriamente, impróprios aos menores de dezoito anos, em decorrência da frequência indiscriminada, horário de funcionamento e venda de bebidas alcoólicas, etc. Destarte, a não fixação de aviso no caso em comento não se enquadra na infração prevista no art. 252, do ECA, uma vez que a portaria n. 796/00 não se aplica a boates".

189 "RECURSO DE APELAÇÃO. Auto de Infração lavrado contra promotor de baile *funk*. Ausência de informação destacada sobre a natureza da diversão e a faixa etária recomendada. Sentença *a quo* que julgou procedente o auto de infração com fulcro no art. 252 do ECA. Preliminar de ilegitimidade afastada. Certidão exarada pela Secretaria do Conselho da Magistratura afirmando haver identidade de partes, causa de pedir e objeto entre os quatro processos autuados contra o recorrente. Litispendência inocorrente. As diversas autuações lavradas contra o apelante tiveram por base diferentes causas de pedir. *In casu*, a condenação do autuado decorre do descumprimento das determinações insertas no Estatuto Tutelar. Multa aplicada dentro dos critérios da razoabilidade. *Decisum* inalterado. Recurso desprovido" (TJRJ, Processo 529/2003, classe "D", Rel. Des. Carpena Amorim, j. 16-10-2003).

A infração administrativa se consuma com a omissão em afixar a informação, em local visível[190], na entrada do evento, a partir da data na qual a diversão ou o espetáculo público esteja acessível ao público.

4.8.2. Ausência de indicação dos limites de idade no anúncio de representações ou espetáculos

> Art. 253. Anunciar peças teatrais, filmes ou quaisquer representações ou espetáculos, sem indicar os limites de idade a que não se recomendem:
> Pena – multa de três a vinte salários de referência, duplicada em caso de reincidência, aplicável, separadamente, à casa de espetáculo e aos órgãos de divulgação ou publicidade.

O objeto da norma é, novamente, o interesse do Estado em tutelar a integridade psíquica, moral e intelectual de crianças e adolescentes, a fim de que não sejam expostos à temática inapropriada para a idade[191].

Note-se, conforme leciona Paulo César Pereira da Silva[192], que os arts. 3º, 4º, 16 e 58 garantem a todas as crianças e adolescentes o direito à cultura e ao lazer, ressaltando a importância que o Estatuto deu aos valores culturais, garantindo-lhes liberdade de criação e acesso às fontes de cultura no desenvolvimento educacional, mental, moral, espiritual e social das pessoas humanas em desenvolvimento.

---

190 "Menor – Infração Administrativa – Cinema – Ausência de informação destacada e em local visível à entrada da sala de exibição do filme, sobre a faixa etária especificada no certificado de classificação expedido pelo poder público – Admissão de adolescentes com idade inferior à recomendada – Ofensa às disposições dos arts. 252 e 258 do ECA caracterizada – 'Auto de infração' mantido – Nulidade do julgamento alegado pela PGJ – Inocorrência – Sentença que embora mencionando erroneamente o dispositivo legal, observou corretamente os fatos descritos pelos voluntários do juízo no "Auto de Infração" – Multa porém indexada indevidamente com base no salário mínimo e em montante superior ao mínimo legal – Infratora primária – Provimento parcial do recurso para redução da pena pecuniária ao limite mínimo legal e sua fixação com base no salário mínimo de referência nos termos da lei" (TJSP, Apelação Cível 70.435-0/2, Rel. Des. Gentil Leite, j. 1º-3-2001).

191 Pelo Código de Menores de 1927 a informação deveria ser afixada na entrada do local (art. 128, § 5º), não havendo dispositivo regulamentando o anúncio do evento. O Código de Menores de 1979 dispunha no art. 64: "Anunciar, por qualquer meio de comunicação, peças teatrais, filmes cinematográficos ou quaisquer representações ou espetáculos, sem indicar os limites de idade para o ingresso do menor. Pena – multa de até um valor de referência, dobrada na reincidência, aplicável, separadamente, ao estabelecimento de diversão e aos órgãos de divulgação ou publicidade".

192 SILVA, Paulo César Pereira da. Art. 253. In: VERONESE, Josiane Rose Petry; SILVEIRA, Mayra; CURY, Munir (coord.). *Estatuto da Criança e do Adolescente comentado*. Comentários jurídicos e sociais. 13. ed. rev. e atual. São Paulo: Malheiros, 2018, p. 1521.

PARTE III – DAS INFRAÇÕES ADMINISTRATIVAS

Aliás, o art. 71 é expresso ao afirmar que: "A criança e o adolescente têm direito a informação, cultura, lazer, esportes, diversões, espetáculos e produtos e serviços que respeitem sua condição peculiar de pessoa em desenvolvimento".

E como regra de proteção, dispõe o art. 76, parágrafo único, do Estatuto: "Nenhum espetáculo será apresentado ou anunciado sem aviso de sua classificação, antes de sua transmissão, apresentação ou exibição".

Anunciar, como escreve Wilson Donizeti Liberati[193], significa "promover", "custear a divulgação", "fazer conhecer por anúncio", "dar a conhecer".

São sujeitos ativos a casa de espetáculo e os órgãos de divulgação ou publicidade. Estão incluídos no conceito, assim, entre outros, o jornal[194], a revista, a rede de televisão e a transmissora de rádio, sendo a responsabilidade de cada um autônoma e independente[195]. Não há infração se não houve anúncio do evento[196].

Nesse sentido, interessante reproduzir os acórdãos abaixo:

> PROCESSUAL CIVIL. COMPETÊNCIA. PERIÓDICO DE CIRCULAÇÃO NACIONAL. INFRAÇÃO PREVISTA NO ART. 253 DO ECA. REPRESENTAÇÃO DO MINISTÉRIO PÚBLICO. COMPETÊNCIA DO FORO DO LOCAL ONDE

---

193 LIBERATI, Wilson Donizeti. *Comentários ao Estatuto da Criança e do Adolescente*. 12. ed. rev. e ampl. de acordo com a Lei 13.058, de 22.12.2014. São Paulo: Malheiros, 2015, p. 325.

194 "Direito Administrativo. Auto de infração. Anúncio no Encarte Rio Show do Jornal 'O Globo', de 23-1-2004, das peças teatrais 'Aluga-se um namorado' e 'Diálogo do Pênis', em cartaz na casa de espetáculos 'Teatro dos Grandes Atores'. Violação ao disposto no art. 253 do Estatuto da Criança e do Adolescente. Recurso. Alegação de falta de adequação ao tipo descrito no art. 253 da Lei n. 8.069, de 13-7-1990, sob a alegação de falta de respeito aos programas veiculados por emissoras de televisão. Improcedente. O legislador menorista em nenhum momento fez qualquer distinção entre anúncios de programas de televisão e anúncios de peças teatrais. Desprovimento do recurso" (TJRJ, Processo 2004.004.00818, Conselho da Magistratura, por unanimidade, Rel. Des. Paulo Gustavo Horta, publicado em 9-11-2004, registrado em 3-12-2004).

195 "A regra do art. 253 do ECA aplica-se ao responsável pelo espetáculo anunciado e ao veículo em que efetivada a publicação. Fato comprovado por exemplar do anúncio de espetáculo do qual não consta indicação do limite de idade a que não se recomenda, sendo certo que a autuada não nega a autenticidade da peça em questão. Mantém-se a decisão de primeiro grau que homologa a autuação" (TJRJ, Processo 2004.004.00732, Conselho da Magistratura, por unanimidade, Rel. Des. Raul Quental, publicado em 21-9-2004, registrado em 21-10-2004).

196 "Menor – Infração administrativa – Publicação espontânea por jornal em sessão própria de nota informativa sobre a realização de baile em associação civil – Conduta que não se confunde com anúncio ou propaganda do evento – Simples exercício do direito de informação dos leitores – Infração ao artigo 253 do ECA não caracterizada – Reconhecimento da ilegitimidade passiva da associação que não contratou a publicação – Recurso da entidade civil acolhido e apelo do Ministério Público improvido" (TJSP, Apelação Cível 65.094-0/3, Comarca de Santos, Rel. Des. Gentil Leite, j. 19-10-2000).

OCORREU OU DEVA OCORRER A AÇÃO OU OMISSÃO. ARTS. 147, § 1º, e 209 DO ECA. 1. O Estatuto da Criança e do Adolescente, em seu art. 147, § 1º, prevê que, "nos casos de ato infracional, será competente a autoridade do lugar da ação ou omissão". 2. A regra contida no art. 147, § 3º, expressamente delimita sua aplicação para as hipóteses de "infração cometida por meio de transmissão simultânea de rádio ou televisão", não abrangendo casos de infração em periódico de circulação nacional. Precedente do STJ. 3. A interpretação das regras de competência para apreciar a imposição de penalidade administrativa por infração ao ECA deve se orientar pela ampla proteção dos direitos do menor, e não em benefício da empresa infratora. 4. Agravo Regimental não provido[197].

ADMINISTRATIVO. AGRAVO REGIMENTAL. PODER DE POLÍCIA. INFRAÇÃO ADMINISTRATIVA. ART. 253 DO ECA. PROPRIETÁRIO DO ESTABELECIMENTO. LEGITIMIDADE. 1. Em não havendo no acórdão omissão, contradição ou obscuridade capaz de ensejar o acolhimento da medida integrativa, tal não é servil para forçar o ingresso na instância extraordinária. 2. No mérito, a parte alega ser apenas a proprietária do estabelecimento, mas que não foi o realizador, nem produtor do evento. 3. Ocorre que não pode o proprietário do estabelecimento em que ocorreu o evento eximir-se de responsabilizar-se por show realizado em suas dependências. 4. Conforme a jurisprudência desta Corte, a infração administrativa prevista no art. 253 do ECA é destinada aos responsáveis pela apresentação de quaisquer espetáculos, assim como aos órgãos responsáveis pela divulgação e publicidade, sem a expressa indicação dos limites de idade recomendáveis. 5. Em não havendo tomado medidas quando da divulgação do espetáculo no sentido de indicar os limites de idade recomendáveis, fica configurada a sua legitimidade para ser responsabilizada pela infração administrativa. 6. Agravo regimental não provido[198].

Sujeito passivo da infração é a sociedade, de maneira difusa.

Trata-se de infração de cunho formal que se consuma com o mero anúncio sem a indicação dos limites de idade, independentemente de produzir quaisquer efeitos deletérios ao público infantojuvenil[199]. Em se tratando de representação ou espetá-

---

197 STJ, Agravo Regimental no Agravo em Recurso Especial 184.727/DF, 2012/0112646-2, 2ª T., Rel. Min. Herman Benjamin, j. 16-8-2012.

198 STJ, Agravo Regimental no Agravo de Instrumento 2010/0077974-8, 2ª T., Rel. Min. Mauro Campbell Marques, j. 2-12-2010.

199 "Apelação cível. Procedimento para apuração de infração administrativa às normas de proteção à criança e ao adolescente. Anúncio de espetáculo sem a indicação da faixa etária recomendada. Violação ao art. 253 da Lei 8.069/90. Adequação da multa aplicada, no valor de dez salários mínimos, em razão das inúmeras penalidades aplicadas ao estabelecimento pela prática de infrações administrativas previstas no ECA. Recurso a que se nega seguimento, na forma do *caput* do art. 557 do CPC" (TJRJ, Apelação 2008.001.09032, 12ª Câm. Civ., Rel. Des. Nanci Mahfuz, *DJ* 9-2-2009).

PARTE III – DAS INFRAÇÕES ADMINISTRATIVAS   735

culo classificado como "livre", a ausência da informação não traz prejuízo[200], embora a indicação também seja recomendável e exigida pelo dispositivo legal.

Quaisquer representações ou espetáculos devem ser anunciados com a indicação dos limites de idade a que não se recomendem, como peças de teatro, filmes[201], *shows* de música[202], bailes "funk" (bailes com *shows* eróticos e incitação à violência)[203] etc.

---

200 "Recurso de Apelação. Sentença *a quo* que julgou procedente o auto de infração contra a empresa jornalística com respaldo no art. 253 da Lei 8.069/90. Jornal 'O Globo'. Encarte 'Rio Show'. Anúncio do filme intitulado 'Um Duende em Nova York'. Multa fixada no valor equivalente a 20 (vinte) salários mínimos. É nulo o Auto de Infração que não corresponder à realidade impressa no anúncio do espetáculo publicado. Indicação expressa da classificação da faixa etária como 'CENSURA LIVRE'. Dá-se provimento ao recurso, reconhecendo 'ex officio' a nulidade por falta de interesse de agir, para o fim de extinguir o processo sem julgamento do mérito. Inteligência dos artigos 267, 1ª parte, do inciso VI e § 3º, do CPC" (TJRJ, Processo 2004.004.00635, Conselho da Magistratura, por unanimidade, Rel. Des. Carpena Amorim, publicado em 28-9-2004, registrado em 12-11-2004).

201 "Direito Administrativo. Auto de infração. Encarte Rio Show do jornal 'O Globo' do dia 12-12-2003. Anúncio do filme 'Looney Tunes de Volta à Ação', sem indicação dos limites de idade. Violação ao disposto no art. 253 do Estatuto da Criança e do Adolescente. Recurso. Preliminar. Ilegitimidade passiva. Rejeição. Há responsabilidade dos órgãos de divulgação ou publicidade, como a apelante, consoante previsão legal. Alegação de falta de adequação ao tipo descrito no art. 253 da Lei n. 8.069, de 13-7-1990. Improcedente. Filmes destinados ao público também se incluem entre aqueles eventos que, segundo a lei, devem conter indicação dos limites de idade. Rejeição da preliminar e desprovimento do recurso" (TJRJ, Processo n. 2004.004.00590, Conselho da Magistratura, por unanimidade, Rel. Des. Nagib Slaibi Filho, publicado em 31-8-2004, registrado em 30-9-2004).

202 "Direito Administrativo. Auto de infração. Anúncio do evento denominado 'Tim Festival', no *site* 'Globo on line', do dia 30-10-2004, sem indicação dos limites de idade a que não se recomendem. Violação ao disposto no art. 253 do Estatuto da Criança e do Adolescente. Recurso. Preliminar de ilegitimidade passiva. Rejeitada. São responsáveis os órgãos de divulgação ou publicidade assim como os produtores do evento, consoante o citado dispositivo legal. Mérito. Correta interpretação da norma contida no art. 253 da Lei n. 8.069/90, em consonância com art. 227 do texto constitucional – a intenção do legislador é impedir o acesso de crianças e adolescentes a eventos que possam motivar prematuramente o lado sexual dos mesmos. Desprovimento" (TJRJ, Processo 2004.004.00634, Conselho da Magistratura, por unanimidade, Rel. Des. Nagib Slaibi Filho, publicado em 21-9-2004, registrado em 20-10-2004).

203 "RECURSO ESPECIAL. ANÚNCIO DE EVENTO SEM INDICAÇÃO DOS LIMITES DE IDADE A QUE NÃO SE RECOMENDEM. COMPETÊNCIA DO JUÍZO DA VARA DE INFÂNCIA E DA JUVENTUDE DA SEDE DA EMISSORA DE TELEVISÃO. ART. 147, § 3º, DO ECA. LEGITIMIDADE PASSIVA DA RECORRENTE, QUE PROMOVEU E ANUNCIOU O EVENTO. ART. 253 DO ECA.O artigo 147, § 3º, do Estatuto da Criança e do Adolescente – ECA dispõe que a competência será determinada, em caso de infração cometida através de transmissão simultânea de rádio ou televisão, que atinja mais de uma comarca, pelo local da sede estadual da emissora ou rede. *In*

736 CURSO DE DIREITO DA CRIANÇA E DO ADOLESCENTE

Estão excluídos os eventos que não se incluam no conceito de representação ou espetáculo[204], embora esta definição não seja pacífica[205].

A multa deve ser aplicada separadamente tanto à casa de espetáculo quanto aos órgãos de divulgação ou publicidade[206].

---

casu, a Rádio e Televisão Bandeirantes do Rio de Janeiro Ltda. – TV BAND, empresa que transmitiu o programa anunciado pelo recorrente, tem sede no Rio de Janeiro, razão pela qual não há incompetência do Juízo da 1ª Vara da Infância e da Juventude da Comarca do Rio de Janeiro para apreciar o presente feito. Por outro lado, o artigo 253 do ECA prevê como infração administrativa 'anunciar peças teatrais, filmes ou quaisquer representações ou espetáculos, sem indicar os limites de idade a que não se recomendem'. A esse respeito, Wilson Donizeti Liberati ensina que 'será considerado sujeito ativo da infração de anúncio de espetáculos sem indicativos de limite de idade todo aquele que anunciar peças teatrais, filmes, representação ou espetáculo. Em geral, será o responsável pela casa de diversão' (*Comentários ao Estatuto da Criança e do Adolescente*. 12. ed. rev. e ampl. de acordo com a Lei 13.058, de 22.12.2014. São Paulo: Malheiros, 2015, p. 325). Na espécie, portanto, não deve ser responsabilizada a empresa que apenas transmitiu o baile, pois, nos termos do acórdão recorrido, foi a recorrente, Furacão 2000 Produções Artísticas Ltda., quem promoveu e anunciou o evento intitulado 'Tornado muito nervoso' sem indicar os limites de idade a que não se recomendem. Como bem asseverou o d. *Parquet* federal, 'compulsando os autos, extrai-se que o anúncio do espetáculo foi feito pela recorrente. A conduta de não observar as prescrições legais foi praticada pela Empresa e não pela Emissora de Televisão, motivo pelo qual cai por terra a sua alegação de ilegitimidade passiva (fl. 88)'. Recurso especial improvido" (STJ, REsp 596.001/RJ, Recurso Especial 2003/0169229-7, Conflito de Competência 2003/0176711-7, 2ª T., Rel. Min. Franciulli Netto (1117), j. 11-5-2004).

204 "Apelação. Auto de Infração. Art. 253 do ECA. Alegação de ilegitimidade passiva que se rejeita. Órgão de divulgação corresponsável pelo teor da publicação. Mérito que se acolhe, por não se vislumbrar no art. 253 o conceito de boate ou casa noturna. Interpretação restritiva. Provimento do recurso" (TJRJ, Conselho da Magistratura, Processo 2005.004.00773, Rel. Des. Amaury Arruda de Souza, publicado em 8-11-2005, registrado em 28-11-2005).

205 "Direito Administrativo. Auto de infração. Revista. Anúncio de evento em danceteria sem indicação dos limites de idade a que não se recomendem. Violação ao disposto no art. 253 do Estatuto da Criança e do Adolescente. Recurso. Preliminar. Alegação de nulidade da sentença. Descabimento. Existência de fundamentação sucinta e objetiva, com embasamento legal – art. 253 da Lei n. 8.069/90. Mérito. Alegação de falta de adequação ao tipo descrito no art. 253 da Lei n. 8.069, de 13-7-1990. Improcedente. Festas e bailes destinados ao público também se incluem entre aqueles eventos que, segundo a lei, devem conter a indicação dos limites de idade. Desprovimento do recurso" (TJRJ, Processo 2003.004.01069, Conselho da Magistratura, Rel. Des. Nagib Slaibi Filho, j. 15-1-2004).

206 "Recurso de Apelação. Sentença *a quo* que julgou procedente o auto de infração contra empresa jornalística. Jornal 'O Globo'. Encarte 'Rio Show'. Anúncio do evento intitulado 'London Burning'. Ausência de indicação dos limites de idade não recomendados. Preliminar de ilegitimidade passiva afastada. Violação do art. 253 da Lei 8.069/90. *A menção da faixa etária cabe tanto à casa de espetáculo quanto aos órgãos de divulgação ou*

PARTE III – DAS INFRAÇÕES ADMINISTRATIVAS

4.8.3. Transmissão, via rádio ou televisão, de espetáculo de forma irregular

> Art. 254. Transmitir, por meio de rádio ou televisão, espetáculo em horário diverso do autorizado ou sem aviso de sua classificação:
>
> Pena: multa de vinte a cem salários de referência; duplicada em caso de reincidência, a autoridade judiciária poderá determinar a suspensão da programação da emissora por até dois dias.

O objeto da norma é o interesse do Estado em tutelar a integridade psíquica, moral e intelectual de crianças e adolescentes, de modo que não sejam expostos à temática adulta[207] e somente assistam a novelas, *shows*, filmes e demais espetáculos próprios à sua idade, evitando que sejam influenciados negativamente em sua formação, com respeito aos valores éticos e sociais da pessoa e da família, conforme disposto na Constituição Federal.

Em primeiro lugar, como medida de autorregulamentação, os programas deveriam ser organizados na forma do art. 76 do Estatuto da Criança e do Adolescente, de modo que houvesse o respeito às normas de proteção da infância e juventude[208].

O dispositivo deve ser dividido em duas partes: 1) a transmissão em horário diverso do autorizado; 2) a transmissão sem aviso de classificação.

---

publicidade. Multa fixada dentro dos critérios da razoabilidade e proporcionalidade, face a reincidência. Manutenção do *Decisum*. Apelo desprovido" (TJRJ, Processo 2004.004.00602, Conselho da Magistratura, por unanimidade, Rel. Des. Carpena Amorim, publicado em 28-9-2004, registrado em 12-11-2004).
"Direito Administrativo. Auto de infração. Caderno 'Rio Show – Jornal O Globo', de 9-1-2004. Anúncio do evento intitulado 'Acorda Amor', sem indicar os limites de idade a que não se recomenda. Violação ao disposto no art. 253 do Estatuto da Criança e do Adolescente. Recurso. Preliminar de ilegitimidade passiva. Rejeitada. *São responsáveis os órgãos de divulgação ou publicidade assim como os produtores do evento*, consoante o citado dispositivo legal. Mérito. Correta interpretação da norma contida no art. 253 da Lei n. 8.069/90, em consonância com art. 227 do texto constitucional – a intenção do legislador é impedir o acesso de crianças e adolescentes a eventos que possam motivar prematuramente o lado sexual dos mesmos. Desprovimento do recurso" (TJRJ, Processo 2004.004.00729, Conselho da Magistratura, por unanimidade, em rejeitar a preliminar, e, no mérito, por maioria, em negar provimento ao recurso, Rel. Des. João Carlos Pestana de Aguiar Silva, publicado em 9-11-2004, registrado em 3-12-2004).

207 Esta norma não existia no Código de Menores de 1927, mas foi prevista no art. 65 do Código de Menores de 1979: "Transmitir, através de rádio ou televisão, espetáculo em faixa de horário diversa da autorizada ou sem aviso de sua classificação".

208 O art. 53 do Código de Menores de 1927 era expresso: "Será vedada a apresentação, em rádio e televisão, de espetáculos proibidos para menores de: I – dez anos, até as vinte horas; II – quatorze anos, até as vinte e duas horas; III – dezoito anos, em qualquer horário. Atualmente, não há legislação expressa sobre o assunto e os horários passaram a ser regulamentados em Portaria do Ministério da Justiça".

738 CURSO DE DIREITO DA CRIANÇA E DO ADOLESCENTE

Quanto ao aviso de classificação, não há dúvidas. A infração administrativa prevista neste artigo deve ser integrada por documento do Ministério da Justiça classificando os programas por faixas etárias[209].

A expressão "em horário diverso do autorizado" foi objeto de ação direta de inconstitucionalidade no Supremo Tribunal Federal (ADI 2.404), que conclui, por maioria, pela inconstitucionalidade da expressão. A Corte afirmou que tanto a liberdade de expressão nos meios de comunicação como a proteção da criança e do adolescente seriam axiomas de envergadura constitucional e que a própria Constituição teria delineado as regras de sopesamento entre esses valores. A respeito, rememorou o julgamento da ADPF 130/DF (*DJe* de 6-11-2009), em que consignada a plenitude do exercício da liberdade de expressão como decorrência da dignidade da pessoa humana e como meio de reafirmação de outras liberdades constitucionais. A criança e o adolescente, pela posição de fragilidade em que se colocariam no corpo da sociedade, deveriam ser destinatários, tanto quanto possível, de normas e ações protetivas voltadas ao seu desenvolvimento pleno e à preservação contra situações potencialmente danosas a sua formação física, moral e mental. Nessa direção, o ECA concretizaria o valor de preservação insculpido na Constituição, ao estabelecer incentivos para que se alcançassem os objetivos almejados e ao fixar uma série de vedações às atividades a eles contrárias.

A Constituição teria estabelecido mecanismo apto a oferecer aos telespectadores das diversões públicas e de programas de rádio e televisão as indicações, as informações e as recomendações necessárias acerca do conteúdo veiculado. O sistema de classificação indicativa seria, então, ponto de equilíbrio tênue adotado pela Constituição para compatibilizar os dois postulados, a fim de velar pela integridade das crianças e dos adolescentes sem deixar de lado a preocupação com a garantia da liberdade de expressão.

O texto constitucional buscaria conferir aos pais, como reflexo do exercício do poder familiar, o papel de supervisão efetiva sobre o conteúdo acessível aos filhos, enquanto não plenamente aptos a conviver com os influxos prejudiciais do meio social. A competência da União para exercer a classificação indicativa somente se legitimaria por expressa disposição constitucional. Mas essa incumbência não se confundiria com autorização, e sequer poderia servir de anteparo para que se aplicassem sanções de natureza administrativa. Assim, o uso do verbo "autorizar",

---

209 O Código de Menores de 1979 era mais claro e objetivo quanto aos horários dos programas não recomendados ao público infantojuvenil. O art. 53 vedava a apresentação, em rádio ou televisão, de espetáculos públicos proibidos para menores de dez anos até as vinte horas; para os menores de quatorze anos até as vinte e duas horas e para os menores de dezoito anos em qualquer horário. O órgão responsável pela classificação dos programas era denominado "Serviço Federal de Censura", sendo que era expressamente permitido para a autoridade judiciária ampliar o limite de idade fixado (art. 52).

PARTE III – DAS INFRAÇÕES ADMINISTRATIVAS

contido na expressão impugnada, revelaria sua ilegitimidade. A submissão de programa ao Ministério de Estado da Justiça não consistiria em condição para que pudesse ser exibido, pois não se trataria de licença ou de autorização estatal, vedadas pela CF. A submissão ocorreria, exclusivamente, com o fito de que a União exercesse sua competência administrativa para classificar, a título indicativo, as diversões públicas e os programas de rádio e televisão (CF, art. 21, XVI). Desse modo, o Estado não poderia determinar que a exibição da programação somente se desse em horários determinados, o que caracterizaria imposição, e não recomendação. Inexistiria dúvida de que a expressão questionada teria convertido a classificação indicativa em obrigatória.

A Constituição conferira à União e ao legislador federal margem limitada de atuação no campo da classificação dos espetáculos e diversões públicas. A autorização constitucional seria para que aquele ente federativo classificasse, informasse, indicasse as faixas etárias e/ou horários não recomendados, e não que proibisse, vedasse ou censurasse. A classificação indicativa deveria, pois, ser entendida como aviso aos usuários acerca do conteúdo da programação, jamais como obrigação às emissoras de exibição em horários específicos, mormente sob pena de sanção administrativa. O dispositivo adversado, ao estabelecer punição às empresas do ramo por exibirem programa em horário diverso do autorizado, incorreria em abuso constitucional. Embora a norma discutida não impedisse a veiculação de ideias, não impusesse cortes em obras audiovisuais, mas tão somente exigisse que as emissoras veiculassem seus programas em horário adequado ao público-alvo, implicaria censura prévia, acompanhada de elemento repressor, de punição. Esse caráter não se harmonizaria com os arts. 5º, IX; 21, XVI; e 220, § 3º, I, todos da CF.

Entendeu o Supremo Tribunal Federal que a exibição do aviso de classificação indicativa teria efeito pedagógico, a exigir reflexão por parte do espectador e dos responsáveis e seria dever estatal, nesse ponto, conferir maior publicidade aos avisos de classificação, bem como desenvolver programas educativos acerca desse sistema. Ademais, o controle parental poderia ser feito, inclusive, com o auxílio de meios eletrônicos de seleção e de restrição de acesso a determinados programas, como já feito em outros países. A tecnologia, inclusive, seria de uso obrigatório no Brasil, apesar de ainda não adotada (Lei n. 10.359/2001). De todo modo, seria sempre possível a responsabilização judicial das emissoras de radiodifusão por abusos ou danos à integridade de crianças e adolescentes, tendo em conta, inclusive, a recomendação do Ministério da Justiça em relação aos horários em que determinada programação seria adequada. Nesse aspecto, a liberdade de expressão exigiria igualmente responsabilidade no seu exercício. As emissoras deveriam observar na sua programação as cautelas necessárias às peculiaridades do público infantojuvenil. Elas, e não o Estado, deveriam, não obstante, proceder ao enquadramento horário de sua programação (ADI 2.404/DF, Rel. Min. Dias Toffoli, 31-8-2016).

740 CURSO DE DIREITO DA CRIANÇA E DO ADOLESCENTE

A Portaria do Ministério da Justiça que define horários, assim, não é absoluta, mas deve ser respeitada pelas emissoras de rádio e televisão e serve como diretriz de interpretação pelo Poder Judiciário, quando em cotejo com o disposto no art. 76 do ECA e no art. 221 da Constituição Federal.

Sujeito ativo da infração é a emissora de rádio ou televisão (pessoa jurídica, ou, na hipótese de inexistência de pessoa jurídica, a pessoa física responsável pela transmissão).

Sujeito passivo é a sociedade, de maneira difusa, e a coletividade de crianças e adolescentes expostos.

A infração administrativa se consuma com a transmissão sem a indicação classificativa.

Entendemos que a pena que dispõe que "a autoridade judiciária poderá determinar a suspensão da programação da emissora por até dois dias" é, em tese, inconstitucional, pelos mesmos motivos que ensejaram a declaração da inconstitucionalidade desta mesma frase contida na parte final do art. 247, § 2º, do Estatuto, pelo STF, por violar o direito à informação relativo aos demais programas.

Note-se, de qualquer forma, conforme o teor da fundamentação da decisão do Supremo Tribunal Federal na referida ADI 2.404, que é possível a alteração do programa impróprio por imposição do Poder Judiciário em ação judicial para tal, e que as emissoras de televisão podem ser condenadas em danos morais coletivos por infração aos direitos difusos de crianças e adolescentes.

Nada impede, outrossim, haja vista o descumprimento reiterado das normas de proteção à infância, que a concessão da emissora seja reavaliada, suspensa ou cassada, na forma do art. 67, parágrafo único, da Lei n. 4.117.

4.8.4. Exibição de espetáculo de forma irregular

> Art. 255. Exibir filme, *trailer*, peça, amostra ou congênere classificado pelo órgão competente como inadequado às crianças e adolescentes admitidos ao espetáculo:
>
> Pena: multa de 20 (vinte) a 100 (cem) salários de referência; na reincidência, a autoridade poderá determinar a suspensão do espetáculo ou o fechamento do estabelecimento por até 15 (quinze) dias.

O objeto da norma é o mesmo, qual seja, o interesse do Estado em tutelar a integridade psíquica de crianças e adolescentes, de modo que não sejam expostos à temática adulta e somente assistam a filmes, *trailer*, peças, amostra ou congênere, próprios à sua idade[210], evitando que sejam influenciados negativamente em sua

---

210 O Código de Menores estabelecia no art. 66: "Exibir, no todo ou em parte, filme, cena, peça, amostra ou congênere, bem como propaganda comercial de qualquer

PARTE III – DAS INFRAÇÕES ADMINISTRATIVAS

formação, com respeito aos valores éticos e sociais da pessoa e da família, conforme disposto na Constituição Federal. A norma admite a interpretação extensiva ou analógica, consoante se verifica da expressão "ou congênere".

São sujeitos ativos o diretor do espetáculo e o dirigente do estabelecimento[211], havendo decisão judicial incluindo até mesmo a divulgação pela internet[212].

Sujeito passivo da infração é a sociedade (de maneira difusa) e a coletividade de crianças ou adolescentes diretamente expostos.

A infração administrativa se consuma com a exibição do programa inadequado a criança ou adolescente admitido ao espetáculo. Note-se que é necessária a entrada, a admissão da criança ou do adolescente em determinado local próprio para exibição de espetáculos. Citamos como exemplos: cinemas, estúdios cinematográficos, de teatro, rádio, televisão, auditórios de escolas, de clubes. Não há a infração administrativa quando o filme, *trailer*, peça, amostra ou congênere, ainda que classificado como inadequado, seja exibido pelos pais no recesso do lar, mas, neste caso, eventualmente, poderá configurar a infração administrativa prevista no art. 249 do Estatuto.

A classificação é dada pelo Ministério da Justiça, conforme já exposto.

Importante notar que o poder familiar não é absoluto. Pelo princípio da proteção integral, além da família, a sociedade e o Estado também devem participar da proteção de crianças e adolescentes.

Há quem defenda que, pela interpretação da norma prevista no art. 149, I, *e*, do Estatuto, acompanhados dos pais, os filhos poderiam entrar em qualquer local. A construção deste entendimento levou em consideração que, cabendo ao juiz disciplinar a entrada de crianças e adolescentes desacompanhados dos pais[213], estando a criança ou o adolescente acompanhado, não incidiria a infração.

---

natureza, cujo limite de proibição esteja acima do fixado para os menores admitidos ao espetáculo".

211 LIBERATI, Wilson Donizete. *Comentários ao Estatuto da Criança e do Adolescente*. 12. ed. rev. e ampl. de acordo com a Lei 13.058, de 22.12.2014. São Paulo: Malheiros, 2015, p. 327.

212 "ESTATUTO DA CRIANÇA E DO ADOLESCENTE. AUTO DE INFRAÇÃO. EXIBIÇÃO DE FILME PORNOGRÁFICO VIA INTERNET. INFRINGÊNCIA DO ARTIGO 255 DO ECA. APLICAÇÃO DE MULTA. 1 – A exibição de filme pornográfico via Internet à criança e ao adolescente é expressamente proibida, sob pena de multa; na reincidência, poderá acarretar o fechamento do estabelecimento, *ex vi* do artigo 255 da Lei n. 8.069, de 13 de julho de 1990. 2 – Nega-se provimento ao apelo" (TJMG, Processo 1.0145.03.059463-7/001(1), 2ª Câmara Cível, Rel. Des. Nilson Reis, publicado em 20-5-2005).

213 *Vide* Edson Sêda em *Construir o passado*. Série Direitos da Criança. São Paulo: Malheiros, 1993, p. 47-48: "O que ocorre com o Estatuto é que o exercício do pátrio poder foi reforçado: Exemplo: antes pai e mãe só podiam frequentar certos lugares com os

Entendemos, contudo, que a infração administrativa não abre margem para dúvidas. Não é o magistrado que proíbe ou permite a entrada de crianças ou adolescentes em espetáculos nos quais serão exibidos filme, *trailer*, peça, amostra ou congênere *classificados como inadequados*. Pela Constituição Federal, quem define se a classificação é adequada ou não é o Ministério da Justiça. Em sendo a classificação inadequada, a redação deste artigo (art. 255 do ECA) é bem expressa neste sentido, impondo a infração administrativa.

Note-se que aos pais cabe a criação dos filhos, respeitando as normas de direito público e de proteção à infância. Se os pais não concordam com a classificação dada pelo Ministério da Justiça, não podem exigir que o cinema ou o teatro lhes permita a entrada, pois estes estabelecimentos poderão ser responsabilizados na forma do art. 255 do ECA.

Neste sentido, importante transcrever decisão do Superior Tribunal de Justiça:

> DIREITO CIVIL. INFÂNCIA E JUVENTUDE. MENOR E SEU PAI RETIRADOS DO INTERIOR DE SALA DE CINEMA. FILME IMPRÓPRIO E NÃO RECOMENDÁVEL À IDADE DO PRIMEIRO. CLASSIFICAÇÃO INDICATIVA E PROIBITIVA. CONDUTA DO EXIBIDOR DE FILMES QUE SE REVELA ADEQUADA AO PRINCÍPIO DA PREVENÇÃO ESPECIAL. CUMPRIMENTO DO DEVER LEGAL. Os pais, no exercício do poder familiar, têm liberdade, ressalvados os limites legais, para conduzir a educação de seus filhos, segundo os preceitos morais, religiosos, científicos e sociais que considerem adequados. O ECA, como a maior parte da legislação contemporânea, não se satisfaz com a simples tarefa de indicar os meios legais para que se reparem os danos causados a este ou aquele

---

filhos se o Juiz de sua Comarca assim o julgasse adequado. A legislação anterior autorizava o juiz a agir como se fosse o legislador local para esses assuntos, expedindo portarias que fixavam normas sobre o que os pais podiam ou não fazer nesse terreno. Ou seja, o Juiz era autorizado, por lei, a interferir no exercício da cidadania dos pais em relação aos filhos. O Juiz era quem se autodeterminava no lugar dos pais! Agora, cabe aos pais disciplinarem a entrada e permanência dos filhos, desde que os acompanhe (ECA, 75; 149, I), em: estádio, ginásio e campo desportivo; bailes e promoções dançantes; boate e congêneres; casa que explore comercialmente diversões eletrônicas; estúdios cinematográficos, de teatro, rádio e televisão. Desacompanhados os filhos, cabe ao Juiz local disciplinar essa frequência, obedecidas certas exigências do Estatuto. Vê-se assim que nesses casos, cabe aos pais se autodeterminarem, desde que estejam junto com os filhos. Desacompanhados os filhos dos pais, o Estatuto vê a questão como de ordem pública, cabendo ao Juiz julgar o pedido das partes (proprietário dos locais de frequência ou responsáveis pelos espetáculos ou eventos), vedadas as determinações de caráter geral: o Juiz não pode agir como se fosse legislador emitindo normas gerais. E os responsáveis por diversões e espetáculos devem pedir à autoridade judiciária a classificação para regular a frequência de adolescentes desacompanhados, já que crianças só podem frequentá-los acompanhados de pais ou responsável (ECA, 74, 75). Mas isto é apenas um exemplo para dar ideia do reforço das opções parentais".

PARTE III – DAS INFRAÇÕES ADMINISTRATIVAS 743

bem jurídico. O legislador, antes de tudo, quer prevenir a ocorrência de lesão aos direitos que assegurou. Foi com intuito de criar especial prevenção à criança e ao adolescente que o legislador impôs ao poder público o dever de regular as diversões e espetáculos públicos, classificando-os por faixas etárias (art. 74, ECA). Na data dos fatos, 15-2-2003, vigia a Portaria 796, de 8-9-2000, do Ministério da Justiça, regulamentando, de forma genérica e vaga, a classificação indicativa para filmes. Do texto dessa norma, não se extrai qualquer regra que expressamente autorizasse a entrada de menores, em sessão de cinema imprópria para sua idade, desde que acompanhados dos pais e/ou responsáveis. Era razoável que o empresário, ao explorar a cinematografia, vedasse a entrada de menor em espetáculo classificado como impróprio, ainda que acompanhado de seus pais. Havia motivos para crer que a classificação era impositiva, pois o art. 255 do ECA estabelecia sanções administrativas severas a quem exibisse "filme, trailer, peça, amostra ou congênere classificado pelo órgão competente como inadequado às crianças ou adolescentes admitidos ao espetáculo". A sanção poderia variar de 20 a 100 salários mínimos e, na reincidência, poderia resultar na suspensão do espetáculo ou no fechamento do estabelecimento por até quinze dias. – Não se afigura razoável exigir que o recorrente, à época, interpretasse o art. 255 do ECA, sopesando os princípios próprios desse microssistema jurídico, para concluir que poderia eximir-se de sanção administrativa sempre que crianças e adolescentes estivessem em exibições impróprias, mas acompanhados de seus pais ou responsáveis. Com isso, tem-se que eventual erro do recorrente sobre o dever que lhe era imposto por lei é absolutamente escusável. Recurso especial provido[214].

De qualquer forma, as Portarias do Ministério da Justiça passaram a permitir certa flexibilização no controle da classificação indicativa quando adolescentes estão acompanhados de responsáveis[215]. É importante notar que, sendo o Ministério da Justiça o órgão responsável pela classificação, o magistrado não pode, de ofício, e através de portaria sua, permitir a exibição a crianças e adolescentes de obras classificadas como inadequadas, mas poderá alterar a classificação em ação judicial proposta por quem tenha legitimidade para tal.

4.8.5. Venda ou locação de programação inadequada

Art. 256. Vender ou locar a criança ou adolescente fita de programação em vídeo, em desacordo com a classificação atribuída pelo órgão competente.

Pena – multa de 3 (três) a 20 (vinte) salários de referência; em caso de reincidência, a autoridade judiciária poderá determinar o fechamento do estabelecimento por até 15 (quinze) dias.

---

214 STJ, REsp 1.072.035/RJ (2008/0143814-8), 3ª T., Rel. Min. Nancy Andrighi, data da publicação 4-8-2009.

215 Vide as diversas portarias existentes desde 2014: Portarias 454/2023, 361/2023, 1189/2018 e 368/2014. Disponível em: <https://www.gov.br/mj/pt-br/assuntos/seus--direitos/classificacao-1/folder-classind-25-anos.pdf>. Acesso em: 30 out. 2024.

O objeto da norma, novamente, é o interesse do Estado em tutelar a integridade psíquica de crianças e adolescentes, com "o intuito de proteger a criança e o adolescente da violência, do abuso de cenas de sexo e de outros comportamentos que prejudicam o seu desenvolvimento moral e psíquico"[216]. O dispositivo deve ser integrado pelo documento do Ministério da Justiça que atribui a classificação da programação a ser vendida ou locada. A venda ou locação, portanto, deve ser precedida da análise do Ministério da Justiça.

Dispõe o art. 77 do Estatuto: "Os proprietários, diretores, gerentes e funcionários de empresas que explorem a venda ou aluguel de fitas de programação em vídeo cuidarão para que não haja a venda ou locação em desacordo com a classificação atribuída pelo órgão competente".

O sujeito ativo é, em regra, o comerciante, aquele que vende ou faz a locação de programação em desacordo com a classificação atribuída pelo Ministério da Justiça. A responsabilidade não é direcionada apenas às pessoas jurídicas, mas às pessoas físicas diretamente envolvidas, como os proprietários, diretores, gerentes e funcionários das empresas que explorem a venda ou aluguel de fitas de programação audiovisual, haja vista a interpretação sistemática, conjugada com o disposto no art. 77 do Estatuto.

A cessão gratuita do material não foi tipificada pela lei.

Sujeito passivo da infração é a criança ou adolescente que adquiriu ou alugou a obra audiovisual em desconformidade com a lei.

Conforme expõe René Ariel Dotti[217], enquanto o ilícito previsto no art. 255 atinge um número indeterminado de crianças ou adolescentes, a infração ora comentada alcança um número limitado. Naquela existe o dano coletivo, nesta o dano individual.

A infração administrativa se consuma com o ato de comércio.

O DVD, embora não tenha sido mencionado pelo dispositivo, está incluído na norma legal, pois a vontade do texto legal certamente foi abranger qualquer tipo de programação audiovisual (decorrência da interpretação extensiva ou analógica).

4.8.6. Comercialização de revistas e periódicos de maneira irregular

> Art. 257. Descumprir obrigação constante dos arts. 78 e 79 desta Lei:
>
> Pena – multa de 3 (três) a 20 (vinte) salários de referência, duplicando-se a pena em caso de reincidência, sem prejuízo de apreensão da revista ou publicação.

O art. 257 do Estatuto deve ser complementado pelos arts. 78 e 79 da mesma lei, que assim dispõem:

---

216 LIBERATI, Wilson Donizeti. *Comentários ao Estatuto da Criança e do Adolescente*. 12. ed. rev. e ampl. de acordo com a Lei 13.058, de 22.12.2014. São Paulo: Malheiros, 2015, p. 327.

217 DOTTI, René Ariel. Art. 256. In: VERONESE, Josiane Rose Petry; SILVEIRA, Mayra; CURY, Munir (coord.). *Estatuto da Criança e do Adolescente comentado*. Comentários jurídicos e sociais. 13. ed. rev. e atual. São Paulo: Malheiros, 2018, p. 1535.

PARTE III – DAS INFRAÇÕES ADMINISTRATIVAS

Art. 78. As revistas e publicações contendo material impróprio ou inadequado a crianças e adolescentes deverão ser comercializadas em embalagem lacrada, com advertência de seu conteúdo.

Parágrafo único – As editoras cuidarão para que as capas que contenham mensagens pornográficas ou obscenas sejam protegidas com embalagem opaca.

Art. 79. As revistas e publicações destinadas ao público infantojuvenil não poderão conter ilustrações, fotografias, legendas, crônicas ou anúncios de bebidas alcoólicas, tabaco, armas e munições, e deverão respeitar os valores éticos e sociais da pessoa e da família.

O objeto da norma, novamente, decorre do interesse do Estado em tutelar a integridade psíquica de crianças e adolescentes, com respeito aos valores éticos e sociais da pessoa e da família, evitando o contato visual com imagens e publicações obscenas e pornográficas que, a toda evidência, são inapropriadas para pessoas em desenvolvimento. Certamente a banalização do sexo e a exposição vulgar do corpo não trazem benefícios para a população infantojuvenil[218].

Sujeito ativo da infração são principalmente as editoras. O comerciante (lojas[219], livrarias ou bancas de jornal[220]) os distribuidores[221] e até mesmo veículos de publi-

---

218 A preocupação com a exposição de "menores" a revistas obscenas e pornográficas já constava do Código de Menores de 1927 como infração penal (art. 90). O crime foi previsto no art. 234 do Código Penal de 1940, mas é praticamente lei morta. Esta infração administrativa prevista no art. 257 do Estatuto é amplamente utilizada no Rio de Janeiro, e, ainda assim, muitos abusos são cometidos em diversas bancas de jornal pela cidade.

219 "CRIANÇA E ADOLESCENTE – COMÉRCIO DE REVISTA IMPRÓPRIA – RESPONSABILIDADE DO COMERCIANTE – AUTO DE APREENSÃO E PENALIDADE APLICADA SUBSISTENTES. 1 – Todos os que comercializam revistas com conteúdo impróprio ou inadequado para criança e adolescente, e não apenas as editoras, têm o dever observar as exigências impostas pelo art. 78 do ECA, sob pena de multa fixada nos termos do art. 257 do mesmo diploma legal. 2 – Recurso não provido" (TJMG, Processo 1.0024.03.065102-0/001(1), Rel. Des. Edgard Penna Amorim, publicação 26-8-2005).

220 "PROCESSUAL CIVIL – ESTATUTO DA CRIANÇA E ADOLESCENTE – REVISTAS INAPROPRIADAS – EXIBIÇÃO INADEQUADA EM BANCA DE REVISTA – LEGITIMIDADE PASSIVA *AD CAUSAM* – AUTO DE INFRAÇÃO SUBSISTENTE. A responsabilidade pela adequada apresentação do produto é não só das editoras e distribuidoras, mas, também, até mesmo principalmente dos agentes comercializadores ao público final, em especial as bancas de revistas, pois o ECA traz regra de responsabilidade objetiva em relação à obrigação de adequada embalagem de produtos impróprios para crianças e adolescentes (arts. 78 e 79 c/c o art. 257 do Estatuto da Criança e do Adolescente), o que faz com que a mesma seja legitimada a participar da relação jurídica processual" (TJMG, Processo 1.0024.03.065300-0/001(1), Rel. Des. Nepomuceno Silva, publicação 17-6-2005).

221 "[...] O art. 78 do ECA responsabiliza os responsáveis por todo o trâmite de comercialização das revistas e periódicos, desde a editora, até o distribuidor, varejista e o

746 CURSO DE DIREITO DA CRIANÇA E DO ADOLESCENTE

cidade, como, por exemplo, o responsável por publicações em *outdoors*[222] podem ser responsabilizados, haja vista a proteção integral e a intenção do legislador de proteger crianças e adolescentes do contato visual com material impróprio para a idade[223], uma vez que fazem parte da cadeia de comercialização.

---

comerciante final. A revista, no momento da distribuição, deve observar os preceitos legais, podendo a distribuidora, inclusive, negar-se a distribuir revistas com conteúdo pornográfico explícito e não embalado. Dever legal da autuada de deixar de distribuir as revistas pornográficas, com conteúdo obsceno e que, não contenham embalagem opaca. Norma que objetiva a proteção integral das crianças e adolescentes, que não devem ser expostos às imagens obscenas. [...] Precedentes: AREsp 664.079, Rel. Min. Benedito Gonçalves, *DJe* 13-5-2015; AREsp 667.639, Rel. Min. Herman Benjamin, *DJe* 20-4-2015; AREsp 592.377, Rel. Min. Sérgio Kukina, *DJe* 12-12-2014" (STJ, AREsp 698.039, Min. Napoleão Nunes Maia Filho, publicado em 30-6-2015).

222 "ESTATUTO DA CRIANÇA E ADOLESCENTE. ANÚNCIO. A PUBLICIDADE INSE-RE-SE NA CATEGORIA GENÉRICA DE PUBLICAÇÃO E SUBORDINA-SE ÀS NOR-MAS DO ESTATUTO DA CRIANÇA E DO ADOLESCENTE, CUJA OFENSA ENSEJA A RESPECTIVA SANÇÃO. VISTOS, relatados e discutidos estes autos de Apelação 2002.004.00491, originários da 1ª Vara da Infância e Juventude da Comarca da Capital, em que é apelante Mídia Rio-RJ Publicidade Exterior Ltda e é apelado Ministério Públi-co. ACORDAM os Desembargadores que compõem o Conselho da Magistratura, por unanimidade de votos, rejeitou-se a preliminar e, no mérito, em negar provimento ao recurso. A apelante foi responsável pela divulgação dos 'outdoors', objeto do auto do presente auto de infração, e, neste aspecto, é parte legítima para figurar no polo passivo da demanda. A interpretação dos artigos 78 e 257 da Lei 8.069/90 deve ser feita no sen-tido de alcançar a *mens legislatoris*, atendo ao princípio da Proteção Integral à Criança e Adolescente. Portanto, o termo *publicações*, presente no art. 78 do ECA, abrange, sem dúvidas, os referidos 'outdoors' que veicularam imagem e mensagens pornográficas. Desta forma, considerando que a apelante é responsável pela veiculação destes cartazes, impõe-se sua responsabilidade pelo conteúdo divulgado. [...]. A foto da modelo, em trajes e pose sensual, em conjunto com a frase publicitária do produto: 'Já deu umazinha hoje?', 'Tele! Card – o cartão do tesão', não são condizentes com a proteção das crianças e adolescentes, garantida constitucionalmente. Esses anúncios são impróprios ou inade-quados para crianças e adolescentes, e como consequência, a empresa que promove a divulgação, ainda que se limite à colagem dos referidos 'outdoors' em diversos pontos da cidade, deveria ter respeitado às normas do Estatuto da Criança e do Adolescente. Estes cartazes têm dimensões enormes, são acessíveis à população e pode, facilmente e sem qualquer obstáculo, ser visto pelo público infantojuvenil. Desta forma, a autuação sofri-da pela apelante não configura censura e nem fere a liberdade de informação amparada pela Constituição Federal, vez que se mantém íntegro seu direito de informar. E a multa, levando-se em consideração o poderio econômico do apelante e sua conduta reinciden-te, foi aplicada em consonância com os critérios legais. Por estes motivos, rejeita-se a preliminar e, no mérito, nega-se provimento ao recurso" (TJRJ, Processo 2002.004.00491, classe "D", Conselho da Magistratura, Rel. Des. Milton Fernandes de Souza).

223 "AUTO DE INFRAÇÃO – JUIZADO DA INFÂNCIA E DA JUVENTUDE – INFRA-ÇÃO ADMINISTRATIVA – ART. 78 DA LEI N. 8.069/90 – LEGITIMIDADE PASSIVA. O art. 78 da Lei n. 8.069/90 deve ser interpretado de modo a atingir todas as pessoas envolvidas na comercialização de revistas e publicações com material impróprio ou inadequado a crianças, ou seja, a editora, como comerciante atacadista, e a banca de

PARTE III – DAS INFRAÇÕES ADMINISTRATIVAS

Sujeito passivo da infração administrativa é a coletividade de crianças e adolescentes potencialmente expostos visualmente aos apelos eróticos das revistas e publicações, bem como os adultos que se sintam constrangidos com tal exposição.

O tipo administrativo consiste, em relação ao art. 78, em comercializar revista e publicações contendo material impróprio ou inadequado à criança ou ao adolescente *sem embalagem lacrada e sem a advertência de seu conteúdo* (*caput* do art. 78 do ECA). Quando o material impróprio ou inadequado estiver na capa da revista ou publicação, é necessário que, *além de a embalagem ser lacrada, seja também opaca, de modo que a criança ou adolescente não visualize a mensagem da revista ou publicação* (parágrafo único do art. 78 do ECA). A obrigação de proteger a capa da revista com embalagem opaca é da editora, havendo decisões judiciais recentes excluindo a responsabilidade do jornaleiro[224].

Em relação ao art. 79, em se tratando de revistas e publicações destinadas ao público infantojuvenil, o cuidado do legislador não se limitou à embalagem, mas em relação ao conteúdo, de modo que proibiu ilustrações, fotografias, legendas, crônicas ou anúncios de bebidas alcoólicas, tabaco, armas e munições, proibindo ainda o desrespeito aos valores éticos e sociais da pessoa e da família (família em sentido estrito)[225].

No conceito de publicação, podemos citar quaisquer periódicos, livros, jornais[226], revistas, inclusive *outdoors*[227]. Note-se que, apesar de os *outdoors* não se

---

venda de jornais e revistas, como varejista. APELO IMPROVIDO" (TJMG, Processo 1.0024.02.619469-6/001(1), Rel. Des. Nilson Reis, publicação 3-12-2004).

224 "APELAÇÃO CÍVEL – ESTATUTO DA CRIANÇA E DO ADOLESCENTE – COMERCIALIZAÇÃO DE MATERIAL PORNOGRÁFICO – INFRAÇÃO ADMINISTRATIVA – ART. 78 C/C ART. 258, DA LEI N. 8.069/90 – RESPONSABILIZAÇÃO DAS EDITORAS – AUTO DE INFRAÇÃO INSUBSISTENTE QUANTO AO JORNALEIRO – RECURSO PROVIDO. – O art. 78, parágrafo único da Lei 8.069/90, trata de norma de cunho restritivo, cuja interpretação deve ser limitada, cumprindo ao jornaleiro apenas o zelo pela preservação do acondicionamento lacrado das publicações (a teor do *caput*). – A exigência em face das bancas de jornal restringe-se tão somente à disponibilização para o consumidor final em invólucro devidamente lacrado, à medida que a determinação do parágrafo único do art. 78 do Estatuto da Criança e Adolescente destina-se às editoras, responsáveis pelo empacotamento do produto. – Recurso provido. V.V.EMENTA: ECA – AUTO DE INFRAÇÃO – BANCA DE REVISTA – MATERIAL PORNOGRÁFICO – ACONDICIONAMENTO DEFICIENTE – EXEGESE DOS ARTIGOS 78 E 79 DO ECA" (TJMG, Apelação Cível 1.0637.08.056808-1/001. 0568081-58.2008.8.13.0637 (1), Rel. Des. Claret de Moraes, j. 30-6-2015, publicação da Súmula 10-7-2015).

225 *Vide* exposição feita no item 4. VIII. Enredos eróticos, de homossexualismo, de poligamia, poliandria, que aviltem a dignidade humana, de estímulo à violência, ao terrorismo, ao racismo, ao aborto, à prostituição etc., estão proibidos.

226 "ESTATUTO DA CRIANÇA E ADOLESCENTE. PUBLICAÇÃO. EMBALAGEM. 1 – O Estatuto da Criança e do Adolescente, com o intuito de protegê-los, determina que as revistas contendo material impróprio ou inadequado a crianças e adolescentes sejam comercializadas em embalagens lacradas com advertência de seu conteúdo (Lei n. 8.069/90, art. 78). 2 – Nestas circunstâncias a veiculação de anúncios com mulheres

encontrarem à venda, "o ato de "comercializar" se inicia com a exposição do produto, primeiro passo para que a venda da revista anunciada se concretize"[228]. Destaca-se, ainda, que o verbo "publicar" significa tornar público, permitir o acesso ao público. E, se é vedada a exposição de tal espécie de fotografia em capa de revista nas bancas de jornal, muito maior razão haverá para a proibição de exibição da mesma fotografia em tamanho maior, como é feito no *outdoor*.

Note-se que não se trata de censura, posto que se a revista erótica ou pornográfica for embalada corretamente, poderá ser livremente comercializada. Quando o conteúdo é impróprio ou inadequado, a embalagem deve ser lacrada e com a advertência de seu conteúdo. Quando a própria capa contiver mensagens pornográficas ou obscenas, a publicação deverá ser comercializada com embalagem opaca, ou seja, que não deixe atravessar a luz, não seja transparente.

E qual seria o material impróprio ou inadequado a crianças e adolescentes mencionado no art. 78, *caput*, do Estatuto? Certamente todo e qualquer material que não respeite os valores éticos e sociais da pessoa e da família (art. 221, IV, da CF). São publicações que contêm, sobretudo, mensagens pornográficas e obscenas, propaganda de produtos, práticas e serviços que possam ser nocivos à saúde e ao meio ambiente ou que aviltem a dignidade da pessoa humana.

E qual o significado de mensagens pornográficas e obscenas? O *Dicionário Aurélio* define como pornografia "figura(s), fotografia(s), filme(s), espetáculo(s), obra literária ou de arte etc., relativos a, ou que tratam de coisas ou assuntos obscenos ou licenciosos, capazes de explorar o lado sexual do indivíduo".

É dever de todos, da sociedade e do Estado, impedir que crianças e adolescentes aceitem a banalização do sexo e a exposição vulgar do corpo, haja vista a proteção psicológica necessária a um crescimento saudável.

Toda vez que a ilustração contiver um estímulo sexual, que a nudez revelar um convite ao sexo, que as palavras sejam utilizadas para fomentar a curiosidade sexual, estaremos diante de uma mensagem pornográfica ou obscena.

---

nuas e mensagens eróticas, enquadra-se como imprópria ou inadequada para crianças e, como consequência, o jornal que a veicula deve ser comercializado em embalagem lacrada, com advertência de seu conteúdo" (TJRJ, Processo 2001.004.00444, Classe "D", Conselho da Magistratura, Rel. Des. Milton Fernandes de Souza).

227 "ESTATUTO DA CRIANÇA E DO ADOLESCENTE. Fotografia de nu feminino exibida em *outdoor*. Exibição visual de material impróprio ou inadequado a crianças e adolescentes, com mensagem pornográfica. Violação do disposto no art. 78, parágrafo único, do ECA. Incidência do art. 257 do mesmo diploma legal. Auto de infração lavrado pela fiscalização. Decisão de primeiro grau que acolhe a autuação e impõe multa à infratora. Recurso ao qual se nega provimento" (TJRJ, Processo 2003.004.00459, Conselho da Magistratura, Rel. Pestana Cabral, Publicado no *D.O.* em 30-10-2003, Parte III, fls. 85).

228 Renata Pereira S. Graça Mello, em parecer do Ministério Público do Rio de Janeiro às fls. 73/75 do Processo 2000.710.005380-1 da 1ª Vara da Infância e da Juventude da Capital.

PARTE III – DAS INFRAÇÕES ADMINISTRATIVAS

É preciso imaginar uma situação que cause constrangimento, que a publicação não possa estar exposta numa reunião familiar, na presença de crianças pequenas e senhoras de idade, num ambiente escolar, numa festa infantil etc.

De acordo com o entendimento de Roberto João Elias[229],

> Numa sociedade cada vez mais permissiva, talvez seja difícil identificar o que sejam mensagens pornográficas ou obscenas. Entretanto, os critérios que nos devem nortear são aqueles aceitos num ambiente familiar normal, onde os princípios éticos sejam difundidos.

A maioria dos psicólogos é unânime em afirmar inadequado e prejudicial estimular, eroticamente, crianças e jovens. Crianças não podem estar expostas a fotos e cenas eróticas, pois não se encontram prontas a experimentar sensações ligadas à fase adulta. Estudos da psicologia indicam que a erotização precoce traz prejuízos éticos, de aprendizagem e emocionais. A criança estimulada a imitar a sexualidade adulta é levada a uma excessiva excitação, que pode diminuir seu interesse e sua capacidade para pensar, para se sentir capaz, para se desenvolver gradativamente e para ter noções de sua identidade. Uma criança erotizada na infância vai deslocar para a sexualidade toda a sua afetividade. Ao chegar à adolescência, quando os impulsos conduzem naturalmente à sexualidade, esta criança poderá lidar com questões sexuais de maneira precipitada e patológica. Há um momento característico do desenvolvimento biológico e psíquico para que satisfações de ordem sexual aconteçam de modo natural e espontâneo.

Despicienda é a distinção entre material pornográfico e erótico. A finalidade da norma é evitar a sexualidade precoce. O nu artístico de uma estátua, o nu científico em obras de medicina, o biquíni na praia, e demais situações fora de um contexto sexual, certamente não podem ser consideradas pornográficas. A questão será definir o contexto, a finalidade da revista, a busca do prazer sexual.

A respeito do assunto, convêm serem transcritos os arestos abaixo:

> INFRAÇÃO ADMINISTRATIVA. COMERCIALIZAÇÃO DE PERIÓDICO CONTENDO MATERIAL IMPRÓPRIO ÀS PESSOAS EM FORMAÇÃO, SEM AS CAUTELAS DO ESTATUTO DA CRIANÇA E DO ADOLESCENTE. Comete infração administrativa, periódico que estampa fotografias de mulheres nuas, exibindo exuberantes dotes físicos em poses eróticas, comercializando-as sem as cautelas do *caput* do art. 78 do Estatuto da Criança e do Adolescente, porque despertada precocemente a sexualidade nas pessoas em formação, sendo potencialmente prejudicial a elas. Recurso improvido[230].

---

229 ELIAS, Roberto João. *Comentários ao Estatuto da Criança e do Adolescente*. 4. ed. São Paulo: Saraiva, 2010, p. 95.

230 TJGO, Apelação Cível 11-9/288, Conselho Superior da Magistratura, Rel. Des. João Canedo Machado, 16-9-1996.

750

CURSO DE DIREITO DA CRIANÇA E DO ADOLESCENTE

Apelação visando reforma da sentença que julgou procedente auto de infração em face da revista Sexy. Apreensão da mesma, por estar em desacordo com o parágrafo único do art. 78 c/c o art. 257 do ECA. Hipótese que exige exame de *caso a caso*. Publicação que exibe na capa fotos consideradas obscenas de mulheres nuas, com nádegas e seios à mostra, em posições que revelam convite ao sexo. Impossibilidade de sua comercialização sem embalagem opaca e lacrada. Desprovimento[231].

A infração se consuma com a exposição da revista ou publicação com a finalidade de comercialização.

4.8.7. Entrada e participação irregular de crianças e adolescentes em diversões e espetáculos

Art. 258. Deixar o responsável pelo estabelecimento ou o empresário de observar o que dispõe esta Lei sobre o acesso de criança ou adolescente aos locais de diversão, ou sobre sua participação no espetáculo:

Pena – multa de 3 (três) a 20 (vinte) salários de referência; em caso de reincidência, a autoridade judiciária poderá determinar o fechamento do estabelecimento por até 15 (quinze dias).

O objeto da norma decorre do interesse do Estado em tutelar a integridade física e psíquica de crianças e adolescentes. Não somente os aspectos psicológicos são protegidos pela norma, mas também a saúde e a segurança[232].

Os responsáveis por estabelecimentos de diversão, espetáculos e empresários (em responsabilidade solidária)[233] devem zelar pelo cumprimento das normas de proteção a crianças e adolescentes. A norma é direcionada para o responsável pelo

---

231 TJRJ, Apelação 349/2004, Rel. Des. João Carlos Pestana de Aguiar Silva, publicada no DO, Parte III, 10 de agosto de 2004.

232 Os arts. 89 do Decreto n. 5.083/1926 e 130 do Código de Menores de 1927, e art. 67 do Código de Menores de 1979 trataram sobre o assunto.

233 "AUTO DE INFRAÇÃO. ESTATUTO DA CRIANÇA E DO ADOLESCENTE. ART. 258. RESPONSABILIDADE SOLIDÁRIA DO LOCADOR DO ESTABELECIMENTO. MANUTENÇÃO DA SENTENÇA. 1. O recurso está limitado à responsabilidade do proprietário do estabelecimento pelas infrações cometidas por eventual promotor de eventos. 2. No caso dos autos, o auto de infração foi lavrado em 24-2-2004 (fls. 02), por inobservância aos artigos 258 e 149, do ECA, uma vez que o estabelecimento promoveu festividade carnavalesca infantil sem o Alvará Judicial.3. O art. 258 do Estatuto da Criança e do Adolescente estabelece que tanto o responsável quanto o empresário promotor do evento respondem pelas infrações administrativas, sendo, portanto, solidária a responsabilidade. 4. Desprovimento do recurso na forma autorizada pelo *caput* do art. 557, do Código de Processo Civil" (TJRJ, Apelação 0000368-88.2004.8.19.0058, 20ª Câm. Cív., Rel. Des. Leticia Sardas, j. 5-7-2010).

PARTE III – DAS INFRAÇÕES ADMINISTRATIVAS

estabelecimento (pessoa física ou jurídica)[234], inclusive o gerente[235], locador[236] ou locatário[237] do imóvel, e empresário responsável pela diversão, e o responsável pelo espetáculo (sujeitos ativos).

O tipo administrativo infracional deverá ser integrado, seja por outros dispositivos legais, seja por portaria ou alvará do Juizado da Infância e Juventude, expedido na forma do art. 149 do Estatuto.

---

234 "ESTATUTO DA CRIANÇA E DO ADOLESCENTE. Apelação. Multa por infração ao art. 258 do ECA. Preliminar de ilegitimidade passiva bem afastada. O responsável pelo estabelecimento onde se realiza o evento é solidariamente responsável com o empresário que o promove pela inobservância das normas do Estatuto, que digam respeito ao acesso de criança ou adolescente aos locais de diversão, ou sobre sua participação no espetáculo. Irrelevância do fato de ter cedido o espaço para terceiros de quem poderá, se for o caso, exigir o ressarcimento pelos danos que venha a sofrer em razão de sua sanção. No mérito, comprovada a infração, com a presença de adolescentes desacompanhadas nas dependências do clube, em ambiente e horário inadequados, sem que para isto estivesse autorizada pelo Juizado da Infância e da Adolescência, agindo em desacordo com a autorização contida no alvará expedido, impunha-se a procedência da representação. Aplicação de multa de acordo com os princípios da razoabilidade e da proporcionalidade, considerando as circunstâncias do evento. Recurso desprovido" (TJRJ, Processo 2003.004.00793, Classe "D", Rel. Fernando Cabral, decisão em 7-4-2004).

235 "INFRAÇÃO ADMINISTRATIVA. ART. 258 DO ECA. MULTA COMINADA AO RESPONSÁVEL PELO ESTABELECIMENTO: GERENTE. RECURSO. IMPUGNAÇÃO. A multa deve ser cobrada do proprietário do estabelecimento. Improcedência. Decisão confirmada. A conduta prescrita no art. 258 do ECA foi imputada pelo legislador ao responsável pelo estabelecimento ou seu proprietário. Se, no momento da lavratura do auto de infração, apurou-se que havia um menor no local e que sua presença resultou da omissão do gerente no controle da idade dos frequentadores, e do gerente a responsabilidade pelo pagamento da multa. Segredo de justiça" (TJPR, Processo 151084700, 7ª Câm. Cív., por unanimidade, Rel. Des. Accacio Cambi, j. 8-6-2004).

236 "Recurso de Apelação. Auto de infração. Show musical intitulado 'Skol Rio 2004'. Ingresso e permanência de adolescente desacompanhado dos pais ou responsável legal, sem o devido alvará autorizativo. Sentença *a quo* que julgou procedente o auto infracional. Preliminar de ilegitimidade passiva afastada. A locação da área para o produtor do evento não desonera a responsabilidade do locador perante o Juizado da Infância e Juventude. Manifesta violação do art. 258 do ECA, que trata sobre a inobservância da lei quanto o acesso de criança ou adolescente aos locais de diversão. Manutenção do *decisum*. Apelo desprovido" (TJRJ, Processo 2004.004.00616, Conselho da Magistratura, Rel. Carpena Amorim, publicado em 21-9-2004, registrado em 20-10-2004).

237 "APELAÇÃO CÍVEL – AUTO DE INFRAÇÃO – MENOR – BEBIDA ALCOÓLICA – ESTABELECIMENTO SUBLOCADO PARA FESTA – FALTA DE VIGILÂNCIA POR PARTE DO PROPRIETÁRIO – RESPONSABILIDADE SOLIDÁRIA. Se menores de 18 anos são encontrados em casa noturna, consumindo bebida alcoólica, o fato constitui crime, além de infração administrativa. O proprietário que subloca estabelecimento para realização de festa é responsável por infrações ali cometidas, por faltar a seu dever de vigilância" (TJMG, Processo 1.0720.01.002018-1/001(1), Rel. Des. Wander Marotta, publicação 3-3-2005).

752 CURSO DE DIREITO DA CRIANÇA E DO ADOLESCENTE

Além da pena de multa, a autoridade judiciária poderá determinar o fechamento do estabelecimento por até 15 dias[238].

Para melhor estudo desta infração administrativa, ela deve ser dividida em duas partes:

> 1) a entrada de criança ou adolescente nos locais de diversão (art. 149, I, do Estatuto);
> 2) a participação de criança ou adolescente em espetáculo (art. 149, II, do Estatuto).

4.8.7.1. *A entrada de criança ou adolescente nos locais de diversão*

a) Acompanhado dos pais ou responsável

Em regra, quando a criança ou o adolescente está acompanhado de seus pais ou responsável pode ingressar em qualquer estabelecimento. Esta regra decorre do direito à liberdade de ir e vir e da responsabilidade dos pais decorrente do poder familiar.

A respeito do tema, interessante ser transcrita a posição de Edson Sêda[239], analisando o conteúdo do poder familiar, previsto no art. 229 da Constituição Federal, no sentido de que o poder de pais e mães resulta do dever social de garantir que as crianças por eles geradas sejam devidamente assistidas, criadas e educadas, cabendo aos pais se autodeterminarem:

> É um poder porque a lei faculta ao pai e à mãe escolherem como farão a assistência, a criação e a educação dos filhos. Formas diferentes serão escolhidas para assistir, criar e educar os filhos, segundo os pais sejam conservadores ou

---

238 "Apelação. Omissão de responsável por estabelecimento comercial. Entrada de menor em local restrito por portaria emanada do Juízo da infância e juventude. Pena pecuniária e fechamento do estabelecimento. Irresignação. Cabimento em parte, tão somente para reduzir a suspensão das atividades. Provimento parcial do recurso. 1. A omissão pura do responsável ou proprietário do estabelecimento, que não toma as devidas cautelas na fiscalização da entrada de menores em local restrito por Portaria do Juízo da Infância e Juventude da Comarca, é suficiente para impor as penalidades atinentes. 2. Em caso de reincidência, a autoridade judiciária pode determinar o fechamento do estabelecimento por até 15 (quinze) dias. *In casu* havendo prova nos autos de que o proprietário já havia deixado de observar as normas legais anteriormente, tenha sido condenado em sentença transitada em julgado, impõe-se considerá-lo reincidente. No entanto, convém determinar a suspensão das atividades por 7 (sete) dias, e não ao máximo, uma vez que a reincidência é provada pela decisão de autoridade judiciária abarcada pela coisa julgada, e não pela ocorrência de várias infrações. Como sé há prova nos autos de uma condenação anterior, devidamente transitada em julgado, não há que se considerar a quantidade da agravante ao máximo, mas sim, equitativamente" (TJPR, Apelação 116.973-7, 1ª Câm. Crim., Rel. Des. Oto Luiz Sponholz, ac. n. 14.298, j. 25-4-2002).

239 SÊDA, Edson. *Construir o passado*. Série Direitos da Criança. São Paulo: Malheiros, 1993, p. 30 e 47-48.

PARTE III – DAS INFRAÇÕES ADMINISTRATIVAS   753

liberais, sofisticados ou simples e, evidentemente, nos limites de suas posses, segundo sejam pobres ou ricos. E assim por diante. O princípio básico é o de que cabe aos pais se autodeterminarem quanto a essa assistência, criação e educação dos filhos.

Todavia, a regra da livre entrada de menores de 18 anos acompanhados de seus pais, ou responsável, não é absoluta. Exceções estão expressamente previstas no Estatuto da Criança e do Adolescente, como aquela prevista no art. 80[240], que trata a respeito de casas de jogos e bilhar[241], assim como a previsão expressa da infração prevista no art. 255.

Ademais, dispõe o Estatuto da Criança e do Adolescente no art. 75: "Toda criança e adolescente terá acesso às diversões e espetáculos públicos classificados como adequados à sua faixa etária".

Há quem defenda que a classificação indicativa é mera diretriz informativa, e que, acompanhadas de seus pais, crianças e adolescentes podem ingressar em quaisquer diversões ou espetáculos.

Todavia, defendemos posicionamento diverso. Consoante evolução do direito de família, a autoridade absoluta do *pater familias* foi mitigada. O pátrio poder concentrado no pai não somente evoluiu para um colegiado entre pai e mãe, mas passou a receber interferência direta do Estado e da própria sociedade. Muito mais que poder, a autoridade parental é um dever.

É dever de todos zelar pelo respeito aos direitos de crianças e adolescentes. O respeito pela formação psíquica, a não exposição à temática sexual precoce, garantir um ambiente livre da presença de pessoas dependentes de substâncias entorpecentes são deveres que decorrem da maternidade e paternidade responsável. No

---

240 "Art. 80. Os responsáveis por estabelecimentos que explorem comercialmente bilhar, sinuca ou congênere, ou por casas de jogos, assim entendidas as que realizem apostas, ainda que eventualmente, cuidarão para que não seja permitida a entrada e a permanência de crianças e adolescentes no local, afixando aviso para orientação do público."

241 "ESTATUTO DA CRIANÇA E ADOLESCENTE – ESTABELECIMENTO QUE EXPLORA JOGOS DE SINUCA, BILHAR E CONGÊNERES – PROIBIÇÃO DA ENTRADA E PERMANÊNCIA DE MENORES – ARTS. 80 E 258 DO ECA. O simples ingresso e a permanência do menor no estabelecimento que explora jogos de sinuca e de bilhar, independentemente de estar ou não dele participando e ainda que acompanhado pelos pais, configura o tipo infracional descrito no art. 80 do Estatuto da Criança e do Adolescente, ensejando a aplicação da sanção correspondente (art. 258, ECA)" (TJMG, Processo 1.0024.03.914386-2/001, Rel. Des. Nepomuceno Silva, publicação 6-9-2005).
"MENOR – ENTRADA E PERMANÊNCIA EM ESTABELECIMENTO EXPLORADOR DE JOGO DE SINUCA – AUSÊNCIA DE ALVARÁ – INFRAÇÃO ADMINISTRATIVA – ART. 258 DO ECA. Verificada a prática infracional, impõe-se a penalidade administrativa" (TJMG, Processo 1.0024.03.914386-2/001, Rel. Des. Manuel Saramago, publicação 17-6-2005).

ambiente familiar, dentro de critérios de razoabilidade, os pais (casados ou separados) são os senhores da educação dada aos seus filhos. Todavia, em ambiente público, as normas da coletividade devem preponderar.

Haja vista os princípios previstos na Constituição Federal e no Estatuto da Criança e do Adolescente, não é permitida a entrada de crianças e adolescentes em casas noturnas com *shows* eróticos e sexo explícito, casas de prostituição, locais onde haja o consumo de drogas etc., independentemente de estarem ou não acompanhados de seus pais. Por certo que não estaria "sendo observado o que dispõe a Lei sobre o acesso de criança ou adolescente aos locais de diversão". Responderiam, no caso, os pais pela infração administrativa prevista no art. 249, e o estabelecimento pela infração administrativa prevista no art. 258, se não for hipótese específica do art. 255. Um só fato constituindo mais de uma infração administrativa[242].

---

242 "PROCEDIMENTO AFETO À JUSTIÇA DA INFÂNCIA E DA JUVENTUDE – EXPOSIÇÃO AGROPECUÁRIA – EVENTO ARTÍSTICO-MUSICAL – UNICIDADE DE ALVARÁ – AUTOS DÚPLICES – NULIDADE INEXISTENTE – MEDIDAS SEM FUNDAMENTAÇÃO – APLICAÇÃO DE MULTA EM DUPLICIDADE – 'BIS IN IDEM' – AUTUADO NÃO CIENTIFICADO NO ATO – CERCEAMENTO DE DEFESA – NULIDADE – INOCORRÊNCIA – VIOLAÇÃO DOS DIREITOS DA CRIANÇA E DO ADOLESCENTE – ECA, ART. 258 – MENORES DESACOMPANHADOS DOS PAIS OU RESPONSÁVEL LEGAL – ALVARÁ JUDICIAL – DESOBEDIÊNCIA – REITERAÇÃO – ELEVAÇÃO DA MULTA. O argumento do autuado não pode prosperar, porquanto as infrações ocorreram em dias diversos, culminando na lavratura de autos distintos. O alvará teve por objeto evento que abrangeria quatro dias, revelando teratologia, *data venia*, sob a ótica jurídica, do bom senso e da razoabilidade, imaginar que todas as infrações porventura deflagradas nesse lapso gerariam a lavratura de apenas um auto. Axiomático, pois, que cada fato (ocorrência) enseja a lavratura de auto individualizado, objetiva e subjetivamente. 2. A portaria editada pelo Juízo da Vara da Infância e da Juventude, no uso de suas atribuições legais, conta, assim como o alvará judicial, com a necessária motivação fático-jurídica. 3. A hostilizada sentença não multou os pais dos menores, apenas encaminhou cópia dos autos ao Ministério Público. Ademais um só fato pode culminar em mais de uma infração administrativa sem, com isso, traduzir *bis in idem*. A espécie sob comento biparte-se subjetivamente no descumprimento de dever atinente ao poder familiar (em tese) e na negligência de empresário promotor de eventos (em concreto), cujas condutas são tipificadas no ECA (arts. 249/258). 4. O autuado não foi cientificado porque não se encontrava no local do evento, quando da lavratura do auto de infração, circunstância que não o abala, pois, alie-se à robustez do caderno probatório, o fato de que o múnus público exercido pelo comissário lhe confere presunção de veracidade. Assim, não restaram afrontados os princípios do contraditório e da ampla defesa, uma vez que ele (o autuado) participou, efetivamente, de todas as fases do procedimento apuratório. 5. Restou configurada a infração de natureza administrativa tipificada no art. 258, disciplinada através de portaria e mediante alvará judicial, pois, naquele evento, foram encontrados, de madrugada (tipo objetivo), adolescentes (menores de 18 e maiores de 16 anos) desacompanhados dos pais ou representante legal (sujeito passivo), sendo o apelante (sujeito ativo), que permitiu a ocorrência (elemento subjetivo), o responsável pela

PARTE III – DAS INFRAÇÕES ADMINISTRATIVAS

b) Desacompanhado dos pais ou responsável

Quanto à entrada e permanência de menores de 18 anos desacompanhados em diversões ou espetáculos, será necessária a autorização do Juizado da Infância e Juventude, por meio de portaria ou alvará, nos locais mencionados pelo art. 149, I, do Estatuto, e desde que não sejam impróprios, haja vista que o poder do magistrado é limitado pelas regras e princípios de proteção de crianças e adolescentes previstos na legislação. O art. 149, I, do Estatuto menciona: a) estádio, ginásio e campo desportivo; b) bailes ou promoções dançantes[243]; c) boates[244] ou congêneres[245]; d) casas que explorem comercialmente diversões eletrônicas[246]; e) estúdios cinematográficos, de teatros, rádio e televisão.

---

infração, cuja reincidência justifica a elevação do 'quantum' da multa, respeitado o teto legal" (TJMG, Processo 1.0105.04.124327-7/001 (1), Rel. Des. Nepomuceno Silva, publicação 23-9-2005).

243 "Menor – Infração administrativa – Presença de adolescentes em local que se realizava promoção dançante – Ausência de alvará judicial – Imposição de multa – Necessidade – Recurso improvido" (TJSP, Apelação Cível 68.581-0/8, Rel. Des. Gentil Leite, j. 18-1-2001).

244 "ECA. INFRAÇÃO ADMINISTRATIVA. PRESENÇA DE MENOR EM DANCETERIA. EVIDENCIADA A PRESENÇA DE MENOR DE DEZESSEIS ANOS EM DANCETERIA, DESOBEDECENDO A DETERMINAÇÃO JUDICIAL QUE DISPÕE O CONTRÁRIO, FICA CARACTERIZADA A INFRAÇÃO ADMINISTRATIVA, PREVISTA NO ARTIGO 258 DA LEI FEDERAL N. 8.069/90. APELO IMPROVIDO" (TJRS, Apelação Cível 70002714657, 7ª Câm. Cív., Rel. Des. José Carlos Teixeira Giorgis, j. 22-8-2001). "ECA. INFRAÇÃO ADMINISTRATIVA. PERMITIR O INGRESSO DE MENORES DE 16 ANOS EM CASA NOTURNA A DESPEITO DE DETERMINAÇÃO JUDICIAL EM CONTRÁRIO CONFIGURA A INFRAÇÃO PREVISTA NO ART. 258 DO ECA. APELO DESPROVIDO (5FLS.)" (TJRS, Apelação Cível 70002527349, 7ª Câm. Cív., Rel. Des. Maria Berenice Dias, j. 15-8-2001).

245 "ESTATUTO DA CRIANÇA E DO ADOLESCENTE – INFRAÇÃO – AUSÊNCIA DE ALVARÁ – ENTRADA E PERMANÊNCIA DE ADOLESCENTES EM BARES CONSUMINDO BEBIDAS ALCOÓLICAS – RECURSO IMPROVIDO. A presença de menores em bailes onde há exploração de venda de bebidas alcoólicas sem o devido alvará permissivo, constitui infração ao artigo 149 do Estatuto da Criança e do Adolescente, ensejando a aplicação das sanções contidas no artigo 258 do mesmo diploma legal" (TJMG, Processo 1.0034.01.001480-0/001(1), Rel. Des. Alvim Soares, publicado em 12-5-2005).

246 "ECA 258 – ESTABELECIMENTO COMERCIAL – FLIPERAMA – ADOLESCENTE – PRESENÇA PERMITIDA – APLICADA A PENA DE MULTA E, POR SER REINCIDENTE, FOI DETERMINADO O FECHAMENTO DO ESTABELECIMENTO POR 15 DIAS – ADM – APLICABILIDADE DO ART. 258 DO ECA E DA PORTARIA 2/87 DO JUÍZO DE OSASCO – RECURSO NÃO PROVIDO. O AUTO DE INFRAÇÃO NÃO DEIXA MARGEM A DÚVIDAS QUANTO À VENDA DE FICHA AO MENOR SEM QUE LHE PEDISSEM DOCUMENTOS. ADEMAIS, SUBSISTE SUA RESPONSABILIDADE, POR NÃO DESCARACTERIZAR A PERMISSÃO DE ENTRADA OU PERMANÊNCIA DOS MENORES, O FATO DE TER AFIXADO NO LOCAL PLACA DE ADVERTÊNCIA" (TJSP, AC 14149-0, Rel. Lair Loureiro, data: 13-2-1992).

Menores de 10 anos somente poderão ingressar e permanecer nos locais de apresentação ou exibição quando acompanhados dos pais ou responsável (parágrafo único do art. 75).

c) Responsabilidade solidária do responsável pelo estabelecimento e empresário

A responsabilidade pela entrada e permanência de menores de 18 anos de maneira irregular nos locais de diversão é solidária[247] entre o responsável pelo estabe-

---

"AUTO DE INFRAÇÃO – ESTATUTO DA CRIANÇA E DO ADOLESCENTE – PRESENÇA DE MENORES EM ESTABELECIMENTO COMERCIAL – EXPLORAÇÃO DE DIVERSÃO ELETRÔNICA – ACESSO INADEQUADO – AUTUAÇÃO – NULIDADE DO AUTO DE INFRAÇÃO – INOCORRÊNCIA – MULTA – REINCIDÊNCIA – REDUÇÃO INVIÁVEL. Correta a lavratura do auto de infração lavrado por comissário de menores, que surpreende menores de 18 anos desacompanhados de pais ou responsável, em dependências onde haja exploração de diversões eletrônicas. Se o responsável pelo estabelecimento comercial de diversões eletrônicas não observa as regras legais de acesso e permanência de menores ao local onde se exploram tais atividades, pertinentes se mostram a lavratura de auto de infração e a cominação de multa administrativa. O art. 149 do ECA é claro ao estabelecer que a entrada e permanência de criança ou adolescente, desacompanhados dos pais ou responsável, em casa que explore comercialmente diversões eletrônicas, só é permitida nos casos em que a autoridade judiciária disciplinar a respeito por meio de portaria, ou diante da existência de alvará concessivo para tanto. Assim, diante da inexistência de portaria expedida pelo Juizado da Infância e da Juventude disciplinando a matéria, torna-se evidente a necessidade do alvará, ao contrário do que alega a apelante. Relembre-se, por fim, que a Lei n. 8.069 não protege apenas os menores abandonados, mas sim, toda e qualquer criança até doze anos de idade e adolescente entre doze e dezoito anos de idade. Comprovada nos autos a reincidência, com vários processos já julgados além de outros em andamento contra o mesmo estabelecimento, não se mostra abusiva a fixação da multa no máximo legal" (TJMG, Processo 1.0145.03.059778-8/001(1), Rel. Des. Gouvêa Rios, publicado em 4-2-2005).

247 Ver Wilson Donizete Liberati em *Estatuto da Criança e do Adolescente*. 12. ed. rev. e ampl. de acordo com a Lei 13.058, de 22.12.2014. São Paulo: Malheiros, 2015, p. 329. "RECURSO ESPECIAL. VARA DE INFÂNCIA E DA JUVENTUDE. ALVARÁ JUDICIAL. ART. 258 DO ECA. RESPONSABILIDADE POR EVENTO. SOLIDARIEDADE. 1. O Estatuto da Criança e do Adolescente (Lei n. 8.069/90) prevê, em seus artigos 149 e 258, respectivamente que: compete à autoridade judiciária disciplinar, por meio de portaria, ou autorizar, mediante alvará, as seguintes circunstâncias: 'I – a entrada e permanência de criança ou adolescente, desacompanhado dos pais ou responsável, em: a) estádio, ginásio e campo desportivo; b) bailes ou promoções dançantes; c) boate ou congêneres; d) casa que explore comercialmente diversões eletrônicas; e) estúdios cinematográficos, de teatro, rádio e televisão; II – a participação de criança e adolescente em: a) espetáculos públicos e seus ensaios; b) certames de beleza. § 1º Para os fins do disposto neste artigo, a autoridade judiciária levará em conta, dentre outros fatores: a) os princípios desta Lei; b) as peculiaridades locais; c) a existência de instalações adequadas; d) o tipo de frequência habitual ao local; e) a adequação do ambiente a eventual participação ou frequência de crianças e adolescentes; f) a natureza do espetáculo. § 2º As medidas adotadas na conformidade deste artigo deverão

PARTE III – DAS INFRAÇÕES ADMINISTRATIVAS

lecimento e o empresário[248]. Na solidariedade, cada um dos coobrigados responde pelo integral cumprimento da prestação. Nas obrigações solidárias, a não convoca-

---

ser fundamentadas, caso a caso, vedadas as determinações de caráter geral" (STJ, REsp 636.460/DF, 1ª T., Rel. Min. Luiz Fux, j. 13-12-2005).

248 "APELAÇÃO. EFEITO SUSPENSIVO. INDEFERIMENTO. AUTO DE INFRAÇÃO. FISCALIZAÇÃO DE EVENTO PELO COMISSARIADO DE JUSTIÇA DE ARARUAMA. ILEGITIMIDADE PASSIVA. REJEIÇÃO. RESPONSABILIDADE SOLIDÁRIA DO OR-GANIZADOR DO EVENTO E DO ARRENDADOR DO ESPAÇO. NULIDADE DO AUTO DE INFRAÇÃO. INEXISTÊNCIA. AUSÊNCIA DO ALVARÁ JUDICIAL. PRE-SENÇA DE ADOLESCENTES DESACOMPANHADOS DOS RESPONSÁVEIS. PRÁTI-CA DE INFRAÇÃO ADMINISTRATIVA PREVISTA NO ART. 258 DO ESTATUTO DA CRIANÇA E DO ADOLESCENTE. PENA DE MULTA E INTERDIÇÃO DO ESTABELE-CIMENTO. MANUTENÇÃO DO JULGADO. 1. Rejeita-se a preliminar de ilegitimidade ativa do clube apelante, vez que respondem de forma solidária o responsável pelo esta-belecimento, em decorrência da falta do dever de vigilância, e o empresário de eventos com relação ao descumprimento da norma que exige o alvará para realização do evento. 2. Não há a alegada inconsistência das informações constantes do auto de infração em razão da fé pública do comissário de infância e juventude, presumindo-se verdadeiras tais informações não elididas por prova em contrário. 3. A assinatura de duas testemu-nhas não constitui requisito de validade do auto de infração, à medida que somente se fará quando possível, nos termos do art. 194 do Estatuto da Criança e do Adolescente. 4. Assim, descumpridas as normas legais, com a verificação da presença não autorizada por alvará de crianças e adolescentes desacompanhados dos pais em evento ocorrido em local arrendado pela parte apelante, incide o disposto no art. 258 do ECA, com aplicação de multa acima do mínimo legal, diante da reiteração das infrações, e a interdição do esta-belecimento por 15 dias. 5. Desprovimento do recurso" (TJRJ, 17ª Câm. Cív., 2009.001.26889, Rel. Des. Elton Leme, *DJ* 24-6-2009). "APELAÇÃO CÍVEL – AUTO DE INFRAÇÃO – MENOR – BEBIDA ALCOÓLICA – ESTABELECIMENTO SUBLOCADO PARA FESTA – FALTA DE VIGILÂNCIA POR PARTE DO PROPRIETÁRIO – RESPONSA-BILIDADE SOLIDÁRIA. Se menores de 18 anos são encontrados em casa noturna, con-sumindo bebida alcoólica, o fato constitui crime, além de infração administrativa. O proprietário que subloca estabelecimento para realização de festa é responsável solidário por infrações ali cometidas, por faltar a seu dever de vigilância" (TJMG, Processo 1.0720.01.002018-1/001(1), Rel. Des. Wander Marotta, publicação em 3-3-2005). "APELAÇÃO CÍVEL. REPRESENTAÇÃO POR INFRAÇÃO AO ESTATUTO DA CRIAN-ÇA E DO ADOLESCENTE. Ilegitimidade passiva. Inocorrência. Consumo de bebidas al-coólicas por menores. Infração ocorrente. Responsabilidade do proprietário do estabeleci-mento caracterizada. Recurso não provido. 1. A legitimidade passiva 'ad causam' decorre do envolvimento em conflito de interesses. 2. O clube locador de espaço para realização de festa promovida por sua sócia integra o conflito instaurado em decorrência de infração ao Estatuto da Criança e do Adolescente. 3. Existe dever genérico de vigilância na formação da criança e do adolescente. O mencionado dever gera responsabilidade do locador de espaço pelo fornecimento de bebidas alcoólicas para menores. 4. A existência de contrato entre locador e locatária com cláusula expressa vedando a prática da infração mencionada com obrigação pelas eventuais penalidades não é oponível ao Estado. A locatária somente tem a obrigação de ressarcir o locador pela multa que este venha a recolher. 5. Apelação cível conhecida e não provida" (TJMG, Processo 1.0024.02.780644-7/001(1), Rel. Des. Caetano Levi Lopes, publicação em 10-6-2005).

ção dos demais obrigados solidários não gera qualquer invalidade da relação processual[249]. De qualquer forma, deverá sempre ser levado em consideração o princípio da boa-fé objetiva e estar assegurado o direito de regresso. Não raro, existe contrato entre o dono do estabelecimento e o empresário que loca o espaço para festas ou outros eventos. O dono do estabelecimento, por força da solidariedade prevista, arca com a multa da infração administrativa, mas, por força do contrato firmado, tem o direito de ser integralmente ressarcido pelo empresário[250].

4.8.7.2. *Participação de criança ou adolescente em espetáculos públicos*

Quanto à participação de criança ou adolescente em espetáculos (peças de teatro, novelas, programas televisivos[251], gravação de filmes para o cinema, certames de

---

249 FARIAS, Cristiano Chaves de; ROSENVALD, Nelson. *Direito das obrigações*. 3. ed. Rio de Janeiro: Lumen Juris, 2009, p. 191.

250 "Auto de Infração. Pedido julgado procedente. Permanência de adolescente em *show* realizado no Estabelecimento autuado, que não possuía alvará para tal desiderato. I – O fato de a Apelante ter locado o seu espaço para a realização de um evento não a exime da infração a ela imputada. Tanto o responsável pelo Clube como o Empresário devem obedecer à Lei n. 8.069/90 (ECA). Exegese de seu artigo 258. Contrato de locação prevê o ressarcimento por eventuais ocorrências decorrentes de autuação da Vara da Infância, da Adolescência e do Idoso. Infração administrativa que não prevê a intervenção de terceiro. Preliminares de ilegitimidade passiva e de chamamento ao processo que não merecem prestígio. II – O fato de a Carteira de Identidade portada pela Adolescente ser ou não grosseiramente falsificada se mostra desinfluente, pois ela ingressou nas dependências da Autuada sem que ninguém lhe exigisse qualquer documentação. III – Recorrente que deveria melhor fiscalizar os *shows* realizados em seu estabelecimento, mesmo cedido em locação, já que é a responsável pelo que ocorre no local, até porque a responsabilidade pelo cumprimento do ECA é solidária. IV – Conduta da Apelante se subsume aquela prevista no artigo 258 da Lei n. 8.069/90 por não possuir Alvará para a permanência de criança e adolescente em suas dependências. V – R. Sentença acolhendo o Auto de Infração, ultimando por aplicar a sanção pecuniária mínima, que não merece reparo. Precedentes deste Colendo Sodalício, como transcritos na fundamentação. VI – Recurso que se apresenta manifestamente improcedente. Aplicação do *caput* do art. 557 do CPC c.c. art. 31, inciso VIII do Regimento Interno deste E. Tribunal. Negado Seguimento" (TJRJ, Apelação 2009.001.32467, 4ª Câm. Cív., Rel. Des. Reinaldo P. Alberto Filho, *DJ* 16-6-2009).

251 "ESTATUTO DA CRIANÇA E DO ADOLESCENTE – ECA. ART. 149, II. PARTICIPAÇÃO DE MENOR EM PROGRAMAS TELEVISIVOS. AUTORIZAÇÃO JUDICIAL NECESSÁRIA. LAVRATURA DO AUTO DE INFRAÇÃO. ART. 194, § 2º. TEMPESTIVIDADE. JUSTIFICATIVA PELO RETARDAMENTO. 1. A participação de menor em programa de televisão está subordinada ao art. 149, II, 'a', do Estatuto da Criança e do Adolescente. 2. É cediço na corte que. '1. O art. 149, I, do ECA aplica-se às hipóteses em que a criança e/ou adolescente participam, na condição de espectadores, de evento público, sendo imprescindível a autorização judicial se desacompanhados dos pais e/ou responsáveis. 2. O art. 149, II, do ECA, diferentemente, refere-se à criança e/ou adolescente na condição de participante do espetáculo, sendo necessário o alvará ju-

PARTE III – DAS INFRAÇÕES ADMINISTRATIVAS

beleza[252] etc.), é necessário alvará judicial da Vara da Infância e Juventude (e não da Justiça do Trabalho)[253], independentemente de existir autorização expressa dos pais[254],

---

dicial mesmo que acompanhados dos pais e/ou responsáveis. 3. Os programas televisivos têm natureza de espetáculo público, enquadrando-se a situação na hipótese do inciso II do art. 149 do ECA. 4. Precedente a Primeira Turma desta Corte no REsp 399.278/RJ. 5. A autorização dos representantes legais não supre a falta de alvará judicial e rende ensejo à multa do art. 258 do ECA.' (REsp n. 471.767/SP, Rel. Minª Eliana Calmon, DJ de 26-5-2003) 3. Deveras, sob essa ótica, impende acrescentar que a lavratura imediata do auto é medida de interesse do menor e não do autuado que sequer tem legitimidade para essa alegação. 4. Ademais, o art. 194, § 2º, do ECA, dispõe que a lavratura do auto será, 'sempre que possível', realizada em seguida à infração, sendo certo que, in casu, houve motivo justificador do retardamento, consoante asseverou o representante do Parquet Estadual porquanto "no caso vertente o programa televisivo foi exibido no dia 6 de abril de 2001, uma sexta-feira, após às 17:30 horas, fato que impediu a lavratura do auto de infração no mesmo dia. Ressalte-se que referido auto foi lavrado na segunda-feira subsequente, dia 9 de abril, não sendo aceitável a pecha de nulidade a ele atribuída pela Apelante, já que foi o mesmo lavrado de forma escorreita, consoante o que dispõe a norma legal em vigor (fl. 71). 5. Recurso especial improvido" (STJ, REsp 506.260/RJ (Recurso Especial 2003/0034752-7), Rel. Min. Luiz Fux, DJ 9-12-2003, p. 223).

252 "ESTATUTO DA CRIANÇA E DO ADOLESCENTE. DESFILE. AUTORIZAÇÃO JUDICIAL. NECESSIDADE. Para a participação de menores em espetáculos públicos ou ensaios, o que inclui concursos de desfile de beleza, é necessária a autorização judicial. Direito Administrativo. Auto de infração. Exibição de filme sem a informação obrigatória sobre a natureza do espetáculo e a indicação dos limites de idade a que não se recomenda. Violação ao disposto no art. 74, parágrafo único, c/c o art. 252 do Estatuto da Criança e do Adolescente. Recurso. Correta interpretação das normas contidas nos artigos supracitados, em consonância com o art. 227 do texto constitucional – a intenção do legislador é impedir o acesso de crianças e adolescentes às diversões e espetáculos públicos que não sejam adequados à faixa etária dos mesmos e que não respeitem a condição peculiar de pessoas em desenvolvimento. Desprovimento do recurso" (TJRJ, Processo 2004.004.00692, Conselho da Magistratura, por unanimidade, Rel. Des. Milton Fernandes de Souza, publicado em 14-9-2004, registrado em 13-10-2004).

253 Vide artigo de Emerson Garcia, Trabalho de crianças e adolescentes e participação em espetáculos públicos em Direito em Debate: da teoria à prática, publicação da CONAMP e AMPERJ no XXI Congresso Nacional do Ministério Público em 2015, p. 37 a 84.

254 "RECURSO ESPECIAL. PARTICIPAÇÃO DE MENORES EM PROGRAMA TELEVISIVO SEM PRÉVIA AUTORIZAÇÃO JUDICIAL. IMPOSIÇÃO DA PENA PECUNIÁRIA PREVISTA NO ART. 258 DO ECA PELO R. JUÍZO A QUO. ALEGADA NEGATIVA DE VIGÊNCIA AO ARTIGO 149, I, 'E', DO ECA. AUSÊNCIA DE PREQUESTIONAMENTO. IMPOSSIBILIDADE DA PARTICIPAÇÃO SEM A ALUDIDA AUTORIZAÇÃO, EM CONFORMIDADE COM O DISPOSTO NO ARTIGO 149, II, 'A', DO ECA. PRECEDENTES. Consoante se observa da atenta leitura dos fundamentos do v. acórdão do Tribunal a quo, que determinou o pagamento de pena pecuniária à recorrente por infração ao artigo 149, II, 'a', do ECA, o dispositivo de lei federal invocado nas razões recursais (artigo 149, I, 'e', do ECA), não foi objeto de análise pela Corte de origem. Incidência das Súmulas n. 282 e 356/STF, por ausência de prequestionamento. A participação de

760   CURSO DE DIREITO DA CRIANÇA E DO ADOLESCENTE

a presença destes[255], ou a emancipação da adolescente[256], consoante previsão do art. 149, II, do Estatuto[257], conjugada ao art. 258.

---

    menores em programas televisivos, verdadeiros espetáculos públicos, impõe prévia autorização judicial (inciso II, 'a', do artigo 149 do ECA), que não é suprida com a autorização dos pais ou responsáveis do menor. Precedentes. Recurso especial não conhecido" (STJ, REsp 482.045/SP, 2ª T., Min. Franciulli Netto, data da decisão 13-5-2003, *DJ* 23-6-2003, p. 343).

255 "AGRAVO REGIMENTAL EM AGRAVO DE INSTRUMENTO – PARTICIPAÇÃO DE MENORES EM PROGRAMA TELEVISIVO SEM PRÉVIA AUTORIZAÇÃO JUDICIAL – IMPOSIÇÃO DE PENA PECUNIÁRIA PREVISTA NO ART. 258 DO ECA PELO R. JUÍZO 'A QUO' – ALEGADA NEGATIVA DE VIGÊNCIA AO ART. 149, I, 'E', DO ECA – IMPOSSIBILIDADE DE PARTICIPAÇÃO SEM A ALUDIDA AUTORIZAÇÃO, EM CONFORMIDADE COM O DISPOSTO NO ARTIGO, II, 'A', DO ECA – PRECEDEN-TES. A situação posta nos autos enquadra-se, perfeitamente, nos termos do art. 149, II, do ECA: refere-se à criança e/ou adolescente na condição de participante do espe-táculo, pelo que se faz necessário o alvará judicial mesmo que acompanhado dos pais e/ou responsáveis. Precedentes. Agravo regimental a que se nega provimento" (STJ, AGA 480.179, 2ª T., Rel. Min. Franciulli Netto, j. 2-10-2003, *DJ* 24-11-2003, p. 258).

256 "APELAÇÃO CÍVEL. ESTATUTO DA CRIANÇA E ADOLESCENTE. REPRESENTA-ÇÃO POR INFRAÇÃO ADMINISTRATIVA. DESFILE DE GRIFE. EMANCIPAÇÃO QUE NÃO ELIDE A INCIDÊNCIA PROTETIVA DO ESTATUTO DA CRIANÇA E DO ADOLESCENTE. CRITÉRIO ETÁRIO. MANUTENÇÃO DA SENTENÇA. Pretensão recursal de reforma da sentença para a improcedência dos pedidos contidos no auto de infração lavrado pela Divisão de Fiscalização, ao argumento de que as adolescentes que participaram do desfile eram emancipadas, o que afastaria a necessidade de apre-sentação do alvará autorizativo. Alegação que não pode ser acolhida. Emancipação que, em que pese assegurar a possibilidade de realização pessoal dos atos da vida civil por aqueles que ainda não atingiram a maioridade, não possui o condão de, isolada-mente considerada, afastar as normas especiais de caráter protetivo, notadamente o Estatuto da Criança e do Adolescente. Enunciado 530 da IV Jornada de Direito Civil. Precedente desta Corte de Justiça. Apelante que não apresentou qualquer prova capaz de afastar a presunção de legitimidade e de veracidade do auto de infração, especial-mente porque não comprovou possuir o alvará judicial autorizativo, razão por que se mostrou correta a aplicação da multa prevista no Estatuto da Criança e do Adolescen-te. CONHECIMENTO E DESPROVIMENTO DO RECURSO" (TJRJ, 0014481-77.2011.8.19.0001, 11ª Câm. Cív., Des. Alcides da Fonseca Neto, j. 21-9-2016).

257 "RECURSO ESPECIAL – AUTO DE INFRAÇÃO – ESTATUTO DA CRIANÇA E DO ADOLESCENTE – PARTICIPAÇÃO DE MENOR EM PROGRAMA DE TELEVISÃO – ALVARÁ JUDICIAL – NECESSIDADE – MULTA – ART. 258 DO ECA. 1. O art. 149, I, do ECA aplica-se às hipóteses em que a criança e/ou adolescente participam, na condição de espectadores, de evento público, sendo imprescindível a autorização ju-dicial se desacompanhados dos pais e/ou responsáveis. 2. O art. 149, II, do ECA, dife-rentemente, refere-se à criança e/ou adolescente na condição de participante do espe-táculo, sendo necessário o alvará judicial mesmo que acompanhados dos pais e/ou responsáveis. 3. Os programas televisivos têm natureza de espetáculo público, enqua-drando-se a situação na hipótese do inciso II do art. 149 do ECA. 4. Precedente a Primeira Turma desta Corte no REsp 399.278/RJ. 5. A autorização dos representantes

PARTE III – DAS INFRAÇÕES ADMINISTRATIVAS

Importante perceber que o inciso II do art. 149 difere do inciso I, pois não há, como naquele, a expressão "desacompanhados dos pais ou responsável". Em relação ao inciso II do art. 149, a portaria ou o alvará se fazem necessários estando a criança ou o adolescente acompanhados ou não dos pais ou responsável.

Este é o entendimento majoritário da jurisprudência, *in verbis*:

> AGRAVO INTERNO NO AGRAVO DE INSTRUMENTO. – PARTICIPAÇÃO DE MENOR EM ESPETÁCULO PÚBLICO – PROGRAMA TELEVISIVO – ALVARÁ JUDICIAL – NECESSIDADE – ART. 149, INCISO II, DO ESTATUTO DA CRIAN-ÇA E DO ADOLESCENTE (ECA). I – Conforme julgados deste Sodalício, os programas de televisão têm natureza de espetáculo público, enquadrando-se, portanto, na situação da hipótese prevista no inciso II do art. 149 do ECA. II – O alvará judicial é imprescindível, mesmo estando a criança e/ou adolescente acompanhada ou não dos pais ou responsáveis. Agravo regimental improvido[258].

> PROCESSUAL CIVIL. ADMINISTRATIVO. AGRAVO REGIMENTAL NO RE-CURSO ESPECIAL. AUTO DE INFRAÇÃO. PARTICIPAÇÃO DE MENOR EM PROGRAMA DE TELEVISÃO. NECESSIDADE DE ALVARÁ JUDICIAL. ART. 149, I E II, DO ECA. DESCUMPRIMENTO. SÚMULA 07/STJ. I – Nos casos de efetiva participação de menores em espetáculos públicos, incluindo-se aí os programas de televisão, é obrigatória a prévia autorização do Juízo de Menores, artigo 149, I e II, do ECA. Precedentes: AgRg no AG n. 535.459/RJ, Rel. Min. DENISE ARRUDA, *DJ* de 20-9-2004 e AGA n. 478.133/RJ, Rel. Min. JOÃO OTÁVIO DE NORONHA, *DJ* de 14-6-2004. II – A pretensão de modificar o

---

legais não supre a falta de alvará judicial e rende ensejo à multa do art. 258 do ECA. 6. Recurso especial improvido" (STJ, REsp 471.767/SP (2002/0123710-8), Rel. Min. Eliana Calmon, *DJ* 7-4-2003, p. 270).

"CIVIL. ESTATUTO DA CRIANÇA E DO ADOLESCENTE. PARTICIPAÇÃO DE ME-NOR EM ESPETÁCULOS PÚBLICOS. ALVARÁ. OBRIGATORIEDADE. A teor do disposto no art. 149, II, do Estatuto da Criança e do Adolescente (Lei n. 8.069/90), será exigido alvará para participação de menor, acompanhado ou não dos pais ou responsáveis, em espetáculos públicos e certames de beleza. Recurso Improvido" (STJ, REsp 399.278/RJ (2001/0196819-5), Rel. Min. Garcia Vieira, *DJ* 10-6-2002, p. 150).

"ESTATUTO DA CRIANÇA E DO ADOLESCENTE. Participação de criança em programa de televisão sem autorização judicial. Representação do Ministério Público por infração do artigo 149, II, *a*. Procedência. Apelação. Incide na penalidade prevista no artigo 258 do ECA a empresa de televisão que admite a participação de criança em programa sem a devida autorização do juiz competente. Tal autorização somente é dispensável quando se trata de ingresso ou permanência em espetáculo público de criança ou adolescente acompanhado dos pais ou responsável, e não quando ocorre sua participação direta como ator. Recurso improvido" (TJRJ, Processo 1.265/98, Classe "D", Conselho da Magistratura, Rel. Des. Carlos Ferrari).

258 STJ, AgRg no Ag 553774/RJ, Agravo Regimental no Agravo de Instrumento 2003/0176006-8, 3ª T., Rel. Min. Paulo Furtado (Desembargador convocado do TJ/BA), j. 28-4-2009).

762   CURSO DE DIREITO DA CRIANÇA E DO ADOLESCENTE

entendimento de que, em cenas levadas ao ar no dia 21-10-2003, houve des-respeito ao alvará judicial autorizativo da participação de menor em programa televisivo, na condição de ator, mas que não permitia a sua participação em cenas de nudez ou exposição vexatória, esbarra no óbice sumular 07/STJ, que veda, no âmbito desta Corte, o reexame de provas. III – Agravo regimental improvido[259].

PROCESSO CIVIL – AGRAVO REGIMENTAL – TEMPESTIVIDADE DO RE-CURSO – SÚMULA 07/STJ – ESTATUTO DA CRIANÇA E DO ADOLESCENTE (ECA) – PARTICIPAÇÃO DE MENOR EM ESPETÁCULO PÚBLICO – PRO-GRAMA TELEVISIVO – ALVARÁ JUDICIAL – IMPRESCINDIBILIDADE – ART. 149, II, DO ECA. Adotar entendimento contrário ao do Tribunal *a quo* exigiria o reexame de aspectos fático-probatórios, o que é inviável pela via elei-ta do especial, a teor da Súmula n. 7 do Superior Tribunal de Justiça. Os progra-mas de televisão têm natureza de espetáculo público, enquadrando-se a situa-ção na hipótese prevista no inciso II, do art. 149 do ECA. A participação da criança e/ou adolescente em espetáculo televisivo, acompanhado ou não dos pais ou responsáveis, não dispensa o alvará judicial, a teor do disposto no art. 149, II, do ECA. – Agravo regimental improvido[260].

4.8.8. Não providenciar a instalação e operacionalização dos cadastros de adoção

Art. 258-A. Deixar a autoridade competente de providenciar a instalação e ope-racionalização dos cadastros previstos no art. 50 e no § 11 do art. 101:
Pena – multa de R$ 1.000,00 (mil reais) a R$ 3.000,00 (três mil reais).

O dispositivo foi introduzido pela Lei n. 12.010, de 29 de julho de 2009, a denominada "Nova Lei da Adoção". Esta infração foge da sistemática das demais infrações administrativas previstas no Estatuto da Criança e Adolescente, não sen-do julgada pelo juiz da infância e juventude.

Trata-se, na realidade, de uma punição disciplinar direcionada às autoridades responsáveis pela instalação e operacionalização dos cadastros de adoção, cabendo ao respectivo órgão julgador pelas punições disciplinares de cada autoridade aplicar a multa e executá-la.

A autoridade judiciária é a principal responsável pela instalação, alimentação e operacionalização do cadastro:

1) na forma do art. 50, § 8º, do Estatuto (com a nova redação que lhe deu a Lei n. 12.010, de 29 de julho de 2009), incumbe à autoridade judiciária pro-videnciar, no prazo de 48 horas, a inscrição das crianças e adolescentes em condições de serem adotados que não tiveram colocação familiar na comarca

---

259 AgRg no REsp 824.434/RJ, 1ª T., Rel. Min. Francisco Falcão, j. 3-8-2006..
260 AgRg no Ag 537.622/RJ, 2ª T., Rel. Min. Francisco Peçanha Martins, j. 14-2-2006.

PARTE III - DAS INFRAÇÕES ADMINISTRATIVAS

de origem, e das pessoas ou casais que tiveram deferida sua habilitação à adoção nos cadastros estadual e nacional referidos § 5º deste artigo, sob pena de responsabilidade.

2) na forma do art. 101, § 11, do Estatuto (com a nova redação que lhe deu a Lei n. 12.010, de 29 de julho de 2009), a autoridade judiciária manterá, em cada comarca ou foro regional, um cadastro que contém informações atualizadas sobre as crianças e adolescentes em regime de acolhimento familiar e institucional sob sua responsabilidade, com informações pormenorizadas sobre a situação jurídica de cada um, bem como as providências tomadas para sua reintegração familiar ou colocação em família substituta, em qualquer das modalidades previstas no art. 28 desta lei.

Compete à autoridade central estadual zelar pela manutenção e correta alimentação dos cadastros, com posterior comunicação à autoridade central federal brasileira (art. 50, § 9º, do Estatuto).

Conclui-se, assim, que o sujeito ativo da infração administrativa é o juiz da infância e juventude e a autoridade central estadual de cada Estado. O sujeito passivo são as crianças e adolescentes disponíveis para adoção.

O Ministério Público deve fiscalizar a alimentação do cadastro e a convocação criteriosa dos postulantes à adoção (art. 50, § 12, do Estatuto). Os cadastros devem ser acessíveis ao Ministério Público, ao Conselho Tutelar, ao órgão gestor da assistência social, aos Conselhos municipais dos direitos da criança e do adolescente e da assistência social (art. 101, § 12, do Estatuto).

Por se tratar de punição disciplinar, qualquer um, seja Ministério Público, o Conselho Tutelar, ou qualquer pessoa, tem legitimidade para oferecer representação contra a autoridade que está deixando de providenciar a instalação e operacionalização dos cadastros.

4.8.9. Deixar de encaminhar imediatamente à autoridade judiciária mãe ou gestante interessada em entregar seu filho para adoção

> Art. 258-B. Deixar o médico, enfermeiro ou dirigente de estabelecimento de atenção à saúde de gestante de efetuar imediato encaminhamento à autoridade judiciária de caso de que tenha conhecimento de mãe ou gestante interessada em entregar seu filho para adoção:
>
> Pena – multa de R$ 1.000,00 (mil reais) a R$ 3.000,00 (três mil reais).
>
> Parágrafo único. Incorre na mesma pena o funcionário de programa oficial ou comunitário destinado à garantia do direito à convivência familiar que deixa de efetuar a comunicação referida no *caput* deste artigo.

Esta infração administrativa também foi introduzida pela Lei n. 12.010, de 29 de julho de 2009 e, ao contrário da infração anterior, segue a sistemática das demais previstas no Estatuto da Criança e do Adolescente, com julgamento perante a Vara da infância e juventude.

O sujeito ativo da infração são os médicos, enfermeiros, dirigentes de estabelecimentos de saúde e funcionários de programa oficial ou comunitário destinado à garantia do direito à convivência familiar.

O sujeito passivo é o bebê, que, no momento em que mais precisa de aconchego e carinho, deixa de ser imediatamente encaminhado para uma adoção regular e corre o risco de ficar abandonado no hospital, em um abrigo ou entregue para pessoas não habilitadas e nem sempre cuidadosas.

A infração administrativa veio em boa hora, pois nem sempre os profissionais de saúde encaminhavam imediatamente para a autoridade judiciária a mãe ou gestante interessada em entregar seu filho para adoção (§ 1º do art. 13 do ECA, com redação dada pela Lei n. 13.257/2016). Os bebês abandonados acabavam sendo encaminhados para abrigos, e o processo de adoção se retardava em função da falta de conhecimento das intenções da mãe biológica. Havendo o consentimento da genitora, colhido em audiência judicial, com a presença do Ministério Público, o processo de adoção é mais célere. A criança pode ser encaminhada desde logo para um casal habilitado.

A nova lei de adoção veio com a intenção de promover a convivência familiar, evitando o abrigamento de crianças e priorizando a adoção por pessoas previamente habilitadas.

4.8.10. Venda de bebidas alcoólicas a menores de 18 anos

> Art. 258-C. Descumprir a proibição estabelecida no inciso II do art. 81:
>
> Pena: multa de R$ 3.000,00 (três mil reais) a R$10.000,00 (dez mil reais);
>
> Medida Administrativa: interdição do estabelecimento comercial até o recolhimento da multa aplicada.

O art. 81, inciso II, do Estatuto determina ser proibida a venda de bebidas alcoólicas à criança ou ao adolescente.

O sujeito ativo da infração administrativa é o estabelecimento comercial (principal responsável) ou a pessoa que vende a bebida alcoólica. Enquanto a infração penal exige o elemento subjetivo do tipo, ou seja, o dolo, a consciência de que se está vendendo para menor de idade, nas infrações administrativas não se perquire a vontade daquele que vende. Cabe ao estabelecimento adotar medidas de cautela, como exigir documento de identidade para a venda. Se não tiverem sido adotadas as medidas de cautela e restar comprovada a venda de bebidas alcoólicas para menores de idade, configurada está a infração administrativa.

O sujeito passivo é a criança ou o adolescente que faz a compra.

O conceito de bebida alcoólica, conforme expõe Válter Kenji Ishida[261], deve ser extraído do Anexo I, item III, 5, do Decreto n. 6.117/2007, que considera

---

261 ISHIDA, Válter Kenji. A recente Lei n. 13.106, de 17 de março de 2015 e o fornecimento de bebida alcoólica a criança ou adolescente. Disponível em: <http://www.cartaforense.com.br/m/conteudo/artigos/a-recente-lei-n%C2%BA-13106-de-

PARTE III – DAS INFRAÇÕES ADMINISTRATIVAS

765

bebida alcoólica aquela que contiver 0.5 grau Gay-Lussac ou mais de concentração, incluindo-se as bebidas destiladas, fermentadas e outras preparações com esse teor.

A venda de bebidas alcoólicas a menores de idade no Estatuto da Criança e do Adolescente era questão controvertida até a inclusão do presente artigo pela Lei n. 13.106/2015.

Havia uma interpretação, nem sempre prevalecente, de que com a interpretação sistemática dos arts. 81, II, e 258 do Estatuto da Criança e do Adolescente, poderia ser imposta a sanção[262]. O responsável pelo estabelecimento ou empresário, ao vender bebida alcoólica para menores de idade, deixaria de observar o que dispõe o ECA (art. 258). Afinal, não seria razoável punir unicamente o funcionário que entrega a bebida por uma infração penal e permitir o lucro do empresário sem qualquer punição.

As diferentes interpretações jurídicas, todavia, acabavam por contribuir para uma falta de uniformização sobre a questão, mas o Superior Tribunal de Justiça chegou a se manifestar, *in verbis*:

> PROCESSUAL CIVIL. ADMINISTRATIVO. AUTO DE INFRAÇÃO. CASA DE ESPETÁCULOS. PERMISSÃO DO INGRESSO DE MENORES DESACOMPA-NHADOS. FORNECIMENTO DE BEBIDA ALCOÓLICA A MENOR DE IDA-

---

17-de-marco-de-2015-e-o-fornecimento-de-bebida-alcoolica-a-crianca-ou-adolescente/15156>. Acesso em: 29 out. 2015.

262 "VENDA DE BEBIDAS ALCOÓLICAS. PRESENÇA DE MENOR DESACOMPANHA-DO. INFRAÇÃO ADMINISTRATIVA. MULTA. INTERDIÇÃO DE ESTABELECIMEN-TO COMERCIAL. ESTATUTO DA CRIANCA E DO ADOLESCENTE. Apelação cível. Auto de infração. Estatuto da Criança e do Adolescente. Art. 258. Menores presentes a evento dançante, com comercialização de bebidas alcoólicas, desacompanhados dos responsáveis legais. Reincidência. Aplicação da multa máxima e interdição temporária do estabelecimento. Razoabilidade. Desprovimento. O auto de infração, na qualidade de ato administrativo, goza de presunção de veracidade e legitimidade, que só pode ser infirmada por prova em contrário, cujo ônus recai sobre o particular. No caso, havendo circunstanciada qualificação dos menores flagrados no estabelecimento do apelante, em evento impróprio em que se comercializavam bebidas alcoólicas, incumbiria ao autuado comprovar o contrário, isto é: que tais pessoas não se encontravam naquele local, naquele momento, ou que já haviam atingido a maioridade civil àquela época. A prova de qualquer natureza que não se preste à comprovação de um desses fatos é irrelevante para o julgamento do auto. A reincidência do autuado na infração, já contando com nove sentenças contra si e outros três autos aguardando julgamento, constitui fundamento bastante para aplicação da multa máxima de vinte salários mínimos, e sua cumulação com a pena de interdição do estabelecimento comercial por 15 dias, de modo a se alcançar o objetivo punitivo-pedagógico da prestação jurisdicional e, com isto, coibir novas violações ao art. 258 do ECA. Desprovimento do recurso" (TJRJ, Apelação 2009.001.09810, 19ª Câm. Cív., Rel. Des. Marcos Alcino Torres, *DJ* 12-5-2009).

DE. INFRINGÊNCIA AOS ARTS. 81, INCISO II, E 28, DO ESTATUTO DA CRIANÇA E DO ADOLESCENTE. AUSÊNCIA DE IMPUGNAÇÃO DOS FUNDAMENTOS DO ACÓRDÃO RECORRIDO. SÚMULA 283 DO STF. DIVERGÊNCIA NÃO DEMONSTRADA. 1. A ausência de impugnação dos fundamentos do acórdão recorrido, os quais são suficientes para mantê-lo, enseja o não conhecimento do recurso, incidindo, *mutatis mutandis*, o enunciado da Súmula 283 do STF. 2. *In casu*, as razões recursais revelam a ausência de impugnação da questão atinente à infração decorrente da permanência de menores de 18 anos, desacompanhados de responsável, nas dependências de casa de espetáculos, fundamento no qual se baseou a Corte de origem para manter incólume o Auto de Infração Administrativa lavrado por Comissários de Menores da 2ª Vara da Infância e Juventude de Maceió-AL, ante a infringência aos preceitos contidos no art. 81, II c/c os arts. 249 e 258, do Estatuto da Criança e do Adolescente, além do descumprimento das Portarias ns. 015/2001 e 026/2002. 3. A admissão do Recurso Especial pela alínea *c* exige a comprovação do dissídio na forma prevista pelo RISTJ, com a demonstração das circunstâncias que assemelham os casos confrontados, não bastando, para tanto, a simples transcrição das ementas dos paradigmas. 4. Agravo regimental desprovido[263].

ADMINISTRATIVO – ESTATUTO DA CRIANÇA E DO ADOLESCENTE (LEI 8.069/90) – DESCUMPRIMENTO DO ART. 258 DO ECA – ADOLESCENTE INGERINDO BEBIDA ALCOÓLICA – INFRAÇÃO ADMINISTRATIVA – PRESCRIÇÃO QUINQUENAL – TERMO *A QUO* – TRÂNSITO EM JULGADO DA DECISÃO CONDENATÓRIA. 1. Não ocorre ofensa ao art. 535, II, do CPC, se o Tribunal de origem decide, fundamentadamente, as questões essenciais ao julgamento da lide. 2. Em se tratando de sanção administrativa, a multa imposta por força do artigo 247 do ECA segue as regras de Direito Administrativo e não Penal, sendo quinquenal o prazo prescricional. Precedentes da seção de Direito Público. 2. O art. 214, § 1º, da Lei n. 8.069/90 impõe como necessário o trânsito em julgado da decisão condenatória para que comece a correr o prazo para o pagamento espontâneo da multa, por infração administrativa. Não sendo paga, só então pode o Ministério Público executá-la. Precedente da 2ª Turma. 3. Sem o trânsito em julgado da decisão condenatória, não corre prazo para o pagamento espontâneo e não se pode falar em prescrição da execução. 4. Recurso especial parcialmente provido, determinando a baixa dos autos ao Tribunal *a quo* para rejulgamento da apelação, ficando prejudicado o exame da condenação em honorários advocatícios[264].

PROCESSUAL CIVIL E ADMINISTRATIVO. ESTATUTO DA CRIANÇA E DO ADOLESCENTE. AUTO DE INFRAÇÃO. FORNECIMENTO DE BEBIDA ALCOÓLICA A PESSOA MENOR DE 18 ANOS. EMPRESA PRODUTORA DE EVENTOS. AUSÊNCIA DE IMPUGNAÇÃO DOS FUNDAMENTOS DO ACÓRDÃO RECORRIDO. SÚMULA 283 DO STF. 1. A parte recorrente, ao pleitear

---

263 STJ, AgRg no Recurso Especial 864.035/AL (2006/0144000-4), 1ª T., Rel. Min. Luiz Fux, j. 11-3-2008.

264 STJ, REsp 894.528/RN (2006/0228112-9), Rel. Min. Eliana Calmon, j. 14-4-2009.

PARTE III – DAS INFRAÇÕES ADMINISTRATIVAS

somente o afastamento da infração relativa à venda de bebida alcoólica a menor de idade, deixa de impugnar questão atinente à infração decorrente da entrada e permanência de jovens com idade inferior à permitida nas dependências de evento denominado "Forró do Asa", fundamento no qual também se baseou a Corte de origem para manter o Auto de Infração Administrativa, ante a infringência aos preceitos contidos no art. 81, II, c/c art. 258 do Estatuto da Criança e do Adolescente. Em outras palavras, a Corte Estadual concluiu também que, ainda que afastada a configuração da primeira das infrações imputadas – venda de bebida alcoólica a menores – a multa subsistiria em razão da segunda, o que não foi debatido nas razões recursais. Incidência, por analogia, do teor da Súmula 283/STF. 2. Recurso especial não conhecido[265].

O fato é que o novo dispositivo legal inserido pela Lei n. 13.106/2015 afasta qualquer controvérsia, de modo que a venda de bebidas alcoólicas para menores de 18 (dezoito) anos, além de crime previsto no art. 243 do Estatuto, é também infração administrativa. Além da multa, o estabelecimento deve ser interditado até o recolhimento desta. Qualquer impugnação judicial deve ser precedida do recolhimento do numerário, que pode ficar à disposição do Juízo até a decisão final.

REFERÊNCIAS

ALEXY, Robert. *Teoría de los derechos fundamentales*. Trad. de Ernesto Garzón Valdés. Madrid: Centro de Estudios Constitucionales, 1997.

AZEVEDO, Maria Amélia e GUERRA, Viviane Nogueira. Vitimação e vitimização: questões conceituais. *Crianças vitimizadas*. Síndrome do pequeno poder. São Paulo: Iglu, 1989.

BARROSO, Luís Roberto; BARCELLOS, Ana Paula de. A nova interpretação constitucional dos princípios. In: LEITE, George Salomão (org.). *Dos princípios constitucionais*. São Paulo: Malheiros. 2003.

CARVALHO FILHO, José dos Santos. *Manual de direito administrativo*. 2. ed. Rio de Janeiro: Lumen Iuris, 1999.

CAVALLIERI, Alyrio. *Direito do menor*. Rio de Janeiro: Freitas Bastos, 1976.

CEZAR, José Antonio Daltoé. *Depoimento sem dano*: uma alternativa para inquirir crianças e adolescentes nos processos judiciais. Porto Alegre: Livraria do Advogado, 2007.

CINTRA, Carlos César Sousa; COELHO, Ivson. Ponderações sobre as sanções penais tributárias. In: MACHADO, Hugo de Brito (coord.). *Sanções penais tribu-*

---

265 STJ, REsp 1263.364/SE (2011/0119339-0), 2ª T., Rel. Min. Mauro Campbell Marques, j. 16-8-2012.

tárias. São Paulo: Dialética; Fortaleza: Instituto Cearense de Estudos Tributários, 2005.

COSTA, Tarcísio José Martins. *Estatuto da Criança e do Adolescente comentado*. Belo Horizonte: Del Rey, 2004.

CURY, Munir; GARRIDO DE PAULA, Paulo Afonso; MARÇURA, Jurandir Norberto. *Estatuto da Criança e do Adolescente anotado*. 2. ed. rev. e atual. São Paulo: Revista dos Tribunais, 2000.

DOTTI, René Ariel. Art. 256. In: VERONESE, Josiane Rose Petry; SILVEIRA, Mayra; CURY, Munir (coord.). *Estatuto da Criança e do Adolescente comentado*. Comentários jurídicos e sociais. 13. ed. rev. e atual. São Paulo: Malheiros, 2018.

ELIAS, Roberto João. *Comentários ao Estatuto da Criança e do Adolescente*. 4. ed. São Paulo: Saraiva, 2010.

FACHIN, Luiz Edson. Paternidade e ascendência genética. In: LEITE, Eduardo de Oliveira (coord.). *Grandes temas da atualidade*. DNA como meio de prova da filiação. Rio de Janeiro: Forense, 2000.

FACHIN, Luiz Edson. *Estabelecimento da filiação e paternidade presumida*. Porto Alegre: Sergio Antonio Fabris Editor, 1992.

FARIAS, Cristiano Chaves de; ROSENVALD, Nelson. *Direito das obrigações*. Rio de Janeiro: Lumen Juris, 2009.

FERREIRA, Aurélio Buarque de Holanda. *Mini Aurélio*. Rio de Janeiro: Nova Fronteira, 2000.

FERREIRA, Daniel. *Sanções administrativas*. São Paulo: Malheiros, 2001, p. 63.

FURLAN, Anderson. Sanções penais tributárias. In: MACHADO, Hugo de Brito (coord.). *Sanções penais tributárias*. São Paulo: Dialética; Fortaleza: Instituto Cearense de Estudos Tributários, 2005.

GAIARSA, José Ângelo. *A família de que se fala e a família de que se sofre*. São Paulo: Agora, 1986.

GARCIA, Emerson. Trabalho de crianças e adolescentes e participação em espetáculos públicos. *Direito em Debate*: da teoria à prática, publicação da CONAMP e AMPERJ no XXI Congresso Nacional do Ministério Público em 2015.

GOMES, Roberto de Almeida Borges. Aspectos gerais da investigação de paternidade à luz do princípio constitucional da proteção integral. In: FARIAS, Cristiano Chaves de (coord.). *Temas atuais de direito e processo de família*. Rio de Janeiro: Lumen Juris, 2004.

GRISARD FILHO, Waldyr. Os alimentos nas famílias reconstituídas. In: DELGADO, Mario Luiz; ALVES, Jones Figueiredo (coord.). *Novo Código Civil*. Questões controvertidas. São Paulo: Método, 2004.

ISHIDA, Válter Kenji. *A infração administrativa no Estatuto da Criança e do Adolescente*. São Paulo: Atlas, 2009.

PARTE III – DAS INFRAÇÕES ADMINISTRATIVAS

ISHIDA, Válter Kenji. *Estatuto da Criança e do Adolescente*: doutrina e jurisprudência. 25. ed. rev., atual. e ampl. São Paulo: JusPodivm, 2024.

ISHIDA, Válter Kenji. A recente Lei n. 13.106, de 17 de março de 2015 e o fornecimento de bebida alcoólica a criança ou adolescente. Disponível em: <http://www.cartaforense.com.br/m/conteudo/artigos/a-recente-lei-n%C2%BA-13106-de-17-de-marco-de-2015-e-o-fornecimento-de-bebida-alcoolica-a-crianca-ou-adolescente/15156>. Acesso em: 29 out. 2015.

JESUS, Damásio E. de. *Direito penal*. São Paulo: Saraiva, 1992.

LEITE, Eduardo de Oliveira. *Temas de direito de família*. São Paulo: Revista dos Tribunais, 1994.

LIBERATI, Wilson Donizeti. *Comentários ao Estatuto da Criança e do Adolescente*. 12. ed. rev. e ampl. de acordo com a Lei 13.058, de 22.12.2014. São Paulo: Malheiros, 2015.

MACIEL, Kátia Regina Ferreira Lobo Andrade. Apontamentos sobre a infração administrativa prevista no art. 249 da Lei 8.069/1990. *Revista IBDFAM* – Famílias e Sucessões. V. 46 (jul./ago.). Belo Horizonte: IBDFAM, 39-61, 2021.

MEDAUAR, Odete. *Direito administrativo moderno*. 9. ed. São Paulo: Revista dos Tribunais, 2005.

MEIRELLES, Hely Lopes. *Direito administrativo brasileiro*. 22. ed. São Paulo: Malheiros, 1997.

MOREIRA NETO, Diogo de Figueiredo. *Curso de direito administrativo*. 14. ed. Rio de Janeiro: Forense, 2005.

NOGUEIRA, Jacqueline Filgueras. *A filiação que se constrói*: o reconhecimento do afeto como valor jurídico. São Paulo: Memória Jurídica, 2001.

NOGUEIRA, Paulo Lúcio. *Comentários ao Código de Menores*. 4. ed. São Paulo: Saraiva. 1988.

NOVO DICIONÁRIO AURÉLIO DA LÍNGUA PORTUGUESA. Rio de Janeiro: Nova Fronteira, 1986.

NUCCI, Guilherme de Souza. *Estatuto da Criança e do Adolescente Comentado*. 5. ed. rev., atual. e reform. Rio de Janeiro: Forense, 2021.

OLIVEIRA, Edmundo. Art. 245. In: VERONESE, Josiane Rose Petry; SILVEIRA, Mayra; CURY, Munir (coord.). *Estatuto da Criança e do Adolescente comentado*. Comentários jurídicos e sociais. 13. ed. rev. e atual. São Paulo: Malheiros, 2018.

OSÓRIO, Fabio Medina. *Direito administrativo sancionador*. 5. ed. São Paulo: Revista dos Tribunais, 2015.

PEREIRA, Lafayette Rodrigues. *Direitos de família*: anotações e adaptações ao Código Civil por José Bonifácio de Andrada e Silva. 5. ed. Rio de Janeiro: Livraria Freitas Bastos, 1956.

PILOTTI, Francisco; RIZZINI, Irene (org.). *A arte de governar crianças:* a história das políticas sociais, da legislação e da assistência à infância no Brasil. Rio de Janeiro: Instituto Interamericano Del Niño, Editora Universitária Santa Úrsula, Amais Livraria e Editora, 1995.

RAMOS, Patrícia Pimentel de Oliveira Chambers. A moderna visão da autoridade parental. In: APASE (coord.). *Guarda compartilhada:* aspectos jurídicos e psicológicos. Porto Alegre: Equilíbrio, 2005.

RIZZINI, Irene; RIZZINI, Irma. *A institucionalização de crianças no Brasil:* percurso histórico e desafios do presente. Rio de Janeiro: Editora PUC-Rio. São Paulo: Loyola, 2004.

SANTOS, Hélio de Oliveira. Art. 245. In: VERONESE, Josiane Rose Petry; SILVEIRA, Mayra; CURY, Munir (coord.). *Estatuto da Criança e do Adolescente comentado.* Comentários jurídicos e sociais. 13. ed. rev. e atual. São Paulo: Malheiros, 2018.

SARAIVA, Márcia Maria Tamburini Porto; CORRÊA, Janaína Marques. O responsável "de fato" e o responsável legal na Lei n. 8.069/90 e os reflexos na regra de competência. Disponível em: <http://www.mp.rj.gov.br>. Assessoria de Direito Público. Acesso em: set. 2012.

SÊDA, Edson. *Construir o passado.* Série Direitos da criança. São Paulo: Malheiros, 1993.

SILVA, Marcos Alves da. *Do pátrio poder à autoridade parental.* Rio de Janeiro: Renovar, 2002.

SILVA, Paulo César Pereira da. Art. 253. In: VERONESE, Josiane Rose Petry; SILVEIRA, Mayra; CURY, Munir (coord.). *Estatuto da Criança e do Adolescente comentado.* Comentários jurídicos e sociais. 13. ed. rev. e atual. São Paulo: Malheiros, 2018.

TEPEDINO, Gustavo; SCHREIBER, Anderson. Minorias no direito civil brasileiro. In: FARIAS, Cristiano Chaves de (coord.). *Temas atuais de direito e processo de família.* Rio de Janeiro: Lumen Juris, 2004.

TOLEDO, Francisco de Assis. *Princípios básicos de direito penal.* 5. ed. São Paulo: Saraiva, 1994.

VILELA, João Batista. O modelo constitucional da filiação: verdades e superstições. *Revista Brasileira de Direito de Família,* n. 2, jul./ago./set. 1999.

WELTER, Belmiro Pedro. Inconstitucionalidade do processo de adoção judicial. In: FARIAS, Cristiano Chaves de (coord.). *Temas atuais de direito e processo de família.* Rio de Janeiro: Lumen Juris, 2004.

ZAFFARONI, Eugenio Raúl; PIERANGELI, José Henrique. *Manual de direito penal brasileiro:* Parte geral. São Paulo: Revista dos Tribunais, 1997.

Parte IV
A Efetividade do ECA: Medidas Judiciais e Extrajudiciais

As medidas de proteção

Patrícia Silveira Tavares

1. INTRODUÇÃO

1.1. Evolução legislativa

É característica histórica da legislação infantojuvenil brasileira a instituição de medidas destinadas às crianças ou aos adolescentes quando constatada situação que demonstre que estes estão desprovidos da devida proteção.

O Decreto n. 17.943-A, de 12 de outubro de 1927 (Código de Menores Mello Mattos), o fez por meio da previsão, em capítulo próprio, de algumas providências destinadas aos menores considerados "abandonados" ou "delinquentes", todas a cargo da autoridade judiciária, valendo citar como exemplos a possibilidade de sua apreensão por conta de determinação judicial, ou, ainda, a sua internação em escola de preservação ou de reforma[1].

---

1 Vale lembrar que o Código de Menores Mello Mattos tinha como destinatários, tão somente, os menores considerados *abandonados* ou *delinquentes*, a quem a lei conferia tratamento bastante semelhante. A título de ilustração, cumpre a transcrição do art. 55 da lei, segundo o qual "a autoridade, a quem incumbir a assistência e proteção aos menores, ordenará a apreensão daqueles de que houver notícia, ou lhe forem presentes, como abandonados os depositará em lugar conveniente, e providenciará sobre sua guarda, educação e vigilância, podendo, conforme a idade, instrução, profissão, saúde, abandono ou perversão do menor e a situação social, moral e econômica dos pais ou tutor, ou pessoa encarregada de sua guarda, adotar uma das seguintes decisões: a) entregá-lo aos pais ou tutor ou pessoa encarregada de sua guarda, sem condição alguma ou sob as condições que julgar úteis à saúde, segurança e moralidade do menor;

A Lei n. 6.697/79 (Código de Menores), por sua vez, substituindo o corpo normativo anterior e tendo como escopo principal o estabelecimento de normas visando à assistência, à proteção e à vigilância de menores compreendidos em "situação irregular"[2], também instituiu rol de medidas aplicáveis pelo juiz. Entre tais medidas – cuja necessidade de aplicação era constatada por meio de procedimento específico, comumente denominado de "pedido de providências" – estavam a advertência, a colocação em lar substituto e a internação em estabelecimento educacional, ocupacional, psicopedagógico, hospitalar, psiquiátrico ou outro adequado[3].

A Lei n. 8.069/90 (Estatuto da Criança e do Adolescente) também se propôs a tratar de algumas medidas, porém sob nova roupagem. A consagração constitucional da Doutrina da Proteção Integral, por meio da qual todas as crianças e adolescentes são titulares de direitos especiais – a partir do reconhecimento de sua particular condição de pessoa em desenvolvimento –, impôs a renovação do tratamento legislativo até então conferido à matéria.

Duas foram as principais inovações: a primeira, a ampliação dos usuários em potencial das medidas de proteção, que hoje em dia são *todas* as crianças e adolescentes; a segunda, a transferência da esfera de aplicação da maioria das medidas ao Conselho Tutelar, órgão que, como já visto, materializa o poder-dever da sociedade de, ao lado da família e do Estado, garantir os direitos infantojuvenis.

Nesse diapasão, institui o art. 98 do ECA que

> Art. 98. As medidas de proteção à criança e ao adolescente serão aplicáveis sempre que os direitos reconhecidos nesta Lei forem ameaçados ou violados: I – por ação ou omissão da sociedade ou do Estado; II – por falta, omissão ou abuso dos pais ou responsável; e III – em razão de sua conduta.

Decerto, seria de pouca valia a consagração, pelo ordenamento jurídico pátrio, dos direitos fundamentais das crianças e dos adolescentes, sem o estabelecimento de mecanismos capazes de salvaguardá-los, entre os quais, certamente, estão inclu-

---

b) entregá-lo a pessoa idônea, ou interná-lo em hospital, asilo, instituto de educação, oficina escola de preservação ou de reforma; c) ordenar as medidas convenientes aos que necessitem de tratamento especial, por sofrerem de qualquer doença física ou mental; d) decretar a suspensão ou a perda do pátrio poder ou a destituição da tutela; e) regular de maneira diferente das estabelecidas nos dispositivos deste artigo a situação do menor, si houver para isso motivo grave, e for do interesse do menor".

2   V. art. 2º da Lei n. 6.697/79.

3   O procedimento para a verificação da situação irregular do menor era instaurado e presidido pela própria autoridade judiciária e regulado no Título II, Capítulo I, intitulado "Da verificação da situação do menor". Nas hipóteses de ato infracional, havia rito específico regulado no Capítulo II, denominado "Da apuração de infração penal". O Capítulo I do Título V, denominado "Das medidas aplicáveis ao menor", por sua vez, estabelecia no art. 14 o rol das medidas passíveis de serem aplicadas pela autoridade judiciária.

PARTE IV – A EFETIVIDADE DO ECA: MEDIDAS JUDICIAIS E EXTRAJUDICIAIS

ídas as medidas de proteção. É importante, contudo, notar que o legislador estatutário, referenciando-se na criança ou no adolescente, não se preocupou em realizar qualquer tipo de categorização ou discriminação indicativa do público-alvo de tais medidas.

Como salienta Wilson Donizeti Liberati[4]:

> Ao utilizar os termos "ameaçados" e "violados", o Estatuto serviu-se de fórmula genérica em contraposição à teoria da situação irregular, que utilizava figuras casuísticas, tais como "menor abandonado", "carente", "delinquente" etc., para identificar a situação de risco pessoal e social da criança e do adolescente.

As possibilidades de atuação das autoridades competentes, desta forma, perdem o caráter de meras "providências" a ser adotadas em relação aos "menores em situação irregular", para assumir feição efetivamente protetiva, de modo a concretizar os direitos relacionados à infância e à adolescência, em sua magnitude.

1.2. Definição

As medidas de proteção podem ser definidas como providências que visam salvaguardar qualquer criança ou adolescente cujos direitos tenham sido violados ou estejam ameaçados de violação.

São, portanto, instrumentos colocados à disposição dos agentes responsáveis pela proteção das crianças e dos adolescentes, em especial, dos conselheiros tutelares e da autoridade judiciária a fim de garantir, no caso concreto, a efetividade dos direitos da população infantojuvenil.

1.3. Hipóteses de aplicação

Conforme referido anteriormente, o ponto de partida para a identificação das situações que justificam a aplicação das medidas protetivas é o art. 98 do ECA, comumente citado como parâmetro para indicação das situações nas quais determinada criança ou adolescente estará em situação de risco social ou pessoal, a exigir a atuação dos órgãos integrantes do sistema de garantias de direitos.

Como bem esclarece Edson Sêda[5], em comentário ao dispositivo legal em apreço:

> Aqui se encontra, normativamente, o coração do Estatuto, no sentido de que, com este artigo, o legislador rompe com a doutrina da "situação irregular", que

---

4   LIBERATI, Wilson Donizeti. *Comentários ao Estatuto da Criança e do Adolescente.* 12. ed. rev. e ampl., de acordo com a Lei 13.058, de 22-12-2014. São Paulo: Malheiros, 2015, p. 111.

5   SÊDA, Edson. Art. 98. In: VERONESE, Josiane Rose Petry; SILVEIRA, Mayra; CURY, Munir (coord.). *Estatuto da Criança e do Adolescente comentado:* comentários jurídicos e sociais. 13. ed. rev. e atual. São Paulo: Malheiros, 2018, p. 641.

presidia o Direito anterior, e adota a doutrina da "proteção integral", preconizada pela Declaração e pela Convenção Internacional dos Direitos da Criança. E aqui se encontra a pedra angular do novo Direito, ao definir com precisão em que condições são exigíveis as medidas de proteção à criança e ao adolescente.

O elenco constante do art. 98 não nos permite esquecer que, por vezes, aqueles que em princípio seriam os responsáveis por acastelar crianças e adolescentes – o Estado, a sociedade e a família – podem ser quem primeiro os coloca em risco.

Nesse passo, a primeira circunstância notada pelo legislador é a de ameaça ou violação a direitos por conta de ação ou omissão da sociedade ou do Estado. Cumpre citar como exemplos crianças ou adolescentes sem acesso à escola, que não encontram na rede de saúde o devido tratamento, ou, ainda, aquelas que estão em situação de rua, de exploração sexual ou usuárias de drogas, para as quais são imprescindíveis políticas públicas específicas e efetivas.

Sobre o assunto, ainda é relevante notar que:

> Quando o Estatuto cita que as ameaças ou violações de direitos podem acontecer por ação ou omissão da sociedade ou do Estado, traz uma concepção diferente do Código de Menores, que só responsabilizava a própria criança ou o adolescente e a sua família. Neste sentido, o legislador compreendeu que tanto a sociedade quanto o Estado têm violado os direitos destes infantojuvenis e que agora, devem ser responsabilizados por isto. O Estado ameaça ou viola os direitos desta população quando não prioriza as ações necessárias para esta área, ou, quando deixa de deliberar, orçar e implementar políticas sociais públicas. Da mesma forma a sociedade, quando se omite diante da violência, crueldade, opressão, dos abusos de toda a forma; além de alimentar um processo de exclusão crescente, desenvolvendo até ódio contra alguns grupamentos, fazendo com que estes sejam vistos como monstros que precisam ser exterminados. A criança e o adolescente não são mais vistos como ameaça à sociedade. Por esta ótica, a sociedade torna-se ameaçadora quando não garante o desenvolvimento pleno das potencialidades destes sujeitos[6].

A segunda situação prevista na lei está atrelada ao núcleo familiar no qual está inserida a criança ou o adolescente, que pode ser vítima da falta, omissão ou abuso dos pais ou responsável.

A hipótese está diretamente ligada às crianças ou aos adolescentes cujos pais são falecidos, estão ausentes ou são desconhecidos, ao exercício abusivo do poder familiar, ou ainda à prática irregular das atribuições do tutor ou guardião. Vale mencionar os exemplos de criança órfã, de adolescente que é vítima de violência intrafamiliar ou de pupilo cujo rendimento escolar não é devidamente acompanhado pelo tutor.

---

6   TEIXEIRA, Sérgio Henrique. In: DINIZ, Andréa; CUNHA, José Ricardo (org.). *Visualizando a política de atendimento à criança e ao adolescente*. Rio de Janeiro: Litteris, KroArt Editores, Fundação Bento Rubião, 1998, p. 82 e s.

PARTE IV – A EFETIVIDADE DO ECA: MEDIDAS JUDICIAIS E EXTRAJUDICIAIS

Por fim, outro motivo que justifica a aplicação de medida protetiva em favor de determinada criança ou adolescente é a sua própria conduta, quando esta se mostra incompatível com as regras que conduzem a vida em sociedade. O adolescente ou a criança que cometem ato infracional ou que praticam atos capazes de colocá-los em risco, embora não ilícitos, tais como a ingestão sistemática de bebidas alcoólicas, são exemplos clássicos desta situação.

É possível observar o cuidado do legislador estatutário em estabelecer hipóteses bastante abrangentes, de modo a permitir a inclusão do maior número possível de possibilidades de violação ou ameaça a direitos entre as circunstâncias que ensejam a adoção das medidas de proteção.

2. AS MEDIDAS ESPECÍFICAS DE PROTEÇÃO

2.1. Normas gerais

O Estatuto da Criança e do Adolescente, após a indicação das situações nas quais é imperiosa a aplicação das medidas protetivas, preocupou-se em delinear normas especiais, indicando, inclusive, algumas medidas de proteção específicas, a fim de nortear a atuação da autoridade competente quando da constatação de alguma das hipóteses de ameaça ou violação de direitos.

Desta forma, estabelece o art. 101 da lei:

> Art. 101. Verificada qualquer das hipóteses previstas no art. 98, a autoridade competente poderá determinar, dentre outras, as seguintes medidas:
>
> I – encaminhamento aos pais ou responsável, mediante termo de responsabilidade;
>
> II – orientação, apoio e acompanhamento temporários;
>
> III – matrícula e frequência obrigatória em estabelecimento oficial de ensino fundamental;
>
> IV – inclusão em serviços e programas oficiais ou comunitários de proteção, apoio e promoção da família, da criança e do adolescente; (redação dada pela Lei n. 13.257/2016)
>
> V – requisição de tratamento médico, psicológico ou psiquiátrico, em regime hospitalar ou ambulatorial;
>
> VI – inclusão em programa oficial ou comunitário de auxílio, orientação e tratamento a alcoólatras e toxicômanos;
>
> VII – acolhimento institucional;
>
> VIII – inclusão em programa de acolhimento familiar;
>
> IX – colocação em família substituta.

As medidas elencadas pelo legislador, conforme menção que consta do *caput* do dispositivo legal acima mencionado, não constituem rol taxativo, pelo que devem as autoridades competentes estar sempre atentas para outras possibilidades de atuação para além daquelas especificadas[7].

---

7   Exemplos de medidas de caráter protetivo não constantes do rol do art. 101, consistem no afastamento do agressor da moradia comum (art. 130 do ECA), ou ainda a

Devem também atentar para a necessidade de a aplicação das medidas de proteção vir sempre acompanhada da regularização do registro civil da criança ou adolescente, norma expressa no art. 102, *caput*, do ECA.

Verificada a inexistência de registro civil de nascimento, o assento será feito à vista dos elementos disponíveis, mediante requisição da autoridade judiciária (art. 102, § 1º, do ECA). Em não existindo paternidade definida, impõe-se a deflagração do procedimento específico para a sua averiguação, na forma da Lei n. 8.560/92 – Lei de Investigação de Paternidade (art. 102, § 3º)[8].

É também necessário estar vigilante para a possibilidade de algumas medidas de proteção serem aplicadas cumulativamente, ou, ainda, substituídas por outras que, no decorrer do tempo, se mostrem mais adequadas. Essa possibilidade é lembrada no art. 99 do ECA, ao estabelecer que "as medidas previstas neste Capítulo poderão ser aplicadas isolada ou cumulativamente, bem como substituídas a qualquer tempo".

Vale, por fim, notar que aos operadores do Estatuto da Criança e do Adolescente é obrigatória a observância de todos os princípios que orientam o funcionamento do sistema de garantia dos direitos, quando da avaliação da situação de determinada criança ou adolescente com vistas à eleição da medida mais apropriada ao caso concreto, ou ainda quando da sua execução[9].

---

restrição ou a suspensão de visitas aos filhos por parte do agressor, na hipótese de violência contra a mulher (art. 22, IV, da Lei n. 11.340/2006). Importante também atentar para as medidas protetivas de urgência previstas na recém-editada Lei n. 14.344, de 24 de maio de 2022, responsável pela criação de mecanismos para a prevenção e o enfrentamento da violência doméstica e familiar contra a criança e o adolescente. Tais medidas, ora aplicáveis ao agressor, ora à vítima, estão elencadas nos arts. 20 e 21 da lei, são de competência da autoridade judiciária e possuem rito específico para tanto.

8 O § 3º do art. 102 foi inserido pela Lei n. 12.010/2009, no intuito de lembrar a importância de fazer constar, do registro, a filiação paterna. O § 4º do mesmo dispositivo também foi introduzido por aquela lei e estabelece regra segundo a qual será dispensável o ajuizamento de ação de investigação de paternidade pelo Ministério Público se, após o não comparecimento ou a recusa do suposto pai em assumir a paternidade a ele atribuída, for a criança encaminhada para adoção. No intuito de favorecer ainda mais a regularização dos sub-registros de nascimento, foram introduzidos ao art. 102, os §§ 5º e 6º, pela Lei n. 13.257/2016 com a seguinte redação: "Art. 102. [...] § 5º Os registros e certidões necessários à inclusão, a qualquer tempo, do nome do pai no assento de nascimento são isentos de multas, custas e emolumentos, gozando de absoluta prioridade. § 6º São gratuitas, a qualquer tempo, a averbação requerida do reconhecimento de paternidade no assento de nascimento e a certidão correspondente".

9 Sobre os princípios gerais que regem o sistema de garantia dos direitos, remetemos o leitor à Parte I desta obra ("O direito material sob o enfoque constitucional"), com capítulo específico sobre o tema ("Princípios orientadores do direito da criança e do adolescente").

PARTE IV – A EFETIVIDADE DO ECA: MEDIDAS JUDICIAIS E EXTRAJUDICIAIS

O art. 100, *caput*, do ECA estabelece como norte na aplicação das medidas de proteção as necessidades pedagógicas da criança ou do adolescente, bem como a preferência àquelas destinadas ao fortalecimento de seus vínculos familiares e comunitários.

Andou bem a Lei n. 12.010/2009 ao explicitar, no parágrafo único do mesmo dispositivo, outros comandos a serem observados na aplicação das medidas de proteção. De acordo com o parágrafo único do art. 100 do ECA, são também princípios que regem a aplicação das medidas.

Art. 100.

[...]

Parágrafo único.

[...]

I – condição da criança e do adolescente como sujeitos de direitos: crianças e adolescentes são os titulares dos direitos previstos nesta e em outras Leis, bem como na Constituição Federal;

II – proteção integral e prioritária: a interpretação e aplicação de toda e qualquer norma contida nesta Lei deve ser voltada à proteção integral e prioritária dos direitos de que crianças e adolescentes são titulares;

III – responsabilidade primária e solidária do poder público: a plena efetivação dos direitos assegurados a crianças e a adolescentes por esta Lei e pela Constituição Federal, salvo nos casos por esta expressamente ressalvados, é de responsabilidade primária e solidária das 3 (três) esferas de governo, sem prejuízo da municipalização do atendimento e da possibilidade da execução de programas por entidades não governamentais;

IV – interesse superior da criança e do adolescente: a intervenção deve atender prioritariamente aos interesses e direitos da criança e do adolescente, sem prejuízo da consideração que for devida a outros interesses legítimos no âmbito da pluralidade dos interesses presentes no caso concreto;

V – privacidade: a promoção dos direitos e proteção da criança e do adolescente deve ser efetuada no respeito pela intimidade, direito à imagem e reserva da sua vida privada;

VI – intervenção precoce: a intervenção das autoridades competentes deve ser efetuada logo que a situação de perigo seja conhecida;

VII – intervenção mínima: a intervenção deve ser exercida exclusivamente pelas autoridades e instituições cuja ação seja indispensável à efetiva promoção dos direitos e à proteção da criança e do adolescente;

VIII – proporcionalidade e atualidade: a intervenção deve ser a necessária e adequada à situação de perigo em que a criança ou o adolescente se encontram no momento em que a decisão é tomada;

IX – responsabilidade parental: a intervenção deve ser efetuada de modo que os pais assumam os seus deveres para com a criança e o adolescente;

X – prevalência da família: na promoção de direitos e na proteção da criança e do adolescente deve ser dada prevalência às medidas que os mantenham ou reintegrem na sua família natural ou extensa ou, se isto não for possível, que promovam a sua integração em família adotiva; (conforme redação da Lei n. 13.509/2017);

XI – obrigatoriedade da informação: a criança e o adolescente, respeitado seu estágio de desenvolvimento e capacidade de compreensão, seus pais ou responsável devem ser informados dos seus direitos, dos motivos que determinaram a intervenção e da forma como esta se processa;

XII – oitiva obrigatória e participação: a criança e o adolescente, em separado ou na companhia dos pais, de responsável ou de pessoa por si indicada, bem como os seus pais ou responsável, têm direito a ser ouvidos e a participar nos atos e na definição da medida de promoção dos direitos e de proteção, sendo sua opinião devidamente considerada pela autoridade judiciária competente, observado o disposto nos §§ 1º e 2º do art. 28 desta Lei.

Perceba-se que o legislador, ao aglutinar em uma única disposição legal todas as normas que devem ser seguidas na avaliação e na execução das medidas de proteção, criou uma verdadeira cartilha na qual estão elencadas as normas – consubstanciadas em regras e em princípios – sem as quais não será possível considerar efetivado o direito infantojuvenil ao qual se pretende tutelar[10].

2.2. A autoridade competente

Incluem-se no conceito de autoridade competente indicada no art. 101 do ECA o Conselho Tutelar e o Poder Judiciário, por força das normas constantes do art. 136, I, e do art. 148 do ECA. É importante, no entanto, salientar que tais órgãos somente poderão atuar dentro dos limites legalmente impostos pelo próprio Estatuto, tanto no que diz respeito à escolha da medida a ser aplicada, como também no que tange ao procedimento necessário para tanto.

O Conselho Tutelar, por exemplo, em razão do que dispõe o art. 136, I, do ECA, somente pode aplicar as medidas elencadas nos incisos I a VII do art. 101 da lei,

---

10 Apesar de a lei referir-se a princípios, certo é que parte das normas constantes do parágrafo único do art. 101 do ECA enquadram-se no conceito de regras jurídicas. Tal observação é importante, na medida em que as regras, ao contrário dos princípios, são comandos legais que não admitem qualquer tipo de gradação; devem, assim, ser cumpridas integralmente, sem questionamento sobre se isto é possível nos âmbitos fático e jurídico. Como exemplo, cumpre citar a imposição, no inciso III, da responsabilidade primária e solidária das três esferas de governo na plena efetivação dos direitos assegurados a crianças e adolescentes, sem prejuízo da municipalização do atendimento e da possibilidade da execução de programas por entidades não governamentais. A obrigação de instituir políticas públicas destinadas à efetivação dos direitos infantojuvenis, imposta aos três entes federativos, primária e solidariamente, de modo a viabilizar estrutura de retaguarda para as medidas protetivas, é comando normativo que não admite graus de concretização. Enquadra-se, portanto, na lógica do "tudo ou nada" aplicável exclusivamente às regras, sujeitando o Poder Público, na hipótese de descumprimento, às ações de responsabilidade de que tratam os arts. 208 e s. da lei.

PARTE IV – A EFETIVIDADE DO ECA: MEDIDAS JUDICIAIS E EXTRAJUDICIAIS

uma vez que é de competência exclusiva da autoridade judiciária a colocação de criança ou adolescente em programa de acolhimento familiar ou em família substituta, mediante a concessão de guarda, tutela ou adoção. No que se refere ao acolhimento institucional, deve o Conselho Tutelar atentar para a regra geral, imposta no § 2º do art. 101, segundo a qual o afastamento da criança ou do adolescente do convívio familiar é de competência exclusiva da autoridade judiciária. Nas hipóteses em que a medida de acolhimento institucional se revele imprescindível e urgente – sendo ainda impossível ou inviável o contato com o Ministério Público ou Poder Judiciário –, o Conselho Tutelar pode, como qualquer do povo, socorrer a criança ou o adolescente cuja saúde ou integridade física esteja em risco, solicitando à entidade de acolhimento institucional que o receba, com fulcro no disposto no art. 93 da lei[11]. Pode também determinar o acolhimento institucional nos casos em que, não havendo qualquer referencial familiar, esta se revelar a única medida apta à proteção da criança ou do adolescente, procedendo a imediata comunicação à autoridade judiciária para fins do disposto no art. 101, § 3º e s., do ECA.

À autoridade judiciária, por sua vez, somente cabe determinar a inserção em programa de acolhimento familiar, ou ainda a colocação de uma criança ou de um adolescente em família substituta, em procedimento judicial específico, por conta das normas procedimentais elencadas nos arts. 165 a 170 da lei.

Importa também frisar que, excepcionalmente, poderá a autoridade judiciária aplicar as medidas de proteção inicialmente afetas ao Conselho Tutelar[12].

Tal possibilidade é admitida pelo próprio Estatuto da Criança e do Adolescente, no art. 262, segundo o qual, enquanto não instalados os conselhos tutelares, caberá à autoridade judiciária o exercício de suas atribuições. Admite-se, ainda, a viabilidade de o juiz da Infância e da Juventude aplicar tais medidas caso instado a fazê-lo, em procedimento especificamente instaurado para tal fim ou em qualquer outro onde conste tal solicitação, por força do princípio constitucional que determina que a lei não poderá excluir do Poder Judiciário a apreciação de lesão ou de ameaça a direito[13]. Este é o sentido e o alcance do art. 153 do ECA, segundo o qual "se a medida judicial a ser adotada não corresponder a procedimento previsto nesta ou em outra lei, a autoridade judiciária poderá investigar os fatos e ordenar de

---

11 De acordo com o art. 93 do ECA, as entidades que mantenham programa de acolhimento institucional poderão, em caráter excepcional e de urgência, acolher crianças e adolescentes sem prévia determinação da autoridade competente, caso em que devem comunicar o fato em até 24h ao juiz da infância e da juventude.

12 "APLICAÇÃO DE MEDIDAS PROTETIVAS DE OFÍCIO. O juiz da infância e da juventude tem o poder de determinar, de ofício, a realização de providências em favor de criança ou adolescente em situação de risco (no caso concreto, matrícula em escola pública) sem que isso signifique violação do princípio dispositivo" (STJ, 2ª Turma, RMS 3.649/SP, Rel. Min. Humberto Martins, j. 13-3-2012).

13 V. art. 5º, XXXV, da CF/88.

ofício as providências necessárias, ouvido o Ministério Público". O disposto neste artigo, por óbvio, não se aplica para os casos de afastamento da criança e do adolescente de sua família de origem ou para outras situações em que se impõe a instauração de procedimento contencioso, norma que hoje consta expressa no parágrafo único do mesmo dispositivo[14].

Questão que tem gerado debate entre aqueles que se dedicam ao estudo da matéria está em saber se ao Ministério Público, em razão do que estabelece o art. 201, VIII, e § 2º, do ECA, seria possível aplicar, diretamente, medida específica de proteção em favor de determinada criança ou adolescente[15].

Em que pese a existência de respeitáveis opiniões contrárias[16], baseadas, em última instância, nos referidos dispositivos legais, a melhor orientação parece ser no sentido negativo.

Embora seja o Ministério Público órgão de relevância inconteste dentro do sistema de garantia de direitos da população infantojuvenil, exercendo atribuições que, em última instância, tutelam os direitos atrelados à infância e à adolescência, não seria razoável admitir que este possa se substituir ao Conselho Tutelar, qualquer que seja a hipótese de violação ou de ameaça a tais direitos. A relação existente entre Ministério Público e Conselho Tutelar não é de hierarquia e, muito menos, de assessoramento, de modo que caberá a tais órgãos atuar dentro das respectivas esferas de atribuição, de forma harmônica e, por vezes, complementar, como, por exemplo, na hipótese do art. 136, IV, do ECA, quando ao Ministério Público, por conta de representação do Conselho Tutelar, caberá adotar, judicialmente, outras providências nas esferas cível ou penal, que escapem à esfera de atuação deste órgão[17].

---

14 "Art. 153. [...] Parágrafo único. O disposto neste artigo não se aplica para o fim de afastamento da criança ou do adolescente de sua família de origem ou em outros procedimentos necessariamente contenciosos."

15 De acordo com o art. 201, VIII, do ECA, compete ao Ministério Público zelar pelo efetivo respeito aos direitos e garantias legais assegurados às crianças e aos adolescentes, promovendo as medidas judiciais e extrajudiciais cabíveis. O § 2º do mesmo dispositivo legal, por sua vez, institui que as atribuições elencadas no referido artigo não excluem outras, desde que compatíveis com a finalidade do Ministério Público.

16 Cumpre citar como exemplo a posição de Wilson Donizeti Liberati e Caio Públio Bessa Cyrino (In: *Conselhos e fundos no Estatuto da Criança e do Adolescente*. 2. ed. São Paulo: Malheiros, 2003, p. 211 e s.), ao afirmarem que, por vezes, o Conselho Tutelar e o Ministério Público terão atribuições concorrentes, podendo, por conta disso, apreciar e deliberar a respeito da mesma questão. Entendem os referidos autores que o Promotor de Justiça, ao chegar à conclusão de que a hipótese demanda a aplicação de medida protetiva, poderá fazê-lo diretamente, com fulcro nos arts. 201, VIII, e § 2º, do ECA, encaminhando o caso ao Conselho Tutelar para que este órgão providencie a sua execução.

17 Vale lembrar que a Lei n. 10.741/2003, por não criar órgão semelhante ao Conselho Tutelar na tutela dos direitos do idoso, atribuiu expressamente ao Ministério Público,

PARTE IV – A EFETIVIDADE DO ECA: MEDIDAS JUDICIAIS E EXTRAJUDICIAIS

Vale frisar, contudo, que afirmar a ausência de atribuição do Ministério Público para a aplicação das medidas específicas de proteção não significa dizer que tal órgão deverá ficar alheio às situações de violação ou de risco que cheguem ao seu conhecimento, nas quais cabe a atuação do Conselho Tutelar; pelo contrário, constatada, por qualquer motivo, a ausência de atuação deste órgão, poderá – e deverá – agir, dentro de suas atribuições.

Caberá ao Ministério Público, portanto, diante da omissão do Conselho Tutelar, não aplicar a medida de proteção diretamente, mas provocá-lo a fazê-lo, fiscalizando a sua atuação. Caso não logre êxito em sua provocação, poderá ainda o Ministério Público, em ação própria – como, por exemplo, em ação visando destituir os pais do poder familiar, nos autos de representação administrativa contra os pais ou responsável ou, até mesmo, em ação de destituição de conselheiro tutelar –, postular a aplicação de medida de proteção, fundamentando o seu pedido na inércia ou na inoperância daquele órgão.

2.3. As hipóteses elencadas no art. 101 do ECA

Vistas as normas de caráter geral, cumpre analisar as medidas específicas de proteção indicadas pelo legislador.

A primeira medida que consta do rol legal consiste no encaminhamento da criança ou do adolescente aos pais ou responsável (art. 101, I, do ECA).

A providência em apreço deve ser adotada quando criança ou adolescente esteja, de forma injustificada, fora da companhia daquele que possui sua guarda por força do poder familiar ou em virtude do exercício do encargo de guardião ou tutor; não poderá, consequentemente, ser aplicada quando importar em alteração de guarda, pois, nesta hipótese, é necessário procedimento de natureza contraditória, especialmente instaurado para tal fim[18].

É possível citar como exemplo de situação onde se justifica a aplicação da referida medida a constatação, pelo Conselho Tutelar, de que uma criança está perdida na rua ou de que determinado adolescente está em espetáculo noturno onde

---

no art. 45, a função de aplicar medidas protetivas, reforçando o argumento de que, se o Estatuto da Criança e do Adolescente assim quisesse fazer, teria disposto de forma semelhante.

18 Sobre o assunto, vale fazer referência à decisão proferida pelo Conselho da Magistratura do Tribunal de Justiça do Paraná, em julgamento ao Recurso de Apelação 318-3, de Ponta Grossa, que entendeu ser nulo *ab ovo* procedimento investigatório instaurado para a apuração de eventual situação de risco, que culminou na aplicação da medida protetiva de encaminhamento ao pai, mediante termo de responsabilidade, e importou, na prática, na modificação da guarda anteriormente estabelecida à mãe (aresto publicado na *Revista Igualdade,* n. XVIII. Disponível em: <http://www.crianca.mppr. mp.br/pagina-432.html> – *link Revista Igualdade* XVIII. Acesso em: 24 out. 2021).

não é permitido o seu ingresso ou a sua permanência, sem a presença de seus responsáveis. Neste caso, deverá o conselheiro tutelar providenciar prontamente o seu retorno ao lar, sem, no entanto, abrir mão da formalização do ato, por meio da lavratura de "termo de entrega" ou outro documento semelhante.

A medida protetiva subsequente é a orientação, apoio e acompanhamento temporários da criança ou do adolescente (art. 101, II, do ECA).

É aconselhável naquelas hipóteses nas quais não é possível, por meio de uma só providência, fazer cessar, por completo, a situação de risco que ensejou a intervenção da autoridade competente. Tomando-se por base o exemplo anterior, será aplicada quando for constatado que o motivo de o adolescente estar frequentando locais inadequados à sua faixa etária é a sua dificuldade em aceitar as regras e os limites que lhe são impostos.

A terceira medida de proteção consiste na matrícula e na determinação de frequência obrigatória em estabelecimento oficial de ensino fundamental (art. 101, III, do ECA).

Não se pode deixar de frisar que tal medida é de aplicação cogente sempre que for verificado que determinada criança ou adolescente não cumpriu todas as séries anuais ou ciclos do ensino fundamental e está fora dos bancos escolares. Tem como escopo garantir o acesso à educação escolar no ensino fundamental, de natureza gratuita e obrigatória[19]. A referência expressa ao ensino fundamental, logicamente, não exclui a possibilidade de encaminhamento às demais etapas da educação básica (educação infantil e ensino médio), como medida de proteção, já que é obrigação do Poder Público assegurar à criança e ao adolescente o direito à educação em sua integralidade.

A quarta medida apontada pelo legislador (art. 101, IV, do ECA) sofreu alteração de nomenclatura pela promulgação da Lei n. 13.257/2016 e reside na "inclusão em serviços e programas oficiais ou comunitários de proteção, apoio e promoção da família, da criança e do adolescente".

---

19 Sobre o assunto, vale fazer referência à norma constante do art. 208 da CF/88, de acordo com a qual "o dever do Estado com a educação será efetivado mediante a garantia de: I – ensino fundamental obrigatório e gratuito, assegurada, inclusive, sua oferta gratuita para todos os que a ele não tiveram acesso em idade própria". Cumpre também frisar que o acesso ao ensino obrigatório e gratuito é direito público subjetivo, consoante determina o § 1º do mesmo dispositivo legal. Por fim, cumpre registrar o disposto no art. 53 do ECA, segundo o qual é dever do Estado assegurar à criança e ao adolescente, dentre outras obrigações, o ensino fundamental, obrigatório e gratuito, inclusive para os que a ele não tiveram acesso na idade própria (inciso I); a progressiva extensão da obrigatoriedade e gratuidade ao ensino médio (inciso III) e o atendimento em creche e pré-escola às crianças de 0 (zero) a 6 (seis) anos de idade (inciso IV). V. também art. 4º da Lei de Diretrizes e Bases da Educação Nacional (Lei n. 9.394/96).

PARTE IV – A EFETIVIDADE DO ECA: MEDIDAS JUDICIAIS E EXTRAJUDICIAIS

Não é difícil constatar hipóteses nas quais a ameaça ou a violação aos direitos infantojuvenis está diretamente ligada à situação de vulnerabilidade da família. Nestes casos, caberá à autoridade responsável pesquisar a rede de atendimento existente na localidade de residência da criança ou do adolescente, identificando o programa mais adequado às suas necessidades e de todos os integrantes de seu núcleo familiar[20]. Em não existindo a oferta de programa adequado ao perfil da criança ou do adolescente ou de sua família, cabe à autoridade competente comunicar o fato ao Ministério Público para o ajuizamento de ação de responsabilidade a que faz alusão o art. 208, VI, do ECA[21], sem prejuízo das outras medidas que se mostrarem pertinentes.

Outra medida específica de proteção elencada na lei é a requisição de tratamento médico, psicológico ou psiquiátrico, em regime hospitalar ou ambulatorial (art. 101, V, do ECA). É seguida da medida de proteção consistente na inclusão de criança ou adolescente em programa oficial ou comunitário de auxílio, orientação e tratamento a alcoólatras e toxicômanos (art. 101, VI, do ECA). São medidas que devem ser aplicadas a partir de programas voltados especificamente para o público infantojuvenil, nos quais, logicamente, a participação dos familiares ou responsáveis é indispensável, e deve estar prevista em Plano Individual de Atendimento[22].

Ambas as providências vinculam-se ao direito à saúde que, tratando-se de crianças ou adolescentes, deve ser garantido de forma prioritária. É importante lembrar que, juridicamente, requisição é sinônimo de exigir, de determinar sob pena de o destinatário da ordem estar sujeito à sanção. Assim, o não atendimento, pela autoridade competente, à determinação de tratamento médico, psicológico ou psiquiátrico, em regime hospitalar ou ambulatorial, importará na prática de crime de desobediência (art. 330 do CP). Embora a lei não utilize o termo requisição para a medida de proteção consistente na inclusão em programa oficial ou comunitário

---

20 São exemplos destes programas, no Sistema Único de Assistência Social (SUAS), o Programa de Atenção Integral à Família (PAIF), o Benefício de Prestação Continuada da Assistência Social (BPC), o Projovem Adolescente, dentre outros. Para consulta às políticas, programas e serviços do SUAS, recomenda-se visita ao site <http://www.mds. gov.br>. Acesso em: 25 out. 2021.

21 De acordo com o art. 208, VI, do ECA "regem-se pelas disposições desta Lei as ações de responsabilidade por ofensa aos direitos assegurados à criança e ao adolescente, referentes ao não oferecimento ou oferta irregular de: [...] VI – serviço de assistência social visando à proteção à família, à maternidade, à infância e à adolescência, bem como o amparo às crianças e adolescentes que dele necessitem".

22 Ratificando o que ora se sustenta, v. Resolução Conanda, n. 249, de 10 de julho de 2024, a qual dispõe sobre a proibição do acolhimento de crianças e adolescentes em comunidades terapêuticas. Sobre a participação da família no Plano Individual de Acolhimento para crianças e adolescentes usuários de drogas atendidos na rede pública de saúde v. art. 23-B, § 3º, da Lei n. 13.840/2019.

de auxílio, orientação e tratamento a alcoólatras e toxicômanos – dado o elemento volitivo do usuário, intrínseco à metodologia de alguns programas –, certo é que tal medida, quando imposta, não pode ser ignorada pela entidade ou órgão responsável por sua execução, sob pena do ajuizamento da já citada ação de responsabilidade, por ofensa aos direitos assegurados à criança e ao adolescente, na forma do art. 208, VII, da lei.

A sétima medida de que trata a lei é o acolhimento institucional (art. 101, VII, do ECA), que, na redação original, era denominada medida de abrigo[23].

É medida protetiva que tem merecido grande atenção por parte daqueles que se propõem ao estudo da matéria, tendo em conta que, uma vez aplicada, ensejará a retirada da criança ou do adolescente do ambiente familiar ou da comunidade em que está inserido, provocando, na maioria das vezes, ingerência no poder familiar ou nas atribuições do tutor ou do guardião.

Consiste na determinação, pela autoridade competente, do encaminhamento de determinada criança ou adolescente à entidade que desenvolve programa de acolhimento institucional, em razão de abandono ou após a constatação de que a manutenção na família ou no ambiente de origem não é a alternativa mais apropriada ao seu cuidado e à sua proteção.

O reconhecimento da família como núcleo fundamental da sociedade e instância primeira e privilegiada para o desenvolvimento e a promoção do bem-estar de todos os seus integrantes, especialmente de crianças e adolescentes[24], fez que o legislador estatutário estabelecesse como princípios orientadores da aplicação e da execução da medida de acolhimento a excepcionalidade e a provisoriedade.

Nesse sentido é o § 1º do art. 101 do ECA, segundo o qual "o acolhimento institucional e o acolhimento familiar são medidas provisórias e excepcionais, utilizáveis como forma de transição para reintegração familiar ou, não sendo esta possível, para colocação em família substituta, não implicando privação da liberdade"

Compreende-se por provisoriedade o princípio segundo o qual o período de acolhimento deve ser breve, ou seja, a medida deve ser mantida apenas pelo tempo estritamente necessário ao retorno do convívio em família – de origem ou substituta.

Uma vez demonstrada a inevitabilidade do acolhimento, é obrigação das autoridades competentes, bem como da entidade de atendimento responsável pela execução da medida, engendrar todos os esforços para a reintegração familiar da

---

23 A modificação na terminologia veio com a Lei n. 12.010/2009 e teve como objetivo adequar o ECA aos termos do Plano Nacional de Promoção, Proteção e Defesa do Direito à Convivência Familiar e Comunitária, aprovado pela Resolução Conjunta CNAS/Conanda n. 1, de 13 de dezembro de 2006.

24 Frise-se que, de acordo com o art. 226, *caput*, da CF/88, a família, base da sociedade, tem especial proteção do Estado.

PARTE IV – A EFETIVIDADE DO ECA: MEDIDAS JUDICIAIS E EXTRAJUDICIAIS

criança ou do adolescente, ou então, constatada a impossibilidade de retorno ao lar, a sua colocação em família substituta.

Atento às repercussões negativas que o afastamento do convívio familiar pode acarretar no desenvolvimento saudável de crianças e adolescentes, o legislador estatutário previu alguns mecanismos aptos a viabilizar, com a máxima brevidade, a inserção familiar daqueles que, por algum motivo, foram inseridos em programa de acolhimento.

Nesse passo, o § 1º do art. 19 do ECA determina que a reavaliação da medida de acolhimento institucional ou familiar ocorra, no máximo, a cada 3[25] meses, devendo a autoridade judiciária competente, com base em relatório da equipe interprofissional ou multidisciplinar, decidir de forma fundamentada pela possibilidade de reintegração familiar ou colocação em família substituta, em quaisquer das modalidades previstas no art. 28 da lei. Daí a obrigação, apontada aos dirigentes de entidades que desenvolvem programas de acolhimento familiar ou institucional, de remeter à autoridade judiciária, no máximo a cada 6 meses, relatório circunstanciado acerca da situação de cada criança ou adolescente acolhido e de sua família (art. 92, § 2º, do ECA).

O § 2º do art. 19 do ECA ainda estabelece como tempo máximo para a permanência no programa de acolhimento institucional o prazo de 18 meses, conforme redação dada pela Lei n. 13.509/2017.

Frise-se que os parâmetros temporais fixados pelo legislador não impedem que, tão logo seja constatada a viabilidade de inserção familiar, isto ocorra, ainda que não chegado o prazo de 3 meses para a reavaliação. Também não impedem que o período de acolhimento ultrapasse o prazo de 18 meses estabelecidos em lei. Desde que comprovada a necessidade que atenda ao superior interesse da criança ou do adolescente, devidamente fundamentada pela autoridade judiciária, este prazo poderá ser prorrogado (art. 19, § 2º, 2ª parte).

Outras normas de cunho procedimental também constam dos §§ 3º e s. do art. 101 do ECA e elucidam a forma por meio da qual se dará o controle, pela autoridade judiciária, da medida de acolhimento, conforme se verá no item 2.4, adiante.

O princípio da excepcionalidade, por sua vez, deve ser compreendido dentro da ótica segundo a qual somente após o esgotamento de todos os recursos de manutenção na família de origem, será possível o acolhimento da criança ou do ado-

---

25 Art. 19, § 1º, do ECA, com redação dada pela Lei n. 13.509/2017. Consultem-se, a respeito, as Resoluções do CNMP n. 198, de 7 de maio de 2019, e n. 96, de 21 de maio de 2013, que alteraram parcialmente a Resolução n. 71, de 15 de junho de 2011, e dispõe sobre a atuação dos membros do Ministério Público na defesa do direito fundamental à convivência familiar e comunitária de crianças e adolescentes em acolhimento e dá outras providências. Documento disponível em: <http://www.cnmp.mp.br/portal/images/Resolucoes/Resolu%C3%A7%C3%A3o-096.pdf>. Acesso em: 26 out. 2021.

lescente. O acolhimento – institucional ou familiar – deve, portanto, ser visto como última alternativa, sob pena de gerar nova violação o direito da criança ou do adolescente ao qual se busca proteger.

Nessa linha é o § 3º do art. 19 do ECA que indica que a manutenção ou reintegração de criança ou adolescente à sua família terá preferência em relação a qualquer outra providência, caso em que será esta incluída em serviços e programas de proteção, apoio e promoção, nos termos do § 1º do art. 23, dos incisos I e IV do art. 101 e dos incisos I a IV do art. 129 do ECA, com redação conferida pela Lei n. 13.257/2016.

Toma-se aqui por empréstimo o alerta feito no documento "Orientações Técnicas: Serviços de Acolhimento para Crianças e Adolescentes"[26], segundo o qual:

> Todos os esforços devem ser empreendidos no sentido de manter o convívio com a família (nuclear ou extensa, em seus diversos arranjos), a fim de garantir que o afastamento da criança ou do adolescente do contexto familiar seja uma medida excepcional, aplicada nas situações de grave risco à sua integridade física e/ou psíquica. Como este afastamento traz profundas implicações, tanto para a criança e o adolescente, quanto para a família, deve-se recorrer a esta medida somente quando representar o superior interesse da criança ou do adolescente e o menor prejuízo ao seu processo de desenvolvimento. Destaca-se que tal medida deve ser aplicada apenas nos casos em que não for possível realizar uma intervenção mantendo a criança ou o adolescente no convívio de sua família (nuclear ou extensa). Para que este princípio possa ser aplicado, é importante que se promova o fortalecimento, a emancipação e a inclusão social das famílias, por meio do acesso às políticas públicas e às ações comunitárias. Desta forma, antes de se considerar a hipótese do afastamento, é necessário assegurar à família o acesso à rede de serviços públicos que possam potencializar as condições de oferecer à criança ou ao adolescente um ambiente seguro de convivência[27].

Assim sendo, são os princípios da provisoriedade e da excepcionalidade do afastamento do convívio familiar as molas propulsoras de todo o processo rumo ao restabelecimento da ordem natural, que é o crescimento da criança ou adolescente no seio de uma família, sendo certo que o acolhimento institucional é medida que somente estará apta a proteger, quando vista sob a ótica da promoção, proteção e defesa do direito à convivência familiar e comunitária[28].

---

26 Aprovado pela Resolução Conjunta Conanda/CNAS n. 1, de 18 de junho de 2009, o documento regulamenta a organização e a oferta de Serviços de Acolhimento em âmbito nacional. Disponível em: <http://www.mds.gov.br/cnas>. Acesso em: 26 out. 2021.

27 Orientações Técnicas... Op. cit., p. 18.

28 Atento às finalidades inerentes aos programas de acolhimento institucional, o Conselho Nacional de Justiça instituiu em âmbito nacional, por meio da Resolução n. 543, de 10 de janeiro de 2024, o Programa Nacional Permanente de Apoio à Desinstitucio-

PARTE IV – A EFETIVIDADE DO ECA: MEDIDAS JUDICIAIS E EXTRAJUDICIAIS 789

Há ainda três observações em relação à medida de acolhimento institucional. Esta deverá, ressalvadas as situações emergenciais, estar sempre embasada em estudo diagnóstico, ou seja, em uma avaliação técnica feita por equipe interprofissional no sentido da imprescindibilidade do acolhimento[29]. Deverá ocorrer em local próximo à residência dos pais ou do responsável e, como parte do processo de reintegração familiar, sempre que identificada a necessidade, será acompanhada da inclusão da família de origem em serviços e programas oficiais ou comunitários de proteção, apoio e promoção (art. 101, § 7º e art. 129, I a IV, do ECA, com a redação da Lei n. 13.257/2016). Também não poderá implicar, em nenhuma hipótese, privação de liberdade (art. 101, § 1º, parte final, do ECA); consequentemente, jamais poderá ser utilizada como providência de caráter punitivo ao adolescente em conflito com a lei, em nada se assemelhando à medida socioeducativa de internação[30].

A medida seguinte ao acolhimento institucional consiste na inclusão em programa de acolhimento familiar (art. 101, VIII, do ECA).

Embora da interpretação do Estatuto da Criança e do Adolescente, em sua redação original, já fosse possível extrair a viabilidade jurídica de aplicação desta medida pela autoridade judiciária, com a concessão de guarda a casais previamente inscritos em programas de colocação familiar a que alude o art. 90, III, da lei – entre os quais está incluído o acolhimento familiar –, certo é que a inclusão desta medida no rol do art. 101 do ECA, feita pela Lei n. 12.010/2009, reforçou a sua importância como alternativa ao acolhimento institucional.

Entende-se por acolhimento familiar o encaminhamento, pela autoridade judiciária, de determinada criança ou adolescente, à entidade que desenvolve programa homônimo, mediante a concessão de guarda provisória a casal previamente cadastra-

---

nalização de Crianças e Adolescentes Acolhidos e Egressos de Unidades de Acolhimento – Programa Novos Caminhos/CNJ. A partir de 4 eixos de atuação (Educação básica, superior e profissional; Vida Saudável, Empregabilidade e Parcerias para oferta de outras ações) o programa prevê acordos de cooperação entre tribunais, entidades da sociedade civil, instituições de ensino, empreendedores e empresários, para implementação de ações destinadas a facilitar o processo de desinstitucionalização dos adolescentes acolhidos ou daqueles recém-egressos de entidades de acolhimento.

29 A respeito do tema, afirmam o Conanda e o CNAS que: "O estudo diagnóstico tem como objetivo subsidiar a decisão acerca do afastamento da criança ou adolescente do convívio familiar. Salvo em situações de caráter emergencial e/ou de urgência, esta medida deve ser aplicada por autoridade competente (Conselho Tutelar ou Justiça da Infância e da Juventude), com base em uma recomendação técnica, a partir de um estudo diagnóstico, caso a caso, realizado por uma equipe interprofissional do órgão aplicador da medida ou por equipe formalmente designada para este fim" (Orientações Técnicas para os Serviços de Acolhimento para Crianças e Adolescentes. Op. cit., p. 24).

30 Sobre a medida socioeducativa de internação, sugerimos a leitura da Parte V desta obra, destinada ao estudo das normas referentes à prática do ato infracional.

do, em razão do abandono, ou após a constatação de que a manutenção na família de origem não é a alternativa mais apropriada ao seu cuidado e à sua proteção.

É medida que surge como opção ao acolhimento em instituição, devendo preferi-la, quando da decisão de afastamento da criança ou do adolescente do convívio com a família. Esta é a regra que hoje consta do art. 34 do ECA que, além de prever o estímulo do Poder Público a este programa, por meio de assistência jurídica, incentivos fiscais e subsídios, estabelece expressamente que "a inclusão de criança ou adolescente em programas de acolhimento familiar terá preferência a seu acolhimento institucional, observado, em qualquer caso, o caráter temporário e excepcional da medida" (art. 34, § 2º, do ECA). Impende salientar que o incentivo à medida protetiva em tela foi aprimorado com o advento da Lei n. 13.257/2016 que acrescentou dois parágrafos ao referido dispositivo estatutário, passando a dispor que "a União apoiará a implementação de serviços de acolhimento em família acolhedora como política pública, os quais deverão dispor de equipe que organize o acolhimento temporário de crianças e de adolescentes em residências de famílias selecionadas, capacitadas e acompanhadas que não estejam no cadastro de adoção" (§ 3º) e que "poderão ser utilizados recursos federais, estaduais, distritais e municipais para a manutenção dos serviços de acolhimento em família acolhedora, facultando-se o repasse de recursos para a própria família acolhedora" (§ 4º).

Embora distinta do acolhimento institucional quanto aos parâmetros que ditam o funcionamento do programa, a medida de acolhimento familiar com este se assemelha no que se refere à necessária observância dos critérios da excepcionalidade e da provisoriedade, já analisados acima.

Insta observar que a medida de acolhimento familiar é de competência exclusiva da autoridade judiciária, regra para a qual não se admite exceção[31]. A esta autoridade incumbe reavaliá-la, minimamente, a cada 3 meses (art. 19, § 1º, do ECA[32]), tal como acontece no acolhimento institucional, embora não haja, para o acolhimento familiar, o prazo máximo de 18 meses de duração. Ao acolhimento familiar, aplicam-se, ainda, as regras de natureza procedimental constantes dos §§ 4º e s. do art. 101, e art. 170, parágrafo único, do ECA.

Sem prejuízo da necessária reavaliação, a Recomendação n. 98, de 26 de maio de 2021, em conjunto com o Provimento CNJ n. 118, de 29 de junho de 2021, da Corregedoria Nacional de Justiça (que revogou o Provimento n. 32/2013), configuram o método das audiências concentradas, a serem realizadas de maneira sistemática e periódica nas dependências da entidade em que se encontra a criança ou o adolescente. Esse conjunto de medidas ordena o controle de atos quer

---

31 A regra de urgência estabelecida no parágrafo único do art. 93 do ECA aplica-se, tão somente, ao acolhimento institucional.

32 Redação dada pela Lei n. 13.509, de 2017.

PARTE IV – A EFETIVIDADE DO ECA: MEDIDAS JUDICIAIS E EXTRAJUDICIAIS

administrativos quer processuais e tem como horizonte o retorno dos institucionalizados a suas famílias.

A iniciativa, que envolve os órgãos do Sistema de Garantia de Direitos (SGD)[33], inspirou autoridades judiciárias e Tribunais de Justiça à adoção deste formato também na reavaliação das medidas socioeducativas de semiliberdade e internação[34] dentre seus correspondentes estados federativos, como já vem sendo implementado nos Tribunais de Justiça de Pernambuco, do Amazonas e do Amapá[35].

O objetivo do *"fomento à prática das audiências concentradas para a reavaliação de medidas socioeducativas e aos programas de acompanhamento a adolescentes pós--cumprimento da medida socioeducativa"*, conforme Manual contemporâneo do CNJ – que busca auxiliar na implementação da Recomendação supramencionada, é:

> enfrentar a problemática do uso excessivo de medidas em meio fechado em detrimento de medidas de meio aberto, fornecer subsídios para qualificar o atendimento socioeducativo, aprimorar os sistemas de informação e o aperfeiçoamento das interfaces do Poder Judiciário durante o cumprimento das medidas socioeducativas; e, finalmente, focar em estratégias direcionadas à qualifi-

---

33 Nesse sentido, dispõe o art. 4º, § 1º, da Recomendação n. 98/2021 do CNJ: "A autoridade judiciária poderá solicitar a participação das demais instituições do Sistema Nacional de Atendimento Socioeducativo, **em especial, da Defensoria Pública, do Ministério Público e dos programas de atendimento socioeducativo, para o planejamento das audiências concentradas**" (grifo nosso).

34 Cumpre estremar, a audiência concentrada e audiência de reavaliação diferem em conceito. Ensina o Manual sobre audiências concentradas para reavaliação das medidas socioeducativas de semiliberdade e internação do CNJ: "a audiência de reavaliação se refere à audiência que pode ser designada para a tomada de decisão sobre a extinção, substituição, manutenção ou suspensão da medida socioeducativa. Sua designação deve ser cientificada à defesa técnica, ao Ministério Público, à direção do programa de atendimento, ao(à) adolescente e seus pais ou responsável (art. 42 da Lei do Sinase). Em casos excepcionais de substituição por medida mais gravosa, sua realização é obrigatória (art. 43, § 4º, da Lei do Sinase). A audiência de reavaliação deve ser instruída com relatório da equipe técnica do programa de atendimento sobre a evolução do plano individual de atendimento e qualquer outro parecer técnico requerido pelas partes e deferido pela autoridade judiciária (art. 42, § 1º, da Lei do Sinase)". Continua a obra, enquanto "as audiências concentradas visam à qualificação e melhoria da reavaliação das medidas socioeducativas e, por consequência, das audiências previstas no art. 42 da Lei do Sinase, por meio da articulação intersetorial e de sua realização periódica em local adequado nas dependências das unidades socioeducativas, fomentando o protagonismo dos(as) adolescentes e familiares e sua escuta ativa". Nesse sentido, uma audiência de reavaliação pode vir a ser, mas não necessariamente será feita, no formato de uma audiência concentrada.

35 Institucionalizados respectivamente pela Portaria n. 2/2016 da Coordenadoria da Infância e Juventude juntamente com o Provimento n. 1/2019 do Conselho da Magistratura; Resolução n. 09/2020 do Tribunal de Justiça; e Resolução n. 1.431/2021 da Presidência do Tribunal.

cação da etapa de saída de adolescentes e jovens das unidades de internação e semiliberdade[36].

Porém, para atingir tão cobiçáveis metas, é forçoso conhecer da realidade prática e do contexto no qual tal instrumento será eleito, para um maior entendimento do cenário socioeducativo, bem como das limitações e potências hodiernas dos centros de atendimento[37]. A título de ilustração dessas particularidades, o Provimento n.113/2021 permite a realização de audiência concentrada por videoconferência nos casos em que o acolhimento institucional opera-se em Comarca diversa daquela em que a medida é determinada.

Por fim, a colocação em família substituta é a última medida que consta do elenco legal (art. 101, IX, do ECA).

Da mesma forma que a inclusão em programa de acolhimento familiar, a colocação em família substituta, mediante guarda, tutela ou adoção, é de aplicação exclusiva da autoridade judiciária e não poderá ocorrer sem a instauração de procedimento contraditório específico para tanto, cujas regras constam do Capítulo III do Título V do Estatuto da Criança e do Adolescente (art. 152 *usque* art. 170 do ECA). Em sendo a última alternativa na busca pela efetivação do direito à convivência familiar e comunitária, sujeita-se às normas de direito material constantes do Capítulo III do Título II da mesma lei (art. 19 *usque* art. 52-D do ECA), objeto de análise em capítulos específicos desta obra e para os quais remetemos o leitor[38].

2.4. Os procedimentos para a aplicação das medidas específicas de proteção

O Estatuto da Criança e do Adolescente não estipulou, na redação original do Título II, referente às Medidas de Proteção, qualquer norma procedimental. Agiu com acerto o legislador estatutário, na medida em que este, se assim o fizesse, procederia de forma inadequada ou repetitiva.

Já se teve a oportunidade de verificar que as autoridades competentes para a aplicação de tais medidas são, ora o Conselho Tutelar, ora o Poder Judiciário, a

---

36   BRASIL. Conselho Nacional de Justiça. *Manual sobre audiências concentradas para reavaliação das medidas socioeducativas de semiliberdade e internação* [recurso eletrônico]. Programa das Nações Unidas para o Desenvolvimento; coordenação de Luís Geraldo Sant'Ana Lanfredi *et al.* Brasília: Conselho Nacional de Justiça, 2021, p. 11-12.

37   *Ibid.*, p. 21-22.

38   V., na Parte I ("O direito material sob o enfoque constitucional"), os capítulos "Regras gerais sobre a colocação em família substituta", "Tutela" e "Adoção". V. também, na Parte IV ("A efetividade do ECA: medidas judiciais e extrajudiciais"), os capítulos "Ação de suspensão e de destituição do poder familiar", "As regras gerais do procedimento de colocação em família substituta", "Ação de guarda", "Ação de tutela e procedimentos correlatos" e, finalmente, "Ação de adoção".

PARTE IV – A EFETIVIDADE DO ECA: MEDIDAS JUDICIAIS E EXTRAJUDICIAIS

depender da hipótese concreta apresentada. Desse modo, atuaria o legislador de forma imprópria, caso estipulasse normas procedimentais concernentes à atuação do Conselho Tutelar, pois, como já visto, tais normas devem constar de lei municipal ou do regimento interno do órgão, de modo a se aproximar da realidade local e, consequentemente, melhor atender às peculiaridades de cada município. Da mesma forma, seria o legislador repetitivo caso previsse regras procedimentais referentes à atuação do Poder Judiciário para a colocação de criança ou adolescente em família substituta, pois, como serão estudadas adiante, estas já constam do Título VI do Capítulo III da lei, denominado "Dos Procedimentos".

A promulgação da Lei n. 12.010/2009, contudo, modificou a dita opção legislativa. Tendo como um de seus escopos trazer à luz algumas questões de natureza procedimental, e ainda instituir mecanismos adicionais aptos a tornar efetivo o direito à convivência familiar e comunitária de crianças e adolescentes, a nova lei previu, nos arts. 19, 34, 92, § 2º, 93, 101 e §§ 2º a 12, e no parágrafo único do art. 170, todos do ECA, regras acerca do procedimento a ser adotado pela autoridade judiciária para aplicação e controle da execução das medidas de acolhimento institucional ou de acolhimento familiar.

As regras destinadas ao controle judicial da execução destas medidas de proteção, logicamente, não excluem a possibilidade – ou até mesmo a necessidade – da deflagração, por quem tenha legítimo interesse ou pelo próprio Ministério Público, de processo judicial de natureza contenciosa em face dos pais ou responsáveis pela criança ou adolescente, nas hipóteses em que houver lide, caso em que deverá a estes ser garantido o exercício do contraditório e da ampla defesa[39].

Quanto ao acolhimento institucional, a primeira regra de controle a não se perder de vista é que, independentemente da situação que motivou a aplicação da medida, esta deverá ser objeto de análise e avaliação pela autoridade judiciária. Assim, tão logo se proceda ao acolhimento institucional ou mantido o acolhimento,

---

39 Nesse sentido é o art. 101, § 2º, parte final, segundo o qual "sem prejuízo da tomada de medidas emergenciais de proteção de vítimas de violência ou abuso sexual e das providências a que alude o art. 130 desta Lei, o afastamento da criança ou do adolescente do convívio familiar é de competência exclusiva da autoridade judiciária e importará na deflagração, a pedido do Ministério Público ou de quem tenha legítimo interesse, de procedimento judicial contencioso, no qual se garanta aos pais ou responsável legal o exercício do contraditório e da ampla defesa". Como medidas de caráter judicial que podem ser adotadas, antes mesmo do ajuizamento de destituição de poder familiar, e destinadas a garantir aos pais o direito à ampla defesa, podemos citar a instauração de procedimento para apuração de infração administrativa às normas de proteção à criança ou ao adolescente, em razão do descumprimento dos deveres inerentes ao poder familiar ou determinação da autoridade judiciária ou Conselho Tutelar (art. 249 do ECA), ação cautelar de busca e apreensão, ação destinada à nomeação de guardião, entre outras.

após a comunicação a que faz alusão o parágrafo único do art. 93 do ECA[40], deverá a autoridade judiciária dar início a procedimento de natureza administrativa – portanto, de jurisdição voluntária – destinado ao controle e à fiscalização da situação da criança ou do adolescente inseridos no programa.

Tal procedimento terá início com a emissão da guia de acolhimento a que alude o § 3º do art. 101 do ECA, na qual constará, dentre outros dados da criança ou adolescente: 1) sua identificação e qualificação completa de seus pais ou de seu responsável, se conhecidos; 2) o endereço de residência dos pais ou do responsável, com pontos de referência; 3) os nomes de parentes ou de terceiros interessados em tê-lo sob sua guarda; e 4) os motivos da retirada ou da não reintegração familiar.

Recebida a guia, caberá à entidade responsável pelo programa de acolhimento a elaboração de um plano individual de atendimento, visando à reintegração familiar ou à colocação em família substituta, neste último caso, mediante ordem judicial escrita e fundamentada (§ 4º do art. 101 do ECA)[41]. Constarão do plano individual de atendimento, dentre outros elementos, os resultados da avaliação interdisciplinar, os compromissos assumidos pelos pais ou responsáveis e a previsão das atividades a serem desenvolvidas com vistas à inserção familiar no núcleo de origem ou em família substituta, observados os trâmites legais (§ 6º do art. 101 do ECA)[42]. Independentemente da elaboração deste plano, de responsabilidade da equipe técnica do programa (§ 5º do art. 101 do ECA), a entidade de acolhimento deverá, no máximo a cada 6 meses, remeter à autoridade judiciária relatório cir-

---

40 "Art. 93. As entidades que mantenham programa de acolhimento institucional poderão, em caráter excepcional e de urgência, acolher crianças e adolescentes sem prévia determinação da autoridade competente, fazendo comunicação do fato em até 24 (vinte e quatro) horas ao Juiz da Infância e da Juventude, sob pena de responsabilidade.
Parágrafo único. Recebida a comunicação, a autoridade judiciária, ouvido o Ministério Público e se necessário com o apoio do Conselho Tutelar local, tomará as medidas necessárias para promover a imediata reintegração familiar da criança ou do adolescente ou, se por qualquer razão isso não for possível ou recomendável, para seu encaminhamento a programa de acolhimento familiar, institucional ou a família substituta, observado o disposto no § 2º do art. 101 desta Lei."

41 As orientações técnicas para os serviços de acolhimento para crianças e adolescentes, aprovadas pela Resolução Conjunta Conanda/CNAS n. 1, de 18 de junho de 2009, definem o plano de atendimento individual e familiar como o documento no qual constam os objetivos, estratégias e ações a serem desenvolvidos tendo em vista a superação dos motivos que levaram ao afastamento do convívio e o atendimento das necessidades específicas de cada situação (p. 26).

42 Sobre o plano individual de atendimento, remetemos o leitor ao item referente às entidades de atendimento no capítulo "A política de atendimento", constante da Parte II: "A rede de atendimento". Sugerimos também a consulta ao documento "Orientações técnicas: serviços de acolhimento para crianças e adolescentes", já referido em nota anterior, o qual estabelece, de forma mais minuciosa, as orientações metodológicas para a elaboração deste plano.

PARTE IV – A EFETIVIDADE DO ECA: MEDIDAS JUDICIAIS E EXTRAJUDICIAIS

795

cunstanciado acerca da situação da criança ou do adolescente, para fins da reavaliação prevista no § 1º do art. 19 da lei[43] (§ 2º do art. 92 do ECA).

Constatada a qualquer tempo a possibilidade de reintegração familiar, deverá tal fato ser imediatamente comunicado à autoridade judiciária que, oportunizando vista dos autos ao Ministério Público pelo prazo de 5 dias, decidirá em igual prazo (§ 8º do art. 101 do ECA). Em sendo esgotados todos os mecanismos de intervenção aptos ao retorno à família de origem e verificada a impossibilidade de reintegração, caberá ao Ministério Público, à vista de relatório fundamentado subscrito por equipe técnica – no qual deverá constar a descrição pormenorizada das providências tomadas e a expressa recomendação neste sentido –, ajuizar a ação de destituição do poder familiar, tutor ou guardião (§ 9º do art. 101 do ECA)[44]. Esta ação deverá ser ajuizada no prazo máximo de 15 dias, salvo se o membro do Ministério Público entender necessária a realização de estudos complementares ou outras providências indispensáveis ao ajuizamento da demanda (§ 10 do art. 101 do ECA, com redação dada pela Lei n. 13.509/2017). A ação de destituição do poder familiar, tutor ou guardião, será julgada no prazo máximo de 120 dias (art. 163, *caput*, do ECA) e seguirá o rito descrito nos arts. 155 a 163, constantes da Seção II (Da perda e da suspensão do poder familiar) do Capítulo III (Dos Procedimentos) da lei.

A lei estabelece como prazo máximo para a manutenção da criança e do adolescente em programa de acolhimento institucional, o período de 18 meses (§ 2º do art. 19 do ECA, conforme a Lei n. 13.509/2017). Assim, este também é o prazo máximo de duração do procedimento destinado ao controle da medida de acolhimento institucional; findo este prazo, deverá a criança ou o adolescente estar com sua situação jurídica definida, ou seja, de volta ao seio de uma família – natural, extensa ou substituta – ou, em sendo esta alternativa inviável, minimamente, inserida em cadastro de adoção. Nesta última hipótese, o procedimento deverá seguir, mediante decisão judicial fundamentada, e o plano individual de atendimento

---

43   De acordo com o § 1º do art. 19 do ECA, toda criança ou adolescente que estiver inserido em programa de acolhimento familiar ou institucional terá sua situação reavaliada, no máximo, a cada 6 meses, devendo a autoridade judiciária competente, com base em relatório elaborado por equipe interprofissional ou multidisciplinar, decidir de forma fundamentada pela possibilidade de reintegração familiar ou colocação em família substituta em quaisquer das modalidades previstas no art. 28 da lei.

44   No que tange aos particulares legitimados ativos para ingressar com a ação de destituição ou suspensão do poder familiar, como já mencionado previamente neste estudo e conforme o *Informativo 659* do STJ, não é requisito para configuração de interesse legítimo na propositura da ação a existência de vínculo familiar ou de parentesco. O REsp 1.203.968-SP, Rel. Min. Marco Buzzi, j. 10-10-2019, elucida a natureza de conceito jurídico indeterminado do termo "legítimo interesse" no art. 155 do ECA, devendo ser, portanto, analisado caso a caso.

tomará importância ímpar, com a busca de estratégias aptas a minimizar os efeitos nocivos da não convivência em família (ex.: fortalecimento da autonomia e das redes sociais de apoio, transferência para programas de família acolhedora etc.), enquanto se persiste na busca ativa de pessoas interessadas na adoção.

Para a inserção em programa de acolhimento familiar – medida exclusivamente a cargo da autoridade judiciária e para a qual não se aplica a exceção de urgência descrita no art. 93 do ECA –, a legislação estatutária estabeleceu a necessidade de concessão de guarda a pessoa inscrita no programa, com a comunicação pela autoridade judiciária à entidade por este responsável, no prazo máximo de 5 dias (parágrafo único do art. 170 do ECA). A concessão desta guarda – embora de natureza distinta da guarda como forma de colocação em família substituta – será precedida da ação correspondente (ação de guarda ou de nomeação de guardião), com a observância do rito descrito nos arts. 165 e s. da lei.

Aplicam-se ao acolhimento familiar as mesmas regras referentes à elaboração do plano individual de atendimento, ao prazo de reavaliação e ao ajuizamento da ação de destituição do poder familiar, tutela ou guarda, já descritas acima. Assim, deferida a guarda à pessoa inscrita no programa, deverá o processo prosseguir para fins de controle judicial da medida. Observe-se que, em relação ao acolhimento familiar, não se aplica o limite temporal de 18 meses, fixado para o término do procedimento de acolhimento institucional; isso porque, no acolhimento familiar, a situação jurídica da criança ou do adolescente já está definida por meio da guarda. Isso, por óbvio, não significa que o processo poderá seguir indefinidamente, sem que se tenha em mira a reintegração familiar ou a colocação em família substituta, da criança ou do adolescente. Lembre-se de que tanto o acolhimento institucional quanto o familiar regem-se pelo princípio da provisoriedade da medida (§ 1º do art. 101 do ECA), sem o qual não restará garantido o direito fundamental à convivência familiar.

Outro mecanismo estabelecido no Estatuto da Criança e do Adolescente para o controle da medida de acolhimento – tanto familiar quanto institucional – consiste na manutenção de cadastro contendo todas as informações acerca das crianças inseridas nos respectivos programas, no qual deverão constar informações pormenorizadas sobre a situação jurídica de cada um, bem como as providências tomadas para a sua reintegração familiar ou colocação em família substituta, em qualquer das modalidades previstas no art. 28 da lei (art. 101, § 11, do ECA). A esses cadastros devem ter acesso todos os órgãos integrantes do sistema de garantia dos direitos, regra expressa no § 12 do art. 101 do ECA. Caso a autoridade competente deixe de providenciar a instalação e a operacionalização desses cadastros, incidirá na infração administrativa de que trata o art. 258-A da lei[45].

---

45 1. "Art. 258-A. Deixar a autoridade competente de providenciar a instalação e a operacionalização dos cadastros previstos no art. 50 e no § 11 do art. 101 desta Lei:

PARTE IV – A EFETIVIDADE DO ECA: MEDIDAS JUDICIAIS E EXTRAJUDICIAIS

O cadastro alcançou operabilidade nos 27 Tribunais Estaduais de Justiça no Brasil em 12 de outubro de 2019, com o novo Sistema Nacional de Adoção e Acolhimento (SNA)[46]. Consoante o CNJ, "a plataforma possui um inédito sistema de alertas, com o qual os juízes e as corregedorias podem acompanhar todos os prazos referentes às crianças e adolescentes acolhidos e em processo de adoção, bem como de pretendentes. O objetivo é dar mais celeridade na resolução dos casos e maior controle dos processos"[47].

Questão que deve ser colocada para fins de reflexão consiste em saber se, para a determinação do afastamento da família de origem, mediante a aplicação das medidas de acolhimento institucional ou familiar – que, como já visto, somente poderá se dar mediante ordem judicial –, a lei impõe, à luz do disposto no art. 101, § 2º, parte final, do ECA[48], a imediata instauração, em qualquer hipótese, pelo membro do Ministério Público, de procedimento judicial contencioso.

A resposta deve ser negativa. A deflagração imediata deste procedimento somente se faz necessária e urgente quando, à vista dos elementos apurados, restar verificada a oposição dos pais ou responsáveis legais à aplicação da medida, caso em que o membro do *Parquet* deverá estar munido de todas as informações necessárias à formação de seu convencimento[49]. Frise-se que a lei não fixa prazo para a instauração deste processo, sendo possível e recomendável, ao Ministério Público,

---

Pena – multa de R$ 1.000,00 (mil reais) a R$ 3.000,00 (três mil reais).
Parágrafo único. Incorre nas mesmas penas a autoridade que deixa de efetuar o cadastramento de crianças e de adolescentes em condições de serem adotadas, de pessoas ou casais habilitados à adoção e de crianças ou adolescentes em regime de acolhimento institucional ou familiar." 2. Em 20 de agosto de 2018 ocorreu o lançamento oficial do Novo Cadastro Nacional de Adoção: "O objetivo do novo CNA é colocar a criança como sujeito principal para que se permita a busca de uma família para ela, e não o contrário. Uma das medidas que corroboram essa intenção é a emissão de alertas em caso de demanda no cumprimento de prazos processuais". "Outra mudança é possiblidade dos pretendentes poderem interagir com o cadastro alterando dados por meio de login e senha". Disponível em: <http:///www.cnj.jus.br/novo-cadastro-de-adocao--sera-lancado-nacionalmente-em-agosto/>. Acesso em: 26 out. 2021.

46 A Resolução n. 289, de 14 de agosto de 2019, do Conselho Nacional de Justiça dispõe sobre a implantação e o funcionamento do Sistema Nacional de Adoção e Acolhimento – SNA e dá outras providências

47 Segundo o CNJ, atualmente existem no Brasil aproximadamente 34 mil crianças em abrigos, dentre as quais em torno de 5 mil estão disponíveis para adoção, e apenas 2.701 crianças e adolescentes em processo de adoção. Disponível em: <https://www12.senado.leg.br/noticias/materias/2020/05/22/dia-da-adocao-brasil-tem-34-mil-criancas-e-adolescentes-vivendo-em-abrigos>. Acesso em: 26 out. 2021.

48 Dispositivo legal já reproduzido em nota anterior.

49 Daí o parágrafo único do art. 136 do ECA estipular que "se, no exercício de suas atribuições, o Conselho Tutelar entender necessário o afastamento do convívio familiar, comunicará incontinenti o fato ao Ministério Público, prestando-lhe informações so-

em não havendo oposição dos pais ao acolhimento, aguardar a vinda dos relatórios institucionais, a que se refere o § 1º do art. 19 do ECA para, então, avaliar as providências de caráter judicial mais adequadas à hipótese.

A última questão de ordem procedimental que se coloca está em saber a viabilidade da instauração, por iniciativa do Ministério Público ou de quem tenha legítimo interesse, de procedimento de jurisdição voluntária, geralmente intitulado de "pedido de providências" ou "pedido de aplicação de medida protetiva". Nestes procedimentos, geralmente são pleiteadas, ao Poder Judiciário, medidas protetivas inicialmente a cargo do Conselho Tutelar.

Não restam dúvidas de que os denominados pedidos de providência ou pedidos de aplicação de medidas protetivas são plenamente cabíveis quando ainda não instalados os Conselhos Tutelares; isto, por força da norma de transição constante do art. 262 do ECA. A polêmica, em verdade, surge nas hipóteses em que o Conselho Tutelar se mostra inoperante – ou até mesmo incompetente – no exercício de suas atribuições, caso em que o Poder Judiciário é chamado a atuar em substituição a este.

Não seria correto afirmar que a deflagração, na esfera judicial, dos chamados "pedidos de providências" ou "pedidos de aplicação de medidas protetivas" está despida de respaldo legal; é de curial sabença que não se pode retirar do Poder Judiciário a possibilidade de apreciação de qualquer situação de ameaça ou lesão a direito, quiçá, quando atinente à temática infantojuvenil.

Ressalte-se, contudo, que procedimentos deste gênero jamais poderão servir de instrumento para a solução de situações para as quais já há rito descrito em lei, ou ainda para resolver uma lide[50]. Devem, sim, funcionar como instrumento de acesso à justiça e proteção integral a criança ou adolescente, para as hipóteses em que, não havendo lide ou procedimento próprio descrito em lei, deveria o Conselho Tutelar, mas não o faz.

Cabe aqui mais uma ressalva. Conquanto se sustente a viabilidade destes procedimentos, mesmo nas hipóteses em que já há Conselho Tutelar na comarca, sua instrumentalização deve ser vista com reservas, especialmente, naquelas situações que trazem em seu bojo a inércia ou a deficiência na atuação daquele órgão, quer por carência de infraestrutura – como, por exemplo, a ausência de carro capaz de agilizar a realização de uma visita domiciliar –, quer em função da inexperiência de seus membros, os quais, por vezes, tentam se socorrer ao Ministério Público ou ao Poder Judiciário, quando em dúvida sobre a medida protetiva mais adequada ao caso concreto.

---

bre os motivos de tal entendimento e as providências tomadas para a orientação, o apoio e a promoção social da família".

50 Tanto é assim que ao art. 153 do ECA, que fundamenta a instauração destes procedimentos, foi acrescido, pela Lei n. 12.010/2009, parágrafo único, segundo o qual "o disposto neste artigo não se aplica para o fim de afastamento da criança ou do adolescente de sua família de origem e em outros procedimentos necessariamente contenciosos".

PARTE IV – A EFETIVIDADE DO ECA: MEDIDAS JUDICIAIS E EXTRAJUDICIAIS

Uma, porque a cada pedido de providências – ou de aplicação de medida protetiva – instaurado, corresponde uma hipótese na qual o Conselho Tutelar não exerceu a sua missão institucional, desvalorizando o órgão e tornando letra morta o que dispõe o próprio Estatuto da Criança e do Adolescente, acerca da matéria. Duas, porque remonta à prática recorrente em tempos pretéritos, baseada no sistema normativo anterior, consistente em atribuir ao Poder Judiciário o exercício de funções atípicas, ou seja, não relacionadas à solução direta de conflitos de interesses. Três, porque a sua instauração, por vezes, acarreta a ausência – ou o adiamento – de outras providências mais adequadas e eficazes, como, por exemplo, a deflagração de representação administrativa em face dos pais em razão do descumprimento dos deveres inerentes ao poder familiar, de ação civil pública destinada a dotar o Conselho Tutelar de infraestrutura compatível ao exercício de suas funções ou, até mesmo, de ação destinada à destituição de conselheiro que não atenda a capacitação mínima exigível ao exercício de suas atribuições.

A interpretação sistemática da lei demonstra que sempre que o Conselho Tutelar não atua da forma desejada ou não consegue atingir, na prática, os fins para os quais foi criado, haverá outra possibilidade de atuação diversa e, invariavelmente, mais eficaz do que a mera instauração de "pedido de providências" ou de "pedido de aplicação de medida protetiva"; daí por que finaliza-se a presente nota concluindo que, embora seja prática recorrente em determinadas localidades, a instauração destes procedimentos não é recomendável e, caso ocorra, deve ser seguida de outras ações complementares, especialmente aquelas destinadas a que o Conselho Tutelar se aproprie de suas funções, sob pena de serem os operadores da lei surpreendidos, no futuro, com a mesma sensação de inoperância – ou de impotência – que ensejou tal "pedido de socorro" imediato ao Poder Judiciário[51].

REFERÊNCIAS

CONSELHO NACIONAL DOS DIREITOS DA CRIANÇA E DO ADOLESCENTE (CONANDA) E CONSELHO NACIONAL DE ASSISTÊNCIA SOCIAL (CNAS) (coord.). *Orientações técnicas*: serviços de acolhimento para crianças e adolescentes. Brasília, jun. 2009.

---

51 A respeito do tema, consulte-se: 1. TJRS, 8ª Câm. Cív., Des. Rel. Rui Portanova, Apelação Cível 70004777447, j. 5-12-2002; 2. TJRJ, 3ª Câm. Cív., Apelação Cível 2007.001.57922, Des. Mario Assis Gonçalves, j. 20-5-2008; 3. TJRJ, 12ª Câm. Cív., Apelação Cível 2008.001.04800, Des. Antonio Iloizio Barros Bastos, j. 25-3-2008; 4. TJRJ, 20ª Câm. Cív., Agravo de Instrumento 2008.002.25948, Des. Marco Antonio Ibrahim, j. 17-12-2008; 5. TJRS, 7ª Câm. Cív., Embargos de Declaração 70055365746/RS, Rel. Liselena Schifino Robles Ribeiro, j. 17-7-2013, *DJ* 19-7-2013; 6. TJMS, 4ª Câm. Cív., APL 08015523920158120031/MS (0801552-39.2015.8.12.0031), Rel. Des. Dorival Renato Pavan, j. 30-11-2016, *DJ* 30-11-2016.

LIBERATI, Wilson Donizeti. *Comentários ao Estatuto da Criança e do Adolescente*. 12. ed. rev. e ampl. de acordo com a Lei 13.058, de 22-12-2014. São Paulo: Malheiros, 2015.

SÊDA, Edson. Art. 98. In: VERONESE, Josiane Rose Petry; SILVEIRA, Mayra; CURY, Munir (coord.). *Estatuto da Criança e do Adolescente comentado*: comentários jurídicos e sociais. 13. rev. e atual. São Paulo: Malheiros, 2018.

TEIXEIRA, Sérgio Henrique. In: DINIZ, Andréa; CUNHA, José Ricardo (org.). *Visualizando a política de atendimento à criança e ao adolescente*. Rio de Janeiro: Litteris, KroArt Editores, Fundação Bento Rubião, 1998.

As medidas pertinentes aos pais, responsáveis ou outras pessoas encarregadas do cuidado de crianças e adolescentes

Patrícia Silveira Tavares

1. INTRODUÇÃO

O legislador estatutário, ciente de que a ameaça ou a violação aos direitos das crianças e dos adolescentes, em determinadas – e não raras – situações está aliada à desestruturação do ambiente familiar ou social no qual estão inseridos, e sabedor de que seria inócuo protegê-los sem, concomitantemente, instituir ações direcionadas a seus pais, responsáveis ou pessoas que, em razão do convívio próximo, responsabilizam-se pelo seu cuidado, sistematizou, de forma inédita no ordenamento jurídico pátrio, algumas medidas a estes aplicáveis.

Afirma-se que tal providência foi inédita, tendo em conta que a legislação menorista até então vigente, embora também tenha se dedicado ao tema, o fez de forma tímida, por meio do elenco de cinco medidas de feição nitidamente punitiva aos pais e responsáveis legais, tais como a advertência e a perda ou a suspensão do "pátrio poder"[1].

---

1   O art. 42 da Lei n. 6.697 (Código de Menores) estabelecia, *in verbis*: "São medidas aplicáveis aos pais ou responsável: I – advertência; II – obrigação de submeter o menor a tratamento em clínica, centro de orientação infantojuvenil, ou outro estabelecimento especializado determinado pela autoridade judiciária, quando verificada a necessi-

Assim, em contraposição ao sistema anterior, o Estatuto da Criança e do Adolescente, em seu art. 129, elencou dez medidas aplicáveis aos pais ou responsáveis por crianças ou adolescentes, a saber: I – encaminhamento a serviços e programas oficiais ou comunitários de proteção, apoio e promoção da família (redação dada pela Lei n. 13.257/2016); II – inclusão em programa oficial ou comunitário de auxílio, orientação e tratamento a alcoólatras e toxicômanos; III – encaminhamento a tratamento psicológico ou psiquiátrico; IV – encaminhamento a cursos ou programas de orientação; V – obrigação de matricular o filho ou pupilo e acompanhar sua frequência e aproveitamento escolar; VI – obrigação de encaminhar a criança ou adolescente a tratamento especializado; VII – advertência; VIII – perda da guarda; IX – destituição da tutela; X – suspensão ou destituição do poder familiar.

Tais medidas são aplicadas de acordo com as especificidades do caso concreto, sempre que constatada situação de ameaça ou violação dos direitos da criança ou do adolescente dentro do seu ambiente familiar.

Note-se que algumas dessas medidas, diferentemente do sistema anterior, tem caráter nitidamente protetivo e pedagógico, o que demonstra o reconhecimento, pelo legislador, que, por vezes, mais vale também investir e proteger a toda família do que simplesmente punir os seus integrantes adultos.

Como bem salienta Wilson Donizeti Liberati[2]:

> [...] a família é a primeira instituição a ser convocada para satisfazer às necessidades básicas da criança, incumbindo aos pais a responsabilidade pela sua formação, orientação e acompanhamento. Como núcleo principal da sociedade, a família deve receber imprescindível tratamento tutelar para proteger sua constituição, pois é no lar que a criança ou o adolescente irá receber a melhor preparação para a vida adulta. À evidência, se os pais não forem orientados e preparados, serão poucas as possibilidades de se proporcionar às crianças e adolescentes um ambiente adequado para seu crescimento normal.

Recentemente, atento à realidade social brasileira, na qual muitas crianças e adolescentes têm os seus cuidados colocados a cargo não só de seus pais ou responsáveis legais, mas também – ou somente – de outros membros da família extensa ou até mesmo de educadores, entendeu por bem o legislador em ampliar o rol de sujeitos passivos de algumas das medidas acima citadas, nos casos em que constatada a prática de castigos físicos ou de tratamento cruel ou degradante contra criança ou adolescente.

---

dade e houver recusa injustificável; III – perda ou suspensão do pátrio poder; IV – destituição da tutela; V – perda da guarda".

2 LIBERATI, Wilson Donizeti. *Comentários ao Estatuto da Criança e do Adolescente*. 12. ed. rev. e ampl. de acordo com a Lei 13.058, de 22-12-2014. São Paulo: Malheiros, 2015, p. 161.

PARTE IV – A EFETIVIDADE DO ECA: MEDIDAS JUDICIAIS E EXTRAJUDICIAIS

E o fez por meio da Lei n. 13.010/2014, que, incorporando o art. 18-B ao Estatuto da Criança e do Adolescente, determina que não só os pais ou responsáveis, mas também os integrantes da família ampliada, os agentes públicos executores de medidas socioeducativas ou qualquer pessoa encarregada de cuidar de crianças e de adolescentes, tratá-los, educá-los ou protegê-los, que se utilizarem de castigo físico ou tratamento cruel ou degradante como formas de correção, disciplina, educação ou qualquer outro pretexto estarão sujeitos, sem prejuízo de outras sanções cabíveis, às seguintes medidas: I – encaminhamento a programa oficial ou comunitário de proteção à família; II – encaminhamento a tratamento psicológico ou psiquiátrico; III – encaminhamento a cursos ou programas de orientação; IV – obrigação de encaminhar a criança a tratamento especializado; V – advertência. Tais medidas serão aplicadas de acordo com a gravidade do caso, sendo o Conselho Tutelar a primeira instância para avaliá-las.

Este novo arcabouço normativo merece aplauso, pois, além de reforçar o compromisso assumido pelo Brasil de – em atenção às diretrizes do Comitê dos Direitos da Criança da Organização das Nações Unidas – estabelecer arranjos legais efetivamente aptos a coibir o castigo violento e humilhante contra crianças e adolescentes, independentemente de quem seja o autor, o faz por meio da previsão de mecanismos reparadores, reconhecendo o caminho da conscientização e do diálogo como viáveis para a modificação de práticas arraigadas em nossa sociedade. Sendo ainda de extrema relevância a ampliação do rol de sujeitos passivos das medidas.

Ainda sobre a natureza das medidas pertinentes aos pais, responsáveis legais ou pessoas encarregadas do cuidado de crianças e adolescentes é importante notar que estas, embora dotadas de caráter nitidamente pedagógico, quando aplicadas, assumem a natureza de obrigação de fazer.

Desse modo, o não cumprimento do que ali restou estabelecido importará na prática da infração administrativa prevista no art. 249 do ECA, o qual estabelece, *in verbis*:

> Art. 249. Descumprir, dolosa ou culposamente, os deveres inerentes ao poder familiar ou decorrente de tutela ou guarda, bem assim determinação da autoridade judiciária ou Conselho Tutelar.
>
> Pena – multa de três a vinte salários de referência, aplicando-se o dobro em caso de reincidência.

O rigor se justifica na medida em que o escopo final da lei é sempre a proteção da criança ou do adolescente, havendo, neste campo, estreitamento do espaço de autonomia de seus pais, responsáveis legais ou quem esteja no exercício de sua tutela ou guarda. Entendendo-se esta última expressão em sentido amplo o suficiente para abranger aqueles que, embora não guardiões no sentido estritamente jurídico do termo, exerçam a guarda fática da criança ou do adolescente[3].

_____

3 A respeito da aplicação da norma aos guardiões de fato, remete-se o leitor ao item que trata do descumprimento dos deveres decorrentes da autoridade familiar, cons-

Também não é demais lembrar que as medidas aqui tratadas, embora de feição pedagógica, não excluem a tomada de providências – ainda que de caráter punitivo – em outras esferas. Daí a importante ressalva feita pelo legislador, no art. 18-B, no sentido de que as medidas ali previstas são aplicadas sem prejuízo de outras sanções cabíveis – inclusive na esfera criminal – aos autores da violência contra a criança ou adolescente.

Importante também notar que os dispositivos legais que elencam as medidas aplicáveis aos pais, responsáveis ou pessoas encarregadas do cuidado de crianças e adolescentes, quando aliados às normas que tratam das atribuições do Conselho Tutelar e da competência da autoridade judiciária, indicam que é de tais autoridades a responsabilidade pela aplicação das medidas em questão. Caberá ao Conselho Tutelar, por força do que dispõem os arts. 136, II, e parágrafo único do art. 18-B do ECA, atender e aconselhar os pais, responsáveis legais ou encarregados dos cuidados da criança ou adolescente, aplicando-lhes as medidas previstas no art. 129, I a VII, ou art. 18-B da lei. Competirá à autoridade judiciária, subsidiariamente, a aplicação dessas medidas e, exclusivamente, a determinação daquelas constantes do art. 129, VIII a X, sendo estas últimas dirigidas tão somente aos pais ou responsáveis legais[4].

Realizadas estas ponderações iniciais, cumpre analisar as medidas elencadas nos arts. 129 e 18-B do ECA.

2. AS MEDIDAS PREVISTAS NOS ARTS. 129 E 18-B DO ECA

De acordo com o art. 129 do ECA, são medidas aplicáveis aos pais ou responsável:

> Art. 129. [...]
>
> I – encaminhamento a serviços e programas oficiais ou comunitários de proteção, apoio e promoção da família; (com redação da Lei n. 13.257/2016)
>
> II – inclusão em programa oficial ou comunitário de auxílio, orientação e tratamento a alcoólatras e toxicômanos;
>
> III – encaminhamento a tratamento psicológico ou psiquiátrico;
>
> IV – encaminhamento a cursos ou programas de orientação;
>
> V – obrigação de matricular o filho ou pupilo e acompanhar sua frequência e aproveitamento escolar;
>
> VI – obrigação de encaminhar a criança ou adolescente a tratamento especializado;

---

tante do capítulo "Infrações administrativas", na Parte III: "Das infrações administrativas".

4   Vale notar que ao Ministério Público também não caberá determinar diretamente as medidas pertinentes aos pais ou responsável, devendo, de acordo com a hipótese concreta, levar a situação ao conhecimento do Conselho Tutelar, ou, ainda, providenciar judicialmente a sua aplicação.

PARTE IV – A EFETIVIDADE DO ECA: MEDIDAS JUDICIAIS E EXTRAJUDICIAIS

VII – advertência;

VIII – perda da guarda;

IX – destituição da tutela;

X – suspensão ou destituição do poder familiar.

Já o art. 18-B do ECA estabelece como medidas aplicáveis aos pais, aos integrantes da família ampliada, aos responsáveis, aos agentes públicos executores de medidas socioeducativas ou qualquer pessoa encarregada de cuidar de crianças e de adolescentes, tratá-los, educá-los ou protegê-los, os quais se utilizam de castigo físico ou tratamento cruel ou degradante como formas de correção, disciplina, educação ou qualquer outro pretexto:

Art. 18-B. [...]

I – encaminhamento a programa oficial ou comunitário de proteção à família;

II – encaminhamento a tratamento psicológico ou psiquiátrico;

III – encaminhamento a cursos ou programas de orientação;

IV – obrigação de encaminhar a criança a tratamento especializado;

V – advertência.

Note-se que as três primeiras medidas elencadas no art. 18-B e as quatro primeiras medidas ventiladas no art. 129 da lei são de feição claramente tutelar e têm o objetivo de garantir a proteção de determinada criança e adolescente, por meio do tratamento do núcleo familiar ou social no qual estão inseridos.

Decerto, seria de pouca valia dotar o operador da lei de mecanismos direcionados à proteção da criança e do adolescente sem fazer o mesmo com a família ou outras pessoas com as quais se relaciona e são responsáveis pelo seu cuidado, pois este é o ambiente onde devem crescer e se desenvolver.

Importa ressaltar que o amparo à família é mandamento que também consta da Constituição de 1988, no Título VIII, denominado "Da Ordem Social", tanto do Capítulo II, referente à Seguridade Social, como no Capítulo VII, especialmente destinado à família, à criança, ao adolescente e ao idoso[5]; deste modo, cabe ao Poder Público, quando da definição da política de atendimento destinada à população infantojuvenil, instituir ações voltadas não só às crianças e aos adolescentes, mas também aos demais membros da família.

Seria, por exemplo, inócuo encaminhar criança cujos pais são alcoólatras e, por vezes, agressivos, a programa especial de atendimento a vítimas de violência doméstica, sem que tal medida seja acompanhada daquela indicada no inciso II do

---

5   Nesse sentido é o art. 226, *caput*, da CF/88, segundo o qual a família é a base da sociedade, sendo dotada de especial proteção do Estado. O art. 203, I, da CF/88, por sua vez, ao tratar da assistência social, afirma que esta terá como um de seus objetivos a proteção à família, à infância e à adolescência.

art. 129, consistente na inclusão dos pais em programa oficial ou comunitário de auxílio, orientação e tratamento a alcoólatras e toxicômanos, pois, em última instância, restaria inviabilizada a manutenção da criança no seio da família e, consequentemente, violado o seu direito fundamental à convivência familiar.

Outra medida prevista em ambos os dispositivos legais reside na obrigação de encaminhar a criança ou o adolescente a tratamento especializado (art. 129, VI, e art. 18-B, IV, do ECA). Como tratamento especializado entende-se toda ação em saúde destinada à reparação de um agravo à integridade física ou mental da criança ou do adolescente. Esta medida guarda relação direta com as medidas de proteção elencadas no art. 101, em especial aquelas previstas nos incisos V e VI, do ECA, funcionando, como já sustentado aqui, como estrutura de retaguarda para a efetividade destas últimas.

A última medida pertinente tanto aos pais ou responsáveis como também às pessoas encarregadas do cuidado de crianças ou adolescentes reside na advertência (art. 129, VII, e art. 18-B, V, do ECA). Aplica-se a advertência sempre que constatada situação de risco ou violência que demonstre que as obrigações de determinado adulto em relação a uma criança ou um adolescente não estão sendo cumpridas a contento. Esta medida pode funcionar ora como anteparo, ora como reforço das medidas de conteúdo mais severo previstas na própria lei, a exemplo da perda da guarda, da destituição da tutela, da perda ou suspensão do poder familiar.

A quinta providência aventada pelo legislador estatutário consiste na obrigação de matricular o filho ou o pupilo e acompanhar a frequência e o aproveitamento escolar. Está atrelada, intimamente, aos deveres inerentes ao poder familiar ou ao regular exercício do encargo de tutor ou guardião, sendo este o motivo pelo qual não é reproduzida no art. 18-B da lei, já que este último é exclusivamente voltado para as hipóteses de violência contra crianças ou adolescentes. O não cumprimento da medida em questão poderá importar na prática da infração administrativa descrita no art. 249 do ECA, já referida anteriormente, bem como no cometimento do delito de abandono intelectual descrito no art. 246 do Código Penal[6]. Em casos extremos, poderá ensejar a aplicação de medida mais gravosa, tal como a perda da guarda, a destituição da tutela ou a suspensão ou até mesmo perda do poder familiar[7].

---

6   O art. 246 do Código Penal estabelece ser crime de abandono intelectual deixar, sem justa causa, de prover à instrução primária de filho em idade escolar, sujeito à pena de detenção, de 15 dias a 1 mês, ou multa.

7   Interessante questão que tem sido objeto de discussão consiste na possibilidade ou não dos pais educarem seus filhos em casa, sem a necessidade de matrícula em escola de ensino regular – *homeschooling*. O tema foi recentemente abordado no Supremo Tribunal Federal, sendo reconhecida sua repercussão geral nos autos do RE 888815/RS. A respeito do direito à educação e os impactos decorrentes do *homeschooling*, consulte-se o capítulo desta obra intitulado "Dos direitos fundamentais".

PARTE IV – A EFETIVIDADE DO ECA: MEDIDAS JUDICIAIS E EXTRAJUDICIAIS

Como já se teve oportunidade de estudar em capítulo próprio, na aplicação destas três últimas medidas (art. 129, VIII, IX e X, do ECA), deverá a autoridade judiciária observar os critérios assinalados nos arts. 23 e 24 do ECA e os ditames da lei civil. No tocante ao procedimento, deverá se socorrer das normas previstas nos arts. 152 *usque* 170 do ECA.

O estudo dos arts. 18-B e 129 do ECA faz perceber que à medida de proteção prevista em favor de determinada criança ou adolescente corresponde, em regra, alguma medida aplicável a seus pais ou responsável.

Nesse passo, à determinação de matrícula e frequência obrigatórias em estabelecimento oficial de ensino fundamental (art. 101, III), por exemplo, corresponde a obrigação de os pais ou responsável matricularem o filho ou pupilo e acompanharem a sua frequência e aproveitamento escolar. À medida protetiva de requisição de tratamento médico, psicológico ou psiquiátrico (art. 101, VIII) está aliada a providência que consiste na obrigação de encaminhar a criança ou o adolescente a tratamento especializado.

Não poderia o legislador estatutário obrar de forma mais adequada, pois, assim o fazendo, armou os operadores do Estatuto de todos os instrumentos necessários à proteção integral da criança e do adolescente, preconizada constitucionalmente.

Cumpre, finalmente, ressaltar que agregada às medidas ora em estudo está outra providência legal, prevista do art. 130 do ECA, que é o afastamento do agressor da moradia comum, sempre que constatada a prática de violência intrafamiliar pelos pais ou responsável[8].

De caráter nitidamente cautelar, a providência em tela tem como objetivo resguardar a integridade da criança ou do adolescente, bem como garantir a eficácia das medidas acima mencionadas. Deve ser determinada judicialmente, em ação cautelar autônoma, ou ainda, incidentalmente, em processo judicial de natureza contraditória, em que tal situação seja levada ao conhecimento do juiz da infância e da juventude[9].

3. OBSERVAÇÕES QUANTO AO PROCEDIMENTO

Tratando-se do procedimento para a aplicação das medidas pertinentes aos pais, responsável ou pessoa encarregada do cuidado de crianças ou adolescentes, adotou

---

8   De acordo como o art. 130 do ECA, "verificada a hipótese de maus-tratos, opressão ou abuso sexual impostos pelos pais ou responsável, a autoridade judiciária poderá determinar, como medida cautelar, o afastamento do agressor da moradia comum".

9   É importante ressaltar que a medida de afastamento fundada no art. 130 do ECA não se confunde com a providência de afastamento do lar determinada pela autoridade judiciária com base na Lei n. 11.340/2006 – Lei Maria da Penha ou, ainda, com fundamento no art. 69, parágrafo único, da Lei n. 9.099/95, na medida em que estas últimas buscam resguardar casais que não mais desejam viver sob o mesmo teto ou vivenciam situação de violência doméstica.

o legislador estatutário a mesma metodologia escolhida para as medidas de proteção, ou seja, não indicou, no mesmo capítulo, qualquer norma de natureza instrumental.

A opção se justifica pelo fato de serem os Conselhos Tutelares as instâncias primeiras de aplicação da maioria dessas medidas, sendo, assim, tarefa da legislação municipal ou do regimento interno dos conselhos tutelares o estabelecimento de regras relativas ao funcionamento do órgão e ao *modus operandi* de sua atuação. É ainda explicada em função da existência, em capítulo específico, de normas dirigidas à autoridade judiciária, concernentes ao procedimento necessário à determinação de perda da guarda, à destituição da tutela, ou ainda à suspensão e à destituição do poder familiar, sendo este o motivo da expressa referência, no parágrafo único do art. 129 do ECA, ao art. 24 da mesma lei[10].

É importante, entretanto, registrar duas observações: a primeira, referente à atuação do Conselho Tutelar e a segunda, relacionada à autoridade judiciária, quando em atuação substitutiva à daquele órgão na aplicação de medidas que não a perda da guarda, a destituição da tutela ou a suspensão ou perda do poder familiar.

No tocante ao Conselho Tutelar, é relevante salientar que, embora este não possua natureza jurisdicional, suas atribuições devem ser exercidas de forma regulamentada – e organizada –, de modo a viabilizar o registro documental de suas deliberações, notadamente quando estas estiverem atreladas a medidas que influenciarão na esfera jurídica alheia.

No caso específico dos pais ou responsável pela criança ou pelo adolescente, isto implica que estes devam ser cientificados, formalmente, pelo Conselho Tutelar, da decisão que lhes atribua determinada medida, notadamente quando esta trouxer em seu bojo alguma obrigação de fazer, a fim de cumpri-las ou, caso assim o desejem, provocar a sua revisão judicial[11].

Não é demais lembrar que o descumprimento de determinação do Conselho Tutelar, de acordo com o art. 249, parte final, do ECA, caracteriza infração administrativa e que a aplicação da penalidade referente à prática da dita infração deverá sempre se submeter a autoridade judiciária; deverá, por conseguinte, ser respaldada no mínimo de prova, sob pena de estar o respectivo procedimento fadado ao insucesso.

No que tange à aplicação, pela autoridade judiciária, das medidas concernentes aos pais ou responsável, em substituição ao Conselho Tutelar, tal prática é possível tanto em procedimentos especialmente instaurados com o intuito de provocar a

---

10 Sobre os procedimentos em sede judicial, remetemos o leitor aos demais capítulos deste mesmo Título, os quais tratam das ações de suspensão e de destituição do poder familiar, de guarda, tutela e adoção, e outros procedimentos a estas correlatos.

11 Sobre a possibilidade de revisão das decisões do Conselho Tutelar, remetemos o leitor ao capítulo especialmente destinado ao mencionado órgão.

PARTE IV – A EFETIVIDADE DO ECA: MEDIDAS JUDICIAIS E EXTRAJUDICIAIS

revisão da medida aplicada por este órgão – comumente denominada pedido ou ação de revisão de decisão do Conselho Tutelar –, como também em procedimento em curso na Vara da infância e da juventude, em que tais medidas se mostrem necessárias e urgentes, sempre com a cautela de não anular a atuação do referido colegiado, que, como já dito, foi nomeado pelo legislador como instância primeira de decisão acerca da aplicação da maioria das medidas aqui versadas.

REFERÊNCIA

LIBERATI, Wilson Donizeti. *Comentários ao Estatuto da Criança e do Adolescente.* 12. ed. rev. e ampl. de acordo com a Lei 13.058, de 22-12-2014. São Paulo: Malheiros, 2015.

Os princípios constitucionais do processo

Galdino Augusto Coelho Bordallo

1. INTRODUÇÃO

O Título VI do Estatuto da Criança e do Adolescente, denominado *Do Acesso à Justiça*, cuida de toda a parte processual do direito da infância e juventude.

Encontram-se englobados por este Título normas sobre capacidade processual, gratuidade de justiça, segredo de justiça, competência, ações e seus procedimentos, recursos, além dos personagens que atuarão judicialmente nos processos: partes, juiz, Ministério Público e advogado.

No momento em que o legislador nomeou o Título VI, o fez utilizando um dos objetivos buscados pelo direito processual, o *acesso à ordem jurídica justa*, o que é realizado com a aplicação de diversos princípios e garantias trazidos pelo ordenamento jurídico, sendo o acesso à justiça um destes instrumentos.

Porém, ao se verificar o inteiro teor das regras que compõem o Título em estudo, percebe-se que o efetivo desejo do legislador foi o de demonstrar que estava assegurado para os destinatários diretos do ECA (crianças e adolescentes) um devido processo legal, ou seja, um processo em que todas as garantias estariam asseguradas e os direitos sendo respeitados. Assim, a nosso ver, para que a denominação do Título VI efetivamente demonstrasse todo seu conteúdo e destinação, melhor ficaria o uso de *Do Devido Processo Legal*.

Este cuidado do legislador em deixar claro estarem sendo preservados os direitos das crianças e adolescente no curso de suas relações jurídicas – englobadas as relações jurídicas processuais – decorre da mudança de paradigmas trazida pelo

ECA, com relação à disciplina do revogado Código de Menores. A Lei n. 6.697/79, não cuidava da criança e do adolescente como sujeitos de relações jurídicas, mas como objetos desta, o que fazia com que não fossem asseguradas as condições mínimas para que estas pessoas em formação pudessem ser ouvidas e terem preservados seus direitos mínimos. Tudo era realizado com base na teoria da situação irregular: a autoridade judiciária decidia da forma que melhor entendesse, sem qualquer preocupação com a vontade da criança/adolescente, ou, se efetivamente aquilo seria o melhor para ela, pois a vontade do juiz se sobrepunha a tudo e a todos, vez que esta era a diretriz da lei. Temos um exemplo desta forma de tratamento com o procedimento para apuração da prática de atos infracionais, pois o Código de Menores não previa a existência de defesa, de contraditório para o adolescente, já que ele se encontrava em uma situação irregular, necessitando de proteção e qualquer decisão judicial seria benéfica para ele.

Ao assegurar a crianças e adolescentes o respeito aos seus direitos como pessoa, o ECA nada mais fez do que atender aos ditames da Constituição Federal, que, em seu art. 5º, assegurou o respeito a determinados princípios processuais que, em seu conjunto, garantem a existência de um processo justo, em que a parte pode se defender do modo mais amplo possível um devido processo legal. Não se pode, assim, realizar o estudo do direito processual sem que seja estudada sua vertente constitucional, pois os princípios que regem esse ramo do direito encontram-se nela situados, coordenando todo um sistema, tendo em vista a extrema vinculação hoje existente entre o direito processual e o direito constitucional. Trata-se do direito processual constitucional, que não pode ser considerado um ramo autônomo do direito processual, mas, em verdade, um método de estudo que tem por fim sistematizar as normas e os princípios da Constituição concernentes ao processo[1]. Esse entendimento, que já era pacífico, fortaleceu-se com o advento do CPC de 2015, que traz a regra de interpretação conforme a Constituição em seu art. 1º.

Ao assegurar as garantias processuais das crianças e adolescentes, o ECA segue a Convenção da ONU dos Direitos da Criança, de 20 de novembro de 1989 (art. 40) e as Regras Mínimas para a Administração da Justiça da Infância e da Juventude de Beijing.

Fica evidente não se poder estudar as regras processuais constantes do Estatuto da Criança e do Adolescente sem que façamos um estudo preliminar dos princípios constitucionais do processo.

Princípios são, na perfeita conceituação de Canotilho, "normas jurídicas impositivas de uma otimização, compatíveis com vários graus de concretização, consoante os condicionalismos fáticos e jurídicos"[2]. Têm como finalidade auxiliar na

---

1 MEDINA, Paulo Roberto de Gouvêa. *Direito processual constitucional*. Rio de Janeiro: Forense, 2003, p. 3.

2 CANOTILHO, J. J. Gomes. *Direito constitucional e teoria da Constituição*. 2. ed. Coimbra: Almedina, 1998, p. 1.035. Por serem regras de otimização, continua Canotilho,

compreensão do conteúdo e extensão dos comandos inseridos nas normas jurídicas, bem como atuar como fator de integração destas nas hipóteses onde houver lacuna da lei.

Os princípios constitucionais do processo, pelo fato de encontrarem-se expressos no texto da Carta Magna, são cogentes, sendo obrigatória sua adoção pela legislação infraconstitucional, não deixando opção para o legislador. Qualquer regra que venha a ser aprovada e que desrespeite algum dos princípios adotados pela Constituição será nula de pleno direito, uma vez que inconstitucional. A doutrina os classifica como *princípios-garantia*, servindo como uma garantia direta para os cidadãos, vinculando estritamente o legislador em sua aplicação[3].

2. DEVIDO PROCESSO LEGAL

Estatuído no art. 5º, LIV, da Constituição Federal, o princípio do devido processo legal teve sua primeira menção na *Magna Carta* de João Sem Terra, em 1215, mas não de forma expressa e sem a amplitude dos tempos atuais. Em seu art. 39, a *Magna Carta* utilizava a expressão *harmonia com a lei do país (law of the land)* e não se destinava a toda população, mas apenas aos nobres contra os abusos da coroa. Foi concebido como um meio de defesa do particular frente aos poderes públicos.

Apenas em 1354, mais de 100 anos depois, foi utilizada a expressão *due process of law*, em uma lei inglesa denominada *Statute of Westminster of the Liberties of London*[4].

Para que se consiga entender o verdadeiro significado da expressão, é necessário que se busque as emendas à Constituição dos Estados Unidos da América que trataram do tema. Pelas Emendas V e XIV pode-se chegar ao entendimento de que o devido processo legal significa, nas palavras de Canotilho[5]:

> A obrigatoriedade da observância de um tipo de processo legalmente previsto antes de alguém ser privado da vida, da liberdade e da propriedade. Nestes termos, o processo devido é o processo previsto na lei para a "aplicação de penas privativas" da vida, da liberdade e da propriedade. Dito ainda por outras pala-

---

permitem o balanceamento de valores e interesses, consoante o seu peso e a ponderação de outros princípios eventualmente conflitantes. Portanto, sempre que em alguma situação houver o conflito entre dois ou mais princípios, verificar-se-á qual deles irá prevalecer. A opção do intérprete não significará que o princípio que não prevaleceu tenha perdido sua eficácia dentro daquele sistema, mas apenas que, naquele determinado momento, foi necessário um sopesamento entre os princípios, tendo sido um deles escolhido para uma melhor solução da questão, numa verdadeira decisão política.

3   CANOTILHO, J. J. Gomes. Op. cit., p. 1.041.

4   NERY JUNIOR, Nelson. *Princípios do processo civil na Constituição Federal*. 7. ed. rev. e atual. São Paulo: Revista dos Tribunais, 2002, p. 33.

5   CANOTILHO, J. J. Gomes. Op. cit., p. 449.

PARTE IV – A EFETIVIDADE DO ECA: MEDIDAS JUDICIAIS E EXTRAJUDICIAIS

813

vras "due process" equivale ao "processo justo definido" por lei para se dizer o direito no momento jurisdicional de aplicação de sanções criminais particularmente graves.

Como pode ser verificado, o devido processo legal objetiva a proteção dos direitos considerados básicos para o homem: a vida, a liberdade e a propriedade. Estes direitos devem ser entendidos em seu mais amplo sentido e, sempre que forem violados, poderá ser exigida sua correta proteção por meio de um processo que traga todas as garantias para que a pessoa lesada possa se defender, assim como aquele indicado como o autor da lesão.

A ideia de *processo justo* foi mantida com o passar do tempo, sendo utilizada para fornecer o ponto central do princípio. Mas o que é um *processo justo*?

Duas concepções do devido processo legal foram instituídas pela doutrina estrangeira e aplicadas pelos tribunais, uma processual e outra material.

A concepção processual (*procedural due process*) limita-se a informar que uma pessoa que venha a ser privada de um direito poderá exigir que esta privação seja realizada em respeito a um processo previsto em lei.

Segundo a concepção material (*substantive due process*), uma pessoa não tem direito apenas a um *processo legal*, mas a um *processo legal, justo e adequado* para a defesa de seus direitos. O devido processo legal não será assim qualificado apenas no momento de sua efetivação, mas desde o início do processo legislativo, querendo isso dizer que o legislador também há que respeitar o princípio no momento da elaboração e votação das leis, ficando vedado o direito de elaboração de leis que disponham arbitrariamente da vida, da liberdade e da propriedade das pessoas, sem que haja razão fundada para fazê-lo[6]. Merecem ressalva as observações de Canotilho[7]:

> Os objetivos da exigência do processo devido não poderiam ser conseguidos se o legislador pudesse livre e voluntariamente converter qualquer processo em processo equitativo. Esta a razão pela qual os autores passaram a reclamar a necessidade de critérios materiais informadores do processo devido explícita ou implicitamente revelados pelas normas da Constituição e pelos usos e procedimentos estabelecidos no direito comum ou disposições "estatutárias".

Esta a amplitude que o princípio em estudo deve alcançar.

Não devemos acatar a restrita acepção processual do princípio, pois fica a desejar. O princípio do devido processo legal não deve se restringir ao processo, devendo ser aplicado a toda a legislação, pois se deve evitar que a lei transporte injustiças que venham a violar direitos fundamentais.

---

6   Conforme CANOTILHO. Op. cit., p. 450.

7   Op. cit., p. 450.

Assim, apesar de o direito e a doutrina brasileira terem adotado o princípio do devido processo legal em sua acepção processual[8], verifica-se, pelo teor do art. 5º, LIV, da Constituição Federal, que a concepção material é a que está assegurada[9].

O *processo justo* será aquele que se inicia no seio do legislativo, com a elaboração das leis, estendendo-se até o processo para defesa de direitos, seja ele judicial ou administrativo, com respeito aos direitos fundamentais dos cidadãos. No âmbito da relação processual, o princípio do devido processo legal se instrumentalizará com a garantia de um tratamento igualitário para as partes, com a garantia de um contraditório amplo, exigência da fundamentação das decisões, existência de meios que facilitem o acesso à justiça, entre outras garantias. Será um processo em que as partes possam exercer amplamente suas faculdades e poderes processuais e onde a jurisdição seja corretamente exercida[10].

Como pode ser visto, o devido processo legal traz dentro de si todas as garantias para a efetivação de uma relação processual em que todos os direitos das partes sejam protegidos, podendo elas exercer de forma ampla seu direito de ação e defesa.

Pode ser considerado um "superprincípio", pois todos os demais são decorrentes de sua adoção pelo sistema jurídico-constitucional e sua correta aplicação. Bastaria, para a garantia e preservação de todos os direitos, sua previsão no texto constitucional, não havendo necessidade de que os demais princípios viessem expressamente previstos. Porém o critério do legislador constituinte em trazer os demais princípios de modo explícito no art. 5º e em outros da CF nada mais é do que, como leciona Nelson Nery Junior[11], "uma forma de enfatizar a importância destas garantias, norteando a administração pública, o Legislativo e o Judiciário para que possam aplicar a cláusula sem maiores indagações".

3. IGUALDADE

"Todos são iguais perante a lei, sem distinção de qualquer natureza." Assim tem início o *caput* e o inciso I, do art. 5º da Constituição Federal, quase como um hino de respeito à diversidade da raça humana, à individualidade de cada ser humano e à forma como as pessoas devem ser tratadas em suas relações, tenham ou não repercussão na esfera jurídica.

---

8   Neste sentido a afirmativa de Nelson Nery Junior, op. cit., p. 41.

9   Pode-se afirmar que o devido processo legal, em seu sentido substancial, há de ser considerado como orientador para o princípio da razoabilidade das leis e dos atos administrativos. Nesse sentido, CÂMARA, Alexandre. *Lições de direito processual civil*, p. 33, e MEDINA, Paulo Roberto Gouvêa, *Direito processual constitucional*, p. 23.

10 DINAMARCO, Cândido Rangel *et al. Teoria geral do processo*. 13. ed. São Paulo: Malheiros, 1997, p. 82.

11 NERY JR. Nelson. Op. cit., p. 42.

PARTE IV – A EFETIVIDADE DO ECA: MEDIDAS JUDICIAIS E EXTRAJUDICIAIS   815

Antes de ser um princípio jurídico, a igualdade ou isonomia pode ser considerada como uma orientação sobre como se proceder no dia a dia. Sua inserção no texto constitucional nada mais é do que um modo de reforçar a necessidade de seu respeito, não só pelos particulares, mas, também e principalmente, pelo Poder Público, pois as autoridades constituídas sempre pendem a querer agir de forma a beneficiar determinadas pessoas ou classes. Não podemos nos esquecer de que a doutrina dos direitos fundamentais surgiu como um meio de garantia ao homem contra os desmandos e abusos do governante, ações que, infelizmente, ainda ocorrem em nossos dias, de forma cada vez mais intensa.

O princípio da isonomia decorre de um dos fundamentos da República Federativa do Brasil, *a dignidade humana*, previsto no art. 3º, III, da CF. Para que a dignidade de uma pessoa seja preservada, é imperioso que não seja tratada com nenhuma forma de preconceito, nem com descaso. Qualquer que seja a origem de uma pessoa, qualquer que seja seu modo de vida, merece e tem de ter ela um tratamento idêntico ao que será concedido a outra pessoa que tenha padrões de vida diversos. Caso esta isonomia de tratamento não ocorra, medidas jurídicas devem ser tomadas para sanar a violação da regra constitucional.

Em um primeiro momento, ao ser realizado um tratamento isonômico para com todas as pessoas, sem distinção de qualquer natureza, estava sendo dado completo atendimento ao princípio constitucional, aplicação que se convencionou chamar de *igualdade formal*. Todas as pessoas que se encontravam inseridas em uma mesma situação eram tratadas de forma semelhante, sem nenhuma diferenciação. Apesar de, visualmente, ser conferida completa aplicação ao princípio da igualdade, ao ser realizado um exame de fundo, verificou-se que esta forma de aplicação da igualdade não a atendia de forma plena.

As pessoas são desiguais entre si, e, em face destas situações de desigualdade, é preciso que haja uma diferenciação no tratamento, para que possam, de fato, manter-se em posição idêntica. Trata-se da aplicação do princípio da *igualdade material*, segundo o qual devem ser tratados de forma desigual os desiguais, pois só assim será alcançada a verdadeira igualdade. O tratamento desigual tem como objetivo superar as diferenças e fazer com que a isonomia substancial seja alcançada.

Todo este regramento do princípio da igualdade pode e deve ser aplicado para as relações processuais, sem qualquer alteração. O CPC, em seu art. 139, I, adota o princípio da igualdade, que será operacionalizado na sua concepção material. A parte que estiver em condição de inferioridade para com a outra deverá ser tratada de forma que esta diferença seja superada, a fim de ter a mesma possibilidade de defender o seu direito. É o que se costuma chamar de "paridade de armas".

Diversas regras espalhadas pelo ordenamento jurídico realizam a aplicação do princípio da igualdade. Como exemplo temos: a concessão de gratuidade de justiça para as pessoas que não possuam condições de arcar com as custas judiciais

(Lei n. 1.060/50); a concessão de prazo em dobro para a prática dos atos processuais para as pessoas assistidas pela Defensoria Pública (art. 5º, § 5º, Lei n. 1.060/50 e art. 186, CPC), bem como para o Ministério Público (art. 180, CPC) e Fazenda Pública (art. 183, CPC)[12]; a inversão do ônus da prova (art. 6º, VII, do CDC), entre outras regras.

4. CONTRADITÓRIO

O princípio do contraditório encontra-se enunciado no inciso LV do art. 5º da Constituição Federal.

O conceito clássico do contraditório é o de *ciência bilateral dos atos e termos processuais com a possibilidade de contrariá-los*[13].

Trata-se da aplicação do antigo brocardo romano *audiatur et altera pars*.

É a elevação, a nível constitucional, da característica de bilateralidade do processo, que é dialético. Desde o início da relação processual existe o diálogo entre as partes, com o autor apresentando sua tese e o réu sua antítese, que seguirá até a prolação da decisão final. Sempre que surgir uma situação nova no curso do processo, imperioso que as partes sejam chamadas a se manifestar. Deve ser ressaltado que, para respeito ao princípio do contraditório, não pode ser retirada da parte a possibilidade de se manifestar sobre os fatos e situações processuais, não sendo necessário que esta manifestação venha a ocorrer; para tanto, são abertos prazos e intimadas as partes para falarem. A violação à garantia ocorrerá se não for concedida a chance de manifestação.

Pela importância que apresenta para o bom desenvolvimento da relação processual, o contraditório deve ser observado não apenas formalmente, mas de maneira substancial, devendo ser considerada inconstitucional qualquer norma que não o respeite[14].

O contraditório é inerente ao próprio processo, pois em um Estado de Direito Democrático não há que se pensar em um processo em que as partes não tenham condições de se manifestar com toda a amplitude, de forma equivalente, perante um órgão jurisdicional imparcial. Só se poderá ter como legítimo um provimento jurisdicional se for emanado de um processo em que as pessoas que venham a ser por ele atingidas tenham tido toda a condição de participar.

---

12 A alteração ao ECA, conferida pela Lei n. 13.509/2017, veda a contagem de prazo em dobro para a Fazenda Pública e o Ministério Público. Com isso, o ECA se afasta das normas gerais de processo civil em busca de uma maior celeridade para a solução de seus procedimentos (art. 152, § 2º).

13 MARQUES, José Frederico. *Manual de direito processual civil*. Campinas: Bookseller, 1997, v. I, p. 492. Este conceito é repetido por CÂMARA, Alexandre Freitas. *Lições de direito processual civil*. 13. ed. rev. e atual. Rio de Janeiro: Lumen Juris, 2005, v. I, p. 50.

14 CINTRA, GRINOVER e DINAMARCO. Op. cit., p. 57.

PARTE IV – A EFETIVIDADE DO ECA: MEDIDAS JUDICIAIS E EXTRAJUDICIAIS

Podemos, após estar demonstrada a visão atual do princípio do contraditório, conceituá-lo como a garantia de uma participação efetiva das partes no desenvolvimento da relação processual, com a finalidade de influírem, isonomicamente, no conteúdo das decisões processuais.

É certo que o princípio do contraditório não admite exceções. Não o viola, porém, a concessão de providências cautelares ou de antecipação de tutela sem a oitiva da parte contrária. Nessas hipóteses, em que a ameaça de lesão ou a lesão a um direito é grave e, caso seja ouvida a parte contrária, o direito perecerá, poderá ser prolatada uma decisão sem a instauração do contraditório, pois, para garantir a preservação do direito é preciso que a decisão seja proferida sem que a parte que sofrerá as consequências venha a saber, previamente, do pedido. Entre um contraditório prévio e a garantia da preservação de um direito, este deverá prevalecer. Teremos aqui a prevalência do princípio da efetividade do processo sobre o da segurança das relações jurídicas (representado pelo contraditório)[15]. Não haverá violação do princípio do contraditório, mas um adiamento de sua aplicação, pois a parte contrária poderá demonstrar posteriormente ao julgador o equívoco de sua decisão e fazer com que seja esta revista.

O CPC aumenta, se é que se pode falar assim, a importância do princípio do contraditório no transcorrer da instrução. Logo em seu art. 10, o Código dispõe que o juiz não pode decidir, em nenhum grau de jurisdição, com base em fundamento que não tenha sido oportunizado às partes a possibilidade de se manifestarem, mesmo que se trate de matéria sobre a qual o juiz deve decidir de ofício. Esta regra tem como base o direito alemão e português, onde não são permitidas as decisões surpresa. As decisões surpresa são aquelas que são proferidas tendo como base fundamentos corretos, mas que não foram, em momento algum, trazidos à discussão, mesmo que se trate de matéria de ordem pública.

Agora temos o princípio do contraditório não apenas como um princípio formal, estático, que deva ser aplicado e respeitado, mas como uma garantia de influência no desenvolvimento e resultado do processo. O processo agora é participativo, sob qualquer aspecto fático ou jurídico, tendo caráter preventivo para que tudo seja discutido antes de ser julgado. Não opera apenas no confronto entre as partes, configurando, também um dever para o juiz, que deve provocar um debate entre as partes, pois este debate, totalmente salutar, influenciará as decisões que vierem a ser tomadas. Este debate amplo poderá convencer de modo mais eficiente o julgador sobre a correção dos argumentos de uma das partes.

Um bom exemplo deste novo modo de se aplicar o contraditório é encontrado no art. 357 do CPC, que cuida do saneamento do processo. Com a prolação da

---

15   Sobre a questão de conflito entre princípios, remetemos o leitor ao que foi dito na nota de n. 2 deste capítulo.

decisão de saneamento, as partes têm cinco dias para solicitar esclarecimentos ou ajustes na decisão, o que coloca toda a matéria sob ampla discussão (§ 1º). Neste mesmo dispositivo temos a possibilidade de, caso a matéria a ser saneada seja complexa, ser designada audiência com a finalidade de discutir o conteúdo da decisão de saneamento, o que faz com que venha a ocorrer a cooperação das partes na formulação da decisão, o que, pelo viés psicológico é muito bom, pois há uma grande possibilidade de que a decisão não seja objeto de recurso.

Tratamos, no item anterior, do princípio da igualdade, que deve caminhar lado a lado com o princípio do contraditório, a fim de que se tenha uma aplicação efetiva deste último princípio. Não basta, para que se tenha um processo justo, que seja garantido o contraditório se este não o for de forma isonômica, bem como não basta que a igualdade seja assegurada, se as partes não puderem participar de forma efetiva dos atos processuais. Para que seja assegurado o devido processo legal, necessária a presença das duas garantias constitucionais.

O princípio do contraditório é de tamanha importância para a garantia constitucional do devido processo legal que chega a integrar o conceito de processo, sendo certo afirmar, como o faz Alexandre Câmara[16], que sem contraditório não haverá processo.

5. ACESSO À JUSTIÇA

Enunciado no inciso XXXV do art. 5º da Constituição Federal, o princípio do acesso à justiça há que ser considerado um dos pontos principais para que se possa obter uma eficaz aplicação do princípio do devido processo legal como um *processo justo*.

A expressão "acesso à justiça" é de difícil conceituação, mas serve para determinar duas finalidades básicas para o sistema jurídico. A doutrina fornece, fundamentalmente, dois sentidos: o primeiro, atribuindo ao termo justiça o mesmo sentido e conteúdo que o de Poder Judiciário; o segundo, partindo de uma visão axiológica da expressão justiça, compreende o acesso a ela como o acesso a uma determinada ordem de valores e direitos fundamentais para o ser humano. O segundo sentido é mais amplo que o primeiro, englobando-o.

O conceito de acesso à justiça vem se modificando com o correr do tempo, mudança esta que corresponde à evolução do estudo do processo civil. Com a concepção individualista do processo civil do século XVIII, o procedimento adotado para a solução dos litígios civis refletia a mesma filosofia, e o acesso à justiça significava apenas o direito formal de a pessoa agravada propor ou contestar uma ação.

À medida que o Estado Liberal passou a se desenvolver, a crescer em tamanho e complexidade, evoluindo para o Estado Previdência, o *Welfare State*, o conceito

---

16 CÂMARA, Alexandre Freitas. *Lições de direito processual civil.* Op. cit., p. 55.

PARTE IV – A EFETIVIDADE DO ECA: MEDIDAS JUDICIAIS E EXTRAJUDICIAIS

819

dos direitos fundamentais passou a sofrer uma alteração radical. A consolidação do Estado de Direito Social significou a expansão dos direitos sociais e, por meio deles, a integração das classes trabalhadoras nos circuitos do consumo anteriormente fora de seu alcance.

Para a proteção e efetividade dos novos direitos sociais e econômicos, surgidos nas Constituições do pós-guerra, tornou-se lugar comum observar que a atuação positiva do Estado seria necessária para assegurar o gozo de todos esses direitos sociais básicos. Assim, passou o direito ao acesso à justiça a ser alvo de maior atenção, sendo verificado ter ele capital importância para a efetivação dos novos direitos individuais e coletivos, pois sem um mecanismo ideal para suas reivindicações não passariam de meras declarações políticas a cair no vazio.

Como muito bem afirmam Cappelletti e Garth[17]:

> O acesso à justiça pode ser encarado como o requisito fundamental – o mais básico dos direitos humanos – de um sistema jurídico moderno e igualitário que pretenda garantir, e não apenas proclamar o direito de todos. O enfoque sobre o acesso – o modo pelo qual os direitos se tornam efetivos – também caracteriza crescentemente o estudo do moderno processo civil. [...] O "acesso" não é apenas um direito social fundamental, crescentemente reconhecido; ele é também, necessariamente, o ponto central da moderna processualística. Seu estudo pressupõe um alargamento e aprofundamento dos objetivos e métodos da moderna ciência jurídica.

O tema do acesso à justiça tem de ser visto dentro de um contexto mais amplo, o da própria justiça social. O acesso à justiça não se resume ao ingresso do processo e aos meios que ele oferece, é muito mais que isso. Perfeita a afirmação de Kazuo Watanabe[18], de que

> a problemática do acesso à Justiça não pode ser estudada nos acanhados limites do acesso aos órgãos judiciais já existentes. Não se trata apenas de possibilitar o acesso à Justiça enquanto instituição estatal, e sim de viabilizar o *acesso à ordem jurídica justa* (grifos nossos).

O direito ao acesso à justiça é também o direito de acesso a uma justiça organizada e o acesso a ela deve ser assegurado por instrumentos processuais aptos à efetiva realização do direito. Pode-se falar que, com o acesso à justiça, se deseja a justiça real ou potencial.

Para que se possa falar em um efetivo acesso à justiça em seu sentido amplo, uma série de pressupostos tem de ser levada em consideração. É necessária a exis-

---

17 CAPPELLETTI, Mauro; GARTH, Bryant. *Acesso à justiça*. Trad. de Ellen Gracie Northfleet. Porto Alegre: SAFE, 1988, p. 12-13.

18 WATANABE, Kazuo. Acesso à justiça e sociedade moderna. In: GRINOVER, Ada Pellegrini; DINAMARCO, Cândido Rangel e WATANABE, Kazuo (coords.). *Participação e processo*. São Paulo: Revista dos Tribunais, 1988, p. 128.

tência de um direito material legítimo voltado à realização da justiça social; uma administração estatal preocupada com a solução dos problemas sociais e com a plena realização do direito; de instrumentos processuais que permitam a efetividade do direito material; o pleno exercício do direito de ação e a plenitude da concretização da atividade jurisdicional; um Poder Judiciário em sintonia com a sociedade na qual está inserido e adequadamente estruturado para atender às demandas que se lhe apresentam. Deve-se analisar se estes obstáculos se encontram presentes, para que se possa dizer se o efetivo acesso existe.

Existem inúmeros obstáculos para a efetivação do acesso à justiça, que transcendem uma visão unicamente jurídica, devendo ocorrer seu agrupamento por temas. Boaventura de Sousa Santos[19] aponta como obstáculos a serem superados os de ordem social, econômica e cultural ou educacional aos quais acrescentamos o de ordem política.

Para a solução dos problemas, Cappelletti e Garth[20] apontam as que foram dadas por diversos ordenamentos jurídicos, as quais denominam "ondas". A primeira onda diz respeito à assistência judiciária para os carentes; a segunda onda diz respeito às reformas legislativas tendentes a proporcionar a representação jurídica para os interesses difusos; e a terceira onda, denominada "enfoque de acesso à justiça", mais ampla, engloba as anteriores, indo mais além.

A primeira onda cuida da superação dos obstáculos econômicos e encontra-se atendida pela previsão constitucional constante do art. 5º, LXXIV, da CF, que assegura a prestação de assistência jurídica integral e gratuita a todos que comprovarem a insuficiência de recursos, e pela garantia da existência da Defensoria Pública como função essencial à função jurisdicional do Estado (art. 134 da CF). Esse atendimento, porém, é meramente de direito e não de fato. A Defensoria Pública é uma instituição de grande importância para o acesso à justiça daqueles que não possuem condições de arcar com os honorários de um advogado – uma gigantesca parte de nossa população –, mas que não recebe a devida atenção dos gestores públicos. Apesar de existir previsão legal, a luta pela superação do obstáculo econômico – a fim de que as pessoas possam levar suas demandas ao Poder Judiciário – ainda não foi vencida, havendo muito a ser implementado.

A segunda onda diz respeito à proteção dos direitos metaindividuais (os fundamentais de terceira geração), pois é necessária a criação de instrumentos processuais aptos a que esses direitos sejam efetivamente defendidos. Com a evolução da sociedade e o incremento das novas relações surgidas, apareceram direitos que

---

19 SANTOS, Boaventura de Sousa. Introdução à sociologia da administração da justiça. In: FARIA, José Eduardo (org.). *Direito e justiça* – A função social do judiciário. 2. ed. São Paulo: Ática, 1994, p. 46.

20 Op. cit., p. 31.

PARTE IV – A EFETIVIDADE DO ECA: MEDIDAS JUDICIAIS E EXTRAJUDICIAIS

exorbitaram da esfera do direito individual, pois pertencentes a um grupo de pessoas, determinado, indeterminado ou indeterminável. Nesta última qualificação se encontram os direitos difusos e coletivos, cuja titularidade difere daquela tradicional.

Em virtude de não pertencerem a uma pessoa especificamente ou a um grupo determinável de pessoas, por muitas vezes, com o uso exclusivo das regras tradicionais de processo, torna-se impossível a defesa destes direitos. É necessário, portanto, que sejam criados instrumentos processuais adequados à defesa desta nova gama de direitos, dos quais conste, inclusive, regras sobre a legitimidade ativa para defendê-los, sob pena de estes direitos não se tornarem efetivos e não passarem de uma mera promessa no papel. Há mais de duas décadas Barbosa Moreira já apontava sobre a necessidade de criação de regras próprias para a defesa dos direitos metaindividuais[21].

Em nosso direito este problema do acesso à justiça, neste particular, já foi, em parte, superado, com a edição da Lei de Ação Popular e da Lei de Ação Civil Pública, além das leis que fazem menção expressa a esses meios de defesa, como o Código de Defesa do Consumidor e o Estatuto da Criança e do Adolescente, entre outros[22].

A terceira onda diz respeito ao denominado *novo enfoque do acesso à justiça*. Esse terceiro momento abrange os dois anteriores e vai além, "centrando sua atenção no conjunto geral de instituições e mecanismos, pessoas e procedimentos utilizados para processar e mesmo prevenir disputas na sociedade moderna"[23]. As normas e seus agentes precisam ser adequados a facilitar a solução dos conflitos. O primeiro ponto a ser enfrentado será a democratização do Poder Judiciário, com sua preparação para melhor atender às novas demandas que surgem, estando seus membros mais aptos a proferir decisões que trazem em si uma forte carga política.

---

21 Merece transcrição a lição de Barbosa Moreira: "Ora, as relações interindividuais continuam sem dúvida a revestir grande importância na vida contemporânea, pelo menos em alguns setores da atividade humana. Ao lado delas, porém, vai crescendo incessantemente o número e o relevo de situações de diferente corte, em que se acham envolvidas coletividades mais ou menos amplas de pessoas. Essas situações também podem e costumam servir de nascedouro a conflitos de interesses, cuja frequência e gravidade aumentam dia a dia. Mas, para dar-lhes solução adequada, não raro parecem pouco eficazes as armas do arsenal jurídico herdado de outros tempos. Torna-se indispensável um trabalho de adaptação, que afeiçoe às realidades atuais o instrumental forjado nos antigos moldes; ou antes, em casos extremos, um esforço de imaginação criadora, que invente novas técnicas para a tutela efetiva de interesses cujas dimensões extravasam do quadro bem definido das relações interindividuais. A ação popular do Direito Brasileiro como instrumento de tutela jurisdicional dos chamados 'Interesses Difusos'" (*Revista de Processo*, v. 28, p. 7).

22 A questão dos direitos metaindividuais será mais bem desenvolvida no capítulo "Ação civil pública".

23 CAPPELLETTI e GARTH. Op. cit., p. 67-68.

Necessário que haja maior celeridade na prestação jurisdicional, pois a demora é uma forma de onerar, inclusive economicamente, as partes.

Faz-se necessária maior simplificação dos procedimentos, com maior informalidade dos ritos, no exemplo da Lei dos Juizados Especiais e, agora, com o CPC de 2015. Necessária, também, uma implementação dos substitutivos da jurisdição – conciliação, arbitragem, mediação – a fim de que os conflitos sejam solucionados de forma mais breve, fazendo com que as pessoas envolvidas nos litígios tenham melhor satisfação. Lei sobre esses temas já existem em nosso ordenamento, sendo preciso que passemos a ter a cultura de utilizarmos esse meios substitutivos. No que concerne a esta terceira onda, o caminho está apenas começando a ser trilhado.

A Carta Constitucional colocou o acesso à justiça como uma meta a ser seguida para que se possa ter um *processo justo*, como falamos no início deste item. É uma batalha que ainda está no início, uma luta dura que se tem pela frente, mas uma luta que os estudiosos e, principalmente, os profissionais do direito não podem deixar de enfrentar.

6. JUIZ NATURAL

O princípio do juiz natural é uma das melhores garantias que as pessoas podem possuir para terem a certeza de que haverá um *processo justo*. É assegurado nas Constituições brasileiras desde a de 1824, que o previa em seu art. 179, XI, no Capítulo das Disposições Gerais e das Garantias dos Direitos Civis e Políticos dos Cidadãos Brasileiros. O princípio veio previsto em todas as Constituições brasileiras, com exceção da de 1937.

A Constituição Federal de 1988 o prevê em seu art. 5º, XXXVII e LIII.

É um corolário imediato do devido processo legal. A exigência de um órgão jurisdicional preexistente ao fato a ser julgado e com competência própria para julgar determinado assunto é uma das melhores garantias contra os desmandos do governante. Vige como uma garantia do próprio Estado de Direito, servindo, também, para a manutenção dos preceitos de imparcialidade do juiz, atributo que serve para a proteção do interesse social e do interesse público.

As garantias da magistratura – inamovibilidade, vitaliciedade, irredutibilidade – são viscerais à plena configuração do princípio do juiz natural. Sem estas garantias, os juízes não teriam a independência devida para decidir e seriam substituídos ao bel-prazer do governante, o que configuraria uma grave lesão ao direito de todas as pessoas de serem julgadas por um juiz imparcial e independente.

Em decorrência da adoção do princípio do juiz natural, ficam proibidos os tribunais de exceção, ou seja, aqueles criados especificamente para julgar um fato concreto preexistente ou para julgar determinadas pessoas, situação comum em regimes autoritários e após conflitos entre nações, onde as garantias protetivas dos direitos fundamentais não são reconhecidas.

PARTE IV – A EFETIVIDADE DO ECA: MEDIDAS JUDICIAIS E EXTRAJUDICIAIS

7. PROMOTOR NATURAL

O Ministério Público é essencial à função jurisdicional do Estado, conforme dispõe o art. 127 da Constituição Federal.

Para o bom exercício de suas atribuições, ao promotor de justiça são asseguradas as mesmas garantias da magistratura (art. 128, I, da CF), bem como os princípios institucionais da unidade, indivisibilidade e independência funcional[24] (art. 127, § 1º, da CF).

O princípio se assenta nas regras constantes do arts. 5º, XXXVII e LII; 127, § 1º; 128, § 5º; 129, §§ 2º e 3º, todos da Constituição Federal.

Significa a garantia de toda e qualquer pessoa que

> figure em determinado processo que reclame a intervenção do Ministério Público, em ter um órgão específico do *parquet* atuando livremente com atribuição predeterminada em lei, e, portanto, o direito subjetivo do cidadão ao Promotor (aqui no sentido lato), legalmente legitimado ao processo[25].

Além de ser uma garantia para os cidadãos, funciona como garantia constitucional da independência funcional para os próprios promotores de justiça de atuarem nos processos de sua atribuição com total liberdade.

Fica vedada, assim, a designação, pela chefia institucional, de promotor para atuar em um caso específico, evitando-se perseguições injustas ou a não propositura de determinadas medidas judiciais ou extrajudiciais, com o intuito de atender a interesses particulares, garantindo-se, assim, a ordem jurídica do Estado de Direito. Só atuará em um processo aquele promotor de justiça que tenha atribuição prevista em lei para tanto, com base em critérios preestabelecidos.

Para que o princípio em estudo seja respeitado, quatro requisitos devem estar presentes, segundo a lição de Nelson Nery Junior[26]: 1) a investidura no cargo de

---

24 Os princípios institucionais do Ministério Público são assegurados, também, na Lei n. 8.625/93 (Lei Orgânica Nacional do Ministério Público). O princípio da unidade significa que o Ministério Público se constitui de um só organismo; quando um membro da instituição age, quem está atuando, na verdade, é o próprio Ministério Público, pois seus membros *presentam* a instituição. O princípio da indivisibilidade tem o significado de que a instituição não pode ser dividida, ou seja, quando há a substituição de um membro do Ministério Público por outro, é a própria instituição que continua a atuar (deve ser ressaltado que a substituição só pode ocorrer dentro dos critérios previamente estabelecidos em lei). Pelo princípio da independência funcional, o Promotor de Justiça possui total liberdade de oficiar nos processos e procedimentos, fundamentando suas promoções e pareceres de acordo com sua consciência e os ditames da lei, sem ser obrigado a se submeter a orientações de quem quer que seja, sendo ilimitada esta independência.

25 Este o conceito apresentado por Paulo Cezar Pinheiro Carneiro (*O Ministério Público no processo civil e penal*. 6. ed. rev., atual. e ampl. Rio de Janeiro: Forense, 2003, p. 47).

26 NERY JR. Nelson. Op. cit., p. 96.

Promotor de Justiça; 2) a existência de órgão de execução; 3) a lotação por titularidade e inamovibilidade do Promotor de Justiça no órgão de execução; 4) a definição da atribuição do órgão em lei.

8. MOTIVAÇÃO DAS DECISÕES

A Constituição Federal, em seu art. 93, IX e X, assegura a obrigatoriedade de fundamentação de todas as decisões judiciais, inclusive aquelas de caráter administrativo.

Traduz-se em um postulado político do Estado de Direito Democrático, em que os cidadãos têm assegurada a justificativa dos atos praticados pelo Estado. No âmbito do Estado-Juiz esta garantia se reveste como um corolário do princípio do devido processo legal, pois a fundamentação das decisões judiciais indicará se foram elas proferidas com base em elementos constantes dos autos e seguindo os ditames da legislação.

Possui, ainda, a função de servir como instrumento de controle popular sobre a atividade jurisdicional, pois se poderá verificar se os motivos de decidir são ou não exatos, bem como para dar possibilidade para as partes fundamentarem suas razões de recurso.

A legislação ordinária traz como exigência a motivação das decisões, conforme regra constante dos arts. 11 e 489, II, ambos do CPC e do art. 381 do CPP.

A sanção para a violação da determinação constitucional será a decretação da nulidade da decisão. É de se observar que a técnica normativa constitucional é a de ser descritiva e principiológica, afirmando direitos e impondo deveres. Porém, quando se tratou da fundamentação dos atos judiciais, o legislador constituinte afastou-se da técnica e impôs, no próprio texto constitucional a sanção da nulidade.

9. PUBLICIDADE

A garantia da publicidade dos atos judiciais encontra-se prevista nos arts. 5º, LX, e 93, IX, ambos da Constituição Federal.

Trata-se de uma garantia do Estado de Direito Democrático, pois traz transparência aos atos estatais. Configura um meio de controle dos atos do Poder Judiciário pelo povo, como decorrência da possibilidade de presença de público nas audiências e da possibilidade de acesso aos autos dos processos. Sobre o tema já se manifestava Couture[27] no início da primeira metade do século XX:

> La publicidad, con su consecuencia natural de la presencia del público en las audiencias judiciales, constituye el más precioso instrumento de fiscalización

---

27 COUTURE, Eduardo J. *Fundamentos del derecho procesal civil*. 3. ed. 17. reimpresión inalterada. Buenos Aires: Depalma, 1993, p. 192.

PARTE IV – A EFETIVIDADE DO ECA: MEDIDAS JUDICIAIS E EXTRAJUDICIAIS

popular sobre la obra de magistrados y defensores. En último término, el pueblo es el juez de los jueces.

Com a publicidade dos atos processuais, será garantido, ainda mais, o devido processo legal, pois a fiscalização que será por todos exercida fará com que as regras processuais de garantia ao direito das partes sejam respeitadas.

A publicidade, porém, não é ilimitada, pois razões de interesse social ou de preservação de intimidade da parte podem exigir que os atos processuais se realizem em sigilo (conforme os arts. 5º, LX, e 93, IX, da CF), situação que a doutrina e a legislação denominaram de *segredo de justiça*. Quando o bem jurídico objeto do litígio o exigir, será determinado que o trâmite processual ocorra em segredo de justiça, sendo limitado o acesso aos autos àqueles profissionais que tenham de atuar neste e às partes, conforme dispõe a legislação infraconstitucional.

O CPC trata do tema em seus arts. 11 e 189, enquanto o CPP o trata em seus arts. 20 e 792. O ECA cuida do segredo de justiça em seus arts. 143 e 144, no que se refere às ações socioeducativas. Para os processos e procedimentos cíveis não há regra expressa, mas por determinação do art. 152 do ECA aplica-se a regra do art. 189 do CPC.

10. TEMPESTIVIDADE DA TUTELA JURISDICIONAL

A EC n. 45/2004 acrescentou o inciso LXXVII ao art. 5º da Constituição Federal, que conta com a seguinte redação: *a todos, no âmbito judicial e administrativo, são assegurados a razoável duração do processo e os meios que garantam a celeridade de sua tramitação*. Trata-se do princípio da tempestividade da tutela jurisdicional, agora elevado a nível constitucional como mais uma garantia de realização do devido processo legal.

Com este princípio se quer fazer com que os processos tenham o tempo de duração necessário à solução do conflito de interesses, a fim de que haja uma prestação jurisdicional efetiva. Este princípio, ao ser efetivamente aplicado, dará cumprimento ao princípio do devido processo legal, pois com uma prestação jurisdicional realizada a tempo e hora, as partes terão a certeza e a segurança devidas de que participaram de um *processo justo*. Ter-se-á a prestação jurisdicional em um tempo reduzido, em um tempo adequado à discussão da questão posta em Juízo, nada mais é do que aplicação do princípio da dignidade humana, fundamento da República Federativa do Brasil (art. 1º, III, da CF), pois as partes serão tratadas dignamente se a resposta estatal for entregue de forma adequada e no tempo apropriado.

Não devemos entender este princípio como uma determinação constitucional de que devemos ter *processos acelerados*, pois a "'aceleração' da proteção jurídica que se traduza em diminuição de garantias processuais e materiais (prazos de recursos, supressão de instâncias) pode conduzir a uma justiça pronta, mas materialmente injusta", como muito bem ressalta Canotilho[28]. Logo, o aplicador da lei deve ter cuidado para não ser açodado na implementação do princípio da tempestividade da tutela jurisdicional e acabar violando as garantias processuais das partes. Da mesma forma, o legislador deve cuidar para que, no afã de aprovar normas que venham a acelerar a entrega da prestação jurisdicional, não acabe por editar normas que venham eivadas de inconstitucionalidades pelo fato de violarem regras constitucionais garantidoras de direitos.

Tudo na vida tem seu tempo: tempo de acordar e de dormir, tempo de plantar e de colher, tempo de trabalhar e descansar. A natureza é sábia em demonstrar o tempo de cada coisa, inclusive do surgimento e do fim da vida. O tempo não para, já dizia a canção, mas ele não acelera e nem reduz seu ritmo, seguindo sempre na mesma velocidade. Este modo contínuo do tempo há que ser transferido para o processo, que pode ser comparado a um ser vivo, nascendo, vivendo e morrendo.

Como cada ser vivo, cada processo tem seu tempo próprio de duração, não havendo uma regra preestabelecida para se saber qual o *tempo razoável* para sua duração. Há o *tempo de acionar*, o *tempo de se defender* e o *tempo de julgar*.

A única coisa que podemos afirmar, com toda a certeza, é que as partes desejam que a prestação jurisdicional seja entregue com toda a presteza. Porém, nem sempre esta presteza será garantidora de uma decisão que fará justiça. Devemos, então, verificar o que se entende por *prazo razoável*. O *prazo razoável* não poderá ser estipulado para todos os processos, mas deverá ser verificado a cada caso concreto[29]. Alguns mecanismos deverão ser utilizados para que se verifique, em cada processo, se o tempo que este está durando pode ser considerado razoável. São eles: 1) a complexidade do tema em discussão; 2) o comportamento das partes e de seus procuradores; 3) a atuação do órgão jurisdicional[30]. Analisando-se estes três requisitos,

---

28 CANOTILHO, J. J. Gomes. Op. cit., p. 455. Canotilho (p. 444-445), ao tratar do tema da proteção jurídica eficaz e temporalmente adequada leciona: "Além disso, ao demandante de uma proteção jurídica deve ser reconhecida a possibilidade de, em *tempo útil* ('adequação temporal', 'justiça temporalmente adequada'), obter uma sentença executória com força de *caso julgado* – 'a justiça tardia equivale a uma denegação da justiça'".
A necessidade de existência de processos sem dilações indevidas não é uma novidade no direito europeu. A Convenção Europeia para Salvaguarda dos Direitos do Homem e das Liberdades Fundamentais, de 1950, dispõe, em seu art. 6º, 1, que: "Toda pessoa tem direito a que sua causa seja examinada equitativa e publicamente *num prazo razoável*, por um tribunal independente e imparcial instituído por lei, que decidirá sobre seus direitos e obrigações civis ou sobre o fundamento de qualquer acusação em matéria penal contra ela dirigida" (grifos nossos).

29 TUCCI, José Rogério Cruz e. *Tempo e processo*. São Paulo: Revista dos Tribunais, 1997, p. 68.

30 TUCCI, José Rogério Cruz e. Op. cit., p. 68.

PARTE IV – A EFETIVIDADE DO ECA: MEDIDAS JUDICIAIS E EXTRAJUDICIAIS

o intérprete terá condições de avaliar se o processo está sendo alvo de dilações indevidas, violando, assim, o mandamento constitucional.

Como pode ser visto, *prazo razoável* e *dilações indevidas* são conceitos indeterminados, o que faz com que não se possam fixar regras para indicar suas ocorrências, só sendo possível sua caracterização caso a caso.

É importante a análise de cada um dos requisitos indicadores da ocorrência de *dilações indevidas*. No que concerne à complexidade do tema objeto do processo, não se pode querer que todos tenham a mesma duração. Não se pode pretender que uma ação de alimentos dure o mesmo tempo que uma ação de despejo e que esta tenha duração idêntica a uma ação de adoção. Da mesma forma, não se pode pretender que duas ações de adoção venham a ter o mesmo prazo de duração, pois a situação litigiosa existente em um processo pode ser mais complexa do que a existente em outro, o que exigirá maior demora na análise dos fatos e do direito.

O comportamento das partes e seus procuradores deve ser levado em conta. É certa a regra constante na legislação ordinária referente à litigância de má-fé e lealdade processual (arts. 79 a 81 do CPC). Agirão de forma a realizar dilações indevidas aquelas partes ou procuradores que buscarem obstar o bom andamento do processo com argumentações e requerimentos manifestamente infundados, realizados com única intenção de procrastinar e tumultuar o trâmite processual, que são completamente diferentes daqueles que devem ser utilizados para a defesa dos direitos das partes. Não podem ser consideradas dilações indevidas os requerimentos para a realização de provas, mesmo que sejam estas demoradas e tenham de ser repetidas mais de uma vez para que se possa obter um laudo; de modo idêntico, não há como se recusar a expedição de cartas para oitiva de testemunhas (sejam precatórias ou rogatórias), sob a argumentação de demora no cumprimento destas, cabendo ao juiz designar um prazo razoável para sua realização, já que é sua função zelar pela duração razoável do processo (art. 139, II, do CPC).

A atuação do órgão jurisdicional é também importante para que a tutela jurisdicional seja prestada em tempo razoável. O *tempo de julgar* deve ser adequado à necessidade que o julgador tenha para analisar as questões de fato e direito. Não é necessário que as sentenças e acórdãos se transformem em tratados e peças demonstradoras da erudição do julgador, sendo necessário que atendam, única e exclusivamente, aos requisitos ditados pelo legislador. De idêntico modo, as decisões não devem ser proferidas açodadamente, pois há um sério risco de serem ruins ou fracas, criando uma maior possibilidade de virem a ser objeto de recurso, o que acarretará demora na entrega definitiva da prestação jurisdicional. É necessário que os juízes se conscientizem que quanto mais tempo houver na demora da entrega da prestação jurisdicional, mais dissociada da realidade ficará a decisão, pois a justiça tardia é tão prejudicial quanto a injustiça. Infelizmente ainda são comuns casos de juízes que ficam com processos em seus gabinetes por prazos superiores a um ano, no aguardo de uma sentença; este proceder, que sempre foi flagrantemente contrário à lei e passível de punição administrativa, é, agora, flagrantemente inconstitucional. O CPC, em seu art. 12, traz a obrigatoriedade do julgamento dos processos na ordem cronológica em que foram encaminhados à conclusão. Esta norma está em perfeita consonância com o princípio em estudo, tendo o fim de evitar que alguns processos fiquem conclusos, inexplicavelmente, à espera de sentença ou acórdão.

Tudo o que foi dito acima com relação à demora da atuação do órgão jurisdicional, há de ser aplicado à demora de atuação do órgão ministerial. Devem os Promotores e Procuradores de Justiça, agir de forma célere, emitindo suas promoções e pareceres dentro do prazo mais breve possível, adequado à complexidade da situação fática e jurídica que se apresenta.

O princípio em estudo está plenamente afinado com o princípio da prioridade absoluta, previsto no art. 227, *caput*, da Constituição Federal e no art. 4º do Estatuto da Criança e do Adolescente. Agora, mais do que nunca temos a certeza de que se encontra inserido no princípio da prioridade absoluta a rápida solução dos processos que tratem de matéria de infância e juventude. Para que tal desiderato efetivamente ocorra, é imperioso que o Poder Judiciário coloque as Varas da infância e juventude como prioridade em seus programas de trabalho, aumentando o número de órgãos, dotando o órgão de material humano e equipamentos adequados.

Foi de extrema importância a elevação do princípio da tempestividade da tutela jurisdicional a nível constitucional. Esta, desde sempre, foi uma meta dos processualistas, uma prestação jurisdicional eficiente, conjugadora do binômio segurança + celeridade. A segurança encontra-se estampada na garantia de igualdade, do contraditório e no duplo grau de jurisdição, que fazem com que as partes possam realizar de forma ampla a defesa de seus direitos. A celeridade está presente na possibilidade de concessão de liminares, na antecipação de tutela, no julgamento antecipado da lide, nas reformas da legislação processual com vistas a "enxugar" os excessos existentes no sistema legal. Uma reforma estrutural é necessária e urgente, pois a morosidade não será eliminada apenas com reformas legislativas e supressão de garantias conquistadas pelos cidadãos ao longo do tempo.

Há que se ter uma grande ponderação quando da aplicação do princípio da tempestividade da tutela jurisdicional, pois este não pode servir como um modo de serem subvertidas as demais garantias constitucionalmente asseguradas. Não se pode permitir que, sob a bandeira de que a Constituição Federal impõe a celeridade da prestação jurisdicional, se viole a garantia de um devido processo legal.

REFERÊNCIAS

ASSIS, Araken de. Garantia de acesso à justiça: Benefício da gratuidade. In: TUCCI, José Rogério Cruz e (coord.). *Garantias constitucionais do processo civil*. São Paulo: Revista dos Tribunais, 1999.

PARTE IV – A EFETIVIDADE DO ECA: MEDIDAS JUDICIAIS E EXTRAJUDICIAIS 829

BARROSO, Luís Roberto. *O direito constitucional e a efetividade de suas normas*. 7. ed. atual. Rio de Janeiro: Renovar, 2003.

CÂMARA, Alexandre Freitas. *Lições de direito processual civil*. 13. ed. rev. e atual. Rio de Janeiro: Lumen Juris, 2005, v. I.

CANOTILHO, J. J. Gomes. *Direito constitucional e teoria da constituição*. 2. ed. Coimbra: Almedina, 1998.

CAPPELLETTI, Mauro e GARTH, Bryant. *Acesso à justiça*. Trad. Ellen Gracie Northfleet. Porto Alegre: SAFE, 1988.

CARNEIRO, Paulo Cezar Pinheiro. *O Ministério Público no processo civil e penal*. 6. ed. rev., atual. e ampl. Rio de Janeiro: Forense, 2003.

CINTRA, Antônio Carlos de Araújo *et al*. *Teoria geral do processo*. 13. ed. São Paulo: Malheiros, 1997.

CORREIA, Marcus Orione Gonçalves. *Direito processual constitucional*. São Paulo: Saraiva, 1998.

CORREIA, Marcus Orione Gonçalves. *Teoria geral do processo*. São Paulo: Saraiva, 1999.

COUTURE, Eduardo J. *Fundamentos del derecho procesal civil*. 3. ed. 17. reimpresión inalterada. Buenos Aires: Depalma, 1993.

DINAMARCO, Cândido Rangel *et al*. *Teoria geral do processo*. 13. ed. São Paulo: Malheiros, 1997.

DINAMARCO, Cândido Rangel *et al*. Princípio do contraditório e sua dupla destinação. *Fundamentos do processo civil moderno*. 4. ed. rev. e atual. por Antônio Rulli Neto. São Paulo: Malheiros, 2001, t. I.

DINAMARCO, Cândido Rangel *et al*. *A instrumentalidade do processo*. 4. ed. rev. e atual. São Paulo: Malheiros, 1994.

GARTH, Bryant; Cappelletti, Mauro. *Acesso à justiça*. Trad. Ellen Gracie Northfleet. Porto Alegre: SAFE, 1988.

GRINOVER, Ada Pellegrini *et al*. *Teoria geral do processo*. 13. ed. São Paulo: Malheiros, 1997.

LOPES, Maurício Antônio Ribeiro. Garantia do acesso à justiça: assistência judiciária e seu perfil constitucional. In: TUCCI, José Rogério Cruz (coord.). *Garantias constitucionais do processo civil*. São Paulo: Revista dos Tribunais, 1999.

MARQUES, José Frederico. *Manual de direito processual civil*. Campinas: Bookseller, 1997 v. I.

MEDINA, Paulo Roberto de Gouvêa. *Direito processual constitucional*. Rio de Janeiro: Forense, 2003.

MOREIRA, José Carlos Barbosa. A ação popular do direito brasileiro como instrumento de tutela jurisdicional dos chamados "interesses difusos". *Revista de Processo*, v. 28, São Paulo: Revista dos Tribunais, 1982.

NERY JUNIOR, Nelson. *Princípios do processo civil na Constituição Federal*. 7. ed. rev. e atual. São Paulo: Revista dos Tribunais, 2002.

OLIVEIRA, Carlos Alberto Alvaro de. Garantia do contraditório. In: TUCCI, José Rogério Cruz e (coord.). *Garantias constitucionais do processo civil*. São Paulo: Revista dos Tribunais, 1999.

PINHO, Humberto Dalla Bernardina de. *Manual de direito processual civil contemporâneo*. São Paulo: Saraiva, 2019.

RODRIGUES, Horácio Wanderley. *Acesso à justiça no direito processual brasileiro*. São Paulo: Acadêmica, 1994.

SÁ, Djanira Maria Radamés de. *Teoria geral do direito processual civil*. 2. ed. rev., ampl. e atual. São Paulo: Saraiva, 1998.

SANTOS, Boaventura de Sousa. Introdução à sociologia da administração da justiça. In: FARIA, José Eduardo (org.). *Direito e justiça* – A função social do Judiciário. 2. ed. São Paulo: Ática, 1994.

SILVA, José Afonso da. *Curso de direito constitucional positivo*. 8. ed. rev. São Paulo: Malheiros, 1992.

SILVA, Ovídio A. Baptista. *Curso de processo civil*. 5. ed. rev. e atual. São Paulo: Revista dos Tribunais, 2000, v. I.

THEODORO JÚNIOR, Humberto. *Curso de direito processual civil*. 45. ed. rev. e atual. Rio de Janeiro: Forense, 2005, v. I.

TUCCI, José Rogério Cruz e. *Tempo e processo*. São Paulo: Revista dos Tribunais, 1997.

TUCCI, José Rogério Cruz e. Garantia do processo sem dilações indevidas. In: TUCCI, José Rogério Cruz e (coord.). *Garantias constitucionais do processo civil*. São Paulo: Revista dos Tribunais, 1999.

WATANABE, Kazuo. Acesso à justiça e sociedade moderna. In: GRINOVER, Ada Pellegrini; DINAMARCO, Cândido Rangel e WATANABE, Kazuo (coord.). *Participação e processo*. São Paulo: Revista dos Tribunais, 1988.

As regras gerais de processo

Galdino Augusto Coelho Bordallo

1. INTRODUÇÃO

O Estatuto da Criança e do Adolescente, como já foi dito por diversas vezes nesta obra, é lei especial, o que faz com que suas normas prevaleçam sobre as normas consideradas gerais, naquilo que forem contrárias. Logo, quando o Estatuto traz suas regras sobre processo, estas prevalecerão sobre as gerais.

Seguindo a regra legislativa de não repetir disposições legais desnecessariamente, o Estatuto da Criança e do Adolescente dispõe, em seu art. 152, que, aplicar-se--ão subsidiariamente às suas regras, as normas gerais previstas na legislação processual pertinente. Esta legislação nada mais é do que o CPC e o CPP.

A Lei n. 13.509/2017 criou exceção às normas de contagem de prazo trazidas pelo CPC, retornando ao anterior modelo. Pela regra constante do novo § 2º do art. 152, os prazos existentes no ECA e aplicáveis aos seus procedimentos serão contados em dias corridos e não em dias úteis como determina a atual legislação processual civil. De idêntico modo, a alteração ao ECA veda a contagem de prazo em dobro para a Fazenda Pública e o Ministério Público. Com isso, o ECA se afasta das normas gerais de processo civil em busca de uma maior celeridade para a solução dos processos que cuidam do direito da criança e do adolescente.

Nesta ordem, o ECA encontra-se adequado à técnica legislativa utilizada para o CPC e o CPP, que remetem às regras do procedimento comum para complementação dos procedimentos especiais. O CPC traz em sua parte Especial, no Livro I, o Processo de Conhecimento e o Cumprimento de Sentença e em seu Título I o Procedimento Comum. O art. 318, do CPC, dispõe que a todas as causas será aplicado o procedimento comum, salvo disposição em contrário. Ao procedimento comum se contrapõem os procedimentos especiais, que são regulados apenas naquilo que os diferencia do comum, que continua sendo subsidiário para eles e para o processo de execução, como expressamente dispõe o parágrafo único do já mencionado art. 318[1]. Mesmo proceder foi adotado na formulação do CPP que, ao regulamentar os processos especiais (arts. 503 e s.), remete aos Capítulos I e III do Título I do Livro II, que cuidam, respectivamente, da instrução criminal em geral e do processo e julgamento dos crimes de competência do juiz singular.

Será utilizado subsidiariamente o CPC para os processos e procedimentos que tratem de crianças e adolescentes e o CPP para as ações socioeducativas. No que diz respeito aos recursos, o ECA optou por aplicar subsidiariamente o CPC, conforme regra do art. 198, assunto que será desenvolvido em capítulo próprio.

Apesar de ser uma excelente lei, extremamente avançada, como veremos ao realizar o estudo de suas regras e de seus objetivos, o ECA peca em sua parte processual pela falta de técnica legislativa e pela má distribuição da ordem dos assuntos.

O legislador não se preocupou em ordenar de uma forma sistemática os temas de direito processual, fazendo com que o aplicador, em determinados momentos, tenha dificuldade em encontrar o dispositivo legal desejado.

Não houve a preocupação em utilizar adequadamente os termos técnicos para indicar cada ato processual. Em algumas situações foram utilizados termos já tidos como superados e, até mesmo, errados, como na regra constante do art. 184, § 1º. Neste dispositivo, que trata da citação do adolescente infrator que será representado ou assistido por seus pais ou responsável legal, é utilizada a expressão *notificação*[2], numa demonstração de total desatenção para com os termos técnicos já adotados, de longa data, por nosso ordenamento jurídico.

A falta de técnica do legislador estatutário fez com que determinadas pessoas passassem a crer que as regras processuais pudessem ser ignoradas e desrespeitadas, tudo sob a alegação de que estava sendo atendido o princípio do superior interesse da criança e do adolescente, fazendo, ainda, com que grande parte dos operadores

---

1   Com a revogação do CPC de 1973 e o a vigência do novo CPC em março de 2016, foi suprimida a antiga distinção da divisão dos ritos para o processo de conhecimento, em que havia o ordinário e o sumário. Não é necessário que se diga que o rito sumário era mais célere que o ordinário.

2   Notificação é o ato, autorizado pelo juiz, por meio do qual se dá conhecimento a uma pessoa do que lhe cabe ou deve fazer, sob qualquer sanção, quando não cumpre o que lhe é determinado, segundo ensinamento de Plácido e Silva em seu *Vocabulário Jurídico*, 16. ed. Rio de Janeiro: Forense, p. 560. Não se confunde ela com a citação, que, conforme dispõe o art. 238 do CPC, é o ato pelo qual se chama alguém para estar em Juízo como réu, a fim de se defender. Impossível confundir-se um ato com o outro, tal a especificidade da citação.

PARTE IV – A EFETIVIDADE DO ECA: MEDIDAS JUDICIAIS E EXTRAJUDICIAIS

do Direito passasse a encarar o Estatuto da Criança e do Adolescente como uma lei de segunda categoria. De idêntico modo, passaram a ser adotados alguns entendimentos, como veremos no momento oportuno, totalmente descompassados de nosso sistema legal.

2. CAPACIDADE PROCESSUAL

Toda e qualquer pessoa que tenha capacidade para os atos da vida civil tem capacidade para estar em Juízo, ou seja, para ser autor ou réu, conforme regra constante do art. 70 do CPC.

É o que se denomina *capacidade processual*, consistente na aptidão de participar da relação processual, em nome próprio ou alheio[3].

A legislação processual, assim como o Estatuto, não traçam as regras de capacidade das pessoas, já que esta matéria é tratada pelo Código Civil, em seus arts. 3º a 5º, não havendo a necessidade de sua repetição. Cabe à regra processual regular a forma como as pessoas (naturais, jurídicas ou universalidades de direito) postularão em Juízo.

As pessoas que possuem plena capacidade para os atos da vida civil não terão nenhum problema para estar em Juízo, conforme se verifica pela regra do art. 70 do CPC. Haverá a necessidade de se buscar uma forma de representação para aquelas pessoas que não possuem capacidade plena para os atos da vida civil, que são, em nosso caso específico, as crianças e os adolescentes, lembrando que, em tema de capacidade, esta é a regra, sendo a incapacidade a exceção.

Para a limitação da capacidade, a lei civil criou uma verdadeira gradação da capacidade de fato[4]. O CC distinguiu as pessoas em *absolutamente incapazes* (art. 3º) e *relativamente incapazes* (art. 4º). Os primeiros são os que não possuem nenhuma capacidade de agir, sendo totalmente irrelevante, sob o prisma jurídico, sua vontade. Devem ser eles representados por terceira pessoa, denominada *representante legal*. Os segundos são considerados também incapazes, mas em um nível menor. Por terem uma "capacidade relativa", deverão ser assistidos por seu representante legal[5].

No que concerne aos incapazes em decorrência da idade, o legislador utilizou critério puramente cronológico. Pelo Código Civil, a maioridade é alcançada aos

---

3   THEODORO JÚNIOR, Humberto. *Curso de direito processual civil*. 43. ed. rev. e atual. Rio de Janeiro: Forense, 2005, v. 1, p. 87.

4   FARIAS, Cristiano Chaves de. *Direito civil* – Teoria geral. 2. ed. Rio de Janeiro: Lumen Juris, 2005, p. 203.

5   Os atos praticados pelas pessoas consideradas absolutamente incapazes sem estarem devidamente representadas são nulos de pleno direito, deles não decorrendo nenhum efeito jurídico, conforme dispõe o art. 166, I, do CC, já os atos praticados pelas pessoas consideradas relativamente incapazes são sujeitos à anulação, conforme regra do art. 171, I, do CC, produzindo seus regulares até que seja anulado por decisão judicial.

18 anos de idade (art. 5º), passando a pessoa natural a ser plenamente capaz para os atos da vida civil. Até alcançarem a idade de 16 anos, as pessoas naturais são consideradas absolutamente incapazes (art. 3º, I, do CC) e relativamente incapazes a partir desta idade (art. 4º, I, do CC).

O ECA, em seu art. 142, *caput*, repete a regra constante do art. 71 do CPC, sendo que a redação deste último é melhor do que a daquele, por não fixar idades, utilizando termos técnicos e genéricos. Pelo fato de o art. 142 conter uma redação casuística, foi derrogado com a vigência do Código Civil de 2002, que, como já dito acima, fixou o início da maioridade aos 18 anos.

3. CURADORIA ESPECIAL

Em muitas situações teremos a ocorrência de conflito de interesses entre o incapaz e seu representante legal, o que fará com que este, no curso de uma relação processual, não possa atuar na defesa dos interesses daquele. Há casos também em que o incapaz não possui representante legal e, sem este, não poderá ter seus interesses defendidos no curso da relação processual. Para essas situações a legislação determina que haja a nomeação de um curador especial – art. 72, I, do CPC – que atuará na defesa do incapaz, para nós interessando apenas a incapacidade em decorrência da idade, pois aquele que possua qualquer outro tipo de incapacidade reconhecida como tal pela legislação civil (arts. 3º e 4º do CC), a terá superada pela menoridade[6].

A figura do curador especial é decorrência da aplicação do princípio constitucional do contraditório, pois visa garantir a existência de uma ampla defesa para a parte. Apesar de já termos mencionado, é bom deixar claro que a figura do curador especial é de cunho exclusivamente processual, só cabendo sua atuação nos estritos limites do processo para o qual ocorreu sua nomeação e quando a criança/adolescente é parte da relação processual em posição contrária à de seu representante legal.

Sua ação é ampla, sendo-lhe assegurados todos os meios para realizar, de forma eficaz, a defesa do menor de idade, devendo velar por todos os seus interesses como parte. Assim, deve cuidar para que todas as garantias processuais daquele sejam protegidas, devendo produzir todas as peças e realizar todos os requerimentos necessários para a proteção dos seus direitos. Fica vedado ao curador especial, porém, transacionar em nome da criança e do adolescente, porque a representação

---

6   Deixaremos de examinar a hipótese constante do inciso II do art. 72 do CPC, por não dizer respeito diretamente à proteção de direitos de crianças ou adolescentes, mas ser regra que preserva a existência de uma defesa formal para os réus que foram citados fictamente ou que estiverem presos. O estudo desta regra, nesta obra, fugiria dos objetivos traçados.

PARTE IV – A EFETIVIDADE DO ECA: MEDIDAS JUDICIAIS E EXTRAJUDICIAIS

é apenas de tutela e não de disposição[7]. Não se pode esquecer, em vista da peculiaridade de sua atuação, do benefício que é concedido ao curador especial de poder apresentar contestação por negativa geral, por autorização expressa constante no parágrafo único do art. 341 do CPC, que excepciona a regra do ônus da impugnação especificada[8].

Como exemplo da atuação do curador especial para a defesa de criança ou adolescente quando esta seja parte da relação processual, em Vara da infância e juventude teremos: os pedidos de emancipação, de registro tardio, de retificação de registro, de suprimento de capacidade ou consentimento para casamento e de ação de alimentos.

A função é privativa da Defensoria Pública, conforme dispõe a LC n. 80/94, art. 4º, VI, e, no Estado do Rio de Janeiro, desde os idos de 1977, a LC n. 6, art. 22, X, que são as Leis Orgânicas da Defensoria Pública. Como a Defensoria Pública ainda não se encontra devidamente organizada em todos os Estados e Comarcas, naquelas onde não houver Defensor Público para exercer o *munus*, deverá ser nomeado algum advogado indicado pela OAB para tal fim.

De forma desnecessária, o ECA cuida da figura da curadoria especial na primeira parte do parágrafo único do art. 142, pois pela regra constante de seu art. 152, aplicam-se, subsidiariamente, todos os dispositivos constantes da legislação processual pertinente aos processos que versem sobre direito da infância e juventude.

No Estado do Rio de Janeiro tem havido certa confusão sobre os limites da atuação do curador especial na defesa dos direitos das crianças e adolescentes. Os Defensores Públicos que atuam nos Juízos da Infância e da Juventude vêm intervindo como curadores especiais nas ações de destituição do poder familiar (puras e cumuladas com pedido de adoção) e nos procedimentos de acolhimento. Essa intervenção tem causado grande tumulto processual, tendo os casos chegado, inclusive, ao STJ, que tem decidido de modo unânime sobre o equívoco dessa intervenção.

Grande parte dessas intervenções tem ocorrido de ofício, sob a alegação de que a criança/adolescente objeto do processo ou procedimento necessita de um curador especial para cuidar de seus interesses. Seja por nomeação judicial ou de ofício, a atuação da curadoria especial nas hipóteses mencionadas acima não se justifica, uma vez que ilegítima.

---

7 THEODORO JÚNIOR, Humberto. Op. cit., p. 90.

8 A regra do direito processual civil é a da existência, para o réu, do ônus da impugnação especificada, que significa a obrigatoriedade de serem impugnados, um a um, os argumentos trazidos pelo autor na petição inicial, sob pena de serem tidos como verdadeiros (art. 341, *caput*, do CPC). Ao curador especial é aberta a exceção pelo fato de, em grande parte das vezes, não ter a possibilidade de conversar com o réu a fim de obter informações que possam vir a alimentar a realização da contestação (parágrafo único do art. 341 do CPC).

836 CURSO DE DIREITO DA CRIANÇA E DO ADOLESCENTE

O fato que justifica a existência da figura processual do curador especial em um processo é a ocorrência de conflito de interesses entre a criança/adolescente e seu representante legal. Nas ações de DPF (cumuladas ou não com adoção) e nos procedimentos de acolhimento institucional, o menor de idade não é parte, mas sujeito, uma vez que estão sendo realizadas providências judiciais com o intuito de protegê-lo. A criança/adolescente não está litigando com seu representante legal, mas sendo objeto de um processo/procedimento em decorrência de uma ação negativa ou omissão deste último. A existência desses instrumentos processuais, por si só, já demonstra que a criança/adolescente está tendo seus direitos assegurados pela atuação da Rede de Proteção criada pelo ECA (Ministério Público, Poder Judiciário, Conselho Tutelar, Poder Público), não se fazendo necessária a intervenção de mais nenhum órgão estatal.

Quando é proposta uma ação de DPF pelo Ministério Público, o órgão está atuando como substituto processual da criança/adolescente, no exercício de sua atribuição institucional prevista no art. 201, III e VIII, do ECA. A atuação ministerial já é bastante e suficiente para a proteção dos interesses da pessoa em formação, sendo desnecessária a intervenção de outro órgão estatal com o mesmo objetivo, até porque, repete-se, a criança/adolescente não é parte nessa relação processual, mas sujeito da proteção estatal.

Em se permitindo a intervenção do curador especial nos processos e procedimentos mencionados, estaríamos permitindo uma sobreposição de funções e intervenções de órgãos estatais que, ao invés de beneficiar a criança/adolescente, a prejudicaria, pois seria necessária a abertura de vista dos autos a mais um ator, o que viria a retardar a prolação da decisão judicial, em total violação ao Princípio Constitucional da Tempestividade da Tutela Jurisdicional (CF, art. 5º, LXXVII). Reforçando a importância da tutela jurisdicional ser efetivada com a maior celeridade possível, temos o art. 100, parágrafo único, VII (acrescido pela Lei n. 12.010/2009), que introduz o princípio da intervenção mínima no procedimento de aplicação das medidas protetivas, fazendo com que só devam atuar no procedimento aqueles órgãos estritamente indispensáveis à efetiva proteção dos direitos das crianças e adolescentes; entre esses órgãos não se encontra a Defensoria Pública na função de curador especial. Nesse sentido a jurisprudência do Superior Tribunal de Justiça e do Tribunal de Justiça do Estado do Rio de Janeiro[9].

---

9   REsp 1176512/RJ (2010/0011654-0), 4ª Turma, Rel. Min. Maria Isabel Gallotti, unânime, j. 1º-3-2012; TJRJ, Ag 0069117-25.2013.8.19.0000, 8ª Câm. Cív., decisão monocrática, Des. Norma Suely, j. 28-7-2014. No mesmo sentido da ementa temos os seguintes julgados do STJ: Ag. 1369745/RJ, 3ª Turma, Rel. Min. Paulo de Tarso Sanseverino, j. 14-12-2011; REsp 1.356.384, Rel. Min. Sidnei Beneti, j. 14-6-2013; Ag. 1404361/RJ, Rel. Min. Massami Uyeda, j. 25-7-2012; Ag. 1410666/RJ, 4ª Turma, Rel. Min. Maria Isabel Gallotti, j. 25-5-2012; Ag. em REsp 243908/RJ, Rel. Min. Ricardo Villas Bôas Cueva, j. 4-6-2013.

PARTE IV – A EFETIVIDADE DO ECA: MEDIDAS JUDICIAIS E EXTRAJUDICIAIS

Toda essa problemática foi superada pela inclusão do § 4º ao art. 162 do ECA (acrescido pela Lei n.13.509/2019), que dispõe ser desnecessária a nomeação de curador especial em favor da criança ou adolescente quando a ação de destituição do poder familiar for proposta pelo Ministério Público. Não podemos deixar de mencionar que a desnecessidade da intervenção de curadoria especial nas ações de destituição do poder familiar não diz respeito à qualidade do autor, mas pelo fato de a criança/adolescente não ser parte no processo.

Merece atenção a parte final do parágrafo único do art. 142 do ECA, em que o legislador, primorosamente, cometeu um enorme equívoco, denominando de curadoria especial um instituto que nem de longe a ela se assemelha.

Em primeiro lugar deve ser ressaltado que a curadoria especial é instituto privativo do direito processual, criada com a finalidade de realizar a defesa da parte quando se verificar a existência de colidência entre seu interesse e o da parte contrária que, por regra de direito material, é seu representante legal, bem como quando a parte não possuir representante legal. Como se vê, sua atuação se dará apenas no curso do processo.

Pela leitura da parte final do parágrafo, verifica-se que a expressão "assistência legal ainda que eventual" demonstra uma atuação *extrajudicial* do representante nomeado. Por "assistência legal" devemos entender não só a representação processual da criança ou do adolescente, mas uma assistência legal genérica. Deve-se colocar de fora da abrangência desta expressão a orientação legal que realiza o advogado a quem lhe procura, já que esta pode ocorrer sem que haja a necessidade de intervenção judicial para tanto, pois é direito da criança e do adolescente poder contatar o Defensor Público e o Ministério Público com o intuito de esclarecer qualquer dúvida jurídica que possua.

Essa assistência legal pode se dar com a necessidade de representação ou assistência em atos específicos da vida em geral quando a criança/adolescente não possuir representante legal ou este se recusar a fazê-lo, podendo-se exemplificar, no que se refere a um adolescente, com a necessidade de um representante legal para assisti-lo quando da rescisão de um contrato de trabalho[10]. E sem nomeação

---

Do TJRJ, podemos indicar os julgados: Ag. Inominado em Ag. Inst. 0002791-83.2013.8.19.0000, 19ª C. Cível, Rel. Des. Ferdinaldo Nascimento, j. 9-7-2013; Ag. Inst. 0065864-63.2012.8.19.0000, 10ª C. Cível, Rel. Des. Celso Peres, j. 17-4-2013; Ag. Inst. 0025967-91.2013.8.19.0000, 2ª C. Cível, Rel. Des. Monica de Farias Sardas, j. 20-5-2013; Ag. Inst. 0034004-44.2012.8.19.0000, 12ª C. Cível, Rel. Des. Mário Guimarães Neto, j. 29-1-2013.

10 É muito comum no dia a dia de uma Vara da infância a necessidade de nomeação de representante legal para crianças e, muito mais, para adolescentes, para a prática de atos da vida civil, já que normalmente eles vivem na companhia de pessoas que não possuem sua representação legal, sendo apenas guardiões de fato (algum parente ou amigo da família).

não poderá recair, portanto, sobre o Defensor Público, já que sua atuação como curador especial se dará nos restritos limites do processo judicial.

A doutrina não deu a atenção devida a este artigo, havendo uma limitação em mencionar que há a possibilidade de nomeação de curador especial, mesmo que algum dos responsáveis venha a ser encontrado posteriormente, e que se trata de uma garantia para as crianças e adolescentes[11]. Porém, não se cuidou de analisar a natureza de sua nomeação e sobre quem cairá, já que não se trata, como dito acima, de curadoria especial, na técnica da expressão, motivo pelo qual não mais a utilizaremos.

Para a prática dos atos da vida civil, a pessoa menor de 18 anos de idade deverá ser representada ou assistida por seu representante legal, como já foi demonstrado no estudo da capacidade processual no presente capítulo (item 2, *supra*). Trata-se de um dos atributos do poder familiar, constante do art. 1.634 do CC, que deverá ser suprido pelo juiz quando se encontrarem ausentes o pai, a mãe, ou pessoa que figure como responsável legal.

Para a realização desta representação não há de se aceitar, por óbvio, a figura do *guardião de fato*, pois este não terá como demonstrar que possui vínculo com o menor de idade que está em sua companhia e, assim, ter o poder de agir como seu representante legal. É necessário que se tenha a demonstração de um vínculo jurídico, que só existirá a partir do momento em que haja uma decisão judicial operando neste sentido. Temos, aqui, nada mais, nada menos do que a *guarda peculiar*, instituída pelo art. 33, § 2º, do ECA, e que nada tem a ver com a curadoria especial. Esta será instituída para a prática de ato específico, findando os poderes do guardião assim que o ato for realizado.

A nomeação de guardião para a prática de atos específicos poderá recair sobre qualquer pessoa. É muito comum que a nomeação recaia em pessoas da confiança do Juízo, normalmente naqueles que exercem a função de Comissário de Justiça da Infância e Juventude. Quando a criança/adolescente vive na companhia de alguma pessoa (guardião de fato), ideal que este seja nomeado para ser seu representante legal para a prática de determinado ato, por ser a pessoa com quem a criança/adolescente tem maior ligação. Nos casos em que a criança/adolescente se encontre abrigada, é comum que seja nomeado o diretor da instituição ou algum funcionário desta. Não há qualquer impedimento a que seja nomeado um conselheiro tutelar

---

11 ISHIDA, Válter Kenji. *Estatuto da Criança e do Adolescente*. Doutrina e jurisprudência. 25. ed. rev., atual. e ampl. São Paulo: JusPodivm, 2024, p. 552; CURY, GARRIDO e MARÇURA, em seu *Estatuto da Criança e do Adolescente anotado*. 2. ed. São Paulo: Revista dos Tribunais, 2000, p. 126; TAVARES, José de Farias, em seu *Direito da infância e da juventude*. Belo Horizonte: Del Rey, 2001, p. 190; SILVA, Jorge Araken Faria da e BECKER, Maria Josefina. Art. 142. In: VERONESE, Josiane Rose Petry; SILVEIRA, Mayra; CURY, Munir. *Estatuto da Criança e do Adolescente Comentado*. Comentários jurídicos e sociais. 13. ed. rev. e atual. São Paulo: Malheiros, 2018, p. 991; ALBERGARIA, Jason. *Comentários ao Estatuto da Criança e do Adolescente*. 2. ed. Rio de Janeiro: Aide, 1991.

PARTE IV – A EFETIVIDADE DO ECA: MEDIDAS JUDICIAIS E EXTRAJUDICIAIS

ou qualquer outra pessoa idônea a critério do juiz. A nomeação só não deve recair sobre o Defensor Público e o Promotor de Justiça, a não ser que estes, pessoalmente, aceitem o encargo.

A colocação dos dois institutos, o primeiro de direito processual e o segundo de direito material, no parágrafo único do art. 142, só teve o condão de criar confusão. A total falta de técnica legislativa encontra-se demonstrada neste dispositivo legal, totalmente dispensável, pois nada acrescenta, já que proteção aos direitos das crianças e adolescentes existiria sem sua existência, pois os dois institutos são devidamente previstos por nosso ordenamento jurídico.

4. GRATUIDADE DE JUSTIÇA

O serviço judiciário colocado pelo Estado à disposição da população é pago, de forma prévia, sendo a gratuidade dos atos uma exceção. É o que dispõe o art. 82 do CPC.

A gratuidade dos atos judiciais e extrajudiciais decorre da aplicação do princípio constitucional do acesso à justiça, já estudado no capítulo anterior. Tem a finalidade de permitir que aquelas pessoas que afirmem não possuir condições de custear as despesas do processo sem prejuízo próprio ou de sua família, façam jus ao benefício (art. 4º e seu § 1º da Lei n. 1.060/50), que durará por todo o curso da relação processual.

Em seu art. 141, § 2º, o ECA traz regra que dispõe sobre a gratuidade das custas e emolumentos para os processos da competência da Justiça da infância e juventude. Esta norma trazida pelo legislador estatutário é merecedora de aplauso, por ser facilitadora do acesso à justiça, igualando todos aqueles que buscarem a proteção de um direito da criança e do adolescente. É regra que instrumentaliza a Doutrina da Proteção Integral (art. 1º do ECA), um dos fundamentos do direito da infância e da juventude em todo o mundo (Convenção dos Direitos da Criança da ONU, de 1989, art. 2, 1), já que, sem a necessidade de gastos com custas processuais, as pessoas terão menores dificuldades para buscar a defesa de seus direitos e a regularização das situações jurídicas.

O texto legal nos leva a um raciocínio imediato de que a gratuidade se estenderá a todo e qualquer processo que venha a ter curso na Vara da infância e juventude. Este raciocínio é, à primeira vista, o único e correto que pode ser retirado da interpretação do texto legal. Mas não. A norma há que ser interpretada segundo a destinação do Estatuto da Criança e do Adolescente, que não é outro senão o de proteger e assegurar os direitos destas pessoas em formação.

Há que se fazer uma interpretação sistemática da norma do § 1º do art. 141 com todo o Estatuto e demais normas constantes do sistema jurídico[12]. Verifica-se que

---

12 Ao ser realizado um trabalho de interpretação de uma regra jurídica, não pode ser esquecido que se encontra ela inserida dentro de um sistema jurídico. Em decorrên-

a regra de gratuidade de justiça é exceção em nosso sistema jurídico (art. 82 do CPC). Por tratar-se de norma de exceção, sua interpretação há que ser restritiva, ou seja, somente será concedida a gratuidade de justiça para os casos expressos em lei ou para atingir a finalidade pretendida pelo legislador ao estabelecer a exceção. A regra da gratuidade deverá, portanto, ser interpretada em consonância com a finalidade do Estatuto da Criança e do Adolescente, lei na qual se encontra inserida. Qual a finalidade do ECA? A resposta nos é fornecida pelo próprio ECA em seu art. 1º: *a proteção integral à criança e ao adolescente*. Assim, a regra da gratuidade dos atos judiciais e extrajudiciais será aplicada sempre que a prática deste vier a garantir um direito de uma criança ou de um adolescente, qualquer que seja sua modalidade, pois com a garantia de um direito será efetivada a proteção integral.

Logo, quando o processo em curso na Vara da Infância não tiver como objeto a proteção de um direito de uma criança ou de um adolescente, haverá a necessidade de recolhimento das custas do processo. Isto ocorrerá, por exemplo, nos requerimentos de autorização para a realização de eventos, já que nestas situações o beneficiário não será uma criança ou adolescente, mas o empreendedor do evento.

Estes procedimentos não visam proteger os direitos das pessoas em formação, principalmente os autos de infração, instaurados em virtude de violação de direitos das crianças e adolescentes.

Há que ser ressaltado que nos processos em que não se aplica a regra da gratuidade dos atos processuais – já que o processo ou procedimento não tem como objeto a proteção de um direito de uma criança ou de um adolescente –, deverão ser pagas todas as despesas, inclusive as referentes às custas recursais.

---

cia, a interpretação de toda e qualquer norma há que ser realizada em consonância com o sistema, pois os dispositivos legais são partes integrantes deste sistema, não possuindo vida independente, mas integrada ao sistema. Por isso, o melhor modo de interpretação é o sistemático. Merece lembrança o ensinamento de Carlos Maximiliano: "Consiste o *Processo Sistemático* em comparar o dispositivo sujeito a exegese, com outros do mesmo repositório ou de leis diversas, mas referentes ao mesmo objeto. Por umas normas se conhece o espírito das outras. Procura-se conciliar as palavras antecedentes com as consequentes, e do exame das regras em conjunto deduzir o sentido de cada uma. [...] O processo sistemático encontra fundamento na lei da solidariedade entre os fenômenos coexistentes. Não se encontra um princípio isolado, em ciência alguma; acha-se cada um em conexão íntima com outros. O Direito Objetivo não é um conglomerado caótico de preceitos; constitui vasta unidade, organismo regular, sistema, conjunto harmônico de normas coordenadas, em interdependência metódica, embora fixada cada uma no seu lugar próprio. De princípios jurídicos mais ou menos gerais deduzem corolários; uns e outros se condicionam e restringem reciprocamente, embora se desenvolvam de modo que constituem elementos autônomos operando em campos diversos. Cada preceito, portanto, é membro de um grande todo; por isso, do exame em conjunto resulta bastante luz para o caso em apreço" (*Hermenêutica e aplicação do direito*. 19. ed. Rio de Janeiro: Forense, 2003, p. 104-105).

PARTE IV – A EFETIVIDADE DO ECA: MEDIDAS JUDICIAIS E EXTRAJUDICIAIS

5. SEGREDO DE JUSTIÇA

A regra para a prática dos atos processuais é a de serem públicos, como devem ser todos os atos estatais, conforme regra constante dos arts. 5º, LX, e 93, IX, ambos da CF, bem como art. 189 do CPC. A regra de publicidade dos atos estatais existe como uma garantia dos direitos dos cidadãos contra os desmandos estatais, de acordo com o que foi exposto no capítulo anterior, quando tratamos dos princípios constitucionais do processo.

Os atos que não forem praticados com publicidade o serão em segredo de justiça, mas apenas nas hipóteses mencionadas em lei, haja vista que, por tratar-se de exceção, suas hipóteses devem ser interpretadas restritivamente.

O ECA trata expressamente do segredo de justiça em seus arts. 143 e 144, porém com referência única e exclusiva aos procedimentos e processos para apuração da prática de ato infracional.

Há que se fazer uma crítica à localização desses dispositivos legais. Por se referirem unicamente ao procedimento investigativo e à ação socioeducativa, maior lógica teria sua colocação no Capítulo III, Seção V, do Título VI, que trata da apuração de ato infracional atribuído a adolescente.

O segredo de justiça não se restringe só à ação socioeducativa, sendo estendido ao procedimento policial, conforme expressamente determina o art. 143. O legislador foi redundante quando da redação do *caput* do artigo ao utilizar os termos "policiais" e "administrativos", já que o procedimento investigatório de apuração de ato infracional é figura análoga ao inquérito policial, que nada mais é do que um procedimento administrativo.

Em razão do sigilo do processo e da investigação, é vedada a divulgação do nome, imagem ou qualquer outro dado que possa identificar o autor do ato infracional (parágrafo único do art. 143). Por esta proibição, quando da divulgação do fato pela imprensa, apenas as iniciais do autor do ato infracional aparecem nas matérias. Da mesma forma, as imagens acaso realizadas da criança ou do adolescente têm de ser desfocadas ou disfarçadas de algum modo. A violação desta regra configurará a prática da infração administrativa prevista no art. 247 do Estatuto.

O sigilo é decorrente da adoção da Doutrina da Proteção Integral e da Regra n. 8 das Regras de Beijing – Regras Mínimas para Administração da Justiça da Infância e da Juventude[13], que trata da proteção à intimidade das crianças e adolescentes autores de atos infracionais. Crianças e adolescentes são seres em formação, ou seja,

---

13 Dispõe a regra 8: "Proteção da Intimidade
8.1. Para evitar que a publicidade indevida ou o processo de difamação prejudiquem os jovens, respeitar-se-á, em todas as etapas, seu direito à intimidade.
8.2. Em princípio, não se publicará nenhuma informação que possa dar lugar à identificação de um jovem infrator".

é a fase da vida em que a personalidade e o caráter estão se sedimentando e a exposição pública de sua identidade e imagem podem fazer com que venham a ser discriminados pela sociedade e, em consequência, venham a sofrer traumas que lhes afetem o desenvolvimento e prejudiquem a vida adulta. Deve-se atentar que não há determinação de que o fato tenha de ser mantido em sigilo, mas apenas a identidade do autor do ato infracional.

Não estão amparadas pela regra do art. 143 as vítimas do ato infracional, mesmo que sejam elas crianças ou adolescentes, já que a regra é específica para o autor do ato. Para as vítimas, aplicar-se-á, no que concerne ao procedimento investigatório, a regra constante do art. 20 do CPP, ficando a cargo da autoridade policial o uso da sensibilidade necessária para não expor a vítima do ato infracional, já que a Doutrina da Proteção Integral é de ser aplicada à criança/adolescente vítima de qualquer espécie de violência. Em sede judicial operará sempre o sigilo do processo, não podendo ser fornecida qualquer informação, conforme será visto a seguir.

A regra constante do art. 144 do ECA é decorrência lógica da existente no art. 143. A expedição de qualquer certidão referente a alguma ação socioeducativa só se dará mediante requerimento justificado que venha indicando sua finalidade. Só deverão ser atendidos os requerimentos judiciais. Aqueles que necessitarem de informação sobre alguma ação socioeducativa para instrução de algum processo deverão requerer ao juiz que o solicite ao Juízo da infância. Exceção aos requerimentos formulados por autoridade judicial se dá com relação às forças armadas para verificação dos antecedentes dos jovens que devem realizar o serviço militar obrigatório, justificando-se o fornecimento sigiloso da informação por questões de segurança, considerando-se o treinamento que é ministrado aos que são engajados.

Estas normas não são novidade em nosso Direito, pois o Código Mello Mattos (Decreto n. 17.943-A, de 12 de outubro de 1927) trazia regra semelhante em seu art. 58, que cominava com sanção pecuniária a violação da regra, além do sequestro da publicação, e de outras penas acaso cabíveis. O Código de Menores (Lei n. 6.697/79) tratava do segredo de justiça em seu art. 3º, cominando sanção administrativa por sua violação no art. 63.

No que diz respeito aos processos relativos aos adolescentes carentes, não traz o ECA regra expressa sobre o segredo de justiça, mas em face da disposição constante do art. 152, aplicam-se as regras gerais de direito processual, o que faz com que seja perfeitamente possível a aplicação do art. 189 do CPC, que cuida do tema.

6. COMPETÊNCIA

6.1. Jurisdição. Conceito de competência

A partir do momento em que o homem passou a viver em grupos e estes grupos começaram a aumentar de tamanho, foi imprescindível uma organização mínima

PARTE IV – A EFETIVIDADE DO ECA: MEDIDAS JUDICIAIS E EXTRAJUDICIAIS

para que a vida em sociedade pudesse subsistir. A esta organização criada com a finalidade de organizar a vida do grupo dá-se o nome de Estado.

Em seus primórdios, o Estado surgiu timidamente e com poucas atribuições, restringindo-se a organizar e administrar a vida do grupo. Neste primeiro momento as pessoas recusavam-se a se submeter a qualquer regramento ou restrição estatal. Com o passar do tempo, os membros do grupo, já acostumados à existência desta figura suprassocial, começaram a aceitar que o poder organizacional do Estado se ampliasse e que ele ditasse algumas regras de comportamento, de restrição à conduta. Neste momento, a atividade administrativa do Estado ampliou-se, tendo início também uma segunda atividade, a legislativa. Toda esta evolução deu-se muito lentamente pelo transcorrer dos tempos.

Apesar de o Estado já organizar a vida social, solucionando os problemas de funcionamento da cidade, e de traçar regras de boa convivência, as pessoas não aceitavam sua intervenção para a solução dos conflitos de interesse que surgiam. Quando os litigantes não conseguiam atingir um denominador comum ou um deles não aceitava a responsabilidade que lhe era imputada, era necessário que se recorresse à força física, o que fazia com que alguns conflitos se arrastassem por gerações. A esta fase da história dá-se o nome de fase da *justiça privada*, em que as pessoas utilizavam sua própria força para fazer valer sua vontade; é a época em que vigora a Lei de Talião (olho por olho, dente por dente).

Com a evolução da sociedade, o Estado foi crescendo em força até o momento em que as pessoas passaram a aceitar sua intervenção para a solução dos conflitos. Com o início da atividade de solução dos conflitos de interesse, o Estado passou a exercer sua terceira função, a jurisdicional. Inicia-se, a partir desse momento e até os dias atuais, a fase da *justiça pública*, em que o Estado, e apenas ele, pode solucionar os conflitos de interesses, com a finalidade de buscar a paz social, ficando o particular, em decorrência disso, proibido de solucionar por meio de desforço próprio esses conflitos. O Estado cria para si o monopólio estatal da justiça, possuindo o direito e o dever de prestar a jurisdição quando solicitado, uma vez que, a partir do momento em que proibiu o particular de assim agir, criou para si essa obrigação.

Demonstradas acima as três atividades ou funções estatais, demonstrados estão os três poderes do Estado. A nós interessa única e exclusivamente a terceira função, a jurisdicional.

A jurisdição é o poder-dever do Estado de dizer o direito ao caso concreto, substituindo a vontade das partes na composição da lide. É uma função inerte do Estado, pois só será exercitada mediante provocação do interessado. Pelo fato de a jurisdição ser exercida apenas quando o Estado é provocado para tanto, é necessário que haja imparcialidade do julgador, ou seja, que não tenha ele nenhum interesse na solução da questão posta a exame.

Por ser expressão da soberania estatal, a jurisdição, como o próprio Estado, é una e indivisível. Assim, dentro do Estado brasileiro temos uma única jurisdição, vigente em todo o território nacional[14] e exercida por todos os órgãos do Poder Judiciário.

A unicidade sem delimitações seria criadora de conflitos entre os órgãos jurisdicionais, pois vários poderiam entender que a eles caberia solucionar determinada questão ou, ao contrário, poderia haver a negativa de diversos órgãos jurisdicionais em julgar tal questão. De idêntico modo, haveria problema para as partes, pois não teriam critérios para saber qual órgão jurisdicional seria o adequado para conhecer e solucionar seu conflito de interesses.

Para evitar esse tipo de problema e melhorar o funcionamento da máquina estatal, a doutrina e o legislador buscaram meios de organizar o exercício da jurisdição. Chega-se ao instituto da competência, que tem como finalidade disciplinar o exercício da jurisdição entre os diversos órgãos que compõem o Poder Judiciário.

A competência pode ser conceituada como o critério de distribuir, de delimitar, entre os vários órgãos do Poder Judiciário, o exercício da jurisdição. A competência é, dessa forma, um meio de limitar a jurisdição de cada um dos órgãos do Poder Judiciário, com o intuito de evitar a existência de conflito entre cada um deles para o conhecimento das causas que lhe forem endereçadas.

Em razão da existência do instituto da competência, podemos afirmar que todos os órgãos jurisdicionais possuem jurisdição, mas nem todos possuem competência para conhecer e julgar determinado litígio[15].

6.2. Critérios determinadores da competência

Inúmeros são os órgãos jurisdicionais existentes no sistema organizacional do Poder Judiciário, fazendo-se imperioso que fossem estabelecidas diretrizes que pudessem regulamentar a distribuição das diversas causas para cada um desses órgãos. Assim sendo, a doutrina acabou por estabelecer critérios determinadores da competência, adotados por nosso Direito. São três os critérios: objetivo, funcional e territorial[16].

---

14 Apesar de a doutrina falar em espécies de jurisdição, esta é apenas uma. Como ensina Dinamarco, Cintra e Grinover, essa divisão em espécies liga-se aos problemas da distribuição da "massa de processos" entre "Justiças", entre juízes superiores e inferiores etc., bem como a alguns dos critérios para essa distribuição (natureza da relação jurídica controvertida etc.). Liga-se, pois, à problemática da competência, não da jurisdição em si mesma (*Teoria geral do processo*. 13. ed. São Paulo: Malheiros, 1997, p. 141).

15 THEODORO JÚNIOR, Humberto. Op. cit., p. 176.

16 CHIOVENDA, Giuseppe. *Instituições de direito processual civil*. Trad. de Paolo Capitanio. Campinas: Bookseller, 1998, v. II, p. 183-186.

PARTE IV – A EFETIVIDADE DO ECA: MEDIDAS JUDICIAIS E EXTRAJUDICIAIS

O critério objetivo fixa a competência atendendo ao valor da causa, a natureza da causa e a qualidade da parte. As causas devem ter um valor fixado, conforme dispõe o art. 291 do CPC, mesmo que não possuam (as causas) valor econômico apreciável, podendo as normas estaduais de organização judiciária (art. 44 do CPC) estabelecer divisão de trabalho entre os diversos órgãos judiciais, tomando como base este valor. Com relação à natureza da causa, as leis de organização judiciárias podem criar Juízos especializados para conhecer de matérias determinadas (ex.: Varas da infância e juventude, Varas de família, Varas de órfãos e sucessões), conforme a necessidade de cada localidade. No que concerne à qualidade da parte, em virtude do cargo público ocupado por determinada pessoa, as ações que contra esta forem propostas deverão sê-las em órgão previamente estabelecido em lei (em nosso país, esta previsão consta da Constituição Federal e das Constituições Estaduais).

O critério funcional atende às exigências legais que regulam as atribuições dos diversos órgãos jurisdicionais que devam atuar em um determinado processo. Isso ocorre nas diversas fases do procedimento, quando teremos um órgão atuando em 1º grau de jurisdição e outro no 2º grau, ou quando é necessário que um determinado ato processual seja praticado em outra localidade, quando, então, ao órgão que atua neste local, será atribuída a competência.

O critério territorial está ligado ao aspecto geográfico, aos limites espaciais de atuação do órgão judicial. Pretende-se, com tal critério, aproximar o Estado-Juiz dos fatos ligados à pretensão manifestada pelo autor[17]. Após ser verificado qual o tipo de órgão jurisdicional que será competente em relação à matéria e ao valor da causa, verificar-se-á qual será competente por sua localização geográfica. Estes critérios são trazidos pelos Códigos de Processo Civil (arts. 46 e s.) e de Processo Penal (arts. 70 a 73).

Vistos os critérios determinadores da competência, deve-se verificar o processo de fixação da competência em determinado órgão jurisdicional. Em primeiro lugar, em face do caso concreto, deve-se buscar nas regras constantes da Constituição Federal (arts. 102, 105, 108, 109, 114). Estas regras tratam da competência dos Tribunais Superiores, Justiça do Trabalho e Justiça Federal. Não se enquadrando a situação em nenhuma das hipóteses enumeradas nas regras da Carta Constitucional e não pertencendo à esfera de competência de nenhum outro Tribunal Especializado (Eleitoral e Militar), será da competência da justiça comum, a Estadual.

Deve-se, neste momento, buscar o foro[18] competente, ou seja, dentro do território do Estado-membro, em qual local deverá ser a ação proposta, aplicando-se,

---

17 CÂMARA, Alexandre Freitas. *Lições de direito processual civil*. 13. ed. Rio de Janeiro: Lumen Juris, 2005, v. I, p. 101.

18 Foro é o local onde o juiz exerce suas funções. É o território abrangido por sua competência.

846 CURSO DE DIREITO DA CRIANÇA E DO ADOLESCENTE

aqui, portanto, o critério territorial. Em seguida, deve-se verificar, naquela localidade, dentre os diversos órgãos existentes, qual tem competência para conhecer e
julgar da matéria objeto do conflito, por meio das regras constantes na lei de organização judiciária, chegando-se assim ao Juízo competente. Havendo mais de um
Juízo com a mesma competência em razão da matéria, aquela será fixada pela
distribuição (art. 43 do CPC).

6.3. Competência absoluta e competência relativa

Ao adotar os critérios determinadores da competência, o legislador entendeu
que alguns não poderiam ser alterados pela vontade das partes, nem do órgão judicial, pois fixadas em razão do interesse público, para que a função jurisdicional
pudesse ser mais bem exercida. Para outros critérios, entendeu que a vontade das
partes poderia modificá-los, pois fixados em benefício destas.

Aos primeiros diz-se serem critérios absolutos, sendo eles os que tratam da
natureza da causa (matéria) e o funcional, enquanto aos segundos denominam-se
relativos, sendo o critério territorial e o referente ao valor da causa (arts. 62 e 63
do CPC).

A importância desse critério diz respeito à propositura de uma ação em Juízo
que não seja originariamente competente, ao qual se denomina incompetente, e à
validade dos atos decisórios por ele proferidos. Em sendo absoluta a incompetência
(em razão da matéria e funcional), os autos do processo deverão ser encaminhados
o mais breve possível para o Juízo competente. Mesmo havendo a possibilidade de
a incompetência absoluta ser reconhecida de ofício pelo juiz (art. 64, § 1º, CPC),
essa decisão não poderá ser proferida sem que as partes tenham oportunidade de
se manifestar sobre a questão, como se depreende da leitura do art. 10 do CPC. Pela
sistemática adotada pelo CPC, os atos decisórios proferidos no Juízo absolutamente incompetente não serão considerados nulos, a não ser que alguma decisão seja
proferida nesse sentido; é o que se verifica pela leitura do § 4º do art. 64. A decisão
proferida no Juízo incompetente manterá seus efeitos até que outra seja proferida
pelo Juízo competente, caso este o entenda necessário.

Tratando-se de incompetência relativa (territorial e em razão do valor da causa),
caso não seja ela arguida pela parte em momento oportuno, haverá a prorrogação
da competência[19] do Juízo, passando ele a ser competente para conhecer de uma
causa que originariamente não seria.

---

19 Ocorrerá a prorrogação da competência de um órgão jurisdicional quando houver a
    ampliação de sua esfera de competência para que passe a conhecer de causas que,
    originariamente não estariam incluídas em sua esfera de atribuições. Pode ser legal ou
    voluntária. Haverá prorrogação legal nas hipóteses de conexão e continência (arts. 55
    e 56 do CPC) e voluntária nas hipóteses de foro de eleição e quando a parte deixa de

PARTE IV – A EFETIVIDADE DO ECA: MEDIDAS JUDICIAIS E EXTRAJUDICIAIS

Por força do teor do art. 152, aplicam-se às normas de competência do Estatuto as regras do CPC e do CPP referentes à conexão, continência, prevenção e conflito de competência.

6.4. Critérios específicos de fixação da competência constantes do ECA

O Estatuto da Criança e do Adolescente traz regras de competência absoluta e relativa, disciplinando a competência das Varas da Infância e Juventude no que concerne à matéria a ser conhecida e decidida (art. 148), bem como a competência em razão do território (art. 147).

Devemos ressaltar que as Varas da infância e da juventude não são daquelas que integram a denominada *justiça especializada*, mas uma especialização da *justiça comum*, sendo do Poder Judiciário estadual a atribuição de criação e instalação destes órgãos, dentro da necessidade que se apresente em cada localidade, conforme determina o art. 146. Não é obrigatório que haja uma Vara da infância e juventude em cada comarca, mas que haja um órgão jurisdicional investido de competência para conhecer das matérias tratadas pelo Estatuto. A criação e a instalação de órgão específico da infância e juventude só serão obrigatórias quando atingida a quantidade mínima de feitos, conforme devem disciplinar as leis estaduais de organização judiciária. A Lei n. 12.594/2012, ao cuidar da execução das medidas socioeducativas, dispõe, em seu art. 36, que o Juízo competente para conhecer dos processos de execução é o da infância e juventude, fazendo expressa remissão ao art. 146 do ECA.

Cuidaremos, em primeiro lugar, da competência em razão da matéria, prevista no art. 148 do ECA.

Como já mencionado anteriormente, a competência em razão da matéria é daquelas que o legislador entendeu como absolutas, não podendo ser alterada. O legislador estatutário trouxe duas situações no corpo do art. 148, matérias que são da competência exclusiva das Varas da infância e juventude e matérias em que sua competência concorre com as das Varas de família.

A primeira hipótese encontra-se disciplinada nos sete incisos do art. 148. Quando tivermos a propositura de ações que versem sobre alguma das matérias tratadas nos incisos do mencionado artigo, a competência será exclusiva das Varas da infância e juventude, o que faz com que não possam ser tratadas por nenhum outro órgão jurisdicional.

---

opor a exceção de incompetência no prazo legal (arts. 63 e 65 do CPC). Não desenvolveremos esses temas no presente trabalho, motivo pelo qual sugerimos, para melhor esclarecimento, sua leitura em obras específicas de direito processual civil, dentre as quais destacamos o *Curso de direito processual civil*, v. I, de Humberto Theodoro Júnior, *Lições de direito processual civil*, v. I, de Alexandre Freitas Câmara, e *Manual de direito processual civil*, de Humberto Dalla.

A segunda hipótese encontra-se disciplinada no parágrafo único do art. 148, com a utilização da expressão "é também competente". O uso desta expressão traz, claramente, a existência de uma concorrência entre as Varas da infância e juventude e alguma que tenha, pelas leis de organização judiciária, competência para conhecer e julgar as matérias enumeradas nas alíneas do parágrafo. De regra estas matérias são conferidas às Varas de família.

É necessário que seja buscado um critério para que se saiba quando a competência recairá sobre a Vara da infância e quando recairá sobre a Vara de família. Este critério foi trazido pelo próprio ECA e consta do texto do parágrafo único do art. 148. Trata-se de encontrar-se, ou não, a criança ou o adolescente nas situações mencionadas no art. 98 do ECA. Estas são situações em que a criança ou o adolescente estão desprotegidos, tendo seus direitos lesionados ou ameaçados de lesão, em total desconformidade com a Doutrina da Proteção Integral. Pode-se afirmar, com termos menos técnicos, que, em todas as situações enumeradas pelos incisos do art. 98, a criança/adolescente encontra-se em situação de abandono[20].

Para que seja competente a Vara da infância e juventude, não se faz necessária a ocorrência de todas as hipóteses constantes dos incisos do art. 98, bastando que a criança/adolescente se insira em apenas uma delas.

Muitas vezes o aplicador da lei, em face das situações que se apresentam, tem dificuldade em identificar se a criança encontra-se na situação do art. 98 para fixar a competência do Juízo. Para tanto, deve-se utilizar como norte o bom senso e as decisões de nossos tribunais. Entendimento que já se firmou de longa data, do qual compartilhamos, é o de que estando a criança/adolescente sob a responsabilidade de qualquer parente, afastadas estão as hipóteses do art. 98, sendo competente para conhecer da ação o Juízo de família.

Basta que a criança/adolescente esteja sob a proteção de algum parente para que não esteja incluída nas hipóteses do art. 98, mesmo que, em momento anterior à propositura da ação, estivesse em alguma situação em que algum direito seu estivesse sendo lesionado. Se algum membro da família já a retirou da situação de ameaça não subsistirá a competência do Juízo da infância, mas a do Juízo de família.

Em nossa atuação em Promotoria de Justiça da infância e juventude adotávamos, também esposado pelo juiz, o entendimento de que não apenas um parente que tenha assumido o cuidado da criança/adolescente o retira das hipóteses do art. 98, mas qualquer pessoa a ele ligada e que o tenha afastado da situação de perigo, tais como um padrinho ou algum "parente por afinidade", já que nessas hipóteses não estará havendo qualquer risco para os direitos das crianças e adolescentes, pois estarão, de fato, que é o que mais importa para eles, protegidos por alguém que os

---

20 Para melhor estudo das hipóteses mencionadas pelo art. 98, encaminhamos o leitor para o capítulo intitulado "As medidas de proteção".

PARTE IV – A EFETIVIDADE DO ECA: MEDIDAS JUDICIAIS E EXTRAJUDICIAIS

quer bem. Exemplo com um caso de repercussão nacional que entendemos ter sido conhecido e decidido por Juízo absolutamente incompetente é o da ação movida por Maria Eugênia para a obtenção da tutela de Francisco, filho de Cássia Eller, já que a autora era companheira da falecida mãe da criança, sendo o fato de conhecimento público, assim como era de conhecimento público que a criança recebia todo o carinho de Maria Eugênia como se sua mãe fosse. No caso concreto, estava mais do que claro que Francisco não se encontrava em nenhuma das hipóteses do art. 98 do ECA, fato que deveria ter sido observado pelo juiz e ter sido declinada a competência para uma das Varas que, na Comarca da Capital do Estado do Rio de Janeiro, possuíssem competência para conhecer de ações de tutela.

Não se pode deixar de mencionar, especificamente, a competência do Juízo da infância e da juventude para as autorizações para viagem e para o suprimento de consentimento do(s) pai(s) para a viagem.

Aqui se aplica a regra do art. 148, parágrafo único, alínea *d*, do Estatuto. Não se conseguindo a autorização para viajar de ambos os responsáveis, por estar ausente ou por haver discordância, a competência será da Vara da Infância ou da Vara de Família, conforme a criança se encontre, ou não, nas situações previstas no art. 98 do ECA[21].

A mesma regra jurídica se aplica para os processos de suprimento de consentimento. Na grande maioria das situações, quando se busca o suprimento do consentimento de um dos genitores para que a criança/adolescente possa viajar, tal pedido é feito porque um dos genitores se encontra desaparecido. Nessas hipóteses, a criança/adolescente não se encontra em nenhuma das situações previstas no art. 98 do ECA, o que faz com que a competência seja da Vara de família, como se verifica da leitura do art. 148, parágrafo único, *d*, do ECA.

---

21 "AGRAVO DE INSTRUMENTO. SUPRIMENTO DE OUTORGA PATERNA PARA EMISSÃO DE PASSAPORTE E VIAGEM TURÍSTICA DE MENOR AO EXTERIOR NA COMPANHIA MATERNA. DECISÃO QUE DEFERE, EM PARTE, A TUTELA PROVISÓRIA, PARA DETERMINAR A EXPEDIÇÃO DO PASSAPORTE DA MENOR, ESTABELECENDO-SE NO MANDADO CITATÓRIO O PRAZO DE 5 DIAS PARA RESPOSTA DO PAI. Inconformismo deste. Juízo de retratação em relação ao prazo para resposta. Perda do objeto neste aspecto. *Competência do juízo da vara de família que se afigura, vez que a menor não se encontra em situação de risco, de modo a atrair a competência para a Vara da Infância e Juventude.* Ausência de conexão com a ação de guarda da menor, em curso em outra Vara de Família, haja vista inexistir risco de decisões conflitantes. Pedidos diversos. Eventual autorização de saída temporária do país que em nada influencia na decisão acerca da guarda da menor. Decisão que apenas autorizou a emissão do passaporte, enquanto medida preparatória, para o caso de, eventualmente, a viagem, após observado o devido processo legal, vier a ser autorizada. Recurso não conhecido quanto ao pleito de alteração do prazo para resposta. Recurso desprovido no que toca ao pedido de suspensão da ordem de emissão do passaporte" (TJRJ, Agravo de Instrumento 0016052-42.2018.8.19.0000, 13ª Câm. Cív., Rel. Des. Mauro Pereira Martins, j. 6-6-2018).

Merece atenção a regra do art. 209, que trata, de forma específica, da competência para conhecer e julgar as ações civis públicas que tratem de lesão a direitos transindividuais das crianças e adolescentes. A norma legal trata de duas hipóteses de competência do Juízo da infância: competência em razão da matéria e competência territorial.

A menção à competência *ratione materiae* está efetivada na utilização da expressão "competência absoluta". Segue, desta forma, o mesmo raciocínio exposto no art. 148, centralizando no Juízo da infância o conhecimento e julgamento de todos os processos e procedimentos que visem corrigir ameaças ou lesões a direitos destes seres em formação.

Ao tratar da competência territorial, o art. 209 fixa a competência pelo local onde tenha ocorrido ou deva ocorrer a ação ou omissão. É um critério correto, pois coloca o curso da ação nas proximidades de todos os envolvidos, facilitando o exercício do direito de ação e colheita de provas e, consequentemente, o julgamento do pedido. A regra é semelhante à constante do art. 2º da Lei n. 7.347/85 (Lei da Ação Civil Pública).

Há ressalva para a competência da Justiça Federal e dos Tribunais Superiores. Esta exceção segue a regra tradicional da disciplina da competência, conforme as regras do art. 109 da Constituição Federal e arts. 45 e 51 do CPC. As causas em que há interesse da União e de entidades públicas federais (autarquia e empresa pública) deslocam a competência para a Justiça Federal.

Ao comentar o art. 209, Adão Bomfim Bezerra critica a ressalva constante da lei, dizendo ser um critério infeliz, porque vulnera o princípio da prioridade do atendimento à criança e ao adolescente e retrai a expressividade dos órgãos de justiça municipais[22], pelo fato de que a Justiça Federal não dará a prioridade necessária e porque os órgãos municipais, que conhecem mais de perto as questões da infância e por ela continuam responsáveis, ficarão de fora da discussão. Apesar de também preferirmos que toda e qualquer discussão sobre direito da infância e juventude ficasse a cargo das Varas da infância, não podemos concordar com o posicionamento esposado, porque o critério adotado da *vis attractiva* para a Justiça Federal encontra-se constitucionalmente previsto e ocorreria mesmo que o legislador ordinário não o tivesse mencionado. Para que essa incidência para a área federal não ocorrer, será necessária regra expressa em nível constitucional.

Caso não bastasse o argumento acima, afirmar que a prioridade no atendimento seria esquecida pelo fato de ter sido deslocada a competência para a Justiça Federal não tem como prosperar, pois bastará a fiscalização da aplicação do princípio

---

22 BEZERRA, Adão Bomfim. Art. 209. In: VERONESE, Josiane Rose Petry; SILVEIRA, Mayra; CURY, Munir (coord.). *Estatuto da Criança e do Adolescente comentado*. Comentários jurídicos e sociais. 13. ed. rev. e atual. São Paulo: Malheiros, 2018, p. 1327.

PARTE IV – A EFETIVIDADE DO ECA: MEDIDAS JUDICIAIS E EXTRAJUDICIAIS

da prioridade absoluta por parte do Ministério Público e de sua lembrança por parte da Magistratura Federal. No que se refere à diminuição da expressividade dos órgãos municipais, não conseguimos perceber onde ocorrerá, da mesma forma que não haverá nenhum impedimento de virem a figurar no polo passivo da relação processual em litisconsórcio com o ente federal ou como terceiro interessado.

Veremos agora as regras do Estatuto referentes à competência territorial, constantes do art. 147.

Será ela fixada pelo domicílio dos pais ou responsável (inciso I). Entende-se como responsável o guardião, tutor e curador, ou seja, aquele que detenha a guarda jurídica da criança e do adolescente. Exemplificando: 1) em uma ação de adoção na qual os autores detenham a guarda jurídica do adotando, esta será proposta no foro de seu domicílio, mesmo que os pais biológicos residam em comarca diversa. É o critério adotado para atender o superior interesse da criança, excepcionando a regra geral do art. 46, *caput*, do CPC; 2) sendo proposta uma ação de destituição do poder familiar, esta deverá sê-lo no foro do domicílio dos pais da criança/adolescente, mesmo que os fatos que ocasionaram a propositura da ação tenham se dado em outra comarca.

Não havendo pais ou responsável, ou estando eles em local incerto e não sabido, o foro competente será o do local onde se encontre a criança ou adolescente (inciso II). Esta hipótese é supletiva à do inciso I do art. 147, considerando-se ordem escolhida pelo legislador para estas. Exemplificando: 1) em uma ação de adoção em que o adotando não possua pais ou responsável ou estes estejam em local incerto e não sabido, esta será proposta na comarca onde esteja aquele; 2) sendo proposta uma ação de destituição do poder familiar em que os pais da criança/adolescente encontrem-se em local incerto e não sabido, o foro competente será o do local onde a criança/adolescente se encontre.

Em decorrência da solução de inúmeros conflitos de competência, o Superior Tribunal de Justiça sumulou entendimento que culminou na edição da Súmula 383, cujo enunciado possui o seguinte teor: "A competência para processar e julgar as ações conexas de interesse de menor é, em princípio, do foro do domicílio do detentor de sua guarda"[23]. O Superior Tribunal de Justiça adotou o entendimento por nós defendido desde a primeira edição desta obra.

Havendo, assim, conflito de competência (tanto o positivo quanto o negativo) entre o Juízo de domicílio dos pais biológicos e o Juízo de domicílio dos guardiães da criança e/ou adolescente (sendo de se entender que, quando se fala em guardião, cuida-se do que detém a guarda legal), prevalecerá a competência do Juízo do domicílio destes.

---

23 Para um melhor conhecimento dos antecedentes que levaram ao entendimento sumulado, seguem alguns dos conflitos de competência e recursos utilizados como precedentes: AgR CC 942.580, CC 86.187, CC 78.806, CC 79.095, CC 43.322.

O § 1º do art. 147 trata da competência para conhecer e julgar as ações socioeducativas, fixando-a pelo local da prática do ato infracional. A regra é semelhante à constante do art. 70 do CPP, no que diz respeito à competência para conhecer e julgar as ações penais. Perfeitamente aplicáveis às ações socioeducativas as normas dos parágrafos dos arts. 70 e 71, ambos do CPP, naquilo que for cabível, por força do art. 152 do ECA. É correta a regra da competência territorial pelo local da prática do ato infracional, por facilitar a colheita de provas, em face de proximidade, fazendo com que o processo tenha curso mais célere.

Para o processo de execução das medidas socioeducativas, o Juízo competente será o mesmo que a tiver aplicado, por aplicação subsidiária da regra constante no art. 668 do CPP, já que o Juízo da ação é o mesmo da execução. O § 2º do art. 147 traz exceção a esta regra quando os pais ou responsável do adolescente residam em comarca diversa daquela onde teve curso a ação socioeducativa ou quando a instituição onde estiver sendo cumprida a medida socioeducativa aplicada for localizada em comarca diversa. Em tais situações, a legislação determina que pode ser delegada a execução da medida. Apesar de a lei utilizar o termo "poderá", entendemos que, na verdade, se trata de um dever do Juízo declinar sua competência para o local onde resida a família ou esteja localizada a instituição, a fim de facilitar o acompanhamento do cumprimento da medida e a reavaliação desta, o que estará em maior consonância com o princípio do superior interesse.

Tudo o que dissemos acima fica reforçado pelo disposto no art. 36 da Lei n. 12.594/2012, que ao instituir o Sinase cuidou de normatizar o processo e a execução das medidas socioeducativas.

A lei não concede ao juiz discricionariedade em sua ação, devendo ele agir na forma por ela preconizada; quando a lei concede discricionariedade de ação ao magistrado, o faz colocando duas hipóteses de ação, para que uma delas seja a escolhida. Quando traz a expressão "poderá", de regra está dizendo que "deverá", como, por exemplo, na hipótese prevista no art. 558 do CPC/73, em que presentes os requisitos das medidas assecuratórias, o magistrado deve concedê-las.

A regra constante do § 3º do art. 147 cuida do Juízo competente para o processo de aplicação de pena por infringência de infração administrativa, mais especificamente as previstas no art. 247 e seu § 2º e no art. 254, ambos do ECA. Competente será o Juízo da infância do local da sede estadual da emissora ou rede.

A norma finaliza determinando que a sentença terá eficácia para todas as transmissoras e retransmissoras do respectivo estado. A nosso ver, a parte final do § 3º do art. 147 há que ser tida como não escrita, pois não possui nenhuma eficácia, já que tenta limitar os efeitos da sentença, sendo inconstitucional, pois limita a jurisdição.

Toda e qualquer sentença de mérito tem uma eficácia natural, como ato imperativo estatal que é o de produzir efeitos mesmo antes de seu trânsito em julgado,

PARTE IV – A EFETIVIDADE DO ECA: MEDIDAS JUDICIAIS E EXTRAJUDICIAIS

efeitos estes que valem para todos (*erga omnes*)[24]. A sentença se impõe para toda a coletividade, pois a decisão que traz será a mesma para todos. Como ato típico do Poder Judiciário, a sentença nada mais é do que a concretude do império da jurisdição, que é una e indivisível, tendo eficácia em todo o território nacional.

Qualquer sentença que seja proferida, em qualquer parte do território nacional, será a mesma para quem foi parte, ou não, no processo, não podendo ser ignorada. Assim, uma sentença que concedeu a adoção de uma criança no Estado do Rio de Janeiro valerá em todo o território nacional, não podendo uma pessoa residente em outro Estado da Federação ignorar a sentença e o vínculo jurídico de parentesco por ela criado. O mesmo raciocínio se aplicará a qualquer outra sentença proferida em qualquer comarca: ninguém poderá dizer que uma pessoa que teve seu divórcio decretado em uma Comarca do Estado do Pará não será considerada divorciada nos demais Estados da Federação, pois isso seria algo surreal.

Este o correto raciocínio a ser empregado para a regra do § 3º do art. 147. Ao ser proferida uma sentença aplicando pena pela prática de uma infração administrativa, esta não valerá apenas dentro do território do Estado-Membro, mas para todo o território nacional, pois a infração cometida será a mesma, não se podendo pensar que o fato praticado será considerado infração administrativa no Estado do Rio de Janeiro e não o será no da Bahia, mas poderá sê-lo em Pernambuco e não ser em Santa Catarina. Isso seria a instauração do caos jurídico, com a possibilidade de existência de sentenças com decisões contraditórias sobre o mesmo fato, o que é evitado pelas regras processuais existentes, vindo daí as figuras jurídicas da conexão e continência, litispendência e exceção de coisa julgada. E o pior: mesmo tendo sido a emissora punida em um Estado da Federação, poderia continuar praticando a violação em outro Estado enquanto não fosse movida a ação própria (e ainda com risco de decisão contraditória!).

O único e correto entendimento que se pode ter com relação à regra em estudo é ter como inexistente a parte final do parágrafo, por inconstitucional, já que restringe a jurisdição, diminuindo a atuação do Poder Judiciário, violando a independência dos Poderes do Estado.

6.5. *Perpetuatio jurisdictionis*

A competência de um órgão jurisdicional é fixada no momento da propositura da ação e mantida até o final da decisão, sendo totalmente irrelevante para o processo qualquer modificação de fato ou de direito que venham a ocorrer posteriormente. É a regra da perpetuação da jurisdição, prevista no art. 43 do CPC.

---

24   A teoria de Liebman se encontra exposta em sua obra *Eficácia e autoridade da sentença*. 3. ed. Rio de Janeiro: Forense, 1984, estando desenvolvida nas p. 37-40. Todo o pensamento de Liebman sobre sentença e coisa julgada foi adotado por nossa legislação.

As únicas alterações aceitas são aquelas previstas pelo próprio legislador na parte final do art. 43: supressão do órgão judiciário e alteração da competência absoluta.

Como se verifica, as alterações à regra aceitas pelo legislador dizem respeito a casos de critérios fixadores de competência considerados absolutos, pois com relação aos critérios considerados relativos – territoriais ou em razão do valor –, em nada serão afetadas as causas pendentes[25], pois haverá a prorrogação da competência. A mudança de domicílio da parte durante o curso da instrução processual não altera a competência originalmente fixada, diferentemente do que ocorre quando há o desmembramento de uma comarca e a parte reside na nova comarca, pois, neste caso, haverá a remessa do processo para o novo órgão jurisdicional[26], seguindo-se o critério do foro do domicílio do réu, já que esta hipótese diz respeito a critério funcional, considerado absoluto pelo legislador.

No que se refere à aplicação da regra da *perpetuatio jurisdictionis* ao direito da infância e da juventude, parte da doutrina que trata do tema entende estar ele afastado em virtude da aplicação da *regra do juízo imediato*. Este posicionamento é trazido por Válter Kenji Ishida[27] com base em jurisprudência do Tribunal de Justiça do Estado de São Paulo. Para o mencionado autor, não vigora a regra da perpetuação da jurisdição nos processos que tratem de direito da infância e juventude, em decorrência do texto do art. 147 e seus dois incisos. Em face disso, entende Ishida que se o processo tem início com base no critério do inciso I do art. 147 e, posteriormente, a criança é abrigada em localidade diversa, e os pais passam a ficar em local incerto e não sabido, deve-se a utilizar a regra do inciso II do mesmo artigo, sendo os autos remetidos para o Juízo do local onde estiver a criança.

Não se pode concordar com este posicionamento, pois destoa do sistema processual brasileiro e dá uma interpretação equivocada às regras dos incisos do art. 147.

A regra estatutária de fixação da competência territorial excepciona a regra geral constante do *caput do* art. 46 do CPC, assim como o faz o próprio CPC nos parágrafos do mencionado artigo e nos que o seguem (arts. 47 a 53). As hipóteses trazidas nos incisos do art. 147 têm a função de dar uma diretriz ao aplicador da lei quando estiver em face do caso concreto, para saber qual Juízo, dentre os que possuem competência para direito da infância e juventude, será o territorialmente competente para conhecer e julgar a causa. Enquadrando-se a situação na regra do inciso I do art. 147, esta prevalecerá até final decisão, não havendo possibilidade

---

25 THEODORO JÚNIOR, Humberto. Op. cit., p. 189.

26 Neste sentido, já decidiu a jurisprudência pátria: STJ, REsp 156.898/PR, Rel. Min. Ruy Rosado de Aguiar, 4ª Turma, j. 30-4-1998; TJSP, C. Comp. 256.729, Rel. Des. Azevedo Franceschini, j. 3-2-1979. *Apud* THEODORO JÚNIOR, Humberto. Op. cit., p. 189.

27 ISHIDA, Válter Kenji. Op. cit., p. 560-561.

PARTE IV – A EFETIVIDADE DO ECA: MEDIDAS JUDICIAIS E EXTRAJUDICIAIS

de mudança do critério de fixação da competência. A regra constante do inciso II, como já afirmamos no item anterior, tem aplicação supletiva à do inciso I, ou seja, aquela só será utilizada quando a situação fática não se encaixar nesta, no momento da propositura da ação.

Quando o legislador utiliza diversas regras para aplicação em uma mesma situação, e as coloca em ordem, está claramente afirmando que devemos tentar aplicá-las sucessivamente, só se passando à segunda, caso não se possa utilizar a primeira e, só se passando à terceira, se a anterior não se adequar à situação fática sob exame. Este o critério adotado pelo legislador estatutário para os incisos do art. 147. Só será utilizado o critério de fixação do foro competente constante do inciso II do art. 147 se não foi possível utilizar-se o critério trazido pelo inciso I do mesmo artigo.

Mesmo que se queira aplicar, como deve ser e é aplicada, a norma do art. 6º do ECA, na esteira do que faz um dos acórdãos trazidos por Ishida[28], não conseguimos chegar a mesma conclusão. O atendimento aos fins sociais ao qual o Estatuto se propõe e a condição peculiar da criança e do adolescente como pessoa em desenvolvimento (requisitos do art. 6º), para a interpretação de suas regras, por certo devem ser e são utilizados, mas isso não significa que se deve realizar uma desvirtuação das normas jurídicas sempre com a justificativa de que está sendo buscado o superior interesse da criança e do adolescente, como se isso fosse a *maravilha curativa*.

O envio dos autos do processo para outra comarca no transcorrer da instrução em nada beneficiará a proteção aos direitos das crianças e dos adolescentes, como também não fará com que se tenha uma decisão mais justa ou um processo mais célere. Muito pelo contrário. A remessa dos autos para outra comarca não facilitará a solução da questão litigiosa posta em Juízo, apenas a postergará. Caso haja nova mudança de domicílio dos pais ou responsáveis ou, na falta destes, da criança/ adolescente, mais uma vez, seguindo-se o entendimento da existência da regra do *juízo imediato*, deverá haver o declínio da competência e o processo enviado para o Juízo do novo domicílio. Estaria, então, criada a figura do *processo itinerante*. Chegando-se a um exemplo de extremos, imaginemos a viagem que o processo faria caso os pais e a criança fossem artistas circenses...

Será que se entendermos existente esta regra e a aplicarmos aos processos afetos às Varas da infância estaremos de fato atendendo ao superior interesse das crianças/adolescentes? Não, é a única resposta a ser dada.

Em discussões sobre o tema já tivemos oportunidade de ouvir argumento no sentido de ser benéfico o envio dos autos do processo para a nova localidade onde estão os pais ou a criança, pois a expedição de cartas é muito lenta e, sem a necessidade deste expediente processual, o provimento final será mais rapidamente alcançado, atendendo-se assim o princípio do superior interesse. É um ledo engano.

---

28 ISHIDA, Válter Kenji. Op. cit., p. 559.

A demora no cumprimento das cartas precatórias é um problema estrutural do Poder Judiciário, assim como é extremamente lento o envio de documentos pelo malote deste poder. Pensar que ao serem ignoradas as regras de direito processual com a criação de novas interpretações conseguir-se-á benefícios para alguém, nada mais é do que despir um santo para vestir outro. Não será com uma interpretação equivocada que se conseguirá superar os entraves da máquina judiciária, que é velha e lenta. Melhor seria, seguindo este entendimento, extirpar do ornamento processual a figura das cartas e substituí-las por regra que determine a alteração da competência sempre que a parte mudar de domicílio. A interpretação das regras processuais há que ser única para todos os ramos do direito, não se podendo criar uma interpretação diferente para cada um deste.

Não encontramos fundamento para a incidência, nos processos que cuidam de direito da infância e da juventude, da regra do *juízo imediato*, por total falta de amparo legal, até mesmo por entendermos ser esta inconstitucional ao ferir o princípio do juiz natural.

A regra de competência territorial a ser aplicada é a do art. 147 que, depois de fixada, se manterá por todo o curso deste, com aplicação ampla da regra da *perpetuatio jurisdictionis*.

Apesar de entendermos equivocada, a regra do juízo imediato vem sendo aplicada pelo Poder Judiciário. Mantemos nosso posicionamento, e o fazemos para incentivar o debate.

7. PODER GERAL DE CAUTELA

Para que sejam alcançadas as pretensões daqueles que buscam a prestação jurisdicional, o Estado teve de adequar à forma como a prestação seria entregue, a fim de garantir, de maneira efetiva a correção da lesão ocasionada ao direito. A primeira forma de realizar a jurisdição foi por meio de decisões que, após a análise do caso concreto, conhecendo as argumentações das partes e as provas que tinham para demonstrar a veracidade do que alegavam, diziam quem possuía o melhor direito. Trata-se do processo de conhecimento.

Verificado que em muitas situações o vencido não cumpria o comando constante da sentença, o Estado-Juiz percebeu a necessidade de utilizar sua força para fazer cumprir sua vontade (constante da sentença). Passou a ser utilizada a força estatal para o cumprimento das decisões, executando forçadamente seus comandos, já que estes não eram realizados de modo voluntário pelo vencido. Surge a figura do processo de execução.

Em muitas situações foi detectado que, em decorrência da demora natural dos processos, quando chegava a ser proferida a decisão final e quando esta seria executada, o direito objeto da lide havia perecido, o que fazia com que a parte vencedora ganhasse algo que já não existia. Fez-se necessário que o Estado passasse a

PARTE IV – A EFETIVIDADE DO ECA: MEDIDAS JUDICIAIS E EXTRAJUDICIAIS

realizar a prestação jurisdicional de modo a garantir a existência de um direito em momento futuro, para que, quando se soubesse a quem ele pertenceria, ainda existisse. Esta modalidade de prestação jurisdicional não afirma a quem o direito pertence, apenas garante sua preservação. Este terceiro tipo de processo é denominado processo cautelar.

Interessa-nos mais de perto o processo cautelar, com sua função de garantir a efetividade de outro processo.

Por sua característica peculiar de ser o tipo de processo que visa assegurar os direitos que se encontram lesionados ou ameaçados de o serem, para que possam ser discutidos em outro processo, é visto como o *instrumento do instrumento*[29].

Como figura autônoma, o processo cautelar deixou de existir em nosso Direito com o advento do CPC. Toda a disciplina legislativa referente ao processo cautelar, assim como os que dizem respeito à antecipação de tutela e tutela de evidência. Todos os institutos se encontram reunidos no Livro V da Parte Geral, com o título Da Tutela Provisória.

A tutela provisória se divide em tutela de urgência e de evidência, conforme dispõe o art. 294. A primeira encontra-se disciplinada nos arts, 300 a 310 e a de evidência no art. 311. O parágrafo único do art. 294 esclarece que a tutela de urgência se subdivide em cautelar e antecipada, podendo, ainda, ser antecedente ou incidental.

Estas classificações, por certo, não apresentarão nenhuma dificuldade, uma vez que não são novas para nosso ordenamento e nem para o estudo do Direito. A classificação entre antecedente e incidental diz respeito ao momento de sua interposição, ou seja, a primeira antes do processo de conhecimento e a segunda no curso do processo, como já acontece. Do mesmo modo a distinção do que será uma medida cautelar ou uma tutela antecipada, sendo certo haver ainda uma pequena confusão doutrinária e prática com relação a seus contornos, tanto que o CPC de 1973, após a introdução da figura da tutela antecipada, considerando os problemas práticos ocorridos, inseriu a regra da fungibilidade de uma pedida em outra, a critério do juiz. Esta regra foi mantida pelo CPC em seu art. 305, parágrafo único.

Tendo em vista que a presente obra não é um curso de direito processual civil, não temos como nos estender muito sobre o tema. Assim, na tentativa de esclarecer, de um modo bem resumido, a distinção entre tutela cautelar e tutela antecipada,

---

29   O processo é o instrumento criado pelo Estado por meio do qual é exercido o direito de ação. Como o processo cautelar não tem a finalidade de dizer o direito ao caso concreto, nem realizar o direito já reconhecido e que não está sendo cumprido por quem deveria, mas garantir a existência de um direito para que, em momento futuro, quando finalizada a discussão sobre este ele ainda se encontre íntegro, os doutrinadores de direito processual o denominaram de *instrumento do instrumento* em decorrência de ele vir a garantir que outro processo (conhecimento ou cautelar) venha a ser efetivo.

podemos afirmar que serão cautelares as providências requeridas com a finalidade de *assegurar* um direito. Já as que forem postuladas com a finalidade de *satisfazer* um direito serão tutela antecipada.

Assim, quando em um processo é concedida a proteção requerida pelo autor, diz-se que está sendo concedida uma tutela cautelar, que pode ser conceituada como

> a providência concreta tomada pelo órgão judicial para eliminar uma situação de perigo para direito ou interesse de um litigante, mediante conservação do estado de fato ou de direito que envolve as partes, durante todo o tempo necessário para o desenvolvimento do processo principal[30].

Temos de ter sempre em mente que o ponto essencial da tutela cautelar é o fato de ela não garantir o direito substancial que o autor afirma possuir, destinando-se, unicamente, a assegurá-lo para o futuro.

Quando se requer uma tutela cautelar, é necessário que se demonstre a existência de dois requisitos para sua concessão: *fumus boni iuris* (a fumaça do bom direito, que significa que deve ser demonstrada alguma plausibilidade do direito que a parte alega possuir sobre a coisa ou direito litigioso) e *periculum in mora* (o perigo da demora, que significa que há que ser demonstrada a necessidade de a providência cautelar ser concedida com urgência, pois, caso não o seja, a lesão ao direito irá se agravar ou ocorrer).

Em virtude de seu eminente caráter protecionista, há a possibilidade de uma atuação judicial mais efetiva, em uma maior consonância com a visão moderna do direito processual com relação à figura do juiz. A doutrina processualista moderna, em sua totalidade, não aceita mais que o juiz seja aquela figura passiva que fica apenas assistindo a discussão das partes como um mero espectador, sem nenhuma ação. Hoje se vê o juiz em uma posição mais ativa, devendo velar pelo bom andamento do processo e podendo agir para a consecução dos fins da jurisdição, uma justa e correta prestação jurisdicional.

Nesta posição mais ativa, o juiz pode determinar, de ofício, a realização de provas (art. 370 do CPC), já que a ele as provas são destinadas, pois não são as partes que devem se convencer do que alegam, mas o julgador. Pode e deve o juiz, como bom presidente da relação processual, agir no intuito de dar célere andamento ao processo, evitando que as partes ajam de forma que tumultue e protele a chegada à fase decisória (art. 139, II e III, CPC). Em sua nova posição, o juiz deve cuidar para que sua ação não acabe por trazer o desequilíbrio entre as partes e fazer com que deixe de ser imparcial. Na hipótese de determinar a realização de provas, deve atentar para não acabar por substituir a parte na realização de alguma prova que deveria ter ela requerido, mas, por alguma desídia ou desatenção, não a fez.

---

30 THEODORO JÚNIOR, Humberto. *Curso de direito processual civil.* 21. ed. Rio de Janeiro: Forense, 1998, v. II, p. 362-363.

PARTE IV – A EFETIVIDADE DO ECA: MEDIDAS JUDICIAIS E EXTRAJUDICIAIS

Com este cenário, temos a figura do poder geral de cautela conferido ao juiz (art. 301 do CPC) para conceder as tutelas cautelares que achar necessárias, a fim de resguardar um direito quando houver fundado receio de que uma das partes possa vir a lesioná-lo gravemente. Trata-se de uma autorização legal para que o juiz possa coibir qualquer situação de perigo que venha a comprometer a eficácia do processo.

Há limites para este poder geral de cautela ou podemos tê-lo como ilimitado? Certamente possui limites, que a doutrina[31] enumera em três, a saber:

1. *ausência de discricionariedade do juiz*. Presentes os requisitos para a concessão da medida, o juiz não pode se furtar a decretá-la;

2. *necessidade*. Só deve ser concedida quando se mostrar necessária;

3. *a medida não deve ter caráter satisfativo*. A medida cautelar é, por sua própria natureza, não satisfativa. Ela não permite, portanto, a realização do direito substancial, mas apenas o preserva. Caso a medida venha a ter caráter satisfativo do direito material da parte, estaremos diante de uma antecipação de tutela, que tem requisitos próprios a preencher, conforme regras constantes do art. 273 do CPC.

A tutela cautelar só poderá ser deferida no curso de um processo, seja ele preparatório, seja incidental.

O poder geral de cautela está previsto no Estatuto da Criança e do Adolescente na regra constante do art. 153, quando é afirmado que não correspondendo a nenhum procedimento previsto na lei, poderá o juiz, de ofício, conceder as medidas necessárias. Quando o Estatuto faz referência a *procedimento previsto na lei*, está, em verdade, dizendo *procedimento previsto em lei*, não só no Estatuto, mas em qualquer outra.

Merece cuidado em sua interpretação o texto do art. 153, em face de sérias imprecisões técnicas que apresenta. A primeira delas diz respeito ao juiz poder investigar fatos. Essa assertiva vai de encontro ao princípio dispositivo. De há muito foi abandonado o modelo inquisitório de processo, no qual a figura do juiz e a do acusador confundiam-se em uma única pessoa, acabando por fazer o julgador ficar psicologicamente tendencioso a demonstrar a veracidade daquelas provas que havia obtido, o que fazia com que ficasse totalmente parcial em seu julgamento. Esse modelo foi substituído pelo acusatório, em que a busca de provas é realizada por um órgão e o julgamento por outro, ficando o juiz inerte, aguardando que as provas lhe sejam trazidas para apreciação e convencimento.

Modernamente, os sistemas jurídicos do mundo ocidental utilizam o sistema acusatório, vigorando o princípio dispositivo, segundo o qual o processo começa

---

31 CÂMARA, Alexandre Freitas. *Lições de direito processual civil*. 4. ed. Rio de Janeiro: Lumen Juris, 2002, v. III, p. 44-46.

por iniciativa das partes, sendo delas toda a obrigação de realizar a comprovação da veracidade daquilo que alegam. Porém o princípio dispositivo não vige em sua pureza clássica, já que, depois de instaurada a relação processual, passa a haver interesse público em que o processo siga seu curso até final decisão, existindo, assim, certa mitigação entre os processos acusatório e inquisitivo. Tanto isso é verdade que o CPC dispõe em seu art. 2º que o processo começa por iniciativa da parte, mas se desenvolve por impulso oficial. A inércia da jurisdição e, consequentemente, do juiz está sendo interpretada de uma forma mais liberal, pois, como já afirmado anteriormente, não se concebe o juiz como uma figura passiva no curso do processo.

A despeito disso, não se pode entender que o juiz, nesta nova visão ativa, ultrapasse limites e passe a realizar investigações, buscando provas, contaminando-se com preconceitos e já fazendo um juízo de convencimento, o que fará com que haja sério prejuízo para a parte contrária. Caso isso venha a ocorrer, teremos uma triste regressão ao sistema inquisitivo, que não respeita os direitos e garantias das partes. O juiz da infância e juventude também se encontra sujeito ao princípio dispositivo.

Desta forma, a correta interpretação a ser dada ao texto do art. 153 será entender que a investigação sobre fatos que envolvem crianças e adolescentes que se encontrem com algum direito violado e que possam vir a necessitar de uma providência judicial seja realizada pelo *Juízo*, aí compreendidos seus órgãos auxiliares. Chegando algum fato grave que envolve criança ou adolescente à Vara da infância, deve ser acionado o comissariado da infância, a Divisão de Serviço Social ou o Serviço de Psicologia. Estes órgãos auxiliares, de forma isolada ou em conjunto, terão o contato inicial com o caso e encaminharão um relatório informativo sobre os fatos, que será autuado e encaminhado ao juiz para apreciação. Nem sempre será necessária a atuação dos órgãos auxiliares do Juízo, pois os fatos podem chegar ao conhecimento da autoridade judiciária por intermédio de comunicação de algum órgão público que atue com criança e adolescente e que tenha tomado conhecimento dos fatos, como, p. ex., as escolas e hospitais[32]. Não será o juiz que buscará a verdade dos fatos noticiados ao Juízo, pois se assim o fizer não terá a isenção necessária para julgar futuro processo que se origine do fato investigado. Só com esta interpretação poderemos coadunar a "investigação realizada pela autoridade judiciária" com os princípios do direito processual.

Quando a lei afirma que a autoridade judiciária poderá ordenar de ofício as providências necessárias, se a medida judicial a ser adotada não corresponder a

---

32 Estas situações, na maioria dos municípios, não mais ocorrerão, pois com a existência dos Conselhos Tutelares e a obrigação de notificação compulsória de maus-tratos praticados contra crianças e adolescentes a este órgão, não haverá mais esta comunicação ao Juízo. De regra, a instauração do procedimento judicial previsto no art. 153 só se dará quando alguma pessoa procura a Vara da Infância e Juventude para comunicar o fato ou quando ainda não tiver sido, em algum município, instalado o Conselho Tutelar.

PARTE IV – A EFETIVIDADE DO ECA: MEDIDAS JUDICIAIS E EXTRAJUDICIAIS

procedimento previsto em seu texto, tem-se, de forma clara, redação semelhante àquelas constantes dos arts. 300 e 301, ambos do CPC. Para a proteção de direitos de crianças e adolescentes que estejam sendo violados ou ameaçados, o juiz poderá, de ofício, cautelarmente, determinar as medidas necessárias para seu resguardo. Não possui o juiz a discricionariedade de decretar ou não a medida cautelar, tendo o dever de concedê-la em estando presentes seus requisitos.

Ao verificar a possibilidade de conceder de ofício a medida protetiva, deverá fazê-lo também sem a oitiva da parte contrária, pois, de regra, as violações a direitos das crianças e adolescentes são praticadas por pessoas que lhes são próximas. Qualquer tentativa de ouvir o agressor poderá colocar em risco a integridade dessas pessoas em formação. Este regramento se encontra em consonância com o disposto no art. 9º, parágrafo único, I, do CPC.

Deverá o juiz cuidar da extensão dos efeitos da medida por ele concedida. Pelo rito que o procedimento tomará, não haverá contraditório antes de sua concessão, o que faz com que a medida não possa atingir terceiros, ou seja, não pode ter o condão de obrigá-los a fazer ou deixar de fazer alguma coisa. A medida deverá alcançar apenas a criança/adolescente destinatário, protegendo-o. Qualquer medida a ser aplicada aos pais ou responsáveis ou contra terceiro, pela autoria da violação a um direito dos menores de idade, deverá ser efetivada por meio de processo próprio, com a garantia constitucional do contraditório.

Por ser uma medida judicial, só poderá ser concedida no corpo de um procedimento próprio. Tendo em vista a urgência que o caso requererá, basta que a informação prestada por um dos órgãos auxiliares do Juízo seja tombada e autuada, sem a necessidade de qualquer outra formalidade. Tanto isso é verdade que a manifestação do Ministério Público não precisa anteceder a concessão de tutela cautelar. É obrigatória a intervenção ministerial, sob pena de nulidade do procedimento (arts. 202 e 204 do ECA), mas esta não deve se sobrepor à proteção a um direito da criança e do adolescente. Sendo urgente a situação, não deve o juiz aguardar a ida dos autos ao promotor de justiça, devendo proteger o direito ameaçado, encaminhando, posteriormente, os autos ao Ministério Público para manifestação, momento em que o promotor de justiça poderá realizar todos os requerimentos que entender por bem, inclusive recorrer da decisão, e verificar se possui os subsídios necessários para a propositura de ação para a salvaguarda definitiva dos direitos da criança/adolescente ou para sancionar o autor da violação.

Seguindo a mesma linha de raciocínio para o exercício do poder geral de cautela, o ECA proíbe que o procedimento a ser instaurado, em que será concedida a medida cautelar, equivalha a alguns dos nominados em seu texto. Teremos, então, um procedimento inominado, que poderá ser autuado como *providências*, *aplicação de medida protetiva*, ou qualquer outro nome que se lhe venha a conceder.

8. PRINCÍPIO DA INTERVENÇÃO MÍNIMA

A Lei n. 12.010/2009, ao cuidar das medidas específicas de proteção às crianças e adolescentes, acresceu ao art. 100 do Estatuto da Criança e do Adolescente um parágrafo único que traz os princípios que regem a aplicação das medidas protetivas. Todos esses princípios são tratados, nesta obra, no capítulo próprio que cuida das medidas específicas de proteção, ao qual remetemos o leitor.

Interessa-nos, neste momento, exclusivamente, o princípio da intervenção mínima, haja vista seu cunho procedimental (art. 100, parágrafo único, VII, da Lei n. 8.069/90).

Esse princípio se encontra em total consonância com o Princípio Constitucional da Tempestividade da Tutela Jurisdicional e o Princípio do Superior interesse. O texto legal é claro, não deixando dúvidas para o intérprete. Por ele, só devem intervir nos procedimentos de aplicação de medidas de proteção às crianças e adolescentes as autoridades e instituições estritamente indispensáveis à efetivação dos direitos das pessoas em formação.

Logo, o juiz, presidente do procedimento, deve indeferir a intervenção de qualquer pessoa ou órgão assim que perceba que a participação desse ente nada acrescentará para a proteção da criança/adolescente sujeito do procedimento. Os órgãos que necessariamente intervirão em todos os procedimentos de aplicação de medidas protetivas serão o Poder Judiciário e o Ministério Público. A intervenção dos demais entes e órgãos da Rede de Proteção só será necessária se sua participação for importante para a aplicação da medida de proteção, devendo ser avaliada caso a caso pelo juiz.

Esse princípio, de cunho claramente processual, apesar de se encontrar previsto no Capítulo II do Título II do ECA, apresenta uma amplitude tão grande, que entendemos que deva ser aplicado a todos os processos e procedimentos que tenham como objeto o Direito da Criança e do Adolescente. Tanto isso é verdadeiro que o ECA, ainda em seu texto original, já trazia regras que reduziam o tempo de duração dos processos. O princípio da intervenção mínima se coaduna de modo perfeito com a celeridade que o legislador sempre empregou nos processos que cuidam do Direito da Criança e do Adolescente. O juiz deve impedir as intervenções desnecessárias de pessoas, órgãos e entes, em todos os processos, a fim de não retardar a entrega da prestação jurisdicional, pois o atraso só irá prejudicar a criança/adolescente.

REFERÊNCIAS

ALBERGARIA, Jason. *Comentários ao Estatuto da Criança e do Adolescente*. 2. ed. Rio de Janeiro: Aide, 1991.

BECKER, Maria Josefina. Art. 142. In: VERONESE, Josiane Rose Petry; SILVEIRA, Mayra; CURY, Munir (coord.). *Estatuto da Criança e do Adolescente comentado*.

PARTE IV – A EFETIVIDADE DO ECA: MEDIDAS JUDICIAIS E EXTRAJUDICIAIS

Comentários jurídicos e sociais. 13. ed. rev. e atual. São Paulo: Malheiros, 2018.

BEZERRA, Adão Bomfim. Art. 209. In: VERONESE, Josiane Rose Petry; SILVEIRA, Mayra; CURY, Munir (coord.). *Estatuto da Criança e do Adolescente comentado.* Comentários jurídicos e sociais. 13. ed. rev. e atual. São Paulo: Malheiros, 2018.

BUENO, Cassio Scarpinella. Novo Código de Processo Civil Anotado. 1. ed. 2. tir. São Paulo: Saraiva, 2015.

CÂMARA, Alexandre Freitas. *Lições de direito processual civil.* 13. ed. Rio de Janeiro: Lumen Juris, 2005, v. I.

CÂMARA, Alexandre Freitas. *Lições de direito processual civil.* 4. ed. Rio de Janeiro: Lumen Juris, 2002, v. III.

CHIOVENDA, Giuseppe. *Instituições de direito processual civil.* Trad. Paolo Capitanio. Campinas: Bookseller, 1998, v. II.

CINTRA, Antônio Carlos de Araújo *et al. Teoria geral do processo.* 13. ed. São Paulo: Malheiros, 1997.

CURY, Munir; GARRIDO DE PAULA, Paulo Afonso; MARÇURA, Jurandir Norberto. *Estatuto da Criança e do Adolescente anotado.* 2. ed. rev. e atual. São Paulo: Revista dos Tribunais, 2000.

DE PLÁCIDO E SILVA. *Vocabulário jurídico.* 16. ed. rev. e atual. por Nagib Slaibi Filho e Geraldo Magela Alves, Rio de Janeiro: Forense, 1999.

DINAMARCO, Cândido Rangel *et al. Teoria geral do processo.* 13. ed. São Paulo: Malheiros, 1997.

FARIA DA SILVA, Jorge Araken. Art. 142. In: VERONESE, Josiane Rose Petry; SILVEIRA, Mayra; CURY, Munir (coord.). *Estatuto da Criança e do Adolescente comentado.* Comentários jurídicos e sociais. 13. ed. rev. e atual. São Paulo: Malheiros, 2018.

FARIAS, Cristiano Chaves de. *Direito civil* – Teoria geral. 2. ed. Rio de Janeiro: Lumen Juris, 2005.

GRINOVER, Ada Pellegrini *et al. Teoria geral do processo.* 13. ed. São Paulo: Malheiros, 1997.

ISHIDA, Válter Kenji. *Estatuto da Criança e do Adolescente* – Doutrina e jurisprudência. Doutrina e jurisprudência. 25. ed. rev., atual. e ampl. São Paulo: JusPodivm, 2024.

LIEBMAN, Enrico Tullio. *Eficácia e autoridade da sentença.* Trad. Alfredo Buzaid, Benvindo Aires e Ada Pellegrini Grinover. 3. ed. Rio de Janeiro: Forense, 1984.

MARQUES, José Frederico. *Manual de direito processual civil.* Atual. por Vilson Rodrigues Alves. Campinas: Bookseller, 1997, v. I.

MAXIMILIANO, Carlos. *Hermenêutica e aplicação do direito*. 19. ed. Rio de Janeiro: Forense, 2003.

PINHO, Humberto Dalla Bernardina de. *Manual de direito processual civil contemporâneo*. São Paulo: Saraiva. 2019.

THEODORO JÚNIOR, Humberto. *Curso de direito processual civil*. 43. ed. rev. e atual. Rio de Janeiro: Forense, 2005.

THEODORO JÚNIOR, Humberto. *Curso de direito processual civil*. 21. ed. Rio de Janeiro: Forense, 1998, v. II.

THEODORO JÚNIOR, Humberto *et al. Novo CPC – Fundamentos e sistematização*. 2. ed. rev., atual. e ampl. Rio de Janeiro: Forense, 2015.

Ação de suspensão e de destituição do poder familiar

Kátia Regina Ferreira Lobo Andrade Maciel

1. INTRODUÇÃO

O implemento das causas naturais e legais de extinção do poder familiar previstas no art. 1.635, I, II e III, do Código Civil (morte, emancipação e maioridade) opera efeitos *pleno iure*, por isso não constituem sanção aos titulares daquele múnus[1]. A entrega do filho para adoção, com a alteração promovida no ECA pela Lei n. 13.509/2017, passou a constituir fundamento legal para a decretação da extinção do poder familiar. Não se trata de uma sanção aos genitores, uma vez que a medida é aplicada com a anuência destes, tendo por fim a colocação do filho sob a guarda provisória de quem estiver habilitado a adotá-lo ou de entidade que desenvolva programa de acolhimento familiar ou institucional. Para a formalização desse ato de disposição, exige-se a realização de audiência na qual o ato judicial será decretado (§ 5º do art. 19-A, c/c § 1º do art. 166 do ECA, com a redação dada pela Lei n. 13.509/2017). Convém registrar que o consentimento dos genitores é retratável até a data da realização dessa audiência, bem como os pais podem exercer o arrependimento no prazo de dez dias, contado da data de prolação da sentença de extinção do poder familiar (§ 5º do art. 166)[2].

---

1 No que se refere à adoção como forma de extinção do poder familiar prevista no art. 1.635, IV, do CC, remetemos os leitores às críticas pontuadas no capítulo "Poder familiar".

2 Enunciado 2 do Fórum Nacional da Justiça Protetiva – FONAJUP: "Após a oitiva judicial dos pais, na entrega voluntária de seus filhos para colocação em família adotiva,

Nas hipóteses de destituição e de suspensão da autoridade parental (arts. 1.635, V, 1.637 e 1.638[3] do CC c/c o art. 24 do ECA), em oposto, por representarem inibição ao poder familiar, será indispensável a propositura de ação própria[4].

O procedimento especial de destituição do poder familiar está disciplinado nos arts. 155 a 163 da Lei n. 8.069/90, com as modificações trazidas pela Lei n. 12.010/2009 e a Lei n. 13.509/2017, assegurada, sob pena de responsabilidade, a prioridade absoluta na tramitação deste processo (§ 1º do art. 152 do ECA).

Para a aplicação desta medida punitiva de caráter grave em face dos pais (art. 129, X, do ECA), o legislador, dentre as inúmeras peculiaridades desta ação[5], possibilitou a concessão liminar ou incidental da suspensão do poder familiar (art. 157); previu o prazo de 15 dias[6] para o Ministério Público ingressar com a ação, quando os estudos e demais providências necessárias estiverem completas (§ 10 do art. 101); estabeleceu que, na hipótese de os genitores encontrarem-se em local

---

o juiz homologará a declaração de vontade dos pais nos próprios autos e declarará extinto o poder familiar".

3   O rol do art. 1.638 do CC foi ampliado pelas Leis n. 13.509/2017 e 13.715/2018. "Art. 1.638. Perderá por ato judicial o poder familiar o pai ou a mãe que: [...] V – entregar de forma irregular o filho a terceiros para fins de adoção. [Incluído pela Lei n. 13.509, de 2017.]. Parágrafo único. Perderá também por ato judicial o poder familiar aquele que: I – praticar contra outrem igualmente titular do mesmo poder familiar: a) homicídio, feminicídio ou lesão corporal de natureza grave ou seguida de morte, quando se tratar de crime doloso envolvendo violência doméstica e familiar ou menosprezo ou discriminação à condição de mulher; b) estupro ou outro crime contra a dignidade sexual sujeito à pena de reclusão; II – praticar contra filho, filha ou outro descendente: a) homicídio, feminicídio ou lesão corporal de natureza grave ou seguida de morte, quando se tratar de crime doloso envolvendo violência doméstica e familiar ou menosprezo ou discriminação à condição de mulher; b) estupro, estupro de vulnerável ou outro crime contra a dignidade sexual sujeito à pena de reclusão [Incluído pela Lei n. 13.715, de 2018.]".

4   Alerta Liberati que "a lei civil não enumerou todas as possibilidades. O Estatuto, ao determinar o procedimento judicial da suspensão e extinção do poder familiar, orienta o intérprete a buscar, no capítulo sobre o "Direito à convivência familiar e comunitária" (arts. 19-24), os elementos necessários para avaliar a gravidades dos atos praticados pelos pais." LIBERATI, Wilson Donizeti. *Comentários ao Estatuto da Criança e do Adolescente*. 12 ed. rev. e ampl. de acordo com a Lei n. 13.058, de 22-12-2014. São Paulo: Malheiros, 2015, p. 196.

5   Como este procedimento é previsto exclusivamente no ECA, os prazos são contados em dias corridos, excluído o dia do começo e incluído o dia do vencimento, vedado o prazo em dobro para a Fazenda Pública e o Ministério Público (art. 152, § 2º, com a redação conferida pela Lei n. 13.509/2017).

6   O prazo de 30 dias previsto no § 10 do art. 101 do ECA original foi reduzido à metade (15 dias), salvo se o MP entender necessários estudos complementares ou a realização de outras providências necessárias à propositura da demanda, conforme redação da Lei n. 13.509/2017.

PARTE IV – A EFETIVIDADE DO ECA: MEDIDAS JUDICIAIS E EXTRAJUDICIAIS

incerto ou não sabido, a citação será por edital no prazo de dez dias, em publicação única, dispensado o envio de ofícios para a localização (§ 4º do art. 158); fixou prazos mais curtos para a contestação (dez dias) e para a prolação da sentença (cinco dias); determinou que as partes em suas peças processuais forneçam desde logo o rol de testemunhas (arts. 156, IV, e 158); frisou a obrigatoriedade da oitiva dos pais sempre que esses forem identificados e estiverem em local conhecido, ressalvados os casos de não comparecimento perante a Justiça quando devidamente citados (§ 4º do art. 161); estabeleceu o prazo máximo de 120 dias para conclusão do procedimento (art. 163) e, em sede recursal, conferiu o processamento com prioridade absoluta, pela imediata distribuição, dispensa da atuação de Revisor e parecer urgente do *Parquet* (art. 199-C); determinou o julgamento de recursos no prazo máximo de 60 (sessenta) dias, contado da sua conclusão, podendo o Ministério Público, se entender necessário, apresentar oralmente seu parecer na sessão (art. 199-D)[7]. Mediante o Provimento n. 165/2024, do Conselho Nacional de Justiça, foi determinado aos Corregedores Gerais dos Tribunais de Justiça dos Estados que fiscalizem, através de inspeções e correições, a efetividade na tramitação dos processos de destituição do poder familiar, assim como nos de adoço (art. 63). Para tanto, estes processos deverão tramitar com a devida prioridade absoluta por meio de identificação, seja nos autos físicos, seja nos casos eletrônicos, conforme art. 1.048, II da Lei n. 13.105/2015 (CPC), independentemente de deferimento de órgão jurisdicional, bastando a comprovação da condição de beneficiário.

2. COMPETÊNCIA

O poder familiar, como consignado no art. 21 do ECA, é exercido igualmente pelos pais durante a menoridade civil do filho. Havendo discordância ou divergência destes quanto ao exercício dos encargos da autoridade parental, o Estatuto da Criança e do Adolescente, com a redação conferida pela Lei n. 12.010/2009, disciplina a necessidade de intervenção judicial.

O procedimento que objetiva a solução dos impasses entre os titulares do poder familiar não encontra previsão específica no ECA ou no Código de Processo

---

7   "Art. 199-C. Os recursos nos procedimentos de adoção e de destituição de poder familiar, em face da relevância das questões, serão processados com prioridade absoluta, devendo ser imediatamente distribuídos, ficando vedado que aguardem, em qualquer situação, oportuna distribuição, e serão colocados em mesa para julgamento sem revisão e com parecer urgente do Ministério Público. Art. 199-D. O relator deverá colocar o processo em mesa para julgamento no prazo máximo de 60 (sessenta) dias, contado da sua conclusão. Parágrafo único. O Ministério Público será intimado da data do julgamento e poderá na sessão, se entender necessário, apresentar oralmente seu parecer. Art. 199-E. O Ministério Público poderá requerer a instauração de procedimento para apuração de responsabilidades se constatar o descumprimento das providências e do prazo previstos nos artigos anteriores."

Civil[8]. Dependendo da natureza do pedido, os pais legitimados podem optar pelo rito cautelar ou pelo comum, como, por exemplo, nos conflitos sobre autorizações de viagens; nas divergências acerca da educação e da saúde do filho; nos desacordos ou descumprimentos das regras de convivência; dissensões acerca da venda de bem imóvel do filho etc. A competência será ditada pelo Código de Organização Judiciária local e poderá ser da Vara de família ou infantojuvenil, dependendo da situação familiar da criança. De fato, a Lei n. 8.069/90, ao cuidar de hipóteses referentes às discussões entre os pais acerca do exercício do poder familiar, condicionou a competência da infância à incidência do art. 98 do mesmo diploma legal, conforme art. 148, parágrafo único, alínea *d*.

Quanto à decretação da destituição ou da suspensão do encargo familiar, foi traçado um procedimento específico na Lei n. 8.069/90 (arts. 155 a 163), o que poderia nos levar à precipitada conclusão de que esta inserção no ECA pressupõe que a competência para apreciar tal matéria seja exclusiva da Justiça da Infância e da Juventude. O ECA, pois, é o diploma legal que estabelece o procedimento destinado à destituição e à suspensão do poder familiar, com base no rol enumerado no Código Civil (arts. 1.637 e 1.638) e no descumprimento dos encargos elencados no art. 22 do ECA. Esta a redação do art. 24 da lei infantojuvenil: "A perda e a suspensão do poder familiar serão decretadas judicialmente, em procedimento contraditório, nos casos previstos na legislação civil, bem como na hipótese de descumprimento injustificado dos deveres e obrigações a que alude o art. 22".

Na verdade, o legislador estatutário estabeleceu um microssistema legal de proteção dos direitos tendo por destinatária toda a população infantojuvenil e, concomitantemente, conferiu proteção diferenciada para crianças e adolescentes que estivessem sob a jurisdição da Justiça da infância e da juventude. Para tanto, elegeu um critério para fixar a competência para algumas matérias limítrofes. Esta linha divisória da competência entre a Justiça da infância e da juventude e as demais justiças especializadas está localizada no art. 98 do ECA, qual seja, *a situação na qual a criança ou o adolescente se encontra*.

Se os fatos pretendem excluir provisória ou definitivamente o múnus parental de um dos detentores para que outro o exerça com exclusividade e não se pretende colocar o filho menor de idade sob a guarda de terceiros, nem tampouco transferir o vínculo de parentesco para outra família, o Juízo competente será o familiarista. Em palavras mais diretas, o Juízo de família possui competência quando tratar de matéria da alçada do relacionamento entre ambos os pais e a prole. Não se tratando de pretensão de perda do encargo familiar pautada no art. 28 do ECA (colocação em famí-

---

8   Quando se tratar de abuso do poder familiar caracterizador de alienação parental, deve o genitor prejudicado utilizar, prioritariamente, os mecanismos da lei específica (Lei n. 12.318/2010).

PARTE IV – A EFETIVIDADE DO ECA: MEDIDAS JUDICIAIS E EXTRAJUDICIAIS

869

lia substituta), afastada está a competência da Justiça da infância e da juventude, não havendo dúvidas de que a Justiça de família será o órgão judicial competente.

Tal distinção faz-se necessária diante da *concorrência de competência* prevista no ECA para os pedidos de destituição e de suspensão do poder familiar e para conhecer de pedidos baseados em discordância paterna ou materna, em relação ao exercício do poder familiar. A regra está delineada no art. 148, dispositivo estatutário este que trata das matérias concernentes ao Juízo da infância e da juventude. No *caput* do art. 148 estão elencadas as ações de *competência exclusiva* daquele Juízo e no parágrafo único do art. 148 são enumeradas as matérias de *competência concorrente* com outros Juízos, notadamente os de família e orfanológico, vinculando-as às hipóteses expressas no art. 98 do ECA[9].

Note-se, assim, pela redação do art. 148 do ECA que, se o legislador estatutário pretendesse colocar todas as ações de destituição e de suspensão do poder familiar sob a égide do Juizado da Infância e da Juventude, não teria especificado que este seria competente para conhecer daquele pedido apenas *nas hipóteses do art. 98 do ECA*. Pelo contrário, teria simplesmente omitido tal referência, como no caso da adoção de criança e de adolescente (art. 148, III, c/c o art. 28 do ECA).

Em resumo, as ações de suspensão e de destituição do poder familiar somente tramitarão perante as Varas da infância e da juventude no caso de omissão, negligência ou abuso de *ambos os pais*, sempre visando à colocação da criança em família substituta (art. 148, parágrafo único, *b*, do ECA).[10] Esta, portanto, é uma norma de exceção.

---

9   "Art. 148. A Justiça da Infância e da Juventude é competente para: [...] *Parágrafo único. Quando se tratar de criança ou adolescente nas hipóteses do art. 98, é também competente a Justiça da Infância e da Juventude para o fim de:* [...] *b) conhecer de ações de destituição do poder familiar, perda ou modificação da tutela ou guarda;* [...]; *d) conhecer de pedidos baseados em discordância paterna ou materna, em relação ao exercício do poder familiar;* [...]" (grifos nossos).

10   "CONFLITO NEGATIVO DE COMPETÊNCIA. AÇÃO DE SUSPENSÃO OU DESTITUIÇÃO DO PODER FAMILIAR. ESTATUTO DA CRIANÇA E DO ADOLESCENTE. ART. 148 DO ECA. SITUAÇÃO DE RISCO. OCORRÊNCIA. COMPETÊNCIA DA VARA DA INFÂNCIA E DA JUVENTUDE. CONFLITO CONHECIDO E REJEITADO. A competência das varas da infância e da juventude está prevista nos arts. 98 e 148 do Estatuto da Criança e do adolescente. *As situações em que a Justiça da Infância e Juventude tem competência exclusiva são especificadas nos itens do primeiro parágrafo do artigo 148 do ECA, enquanto as situações de competência condicionada estão dispostas nas subseções do parágrafo único do mesmo artigo. A competência para julgar a ação de suspensão de poder familiar, fundamentada no ECA, com a narrativa de ocorrência de situação de risco (abandono e risco à saúde), é da Vara da Infância e da Juventude.* Conflito negativo de competência acolhido para declarar a competência do juízo suscitado" (TJMG, Conflito de Competência 10380821220248130000 1.0000.24.103808-2/000, Câmara Justiça 4.0, Rel. Des. Paulo Rogério de Souza Abrantes (JD Convocado), j. 21-6-2024) (grifos nossos).

A regra é a competência do Juízo da Vara de Família para apreciar a matéria em apreço[11]. Na prática, verifica-se que as ações de destituição do poder familiar das Varas de família estão restritas às hipóteses em que um genitor pretende destituir o outro da autoridade parental, ou quando a criança ou o adolescente estiver sob a guarda de familiar que litiga contra ambos os pais, cumulando o pedido com o de tutela. Portanto, nas ações de ADPF em Juízo de família a criança ou adolescente não se encontra em situação de abandono, omissão ou maus-tratos por ambos os pais.

Alerte-se, entretanto, que, tratando-se de ação de adoção c/c destituição do poder familiar, mesmo que a adoção seja unilateral, a demanda que visa à perda da autoridade parental de um só dos genitores para adoção de pessoa menor de 18 anos por padrasto ou madrasta deverá tramitar no mesmo Juízo da ação principal de adoção, Justiça da infância, por ser seu incidente (art. 148, III, do ECA)[12]. O mesmo se diga da ação de adoção c/c destituição do poder familiar proposta por pessoas habilitadas para a adoção em face dos pais do adotando, a competência será sempre da Vara da Infância. Sendo absoluta a natureza da incompetência em tela, reclama conhecimento de ofício, sendo irrelevante a via por meio da qual será suscitada (art. 64, § 1º, do CPC).

No tocante à competência territorial para julgar a ação de destituição do poder familiar, as regras a serem observadas são aquelas dispostas no art. 147 do ECA. Deve ser obedecido, primeiramente, o critério do local do domicílio dos pais ou responsáveis pelo infante ou adolescente. Na impossibilidade de localização dos genitores, será a competência do local onde se encontra a criança ou o adolescente cujos pais serão destituídos.

Assevere-se, por fim, que a ação de destituição do poder familiar pode ser proposta perante o Juízo da infância ou de família quando, no âmbito criminal, a incapacidade para este exercício não for expressamente decretada na sentença da ação penal que apura crime cuja vítima seja o filho do acusado (parágrafo único do art. 92 do CP), isso porque tal incapacidade não é automática. Se a sentença criminal nada disser, portanto, a perda do poder familiar somente será cabível por meio de

---

11 Ishida, ao tratar do procedimento de DPF na Vara de família, ensina que deve obedecer ao rito estabelecido no art. 155 e seguintes do Estatuto infantojuvenil e "a competência se dá pelo afastamento das hipóteses do art. 98 do ECA" (ISHIDA, Válter Kenji. *Estatuto da Criança e do Adolescente*: doutrina e jurisprudência. 25. ed. rev., atual. e ampl. São Paulo: JusPodivm, 2024, p. 620). Em posição contrária está Liberati, para quem é exclusiva a competência da Justiça da Infância e da Juventude para apreciar e julgar as questões que digam respeito à inibição do poder familiar. Diz o autor que "a justificativa da exclusividade decorre do disposto no art. 98, II, quando o direito da criança e do adolescente for ameaçado ou violado 'por falta, omissão ou abuso dos pais ou responsável'". LIBERATI, Wilson Donizeti. Op. cit., p. 197.

12 TJSP, Conflito de Competência Cível/Adoção de Adolescente n. 0048741-13.2019.8.26.0000, Câmara Especial, Rel. Des. Sulaiman Miguel, j. 29-1-2020.

PARTE IV – A EFETIVIDADE DO ECA: MEDIDAS JUDICIAIS E EXTRAJUDICIAIS

ação cível própria. Vale registrar, entretanto, que, em respeito aos princípios da ampla defesa e do contraditório e, de modo a garantir o devido processo legal, mesmo que declarada a perda ou a suspensão em sede criminal, há posicionamento doutrinário no sentido da necessidade de ação específica proposta perante o Juízo competente (família ou da infância e juventude)[13].

3. FASE POSTULATÓRIA

O pedido inaugural de suspensão ou destituição do poder familiar, cumulado ou não com guarda, tutela ou adoção, deverá preencher todos os requisitos expressos no art. 319 do CPC e, assim, estar instruído com os documentos indispensáveis à propositura da ação (art. 320 do CPC), notadamente a certidão de nascimento da criança/adolescente, de modo a provar a relação jurídica parento-filial com os réus.

Se o infante estiver acolhido em entidade ou inserido em acolhimento familiar, o autor deverá fornecer o nome da entidade ou o nome do casal/pessoa guardiã, onde aquele se encontra; o tempo e as razões do abrigamento; indicar, obrigatoriamente, os outros processos em trâmite acerca da criança ou do adolescente, bem como a existência de irmãos e de parentes ampliados destes. O autor, ainda, quando possível, deverá anexar a cópia do Plano Individual de Atendimento (PIA) da criança ou adolescente acolhido, de modo que o magistrado possua o histórico e informações importantes da criança ou do adolescente para a tomada de decisões[14].

Além dos requisitos da lei processual civil, dispõe o art. 156 do ECA que a peça exordial deverá indicar a autoridade judiciária a que for dirigida; o nome, estado civil, a profissão e a residência do requerente e do requerido, dispensada a qualificação em se tratando de pedido formulado por representante do Ministério Público; a exposição sumária do fato e o pedido e as provas que serão produzidas, oferecendo, desde logo, o rol de testemunhas e documentos.

Frise-se, os fatos e fundamentos que norteiam o pedido deverão ser minuciosamente descritos, objetivos e especificados (art. 319, III e IV, do CPC) com base

---

13 Remetemos o leitor aos comentários do item "Perda do poder familiar na lei penal", no capítulo "Poder familiar".

14 Apesar de considerar o PIA um importante subsídio para a instrução prévia da ADPF (art. 101, §§ 4º a 10, do ECA), Ishida entende não ser este um elemento imprescindível ou mesmo condição para a propositura da referida demanda. ISHIDA, Válter Kenji. *Estatuto da Criança e do Adolescente*: doutrina e jurisprudência, p. 624. O art. 73 e parágrafo único do Provimento n. 165/2024 do CNJ preveem que o processo no qual seja aplicada medida de proteção à criança ou ao adolescente, acolhido ou não, deve ser preferencialmente autônomo ao da ação de destituição do poder familiar, da adoção, ou de qualquer outro procedimento no qual deva ser observado o contraditório e que, sempre que possível, o juiz deverá tentar recuperar o histórico contido em procedimentos anteriores da criança.

nas hipóteses do art. 1.638 do CC e no art. 24 do ECA, de modo a garantir a ampla defesa. Deverá o autor indicar, se for o caso, a necessidade de afastamento liminar da criança ou do adolescente do seio da família natural, da suspensão do poder familiar ou das visitas (art. 1.637 do Código Civil c/c arts. 130 e 157 do ECA).

Não sendo o *Parquet* o autor da demanda, deverá ser requerida na peça vestibular a intimação do Ministério Público, por indispensável, sob pena de nulidade do processo, conforme previsto nos arts. 201, III, 202, 203 e 204 do ECA c/c o art. 178, II, do CPC.

O pleito que objetiva a suspensão ou a destituição do poder familiar não possui caráter econômico; diante de sua natureza inestimável, portanto, poderá ser conferido a ele um valor da causa meramente simbólico, em obediência ao disposto nos arts. 291 do CPC.

Por se tratar de exceção legal prevista apenas para o procedimento de colocação em família substituta (art. 166 do ECA), o pleito da perda da autoridade parental não poderá ser postulado diretamente em cartório, mas será assegurado ao legitimado, que dela necessitar, a assistência judiciária integral e gratuita (art. 206, parágrafo único do ECA).

4. LEGITIMIDADE ATIVA

Para a propositura da ação de suspensão e de destituição, estão legitimados os interessados como pretensos adotantes ou tutores, familiares, o outro genitor e o Ministério Público, sendo que este terá o prazo de 15 dias, conforme enfocado antes, caso possua subsídios suficientes para tal (arts. 101, § 10, 155 do ECA).

Neste particular, destaca-se a atuação do Ministério Público por meio das Promotorias de Justiça da infância e da juventude, as quais, conforme o caso, detêm atribuição para fiscalizar o exercício do poder familiar durante o abrigamento, promovendo ações em face do Poder Público para a proteção da família (art. 201, V, do ECA) e contra os pais, no superior interesse dos filhos (arts. 1.637 e 1.692 do CC; art. 201, III e X, do ECA e art. 178, II, do CPC), tudo levando a salvaguardar os direitos destes últimos e manter a família natural unida e fortalecida.

O § 9º do art. 101 do ECA, acrescentado pela Lei n. 12.010/2009, previu o envio de relatório fundamentado ao Ministério Público para a verificação final da situação familiar do infante acolhido.

O membro do Ministério Público, portanto, deverá estar lastreado em relatório fundamentado, no qual conste a descrição pormenorizada das providências tomadas e a expressa recomendação, subscrita pelos técnicos da entidade ou responsáveis pela execução da política municipal de garantia do direito à convivência familiar, de que se trata de situação que enseja a destituição do poder familiar.

Em sendo constatada a impossibilidade de reintegração da criança ou do adolescente à família de origem, depois de verificar que houve o encaminhamento, sem

PARTE IV – A EFETIVIDADE DO ECA: MEDIDAS JUDICIAIS E EXTRAJUDICIAIS

êxito, dos pais a programas oficiais ou comunitários de orientação, apoio e promoção social da família natural, o promotor de justiça da infância proporá a referida ação de destituição do poder familiar, desde que haja ao menos indícios das hipóteses do art. 24 do ECA c/c dos parágrafos do art. 1.638 do CC.

Figurando o Ministério Público como autor da ação, não haverá necessidade de ser intimado outro membro do *Parquet* para funcionar na qualidade de fiscal da lei, em razão do papel constitucional daquele órgão de zelar pelos interesses individuais indisponíveis (art. 127) e diante dos princípios institucionais da unidade e da indivisibilidade da instituição (§ 1º do art. 127).

Agindo a Promotoria de Justiça contra os pais, ou contra um deles somente, assim o faz exclusivamente no interesse do incapaz (art. 155 c/c o 201, II, do ECA). Em outras palavras, o agente ministerial atua buscando preservar o pleno exercício do poder familiar, de forma a manter este dever adequadamente ou destituir aquele que não o exerça com zelo e amor. Desta maneira, é desnecessária a nomeação de curador especial ao filho, em se cuidando de destituição do poder familiar promovida pelo *Parquet*, conforme preleciona expressamente o art. 162, § 4º do ECA, com o teor da Lei n. 13.509/2017: "Quando o procedimento de destituição de poder familiar for iniciado pelo Ministério Público, não haverá necessidade de nomeação de curador especial em favor da criança ou adolescente"[15].

A desnecessidade da nomeação de curador especial em favor da criança nessa modalidade de ação se estende inclusive quando o Ministério Público atua no papel de fiscal da ordem jurídica[16].

Acresce dizer, ainda, que a Defensoria Pública não possui respaldo legal para se autonomear curador especial da criança ou do adolescente em processos sigilosos, uma vez que a Constituição Federal, ao atribuir àquele órgão a função de orientação jurídica e defesa dos necessitados (art. 134 da CF/88), não pretendeu atribuir-lhe legitimidade extraordinária para defesa desses interesses, como fez com

---

15 Entendendo dispensável a nomeação de curador especial ao infante e ao adolescente nas ações em tela, o Superior Tribunal de Justiça tem reiteradamente julgado nesse sentido: Embargos de Divergência em Agravo em Recurso Especial n. 298.526-RJ (2014/0200619-7), Rel. Min. Raul Araújo, j. 25-5-2017; Recurso Especial n. 1.732.514-RJ (2018/0073940-8), Rel. Min. Ricardo Villas Bôas Cueva, j. 24-6-2019; Ag. no REsp 1.241.769-SP (2018/0022994-0), Rel. Min. Paulo de Tarso Sanseverino, j. 14-6-2019; REsp 1.367.533-RJ (2013/0039647-6), Rel. Min. Og Fernandes, j. 4-12-2018; AgInt no REsp 1620348/SP, Rel. Min. Ricardo Villas Bôas Cueva, 3ª Turma, j. 3-12-2018; Ag. no REsp 552.391-RJ (2014/0180294-8), Rel. Min. Luiz Felipe Salomão, j. 27-9-2018; Ag. no REsp 797.768-RJ (2015/0261665-3), Rel. Min. Antônio Carlos Ferreira, j. 1º-8-2018; REsp 1.531.850-RJ (2015/0108201-5), Rel. Min. Luís Felipe Salomão, j. 6-6-2018; AgRg no REsp 1453686-RJ, Rel. Min. Antônio Carlos Ferreira, 4ª Turma, j. 27-2-2018.

16 NUCCI, Guilherme de Souza. *Estatuto da Criança e do Adolescente comentado*. 5. ed. rev., atual. e reform. Rio de Janeiro: Forense, 2021, p. 617.

o Ministério Público, de acordo com o antes explanado. Destarte, a Defensoria Pública atua quando o incapaz não tiver representante legal ou os interesses do incapaz colidirem com os do seu representante (art. 142 do ECA), desde que devidamente provocada (e não de ofício), ou ainda quando o réu estiver preso, revel ou tiver sido citado por edital ou por hora certa (art. 72 do CPC)[17].

Havendo interessados concorrentemente à propositura desta ação (como os pretensos adotantes) e tendo sido esta já acionada pelo órgão do Ministério Público, nada impede que aqueles intervenham voluntariamente como assistentes (arts. 119 e 120 do CPC)[18].

No entanto, a possibilidade de o próprio filho propor a ação de perda ou de suspensão do poder familiar não é pacífica. O interesse do infante cinge-se em ter seus direitos fundamentais assegurados diante o mau uso do poder familiar pelos pais. Por outro lado, o bem-estar do filho é o benefício maior a ser alcançado e protegido, independentemente do ânimo e da intenção de seus genitores que, por vezes, não se enquadram nos interesses da prole.

Diante do inegável interesse do filho, já existem pronunciamentos doutrinários que reconhecem a legitimidade e o interesse processual do menor de idade de propor ação de destituição do poder familiar em face dos genitores[19]. Maria Helena Diniz, comungando desse posicionamento, confere legitimidade ativa ao filho para a propositura daquela ação, mas somente se for menor púbere[20].

Na hipótese de a geratriz ou o genitor atentarem contra a vida do feto, praticando atos que consubstanciem falta aos deveres parentais, não se pode negar ao nascituro a legitimidade de demandar a suspensão e a perda da autoridade parental dos pais[21]. Nesse viés:

---

17 Nesse sentido consultar: MACIEL, Kátia Regina Ferreira Lobo Andrade; CARNEIRO, Rosa Maria Xavier Gomes. O Ministério Público como interlocutor da criança e do adolescente acolhidos. Da desnecessidade de nomeação de curador especial nos procedimentos de acolhimento. In: FARIAS, Cristiano Chaves de; ALVES, Leonardo Barreto Moreira; ROSENVALD, Nelson (org.). *Temas atuais do Ministério Público*. 6. ed. totalmente reformulada. Salvador: JusPodivm, 2016.

18 Enunciado n. 30 do Fórum Nacional da Justiça Protetiva – FONAJUP: "Os adotantes, detentores da guarda provisória da criança ou adolescente para fins de adoção, possuem legitimidade para ingressar na ação de perda do poder familiar, proposta pelo Ministério Público, na qualidade de assistentes".

19 CURY, Munir; GARRIDO DE PAULA, Paulo Afonso; MARÇURA, Jurandir Norberto. *Estatuto da Criança e do Adolescente anotado*. 3. ed. São Paulo: Revista dos Tribunais, 2002, p. 140.

20 DINIZ, Maria Helena. *Curso de direito civil brasileiro*. 32. ed. São Paulo: Saraiva Educação, 2018, p. 655.

21 O art. 1.779 do CC/2002 dispõe acerca da nomeação de curador especial ao concepto, se o pai falecer ou for desconhecido e a mãe grávida tiver sido interditada ou destituída do poder familiar.

PARTE IV – A EFETIVIDADE DO ECA: MEDIDAS JUDICIAIS E EXTRAJUDICIAIS

[...] o nascituro tem legitimidade para propor a ação através do outro representante legal, no caso o pai, ou de curador especial. A curatela do nascituro pressupõe a prévia interdição ou destituição do poder familiar da gestante. Também nada pode obstaculizar ao Ministério Público, como legitimado extraordinário, à luz da dicção final do artigo 127 da CF, que o habilita a demandar em prol de interesses indisponíveis, combinado com o artigo 201, incisos III e VIII do ECA,[12] propor as medidas pertinentes para fazer cessar a ameaça contra a integridade biofísica do feto, aí incluídas, entre outras, a destituição do poder familiar, a interdição e a internação compulsória e provisória da mãe, para interromper a ingestão de substâncias ou prática de condutas que coloquem em risco a vida e à saúde do nascituro ou ainda para compelir a gestante a se submeter a tratamento médico necessário à garantia dos direitos do concepto[22].

Por sua vez, ao magistrado está vedado iniciar *ex officio* o presente procedimento, por ferir o comando do art. 2º do CPC c/c art. 153 do ECA, haja vista a previsão expressa de rito especial para a ação de suspensão e destituição do poder familiar (art. 155 e seguintes), não sendo possível ao juiz alterá-lo. Porém, diante de fatos graves, durante o trâmite de qualquer processo na seara infantojuvenil, poderá o magistrado aplicar, de ofício, as medidas protetivas previstas nos arts. 101 e 129 do ECA (excluídas a perda da guarda, suspensão e perda do poder familiar)[23].

Não pode o juiz, ainda, sem provocação, nomear curador especial ao infante para propor a referida ação.

---

22 DELGADO, Mário Luiz. *Lei brasileira permite responsabilizar os pais por danos causados ao nascituro.* Disponível em: <https://www.conjur.com.br/2017-nov-05/processo-­familiar-lei-permite-responsabilizar-pais-danos-causados-nascituro>. Acesso em: 25 abr. 2020.

23 Enfatiza Veronese que, "por ser procedimento de jurisdição contenciosa, envolvendo conflitos de interesses entre partes opostas e bem definidas, o Estatuto veda a atuação *ex officio* pelo juiz. Contudo, naturalmente, nada o impede que, tomando conhecimento de maus-tratos contra criança e adolescente, noticie o fato ao Ministério Público, para que sejam tomadas as providências previstas em lei". VERONESE, Josiane Rose Petry; SILVEIRA, Mayra. *Estatuto da Criança e do Adolescente comentado.* São Paulo: Conceito Editorial, 2011, p. 344. Em igual sentido: DUPRET, Cristiane. *Curso de direito da criança e do adolescente.* 3. ed. Belo Horizonte: Letramento, 2015, p. 259; GUIMARÃES, Giovane Serra Azul. *Adoção, tutela e guarda.* 3. ed. São Paulo: Juarez de Oliveira, 2005, p. 54; ISHIDA, Válter Kenji. Op. cit., p. 618-619; e LIBERATI, Wilson Donizeti. Op. cit., p. 197. Entendendo que a suspensão do poder familiar pode ser decretada *ex officio* pelo juiz, temos PEREIRA, Caio Mário da Silva. *Instituições de direito civil.* v. V, 30. ed. rev., atual. e reformulada. Rio de Janeiro: Forense, 2024, p. 479; e VENOSA, Sílvio de Salvo. *Direito civil:* família. 17. ed. São Paulo: Atlas, 2017, v. 5, p. 365. Na esteira da possibilidade de o procedimento de suspensão e de perda do poder familiar se iniciar por ato de ofício estão: DI MAURO, Renata Giovanoni. *Procedimentos civis no Estatuto da Criança e do Adolescente.* 2. ed. São Paulo: Saraiva, 2017, p. 103; e ELIAS, Roberto João. *Comentários ao Estatuto da Criança e do Adolescente: Lei n. 8.069, de 13 de julho de 1990.* 4. ed. São Paulo: Saraiva, 2010, p. 213.

Ao Conselho Tutelar caberá a atribuição de esgotar as medidas protetivas e punitivas estabelecidas, respectivamente, nos arts. 101, I a VII, 129, I a VII, e 249 do ECA, para a proteção do infante e, em casos mais graves, representar ao Ministério Público, para efeito da ação de perda ou suspensão do poder familiar (art. 136, XI, do ECA), não significando tal iniciativa a detenção de qualquer legitimidade para a propositura da ação em análise[24].

Evidencie-se que, mesmo não figurando como autor nas ações de destituição e de suspensão do poder familiar, o Ministério Público deverá intervir obrigatoriamente em todo o trâmite do processo, porquanto a presença do *Parquet* é indispensável, em razão da natureza indisponível do feito, sob pena de nulidade (art. 178, II, do CPC c/c os arts. 201, III, 202, 203 e 204 do ECA).

Ademais, agindo como autor ou atuando na função de fiscal da ordem jurídica, o Ministério Público deve estar atento para requerer, no bojo da ação de destituição ou de suspensão do poder familiar de ambos os pais, seja nomeado um responsável idôneo para o infante ou o adolescente, prioritariamente do seio da família extensa (art. 1.633 c/c o art. 1.728, II, do CC e 157 do ECA), quando não houver pedido de adoção, tutela ou de guarda e, ainda, resguardar para que a criança ou o adolescente seja inserido no cadastro de adotáveis – Sistema Nacional de Adoção (art. 50 do ECA).

5. LEGITIMIDADE PASSIVA

Por outro ângulo, no polo passivo figurarão os genitores biológicos e, também, por razões evidentes, os pais adotivos, desde que no pleno exercício do poder familiar. Portanto, o filho menor de idade não é parte ré na ação de destituição do múnus parental de seus pais, inexistindo, como alhures assinalado, espaço para que a Curadoria Especial, na suposta defesa dos interesses daquele, ingresse de ofício ou seja nomeado e participe no feito.

E se os genitores forem menores de idade? Podem eles sofrer a sanção máxima do art. 129, X, do ECA? Sobre esta delicada questão, apontamos vertentes para a reflexão dos leitores.

O primeiro enfoque tem por base que os pais menores de idade são incapazes para o exercício do poder parental, na medida em que se encontram, igualmente,

---

24   O dispositivo legal em apreço mereceu aperfeiçoamento pela Lei n. 12.010/2009 sedimentando de forma clara que é dever do Conselho Tutelar esgotar primeiramente todos os recursos disponíveis de reintegração da criança no seio de sua família de origem: "Art. 136 [...] XI – representar ao Ministério Público para efeito das ações de perda ou suspensão do poder familiar, *após esgotadas as possibilidades de manutenção da criança ou do adolescente junto à família natural*. Parágrafo único. Se, no exercício de suas atribuições, o Conselho Tutelar entender necessário o afastamento do convívio familiar, comunicará incontinenti o fato ao Ministério Público, prestando-lhe informações sobre os motivos de tal entendimento *e as providências tomadas para a orientação, o apoio e a promoção social da família*" (grifos nossos).

PARTE IV – A EFETIVIDADE DO ECA: MEDIDAS JUDICIAIS E EXTRAJUDICIAIS

sob esta autoridade. Neste sentido, Murillo José Digiácomo[25] afirma faltar justa causa para a propositura de ação desta natureza em face do incapaz. Assim, em respeito à regra de interpretação do art. 6º do ECA, as crianças e os adolescentes que gerassem filhos somente poderiam estar sujeitos às medidas previstas no art. 129, I a VII, às medidas protetivas do art. 101 (juntamente com o respectivo filho) e, se for o caso, às medidas socioeducativas do art. 112, todas do ECA.

Pela corrente mais liberal, Válter Kenji Ishida[26] entende possível a destituição da mãe menor de idade, seja absolutamente ou relativamente incapaz, seguindo a regra processual de que toda pessoa que se acha no exercício dos seus direitos possui capacidade para estar em Juízo (arts. 70 e 71 do CPC).

Para Giuliano D'Andrea[27], por sua vez, deve ser levada em consideração a capacidade de fato do adolescente. Com efeito, diz o autor que o exercício do poder familiar se inclui nos atos da vida civil e, por esta razão, o absolutamente incapaz não pode exercê-lo, mas sim o relativamente, desde que assistido por seu responsável. Examinando os atributos inerentes ao poder familiar, doutrina o referido autor que

> não é difícil concluir que se trata de atos que exigem a aptidão para o exercício da capacidade. Assim, dirigir a educação e sustento, conceder autorização para

---

25 Sustenta o doutrinador: "[...] um dos requisitos necessários ao exercício do poder familiar é a *plena capacidade civil*, pelo que os pais, enquanto adolescentes (e não emancipados), estando ainda sob o poder familiar de seus pais ou tutela de outrem, *não têm capacidade jurídica* para tanto. Por via de consequência, *não é juridicamente exigível o cumprimento, por parte de pais adolescentes, dos deveres relacionados nos arts. 1634, do CC e 22, do ECA, não sendo portanto razoável (ou mesmo juridicamente admissível) o ajuizamento de ações de destituição do poder familiar em relação a pais adolescentes, vez que não se lhes é possível imputar o 'descumprimento' de 'deveres' que ainda não lhes eram impostos por lei, não se podendo falar em 'destituição do poder familiar' de quem não o exerce.* Vale mencionar que os *deveres* inerentes ao poder familiar demandam *maturidade* e importam numa *enorme responsabilidade*, maturidade e responsabilidade estas que *a própria lei PRESUME que adolescentes – em especial os absolutamente incapazes – NÃO POSSUEM*, tanto que, de maneira expressa, o art. 1.633, do CC prevê que, quando a mãe de uma criança que não tem a paternidade reconhecida é *INCAPAZ de exercer o poder familiar*, 'dar-se á (obrigatoriamente) *TUTOR ao menor*' (sic. nota explicativa e destaque dos autores). E caberá *ao TUTOR do filho da adolescente* (e não a ela própria), o papel de *responsável* e *representante legal da criança*, com todos os deveres inerentes a esta condição, nos moldes do previsto no art. 1.740 e seguintes do CC.". DIGIÁCOMO, Murillo José; DIGIÁCOMO, Ildeara de Amorim. *Estatuto da Criança e do Adolescente anotado e interpretado.* 8. ed. Curitiba: Ministério Público do Estado do Paraná Centro de Apoio Operacional das Promotorias da Criança e do Adolescente, 2020, p. 51 (grifos no original).

26 ISHIDA, Válter Kenji. Op. cit., p. 622.

27 D'ANDREA, Giuliano. Da impossibilidade de suspensão e destituição do poder familiar de pais adolescentes absolutamente incapazes. *Revista Especial da Infância e Juventude* n. 1, São Paulo: EDEPE, 2011, p. 61-62 – grifos no original.

casar, nomear tutor e até reclamar o filho de quem ilegalmente o detenha são faculdades e obrigações que demandam exercício de atos da vida civil. Com efeito, quem está em tese sujeito ao poder familiar (menor não emancipado) não pode exercê-lo, ainda que o adolescente pai ou mãe, como sujeito de direitos, possua, potencialmente, direitos afetos ao poder familiar (como ter o filho em sua companhia ou exigir-lhe respeito).

Não se pode negar que os menores de 16 anos de idade possuem capacidade de direito, por possuírem personalidade. Mas conclui o referido autor[28]:

> Não tem, por outro lado, a capacidade de *exercê-lo*, já que o exercício do poder familiar está adstrito aos pais aptos a praticar os atos da vida civil. Falta-lhe, assim, a *capacidade de fato* (ou de exercício), que se resume na inaptidão para praticar pessoalmente os atos da vida civil. Por isso, temos como inadmissível a propositura de ação de suspensão e destituição do poder familiar contra adolescente até 16 anos absolutamente incapaz. [...] questão é colocar em pé de igualdade a criança ou adolescente incapaz sujeito ao poder familiar e o pai ou mãe, adolescente e absolutamente incapaz, impossibilitado de exercê-lo. Em ambos os casos se está diante de criança e adolescente na peculiar condição de pessoa em desenvolvimento, conforme expressa o art. 6º, do ECA. Na colidência de interesses entre ambos, não se pode optar pela prevalência de um sobre o outro.

Dessa sorte, confrontando as posições esposadas, pode-se concluir que o(a) adolescente maior de 16 anos, apesar da necessária assistência legal de seus pais para a prática da vida civil, nela incluído o exercício do poder familiar, é detentor(a) de encargos limitados desse múnus, tanto assim que cabível a sua responsabilização no âmbito civil e criminal pelo descumprimento de cuidados para com a sua prole, inclusive a perda do poder familiar[29].

---

28 D'ANDREA, Giuliano. Op. cit., p. 61-62 – grifos no original.

29 "Direito da criança e do adolescente. *Suspensão do poder familiar da genitora, adolescente de 16 anos, com histórico de acolhimento institucional. Família substituta. Melhor interesse da criança. Como é cediço, o juiz tem o poder discricionário de, analisando a probabilidade do direito e o perigo de dano ou risco ao resultado útil do processo, decidir sobre a concessão da tutela provisória de urgência, gênero do qual são espécies a tutela antecipada e a tutela cautelar, nos termos do artigo 300 do Código de Processo Civil. No que pertine à medida deferida no presente feito, cabe ressaltar que o interesse superior da criança e do adolescente, sua proteção integral e prioritária e a intervenção precoce são princípios que devem nortear a atuação do magistrado nas demandas envolvendo a guarda, tutela ou curatela de crianças e adolescentes, conforme preconiza o artigo 100, parágrafo único, do Estatuto da Criança e do Adolescente. Com efeito, o ECA tem como diretriz, dentre outras, a convivência familiar, priorizando a manutenção da criança e do adolescente em sua família, natural ou extensa, sendo a adoção, que é forma de colocação em família substituta, um objetivo secundário daquele diploma legal. Por outro lado, é certo que o ECA também assegura à criança e ao adolescente o direito de viver em um ambiente sadio, que garanta seu desenvolvimento integral, afigurando-se o acolhimento institucional uma exceção. [...] Com efeito, não há nos*

PARTE IV – A EFETIVIDADE DO ECA: MEDIDAS JUDICIAIS E EXTRAJUDICIAIS

Por sua vez, em situações graves e esgotados os recursos de auxílio à família, cabível será, também, a perda do poder familiar dos pais adolescentes entre 12 e 16 anos, desde que representados pelos pais ou tutores. Figurando o(a) genitor(a) adolescente como parte ré nessa demanda e encontrando-se na hipótese do art. 72, I, do CPC c/c parágrafo único do art. 142 do ECA, caberá, então, à autoridade judiciária nomear-lhe Curador Especial.

Questão importante se refere ao poder familiar dos pais interditos ou ausentes. O fato de serem incapazes por interdição ou ausência não os afasta da incidência de eventual demanda de perda do múnus parental, mas desde que, logicamente, estejam presentes as hipóteses legais que ensejam esta medida. Por óbvio, deverão estar representados por seus curadores[30].

---

autos nenhum laudo médico que permita concluir que a recorrente esteja gozando de plena saúde mental para que possa assumir os cuidados com a filha. Assim, a decisão de suspensão do poder familiar e da visitação materna é a que atende aos princípios do interesse superior da criança e sua proteção integral e prioritária. De fato, a inserção da pequena L. no cadastro do Sistema Nacional de Adoção visa salvaguardar os seus interesses, sendo certo que a efetivação da medida só ocorrerá após a instrução probatória, com a elaboração dos estudos indicados, conforme salientado pela Procuradoria de Justiça em seu parecer. Destarte, tendo em vista os relatórios técnicos até agora elaborados e a necessidade de intervenção precoce para a salvaguarda dos interesses da menor, de modo a possibilitar a sua boa formação socioafetiva e psicológica, impõe-se a manutenção da decisão vergastada. Recurso ao qual se nega provimento" (TJRJ, Agravo de Instrumento 0039736-25.2020.8.19.0000, 3ª Câm. Cív., Rel. Des. Mário Assis Gonçalves, j. 14-12-2020).

"APELAÇÃO – Destituição do poder familiar – Sentença que destituiu a genitora do poder familiar sobre as crianças L. e E. – Genitora apela – Alegação de desacerto do julgado – Pedido de reforma da sentença para reverter a destituição do poder familiar – Prova técnica e oral aptas a apontar e a demonstrar o abandono e ausência da acionada nos cuidados da criança – *Crianças que foram expostas a situação de risco, consistente em violência doméstica e vulnerabilidade* – *Genitora, adolescente, que foi acolhida com seus filhos* – *Posterior evasão da requerida, que configura abandono por sua parte* – Genitora apelante que, embora não concorde com o pedido inicial, quedou-se inerte quanto aos seus deveres decorrentes do poder familiar – Ausência de ente da família extensa apto e disposto para assumir a guarda das crianças – Descumprimento dos deveres de guarda, proteção e educação caracterizados – Esgotamento dos meios de integração familiar, nos termos dos arts. 19 e 100, do ECA e 227 da CF – Determinação impugnada que encontra fundamento nos arts. 1.637, 1.638, II e IV, do C.C., 98, II e 129 X, do ECA – Superiores interesses da menor que devem ser o norte para o deslinde do caso – Medida combatida que se mostra a mais adequada à efetivação do direito ao convívio familiar e social garantidos pelos arts. 227 da CF e 19 do ECA – Manutenção da sentença, que é medida que se impõe. Apelação não provida" (TJSP, Apelação 1019711-90.2018.8.26.0309, Câmara Especial, Rel. Des. Renato Genzani Filho, j. 15-4-2020) (grifos nossos).

30   Diz Ataíde Júnior que, "nos casos em que se opera a **suspensão automática do poder familiar** (*v.*g. pai ou mãe interdito ou ausente, assim reconhecidos por sentença), não

880 CURSO DE DIREITO DA CRIANÇA E DO ADOLESCENTE

Outra hipótese que demanda atenção especial refere-se às crianças e aos adolescentes, vinculados à Justiça da infância e da juventude, cujos dados parentais são fictícios ("dados de caridade"), na medida em que no registro de nascimento está lavrado um nome materno criado por aquele órgão judicial, na esteira do que comanda o art. 102, *caput* e § 1º, do ECA[31]. *In casu*, por evidente, faz-se desnecessária a propositura de ação de destituição do poder familiar. Este é o exemplo típico de pai e de mãe desconhecidos previsto no § 1º do art. 45 do ECA, para os quais se dispensa o assentimento na ação de adoção do filho, uma vez que não há como colhê-lo (apesar de indubitavelmente o infante possuir uma ascendência genética que, naquele momento, não é conhecida).

Todavia, não se devem olvidar das cautelas indispensáveis para a localização dos pais, mesmo que não declarados na certidão de nascimento, mas desde que estejam referidos no bojo do procedimento que determinou o acolhimento, a fim de comporem o polo passivo da ação de suspensão ou de destituição do poder familiar, se negada a concordância. No caso ora alertado, os pais são considerados "desconhecidos" somente no que tange à omissão de seus dados parentais no registro de nascimento do filho. Porém a existência deste(s) pode ser fornecida pelo outro genitor, pelos familiares ou mesmo por terceiros, devendo ser regularizado o RCN do filho[32].

No Juízo da infância, portanto, deve estar constatado no Procedimento de Acolhimento o abandono de criança ou adolescente acolhido em entidade e o esgotamento dos recursos de manutenção na família de origem (art. 92, I e II, do ECA).[33]

---

há óbice à propositura da ação para **perda** do poder familiar [...] A ação objetivará a inibição permanente da autoridade parental, que está temporariamente afastada". ATAÍDE JÚNIOR, Vicente de Paula. *Destituição do Poder Familiar*. Curitiba: Juruá, 2009, p. 80 (grifo no original).

31 Enunciado n. 29 do Fórum Nacional da Justiça Protetiva – FONAJUP: "Quando se tratar de crianças em estado de abandono e não for possível identificar sua qualificação, o juiz atribuirá prenome e sobrenome, bem como o nome da mãe, escolhendo-os entre os da onomástica comum e mais usual brasileira, consideradas as circunstâncias locais, históricas e pessoais com o fato, em atenção ao artigo 18 do Pacto de São José da Costa Rica".

32 Impende salientar, todavia, que nem sempre o vínculo socioafetivo se concretiza com a regularização do estado de filiação do infante abrigado. O laço entre o pai e o filho reconhecido, nesta hipótese, poderá ser meramente jurídico, declarado com fundamento na verdade biológica (sanguínea), não suprimindo a adoção de medidas judiciais para proporcionar ao filho o direito à convivência familiar.

33 Criticável, portanto, a redação do § 10 do art. 19 do ECA, inserido pela Lei n. 13.509/2017, pois viola os princípios do contraditório e da ampla defesa dos pais. Eis o teor: "Serão cadastrados para adoção recém-nascidos e crianças acolhidas não procuradas por suas famílias no prazo de 30 (trinta) dias, contado a partir do dia do acolhimento".

PARTE IV – A EFETIVIDADE DO ECA: MEDIDAS JUDICIAIS E EXTRAJUDICIAIS

Por sua vez, na hipótese de a criança ou adolescente estar sob a guarda de terceiro(s) que não postulou(aram) a adoção, é desnecessária a intimação do guardião para intervir na ação de destituição do poder familiar, "podendo no máximo atuar como assistentes"[34].

Observe-se, por derradeiro, que a concordância com a adoção do filho manifestada por um só dos genitores que exerce com exclusividade o poder familiar não implica a extinção dos encargos do outro genitor que reconheceu a prole, cujo poder familiar, se for o caso, poderá ser alvo de perda nas hipóteses legais (arts. 1.570 e 1.633 do CC, *a contrario sensu*).

No que toca aos genitores presos, há de se observar cuidado redobrado quanto à localização destes junto ao sistema carcerário para, então, citá-los pessoalmente, conforme estabelecem os §§ 1º e 2º do art. 158 do ECA[35].

Todas essas cautelas devem gravitar na escolha do polo passivo das ações de perda do múnus familiar em razão das graves consequências, especialmente para os infantes, decorrentes de atos judiciais nulos.

6. PEDIDO CUMULATIVO

Havendo pedido de colocação em família substituta sob a modalidade de adoção ou de tutela, o pleito de destituição de poder familiar deve ser explícito e a cumulação é objetiva, uma vez que a causa de pedir da destituição é pressuposto para a concessão do pedido seguinte. No caso, a matéria é conexa e compatível, e a competência é comum. A petição inicial da ação de destituição do poder familiar cumulada com adoção, assevere-se, deve conter não somente os requisitos do art. 156 como, também, aqueles elencados no art. 165 do ECA. Os fatos e fundamentos de cada pedido devem ser claros e bem delineados (art. 319, III e IV, do CPC) para que não ocorra eventual prejuízo ao contraditório.

O procedimento da colocação em família substituta de adoção ou de tutela (arts. 165 a 170 do ECA), entretanto, é diverso do previsto para a perda ou suspensão do poder familiar (arts. 155 a 163 do ECA), o que levaria à conclusão de que o rito a ser seguido seria o comum (art. 152 do ECA c/c o art. 327, § 2º do CPC de 2015). Ocorre que o norte do ECA é que os seus procedimentos sejam céleres, notadamen-

---

34 ISHIDA, Válter Kenji. Op. cit., p. 619.

35 Esta a redação conferida pela Lei n. 12.962/2014, assegurando aos réus presos a garantia do contraditório e da ampla defesa: "Art. 158. [...] § 1º *A citação será pessoal, salvo se esgotados todos os meios para sua realização. § 2º O requerido privado de liberdade deverá ser citado pessoalmente*". "Art. 159. [...] *Parágrafo único. Na hipótese de requerido privado de liberdade, o oficial de justiça deverá perguntar, no momento da citação pessoal, se deseja que lhe seja nomeado defensor*". "Art. 161. [...] § 5º *Se o pai ou a mãe estiverem privados de liberdade, a autoridade judicial requisitará sua apresentação para a oitiva*" (itálico nosso).

882 CURSO DE DIREITO DA CRIANÇA E DO ADOLESCENTE

te aqueles cuja meta a ser atingida é propiciar a convivência familiar de uma criança/adolescente. Assim, o ECA enunciou de forma clara que, nas hipóteses em que a destituição da tutela, a perda ou a suspensão do poder familiar constituir pressuposto lógico da medida principal de colocação em família substituta, será observado o procedimento contraditório previsto nas Seções II e III deste Capítulo (art. 169). Em resumo, no caso de adoção litigiosa, será seguido o procedimento de destituição do poder familiar expresso nos arts. 155 a 163 do ECA, mantendo-se os prazos reduzidos e os limites para a sua conclusão.

Há de se pontuar, entretanto, que a cumulação de adoção com a mera suspensão do poder familiar não é possível juridicamente, pois a destituição, nessa hipótese, constitui pressuposto lógico da medida principal (art. 169 do ECA), enquanto a restrição decorrente da suspensão do encargo familiar, por ser provisória e não definitiva, é ineficaz para a constituição de uma família substituta com caráter irrevogável[36].

A ação de destituição poderá ser cumulada, também, com ação de reparação por dano material e moral, havendo compatibilidade entre os pedidos e de competência, de acordo com o que reza o art. 327, § 1º, I, II e III, do CPC.

De igual modo, cabível a cumulação da destituição do poder familiar com a representação administrativa por infração ao disposto no art. 249 do ECA, desde que os fatos narrados ensejem a perda da responsabilidade parental e haja pedido claro e direto nesse sentido[37].

Possuindo atribuição concorrente com os Conselhos Tutelares, para o oferecimento de representações administrativas em face dos pais (art. 194 do ECA), as Promotorias de Justiça da infância podem, em caso de descumprimento dos deveres inerentes ao poder familiar, provocar, inicialmente, a intervenção do Poder Judiciário, quando tipificada a infração administrativa prevista no art. 249 do ECA[38] e ainda não presentes as causas ensejadoras de perda da autoridade parental.

A pena pecuniária advinda da citada representação pode ser cumulada, quando requerida no pedido inicial, com aplicação de outras medidas protetivas do art. 101

---

36 Para Liberati, os processos de suspensão e extinção do poder familiar devem tramitar separadamente aos de adoção, por entender que o pedido de adoção não possui característica do contraditório, enquanto no outro a pretensão do autor é resistida pelo réu. E conclui o doutrinador que a suspensão e a extinção do poder familiar constituem pressupostos da adoção e da tutela. Para a adoção é imprescindível a destituição, enquanto para a tutela tanto pode ser a extinção quanto a suspensão (art. 169). LIBERATI, Wilson Donizeti. Op. cit., p. 211.

37 TJRJ, Apelação 0374956-57.2010.8.19.0001, 18ª Câm. Cív., Rel. Des. Maurício Caldas Lopes, j. 12-2-2020.

38 Art. 249 da Lei n. 8.069/90: "Descumprir, dolosa ou culposamente, os deveres inerentes ao pátrio poder ou decorrentes de tutela ou guarda, bem assim determinação da autoridade judiciária ou Conselho Tutelar: Pena: multa de três a vinte salários de referência, aplicando-se o dobro em caso de reincidência".

PARTE IV – A EFETIVIDADE DO ECA: MEDIDAS JUDICIAIS E EXTRAJUDICIAIS

do ECA e de medidas em face dos pais, previstas no art. 129, I a VII, do ECA, além do afastamento cautelar do agressor c/c os alimentos provisórios (art. 130, parágrafo único, do ECA).

A infração administrativa em tela será exposta amiúde em capítulo próprio deste livro, lembrando, por oportuno, que a competência para a referida representação é absoluta dos Juízos da infância e da juventude (art. 148, VI, do ECA) e o procedimento especial está regulado nos arts. 194 a 197 da mesma lei.

Por derradeiro, impende consignar que, na prática, proposta a ação de destituição do poder familiar pelo *Parquet* e suspenso o poder familiar liminarmente, há a possibilidade de pessoa ou casal habilitado e cadastrado no Sistema Nacional de Adoção[39] postular a adoção em favor de criança ou de adolescente acolhido, cujos pais estejam respondendo àquela demanda destituitória. Nesta hipótese, desnecessária a cumulação do pleito de adoção com a destituição do poder familiar, na medida em que já existiria ação de perda da autoridade parental em trâmite, inclusive com liminar deferida, bastando que ambas as ações tramitem em apenso para julgamento conjunto, ante a conexidade. Caso seja cumulada à adoção uma nova demanda de perda do poder familiar, há evidentes litispendência e prejudicialidade externas, portanto, o segundo pedido de destituição deve ser extinto (art. 337, § 1º e § 3º c/c 485, V do CPC).

7. TUTELAS PROVISÓRIAS CORRELATAS

Autoriza o art. 157 do ECA o decreto da suspensão do poder familiar liminarmente, que poderá durar até o julgamento definitivo da causa, ficando a criança ou o adolescente confiado à pessoa idônea, mediante termo de responsabilidade[40].

---

39 O Sistema Nacional de Adoção e Acolhimento (SNA), regulamentado por meio da Resolução CNJ n. 289, de 14-8-2019, com redação pela Resolução CNJ n. 451, de 22-4-2022, constitui a reunião do Cadastro Nacional de Adoção (CNA) e do Cadastro Nacional de Crianças Acolhidas (CNCA). Conforme reza o art. 5º desta Resolução, o SNA integra todos os cadastros municipais, estaduais e nacional de crianças e adolescentes em condições de serem adotados e de pretendentes habilitados à adoção, inclusive os cadastros internacionais, conforme preceitua o art. 50, §§ 5º e 6º, do ECA, dispensada a manutenção pelos tribunais de cadastros separados.

40 "AGRAVO DE INSTRUMENTO. DIREITO DA CRIANÇA E DO ADOLESCENTE. AÇÃO DE ACOLHIMENTO INSTITUCIONAL. DECISÃO AGRAVADA QUE DETERMINA O DESACOLHIMENTO DO GRUPO DE IRMÃOS E DEFERE A GUARDA PROVISÓRIA EM FAVOR DE INTERESSADOS NA ADOÇÃO. INCONFORMISMO DOS GENITORES. 1. *Possibilidade de suspensão do poder familiar em caráter liminar, em caso de descumprimento dos deveres a ele inerentes. Inteligência dos arts. 1.637, do Código Civil e 157, do ECA.* 2. Crianças que se encontram em situação de acolhimento institucional há dois anos, em virtude de situação de vulnerabilidade, constatando-se a negligência dos genitores quanto aos cuidados com os filhos, violência doméstica, exposição a conteúdos impróprios, condição de alcoolismo habitual do genitor e de

Constatada a falta aos deveres relacionados no art. 1.634 do Código Civil e diante das hipóteses do art. 1.637 do mesmo diploma, bem como verificada a possibilidade de eventual perigo ou risco para a criança ou o adolescente com a permanência no convívio com o detentor do poder familiar, o juiz pode conceder a suspensão desse encargo ante a presença dos requisitos das tutelas de urgência (art. 300 do CPC): *fumus boni iuris e periculum in mora*, mesmo antes da formação da relação processual. Note-se inexistir qualquer exigência de esgotamento de aplicação das demais medidas aos pais elencadas no art. 129 do ECA para o pleito de suspensão do poder familiar. O pedido, promovido pelo Ministério Público ou pessoa que possua legítimo interesse (art. 155 do ECA), poderá ter a natureza de tutela antecipada (art. 303 do CPC) ou natureza de tutela cautelar (art. 305 do CPC). Registre-se que essa medida (art. 129, X c/c o art. 157 do ECA) não está obrigatoriamente vinculada à propositura da ação de destituição do poder familiar, podendo ter caráter satisfativo[41], bem como não precisa caracterizar as hipóteses do art. 1.638 do Código Civil (com alterações promovidas pelas Leis n. 13.509/2017 e 13.715/2018), bastando que o motivo seja de natureza grave[42].

---

transtornos psiquiátricos que acometem a genitora. 3. Inexistência de família extensa apta ou interessada a exercer a guarda das crianças. 4. Inúmeros estudos sociais e psicológicos nos autos que destacam graves fatos relatados pelos filhos ocorridos nos períodos de convivência com os pais, concluindo pelo esgotamento das tentativas de mantê-los em sua família de origem e exaltando o desejo das crianças de serem inseridas em nova família. 5. *Crianças que se encontram em processo de convivência bem-sucedida com interessados cadastrado no SNA, não se mostrando aconselhável o restabelecimento da visitação dos genitores, que poderia prejudicar a tentativa de inserção futura do grupo de irmãos em família substituta.* 6. Sentença de mérito proferida nos autos do processo n. 0000416-10.2021.8.19.0007, decretando a perda do poder familiar dos agravantes em relação aos filhos, ressaltando-se que a sentença de mérito produz efeitos imediatos. Inteligência dos art. 199-A e 199-B, do ECA. 7. *Validade da inserção das crianças no Cadastro Nacional de Adoção antes do trânsito em julgado da Ação de destituição do poder familiar, uma vez que a medida ostenta caráter precário e reversível, com o intuito de resguardar a oportunidade de ser encontrada família substituta, considerando-se as notórias dificuldades em casos de adoção conjunta de três irmãos.* 8. Substancial parecer elaborado pela d. Procuradoria de Justiça no sentido do julgado. 9. Precedentes do TJRJ. 10. Decisão mantida. Recurso desprovido" (TJRJ, Agravo de Instrumento 0075603-45.2021.8.19.0000, 17ª Câm. Cív., Rel. Des. Marco Aurélio Bezerra de Melo, j. 10-2-2022).

41 Ataíde Júnior ressalva que, caso a medida cautelar de suspensão do poder familiar seja preparatória à ação destituitória, esta deverá ser proposta no prazo de 30 (trinta) dias, sob pena de cessação da eficácia da medida concedida. ATAÍDE JÚNIOR, Op. cit., p. 106.

42 A Lei n. 13.509/2017 incluiu o § 1º no art. 157 prevendo a determinação judicial *ex officio* de estudos psicossociais, desde o recebimento da peça inaugural, com a finalidade de trazer aos autos rápidos subsídios para a concessão da tutela de urgência adequada à regularização da situação jurídica da criança.

PARTE IV – A EFETIVIDADE DO ECA: MEDIDAS JUDICIAIS E EXTRAJUDICIAIS

Note-se que a inserção do nome da criança, cujos pais sejam os réus desta espécie de demanda, no cadastro nacional de adoção não é consequência lógica e imediata da decisão que suspende o múnus parental. Pelo contrário, deve estar revestida de muitos cuidados, de modo a não ferir as normas norteadoras da medida de adoção e, principalmente, o princípio do superior interesse da criança, uma vez que esta, de modo açodado, pode ser colocada em uma família substituta precipitadamente, sem qualquer avaliação prévia da inviabilidade de permanência no ambiente familiar natural[43].

Sendo a suspensão do poder familiar medida menos drástica do que a destituição (art. 129, X, do ECA), os pais suspensos do encargo, comprovando estarem aptos para exercer o poder familiar, podem a qualquer momento reaver aquele múnus, mediante pedido judicial. Trata-se, portanto, de medida de natureza provisória contra os pais (art. 157 do ECA), que possui a finalidade de afastar a situação de perigo que a omissão, a violência e a negligência dos próprios acarretaram. Por ser transitória, deve ser mantida enquanto houver utilidade e interesse para os filhos.

Por vezes, a medida de suspensão da autoridade parental surte efeitos suficientes sobre a família, tornando inadequada a aplicação da perda do poder familiar.

De efeito, o próprio art. 157 do ECA prescreve que a duração da medida será até o julgamento definitivo da causa. Enquanto não ultimada a ação, a criança ou o adolescente, cujos pais estejam suspensos do poder parental, deve ser confiada à pessoa idônea, preferencialmente da família extensa e, na impossibilidade, ser inserida em acolhimento familiar ou institucional. Com base na parte final deste dispositivo legal, cabível a inserção da criança/adolescente em família devidamente habilitada para adoção[44].

---

43 O Anexo I da Resolução CNJ n. 289, de 14-8-2019, preceitua no art. 3º que a "colocação da criança ou do adolescente na situação 'apta para adoção' deverá ocorrer após o trânsito em julgado da decisão do processo de destituição ou extinção do poder familiar, ou ainda quando a criança ou o adolescente for órfão ou tiver ambos os genitores desconhecidos". E complementa no art. 4º que: "O juiz poderá, no melhor interesse da criança ou do adolescente, determinar a inclusão cautelar na situação 'apta para adoção' antes do trânsito em julgado da decisão que destitui ou extingue o poder familiar, hipótese em que o pretendente deverá ser informado sobre o risco jurídico". *De lege ferenda*, cabe mencionar que, no Projeto de Lei n. 6.594/2016, em trâmite na Câmara dos Deputados, há a proposição de que, suspenso o poder familiar, poderá ser inserida a criança no CNA: "Art. 157. [...] Parágrafo único. Com a decisão liminar de suspensão do poder familiar, a criança ou o adolescente poderá ser inserida no Cadastro Nacional de Adoção, procedendo-se a anotação de que não há sentença transitada em julgado".

44 Enunciado n. 1 do Fórum Nacional da Justiça Protetiva – FONAJUP: "Poderá o magistrado, liminarmente, suspender o poder familiar e determinar a colocação em família substituta, devendo ser informado aos pretensos adotantes, expressamente, o caráter liminar das decisões".

Nesta esteira, o Superior Tribunal de Justiça se manifestou no sentido de que a ausência de sentença na ação de destituição do poder familiar não impede que a criança seja colocada em família substituta, como se lê:

"AGRAVO DE INSTRUMENTO CONTRA *DECISÃO QUE DETERMINA A SUSPEN-SÃO DO PODER FAMILIAR COM INCLUSÃO IMEDIATA DA CRIANÇA NOS CADAS-TROS DE ADOÇÃO, PARA COLOCAÇÃO EM FAMÍLIA SUBSTITUTA. Conjunto proba-tório, que indica, a priori, a verossimilhança das alegações autorais e o periculum in mora. Fortes indícios no sentido do interesse da genitora em entregar sua filha para ado-ção, logo após o parto. Inexistência de parentes da família extensa habilitados a receber a guarda da criança, que sequer procuraram a criança na entidade de acolhimento, no prazo de 90 (noventa) dias.* Notório conhecimento da dificuldade de inserção de crianças mais velhas em família substituta, caso revogada a tutela de urgência que suspendeu o poder familiar e determinou a sua inclusão nos cadastros de adoção. Parecer da douta Procuradoria de Justiça neste sentido. Presença dos requisitos autorizadores da medi-da. Inteligência do verbete n. 59, da súmula desta Corte Estadual. Recurso a que se nega provimento" (TJRJ, Agravo de Instrumento 0026123-35.2020.8.19.0000, 21ª Câm. Cív., Rela. Desa. Denise Levy Tredler, j. 20-5-2021).

"AGRAVO DE INSTRUMENTO. AÇÃO DE DESTITUIÇÃO DO PODER FAMILIAR. IN-FÂNCIA E JUVENTUDE. *DECISÃO AGRAVADA QUE DETERMINOU A SUSPENSÃO DO PODER FAMILIAR, SUSPENSÃO DE VISITAS NA UNIDADE DE ACOLHIMENTO E IN-SERÇÃO DOS INFANTES EM CADASTRO DE ADOÇÃO PARA COLOCAÇÃO EM FAMÍLIA SUBSTITUTA.* INSURGÊNCIA DA AGRAVANTE, GENITORA DOS MENORES. MANU-TENÇÃO DA DECISÃO AGRAVADA. 1. Irresignação recursal da agravante de que não pode se defender na audiência concentrada das alegações formuladas em seu desfavor. Rejeição. 2. Ré, ora agravante, que foi devidamente citada e manifestou seu interesse de ser assistida pela Defensoria Pública, bem como que houve participação de membro da Defen-soria Pública na audiência concentrada. 3. Restou demonstrado que a família é acompa-nhada pelo Conselho Tutelar desde o ano de 2014, por denúncias de maus tratos, falta de higiene, agressões e abuso sexual, sendo as crianças, em 13-6-2019, conforme Guia de Acolhimento de fls. 18/25 (indexador 15, do anexo 1), acolhidas na instituição Renascer, por abusos físicos e psicológicos. 4. Genitora, desde o ano de 2014, vem recebendo auxí-lio, orientação, apoio e acompanhamento sobre a violação aos direitos da prole, o que poderia acarretar responsabilização criminal e administrativa e destituição do poder fami-liar. 5. *Menores que sempre sofreram agressões físicas e psicológicas, presenciaram episódios de violência doméstica em seu ambiente familiar, além da falta de higiene e cuidados básicos e, por fim a permanência prolongada na instituição de acolhimento. 6. Situação grave a justificar a suspensão do poder familiar. 7. Agravante que, em nenhum momento, demonstrou mínima mudança de hábitos apta a ensejar a uma reintegração familiar, não seguindo os encaminha-mentos propostos pela rede de apoio do Juízo da Infância, bem como retornando a residir com o seu ex-companheiro, apesar de ser vítima de violência doméstica frequente. 8. Tia avó paterna que, apesar de orientada, não manteve visitação consistente, indispensável para analisar a viabilidade de assumir a guarda. 9. Afeto das crianças com a genitora, reduzido com o tempo, que não são suficientes para garantir atos concretos de cuidado e proteção. 10. Aproximação com família substituta. Possibilidade. 11. Princípio da Proteção Integral e Superior Interesse das Crianças. 12. Precedentes jurisprudenciais do TJRJ. 13. Incidência da Súmula n. 59 deste* Tribunal de Justiça. 14. Decisão agravada que se mantém. 15. Recurso ao qual se nega provimento" (TJRJ, Agravo de Instrumento 0033847-90.2020.8.19.0000, 26ª Câm. Cív., Rel. Des. Wilson do Nascimento Reis, j. 22-10-2020) (grifos nossos).

PARTE IV – A EFETIVIDADE DO ECA: MEDIDAS JUDICIAIS E EXTRAJUDICIAIS

> *HABEAS CORPUS*. FAMÍLIA. CRIANÇA E ADOLESCENTE. EXECUÇÃO DE MEDIDA DE PROTEÇÃO. DETERMINAÇÕES DE SUSPENSÃO DE VISITA MATERNA E DE PROCURA DE INTERESSADOS NA ADOÇÃO DE MENOR, ATUALMENTE COM 9 (NOVE) ANOS DE IDADE E QUE ESTÁ ABRIGADA HÁ 3 (TRÊS) ANOS. [...]. CRIANÇA EM SITUAÇÃO DE RISCO, EM VIRTUDE DE NEGLIGÊNCIA MATERNA. TENTATIVAS DO JUÍZO DA INFÂNCIA E DA REDE SOCIOASSISTENCIAL DE REINTEGRAÇÃO NA FAMÍLIA NATURAL SEM ÊXITO. AUSÊNCIA DE ADESÃO DA GENITORA AOS ACOMPANHAMENTOS E RESISTÊNCIA INJUSTIFICADA EM ATENDER AS ORIENTAÇÕES TÉCNICAS. A PERMANÊNCIA EM ABRIGO INSTITUCIONAL DEVE SER TEMPORÁRIA. ILEGALIDADE FLAGRANTE. VIOLAÇÃO DO PRINCÍPIO DO MELHOR INTERESSE E DA PROTEÇÃO INTEGRAL. INOCORRÊNCIA DE ILEGALIDADE NA SUSPENSÃO DAS VISITAS MATERNAS. PRETENSÃO DE GUARDA DA AVÓ MATERNA. TEMA NÃO SUBMETIDO À AUTORIDADE APONTADA COMO COATORA. IMPOSSIBILIDADE DE SUPRESSÃO DE INSTÂNCIA. *HABEAS CORPUS* NÃO CONHECIDO. [...] 6. A *circunstância de ainda não ter sido proferida sentença nos autos da ação de destituição do poder familiar não veda que seja iniciada a colocação da criança em família substituta, nos termos do § 5º do art. 28 do ECA, e em virtude do disposto no § 1º do art. 19 do referido estatuto principalmente em observância aos princípios norteadores antes destacados. 6.1. Sem prejuízo do que for decidido nos autos da ação de destituição do poder familiar, a manutenção da paciente em abrigo institucional que já dura mais de 3 (três) anos, além de ser manifestamente ilegal, não atende seu superior interesse e tem potencial de lhe acarretar dano grave e de difícil reparação psicológica, até porque o tempo está passando e vai ficando mais difícil a sua colocação em família substituta.*[...][45] (grifo nosso).

Assevere-se que a tutela provisória de proibição da convivência ou de visitações (art. 1.637 do Código Civil) aos genitores cujo poder familiar foi suspenso, por vezes, é recomendada concomitantemente até que seja comprovado o cumprimento de determinadas obrigações parentais. Observe-se, no entanto, que a suspensão do convívio não é regra absoluta e nem efeito automático da suspensão do poder familiar, pois dependerá de cada caso concreto.

Ainda no rol das tutelas provisórias que se destinam à proteção do filho, vítima de violência familiar, e que permitem cumulação com o pleito liminar de suspensão do poder familiar, é importante destacar o afastamento do agressor da residência comum, no caso de maus-tratos, opressão ou abuso sexual perpetrado pelo(s) genitor(es), consoante previsto no art. 130 do ECA, hipótese na qual o afastado perde temporariamente o poder familiar e, também, a possibilidade de estar sob o mesmo teto que o filho, ou seja, na companhia da prole, sem prejuízo de o agressor

---

45   HC 790.283/SP, *Habeas Corpus* 2022/0391552-5, 3ª Turma, Rel. Min. Moura Ribeiro, j. 23-3-2023.

arcar com alimentos de que necessitem a criança e o adolescente dele dependentes (parágrafo único do art. 130).

Tutela provisória de urgência de natureza cautelar muito utilizada é a busca e apreensão (art. 301 do CPC), especialmente quando a criança ou o adolescente estiver em situação de risco ou vulnerabilidade sem responsável legal, hipótese na qual se aplicará, ainda, a medida protetiva adequada (art. 101 do ECA), como o acolhimento familiar, institucional ou a guarda pela família extensa, com a qual tenha o infante afetividade e afinidade.

Finalmente, acrescente-se que a Lei n. 11.340, de 7 de agosto de 2006 (Lei Maria da Penha) preceitua a aplicação de medidas protetivas de urgência, pelo Juízo competente, constatada a prática de violência doméstica e familiar contra a mulher, extensiva aos dependentes menores de idade que com ela convivam, tais como a restrição ou a suspensão de visitas do agressor, proibição de aproximação ou contatos por qualquer meio de comunicação com a ofendida e seus familiares, aqui incluídos os filhos, fixando limite mínimo de distância entre estes e o agressor (art. 22).

8. RESPOSTA DO RÉU

Caso o pedido seja unicamente o de destituição do poder familiar, o prazo para a resposta, como afirmado antes, é de 10 dias corridos, excluído o dia do começo e incluído o dia do vencimento (art. 152, § 2º c/c art. 158 do ECA), haja vista a celeridade das questões inerentes à infância e à juventude, observada a contagem em dobro em se tratando de litisconsortes com procuradores diversos (art. 229 do CPC)[46].

Com a alteração promovida pela Lei n. 12.962/2014, o art. 158 do ECA, que cuida da citação dos réus nesta modalidade de procedimento, passou a ter dois novos parágrafos de modo a contemplar também a situação dos pais privados de liberdade.

No § 1º do citado artigo, a regra geral permanece sendo a citação pessoal, salvo se esgotados todos os meios para sua realização. Em outras palavras, reafirma-se a necessidade da busca pelos genitores desaparecidos mediante sua convocação pessoal para o processo. No que toca ao § 2º do art. 158, a cautela está na citação pessoal do réu quando estiver privado de liberdade. O oficial de justiça deverá arguir o citado preso, no momento do ato, se este deseja que lhe seja nomeado defensor (parágrafo único do art. 159 do ECA).

---

46 Observe-se, no entanto, as regras de exceção contidas nos parágrafos do art. 229: "Art. 229. Os litisconsortes que tiverem diferentes procuradores, de escritórios de advocacia distintos, terão prazos contados em dobro para todas as suas manifestações, em qualquer juízo ou tribunal, independentemente de requerimento. § 1º Cessa a contagem do prazo em dobro se, havendo apenas 2 (dois) réus, é oferecida defesa por apenas um deles. § 2º Não se aplica o disposto no *caput* aos processos em autos eletrônicos."

PARTE IV – A EFETIVIDADE DO ECA: MEDIDAS JUDICIAIS E EXTRAJUDICIAIS

Mas, se adotadas todas as diligências para localizar os pais, não há como se efetivar este ato processual pessoalmente, o feito não deve se quedar paralisado, aguardando-se uma providência de procura incansável e prejudicial aos filhos dos réus. Desta maneira, impossibilitada a citação pessoal, deve ser seguida a ordem das formas de citação previstas no Código de Processo Civil.

Porém, visando dar agilidade ao procedimento em comento, a Lei n. 13.509/2017 acrescentou regras citatórias mais céleres para a hora certa (art. 158, § 3º) e a para a editalícia (art. 158, § 4º). Eis a redação: "Art. 158. [...] § 3º Quando, por 2 (duas) vezes, o oficial de justiça houver procurado o citando em seu domicílio ou residência sem o encontrar e se houver suspeita de ocultação, deverá informar a qualquer pessoa da família ou, em sua falta, qualquer vizinho do dia útil em que voltará a fim de efetuar a citação, na hora que designar, nos termos do art. 252 e seguintes do Código de Processo Civil. § 4º Na hipótese de os genitores se encontrarem em local incerto e não sabido, serão citados por edital no prazo de 10 (dez) dias, em publicação única, sendo dispensado o envio de ofícios para a localização". Note-se, assim, que a alteração do ECA em 2017 se ajustou aos termos do CPC, observado, obviamente, o prazo de resposta disposto no ECA que é inferior. Bem se vê, ainda, que a regra processual de expedição de ofícios para a localização dos réus que abandonam os filhos foi relativizada com o intuito de atender ao superior interesse da criança. A alteração significa que o genitor não localizado e/ou não se apresente voluntariamente à Justiça competente demonstra descaso para com as obrigações parentais e, consequentemente, o processo prosseguirá com a rapidez indispensável para alcançar a convivência familiar tão necessária para os infantes abandonados. Em resumo, na ponderação entre os princípios do contraditório e do superior interesse, o legislador constitucional prevaleceu este último, com fulcro na proteção integral esculpida no art. 227 da CF/88.

Se os pais não possuírem condições financeiras para arcar com as despesas de honorários advocatícios, poderão requerer a nomeação de advogado dativo ou buscar a assessoria jurídica da assistência judiciária local (art. 159 do ECA).

Na hipótese de os réus serem menores de idade[47], deverão ser citados na pessoa de seus representantes legais que os representarão em Juízo (art. 71 do CPC)[48]. Não havendo representante legal ou os interesses forem colidentes, o magistrado deverá nomear curador especial ao réu menor de idade (art. 142 do ECA c/c art. 72, I do CPC).

Restando, porém, infrutíferas todas as tentativas de localização para citação pessoal dos pais, estes serão citados por edital ou por hora certa e, constatada a

---

47 Remetemos os leitores ao item 5 desse capítulo da legitimidade passiva.

48 Ensina Ataide Júnior que, "se for menor púbere (maior de 16 e menor de 18 anos), tanto ele como seu representante legal devem ser citados (CPC, arts. 8º e 215)". Op. cit., p. 110.

regularidade do ato citatório, o juiz nomeará curador especial ao revel (art. 72, II, do CPC). Vale observar que, por se tratar de ação de estado, não será cabível a citação do réu pela via postal (art. 247, I, do CPC).

Uma vez consumada a citação, seja pessoal, por edital ou hora certa, a peça de defesa, ofertada no prazo máximo de 10 dias, deverá impugnar precisamente todos os fatos narrados na petição inicial de modo a afastar a tipificação das hipóteses dos dispositivos legais ensejadores da destituição e da perda do múnus parental (art. 336 do CPC). Todavia, não serão presumidas verdadeiras as não impugnadas por não admitir confissão as ações que tenham natureza indisponível (art. 341, I, do CPC). Ademais, a contestação deverá, desde logo, indicar as provas a serem produzidas e relacionar as testemunhas e provas documentais (art. 158 do ECA).

A falta de contestação não induz os efeitos da revelia, porque a autoridade parental tem natureza indisponível[49], devendo o conjunto probatório ser suficientemente forte para justificar a sua suspensão ou perda (art. 345, II, do CPC). Assim, apesar de o ECA autorizar o julgamento antecipado da lide (art. 161), somente será cabível se todas as provas já tiverem sido carreadas aos autos.

Ainda que não prevista no procedimento especial do art. 155 do ECA, por evidente, por força do art. 152 do ECA, é possível que o réu venha a propor pretensão conexa à deduzida na destituição do poder familiar por meio de reconvenção, independentemente de ofertar a contestação (art. 343 do CPC).

9. FASE INSTRUTÓRIA

Em prestígio aos princípios da ampla defesa e do contraditório, deverão ser colhidas provas cabais para compor o real quadro familiar da criança ou do adolescente cujos pais estejam figurando como réus na ação de perda do poder familiar e que tipifiquem as causas legais prescritas no art. 24 do ECA c/c arts. 1.637 e 1.638, incisos e parágrafo único do CC.

Neste ponto, cabe asseverar que o art. 160 do ECA indica a possibilidade de a autoridade judiciária requisitar de qualquer órgão ou repartição pública a apresen-

---

49 Em sentido contrário e reconhecendo ser doutrina minoritária, manifesta-se Nucci no sentido de que o poder familiar não constitui um direito indisponível que obrigue, necessariamente, o contraditório e a ampla defesa. Justifica essa posição na permissão legal de os pais poderem entregar o filho em adoção. Afirma o autor: "Se foi citado pessoalmente e deixa transcorrer, em branco, o seu prazo, torna-se ausente dos autos. Em nossa visão, deveriam ser aplicados os efeitos da revelia (art. 344 do novo CPC), julgando-se procedente a ação". NUCCI, Guilherme de Souza. Op. cit., p. 611. Enunciado 24 do Fórum Nacional da Justiça Protetiva – FONAJUP: "Aos processos de competência da Justiça da Infância e da Juventude protetiva, aplica-se o artigo 346 do Código de Processo Civil para o réu revel citado pessoalmente, que não tenha constituído patrono nos autos".

PARTE IV – A EFETIVIDADE DO ECA: MEDIDAS JUDICIAIS E EXTRAJUDICIAIS

tação de documento que interesse à causa, sempre que necessário, acionado pelos interessados ou mesmo de ofício.

Por ser ação de fortes efeitos, o conhecimento pelo magistrado do desejo da criança e do adolescente afigura-se-nos indispensável, seja ouvindo-a reservada e diretamente, seja por meio de oitiva por equipe social e psicológica. O direito de a pessoa menor de 18 anos expressar sua opinião está relacionado com seu direito ao respeito, à dignidade e à liberdade (arts. 15 e 16, II, do ECA) e é princípio norteador para a aplicação de qualquer medida, estabelecido no art. 100, parágrafo único, inciso XII do ECA[50].

Assim é que o § 1º do art. 28 do ECA prevê de forma imperativa que a criança ou o adolescente será ouvido, quando puder exprimir sua vontade, por equipe interprofissional ou profissional qualificada, respeitado seu estágio de desenvolvimento e grau de compreensão sobre as implicações da medida, e terá sua opinião devidamente considerada. É cogente, assim, a norma estatuída no § 3º do art. 161 do ECA, no sentido de que deve ser ouvida a criança, ou o adolescente, desde que possível e razoável, principalmente ante a idade, se o pedido de destituição do poder familiar importar em modificação de guarda, como a cumulação da ADPF com a adoção.[51]

---

50 Na seara internacional, cabe aduzir as seguintes regras: art. 12 da Convenção dos Direitos da Criança e a constante do Anexo da Resolução n. 20/2005 – ECOSOC, III, alínea *b*: "*Direito à participação.* Todas as crianças têm, segundo o direito processual nacional, o direito de expressar livremente, com as suas próprias palavras, os seus pontos de vista, opiniões e crenças, e contribuir especialmente para as decisões que afetam a sua vida, incluindo as tomadas em qualquer processo judicial, e ter esses pontos de vista levados em consideração de acordo com a sua capacidade, idade, maturidade intelectual e condição de desenvolvimento". No tocante às diretrizes e recomendações acerca da manifestação e participação da criança e do adolescente em demandas a eles relacionadas, cumpre seja observada pela rede de proteção a Resolução n. 169/2014 do Conanda.

51 "APELAÇÃO CÍVEL. *AÇÃO DE DESTITUIÇÃO DO PODER FAMILIAR C/C ADOÇÃO.* SENTENÇA DE PROCEDÊNCIA DO PEDIDO. *CONSENTIMENTO DA ADOLESCENTE QUE DEVE SER COLHIDO EM AUDIÊNCIA. ARTIGO 28, § 2º, DO ESTATUTO DA CRIANÇA E ADOLESCENTE. ANULAÇÃO DO JULGADO.* PROVIMENTO DO RECURSO. 1. Trata-se de ação de destituição do poder familiar c/c adoção. 2. O Órgão Ministerial pugnou pela designação de audiência para oitiva da menor de 16 anos de idade, ao passo que o D. Juízo deu por encerrada a instrução processual, com a determinação da vinda das alegações finais e posterior prolação da sentença. 3. Verifica-se que a genitora da adolescente faleceu prematuramente e o genitor biológico concordou expressamente com o pedido dos autores. 4. No entanto, *a concordância da menor com a adoção, mencionada nos estudos técnicos realizados, não substitui a necessidade de ser colhido seu depoimento em audiência, a teor do artigo 28, § 2º, do Estatuto da Criança e Adolescente. 5. A previsão legal deve ser observada em respeito ao princípio da obrigatoriedade da informação, fixado no artigo 100, parágrafo único, XI, ECA. 6. Assim, a realização de audiência para oitiva do depoimento da adolescente não é uma faculdade do jul-*

Não raras vezes há a concomitância do dano físico e do psicológico causados ao(à) filho(a), quando se trata de abuso sexual. A avaliação psicológica e social da vítima faz-se indispensável para subsidiar o julgamento de aplicação da perda do poder parental. Registre-se que, segundo o CPC (Lei n. 13.105/2015), quando o processo envolver discussão sobre fato relacionado ao abuso parental, o juiz, ao tomar o depoimento do incapaz, deverá estar acompanhado por especialista (art. 699)[52].

Com a edição da Lei n. 13.509/2017, a fase instrutória do procedimento de perda do poder familiar foi, em boa hora, voltada para o superior interesse da criança, na medida em que foram dispensadas provas protelatórias à celeridade de seu trâmite[53]. Pela nova redação do art. 161 do ECA, se não for contestado o

---

gador, mas sim uma imposição legal. 7. Anulação prosseguimento do feito para determinar a realização de audiência para que seja colhido o consentimento da menor acerca de sua adoção e prestadas as informações sobre os efeitos em sua vida. 8. Recurso provido" (Apelação 0043752-22.2021.8.19.0021, 13ª Câmara de Direito Privado, Rel. Des. Gilberto Clóvis Farias Matos, j. 20-6-2024) (grifos nossos).

52 A Lei n. 13.431/2017, que estabeleceu o sistema de garantia de direitos da criança e do adolescente vítima ou testemunha de violência, prevê em seu art. 5º que: "A aplicação desta Lei, sem prejuízo dos princípios estabelecidos nas demais normas nacionais e internacionais de proteção dos direitos da criança e do adolescente, terá como base, entre outros, os direitos e garantias fundamentais da criança e do adolescente a: [...] VI – ser ouvido e expressar seus desejos e opiniões, assim como permanecer em silêncio; [...] VIII – ser resguardado e protegido de sofrimento, com direito a apoio, planejamento de sua participação, prioridade na tramitação do processo, celeridade processual, idoneidade do atendimento e limitação das intervenções; IX – ser ouvido em horário que lhe for mais adequado e conveniente, sempre que possível; [...] XI – ser assistido por profissional capacitado e conhecer os profissionais que participam dos procedimentos de escuta especializada e depoimento especial; [...] XIV – ter as informações prestadas tratadas confidencialmente, sendo vedada a utilização ou o repasse a terceiro das declarações feitas pela criança e pelo adolescente vítima, salvo para os fins de assistência à saúde e de persecução penal; XV – prestar declarações em formato adaptado à criança e ao adolescente com deficiência ou em idioma diverso do português". A Resolução n. 299, de 5 de novembro de 2019, do CNJ disciplinou o sistema de garantia de direitos da criança e do adolescente vítima ou testemunha de violência, de que trata a Lei n. 13.431/2017, deixando clara a possibilidade da utilização de dois instrumentos de oitiva da criança vítima ou testemunha: 1) por meio da escuta especializada prevista no art. 7º daquela lei, que se cinge a um procedimento de entrevista sobre situação de violência com criança ou adolescente perante órgão da rede de proteção, limitado o relato estritamente ao necessário para o cumprimento de sua finalidade e 2) o depoimento especial, que é o procedimento de oitiva de criança ou adolescente vítima ou testemunha de violência perante a autoridade policial ou judiciária (art. 8º), que é regido por protocolos e, sempre que possível, será realizado uma única vez, em sede de produção antecipada de prova judicial, garantida a ampla defesa do investigado (art. 11).

53 Enunciado 11 do Fórum Nacional da Justiça Protetiva – FONAJUP: "No recebimento da petição inicial da ação de perda do poder familiar, caso os estudos técnicos sejam

PARTE IV – A EFETIVIDADE DO ECA: MEDIDAS JUDICIAIS E EXTRAJUDICIAIS

pedido e tiver sido concluído o estudo social ou a perícia realizada por equipe interprofissional ou multidisciplinar, a autoridade judiciária dará vista dos autos ao Ministério Público, por cinco dias, salvo quando este for o requerente, e decidirá em igual prazo.

Caso necessário, prescreve o § 1º do mesmo dispositivo que a autoridade judiciária, de ofício ou a requerimento das partes ou do Ministério Público, determinará a oitiva de testemunhas que comprovem a presença de uma das causas de suspensão ou destituição do poder familiar previstas nos arts. 1.637 e 1.638 do CC ou no art. 24 do ECA. A obrigatoriedade de oitiva dos pais nesse ato judicial, portanto, cinge-se àqueles que forem identificados e estiverem em local conhecido, ressalvados os casos de não comparecimento perante a Justiça quando devidamente citados (§ 4º do art. 161)[54]. Tratando-se de pai ou mãe privados de liberdade, a autoridade judicial requisitará sua apresentação para a oitiva, conforme disposto no § 5º do art. 161, incluído por força da Lei n. 12.962/2014.

Quando se tratar de pais oriundos de comunidades indígenas ou provenientes de comunidade remanescente de quilombo, ditam os arts. 28, § 6º, III, e 157, § 2º, do ECA, com a redação dada pela Lei n. 13.509/2017, ser obrigatórias a intervenção e a oitiva de representantes do órgão federal responsável pela política indigenista (Fundação Nacional do Índio – FUNAI) e de antropólogos, perante a equipe interprofissional ou multidisciplinar que irá acompanhar o caso.

Observa-se que a lei estatutária não menciona se a oitiva dos réus será realizada em audiência ou mediante entrevistas com a equipe técnica. Pelo que se depreende de toda a sistemática da lei e considerando o seu objetivo de garantir, sempre que possível, o direito do infante à convivência com a família natural, os genitores (réus) poderão ser ouvidos em ambos os momentos: durante a avaliação da equipe técnica e por meio de seus depoimentos pessoais em audiência, caso assim requeiram na peça de defesa, oportunidade, inclusive, na qual poderão esclarecer e serem esclarecidos acerca de dúvidas que emergirem dos laudos periciais.

É evidente que se os réus forem ouvidos pela equipe psicossocial, não haverá, a princípio, necessidade de depoimento pessoal em audiência, não acarretando qualquer nulidade a sua dispensa ou o indeferimento da produção desta prova[55].

---

recentes, o juiz poderá analisar a conveniência da realização de novos estudos, após a resposta do réu, na forma do artigo 157, parágrafo primeiro, do ECA".

54 Como alerta Nucci: "Com o advento da Lei 13.509/2017, [...] Citados pessoalmente, se não ofertam impugnação alguma, não precisam ser ouvidos em audiência" (op. cit., p. 615).

55 "Ação de destituição do poder familiar, proposta pelo Ministério Público em face de genitora, por descumprimento dos deveres inerentes ao poder familiar. Sentença que julgou procedente o pedido inicial, para destituir a genitora do poder familiar de seus filhos menores, tendo sido determinada a averbação da sentença à margem dos regis-

No caso do depoimento de réu preso em audiência, a presença do Curador Especial naquele ato é indispensável (art. 72, II, do CPC).

Os estudos pela equipe técnica no Juízo são indispensáveis para traçar o cenário da família e da criança, indicando, conforme ensinado por Gomes e Berberian, *"as falhas ou violações por parte daquele que deveria proteger"*, e, em se tratando de estudo social, o cenário mapeado deve revelar os atores implicados na problemática, além do binômio família *versus* filho, como o Estado e as políticas sociais efetivadas (ou não) no caso concreto[56].

Cumpre aduzir que se os genitores não apresentarem contestação, mas comparecerem à audiência, a sua oitiva não representa uma nova oportunidade de defesa, posto que o prazo de 10 dias é peremptório.

Na hipótese de a ação de destituição do poder familiar ser cumulada com a adoção e, posteriormente, os réus anuírem ao pleito, será necessária, na audiência, a colheita da concordância dos pais com a colocação do filho em família substituta (art. 45 c/c art. 166, § 1º, do ECA), cientes das consequências do ato de disposição, como a irrevogabilidade da adoção (art. 48 do ECA). Uma vez que houve a concordância, dispõe o art. 166, § 7º, do ECA que a família natural e a família substituta receberão a devida orientação por intermédio de equipe técnica interprofissional a serviço da Justiça da Infância e da Juventude, preferencialmente com apoio dos técnicos responsáveis pela execução da política municipal de garantia do direito à

---

tros de nascimento das crianças, nos termos do artigo 163, parágrafo único do Estatuto da Criança e do Adolescente. Apelação da Genitora. *Preliminar de nulidade da sentença que se rejeita. Defensoria Pública que estava presente na audiência de reavaliação, para a qual a Apelante não foi intimada, e nada alegou naquela oportunidade. Inexistência de requerimento de depoimento pessoal da genitora que participou dos estudos sociais durante a instrução processual. Ausência de deferimento do prazo para apresentação de alegações finais que não causou qualquer prejuízo à Apelante, não ficando configurada nulidade.* Precedentes do TJRJ e do STJ. [...] *Apelante que frustrou todas as tentativas oferecidas pelo Poder Público, por intermédio de seus programas assistenciais, no sentido de construir as condições mínimas para o convívio familiar sadio com os seus filhos, o que conduziu, com acerto, à destituição do poder familiar.* Desprovimento da apelação" (TJRJ, Apelação 0021883-40.2015.8.19.0206, 26ª Câm. Cív., Rela. Desa. Ana Maria Pereira de Oliveira, j. 18-3-2021) (grifos nossos).

56 Para as autoras, o estudo social nesta espécie de ação tem "como princípio ético evidenciar todas as manifestações da questão social apreendidas, correlacionando as condições objetivas de vida dos sujeitos ao seu contexto geoespacial, socioeconômico e político-cultural, com vistas a compreender as reais possibilidades do exercício do cuidado, tenho por norte a convivência familiar e comunitária". GOMES, Janaína Dantas Germano; BERBERIAN, Thais Peinado. Serviço Social e Direito: diálogos necessários para a garantia dos direitos de·crianças, adolescentes e famílias nos processos de suspensão ou destituição do poder familiar. In: VIEIRA, Marcelo de Mello; BARCELOS, Paulo Tadeu Rigletti (orgs.). *Direitos da criança e do adolescente*: desafios para a efetivação do direito à convivência familiar. Belo Horizonte: D'Plácido, 2021, p. 97-98.

PARTE IV – A EFETIVIDADE DO ECA: MEDIDAS JUDICIAIS E EXTRAJUDICIAIS

convivência familiar. Por se tratar de adoção consentida, o poder familiar será extinto por sentença (art. 166, § 1º, II, do ECA) e a medida será irrevogável (art. 39, § 1º, do ECA), após o prazo de arrependimento da anuência (§ 5º do art. 166).

Enquanto não houver pessoa ou casal cadastrado no SNA interessado em adotar a criança, cujos pais tenham sido destituídos, mas esteja inserida em acolhimento institucional, a Lei n. 12.010/2009 determina que se priorize a inserção do infante em programa de guarda subsidiada, consoante dicção do § 11 do art. 50, de modo a não prolongar o período de institucionalização, dando-se prioridade para esta outra modalidade de atendimento: *"Enquanto não localizada pessoa ou casal interessado em sua adoção, a criança ou adolescente, sempre que possível e recomendável, será colocado sob guarda de família cadastrada em programa de acolhimento familiar"*.

10. FASE DECISÓRIA

Proferida a sentença de mérito no prazo máximo de 120 dias (art. 163 do ECA)[57], suspendendo ou destituindo os genitores do poder familiar, esta deverá ser averbada no livro de nascimento da circunscrição onde nasceu o filho[58]. Note-se que esta providência será determinada mesmo que esteja pendente recurso, já que, de acordo com o que reza o art. 199-B do ECA, a sentença que destituir ambos ou qualquer dos genitores do poder familiar fica sujeita a apelação, que deverá ser recebida apenas no efeito devolutivo.

Não se trata de exclusão, no registro civil de nascimento do filho, dos nomes dos pais destituídos, mas sim de averbação da decisão condenatória, mantendo-se os sobrenomes dos pais e os dados dos ascendentes (pais e avós).

Havendo pedido cumulado de adoção por família substituta, por outro lado, o registro de nascimento original da criança cujos pais foram destituídos do poder familiar será cancelado (art.47, § 2º, do ECA) e lavrada nova certidão (art. 47, §§ 1º, 3º, 4º, 5º e 6º, do ECA).

Excepcionalmente, porém, poderá haver a retificação do assentamento do filho com a supressão do nome ou sobrenome dos pais destituídos, mediante pedido

---

57   O art. 63 e seu § 1º do Provimento n. 165/2024 do CNJ dispõem que os Corregedores-Gerais dos Tribunais de Justiça dos Estados fiscalizarão, por meio de inspeções ou correições, de forma efetiva e constante, o tempo de tramitação dos processos de adoção e os de destituição do poder familiar, investigando disciplinarmente os magistrados que, de forma injustificável, tiverem sob sua condução ações desse tipo tramitando há mais de 120 (cento e vinte) dias sem a prolação de sentença, sem prejuízo da tomada de outras medidas ante o disposto no art. 163 da Lei n. 8.069/90; da mesma forma, as Presidências dos Tribunais devem zelar pela tramitação rápida dos recursos interpostos nessas ações, caso estejam tramitando há mais de 60 (sessenta) dias no Tribunal sem o regular julgamento, sem prejuízo da tomada de outras medidas ante o disposto nos arts. 199-D e 199-E da Lei n. 8.069/90.

58   Art. 102 da Lei n. 6.015/73, parágrafo único do art. 163 e art. 264 da Lei n. 8.069/90.

próprio perante o Juízo competente, após o trânsito em julgado da perda da autoridade parental, quando comprovado que os fatos que ensejaram a destituição foram tão graves que a manutenção dos dados parentais na certidão de nascimento do filho acarretará prejuízos emocionais e psíquicos na identidade dos infantes[59].

Pela natureza da matéria e a importância da resolução rápida da situação familiar do filho dos réus, principalmente se este estiver acolhido em instituição, os recursos nos procedimentos de destituição de poder familiar serão processados com prioridade absoluta, devendo ser imediatamente distribuídos, ficando vedado que se aguardem, em qualquer situação, oportuna distribuição, e serão colocados em mesa para julgamento sem revisão e com parecer urgente do Ministério Público (art. 199-C do ECA). Sendo assim, para a tramitação imediata do recurso, o relator deverá colocar o processo em mesa para julgamento no prazo máximo de 60 dias, contado da sua conclusão, intimando-se o Ministério Público da data do julgamento que poderá na sessão, se entender necessário, apresentar oralmente seu parecer (art. 199-D e parágrafo único do ECA).

Discute-se na doutrina acerca da extensão dos efeitos da decisão sobre a prole que sofreu a ação ou omissão que fundamenta o decreto destitutivo ou suspensivo, classificando-a em destituição total ou parcial[60]. Para Giuliano D'Andrea, deve-se diferenciar as consequências dependendo da decisão que for proferida: caso se trate de mera suspensão do poder familiar, a decisão será temporária e atingirá apenas um ou alguns filhos; caso o *decisum* destitua o poder familiar, atingirá toda a prole, incluindo eventual nascituro[61].

Por ser a suspensão uma sanção temporária e menos grave, no entender de Silvio Rodrigues, a medida pode referir-se apenas ao filho vitimizado e não a toda a prole[62].

---

59 TJES, AC (segredo de justiça), Rel. Des. Samuel Meira Brasil Júnior, 3ª Câm. Cív., j. 21-6-2016.

60 Estabelecendo essa distinção, temos a doutrina de Antonio Cezar Lima da Fonseca: *"A destituição do pátrio poder, por seu turno, pode ser total ou parcial. Daqui se define se a destituição pode abranger apenas determinados filhos, ou deve ser imposta a todos. Muitos autores defendem a última solução. A destituição é total quando abrange não só todos os direitos que compõem o pátrio poder (art. 384 e incisos do CC e art. 22, ECA), mas também quando atinge toda a prole. Impõe-se a destituição a todos filhos, mesmo àqueles não envolvidos na hipótese legal. Na destituição parcial, a perda dá-se relativamente a alguns direitos, porque o pai/mãe pode, v.g., conservar o direito de administração dos bens do filho, sendo que, na parcial, a destituição também pode dizer respeito apenas a filho determinado"* (A ação de destituição do pátrio poder. *Revista de Informação Legislativa*, v. 37, n. 146, p. 261-279, abr./jun. 2000, p. 267). Itálicos no original. Disponível em: <https://www2.senado.leg.br/bdsf/handle/id/496878>. Acesso em: 21 out. 2024.

61 D'ANDREA, Giuliano. *Noções de direito da criança e do adolescente*. Florianópolis: OAB/SC Editora, 2005, p. 44.

62 RODRIGUES, Silvio. *Direito civil*: direito de família. São Paulo: Saraiva, 2004, v. 6, p. 369.

PARTE IV – A EFETIVIDADE DO ECA: MEDIDAS JUDICIAIS E EXTRAJUDICIAIS   897

Para Maria Helena Diniz, por se tratar de medida imperativa e o juiz convencer-se de que houve uma das causas que justificam a sanção máxima de destituição do poder familiar, esta abrangerá *"toda a prole e não somente um filho ou alguns filhos"*[63].

Temos para nós que os efeitos do *decisum* de destituição ou de suspensão deverão afetar apenas a relação jurídica entre o genitor destituído e o filho alvo dos atos que ensejaram a perda ou a suspensão do poder familiar, havendo pedido expresso neste sentido. Porém, há a possibilidade de ampliar o espectro de atuação do Poder Judiciário não somente ao exame do pleito de perda do poder familiar, mas também aos reflexos da situação familiar apresentada, aplicando-se medidas estatutárias de proteção à criança vítima e aos pais destituídos, de maneira a minorar as consequências do ato e a evitar que o(s) agressor(es) pratique(m) novamente atos atentatórios aos direitos daquele e de outros filhos. Assim, deverão ser aplicadas medidas protetivas para resguardar os direitos dos filhos, inclusive aqueles que não constaram como alvo da ADPF (art. 101 do ECA) e, se houver causa suficiente, aplicar outras medidas do art. 129 do ECA que não exijam a devida ampla defesa e o contraditório, em respeito ao princípio da correspondência entre o pedido e a sentença.[64]

Como salientado anteriormente, a perda ou a suspensão do poder familiar não afeta o laço de parentesco existente entre pais e filho, permanecendo as obrigações dele decorrentes, como, por exemplo, o dever alimentar[65]. É importante ressaltar,

---

63   DINIZ, Maria Helena. Op. cit., p. 655. Para Rizzardo, a perda do poder familiar em relação a um filho se estende aos demais, pois se o pai ou a mãe não revela condições para exercer o cargo relativamente a um filho, é evidente que não tenha capacidade quanto aos demais. Além disso, trata a espécie de perda do poder familiar como encargo em si, e não em função dos fatos relativos a um filho apenas. RIZZARDO, Arnaldo, *Direito de família*. 10. ed. Rio de Janeiro: Forense, 2019, p. 568.

64   Veronese e Silveira possuem o entendimento de que a sentença que decretar a perda e a suspensão do poder familiar não está adstrita ao princípio da correlação entre o pedido e a tutela jurisdicional (art. 460 do CPC) que veda ao magistrado proferir sentença, a favor do autor, de natureza diversa da pedida, bem como condenar o réu em quantidade superior ou em objeto diverso do que lhe foi demandado (sentenças *extra*, *ultra* ou *citra petita*), podendo o Juiz da Infância decidir pela aplicação da suspensão ou de outra medida que lhe parecer mais adequada no bojo da ADPF, para o atendimento do superior interesse da criança e do adolescente. VERONESE, Josiane Rose Petry; SILVEIRA, Mayra. Op. cit., p. 360.

65   O Projeto de Lei n. 6.594/2016, da autoria da Deputada Federal Tia Eron, que tramita no Congresso Nacional, prevê alteração no art. 163 do ECA, acrescendo que: *"Art. 163. [...] § 2º O trânsito em julgado da sentença que decretar a perda ou suspensão do poder familiar dos pais não obsta o pagamento de alimentos, salvo se a criança ou adolescente for incluído em família substituta"*. Enunciado 20 do Fórum Nacional da Justiça Protetiva – FONAJUP: *"A perda do poder familiar, por sentença irrecorrível, não extingue a obrigação alimentar que decorre do vínculo de parentesco"* (aprovado à unanimidade).

como consequência prática do que foi afirmado, que os nomes dos pais destituídos ou suspensos da autoridade parental não são retirados da certidão de nascimento do filho, com a prolação da decisão destituitória. A única exceção prevista expressamente em lei para que se finde o vínculo de parentesco e, por efeito, altere-se a filiação, diz respeito à transferência do poder familiar no caso de adoção (art. 47, §§ 1º, 2º e 5º, do ECA)[66].

Neste caso, os pais naturais são desligados do poder familiar, salvo quanto aos impedimentos matrimoniais (art. 1.626 do CC c/c o art. 41 da Lei n. 8.069/90). Assim, havendo a adoção, a recuperação da autoridade parental pelos genitores biológicos somente será possível por meio de destituição do poder familiar dos pais adotivos e de nova adoção pelos pais naturais, visto que o registro de nascimento originário foi cancelado.

Cabe aludir à hipótese de a destituição ser aplicada a um dos genitores e não ao outro, visto que os fatos que fundamentam a aplicação dessa medida drástica, por evidente, devem ser descritos de forma individualizada para cada réu. Sendo assim, nada impede que a sentença venha a condenar somente um dos pais. Havendo pedido cumulado de adoção, a questão oferece maior complexidade, porquanto para a constituição da nova parentalidade se faz indispensável a destituição do poder familiar de ambos os pais. O Superior Tribunal de Justiça enfrentou essa hipótese e, considerando as peculiaridades daquele caso concreto, manteve a função parental paterna biológica, inobstante tenha deferido o vínculo parental adotivo.[67]

A decisão final, portanto, deve se pautar no exato limite do pleito exordial. Sendo assim, os fatos narrados pelo autor devem caracterizar as causas legais que conduzirão à perda da autoridade parental. Porém, embora suspensos liminarmen-

---

66   O art. 49 da Lei n. 8.069/90 reza que: "A morte dos adotantes não restabelece o poder familiar dos pais naturais".

67   "FAMÍLIA. CÓDIGO CIVIL. ESTATUTO DA CRIANÇA E DO ADOLESCENTE. ADOÇÃO UNILATERAL. MEDIDA EXCEPCIONAL. *DESTITUIÇÃO DO PODER FAMILIAR. NÃO OCORRÊNCIA DE NENHUMA DAS HIPÓTESES AUTORIZADORAS EM RELAÇÃO AO GENITOR. DESTITUIÇÃO APENAS DA GENITORA.* BOA-FÉ DA POSTULANTE À ADOÇÃO. MELHOR INTERESSE DO MENOR. ECA ARTS. 39, § 3º, 50 § 13. RECURSO ESPECIAL PARCIALMENTE PROVIDO. 1[...] 2. *Hipótese em que a menor foi entregue irregularmente pela genitora à postulante da adoção nos primeiros dias de vida e, somente no curso do processo de adoção e destituição de poder familiar, o pai biológico descobriu ser o seu genitor, ajuizando ação de investigação de paternidade para reivindicar o poder familiar sobre a criança. Incontroversa ausência de violação dos deveres legais autorizadores da destituição do poder familiar e expressa discordância paterna em relação à adoção.* [...] 4. Boa-fé da postulante à adoção assentada pela instância ordinária. 5. *Adoção unilateral materna, com preservação do poder familiar do genitor, permitida, dadas as peculiaridades do caso, com base no art. 50, § 13, incisos I e III, do ECA, a fim de assegurar o melhor interesse da menor. 6. Recurso especial parcialmente provido*" (STJ, REsp 1.410.478-RN (2013/0344972-0), 4ª Turma, Rel. Min. Maria Isabel Gallotti, j. 5-12-2019) (grifos nossos).

PARTE IV – A EFETIVIDADE DO ECA: MEDIDAS JUDICIAIS E EXTRAJUDICIAIS

te do poder familiar, há casos nos quais, no transcurso do processo, verifica-se o acatamento dos réus aos acompanhamentos prescritos pela rede de apoio com alterações psicossociais e morais daqueles, as quais, adicionadas à manutenção do vínculo afetivo com a prole, apontam para a derradeira decisão de improcedência do pedido com o restabelecimento dos encargos parentais.

A suspensão do poder familiar pode ser medida aplicada na sentença, desde que seja adequada ao caso concreto, como, por exemplo, quando os pais aderem aos encaminhamentos efetuados pela rede protetiva e há a possibilidade de reintegração da prole ao lar de origem[68].

Por fim, cumpre enfocar a alteração promovida pela Lei n. 12.010/2009 no tocante à redação do art. 1.734 do Código Civil (art. 4º). Consoante dispõe essa regra civil, as crianças e os adolescentes cujos pais forem suspensos ou destituídos do poder familiar terão tutores nomeados pelo juiz ou serão incluídos em programa de colocação familiar, na forma prevista pela Lei n. 8.069, de 13 de julho de 1990. Ora, se a finalidade da lei é a inserção do infante em família, garantindo-lhe esse direito fundamental, quer nos parecer que a medida mais adequada a ser aplicada seria a adoção e não a tutela, medida essa que se finda com o atingir da capacidade civil. Por outro ângulo, essa norma em comento criou uma exceção à regra do art. 1.728 do Código Civil, que somente permite a nomeação de tutor no caso de pais que decaírem do poder familiar e não na hipótese de suspensão, denotando com isso que a intenção do legislador foi regularizar a representação legal do infante, mesmo que de forma provisória por meio da tutela, sem prejuízo da inserção do infante em cadastro para a adoção.

11. AÇÃO DE RESTITUIÇÃO DO PODER FAMILIAR

O Decreto n. 17.943-A/27, conhecido como Código de Menores Mello Mattos, traçava nos arts. 45 e 163 os pressupostos da ação de reintegração do pátrio poder e, expressamente, previa o trâmite desta sob o rito sumário[69]. O Código de Menores de 1979, por outro lado, nada mencionava acerca da matéria, como também o Estatuto da Criança e do Adolescente se silencia a respeito do tema.

Consoante já explanado no capítulo "Poder familiar", é perfeitamente possível o pedido judicial de recuperação pelos pais do encargo perdido, quando não ocorrente a cessação do vínculo de parentesco com o filho (adoção), posto que extingue definitivamente o poder familiar dos pais biológicos. Nesta última hipótese é

---

68 TJRJ, Apelação 0094079-27.2018.8.19.0004, 9ª Câmara de Direito Privado, Rel. Des. Paulo Sérgio Prestes dos Santos, j. 10-4-2023.

69 O Decreto n. 16.272/1923 que o antecedeu previu as mesmas hipóteses de reintegração do pátrio poder (art. 17) e estabeleceu o procedimento sumaríssimo para tal (art. 48).

evidente a impossibilidade jurídica do pedido, diante da vedação do art. 41, *caput* do ECA.

Ainda sobre as condições da ação de restabelecimento, se o poder familiar foi extinto em função da emancipação, da maioridade, da adoção ou pelo falecimento dos pais ou do filho, o pedido configura-se impossível[70].

Como dito antes, tal procedimento não encontra assento no ECA, devendo na omissão legislativa ser aplicado, por analogia, o rito previsto nos arts. 155 e seguintes antes comentado, sendo a competência do Juízo de família ou da infância e da juventude (dependendo da situação jurídica do filho).

A ação de restituição poderá ser proposta pelo legítimo interessado, no caso, os pais destituídos do poder familiar, como também, com mais raridade, pelo filho cujos pais tenham perdido esse encargo. O postulante deverá indicar os fundamentos fáticos e jurídicos que ensejaram a perda do poder familiar e os fatos novos que demonstrem a capacidade de voltar a exercer o encargo, ou seja, comprovar que desapareceram os motivos que basearam o *decisum* de destituição (art. 505, I, do CPC). Além disso, o legitimado ativo deverá fornecer fortes provas de que a restituição do poder familiar apresenta reais vantagens ao filho menor de idade[71]. Com a petição inicial, o autor deverá anexar cópia dos autos da ação de destituição ou, tendo tramitado perante o mesmo Juízo daquela, requerer o seu apensamento. Esta cautela parece-nos necessária para que o magistrado possa examinar a fundamentação do pedido de perda e as provas produzidas no feito original.

---

70 "APELAÇÃO CÍVEL. ECA. *RESTITUIÇÃO DO PODER FAMILIAR.* PLEITO DE DESCONSTITUIÇÃO DA SENTENÇA EXTINTIVA. POSSIBILIDADE PARCIAL, DIANTE DO CASO CONCRETO. SENTENÇA DESCONSTITUÍDA PARCIALMENTE. 1. EMBORA A DESTITUIÇÃO DO PODER FAMILIAR TENHA CARÁTER PERMANENTE, A SENTENÇA REFERE-SE À RELAÇÃO JURÍDICA CONTINUATIVA, LOGO, SE SOBREVIER MODIFICAÇÃO NO ESTADO DE FATO OU DE DIREITO, PODERÃO AS PARTES REQUERER A REVISÃO DO JULGADO, EXCETUANDO A HIPÓTESE DE ADOÇÃO TRANSITADA EM JULGADO. 2. *CASO DOS AUTOS, DOS QUATRO FILHOS DA APELANTE, UM DELES FOI ADOTADO, OUTRO ATINGIU A MAIORIDADE, RESTANDO DOIS DOS INFANTES ACOLHIDOS, PELOS QUAIS A GENITORA PODERÁ REVINDICAR A RETOMADA DO PODER FAMILIAR, USANDO-SE DESTA AÇÃO PARA TANTO.* APELAÇÃO PARCIALMENTE PROVIDA" (TJRS, Apelação Cível 50822021820228210001, 7ª Câmara Cível, Rel. Des. Vera Lucia Deboni, j. 24-3-2023) (grifos nossos).

71 Comungando do entendimento do cabimento da ação de restituição do poder familiar e de seus pressupostos de deferimento, citamos Giovane Serra Azul Guimarães, em sua obra *Adoção, tutela e guarda*: conforme o Estatuto da Criança e do Adolescente e o novo Código Civil. 3. ed. São Paulo: Juarez de Oliveira, 2005, p. 9. Maria Helena Diniz, de igual modo, entende cabível processo judicial de caráter contencioso para o restabelecimento do poder parental, "*se provada a regeneração do genitor ou se desaparecida a causa que a determinou*". DINIZ, Maria Helena. Op. cit., p. 655. Para Veronese, o restabelecimento do poder familiar pode ocorrer via *ação revisional*, se não existirem causas que determinem sua cassação. VERONESE, Josiane. Op. cit., p. 360.

PARTE IV – A EFETIVIDADE DO ECA: MEDIDAS JUDICIAIS E EXTRAJUDICIAIS

Por óbvio, a restauração do múnus não pode ser deferida liminarmente diante da natureza do pedido, isso porque não existe poder familiar provisório. Resumindo: ou os pais detêm integralmente ou não detêm o poder familiar[72]. Poderá o requerente, entretanto, postular a guarda provisória do filho com o fim de regularizar, eventualmente, o exercício fático, sempre que a medida antecipada favorecer o infante.

No polo passivo da demanda deverão figurar aqueles que exercem a tutela do infante ou a guarda, uma vez que deferida a restauração do poder familiar, o responsável estaria destituído de seu encargo, transferindo-o para o autor que o exercerá com mais amplitude. O núcleo familiar substituto, a criança ou o adolescente em questão e o(s) autor(es) devem ser submetidos à perícia social e psicológica para apuração do superior interesse do filho, sem prejuízo da oitiva informal deste último pelo magistrado e pelo promotor de justiça.

Por derradeiro, o retorno do múnus é limitado ao filho indicado no pedido exordial, ou seja, a recuperação do poder familiar de um dos filhos não implica necessariamente a reaquisição do encargo sobre os demais que não foram sujeitos do pleito.

Situação diversa da anteriormente apresentada é a possibilidade do restabelecimento da autoridade parental após o trânsito em julgado da decisão que determinou a perda. Na jurisprudência, o poder familiar somente pode ser restaurado através da via rescisória da decisão que desconstituiu o múnus parental, desde que atrelada à configuração das hipóteses previstas no art. 966 do CPC, à prova do trânsito em julgado e à observância do prazo decadencial (art. 975 do CPC), enquanto a doutrina de Dias e Menezes afirma que as decisões provenientes de relações de trato continuado, como a destituição do poder familiar com manutenção da parentalidade, podem ser revistas a qualquer tempo[73].

---

72 Assevere-se que na suspensão da autoridade parental (art. 157 do ECA) esta é retirada dos pais integralmente, somente os seus efeitos são provisórios.

73 "APELAÇÃO CÍVEL. FAMÍLIA. *AÇÃO DE REVERSÃO DE DESTITUIÇÃO DO PODER FAMILIAR. PRECLUSÃO TEMPORAL PELO TRÂNSITO EM JULGADO DA SENTENÇA. AÇÃO RESCISÓRIA.* Havendo nos autos certidão comprovando o trânsito em julgado da sentença, não é possível prosperar ação ordinária. Alegações que deverão ser aduzidas por meio próprio, ação rescisória, já que não têm o condão de desfazer a coisa julgada havida a partir do trânsito em julgado da lide. RECURSO DESPROVIDO" (TJRS, Apelação Cível 70081619546, 7ª Câm. Cív., Rela. Desa. Liselena Schifino Robles Ribeiro, j. 3-6-2019) (grifos nossos).

Para Dias e Menezes, a destituição do poder familiar se sujeita à reversão, caso a situação que foi fotografada na decisão, mesmo transitada em julgado, não mais se justifique. Segundo as autoras, a coisa julgada, formal e material, produzida nessa demanda, fica preservada, desde que as condições objetivas permaneçam as mesmas. "Ou seja, a superveniência da alteração das circunstâncias de fato que foram objeto de análise de decisão definitiva constituem em marco temporal final da coisa julgada material"

REFERÊNCIAS

ATAÍDE JÚNIOR, Vicente de Paula. *Destituição do poder familiar*. Curitiba: Juruá, 2009.

CURY, Munir; GARRIDO DE PAULA, Paulo Afonso; MARÇURA, Jurandir Norberto. *Estatuto da Criança e do Adolescente anotado*. 3. ed. São Paulo: Revista dos Tribunais, 2002.

D'ANDREA, Giuliano. *Noções de direito da criança e do adolescente*. Florianópolis: OAB/SC Editora, 2005.

D'ANDREA, Giuliano. Da impossibilidade de suspensão e destituição do poder familiar de pais adolescentes absolutamente incapazes. *Revista Especial da Infância e Juventude*, n. 1, São Paulo: EDEPE, 2011.

DELGADO, Mário Luiz. *Lei brasileira permite responsabilizar os pais por danos causados ao nascituro*. Disponível em: <https://www.conjur.com.br/2017--nov-05/processo-familiar-lei-permite-responsabilizar-pais-danos-causados--nascituro>. Acesso em: 25 abr. 2020.

DIAS, Maria Berenice; MENEZES, Vanessa Viafore. (In)Existência de coisa julgada nas relações jurídicas de trato continuado. *Revista IBDFAM: Famílias e Sucessões*, v. 58, Belo Horizonte: IBDFAM, jul./ago. 2023.

DIGIÁCOMO, Murillo José; DIGIÁCOMO, Ildeara de Amorim. *Estatuto da Criança e do Adolescente anotado e interpretado*. 8. ed. Curitiba: Ministério Público do Estado do Paraná. Centro de Apoio Operacional das Promotorias da Criança e do Adolescente, 2020.

DI MAURO, Renata Giovanoni. *Procedimentos civis no Estatuto da Criança e do Adolescente*. 2. ed. São Paulo: Saraiva, 2017.

DINIZ, Maria Helena. *Curso de direito civil brasileiro*. 32. ed. São Paulo: Saraiva Educação, 2018.

DUPRET, Cristiane. *Curso de direito da criança e do adolescente*. 3. ed. Belo Horizonte: Letramento, 2015.

ELIAS, Roberto João. *Comentários ao Estatuto da Criança e do Adolescente*: Lei n. 8.069, de 13 de julho de 1990. 4. ed. São Paulo: Saraiva, 2010.

FIGUEIREDO, Luiz Carlos de Barros. *Comentários à nova lei nacional da adoção*. Curitiba: Juruá, 2011.

FONSECA, Antonio Cezar Lima da. A ação de destituição do pátrio poder. *Revista de Informação Legislativa*, v. 37, n. 146, p. 261-279, abr./jun. 2000. Disponível em: <https://www2.senado.leg.br/bdsf/handle/id/496878>. Acesso em: 21 out. 2024.

(DIAS, Maria Berenice; MENEZES, Vanessa Viafore. (In)Existência de coisa julgada nas relações jurídicas de trato continuado. *Revista IBDFAM: Famílias e Sucessões*, v. 58, Belo Horizonte: IBDFAM, jul./ago. 2023, p. 31).

PARTE IV – A EFETIVIDADE DO ECA: MEDIDAS JUDICIAIS E EXTRAJUDICIAIS

GOMES, Janaína Dantas Germano; BERBERIAN, Thais Peinado. Serviço Social e Direito: diálogos necessários para a garantia dos direitos de crianças, adolescentes e famílias nos processos de suspensão ou destituição do poder familiar. In: VIEIRA, Marcelo de Mello; BARCELOS, Paulo Tadeu Rigletti (orgs.). *Direitos da criança e do adolescente*: desafios para a efetivação do direito à convivência familiar. Belo Horizonte: D'Plácido, 2021.

GUIMARÃES, Giovane Serra Azul. *Adoção, tutela e guarda*. 3. ed. São Paulo: Juarez de Oliveira, 2005

ISHIDA, Válter Kenji. *Estatuto da Criança e do Adolescente*: doutrina e jurisprudência. 25. ed. rev., atual. e ampl. São Paulo: JusPodivm, 2024.

LIBERATI, Wilson Donizeti. *Comentários ao Estatuto da Criança e do Adolescente*. 12. ed. revista e ampliada de acordo com a Lei 13.058, de 22-12-2014. São Paulo: Malheiros, 2015.

MACIEL, Kátia Regina Ferreira Lobo Andrade; CARNEIRO, Rosa Maria Xavier Gomes. O Ministério Público como interlocutor da criança e do adolescente acolhidos. Da desnecessidade de nomeação de curador especial nos procedimentos de acolhimento. In: FARIAS, Cristiano Chaves de; ALVES, Leonardo Barreto Moreira; ROSENVALD, Nelson (org.). *Temas atuais do Ministério Público*. 6. ed. Totalmente reformulada. Salvador: JusPodivm, 2016.

NUCCI, Guilherme de Souza. *Estatuto da Criança e do Adolescente comentado*. 5. ed. rev., atual. e reform. Rio de Janeiro: Forense, 2021.

PEREIRA, Caio Mário. *Instituições de direito civil*. v. V. 30. ed. rev., atual. e reformulada. Rio de Janeiro, Forense, 2024.

RIZZARDO, Arnaldo. *Direito de família*. 10. ed. Rio de Janeiro: Forense, 2019.

RODRIGUES, Silvio. *Direito civil*: direito de família. 28. ed. São Paulo: Saraiva, 2004. v. 6.

VENOSA, Sílvio de Salvo. *Direito civil*: família. 17. ed. São Paulo: Atlas, 2017. v. 5.

VERONESE, Josiane Rose Petry; SILVEIRA, Mayra. *Estatuto da Criança e do Adolescente comentado*. São Paulo: Conceito Editorial, 2011.

As regras gerais do procedimento de colocação em família substituta

Kátia Regina Ferreira Lobo Andrade Maciel

1. INTRODUÇÃO

Conforme examinado anteriormente, três são as modalidades de colocação em família substituta previstas no Estatuto da Criança e do Adolescente: a guarda, a tutela e a adoção.

Os requisitos específicos, relacionados às relações jurídicas de direito material entre a criança ou adolescente e a sua família substituta, foram enfrentados no capítulo próprio deste livro.

As normas de caráter processual no ECA, no entanto, foram destinadas, genericamente, para as três formas de colocação, sendo que algumas particularidades, por evidente, estão providencialmente destacadas em separado (parágrafo único do art. 165 do ECA).

Com efeito, o procedimento de colocação em família substituta não foi bem definido no ECA, levando a crer que, propositadamente, o legislador federal preferiu deixar delineados apenas os requisitos indispensáveis e genéricos, cabendo ao intérprete observar o disposto no art. 6º do ECA, conforme cada caso.

Exemplo de omissão estatutária ao regrar esse procedimento é o prazo para apresentação da defesa, não havendo concordância dos pais ou responsável com o pedido de colocação em família substituta, tendo em conta a necessidade de observância dos princípios do contraditório e da ampla defesa assegurados aos litigantes em processo judicial ou administrativo (art. 5º, LV, da CF/88).

PARTE IV – A EFETIVIDADE DO ECA: MEDIDAS JUDICIAIS E EXTRAJUDICIAIS

Para Ishida, o procedimento contencioso de guarda, seja em trâmite na Vara de família, seja na Vara da infância e juventude, seguirá o disposto nos arts. 693 a 699 do CPC, com a contestação no prazo de 15 dias, enquanto, na hipótese de adoção c/c destituição do poder familiar, observará o rito deste último, com fulcro no art. 169 do ECA, que possui o prazo de resposta de 10 dias[1].

Todavia, entendemos de forma diversa. O rito disposto no CPC sob o título "Ações de Família", a nosso sentir, diz respeito às demandas judiciais decorrentes do rompimento do relacionamento afetivo de cônjuges e companheiros, quando as situações fáticas demandam o estabelecimento judicial da guarda dos filhos entre os pais, os alimentos da prole, a partilha dos bens do casal, enfim, situações levadas à apreciação do Juízo de Família.

No caso da guarda como modalidade de família substituta que visa à proteção de uma criança/adolescente que se encontra na situação do art. 98 do ECA, a interpretação sistemática dos procedimentos próprios do ECA nos conduz à conclusão de que o rito dessa medida deve ser simplificado como os demais descritos no microssistema infantojuvenil, que, como lei especial que é, deve prevalecer sobre o aludido capítulo das ações de família inserido no CPC[2].

Por via de consequência, o prazo de contestação nos casos de ação litigiosa de colocação em família substituta será de 10 dias corridos[3], seguindo-se os ditames do rito previsto nos arts. 155 a 163 do ECA.

Dessa forma, podemos dizer que o procedimento de colocação em família substituta é sumário e foi traçado nos arts. 165 a 170 do ECA, com as alterações inseridas pelas Leis n. 12.010/2009 e n. 13.509/2017, sem prejuízo da aplicação das regras processuais insertas no Código de Processo Civil (art. 152 do ECA), que terão aplicação subsidiária.

Como é bem sabido, o norte principal do ECA, acerca dos procedimentos, é conferir uma tutela jurisdicional ágil, eficaz e adequada aos jurisdicionados. Isto

---

1   ISHIDA, Válter Kenji. *Estatuto da Criança e do Adolescente:* doutrina e jurisprudência. 25. ed. rev., atual. e ampl. São Paulo: JusPodivm, 2024, p. 653.

2   "O capítulo ainda terá aplicação subsidiária na ação de alimentos e na que versar sobre interesse de criança ou adolescente, que continuarão a observar o procedimento previsto em legislação específica, aplicando-se. no que couber, as disposições do capítulo ora analisado. [...] Para as ações que versarem sobre o interesse de criança ou adolescente as normas preferencialmente aplicáveis são aquelas previstas na Lei 8.069/1990 (Estatuto da Criança e do Adolescente)." ALVES, Daniel Amorim Assumpção. *Manual de direito processual civil.* Volume único. 12. ed. Salvador, JusPodivm, 2020, p. 993.

3   Na esteira do prazo de 10 dias para o oferecimento de resposta no procedimento de jurisdição contenciosa para a colocação em família substituta: ROSSATO, Luciano Alves; LÉPORE, Paulo Eduardo. *Estatuto da Criança e do Adolescente comentado artigo por artigo.* 14. ed. rev., atual. e ampl. São Paulo: JusPodivm, 2024, p. 587.

se explica pelo princípio constitucional, exposto no art. 227 da CF/88: crianças e adolescentes têm prioridade absoluta.

De efeito, o procedimento traçado para a colocação em família substituta, assim como aqueles relacionados com a perda ou suspensão do poder familiar (arts. 155 a 163 do ECA), com a apuração das irregularidades em entidades de atendimento (arts. 191 a 193 do ECA) e com a apuração de infração administrativa (arts. 194 a 197 do ECA), de acordo com a lição de Paulo Afonso Garrido de Paula[4],

> evidenciam uma cognição ampla em sua extensão, de modo que todas as questões processuais e de mérito devem ser enfrentadas, mas sumária no que concerne à sua profundidade, "menos aprofundada no sentido vertical", ante a prioridade absoluta da incidência das normas de proteção à criança e ao adolescente, em seus múltiplos aspectos.

2. FASE POSTULATÓRIA

O pedido inaugural de colocação em família substituta, seja sob a modalidade de guarda, tutela ou adoção, deverá preencher todos os requisitos expressos no art. 319 do CPC e aqueles enumerados no art. 165 do ECA, bem como deve estar instruído com os documentos indispensáveis à propositura da ação (art. 320 do CPC), notadamente a certidão de nascimento da criança em questão.

Assim, da petição inicial constará o Juízo para o qual é dirigido, bem como a completa qualificação das partes (autores e réus), e ainda da criança ou do adolescente e de seus pais, se conhecidos. Deverá constar, por óbvio, o endereço dos pais ou do responsável do menor de 18 anos, alvo do pedido de guarda, a fim de se fixar a competência (art. 147, I, do ECA). Se o infante estiver acolhido em entidade, o autor deverá fornecer o nome da entidade, onde este se encontra, o tempo e as razões do abrigamento. O postulante, ainda, deverá esclarecer a existência de outros procedimentos em trâmite acerca da criança ou do adolescente que se pretende exercer a guarda.

A parte autora deverá ter legítimo interesse processual em requerer a medida, como a que tem o guardião fático que objetiva a regularização de uma situação pendente de custódia física de infante. A legitimidade para a propositura da ação, entretanto, dependerá de cada espécie de medida, pois no caso da adoção, para dar um exemplo, os avós não possuem *legitimatio ad causam*, diante da vedação do § 1º do art. 42 do ECA.

Os fatos e fundamentos que norteiam o pedido deverão ser objetivos e especificados (art. 319, III e IV, do CPC), indicando o autor a necessidade de afastamento da criança ou do adolescente do seio da família natural e/ou de sua colocação em família substituta.

---

4   PAULA, Paulo Afonso Garrido de. *Direito da criança e do adolescente e tutela jurisdicional diferenciada*. São Paulo: Revista dos Tribunais, 2002, p. 99.

PARTE IV – A EFETIVIDADE DO ECA: MEDIDAS JUDICIAIS E EXTRAJUDICIAIS

A intimação do Ministério Público é indispensável, sob pena de nulidade do processo, conforme previsto no art. 201, III, e 203 do ECA c/c o art. 178 e II, do CPC.

O pedido de colocação em família substituta não possui caráter econômico; diante de sua natureza, portanto, poderá ser conferido a ele um valor da causa meramente simbólico, em obediência ao disposto nos arts. 291 do CPC.

A propósito, adentrando os requisitos enumerados no art. 165 do ECA, temos que a qualificação completa dos requerentes, do menor de 18 anos e de seus pais ou responsável é regra processual de praxe, de modo a identificar o polo ativo, o polo passivo e o sujeito da colocação em família substituta (art. 165, I, III e IV, do ECA c/c o art. 319, II, do CPC).

Com o espeque de que, na apreciação do pedido de colocação em família substituta, deve o juiz levar em conta o grau de parentesco e a relação de afinidade ou de afetividade do requerente para com a criança alvo da medida (§ 3º do art. 28 do ECA), o inciso II do art. 165 impõe a indicação de eventual parentesco daquele com a criança ou o adolescente e, também, o esclarecimento acerca da existência de outros parentes vivos, de modo a estabelecer, desde logo, quais os familiares do menor de 18 anos que poderão assumir a responsabilidade por este.

Dispõe o art. 319, § 1º do CPC que caso não disponha o autor das informações para localização do réu poderá, na petição inicial, requerer ao juiz diligências necessárias à sua obtenção. E ainda, prevê o § 2º do mesmo dispositivo que a petição inicial não será indeferida se, a despeito da falta de informações a que se refere o inciso II, for possível a citação do réu e que a petição inicial não será indeferida pelo não atendimento ao disposto no inciso II deste artigo se a obtenção de tais informações tornar impossível ou excessivamente oneroso o acesso à justiça (§ 3º).

O autor precisa relacionar, ainda, as provas que pretende produzir para demonstrar a verdade dos fatos alegados em sua postulação (art. 319, VI, do CPC) e declarar, desde logo, acerca da existência de bens, direitos ou rendimentos da criança ou do adolescente em questão (art. 165, V, do ECA).

3. O CONSENTIMENTO DOS PAIS

Por seu lado, havendo concordância dos genitores da criança ou do adolescente com a colocação em família substituta sob a modalidade de guarda ou de adoção, o procedimento será consensual e, portanto, em tese, não haverá lide e, consequentemente, a necessidade de citação de réus. Na hipótese de os pais desejarem entregar o filho sob tutela de outrem, entendemos incabível diante do silêncio legal dessa forma de extinção do poder familiar.[5]

---

5   A temática foi ampliada no item 7 do capítulo da Tutela.

A peça inicial, portanto, deverá conter a expressa aquiescência daqueles que exercem o poder familiar da criança ou do adolescente do qual se requer a guarda. Os pais poderão firmar a petição juntamente com os requerentes ou, ainda, declarar a concordância em documento próprio, com firma reconhecida. Note-se, entretanto, que o texto estatutário não se satisfaz com a anuência escrita dos genitores.

Com a redação estabelecida pela Lei n. 13.509/2017, os pais, ao efetuarem voluntária e conscientemente a entrega do filho em adoção, terão extintos o seu poder familiar por sentença (art. 19-A, §§ 1º a 9º, c/c art. 166, § 1º, II, do ECA). O consentimento dos pais da criança ou do adolescente para a inserção do filho no seio de outra família representa um ato muito sério de transferência de encargos que deve ser realizado diante do magistrado e do promotor de justiça (inciso I, § 1º, do art. 166 do ECA), sem a interferência dos postulantes, de modo a não nulificar a manifestação de vontade. Com a alteração do art. 166, pela Lei n. 13.509/2017, as partes deverão estar devidamente assistidas por advogados ou defensor público (§ 1º, I).

O(s) genitor(es) comparecerá(ão) em audiência, especialmente designada, munido(s) de documento original de identificação com fotografia. Caso não o possua(m), deverá(ão) providenciá-lo, com o auxílio da justiça, tudo com o fito de agilizar a regularização da situação da criança em questão.

Aliás, é muito comum, na Justiça da infância e da juventude, a entrega de filho por pessoas em situação de rua, privadas de documentos de identificação e, até mesmo, de sua própria certidão de nascimento. Nesta circunstância, o ideal é, primeiramente, regularizar a documentação dos pais para, então, ser possível o ato de entrega do filho. Costuma, na prática, ser difícil a existência de prova testemunhal visando à comprovação do vínculo de parentesco entre a pessoa, que se diz mãe ou pai, e a criança em foco no processo, a não ser quando o ato se realiza em hospital, logo após o nascimento do bebê a ser entregue.

Quando o nascimento ocorre na rua ou em outro local, que não seja um hospital, deve-se proceder à oitiva obrigatória de testemunhas idôneas do fato, que atestem, com absoluta segurança, ser a criança, em questão, filha da pessoa que está anuindo à colocação em família substituta.

Assim, estando corretos os documentos de identificação, serão ouvidos os pais acerca das razões que contribuíram para a entrega do filho para a colocação em família substituta, os quais, na oportunidade, serão orientados acerca das consequências advindas desta medida. Restando firmes no sentido da concordância, será lavrado um termo das declarações dos genitores a fim de servir de prova, tão somente para aquele processo (art. 166, §§ 1º a 7º, do ECA)[6].

---

6 Enunciado n. 2 do Fórum Nacional da Justiça Protetiva – FONAJUP: "Após a oitiva judicial dos pais, na entrega voluntária de seus filhos para colocação em família ado-

PARTE IV – A EFETIVIDADE DO ECA: MEDIDAS JUDICIAIS E EXTRAJUDICIAIS

Cabe salientar que, do referido termo de declarações, deve constar a assinatura do(s) pai(s) do infante de que trata o processo, ou, não sabendo assinar, será(ão) identificado(s) por meio de suas impressões digitais e a assinatura será lançada a rogo. Sendo menores de 18 anos de idade e maiores de 16, os mencionados pais deverão estar assistidos por seus representantes legais. O magistrado competente e o promotor de justiça com atribuição assinarão conjuntamente o documento de anuência dos progenitores. Depreende-se, portanto, ser insuficiente a aprovação dos genitores manifestada em outro Juízo ou em outro processo, bem como perante o cartório ou diante do Conselho Tutelar.

Por outro turno, ocorre, por vezes, que mesmo com a aquiescência dos pais do infante, não se dispensará a sua citação, a sua oitiva em estudo social, bem como o depoimento pessoal em audiência. Esta hipótese ocorrerá quando a concordância dos genitores restar impregnada, comprovadamente, por vícios de consentimento, como erro, coação, fraude e simulação. A citação igualmente será indispensável quando os pais concordarem por escrito e não ratificarem tal declaração em Juízo.

Apurado, naquele momento, o estado, mesmo temporário, de fragilidade psicológica, a mãe que entrega o filho recém-nato deveria ser avaliada por perícia e, se confirmado este estado transitório, recomenda-se, por precaução, que se suspenda a audiência e seja nomeado curador especial, até que aquela possa readquirir discernimento e ter consciência de seu ato dispositivo.

Se presentes todos os requisitos para a referida entrega e o acordo for realmente entabulado mediante pedido judicial de colocação em família substituta, os genitores deverão firmar a petição juntamente com o(s) requerente(s), demonstrando a intenção de virem à presença do magistrado ratificá-lo.

Acentue-se, entretanto, que a apreciação da concordância dos genitores com relação à colocação do filho em cada modalidade de família substituta será examinada amiúde, quando, então, veremos que a questão em comento é mais complexa do que se apresenta na redação do art. 166 e seus parágrafos.

4. PEDIDO FORMULADO DIRETAMENTE EM CARTÓRIO

Sendo os pais falecidos, tiverem sido destituídos ou suspensos do poder familiar, ou houverem aderido expressamente ao pedido de colocação em família substituta,

---

tiva, o juiz homologará a declaração de vontade dos pais nos próprios autos e declarará extinto o poder familiar".

Enunciado n. 12 do Fórum Nacional da Justiça Protetiva – FONAJUP: "O prazo de dez dias de arrependimento, previsto no art. 166, § 5º do ECA conta-se a partir da intimação da sentença".

Enunciado n. 23 do Fórum Nacional da Justiça Protetiva – FONAJUP: "O prazo de exercício do direito de arrependimento, previsto no § 5º do artigo 166 do ECA, possui natureza material, motivo pelo qual não se suspende, nem se interrompe, durante o período de recesso forense, nos moldes do disposto no caput do artigo 220 do CPC".

não haverá lide, consoante dispõe o art. 166 do ECA. Neste caso, poderá o pedido ser formulado diretamente em cartório, sem a representação do postulante por advogado[7].

A dispensa de petição inicial elaborada e assinada por profissional do direito, no entanto, não se desenvolveu na experiência forense. Raríssimos são os casos existentes. Primeiramente, porque não se trata de mero pleito administrativo, mas de um pedido judicial, para o qual se necessita de conhecimentos específicos do direito da criança e do adolescente, assim como do acompanhamento e habilitação profissional, o que, por regra, somente o advogado ou o defensor público podem desempenhar.

Em segundo lugar, a doutrina aponta, com pertinência, que o art. 166 do ECA afronta o art. 133 da CF/88, bem como o art. 2º da Lei n. 8.906/94 (Estatuto da Advocacia), nos quais se confere ao causídico um papel indispensável à administração da justiça. Argumentam os autores, ainda, que o Supremo Tribunal Federal já decidiu acerca da dispensabilidade do advogado, tão somente para a Justiça do Trabalho, nos Juizados de pequenas causas e nos casos de *habeas corpus*, não estando, portanto, os feitos da Justiça da Infância e da Juventude acobertados por esta informalidade[8].

5. FASE INSTRUTÓRIA

Juntamente com a petição inicial, deverão estar acostados, conforme o caso, os documentos indispensáveis à propositura da ação, conforme prevê o art. 152 do ECA c/c o 320 do CPC, dentre os quais cópias: da identidade do requerente e de sua certidão de casamento; da certidão de nascimento da criança ou do adolescente, com a averbação, se for o caso, da suspensão ou da destituição do poder familiar; da certidão de óbito dos pais, da sentença de declaração de ausência dos pais; da sentença de guarda ou da tutela anterior; do termo de guarda ou de tutela (se já deferida anteriormente) e da prova da propriedade dos bens do menor. A concordância do cônjuge ou do companheiro do requerente somente se faz necessária enquanto estiverem residindo juntos, ou melhor, não estejam separados de fato (art. 165, I).

---

7   CURY, Munir; GARRIDO DE PAULA, Paulo Afonso; MARÇURA, Jurandir Norberto. *Estatuto da Criança e do Adolescente anotado*. 3. ed. São Paulo: Revista dos Tribunais, 2002, p. 148. LIBERATI, Wilson Donizeti. *Comentários ao Estatuto da Criança e do Adolescente*. 12. ed. rev. e ampl. de acordo com a Lei 13.058, de 22-12-2014. São Paulo: Malheiros, 2015, p. 210 e em *Direito da criança e do adolescente*. São Paulo: Rideel, 2006, p. 165; LÉPORE, Paulo; ROSSATO, Luciano Alves. *Manual de direito da criança e do adolescente*. 4. ed. rev., atual. e ampl. São Paulo: Juspodivm, 2024, p. 344.

8   TAVARES, José de Farias. *Comentários ao Estatuto da Criança e do Adolescente*. 8. ed. Rio de Janeiro: Forense, 2012, p. 148-149; PEREIRA, Tânia da Silva. *Direito da criança e do adolescente*: uma proposta interdisciplinar. 2. ed. Rio de Janeiro: Renovar, 2008, p. 736-737; e COSTA, Tarcísio José Martins. *Estatuto da Criança e do Adolescente comentado*. Belo Horizonte: Del Rey, 2004, p. 329-330.

PARTE IV – A EFETIVIDADE DO ECA: MEDIDAS JUDICIAIS E EXTRAJUDICIAIS

Além desses documentos mencionados, têm-se exigido: o atestado de idoneidade dos requerentes; o comprovante de residência na comarca onde se postula; o atestado de saúde física e mental do requerente e do infante; prova de escolaridade, se estudante for o menor de 18 anos; a comprovação dos rendimentos do requerente, além de outras provas que fundamentem a causa de pedir.

A realização de estudo social e de perícia psicológica constituem provas sempre indispensáveis, tratando-se de inserção de criança ou de adolescente em seio familiar substituto. Mesmo já existindo nos autos relatório social oriundo da equipe técnica da entidade de acolhimento ou órgão idôneo, como do Conselho Tutelar, a prova técnica produzida por perito de confiança do Juízo sempre terá caráter imparcial.

Por oportuno, vale sublinhar que a Lei n. 12.010/2009 concedeu aos laudos multidisciplinares um peso probatório significativo, denotando que os Juízos de infância devem alargar quantitativamente e aperfeiçoar qualitativamente suas equipes de apoio social e psicológico, a fim de que estas estejam preparadas para não somente elaborar os estudos e os relatórios, mas também, com eficácia, trazer à tona as verdadeiras intenções da família natural, incluindo a extensa, e da substituta com relação ao direito da criança e do adolescente de conviverem em uma família.

Percebe-se nitidamente a valoração desta prova pericial na redação do § 5º do art. 28 do ECA. O legislador determinou que a colocação da criança ou adolescente em família substituta será precedida de sua preparação gradativa e acompanhamento posterior, realizados pela equipe interprofissional a serviço da Justiça da Infância e da Juventude, preferencialmente com o apoio dos técnicos responsáveis pela execução da política municipal de garantia do direito à convivência familiar. Desta maneira, qualquer que seja a modalidade de ação de colocação em família substituta, haverá o acompanhamento prévio e posterior da família e da criança pelos profissionais da área de serviço social, psicologia e outros que se fizerem necessários.

Dispõe o § 6º do art. 28 de cautelas imperativas que devem ser observadas, notadamente por meio de perícia, no que toca à inserção de criança ou adolescente indígena ou proveniente de comunidade remanescente de quilombo: o respeito à identidade cultural e social, bem como aos costumes, tradições e instituições (inciso I); a prioridade de colocação no seio da própria comunidade e etnia (inciso II) e, por fim, a intervenção e oitiva dos representantes da Funai (órgão federal responsável pela política indigenista) e de antropólogos (inciso III).

Nos artigos específicos do procedimento de colocação em família substituta (arts. 165 e seguintes do ECA) também encontramos a participação ativa da equipe multidisciplinar junto às famílias natural e substituta. No momento do consentimento dos titulares do poder familiar, quando são prestadas orientações e esclarecimentos pela equipe interprofissional da Justiça da infância e da juventude, em especial, no caso de adoção, sobre a irrevogabilidade da medida, assistentes sociais, psicólogos e, por vezes, médicos, buscarão a real intenção dos pais de entregarem ou não o filho à outra família, municiando o juiz de uma prova assaz importante.

E mais, do laudo constarão as entrevistas com a família substituta durante o estágio de convivência com o infante, quando, além da orientação da equipe técnica interprofissional a serviço do Poder Judiciário, preferencialmente com apoio dos técnicos responsáveis pela execução da política municipal de garantia do direito à convivência familiar, a referida equipe trará estudo conclusivo sobre o êxito ou não do convívio provisório com a família substituta, de forma a fundamentar a decisão final (§§ 2º e 7º do art. 165 do ECA)[9].

Ainda que o pretendente, usualmente, apresente declarações de idoneidade, cartas e bilhetes da criança e outras provas nas quais se deduza o estabelecimento ou a permanência do vínculo de afetividade do infante com a nova família ou, ainda, arrole pessoas próximas da família substituta que possam testemunhar o bom entrosamento entre aqueles, de qualquer forma, um laudo social bem-elaborado é prova obrigatória que fornece subsídios valiosos ao julgador e ao órgão do *Parquet*.

Assinale-se que a adaptação do infante ao novo núcleo familiar (e vice-versa), as expectativas, de ambas as partes, com as responsabilidades adquiridas, o perfil do ambiente onde residirá a criança, a oitiva das partes acerca das motivações do pedido e da perda do poder familiar, se for o caso, e o grau de amor e carinho existente entre a criança e suas duas famílias (natural e substituta) somente são apurados por meio das entrevistas realizadas pela equipe multidisciplinar do Judiciário. De fato, a manifestação das partes e da criança/adolescente também poderá ser colhida em audiência, mas não supre a avaliação constante no laudo biopsicossocial.

Tratando-se de comarcas pequenas ou interioranas, onde o Poder Judiciário, por vezes, não dispõe dessa espécie de perícia, poderá ser requisitada tal prova mediante a nomeação de profissional idôneo da área de serviço social e psicologia da cidade ou de universidades. No sentido da indispensabilidade dessa prova, a Lei n. 13.509/2017 acrescentou o parágrafo único ao art. 151 do ECA, dispondo que: "Na ausência ou insuficiência de servidores públicos integrantes do Poder Judiciário responsáveis pela realização dos estudos psicossociais ou de quaisquer outras espécies de avaliações técnicas exigidas por esta Lei ou por determinação judicial, a autoridade judiciária poderá proceder à nomeação de perito, nos termos do art. 156 da Lei n. 13.105, de 16 de março de 2015 (Código de Processo Civil)"[10].

---

9   Enunciado 5 do Fórum Nacional da Justiça Protetiva – FONAJUP: "É dispensável o estudo psicossocial em família extensa residente fora da comarca desde que constatado a ausência de vínculo afetivo e/ou interesse".

10 Enunciado 6 do Fórum Nacional da Justiça Protetiva – FONAJUP: "Os relatórios social e psicológico necessários à instrução dos feitos em trâmite nos juízos da infância

PARTE IV – A EFETIVIDADE DO ECA: MEDIDAS JUDICIAIS E EXTRAJUDICIAIS

6. A OITIVA DA CRIANÇA E DO ADOLESCENTE

Não importando se o procedimento seguirá o rito de jurisdição voluntária ou o procedimento litigioso, a oitiva da criança ou do adolescente pelo juiz e pelo membro do Ministério Público deverá ser realizada informalmente, em local apartado dentro do prédio do Poder Judiciário ou da entidade de abrigo, normalmente sem a presença do requerente, dos pais ou de pessoas diante das quais a pessoa menor de idade sinta-se constrangida para manifestar a sua vontade (art. 168 do ECA).

A propósito, a Convenção das Nações Unidas sobre os Direitos da Criança recomenda, em seu art. 12:

> 1. Os Estados Partes assegurarão à criança que estiver capacitada a formular seus próprios juízos o direito de expressar suas opiniões livremente sobre todos os assuntos relacionados com a criança, levando-se devidamente em consideração essas opiniões, em função da idade e da maturidade da criança. 2. Com tal propósito, se proporcionará à criança, em particular, a oportunidade de ser ouvida em todo processo judicial ou administrativo que afete a mesma, quer diretamente quer por intermédio de um representante ou órgão apropriado, em conformidade com as regras processuais da legislação nacional.

Qualificada como princípio transversal a ser observado para garantir a justiça a crianças vítimas ou testemunhas de violência, a previsão da oitiva destas consta do Anexo da Resolução n. 20/2005 – ECOSOC do Conselho Econômico e Social das Nações Unidas[11], em seu inciso III, *b*:

> *Direito à participação*. Todas as crianças têm, segundo o direito processual nacional, o direito de expressar livremente, com as suas próprias palavras, os seus pontos de vista, opiniões e crenças, e contribuir especialmente para as decisões que afetam a sua vida, incluindo as tomadas em qualquer processo judicial, e ter esses pontos de vista levados em consideração de acordo com a sua capacidade, idade, maturidade intelectual e condição de desenvolvimento.

Seguindo esta linha de garantir o direito da criança e do adolescente de expressarem a sua opinião em qualquer assunto ou procedimento que os afete, o Estatuto da Criança e do Adolescente prevê esta obrigatoriedade nos §§ 1º e 2º do art. 28. Com base no arcabouço de documentos internacionais antes referidos, a obrigatoriedade da informação, a oitiva obrigatória e a participação de criança/adolescente foram erigidas a princípios estatutários norteadores para aplicação de qualquer medida protetiva (art. 100, parágrafo único, incisos XI e XII, do ECA).

---

e juventude poderão ser realizados pela equipe técnica do Juízo e/ou pela equipe do Município e/ou pela equipe da instituição de acolhimento".

11 Texto em português disponível em: <https://site.mppr.mp.br/sites/hotsites/arquivos_restritos/files/migrados/File/legis/onu/resolucao_20_2005_ecosoc_onu__port.pdf>. Acesso em: 21 out. 2024.

CURSO DE DIREITO DA CRIANÇA E DO ADOLESCENTE

Deste modo, a oitiva da criança ou do adolescente é fator preponderante no conjunto das provas indispensáveis nesta espécie de ação, por configurar direito fundamental ao respeito e à liberdade de uma pessoa em desenvolvimento (art. 16, II, do ECA). No entanto, a escuta de pessoa menor de 12 anos (criança) no âmbito do Poder Judiciário é questão deveras debatida na doutrina e na jurisprudência, visto que relacionada ao superior interesse da própria pessoa que está sendo ouvida.

Tendo em conta o fator idade, determina o § 2º do art. 28 do ECA, com o teor da Lei n. 12.010/2009, que se tratando de maior de 12 anos de idade, será necessário seu consentimento, colhido em audiência. Sendo criança, a sua maturidade e discernimento serão levados em consideração para que compareça ou não em Juízo para expressar sua vontade.

Observe-se que, mesmo se cuidando de criança de pouca idade, em qualquer caso, sua oitiva será obrigatória, mas sempre acompanhada de pessoas com habilitação profissional nesta área, como os assistentes sociais, psicólogos e médicos especializados na área infantojuvenil, o que não exclui a realização da perícia técnica.

Existem casos, porém, nos quais a busca da verdade compreende ações em sedes diferentes, como nas áreas de família, criminal e da infância. Deve ser evitado, entretanto, que a criança e o adolescente sejam ouvidos inúmeras vezes, por diversas pessoas, em locais diferentes, sem que seja absolutamente indispensável.

O Conselho Nacional de Justiça, por meio da Recomendação n. 33/2010, por seu lado, propôs a escuta de crianças e de adolescentes vítimas ou testemunhas de violência nos processos judiciais mediante depoimento especial, a fim de preservar a sua integridade psicológica. A mencionada Recomendação originou-se na necessidade de se estabelecer parâmetros nacionais para a produção de provas testemunhais de maior confiabilidade e qualidade nas ações penais, bem como de identificação da síndrome da alienação parental e outras questões complexas inerentes ao âmbito familiar.

É evidente que esta Recomendação tem, também, aplicação em sede de colocação em família substituta e de ação de destituição do poder familiar, medida mais gravosa do ECA (art. 129, X). Com a escuta e a gravação do depoimento da criança e do adolescente em ambiente adequado por profissionais habilitados, estar-se-á garantindo que a criança vítima ou testemunha não tenha de repetir o depoimento diversas vezes, além de conferir privacidade e segurança a uma pessoa em formação.

Nesta esteira, foi editada a Resolução n. 169/2014, pelo Conanda, que recomenda ao sistema de garantia de direitos seja observado o tempo e o lugar condizentes com a condição da pessoa em fase especial de desenvolvimento, garantindo às crianças e aos adolescentes a privacidade necessária e um atendimento realizado, sempre que possível, por equipe técnica interprofissional, respeitando-se a autonomia técnica no manejo das intervenções (arts. 2º e 3º).[12]

---

12 E acrescenta a Resolução n. 169/2014: "Art. 5º Recomenda-se que entrevista, o estudo social, o estudo psicológico e a perícia da criança e do adolescente sejam conduzidos

PARTE IV – A EFETIVIDADE DO ECA: MEDIDAS JUDICIAIS E EXTRAJUDICIAIS

Tendo como pano de fundo as normas constantes na Convenção dos Direitos da Criança e na Resolução n. 20/2005 – ECOSOC, foi editada a Lei n. 13.431/2017 criando e disciplinando o sistema de garantia de direitos da criança e do adolescente vítima ou testemunha de violência. Para tanto, inseriu como direitos a serem observados a manifestação e a participação da criança por meio de escuta especializada e depoimento especial[13], aplicáveis também a procedimentos que ensejem a colocação daquela em família substituta.

A Resolução n. 299/2019 do CNJ, a seguir, disciplinou o sistema de que trata a Lei n. 13.431/2017 no âmbito do Poder Judiciário, e previu a implantação das salas de depoimento especial em todas as comarcas (arts. 7º a 9º), equipes para realização desse depoimento (arts. 10 a 13) e a capacitação dos magistrados e profissionais que realizarão essa escuta (arts. 14 a 16).

De qualquer modo, a justiça brasileira deve ter em mira que se trata de uma oitiva especial, na qual deve ser assegurado o direito à liberdade, ao respeito e à dignidade de pessoas humanas em processo de desenvolvimento (art. 15 do ECA). Em outras palavras, o Poder Judiciário deve estar preparado para velar pela dignidade da criança e do adolescente, pondo-os a salvo de qualquer tratamento desumano, violento, aterrorizante, vexatório ou constrangedor quando necessitam ser ouvidos, conforme preceitua o art. 18 da Lei n. 8.069/90[14].

---

por profissionais tecnicamente habilitados, possibilitando o reconhecimento da situação vivenciada e permitindo a busca de medidas de proteção adequadas às especificidades dos sujeitos envolvidos. Art. 6º Quando manifestarem o desejo de serem ouvidos em procedimento judicial, recomenda-se que a criança e o adolescente sejam previa e adequadamente informados de seus direitos por equipe interprofissional ou multidisciplinar. § 1º A criança e o adolescente têm o direito de receber assistência jurídica integral em todas as fases do procedimento judicial. § 2º Recomenda-se que a criança e o adolescente não sejam submetidos a situações de constrangimento e sofrimento emocional no âmbito do procedimento judicial. Art. 7º Será garantido o direito da criança e do adolescente a efetiva participação e a expressão de suas opiniões e demandas nos procedimentos que impliquem na construção de planos individuais de atendimento e nas ações para superar situações de risco ou vulnerabilidade. Art. 8º Nas situações cotidianas de conflito em que a criança ou o adolescente estejam envolvidos, deverão ser priorizados os meios alternativos de resolução, visando à preservação de seus interesses."

13 "Art. 7º Escuta especializada é o procedimento de entrevista sobre situação de violência com criança ou adolescente perante órgão da rede de proteção, limitado o relato estritamente ao necessário para o cumprimento de sua finalidade. Art. 8º Depoimento especial é o procedimento de oitiva de criança ou adolescente vítima ou testemunha de violência perante autoridade policial ou judiciária. Art. 9º A criança ou o adolescente será resguardado de qualquer contato, ainda que visual, com o suposto autor ou acusado, ou com outra pessoa que represente ameaça, coação ou constrangimento."

14 O Tribunal de Justiça do Estado do Rio de Janeiro, pelo Ato Executivo n. 4.297/2012 criou o Núcleo de Depoimento Especial de Crianças e Adolescentes, que possui, den-

916

CURSO DE DIREITO DA CRIANÇA E DO ADOLESCENTE

7. FASE DECISÓRIA

O ECA, ao cuidar do procedimento de colocação em família substituta, não se refere, expressamente, ao ato judicial da audiência, porém menciona-o, indiretamente, no inciso I, § 1º, do art. 166, alterado pela Lei n. 13.509/2017, ao tratar da concordância dos pais, e no art. 168, quando prescreve a oitiva da criança ou do adolescente.

Note-se que, para a oitiva do menor de 18 anos, nem sequer se afigura necessária a designação de audiência, pois aquele, normalmente, é chamado a expressar sua vontade em local apartado, menos formal do que a sala de audiências, preferencialmente em sala destinada para esta escuta específica, como assegurado nos diplomas legais antes referidos.

Assim, dispõe o ECA, em seu art. 168, que apresentada a prova técnica e, após a oitiva da criança ou do adolescente, o Ministério Público se manifestará por meio de promoção final, no prazo de 5 dias, decidindo o magistrado em igual prazo.

Sendo o caso concreto de grande complexidade, poderá o órgão do Ministério Público requerer prazo para a apresentação da derradeira manifestação, conforme dispõe o § 2º do art. 364 do CPC.

Existem situações, como dito, nas quais, para o deferimento da colocação em família substituta, a perda ou a suspensão do poder familiar constitui pressuposto lógico (tutela e adoção). Nesses casos, cumulando-se os pedidos, é indispensável a observância do procedimento contraditório previsto no art. 169 do ECA. Nesse caso, após a citação, com o prazo de 10 dias de resposta, serão observados os arts. 161 e 162 e respectivos parágrafos, havendo a necessidade de realização de audiência. A sentença, a princípio, será proferida naquele momento processual.

Assim ocorrendo, a sentença apreciará, inicialmente, o pedido de perda ou suspensão do poder familiar, o qual, se procedente, abrirá as portas para o exame de mérito do pedido de tutela ou de adoção.

Havendo a concordância dos genitores, como no caso da guarda e da adoção, a sentença deverá fazer expressa menção ao ato de disposição, inclusive acerca das cautelas de praxe que foram tomadas para que este seja considerado válido.

Com efeito, assinale-se que, não se conformando com a sentença proferida em primeira instância, as partes ou os interessados poderão utilizar o recurso de apelação, que será recebido em seu efeito devolutivo. Tratando-se, no entanto, de pleito de colocação em família substituta estrangeira (adoção) ou a critério da autoridade judiciária, a fim de evitar perigo de dano irreparável ou de difícil reparação, o recurso será recebido, também, no efeito suspensivo (art. 198, VI, do ECA).

---

tre as suas finalidades, a função de auxiliar os juízes da comarca da capital *com competência de família e infância e juventude*, especialmente nas ações de guarda, regulamentação de visitas, suspensão e destituição do poder familiar, em que haja suspeita de violência contra a criança e adolescente, ou suposta alienação parental.

PARTE IV – A EFETIVIDADE DO ECA: MEDIDAS JUDICIAIS E EXTRAJUDICIAIS

Finalmente, acerca de outros recursos cabíveis no bojo do procedimento de colocação em família substituta, remetemos o leitor aos comentários do capítulo "Recursos".

REFERÊNCIAS

ALVES, Daniel Amorim Assumpção. *Manual de direito processual civil*. Volume único. 12. ed. Salvador: JusPodivm, 2020.

COSTA, Tarcísio José Martins. *Estatuto da Criança e do Adolescente comentado*. Belo Horizonte: Del Rey, 2004.

CURY, Munir; GARRIDO DE PAULA, Paulo Afonso; MARÇURA, Jurandir Norberto. *Estatuto da Criança e do Adolescente anotado*. 3. ed. São Paulo: Revista dos Tribunais, 2002.

ISHIDA, Válter Kenji. *Estatuto da Criança e do Adolescente*: doutrina e jurisprudência. 25. ed. rev., atual. e ampl. São Paulo: JusPodivm, 2024.

LÉPORE, Paulo; ROSSATO, Luciano Alves. *Manual de direito da criança e do adolescente*. 4. ed. rev., atual. e ampliada. São Paulo: Juspodivm, 2024.

LIBERATI, Wilson Donizeti. *Comentários ao Estatuto da Criança e do Adolescente*. 12. ed. rev. e ampl. de acordo com a Lei 13.058, de 22-12-2014. São Paulo: Malheiros, 2015.

LIBERATI, Wilson Donizeti. *Direito da criança e do adolescente*. São Paulo: Rideel, 2006.

PAULA, Paulo Afonso Garrido de. *Direito da criança e do adolescente e tutela jurisdicional diferenciada*. São Paulo: Revista dos Tribunais, 2002.

PEREIRA, Tânia da Silva. *Direito da criança e do adolescente*: uma proposta interdisciplinar. 2. ed. Rio de Janeiro: Renovar, 2008.

ROSSATO, Luciano Alves; LÉPORE, Paulo Eduardo. *Estatuto da Criança e do Adolescente comentado artigo por artigo*. 14. ed. rev. atual. e ampl. São Paulo: JusPodivm, 2024.

TAVARES, José de Farias. *Comentários ao Estatuto da Criança e do Adolescente*. 7. ed. Rio de Janeiro: Forense, 2012.

Ação de guarda

Kátia Regina Ferreira Lobo Andrade Maciel

1. COMPETÊNCIA

Como alhures assinalado, a guarda é um atributo inerente ao poder familiar exercido pelos pais em prol dos filhos (art. 22 do ECA c/c arts. 1.566, IV, 1.583 e 1.584 do CC). No entanto, esse dever de guarda da prole pode ser eventualmente descumprido pelos detentores naturais, acarretando a transmissão desse encargo à família extensa ou a terceiros que não pertençam ao núcleo familiar.

A competência para o julgamento dessa guarda, como modalidade de colocação em família substituta (art. 28 c/c arts. 33 a 35 do ECA), porém, dependerá da situação jurídica da criança ou do adolescente. Se o infante estiver em situação de risco ou vulnerabilidade, tipificada nas hipóteses do art. 98 do ECA, a competência será do Juízo da infância e da juventude em razão da natureza jurídica da matéria (medida protetiva – art. 101, IX c/c parágrafo único, *a*, do art. 148)[1].

---

1 "AGRAVO DE INSTRUMENTO – *AÇÃO DE GUARDA, REGULAMENTAÇÃO DE VISITAS, ALIMENTOS E MEDIDAS PROTETIVAS – DECLÍNIO DE COMPETÊNCIA – CRIANÇAS/ADOLESCENTES EM SITUAÇÃO DE RISCO – JUÍZO DA INFÂNCIA E JUVENTUDE – COMPETÊNCIA ABSOLUTA.* – A Vara da Infância e Juventude possui competência absoluta, em razão da matéria, nas hipóteses do art. 148 e incisos do ECA, bem como nos casos do parágrafo único do art. 148 cumulado com o art. 98, ambos do ECA – Evidencia-se que o Juízo da Infância e da Juventude, dentre outros casos, possui competência absoluta para apreciar pedido de guarda, diante de aplicação de medidas protetivas em decorrência de falta, omissão ou abuso dos pais ou responsável – *Diante de relato que a criança/adolescente está inserida em complexa situação*

PARTE IV – A EFETIVIDADE DO ECA: MEDIDAS JUDICIAIS E EXTRAJUDICIAIS

Se a criança ou o adolescente encontra-se sob a guarda fática de pessoas com as quais mantenha vínculo de parentesco e os pais desejam também exercer a guarda ou a ela anuíram, a competência para apreciar o pedido será da Justiça de Família, isso porque o infante não estará desassistido, mas protegido pelos parentes.[2]

Note-se que o Código Civil traçou hipótese assaz limítrofe para o estabelecimento da competência, pois incluiu quando da discussão da guarda de filho no momento da dissolução do relacionamento conjugal dos pais, a possibilidade de aplicação de guarda como medida protetiva, ao dispor no § 5º do art. 1.584, com redação dada pela Lei n. 13.058/2014, *in verbis*: "Se o juiz verificar que o filho não deve permanecer sob a guarda do pai ou da mãe, deferirá a guarda a pessoa que revele compatibilidade com a natureza da medida, considerados, de preferência, o grau de parentesco e as relações de afinidade e afetividade".

Parece-nos não haver dúvida de que o legislador civil previu a possibilidade de concessão da guarda com a natureza jurídica diferenciada de modalidade de família substituta[3] no momento do rompimento do casamento ou da união estável, reconhecendo a necessidade de harmonização deste instituto (e consequentemente do ECA, em que a medida está disciplinada) com as regras gerais de proteção à pessoa do filho.

Assim, se os genitores forem declarados inaptos para bom cumprimento do múnus da guarda e não houver qualquer responsável pelo infante, resta claro que o filho encontrar-se-á na hipótese do art. 98 do ECA e, portanto, a lei específica a ser utilizada será o Estatuto da Criança e do Adolescente, sendo certo que a competência para a nomeação do guardião será da Justiça da infância e da juventude.

---

fática, com alegação de abuso sexual e pedido de aplicação de medidas protetivas, patente a competência absoluta da Vara da Infância e Juventude" (TJMG, Agravo de Instrumento 0232738-20.2023.8.13.0000, 8ª Câmara Cível Especializada, Rel. Des. Ângela de Lourdes Rodrigues, j. 25-1-2024) [g.n.].

2   "CONFLITO NEGATIVO DE COMPETÊNCIA. *AÇÃO DE GUARDA C/C ALIMENTOS PROPOSTA, EM FAVOR DE ADOLESCENTE, PELA TIA MATERNA EM FACE DOS GENITORES. AUSÊNCIA DE SITUAÇÃO DE RISCO. COMPETÊNCIA DO JUÍZO DA VARA DE FAMÍLIA. CASO EM QUE QUEDAM AUSENTES QUAISQUER DAS SITUAÇÕES DE RISCO PREVISTAS NO ART. 98 DO ECA.* HIPÓTESE EM QUE TRATA-SE DE AÇÃO DE DEFINIÇÃO DE GUARDA DE ADOLESCENTE EM DECORRÊNCIA DE LIDE INTRAFAMILIAR, NÃO HAVENDO ALEGAÇÕES DE MAUS TRATOS, ABUSO OU NEGLIGÊNCIA A ENSEJAR A COMPETÊNCIA DO JUIZADO DA INFÂNCIA DA JUVENTUDE, NOS TERMOS DO ART. 148, PARÁGRAFO ÚNICO, ALÍNEA A, DO ECA. CONFLITO DE COMPETÊNCIA ACOLHIDO, EM DECISÃO MONOCRÁTICA" (TJRS, CC 51751681820238217000, Primeira Câmara Especial Cível, Rel. Des. Luiz Antônio Alves Capra, j. 10-7-2023) [g.n.].

3   Nesta esteira: ROSSATO, Luciano Alves; LÉPORE, Paulo Eduardo. *Estatuto da Criança e do Adolescente comentado artigo por artigo.* 14. ed. rev., atual. e ampl. São Paulo: Jus-Podivm, 2024, p. 183.

920 CURSO DE DIREITO DA CRIANÇA E DO ADOLESCENTE

Se, entrementes, não houver consenso entre os pais sobre o exercício da guarda e, cumulativamente, não reunirem condições para desempenharem o encargo, além de não concordarem com o pedido de colocação do filho com outro familiar que já detém a guarda fática do infante, a regulamentação legal acerca da guarda permanecerá sendo aquela prevista no Estatuto da Criança e do Adolescente. Porém a competência para apreciar a lide será da Justiça de família, pois a criança ou o adolescente não se encontrará sem um responsável e/ou em situação de risco.

Cabe destacar que, quando os genitores acordam a transferência da guarda para terceiros, estranhos à família natural, deve-se apurar se a finalidade desse ato de entrega é instrumental, ou seja, visa à colocação em família adotiva. Nesse caso, embora haja consenso entre genitores e família guardiã, a competência será da Vara especializada infantojuvenil, de modo a evitar a burla ao Sistema Nacional de Adoção[4].

2. FASE POSTULATÓRIA

Pela redação do art. 165, I e II, do ECA, que enumera os requisitos necessários à propositura da ação de guarda, nota-se que a legitimidade recai sobre qualquer pessoa, parente, ou não, da criança ou adolescente a ser colocado em família substituta, bastando a demonstração do legítimo interesse.

A primeira questão a ser enfrentada é a possibilidade de o pedido ser formulado por mais de uma pessoa.

Com efeito, a tese da unipessoalidade do responsável fere os princípios da proteção integral e prioritária e do superior interesse da criança (art. 100, parágrafo único, incisos II e IV do ECA), principalmente porque a proposta principal do ECA é proteger o infante em situação de risco familiar, substituindo a função dos pais biológicos com a máxima abrangência. Se a família natural é composta pela figura materna e pela paterna, é de se concluir que a família substituta produzirá,

---

4 "AGRAVO DE INSTRUMENTO. GUARDA. HOMOLOGAÇÃO DE ACORDO. COMPETÊNCIA. MEDIDA PROTETIVA REQUERIDA POR TERCEIRO, ESTRANHO À FAMÍLIA, EM RELAÇÃO AO MENOR. AÇÃO DISTRIBUÍDA À VARA DE FAMÍLIA REGIONAL DA BARRA DA TIJUCA, SENDO DECLINADA, DE OFÍCIO, PARA O JUIZADO DA INFÂNCIA, JUVENTUDE E IDOSO. ART. 148, PARÁGRAFO ÚNICO, DO ESTATUTO DA CRIANÇA E DO ADOLESCENTE. SITUAÇÃO FÁTICA ASSEMELHADA ÀS HIPÓTESES CONSTANTES DO ART. 98, II, DA LEI N. 8.069/90, DIANTE DO CONTEXTO APRESENTADO NOS AUTOS, COM APARENTE OMISSÃO DO DEVER PARENTAL. NECESSIDADE DA REALIZAÇÃO DOS ESTUDOS E RELATÓRIOS TÉCNICOS, A FIM DE OBSERVAR A FINALIDADE DA GUARDA, SE DE CARÁTER INSTRUMENTAL OU EXCEPCIONAL, BEM ASSIM O MELHOR INTERESSE DA CRIANÇA. COMPETÊNCIA DA VARA ESPECIALIZADA PARA O CONHECIMENTO E ANÁLISE DO FEITO. RECURSO CONHECIDO E DESPROVIDO" (TJRJ, Agravo de Instrumento 0026094-48.2021.8.19.0000, 16ª Câm. Cív., Rel. Des. Mauro Dickstein, j. 27-7-2021).

PARTE IV – A EFETIVIDADE DO ECA: MEDIDAS JUDICIAIS E EXTRAJUDICIAIS

com maior eficiência, um bom desenvolvimento físico, mental e emocional no infante, se ela se assemelhar à originária. Ademais, a guarda, por ser modalidade de família substituta, constitui direito fundamental da criança e do adolescente à convivência familiar, logo deve possuir o aspecto mais amplo possível.

Apoiando posicionamento de a guarda ser requerida por casal, Cury, Garrido e Marçura[5] mencionam decisão judicial a respeito: "Não há vedação legal para que a guarda e responsabilidade seja deferida ao casal ao invés de a um dos cônjuges, não obstante a utilização do vocábulo detentor, no singular" (*RT* 669/169). Além disso, os respeitados autores ampliam tal entendimento a qualquer que seja a modalidade de colocação em família substituta.

Ainda quanto à legitimidade ativa, pelo teor da redação do ECA que trata das funções ministeriais, relacionadas à colocação sob a modalidade de guarda (art. 201, III), diz-se expressamente que é cabível o pedido de nomeação de guardião pelo promotor de justiça com atribuição na seara da Infância e da Juventude: "Compete ao Ministério Público: [...] III – promover e acompanhar as ações de alimentos e os procedimentos de suspensão e destituição do pátrio poder, nomeação e remoção de tutores, curadores e guardiões [...]". Essa ação poderá ser cumulada com outras tantas para as quais o MP possui legitimidade, tais como a representação administrativa ou a perda do poder familiar, sendo dispensável a nomeação de curador especial para a criança.

Por sua vez, o Conselho Tutelar não possui legitimidade para aplicar ou propor a perda de guarda, haja vista que em seu rol de atribuições não figura a possibilidade de aplicação ou postulação dessa medida exclusivamente de cunho judicial (art. 136 do ECA).

Estando a criança já inserida em família adotiva, com a consequente extinção dos vínculos de parentesco biológico, o pedido de guarda formulado por familiar consanguíneo tem sido considerado na jurisprudência como descabido, ante a ausência de interesse processual[6].

---

5   CURY, Munir; GARRIDO DE PAULA, Paulo Afonso; MARÇURA, Jurandir Norberto. *Estatuto da Criança e do Adolescente anotado*. 3. ed. São Paulo: Revista dos Tribunais, 2002, p. 47 e 147.

6   "APELAÇÃO. INFÂNCIA E JUVENTUDE. *AÇÃO DE GUARDA PROPOSTA PELA PROGENITORA MATERNA DAS CRIANÇAS. PERDA SUPERVENIENTE DO INTERESSE PROCESSUAL.* MENORES QUE FORAM INSERIDOS, EM CARÁTER DEFINITIVO, EM FAMÍLIA SUBSTITUTA. ADOÇÃO QUE ROMPE O VÍNCULO DE PARENTECO. 1. Sentença que julgou extinto o processo, sem resolução do mérito, ante a ausência de interesse processual por parte da avó materna. Irresignação da demandante. 2. *Menores que, no curso do processo, foram colocados em família substituta, por força de sentença proferida em ação de adoção, transitada em julgado. Extinção do vínculo de parentesco com a requerente. Perda superveniente do interesse de agir configurada.* 3. Recurso desprovido" (TJSP, Apelação 1003007-24.2018.8.26.0431, Câmara Especial, Rela. Desa. Daniela Cilento Morsello, j. 21-7-2021).

Ainda sobre a legitimidade *ad causam* para a propositura do pedido de guarda, tese que vem surgindo com alguma frequência no dia a dia da Justiça da infância e de família, é a possibilidade da concessão da guarda póstuma, ou seja, deferir-se a guarda ao requerente que veio a falecer, mas que a vinha exercendo até então. Tal pretensão, a nosso sentir, mostra-se incabível, uma vez que a medida visa regularizar uma situação fática que não mais existirá e o infante estará desprotegido, pois ficará sem responsável legal, uma vez que falecido aquele que exercia tal encargo.

Acentue-se, por fim, que a guarda exercida pelo dirigente da entidade de acolhimento institucional não precisa ser formalizada por meio de ação própria, uma vez que é automática quando iniciado o procedimento de aplicação desta medida (§ 1º do art. 92 do ECA). Esse procedimento possui natureza administrativa, tendo como finalidade o acompanhamento daquela medida protetiva de acolhimento (art. 101, VII, do ECA), logo, inexiste relação jurídica processual, ou seja, não há autor ou réu.

Por consequência, no bojo dos autos do acolhimento, é incabível a nomeação da defensoria pública como representante processual ao incapaz (curador especial), mesmo que a título de *custos vulnerabilis*, ou como defensor da criança, uma vez que o acolhido já terá seus direitos e interesses defendidos pelo Ministério Público (arts. 201 e 202 do ECA) no referido procedimento, bem como pelo guardião legal (o dirigente da entidade)[7].

---

7 "[...] *O Ministério Público é legitimado ativo para a tutela de interesses de crianças e adolescentes em acolhimento institucional, porquanto substituto processual indicado pela lei para tanto, motivo pelo qual demanda em nome próprio o interesse da criança ou do adolescente abusado ou negligenciado (arts. 101, §§ 2º, 9º, 10 e 12, e 201, III, do ECA e 6º do CPC), cuja atuação em prol do menor é suficiente para resguardar e defender os seus interesses, sob pena de usurpação da sua função institucional.* [...] Assim, não há motivos para deixar de se observar a legitimidade fixada na lei, a saber: o Ministério Público (artigo 201 do ECA), o Conselho Tutelar (artigo 136 do ECA) e os interessados (apenas nos procedimentos administrativos – artigo 166 do ECA). *Ademais, o artigo 101 do ECA, que trata do procedimento de acolhimento institucional, não faz nenhuma alusão à curadoria especial ou à Defensoria Pública, sendo incabível, portanto, a nomeação de Defensor como representante processual do incapaz, que já tem seus direitos e interesses individuais indisponíveis defendidos pelo Ministério Público (arts. 101, § 2º, arts. 155 a 163, 201 e 202 do ECA). [...] Portanto, à falta de autorização pela legislação específica, não há interesse processual que justifique a atuação da Defensoria Pública como 'Defensora da Criança' na ação de acolhimento, sob pena de configurar uma verdadeira duplicidade de papéis, tendo em vista que a legitimação extraordinária, também denominada substituição processual, foi conferida, em caráter exclusivo, por opção do legislador, ao Ministério Público (art. 201, VIII, do ECA).* Ora, o alcance das finalidades previstas no microssistema do ECA depende dessa não sobreposição de iniciativas institucionais, em prejuízo do cumprimento dos seus respectivos munus e dos destinatários da proteção legal. *Por fim, é cediço que a pretendida intervenção da Defensoria Pública ensejaria o retardamento desnecessário do feito, prejudicando o menor, justamente a quem se pretende proteger.*

PARTE IV – A EFETIVIDADE DO ECA: MEDIDAS JUDICIAIS E EXTRAJUDICIAIS

3. CITAÇÃO OU A CONCORDÂNCIA DOS PAIS

Definido o polo ativo e sendo certo que os réus nem sempre serão os titulares da guarda natural – os pais –, mas qualquer pessoa que detiver a guarda judicial de uma criança ou de um adolescente, dever-se-á proceder à sua citação, quando não concordarem com a medida. Mesmo que os pais estejam destituídos do poder familiar, têm legitimidade para figurar como réus e interesse de recorrer[8].

Tratando-se de guarda consentida, a formalização da relação processual, por intermédio da citação, somente entravará o processo, desrespeitando o princípio da celeridade que deve cingir os feitos relativos à infância e juventude.

Desta maneira, o melhor caminho a trilhar é designar, desde logo, a audiência de ratificação de concordância dos pais com a colocação do filho em guarda de terceiro, na presença do juiz e do membro do Ministério Público, oportunidade na qual deverá ser perquirida a real motivação da entrega, assim como verificada pessoalmente a impossibilidade dos genitores de cuidarem do filho[9].

Na hipótese de anuência dos pais ao pedido de guarda por terceiros, uma vez que se trata de um ato que envolve transação, é cabível o entabulamento de um regime de visitas ao filho pelos genitores, de maneira a manter íntegro o vínculo de afetividade entre eles. Apesar de configurar-se uma hipótese mais rara, estando a questão sob o crivo do Juízo da infância, se houver consenso entre a família substituta e os pais, sempre observado o superior interesse da criança, também será possível o acordo acerca da visitação, como no caso de pais detentos ou doentes[10].

Na hipótese da criança institucionalizada, sob a guarda legal do dirigente da instituição (art. 92, § 1º, do ECA), o polo passivo permanecerá composto pelos pais e não por aquele.

Essa circunstância anômala não é compatível com o princípio da duração razoável dos processos (art. 5º, LXXVIII, da Constituição Federal). Ante o exposto, dou provimento ao recurso especial para excluir a atuação da Defensoria Pública como curadora especial no presente feito, prejudicado o pedido de tutela provisória de fls. 426-440" (REsp 2.051.144/RJ (2023/0036227-2), 3ª Turma, Rel. Min. Ricardo Villas Bôas Cueva, j. 5-5-2023, *DJe* 11-5-2023) (grifos nossos).
Em igual sentido: STJ, AgInt no AREsp 1.875.686/MS, 4ª Turma, Rel. Min. Marco Buzzi, j. 21-3-2022; e STJ, AgInt no AREsp 1.819.420/MS, 4ª Turma, Rel. Min. Raul Araújo, j. 22-11-2021.

8   STJ, REsp 1845146/ES – 2018/0180049-0, 4ª Turma, Rel. Min. Raul Araújo, j. 19-11-2019.

9   Remetemos o leitor ao item 3, "O consentimento dos pais", do capítulo anterior, onde foi analisada a formalização dessa anuência trazida pela Lei n. 13.509/2017.

10   Esta é a orientação prescrita no § 4º do art. 33 do ECA: "Salvo expressa e fundamentada determinação em contrário, da autoridade judiciária competente, ou quando a medida for aplicada em preparação para adoção, o deferimento da guarda de criança ou adolescente a terceiros não impede o exercício do direito de visitas pelos pais, assim como o dever de prestar alimentos, que serão objeto de regulamentação específica, a pedido do interessado ou do Ministério Público".

924 CURSO DE DIREITO DA CRIANÇA E DO ADOLESCENTE

Havendo, entrementes, dissenso acerca da guarda, os pais ou o responsável serão citados para contestar o pleito no prazo de 10 dias corridos, excluído o dia do começo e incluído o dia do vencimento (art. 152, § 2°, do ECA). O rito a ser seguido será o dos arts. 155 a 163 do ECA[11], diante da omissão legislativa e da interpretação sistemática do ECA.

4. CONCESSÃO DA GUARDA PROVISÓRIA E DEFINITIVA

Como a guarda transfere ao guardião alguns dos atributos do poder familiar, é possível, desde logo, a concessão da guarda provisória de modo a regularizar a situação fática existente (art. 167 do ECA). Com a edição da Lei n. 12.010/2009, o "termo de guarda provisória" passou a se denominar "termo de responsabilidade" (parágrafo único do art. 167), deixando claro que o guardião provisório não é o representante legal do infante, mas apenas o seu responsável. Caso o postulante à guarda almeje assumir também a representação da criança, deverá formular pedido expresso nos moldes do art. 33, § 2º, do ECA, indicando os atos determinados desse múnus[12].

Tratando-se de medida preparatória para a adoção, a guarda provisória, para família nacional, servirá como marco inicial do estágio de convivência (art. 46 do ECA)[13]. A autoridade judiciária fixará, observadas as peculiaridades do caso, o prazo da guarda provisória.

Julgada procedente a guarda, será expedido o termo definitivo, do qual não constará qualquer prazo, mas estará condicionado implicitamente à menoridade civil do favorecido (art. 32 do ECA).

5. PERDA OU REVOGAÇÃO DA GUARDA

A guarda manter-se-á, a princípio, até que a criança ou o adolescente atinja a capacidade civil, tendo em conta que, do termo de guarda, constará a sua idade.

---

11 O referido procedimento foi comentado no capítulo "Ação de suspensão e de destituição do poder familiar", ao qual remetemos o leitor.

12 "Art. 33. [...] § 2º Excepcionalmente, deferir-se-á a guarda, fora dos casos de tutela e adoção, para atender a situações peculiares ou suprir a falta eventual dos pais ou responsável, podendo ser deferido o direito de representação para a prática de atos determinados."

13 A Lei n. 13.509/2017 disciplinou o prazo para o encerramento do estágio de convivência (art. 46 do ECA), prevendo o prazo máximo de 90 dias para a finalização dessa fase, de maneira a evitar a procrastinação da demanda, prorrogando-se somente em casos excepcionais e a critério do magistrado.
Dispõe o novo texto do art. 46 que: "A adoção será precedida de estágio de convivência com a criança ou adolescente, pelo prazo máximo de 90 (noventa) dias, observadas a idade da criança ou adolescente e as peculiaridades do caso. [...] § 2º-A. O prazo máximo estabelecido no *caput* deste artigo pode ser prorrogado por até igual período, mediante decisão fundamentada da autoridade judiciária".

PARTE IV – A EFETIVIDADE DO ECA: MEDIDAS JUDICIAIS E EXTRAJUDICIAIS

Quando atingir os 18 anos, ou com a emancipação, o instituto não perdurará e, consequentemente, o termo perderá automaticamente a sua validade.

O encargo, no entanto, pode findar-se com o falecimento do guardião ou do guardado. Estas causas naturais extinguem a guarda e, por evidente, basta a mera comunicação do fato, nos próprios autos, onde tramitou o processo que deferiu o múnus. Entendemos prudente, todavia, que, além de noticiar a morte da criança ou do adolescente, seja recolhido, por determinação do magistrado, o termo expedido em favor do guardião, de maneira que dele não faça mais uso.

No entanto, a guarda poderá sofrer revogação por motivos relacionados ao mau exercício do encargo. Neste caso, normalmente, a comunicação é feita pelo Conselho Tutelar ou órgão que esteja acompanhando o caso, ou, também, por qualquer interessado (art. 18 do ECA). A perda da guarda é uma das modalidades de punição ao responsável, prevista no art. 129, VIII, do ECA que pode ser cumulada com a representação administrativa prevista no art. 249 do mesmo diploma legal.

Como se trata de medida que necessita do crivo do Judiciário e não somente da simples intervenção do Conselho Tutelar (arts. 35, 136, II e parágrafo único, b, do art. 148 do ECA), deve ser observado o princípio do devido processo legal.

A propósito, dispõe o parágrafo único do art. 169 do ECA que a perda da guarda ou a sua modificação poderá ser decretada nos mesmos autos do procedimento, observado o disposto no art. 35, que, ao seu tempo, ministra que esta poderá ser revogada, mediante ato judicial fundamentado, ouvido o Ministério Público.

Desta forma, a revogação ou perda da guarda pode ser examinada nos próprios autos, por medida de economia processual, mas nada impede que seja proposta ação autônoma objetivando esta finalidade, o que, aliás, parece-nos mais adequado.

Por sua vez, Yussef Said Cahali[14], ao comentar o art. 35 do ECA, acentua as duas possibilidades antes referidas:

> A rigor, a modificação da guarda representa um processo novo, em razão de fatos supervenientes, o que determinaria a formação de um procedimento próprio, porquanto o novo Código de Processo Civil descartou a regra da conexidade sucessiva do Direito anterior; mas é certo que o Estatuto, no parágrafo único do art. 169, deixou ressalvado que a perda ou a modificação da guarda poderá ser decretada nos mesmos autos do procedimento anterior.

A questão de ser a revogação da guarda examinada nos próprios autos, igualmente, reflete-se na competência do Juízo para reexaminar a matéria. Se entendermos que a modificação da guarda deve ser sempre apreciada nos mesmos autos do

---

14 CAHALI, Yussef Said. Art. 35. In: VERONESE, Josiane Rose Petry; SILVEIRA, Mayra; CURY, Munir (coord.). *Estatuto da Criança e do Adolescente comentado*. Comentários jurídicos e sociais. 13. ed. rev. e atual. São Paulo: Malheiros, 2018, p. 321.

processo originário, a regra do art. 147, I, do ECA poderá, por vezes, não ser observada.

Assim é que a guarda pode ser revogada a qualquer tempo, conforme estatui o mesmo art. 35 do ECA, em comento. Para alguns doutrinadores[15], a decisão concessiva da guarda não faz coisa julgada material, apenas coisa julgada formal, pois o conteúdo da sentença de mérito não está acobertado pelo manto da imutabilidade e da indiscutibilidade[16].

Esta assertiva, contudo, é entendida diferentemente na doutrina processualista. Apesar de a guarda deferida ser reconhecidamente, como antes afirmado, um título precário, a sentença que a constitui já concluiu a discussão acerca do objeto daquele processo. Portanto, a decisão da guarda tem natureza determinativa, ou seja, é "aquela que provê sobre relação jurídica de trato sucessivo ou continuado (também chamada de relação jurídica continuativa) [...] como quaisquer sentenças de mérito, as sentenças determinativas são aptas a alcançar a autoridade de coisa julgada material". Logo, é impossível a discussão em novo processo da mesma causa entre as mesmas partes. A coisa julgada que se forma sobre as sentenças determinativas da guarda é igual a qualquer outra, mas a demanda revisional desta demanda é diferente da anterior, pois possui causa de pedir e pedidos distintos. "A coisa julgada (causa julgada) não pode impedir a apreciação de uma "coisa" (causa) que nunca foi julgada"[17].

Sendo assim, havendo dados novos e estes constituam fundamento para uma reapreciação da guarda já conferida, embora as partes e o objeto sejam exatamente os mesmos, nada impede que aquela seja revogada a qualquer tempo.

Em resumo, a relação jurídica que norteia a guarda tem natureza continuativa, pois entre as partes existe vínculo de parentesco ou o vínculo surgido com a guarda. Nesta hipótese, sobrevindo modificação no estado de fato ou de direito dessa relação, a parte poderá pedir a revisão do que for estatuído na sentença, consoante

---

15 COSTA, Tarcísio José Martins. *Estatuto da Criança e do Adolescente comentado*. Belo Horizonte: Del Rey, 2004, p. 63; ISHIDA, Válter Kenji. *Estatuto da Criança e do Adolescente*: doutrina e jurisprudência. 25. ed. rev., atual. e ampl. São Paulo: JusPodivm, 2024, p. 194; CURY; GARRIDO; MARÇURA. Op. cit., p. 50.

16 Ao comentar o CPC, Câmara reafirma que a diferença entre a coisa julgada formal e a material (substancial): "[...]é a *coisa julgada material*, autoridade que acoberta as decisões de mérito irrecorríveis, tornando-as imutáveis e indiscutíveis (art. 502). Formada a coisa julgada material, o conteúdo da decisão de mérito se torna imutável e indiscutível, não mais podendo ser alterado nem rediscutido, seja em que processo for." CÂMARA, Alexandre Freitas. *O novo processo civil brasileiro*. São Paulo: Atlas, 2015, p. 305

17 CÂMARA, Alexandre Freitas. Op. cit., p. 312-313. Lépore e Rossato, nessa linha, entendem que a decisão concessiva da guarda faz coisa material e não meramente formal e está sujeita à revisão por se tratar de relação jurídica continuativa. ROSSATO, Luciano Alves; LÉPORE, Paulo Eduardo. Op. cit., p. 186.

PARTE IV – A EFETIVIDADE DO ECA: MEDIDAS JUDICIAIS E EXTRAJUDICIAIS

autoriza o art. 505, I, do CPC, mesmo que transitada em julgado a decisão (formal e materialmente). A revogação da guarda poderá ser requerida e decretada nos mesmos autos do procedimento, observado o art. 35 (parágrafo único do art. 169 do ECA).

Por derradeiro, é importante destacar que, se a guarda é um atributo inerente ao poder familiar (art. 22 do ECA), os genitores estão legitimados, a qualquer tempo, a pedir o retorno do filho para si em face do guardião que não esteja bem exercendo aquele encargo (art. 305 do CPC), requerendo a tutela de urgência de busca e apreensão e a guarda provisória do filho (art. 294 c/c art. 303 do CPC) ou postulando o afastamento do agressor do filho, em hipótese de maus-tratos (art. 130 do ECA).

REFERÊNCIAS

CAHALI, Yussef Said. Art. 35. In: VERONESE, Josiane Rose Petry; SILVEIRA, Mayra; CURY, Munir (coord.). *Estatuto da Criança e do Adolescente comentado*. Comentários jurídicos e sociais. 13. ed. rev. e atual. São Paulo: Malheiros, 2018.

CÂMARA, Alexandre Freitas. *O novo processo civil brasileiro*. São Paulo: Atlas, 2015.

COSTA, Tarcísio José Martins. *Estatuto da Criança e do Adolescente comentado*. Belo Horizonte: Del Rey, 2004.

CURY, Munir *et al. Estatuto da Criança e do Adolescente anotado*. 3. ed. São Paulo: Revista dos Tribunais, 2002.

ELIAS, Roberto João. *Comentários ao Estatuto da Criança e do Adolescente*. 4. ed. São Paulo: Saraiva, 2010.

ISHIDA, Válter Kenji. *Estatuto da Criança e do Adolescente*: doutrina e jurisprudência. 25. ed. rev., atual. e ampl. São Paulo: JusPodivm, 2024.

ROSSATO, Luciano Alves; LÉPORE, Paulo Eduardo. *Estatuto da Criança e do Adolescente comentado artigo por artigo*. 14. ed. rev., atual. e ampl. São Paulo: JusPodivm, 2024.

Ação de tutela e procedimentos correlatos

Kátia Regina Ferreira Lobo Andrade Maciel

1. INTRODUÇÃO

O procedimento judicial desta modalidade de colocação em família substituta é de natureza especial porque, não importando perante qual Juízo seja deflagrado o pedido, obedecerá aos ditames dos arts. 155 a 163, 164, 165 a 170 do Estatuto da Criança e do Adolescente, com as alterações da Lei n. 12.010/2009, além dos previstos no Código de Processo Civil – Lei n. 13.105/2015 (arts. 759 a 763).

2. A COMPETÊNCIA CONSIDERANDO A SITUAÇÃO DO TUTELANDO

No tocante à competência, estando o infante ou o adolescente em situação de risco ou vulnerabilidade, tipificada nas hipóteses do art. 98 do ECA, a competência será do Juízo da infância e da juventude em razão da natureza da matéria (medida protetiva de colocação em família substituta – art. 28 c/c arts. 36 a 38 c/c art. 101, IX e parágrafo único, *a*, do art. 148 do ECA). Caso o tutelando já possua um parente responsável, a competência não será da Vara especializada, haja vista que inexiste situação de risco. Nesse caso, a competência será ditada pelo que constar no Código de Organização Judiciária do respectivo Estado, podendo ser a Vara de Família ou a Orfanológica.

3. FASE POSTULATÓRIA

O art. 165 do ECA trata dos requisitos da petição inicial. O pedido será formulado pelo legítimo interessado, estando os pais do tutelando destituídos do poder familiar, declarados ausentes ou falecidos.

PARTE IV – A EFETIVIDADE DO ECA: MEDIDAS JUDICIAIS E EXTRAJUDICIAIS

O Ministério Público com atuação na infância, por força do art. 201, III, do ECA, tem legitimidade para propor ação visando à nomeação de tutor à criança ou ao adolescente que esteja na situação prevista no art. 98 do ECA ou acompanhá-la como fiscal da ordem jurídica. A ação por iniciativa do *Parquet* poderá ser cumulada com a perda do poder familiar, haja vista a legitimidade deste de também ingressar com essa medida (art. 155 do ECA).

Em caso de falecimento dos genitores e deixado testamento ou qualquer documento autêntico nomeando tutor ao filho órfão, o indicado deverá, no prazo de 30 dias após a abertura da sucessão, ou seja, o falecimento dos pais, ingressar com o pedido de tutela, sob o rito mencionado no ECA, tudo objetivando o controle judicial do ato (art. 37 do ECA, com a redação da Lei n. 12.010/2009).

De acordo com o inciso I do art. 165 do ECA, o requerente deverá fornecer a qualificação completa de seu cônjuge ou companheiro e a expressa anuência deste ao pedido, na petição inicial ou por meio de declaração com firma reconhecida. Entretanto, como destacado no capítulo da Tutela, o pedido pode ser formulado por um casal. O inciso II do art. 165 justifica-se ao exigir a indicação de eventual parentesco do requerente com a criança ou o adolescente, a fim de verificar a relação de afinidade e afetividade daquele com o futuro pupilo. Há a necessidade, ainda, de se noticiar acerca da existência de outros parentes vivos do tutelando, de modo a perquirir o fiel retrato da estrutura familiar do infante e, então, apurar aquele familiar mais apto para exercer o múnus.

Principalmente no que diz respeito ao pedido de tutela, faz-se indispensável a declaração da existência de eventuais bens, direitos ou rendimentos em nome da criança ou do adolescente, de maneira que se resguardem desde logo a preservação e a manutenção destes e se confira, se for o caso, a representação do pretenso tutor para administrá-los provisoriamente, de sorte a estabelecer a sua responsabilidade sobre os bens do tutelando (art. 165, V, do ECA).

A peça exordial deve estar acompanhada dos documentos indispensáveis à propositura da ação, já relacionados anteriormente em capítulo sobre o procedimento de colocação em família substituta, além daqueles inerentes ao pedido de tutela, quais sejam: cópias da certidão de nascimento do infante, com a averbação da suspensão ou da destituição do poder familiar, da certidão de óbito dos pais, sendo órfão o tutelando, da sentença de declaração de ausência dos pais, a sentença de tutela anterior, do termo de guarda (se deferida anteriormente) e da prova da propriedade dos bens do menor de 18 anos.

Por outro turno, o pleito de tutela postulado diretamente no cartório, no caso do art. 166 do ECA, não é cabível no caso de concordância dos pais com esta modalidade de colocação em família substituta, pois se contradiz com o espírito da lei especial e a natureza jurídica do poder familiar.[1]

---

1   Sobre a impossibilidade da delegação do poder familiar pelos pais vivos em favor de tutores, vê-se o item 7 do capítulo da Tutela.

As hipóteses para o pedido direto ao cartório para fins de tutela são: o falecimento, a ausência e a destituição do poder familiar de ambos os pais.

4. OITIVA OBRIGATÓRIA DO TUTELANDO

O contato pessoal do tutelando com o magistrado e o promotor de justiça tem por objetivo estabelecer um liame de confiança do primeiro com os operadores do Direito que fiscalizarão a sua pessoa e seus bens durante a menoridade civil, além de buscar informações quanto aos seus interesses, no que concerne à família substituta.

Observe-se que o Código Civil de 2002, no art. 1.740, III, inseriu, salutarmente, a oitiva da opinião da pessoa menor tutelanda, se esta já contar com 12 anos de idade. Assim, não somente o tutor deve ater-se às expressões de vontade de seu pupilo adolescente, como também aqueles que acompanharão esta colocação em família substituta. Trilhando esta mesma linha principiológica, a Lei n. 12.010/2009 incluiu no ECA esta vertente no art. 28, §§ 1º e 2º, ao determinar o consentimento do adolescente em audiência e a oitiva da criança ou do adolescente por equipe interprofissional ou profissional qualificado, respeitado seu estágio de desenvolvimento e grau de compreensão sobre as implicações da medida, e terá sua opinião devidamente considerada na esteira, também, do princípio previsto no inciso XII do parágrafo único do art. 100 do ECA.

Impende salientar, por outro ângulo, que mesmo que a indicação do tutor tenha sido conferida pelos pais em derradeira manifestação de vontade, na apreciação do pedido de tutela serão observados os requisitos dos arts. 28 e 29 do ECA, posto que o deferimento do múnus está condicionado à comprovação de que a medida é vantajosa para o tutelando e que não existe outra pessoa em melhores condições de assumir o encargo (parágrafo único do art. 37 do ECA), o que será avaliado por meio da mencionada oitiva do tutelando e dos laudos multidisciplinares.

5. PEDIDO DE TUTELA CUMULADO COM A PERDA DO PODER FAMILIAR

Reza o art. 169 do ECA que a destituição do poder familiar constitui pressuposto lógico para a colocação de menor de 18 anos sob tutela.

Assim, havendo pais ainda vivos, porém em local incerto ou não, o pedido de tutela deverá ser obrigatoriamente cumulado com a ação de destituição do poder familiar. Válter Kenji Ishida[2] entende que, diante da diferença de rito, o feito relativo à colocação em família substituta (no caso, a tutela) deve ser sobrestado, até que o procedimento de perda do poder familiar (autuado em separado) transite em julgado. Todavia, entendemos que, na hipótese de cumulação de pedidos (ADPF

---

2   ISHIDA, Válter Kenji. Op. cit., p. 655.

PARTE IV – A EFETIVIDADE DO ECA: MEDIDAS JUDICIAIS E EXTRAJUDICIAIS

c/c tutela), o aludido art. 169 do ECA, ao preceituar a observância do procedimento contraditório da perda do poder familiar (arts. 155 a 163 do ECA), deixa claro que não há necessidade de sobrestamento da ação de nomeação de tutor, mas é cabível o julgamento de ambos os pleitos concomitante nos mesmos autos.

Com efeito, dúvidas não há de que o pedido de perda do poder familiar deve ser explícito; sendo assim os pais do tutelando devem figurar regularmente no polo passivo, para o fim de serem citados pessoalmente ou pela via editalícia, depois de esgotadas as tentativas de sua localização, tudo em prestígio aos princípios constitucionais da ampla defesa e do contraditório.

Note-se, entretanto, que, por se cuidar de direito indisponível (art. 345, II, do CPC), mesmo na ausência de resposta dos pais ao pedido de destituição, não sofrerão aqueles o efeito do art. 344 do CPC, ou seja, a presunção de que os fatos afirmados pelo autor são verdadeiros.

6. TERMO DE TUTELA

O art. 170 do ECA, de modo igual ao previsto no art. 32 do mesmo Diploma Legal, refere-se à expedição de termo de tutela, por meio do qual o tutor assume o encargo e presta compromisso de bem e fielmente desempenhar este papel.

A assinatura do termo é o marco inicial da assunção de responsabilidades do tutor perante o seu tutelado, de modo que, a partir daí, estará legitimado a exercer o cargo. Portanto, não poderá o ato ser prestado por procurador, ante a sua natureza pessoal.

Diga-se, em tempo, que o CPC estabelece o procedimento relativo à nomeação legal e testamentária de tutor (arts. 759 a 763): o nomeado será devidamente intimado a assinar o termo de compromisso em 5 dias em livro próprio, rubricado pelo juiz, assumindo a administração dos bens do tutelado[3].

Assim, qualquer que seja, pois, a modalidade do referido instituto, depois de firmado o termo pelo tutor, o magistrado oficiará ao Cartório de registro de interdições e tutelas para as anotações que se fizerem necessárias.

7. PROCEDIMENTO DE ESCUSA DA TUTELA

O art. 1.735 do Código Civil relaciona as causas da *excusatio voluntaria*, ou seja, os casos impeditivos para o exercício da tutela e aqueles que ensejam a sua exoneração, caso já a exerça o tutor. Nesta regra, estão enumerados casos restritos de ilegitimidade, impedimento e incapacidade para o exercício da tutela. Por sua vez,

---

3 No Estado do Rio de Janeiro, a obrigatoriedade do livro para registro do compromisso e de responsabilidade dos tutores consta da Consolidação Normativa da Corregedoria-Geral de Justiça deste Estado (art. 189, §§ 2º, 3º e 4º).

o art. 1.736 da Lei Civil refere-se à possibilidade de escusa por algumas pessoas, sendo aquela voluntária, portanto.

Qualquer que seja a hipótese, o procedimento a ser seguido é o previsto nos arts. 1.738 e 1.739 do Código Civil c/c arts. 760 e 761, parágrafo único, do Código de Processo Civil.

Com efeito, o prazo para a escusa do tutor, pelo CPC, é de 5 (cinco) dias, contados, antes de aceitar o encargo, da intimação para prestar compromisso e, depois de entrar em exercício, do dia em que sobrevier o motivo da escusa (art. 760, I e II).

Findo este prazo, no entanto, sem a manifestação do tutor, será o seu silêncio considerado uma renúncia ao direito de escusa, decaindo este pela inércia (art. 760, § 1º).

O pedido de escusa será decidido de plano pelo juiz, e, não o admitindo, o tutor nomeado exercerá a tutela enquanto não for dispensado por sentença transitada em julgado (§ 2º do art. 760 do CPC). Indeferida a escusa pelo magistrado, o tutor poderá interpor recurso de agravo de instrumento, haja vista que esta decisão apenas resolve questão incidente e não colocará fim ao processo de tutela, o qual permanecerá tramitando normalmente, de tal modo que o próprio tutor que se escusou será mantido no cargo até o trânsito em julgado da decisão, de maneira a assegurar ao menor de idade um responsável. Nesta esteira a redação do art. 1.739 do Código Civil que prevê que não admitida a escusa pelo juiz, o tutor nomeado exercerá o encargo enquanto o recurso interposto não tiver provimento e responderá, desde logo, pelas perdas e danos que o pupilo venha a sofrer.

8. PRESTAÇÃO DE CONTAS E BALANÇO NA TUTELA

A duração do encargo tutorial é de 2 (dois) anos, conforme determinado pelo art. 1.765 do Código Civil. Findo este período (art. 1.757), a lei civil prevê que, além da prestação obrigatória de contas, faz-se necessária a apresentação do balanço, que se constitui no resumo da receita e da despesa, para que o juiz acompanhar, com regularidade, a gestão da tutoria, ao final de cada ano de administração (art. 1.756 do CC).

Nos casos de tutela de criança ou de adolescente na hipótese do art. 98 do ECA, nos quais, normalmente o tutor não recebe qualquer remuneração, deverá este, mesmo assim, prestar contas de eventual administração de rendimentos do pupilo, o que ocorrerá a cada dois anos, ou sempre que o magistrado entender conveniente, ainda que os pais as tenham dispensado, nada tenha sido referido na nomeação ou os bens não tenham rendimentos (arts. 1.737 e 1.755 do CC).

Como visto, a lei civil estabelece que a prestação de contas do tutor é compulsória, assim como o balanço anual. Desta maneira, devem ser apresentados mesmo sem requerimento de interessados e ainda que os detentores do poder familiar o dispensem (art. 1.755 do CC).

PARTE IV – A EFETIVIDADE DO ECA: MEDIDAS JUDICIAIS E EXTRAJUDICIAIS

O CPC, em seção própria das disposições comuns à tutela e à curatela, também tratou da prestação de contas dos representantes legais do tutelado e do curatelado.

Diz o art. 763 que, quando expirado o período destas funções, o tutor possui o prazo de 10 (dias) dias para requerer a exoneração do encargo, sob pena de entender-se reconduzido, salvo se o juiz o dispensar (§ 1º do art. 763 do CPC).

Há no referido dispositivo a "presunção da recondução" do cargo[4], salvo se houver o pedido de exoneração formulado pelo tutor. Isso porque dispõe o parágrafo único do art. 1.765 do Código Civil que "pode o tutor continuar no exercício da tutela, além do prazo previsto neste artigo, se o quiser e o juiz julgar conveniente ao menor."

Enfatiza o CPC que, uma vez cessada a tutela, é indispensável a prestação de contas pelo tutor, na forma da lei civil, ou seja, remete a matéria à observância aos artigos 1.755 a 1.762 do Código Civil, antes mencionados.

Como visto, o CPC de 2015, diversamente da anterior lei processual civil, não mais dispõe acerca de procedimento específico iniciado pelo tutor para a prestação e a quitação das contas decorrentes da tutela. Sendo assim, deverá o tutor se valer, para cumprir as exigências do Código Civil, do procedimento comum[5].

Todavia, todo aquele que tem legitimidade para tomar contas ou exigi-las, inclusive o Ministério Público que acompanha o processo de tutela, poderá se valer da denominada ação de exigir contas, que possui procedimento especial criado pelo CPC (art. 550 a 553).

A competência para apreciar esta ação e a de prestação de contas do tutor é a do Juízo que deferiu a tutela, haja vista que as contas serão prestadas em apenso aos autos do processo em que tiver sido nomeado o tutor (art. 553 do CPC).

Em qualquer hipótese, seja na apresentação do balanço, prestação de contas ou na ação de exigir contas, caso não figure como autor, funcionará o Ministério Público como fiscal da ordem jurídica, sob pena de nulidade (art. 178, II, do CPC).

Para a ação de exigir contas, cumpre notar que os prazos de manifestação do tutor foram alargados para 15 (quinze) dias (art. 550, *caput* e §§ 2º, 5º e 6º) e que o § 5º do art. 550 refere-se à "decisão" que julga procedente o pedido de condenação do réu a prestar as contas, levando a crer que não se trata de uma sentença, mas sim de decisão interlocutória de mérito, passível de agravo de instrumento (art. 1.015, II, do CPC)[6].

---

4   CARNEIRO, Paulo Cezar Pinheiro; PINHO, Humberto Dalla Bernardina de (coord.). *Novo Código de Processo Civil*: anotado e comparado: Lei n. 13.105, de 16 de março de 2015. Rio de Janeiro: Forense, 2015, p. 428.

5   CARNEIRO, Paulo Cezar Pinheiro; PINHO, Humberto Dalla Bernardina de. Op. cit., p. 320.

6   BUENO, Cassio Scarpinella. *Novo Código de Processo Civil anotado*. São Paulo: Saraiva, 2015, p. 376. Nesse mesmo sentido o Enunciado 177 do Fórum Permanente de Processualistas Civis: "A decisão interlocutória que julga procedente o pedido para

934 CURSO DE DIREITO DA CRIANÇA E DO ADOLESCENTE

Vale notar, ainda, que, na sistemática processual de apresentação das contas, não se faz mais necessária a forma mercantil, mas apenas deve se configurar "adequada" (art. 551, *caput* e § 2º, do CPC). Havendo impugnação específica e fundamentada pelo autor com relação à inadequação das contas, o magistrado estabelecerá prazo razoável para que o demandado possa aclarar sua gestão (§ 1º do art. 551).

Verificadas impropriedades parciais ou totais nas contas do tutor, a sentença o condenará a depositar o saldo em favor do tutelado, indicando o prazo para fazê-lo. A sentença constituirá título executivo judicial, de acordo com a dicção do art. 552 do CPC.

Tal como a lei processual civil anterior, o parágrafo único do art. 553 do CPC prevê sanções aplicáveis em face do tutor negligente. Neste sentido, prevê a possibilidade de o juiz destituí-lo do encargo; sequestrar os bens sob sua guarda; glosar o prêmio ou a gratificação a que teria direito e, ainda, determinar as medidas executivas necessárias à recomposição do prejuízo.

Embora tenha uma grande força pedagógica para compelir o tutor a prestar as contas adequadamente, a destituição da tutela, como sanção aplicada de ofício, a nosso ver, afronta os princípios basilares dos procedimentos litigiosos, tais como o devido processo legal, o contraditório e a ampla defesa (art. 5º, LV, da CF/88).

A decisão que julga as contas em desfavor do tutor, por evidente, não possui carga desconstitutiva de relação jurídica entre aquele e o tutelado, se não houver pedido explícito de perda do encargo. Assim, o procedimento especial de destituição de tutela não pode ser suprimido por pronunciamento judicial que condena o tutor-devedor a pagar o saldo devedor, uma vez que envolve a desconstituição de uma relação jurídica familiar substituta que dependerá de subsídios probatórios específicos, tais como estudo psicossocial acerca dos vínculos de afinidade e afetividade entre o pupilo e o tutor.

Por sua vez, o cotutor igualmente deverá apresentar as contas de sua administração parcial dos bens do tutelando, da mesma forma e período que o tutor (art. 1.743 do CC), pelo fato de exercer uma parcela do encargo.

Assinale-se, por fim, que a dispensa da prestação de contas tem sido admitida na doutrina quando o tutelando não possuir bens, mas apenas direito à pensão previdenciária de pouca monta, que nem sequer supre as suas necessidades, rendimentos que são complementados pelo próprio responsável legal. Nesta hipótese, poderá o juiz autorizar a apresentação, tão somente, do balancete anual[7].

---

condenar o réu a prestar contas, por ser de mérito, é recorrível por agravo de instrumento". Para Daniel Neves, trata-se de sentença e o recurso cabível é a apelação. NEVES, Daniel Amorim Assumpção. *Manual de direito processual civil*. Volume único. 12. ed. Salvador: JusPodivm, 2020, p. 916.

7 LEITE, Heloisa Maria Daltro. Tutela. *Código Civil*: direito de família. Rio de Janeiro: Freitas Bastos, 2006, p. 539.

PARTE IV – A EFETIVIDADE DO ECA: MEDIDAS JUDICIAIS E EXTRAJUDICIAIS

Por fim, cumpre aduzir que havendo morte, ausência ou interdição do tutor, a tutela cessará, transmitindo-se aos herdeiros ou curadores o dever de prestar as contas devidas pelo tutor, conforme disposto no art. 1.759 do Código Civil.

9. REMOÇÃO OU DESTITUIÇÃO DO TUTOR

O art. 38 do ECA remete às causas de destituição do poder familiar o fundamento para a propositura da remoção do tutor, haja vista ser a tutela a modalidade de colocação em família substituta com a finalidade de suprir o mencionado poder perdido ou extinto (art. 24 do ECA).

A causa de pedir, portanto, estará consubstanciada nas hipóteses do art. 1.638 do CC (castigar imoderadamente o tutelado, deixar o pupilo em abandono, praticar atos contrários à moral e aos bons costumes e incidir, reiteradamente, nas faltas relativas à suspensão do poder familiar, além das hipóteses trazidas pela Lei n. 13.509/2017 e Lei n. 13.715/2018[8]).

Além disso, o art. 24 do ECA acrescenta como fundamento para a perda do poder familiar o descumprimento injustificado de seus elementos básicos, quais sejam os deveres de guarda, sustento e educação, assim como das determinações judiciais. Esta regra aplica-se, igualmente, ao tutor.

O art. 1.766 do CC, ainda, prevê que o tutor poderá ser destituído quando agir com negligência, prevaricação ou estiver incurso em incapacidade. Por se tratar de medida de afastamento do responsável legal de uma criança ou de um adolescente já marcados pela perda dos pais, é recomendável que se adotem todas as precauções de modo a preservar a integridade emocional do tutelando, inclusive garantindo a ele uma nova família substituta.

A Seção III do ECA, denominada "Da Destituição da Tutela", tem um único dispositivo: o art. 164. Essa norma dispõe que o procedimento para a remoção do tutor é o previsto na lei processual civil e, no que couber, no preceituado na seção anterior. Em outras palavras, o legislador estatutário remete a remoção do tutor ao

---

8 "Art. 1.638. Perderá por ato judicial o poder familiar o pai ou a mãe que: [...] V – entregar de forma irregular o filho a terceiros para fins de adoção. [Incluído pela Lei n. 13.509, de 2017.] Parágrafo único. Perderá também por ato judicial o poder familiar aquele que: I – praticar contra outrem igualmente titular do mesmo poder familiar: a) homicídio, feminicídio ou lesão corporal de natureza grave ou seguida de morte, quando se tratar de crime doloso envolvendo violência doméstica e familiar ou menosprezo ou discriminação à condição de mulher; b) estupro ou outro crime contra a dignidade sexual sujeito à pena de reclusão; II – praticar contra filho, filha ou outro descendente: a) homicídio, feminicídio ou lesão corporal de natureza grave ou seguida de morte, quando se tratar de crime doloso envolvendo violência doméstica e familiar ou menosprezo ou discriminação à condição de mulher; b) estupro, estupro de vulnerável ou outro crime contra a dignidade sexual sujeito à pena de reclusão. [Incluído pela Lei n. 13.715, de 2018.]."

prescrito nos arts. 761 a 763 do Código de Processo Civil, mas ressalva que, no que for cabível, será utilizado o procedimento de perda e suspensão do poder familiar situado nos arts. 155 a 163 do ECA.

Nesses termos, a lei processual civil disciplina que ação visando à destituição do tutor poderá ser proposta pelo órgão do Ministério Público ou por aquele que tenha legítimo interesse moral ou financeiro (art. 761 do CPC). Mostra-se relevante que o legitimado para a ação requeira, cumulativamente, a nomeação de outro tutor, de maneira que, desconstituída a tutela originária, o tutelado não fique sem representante legal[9].

O parágrafo único do art. 761 do CPC, por sua vez, aduz que o tutor será citado para contestar a arguição, no prazo exíguo de cinco dias.

Sobre a aplicação do prazo de cinco dias estipulado no CPC, convém trazer a lume algumas considerações. Em primeiro lugar, a lei estatutária é anterior ao CPC de 2015, que disciplinou o procedimento de remoção de tutor, o que nos conduziria à conclusão de que o prazo aplicável é aquele inserido na lei processual, qual seja, cinco dias[10].

No entanto, a Lei n. 8.069/90 é uma norma especial e, portanto, deve prevalecer sobre a norma geral. Ora, se o legislador estatutário elegeu um prazo único para a resposta em todos os procedimentos próprios do ECA e a redação do art. 164 prevê a aplicação, no que couber, do disposto na seção do procedimento de perda e de suspensão do poder familiar, o prazo para a resposta escrita é de 10 dias (art. 158)[11], contados na forma do § 2º do art. 152.

Da mesma forma que ocorre no poder familiar, a tutela poderá ser suspensa desde logo, conforme disposto no art. 762 do CPC c/c os arts. 157 e 164

---

9 Veronese entende que a sentença que remover o tutor deverá necessariamente nomear outro, a fim de assegurar o direito à convivência familiar. VERONESE, Josiane Rose Petry; SILVEIRA, Mayra. *Estatuto da Criança e do Adolescente comentado*. São Paulo: Conceito Editorial, 2011, p. 362.

10 ELIAS, Roberto João. Art. 164. In: VERONESE, Josiane Rose Petry; SILVEIRA, Mayra; CURY, Munir (coord.). *Estatuto da Criança e do Adolescente comentado*: comentários jurídicos e sociais. 13. ed. rev. e atual. São Paulo: Malheiros, 2018, p. 1085, e TEPEDINO, Gustavo; TEIXEIRA, Ana Carolina Brochado. *Fundamentos do direito civil*: direito de família. Rio de Janeiro: Forense, 2020, v. 6, p. 408.

11 ISHIDA, Válter Kenji. Op. cit., p. 642; LIBERATI, Wilson Donizeti. *Comentários ao Estatuto da Criança e do Adolescente*. 12. ed. rev. e ampl. de acordo com a Lei 13.058, de 22-12-2014. São Paulo: Malheiros, 2015, p. 207; ROSSATO, Luciano Alves; LÉPORE, Paulo Eduardo. *Estatuto da Criança e do Adolescente comentado artigo por artigo*. 14. ed. rev., atual. e ampl. São Paulo: JusPodivm, 2024, p. 583; RIZZARDO, Arnaldo. *Direito de família*. 10. ed. Rio de Janeiro: Forense, 2019, p. 924; FARIAS, Cristiano Chaves de; ROSENVALD, Nelson. *Curso de direito civil*: famílias. 12. ed. rev., atual. e ampl. Salvador: JusPodivm, 2020, p. 947.

PARTE IV – A EFETIVIDADE DO ECA: MEDIDAS JUDICIAIS E EXTRAJUDICIAIS

do ECA, quando, então, o magistrado deverá nomear interinamente um tutor substituto[12].

Cessadas as funções do tutor pelo pronunciamento judicial, o Juízo que proferiu o *decisum*, a nosso sentir, deverá determinar o recolhimento do termo de tutela original das mãos daquele que foi declarado inapto para o encargo, a fim de que daquele documento não faça mais uso. Essa precaução, obviamente, independe das providências administrativas de comunicação ao registro de interdições e tutelas.

Cabe aduzir que o art. 1.744, I e II, do CC previu de forma expressa a responsabilidade do magistrado no que tange à condução do processo desta modalidade de família substituta ao estabelecer uma obrigação direta e pessoal do juiz caso não nomeie o tutor ou não o faça em momento oportuno e, ainda, uma obrigação subsidiária, quando não tiver exigido garantia legal do tutor e não o remover, tanto que se tornou suspeito[13].

Com a destituição da tutela, o tutor não mais manterá o vínculo jurídico de natureza pessoal com o tutelando. Todavia, poderá restar, por um período, a responsabilidade patrimonial quando, ainda, não prestadas integralmente as contas.

REFERÊNCIAS

BUENO, Cassio Scarpinella. *Novo Código de Processo Civil anotado*. São Paulo: Saraiva, 2015.

CARNEIRO, Paulo Cezar Pinheiro; PINHO, Humberto Dalla Bernardina de (coord.). *Novo Código de Processo Civil*: anotado e comparado: Lei n. 13.105, de 16 de março de 2015. Rio de Janeiro: Forense, 2015.

CARVALHO, Dimas Messias de. *Direito das famílias*. 6. ed. São Paulo: Saraiva Educação, 2018.

ELIAS, Roberto João. Art. 164. In: VERONESE, Josiane Rose Petry; SILVEIRA, Mayra; CURY, Munir (coord.). *Estatuto da Criança e do Adolescente comentado*: comentários jurídicos e sociais. 13. ed. rev. e atual. São Paulo: Malheiros, 2018.

---

12 A nomeação de tutor interino cabe em hipóteses graves que exigem urgência no afastamento imediato da tutoria, antes do desfecho da ação de remoção. Exemplifica Carvalho com os casos de maus-tratos, abuso sexual ou dilapidação do patrimônio. CARVALHO, Dimas Messias de. *Direito das famílias*. 6. ed. São Paulo: Saraiva Educação, 2018, p. 902-903.

13 Pereira remete a questão da responsabilidade do juiz ao art. 143 do CPC e afirma que é "um dever impostergável do juiz nomear tutor nos casos previstos. Se não cumpre o seu dever, ou por deixar de nomeá-lo, ou por retardar o ato designativo, comete falta funcional pela qual responde direta e pessoalmente". PEREIRA, Caio Mário. *Instituições de direito civil*. v. V. 30. ed. rev., atual. e reformulada. Rio de Janeiro: Forense, 2024, p. 521.

FARIAS, Cristiano Chaves de; ROSENVALD, Nelson. *Curso de direito civil*: famílias. 12. ed. rev., atual. e ampl. Salvador: JusPodivm, 2020.

ISHIDA, Válter Kenji. *Estatuto da Criança e do Adolescente*: doutrina e jurisprudência. 25. ed. rev., atual. e ampl. São Paulo: JusPodivm, 2024.

LEITE, Heloisa Maria Daltro. Tutela. *Código Civil*: direito de família. Rio de Janeiro: Freitas Bastos, 2006.

LIBERATI, Wilson Donizeti. *Comentários ao Estatuto da Criança e do Adolescente*. 12. ed. rev. e ampl. de acordo com a Lei 13.058, de 22-12-2014. São Paulo: Malheiros, 2015.

NEVES, Daniel Amorim Assumpção. *Manual de direito processual civil*. Volume único. 12. ed. Salvador: JusPodivm, 2020.

PEREIRA, Caio Mário. *Instituições de direito civil*. v. V. 30. ed. rev., atual. e reformulada. Rio de Janeiro, Forense, 2024.

RIZZARDO, Arnaldo, *Direito de família*. 10. ed. Rio de Janeiro: Forense, 2019.

ROSSATO, Luciano ALVES e LÉPORE, Paulo Eduardo. *Estatuto da Criança e do Adolescente comentado artigo por artigo*. 14. ed. rev. atual. e ampl. São Paulo: JusPodivm, 2024.

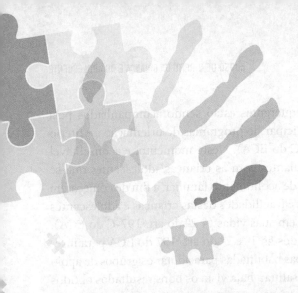

Procedimento da habilitação para adoção

Galdino Augusto Coelho Bordallo

A Lei n. 12.010/2009 acrescentou ao Estatuto da Criança e do Adolescente o Capítulo III do Título VI da Seção VIII, que cuida do procedimento para habilitação à adoção. Inicialmente devemos aplaudir a ação do legislador, pois isso uniformizará o modo pelo qual as pessoas se habilitarão, já que, agora, teremos um cadastro nacional.

As regras não são novidades, pois um procedimento nestes moldes já era utilizado no Estado do Rio de Janeiro.

A habilitação para adoção é procedimento de jurisdição voluntária movido por pessoa que pretenda adotar.

A petição inicial deverá preencher os requisitos do art. 319 do CPC e ser acompanhada dos documentos necessários, que estão elencados no art. 197-A do ECA. Pode-se aplicar à habilitação para adoção a regra do art. 166 do ECA que dispensa a participação de advogado para a formulação do requerimento.

Na petição, o pretendente exporá os motivos pelos quais deseja adotar, bem como a faixa etária aproximada e o sexo da criança que deseja.

Os autos serão encaminhados ao Ministério Público, que poderá requerer a designação de audiência para oitiva dos requerentes, bem como formular quesitos para serem atendidos pela equipe interprofissional do juízo e requerer as diligências que entender necessárias (art. 197-B do ECA).

Os autos serão encaminhados para a equipe interprofissional do juízo para que realize acompanhamento do requerente e emita parecer que indique se a pessoa possui condições de adotar (art. 197-C do ECA).

Durante o período em que os requerentes estão sendo acompanhados pela equipe interprofissional, deverão participar de programas de orientação a critério da equipe do juízo (§ 1º do art. 197-C do ECA). Neste momento, é aconselhável que seja iniciado o contato dos postulantes com as crianças/adolescentes que se encontram abrigados ou em programa de acolhimento familiar, a fim de começarem a se familiarizar com as características e fragilidades destas crianças e adolescentes que já sofreram abandono e violência em suas vidas (§ 2º do art. 197-C do ECA). A Lei n. 13.509/2017 altera a redação dos §§ 1º e 2º do art. 197 do ECA para inserir no trabalho de preparação das pessoas habilitadas para adotar os grupos de apoio à adoção, medida que parece bastante salutar, haja vista os bons resultados obtidos nos trabalhos efetuados pelos grupos de apoio. Está sendo acrescido o § 3º a este artigo, que cuida da preparação das crianças e adolescentes que se encontram em instituições de acolhimento.

Realizado o parecer e não havendo necessidade de audiência (o que ocorrerá na quase totalidade dos casos), os autos serão encaminhados ao Ministério Público para manifestação.

Em seguida, os autos serão conclusos para decisão. O juiz terá de tomar como base o conteúdo do parecer da equipe técnica, assim como a manifestação ministerial, para proferir a sentença.

Deferida a habilitação, será emitido certificado ao requerente e determinada sua inclusão no cadastro de pretendentes à adoção (art. 197-E do ECA).

Após habilitados os postulantes à adoção, aguardarão a chamada do juízo em uma fila, sendo que a chamada ocorrerá em ordem cronológica, conforme determina o art. 197-E, § 1º, do ECA. A única hipótese para desrespeito à ordem cronológica se encontra no § 13 do art. 50 do ECA, cujas críticas já foram por nós apresentadas quando do estudo da adoção *intuitu personae*.

O tempo traz constantes mudanças para a vida das pessoas, fazendo, muitas vezes, que a situação que se apresenta em um determinado momento esteja completamente alterada em outro. Sabemos que as pessoas habilitadas para adoção aguardam em lista, muitas vezes, por anos e anos, até que surja alguma criança/adolescente que se enquadre na expectativa apresentada por aqueles. Será que a avaliação realizada pela equipe interprofissional do juízo após um longo decurso de tempo ainda será atual? Será que a situação de vida dos pretendentes à adoção ainda permanecerá a mesma depois de um longo período, mantendo eles as condições para adotar? A resposta será: talvez.

Devemos ter sempre em mente o superior interesse da criança e do adolescente, dando a eles a proteção integral. Sempre seguindo esta linha de raciocínio, apresentamos a sugestão de que os certificados de habilitação para adoção passem a ter um prazo de validade, obrigando os habilitados à nova avaliação dentro de determinado período, a fim de verificar se ainda mantêm as mesmas condições que

PARTE IV – A EFETIVIDADE DO ECA: MEDIDAS JUDICIAIS E EXTRAJUDICIAIS

os levaram a ser considerados aptos a adotar. Em respeito à celeridade da vida moderna, sugerimos que o prazo de reavaliação seja de três anos.

A Lei n. 13.509/2017 altera a redação do § 2º do art. 197-E do ECA e lhe acresce mais três parágrafos. Com a nova redação, a habilitação deverá ser renovada a cada três anos, com avaliação da equipe do juízo. O novo § 3º dispõe que quando o pretendente se habilitar a uma nova adoção bastará a avaliação pela equipe do juízo. O § 4º dispõe que após três recusas injustificadas do pretendente à adoção de indicação de crianças dentro de seu perfil haverá necessidade de reavaliação.

O § 5º traz uma situação boa e outra absurda. A boa é a exclusão do cadastro da pessoa que desistir da guarda para início de estágio de convivência. A absurda é a possibilidade de pensar em devolução de criança/adolescente depois do trânsito em julgado da sentença de adoção. A nova regra permite que alguém entregue um filho que tenha acabado de adotar. Uma permissão absurda e que não deveria ter sido aprovada. Não se pode comparar esta hipótese a de um pai e uma mãe que entregam seu filho recém-nato para adoção, pois inúmeras questões sociais, financeiras e emocionais podem estar levando os pais àquela decisão, em benefício do próprio filho. Isso é muito diferente da situação em que as pessoas se habilitam para adotar, são avaliadas, passam por um processo longo e manifestam sua vontade de serem pais. Permitir uma coisa desta é permitir que qualquer pessoa queira abrir mão de seu filho quando este começa a lhe dar problemas. É uma norma que assusta neste aspecto!

É acrescentado, ainda, ao Estatuto o art. 197-F, que estabelece o prazo de 120 dias, prorrogável por igual período, para a conclusão do procedimento da habilitação.

Com relação à habilitação para adoção internacional, os requisitos para sua apresentação dependerão do que dispuser a CEJA, por meio de resolução própria, em observância à Convenção de Haia, bem como o disposto no art. 52 do ECA, já tendo sido este tema tratado quando do estudo da adoção internacional.

Ação de adoção

Galdino Augusto Coelho Bordallo

1. RITO E COMPETÊNCIA

A ação de adoção é ação de estado, pois seu objeto será a constituição de relação de parentesco entre adotante e adotado. Em consequência, o rito a ser seguido há que ser o comum.

Para fixação da competência do juízo dois critérios terão de ser utilizados. O primeiro deles será em razão da matéria, sendo competente o juízo da infância e da juventude, com exclusão de qualquer outro, conforme dispõe o art. 148, III, do ECA. Nas comarcas onde não houver órgão jurisdicional exclusivo para tratar das matérias referentes ao direito da infância e juventude, o juízo competente será aquele que, pelas regras de organização judiciária, for competente para o tema.

O segundo critério a ser utilizado será o territorial, fixando-se a competência de acordo com as regras do art. 147, I e II, do ECA.

Para um estudo mais específico sobre o tema, encaminhamos o leitor para o capítulo intitulado "As regras gerais de processo", em que há um item específico sobre competência.

Para a validade do processo, será obrigatória a intervenção do Ministério Público, que deverá ser intimado pessoalmente para todos os atos (arts. 202 a 204 do ECA).

O processo terá curso em segredo de justiça, por aplicação subsidiária do art. 189 do CPC.

2. PETIÇÃO INICIAL E PEDIDO

A petição inicial da ação de adoção deverá conter os requisitos exigidos pelo art. 319 do CPC, acrescidos dos requisitos constantes do art. 165 e seu parágrafo único do ECA.

PARTE IV – A EFETIVIDADE DO ECA: MEDIDAS JUDICIAIS E EXTRAJUDICIAIS

Os requisitos específicos da adoção exigidos pelo parágrafo único do art. 165 do ECA são os requisitos de direito material, não havendo que confundi-los com as condições da ação ou pressupostos processuais. Deverá o adotante demonstrar, assim, ter mais de 18 anos de idade, ter diferença etária de mais de 16 anos com relação ao adotando, o consentimento dos genitores ou representante legal da criança/adolescente. Quando o autor da ação for tutor ou curador do adotando deverá demonstrar a aprovação de suas contas pelo juízo competente.

Quando houver a necessidade de destituição do poder familiar, a inicial também deverá preencher os requisitos constantes do art. 156 do ECA.

Deverá fazer parte integrante da petição inicial o nome que passará a ter o adotando, bem como a indicação do nome dos avós paternos e maternos, por interpretação do teor do art. 47, *caput*, e § 1º, do ECA.

No polo ativo da relação processual figurarão o(s) adotante(s) e no polo passivo os pais biológicos do adotando, salvo se já estiverem destituídos do poder familiar, forem desconhecidos ou anuírem ao pedido. Havendo alguma dessas duas hipóteses, não haverá lide, não sendo instaurado, portanto, o contraditório; pela ausência de lide, não poderemos falar de processo, mas de procedimento de adoção, de jurisdição voluntária.

Com a propositura da ação de adoção, não havendo a concordância dos pais biológicos com a medida, será necessária sua cumulação com a destituição do poder familiar, que será um pressuposto lógico da adoção (art. 169 do ECA), devendo ser apreciado em primeiro lugar quando da prolação da sentença. Em virtude disso, a praxe forense passou a entender ser necessária a cumulação de pedido de destituição do poder familiar, havendo alguns juízes que determinam a emenda da petição inicial para que este conste expressamente, sob pena de indeferimento.

Este proceder, a nosso ver, não é correto, pois nem sempre se faz necessária a cumulação de pedidos para a concessão da adoção. Esta situação há que ser analisada em face das várias situações que podem se apresentar.

Antes de analisarmos cada uma das situações que podem se apresentar, cabe mencionar o posicionamento exposto por Eunice Ferreira Rodrigues Granato[1], que entende que o adotante não tem legitimidade ativa para a destituição do poder familiar. A autora entende que podem até ter interesse em propor a ação, mas não terão legitimidade para esta, pois só a terão o Ministério Público ou algum parente, por interpretação do teor do art. 1.637 do CC, que cuida da suspensão do poder familiar e que só a concede a essas pessoas. Afirma que, se para o menos, a suspensão, a legitimidade é restrita, assim deve ser para o mais, a destituição.

---

1   A destituição do poder familiar e os procedimentos da adoção. *Adoção* – Aspectos jurídicos e metajurídicos. Rio de Janeiro: Forense, 2005, p. 177-180.

Não podemos concordar com o posicionamento de Eunice Granato pelo simples fato de ter-lhes sido conferida legitimidade pelo art. 155 do ECA, quando dispõe que as ações para suspensão ou destituição do poder familiar podem ser iniciadas pelo Ministério Público ou por quem tenha legítimo interesse. Certamente os adotantes terão legítimo interesse em propor a ação, pois desejam a destituição do poder familiar do pai biológico de seu filho socioafetivo.

A primeira situação que pode ocorrer será a existência de concordância dos pais biológicos com a adoção. Nesta hipótese os genitores não terão praticado nenhum ato que venha a ensejar a destituição do poder familiar.

As hipóteses previstas para a destituição do poder familiar encontram-se enumeradas no art. 1.638 do CC e nos arts. 22 e 24, ambos do ECA, sendo taxativa a enumeração legal. O ato de entrega regular de filho para adoção não se enquadra em nenhuma das situações previstas em lei, não podendo servir de fundamento para a destituição do poder familiar, caso contrário, estaríamos apenando um pai por se preocupar com o futuro do filho. Neste caso, não podendo ser decretada a destituição do poder familiar por falta de causa, ocorrerá sua extinção, que será automática pelo fato de ser concedida adoção, como consequência lógica desta última (art. 1.635, IV, do CC)[2]. A cumulação de pedido de adoção com o DPP, para esta hipótese, será um anacronismo.

A segunda situação ocorrerá quando forem desconhecidos os pais biológicos do adotando. Em sendo desconhecidos, seus nomes não constarão da certidão de nascimento, não havendo vínculo jurídico de parentesco a ser rompido. Existe a causa do abandono que justificaria a destituição do poder familiar (art. 1.638, II, do CC), mas seria ilógico destituir-se do poder familiar uma pessoa que nunca assumiu o vínculo jurídico. Nesta hipótese entendemos desnecessária a cumulação de pedidos.

A terceira hipótese se dará quando os pais biológicos já estiverem destituídos do poder familiar. Por não terem mais nenhum direito sobre a pessoa de seu filho, já que praticaram ato contrário a ele, não figurarão no polo passivo da relação processual. Neste caso não se terá a cumulação de pedidos.

Merece atenção uma quarta situação, que é a da suspensão do poder familiar. Quando os pais biológicos encontram-se nesta hipótese, o Estatuto dispõe, em seu art. 166, que a petição pode ser formulada apenas pelos adotantes, sem a participação de advogado. Esta possibilidade ocorre quando a adoção não for litigiosa. Entendemos ter havido um equívoco do legislador neste ponto, ao ter incluído a suspensão do poder familiar.

Como sabemos, a suspensão é um *minus* com relação à destituição do poder familiar, sendo medida adotada como cautela para proteger a integridade do filho,

---

2   Este entendimento é apresentado por SILVA, José Luiz Mônaco da. A concordância dos pais nos procedimentos de adoção. *Revista Justitia*, n. 176. Disponível em: <www.mp.sp.gov.br/justitia>. Acesso em: 7 nov. 2005.

PARTE IV – A EFETIVIDADE DO ECA: MEDIDAS JUDICIAIS E EXTRAJUDICIAIS

tanto que pode ser facilmente revista e revogada ao ser demonstrado, pelo genitor, ter sido sanada sua causa. Os pais suspensos do poder familiar ainda detêm grandes chances de tê-lo de volta e poderem, assim, retornar ao convívio normal com seu filho. Não podemos aceitar que não haja contraditório na ação de adoção quando os pais tiverem seu poder familiar apenas suspenso, pois neste caso ainda não está demonstrada a gravidade da situação para que o vínculo seja rompido. Quando os pais tiverem o poder familiar apenas suspenso, será necessário que haja a cumulação do pedido de adoção com o de destituição de poder familiar, com a instalação do contraditório, vindo os pais biológicos, ao final, a serem destituídos do poder familiar, caso seja demonstrada sua causa.

A quinta situação que se apresenta será a dos genitores que se encontram em local incerto e não sabido e os que não concordam com o pedido de adoção. Nestes casos será necessária a destituição do poder familiar, sendo preciso que se demonstre a existência da causa alegada. A ação de adoção servirá para destituir o(s) genitor(es) do poder familiar.

Uma sexta situação é a da entrega voluntária do filho pela gestante ou parturiente para adoção, cujo procedimento foi instituído pela Resolução n. 485, de 18 de janeiro de 2023, do Conselho Nacional de Justiça, no exercício de sua competência legislativa. Por essa Resolução, após ser efetivamente constatado pela equipe técnica da maternidade ou hospital que a mãe se mantém certa em realizar a entrega de seu filho, após todos os acompanhamentos psicológicos, orientações e advertências sobre a consequência de seu ato, será apresentado relatório técnico à Vara da Infância e Juventude. Serão realizados a autuação como Entrega Voluntária, o registro de nascimento da criança e seu encaminhamento para acolhimento familiar.

Com a alta hospitalar da mãe biológica e persistindo nela o interesse em realizar a entrega do filho para adoção (com base em relatório da equipe interprofissional), será designada audiência para a ratificação do consentimento. Nessa audiência – que se dará na forma do art. 19-A, § 8º, do ECA –, será colhida a declaração da mãe biológica, assim como do pai registral ou indicado. O consentimento para entrega é retratável até a data da audiência em questão e os genitores podem exercer o arrependimento no prazo de 10 dias contados da data da prolação da sentença de extinção do poder familiar. Findo o prazo sem que haja o exercício do direito de arrependimento, será determinada a imediata inclusão da criança no Sistema Nacional de Adoção (SNA).

Todo esse procedimento e muitas outras regras da fase prévia ao procedimento de entrega voluntária se encontram detalhados na Resolução n. 485/2023 do CNJ.

Entendemos não ser necessário pedido expresso de destituição do poder familiar, bastando que a parte autora indique o motivo na petição inicial e realize a prova de sua existência, sendo entendido como pedido implícito. Por tratar-se de um antecedente da adoção, a destituição do poder familiar há que ser julgada em primeiro lugar, pois se o julgador entender não provada a causa para a destituição, deverá julgar improcedentes ambos os pedidos. Julgada procedente a destituição do poder familiar, a adoção poderá sê-lo ou não, tudo dependendo de a colocação em família substituta atender ao superior interesse da criança e do adolescente. Teremos uma sentença formalmente e materialmente diversa.

Com relação ao valor da causa, a legislação não apresenta forma de calculá-lo, aplicando-se, então, a regra constante do art. 291 do CPC.

A inicial deverá ser assinada por profissional habilitado – advogado –, salvo se a situação fática enquadrar-se na hipótese do art. 166, *caput*, do ECA, em que há a dispensa da presença de advogado. Sobre a dispensa de advogado, remetemos o leitor ao que foi dito no capítulo "As regras gerais do procedimento de colocação em família substituta".

A petição inicial deverá vir acompanhada dos documentos necessários à propositura da ação: certidão de nascimento do adotando, identidade dos adotantes e comprovante de residência, certificado de estarem habilitados a adotar (para os que estão cadastrados), documentação comprobatória de hipótese de destituição do poder familiar.

Será no momento da propositura da ação que se realizará o pedido para que se inicie o estágio de convivência previsto no art. 46 do ECA. Sua instrumentalização se dará por meio de requerimento de concessão de guarda provisória, com base no art. 33, § 1º, do ECA (art. 167, parágrafo único, do ECA).

Neste momento ou durante o curso do processo, poderá ser requerida autorização para que o adotando passe a utilizar de modo legal seu nome afetivo e, até mesmo, o nome social. Para não nos repetirmos sobre nosso posicionamento sobre o tema, remetemos o leitor para o Capítulo em que tratamos da adoção, mais especificamente no item em que falamos sobre os efeitos pessoais da adoção.

Ao despachar a petição inicial, o juiz determinará de ofício a realização de estudo social do caso, conforme o § 1º acrescido ao art. 157 do ECA pela Lei n. 13.509/2017. Essa determinação ocorrerá concomitantemente à ordem de citação.

3. CITAÇÃO

A citação dos pais biológicos se dará na forma prevista pelo Código de Processo Civil.

Será necessária a citação dos pais biológicos quando não houver a anuência destes ao pedido e quando estiverem em local incerto e não sabido.

Não será necessária a citação dos pais que forem desconhecidos. O Estatuto da Criança e do Adolescente é lei especial, excepcionando as regras constantes na lei geral. Assim, na parte processual, o ECA determina a aplicação subsidiária do CPC naquilo que for cabível (art. 152). O inciso III do art. 165 dispõe a desnecessidade de qualificação dos pais desconhecidos. Sendo eles desconhecidos, não figurarão no polo passivo e não haverá lide, como já dito anteriormente. Por estarmos tratando

PARTE IV – A EFETIVIDADE DO ECA: MEDIDAS JUDICIAIS E EXTRAJUDICIAIS   947

de procedimento de jurisdição voluntária, aplicar-se-á a regra prevista no art. 721 do CPC? Entendemos que não, acompanhando a opinião de Rosa Carneiro[3] – ao cuidar do tema à luz do art. 1.105 do CPC de 1973, com redação quase idêntica ao atual – quando afirma que o Estatuto da Criança e do Adolescente disciplina nos arts. 165 a 170 o procedimento especial para a referida hipótese, não fazendo qualquer exigência acerca de citação editalícia de pais desconhecidos ou de outros interessados, não se aplicando, portanto, a regra geral contida no art. 721, do CPC, pois subsidiária, mas a especial, prevista no art. 45, § 1º, do ECA. Quando o legislador, no Estatuto da Criança e do Adolescente, se preocupou com a relevância da citação, ele expressamente exigiu tal formalidade, sendo que no caso de suspensão ou perda do poder familiar dos pais conhecidos, chegou a estipular, claramente, que fossem esgotados todos os meios para a citação pessoal desses (art. 158, § 1º, do ECA).

De forma idêntica, não será necessária a citação dos pais biológicos que concordarem com o pedido.

A Lei n. 13.509/2017 acresceu o § 3º ao art. 158, cuidando da citação por hora certa. Esta regra é totalmente desnecessária, pois repete a norma do *caput* do art. 252 do CPC.

Foi acrescido, também, o § 4º ao art. 158, tratando da citação por edital. Esta nova norma traz celeridade ao processo pois reduz o prazo do edital para dez dias, sendo publicado uma única vez e dispensando os ofícios para localização do citando. Não podemos temer esta dispensa da expedição de ofícios para localização do réu, pois a regra constante no § 1º do artigo em comento determina que devem ser esgotados todos os meios para a citação pessoal do réu, o que faz com que estes cuidados tenham sido tomados.

Citado o réu, deverá apresentar sua contestação no prazo de 10 dias (art. 158, *caput*, do ECA). Não a apresentando, será considerado revel, não se aplicando a ele, porém, o efeito da revelia de serem reputados verdadeiros os fatos narrados na inicial, conforme art. 345, II, do CPC, pois a ação de adoção versa sobre direito indisponível, o direito de filiação, que trata do estado da pessoa.

4. OITIVA DOS PAIS BIOLÓGICOS

Dever-se-á ouvir em juízo os pais biológicos que aderiram ao pedido, a fim de ratificarem a concordância e para serem esclarecidos quanto às implicações legais do ato por eles praticado. Deve-se realizar de imediato tal oitiva, ou seja,

---

3   CARNEIRO, Rosa Maria Xavier Gomes. Da desnecessidade da citação por edital nos pedidos de adoção de crianças e adolescentes. Disponível em: <http://www.mprj.mp. br/portal/intranet/pesquisas/doutrina/DOUTRINA/AÇÃO/ASPECTOS_PROCES-SUAIS_MAT_NAO_INFRAC/6102856PDF>. Acesso em: 15 set. 2005.

antes de deferido qualquer dos requerimentos formulados pelo adotante e das determinações para o início da instrução. Nosso posicionamento acabou por ser inserido no ECA com a inclusão do inciso I no § 1º do art. 166 pela Lei n. 13.509/2017.

Tal diligência ensejará a que, caso os pais manifestem diante da autoridade judiciária sua discordância do pedido, se determine ao autor que emende a inicial para adequá-la à nova situação surgida.

Em sendo ratificada a concordância dos pais biológicos com a adoção, nesse mesmo ato o juiz declarará extinto o poder familiar (art. 166, § 1º, II, do ECA).

Não se pode esquecer que, para que todo esse procedimento ocorra, é necessário que os genitores biológicos estejam juridicamente assistidos e orientados, sob pena de nulidade do ato.

Com esse regramento e proceder, o tempo de duração do processo é muito menor, o que atende ao princípio constitucional da tempestividade de tutela jurisdicional e ao do superior interesse.

Temos de ter atenção para a regra constante do § 5º do art. 166, que cuida da retratação do consentimento. Não é impossível que os pais biológicos se arrependam de terem concordado com a adoção de seu filho. Isso é comum, principalmente por estarmos lidando com uma situação em que sentimentos fortes estão em jogo e a decisão de entrega é definitiva. Assim, agiu bem o legislador em conceder o prazo de dez dias para o arrependimento, que se contará da data da prolação da sentença de extinção do poder familiar. Apesar de a lei trazer que esse prazo se conta a partir da prolação da sentença, o mais técnico é entendermos que o prazo se conta da data da intimação da sentença, que pode se dar no momento de sua prolação, se esta for proferida em audiência. Nesse sentido temos o Enunciado 12 do Fórum Nacional da Justiça Protetiva (FONAJUP)[4].

5. ESTUDO DE CASO

O art. 167 do ECA faz menção à realização de estudo de caso pela equipe interprofissional do juízo, cuja prática será determinada pelo juiz a requerimento da parte ou de ofício.

O estudo de caso equivale a uma perícia, pois a equipe interprofissional acompanhará o estágio de convivência, entrevistando os adotantes e o adotando, emitindo parecer. O parecer será apreciado pelas partes, Ministério Público e juiz, servindo como base para decidir. Como perícia que é, o juiz não fica vinculado ao parecer da equipe técnica, mas para decidir de forma contrária a seu conteúdo deverá se embasar em outros meios de convencimento.

---

4   Enunciado 12: "O prazo de dez dias de arrependimento, previsto no art. 166, § 5º, do ECA conta-se a partir da intimação da sentença".

PARTE IV – A EFETIVIDADE DO ECA: MEDIDAS JUDICIAIS E EXTRAJUDICIAIS

Sobre a atuação da equipe interprofissional e seus pareceres, já tivemos ocasião de desenvolver nosso pensamento nos capítulos em que tratamos da adoção e do Poder Judiciário, para onde remetemos o leitor, a fim de não nos tornarmos repetitivos.

6. AUDIÊNCIA PRÉVIA E DE INSTRUÇÃO E JULGAMENTO

Devem-se assumir para o processo de adoção as regras de audiência constantes do CPC, por falta de norma expressa no corpo do ECA.

Nas ações de adoção, é importante a realização da audiência prévia, prevista no art. 334 do CPC. No procedimento em que houver a concordância dos pais biológicos, terá como função a oitiva destes. Quando se tratar de adoção litigiosa, será um bom momento para tentar obter uma solução mais rápida que atenda ao superior interesse do adotando, o que trará desgaste bem menor para as pessoas envolvidas.

A audiência de instrução e julgamento será realizada para colheita do depoimento pessoal das partes, oitiva das testemunhas acaso existentes e do adotando.

A colheita do depoimento pessoal dos adotantes deverá ser realizada em todos os processos de adoção, sejam ou não litigiosos, pois neste momento serão inquiridos pelo juiz sobre os efeitos da adoção e se estão acordes com as consequências do ato, bem como advertidos da irrevogabilidade do ato.

A oitiva do adotando será realizada sempre que possível (art. 168 do ECA), sendo obrigatória sua concordância com o ato sempre que tiver idade igual ou superior a 12 anos. Sua oitiva não tem formalidade expressa em lei, devendo ser realizada do modo mais simples possível. Sobre situações em que pode ser dispensada a oitiva e a concordância do adotando, remetemos o leitor ao capítulo que trata da adoção, quando é estudada a concordância do adotando.

7. SENTENÇA

A sentença será de natureza constitutiva, pois cria novo estado de filiação. O legislador resolveu, mais uma vez, ser doutrinador e, no § 7º do art. 47 do ECA (acrescido pela Lei n. 12.010/2009), classifica a sentença concessiva de adoção.

Com o trânsito em julgado da sentença, será constituído o vínculo de filiação socioafetiva.

Será determinada a expedição de mandado de cancelamento do registro civil original para, após, ser realizado novo registro de nascimento (art. 47, §§ 2º e 3º, do ECA). É proibida a expedição de qualquer certidão sobre o ato (art. 47, *caput*, do ECA).

Há, ainda, possibilidade de que o novo registro de nascimento seja lavrado no Cartório de Registro Civil da localidade onde reside o adotante (art. 47, § 3º, do ECA, com redação dada pela Lei n. 12.010/2009), desde que haja pedido neste sentido. É hipótese interessante e que facilita a vida das pessoas, pois em diversos locais de nosso país as comarcas abrangem mais de um município, ficando sua sede localizada em um deles. Caso o adotante não resida no município sede da comarca, a realização do novo registro no cartório mais próximo do juízo lhe trará dificuldades, caso necessite de uma segunda via. Ademais, como a adoção busca imitar ao máximo a filiação natural, a realização do registro de nascimento do adotado em cartório localizado no município onde reside será a correspondência da realidade que se busca, pois, se tivesse nascido de sua mãe adotiva, o parto teria ocorrido naquela localidade, assim como o registro do nascimento.

8. ADOÇÃO INTERNACIONAL

A ação de adoção internacional em nada difere da ação de adoção nacional. Os requisitos da petição inicial serão os mesmos, assim como todo o trâmite do processo.

Em virtude da adoção pelo Brasil da Convenção de Haia de 1993, a criança/adolescente que for adotada por estrangeiros (ou brasileiros residentes no exterior) deverá ser considerada *adotável* (art. 4 da Convenção de Haia, promulgada pelo Decreto n. 3.087/99). É de suma importância que fixemos a amplitude da expressão *adotável*, que deverá ser feita em consonância com a legislação brasileira.

Uma criança/adolescente passível de ser adotada é aquela cuja família biológica não apresenta interesse em tê-la como membro. O desinteresse pode ser expresso de várias formas. A primeira delas é a expressa concordância com a adoção, situação que se encontra prevista no ECA (art. 45, *caput*) e na Convenção de Haia (art. 4, *c*, n. 4).

A segunda hipótese de desinteresse se dá quando a família biológica abandona sua criança. Temos, aqui, o infante exposto, situação em que não é necessário o consentimento para que a criança seja considerada adotável.

Temos de ter em vista que os adotantes estrangeiros – devendo ser assim considerados os brasileiros e os estrangeiros residentes fora do território nacional –, por terem sua vida pessoal e profissional em seu país, não têm disponibilidade de permanecer por longo tempo no Brasil. Por este motivo, convencionou-se entender necessária a prévia destituição do poder familiar dos pais biológicos para que o processo de adoção internacional passasse a ser mais célere. Este entendimento passou a ser tido como uma verdade inabalável, chegando-se até a ouvir a afirmação de que a criança adotável seria apenas aquela cujos pais tivessem sido destituídos do poder familiar. E isto não é verdade.

Não há nenhum impedimento em que haja propositura da ação de adoção internacional cumulada com a de destituição do poder familiar, na medida em que, como já dissemos anteriormente, não há nenhuma diferença entre o procedimento da adoção movida por brasileiro ou estrangeiro residente no Brasil e o procedimento da adoção movida por brasileiro ou estrangeiro residente fora do território nacional.

PARTE IV – A EFETIVIDADE DO ECA: MEDIDAS JUDICIAIS E EXTRAJUDICIAIS

Logo, se o estrangeiro tiver disponibilidade de tempo para ficar no Brasil aguardando o desfecho de um processo de adoção cumulado com o de destituição do poder familiar, nenhum impedimento legal haverá para tanto, pois o ECA nunca fez tal vedação – pois era o procedimento que se tinha antes da promulgação da Convenção de Haia – e a Convenção de Haia não o faz. O fato de a Convenção dispor que a criança deva ser considerada adotável não induz a obrigatoriedade de que haja a prévia destituição do poder familiar, pois o conceito de *criança adotável* o será de acordo com os critérios da legislação do país de origem da criança.

O estágio de convivência será deferido no início do procedimento, mas não poderá sê-lo por meio de guarda provisória, pois esta é vedada para estrangeiros, como dispõe o art. 31 do ECA. Será apenas autorizado pelo juízo, por meio de termo de responsabilidade, que o adotante estrangeiro inicie o convívio com o adotando. O prazo para o estágio de convivência está previsto no art. 46, § 3º, do ECA, tendo que durar, no mínimo, 30 dias, e máximo de 45 dias, podendo ser prorrogado por igual período, uma única vez.

Não se pode olvidar que a apelação que por acaso venha a ser interposta contra a sentença de adoção internacional será recebida em duplo efeito, conforme dispõe o art. 199-A do ECA.

Importantes as regras constantes dos §§ 8º e 9º do art. 52 do ECA (acrescentados pela Lei n. 12.010/2009). Fica expressamente determinado, reforçando ideia amplamente dominante em nossos tribunais, que é proibida a saída do adotado do território nacional enquanto não transitada em julgado a sentença. Após o trânsito em julgado, será expedida autorização para viagem, assim como para que seja obtido o passaporte.

REFERÊNCIAS

BORDALLO, Galdino Augusto Coelho. Da adoção. In: LEITE, Heloisa Maria Daltro (coord.). *O novo Código Civil* – Do direito de família. Rio de Janeiro: Freitas Bastos, 2002.

CARNEIRO, Rosa Maria Xavier Gomes. Da desnecessidade da citação por edital nos pedidos de adoção de crianças e adolescentes. Disponível em: <http://www.mp.rj.gov.br/portal/page/portal/Intranet/Pesquisas/Doutrina/DOUTRINA_4CAO/ASPECTOS_PROCESSUAIS_MAT_NAO_INFRAC/6102856.PDF>. Acesso em: 13 set. 2005.

GRANATO, Eunice Ferreira Rodrigues. A destituição do poder familiar e os procedimentos de adoção. In: LEITE, Eduardo de Oliveira (coord.). *Adoção* – Aspectos jurídicos e metajurídicos. Rio de Janeiro: Forense, 2005.

PELUSO, Antônio Cezar. Art. 166. In: VERONESE, Josiane Rose Petry; SILVEIRA, Mayra; CURY, Munir (coord.). *Estatuto da Criança e do Adolescente comentado*.

Comentários jurídicos e sociais. 13. ed. rev. e atual. São Paulo: Malheiros, 2018.

SILVA, José Luiz Mônaco. A concordância dos pais no procedimento de adoção. *Revista Justitia*, n. 176. Disponível em: <www.mp.sp.gov.br/justitia>. Acesso em: 7 nov. 2005.

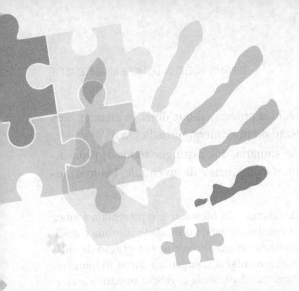

Procedimento de apuração de irregularidades em entidade de atendimento

Kátia Regina Ferreira Lobo Andrade Maciel

1. INTRODUÇÃO

O Estatuto da Criança e do Adolescente, no Capítulo III do Título VI, denominado "Do Acesso à Justiça", estabeleceu procedimento específico para a apuração de irregularidades em entidade governamental ou não governamental que execute programas de proteção e socioeducativos destinados a infantes e adolescentes (arts. 191 a 193), denotando a preocupação em estabelecer um trâmite processual diferenciado, mas fundamentado nos princípios constitucionais que regem o devido processo legal.

Este cuidado do legislador mostra-se bastante salutar em razão da crescente quantidade de entidades de atendimento no Brasil, as quais nem sempre estão regularizadas ou funcionando adequadamente, de modo que devem estar sob o crivo do controle dos órgãos incumbidos de fiscalizá-las.

Com efeito, o Código de Menores (Lei n. 6.697/1979) previa, nos arts. 48 e 49, sob a denominação de medidas de vigilância, não somente a inspeção dos estabelecimentos, como também o fechamento destes. Todavia, aquela lei menorista não estabelecia um procedimento para a tomada de providências.

O ECA, que lhe sucedeu, no entanto, foi detalhista acerca das fases do procedimento a ser seguido, "conferindo mecanismos de segurança e de proteção que reajam com agilidade e eficiência às agressões ou ameaças de ofensa" presentes na

954 CURSO DE DIREITO DA CRIANÇA E DO ADOLESCENTE

cognição sumária, que constitui uma técnica processual que objetiva atender "aos reclamos de extrema rapidez na concessão do provimento jurisdicional"[1].

A propósito, referindo-se à cognição sumária, que distingue todos os procedimentos afetos aos direitos socioindividuais da infância e da juventude, Paulo Afonso Garrido de Paula[2] ensina:

> Considerando que os direitos da criança e do adolescente representam a única categoria a contar com garantia constitucional da prioridade absoluta e que a validação dos seus interesses constitui-se em alicerce na construção da cidadania, extraem-se da sua natureza e da urgência em coibir danos irreparáveis ou de difícil reparação os fundamentos básicos da cognição sumária caracterizadora dos procedimentos disciplinados pelo Estatuto da Criança e do Adolescente.

Portanto, o procedimento para a apuração de irregularidades em estabelecimentos de atendimento de crianças e de adolescentes deve ser breve, mas mirando sempre a sua finalidade principal: encontrar as deficiências e supri-las eficazmente, de modo a atender aos direitos infantojuvenis.

2. NATUREZA JURÍDICA DO PROCEDIMENTO

Conforme definição de Enrico Tullio Liebman[3], procedimento é

> A atividade mediante a qual se desempenha em concreto a função jurisdicional chama-se processo. Essa função não se cumpre, em verdade, a um só tempo e com um só ato, mas por meio de uma série coordenada de atos que se sucedem no tempo e que tendem à formação de um ato final. Daí a ideia de um proceder em direção a uma meta e o nome dado ao conjunto de atos postos em prática no exercício dessa função.

Por sua vez, o órgão, que impulsiona o processo e pronuncia este ato final do procedimento de apuração de irregularidades em entidades de atendimento, é o judicial, ou seja, o juiz da Vara da infância e da juventude.

Os sujeitos que compõem a relação processual desta demanda, além do magistrado que proferirá a decisão final, são, de um lado, a população infantojuvenil (representada pelo Ministério Público ou pelo Conselho Tutelar) e, de outro, a entidade contra a qual foi apresentada a contenda.

Considerando que a decisão do referido processo é proferida por juiz togado, poder-se-ia concluir, com naturalidade, que o processo teria natureza judicial.

---

1 Cf. WATANABE, Kazuo. *Da cognição no processo civil*. São Paulo: Perfil, 2005, p. 164-168.
2 PAULA, Paulo Afonso Garrido de. *Direito da criança e do adolescente e tutela jurisdicional diferenciada*. São Paulo: Revista dos Tribunais, 2002, p. 98.
3 LIEBMAN, Enrico Tullio. *Manual de direito processual civil*. Rio de Janeiro: Forense, 1984, p. 33.

PARTE IV – A EFETIVIDADE DO ECA: MEDIDAS JUDICIAIS E EXTRAJUDICIAIS

No entanto, o art. 191 do ECA confere um papel diferenciado ao magistrado da infância, no processo em exame. Com efeito, ao juiz foi outorgada a discricionariedade de iniciar o procedimento, por meio de um ato denominado portaria, além de julgar a causa, aplicando as medidas cabíveis (art. 193, §§1º, 2º e 3º).

A portaria, como entendida na seara do direito administrativo, é um ato administrativo emanado por autoridade que não seja o Chefe do Executivo, mas, sim, por chefes de órgãos, repartições ou serviços no sentido de transmitir decisões, de efeito interno, ou ainda com a finalidade de instaurar sindicâncias, inquéritos e procedimentos administrativos. No caso em questão, esse ato – portaria – é exarado pelo magistrado da infância e da juventude e constitui uma das modalidades de peça inicial do procedimento.

Desse modo, sob o prisma de que o processo teria somente a natureza judicial, tem-se que a expedição de portaria pelo magistrado, sem a provocação do interessado, estaria ferindo frontalmente o princípio de direito processual denominado "princípio dispositivo", da inércia jurisdicional ou *ne procedat judex ex officio* (art. 2º do CPC), que indica a atribuição à parte da iniciativa de provocar o exercício da função jurisdicional.

Diante dessa característica dos processos judiciais e da inobservância daquele princípio processual, poder-se-ia deduzir que a natureza jurídica do procedimento de apuração de irregularidades em entidades de atendimento iniciado pela portaria judicial é administrativa, uma vez que o meio extrínseco pelo qual se instaura é um ato jurídico administrativo[4].

Cabe aqui, então, tecer algumas sucintas considerações acerca das peculiaridades do processo administrativo. Hely Lopes Meirelles leciona que é composto de cinco fases – instauração, instrução, defesa, relatório e julgamento –, sendo que a primeira fase pode consubstanciar-se em portaria, auto de infração, representação ou despacho inicial da autoridade competente. Se provocada pelo administrado, poderá ser formalizada mediante uma petição[5].

Note-se, ainda, que o processo administrativo obedece a alguns dos princípios dos processos judiciais em geral, tais como o da ampla defesa, do contraditório (art. 5º, LV, da CF/88), da publicidade de seus atos (art. 37, *caput*, da CF/88), da motivação das

---

4   Rossato e Lépore entendem que a natureza jurídica deste procedimento é administrativa, por se tratar de função atípica do Poder Judiciário. ROSSATO, Luciano Alves; LÉPORE, Paulo Eduardo. *Estatuto da Criança e do Adolescente comentado artigo por artigo*. 14. ed. rev., atual. e ampl. São Paulo: JusPodivm, 2024, p. 622.
     Ishida, de igual modo, caracteriza este procedimento como atividade tipicamente administrativa, no exercício do poder de polícia do magistrado da infância e juventude: ISHIDA, Válter Kenji. *Estatuto da Criança e do Adolescente*: doutrina e jurisprudência. 25. ed. rev., atual. e ampl. São Paulo: JusPodivm, 2024, p. 770.

5   MEIRELLES, Hely Lopes. *Direito administrativo brasileiro*. São Paulo: Malheiros, 2005, p. 684-685.

decisões (art. 93, IX, da CF/88), do impulso oficial e da obediência à forma e aos procedimentos estabelecidos em lei. Além desses, devem ser respeitados, no âmbito do procedimento administrativo, outros princípios típicos do direito administrativo, como o da legalidade objetiva, o do informalismo, o da verdade material e o da oficialidade.

Seguindo a linha da natureza excepcional do procedimento em tela, por se tratar de direito especial, Josiane Rose Petry Veronese[6] afirma que:

> No universo dos procedimentos comuns é, de fato, inconcebível a atuação *ex officio* do magistrado [...]. Todavia, quando se trata de irregularidade de entidade cujo objeto é dar atendimento a crianças e adolescentes, a primeira instituição – seja ela o Ministério Público, seja o Poder Judiciário – deverá desde logo adotar as medidas que lhe competem, evitando demoras que impliquem no desrespeito aos direitos dos protegidos por este Estatuto.

Logo, o procedimento versado nos arts. 191 a 193 do ECA é de ordem pública e possui interesse social, razão pela qual foi permitido, excepcionalmente, ao juiz da infância atuar de ofício[7], independentemente de requerimento da parte ou do interessado.

Dessa forma, o processo em foco é uma *exceção* ao princípio da inércia judicante, tal qual previsto no art. 2º, *in fine,* do CPC[8], uma vez que a iniciativa poderá caber ao Poder Judiciário (além do Ministério Público ou do Conselho Tutelar), o

---

6   VERONESE, Josiane Rose Petry; SILVEIRA, Mayra. *Estatuto da Criança e do Adolescente comentado.* São Paulo: Conceito Editorial, 2011, p. 411.

7   Adotando posicionamento mais contundente e diametralmente oposto, Jefferson Barbin Torelli considera que *a atuação de ofício do juiz, no âmbito da jurisdição da infância e juventude, é a regra,* enquanto a inércia é a exceção, articulando expressamente que "o juiz de infância e juventude exerce jurisdição de natureza especial, com características próprias, diferenciadas da jurisdição exercida pelos outros ramos da Justiça. O princípio da proteção integral consagrado no Estatuto da Criança e do Adolescente, proclamado em seu artigo 1º, cobra do juízo menorista atuação *sui generis* e, dentre outras particularidades, desconsidera o princípio da inércia da jurisdição e obriga o magistrado, por regra, a atuar de ofício e só por exceção aguardar provocação. Qualquer situação de ofensa a direitos da criança e do adolescente deve ser objeto de atuação do juízo menorista, independentemente da provocação de qualquer órgão externo ou interno ao Poder Judiciário. Com vista a essas realidades o Estatuto da Criança e do Adolescente, no artigo 191 estabelece que em casos de apuração de irregularidades em entidade governamental e não governamental o procedimento respectivo terá início por representação do Ministério Público ou do Conselho Tutelar ou *mediante portaria da autoridade judiciária,* ou seja, portaria do Juiz de Infância e Juventude" (Reflexões sobre o art. 194 do Estatuto da Criança e do Adolescente. Disponível em: <https://epm.tjsp.jus.br/Artigo/Acervo/3126?pagina=57>. Acesso em: 22 out. 2024).

8   "Art. 2º O processo começa por iniciativa da parte e se desenvolve por impulso oficial, *salvo as exceções previstas em lei*" (grifos nossos).

PARTE IV – A EFETIVIDADE DO ECA: MEDIDAS JUDICIAIS E EXTRAJUDICIAIS

que não afasta a sua natureza jurisdicional, ou seja, é promovido visando à apuração das irregularidades e também, se necessária, à imposição de penalidades pela infração das normas estatutárias, regulamentos e contratos por meio de uma decisão judicial, contra a qual poderá ser interposto recurso de apelação.

Por essas peculiaridades, alguns autores o inserem na sistematização das modalidades de jurisdição como *voluntária*, a exemplo de Leonardo Greco[9], que, em sua classificação dos procedimentos de jurisdição voluntária, denomina *tutelares* essa espécie, que "são aqueles em que a proteção de interesses de determinadas pessoas que se encontram em situação de desamparo, como os incapazes, é confiada diretamente ao Poder Judiciário, que pode instaurar os procedimentos *ex officio*. Exs.: procedimentos do ECA".

Diante disso, o ato jurídico praticado pelo juiz da infância e da juventude denominado portaria, que inicia o rito do art. 191 do ECA, não transforma a natureza do processo em administrativo, a exemplo do que ocorria nas portarias que instauravam processos contravencionais e ações penais por crimes culposos[10], mas sim representa uma exceção legal ao princípio da inércia, pela qual "o ordenamento impõe a predominância do 'princípio *inquisitório*', isto, é, em que a atuação oficiosa do magistrado é admitida (em rigor, é *imposta*)"[11].

Nessa linha, Fredie Didier Jr.[12] indica duas características da jurisdição voluntária: a inquisitoriedade e a possibilidade de decisão fundada em equidade. No princípio inquisitivo, o órgão jurisdicional, em alguns casos, tem a iniciativa do procedimento[13], e, na segunda característica, pode a autoridade judiciária adequar o processo e a respectiva decisão às peculiaridades da causa, decidindo com critérios de conveniência e oportunidade (parágrafo único do art. 723 do CPC)[14].

Dessa maneira, a despeito da atuação oficiosa do juiz, é induvidoso, além da natureza tutelar, o caráter jurisdicional do procedimento em tela[15], para o qual se

---

9   GRECO, Leonardo. *Jurisdição voluntária moderna*. São Paulo: Dialética, 2003, p. 27-29.

10 Este procedimento judicial diferenciado iniciado por portaria não mais existe no âmbito penal desde a Constituição Federal de 1988 que conferiu ao Ministério Público a atribuição privativa para promover a ação penal pública (art. 129, I) e findou com o procedimento previsto no Código de Processo Penal, conhecido como "processo judicialiforme", em que a iniciativa da ação penal cabia ao Delegado de Polícia ou ao Juiz.

11 BUENO, Cassio Scarpinella. *Novo Código de Processo Civil anotado*. São Paulo: Saraiva, 2015, p. 43.

12 DIDIER JR., Fredie. *Curso de direito processual civil*. 21. ed. Salvador: JusPodivm, 2019, v. 1, p. 227.

13 Art. 738 (arrecadação de bens da herança jacente); art. 744 (arrecadação de bens do ausente) e art. 746 (retirada de coisa vaga depositada), todos do CPC.

14 "Art. 723. [...] Parágrafo único. O juiz não é obrigado a observar critério de legalidade estrita, podendo adotar em cada caso a solução que considerar mais conveniente ou oportuna."

15 Cleber Augusto Tonial reforça esta posição: "as funções do juiz da infância e da juventude são exclusivamente jurisdicionais, é preciso ressaltar que nem mesmo as hipóte-

958 CURSO DE DIREITO DA CRIANÇA E DO ADOLESCENTE

exige a observância do contraditório (arts. 9º e 10 do CPC, c/c art. 5º, LIV, da CF) e do devido processo legal.

Podemos concluir também que este possui natureza jurídica mista ou híbrida, sob o aspecto de sua propositura, ora será puramente judicial (quando iniciado pelo Ministério Público ou pelo Conselho Tutelar, por meio de representação), ora apresentando índole de jurisdição voluntária (caso seja instaurado pelo próprio julgador, mediante portaria).

3. COMPETÊNCIA

Como destacado anteriormente, a Justiça da infância e da juventude é o órgão judicial com competência exclusiva para apreciar e julgar as ações decorrentes de irregularidades nas entidades de atendimento que se enquadrem na previsão contida no art. 90 do ECA, assim como para aplicar as medidas que entender cabíveis ao caso concreto (art. 148, V, do ECA).

Havendo recurso em face da decisão proferida nesta ação, a competência do órgão *ad quem* para julgá-lo será daquele indicado no Regimento Interno do Tribunal de Justiça.

4. FASE POSTULATÓRIA

O procedimento em destaque pode ser iniciado, concorrentemente, por portaria do juiz da infância e da juventude, representação do Ministério Público ou do Conselho Tutelar (art. 191 do ECA).

Com efeito, as únicas referências que o ECA exige para a formulação da representação ou da portaria é que delas constem, necessariamente, o resumo dos fatos que caracterizam as irregularidades e, havendo motivo grave, descrevam a razão da necessidade de ser decretado liminarmente o afastamento do dirigente da entidade.

O motivo pelo qual a lei outorgou a legitimidade ao magistrado, ao promotor de justiça e ao conselheiro tutelar para iniciar a apuração de irregularidades em entidades está assentado nos arts. 90, II, III, e 95 do ECA, os quais conferem àqueles órgãos a obrigação fiscalizatória e avaliatória da qualidade e eficiência do trabalho desenvolvido pelos programas de atendimento.

Em outras palavras, estes órgãos são os fiscais natos das instituições governamentais ou não governamentais e, portanto, serão os que, em primeira mão, toma-

---

ses de mitigação do princípio da inércia (art. 2º do CPC), muito bem identificadas na Lei n. 8.069/90 em seus arts. 95, 149, 153 e 191, podem fundamentar que essas e outras atuações oficiosas do juiz se caracterizem como administrativas. Mesmo o exemplo mais atípico, o do art. 149, demonstra que a atividade do juiz, ao baixar portarias, não assume caráter administrativo" (Investigações judiciais no direito da infância e da juventude: da exceção ao desastre. *Revista da AJURIS* – n. 88 – dezembro/2002, p. 129).

PARTE IV – A EFETIVIDADE DO ECA: MEDIDAS JUDICIAIS E EXTRAJUDICIAIS

rão ciência dos problemas e adotarão as providências para saná-los. O Ministério Público e o Conselho Tutelar são os órgãos que, em atuação perante a Justiça da infância, maior força possuem na defesa dos interesses das crianças e dos adolescentes, pois, representando a sociedade, recolhem as notícias e as denúncias de tais irregularidades[16].

Observe-se que, diversamente do estatuído no procedimento de apuração de infração administrativa (art. 194 do ECA), não se prevê a legitimidade ao servidor efetivo ou voluntário credenciado do Poder Judiciário de iniciar o procedimento ora em exame. A portaria, tratando-se de interpretação do ECA, é ato privativo do magistrado da infância.

Assim, embora o art. 191 do ECA seja muito claro ao conferir a iniciativa deste procedimento ao juiz da infância e da juventude, é bastante conflituoso o papel do magistrado, pois este agirá de ofício, ou seja, sem provocação e com evidente parcialidade, o que, a toda evidência, não é medida sadia, tratando-se de demanda que merecerá decisão judicial, mesmo que o procedimento tenha natureza híbrida. Entendemos, portanto, de bom alvitre que o procedimento seja deflagrado, preferencialmente, mediante representação[17].

---

16 Pela Resolução n. 231/2022 o Conanda tratou da atribuição prevista no art. 95 do ECA, no que tange ao Conselho Tutelar, ao disciplinar no art. 34 que, "constatando a existência de irregularidade na entidade fiscalizada ou no programa de atendimento executado, o Conselho Tutelar comunicará o fato ao Conselho Municipal ou Do Distrito Federal de Direitos da Criança e do Adolescente e ao Ministério Público, na forma do art. 191". No parágrafo único do mesmo artigo determina que, "para o cumprimento do previsto no *caput* deste artigo o Conselho Tutelar deve apresentar plano de fiscalização, promover visitas, com periodicidade semestral mínima, às entidades de atendimento referidas no artigo 90 da Lei n. 8.069, de 13 de julho de 1990, comunicando ao Conselho Municipal e Distrital dos Direitos da Criança e do Adolescente além do registro no SIPIA". No art. 35, III, por sua vez, dispõe que, para o exercício de suas atribuições, o membro do Conselho Tutelar poderá ingressar e transitar livremente "nas entidades de atendimento nas quais se encontrem crianças e adolescentes". A fiscalização de entidades de acolhimento institucional e programas de acolhimento familiar pelos Promotores de Justiça está disciplinada pela Resolução n. 293/2024 do CNMP, que dispôs sobre a atuação dos membros do Ministério Público na defesa do direito fundamental à convivência familiar e comunitária de crianças e adolescentes em serviços de acolhimento, detalhando as inspeções semestrais, a elaboração do Relatório, a assessoria técnica ao membro do Ministério Público, a instauração de procedimento administrativo de acompanhamento e fiscalização de instituições, na forma do art. 8º, II, da Resolução CNMP n. 174/2017, a indicação das providências cabíveis diante da constatação de irregularidades, entre outras diligências.

17 Externando o mesmo pensamento: ISHIDA, Válter Kenji. Op. cit., p. 772. Diz o autor: "Embora prevista legalmente pelo art. 191 do ECA, entendemos que tal previsão não acompanha a tendência de se evitar a inicialização pelo Magistrado, visando-se manter o princípio da inércia da jurisdição. A atuação *ex officio* pelo Juiz deve ser evitada, devendo ser iniciada por representação ministerial".

Nesta esteira, ainda, ante a enumeração exaustiva do art. 191 do ECA, veda a lei a possibilidade de propositura desta ação pelos genitores ou responsáveis pela criança ou adolescente atendidos em entidade.

Por sua vez, a legitimidade do órgão ministerial para propor a demanda em tela está baseada no art. 191 e no inciso XI do art. 201 do ECA, *in verbis*: "Art. 201 – Compete ao Ministério Público: [...] XI – inspecionar as entidades públicas e particulares de atendimento e os programas de que trata esta lei, adotando de pronto as medidas administrativas ou judiciais necessárias à remoção de irregularidades porventura verificadas".

A atribuição do Ministério Público, portanto, é mais abrangente do que a disposta no art. 191 do ECA. Pode e deve o *Parquet* fiscalizar, inicialmente, todas as instituições públicas e privadas de atendimento que estejam sob sua área de abrangência de atuação funcional e adotar medidas de cunho administrativo ou interno do órgão ministerial, objetivando sanar as irregularidades encontradas. Neste sentido, o promotor de justiça, sabedor de problemas em entidades de atendimento e não possuindo, ainda, prova suficiente dos fatos que caracterizem irregularidades, poderá instaurar procedimento administrativo interno (art. 201, VI, do ECA) ou sindicância (art. 201, VII, do ECA), nos quais buscará informações, documentos, testemunhos e outras diligências que se fizerem indispensáveis para formar a sua convicção.

Patenteada a irregularidade praticada pela entidade, poderá, ainda, o órgão do *Parquet* efetuar recomendação, visando à melhoria do serviço, seja público ou de relevância pública (art. 201, § 5º, *c*, do ECA). Se, após o prazo fixado na recomendação, a entidade não remover a irregularidade, alternativa não haverá para aquele órgão a não ser propor a representação ou ação civil pública para a defesa dos direitos e interesses das crianças e adolescentes ali atendidos.

O Conselho Tutelar, de igual forma, é legitimado para representar ao Juízo, visando à adequação das atividades das instituições de atendimento. No dia a dia da Justiça da Infância, entretanto, encontramos, com mais frequência, a comunicação do Conselho Tutelar e outros órgãos, inclusive do Poder Judiciário, ao Ministério Público, a fim de que este último proponha a representação.

As razões que norteiam a representação e a portaria devem estar, obrigatoriamente, expostas claramente na peça exordial e tipificando irregularidades decorrentes do inadimplemento dos deveres impostos nos arts. 90 a 95 do ECA e nos atos normativos emanados pelos Conselhos deliberativos do Sistema de Garantia de Direitos da criança.[18] Qualquer que seja a forma eleita para iniciar-se o procedi-

---

18 Como, por exemplo, as Orientações Técnicas: Serviços de Acolhimento para Crianças e Adolescentes. Conselho Nacional dos Direitos da Criança e do Adolescente (Conanda). Brasília, junho de 2009, e a Resolução n. 252/2024 do Conanda, que dispõe sobre as diretrizes nacionais para a segurança e proteção integral de adolescentes e jovens

PARTE IV – A EFETIVIDADE DO ECA: MEDIDAS JUDICIAIS E EXTRAJUDICIAIS   961

mento, a peça exordial deverá estar instruída com os documentos indispensáveis à sua propositura (art. 320 do CPC), uma vez que se aplicam, subsidiariamente, as normas gerais previstas na legislação processual civil, por força do disposto no art. 152 do ECA.

As sanções a serem requeridas estão previstas em vários dispositivos. No § 6º do art. 92 trata-se do descumprimento pelo dirigente de entidade que desenvolva programas de acolhimento familiar ou institucional indicando-se a pena de destituição, sem prejuízo da apuração de sua responsabilidade administrativa, civil e criminal. Adiante, estatui o legislador que são medidas aplicáveis às entidades de atendimento que descumprirem obrigação constante do art. 94, sem prejuízo da responsabilidade civil e criminal de seus dirigentes ou prepostos: I – às entidades governamentais: a) advertência; b) afastamento provisório de seus dirigentes; c) afastamento definitivo de seus dirigentes; d) fechamento de unidade ou interdição de programa. II – às entidades não governamentais: a) advertência; b) suspensão total ou parcial do repasse de verbas públicas; c) interdição de unidades ou suspensão de programa; d) cassação do registro.

Por sua vez, havendo reiteradas infrações cometidas por entidades de atendimento, que coloquem em risco os direitos assegurados pelo ECA, poderá ser postulada a suspensão das atividades ou a dissolução da entidade.

Ademais, as pessoas jurídicas de direito público e as organizações não governamentais responderão pelos danos que seus agentes causarem às crianças e aos adolescentes, caracterizado o descumprimento dos princípios norteadores das atividades de proteção específica. Para Thales Tácido Cerqueira[19], para a caracterização dos danos morais e patrimoniais causados deverão ser levados em consideração apenas a prova da conduta e do dano, sendo desnecessária a caracterização do dolo ou da culpa (responsabilidade objetiva), podendo haver direito de regresso contra os agentes (responsabilidade subjetiva).

No art. 93, o ECA, por seu turno, preceitua a obrigação de as entidades que mantenham programa de acolhimento institucional poderem, em caráter excepcional e de urgência, acolher crianças e adolescentes sem prévia determinação da autoridade competente, fazendo comunicação do fato em até 24 horas ao juiz da infância e da juventude, sob pena de responsabilidade. Apesar de esta negligência não tipificar qualquer espécie de infração administrativa, esta omissão de comuni-

---

em restrição e privação de liberdade no Sistema Nacional de Atendimento Socioeducativo. O leitor poderá desenvolver o conteúdo dessas obrigações das entidades nos itens 4.3. Os princípios e as regras especialmente aplicáveis às entidades que desenvolvem programas de acolhimento institucional ou familiar e 4.4 Os princípios e as regras especialmente aplicáveis às entidades que desenvolvem programas de atendimento socioeducativo do capítulo deste livro que trata da Política de Atendimento.

19 CERQUEIRA, Thales Tácido Pontes Luz de Pádua. *Manual do Estatuto da Criança e do Adolescente* (teoria e prática). 2. ed. Rio de Janeiro: Impetus, 2010, p. 690.

cação poderá acarretar ao dirigente da entidade a destituição da função (art. 92, § 6º, do ECA), independentemente da responsabilidade cível (art. 97) e criminal (art. 13, § 2º, do CP), podendo ser o dirigente, inclusive, afastado provisoriamente se grave o motivo da não comunicação.

5. LEGITIMADOS PASSIVOS

A entidade de atendimento, governamental ou não governamental, deverá figurar no polo passivo. Quando se tratar de pessoa jurídica privada, deverá estar representada por seu dirigente, designado no respectivo estatuto (art. 75, VIII, do CPC). Sendo entidade governamental, o ECA foi omisso quanto à inclusão do Chefe do Poder Executivo e do Secretário de Governo neste polo da demanda (art. 75, I, II e III, do CPC). No entanto, dispõe que o dirigente da entidade ofertará a resposta, dando a entender a possibilidade de aquele estar investido no papel de *longa manus*, também, do representante legal do Governo (art. 192).

Em respeito ao princípio do contraditório, a propósito, questão que se assevera oportuna é a inserção do Poder Público no polo passivo, juntamente com o dirigente da entidade, tratando-se de entidade governamental, quando os interesses em litígio disserem respeito, notadamente, ao envio de verbas públicas para regularizar os problemas apurados na entidade, sem excluir outras hipóteses de interesse do ente público que possam redundar em fechamento da unidade ou interdição do programa.

Não há como desvincular o ente público, nesta hipótese, da responsabilidade conjunta e, portanto, deve-se convocá-lo para ingressar na parte representada, em litisconsórcio passivo unitário (art. 116 do CPC), tendo em vista que entre a entidade e o Poder Público a ela vinculado existe comunhão de interesses e, portanto, a decisão da causa poderá acarretar obrigação direta aos cofres públicos, prejudicar ou afetar os seus direitos.

Cumpre ressaltar que somente poderão ser acionadas, por intermédio desse procedimento sumário, as entidades de atendimento governamentais (ou não) descritas no art. 90 do ECA, quais sejam, aquelas que atendam em regime de orientação e apoio sociofamiliar, apoio socioeducativo em meio aberto, colocação familiar, acolhimento institucional, liberdade assistida, semiliberdade e internação. A entidade voltada para o acolhimento familiar, a nosso ver, igualmente pode figurar no polo passivo dessa demanda, pois estaria inserida na expressão "colocação familiar" (art. 90, III, do ECA).

Serão consideradas entidades não governamentais aquelas particulares compostas por uma união de pessoas que se organizem como associação, para fins não econômicos e que se regem pelo que dispuser o Estatuto Social (art. 53 do CC).

As entidades não governamentais, qualquer que seja o programa desenvolvido, têm a responsabilidade de registrá-lo junto ao Conselho Municipal de Direitos da

PARTE IV – A EFETIVIDADE DO ECA: MEDIDAS JUDICIAIS E EXTRAJUDICIAIS

Criança e do Adolescente (§ 1º do art. 90 do ECA). Nesta esteira, muitas instituições privadas têm sido criadas como associações com a finalidade de atender aos direitos infantojuvenis fundamentais (art. 227 da CF/88), como, por exemplo, as que desenvolvem atividades de educação, de lazer e de profissionalização de crianças e de adolescentes especiais, acudindo a precariedade numérica das entidades públicas.

As entidades governamentais, por seu turno, estão vinculadas ao Poder Público e, portanto, presume-se que estejam munidas de recursos financeiros e pessoais necessários ao bom atendimento. Contudo, nem por este motivo, estão dispensadas de registrar os seus programas junto ao Conselho Municipal referido submetendo--se à fiscalização deste órgão (art. 90 e §§ do ECA), podendo ter o seu registro negado (art. 91 e §§ do ECA).

De acordo com a Lei n. 12.594/2012, que disciplinou o Sistema Nacional de Atendimento Socioeducativo (Sinase), restou estabelecido nos arts. 9º e 10 que os Estados e o Distrito Federal inscreverão seus programas de atendimento e alterações no Conselho Estadual ou Distrital dos Direitos da Criança e do Adolescente, conforme o caso, e os Municípios inscreverão seus programas e alterações, bem como as entidades de atendimento executoras, no Conselho Municipal dos Direitos da Criança e do Adolescente. E mais: devem as entidades observar estritamente os requisitos para o registro elencados no art. 11 da referida lei, sob pena de sujeitarem--se estas, os órgãos gestores, seus dirigentes ou prepostos à aplicação das medidas previstas no art. 97 do ECA.

De igual forma, as entidades de atendimento socioeducativo devem respeitar o disposto no art. 12 no que concerne à composição da equipe técnica do programa de atendimento, que deverá ser interdisciplinar, compreendendo, no mínimo, profissionais das áreas de saúde, educação e assistência social, de acordo com as normas de referência. A sua inobservância ensejará às entidades de atendimento, a seus dirigentes ou prepostos a aplicação das medidas previstas no art. 97 do ECA.

Com relação aos programas de meio aberto, incumbe à direção do programa de medida de prestação de serviços à comunidade selecionar e credenciar entidades assistenciais, hospitais, escolas ou outros estabelecimentos congêneres, bem como os programas comunitários ou governamentais, de acordo com o perfil do socioeducando e o ambiente no qual a medida será cumprida. Este credenciamento deve ser comunicado semestralmente à autoridade judiciária e ao Ministério Público. Se houver impugnação pelo Ministério Público ou a autoridade judiciária considerá-lo inadequado, instaurará incidente de impugnação, com a aplicação subsidiária do procedimento de apuração de irregularidade em entidade de atendimento ora em apreço, citando-se o dirigente do programa e a direção da entidade ou órgão credenciado (arts. 13 e 14 da Lei n. 12.594/2012).

Por sua vez, nos arts. 15 e 16 da Lei do Sinase há enumeração das exigências para a inscrição de programas de regime de semiliberdade ou internação e no art. 17 enumera, além dos requisitos específicos para a função de dirigente desses programas,

964 CURSO DE DIREITO DA CRIANÇA E DO ADOLESCENTE

as seguintes provas necessárias: I – formação de nível superior compatível com a natureza da função; II – comprovada experiência no trabalho com adolescentes de, no mínimo, 2 (dois) anos; e III – reputação ilibada.

O art. 28 da referida Lei do Sinase previu, de forma didática, a responsabilização dos gestores no caso de desrespeito, mesmo que parcial, ou do não cumprimento integral às diretrizes e determinações desta lei, em todas as esferas. Dispõe aquele dispositivo que os gestores, operadores e seus prepostos e entidades governamentais responderão pelas medidas previstas no inciso I e no § 1º do art. 97 do ECA, enquanto as entidades não governamentais, seus gestores, operadores e prepostos, pelas medidas previstas no inciso II e no § 1º do art. 97. A aplicação das medidas previstas no art. 28, entretanto, dar-se-á a partir da análise de relatório circunstanciado elaborado após as avaliações, sem prejuízo do que determinam os arts. 191 a 197, 225 a 227, 230 a 236, 243, e 245 a 247 do ECA.

Note-se, por fim, que nem todas as instituições que atendam crianças e adolescentes podem ser alvo de procedimento para apuração de irregularidades, tais como escolas públicas e particulares, por não se enquadrarem como entidades de atendimento dos arts. 92 e 94 do ECA. Havendo necessidade de aplicação de medidas urgentes em face desses estabelecimentos educacionais, inclusive com o afastamento de diretores, professores, agentes, dentre outros, a ação civil pública e de responsabilidade civil poderão ser manejadas[20].

---

20 "Ação indenizatória. Autora, menor impúbere, com 12 anos de idade, portadora de deficiência auditiva, submetida a atos libidinosos praticados nas dependências da instituição ré, por professor da matéria 'libras', durante o período e no horário das aulas. Atos praticados pelo professor, em uma sala de aula vazia, para onde teria sido conduzida a autora, então aluna, em companhia de outra coleguinha, também deficiente auditiva. Relato da autora, indicando que o professor a abraçou por trás, a segurou pelo pescoço, esfregando-se em seu corpo e acariciando seus seios, tendo cometido os mesmos abusos com a outra aluna. Sensíveis mudanças no comportamento da autora, que a tornou triste, desanimada, arredia e relutante em ir para a escola, algo que não acontecia antes, até que o fato foi relatado a sua mãe. Sentença de procedência, condenando a instituição de ensino, ao pagamento de R$ 30.000,00 (trinta mil reais) a título de dano moral. Apelo da parte ré. Preliminares suscitadas e afastadas: 1 – competência do Grupo de Sentença que não se restringe ao cumprimento de metas do CNJ, mas a todas as metas do TJ e CNJ, o que inclui cumprimento da meta de julgamentos anual do Tribunal de Justiça; 2 – sentença que está suficientemente fundamentada, não havendo obrigatoriedade que o prolator tenha que fazer menção a todos os dispositivos legais apontados pelas partes. Princípio do livre convencimento motivado que se prestigia. Quanto ao mérito, certo é que a causa está sob o manto do CDC. Verossimilhança das alegações constantes da inicial. Depoimentos de testemunhas e outras vítimas que se coadunam com o relato da autora. Inquérito Policial arquivado. Independência das esferas cível e criminal que se prestigia. Dano, conduta e nexo de causalidade entre eles. Responsabilidade objetiva. Ausentes as excludentes do dever de indenizar. Reconhecimento induvidoso da falha no dever de guarda da

PARTE IV – A EFETIVIDADE DO ECA: MEDIDAS JUDICIAIS E EXTRAJUDICIAIS

Ressalve-se, porém, que a Resolução n. 164/2014 do Conanda deliberou que as entidades sem fins lucrativos que tenham por objetivo a assistência ao adolescente e a educação profissional devem se registrar e inscrever seus programas de aprendizagem no Conselho Municipal de Direitos da Criança e do Adolescente, nos termos dos arts. 90 e 91 do ECA e do art. 430, II, da CLT, além de atender as legislações correlatas (art. 2º) e serão fiscalizadas pelo Poder Judiciário, pelo Ministério Público e pelos Conselhos Tutelares (art. 3º). Portanto, encontradas irregularidades nestas entidades de atendimento mencionadas na Resolução do Conanda em questão, poderão ser acionadas a responderem na forma do art. 191 do ECA.

6. AFASTAMENTO PROVISÓRIO DO DIRIGENTE

Confere o parágrafo único do art. 191 do ECA a possibilidade de o juiz da infância decretar liminarmente o afastamento provisório do dirigente da entidade, mediante decisão fundamentada. Reza, ainda, a referida norma que o Ministério Público deverá ser ouvido. É importante notar que a ausência de intervenção do órgão do *Parquet* poderá acarretar a nulidade absoluta do feito (art. 204 do ECA).

Ao magistrado foi conferida a oportunidade, o interesse e o poder de expedir portarias iniciando, em função atípica, o procedimento de apuração de irregularidades. Desta maneira, a nosso ver, mesmo de ofício, pode o membro do Poder Judiciário adotar medidas e providências, como o afastamento provisório do dirigente desde o momento inicial, mas ouvindo o Ministério Público anteriormente. Esta manifestação, por óbvio, ocorrerá imediatamente após a instauração do procedimento, na forma do art. 191 do ECA.

Caso o impulso inicial venha a ser do órgão do *Parquet*, é evidente que não haverá necessidade de se ouvir outro promotor de justiça acerca do pedido de afastamento formulado na representação ministerial.

Com efeito, duas são as condições para que o ato judicial de afastamento provisório seja proferido. A primeira condição depreende-se do *caput* do art. 191, *in fine*. Na representação do Ministério Público ou do Conselho Tutelar, bem como na portaria do magistrado, deverão estar narradas as irregularidades que permeiam o procedimento. Com a descrição desses fatos, o autor deverá formular, querendo, o pedido expresso de afastamento do dirigente, quando for indispensável para sanar

---

aluna durante o período em que a mesma estava sob vigilância e responsabilidade da instituição ré. Dano moral *in re ipsa*. Verba indenizatória fixada em R$ 30.000,00 (trinta mil reais), em conformidade com os princípios da razoabilidade e proporcionalidade, e ainda, considerando-se a extensão dos danos experimentados pela autora e a sua condição especial (deficiente auditiva). Precedentes desta Corte. Sentença escorreita. Honorários recursais aplicáveis à espécie. DESPROVIMENTO DO RECURSO" (TJRJ, Apelação 0180964-87.2017.8.19.0001, 13ª Câm. Cív., Rel. Des. Sirley Abreu Biondi, j. 12-7-2021).

os problemas da entidade. Munido da objetiva narrativa dos fatos, o julgador terá subsídios para fundamentar a decisão de afastamento. Além de expressa e objetiva, a segunda condição consiste em ser a causa de pedir, exposta na peça inaugural, grave o suficiente para justificar a retirada, desde logo, do dirigente da instituição.

Além da medida de afastamento do dirigente, nesta fase inicial do procedimento poderão ser determinadas outras medidas acautelatórias ou antecipadas como a remoção das irregularidades ou a apresentação de projetos e cronogramas para tal fim, sob o prisma do poder geral de cautela do juiz, conforme § 3º do art. 193 c/c art. 152 do ECA[21].

A propósito, parece-nos indispensável que estejam presentes os requisitos tradicionais que possibilitam a concessão da medida liminar, ou seja, o perigo da demora (*periculum in mora*) e a fumaça do bom direito (*fumus boni iuris*). Para a configuração do primeiro elemento, deverá estar presente a forte probabilidade de ofensa ou de dano para as crianças e os adolescentes atendidos pela entidade, resultante da demora do processamento e do julgamento da ação. O outro requisito far-se-á presente quando houver a existência do direito invocado pelo autor e que justifica a sua proteção, ainda que hipoteticamente. O julgador deverá confrontar, portanto, os direitos fundamentais da criança e do adolescente com os deveres da entidade de atendimento e verificar se há ressonância.

Com a cognição, mesmo superficial e sumária, dos interesses em conflito, o magistrado decidirá fundamentadamente, *inaudita altera pars*, pelo afastamento ou não do dirigente (ou outra tutela liminar, com multa cominatória pelo descumprimento). Observe-se que a lei não prevê a designação de audiência prévia para a justificação do pedido autoral de afastamento do dirigente. Contudo, não nos parece indevida esta marcação, se o juiz entender que, por meio dela, será mais útil e eficaz a decisão a ser proferida.

Por outro turno, questão que se mostra tormentosa, no que toca o afastamento provisório do dirigente, é a aparente controvérsia acerca da aplicação do dispositivo legal em tela às entidades não governamentais, tendo em vista o que reza o art. 97, I, *b* e *c*, do ECA.

Pelo que se depreende das medidas aplicáveis às entidades, somente é permitido o referido afastamento do dirigente, provisória ou definitivamente, quando se tratar de instituição pública, na medida em que a lei emudeceu acerca desta possibilidade, quando enumerou aquelas destinadas às entidades privadas (art. 97, II, do ECA).

A melhor interpretação do suposto conflito entre os dois artigos será aplicar o parágrafo único do art. 191 a ambas as modalidades de entidades e, sendo a repre-

---

21 Art. 193, § 3º: "Antes de aplicar qualquer das medidas, a autoridade judiciária poderá fixar prazo para a remoção das irregularidades verificadas. Satisfeitas as exigências, o processo será extinto, sem julgamento de mérito".

PARTE IV – A EFETIVIDADE DO ECA: MEDIDAS JUDICIAIS E EXTRAJUDICIAIS

sentada uma entidade governamental, afastar-se, como regra, provisoriamente, o dirigente, diretoria e funcionários comprometidos com as irregularidades[22]. Esta

---

22 "AGRAVO DE INSTRUMENTO. ESTATUTO DA CRIANÇA E DO ADOLESCENTE. *REPRESENTAÇÃO ADMINISTRATIVA PARA APURAÇÃO DE IRREGULARIDADE EM UNIDADE DE CUMPRIMENTO DE MEDIDA SOCIOEDUCATIVA. CONCESSÃO DE LIMINAR PARA AFASTAMENTO DE AGENTE.* IRRESIGNAÇÃO DO RÉU. 1. Na origem, cuida-se de *representação administrativa pela prática de violência institucional, proposta pelo Ministério Público do Estado do Rio de Janeiro em face de agente socioeducativo.* Demanda oriunda de força tarefa instituída com escopo de prevenir e apurar conduta de servidores lotados nas Unidades Socioeducativas de Internação do Rio de Janeiro, diante de denúncias de maus tratos e tortura por parte dos socioeducandos. 2. Insurge-se o recorrente contra decisão que o afastou, provisoriamente, de suas funções como agente de segurança socioeducativo, de modo a obstar que no exercício de seu cargo entre em contato com adolescentes infratores e seus familiares, tendo em vista denúncia proposta em seu desfavor por sua atuação na Escola João Luiz Alves, com suposta ofensa à integridade física de socioeducandos. 3. Controvérsia acerca dos limites do afastamento. Pretensão deduzida pelo agravante, a fim de restringir à unidade onde ocorreram os fatos. Rejeição. [...]. 7. O art. 97, I, § 1º, do ECA ampara a suspensão das atividades nas entidades de atendimento que deixam de observar as obrigações contidas no art. 94 da norma, mormente, quando não oferecem um ambiente de respeito e dignidade ao adolescente. 8. Conceitos firmados na Lei 12.594/2012, instituidora do Sistema Nacional de Atendimento Socioeducativo, cujo artigo 1º esclarece a diferença entre a unidade física, no caso, a Escola João Luiz Alves (EJLA), e a entidade de atendimento, ou seja, o Degase. 9. *Responsabilização a alcançar toda entidade de atendimento, gestores, operadores e prepostos. Inteligência do contido no art. 28 da Lei 12.594/2012. 10. Afastamento a impedir o contato com os socioeducandos e seus familiares. Possibilidade de readequação das funções do agravante, até a finalização do processo.* [...] 12. Manutenção da decisão agravada. 13. NEGA-SE PROVIMENTO AO RECURSO" (TJRJ, Agravo de Instrumento 0067174-55.2022.8.19.0000, 4ª Câmara de Direito Público, Rel. Des. Sérgio Seabra Varella, j. 24-7-2024) (grifos nossos).
"AGRAVOS DE INSTRUMENTO. *REPRESENTAÇÃO ADMINISTRATIVA PARA APURAÇÃO DE IRREGULARIDADES EM UNIDADE DE CUMPRIMENTO DE MEDIDA SOCIOEDUCATIVA. AFASTAMENTO PROVISÓRIO DO DIRETOR E AGENTES REPRESENTADOS.* DECISÃO ATACADA QUE REVOGOU TUTELA DE URGÊNCIA ANTERIORMENTE DEFERIDA, A FIM DE RESTRINGIR O AFASTAMENTO À UNIDADE EM QUE OCORRIDOS OS FATOS INVESTIGADOS (ESCOLA JOÃO LUIZ ALVES – EJLA), COM ISSO REVOGANDO A LIMINAR NA PARTE EM QUE DETERMINAVA O AFASTAMENTO DE FUNÇÕES DESEMPENHADAS EM CONTATO COM ADOLESCENTES E JOVENS EM CUMPRIMENTO EM MEDIDA SOCIOEDUCATIVA DE INTERNAÇÃO E DE SEMILIBERDADE. RECURSOS DO MINISTÉRIO PÚBLICO E DA DEFENSORIA PÚBLICA. IRRESIGNAÇÃO QUE SE ACOLHE. 1) Tutela anteriormente deferida que se encontrava plenamente justificada e sem qualquer vestígio de ilegalidade que desse ensejo à sua modificação. 2) Relatos, colhidos em inspeções levadas a efeito pela Força Tarefa DEGASE durante o ano de 2021 e em audiência especial para produção antecipada de provas ocorrida em 22 de janeiro de 2022, que dão conta da ocorrência de graves episódios de violência na unidade de cumprimento de medida socioeducativa Escola João Luiz Alves – EJLA. *Situação que, sem embargo da completa apuração dos fatos e responsabilidades no bojo da representação,*

medida mostra-se bastante moralizadora, pois a nomeação do referido dirigente para tal cargo público possui, quase sempre, caráter político. E mais, o afastamento liminar acautela os interesses da Administração Pública, mas também os do próprio dirigente, para a busca da verdade real e prevalência da justiça, recomendando-se seja feita, inclusive, administrativamente.

Em qualquer caso, acentue-se, é mais benéfico para as crianças e para os adolescentes que não sejam removidos de seu local de atendimento, mas, sim, que um novo responsável pela direção assuma as rédeas da entidade.

Deve ser sublinhado, por oportuno, que o dirigente de entidade que desenvolva programa de acolhimento institucional é equiparado ao guardião, para todos os efeitos de direito (§ 1º do art. 92 do ECA). Se o guardião judicial pode ser removido a qualquer tempo, presentes motivos graves, de igual forma, o dirigente da entidade poderá também sê-lo, nomeando-se pessoa idônea e capaz de exercer o encargo mais eficazmente. É o que prevê, de forma cristalina, o § 6º do art. 92 do ECA: "O descumprimento das disposições desta Lei pelo dirigente de entidade que desenvolva programas de acolhimento familiar ou institucional é causa de sua destituição, sem prejuízo da apuração de sua responsabilidade administrativa, civil e criminal".

Quanto ao afastamento provisório de dirigente de entidade governamental, dispõe o § 2º do art. 193 do ECA que o juiz da infância oficiará à autoridade administrativa imediatamente superior ao afastado, indicando o termo final para a substituição. Desta decisão proferida liminarmente, de natureza interlocutória, caberá o recurso de agravo de instrumento, no prazo e na forma previstos no art. 198 do ECA. Se este *decisum* não for cumprido, deverá ser a parte intimada a efetuá-lo, imediatamente, sob pena de prisão em flagrante pela prática do crime de desobediência à ordem judicial (art. 330 do CP).

---

com a garantia da ampla defesa e do contraditório, reclamavam pronta atuação do Juízo da Infância e da Juventude (art. 95 c/c 97, § 1º, do ECA. 3) Ausência de restrição à atuação em unidades diversas daquela em que ocorridos os fatos investigados na presente representação que não assegura a proteção dos direitos das pessoas privadas de liberdade nos espaços de socioeducação, sequer daquelas diretamente envolvidas nos fatos noticiados, haja vista ser comum a rotatividade de agentes e custodiados nas unidades. *4) Determinação de afastamento provisório que, além de encontrar amparo no poder geral de cautela do magistrado, tem respaldo no art. 28 da Lei n. 12.594/12, que prevê expressamente a responsabilização dos gestores e operadores das entidades de atendimento no caso de desrespeito às diretrizes e determinações previstas no referido instrumento normativo, mediante aplicação das medidas previstas no art. 97, inciso I e parágrafo 1º do ECA. 5) Ausência de previsão expressa no ECA que restrinja o afastamento à unidade de atendimento em que o dirigente/agente exerçam suas funções. 6)* Recurso provido para o fim de restabelecer a tutela nos termos anteriormente deferidos" (TJRJ, Agravo de Instrumento 0025726-05.2022.8.19.0000, 5ª Câmara Cível, Rel. Des. Heleno Ribeiro Pereira Nunes, j. 19-7-2022) (grifos nossos).

PARTE IV – A EFETIVIDADE DO ECA: MEDIDAS JUDICIAIS E EXTRAJUDICIAIS

7. RESPOSTA ESCRITA

A contestação da entidade representada será ofertada pelo representante legal da entidade ou, se for o caso, pelo novo dirigente nomeado pelo Poder Público ou por quem for indicado, no Estatuto, pela Assembleia. O prazo para a defesa é de 10 dias corridos (excluído o dia do começo e incluído o dia do vencimento, vedado o prazo em dobro para a Fazenda Pública e o Ministério Público) e esta será obrigatoriamente apresentada por escrito, anexando-se, querendo, desde logo, as provas documentais que entenderem pertinentes e indicando outras provas a serem produzidas (art. 192 c/c art. 152, § 2º, do ECA)[23].

A referida resposta será apresentada por meio de advogado constituído pela entidade não governamental ou pela advocacia pública na defesa da entidade governamental (art. 206 do ECA c/c os arts. 131 a 133 da CF/88), uma vez que, como veremos, as medidas aplicáveis em face da instituição podem ser graves e, somente por meio de profissional, legalmente habilitado na área jurídica, poder-se-á garantir uma defesa técnica que assegure o equilíbrio entre as partes[24].

Neste sentido, Almir Gasquez Rufino[25] preleciona:

> Fácil descortinar as dificuldades, ao exercício da atividade jurisdicional, decorrentes da atuação pessoal das partes em juízo desassistidas de advogado

---

23 Rossato e Lépore afirmam que, embora a entidade de atendimento seja citada e oferte a resposta, sendo o caso, o dirigente da instituição também o será, à vista do que consta no art. 192 do ECA e tendo em conta a possibilidade de aplicação de sanção a este, como a advertência e a multa (LÉPORE, Paulo; ROSSATO, Luciano Alves. *Manual de direito da criança e do adolescente*. 4. ed. rev., atual. e ampl. São Paulo: Juspodivm, 2024, p. 362-363).

24 Seguindo sentido oposto, Ishida entende que o responsável pela entidade ré, sem procurador instituído, pode ofertar a resposta nos autos desse procedimento. Justifica o referido doutrinador, por meio da redação da própria lei estatutária: "É que o art. 193, § 1º, do ECA menciona que 'as partes' terão cinco dias para oferecer alegações finais enquanto o art. 197 (ao tratar do procedimento de infração às normas de proteção à criança e ao adolescente) menciona 'o procurador do requerido', ou seja, o advogado com procuração nos autos. Assim, na hipótese do art. 192 do ECA, não se exige a capacidade postulatória" (ISHIDA, Válter Kenji. Op. cit., p. 773-774). Nesse sentido, também, ROSSATO e LÉPORE que justificam a possibilidade de resposta direta, sem a necessidade de ser subscrita por advogado, por estar "em consonância com a natureza do procedimento, que se releva administrativa e não judicial". ROSSATO, Luciano Alves; LÉPORE, Paulo Eduardo. *Estatuto da Criança e do Adolescente comentado artigo por artigo..*, p. 623.

25 RUFINO, Almir Gasquez. Art. 192. In: VERONESE, Josiane Rose Petry; SILVEIRA, Mayra; CURY, Munir (coord.). *Estatuto da Criança e do Adolescente comentado*. Comentários jurídicos e sociais. 13. ed. rev. e atual. São Paulo: Malheiros, 2018, p. 1176. No exato sentido está Veronese: "A defesa, alegação ou defesa, ainda que seja direito da parte, deverá sim ser elaborada por advogado devidamente constituído, pois, no sistema processual brasileiro, somente ele possui capacidade postulatória". VERONESE, Josiane Rose Petry; SILVEIRA, Mayra. Op. cit., p. 413.

legalmente habilitado, sem falar também na presumida insuficiência de defesa de seus direitos, que, mercê da nova ordem constitucional (art. 5º, LV), há de ser ampla e plena, com estrita observância do princípio do contraditório ou da bilateralidade da audiência. Assim, e em síntese, pode-se afiançar que, tirante a hipótese de ao dirigente da entidade reconhecer-se o *jus postulandi*, deverá esta se fazer representar nos autos, durante todo o arco procedimental, por advogado habilitado, a ela asseguradas as garantias da ampla defesa e do contraditório, sob pena de nulidade processual.

Entende Roberto João Elias[26] que, deixando o requerido escoar o prazo de 10 dias para a contestação, por sua falta ou intempestividade, ele estará sujeito aos efeitos da revelia e, portanto, é aplicável o disposto no art. 344 do CPC, ou seja, "reputar-se-ão verdadeiras as alegações de fato formuladas pelo autor".

Realmente, transcorrido o prazo peremptório de contestação, é ensinamento corrente que se estaria diante da revelia da entidade representada e, por este motivo, o magistrado poderia conhecer diretamente do pedido, proferindo sentença (art. 355, II, do CPC).

Ocorre que a revelia, na hipótese deste procedimento, não induz o efeito de reputar verdadeiros os fatos narrados pelo autor, por se tratar de direitos indisponíveis (art. 345, II, do CPC) de crianças e de adolescentes que estão sendo beneficiados pelo atendimento da entidade representada. A revelia, ainda, não pode ser decretada pelo argumento de se tratar de um procedimento especial de averiguação de irregularidades e "não de um processo civil comum de interesses contrapostos"[27].

Com efeito, a entidade representada figura no polo passivo defendendo o programa ou projeto de atendimento que se propôs a executar em prol de crianças e adolescentes e não somente protegendo os interesses da própria pessoa jurídica. Como é sabido, o objeto da demanda é apurar a adequação do atendimento de crianças e/ou de adolescente, consoante os ditames do ECA. Em outras palavras, a maior interessada no efetivo deslinde da ação é a população infantojuvenil atendida pela instituição representada. Os direitos desta população, por óbvio, são indisponíveis: saúde, educação, moradia etc. A entidade e seus dirigentes são apenas mordomos destes direitos, não possuindo discricionariedade para renunciar a eles, caso se mantenham silentes no prazo de resposta.

Saliente-se, por oportuno, que, na hipótese de entidade de acolhimento institucional, o dirigente é equiparado ao guardião para todos os efeitos de direito (§ 1º

---

26 ELIAS, Roberto João. *Comentários ao Estatuto da Criança e do Adolescente*. 4. ed. São Paulo: Saraiva, 2010, p. 264.

27 Este o posicionamento de Nucci, que complementa: "Deve o juiz produzir as provas necessárias para checar as condições da entidade; afinal, qualquer medida drástica poderá prejudicar, em última análise, as próprias crianças e adolescentes". NUCCI, Guilherme de Souza. *Estatuto da Criança e do Adolescente Comentado*. 5. ed. rev., atual. e reform. Rio de Janeiro: Forense, 2021, p. 686.

PARTE IV – A EFETIVIDADE DO ECA: MEDIDAS JUDICIAIS E EXTRAJUDICIAIS

do art. 92 do ECA) e, em razão disso, estaria representando, ainda mais, os interesses das crianças ou dos adolescentes sob aquela medida protetiva, nesta qualidade que lhe foi outorgada pela lei.

Desse modo, se as infrações praticadas pela entidade e apuradas no trâmite do procedimento colocam em risco direitos assegurados no ECA, entendemos que os efeitos da revelia não poderão ser aplicados à representada, mesmo que esta seja declarada revel, ensejando o prosseguimento do feito, se necessário, com o fito de melhor instruir a demanda. Tanto é assim que o ECA enfatiza a continuação do processo, mesmo sem a resposta, pois, sendo necessária, a autoridade judiciária designará audiência de instrução e julgamento, intimando as partes, e, após, abrirá prazo de cinco dias para as alegações destas (art. 193, *caput* e § 1º)[28].

8. FASE INSTRUTÓRIA

Doutrina Paulo Afonso Garrido de Paula[29]:

> Parte-se do pressuposto de que o direito da criança e do adolescente afirmado pelo autor afigura-se possível porquanto pode ser verdadeiro, verossímil porque tem a aparência de real e provável de vez que se pode provar sua existência, de modo que ao réu fica atribuído o encargo de rechaçar a incidência das normas que lhe dão base, numa verdadeira inversão do ônus da prova [...].

Assim, o réu deverá reunir as provas que entender passíveis para ilidir a acusação que lhe pesa, no momento da resposta, ou seja, indicar a prova documental a ser produzida e arrolar, desde logo, o rol de testemunhas. A audiência de instrução e julgamento, por outro lado, será designada, tão somente, se houver necessidade de colheita de depoimentos pessoais e de oitiva de testemunhas para aclarar algum ponto controvertido, mesmo que a entidade representada se mantenha inerte no prazo legal de resposta (art. 193 do ECA).

Não havendo produção de prova oral e, ainda, estando o processo maduro para decisão, o juiz poderá julgar antecipadamente o feito (art. 355, I do CPC).

Se for indispensável a maior instrução do procedimento, poderá o magistrado, a requerimento das partes, do Ministério Público ou mesmo de ofício, determinar a realização de diligências na entidade de atendimento e, somente após, se necessário, designar data para audiência.

Note-se que o julgador tem a iniciativa probatória quando estão presentes razões de ordem pública e igualitária, como, por exemplo, quando se esteja diante de

---

28   Enunciado 24 do Fórum Nacional da Justiça Protetiva – FONAJUP: "Aos processos de competência da Justiça da Infância e da Juventude protetiva, aplica-se o artigo 346 do Código de Processo Civil para o réu revel citado pessoalmente, que não tenha constituído patrono nos autos".

29   PAULA, Paulo Afonso Garrido de. Op. cit., p. 98.

causa que tenha por objeto direito indisponível. Na hipótese em análise, o direito de toda criança e adolescente serem atendidos adequadamente por entidades que desenvolvam programas relacionados aos regimes do art. 90 do ECA, sem dúvida alguma, reveste-se da natureza da indisponibilidade.

Finda a produção da prova oral em audiência, verificada a necessidade de realização de novas provas, ainda poderá o membro do Ministério Público requerer a conversão do julgamento em diligência para a complementação da instrução, bem como postular medidas processuais pertinentes (art. 179, II, do CPC).

Vale ressaltar que é sempre necessária a realização de fiscalização da entidade envolvida nesta espécie de procedimento, como prova pericial, por equipe multidisciplinar, podendo contar com a presença do magistrado, do promotor de justiça e do conselheiro tutelar, os quais farão a inspeção *in loco*. Esta prova reveste-se de especial importância porque poderá fornecer subsídios quando da produção da prova oral, bem como traduzirá um retrato fiel das condições físicas, emocionais e morais das crianças e adolescentes atendidos pela representada.

Concluída a audiência e não havendo mais necessidade de outras provas, neste mesmo ato processual poderão as partes e o Ministério Público, preferindo, apresentar manifestações finais orais. Dependendo da complexidade do caso, poderá o magistrado deferir o prazo de 5 (cinco) dias para a apresentação das razões finais por escrito, assim como para o parecer do Ministério Público, quando não for autor da demanda (§ 1º do art. 193 do ECA), assegurada a vista dos autos. A autoridade judiciária, após, decidirá em igual prazo (§ 1º do art. 193 do ECA).

9. FASE DECISÓRIA

Completa a instrução, apresentadas as alegações finais e a promoção ministerial, o magistrado deverá avaliar a situação da instituição e, percebendo haver a possibilidade da remoção das irregularidades comprovadamente expostas no procedimento, poderá arbitrar um prazo para que a entidade cumpra as exigências necessárias à sua adequação (§ 3º do art. 193 do ECA). Durante este período de saneamento das irregularidades, o processo deverá ficar suspenso (art. 313 do CPC). Todavia, o órgão do Ministério Público, como fiscal da ordem jurídica, e o próprio Juízo deverão acompanhar de perto o cumprimento do prazo, inspecionando a entidade para apurar que ela esteja, efetivamente, adotando as medidas necessárias para reparar os problemas.

Sanadas todas as incorreções que maculavam a representada, o juiz deveria extinguir o procedimento, com o julgamento do mérito, haja vista que a entidade, na realidade, acatou o pedido autoral e adequou-se a ele. Contudo, o ECA prevê que o procedimento sempre seja extinto sem o julgamento do mérito, por não estar mais presente o interesse processual.

PARTE IV – A EFETIVIDADE DO ECA: MEDIDAS JUDICIAIS E EXTRAJUDICIAIS

A propósito, parece-nos que pecou o legislador estatutário ao prever apenas a extinção do processo sem o julgamento do mérito, quando supridas as irregularidades, porque duas hipóteses completamente distintas, na verdade, poderão ocorrer na prática.

Se restar comprovado que tais irregularidades não foram provocadas pela direção da entidade, mas ocorreram em razão do caso fortuito ou por força maior, realmente, sanados os problemas, não há razão para a aplicação de qualquer medida em face do dirigente da entidade, de modo que a extinção do processo, sem o julgamento do mérito, é o caminho processual mais adequado.

Contudo, mesmo que as irregularidades estejam sanadas no prazo arbitrado judicialmente, demonstrado que o dirigente da entidade agiu com culpa ou dolo, não se nos afigura justo que outras medidas não sejam adotadas em face daquele que acarretou a lesão ou perigo de dano aos direitos de infantes. Com efeito, a resposta judicial prevista no § 3º, *in fine,* do art. 193 do ECA, mostra-se desproporcional, pois "pode representar um incentivo aos ditos responsáveis, que não sofrerão penalidade alguma no âmbito administrativo"[30].

---

30   COSTA, Tarcísio José Martins. *Estatuto da Criança e do Adolescente comentado.* Belo Horizonte: Del Rey, 2004, p. 369. "RECURSO DE APELAÇÃO. INFÂNCIA E JUVENTUDE. *REPRESENTAÇÃO POR INFRAÇÃO ADMINISTRATIVA. FATOS DEDUZIDOS PELO PARQUET QUE DÃO CONTA DE SUPOSTA AGRESSÃO A MENORES DE IDADE SUBMETIDOS À MEDIDA SOCIOEDUCATIVA DE INTERNAÇÃO EM UNIDADE DO DEGASE. REPRESENTAÇÃO INCIALMENTE INTENTADA EM FACE DO DIRETOR GERAL DO DEGASE E DO DIRETOR DA UNIDADE DE INTERNAÇÃO, ESCOLA JOÃO LUIZ ALVES. DIRETOR GERAL QUE FORA AFASTADO DO CARGO. DESISTÊNCIA DA REPRESENTAÇÃO EM FACE DO DIREITO GERAL QUE FORA ACOLHIDA NA SENTENÇA. AFASTAMENTO DO SEGUNDO REPRESENTADO DO CARGO DE DIRETOR DA UNIDADE DE INTERNAÇÃO ESCOLA JOÃO LUIZ ALVES. SENTENÇA QUE, A DESPEITO DA MANIFESTAÇÃO DO MINISTÉRIO PÚBLICO, DECLAROU A PERDA DE OBJETO DA REPRESENTAÇÃO, EXTINGUINDO O FEITO SEM EXAME DE MÉRITO. IRRESIGNAÇÃO RECURSAL DO PARQUET.* Perda de objeto. Falta de interesse de agir. Inocorrência no caso dos autos. A representação por infração administrativa objetiva o afastamento do segundo representado de toda a entidade de atendimento, compreendida como a pessoa jurídica de direito público ou privado que instala e mantém a unidade e os recursos humanos e materiais necessários ao desenvolvimento de programas de atendimento. [...] No caso concreto, o representado, embora afastado da unidade em que os fatos teriam ocorrido, foi designado para a direção de outras unidades de internação, o que, caso seja verificada a veracidade dos relatos deduzidos na representação, caminharia no sentido contrário da preservação da integridade física e psíquica dos menores de idade em internação socioeducativa. Extrai-se dos elementos que deram azo à deflagração do procedimento que as irregularidades são graves e, em tese, constituem infração à integridade física e psíquica e à dignidade de adolescentes sob a custódia de entidade governamental, assegurada a proteção integral e prioritária por parte do Estado, nos termos dos art. 1º, 3º e 4º do ECA. É evidente que, em sendo possível a atuação do representado em outras unidades de internação, e, em

Concluindo o pensamento, a nosso sentir, a melhor orientação é aplicar as penalidades de multa e de advertência, nos casos nos quais se constatar a responsabilidade do dirigente pelas irregularidades encontradas na instituição, mesmo que estas tenham sido retiradas ao longo do processo (§ 4º do art. 193 do ECA).[31]

Cumpre esclarecer, ainda, que a multa e a advertência são penalidades impostas diretamente ao dirigente da entidade[32], e não à pessoa jurídica. Impor sanção pe-

---

sendo verificada a procedência da narrativa dos fatos, estar-se-ia submetendo outros menores de idade de outras unidades ao risco de se verem expostos a medidas de violência física e psicológica absolutamente indesejáveis. O acatamento de tal interpretação é contrário à logicidade do Estatuto da Criança e do Adolescente, bem como inobserva o ditame constitucional prescrito no art. 227 da nossa Carta Política. Em síntese, *a possibilidade de aplicação de penalidade de afastamento definitivo do recorrido dos cargos de direção das unidades de internação e mesmo de outras medidas que visem resguardar a integridade dos menores submetidos às medidas socioeducativas faz desvanecer qualquer vislumbre da dita perda de objeto ou do interesse de agir, impondo-se a parcial reforma da sentença para que o feito tenha regular tramitação quanto ao recorrido. Sentença que se reforma parcialmente para determinar o prosseguimento da representação por infração administrativa em face do recorrido.* RECURSO PROVIDO" (TJRJ, Apelação 0225212-46.2014.8.19.0001, 23ª Câmara Cível, Rel. Des. Murilo André Kieling Cardona Pereira, j. 12-4-2023) (grifos nossos).

31 "RECURSO EXTRAORDINÁRIO COM AGRAVO. ADMINISTRATIVO. MINISTÉRIO PÚBLICO DO ESTADO DO PARÁ. *REPRESENTAÇÃO PARA APURAÇÃO DE IRREGULARIDADES EM ENTIDADE DE ATENDIMENTO A ADOLESCENTES. FUNDAÇÃO DE ATENDIMENTO SOCIOEDUCATIVO DO PARÁ-FASEPA. APLICAÇÃO DE PENALIDADE DE ADVERTÊNCIA À PRESIDENTE E GESTORA DA INSTITUIÇÃO. ALEGAÇÃO DE VIOLAÇÃO AOS PRINCÍPIOS DA AMPLA DEFESA E DO CONTRADITÓRIO NO PROCEDIMENTO.* NECESSIDADE DE REEXAME DE FATOS E PROVAS. SÚMULA 279 DO SUPREMO TRIBUNAL FEDERAL. MATÉRIAS COM REPERCUSSÃO GERAL REJEITADA PELO PLENÁRIO DO SUPREMO TRIBUNAL FEDERAL NO RECURSO EXTRAORDINÁRIO COM AGRAVO 748.371. APLICAÇÃO DO ESTATUTO DA CRIANÇA E DO ADOLESCENTE – ECA. MATÉRIA DE ÍNDOLE INFRACONSTITUCIONAL. OFENSA INDIRETA À CONSTITUIÇÃO DA REPÚBLICA. *EXISTÊNCIA DE RAZÕES SUFICIENTES PARA A MANUTENÇÃO DO ACÓRDÃO ORA RECORRIDO* QUANTO À MATÉRIA INFRACONSTITUCIONAL. SÚMULA 283 DO SUPREMO TRIBUNAL FEDERAL. INCIDÊNCIA. AGRAVO INTERPOSTO SOB A ÉGIDE DO NOVO CÓDIGO DE PROCESSO CIVIL. AUSÊNCIA DE CONDENAÇÃO EM HONORÁRIOS ADVOCATÍCIOS NO JUÍZO RECORRIDO. IMPOSSIBILIDADE DE MAJORAÇÃO NESTA SEDE RECURSAL. ARTIGO 85, § 11, DO CÓDIGO DE PROCESSO CIVIL DE 2015. AGRAVO DESPROVIDO" (STJ, ARE 1.483.118 Pará, Rel. Ministro Luiz Fux, j. 21-5-2024) (grifos nossos).

32 "APELAÇÃO. INFÂNCIA E JUVENTUDE. *ENTIDADE DE ACOLHIMENTO. REPRESENTAÇÃO MINISTERIAL. APURAÇÃO DE IRREGULARIDADES. APLICAÇÃO DAS MEDIDAS PREVISTAS NO ART. 97 DO ECA.* 1. Improcedência do pleito ministerial. Irresignação do representante do *Parquet.* 2. Conjunto probatório que confirma a ocorrência de irregularidades. Falecimento de um bebê acolhido institucionalmente por parada cardiorrespiratória em decorrência de broncoaspiração. Infante que já vi-

PARTE IV – A EFETIVIDADE DO ECA: MEDIDAS JUDICIAIS E EXTRAJUDICIAIS

cuniária à instituição implicaria acarretar prejuízos aos seus beneficiários – crianças e adolescentes –, os quais ficariam desprovidos dos correspondentes serviços assistenciais, como reiterado há muito pelo STJ[33].

Tais medidas punitivas deverão ser arbitradas no *decisum*, de forma fundamentada, indicando-se o valor da pena pecuniária e designando-se data para audiência de admoestação verbal do dirigente da representada. Não sendo paga a multa, o dirigente da instituição será executado e pagará a dívida, sob pena de penhora de seus bens pessoais.

De igual modo, não sendo cumpridas as obrigações de fazer determinadas na decisão condenatória, por óbvio, caberá a devida execução do título executivo judicial, que se cingirá aos termos do que foi fixado, sendo impedida a aplicação de novas sanções em sede de cumprimento de sentença.

Cumpre ressalvar, por fim, que o art. 29 da Lei do Sinase preceitua que àqueles que, mesmo não sendo agentes públicos, induzam ou concorram, sob qualquer forma, direta ou indireta, para o não cumprimento daquela lei, aplicam-se, no que couber, as penalidades dispostas na Lei n. 8.429/92 (Lei de Improbidade Administrativa)[34].

10. MEDIDAS APLICÁVEIS À ENTIDADE CONDENADA

Independentemente das penalidades antes referidas, existem outras medidas aplicáveis às entidades de atendimento, que desenvolvam programas de internação e de

---

nha apresentando problemas ao mamar nos dias anteriores, sem que os funcionários buscassem atendimento médico. Necessidade de autorização da presidente da entidade para que o SAMU fosse acionado, quando o bebê já havia parado de respirar. Desacolhimento de uma adolescente acolhida e seu filho realizado sem prévia autorização judicial. Inobservância das orientações técnicas acerca da quantidade mínima de recursos humanos, bem como da qualificação necessária. 3. Fatos apurados que são de extrema gravidade e que comportam a adoção de providência administrativa. Medida de cassação de registro da entidade, contudo, que se afigura excessiva e desnecessária. Entidade de acolhimento institucional que possui boas instalações, organização e limpeza apropriadas, e realiza trabalho adequado com as famílias dos acolhidos, a despeito das faltas cometidas no exercício de seu mister. 4. *Procedência parcial da representação ministerial para aplicação da medida de advertência* e outras providências cabíveis. Inteligência do art. 97, II, 'a' c.c. artigo 193, § 4º, do ECA. 5. Recurso provido em parte" (TJSP, Apelação 1015182-70.2018.8.26.0004, Câmara Especial, Rela. Desa. Daniela Cilento Morsello, j. 30-6-2021) (grifos nossos).
Na doutrina: ROSSATO, Luciano Alves; LÉPORE, Paulo Eduardo. *Estatuto da Criança e do Adolescente comentado artigo por artigo...*, p. 624.

33 STJ, AgInt no AREsp 555.869/MS, 2ª Turma, Rel. Min. Assusete Magalhães, j. 17-10-2017.

34 A Lei n. 8.429/92 foi reformulada pela Lei n. 14.230/2021 e passou a dispor sobre as sanções aplicáveis em virtude da prática de atos de improbidade administrativa, de que trata o § 4º do art. 37 da Constituição Federal; e dá outras providências,

acolhimento institucional e não cumpram as obrigações constantes do art. 94 do ECA, mesmo que as irregularidades estejam sanadas no prazo arbitrado judicialmente[35].

Além da advertência ao responsável pela instituição, poderá a entidade governamental ter seu dirigente e funcionários afastados definitivamente da entidade representada[36], ser fechada ou ter interditado o seu programa (art. 97, I, do ECA).

---

35 Nesse sentido, Rossato e Lépore: mesmo após a remoção das irregularidades, caso o juiz perceba que a entidade permanece descumprindo as suas obrigações legais, apresentando-se como reincidente, impõe-se a aplicação da respectiva medida adequada (art. 97 do ECA) (LÉPORE, Paulo; ROSSATO, Luciano Alves. *Manual de direito da criança e do adolescente*. Op. cit., p. 363).

36 "APELAÇÃO CÍVEL. REPRESENTAÇÃO ADMINISTRATIVA. APURAÇÃO DE IRREGULARIDADES EM ENTIDADE DE ATENDIMENTO. PROVAS SUFICIENTES DOS FATOS. *AFASTAMENTO DEFINITIVO DE AGENTES SOCIOEDUCATIVOS. ART. 97, I, 'C' DO ECA. MEDIDA QUE SE APLICA APENAS À ENTIDADE DE ATENDIMENTO, E NÃO AO CARGO.* REFORMA PARCIAL DA SENTENÇA. 1. Preliminar de julgamento ultra petita afastada. Sentença que se ateve aos limites da lide proposta, não se vislumbrando, na espécie, qualquer vulneração ao princípio da congruência. 2. Da análise do conjunto probatório dos autos, verifica-se ter restado demonstrada a ocorrência de irregularidades no interior da entidade de atendimento. 3. Por outro lado, não lograram os agentes demonstrar que as situações de isolamento teriam ocorrido para fins de segurança de outros internos ou dos próprios adolescentes inexistindo nos autos prova de que o Defensor, o Ministério Público e a Autoridade Judiciária tenham sido devidamente comunicados acerca da referida medida de isolamento. 4. Correta a sentença ao observar o descumprimento da obrigação imposta por lei aos representados e, consequentemente, determinar a aplicação da sanção prevista no art. 97 do ECA. 5. *Reforma parcial no tocante à abrangência da sanção imposta. Afastamento definitivo que se aplica à entidade de atendimento, e não ao cargo. 6. Ausente previsão legal da penalidade de afastamento definitivo da função de agente socioeducativo nos procedimentos previstos no ECA e na Lei SINASE, a única interpretação que se pode dar ao dispositivo é de que o legislador apenas previu o afastamento da unidade de atendimento em que o dirigente/agente exercem suas funções.* PROVIMENTO PARCIAL DO RECURSO" (TJRJ, Apelação 0126799-90.2017.8.19.0001, 20ª Câm. Cív., Rela. Desa. Mônica de Faria Sardas, j. 19-8-2020) (grifos nossos).

"APELAÇÃO. Representação do Ministério Público. Apuração de agressão de menores por funcionários das unidades de acolhimento institucional do município de Hortolândia. Irregularidades comprovadas nos autos. *Decisão de Cassação de registro da organização não governamental e afastamento da requerida de cargos de direção ou coordenação de entidades de acolhimento mantida.* Exclusão da pena pecuniária prevista no artigo 249 do ECA. Indenização por danos morais coletivos. Incompetência do Juízo da infância e Juventude para processamento e julgamento da questão indenizatória. Reforma parcial da sentença e anulação da condenação ao pagamento de indenização por danos morais coletivos. 1. Representação intentada pelo Ministério Público, amparado nas evidências de agressões físicas supostamente praticadas por monitores da unidade de acolhimento. 2. Conjunto probatório que confirma a ocorrência de ameaças, agressões físicas e verbais perpetradas por educadores vinculados à unidade de acolhimento, disponibilizados por meio de convênio firmado com a entidade não go-

PARTE IV – A EFETIVIDADE DO ECA: MEDIDAS JUDICIAIS E EXTRAJUDICIAIS

No tocante à entidade não governamental, a lei estatutária prevê medidas diferentes, além da admoestação. Poderá o magistrado determinar a suspensão total ou parcial do repasse de verbas públicas, a interdição da unidade ou suspensão do programa e a cassação do registro.

A Lei n. 12.010/2009 dispôs mais amplamente acerca da punição às entidades de atendimento, sem especificar o regime, acrescentando dois parágrafos ao art. 97 do ECA, prevendo que, havendo reiteradas infrações cometidas por entidades de atendimento, que coloquem em risco os direitos assegurados nesta lei, deverá ser o fato comunicado ao Ministério Público ou representado perante autoridade judiciária competente para as providências cabíveis, inclusive suspensão das atividades ou dissolução da entidade (§ 1º). E ainda tratou o § 2º do art. 97 das consequências contra pessoas jurídicas de direito público e as organizações não governamentais pelos danos que seus agentes causarem às crianças e aos adolescentes, uma vez caracterizado o descumprimento dos princípios norteadores das atividades de proteção específica.

Observe-se que na relação de medidas do art. 97 do ECA não há previsão da aplicação da penalidade multa, o que, para Wilson Donizeti Liberati[37], "trata-se de erro legislativo não ter sido prevista essa modalidade de sanção". Todavia, a própria lei estatutária faz expressa menção à multa no § 4º do art. 193, quando se refere à penalidade direcionada ao dirigente do abrigo. Sendo assim, é indiscutível que esta medida não pode e não deve ser aplicada em desfavor da entidade de atendimento, mas sobre os bens pessoais do responsável por aquela, devendo o respectivo valor ser revertido ao Fundo municipal dos direitos da criança e do adolescente (art. 88, IV, c/c 214 do ECA).

---

vernamental ARJA e sob a responsabilidade da requerida VZB, indicada pelo Município de Hortolândia para coordenar o complexo de atendimento aos menores em situação de risco. 3. Inteligência dos artigos 95, 96, 97, 191 e seguintes do Estatuto da Criança e do Adolescente. 4. Correta a cassação do registro do Grupo ARJA para atuação em serviços de acolhimento institucional no Município, bem como o afastamento definitivo de VZB de cargos de coordenação ou direção de entidades de acolhimento no Município. [...]. 10. Não provimento das apelações do Município de Hortolândia e do Grupo ARJA e recurso de VZCB parcialmente provido, nos seguintes termos: *ficam mantidas a cassação do registro do Grupo ARJA para atuação em serviços de acolhimento institucional no Município, bem como o afastamento definitivo da apelante V. de cargos de coordenação ou direção de entidades de acolhimento no Município;* exclui-se, todavia, a aplicação da pena pecuniária de 10 (dez) salários mínimos prevista no artigo 249 do Estatuto da Criança e do Adolescente (infração administrativa) à requerida V; e, por derradeiro, decreta-se de ofício a nulidade parcial da r. sentença em relação à condenação do Município de Hortolândia e do Grupo ARJA à indenização por danos morais coletivos" (TJSP, Apelação 1004653-64.2016.8.26.0229, Câmara Especial, Rel. Des. Luis Soares de Mello, j. 7-2-2020) (grifos nossos).

37 LIBERATI, Wilson Donizeti. *Comentários ao Estatuto da Criança e do Adolescente.* 12. ed. rev. e ampl. de acordo com a Lei 13.058, de 22-12-2014. São Paulo: Malheiros, 2015, p. 236.

Convém ressaltar, no entanto, que a multa aplicada no procedimento em tela é diversa daquela prevista em face do dirigente guardião que descumpre os seus deveres legais, tipificada na infração administrativa do art. 249 do ECA, uma vez que esta não prescinde de procedimento próprio (arts. 194 a 197).

Por sua vez, o afastamento do dirigente concedido liminarmente, ao final pode ser confirmado pela sentença, definitivamente quando comprovado cabalmente não se tratar de pessoa idônea e capaz para continuar exercendo este encargo, além do fato de ter contribuído de alguma forma para que as irregularidades surgissem e não fossem supridas.

Julgado procedente o pedido inserto na representação, esta medida de afastamento, como afirmado anteriormente, deve ser aplicada, quando necessária, às entidades governamentais (art. 97, I, *b* e *c*) e, igualmente, às entidades privadas, pois não se pode manter na direção de uma instituição pessoa que ensejou ou compactuou com a ofensa ou o dano aos direitos da criança e do adolescente[38].

Assinale-se, em tempo, que o fechamento da unidade de atendimento é medida sempre drástica, pois envolve a retirada brusca dos atendidos para outros locais ou em favor de familiares, os quais nem sempre estão aptos para recebê-los. Porém, existem casos tão graves de atendimento deficitário e prejudicial aos infantes que a medida em questão se faz indispensável. Tivemos oportunidade de atuar em representações em face de organizações governamentais e não governamentais, que não cumpriam as normas do ECA, e eram tão perigosamente inadequadas, que outra solução não houve, a não ser fechar a unidade e interditar, ainda que parcialmente, o programa, transferindo-se os abrigados para entidade idônea[39] ou ainda reduzir o quantitativo do atendimento[44].

---

38 "APELAÇÃO. REPRESENTAÇÃO. IRREGULARIDADES NA ENTIDADE 'CLUBE DAS ABELHAS – CASA DA CRIANÇA'. SENTENÇA DE PROCEDÊNCIA. AFASTAMENTO DAS FUNÇÕES NA INSTITUIÇÃO. Nulidade da sentença. Ausência de fundamentação. Descabimento. Sentença devidamente fundamentada. Profunda análise dos depoimentos colhidos na audiência. Livre convencimento do magistrado. Preliminar afastada. Maus-tratos contra crianças que frequentavam o local. *Presidente da entidade que seria conivente com as agressões perpetradas pela assistente social. Prática de atos com conteúdo sexual por uma criança de 08 (oito) anos contra outra de apenas 04 (quatro) anos de idade. Apelantes que teriam orientado os funcionários a não relatarem o ocorrido. Maus-tratos, omissões e agressões caracterizados. Conjunto probatório suficiente. Testemunhas ouvidas na audiência, que confirmariam os termos da representação. Crianças que se encontravam num local de assistência social, necessitando de cuidado. Afastamento das funções exercidas.* Inteligência do art. 191, parágrafo único, do ECA. Sentença mantida. Precedentes. RECURSO DESPROVIDO" (TJSP, Apelação 1000360-78.2018.8.26.0165, Câmara Especial, Rel. Des. Sulaiman Miguel, j. 27-7-2022) (grifos nossos).

39 *"APELAÇÃO CÍVEL. DIREITO CONSTITUCIONAL E ADMINISTRATIVO. REPRESENTAÇÃO ADMINISTRATIVA PARA APURAÇÃO DE IRREGULARIDADE EM ENTIDADE DE ATENDIMENTO SOCIOEDUCATIVO. Sentença de procedência parcial, determinando a interdição parcial da Unidade para que esta tenha lotação máxima de 55 pessoas;*

PARTE IV – A EFETIVIDADE DO ECA: MEDIDAS JUDICIAIS E EXTRAJUDICIAIS

*determinação que sejam sanadas todas as irregularidades apontadas nos diversos relató-
rios de fiscalização realizados, com a manutenção da multa diária de R$ 1.000,00, em
caso seja ultrapassado a lotação mínima indicada.* O Ministério Público possui legitimidade ad causam para defesa de direitos individuais homogêneos, ainda que disponíveis e divisíveis, quando a presença de relevância social objetiva do bem jurídico tutelado a dignidade da pessoa. Precedentes do STJ. Ausência de litisconsorte necessário
dos demais entes da Federação. Representação que foi originária pela eventual ocorrência de irregularidades de uma Entidade Municipal de acolhimento (Unidade Municipal de Referência/Centro de Acolhimento Maria Teresa Vieira), sem qualquer conexão de Administração pela União ou Estado. Representação ajuizada pela eventual
ocorrência de irregularidades de uma Entidade Municipal de acolhimento (Unidade
Municipal de Referência/Centro de Acolhimento Maria Teresa Vieira), sem qualquer
conexão de Administração pela União ou Estado. Inexistência de ocorrência de decisão extra petita, já que a interdição parcial diz respeito a determinação da limitação de
55 internos até efetiva conclusão de todos os reparos de infraestrutura da Unidade de
acolhimento. O robusto acerco probatório produzido que demonstra a inércia do Município réu em fazer cumprir todas as irregularidades apontadas e que ainda subsistem
na referida Unidade de acolhimento, conforme o último relatório de fiscalização realizado pelo Corpo de Comissariado do Juízo. Parte ré que não demonstra a conclusão
de todas as obras necessárias na Unidade de acolhimento, ônus que lhe cabia, ao teor
do artigo 373, II do CPC. Sendo a Unidade de acolhimento, é dever inafastável do
Ente Público continuar provendo tal espaço com verbas suficientes para sua manutenção e aperfeiçoamento, o que, infelizmente, não se demonstra tal ocorrência no presente feito. Ausência de violação do princípio da separação de poderes e ingerência
indevida do Judiciário na administração pública, uma vez que cabe ao Poder Judiciário, em caso de irregularidades em entidade governamental de atendimento, aplicar as
medidas cabíveis elencadas nos artigos 97 e 193 c/c os artigos 191, 91, 92, e 94, todos,
da Lei n. 8069/90. Princípio da Reserva do Possível que não se acolhe. Questão orçamentária, apesar da sua relevância, tem menor importância quando comparada com o
direito ao atendimento e a educação da criança/adolescente. Sentença que se mantém.
Conhecimento e não provimento do recurso" (TJRJ, Apelação 0003328-
55.2013.8.19.0202, 20ª Câm. Cív., Rel. Des. JDS Ricardo Alberto Pereira, j. 5-8-2021)
(grifos nossos). "APELAÇÃO. APURAÇÃO DE IRREGULARIDADE EM UNIDADE
DA FUNDAÇÃO CASA. REPRESENTAÇÃO. Sentença de parcial procedência. Preliminares afastadas. Conversão do julgamento em diligência a fim de reorganizar os
autos. Desnecessidade. Longa tramitação do processo. Medida determinada pelo magistrado. [...] Apelo do Ministério Público. Interesse processual verificado, merecendo
análise dos pedidos extintos. Procedimento apuratório de irregularidade. Natureza
híbrida. Entendimento do STF (RE 571068/SP). Redução da capacidade da unidade
para 40 internos. Aumento do número de internos não precedido de ajustes estruturais e incremento de número de funcionários. Déficit funcional e irregularidades estruturais constatados. Acolhimento do pedido subsidiário para redução da capacidade
para 56 adolescentes, conforme previsão original. Cursos de formação e capacitação
continuada. Instituição que não comprovou o oferecimento de cursos que abranjam
direitos humanos e solução de conflitos, que devem ser ministrados. Adequação da
edificação aos requisitos técnicos de acessibilidade. Conjunto probatório suficiente.
Insuficiência das reformas. Adequação da edificação que decorre de previsão legal.
Inteligência do art. 94, VII, ECA e arts. 56 e 57 da Lei n. 13.146/2015. *Determinação
para que a Fundação Casa Campinas providencie, em 90 dias, a redução da sua capacida-*

Antes, contudo, de chegar a essa medida extrema, recomenda-se, primeiramente, a tentativa de regularização das deficiências, afastando-se as pessoas e os problemas que inviabilizam o atendimento e enxertando recursos materiais, pessoais e físicos para reerguer a entidade. Somente depois de verificada a total impossibilidade de manutenção da unidade, poder-se-á desistir desta e fechá-la.

Por sua vez, a cassação do registro (art. 97, II, *d*, do ECA) deve pautar-se no descumprimento das regras dos arts. 90 a 94 do ECA, para fundamentar sua aplicação, quais sejam, quando a entidade não oferecer instalações físicas em condições adequadas de habitabilidade, higiene, salubridade e segurança; não apresentar plano de trabalho compatível com os princípios do ECA; não estiver regularmente constituída e, ainda, possua em seus quadros pessoas inidôneas. Mas não só. É evidente que, se a entidade estiver desviando verbas destinadas ao atendimento e não cuidar dos atendidos com respeito e dignidade, garantindo-lhes todos os direitos fundamentais, o seu funcionamento não pode perdurar.

Somam-se às hipóteses mencionadas as seguintes obrigações das entidades de acolhimento familiar e institucional, cuja inobservância poderá ensejar a cassação do registro: a obrigação de remeter à autoridade judiciária, no máximo a cada 3 (três) meses, relatório circunstanciado acerca da situação de cada criança ou adolescente acolhido e sua família, para fins da reavaliação prevista no § 1º do art. 19 desta lei[40]; obrigação de estimular, salvo determinação em contrário da autoridade judiciária competente, o contato da criança ou adolescente com seus pais e parentes, em cumprimento ao disposto nos incisos I e VIII do *caput* do art. 92 e somen-

---

de de atendimento para 56 internos, o oferecimento dos cursos de formação e capacitação *continuadas e a adequação da edificação às normas técnicas de acessibilidade. Precedente ocorrido noutra unidade da mesma Comarca. Apelo da Fundação Casa Campinas. Sistema de vigilância eletrônica.* Não verificada interferência indevida do Judiciário na Administração. Observância dos direitos fundamentais. Repercussão geral (RE 592.581, STF). Inteligência do art. 227, CF. Arts. 95 e 191 do ECA. Mecanismo de freios e contrapesos. Reserva do possível. Não acolhimento. Conduta a ser pautada pelo princípio da máxima efetividade da previsão constitucional. Atividades externas. *Medidas adotadas que não suprem a necessidade de que se ofereçam garantias mínimas de saúde a cada interno acesso. Acesso diário à luz solar direta. Violação dos direitos fundamentais dos adolescentes atendidos. Regularização e manutenção de AVCB e autorização de funcionamento. Documentos demonstram que a instituição não renovara o AVCB. Desídia da instituição no processo administrativo junto à Municipalidade. Providências que recairiam sobre a própria entidade. Sanção de advertência.* Não cabimento. Considerável lapso temporal transcorrido. Penalidade que, se cabível, deveria ser endereçada ao responsável pela entidade à época dos fatos. Precedentes do STJ e desta Câmara Especial. RECURSO DA FUNDAÇÃO CASA PARCIALMENTE PROVIDO. APELO DO MINISTÉRIO PÚBLICO PARCIALMENTE PROVIDO, com determinação" (TJSP, Apelação 0014773-14.2014.8.26.0114, Câmara Especial, Rel. Des. Sulaiman Miguel, j. 8-11-2021) (grifos nossos).

40 Conforme redação da Lei n. 13.509/2017.

PARTE IV – A EFETIVIDADE DO ECA: MEDIDAS JUDICIAIS E EXTRAJUDICIAIS

te receberem recursos públicos se comprovado o atendimento dos princípios, exigências e finalidades desta lei (§§ 2º, 4º e 5º do art. 92 do ECA).

Acrescente-se que, com a entrada em vigor da Lei n. 12.010/2009, as entidades que desenvolvam programas de acolhimento familiar ou institucional deverão obedecer rigorosamente ao *modus faciendi* traçado pelo ECA para o encaminhamento de criança e de adolescente para estes atendimentos. Tratando-se de programa de acolhimento familiar, a entrega do infante somente poderá ocorrer mediante guarda provisória concedida pela autoridade judiciária à família acolhedora (art. 101, VIII, do ECA).

Havendo acolhimento institucional, o infante será acolhido em entidade por meio de guia de acolhimento expedida pelo juiz da infância (art. 101, VII, e § 3º, do ECA). A exceção prevista no art. 93 do ECA de possibilitar à entidade de programa de acolhimento institucional, em caráter excepcional e de urgência, acolher crianças e adolescentes sem prévia determinação da autoridade competente deve ser permanentemente fiscalizada pelo *Parquet*, na medida em que a não comunicação do fato em até 24 horas ao juiz da infância redundará em pena de responsabilidade da entidade. Resumindo, o afastamento de criança e de adolescente de sua família de origem deve ter por base uma autorização judicial, garantindo aos pais o direito ao contraditório e à ampla defesa, pressupondo a deflagração de processo judicial pelo Ministério Público (§ 2º do art. 101 c/c o parágrafo único do art. 153 do ECA).

Vale pontuar, ainda, que é obrigação da entidade responsável pelo programa de acolhimento institucional ou familiar a elaboração imediata do plano individual de acolhimento (PIA)[41], criado pela Lei n. 12.010/2009, visando à reintegração familiar (§ 4º do art. 101 do ECA). A não elaboração do plano individual ou sua confecção incompleta, por sua vez, poderá ensejar igualmente sanções aos dirigentes do programa, uma vez que inviabilizará a adoção das medidas cabíveis à garantia do direito à convivência familiar do acolhido, seja seu retorno ao lar de origem, seja outra providência, como a colocação em família substituta, por exemplo.

Merece destaque o fato de que a representação para a apuração de irregularidades em entidades de atendimentos não exclui outras ações de responsabilidade civil e penal em face dos seus dirigentes ou prepostos (art. 92, § 6º, e art. 97, *in fine*, do ECA), como, por exemplo, na culpa *in eligendo* da direção da entidade, quando praticados abusos físicos em face de abrigado e, ainda, quando há fuga e morte de abrigado (culpa *in vigilando*).

---

41 Orientações Técnicas para Elaboração do Plano Individual de Atendimento de Crianças e Adolescentes (PIA) em Serviços de Acolhimento, elaborado pelo Ministério de Desenvolvimento Social, Secretaria Nacional de Assistência Social, abril de 2018. Disponível em: <https://www.mds.gov.br/webarquivos/arquivo/assistencia_social/OrientacoestecnicasparaelaboracaodoPIA.pdf>. Acesso em: 22 out. 2024.

982   CURSO DE DIREITO DA CRIANÇA E DO ADOLESCENTE

De igual forma, mesmo com a aplicação de medidas punitivas em face da entidade e de seu dirigente no âmbito administrativo, não se exclui a instauração de inquérito policial visando à apuração de eventual prática de crime ou de contravenção por parte dos diretores da instituição ou de quaisquer pessoas, que lá trabalhem e que tenham participado de ato ilícito em face de crianças e de adolescentes.

Por derradeiro, convém salientar que, em casos mais graves, nada impede que se utilize a ação civil pública, inclusive com pedido de danos morais, além de medidas cautelares de afastamento, *inaudita altera pars*, a fim de garantir o cumprimento das regras estatutárias concernentes aos direitos de crianças e de adolescentes, atendidos em regime de acolhimento e de internação, em face de organismos governamentais ou particulares. Neste sentido, os seguintes julgados:

> AGRAVO DE INSTRUMENTO E AGRAVO INTERNO. *LIMITAÇÃO DO NÚMERO DE ADOLESCENTES ACOLHIDOS EM ENTIDADE PÚBLICA DE ABRIGO. RAZOABILIDADE DA DECISÃO. DEMANDA ESTRUTURAL. A AÇÃO CIVIL PÚBLICA PODE SER CLASSIFICADA COMO UMA DEMANDA ESTRUTURAL, NA MEDIDA EM QUE VISA À PROTEÇÃO DE ADOLESCENTES ABRIGADOS NA UNIDADE MUNICIPAL DE ACOLHIMENTO – CASA DO CATETE, SENDO A TUTELA CONCEDIDA ATRAVÉS DE UM CONJUNTO DE DECISÕES QUE GUARDAM RELAÇÃO COM O PEDIDO INICIAL. QUANTO À MEDIDA EM SI, CONSISTENTE NA LIMITAÇÃO DO NÚMERO DE ADOLESCENTES ABRIGADOS NA ENTIDADE, CASA DE ACOLHIDA CATETE, HÁ NOS AUTOS ORIGINÁRIOS UM RELATÓRIO DE INSPEÇÃO DE ROTINA REALIZADO POR DOIS COMISSÁRIOS DA INFÂNCIA E DA JUVENTUDE APONTANDO QUE O LIMITE DE 20 (VINTE) ADOLESCENTES ACOLHIDOS NA ENTIDADE SE MOSTRA INVIÁVEL. MESMO COM A ALEGAÇÃO DE AUSÊNCIA DE SUPERLOTAÇÃO, A SUSPENSÃO DO ACOLHIMENTO DE NOVOS ADOLESCENTES NA UNIDADE TAMBÉM PODE SER DECORRENTE DAS DEMAIS IRREGULARIDADES. A DECISÃO FOI TOMADA EM AUDIÊNCIA, NÃO É TERATOLÓGICA E SUA MANUTENÇÃO CONSUBSTANCIA PRESTÍGIO À IDENTIDADE FÍSICA DO JUIZ. AGRAVO INTERNO PREJUDICADO. AGRAVO DE INSTRUMENTO DESPROVIDO[42].*

> APELAÇÃO CÍVEL. *AÇÃO CIVIL PÚBLICA. INSTITUIÇÃO FRIDA KAHLO. NECESSIDADE DE MELHORIAS APÓS INSPEÇÃO REALIZADA. INSTITUIÇÃO QUE DESENVOLVE PROGRAMA DE PROTEÇÃO, NA MODALIDADE DE ACOLHIMENTO INSTITUCIONAL VOLTADO, EXCLUSIVAMENTE, PARA ADOLESCENTES GRÁVIDAS OU ACOMPANHADAS DE SEUS RESPECTIVOS BEBÊS. PRELIMINAR DE PERDA DO OBJETO QUE MERECE REJEIÇÃO, UMA VEZ QUE AS IRREGULARIDADES SÓ FORAM SANADAS APÓS O DEFERIMENTO DA TUTELA ANTECIPADA, PERMANECENDO O INTERESSE NA CONFIRMAÇÃO DA TUTELA PROVISÓRIA. PROBLEMAS CONSTATADOS NO QUE*

---

42   TJRJ, Agravo de Instrumento 0095437-97.2022.8.19.0000, 10ª Câmara de Direito Privado, Rel. Des. Fábio Dutra, j. 15-8-2023 (grifos nossos).

PARTE IV – A EFETIVIDADE DO ECA: MEDIDAS JUDICIAIS E EXTRAJUDICIAIS

DIZ RESPEITO ÀS CONDIÇÕES HIGIÊNICO-SANITÁRIAS, AOS RECURSOS MATERIAIS E AO ABASTECIMENTO DE INSUMOS DE LIMPEZA E DE HIGIE-NE PESSOAL QUE ATENDEM AO SERVIÇO. OBSERVÂNCIA DO ARTIGO 227 DA CRFB/88. [...] DOUTRINA DA PROTEÇÃO INTEGRAL DA CRIANÇA QUE DEVE SER IMPLEMENTADA. LEGITIMIDADE DO MINISTÉRIO PÚBLICO PARA DEMANDAS CÍVEIS, REFERENTES A CRIANÇAS E ADOLESCENTES, INCLUSIVE DE INTERESSES SOCIAIS, INDIVIDUAIS INDISPONÍVEIS, COLETIVOS E DIFUSOS CONFORME DISPOSITIVOS DO ECA E ARTS. 127 E 129, II E III, DA CRFB. ALEGAÇÃO DE LIMITAÇÃO ORÇAMENTÁRIA QUE NÃO MERECE ACOLHIDA NA FORMA DA SÚMULA Nº 241 DESTA CORTE DE JUSTIÇA. *A MULTA DIÁRIA ENCONTRA PREVISÃO NO NOSSO ORDENAMENTO JURÍDICO, INCLUSIVE, NO ARTIGO 213 DO ECA, NÃO SE REVELANDO INADEQUADA OU EXORBITANTE, FACE AOS BENS JURÍDICOS QUE A DETERMINAÇÃO JUDICIAL VISA PROTEGER. PRA-ZO PARA O CUMPRIMENTO DAS OBRIGAÇÕES MAJORADO PARA 20 DIAS.* [...]. PARCIAL PROVIMENTO AO RECURSO[43].

APELAÇÃO CÍVEL. DIREITO ADMINISTRATIVO. *AÇÃO CIVIL PÚBLICA. DESTITUIÇÃO DO CARGO DE DIRIGENTE DE ABRIGO INSTITUCIONAL E AFASTAMENTO DO CUIDADOR E DO SEGURANÇA.* SENTENÇA DE PROCE-DÊNCIA. APELAÇÃO DO DIRIGENTE DO ABRIGO. *DENÚNCIAS NOTI-CIANDO AGRESSÃO FÍSICA E PSICOLÓGICA PRATICADA PELO SEGURAN-ÇA E PELO CUIDADOR CONTRA OS ACOLHIDOS. OMISSÃO DO DIRIGENTE DA INSTITUIÇÃO NA APURAÇÃO DAS GRAVES CONDUTAS RELATADAS PE-LOS MENORES. AUTORIZAÇÃO INDEVIDA DE PERNOITE FORA DA INSTI-TUIÇÃO DE ACOLHIMENTO. AUSÊNCIA DE AUTORIZAÇÃO JUDICIAL PRÉ-VIA. PRÁTICA DE CONDUTA INCOMPATÍVEL COM A NATUREZA DA FUNÇÃO EXERCIDA.* MEDIDA QUE VISA RESGUARDAR O DIREITO DAS CRIANÇAS E DOS ADOLESCENTES ACOLHIDOS NA REFERIDA UNIDADE. PRINCÍPIO DO SUPERIOR INTERESSE DA CRIANÇA E DO ADOLESCENTE QUE FOI DEVIDAMENTE OBSERVADO. CORRETA *A SENTENÇA QUE DETERMI-NOU O AFASTAMENTO DEFINITIVO DO DIRIGENTE DO ABRIGO. PRECE-DENTES JURISPRUDENCIAIS. MANUTENÇÃO DA SENTENÇA QUE SE IM-PÕE.* DESPROVIMENTO DO RECURSO.[44]

REFERÊNCIAS

BUENO, Cassio Scarpinella. *Novo Código de Processo Civil anotado.* São Paulo: Saraiva, 2015.

CERQUEIRA, Thales Tácido Pontes Luz de Pádua. *Manual do Estatuto da Criança e do Adolescente* (teoria e prática). 2. ed. Rio de Janeiro: Impetus, 2010.

---

43 TJRJ, Apelação 0221272-68.2017.8.19.0001, Quarta Câmara Cível, Rel. Des. Carlos Gustavo Vianna Direito, j. 17-8-2022 (grifos nossos).

44 TJRJ, Apelação 00022536220178190065, Décima Primeira Câmara Cível, Rel. Des. Luiz Henrique Oliveira Marques, j. 22-4-2021) (grifos nossos).

CINTRA, Antonio Carlos de Araújo; GRINOVER, Ada Pellegrini; DINAMARCO, Cândido Rangel. *Teoria geral do processo*. São Paulo: Malheiros, 2005.

COSTA, Tarcísio José Martins. *Estatuto da Criança e do Adolescente comentado*. Belo Horizonte: Del Rey, 2004.

DIDIER JR., Fredie. *Curso de direito processual civil*. 21. ed. Salvador: JusPodivm, 2019. v. 1.

ELIAS, Roberto João. *Comentários ao Estatuto da Criança e do Adolescente*. 4. ed. São Paulo: Saraiva, 2010.

GRECO, Leonardo. *Jurisdição voluntária moderna*. São Paulo: Dialética, 2003.

ISHIDA, Válter Kenji. *Estatuto da Criança e do Adolescente*: doutrina e jurisprudência. 25. ed. rev., atual. e ampl. São Paulo: JusPodivm, 2024.

LÉPORE, Paulo; ROSSATO, Luciano Alves. *Manual de direito da criança e do adolescente*. 4. ed. rev., atual. e ampliada. São Paulo: JusPodivm, 2024.

LIBERATI, Wilson Donizeti. *Comentários ao Estatuto da Criança e do Adolescente*. 12. ed. rev. e ampl. de acordo com a Lei 13.058, de 22-12-2014. São Paulo: Malheiros, 2015.

LIEBMAN, Enrico Tullio. *Manual de direito processual civil*. Rio de Janeiro: Forense, 1984.

MEIRELLES, Hely Lopes. *Direito administrativo brasileiro*. São Paulo: Malheiros, 2005.

NUCCI, Guilherme de Souza. *Estatuto da Criança e do Adolescente Comentado*. 5. ed. rev., atual. e reform. Rio de Janeiro: Forense, 2021.

Orientações Técnicas: Serviços de Acolhimento para Crianças e Adolescentes. Conselho Nacional dos Direitos da Criança e do Adolescente (Conanda). Brasília, junho de 2009. Disponível em: <http://www.mds.gov.br/cnas/noticias/cnas-e--conanda-orientacoes-tecnicas-servicos-de-acolhimento-para-criancas-e--adolescentes-1>. Acesso em: 28 out. 2024.

Orientações Técnicas para Elaboração do Plano Individual de Atendimento de Crianças e Adolescentes (PIA) em Serviços de Acolhimento, elaborado pelo Ministério de Desenvolvimento Social, Secretaria Nacional de Assistência Social, abril de 2018. Disponível em: <https://www.mds.gov.br/webarquivos/arquivo/assistencia_social/OrientacoestecnicasparaelaboracaodoPIA.pdf>. Acesso em: 22 out. 2024.

PAULA, Paulo Afonso Garrido de. *Direito da criança e do adolescente e tutela jurisdicional diferenciada*. São Paulo: Revista dos Tribunais, 2002.

ROSSATO, Luciano Alves; LÉPORE, Paulo Eduardo. *Estatuto da Criança e do Adolescente comentado artigo por artigo*. 14. ed. rev. atual. e ampl. São Paulo: JusPodivm, 2024.

RUFINO, Almir Gasquez. Art. 192. In: VERONESE, Josiane Rose Petry; SILVEIRA, Mayra; CURY, Munir (coord.). *Estatuto da Criança e do Adolescente comentado. Comentários jurídicos e sociais*. 13. ed. rev. e atual. São Paulo: Malheiros, 2018.

TONIAL, Cleber Augusto. Investigações judiciais no direito da infância e da juventude: da exceção ao desastre. *Revista da AJURIS*, n. 88, dez. 2002.

TORELLI, Jefferson Barbin. Reflexões sobre o art. 194 do Estatuto da Criança e do Adolescente. Disponível em: <https://epm.tjsp.jus.br/Artigo/Acervo/3126?pagina=57>. Acesso em: 22 out. 2024.

VERONESE, Josiane Rose Petry; SILVEIRA, Mayra. *Estatuto da Criança e do Adolescente comentado*. São Paulo: Conceito Editorial, 2011.

WATANABE, Kazuo. *Da cognição no processo civil*. São Paulo: Perfil, 2005.

Procedimento das infrações administrativas

Patrícia Pimentel de Oliveira

1. NATUREZA JURÍDICA DO PROCEDIMENTO

O procedimento para apuração de infração administrativa é de natureza administrativa ou jurisdicional?

A resposta não é pacífica. Válter Kenji Ishida[1], entre outros autores, entende que a natureza do procedimento é administrativa.

Contudo, defendemos posição contrária.

O processo judicial é uma operação por meio da qual se obtém a composição de uma lide, resolvendo um conflito segundo a vontade da lei.

A violação de um preceito normativo, caracterizando uma infração administrativa, faz nascer o direito subjetivo da sociedade de exigir o respeito à ordem jurídica vigente.

Assim, quando uma infração administrativa contra as normas da infância é praticada, existe uma lide, ou seja, *um conflito de interesses qualificado por uma pretensão resistida*, entre a sociedade e o autor do fato, pois o restabelecimento da ordem jurídica pressupõe em regra, oposição do autor do fato, que descumpriu uma norma de conduta e terá de arcar com a sanção estabelecida na lei.

Pela sistemática adotada pelo Estatuto, tal pretensão da sociedade deve ser exigida judicialmente, por iniciativa do Ministério Público, do Conselho Tutelar,

---

[1] ISHIDA, Válter Kenji. *Estatuto da Criança e do Adolescente*: doutrina e jurisprudência. 25. ed. rev., atual. e ampl. São Paulo: JusPodivm, 2024. p. 780-781.

PARTE IV – A EFETIVIDADE DO ECA: MEDIDAS JUDICIAIS E EXTRAJUDICIAIS

ou por meio de servidores públicos credenciados para tal, perante a Vara da infância e juventude (art. 148, VI, do Estatuto). A aplicação da penalidade pressupõe a intervenção do Poder Judiciário. E essa intervenção não é meramente administrativa, pois é função do processo judicial compor a lide, resolver o conflito segundo a ordem jurídica estabelecida[2], e esta é a função exercida pelo magistrado.

Dessa forma, embora utilizada a expressão "procedimento"[3], trata-se de feito de natureza jurisdicional, verdadeiro processo judicial, instaurando uma relação jurídica processual[4], com natureza administrativa judicial[5], que se inicia por uma

---

2 SANTOS, Moacyr Amaral. *Primeiras lições de direito processual civil*. 15. ed. São Paulo: Saraiva, 1992, v. 1, p. 9.

3 A diferença entre processo e procedimento é que o procedimento é apenas o meio extrínseco pelo qual o processo se instaura, se desenvolve e termina (*vide* Antonio Carlos Araújo Cintra, Ada Pellegrini Grinover, Cândido R. Dinamarco em *Teoria geral do processo*. 9. ed. São Paulo: Malheiros, 1993, p. 235). No mesmo sentido, Alexandre Freitas Câmara em *Lições de direito processual civil*. Rio de Janeiro: Lumen Juris, 8. ed. 2003, v. I, p. 143, que ressalta: "O processo não é procedimento, mas o resultado da soma de diversos fatores, um dos quais exatamente o procedimento (e os outros são o contraditório e a relação jurídica processual). [...] O procedimento é um dos elementos formadores do processo, da mesma forma que uma ovelha é um dos elementos formadores de um rebanho, ou uma árvore frutífera um dos componentes de um pomar. Não há processo onde não houver procedimento. Mas a existência de um procedimento não é suficiente para que exista um processo, sendo necessária a existência, ainda, de uma relação jurídica processual, além da instauração do contraditório entre os sujeitos da referida relação".

4 Relação jurídica processual da qual fazem parte: 1) a sociedade (por meio do Ministério Público, Conselho Tutelar ou servidor credenciado); 2) o Estado-Juiz; 3) o autor do fato.

5 "Apelação cível. Estatuto da criança e do adolescente. Auto de infração lavrado pelo Comissariado da Vara de Família, da Infância, da Juventude e do Idoso, em razão da ausência de alvará judicial para a participação de adolescentes em evento com classificação etária de 18 anos, além da venda e consumo de bebidas alcoólicas aos mesmos. Infrações previstas nos art. 258, 258-C c/c 81 ECA. Desnecessidade de retorno dos autos à instância de origem para exercício de juízo de retratação ou manutenção da sentença, na forma do art. 198, VII ECA. Magistrado que se manifestou em sede de embargos de declaração, rejeitando os mesmos e determinando a apresentação de contrarrazões pelo apelado, tendo optado pela manutenção do decisum. Auto de infração que não tem a natureza de um processo judicial comum submetido a todos os requisitos da lei processual, sendo um procedimento de natureza administrativo-judicial, cuja forma de intimação se encontra prevista nos arts. 194 a 196 ECA. Inaplicabilidade na hipótese dos arts. 250, II e 280 CPC. Inocorrência de prescrição. Ministério Público que durante todas as etapas processuais se manifestou prontamente, inexistindo desídia ou inércia do mesmo. Inteligência da súmula 106 STJ. Presunção de veracidade e legitimidade do auto lavrado por agente público. Assinatura de duas testemunhas no auto de infração que não se mostra imprescindível, sendo certo que o art. 194 ECA apenas recomenda, sem impor. Apelante que não se desincumbiu de comprovar que os fatos narrados no auto de infração teriam ocorrido de forma diversa daquela narrada pelo Comissário da Infância, que enquanto agente público, tem fé-pública.

988 CURSO DE DIREITO DA CRIANÇA E DO ADOLESCENTE

petição inicial, seja representação ou auto de infração, com a narração dos fatos, fundamento jurídico e pedido, e se extingue por meio de uma sentença (decisão judicial), que faz coisa julgada sobre o assunto.

Embora haja um rito próprio, as normas processuais são aplicadas subsidiariamente, considerando o disposto nos arts. 152, 198 e art. 212, § 2º, do Estatuto.

2. PRINCÍPIOS

Tratando-se de processo judicial, o procedimento para apuração de infrações administrativas há de respeitar todos os princípios que informam o direito processual, quais sejam:

a) princípio da imparcialidade do juiz;

b) princípio do contraditório e da ampla defesa;

c) princípio da inércia processual (o juiz deve aguardar a provocação jurisdicional);

d) princípio da ação (poder de ativar os órgãos jurisdicionais, que é necessariamente inerte);

e) princípio da motivação das decisões judiciais;

f) princípio da persuasão racional (análise dos autos de acordo com as provas apresentadas seguindo o livre convencimento motivado);

g) princípio da igualdade processual (a inversão do ônus da prova em favor do Poder Público não fere o princípio, haja vista que a aparente quebra do princípio da isonomia, como ocorre nas ações do consumidor, nas prerrogativas processuais concedidas à Fazenda, atende ao princípio da igualdade substancial, impondo tratamento desigual aos desiguais[6]);

h) princípio da publicidade (o processo relativo às infrações administrativas é público, de modo que há a possibilidade do exame dos autos por qualquer pessoa);

i) princípio da lealdade processual (dever de moralidade e probidade a todos aqueles que participam do processo judicial);

j) princípios da economia e instrumentalidade das formas (máximo resultado da atuação do direito com o mínimo emprego de atividades processuais, aproveitando-se os atos processuais realizados, recorrendo-se à litispendência etc.);

k) princípio do duplo grau de jurisdição (possibilidade de revisão, via recurso, das causas julgadas pelo juiz de primeiro grau, inclusive pelas instâncias extraordinárias)[7].

Transgressões que atentam contra a segurança dos adolescentes como pessoas em desenvolvimento, devendo ser observada a proteção integral dos mesmos. Inteligência do art. 227 CRFB/88. Manutenção da sentença. Recurso desprovido" (TJRJ, Apelação 0002182-71.2015.8.19.0084, 5ª Câmara de Direito Público, Rel. Des. Alexandre Teixeira de Souza, j. 12-3-2024).

6 CINTRA, Antônio Carlos Araújo; GRINOVER, Ada Pellegrini; DINAMARCO, Cândido Rangel. *Teoria geral do processo*. 9. ed. São Paulo: Malheiros, 1993, p. 52.

7 "ESTATUTO DA CRIANÇA E DO ADOLESCENTE – ECA. ART. 149, II. PARTICIPAÇÃO DE MENOR EM PROGRAMAS TELEVISIVOS. AUTORIZAÇÃO JUDICIAL NECESSÁ-

PARTE IV – A EFETIVIDADE DO ECA: MEDIDAS JUDICIAIS E EXTRAJUDICIAIS

3. COMPETÊNCIA

Em regra, a competência para julgar e processar o processo relativo às infrações administrativas será a do local da conduta praticada.

Tratando-se da infração administrativa prevista no art. 249, descumprimento dos deveres decorrentes da autoridade familiar, será o do local de residência dos pais ou responsáveis, por força do disposto no art. 147, I, do Estatuto, ou do local onde se encontre a criança ou adolescente, na falta dos pais ou responsável, art. 147, II, do Estatuto.

E, tratando-se de infração administrativa cometida por meio de transmissão simultânea de rádio ou televisão, que atinja mais de uma comarca, será competente a autoridade judiciária do local da sede estadual da emissora (subentendido retransmissora) ou rede (art. 147, § 3º, do Estatuto). Assim, quando ocorre a infração ao art. 254 do ECA, por exemplo, cada Estado da Federação tem competência para aplicar a multa prevista, sendo irrelevante indicar qual a sede nacional da emissora de televisão, mas sim considerar a sede estadual da emissora ou retransmissora[8]. Tal regra não se aplica a periódico de circulação nacional[9].

RIA. LAVRATURA DO AUTO DE INFRAÇÃO. ART. 194, § 2º. TEMPESTIVIDADE. JUSTIFICATIVA PELO RETARDAMENTO. 1. A participação de menor em programa de televisão está subordinada ao art. 149, II, 'a', do Estatuto da Criança e do Adolescente. 2. É cediço na corte que. '1. O art. 149, I, do ECA aplica-se às hipóteses em que a criança e/ou adolescente participam, na condição de espectadores, de evento público, sendo imprescindível a autorização judicial se desacompanhados dos pais e/ou responsáveis. 2. O art. 149, II, do ECA, diferentemente, refere-se à criança e/ou adolescente na condição de participante do espetáculo, sendo necessário o alvará judicial mesmo que acompanhados dos pais e/ou responsáveis. 3. Os programas televisivos têm natureza de espetáculo público, enquadrando-se a situação na hipótese do inciso II do art. 149 do ECA. 4. Precedente a Primeira Turma desta Corte no REsp 399.278/RJ. 5. A autorização dos representantes legais não supre a falta de alvará judicial e rende ensejo à multa do art. 258 do ECA. [...]' (REsp n. 471.767/SP, Rel. Min. Eliana Calmon, *DJ* 26-5-2003) 3. Deveras, sob essa ótica, impende acrescentar que a lavratura imediata do auto é medida de interesse do menor e não do autuado que sequer tem legitimidade para essa alegação. 4. Ademais, o art. 194, § 2º, do ECA, dispõe que a lavratura do auto será, 'sempre que possível', realizada em seguida à infração, sendo certo que, *in casu*, houve motivo justificador do retardamento, consoante asseverou o representante do *Parquet* Estadual porquanto 'no caso vertente o programa televisivo foi exibido no dia 6 de abril de 2001, uma sexta-feira, após as 17:30 horas, fato que impediu a lavratura do auto de infração no mesmo dia. Ressalte-se que referido auto foi lavrado na segunda-feira subsequente, dia 9 de abril, não sendo aceitável a pecha de nulidade a ele atribuída pela Apelante, já que foi o mesmo lavrado de forma escorreita, consoante o que dispõe a norma legal em vigor' (f. 71). 5. Recurso especial improvido" (STJ, REsp 506.260/RJ (2003/0034752-7), 1ª T., Rel. Min. Luiz Fux, j. 20-11-2003).

8   "RECURSO ESPECIAL. AUSÊNCIA DE VIOLAÇÃO DOS ARTS. 535, II; 458, II; E 131, TODOS DO CPC. NÃO OCORRÊNCIA DE CONEXÃO. TRANSMISSÃO DE FILME EM HORÁRIO IMPRÓPRIO, SEGUNDO PORTARIA DO MINISTÉRIO DA JUSTIÇA. LEGITIMIDADE RETRANSMISSORA. REVISÃO DO VALOR DA MULTA.

990   CURSO DE DIREITO DA CRIANÇA E DO ADOLESCENTE

A Lei de Adoção (Lei n. 12.010, de 29 de julho de 2009) introduziu duas infrações administrativas (arts. 258-A e 258-B).

A infração administrativa prevista no art. 258-A não segue a sistemática das demais infrações administrativas. Esta infração, que prevê a punição da autoridade que deixa de alimentar o cadastro de adoção, é, na realidade, uma punição disciplinar, motivo pelo qual será competente para processar e julgar o órgão correicional correspondente em cada Estado para aplicar sanções administrativas ao juiz da infância e juventude e à autoridade central estadual.

4. RITO PROCESSUAL

O procedimento para imposição de penalidade administrativa por infração às normas de proteção à criança e ao adolescente, com exceção da penalidade prevista no art. 258-A, consoante disposição do art. 194 do Estatuto, terá início por:

     a) representação do Ministério Público;

     b) representação do Conselho Tutelar;

     c) auto de infração elaborado por servidor efetivo ou voluntário credenciado.

Haja vista o princípio da inércia processual, a portaria do juiz, prevista no art. 111 do Código de Menores de 1979, deixou de existir.

Em relação aos requisitos da representação ou auto de infração, Válter Kenji Ishida entende que deva conter os requisitos mencionados no art. 156 do Estatuto[10] e Ademir de Carvalho Benedito os requisitos do art. 41 do Código de Processo Penal[11].

       INCIDÊNCIA DA SÚMULA 07/STJ" (STJ, REsp 649.292/RJ (2004/0041365-9), 2ª T., Rel. Min. Franciulli Netto, j. 21-6-2005).

9   "PROCESSUAL CIVIL. COMPETÊNCIA. PERIÓDICO DE CIRCULAÇÃO NACIONAL. INFRAÇÃO PREVISTA NO ART. 253 DO ECA. REPRESENTAÇÃO DO MINISTÉRIO PÚBLICO. COMPETÊNCIA DO FORO DO LOCAL ONDE OCORREU OU DEVA OCORRER A AÇÃO OU OMISSÃO. ARTS. 147, § 1º, E 209 DO ECA. 1. O Estatuto da Criança e do Adolescente, em seu art. 147, § 1º, prevê que, 'nos casos de ato infracional, será competente a autoridade do lugar da ação ou omissão'. 2. A regra contida no art. 147, § 3º, expressamente delimita sua aplicação para as hipóteses de 'infração cometida através de transmissão simultânea de rádio ou televisão', não abrangendo casos de infração em periódico de circulação nacional. Precedente do STJ. 3. A interpretação das regras de competência para apreciar a imposição de penalidade administrativa por infração ao ECA deve se orientar pela ampla proteção dos direitos do menor, e não em benefício da empresa infratora. 4. Agravo Regimental não provido" (STJ, Agravo Regimental no Agravo em Recurso Especial 184.727/DF (2012/0112646-2), 2ª T., Rel. Min. Herman Benjamin, j. 16-8-2012).

10   Válter Kenji Ishida entende que deve ser seguido o disposto no art. 156 do ECA, sob pena de ser considerada inepta. Op. cit., p. 779.

11   BENEDITO, Ademir de Carvalho. Art. 194. In: VERONESE, Josiane Rose Petry; SILVEIRA, Mayra; CURY, Munir (coord.). *Estatuto da Criança e do Adolescente comentado.* Comentários jurídicos e sociais. 13. ed. rev. e atual. São Paulo: Malheiros, 2018,

PARTE IV – A EFETIVIDADE DO ECA: MEDIDAS JUDICIAIS E EXTRAJUDICIAIS

Conquanto válidos tais posicionamentos, entendemos que a representação, seja do Ministério Público, seja do Conselho Tutelar, ou o auto de infração, tem peculiaridades próprias, de natureza civil, e deveria conter os requisitos de uma petição inicial, por aplicação subsidiária do art. 282 do Código de Processo Civil, quais sejam:

1) o juiz ou tribunal a que é dirigido: vara da infância e juventude da comarca, órgão competente para julgar o feito (art. 148, VI, do Estatuto);

2) a qualificação do representado ou autuado, com os dados disponíveis para identificação e individualização (nome, prenome, estado civil, profissão, domicílio e residência);

3) os fatos e os fundamentos jurídicos do pedido. A petição inicial deve descrever os fatos, ainda que os qualifique juridicamente de forma errada, cabendo ao Poder Judiciário "dizer o direito" e fazer a correta adequação dos fatos às normas jurídicas[12], consoante orientação do brocardo latino *da mihi factum dabo tibi ius*[13]. É preciso, ainda, em respeito ao princípio do contraditório e da ampla

---

p. 1185-1186. O autor prefere recorrer às normas de processo penal e assim leciona: "Tratando-se de representação, a peça deverá atender, no que for cabível, ao que dispõem os arts. 39 e 41 do CPP, competindo a quem elaborá-la descrever o fato típico punível administrativamente, ensejando a descrição de conduta que não se enquadre entre as previstas nos arts. 245 a 258 da Lei 8.069/90".

12 "Infração administrativa. Representação por infringência ao artigo 249 da Lei 8.069/1990. Erro material, porque, não obstante equivocada a classificação, o fato – do qual se defendeu o réu e ora é considerado para a apenação – se ajustou ao artigo 258 desse diploma. Hipótese na qual o apelado permitira o ingresso e permanência de adolescente em local destinado a diversões eletrônicas, após as 23h00, desacompanhado da respectiva genitora ou responsável legal. Correção referente à classificação da infração administrativa para a prevista no artigo 258 (correspondente ao fato imputado e do qual se defendeu o recorrido). Possibilidade de se responsabilizar a pessoa jurídica por infringência ao supradito dispositivo. Infração administrativa de mera conduta. Prescindível, pois, demonstrativo acerca de dolo ou culpa, assim como de efetivo prejuízo ao menor. Procedência da representação que se impõe, com consequente aplicação de pena pecuniária correspondente a três salários de referência, com atualização em conformidade a Tabela Prática editada por este Tribunal. Apelação provida" (TJSP, Apelação 0104400-22.2010.8.26.0000, Câmara Especial, Rel. Encinas Manfré, j. 6-12-2010).

13 "AUTO DE INFRAÇÃO – ESTATUTO DA CRIANÇA E DO ADOLESCENTE – PRESENÇA DE MENORES EM ESTABELECIMENTO COMERCIAL – BAR, RESTAURANTE E CASA DE ESPETÁCULOS – APLICAÇÃO DE MULTA – NULIDADE DO AUTO DE INFRAÇÃO – CERCEAMENTO DE DEFESA – INOCORRÊNCIA – REDUÇÃO DA MULTA – ART. 258 DO ECA. Não há se admitir a alegação de nulidade do auto de infração, se restou demonstrada a presença de menores de dezoito anos, desacompanhados dos pais ou responsáveis, em dependências de estabelecimento onde se realizavam espetáculos, sem a autorização judicial exigida pelo art. 149 do Estatuto da Criança e do Adolescente. Improcede a alegação de equívoco na capitulação do auto infracional, se o juiz resolve a questão que lhe é posta levando em conta a máxima *da mihi factum dabo tibi ius*. Havendo suficiente comprovação dos fatos alegados mediante documentação encartada aos autos, não se justifica a realização de audiência de

992 CURSO DE DIREITO DA CRIANÇA E DO ADOLESCENTE

defesa, que os fatos sejam suficientemente narrados de modo que o réu possa compreender[14] a imputação que lhe é feita[15] para que tenha mínimas condições de se defender[16];

---

instrução, sendo cabível o julgamento antecipado da lide. Em harmonia com o contexto probatório dos autos, não comprovada, no caso, a ocorrência de reincidência, prudente se mostra a redução da multa para o mínimo legal" (Tribunal de Justiça de Minas Gerais, Processo 1.0024.02.619779-8/001(1), Rel. Des. Gouvêa Rios, publicação em 20-5-2005).

14 "ADMINISTRATIVO E PROCESSUAL CIVIL. AGRAVO INTERNO NO AGRAVO EM RECURSO ESPECIAL. DIREITO DA CRIANÇA E DO ADOLESCENTE. PROCEDIMENTO PARA IMPOSIÇÃO DE PENALIDADE ADMINISTRATIVA. APELAÇÃO APRECIADA, MONOCRATICAMENTE, PELO RELATOR, COM BASE NO ART. 557, *CAPUT*, DO CPC/73. ALEGADA NULIDADE, POR OFENSA AO PRINCÍPIO DA COLEGIALIDADE. INEXISTÊNCIA. JULGAMENTO DO AGRAVO REGIMENTAL PERANTE O ÓRGÃO COLEGIADO. FUNDAMENTO DA CORTE DE ORIGEM INATACADO, NAS RAZÕES DO RECURSO ESPECIAL. ACÓRDÃO DO TRIBUNAL DE ORIGEM QUE, À LUZ DAS PROVAS DOS AUTOS, CONCLUIU PELA VALIDADE DO AUTO DE INFRAÇÃO. REEXAME DE PROVAS. SÚMULA 7/STJ. INCIDÊNCIA DA SÚMULA 283/STF. AGRAVO INTERNO IMPROVIDO. [...] IV. O Tribunal de origem manteve a sentença de procedência da ação, para condenar a ora recorrente ao pagamento de multa de 3 (três) salários-mínimos, ressaltando, todavia, a necessidade de se dar aos fatos capitulação jurídica diversa, 'visto que a hipótese subsume-se ao disposto no art. 258 do ECA, diante do princípio da legalidade que rege as infrações administrativas'. V. Restou incólume, nas razões do Recurso Especial, o fundamento que sustenta o acórdão impugnado, no sentido de que o autuado defende-se dos fatos, e não da capitulação jurídica. Portanto, é de ser aplicado o óbice da Súmula 283 do STF, por analogia. [...]" (STJ, AgInt no AREsp 816.280/RJ, 2ª T., Rel. Min. Assusete Magalhães, j. 25-10-2016).

15 "Art. 249 do ECA. Empresa autuada por descumprir portaria do Juizado da Infância e da Juventude. Sentença que não satisfaz os requisitos legais, sequer descrevendo, com mínimo de clareza, o fato imputado à Apelante, igualmente sem descrição adequada no auto de infração. Processo que se anula *ab initio*" (Tribunal de Justiça do Rio de Janeiro, Processo 2004.004.00508, Conselho da Magistratura, por unanimidade, Rel. Des. Raul Quental, publicado em 21-9-2004, registrado em 21-10-2004).
"PROCEDIMENTO PARA IMPOSIÇÃO DE PENALIDADE ADMINISTRATIVA POR INFRAÇÃO ÀS NORMAS DE PROTEÇÃO À CRIANÇA E AO ADOLESCENTE – Iniciativa do Conselho Tutelar, via auto de infração – Inadmissibilidade – decretação, de ofício, de nulidade do procedimento, desde o início – Recurso Provido. Nulo é o procedimento para imposição de penalidade administrativa por infração às normas de proteção à criança e ao adolescente, se iniciado pelo Conselho Tutelar via auto de infração que não especifica, além do mais, as circunstâncias de infração" (Tribunal de Justiça do Paraná, Apelação 95.0044-0, de Apucarana, Rel. Des. Carlos Hoffmann, *Revista Igualdade* n. 10, MP-PR)

16 "ECA – Infração Administrativa – Encontro de menores em "baile", sem alvará judicial permissivo de ingresso – Venda de bebida alcoólica de forma livre – Relatório do serviço comissariado que não identifica aqueles que foram considerados menores de 18 anos, nem tampouco se foi vendida bebida alcoólica a menores de 18 anos –

PARTE IV – A EFETIVIDADE DO ECA: MEDIDAS JUDICIAIS E EXTRAJUDICIAIS   993

4) o pedido de condenação do réu nas penas legais;

5) o valor da causa, que representa o valor econômico da ação. Tratando-se de infração administrativa, deverá ser o valor da multa pleiteada (não há rigor em relação a esse requisito, que poderá ser corrigido a qualquer tempo);

6) as provas com que o autor pretende demonstrar a verdade dos fatos alegados (provas documentais, periciais, testemunhais, depoimento pessoal etc.), lembrando a respeito do princípio da presunção de legitimidade em favor da Administração; e

7) o requerimento de citação do réu (o Estatuto utilizou a denominação intimação, mas se trata de verdadeira citação) ou sua imediata cientificação no auto de infração.

Note-se que, no processo instaurado por meio do auto de infração, poderão ser usadas fórmulas impressas, especificando-se a natureza e as circunstâncias da infração (art. 194, § 1º, do Estatuto). Isso não impede que os fatos sejam suficientemente descritos e sejam mencionados, mesmo por meio de fórmulas impressas, o juiz ao qual é dirigido, o pedido de condenação, o valor da causa, as provas que se pretende produzir, e o requerimento de citação.

Tratando-se de auto de infração, sempre que possível, à verificação da infração seguir-se-á a lavratura do auto, certificando-se, em caso contrário, dos motivos do retardamento (art. 194, § 2º, do Estatuto). É preciso interpretar essa regra com razoabilidade, uma vez que nem sempre será possível lavrar no mesmo dia o auto de infração[17], tampouco será possível a assinatura de duas testemunhas, o que não

---

Representação do Ministério Público que imputa, genericamente o ingresso de menores de 18 anos em evento festivo sem alvará judicial, assim como a venda de bebida alcoólica a menores, não identificando, igualmente qual menor teria entrado no 'baile', nem tampouco para qual teria sido vendida bebida alcoólica – Relatório do serviço comissariado não o perfil circunstanciado, pecando pela superficialidade e lacunosidade – Representação inepta, por prestigiar a 'acusação oculta', não se possibilitando o exercício da ampla defesa e contraditório, processo nulo *ab initio* – Recurso provido" (TJSP, Apelação Cível 69.033-0/5, Rel. Des. Hermes Pinotti, j. 2-2-2001).

17 "ESTATUTO DA CRIANÇA E DO ADOLESCENTE – ECA. ART. 149, II. PARTICIPAÇÃO DE MENOR EM PROGRAMAS TELEVISIVOS. AUTORIZAÇÃO JUDICIAL NECESSÁRIA. LAVRATURA DO AUTO DE INFRAÇÃO. ART. 194, § 2º. TEMPESTIVIDADE. JUSTIFICATIVA PELO RETARDAMENTO. [...] 4. Deveras, sob essa ótica, impende acrescentar que a lavratura imediata do auto é medida de interesse do menor e não do autuado que sequer tem legitimidade para essa alegação. 5. Ademais, o art. 194, § 2º, do ECA, dispõe que a lavratura do auto será, 'sempre que possível', realizada em seguida à infração, sendo certo que, *in casu*, houve motivo justificador do retardamento, consoante asseverou o representante do *Parquet* Estadual porquanto 'no caso vertente o programa televisivo foi exibido no dia 6 de abril de 2001, uma sexta-feira, após às 17:30 horas, fato que impediu a lavratura do auto de infração no mesmo dia. Ressalte-se que referido auto foi lavrado na segunda-feira subsequente, dia 9 de abril, não sendo aceitável a pecha de nulidade a ele atribuída pela Apelante, já que foi o

invalida o auto de infração[18], notadamente quando os Comissários da Justiça da Infância atuam em diligências em ambientes conturbados[19].

A vinculação administrativa dos servidores efetivos ou credenciados, responsáveis pela elaboração do auto de infração, ao juiz da Vara da infância e juventude não é recomendável por interferir na imparcialidade do magistrado, mas não há nulidade. Ideal seria que pertencessem a um órgão administrativo autônomo e independente.

Quando o procedimento é iniciado por representação do conselheiro tutelar ou por auto de infração, "o Ministério Público atuará como substituto proces-

---

mesmo lavrado de forma escorreita, consoante o que dispõe a norma legal em vigor' (fl. 71). 6. Recurso especial improvido" (STJ, REsp 506.260/RJ (2003/0034752-7), 1ª T., Rel. Min. Luiz Fux, j. 20-11-2003).

18 "APELAÇÃO CÍVEL. DIREITO DA CRIANÇA E DO ADOLESCENTE. AUTO DE IN-FRAÇÃO ADMINISTRATIVA. AUSÊNCIA DE ASSINATURA DAS TESTEMUNHAS. ARTIGO 194 DA LEI 8069/90 ECA. AUTO LAVRADO POR SERVIDOR PÚBLICO NO EXERCÍCIO DE SUAS ATRIBUIÇÕES. PRESUNÇÃO DE LEGALIDADE. PRESENÇA DE ADOLESCENTE EM EVENTO PÚBLICO DESACOMPANHADO DOS PAIS OU RESPONSÁVEIS EM DESACORDO COM O DISPOSTO NO ALVARÁ JUDICIAL. IN-FRINGÊNCIA AO ARTIGO 149 DO ECA. RESPONSABILIDADE DO ORGANIZA-DOR. PENA DE MULTA FIXADA NO MÍNIMO LEGAL. DESPROVIMENTO DO RE-CURSO" (TJRJ, 0001486-88.2006.8.19.0039, 2ª Câm. Cív., Des. Maria Isabel Paes Gonçalves, j. 2-8-2016).

19 "DIREITO DA CRIANÇA E DO ADOLESCENTE. AUTO DE INFRAÇÃO. PRESUN-ÇÃO DE VERACIDADE. MENORES DESACOMPANHADOS DOS RESPONSÁVEIS. INFRINGÊNCIA AO ART. 258 DO ECA. EVENTO DENOMINADO *LOW CARS SOU-ND FEST*. Trata-se de apelação cível interposta de sentença que, no auto de infração lavrado pelo Comissariado da Infância e Juventude, nos termos do art. 487, I, do CPC, artigos 258 c/c 149, I, *b*, do Estatuto da criança e do adolescente, condenou o autuado ao pagamento de multa no valor equivalente a 3 salários mínimos de âmbito federal, a ser revertida ao fundo gerido pelo Conselho Municipal dos Direitos da Criança e do Adolescente. 1. Tese de inobservância do previsto no art. 194, § 2º, do ECA que não prospera, inexistindo nulidade a macular o auto de infração lavrado pelo Comissaria-do da Infância e Juventude, vez que o referido dispositivo dispõe que o auto deverá ser assinado por duas testemunhas, se possível, sendo certo que foi lavrado posteriormen-te, pelos motivos elencados no relatório do Comissariado, tais como inadequação do local para lavratura, necessidade de fundamentação do auto e alto fluxo de pessoas. 2. Igualmente, a alegação de nulidade do procedimento por cerceamento de defesa não deve prosperar, visto que, o feito foi devidamente instruído pela prova documental acostada aos autos, submetida ao crivo do contraditório, o que possibilita o julgamen-to antecipado do pedido, nos termos do art. 355, I, do CPC. 3. Elementos de prova carreados aos autos que são suficientes a confirmar a ocorrência da irregularidade administrativa descrita na representação, consubstanciada na infringência ao art. 258 do ECA, em decorrência de ter o representado permitido o acesso e a permanência de crianças e adolescente, desacompanhados dos pais ou responsáveis, no evento deno-minado LOW CarsSoundFest. 4. Recurso ao qual se nega provimento" (TJRJ, Apela-ção 0011179-92.2018.8.19.0066, 3ª Câm. Cív., Rel. Des. Fernando Foch de Lemos Arigony da Silva, j. 11-12-2019).

PARTE IV – A EFETIVIDADE DO ECA: MEDIDAS JUDICIAIS E EXTRAJUDICIAIS 995

sual, tendo em vista que aqueles agentes não têm condições de prosseguir no processo"[20].

Em respeito ao princípio do contraditório e da ampla defesa, a parte ré deverá ser regularmente cientificada da existência do processo judicial e da imputação que lhe é feita[21].

Dispõe o art. 195 que o requerido terá prazo de 10 dias para apresentar defesa, contado da data da intimação[22], que na técnica processual é verdadeira citação. Note-se que o prazo é contado da data da intimação (citação) e não da juntada aos autos do mandado cumprido, como ocorre no processo civil.

A citação será feita: I – pelo autuante, no próprio auto, quando este for lavrado na presença do requerido; II – por oficial de justiça ou funcionário legalmente habilitado, que entregará cópia do auto ou da representação ao requerido, ou a seu representante legal; III – por via postal, com aviso de recebimento, se não for encontrado o requerido ou seu representante legal; IV – por edital, com prazo de 30 dias, se incerto ou não sabido o paradeiro do requerido ou de seu representante legal.

Não sendo apresentada a defesa no prazo legal, a autoridade judiciária dará vista dos autos ao Ministério Público, por 5 dias, decidindo-se em igual prazo (art. 196). Não havendo defesa, ou seja, contestação, presumir-se-ão verdadeiros os fatos imputados, conforme dispõe o art. 319 do Código de Processo Civil, corroborado, ainda, pelo princípio da presunção de legitimidade dos atos administrativos. O prazo de 5 dias estabelecido é um prazo impróprio, que não acarreta consequências processuais caso seja ultrapassado, mas apenas, eventualmente, responsabilidade funcional.

---

20 LIBERATI, Wilson Donizeti. *Comentários ao Estatuto da Criança e do Adolescente*. 12. ed. rev. e ampl. de acordo com a Lei 13.058, de 22.12.2014. São Paulo: Malheiros, 2015, p. 237.

21 "INFRAÇÃO ADMINISTRATIVA. INTIMAÇÃO DO REQUERIDO. AUSÊNCIA. NULIDADE. É NULO O PROCESSO PARA APURAÇÃO DE INFRAÇÃO ADMINISTRATIVA QUANDO A PARTE REQUERIDA DEIXA DE SER INTIMADA NA FORMA DO ART. 195 DO ECA PARA EXERCER O SEU DIREITO DE DEFESA, HAVENDO CLARO CERCEAMENTO. RECURSO PROVIDO (04 FLS.)" (TJRS, Apelação Cível 70000915850, 7ª Câm. Cív., Rel. Des. Sérgio Fernando de Vasconcellos Chaves, j. 3-5-2000).

22 "AGRAVO DE INSTRUMENTO – AUTO DE INFRAÇÃO – ESTATUTO DA CRIANÇA E DO ADOLESCENTE – AUSÊNCIA DE INTIMAÇÃO DO REPRESENTANTE LEGAL – APLICAÇÃO SUBSIDIÁRIA DO ART. 215 DO CPC – OBSERVÂNCIA AO PRINCÍPIO DO CONTRADITÓRIO. Se o auto de infração não é lavrado na presença do representante legal do requerido, mas de um funcionário, deve ser feita a aplicação subsidiária do disposto no art. 215 do CPC, conforme prevê o art. 224 do ECA, pois a citação ou a intimação que contenha qualquer risco de vício contamina o princípio do contraditório, consagrado na 'Carta Magna'. Recurso desprovido" (TJMG, Processo 1.0145.03.059958-6/001(1), Rel. Des. Lamberto Sant'anna, publicação em 4-2-2005).

Apresentada a contestação, mas não havendo mais provas a serem produzidas, a autoridade judiciária abrirá vista ao Ministério Público para parecer final. Se, pelo contrário, houver prova a ser produzida, a autoridade judiciária deverá apreciar o pedido de provas, designando-se audiência de instrução de julgamento na hipótese de pedido de prova oral (art. 197). Note-se que, considerando o princípio da ampla defesa, é necessário que o requerido tenha oportunidade para se defender e produzir provas[23].

Colhida a prova oral na audiência, manifestar-se-ão, em alegações finais, sucessivamente o Ministério Público e o requerido, por meio de seu advogado, pelo tempo de 20 minutos para cada um, prorrogáveis por mais 10, a critério da autoridade judiciária, que em seguida proferirá sentença (art. 197, parágrafo único). Cabe o recurso de apelação da sentença, no prazo de 10 dias, na forma do art. 198, II, da Lei n. 8.069/90[24].

A execução da multa segue o rito previsto no Código de Processo Civil.

São legitimados concorrentes para a propositura da execução da pena de multa o Ministério Público e o município respectivo, onde foi cometida a infração, e o numerário deverá ser recolhido ao Fundo gerido pelo Conselho dos direitos da criança e do adolescente do respectivo município, na forma do art. 214 do Estatuto da Criança e do Adolescente.

A infração administrativa prevista no art. 258-A, por ter natureza de punição disciplinar, tem como legitimado qualquer interessado e segue o rito previsto para as punições disciplinares.

5. O MINISTÉRIO PÚBLICO E A CUMULAÇÃO DO PEDIDO PARA A APLICAÇÃO DA MULTA EM OUTRAS AÇÕES

O Ministério Público vem definido no art. 127 da Constituição Federal como "instituição permanente e essencial à função jurisdicional do Estado, incumbindo-

---

23 "AUTO DE INFRAÇÃO – PROTESTO POR PRODUÇÃO DE PROVA – JULGAMENTO ANTECIPADO DA LIDE – CERCEAMENTO DE DEFESA. No auto de infração lavrado contra estabelecimento comercial, se o autuado protesta pela produção de prova a tempo e modo e se não há nos autos elementos suficientes para se concluir acerca da suposta infração, o julgamento antecipado da lide caracteriza cerceamento de defesa" (TJMG, Processo 1.0699.04.035571-0/001(1), Rel. Des. Eduardo Andrade, publicação 2-9-2005).

24 "APELAÇÃO CÍVEL. ESTATUTO DA CRIANÇA E DO ADOLESCENTE. REPRESENTAÇÃO POR INFRAÇÃO ADMINISTRATIVA. DESCUMPRIMENTO DOS DEVERES INERENTES AO PODER FAMILIAR. Sentença de procedência, condenando os apelantes ao pagamento de multa a ser recolhida ao Fundo Municipal dos Direitos da Criança e do Adolescente. Procedimentos, afetos à Justiça da Infância e da Juventude que tem prazo recursal de dez dias, tendo em vista o disposto no art. 198, inciso Ii c/c 152 § 2º da Lei n. 8.069/90 (Estatuto da Criança e do Adolescente). Inaplicabilidade do regramento geral dos arts. 1.003, § 5º, c/c 219, *caput*, ambos do CPC. Princípio da especialidade. Contagem do prazo em dias corridos. Apelação não conhecida" (TJRJ, Apelação 0011315-54.2014.8.19.0026, 6ª Câm. Cív., Rel. Des. Claudia Pires dos Santos Ferreira, j. 17-12-2019).

PARTE IV – A EFETIVIDADE DO ECA: MEDIDAS JUDICIAIS E EXTRAJUDICIAIS

-lhe a defesa da ordem jurídica, do regime democrático e dos interesses sociais e individuais indisponíveis". Nota-se, pela definição dada, que ao Ministério Público foi atribuída a defesa: a) da ordem jurídica; b) do regime democrático; c) dos interesses sociais; e d) dos interesses individuais indisponíveis.

O Ministério Público é instituição do Estado com a incumbência de fiscalização da lei, promovendo a sua aplicação e fazendo com que suas normas estejam presentes nas relações sociais e não apenas nos textos legais[25], contribuindo de maneira efetiva para a promoção do princípio da efetividade[26]. É legitimado para a propositura de ações penais, de natureza pública, e de ações civis na defesa de interesses difusos, coletivos, individuais homogêneos e individuais heterogêneos[27] (interesses individuais indisponíveis).

Em relação às infrações administrativas previstas no Estatuto da Criança e do Adolescente, o Ministério Público está legitimado para deflagrar o processo judicial para a aplicação da multa prevista na lei.

---

25 LOPES, Júlio Aurélio Vianna. *O modelo institucional do Ministério Público brasileiro.* Rio de Janeiro: Lumen Juris, 2000, p. 32.

26 BARROSO, Luís Roberto. *Interpretação e aplicação da Constituição.* São Paulo: Saraiva, 1996, p. 218.

27 "APELAÇÃO. AÇÃO CIVIL PÚBLICA. TUTELA DE DIREITO INDIVIDUAL INDISPONÍVEL DA CRIANÇA E DO ADOLESCENTE. COMPETÊNCIA DO JUÍZO DA INFÂNCIA E JUVENTUDE. MINISTÉRIO PÚBLICO. LEGITIMIDADE ATIVA. DIREITO À SAÚDE INTERNAÇÃO DE CRIANÇA EM UTI PEDIÁTRICA. RISCO DE VIDA. 1. O juízo competente para processar e julgar os feitos envolvendo direitos individuais indisponíveis da criança e do adolescente violados por omissão do Poder Público é o da Infância e Juventude, conforme prevê o art. 148, IV, do ECA. 2. Por atribuição constitucional (CF, art. 127, *caput*) e expressa previsão legal (ECA, arts. 201, V, e 208, VII), o Ministério Público é parte legítima para intentar ação civil pública em favor de direito individual heterogêneo de crianças e adolescentes, como, por exemplo, o direito à saúde e à educação. 3. O direito à saúde, superdireito de matriz constitucional, há de ser assegurado, com absoluta prioridade às crianças e adolescentes e é dever do Estado (União, Estados e Municípios) como corolário do direito à vida e do princípio da dignidade da pessoa humana. 4. A premência do direito à vida, ameaçado pela ausência de vaga em UTI pediátrica, impõe imediata providência jurisdicional no sentido de obrigar o Poder Público a providenciar vaga, seja em leito do SUS, seja em leito particular. DERAM PROVIMENTO. UNÂNIME" (TJRS, Apelação Cível 70013159355, 7ª Câm. Cív., Rel. Luiz Felipe Brasil Santos, j. 21-12-2005).
"APELAÇÃO CÍVEL. ESTATUTO DA CRIANÇA E DO ADOLESCENTE. FORNECIMENTO DE TRATAMENTO A MENOR. MENOR DEPENDENTE QUÍMICO QUE NECESSITA INTERNAÇÃO. LEGITIMIDADE ATIVA DO MINISTÉRIO PÚBLICO PARA A PROPOSITURA DA DEMANDA. Por atribuição constitucional (artigo 127, *caput*, da CF), e expressa previsão legal (artigo 201, V, e artigo 208, III, do ECA), o Ministério Público é parte legítima para intentar ação em favor de direito individual heterogêneo de crianças e adolescentes. [...]" (TJRS, Apelação Cível 70013429816, 7ª Câm. Cív., Rel. Ricardo Raupp Ruschel, j. 7-12-2005).

Questão que se coloca é a possibilidade de o pedido de condenação da multa prevista no dispositivo legal referente à infração administrativa ser formulado pelo Ministério Público no contexto de uma ação civil pública.

Aliás, qual a correta definição de ação civil pública?

De acordo com o raciocínio de moderna doutrina processualista, assim como a ação penal proposta pelo Ministério Público recebe o nome de ação penal pública, quando a ação civil (não penal) é proposta pelo Ministério Público, ela é, na realidade, uma ação civil pública.

Todas as ações civis propostas pelo Ministério Público seriam ações civis públicas. Nesse sentido, o antigo conceito de ação civil pública, extraído da Lei da Ação Civil Pública, que data de 1985 (Lei n. 7.347), foi transformado. A ampliação do conceito, para fins de abranger, além dos interesses difusos, coletivos e individuais homogêneos, os interesses individuais indisponíveis, é expressamente consagrada pelo Estatuto da Criança e do Adolescente (art. 201, V – ação civil pública para a proteção de interesses individuais, além dos difusos e coletivos, relativos à infância e juventude)[28] e também pelo Estatuto do Idoso (art. 74, I – ação civil pública para a proteção dos direitos e interesses individuais indisponíveis do idoso).

Na realidade, o que caracteriza uma ação judicial não é o seu nome, mas sim o seu pedido (objeto), a causa de pedir e as partes. Torna-se questão ultrapassada a discussão a respeito do nome dado a uma determinada ação. Muitas ações de improbidade administrativa, por exemplo, recebem o nome de ação civil pública, sem que isso afete o fundo de direito discutido em Juízo. Importante será verificar a legitimidade da parte para a postulação feita perante o Poder Judiciário. O liame que se estabelece é entre a parte legitimada e o pedido.

---

28 "Agravo de instrumento. Ação de Obrigação de Fazer visando à proteção de interesse individual de adolescentes em situação de risco. Tutela de urgência deferida para determinar que a municipalidade forneça imóvel residencial em condições dignas ou, subsidiariamente, comprovada a impossibilidade da efetivação, que realize pagamento de aluguel social para os autores. Competência da vara da infância e da juventude para processar e julgar o processo de origem que resulta de expresso comando legal contido no art. 148, IV, do ECA. [...] Direito à moradia. A Constituição Federal assegura como direito social, a moradia, norma de eficácia plena, e determina especificamente quanto aos adolescentes como decorrência do princípio da proteção integral que o estado tem o dever de ampará-lo, garantindo sua dignidade. Inteligência dos artigos 1º, III, e 6º da CRFB. *Astreintes* que constituem meio de coerção para cumprimento das decisões judiciais – para que a referida multa não incida basta o agravante cumprir a tutela de urgência no prazo estipulado. A decisão combatida não se mostra teratológica, flagrantemente ilegal ou praticada com abuso de poder do juízo *a quo*, razão pela qual deve ser por enquanto mantida. Conhecimento e não provimento do recurso" (TJRJ, Agravo de Instrumento 0044000-22.2019.8.19.0000, 20ª Câm. Cív., Rel. Des. JDS Ricardo Alberto Pereira, j. 9-10-2019).

PARTE IV – A EFETIVIDADE DO ECA: MEDIDAS JUDICIAIS E EXTRAJUDICIAIS

A representação proposta pelo Ministério Público com o intuito de deflagrar o processo judicial para a aplicação da penalidade administrativa prevista no Estatuto da Criança e do Adolescente é uma ação civil, ou seja, de natureza não penal, com vistas à proteção de interesses difusos da sociedade no que tange à proteção de crianças e adolescentes. É, na verdade, uma espécie de ação civil pública, com rito especial previsto nos arts. 194 a 197 do Estatuto.

Esse rito especial não é absoluto. Entendemos ser possível a cumulação de pedidos, seja em ação de destituição do poder familiar[29], ação de alimentos[30] ou em qualquer ação civil proposta[31], desde que a parte autora seja o Ministério Público e atendidos os requisitos previstos na legislação (art. 292 e parágrafos do Código

---

29 "APELAÇÃO. Infância e Juventude. Representação por Infração Administrativa c/c Ação de Destituição do Poder Familiar. Sentença de parcial procedência. Recurso da genitora 2ª Ré. Destituição do poder familiar que, na realidade, se deu ante a constatação de negligência nos cuidados dos filhos, de seu abandono, conduta que foi apenas potencializada pela dependência química do genitor (álcool e outras drogas) e das agressões físicas sofridas constantemente pela genitora, que demonstrou ser dependente emocionalmente do genitor agressor. Farta narrativa constante dos autos, acerca dos episódios de violência doméstica presenciados pelas crianças, potencializados pela dependência química. Relatórios sociais e psicológicos nos presentes autos que indicam situação de negligência, com abandono moral, afetivo e material dos menores. Genitores que não demonstraram qualquer alteração em sua conduta, que indique compromisso em dar aos filhos uma vida digna. Direitos das crianças e/ou dos adolescentes que devem ser tratados com prioridade absoluta, assegurando o princípio do melhor interesse. Sentença de destituição que se confirma, a fim de garantir que as crianças possam ser inseridas em um lar seguro, onde sejam respeitados seus direitos fundamentais. Negado provimento ao recurso" (TJRJ, Apelação 0034049-48.2017.8.19.0202, 24ª Câm. Cív., Rel. Des. Andrea Fortuna Teixeira, j. 6-5-2020).

30 "DIREITO DA CRIANÇA E DO ADOLESCENTE. AÇÃO DE ALIMENTOS. LEGITIMIDADE ATIVA DO MINISTÉRIO PÚBLICO. DIREITO INDIVIDUAL INDISPONÍVEL. RECURSO ESPECIAL REPRESENTATIVO DE CONTROVÉRSIA. ART. 543-C DO CPC. 1. Para efeitos do art. 543-C do CPC, aprovam-se as seguintes teses: 1.1. O Ministério Público tem legitimidade ativa para ajuizar ação de alimentos em proveito de criança ou adolescente. 1.2. A legitimidade do Ministério Público independe do exercício do poder familiar dos pais, ou de o menor se encontrar nas situações de risco descritas no art. 98 do Estatuto da Criança e do Adolescente, ou de quaisquer outros questionamentos acerca da existência ou eficiência da Defensoria Pública na comarca. 2. Recurso especial provido" (STJ, REsp 1.265.821/BA, 2ª S., Rel. Min. Luis Felipe Salomão, j. 14-5-2014,).

31 "AGRAVO DE INSTRUMENTO. AÇÃO DE REPRESENTAÇÃO POR INFRAÇÃO ADMINISTRATIVA C/C REGISTRO CIVIL C/C DESTITUIÇÃO DO PODER FAMILIAR. POSSIBILIDADE DE CUMULAÇÃO DOS PEDIDOS. APESAR DOS PEDIDOS TEREM FINALIDADES DIVERSAS, TÊM A MESMA CAUSA DE PEDIR. PRECEDENTES DO TJRJ. RECURSO A QUE SE DÁ PROVIMENTO, COM RESPALDO NO ARTIGO 557, § 1º-A, DO CÓDIGO DE PROCESSO CIVIL" (TJRJ, Agravo de Instrumento 0028896-97.2013.8.19.0000, 1ª Câm. Cív., Rel. Des. Lucia Helena do Passo, j. 2-8-2013).

CURSO DE DIREITO DA CRIANÇA E DO ADOLESCENTE

de Processo Civil), como a adoção do procedimento ordinário, pedido expresso[32], respeitando-se os princípios do contraditório, ampla defesa e demais garantias processuais[33].

6. ABUSO SEXUAL INTRAFAMILIAR E A REPRESENTAÇÃO PREVISTA NO ART. 249 DO ESTATUTO DA CRIANÇA E DO ADOLESCENTE

Nas hipóteses de abuso sexual intrafamiliar, quando o agressor é o pai (ou mãe), tutor ou guardião (neste incluído o padrasto[34] ou madrasta), é possível a proposi-

---

32 "Agravo de Instrumento. Representação por Infração Administrativa c.c. Busca e Apreensão. Providências pertinentes aos Genitores (Perda da Guarda e/ou Destituição do Poder Familiar), além de Medidas Protetivas. I – R. Julgado *a quo* mantendo o acolhimento institucional, bem como a suspensão do Poder Familiar liminarmente e *inaudita altera pars*. II – Existência de Representações por infrações administrativas com aplicação de medidas protetivas e de Pedido de Providências ajuizados pelo Ministério Público em face dos Genitores das Menores. [...] V – Inteligência dos artigos 22, 24 e 157 da Lei n. 8.069/90 e dos artigos 1.634 e 1.637 do Código Civil. Ainda que a falta ou a carência de recursos materiais não constitua motivo suficiente para a suspensão do poder familiar, forçoso concluir que a Menor não pode permanecer indefinidamente em situação de risco e vulnerabilidade, não tendo sua Genitora apresentado condições para o cumprimento dos deveres de sustento, guarda e educação desta filha. [...] Recurso que se apresenta manifestamente improcedente. Aplicação do *caput* do art. 557 do CPC c.c. art. 31, inciso VIII, do Regimento Interno deste Egrégio Tribunal. Negado Seguimento" (TJRJ, Agravo de Instrumento 0019434-82.2014.8.19.0000, 4ª Câm. Cív.,, Rel. Des. Reinaldo P. Alberto Filho, j. 24-4-2014).

33 "ESTATUTO DA CRIANÇA E DO ADOLESCENTE. REPRESENTAÇÃO POR INFRAÇÃO ADMINISTRATIVA CUMULADA COM APLICAÇÃO DE MEDIDA PROTETIVA. FARTO ACERVO PROBATÓRIO COMPROVANDO A SITUAÇÃO DE RISCO DA CRIANÇA. GRAVE VIOLAÇÃO AOS DEVERES INERENTES AO PODER FAMILIAR: CONSUMO DE DROGAS NA PRESENÇA DOS INFANTES, CONSENTIMENTO PARA QUE O MENOR SE ENVOLVESSE COM PEDÓFILO, VINDO A SOFRER ABUSO SEXUAL EM TROCA DE MANTIMENTOS E AJUDA FINANCEIRA. ALÉM DISSO, A PROVA REVELOU INEXISTIR PARENTE APTO A PROTEGER OS INTERESSES DOS MENORES. CORRETA APLICAÇÃO DA MEDIDA DE DESTITUIÇÃO DO PODER FAMILIAR (ARTIGOS 98, II, 249 E 129, X, TODOS DO ECA; ARTIGOS 1.638, II, III E IV, 1.637, 1.634, I E II, TODOS DO CC). NECESSIDADE DE ASSEGURAR ABSOLUTA PRIORIDADE AOS DIREITOS FUNDAMENTAIS DA CRIANÇA (ARTIGO 227, *CAPUT*, DA CRFB/88). APLICAÇÃO DO PRINCÍPIO DO MELHOR INTERESSE DA CRIANÇA/ADOLESCENTE. SENTENÇA MANTIDA. RECURSO CONHECIDO E DESPROVIDO" (TJRJ, Apelação 0017244-75.2012.8.19.0014, 13ª Câm. Cív., Rel. Des. Gabriel Zefiro, j. 12-6-2013).

34 "SUSPEITA DE ABUSO SEXUAL. AFASTAMENTO DO LAR. ESTATUTO DA CRIANÇA E DO ADOLESCENTE. APLICAÇÃO DE MEDIDAS PROTETIVAS. INTERESSE DA CRIANÇA. PREVALÊNCIA. APELAÇÃO. ESTATUTO DA CRIANÇA E DO ADOLESCENTE. IMPOSIÇÃO DE MEDIDA PROTETIVA: representação por violência se-

PARTE IV – A EFETIVIDADE DO ECA: MEDIDAS JUDICIAIS E EXTRAJUDICIAIS

tura da ação de representação por infração administrativa prevista no art. 249 do Estatuto cumulada com a ação de afastamento de agressor prevista no art. 130 do mesmo Estatuto e fixação provisória de alimentos (parágrafo único incluído ao art. 130 do ECA pela Lei n. 12.415/2011), além da aplicação subsidiária da Lei Maria da Penha (Lei n. 11.340/2006) e Lei n. 13.431/2017 (que trata sobre o depoimento especial de crianças e adolescentes).

REFERÊNCIAS

BARROSO, Luís Roberto. *Interpretação e aplicação da Constituição*. São Paulo: Saraiva, 1996.

BENEDITO, Ademir de Carvalho. Art. 194. In: VERONESE, Josiane Rose Petry; SILVEIRA, Mayra; CURY, Munir (coord.). *Estatuto da Criança e do Adolescente comentado*. Comentários jurídicos e sociais. 13. ed. rev. e atual. São Paulo: Malheiros, 2018.

CÂMARA, Alexandre Freitas. *Lições de direito processual civil*. 8. ed. Rio de Janeiro: Lumen Juris, 2003, v. I.

CINTRA, Antonio Carlos Araújo; GRINOVER, Ada Pellegrini; DINAMARCO, Cândido Rangel. *Teoria geral do processo*. 9. ed. São Paulo: Malheiros, 1993.

COSTA, Tarcísio José Martins. *Estatuto da Criança e do Adolescente comentado*. Belo Horizonte: Del Rey, 2004.

ISHIDA, Válter Kenji. *Estatuto da Criança e do Adolescente*: doutrina e jurisprudência. 25. ed. rev., atual. e ampl. São Paulo: JusPodivm, 2024.

LIBERATI, Wilson Donizeti. *Comentários ao Estatuto da Criança e do Adolescente*. 12. ed. rev. e ampl. de acordo com a Lei 13.058, de 22.12.2014. São Paulo: Malheiros, 2015.

LOPES, Júlio Aurélio Vianna. *O modelo institucional do Ministério Público Brasileiro*. Rio de Janeiro: Lumen Juris, 2000.

NOGUEIRA, Paulo Lúcio. *Comentários ao Código de Menores*. 4. ed. São Paulo: Saraiva, 1988.

---

xual contra crianças. A absolvição do acusado em ação penal, por falta de prova da existência do fato (CPP, art. 386, II), não impede a apuração de sua responsabilidade estatutária (CC/02, art. 935). Conjunto probatório suficiente para justificar a adoção de medida legal de proteção às crianças em situação de risco, determinando-se o afastamento definitivo do padrasto do lar em que residem, dado ser daquelas, e não deste, a titularidade do direito à intervenção protetora do estado (CR/88, art. 227, e ECA, art. 4º). Lições da doutrina e diretrizes jurisprudenciais. – CONFIRMAÇÃO DA SENTENÇA. RECURSO A QUE SE NEGA PROVIMENTO" (TJRJ, Apelação 0012915-43.2006.8.19.0042, 18ª Câm. Cív., Rel. Des. Claudio Dell Orto, j. 11-5-2010).

SANTOS, Moacyr Amaral. *Primeiras lições de direito processual civil*. 15. ed. São Paulo: Saraiva, 1992, v. 1.

SEABRA, Gustavo Cives. *Manual de Direito da Criança e do Adolescente*. 3. ed. Belo Horizonte: CEI, 2023.

Procedimento de portaria e de expedição de alvará

Ângela Maria Silveira dos Santos

1. NATUREZA JURÍDICA E COMPETÊNCIA PARA DISCIPLINAR POR MEIO DE PORTARIA

1.1. Introdução

Antes de se estabelecer a natureza jurídica das portarias expedidas pelo juiz da infância e da juventude, torna-se necessária uma breve análise acerca das funções do Estado.

Com efeito, partindo-se da ideia de que, apesar de o poder do Estado ser uno, ele é exercido por meio de três funções e, que cada função tem a sua área específica de atuação, devemos analisar cada uma de *per si*. A princípio cabe ao Poder Executivo o exercício da administração e a expedição de decretos, ao Poder Legislativo a edição de leis e ao Poder Judiciário a prolação de sentenças.

Ainda dentro desta dialética devemos descrever a distinção entre cada uma destas funções. É clara a diferença entre a função legislativa e a função jurisdicional, até porque a primeira atua diante de hipóteses em abstrato e a segunda atua diante de situações concretas.

Um pouco mais complexa é a divergência entre as funções jurisdicional e administrativa, na medida em que ambas atuam em situações em concreto. A primeira distinção entre elas está na imparcialidade do órgão estatal que exerce a função jurisdicional. A outra diferença está no fato de que o ato administrativo é passível de revogação a qualquer tempo, diferentemente da decisão judicial que, uma vez esgotados os recursos cabíveis, adquire a característica da imutabilidade da coisa julgada, com exceção das hipóteses legais que fundamentam a ação rescisória (art. 966 do CPC) e do art. 505 do mesmo diploma processual.

Outra distinção entre estas duas funções consiste em que, enquanto a função administrativa é originária do Estado, a função jurisdicional é exercida pelo Estado em substituição à atividade das partes.

Não obstante cada poder do Estado exerça a sua função típica, não podemos utilizar o critério puramente orgânico para definir cada função, até porque, tratando-se de um Estado Democrático, é permitido a cada um dos poderes exercer funções atípicas dos outros. Como exemplo, podemos citar que é permitido ao Poder Legislativo julgar o Presidente da República pelo crime de responsabilidade (art. 86 da CF/88). Por sua vez, é permitido ao Poder Executivo legislar por meio das medidas provisórias (art. 84, XXVI, da CF/88). Da mesma forma em que é permitido ao Poder Judiciário "legislar" por meio de atos normativos e administrar os seus órgãos internos por meio das ordens de serviço (art. 96 da CF/88).

Assim, a Lei Estatutária ao delegar ao juiz da infância o poder de regulamentar a entrada e a permanência de criança ou adolescente desacompanhado dos pais ou responsáveis em determinados locais, ou regulamentar a participação destes em espetáculos públicos, atribuiu-lhe uma função atípica, de natureza administrativa.

Com base nestas premissas, a conclusão a que se chega é que o juiz ao expedir este ato não está agindo como julgador, mas sim como administrador e, como tal, este ato para ser considerado válido terá de ser praticado dentro da mais absoluta conformidade com as exigências do sistema normativo.

Por outro lado, a natureza da competência para expedição de portarias e alvarás, também, não é legislativa e, portanto, o magistrado da infância não possui poder normativo.

Nesta esteira, o posicionamento de Veronese[1]:

> Não há que se confundir a competência para a expedição de portarias e alvarás como competência legislativa; ainda que seja conferida ao magistrado a possibilidade de disciplinar e autorizar as situações previstas nas alíneas dos incisos I e II, ele, na realidade, aplicará as normas estatutárias à situação em concreto. Da mesma forma, não há que se falar em poder normativo, este, outrora concedido ao "Juiz de Menores" por meio do art. 8º do revogado Código de Menores, não foi recepcionado pela Lei n. 8.069/90.

Partindo-se do pressuposto de que a função administrativa do Estado é uma função originária e não substitutiva e que o Estado, no exercício desta função, não depende de provocação para atuar, infere-se que o juiz da infância também inde-

---

1   VERONESE, Josiane Rose Petry; SILVEIRA, Mayra. *Estatuto da Criança e do Adolescente comentado*. São Paulo: Conceito Editorial, 2011, p. 333.

PARTE IV – A EFETIVIDADE DO ECA: MEDIDAS JUDICIAIS E EXTRAJUDICIAIS

pende de qualquer provocação para expedir portaria, com o propósito de regulamentar as situações previstas no art. 149 do ECA.

Encontra-se cada vez mais sedimentado o pensamento de que, nas questões que envolvem interesses e direitos dos hipossuficientes, a atuação do magistrado é ampliada de forma a atender as demandas diferenciadas e garantir a presteza da função jurisdicional. Nesta esteira temos, então, a mitigação do princípio da inércia na área infantojuvenil para atendimento dos direitos fundamentais desta parcela da população. Há que se observar, todavia, que ao expedir portarias e alvarás o magistrado deverá fundamentá-las, conforme disposto no art. 93, inciso IX da Constituição Federal.

No entanto, o ECA não vincula para a validade das portarias que elas sejam submetidas ao reexame por nenhum órgão, mas sim permite a sua revisão por meio de recurso de apelação (art. 199).

1.2. Conceituação e natureza jurídica da portaria e do alvará

Portaria é uma espécie do gênero ato administrativo e, em razão da amplitude de seu conteúdo, é considerada como um ato formal ordinatório. Hely Lopes Meirelles[2] ensina que Portarias são "atos administrativos internos pelos quais os chefes de órgãos, repartições ou serviços expedem determinações gerais ou especiais a seus subordinados, ou designam servidores para funções ou cargos secundários. Por portarias também se iniciam sindicâncias e processos administrativos". As Portarias nunca podem ser baixadas pelo chefe do executivo"[3], ao passo que alvará é o "meio utilizado para a exteriorização de permissões, autorizações, concessões e licenças"[4].

O juiz da infância e da juventude, no exercício de sua competência, poderá expedir portarias em três hipóteses. Apesar da uniformidade da denominação, as portarias apresentam naturezas jurídicas diversas. Vejamos cada uma destacadamente, utilizando a classificação feita por Rosa Carneiro[5].

Em primeiro lugar, na qualidade de responsável máximo pela serventia do Juízo, o magistrado pode disciplinar a atuação dos servidores, do cartório ou dos

---

2   MEIRELLES, Hely Lopes. *Direito administrativo brasileiro*. 43. ed. São Paulo: Malheiros, 2018, p. 214.

3   MAZZA, Alexandre. *Manual de direito administrativo*. 8. ed. São Paulo: Saraiva, 2018, p. 340.

4   MORAES, Isaias Fonseca. *Manual de direito administrativo*. Teoria e prática. 4. ed. rev. e atual. Curitiba: Juruá, 2017, p. 184.

5   CARNEIRO, Rosa Maria Xavier Gomes. As portarias expedidas pela autoridade judiciária com base no art. 149 do ECA e os novos paradigmas que regem o Direito da Criança e do Adolescente. *Revista do Ministério Público*, n. 25, Rio de Janeiro, jan./jun. 2007, p. 203-227.

serviços da Vara. Todavia, tais atos não atingem os particulares, mas, apenas, os seus subordinados. A portaria prevista nesta primeira hipótese configura-se num ato administrativo interno e ordinatório, na forma da definição do direito administrativo.

Em segundo lugar, no caso da portaria prevista no art. 191, o juiz da infância provocará a instauração de procedimento de apuração de irregularidade em entidade de atendimento. Esta portaria tem a natureza de uma petição inicial, na medida em que, por meio dela, dar-se-á início ao procedimento referido acima (Seção IV do Capítulo II do Título VI).

Em terceiro lugar, na hipótese do art. 149 do ECA, o juiz atuará, caso a caso, quando provocado ou na forma do disposto no art. 153 do Estatuto, devendo os citados atos serem fundamentados, vedadas as determinações de caráter geral, limitando-se o alcance da portaria ao caso concreto, obrigando, apenas, as pessoas que participarem como interessados no referido procedimento.

O entendimento acerca da natureza jurídica desta portaria citada na terceira hipótese, prevista no art. 149, não é pacífico.

Para o primeiro entendimento, a portaria, ora em exame, se constitui num ato administrativo ordinatório, com todas as suas características básicas, ou seja, é emanado por autoridade competente, seu conteúdo está restrito aos limites da lei, e a sua eficácia se vincula à esfera da competência da autoridade que a expediu, sendo passível de impugnação (apelação), somente após a sua publicação, como, aliás, ocorre com os atos administrativos em geral. Como tal, independe de qualquer provocação e de procedimento específico. Segundo esta posição, o Ministério Público não tem qualquer ingerência na formação do ato e somente é intimado para dele tomar ciência, ocasião na qual poderá apelar. Posição esta que nos filiamos por entendermos que o juiz, ao expedir a portaria com fundamento no art. 149 do ECA, exerce função atípica de natureza administrativa e não jurisdicional e, como tal, não necessita de provocação por parte de quem quer que seja, para a sua expedição, bastando, apenas, agir dentro dos limites da lei.

Diante da ausência de previsão legal quanto à instauração de procedimento administrativo para a expedição de Portaria e, por consequência, a falta de controle de sua legalidade, surgiram excessos por parte de algumas autoridades.

Com o propósito de sanar esta lacuna legal, emergiu a corrente doutrinária fundamentada nos princípios constitucionais do contraditório e da ampla defesa (art. 5º, LV, da CF/88) entendendo que a portaria do art. 149 consubstancia-se no ato final de um procedimento de natureza jurisdicional, que observará as normas previstas nos arts. 152 e 153, procedimento este que possui natureza de jurisdição voluntária, no qual se apreciará hipótese concreta entre as exaustivamente previstas no citado dispositivo, que contará com a intervenção dos órgãos do Juizado e do Ministério Público e a ciência pessoal dos interessados na medida, na forma prevista no art. 721 do CPC, não obrigando a terceiros, devendo a decisão

PARTE IV – A EFETIVIDADE DO ECA: MEDIDAS JUDICIAIS E EXTRAJUDICIAIS

final, cuja natureza é a de uma sentença, revestir-se dos elementos essenciais à validade do ato.

Nesta linha de pensamento, citamos o entendimento de Murillo José Digiácomo[6] quando afirma a necessidade de um procedimento judicial específico para a expedição de portarias, nos seguintes moldes:

> 1. a autuação formal do ato ou requerimento que deflagra o procedimento, de modo a torná-lo oficial; 2. a perfeita identificação, qualificação e individualização de cada um dos locais e estabelecimentos que serão atingidos pela norma (inclusive com a indicação de seus responsáveis legais); 3. a realização de vistorias e sindicâncias nos locais e estabelecimentos que serão atingidos pela norma (devendo para tanto contar com o concurso dos "comissários de vigilância" ou "agentes de proteção da infância e juventude"[8], representantes da vigilância sanitária, corpo de bombeiros, polícias civil e militar etc.), sem embargo da coleta de outras provas que entender necessárias; 4. a intimação do órgão do Ministério Público para acompanhar e fiscalizar todo o trâmite procedimental, culminando com a emissão de parecer de mérito a seu término; 5. a obrigatoriedade que a decisão final tenha a forma de sentença, contendo relatório, fundamentação adequada (em que serão levados em conta, dentre outros fatores, os itens relacionados no art. 149, § 1º, alíneas "a" a "f", da Lei n. 8.069/90) e dispositivo; 6. a publicação do ato, com a cientificação formal de todos os responsáveis pelos locais e estabelecimentos atingidos pela portaria, para que possam, no prazo de 10 (dez) dias [9], interpor recurso de apelação contra tal decisão (devendo tal advertência constar do mandado respectivo).

Reconhecendo que, por razões de ordem prática, é difícil a instauração de procedimento específico para cada local ou estabelecimento, o citado autor entende ser possível englobar vários casos em um único feito,

> desde que cada qual apresente características semelhantes, seja devidamente nominado quando de sua deflagração, individualmente vistoriado e sindicado ao longo de sua instrução e, ao final, tenha sua situação em particular devidamente analisada pela autoridade judiciária quando da fundamentação, sendo contemplado por item próprio na decisão que opta pela expedição da portaria disciplinadora respectiva[7].

Nesta mesma linha de raciocínio, Alexandre Câmara[8] conclui que "o juiz da infância e da adolescência só pode emitir portarias no caso do art. 191 do ECA (para

---

6 DIGIÁCOMO, Murillo José. Estatuto da Criança e do Adolescente e as portarias judiciais. Disponível em: <http://www.crianca.caop.mp.pr.gov.br/modules/conteudo/conteudo.php?conteudo=258>. Acesso em: 25 jul. 2018.

7 DIGIÁCOMO, Murillo José. Op. cit.

8 CÂMARA, Alexandre Freitas. O Estatuto da Criança e do Adolescente e o poder do juiz de editar portarias. Disponível em: <http://www.mp.rj.gov.br>. Acesso em: 24 out. 2012.

dar início ao processo ali previsto) ou nos estritos limites do art. 149 do mesmo diploma. Neste último caso, a portaria deve ser considerada um provimento de jurisdição voluntária, o que exige a observância do procedimento previsto nos arts. 1.103 a 1.109 do Código de Processo Civil, respeitadas todas as garantias constitucionais do processo, notadamente o princípio do contraditório".

Concluindo, o legislador estatutário estabeleceu parâmetros que visam nortear a autoridade judiciária no momento da elaboração das portarias ou do exame do pedido de alvará. O magistrado deverá levar em conta, primeiramente, os princípios do ECA, tais como o do superior interesse da criança, da proteção integral e da condição peculiar de pessoa em desenvolvimento, acrescidos dos demais fatores previstos no § 1º do art. 149 do ECA, independentemente da linha adotada em relação à natureza jurídica do ato a ser expedido pelo juiz.

1.3. Portaria do art. 149 do ECA

O Código de Menores de 1979 autorizava a expedição de portarias pelo juiz de menores para determinar medidas de ordem geral, que, ao seu prudente arbítrio, se demonstrassem necessárias à assistência, proteção e vigilância ao menor (art. 8º).

Na vigência da lei anterior, a autoridade judiciária devia regulamentar, por portaria, o ingresso, a permanência e a participação de menores em espetáculos teatrais, cinematográficos, circenses, radiofônicos e de televisão, devendo, ainda, baixar normas sobre a entrada, a permanência e a participação de menores em casas de jogos, em bailes públicos e em outros locais de jogos e recreação. O juiz de menores podia ainda estabelecer regras a respeito de hospedagem de menor, desacompanhado dos pais ou responsável, em hotel, motel, pensão ou estabelecimento congênere, tendo em vista as normas gerais dos arts. 50 a 58 do Código de Menores, levando em conta as condições sociais da comarca e os malefícios a essas pessoas em formação.

A portaria prevista no art. 149, *caput,* do ECA, por outro lado, não se enquadra no conceito acima, tendo em vista que possui natureza jurisdicional, uma vez que da competência exclusiva do Poder Judiciário, é expedida por meio de decisão fundamentada, nas situações elencadas nos incisos I e II do referido artigo, estando sujeita ao recurso de apelação, de acordo com o art. 199 do ECA.

Não é demais reafirmar que a edição de portarias pelos juízes da infância e da juventude deve observar os estritos limites previstos no art. 149 do ECA. Portanto, a portaria regulamentada no Estatuto é atípica, muito embora não se constitua em mera liberalidade da autoridade judiciária, tanto assim que o legislador estatutário vinculou sua expedição a cada caso concreto, vedando determinações de caráter geral (art. 149, § 2º, do ECA).

Este parecer foi decorrente de consulta formulada pela Assessoria de Direito Público do Ministério Público do Rio de Janeiro.

PARTE IV – A EFETIVIDADE DO ECA: MEDIDAS JUDICIAIS E EXTRAJUDICIAIS

Ou seja, a delegação de função atípica do Juiz da infância não pode ser interpretada de forma extensa, a ponto de suprimir a responsabilidade dos pais e, muito menos, invadir a competência do Poder Legislativo.

A portaria judicial, desta maneira, não pode ter amplitude genérica, deve ser fundamentada em cada caso, na condição de atuação excepcional do Poder Judiciário, bem como não pode contrariar dispositivos legais, sob o fundamento de facilitar o exercício de determinado direito.

2. AUTORIZAÇÃO PARA A PARTICIPAÇÃO E A ENTRADA EM ESPETÁCULOS PÚBLICOS

Quando se tratar de locais públicos, a entrada e a permanência de menores de 18 anos, desacompanhados dos pais ou responsáveis, em estúdios cinematográficos, de teatro, rádio e televisão, terá como parâmetro a norma prevista no art. 149, I, do ECA, que determina à Justiça da Infância e da Juventude também autorizar mediante alvará.

Por seu turno, tratando-se de participação de menores de 18 anos em espetáculos, acompanhados ou não de seus genitores ou responsáveis, necessitar-se-á de prévia autorização judicial, mediante alvará (art. 149, II, do ECA), conforme já analisado no capítulo "Prevenção".

Portanto, para a entrada, permanência e participação da criança ou do adolescente em espetáculos públicos e seus ensaios, estúdios cinematográficos, teatro, rádio e televisão, os pais ou seu representante legal ou os promotores do evento deverão formular requerimento de alvará ao Juízo da infância e da juventude do local de seu domicílio (art. 147).

Em resumo, o art. 149, I, do ECA aplica-se às hipóteses de crianças e adolescente na condição de expectadores de espetáculo público. Neste caso, também é imprescindível a autorização judicial se desacompanhados dos pais ou responsáveis. Diferentemente, o art. 149, II, cuida da condição de criança e adolescente participante do espetáculo, sendo necessário sempre o alvará judicial, mesmo que acompanhados dos pais ou responsável ou de posse de autorização escrita destes.

Neste procedimento que visa à concessão de alvará para participação de espetáculos deverão ser anexados documentos indispensáveis, tais como: cópia de certidão de nascimento do menor, atestado de saúde da criança ou do adolescente, comprovante de residência e de escolaridade, documento dos pais, apresentação do certificado da classificação indicativa do espetáculo.

No que tange ao pedido formulado pelo promotor do evento, normalmente se faz indispensável, pelo menos, a qualificação completa deste, juntando-se cópia da identidade e, tratando-se de pessoa jurídica, cópia do cartão de inscrição no CNPJ (Cadastro Nacional de Pessoa Jurídica); a indicação do local, a data e o horário de início e término do evento; a natureza do evento; a faixa etária pretendida e os laudos técnicos específicos acerca da segurança do local.

Iniciado o procedimento, a autoridade judiciária encaminhará o pedido ao Comissariado de Justiça a fim de efetuar fiscalização no local do evento, tomando por base os fatores contidos no § 1º do art. 149, especialmente as peculiaridades do local, a existência de instalações adequadas, inclusive o indispensável Certificado de Aprovação do Corpo de Bombeiro, o tipo de frequência habitual ao local e a adequação do ambiente.

Apresentado o relatório pelo Comissariado, o procedimento será remetido ao promotor de justiça para parecer. Ultrapassada a fase de diligências, o magistrado, por meio de decisão fundamentada, apreciará o pedido, determinando ou não a expedição do respectivo alvará, no qual deverá, obrigatoriamente, constar o nome do menor, o local do espetáculo e a data de validade.

Os fatores mencionados nas alíneas do § 1º do art. 149 do Estatuto da Criança e do Adolescente devem ser observados nas duas hipóteses de participação da criança ou do adolescente como espectador e como participante, ressaltando que na hipótese do inciso I a autorização judicial é necessária apenas quando crianças e adolescentes comparecerão ao espetáculo, desacompanhados dos pais ou responsáveis. Neste sentido, clara a intenção do legislador que, ao exigir a observância dos fatores supracitados para a concessão de alvará de autorização, protege os menores de frequência a locais inadequados a sua faixa etária, quando os próprios responsáveis não estarão no evento para esta avaliação.

Maior cautela tem o legislador ao exigir a observância dos mencionados fatores quando o menor de 18 anos participa, mesmo acompanhado dos pais, de espetáculos públicos, em face da relevância da questão da exposição pública de pessoa em desenvolvimento.

Neste ponto, a apuração da natureza do espetáculo faz-se indispensável, na medida em que por meio dela poderá a criança ou o adolescente ter acesso a informações e situações impróprias para o seu desenvolvimento físico e mental.

Com efeito, o espetáculo no qual a criança ou o adolescente participará deverá, com antecedência, ser alvo, se for o caso, de análise por parte do órgão competente do Ministério da Justiça, cuja indicação final norteará a decisão do juiz, concessiva ou não, do alvará.

Deve ser ressaltado que o indeferimento por parte do Poder Judiciário da participação de uma criança ou adolescente em um determinado espetáculo não constitui "censura", até porque, pela própria estrutura do Estatuto, ao adotar a Doutrina da Proteção Integral, o dever de zelo pela criança e pelo adolescente não é mais restrita à figura dos genitores, passando a ser de todos, nos termos do art. 18 desta mesma lei.

Desta forma, devem os pais, a sociedade e o Poder Público impedir que as nossas crianças e adolescentes sejam alvos de constrangimentos, vexames e violência psicológica, sob pretextos financeiros e de notoriedade.

PARTE IV – A EFETIVIDADE DO ECA: MEDIDAS JUDICIAIS E EXTRAJUDICIAIS

Esta conclusão será a mesma, em relação às demais hipóteses do preceito contido no art. 149, como: o acesso e a permanência de crianças e adolescentes em estádios, ginásios, campos desportivos, bailes ou promoções dançantes, boates ou congêneres, casas que explorem comercialmente diversões eletrônicas e estúdios cinematográficos, de teatro, rádio e televisão.

REFERÊNCIAS

CÂMARA, Alexandre Freitas. O Estatuto da Criança e do Adolescente e o poder do juiz de editar portarias. Disponível em: <http://www.mp.rj.gov.br>. Acesso em: 24 out. 2012.

CARNEIRO, Rosa Maria Xavier Gomes. As portarias expedidas pela autoridade judiciária com base no art. 149 do ECA e os novos paradigmas que regem o Direito da Criança e do Adolescente. *Revista do Ministério Público*, n. 25, Rio de Janeiro, jan./jun. 2007.

DIGIÁCOMO, Murillo José. Estatuto da Criança e do Adolescente e as portarias judiciais. Disponível em: <http://www.crianca.caop.mp.pr.gov.br/modules/conteudo/conteudo.php?conteudo=258>. Acesso em: 25 jul. 2018.

MAZZA, Alexandre. *Manual de direito administrativo*. 8. ed. São Paulo: Saraiva, 2018.

MEIRELLES, Hely Lopes. *Direito administrativo brasileiro*. 43. ed. São Paulo: Malheiros, 2018.

MORAES, Isaias Fonseca. *Manual de direito administrativo*: teoria e prática. 4. ed. rev. e atual. Curitiba: Juruá, 2017.

VERONESE, Josiane Rose Petry; SILVEIRA, Mayra. *Estatuto da Criança e do Adolescente comentado*. São Paulo: Conceito Editorial, 2011.

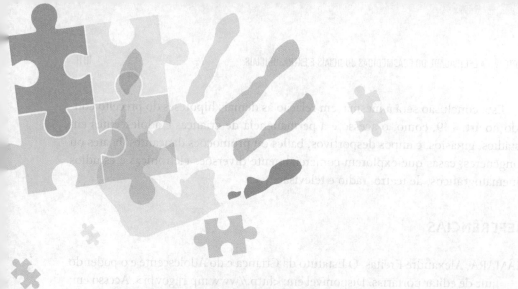

Ação civil pública

Galdino Augusto Coelho Bordallo

1. INTRODUÇÃO

Para que possamos compreender melhor a ação civil pública e os direitos metaindividuais, necessário que os conectemos com a História da humanidade.

Desde o início dos tempos o homem vem lutando para preservar seus direitos, sendo o direito à vida o primeiro cuja preservação se mostrou necessária. Com o início da vida em grupo, a luta pela preservação e garantia de direitos continuou a existir, vindo a se alterar, porém, a quantidade de direitos que deviam ser protegidos, inclusive contra os desmandos do Estado.

Neste momento da História da civilização, em que o homem começa a se sentir coagido pelos desmandos estatais e pela coação que o suserano traz e impõe, tem início a luta pelo reconhecimento e preservação dos direitos fundamentais, luta esta que não cessou, continuando até os dias atuais.

Os direitos fundamentais são considerados históricos, pois sua necessidade vem sendo sentida no transcorrer do tempo. Por serem históricos – já que nascidos de circunstâncias decorrentes da luta pela defesa de novas liberdades contra antigas opressões e aparecendo de modo gradual –, surgem direitos diferentes a cada época, quando nascem novas necessidades em função da mudança de condições sociais[1]. Desde a década de 1960, estamos vivendo um novo momento histórico, com novas características, em que se presencia o nascimento de uma terceira geração dos di-

---

1 Neste sentido, a lição de BOBBIO, Norberto. *A era dos direitos*. 4. reimp. Rio de Janeiro: Campus, 1992, p. 19.

PARTE IV – A EFETIVIDADE DO ECA: MEDIDAS JUDICIAIS E EXTRAJUDICIAIS

reitos fundamentais, surgidos dos movimentos sociais do final dos anos 1950, como os movimentos norte-americanos das feministas e dos negros, aos quais se juntaram os protestos dos ambientalistas e dos consumidores. Também são vistos como desdobramento dos direitos fundamentais de 1ª e 2ª gerações (os individuais e os sociais, respectivamente), aparecendo nas Cartas Constitucionais dos países que adotaram o modelo político do Estado Democrático. São os denominados direitos difusos e coletivos, cujos exemplos mais característicos são do direito a um meio ambiente sadio e a garantia dos direitos dos consumidores.

O conceito de *direitos fundamentais* é fornecido com precisão e concisão por Canotilho[2] como "direitos do homem, jurídico-institucionalmente garantidos e limitados espaço-temporalmente". Pode-se dizer, então, que estes direitos só serão considerados fundamentais quando positivados, pois, caso contrário, serão outro tipo de direito, os direitos humanos, seguramente importantes, sem que se possa chamá-los de fundamentais. E o local para sua positivação não é outro senão a Constituição, diploma legal nos qual devem se situar as fontes de direito, como ensina Canotilho[3].

Os direitos fundamentais de terceira geração surgem com a massificação da vida em sociedade, surgida na economia, mas que acabou por ultrapassar este setor, atingindo as relações sociais como um todo[4].

Em razão do fenômeno da massificação, as ações e relações humanas assumiram um caráter mais coletivo do que meramente individual, passando-se a fazer maior referência a grupos, categorias, classes, do que a indivíduos. Desenvolve-se o raciocínio de que, a cada dia, mais e mais, a complexidade da sociedade moderna gera situações nas quais uma única pessoa, com uma ação, pode prejudicar outra pessoa ou um grupo. A possibilidade dessas agressões ao coletivo representa a principal característica de nossa época.

Para atender a esta nova modalidade de direitos, fez-se necessário que o ordenamento jurídico se adaptasse para protegê-los. Pela natureza destes direitos, que não se limitam a ter como titular uma única pessoa ou um grupo determinado de pessoas, a legislação processual, totalmente criada e pensada dentro do ideal do individualismo, teve de ter seus institutos adequados a estes direitos. Novos instrumentos de proteção surgiram, as ações coletivas, gênero que tem como espécie a ação popular e a ação civil pública, objeto deste capítulo, entre outros.

Não se pode deixar de proteger esta nova modalidade de direitos, sob pena de violar o princípio constitucional do acesso à justiça. É de extrema importância a

---

2   CANOTILHO, J. J. Gomes. *Direito constitucional e teoria da Constituição*. 2. ed. Coimbra: Almedina, 1998, p. 359.

3   Op. cit., p. 347.

4   Para um estudo mais aprofundado dos direitos fundamentais, encaminhamos o leitor para capítulo que trata destes com exclusividade.

busca de meios processuais que sirvam à plena defesa dos direitos metaindividuais, criando novos institutos ou adequando os já existentes (considerando terem sido criados unicamente para a defesa de direitos individuais). O direito brasileiro adotou um sistema misto, pois criou a ação popular e a ação civil pública, fazendo uso, porém, dos institutos já tradicionais do direito processual civil, adequando-os à amplitude dos direitos transindividuais.

Apesar de termos um sistema processual que atende à proteção desses direitos, está ele aquém das necessidades que se apresentam, fazendo-se necessária uma melhoria. Essa necessidade vem sendo sentida pelos estudiosos e pelos aplicadores do direito. Seria muito importante que tivéssemos em nosso ordenamento jurídico um código de processo civil coletivo, com regulamentação dos institutos de processo com visão metaindividual, para melhor atender às necessidades das ações civis públicas. Havia um anteprojeto de Código de Processo Coletivo em discussão no Congresso Nacional, mas sua discussão não seguiu. Hoje, percebemos a necessidade cada vez mais urgente de uma legislação apropriada para o processo coletivo e para os processos estruturais, pois, para esses últimos, nossa legislação de caráter individualista deixa mais ainda a desejar, além de não prever determinadas regras que são importantes para a solução dos problemas de mau exercício e execução das políticas públicas.

2. DIREITOS METAINDIVIDUAIS

Como visto acima, os direitos difusos e coletivos são a mais nova representação dos direitos fundamentais, se configurando na terceira geração destes, sendo direitos que não pertencem a alguém especificamente, mas a toda a comunidade ou grupo, vindo sua proteção a se desdobrar, não em favor de uma determinada pessoa, mas em favor de todos. Em face de sua novidade, os ordenamentos jurídicos aos poucos vão se adaptando a esta nova realidade, trazendo normas assecuratórias para estes.

Para referência aos direitos difusos, coletivos e individuais homogêneos (categoria introduzida pelo Código de Defesa do Consumidor), usar-se-á a expressão *direitos metaindividuais* ou *transindividuais*, pois eles traspassam a esfera de atributividade individual, vindo a corresponder à síntese dos valores dominantes em determinada categoria, grupo, comunidade; saem da esfera individual para se projetar na órbita coletiva.

A novidade destes direitos faz com que se torne superada a *summa divisio* romana entre o público e o privado, tendo surgido um grande vão sem qualquer ponte de ligação entre os dois aspectos da dicotomia, o indivíduo e o Estado, pois a realidade atual é muito mais complexa e pluralista do que a abstrata dicotomia, já que entre o indivíduo e o Estado existem numerosos grupos e comunidades que forçosamente reclamarão proteção judicial de certos direitos que, na classificação tradicional, não serão públicos nem privados. No passado, esta separação era com-

PARTE IV – A EFETIVIDADE DO ECA: MEDIDAS JUDICIAIS E EXTRAJUDICIAIS

preensível, pois, efetivamente, os únicos polos de referência eram o indivíduo e o Estado, não se cogitando de outros entes que viessem a reclamar a proteção de direitos. Esta situação se alterou nos dias de hoje, em que inúmeros grupos e até mesmo a comunidade gritam para proteger seus direitos, direitos estes que não se situam na esfera pública, nem na privada, transitando entre as duas, formando um *tertium genus*, já que a coletividade tem interesse em vê-lo protegido. Perfeita a lição de Ada Pellegrini Grinover[5]:

> No entanto, a *summa divisio* parece irremediavelmente superada pela realidade social de nossa época, da qual emergem claramente novos interesses que, posto que não públicos no sentido tradicional da palavra, são, no entanto, coletivos. Ninguém e todos são seus titulares. A antiga concepção da iniciativa processual monopolizada nas mãos do titular do "direito subjetivo" revela sua impotência e sua inadequação frente a interesses que são, ao mesmo tempo, de todos e de ninguém.

Em alguns momentos, o conteúdo dos direitos metaindividuais se aproximará do direito privado, como no caso das relações contratuais dos consumidores, enquanto em outros momentos se aproximará do direito público, como o direito à saúde, o direito à educação, o direito ao meio ambiente saudável.

As doutrinas brasileira e estrangeira dividem-se no entender serem os direitos transindividuais *direitos* ou *interesses*, discussão que se torna irrelevante pelo fato de nosso ordenamento jurídico utilizar as duas expressões de forma fungível (art. 81 da Lei n. 8.078/90). Optamos pela utilização da expressão *direito*[6].

Em primeiro lugar, temos de buscar o significado dos dois vocábulos. Interesse, na clássica definição de Henri Capitant, citado por Rodolfo de Camargo Mancuso[7], é uma vantagem de ordem pecuniária e moral. No dizer de Cretella Júnior[8], é a pretensão do particular, desprotegida pela norma jurídica. O interesse interliga uma pessoa a um bem da vida, em virtude de um determinado valor que este bem possa representar para esta mesma pessoa. Esta definição tanto pode ser utilizada para o interesse geral como para o interesse jurídico, trazendo a doutrina várias acepções para *interesse*[9].

---

5   Interesses difusos. *Enciclopédia Saraiva de direito*. São Paulo: Saraiva, 1977, v. 45, p. 405.

6   Adota a expressão *direito* RODRIGUES, Geiza de Assis. *Ação civil pública e termo de ajustamento de conduta*. Rio de Janeiro: Forense, 2002, p. 43.

7   Interesses Difusos: conceito e colocação no quadro geral dos "interesses". *Revista de Processo*, v. 55, p. 165.

8   Interesse. *Enciclopédia Saraiva de Direito*. São Paulo: Saraiva. 1977, v. 45.

9   Todas estas distinções e outras são muito bem discorridas por Rodolfo de Camargo Mancuso em sua obra *Direitos difusos*, p. 17-46. Deixaremos de discorrer sobre tais distinções, em virtude de necessitarem de uma especial atenção que não cabe no âmbito deste trabalho.

Os direitos subjetivos compreendem posições de vantagem, privilégios, prerrogativas, que, uma vez integradas ao patrimônio de seu titular, passam a se beneficiar de uma tutela especial do Estado contra eventual afronta por parte de terceiros ou do próprio Estado. A estreiteza da concepção tradicional individualista do direito subjetivo obstou, por muito tempo, que os interesses pertinentes, a toda uma coletividade e a cada um dos membros desta mesma coletividade, pudessem ser havidos por juridicamente protegíveis. Com a concepção atual do direito subjetivo, mais ampla, alargou-se o espectro da tutela jurídica. O que outrora ficava inserido na classe dos interesses, hoje há que ser considerado direito.

Os direitos difusos e coletivos possuem titularidade, como qualquer outra modalidade de direito, apesar de suas naturezas, fluida a do primeiro e "pluralista" a do segundo. Adaptando-se a visão individualista do direito subjetivo à esfera metaindividual, de uma vantagem integrada a um patrimônio e que merece proteção estatal, temos que o direito difuso está integrado no patrimônio da comunidade, da humanidade e merece toda a proteção estatal. Seu titular, já que este é o grande problema que enfrentam os que não conseguem se desprender da visão individualista herdada do liberalismo, é a comunidade como um todo. No mesmo sentido os direitos coletivos. Seu titular é a coletividade mais ou menos individuada, o grupo, a classe, já que ele ultrapassa a esfera de cada indivíduo que compõe o grupo, sendo uma síntese deste. É o interesse de cada membro daquela coletividade, sendo, assim, o interesse da própria coletividade.

Cabe, agora, verificarmos os conceitos e características dos direitos metaindividuais.

1) *Direitos difusos.* Diversos conceitos são fornecidos pela doutrina. Ada Pellegrini Grinover[10] o conceitua como "comuns a uma coletividade de pessoas, que não repousa necessariamente sobre uma relação base, sobre um vínculo jurídico definido, que as congregue".

O conceito legal nos é fornecido pelo art. 81, parágrafo único, I, do CDC: "Interesses ou direitos difusos, assim entendidos, para os efeitos deste Código, os transindividuais, de natureza indivisível, de que sejam titulares pessoas indeterminadas e ligadas por circunstâncias de fato".

Os conceitos acima transcritos trazem em seu bojo as características básicas dos direitos difusos, a saber: a) indeterminação de sujeitos; b) indivisibilidade do objeto; c) conflituosidade interna; d) natureza extrapatrimonial; e) indisponibilidade; f) ausência de vínculo jurídico entre os detentores do direito.

---

10 Op. cit., p. 401. Rodolfo de Camargo Mancuso (op. cit., p. 125) os conceitua como os de natureza metaindividual, que não tendo atingido o grau de agregação e organização necessários à sua afetação institucional junto a certas entidades ou órgãos representativos dos interesses já socialmente definidos, restam em estado fluido, dispersos pela sociedade civil como um todo, podendo, por vezes, concernir a certas coletividades de conteúdo numérico indefinido.

PARTE IV – A EFETIVIDADE DO ECA: MEDIDAS JUDICIAIS E EXTRAJUDICIAIS   **1017**

2) *Direitos coletivos*. O direito coletivo é o direito de uma pluralidade de pessoas a um bem idôneo a satisfazer um desejo comum. É um direito comum a afetar uma coletividade inteira de indivíduos reunidos por meio de vínculos jurídicos.

O Código de Defesa do Consumidor, no art. 81, parágrafo único, II, o conceitua como: "Interesses ou direitos coletivos, assim entendidos, para efeitos deste Código, os transindividuais de natureza indivisível de que seja titular grupo, categoria ou classe de pessoas ligadas entre si ou com a parte contrária por uma relação jurídica base".

São as seguintes as características do direito coletivo: a) direito síntese dos membros do grupo, não a soma dos direitos individuais; b) indivisibilidade; c) indisponibilidade; d) existência de relação jurídica base entre os titulares; e) podem ser patrimoniais ou não, dependendo do caso em concreto.

3) *Direitos individuais homogêneos*. Seu conceito nos é fornecido pela Lei n. 8.078/90, no art. 81, parágrafo único, III: "Interesses ou direitos individuais homogêneos, assim entendidos os decorrentes de origem comum".

A figura dos direitos individuais homogêneos, para a defesa coletiva, foi trazida para o direito brasileiro pelo Código de Defesa do Consumidor, já que essa possibilidade inexistia em nossa legislação, pois só se concebia que fossem defendidos coletivamente os direitos difusos e os direitos coletivos. Foi criada assim a *class action* brasileira[11].

Apresenta as seguintes características: a) é direito individual de parcela relevante da sociedade, determinável ou de difícil determinação; b) existência de uma origem comum de questões de fato e de direito que permite uma defesa genérica; c) ausência de vínculo jurídico entre os direitos; d) tutela jurídica tratada coletivamente (*acidentalmente coletivos*, na feliz expressão de Barbosa Moreira[12]); e) disponibilidade; f) reparação diretamente aos interessados; g) natureza patrimonial.

3. INQUÉRITO CIVIL

O inquérito civil foi criado pela Lei n. 7.347/85 (Lei de Ação Civil Pública), art. 8º, § 1º, tendo sido elevado ao nível constitucional, por ter sido previsto no art. 129, III, da CF.

---

11   A expressão foi primeiramente utilizada pela Professora Ada Pellegrini Grinover, importando-a do direito norte-americano, onde esta modalidade de ação conta com previsão na regra 23 da *Federal Rules of Civil Procedure* de 1966. Para um melhor entendimento desta modalidade de *ação de classe*, sugerimos a leitura do trabalho da Professora Ada Pellegrini intitulado: Da *class action for damages* à ação de classe brasileira: os requisitos de admissibilidade. In: MILARÉ, Édis (coord.). *Ação civil pública* – 15 anos. 2. ed. rev. e atual. São Paulo: Revista dos Tribunais, 2002. No mencionado trabalho é realizado um estudo de direito comparado, com demonstração dos requisitos da ação norte-americana e da ação brasileira.

12   Ações coletivas na Constituição Federal de 1988. *Revista de Processo*, v. 61, São Paulo, 1991, p. 187; Tutela jurisdicional dos interesses coletivos ou difusos. *Temas de direito processual civil*. 3ª série. São Paulo: Saraiva, 1984, p. 196.

A Constituição Federal inclui o inquérito civil como função institucional do Ministério Público, o que não é na verdade, sendo instrumento de atuação institucional, conforme dispõe a LC n. 75/93, art. 6º, VII, para a consecução de uma das atividades-fim da instituição, a proteção aos direitos metaindividuais.

Pode ser conceituado como

> investigação administrativa prévia a cargo do Ministério Público, que se destina basicamente a colher elementos de convicção para que o próprio órgão ministerial possa identificar se ocorre circunstância que enseje eventual propositura de ação civil pública ou coletiva[13].

Com a evolução do Direito Processual Civil brasileiro, principalmente após o início da vigência do CPC de 2015, tivemos um incremento das soluções consensuais de conflito, que deverão ser estimuladas pelo Estado, inclusive no curso do processo judicial. É o que dispõe o art. 3º do CPC, em seus §§ 2º e 3º. O Termo de Ajustamento de Conduta é uma modalidade de solução consensual de conflito, logo, temos de entender que o primeiro fim do inquérito civil, após a apuração dos fatos e a conclusão pelo promotor de justiça de que o investigado é o autor da lesão ao direito metaindividual, não é a propositura da ação civil pública, mas a realização de um termo de ajustamento de conduta.

Assim, apesar de correta a conceituação do inquérito civil fornecida por Hugo Nigro Mazzilli, imperiosa a atualização de sua parte final, devendo o inquérito civil ensejar a realização de um termo de ajustamento de conduta e, não sendo possível sua obtenção, a propositura de ação civil pública.

É um procedimento administrativo instaurado e presidido pelo Promotor de Justiça com a finalidade de verificar a existência de lesão ou ameaça de lesão a direito metaindividual. Apenas o Ministério Público pode instaurar e presidir o inquérito civil (art. 8º, § 1º, da Lei n. 7.347/85 e arts. 201, V, e 223, ambos do ECA), não sendo conferida esta atribuição a nenhum outro ente que tenha legitimidade para propor ação civil pública. A ideia inicial do inquérito civil teve como base o inquérito policial, mas dele foi se afastando paulatinamente, tornando-se um meio de apuração de fatos muito melhor do que o outro. Um dos pontos de destaque do inquérito civil, a presidência ser delegada ao mesmo ente que será o titular da ação, faz com que a pessoa que investiga tenha total compromisso com o bom resultado da investigação, preparando-a de forma muito mais adequada.

O modo como o Ministério Público tomará conhecimento dos fatos será o mais diverso. Pode ser por representação de algum interessado, por comunicação anônima, por conhecimento direto, por ser dever seu de ofício investigar determinados casos. O promotor de justiça pode vir a conhecer dos fatos de forma direta, por

---

13   MAZZILLI, Hugo Nigro. *O inquérito civil*. São Paulo: Saraiva, 1999, p. 46.

PARTE IV – A EFETIVIDADE DO ECA: MEDIDAS JUDICIAIS E EXTRAJUDICIAIS

meio de sua divulgação pelos meios de comunicação, bem como pelo seu contato direto com a comunidade. No exercício de sua atividade há situações que devem ser obrigatoriamente acompanhadas pelo promotor de justiça, fazendo-se necessária a instauração do procedimento investigatório, podendo-se exemplificar, na área da infância, com o acompanhamento da aplicação das verbas do Fundo de Manutenção e Desenvolvimento do Ensino Básico (Fundeb) junto às Secretarias Estaduais e Municipais de Educação.

Não é obrigatória instauração de inquérito civil sempre que seja detectada a violação ou ameaça de lesão a direito metaindividual. Sendo verificado pelo promotor de justiça que as peças que tem em mãos já lhe fornecem os subsídios necessários à propositura da ação, deverá fazê-lo. Exigir a obrigatória instauração do inquérito civil para que pudesse ser proposta a ação civil pública nada mais seria do que uma medida procrastinatória contrária à urgência de preservação dos direitos. Havendo convencimento quanto à existência de ameaça de lesão ou lesão efetiva a direito metaindividual, *deve* o promotor de justiça propor a ação devida. Isso se torna mais evidente quando se está a cuidar de direitos metaindividuais da criança e do adolescente, tendo em vista a incidência dos princípios da prioridade absoluta e do superior interesse.

Não há forma prevista em lei para a instauração do inquérito civil, mas o Conselho Superior do Ministério Público, por meio da Resolução n. 23/2007, ao disciplinar a instauração e a tramitação do inquérito civil, dispôs, em seu art. 4º, que a instauração se dará por meio de portaria. O art. 4º, em seu *caput* e incisos, dispõe (como já falávamos desde a 1ª edição desta obra) que a portaria: tem de ter numeração sequencial crescente, devendo haver registro em livro próprio; apresente justificativas legais e fáticas de sua expedição; qualificação da pessoa a quem o fato é atribuído; determinação das diligências iniciais para apuração dos fatos.

Por se tratar de procedimento e não de processo administrativo, o inquérito civil não se encontra sob o pálio do contraditório. Nele não se encontram partes, não há a imputação de sanção de qualquer espécie, havendo apenas investigação e investigados para a formação do convencimento do Ministério Público. Por se estar em busca da melhor maneira de se formar o convencimento, torna-se importante que o promotor de justiça tenha conhecimento das ponderações da pessoa ou órgão investigado. A participação do investigado no inquérito civil será uma faculdade a ele concedida pelo promotor de justiça. Porém o limite da intervenção do investigado há que ser cautelosamente fixado, sempre tendo por fim não prejudicar a natureza das investigações. O investigado não possui direito de exigir que esta ou aquela prova seja realizada, pois o cabimento de cada uma delas será avaliado pelo presidente do inquérito civil[14].

---

14 MAZZILLI, Hugo Nigro. Op. cit., p. 194.

As diligências a serem realizadas pelo Ministério Público serão todas as que forem necessárias ao bom esclarecimento dos fatos e realização do convencimento do promotor de justiça, seja para a propositura de ação civil pública, seja para o arquivamento. Pode requisitar informações aos órgãos públicos, a pessoas jurídicas de direito público e direito privado, bem como a pessoas naturais, expedir notificações para colheita de declarações, determinar e requisitar a realização de perícias (art. 201, VI, do ECA). As perícias devem ser realizadas por órgãos técnicos do próprio Ministério Público. Caso não existam na instituição esses órgãos ou a especialidade da perícia não seja por eles atendida, esta deve ser requisitada a ente público com especialização para tanto. O Ministério Público do Estado do Rio de Janeiro conta com grupo de profissionais de apoio técnico (GATE), das mais diversas especialidades, que auxiliam os promotores de justiça na instrução dos inquéritos civis nas mais diversas áreas de atuação. Apenas nas hipóteses em que o Ministério Público não contar com técnicos especializados é que terá de buscar auxílio em outros órgãos públicos ou ONGs.

Ao serem expedidas as diligências, deverá ser concedido prazo para a apresentação da resposta, não havendo prazo certo para cada uma. Especifica a Lei n. 8.069/90, em seu art. 223, apenas o prazo mínimo, que será de 10 dias úteis, que é o mesmo constante no § 1º do art. 8º da Lei de Ação Civil Pública. O prazo deverá ser concedido pelo Promotor de Justiça verificando a complexidade da resposta ou da perícia, nunca podendo ser inferior ao determinado em lei. É certo que em algumas situações, tendo em vista a urgência que o caso requer, o prazo para resposta poderá ser fixado em tempo inferior a 10 dias úteis, mas para tal desiderato deverá haver a comprovação e a justificativa da urgência nos autos do inquérito civil.

Na hipótese de haver a necessidade de realização de alguma diligência fora da área física de atuação do promotor de justiça que preside o inquérito civil, deverá ser expedida carta precatória para o órgão de atuação situado na localidade, solicitando a realização do ato (Resolução CNMP n. 23/2007, art. 6º, § 7º). O procedimento a ser adotado para a expedição da precatória será o mesmo constante do CPC, aplicado por analogia. É muito comum a utilização de carta precatória, inclusive entre Ministérios Públicos de Estados diferentes da Federação, para oitiva de pessoas. Da precatória deverá constar cópia nos autos do inquérito civil na Promotoria de Justiça deprecante, e deve ser ela registrada e autuada na Promotoria de Justiça deprecada. Após seu cumprimento, deve ser determinada sua baixa e devolução.

O inquérito civil, como todos os atos do Estado, é público, podendo ter acesso a ele qualquer pessoa que tenha legítimo interesse. O sigilo só deverá ocorrer se assim for determinado pela matéria em investigação, para que esta não fracasse, ou se as informações constantes do inquérito ou as que forem requisitadas se classificarem como sigilosas, hipótese em que será o promotor de justiça pessoalmente responsabilizado caso as utilize indevidamente (art. 201, § 4º, do ECA; art. 8º, § 1º,

PARTE IV – A EFETIVIDADE DO ECA: MEDIDAS JUDICIAIS E EXTRAJUDICIAIS

da Lei n. 7.347/85; art. 26, § 2º, da Lei n. 8.625/93, Resolução CNMP n. 23/2007, art. 7º). Aos inquéritos civis que tratem de direitos transindividuais da infância e juventude, a aplicação do sigilo se dará do mesmo modo que em qualquer outro inquérito civil, só cabendo ao Promotor de Justiça verificar se a divulgação de alguma informação exporá a figura de alguma criança ou adolescente, situação que fará com que deva manter o sigilo.

Só deverá haver sigilo, portanto, para a preservação do interesse público e para preservar a intimidade e a vida privada das pessoas. O sigilo deverá ser decretado pelo presidente do inquérito, fundamentadamente, esclarecendo se alguma outra pessoa poderá ter acesso às informações dos autos. Aos funcionários da Promotoria de Justiça aplicam-se as sanções devidas no caso de divulgação de alguma informação sigilosa.

Finalizada a instrução do inquérito, três atitudes podem ser adotadas pelo promotor de justiça: realizar termo de ajustamento de conduta, promover a ação civil pública, promover o arquivamento. Trataremos, no momento, apenas do arquivamento, pois as demais medidas serão cuidadas em item próprio.

Entendendo não ser necessária a propositura de ação civil pública por não ter ficado demonstrada no curso da instrução do inquérito civil a existência de lesão ou ameaça de lesão a algum direito metaindividual, o promotor de justiça promoverá seu arquivamento. A promoção de arquivamento deve ser fundamentada com exposição das razões que levaram a seu convencimento (art. 223, § 1º, do ECA e art. 9º, *caput*, da Lei n. 7.347/85, Resolução CNMP n. 23/2007, art. 10, *caput*). A promoção de arquivamento é um ato estatal que necessita de controle pelo próprio Estado para que seja verificado se suas finalidades foram atingidas. O controle da promoção de arquivamento será realizado pelo Conselho Superior do Ministério Público, devendo ser os autos do inquérito remetidos no prazo de três dias, sob pena de falta funcional (art. 223, § 2º, do ECA e art. 9º, § 1º, da Lei n. 7.347/85, Resolução CNMP n. 23/2007, art. 10, § 1º). Homologado o arquivamento pelo Conselho Superior, os autos serão devolvidos à Promotoria de Justiça de origem, para arquivamento. Não sendo homologado o arquivamento, será designado outro órgão do Ministério Público para continuar nas investigações ou propor a ação civil pública (arts. 223, § 5º, do ECA, e 9º, § 4º, da Lei de ACP). Há uma imprecisão técnica quando a lei utiliza a expressão "outro órgão", já que, na verdade, haverá a designação de outro promotor de justiça, pois o inquérito civil ainda continuará vinculado ao órgão originário. A necessidade de designação de outro membro do Ministério Público se dá em decorrência do princípio institucional da independência funcional. O promotor designado atuará como *longa manus* do Conselho Superior, pelo que deverá cumprir as diligências que foram determinadas pelo órgão colegiado ou propor a competente ação civil pública (Resolução CNMP n. 23/2007, art. 10, § 4º). Caso não concorde com a decisão do Conselho Superior, o Promotor de Justiça que for designado deverá, fundamentadamente, requerer sua substituição.

Enquanto o Conselho Superior não tiver se manifestado sobre a promoção de arquivamento, qualquer dos legitimados para a propositura da ação civil pública poderá se manifestar nos autos, apresentando razões e juntando peças, conforme art. 223, § 3º, do ECA e art. 9º, § 2º, da Lei de ACP.

Após o arquivamento, o inquérito civil pode ser reaberto se surgirem novas provas.

O inquérito civil é um verdadeiro *instrumento de cidadania*[15], o que fica claramente demonstrado pelo grande número de representações recebidas pelos diversos órgãos do Ministério Público por todo o país (formuladas, inclusive, por entes que possuem legitimação para a defesa dos direitos metaindividuais). Sua utilização vem facilitando, e muito, a solução dos problemas que envolvem direitos metaindividuais, pois, com sua simples instalação e o início das diligências, as lesões são sanadas. Sua utilização, principalmente quando se obtém um termo de ajustamento de conduta, faz com que não seja necessário o acionamento da máquina judiciária, já que toda a solução para o problema é obtida extrajudicialmente.

4. TERMO DE AJUSTAMENTO DE CONDUTA

Recebida a notícia da ocorrência de lesão ou ameaça de lesão a direito metaindividual, o Ministério Público instaura o competente inquérito civil para apuração dos fatos e posterior propositura de ação civil pública. Durante o curso do inquérito civil, em contato com o causador da lesão, pode surgir a possibilidade de composição daquela, sendo realizado um termo de ajustamento de conduta, ao qual denominaremos de TAC.

Na redação original da Lei de Ação Civil Pública não havia a previsão do TAC, que só passou a existir após o advento do Código de Defesa do Consumidor, que acrescentou o § 6º ao art. 5º daquela lei. O ECA, que é anterior ao CDC, traz previsão do TAC em seu art. 211, sendo idêntica a redação de ambos os dispositivos. A inclusão do TAC em nosso ordenamento jurídico é mais um incremento às hipóteses de composição extrajudicial dos conflitos de interesse.

---

15 FERRAZ, Antônio Augusto Mello de Camargo. Inquérito Civil: dez anos de um instrumento de cidadania. In: MILARÉ, Édis (coord.). *Ação civil pública* – Lei 7.347/85 – Reminiscências e reflexões após 10 anos de aplicação. São Paulo: Revista dos Tribunais, 1995, p. 62-69. Merece ser ressalvada a preocupação de Camargo Ferraz, que continua, infelizmente, extremamente atual, mais de 30 anos depois, quando o autor cuida do aumento do número de representações ao Ministério Público e que acabaram por acarretar a instauração de inquéritos civis oriundos, até mesmo, de entes colegitimados para a defesa dos direitos transindividuais, fato que nada mais é do que "um sintoma claro da fragilidade de nossa democracia, na medida em que revela o grau ainda incipiente de organização da chamada 'sociedade civil', a grave crise nacional da educação, a baixa consciência dos cidadãos quanto aos seus direitos mais elementares, o sentimento generalizado de impotência diante da impunidade" (op. cit., p. 64).

PARTE IV – A EFETIVIDADE DO ECA: MEDIDAS JUDICIAIS E EXTRAJUDICIAIS

Os direitos metaindividuais trazem como uma de suas características a indisponibilidade, com exceção dos direitos individuais homogêneos (*vide* item 2 acima), sendo sua indisponibilidade decorrente do modo coletivo como são tratados. Em virtude desta característica, na mesma esteira do entendimento utilizado para os direitos públicos e para os pertencentes a incapazes, há a impossibilidade de serem objeto de transação, pois, ao ser utilizada a transação, está ocorrendo uma negociação, em que cada uma das pessoas envolvidas abre mão de seu direito, o que faz com que não possamos entender o TAC como uma transação.

Nenhuma dúvida existe, porém, de que mesmo para os direitos indisponíveis é possível a conciliação, o que acontece diariamente nas audiências que são realizadas, inclusive naquelas em que o Estado figura como parte. Quando é realizado um TAC não são feitas concessões recíprocas entre o ente público e o interessado, mas o reconhecimento, por este, da necessidade de ajustar sua conduta às exigências legais. Não podem existir concessões por parte do órgão público no que concerne ao conteúdo do direito metaindividual, devendo ser buscada extrajudicialmente a mesma solução que seria conseguida judicialmente. Quando o ente público e o interessado iniciam as tratativas para a realização do TAC, estão negociando, havendo a manifestação livre da vontade de ambos, caracterizando a existência de bilateralidade. Há a discricionariedade do órgão público em realizar, ou não, o ajuste, devendo-se verificar qual atitude melhor atenderá ao interesse público. Entendendo ser o ajuste que melhor atenderá ao interesse público, negociará com o interessado, a fim de que a conduta deste passe a atender às exigências legais.

Podemos apontar, assim, como a natureza jurídica do TAC, a de negócio jurídico bilateral (ou plurilateral, dependendo de quantas pessoas dele participem), como o faz Geiza de Assis Rodrigues[16]. Conclui, com acerto, a mencionada autora tratar-se de um negócio jurídico da Administração, "que também tem natureza de equivalente jurisdicional, por ser um meio alternativo de solução de conflito. Podemos concluir que o ajustamento de conduta é um acordo, um negócio jurídico bilateral, que tem apenas o efeito de acertar a conduta do obrigado às exigências legais"[17].

Não só o Ministério Público possui legitimidade para a realização do TAC, mas todos os entes legitimados para a propositura da ação civil pública, conforme se depreende da regra do art. 211 do ECA.

O ente legitimado deve realizar o ajuste de conduta de forma a atender às exigências legais, ou seja, não deve realizar nenhuma concessão que venha a impedir a total proteção aos direitos metaindividuais ou conceder condições mais favoráveis aos causadores da lesão. Deve-se buscar, com o TAC, a tutela específica para os

---

16 Op. cit., p. 150-151. A autora desenvolve todas as correntes sobre a natureza do ajuste de conduta, indicando, inclusive, os doutrinadores que abraçam cada uma delas (p. 139-157).

17 Op. cit., p. 157.

direitos metaindividuais (aquilo e exatamente aquilo que seria possível de obter judicialmente) para que sejam satisfeitos os anseios da comunidade, fazendo com que a situação retorne ao *status quo*, o que leva à conclusão de que o ressarcimento financeiro deve ser a última opção. Não podemos esquecer que o ECA, em seu art. 213, cuida da tutela específica das obrigações de fazer, do mesmo modo como o fez posteriormente o art. 497 do CPC. Essa regra é de aplicação perfeita para as ações civis públicas – até porque elas podem ter como objeto o cumprimento de obrigações de fazer e de não fazer –, podendo ser estendida aos TACs.

A liberdade concedida ao ente público para negociar se dará com relação ao modo de cumprimento do ajuste (para a realização da tutela específica) e os prazos para atendimento de cada um dos termos.

Para que possa ter condições de elaborar termos que atinjam a tutela específica do direito metaindividual lesado, deve o Ministério Público, assim como os demais legitimados, estar devida e tecnicamente assessorado para que possa conduzir o acordo evitando a manutenção de qualquer lesão.

O TAC há que ser escrito em vernáculo de forma simples e direta a fim de evitar possíveis problemas de interpretação de suas cláusulas. É importante que entre suas cláusulas conste uma em que venha expressa a concordância do obrigado em promover as medidas estabelecidas pelo órgão público[18].

Existe sempre uma dúvida sobre a necessidade ou não de cláusula em que conste previsão de multa para o caso do descumprimento de uma ou mais cláusulas do ajuste. Alguns membros do Ministério Público entendem que a inserção de multa no TAC trará dificuldades em sua assinatura, principalmente quando se trata de ajuste com o Estado. Afirmam que, considerando a regra constante do art. 814 do CPC, que permite a imposição de multa pecuniária pelo juiz a requerimento da parte, torna-se indiferente a inclusão de cláusula cominatória no corpo do TAC.

Não podemos esquecer que o direito da criança e do adolescente traz como princípios basilares o superior interesse e a prioridade absoluta, sendo certo que a brevidade na solução dos conflitos, corolário dos mencionados princípios, é o desejado pelo legislador (tanto isso é verdadeiro que para os procedimentos constantes do ECA houve redução de prazos com a finalidade de fazer com que os processos cheguem a seu final mais celeremente).

Deste modo, considerando a necessidade de proteção plena para os direitos metaindividuais que, quando lesados ou ameaçados de lesão, têm de ser protegidos o mais rapidamente possível e o autor da lesão ou ameaça há que ser constrangido a paralisá-la, é extremamente importante que a cláusula de imposição de multa conste do TAC, caso os prazos e condições estipulados venham a ser descumpridos.

---

18 RODRIGUES, Geiza de Assis. Op. cit., p. 191.

PARTE IV – A EFETIVIDADE DO ECA: MEDIDAS JUDICIAIS E EXTRAJUDICIAIS 1025

A presença desta cláusula torna-se mais importante quando o direito metaindividual lesado diz respeito às crianças e adolescentes. Fazemos esta afirmação com base nos princípios constitucionais mencionados no parágrafo anterior, que fornecem todo o embasamento necessário para que aquele que viola algum direito das crianças e adolescentes seja constrangido a cessar sua ação ou omissão.

A não inclusão da cláusula de multa, principalmente quando temos o Poder Público como o violador de direitos – fato que mais acontece em sede dos direitos metaindividuais das crianças e adolescentes –, tira, e muito, a força impositiva dos TACs, pois o administrador terá plena consciência de que, com o descumprimento das cláusulas ajustadas, será preciso que se aguarde a fixação da pena pecuniária pelo Judiciário, que só começará a viger a partir de findo o prazo fixado pelo juiz para seu cumprimento.

A recusa do Administrador em assinar termo de ajustamento de conduta quando este contém cláusula impositiva de multa configura, a nosso ver, única e exclusivamente, má-fé em cumprir o pactuado, ou seja, em agir dentro da legalidade, pois, se tivesse agido dentro dos limites da lei, não teria sido necessária a instauração de um inquérito civil e a formulação de um TAC. Caso o Administrador Público pretendesse, efetivamente, cumprir com o pactuado, não se furtaria a assinar o termo com a imposição de multa, por maior que fosse seu valor, já que nunca teria a necessidade de pagá-la, pois cumpriria o acordado a tempo e à hora.

Junto a isso temos o fato de já termos percebido que deixar o arbítrio do valor da multa ao prudente critério do juiz quando de futura execução, acaba por ser uma forma de beneficiar o Administrador que descumpre seu dever legal, pois grande parte dos juízes, ao fixarem os valores das multas diárias, tem sido econômica ao estabelecê-los, o que faz com que, por serem pequenos, acabem por não atingir o objetivo desejado. A força de coação da multa encontra-se no fato de a soma de seu valor acabar por convencer o executado a cumprir sua obrigação. Sendo pequeno o valor estipulado, considerando o poder aquisitivo do executado, a força de coação torna-se nenhuma.

Não pode ser esquecido que quando da elaboração da cláusula que fixa a multa cominatória há que ser indicada sua destinação. Como estamos na área da criança e do adolescente, as multas devem ser direcionadas para o Fundo Municipal dos Direitos da Criança e do Adolescente.

Com mais de 30 anos de existência dos instrumentos legais para proteção dos direitos metaindividuais, está mais do que no momento de o Poder Judiciário tomar consciência da importância de sua atuação na rede de proteção desses direitos, passando a ocupar seu lugar, com uma atuação mais social. Um dos passos a serem dados para tal fim estará na forma de sancionar aquele que viola os direitos transindividuais, passando a fixar multas diárias em valores mais altos, para que elas possam cumprir sua finalidade legal.

A lei não estipula o momento correto para a realização do TAC. Por ser uma forma de prevenção de litígios e um meio extrajudicial de composição, pode ser formalizado mesmo após a propositura da ação civil pública. Tal afirmação é feita com base em todo o sistema processual, que tem como finalidade principal a solução dos conflitos como forma de buscar a paz social. Com a realização do TAC, está demonstrada a vontade do órgão público e do obrigado em alcançarem de forma mais rápida a proteção aos direitos metaindividuais e o encerramento do conflito. Logo, deve o juiz aceitá-lo e realizar sua homologação para extinguir o processo, com base no art. 487, III, *b*, do CPC.

5. AÇÃO CIVIL PÚBLICA

5.1. Introdução e conceito

A proteção aos direitos metaindividuais alcançou importância tal que o constituinte entendeu por bem elevá-la a nível constitucional, enunciando os instrumentos processuais criados com essa finalidade como meios garantidores dos direitos fundamentais, sendo reconhecida a ação popular no art. 5º, LXXIII, e a ação civil pública no art. 129, III, ambos da CF. A elevação dessas ações a nível constitucional demonstra sua total adequação ao Estado de Direito Democrático, pois configuram os melhores instrumentos para realizar a proteção dos direitos da Sociedade.

A primeira norma criada para a proteção dos direitos metaindividuais foi a Lei de Ação Popular (Lei n. 4.717/65) possuindo como legitimado ativo o cidadão, tendo como objeto a anulação ou decretação de nulidade dos atos lesivos ao patrimônio público, assim considerado o patrimônio histórico, econômico, artístico, estético ou turístico. Duas décadas depois surge a Lei de Ação Civil Pública (Lei n. 7.347/85).

A ação civil pública só veio a ter incremento após a promulgação da Constituição de 1988 e o surgimento do Estatuto da Criança e do Adolescente e do Código de Defesa do Consumidor. O Código de Defesa do Consumidor trouxe nova sistematização para a ação civil pública, com a inserção de novos dispositivos no texto da Lei n. 7.347/85, e a criação da *class action for damages* brasileira, em decorrência da inserção de nova modalidade de direito metaindividual, o individual homogêneo.

Estamos tratando, então, do processo civil coletivo, no qual temos a figura da ação coletiva (gênero), que encontra na ação civil pública sua espécie mais expressiva[19].

Seja individual, seja coletiva, o que pretende o autor é que o Estado venha a proteger um determinado direito que se encontra lesionado ou ameaçado de lesão.

---

19 Além da ação civil pública, temos outros exemplos de ação coletiva em nosso ordenamento, dentre elas a ação popular, o mandado de segurança coletivo, os dissídios coletivos.

PARTE IV – A EFETIVIDADE DO ECA: MEDIDAS JUDICIAIS E EXTRAJUDICIAIS   1027

O que qualifica uma ação como coletiva é o fato servir para a defesa de um direito metaindividual, e que esta defesa seja realizada por um representante adequado que, no caso do direito brasileiro, será um dos legitimados pela lei. A causa de pedir deve demonstrar as características de metaindividualidade dos direitos aos quais se postula a proteção jurisdicional. Sua decisão deve produzir efeitos sobre todas as pessoas que se enquadrarem na situação tratada naquele processo, ou seja, a coisa julgada produzirá efeitos também sobre terceiros que não foram parte na relação processual.

Podemos, então, conceituar ação civil pública como espécie de ação coletiva proposta por algum dos legitimados pela lei em defesa de um direito metaindividual, utilizado com esta característica, vindo os efeitos da decisão a atingir toda a comunidade ou grupo de pessoas que se enquadre naquela situação.

Sua denominação como pública não se dá em decorrência de poder ser movida pelo Ministério Público, pois não é ele o único legitimado para propô-la. É considerada pública em virtude dos direitos nela defendidos, os metaindividuais[20]. Neste sentido a lição de José dos Santos Carvalho Filho[21] que, ao analisar a terminologia legal, afirma:

> Poder-se-á, pois, afirmar que se trata de ação pública porque não se cinge à esfera restrita dos interesses singulares, consagrada na doutrina individualista das ações, mas, ao contrário, visa alcançar interesses grupais da sociedade, que, como se verá adiante, tem contornos e condições diversos dos daqueles.

Merece transcrição também a lição de Rodolfo de Camargo Mancuso[22] quando diz que

> a rigor, a ação da Lei 7.347/85 objetiva a tutela dos interesses *difusos* que se não confundem com os "coletivos" nem com o "interesse público", de outra parte, ela não é "pública" *porque* o MP seja a "parte pública" que pode promovê-la a par dos outros colegitimados, mas sim porque apresenta um largo espectro social de atuação, permitindo o acesso à justiça de certos interesses metaindividuais que, de outra forma, permaneceriam num certo "limbo jurídico".

É ela assim denominada em virtude de haver um interesse público em que os direitos transindividuais sejam jurisdicionalmente protegidos.

---

20   Como já mencionado no item 2 deste capítulo, os direitos metaindividuais não se enquadram na classificação tradicional entre público e privado, ficando em uma situação diferenciada, transitando entre um gênero e outro. Por sua importância, já que dizem respeito à coletividade, o legislador entendeu por bem lhe conferir um tratamento publicizado.

21   CARVALHO FILHO, José dos Santos. *Ação civil pública*: comentários por artigos. 5. ed. rev., ampl. e atual. Rio de Janeiro: Lumen Juris, 2005, p. 2.

22   MANCUSO, Rodolfo Camargo. *Ação civil pública*. 4. ed. rev., atual. e ampl. São Paulo: Revista dos Tribunais, 1996, p. 19.

5.2. Legitimidade

Seguindo a tradição dos países de origem legislativa romano-germânica, o Brasil preferiu enumerar os legitimados para a titularidade da ação civil pública, afastando-se do critério da representação adequada utilizado pela legislação norte-americana.

Pelo critério de representação adequada, qualquer pessoa, física ou jurídica, independentemente de qualquer requisito, pode propor ação civil pública, competindo ao juiz aceitar ou não esta legitimação, levando em conta a representatividade do ente. Com o sistema utilizado pelo legislador brasileiro, enumerando os legitimados, não existirá o problema de não ser aceita a parte como legitimada a ser a autora da demanda.

A Lei de Ação Civil Pública conferiu legitimidade para seu exercício aos entes políticos, ao Ministério Público, à Defensoria Pública, às autarquias, sociedades de economia mista, empresas públicas, fundações e associações. Estas últimas deverão estar constituídas há pelo menos um ano quando da propositura da ação em que figurarem como titular e incluir entre suas finalidades institucionais a proteção ao meio ambiente, ao consumidor, à ordem econômica, à livre concorrência ou ao patrimônio artístico, estético, histórico, turístico e paisagístico. A legitimidade de todos estes entes, bem como os requisitos exigidos para as associações, encontram-se enunciados no art. 5º da Lei n. 7.347/85, com redação dada pela Lei n. 11.448/2007.

O Estatuto da Criança e do Adolescente traz regra semelhante em seu art. 210, divergindo apenas no que diz respeito aos fins das associações, que deve ser o de defesa dos interesses protegidos pelo próprio ECA.

Com relação às associações, a alteração trazida pela Lei n. 11.448/2007, ao modificar a listagem das finalidades associativas, acabou por restringir a possibilidade de propositura de ações civis públicas por esse legitimado, já que retirada do texto a expressão *qualquer outro interesse difuso ou coletivo,* que figurava como regra geral, permitindo que um novo direito metaindividual que surgisse e que se encontrasse elencado na finalidade institucional pudesse ser juridicamente defendido. Com a atual regra, na qual há uma enumeração taxativa de alguns direitos, a atuação das associações ficou um pouco limitada, mas nada que venha a afetar, de fato, a proteção dos direitos transindividuais, já que as associações nunca tiveram grande expressão como autoras de ações civis públicas.

Novidade trazida pela Lei n. 11.448/2007 foi o acréscimo da defensoria pública como legitimada para a propositura de ações civis públicas. A criação de um novo legitimado para a defesa dos direitos metaindividuais é uma coisa que há que se ter sempre como bem-vinda, pois estes direitos são continuamente e sempre violados, o que faz com que mais um ente com possibilidade de defendê-los seja visto como um ponto positivo na legislação. Apesar disso, não foi inserida na lei

PARTE IV – A EFETIVIDADE DO ECA: MEDIDAS JUDICIAIS E EXTRAJUDICIAIS

nenhuma regra de como será a atuação da defensoria pública na defesa dos direitos metaindividuais, o que faz com que, à primeira vista, sua possibilidade de atuação seja ampla, assim como a dos demais legitimados. A preocupação que nos acomete é a de que possa vir a ocorrer uma propositura açodada de ações civis públicas por parte da defensoria pública, sem o devido cuidado de uma apuração prévia – até mesmo porque o inquérito civil continua sendo instrumento privativo do Ministério Público – e de uma instrução adequada da petição inicial, fazendo com que ocorra a perda do direito ou seja prejudicada alguma investigação que se encontre em curso. A nosso ver, a legislação deveria ter especificado o limite de atuação da defensoria pública na defesa dos direitos metaindividuais, indicando instrumentos para a colheita das provas e indicando que a atuação da instituição seria na defesa dos juridicamente necessitados. Como a legitimação da defensoria pública é recente, só o tempo mostrará se haverá a necessidade de melhoria do regramento.

Assim, como muito bem ensina Hugo Nigro Mazzilli[23], a legitimação é concorrente, autônoma e disjuntiva, dando a possibilidade de cada um dos colegitimados propor a ação isoladamente ou em litisconsórcio. A questão da legitimidade concorrente significa que a aquela possuída por um dos indicados não retira a dos demais e não se faz necessário que todos ou mais de um deles figurem no polo ativo da relação processual. Qualquer um dos legitimados pode propor a ação civil pública independentemente da anuência dos demais, e esta, uma vez proposta, impede a propositura de outra ação civil pública por outro legitimado[24], sob pena de incidir em litispendência, haja vista a titularidade do direito pertencer à coletividade ou ao grupo, não ao autor coletivo.

---

23 MAZZILLI, Hugo Nigro. *A defesa dos interesses difusos em juízo*. 10. ed. rev., ampl. e atual. São Paulo: Saraiva, 1998, p. 80. No mesmo sentido, MOREIRA, José Carlos Barbosa. A ação popular do direito brasileiro como instrumento de tutela jurisdicional dos chamados "interesses difusos". *Revista de Processo*, São Paulo, v. 28, 1982, p. 12.

24 Em pesquisa realizada por alunos da UERJ, coordenada por Paulo Cezar Pinheiro Carneiro, tendo como objeto o acesso à justiça e a ação civil pública, foi constatado que no universo das ações civis públicas em curso no Foro Central da Comarca da Capital do Estado do Rio de Janeiro, dentre todos os legitimados ativos, o Ministério Público figurava em 60,92% das ações. Uma explicação para isso pode ser a maior independência da Instituição e da especialização dos órgãos de atuação e, consequentemente, de seus membros. A isso se junta o fato de os demais legitimados para a ação civil pública serem ligados ao Poder Público e se sentirem "impedidos" para a propositura da ação, até porque a maioria dos atos violadores dos direitos metaindividuais tem como autor o Estado. Os resultados da pesquisa encontram-se divulgados na obra *Acesso à Justiça*: Juizados Especiais Cíveis e ação civil pública. Há que se ressaltar, também, que a quantidade de ações civis públicas propostas é em número bem superior ao de ações populares, talvez em virtude de as pessoas preferirem esperar que algum órgão público tome a providência da defesa daquele direito metaindividual, em primeiro lugar. De nossa vivência prática, raríssimas vezes tivemos contato com alguma ação popular. Em mais de 30 anos de Ministério Público, esse número foi ínfimo.

1030 CURSO DE DIREITO DA CRIANÇA E DO ADOLESCENTE

Na ação civil pública, o Ministério Público tem legitimidade ativa, concorrente e disjuntiva com os demais nominados na lei para propor a ação, sendo, porém, obrigatória a intervenção do órgão nas ações civis em que não figurar como autor, tendo poderes para impulsionar o processo (art. 5º, §§ 1º e 3º, da Lei n. 7.347/85; art. 210 do Estatuto da Criança e do Adolescente; arts. 82 e 92 do Código de Defesa do Consumidor) quando houver a desistência ou o abandono da ação por parte do autor coletivo. Diferentemente do que acontece na ação penal, na ação civil pública o Ministério Público não pode ter legitimação exclusiva (art. 129, § 1º, da CF).

Tema que tem causado grande controvérsia na doutrina e na jurisprudência diz respeito à legitimidade do Ministério Público para a defesa dos direitos individuais homogêneos. Inicialmente, a doutrina e a jurisprudência posicionaram-se contra a possibilidade da defesa dos direitos metaindividuais pelo Ministério Público, posicionamento que vem sendo abrandado com o passar dos tempos, crescendo o entendimento, como não podia deixar de ser, favorável à legitimidade do *Parquet*[25].

Não há nenhum impedimento à defesa dos direitos individuais homogêneos pelo Ministério Público, até porque tal atuação encontra-se dentro de suas funções institucionais. Ao tratarmos do direito individual homogêneo (item 2 do presente capítulo), vimos que foi introduzido no sistema jurídico brasileiro no ano de 1990, pela Lei n. 8.078, o que impediu que fosse mencionado pela Constituição Federal em seu art. 129, III. Porém o direito individual homogêneo é um direito indisponível[26], sendo tratado de modo coletivo pela legislação, considerando o grande interesse social em sua proteção, o que faz com esteja englobado pelas expressões *interesses sociais e individuais indisponíveis*, constantes da parte final do *caput* do art. 127 da CF, cuja defesa é incumbida ao Ministério Público.

Para os que entendem não bastar a autorização constitucional para a defesa dos direitos individuais homogêneos, encontra-se legitimação na LC n. 75/93 (Lei Orgânica do Ministério Público da União), arts. 5º, I, e 6º, VII, *c* e *d*, e XII, e na Lei n. 8.625/93 (Lei Orgânica Nacional do Ministério Público), arts. 25 e 26.

Em sede de direito da infância e juventude, esta discussão abrandou-se com maior rapidez, talvez pelo fato de a defesa dos direitos individuais homogêneos das

---

25   Considerando os limites da presente obra, não se faz possível desenvolver os posicionamentos doutrinários e jurisprudenciais favoráveis e contrários à legitimidade do MP. Para aprofundamento ao tema, remetemos o leitor à obra de PINHO, Humberto Dalla Bernardina. *A natureza jurídica do direito individual homogêneo e sua tutela pelo Ministério Público como forma de acesso à justiça.* Rio de Janeiro: Forense, 2002, p. 78-126, na qual os diversos posicionamentos são demonstrados.

26   Nesse sentido o posicionamento de Marcos Maselli Gouvêa, em excelente monografia intitulada A legitimidade do Ministério Público para a defesa dos direitos individuais homogêneos. *Revista do Ministério Público*, n. 11, Rio de Janeiro, p. 199-233, especialmente p. 212-215, 2000.

PARTE IV – A EFETIVIDADE DO ECA: MEDIDAS JUDICIAIS E EXTRAJUDICIAIS

crianças e adolescentes encontrar-se mais diretamente ligada à proteção dos direitos fundamentais. Encontramos decisões favoráveis à legitimidade do Ministério Público nos Tribunais Superiores desde a década de 1990.

5.3. Litisconsórcio entre Ministérios Públicos

Pela natureza dos direitos metaindividuais não se consegue ter, de início, a amplitude dos efeitos da lesão a eles causada, o que só se conseguirá perceber no transcorrer das investigações. Em muitas situações, os efeitos da lesão atingem a área de mais de um Estado-Membro ou interesses de entes de níveis diversos da Federação.

Assim, quando da atuação do Ministério Público, pode surgir conflito de atribuição entre as instituições de Estados-Membros diversos ou entre a instituição em nível estadual e federal. Para evitar o surgimento de problemas desta natureza, a lei previu a possibilidade de ser realizado litisconsórcio entre os Ministérios Públicos de diferentes entes da Federação (ECA, art. 210, § 1º; Lei n. 7.347/85, art. 5º, § 5º).

Esse litisconsórcio só poderá existir quando houver, em um mesmo caso, parcela de atribuição de mais de um dos ramos do Ministério Público ou de estados diferentes, não podendo ser ele uma opção discricionária de seus integrantes[27]. Há de ser uma situação em que todos os litisconsortes poderiam agir isoladamente, mas decidem atuar em conjunto a fim de buscar uma solução melhor para proteção dos direitos metaindividuais.

Na área da infância e juventude, a formação do litisconsórcio entre diferentes ramos do Ministério Público pode ocorrer na esfera da proteção ao direito fundamental à saúde e ao direito fundamental à educação.

Basta que a lesão ao direito fundamental à saúde das crianças e adolescentes envolva o Sistema Único de Saúde (SUS), para que esteja justificada a atuação tanto do Ministério Público Estadual quanto do Ministério Público Federal. O Ministério Público Estadual terá legitimidade em decorrência da violação a um direito da criança e do adolescente enquanto a legitimidade do Ministério Público Federal se dará em face do SUS, por envolver verba federal e interesse da União. No Estado do Rio de Janeiro já houve a oportunidade de ser firmado TAC tendo como objeto a proteção a direito à saúde das crianças e adolescentes envolvendo o SUS, em que o Ministério Público Federal participou em litisconsórcio com o Ministério Público Estadual.

5.4. Liminar

As situações de violação aos direitos metaindividuais que necessitam de proteção judicial são, de regra, graves.

---

27 RODRIGUES, Geiza de Assis. Op. cit., p. 80.

CURSO DE DIREITO DA CRIANÇA E DO ADOLESCENTE

Verificando-se o risco de grave lesão ao direito metaindividual, deve ser requerida a concessão de liminar.

Afirmamos, na primeira edição desta obra, ao cuidarmos da natureza da liminar, acatando posicionamento de parte da doutrina[28], que a liminar que vier a ser concedida para a proteção de algum direito metaindividual que esteja sendo lesado ou sofrendo ameaça de lesão, poderia ter natureza cautelar ou de antecipação de tutela, tudo vindo a depender do conteúdo do pedido. Após análise das hipóteses que podem ocorrer para a defesa dos direitos metaindividuais, principalmente das crianças e adolescentes, revimos nosso posicionamento. A liminar que pode vir a ser concedida em sede de ação civil pública terá a natureza de antecipação de tutela.

Adotamos este posicionamento na linha de raciocínio exposto por Lúcia Valle Figueiredo[29]. A mencionada autora, ao estudar o gizamento constitucional e legal da ação civil pública, afirma:

> E, consoante se nos afigura, a liminar concedida terá a mesma natureza da liminar em mandado de segurança. É dizer: *será a preservação in natura do próprio bem da vida pretendido e não seu sucedâneo.* Diversamente da medida cautelar, a liminar no mandado de segurança é uma antecipação da própria pretensão final e não medida que visa apenas à tutela do processo principal.

Não devemos agir como puristas e negar a verdadeira natureza das liminares nas ações civis públicas, apenas pelo fato de a Lei n. 7.347/85 utilizar a expressão *ação cautelar* em seu art. 4^{o30}. A menção ao processo cautelar tem total razão de ser. Em primeiro lugar, pelo fato de a LACP ser mais antiga do que a Lei n. 8.953/94, que alterou a redação do art. 273 do CPC/73, inserindo em nosso sistema jurídico a expressão *antecipação de tutela*, conferindo-lhe a abrangência que passou a ter[31].

---

28 Por todos, CARVALHO FILHO, José dos Santos. *Ação civil pública*: comentários por artigos. 5. ed. rev., ampl. e atual. Rio de Janeiro: Lumen Juris, 2005; e FERRAZ, Sérgio. Provimentos antecipatórios na ação civil pública. In: MILARÉ, Édis (coord.). *Ação civil pública* – Lei 7.347/85 – Reminiscências e reflexões após dez anos de aplicação. São Paulo: Revista dos Tribunais, 1995, p. 451-459.

29 FIGUEIREDO, Lúcia Valle. Ação civil pública – Gizamento constitucional e legal. In: MILARÉ, Édis (coord.). *A ação civil pública após 20 anos:* efetividade e desafios. São Paulo: Revista dos Tribunais, 2005, p. 352-353.

30 Dispõe a LACP: "Art. 4° Poderá ser ajuizada ação cautelar para os fins desta Lei, objetivando, inclusive, evitar dano ao meio ambiente, ao consumidor, à ordem urbanística ou aos bens e direitos de valor artístico, estético, histórico, turístico e paisagístico".

31 Não podemos deixar de relembrar que a antecipação da tutela não foi inserida em nosso sistema jurídico pela Lei n. 8.953/94. Esta figura já existia no direito brasileiro sem que fosse utilizado o termo inserido no CPC, pois as liminares concedidas nas ações possessórias e no mandado de segurança sempre tiveram como finalidade antecipar a tutela pretendida no provimento final.

PARTE IV – A EFETIVIDADE DO ECA: MEDIDAS JUDICIAIS E EXTRAJUDICIAIS   1033

Em segundo lugar, por simetria com a antiga tradição do direito processual civil brasileiro de inserir no rito das ações cautelares procedimentos que não possuem natureza cautelar, ou seja, não visam proteger um direito de uma lesão – atual ou iminente –, a fim de que sua titularidade venha a ser discutida em momento futuro, mas satisfazer uma pretensão. Por questões de política legislativa, estes procedimentos foram inseridos no Livro III do Código de Processo Civil. Apesar de estar claro que as providências assecuratórias requeridas em sede de ação civil pública não possuem natureza cautelar, o Legislador optou por seguir a tradição[32].

A fim de espancar qualquer dúvida que possa persistir, exemplificaremos:

Exemplo 1: pensemos em uma instituição para internação de adolescentes em conflito com a lei em que seja verificado estar havendo evasão em virtude de falta de agentes de disciplina para realizar a fiscalização e a segurança. Após tentativas de solucionar a questão com o Estado, o Ministério Público propõe ação civil pública, tendo como pedido a lotação de servidores na instituição em número suficiente a garantir a fiscalização e segurança. Em face da urgência apresentada pela situação de fugas, é realizado pedido de liminar para que seja determinado ao réu que providencie, de imediato, a alocação de servidores na instituição. Com o atendimento da liminar, não estará sendo protegido um direito para futura discussão sobre sua titularidade, mas assegurada, antecipadamente, a tutela que se deseja ver concedida de forma definitiva.

Exemplo 2: em um determinado Município, verifica-se a necessidade de criação de um programa de atendimento específico para a saúde das crianças e adolescentes, considerando os problemas de saúde que estas pessoas em formação vêm apresentando, sem que consigam atendimento adequado, o que coloca em risco seu direito fundamental à vida e à saúde. Proposta a ação civil pública pelo Ministério Público, trará ela como pedido ser o município condenado a prestar o adequado atendimento à saúde das crianças e adolescentes, com a implementação do programa de saúde específico. Em face da urgência da situação, pode ser requerido o deferimento de liminar determinando que, de imediato, sejam tomadas, pelo Poder Público, as medidas administrativas necessárias para a implementação do programa. A liminar requerida, neste exemplo, mesmo não englobando a totalidade do pedido, tem também natureza de antecipação de tutela.

---

32 Ressaltamos que os dois últimos parágrafos do texto, ao fazerem remissão à tutela antecipada e ao processo cautelar, o fazem com relação ao CPC de 1973. Entendemos por bem manter o texto em sua versão original para continuar sendo clara a explicação sobre a natureza jurídica da liminar em sede de ação civil pública. Caso alterássemos o texto para fazer menção à sistemática do CPC, que não contempla mais o processo cautelar como forma autônoma de processo e não traz mais enumeração das ações cautelares, nosso texto ficaria confuso e sem sentido.

1034   CURSO DE DIREITO DA CRIANÇA E DO ADOLESCENTE

Considerando a natureza do direito em discussão, deve-se ter cuidado com os limites da liminar para que, com a sua concessão, não seja exaurido o objeto da ação, tendo em vista o teor expresso do § 3º do art. 1º da Lei n. 8.437/92. Assim, quando da elaboração do pedido liminar há que se tomar cuidado para que seja ele um *minus* com relação ao pedido final, para que não venha a ser indeferido sob a fundamentação de que com sua concessão estará sendo esgotado o objeto da ação.

Particularmente, entendemos ser inconstitucional a regra mencionada no parágrafo anterior, por ferir o princípio do acesso à justiça[33] e o sistema da independência e harmonia dos Poderes da República, constante do art. 2º da CF, pois com tal regra o Judiciário está sendo impedido de exercer sua função básica, a de dar a quem tem direito aquilo e justamente aquilo a que faz jus. Ademais, esta regra traz um injusto benefício para o Estado, ferindo a igualdade, pois a proibição de concessão de liminar que esgote o objeto da ação não se enquadra nos benefícios processuais a que a Fazenda Pública tem direito em decorrência do tamanho da máquina pública e das atividades que exerce em prol do bem comum, configurando, portanto, uma ignominiosa benesse.

É chegado o momento de passarmos a lutar contra as intervenções do Executivo na atuação do Poder Judiciário, arguindo, em cada ação proposta contra o Estado, a inconstitucionalidade dos dispositivos que impedem o acesso à justiça, pois os juízes estão sendo, pouco a pouco, obstados de julgar e impedir que os desmandos estatais (aqui e sempre o Executivo) sejam corrigidos. Está na hora de os tribunais passarem a declarar, *incidenter tantum*, a inconstitucionalidade destes dispositivos, para que as regras do Estado de Direito Democrático sejam respeitadas.

A providência assecuratória pode ser prévia à ação civil pública ou incidental, como se verifica pelas regras constantes dos arts. 4º e 12, *caput*, da Lei n. 7.347/85. Porém, pela possibilidade concedida pela própria lei, acabou esvaziada a hipótese da ação preparatória, sendo muito mais comum o requerimento de liminar quando da propositura da ação civil pública. Isto é o que de regra ocorre, pois quando se verifica a gravidade da lesão a um direito transindividual, normalmente já se tem em mãos todo o material probatório necessário para a propositura da ação.

Para a concessão da liminar é obrigatória a oitiva do Poder Público, caso figure no polo passivo da relação processual, que terá prazo de 72 horas para se manifestar (Lei n. 8.437/92[34]). Caso seja concedida a liminar sem a oitiva do Poder

---

33   Neste mesmo sentido o posicionamento de FERRAZ, Sérgio. *Provimentos antecipatórios na ação civil pública*. In: MILARÉ, Édis (coord.). *Ação civil pública – Lei 7.347/85 – Reminiscências e reflexões após dez anos de aplicação*. São Paulo: Revista dos Tribunais, 1995, p. 455.

34   Dispõe o art. 2º da Lei n. 8.437/92: "No mandado de segurança coletivo e na ação civil pública, a liminar será concedida, quando cabível, após a audiência do representante

PARTE IV – A EFETIVIDADE DO ECA: MEDIDAS JUDICIAIS E EXTRAJUDICIAIS

Público, será ela passível de ser cassada pelo Presidente do Tribunal ao qual esteja vinculado o juiz que a concedeu.

Entendemos ser inconstitucional este dispositivo, por violar o princípio da independência entre os Poderes de Estado, pois está limitando o poder de o Estado--Juiz prestar a jurisdição. Alguns juízes de 1º grau, em atitude correta e corajosa, declaram, incidentalmente, a inconstitucionalidade deste dispositivo, havendo, em poucos casos, o abraço deste entendimento pelos tribunais, principalmente quando se trata de proteção ao direito fundamental à vida[35].

Infelizmente, este posicionamento não é amparado pela grande maioria dos tribunais, que acatam a invasão do Executivo em sua esfera de atuação.

Quando presentes os pressupostos para a concessão da liminar, estará o juiz vinculado a eles, devendo concedê-la. O juiz não pode, a seu bel prazer, negar ou conceder a liminar postulada, devendo avaliar se estão presentes seus requisitos. Estando eles presentes, não poderá ser ela negada. Neste sentido o correto magistério de Lúcia Valle Figueiredo[36]:

> Portanto, caberá ao juiz, *mas não discricionariamente,* conceder ou negar a liminar. Porém, ao fazer a análise do caso concreto e subsumi-la ao contexto sistemático da lei, verificar se estão ou não presentes os pressupostos da concessão.

5.4.1. Suspensão da liminar pelo presidente do tribunal

O § 1º do art. 12 da Lei n. 7.347/85[37] dispõe sobre a possibilidade da suspensão da liminar deferida pelo Presidente do Tribunal ao qual o órgão jurisdicional que a concedeu encontre-se vinculado.

Em primeiro lugar, devemos ressaltar que a suspensão determinada pelo Presidente do Tribunal será apenas com relação aos efeitos da liminar concedida, ou seja, não haverá revogação ou reforma da decisão. Para tal fim, aquele que se sentir prejudicado deverá manejar o recurso de agravo.

Para que os efeitos da liminar sejam suspensos, o requerimento da parte deverá demonstrar a *gravidade* da lesão que está sendo causada pela decisão do Juízo de

---

judicial da pessoa jurídica de direito público, que deverá se pronunciar no prazo de 72 (setenta e duas) horas".

35 TJRS, 7ª Câm. Cív., Apelação e reexame necessário 70002508679, Rel. Des. José Carlos Teixeira Giorgis, j. 30-5-2001; TJRJ, Ag. Instrumento 0066021-60.2017.8.19.0000, 4ª Câm. Cível, Rel. Des. Antônio Ioízio Barros Bastos, j. 7-2-2018.

36 Op. cit., p. 352.

37 "Art. 12. [...] § 1º A requerimento da pessoa de direito público interessada, e para evitar grave lesão à ordem, à saúde, à segurança e à economia pública, poderá o Presidente do Tribunal a que competir o conhecimento do respectivo recurso suspender a execução da liminar, em decisão fundamentada, da qual caberá agravo para uma das turmas julgadoras, no prazo de 5 (cinco) dias a partir da publicação."

1º grau. O requerente deverá demonstrar a *grave lesão* exigida pela legislação para que possa ser deferido seu pedido, não bastando a demonstração de uma simples lesão à coisa pública, uma vez que lesões sempre ocorrerão quando do exercício de um direito contra a vontade de quem é obrigado a cumpri-lo. A lesão há que ser grave, e a gravidade deverá estar claramente demonstrada na documentação trazida pelo requerente a conhecimento do Presidente do Tribunal, sendo certo não caber dilação probatória. Portanto, a prova trazida deve ser pré-constituída e robusta, não deixando nenhuma dúvida. No sentido da efetiva prova da lesão e da necessidade de ser demonstrada sua efetiva gravidade, merece transcrição a lição de Lúcia Valle Figueiredo[38]:

> Assim, a suspensão de liminar, outorgada na ação civil pública, há de ser concedida com muita cautela. Por isso mesmo, não bastará apenas a alegação da ocorrência de qualquer das situações enumeradas na norma. Será mister, sem sombra de dúvida, a prova concreta, robusta no caso *sub judice*. Não, como sói acontecer, a mera alegação do interesse público em perigo. É mister *provar* a pessoa jurídica de direito público qual o fato ou fatos que estão a causar, ou podem causar ameaças a valores tão importantes. E, não apenas, enfatize-se, a alegação vã, desprovida de prova, desprovida de conteúdo, vaga, como se as palavras fossem mágicas. E quanto a esta avaliação não terá o Presidente do Tribunal qualquer competência discricionária, mas sim terá que verificar se está provada – e de forma contundente – que há ameaça à ordem, à saúde, à segurança ou à economia pública. A mera alegação não basta. É necessária a indicação exuberante com os elementos factuais de prova de que a lesão está por se verificar.

Infelizmente não é esta a realidade que presenciamos. Basta uma alegação qualquer por parte do Estado de que haverá lesão à ordem administrativa, para que a suspensão seja deferida. Os presidentes dos tribunais passaram a ter entendimento extremamente expansivo de uma expressão que, por si só, demanda uma interpretação restrita, pois poucas serão as lesões que terão a gravidade desejada pelo Legislador. Com os entendimentos que temos visto e que acabam por determinar a suspensão dos efeitos de liminares que são extremamente corretas, está havendo uma permissividade para que o Administrador Público deixe de cumprir as decisões judiciais, já que para os nossos governantes, tudo que lhes contrarie a vontade configura uma grave lesão, mesmo quando esta vontade é contrária à lei.

A despeito da vigência e enorme aplicação da norma em estudo, entendemos ser ela inconstitucional. A forma como a suspensão é concedida, sem que seja dada qualquer possibilidade de manifestação à parte contrária, viola, sem a menor sombra de dúvida, o devido processo legal, já que a ampla defesa foi totalmente esquecida e o contraditório completamente ignorado. O presidente do tribunal decidirá apenas com conhecimento dos argumentos trazidos pela parte que está interessada

---

38 Op. cit., p. 354-355.

PARTE IV – A EFETIVIDADE DO ECA: MEDIDAS JUDICIAIS E EXTRAJUDICIAIS

em que a liminar seja suspensa e que, por certo, narrará os fatos a seu favor, omitindo todos os dados que não são de seu interesse, estando violados os mais básicos princípios do direito processual, constitucionalmente previstos no art. 5º, LV.

Encontra-se violado o princípio do juiz natural. As presidências dos tribunais não são, dentro da organização do Poder Judiciário, órgãos jurisdicionais, mas administrativos. Inexiste, dentro das regras constantes da Constituição da República e do Código de Processo Civil, indicação de serem as presidências dos tribunais órgãos jurisdicionais com atribuição originária ou recursal para conhecimento de qualquer ação ou recurso. A regra constante do art. 12, § 1º, da LACP viola, de forma clara, as regras da organização judicial. O juiz natural para conhecimento do requerimento de suspensão dos efeitos da liminar será o que a concedeu e, em sede recursal, o órgão com atribuição originária para conhecer do recurso. Com a possibilidade de se requerer a suspensão dos efeitos da liminar ao presidente do tribunal, que, no fundo, reformará a decisão, está a se retirar do juízo natural para conhecimento de qualquer inconformidade com o teor da decisão de primeiro grau, a possibilidade de, caso entenda em manter o conteúdo da liminar, ver sua decisão tornar-se inócua, pois ela não surtirá efeitos, já que a decisão que mantém está com seus efeitos suspensos por um órgão administrativo. Temos, portanto, uma excrescência legal: uma decisão judicial ter seus efeitos suspensos por uma decisão administrativa!

No sentido da inconstitucionalidade da suspensão dos efeitos da liminar pelo presidente do tribunal, a correta lição de Sérgio Ferraz[39]:

> Já por mais de uma vez nos manifestamos sobre o tema: a suspensão da liminar, por autoridade diversa da que a concedeu, é constitucionalmente inadmissível, à vista dos princípios norteadores da função jurisdicional, bem como das garantias do contraditório, da ampla defesa e, particularmente, do devido processo legal. O fato de estar esse tremendo poder nas mãos solitárias do Presidente da Corte para a qual o *writ* deverá subir em recurso, aliado à circunstância de decidir ele sem audiência de qualquer interessado na manutenção do decisório cuja suspensão se requer, somente torna mais aguda a inaceitabilidade dessa espúria ablação da função jurisdicional regular. Se a liminar for deferida com desprezo a outros interesses supostamente mais relevantes, o remédio não é sua cassação de cima para baixo imposta, mas seu ataque, seja pela via recursal, seja por mandado de segurança, seja, enfim, por outra ação, eventualmente apta para o fim colimado.

Não bastando toda a inconstitucionalidade do dispositivo em comento, temos outro problema prático. Como o órgão do Ministério Público que propôs a ação civil pública não possui atribuição para recorrer da decisão administrativa proferida pelo Presidente do Tribunal, terá de encaminhar peças para o Procurador-Geral

---

39 Op. cit., p. 457.

de Justiça solicitando que sejam tomadas as medidas legais para que a decisão seja reformada. Considerando a independência funcional do Procurador-Geral, caso ele faça juízo de conveniência de não recorrer, nada poderá ser feito, o que é uma lástima.

5.5. Objeto e competência

Quando da enumeração dos interesses metaindividuais que seriam objeto da ação civil pública, o legislador preferiu deixar em aberto o seu rol, fazendo uso da expressão "qualquer outro interesse difuso ou coletivo" (Lei n. 7.347/85, art. 1º, IV, acrescido pela Lei n. 8.078/90 – a expressão havia sido vetada quando da promulgação da lei, erro que veio a ser corrigido pelo Código do Consumidor). Este proceder é extremamente correto, pois os direitos metaindividuais são mutáveis. Em sendo inserido rol taxativo na legislação, tal fato impossibilitaria a defesa de algum direito que lá não estivesse enumerado, fazendo com que acabassem ficando sem proteção inúmeros outros direitos que viessem a surgir posteriormente.

No que se refere ao direito da infância e juventude, foi utilizado o mesmo critério de exemplificar quais os direitos que seriam objeto de defesa pela ação civil pública. O ECA, em seu art. 208, enumera 11 situações de desrespeito aos direitos das crianças e adolescentes, ressalvando, em seu parágrafo único, que as hipóteses previstas nos incisos não excluem a defesa de outros que vierem a surgir, próprios da infância e juventude.

O art. 1º da Lei n. 7.347/85 enuncia em seu *caput* que a ação civil pública tem como objeto a responsabilização do autor pelos danos morais e patrimoniais causados aos direitos metaindividuais. Ninguém duvida de sua natureza condenatória e as decisões com este conteúdo, determinando o ressarcimento pelos danos morais e patrimoniais causados pelo réu nas ACPs existem em todas as modalidades de lesão aos direitos metaindividuais.

Quando se fala em ressarcimento pelo dano moral causado a um indivíduo pela lesão gerada a um direito transindividual, nenhuma discussão temos sobre sua possibilidade, seja em sede doutrinária, seja em sede jurisprudencial. Porém, quando se passa a discutir sobre indenização por danos morais coletivos, não encontramos terreno pacífico.

A previsão legal da existência do dano moral coletivo é encontrada no art. 1º, *caput*, da LACP e no art. 6º, VII, da Lei nº 8.078/90 (CDC) e art. 208, *caput*, do ECA.

Ponto importante para o qual temos que atentar é o de que não podemos nos prender ao conceito tradicional da indenização pelo dano moral individual, pois este não possui a amplitude para abranger a figura de lesão a um direito metaindividual a alcançar toda a coletividade. Só a partir do momento que conseguirmos nos afastar dos conceitos tradicionais do direito civil individual e passarmos a acolher os conceitos do direito metaindividual, conseguiremos atingir este entendimento.

PARTE IV – A EFETIVIDADE DO ECA: MEDIDAS JUDICIAIS E EXTRAJUDICIAIS

Quando se fala em dano moral coletivo, não se está a falar numa cumulação de danos morais individuais como uma ofensa psíquica à moral individual. Ele é muito mais do que isso, é uma ofensa à moral de uma coletividade, aos valores de um determinado grupo de pessoas ou da coletividade em geral, que se vê lesada pela conduta do agente.

E essa lesão a um direito metaindividual não é qualquer lesão, mas aquela que tenha o condão de afetar a toda uma coletividade, com uma significância além do razoável, na medida que ultrapasse os limites do tolerável, com gravidade suficiente para produzir um sofrimento forte, uma intranquilidade social. O alcance do dano causado decorre da própria lesão, sem que haja, necessariamente, algum patrimônio afetado, bastando que um direito que se desejava proteger tenha sido violado.

Daí surge a obrigação de o agente indenizar a sociedade, devendo o valor da indenização a ser fixado alcançar montante adequado para servir de punição àquele.

Toda esta conceituação é perfeitamente aplicável às lesões aos direitos metaindividuais das crianças e adolescentes, cuja proteção é assegurada em nível constitucional (art. 227, CF). Tanto isto é verdade que já encontramos uma primeira decisão em nossos Tribunais a reconhecer a existência e a condenar pela ocorrência de um dano moral coletivo:

> APELAÇÃO. AÇÃO CIVIL PÚBLICA. ESTATUTO DA CRIANÇA E DO ADO-
> LESCENTE. BURLA AO CADASTRO DE ADOÇÃO. DESCUMPRIMENTO DA
> NORMA DO ART. 50 DO ECA. DANOS EXTRAPATRIMONIAIS COLETIVOS.
> DANO *IN RE IPSA*. VALOR COMPENSATÓRIO RAZOÁVEL. MANUTENÇÃO
> DA SENTENÇA (TJRJ, Ap. Cív. 0011604-73.2016.8.19.0007, 3ª Câm. Cív.,
> Des. Renata Machado Cotta, j. 9-5-2018)[40].

---

40   Considerando a ótima fundamentação, entendemos por bem transcrever a íntegra da ementa: "O Estatuto da Criança e do Adolescente é o diploma legal regulamentador da norma constitucional que prevê a proteção integral das crianças e adolescentes recaindo tal obrigação à família, ao Estado e à sociedade, nos termos do art. 227, *caput*, da Constituição Federal. Logo, o princípio da proteção integral exige que tanto a família, quanto a sociedade e o Estado, zelem pelos direitos e cuidados inerentes à formação de crianças e adolescentes, nestes compreendidos quaisquer menores de 18 anos, estejam estes ou não em situação de risco pessoal ou social. Ademais, o poder familiar impõe aos pais o dever de fornecer aos filhos educação, saúde, lazer, bem como uma formação voltada para a convivência com os demais membros da sociedade. Cabe ressaltar, nesse ponto, que por estarem ligadas à matéria de ordem pública, consistente na máxima proteção à criança e ao adolescente, as obrigações derivadas do poder familiar são normas de caráter cogentes, impossibilitando seu afastamento pelas partes da relação familiar. Depreende-se, de todo o exposto, que o Estatuto da Criança e do Adolescente é a lei que visa equilibrar o exercício do poder familiar com o princípio do melhor interesse da criança e o direito à convivência familiar. Nessa esteira, a Vara da Infância e da Juventude, destinada a assegurar a integral proteção a especiais sujeitos de direito, tem competência absoluta para processar e julgar feitos versando acerca de direitos e interesses concernentes às crianças e aos adolescentes. Por sua vez,

1040 CURSO DE DIREITO DA CRIANÇA E DO ADOLESCENTE

Com relação a se saber qual o órgão jurisdicional que será competente para

---

por força do artigo 21 da Lei 7.347/85, o Capítulo II do Título III do Código de Defesa do Consumidor e a Lei das Ações Civis Públicas formam, em conjunto, o núcleo duro do microssistema próprio do processo coletivo de defesa dos direitos difusos, coletivos e individuais homogêneos. No que diz respeito especificamente aos direitos das crianças e adolescentes, a Lei 8.069/90, Estatuto da Criança e do Adolescente, também integra o referido microssistema, reclamando, pois, interpretação sistemática dos referidos diplomas legais. Assim, revela-se cabível o ajuizamento de ação civil pública, por qualquer dos legitimados enumerados no artigo 210 do ECA, para proteger os direitos das crianças e dos adolescentes, bem como garantir a efetiva reparação de danos patrimoniais e morais, individuais, coletivos e difusos, que lhes forem causados. Portanto, o Ministério Público tem legitimidade para ajuizar ação pleiteando dano moral no processo coletivo. Assim, no bojo da ação civil pública, o *Parquet* poderá deduzir pretensões voltadas à reparação de categorias de direito diversas, quando ocorridas violações simultâneas no mesmo cenário fático ou jurídico conflituoso. *In casu*, os apelantes exerceram a guarda fática de menor desde os 10 dias de nascimento, ocorrido em novembro de 2012, e apenas em dezembro de 2013 ajuizaram demanda pleiteando sua adoção, sem procurar nesse ínterim a intervenção efetiva dos órgãos competentes para que fosse promovida a inserção da criança na família extensa materna ou paterna ou acolhimento institucional para posterior colocação em família substituta. A despeito de os apelantes sustentarem a inexistência de dolo ou culpa no seu atuar, depreende-se da própria narrativa autoral que o casal manteve a criança sob sua guarda, sem contar com a participação, inclusive, financeira de sua genitora biológica, que, como sabido pelas partes, era usuária de drogas, nada fazendo por meses, o que propiciou o fortalecimento dos laços socioafetivos entre os recorrentes e a criança e culminou na sua adoção pelo r. casal. A deliberada inércia dos apelantes, portanto, demonstra a sua intenção de burlar o cadastro único de adotantes, uma vez que, demonstrada a existência de laços afetivos entre as partes e a criança, sua adoção teria mais chances de ser concretizada. Dispõe o art. 50 do Estatuto da Criança e do Adolescente: 'Art. 50. A autoridade judiciária manterá, em cada comarca ou foro regional, um registro de crianças e adolescentes em condições de serem adotados e outro de pessoas interessadas na adoção. (...) § 13. Somente poderá ser deferida adoção em favor de candidato domiciliado no Brasil não cadastrado previamente nos termos desta Lei quando: I – se tratar de pedido de adoção unilateral; II – for formulada por parente com o qual a criança ou adolescente mantenha vínculos de afinidade e afetividade; III – oriundo o pedido de quem detém a tutela ou guarda legal de criança maior de 3 (três) anos ou adolescente, desde que o lapso de tempo de convivência comprove a fixação de laços de afinidade e afetividade, e não seja constatada a ocorrência de má-fé ou qualquer das situações previstas nos arts. 237 ou 238 desta Lei'. Como destacou a Douta Procuradoria de Justiça: 'O objetivo de referida disposição é evitar verdadeira escolha de crianças a serem adotadas. Assim, deve ser observado o comando do artigo 50 do ECA quanto ao cadastro de crianças e adolescentes aptas à adoção e o exame rigoroso, quanto à cronologia, na ordem de inscrição das pessoas habilitados com interesse em crianças/adolescentes, com características coincidentes. Portanto é imprescindível a obediência à lista e à ordem de antiguidade previamente estabelecidas, a fim de que se evitem casuísmos e efetivamente todos os adotantes possam estar sendo atendidos em igualdade de condições em sua pretensão de adotar uma criança'. Muito embora, no caso dos autos, a adoção tenha se consolidado em prol dos recorrentes, em razão dos laços de afetividade estabelecidos com a criança, percebe-se na conduta das partes

PARTE IV – A EFETIVIDADE DO ECA: MEDIDAS JUDICIAIS E EXTRAJUDICIAIS

conhecer da ação, o Estatuto traz regras de competência territorial e em razão de

---

afronta ao disposto no mencionado art. 50, pois, como já narrado, a criança foi entregue ao casal aos 10 dias de idade, fora visitada apenas uma vez por sua genitora biológica e permaneceu sob os cuidados do casal durante 7 meses, quando então buscaram a regularização da situação com o objetivo de realizar a adoção, mesmo não estando inclusos no cadastro de adotantes. Como frisou o *Parquet*, diante do abandono da criança recém-nascida pela genitora, o casal deveria ter procurado prontamente as autoridades competentes, afinal, o cadastro de adotantes conta com a inserção de interessados previamente avaliados e habilitados para o acolhimento de crianças e adolescentes com o objetivo de garantir o melhor interesse de tais sujeitos de direito, mostrando-se ilícita a inércia dos apelantes, geradora, consequentemente, do dever de indenizar. A matéria não é nova no âmbito do C. STJ. Inicialmente, em julgamento por maioria, houve resistência jurisprudencial ao reconhecimento da categoria de dano moral coletivo, ao fundamento de que o dano extrapatrimonial vincular-se-ia necessariamente à noção de dor, sofrimento psíquico, de caráter individual, razão pela qual haveria incompatibilidade desse tipo de condenação com a noção de transindividualidade (REsp 598.281/MG, Rel. Min. Luis Fux, Rel. p/ Acórdão Min. Teori Albino Zavascki, 1ª Turma, j. 2-5-2006, *DJ* 1º-6-2006). Posteriormente, sobreveio julgamento da 2ª Turma, de relatoria da eminente Min. Eliana Calmon, que, em caso de indevida submissão de idosos a procedimento de cadastramento para gozo de benefício de passe livre, reconheceu a configuração do dano moral coletivo, apontando a prescindibilidade da comprovação de dor, de sofrimento e de abalo psicológico, suscetíveis de apreciação na esfera do indivíduo, mas inaplicável aos interesses difusos e coletivos (REsp 1.057.274/RS, Rel. Min. Eliana Calmon, 2ª Turma, j. 1º-12-2009, *DJe* 26-2-2010). Atualmente, contudo, a maioria ampla dos precedentes admite a possibilidade de condenação por dano moral coletivo, considerando-o categoria autônoma de dano, para cujo reconhecimento não se fazem necessárias indagações acerca de dor psíquica, sofrimento ou outros atributos próprios do dano individual. De fato, o próprio ordenamento jurídico prevê, expressamente, ações de responsabilidade por danos morais e patrimoniais causados a bens e direitos de diversas categorias, entre os quais se destacam os direitos das crianças e dos adolescentes, cuja proteção prioritária (contra todos) constitui expresso comando constitucional no art. 227. Não é por outra razão que o dano extrapatrimonial coletivo resta caracterizado quando da ocorrência de injusta lesão a valores jurídicos fundamentais próprios das coletividades, independentemente da constatação de concretos efeitos negativos advindos da conduta ilícita, vale dizer, 'a observação direta de lesão intolerável a direitos transindividuais titularizados por uma determinada coletividade, desvinculando-se, pois, a sua configuração da obrigatória presença e constatação de qualquer elemento referido a efeitos negativos, próprios da esfera da subjetividade, que venham a ser eventualmente apreendidos no plano coletivo (sentimento de desapreço; diminuição da estima; sensação de desvalor, de repulsa, de inferioridade, de menosprezo etc.)' (MEDEIROS NETO, Xisto Tiago de. *Dano moral coletivo*. 2. ed. São Paulo: LTr, 2007, p. 136). Assim, conclui-se que o dano moral coletivo é aferível *in re ipsa*, ou seja, sua configuração decorre da mera constatação da prática de conduta ilícita que, de maneira injusta e intolerável, viole direitos de conteúdo extrapatrimonial da coletividade, revelando-se desnecessária a demonstração de prejuízos concretos ou de efetivo abalo moral. Impõe-se, portanto, no caso dos autos, não só ante a natureza difusa dos direitos de crianças e adolescentes, mas representado na hipótese em comento pela afronta a uma lista de sujeitos previamente cadastrados e habilitados ao acolhimento de crianças e adoles-

matéria em seu art. 209, que encontra semelhança com a regra constante no art. 2º da LACP. A matéria referente à competência já foi cuidada no capítulo "As regras gerais de processo", para onde remetemos o leitor.

5.6. Sentença

A sentença é ao mesmo tempo um ato de inteligência do juiz e um ato de vontade do Estado, pois contém um *comando* que determinará às partes o que devem fazer (ou não fazer). Com sua publicação, a sentença se torna irretratável, não podendo ser modificada ou revogada pelo mesmo órgão jurisdicional que a proferiu. Qualquer modificação só poderá ser realizada por outro órgão jurisdicional.

Toda e qualquer sentença, por ser a demonstração da vontade do Estado, é revestida da força deste, isto é, da imperatividade estatal, impondo seus efeitos a todos, mesmo antes de seu trânsito em julgado[41]. Podemos dizer que a sentença tem uma eficácia natural *erga omnes*, de se impor perante todos, pois a decisão ali constante será a mesma para toda a coletividade. Não se pode conceber, por exemplo, que alguém tenha declarado seu domínio sobre um imóvel por tê-lo usucapido, apenas entre as partes do processo, pois para todos aquela pessoa usucapiu o bem. Da mesma forma, não se pode conceber que alguém seja considerado divorciado apenas no âmbito do processo, ou a pessoa é divorciada para toda a sociedade ou não o é para ninguém.

---

centes, a manutenção do dever de indenizar. Finalmente, a reparação adequada do dano moral coletivo deve refletir sua função sancionatória e pedagógica, desestimulando o ofensor a repetir a falta, observando-se, outrossim, a relevância do interesse transindividual lesado, a gravidade e a repercussão da lesão, a situação econômica do ofensor, o proveito obtido com a conduta ilícita, o grau da culpa ou do dolo (se presentes), a verificação da reincidência e o grau de reprovabilidade social. No caso dos autos, malgrado a hipossuficiência de recursos alegada pelos recorrentes, dada a gravidade da conduta dos apelantes, reputo como razoável a manutenção do *quantum* compensatório fixado pelo juízo de 1ª instância em R$ 10.000,00 (dez mil reais). Recurso desprovido."

41   José Carlos Barbosa Moreira ensina que a sentença destina-se a produzir efeitos no mundo do direito; nesse sentido, pode-se dizer que toda sentença, enquanto tal, é dotada de certa "eficácia", designando-se aqui por esse termo a aptidão *in abstracto*, para surtir os efeitos próprios. E continua o mestre, depois de mostrar inúmeras possibilidades de momento inicial para que a sentença produza seus efeitos: todas essas soluções são concebíveis, e para todas ministra ampla ilustração o direito comparado. À pergunta "quando começa a sentença a produzir efeitos?" não é possível responder senão à luz do *ius positum*. A única resposta genérica é esta: a sentença começa a produzir efeitos no momento fixado pela lei, ou por quem a lei autoriza fixá-lo (Eficácia da sentença e autoridade da coisa julgada. *Temas de direito processual civil*. 3ª série, São Paulo: Saraiva, 1984, p. 99-101).

PARTE IV – A EFETIVIDADE DO ECA: MEDIDAS JUDICIAIS E EXTRAJUDICIAIS

Nas palavras de Liebman[42]:

> As partes como sujeitos da relação a que se refere à decisão, são certamente as primeiras que sofrem a sua eficácia, mas não há motivo que exima terceiros de sofrê-la igualmente. Uma vez que o juiz é o órgão ao qual atribui o Estado o mister de fazer atuar a vontade da lei no caso concreto, apresenta-se a sua sentença como eficaz exercício dessa função perante todo o ordenamento jurídico e todos os sujeitos que nele operam.

Em vista do objeto, vê-se que a ação civil pública tem natureza condenatória, pois, *ex vi* do art. 3º da Lei n. 7.347/85, onde se vê que o pedido imediato terá esta natureza. Poderá ter também feição cominatória, em virtude da possibilidade de imposição de astreintes, conforme preceitua o art. 11 da mesma lei. Com relação ao pedido de condenação, deve-se ter atenção que é melhor optar sempre pela condenação a reparar o dano *in natura* e não *in specie*, pois o maior interesse em tema de direitos metaindividuais, mais especificamente nos direitos difusos, é a recomposição do *status quo ante*. Do que adianta uma indenização pela falta de médicos em um hospital público se vidas de crianças e adolescentes estão se perdendo? Para a família, a vida de seu filho é mais valiosa do que a maior das indenizações. De que adianta a indenização pela ausência de professores em sala de aula quando se perdeu o ano letivo? O mais importante é que o Estado coloque os profissionais em sala de aula o mais rápido possível, pois a perda de um ano letivo trará prejuízos inimagináveis na vida de uma criança e de um adolescente, que, por maior que seja a indenização, não o recomporá de todo.

Na Lei de Ação Civil Pública o juiz foi dotado de uma gama maior de poderes, como, por exemplo, a possibilidade de conceder mandado liminar sem ouvir a parte contrária (salvo se a situação fática se enquadrar na hipótese da malfadada Lei n. 8.437/92); julgar *extra petita* nas obrigações de fazer e não fazer, aplicando *astreintes*, mesmo que o autor não as tenha pedido; determinar providências sub-rogatórias, mediante ordens impostas ao devedor ou a terceiros para chegar a um resultado prático equivalente a adimplemento, regra esta que o CPC incluiu nos arts. 303 e 497 (arts. 11 e 12 da LACP; art. 213 da Lei n. 8.069/90; arts. 83 e 84 da Lei n. 8.078/90).

Em sede de direitos metaindividuais, a atuação do Poder Judiciário será mais ampla do que a existente nos processos que cuidam de direitos individuais, pois, em virtude da natureza especial destes direitos, que se espraiam por toda a sociedade ou atingem um grupo muitas vezes indeterminável de pessoas, suas consequências serão mais amplas.

A atuação do Poder Judiciário acabará por interferir no âmbito da Administração, pois virá a determinar que o Estado venha a agir desta ou daquela maneira, já

---

42   Op. cit., p. 123.

CURSO DE DIREITO DA CRIANÇA E DO ADOLESCENTE

que a atuação do ente estatal estará a descumprir mandamento legal. Tem-se, dessa forma, um novo papel para o Judiciário, que terá de abandonar sua tradicional posição de *apreciador distante* dos conflitos de interesse que lhe são levados, para assumir uma posição de protagonista das controvérsias.

Esta nova postura que se espera do Poder Judiciário nada mais será do que exercitar seu papel de controlar o cumprimento da Carta Magna pelos demais Poderes do Estado, fazendo com que seja dada efetividade às normas constitucionais. Isso implicará fazer com que sejam trazidas para apreciação pelo Judiciário as questões políticas, inclusive de repercussão nacional, porque, ao proferir a decisão em uma ação civil pública, o juiz estará analisando as opções governamentais e determinando que estas venham a se adequar às normas legais. É o fenômeno denominado pela doutrina de *judicialização da política*[43].

Serão trazidas, assim, à apreciação judicial questões que ficavam, tradicionalmente, restritas aos Poderes Executivo e Legislativo. Haverá, desta forma, um novo dimensionamento da divisão da parcela de poder a ser exercido pelos diversos órgãos em que se repartem as funções do Estado. Esta nova situação encontra, certamente, resistência, dentro e fora do Poder Judiciário, mas trata-se de um novo momento, que não poderá ser paralisado ou evitado.

O Judiciário deverá agir com firmeza, respondendo adequadamente e à altura dos anseios da sociedade, pois são os anseios sociais, corporificados em uma democracia participativa, que se encontram traduzidos na proteção dos direitos metaindividuais defendidos por intermédio da ação civil pública. Estamos diante do momento atual pelo qual passa a sociedade brasileira, onde o povo busca participação, além da política, no exercício do poder. Esta nova modalidade de participação será pelo adequado controle da legalidade dos atos estatais, visando, precipuamente, ao respeito e à eficácia aos direitos fundamentais constitucionalmente previstos[44].

---

43 Nesse sentido: SÁ, José Adonis Callou de Araújo. *Ação civil pública e controle de constitucionalidade*. Belo Horizonte: Del Rey, 2002, p. 108.

44 A questão da participação social e a defesa da tutela transindividual vêm desenvolvidas de forma brilhante por BARROSO, Luís Roberto. *O direito constitucional e a efetividade de suas normas*. 7. ed. Rio de Janeiro: Renovar, 2003, p. 129-142. Merece ser destacada a seguinte passagem: "Percorremos, assim, as diferentes formas de participação da sociedade no exercício do poder pelo Estado, tanto as de caráter meramente informal, como as que se formalizam em instituições representativas ou semidiretas. Todas elas estão ligadas a um *controle de legitimidade*, vale dizer, da adequação da ação dos órgãos de governo às necessidades e aspirações da coletividade. Trata-se, pois, de uma dimensão essencialmente política. Ao lado dela, como traço típico do moderno Estado de direito, existe uma outra forma de participação, fundada em critérios técnico-jurídicos, e que se volta para o *controle da legalidade*, ou seja, da conformação dos atos do poder público às normas jurídicas, ao direito posto" (op. cit., p. 139).

PARTE IV – A EFETIVIDADE DO ECA: MEDIDAS JUDICIAIS E EXTRAJUDICIAIS

Não pode deixar o Poder Judiciário de atuar de forma eficaz para proteger os direitos transindividuais das ações (ou omissões) do Poder Público, permitindo que os desmandos e o desrespeito aos direitos fundamentais (pois não podemos nos esquecer de que os direitos metaindividuais, em sua grande parte são considerados direitos fundamentais, principalmente em sede de direito da infância e juventude), sob a argumentação de que as ações do Poder Público encontram-se dentro da esfera da discricionariedade administrativa, onde não caberia a intervenção judicial.

Este o argumento sempre e eternamente utilizado pela Administração ao apresentar contestação ao pedido realizado por meio da ação civil pública que, algumas vezes, convence o julgador. Por certo que esta argumentação demonstra o apego a uma posição já ultrapassada, pela qual todas as ações do Poder Público encontravam-se inseridas em sua esfera de discricionariedade. Não estamos aqui negando – e não podemos negar – a existência da discricionariedade concedida por lei ao Administrador para que, em face de determinadas situações, tenha a possibilidade de optar por qual caminho seguir, que será aquele que melhor atenda ao interesse público, dentro daqueles permitidos pela mesma lei.

Quando a Administração age, deve fazê-lo, sempre, dentro da lei, uma vez que a legalidade é norte que há que estar sempre a guiar a ação do agente. Portanto, quando em suas ações o administrador se afasta da legalidade, passa a violar o direito de todos aqueles que se sentirem lesados, sendo imperativo que a lesão seja corrigida. É sempre útil e importante lembrar que o Poder Público (por mais que se pense o contrário e por mais que aquele que está em posição de comando assim entenda) não está acima ou fora do âmbito da lei, mas dentro desta, regido por esta, guiado por esta, limitado por esta. Toda e qualquer ação ou omissão da Administração deve ocorrer em virtude de imperativo legal, não havendo a menor chance para que dela se afaste.

Logo, quando ocorre a lesão a um direito metaindividual, estará ocorrendo uma violação à lei, inclusive à Lei Maior, já que esta modalidade de direitos é constitucionalmente protegida, por se tratar de direito fundamental.

Os destinatários da regra que foi violada têm o direito de vê-la corrigida, já que o Administrador não pode, alegando estar dentro de seu poder de escolha, deixar de respeitar os direitos fundamentais. Com as situações que se apresentam em hipóteses de violação a direitos metaindividuais, deve o Judiciário, atendendo ao pedido do autor da ação civil pública, determinar que o réu corrija a violação. As determinações que constarem da sentença não configurarão invasão na esfera de competência de um Poder do Estado por outro, mas, sim, de que o ato administrativo (comissivo ou omissivo) se adéque à ordem jurídica. Não ocorrerá violação ao princípio da separação dos poderes, pois a decisão judicial não estará avançando sobre a discricionariedade de outro poder, não estará intervindo nele; estará, apenas, determinando que ele cumpra a lei.

Também não ocorrerá ativismo judicial, expressão que mais prejudica do que auxilia a proteção aos direitos. O Judiciário não atua com ativismo, pois ativista não é o juiz, mas a lei. A lei é que atua de forma ativa, determinando que os direitos fundamentais sejam cumpridos, respeitados. O juiz apenas determina seu cumprimento.

Dentro dessa atuação política que o Judiciário terá nos processos para tutela dos direitos metaindividuais está a possibilidade de determinar prazo para a atuação do Poder Público, sem que isso venha a violar a discricionariedade administrativa.

Não estamos defendendo a existência de um juiz-legislador ou de um juiz--administrador, mas de um juiz intérprete e aplicador da Constituição Federal, que atuará em consonância com os anseios da sociedade, anseios estes que foram trazidos a seu conhecimento por intermédio da ação civil pública.

Na seara do direito da infância e da juventude, os direitos transindividuais são, sem nenhuma sombra de dúvida, direitos fundamentais da criança e do adolescente (saúde, educação, vida, entre outros), o que faz com que não possam deixar de ser atendidos (e bem) pelo Poder Público, pois não se enquadram nas normas constitucionais programáticas, mas nas garantidoras de direitos. Quando este deixa de respeitá-los, deve o Poder Judiciário, após corretamente provocado, determinar que as irregularidades sejam corrigidas.

Quando uma ação civil pública é proposta por algum dos legitimados por lei, está havendo a participação da sociedade na vida pública, demonstrando estar vigilante aos desmandos do Administrador. A questão política está sendo submetida à apreciação judicial, a fim de que seja determinada sua adequação aos ditames legais, o que faz com que o Judiciário tenha de determinar que o Poder Público haja desta ou daquela forma, tudo com a finalidade de fazer com que haja o retorno ao respeito à lei.

É certo que muitos juízes encontram-se, ainda, presos aos conceitos tradicionais do Direito, tendo dificuldades para aceitar esta nova face da atuação do Poder Judiciário, extremamente importante para o exercício da democracia participativa. É certo também que o Poder Judiciário deverá superar estas dificuldades, com a maior brevidade possível, para assumir seu papel de intérprete e aplicador da Constituição Federal em sintonia com a sociedade.

5.7. Coisa julgada

5.7.1. Introdução

Visando à segurança que as relações jurídicas devem ter e desejando que as decisões proferidas para solução das lides não pudessem mais ser objeto de discussão das partes, o Estado criou a figura da coisa julgada, uma qualidade que torna a decisão imutável e impassível de discussão pelas partes. Só assim foi possível obter

PARTE IV – A EFETIVIDADE DO ECA: MEDIDAS JUDICIAIS E EXTRAJUDICIAIS

a segurança das relações jurídicas e fazer com que as partes envolvidas no litígio aceitassem a decisão e ficassem impedidas de retornar à discussão.

A imutabilidade da sentença, seu trânsito em julgado, não ocorre no momento de sua prolação (pelo menos não no sistema jurídico brasileiro, podendo até a vir a ocorrer em outro[45]), mas após o decurso do prazo para interposição de recursos. Só com superação do prazo disposto em lei para a interposição de recursos ou com a apreciação da decisão por superior instância é que se tornará imutável a decisão, juntando-se a ela o manto da coisa julgada.

A sentença, como ato processual, adquire imutabilidade, tendo-se, aí, o que se denomina de coisa julgada formal. Dar-se-á a coisa julgada formal quando se opera a preclusão dos recursos, nas palavras de Liebman[46]. Consiste a coisa julgada formal, assim, no fenômeno da imutabilidade da sentença pela preclusão dos prazos para recursos[47], tendo efeitos endoprocessuais. Quando o comando da sentença torna-se imutável, inatacável, não podendo ser desconhecido fora do processo, surge a coisa julgada material, que consiste no fenômeno pelo qual a imperatividade do comando emergente na sentença adquire força de lei entre as partes. Tem efeitos pamprocessuais, pois se projeta para fora do processo, exatamente para impedir que a lei a prejudique, ou que o juiz volte a julgar aquilo que já fora julgado. Tem ela força de lei[48], pois a sentença concretiza a vontade abstrata da lei.

Verdadeiramente, a coisa julgada formal e a coisa julgada material são degraus do mesmo fenômeno, pois sempre que houver a segunda, haverá a primeira, sendo

---

45 É o direito positivo que disciplinará a sistemática jurídica de cada um dos institutos de seu direito. Podemos estudar nossos institutos jurídicos à luz do direito comparado, mas sempre tendo em mente que algumas peculiaridades não poderão ser aplicadas. Neste sentido a sempre brilhante e precisa lição de José Carlos Barbosa Moreira: "Também compete ao direito positivo dizer se um ato jurídico pode – e, no caso afirmativo, em que termos e sob que condições – ser eliminado ou substituído, por qualquer das formas imagináveis. E aqui, igualmente, vale para a sentença o que se afirma para os atos jurídicos em geral. Concebe-se a existência de ordenamento em que as sentenças, ou algumas delas sejam indefinidamente passíveis de ver-se anuladas, modificadas no todo ou em parte, ou simplesmente substituídas por outras de conteúdo igual, quer se permita esse resultado pela multiplicação ilimitada do número de recursos, quer pela outorga de liberdade ao juiz para, noutro processo, voltar a decidir, de maneira idêntica ou não, aquilo que já se decidira no anterior" (Eficácia da sentença e autoridade da coisa julgada. *Temas de direito processual civil*. 3ª série, São Paulo: Saraiva, 1984, p. 101).

46 Op. cit., p. 60.

47 SANTOS, Moacyr Amaral. *Comentários ao Código de Processo Civil*. 5. ed. Rio de Janeiro: Forense, 1989, v. IV, p. 429.

48 Dispõe o art. 503 do CPC: "A decisão que julgar total ou parcialmente o mérito tem força de lei nos limites da questão principal expressamente decidida".

este o ensinamento de Liebman[49]. Aplicando-se este entendimento ao sistema legislativo pátrio, teremos coisa julgada formal e material nos processos cujo mérito for apreciado. Nos processos que forem extintos sem apreciação do mérito teremos apenas a figura da coisa julgada formal.

A coisa julgada é um instituto pragmático que tem em vista a segurança das relações jurídicas, a certeza do direito, porque num determinado instante, depois de esgotados os recursos cabíveis, faz-se necessário que a decisão se consolide e transite em julgado. Para tanto, tem ela autoridade de lei, impedindo que seja alterada a decisão que se encontra sob o seu manto. Tudo isso em nome da paz social e da estabilidade das relações jurídicas.

O instituto da coisa julgada foi construído com base em um processo civil de cunho eminentemente individualista. Desta forma, todo o tratamento dado ao instituto, no que concerne aos seus limites, foi tratado sob a ótica tradicional do processo, como não poderia deixar de ser.

Os limites objetivos da coisa julgada dizem respeito à matéria que é objeto do *decisum*. Dispõe o art. 503 do CPC que a sentença tem força nos limites da lide e das questões decididas. Apenas o objeto principal do litígio será acobertado pela coisa julgada. Nossa legislação aderiu a este entendimento que é esposado por Liebman. O art. 504 do CPC determina que não fazem coisa julgada os motivos, a verdade dos fatos e a apreciação de questão prejudicial. A coisa julgada também incidirá sobre a questão prejudicial que for expressamente decidida, desde que tenha havido a possibilidade de contraditório sobre ela e de sua solução depender a solução do mérito, conforme expresso no § 1º do art. 503 do CPC.

Os limites subjetivos da coisa julgada dizem respeito às pessoas que são atingidas pela sentença. Serão atingidas pela autoridade da coisa julgada as pessoas que foram parte no processo, pois tiveram toda a condição e oportunidade de discutir o mérito da causa (art. 506 do CPC). O problema surge com relação aos terceiros estranhos à relação processual.

Os terceiros que não participaram da relação processual, que não participaram de forma alguma do processo, podem ignorar a existência da *res judicata*, estando livres de seus efeitos. Porém não se pode olvidar que as pessoas não vivem sós no mundo e que, em inúmeras situações, torna-se impossível a solução de uma relação jurídica sem que este resultado venha a ter alguma repercussão na esfera de pessoas que eram estranhas àquela relação jurídica. O direito não pode ignorar esta interpenetração de relações que existem na vida em sociedade, tendo de ser encontrada uma solução para este problema, pois ao lado da relação que foi objeto da decisão e sobre a qual incide a coisa julgada, outras relações se ligam de modo variado.

---

49   Op. cit., p. 60.

PARTE IV – A EFETIVIDADE DO ECA: MEDIDAS JUDICIAIS E EXTRAJUDICIAIS 1049

Muitos terceiros se mantêm indiferentes em face da sentença que decidiu a relação concreta que foi submetida à apreciação judicial. Todos, porém, se encontram em pé de igualdade de sujeição aos efeitos da sentença, que se produzirão efetivamente com relação a todos os que se encontrarem em posição jurídica que tenha alguma conexão com o objeto do processo, já que a decisão contém a atuação da vontade da lei no caso concreto.

Podemos afirmar, desta forma, que a eficácia da sentença atingirá a todos, sendo que alguns serão atingidos apenas em sua situação fática, vindo a ter um mero prejuízo econômico, enquanto outros serão atingidos em sua situação jurídica, vindo a ter prejuízo jurídico. Os primeiros nada poderão fazer contra a decisão, enquanto os segundos poderão se insurgir. Liebman[50] elabora a classificação dos terceiros em três categorias: juridicamente indiferentes; juridicamente interessados, não sujeitos à exceção da coisa julgada; terceiros juridicamente interessados, sujeitos à exceção da coisa julgada.

Este o critério adotado nas relações de direito individual.

O problema torna-se tormentoso, tomando outro vulto, quando passamos às ações coletivas.

5.7.2. Coisa julgada na ação coletiva

A indivisibilidade dos direitos metaindividuais faz com que a solução adotada tenha de ser única para toda a coletividade, ou seja, se a solução há que beneficiar quem veio em defesa do direito, terá de beneficiar a todos.

Os conflitos oriundos desses direitos têm de ser solucionados pelo Estado-Juiz, e o direito deve estar apto a atender às necessidades desses novos direitos, os metaindividuais. Desnecessário se discutir a velha questão de que o direito acompanha as transformações sociais e deve se adaptar às novidades sociais sob pena de não cair em desuso. É certo que o direito processual há que se adaptar às necessidades desta nova gama de direitos, pois a dogmática processual tradicional não tem o condão de atender aos conflitos emergentes.

Após muita relutância da doutrina tradicional, passou-se a aceitar esta nova visão, assim como a existência de uma coisa julgada *erga omnes* ou *ultra partes*. A par disso, coube ajustar a existência de uma coisa julgada que ultrapassasse as partes que participaram do processo, com o princípio constitucional do contraditório, do qual deriva, exatamente, o fundamento dos limites subjetivos da coisa julgada, pois apenas quem foi parte no processo e pôde discutir amplamente as questões trazidas à apreciação judicial pode sujeitar-se à coisa julgada, sob pena de inconstitucionalidade.

A Lei de Ação Popular (Lei n. 4.717/65) foi a primeira a tratar dos limites subjetivos da coisa julgada, ao estabelecer a coisa julgada *erga omnes* em seu art. 18.

---

50   Op. cit., p. 92.

CURSO DE DIREITO DA CRIANÇA E DO ADOLESCENTE

Da mesma forma a Lei da Ação Civil Pública (Lei n. 7.347/85), em seu art. 16. Em seguida, o Código de Defesa do Consumidor (Lei n. 8.078/90) trouxe melhora da disciplina, em seus arts. 103 e seguintes.

O legislador brasileiro sempre optou pela sistemática da coisa julgada *erga omnes secundum eventus litis*, pois desde a Lei de Ação Popular, em 1965, esta disciplina é utilizada. Foi ela mantida na Lei de Ação Civil Pública e no Código de Defesa do Consumidor, aplicando-se todo este regramento às ações civis públicas que tenham como objeto a proteção a direitos metaindividuais das crianças e adolescentes.

Examinaremos, agora, as modalidades inseridas em nosso ordenamento jurídico.

1) *Coisa julgada "erga omnes" e "ultra partes"*

O CDC, disciplinando melhor a matéria, enuncia os efeitos da coisa julgada em seu art. 103, da seguinte forma: a) sendo o objeto da ação a proteção dos direitos difusos, a coisa julgada será *erga omnes*, exceto se o pedido for julgado improcedente por insuficiência de provas, na hipótese em que qualquer legitimado poderá intentar outra ação, com idêntico fundamento, valendo-se de nova prova; b) sendo o objeto da ação a proteção dos direitos coletivos, a sistemática será a mesma, sendo a coisa julgada *ultra partes*; c) sendo o objeto da ação a proteção dos direitos individuais homogêneos, a coisa julgada será *erga omnes* apenas nos casos de procedência do pedido, para beneficiar todas as vítimas e seus sucessores.

Ao nos depararmos com as expressões *erga omnes* e *ultra partes* no texto do Código de Defesa do Consumidor, temos a reação de, num primeiro momento, achar que a coisa julgada *erga omnes* possui uma eficácia mais abrangente do que a coisa julgada *ultra partes*. Mas isso não é verdadeiro.

Não há nenhuma diferença ontológica entre os regimes jurídicos da coisa julgada *erga omnes* e o da coisa julgada *ultra partes*. Não é a expressão latina que os distinguirá, pois seu significado é o mesmo[51], mas a terminologia legal que se lhes segue. As expressões trazem o significado de que ultrapassam as partes do processo, produzindo efeitos sobre todos os que se encontrem em situação subsumível ao resultado.

O inciso I do art. 103 do CDC traz a expressão *erga omnes* para significar que a autoridade da coisa julgada atinge toda a comunidade titular do direito violado, indistintamente. Na verdade, não haveria a necessidade que constasse da lei a expressão *erga omnes* para que a coisa julgada nas ações em defesa dos direitos difusos tivesse tal amplitude, pois por sua própria natureza estes direitos se espraiam pela

---

51 Como se verifica pelo comentário dos autores do anteprojeto do Código de Defesa do Consumidor, as expressões são utilizadas como sinônimas. GRINOVER, Ada Pellegrini. *Código brasileiro de defesa do consumidor*. Comentado pelos autores do anteprojeto. 4. ed. Rio de Janeiro: Forense Universitária, 1995, p. 586-588.

PARTE IV – A EFETIVIDADE DO ECA: MEDIDAS JUDICIAIS E EXTRAJUDICIAIS

comunidade. Neste sentido, pode se entender a lição de Ada Pellegrini Grinover[52] quando trata da indivisibilidade dos direitos difusos e coletivos: "Se o bem é indivisível, deve ser tratado de maneira indivisível e a atribuição desse bem poderá ser dada a todos, ou a ninguém".

O inciso II do art. 103 do CDC traz a expressão *ultra partes* para ampliar a coisa julgada para todos os membros da coletividade titular do direito lesado. Segundo Antônio Gidi[53], a expressão *erga omnes* foi evitada com acerto, porque somente a coletividade titular do direito violado e seus membros devem ser atingidos pela coisa julgada e não todas as pessoas indiscriminadamente. A expressão se adequa de forma melhor à natureza do direito coletivo, cuja abrangência é menor que a do direito difuso. Mas o inciso cai em obviedade ao fazer menção ao grupo, categoria ou classe, pois é mais do que claro que apenas aquelas pessoas que se encaixem naquela determinada categoria serão abrangidas pelo provimento jurisdicional.

Também o inciso III do art. 103 do CDC traz a expressão *erga omnes*, para esclarecer que a coisa julgada atinge todas as vítimas e seus sucessores. A regra para esta modalidade de direito (individual homogêneo) é imprescindível, pois o direito material é individual e deveria ser defendido por meio de uma tradicional ação individual, mas o legislador decidiu por aplicar a eles o regime da ação coletiva.

2) *Coisa julgada "secundum eventum litis"*

Esta modalidade de efeito da coisa julgada sempre foi combatida pela doutrina tradicional, que defende não ser possível sua aceitação, pois a coisa julgada tem de ter eficácia *pro et contra* e não *secundum eventum litis*. Liebman[54] é um dos doutrinadores tradicionais que se posiciona contrariamente à coisa julgada *secundum eventum litis*, entendendo que a decisão tem de ter efeitos de mesma amplitude seja de procedência, seja de improcedência.

Mas a reestrutura dos esquemas processuais para o indispensável atendimento da tutela dos direitos transindividuais tem de passar pela revisão das posições clássicas contrárias à coisa julgada *secundum eventum litis*.

É certo que a doutrina ainda não a aceitou completamente, havendo quem levante argumentos contrários a esta, mormente quando a extensão subjetiva só seja

---

52 A coisa julgada perante a Constituição, a Lei de Ação Civil Pública, o Estatuto da Criança e do Adolescente e o Código de Defesa do Consumidor. *Livro de Estudos Jurídicos*, 5, 1992, Rio de Janeiro: IEJ, p. 411. No mesmo sentido: LEAL, Flávio Márcio Mafra. *Ações coletivas*: história, teoria e prática. Porto Alegre: SAFE, 1998, p. 205-206, quando afirma que a coisa julgada *erga omnes* é a natural consequência para as ações coletivas para a defesa dos direitos difusos, independentemente do que for determinado pela norma legal.

53 Op. cit., p. 109.

54 Op. cit., p. 99.

utilizada para os casos de procedência do pedido, argumentando que a não oponibilidade do julgado negativo frustraria a necessidade de uniformização das decisões dos processos coletivos. Argumenta também que haverá um excessivo desequilíbrio entre as partes, com imposição de um ônus desnecessário ao réu, que fica obrigado a repetir sua defesa, sem poder opor a eficácia da sentença a seu favor.

Essas críticas não procedem. O contraditório não é sacrificado, uma vez que o réu já integrou a relação processual na ação coletiva. Não haverá qualquer prejuízo ao demandado, pois, certamente, tentará de todas as formas realizar uma excelente defesa, sabedor da amplitude da lide coletiva, e, em vindo a ser vitorioso, terá a coisa julgada na esfera coletiva. Vindo a ser demandado na esfera individual, só terá de repetir os argumentos anteriormente expendidos na seara coletiva. Se algum prejudicado existir, pode vir a ser aquele que não participou diretamente da lide coletiva, sendo inadequadamente representado.

Não haverá qualquer desequilíbrio entre as partes na sistemática da coisa julgada *secundum eventum litis*, uma vez que o réu já sabe quais os efeitos que terá a decisão coletiva em caso de procedência ou de improcedência do pedido, não podendo alegar ter sido surpreendido. Com isso, existindo alguma situação que enseje indenização individual, só será efetivamente realizada após o processo de liquidação individual, no qual a parte deverá comprovar o efetivo prejuízo, com a existência de novo contraditório. Esse tipo de tratamento escolhido pelo legislador não configura nenhuma desigualdade no tratamento das partes, mas, pelo contrário, um tratamento igualitário, pois está sendo aplicado o princípio da igualdade material.

Existe, ainda, uma crítica feita contra este sistema da coisa julgada *secundum eventus litis*, que é a da possibilidade de existência de coisas julgadas contraditórias, na hipótese de se ter na esfera individual o julgamento de improcedência do pedido e na esfera coletiva o de procedência. Este julgamento de procedência na esfera coletiva se estenderá também ao indivíduo que teve seu pedido julgado improcedente, passando a se ter duas decisões conflitantes, neste caso[55]. Esse problema é expressamente solucionado pelo art. 104 do CDC, pela exclusão do demandante individual que não requereu a suspensão de sua ação, da esfera de abrangência da coisa julgada coletiva.

Ao se buscar o significado da expressão *secundum eventus litis*, para efeitos da coisa julgada, verificaremos que significa uma coisa julgada que operará seus efeitos segundo o evento da lide, ou seja, segundo o resultado da ação. A coisa julgada, nesta hipótese, só operará seus efeitos se a decisão for de procedência ou de improcedência, conforme o caso, não havendo a coisa julgada *pro et contra*, que

---

55 MOREIRA, José Carlos Barbosa. A ação popular do direito brasileiro como instrumento de tutela jurisdicional dos chamados "interesses difusos". *Revista de Processo*, v. 28, São Paulo, 1982, p. 16.

PARTE IV – A EFETIVIDADE DO ECA: MEDIDAS JUDICIAIS E EXTRAJUDICIAIS

é o regramento normal. Só produzirá efeitos a decisão de procedência ou a decisão de improcedência. Tudo dependerá do que dispuser a legislação.

A sentença coletiva fará coisa julgada na esfera coletiva em casos de procedência do pedido, beneficiando a todos os indivíduos que se encontrarem em sua esfera de proteção. Em sendo julgado improcedente o pedido coletivo, com sua total apreciação pelo julgador, haverá a imutabilidade do comando da sentença na esfera coletiva, não se estendendo à esfera individual.

Há que ser feita a separação das esferas coletiva e individual, não se podendo tratá-las como se fossem uma única. O pedido realizado na ação coletiva é um pedido de proteção a um direito metaindividual que se encontra lesionado ou em perigo de lesão. A incidência do comando estatal se fará na esfera coletiva, seja de procedência, seja de improcedência, só vindo a atingir a esfera individual por via reflexa. Ao ser verificada a imutabilidade do comando, tão somente na esfera coletiva, ver-se-á que ele incidirá *pro et contra* e não *secundum eventum litis*.

Os efeitos da coisa julgada coletiva serão sempre *pro et contra*, podendo-se dizer que será *secundum eventus litis* o rol de pessoas (terceiros) atingidas pela eficácia da sentença, se for ela de procedência ou de improcedência.

A disciplina da coisa julgada em ações para a defesa dos direitos difusos, bem como dos direitos coletivos, é tratada da seguinte forma: a coisa julgada será *erga omnes*, peculiar à própria natureza dos direitos metaindividuais, que são indivisíveis. No caso de procedência do pedido, os efeitos do comando da sentença poderão ser aproveitados na esfera individual de algum lesado.

Nos casos de improcedência do pedido, haverá a imutabilidade do comando da sentença apenas na esfera coletiva, ficando livre o indivíduo para postular a defesa de seu interesse por meio de ação individual. Não poderão os autores coletivos ajuizar nova ação. Os efeitos da coisa julgada não prejudicarão os direitos individuais dos integrantes da comunidade, que poderão promover ações pessoais de natureza individual.

Para as hipóteses de julgamento de improcedência do pedido por insuficiência de provas, foi incorporada, como regra geral, a disciplina da Lei de Ação Popular e da Lei de Ação Civil Pública, em que não há a imutabilidade do comando da sentença. Haverá apenas coisa julgada formal, podendo, assim, qualquer dos legitimados para a propositura da ação civil pública, inclusive o autor coletivo anterior[56], com base em novas provas, repropor a mesma ação.

A única diferença nas ações para a defesa dos direitos difusos e para a defesa dos direitos coletivos se dá na extensão dos efeitos da coisa julgada, em razão da própria amplitude do direito material objeto da lide.

---

56 Neste sentido: GRINOVER, Ada Pellegrini. *Código brasileiro de defesa do consumidor.* Comentado pelos autores do anteprojeto. 4. ed. Rio de Janeiro: Forense Universitária, 1995; e MOREIRA, José Carlos Barbosa. Op. cit., p. 17.

1054 CURSO DE DIREITO DA CRIANÇA E DO ADOLESCENTE

Um pouco diversa a disciplina da coisa julgada nas ações coletivas para a defesa dos direitos individuais homogêneos. São eles simétricos aos conferidos às ações para a defesa dos direitos metaindividuais. A coisa julgada atua *erga omnes*, com o temperamento de só poder beneficiar todas as vítimas e seus sucessores, sem prejudicar os terceiros que não tenham intervindo no processo como litisconsortes (§ 2º do art. 103 do CDC). Os interessados que atenderem ao chamado do edital previsto no art. 94 do CDC e intervierem como litisconsortes na ação coletiva serão atingidos pela coisa julgada *inter partes*, não podendo propor ações individuais na hipótese de ter sido julgado improcedente o pedido da ação civil pública. Nenhum prejuízo advirá para eles, pois tiveram a oportunidade de exercer todo o contraditório como litisconsortes, como autores coletivos. O efeito *erga omnes* atingirá apenas aqueles que não fizeram parte do processo coletivo.

3) Extensão "in utilibus"

Com fundamento no princípio da economia processual, o CDC, no § 3º de seu art. 103, amplia o objeto do processo e autoriza o transporte, *in utilibus*, da coisa julgada resultante da sentença proferida na ação civil pública para as ações individuais de indenização por danos pessoalmente sofridos.

Sendo a ação coletiva julgada improcedente, os terceiros, titulares das pretensões indenizatórias a título pessoal, não sofrerão qualquer influência da coisa julgada, podendo propor suas ações individuais de ressarcimento pelos danos causados pelo ato ilícito. As ações são diversas, não só em relação às partes, mas com relação ao objeto litigioso.

Com o julgamento de procedência da ação coletiva, não haveria como se transportar a decisão coletiva para a esfera individual, sem regra expressa. Trata-se de ações diversas e a ampliação do objeto só pode ser determinada por lei. O CDC traz esta ampliação do objeto do processo coletivo à esfera individual quando for favorável o resultado do processo, o que possibilita às vítimas individuais passarem de imediato à liquidação da sentença sem necessidade de nova sentença condenatória. Podemos exemplificar esta hipótese, em sede de direito da infância e da juventude, nas ações civis públicas movidas para fixação do valor das mensalidades escolares. Nestes casos, sendo julgada procedente a ação civil pública, cada aluno poderá buscar sua indenização pelos prejuízos sofridos em decorrência do proceder da instituição de ensino.

A ampliação *ope legis* do objeto do processo coletivo não se trata de uma novidade no sistema legislativo brasileiro, pois de há muito já conhecemos os efeitos civis da sentença penal condenatória, atualmente previstos no art. 91, I, do Código Penal.

4) A disciplina do art. 16 da Lei n. 7.347/85.

A Lei n. 9.494/97 alterou a redação do art. 16 da Lei de Ação Civil Pública, passando o texto a vigorar da seguinte forma:

PARTE IV – A EFETIVIDADE DO ECA: MEDIDAS JUDICIAIS E EXTRAJUDICIAIS 1055

A sentença civil fará coisa julgada *erga omnes, nos limites da competência territorial do órgão prolator*, exceto se o pedido foi julgado improcedente por insuficiência de provas, hipótese em que qualquer legitimado poderá intentar outra ação com idêntico fundamento, valendo-se de novas provas (grifo nosso).

Esta alteração, oriunda da Medida Provisória n. 1.570/97, tenta limitar o alcance da coisa julgada nas ações coletivas, mais especificamente na ação civil pública. Com esta alteração, o Poder Executivo pretendeu vincular os efeitos subjetivos da coisa julgada a um determinado território sobre o qual se verifica a competência do órgão jurisdicional que proferiu a sentença. Como muito bem demonstra a História, todas as vezes que o Poder Executivo decide "legislar", usurpando o lugar do Poder Legislativo, acaba por cometer erros. Foi exatamente o que aconteceu no caso em discussão.

O primeiro erro do Poder Executivo foi o de esquecer a existência da Lei de Ação Popular, também uma ação coletiva, que, em seu art. 18, disciplina os efeitos da coisa julgada, dizendo-o *erga omnes*. Essa Lei, por ser de 1965, serviu de fonte para a Lei de Ação Civil Pública (de 1985), que em seu art. 16 repetiu a mesma disciplina. Talvez pela *antiguidade* da Lei n. 4.717/65, talvez pelo fato de que a ação popular quase não tenha sido utilizada, principalmente como veículo para rebater os desacertos dos governantes, foi esquecida pela Presidência da República quando da edição da medida provisória que veio a se transformar na fatídica Lei n. 9.494/97. Esquecimento benéfico para a proteção dos direitos metaindividuais, pois com o advento da Constituição Federal de 1988 o âmbito de abrangência da ação popular foi ampliado. Como as regras jurídicas que têm função de restringir direitos hão que ser interpretadas restritivamente, esta será a interpretação que se dará ao novo texto do art. 16 da Lei n. 7.347/85, ficando mais do que certo que não há como tentar aplicar a regra em comento à ação popular.

O segundo erro do Poder Executivo foi o de confundir a jurisdição com o limite territorial de competência. A jurisdição, como manifestação do poder soberano do Estado, é una e indivisível, tendo eficácia por todo o território nacional. Em face disso, como o exercício da jurisdição é emanação da soberania nacional, a sentença possui uma eficácia natural, que é a de se impor *erga omnes*, pois todas as pessoas, em qualquer lugar que se encontrem, não poderão ignorá-la. Apenas as partes se sujeitarão ao seu comando, mas todos terão de conhecer as consequências jurídicas que dela advirão. A competência é um mero limite à jurisdição, a fim de que exista uma melhor organização para o funcionamento da máquina estatal.

A jurisdição será exercida em consonância com o que é pedido pelas partes, haja vista o princípio da correlação entre a demanda e a sentença. Assim, o âmbito de abrangência da coisa julgada não é a competência, mas o pedido. Se o pedido é amplo, não será por intermédio de limitações à competência que este poderá ser limitado. O juiz competente para a ação coletiva será competente para todo o objeto do processo, esteja ele limitado, ou não, ao local onde atua.

A isso se junta um argumento de cunho lógico, o da natureza indivisível dos direitos metaindividuais, que, como representantes de uma categoria de bens jurídicos notadamente não patrimoniais, simplesmente não respeitam os artificiais limites estabelecidos pelas leis de organização judiciária, não admitindo fracionamento ou divisão em quotas. Não existe qualquer critério jurídico que nos permita estabelecer uma fração ideal da responsabilidade por danos quando tratamos de direitos indivisíveis.

Como pode a decisão de um direito metaindividual se limitar ao local onde ocorreu o dano, se nesta modalidade de direito o dano se espalha, de regra, por local muito maior do que aquele em que se iniciou? E como pode a decisão ser limitada à área de competência do juiz prolator da decisão? Teríamos, assim, uma decisão sobre um dano, cujos efeitos terminam em um determinado ponto geográfico e outra decisão sobre este mesmo dano que se iniciaria a partir daquele ponto geográfico. É o que teríamos se aplicada fosse, literalmente, a trágica regra.

É totalmente incompatível restringir-se de uma maneira territorial os efeitos da coisa julgada quando se fala em tutela de direitos indivisíveis por natureza.

Há mais um argumento, de cunho eminentemente técnico, que diz respeito à impossibilidade de concorrência conflituosa ou contraditória entre duas ou mais ações coletivas sobre o mesmo tema, pois a propositura da primeira ação preveniria a jurisdição e configuraria litispendência sobre as demais. Em se entendendo o contrário, cairá por terra o princípio da segurança das relações jurídicas, que serviu, desde os primórdios do direito processual: de base para o monopólio estatal da jurisdição; que fez com que a doutrina elaborasse o critério dos elementos identificadores das ações, para que as ações não se repetissem; e fundamentassem a coisa julgada para tornar imutável e indiscutível uma relação jurídica já decidida pelo Estado.

O terceiro erro cometido pelo Poder Executivo foi esquecer que a disciplina da coisa julgada para as ações civis públicas não está localizada única e exclusivamente na Lei n. 7.347/85, mas também no Código de Defesa do Consumidor. O art. 16 da Lei de Ação Civil Pública há de ser lido em conjunto com o art. 103 do CDC, cujos três incisos permaneceram inalterados[57]. O art. 16 da LACP só diz respeito ao regime da coisa julgada com relação aos direitos difusos, adaptando-se à nova disposição, exclusivamente, ao inciso I do art. 103 do CDC e, por interpretação analógica, aos direitos coletivos previstos no inciso II do mesmo artigo, por não haver qualquer diferença no regime de suas coisas julgadas.

---

57 Aqueles que entendem ser de completa aplicação o novo texto do art. 16 da Lei n. 7.347/85 defendem estar revogado o texto do art. 103 do CDC, pelo fato de que, no momento dos vetos realizados nesta lei, o Presidente da República mencionou que vetaria o art. 103, apesar de não tê-lo feito. Como não foi vetado o mencionado artigo do Código do Consumidor e como o nosso sistema legal não conhece a figura do veto implícito, não podemos tê-lo como revogado.

PARTE IV – A EFETIVIDADE DO ECA: MEDIDAS JUDICIAIS E EXTRAJUDICIAIS

Totalmente diverso o regime da coisa julgada nas ações coletivas para a defesa dos direitos individuais homogêneos (art. 103, III, do CDC), que adotou sistema próprio com relação à coisa julgada, que só atua *erga omnes* para beneficiar as vítimas.

Para fugir da fatídica alteração com relação aos direitos difusos e coletivos, a doutrina começou a buscar saídas, seguindo rumos diversos.

Uma corrente, na qual temos a participação da Professora Ada Pellegrini Grinover, defende que a nova alteração legislativa é também inoperante para com os direitos difusos e coletivos, mas agora por força da competência territorial. Para as ações coletivas, a competência territorial é regulada pelo art. 93 do CDC. Traz regra especial no sentido de ser a competência da Capital do Estado ou do Distrito Federal nas causas de âmbito nacional ou regional. Ao se afirmar, destarte, que a coisa julgada se restringe aos limites de competência do órgão prolator, ensina Ada Pellegrini Grinover[58]:

> Assim, afirma que a coisa julgada se restringe "aos limites da competência do órgão prolator", nada mais indica do que a necessidade de buscar a especificação dos limites legais da competência; ou seja, os parâmetros do art. 93, CDC, que regula a competência territorial nacional e regional para os processos coletivos.

O art. 93 do CDC, embora situado no Capítulo referente à defesa dos direitos individuais homogêneos, aplica-se a todo e qualquer processo coletivo, como leciona Ada Pellegrini Grinover[59].

Assim, sempre que se movesse uma ação coletiva, a competência para seu conhecimento seria deslocada para um órgão jurisdicional localizado na Capital do Estado-Membro, tratando-se de matéria de competência da Justiça estadual, ou para um órgão jurisdicional localizado no Distrito Federal, tratando-se de matéria de competência da Justiça federal.

Ficam as perguntas: isto seria producente? Não seria uma forma de se realizar de modo inverso aquilo que deseja a Presidência da República, tornar totalmente ineficaz o processo coletivo, em uma clara tentativa de regressão?

Ao se deslocar o processamento da ação coletiva para a capital do Estado-Membro ou para a Capital Federal, haverá sério prejuízo para a instrução do processo, o que poderá vir a trazer consequências danosas para a decisão. Haverá dificuldade na apuração de provas, pois as testemunhas terão de se deslocar ou de ser ouvidas por precatória, a prova técnica será mais demorada, a inspeção pessoal será quase inviável. Isso sem mencionar a dificuldade de locomoção do autor coletivo e de seu patrono para a propositura e o acompanhamento do trâmite processual.

---

58 A aparente restrição da coisa julgada na ação civil pública: Ineficácia da Modificação no art. 16 pela Lei n. 9.494/97. *Boletim Informativo* n. 11, 1998, São Paulo: ESMP, p. 9.

59 GRINOVER, Ada Pellegrini. *Código brasileiro de defesa do consumidor.* Comentado pelos autores do anteprojeto. 4. ed. Rio de Janeiro: Forense Universitária, 1995, p. 547.

É só imaginarmos um fato ocorrido no Rio de Janeiro tendo a competência deslocada para Brasília, para vermos que a solução apontada com base no art. 93 do CDC não é prática, apesar de lógica.

Outra corrente aplica normalmente a disciplina diferenciada da coisa julgada das ações coletivas, ignorando por completo o teor do novo art. 16 da Lei de Ação Civil Pública, em virtude de as regras do art. 103 do CDC não terem sofrido qualquer alteração. Consideram inconstitucional e totalmente sem eficácia a alteração trazida pela Lei n. 9.494/97.

Como a matéria continua disciplinada em leis que não foram tocadas pela despropositada e atécnica alteração, nenhuma mudança houve, devendo as ações ser propostas nos foros onde ocorreram os eventos que causaram danos aos direitos metaindividuais.

A mencionada alteração deve ser declarada inconstitucional em cada caso, a fim de que os direitos metaindividuais possam ter a correta proteção.

Entendemos que esta segunda corrente é, em parte, a mais correta. Não conseguimos vislumbrar a inconstitucionalidade do dispositivo em estudo, seja ela formal ou material. Não se pode esquecer de que já houve o questionamento da inconstitucionalidade do dispositivo perante o Supremo Tribunal Federal quando da edição da medida provisória e o STF, em decisão liminar, entendeu pela constitucionalidade da regra. Não ocorreu o julgamento do mérito da mencionada ação em virtude de a inicial não ter sido emendada, como determinou o relator, vindo a ação a ser extinta sem análise do mérito. A medida provisória foi convertida em lei, fato que, por si só, espancou qualquer inconstitucionalidade que a medida provisória contivesse.

A regra é totalmente ineficaz, considerando-se a natureza dos direitos que são defendidos por meio da ação civil pública. São eles indivisíveis e podem se espalhar por uma região geográfica muito maior do que aquela onde o juiz exerce sua parcela da jurisdição. Não há como se dizer que a decisão produzirá efeitos apenas dentro do limite territorial onde o juiz que a proferiu exerça sua função, pois o direito objeto da sentença é o mesmo, esteja ele dentro ou fora daquele espaço físico, sendo claro que sua totalidade será alcançada pelo conteúdo decisório. Pensar-se de forma diversa será ignorar a natureza dos direitos transindividuais.

Desejar controlar os efeitos da coisa julgada por meio do controle da competência é um grande erro, um erro crasso. O efeito deste dispositivo é o mesmo que se terá ao se querer controlar a natureza por decreto, um total absurdo.

5.8. Execução

Antes de tratarmos da execução na ação civil pública, é importante discorrer, de forma rápida, a respeito dos parâmetros adotados para a execução dos títulos judiciais.

PARTE IV – A EFETIVIDADE DO ECA: MEDIDAS JUDICIAIS E EXTRAJUDICIAIS

1059

O direito processual civil brasileiro mantinha-se fiel às ideias do direito processual civil do final do século XIX e início do século XX, em que se buscava a autonomia deste ramo do direito. Obtida a tão buscada autonomia, iniciou-se uma nova fase do direito processual civil, a de sua efetividade, a da busca de soluções rápidas e eficientes para dar-se, a quem tivesse direito, o direito material litigioso. Trata-se da fase da instrumentalidade e da efetividade do processo.

Para que se alcance a efetividade do direito material, importante que as regras de direito processual consigam realizar a entrega daquele direito quando não realizada a vontade concreta da lei de forma espontânea pelo vencido. Nesse ponto, quando se chega à execução forçada, é que se está diante do ponto culminante da efetividade do processo, pois só quando o direito material é de fato entregue ao vencedor da ação se pode dizer que o processo alcançou seu objetivo. Essa é a lição que nos é fornecida por Humberto Theodoro Júnior[60], quando afirma que, "quanto mais cedo e mais adequadamente o processo chegar à execução forçada, mais efetiva e justa será a prestação jurisdicional".

Com a adoção da *actio iudicati* – o exercício de uma nova ação para se obter a prestação jurisdicional executiva –, de origem romana e ressuscitada na idade moderna[61] com a finalidade de dar força executiva aos títulos de crédito e estendida aos títulos executivos judiciais, institui-se uma maior demora a que aquele que já tivesse um direito reconhecido judicialmente pudesse efetivá-lo nas hipóteses em que o vencido não cumpre com sua obrigação de forma voluntária.

A busca da instrumentalidade e efetividade do processo fez com que fosse iniciada uma reação contra a existência de uma ação de execução independentemente da ação de conhecimento na qual foi produzido o título executivo judicial, podendo-se apontar como defensores deste posicionamento Humberto Theodoro Júnior[62] e Alexandre Freitas Câmara[63].

Em decorrência desta reação, o Legislador iniciou, de forma lenta, o caminho do sincretismo do conhecimento e da execução dos títulos judiciais em um único processo. O primeiro passo foi dado com o advento da Lei n. 8.952/94, que unificou o processo das ações que tivessem por objeto o cumprimento das obrigações de fazer e não fazer (alterando o art. 461 do CPC/73) e com a inclusão da antecipação

---

60 As vias de execução do Código de Processo Civil brasileiro reformado. *Revista IOB de Direito Civil e Processual Civil*, Belo Horizonte, v. VIII, n. 43, p. 32, set./out. 2006.

61 Sobre a origem da *actio iudicati* no direito romano e seu renascimento no direito moderno, remetemos o leitor ao trabalho de Humberto Theodoro Júnior, op. cit., p. 35-38.

62 *A execução de sentença e a garantia do devido processo legal*. Rio de Janeiro: Aide, 1987, p. 210-211.

63 *Lições de direito processual civil*. 13. ed. Rio de Janeiro: Lumen Juris, 2006, v. II, p. 159. Ressalta-se que desde a primeira edição de suas *Lições* o mencionado autor defende a unificação do conhecimento e da execução em um só processo.

de tutela, onde se tem atos executivos no processo de conhecimento (alterando o art. 273 do CPC/73).

O segundo passo foi dado com o advento da Lei n. 10.444/2002, que unificou o processo das ações que tivessem por objeto a obrigação de dar coisa certa e incerta (entrega de coisa na expressão da lei), acrescentando o art. 461-A ao CPC/73.

O último passo para a uniformização do sistema foi dado com a Lei n. 11.232/2005, que, entre outras providências, unificou o sistema da execução dos títulos judiciais, estendendo o procedimento que já era adotado para as obrigações de fazer, não fazer e dar, para as de prestar declaração de vontade e as de natureza pecuniária.

Temos, agora, um único processo com duas fases, a primeira para a discussão do direito e a segunda para a sua execução ou, utilizando-se as expressões adotadas por Alexandre Câmara[64]: "um processo misto, desenvolvido em duas fases (ou módulos processuais): o módulo processual de conhecimento e o módulo processual executivo". O processo não é mais puramente cognitivo, nem puramente executivo, mas um processo misto, onde há a mescla das duas atividades.

Não se faz mais necessária a propositura de uma ação de execução para os títulos executivos judiciais, sendo a execução um prolongamento do processo. A sentença condenatória não exaure mais o processo, tendo força executiva. O juiz assina um prazo para cumprimento do que foi determinado na sentença e, não o fazendo, o vencido por vontade livre, será executado, sem a necessidade da propositura de ação autônoma, fazendo com que, além da simplificação que foi trazida pelo sistema, a obtenção da tutela jurisdicional plena seja obtida de forma mais célere, fazendo com que se tenha uma aplicação efetiva do princípio constitucional de efetividade da tutela jurisdicional.

Com relação aos títulos executivos extrajudiciais, o procedimento para sua execução continua o mesmo, não tendo havido nenhuma alteração nas regras do Código de Processo Civil.

O CPC mantém a mesma sistemática do Código revogado, cuidando do cumprimento da sentença nos arts. 513 e seguintes. Em complementação às normas referentes ao cumprimento da sentença aplicam-se as normas constantes do Processo de Execução, por determinação expressa constante do *caput* do art. 513 do CPC. Para que se dê início à fase processual do cumprimento da sentença, necessário requerimento do exequente e intimação do executado, conforme o artigo já mencionado.

O art. 515 do CPC traz o rol dos títulos executivos judiciais. Interessante mencionar que ao invés do termo sentença, a lei traz o termo decisão, muito mais amplo. Com isso, não apenas as sentenças são títulos executivos judiciais, sendo incluídas as decisões interlocutórias e os acórdãos, o que supera inúmeras discussões.

---

64   Op. cit., p. 161.

PARTE IV – A EFETIVIDADE DO ECA: MEDIDAS JUDICIAIS E EXTRAJUDICIAIS

Realizadas estas considerações, passaremos ao estudo da execução em sede de ação civil pública.

Para que haja uma real satisfação da sociedade e que o processo cumpra sua função de ser um instrumento efetivo para a solução dos conflitos de interesse e para dar a quem tem o direito tudo e exatamente tudo ao que ela tem direito, é extremamente importante que a execução seja realizada de modo a proteger os direitos metaindividuais que se encontram lesados, atingindo um resultado prático. Neste sentido, as execuções das sentenças proferidas em ações civis públicas devem ser entendidas como específicas, ou seja, devem ser direcionadas a dar ao vencedor a prestação em espécie que foi determinada na sentença, consistente em uma obrigação de fazer ou de não fazer.

Os direitos metaindividuais pertencem à coletividade ou a um grupo indeterminado. Para que as pessoas que foram direta ou indiretamente atingidas pelo dano ou ameaça de dano causado a um direito metaindividual se vejam de fato ressarcidas, é extremamente importante que o direito seja recomposto ou mantido em sua integridade. Só assim a pluralidade de pessoas envolvidas na situação de fato, que acabou por ensejar o processo coletivo e a execução da sentença, se sentirão satisfeitas e se poderá ter a certeza de que o processo alcançou seu fim de ser um instrumento para a efetividade de um direito material.

A execução pecuniária substitutiva só deverá ser utilizada quando se verificar ser impossível a execução específica. A execução substitutiva não atenderá às necessidades da sociedade, deixando subsistir a lesão, o que, por consequência, tem um significado totalmente diverso para o objetivo social da preservação dos bens coletivos. Imaginemos a propositura de uma ação civil pública em face de determinado município para que este seja obrigado a construir escola em determinada localidade, sendo julgada procedente a ação nos exatos limites do pedido. Qual será a execução que preservará o direito fundamental à educação, atendendo à comunidade, a específica, para a construção do estabelecimento de ensino, ou a pecuniária subsidiária? A específica, sem a menor sombra de dúvida. Substituir-se o cumprimento da obrigação de fazer ou não fazer por uma sanção pecuniária em nada atenderá aos interesses da sociedade, que continuará a sofrer com a lesão ao direito transindividual.

Neste sentido o ensinamento de Carlos Alberto de Salles[65]:

> Apenas a tutela específica, consistente na restauração em espécie do dano, é capaz de restaurar a distribuição de recursos sociais existentes antes do fato lesivo, na medida em que, ao reconstituir o próprio bem coletivo, contempla todos os interesses afetados.

---

65 Execução específica e ação civil pública. In: MILLARÉ, Édis (coord.). *A ação civil pública após 20 anos*. São Paulo: Revista dos Tribunais, 2005, p. 87.

A medida jurisdicional deverá, então, determinar o cumprimento da obrigação de fazer ou não fazer e a execução deverá ser a específica, que terá a finalidade de restaurar a distribuição de recursos sociais alterada pelo ato lesivo.

A execução poderá ser tanto da sentença quanto da liminar concedida.

É necessário que se abra um parêntese para esclarecer que a execução da multa aplicada pelo não cumprimento da liminar ou da obrigação cominada na sentença em nada impede que estas últimas tenham e devam ser cumpridas. A multa cominada tem o caráter de pena, vindo a incidir sobre cada dia de atraso no cumprimento da decisão, iniciando-se seu período de incidência com o término do prazo determinado na liminar ou na sentença para o cumprimento voluntário da obrigação, conforme se verifica pelo teor do art. 213, §§ 1º, 2º e 3º, do ECA; arts. 11 e 12, § 2º, da LACP; e arts. 297, 497, 498, 536, 537, 538, todos do CPC. A finalidade da multa é puramente coercitiva, sendo um poderoso instrumento para pressionar psicologicamente o demandado, a fim de que este cumpra a obrigação. A execução da multa seguirá o rito previsto nos arts. 513 e seguintes, do CPC e 534 e 535, também do CPC quando o executado for a Fazenda Pública.

O valor da multa, conforme determina o art. 214 do ECA, reverterá para o fundo municipal dos direitos da criança e do adolescente, gerido pelo Conselho Municipal dos Direitos da Criança e do Adolescente do Município onde se deu a violação a um direito metaindividual da criança e do adolescente.

A legitimidade para a execução será do autor da ação, sendo determinado que o Ministério Público, ou qualquer outro legitimado por lei (art. 211) a assuma se não for ela promovida no prazo de 60 dias (art. 217). Temos, aqui, a legitimação exclusiva do autor coletivo dentro deste prazo de 60 dias, o que significa que apenas ele poderá promover a execução durante este período. Superado o prazo sem ser iniciada a execução da sentença, abrir-se-á a legitimidade supletiva ao Ministério Público ou aos demais legitimados.

A questão da forma de execução e o destino desta não apresentarão nenhuma dificuldade quando a ação tiver como objeto algum direito difuso ou algum direito coletivo. Com relação a estas duas modalidades de direitos metaindividuais, o autor coletivo realizará a execução, a específica e a da multa.

Quando se tratar de direitos individuais homogêneos, a execução não caberá ao autor da ação, mas a cada um dos titulares dos direitos individuais tratados coletivamente, aplicando-se, subsidiariamente, o regramento do Código de Defesa do Consumidor (arts. 97 a 98), naquilo que for cabível.

Os particulares titulares de direitos individuais que foram coletivamente defendidos deverão se habilitar nos autos da ação civil pública, demonstrando a lesão sofrida. Sendo necessários apenas cálculos para quantificar o valor a ser pago, o credor deverá apresentar memória dos cálculos, que poderá ser impugnada pelo devedor.

PARTE IV – A EFETIVIDADE DO ECA: MEDIDAS JUDICIAIS E EXTRAJUDICIAIS

Como já dito no início deste tópico, não mais existe no direito processual civil brasileiro a ação autônoma de execução de título judicial, não sendo mais necessária a realização de petição inicial. As sentenças condenatórias passaram a possuir natureza executiva *lato sensu*, o que faz com que a execução seja um segundo momento de um único processo. Desta forma, findo o módulo de conhecimento da ação civil pública, terá início o módulo executivo, sendo necessários os atos de constrição judicial caso o vencido não cumpra voluntariamente o comando estatal contido na sentença.

Para que se inicie o módulo executivo, é imprescindível que o título seja certo, líquido e exigível. Sendo ilíquida a sentença, será necessária a instauração do procedimento de liquidação de sentença. A liquidação de sentença será instaurada mediante petição da parte vencedora, nos próprios autos da ação, ou em autos apartados quando se tratar de liquidação provisória, conforme regras constantes dos arts. 509, 511 e 512, do CPC.

As sentenças condenatórias determinarão as providências que devem ser realizadas pelo vencido para que restaure o direito material violado, conforme dispõem os arts. 497, 498 e 513, todos do CPC. Interessa-nos mais de perto a execução para cumprimento de obrigação de fazer e não fazer, por serem estas as modalidades de obrigações que decorrerão das sentenças proferidas nas ações civis públicas.

Superado o prazo para que o vencido cumpra de forma espontânea a obrigação, a parte vencedora peticionará informando que a obrigação não foi cumprida. O Juízo determinará a expedição de mandado de intimação para que o executado cumpra a sentença, sob pena de incidir a multa periódica. Sendo a obrigação cumprida, encerra-se a execução. Como o cumprimento de uma obrigação de fazer referente a um direito metaindividual dificilmente será realizada em um único ato, com a execução dos atos necessários para o cumprimento da obrigação, estará o executado dando cumprimento a esta, devendo o exequente e o Juízo realizarem o acompanhamento dos atos executórios; com a finalização dos atos, verificado o efetivo cumprimento da obrigação, extingue-se a execução.

Não sendo cumprida a obrigação no prazo assinado pelo Juízo, começa a incidir a multa, podendo o Juízo – de ofício ou a requerimento da parte – determinar a utilização das denominadas *medidas de apoio*, previstas no art. 536 do CPC.

Com a intimação do executado para dar cumprimento à obrigação, abre-se prazo de 15 dias para oferecimento da *impugnação* (arts. 523 e 525 do CPC). Essa modalidade de defesa do executado é mero incidente da execução, exercitado por meio de simples petição. As matérias que podem ser alegadas na impugnação encontram-se enumeradas no art. 525, § 1º, do CPC. A impugnação não suspende o andamento da execução, podendo, entretanto, ser-lhe atribuído efeito suspensivo pelo juiz, desde que presentes fundamentos relevantes e com o prosseguimento da execução seja possível acarretar ao executado grave dano de difícil ou incerta reparação (art. 525, § 6º, do CPC).

6. PROCESSO ESTRUTURAL

A discussão sobre o processo estrutural é uma das mais candentes entre os processualistas civis que se debruçam sobre os mais indicados instrumentos processuais para que se busque a preservação e garantia dos direitos fundamentais que não são respeitados pelo Estado.

Seu surgimento se deu na década de 1950 nos Estados Unidos, quando a Suprema Corte entendeu ser inconstitucional o sistema de segregação racial para admissão de alunos nas escolas públicas americanas. Com essa decisão e verificando que a questão atingia todo o País, a Suprema Corte deu início a um processo de reforma de todo o sistema público de educação, dando início a uma reforma estrutural.

A decisão acabou por ser adotada em outros casos, e o Poder Judiciário passou a tomar decisões que acabaram por levar a mudanças nas estruturas públicas, com o fim de garantir e preservar valores constitucionalmente garantidos.

Em diversas situações percebemos que decisões proferidas em ações individuais ou em ações coletivas, mesmo que reconheçam a violação a um direito fundamental, não conseguem fazer com que ele seja efetivamente protegido e que o problema que deu origem àquele(s) processo(s) seja sanado. Passou a ser verificada a necessidade de dar um passo a mais para buscar solução definitiva para aquela violação, que, é bom ressaltar, nem sempre configurará um ato ilícito por parte do poder público, mas a constatação de uma desorganização já entranhada na estrutura pública e que necessita ser alterada como um todo, pois só assim o problema será efetivamente solucionado e seus destinatários atendidos a contento[66].

Quando se discute a violação de uma política pública mediante uma ação individual, haverá uma redução substancial na amplitude desse debate, pois, em vez de discutir, de fato, o problema da má execução ou inexecução da política, ocorrerá a discussão de um direito subjetivo da parte autora. O Estado será condenado a solucionar aquele problema específico, apresentado por aquela pessoa, sem que se solucione a má execução da política pública, que continua a prejudicar um incontável número de pessoas. Um bom exemplo a ser dado na área da Infância e Juventude é a questão da falta de vagas na rede pública, principalmente quando se fala em creches, onde uma quantidade enorme de ações individuais é proposta anualmente, o Judiciário determina que os Municípios realizem a matrícula da criança, mas o problema, que é a má execução da política pública educacional, não é solucionado. O direito de uma pessoa é assegurado, e o da coletividade continua a ser violado.

Do mesmo modo, a ação civil pública, apesar de trazer à discussão a inexecução ou má execução da política pública, pode não vir a solucionar o problema a contento,

---

66 ARENHART, Sérgio Cruz. *Processos estruturais no direito brasileiro*: reflexões a partir do caso da ACP do carvão. Disponível em: <www.academia.edu>. Acesso em: 18 jul. 2020.

PARTE IV – A EFETIVIDADE DO ECA: MEDIDAS JUDICIAIS E EXTRAJUDICIAIS

pois poderá deixar de corrigir algum erro de execução da política que tenha ficado fora do campo de visão do autor coletivo. A ACP é proposta por um legitimado extraordinário, que não é o destinatário da política pública em discussão e que pode ter uma visão sobre a melhor forma de ela ser executada ou o modo como deva ser corrigida que não atenda a diversos interesses de grupos distintos. Mesmo com o julgamento de procedência do pedido, esses grupos podem continuar sem serem atendidos por aquela política pública. Utilizando o mesmo exemplo da falta de vagas em creche, podemos ter uma solução que, na visão do autor coletivo, seja muito boa, mas que não atenda de modo efetivo a sociedade, até porque ela não participou da discussão e não apresentou seus pontos de vista.

Surge, então, a ideia de um processo que, indo mais além da situação de violação a uma política pública, a um direito fundamental, muitas vezes trazido às portas do Poder Judiciário mediante uma ação individual, necessita de uma discussão mais ampla, trazendo ao processo outros atores que inicialmente não eram mencionados, para que se busque uma solução definitiva para a questão. Buscar-se-á uma decisão que realizará uma reforma em toda a estrutura do ente público, com o fim de realizar determinada política pública, garantindo a concretização de um direito fundamental.

Para que possamos ter um processo estrutural, necessário que exista um problema estrutural. Esse problema estrutural se apresenta pela existência de má prestação de um serviço, de uma atividade, que por sua grandeza, não comporta uma decisão para aquele caso trazido a Juízo, para que se tenha a questão como solucionada. É a percepção de que o estado das coisas, a forma como aquela atividade é prestada a seus destinatários, não é a ideal e precisa ser reorganizada para que, em momento futuro, possa-se ter o serviço prestado de forma adequada.

Como bem ensinam Didier, Zaneti e Alexandria, ao cuidarem desse estado de desconformidade da atividade, é importante notar que:

> [...] existindo esse estado de desconformidade, a solução do problema não pode se dar com apenas um único ato, como uma decisão que certifique um direito e imponha uma obrigação. Há necessidade de intervenção para promover uma reorganização ou uma reestruturação da situação, como nos casos em que há necessidade de mudança na estrutura de ente público, de organização burocrática etc. Essa intervenção normalmente é duradoura e exige um acompanhamento contínuo[67].

A melhor forma de entendermos o *problema estrutural* é trazendo-o para um caso concreto. Um excelente exemplo é fornecido por um caso que chegou ao Superior Tribunal de Justiça, por intermédio de ações propostas pelo Ministério

---

67 DIDIER, Fredie; ALEXANDRIA, Rafael de Oliveira; ZANETI, Hermes. *Elementos para uma teoria do processo estrutural aplicada ao processo civil Brasileiro*, p. 4. Disponível em: <www.academia.edu>. Acesso em: 25 ago. 2020.

Público do Estado do Ceará contra a institucionalização de adolescentes por período acima do permitido por lei. Da lavra da Ministra Nancy Andrighi[68], foi reconhecido pelo STJ que a questão trazida não comportava soluções de procedência ou improcedência e que, por sua amplitude e interesses envolvidos, era necessária uma decisão estrutural, de natureza complexa e plurifacetada, com envolvimento não apenas das partes existentes nos autos, incluído o *amicus curiae*, mas com participação de toda a sociedade, com amplo contraditório entre todos os potenciais atingidos pela decisão estruturante. O Tribunal entendeu que a melhor solução seria a anulação desde a citação para que fosse realizada a instrução de forma estrutural

Foi reconhecida a necessidade da instauração de um processo estrutural a partir de ações de natureza individual proposta pelo Ministério Público[69], pois a decisão que ali fosse proferida, mesmo que de procedência do pedido, não conseguiria solucionar o problema de fundo que era a desorganização de uma política pública.

A partir do momento em que entendemos o significado e a amplitude do problema, podemos passar a buscar o conceito de processo estrutural.

Ficamos com o conceito apresentado por Didier, Zaneti e Alexandria:

> O processo estrutural é aquele em que se veicula um litígio estrutural, pautado em um problema estrutural, e em que se pretende alterar esse estado de desconformidade, substituindo-o por um estado de coisas ideal[70].

---

68 REsp 1854842-CE, STJ, 3ª T., Rel. Ministra Nancy Andrighi, unânime, j. 2-6-2020: "CIVIL. PROCESSUAL CIVIL. AÇÃO CIVIL PÚBLICA. ACOLHIMENTO INSTITUCIONAL DE MENOR POR PERÍODO ACIMA DO TETO LEGAL. DANOS MORAIS. JULGAMENTO DE LIMINAR. IMPROCEDÊNCIA DO PEDIDO. IMPOSSIBILIDADE. Questão repetitiva que não foi objeto de precedente vinculante. Existência de inúmeras ações civis públicas no juízo acerca do tema. Irrelevância. Interpretação restritiva das hipóteses autorizadoras do julgamento prematuro. Ação civil pública que envolve litígio de natureza estrutural. Necessidade de dilação probatória. Incompatibilidade, em regra, com o julgamento de improcedência liminar do pedido ou com o julgamento antecipado do mérito. Processo estrutural. Natureza complexa, plurifatorial e policêntrica. Insuscetibilidade de resolução pelo processo civil adversarial e individual. Indispensabilidade da colaboração e participação do estado e da sociedade civil na construção de soluções para o litígio estrutural, mediante amplo contraditório e contribuição de todos os potenciais atingidos e beneficiários da medida estruturante. Necessidade de prestação da tutela jurisdicional diferenciada e aderente às especificidades do direito material vertido na causa, ainda que inexistente, no Brasil, regras procedimentais adequadas para a resolução dos litígios estruturais. Anulação do processo desde a citação, com determinação de instrução e rejulgamento da causa, prejudicado o exame das demais questões".

69 Apesar de não termos tido acesso aos autos, pela leitura do acórdão fica clara a percepção de que, apesar de terem utilizado a expressão *ação civil pública*, as ações propostas pelo MPCE não traziam à discussão a violação a um direito metaindividual, mas a direito individual de cada adolescente. Sobre essa discussão, remetemos o leitor ao capítulo seguinte deste livro, onde esse tema é exposto.

70 Ob. cit., p. 4.

PARTE IV – A EFETIVIDADE DO ECA: MEDIDAS JUDICIAIS E EXTRAJUDICIAIS 1067

O processo estrutural se desenvolverá em duas fases[71].

A primeira terá curso até o momento da prolação da sentença estrutural. Nessa fase será realizada a instrução, com a participação do maior número de interessados possível, quando será delimitado o problema estrutural e decidida a forma como será realizada sua reestruturação. Para alcançar tal fim, deverão ser utilizadas todas as formas democráticas de participação dos interessados. Além do autor e réu tradicionais, deverão participar do processo todos os grupos diretamente interessados na reestruturação da política pública em discussão, o que pode ser feito com a publicação de editais, realização de audiências públicas, intervenção de terceiros e de *amici curiae*. Por ser um processo eminentemente democrático, será necessária uma mudança de cultura por parte de todos os atores processuais, buscando-se sempre a obtenção do consenso, de boa vontade dos envolvidos em alcançar um denominador comum. Aqui teremos de nos afastar da visão tradicional dicotômica e antagônica do processo, que terá de se desenvolver com a participação de todos os interessados na adequação da política pública. Será um processo multifacetado, no qual não se terá o antagonismo entre os polos, já que os diversos atores exercitarão suas atribuições muitas vezes em concordância ou discordância com os diversos grupos e as mudanças de posição serão uma constante, o que faz com que não se possa trabalhar com dois simples grupos antagônicos.

Importante que nessa fase sejam trazidos dados concretos dos serviços que estão sendo ofertados e as necessidades reais de seus destinatários, a fim de se ter base real para as discussões que serão travadas. É extremamente importante que as partes e o juiz tenham profundo conhecimento do direito material em discussão, para que atuem em auxílio recíproco e possam alcançar uma decisão estrutural adequada, ao final de um debate organizado, que é uma das funções desse processo. Será necessário que o juiz tome para si, além do papel de presidente do processo e daquele que irá proferir a decisão estrutural, que seja um facilitador para se alcançar o consenso entre os diversos grupos que participam do processo.

Para instrumentalizar essa fase do processo basta utilizarmos o regramento já existente no CPC. O art. 1º do CPC nos traz o processo civil constitucionalizado. O art. 3º do CPC nos traz em seus §§ 2º e 3º o incentivo pela solução consensual dos litígios nas suas mais diversas formas. Finalizada essa primeira fase da instrução, teremos a prolação da sentença estrutural, que julgará uma parte da questão posta em Juízo, que não encontra empecilho em nosso ordenamento, já que no art. 356 do CPC temos a previsão do julgamento parcial do mérito.

A sentença constatará o estado de desconformidade e os meios pelos quais se atingirá a reestruturação da política pública. A sentença indicará a norma jurídica

---

71   O processo em fases não é nenhuma novidade em nosso Direito, tendo-se como exemplo o processo falimentar, que também é um processo estrutural.

que está sendo violada (uma norma em aberto, um direito fundamental que está sendo desrespeitado) e a meta a ser alcançada ao fim da reestruturação.

A segunda fase será a mais demorada e deverá ser realizada em etapas, com a participação de todos os envolvidos e supervisão judicial[72]. Aqui, o juiz não deverá atuar ativamente, para que sua vontade não venha a se sobrepor ao trabalho que deverá ser realizado pelo poder público e todos os interessados. Só deverá agir ativamente quando perceber que os trabalhos de reestruturação não estão avançando, utilizando para isso as medidas executivas típicas e atípicas (arts. 139, IV, e 536, § 1º, do CPC). Nessa fase será necessário que se façam avaliações periódicas de todas as necessidades, pois, com o passar do tempo, as situações fáticas podem se alterar e se ter a necessidade de estabelecimento de novos parâmetros para alcançar uma correta reestruturação do serviço como alcance da meta ideal.

É certo que não se alcançará o estado ideal da política pública de forma direta, sendo necessário e obrigatório que se passe por diversos momentos de transição. Durante todo esse processo, nada impede que, para que os resultados sejam melhor e mais facilmente alcançados, as partes realizem acordos para agir desta ou daquela forma. O Termo de Ajustamento de Conduta é um excelente instrumento para ser utilizado nesse momento e que deverá ser encaminhado para homologação judicial, já que temos um processo em andamento.

Nessa segunda fase podem ser proferidas diversas novas decisões para que se vá solucionando problemas que venham a ocorrer e se possa alcançar o resultado previsto na decisão principal. Essas decisões serão proferidas quando necessário para que se vá especificando e direcionando as atuações para o fim desejado e até porque podem e irão surgir situações que não tinham como ser previstas quando da prolação da decisão principal. Com o passar do tempo a realidade muda, e será necessária a flexibilização e adequação da decisão principal.

Podemos exemplificar com uma ação para a regularização da oferta de vagas em creche em determinado município. Finda a primeira fase do processo, chegou--se a um determinado quantitativo de vagas para atender à demanda. Obtém-se o número x. Durante os trabalhos da segunda fase, após a realização de diversos atos

---

72 O processo estrutural poderá durar décadas até chegar a seu final, com o alcance da situação ideal para a política pública em discussão. Como exemplo tomamos a ação do carvão, que foi proposta em decorrência do dano ambiental causado pela mineração do carvão na região de Criciúma/SC. A ação foi proposta pelo MPF em 1993, tendo sido proferida a sentença estrutural em 2000. A primeira fase da execução se deu entre 2000 e 2004. A segunda entre 2004 e 2005. A terceira entre 2006 e 2009. Após o esgotamento de toda a possibilidade recursal, o trânsito em julgado da sentença se deu em 2014. Durante todo esse tempo diversos acordos foram realizados entre as partes. E a fase de toda a recuperação ambiental deveria estar finalizada em 2020. (Esses dados se encontram no trabalho de Sérgio Arenhart, *Processos estruturais no direito brasileiro*. Disponível em: <www.academia.edu>. Acesso em: 18 jul. 2020.)

PARTE IV – A EFETIVIDADE DO ECA: MEDIDAS JUDICIAIS E EXTRAJUDICIAIS

por parte do poder público para minimizar o problema, é preciso que se atualizem os dados para verificar se o número x que tinha sido fixado ao começar a reestruturação em si ainda é verdadeiro ou se faz necessária uma alteração em todos os parâmetros da reestruturação da oferta da educação. Só com essas contínuas reavaliações se poderá ter a certeza de que se poderá atingir a meta da prestação ideal[73].

O processo chegará a seu final quando estado ideal de coisas for alcançado.

REFERÊNCIAS

ALEXANDRIA, Rafael de Oliveira; DIDIER, Fredie; ZANETI, Hermes. *Elementos para uma teoria do processo estrutural aplicada ao processo civil brasileiro*. Disponível em: <www.academia.edu>. Acesso em: 25 ago. 2020.

ARENHART, Sérgio Cruz. *Perfis da tutela inibitória coletiva*. São Paulo: Revista dos Tribunais, 2003.

ARENHART, Sérgio Cruz. *Processos estruturais no direito brasileiro*: reflexões a partir do caso da ACP do carvão. Disponível em: <www.academia.edu>. Acesso em: 18 jul. 2020.

ARENHART, Sérgio Cruz. *Decisões estruturais no direito processual civil brasileiro*. Disponível em: <www.academia.edu>. Acesso em: 16 ago. 2020.

BARROSO, Luís Roberto. *O direito constitucional e a efetividade de suas normas*. 7. ed. Rio de Janeiro: Renovar, 2003.

BATISTA, Roberto Carlos. *Coisa julgada nas ações civis públicas*: Direitos humanos e garantismo. Rio de Janeiro: Lumen Juris, 2005.

BOBBIO, Norberto. *A era dos direitos*. 4. reimp. Rio de Janeiro: Campus, 1992.

BORDALLO, Galdino Augusto Coelho. *A coisa julgada nas ações coletivas*. Rio de Janeiro: UGF, 1999 (inédito).

BRAGA, Renato Rocha. *A coisa julgada nas demandas coletivas*. Rio de Janeiro: Lumen Juris, 2000.

CÂMARA, Alexandre Freitas. *Lições de direito processual civil*. 15. ed. rev. e atual. pela reforma do CPC. Rio de Janeiro: Lumen Juris, 2006, v. I.

CÂMARA, Alexandre Freitas. *Lições de direito processual civil*. 13. ed. rev. e atual. pela reforma do CPC (inclusive pela Lei n. 11.341/2006). Rio de Janeiro: Lumen Juris, 2006, v. II.

CANOTILHO, José Joaquim Gomes. *Direito constitucional e teoria da Constituição*. 2. ed. Coimbra: Almedina, 1998.

CARNEIRO, Paulo César Pinheiro. A coisa julgada nas ações coletivas. *Revista do Ministério Público do Estado do Rio de Janeiro*, v. 1, n. 1, Rio de Janeiro: 1995.

---

73 Esse exemplo se corporifica na ACP 0150735-64.2008.8.26.0002, movida em face do Município de São Paulo.

CARNEIRO, Paulo César Pinheiro. *Acesso à justiça:* Juizados Especiais Cíveis e ação civil pública. 2. ed. Rio de Janeiro: Forense, 2000.

CARVALHO FILHO, José dos Santos. *Ação civil pública.* Comentários por artigos. 5. ed. rev., ampl. e atual. Rio de Janeiro: Lumen Juris, 2005.

CRETELLA JÚNIOR, José. Interesse. In: *Enciclopédia Saraiva de direito.* São Paulo: Saraiva, 1977. v. 45.

DIDIER, Fredie; ALEXANDRIA, Rafael de Oliveira; ZANETI, Hermes. *Elementos para uma teoria do processo estrutural aplicada ao processo civil brasileiro.* Disponível em: <www.academia.edu>. Acesso em: 25 ago. 2020.

FERRAZ, Antônio Augusto Mello de Camargo. Inquérito civil: dez anos de um instrumento de cidadania. In: MILARÉ, Édis (coord.). *Ação civil pública* – Lei 7.347/85 – Reminiscências e reflexões após dez anos de aplicação. São Paulo: Revista dos Tribunais, 1995.

FERRAZ, Sérgio. Provimentos antecipatórios na ação civil pública. In: MILARÉ, Édis (coord.). *Ação civil pública:* Lei 7.347/85. Reminiscências e reflexões após dez anos de aplicação. São Paulo: Revista dos Tribunais, 1995.

FIGUEIREDO, Lúcia Valle. Ação civil pública – Gizamento constitucional e legal. In: MILARÉ, Édis (coord.). *A ação civil pública após 20 anos:* efetividade e desafios. São Paulo: Revista dos Tribunais, 2005.

GAVRONSKI, Alexandre Amaral. Das origens ao futuro da lei de ação civil pública: o desafio de garantir acesso à justiça com efetividade. In: MILARÉ, Édis (coord.). *A ação civil pública após 20 anos:* efetividade e desafios. São Paulo: Revista dos Tribunais, 2005.

GIDI, Antônio. *Coisa julgada e litispendência em ações coletivas.* São Paulo: Saraiva, 1995.

GOUVÊA, Marcos Maselli. A legitimidade do Ministério Público para a defesa de direitos individuais homogêneos. *Revista do Ministério Público,* Rio de Janeiro, n. 11, jan./jun. 2000.

GOUVÊA, Marcos Maselli. *O controle judicial das omissões administrativas.* Rio de Janeiro: Forense, 2003.

GRINOVER, Ada Pellegrini *et al. Código brasileiro de defesa do consumidor,* comentado pelos autores do anteprojeto. 4. ed. rev. e atual. Rio de Janeiro: Forense Universitária, 1995.

GRINOVER, Ada Pellegrini. In: VERONESE, Josiane Rose Petry; SILVEIRA, Mayra; CURY, Munir (coord.). *Estatuto da Criança e do Adolescente comentado.* Comentários jurídicos e sociais. 13. ed. rev. e atual. São Paulo: Malheiros, 2018.

GRINOVER, Ada Pellegrini. A aparente restrição da coisa julgada na ação civil pública: Ineficácia da modificação no art. 16 pela Lei n. 9.494/97. *Boletim*

PARTE IV – A EFETIVIDADE DO ECA: MEDIDAS JUDICIAIS E EXTRAJUDICIAIS

Informativo da Escola Superior do Ministério Público do Estado de São Paulo, ano 2, n. 11, São Paulo: 1998.

GRINOVER, Ada Pellegrini. Verbete: interesses difusos. *Enciclopédia Saraiva de direito*. São Paulo: Saraiva, 1977, v. 45.

GRINOVER, Ada Pellegrini. A coisa julgada perante a Constituição, a Lei da Ação Civil Pública, o Estatuto da Criança e do Adolescente e o Código de Defesa do Consumidor. *Livro de estudos jurídicos*, n. 5, Rio de Janeiro: IEJ, 1992.

GRINOVER, Ada Pellegrini. Da *class action for damages* à ação de classe brasileira: os requisitos de admissibilidade. In: MILARÉ, Édis (coord.). *Ação civil pública* – 15 anos. 2. ed. rev. e atual. São Paulo: Revista dos Tribunais, 2002.

GRINOVER, Ada Pellegrini. A ação civil pública refém do autoritarismo. *O processo*: estudos e pareceres. São Paulo: Perfil, 2006.

LEAL, Márcio Flávio Mafra. *Ações coletivas*: história, teoria e prática. Porto Alegre: SAFE, 1998.

LIEBMAN, Enrico Tullio. *Eficácia e autoridade da sentença*. Trad. de Alfredo Buzaid e Benvindo Aires. Notas relativas ao direito brasileiro vigente de Ada Pellegrini Grinover. 3. ed. Rio de Janeiro: Forense, 1984.

MANCUSO, Rodolfo Camargo. *Ação civil pública*. 4. ed. rev., atual. e ampl. São Paulo: Revista dos Tribunais, 1996.

MANCUSO, Rodolfo Camargo. *Interesses difusos* – Conceito e legitimação para agir. 4. ed. rev. e atual. São Paulo: Revista dos Tribunais, 1997.

MANCUSO, Rodolfo Camargo. Interesses difusos: conceito e colocação no quadro geral dos "interesses". *Revista de Processo*, v. 55, São Paulo: Revista dos Tribunais, 1989.

MANCUSO, Rodolfo Camargo. A ação civil pública como instrumento de controle judicial das chamadas políticas públicas. In: MILARÉ, Édis (coord.). *Ação civil pública* – 15 anos. 2. ed. São Paulo: Revista dos Tribunais, 2002.

MAZZILLI, Hugo Nigro. *A defesa dos interesses difusos em juízo*. 10. ed. rev., atual. e ampl. São Paulo: Saraiva, 1998.

MAZZILLI, Hugo Nigro. In: VERONESE, Josiane Rose Petry; SILVEIRA, Mayra; CURY, Munir (coord.). *Estatuto da Criança e do Adolescente comentado*. Comentários jurídicos e sociais. 13. ed. rev. e atual. São Paulo: Malheiros, 2018.

MAZZILLI, Hugo Nigro. *O inquérito civil*. São Paulo: Saraiva, 1999.

MILARÉ, Edis. In: VERONESE, Josiane Rose Petry; SILVEIRA, Mayra; CURY, Munir. *Estatuto da Criança e do Adolescente comentado*. Comentários jurídicos e sociais. 13. ed. rev. e atual. São Paulo: Malheiros, 2018.

MOREIRA, José Carlos Barbosa. A ação popular do direito brasileiro como instrumento de tutela jurisdicional dos chamados "interesses difusos". *Revista de Processo*, v. 28, São Paulo, 1982.

MOREIRA, José Carlos Barbosa. Ações coletivas na Constituição Federal de 1988. *Revista de Processo*, v. 61, São Paulo, 1991, p. 187.

MOREIRA, José Carlos Barbosa. A legitimação para a defesa dos "interesses difusos" no direito brasileiro. *Revista Ajuris*, v. 32, Porto Alegre, 1984.

MOREIRA, José Carlos Barbosa. Tutela jurisdicional dos interesses coletivos ou difusos. *Temas de direito processual civil.* 3ª série. São Paulo: Saraiva, 1984.

MOREIRA, José Carlos Barbosa. Eficácia da sentença e autoridade da coisa julgada. *Temas de direito processual civil.* 3ª série. São Paulo: Saraiva, 1984.

PINHO, Humberto Dalla Bernardina. *A natureza jurídica do direito individual homogêneo e sua tutela pelo Ministério Público como forma de acesso à justiça.* Rio de Janeiro: Forense, 2002.

PINHO, Humberto Dalla Bernardina. *Manual de direito processual civil contemporâneo.* São Paulo: Saraiva, 2019.

PINHO, Humberto Dalla Bernardina; PORTO, José Roberto Mello. *Manual de tutela coletiva.* São Paulo: Saraiva, 2021.

RODRIGUES, Geiza de Assis. *Ação civil pública e termo de ajustamento de conduta:* Teoria e prática. Rio de Janeiro: Forense, 2002.

SÁ, José Adonis Callou de Araújo. *Ação civil pública e controle de constitucionalidade.* Belo Horizonte: Del Rey, 2002.

SALLES, Carlos Alberto. Execução específica e ação civil pública. In: MILARÉ, Édis (coord.). *A ação civil pública após 20 anos:* efetividade e desafios. São Paulo: Revista dos Tribunais, 2005.

SANTOS, Moacyr Amaral. *Comentários ao Código de Processo Civil.* 5. ed. Rio de Janeiro: Forense, 1989, v. IV.

THEODORO JÚNIOR, Humberto. *A execução de sentença e a garantia do devido processo legal.* Rio de Janeiro: Aide, 1987.

THEODORO JÚNIOR, Humberto. As vias de execução no Código de Processo Civil brasileiro reformado. *Revista IOB de Direito Civil e Processual Civil*, v. VIII, n. 43, Porto Alegre, set.-out., 2006.

VERONESE, Josiane Rose Petry. *Interesses difusos e direitos da criança e do adolescente.* Belo Horizonte: Del Rey, 1997.

VIGLIAR, José Marcelo Menezes. *Ação civil pública.* 2. ed. São Paulo: Atlas, 1998.

VIGLIAR, José Marcelo Menezes. A Lei n. 9.494, de 10 de setembro de 1997, e a nova disciplina da coisa julgada nas ações coletivas: inconstitucionalidade. *Editorial Atlas*, São Paulo: Atlas, n. 6, 1998.

VITORELLI, Edilson. *O devido processo legal coletivo:* dos direitos aos litígios coletivos. 2. ed. rev., atual. e ampl. São Paulo: RT, 2020.

PARTE IV – A EFETIVIDADE DO ECA: MEDIDAS JUDICIAIS E EXTRAJUDICIAIS

WATANABE, Kazuo. In: VERONESE, Josiane Rose Petry; SILVEIRA, Mayra; CURY, Munir (coord.). *Estatuto da Criança e do Adolescente comentado*: comentários jurídicos e sociais. 13. ed. rev. e atual. São Paulo: Malheiros, 2018.

ZANETI, Hermes; ALEXANDRIA, Rafael de Oliveira; DIDIER, Fredie. *Elementos para uma teoria do processo estrutural aplicada ao processo civil brasileiro*. Disponível em: <www.academia.edu>. Acesso em: 25 ago. 2020.

Outras ações previstas no Estatuto

Galdino Augusto Coelho Bordallo

1. INTRODUÇÃO

No Capítulo VII de seu Título VI, o Estatuto da Criança e do Adolescente cuida da proteção judicial aos direitos individuais, difusos e coletivos das crianças e dos adolescentes.

Em uma primeira leitura deste Título tem-se a impressão de cuidar ele única e exclusivamente da proteção aos direitos metaindividuais, passando despercebido o direito individual. O *direito individual* cuidado no título não é o *direito individual homogêneo*, pois esta modalidade não era reconhecida por nosso ordenamento jurídico quando da edição do ECA, já que trazida por lei posterior, o Código do Consumidor (Lei n. 8.078/90), mas o *direito individual puro*.

A proteção aos direitos metaindividuais – aqui incluídos os direitos individuais homogêneos – é realizada por meio da ação civil pública, objeto de estudo em capítulo próprio. Neste capítulo cuidaremos das outras ações nominadas pelo ECA, o mandado de segurança e a ação para cumprimento de obrigação de fazer.

Inicialmente temos de atentar para a regra constante do art. 212, extremamente importante, mas que não tem recebido quase nenhuma atenção dos estudiosos. Dispõe o artigo em destaque, serem admissíveis *todas as espécies de ações* para assegurar os direitos e interesses protegidos pelo Estatuto. Trata-se de uma norma aberta, de uma carta de intenções destinada à proteção integral destas pessoas em desenvolvimento.

PARTE IV – A EFETIVIDADE DO ECA: MEDIDAS JUDICIAIS E EXTRAJUDICIAIS

Temos toda a certeza de que a norma diz muito mais do que aparenta, pois assegura a tutela jurisdicional específica em todas as hipóteses de lesão a um direito material. Neste sentido, ao comentar o art. 212, afirma Ada Pellegrini Grinover[1] que

> o dispositivo ora em exame significa, em última análise, que o sistema processual há de ser interpretado de modo a autorizar a conclusão de que nele existe sempre uma ação capaz de propiciar, por um provimento adequado, a tutela efetiva e concreta de todos os direitos materiais.

Para assegurar esta efetiva proteção, o § 1º do art. 212 determina que serão aplicadas as normas do CPC ao Capítulo no qual está inserido, o que concede toda a gama de ações previstas em nosso ordenamento jurídico para a proteção dos direitos das crianças e dos adolescentes.

O Estatuto da Criança e do Adolescente coloca sob sua aura protetiva *todas* as crianças e adolescentes que se encontrem em território nacional. Sabemos, contudo, que grande parte destas pessoas em formação que necessitam de proteção jurídica, o necessitam por estarem em situação de risco, que se dá, de regra, por omissão de seus pais ou responsáveis. Assim, precisarão de alguém que promova a proteção a seus direitos.

O legislador entendeu por bem determinar que a função protetiva coubesse, primordialmente, ao Ministério Público, tanto que, dentro de suas atribuições, está incluída a promoção de medidas judiciais e extrajudiciais para o efetivo respeito aos direitos e garantias assegurados às crianças e adolescentes (art. 201, VIII). Combinando-se estas duas normas (art. 212, *caput,* e art. 201, VIII) e aplicando-as à luz dos princípios que regem o direito da infância e juventude, pois é esta a função do intérprete, chegamos à conclusão de que o Ministério Público possui legitimidade para propor as ações que forem cabíveis para a defesa dos direitos individuais das crianças e adolescentes, desde que não possuam representante legal, mostre-se omisso ou não cumpra com sua obrigação legal.

Da mesma forma, o Ministério Público possui legitimidade para propor ações para defesa de direitos individuais das crianças e adolescentes quando a omissão for praticada pelo Estado. São as hipóteses em que o legislador estatutário previu a necessidade de medidas de proteção para estas pessoas em formação (art. 98 do ECA), devendo-se entender a expressão *medidas de proteção* em sentido amplo (qualquer medida que venha a proteger um direito ameaçado de lesão ou lesionado) e não apenas no sentido restrito constante dos arts. 99 a 101.

Por certo este entendimento causará espanto aos puristas e levantar-se-ão vozes a gritar que tal proceder irá contra o regramento constitucional do Ministério Pú-

---

1 GRINOVER, Ada Pellegrini. Art. 212. In: VERONESE, Josiane Rose Petry; SILVEIRA, Mayra; CURY, Munir (coord.). *Estatuto da Criança e do Adolescente comentado.* Comentários jurídicos e sociais. 13. ed. rev. e atual. São Paulo: Malheiros, 2018, p. 1334.

blico, que só pode defender os interesses sociais e individuais indisponíveis e que os direitos individuais das crianças e adolescentes não se encontram enquadrados em nenhuma destas hipóteses. Como já tivemos oportunidade de mencionar ao tratarmos do Ministério Público em capítulo próprio, a instituição foi eleita pelo legislador estatutário como o grande ator do ECA, o que é demonstrado pela importância que lhe foi conferida pela lei, tendo em vista a gama de atribuições que recebeu.

Os direitos individuais das crianças e adolescentes podem ser classificados como indisponíveis e, também, como de interesse social[2]. Há, sem qualquer sombra de dúvida, interesse de toda a sociedade em que crianças e adolescentes recebam total proteção em seus direitos e garantias, para que possam desenvolver-se adequadamente, tornando-se adultos que venham a contribuir para a formação de um país melhor. Os direitos e garantias das crianças e adolescentes são individuais indisponíveis, pois são direitos de incapazes, considerados indisponíveis pela legislação, o que os coloca no rol daqueles que não são passíveis de transação.

Logo, nenhuma dúvida se pode ter sobre a defesa total dos direitos das crianças e adolescentes adequar-se, de forma perfeita, às finalidades constitucionalmente previstas para o Ministério Público. Caso não haja um alargamento da visão do jurista, que deve abandonar o apego aos conceitos tradicionais (muitas vezes ultrapassados), certamente a finalidade protecionista do Estatuto não será alcançada, já que as crianças e adolescentes que se encontrarem em situação de risco não terão quem os represente em Juízo na defesa de seus direitos.

A instrumentalização desta defesa se dará mediante qualquer ação, nominada ou inominada, de tutela de conhecimento, execução ou cautelar, desde que seja eficaz para a proteção de qualquer dos direitos previstos pelo Estatuto da Criança e do Adolescente.

Devemos ressaltar não ser cabível a utilização de ação civil pública para a defesa de direitos individuais puros das crianças e adolescentes[3], uma vez que este

---

2   Nosso entendimento é adotado por Paulo Afonso Garrido de Paula, Procurador de Justiça do Estado de São Paulo, tendo sido exposto em palestra proferida em comemoração aos 15 anos do Estatuto da Criança e do Adolescente, ocorrido na sede do STJ, em 11 de julho de 2005. O conteúdo da palestra foi convertido em texto intitulado "A ação do ministério público na defesa dos direitos da criança e do adolescente", podendo ser encontrado no *site* do Ministério Público do Estado do Rio de Janeiro: <www. mp.rj.gov.br/intranet/ass. dir.pub>.

3   A partir deste ponto, nosso entendimento se diferencia do exposto por Paulo Afonso Garrido de Paula, op. cit., p. 5. O autor entende que a ação civil pública pode ter como objeto a proteção de direitos individuais das crianças e adolescentes, pelo fato de estes direitos serem indisponíveis e que a ação civil pública é aquela manejada pelo Ministério Público, nominando as demais como ações coletivas. Discordamos desta classificação para a ação civil pública, como pode ser verificado no capítulo intitulado "Ação civil

PARTE IV – A EFETIVIDADE DO ECA: MEDIDAS JUDICIAIS E EXTRAJUDICIAIS

instrumento é específico para a defesa dos direitos difusos, coletivos e individuais homogêneos, como se verifica pelo teor dos arts. 210, do ECA; art. 1º e seus incisos da Lei n. 7.347/85; art. 81 e parágrafo único da Lei n. 8.078/90. O legislador não usa expressões inúteis e nem elabora dispositivos que não tenham utilidade. Caso a ação civil pública se prestasse para a defesa dos direitos individuais puros das crianças e adolescentes, teríamos como letra morta as regras constantes dos arts. 201, III e VIII; 212; 213, todos da Lei n. 8.069/90.

Sabemos que o termo *ação civil pública* é utilizado de forma indiscriminada por alguns promotores de justiça, sem atentarem para a natureza do direito que está sendo defendido. Esta situação apresenta apenas um equívoco técnico, que não trará o menor prejuízo para a regular instauração e desenvolvimento da relação processual, pois não é o nome dado à ação que dirá se é correta ou não sua pretensão, mas o direito que está sendo defendido e o pedido que está sendo realizado.

A ação civil pública está sendo utilizada para a defesa dos direitos individuais das crianças e adolescentes, encontrando-se inúmeros acórdãos, dos mais diversos tribunais, dando seguimento a estas ações e julgando procedentes os pedidos. O acolhimento dos pedidos vem sendo realizado pelos tribunais, não pelo fato de a ação civil pública ser o instrumento processual adequado para a defesa dos direitos individuais puros, mas pelo fato de os desembargadores e ministros conhecerem profundamente as regras de direito processual civil e saberem que o importante para assegurar um direito não é o instrumento que se utiliza, mas o correto pedido, fundamentado por um bom direito.

É importante que haja uma maior atenção para as regras estatutárias que concedem ao Ministério Público a atribuição para o manejo de toda e qualquer ação para a defesa dos direitos das crianças e adolescentes, que são, em sua grande maioria, indisponíveis, passando a utilizar a ação civil pública exclusivamente para a defesa dos direitos metaindividuais.

2. MANDADO DE SEGURANÇA

O ECA em seu art. 212, § 2º, traz a lume a figura da ação mandamental, determinando que ela se regerá pelas normas da Lei de Mandado de Segurança (Lei n. 12.016/2009).

Apesar de desejar trazer ao mundo jurídico uma figura nova, o legislador estatutário não logrou obter o intento pretendido, trocando apenas o nome do instru-

---

pública" constante desta obra. A divergência de nossos posicionamentos se dá única e exclusivamente quanto ao instrumento processual a ser utilizado para a defesa dos direitos individuais das crianças e adolescentes, nunca com relação à legitimidade do Ministério Público para sua defesa, sendo certo que nosso ponto de vista é mais amplo do que o do mencionado autor para a defesa dos direitos das crianças e dos adolescentes.

mento garantidor de direitos. Tem-se, aqui, nada além da tradicional figura do mandado de segurança, de todos conhecida.

O pretenso avanço do legislador só serviu para trazer confusões para o dia a dia forense e prejudicar os direitos das crianças e adolescentes. A denominação *ação mandamental* faz com que alguns operadores do direito entendam tratar-se de uma nova modalidade de ação que seguirá rito ordinário, com prazo para apresentação de contestação, fase probatória e, por que não, realização de audiência. Melhor teria sido se o legislador não tivesse pretendido avançar tanto e mantivesse a tradição do termo *mandado de segurança*.

O mandado de segurança é

> o meio constitucional posto à disposição de toda pessoa física ou jurídica, órgão com capacidade processual, ou universalidade reconhecida por lei, para a proteção de direito individual ou coletivo, líquido e certo, não amparado por *habeas corpus* ou *habeas data,* lesado ou ameaçado de lesão, por ato de autoridade, seja de que categoria for e sejam quais forem as funções que exerça[4].

Deverá ser impetrado sempre que algum ato de autoridade vier a lesar direito líquido e certo, com o objetivo de corrigi-lo.

Considera-se autoridade toda pessoa que esteja no desempenho de uma função pública com poder de decisão. O ato desta autoridade passível de mandado de segurança será aquele considerado ilegal ou abusivo. São aqueles atos que não respeitam os direitos mínimos de quem sofre a coação.

Direito líquido e certo é aquele que existe, tem sua extensão delimitada e é atual, pois pode ser exercitado no momento da impetração. É aquele direito que a parte lesada pode comprovar de plano, com todos os seus requisitos.

O Juízo da infância e da juventude com competência para conhecer do mandado de segurança será o do local onde tiver ocorrido a violação ao direito líquido e certo, conforme regra constante do art. 209 do ECA.

Não realizaremos uma análise de todo o instituto do mandado de segurança, pelo fato de já existirem inúmeras e excelentes obras sobre o assunto, a fim de não tornar este trabalho repetitivo. Ater-nos-emos a demonstrar a aplicação do instituto para a proteção dos direitos das crianças e adolescentes.

Além da criança ou adolescente que teve algum direito líquido e certo violado, possui legitimidade o Ministério Público, por força do disposto no art. 201, IX, do ECA, para propor o mandado de segurança. A legitimidade do *Parquet* ocorrerá nas hipóteses em que houver a omissão dos responsáveis na defesa dos interesses da criança/adolescente e do Estado (art. 98 do ECA) e naquelas em que se fizer necessária a defesa dos direitos metaindividuais e individuais indisponíveis.

---

4   Trata-se do clássico conceito fornecido por MEIRELLES, Hely Lopes. *Mandado de segurança.* 16. ed. São Paulo: Malheiros, 1990, p. 19.

PARTE IV - A EFETIVIDADE DO ECA: MEDIDAS JUDICIAIS E EXTRAJUDICIAIS

A defesa de direitos metaindividuais das crianças e adolescentes pelo Ministério Público, hipótese típica de impetração de mandado de segurança, ocorre quando da edição de atos normativos do Poder Público, que, ao disciplinarem matérias de proteção aos direitos das crianças e adolescentes, acabem por violá-los, em vez de garanti-los.

Já tivemos ocasião de interpor mandado de segurança contra ato da coordenadora estadual da Secretaria Estadual de Educação do Estado do Rio de Janeiro em Duque de Caxias, que determinou a junção de turmas do ensino médio, sem nenhum critério para proteção ao direito dos alunos. O ato tinha como único objetivo sanar a falta de professores em sala de aula. Nesta situação específica, o ato estatal que determinava a junção das turmas com a justificativa de fazer com que todos os alunos tivessem aula de todas as disciplinas, feria o direito fundamental à educação destes mesmos alunos de terem o ensino ministrado de forma correta, já que parte das turmas havia tido aulas de algumas disciplinas e parte de outras disciplinas. A junção das turmas sem o cuidado de verificar quais disciplinas cada turma havia tido faria com que todos os alunos saíssem prejudicados, violando o direito líquido e certo à educação.

Ponto que merece ser destacado diz respeito àquelas pessoas que, mesmo não ocupando um cargo público, podem ser caracterizadas como autoridade para fins de mandado de segurança. Trata-se das pessoas que ocupam cargos em autarquias, entidades paraestatais, os que exercem funções delegadas e os concessionários de serviços de utilidade pública (art. 1º, § 1º, da Lei n. 12.016/2009).

Interessam-nos estes últimos em decorrência da repercussão que seus atos trazem para os direitos das crianças e adolescentes. Nem todos os atos dos concessionários de serviços públicos configurarão ato de autoridade, mas aqueles que caracterizam ato de *atividade delegada*. Neste papel (de autoridade) encontram-se os dirigentes de estabelecimentos de ensino particulares.

As situações mais comuns para interposição de mandado de segurança são as ligadas à educação, em qualquer das suas modalidades. Será sempre possível a impetração do mandado de segurança quando o ato do diretor do estabelecimento de ensino violar o direito à educação do aluno.

Grande parte dos mandados de segurança em sede de direito à educação se dá quando ocorre o atraso das mensalidades e quando o aluno vem requerer seu histórico escolar, a fim de realizar sua transferência, o tem negado pelo diretor da instituição particular de ensino, como uma forma de coação aos pais para recebimento dos valores em atraso. Este proceder viola direito líquido e certo do aluno, já que o impede de ter acesso a documento seu, cuja ausência dificultará sua matrícula em outra escola. Este procedimento, que é frequentemente utilizado pelas direções dos estabelecimentos particulares de ensino, é ilegal, já que a legislação civil lhes dá a possibilidade de cobrança dos valores em atraso, como qualquer credor.

O diretor de estabelecimento de ensino pode impor sanções ao aluno que viole regras de conduta dentro da escola. Assim, não há nenhuma vedação a que seja determinada a suspensão ou, até mesmo, a expulsão do aluno, pois não se pode aceitar que o mau comportamento de um aluno venha a prejudicar o grupo, sendo certo que a sanção mais gravosa só poderá ser imposta quando as mais brandas não lograram alcançar seu objetivo. Quando se tratar de hipótese de expulsão, não ficará o aluno sem o direito a ter educação, mas deverá buscá-lo em outro estabelecimento de ensino[5].

Nas situações de suspensão, o período em que o aluno não puder frequentar as aulas deverá ser recuperado por ele com o estudo dos temas que tiverem sido ministrados. Deve-se ter cuidado, porém, para que a suspensão não se dê em momento que possa vir a prejudicar a aprovação do aluno ao final do ano letivo. Caso o motivo da suspensão ocorra próximo a um período de provas, deve a direção da escola permitir que o aluno realize os exames, aplicando a suspensão apenas para as aulas que se seguirem a eles, a fim de evitar que haja lesão ao direito à educação. O impedimento à realização de prova viola o direito à educação, que é direito líquido e certo do aluno, pois a falta da prova e, consequentemente, da nota, poderá acarretar a reprovação.

Do mesmo modo, é cabível a impetração de mandado de segurança quando a direção da escola impede que o aluno realize as provas como represália pelo atraso das mensalidades.

Outra hipótese que se apresenta, ainda ligada ao direito à educação, diz respeito ao transporte escolar. Para que o aluno possa chegar à escola, é necessário, na grande maioria dos casos, que tenha de fazer uso de meio de transporte. Os alunos da rede pública de ensino, considerando a situação familiar que os leva a buscar a escola pública, muitas vezes não possuem condições financeiras de arcar com o valor da passagem. Para que o aluno da rede pública não tivesse prejudicado seu direito fundamental à educação, a Constituição Federal dispôs, em seu art. 208, VII, sobre a obrigatoriedade de ser garantido o transporte escolar para aqueles que frequentem o ensino fundamental. Desta forma, será cabível a impetração de mandado de segurança contra o ente público que não garanta o transporte escolar gratuito para seus alunos que cursem o ensino fundamental.

Com o advento da Lei n. 12.016/2009, foi regulamentado, após 20 anos, o inciso LXX do art. 5º da Constituição da República, que cuida do mandado de segurança coletivo. Os arts. 21 e 22 da lei cuidam do instituto.

Há que se ressaltar que não se trata de um diferente mandado de segurança, mas do mesmo instituto com uma regulamentação de tutela coletiva. Os requisitos para impetração e processamento do *mandamus* em sua modalidade individual são os mesmos para a modalidade coletiva. O conceito de direito líquido e certo é o

---

5   Para uma leitura mais aprofundada sobre o direito fundamental à educação, remetemos o leitor ao capítulo "Dos direitos fundamentais".

PARTE IV – A EFETIVIDADE DO ECA: MEDIDAS JUDICIAIS E EXTRAJUDICIAIS

mesmo, são as mesmas as vedações para a concessão da liminar, a notificação da autoridade coatora, bem como a citação da pessoa jurídica à qual a autoridade coatora encontra-se vinculada.

A legitimação para a propositura do mandado de segurança coletivo segue o mesmo regramento utilizado para a legitimação ativa para as ações civis públicas, como se verifica da leitura do art. 21 da Lei n. 12.016/2009. Apesar de não haver expressa menção ao Ministério Público como legitimado extraordinário para a propositura do mandado de segurança coletivo, não se justifica entendermos que, pela simples falta de menção expressa ao *Parquet* na norma legal, este esteja impedido de impetrá-lo. Estamos cuidando de mais um instrumento legislativo que compõe o processo civil coletivo (juntamente com a ação civil pública e a ação popular), devendo ser realizada uma interpretação integrada de toda a normativa existente. Ademais, a Constituição da República, em seu art. 129, III, confere legitimidade ao Ministério Público para a defesa dos direitos metaindividuais, não sendo concebível que se possa entender estar a instituição impedida de fazer uso do *mandamus*; seria um contrassenso.

Na esfera do direito da criança e do adolescente esta discussão cai de importância, considerando-se toda a normativa estatutária, pois desde os idos de 1990 esta legitimidade é conferida ao Ministério Público, não havendo mais discussão sobre sua legitimidade ativa para a propositura do mandado de segurança coletivo. Como pode ser visto, muitos dos exemplos que fornecemos em parágrafos anteriores deste item dizem respeito à defesa dos direitos metaindividuais das crianças e adolescentes.

Como já afirmamos ao iniciarmos o estudo do mandado de segurança, não nos deteremos nos aspectos peculiares do instituto, haja vista o limite desta obra e seu objetivo (o estudo do direito da criança e do adolescente). Àqueles que desejarem aprofundamento do estudo tão importante do mandado de segurança (individual e coletivo), recomendamos obras específicas sobre o assunto de estudiosos do tema.

Apesar disso, não podemos deixar de mencionar nosso repúdio ao regramento constante do art. 15 da Lei n. 12.016/2009, que cuida da suspensão da execução da liminar e da sentença por decisão do presidente do tribunal ao qual o Juízo esteja vinculado. Estamos diante de uma norma que remete ao período histórico em que o Brasil esteve submerso na perda da liberdade, sendo um resquício da ditadura que deveria ter sido extirpado de nosso ordenamento. Para não tornarmos esta obra repetitiva, remetemos o leitor ao item 5.4.1 do capítulo "Ação civil pública", uma vez que lá já expusemos nosso pensamento sobre suspensão da liminar pelo presidente do tribunal. Tudo o que lá é dito sobre o tema em relação ao art. 12 da Lei de Ação Civil Pública se aplica perfeitamente ao mandado de segurança.

3. AÇÃO PARA CUMPRIMENTO DE OBRIGAÇÃO DE FAZER

A norma constante do art. 213 do ECA é inovadora, pelo seu ineditismo em nosso direito, já que anterior ao teor do art. 84 do CDC e à alteração realizada no art. 461 do CPC de 1973 pela Lei n. 8.952/94.

A tutela jurisdicional específica sempre foi o anseio de toda e qualquer pessoa que precisou buscar no Judiciário a proteção a algum direito violado. Após longo desenvolvimento em diversos ordenamentos, a ideia veio a se corporificar com o texto do art. 213 do ECA. Sua adoção pelo sistema jurídico demonstra uma preocupação do legislador com a efetividade da tutela jurisdicional.

A tutela específica das obrigações de fazer e não fazer encontra-se em total consonância com a Doutrina da Proteção Integral e com o princípio do superior interesse, uma vez que visa conceder à criança e ao adolescente aquilo e exatamente aquilo a que têm direito.

Neste sentido, a lição de Kazuo Watanabe[6] ao comentar o art. 213:

> Uma das preocupações marcantes do legislador do Estatuto foi a instrumentalidade substancial e maior efetividade do processo, ao que se extrai do artigo em exame e também do artigo anterior.
>
> O artigo em estudo, que disciplina a ação especial para execução específica das obrigações de fazer e não fazer complementa o enunciado do *caput* do art. 212.

Para alcance do pretendido, o legislador concedeu uma gama de poderes ao juiz para que este possa tornar mais intenso seu campo de atuação. O juiz está armado de poderes para, antes da sentença, apurar e completar tudo o que for necessário para a expedição de um título judicial que seja perfeito para cumprir o anseio de efetividade da tutela jurisdicional. Pode determinar as medidas que se fizerem necessárias para garantir a tutela específica ou assegurar resultado prático equivalente.

O *caput* do art. 213 – assim como o *caput do* art. 497 do CPC – traz duas modalidades de tutela jurisdicional para as obrigações de fazer e não fazer, a *específica* e a *assecuratória*, devendo ser dada preferência à primeira, por ser a que efetivamente atende aos interesses da parte lesada. A tutela assecuratória só deve ser deferida quando impossível a concessão da tutela específica, o que torna claro seu caráter supletivo. Este entendimento fica certo pela forma utilizada pelo legislador para grafar o dispositivo em estudo, pois fez uso de conjunção alternativa ao tratar da tutela assecuratória. Não pode o juiz, assim, optar pelo deferimento de uma ou de outra modalidade de tutela, devendo conceder, *sempre*, a tutela específica requerida pela parte, só devendo prestar a tutela assecuratória caso não seja possível a obtenção daquela em face dos aspectos fáticos apresentados pelo caso concreto.

As tutelas poderão ser concedidas liminarmente, conforme regra constante do § 1º do art. 213. A natureza do provimento será de tutela antecipada.

Atente-se que, para o deferimento liminar da tutela específica, deverá haver pedido expresso da parte. Nas hipóteses em que o juiz verifique ser impossível a

---

6   WATANABE, Kazuo. Art. 213. In: VERONESE, Josiane Rose Petry; SILVEIRA, Mayra; CURY, Munir (coord.). *Estatuto da Criança e do Adolescente comentado*. Comentários jurídicos e sociais. 13. ed. rev. e atual. São Paulo: Malheiros, 2018, p. 1338.

PARTE IV – A EFETIVIDADE DO ECA: MEDIDAS JUDICIAIS E EXTRAJUDICIAIS

concessão da tutela específica liminarmente, não poderá conceder a assecuratória se não houver pedido expresso da parte. A concessão de ofício das medidas assecuratórias para a obtenção do resultado equivalente só poderá ocorrer quando da prolação da sentença, como se vê pela leitura do art. 537, do CPC, que será aplicado subsidiariamente ao ECA, pois as regras dos dois diplomas legais são idênticas.

As obrigações de fazer e não fazer, como qualquer outra modalidade obrigacional, decorrem de duas fontes, a lei e a convenção das partes. Daí falar-se em obrigação legal e convencional. Em sede de direito da infância e juventude, só nos interessará a obrigação legal, pois dificilmente teremos a necessidade de exigir o cumprimento de uma obrigação de fazer de origem contratual para a proteção de algum direito fundamental da criança e do adolescente.

É de se ressaltar que os termos de ajustamento de conduta firmados pelo Ministério Público não devem ser pensados como obrigação de fazer de origem convencional, uma vez que o mencionado documento tem força de título executivo por força do disposto no art. 211 do ECA, e no art. 5º, § 6º, da Lei n. 7.347/85.

A ação para cumprimento de obrigação de fazer e não fazer pode ser movida contra particulares e contra o Poder Público. Não se vislumbra nenhum impedimento a que esta modalidade de ação seja movida contra o Estado, não podendo ele se furtar em cumprir a obrigação específica. Nem há como se alegar que a forma de execução das obrigações contra o Estado é diversa daquela utilizada para os particulares, já que o regime para cumprimento das obrigações de fazer e não fazer é o mesmo para os entes públicos e para o particular. Logo, nenhum empecilho existe para que seja determinada, inclusive liminarmente, a tutela específica contra o Estado, com aplicação de multa pelo descumprimento. É possível também, caso não seja possível a concessão da tutela específica, o deferimento da tutela assecuratória.

O Ministério Público terá legitimidade para a propositura da ação para cumprimento de obrigação de fazer, uma vez que possui legitimidade para a defesa de direitos individuais das crianças e adolescentes, conforme já tivemos condições de expor no item 1 do presente capítulo. Para a defesa dos direitos metaindividuais, não será utilizada a ação aqui em estudo por serem as obrigações de fazer e não fazer objeto da ação civil pública, instrumento processual específico para a defesa daqueles direitos.

A Vara da infância e juventude será competente para conhecer destas ações quando o pedido disser respeito ao descumprimento de algum direito protegido pelo Estatuto, não bastando que uma criança ou adolescente seja autor da ação para que seja fixada a competência do Juízo da infância. A competência territorial será fixada na forma do art. 209 do ECA.

Em sede de direito da infância e juventude, o polo passivo da relação processual será ocupado, de regra, pela Administração Pública e seus concessionários, pois são os que mais poderão violar algum dos direitos protegidos pelo ECA. A partir do momento em que o Poder Público inicia a prestação de algum serviço que venha a atender às crianças e aos adolescentes, deverá realizá-lo a contento. A existência de falha na prestação do serviço ensejará a possibilidade de propositura de ação para cumprimento de obrigação de fazer. De modo idêntico, caso o Poder Público venha a praticar algum ato que impeça ou dificulte a prestação do serviço, será possível a propositura de ação para cumprimento de obrigação de não fazer com o objetivo de paralisar a atividade que prejudica a prestação do serviço público destinado às crianças e adolescentes.

Exemplificando: caso tenhamos alguma escola pública que possua sala de aula em péssimo estado de conservação e esta situação venha a prejudicar a prestação do direito fundamental de educação, será perfeitamente possível a propositura de ação para cumprimento de obrigação de fazer contra o ente público que mantenha a unidade de ensino. Consistirá o pedido na determinação da obrigação específica de que sejam realizadas as obras necessárias a fazer com que o espaço destinado à prestação do ensino seja colocado em condições de perfeita utilização.

Pode-se fazer uso da mesma ação quando o ensino não estiver sendo prestado em decorrência da falta de docente em determinada escola. O pedido consistirá em que seja determinado que o Poder Público coloque algum docente em sala de aula para que o ensino seja prestado de forma completa[7].

O mesmo raciocínio pode ser aplicado quando da má prestação de outros serviços para as crianças e adolescentes, podendo-se exigir, no âmbito da saúde, que o Estado conserte algum aparelho que esteja quebrado, cuja falta impeça a realização de exames. Também para compelir o Estado a entregar medicamentos ou providenciar tratamento para criança e adolescente que dele necessite pode ser utilizada a ação que estudamos.

No que se refere às ações para cumprimento de obrigação de não fazer, podemos propô-las com o objetivo de que seja paralisada alguma obra cujo barulho esteja prejudicando a prestação do ensino. A administração ou o concessionário do serviço seria obrigado a não realizar a obra durante o horário das aulas.

A utilização desse instrumento processual, determinando que o Estado atue, não configurará invasão de esfera de discricionariedade administrativa, nem invasão da atuação de um Poder do Estado na de outro. A decisão judicial que determina que a Administração coloque um serviço para funcionar a contento, atendendo a um direito fundamental, não significa nada mais, nada menos do que

---

7   Deve ser lembrado que, nas hipóteses dos exemplos, não estaremos defendendo um direito coletivo, mas o de uma coletividade que são situações jurídicas diversas. O grupo de alunos prejudicado é identificável, sendo certo que poderiam, até mesmo, litigar unidos em litisconsórcio, movendo ação para defesa de seus direitos contra o ente público responsável pela prestação do serviço. A situação é característica de proteção de direito individual que pode e deve ser defendida pelo Ministério Público. Para estudo do direito coletivo e sua distinção para o direito de um grupo, remetemos o leitor para o capítulo intitulado "Ação civil pública".

PARTE IV – A EFETIVIDADE DO ECA: MEDIDAS JUDICIAIS E EXTRAJUDICIAIS

determinar que a lei seja cumprida, sendo certo que dentro da esfera de discricionariedade que é concedida ao administrador público não se encontra o descumprir a lei, ainda mais quando se trata da garantia de um direito fundamental, como a saúde ou a educação[8]. Não se está aqui falando de *ativismo judicial*, pois, a nosso ver, esse ativismo não existe. Se temos um ativismo, este decorre da Constituição da República e das leis ordinárias, estas sim ativas e cogentes, sendo o juiz aquele que faz com que a lei seja aplicada e respeitada.

Na ação para cumprimento de obrigação de fazer estará em discussão um direito individual de uma criança ou adolescente. Com o julgamento de procedência do pedido o réu deverá ser condenado em pagar honorários advocatícios ao Ministério Público, aplicando-se as normas de fixação dos honorários constantes do CPC (art. 82 e s.). Explicaremos.

Por estarmos em sede de uma ação que discute a lesão a um direito individual – e que poderia ser movida pela própria criança/adolescente, mas que em legitimação extraordinária está sendo movida pelo Ministério Público –, será aplicado o regramento de condenação do vencido aos ônus da sucumbência constante do Código de Processo Civil (art. 85). Cuida-se da aplicação do princípio da causalidade.

Assim, às ações para cumprimento de obrigação de fazer (pelo fato de estarmos em sede de discussão de direito material puro) não se aplica o regime de condenação em honorários previsto para as ações civis públicas (art. 18 da Lei n. 7.347/85) e, por conseguinte, o entendimento jurisprudencial dominante de que, pelo princípio da simetria, quando o Ministério Público é vencedor em uma ação civil pública, não cabe condenação em honorários.

No sentido do cabimento da condenação em honorários em sede de ação para cumprimento de obrigação de fazer, temos posicionamento dominante no Tribunal de Justiça do Estado do Rio de Janeiro:

> APELAÇÃO CÍVEL. AÇÃO CIVIL PÚBLICA PARA CUMPRIMENTO DE OBRIGAÇÃO DE FAZER. MENOR PORTADOR DE AUTISMO. DESINAÇÃO DE MEDIADOR, AGENTE EDUCACIONAL ESPECIAL, PARA ACOMPANHAMENTO ESCOLAR. PROCEDÊNCIA DO PEDIDO. RECURSO DO MUNICÍPIO PRETENDENDO O AFASTAMENTO DA VERBA HONORÁRIA. PRINCÍPIO DA CAUSALIDADE. OS ÔNUS DA SUCUMBÊNCIA DEVEM RECAIR SOBRE AQUELE QUE DEU CAUSA À PROPOSITURA DA AÇÃO. A jurisprudência do Superior Tribunal de Justiça orienta-se pelo descabimento de condenação em honorários sucumbenciais em favor do Ministério Público, em sede de ação civil pública, hipótese diversa do caso concreto, eis que se trata de obrigação de fazer individual, não obstante a nomenclatura da ação. Majoração dos honorários advocatícios em razão do trabalho acrescido. Art. 85, § 11, do C.P.C. Des-

---

8   Esta ideia encontra-se desenvolvida mais longamente no capítulo dedicado ao estudo da ação civil pública, mais especificamente no item que cuida da sentença.

provimento do recurso (TJRJ, Apelação 0025702-89.2018.8.19.0202, 8ª Câm. Cív., Rel. Des. Norma Suely Fonseca Quintes, j. 28-1-2020).

APELAÇÃO CÍVEL. AÇÃO DE OBRIGAÇÃO DE FAZER PROPOSTA PELO MINISTÉRIO PÚBLICO. TUTELA DO DIREITO À SAÚDE. FORNECIMENTO DE MEDICAMENTO. Conforme entendimento do Superior Tribunal de Justiça, em ação civil pública, não é cabível a condenação da parte vencida ao pagamento de honorários advocatícios em favor do Ministério Público. Todavia, a hipótese é de ação de obrigação de fazer movida pelo *Parquet* como legitimado extraordinário na defesa de direito indisponível de criança, no caso, direito à saúde. Logo, não há qualquer óbice à condenação do Município, parte vencida, ao pagamento de honorários de sucumbência, em decorrência do princípio da Causalidade. Precedentes. DESPROVIMENTO DO RECURSO (TJRJ, Apelação 0000010-82.2016.8.19.0065, 3ª Câm. Cív., Rel. Des. Peterson Barroso Simão, j. 28-8-2019)[9].

O uso da ação para cumprimento de obrigação de fazer e não fazer só será possível quando exista, em uma determinada região, o serviço estatal ou de algum concessionário e este não esteja sendo prestado da forma adequada. Caso não haja a prestação do serviço em uma determinada localidade, o Poder Judiciário não pode obrigar o Estado a fazê-lo por meio desta modalidade de ação, pois interfere na discricionariedade do administrador[10]. A ação para cumprimento de obrigação de fazer não é o instrumento processual adequado para a verificação desta necessidade, mas a ação civil pública, pois antes da propositura desta modalidade de ação será instaurado inquérito civil que colherá provas da importância da instalação de local para a prestação de determinado serviço público na localidade que não o possui.

Ponto que merece destaque é o da escolha do instrumento processual a ser utilizado para a defesa dos direitos fundamentais das crianças e adolescentes quando se pretende o cumprimento de uma obrigação de fazer e não fazer, ou seja, quando se utilizará a ação que se está estudando e quando se fará uso da ação civil pública. Sabemos ser comum a utilização de ação civil pública pelo Ministério Público mesmo que se esteja buscando defender direito individual, proceder que entendemos errôneo, conforme já expusemos ao final do item 1 do presente capítulo. Deve-se utilizar a ação para cumprimento de obrigação de fazer e não fazer quando o objeto desta seja a proteção de um direito individual, enquanto a ação civil pública será utilizada para a defesa dos direitos metaindividuais.

---

9 No mesmo sentido, dentre outros, temos os seguintes arestos do TJRJ: Ap 0000900-21.2016.8.19.0065, 21ª Câm. Cív., Rel. Des. André Emilio Ribeiro Von Melentovytch, j. 7-5-2019; Ap. 0010402-73.2013.8.19.0037, 14ª Câm. Cív., Rel. Des. José Carlos Paes, j. 22-2-2017; Ap 0002036-86.2012.8.19.0067, 112ª Câm. Cív., Rel. Des. Fernando Cerqueira Chagas, j. 15-2-2017.

10 CARREIRA ALVIM, J. E. *Tutela específica das obrigações de fazer e não fazer, na reforma processual*. Belo Horizonte: Del Rey, 1997, p. 49.

PARTE IV – A EFETIVIDADE DO ECA: MEDIDAS JUDICIAIS E EXTRAJUDICIAIS

Dificilmente encontraremos alguma ação para cumprimento de obrigação de fazer e não fazer em curso nas Varas da infância e juventude pela falta de aplicação das regras constantes do art. 213 e seus parágrafos, que normalmente passam despercebidas do aplicador da lei. Esperamos que esta situação comece a mudar, a fim de que os direitos das crianças e adolescentes sejam, a cada dia que passa, mais bem protegidos.

REFERÊNCIAS

ARAÚJO, José Henrique Mouta. Polêmicas sobre o mandado de segurança coletivo e a Lei n. 12.016/2009. *Revista Síntese de Direito Civil e Processual Civil* v. 12, n. 78. São Paulo: Síntese, 2012.

BENJAMIN, Antônio Herman Vasconcelos. In: CURY, Munir (coord.). *Estatuto da Criança e do Adolescente comentado.* Comentários jurídicos e sociais. 7. ed. rev. e atual. São Paulo: Malheiros, 2005.

CÂMARA, Alexandre Freitas. *Lições de direito processual civil.* 13. ed. Rio de Janeiro: Lumen Juris, 2005, v. I.

CARREIRA ALVIM, J. E. *Tutela específica das obrigações de fazer e não fazer na reforma processual.* Belo Horizonte: Del Rey, 1997.

GRECO FILHO, Vicente. *O novo mandado de segurança* – Comentário à Lei n. 12.016, de 7 de agosto de 2009. São Paulo: Saraiva, 2010.

GRINOVER, Ada Pellegrini. Art. 212. In: VERONESE, Josiane Rose Petry; SILVEIRA, Mayra; CURY, Munir (coord.). *Estatuto da Criança e do Adolescente comentado.* Comentários jurídicos e sociais. 13. ed. rev. e atual. São Paulo: Malheiros, 2018.

MARINONI, Luiz Guilherme. *Tutela específica.* São Paulo: Revista dos Tribunais, 2000.

MEDINA, José Miguel Garcia; ARAÚJO, Fábio Caldas. *Mandado de segurança individual e coletivo* – Comentários à Lei 12.016, de 7 de agosto de 2009. São Paulo: Revista dos Tribunais, 2009.

MEIRELLES, Hely Lopes. *Mandado de segurança.* 16. ed. atual. por Arnoldo Wald. São Paulo: Malheiros, 1990.

PAULA, Paulo Afonso Garrido. A ação do Ministério Público na defesa dos direitos da criança e do adolescente. Disponível em: <www.mp.rj.gov.br>. Acesso em: 28 nov. 2005.

PINHO, Humberto Dalla Bernardina de. *Manual de direito processual civil contemporâneo.* São Paulo: Saraiva, 2019.

TAVARES, André Ramos. *Manual do novo mandado de segurança.* Rio de Janeiro: Forense, 2009.

THEODORO JÚNIOR, Humberto. *Curso de direito processual civil*. 43. ed. Rio de Janeiro: Forense, 2005, v. I.

VITTA, Heraldo Garcia. *Mandado de segurança* – Comentários à Lei n. 12.016, de 7 de agosto de 2009. 3. ed. São Paulo: Saraiva, 2010.

WATANABE, Kazuo. Art. 213. VERONESE, Josiane Rose Petry; SILVEIRA, Mayra; CURY, Munir (coord.). *Estatuto da Criança e do Adolescente comentado*. Comentários jurídicos e sociais. 13. ed. rev. e atual. São Paulo: Malheiros, 2018.

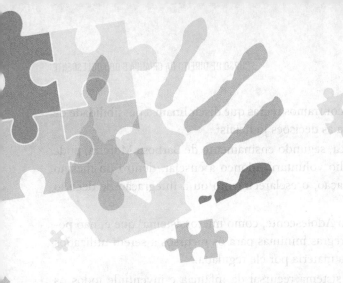

Recursos

Galdino Augusto Coelho Bordallo

1. INTRODUÇÃO

Todas as pessoas, desde a mais tenra infância, já passaram por situações em que tiveram alguma vontade ou algum desejo negado. Por certo esta negação veio a lhes causar alguma revolta, trazendo o anseio de ver alterada a decisão que lhes foi negativa. É da natureza humana a ausência de conformação com situações e eventos desfavoráveis, sendo comum a busca de meios para conseguir que sejam modificadas.

A ideia de recurso não é, portanto, desconhecida do homem no dia a dia da vida em sociedade.

Esta ideia foi acolhida pelo Estado no momento da elaboração das regras de direito processual, pois seria inadmissível que aqueles que se encontrassem em litígio tivessem que se conformar com a decisão que fosse proferida, sem qualquer possibilidade de expressar seu inconformismo para com seu conteúdo.

Da mesma forma, não se pode esquecer que as decisões são proferidas por homens, seres passíveis de falhas, de erros. Com a possibilidade de virem os julgadores a errar, faz-se de suma importância a chance de ocorrer a revisão das decisões por eles proferidas[1].

---

1 Neste sentido a lição da melhor doutrina de direito processual, sendo perfeito o ensinamento de Gabriel Rezende Filho que resume a origem dos recursos processuais nas seguintes razões: "1. a reação natural do homem, que não se sujeita a um único julgamento; 2. a possibilidade de erro ou má-fé do julgador", citado por Humberto Theodoro Júnior (*Curso de direito processual civil*. 43. ed. Rio de Janeiro: Forense, 2005, v. 1, p. 601).

Desde o direito romano encontramos regras que disciplinam a possibilidade de interposição de recursos contra as decisões judiciais[2].

Recurso, na acepção técnica, segundo ensinamento de Barbosa Moreira, pode ser entendido como "o remédio voluntário idôneo a ensejar, dentro do mesmo processo, a reforma, a invalidação, o esclarecimento ou a integração de decisão judicial que se impugna"[3].

O Estatuto da Criança e do Adolescente, como microssistema[4] que é, não poderia deixar de disciplinar as regras mínimas para os recursos a serem utilizados nos processos que tratassem da matéria por ele regulada.

Assim, é de se aplicar ao sistema recursal da infância e juventude todos os ensinamentos doutrinários sobre os princípios informativos e fundamentais[5] do direito processual referentes aos recursos.

Pelo fato de os princípios informativos serem adotados universalmente e não necessitarem de comprovação, interessam mais de perto ao estudo dos recursos os princípios fundamentais. Estes, por serem adotados pelos sistemas jurídicos com conotações políticas e ideológicas, sofrem alterações e adaptações dependendo do grau de evolução em que se encontre o sistema jurídico de um dado país em um determinado momento.

É importante que se estudem os princípios fundamentais dos recursos, pois são eles que norteiam as regras constantes dos diplomas legais, já que influenciam seus elaboradores. Assumem importância ainda maior, pelo fato de alguns terem sido elevados em nível constitucional.

A fim de não tornar cansativa a presente obra, não faremos uma abordagem específica para cada um dos princípios fundamentais dos recursos (duplo grau de jurisdição, taxatividade, singularidade, fungibilidade, dialeticidade, voluntariedade,

---

2   Sobre a evolução histórica dos recursos, remetemos aos *Comentários ao Código de Processo Civil*. 7. ed. Rio de Janeiro: Forense, 1998, v. V, p. 227-229, de José Carlos Barbosa Moreira.

3   Op. cit., p. 231.

4   Sobre o conceito e o desenvolvimento do tema do microssistema, remetemos o leitor ao capítulo "Evolução histórica do direito da criança e do adolescente".

5   Princípios informativos são aqueles "considerados quase como axiomas, pois prescindem de maiores indagações e não necessitam ser demonstrados. Não se baseiam em outros critérios que não os estritamente técnicos e lógicos, não possuindo praticamente nenhum conteúdo ideológico. São os princípios: a) lógico, b) jurídico, c) político e d) econômico. [...] Já os princípios fundamentais são aqueles sobre os quais o sistema jurídico pode fazer opção, considerando aspectos políticos e ideológicos. Por essa razão, admitem que em contrário se oponham outros, de conteúdo diverso, dependendo do alvedrio do sistema que os está adotando" (NERY JR., Nelson. *Princípios fundamentais – teoria geral dos recursos*. 5. ed. rev., ampl. e atual. São Paulo: Revista dos Tribunais, 2000, p. 35).

PARTE IV – A EFETIVIDADE DO ECA: MEDIDAS JUDICIAIS E EXTRAJUDICIAIS

irrecorribilidade em separado das interlocutórias, complementariedade, vedação da *reformatio in pejus*, consumação), deixando para cuidar destes quando da discussão de assuntos específicos que com eles possuam relação mais aproximada.

Tendo em vista o momento histórico em que o ECA foi elaborado, não resta a menor dúvida sobre os avanços trazidos em matéria recursal. O legislador foi corajoso, simplificando e inovando, tanto assim que algumas das inovações começam a ser implantadas no Código de Processo Civil, estando outras entre as discussões constantes da mais moderna doutrina.

Toda a disciplina recursal do direito da criança e do adolescente encontra-se inserida em um único Capítulo (IV) do Título VI do ECA, composto de poucos artigos. Em sua versão original, apenas dois artigos (198 e 199) tratavam da matéria recursal, sendo que toda a matéria restava inserida no art. 198, haja vista o teor do art. 199. Isso fazia com que pensássemos, à primeira vista, que o legislador havia tratado o tema com indiferença, o que não traduzia a verdade, como se verificava pela atenta leitura do texto do art. 198.

O legislador utilizou a correta técnica da economia de regras, cuidando apenas daquelas que divergem do sistema recursal já existente no ordenamento jurídico. Nos pontos em que o Estatuto da Criança e do Adolescente restar silente, faremos uso das regras existentes na lei geral que cuida do direito processual, por aplicação determinada pelo art. 152 do ECA.

Com o advento da Lei n. 12.010/2009, que realizou a primeira grande alteração no Estatuto da Criança e do Adolescente desde sua entrada em vigor, as regras recursais foram adaptadas às alterações ocorridas no sistema recursal do Código de Processo Civil nos últimos anos. Foram também inseridas novas regras referentes aos efeitos da apelação nos processos de adoção e destituição do poder familiar e de procedimento nos tribunais.

Foram revogados os incisos IV, V, e VI do art. 198 e inseridos os arts. 199-A a 199-E. Estas regras serão estudadas no momento oportuno.

2. UNICIDADE DO SISTEMA

Devemos iniciar a exposição do tema pela simplificação trazida pelo legislador quando resolveu unificar o sistema recursal, fazendo opção expressa, no *caput* do art. 198, pelos recursos cíveis, cujas regras encontram-se sistematizadas no Código de Processo Civil.

Quando se fala em unicidade do sistema recursal, estamos nos referindo a mais importante divisão de temas existente no direito processual, a civil e a penal, também existente no corpo do ECA, a parte civil (que engloba o direito civil, o direito constitucional e o direito administrativo) e a parte infracional (penal).

Não há que se perquirirem os motivos que levaram o legislador à escolha pelo sistema recursal civil, pois se trata de critério de política legislativa.

Com a regra em estudo, qualquer que seja a matéria referente ao direito da infância e juventude que esteja em discussão em determinado processo, o recurso que acaso venha a ser interposto seguirá as regras estabelecidas no Título II do Livro III do Código de Processo Civil, naquilo em que não confrontarem com as regras especiais da Lei n. 8.069/90. Não podemos nos esquecer, aqui, da aplicação do princípio da especialidade: havendo qualquer divergência entre as regras contidas no Estatuto e alguma regra constante no Código de Processo Civil, as daquele prevalecerão sobre este.

Desta forma, afastada por completo a aplicação das regras dos recursos constantes do Código de Processo Penal.

Este entendimento é adotado pela quase totalidade dos doutrinadores do direito da infância e juventude. Posição divergente é apresentada por José de Farias Tavares. O mencionado autor defende que para os recursos interpostos contra decisões proferidas nas ações socioeducativas (assim como contra as decisões proferidas nos autos das execuções das medidas socioeducativas) se fará uso das "regras indicadas para a área cível, no que couber, devendo-se fazer adequação ao disposto no Código de Processo Penal subsidiariamente"[6].

Não há como concordar com o posicionamento adotado por José de Farias Tavares, pelo fato de este ir contra expresso texto legal. A dicção utilizada pelo legislador ao realizar a opção pelo sistema recursal processual civil não deixa abertura para que se pense em aplicar as regras recursais constantes no CPP aos processos que tratem de matéria infracional. Afastada, assim, por completo, a aplicação subsidiária do CPP no que se refere ao tema em estudo.

Pelo fato de o ECA adotar o sistema recursal do CPC, poder-se-á utilizar todos os recursos nominados por este último diploma legal em seu art. 994.

Pode ser utilizada também a figura do recurso adesivo, prevista no art. 997 do CPC, que só será admitido quando houver sucumbência recíproca e com relação aos recursos expressamente enumerados no inciso II do mencionado artigo.

O critério adotado pelo legislador em enumerar quais os recursos existentes em nosso sistema jurídico nada mais é do que a adoção do *princípio da taxatividade*. Por este princípio ficam vedadas às partes a criação e utilização de nova modalidade de recurso além daquelas previstas na lei federal. Somente são considerados como recurso aqueles constantes da enumeração exaustiva do art. 994 do CPC.

Não se deve esquecer de que não fere o princípio da taxatividade a existência de recursos em leis federais especiais não constantes da enumeração do art. 994 do CPC, uma vez que a União Federal possui competência exclusiva para legislar em matéria processual, conforme dispõe o art. 22, I, da Constituição Federal. Como exemplo,

---

6   TAVARES, José de Farias. *Direito da infância e da juventude.* Belo Horizonte: Del Rey, 2001, p. 244.

PARTE IV – A EFETIVIDADE DO ECA: MEDIDAS JUDICIAIS E EXTRAJUDICIAIS 1093

temos o recurso inominado previsto no art. 41 da Lei dos Juizados Especiais e o agravo contra decisão do Presidente do Tribunal que tenha determinado a suspensão da liminar, constante do art. 13 da Lei de Mandado de Segurança, entre outros.

Com o princípio da taxatividade, temos o da *singularidade*, que significa que para cada ato judicial recorrível haverá um único recurso admissível no sistema jurídico, sendo vedada a interposição simultânea de mais de um recurso contra a mesma decisão ou do recurso errado. A subsistência deste princípio decorre da interpretação sistemática do art. 994 e da correlação existente entre os arts. 203, 1.001, 1.009 e 1.015, todos do CPC. Encontramos em nosso sistema uma exceção a esta regra, qual seja, a possibilidade de interposição de embargos de declaração quando apenas parte da sentença ou acórdão for obscura[7].

Não se pode deixar de mencionar o *princípio da fungibilidade*, intimamente ligado ao da singularidade que, apesar de não permanecer expresso em nosso sistema legal, diferentemente do que havia no revogado Código de Processo Civil de 1939 em seu art. 810, ainda vige em nosso ordenamento. Significa este princípio a possibilidade de ser o recurso errado recebido como se o correto fosse, quando da interposição errônea houver fundada dúvida objetiva e não for demonstrado erro grosseiro, a fim de ser evitado prejuízo à parte.

Apesar da adoção de um sistema mais racional dos atos decisórios pelo CPC de 1973, como se vê pela regra do art. 162 e, em decorrência, dos recursos que podem ser interpostos contra cada uma delas, não podemos deixar de atentar para as dificuldades sobre a certeza de qual recurso a ser interposto contra determinada decisão que ocorre no dia a dia forense. Este problema por certo permanecerá no CPC.

Para amenizar o prejuízo para as partes com a interposição errônea de um recurso, a doutrina fixou os seguintes critérios que devem estar presentes para se aceitar a fungibilidade:

---

7   Nas situações em que há a prolação de decisão em que questões de natureza diversa são examinadas, não devemos atentar para a natureza de cada decisão para sabermos o recurso a ser interposto, pois este proceder violaria o princípio da singularidade. Nestas hipóteses devemos verificar o *conteúdo finalístico* do ato que se deseja impugnar. Logo, se o ato, apesar de decidir, p. ex., questões preliminares, colocou fim ao processo, deverá ser classificado como sentença e contra ele ser manejado o recurso de apelação. De idêntica forma, se o ato que se deseja impugnar decide questões preliminares e questões substanciais (mérito), dando fim ao processo, não há que secioná-lo em parte para interposição de um recurso para cada uma delas; o ato há que ser entendido como único pelo fim que apresenta para o processo, pois se dá fim a ele, trata-se de sentença, contra a qual, por expressa determinação do art. 1.009 do CPC, é manejado o recurso de apelação. Este posicionamento é adotado por Humberto Theodoro Júnior em *O processo civil brasileiro no limiar do novo século*. 2. ed. Rio de Janeiro: Forense, 2001, p. 165-167 e Nelson Nery Jr. em *Princípios fundamentais* – teoria geral dos recursos. 5. ed. São Paulo: Revista dos Tribunais, 2000, p. 93-97. Posicionamento diverso é adotado por Barbosa Moreira, em seus *Comentários ao Código de Processo Civil*. 7. ed. Rio de Janeiro: Forense, 1998, v. V, p. 246-249.

a) *dúvida objetiva sobre qual o recurso cabível.* Estas dúvidas são causadas pelas deficiências de terminologia do próprio CPC (nas hipóteses em que usa a expressão sentença para designar um ato que é verdadeira decisão interlocutória), assim como pelas dúvidas trazidas pelas divergências doutrinárias e jurisprudenciais;

b) *não tenha o recorrente incorrido em erro grosseiro.* Até o momento a doutrina não conseguiu conceituar "erro grosseiro", o que faz com que para sabermos seu significado, tenhamos que nos valer das decisões dos tribunais e dos exemplos da doutrina sobre o tema;

c) *observância do prazo próprio para o recurso adequado.* Nas hipóteses em que o recurso correto possua prazo inferior do que aquele que foi interposto, é necessário que este tenha sido proposto no prazo menor, ou seja, em havendo dúvida se para o caso concreto é cabível o recurso de apelação ou o de agravo, é conveniente que o recurso seja proposto respeitando-se o menor prazo concedido pela lei para a interposição. Este requisito não é adotado com unanimidade pela doutrina[8], não sendo também de grande importância para os recursos no âmbito do direito da infância e juventude, em decorrência de requisito específico do sistema recursal do ECA que será examinado no momento oportuno.

Pelo fato de ter sido adotado o sistema recursal do CPC, todas as regras existentes no Título X, do Livro I, do mencionado diploma legal serão aplicadas aos recursos que tratem do direito da infância e juventude, assim como as alterações legislativas posteriores que vierem a ocorrer (art. 198, *caput*, parte final, do ECA).

Ainda sobre a questão da unicidade do sistema recursal, é importante que se tenha em mente que os prazos diferenciados constantes do Estatuto são aplicáveis sempre que a matéria em discussão em um processo seja relacionada ao direito da criança e do adolescente. Assim, o prazo diferenciado para apelação trazido pelo ECA (10 dias, conforme inciso II do art. 198) há de ser aplicado, por exemplo, em todas as ações de destituição do poder familiar, inclusive àquelas que tiverem curso nas Varas de família.

Não podemos esquecer que o sistema jurídico brasileiro é uno, tendo como base a Constituição da República. Esta unicidade do sistema jurídico faz com que uma lei tenha e deva ser aplicada sempre que houver alguma lesão a um direito que se encontre sob sua esfera de proteção. Esta aplicação se dará em qualquer ação em curso, independentemente do Juízo onde se encontre. Desta feita, as regras constantes do Estatuto da Criança e do Adolescente, inclusive as que dizem respeito a

---

8   Humberto Theodoro Júnior adota tal requisito (*O processo civil brasileiro no limiar...*, op. cit., p. 168), enquanto Nelson Nery Jr. (*Princípios fundamentais...*, op. cit., p. 140-144) o entende desnecessário, em face do sistema jurídico do atual Código de Processo Civil. Para melhor desenvolvimento do tema da fungibilidade dos recursos, remetemos o leitor para as obras acima mencionadas, nas quais florescem exemplos da doutrina e jurisprudência sobre os requisitos para adoção do mencionado princípio.

PARTE IV – A EFETIVIDADE DO ECA: MEDIDAS JUDICIAIS E EXTRAJUDICIAIS

prazos, deverão ser aplicadas em toda e qualquer ação que cuide de matéria afeta ao direito da criança e do adolescente, qualquer que seja o Juízo.

Devemos superar entendimento existente de que o Estatuto da Criança e do Adolescente é uma lei que só terá aplicação nas Varas da infância e juventude, pois ele é totalmente equivocado.

As regras do ECA devem ser aplicadas em todas as ações que cuidem da proteção dos direitos das crianças e dos adolescentes, independentemente da Vara onde tenham curso, ou seja, a aplicação das normas estatutárias se dará também nas Varas de família, Varas cíveis, Varas de Fazenda Pública e em todas as outras em que houver algum processo que tenha como objeto a violação a algum direito das crianças e dos adolescentes. É de se relembrar que o ECA, diferentemente do Código de Menores, não tem aplicação apenas às crianças carentes e adolescentes que se encontrem em conflito com a lei, mas a *todas* as crianças e adolescentes.

Por questões de ordem didática, examinaremos, em primeiro lugar, as regras genéricas do sistema recursal da Lei n. 13.105/2015 que são aplicáveis ao ECA. Só após examinaremos as exceções desde último diploma legal às regras recursais do CPC.

2.1. Juízo de admissibilidade e juízo de mérito

Ao ser proposta uma ação e ser iniciada a relação processual, faz-se obrigatório que o juiz realize, em primeiro plano, o exame sobre a presença de requisitos necessários ao correto e legítimo exercício do direito de ação (condições da ação) e sobre a existência dos requisitos necessários à instalação válida e regular do processo (pressupostos processuais). Só com a presença destes requisitos o juiz poderá realizar o exame do mérito da ação.

Situação análoga ocorre quando da interposição de um recurso. Têm-se dois momentos de avaliação jurisdicional, um de cabimento – no qual serão verificados se estão satisfeitas as condições impostas pela legislação para que possa ser apreciada a pretensão do recorrente – e outro de procedência, subsequente – no qual será apreciado o fundamento do recurso, a fim de este ser acolhido ou rejeitado.

Ao primeiro momento denomina-se *juízo de admissibilidade*, enquanto ao segundo denomina-se *juízo de mérito*. Na linguagem forense, teremos o primeiro quando tivermos o uso das expressões "conhecimento" ou "não conhecimento" do recurso e o segundo quando forem utilizadas as expressões "dar provimento" ou "negar provimento" ao recurso.

No juízo de admissibilidade, que é antecedente lógico do juízo de mérito, são examinadas as questões prévias que, caso acolhidas, impedirão o exame do recurso. Nele são examinadas matérias que podem ser classificadas como preliminares do mérito do recurso, uma vez que, se o juiz as entender inexistentes, não poderá ser apreciado o mérito do recurso pelo tribunal. Estas questões, que são os pressupostos comuns para todos os recursos, dividem-se em subjetivas e objetivas, a saber: a) pressupostos subjetivos: capacidade e legitimação para recorrer; b) pressupostos objetivos: existência e adequação do recurso, tempestividade, preparo, motivação, regularidade procedimental[9].

O órgão jurisdicional competente para realizar o juízo de admissibilidade é o *ad quem*, já que é ele o destinatário do recurso. Porém, como em nosso sistema processual a interposição dos recursos é realizada perante o órgão jurisdicional *a quo*, salvo na hipótese do agravo de instrumento (art. 1.016 do CPC), com a finalidade de facilitar o trâmite processual e com base no princípio da economia processual, é deferido a este o exame prévio sobre o juízo de admissibilidade.

Assim, quando da interposição de qualquer recurso, o órgão que proferiu a decisão verificará se estão presentes os requisitos de admissibilidade. Sendo positiva a decisão, dará seguimento ao recurso, determinando a abertura de vista à parte contrária para apresentação de contrarrazões. Sendo negativa a decisão, será obstado seguimento ao recurso para a instância superior.

Não podemos deixar de mencionar a alteração trazida pelo CPC no que diz respeito ao juízo de admissibilidade do recurso de apelação. Esta verificação não será mais realizada pelo juízo de 1º grau, mas pelo de 2º grau, conforme regra constante do § 3º, do art. 1.010.

Merecem menção as medidas que a parte deve tomar perante cada uma das decisões mencionadas acima. Nas hipóteses de juízo positivo de admissibilidade, a parte contrária àquela que interpôs o recurso deverá demonstrar seu inconformismo nas contrarrazões. Em face das decisões negativas de admissibilidade, deverá ser manejado o recurso de agravo interno (art. 1.021, do CPC), a fim de fazer com que o colegiado tenha a possibilidade de rever a decisão que não admitiu o recurso, uma vez que esta foi proferida pelo relator.

A decisão que examina os requisitos de admissibilidade é decisão interlocutória, de natureza declaratória (pois afirma a existência ou inexistência dos pressupostos) e deve ser fundamentada como todas as decisões judiciais, conforme determina o art. 93, IX, da CF.

---

9   Adotamos a classificação realizada por MARQUES, José Frederico. *Manual de direito processual civil*. Campinas: Bookseller, 1997, v. III, p. 155, acatada também por Humberto Theodoro Júnior, *Curso...*, op. cit., p. 609. Barbosa Moreira (op. cit., p. 260) utiliza outro critério classificatório, dividindo os pressupostos recursais em intrínsecos (cabimento, legitimação para recorrer, interesse em recorrer e inexistência de fato impeditivo ou extintivo do poder de recorrer) e extrínsecos (tempestividade, regularidade formal e preparo); sendo acompanhado por Nelson Nery Jr., *Princípios fundamentais...*, op. cit., p. 240. Lembramos que estes pressupostos são comuns a todos os tipos de recurso, sendo certo que cada tipo possui requisitos de admissibilidade próprios.

PARTE IV – A EFETIVIDADE DO ECA: MEDIDAS JUDICIAIS E EXTRAJUDICIAIS   1097

Havendo recurso contra a decisão que nega seguimento ao recurso, este será encaminhado ao colegiado para decisão, que será definitiva.

Superada a questão do exame dos requisitos de admissibilidade, o tribunal pode passar ao exame do mérito do recurso, confirmando, reformando ou anulando a decisão recorrida.

Cabe menção, neste momento, por total pertinência com a questão do exame do mérito do recurso, ao *princípio fundamental da proibição da reformatio in pejus.* Este princípio significa que, ao reexaminar a questão, é vedado que o tribunal piore a situação do recorrente. O tribunal fica limitado ao âmbito da matéria devolvida para apreciação, servindo, assim, o recurso, como causa e limite para qualquer inovação.

Não há previsão expressa para este princípio em nosso direito positivo, mas ele efetivamente existe, sendo inerente ao nosso sistema, podendo ser extraído da conjugação do princípio dispositivo, do princípio da sucumbência para poder recorrer e do efeito devolutivo do recurso[10].

Portanto, para que não haja violação a este princípio, é necessário que o tribunal respeite o objeto do recurso, nunca indo além da pretensão para lhe piorar a situação jurídica diante do que já foi decidido na decisão impugnada.

Tema que não pode ser olvidado dentro do estudo deste princípio é o de poder haver *reformatio in pejus* quando da existência de remessa obrigatória nos termos do art. 496 do CPC, sem recurso da parte contrária, no que concerne a piorar a situação do ente público que já teve contra si uma decisão desfavorável. Doutrina e jurisprudência não são unânimes, prevalecendo, porém, a corrente que entende não poder o tribunal piorar a situação do ente público, sendo nulo o acórdão que assim decide, já tendo havido edição de súmula pelo STJ neste sentido[11].

Pelo fato de a presente obra não ser um curso de direito processual civil, mas de direito da infância e juventude, não entraremos na discussão doutrinária e jurisprudencial sobre a possibilidade, ou não, da *reformatio in pejus.* Adotamos o entendimento esposado por Nelson Nery Jr.[12] de que no reexame obrigatório o tribunal tem ampla liberdade para examinar a decisão de 1º grau, pois há devolutividade plena, podendo o tribunal modificar a sentença naquilo que entender correto, inclusive em detrimento da Fazenda Pública. No reexame obrigatório devemos visualizar a situação como se existisse apelação de ambas as partes. Logo,

---

10   NERY JR., Nelson. *Princípios fundamentais...*, op. cit., p. 158.

11   STJ, Súmula 45: "No reexame necessário, é defeso, ao Tribunal, agravar a condenação imposta à Fazenda Pública".

12   Todo o tema é muito bem desenvolvido, como de costume, pelo mencionado doutrinador em suas obras *Princípios do processo civil na Constituição Federal.* 7. ed. São Paulo: Revista dos Tribunais, 2002, p. 64-65 e *Princípios fundamentais* – teoria geral dos recursos. 5. ed. São Paulo: Revista dos Tribunais, 2000, p. 162-164.

1098 CURSO DE DIREITO DA CRIANÇA E DO ADOLESCENTE

o entendimento doutrinário e jurisprudencial dominante é inconstitucional, por ferir o princípio da isonomia.

2.2. Legitimidade e interesse para recorrer

No que se refere à legitimidade para interposição de um recurso, a possui quem é sujeito da relação processual. São as pessoas que possuem a legitimação ordinária. A par desta legitimidade, a lei concede legitimação recursal extraordinária para quem não foi parte no processo, como o Ministério Público e o terceiro prejudicado. É o que se extrai da regra do art. 996 do CPC.

Com a questão da legitimidade, temos a condição do interesse. Não basta que alguém seja sujeito da relação processual para que possa interpor um recurso. É necessário que demonstre interesse em sua interposição, consubstanciada no prejuízo causado em sua esfera jurídica e fática pela decisão que deseja impugnar. Assim, apenas quem foi vencido, no todo ou em parte, possuirá interesse em recorrer.

Deverá a parte demonstrar também a necessidade de utilização do recurso, pois se por outro meio puder obter o bem que deseja, não será admissível sua utilização.

O terceiro interessado deverá demonstrar, para que possa recorrer, possuir relação jurídica com a parte vencida e que esta relação será afetada pelo resultado do processo. O recurso do terceiro prejudicado nada mais é do que intervenção de terceiros em nível recursal, na modalidade da assistência. No âmbito do direito da infância e da juventude podemos ter a seguinte situação em que se dará a figura do recurso do terceiro prejudicado: apelação interposta pelos avós biológicos em uma ação de adoção julgada procedente. Com a concessão da adoção, haverá o pressuposto lógico da destituição do poder familiar dos pais biológicos, que figuram no polo passivo da relação processual. Com o rompimento do vínculo de parentesco com os pais biológicos, haverá, por óbvio, o rompimento do vínculo para com os avós biológicos. Possuem estes relação jurídica de parentesco com os réus da ação de adoção e terão afetada sua relação jurídica para com o filho daqueles, que foi adotado pelo autor da ação. Demonstrando que o resultado do processo afeta a relação jurídica que possuem com o vencido e que não foi objeto de discussão no processo, preencherão os requisitos para manejar a figura do recurso do terceiro prejudicado.

A legitimidade do Ministério Público para recorrer se dará tanto nos processos em que for parte quanto naqueles em que atuar como *custos legis*, conforme se extrai das regras do art. 179, II, do CPC e do art. 202 do ECA. Deve ser ressalvado que ao recorrer "contra decisão em processo em que atua como fiscal da lei, assume o Ministério Público, no procedimento recursal, a condição de parte, com iguais 'poderes e ônus', a semelhança do que ocorre quando exerça o direito de ação (art. 81)", conforme ensinamento de José Carlos Barbosa Moreira[13].

---

13 Op. cit., p. 294.

PARTE IV – A EFETIVIDADE DO ECA: MEDIDAS JUDICIAIS E EXTRAJUDICIAIS

1099

Qualquer discussão que pudesse existir sobre a legitimidade de o Ministério Público recorrer nos processos em que atua como fiscal da lei onde não houve recurso da parte vencida, apesar do entendimento unânime da doutrina neste sentido, foi espancado com a edição da Súmula 99 do STJ, que possui o seguinte enunciado: "O Ministério Público tem legitimidade para recorrer no processo em que oficiou como fiscal da lei, ainda que não haja recurso da parte".

2.3. Motivação

Todo e qualquer recurso deve conter os fundamentos de fato e de direito que justifiquem a inconformidade para com a decisão que se impugna, já que *recurso interposto sem motivação constitui pedido inepto*[14].

A exigência de que os recursos contenham as razões de sua interposição vem expressa nos arts. 1.010, III; 1.016, III; 1.021, § 1º; 1.023; 1.029, III, todos do CPC.

Sem que sejam demonstrados os motivos da inconformidade, não será possível que o tribunal decida, pois não terá conhecimento das justificativas da interposição. Da mesma forma, sem a motivação do recurso, a parte contrária não terá como se defender.

Presente neste tema o *princípio da dialeticidade* que exige que o recurso seja contraditório, ou seja, que a parte manifeste não só sua inconformidade com a decisão impugnada, mas que obrigatoriamente indique os motivos de fato e de direito pelos quais requer novo julgamento.

A importância das razões se dá também pelo fato de ser por meio delas que será delimitada a extensão da matéria a ser reexaminada pelo órgão *ad quem* e a extensão do contraditório.

É de se recordar que a dialeticidade não é exclusiva dos recursos, pois o processo é dialético, já que o contraditório se instala ao início da relação processual.

Logo, pode-se concluir que os motivos de fato e de direito, bem como o pedido de nova decisão (em sentido contrário obviamente) são requisitos obrigatórios e sua ausência acarreta a prolação de um juízo de inadmissibilidade do recurso.

2.4. Forma

Para a admissibilidade do recurso, ele há que ser interposto segundo a forma preconizada por lei.

Em havendo a determinação de que seja interposto mediante petição, assim deve proceder o recorrente, não se admitindo outra forma de interposição. Esta determinação é regra para o nosso direito, vindo expressa para quase todas as espécies de recurso.

---

14 MARQUES, José Frederico. Op. cit., p. 157.

Para que a regularidade formal do recurso se apresente, imprescindível que a petição de interposição se faça acompanhar dos motivos de fato e de direito pelo qual se deseja ver novamente julgada a questão. Não se aceita, na esfera do direito processual civil, que se interponha a petição de recurso sem que venha acompanhada das competentes razões.

2.5. Renúncia e desistência

Ninguém é obrigado a interpor um recurso, uma vez que é ele um ato voluntário. Porém se o recurso não é interposto contra a decisão que prejudica a parte, sofrerá ela as consequências de sua inação, pois a decisão passará a produzir os devidos efeitos. Em face disso, os recursos são considerados como ônus processual; caso a parte não faça uso deste dentro do prazo devido, sofrerá prejuízo jurídico que será o de ver a decisão se tornar imutável, indiscutível.

Pelo fato de o recurso ser voluntário, a parte pode *renunciar* ao direito ou *desistir* da interposição.

A renúncia é ato unilateral da parte, por meio do qual ela renuncia ao direito de recorrer contra determinada decisão. Por se tratar de ato unilateral, sua eficácia não depende de qualquer manifestação da parte contrária. Seu momento de ocorrência se dá, obrigatoriamente, antes da oferta do ato de impugnação. Está prevista no art. 999 do CPC. Pelo teor deste dispositivo legal, verifica-se que o legislador trata da renúncia expressa, que pode ser veiculada por meio de petição ou mesmo oralmente, em situações em que a decisão é proferida em audiência. Na modalidade tácita, a renúncia se materializará pelo simples transcurso do prazo recursal.

A desistência do recurso é também ato unilateral da parte e ocorre após sua interposição. Da mesma forma que a renúncia, a desistência independe de qualquer manifestação da parte contrária. Sua figura está prevista no art. 998 do CPC. Será sempre expressa e se manifestará por intermédio de petição.

Outra figura bem próxima da renúncia, mas que com ela não se confunde é a da *aceitação da decisão*, prevista no art. 1.000 do CPC. É ato unilateral que independe da concordância da parte contrária, podendo ser expressa ou tácita. Em sua forma expressa, a aceitação da sentença pode ser escrita (por meio de petição) ou oral (nas hipóteses em que a decisão é proferida em audiência e no mesmo ato a parte manifesta sua aceitação ao que foi decidido). Será tácita quando a parte, após a prolação da decisão, pratica algum ato incompatível com a vontade de recorrer, como, por exemplo, cumprir o comando constante da decisão.

3. PREPARO

Como já foi dito anteriormente, a regra é a que a atividade jurisdicional colocada à disposição da população seja paga, sendo a gratuidade uma exceção.

PARTE IV – A EFETIVIDADE DO ECA: MEDIDAS JUDICIAIS E EXTRAJUDICIAIS

Requisito de admissibilidade para a interposição dos recursos, o preparo nada mais é do que o recolhimento do valor necessário à prestação da atividade jurisdicional para reexame da decisão que se deseja impugnar. Aqui encontram-se as custas processuais de cada Unidade da Federação, bem como os valores de remessa e retorno para os Tribunais Superiores.

O preparo, previsto no art. 1.007 do CPC, há que ser prévio. Caso não haja recolhimento do valor correto das custas, a parte será intimada para complementação no prazo de 5 dias, conforme regra do § 2º do art. 1.007, sob pena de deserção. A falta de preparo importa em ser o recurso considerado deserto, não sendo admitido seu seguimento. O processamento recursal será trancado no juízo de admissibilidade. Em algumas situações específicas, o CPC dispensa o preparo para a interposição dos recursos; são elas: a) nos recursos interpostos pelo Ministério Público e pela Fazenda Pública (art. 1.007, § 1º, do CPC); b) quando se tratar de processo eletrônico, para as despesas de remessa e retorno (art. 1.007, § 3º, do CPC); c) na interposição do requerimento de infringência ou prolongamento do julgamento da apelação, por interpretação do constante do art. 942, do CPC; d) na interposição de embargos de declaração (art. 1.022 do CPC).

Inverte-se esta verdade processual quando se trata do direito da criança e do adolescente. Aqui, por expressa determinação legal (art. 141, § 2º), impera a gratuidade da prestação jurisdicional para *todos* os atos do processo.

Logo, a dispensa do preparo dos recursos, constante do inciso I do art. 198, é corolário da regra do já mencionado § 2º do art. 141, ambos do Estatuto da Criança e do Adolescente.

O requisito do preparo, quando se trata de recursos interpostos contra decisões proferidas em processos que tratem de matéria de infância e juventude e que disserem respeito à proteção aos direitos de crianças e adolescentes, não será contabilizado para o juízo de admissibilidade.

A regra da gratuidade adotada pelo legislador estatutário é merecedora de aplauso, por ser facilitadora do acesso à justiça, igualando todos aqueles que buscarem a proteção de um direito da criança e do adolescente. É regra que instrumentaliza a Doutrina da Proteção Integral, um dos fundamentos do direito da infância e da juventude (art. 1º do ECA) em todo o mundo (Convenção dos Direitos da Criança da ONU, de 1989, art. 2, 1), já que sem a necessidade de gastos com custas processuais as pessoas terão menos dificuldades para buscar a defesa de seus direitos e a regularização das situações jurídicas.

Como já tivemos oportunidade de afirmar anteriormente[15] e durante o presente estudo, a regra da gratuidade dos atos processuais na Justiça da Infância e da

---

15   Para um melhor estudo sobre a gratuidade dos atos processuais em sede de direito da infância e juventude remetemos o leitor para o capítulo intitulado "As regras gerais de processo", no qual a matéria foi tratada de forma mais detalhada.

Juventude diz respeito à proteção dos direitos das crianças e dos adolescentes. Desta forma, quando o processo não disser respeito à proteção destes direitos, será necessário que haja o recolhimento das custas processuais, já que o ato não estará amparado pelo benefício da gratuidade.

Assim, os recursos interpostos contra decisões em processos cujos pedidos não venham a beneficiar crianças e/ou adolescentes, mas terceiros, deverão recolher previamente as custas referentes ao recurso interposto, sob pena de ser ele considerado deserto. Assim, por exemplo, os pedidos de realização de eventos com a participação de crianças e adolescentes não serão acobertados pelo benefício da gratuidade dos atos processuais.

De longa data o Superior Tribunal de Justiça adota o posicionamento por nós defendido[16].

4. TEMPESTIVIDADE

O processo é composto de uma sequência de atos que formam o procedimento. A fim de que o processo tenha andamento e haja a entrega da prestação jurisdicional da forma mais célere possível, são estabelecidos prazos para a prática de cada ato. Mesmo que a parte não pratique o ato a que tem direito, o processo manterá sua marcha até final decisão.

Como a possibilidade de interposição de recursos não pode restar em aberto, por ser imperativo que as decisões se tornem imutáveis, como consequência do princípio da estabilidade das relações jurídicas, a regra da existência de prazos aplica-se a estes meios de impugnação.

O legislador estipulou, desta forma, prazos diferentes para cada tipo de recurso, tendo, porém, fixado o prazo de 15 dias como o genérico, conforme regra do § 5º, do art. 1.003, do CPC. Ficou excepcionado por esta regra os embargos de declaração (com prazo de 5 dias – art. 1.023 do CPC).

O prazo para interposição dos recursos é de natureza peremptória, não podendo ser alterado, conforme determina o art. 222, § 1º, do CPC. Deve ser ressaltado que há a possibilidade da redução dos prazos peremptórios se houver concordância das partes, mas nunca seu aumento. Seu início se dá quando da intimação dos advogados, conforme disposição constante do art. 1.003 do CPC, que pode ocorrer na audiência (§ 1º do art. 1.003 do CPC) ou por intermédio de publicação no Diário Oficial (art. 224, § 3º, do CPC). Na hipótese em que alguma decisão passível de recurso venha a ser proferida antes da citação do réu, o prazo para que este interponha o recurso cabível será contado na forma do art. 231, I a IV, do CPC, conforme determinação constante do art. 1.003, § 2º, do mesmo diploma.

---

16   STJ, 1ª T., REsp 830.533/AL, Rel. Min. Francisco Falcão, unânime, j. 20-6-2006, *DJU* 24-8-2006; STJ, 1ª T., REsp 983.250/RJ, unânime, Rel. Min. Luiz Fux, j. 19-3-2009, *DJU* 22-4-2009.

PARTE IV – A EFETIVIDADE DO ECA: MEDIDAS JUDICIAIS E EXTRAJUDICIAIS

Considerando a igualdade, o prazo para interposição do recurso e apresentação da contrariedade é o mesmo para ambas as partes. Por exceção disposta nos arts. 180 e 183 do CPC, o prazo conta-se em dobro para o Ministério Público e para a Fazenda Pública, respectivamente. O art. 186 do CPC, bem como a Lei n. 1.060/50, em seu art. 5º, § 5º, concede prazo em dobro para as partes assistidas pela defensoria pública ou órgão equivalente, por respeito à igualdade material, segundo a qual os desiguais devem ser tratados desigualmente. Em sentido idêntico a LC n. 80/94 (organiza a defensoria pública), arts. 44, I; 89, I; 128, I.

Ressaltamos que o prazo em dobro há que ser aplicado não só para o oferecimento das razões como para as contrarrazões, por ser uma questão de aplicação direta do princípio constitucional da igualdade. É entendimento dominante da doutrina brasileira[17] que a instituição do benefício do prazo em dobro para o Ministério Público e a Fazenda Pública nada mais é do que a aplicação do princípio da igualdade material, que é a correta e efetiva aplicação do princípio, como já tivemos oportunidade de demonstrar[18].

O Ministério Público e a Fazenda Pública, quando em Juízo, estão defendendo o interesse público. A Fazenda, em defesa dos interesses do Estado que, ao final, se confundem com o interesse de todo o povo. O Ministério Público, sempre atuando em defesa do interesse público, do interesse social e dos direitos metaindividuais e individuais indisponíveis (art. 127 da CF e art. 176 do CPC).

Por não poderem escolher as causas em que atuarão, diferentemente do que ocorre com um escritório particular de advocacia, deverão o Ministério Público e a Fazenda Pública atuar em todos os processos que lhe forem afetos. Isso acarretará uma grande gama de serviço, que, se não for atendido a contento, prejudicará o interesse público. Para evitar este prejuízo, o legislador optou por conceder o benefício do prazo, para os atos onde é exercido, de forma mais evidente, o direito de ação.

A apresentação das razões e das contrarrazões é o momento culminante do exercício do direito das partes, sendo tratado com idêntica importância pelo legislador, que concede o mesmo prazo para a apresentação das peças. O tratamento igualitário dado pelo legislador nada mais é do que aplicação do princípio da isonomia. Ora, se o tratamento isonômico é claro, e com a regra dos arts. 180 e 183 do CPC o legislador aplica a igualdade em sentido material, o único raciocínio que se pode ter com relação à apresentação das contrarrazões por parte da Fazenda e do Ministério Público é o da contagem do prazo em dobro.

---

17 Neste sentido, por todos, os ensinamentos de CÂMARA, Alexandre Freitas. *Lições de direito processual civil.* 13. ed. rev. e atual. Rio de Janeiro: Lumen Juris, 2005, v. I, p. 40 e segs., e NERY JR., Nelson. *Princípios do processo civil...*, op. cit., p. 45 e segs.

18 Sobre o princípio da igualdade, remetemos o leitor ao item 3 do capítulo "Os princípios constitucionais do processo".

Pensar de modo contrário será a negação da aplicação do princípio constitucional da igualdade. Seguindo o mesmo raciocínio nosso o pensamento de Mauro Fonseca Andrade em trabalho intitulado *O prazo em dobro no processo penal*, em que é defendida a possibilidade de o Ministério Público utilizar o prazo em dobro para apresentação de razões e contrarrazões[19].

A Lei n. 13.509/2017 criou exceção às normas de contagem de prazo trazidas pelo CPC, retornando ao anterior modelo. Pela regra constante do novo § 2º do art. 152, os prazos existentes no ECA e aplicáveis aos seus procedimentos serão contados em dias corridos e não em dias úteis, como determina a atual legislação processual civil. De idêntico modo, a alteração ao ECA veda a contagem de prazo em dobro para a Fazenda Pública e o Ministério Público. Com isso, o ECA se afasta das normas gerais de processo civil em busca de uma maior celeridade para a solução de seus procedimentos.

Pode ocorrer a suspensão e a interrupção do prazo para interposição dos recursos. As hipóteses de suspensão do prazo são as previstas nos arts. 220 e 221, ambos do CPC. As situações de interrupção do prazo estão previstas no art. 1.004 do CPC. A diferença de consequências entre um e outro se dá que na suspensão o prazo volta a fluir pelo lapso de tempo restante, enquanto nas hipóteses de interrupção o prazo é todo restituído à parte.

Para os recursos oriundos de processos que tenham como objeto matérias referentes ao direito da infância e da juventude, o legislador entendeu em reduzir o prazo geral para a interposição e resposta dos recursos para 10 dias, salvo para aqueles que, pelo CPC, sejam inferiores a 10 dias, conforme dispõe expressamente o art. 198, II, do ECA.

Apesar de a lei utilizar a expressão *todos os recursos* ao disciplinar o prazo para interposição dos recursos, ressalvando expressamente aqueles que tenham prazo inferior, segundo os prazos estipulados pelo CPC, a doutrina diverge no entendimento de ser a regra do inciso II do art. 198 do ECA aplicável aos recursos ordinário, extraordinário e especial.

Nelson Nery Jr.[20], ao comentar o art. 198, entende que não se aplica o prazo de 10 dias para os recursos destinados aos Tribunais Superiores, com as seguintes ponderações:

> Põe-se em questão o prazo para a interposição dos recursos ordinário, extraordinário e especial na Justiça da Infância e da Juventude, pois os arts. 26, *caput*,

---

19 ANDRADE, Mauro Fonseca. O prazo em dobro no processo penal. Disponível em: <http://www.justitia.com.br/artigos/6x89z5.pdf>. Acesso em: 1º fev. 2013.

20 NERY JR., Nelson; CURY, Munir. Art. 198. In: VERONESE, Josiane Rose Petry; SILVEIRA, Mayra; CURY, Munir (coord.). *Estatuto da Criança e do Adolescente comentado*. Comentários jurídicos e sociais. 13. ed. rev. e atual. São Paulo: Malheiros, 2018, p. 1234-1235.

PARTE IV – A EFETIVIDADE DO ECA: MEDIDAS JUDICIAIS E EXTRAJUDICIAIS

[revogado pela Lei n. 13.115/2015] e 33 da Lei 8.038, de 28.5.90, que regula o procedimento destes três recursos para os tribunais federais superiores, fixam o prazo comum de 15 dias para tanto, enquanto o art. 198, II, do ECA determina o prazo comum de 10 dias para interpor e responder aos recursos. Entendemos que a solução deve-se encaminhar no sentido de dar-se prevalência para a especialidade, que, no caso, deve ser a da Lei 8.038/90, que contém normas específicas sobre os recursos ordinário, extraordinário e especial. Do contrário, criar-se-iam situações díspares sobre os mesmos recursos ordinário, extraordinário e especial, interpostos em matéria cível, penal, trabalhista, eleitoral, de um lado, e os oriundos da Justiça da Infância e da Juventude, de outro, não sendo razoável que exista essa diversidade de regimes quanto aos recursos dirigidos ao STF e ao STJ. Devem os recursos ordinário, extraordinário e especial receber o tratamento uniforme que lhes confere a Lei 8.038/90.

Em que pese a opinião do ilustre doutrinador paulista, com ela não se pode concordar. O entendimento de Nelson Nery Jr. segue o caminho de entender a Lei n. 8.038/90 como lei especial sobre os recursos ordinário, extraordinário e especial e que, portanto, prevaleceria sobre o regramento do ECA, pelo fato de trazer normas específicas sobre os mencionados recursos. Esta assertiva não pode prosperar.

A Lei n. 8.038/90, que trata sobre os procedimentos a serem adotados para os processos que tiverem curso perante o STF e o STJ, é efetivamente lei especial no que diz respeito ao CPC e ao CPP, leis genéricas sobre toda a matéria processual, sendo certo que suas normas prevalecerão sobre as normas constantes dos Códigos naquilo que sejam contraditórias.

O ECA é lei especial que trata de todo o sistema legal de proteção aos direitos da criança e do adolescente, regulando de forma específica regras de vários ramos do direito, o que, como dito anteriormente, faz dele um microssistema, assim como diversos outros diplomas legais existentes em nosso ordenamento. A Lei n. 8.038/90 não trata única e exclusivamente dos recursos ordinário, extraordinário e especial, mas do procedimento de diversas ações e recursos quando tiverem curso perante os tribunais que menciona, o que faz dela uma lei genérica (e não especial) procedimental para aplicação aos Tribunais Superiores, não vindo a ter prevalência sobre o Estatuto da Criança e do Adolescente quando houver conflito entre suas normas, por ser esta lei especial com relação às demais.

Temos, aqui, a aplicação do *princípio da especialidade*, constante do § 2º do art. 2º da LINDB. Há a convivência harmônica de lei nova que contempla disposição especial (para nós o ECA) com leis antigas que contemplam normas gerais (para nós o CPC e a Lei n. 8.038/90), já que não são conflitantes.

Há também o fato de o ECA ser posterior à Lei n. 8.038/90, que é datada de 28 de maio de 1990.

Logo, temos duas regras que demonstram, inequivocamente, a prevalência das normas recursais do Estatuto sobre as da Lei n. 8.038/90: a primeira, a de ser o ECA lei especial e a Lei n. 8.038/90 lei geral; a segunda a de ser o ECA lei nova no que concerne à lei que trata dos procedimentos para processos em curso perante o STF e o STJ.

O outro argumento trazido por Nelson Nery Jr., a disparidade que teríamos no uso de prazos diversos para os recursos perante o STF e o STJ, de um lado os 10 dias para os recursos que tratassem de matéria de infância e juventude, e os 15 dias para os demais temas, cai por terra por si só.

Por que apenas para os Tribunais Superiores não seria conveniente a utilização do prazo de 10 dias para os recursos? Qual a diferença ontológica entre o STF, o STJ e os demais tribunais existentes para que a diferença dos prazos fosse conveniente apenas para estes? Todos são órgãos jurisdicionais colegiados, tendo apenas competência material e territorial (no caso dos TRFs e Tribunais de Justiça) diversa, merecendo, portanto, o mesmo tratamento legislativo.

Não bastassem estas considerações, a simples leitura do texto do inciso II do art. 198 do ECA dissipa qualquer dúvida, pois o legislador faz uso do termo *todos*. Com a utilização deste termo, e sabendo-se que a lei não traz palavras que sejam desnecessárias, nenhum recurso existente no ordenamento jurídico terá, para as matérias concernentes à infância e juventude, prazo superior a 10 dias.

O entendimento por nós defendido é acatado pela doutrina majoritária, da qual destacamos o ensinamento de Cury, Garrido e Marçura[21]:

> Na apelação, nos embargos infringentes, no recurso ordinário, no recurso especial, no recurso extraordinário e nos embargos de divergência, o prazo para interpor e para responder é de dez dias, não vingando, nesse passo, a regra inserta no art. 598 do CPC, não obstante a nova redação introduzida pela Lei 8.950/94.

A jurisprudência dominante do Supremo Tribunal Federal apresenta entendimento de que o prazo para o recurso extraordinário há de seguir aquele disposto em lei especial que trate de matéria específica, como podemos verificar na ementa abaixo, que trata de direito eleitoral, perfeitamente aplicável ao tema em discussão:

> MATÉRIA ELEITORAL – RECURSO EXTRAORDINÁRIO CONTRA ACÓRDÃO EMANADO DO TRIBUNAL SUPERIOR ELEITORAL – PRAZO DE INTERPOSIÇÃO: TRÊS (3) DIAS – INTEMPESTIVIDADE – AGRAVO DE INSTRUMENTO DEDUZIDO CONTRA A DECISÃO DO PRESIDENTE DO TSE QUE NÃO ADMITIU O APELO EXTREMO – INTEGRAL CORREÇÃO DESTE ATO DECISÓRIO – AGRAVO IMPROVIDO. – Em matéria eleitoral, o prazo de interposição do recurso extraordinário é de três (3) dias. A norma legal que define o prazo recursal (Lei n. 6.055/74, art. 12) – por qualificar-se como *lex specialis* – não foi derrogada pelo art. 508 do CPC, na redação que lhe deu a Lei n. 8.950/94. Doutrina. Precedentes. – É também de três (3) dias, consoante prescreve o Código Eleitoral (art. 282), o prazo de interposição do agravo de

---

21 CURY, Munir *et al. Estatuto da Criança e do Adolescente anotado.* 2. ed. rev. e atual. São Paulo: Revista dos Tribunais, 2000, p. 178-179.

PARTE IV – A EFETIVIDADE DO ECA: MEDIDAS JUDICIAIS E EXTRAJUDICIAIS

instrumento, cabível contra decisão da Presidência do Tribunal Superior Eleitoral, que nega trânsito a recurso extraordinário deduzido contra acórdão emanado dessa alta Corte judiciária. Doutrina. Precedentes)[22].

Este posicionamento encontra-se tão pacificado perante nossa Corte Constitucional que foi editada a Súmula 278, com o seguinte teor: "É de três dias o prazo para interposição de recurso extraordinário contra decisão do Tribunal Superior Eleitoral, contando, quando for o caso, a partir da publicação do acórdão, na própria sessão de julgamento, nos termos do art. 12 da Lei 6.055/74, que não foi revogado pela Lei 8.950/94".

O raciocínio que é aplicado a uma lei especial por certo há que ser aplicado à outra. Impossível, dentro de um mesmo sistema jurídico, fazer-se uso de prazo específico para recursos extraordinários que tratem de matéria eleitoral e não se fazer uso do prazo especial quando o objeto do recurso extraordinário for matéria de infância e juventude.

Ainda sobre este tema, temos as hipóteses das apelações em ações civis públicas que versem sobre Direito da Criança e do Adolescente. Nossa opinião continua a mesma, exposta acima: o prazo é o de dez dias para apelar e contrarrazoar, conforme a regra do inciso II do art. 198 do ECA. Porém, a jurisprudência dominante do STJ vem entendendo que o prazo para apelar nas ações civis públicas que versem sobre Direito da Criança e do Adolescente é de 15 dias, utilizando para tal interpretação a norma constante do art. 212, § 1º, do ECA.

Os mencionados artigo e parágrafo estão localizados no capítulo intitulado Da Proteção Judicial dos Interesses Individuais, Difusos e Coletivos e apresentam a seguinte redação:

> Art. 212. Para a defesa dos direitos e interesses protegidos por esta Lei, são admissíveis todas as espécies de ações pertinentes.
>
> § 1º Aplicam-se às ações previstas neste Capítulo as normas do Código de Processo Civil.

Considerando a localização da norma dentro do ECA, a jurisprudência passou a ficar excepcionada para as ACPs (e para mandados de segurança e demais ações ali tratadas), afastando a regra constante do art. 198, II, do próprio Estatuto[23].

---

22 STF, 1ª T., AI 3.716.438 AgR/MG, Rel. Min. Celso de Mello, j. 18-6-2002, unânime. No mesmo sentido: ISHIDA, Walter Kenji. *Estatuto da Criança e do Adolescente*: doutrina e jurisprudência. 25. ed. São Paulo: JusPodivm, 2024, p. 794; e LIBERATI, Wilson Donizeti. *Estatuto da Criança e do Adolescente*: comentários. Brasília: IBPS, 1991, p. 138.

23 No mesmo sentido os seguintes julgados: TJRJ, Ap. Cív n. 0187982-96.2016.8.19.0001, 2ª Câm. Cível. Rel. Des. Alexandre Freitas Câmara, j. 30-1-2018; STJ, REsp 851.974/ RS, 2ª T., Rel. Min. Eliana Calmon, j. 6-5-2008, *DJe* 19-5-2008; REsp 440.453/SP, 1ª T., Rel. Min. Luiz Fux, j. 18-3-2003, *DJe* 7-4-2003; AgRg 1.156.879, Rel. Min. Hamilton

CURSO DE DIREITO DA CRIANÇA E DO ADOLESCENTE

Apesar da unanimidade deste entendimento nas decisões do Superior Tribunal de Justiça, com ele não podemos concordar, pois desvirtua o microssistema criado pela Lei n. 8.069/90. Explicamos.

Como sabemos e já foi dito por diversas vezes no transcorrer desta obra, o Estatuto da Criança e do Adolescente é um microssistema. Traz em seu bojo regras de direito administrativo, direito civil, direito penal, direito processual, bastando a si mesmo para regulamentar o direito da criança e do adolescente. Das demais normas existentes em nosso ordenamento, só faremos uso quando o Estatuto assim o determinar. E como microssistema que é, não repete temas que já se encontram disciplinados em outros diplomas legais, trazendo regras que excepcionam estes assuntos.

Por ser o tema que estamos cuidando no momento, nos restringiremos à disciplina do direito processual civil. O ECA não cuida dos institutos que já se encontram disciplinados pelo CPC, cuidando apenas daquilo que o diferencia da legislação ordinária. Dentro das diferenças trazidas pelo ECA está o prazo para interposição dos recursos, que é de dez dias (art. 198, II), salvo para os recursos de embargos de declaração e agravo de instrumento.

Esta a regra dos prazos recursais tratada no Capítulo dos Recursos, aplicável a todo o ECA.

Já o § 1º do art. 212 se encontra no Capítulo do ECA que cuida das ações para a defesa dos direitos individuais, difusos e coletivos das crianças e adolescentes. Quando a regra em estudo dispõe que se aplicam a estas ações as normas do CPC, a correta interpretação a ser dada, tendo em vista que todas estas regras estão inseridas dentro do ECA e que este é um microssistema, seria a de que são aplicadas às ações previstas no mencionado Capítulo as regras do CPC, claro, com as devidas exceções constantes no corpo do Estatuto da Criança e do Adolescente.

Esta, a nosso sentir, a correta interpretação a ser dada ao § 1º do art. 212, sendo consentânea com o sistema do ECA.

O posicionamento da jurisprudência do Superior Tribunal de Justiça, apesar de sua logicidade, afasta-se da sistemática trazida pelo Estatuto, criando uma exceção dentro da exceção, ao entender que neste tema específico far-se-á uso do prazo comum de quinze dias.

5. EFEITOS

Podemos identificar dois efeitos para os recursos em nosso sistema jurídico: devolutivo e suspensivo.

O efeito devolutivo traz como consequência a reapreciação da questão já decidida por outro ou pelo mesmo órgão que proferiu a decisão. O reexame ocorrerá

Carvalhido, j. 21-10-2010; REsp 1.002.571/RS, 1ª T., Rel. Min. José Delgado, j. 25-5-2008; REsp 345.875/RS, 2ª T., Rel. Min. Paulo Medina, j. 21-2-2002.

PARTE IV – A EFETIVIDADE DO ECA: MEDIDAS JUDICIAIS E EXTRAJUDICIAIS

em toda a amplitude e profundidade da matéria, delimitado, porém, aos temas impugnados pelo recorrente.

Assim, apesar de o Juízo *ad quem* ter a possibilidade de realizar exame completo da matéria submetida à revisão, só poderá fazê-lo dentro dos limites estipulados nas razões recursais. Trata-se, aqui, da aplicação do *princípio dispositivo*, previsto no art. 2º do CPC, por meio do qual a função jurisdicional só será prestada por provocação da parte. Os recursos são voluntários e o órgão que tem competência para examiná-lo só o fará mediante requerimento daquele que se sentiu prejudicado pela decisão.

Temos também a aplicação do princípio da correlação entre o pedido e a sentença, constante dos arts. 141, 492 e 1.013, todos do CPC, que impede julgamento diverso ou maior daquele que foi pedido e que, em sede recursal, limita o exame da matéria dentro dos limites da impugnação.

O efeito devolutivo é o efeito natural de todo e qualquer recurso, já que o objeto deste meio de impugnação é o de submeter a decisão com a qual não existe conformidade a um novo exame pelo órgão judicial com competência para tanto.

Com a existência do efeito devolutivo, fica prolongada a duração do procedimento, pois faz com que o processo fique pendente até o momento em que a decisão não possa mais ser impugnada. Com isso, quando se trata de uma sentença, faz com que a formação da coisa julgada seja adiada.

O efeito suspensivo tem como consequência impedir que a decisão produza seus naturais efeitos enquanto não decidido o recurso interposto. A execução da decisão não pode ser efetivada até que seja julgado o recurso.

Este efeito não existe para todos os recursos, mas apenas para aqueles aos quais a lei o atribui.

A suspensividade da decisão diz respeito à recorribilidade, pois o efeito suspensivo tem início quando da publicação da decisão até o momento em que finda o prazo para interposição dos recursos ou são eles julgados.

Além desses tradicionais efeitos, a doutrina processual civil mais moderna[24] faz menção a três outros efeitos: expansivo, traslativo e substitutivo.

O efeito expansivo ocorre quando, ao ser julgado o mérito do recurso, a decisão acaba por ser mais ampla do que a matéria submetida à impugnação. Nessas hipóteses não há que se perquirir a existência de julgamento *extra* ou *ultra petita*, pois são situações em que há permissivo legal para exame de temas que fogem ao objeto da impugnação ou quando o alcance da decisão será maior do que aquele que originalmente seria esperado. Ocorrerá o efeito expansivo, por exemplo, em julga-

---

24 No mesmo sentido da ementa do acórdão acima transcrita temos os seguintes acórdãos do STF: 1ª T., AI 354.555 AgR/RS, Rel. Min. Moreira Alves, j. 9-10-2001, unânime; 1ª T., AI 224.618 AgR/MG, Rel. Min. Sydney Sanchez, j. 15-8-2000, unânime.

mento de agravo ao qual é dado provimento, pois não só a decisão atacada será reformada, mas todos os atos posteriores do processo serão considerados sem efeito, necessitando de renovação. Ocorre também o efeito expansivo na hipótese em que o recurso interposto por um dos litisconsortes aproveita aos demais.

Teremos o efeito traslativo nas hipóteses em que, por permissivo legal, o órgão *ad quem* tem a liberdade de apreciar matérias que não foram veiculadas nas razões ou contrarrazões, como, por exemplo, no que diz respeito às questões de ordem pública, que podem ser examinadas em qualquer nível e grau de jurisdição, já que quanto a elas não opera a preclusão. As normas permissivas constam dos arts. 1.013 e 1.014 ambos do CPC.

O efeito substitutivo ocorrerá por força do art. 1.008 do CPC em todos os recursos. Por este efeito, a decisão proferida pelo órgão *ad quem*, qualquer que seja o seu teor, substituirá a decisão recorrida naquilo que tiver sido objeto do recurso. Este efeito existirá mesmo que o acórdão negue provimento ao recurso, mantendo em seu todo a decisão impugnada, pois sempre prevalecerá o que for decidido na instância recursal.

Verificados os efeitos dos recursos, passemos à disciplina trazida pelo Estatuto da Criança e do Adolescente.

O inciso VI do art. 198 foi revogado pela Lei n. 12.010/2009 e seu conteúdo passou a constituir o art. 199-A, acrescido pela mesma lei, que disciplina que o recurso de apelação será recebido apenas em seu efeito devolutivo quando interpostos contra sentença que concedeu a adoção. O art. 199-B (acrescido pela Lei n. 12.010/2009) traz regra no mesmo sentido com relação às apelações interpostas contra as sentenças que destituir um ou os dois genitores do poder familiar.

Os elogios que fazíamos ao legislador pela disciplina dos efeitos recursais no âmbito do ECA até a 3ª edição desta obra não podem mais ser mantidos. Com a ideia de que a Lei n. 12.010/2009 alterava apenas as regras referentes à adoção e às políticas sociais para o sistema de abrigo, a fim de se implementar e tornar mais célere a realização de adoções, o legislativo, por uma total falta de assessoria que cuide da manutenção do sistema jurídico, esqueceu-se de que o art. 198 cuida dos recursos para todo o direito da criança e do adolescente e que a revogação de seu inciso VI atinge a *todos* os recursos referentes ao direito da criança e do adolescente.

Desta feita, o sistema especial de efeitos dos recursos existente no Estatuto da Criança e do Adolescente, que o afastava substancialmente do regramento do CPC, que transformava a regra em exceção, caiu, infelizmente, por terra, por uma total falta de atenção e cuidado de nossos legisladores. Tínhamos, até a fatídica revogação do inciso VI do art. 198 do ECA, a regra de que as apelações, quando interpostas contra sentenças que versassem sobre direito da criança e do adolescente, seriam recebidas apenas no efeito devolutivo, sendo exceção o recebimento no duplo efeito. Agora, com o advento da Lei n. 12.010/2009, o sistema de efeitos da apelação adotado pelo CPC passa a ser adotado pelo ECA, isto é, todas

PARTE IV – A EFETIVIDADE DO ECA: MEDIDAS JUDICIAIS E EXTRAJUDICIAIS

as apelações serão recebidas em seu duplo efeito (devolutivo e suspensivo), vindo a ser recebidas apenas no efeito devolutivo nas hipóteses expressamente mencionadas: as que forem interpostas contra as sentenças que deferirem adoção (salvo quando se tratar de adoção internacional) e contra as sentenças de destituição do poder familiar.

A partir de agora, todas as apelações, salvo nas exceções expressamente previstas em lei, deverão ser recebidas em seu duplo efeito. Essas exceções são as já enunciadas no parágrafo anterior e as constantes do art. 1.012, § 1º, do CPC.

A sistemática dos efeitos do recebimento da apelação trazida pela Lei n. 12.010/2009 é um verdadeiro retrocesso na sistemática de proteção dos direitos das crianças e adolescentes, uma vez que não mais se poderá iniciar a execução provisória das sentenças. A impossibilidade de ter-se a execução provisória das sentenças proferidas nos processos que tinham como objeto o direito da criança e do adolescente fará com que a efetivação destes direitos, muitos deles considerados direitos fundamentais, venha a demorar muito. A nova opção legislativa para os efeitos dos recursos no âmbito do direito da criança e do adolescente se afasta das diretrizes da Doutrina da Proteção Integral, o que é um contrassenso.

Não podemos deixar de nos reportar ao texto que fazia parte desta obra quando nos referíamos ao efeito prático de termos como regra estatutária o recebimento da apelação apenas em seu efeito devolutivo e a sugestão de que esta regra passasse a ser a comum, com sua inserção no Código de Processo Civil:

> Não podemos esquecer o efeito prático de ter-se a apelação recebida apenas no efeito devolutivo. O vencido, ao saber que os efeitos da sentença fluirão desde o momento de sua prolação, pensará se é vantajoso apelar ou cumprir de imediato o comando do julgado. Desta forma, serão evitados os recursos com finalidade meramente procrastinatória, que são interpostos tão somente para que a parte se beneficie da suspensividade dos efeitos da sentença, acarretados pelo recebimento da apelação, fato que faz com que os Tribunais vivam sobrecarregados, como é do conhecimento de todos os que atuam no dia a dia forense. Esta opção do legislador estatutário, benéfica em todos os sentidos, poderia ser inserida no Código de Processo Civil, pois em tudo incrementaria a celeridade e efetividade da prestação jurisdicional, já que muitas apelações deixariam de ser interpostas pelo fato de que os advogados e as partes saberiam que não conseguiriam evitar a execução imediata do julgado. Pelo menos, lentamente, verifica-se o aumento dos incisos do art. 520 do CPC. Quem sabe, mais dia menos dia, o legislador se encherá de coragem e dará fim ao efeito suspensivo como regra. O caminho já está indicado. Basta que o legislador o siga.

O legislador poderia, com o CPC, ter solucionado todo este problema e o de milhares de processos, retirando o efeito suspensivo da apelação, colocando-o apenas como exceção. Além dos inúmeros benefícios que isto traria para o Direito da Criança e do Adolescente, beneficiaria a todos aqueles que buscam solução para seus conflitos. Perdeu-se uma grande oportunidade, não se sabe se por amor à tradição ou se por covardia.

Dois princípios fundamentais dos recursos são intimamente ligados ao tema em discussão, o do *duplo grau de jurisdição* e o da *proibição da reformatio in pejus*.

O *princípio do duplo grau de jurisdição* indica a possibilidade de uma decisão vir a ser revista por outro órgão jurisdicional, de regra hierarquicamente superior àquele, mediante a interposição de recursos.

Tem como fundamento a garantia da possibilidade de a decisão de primeiro grau ser injusta ou errada, o que faz com que seja necessário seu reexame. Assegurada a possibilidade de reexame, tem-se uma atuação mais cuidadosa por parte dos magistrados. O principal fundamento, porém, para a existência deste princípio é de natureza política, pois nenhum ato estatal pode ficar imune aos necessários controles[25].

Pode-se, seguindo esta linha de argumentação, afirmar que "o princípio do duplo grau de jurisdição é, por assim dizer, garantia fundamental de boa justiça"[26].

O duplo grau de jurisdição não tem previsão expressa em nosso ordenamento jurídico, sendo considerado um princípio implícito, tendo em vista as regras existentes na Constituição Federal[27]. É a Constituição Federal que concede os limites deste princípio e em seu texto encontramos indicações de sua inclusão em nosso sistema jurídico.

Por meio do teor das normas constitucionais (arts. 102, 105 e 121, § 3º) verificamos que foi ele previsto de forma limitada, uma vez que há decisões das quais não existe possibilidade de recurso. Esta previsão de forma limitada é uma opção política do legislador que deve trabalhar com dois grandes anseios do cidadão, a certeza jurídica e a brevidade da justiça. Para a garantia do primeiro, quanto maior a possibilidade de recorrer, maior a certeza que se terá da garantia ao direito das partes, na medida em que poderão discutir e expor amplamente seus argumentos, sendo a verdade apurada de forma adequada. Para a garantia do segundo, quanto menor for a possibilidade de interposição de recursos, mais rapidamente será prestada, de modo definitivo, a tutela jurisdicional.

Disso resulta que o legislador há que encontrar um meio para que a verdade seja apurada de forma correta e a solução dos conflitos se dê do modo mais célere possível. O modo encontrado pelo legislador foi limitar a incidência do duplo grau de jurisdição, adequando-o à realidade social.

Logo, mesmo tendo incidência limitada, o duplo grau de jurisdição encontra-se previsto na Constituição Federal, o que tem como consequência não poder ser suprimida a possibilidade de interposição de recursos pelo legislador ordinário.

---

25 NERY JR., Nelson. *Princípios fundamentais...*, op. cit., p. 410 e s.

26 CINTRA, GRINOVER e DINAMARCO. *Teoria geral do processo*, 13. ed. 1997, p. 75.

27 NERY JR., Nelson. *Princípios fundamentais...*, op. cit., p. 39.

PARTE IV – A EFETIVIDADE DO ECA: MEDIDAS JUDICIAIS E EXTRAJUDICIAIS

O princípio fundamental da proibição da *reformatio in pejus* tem como significado evitar que, dentro da devolutividade dos recursos, o tribunal destinatário decida de modo a piorar a situação do recorrente pelo fato de não haver recurso da parte contrária ou porque extrapole o âmbito da devolutividade.

Não existe proibição expressa, no direito positivo brasileiro, da *reformatio in pejus*. Sua existência decorrerá da conjugação dos princípios dispositivo, da sucumbência e da aplicação do efeito devolutivo, tendo a questão da limitação da matéria a ser apreciada pelo órgão *ad quem* sido desenvolvida alguns parágrafos acima.

5.1. Concessão do efeito suspensivo

Na parte final do art. 199-A do ECA (acrescido pela Lei n. 12.010/2009), temos regra que autoriza a concessão do efeito suspensivo à apelação contra a sentença que concedeu a adoção quando houver perigo de dano irreparável ou de difícil reparação ao adotando, a critério da autoridade judiciária.

Não podemos deixar de ressaltar que a regra constante do art. 199-A já se encontrava presente no corpo do Estatuto da Criança e do Adolescente, figurando na segunda parte do inciso VI do art. 198. Como já tivemos oportunidade de nos manifestar anteriormente neste capítulo, absurda a revogação do inciso VI do art. 198, bem como, acrescemos agora, totalmente desnecessária a inserção do art. 199-A, já que a regra que contém já existia no corpo do ECA. Este é mais um, entre inúmeros exemplos em nossa legislação, descuido de nossos congressistas ao elaborarem projetos de lei e ao votarem os textos. Estes acréscimo e revogação, além de totalmente desnecessários, foram prejudiciais ao sistema de garantias dos direitos das crianças e adolescentes. Infelizmente vigorarão...

A única diferença que temos entre o revogado inciso VI do art. 198 e o art. 199-A se dá ao fato de este ser mais restritivo do que a regra revogada. A regra atual se refere apenas a perigo de dano irreparável ou de difícil reparação para o adotando, enquanto a regra revogada era genérica, se destinando a todas as partes do processo.

Esta regra encontra-se presente nos arts. 1.012 e 1.019, ambos do CPC. O art. 215 do ECA traz o mesmo regramento, especificamente para a ação civil pública, repetindo o teor do art. 14 da Lei n. 7.347/85.

A decisão de concessão judicial de efeito suspensivo à apelação possui natureza de medida cautelar.

Deverá a parte, em requerimento devidamente fundamentado, demonstrar a existência dos requisitos ensejadores das providências cautelares, *fumus boni iuris* e *periculum in mora*, que se encontram consubstanciados nas locuções *perigo de dano irreparável ou de difícil reparação*, constantes do texto legal. Não há exigência legal para a instrumentalização deste requerimento, podendo constar da petição de interposição da apelação ou em petição independente, sendo certo, apenas, que o momento para sua apresentação será o da interposição do recurso, por ser esta a ocasião em que, juntamente com o exame dos requisitos de admissibilidade, será o recurso recebido.

Podemos pensar, ainda, na possibilidade de a situação de risco para o direito de a parte surgir em momento posterior à interposição da apelação, já mesmo quando o recurso esteja em trâmite no tribunal. A primeira ideia que poderia surgir seria a de ter precluído o direito da parte de formular o pedido de suspensão. Da mesma forma que não há exigência legal para a instrumentalização do pedido, também não se vislumbra impedimento a que o requerimento seja realizado diretamente ao relator. Não podemos nos esquecer de que se trata de tutela cautelar, sendo esta vista, modernamente, como uma condição para dar eficácia ao processo, para que dele se obtenha plena utilidade. Assim, se não for possível a realização do pedido de aplicação do efeito suspensivo quando a situação de risco vier a ocorrer, o processo se tornará injusto e inútil para o apelante, o que irá contra a toda a construção de utilidade e justiça do processo para a proteção do direito da parte.

Incabível pensar-se na concessão *ex officio* do efeito suspensivo, considerando a existência do princípio dispositivo em nosso sistema jurídico. As regras sobre os recursos e os efeitos sob os quais devem ser recebidos são de ordem pública, como toda a matéria de direito processual, não podendo haver disposição sobre estas, seja pelas partes, seja pelo juiz. Logo, a lei dirá quais os efeitos para cada um dos recursos previstos no ordenamento jurídico, sendo obrigatório o respeito a estas normas. O juiz atribuirá os efeitos por ato de ofício, seguindo os ditames legais; ficando vinculado às disposições legais, o juiz não pode conceder aos recursos efeitos que não possuem.

Perfeitamente aplicável à questão em estudo, a lição de Nelson Nery Jr.[28] ao tratar da regra constante do art. 558 e seu parágrafo único do CPC de 1973:

> Apenas no tocante ao recurso de agravo, a nova sistemática impõe ao relator atribuir efeito suspensivo somente a requerimento da parte (art. 558, CPC, na redação dada pela Lei 9.139/95), de modo que somente nesse caso não pode haver pronunciamento *ex officio* sobre a atribuição de efeito suspensivo ao agravo. Aliás, é correta a disposição legal, pois a regra geral sobre o recurso de agravo é o seu recebimento no efeito somente devolutivo (art. 497, CPC), sendo o efeito suspensivo exceção. Há outra exceção contemplada no art. 558, parágrafo único, do CPC, que estende a possibilidade de o juiz de primeiro grau, ou o relator no tribunal, conceder efeito suspensivo ao recurso de apelação, nos casos do art. 520 do CPC. Pela mesma razão, esse efeito suspensivo excepcional à apelação só pode ser concedido a requerimento da parte, sendo defeso ao magistrado concedê-lo de ofício.

---

28   NERY JR., Nelson. *Princípios fundamentais...*, op. cit., p. 393-394.

PARTE IV – A EFETIVIDADE DO ECA: MEDIDAS JUDICIAIS E EXTRAJUDICIAIS

Realizado o requerimento da parte que demonstra que a execução imediata do julgado acarretará perigo de dano irreparável ou de difícil reparação e convencendo-se o juiz da plausibilidade da alegação, deverá atribuir efeito suspensivo à apelação. Não estamos, aqui, diante de hipótese em que haja a possibilidade de discricionariedade de ação para o magistrado, pois a lei não lhe concede opção de atuação, já que não lhe abre dois caminhos a seguir para que possa escolher entre um deles. Estará ele obrigado a conceder o efeito suspensivo, que se configura um direito subjetivo da parte.

Considerando que o art. 199-B (também acrescido pela Lei n. 12.010/2009) traz regra idêntica à da primeira parte do art. 199-A, não vemos nenhum impedimento a se aplicar às apelações interpostas contra sentenças de destituição do poder familiar a regra de concessão do efeito suspensivo em casos em que houver perigo de dano irreparável ou de difícil reparação para a criança ou adolescente sobre o qual versar o processo.

5.2. Efeitos da apelação nas ações socioeducativas

Este tema merece nossa atenção específica, haja vista a revogação expressa do art. 198, VI, do ECA pela Lei n. 12.010/2009.

Nas três primeiras edições desta obra, assim como em suas reimpressões, não nos detivemos especificamente sobre o processo socioeducativo, em virtude da total falta de necessidade. Em primeiro lugar, em decorrência do tratamento específico que o adolescente infrator tem nesta obra em face do excelente estudo elaborado por Bianca Mota de Moraes e Helane Vieira Ramos. Em segundo lugar, pelo fato de termos um sistema unificado dos efeitos em que as apelações seriam recebidas.

Com o atual regime do recebimento das apelações, no qual houve retorno à sistemática geral do CPC, temos o recebimento do mencionado recurso em seu duplo efeito como regra e apenas no efeito devolutivo como exceção (art. 1.012, § 1º, do CPC e arts. 199-A e 199-B do ECA).

Assim, todas as apelações devem ser recebidas no duplo efeito, só se aplicando o recebimento unicamente no efeito devolutivo nas hipóteses enumeradas nos incisos do § 1º do art. 1.012 do CPC e nas enunciadas nos arts. 199-A e 199-B, ambos do ECA.

Nas ações socioeducativas teremos um duplo regime dos efeitos da apelação, tudo dependendo da situação do adolescente durante o curso do processo, isto é, se no momento da prolação da sentença esteja ele internado provisoriamente ou cumprindo alguma outra medida socioeducativa provisória[29]. A internação provisória, bem como a medida socioeducativa provisória, pode ser determinada a

---

29 Para um estudo da internação provisória e da medida socioeducativa provisória, remetemos o leitor para a Parte V desta obra, intitulada "Da prática do ato infracional".

qualquer momento, a contar do oferecimento da representação, desde que decretada em decisão anterior ao momento de prolação da sentença, conforme regra constante do art. 108 do ECA.

Quando o adolescente autor de ato infracional se encontra liberado durante todo o curso da instrução do processo socioeducativo, uma vez que não existe nenhum motivo para que seja afastado do convívio social com a decretação da internação provisória ou para que lhe seja aplicada uma medida socioeducativa provisória, a apelação da sentença condenatória há que ser recebida em seu duplo efeito.

O mesmo se dará quando a sentença for absolutória.

Diverso será o regime dos efeitos da apelação quando tivermos uma sentença condenatória em processo socioeducativo em que o adolescente se encontre internado provisoriamente ou lhe tenha sido aplicada uma medida socioeducativa provisória. Quando subsistir uma das duas situações no momento da prolação da sentença condenatória – qualquer que seja a medida socioeducativa que venha a ser aplicada –, a apelação será recebida apenas no efeito devolutivo, na forma do art. 1.012, § 1º, V, do CPC.

Esta regra se aplica em decorrência da natureza jurídica da decisão que decreta a internação provisória ou a medida socioeducativa provisória, que nada mais é do que uma antecipação de tutela. A natureza jurídica destas medidas pode ser verificada pela atenta leitura do parágrafo único do art. 108 do ECA e do art. 303 do CPC.

Para que se configure alguma situação em que possa ser concedida a antecipação de tutela, necessário que sejam preenchidos os requisitos constantes do art. 300, *caput*, do CPC. São eles: elementos que evidenciem a probabilidade do direito, o perigo de dano e o risco ao resultado útil do processo.

Realizando-se um paralelo entre os termos do CPC (art. 300) e do ECA (art. 108, parágrafo único), teremos "os elementos que evidenciem a probabilidade do direito consubstanciados nos indícios suficientes de autoria e materialidade e o perigo de dano e o risco ao resultado útil do processo consubstanciado na necessidade imperiosa da medida e na necessidade de aplicação de uma medida socioeducativa ao adolescente". Desta forma, apresentado o requerimento de internação provisória ou de aplicação de medida socioeducativa provisória quando do oferecimento da representação e encontrando-se presentes os requisitos acima enumerados, deverá ser concedida a antecipação da tutela.

No curso da instrução da ação socioeducativa, em situação de o adolescente infrator encontrar-se liberado, deverá comparecer a todos os atos processuais. Nas hipóteses em que não for ele encontrado para ser notificado ou não deixe de comparecer injustificadamente aos atos processuais, verificando-se que este proceder tem a finalidade de fazer com que o processo não alcance rapidamente seu fim, ou que tem como intento fazer com que a prova se perca, deve ser concedida a antecipação de tutela para decretar a internação provisória do adolescente. Neste caso, junto com probabilidade do direito, haverá ainda mais clara a existência de risco

PARTE IV – A EFETIVIDADE DO ECA: MEDIDAS JUDICIAIS E EXTRAJUDICIAIS

ao resultado útil do processo. Nesta hipótese, teremos uma situação que se aproxima muito da tutela de evidência prevista no inciso I do art. 311, do CPC.

Com a confirmação, na sentença, da internação provisória ou da medida socioeducativa provisória, a possível apelação que venha a ser interposta será recebida apenas no efeito devolutivo, o que possibilita que seja iniciada a execução provisória da medida socioeducativa cominada. O início imediato da execução provisória encontra-se em total consonância com as bases principiológicas do direito da criança e do adolescente, uma vez que se encontra atendida a Doutrina da Proteção Integral e o princípio do superior interesse da criança e do adolescente.

6. JUÍZO DE RETRATAÇÃO

A figura do *juízo de retratação* não é nova para nosso direito positivo, pois já existia, e ainda existe, na disciplina do recurso de agravo de instrumento (art. 1.018, § 1º, do CPC), sendo nova, porém, a ampliação que o ECA lhe concedeu ao estender sua aplicação ao recurso de apelação, conforme dispõe o art. 198, VII.

O sistema tradicional constante do CPC e consagrado por toda a doutrina determina que depois de prolatada e publicada a sentença encontra-se entregue a prestação jurisdicional, não mais podendo ser ela alterada (art. 494 do CPC). Isso significa que o Juízo *a quo* já exauriu sua atividade, não podendo mais proferir decisões naquele processo. Como ato de inteligência e vontade, a sentença, depois de publicada, torna-se irretratável, só podendo vir a ser alterada nas hipóteses previstas em lei.

Pelo órgão jurisdicional que a proferiu, a sentença só poderá ser alterada para correção de erros materiais ou para esclarecer alguma obscuridade, contradição ou omissão, conforme regra constante dos incisos do art. 494 do CPC. Por outro órgão jurisdicional, poderá ser alterada com a interposição do recurso de apelação.

O ECA instituiu, assim, a inovadora possibilidade da retratação da sentença por parte de juiz, alterando a disciplina tradicional do mencionado recurso, bem como a da sentença. Esta nova situação foi estendida para a hipótese tratada pelo art. 331 do CPC, apenas quando se tratar de sentença terminativa, tendo sido instituída, também pelo § 7º do art. 485 do CPC.

Apesar de a possibilidade de reexame constar de regra pertinente ao recurso de apelação, nenhum impedimento existe para que sua aplicação se estenda aos demais recursos, primeiro pelo fato de a apelação ser o mais geral de todos os recursos e, em segundo lugar, em virtude de o exame dos requisitos de admissibilidade versar sobre matéria de ordem pública, podendo ser revisto a qualquer tempo. A aplicação da regra prevista no art. 485, § 7º, do CPC não fere a sistemática dos demais recursos, uma vez que a possibilidade de revisão das regras de ordem pública a qualquer tempo pelo juiz é ínsita a nosso ordenamento jurídico, categoria na qual se encontram inseridos os requisitos de admissibilidade dos recursos.

A regra do inciso VII do art. 198 do ECA traz a possibilidade de revisão do conteúdo do *decisum*, excepcionando aquela contida no *caput* do art. 494 do CPC. A norma sob estudo merece ser elogiada, pois com a possibilidade de reforma da sentença, teremos a chance de que o ato seja revisto para tornar-se mais justo, protegendo de forma mais efetiva o direito violado. O juízo de retratação poderá fazer também com que venha a ocorrer uma diminuição do número de recursos que entulham os tribunais por todo o país.

O legislador estatutário foi mais ousado em sua inovação do que o legislador atual, pois o ECA é bem anterior ao Novo Código de Processo Civil. Enquanto as hipóteses de juízo de retratação constantes do CPC se restringem às sentenças terminativas, a regra do ECA se refere, também e principalmente, às sentenças de mérito.

O momento para o exercício do juízo de retratação ocorrerá após a apresentação das contrarrazões. A escolha deste momento pelo legislador é perfeita, pois o juiz poderá, com o teor das argumentações trazidas por ambas as partes, apresentar melhores condições para manter ou reformar sua decisão, em total respeito ao princípio constitucional do contraditório. Não será possível que o juízo de retratação seja realizado antes da apresentação das contrarrazões da apelação, sob pena de violação ao contraditório.

Apesar de a lei utilizar o termo *despacho* para qualificar o juízo de retratação, é certo que por seu conteúdo decisório não será um mero despacho. Em um primeiro exame poderíamos pensar em classificar a decisão proferida no juízo de retratação como interlocutória, mas seria um contrassenso pensarmos na modificação do conteúdo de uma sentença, principalmente em caso de sentença de mérito, por uma decisão interlocutória. Logo, para classificarmos o juízo de retratação, faz-se necessário que se verifique seu conteúdo decisório. Assim, dependendo de seu teor, o juízo de retratação poderá ser caracterizado como decisão interlocutória ou como sentença.

Diante de uma sentença que analisa o mérito julgando procedente ou improcedente o pedido e, no exercício do juízo de retração, o juiz reformula seu entendimento, fazendo com que o julgamento anteriormente de procedência passe a ser de improcedência ou vice-versa, não poderemos negar estarmos em face de uma nova sentença que substituirá a anterior. Do mesmo modo, se no juízo de retratação ocorrer a substituição da sentença originária de mérito por uma terminativa ou vice-versa. Nessas situações estará sendo prestada a jurisdição buscada pelas partes, chegando ao fim a relação processual (pelo menos em 1º grau de jurisdição), sendo sentença o ato pelo qual se dá fim ao processo, com ou sem resolução do mérito, conforme a própria definição legal (art. 203, § 1º, do CPC).

Em situação em que tivermos uma sentença que extinga o processo sem análise do mérito e, no exercício do juízo de retratação, o juiz reformula seu entendimento determinando o prosseguimento do processo, qualificaremos esta decisão como interlocutória, já que a relação processual não está chegando a seu final, mas sendo solucionada uma questão incidente.

PARTE IV – A EFETIVIDADE DO ECA: MEDIDAS JUDICIAIS E EXTRAJUDICIAIS

Quando estivermos em contato com juízo de retratação em face de uma decisão interlocutória, este critério há que ser utilizado. Se com o juízo de retratação o processo continua seu curso, teremos uma nova decisão interlocutória substituindo a anterior. No entanto, se com a retratação, passamos a ter uma decisão que dá fim ao processo, teremos, aí, uma sentença substituindo uma decisão interlocutória.

Este critério de análise do conteúdo do juízo de retratação para que possa ser ele classificado só será necessário quando se tratar de juízo de retratação de conteúdo *positivo*, ou seja, aquele em que há a reforma da decisão. Quando o conteúdo do juízo de retratação for *negativo*, ou seja, naquele em que a decisão atacada é mantida, será sempre classificado como decisão interlocutória, pois decide questão incidente, seja ela anterior ou posterior à sentença.

A lei dá prazo de cinco dias para que o juiz profira seu juízo de retratação. Este prazo é daqueles classificados como *prazo impróprio*, pois não confere sanção pelo seu não cumprimento.

O juiz não poderá se furtar a exarar uma decisão neste momento processual, pois a regra da lei é impositiva, não havendo de ser aceito o silêncio. Quando o juízo de retratação for positivo, será necessária uma decisão específica para tanto, sendo até ilógico pensar-se de forma diversa. Quando for negativo o juízo de retratação, pode-se ter uma decisão expressa neste sentido, como também uma decisão implícita; nesta última hipótese, ter-se-á uma decisão implícita quando, após a apresentação das contrarrazões, o juiz se limita a determinar a subida dos autos ao tribunal.

Apesar de a lei dispor sobre a necessidade de uma decisão fundamentada, qualquer que seja o teor do juízo de retratação, não podemos nos afastar das regras gerais de direito processual, que são aplicáveis ao Estatuto da Criança e do Adolescente. O direito processual segue o princípio da instrumentalidade das formas (art. 188 do CPC), que dispõe ser importante o resultado atingido pelo ato e não sua forma, desde que sua finalidade seja atendida. Ora, nas situações de juízo de retratação negativo nas quais o juiz não profere uma decisão específica mantendo a sentença recorrida, determinando, apenas, sua subida ao tribunal, ninguém duvidará que esteja sendo proferido um juízo de retratação negativo de forma implícita. Determinar o retorno dos autos ao Juízo de origem apenas para que se tenha uma decisão expressa sobre o juízo de retratação negativo configura, a nosso ver, um preciosismo excessivo e uma dilação processual desnecessária, que conflitua com o inciso LXXVIII do art. 5º da Constituição Federal. Este proceder, apesar de não ser aquele que se deve esperar, não destoa do sistema processual vigente.

Em edições anteriores desta obra, tínhamos como exemplo deste tema apenas uma decisão do Conselho da Magistratura do Tribunal de Justiça do Estado do Rio de Janeiro, com posição contrária à nossa, dando uma interpretação literal ao inciso VII do artigo em estudo. A jurisprudência evoluiu no sentido de nossa linha de raciocínio e passou a entender ser uma mera irregularidade a ausência do juízo de retratação, não havendo mais a determinação do retorno dos autos ao Juízo de origem para a prolação da mencionada decisão. Este posicionamento de nossos tribunais se adequa à celeridade necessária aos processos que cuidam do Direito da Criança e do Adolescente e ao Princípio da Tempestividade da Tutela Jurisdicional, pois, sem nenhuma sombra de dúvida, a determinação de retorno dos autos ao Juízo de origem apenas para sanar a falta da decisão do juízo de retração em nada beneficiava as crianças e adolescentes.

O procedimento a ser seguido após a realização do juízo de retratação encontra--se disciplinado no inciso VIII do art. 198, devendo ser lembrado que se encontra derrogado naquilo que diz respeito ao agravo, tendo em vista a nova disciplina do mencionado recurso. Sendo negativo o juízo de retratação, os autos serão imediatamente remetidos ao tribunal para julgamento da apelação. Caso seja positivo o juízo de retratação, não haverá remessa dos autos ao tribunal, salvo se houver requerimento da parte contrária ou do Ministério Público. O prazo para o requerimento de subida dos autos, que deverá ser instrumentalizado por meio de petição, será de 5 dias a contar da intimação da decisão de reforma. Por óbvio, a contagem deste prazo dar-se-á na forma preconizada pelo CPC.

A exigência de requerimento para a subida da apelação se faz necessária, uma vez que, considerando ter sido benéfica a reforma da sentença para o apelante, terá desaparecido o interesse recursal, um dos requisitos de admissibilidade dos recursos. Caso o apelado tenha interesse em ver a nova sentença, proferida no juízo de retratação, examinada pelo Juízo *ad quem*, deverá demonstrar seu interesse recursal, já que haverá uma inversão fática dos polos da relação processual recursal, o que será realizado por meio do requerimento de subida exigido pela lei.

Nas hipóteses de juízo de retratação parcial, teremos sucumbência recíproca. Neste caso, como o apelante ainda será vencido, entendemos não ser necessária a apresentação de requerimento pelo apelado ou pelo Ministério Público para a subida dos autos ao tribunal, devendo esta ser feita de forma automática.

Um último questionamento há que se fazer: a quais recursos fica estendida a possibilidade de existência do juízo de retratação? O texto da lei é claro, mencionando os recursos de apelação e de agravo de instrumento (mais uma vez lembramos a derrogação da lei com relação a este recurso), somente.

Apesar da clareza da lei, encontramos posicionamento que entende que o juízo de retratação constante do texto do art. 198 é pleno, aplicando-se para todos os recursos, afirmando, ainda, que o recurso de embargos de declaração sempre terá efeitos infringentes em virtude do juízo de retratação[30]. Não há como se entender que o juízo de retratação será aplicado para todos os recursos previstos em nosso ordenamento jurídico desde que versem sobre direito da infância e juventude. O

---

30   NERY JR., Nelson. *Princípios fundamentais...*, op. cit., p. 239.

PARTE IV – A EFETIVIDADE DO ECA: MEDIDAS JUDICIAIS E EXTRAJUDICIAIS 1121

inciso VII do art. 198 é claro em ressaltar os recursos de apelação e de agravo como aqueles em que será possível a utilização desta específica possibilidade de reforma. Por mais elástico que seja o critério interpretativo utilizado, não conseguimos estender o juízo de retratação às demais espécies de recurso.

No que se refere aos embargos de declaração com efeitos infringentes, sua aplicação ao direito da infância e juventude será a mesma existente para os demais ramos do direito. Os embargos de declaração poderão ter efeitos infringentes (modificativos) em hipótese em que se pretenda que o juiz *supra* alguma omissão da sentença. É possível que, ao suprir a omissão, o julgador, automaticamente, venha a modificar o conteúdo da sentença. Ressalta-se que a possibilidade de modificação só ocorrerá nos embargos de declaração fundados em omissão, nunca nos fundados em contradição ou obscuridade[31].

A título de argumentação, mesmo que se entenda que a apelação é o recurso geral por excelência e que suas regras podem ser aplicadas aos demais recursos, como já afirmamos anteriormente, deve-se ter cautela quanto a este proceder. As regras do recurso de apelação podem ser aplicadas aos demais recursos desde que compatíveis com a natureza destes. O juízo de retratação não é da natureza dos recursos constantes de nosso sistema processual, salvo o recurso de agravo. Logo, não há como ser aplicada a regra do art. 198, VII, aos demais recursos por ser contrária à sistemática destes e o legislador não ter desejado alterá-la, tendo em vista a redação que deu ao inciso, que é restritiva.

7. PROCEDIMENTO NO TRIBUNAL

O Estatuto da Criança e do Adolescente tem como princípio fundamental a Doutrina da Proteção Integral, conforme dispõe seu art. 1º. A proteção integral pode alcançar muitas vertentes, inclusive no direito processual, como já tivemos condições de demonstrar ao cuidarmos da gratuidade dos atos processuais.

Ao tratar do procedimento dos recursos que versem sobre direito da criança e da juventude nos tribunais, temos a incidência da Doutrina da Proteção Integral. O inciso III do art. 198 do ECA dispõe que os recursos terão preferência no julgamento e dispensarão a figura do revisor. Temos aqui a aplicação do princípio da prioridade absoluta, decorrente da mencionada doutrina e previsto no art. 4º do ECA.

Logo após a apresentação de parecer do procurador de justiça, serão os autos encaminhados ao relator para, em seguida, serem colocados em pauta para julgamento com a urgência devida, em decorrência da prioridade absoluta.

A dispensa da existência de revisor para as apelações também segue a linha da celeridade para mais rápida efetivação dos direitos das crianças e dos adolescentes.

---

31 Para um melhor desenvolvimento do tema, remetemos o leitor à obra de Alexandre Freitas Câmara, *Lições de direito processual civil*. Op. cit., p. 104-105.

Sendo dispensada a abertura de vista para que um desembargador atue como revisor, mais rapidamente será o processo incluído em pauta para julgamento. Este procedimento foi adotado pelo CPC, que acabou com a figura do desembargador revisor, uma vez que não há mais previsão para esta figura no rito dos processos nos tribunais.

Com o advento da Lei n. 12.010/2009 – denominada, equivocadamente, a nosso ver, "Lei da Adoção", já que não altera unicamente as regras do instituto da adoção e seu procedimento, mas sim diversas normas do ECA – foram criadas as normas que, hoje, são os arts. 199-C, 199-D e 199-E.

O primeiro destes artigos (199-C) nada mais é do que uma reiteração da regra constante do inciso III do art. 198. A preferência para julgamento e dispensa de revisor já era regra para os recursos interpostos contra decisões em processos que tratassem de direito da criança e do adolescente. A nova regra apenas reforça esta determinação para os processos de adoção e de destituição do poder familiar, com a determinação de que a distribuição dos recursos deverá ser *imediata* e que o parecer do Ministério Público deverá ser *urgente*.

A regra jurídica em estudo afirma que a urgência se dá em decorrência da relevância das questões (adoção e destituição do poder familiar), o que por si só não traz nenhuma novidade. Deve-se ressaltar que todos os temas concernentes ao direito da criança e do adolescente são relevantes e urgentes, uma vez que, de regra, será discutido um direito fundamental dessas pessoas em formação.

Esta regra é totalmente desnecessária, em face de toda a sistemática do Estatuto da Criança e do Adolescente, pois a distribuição dos feitos que cuidam do direito da criança e do adolescente já tinham distribuição imediata. A novidade fica por conta da determinação de parecer urgente do procurador de justiça, sendo que a melhor interpretação para a expressão deve ser a de que o parecer deva ser exarado, pelo menos, em 10 dias.

A norma constante do art. 199-D impõe prazo máximo de 60 dias para inclusão do processo de adoção ou de destituição do poder familiar em pauta, contando-se este prazo a partir da data em que for aberta a conclusão.

O parágrafo único dispõe sobre a intimação do Ministério Público da data do julgamento, o que é norma totalmente redundante e desnecessária, já que por norma expressa no CPC (art. 178) e no ECA (arts. 202, 203 e 204), o Ministério Público tem de ser intimado de todos os atos processuais sob pena de nulidade do processo. Este mesmo parágrafo concede a possibilidade de apresentação oral do parecer do Ministério Público, o que, a princípio, parece conflitar com a regra do art. 199-C, que determina a apresentação de parecer escrito urgente. O prazo concedido ao relator para colocar o processo para julgamento (60 dias) é muito grande para que se tenha tamanha urgência para apresentação da manifestação do Ministério Público. Mais um contrassenso de uma lei aprovada sem o devido cuidado.

O CPC ao enumerar as modalidades de recursos (art. 994), não traz mais a figura do criticado embargos infringentes, que vinha sendo acusado de só servir para

PARTE IV – A EFETIVIDADE DO ECA: MEDIDAS JUDICIAIS E EXTRAJUDICIAIS

retardar a conclusão do processo, tanto que em uma das últimas reformas do CPC de 1973, as hipóteses de cabimento deste recurso foram reduzidas. Sua existência, porém, não foi extirpada definitivamente de nosso ordenamento jurídico, já que o art. 942 do CPC prevê, quando não for unânime o julgamento de um recurso de apelação, a possibilidade do prosseguimento do julgamento, com a presença de novos julgadores em número suficiente para permitir a inversão do resultado. Esta continuidade do julgamento dependerá, por óbvio, de requerimento da parte vencida, a ser feito oralmente na própria sessão. A continuação do julgamento se dará na mesma sessão, se possível, podendo as partes sustentar oralmente suas posições para os novos julgadores, sendo permitido aos que já apresentaram seus votos a revisão de seus entendimentos. Por ser uma inovação procedimental, muita discussão ainda teremos sobre o tema, bem como será dado um nome a este requerimento, que poderá ser requerimento de infringência ou requerimento de prorrogação ou revisão de julgado. O tempo dirá.

A norma constante do art. 199-E cuida de abertura de procedimento para apuração de responsabilidade pelo desrespeito dos prazos dos artigos anteriores, a requerimento do Ministério Público. No que diz respeito ao descumprimento do prazo para colocação do recurso em pauta para julgamento, caberá ao Procurador de Justiça que atua junto à Câmara encaminhar os fatos para o Procurador-Geral de Justiça, pois como o procedimento de responsabilidade será instaurado em face de um desembargador, a atribuição para investigação dos fatos é privativa daquele.

A responsabilização do desembargador que descumprir o prazo será unicamente administrativa, pois não conseguimos vislumbrar hipótese de responsabilização civil do Estado. Pelo fato de ser responsabilização administrativa, deve-se buscar qual a infração cometida pelo agente político. O Estatuto da Criança e do Adolescente não elenca, dentre as infrações administrativas que enumera, nenhuma que se adapte à presente situação. Como para as infrações administrativas aplica-se a mesma regra existente para as infrações penais – não há crime sem lei anterior que o defina –, só podemos chegar à conclusão de que inexiste regra para sancionar o desembargador que desrespeitar o prazo de 60 dias para julgamento do recurso. A regra do art. 199-E é totalmente inútil.

Por se tratar de uma norma que institui a possibilidade de uma sanção, há que ter uma interpretação restrita. E por estar inserida no Capítulo IV do Título VI do ECA, que cuida dos recursos, não pode ser aplicada senão no desrespeito das normas atinentes ao processo nos Tribunais. Se a ideia do legislador foi a de aplicar a norma em caso de desrespeito de outras regras estatutárias, andou mal em sua colocação.

8. RECURSO CONTRA PORTARIAS E ALVARÁS

Trata o art. 149 do ECA das portarias judiciais para regulamentação de eventos em que haja a participação de crianças e adolescentes, bem como para a entrada e permanência em eventos e diversões em geral. Dispõe, ainda, o mesmo artigo, sobre a concessão de alvarás para as participações nos eventos.

Por certo que as portarias e os alvarás desagradarão a muitas pessoas, pois farão restrições ou negarão a participação pretendida. Com isso, podemos ter situações em que as portarias e alvarás violem regras constantes do Estatuto da Criança e do Adolescente, seja por vício de forma ou de conteúdo, necessitando de revisão.

A discordância do conteúdo das portarias e a não concordância com a concessão ou negação de um alvará para realização de evento com participação de criança e/ou adolescente, por ser oriunda de uma autoridade judicial, deverá ser atacada pelo recurso de apelação.

O alvará, ao ser concedido ou negado, o será por meio de uma sentença. A portaria é ato administrativo em função atípica do Poder Judiciário. Por ser um ato administrativo, seria correta a utilização de recurso administrativo, mas, por opção legislativa, certamente com o intuito de manter a unidade do sistema recursal do Estatuto, foi adotado um dos recursos previstos pelo CPC para demonstrar o inconformismo da parte com relação a uma decisão judicial.

Em decorrência, o ECA dispõe, em seu art. 199, ser cabível o recurso de apelação contra as decisões proferidas com base no art. 149, ou seja, as portarias e os alvarás.

REFERÊNCIAS

ALBERGARIA, Jason. *Comentários ao Estatuto da Criança e do Adolescente*. 2. ed. Rio de Janeiro: Aide, 1991.

ANDRADE, Mauro Fonseca. O prazo em dobro no processo penal. Disponível em: <http://www.justitia.com.br/artigos/6x89z5.pdf>. Acesso em: 1º fev. 2013.

ARAÚJO CINTRA, Antônio Carlos de et al. *Teoria geral do processo*. 13. ed. rev. e atual. São Paulo: Malheiros, 1997.

BARBOSA MOREIRA, José Carlos. *Comentários ao Código de Processo Civil*. 7. ed. rev. e atual. Rio de Janeiro: Forense, 1998, v. V.

BATISTA DA SILVA, Ovídio A. *Curso de direito processual civil*. 5. ed. rev. e atual. São Paulo: Revista dos Tribunais, 2000, v. I.

CÂMARA, Alexandre Freitas. *Lições de direito processual civil*. 13. ed. rev. e atual. Rio de Janeiro: Lumen Juris, 2005, v. I.

CÂMARA, Alexandre Freitas. *Lições de direito processual civil*. 6. ed. rev. e atual. Rio de Janeiro: Lumen Juris, 2002, v. II.

COUTURE, Eduardo J. *Fundamentos del derecho procesal civil*. 3. ed. (póstuma), reimpresión inalterada. Buenos Aires: Depalma, 1993.

CURY, Munir et al. *Estatuto da Criança e do Adolescente anotado*. 2. ed. rev. e atual. São Paulo: Revista dos Tribunais, 2000.

PARTE IV – A EFETIVIDADE DO ECA: MEDIDAS JUDICIAIS E EXTRAJUDICIAIS

DINAMARCO, Cândido Rangel *et al. Teoria geral do processo*. 13. ed. rev. e atual. São Paulo: Malheiros, 1997.

DINIZ, Maria Helena. *Lei de Introdução ao Código Civil brasileiro interpretada*. 10. ed. São Paulo: Saraiva, 2004.

GARRIDO DE PAULA, Paulo Afonso *et al. Estatuto da Criança e do Adolescente anotado*. 2. ed. rev. e atual. São Paulo: Revista dos Tribunais, 2000.

GRINOVER, Ada Pellegrini *et al. Teoria geral do processo*. 13. ed. rev. e atual. São Paulo: Malheiros, 1997.

ISHIDA, Walter Kenji. *Estatuto da Criança e do Adolescente*: doutrina e jurisprudência. 25. ed. São Paulo: JusPodivm, 2024.

LASPRO, Oreste Nestor de Souza. Garantia do duplo grau de jurisdição. In: TUCCI, José Rogério Cruz e (coord.). *Garantias constitucionais do processo civil*. São Paulo: Revista dos Tribunais, 1999.

LIBERATI, Wilson Donizeti. *O Estatuto da Criança e do Adolescente*: comentários. Brasília: IBPS, 1991.

MARÇURA, Jurandir Norberto *et al. Estatuto da Criança e do Adolescente anotado*. 2. ed. rev. e atual. São Paulo: Revista dos Tribunais, 2000.

MARQUES, José Frederico. *Manual de direito processual civil*. 1. ed. atualizada por Vilson Rodrigues Alves. Campinas: Bookseller, 1997.

MEDINA, Paulo Roberto de Gouvêa. *Direito processual constitucional*. Rio de Janeiro: Forense, 2003.

NERY JR., Nelson. *Princípios fundamentais* – teoria geral dos recursos. 5. ed. rev., atual. e ampl. São Paulo: Revista dos Tribunais, 2000.

NERY JR., Nelson. *Princípios do processo civil na Constituição Federal*. 7. ed. rev. e atual. São Paulo: Revista dos Tribunais, 2002.

NERY JR., Nelson; CURY, Munir. Art. 198. In: VERONESE, Josiane Rose Petry; SILVEIRA, Mayra; CURY, Munir (coord.). *Estatuto da Criança e do Adolescente comentado*. Comentários jurídicos e sociais. 13. ed. rev. e atual. São Paulo: Malheiros, 2018.

NOGUEIRA, Paulo Lúcio. *Estatuto da Criança e do Adolescente comentado*. São Paulo: Saraiva, 1991.

PEREIRA, Caio Mário da Silva. *Instituições de direito civil*. 20. ed. rev. e atual. por Maria Celina Bodin de Moraes. Rio de Janeiro: Forense, 2004. v. I.

TAVARES, José de Farias. *Direito da infância e da juventude*. Belo Horizonte: Del Rey, 2001.

THEODORO JÚNIOR, Humberto. *Curso de direito processual civil*. 43. ed. Rio de Janeiro: Forense, 2005, v. I.

THEODORO JÚNIOR, Humberto. *O processo civil brasileiro no limiar do novo século*. 2. ed. Rio de Janeiro: Forense, 2001.

Parte V
Da Prática do Ato Infracional

A prática de ato infracional

Bianca Mota de Moraes
Helane Vieira Ramos

1. DISPOSIÇÕES GERAIS (ARTS. 103 A 105 DO ECA)

O Estatuto da Criança e do Adolescente considera ato infracional a conduta descrita como crime ou contravenção penal (art. 103 do ECA).

Ato infracional é, portanto, a ação violadora das normas que definem os crimes ou as contravenções. É o comportamento típico, previamente descrito na lei penal, quando praticado por crianças ou adolescentes (art. 103 do ECA).

Esta definição decorre do princípio constitucional da legalidade. É preciso, portanto, para a caracterização do ato infracional, que este seja típico, antijurídico e culpável, garantindo ao adolescente, por um lado, um sistema compatível com o seu grau de responsabilização e, por outro, a coerência com os requisitos normativos provenientes da seara criminal. Trocando em miúdos, esclarece João Batista Costa Saraiva[1]: "Não pode o adolescente ser punido onde não o seria o adulto".

Nesta linha prossegue, ainda, o referido autor:

> O garantismo penal impregna a normativa relativa ao adolescente infrator como forma de proteção deste face à ação do Estado. A ação do Estado, autorizando-se a sancionar o adolescente e infligir-lhe uma medida socioeducativa, fica

---

1   SARAIVA, João Batista Costa. *Direito penal juvenil*: adolescente e ato infracional. Garantias processuais e medidas socioeducativas. 2. ed. rev. e ampl. Porto Alegre: Livraria do Advogado, 2002. p. 32.

condicionada à apuração, dentro do devido processo legal, que este agir típico se faz antijurídico e reprovável – daí culpável[2].

Observa-se, assim, a preocupação do legislador em estabelecer com precisão a conduta que pode submeter o adolescente à devida aplicação de medidas, com o objetivo de evitar arbitrariedades e insegurança social.

Nas palavras de Paulo Afonso Garrido de Paula[3], o Estatuto, ao definir o ato infracional, adotou "conteúdo certo e determinado, abandonando expressões como ato antissocial, desvio de conduta etc., de significado jurídico impreciso [...] afastando-se qualquer subjetivismo do intérprete quando da análise da ação ou omissão".

1.1. Inimputabilidade infantojuvenil

O Estatuto estabelece que são penalmente inimputáveis os menores de 18 anos, os quais estão sujeitos às medidas socioeducativas previstas naquela Lei, devendo ser considerada a idade do adolescente à data do fato (art. 104 e parágrafo único do ECA).

Os adolescentes a que se refere este artigo são aqueles na faixa etária entre 12 anos completos e 18 anos incompletos, estando excluídas as crianças (pessoas de até doze anos de idade incompletos), devendo ser observada, para a aplicação de qualquer das medidas previstas, a idade com a qual contava o adolescente na data da prática do ato infracional, mesmo que a apuração do fato venha a ocorrer depois de atingida a maioridade penal.

O limite fixado para a maioridade pelo Código Civil fez surgir polêmica acerca da revogação das normas do ECA que regem a possibilidade de aplicação e cumprimento de medidas socioeducativas até os 21 anos de idade (arts. 5º do Código Civil e 121, § 5º, do ECA). Entender, no entanto, que a lei civil teria revogado implicitamente os dispositivos do ECA é interpretação que ensejaria a imunidade, perante o ordenamento jurídico, daqueles que cometessem atos infracionais às vésperas de completar 18 anos (veja-se ainda o item 5.1.3 deste capítulo).

Ademais, a norma do § 5º do art. 121 da Lei n. 8.069/90 tem uma razão própria de existência, completamente diversa daquela que estabelece a capacidade civil. A legislação infantojuvenil apenas pretendeu fixar uma idade limite para que o jovem em conflito com a lei ficasse submetido ao cumprimento de medida socioeducativa, em nada se relacionando com a autorização ou não para a prática dos atos da vida civil.

Tal raciocínio emerge, inclusive, da observação histórica da situação que ocorria anteriormente, sob a égide do antigo Código de Menores, época em que, acaso

---

2   Idem.

3   PAULA, Paulo Afonso Garrido de. Art. 182. In: VERONESE, Josiane Rose Petry.; SILVEIRA, Mayra; CURY, Munir (coord.). *Estatuto da Criança e do Adolescente comentado*: comentários jurídicos e sociais. 13. ed. rev. e atual. São Paulo: Malheiros, 2018, p. 1128.

PARTE V – DA PRÁTICA DO ATO INFRACIONAL

o menor atingisse 21 anos de idade sem que a sua medida tivesse sido integralmente cumprida, não se via dela desincumbido, já que passava à jurisdição das Varas de Execuções Penais (art. 40, §§ 3º e 4º, da Lei n. 6.697/79). Assim, fica claro que o que pretendeu o ECA foi afastar o jovem adulto dessa extensão, por considerá-la excessiva e indevida.

Vale conferir as palavras de Luiz Flávio Gomes[4]:

> Em nossa opinião todo processo em andamento ou findo deve continuar tramitando normalmente, até que o agente cumpra os 21 anos. Não se deu a perda de objeto da atividade Estatal. O Estado pode e deve fazer cumprir as medidas impostas aos ex-menores (jovens-adultos). Isso é e será feito em nome da prevenção especial (recuperação) e da prevenção geral (confirmação da norma violada; intimidação dos potenciais infratores etc.). O fato de o ex-menor ter alcançado a maioridade civil (18 anos) em nada impede que o Estado continue exercendo seu direito de executar as medidas aplicadas. Ao contrário, com maior razão, deve mesmo torná-las efetivas.

Arrematando, é de se ressaltar que o STJ vinha reiteradamente decidindo nesse sentido, o que culminou com a edição do verbete 605 da Súmula daquele tribunal:

> A superveniência da maioridade penal não interfere na apuração de ato infracional nem na aplicabilidade de medida socioeducativa em curso, inclusive na liberdade assistida, enquanto não atingida a idade de 21 anos (Súmula 605, 3ª Seção, j. 14-3-2018, *DJe* 19-3-2018).

Especificamente em abordagem relativa ao cotejo com a maioridade civil:

> RECURSO ESPECIAL. PROPOSTA DE AFETAÇÃO DO PROCESSO AO RITO DOS RECURSOS REPETITIVOS (RISTJ, ART. 257-C). LEI N. 8.069/1990. ESTATUTO DA CRIANÇA E DO ADOLESCENTE. MEDIDA SOCIOEDUCATIVA. MAIORIDADE CIVIL, 18 ANOS, ADQUIRIDA POSTERIORMENTE AO FATO EQUIPARADO A DELITO PENAL. RELEVÂNCIA PARA A CONTINUIDADE DO CUMPRIMENTO DA MEDIDA ATÉ 21 ANOS. AFETADO O RECURSO AO RITO DOS RECURSOS ESPECIAIS REPETITIVOS, NOS TERMOS DO ART. 1.036 E SEGUINTES DO CÓDIGO DE PROCESSO CIVIL/2015 E DA RESOLUÇÃO STJ N. 8/2008, PARA CONSOLIDAR O ENTENDIMENTO ACERCA DA QUESTÃO JURÍDICA DISPOSTA NOS AUTOS. SÚMULA 605/STJ. 1. Recurso representativo da controvérsia para atender ao disposto no art. 1.036 e seguintes do CPC/2015 e na Resolução STJ n. 8/2008. 2. TESE: a superveniência da maioridade penal não interfere na apuração de ato infracional nem na aplicabilidade de medida socioeducativa em curso, inclusive na liberdade assistida, enquanto não atingida a idade de 21 anos. 3. CASO CONCRETO: a despeito da maioridade civil (18 anos) adquirida posteriormente, o

---

4   GOMES, Luiz Flávio. Maioridade civil aos 18 anos não afeta a validade do ECA. Disponível em: <https://www.conjur.com.br/2003-jan-13/maioridade_civil_aos_18_anos_nao_afeta_validade_eca>. Acesso em: 9 out. 2023.

agente era menor de idade na data em que cometeu o ato infracional análogo ao delito tipificado no art. 157 do Código Penal, portanto se faz possível o cumprimento da liberdade assistida cumulada com prestação de serviços à comunidade até os 21 anos de idade nos termos da Lei n. 8.069/1990 (Súmula 605/STJ). 4. Recurso especial provido para, ao cassar o acórdão *a quo*, determinar o imediato prosseguimento da execução da medida protetiva em desfavor do recorrido – medida socioeducativa de liberdade assistida cumulada com prestação de serviços à comunidade – ou até que seja realizada a audiência de reavaliação da medida, consoante o disposto neste voto. Acórdão submetido ao regime do art. 1.036 e seguintes do Código de Processo Civil/2015 e da Resolução STJ n. 8/2008[5].

Registre-se que, embora os atos infracionais praticados pelo adolescente não possam configurar maus antecedentes quando atingida a maioridade, a jurisprudência tem entendido que tal circunstância pode caracterizar o potencial delitivo e a periculosidade do agente, viabilizando sua prisão cautelar:

AGRAVO REGIMENTAL NO *HABEAS CORPUS*. TRÁFICO DE DROGAS E POSSE IRREGULAR DE ARMA DE FOGO DE USO PERMITIDO. PRISÃO PREVENTIVA. GRAVIDADE CONCRETA. REITERAÇÃO DELITIVA. GARANTIA DA ORDEM PÚBLICA. FUNDAMENTAÇÃO IDÔNEA. RÉU QUE PERMANECEU PRESO DURANTE A INSTRUÇÃO CRIMINAL. FUNDAMENTOS DA CUSTÓDIA INALTERADOS. 1. "Entende esta Corte que o porte de arma ou munição, no contexto de tráfico de drogas, poderá justificar a manutenção da prisão, por evidenciar a periculosidade do acusado e a necessidade da segregação como forma de acautelar a ordem pública. Nesse sentido: RHC n. 137.054/CE, relator Ministro Antonio Saldanha Palheiro, Sexta Turma, julgado em 20/4/2021, *DJe* 27/4/2021)" (AgRg no RHC n. 172.924/SP, relator Ministro Jesuíno Rissato (Desembargador convocado do TJDFT), Sexta Turma, julgado em 7/3/2023, *DJe* de 10/3/2023). 2. A custódia foi devidamente fundamentada na gravidade concreta do delito – apreensão de arma de fogo e munições em contexto de tráfico de drogas –, bem como nos registros criminais anteriores do paciente, pela suposta prática dos delitos de posse de arma de fogo e tráfico de drogas, a evidenciar a sua necessidade para garantia da ordem pública. 3. Tem-se por devidamente fundamentada a prisão preventiva para a preservação da ordem pública, "quando o agente ostentar maus antecedentes, reincidência, **atos infracionais pretéritos**, inquéritos ou mesmo ações penais em curso, porquanto tais circunstâncias denotam sua contumácia delitiva e, por via de consequência, sua periculosidade" (RHC n. 107.238/GO, relator Ministro Antonio Saldanha Palheiro, Sexta Turma, julgado em 26/2/2019, *DJe* 12/3/2019). 4. "Tendo o agravante permanecido preso durante todo o processo, não deve ser permitido o recurso em liberdade, especialmente porque, inalteradas as circunstâncias que justificaram a custódia, não se mostra adequada a soltura dele depois da condenação em primeiro grau" (AgRg no HC n. 742.659/SP, relator Ministro Joel Ilan

---

5   STJ, REsp 1.705.149/RJ, 3ª S., Rel. Min. Sebastião Reis Júnior, *DJe* 13-8-2018.

PARTE V – DA PRÁTICA DO ATO INFRACIONAL

Paciornik, Quinta Turma, julgado em 16/8/2022, *DJe* de 22/8/2022). 5. Agravo regimental desprovido[6] (negrito nosso).

Tormentoso ponto no tema aqui em estudo diz respeito à idade fixada pelo legislador para a imputabilidade penal. A idade de 18 anos tem sido muito criticada e apontada como insuficiente para dar conta das demandas da sociedade moderna.

A questão suscita intensas controvérsias em todos os ângulos sob os quais é vista. O direito de votar e a aceleração do desenvolvimento psíquico da população infantojuvenil na atualidade são argumentos rotineiros no debate, que gradativamente se robustece.

No que toca à incongruência legislativa supostamente existente na possibilidade de o adolescente votar ao completar 16 anos e na paralela impossibilidade de este mesmo jovem responder pelos seus atos perante o direito penal, vê-se que este raciocínio é frágil porque não avalia a questão com toda a amplitude necessária.

Primeiramente, vale realçar que a responsabilização na área penal não é a única apta a cobrar de infratores a prestação de contas quanto aos seus atos. Em nosso sistema, vários tipos de responsabilização são previstos, como, por exemplo, os decorrentes da seara administrativa, da cível e o de que ora se cuida, emergente da apuração da prática de ato infracional por adolescente. Se este sistema se apresenta enfraquecido, esta é outra vertente do problema que merece contínuo aprofundamento em sua apreciação, tanto pela sociedade quanto pelos Poderes constituídos.

Outrossim, se é certo que o jovem pode votar, também não resta dúvida de que não é obrigado a fazê-lo. A facultatividade do voto juvenil se ajusta às dimensões do Brasil, onde muitos destes adolescentes nem sequer imaginam que detêm este poder ou mesmo calculam a força que reside em tal ato cívico.

Observa-se que a fixação legal da idade a partir da qual o adolescente responde no âmbito penal, por sua vez, não comporta flexibilização como a da facultatividade do voto entre os 16 e os 18 anos.

Como já se disse, a polêmica também se enriquece com a sustentação de que as crianças e adolescentes da atualidade se desenvolvem precocemente diante do avanço tecnológico e da velocidade com que recebem todo tipo de informações. Realmente, não se pode negar que a criança de hoje tem uma vida bastante diferente daquela usufruída no passado.

Porém, mais uma vez, não é este o cerne da questão. Em verdade, o legislador se preocupou em definir a inimputabilidade tomando por base a possibilidade de absorção às mudanças propostas durante o cumprimento de uma medida socioeducativa.

Foi a permeabilidade do adolescente no sentido da sociabilização que determinou a idade legalmente fixada. Considerou-se, assim, que é a chegada à fase adulta

---

6   STJ, AgRg no HC 785.447/MG, 6ª T., Rel. Min. Jesuíno Rissato (Desembargador convocado do TJDFT), *DJe* 15-9-2023.

que proporciona o engessamento de ideias e de personalidade, de molde a dificultar sobremaneira o alcance do poder estatal de redirecionar o comportamento do indivíduo sob o ângulo pedagógico.

Em harmonia com este raciocínio, veja-se que a educação básica, nos termos em que dispõe o art. 21, I, da Lei de Diretrizes e Bases da Educação Nacional (Lei n. 9.394/96), compreende a educação infantil, o ensino fundamental e o ensino médio. Atente-se para o fato de que a idade de regular conclusão do ensino médio é a de 18 anos incompletos, o que está em perfeita sintonia com a prevista para a possibilidade do início da ingerência do sistema socioeducativo.

Ora, se a legislação considera que o sujeito ainda é passível de ser educado nos bancos escolares, logicamente também precisa conferir-lhe ensejo para o recebimento de medida que possua caráter preponderantemente pedagógico.

Acerca do assunto, João Batista Costa Saraiva[7] pondera:

> Outro ponto objeto da argumentação pelo rebaixamento diz respeito ao discernimento. De que o jovem de hoje, mais informado, amadurece mais cedo. Ninguém discute a maior gama de informações ao alcance dos jovens. A televisão hoje invade todos os lares com suas informações e desinformações, trazendo formação e deformação. [...] O que cabe aqui examinar é a modificabilidade do comportamento do adolescente, e sua potencialidade para beneficiar-se dos processos pedagógicos, dada sua condição de pessoa em desenvolvimento. O Brasil já mandou para o sistema penitenciário suas crianças. O País já adotou o critério do discernimento para fixação da imputabilidade e o abandonou por injusto, antigarantista, arbitrário e discricionário. O jovem do início do século XIX, quando a idade penal era aos sete anos, ou de 1890, quando o País adotava um critério biopsicológico entre nove e quatorze anos, teria maior ou menor discernimento que hoje? A evolução para uma atenção diferenciada, em um País em que as diferenças sociais são abissais, com a adoção de um sistema de responsabilidade penal juvenil, revela-se uma evolução de política criminal, que não admite retrocessos. Na verdade, o argumento dos arautos do rebaixamento se faz falacioso. O Estatuto oferece amplos mecanismos de responsabilização destes adolescentes infratores, e, o que se tem constatado, em não raras oportunidades, é que, enquanto o coautor adolescente foi privado de liberdade, julgado e sentenciado, estando em cumprimento de medida, seu parceiro imputável muitas vezes sequer teve seu processo em juízo concluído, estando frequentemente em liberdade.

Portanto, se o sistema está enfraquecido, o que cabe é não só uma análise sobre a necessidade de reformulação legislativa, mas também um reordenamento dos investimentos públicos nas políticas de atenção à proteção especial; a efetiva aplicação do ECA (inclusive afastando-se interpretações pautadas exclusivamente em

---

7   SARAIVA, João Batista Costa. *Compêndio de direito penal juvenil*: adolescente e ato infracional. 4. ed. rev. e atual. Porto Alegre: Livraria do Advogado, 2010, p. 54-55.

PARTE V – DA PRÁTICA DO ATO INFRACIONAL

teoria estéril), simultaneamente ao efetivo cumprimento dos princípios da municipalização do atendimento e da prioridade absoluta dos direitos das crianças e dos adolescentes em todos os setores.

Sobre a matéria, o Conanda expediu nota pública que esgota o que se pretende aqui esboçar. A referida nota segue abaixo transcrita, na íntegra, em face da relevância do seu conteúdo[8]:

CONSELHO NACIONAL DOS DIREITOS DA CRIANÇA E DO ADOLESCENTE – NOTA PÚBLICA. O Conselho Nacional dos Direitos da Criança e do Adolescente (Conanda), principal órgão do sistema de garantias dos direitos da infância e juventude do país, vem expressar sua solidariedade com a família do menino João Hélio Fernandes Vieites, de 6 anos, brutalmente assassinado no Rio de Janeiro. Repudiamos totalmente a violência que vitimou a criança, sua família, o Estado e toda a sociedade brasileira. Preocupado com o debate que cresce no país para discutir a redução da idade penal, o Conanda se insere nessa discussão, destacando alguns pontos para reflexão pela sociedade brasileira: – *Não há dados que comprovem que o rebaixamento da idade penal reduz os índices de criminalidade juvenil. Ao contrário, o ingresso antecipado no falido sistema penal brasileiro expõe os adolescentes a mecanismos reprodutores da violência, como o aumento das chances de reincidência, uma vez que as taxas nas penitenciárias ultrapassam 60% enquanto no sistema socioeducativo se situam abaixo de 20%;* – A maioria dos delitos que levam os adolescentes à internação não envolve crimes contra a pessoa e, assim sendo, utilizar o critério da faixa etária penalizaria o infrator com 16 anos ou menos, que compulsoriamente iria para o sistema penal, independente da gravidade do ato; – *A redução da idade penal não resolve o problema da utilização de crianças e adolescentes no crime organizado. Se reduzida a idade penal, estes serão recrutados cada vez mais cedo;* – É incorreta a afirmação de que a maioria dos países adota idade penal inferior a 18 anos. Pesquisa realizada pela ONU (Crime Trends) aponta que em apenas 17% das 57 legislações estudadas a idade penal é inferior a 18 anos; – Por outro lado, é errônea a ideia de que o problema da violência juvenil em nosso país é mais grave uma vez que a participação de adolescentes na criminalidade é de 10% do total de infratores (pesquisa do Ilanud). No Brasil, o que se destaca é a grande proporção de adolescentes assassinados (entre os primeiros lugares no ranking mundial), bem como o número elevado de jovens que crescem em contextos violentos. Todavia, ciente de que as regras do Estatuto da Criança e do Adolescente em matéria infracional eram insatisfatórias para dar conta das novas demandas, o Conanda aprovou em 2006, após um longo debate, duas novas referências. De um lado, temos hoje o Sistema Nacional de Atendimento Socioeducativo (Sinase), que

---

8   Essa nota está disponível em: <https://site.mppr.mp.br/crianca/Pagina/CONANDA--Nota-Publica-sobre-Reducao-da-Maioridade-Penal>. Acesso em: 4 out. 2024. A posição do Conanda foi ratificada por meio de nota expedida também em 2016, que está disponível em: <https://www.gov.br/mdh/pt-br/sdh/noticias/2016/junho/conanda-reitera-posicao-contraria-a-reducao-da-maioridade-penal>. Acesso em: 4 out. 2024.

prevê novas diretrizes de funcionamento para a internação e cumprimento de medidas socioeducativas em meio aberto. De outro, foi elaborado o Projeto de Lei de Execução de Medidas Socioeducativas, em análise no Executivo. Sendo assim, o Conanda propõe: – a urgente apreciação do Projeto de Lei de Execução de Medidas Socioeducativas no Executivo e, a seguir, no Parlamento; – a garantia dos esforços dos governos em seus diferentes níveis na implementação do Sinase, *em especial na devida dotação orçamentária para as ações de reordenamento das unidades de internação a fim de atender aos novos parâmetros pedagógicos e arquitetônicos, além da ênfase na descentralização e na municipalização das medidas socioeducativas em meio aberto; – o reforço das políticas públicas da infância e da adolescência, através do não contingenciamento de orçamentos na área e da urgente ampliação orçamentária nos Planos Plurianuais de cada nível do governo com vistas à efetivação do Estatuto da Criança e do Adolescente.* Acima de tudo, o Conanda defende o debate ampliado para que o Brasil não conduza mudanças em sua legislação sob o impacto dos acontecimentos e das emoções. Neste sentido, o Conselho instituiu uma comissão para acompanhar as propostas que tramitam no Congresso Nacional e estará realizando uma Assembleia Extraordinária nos próximos dias para analisar alternativas legais, colocando-se à disposição do Parlamento e de toda a sociedade brasileira para aprofundar esta reflexão. Brasília, 16 de fevereiro de 2007.

Posteriormente, foi promulgada a Lei n. 12.594, em 18 de janeiro de 2012, instituindo o Sistema Nacional de Atendimento Socioeducativo (Sinase) e regulamentando a execução das medidas destinadas a adolescentes que pratiquem ato infracional. A referida lei prevê a distribuição de responsabilidades e a atuação integrada dos entes da federação para a implementação dos planos, políticas e programas específicos de atendimento ao adolescente em conflito com a lei.

O sistema instituído pela referida legislação tem os objetivos elencados no art. 19, os quais vieram ao encontro do proposto pelo Conanda. São eles: contribuir para a organização da rede; assegurar o conhecimento rigoroso sobre as ações do sistema socioeducativo e seus resultados; promover a melhora na qualidade da gestão e do atendimento e disponibilizar as respectivas informações.

Encontra-se em apreciação na Câmara dos Deputados o PL n. 2.517/2015 (apensado ao PL n. 4.020/2020), que, em suma, mantém a inimputabilidade dos adolescentes com 18 anos incompletos e institui regime especial de atendimento nas hipóteses de atos infracionais análogos a crimes hediondos, praticados mediante violência ou grave ameaça, ampliando para estes o prazo máximo de internação em até dez anos.

Diante da relevância da questão em tela no cenário nacional, um grupo de membros do Ministério Público do Estado do Rio de Janeiro apresentou contribuição à relatoria da Comissão da Infância e Juventude da Câmara dos Deputados no sentido de promover emendas ao aludido projeto, visando ao aperfeiçoamento deste.

A proposta elaborada pelos membros do *Parquet* fluminense sugeriu o acréscimo do estabelecimento de um prazo mínimo de permanência do jovem no sistema

PARTE V – DA PRÁTICA DO ATO INFRACIONAL

socioeducativo, a fim de viabilizar, por um lado, a proporcionalidade entre a conduta e a responsabilização e, por outro, o efetivo acompanhamento da sua reinserção social, atendendo aos princípios da individualização da medida e do devido processo legal.

No entanto, o momento ainda é de indefinição legislativa em relação ao tema, sendo certo que o desafio da efetiva implementação do Estatuto da Criança e do Adolescente é cotidianamente enfrentado pelos órgãos dos sistemas de justiça e de garantia de direitos.

1.2. Ato infracional praticado por criança

Com relação às crianças, ou seja, às pessoas de até 12 anos de idade incompletos, que cometem infrações análogas às penais, o Estatuto da Criança e do Adolescente as excluiu da aplicação de medida socioeducativa, determinando, no seu art. 105, que ao ato infracional praticado por criança corresponderão as medidas de proteção previstas no art. 101, que podem ser aplicadas isolada ou cumulativamente (art. 99 do ECA).

Não estabeleceu o Estatuto um procedimento específico para a apuração do ato infracional praticado por criança, deixando claro apenas que cabe ao Conselho Tutelar, e não ao juízo da infância e juventude, o atendimento e a aplicação das medidas de proteção que se afigurarem mais adequadas, na forma do disposto no art. 136, I, do ECA.

Questão prática que se apresenta é aquela referente a qual órgão caberia, então, a atividade investigatória necessária à elucidação dos fatos nestas hipóteses, já que os conselhos tutelares não têm atribuição policial, nem estão devidamente aparelhados para o exercício deste tipo de função. Neste ponto é de ser adotada a argumentação de Murillo José Digiácomo[9] para quem:

> Também não quis o legislador – *a contrario sensu* do disposto no art. 136, da Lei n. 8.069/90 – que a "investigação" acerca da prática do ato infracional *atribuído* a uma criança ficasse sob a responsabilidade do Conselho Tutelar, até porque *não previu qualquer procedimento* para tanto (o procedimento previsto nos arts. 171 a 190, da Lei n. 8.069/90 é aplicável apenas a *adolescentes*), nem incluiu tal atividade "investigatória" no rol de atribuições deste órgão. [...] Assim sendo, fica mais do que evidenciado que, *em hipótese alguma, pode o Conselho Tutelar substituir o papel da polícia judiciária na completa investigação de infrações penais*, notadamente em se tratando de crimes de ação penal pública incondicionada, ainda que tenham sido estes *inicialmente atribuídos* a crianças. Tal asser-

---

9   DIGIÁCOMO, Murillo José. Criança acusada da prática de ato infracional: como proceder. Disponível em: <https://site.mppr.mp.br/sites/hotsites/arquivos_restritos/files/documento/2023-01/criancaacusadadapraticadeatoinfracional.pdf>. Acesso em: 4 out. 2024.

tiva é válida mesmo quando ocorrer a apreensão em flagrante de criança acusada da prática de ato infracional, pois ainda assim não será possível descartar, de antemão, a coautoria ou participação de imputáveis (ou adolescentes) no evento, que cabe à *autoridade policial* investigar (itálico no original).

É de ser salientado, no entanto, que o Conselho Tutelar, em que pese, nessas hipóteses, ser o destinatário dos elementos colhidos pela autoridade policial em sede investigatória, não fica adstrito às conclusões dali advindas, uma vez que para a aplicação das medidas protetivas é suficiente a caracterização de ameaça ou violação aos direitos da criança, seja em razão da sua conduta ou não, na forma do art. 98 do Estatuto.

A Lei n. 12.010/2009 acrescentou parágrafo único ao art. 100 do ECA, dispondo detalhadamente acerca dos princípios que regem a aplicação das medidas, entre eles os da proteção integral e prioritária, da responsabilidade primária e solidária do poder público, os da intervenção precoce e mínima e o da responsabilidade parental

1.3. Ato infracional e indisciplina escolar

Assunto que vem despertando o interesse de profissionais das áreas da educação e da infância e juventude é o concernente à distinção entre o ato infracional e o ato de indisciplina no meio escolar, bem como suas repercussões.

A diferenciação é realmente importante, por várias razões. A uma, porque as providências a serem tomadas em cada caso serão distintas; a duas, para que não sejam levadas a registros de ocorrência em sede policial situações indevidas; a três, a fim de resguardar a autoridade da escola; e a quatro, para que não ocorram omissões nos casos onde se faz indispensável a intervenção das demais instâncias competentes.

A literatura sobre o tema está em franca expansão e, partindo-se das definições contidas no item 1, acima, relembra-se que ato infracional é, exclusivamente, a conduta descrita como crime ou contravenção penal (art. 103 do ECA). Portanto, para sua caracterização é preciso que a ação do infrator esteja previamente disposta na legislação penal em vigor, em obediência ao princípio constitucional da legalidade, com o objetivo de prevenir excessos e garantir a estabilidade social.

Cabe agora delimitar o ato de indisciplina no meio escolar. Nesse aspecto, é interessante começar com a contribuição de Luiz Antonio Miguel Ferreira[10]:

> [...] a primeira conclusão a se chegar é que *nem todo ato indisciplinar corresponde a um ato infracional*. A conduta do aluno pode caracterizar uma indisciplina que não corresponda a uma infração prevista na legislação. O conceito de indisciplina é mais tormentoso. [...] O ato infracional é perfeitamente identificável na legislação vigente. Já o ato indisciplinar deve ser regulamentado nas normas

---

10 FERREIRA, Luiz Antonio Miguel. *O Estatuto da Criança e do Adolescente e o professor*: reflexos na sua formação e atuação. São Paulo: Cortez, 2008, p. 68-69.

PARTE V – DA PRÁTICA DO ATO INFRACIONAL

que regem a escola, assumindo o regimento escolar papel relevante na questão. O conhecimento desta diferenciação pelo professor pode levá-lo ao melhor encaminhamento das situações que ocorrem na sala de aula, visando à diminuição dos conflitos existentes (itálico nosso).

Indisciplina é a falta de obediência às regras e aos superiores do meio escolar, e na própria escola precisa ser tratada. Levar um ato de indisciplina para esferas exteriores é enfraquecer a instituição escolar. É relegá-la à posição de mera expectadora dos acontecimentos, o que só contribui para fomentar o descrédito dos estudantes na direção e na equipe pedagógica, sendo um desserviço à sociedade.

Como o ato de indisciplina não se constitui em violação das leis penais, não comporta encaminhamento do aluno adolescente à delegacia de polícia para registro de ocorrência.

Já se viu que o imprescindível é a existência de um regimento nas escolas que subsidie a direção na adoção das medidas internas necessárias ao enquadramento da conduta do aluno às sanções que lhes poderão ser impostas pela própria instituição de ensino.

Realce deve ser conferido ao alentado estudo de Jadir Cirqueira de Souza[11] sobre o tema, no qual bem alertou que:

> Uma das medidas interessantes e democráticas, e que reduziria a indisciplina seria, no começo de cada ano letivo, que todos discutissem os termos do Regimento Interno, inclusive os casos de aplicação e as formas de punição, uma vez que, a partir do conhecimento, muitas situações graves seriam evitadas e/ou pelo menos, minimizadas. Aliás, melhor seria que o Regimento Interno, antes de ser aprovado e imposto, que fosse discutido pela própria escola, com alunos, pais, professores, direção e especialistas, inclusive o Ministério Público. Enfim, a qualidade do cumprimento da disciplina, dentro das escolas, reduziria, e muito, os possíveis atos infracionais.

Aduza-se que, para além dos Regimentos Internos, hoje já se vem implementando os denominados "Códigos de Conduta", "Constituições Escolares" ou "Planos de Convivência Escolar", que promovem não a simples punição dos comportamentos indevidos, mas sim o desenvolvimento dos adequados ao ambiente educativo.

Nesta linha de raciocínio, os gestores públicos devem estimular a construção democrática do plano de convivência escolar nos seus sistemas de ensino, a serem elaborados com a participação de professores, funcionários, pais/responsáveis e estudantes. Tudo com o fim de estabelecer parâmetros de conduta desejáveis e aceitáveis

---

11 SOUZA, Jadir Cirqueira de. Refém da violência escolar: como reagir? Centro de Aperfeiçoamento Funcional do MPMG, Belo Horizonte-MG, p. 1-45, 1º ago. 2007, p. 27. Disponível em: <https://silo.tips/download/refem-da-violencia-escolar-como-reagir>. Acesso em: 4 out. 2024.

no meio educacional, bem como as consequências internas da não observação desses critérios.

Assim, se a hipótese cuidar de ato de indisciplina, a questão deverá ser resolvida exclusivamente no âmbito escolar, de acordo com as normas internas que regem o assunto.

Verificado, na prática, que o ocorrido está além das previsões escolares e que alcançou a normativa penal, se configurando como ato infracional na forma já delineada, a providência a ser adotada é o devido encaminhamento da situação às autoridades competentes, integrantes do sistema de garantias dos direitos da criança e do adolescente, uma vez que sua apreciação transborda dos limites da atuação educacional, necessitando ser externada.

Para os atos infracionais cometidos por crianças (até 12 anos incompletos, segundo o art. 2º do ECA), é o Conselho Tutelar que deverá ser acionado, na forma do art. 105 c/c o art. 136 do ECA. Em se tratando de adolescente (aluno com idade de 12 até 18 anos incompletos, segundo o art. 2º do ECA), a providência correta é a de levar os fatos ao conhecimento da autoridade policial.

Certo é, portanto, que a conduta do aluno sempre deverá receber a resposta adequada e proporcional ao que cometeu, seja no meio escolar, seja na seara jurídica.

Esta é a única forma para que sejam evitados excessos e omissões, ambos extremamente prejudiciais tanto ao desenvolvimento do autor do fato quanto à própria sociedade, que acaba se tornando refém do sentimento de impunidade.

Deste modo, diligências devem ser adotadas para resguardar que os profissionais da educação sejam esclarecidos quanto ao importante papel que desempenham ao levar os casos definidos como ato infracional à apreciação das instâncias legalmente estabelecidas como aptas ao processo de responsabilização, necessário à aplicação das medidas protetivas e socioeducativas.

Estabelecidas tais premissas, ressalte-se que todo o presente capítulo tem como foco o estudo do ato infracional praticado por adolescente e suas consequências, bem como as fases de atuação das autoridades às quais competem o respectivo processamento. Quanto ao ato infracional praticado por criança, a análise foi realizada no item 1.2, acima.

Aqui cabe salientar que, com a Lei do Sinase, receberam primazia os meios de autocomposição de conflitos e as práticas ou medidas restaurativas, conferindo-se caráter excepcional à intervenção judicial e à imposição de medidas aos adolescentes autores de atos infracionais (art. 35, II e III).

De especial valia a utilização de tais instrumentos para a resolução das contendas ocorridas no meio escolar, nas quais, em regra, autores e vítimas continuam a conviver diariamente. A restauração dessas relações com a efetiva participação dos envolvidos é medida de verdadeira pacificação social e deve ser incentivada tanto pelas escolas quanto pelos operadores do sistema jurídico.

PARTE V – DA PRÁTICA DO ATO INFRACIONAL

2. DIREITOS INDIVIDUAIS (ARTS. 106 A 109 DO ECA)

Nos arts. 106 a 109 da Lei n. 8.069/90 estão previstos os direitos individuais do autor de ato infracional, os quais devem ser examinados em conjunto com os arts. 171 a 190 da mesma lei, que tratam da apuração de ato infracional atribuído a adolescente[12].

A norma do art. 106 do Estatuto, de que nenhum adolescente será privado de sua liberdade senão em flagrante de ato infracional ou por ordem escrita e fundamentada da autoridade judiciária competente (juiz da infância e juventude), está em simetria com os direitos de ir e vir, a liberdade individual e a legalidade da prisão, conforme previsto no art. 5º, LXI, da Constituição Federal, podendo, em caso de desobediência, ser o responsável punido com pena de detenção de 6 meses a 2 anos, na forma do art. 230 do ECA.

Ao adolescente em conflito com a lei outorga, ainda, o § 2º do mencionado art. 106 o direito à identificação dos responsáveis pela sua apreensão, com a devida informação acerca de seus direitos, obedecendo, assim, a norma constitucional do art. 5º, LXIII e LXIV.

Por sua vez, imediatamente a família do adolescente ou pessoa por este indicada deve ter ciência da sua apreensão, bem como se fazendo necessária a comunicação do flagrante do ato infracional ao juiz da Vara da Infância e da Juventude ou ao juiz de plantão, nos finais de semana e feriados, sob pena de ser considerada ilegal a restrição à sua liberdade (art. 107 do ECA, c/c o art. 5º, LXII, da CF).

A falta de comunicação imediata da apreensão do adolescente, na forma acima mencionada, configura o crime previsto no art. 231 do ECA, punido com detenção de 6 meses a 2 anos de prisão.

Paralelamente a tais providências deve a autoridade policial apreciar a possibilidade de entrega do jovem aos pais ou responsáveis, sob termo de compromisso de apresentação ao Ministério Público no primeiro dia útil imediato, exceto quando se tratar de ato infracional passível de aplicação de medida restritiva de liberdade em sede provisória (art. 107, parágrafo único, do ECA, c/c o art. 5º, LXV, da CF).

É de ser salientada a importância dessa apreciação, já que a autoridade policial pode ser responsabilizada, nos termos do art. 234 do ECA, se mantiver o adolescente privado de liberdade após ter constatado a ilegalidade da sua apreensão.

---

12 Saliente-se que, por força do disposto no § 2º do art. 5º da Constituição Federal, os direitos e garantias expressos nos tratados e convenções internacionais têm força coercitiva para os Estados Signatários, inclusive o Brasil, sendo, portanto, aconselhável um estudo simultâneo desses dispositivos com os do Estatuto da Criança e do Adolescente, destacando-se a Convenção sobre os Direitos da Criança, as Regras Mínimas das Nações Unidas para a Administração da Justiça da Infância e da Juventude (Regras de Beijing), as Diretrizes das Nações Unidas para a Prevenção da Delinquência Juvenil (Diretrizes de Riad) e as Regras Mínimas das Nações Unidas para a Proteção dos Jovens Privados de Liberdade.

Outro direito que o Estatuto conferiu ao adolescente em conflito com a lei foi o de que o prazo de sua internação, até que seja proferida a sentença, não pode ultrapassar 45 dias. A não observância desse prazo, injustificadamente, configura o crime previsto no art. 235 do ECA, com pena de detenção de 6 meses a 2 anos.

Esse direito se encontra estampado no art. 108 do ECA, que estabelece, ainda, os requisitos para a decretação da privação da liberdade naquela fase processual.

Segundo o determinado no parágrafo único do art. 108, deve a autoridade judiciária, para o decreto de internação provisória, basear-se na necessidade imperiosa da medida e na presença de indícios mínimos de autoria e materialidade do ato infracional.

Em uma interpretação sistemática, concatenada com o art. 174, última parte, do ECA, emerge a necessidade de que neste ato observe, ainda, a autoridade judiciária, a gravidade do fato e sua repercussão social, velando pela garantia da segurança pessoal do adolescente ou pela manutenção da ordem pública.

No Capítulo dos Direitos Individuais, o art. 109 do Estatuto da Criança e do Adolescente prevê, em consonância com o art. 5º, LVIII, da Constituição Federal, que o adolescente civilmente identificado não será submetido à identificação compulsória pelos órgãos policiais, de proteção e judiciais, ressalvando a hipótese de necessidade de confrontação dos dados, havendo dúvida fundada.

Tarcísio José Martins Costa[13] esclarece:

> A nosso ver agiu acertadamente o legislador ordinário. Somente quem vive o dia a dia dos Juizados da Infância e da Juventude de nossas maiores cidades pode avaliar as enormes dificuldades enfrentadas no trabalho de identificação dos muitos adolescentes infratores que lhes são encaminhados (em Belo Horizonte, 350 a 400 por mês). A grande maioria renega o próprio nome. Em cada instituição por onde passam, especialmente nas Delegacias e Juizados, forjam um nome diferente. Frequentemente, maiores de 18 ou 21 anos se fazem passar por adolescentes. Quando portam alguma identificação civil (carteira de identidade ou certidão de nascimento) – uma minoria, diga-se de passagem – os documentos são geralmente falsos (furtados) ou adulterados. Comuníssimo o uso de uma carteira de identidade ou certidão de nascimento de um irmão menor. Essa adulteração, além de funcionar como um mecanismo de proteção, evidencia o desejo de anonimato para a prática reiterada de atos infracionais, que a própria vida lhes impõe, e, consequentemente, fugir das consequências legais decorrentes dessas transgressões.

Já no art. 124 do ECA estão elencados os direitos individuais do socioeducando privado de liberdade, tendo a Lei do Sinase, no art. 49, detalhado o tema no que toca ao adolescente submetido ao cumprimento de medidas socioeducativas de modo geral.

---

13 COSTA, Tarcísio José Martins. *Estatuto da Criança e do Adolescente comentado*. Belo Horizonte: Del Rey, 2004, p. 223.

PARTE V – DA PRÁTICA DO ATO INFRACIONAL

O art. 50 da referida lei disciplinou o direito individual à saída monitorada do jovem inserido em programa restritivo de liberdade nas hipóteses de tratamento médico, doença grave ou falecimento de pai, mãe, filho, cônjuge, companheiro ou irmão, sem prejuízo do disposto no § 1º do art. 121 do ECA.

No art. 51, foi assegurado, ainda, que as decisões judiciais relativas à execução de medida socioeducativa serão proferidas após a manifestação do defensor e do Ministério Público.

Cabe destacar o art. 124, XI, do ECA, que assegura ao jovem privado de liberdade o direito à escolarização e profissionalização, em harmonia com o disposto nos arts. 227, 206, I e II, e 208, I e V, todos da Constituição da República.

A não observância do aludido dispositivo poderá acarretar a distribuição da ação de responsabilidade prevista no inciso VIII do art. 208 do ECA.

Muitos debates têm ocorrido na prática por conta das dificuldades dos sistemas de ensino em tornar efetivo esse direito.

Questiona-se, por exemplo, a ausência de proposta que atenda às especificidades desse público e a automática matrícula dos socioeducandos na modalidade de Educação de Jovens e Adultos, a qual se direciona àqueles que não tiveram acesso ou continuidade de estudos no ensino fundamental e médio na idade própria (art. 37 da Lei de Diretrizes e Bases da Educação).

A idade mínima para o ingresso na Educação de Jovens e Adultos é determinada pelos arts. 5º e 6º da Resolução CNE/CEB n. 03/2010, sendo de 15 anos completos para o ensino fundamental e de 18 anos para o ensino médio.

Outro ponto a ser enfrentado é o da inserção dos adolescentes em cumprimento de medida socioeducativa na rede pública de educação em qualquer fase do período letivo, contemplando as diversas faixas etárias e níveis de instrução.

Observe-se que o prazo para garantir a providência acima referida já se esgotou, conforme se depreende do art. 82 da Lei do Sinase[14]. Assim, os casos de eventual descumprimento das referidas determinações sujeitam os responsáveis às medidas do art. 28 daquela legislação[15].

---

14 "Art. 82. Os Conselhos dos Direitos da Criança e do Adolescente, em todos os níveis federados, com os órgãos responsáveis pelo sistema de educação pública e as entidades de atendimento, deverão, no prazo de 1 (um) ano a partir da publicação desta Lei, garantir a inserção de adolescentes em cumprimento de medida socioeducativa na rede pública de educação, em qualquer fase do período letivo, contemplando as diversas faixas etárias e níveis de instrução."

15 "Art. 28. No caso do desrespeito, mesmo que parcial, ou do não cumprimento integral às diretrizes e determinações desta Lei, em todas as esferas, são sujeitos:
I – gestores, operadores e seus prepostos e entidades governamentais às medidas previstas no inciso I e no § 1º do art. 97 da Lei n. 8.069, de 13 de julho de 1990 (Estatuto da Criança e do Adolescente); e

Certo é que o acesso à educação é essencial para a reinserção do jovem e integra a medida socioeducativa, ficando esvaziada a proposta legal se este direito não se efetiva[16].

Na ocasião, a matéria foi objeto de análise pelo Ministério da Educação, que expediu a Nota Técnica n. 38/2013, orientando as Secretarias Estaduais de Educação para a implementação da Lei do Sinase.[17]

Por outro lado, cabe registrar a importância de que as escolas em geral, e especialmente as situadas em entidades socioeducativas, desenvolvam projeto político-pedagógico fundamentado no protagonismo juvenil, no Plano Nacional de Educação em Direitos Humanos e na Resolução CNE/CP n. 1/2012, que estabelece Diretrizes Nacionais para a Educação em Direitos Humanos. É também interessante lembrar que a Lei n. 12.852, de 5 de agosto de 2013, instituiu o Estatuto da Juventude e dispôs sobre os direitos dos jovens, assim definidos os que contam com idade entre 15 e 29 anos.

Àqueles que possuam entre 15 e 18 anos de idade continua sendo aplicada a Lei n. 8.069/90 e, excepcionalmente, o Estatuto da Juventude, quando não conflitar com as normas de proteção integral do adolescente[18].

Os arts. 7º a 13 da Lei n. 12.852 versam sobre o direito à educação dos jovens, cabendo aqui destacar o estabelecido no art. 12:

> É garantida a participação efetiva do segmento juvenil, respeitada sua liberdade de organização, nos conselhos e instâncias deliberativas de gestão democrática das escolas e universidades.

Já o inciso XI do art. 3º do referido Estatuto previu o dever de que os agentes públicos ou privados, envolvidos com políticas públicas de juventude, zelem pelos direitos dos jovens com idade entre 18 e 29 anos privados de liberdade e egressos

---

II – entidades não governamentais, seus gestores, operadores e prepostos às medidas previstas no inciso II e no § 1º do art. 97 da Lei n. 8.069, de 13 de julho de 1990 (Estatuto da Criança e do Adolescente).

Parágrafo único. A aplicação das medidas previstas neste artigo dar-se-á a partir da análise de relatório circunstanciado elaborado após as avaliações, sem prejuízo do que determinam os arts. 191 a 197, 225 a 227, 230 a 236, 243 e 245 a 247 da Lei n. 8.069, de 13 de julho de 1990 (Estatuto da Criança e do Adolescente)."

16 Sobre o assunto, vale consultar: PADOVANI, Andréa Sandoval; RISTUM, Marilena. A escola como caminho socioeducativo para adolescentes privados de liberdade. *Educ. Pesqui.*, São Paulo, v. 39, n. 4, p. 969-984, out./dez. 2013. Disponível em: <http://www.revistas.usp.br/ep/article/view/73060/76622>. Acesso em: 4 out. 2024.

17 Ministério da Educação – Nota Técnica n. 38/2013. Disponível em: <http://ens.ceag.unb.br/sinase/ens2/images/conteudo/nota%20te%CC%81cnica%2038%20_%20sinase.pdf>. Acesso em: 4 out. 2024.

18 Sobre os efeitos da prioridade absoluta conferida pela EC 65/2010 aos direitos dos jovens, confira-se: GARCIA, Emerson. A coexistência de absolutas prioridades e o sistema brasileiro de proteção à infância e à juventude. Disponível em: <https://www.mprj.mp.br/documents/20184/1904621/Emerson_Garcia.pdf>. Acesso em: 4 out. 2024.

PARTE V – DA PRÁTICA DO ATO INFRACIONAL

do sistema prisional, formulando políticas de educação e trabalho, incluindo estímulos à sua reinserção social e laboral.

Em relação à oferta de educação nos estabelecimentos penais vigora a Resolução n. 2/2010 da Câmara de Educação Básica do Conselho Nacional de Educação.

Já as diretrizes nacionais para o atendimento escolar de adolescentes e jovens em cumprimento de medidas socioeducativas foram estabelecidas por meio da Resolução n. 3, de 13 de maio de 2016, da Câmara de Educação Básica do Conselho Nacional de Educação. No referido ato normativo cabe destaque para o art. 7º e seus parágrafos, que asseguram a matrícula do estudante em cumprimento de medidas socioeducativas a qualquer tempo, sem a imposição de qualquer forma de embaraço, preconceito ou discriminação e independentemente da apresentação de documento de identificação pessoal.

Por seu turno, a Lei do Sinase, nos arts. 76 a 80, estabeleceu instrumentos de capacitação para o trabalho, especialmente no chamado "Sistema S" (Senai, Senac, Senar e Senat), devendo os referidos estabelecimentos disponibilizarem vagas de aprendizes aos socioeducandos.

3. GARANTIAS PROCESSUAIS (ARTS. 110 E 111 DO ECA)

O art. 110 da Lei n. 8.069/90 prevê a garantia constitucional do *due process of law* (art. 5º, LIV, da CF), ao dispor que: "Nenhum adolescente será privado de sua liberdade sem o devido processo legal".

Dessa forma, para a aplicação de medida que importe na privação de liberdade é necessária a observância das normas do devido procedimento especial regulado pelo Estatuto da Criança e do Adolescente, ressaltando-se que devem ser respeitadas as garantias processuais previstas no art. 111 do Estatuto, qualquer que seja a medida socioeducativa que venha a se afigurar como mais adequada ao caso concreto.

As garantias dos incisos I, II e III do artigo em estudo, do pleno e formal conhecimento da atribuição do ato infracional, por meio de citação ou outro equivalente; a da igualdade de possibilidades para as partes, com a produção de todas as provas que entenderem necessárias no curso da ação socioeducativa; e a da defesa técnica por profissional habilitado emanam da norma constitucional do art. 227, § 3º, IV, da CF.

Todo adolescente a quem se atribua a prática de ato infracional, ainda que ausente ou foragido, independentemente da gravidade da sua conduta, tem direito à defesa. Dessa forma, se não tiver defensor, ser-lhe-á nomeado um pelo juiz (art. 207 e § 1º do ECA), em respeito à garantia processual da assistência judiciária gratuita e integral aos necessitados (art. 111, IV, do ECA).

O inciso V do art. 111 é pertinente ao direito de ser ouvido pessoalmente pela autoridade competente. Segundo Péricles Prade[19]:

---

19 PRADE, Péricles. Art. 111. In: VERONESE, Josiane Rose Petry; SILVEIRA, Mayra; CURY, Munir (coord.). *Estatuto da Criança e do Adolescente comentado*: comentários jurídicos e sociais. 13. ed. rev. e atual. São Paulo: Malheiros, 2018, p. 769.

A autoridade competente, aqui, não é apenas (a) o juiz natural (ECA, art. 186), que o ouvirá quando comparecer para a apuração do ato infracional, mas (b) o representante do Ministério Público, que o entrevistará, se o desejar, ao ser privado da liberdade (ECA, art. 124, I), ouvindo-o, ainda, informalmente (ECA, art. 179), quando for apresentado, bem como (c) o defensor público (ECA, art. 141).

Por sua vez, o inciso VI assegura ao autor de ato infracional o direito de solicitar a presença de seus pais ou responsável em qualquer fase do procedimento, visando ao integral apoio familiar ao adolescente no curso da ação e durante o cumprimento da medida socioeducativa.

É de ser realçado que o CNJ, na Recomendação n. 81/2020, conferiu diretrizes para assegurar a acessibilidade das pessoas com deficiência auditiva e/ou visual no âmbito da justiça criminal e da infância e adolescência, com a disponibilização de serviços de intérprete e de equipamentos que propiciem o apoio adequado à sua comunicação, nos moldes da Lei Brasileira de Inclusão (Lei n. 13.146/2015).

Consigne-se que o § 1º do art. 49 da Lei do Sinase determina que as garantias anteriormente estudadas se aplicam integralmente na fase executória do processo socioeducativo.

Por fim, outro tópico sobre o tema ora em estudo que ganhou destaque nos debates jurídicos é o do reconhecimento fotográfico. Isso porque, após longo tempo de remansosa jurisprudência sobre o caráter recomendatório do procedimento previsto no art. 226 do CPP, o STJ, como se verá a seguir, passou a considerar obrigatório o atendimento ao rito do referido preceito legal.

> *HABEAS CORPUS.* ROUBO MAJORADO. RECONHECIMENTO FOTOGRÁFICO DE PESSOA REALIZADO NA FASE DO INQUÉRITO POLICIAL. INOBSERVÂNCIA DO PROCEDIMENTO PREVISTO NO ART. 226 DO CPP. PROVA INVÁLIDA COMO FUNDAMENTO PARA A CONDENAÇÃO. RIGOR PROBATÓRIO. NECESSIDADE PARA EVITAR ERROS JUDICIÁRIOS. PARTICIPAÇÃO DE MENOR IMPORTÂNCIA. NÃO OCORRÊNCIA. ORDEM PARCIALMENTE CONCEDIDA. [...]
>
> 12. Conclusões: 1) O reconhecimento de pessoas deve observar o procedimento previsto no art. 226 do Código de Processo Penal, cujas formalidades constituem garantia mínima para quem se encontra na condição de suspeito da prática de um crime; 2) À vista dos efeitos e dos riscos de um reconhecimento falho, a inobservância do procedimento descrito na referida norma processual torna inválido o reconhecimento da pessoa suspeita e não poderá servir de lastro a eventual condenação, mesmo se confirmado o reconhecimento em juízo; 3) Pode o magistrado realizar, em juízo, o ato de reconhecimento formal, desde que observado o devido procedimento probatório, bem como pode ele se convencer da autoria delitiva a partir do exame de outras provas que não guardem relação de causa e efeito com o ato viciado de reconhecimento; 4) O reconhecimento do suspeito por simples exibição de fotografia(s) ao reconhecedor, a par

PARTE V – DA PRÁTICA DO ATO INFRACIONAL

de dever seguir o mesmo procedimento do reconhecimento pessoal, há de ser visto como etapa antecedente a eventual reconhecimento pessoal e, portanto, não pode servir como prova em ação penal, ainda que confirmado em juízo[20].

AGRAVO REGIMENTAL NO *HABEAS CORPUS*. ROUBO MAJORADO. CONDENAÇÃO TRANSITADA EM JULGADO. SUCEDÂNEO DE REVISÃO CRIMINAL NO STJ. INADMISSIBILIDADE. AUSÊNCIA DE MANIFESTA ILEGALIDADE. NEGATIVA DE AUTORIA. RECONHECIMENTO PESSOAL E FOTOGRÁFICO. OBSERVÂNCIA DO PROCEDIMENTO PREVISTO NO ART. 226 DO CPP. RECONHECIMENTO RATIFICADO EM JUÍZO E CORROBORADO POR OUTRAS PROVAS. CONDENAÇÃO FUNDAMENTADA. DOSIMETRIA. REINCIDÊNCIA ESPECÍFICA. AGRAVO IMPROVIDO. [...] 2. Conforme a recente jurisprudência desta Corte Superior, a não observância do disposto no art. 226 do CPP, enseja a invalidade de qualquer reconhecimento formal – pessoal ou fotográfico. 3. Consta dos autos, todavia, que foi apresentado mosaico de fotografias e realizado posterior reconhecimento pessoal pela vítima, que foi convidada a descrever a pessoa a ser reconhecida e a identificou nas fotos e entre outras pessoas colocadas lado a lado, com a devida lavratura dos respectivos autos pormenorizados, pelo que se têm como preenchimentos os requisitos mínimos previstos no art. 226 do CPP. 4. Tendo o regular reconhecimento extrajudicial do acusado sido ratificado em Juízo pela vítima, sob o crivo do contraditório de ampla defesa, além de corroborado por outras provas colhidas nos autos (imagens do sistema de segurança do local e depoimentos judiciais), não se verifica manifesto constrangimento ilegal[21].

4. APURAÇÃO DO ATO INFRACIONAL (ARTS. 171 A 190 DO ECA)

O Estatuto estabeleceu um rito processual próprio para a apuração de ato infracional praticado por adolescente que é composto por três fases distintas, sendo a primeira referente à atuação policial; a segunda na esfera de atividade do Ministério Público; e a terceira na seara judicial.

4.1. Fase policial

A fase de atuação policial se inicia com a apreensão em flagrante do autor do ato infracional (art. 172 do ECA), que é encaminhado à sede policial, especializada quando houver, para a lavratura do auto. Em não sendo hipótese de flagrante, tal fase se iniciará após o registro de ocorrência, que pode ser realizado por qualquer cidadão que tenha conhecimento da conduta ilícita.

Em caso de flagrante por **ato infracional de natureza grave**, praticado mediante violência ou grave ameaça à pessoa, como, por exemplo, os de roubo, latrocínio,

---

20 STJ, HC 598.886/SC, 6ª T., Rel. Min. Rogério Schietti Cruz, *DJe* 18-12-2020.

21 STJ, AgRg no HC 647.933/SC, 6ª T., Rel. Min. Olindo Menezes (Desembargador convocado do TRF 1ª Região), *DJe* 18-6-2021. Vide também STJ, 5ª T., HC 591.920/RJ, Rel. Min. Ribeiro Dantas, *DJe* 25-6-2021.

estupro e extorsão mediante sequestro, deverá a autoridade policial adotar as providências elencadas no art. 173 do ECA.

Em se tratando de ato de natureza diversa, o auto de apreensão poderá ser substituído por boletim de ocorrência circunstanciada, sendo certo que, em ambos os casos, deve a autoridade policial fazer constar completa identificação do adolescente e dos seus pais ou responsáveis, com dados suficientes para sua posterior localização (endereços da família, telefones para contatos, escola onde estuda ou estudou, local onde exerça atividade laborativa, entre outros), bem como descrição detalhada dos fatos, oitiva do adolescente e de testemunhas devidamente qualificadas, para a configuração da autoria.

É importante destacar que, para a comprovação da materialidade do ato infracional, a autoridade policial não poderá se descurar de diligências como a juntada de laudos periciais e a apreensão de produtos e instrumentos da infração.

Conforme já mencionado no tópico referente aos direitos individuais, a apreensão do adolescente deverá ser imediatamente comunicada à autoridade judiciária competente, inclusive nos finais de semana e feriados, bem como à família do apreendido ou à pessoa por ele indicada, examinando-se a possibilidade de liberação imediata, mediante termo de compromisso e responsabilidade de apresentação ao representante do Ministério Público, nos termos dos arts. 174, c/c o art. 107 do Estatuto.

Quanto a este tema, faz-se oportuno transcrever o ensinamento de Murillo José Digiácomo[22], no que se refere à tormentosa situação prática que se vem apresentando em algumas comarcas:

> Como dentre aqueles que devem ser obrigatoriamente comunicados da apreensão do adolescente, o legislador deixou de incluir o Conselho Tutelar, é lógico concluir não há por que, de forma sistemática, seja ele acionado *sempre* que ocorrer tal apreensão, ficando é claro assegurado ao *adolescente apreendido* o direito de, se assim o desejar, na comprovada impossibilidade de comparecimento de seus pais à repartição policial, optar pela comunicação ao Conselho Tutelar ou a algum de seus membros com o qual o mesmo, pelas mais diversas razões, mantém alguma espécie de vínculo. Coisa alguma impede, porém, que *o próprio Conselho Tutelar*, na perspectiva de garantir a já mencionada integridade moral, psíquica e física de adolescentes apreendidos, *mediante deliberação de sua plenária e prévio acordo com a autoridade policial competente, por iniciativa própria* resolva realizar o referido acompanhamento sistemático, que em tal caso, por óbvio, *não irá desobrigar* a autoridade policial de, quando da apreensão, comunicar *além* do Órgão Tutelar, os pais, responsável ou, na falta destes,

---

22 DIGIÁCOMO, Murillo José. O Conselho Tutelar e o adolescente em conflito com a lei. Disponível em: <https://site.mppr.mp.br/sites/hotsites/arquivos_restritos/files/documento/2023-01/conselho_tutelar_e_adolescente_em_conflito_com_a_lei.pdf>. Acesso em: 9 out. 2024.

PARTE V – DA PRÁTICA DO ATO INFRACIONAL

terceira pessoa indicada pelo apreendido. Vale notar que *tamanha* foi a preocupação do legislador em fazer com que a autoridade policial (e não o Conselho Tutelar) efetuasse a aludida comunicação diretamente aos pais ou responsável pelo adolescente que tipificou como *crime* a *omissão* em assim proceder (cf. art. 231, da Lei n. 8.069/90). O que *não se admite* é que semelhante prática seja de qualquer modo *imposta* por *pessoa, órgão ou autoridade estranha ao Conselho Tutelar*, embora possam estes, em sentindo a necessidade, tentar junto ao Órgão Tutelar a *concordância* com a implantação de tal sistemática, haja vista que os mesmos resultados por ela pretendidos poderiam ser perfeitamente obtidos por *outros meios*, notadamente através da *criação, pelo município, de um programa específico de atendimento psicossocial a adolescentes apreendidos em flagrante de ato infracional* (como preconizado, aliás, pelo art. 88, inciso V, da Lei n. 8.069/90), que ficaria encarregado de acompanhar (mais uma vez sem prejuízo da presença dos pais, responsável ou pessoa indicada pelo jovem), todo o trâmite policial do procedimento, inclusive com a condução do jovem até sua residência, se necessário (itálico do original).

A impossibilidade de liberação será consequência da aferição relativa à natureza do ato infracional e da sua repercussão social, observando-se que, diferentemente do que dispõe o art. 173, o ECA não condicionou, no art. 174, a caracterização da gravidade da conduta do adolescente ao fato de que esta tenha sido cometida mediante violência ou grave ameaça à pessoa, o que leva à conclusão de que é preciso colher no âmbito criminal elementos para a definição daquilo que o legislador pretendeu considerar como de natureza grave, para os efeitos do mencionado art. 174 do ECA. Sobre a disciplina da internação provisória, *vide* o tópico 5.7.1.

Assim é a lição de Jurandir Norberto Marçura[23]:

> Considerando que o legislador valeu-se dos conceitos de crime e contravenção penal para definir o ato infracional (art. 103), devemos buscar na lei penal o balizamento necessário para a conceituação de ato infracional grave. Nela, os crimes considerados graves são apenados com reclusão; os crimes leves e as contravenções penais, com detenção, prisão simples e/ou multa. Por conseguinte, entende-se por grave o ato infracional a que a lei penal comina pena de reclusão.

Importante exemplificar com os atos infracionais análogos aos crimes de tráfico de drogas (Lei n. 11.343/2006) que, sendo puníveis com reclusão, já estão alcançados pelo conceito de gravidade acima delineado, independentemente de sua intrínseca essência hedionda e do fato de que, em regra, expõe seus agentes à necessidade de proteção pessoal.

---

23 MARÇURA, Jurandir Norberto. Art. 174. In: VERONESE, Josiane Rose Petry; SILVEIRA, Mayra; CURY, Munir (coord.). *Estatuto da Criança e do Adolescente comentado*: comentários jurídicos e sociais. 13. ed. rev. e atual. São Paulo: Malheiros, 2018, p. 1104.

Como não poderia deixar de ser, esta é a conclusão a que chega Marçura[24]:

> A autoridade policial também não liberará o adolescente quando se tratar de conduta capitulada no art. 12 da Lei 6.368/76 (tráfico de entorpecente) [v. art. 33 da Lei n. 11.343/2006, que revogou a Lei n. 6.368/1976] (tráfico de entorpecente), tendo em vista que se trata de crime punível com reclusão, portanto ato infracional grave, de inegável repercussão social.

Não liberado o adolescente e na impossibilidade de sua apresentação imediata ao Ministério Público, diligenciará a autoridade policial o seu encaminhamento a entidade de atendimento, que apresentará o jovem ao representante do *Parquet*, no prazo de 24 horas, nos moldes do art. 175 e seus parágrafos do ECA.

Cabe salientar que, na maioria dos casos, os municípios não contam com entidades adequadas para receber o autor do ato infracional na forma preconizada pelo § 1º do mencionado dispositivo legal, impondo-se sua manutenção na sede policial especializada, ou, na falta desta, em dependência diversa da destinada aos maiores (§ 2º do art. 175 do ECA).

Sobre o tema leciona Pedro Caetano de Carvalho[25]:

> Acreditamos que por muito tempo vai perdurar o problema da inexistência de dependência separada da destinada a maiores. Contudo, o mais importante é a estruturação de entidades de atendimento provisório, preferencialmente no Município, uma vez que nesta fase poderão se dar os diversos procedimentos como inquérito policial, representação do Ministério Público, ouvida de testemunha, audiência etc. Se o adolescente estiver na comarca terá mais facilidade de receber assistência da família e haverá agilização dos procedimentos. [...] O Estatuto, ao regulamentar os casos de não liberação do adolescente, assegurou um tratamento consentâneo com a condição peculiar de pessoa em desenvolvimento. Cabe a cada comunidade, através dos seus Conselhos Tutelares e de Direitos, e com o empenho do Poder Público, assegurar o melhor lugar para o adolescente aguardar sua apresentação ao representante do Ministério Público e à autoridade jurídica. Na medida em que a sociedade, através da participação nos Conselhos, tomar consciência que "naquele lugar" também poderão passar seus filhos, temos certeza de que todos se empenharão para que seja o melhor possível.

Sendo o adolescente liberado, ou afastada a hipótese de flagrante, mas havendo indícios de participação na prática de ato infracional, a autoridade policial encaminhará ao representante do Ministério Público cópia do auto de apreensão ou boletim de ocorrência no primeiro caso, e relatório das investigações e demais documentos, no segundo (arts. 176 e 177 do ECA).

---

24 MARÇURA, Jurandir Norberto. Op. cit., p. 1105.

25 CARVALHO, Pedro Caetano de. Art. 175. In: VERONESE, Josiane Rose Petry; SILVEIRA, Mayra; CURY, Munir (coord.). *Estatuto da Criança e do Adolescente comentado*: comentários jurídicos e sociais. 13. ed. rev. e atual. São Paulo: Malheiros, 2018, p. 1111-1112.

PARTE V - DA PRÁTICA DO ATO INFRACIONAL   1151

No que tange ao art. 178 da Lei n. 8.069/90, importante registrar que a autoridade policial deverá adotar os cuidados necessários à preservação do jovem ao ser conduzido ou transportado, sob pena de lhe ser aplicada a sanção do art. 232 do mesmo diploma legal.

4.2. Fase de atuação do Ministério Público

a) Oitiva do adolescente

Ultimadas as diligências policiais e após a autuação do boletim de ocorrência, relatório policial ou auto de infração, junto ao cartório do juízo da infância e da juventude, que deverá informar os antecedentes do adolescente apreendido, será este apresentado ao Ministério Público, iniciando-se a segunda fase do procedimento de apuração do ato infracional.

Caberá ao promotor de justiça, na forma do art. 179, *caput*, do ECA, ouvir informalmente o adolescente, indagando acerca dos fatos, do seu grau de comprometimento com a prática de atos infracionais, do cumprimento de medidas anteriormente impostas, do seu histórico familiar e social, com detalhes sobre o endereço da família, o grau de escolaridade, suas atividades profissionais, locais onde possa ser futuramente encontrado, dentre outras informações que considerar indispensáveis para avaliar qual(is) a(s) providência(s) adequada(s) à sua ressocialização.

Poderá, ainda, o membro do Ministério Público ouvir os pais ou responsável, vítima e testemunhas, visando ao melhor esclarecimento dos fatos.

Importa realçar a relevância da oitiva informal pelo *Parquet*, como o momento próprio à compreensão do contexto social em que vive o adolescente e sua família, conferindo-lhes a oportunidade de contribuir, diretamente, com a apresentação de suas perspectivas acerca da realidade e da história de vida na qual estão inseridos, indo, portanto, além da simples narrativa sobre os fatos em investigação. Esse olhar apurado do membro do Ministério Público, buscando, inclusive, entender os motivos que levaram o adolescente à prática do ato infracional, detém significativo potencial para qualificar sua decisão quanto às providências que adotará na sequência.

Sobre o momento de realização da oitiva, lecionam Vieira e Oliveira:

> A postura do(a) representante do Ministério Público deve ser equilibrada, respeitosa e imparcial para com o adolescente e seus pais ou responsável. Devem ser evitados juízos de valor sobre a personalidade e qualquer condição pessoal do(a) adolescente, da sua família e da comunidade que integram, assim como prejulgamentos ou comentários que possam ser interpretados como *etiquetamento* (rotulagem)[26].

---

26 VIEIRA, Ana Beatriz Sampaio Silva; OLIVEIRA, Márcio Rogério de. A importância da oitiva informal no procedimento de apuração de ato infracional. In: SARRUBBO, Mario Luiz; ROMANO, Michel Betenjane; MONTEIRO, Mirella de Carvalho Bauzys;

Faz-se necessário observar que, com relação ao adolescente liberado, que não é apresentado espontaneamente em obediência ao termo de compromisso assinado na fase policial, deverá o membro do Ministério Público notificar os pais ou responsável para a correspondente apresentação, podendo, para tanto, requisitar o concurso das polícias civil e militar (parágrafo único do art. 179 do ECA)[27].

Neste ponto vale a pena trazer a lume a reflexão de João Batista Costa Saraiva[28] sobre as palavras de Martha de Toledo Machado:

> Destaque-se que em obediência ao tratamento especial que a Carta de 88 reservou ao adolescente privado de liberdade, a lei ordinária inovou significativamente na estruturação do procedimento de apuração da prática de ato infracional por adolescente. [...] E, ainda na esfera administrativa do procedimento persecutório, outorgou novas *funções ao Promotor de Justiça, funções estas que o parquet não exerce na sistemática prevista no Código de Processo Penal.* Assim é que a lei, em seu art. 179, outorgou poderes de instrução ao órgão do Ministério Público, determinando que proceda à oitiva do adolescente autor de ato infracional, de seus pais, da vítima e das testemunhas do fato. Esta função administrativa exercida pelo Promotor de Justiça na sistemática do *Estatuto* é da mesma natureza daquela exercida pelo presidente do inquérito policial no regime do CPP e semelhante aos atos praticados pelo órgão do Ministério Público na presidência do inquérito civil público. (grifos nossos)

Prosseguindo o raciocínio sobre esta fase procedimental, interessantes os comentários práticos de Murillo José Digiácomo[29]:

> Na forma da lei, a notificação deve ser efetuada diretamente pelo Ministério Público, através da expedição de correspondência própria, a ser encaminhada pelo Oficial de Promotoria. Nas comarcas que não dispõem de Oficial de Pro-

---

RIVITTI, Renata Lucia Mota Lima de Oliveira (coord.). *Ministério Público Estratégico*: direitos da criança e do adolescente. São Paulo: Editora Foco, 2023, p. 294.

27 FERNANDES, Márcio Mothé. *Ação socioeducativa pública.* 2. ed. rev., ampl. e atual. Rio de Janeiro: Lumen Juris, 2002, p. 38-39: "O citado dispositivo legal faculta ao próprio membro do Ministério Público requisitar o auxílio policial, sem que haja necessidade da ingerência do Judiciário. Neste contexto, o adolescente ou mesmo as pessoas mencionadas no art. 201, VI, *a*, do ECA, estariam sendo conduzidas à presença do Ministério Público para a execução de determinada atribuição legal, não havendo que se falar em prisão, até porque as pessoas seriam liberadas logo após a consecução do ato".

28 SARAIVA, João Batista Costa. *Compêndio de direito penal juvenil*: adolescente e ato infracional. 4. ed. rev. e atual. Porto Alegre: Livraria do Advogado, 2010, p. 120 (grifos no original). O pronunciamento de Martha de Toledo Machado, segundo o autor, foi extraído do texto "Algumas ponderações sobre o regime especial de proteção da liberdade do adolescente autor de ato infracional".

29 DIGIÁCOMO, Murillo José. *Procedimento para apuração de ato infracional.* Disponível em: <http://www.crianca.mppr.mp.br/modules/conteudo/conteudo.php?conteudo=1661>. Acesso em: 14 set. 2021.

PARTE V - DA PRÁTICA DO ATO INFRACIONAL

motoria, é possível que a notificação seja efetuada por oficial de justiça, devendo para tanto ser solicitada a colaboração do Poder Judiciário, pois, afinal, a "integração operacional" dos integrantes do "Sistema de Justiça da Infância e da Juventude", para tornar o procedimento mais ágil e eficaz, se constitui numa das *diretrizes* da política de atendimento idealizada pelo ECA (cf. art. 88, inciso VI, da Lei nº 8.069/90).

Havia questão controvertida no que diz respeito à possibilidade de o promotor de justiça adotar uma das providências previstas no mencionado art. 180, sem a prévia oitiva do adolescente.

Sobre este ponto já destacava José Marinho Paulo Junior[30]:

> Se, de um lado, cumpre reconhecer o direito de o menor ser ouvido, por outro lado, insta afastar o entendimento de que tal oitiva informal do adolescente seja condição especial de procedibilidade da ação socioeducativa. Isto porque, se é correto que a lei não permite ao Promotor de Justiça deixar arbitrariamente de ouvir o menor, por certo tampouco proíbe que prossiga o rito diante da impossibilidade de se realizar o ato. Ademais, é mesmo incongruente alçar-se a pressuposto formal algo que a própria lei define, em sua essência, como informal.

A melhor viabilidade sistemática é mesmo a de que o promotor de justiça, caso não haja apresentação do adolescente pela autoridade policial, deve diligenciar até esgotar todas as medidas necessárias para a oitiva (art. 179 e seu parágrafo único do ECA), e, sendo impossível, prosseguir com uma das mencionadas providências, desde que tenha formado sua convicção acerca dos fatos.

Este foi o entendimento adotado pelo Superior Tribunal de Justiça, como se vê na decisão abaixo:

> AGRAVO REGIMENTAL EM *HABEAS CORPUS*. ESTATUTO DA CRIANÇA E DO ADOLESCENTE. 1. AUSÊNCIA DE OITIVA INFORMAL. NULIDADE. INEXISTÊNCIA. CONSTRANGIMENTO ILEGAL NÃO EVIDENCIADO. 2. AUSÊNCIA DE INTERESSE DE AGIR. ATOS INFRACIONAIS DISTINTOS. IMPOSSIBILIDADE DE UNIFICAÇÃO. 3. RECURSO A QUE SE NEGA PROVIMENTO.
>
> 1. De acordo com a jurisprudência do Superior Tribunal de Justiça, a oitiva informal do adolescente, ato de natureza extrajudicial, não é pressuposto para o oferecimento da representação, servindo apenas para auxiliar o representante do Ministério Público a decidir sobre a necessidade ou não da instauração da ação socioeducativa, nos termos do art. 180 da Lei n. 8.069/90. Precedentes.
>
> 2. Atos infracionais distintos não acarretam a cumulação de internação ou a extinção de um feito em decorrência de condenação em outros, sendo o prazo

---

30 PAULO JUNIOR, José Marinho. As condições – genéricas e específica – para legítimo exercício da ação socioeducativa. *Revista do Ministério Público*, Rio de Janeiro, n. 22, p. 156, jul./dez. 2005.

de 3 (três) anos previsto no art. 121, § 3º, da Lei n. 8.069/1990, contado isoladamente para cada medida de internação aplicada. Precedentes.

3. Agravo regimental a que se nega provimento[31].

Explicite-se que apenas a representação e o arquivamento são as providências passíveis de adoção pelo Ministério Público nos casos de impossibilidade de oitiva do adolescente.

Isso porque, como o contexto social e a personalidade do adolescente são, dentre outros, elementos indispensáveis para a formação do convencimento Ministerial no caso concreto, não parece possível admitir a remissão sem a prévia oitiva do jovem, oportunidade própria à coleta e à aferição desses dados.

Até aqui foram apreciadas as hipóteses de ausência de oitiva. Agora a análise será dedicada aos casos em que ela se realiza.

Primeiramente destacamos que, se, conforme foi visto acima, a ausência de realização da oitiva do adolescente não acarreta nulidade e não impede o oferecimento de representação ou a promoção de arquivamento, com mais razão o referido ato não depende, para sua validade, da presença de defesa técnica.

Confira-se, na sequência, o julgado do STJ sobre o assunto:

> *HABEAS CORPUS*. SUBSTITUIÇÃO AO RECURSO ESPECIAL. IMPOSSIBILIDADE. ESTATUTO DA CRIANÇA E DO ADOLESCENTE. ATO INFRACIONAL EQUIPARADO AO CRIME DE FURTO QUALIFICADO. OITIVA INFORMAL. ART. 179 DO ECA. AUSÊNCIA DE DEFESA TÉCNICA. ALEGADA NULIDADE. PROCEDIMENTO EXTRAJUDICIAL PREVISTO EM LEI. MANIFESTAÇÃO DO MENOR QUE DEVERÁ SER RATIFICADA EM JUÍZO. CONSTRANGIMENTO ILEGAL NÃO CONFIGURADO. *HABEAS CORPUS* NÃO CONHECIDO. O Supremo Tribunal Federal, por sua 1ª Turma, e a 3ª Seção deste Superior Tribunal de Justiça, diante da utilização crescente e sucessiva do *habeas corpus*, passaram a restringir a sua admissibilidade quando o ato ilegal for passível de impugnação pela via recursal própria, sem olvidar a possibilidade de concessão da ordem, de ofício, nos casos de flagrante ilegalidade. Nos termos da jurisprudência desta Corte, a ausência de defesa técnica na audiência de oitiva informal do menor perante o Ministério Público não configura nulidade, porquanto não implica prejuízo à defesa, em razão da necessidade de ratificação do depoimento do menor perante o Juízo competente, sob o crivo do contraditório. Com efeito, a audiência de oitiva informal tem natureza de procedimento administrativo, que antecede a fase judicial, oportunidade em que o membro do Ministério Público, diante da notícia da prática de um ato infracional pelo menor, reunirá elementos de convicção suficientes para decidir acerca da conveniência da representação, do oferecimento da proposta de remissão ou

---

31   STJ, AgRg no HC 244.399/SP, 5ª T., Rel. Min. Marco Aurélio Bellizze, *DJe* 4-12-2012. A decisão do Min. Rogerio Schietti Cruz no REsp 1.808.789/DF, *DJe* 21-5-2020, evidencia que o STJ tem mantido esse posicionamento.

PARTE V – DA PRÁTICA DO ATO INFRACIONAL

do pedido de arquivamento do processo (HC 109.242/SP, Rel. Min. Arnaldo Esteves Lima). Precedentes. *Habeas corpus* não conhecido[32].

O representante do Ministério Público tem então, na forma do disposto no art. 180, três caminhos a seguir: promover o arquivamento dos autos, conceder remissão ou representar à autoridade judiciária para aplicação de medida socioeducativa[33].

Nos próximos itens passar-se-á ao exame de cada uma dessas vias.

Desde logo é de ser assinalado que nas duas primeiras, *em se tratando de adolescente não liberado pela autoridade policial*, poderá o representante do *Parquet* entregá-lo imediatamente aos pais ou responsável e que, *na falta destes, far-se-á necessário requerer, junto aos órgãos competentes*, o devido encaminhamento na forma do art. 101, I, do ECA, ou a aplicação de qualquer outra medida de proteção que vier a se afigurar adequada, inclusive as de **acolhimento familiar ou institucional**.

Sobre o tema, encontra-se a orientação de Márcio Mothé Fernandes[34] ao comentar a atuação do Ministério Público na fase pré-processual:

> Outra questão que merece ser debatida diz respeito à possibilidade de liberação após a sua oitiva informal. Caso não o faça, incidirá nas penas do crime previsto no art. 234 do ECA? Preliminarmente, vale a pena lembrar dois princípios norteadores da Lei Menorista, quais sejam, celeridade e excepcionalidade das medidas privativas de liberdade. O legislador tanto se preocupou com a legalidade das apreensões dos seres em formação que, entre outras providências, previu a necessidade da criação de plantões permanentes (art. 145 do ECA), quando os adolescentes devem ser apresentados desde logo ao Promotor de Justiça, em regime de plantão (art. 175 do ECA), para adoção das providências pertinentes (art. 179 do ECA). Ora, diante de tanta celeridade e cautela, nos parece mais que evidente que o órgão do Ministério Público, acima de tudo como *custos legis*, possa e deva determinar a liberação do adolescente apreendido indevidamente. Seria um enorme contrassenso, *v.g.*, a apreensão e imediata oitiva do adolescente ao Promotor de Justiça que, convencido da inexistência do ato e consequente necessidade de arquivamento dos autos, tivesse que

---

32 STJ, HC 349.147/RJ, 5ª T., Rel. Min. Reynaldo Soares da Fonseca, *DJe* 8-6-2017. Esse entendimento tem se consolidado no STJ, como se verifica da decisão do Min. Nefi Cordeiro no HC 553.324/RJ, *DJe* 19-2-2020. No mesmo sentido, com o detalhamento acerca do papel do Ministério Público na oitiva informal, confira-se o julgado do TJRJ, Apelação 0011214-64.2021.8.19.0028, 1ª Câm. Crim., Rel. Des. Denise Vaccari Machado Paes, j. 29-8-2023.

33 No Estado do Rio de Janeiro o Ministério Público conta com a Resolução GPGJ n. 1.401/2007, cujo § 2º, do art. 4º, determina que "a medida de internação provisória deverá ser comunicada, dentro de 72 (setenta e duas) horas, ao órgão de execução com atribuição em matéria de infância e juventude". Esta regra tem por objetivo evitar que eventual demora na remessa dos autos venha a ocasionar o decurso do prazo fixado no art. 183 do ECA.

34 FERNANDES, Márcio Mothé. Op. cit., p. 39-40.

CURSO DE DIREITO DA CRIANÇA E DO ADOLESCENTE

aguardar o despacho do Juiz, o qual poderia levar até cinco dias para despachar, ordenando a liberação do jovem indevidamente apreendido. É relevante destacar que, concluído o procedimento policial, o representante do Ministério Público é a primeira autoridade a proceder à oitiva do infrator. Cabe-lhe, portanto, a primeira decisão na forma do art. 180 do ECA, visto que inexiste, até então, repetimos, processo judicial propriamente dito. Como se não bastasse, o próprio ECA admite a possibilidade de liberação do adolescente pela autoridade policial (art. 174), o que reforça ainda mais ser facultado ao Promotor de Justiça liberar o jovem em formação, sob pena, inclusive, de infração penal.

Dessa forma, não há fundamento para que se mantenha o adolescente limitado em sua liberdade quando o Ministério Público promova o arquivamento do feito ou conceda a remissão, esta inclusive quando cumulada com medida socioeducativa.

Ora, se em ambos os casos se convenceu o promotor de justiça de que ao jovem não caberia medida restritiva de liberdade, falta justa causa para o cerceamento.

Vale registrar que João Batista Costa Saraiva[35] deixou claro seu posicionamento sobre o assunto, e ampliou a discussão ao sustentar que:

> Na fase pré-processual, quando da apresentação do adolescente ao Ministério Público, estando este custodiado pela Polícia (art. 175, *caput*) ou apresentado por entidade para onde foi encaminhado pela autoridade policial (art. 175, § 1º) por conta de flagrante, poderá o Promotor de Justiça, ouvido o jovem a quem se atribua a prática infracional, entendendo o descabimento da manutenção da custódia, deliberar por sua liberação, sem que para tanto haja necessidade de outorga judicial. A ordem judicial se faz imperiosa, em face dos princípios que norteiam o sistema, para a privação de liberdade, cuja, uma vez decretada, somente poderá ser revista por nova ordem judicial. Enquanto a questão estiver na órbita pré-processual e não houver decisão judicial, é de competência do Ministério Público a possibilidade de liberação do jovem mantido sob custódia policial até a apresentação ao órgão do *Parquet*, salvo se, neste interregno, houver decisão judicial pelo internamento provisório.

Já na terceira das hipóteses antes mencionadas, qual seja, a de representação, deverá o Ministério Público postular à autoridade judiciária a liberação ou a internação provisória, dependendo do caso concreto, situação na qual fica o jovem aguardando a decisão judicial em entidade especializada.

Isto porque permitir a liberação pelo órgão ministerial na hipótese de oferecimento de representação, como o que parece emergir da exposição acima, é se contrapor ao que estabelece o art. 184 do ECA.

Tal dispositivo legal atribuiu à representação o poder de transportar a análise acerca da decretação *ou manutenção* da internação para momento posterior ao da

---

35 SARAIVA, João Batista Costa. *Compêndio de direito penal juvenil*: adolescente e ato infracional. 4. ed. rev. e atual. Porto Alegre: Livraria do Advogado, 2010, p. 118-119.

PARTE V – DA PRÁTICA DO ATO INFRACIONAL

inauguração do procedimento socioeducativo. O artigo define que é a autoridade judiciária quem pode manter a restrição da liberdade do adolescente. Ora, liberar nada mais é que reputar desnecessária a manutenção da internação, aferição esta que ficou cingida à seara judicial.

Situação recorrente é a da possibilidade em que a liberação judicial encontra obstáculo na ausência de responsáveis para a entrega do adolescente. Nestes casos, a única opção para o juízo infracional será a determinação do seu **acolhimento familiar ou institucional**, medidas de cunho exclusivamente protetivo, conforme abordamos no tópico 5.1.

Seguiu essa linha de entendimento o julgado abaixo, que, inclusive, refere-se à fase executória:

> AGRAVO DE INSTRUMENTO. ECA. INTERNAÇÃO. PROGRESSÃO PARA A MEDIDA SOCIOEDUCATIVA DE LIBERDADE ASSISTIDA. INSURGÊNCIA MINISTERIAL. NÃO ACOLHIMENTO. [...] 2. Observa-se dos autos, especialmente dos argumentos utilizados na decisão questionada, a ausência de necessidade do retorno do menor ao meio fechado, constatando-se que a reavaliação para liberdade assistida ocorreu de modo adequado, rechaçando a manutenção de medida em meio fechado com base na gravidade em abstrato do ato praticado ou da periculosidade do jovem infrator, observando a brevidade da medida mais grave e *determinando supletivamente o seu acolhimento institucional, caso ausente o seu responsável e, consequentemente, careça de respaldo familiar.* Recurso desprovido[36] (itálico nosso).

Tema que tem sido debatido e que se relaciona com a fase procedimental de que ora se trata é o do eventual cabimento das **audiências de custódia** para os adolescentes investigados por ato infracional. Sobre a questão, alinhamo-nos com os sólidos e coesos fundamentos expressos na Nota Técnica n. 2/2016 da Comissão Permanente da Infância e Juventude do Grupo Nacional de Direitos Humanos do Conselho Nacional de Procuradores-Gerais de Justiça (COPEIJ/GNDH/CNPG), da qual destacamos os seguintes trechos:

> 5. Admitir a extensão das "audiências de custódia" para adolescentes apreendidos em razão da prática de atos infracionais é fazer uma interpretação equivocada da Convenção Americana de Direitos Humanos e da Resolução n. 213/2015, do Conselho Nacional de Justiça – CNJ. O artigo 7.5 da Convenção Americana de Direitos Humanos determina que "Toda pessoa presa, detida, ou retida deve ser conduzida, sem demora, à presença de um juiz ou outra autoridade autorizada por lei a exercer funções judiciais [...]". Assim, o Estatuto da Criança e do Adolescente está em perfeita consonância com o citado artigo da

---

36 TJRJ, Ag. Inst. 0034265-28.2020.8.19.0000, 3ª Câm. Crim., Rel. Des. Suimei Meira Cavalieri, j. 4-8-2020. *Vide*, ainda: TJRJ, HC 0037173-58.2020.8.19.0000, 8ª Câm. Crim., Rel. Des. Gilmar Augusto Teixeira, j. 8-7-2020.

Convenção Americana de Direitos Humanos (também denominada de Pacto de São José da Costa Rica), pois estabeleceu em seus artigos 107, e 173 a 181, um rito sumário para a liberação, pela Autoridade Policial, ou pelo próprio Promotor de Justiça, de adolescentes que praticam atos infracionais de menor gravidade, ou seja, o adolescente é conduzido para referidas autoridades imediatamente após sua apreensão e, posteriormente, sem demora, ao Magistrado, na forma dos artigos 184 e 186 do ECA;

[...]

15. Desnecessária a realização das "audiências de custódia", considerando que, caso seja oferecida a representação, a primeira etapa da "fase judicial" do procedimento para apuração de ato infracional, é chamada de "audiência de apresentação" (art. 184 da Lei n. 8.069/90), tendo por objetivo fazer com que a autoridade judiciária tenha, desde logo, contato pessoal com o adolescente e, neste momento, mais uma vez analise a possibilidade da concessão da remissão, em suas formas de exclusão ou suspensão do processo (art. 186, § 1º, da Lei Federal n. 8.069/1990). Afinal, não se pode permitir que a "audiência de apresentação" seja banalizada/generalizada e/ou desvirtuada em seus objetivos, inclusive no que diz respeito à coleta de dados/informações adicionais que permitam à autoridade judiciária analisar se o caso comporta ou não a remissão judicial[37].

b) Arquivamento

O representante do Ministério Público, verificando que o fato é inexistente, não está provado, não constitui ato infracional ou que não há comprovação acerca do envolvimento do adolescente na sua prática, promoverá o arquivamento dos autos, em manifestação devidamente fundamentada, nos moldes dos arts. 180, I, c/c o art. 189 e 205, todos do ECA.

Cumpre realçar a possibilidade de que, ao promover o arquivamento, requeira o promotor de justiça ao Juízo a aplicação de alguma das medidas do art. 101 do ECA, estando presente uma das situações elencadas no art. 98 da mesma codificação.

Conforme será mencionado, mais adiante, na fase de atuação judicial, promovido o arquivamento, caberá à autoridade judiciária apreciar a possibilidade de sua homologação, e, em caso de discordância, fará remessa dos autos ao Procurador-Geral de Justiça, na forma do disposto no art. 181 e seus parágrafos do ECA.

c) Remissão

Como segunda alternativa, poderá o promotor concluir que a hipótese é de remissão, que será apreciada à luz do disposto no inciso II do art. 180, c/c o art. 126, *caput, e* 127 do Estatuto, como forma de exclusão do processo, após a valoração das circunstâncias e consequências da infração, do contexto social, bem como da personalidade do adolescente e sua maior ou menor participação no ato infra-

---

37 Disponível em: <https://www.cnpg.org.br/images/arquivos/gndh/documentos/NTs/Nota_T%C3%A9cnica_02-2016_-_COPEIJ.pdf>. Acesso em: 9 out. 2024.

PARTE V – DA PRÁTICA DO ATO INFRACIONAL

cional, não importando no reconhecimento ou comprovação da responsabilidade, nem prevalecendo para efeito de reincidência, prescindindo, assim, de provas suficientes de autoria, bem como de materialidade (art. 114 do ECA).

Ao prever a remissão, a Lei n. 8.069/90 expressamente autorizou ao Ministério Público a inclusão de medida socioeducativa, com exceção das de semiliberdade e de internação (art. 127). A matéria causou divergências na doutrina e na jurisprudência em virtude, basicamente, da expressão "conceder" utilizada no texto legal, a qual vinha ensejando nebulosa interpretação no sentido de que se teria conferido poder decisório a órgão diverso do Poder Judiciário.

Tal controvérsia resultou, em 1994, na edição do verbete 108 da Súmula do Superior Tribunal de Justiça: "A aplicação de medidas socioeducativas ao adolescente pela prática de ato infracional, é da competência exclusiva do Juiz". Há julgados posteriores daquele mesmo tribunal no sentido da plena validade da cumulação de medida socioeducativa na remissão concedida pelo Ministério Público, uma vez que esta carece de homologação judicial para ser cumprida[38].

Também nessa direção se pronunciou João Batista Costa Saraiva[39]:

> Na verdade, o ECA, ao estabelecer que a remissão concedida (*rectius concertada*) pelo Ministério Público sujeita-se para a sua eficácia à homologação do Juiz de Direito (que, como já dito, se não concordar com aquela representará ao Procurador-Geral da Justiça, a exemplo do que também ocorre quando divergir acerca de pedido de arquivamento de inquérito), implicitamente afirma que será o Juiz de Direito quem, homologando a transação efetuada, estará aplicando a medida socioeducativa ajustada entre as partes.

O Supremo Tribunal Federal, por sua vez, em decisão paradigmática do seu Pleno, concluiu que:

> Recurso extraordinário. Artigo 127 do Estatuto da Criança e do Adolescente. – Embora sem respeitar o disposto no artigo 97 da Constituição, o acórdão recorrido deu expressamente pela inconstitucionalidade parcial do artigo 127 do Estatuto da Criança e do Adolescente que autoriza a acumulação da remissão com a aplicação de medida socioeducativa. – Constitucionalidade dessa norma, porquanto, em face das características especiais do sistema de proteção ao adolescente implantado pela Lei n. 8.069/90, que mesmo no procedimento judicial para a apuração do ato infracional, como o próprio aresto recorrido reconhece,

---

38 STJ, RHC 11.099/RJ, 6ª T., Rel. Min. Vicente Leal, *DJ* 18-2-2002, p. 496; e STJ, REsp 226.159/SP, 6ª T., Rel. Min. Fernando Gonçalves, *DJ* 21-8-2000, p. 177. Esse posicionamento se manteve no STJ, como se depreende do RHC 72.370/MG, 5ª T., Rel. Min. Ribeiro Dantas, *DJe* 14-6-2017.

39 SARAIVA, João Batista Costa. *Direito penal juvenil*: adolescente e ato infracional. Garantias processuais e medidas socioeducativas. 2. ed. rev. e ampl. Porto Alegre: Livraria do Advogado, 2002, p. 62.

1160 CURSO DE DIREITO DA CRIANÇA E DO ADOLESCENTE

não se tem em vista a imposição de pena criminal ao adolescente infrator, mas a aplicação de medida de caráter sociopedagógico para fins de orientação e de reeducação, sendo que, em se tratando de remissão com aplicação de uma dessas medidas, ela se despe de qualquer característica de pena, porque não exige o reconhecimento ou a comprovação da responsabilidade, não prevalece para efeito de antecedentes, e não se admite a de medida dessa natureza que implique privação parcial ou total da liberdade, razão por que pode o Juiz, no curso do procedimento judicial, aplicá-la, para suspendê-lo ou extingui-lo (artigo 188 do ECA), em qualquer momento antes da sentença, e, portanto, antes de ter necessariamente por comprovadas a apuração da autoria e a materialidade do ato infracional. Recurso extraordinário conhecido em parte e nela provido[40].

Assim, quando o *Parquet* concede a remissão e nela inclui a aplicação de medida socioeducativa para o adolescente, promove nos autos a sua opção em não representar, submetendo este entendimento ao Poder Judiciário, que *decidirá* se o homologa, determinando, ou não, ao jovem o seu cumprimento.

Portanto, o fato de o *cumprimento* da medida depender da decisão judicial homologatória *para receber exigibilidade* (art. 181, § 1º, do ECA) não obsta a que a sua *previsão* seja incluída no ato remissivo promovido pelo Ministério Público.

Por fim, cabe destacar o despropósito do argumento quanto à violação do princípio do devido processo legal quando concedida remissão, na forma de exclusão, cumulada com medida socioeducativa, já que a autorização para tal possibilidade é extraída dos próprios termos da previsão legislativa sobre o processo infracional. Tal remissão não só é legítima como, inclusive, não deixa possibilidade para que o juiz simplesmente afaste a medida socioeducativa cumulada e homologue apenas a remissão, sendo necessário, acaso dela discorde, utilizar-se do rito previsto no § 2º do art. 181 do ECA, conforme já deixou claro o STJ:

> RECURSO ESPECIAL. LEI N. 8.069/1990. REMISSÃO PRÉ-PROCESSUAL. INICIATIVA DO MINISTÉRIO PÚBLICO. DIVERGÊNCIA TOTAL OU PARCIAL. APLICAÇÃO DO ART. 181, § 2º, DO ECA. RECURSO PROVIDO.
>
> 1. É prerrogativa do Ministério Público, como titular da representação por ato infracional, a iniciativa de propor a remissão pré-processual como forma de exclusão do processo, a qual, por expressa previsão do art. 127 do ECA, já declarado constitucional pelo Supremo Tribunal Federal, pode ser cumulada com medidas socioeducativas em meio aberto, as quais não pressupõem a apuração de responsabilidade e não prevalecem para fins de antecedentes, possuindo apenas caráter pedagógico.

---

40 STF, RE 229.382, Pleno, Rel. Min. Moreira Alves, *DJ* 31-10-2002, p. 20. *Ement.* v. 02089-02, p. 231. Também no RE 248.018/SP, 2ª T., Rel. Min. Joaquim Barbosa, *DJ* 20-6-2008, foi, por unanimidade, rejeitada a arguição incidental de inconstitucionalidade do art. 127 do ECA.

PARTE V – DA PRÁTICA DO ATO INFRACIONAL

2. O Juiz, no ato da homologação exigida pelo art. 181, § 1º, do ECA, se discordar da remissão concedida pelo Ministério Público, fará remessa dos autos ao Procurador-Geral de Justiça e este oferecerá representação, designará outro promotor para apresentá-la ou ratificará o arquivamento ou a remissão, que só então estará a autoridade judiciária obrigada a homologar.

3. Em caso de discordância parcial quanto aos termos da remissão, não pode o juiz modificar os termos da proposta do Ministério Público no ato da homologação, para fins de excluir medida em meio aberto cumulada com o perdão.

4. Recurso especial provido para anular a homologação da remissão e determinar que o Juízo de primeiro grau adote o rito do art. 181, § 2º, do ECA[41].

Outro importante aspecto, é o da exigência, ou não, da presença de defesa técnica quando da concessão de remissão pelo Ministério Público, na forma cumulada.

Segundo João Batista Costa Saraiva[42]:

> Evidentemente que se na remissão concertada pelo Ministério Público, de caráter pré-processual, vier proposta a aplicação de alguma medida socioeducativa, em nome do contraditório, haverá de o adolescente estar acompanhado de Defensor na audiência pré-processual realizada junto ao Ministério Público onde operou-se a transação, expressa na remissão.

Por outro ângulo, a par de não haver exigência legal a respeito, trata-se de ato anterior ao procedimento judicial, que visa exatamente à exclusão deste, não havendo, portanto, nada do que se defender.

Neste tópico apresenta-se essencial reconhecer que o Estatuto não vedou ao promotor de justiça conceder a remissão na ausência do advogado do adolescente. Porém, na hipótese em que o membro do *Parquet* se convença da necessidade de cumulação com medida socioeducativa, e acaso não se faça possível a presença de causídico, o adequado é a abertura de vista à Defensoria Pública. Isso com o fito de preservar o equilíbrio da relação processual, conferindo-se ao adolescente a possibilidade de que a sua opção quanto ao resultado alcançado pela providência ora em análise receba a chancela de profissional versado na área jurídica. Essa cautela está em sintonia com o princípio da ampla defesa.

Importa ressaltar que, com o advento da Lei n. 13.964/2019 – conhecida como **Pacote Anticrime** –, cogitou-se sobre possíveis impactos na seara infracional, notadamente no que diz respeito à realização dos acordos de não persecução penal. No entanto, a especificidade do Estatuto da Criança e do Adolescente, que já contempla o instituto da remissão, não deixa qualquer margem para a utilização das regras próprias do processo penal, tais como a que prevê o aludido acordo. Além

---

41   STJ, REsp 1.392.888/MS, 6ª T., Rel. Min. Rogerio Schietti Cruz, *DJe* 1º-8-2016.

42   SARAIVA, João Batista Costa. Op. cit., p. 59-60.

disso, ao contrário do previsto para os maiores de idade na lei em questão, o Estatuto não exige a confissão do autor do fato para que a remissão seja concedida.

Veja-se que debate semelhante já foi travado na jurisprudência quando da promulgação da Lei n. 9.099/95 (Juizados Especiais Cíveis e Criminais), com relação ao descabimento dos institutos ali previstos nos processos infracionais, exatamente em função da peculiaridade do sistema socioeducativo[43].

No que diz respeito à remissão como forma de suspensão ou extinção do processo (parágrafo único do art. 126 do ECA), será apreciada mais adiante, por ocasião da abordagem da fase judicial do procedimento.

Conforme autoriza o art. 128 do Estatuto, a medida aplicada em sede de remissão pode ser revista judicialmente, independentemente da fase processual, a pedido expresso do Ministério Público, do adolescente ou de seus pais ou responsável. Acerca do rito e dos limites dessa revisão, *vide* comentários no tópico 6 e demais itens, referentes à execução.

d) Representação

A ação socioeducativa é de natureza pública incondicionada, de exclusiva atribuição ministerial, independentemente do tipo do ato infracional. Dessa forma, mesmo que a lei penal exija a manifestação do ofendido para o prosseguimento da ação em face de agente maior de idade, o Estatuto, ao contrário, a dispensa no que toca ao procedimento socioeducativo[44].

No entanto, dispõe o *Parquet*, na sistemática processual do Estatuto, de um juízo de valor acerca da necessidade de propositura da ação socioeducativa, a qual só deve ser instaurada depois de ultrapassada a fase de sopeso entre as possibilidades de arquivamento e remissão (art. 182, *caput,* do ECA).

Assim, na esfera infracional – em virtude da especificidade da natureza das medidas socioeducativas e da particular condição dos adolescentes, seus destinatários, como pessoas em desenvolvimento –, foi conferida ao membro do Ministério Público a faculdade de avaliar, paralelamente ao interesse social na repreensão da conduta ilícita, qual o caminho que melhor assegurará a efetiva ressocialização do autor do ato.

---

43   STJ, RHC 10.767/ES, 5ª T., Rel. Min. Gilson Dipp, *DJe* 13-8-2001 e STJ, RHC 9.736/SP, 5ª T., Rel. Min. Gilson Dipp, *DJe* 25-2-2002.

44   *"HABEAS CORPUS.* ECA. ATO INFRACIONAL EQUIPARADO AO CRIME DE INJÚRIA. DESNECESSIDADE DE REPRESENTAÇÃO DA VÍTIMA. AÇÃO SOCIOEDUCATIVA PÚBLICA INCONDICIONADA. LEGITIMIDADE DO MINISTÉRIO PÚBLICO. ORDEM DENEGADA. 1. Conforme arts 171 e seguintes do Estatuto da Criança e do Adolescente, não há qualquer imposição da necessidade de representação da vítima como condição de procedibilidade da ação, e isso porque o menor não pratica crime, mas ato infracional, tendo a ação socioeducativa finalidade de promover a recuperação e orientação da adolescente infratora. [...](STJ, RHC 183.470/DF, Rel. Jesuíno Rissato (Desembargador convocado do TJDFT), *DJe* 29-9-2023).

PARTE V – DA PRÁTICA DO ATO INFRACIONAL

Neste ponto se faz interessante trazer à baila a lição de Paulo Afonso Garrido de Paula[45]:

> Se do sistema processual penal deflui o princípio da obrigatoriedade de propositura da ação penal, o Estatuto da Criança e do Adolescente, ao instituir a *remissão* como forma de exclusão do processo, expressamente adotou o princípio da oportunidade, conferindo ao titular da ação a decisão de invocar ou não a tutela jurisdicional. A decisão nasce do confronto dos interesses sociais e individuais tutelados unitariamente pelas normas insertas no Estatuto (interessa à sociedade defender-se de atos infracionais, ainda que praticados por adolescentes, mas também lhe interessa proteger integralmente o adolescente, ainda que infrator).

Fica claro que as regras processuais atinentes à ação penal não são aplicáveis à representação socioeducativa. O art. 152 do ECA é, inclusive, explícito ao delimitar seu *subsidiário* alcance. Destarte, a existência de completo e diverso regramento estatutário, como acima visto, inviabiliza a incidência das normas processuais penais neste tema, da mesma forma como acontece com a prescrição.

O aspecto formal para o oferecimento da representação, seja a apresentada por petição ou oralmente, está disciplinado no § 1º do art. 182 do Estatuto, que aponta requisitos imprescindíveis à aptidão de tal peça para a formação do processo socioeducativo, não sendo necessário que o representante do *Parquet* indique, neste momento, a medida que pretende ver aplicada ao final do procedimento.

Diz o citado dispositivo legal que a exposição dos fatos se dará por breve resumo; no entanto, não se pode olvidar da importância da plena descrição das circunstâncias em que ocorreu o ato infracional, em obediência à garantia processual do art. 111, I, do ECA, que viabiliza a argumentação defensiva a ser desenvolvida pelo adolescente.

A classificação do ato infracional e o rol de testemunhas, quando existente, também devem integrar a representação, aduzindo Roberto Barbosa Alves[46]:

> O ECA não limita o número de testemunhas, mas estas não devem ser mais que oito (aplicando-se o art. 398 do CPP). Também é intuitivo que deva constar da representação a identificação do adolescente, o órgão jurisdicional ao qual é dirigida e a indicação das provas que o Ministério Público pretenda produzir. Por último, o ECA dispõe que a representação não depende de prova prévia da existência do fato e de quem haja sido seu autor (art. 182, § 2º). Trata-se de

---

45 PAULA, Paulo Afonso Garrido de. Art. 182. In: VERONESE, Josiane Rose Petry; SILVEIRA, Mayra; CURY, Munir (coord.). *Estatuto da Criança e do Adolescente comentado*: comentários jurídicos e sociais. 13. ed. rev. e atual. São Paulo: Malheiros, 2018, p. 1126. Itálico no original.

46 ALVES, Roberto Barbosa. *Direito da infância e da juventude* – Coleção Curso e Concurso. 5. ed. São Paulo: Saraiva, 2010, p. 75.

norma meramente didática: a prova sempre será produzida depois do ajuizamento da representação, porque sem esta não há fase de instrução. Uma redação mais ajustada poderia assinalar que é suficiente para a interposição da representação a ocorrência de um fato aparentemente delitivo e a existência de indícios de quem haja sido seu autor.

Vale lembrar que, conforme ensina Jurandir Norberto Marçura[47]:

> O legislador não previu a possibilidade de retorno dos autos à Polícia para diligências complementares, uma vez que, como visto, houve dispensa de sindicância ou inquérito policial, sendo certo, ademais, que a representação pode ser oferecida independentemente de prova pré-constituída da autoria e materialidade (art. 182, § 2º), devendo o fato ser apurado no curso da instrução judicial. Nada obsta, entretanto, a que o representante do Ministério Público ou a autoridade judiciária requisite diligência investigatória à Polícia sempre que necessário ao esclarecimento da verdade.

A ocasião da representação é, ainda, propícia ao requerimento de medida provisória quando reunidos elementos aptos a embasar a necessidade de que o jovem seja, desde logo, inserido em programa socioeducativo (veja-se o item 5.1, adiante).

Por fim, importa salientar que a representação será dirigida ao Juízo da Infância e da Juventude, ainda que se trate de ato infracional análogo a delito criminal da esfera de competência da Justiça Federal, em virtude do que dispõem o § 1º do art. 147 e o inciso I do art. 148 do ECA, aliados à natureza absoluta da competência na área da infância e juventude.

A respeito do tema, colaciona-se o seguinte julgado:

> CONFLITO DE COMPETÊNCIA. JUSTIÇA FEDERAL X JUSTIÇA ESTADUAL. MOEDA FALSA. ADOLESCENTE. ATO INFRACIONAL. ART. 109, IV DA CONSTITUIÇÃO FEDERAL. NÃO INCIDÊNCIA. COMPETÊNCIA DA JUSTIÇA ESTADUAL.
>
> 1. Ainda que a conduta praticada determine a competência da justiça federal, por caracterizar ofensa aos interesses da União, sendo o autor dos fatos inimputável não há que se falar em crime, mas, sim, ato infracional, afastando a aplicação do art. 109, IV da Constituição Federal.
>
> 2. Conflito conhecido para fixar a competência do Juízo de Direito da Vara da Infância e da Juventude da Comarca de Imperatriz/MA[48].

---

47 MARÇURA, Jurandir Norberto. Art. 180. In: VERONESE, Josiane Rose Petry; SILVEIRA, Mayra; CURY, Munir (coord.). *Estatuto da Criança e do Adolescente comentado*: comentários jurídicos e sociais. 13. ed. *rev. e atual.* São Paulo: Malheiros, 2018, p. 1117.

48 STJ, CC 86.408/MA, 3ª S., Rel. Min. Maria Thereza de Assis Moura, *DJ* 17-9-2007, p. 207. Na mesma linha: STJ, CC 145.166/MG, 3ª S., Rel. Min. Ribeiro Dantas, *DJe* 1º-2-2017 e STJ, CC 167.462/MG, Rel. Min. Laurita Vaz, *DJe* 13-8-2019.

PARTE V – DA PRÁTICA DO ATO INFRACIONAL

4.3. Fase judicial

a) Procedimento

Após o encaminhamento pelo Ministério Público da peça referente a uma das medidas do art. 180 do ECA, inaugura-se a fase de atuação da autoridade judiciária.

Nos casos de remissão e arquivamento, cabe ao juiz da infância e juventude apreciar a possibilidade de homologação e, em não concordando com o pleito ministerial, encaminhará os autos ao Procurador-Geral de Justiça, na forma do art. 181 e seus parágrafos.

Tendo sido oferecida representação, abrir-se-á ensejo à análise judicial acerca da admissibilidade daquela peça, em que pese o silêncio do legislador a este respeito. Isso porque não se pode admitir que o processo socioeducativo se encontre imune à aferição sobre a sua viabilidade, sob pena de se possibilitar a exposição de adolescentes a situações processuais desprovidas de fundamento.

Cury, Garrido & Marçura[49], seguindo esta mesma linha de raciocínio, elucidam:

> 2. A representação poderá ser liminarmente rejeitada quando: a) desatender os requisitos do art. 182, § 1º; b) for oferecida em relação a ato infracional praticado por criança (art. 105 c/c os arts. 171 a 190); c) o autor do ato infracional tiver 21 anos de idade completos (art. 2º, parágrafo único, c/c o art. 121, § 5º); d) à data do fato o agente era penalmente imputável (art. 104, parágrafo único); e e) a ação ou omissão manifestamente não constituir ato infracional (art. 103).

O elenco acima apontado se apresenta como de pertinente utilidade na definição das situações que possam ocasionar a rejeição da exordial socioeducativa, pois excessiva elasticidade na interpretação deste instrumento poderia vir a cercear o legítimo exercício da atividade do *Parquet* na defesa dos interesses da sociedade em apurar os fatos e reinserir o adolescente na vida comunitária e familiar. Confira-se o exemplo trazido por Válter Kenji Ishida[50]:

> 6 – REJEIÇÃO DA REPRESENTAÇÃO PELO MAGISTRADO [...]– Rejeição da representação por se tratar de um fato corriqueiro. Impossibilidade. Nulidade da sentença: "Infância e Juventude. Direção de veículo automotor por adolescente. Rejeição da representação por se tratar de fato corriqueiro – Sentença anulada. Em resumo, se a legislação penal considera contravenção o fato mencionado na inicial e se o art. 103 do Estatuto da Criança e do Adolescente considera ato infracional a conduta descrita como crime ou contravenção penal, não cabe à autoridade afrontar esses preceitos e impedir o devido processo

---

49 CURY, Munir; MARÇURA, Jurandir Norberto; PAULA, Paulo Afonso Garrido de. *Estatuto da Criança e do Adolescente anotado*. 3. ed. rev. e atual. São Paulo: Revista dos Tribunais, 2002, p. 163.

50 ISHIDA, Válter Kenji. *Estatuto da Criança e do Adolescente*: doutrina e jurisprudência. 25. ed. rev., atual. e ampl. São Paulo: JusPodivm, 2024. p. 702-703.

legal, ceifando o procedimento ainda no nascedouro, sob pena de negar vigência à legislação em vigor" (TJSP, Câm. Esp., Ap. 23.894-0, Rel. Yussef Cahali, j. 22-6-1995) (grifos do original).

Recebida a representação, o juiz decidirá acerca da internação provisória, acaso requerida pelo Ministério Público, e designará audiência de apresentação, dando-se de tudo ciência aos pais ou responsável do adolescente. Na hipótese de não localização ou de conflito dos interesses destes com os do representado será nomeado um curador especial (art. 184, §§ 1º e 2º, c/c o art. 142, parágrafo único, do ECA).

Estando o jovem em local incerto e não sabido, será expedido mandado de busca e apreensão à autoridade policial para a sua apresentação ao juiz da infância e da juventude, condição para o prosseguimento do feito (art. 184, § 3º, do ECA).

No caso de o adolescente estar internado, deverão ser respeitadas as disposições do art. 185 (veja-se aquela que se refere à proibição de cumprimento da internação em estabelecimento prisional e ao prazo máximo de 5 dias para a sua transferência no caso de lá permanecer em seção isolada dos adultos) e será requisitada a sua apresentação para a audiência, sem prejuízo da notificação dos pais ou responsável (§ 4º do art. 184).

Ao se prosseguir com a análise dos ditames legais referentes ao adolescente que se encontre provisoriamente internado, cumpre realçar a importância de que seja observado o prazo máximo e improrrogável de 45 dias para a conclusão do procedimento (art. 183 do ECA). Acerca das consequências do excesso desse prazo, *vide* comentário em tópico específico adiante (item 5.7.1.b).

Na data aprazada para a audiência de apresentação se faz indispensável a presença do Ministério Público e do advogado constituído ou defensor público (arts. 201, II, 204 e 207 do ECA), independentemente da gravidade do ato infracional, em que pese a nebulosidade da redação do art. 186, § 2º, do ECA[51].

Isso porque, com o recebimento da representação, dá-se início à ação socioeducativa – na qual é atribuída ao adolescente a prática de conduta antissocial – o que poderá lhe trazer os efeitos aflitivos da imposição de medida socioeducativa, sendo, dessa forma, indispensável o seu acesso às garantias da ampla defesa e do contraditório em todas as fases do processo judicial.

---

51 VIANNA, Guaraci. *Direito infantojuvenil:* teoria, prática e aspectos multidisciplinares. Rio de Janeiro: Freitas Bastos, 2004, p. 373: "A intervenção da defesa em momento superveniente à verificação pela autoridade judiciária de que o fato é grave e passível de medida privativa de liberdade não é uma afronta aos princípios constitucionais da ampla defesa e do contraditório? Não nos convencemos da permissão legal de se produzir qualquer prova em juízo, sem a atuação obrigatória do defensor, suficiente a levar o julgador ao convencimento de ser o fato grave, passível de aplicação de medida socioeducativa de internação ou colocação em casa de semiliberdade".

PARTE V – DA PRÁTICA DO ATO INFRACIONAL

O juiz iniciará a audiência colhendo a oitiva do autor do fato[52], dos seus pais ou responsável. Se o adolescente não comparece, nem apresenta qualquer justificativa, estando devidamente notificado, será expedido mandado de condução coercitiva, com designação de nova data para audiência (arts. 186, *caput,* e 187 do ECA).

Em prosseguimento, a autoridade judiciária poderá conceder a remissão como forma de suspensão ou extinção do processo, desde que confira oportunidade de manifestação ao representante do Ministério Público[53]. Ressalte-se que não lhe fica vedado decidir acerca da remissão em qualquer outra fase do procedimento (arts. 186, § 1º, e 188 c/c o art. 126, parágrafo único, do ECA).

Ao conceder remissão no curso da ação socioeducativa, pode também o juiz aplicar qualquer medida, exceto as de semiliberdade e de internação. Havendo descumprimento da medida aplicada cumulativamente, ela pode ser revista a qualquer tempo, na forma do art. 128 do Estatuto.

Não sendo concedida a remissão, as próximas etapas dependerão da necessidade de produção de outras provas e da gravidade do fato. Conferida às partes oportunidade de se manifestarem e havendo expressa dispensa de produção probatória, não sendo o fato passível de aplicação de medida restritiva de liberdade, poderá o julgamento ser proferido desde logo, na forma do que permite o art. 186, § 2º, do ECA, interpretado *a contrario sensu*.

Merece ser transcrito neste ponto o raciocínio desenvolvido por José Jacob Valente[54]:

> Desde que seja assegurado às partes o direito à produção das provas que entendam necessárias à comprovação de suas alegações, o desinteresse nessa produção não vicia o procedimento. Irregularidade existiria na falta de oportunidade, e não na inércia da parte.

Em relação a julgamentos nos quais a prova se resuma à confissão do adolescente, foi publicado, no *DJ* de 13-8-2007, o verbete 342 da Súmula do STJ com o seguinte texto: "No procedimento para aplicação de medida socioeducativa, é nula a desistência de outras provas em face da confissão do adolescente".

---

52 Sobre a inversão do rito processual nesta fase, vide o tópico 4.3), b.4) desta obra.

53 "AGRAVO INTERNO. AGRAVO DE INSTRUMENTO. REMISSÃO. ARTIGO 126 DO ESTATUTO DA CRIANÇA E DO ADOLESCENTE. CONCESSÃO SEM PRÉVIA OITIVA DO MINISTÉRIO PÚBLICO. IMPOSSIBILIDADE. AGRAVO INTERNO A QUE SE NEGA PROVIMENTO. 1. A concessão da remissão pela autoridade judiciária, após o oferecimento da representação, deve ser precedida da oitiva do Ministério Público, sob pena de nulidade. Precedentes. 2. Agravo interno a que se nega provimento" (STJ, AgRg no Ag 1.072.098/MG, 6ª T., Rel. Min. Celso Limongi (Desembargador Convocado do TJSP),*DJe*10-5-2010). No mesmo sentido: TJDFT, Apelação 0017459-94.2015.8.07.0009, 3ª Câm. Crim., Rel. Des. Nilsoni de Freitas Custodio, j. 14-9-2017.

54 VALENTE, José Jacob. *Estatuto da Criança e do Adolescente*: apuração do ato infracional à luz da jurisprudência. 2. ed. São Paulo: Atlas, 2005, p. 67.

No entanto, além das muitas possibilidades de julgamento antecipado que não se fundamente apenas na confissão do adolescente, é de se realçar que se por um lado se faz imperiosa a realização da audiência em continuação quando as partes pretendem apresentar outros elementos de prova, e para tanto é preciso que se lhes dê oportunidade para postulá-la, por outro não há razão para lhes impor tal fase processual se a consideram desnecessária. Tal imposição poderia comprometer, inclusive, o legítimo direito à celeridade processual, decorrente do princípio constitucional da prioridade absoluta intrínseco à tramitação dos feitos da infância e da juventude.

Prosseguindo, em havendo necessidade de designação de audiência em continuação, abrirá o magistrado o prazo de 3 dias para defesa prévia (art. 186, §§ 2º e 3º, do ECA).

Poderá, ainda, a autoridade judicial, em qualquer momento do processo socioeducativo, socorrer-se de laudos técnicos e estudos psicológicos e sociais como forma de melhor se inteirar sobre a situação peculiar a cada caso, para avaliação da estrutura familiar e dimensionamento da medida que estará em consonância com os reais interesses do representado.

Na audiência em continuação – que, diferentemente da de apresentação, pode, se necessário, ser realizada mesmo na ausência do adolescente, desde que presente seu advogado ou defensor[55] – depois de inquiridas as testemunhas arroladas na representação e na defesa prévia, será dada a palavra às partes para alegações finais, proferindo a autoridade judiciária, em seguida, a decisão.

Restando devidamente comprovadas autoria e materialidade do ato infracional, o juiz julgará procedente a representação de maneira fundamentada, aplicando a medida socioeducativa que se afigurar mais adequada. Ao contrário, vislumbrando qualquer das hipóteses previstas no art. 189, não aplicará qualquer medida, liberando imediatamente o adolescente, caso esteja provisoriamente internado.

Pontue-se que o aludido artigo, ao vedar a aplicação de qualquer medida, refere-se às socioeducativas e não às protetivas, uma vez que, se caracterizada uma das

---

55 *HABEAS CORPUS* SUBSTITUTIVO. NÃO CABIMENTO. ESTATUTO DA CRIANÇA E DO ADOLESCENTE. ATO INFRACIONAL EQUIPARADO AO CRIME DE ROUBO MAJORADO. NULIDADE. AUDIÊNCIA EM CONTINUAÇÃO. AUSÊNCIA DO ADOLESCENTE. INEXISTÊNCIA. MEDIDA SOCIOEDUCATIVA. CUMPRIMENTO IMEDIATO. APELAÇÃO. EFEITO MERAMENTE DEVOLUTIVO. POSSIBILIDADE. ATUALIDADE DA MEDIDA SOCIOEDUCATIVA. SUPRESSÃO DE INSTÂNCIA. [...] II – A ausência do menor à audiência em continuação, quando devidamente intimado, se presente o seu defensor, especialmente quando não arguido o vício no momento oportuno, não recomenda o reconhecimento de qualquer nulidade. [...](STJ, HC 348.002/SP, 5ª T., Rel. Min. Felix Fischer, *DJe* 3-11-2016). Também reconhecendo a ausência de nulidade da audiência de inquirição de testemunha tão somente pela ausência da adolescente representada: STJ, HC 583.727/SC Rel. Min. Sebastião Reis Júnior, *DJe* 23-6-2020.

PARTE V – DA PRÁTICA DO ATO INFRACIONAL

hipóteses do art. 98 do ECA, faz-se impositiva a atuação judicial no interesse do adolescente[56].

Lembre-se de que a medida socioeducativa aplicada ao adolescente por prática de ato infracional não conta como antecedente, caso venha a ser processado, por outro fato, após ter atingido a maioridade penal.

Findo o ofício jurisdicional, com a prolação da sentença, a disciplina legal relativa à correspondente intimação está prevista no art. 190 do Estatuto.

O referido dispositivo estabelece que, para as medidas não restritivas de liberdade, a intimação da sentença recairá unicamente na pessoa do defensor. Já quando se tratar de decisão judicial que importe em internação ou semiliberdade, o Estatuto exige que o adolescente ou seus pais/responsáveis também sejam intimados.

Vindo a se configurar a hipótese de divergência entre a manifestação do representado e da defesa técnica, entende-se que a interposição do apelo deve prevalecer, no melhor interesse do adolescente. Neste sentido, destaca-se o decidido pelo Superior Tribunal de Justiça:

> RECURSO ESPECIAL. PENAL E PROCESSO PENAL. MENOR. RECURSO. APELO NÃO CONHECIDO. ART. 190, I, ESTATUTO DA CRIANÇA E DO ADOLESCENTE. Menor que manifesta o desejo de não recorrer. Apelo do advogado não conhecido. Deve prevalecer a vontade que melhor consulte os direitos do menor, no caso em pauta, a vontade do advogado que interpôs o apelo. Contrariedade ao art. 190, I, do ECA. Recurso conhecido e provido[57].

É de se registrar que, como determina o art. 143 do ECA, todos os atos referentes ao procedimento infracional não podem receber divulgação, sob pena de incursão nas sanções administrativas do art. 247 do mesmo diploma legal.

---

56 FERNANDES, Márcio Mothé. *Ação socioeducativa pública*. 2. ed. rev., ampl. e atual. Rio de Janeiro: Lumen Juris, 2002, p. 21-22: "Uma questão que merece ser refletida diz respeito à possibilidade da aplicação de medidas socioeducativas e/ou protetivas, quando do arquivamento dos autos. O art. 189 do ECA dispõe que 'a autoridade judiciária não aplicará qualquer medida' nas hipóteses de inexistência do fato ou da ausência da participação do adolescente no ato infracional. Todavia, em nossa ótica, a expressão 'medida' empregada pelo legislador parece referir-se apenas às medidas socioeducativas, cominadas no art. 112 do ECA, excetuando as medidas protetivas previstas no art. 101. [...] Ademais, como dispõe o art. 181, § 1º, do ECA, 'homologado o arquivamento ou a remissão, a autoridade judiciária determinará, conforme o caso, o cumprimento da medida'. Dispositivo que parece afastar qualquer dúvida acerca da possibilidade da aplicação de medidas protetivas por ocasião do arquivamento do feito".

57 STJ, REsp 440.359/RS, 5ª T., Rel. Min. José Arnaldo da Fonseca, *DJ* 9-6-2003, p. 288. Em situação na qual também prevaleceu o interesse em recorrer, desta vez manifestado pelo adolescente: STJ, HC 269.213/SP, 6ª T., Rel. Min. Sebastião Reis Júnior, *DJe* 3-2-2015.

b) Outras questões relevantes

b.1) Celeridade

É de ser acentuado que todos os estágios do rito da ação socioeducativa foram impregnados pelo legislador com o princípio da celeridade, em razão da premência de resposta estatal à conduta infracional, a qual se tornará inócua acaso ultrapassada a etapa de permeabilidade do adolescente à ingerência educacional.

Destarte, e em estrita obediência ao princípio constitucional da prioridade absoluta, é imperioso o efetivo cumprimento, em especial pelos aplicadores do direito, da precedência de que devem gozar os feitos da infância e da juventude na tramitação processual.

Mais uma vez contribui João Batista Costa Saraiva[58] com o raciocínio:

> Na justiça da infância e da juventude o tempo, a resposta rápida às necessidades socioeducativas, se constitui em fator fundamentalmente associado às possibilidades de recuperação de um adolescente em conflito com a Lei. [...] A Convenção das Nações Unidas já afirma a necessidade da urgência em sede de Justiça de Infância e Juventude, em particular na questão infracional (*v.g.*, art. 40), partindo do pressuposto que o processo educativo do jovem supõe presteza e imediatidade.

Assim, não foi por acaso que o Estatuto da Criança e do Adolescente estabeleceu o prazo *máximo e improrrogável* de 45 dias para a conclusão do procedimento quando o adolescente se encontrar privado de sua liberdade (art. 183 c/c o art. 108).

Imprimiu o legislador maior agilidade aos feitos socioeducativos também quando previu o instituto da remissão, por intermédio do qual várias etapas processuais deixam de ser inutilmente percorridas, alcançando-se resultado prático, eficaz e tempestivo em muitos casos, especialmente naqueles em que há cumulação com medidas.

São da mesma estirpe as disposições dos arts. 4º, parágrafo único, *b*; 121, §§ 2º a 5º; 122, § 1º; 171; 172; 174; 175, §§ 1º e 2º; 185, § 2º; 186, § 2º; 198, III, VII e VIII; 207, § 2º, e 235 do ECA, todas visando assegurar a rápida e prioritária tramitação processual dos feitos da infância e juventude.

Para concluir este tópico, e a título de ilustração, foi possível assistir à expressão concreta do princípio de que aqui se cuida quando, em virtude da pandemia de Covid-19, os órgãos do Poder Judiciário adotaram, em caráter provisório, o sistema de realização de audiências por videoconferência nos procedimentos socioeducativos.

A providência foi lastreada na Recomendação n. 62, de 17 de março de 2020, do Conselho Nacional de Justiça[59], que orientou os Tribunais e magistrados quan-

---

58 SARAIVA, João Batista Costa. *Direito penal juvenil*: adolescente e ato infracional. Garantias processuais e medidas socioeducativas. 2. ed. rev. e ampl. Porto Alegre: Livraria do Advogado, 2002, p. 87.

59 *Vide* também a Recomendação CNJ n. 91/2021.

PARTE V – DA PRÁTICA DO ATO INFRACIONAL

to à adoção de medidas preventivas à propagação da infecção pelo coronavírus no âmbito dos sistemas de justiça penal e socioeducativo, e teve como um dos seus objetivos assegurar a continuidade da prestação jurisdicional sem prejuízo da preservação da saúde do adolescente.

É de ser registrado que, no Estado do Rio de Janeiro, as audiências por videoconferência foram questionadas pela Defensoria Pública, sob a alegação de inexistência de previsão legal para a sua utilização nos processos que apurem o cometimento de atos infracionais.

No entanto, o aludido inconformismo não recebeu guarida na jurisprudência, conforme pode ser constatado no julgado abaixo, do TJRJ:

> APELAÇÃO. ECA. Atos infracionais análogos aos delitos capitulados nos artigos 33, *caput* e 35, c/c 40, IV, todos da Lei 11.343/06, e 329, do Código Penal. Representação julgada improcedente quanto ao ato infracional análogo ao crime do artigo 35, da Lei Antidrogas e procedente quanto aos demais. Medida socioeducativa de internação. RECURSO DEFENSIVO. Preliminares. Recebimento do recurso o efeito suspensivo. Nulidade da audiência de continuação por videoconferência. [...] A segunda, de nulidade da audiência por videoconferência, porquanto a situação de excepcionalidade trazida pela pandemia do Covid-19 inspirou a adoção de medidas visando a preservar a saúde e a segurança da população em geral. A edição de normas temporárias nesse sentido, em âmbito local, por meio do Provimento CGJ n. 36/2020 da Corregedoria Geral do TJRJ, editado em consonância com o disposto na Resolução CNJ n. 314/2020 do Conselho Nacional de Justiça (CNJ) e na Recomendação n. 62/2020 do CNJ, permite a realização de audiências por videoconferência no campo dos processos de apuração de prática de atos infracionais, sendo essa medida que atende ao melhor interesse dos adolescentes, sem prejuízo da garantia de seus direitos fundamentais ao contraditório, ampla defesa e do devido processo legal. [...] PRELIMINARES REJEITADAS. RECURSO DESPROVIDO[60].

Também no âmbito coletivo, o Superior Tribunal de Justiça rechaçou o pleito da Defensoria Pública, como se pode verificar da decisão proferida no HC 570.555/RJ[61].

A fim de que não pairasse mais nenhuma dúvida sobre a questão, o plenário do Conselho Nacional de Justiça aprovou, naquela época, a Resolução n. 330, de 26-8-2020, regulamentando e estabelecendo critérios para a realização de audiências e outros atos processuais por videoconferência, em processos de apuração de atos infracionais e de execução de medidas socioeducativas, em razão da pandemia por Covid-19[62].

---

60 TJRJ, Apelação 0004555-64.2020.8.19.0031, 2ª Câm. Crim., Rel. Des. Kátia Maria Amaral Jangutta, j. 4-8-2020.

61 STJ, HC 570.555/RJ, Rel. Min. Laurita Vaz, *DJe* 13-4-2020.

62 A mencionada Resolução CNJ n. 330/2020 foi revogada pela Resolução CNJ n. 481/2022. Disponível em: <https://atos.cnj.jus.br/files/original125734202211286384b03e81656.pdf>. Acesso em: 9 out. 2024.

CURSO DE DIREITO DA CRIANÇA E DO ADOLESCENTE

b.2) Intervenção de interessados

Infere-se do art. 206 do Estatuto da Criança e do Adolescente que qualquer pessoa que tenha legítimo interesse na solução de demanda em curso no juízo infantojuvenil poderá intervir no procedimento. Dessa forma, não se vislumbra nenhum impedimento legal a que a vítima contrate advogado para atuar acompanhando a tramitação da ação socioeducativa, à semelhança do que ocorre na assistência de acusação na esfera criminal, guardadas as devidas proporções e preservado o segredo de justiça.

O dispositivo legal é amplo, não cabendo ao exegeta distinguir nomenclaturas com o objetivo de restringir o seu alcance. Corroborando este ponto de vista, Raul Zaffaroni[63] explica que: "A amplitude da disposição legal é sadia, pois tanto podem intervir advogado, os menores diretamente envolvidos e os pais e responsáveis como, também, todo aquele que tenha interesse na causa".

No entanto, é de ser registrado o posicionamento do STJ ao abordar a questão sob o aspecto da ilegitimidade do assistente para recorrer. Confira-se a ementa abaixo transcrita:

> CRIMINAL. RESP. ESTATUTO DA CRIANÇA E DO ADOLESCENTE. ASSISTENTE DA ACUSAÇÃO. INTERPOSIÇÃO DE RECURSO. ILEGITIMIDADE. RECURSO PROVIDO.
>
> I. O Estatuto da Criança e do Adolescente, no capítulo referente aos Recursos, prevê a adoção subsidiária das regras do Código de Processo Civil, razão pela qual não se estende ao mesmo a aplicação dos dispositivos do Código de Processo Penal referentes ao Ministério Público. II. Considerando o caráter de lei especial do Estatuto da Criança e do Adolescente, na qual não há qualquer referência à figura do assistente da acusação, ele é parte ilegítima para interpor recurso de apelação, por falta de previsão legal. III. Recurso provido para cassar o acórdão recorrido e restabelecer a decisão de primeiro grau[64].

b.3) Apreensão por força de ordem judicial

O art. 171 do ECA[65] deixou dúvida quanto ao momento em que se faria possível a determinação judicial para apreensão do adolescente, se apenas posteriormente à distribuição de representação ou se também antes desta, o que gerou discussão doutrinária acerca da possibilidade da denominada "internação preventiva ou temporária".

---

63 ZAFFARONI, Raul. Art. 206. In: VERONESE, Josiane Rose Petry; SILVEIRA, Mayra; CURY, Munir (coord.). *Estatuto da Criança e do Adolescente comentado*: comentários jurídicos e sociais. 13. ed. rev. e atual. São Paulo: Malheiros, 2018, p. 1313.

64 STJ, REsp 605.025/MG, 5ª T., Rel. Min. Gilson Dipp, *DJ* 21-11-2005, p. 275. No mesmo sentido: STJ, REsp 1.089.564/DF, 6ª T., Rel. Min. Sebastião Reis Júnior, *DJe* 7-5-2012.

65 Art. 171 do ECA: "O adolescente apreendido por força de ordem judicial será, desde logo, encaminhado à autoridade judiciária".

PARTE V - DA PRÁTICA DO ATO INFRACIONAL

Jurandir Norberto Marçura[66], adotando posição contrária à possibilidade de expedição de ordem judicial ainda na fase policial, ensina que:

> A apreensão por ordem judicial pressupõe a existência de procedimento em curso podendo verificar-se em três hipóteses: a) provisoriamente, após o oferecimento da representação (art. 184); b) na sentença que aplicar medida de internação ou regime de semiliberdade (art. 190); e c) a qualquer momento, entre o oferecimento da representação e o efetivo cumprimento da medida de internação ou regime de semiliberdade, verificada a evasão do adolescente.

Em outra senda, encontra-se a argumentação de Wilson Donizeti Liberati[67]:

> Como os procedimentos regulados pelo Estatuto seguirão, subsidiariamente, os previstos na legislação processual, civil ou penal, nos termos do art. 152, as normas referentes à segregação preventiva, definidas nos arts. 311 e 313 do CPP deverão ser observadas pelo Juiz da Infância e da Juventude, nos casos em que couber sua aplicação.

Referendando os entendimentos acima se alinham, quanto ao primeiro, Tarcísio José Martins Costa[68] e ao segundo, João Batista Costa Saraiva[69].

A interpretação que se apresenta em maior consonância com a sistemática socioeducativa é aquela que pressupõe procedimento judicial em curso para a expedição de ordem pela autoridade judiciária com o fim de apreensão do adolescente.

Isso porque não se faz possível a aplicação subsidiária do Código de Processo Penal neste particular, uma vez que o ECA delineou o preciso momento a partir do qual a autoridade judiciária pode determinar a internação provisória, o fazendo exclusivamente no art. 184, *caput*, c/c o art. 108 e seu parágrafo único.

Saliente-se, ainda, que o § 3º do art. 184 do ECA e o art. 47 da Lei do Sinase, aplicáveis à hipótese de não localização do adolescente e ambos a cuidar da expedição do mandado de busca e apreensão, estão inseridos na fase judicial do procedimento, não sendo permitido ao intérprete criar situação restritiva da liberdade onde não o fez o legislador.

---

66 MARÇURA, Jurandir Norberto. Art. 171. In: VERONESE, Josiane Rose Petry; SILVEIRA, Mayra; CURY, Munir (coord.). *Estatuto da Criança e do Adolescente comentado*: comentários jurídicos e sociais. 13. ed. rev. e atual. São Paulo: Malheiros, 2018, p. 1099.

67 LIBERATI, Wilson Donizeti. *Comentários ao Estatuto da Criança e do Adolescente*. 12. ed. rev. e ampl. de acordo com a Lei 13.058, de 22.12.2014. São Paulo: Malheiros, 2015, p. 216.

68 COSTA, Tarcísio José Martins. *Estatuto da Criança e do Adolescente*. Belo Horizonte: Del Rey, 2004, p. 334.

69 SARAIVA, João Batista Costa. *Direito penal juvenil*: adolescente e ato infracional. Garantias processuais e medidas socioeducativas. 2. ed. rev. e ampl. Porto Alegre: Livraria do Advogado, 2002, p. 53.

No entanto, não ficou desprovida de previsão normativa a situação em que venha a se fazer necessária, na fase pré-processual, uma apreciação acerca da participação de adolescente em ato infracional, uma vez que foi conferida ao Ministério Público a prerrogativa de notificação dos pais ou responsáveis para apresentação deste, inclusive com a requisição do concurso das polícias civil e militar, se necessário (art. 177 c/c o art. 179, parágrafo único, do ECA).

Dessa forma, ficou evidente que, havendo indícios, na fase pré-processual, de participação de adolescente em empreitada infracional, deverá a representação ser oferecida em conformidade com o que dispõe o art. 182, § 2º, que está a demonstrar a aptidão do processo socioeducativo não somente para o julgamento da conduta do agente, mas também para a apuração dos fatos.

Em outras palavras, para a deflagração da ação socioeducativa, bastam indícios da autoria e da materialidade, podendo os fatos ser apurados no curso do procedimento, não se justificando, assim, qualquer restrição de liberdade com este objetivo.

De outro ângulo, é ainda de se observar que restaria completamente esvaziado o encaminhamento do adolescente à autoridade judiciária, como prevê o art. 171, acaso não houvesse qualquer procedimento socioeducativo previamente instaurado, uma vez que nenhuma providência poderia ser tomada de ofício pelo magistrado.

b.4) Inversão do rito processual do Estatuto da Criança e do Adolescente

Tema controverso na jurisprudência tem sido o da aplicação supletiva do art. 400 do CPP – que dispõe sobre o interrogatório do acusado como último ato da audiência – aos procedimentos para apuração de atos infracionais. É certo que o Superior Tribunal de Justiça vinha, reiteradamente, decidindo no sentido da **inexistência de nulidade na plena aplicação dos arts. 184 e 186 do ECA**, em função de sua especialidade em relação à norma geral do aludido dispositivo do Código de Processo Penal[70].

Porém, e a princípio utilizando-se de julgado do ano de 2016 (STF, HC 127.900/ AM), tem havido mudança na interpretação anteriormente adotada[71]. No entanto,

---

70 STJ, REsp 1.739.937/GO, Rel. Min. Reynaldo Soares da Fonseca, *DJe* 13-8-2018; STJ, 6ª T., AgRg no HC 689.702/GO, Rel. Min. Olindo Menezes, *DJe* 24-6-2022; STJ, AgRg no REsp 1.961.474/PR, 6ª T., Rel. Rogério Schietti Cruz, *DJe* 27-09-2022; STJ, AgRg no HC 772.866/SC, 6ª T., Rel. Min. Rogério Schietti Cruz, *DJe* 24-11-2022; STJ, AgRg no HC 749.149/SC, 5ª T., Rel. Min. Jesuíno Rissato, *DJe* 2-12-2022; STJ, AgRg no HC 787.993/GO, 5ª T., Rel. Min. Reynaldo Soares da Fonseca, *DJe* 13-2-2023; STJ, AgRg no HC 772.153/SC, 6ª T., Rel. Min. Jesuíno Rissato, *DJe* 10-3-2023; STJ, AgRg no HC 767.095/SC, 5ª T., Rel. Min. Messod Azulay Neto, *DJe* 28-4-2023; STJ, AgRg no HC 767.873/SC, Rel. Min. Jesuíno Rissato, *DJe* 17-8-2023; STJ, AgRg no HC 810.144/GO, 5ª T., Rel. Min. Messod Azulay Neto, *DJe* 31-8-2023.

71 STF, RHC 220.941/SC, Rel. Min. Roberto Barroso, *DJe* 17-11-2022; STF, RHC 229.041/ SC, Rel. Min. Dias Toffoli, *DJe* 3-8-2023; STJ, AgRg no HC 772.228/SC, 6ª T., Rel. Min.

PARTE V – DA PRÁTICA DO ATO INFRACIONAL

em nosso modesto entendimento, aquela decisão não deveria ter tido o condão de atingir as situações disciplinadas pelo Estatuto da Criança e do Adolescente, uma vez que se referiu expressamente à "incidência da norma inscrita no art. 400 do Código de Processo Penal comum a partir da publicação da ata do presente julgamento, aos processos penais militares, aos processos *penais* eleitorais e a todos os procedimentos **penais** regidos por legislação especial, incidindo somente naquelas ações **penais** cuja instrução não se tenha encerrado" (grifos nossos).

Ora, o procedimento infracional tem natureza própria, não penal, e foi inteiramente regulado nesta temática pela Lei n. 8.069/90, nos seus arts. 184 e 186. Assim, à luz do que dispõe o art. 152 do ECA, as normas do Código de Processo Penal não incidiriam neste caso, uma vez que se aplicam *apenas subsidiariamente* ao procedimento infracional.[72]

Muito nos preocupa a paulatina e perigosa descaracterização do sistema socioeducativo, com a recorrente utilização de instrumentos da seara penal, o que enfraquece a Doutrina da Proteção Integral ao adolescente em conflito com a lei e reforça o olhar de criminalização para os autores de atos infracionais, distanciando-se do objetivo ressocializador do Estatuto da Criança e do Adolescente. Cabe destacar que a Regra n. 2.3 de Beijing prevê a garantia de que "Em cada jurisdição nacional procurar-se-á promulgar um conjunto de *leis, normas e disposições aplicáveis especificamente aos jovens infratores* [...]", deixando claro, desse modo, a necessidade de se observar o rito especial infantojuvenil.

Nessa mesma linha se posicionou o Centro de Apoio Operacional das Promotorias de Justiça da Criança, do Adolescente e da Educação do Ministério Público do Paraná, na Nota Técnica n. 2/2022, com seguinte ementa:

> Assunto: Interrogatório do adolescente ao final da instrução; *Habeas Corpus* 212693/PR; Estatuto da Criança e do Adolescente norma especial; interpretação conforme a Constituição Federal ao artigo 184, *caput*, do ECA; inaplicabilidade do Código de Processo Penal ao procedimento de apuração de ato infracional; caráter pedagógico da medida socioeducativa[73].

Laurita Vaz, *DJe* 9-3-2023; STJ, HC 769.197/RJ, 3ª Seção, Rel. Rogério Schietti Cruz, *DJe* 21-6-2023.

72 TRENNEPOHL, Anna Karina Omena Vasconcellos; FERREIRA, Eduardo Dias de Souza. A atuação do Ministério Público na discussão sobre o momento da oitiva de adolescente infrator em juízo e o atual entendimento dos Tribunais Superiores. *Revista Acadêmica Escola Superior do Ministério Público do Ceará*, ano 15, v. 2, jul./dez. 2023. Disponível em: <https://revistaacademica.mpce.mp.br/revista/article/view/341/212>. Acesso em: 28 out. 2024.

73 Nota Técnica n. 2/2022 – CAOPCAE/MPPR. Disponível em: <https://site.mppr.mp.br/sites/hotsites/arquivos_restritos/files/migrados/File/anexos/2022/02-22_-_Nota_Tecnica_-_oitiva_do_adolescente_infrator_como_ultimo_ato_da_instrucao.pdf>. Acesso em: 9 out. 2024.

Por fim, observamos que no movimento jurisprudencial em questão há decisões ressaltando que é necessária a efetiva demonstração do prejuízo para a decretação da eventual nulidade processual decorrente da oitiva do representado antes das testemunhas.

Confira-se:

> AGRAVO REGIMENTAL NO RECURSO ESPECIAL. ESTATUTO DA CRIAN-ÇA E DO ADOLESCENTE. PROCEDIMENTO DE APURAÇÃO DE ATO IN-FRACIONAL. AUDIÊNCIA DE OITIVA DO ADOLESCENTE. ATO REALIZA-DO NO INÍCIO DA INSTRUÇÃO. NULIDADE. NÃO OCORRÊNCIA. PREVALÊNCIA DO REGRAMENTO ESPECIAL. AUSÊNCIA DE ALEGAÇÃO DA NULIDADE EM AUDIÊNCIA. PRECLUSÃO DA MATÉRIA. PREJUÍZO CONCRETO. AUSÊNCIA DE DEMONSTRAÇÃO. AGRAVO REGIMENTAL DESPROVIDO. 1. A jurisprudência desta Corte Superior orienta no sentido de que, nos termos do art. 184 do Estatuto da Criança e do Adolescente, não há nulidade na oitiva do adolescente como primeiro ato no procedimento de apuração de ato infracional ou na ausência de repetição da oitiva ao final da instrução processual, pois aquela norma especial prevalece sobre a regra prevista no art. 400 do Código de Processo Penal. 2. Ainda que se considerasse aplicável ao procedimento de apuração dos atos infracionais a *ratio decidendi* adotada no julgamento do HC n. 127.900/AM pelo Supremo Tribunal Federal, é certo que a alegação de nulidade por ausência de oitiva do adolescente ao final da instrução processual estaria preclusa no caso concreto, pois a Defesa não se insurgiu contra a ausência desta nova oitiva na audiência de instrução, conforme preceitua o art. 571, inciso VIII, do Código de Processo Penal, aplicável subsidiariamente ao Jurisprudência/STJ – Acórdãos procedimento de apuração de ato infracional por força do art. 152 do Estatuto da Criança e do Adolescente. 3. Do mesmo modo, a Defesa não demonstrou, sequer minimamente, eventual prejuízo concreto ao Recorrente, não delineando de que modo uma nova oitiva do adolescente ao final da instrução teria provocado alteração substancial no quadro fático-processual. Desse modo, não se pode reconhecer a pretendida nulidade, ante a ausência de demonstração de prejuízo concreto e efetivo. 4. Agravo regimental desprovido[74].

5. MEDIDAS SOCIOEDUCATIVAS (ARTS. 112 A 125 DO ECA)

5.1. Disposições gerais

As medidas socioeducativas estão previstas nos incisos do art. 112 do ECA e são: advertência; obrigação de reparar o dano; prestação de serviços à comunidade;

---

74 STJ, AgRg no REsp 1.977.454/PR, 6ª T., Rel. Min. Laurita Vaz, *DJe* 25-4-2022. No mesmo sentido: STJ, AgRg no HC 778.988/SC, 6ª T., Rel. Min. Jesuíno Rissato, *DJe* 30-8-2023. Confira-se, ainda, na seara penal: STJ, REsp 1.946.472/PR, 3ª Seção, Rel. Min. Messod Azulay Neto, *DJe* 25-9-2023.

PARTE V – DA PRÁTICA DO ATO INFRACIONAL

liberdade assistida; inserção em regime de semiliberdade; internação em estabelecimento educacional. As previstas no art. 101, I a VI, por força do inciso VII do art. 112, também podem ser aplicadas ao adolescente que pratica ato infracional, tendo, neste ponto, recebido do legislador uma nuance socioeducativa.

No § 2º do art. 1º, a Lei do Sinase elencou os objetivos das medidas socioeducativas, conferindo ênfase à responsabilização do adolescente, sua integração social e à desaprovação da conduta infracional.

Além do caráter pedagógico, que visa à reintegração do jovem em conflito com a lei na vida social, as medidas socioeducativas possuem outro, o sancionatório, em resposta à sociedade pela lesão decorrente da conduta típica praticada[75]. Desarte, fica evidente a sua natureza híbrida, vez que composta de dois elementos que se conjugam para alcançar os propósitos de reeducação e de adimplência social do jovem.

A exposição de Wilson Donizeti Liberati[76] a respeito do tema é esclarecedora:

> A medida socioeducativa é a manifestação do Estado, em resposta ao ato infracional, praticado por menores de 18 anos, de natureza jurídica impositiva, sancionatória e retributiva, cuja aplicação objetiva inibir a reincidência, desenvolvida com finalidade pedagógico-educativa. Tem caráter impositivo, porque a medida é aplicada independente da vontade do infrator – com exceção daquelas aplicadas em sede de remissão, que tem finalidade transacional. Além de impositiva, as medidas socioeducativas têm cunho sancionatório, porque, com sua ação ou omissão, o infrator quebrou a regra de convivência dirigida a todos. E, por fim, ela pode ser considerada uma medida de natureza retributiva, na medida em que é uma resposta do Estado à prática do ato infracional praticado.

Por isso o seu aspecto unilateral e o fato de que, uma vez impostas pela autoridade judicial, independem de aceitação para o seu respectivo cumprimento. Decorre ainda que, em caso de eventual inconformismo, o caminho que se abrirá será o da interposição de recurso.

O autor do ato infracional conta, no Estatuto, com esfera própria para apuração e julgamento de sua conduta, asseguratória de garantias processuais específicas. Tal disciplina vem recebendo nomenclatura variada entre os operadores do direito, sendo, por vezes, denominada "direito penal juvenil", "direito infracional", "direito socioeducativo", entre outras.

No entanto, importante é reconhecer sua especificidade em relação à seara criminal, e pautar a atuação jurídica em conformidade com tal reconhecimento,

---

75   KONZEN, Afonso Armando. *Pertinência socioeducativa*: reflexões sobre a natureza jurídica das medidas. Porto Alegre: Livraria do Advogado, 2005, p. 89: "A medida é o espaço instrumental não só para a prevenção da delinquência, em resposta ao justo anseio de paz social, mas também para a inserção familiar e comunitária do jovem infrator".

76   LIBERATI, Wilson Donizeti. Op. cit., p. 134.

1178   CURSO DE DIREITO DA CRIANÇA E DO ADOLESCENTE

pois, em que pese não estarem os adolescentes sujeitos à normativa penal, são, sim, responsáveis pelos seus atos, ante a sistemática que lhes é peculiar, qual seja a da Lei n. 8.069/90, e devem receber prestação jurisdicional condizente com os parâmetros legais ali definidos[77].

Todavia, esta responsabilidade, que integra o feixe da cidadania e impulsiona a ação repressiva estatal, somente se apresenta como geradora da aplicação de medida socioeducativa a partir da prática de conduta infracional prévia e legalmente definida, e depois de obedecidos os trâmites processuais estabelecidos pelo legislador[78].

O § 1º do art. 112 e o art. 113 do ECA explicitaram os **critérios a serem observados para a aplicação das medidas socioeducativas**, que são: a capacidade para cumpri-las, as circunstâncias e consequências do fato, a gravidade da infração, bem como as necessidades pedagógicas, preferindo-se aquelas que visem ao fortalecimento dos vínculos familiares e comunitários.

Releva notar que a Lei n. 12.010/2009 acrescentou parágrafo único ao art. 100, elencando 12 **princípios que também devem ser considerados na aplicação das medidas socioeducativas**[79]. O zelo com a prontidão da resposta estatal e com a responsabilidade parental sobressaiu dentre os propósitos almejados pelo legislador à luz da efetiva promoção dos direitos de que são titulares os destinatários do processo socioeducativo.

Nesse sentido é de ser realçada a necessidade de que a intervenção estatal seja **precoce, mínima, proporcional e atual**, realizada de forma a estimular que os pais assumam seus deveres (art. 100, parágrafo único, VI, VII, VIII e IX, do ECA). Acerca da relação da ausência de sólidas referências familiares com a delinquência, destacamos a obra de Winnicott[80].

---

77   SILVA, Antônio Fernando Amaral e. O mito da imputabilidade penal e o Estatuto da Criança e do Adolescente. *Âmbito Jurídico*, fev./2001. Disponível em: < https://ambito-juridico.com.br/o-mito-da-imputabilidade-penal-e-o-estatuto-da-crianca-e-do-adolescente/>. Acesso em: 9 out. 2024: "O grande avanço será admitir explicitamente a existência da responsabilidade penal juvenil, como categoria jurídica, *enfatizando o aspecto pedagógico da resposta como prioritário e dominante*" (itálico nosso).

78   SARAIVA, João Batista Costa. *Adolescente em conflito com a lei:* da indiferença à proteção integral. Uma abordagem sobre a responsabilidade penal juvenil. 3. ed. rev. e atual. Porto Alegre: Livraria do Advogado, 2009, p. 126: "Não há cidadania sem responsabilidade e não pode haver responsabilização sem o devido processo e o rigor garantista".

79   SARAIVA, João Batista Costa. O superior interesse: o menor, a criança, a lei e os tribunais. *Revista de Direito da Infância e da Juventude*, Publicação oficial da ABMP, São Paulo: Revista dos Tribunais, ano 1, v. 2, p. 57-68, jul./dez. 2013: "Nessa reforma, que resultou na introdução de uma série de alterações no Estatuto, foi dada nova redação ao seu art. 100, introduzindo parágrafo, com 12 incisos, listando princípios norteadores da aplicação das medidas previstas na Lei, tanto de caráter protetivo, quanto socioeducativo".

80   WINNICOTT, Donald W. *Privação e delinquência*. 3. ed. 2. tir. São Paulo: Martins Fontes, 2002, p. 129 e 133: "Tudo o que leva as pessoas aos tribunais (ou aos manicômios,

PARTE V – DA PRÁTICA DO ATO INFRACIONAL

1179

Ademais, também merecem destaque os preceitos da **privacidade; obrigatorie-dade da informação; oitiva obrigatória e participação do adolescente** (art. 100, parágrafo único, V, XI e XII, do ECA).

Acerca dos reflexos da Lei n. 12.010/2009 nas medidas socioeducativas, cabe realçar os seguintes trechos da obra de Rossato e Lépore[81]:

> *Princípio da intervenção precoce*: nada justifica que a execução de uma medida socioeducativa seja em tempo muito posterior à prática do ato infracional. O adolescente, repita-se, pessoa em desenvolvimento, tem sua situação de vida modificada em tempo razoavelmente rápido. [...] *Princípio da intervenção míni-ma*: a intervenção Estatal deve ocorrer tão somente para suprir o déficit peda-gógico existente. [...] *Princípio da atualidade*: na aplicação da medida, deve ser verificado o contexto existente quando de sua execução, e não de quando ocor-reu a prática do ato infracional (itálicos do original).

Assim, apesar de as medidas, diversamente das penas na área criminal, não terem sido previamente fixadas pelo legislador qualitativa ou quantitativamente em relação a cada fato, não poderá a autoridade judiciária, quando da respectiva apli-cação, se afastar da aferição quanto aos critérios acima mencionados, na busca pela mais adequada à cisão da escalada infracional iniciada pelo jovem.

O enfoque legislativo para o necessário fortalecimento dos vínculos familiares e comunitários e para a aplicação preferencial das medidas de **meio aberto** é exem-plo do balizamento que atinge as decisões judiciais nesta seara.

Tais critérios são os parâmetros legais oferecidos pelo Estatuto ao Juízo Infan-tojuvenil, sendo imprescindíveis à correta avaliação da medida a ser aplicada a fim de atingir, a um só tempo, os objetivos da ressocialização e da prevenção da rein-cidência[82].

Destacando a eficácia das medidas socioeducativas em meio aberto para a di-minuição da reincidência, bem como sua contribuição para o acesso dos adoles-

---

pouco importa no caso) tem seu equivalente normal na infância, na relação da criança com o seu próprio lar. [...] Não é suficiente visitar reformatórios ou alojamentos ou ouvir os outros falarem a respeito. A única maneira interessante é assumir alguma responsabilidade mesmo que indiretamente, apoiando de forma inteligente aqueles que cuidam de meninos e meninas com tendência para o comportamento antissocial".

81 ROSSATO, Luciano Alves; LÉPORE, Paulo Eduardo. *Estatuto da Criança e do Adoles-cente*: comentado artigo por artigo. 14. ed. São Paulo: JusPodivm, 2024, p. 466-467.

82 KONZEN, Afonso Armando. *Pertinência socioeducativa*: reflexões sobre a natureza ju-rídica das medidas. Porto Alegre: Livraria do Advogado, 2005, p. 89-90: "Por isso, a autoridade judiciária, na sentença, ao escolher a medida dentre as previstas, está vin-culada ao uso de critérios legais. [...] Objetiva-se, com a aplicação da medida, o incidir na causa da infração e produzir, no âmago da consciência do infrator, a reunião de valores e conhecimentos capazes de devolvê-lo à sociedade apto para o convívio so-cial, sem a reincidência de novas transgressões".

1180   CURSO DE DIREITO DA CRIANÇA E DO ADOLESCENTE

centes em conflito com a lei às políticas públicas, vale conferir a obra de Rizzini, Sposati e Oliveira[83].

Por outro lado, com o relato sobre as dificuldades de efetiva implementação dos objetivos preconizados pelo art. 119 do ECA, destacam Simões, Figueiredo e Campos[84]:

> Em várias reuniões e conversas informais com as/os promotoras/es, as/os técnicas/os discutiam a distância que esses objetivos legais estavam da realidade da maioria dos adolescentes e famílias acompanhadas. Diziam que querer impor, simultaneamente, estudo, trabalho e profissionalização – o chamado *tripé da LA* – a um adolescente que está há anos fora da escola, inserido desde cedo em trabalhos, os mais precários, e que não possui familiares em condições de ajudá-lo material e, por vezes, emocionalmente, era o mesmo que condená-lo a ser internado, já que ele fatalmente descumpriria as metas de seu PIA.

Outra peculiaridade do sistema socioeducativo é a da **possibilidade de aplicação cumulada de medidas e de sua substituição a qualquer tempo**, por força do disposto no art. 113 c/c o art. 99, ambos do ECA e dos arts. 42 a 44 da Lei do Sinase, visando a uma resposta mais completa ao caso concreto (veja-se também o tópico 5.7.2-a, referente à cumulatividade de processos e à questão da unificação).

Uma vez que a medida socioeducativa deve guardar nexo de proporcionalidade com o ato infracional praticado, sem se descuidar, no entanto, da avaliação da personalidade do adolescente, casos poderão ocorrer em que a autoridade judiciária venha a reputar necessária a cumulação acima abordada, não obstante a inexistência de pedido expresso do *Parquet* nesse sentido.

No entanto, a aplicação e a substituição das medidas *a qualquer tempo* tornam certa a possibilidade de antecipação da tutela do pedido socioeducativo, o que compõe harmonicamente o sistema infracional. Ora, uma vez diagnosticada a necessidade de o adolescente ser inserido em programa pedagógico, é contrário aos seus interesses o aguardo do desfecho do processo, como deixa claro o art. 113 c/c os arts. 99 e 100 do ECA.

Quantas vezes não se depara o operador do direito com a situação de urgente inclusão do adolescente em regime de liberdade assistida provisória? Ou de tratamento para toxicômanos? Ou de ambos?

---

83   RIZZINI, Irene; SPOSATI, Aldaíza; OLIVEIRA, Antônio Carlos de. *Adolescências, direitos e medidas socioeducativas em meio aberto*. São Paulo: Cortez, 2019.

84   SIMÕES, Fernando Henrique de Freitas; FIGUEIREDO, Neto Picanço de; CAMPOS, Yone da Cruz Martins de. Desafios da intervenção do Ministério Público no atendimento socioeducativo em meio aberto em São Paulo – Capital. In: SARRUBBO, Mario Luiz; ROMANO, Michel Betenjane; MONTEIRO, Mirella de Carvalho Bauzys; RIVITTI, Renata Lucia Mota Lima de Oliveira (coord.). *Ministério Público estratégico*: direitos da criança e do adolescente. São Paulo: Foco, 2023, p. 311.

PARTE V – DA PRÁTICA DO ATO INFRACIONAL

Tanto é assim que até para as medidas restritivas de liberdade cuidou o legislador estatutário de afastar todas as dúvidas quanto à sua aplicação em sede provisória, como se depreende dos arts. 108 e 120, § 2º.

Ressalte-se que, conforme o § 2º do art. 112, ora em estudo, em nenhuma hipótese será admitida a prestação de trabalho forçado, à luz do previsto na Constituição da República (art. 5º, XLVII, c).

Exigiu o Estatuto da Criança e do Adolescente, para a imposição das medidas dos incisos II a VI do art. 112, com exceção da hipótese do art. 127 (remissão), restassem suficientemente comprovadas a autoria e a materialidade do ato infracional (art. 114, caput).

Já para a aplicação da medida de advertência, a exigência ficou restrita à prova da materialidade do ato, contentando-se, relativamente à autoria, apenas com a presença de indícios (art. 114, parágrafo único, do ECA).

Observe-se que o inciso VII do art. 112 se refere às medidas dos incisos I a VI do art. 101, possibilitando sua aplicação aos adolescentes em conflito com a lei, não fazendo, portanto, menção às de acolhimento institucional, de inclusão em programa de acolhimento familiar e de colocação em família substituta.

No que toca à colocação em família substituta (inciso IX do art. 101), é correto afirmar que a disciplina legislativa restou assim emoldurada em virtude da existência de rito próprio para tal providência (arts. 165 a 170 do ECA).

Já quanto ao acolhimento institucional ou familiar – por sua essência excepcional e provisória, são medidas que não se compatibilizam com o caráter impositivo próprio das socioeducativas, daí não terem sido contempladas no rol do inciso VII do art. 112.

A contrario sensu, a conclusão só pode ser no sentido de que as demais medidas ali previstas (art. 101, I a VI) restaram impregnadas dessa força coercitiva, que se manifesta por meio da possibilidade de regressão, sendo, portanto, também conhecidas no meio jurídico como "medidas socioeducativas impróprias".

Registre-se que o disposto no art. 114 robustece a afirmativa acima. Se as medidas provenientes de qualquer tipo de remissão também prescindem de provas de autoria e de materialidade e são passíveis de regressão (confira-se o item 6.4), com mais razão poderão ser regredidas medidas aplicadas após o oferecimento de representação.

No entanto, casos podem ocorrer em que a autoridade judiciária venha a concluir pelo descabimento da imposição de qualquer instrumento socioeducativo.

Nessas hipóteses, por óbvio, não ficará o magistrado impedido de se utilizar das medidas do art. 101, porém as aplicará com o caráter exclusivamente protetivo, ficando, inclusive, **restabelecida a possibilidade de encaminhamento judicial do jovem à instituição de acolhimento institucional ou a programa de acolhimento familiar.**

Veja-se que, inclusive nos casos de medida socioeducativa aplicada em meio aberto, a possibilidade de sua cumulação com a protetiva de acolhimento institucional pelo Juízo Infracional já foi admitida pela jurisprudência, conforme ilustra a decisão abaixo:

> AGRAVO DE INSTRUMENTO. ECA. INTERNAÇÃO. PROGRESSÃO PARA A MEDIDA SOCIOEDUCATIVA DE LIBERDADE ASSISTIDA. INSURGÊNCIA MINISTERIAL. NÃO ACOLHIMENTO. [...] 2. Observa-se dos autos, especialmente dos argumentos utilizados na decisão questionada, a ausência de necessidade do retorno do menor ao meio fechado. Cabe ainda mencionar que foi reconhecida a situação de vulnerabilidade do menor, com a ausência de amparo familiar e, por isso, aplicada a medida protetiva de acolhimento, nos termos do art. 101, inciso VII do ECA. Portanto, verifica-se que a reavaliação para liberdade assistida ocorreu de modo adequado, rechaçando a manutenção de medida em meio fechado com base na gravidade em abstrato do ato praticado ou da periculosidade do jovem infrator, observando a brevidade da medida mais grave e determinando o seu acolhimento institucional, dada a ausência de respaldo familiar. Recurso desprovido[85].

Por derradeiro diga-se que, sem embargo da apreciação específica das medidas do art. 101, realizada na Parte IV desta obra, para a qual remetemos o leitor, vale a pena tecer alguns comentários acerca da prevista no inciso VI, o que será feito no tópico a seguir.

5.1.1. Adolescente em situação de uso ou de dependência de drogas

O adolescente usuário ou dependente de drogas poderá ser incluído em programa específico de tratamento (art. 101, VI, c/c o art. 112, VII, ambos do ECA), independentemente do ato infracional que tenha praticado.

Sob o aspecto histórico da tratativa do tema, vale consignar que, no final da década de 1990, foi iniciado, no âmbito do Ministério Público do Rio Grande do Sul[86], o desenvolvimento de projeto que restou difundido em vários pontos do Brasil e conhecido como justiça terapêutica, objetivando o tratamento e a recuperação do adolescente em conflito com a lei, por meio da busca por políticas sociais e de atenção à sua saúde.

Com o advento da Lei do Sinase e à luz da Lei n. 10.216/2001 – que dispõe sobre a proteção e os direitos das pessoas com transtornos mentais e redireciona o modelo assistencial em saúde mental – certo é que o juiz poderá suspender a exe-

---

85 TJRJ, Agravo de Instrumento 0066130-06.2019.8.19.0000, 3ª Câm. Crim., Rel. Des. Suimei Meira Cavalieri, j. 5-3-2020.

86 SOARES, Vinícius Efraym Siqueira Lopes; SANTIAGO, Alcylanna Nunes Teixeira Santiago. Justiça Terapêutica: origem e aplicação. *Documentação e Memória*, Recife, v. 6, n. 12, p. 27-40, jul./dez. 2021. Disponível em: <https://portal.tjpe.jus.br/documents/97401/2914457/2_RDM12_VINICIUS_EFRAYM_e_ALCYLANNA_NUNES.pdf/d373bdaa-130e-4060-1e85-ccf144fbaf02>. Acesso em: 15 out. 2024.

PARTE V – DA PRÁTICA DO ATO INFRACIONAL

cução da medida socioeducativa e incluir o jovem em tratamento que melhor atenda às suas necessidades terapêuticas, após avaliação por equipe técnica multidisciplinar e multissetorial, ouvidos o defensor e o Ministério Público (art. 64, §§ 1º ao 7º).

É de ser registrado que o Conselho Nacional de Políticas sobre Drogas – Conad publicou a Resolução n. 3, de 24 de julho de 2020, regulamentando, no âmbito do Sistema Nacional de Políticas Públicas sobre Drogas – Sisnad, o acolhimento de adolescentes que façam uso, abuso ou sejam dependentes de álcool e outras drogas, com necessidade de proteção e apoio social, em comunidades terapêuticas. Na forma do ali disposto, a adesão se dará voluntariamente e mediante autorização expressa de um dos pais ou responsáveis, devendo a entidade comunicar ao Conselho Tutelar e ao Juízo da Infância e Juventude o início e a finalização do referido acolhimento (arts. 2º, I, e 6º, VI e VII).

No entanto, o mencionado ato normativo teve sua legalidade questionada no âmbito do processo judicial n. 0813132-12.2021.4.05.8300 – TRF 5ª Região e sua eficácia foi suspensa, conforme disposto na Resolução CONAD n. 10, de 19/07/2024.

Além disso, o Conanda publicou a Resolução n. 249, em 10 de julho de 2024, proibindo o acolhimento de crianças e adolescentes em comunidades terapêuticas e determinando que:

> Art. 5º A atenção integral de crianças e adolescentes com necessidades de saúde mental deverá ser ofertada pelos serviços que compõem a Rede de Atenção Psicossocial (RAPS) do Sistema Único de Saúde (SUS), por espaços protetivos do Sistema Único de Assistência Social (SUAS) e da rede intersetorial, realizada no território e de caráter antimanicomial, garantindo a manutenção dos vínculos familiares e comunitários, a partir da execução de políticas públicas de proteção social e promoção de direitos humanos.
>
> Parágrafo único. Em caso de necessidades de atendimento de urgência e/ou emergência e acolhimento transitório de crianças e adolescentes, o acolhimento deve ocorrer preferencialmente no CAPS i, CAPS Ad, leitos em hospitais gerais e em Unidade de Acolhimento Infanto-juvenil de Saúde (UAIS)de caráter transitório, garantindo a não institucionalização, o direito à convivência familiar e comunitária e a inserção social das crianças e adolescentes.

Cumpre evidenciar o realce dedicado pela Lei Antidrogas – n. 11.343/2006 – ao deslocamento da questão do aspecto repressivo para o educativo. Releva notar, no entanto, que tal enfoque legislativo na seara penal não alcançou, como pretendia Luiz Flávio Gomes[87], o ponto da *abolitio criminis* no que se refere à conduta do usuário de drogas.

---

87 GOMES, Luiz Flávio. Nova Lei de Drogas: descriminalização da posse de drogas para consumo pessoal. Disponível em: <https://www.migalhas.com.br/depeso/33969/

CURSO DE DIREITO DA CRIANÇA E DO ADOLESCENTE

Ainda que se adote a linha de entendimento que coloca a posse de drogas para consumo pessoal no rol das contravenções penais[88], a situação na área infantoju-venil não se altera, em virtude do que dispõe o art. 103 do ECA. Este dispositivo trata de forma isonômica os crimes e as contravenções penais para o efeito de caracterização do ato infracional.

Dizer-se que nem sequer de contravenção penal se trata – e, portanto, que não haveria ato infracional na hipótese – é ir aonde o legislador, seguramente, não foi.

Veja-se: o art. 28 da Lei n. 11.343/2006 está inserido em capítulo que trata dos crimes e das penas. O art. 30, por sua vez, prevê o respectivo prazo prescricional. O art. 5º, XLVI, da Constituição da República prevê, dentre as espécies de pena, a de prestação social alternativa. De volta ao art. 28 da Lei n. 11.343/2006, verifica-se que o inciso II estabelece exatamente a pena de prestação de serviços à comunidade como aplicável àquele cuja conduta se amolde às ali elencadas.

Nesse diapasão o posicionamento de Clovis Alberto Volpe Filho[89], refutando os argumentos apresentados por Luiz Flávio Gomes no texto acima aludido:

___

nova-lei-de-drogas-descriminalizacao-da-posse-de-drogas-para-consumo-pessoal>. Acesso em: 11 out. 2024: "A Lei 11.343/2006 (art. 28) aboliu o caráter 'criminoso' da posse de drogas para consumo pessoal. Esse fato deixou de ser legalmente considerado 'crime' (embora continue sendo um ilícito, um ato contrário ao Direito). Houve, portanto, descriminalização 'formal', mas não legalização da droga (ou descriminalização substancial). Cuida-se, ademais, de fato que não foi retirado do âmbito do Direito penal. O fundamento do que acaba de ser dito é o seguinte: por força da Lei de Introdução ao Código Penal (art. 1º), 'Considera-se crime a infração penal a que a lei comina pena de reclusão ou detenção, quer isoladamente, quer alternativa ou cumulativamente com a pena de multa; contravenção, a infração a que a lei comina, isoladamente, pena de prisão simples ou de multa, ou ambas, alternativa ou cumulativamente' (cf. Lei de Introdução ao Código Penal brasileiro – Dec.-lei 3.914/41, art. 1º)".

88 MORAES, Rodrigo Iennaco. Abrandamento jurídico-penal da "posse de droga ilícita para consumo pessoal" na Lei n. 11.343/2006: primeiras impressões quanto à não ocorrência de "abolitio criminis". Disponível em: <https://jus.com.br/artigos/8868/abrandamento-juridico-penal-da-posse-de-droga-ilicita-para-consumo-pessoal-na--lei-n-11-343-2006>. Acesso em: 11 out. 2024: "Conclusão: a Nova Lei de Tóxicos, que revogou o art. 16, da Lei 6.368/76, tipificou conduta similar (Art. 28, *caput* e § 1º), operando *rebaixamento* em seu *status* jurídico-repressivo, caracterizando-a como autêntica *CONTRAVENÇÃO PENAL*" (itálico do original).

89 VOLPE FILHO, Clovis Alberto. Considerações pontuais sobre a nova lei antidrogas (Lei n. 11.343/2006) Parte I. Disponível em: <https://www.direitonet.com.br/artigos/exibir/2868/Consideracoes-pontuais-sobre-a-nova-Lei-Antidrogas-Lei--no-11343-2006-Parte-I>. Acesso em: 11 out. 2024. Também sobre a matéria, confira--se: SILVA, Davi André Costa. Art. 28 da Lei 11.343/06. Do tratamento diferenciado dado ao usuário de drogas: medida despenalizadora mista. Disponível em: <https://jus.com.br/artigos/8949/art-28-da-lei-n-11-343-06>. Acesso em: 11 out. 2024.

PARTE V – DA PRÁTICA DO ATO INFRACIONAL

Percebe-se, claramente, que é crime a posse de drogas para consumo pessoal. A mudança diz respeito à espécie da pena, que deixou de ser privativa de liberdade. [...] A Constituição Federal de 1988 é bastante clara ao prever penas outras, diferentes dessas estampadas na Lei de Introdução ao Código Penal, que por sinal é de 1941. Um raciocínio contrário culminar-se-ia no absurdo de não se considerar ilícito penal as condutas que estipulam penas alternativas de modo direto, indo contra a tendência moderna de não encarceramento. Ora, além da Constituição, o Código Penal prevê outras espécies de pena (art. 32, CP). Assim, queremos demonstrar que, embora seja a grande maioria das infrações penais sancionadas com pena de prisão (reclusão, detenção e prisão simples), "uma política criminal orientada no sentido de proteger a sociedade terá de restringir a pena privativa de liberdade aos casos de reconhecida necessidade, como meio eficaz de impedir a ação criminógena cada vez maior do cárcere" (Exposição de Motivos da Reforma Penal de 1984). Vislumbra-se que é perfeitamente possível a adoção pelo legislador de infrações que possuam penas alternativas diretas, sendo tal fato uma tendência positiva e que vem ganhando espaço no campo penal, com amparo da Constituição. O raciocínio exposto pelo professor Luiz Flávio Gomes dilacera a Constituição. Pois, torna inócuas as penas previstas no inciso XLVI, art. 5º, da Constituição Federal. Ademais, tolhe qualquer possibilidade de se avançar na legislação penal, haja vista que será, segundo o referido doutrinador, *sui generis* o tipo legal que aplicar a pena alternativa de maneira direta, não sendo nem ilícito penal ou ilícito administrativo. Pode até ser, como já trabalhamos em outra oportunidade, que as infrações penais que cominem penas alternativas diretas sejam denominadas de outro modo, como por exemplo, delito. Mas, de forma alguma, pode-se dizer que quando cominadas penas que não possuem lastro no art. 1º da Lei de Introdução ao Código Penal, automaticamente perdem a natureza de ilícito penal.

Adota-se, aqui, a vertente da manutenção do ilícito penal relativo à posse de drogas para consumo pessoal, na forma do art. 28 da Lei 11.343/2006.

No entanto, em relação à *cannabis sativa*, o Supremo Tribunal Federal, no RE 635659/SP[90], Tema 506, fixou a tese de que:

Não comete infração penal quem adquirir, guardar, tiver em depósito, transportar ou trouxer consigo, para consumo pessoal, a substância *cannabis sativa*, sem prejuízo do reconhecimento da ilicitude extrapenal da conduta, com apreensão da droga e aplicação de sanções de advertência sobre os efeitos dela (art. 28, I) e medida educativa de comparecimento a programa ou curso educativo (art. 28, III); 2. As sanções estabelecidas nos incisos I e III do art. 28 da Lei 11.343/06 serão aplicadas pelo juiz em procedimento de natureza não penal, sem nenhuma repercussão criminal para a conduta; 3. Em se tratando da posse de *cannabis* para consumo pessoal, a autoridade policial apreenderá a substância e notificará o autor do fato para comparecer em Juízo, na forma do regulamento a ser

90   STF, RE 635659/SP, Pleno, Rel. Min. Gilmar Mendes, j. 26-6-2024.

aprovado pelo CNJ. Até que o CNJ delibere a respeito, a competência para julgar as condutas do art. 28 da Lei 11.343/06 será dos Juizados Especiais Criminais, segundo a sistemática atual, vedada a atribuição de quaisquer efeitos penais para a sentença; 4. Nos termos do § 2º do artigo 28 da Lei 11.343/2006, será presumido usuário quem, para consumo próprio, adquirir, guardar, tiver em depósito, transportar ou trouxer consigo, até 40 gramas de *cannabis sativa* ou seis plantas-fêmeas, até que o Congresso Nacional venha a legislar a respeito; 5. A presunção do item anterior é relativa, não estando a autoridade policial e seus agentes impedidos de realizar a prisão em flagrante por tráfico de drogas, mesmo para quantidades inferiores ao limite acima estabelecido, quando presentes elementos que indiquem intuito de mercancia, como a forma de acondicionamento da droga, as circunstâncias da apreensão, a variedade de substâncias apreendidas, a apreensão simultânea de instrumentos como balança, registros de operações comerciais e aparelho celular contendo contatos de usuários ou traficantes; 6. Nesses casos, caberá ao Delegado de Polícia consignar, no auto de prisão em flagrante, justificativa minudente para afastamento da presunção do porte para uso pessoal, sendo vedada a alusão a critérios subjetivos arbitrários; 7. Na hipótese de prisão por quantidades inferiores à fixada no item 4, deverá o juiz, na audiência de custódia, avaliar as razões invocadas para o afastamento da presunção de porte para uso próprio; 8. A apreensão de quantidades superiores aos limites ora fixados não impede o juiz de concluir que a conduta é atípica, apontando nos autos prova suficiente da condição de usuário.

Por seu turno, importa registrar que se encontra em andamento a Proposta de Emenda Constitucional 45/2023, para alterar o art. 5º da Constituição Federal e prever como mandado de criminalização a posse e o porte de entorpecentes e drogas afins sem autorização ou em desacordo com determinação legal ou regulamentar, observada a distinção entre traficante e usuário.

Sob o aspecto procedimental, é de se ressaltar que o § 2º do art. 48 da Lei Antidrogas veda a imposição de prisão em flagrante ao autor do fato na hipótese de conduta prevista no art. 28 daquele dispositivo legal. Assim, também o adolescente que esteja nessa situação não deverá ser apreendido.

5.1.2. Adolescente com transtorno mental ou outras enfermidades

O § 3º do art. 112 do ECA dispõe que "os adolescentes portadores de doença ou deficiência mental receberão tratamento individual e especializado, em local adequado às suas condições".

Neste assunto importa salientar que, na prática, o que ocorre é a falta de instituições adequadas para o tratamento individual e especializado legalmente previsto, ocasionando diversidade de atuações para a solução dos casos concretos. Verifica-se que na maioria das vezes é aplicada a medida socioeducativa de internação, deixando-se a cargo da entidade recebedora do jovem as providências necessárias para o tratamento dos distúrbios psiquiátricos.

PARTE V – DA PRÁTICA DO ATO INFRACIONAL

Considera-se que, aos adolescentes com distúrbios que lhes afetam o discernimento no agir, tornando-os incapazes de entender o caráter ilícito de suas atitudes, não há como aplicar medida socioeducativa, mas sim aquela que emerge do disposto no § 3º do art. 112, c/c o art. 101, V, do ECA, tal como lecionam João Batista Costa Saraiva e Murillo José Digiácomo[91].

Tais adolescentes não são detentores da capacidade de cumprir medidas socioeducativas, fato que não pode ser desconsiderado, na forma do § 1º do art. 112 do ECA.

O TJRJ se posicionou nesse sentido, conforme se observa na ementa a seguir:

> ECA. Ato infracional análogo ao artigo 163, parágrafo único, III, do Código Penal. Pleito de colocação do paciente em liberdade até o julgamento do mérito do presente *Habeas Corpus*. Aplicação das medidas de proteção pelo Juízo da Infância, tais como avaliação psiquiátrica e encaminhamento ao responsável e na hipótese de não localização de responsável legal, aplicação de medida de acolhimento institucional, com a imediata comunicação ao DEGASE bem como à digna Autoridade dita coatora. Liminar deferida. [...] 3 – Documentos juntados pela Defesa informando que a equipe técnica da Central Carioca encaminhou o Paciente para o Instituto Municipal Philippe Pinel onde foi constatado que o mesmo apresentava transtorno psicótico e a necessidade de internação na unidade psiquiátrica para tratamento. 4 – Situação de fragilidade em que está o adolescente, impondo ao Estado o dever de ampará-lo e acolhê-lo, afigurando-se necessária sua manutenção no tratamento iniciado, medida que decorre do direito fundamental à vida e à saúde, previsto no artigo 227, *caput* da Constituição Federal e artigos 4º, *caput* e 7º a 14 do ECA, bem

---

91 SARAIVA, João Batista Costa. *Adolescente e responsabilidade penal:* da indiferença à proteção integral. 5. ed. rev. e atual. Porto Alegre: Livraria do Advogado, 2016, p. 109: "Poderá não se fazer sujeito da medida socioeducativa este adolescente, quando padecer de sofrimento psíquico que o incapacite. [...]. Faz-se deste modo insusceptível de aplicação de medida socioeducativa, mesmo sendo autor de ato infracional, haja vista sua incapacidade de cumpri-la. Deverá ser submetido a uma medida de proteção, nos termos do art. 101, inc. V, do Estatuto da Criança e do Adolescente, devendo ser internado em hospital psiquiátrico ou submetido a tratamento ambulatorial, sem submissão de medida socioeducativa". DIGIÁCOMO, Murillo José; DIGIÁCOMO, Ildeara Amorim. *Estatuto da Criança e do Adolescente anotado e interpretado.* 8. ed. Curitiba: Centro de Apoio Operacional das Promotorias da Criança e do Adolescente/MPPR, 2020, p. 235-236: "Adolescentes acusados da prática de ato infracional que apresentem distúrbios de ordem psíquica que os tornariam inimputáveis ou semi-imputáveis mesmo se adultos fossem, conforme regra do art. 26, do Código Penal, *não devem ser submetidos a medidas socioeducativas* (notadamente as privativas de liberdade), mas apenas a *medidas específicas de proteção,* conforme art. 101, inciso V, do ECA, com seu encaminhamento a entidades próprias onde receberão o tratamento adequado, em regime ambulatorial ou hospitalar, a depender da situação" (Itálicos do original). Disponível em: <https://www.cedca.pr.gov.br/sites/cedca/arquivos_restritos/files/documento/2021-10/eca_anotado_2020_8ed_mppr.pdf>. Acesso em: 15 out. 2024.

como o disposto no artigo 208, inciso VII, deste diploma lega. 5 – Liminar ratificada. ORDEM CONCEDIDA[92].

Por outro ângulo, não comprovada a incapacidade do adolescente de compreender a ilicitude dos seus atos, mas se mostrando necessário o tratamento de saúde mental, nada impede que o receba na própria unidade de internação.

Em apreciação da temática ora versada, assim se pronunciou o STJ:

> HABEAS CORPUS. SUBSTITUIÇÃO AO RECURSO ESPECIAL. IMPOSSIBILIDADE. ESTATUTO DA CRIANÇA E DO ADOLESCENTE. ATOS INFRACIONAIS EQUIPARADOS AOS DELITOS DE HOMICÍDIO DUPLAMENTE QUALIFICADO E DE ESTUPRO DE VULNERÁVEL. MEDIDA SOCIOEDUCATIVA DE INTERNAÇÃO. ATOS COMETIDOS COM VIOLÊNCIA E GRAVE AMEAÇA. PREVISÃO NO ART. 122, I, DO ECA. ALEGADA INCAPACIDADE DO PACIENTE. INSTÂNCIAS ORDINÁRIAS QUE, APÓS A ANÁLISE DOS ELEMENTOS PROBATÓRIOS JUNTADOS AOS AUTOS, CONCLUÍRAM QUE O MENOR TINHA CONSCIÊNCIA DE SEUS ATOS. REVOLVIMENTO PROBATÓRIO INVIÁVEL NESTA VIA. TRATAMENTOS PSICOLÓGICO E PSIQUIÁTRICO QUE PODEM SER OFERECIDOS NA UNIDADE DE INTERNAÇÃO. INEXISTÊNCIA DE CONSTRANGIMENTO ILEGAL. HABEAS CORPUS NÃO CONHECIDO. [...][93]

A Lei do Sinase previu a possibilidade excepcional de **suspensão** das medidas em curso, para os casos de adolescentes que venham a apresentar quadro de transtorno mental durante a execução. Em tais hipóteses será necessária prévia avaliação da equipe técnica e a oitiva do defensor e do Ministério Público, visando à inclusão do jovem em programa de saúde mais adequado para o seu tratamento (art. 64, *caput* e § 4º).

Nesse caso, o juiz designará o responsável por acompanhar e informar sobre a evolução do atendimento ao adolescente e analisará a suspensão da execução da medida socioeducativa no mínimo a cada seis meses (art. 64, §§ 5º e 6º).

O adolescente pode vir a apresentar outros tipos de enfermidade durante a execução, sendo certo que, excepcionando-se a hipótese do inciso IV do art. 46 da Lei do Sinase (doença grave que torne o adolescente incapaz de submeter-se ao cumprimento), a legislação não autoriza que a necessidade do respectivo tratamento desague em simples extinção da medida, o que significaria isentar o sistema socioeducativo da responsabilidade em assegurar-lhe os devidos cuidados médicos,

---

92   TJRJ, HC 0029785-46.2016.8.19.0000, 2ª Câm. Crim., Des. Kátia Maria Amaral Jangutta, j. 19-7-2016. No mesmo sentido: TJRJ, HC 0007471-96.2022.8.19.0000, 2ª Câm. Crim., Des. José Acir Lessa Giordani, j. 26-4-2022.

93   STJ, HC 427.308/AL, 5ª T., Rel. Min. Reynaldo Soares da Fonseca, *DJe* 22-2-2018. Confira-se também: HC 760.407/SP, Rel. Min. Antonio Saldanha Palheiro, *DJe* 27-3-2023.

PARTE V – DA PRÁTICA DO ATO INFRACIONAL

conforme preconizado nos arts. 50 e 60 do referido diploma legal. Dessa forma, a mencionada circunstância poderá acarretar, no máximo, a reavaliação ou a suspensão do cumprimento da medida aplicada, à luz do que dispõe o art. 43, cumulado, se for o caso, com a aplicação analógica do § 4º do art. 64, todos da Lei do Sinase (vale analisar em conjunto os tópicos 5.7.2 e 6.2).

Há julgados do TJRJ que abordam o tema, conforme exemplo a seguir:

> AGRAVO DE INSTRUMENTO. ESTATUTO DA CRIANÇA E DO ADOLESCENTE. DECISÃO QUE MANTEVE A MEDIDA DE INTERNAÇÃO. PEDIDO DE EXTINÇÃO DA MEDIDA POR DOENÇA GRAVE OU, SUBSIDIARIAMENTE, DE PROGRESSÃO DA MEDIDA PARA LIBERDADE ASSISTIDA. PROVIMENTO PARCIAL DO RECURSO. Recurso da defesa que visa a desconstituir a decisão que manteve a medida socioeducativa de internação do adolescente. Decisão impugnada que se baseou apenas na gravidade do ato praticado e no descumprimento de medida anterior. Relatórios técnicos que recomendam a progressão da medida socioeducativa, especialmente com vistas à ressocialização do jovem. Gravidade do ato praticado que não constitui, por si só, fundamento para a perpetuação da internação. Inteligência do artigo 42 da Lei n. 12.594/2012. Objetivos da ressocialização que podem ser alcançados sem a necessidade da via extrema da internação. Adolescente que se encontra em precário estado de saúde, necessitando de cirurgia para retirada de bolsa de colostomia, que não poderá ser feita durante a internação, devido às condições insalubres da unidade. Extinção da medida. Descabimento. O adolescente não está incapaz de submeter-se ao cumprimento da medida em razão de doença grave, mas apenas necessita realizar a cirurgia, após o que, recuperado, poderá cumprir medida mais branda. Progressão da medida para liberdade assistida. Provimento parcial do recurso. Unânime[94].

Pode vir, ainda, a se caracterizar a necessidade de propositura de ação de interdição do socioeducando, tendo a Lei do Sinase possibilitado que a autoridade judiciária nesses casos encaminhe cópias dos autos ao Ministério Público para as providências cabíveis (art. 65). Com relação à interdição do jovem, vide também o capítulo "Poder familiar" nesta obra.

Por fim, merece assinalar que, com relação aos adolescentes indígenas no âmbito do processo socioeducativo, a Resolução CNJ n. 524, de 27/09/2023, determinou a aplicação do art. 64 da Lei do Sinase, com a adoção de "medidas para garantir o respeito às culturas e valores de cada etnia, bem como a integração das ações da medicina tradicional com as práticas de saúde adotadas pelas comunidades indígenas durante eventual tratamento [...] de transtorno mental ou problemas decorrentes do uso de álcool e outras drogas".

---

94 TJRJ, AI 0052719-27.2018.8.19.0000, 3ª Câm. Crim., Des. Antônio Carlos Nascimento Amado, j. 12-2-2019. Vide também TJRJ, AI 0032284-61.2020.8.19.0000, 2ª Câm. Crim., Des. Kátia Maria Amaral Jangutta, j. 18-8-2020.

5.1.3. Aplicação de medidas socioeducativas ao jovem adulto

O art. 104 é um típico exemplo de aplicação excepcional do Estatuto da Criança e do Adolescente às pessoas entre 18 e 21 anos de idade, como prevê o art. 2º, parágrafo único, daquele mesmo diploma legal.

Conforme já estudado no item 1.1 deste capítulo, após divergência interpretativa decorrente do limite fixado pelo Código Civil para a maioridade naquele âmbito, foi publicado o verbete n. 605 das Súmulas do STJ:

> A superveniência da maioridade penal não interfere na apuração de ato infracional nem na aplicabilidade de medida socioeducativa em curso, inclusive na liberdade assistida, enquanto não atingida a idade de 21 anos (Súmula 605, 3ª Seção, j. 14-3-2018, *DJe* 19-3-2018).

Observa-se, assim, que, tanto as medidas em meio aberto quanto as restritivas de liberdade são aplicáveis ao jovem adulto.

Indo além na abordagem da questão, vem sendo admitida, inclusive, a possibilidade de prosseguimento do feito socioeducativo e da aplicação de medida ao jovem que, após os 18 anos de idade, pratica novo fato já sob a égide criminal. Veja-se o julgado a seguir transcrito:

> RECURSO ESPECIAL. ESTATUTO DA CRIANÇA E DO ADOLESCENTE. ATO INFRACIONAL ANÁLOGO AO CRIME DE TENTATIVA DE HOMICÍDIO QUALIFICADO. SUPERVENIENTE PRISÃO PREVENTIVA DO REPRESENTADO. IRRELEVÂNCIA. PROSSEGUIMENTO DA AÇÃO SOCIOEDUCATIVA, NECESSIDADE. RECURSO ESPECIAL PROVIDO. 1. A superveniente prisão preventiva do outrora adolescente, atualmente maior de idade, não tem o condão de extinguir de imediato a ação na qual se apura a prática de ato infracional anteriormente praticado. 2. Nos termos da Súmula n. 605/STJ, a superveniência da maioridade penal não interfere na apuração de ato infracional nem na aplicabilidade de medida socioeducativa em curso, inclusive na liberdade assistida, enquanto não atingida a idade de 21 anos. 3. Apesar de decretada a prisão preventiva do Recorrido em uma ação penal, é possível que ele seja absolvido na instância criminal e, portanto, retorne para o cumprimento da medida socioeducativa eventualmente aplicada em decorrência do ato infracional pretérito. 4. Em razão da necessidade de se definir com clareza o histórico infracional do Recorrido, é necessário o processamento e julgamento da ação de apuração de ato infracional, reservando-se ao Juízo da Execução, se for o caso, apurar eventuais causas supervenientes capazes de ensejar a extinção da medida socioeducativa imposta no caso de procedência da representação. 5. Recurso especial provido para cassar a sentença e determinar o prosseguimento da ação de apuração de ato infracional[95].

A Lei do Sinase afastou qualquer dúvida sobre o tema ora em estudo, ao prever que caberá à autoridade judiciária decidir acerca da eventual extinção da execução

---

95 STJ, REsp 1.778.248/ES, 6ª T., Rel. Min. Laurita Vaz, *DJe* 17-12-2019.

PARTE V – DA PRÁTICA DO ATO INFRACIONAL

de medida socioeducativa *em cumprimento por jovem maior de 18 anos* que venha a responder por processo criminal, determinando, inclusive, o desconto do tempo de prisão cautelar (art. 46, §§ 1º e 2º).

Oportuna a transcrição da seguinte ementa do STJ acerca do assunto:

> HABEAS CORPUS. ESTATUTO DA CRIANÇA E DO ADOLESCENTE. ATO IN-FRACIONAL EQUIPARADO AO ROUBO DUPLAMENTE MAJORADO. EX-TINÇÃO DA MEDIDA SOCIOEDUCATIVA DE INTERNAÇÃO. SUPERVE-NIÊNCIA DE CRIME. FUNDAMENTAÇÃO IDÔNEA DO JUÍZO DA EXECUÇÃO DA INTERNAÇÃO. CONSTRANGIMENTO ILEGAL EVIDEN-CIADO. *HABEAS CORPUS* CONCEDIDO. 1. É válida a extinção da internação quando o Juízo da execução aponta que o paciente maior de 20 anos teve o seu perfil pessoal agravado, o que permite concluir que os esforços da socioeduca-ção não logram êxito na reeducação dele, haja vista a prática de fato delituoso enquanto estava em liberdade, e a decretação de prisão preventiva, e, portanto, não restam objetivos pedagógicos na execução de medida socioeducativa. 2. No caso, não se verifica manifesta ilegalidade na decisão visto que a extinção da internação ante a superveniência de processo-crime após adolescente comple-tar 18 anos de idade constituí uma faculdade, devendo o julgador fundamentar sua decisão, nos termos do art. 46, § 1º, da Lei 12.594/2012. 3. *Habeas corpus* concedido para restabelecer a sentença exarada pelo Juízo de 1º grau, e deter-minar a extinção da medida socioeducativa de internação[96].

Por outro lado, dúvida não pode haver no sentido de que, enquanto estiver em cumprimento de medida socioeducativa, o jovem também fica submetido à esco-larização obrigatória, que é intrínseca aos objetivos ressocializadores do Sinase.

Tanto é assim que o Estatuto da Criança e do Adolescente já previa em seus arts. 119, II, 120, § 1º, e 123, parágrafo único, a obrigatoriedade da sua inserção em atividades escolares, o que veio a ser corroborado pelo Estatuto da Juventude, especialmente no inciso XI do art. 3º. É também de ser relembrada aqui a Resolução n. 3, de 13 de maio de 2016, da Câmara de Educação Básica do Conselho Nacional de Educação, que definiu as diretrizes nacionais para o atendimento escolar de adolescentes e jovens em cumprimento de medidas socioeducativas, já menciona-da no tópico 2 deste capítulo, ao qual remetemos o leitor.

5.2. Advertência

A advertência consiste na admoestação verbal feita pelo juiz da infância e da juventude ao adolescente, devendo ser reduzida a termo e assinada pelo infrator, pais ou responsável, e tem por objetivo alertá-los quanto aos riscos do envolvimen-to do adolescente em condutas antissociais e, principalmente, evitar que se veja comprometido com outros fatos de igual ou maior gravidade.

---

96   STJ, HC 551.319/RS, 6ª T., Rel. Min. Nefi Cordeiro, *DJe* 18-5-2020.

CURSO DE DIREITO DA CRIANÇA E DO ADOLESCENTE

Para aplicação da referida medida, conforme já visto acima, exige a lei prova da materialidade do ato infracional e apenas indícios suficientes de autoria (parágrafo único do art. 114).

Na prática, tem ficado restrita aos atos infracionais de natureza leve, sem violência ou grave ameaça à pessoa e às hipóteses de primeira passagem do adolescente pelo juízo da infância e da juventude, por ato infracional.

Escrevendo sobre a matéria, Afonso Armando Konzen[97] destaca que:

> A medida de advertência, muitas vezes banalizada por sua aparente simplicidade e singeleza, certamente porque confundida com as práticas disciplinares no âmbito familiar ou escolar, produz efeitos jurídicos na vida do infrator, porque passará a constar do registro dos antecedentes e poderá significar fator decisivo para a eleição da medida na hipótese da prática de nova infração. Não está, no entanto, nos efeitos objetivos a compreensão da natureza dessa medida, mas no seu real sentido valorativo para o destinatário, sujeito passivo da palavra de determinada autoridade pública. A sensação do sujeito certamente não será outra do que a de se recolher à meditação, e, constrangido, aceitar a palavra da autoridade como promessa de não reiterar na conduta. Será provavelmente um instante de intensa aflição.

5.3. Obrigação de reparar o dano

Cuida o art. 116 do Estatuto da obrigação de reparação do dano causado pela prática de ato infracional com reflexos patrimoniais. Assim, deixa claro a lei que tal medida somente será aplicada quando a conduta do adolescente tenha causado um prejuízo material para a vítima, podendo, em tais casos, ser determinados a restituição da coisa, o ressarcimento do dano ou a compensação do prejuízo.

Em sendo o adolescente desprovido de recursos, a medida deverá ser substituída por outra adequada, nos moldes do parágrafo único do artigo supramencionado.

Exemplos de aplicação da medida em estudo seguem nos acórdãos cujas ementas são ora transcritas:

> RECURSO DE APELAÇÃO. ECA. REPRESENTAÇÃO POR ATO INFRACIONAL ANÁLOGO AO MOLDADO NO ARTIGO 157, § 2º, INCISO II, DO CÓDIGO PENAL. PROCEDÊNCIA. APLICAÇÃO DA MEDIDA SOCIOEDUCATIVA DE LIBERDADE ASSISTIDA C/C OBRIGAÇÃO DE REPARAR O DANO. [...] Materialidade e autoria comprovadas. Princípio da insignificância. Inaplicabilidade nos delitos de roubo e, consequentemente, nos atos infracionais análogos. Precedente do STF. Medida socioeducativa aplicada sobremaneira branda, considerando o cenário espraiado nos autos. Ausência de algum fundamento que recomende a sua modificação. Advento da maioridade em data

---

97 KONZEN, Afonso Armando. *Pertinência socioeducativa*: reflexões sobre a natureza jurídica das medidas. Porto Alegre: Livraria do Advogado, 2005, p. 46.

PARTE V – DA PRÁTICA DO ATO INFRACIONAL

posterior à prolação da sentença. Hipótese de sua extinção que não se vislumbra. Desprovimento do recurso[98].

Apelação. Ato infracional equiparado ao crime de apropriação indébita. Materialidade e autoria comprovadas. Documentos que demonstram que a apelante adquiriu bens por meio do uso do cartão da vítima, cujos dados possuía em seu aparelho celular. Medidas socioeducativas de advertência e de reparação do dano. Adequação e suficiência. Reparação do dano que se adequa à natureza do ato infracional e ao prejuízo experimentado pela ofendida. Recurso improvido[99].

5.4. Prestação de serviços à comunidade

De grande valia tem se apresentado a efetiva utilização desta medida que, se por um lado preenche, com algo útil, o costumeiramente ocioso tempo dos adolescentes em conflito com a lei, por outro traz nítida sensação à coletividade de resposta social pela conduta infracional praticada.

Em especial nos municípios interioranos, onde os adolescentes geralmente são encaminhados ao Ministério Público tão logo começam a apresentar comportamento ilícito, a aplicação da prestação de serviços à comunidade tem se mostrado muito eficaz, inclusive quando utilizada em sede de remissão pré-processual.

Tem-se observado, por exemplo, que o índice de reincidência dos jovens que cumprem prestação de serviços comunitários é baixíssimo, o que só comprova a importância da sua implementação. Operacionalizando-se o cumprimento de tal medida, evita-se não só a desnecessária aplicação de outra mais gravosa, mas também o deslocamento do adolescente e de sua família para outras localidades, em violação ao disposto no art. 88, I, do ECA.

Como já por diversas vezes salientado, a aplicação da medida está intrinsecamente ligada à avaliação sobre a natureza do ato infracional e sobre a situação individual do seu autor.

Por fim, cabe esclarecer que a prestação de serviços à comunidade não poderá exceder o prazo de 6 meses e terá por jornada máxima a de 8 horas semanais, sem prejuízo do horário escolar ou profissional (art. 117 e seu parágrafo único do ECA). É imprescindível que estes dados integrem a sentença, sob pena da inexequibilidade desta. A omissão, portanto, enseja a interposição do recurso de embargos de declaração.

5.5. Liberdade assistida

A liberdade assistida está disciplinada nos arts. 118 e 119 da Lei n. 8.069/90, devendo ser aplicada pelo prazo mínimo de seis meses, sempre que for observada

---

98 TJRJ, Apelação 0007042-24.2016.8.19.0006, 5ª Câm. Crim., Rel. Des. Luciano Silva Barreto, j. 10-5-2018.

99 TJSP, Apelação 1501527-15.2020.8.26.0291, Câmara Especial, Rel. Des. Francisco Bruno, j. 29-8-2022.

a necessidade de o adolescente receber acompanhamento, auxílio e orientação, por parte de pessoa designada pela autoridade judicial e apta ao atendimento.

De relevante importância é o papel do orientador, já que a este cabe a condução da medida, que engloba uma gama de compromissos que envolvem não só o adolescente, mas também sua família, devendo diligenciar para que seja obtido êxito pelo menos nos segmentos elencados no art. 119, I a III, do ECA – cujo rol não é exaustivo – como, por exemplo, na frequência escolar e na profissionalização.

Cabe ao orientador, ainda, reunir elementos, por intermédio de relatório do caso, para subsidiar a análise judicial acerca da necessidade de manutenção, revogação ou substituição da liberdade assistida por outra medida que venha a se afigurar mais adequada.

Como ensina Ana Maria Gonçalves Freitas[100]:

> Enquanto perdurar a execução da medida, a liberdade pessoal do adolescente estará sofrendo restrição legal diante da atividade do orientador, cuja participação deverá ser ativa, e não meramente formal ou apenas burocrática. [...] Partindo-se do pressuposto da adequação da medida ao caso específico, vez que a mesma não se revela própria em muitos casos (v.g., os que necessitam contenção), ao orientador caberá desempenhar atividades que levem o orientando a modificar seu modo de proceder, tornando-o socialmente aceito sem perder a própria individualidade. O que interessa é o atingimento da finalidade da medida, ao ponto que evolua e supere as dificuldades da fase da vida, aprendendo a exercitar seus direitos de cidadão e mover-se no processo de escolhas e decisões múltiplas que a vida apresenta. [...] Razoável supor a indispensabilidade da criação de vínculo entre o técnico, o adolescente e familiares, para criar condições de desenvolvimento de uma relação honesta e produtiva. Deve o plano de trabalho ser proposto e debatido.

Giuliano D'Andrea[101] também contribui:

> O infrator será mantido em liberdade e a ele será designada pessoa capacitada para acompanhá-lo, ocorrendo, normalmente, encontros periódicos com o menor e sua família a fim de orientação e sugestões que visem não só localizar o motivo pelo qual o adolescente praticou a infração, mas o que poderá ser feito para melhorar sua conduta e seu desenvolvimento.

5.6. Semiliberdade

A semiliberdade é medida socioeducativa que pode ser aplicada desde o início ou como forma de transição para o meio aberto, podendo ser realizadas atividades

---

100 FREITAS, Ana Maria Gonçalves. Art. 119. In: VERONESE, Josiane Rose Petry; SILVEIRA, Mayra; CURY, Munir (coord.). *Estatuto da Criança e do Adolescente comentado*: comentários jurídicos e sociais. 13. ed. rev. e atual. São Paulo: Malheiros, 2018, p. 826.

101 D'ANDREA, Giuliano. *Noções de direito da criança e do adolescente*. Florianópolis: OAB/SC, 2005, p. 95.

PARTE V – DA PRÁTICA DO ATO INFRACIONAL

externas, independentemente de autorização judicial, sendo obrigatória a escolarização e a profissionalização do jovem em conflito com a lei (art. 120 e § 1º do ECA).

Aplicam-se à semiliberdade, no que couber, as disposições relativas à internação (art. 120, § 2º), não podendo ser imposta por prazo determinado e devendo sua manutenção ser reavaliada pela autoridade judicial, após ouvido o Ministério Público e a defesa, no máximo a cada seis meses.

Em que pese a clareza redacional do *caput* do art. 120, muito comum ocorrer, na prática, questionamento acerca da necessidade de submissão de pedidos de realização de atividades externas ao Juízo[102]. Contudo, infere-se do cotejo com o art. 121, § 1º, que, em verdade, o legislador estabeleceu como regra a permissão para as atividades externas, autorizando, apenas na internação, que possam ser vedadas pela autoridade judicial, a depender das circunstâncias individuais do adolescente e do contexto dos fatos.

Assim é a orientação de Cury, Garrido e Marçura[103]: "A concessão do regime de semiliberdade implica necessariamente a possibilidade de realização de atividades externas, vedada determinação em sentido contrário".

---

102 A favor do controle judicial: "ESTATUTO DA CRIANÇA E DO ADOLESCENTE. *HABEAS CORPUS*. ATO INFRACIONAL EQUIPARADO AO CRIME DE ROUBO CIRCUNSTANCIADOS. SUBSTITUIÇÃO DA MEDIDA DE INTERNAÇÃO PARA SEMILIBERDADE. RESTRIÇÃO AO DIREITO DE VISITA À FAMÍLIA. POSSIBILIDADE. CONSTRANGIMENTO ILEGAL INEXISTENTE. ORDEM DENEGADA. 1. A medida socioeducativa de semiliberdade implica, necessariamente, a possibilidade de realização de atividades externas relativas à escolarização e à profissionalização, sendo dispensável a autorização judicial apenas para a frequência à escola e, se for o caso, ao local de trabalho. Não significa que o adolescente inserido nessa medida possa deixar de recolher-se à respectiva unidade de atendimento no período noturno ou durante os finais de semana, uma vez que é a autoridade judicial a responsável pela fixação das regras para o seu cumprimento, com observância, é claro, dos mesmos direitos do adolescente privado de sua liberdade (Lei 8.069/90, art. 120, § 2º). 2. Portanto, **o disposto no art. 120 da Lei 8.069/90 não proíbe a autoridade judicial de impor restrição ao direito do adolescente às saídas nos finais de semana para visita à família** (Lei 8.069/90, art. 120, § 2º, e 124, § 2º), benefício que depende de fatores ligados ao caso concreto. 3. Ordem denegada" (STJ, HC 67.845/RJ, 5ª T., Rel. Min. Arnaldo Esteves Lima, *DJ* 22-10-2007, p. 323) (grifo nosso).
Contra: "*HABEAS CORPUS*. ESTATUTO DA CRIANÇA E DO ADOLESCENTE. ATO INFRACIONAL EQUIPARADO AO CRIME DE ROUBO. REGIME DE SEMILIBERDADE. ATIVIDADES EXTERNAS. DESNECESSIDADE DE AUTORIZAÇÃO LEGAL. ART. 120 DO ECA. ORDEM CONCEDIDA. 1. A Sexta Turma desta Corte tem entendido que **o cumprimento de medidas socioeducativas pelo menor infrator no regime de semiliberdade dispensa a autorização judicial para a realização de atividades externas**, que será exigível somente quando se tratar de regime de internação, consoante o disposto no art. 120 da Lei n. 8.069/90. 2. Ordem concedida" (STJ, HC 35.413/RJ, 6ª T., Rel. Min. Paulo Gallotti, *DJ* 27-11-2006, p. 318) (grifo nosso).

103 CURY, Munir; MARÇURA, Jurandir Norberto; PAULA, Paulo Afonso Garrido de. *Estatuto da Criança e do Adolescente anotado*. 3. ed. rev. e atual. São Paulo: Revista dos Tribunais, 2002, p. 109.

Da mesma forma, conclui Wilson Donizeti Liberati[104]:

> Como o próprio nome indica, a semiliberdade é executada em meio aberto, implicando, necessariamente, a possibilidade de realização de atividades externas, como a frequência à escola, às relações de emprego etc. Se não houver esse tipo de atividade, a medida socioeducativa perde sua finalidade.

Destarte, em se delineando a incapacidade do adolescente no cumprimento do regime de semiliberdade (art. 118, § 1º, da Lei n. 8.069/90), tem o julgador o adequado instrumento da *regressão* da medida (art. 122, III, do ECA) não se fazendo necessário transmudar a natureza da anteriormente aplicada, com o cerceamento das atividades externas. Sobre a diferença entre regressão e substituição, confira-se o tópico 6.2.

Questão interessante é também a relativa à possibilidade de fixar-se a semiliberdade em sede provisória. Com fulcro no art. 120, § 2º, do ECA e considerando-se o permissivo legal para a determinação do cumprimento provisório da medida mais extrema de internação (art. 108 do ECA), não se vislumbra qualquer empecilho a que seja aplicada, na fase pré-sentencial, a mais branda, de semiliberdade.

É de se registrar que, ao que se tem visto no Estado do Rio de Janeiro, a utilização dessa via processual ocorre em benefício do jovem, o qual, na maioria das vezes, deixa de ser encaminhado à unidade de internação para ser direcionado a estabelecimento mais próximo de sua residência para o cumprimento da semiliberdade provisória, sempre que apresenta, por um lado, imediata necessidade de limitação em seu direito de ir e vir e, por outro, condições de cumprimento de medida menos restritiva que a de internação.

Seguindo essa linha de entendimento, confira-se o seguinte julgado:

> *HABEAS CORPUS* – ECA – ATOS INFRACIONAIS ANÁLOGOS AOS CRIMES DE LESÃO CORPORAL E DE AMEAÇA – ART. 129 E ART 147, TODOS DO CÓDIGO PENAL – CORRETA DECISÃO QUE APLICOU A MEDIDA DE SEMILIBERDADE PROVISÓRIA – [...]As medidas socioeducativas previstas no ECA foram estabelecidas com o fim de proteger e reeducar os menores que porventura venham a delinquir, não podendo, em hipótese alguma, ser confundidas com as sanções penais que têm o caráter punitivo – Aplicação da medida de semiliberdade, de forma provisória, encontra respaldo no Estatuto da Criança e do Adolescente, em razão do cotejo do art. 120, *caput* e § 2º, com o art. 108 da Lei 8.069/90 – Demonstrada a necessidade, é possível a aplicação de medidas socioeducativas provisoriamente, como forma de obter a opinião do profissional qualificado ou estudo social do caso – Enunciado 12 do TJRJ – Não há que se falar em incidência do prazo máximo de 45 dias em relação à semiliberdade provisória, uma vez que não houve o transcurso deste prazo, pois adolescente evadiu-se do CRIAAD antes de 17-12-2018 – Inexistência de constrangimento ilegal – Ordem denegada[105].

---

104 LIBERATI, Wilson Donizeti. Op. cit., p. 145.

105 TJRJ, HC 0071738-19.2018.8.19.0000, 1ª Câm. Crim., Rel. Des. Maria Sandra Rocha Kayat Direito, j. 2-4-2019.

PARTE V – DA PRÁTICA DO ATO INFRACIONAL

5.7. Internação

Permeiam todo o sistema relativo à internação, em virtude da natureza segregadora desta, os princípios da brevidade, da excepcionalidade e do respeito à condição peculiar do adolescente como pessoa em desenvolvimento.

A internação precisa ser breve. Quer isso dizer que deve alcançar o menor período possível da vida do adolescente, o qual está em processo de formação e tem no seu direito fundamental à liberdade um dos mais relevantes fatores para a construção do seu caráter. A vida em sociedade, os direitos de expressão, de se divertir e de participação da vida política são exemplos da importância do gozo da sua liberdade, em um momento singular da sua existência.

A adolescência é a menor fase da vida, um verdadeiro rito de passagem. Compreende a idade entre os 12 e os 18, durando apenas 6 de todos os anos da existência de uma pessoa. Por isso, a preocupação do legislador com a internação, limitando a sua duração a 3 anos, o que já se constitui em metade deste período de amadurecimento.

A internação precisa ser excepcional. Isso significa que sua aplicação somente se justifica quando não há outra que se apresente mais adequada à situação. As exceções pressupõem a existência de uma regra. Neste caso, a regra é a da manutenção do jovem em liberdade.

A excepcionalidade é consequência do caráter aflitivo das medidas restritivas de liberdade, e guarda estreita relação com a necessária delimitação do poder do Estado de impingir aos indivíduos cerceamento no exercício dos seus direitos.

Ademais, parafraseando Maria Helena Zamora[106], o Estado consegue enxergar estes adolescentes – até então em situação de invisibilidade – apenas no momento em que precisam ser sancionados.

Por isso, a prática jurídica deve até ser mais exigente com a excepcionalidade da internação do que o foi o próprio legislador estatutário, que previu uma série de diretrizes políticas, muitas das quais ainda não foram implementadas (art. 88 c/c o art. 259 do ECA). Tais políticas deveriam ter atingido o adolescente antes de ele entrar em conflito com a lei. Não ser alcançado, nem sequer pelo Poder Estatal, ao

---

106 ZAMORA, Maria Helena (org.). *Para além das grades*: elementos para a transformação do sistema socioeducativo. Rio de Janeiro: PUC-Rio; São Paulo: Loyola, 2005. A dedicatória da obra, sinalizadora da sua estatura, merece ser integralmente transcrita: "Para todos os que tornaram esse trabalho possível. Para todos os funcionários que recusam o papel repressivo que se espera deles e fazem diferente, apesar de todas as dificuldades. Para todos os meninos e meninas, invisíveis para o Estado e para a sociedade antes do delito, visíveis apenas quando considerados um problema, um inimigo público, visíveis apenas para a punição. Para esses jovens que atrás das grades de ferro ainda esperam a implantação do Estatuto da Criança e do Adolescente. Para eles, os pássaros abatidos em pleno voo".

precisar de atendimento básico já é uma punição. Punição, inclusive, para a qual em nada contribuiu. Por quantas vezes serão punidos estes jovens?

Não há mais espaço para que se permaneça sob a ótica de espectador quanto à história nacional no trato da matéria.

Voltando ao fio condutor do raciocínio, é de se dizer que a internação precisa respeitar a condição peculiar do adolescente como pessoa em desenvolvimento. Este princípio traz uma ótica multidisciplinar sobre o comportamento do adolescente, realçando as suas especificidades em relação ao adulto e impondo sejam tomadas em conta por todos os operadores do sistema suas circunstanciais condições psíquicas, físicas e emocionais.

A adolescência é fase de erupção. Tudo é intenso e contraditoriamente duvidoso no indivíduo. É momento de muitas escolhas e poucas opções. Ímpar como é, a adolescência causa um verdadeiro terremoto interior que não pode ser ignorado pelos que exercem a prática jurídica nesta área, ao analisarem a conduta do jovem em conflito – também – com a lei.

Espelham os princípios aqui estudados as disposições que asseguram: a) que salvo expressa e motivada determinação judicial em contrário, podem ser realizadas atividades externas, a critério da equipe técnica da entidade; b) que a liberação do jovem se dará, em qualquer caso, compulsoriamente aos 21 anos de idade; c) que a desinternação será precedida de autorização judicial, ouvido o Ministério Público; d) que em nenhuma hipótese será aplicada a internação havendo outra medida adequada; e) que a internação deve ser cumprida em entidade própria e exclusiva para adolescentes, sendo obrigatórias as atividades pedagógicas (a inexistência de tais atividades enseja ação de responsabilidade, na forma do art. 208, VIII, do ECA); f) os direitos específicos dos jovens privados de liberdade; e g) o dever do Estado de zelar pela integridade física e mental dos internos. Portanto, os §§ 1º, 5º e 6º do art. 121; o § 2º do art. 122; o art. 123 c/c o 185; o art. 124 e o 125 do ECA têm difusa abrangência, uma vez que alcançam todos os tipos de internação.

Existem **três momentos processuais nos quais a internação pode ser decretada**: um anterior à prolação da sentença, outro que lhe é simultâneo, e um terceiro que lhe é posterior. Releva observar a distinção, uma vez que o Estatuto da Criança e do Adolescente adotou fórmula diversa ao dispor sobre cada um dos tipos de internação: provisória, definitiva ou a denominada "internação-sanção" (resultante de regressão de medida mais leve, anteriormente aplicada).

A opção do legislador em dividir a internação em três modalidades se deu em função da diversidade de natureza e de finalidade de cada uma delas, como se verá nos pontos a seguir.

5.7.1. **Internação provisória**

Sua disciplina se encontra nos arts. 108, 174, 183 e 184, nos quais é fixado o prazo de 45 dias como o máximo para o respectivo cumprimento e são definidas

PARTE V – DA PRÁTICA DO ATO INFRACIONAL

as hipóteses para a sua decretação, quais sejam: a) quando existam indícios suficientes de autoria e materialidade, devendo restar demonstrada a imprescindibilidade da medida ou b) quando a garantia da segurança pessoal do adolescente ou a manutenção da ordem pública assim o exigirem, em função da gravidade do ato infracional e de sua repercussão social[107].

Inicialmente, observe-se que não se faz necessária a cumulatividade dos elementos indicados nos itens *a* e *b* para a decretação da internação provisória.

Nos da letra *a* nota-se que o intérprete estará antes atrelado à verificação dos indícios de autoria e materialidade e à imprescindibilidade da medida que à espécie do ato infracional praticado.

Já nos elencados na letra *b*, tendo como base a análise da gravidade do ato infracional cometido e a sua repercussão social, partirá o exegeta para a apuração da necessidade de garantia da segurança pessoal do adolescente e da ordem pública. Sobre o tipo de ato infracional que se considera grave, remete-se o leitor ao exposto no tópico 4.1.

Completamente desvinculada das exigências para a aplicação de medida de internação definitiva, dispostas no art. 122, a possibilidade de decreto em sede provisória foi estabelecida exatamente com o fim de evitar que as situações elencadas nos mencionados itens *a* e *b* ficassem desprovidas de aparato legal.

Dessa forma, tal desvinculação trouxe ao operador do direito um instrumento hábil ao oferecimento de uma alternativa legítima para a internação provisória, mesmo nos casos em que não advenha a caracterização das hipóteses do art. 122.

O deslinde deste e de outro aspecto debatido na prática sobre a internação provisória segue nos tópicos abaixo.

a) Desnecessidade da incidência dos incisos I e II do art. 122 do ECA para a internação provisória

Conforme anteriormente abordado, a aplicação da medida de internação provisória *independe* da reiteração no cometimento de outras infrações graves ou da carac-

---

107 As Regras Mínimas das Nações Unidas para a Administração da Justiça da Infância e da Juventude (*Regras de Beijing*) tratam da Internação Provisória na Regra 13, sob o título Prisão Preventiva, estabelecendo que: "13.1 Só se aplicará a prisão preventiva como último recurso e pelo menor prazo possível. 13.2 Sempre que possível, a prisão preventiva será substituída por medidas alternativas, como a estrita supervisão, custódia intensiva ou colocação junto a uma família ou em lar ou instituição educacional. 13.3 Os jovens que se encontrem em prisão preventiva gozarão de todos os direitos e garantias previstos nas Regras Mínimas para Tratamento de Prisioneiros, aprovadas pelas Nações Unidas. 13.4 Os jovens que se encontrem em prisão preventiva estarão separados dos adultos e recolhidos a estabelecimentos distintos ou em recintos separados nos estabelecimentos onde haja detentos adultos. 13.5 Enquanto se encontrem sob custódia, os jovens receberão cuidados, proteção e toda assistência – social, educacional, profissional, psicológica, médica e física – que requeiram, tendo em conta sua idade, sexo e características individuais".

terização da grave ameaça ou violência à pessoa no ato infracional cometido, exigências contidas nos dois primeiros incisos do art. 122, uma vez que possui requisitos próprios. Confira-se:

> *HABEAS CORPUS*. ECA. REPRESENTAÇÃO OFERTADA PELO MINISTÉRIO PÚBLICO CONTRA A PACIENTE PELA PRÁTICA DE ATOS INFRACIONAIS ANÁLOGOS AOS CRIMES PREVISTOS NOS ARTIGOS 33 E 35 C/C O ARTIGO 40, IV, DA LEI 11.343/06. DECRETAÇÃO DE INTERNAÇÃO PROVISÓRIA. PEDIDO DE DEFERIMENTO DA LIBERDADE POR AUSÊNCIA DOS REQUISITOS DO ARTIGO 122 DO ESTATUTO DA CRIANÇA E DO ADOLESCENTE. INOCORRÊNCIA DE CONSTRANGIMENTO ILEGAL. DENEGAÇÃO DA ORDEM. De acordo com a representação, à paciente foi imputada a prática dos atos infracionais análogos aos crimes ínsitos nos artigos 33 e 35 c/c o artigo 40, IV, todos da Lei 11.343/06. Como examinado quando do indeferimento da liminar, a decisão que determinou a internação provisória da paciente, em 26 de julho de 2023, está em estrita obediência ao artigo 93, IX, da Constituição da República e em consonância com o disposto nos artigos 108, parágrafo único e 174 da Lei n. 8069/90 – por se tratar de medida cautelar, aplicada antes da sentença e com prazo máximo de 45 (quarenta e cinco) dias. Assim, sem razão a impetrante ao arguir que a internação provisória não pode ser deferida na ausência de ato infracional que envolva violência ou grave ameaça, porque, no presente caso, a providência imposta tem caráter provisório, não atraindo, por conseguinte, a incidência dos artigos 121 e 122 do ECA, que dispõem sobre a medida imposta em sentença, após exame do mérito. Imperioso consignar que se trata de internação provisória deferida no curso da ação socioeducativa, que tem caráter preventivo e deve ser pautada nos artigos 108, parágrafo único, e 174 ambos da Lei n. 8.069/90, sendo certo que, *in casu*, com a adolescente foi apreendida substancial quantidade de estupefacientes, uma arma de fogo e seis munições de idêntico calibre, havendo fortes indícios, em uma análise preliminar autorizada neste momento processual, de envolvimento da paciente com o narcotráfico, considerando o seu próprio depoimento em Audiência de Apresentação. Precedentes do TJRJ. À derradeira, imprescindível gizar que: a) a adolescente foi apreendida em 25 de julho p.passado, ou seja, há 28 (vinte e oito) dias, não havendo violação, por ora, ao artigo 108, *caput*, da Lei 8069/90; b) em consulta ao feito principal – 0000497-90.2023.8.19.0070 – verifica-se que a Audiência de Apresentação está aprazada para 30/08/2023. Desta sorte, não vislumbro qualquer constrangimento ilegal, porque demonstrada concretamente a existência de motivos que justificam a manutenção da internação provisória da representada. Denegação da ordem[108].

No entanto, é de ser registrado que tal posicionamento não é pacífico. Há entendimento no sentido da necessidade da presença de pelo menos uma das situações elencadas no referido art. 122, cumulativamente àquelas já aqui delineadas como ensejadoras da internação provisória. Veja-se esta ementa:

---

108 TJRJ, HC 0060722-92.2023.8.19.0000, 1ª Câm. Crim., Rel. Des. Denise Vaccari Machado Paes, j. 22-8-2023.

PARTE V – DA PRÁTICA DO ATO INFRACIONAL

AGRAVO REGIMENTAL EM *HABEAS CORPUS*. ATO INFRACIONAL ANÁLO-GO AO CRIME DE TRÁFICO. APLICAÇÃO DA MEDIDA SOCIOEDUCATIVA DE INTERNAÇÃO. REITERAÇÃO INFRACIONAL. RECOMENDAÇÃO N. 62/2020 DO CNJ. ATOS INFRACIONAIS DESPROVIDOS DE VIOLÊNCIA OU GRAVE AMEAÇA. AGRAVO REGIMENTAL NÃO PROVIDO. 1. A medida socioeducativa de internação somente pode ser aplicada quando caracterizada uma das hipóteses previstas no art. 122 do Estatuto da Criança e do Adolescente e caso não haja outra medida mais adequada e menos onerosa à liberdade do adolescente. 2. A reiteração infracional do adolescente não impõe, necessariamente, o estabelecimento da medida socioeducativa de internação. 3. A internação foi imposta ante a reiteração infracional do jovem. Todavia, tanto o ato infracional averiguado na representação de que cuida esta impetração quanto o anteriormente perpetrado pelo paciente foram cometidos sem violência ou grave ameaça. 4. A Recomendação n. 62, de 17 de março de 2020, do Conselho Nacional de Justiça, em seu art. 2º, aconselha a aplicação preferencial de medidas socioeducativas em meio aberto e a revisão das decisões que determinaram a internação provisória, especialmente em relação a adolescentes "que estejam internados pela prática de atos infracionais praticados sem violência ou grave ameaça à pessoa", como na hipótese dos autos. 5. Agravo regimental não provido[109].

Em sede doutrinária sobre o tema, Tarcísio José Martins Costa[110] deixa claros os requisitos para o decreto de internação provisória:

> Um dos papéis primordiais da Justiça da Infância e da Juventude é a conciliação da proteção dos direitos individuais do adolescente privado de liberdade com a manutenção da paz social e da ordem pública. Essa função foi perfeitamente intuída pela Regra 1.4 das *Regras Mínimas das Nações Unidas para a Administração da Justiça da Infância e da Juventude (Beijing Rules)*, acolhida pelo Estatuto ao dispor no artigo 174 que o infrator será liberado, exceto quando, pela gravidade do ato infracional e sua repercussão social, deva permanecer sob internação para garantir sua segurança pessoal ou manutenção da ordem pública. [...] A internação provisória, tal como a prisão provisória do adulto, é medida preventiva. Na expressão de *Carrara* é um *mal necessário*. Deve ser reduzida a casos excepcionais. É medida *necessitada*, ou seja, para evitar mal maior, como por exemplo, o cometimento de outras infrações graves. *São seus pressupostos: a) indícios suficientes de autoria e materialidade (art. 108, caput); b) gravidade do ato infracional e sua repercussão social (art. 184); c) garantia da segurança pessoal do adolescente ou manutenção da ordem pública (art. 184); d) necessidade imperiosa (art. 108, parágrafo único); e e) decisão fundamentada (art. 108, parágrafo único)*[111] (itálicos nossos).

---

109 STJ, AgRg no HC 572.716/SP, 6ª T., Rel. Min. Rogerio Schietti Cruz, *DJe* 28-5-2020.

110 COSTA, Tarcísio José Martins. *Estatuto da Criança e do Adolescente comentado*. Belo Horizonte: Del Rey, 2004, p. 221.

111 A propósito, a mencionada Regra 1.4, das *Regras Mínimas das Nações Unidas para a Administração da Justiça da Infância e da Juventude (Regras de Beijing)*, determina que:

1202

CURSO DE DIREITO DA CRIANÇA E DO ADOLESCENTE

Confira-se, também, José de Farias Tavares[112], em comentário ao art. 108:

> Admite a privação da liberdade do adolescente em caráter preventivo, limitada aos 45 dias da internação, que será relaxada se até aí não houver sido exarada sentença. O despacho do Juiz que determinou a internação preventiva, diz o parágrafo único, deve conter fundamentação legal, a evidenciar que o adolescente é mesmo o autor da infração, a concreta realização dela, e que o interesse social exige a medida para sossego e segurança públicos.

A Lei n. 8.069/90 considerou, assim, não só a diferença dos elementos de que disporia o julgador no momento da apreciação do cabimento da internação provisória, mas também os objetivos que norteiam a adoção de tal medida, ambos muitas vezes não coincidentes com aqueles que indicam a necessidade daquela fixada em sede definitiva.

Por isso, não se deu ao acaso a fixação quanto à diversidade de prazos e de pressupostos para a aplicação das medidas de internação em caráter provisório e definitivo. Podem ocorrer situações, portanto, em que, embora a princípio a medida extrema não se justificasse, venha a se mostrar adequada na fase sentencial; da mesma forma, certamente outras existirão, por exemplo, em que, se ao início do processo a manutenção da ordem pública exigia o decreto restritivo (art. 174), ao final fique constatado que outra medida é mais adequada em virtude do contexto fático que veio a se evidenciar, ou porque não caracterizada nenhuma das hipóteses do art. 122 que pudessem embasar uma internação definitiva.

b) Consequências do excesso do prazo de 45 dias

Os arts. 108 e 183 do ECA determinam, como já visto, que o prazo máximo para a conclusão do procedimento no juízo de primeiro grau[113], estando o adoles-

---

"A Justiça da Infância e da Juventude será concebida como parte integrante do processo de desenvolvimento nacional de cada país e deverá ser administrada no marco geral de justiça social para todos os jovens, *de maneira que contribua ao mesmo tempo para a sua proteção e para a manutenção da paz e da ordem na sociedade*" (itálicos nossos).

112 TAVARES, José de Farias. *Comentários ao Estatuto da Criança e do Adolescente*. 8. ed. rev., ampl. e atual. de acordo com as leis correlatas. Rio de Janeiro: Forense, 2012, p. 105.

113 "ESTATUTO DA CRIANÇA E DO ADOLESCENTE. ATO INFRACIONAL EQUIPARADO AO CRIME DE ROUBO. INTERNAÇÃO PROVISÓRIA. SENTENÇA CONDENATÓRIA. APELAÇÃO. EXCESSO DE PRAZO. ART. 108, DO ECA. PEDIDO PARA AGUARDAR EM LIBERDADE O JULGAMENTO DO RECURSO. 'REINCIDENTE'. GARANTIA DA ORDEM PÚBLICA. O ato infracional equiparado ao delito de roubo, em tese, comporta a aplicação da internação, pois amolda-se ao enunciado do inciso I do art. 122 do ECA (ato cometido mediante grave ameaça ou violência a pessoa). *O art. 108 do ECA, ao estabelecer o prazo máximo de 45 (quarenta e cinco dias) de internação provisória, reporta-se, quanto ao marco temporal, à prolação da sentença, e não ao trânsito em julgado desta*. Inexiste constrangimento ilegal no ato judicial que determina, ao adolescente reincidente com passagem anterior por ato infracional equiparado ao crime de roubo, a internação provisória como garantia da ordem pública. Ordem

PARTE V – DA PRÁTICA DO ATO INFRACIONAL

cente internado provisoriamente, é de 45 dias. O descumprimento *injustificado* deste prazo acarreta a sanção do art. 235 do mesmo diploma legal.

O retardo do desfecho processual gera constrangimento ilegal decorrente da manutenção da apreensão do adolescente em caráter provisório e pode ensejar a impetração de *habeas corpus*, visando à sua liberação.

Contudo, há que se ressaltar a existência de entendimento no sentido de que, se o atraso foi ocasionado por justo motivo, não haveria razão para que o jovem fosse liberado. Desta maneira, posiciona-se Válter Kenji Ishida[114]: "Em nossa opinião, desde que **justificável**, o excesso de prazo não obriga a liberação do adolescente, inexistindo constrangimento" (grifo do original).

Na jurisprudência também se encontra manifestação de mesmo teor:

> *HABEAS CORPUS* PREVENTIVO. ECA. ATO INFRACIONAL. AMEAÇA DE ATENTADO A ESTABELECIMENTO DE ENSINO. INTERNAÇÃO PROVISÓRIA. EXCESSO DE PRAZO. SÚMULA 52 DO STJ. MITIGAÇÃO DO ART. 108 DO ECA. EXCEPCIONALIDADE. REPRESENTADO QUE FICOU MAIS DE 45 DIAS INTERNADO POR AMEAÇA A ALUNOS E PROFESSORES DA ESCOLA EM QUE ESTAVA MATRICULADO. APÓS DESINTERNAÇÃO, A INSTRUÇÃO DO FEITO REVELOU APURADO CONHECIMENTO CIBERNÉTICO E PROFUNDO ESTUDO SOBRE ARMAS, EXPLOSIVOS E APOLOGIA AO NAZISMO, FICANDO CONFIGURADO PERFIL PERIGOSO DO JOVEM E A POSSIBILIDADE DE CONCRETIZAÇÃO DAS AMEAÇAS. A TRAMITAÇÃO MAIS ALONGADA SE JUSTIFICA DIANTE DA GRAVIDADE E ABRANGÊNCIA DAS AMEAÇAS, DEMANDANDO DIVERSAS DILIGÊNCIAS, INCLUSIVE NOS EQUIPAMENTOS ELETRÔNICOS DO ADOLESCENTE, NÃO HAVENDO QUE SE FALAR EM EXCESSO DE PRAZO, DIANTE DAS PECULIARIDADES DO CASO EM EXAME. CABÍVEL, DE MANEIRA EXCEPCIONAL, A MITIGAÇÃO AO ART. 108 DO ECA, MARCADAMENTE PORQUE SE ESTÁ A TUTELAR A VIDA, A INTEGRIDADE FÍSICA E O MELHOR INTERESSE DE INÚMERAS OUTRAS CRIANÇAS E ADOLESCENTES QUE

denegada" (STJ, 6ª T., HC 41.014/SP, Rel. Min. Paulo Medina, *DJ* 20-6-2005, p. 382 – itálicos nossos). *Vide*, ainda: STJ, 6ª T., HC 462.881/RJ, Rel. Min. Antonio Saldanha Palheiro, *DJe* 3-12-2018. Já no TJRJ vale conferir: "*HABEAS CORPUS*. ESTATUTO DA CRIANÇA E DO ADOLESCENTE – ECA. REPRESENTAÇÃO POR ATO INFRACIONAL ANÁLOGO AO CRIME DESCRITO NO ARTIGO 180, *CAPUT*, DO CÓDIGO PENAL. APLICAÇÃO DE MEDIDA DE INTERNAÇÃO PROVISÓRIA DO PACIENTE. PRETENSÃO DE REVOGAÇÃO DA MEDIDA, POR EXCESSO DE PRAZO E POR DESNECESSIDADE E DESPROPORÇÃO. PROLAÇÃO DA SENTENÇA, EM 15.06.2023, JULGANDO PROCEDENTE, EM PARTE, A REPRESENTAÇÃO, APLICANDO A MEDIDA SOCIOEDUCATIVA DE INTERNAÇÃO. ORDEM PREJUDICADA. EXTINÇÃO DO PRESENTE *HABEAS CORPUS*, EM RAZÃO DA PERDA SUPERVENIENTE DE SEU OBJETO" (TJRJ, HC 0044569-81.2023.8.19.0000, 2ª Câm. Crim., Rel. Des. José Acir Lessa Giordani, j. 28-9-2023).

114 ISHIDA, Válter Kenji. Op. cit., p. 438.

FREQUENTAM O EDUCANDÁRIO ALVO DAS AMEAÇAS. HAVENDO INDÍCIOS SUFICIENTES DE AUTORIA E MATERIALIDADE, IMPERIOSA A INTERNAÇÃO PROVISÓRIA COMO FORMA DE GARANTIA DA ORDEM PÚBLICA, DIANTE DA GRAVIDADE DO ATO INFRACIONAL IMPUTADO AO ADOLESCENTE, SUA REPERCUSSÃO SOCIAL E NECESSIDADE DE ACAUTELAMENTO DA ORDEM PÚBLICA, CONFORME DETERMINAM OS ARTS. 108 E 174, DO ECA. JÁ TENDO SIDO ENCERRADA A INSTRUÇÃO, FICA SUPERADA A ALEGAÇÃO DE CONSTRANGIMENTO ILEGAL POR EXCESSO DE PRAZO (SÚMULA 52 DO STJ). ORDEM DENEGADA[115].

Já Paulo Afonso Garrido de Paula[116] sustenta que:

O prazo de 45 dias é improrrogável, não podendo ser dilatado sob qualquer justificativa, decorrendo de sua inobservância constrangimento ilegal reparável via *habeas corpus*. Além disso, tamanha foi a preocupação do legislador que estabeleceu como figura criminosa a conduta da autoridade que descumprir, *injustificadamente*, prazo fixado em benefício de adolescente privado de liberdade (ECA, art. 235). A diferença de análise (consequência no procedimento de apuração e responsabilidade criminal) reside no elemento normativo acrescentado à figura penal, ou seja, *a indagação da presença de justificativa somente é possível em relação ao crime, devendo ser desconsiderada quando da aferição da ilegalidade da internação provisória resultante de excesso de prazo* (itálicos nossos).

Conclui-se pelo acerto desta última argumentação, ressalvando-se exclusivamente a hipótese em que o atraso tenha sido causado pela própria defesa, por exemplo, aquela exposta no julgado cuja ementa segue transcrita adiante:

HABEAS CORPUS – ESTATUTO DA CRIANÇA E DO ADOLESCENTE – INTERNAÇÃO PROVISÓRIA – EXCESSO DE PRAZO – PROCESSO COM VISTA À DEFESA – COAÇÃO ILEGAL – NÃO CARACTERIZAÇÃO – ORDEM DENEGADA. Encontrando-se o processo, que apura a prática do ato infracional, na fase final, aguardando pronunciamento da defesa para o seu julgamento, a pequena demora na internação provisória não caracteriza a alegada coação ilegal[117].

HABEAS CORPUS. ATO INFRACIONAL. *INTERNAÇÃO PROVISÓRIA*. SÚMULA 52 DO STJ. AUSENTE ILEGALIDADE OU ABUSO DE PODER DA AUTORIDADE APONTADA COMO COATORA. **PRAZO DE INTERNAÇÃO PROVISÓRIA SUPERADO EM DECORRÊNCIA DA CONDUTA PROCESSUAL DA DEFESA QUE NÃO APRESENTOU DEFESA PRÉVIA NO PRAZO LEGAL,**

---

115 TJRS, HC Cível 5180619242023821700, 1ª Câm. Esp. Cív., Rel. Des. Jane Maria Köhler Vidal, j. 2-7-2023.

116 PAULA, Paulo Afonso Garrido de. Art. 183. In: VERONESE, Josiane Rose Petry; SILVEIRA, Mayra; CURY, Munir (coord.). *Estatuto da Criança e do Adolescente comentado*: comentários jurídicos e sociais. 13. ed. rev. e atual. São Paulo: Malheiros, 2018, p. 1131-1132.

117 TJRJ, HC 2005.059.00704, 1ª Câm. Crim., Rel. Des. Azeredo da Silveira, j. 8-3-2005.

PARTE V – DA PRÁTICA DO ATO INFRACIONAL

LEVANDO À NOVA INTIMAÇÃO PARA APRESENTAÇÃO DA PEÇA. ORDEM DENEGADA. Não constatada ilegalidade ou abuso de poder da autoridade apontada como coatora sobre o alegado *excesso de prazo* e se o mesmo decorreu por descumprimento dos *prazos* por parte do magistrado, mas verificado que a Defensoria Pública deixou de apresentar *defesa* prévia no *prazo* legal, ensejando nova intimação para tanto, e o atraso de 20 (vinte) dias no prosseguimento do feito, resta impositiva a manutenção da *internação provisória*. Ausência nos autos de qualquer elemento capaz de afastar a medida de *internação*, ainda que em lapso temporal superior a 45 dias. Aplicação da Súmula 52 do STJ. Precedentes do TJRS. Denegada a ordem[118] (negritos nossos).

5.7.2. Internação definitiva

A internação determinada em sentença é o provimento que o legislador considerou como próprio à promoção da reintegração social do adolescente, nos casos em que é legalmente permitida. Diversa, inclusive, da correlata internação provisória.

O fato de que mesmo a internação definitiva deva se revestir de brevidade não significa que o adolescente esteja eximido do seu dever de cumpri-la regularmente e no tempo necessário ao implemento de sua finalidade.

Veja-se que o alcance da brevidade também depende da forma como o autor do ato infracional pautará o seu comportamento durante a execução da medida. Somente depois de verificada a aptidão para a progressão do regime ou com o decurso do lapso temporal legalmente fixado – condições para as quais os órgãos responsáveis pelo acompanhamento precisam ficar atentos – é que poderá ser debitada às autoridades competentes a eventual responsabilidade no atraso da reavaliação.

A internação definitiva não comporta prazo determinado – mas não pode ultrapassar o período de três anos e precisa ser reavaliada no máximo a cada 6 meses –, tendo como requisitos: a) o cometimento de ato infracional com grave ameaça ou violência à pessoa (art. 122, I); ou b) a reiteração em outras infrações graves (art. 122, II).

Esclareça-se que o fato de ter atingido o limite de três anos de cumprimento da internação não confere ao adolescente a sua liberação automática. O § 4º do art. 121 do Estatuto autoriza que o autor do ato infracional seja inserido no regime de semiliberdade ou de liberdade assistida, após o período dos três anos de internação. Observe-se que pode o jovem, ainda, retornar ao regime de internação, pelo prazo de até três meses, acaso descumpra qualquer das medidas que lhe tenham sido aplicadas por força do mencionado dispositivo legal. Isso ocorre em função do previsto no art. 122, III, do ECA, norma que estabelece a chamada internação-sanção (*vide* tópico 5.7.3).

---

118 TJRS, HC 51866624520218217000, 7ª Câm. Cív., Rel. Des. Carlos Eduardo Zietlow Duro, j. 23-9-2021.

O rol do art. 122 é exaustivo. No entanto, deve ser salientada a independência existente entre os incisos I e II, não havendo que se falar em cumulação das situações ali elencadas para a viabilidade do decreto de internação.

Emerge do inciso I que a atos infracionais análogos a crimes como os de roubo, estupro, latrocínio, homicídio, sequestro, cárcere privado, lesão corporal grave, atentado violento ao pudor, deve ser imposta a internação.

Muitas vezes, no entanto, em que pese o ato infracional ter sido cometido mediante grave ameaça ou violência à pessoa, a internação pode não ser a medida mais acertada. Existem jovens que cometem ato infracional desta natureza, porém possuem bom referencial familiar, estão inseridos no meio escolar, nunca se envolveram em outras práticas delituosas, demonstram sério arrependimento pelo que fizeram e, portanto, outra medida pode se apresentar capaz de promover a sua reintegração social de maneira mais eficaz.

Nos casos como os mencionados no parágrafo anterior, a imposição de internação poderá causar mais danos que benefícios, sendo certo que em determinadas situações estará mesmo legalmente vedada, em virtude de o adolescente fazer jus à medida mais branda.

A respeito do tema as Regras Mínimas das Nações Unidas para a Administração da Justiça da Infância e da Juventude (Regras de Beijing), no item 17.1, deixam claro:

> A decisão da autoridade competente pautar-se-á pelos seguintes princípios: a) a resposta à infração será sempre proporcional não só às circunstâncias e à gravidade da infração, mas também às circunstâncias e às necessidades do jovem, assim como às necessidades da sociedade; b) *as restrições à liberdade pessoal do jovem serão impostas somente após estudo cuidadoso e se reduzirão ao mínimo possível;* c) não será imposta a privação de liberdade pessoal a não ser que o jovem tenha praticado ato grave, envolvendo violência contra outra pessoa ou por reincidência no cometimento de outras infrações sérias, e a menos que não haja outra medida apropriada; d) o bem-estar do jovem será o fator preponderante no exame dos casos (itálicos nossos).

Lamentavelmente, o que se tem visto, em especial nos grandes centros urbanos, é que os adolescentes que praticam atos infracionais de natureza grave não têm apresentado, via de regra, condições para cumprimento de medida diferente da de internação. Isso em razão do alto grau de comprometimento com a seara ilícita e da precoce deterioração de sua personalidade. Os adolescentes das metrópoles têm sido verdadeiramente tragados pela intensa depravação de hábitos e costumes e pela crise ética do mundo atual. O consumismo e a competitividade da sociedade moderna contribuem de forma determinante na questão, pois acabam por tornar sedutor o mundo da delinquência, pelas promessas de dinheiro fácil.

Especialmente em função de tal contexto, cabe salientar a imprescindibilidade de ser assegurada a proteção integral dos direitos fundamentais dos adolescentes

PARTE V - DA PRÁTICA DO ATO INFRACIONAL

nas unidades do sistema socioeducativo, notadamente o da saúde, na forma prevista nos arts. 60 a 63 da Lei n. 12.594/2012[119], atendendo-se às peculiaridades de cada caso, conforme abaixo exemplificado com a jurisprudência do STJ:

> *HABEAS CORPUS* SUBSTITUTIVO DE RECURSO PRÓPRIO. INADEQUAÇÃO DA VIA ELEITA. ESTATUTO DA CRIANÇA E DO ADOLESCENTE. ATO INFRACIONAL EQUIPARADO AO DELITO DE HOMICÍDIO DUPLAMENTE QUALIFICADO. MEDIDA SOCIOEDUCATIVA DE INTERNAÇÃO. ART. 122, I DO ECA. POSSIBILIDADE. PACIENTE COM FILHA EM AMAMENTAÇÃO. INSERÇÃO NO PROGRAMA DE ATENDIMENTO MATERNO-INFANTIL (PAMI). INEXISTÊNCIA DE CONSTRANGIMENTO ILEGAL. *HABEAS CORPUS* NÃO CONHECIDO, COM DETERMINAÇÃO. [...] 2. Diante da prática de ato infracional equiparado ao crime de homicídio duplamente qualificado, está autorizada a aplicação da medida socioeducativa de internação, nos termos do art. 122, I, do Estatuto da Criança e do Adolescente. Precedentes. 3. Não há impeditivo legal para a internação de adolescente gestante ou com filho em amamentação, desde que seja garantida atenção integral à saúde do adolescente, além de asseguradas as condições necessárias para que a adolescente submetida à execução de medida socioeducativa de privação de liberdade permaneça com o seu filho durante o período de amamentação (arts. 60 e 63 da Lei 12.594/12 – Sinase). 4. Com o advento da Lei n. 13.257/2016, nomeada Estatuto da Primeira Infância, o rol de hipóteses em que é permitida a inserção da mãe em um regime de prisão domiciliar foi ampliado, ficando evidente o compromisso do legislador com a proteção da criança e seu desenvolvimento nos primeiros anos de vida. Ademais, os adolescentes gozam de todos os direitos fundamentais inerentes à pessoa humana, de maneira que as garantias processuais asseguradas àquele que atingiu a maioridade poderiam ser aplicadas aos menores infratores, em atenção ao disposto no art. 3º da Lei n. 8.069/1990. 5. No caso, a paciente encontra-se internada na CASA Chiquinha Gonzaga, que conta com o Programa de Acolhimento Materno-Infantil (PAMI) e possui estrutura exclusiva e específica destinada às jovens nessas condições, razão pela qual, diante da gravidade do ato infracional praticado, deve ser mantida a medida de internação, nos termos do art. 122, I, da Lei n. 8.069/90. Precedentes. [...] 7. *Habeas corpus* não conhecido, determinando-se, de ofício, que seja realizada reavaliação sistemática e mensal da situação da paciente, por equipe multidisciplinar, com imediata e prioritária submissão do relatório ao Juízo responsável pela execução da medida socioeducativa[120].

Impõe-se, agora, o exame do inciso II do art. 122 do ECA, que permite a internação quando o adolescente tenha reiterado no cometimento de outras infrações

---

119 Sobre a reavaliação das medidas e a necessidade de resguardar a saúde do socioeducando, *vide* também os tópicos 5.1.2 e 6.2 desta Parte V.

120 STJ, HC 543.279/SP, 5ª T., Rel. Min. Reynaldo Soares da Fonseca, *DJe* 25-3-2020.

graves. Veja-se que o primeiro ato infracional cometido precisa ser grave para posterior caracterização da hipótese do inciso II.

Grave, mas não necessariamente da mesma espécie. Não é preciso que o adolescente reitere na prática do mesmo ato infracional; basta que o primeiro seja grave e o segundo também. Que ambos sejam graves, mas não necessariamente cometidos com violência ou grave ameaça à pessoa, já que estes são elementos da internação pelo inciso I do art. 122, e o plural do inciso II veio exatamente para a inclusão de outros tipos de infração.

A redação do inciso II deixa claro o alcance ampliado daquele dispositivo, e nele insere outros tipos de ato infracional. Atos que, não obstante não se encontrem abarcados no inciso I, tenham sido praticados por adolescente que já se envolveu na prática delituosa.

É patente a precisão do legislador, pois não se poderia conferir tratamento indistinto aos jovens em situações diferentes: um que nunca tenha cometido ato infracional e outro que já se encontre no âmbito da reiteração.

Assim, ao jovem que cometer mais de um ato infracional de natureza grave poderá ser imposta a medida de internação, com fundamento no inciso II do art. 122 do ECA, tenham ou não os atos sido cometidos mediante violência ou grave ameaça a pessoa.

Para a elucidação sobre o que se tem por ato infracional grave, vale aqui reproduzir o que foi dito no item 4.1, com a citação do ensinamento de Jurandir Norberto Marçura[121]:

> Considerando que o legislador valeu-se dos conceitos de crime e contravenção penal para definir o ato infracional (art. 103), devemos buscar na lei penal o balizamento necessário para a conceituação de ato infracional grave. Nela, os crimes considerados graves são apenados com reclusão; os crimes leves e as contravenções penais, com detenção, prisão simples e/ou multa. Por conseguinte, entende-se por grave o ato infracional a que a lei penal comina pena de reclusão.

Ultrapassada a análise sobre o que se tem por grave, passa-se ao estudo sobre como se considera configurada a reiteração. Conforme acima mencionado, para reiterar basta cometer mais de uma vez. Porém, o que parece simples pode facilmente se transformar em uma celeuma.

O vernáculo não deixa dúvida de que reiterar é fazer de novo, repetir[122]. Algo que foi feito pela segunda vez, portanto, já foi reiterado.

---

121 MARÇURA, Jurandir Norberto. Art. 174. In: VERONESE, Josiane Rose Petry; SILVEIRA, Mayra; CURY, Munir (coord.). *Estatuto da Criança e do Adolescente comentado*: comentários jurídicos e sociais. 13. ed. rev. e atual. São Paulo: Malheiros, 2018, p. 1104.

122 "Reiterar". HOUAISS, Antônio; VILLAR, Mauro de Salles. *Dicionário Houaiss da Língua Portuguesa*. 1ª reimpressão com alterações. Rio de Janeiro: Objetiva, 2004, p. 2420: "reiterar – dizer ou fazer de novo; repetir, iterar".

PARTE V – DA PRÁTICA DO ATO INFRACIONAL

Porém, como se verá adiante, no âmbito jurídico nem sempre é assim, pois já houve exigência de no mínimo três condutas para a caracterização de reiteração.

A controvérsia atingiu a jurisprudência, chegando ao Superior Tribunal de Justiça. O julgado abaixo demonstra a posição adotada, a princípio, por aquela Alta Corte:

> *HABEAS CORPUS*. ESTATUTO DA CRIANÇA E DO ADOLESCENTE. ATO INFRACIONAL ANÁLOGO AO PORTE ILEGAL DE ARMAS DE USO PERMITIDO. DESNECESSIDADE DE A ARMA ESTAR MUNICIADA PARA CARACTERIZAR O CRIME. ATIPICIDADE. INEXISTÊNCIA. MEDIDA SOCIOEDUCATIVA DE INTERNAÇÃO POR PRAZO INDETERMINADO. INEXISTÊNCIA DE REITERAÇÃO DE CONDUTA INFRACIONAL GRAVE. MALFERIMENTO AO ART. 122 DO ESTATUTO MENORISTA. ROL TAXATIVO. CONSTRANGIMENTO ILEGAL EVIDENCIADO. PRECEDENTES. [...] 2. A internação, medida socioeducativa extrema, só está autorizada nas hipóteses taxativamente elencadas no art. 122 do Estatuto da Criança e do Adolescente. *Somente ocorre reiteração de conduta infracional pelo menor, quando, no mínimo, são praticadas três ou mais condutas infracionais*. 3. Precedentes do Superior Tribunal de Justiça. 4. Ordem parcialmente concedida para, reformando o acórdão vergastado, restabelecer a sentença de primeiro grau[123] (itálicos nossos).

Posteriormente, o referido órgão julgador pacificou o seu entendimento deixando de exigir a prática de três ou mais atos infracionais para considerar emoldurada a reiteração:

> AGRAVO REGIMENTAL NO *HABEAS CORPUS*. ATO INFRACIONAL ANÁLOGO AO CRIME DE TRÁFICO DE DROGAS. MEDIDA SOCIOEDUCATIVA DE INTERNAÇÃO. REITERAÇÃO INFRACIONAL CONFIGURADA. CONSTRANGIMENTO ILEGAL NÃO EVIDENCIADO. *WRIT* DENEGADO. DECISÃO MANTIDA. AGRAVO REGIMENTAL IMPROVIDO. [...] 2. Para a configuração da hipótese de reiteração em infrações graves, prevista no art. 122, II, do ECA, basta a prática de novo ato infracional após a aplicação de medida socioeducativa, não se exigindo um número mínimo de processos anteriores. 3. Agravo regimental improvido[124].

Em outra perspectiva está a definição de reiteração com o cunho técnico de distingui-la da reincidência. Esse é um contraste necessário e útil, uma vez que o legislador não se utilizaria de palavras diversas para definir coisas idênticas.

A diferença entre reiteração e reincidência ficou bem delineada nas palavras de João Batista Costa Saraiva[125]:

---

123 STJ, HC 57.641/SP, 5ª T., Rel. Min. Laurita Vaz, *DJ* 16-10-2006, p. 400.

124 STJ, AgRg no HC 550.677/SP, 6ª T., Rel. Min. Nefi Cordeiro, *DJe* 9-3-2020.

125 SARAIVA, João Batista Costa. *Direito penal juvenil*: adolescente e ato infracional. Garantias processuais e medidas socioeducativas. 2. ed. rev. e ampl. Porto Alegre: Livraria do Advogado, 2002, p. 109.

A respeito de reiteração, faz-se oportuno destacar que este conceito não se confunde com o de reincidência, que supõe a realização de novo ato infracional após o trânsito em julgado de decisão anterior. Por este entendimento se extrai que *reiteração se revela um conceito jurídico de maior abrangência que o de reincidência, alcançando aqueles casos que a doutrina penal define em relação ao imputável como tecnicamente primário* (itálicos nossos).

Na prática do direito existem, ainda, outras questões controvertidas acerca das internações preconizadas nos incisos I e II do art. 122. Essas questões foram tratadas à parte, nos tópicos a seguir, em virtude da extensão do debate que delas emana.

a) O prazo máximo de três anos e a cumulatividade de processos (unificação)

Havia um debate, na prática, quanto à limitação temporal de três anos estabelecida na Lei n. 8.069/90 (art. 121, § 3º) nos casos de reiteração de condutas infracionais pelo adolescente.

Analisando os ensinamentos doutrinários e jurisprudenciais anteriores à entrada em vigor da Lei do Sinase, extraiu-se que a melhor interpretação seria a de que: 1) se no momento da prolação da sentença houver julgamento simultâneo do adolescente por vários atos infracionais, deverá ser unificada a execução da internação, que terá o prazo máximo de três anos; 2) se durante o cumprimento da internação o adolescente é julgado por ato infracional anterior ao início desta, o prazo de três anos também deverá ser unificado; 3) porém, se no curso do cumprimento da medida de internação o jovem evadir e praticar novo fato, for apreendido por força de mandado de busca e apreensão (em decorrência de evasão da internação) ou cometer ato infracional dentro da Instituição, inicia-se nova contagem do prazo de três anos; isso porque, ao contrário da pena, a medida socioeducativa de internação não comporta prazo determinado (art. 121, § 2º, do ECA).

Sedimentando a questão, o art. 45 e seus parágrafos da Lei do Sinase vieram disciplinar o assunto *na fase executória*[126], inclusive dispondo acerca da necessidade de oitiva prévia pela autoridade judiciária, do Ministério Público e da defesa, no prazo de três dias sucessivos.

Estabeleceu a lei a possibilidade de reinício da contagem do prazo para o cumprimento de medida e de manutenção do adolescente no sistema socioeducativo apenas nas hipóteses em que a aplicação da segunda medida for decorrente de *ato infracional praticado durante a execução* (art. 45, § 1º).

Nos demais casos de nova sentença prolatada no transcurso da execução, a determinação legal foi no sentido da *unificação* (art. 45, *caput*).

---

126 Veja-se que a Resolução CNJ n. 326/2020 conferiu nova redação ao inciso VII no art. 2º da Resolução CNJ n. 165/2012, definindo a guia unificadora como "aquela expedida pelo juiz da execução para unificar duas ou mais guias de execução em face do mesmo adolescente (art. 45 da Lei n. 12.594/2012)".

PARTE V – DA PRÁTICA DO ATO INFRACIONAL

No entanto, ainda foi além o legislador. *Nos casos em que o jovem já tenha concluído o cumprimento de uma internação* ou que tenha recebido progressão desta, o § 2º do art. 45 vedou a aplicação de *nova medida de mesma natureza em relação a ato infracional praticado anteriormente*. Foi criado, assim, o fenômeno da absorção dos atos infracionais pretéritos por aqueles aos quais se impôs a medida socioeducativa extrema que já tenha sido cumprida.

Em comentário sobre a unificação de medidas, esclareceu Digiácomo[127]:

> O mais adequado é que o processo de execução englobe todos os feitos anteriormente instaurados em relação ao mesmo adolescente [...] de modo a evitar que o adolescente, ao longo da execução da medida, ou mesmo após o término desta, seja alvo de novas decisões que tenham por objetivo fazer com que fique a ela vinculado por um prazo superior ao previsto em lei ou que seja estritamente necessário. [...] a previsão legal da unificação de medidas visa evitar, dentre outras, que o adolescente acumule procedimentos sem solução e receba a destempo, e de forma cumulativa, medidas que, a rigor, já perderam seu objetivo pedagógico. Apenas fatos *posteriores* ao início do cumprimento da medida original/unificada poderão resultar na aplicação de novas medidas, retomando a partir daí a contagem do prazo máximo de sua duração.

Registre-se que a Lei n. 12.594/2012 prevê apenas a unificação das medidas e não a suspensão ou a extinção dos processos em andamento por fatos anteriores. Assim, o fato de estar o jovem em cumprimento de medida objeto de sentença anterior não obsta a tramitação dos demais feitos que tenham por finalidade a apuração de atos ilícitos ocorridos no meio social, o que não pode ser ignorado pelos operadores do sistema de justiça, em observância ao devido processo legal[128].

São elucidativas na matéria as seguintes decisões do STJ e STF:

> AGRAVO REGIMENTAL NO AGRAVO EM RECURSO ESPECIAL. ESTATUTO DA CRIANÇA E DO ADOLESCENTE. ATO INFRACIONAL. APLICAÇÃO DE MEDIDA SOCIOEDUCATIVA DE INTERNAÇÃO. ART. 45, §§ 1º e 2º, DA LEI N. 12.594/2012. EXTINÇÃO DO PROCESSO SEM JULGAMENTO DE MÉRITO

---

127 DIGIÁCOMO, Eduardo. *O SINASE (Lei n. 12.594/12) em perguntas e respostas*. São Paulo: Ixtlan, 2016, p. 76-77.

128 COSTA, Tarcísio José Martins. *Estatuto da Criança e do Adolescente comentado*. Belo Horizonte: Del Rey, 2004, p. 356-7: "Hipótese muito frequente é a do adolescente já estar internado em razão de sentença proferida em outro processo. Alguns magistrados têm se equivocado ao suspender o feito à consideração de que se o menor já vem cumprindo medida socioeducativa de internação, pelo que seria despiciendo o prosseguimento do feito objetivando a aplicação de uma outra medida, possivelmente a própria internação. [...] Em nosso entendimento, o processo terá o normal prosseguimento com a aplicação da medida socioeducativa que o juiz entender a mais adequada. A execução dessa nova medida será resolvida, oportunamente, nos autos pertinentes à execução".

POR FATO ANTERIOR. COMPETÊNCIA DO JUÍZO DA EXECUÇÃO. AGRA-VO REGIMENTAL NÃO PROVIDO. 1. "O artigo 45, §§ 1º e 2º, da Lei n. 12.594/2012 não impede a apuração e o julgamento de novos atos infracionais, com a aplicação de novas medidas ao adolescente, cabendo, contudo, ao Juízo de Execução avaliar, a partir do caso concreto, a possibilidade de unificação ou extinção de uma delas" (RHC 60.612/DF, Rel. Ministro Nefi Cordeiro, Sexta Turma, julgado em 25/8/2015, *DJe* de 15/9/2015). 2. Agravo regimental a que se nega provimento[129].

Estatuto da Criança e do Adolescente. Recurso ordinário em *habeas corpus*. Medidas Socioeducativas. Absorção. Ausência de ilegalidade flagrante. [...] 6. Neste recurso ordinário, a defesa sustenta que, da leitura do art. 45, § 2º, da Lei 12.594/12, depreende-se que "a intenção do legislador, ao dizer que os atos infracionais anteriores ficam absorvidos por aqueles aos quais se impôs a medida socioeducativa mais drástica, FOI EVITAR QUE A CRIANÇA OU O ADOLES-CENTE TIVESSE QUE RESPONDER A VÁRIOS PROCESSOS E, EM CONSE-QUÊNCIA DE EVENTUAIS CONDENAÇÕES, TIVESSEM UMA ACUMULA-ÇÃO DE MEDIDAS SOCIOEDUCATIVAS". 7. Prossegue a narrativa para afirmar que "o tribunal impetrado e STJ chancelaram uma interpretação terato-lógica do § 2º do art. 45 da Lei n. 12.594, de 2012, para tornar o Estado-Acusa-dor credor de medidas punitivas de crianças e adolescentes, em gritante afronta ao princípio da proteção integral, consagrado no texto constitucional (art. 227) e Estatuto da Criança e do Adolescente (art. 3º), pois não há racionalidade na ideia de se aplicar medida socioeducativa mais branda por fatos anteriores ao cumprimento de medida socioeducativa mais extrema". 8. A defesa requer o provimento do recurso a fim de restabelecer a sentença. 9. O Ministério Público Federal manifesta-se pelo desprovimento do recurso. Decido. 10. O recurso ordinário não deve ser conhecido. 11. As peças que instruem este processo não evidenciam situação de teratologia, ilegalidade flagrante ou abuso de poder que autorize o acolhimento da pretensão defensiva. [...] **O art. 45 em tela não veda à apuração e julgamento de atos infracionais ocorridos anteriormente à apli-cação de medida socioeducativa, apenas traz regras para fins de unificação de execuções**, seja de medidas da mesma natureza ou não, o que pressupõe pro-cessamento e procedência de mais de uma representação. Com acerto, o *caput* da norma é expresso quanto a haver execução em curso e sobrevindo sentença que aplique nova medida socioeducativa por outro ato, a autoridade judiciária procederá à unificação, ouvidas as partes. Os §§ da norma em tela trazem os limites a serem observados nessa unificação, condicionados ao caráter educati-vo e não punitivo das medidas socioeducativas, pelo que o § 1º traz que deve ser observado o prazo máximo das medidas (3 anos à internação), bem como a liberação compulsória aos 21 anos. E o § 2º da norma sob exame não veda, es-tando em curso execução de medida de internação o processamento de repre-

---

129 STJ, AgRg no Ag. em RE 1.059.053/ES, 5ª T., Rel. Min. Ribeiro Dantas, *DJe* 11-5-2018. Vide também: STJ, AgInt no HC 496.746/SC, 6ª T., Rel. Min. Laurita Vaz, *DJe* 24-5-2019.

PARTE V – DA PRÁTICA DO ATO INFRACIONAL

sentação por ato infracional em que, ao final, poderá ser aplicada medida de internação. O que o § 2º determina é que nova medida de internação não seja efetivada se outra medida de internação já foi cumprida – no sentido de que ou o adolescente obteve bom aproveitamento, sendo assim extinta a medida, ou foi alcançado o prazo máximo de 3 anos à internação ou foi atingida a idade limite de 21 anos –, ou, ainda o adolescente fez jus a progressão a medida menos grave. Na espécie, o Juízo de primeiro grau, julgou improcedente a ação e absolveu o representado ao argumento de 'o suposto ato infracional apurado nestes autos, por ser anterior, foi absorvido por aquela internação que se seguiu, não havendo sentido prático no prosseguimento deste processo' (f. 132), tendo o TJ local, em sede de apelação do respectivo MP, determinando o prosseguimento da representação, o que foi objeto do HC ao c. STJ. Tem-se que não há óbice legal ao processamento da representação por ato infracional objeto deste *writ*, mesmo que no curso dela tenha sido aplicada medida de internação em outro feito. Se nessa representação em aberto for aplicada medida de internação e a anterior ainda estiver em curso, não há ilegalidade se o juiz de Direito unificar as medidas e determinar que o menor reinicie os trabalhos de ressocialização, p. ex., observado o prazo máximo de 3 anos à internação, que a nosso sentir incide quando de unificação de execuções, e a idade limite de 21 anos. Assim como se forem aplicadas medidas menos severas na representação em aberto, poderão elas serem absorvidas pela internação em curso ou serem cumpridas, caso aquela já tenha findado a contento. Em suma: o **art. 45 em tela disciplina a unificação de execuções de medidas socioeducativas e não a extinção de representação de ato infracional**. Quando da unificação das execuções, é que se fará juízo, conforme os critérios previstos na norma, se a nova execução será, ou não efetivada, se absorverá a em curso ou se por ela será absorvida. Tendo o c. STJ chegado à mesma conclusão (f. 268), nada há a modificar no acórdão ora recorrido. [...]." 12. Diante do exposto, com base no art. 21, § 1º, do RI/STF, não conheço do recurso ordinário em *habeas corpus*. Publique-se[130] (grifos nossos).

Observa-se, inclusive, a duvidosa constitucionalidade do texto do § 2º do art. 45 diante do princípio da inafastabilidade do controle jurisdicional disciplinado no art. 5º, XXXV, da Carta Magna (*A lei não excluirá da apreciação do Poder Judiciário lesão ou ameaça a direito*).

Tal fato foi salientado por Lélio Ferraz de Siqueira Neto, André Pascoal da Silva, Eduardo M. Campana e Fernando Henrique de Moraes Araújo[131]:

> Isso porque ainda que o adolescente tenha cometido, por exemplo, uma dezena ou mesmo vintena de homicídios anteriormente à medida de internação a que cumpre ou, caso já tenha progredido para medida em meio aberto a proposta do legislador *afasta da possibilidade de apreciação pelo Estado-juiz* tais casos. Ao afirmar que não poderá ser imposta nova medida de internação impede que o

---

130 STF, RHC 166531/SC, Rel. Min. Luís Roberto Barroso, j. 18-6-2019.

131 SIQUEIRA NETO, Lélio Ferraz de et al. *Manual prático das Promotorias de Justiça da Infância e Juventude*. São Paulo: MPSP, 2012, v. I, p. 157.

1214

juiz possa decidir se esta medida é ou não necessária ao adolescente infrator. Assim agindo, é possível entender que o legislador limitou, de forma inconstitucional o acesso do Ministério Público (titular das ações socioeducativas) ao Poder Judiciário.

É de se ressaltar que **controvérsia também existe quanto ao cômputo do prazo de 45 dias dentro do limite de três anos**. Há opinião na vertente de que o prazo de internação provisória cumprido pelo adolescente deve ser abatido dos três anos[132], e, paralelamente, também se encontra sustentação contrária[133].

Em razão das peculiaridades existentes entre as medidas de internação provisória e definitiva, já anteriormente salientada (tópicos 5.7.1 e 5.7.2), considera-se correto afirmar que realmente não há qualquer justificativa para a posterior dedução do prazo de medida que tenha sido cumprida na fase pré-sentencial, inclusive pelo fato de não existir um prazo especificamente prefixado para as medidas definitivas aplicáveis a cada tipo de ato infracional, as quais estão, ainda, sujeitas à constante possibilidade de reavaliação.

Ademais, a Lei n. 12.594/2012 veio confirmar, no § 2º do art. 46, que poderá ocorrer desconto no prazo de cumprimento da medida socioeducativa apenas nas hipóteses de *prisão* cautelar não convertida em pena privativa de liberdade.

Ou seja: a referida lei não previu qualquer desconto de períodos de cumprimento *de medidas socioeducativas* entre si, mas tão somente em relação à sanção de caráter penal, aplicada ao jovem adulto, a qual possui natureza diversa.

Confiram-se julgados acerca da matéria:

> *HABEAS CORPUS*. ESTATUTO DA CRIANÇA E DO ADOLESCENTE. MEDIDA SOCIOEDUCATIVA DE INTERNAÇÃO. AUDIÊNCIA DE REAVALIAÇÃO. PLEITO DE CÔMPUTO DO PRAZO DA INTERNAÇÃO PROVISÓRIA. INSTI-

---

132 CURY, Munir; MARÇURA, Jurandir Norberto; PAULA, Paulo Afonso Garrido de. *Estatuto da Criança e do Adolescente anotado*. 3. ed. rev. e atual. São Paulo: Revista dos Tribunais, 2002, p. 111: "Computa-se no prazo máximo de internação o tempo de internação provisória (arts. 108 e 183)".

133 "ECA. Adolescente representado pela prática de ato infracional análogo aos artigos art. 157, § 2º, I, II, e V (roubo circunstanciado pelo emprego de arma de fogo, concurso de agentes e restrição de liberdade da vítima – cinco vezes), na forma do art. 69, ambos do Código Penal, aplicada a medida socioeducativa de internação em 31.10.2017. Inconformismo do Impetrante, objetivando (1). a imediata reavaliação desta providência, alegando extrapolado o prazo legal de 6 meses (art. 121, § 2º, da Lei n. 8.069/90), logo excessivo, considerando o período de internação provisória. [...] (2). Inviável a aplicação da detração do tempo de internação provisória, pois esta não embute caráter punitivo, e, em sede menorista, se reveste de caráter educativo (pedagógico), imprescindível para corrigir desvios de conduta e má formação moral. (3). PREJUDICADO o pleito de colocação do jovem em semiliberdade enquanto aguardava a reapreciação da medida. DENEGADA A ORDEM" (TJRJ, HC 0015656-65.2018.8.19.0000, 7ª Câm. Crim., Rel. Des. José Roberto Lagranha Távora, j. 8-5-2018).

PARTE V – DA PRÁTICA DO ATO INFRACIONAL

TUTO DA DETRAÇÃO. IMPOSSIBILIDADE. *Não cabe a detração no juízo da infância e juventude, diante de sua natureza protetiva e sua finalidade ressocializadora, eis que o adolescente não está submetido a uma sanção penal,* mas a um regime essencialmente educativo, pedagógico e protetivo. A nova Lei n. 12.594/2012 silencia quanto à sua aplicação na execução das medidas, reafirmando o prazo de 06 (seis) meses para a internação e semiliberdade, com dilação de dez dias apenas para a designação de audiências. Ordem denegada. Unânime[134] (itálicos nossos).

AÇÃO CONSTITUCIONAL. *HABEAS CORPUS.* PACIENTE INIMPUTÁVEL, SENTENCIADO POR ATO INFRACIONAL ANÁLOGO AO TIPIFICADO NO ARTIGO 157, § 2º, I E II DO CÓDIGO PENAL C/C 14, II, ARTIGOS 121, *CAPUT* C/C 14, II E ARTIGO 329, NA FORMA DO ARTIGO 69, TODOS DO CÓDIGO PENAL. MEDIDA SOCIOEDUCATIVA DE INTERNAÇÃO, COM REAVALIAÇÃO DESIGNADA PARA 22/11/2012. PLEITO DE CÔMPUTO NESSE PRAZO DO PERÍODO DE INTERNAÇÃO PROVISÓRIA. IMPOSSIBILIDADE. ENTENDIMENTO JURISPRUDENCIAL DESTE EGRÉGIO TRIBUNAL DE JUSTIÇA. NATUREZA DA DETRAÇÃO PREVISTA NO CÓDIGO PENAL (ARTIGO 42). DISTINÇÃO ENTRE PENA PRIVATIVA DE LIBERDADE E MEDIDA SOCIOEDUCATIVA. OBJETIVOS E FINS. LEI N. 12.594/2012, DE 18 DE JANEIRO DE 2012. INOVAÇÃO LEGISLATIVA SOBRE EXECUÇÃO DE MEDIDA SOCIOEDUCATIVA QUE NÃO DISPÕE SOBRE O TEMA. APLICAÇÃO ANALÓGICA DO CÓDIGO PENAL. IMPOSSIBILIDADE. INEXISTÊNCIA DE LACUNA INVOLUNTÁRIA. CONSTRANGIMENTO ILEGAL NÃO EVIDENCIADO. ORDEM QUE SE DENEGA. [...] 7. Corroborando tal entendimento, há que se considerar a Lei n. 12.594/2012 que ao cuidar, entre outros temas, da regulamentação da execução de medidas socioeducativas e alterar dispositivos do Estatuto da Criança e do Adolescente, não dispôs sobre o instituto da detração aplicado às medidas socioeducativas. 8. O artigo 42 da referida lei reafirmou que os prazos máximos de internação e semiliberdade são de 6 (seis) meses, admitindo-se uma pequena dilação de prazo de 10 (dez) dias para a designação da audiência. 9. **Por fim,** *registre-se que ao mencionar o instituto da detração, no artigo 46, o fez relativamente à situação em que o maior de 18 (dezoito) anos, em cumprimento de medida socioeducativa, responder a processo-crime.* 10. Dessa forma, diante da ausência de omissão involuntária, impossível se mostra a aplicação analógica do Código Penal, quanto ao instituto da detração. Denegação da ordem[135] (grifos nossos).

Neste momento vale refletir acerca das palavras de Tarcísio José Martins Costa[136]:

---

134 TJRJ, HC 0039358-50.2012.8.19.0000, 3ª Câm. Crim., Rel. Des. Antônio Carlos Amado, j. 4-9-2012. No mesmo sentido: TJRJ, Ap. 0008030-63.2014.8.19.0055, 3ª Câm. Crim., Des. Carlos Eduardo Freire Roboredo, j. 6-3-2018.

135 TJRJ, HC 0043339-87.2012.8.19.0000, 2ª Câm. Crim., Rel. Des. José Muiños Piñeiro Filho, j. 4-9-2012. No mesmo sentido: TJRJ, Ap. 0006416-14.2018.8.19.0045, 1ª Câm. Crim., Rel. Des. Luiz Zveiter, j. 27-11-2018.

136 COSTA, Tarcísio José Martins. *Estatuto da Criança e do Adolescente comentado.* Belo Horizonte: Del Rey, 2004, p. 249-250.

Pelo que se depreende, embora o § 2º expresse que a medida não comporte prazo determinado, o § 3º, contraditoriamente, diz que a internação não poderá em nenhuma hipótese exceder a três anos. [...] A fim de evitar flagrantes situações de impunidade, esperamos que numa futura revisão do Estatuto não só os prazos fixados para internação, mas também os de revisão da medida sejam reconsiderados, pois não é aceitável que o prazo de reeducação de um adolescente, com grave deformação de personalidade, que tenha praticado crimes bárbaros, como estupro, homicídio qualificado ou latrocínio, fique limitado obrigatoriamente a três anos. É evidente que se ao término desse prazo, depois de submetido a sucessivas avaliações, não apresentar condições favoráveis, em razão de sua personalidade gravemente comprometida, será de todo temerário liberá-lo para um regime em meio aberto.

A importância desse tipo de reflexão decorre da expectativa que a sociedade vem progressivamente depositando nos Poderes constituídos e nas instituições que operam com o Direito para alcançar patamar de sensível diminuição da impunidade a que atualmente se assiste. Na verdade, a questão é ainda mais abrangente, pois, conforme preceitua o art. 227 da Constituição da República, a responsabilidade quanto ao atendimento aos direitos das crianças e dos adolescentes é solidária e alcança não só o Estado, mas também a família e a própria sociedade.

Assim, o trabalho a ser desenvolvido contra a impunidade precisa extirpá-la em todos os meios nos quais se encontre, a fim de que a coletividade possa viver na denominada "era dos deveres". É a consciência e o respectivo cumprimento do dever de cada qual que assegurará o pleno exercício dos direitos de todos.

O adolescente, como sujeito a quem cabem deveres, da mesma forma precisa receber medida proporcional ao dano por ele causado, seja à vítima seja à sociedade. Sob outro ângulo, como sujeito de direitos, deve receber tratamento que leve em conta as suas peculiaridades biológicas, psíquicas e sociais.

O que é preciso evitar, portanto, é a tendenciosa visão que conduz a apenas um dos lados da moeda, seja o dos deveres, seja o dos direitos, uma vez que a ausência do equilíbrio da balança de apreciação dos fatos sociais sempre deságua em excessos que direcionam o intérprete a conclusões injustas.

No tópico ora em análise o que se percebe é que em muitos casos a resposta estatal limitada a três anos de internação mostra-se insuficiente para a reintegração do jovem à sociedade e não condizente com a gravidade do ato por ele praticado, gerando sentimento de impunidade e de revolta. A prática de atos infracionais equiparados a crimes hediondos é costumeiro exemplo do que ora se afirma.

Esse raciocínio tem o seu desfecho não só na constatação da necessidade de uma revisão legislativa que melhor espelhe o atual contexto social, mas também na premência de uma profunda conscientização dos operadores da lei quanto à sua responsabilidade no momento da interpretação. De nada adiantará contarmos com leis mais firmes se não houver a correspondente extração de todos seus efeitos pelos respectivos aplicadores.

PARTE V – DA PRÁTICA DO ATO INFRACIONAL

b) Possibilidade de aplicação da medida de internação ao adolescente que pratica ato infracional análogo ao delito de tráfico de drogas

Seguindo a linha de entendimento do tópico 5.7.1, dúvida não pode restar quanto à possibilidade de decretação da internação provisória para **qualquer tipo de ato infracional**, desde que respeitadas as disposições dos arts. 108, 174 e 183 do ECA[137].

No que toca à internação definitiva, porém, poder-se-ia alegar o descabimento da sua utilização em atos infracionais análogos aos crimes de tráfico de drogas, em virtude dos termos do art. 122 e seus incisos I e II, nos quais as exigências de que o ato fosse praticado mediante grave ameaça ou violência à pessoa, ou de que houvesse a reiteração no cometimento de outras infrações graves, seriam incompatíveis com a natureza da conduta do adolescente envolvido naquela prática infracional.

Essa é a postura que vem sendo adotada pelo Supremo Tribunal Federal, conforme exposto na ementa a seguir:

> *Habeas corpus*. 2. Ato infracional equiparado a tráfico ilícito de entorpecentes (art. 33 da Lei 11.343/2006). 3. Imposição de medida socioeducativa de internação. 4. Ausência de prévia manifestação das instâncias precedentes. Dupla

---

137 Nesse sentido: "AGRAVO REGIMENTAL EM RECURSO EM *HABEAS CORPUS*. PRÁTICA DE ATO INFRACIONAL ANÁLOGO AO CRIME DE FURTO. REVOGAÇÃO DA INTERNAÇÃO PROVISÓRIA. INVIABILIDADE. PARTICULARIDADES DO CASO CONCRETO. REITERAÇÃO INFRACIONAL E SITUAÇÃO DE EXTREMA FRAGILIDADE SOCIAL E FAMILIAR. NECESSIDADE DE PROPORCIONAR CONDIÇÕES PARA DESDROGADIÇÃO. PRECEDENTES. AGRAVO REGIMENTAL NÃO PROVIDO. 1. A internação provisória do recorrente foi decretada em virtude de ele, apesar de contar com apenas 16 anos de idade, já registrar diversas passagens pela prática de atos infracionais análogos a crimes contra o patrimônio, sendo-lhe, inclusive, por duas vezes, imposta a MSE de internação. Ademais, ao ser beneficiado com a progressão das referidas medidas ao meio aberto, descumpriu-as, ao ser novamente apreendido pela prática de novo ato infracional. 2. Ademais, ele também se encontra em situação de extrema fragilidade familiar e social, pois abandonou os estudos há um ano e se encontra em situação de rua devido ao consumo de drogas (maconha, crack e cocaína), sendo ainda reportado por sua genitora que ele foi vítima de uma tentativa de homicídio, com vários golpes de faca, em ponto de tráfico de drogas (e-STJ fl. 13). 3. Nesse contexto, não verifico nenhum constrangimento ilegal capaz de autorizar a ordem vindicada, tendo em vista a **necessidade de resguardar a integridade física do adolescente, e de proporcionar-lhe condições para desdrogadição**, através de tratamento ambulatorial e psicológico, **afastando-o do meio marginal em que se encontra inserido** para propiciar-lhe condições de reinserção ao meio social. Precedentes. 4. Desse modo, as particularidades do caso concreto demandam uma intervenção mais incisiva do Estado para que ele possa ter condições de livrar-se do vício em drogas, por meio de tratamento psicológico e psiquiátrico, além de possibilidade de ressocialização. 5. Agravo regimental não provido" (STJ, AgRg no HC 184.823/GO, 5ª T., Rel. Min. Reynaldo Soares da Fonseca, *DJ* 5-10-2023" (grifos nossos). Vide também: STJ, AgRg no HC 772130/SP, 5ª T., Rel. Min. Daniela Teixeira, *DJe* 23-10-2024.

supressão de instância. Superação. 5. Conduta que não se amolda a nenhuma das situações descritas no art. 122 do ECA. Ausência de violência, grave ameaça ou reiteração. 6. Concessão *ex officio* da ordem confirmando a liminar para substituir a internação por liberdade assistida[138].

No entanto, em que pese o acerto dos pontos de alicerce do raciocínio delineado na decisão acima transcrita, observa-se que seu desfecho acabou por se distanciar do espírito da lei, a qual claramente pretendeu dar tratamento mais severo aos adolescentes que cometem atos de maior gravidade.

Destarte, não há como afastar o julgador da equiparação do delito de tráfico de drogas àqueles tidos como hediondos, bem assim do respectivo tratamento normativo diferenciado que recebe na Lei n. 8.072/90, tampouco existindo razão para desconsiderar tais peculiaridades ao se cuidar do ato infracional que lhe seja análogo.

De outro ângulo, não se contesta o fato de que o rol do art. 122 do ECA é exaustivo. Em que pese essa assertiva, o ato infracional análogo ao tráfico de drogas não foi excluído daquele rol. Ao revés, está inserido tanto no inciso I quanto no II.

No inciso II não há qualquer dificuldade em avistar na infração de tráfico de drogas a correspondente gravidade, o que enseja o reconhecimento de tal ato infracional como apto a caracterizar a reiteração nos termos em que a definiu o legislador.

A ementa abaixo transcrita, do Superior Tribunal de Justiça, espelha a exatidão do que se acaba de afirmar.

> *HABEAS CORPUS*. ESTATUTO DA CRIANÇA E DO ADOLESCENTE. REITERAÇÃO EM ATOS INFRACIONAIS. REINCIDÊNCIA ESPECÍFICA EM INFRAÇÃO ANÁLOGA AO TRÁFICO. MEDIDA SOCIOEDUCATIVA DE INTERNAÇÃO POR PRAZO INDETERMINADO. LEGALIDADE. INCIDÊNCIA DO ART. 122, INCISO II, C.C. ARTS. 100 E 113 DO ECA. ORDEM DENEGADA. 1. Hipótese em que o Paciente foi representado pela prática de ato infracional análogo ao crime tipificado no art. 33, *caput*, da Lei 11.343/06, porque trazia consigo, sem autorização ou em desacordo com determinação legal, 59 (cinquenta e nove) porções de cocaína, totalizando 23,31g (vinte três gramas e trinta e um decigramas) do referido entorpecente. 2. É cabível aplicar internação ao menor que reitera na prática atos infracionais e reincide no cometimento de infração equivalente ao crime de tráfico de grande quantidade de drogas, de modo a demonstrar que é essa a única medida socioeducativa adequada à sua ressocialização. Aplicação do art. 122, inciso II, c.c. arts. 100 e 113, todos do ECA. 3. *Habeas corpus* denegado[139].

---

138 STF, HC 126.754/SP, 2ª T., Rel. Min. Gilmar Mendes, *DJe* 1-8-2017.

139 STJ, HC 262.702/SP, 5ª T., Rel. Min. Laurita Vaz, *DJ* 4-9-2013. Na mesma linha: STJ, AgRg no HC 551.974/ES, 5ª T., Rel. Min. Leopoldo de Arruda Raposo (Desembargador convocado do TJPE), *DJe* 16-3-2020. STJ, AgRg no HC 873206/PE, 5ª T., Rel. Min. Ribeiro Dantas, *DJe* 12-4-2024.

PARTE V – DA PRÁTICA DO ATO INFRACIONAL   1219

Transpõe-se agora a ótica do estudo para a matéria relativa ao disposto no inciso I do art. 122.

Neste ponto o que se extrai do sistema jurídico é que existe, sim, neste tipo de ato infracional, grave ameaça e violência não só à pessoa, mas também à sociedade.

É indiscutível que a sociedade é não só ameaçada, mas verdadeiramente lesionada pelo tráfico de drogas que destrói famílias inteiras – família, a base da sociedade, que deve gozar de especial proteção do Estado (art. 226 da CF) – e banaliza o direito à vida e à saúde.

A grave violência fomentada e praticada pelos agentes da traficância gera sérias e, muitas vezes, irreversíveis consequências à integridade física e psíquica das pessoas que vitimiza direta ou indiretamente, daí a sua inclusão no elenco dos crimes equiparados aos hediondos.

Não se pode olvidar, por outro ângulo, que a própria Constituição da República colocou a conduta da traficância no patamar da mais extrema gravidade, ao incluí-la no rol dos crimes inafiançáveis e insuscetíveis de graça ou anistia (art. 5º, XLIII).

A Lei de Drogas (n. 11.343/2006), por sua vez, imprimiu tratamento mais severo ao crime de tráfico propriamente dito quando elevou a pena mínima de reclusão e a pena de multa no *caput* e no § 1º do art. 33.

As alterações legislativas que cindiram condutas anteriormente compactadas no art. 12 da revogada Lei n. 6.368/76, e impingiram sanções menos gravosas a determinadas ações ilícitas, corroboraram o raciocínio aqui desenvolvido. Isso porque o escopo do legislador com a referida cisão foi, exatamente, o de conferir tratamento mais rígido somente àqueles que exerçam qualquer atividade de propagação da droga com o fito de auferir lucro. E, se houve a pretensão de maior severidade com esse tipo de delito é porque foi chancelado o caminho da efetiva repressão aos agentes da traficância, trilhado pela Carta Magna e seguido pelas Leis n. 8.072/90 e n. 10.409/2002 (revogada, precisamente, pela Lei n. 11.343/2006).

É elucidativa a explanação de Flávia Ferrer[140], ainda na vigência da Lei n. 6.368/76, ao se referir ao tráfico e à possibilidade de internação do adolescente que o comete:

> Tráfico é a conduta que, subsumida a um dos verbos elencados nos artigos da Lei de Entorpecentes, é praticada com a finalidade de mercancia, com finalidade comercial. Assim, será classificada como tráfico de entorpecentes e, portanto, assemelhada aos crimes hediondos, a conduta que, prevista nos arts. 12 e 13 da Lei 6.368/76, for cometida com finalidade de mercancia, ou destinar-se a quadrilha prevista no art. 14 da Lei n. 6.368/76 a fim comercial. Caso seja pra-

---

140 FERRER, Flávia. A medida socioeducativa de internação e o tráfico de entorpecentes. Uma interpretação conforme a Constituição. *Revista do Ministério Público*, Rio de Janeiro, n. 20, p. 96-101, jul./dez. 2004.

ticada conduta prevista nos dispositivos citados da Lei de Entorpecentes, mas sem o fim negocial, não poderá ser adjetivada de tráfico e, portanto, não estará subsumida às regras previstas para os crimes hediondos e assemelhados. [...] A interpretação do alcance do inciso I do art. 122 do Estatuto da Criança e do Adolescente, quando se trata de ato infracional análogo ao crime de tráfico de entorpecentes, deve ser feita em vista das normas constitucionais previstas nos arts. 5º, XLIII, e 227. [...] O art. 227 determina ser responsabilidade do Estado assegurar a dignidade e o respeito ao adolescente, afastando-o da crueldade, exploração e violência. O adolescente envolvido com o tráfico de entorpecentes é um adolescente explorado e submetido a um regime de crueldade e violência. A afirmação de que a lei não permite sua internação faz com que o Estado se veja impedido de agir de forma a afastar, de modo definitivo, o adolescente do meio em que é explorado. [...] O disposto no inc. I do art. 122 da Lei n. 8.069/90 deve ser examinado em conformidade com as normas constitucionais presentes nos arts. 5º, XLIII, e 227. [...] O art. 122 da Lei n. 8.069/90, quando trata dos atos praticados "mediante grave ameaça ou violência a pessoa", deve, pois, ser materialmente interpretado à vista da Constituição. Sendo o tráfico crime assemelhado a hediondo, que traz ínsito enorme grau de periculosidade e perturbação à ordem social, constata-se que a grave ameaça ou violência referidas na lei, além de serem aquelas presentes nos delitos que atingem, como sujeito passivo, pessoa física determinada, também englobam a grave ameaça ou violência à comunidade como um todo, que pode, em vista das nefastas consequências sociais advindas do tráfico, ser considerada sujeito passivo do delito. [...] A utilização do princípio da interpretação conforme a Constituição permite concluir que, havendo, na conduta praticada, grave ameaça coletiva e havendo, além disso, a necessidade de proteção ao próprio adolescente infrator, afastando-o do meio criminoso de forma a possibilitar sua ressocialização, cabível a aplicação de medida socioeducativa de internação a adolescente envolvido com a prática de ato infracional análogo a tráfico de entorpecentes.

Definido que tráfico de drogas é a conduta criminosa com fim comercial, somente será passível de internação com fulcro no inciso I do art. 122, o ato infracional que se amolde a estes exatos termos. Na Lei n. 11.343/2006 os tipos indicados no art. 44 são os que correspondem a esta definição. Ou seja, apenas nos arts. 33, *caput* e § 1º, e 34 a 37 – onde fixou o legislador a reclusão – estão delineadas atividades nas quais se encontra presente o objetivo de lucro e a grave ameaça à sociedade que podem conferir ensejo ao decreto de internação.

Veja-se que a expressão "gratuitamente" inserida no *caput* do art. 33 não elimina o caráter lucrativo das condutas ali descritas, pois pode haver oferta gratuita da droga no intuito de sua difusão e do aumento da dependência, para gerar maior demanda e, consequentemente, maior atividade mercantil. Tanto assim é que o oferecimento eventual de droga sem o objetivo de lucro está disciplinado em preceito legal específico, ao qual foi cominada pena de detenção (art. 33, § 3º, da Lei n. 11.343/2006).

PARTE V – DA PRÁTICA DO ATO INFRACIONAL

É a proteção à saúde pública o bem jurídico tutelado, e o fim comercial é o que impulsiona o potencial lesivo em proporções difusas. Foi seguindo essa linha que a Lei de Drogas de 2006 cominou a maior de suas penas para o financiamento ou custeio da prática de qualquer dos crimes previstos nos arts. 33, *caput* e § 1º, e 34. Tal pena tem o seu mínimo estabelecido em parâmetro maior do que, inclusive, a de homicídio simples, o que está a demonstrar a gravíssima natureza do delito correspondente.

Frise-se, por derradeiro, que, uma vez configurada a prática da traficância nos moldes legalmente previstos, o intérprete não pode arrefecer. Se é preciso e cabível decretar a internação, danosa se torna a conduta de quem a afasta.

Os tribunais estaduais têm sido contundentes em decidir acerca do cabimento da medida de internação nos atos infracionais análogos à traficância, conforme exemplificam os julgados abaixo:

APELAÇÃO. Ato infracional equiparado ao crime definido no artigo 33, *caput*, da lei n. 11.343/2006. Ausência de insurgência contra a procedência da representação. Internação. Medida adequada, necessária e proporcional, em consonância com as condições pessoais do adolescente e com a gravidade da infração. Observância dos objetivos traçados no artigo 1º, § 2º, incisos I, II e III, da lei n. 12.594/12 (Sinase) e do disposto no artigo 122, § 2º, do Estatuto da Criança e do Adolescente. Inexistência de violação à Súmula 492 do Superior Tribunal de Justiça. Cumprimento da medida socioeducativa em comarca diversa da residência da adolescente e de sua família. Possibilidade. Processo educativo e de ressocialização que está em pleno curso. Portaria normativa n. 285/16 da Fundação CASA que prevê auxílio financeiro para despesas decorrentes de deslocamento para familiares daqueles que cumprem medida de internação em local distante da comarca de origem. Recurso ao qual se nega provimento[141].

APELAÇÃO. ECA. Ato infracional análogo ao crime tipificado no art. 33 da L. 11.343/06. Sentença que aplicou ao adolescente infrator a medida socioeducativa de internação. Irresignação defensiva. Alegação de fragilidade probatória que não merece acolhida. Depoimentos dos Policiais Militares que corrobora com a dinâmica dos fatos narrados na denúncia. Aplicação da Súmula 70 desta Corte. Materialidade e autoria claramente comprovadas. Princípio da proteção integral à criança e ao adolescente. Menor infrator que deve receber proteção da família, da sociedade e do Estado. Medidas socioeducativas que não são penas. Importam na ressocialização e reeducação do adolescente. Tráfico ilícito de drogas, crime equiparado a hediondo, que representa grave ameaça à sociedade e à saúde pública. O artigo 122 do Estatuto da Criança e do Adolescente deve ser interpretado de modo a levar-se em conta a necessidade de proteção do menor infrator, encontrando amparo no artigo 227 da Constituição Federal, que impõe ao Estado, à sociedade, e à família o dever para tanto. Necessidade da

---

141 TJSP, Apelação 1501869-56.2019.8.26.0066, Câmara Especial, Rel. Des. Issa Ahmed, j. 2-7-2020.

1222

CURSO DE DIREITO DA CRIANÇA E DO ADOLESCENTE

manutenção do apelante afastado do pernicioso convívio com marginais. Medida protetiva de internação bem aplicada. Precedentes jurisprudenciais. DESPROVIMENTO DO RECURSO[142].

Em instância superior esse posicionamento tem encontrado maior resistência. São inúmeros os julgados do STJ em sentido contrário.

O Enunciado 492 da Súmula do Superior Tribunal de Justiça[143], de agosto de 2012, pretendeu evitar a aplicação **automática** da medida de internação a adolescentes que tenham cometido ato infracional análogo ao delito de tráfico de entorpecentes, porém, logicamente, não vedou o uso daquela medida em situações nas quais reste demonstrado seja a única que apresente eficácia para o caso concreto.

Vejam-se as decisões abaixo, demonstrando que aquela Alta Corte vislumbrou a possibilidade de internação por tráfico, com fundamento no inciso I do art. 122, diante de elementos colhidos nos autos que evidenciaram a adequação da medida:

> AGRAVO REGIMENTAL EM *HABEAS CORPUS*. SUBSTITUTIVO DE RECURSO ORDINÁRIO. DESCABIMENTO. ESTATUTO DA CRIANÇA E DO ADOLESCENTE. ATO INFRACIONAL EQUIPARADO A TRÁFICO ILÍCITO DE ENTORPECENTES. MEDIDA SOCIOEDUCATIVA DE INTERNAÇÃO. GRAVIDADE CONCRETA DO DELITO E EXPOSIÇÃO DO MENOR A GRAVE SITUAÇÃO DE RISCO. INAPLICABILIDADE DA SÚMULA N. 492 DO STJ. *HABEAS CORPUS* NÃO CONHECIDO. [...] A medida socioeducativa de internação foi aplicada em razão das peculiaridades do caso concreto, cabendo destacar a razoável quantidade de droga apreendida – 210 (duzentos e dez) porções de cocaína e 3 (três) porções de maconha –, que denota maior envolvimento do menor no meio criminoso, e, ainda, que ele não vinha frequentando a escola, circunstâncias que evidenciam a exposição do menor a grave situação de risco e justificam a imposição da medida excepcional. Agravo regimental desprovido[144].
>
> ESTATUTO DA CRIANÇA E DO ADOLESCENTE. *HABEAS CORPUS* SUBSTITUTIVO DE RECURSO ESPECIAL. NÃO CABIMENTO. ATO INFRACIONAL EQUIPARADO AOS DELITOS DE TRÁFICO DE DROGAS E ASSOCIAÇÃO PARA O TRÁFICO. MEDIDA DE INTERNAÇÃO. CONSTRANGIMENTO ILEGAL NÃO OBSERVADO. FUNDAMENTAÇÃO CONCRETA. ESPECIFICIDADE DO CASO CONCRETO E GRANDE QUANTIDADE E DIVERSIDADE DE DROGAS APREENDIDAS. *HABEAS CORPUS* NÃO CONHECIDO. [...] II – A medida socioeducativa de internação está autorizada nas hipóteses taxativamente previstas no art. 122 do ECA. III – *In casu*, o eg. Tribunal de origem

---

142 TJRJ, Apelação 0004707-70.2018.8.19.0003, 2ª Câm. Crim., Rel. Des. Celso Ferreira Filho, j. 10-3-2020.

143 Súmula 492 do STJ: "O ato infracional análogo ao tráfico de drogas, por si só, não conduz obrigatoriamente à imposição de medida socioeducativa de internação do adolescente".

144 STJ, AgRg no HC 256.008/SP, 5ª T., Rel. Min. Marilza Maynard (Desembargadora convocada do TJSE), *DJ* 26-8-2013.

PARTE V – DA PRÁTICA DO ATO INFRACIONAL

manteve a medida socioeducativa de internação, consubstanciada não somente em função do relatório polidimensional da Fundação Casa, mas também em razão da grande quantidade e diversidade de drogas apreendidas, ou seja, 10.130,1 g de cocaína e 5.040,64 g, situação que corrobora a conclusão de que o adolescente estaria profundamente envolvido na estrutura organizacional do tráfico de drogas. *Habeas corpus* não conhecido[145].

5.7.3. Internação-sanção

Diferentemente da internação provisória e da definitiva é a denominada internação-sanção. Esse tipo de internação é o meio extremo legalmente previsto para a hipótese em que se faça necessária a regressão de uma medida anteriormente aplicada.

Na lição de Cury, Garrido e Marçura[146]:

> Trata-se de internação instrumental, destinada a coagir o adolescente ao cumprimento da medida originalmente imposta. Não substitui a medida objeto do inadimplemento, razão peça qual não se confunde com a hipótese de regressão tratada nos arts. 99 e 113.

Só pode ser decretada por prazo de até três meses, após o devido processo legal, e tem como pressuposto o descumprimento reiterado e injustificável da medida anteriormente imposta (art. 122, III, c/c o § 1º do mesmo artigo e com o art. 43, § 4º, da Lei do Sinase)[147].

Novamente a lei se utiliza do termo reiteração, e, aqui, como não poderia deixar de ser, repisa-se o que foi dito no item 5.7.2: o vernáculo não deixa dúvida de que reiterar é fazer de novo, repetir.

Além da reiteração do descumprimento, exige o inciso III do art. 122 que para este não haja justificativa.

---

145 STJ, HC 490.034/SP, 5ª T., Rel. Min. Felix Fischer, *DJe* 26-3-2019. *Vide* ainda: STJ, AgRg no HC 567.090/SC, 5ª T., Rel. Min. Reynaldo Soares da Fonseca, *DJe* 30-6-2020.

146 CURY, Munir; MARÇURA, Jurandir Norberto; PAULA, Paulo Afonso Garrido de. *Estatuto da Criança e do Adolescente anotado*. 3. ed. rev. e atual. São Paulo: Revista dos Tribunais, 2002, p. 113.

147 Registre-se que a Regra 17.1 das *Regras Mínimas das Nações Unidas para a Administração da Justiça da Infância e da Juventude (Regras de Beijing)* estabelece que: "A decisão da autoridade competente pautar-se-á pelos seguintes princípios: a) a resposta à infração será sempre proporcional não só às circunstâncias e à gravidade da infração, mas também às circunstâncias e às necessidades do jovem, assim como às necessidades da sociedade; b) as restrições à liberdade pessoal do jovem serão impostas somente após estudo cuidadoso e se reduzirão ao mínimo possível; c) não será imposta a privação de liberdade pessoal a não ser que o jovem tenha praticado ato grave, envolvendo violência contra outra pessoa ou por reincidência no cometimento de outras infrações sérias, e a menos que não haja outra medida apropriada; d) o bem-estar do jovem será o fator preponderante no exame dos casos".

1224 CURSO DE DIREITO DA CRIANÇA E DO ADOLESCENTE

É facilmente perceptível a tônica executiva desse tipo de internação. Como sua aplicação depende de perquirição quanto à ocorrência do descumprimento da medida, quanto à reiteração deste e quanto aos motivos que o ensejaram, é certo que todas essas variantes serão analisadas no procedimento executório.

Por essas razões é que os pontos nevrálgicos relativos à internação-sanção tiveram sua reflexão deslocada para o item 6.2, para o qual se remete o leitor.

6. EXECUÇÃO DAS MEDIDAS SOCIOEDUCATIVAS (ECA E LEI N. 12.594/2012 – SINASE)

O Estatuto da Criança e do Adolescente foi bastante econômico no que se refere à disciplina da fase executória das medidas.

Diante da contenção legislativa do estatuto, e até mesmo em função dela, a matéria cresceu em importância e, atendendo aos reclamos dos operadores do direito e do sistema de garantias, foi, inicialmente, publicada a Resolução Conanda n. 119/2006, aprovando a criação do Sistema Nacional de Atendimento Socioeducativo (Sinase), posteriormente instituído pela Lei n. 12.594, em 18 de janeiro de 2012, que regulamentou a execução das medidas.

Tal legislação deixou ao encargo da União a formulação e coordenação da execução da política nacional de atendimento socioeducativo, bem como o financiamento, com os demais entes federados, da execução de programas e serviços do Sinase (art. 3º). Por seu turno, incumbiu aos Estados a gestão dos programas de semiliberdade e de internação e aos Municípios a das medidas em meio aberto (arts. 4º, III, e 5º, III). Cabe destacar que a lei previu a possibilidade de que gestores, operadores e entidades de atendimento sejam responsabilizados nos casos de desrespeito, mesmo que parcial, ou do não cumprimento integral às suas diretrizes e determinações (art. 28).

Foi também minuciosa ao dispor sobre os requisitos para a inscrição dos programas de atendimento, como se depreende dos seus arts. 9º a 12. Destaca-se a preocupação com o caráter pedagógico, com a estrutura material, com os recursos humanos e com as estratégias de segurança dos programas, aliados à garantia de que o adolescente será acompanhado, inclusive após o cumprimento da medida.

O art. 12, por exemplo, foi incisivo ao exigir composição mínima para as equipes técnicas, com profissionais habilitados nas áreas de saúde, educação e assistência social.

A equipe técnica interdisciplinar será responsável pela elaboração do plano individual de atendimento (PIA), no prazo de 15 dias para as medidas socioeducativas de prestação de serviços à comunidade e liberdade assistida e de 45 dias para as de internação e semiliberdade, ambos contados da data do ingresso do adolescente no programa, seguindo as normas dos arts. 52 a 59 da Lei do Sinase.

Cabe ressaltar que o art. 83 da Lei n. 12.594/2012 determinou a obrigatoriedade da transferência dos programas de atendimento socioeducativo anteriormente

PARTE V – DA PRÁTICA DO ATO INFRACIONAL

realizados pelo Poder Judiciário ao Poder Executivo correspondente, na forma da política de oferta definida pelo Sinase.

Da mesma maneira, o art. 84 estabeleceu que os programas de internação e de semiliberdade que eventualmente se encontrem a cargo dos Municípios serão obrigatoriamente transferidos ao Poder Executivo do respectivo Estado.

Foi, ainda, previsto que o desatendimento das transferências acima mencionadas no prazo de um ano acarretaria a interdição do programa, além de dar ensejo à apuração de ato de improbidade administrativa, nos exatos moldes do que dispõe o art. 85.

As aludidas unidades da federação foram instadas a elaborar seus planos de atendimento socioeducativo nos moldes do disposto nos arts. 7º a 12, organizando seus correspondentes programas de acordo com os arts. 13 a 17, os quais serão periodicamente avaliados na forma dos arts. 18 a 27, todos da Lei n. 12.594/2012.

Quanto às unidades de atendimento, devem observar as regras específicas dos arts. 13 e 14 para os programas de meio aberto e dos arts. 15 a 17 nos de privação de liberdade.

Importante destacar a necessária articulação institucional e intersetorial das políticas de gestão do atendimento socioeducativo, cujos planos deverão estabelecer ações articuladas entre as diversas áreas, tais como as de cultura, esporte, educação, saúde e assistência social, nos moldes do disposto nos arts. 8º e 22, IV, da Lei do Sinase. Dessa forma, a legislação em comento deixa clara a percepção de que nenhum programa ou serviço, isoladamente, é capaz de atender a todas as demandas que permeiam a vulnerabilidade do meio social, emoldurando, assim, o **princípio da incompletude institucional**.

Outrossim, o Conselho Nacional de Justiça editou, em 16 de novembro de 2012, a Resolução n. 165, sobre normas gerais para o atendimento, pelo Poder Judiciário, ao adolescente em conflito com a lei no âmbito do cumprimento das medidas socioeducativas, em caráter provisório ou definitivo, detalhando a tramitação na fase executória com vistas à padronização das práticas forenses. Realce-se que o texto original do aludido ato normativo do CNJ posteriormente recebeu novas redações por meio das Resoluções CNJ n. 191/2014 e 326/2020.

O Conselho Nacional do Ministério Público, por sua vez, na Recomendação n. 33/2016, dispôs sobre diretrizes para a devida implantação e estruturação das Promotorias de Justiça especializadas em Infância e Juventude. Já a uniformização das fiscalizações pelo *Parquet* em unidades para cumprimento de medidas socioeducativas foi disciplinada pelas Resoluções n. 67/2011, 97/2013 e n. 204/2019. O referido órgão publicou, também no ano de 2019, o Panorama da Execução dos Programas Socioeducativos de Internação e Semiliberdade nos Estados brasileiros[148].

---

148 Disponível em: <https://www.cnmp.mp.br/portal/images/Publicacoes/documentos/2019/programas-socioeducativos_nos-estados-brasileiros.pdf>. Acesso em: 25 out. 2024.

1226 CURSO DE DIREITO DA CRIANÇA E DO ADOLESCENTE

O último documento acima mencionado enfatiza temas como o da superlotação das unidades de cumprimento de medidas restritivas de liberdade, apontando que:

> [...] a atual capacidade nacional de atendimento para a medida de internação por prazo indeterminado, em torno de 16.161, está distribuída em 330 unidades de atendimento, sendo 198 em cidades do interior e 132 nas capitais. A julgar pelos números apurados de superlotação e "filas de espera", o Sinase precisaria de uma expansão da ordem de 30% apenas para esta modalidade de medida socioeducativa [...]. Para que o sistema funcione de forma equilibrada, também é necessário dispor de uma retaguarda suficiente para a medida socioeducativa de semiliberdade, promoção de reformas urgentes nas unidades mais deterioradas, aquisição de equipamentos e oferta de ações formativas para os quadros de recursos humanos. [...] Não é exagerado dizer que a não oferta ou a oferta insuficiente de programas de medidas socioeducativas frustra os esforços dos órgãos de segurança pública e esvazia o sentido da própria Justiça da Infância e da Juventude, no que concerne ao atendimento ao adolescente em conflito com a lei; afinal, se não houver como executar a sentença que aplica a medida socioeducativa, qual o sentido do processo judicial para a sua aplicação? (grifos do original)

Na sequência, a publicação apresenta diversas proposições, a começar pela "abertura de uma instância de articulação e pactuação entre os entes federados, integrada por gestores do SINASE das diversas esferas de governo – União, estados, DF e municípios [...]".

O objetivo é o de criar um espaço horizontal e compartilhado para o diálogo interfederativo e interinstitucional, viabilizando o planejamento, o cofinanciamento equilibrado e a implementação da política nacional de atendimento socioeducativo.

Ao encontro da necessidade de adoção de medidas urgentes em prol dos adolescentes em cumprimento de medida de internação, o Supremo Tribunal Federal, na sessão virtual encerrada em 21 de agosto de 2020, estabeleceu critérios a serem observados pelos magistrados, visando prevenir a superlotação das respectivas unidades de atendimento, conforme a decisão proferida no HC 143.988, nos moldes abaixo transcritos:

> A Turma, por unanimidade, concedeu a ordem para determinar que as unidades de execução de medida socioeducativa de internação de adolescentes não ultrapassem a capacidade projetada de internação prevista para cada unidade, nos termos da impetração e extensões. Propõe-se, ainda, a observância dos seguintes critérios e parâmetros, a serem observados pelos Magistrados nas unidades de internação que operam com a taxa de ocupação dos adolescentes superior à capacidade projetada: i) adoção do princípio *numerus clausus* como estratégia de gestão, com a liberação de nova vaga na hipótese de ingresso; ii) reavaliação dos adolescentes internados exclusivamente em razão da reiteração em infrações cometidas sem violência ou grave ameaça à pessoa, com a designação de audiência e oitiva da equipe técnica para o mister; iii) proceder-se à transferência dos

PARTE V – DA PRÁTICA DO ATO INFRACIONAL

adolescentes sobressalentes para outras unidades que não estejam com capacidade de ocupação superior ao limite projetado do estabelecimento, contanto que em localidade próxima à residência dos seus familiares; iv) subsidiariamente, caso as medidas propostas sejam insuficientes e essa transferência não seja possível, o Magistrado deverá atender ao parâmetro fixado no art. 49, II, da Lei 12.594/2012, até que seja atingido o limite máximo de ocupação; v) na hipótese de impossibilidade de adoção das medidas *supra*, que haja conversão de medidas de internação em internações domiciliares, sem qualquer prejuízo ao escorreito cumprimento do plano individual de atendimento – podendo ser adotadas diligências adicionais de modo a viabilizar o seu adequado acompanhamento e execução; vi) a internação domiciliar poderá ser cumulada com a imposição de medidas protetivas e/ou acompanhada da advertência ao adolescente infrator de que o descumprimento injustificado do plano individual de atendimento ou a reiteração em atos infracionais poderá acarretar a volta ao estabelecimento de origem; vii) a fiscalização da internação domiciliar poderá ser deprecada à respectiva Comarca, nos casos em que o local da residência do interno não coincida com o da execução da medida de internação, respeitadas as regras de competência e organização judiciária; viii) alternativamente, a adoção justificada pelo magistrado de outras diretrizes que entenda adequadas e condizentes com os postulados constitucionais e demais instrumentos normativos. Nas hipóteses de descumprimento, o instrumento é o recurso, conforme assentado, no ponto, à unanimidade, no HC 143.641, de relatoria do Min. Ricardo Lewandowski. E por derradeiro, em face do interesse público relevante, por entender necessária, inclusive no âmbito do STF, propor à Turma, por analogia ao inciso V do artigo 7º do RISTF, a criação de um Observatório Judicial sobre o cumprimento das internações socioeducativas na forma de comissão temporária, a ser designada pelo Presidente do Supremo Tribunal Federal, para o fim de, à luz do inciso III do artigo 30 do RISTF, acompanhar os efeitos da deliberação deste Tribunal neste caso, especialmente em relação aos dados estatísticos sobre o cumprimento das medidas estabelecidas e o percentual de lotação das unidades de internação, fazendo uso dos relevantes dados coligidos no âmbito do CNJ e dos Tribunais de Justiça estaduais, nos termo do voto do Relator. Não participou deste julgamento o Ministro Celso de Mello. Falaram pelos pacientes: Dr. Gabriel Sampaio, Dr. Pedro Carriello, Dra. Mônica Barroso, Dra. Andreza Tavares Almeida Rolim, Dr. Hugo Fernandes Matias, Dra. Mayara Silva de Souza, Dr. Carlos Nicodemos Oliveira Silva e Dra. Mariana Chies Santiago Santos[149].

À luz da decisão supramencionada, o Conselho Nacional de Justiça dispôs, na Resolução CNJ n. 367/2021, sobre as diretrizes e as normas gerais para a criação da

---

149 STF, HC 143.988/ES, Processo Eletrônico Público número único: 0005007-88.2017.1.00.0000, 2ª T., Rel. Min. Edson Fachin, Sessão Virtual de 14-8-2020 a 21-8-2020. *DJe* 4-9-2020. Disponível em: <http://portal.stf.jus.br/processos/detalhe.asp?incidente=5189678>. Acesso em: 25 out. 2024.

Central de Vagas no Sistema Estadual de Atendimento Socioeducativo, no âmbito do Poder Judiciário. Com o objetivo de gerir a coordenação e a alocação dos adolescentes nas unidades de internação e semiliberdade, assegurou-se que a ocupação destas não ultrapasse a respectiva capacidade máxima, prevendo, inclusive, o aguardo em lista de espera em caso de indisponibilidade de vaga adequada à medida aplicada.

De outro ângulo, na Recomendação CNJ n. 98/2021, o referido Conselho previu a realização de audiências concentradas para reavaliar as medidas restritivas de liberdade, preferencialmente a cada três meses, nas dependências das unidades de atendimento, sem prejuízo da solicitação prevista no art. 43 da Lei do SINASE.

No ano de 2024, o Conanda publicou a Resolução n. 252, dispondo sobre as diretrizes nacionais para a segurança e a proteção integral de adolescentes e jovens em restrição e privação de liberdade no Sistema Nacional de Atendimento Socioeducativo. O Capítulo I do referido ato normativo trata sobre o acolhimento e a recepção dos socioeducandos nos respectivos programas, prevendo a elaboração de fluxos e procedimentos que respeitem a estrutura e a capacidade de cada unidade, observados critérios mínimos como, por exemplo, os de revista pessoal detalhada e não invasiva; encaminhamento ao setor de saúde para verificação das condições físicas e psíquicas; apresentação da rotina e das regras da entidade de maneira acessível e inclusiva e contato prioritário com a família ou responsável para informar sobre o ingresso do adolescente na unidade, as visitas e atividades.

Não é demais lembrar que à fase executória igualmente se aplicam todas as garantias processuais asseguradas aos adolescentes nos arts. 110 e 111 do ECA c/c o § 1º do art. 49 da Lei n. 12.594/2012.

Cabe ressaltar que a apreciação do procedimento de execução socioeducativa deve se revestir de um manto de especificidade em decorrência dos princípios que norteiam este sistema.

Tais princípios estão expressos no art. 35 da Lei do Sinase: legalidade; excepcionalidade da intervenção judicial; prioridade a práticas ou medidas restaurativas; proporcionalidade; brevidade; individualização; mínima intervenção; não discriminação do adolescente e fortalecimento dos vínculos familiares e comunitários.

Destaque-se a preocupação do legislador em favorecer os meios de autocomposição de conflitos, com a mínima intervenção estatal e a preponderância na utilização de práticas restaurativas, instrumentalizando o direito da criança e do adolescente com o que há de mais moderno na busca pela pacificação social.

Veio ao encontro desses princípios a Resolução 118 do Conselho Nacional do Ministério Público, de 1º de dezembro de 2014, publicada em 27 de janeiro de 2015, que dispõe sobre a Política Nacional de Incentivo à Autocomposição no âmbito do *Parquet* e cuja Seção IV aborda o tema das práticas restaurativas.

Vale observar que tal direcionamento acompanhou as transformações normativas da Lei n. 12.010/2009, a qual já havia acrescentado parágrafo ao art. 100 do

PARTE V – DA PRÁTICA DO ATO INFRACIONAL

ECA, introduzindo preceitos que intensificam a participação do adolescente e de sua família nas decisões inerentes à sua situação, implicando-os no processo de reintegração do socioeducando.

Assim, no art. 35 da Lei do Sinase, c/c o art. 100 do ECA, descortinou-se todo um novo contexto legislativo a impulsionar o operador do direito para o sistema de decisões compartilhadas, com ênfase na multidisciplinaridade e na responsabilidade familiar.

Desse modo, a referida legislação evidenciou a necessidade de ser observado o devido processo legal não só na fase de conhecimento, mas também durante a etapa executória, consignando a vedação de que o adolescente receba tratamento mais gravoso que o adulto (art. 35, I) e garantindo que as decisões judiciais relativas à execução de medida socioeducativa serão proferidas após a manifestação do defensor e do Ministério Público (art. 51).

Para maiores digressões quanto ao tema da política de atendimento ao socioeducando, *vide* a Parte II desta obra.

6.1. Tramitação processual na fase executória

Sob o enfoque processual, a Lei n. 12.594, de 18 de janeiro de 2012, inovou ao prever um capítulo próprio referente aos procedimentos de execução das medidas socioeducativas, trazendo a desejada uniformização normativa no trâmite dos feitos nesta fase. Antes do seu advento, em virtude da lacuna existente no Estatuto da Criança e do Adolescente quanto ao tema, os feitos socioeducativos acabavam resvalando, após a sentença de aplicação da medida, em práticas as mais diversas, o que comprometia a efetividade da execução.

A necessidade de instauração de um processo de execução específico para cada adolescente nos casos de prestação de serviços à comunidade, liberdade assistida, semiliberdade ou internação; a exigência do plano individual de atendimento; a ampla possibilidade de solicitação de reavaliação da medida aplicada ou do mencionado plano são exemplos dos avanços trazidos pela mencionada legislação.

O Capítulo II do Título II da Lei n. 12.594/2012 após deixar claro, no art. 36, que a execução das medidas socioeducativas cabe ao juiz que detém a competência para a infância e juventude, realçou a obrigatoriedade de intervenção da defesa e do Ministério Público no respectivo procedimento judicial (art. 37).

Prosseguiu a lei em questão prevendo, nos arts. 38 e 39, distinção entre as formas de tramitação processual a depender do tipo de medida aplicada.

Nos próprios autos do processo de conhecimento, quando aplicadas de forma isolada, poderão ser executadas *as medidas de proteção, advertência e de reparação de dano*. Para as demais, conforme dito acima, será necessária a instauração de um processo executório específico para cada adolescente, devendo este ser autuado em apartado.

Aqui se faz necessário fincar a ideia de que nem sempre o juízo da execução será o mesmo da fase cognitiva, em virtude da habitual necessidade de o feito executório tramitar em outra comarca por ausência, em muitos municípios, de entidade de atendimento adequada ao cumprimento das medidas[150].

Antes mesmo da promulgação da Lei do Sinase, edições anteriores desta obra já abordavam a necessidade do desmembramento do feito em número igual ao de adolescentes cujas representações fossem julgadas procedentes. Isso porque para cada qual corresponderá um *iter* procedimental executório próprio, em virtude do perfil do infrator, do que apontar o seu plano individual de atendimento e da forma pela qual ele se comportará durante o cumprimento da medida. A Lei n. 12.594/2012 exigiu expressamente essa prática, no art. 39.

Após a autuação das peças elencadas nos incisos I e II do art. 39, o próximo passo, segundo o art. 40 da Lei n. 12.594/2012, é o de encaminhamento imediato de cópia integral do expediente ao gestor do atendimento socioeducativo, solicitando-lhe designação do programa ou da unidade para o cumprimento da medida, observadas as competências estabelecidas nos arts. 4º, III, e 5º, III, da Lei do Sinase.

A Resolução CNJ n. 165/2012 (alterada por meio das Resoluções CNJ n. 191/2014 e 326/2020) estabeleceu que o ingresso de adolescente em programa ou unidade de execução de medida socioeducativa só ocorrerá mediante a apresentação de uma guia para cada adolescente, vedando o processamento executório por carta precatória.

A guia de execução, acompanhada de cópia integral do expediente, deverá ser expedida pelo juiz do processo de conhecimento, que a encaminhará diretamente ao órgão gestor do atendimento socioeducativo para a definição do programa ou da unidade de cumprimento da medida. Após tal providência, a referida guia será enviada pelo juiz do processo de conhecimento ao juízo com competência executória, a quem caberá formar o devido processo de execução.

Ocorre na prática, porém, que em muitos locais ainda não existe o programa, tampouco a unidade própria para o referido atendimento.

Essa situação acarreta a necessidade de que a execução da medida ocorra em juízo diverso daquele no qual tramitou o processo de conhecimento, como ante-

---

150 SARAIVA, João Batista Costa. *Direito penal juvenil*: adolescente e ato infracional. Garantias processuais e medidas socioeducativas. 2. ed. rev. e ampl. Porto Alegre: Livraria do Advogado, 2002, p. 92: "Como dito, *o controle exercido pelo Poder Judiciário, através do Juiz da Infância com competência jurisdicional sobre a execução da medida socioeducativa refere-se ao aspecto judicial.* A efetiva execução das medidas tem por pressuposto a existência de programas adequados para inserção do jovem, prevendo a ideia de um atendimento em rede. *O preceito do ECA é pela municipalização dos programas de execução de medida socioeducativa em meio aberto,* o que não significa sua prefeituralização, podendo ser exercidas por Organizações não Governamentais. Já a privação de liberdade incumbe ao Estado Federado" (itálicos nossos).

PARTE V – DA PRÁTICA DO ATO INFRACIONAL

riormente mencionado, o que se contrapõe à diretriz da municipalização do atendimento, insculpida no inciso I do art. 88 c/c o disposto no art. 124, VI, ambos do ECA e nos princípios do art. 35 da Lei n. 12.594/2012, destacando-se o do inciso IX (fortalecimento dos vínculos familiares e comunitários no processo socioeducativo).

Isso porque muitos adolescentes oriundos de municípios distantes passam todo o período de cumprimento de sua medida socioeducativa exclusivamente nas capitais ou nas grandes cidades, onde estão situadas as unidades de internação ou de semiliberdade, sendo muitas vezes reavaliados em condições que inviabilizam a presença e a participação de sua família.

Não é demais recordar que o parágrafo único do art. 52 da Lei n. 12.594/2012 estabelece que o plano individual de atendimento deve contemplar a participação dos pais ou responsáveis no processo de ressocialização do adolescente, sob pena de responsabilização administrativa, civil e criminal.

Lembre-se, ainda, do caráter itinerante da guia de execução, sendo perfeitamente viável, por exemplo, que determinado juízo executório, ao reavaliar medida de internação, venha a decidir pela sua progressão, com encaminhamento direto da guia ao juízo da comarca mais próxima à residência dos pais ou responsável pelo adolescente, onde exista instituição para cumprimento de semiliberdade.

Observe-se que a Lei do Sinase abordou tema correlato ao da problemática acima mencionada, também quando dispôs, no inciso II do art. 49 c/c o § 2º do mesmo dispositivo, que o adolescente tem o direito de ser incluído em programa de meio aberto nos casos de inexistência de vaga para o cumprimento de medida de privação de liberdade no local de sua residência. Como se vê, a Lei do Sinase privilegia o tempo todo o local onde reside o socioeducando.

Tanto é assim que, não obstante o disposto no § 4º do art. 11 da Resolução CNJ n. 165/2012 – que prevê o arquivamento do processo de conhecimento quando da expedição da guia de execução definitiva –, o § 2º do art. 13 daquele mesmo ato normativo dispõe que: *O juízo do processo de conhecimento ou do local onde residem os genitores ou responsável pelo adolescente prestará ao juízo da execução todo auxílio necessário ao seu processo de reintegração familiar e social*. Ademais, o § 3º dispõe sobre a preferência do juízo do local do domicílio dos pais ou responsável para o acompanhamento da execução de medida em meio aberto.

Assume, pois, especial relevância no Sinase o plano individual de atendimento, que deve atender aos arts. 52 a 59 da Lei n. 12.594/2012.

Uma vez concluído o referido plano, serão observadas as etapas do art. 41 e seus parágrafos da mesma lei. Inicialmente será dada vista dos autos ao defensor e ao Ministério Público, pelo prazo sucessivo de três dias, para análise da proposta de atendimento individual, podendo ser, de forma fundamentada, requerida a sua impugnação ou complementação.

O juiz da execução, após apreciar a motivação do defensor e do Ministério Público, decidirá acerca do cabimento ou não da referida impugnação ou complementação, bem como poderá determinar de ofício a realização de avaliação ou perícia, que entender necessária para o devido aperfeiçoamento do plano de atendimento.

Acaso a autoridade judiciária conclua pela impugnação ou inadequação poderá designar audiência, se entender necessária, visando suprimir as lacunas porventura existentes para a devida conclusão da proposta de atendimento individual do adolescente. Para tal ato serão cientificados o defensor, o Ministério Público, a direção do programa de atendimento, o adolescente, bem como seus pais ou responsáveis.

Ressalte-se que, salvo determinação judicial em contrário, a execução do plano individual de atendimento não será suspensa mesmo que este seja impugnado, pois que para o adolescente, enquanto ser em desenvolvimento, imperiosa a instantânea execução da medida, sob pena de seu retardamento torná-la ineficaz.

A fim de que sejam atingidos os objetivos essenciais para sua completude e, em não havendo impugnação no prazo definido no *caput* do art. 41, o plano será considerado homologado judicialmente.

É importante, no entanto, que se mantenham os processantes atentos à hipótese de **a execução se iniciar independentemente da interposição de recurso**, principalmente no que diz respeito aos adolescentes que responderam ao feito em cumprimento de medida provisória e cujo pedido socioeducativo tenha sido julgado procedente. Em tal situação, que veio confirmar a necessidade de manutenção dos efeitos da tutela antecipada, o cumprimento da decisão não pode ser interrompido, sob pena de incorrer em paradoxo processual e sistêmico inadmissível (*vide* o tópico "Disposições gerais" do item 5, "Medidas socioeducativas").

É de se observar que a Lei n. 12.010, de 29 de julho de 2009 (Lei da Adoção), em seu art. 8º, revogou, entre outros, os incisos IV, V e VI do art. 198 do ECA. Assim, a situação supracitada encontra disciplina no disposto no *caput* do referido art. 198, combinado com o art. 1.012, § 1º, inciso V, do CPC.

Realce-se, ainda, que a Lei n. 12.594/2012, em seu art. 86, explicita que a aplicação do sistema recursal do Código de Processo Civil alcança os procedimentos relativos à execução das medidas socioeducativas como, aliás, sempre ocorreu, por força do art. 198 do ECA, acima mencionado.

Ora, a instantânea execução da medida é imperiosa porque seu retardamento, em regra, a tornaria inócua. Ao adolescente, enquanto ser em desenvolvimento, se faz imprescindível receber imediatamente a reorientação estatal para o seu proceder, até porque a ela só pode ser submetido até completar 21 anos.

O que se afirma é corroborado, inclusive, pela peculiar previsão estatutária do juízo de retratação para os recursos de apelação. Tal possibilidade proporciona ensejo ao magistrado de rever o caso concreto e demonstrar toda a sua convicção em relação ao decidido, o que confere maior segurança social quanto ao acerto da

PARTE V – DA PRÁTICA DO ATO INFRACIONAL

determinação judicial. *Mantida, pois, a decisão, nenhuma razão existe para negar-lhe imediata execução.*

A jurisprudência vem adotando entendimento nesse sentido, como abaixo se constata:

> RECURSO ORDINÁRIO EM *HABEAS CORPUS*. ECA. ATO INFRACIONAL EQUIPARADO A FURTO QUALIFICADO. MEDIDA SOCIOEDUCATIVA DE SEMILIBERDADE. EXECUÇÃO IMEDIATA DA MEDIDA SOCIOEDUCATIVA. IMPOSIÇÃO DEVIDAMENTE JUSTIFICADA NA SENTENÇA. *APELAÇÃO. RECEBIMENTO APENAS NO EFEITO DEVOLUTIVO. POSSIBILIDADE.* LEI N. 12.010/2009. REVOGAÇÃO DO INCISO VI DO ART. 198 DO ECA. INTERPRETAÇÃO SISTEMÁTICA DO ORDENAMENTO JURÍDICO. RECURSO DESPROVIDO. 1. O revogado art. 198, inciso VI, do Estatuto da Criança e do Adolescente, previa o recebimento do recurso de apelação interposto em face das sentenças menoristas apenas no efeito devolutivo, não havendo, assim, pela dicção do referido dispositivo, óbice ao imediato cumprimento da medida aplicada, salvo quando houvesse possibilidade de dano irreparável ou de difícil reparação, hipótese em que o apelo seria recebido também no efeito suspensivo, consoante reiteradamente afirmado por esta Corte Superior. 2. De forma a dirimir a lacuna gerada pelas alterações introduzidas pela Lei n. 12.010/2009, malgrado a previsão normativa dos arts. 199-A e 199-B, relacionados ao instituto da adoção, *outro caminho não houve senão o recurso à interpretação sistemática entre o Código de Processo Civil e o Estatuto da Criança e do Adolescente.* 3. O comando inserto no *caput* do art. 198 do ECA, ao determinar sejam observadas as regras processuais civis no âmbito recursal das ações menoristas, remete ao previsto no art. 520 do CPC, que, por seu turno, determina sejam os recursos de apelação recebidos no duplo efeito, com as exceções nele especificadas, dentre as quais o recurso interposto contra a sentença que confirmar a antecipação dos efeitos da tutela. 4. Há de se atentar que o art. 108, parágrafo único, do ECA, ao prever a possibilidade de ser decretada pelo Juiz, no curso da ação socioeducativa, a internação provisória do menor, com base em indícios de autoria e materialidade, e na necessidade imperiosa da medida, apresenta-se, de certa forma, como uma tutela antecipada em relação àquela que se espera prestada ao fim do procedimento de apuração do ato infracional. 5. No caso, a execução imediata das medidas socioeducativas de semiliberdade também encontra respaldo nos termos da sentença, tendo a juíza sentenciante fundamentado a sua decisão nas circunstâncias e nas consequências do ato infracional, na efetiva participação dos jovens no cometimento da ação antissocial, bem como na vida pregressa de cada qual, a recomendarem a imposição de medida mais severa àquelas cumpridas em meio aberto, que revelaram-se insuficientes, em sua proposta ressocializante e pedagógica, tendo em vista o cometimento de novos atos infracionais por eles. 6. Recurso ordinário em *habeas corpus* desprovido[151].

---

151 STJ, RHC 31.774/PA (2011/0308952-5), 5ª T., Rel. Min. Marco Aurélio Bellizze, j. 19-6-2012, *DJe* 28-6-2012. No mesmo sentido: STJ, AgInt no HC 466.992/SC, 5ª T., Rel.

Indispensável, assim, a imediata execução da medida até que se decida a questão em segundo grau, constituindo-se o processo de execução com cópias das principais peças, sendo imprescindíveis aquelas indicadas nos incisos I e II do art. 39 da Lei n. 12.594/2012. Nesse sentido, o CNJ detalhou, nos arts. 8º e 9º da Resolução n. 165/2012, o procedimento a ser adotado pelo juízo do processo de conhecimento logo após a prolação da sentença.

O Estatuto da Criança e do Adolescente foi cuidadoso na garantia do atendimento aos prazos que beneficiam os adolescentes privados de liberdade (art. 235), cabendo recordar que os relativos às reavaliações das medidas são típicos exemplos desse tipo de prazo.

6.2. Reavaliação de medida socioeducativa

Ultrapassadas as questões relativas à aprovação do plano individual de atendimento, as medidas socioeducativas deverão ser reavaliadas no curso da execução, no máximo a cada seis meses, de acordo com a evolução do caso. Assim, por ocasião da reavaliação, se o adolescente apresentar condições favoráveis, poderá, por exemplo, ter sua medida progredida de uma internação para uma semiliberdade (como forma de transição para o meio aberto) ou, diretamente, para uma liberdade assistida. De outro ângulo, pode ficar evidenciada a necessidade de sua manutenção, suspensão, substituição ou regressão.

Por sua vez, a Lei do Sinase também estabeleceu critérios para a reavaliação ao determinar que a gravidade do ato infracional, os antecedentes do adolescente e o tempo de duração da medida não são fatores que, por si, justifiquem a não substituição por outra menos gravosa. Sendo a internação a mais grave de todas, seguida da semiliberdade, e depois das de meio aberto (§§ 2º e 3º do art. 42).

Assim, no processo específico de execução, o juiz deverá observar não só os fatores anteriormente referidos, mas também todo o histórico do cumprimento da medida, com base no plano individual de atendimento do adolescente, podendo a reavaliação ser solicitada a qualquer tempo a pedido do defensor, do Ministério Público, do adolescente, de seus pais ou responsáveis, bem como da direção do programa de atendimento (art. 43).

Os motivos que justificam o pedido de reavaliação da medida, bem como do respectivo plano individual, estão previstos no § 1º do art. 43 e são, entre outros: o desempenho adequado do adolescente com base no seu plano individual; sua inadaptação ao programa; o reiterado descumprimento das atividades e a necessidade de modificação das propostas do plano que importem em maior restrição de sua liberdade.

Min. Felix Fischer, *DJe* 18-3-2019, e STJ, AgRg no HC 496.369/SC, 6ª T., Rel. Min. Sebastião Reis Júnior, *DJe* 26-4-2019.

PARTE V – DA PRÁTICA DO ATO INFRACIONAL 1235

Acaso necessário, a autoridade judiciária poderá designar audiência para a reavaliação, a qual será instruída com o relatório da equipe técnica acerca da evolução do plano individual. Para o ato, devem se fazer presentes o defensor, o Ministério Público, a direção do programa de atendimento, o adolescente, seus pais ou responsável (art. 42, § 1º, c/c o art. 52 da Lei n. 12.594/2012).

Após as providências acima mencionadas, é possível que a medida seja, como já exposto, mantida, suspensa, substituída por outra mais gravosa ou mais branda.

Caso, no momento da reavaliação, ocorra a substituição da medida ou a modificação do plano individual de atendimento, o juiz da execução deverá remeter à direção do programa o inteiro teor da decisão, juntamente com cópia das peças necessárias à instrução da nova situação jurídica do adolescente (art. 44 da Lei do Sinase).

Vale realçar que o § 4º do art. 43 da Lei n. 12.594/2012 determina que somente poderá ocorrer a substituição da medida por outra mais gravosa em situações especiais e após o devido processo legal, inclusive na hipótese da internação-sanção do inciso III do art. 122 do ECA (a usualmente denominada regressão).

Importante aqui frisar a **distinção entre a regressão e a substituição de medida socioeducativa**. A primeira está relacionada ao descumprimento reiterado e injustificável da medida anteriormente aplicada, podendo, em situações extremas, acarretar, inclusive, a aludida internação-sanção. Em outras palavras, se o juiz da infância e da juventude aplica ao adolescente uma medida em meio aberto e, no curso da execução, este não a cumpre de forma reiterada e sem justificativa, poderá ser *regredida* para a de semiliberdade ou para a de internação, na forma do mencionado dispositivo legal, pelo *prazo máximo de três meses*.

Já a segunda hipótese, prevista no art. 113 c/c o art. 99 da Lei n. 8.069/90, refere-se à *substituição* da medida que, embora esteja em cumprimento, venha a se mostrar ineficaz e insuficiente para atingir os fins a que se destina, havendo outra que se afigure mais adequada à situação fática. Assim, demonstrada a necessidade e em se tratando de ato infracional enquadrado nas disposições do art. 122, I e II, do ECA, nada impede a *substituição* da medida anterior pela de internação, que será por *prazo indeterminado*, desde que observado o devido processo legal, na forma do § 4º e incisos do art. 43 da Lei do Sinase.

Reforça este entendimento a seguinte orientação do STJ:

> *HABEAS CORPUS*. ESTATUTO DA CRIANÇA E DO ADOLESCENTE. ATO INFRACIONAL ANÁLOGO AO TRÁFICO ILEGAL DE ENTORPECENTES. MEDIDA SOCIOEDUCATIVA DE LIBERDADE ASSISTIDA. REITERAÇÃO DA PRÁTICA DO MESMO ATO INFRACIONAL. SUBSTITUIÇÃO POR INTERNAÇÃO DECORRENTE DA INSUFICIÊNCIA DA MEDIDA APLICADA ANTERIORMENTE APÓS A OITIVA DO MENOR INFRATOR. SÚMULA 265/STJ. AUSÊNCIA DE VIOLAÇÃO AOS PRINCÍPIOS DO DEVIDO PROCESSO LEGAL E DA AMPLA DEFESA. ORDEM DENEGADA. 1. *Demonstrada a ineficiên-*

cia da medida socioeducativa anteriormente imposta ao menor infrator (*liberdade assistida*), tendo em vista a reiteração do mesmo ato infracional no curso da execução (tráfico ilegal de drogas), *permitida e devida é a sua substituição* – com base nos arts. 99, 100, 113 e principalmente, 122, inc. II, do ECA – *pela internação por prazo indeterminado*, como medida mais adequada à finalidade de proteção ao adolescente. 2. A oitiva reclamada pelo impetrante foi realizada, conforme demonstra a cópia do termo de audiência juntada aos autos, estando assim atendido o disposto na Súmula 265/STJ, não existindo violação aos princípios do devido processo legal e da ampla defesa. 3. Ordem denegada[152] (itálicos nossos).

Quanto à concessão de oportunidade para que o adolescente seja ouvido anteriormente à regressão da sua medida, vale lembrar que o tema havia ensejado a edição do verbete 265 da Súmula do Superior Tribunal de Justiça, o qual enuncia que "é necessária a oitiva do menor infrator antes de decretar-se a regressão da medida socioeducativa".

A exigência decorria genericamente dos princípios do contraditório e da ampla defesa e, no que diz respeito à internação-sanção, era também resultado da redação do inciso III do art. 122 do ECA, que menciona a necessidade de que o descumprimento da medida anteriormente imposta seja, além de reiterado, *injustificável.*

O entendimento anteriormente adotado em nível jurisprudencial hoje se encontra expressamente disciplinado no art. 43, § 4º, II, da Lei n. 12.594/2012, com a previsão da audiência que deve anteceder a decisão de substituição por medida mais gravosa ou de regressão da medida.

Analisando-se o entendimento sumulado, já se observava o nítido caráter instrumental da oitiva do adolescente, a qual tinha o único fim de conferir-lhe *oportunidade de se justificar* quanto aos motivos que o levaram a descumprir a medida que lhe havia sido imposta.

Atualmente, o objetivo legal almejado parece ser ainda mais amplo, tanto que foi prevista não apenas uma oitiva, mas a completa realização de uma audiência, com os requisitos do art. 42 seus parágrafos, da Lei do Sinase.

Veja-se, então, que a simples ausência do adolescente devidamente cientificado não impede a reavaliação da medida, para a qual o juízo levará em conta os argumentos do Ministério Público, da defesa, os relatórios técnicos da equipe do programa e outros elementos do caso.

Confira-se o seguinte julgado do STJ:

---

152 STJ, HC 41.426/SP, 5ª T., Rel. Min. Arnaldo Esteves Lima, *DJ* 22-8-2005, p. 317. *Vide* ainda, quanto à regressão de medida: TJRJ, HC 0030630-10.2018.8.19.0000, 1ª Câm. Criminal, Rel. Des. Luiz Zveiter, j. 26-6-2018.

PARTE V – DA PRÁTICA DO ATO INFRACIONAL

HABEAS CORPUS. ECA. ATO INFRACIONAL EQUIVALENTE AO DELITO DE TRÁFICO ILÍCITO DE ENTORPECENTES. 1. MEDIDA SOCIOEDUCATIVA DE SEMILIBERDADE APLICADA. EVASÃO. APLICAÇÃO DA MEDIDA DE INTERNAÇÃO-SANÇÃO. OPORTUNIDADE PARA OITIVA DO MENOR. ENUNCIADO 265/STJ. AUDIÊNCIAS DESIGNADAS E NÃO REALIZADAS EM RAZÃO DO NÃO COMPARECIMENTO. PROCEDIMENTO VÁLIDO. 2. REGRESSÃO DA MEDIDA INICIALMENTE IMPOSTA PARA INTERNAÇÃO-SANÇÃO. DESCUMPRIMENTO REITERADO E INJUSTIFICADO DA MEDIDA DE SEMILIBERDADE. CONSTRANGIMENTO ILEGAL AUSENTE. 3. ORDEM DENEGADA. 1. A jurisprudência desta Corte fixou que "é necessária a oitiva do menor infrator antes de decretar-se a regressão da medida socioeducativa". Enunciado n. 265 da Súmula do STJ. 2. *Não há constrangimento ilegal, porém, se, com a ciência do menor, designa-se a audiência para sua oitiva, que não se realiza em razão do seu não comparecimento.* Precedentes do STJ. 3. No caso, *ante o descumprimento reiterado e injustificado de medida anteriormente imposta pelo menor, é cabível a imposição de internação-sanção,* desde que limitada ao período máximo de 3 (três) meses, sendo oportuno ressaltar, ainda, que ao menor foram aplicadas medidas outras, mais brandas, em ocasiões anteriores, as quais não foram suficientes para inibir o seu comportamento desvirtuado e em constante conflito com a lei. 4. *Habeas corpus* denegado. Vistos, relatados e discutidos estes autos, acordam os Ministros da Quinta Turma do Superior Tribunal de Justiça, na conformidade dos votos e das notas taquigráficas a seguir, por unanimidade, denegar a ordem. Os Srs. Ministros Adilson Vieira Macabu (Desembargador convocado do TJ/RJ), Gilson Dipp, Laurita Vaz e Jorge Mussi votaram com o Sr. Ministro Relator[153] (itálicos nossos).

No entanto, o que se tem verificado algumas vezes na prática é um desvirtuamento da garantia ora em estudo, pois se vem elevando a oitiva do adolescente à condição *sine qua non* para a expedição do mandado de busca e apreensão (obviamente nos casos em que este se faça necessário), tornando inócua a autoridade do juízo da execução ante a insubmissão do adolescente às suas determinações.

Tal prática equivocada vinha desaguando, inclusive, na utilização de expediente denominado "regressão provisória" o qual se pretendia imune ao alcance da súmula.

Em verdade, nada impede, por exemplo, que, se o adolescente empreendeu fuga da instituição onde cumpria medida em regime de semiliberdade, seja expedido mandado de busca e apreensão para sua imediata apresentação ao juiz da execução, que realizará a audiência para a reavaliação da sua medida. Nesse caso, é recomendável que o mandado preveja o encaminhamento do jovem à instituição de origem (ou à entidade policial, na forma do art. 185, § 2º, do ECA) somente na hipótese de vir a ser cumprido fora do horário de expediente forense. A situação persistirá

---

153 STJ, HC 229.238/SP (2011/0309596-0), 5ª T., Rel. Min. Marco Aurélio Bellizze, j. 22-5-2012, *DJe* 11-6-2012.

apenas até o primeiro dia útil seguinte, quando deverá ocorrer a apresentação ao juízo da execução para a referida audiência.

Em se tratando de medida que estivesse sendo cumprida em meio aberto, o jovem será primeiramente notificado a comparecer à audiência de reavaliação para ser ouvido sobre os motivos do descumprimento. Não localizado no endereço fornecido nos autos ou não comparecendo, certo é que a oportunidade para a justificativa lhe foi conferida, sendo, portanto, cabível a regressão, uma vez que devidamente observados os requisitos do § 4º do art. 43 da Lei n. 12.594/2012.

Vejam-se as interessantes colocações expostas na decisão abaixo, acerca da regularidade da imediata expedição do mandado de busca e apreensão do adolescente, nas hipóteses de descumprimento da medida imposta, acaso esteja em local não sabido ou não se apresente espontaneamente:

> AGRAVO REGIMENTAL EM *HABEAS CORPUS* SUBSTITUTIVO DE RECURSO PRÓPRIO. ESTATUTO DA CRIANÇA E DO ADOLESCENTE. ATO INFRACIONAL EQUIPARADO AO DELITO DE ROUBO QUALIFICADO. DESCUMPRIMENTO DA MEDIDA SOCIOEDUCATIVA APLICADA. ADOLESCENTE EM LOCAL INCERTO. EXPEDIÇÃO DE MANDADO DE BUSCA E APREENSÃO. POSSIBILIDADE. NECESSIDADE DE REALIZAÇÃO DA AUDIÊNCIA DE JUSTIFICAÇÃO. SÚMULA N. 265/STJ. CONSTRANGIMENTO ILEGAL NÃO EVIDENCIADO. PLEITO DE EXTINÇÃO DA MEDIDA SOCIEDUCATIVA EM RAZÃO DE SUPOSTA PERDA DA PRETENSÃO SOCIOEDUCATIVA. SUPRESSÃO DE INSTÂNCIA. AGRAVO REGIMENTAL DESPROVIDO [...] 2. Nos termos do enunciado n. 265 da Súmula do STJ, é necessária a oitiva do menor infrator antes de decretar-se a regressão da medida socioeducativa. Diante disso, *não há constrangimento ilegal na expedição de mandado de busca e apreensão para que se localize adolescente que descumpriu medida socioeducativa aplicada, não encontrado nos endereços indicados nos autos*, a fim de encaminhá-lo ao Juízo e apresentá-lo em audiência, oportunizando-lhe a apresentação de justificação [...][154] (itálicos nossos).

A Lei n. 12.594/2012 expressamente previu a expedição do mandado de busca e apreensão, sem qualquer restrição ou condicionamento, estabelecendo apenas que sua vigência máxima será de seis meses e deixando clara a possibilidade quanto à sua renovação (art. 47).

No que diz respeito à suspensão da medida ou do plano individual, a própria Lei do Sinase indicou, no § 4º do art. 64 (c/c o inciso III do art. 60), hipótese na qual ela pode vir a ocorrer, com o objetivo de incluir o adolescente que necessite de tratamento de saúde mental em programa que lhe seja adequado (*vide* também o tópico 5.1.2).

Assim, observa-se que as inovações legislativas, em consonância com o disposto nos arts. 99 e 113 do ECA, intensificaram a fase de reavaliação das medidas,

---

154 STJ, HC 453.412/ES, 5ª T., Rel. Min. Ribeiro Dantas, *DJe* 19-12-2018 e STJ, AgRg no HC 752.204/GO, 5ª T., Rel. Min. Reynaldo Soares da Fonseca, *DJe* 22-8-2022.

PARTE V – DA PRÁTICA DO ATO INFRACIONAL

visando atingir os propósitos de ressocialização do adolescente e prevenção da reincidência, conferindo uma resposta mais efetiva ao caso concreto.

6.3. Não vinculação do juiz ao laudo técnico para a reavaliação das medidas

Os laudos técnicos são de grande utilidade e se destinam ao embasamento do Juízo em várias ocasiões, inclusive na fase em que é aquilatada a reavaliação das medidas. Contudo, isso não significa que há obrigação do magistrado em acolher o parecer conclusivo exposto nos referidos estudos, uma vez que tornar o Poder Judiciário adstrito a estes pareceres se mostra incompatível com o princípio do livre convencimento.

Sobre a matéria, pronunciou-se o Superior Tribunal de Justiça:

> AGRAVO REGIMENTAL NO *HABEAS CORPUS*. ECA. EXTINÇÃO DA MEDIDA DE INTERNAÇÃO EM PRIMEIRA INSTÂNCIA. REFORMA DA DECISÃO PELO TRIBUNAL, PARA DETERMINAR A PROGRESSÃO PARA A MEDIDA DE SEMILIBERDADE. FUNDAMENTAÇÃO IDÔNEA. AUSÊNCIA DE ILEGALIDADE. AGRAVO DESPROVIDO. 1. A jurisprudência do Superior Tribunal de Justiça está pacificada no sentido de que o Magistrado, "em razão do princípio do livre convencimento motivado, não está adstrito aos laudos elaborados pelas equipes de avaliação psicossocial, mesmo aqueles que sugerem a extinção da medida ou a progressão para medida socioeducativa mais branda, considerando que os aludidos relatórios consubstanciam apenas um dos elementos de convicção, sem caráter vinculante" (HC n. 351.942/SP, relator Ministro Jorge Mussi, Quinta Turma, julgado em 14/2/2017, *DJe* 21/2/2017). 2. Assim, *é facultada ao julgador a opção de não atender às sugestões do corpo técnico quanto à substituição da medida socioeducativa aplicada ou até mesmo quanto à sua extinção*, desde que demonstrados, com base em elementos concretos dos autos, o não atendimento das metas propostas no Plano Individual de Atendimento ou a ausência de evolução adequada do reeducando, que revelem a necessidade de manutenção da medida ou de progressão para outra mais branda até ulterior avaliação. 3. Na hipótese, o Juízo de primeira instância determinou a extinção da medida imposta, em consideração às conclusões do parecer técnico elaborado pela equipe de avaliação. O Tribunal de origem, no entanto, considerando não apenas a gravidade do ato infracional praticado mas também a existência de diversos outros procedimentos de apuração de atos infracionais graves, além de outras intercorrências verificadas no curso da execução da medida socioeducativa de internação, apontadas em relatórios encaminhados ao Juízo, concluiu ser mais proporcional e adequada ao agravante a progressão para a medida de semiliberdade, fundamentação que não encerra nenhuma ilegalidade a ser reconhecida na presente via. 4. Agravo regimental desprovido[155] (grifo nosso).

---

155 STJ, AgRg no HC 526.002/ES, 6ª T., Rel. Min. Antônio Saldanha Palheiro, *DJe* 12-12-2019. *Vide* também: TJRJ, AI 0046264-70.2023.8.19.0000, 3ª Câm. Crim., Rel. Des. Carlos Eduardo Freire Roboredo, j. 29-8-2023.

1240 CURSO DE DIREITO DA CRIANÇA E DO ADOLESCENTE

A não vinculação do juiz ao laudo técnico foi analisada pelo STJ inclusive na própria fase de aplicação das medidas, o que reforça o posicionamento acima. Confira-se com a leitura do seguinte julgado:

> PROCESSO PENAL. *HABEAS CORPUS*. ESTATUTO DA CRIANÇA E DO ADO-LESCENTE. ART. 14 DA LEI 10.826/03. PORTE ILEGAL DE ARMA DE FOGO DE USO PERMITIDO. ROUBO. EXAME PERICIAL. AUSÊNCIA. NULIDADE. INOCORRÊNCIA. CONDUTA PRATICADA COM GRAVE AMEAÇA À PES-SOA. CIRCUNSTÂNCIAS PESSOAIS DESFAVORÁVEIS. MEDIDA DE INTER-NAÇÃO JUSTIFICADA. AUSÊNCIA DE CONSTRANGIMENTO ILEGAL. OR-DEM DENEGADA. 1. Uma vez não contestada a existência da arma e se houver outros elementos de caráter probatório suficientes a embasar a condenação, a não realização do exame pericial na arma de fogo não desconfigura o crime previsto no *caput* do art. 14 da Lei n. 10.826/03. 2. *Pareceres de equipes médicas, psicológicas ou pedagógicas podem orientar o Magistrado, como um dos elementos de sua convicção, mas o Juízo a eles não se vincula necessariamente.* 3. Por se tratar de adolescente em situação de risco, que cometeu ato infracional com grave ameaça a pessoa, está devidamente justificada a imposição da medida de internação, na dicção do art. 122, inciso I, do ECA. 4. Ordem denegada. Vistos, relatados e discutidos os autos, em que são partes as acima indicadas, acordam os Ministros da Sexta Turma do Superior Tribunal de Justiça, por unanimidade, denegar a ordem de *habeas corpus*, nos termos do voto do Sr. Ministro Relator. Os Srs. Ministros Celso Limongi (Desembargador convocado do TJ/SP), Nilson Naves, Paulo Gallotti e Maria Thereza de Assis Moura votaram com o Sr. Ministro Relator. Presidiu o julgamento o Sr. Ministro Nilson Naves[156] (itálicos nossos).

6.4. Revisão de medida aplicada em sede de remissão (art. 128 do ECA)

Inicialmente, cabe elucidar que a execução de medida aplicada em sede de remissão, nos moldes do disposto no *caput* do art. 39 da Lei do Sinase, também demandará a instauração de procedimento específico para cada adolescente.

Ressalte-se que, embora o parágrafo único do mencionado dispositivo legal faça alusão apenas à remissão como forma de suspensão do feito, certo é que, por ser esta um *minus* em relação à concedida pelo Ministério Público como forma de exclusão do processo, não há, pois, qualquer motivo para a não utilização do expediente previsto no *caput* do art. 39 também nessa hipótese. Ao que tudo indica, a lei fez menção expressa à remissão como forma de suspensão do processo, porque apenas nesse caso a dúvida poderia surgir, já que o processo principal ainda não teria tido o seu desfecho.

Veja-se a orientação de Murillo José Digiácomo quanto ao tema:

---

156 STJ, HC 101.268/SP, 6ª T., Rel. Min. Og Fernandes, j. 19-3-2009, *DJ* 6-4-2009. *Vide* também: STJ, AgRg nos EDcl no REsp 1.319.704/RS, 6ª T., Rel. Min. Sebastião Reis Júnior, *DJe* 14-12-2012.

PARTE V – DA PRÁTICA DO ATO INFRACIONAL

Há muito a orientação do CAOP é no sentido de que para a formação de autos de execução, com a eventual unificação de medidas socioeducativas (notadamente de liberdade assistida e prestação de serviços à comunidade), é irrelevante se estas foram aplicadas em sede de remissão (ministerial ou judicial) ou ao término do processo de conhecimento. Afinal, o que importa é a modalidade da medida aplicada, e não a forma como isto ocorreu (desde que, é claro, isto tenha ocorrido de acordo com a lei), até porque, em qualquer caso, o adolescente terá de cumpri-las e haverá necessidade de acompanhar sua execução. Não haveria sentido, aliás, estabelecer uma determinada modalidade de execução (por sinal, não prevista em lei) para medidas aplicadas em sede de remissão ministerial, e outra para medidas aplicadas ao final do processo de conhecimento e/ou em sede de remissão judicial (até porque, a rigor, tanto esta modalidade de remissão quanto a remissão ministerial possuem rigorosamente a mesma natureza jurídica e finalidade – e serão executadas no âmbito do mesmo programa de atendimento, estando sujeitas aos mesmos parâmetros de cumprimento e acompanhamento).

Confesso que não sei a razão de o art. 39, par. único, da Lei n. 12.594/2012 ter feito referência apenas à remissão como forma de suspensão do processo, mas seguramente houve algum erro de interpretação e/ou sistematização das normas de Direito da Criança e do Adolescente, notadamente à luz daquelas contidas no Estatuto da Criança e do Adolescente. Vale observar, a propósito, que a própria Lei do Sinase, de forma até mesmo paradoxal, prevê a necessidade de que suas disposições sejam interpretadas em conjunto com as normas e princípios contidos na Lei n. 8.069/90 (ECA), devendo-se sempre procurar interpretar e aplicar a lei da forma mais favorável ao adolescente (arts. 1º e 6º c/c arts. 100, par. único, incisos II e IV c/c 113, da Lei n. 8.069/90)[157].

Deste modo, não só a constituição de autos executórios específicos para cada adolescente se fará necessária nos casos de remissão. Também o respeito a todo o *iter* procedimental previsto pela Lei n. 12.594/2012 para as reavaliações de medidas socioeducativas incidem sobre as situações em que aquelas aplicadas por força da remissão atinjam o momento da revisão. Assim, os arts. 40 a 46 da Lei do Sinase alcançam, inclusive, a fase do art. 128 do ECA.

Questão debatida entre os operadores do direito diz respeito à providência a ser tomada quanto ao jovem que descumpre a medida aplicada por força da remissão.

Sobre o assunto mais uma vez contribuiu Digiácomo[158] com a seguinte explanação:

---

157 DIGIÁCOMO, Murillo José. Consulta: SINASE – Remissão ministerial e formação de autos de execução. Disponível em: <http://www.crianca.mppr.mp.br/pagina-1832. html>. Acesso em: 26 out. 2021.

158 DIGIÁCOMO, Murillo José. Breves considerações sobre o art. 122, inciso III, da Lei 8.069/90. Disponível em: <http://www.crianca.mppr.mp.br/arquivos/File/download/ breves_consideracoes_art_122.pdf>. Acesso em: 15 jul. 2020.

Outra questão que vem sendo objeto de intenso debate diz respeito à possibilidade de aplicação da internação-sanção a adolescentes que descumprem de forma reiterada e injustificável medidas socioeducativas aplicadas em sede de *remissão*, com base no permissivo do art. 127 da Lei n. 8.069/90. Em estados como São Paulo e Rio Grande do Sul, tem se pacificado o posicionamento *favorável* a tal solução, com o qual, *data maxima venia,* não comungo, por entender que a mesma afronta *princípios constitucionais e estatutários básicos*, bem como a própria interpretação *literal* do art. 122, inciso III, da Lei n. 8.069/90. [...] Reza o art. 122, inciso III, que a internação-sanção pode, *em tese*, ser aplicada, *"por descumprimento reiterado e injustificável de medida anteriormente IMPOSTA"*. Ora, consoante acima mencionado, a *remissão*, quando *cumulada* com medida socioeducativa não privativa de liberdade, possui um caráter *transacional*, não havendo, portanto, *imposição* de medida (sob pena de afronta aos já mencionados princípios constitucionais relativos ao devido processo legal, contraditório e à ampla defesa), mas sim um *acordo* visando seu rápido cumprimento por parte do adolescente. Uma vez que a medida aplicada por força de remissão não é *imposta*, mas sim *ajustada* com o adolescente (devidamente representado ou assistido por seu pai ou responsável), como sustentar que em relação a ela incida a disposição *sancionatória* contida no art. 122, inciso III, da Lei n. 8.069/90, que como tal, até mesmo em razão do contido no art. 5º, inciso XXXIX, da Constituição Federal (aqui obviamente interpretado e aplicado de forma analógica), deve ser objeto de uma interpretação obrigatoriamente *restritiva*? (grifos do original).

Então é de se perguntar: o que poderia ocorrer para compelir o adolescente a cumprir a medida? Poder-se-ia, em um primeiro momento, sugerir a substituição por outra também em meio aberto: liberdade assistida por prestação de serviços à comunidade, por exemplo (art. 99 do ECA).

Mas, dimensionando o tema sob aspecto ainda mais profundo, o que fazer com relação ao adolescente que descumpre a medida concedida pelo promotor de justiça em sede de remissão e que persiste no descumprimento mesmo após a substituição acima exemplificada?

O adolescente teria assumido o compromisso de cumprir a medida socioeducativa como condição para se ver beneficiado com a exclusão do processo. Dessa forma, se vem a descumprir a obrigação assumida, e a lei vedaria, segundo este entendimento, a substituição ou a regressão por medida restritiva de liberdade, outra opção não se vislumbraria, senão a de ser iniciado o processo, com o oferecimento de representação, pelo mesmo fato que anteriormente fora objeto de remissão.

A decisão do Superior Tribunal de Justiça, cuja ementa é ora transcrita, adota a linha acima:

ESTATUTO DA CRIANÇA E DO ADOLESCENTE. ATO INFRACIONAL. APLICAÇÃO DE MEDIDA SOCIOEDUCATIVA DE PRESTAÇÃO DE SERVIÇOS À COMUNIDADE COM REMISSÃO. DESCUMPRIMENTO DA MEDIDA. RESTABELECIMENTO DE APURAÇÃO DO ATO INFRACIONAL. NÃO FOR-

PARTE V – DA PRÁTICA DO ATO INFRACIONAL

MAÇÃO DE COISA JULGADA. PRECEDENTES. AGRAVO REGIMENTAL IM-PROVIDO. 1. A remissão pré-processual (imprópria), prevista no *caput* do art. 126 do Estatuto da Criança e do Adolescente, é uma forma de exclusão do processo oferecida pelo Ministério Público, podendo ou não ser cumulada com medida socioeducativa não restritiva de liberdade. 2. O Superior Tribunal de Justiça possui posicionamento de que "a remissão imprópria não constitui benefício definitivo, pois sujeita-se a revisão judicial a qualquer tempo, podendo 'a autoridade judiciária, ao decidir a revisão [...] [,] cancelar a medida aplicada, com retorno à situação processual anterior'" (CC n. 160.215/GO, relatora Ministra Laurita Vaz, Terceira Seção, julgado em 26/9/2018, *DJe* de 9/10/2018). Estando demonstrada a recalcitrância do adolescente no cumprimento da medida socioeducativa de liberdade assistida aplicada na remissão, é possível sua revogação a pedido do Ministério Público com o consequente recebimento da representação. Entendimento em sentido contrário implicaria a conclusão de que a medida imposta tornar-se-ia inofensiva e inútil, o que vai de encontro ao princípio da proteção integral e impede, em tese, o processo de recondução e reintegração do menor à sociedade. (AgInt no HC 507.934/DF, Rel. Ministro Antonio Saldanha Palheiro, Sexta Turma, *DJe* 26/9/2019) 3. No caso, o descumprimento da medida socioeducativa estabelecida como condição na remissão imprópria (prestação de serviços à comunidade) impõe a continuidade do processo de apuração do ato infracional, sob pena de se tornarem inócuas as tentativas de reinserção social do menor, contrariando o princípio da proteção, que orienta o microssistema de proteção da criança e do adolescente. 4. Agravo regimental improvido[159].

Este entendimento, conforme se vê, parte da premissa de que a sentença que homologa a remissão não se reveste de coisa julgada.

Com a afirmativa de que a sentença homologatória da remissão faz coisa julgada apenas em âmbito formal, alinha-se Rodrigo Cezar Medina da Cunha[160]:

> O melhor entendimento é o de que a sentença homologatória da remissão faz coisa julgada formal, eis que não houve análise, exauriente, do mérito do ato infracional supostamente praticado pelo adolescente, estando viabilizado o ajuizamento de ação para a aplicação de medida socioeducativa pelo Ministério Público, com fulcro na suposta prática do ato infracional que deu ensejo à concessão da remissão.

Outra vertente nesta matéria aponta para o oferecimento de representação, desta feita não mais pelo mesmo fato que ensejou a remissão – uma vez que para

---

159 STJ, AgRg no HC 463.879/PR, 5ª T., Rel. Min. Reynaldo Soares da Fonseca, *DJe* 30-4-2020.

160 CUNHA, Rodrigo Cezar Medina da. A aplicação de medidas socioeducativas cumuladas à remissão e a impossibilidade de regressão dessas medidas para semiliberdade e internação. *Boletim Informativo do 4º Centro de Apoio Operacional às Promotorias de Justiça da Infância e Juventude do Estado do Rio de Janeiro* n. 3, ano I, setembro de 2006.

este teria ocorrido o trânsito em julgado da decisão homologatória –, mas sim por ato infracional análogo ao do art. 330 do CP, em virtude da desobediência ao ato judicial que ordenou o cumprimento da medida. Esse raciocínio busca analogia com o que costuma ocorrer no direito penal no que toca à anistia condicionada à abstenção do exercício de determinada atividade. Ali, quando as condições são descumpridas pelo anistiado, também não resta alternativa contra este a não ser aquela do oferecimento da denúncia pelo crime do art. 359 do CP (e não pelo delito em cujo processo foi recebida a anistia).

Ao revés, João Batista Costa Saraiva[161] apresentava, ainda, uma solução diferente das até aqui expostas:

> Sabe-se que em sede de remissão não é possível a aplicação de medida privativa de liberdade, como, então, por regressão de medida originária em remissão poderá haver privação de liberdade? Parcela importante de operadores jurídicos na área da infância sustentam a insusceptibilidade de regressão nestes casos. O tema, que sempre gera debate, tem sido objeto de renovadas discussões, onde destaco, por exemplo, aquele havido em São Bernardo do Campo – SP, por ocasião do I Encontro de Juízes e Promotores da Infância e Juventude do Grande ABC, promoção do Centro de Defesa da Criança e do Adolescente do ABC, da Escola Paulista de Magistrados e da Associação dos Juízes do Rio Grande do Sul, entre 26 e 27 de agosto de 1993. Naquela ocasião, por maioria, *houve o entendimento do cabimento da regressão desde que tenha sido o jovem assistido por Defensor Público quando da composição da Remissão perante o Ministério Público* (vez que na remissão concedida diretamente pelo Juiz o procedimento já se faz instaurado e neste caso a intervenção de advogado de defesa faz-se impositiva, sob pena de nulidade). *Creio que não é esse o cerne da questão. Há que se distinguir os momentos processuais e pré-processuais. Tanto em um como em outro, faz-se cabível a concessão de remissão, como já visto.* Ocorre que, composta a remissão com aplicação de medida socioeducativa em face da decisão judicial, seja extintiva, seja suspensiva do processo de conhecimento, forma-se o processo de execução de medida socioeducativa, ou seja, estabelece-se uma nova relação jurídica entre o adolescente e o Estado, onde é buscada a satisfação do "título executivo" originado na decisão que, ou homologou o concerto presidido pelo Ministério Público, ou concedeu a remissão no curso do processo de conhecimento. Aliás, *toda vez que houver medida socioeducativa a ser cumprida, seja qual for sua origem, forma-se o respectivo processo de execução de medida, estabelecendo nova relação Estado/Adolescente, diversa daquela que existia na fase de conhecimento.* No processo de execução, procedimento judicial que é, qualquer incidente envolvendo o adolescente determina a intervenção obrigatória de defensor. [...] Há, neste caso, a incidência de todas as regras relativas ao devido processo legal e somente após este procedimento contraditório pronunciar-se-á

---

161 SARAIVA, João Batista Costa. *Direito penal juvenil:* adolescente e ato infracional. Garantias processuais e medidas socioeducativas. 2. ed. rev. e ampl. Porto Alegre: Livraria do Advogado, 2002, p. 61-62.

PARTE V – DA PRÁTICA DO ATO INFRACIONAL

o Juiz sobre o cabimento ou não da regressão. Assim, apurado o descumprimento da medida em meio aberto, de forma injustificada e reiterada, cabível a regressão, com aplicação da chamada internação-sanção, independentemente de aquela medida haver sido originada em sentença que julgou o processo de conhecimento ou haver sido originada de decisão homologatória (remissão concertada no Ministério Público) ou concessiva de remissão (concedida pelo Juiz no curso do processo de conhecimento) (itálicos nossos).

Posteriormente, porém, o referido autor modificou seu posicionamento, argumentando que[162]:

Cumpre realçar que descumprida a medida composta em sede de remissão, se houver sido esta suspensiva do processo, passível a retomada deste até imposição de sanção. Se a opção houver sido pela remissão supressiva do processo não haverá possibilidade de esta vir a ser revertida em privação de liberdade.

O posicionamento que encontra solução para o impasse interpretativo com normas do próprio Estatuto da Criança e do Adolescente é o do cabimento da regressão da medida aplicada cumulativamente com a remissão, utilizando-se do disposto no art. 122, III, do ECA (internação-sanção)[163].

Parece-nos haver equívoco na afirmação de que se estaria chegando com esse raciocínio, por via transversa, ao resultado vedado pela parte final do art. 127 do ECA.

Veja-se que a denominada internação-sanção tem natureza e finalidade completamente diversas das medidas de internação provisória ou definitiva.

De acordo com o que já foi exposto no tópico 5.7, os tipos de internação são diferentes entre si, sendo certo que a do inciso III do art. 122 do ECA não tem natureza de internação propriamente dita, posto que funciona apenas como um mecanismo de coerção. Sua finalidade é, assim, a de atender à imperiosa necessidade de munir o Poder Judiciário com instrumental apto a compelir o recalcitrante a cumprir as suas decisões.

Não houvesse esta previsão e estar-se-ia na mesma situação dos que atuam junto aos Juizados Especiais Criminais no que toca às consequências da insubmissão dos autores do fato aos termos da transação penal, embora tenham manifestado sua aceitação. Naquele meio jurídico se tem percorrido, na prática, várias vias na busca de uma solução para a lacuna legislativa no trato da matéria.

---

162 SARAIVA, João Batista Costa. *Adolescente e responsabilidade penal*: da indiferença à proteção integral. 5. ed. rev. e atual. Porto Alegre: Livraria do Advogado, 2016, p. 127-128.

163 COSTA, Epaminondas da. *Inexigibilidade de representação para a aplicação da chamada internação-sanção e devido processo legal*. Tese apresentada pelo promotor de justiça do Estado de Minas Gerais no XVI Congresso Nacional do Ministério Público "Ministério Público e Justiça Social. Em defesa da ética e dos direitos fundamentais". Belo Horizonte, 2005.

Ora, não se pode invocar – em atitude inspirada na Lei n. 9.099/95 – a alternativa do oferecimento da representação, uma vez que a distribuição da denúncia tem sido um dos métodos lá utilizados unicamente em virtude da completa ausência de regulamentação legal a respeito.

Aqui, ao contrário, o sistema previu o meio adequado para a resposta jurídico--social a ser dada àquele que não se sujeita à determinação judicial.

Não é pertinente, portanto, o argumento de que se estaria dispensando aos adolescentes tratamento mais gravoso do que o direcionado aos adultos, uma vez que, diante da ausência de disposição legal em tal circunstância, estes, induvidosamente, recebem efeitos mais gravosos pela utilização de suprimentos interpretativos extraídos da prática. Tais interpretações, inclusive, como facilmente se pode presumir, muitas vezes não se implementam de maneira uniforme, nem sequer em uma mesma Comarca.

Para a retomada do pensamento que vinha sendo delineado, observe-se que, ao aplicar a internação-sanção, não se está alterando a situação originária que ensejou a remissão, nem tampouco a medida aplicada. Simplesmente se objetiva que esta medida seja efetivamente cumprida. Há um título judicial a ser executado. Tão somente isso.

É ilustrativa a assertiva do próprio João Batista Costa Saraiva[164]:

> A Remissão não se constitui em perdão. Até poderá resultar em um "perdão", quando suficientes os mecanismos de controle social para superação da questão infracional; mas, riqueza da língua portuguesa, quando concertada medida de forma cumulativa com a remissão (art. 127), *significa um remeter para um procedimento diverso: supressão do processo de conhecimento com instauração de um processo de execução*, quando composta medida socioeducativa, ou a suspensão do processo de conhecimento, até que cumpra a medida aplicada, se já instaurado aquele (art. 188).

Em outro ponto da questão, verifica-se que, em virtude da exigência legal de reiteração no descumprimento da medida (art. 122, III), **faz-se imprescindível a anterior tentativa de que o jovem a cumpra em meio aberto**, ainda que para isso se venha a fazer uso da opção do instrumento da substituição (liberdade assistida por prestação de serviços à comunidade, por exemplo).

Somente depois de esgotadas as providências cabíveis, e, em persistindo o adolescente na insubmissão à determinação judicial para o cumprimento da medida em meio aberto (a original ou a substituída), é que restaria conferida margem à incidência da regressão para aquelas restritivas de liberdade, conforme autoriza o referido inciso III do art. 122 do ECA. É de se realçar, ainda, que, mesmo

---

164 SARAIVA, João Batista Costa. *Adolescente e responsabilidade penal*: da indiferença à proteção integral. 5. ed. rev. e atual. Porto Alegre: Livraria do Advogado, 2016, p. 126.

PARTE V – DA PRÁTICA DO ATO INFRACIONAL

nestes casos, será sempre preferível que a regressão aplique a semiliberdade, evitando-se ao máximo valer-se da medida extrema da internação-sanção.

No que concerne à necessidade de justificativa do jovem para o descumprimento, remete-se o leitor ao item 6.2, no qual salientamos que a regressão depende da concessão de prévia oportunidade de oitiva do adolescente em audiência, na forma do verbete 265 da Súmula do STJ e do § 4º do art. 43 da Lei do Sinase.

Frise-se que, para esta linha, em sendo a sentença homologatória da remissão concedida pelo Ministério Público um título executivo, não há como afastar a respectiva essência impositiva. Com a sua prolação e trânsito em julgado, instaura-se, no caso de cumulação de medida, o procedimento executório, para o qual o legislador previu os instrumentos dos arts. 128 e 122, III, do ECA e 36 a 48 da Lei do Sinase como forma de disciplinar e assegurar o cumprimento pelo adolescente daquela que lhe restou determinada.

Não mais se trata, neste momento, de substituição da medida, mas sim de regressão (revisão) desta pela de internação, na forma sancionatória, em virtude do descumprimento da originalmente imposta.

Interessante notar, como expõe o promotor de justiça Júlio Alfredo de Almeida[165], que o termo "imposta", referido no inciso III do art. 122 do ECA, está diretamente relacionado, neste caso, à determinação judicial a que alude o § 1º do art. 181.

Em aprofundamento à análise da matéria, destaquem-se as palavras de Márcio da Silva Alexandre:

> Por tabela, além de negar vigência ao artigo 122, III, ECA, a interpretação restritiva enfraquece o instituto da remissão, pois qual seria a razão de sua concessão, se o adolescente não pode ser responsabilizado pelo descumprimento reiterado e injustificado? [...] Nesse âmbito, se prevalecer a restrição, pouco a pouco, o ECA, elogiado inclusive externamente, está sendo transformado em legislação condizente com nossa qualificação de país atrasado cultural, social e economicamente. Fica-se a imaginar o que ocorrerá, com a aprovação do projeto do novo Código de Processo Penal em trâmite no parlamento, onde se possibilita a negociação de pena privativa de liberdade. É bom que se diga: com a remissão, o adolescente que se envolve em ato infracional pode ser responsabilizado de forma célere, adequada, menos prejudicial, sempre observando o devido processo legal, conformando-se plenamente com a prioridade absoluta (227/CF) e com a intervenção precoce (100, VI, ECA), postulados desconsiderados pela interpretação restritiva dada ao tema. Mas, para tanto, é importante que seu ato de concordância com a responsabilização não se torne um nada jurídico. Mais do que isso: não se pode revelar tão só num incremento no processo de amadurecimento no campo de degeneração social e moral, desrespeitando os

---

165 ALMEIDA, Júlio Alfredo de. Regressão por descumprimento de medida socioeducativa ajustada em sede de remissão. Disponível em: <http://web.mpal.mp.br/>. Acesso em: 26 out. 2021.

poderes constituídos. De quebra, a fortificar o posicionamento restritivo, aguardemos o custo disso, pois, inexoravelmente, novas varas de infância, promotorias e defensorias serão necessárias, pois se estima que o procedimento de remissão é capaz de resolver cerca de 60% dos atos infracionais[166].

Vale lembrar que, por força do art. 120, § 2º, do ECA, aplica-se também à semiliberdade a disposição relativa à internação-sanção, de que ora se cuida. Assim, a regressão pode se dar, por exemplo, transpondo-se o jovem de uma prestação de serviços à comunidade para uma semiliberdade, sendo certo que o prazo desta última não poderá ser superior a três meses, à semelhança do que ocorre com a internação-sanção.

Arrematando, colacionam-se sobre o tema em questão as seguintes ementas do TJDFT e do TJRS:

> *HABEAS CORPUS*. REMISSÃO – LIBERDADE ASSISTIDA. PACIENTE QUE RESISTE EM CUMPRIR A MEDIDA SOCIOEDUCATIVA – INTERNAÇÃO SANÇÃO. POSSIBILIDADE – ART. 122, INCISO III, §§ 1º E 2º DA LEI 8.069/90. ORDEM DENEGADA. O art. 122, inciso III, §§ 1º e 2º da Lei 8.069/90, autoriza a internação-sanção por descumprimento reiterado e injustificável da medida anteriormente imposta, por prazo não superior a três meses, quando não houver outra medida adequada. Os autos revelam que o adolescente resiste em cumprir a medida socioeducativa de liberdade assistida, mesmo depois de ser advertido em Juízo. Em hipóteses que tais, a intimação para nova audiência admonitória com advertência sobre a possibilidade da aplicação da internação--sanção, não configura constrangimento ilegal[167].

> APELAÇÃO CÍVEL. ECA. ATO INFRACIONAL. REMISSÃO EXTINTIVA, CONCEDIDA PELO MINISTÉRIO PÚBLICO NA FASE PRÉ-PROCESSUAL. DESCABIMENTO DE RETOMADA DO FEITO, DIANTE DO DESCUMPRIMENTO DA MEDIDA PELO ADOLESCENTE. EXTINÇÃO DA REPRESENTAÇÃO, DE OFÍCIO, SEM RESOLUÇÃO DE MÉRITO. Após a homologação da remissão extintiva, concedida na fase pré-processual, é possível a revisão judicial da medida aplicada, a qualquer tempo, mediante pedido expresso do adolescente ou de seu representante legal, bem como do Ministério Público, nos termos do art. 128 do ECA. Entretanto, *somente a medida é passível de revisão, nos autos do processo de execução da medida socioeducativa*, sendo inviável a revogação do benefício, porquanto descabido o processamento de representação pelo mesmo fato. Diante disto, o descumprimento das medidas aplicadas cumulativamente a remissão pelo adolescente não é fundamento para a revogação da remissão, o recebimento da representação e seu prosseguimento, razão pela

---

166 ALEXANDRE, Márcio da Silva. A internação-sanção e o devido processo legal. Disponível em: <https://www.tjdft.jus.br/institucional/imprensa/campanhas-e-produtos/artigos-discursos-e-entrevistas/artigos/2018/a-internacao-sancao-e-o-devido-processo-legal-juiz-marcio-da-silva-alexandre>. Acesso em: 28 out. 2024.

167 TJDFT, HC 20170020155356, 1ª T. Criminal, Rel. Des. Romão C. Oliveira, j. 19-10-2017.

PARTE V – DA PRÁTICA DO ATO INFRACIONAL

1249

qual de rigor a extinção do feito, de ofício, sem resolução de mérito. EXTIN-
GUIRAM A REPRESENTAÇÃO, DE OFÍCIO, SEM RESOLUÇÃO DE MÉRITO
(itálicos nossos)[168].

No entanto, acaso se trate de remissão como forma de suspensão do processo
(arts. 126, parágrafo único, e 186, § 1º, do ECA), claro é que fica retomado o curso processual se descumprida a medida.

Nesse sentido, o STJ decidiu:

> *HABEAS CORPUS*. ESTATUTO DA CRIANÇA E DO ADOLESCENTE. ARTS.
> 126, 127, 128 e 188 DO ECA. REMISSÃO COMO FORMA DE SUSPENSÃO
> DO PROCESSO, CUMULADA COM MEDIDA SOCIOEDUCATIVA DE LIBER-
> DADE ASSISTIDA. DESCUMPRIMENTO. PROSSEGUIMENTO DA REPRE-
> SENTAÇÃO. PREVISÃO LEGAL. AUSÊNCIA E VIOLAÇÃO AO DEVIDO
> PROCESSO LEGAL E À AMPLA DEFESA. CONSTRANGIMENTO ILEGAL
> NÃO EVIDENCIADO. *HABEAS CORPUS* NÃO CONHECIDO. [...] A remissão
> judicial, após iniciado o procedimento da Representação, pode ser aplicada a
> qualquer momento antes da prolação da sentença (art. 188 do Estatuto da
> Criança e do Adolescente), como forma de suspensão do processo, podendo
> ainda ser cumulada com medidas socioeducativas em meio aberto, conforme a
> previsão dos arts. 126 e 127 do mesmo Estatuto. – No caso, ao menor foi apli-
> cada a remissão como forma de suspensão do processo, cumulada à medida
> socioeducativa de liberdade assistida. Antes do término da medida, tendo em
> vista o seu descumprimento, foi determinada a retomada do trâmite processual,
> intimando-se o adolescente para audiência de continuação. – Não há que se
> falar, portanto, em constrangimento ilegal, por alegada violação ao contraditó-
> rio e à ampla defesa, uma vez que a determinação judicial apenas seguiu a pre-
> visão legal do Estatuto da Criança e do Adolescente, a qual permite a retomada
> da marcha processual, tendo em vista prever a figura da remissão como forma
> de suspensão do processo. – Ademais, não se verificou a imposição de medida
> mais gravosa (restritiva da liberdade do menor), mas apenas o prosseguimento
> do feito, com a devida instrução processual, a fim de serem averiguados os fatos
> descritos pelo representante do *Parquet* na Representação, ocasião em que serão
> observadas as garantias atinentes à ampla defesa e ao devido processo legal.
> Precedentes. – *Habeas corpus* não conhecido[169].

6.5. Visitas e regime disciplinar

A Lei do Sinase inovou ao se debruçar sobre o tema, nos arts. 67 a 75, trazendo
às entidades de atendimento socioeducativo obrigações adicionais àquelas já previstas no art. 94 do ECA.

---

168 TJRS, Apelação Cível 70082571928, 8ª Câm. Cív., Rel. Des. Rui Portanova, j. 28-11-
2019.

169 STJ, HC 402.997/PR, 5ª T., Rel. Min. Reynaldo Soares da Fonseca, *DJe* 2-4-2018.

As visitas foram expressamente regulamentadas, inclusive com previsão de acesso do cônjuge, companheiro, pais ou responsáveis, filhos, parentes e amigos do adolescente à instituição onde este cumpra sua medida socioeducativa.

Em relação aos cônjuges e companheiros, a visita íntima foi claramente prevista no art. 68. Nesta temática faz-se interessante trazer à reflexão o Enunciado 2, elaborado no âmbito do Ministério Público do Estado de São Paulo em março de 2012, quanto ao descabimento de visita íntima a menores de 14 anos:

> Considerando o disposto nos artigos 68 da Lei Federal n. 12.594/2012 e 217-A do Código Penal (estupro de vulnerável), entende-se vedado à direção da Unidade autorizar a adolescentes menores de 14 anos, internados, o direito de visita íntima e também a pessoas menores de 14 anos que desejem visitar os internados[170].

Sobre o tema, Mário Luiz Ramidoff realçou que:

> O estabelecimento de idade mínima ("maiores de 14 anos"), no entanto, constitui-se numa restrição não prevista na supramencionada legislação específica; contudo, afigura-se num alinhamento claro ao que se encontra previsto no Código Penal brasileiro. Isto é, presume-se a violência, nos crimes contra a dignidade sexual, quando houver relação sexual com pessoa de idade inferior a 14 (quatorze) nãos – art. 217-A do Código Penal brasileiro[171].

Recentemente, a Resolução Conanda n. 252/2024 previu, em seu art. 25, § 2º, a idade mínima de 16 anos do(a) adolescente internado(a) para que receba visita de esposa(o) ou companheira(o).

Quanto ao regime disciplinar, deve estar previsto nos regimentos internos das entidades de atendimento socioeducativo, obedecendo aos princípios do art. 71 da Lei do Sinase.

Cabe destacar que, de acordo com o disposto nos arts. 71, II, III e VIII, e 74 da Lei n. 12.594/2012, para a aplicação de sanções disciplinares é necessário o devido processo administrativo, com fundamento em expressa previsão legal ou regulamentar. No entanto, a falta deverá ser devidamente apurada por comissão composta por, no mínimo, três integrantes, sendo um obrigatoriamente oriundo da equipe técnica. Observe-se que nenhum socioeducando poderá atuar na apuração ou na aplicação de sanções disciplinares (art. 73).

Veja-se que o regime disciplinar não exime eventual responsabilidade civil ou penal que decorra do ato (art. 72). Nas hipóteses em que a falta tenha sido prati-

---

170 Disponível em: <https://www.mprs.mp.br/media/areas/infancia/arquivos/revistamulti6.pdf>. Acesso em: 28 out. 2024.

171 RAMIDOFF, Mário Luiz. *SINASE – Sistema Nacional de Atendimento Socioeducativo*: comentários à Lei n. 12.594, de 18 de janeiro de 2012. 2. ed. São Paulo: Saraiva, 2017, p. 165.

PARTE V – DA PRÁTICA DO ATO INFRACIONAL 1251

cada mediante legítima defesa, motivo de força maior ou por coação irresistível, não deverá ser aplicada sanção disciplinar.

É possível a revisão da sanção, nos moldes do art. 48, §§ 1º e 2º, podendo a autoridade judiciária suspender sua execução até a decisão final do incidente.

Destaque-se ainda que, em consonância com o princípio do inciso I do art. 71, o § 2º do art. 48 do mesmo diploma legal é expresso ao vedar a aplicação de sanção disciplinar de isolamento, permitindo-a tão somente nos casos em que se mostrar imprescindível para a garantia da segurança do próprio adolescente ou de outros internos.

7. PRESCRIÇÃO E EXTINÇÃO

Muito debatido é o tema objeto deste tópico, uma vez que, da forma como restou emoldurado no sistema infantojuvenil, conferiu margem a diversas conclusões.

A jurisprudência vem se dividindo, assim como a doutrina, acerca da adoção, ou não, para as medidas socioeducativas, das normas relativas à prescrição fixadas na sede penal.

Diante da controvérsia, o Enunciado 338 da Súmula do Superior Tribunal de Justiça, em maio de 2007, expressou o entendimento no sentido de que "A prescrição penal é aplicável nas medidas socioeducativas".

É em função da natureza da medida, ou do processo socioeducativo, que os intérpretes concluem seus diagnósticos quanto à aplicabilidade do instituto da prescrição. Uma parte deles privilegia o aspecto sancionatório das medidas e, portanto, considera inevitável que sobre elas incida a prescrição. Os que integram este segmento aplicam analogicamente aos atos infracionais os prazos fixados no Código Penal para cada crime, reduzindo-os à metade, na forma do art. 115 daquele diploma legal.

Nessa vertente, o decidido pelo TJRJ e pelo STF:

> *HABEAS CORPUS* – Ato Infracional Análogo ao art. 121, *caput*, do CP. Alegam constrangimento ilegal perpetrado pelo Juiz da Vara da Inf. Juventude da Capital em razão do não reconhecimento da prescrição da pretensão socioeducativa estatal. E, ainda, requerem o efeito suspensivo à apelação da paciente para que responda o processo em liberdade. Não assiste razão aos impetrantes: Embora a jurisprudência não seja pacífica quanto ao critério a ser observado com relação ao cálculo do prazo prescricional das medidas socioeducativas, cuida-se de prescrição da pretensão punitiva pela pena em abstrato, devidamente calculada em razão da pena máxima cominada ao delito quando não houver sido estabelecida MSE em caráter definitivo com respectivo prazo. Conforme o disposto no art. 109, I, do CP, o delito previsto no art.121, *caput,* do CP, pena máxima em abstrato de 20 anos, prescreve em 20 anos. Em se tratando de agente menor de 21 anos à época do crime, não se pode olvidar o disposto no artigo 115 do mesmo diploma, que implica a redução do aludido prazo pela metade. No caso em comento, o prazo

prescricional se operaria em 10 anos, lapso ainda não alcançado entre o recebimento da representação (18/09/2014) e a data da sentença (29/10/2019) Quanto ao recebimento do recurso no efeito suspensivo: Apesar de a Lei n. 12.010/09 ter revogado o inciso VI do artigo 198 do ECA, que conferia apenas o efeito devolutivo ao recebimento dos recursos, continua a viger o disposto no artigo 215 do ECA. Cumprimento imediato da medida socioeducativa estanca a situação de risco vivenciada pelo menor, aumentando as chances de ressocialização do adolescente. Inexistência de constrangimento ilegal – ORDEM DENEGADA[172].

HABEAS CORPUS. ESTATUTO DA CRIANÇA E DO ADOLESCENTE. PRINCÍPIO DA INSIGNIFICÂNCIA. PRESCRIÇÃO DE MEDIDA SOCIOEDUCATIVA. APLICABILIDADE DAS REGRAS PREVISTAS NO CÓDIGO PENAL. REDUÇÃO DO PRAZO PRESCRICIONAL À METADE COM BASE NO ART. 115 DO CÓDIGO PENAL. PRECEDENTE. ORDEM DENEGADA. *HABEAS CORPUS* PARCIALMENTE CONHECIDO E, NESTA PARTE, DENEGADO. INCIDÊNCIA DO PRINCÍPIO DA INSIGNIFICÂNCIA. ORDEM CONCEDIDA DE OFÍCIO. 1. Se a alegação da eventual incidência do princípio da insignificância não foi submetida às instâncias antecedentes, não cabe ao Supremo Tribunal delas conhecer originariamente, sob pena de supressão de instância. 2. É firme a jurisprudência do Supremo Tribunal Federal no sentido de que a prescrição das medidas socioeducativas segue as regras estabelecidas no Código Penal aos agentes menores de 21 (vinte e um) anos ao tempo do crime, ou seja, o prazo prescricional dos tipos penais previstos no Código Penal é reduzido de metade quando aplicado aos atos infracionais praticados pela criança ou pelo adolescente. 3. *Habeas corpus* parcialmente conhecido e, nesta parte, denegado. 4. Concessão de ofício para reconhecer a incidência do princípio da insignificância[173].

Para os que advogam o raciocínio acima desenvolvido, ocorrerão reflexos da prescrição também na pretensão executória, conforme observado por João Batista Costa Saraiva[174]:

> Em sede de pretensão socioeducativa, toma-se como referência a pena cominada ao adulto no tipo penal infringido pelo adolescente. Em sede de pretensão executória da medida, já sentenciada, verifica-se o montante da sanção consubstanciada no *decisum* e verifica-se a ocorrência da prescrição em face do *quantum* da medida concretizada na sentença (*vg.* Seis meses de Prestação de Serviço à Comunidade prescreveriam em um ano).

Sobre a questão, são ilustrativas estas ementas:

APELAÇÃO. ESTATUTO DA CRIANÇA E DO ADOLESCENTE. ATO INFRACIONAL ANÁLOGO AO DELITO DO ARTIGO 180 *CAPUT* DO CÓDIGO PE-

---

172 TJRJ, HC 0079015-52.2019.8.19.0000, 4ª Câm. Crim., Rel. Des. Gizelda Leitão Teixeira, *DJe* 8-1-2020.

173 STF, HC 96.520/RS, 1ª T, Rel. Min. Carmen Lúcia, j. 24-3-2009.

174 *Adolescente e responsabilidade penal*: da indiferença à proteção integral. 5. ed. rev. e atual. Porto Alegre: Livraria do Advogado, 2016, p. 120.

PARTE V – DA PRÁTICA DO ATO INFRACIONAL

NAL. RECONHECIMENTO DA PRESCRIÇÃO DA MEDIDA SOCIOEDUCA-
TIVA. PROVIMENTO DO RECURSO. [...] Fixação da medida socioeducativa
de prestação de serviços à comunidade, pelo prazo de 3 (três) meses. Prescrição
das medidas socioeducativas. Enunciado 338 do Superior Tribunal de Justiça.
Medida socioeducativa com prazo determinado. Precedentes. Prescrição que se
verifica, nos termos do artigo 109 VI c/c artigos 110 § 1º e 115 do Código Penal.
Provimento do recurso. Unânime[175].

HABEAS CORPUS – PENAL – PROCESSO PENAL – ECA – ATO INFRACIO-
NAL ANÁLOGO AO DELITO DE DANO QUALIFICADO – MSE – DESCUM-
PRIMENTO – EXECUÇÃO PENAL – PRESCRIÇÃO DA PRETENSÃO EXECU-
TÓRIA – CONCESSÃO DA ORDEM. Não mais se controvertendo acerca do
caráter repressivo das MSE, o instituto da prescrição é aplicável aos atos infracionais, tratando-se de matéria hoje simulada no STJ (SÚMULA 338). No caso
concreto, foi aplicada ao adolescente a MSE de prestação de serviços à comunidade pelo prazo certo de 03 meses, tendo ocorrido o trânsito em julgado em
21/06/16. Assim, o Estado teria o prazo de 01 ano e 06 meses para promover a
devida execução da medida. Em razão do descumprimento da medida, houve a
conversão/regressão para a MSE de internação, o que ocorreu quando já ultrapassado o prazo supra referido. Extinção da MSE pela prescrição que se declara,
com a imediata liberdade do paciente[176].

Outros há que, embora defendam a incidência da prescrição sobre os processos
socioeducativos, não se utilizam dos prazos previstos no âmbito criminal para as
penas em abstrato, buscando no próprio Estatuto da Criança e do Adolescente o
parâmetro para o cálculo prescricional.

Essa linha é abraçada por Galdino Augusto Coelho Bordallo[177]:

> O Estatuto da Criança e do Adolescente é um microssistema, regulamentando
> de forma completa a proteção a estas pessoas em formação. Traz regras de vá-
> rios ramos do Direito, só se buscando regras nos Códigos nos pontos em que o
> ECA for omisso. Para o cálculo do prazo da prescrição da pretensão socioedu-
> cativa far-se-á uso do prazo máximo em abstrato de duração de uma medida
> socioeducativa, o prazo de 03 (três) anos determinado pelo art. 121, § 3º, ECA.
> Combinar-se-á esta regra com as dos arts. 109, IV, e 115, ambos do CP, encon-
> trando-se, assim, o prazo de 04 (quatro) anos, que será o da prescrição da pre-
> tensão socioeducativa. A pretensão executória será calculada levando-se em
> conta o prazo máximo de reavaliação da medida, que é o de 06 (seis) meses,
> determinado pelos arts. 118, § 2º, e 121, § 2º, ambos do ECA. Esta regra será

---

175 TJRJ, Apelação 0022606-74.2015.8.19.0007, 3ª Câm. Crim., Rel. Des. Antônio Carlos
Nascimento Amado, j. 8-10-2019.

176 TJRJ, HC 0004115-64.2020.8.19.0000, 1ª Câm. Crim., Rel. Des. Marcus Henrique
Pinto Basílio, j. 3-3-2020.

177 BORDALLO, Galdino Augusto Coelho. A prescrição da pretensão socioeducativa. *Revista do Ministério Público*, Rio de Janeiro, n. 22, jul./dez. 2005, p. 101.

1254 CURSO DE DIREITO DA CRIANÇA E DO ADOLESCENTE

combinada com os arts. 109, VI, e 115 do CP e encontraremos o prazo de 01 (um) ano. Se o Estado não iniciar a execução da medida socioeducativa aplicada na sentença neste prazo, prescreverá seu direito.

Nessa linha, vem o STJ consolidando seu posicionamento, como exemplificam as decisões a seguir transcritas:

> AGRAVO REGIMENTAL NO *HABEAS CORPUS*. ESTATUTO DA CRIANÇA E DO ADOLESCENTE. MEDIDA SOCIOEDUCATIVA. INTERNAÇÃO. PRESCRIÇÃO DA PRETENSÃO SOCIOEDUCATIVA. NÃO OCORRÊNCIA. SÚMULA N. 338/STJ. ATO INFRACIONAL ANÁLOGO AO DELITO DE TRÁFICO DE DROGAS. REITERAÇÃO DELITIVA. PERSISTÊNCIA EM SE FURTAR À INTERVENÇÃO SOCIOEDUCATIVA IMPOSTA. MEDIDA ADEQUADA. INEXISTÊNCIA DE CONSTRANGIMENTO ILEGAL. *WRIT* DO QUAL NÃO SE CONHECEU. DECISÃO MANTIDA. INSURGÊNCIA DESPROVIDA. 1. Na ausência de dispositivo regulador no ECA, aplicam-se as regras do Código Penal para aferir a ocorrência da prescrição quanto às medidas socioeducativas. Súmula 338/STJ. 2. Na esteira de entendimento firmado no âmbito desta Corte Superior, tratando-se de medida socioeducativa aplicada sem termo, o prazo prescricional deve ter como parâmetro a duração máxima da internação — 3 (três) anos. 3. Assim, deve-se considerar o lapso prescricional de 8 (oito) anos previsto no art. 109, inciso IV, do Código Penal, posteriormente reduzido pela metade em razão do disposto no artigo 115 do mesmo diploma legal, de maneira a restar fixado em 4 (quatro) anos. 4. Sendo incontroverso nos autos que a sentença de mérito transitou em julgado em 27/6/2018 (e-STJ fl. 214), verifica-se que não houve a ocorrência da prescrição pleiteada. [...] 9. Mantém-se a decisão singular que não conheceu do *habeas corpus*, por se afigurar manifestamente incabível, e não concedeu a ordem de ofício, em razão da ausência de constrangimento ilegal a ser sanado. 10. Agravo regimental desprovido.

> AGRAVO REGIMENTAL NO *HABEAS CORPUS*. ESTATUTO DA CRIANÇA E DO ADOLESCENTE. ATO INFRACIONAL ANÁLOGO AO CRIME DE TRÁFICO (ART. 33, *CAPUT*, DA LEI N. 11.343/2006). APLICAÇÃO DA MEDIDA SOCIOEDUCATIVA DE LIBERDADE ASSISTIDA. SÚMULA 338/STJ. PRAZO PRESCRICIONAL DA PRETENSÃO PUNITIVA RETROATIVA. 4 ANOS. NÃO OCORRÊNCIA. ENTENDIMENTO DISSONANTE DA JURISPRUDÊNCIA DESTA CORTE. 1. Resta assente nesta Corte Superior que "aplicada medida socioeducativa sem termo final, deve ser considerado o período máximo de 3 anos de duração da medida de internação, para o cálculo do prazo prescricional da pretensão socioeducativa" (AgRg no REsp 1.870.407/SC, rel. Ministro Sebastião Reis Júnior, Sexta Turma, *DJe* 23/11/2020). 2. Não transcorrido o lapso temporal de 4 anos, nos termos do art. 109, IV, c/c 115 do CP, desde o recebimento da representação, não houve a superveniência da prescrição da pretensão socioeducativa. 3. Agravo regimental improvido[178].

---

178 STJ, AgRg no HC 527.658/SP, 5ª T., Rel. Min. Jorge Mussi, *DJe* 16-3-2020; e STJ, AgRg no HC 778.991/SC, 5ª T., Rel. Min. Ribeiro Dantas, *DJe* 20-4-2023.

PARTE V – DA PRÁTICA DO ATO INFRACIONAL

Distinta posição é a que se alinha no sentido da inaplicabilidade do instituto da prescrição no direito infantojuvenil, em virtude da essência reeducadora das medidas que eleva a ressocialização do jovem ao patamar de dever jurídico do Estado, o qual não pode sofrer interrupção pelo decurso do tempo. Baseiam-se, ainda, os defensores dessa tese em que, não mais havendo interesse de agir, em face da evidenciada desnecessidade de imposição de medida socioeducativa ao adolescente, poderia o juiz deixar de aplicá-la, extinguindo o feito, sem julgamento do mérito.

Este é o ponto de vista defendido por Guaraci Vianna[179]:

> O caráter predominantemente reeducador das medidas previstas na Lei n. 8.069/90 faz com que o Estado tenha o dever de aplicá-las para preparar a pessoa humana para uma vida feliz e útil. [...] Trata-se, repita-se, de um dever do Estado e não existe a prescrição ou decadência de um dever jurídico. Destarte, somente quando não mais se mostrar necessário proteger ou socioeducar pode o Estado-Juiz deixar de aplicar medidas protetivas ou socioeducativas. Constatada essa circunstância, deixa-se de impor a medida ou de executá-la. Para isso inexiste lapso temporal predefinido. É uma constatação concreta caso a caso. [...] Da mesma forma, um processo só se justifica quando houver imperiosa necessidade de colher provas para julgar. Por vezes o extenso lapso temporal entre o fato e o julgamento ou entre qualquer dos dois e a execução da medida autoriza o *Non liquet*. Com maior razão ainda admite-se a não instauração do procedimento quando inexiste o legítimo interesse (ou seja, a necessidade e a utilidade) em impor medidas protetivas ou socioeducativas. A questão aqui não é de aplicação de prazo prescricional ou outro prazo e sim do desaparecimento do poder de julgar ou de impor medidas. [...] Os reflexos psicológicos de uma medida imposta desnecessariamente são notados a olhos vistos. Pode gerar reincidência, descontentamento, revolta etc. Assim, por todos os aspectos mostra-se ineficaz a imposição de medida quando esta é desnecessária. Há uma absoluta falta de interesse e não se deve reconhecer a prescrição, absolver ou julgar improcedente a pretensão socioeducativa e sim julgar extinto o processo, sem julgamento do mérito, na forma do art. 267, VI, do CPC, aplicável na espécie por força da norma de extensão contida no art. 152 da Lei n. 8.069/90.

Vale aduzir, na dicção de Eduardo R. Alcântara Del-Campo[180]:

> Sempre sustentamos a não aplicabilidade do instituto da prescrição penal em relação à prática infracional [...]. É um verdadeiro contrassenso fixar prazo para que o Estado exerça o dever de educar.

---

179 VIANNA, Guaraci. *Direito infantojuvenil*: teoria, prática e aspectos multidisciplinares. Rio de Janeiro: Freitas Bastos, 2004, p. 343-344.

180 DEL-CAMPO, Eduardo R. Alcântara. Art. 112. In: VERONESE, Josiane Rose Petry; SILVEIRA, Mayra; CURY, Munir (coord.). *Estatuto da Criança e do Adolescente comentado*: comentários jurídicos e sociais. 13. ed. rev. e atual. São Paulo: Malheiros, 2018, p. 783.

1256 CURSO DE DIREITO DA CRIANÇA E DO ADOLESCENTE

Certo é que, anteriormente à edição da Súmula 338 do STJ, havia diversas decisões nos tribunais estaduais com o posicionamento acima delineado, ou seja, não vislumbrando possibilidade de aplicação da prescrição penal à pretensão socioeducativa. É o que demonstram os seguintes julgados:

> APELAÇÃO – ECA – ATO INFRACIONAL ANÁLOGO AO ARTIGO 155, § 4º, IV, C/C 14, II, AMBOS DO CP – APLICAÇÃO DA FIGURA JURÍDICA DA PRESCRIÇÃO – IMPOSSIBILIDADE – PROVIMENTO AO APELO MINISTERIAL. Recurso interposto pelo *Parquet* face à sua irresignação ao julgamento do presente feito, onde entendeu o Magistrado *a quo* extinguir o processo ante a figura jurídica da prescrição, tendo em vista ter decorrido mais de 1 ano entre a data do fato e a prolação da referida sentença. Razão assiste ao Ministério Público porquanto tem a medida socioeducativa caráter pedagógico-protetivo, bem como pelo fato de ter o ECA como principal objetivo a reeducação do menor, com o propósito de reinseri-lo na sociedade, se mostrando incabível, ou até mesmo um contrassenso a aplicação do instituto da prescrição, até porque não foi a mesma prevista na legislação menorista. Por outro lado, mesmo que se acolhesse tal entendimento, *in casu*, não há que se falar em ocorrência de prescrição, porquanto, tratando-se de furto qualificado tentado, que comporta a imposição de medida socioeducativa de semiliberdade – cujo prazo de duração máxima é de 3 (três) anos, a teor de artigo 120, § 2º, c/c artigo 121, § 3º, da Lei n. 8.069/90, o lapso prescricional seria o de 4 (quatro) anos, com fulcro no artigo 109, IV, c/c artigo 115 do CP, e não de 1 (um) ano, como afirmado na sentença. Recurso a que se dá provimento[181].

> ECA – EXTINÇÃO DA PUNIBILIDADE – RECURSO MINISTERIAL – Os dispositivos constantes do Estatuto da Criança e do Adolescente se referem à aplicação de medida socioeducativa, e não a crime, razão por que não são passíveis de prescrição, justamente porque não se trata de pretensão punitiva, mas sim de caráter educativo. Recurso provido[182].

> ESTATUTO DA CRIANÇA E DO ADOLESCENTE. PRELIMINAR. PRESCRIÇÃO. INAPLICABILIDADE. Não se fala em prescrição nos procedimentos afetos ao Estatuto da Criança e do Adolescente, pois além de inexistir cominação neste sentido, tal codificação não tem caráter punitivo-retributivo, mas, sim, ressocializante, protetivo e educativo. [...] Preliminar rejeitada, por maioria. No mérito, apelo desprovido por unanimidade[183].

É de ser realçado que, mesmo após a publicação do verbete n. 338 da súmula do STJ, algumas decisões no âmbito da justiça estadual mantiveram-se firmes na direção da especificidade do Direito da Criança e do Adolescente, como aqui se vê:

---

181 TJRJ, Apelação 2003.100.00291, 2ª Câm. Crim., Rel. Des. Elizabeth Gregory, j. 19-8-2004.

182 TJRJ, Apelação 2003.100.00292, 8ª Câm. Crim., Rel. Des. Valmir Ribeiro, j. 4-3-2004.

183 TJRS, Apelação Cível 70008979361, 7ª Câm. Cív., Rel. Des. José Carlos Teixeira Giorgis, j. 13-7-2005.

PARTE V – DA PRÁTICA DO ATO INFRACIONAL

HABEAS CORPUS. PRESCRIÇÃO. INOCORRÊNCIA. DESCUMPRIMENTO DA MEDIDA SOCIOEDUCATIVA DE PRESTAÇÃO DE SERVIÇOS À COMUNIDADE, SUBSTITUIÇÃO POR MEDIDA DE SEMILIBERDADE. POSSIBILIDADE. ARTIGO 113, COMBINADO COM 99 E 100 DA LEI 8.069/90. APLICAÇÃO DE MEDIDA DE SEMILIBERDADE AO MAIOR DE 18 ANOS E MENOR DE 21 ANOS. POSSIBILIDADE. OBSERVÂNCIA DO ARTIGO 120, § 2º, COMBINADO COM ARTIGO 121, § 5º, AMBOS DA LEI 8.069/90. A MEDIDA SOCIOEDUCATIVA POSSUI COMO OBJETIVO PRINCIPAL A RESSOCIALIZAÇÃO E RECUPERAÇÃO DO ADOLESCENTE. ORDEM DENEGADA. [...][184].

HABEAS CORPUS – PRESCRIÇÃO – PRETENSÃO PUNITIVA EM PERSPECTIVA AO TEMPO DE CUMPRIMENTO DA MEDIDA SOCIOEDUCATIVA APLICÁVEL AO MENOR INFRATOR – INSTITUTO INAPLICÁVEL AOS MENORES. A prescrição do ato infracional está sujeita tão somente às diretivas do art. 2º, § único c/c art. 121, §3º e §5º, do Estatuto da Criança e do Adolescente, não sendo possível a aplicação do instituto por não haver punibilidade a ser extinta pelo decurso de prazo, mas apenas um sistema de proteção, de natureza pedagógica, buscando os meios de recuperação social que só cessa aos vinte e um anos. Denegado o *"Habeas Corpus"*[185].

HABEAS CORPUS. ATO INFRACIONAL ANÁLOGO AO CRIME PREVISTO NO ARTIGO 129, *CAPUT*, DO CÓDIGO PENAL. Representação oferecida em 26-8-2009. A ora impetrante pleiteia a prescrição e consequentemente a extinção da pretensão estatal para aplicação de medidas socioeducativas. Consultando o sistema informatizado deste Tribunal, constata-se que foi designada audiência de apresentação em continuação no dia 13/06. As ora pacientes, adolescentes como pessoas em desenvolvimento, que cometeram ato infracional análogo ao crime de lesão corporal, portanto, necessitam de medidas socioeducativas, com caráter protetivo e educacional, objetivando suas ressocializações. Cabe ao Estado o dever de proporcionar às jovens infratoras resposta pedagógica-protetiva, bem como a reeducação das menores, com o propósito de reinseri-las na sociedade, mostrando-se, dessa forma, um contrassenso a aplicação do instituto da prescrição, em face de não ter sido prevista na legislação menorista. O legislador não previu a incidência do instituto de prescrição, devendo prevalecer nos casos envolvendo a Justiça da Infância e da Juventude. Ordem denegada[186].

Como já se viu por mais de uma vez no presente estudo, a Lei n. 8.069/90, a par de prever uma série de garantias aos adolescentes autores de ato infracional,

---

184 TJRJ, HC 0030950-75.2009.8.19.0000, 6ª Câm. Crim., Rel. Des. Guaraci de Campos Vianna, j. 19-5-2009.

185 TJMG, HC 1.0000.10.040515-8/000, 1ª Câm. Crim., Rel. Des. Judimar Biber, j. 21-9-2010.

186 TJRJ, HC 0018073-98.2012.8.19.0000, 8ª Câm. Crim., Rel. Des. Suely Lopes Magalhães j. 23-5-2012.

não se descurou em lhes assegurar uma organização peculiar de responsabilização. O fato de não se estabelecer prazos predeterminados para as medidas socioeducativas em função do ato infracional praticado, o de permitir que a representação seja distribuída independentemente de prova pré-constituída da autoria e da materialidade e o da previsão do instituto da remissão cumulada com a aplicação de medida são apenas alguns exemplos dessa opção legislativa.

Destarte, também aqui se considera que **o sistema estatutário não precisa se socorrer da previsão normativa penal**[187].

A extinção da pretensão socioeducativa tem causa diversa e o que ocorre é de fácil compreensão: o aspecto a ser contabilizado é, exclusivamente, o relativo ao desenvolvimento biológico do jovem, porque esta foi a determinação legal ao impor sua liberação aos 21 anos de idade. O critério eleito foi outro e a preocupação legislativa se dirigiu tão somente à permeabilidade do adolescente aos efeitos da medida socioeducativa, como já se viu em outros momentos do presente estudo (itens 1.1. e 4.3, b.1).

É interessante lembrar que, mesmo na seara penal, também existem causas de extinção da punibilidade diferentes da prescrição (art. 107 do CP).

O Estatuto da Criança e do Adolescente, desde as suas disposições preliminares, enfatiza a indispensabilidade de que o exegeta leve em conta a condição peculiar do adolescente como pessoa em desenvolvimento (art. 6º do ECA).

Portanto, além de não estabelecer qualquer previsão temporal diversa daquela do art. 121, § 5º, quanto ao marco extintivo do processo socioeducativo, imantou no intérprete o escopo de adoção de todos os instrumentos cabíveis para a reintegração do jovem em conflito com a lei na sociedade, respeitada a sua capacidade de absorção das providências pedagógicas. Não haveria, assim, como o operador do direito ultrapassar o limite fixado legalmente, criando uma forma de contagem de prazo a partir de paradigmas colhidos em sede penal.

Esse tratamento, em que pese diferenciado, **não se apresenta como mais gravoso que o destinado aos adultos**, para os quais não há, por exemplo, limite de

---

187 É de registrar que Mário Luiz Ramidoff sustentou a proposta de cancelamento da Súmula 338 do STJ, exatamente em face da "autonomia epistemológica" do Direito da Criança e do Adolescente: "Insofismavelmente, o Direito da Criança e do Adolescente constituído por sistemas integrados e de proteção possui autonomia epistemológica e se distingue no ordenamento jurídico brasileiro dos demais ramos e campos jurídico--legais. [...] Portanto, o tratamento jurídico-legal destinado ao ato infracional, bem como às medidas socioeducativas devem ser completamente distintos daqueles destinados respectivamente aos crimes e às sanções penais, pois o Direito da Criança e do Adolescente não se constitui num subsistema jurídico-legal do Direito Penal e/ou mesmo do Direito Processual Penal". RAMIDOFF, Mário Luiz. Súmula 338, do Superior Tribunal de Justiça: reflexões. Disponível em: <http://www.crianca.mppr.mp.br/arquivos/File/politica_socioeducativa/doutrina/Prescricao_e_ato_infracional.pdf>. Acesso em: 26 out. 2021.

PARTE V – DA PRÁTICA DO ATO INFRACIONAL

idade a fulminar a pretensão punitiva estatal. Tanto é assim que, no sistema estabelecido pelo Estatuto, não há que se falar em causas suspensivas ou interruptivas da prescrição.

Ademais, *o critério biológico pressupõe que até a idade de 21 anos as medidas socioeducativas conseguem atingir os seus destinatários*, promovendo a sua ressocialização. Assim, em se configurando, na prática, a desnecessidade ou a inutilidade de aguardar-se a idade limite, em virtude de o caso concreto apresentar-se, com o decurso do tempo, em dissonância com a pressuposição teórica, haverá a perda do objeto do processo socioeducativo. Nesta situação, restará ao julgador o instrumento da extinção do feito.

O art. 46 da Lei do Sinase elencou as seguintes causas de extinção da medida socioeducativa: morte do adolescente; realização da sua finalidade; aplicação de pena privativa de liberdade; doença grave que torne o adolescente incapaz de submeter-se ao seu cumprimento. O inciso V do referido artigo remeteu o intérprete a outras hipóteses previstas em lei. Certamente pretendeu o legislador se referir àquelas previstas no Estatuto da Criança e do Adolescente, a exemplo dos prazos estabelecidos nos §§ 3º e 5º do art. 121 deste diploma legal.

A autonomia do Direito Infracional em relação ao Direito Penal foi bem salientada por Bruna Mello de Miranda[188]:

> Se o Direito Infracional não é ainda capaz de atender aos objetivos pedagógicos a que se propõe, e se a sua operacionalidade se contamina e se pauta pelo sistema penal, eis um problema a ser encarado com mais seriedade do que propondo a sua aniquilação. Até porque a razão de ser do Estatuto da Criança e do Adolescente no mundo jurídico é justamente o afastamento da aplicação do Código Penal no âmbito em que se restringe. [...] A corroborar a natureza jurídica pedagógica da medida socioeducativa, temos como uma das causas de extinção a *realização de sua finalidade*, qual seja educativa (art. 46, II). Ao contrário da lógica do sistema penal, que determina como punição determinado período de cumprimento da pena para cada conduta ilícita, no sistema socioeducativo, esse período é único para qualquer conduta, porque o escopo é pedagógico. [...] É ilação imperativa que o Direito Infracional não há de ser interpretado como extensão do Direito Penal, ou como seu conteúdo. É, tantas vezes se repetiu neste artigo, ramo automaticamente autônomo (itálico do original).

Observa-se que a Lei n. 12.594/2012, ao não contemplar a prescrição e prever a realização da finalidade da medida como causa de sua extinção, corroborou o entendimento acima exposto no sentido de que o **critério biológico do art. 121, §**

---

188 MIRANDA, Bruna Mello de. A medida socioeducativa como especificidade: uma desvinculação do direito penal. *Revista de Direito da Infância e da Juventude*, Publicação oficial da ABMP, São Paulo: Revista dos Tribunais, ano 1, v. 2, p. 203-231, jul./dez. 2013.

5°, do ECA, aliado à perquirição quanto à necessidade e utilidade do processo socioeducativo, são os únicos fatores aos quais está atrelado o julgador na matéria infracional.

Em atenção ao presente tema, vale trazer os comentários de Digiácomo[189], acerca da Lei do Sinase:

> A "Lei do Sinase" perdeu a oportunidade de fazer expressa menção à "prescrição da pretensão socioeducativa", embora esta já venha sendo reconhecida pelos Tribunais e seja, inclusive, objeto da Súmula n. 338, do Superior Tribunal de Justiça (que no entanto faz referência à aplicação da *"prescrição penal"* às medidas socioeducativas). A análise da matéria, no entanto, não deve se resumir à pura e simples aplicação da prescrição penal aos procedimentos para apuração de ato infracional praticados por adolescente, em razão da natureza jurídica diversa da medida socioeducativa em relação à pena, que torna também inadequada a correlação entre a quantidade (ou qualidade) de pena prevista pela Lei Penal e a medida socioeducativa a ser aplicada. Consoante já mencionado, importante não perder de vista que o prolongado decurso do tempo acarreta a *perda do caráter socioeducativo da medida*, e por força do disposto nos arts. 1°, 3° e 6°, da Lei n. 8.069/90, é necessário interpretar a lei (e a própria Súmula n. 338, do STJ) sempre da forma mais benéfica ao adolescente, inclusive de modo a evitar que o mesmo receba um tratamento mais rigoroso do que receberia caso fosse imputável (sob pena, inclusive, de violação do *princípio elementar* contido no art. 35, inciso I, da Lei n. 12.594/2012). Dessa forma, os procedimentos para apuração de ato infracional devem tramitar da forma mais *célere e prioritária* possível (em observância do disposto no art. 4°, *caput* e par. único, alínea "b", da Lei n. 8.069/90), de modo que entre a prática do ato infracional e o início do cumprimento da medida socioeducativa (se for o caso), decorra o *menor período de tempo possível*. A demora na resposta socioeducativa *faz desaparecer o caráter pedagógico da medida*, acarretando a *"perda da pretensão socioeducativa estatal"* e autorizando a extinção e o subsequente arquivamento do procedimento independentemente do advento de qualquer prazo prescricional, porém tal solução deve ser analisada caso a caso, consideradas as normas e princípios próprios do Direito da Criança e do Adolescente, sem que para tanto tenha de ser invocada a Lei Penal, salvo para aplicação do já mencionado princípio, segundo o qual o adolescente não pode receber um tratamento mais rigoroso do que receberia se imputável fosse. Para o Direito da Criança e do Adolescente, a aplicação da medida socioeducativa somente se justifica se o adolescente dela *realmente necessitar*, assim consideradas suas necessidades pedagógicas *atuais* (razão pela qual é sempre possível substituir as medidas originalmente aplicadas umas pelas outras ou mesmo decretar sua extinção, tão logo tenham surtido os resultados almejados – cf. arts. 99 c/c 113 e 121, § 2°, da Lei n. 8.069/90), e uma medida aplicada após decorrido um prolongado decurso de tempo perde por

---

189 DIGIÁCOMO, Eduardo. *O SINASE (Lei n. 12.594/12) em perguntas e respostas*. São Paulo: Ixtlan, 2016, p. 92-95.

PARTE V – DA PRÁTICA DO ATO INFRACIONAL

completo sua finalidade pedagógica, razão pela qual a "perda da pretensão socioeducativa", como resultado do decurso do tempo, em regra ocorrerá *antes mesmo da fluência de eventual lapso prescricional penal*, sendo certo que a análise da necessidade ou não da instauração do procedimento, assim como da aplicação de uma ou mais medidas socioeducativas, deve ocorrer *caso a caso*, consideradas as peculiaridades de *cada adolescente*, e não em razão de uma simples "operação matemática" que pode mesmo resultar em prejuízos ao adolescente no caso em concreto (caso se entenda, por exemplo, que enquanto não atingido o prazo prescricional a aplicação e/ou execução da medida teria necessariamente de ocorrer), contribuindo para aplicação e execução de medidas que, a rigor, não mais seriam *necessárias*, dadas as condições pessoais, familiares e sociais do adolescente individualmente considerado. Destarte, é preciso ir *além* da simples aplicação "matemática" da prescrição penal aos procedimentos para apuração de ato infracional praticados por adolescentes, devendo os parâmetros traçados pela Lei Penal para a incidência da prescrição ser considerados o "limite extremo" da aplicação e execução da medida socioeducativa em razão de uma determinada conduta infracional, nada impedindo que, antes mesmo do advento do prazo respectivo, se chegue à conclusão que o adolescente não mais necessita de qualquer intervenção socioeducativa e, em razão disso, o feito seja extinto, quer em razão do reconhecimento expresso da "perda do caráter socioeducativo", quer mediante a concessão de remissão em sua forma de "perdão puro e simples" (itálicos do original).

Sobre a questão da medida que esteja sendo cumprida por jovem maior de 18 anos que venha a responder por processo criminal a Lei do Sinase, no § 1º do art. 46, facultou à autoridade judiciária decidir sobre a possibilidade de extinção da execução (sobre a questão, consulte também o item 5.1.3).

Quanto à previsão do § 2º do mencionado art. 46, referente ao desconto do prazo de prisão cautelar do período de cumprimento de medida socioeducativa, *vide* o tópico 5.7.2.a.

REFERÊNCIAS

ALMEIDA, Júlio Alfredo de. Regressão por descumprimento de medida socioeducativa ajustada em sede de remissão. Disponível em: <http://web.mpal.mp.br/>. Acesso em: 17 jul. 2020.

ALVES, Roberto Barbosa. *Direito da infância e da juventude* – Coleção Curso e Concurso. 5. ed. São Paulo: Saraiva, 2010.

BORDALLO, Galdino Augusto Coelho. A prescrição da pretensão socioeducativa. *Revista do Ministério Público*, Rio de Janeiro, n. 22, p. 81-103, jul./dez. 2005.

CARVALHO, Pedro Caetano de. Art. 175. In: VERONESE, Josiane Rose Petry; SILVEIRA, Mayra; CURY, Munir (coord.). *Estatuto da Criança e do Adolescente comentado*: comentários jurídicos e sociais. 13. ed. rev. e atual. São Paulo: Malheiros, 2018.

COSTA, Ana Paula Motta. *As garantias processuais e o direito penal juvenil como limite na aplicação da medida socioeducativa de internação*. Porto Alegre: Livraria do Advogado, 2005.

COSTA, Epaminondas da. *Inexigibilidade de representação para a aplicação da chamada internação-sanção e devido processo legal*. Tese apresentada pelo promotor de justiça do Estado de Minas Gerais no XVI Congresso Nacional do Ministério Público "Ministério Público e Justiça Social. Em defesa da ética e dos direitos fundamentais". Belo Horizonte, 2005.

COSTA, Tarcísio José Martins. *Estatuto da Criança e do Adolescente comentado*. Belo Horizonte: Del Rey, 2004.

CUNHA, Rodrigo Cezar Medina da. A aplicação de medidas socioeducativas cumuladas à remissão e a impossibilidade de regressão dessas medidas para semiliberdade e internação. *Boletim Informativo do 4º Centro de Apoio Operacional às Promotorias de Justiça da Infância e Juventude do Estado do Rio de Janeiro*, n. 3, ano I, set. 2006.

CURY, Munir; MARÇURA, Jurandir Norberto; PAULA, Paulo Afonso Garrido de. *Estatuto da Criança e do Adolescente anotado*. 3. ed. rev. e atual. São Paulo: Revista dos Tribunais, 2002.

D'ANDREA, Giuliano. *Noções de direito da criança e do adolescente*. Florianópolis: OAB/SC, 2005.

DEL-CAMPO, Eduardo R. Alcântara. Art. 112. In: VERONESE, Josiane Rose Petry; SILVEIRA, Mayra; CURY, Munir (coord.). *Estatuto da Criança e do Adolescente comentado*: comentários jurídicos e sociais. 13. ed. rev. e atual. São Paulo: Malheiros, 2018.

DIGIÁCOMO, Eduardo. *O Sinase (Lei n. 12.594/12) em perguntas e respostas*. São Paulo: Ixtlan, 2016.

DIGIÁCOMO, Murillo José. O Conselho Tutelar e o adolescente em conflito com a lei. Disponível em: <https://site.mppr.mp.br/sites/hotsites/arquivos_restritos/files/documento/2023-01/conselho_tutelar_e_adolescente_em_conflito_com_a_lei.pdf>. Acesso em: 9 out. 2024.

DIGIÁCOMO, Murillo José. Criança acusada da prática de ato infracional: como proceder. Disponível em: <https://site.mppr.mp.br/sites/hotsites/arquivos_restritos/files/documento/2023-01/criancaacusadadapraticadeatoinfracional.pdf>. Acesso em: 4 out. 2024.

DIGIÁCOMO, Murillo José. Ato infracional. Breves considerações sobre o art. 122, inciso III, da Lei n. 8.069/90. Disponível em: <www.mp.pr.gov.br> (Centros de Apoio – Criança e Adolescente – Doutrina – Ato Infracional) Acesso em: 15 jul. 2020.

DIGIÁCOMO, Murillo José. *Procedimento para apuração de ato infracional*. Disponível em: <http://www.crianca.mppr.mp.br/modules/conteudo/conteudo.php?conteudo=1661>. Acesso em: 14 set. 2021.

PARTE V – DA PRÁTICA DO ATO INFRACIONAL

DIGIÁCOMO, Murillo José. Consulta: Sinase: remissão ministerial e formação de autos de execução. Disponível em: <http://www.crianca.mppr.mp.br/pagina-1832.html>. Acesso em 17 jul. 2020.

DIGIÁCOMO, Murillo José; DIGIÁCOMO, Ildeara Amorim. *Estatuto da Criança e do Adolescente anotado e interpretado*. 8. ed. Curitiba: Centro de Apoio Operacional das Promotorias da Criança e do Adolescente/MPPR, 2020. Disponível em: <https://www.cedca.pr.gov.br/sites/cedca/arquivos_restritos/files/documento/2021-10/eca_anotado_2020_8ed_mppr.pdf>. Acesso em: 15 out. 2024.

FERNANDES, Márcio Mothé. *Ação socioeducativa pública*. 2. ed. rev., ampl. e atual. Rio de Janeiro: Lumen Juris, 2002.

FERREIRA, Luiz Antonio Miguel. *O Estatuto da Criança e do Adolescente e o professor*: reflexos na sua formação e atuação. São Paulo: Cortez, 2008.

FERRER, Flávia. A medida socioeducativa de internação e o tráfico de entorpecentes: uma interpretação conforme a Constituição. *Revista do Ministério Público*, Rio de Janeiro, n. 20, jul./dez. 2004.

FREITAS, Ana Maria Gonçalves. Art. 119. In: VERONESE, Josiane Rose Petry; SILVEIRA, Mayra; CURY, Munir (coord.). *Estatuto da Criança e do Adolescente comentado*: comentários jurídicos e sociais. 13. ed. rev. e atual. São Paulo: Malheiros, 2018.

GARCIA, Emerson. A coexistência de absolutas prioridades e o sistema brasileiro de proteção à infância e à juventude. Disponível em: < https://www.mprj.mp.br/documents/20184/1904621/Emerson_Garcia.pdf>. Acesso em: 4 out. 2024.

GOMES, Luiz Flávio. Nova Lei de Drogas: descriminalização da posse de drogas para consumo pessoal. Disponível em: < https://www.migalhas.com.br/depeso/33969/nova-lei-de-drogas--descriminalizacao-da-posse-de-drogas-para--consumo-pessoal>. Acesso em: 11 out. 2024.

GOMES, Luiz Flávio. Maioridade civil aos 18 anos não afeta a validade do ECA Disponível em: <https://www.conjur.com.br/2003-jan-13/maioridade_civil_aos_18_anos_nao_afeta_validade_eca>. Acesso em: 4 out. 2024.

HOUAISS, Antônio; VILLAR, Mauro de Salles. *Dicionário Houaiss da língua portuguesa*. 1ª reimpressão com alterações. Rio de Janeiro: Objetiva, 2004.

ISHIDA, Válter Kenji. *Estatuto da Criança e do Adolescente*: doutrina e jurisprudência. 25. ed. rev., atual. e ampl. São Paulo: JusPodivm, 2024.

KONZEN, Afonso Armando. *Pertinência socioeducativa*: reflexões sobre a natureza jurídica das medidas. Porto Alegre: Livraria do Advogado, 2005.

LIBERATI, Wilson Donizeti. *Comentários ao Estatuto da Criança e do Adolescente*. 12. ed. rev. e ampl. de acordo com a Lei 13.058, de 22.12.2014. São Paulo: Malheiros, 2015.

MARÇURA, Jurandir Norberto. Art. 171. In: VERONESE, Josiane Rose Petry; SILVEIRA, Mayra; CURY, Munir (coord.). *Estatuto da Criança e do Adolescente comentado*: comentários jurídicos e sociais. 13. ed. rev. e atual. São Paulo: Malheiros, 2018.

MARÇURA, Jurandir Norberto. Art. 174. In: VERONESE, Josiane Rose Petry; SILVEIRA, Mayra; CURY, Munir (coord.). *Estatuto da Criança e do Adolescente comentado*: comentários jurídicos e sociais. 13. ed. rev. e atual. São Paulo: Malheiros, 2018.

MARÇURA, Jurandir Norberto. Art. 180. In: VERONESE, Josiane Rose Petry; SILVEIRA, Mayra; CURY, Munir (coord.). *Estatuto da Criança e do Adolescente comentado*: comentários jurídicos e sociais. 13. ed. rev. e atual. São Paulo: Malheiros, 2018.

MIRANDA, Bruna Mello de. A medida socioeducativa como especificidade: uma desvinculação do Direito Penal. *Revista de Direito da Infância e da Juventude,* Publicação oficial da ABMP, São Paulo: Revista dos Tribunais, ano 1, v. 2, p. 203-231, jul./dez. 2013.

MORAES, Rodrigo Iennaco. Abrandamento jurídico-penal da "posse de droga ilícita para consumo pessoal" na Lei n. 11.343/2006: primeiras impressões quanto à não ocorrência de "abolitio criminis". Disponível em: <https://jus.com.br/artigos/8868/abrandamento-juridico-penal-da-posse-de-droga--ilicita-para-consumo-pessoal-na-lei-n-11-343-2006>. Acesso em: 11 out. 2024.

PADOVANI, Andréa Sandoval; RISTUM, Marilena. A escola como caminho socioeducativo para adolescentes privados de liberdade. *Educação Pesquisa*, São Paulo, v. 39, n. 4, p. 969-984, out./dez. 2013. Disponível em: <http://www.revistas.usp.br/ep/article/view/73060/76622>. Acesso em: 4 out. 2024.

PAULA, Paulo Afonso Garrido de. Art. 182. In: VERONESE, Josiane Rose Petry; SILVEIRA, Mayra; CURY, Munir (coord.). *Estatuto da Criança e do Adolescente comentado*: comentários jurídicos e sociais. 13. ed. rev. e atual. São Paulo: Malheiros, 2018.

PAULA, Paulo Afonso Garrido de. Art. 183. In: VERONESE, Josiane Rose Petry; SILVEIRA, Mayra; CURY, Munir (coord.). *Estatuto da Criança e do Adolescente comentado*: comentários jurídicos e sociais. 13. ed. rev. e atual. São Paulo: Malheiros, 2018.

PAULO JUNIOR, José Marinho. As condições – genéricas e específica – para legítimo exercício da ação socioeducativa. *Revista do Ministério Público*, Rio de Janeiro, n. 22, jul./dez. 2005.

PRADE, Péricles. Art. 111. In: VERONESE, Josiane Rose Petry; SILVEIRA, Mayra; CURY, Munir (coord.). *Estatuto da Criança e do Adolescente comentado*: comentários jurídicos e sociais. 13. ed. rev. e atual. São Paulo: Malheiros, 2018.

PARTE V – DA PRÁTICA DO ATO INFRACIONAL

RAMIDOFF, Mário Luiz. *Sinase – Sistema Nacional de Atendimento Socioeducativo*: comentários à Lei n. 12.594, de 18 de janeiro de 2012. 2. ed. São Paulo: Saraiva, 2017.

RAMIDOFF, Mário Luiz. Súmula 338, do Superior Tribunal de Justiça: reflexões. Disponível em: <http://www.crianca.mppr.mp.br/arquivos/File/politica_socioeducativa/doutrina/Prescricao_e_ato_infracional.pdf>. Acesso em: 22 jul. 2020.

RIZZINI, Irene; SPOSATI, Aldaíza; OLIVEIRA, Antônio Carlos de. *Adolescências, direitos e medidas socioeducativas em meio aberto*. São Paulo: Cortez, 2019.

ROSSATO, Luciano Alves; LÉPORE, Paulo Eduardo. *Estatuto da Criança e do Adolescente*: Comentado artigo por artigo. 14. ed. São Paulo: JusPodivm, 2024.

SARAIVA, João Batista Costa. *Direito penal juvenil*: adolescente e ato infracional. Garantias processuais e medidas socioeducativas. 2. ed. rev. e ampl. Porto Alegre: Livraria do Advogado, 2002.

SARAIVA, João Batista Costa. *Adolescente em conflito com a lei*: da indiferença à proteção integral. Uma abordagem sobre a responsabilidade penal juvenil. 3. ed. rev. e ampl. Porto Alegre: Livraria do Advogado, 2009.

SARAIVA, João Batista Costa. *Compêndio de direito penal juvenil*: adolescente e ato infracional. 4. ed. rev. e ampl. Porto Alegre: Livraria do Advogado, 2010.

SARAIVA, João Batista Costa. O superior interesse: o menor, a criança, a lei e os tribunais. *Revista de Direito da Infância e da Juventude,* Publicação oficial da ABMP, São Paulo: Revista dos Tribunais, ano 1, v. 2, p. 57-68, jul./dez. 2013.

SARAIVA, João Batista Costa. *Adolescente e responsabilidade penal*: da indiferença à proteção integral. 5. ed. rev. e atual. Porto Alegre: Livraria do Advogado, 2016.

SILVA, Antônio Fernando Amaral e. O mito da imputabilidade penal e o Estatuto da Criança e do Adolescente. *Âmbito Jurídico*, set. 1998. Disponível em: < https://ambitojuridico.com.br/o-mito-da-imputabilidade-penal-e-o-estatuto-da-crianca-e-do-adolescente/>. Acesso em: 9 out. 2024.

SILVA, Davi André Costa. Art. 28 da Lei n. 11.343/2006: do tratamento diferenciado dado ao usuário de drogas: medida despenalizadora mista. Disponível em: <https://jus.com.br/artigos/8949/art-28-da-lei-n-11-343-06>. Acesso em: 14 set. 2021.

SIMÕES, Fernando Henrique de Freitas; FIGUEIREDO, Neto Picanço de; CAMPOS, Yone da Cruz Martins de. Desafios da intervenção do Ministério Público no atendimento socioeducativo em meio aberto em São Paulo – Capital. In: SARRUBBO, Mario Luiz; ROMANO, Michel Betenjane; MONTEIRO, Mirella de Carvalho Bauzys; RIVITTI, Renata Lucia Mota Lima de Oliveira (coord.). *Ministério Público estratégico*: direitos da criança e do adolescente. São Paulo: Foco, 2023.

SIQUEIRA NETO, Lélio Ferraz de; SILVA, André Pascoal da; CAMPANA, Eduardo M.; ARAÚJO, Fernando Henrique de Moraes. *Manual prático das Promotorias de Justiça da Infância e Juventude*. São Paulo: MPSP, 2012. v. I.

SOARES, Vinícius Efraym Siqueira Lopes; SANTIAGO, Alcylanna Nunes Teixeira Santiago. Justiça Terapêutica: origem e aplicação. *Documentação e Memória*, Recife, v. 6, n. 12, p. 27-40, jul./dez. 2021. Disponível em: <https://portal.tjpe.jus.br/documents/97401/2914457/2_RDM12_VINICIUS_EFRAYM_e_ALCYLANNA_NUNES.pdf/d373bdaa-130e-4060-1e85-ccf144fbaf02>. Acesso em: 15 out. 2024.

SOUZA, Jadir Cirqueira de. *Refém da violência escolar*: como reagir? Centro de Aperfeiçoamento Funcional do MPMG, Belo Horizonte-MG, p. 1-45, 1º ago. 2007. Disponível em: <https://silo.tips/download/refem-da-violencia-escolar--como-reagir>. Acesso em: 4 out. 2024.

TAVARES, José de Farias. *Comentários ao Estatuto da Criança e do Adolescente*. 8. ed. rev., ampl. e atual. de acordo com as leis correlatas. Rio de Janeiro: Forense, 2012.

TRENNEPOHL, Anna Karina Omena Vasconcellos; FERREIRA, Eduardo Dias de Souza. A atuação do Ministério Público na discussão sobre o momento da oitiva de adolescente infrator em juízo e o atual entendimento dos Tribunais Superiores. *Revista Acadêmica Escola Superior do Ministério Público do Ceará*, ano 15, v. 2, jul./dez. 2023. Disponível em: <https://revistaacademica.mpce.mp.br/revista/article/view/341/212>. Acesso em: 28 out. 2024.

VALENTE, José Jacob. *Estatuto da Criança e do Adolescente*: apuração do ato infracional à luz da jurisprudência. 2. ed. São Paulo: Atlas, 2005.

VIANNA, Guaraci. *Direito infantojuvenil*: teoria, prática e aspectos multidisciplinares. Rio de Janeiro: Freitas Bastos, 2004.

VOLPE FILHO, Clovis Alberto. Considerações pontuais sobre a nova Lei Antidrogas (Lei n. 11.343/2006) Parte I. Disponível em: <https://www.direitonet.com.br/artigos/exibir/2868/Consideracoes-pontuais-sobre-a-nova-Lei-Antidrogas--Lei-no-11343-2006-Parte-I>. Acesso em: 11 out. 2024.

WINNICOTT, Donald W. *Privação e delinquência*. 3. ed. 2. tir. São Paulo: Martins Fontes, 2002.

ZAFFARONI, Raul. Art. 206. In: VERONESE, Josiane Rose Petry; SILVEIRA, Mayra; CURY, Munir (coord.). *Estatuto da Criança e do Adolescente comentado*: comentários jurídicos e sociais. 13. ed. rev. e atual. São Paulo: Malheiros, 2018.

ZAMORA, Maria Helena (org.). *Para além das grades*: elementos para a transformação do sistema socioeducativo. Rio de Janeiro: PUC-Rio; São Paulo: Loyola, 2005.

Parte VI
Da Infiltração de Agentes de Polícia para a Investigação de Crimes contra a Dignidade Sexual de Criança e de Adolescente

Da infiltração de agentes de polícia para a investigação de crimes contra a dignidade sexual de criança e de adolescente

Cláudia Canto Condack

Art. 190-A. A infiltração de agentes de polícia na internet com o fim de investigar os crimes previstos nos arts. 240, 241, 241-A, 241-B, 241-C e 241-D desta Lei e nos arts. 154-A, 217-A, 218, 218-A e 218-B do Decreto-Lei n. 2.848, de 7 de dezembro de 1940 (Código Penal), obedecerá às seguintes regras:

I – será precedida de autorização judicial devidamente circunstanciada e fundamentada, que estabelecerá os limites da infiltração para obtenção de prova, ouvido o Ministério Público;

II – dar-se-á mediante requerimento do Ministério Público ou representação de delegado de polícia e conterá a demonstração de sua necessidade, o alcance das tarefas dos policiais, os nomes ou apelidos das pessoas investigadas e, quando possível, os dados de conexão ou cadastrais que permitam a identificação dessas pessoas;

III – não poderá exceder o prazo de 90 (noventa) dias, sem prejuízo de eventuais renovações, desde que o total não exceda a 720 (setecentos e vinte) dias e seja demonstrada sua efetiva necessidade, a critério da autoridade judicial.

§ 1º A autoridade judicial e o Ministério Público poderão requisitar relatórios parciais da operação de infiltração antes do término do prazo de que trata o inciso II do § 1º deste artigo.

§ 2º Para efeitos do disposto no inciso I do § 1º deste artigo, consideram-se:

I – dados de conexão: informações referentes a hora, data, início, término, duração, endereço de Protocolo de Internet (IP) utilizado e terminal de origem da conexão;

II – dados cadastrais: informações referentes a nome e endereço de assinante ou de usuário registrado ou autenticado para a conexão a quem endereço de IP, identificação de usuário ou código de acesso tenha sido atribuído no momento da conexão.

§ 3º A infiltração de agentes de polícia na internet não será admitida se a prova puder ser obtida por outros meios.

Art. 190-B. As informações da operação de infiltração serão encaminhadas diretamente ao juiz responsável pela autorização da medida, que zelará por seu sigilo.

Parágrafo único. Antes da conclusão da operação, o acesso aos autos será reservado ao juiz, ao Ministério Público e ao delegado de polícia responsável pela operação, com o objetivo de garantir o sigilo das investigações.

Art. 190-C. Não comete crime o policial que oculta a sua identidade para, por meio da internet, colher indícios de autoria e materialidade dos crimes previstos nos arts. 240, 241, 241-A, 241-B, 241-C e 241-D desta Lei e nos arts. 154-A, 217-A, 218, 218-A e 218-B do Decreto-Lei n. 2.848, de 7 de dezembro de 1940 (Código Penal).

Parágrafo único. O agente policial infiltrado que deixar de observar a estrita finalidade da investigação responderá pelos excessos praticados.

Art. 190-D. Os órgãos de registro e cadastro público poderão incluir nos bancos de dados próprios, mediante procedimento sigiloso e requisição da autoridade judicial, as informações necessárias à efetividade da identidade fictícia criada.

Parágrafo único. O procedimento sigiloso de que trata esta Seção será numerado e tombado em livro específico.

Art. 190-E. Concluída a investigação, todos os atos eletrônicos praticados durante a operação deverão ser registrados, gravados, armazenados e encaminhados ao juiz e ao Ministério Público, juntamente com relatório circunstanciado.

Parágrafo único. Os atos eletrônicos registrados citados no caput deste artigo serão reunidos em autos apartados e apensados ao processo criminal juntamente com o inquérito policial, assegurando-se a preservação da identidade do agente policial infiltrado e a intimidade das crianças e dos adolescentes envolvidos.

A seção V-A, incluída no Estatuto da Criança e do Adolescente pela Lei n. 13.441/2017, prevê, como meio de prova na apuração dos crimes nela elencados, em rol taxativo, a utilização de infiltração de agentes, método já previsto no ordenamento jurídico desde a Lei n. 12.850/2013, que define as organizações criminosas e dispõe sobre sua investigação. Seu escopo é permitir que policiais se integrem a ambientes virtuais, nos quais aludidos crimes ocorrem, como a *deep web* e a *dark web*, identificando *modus operandi*, captando provas e, em última análise, identificando os autores dos delitos. A prova documental carreada durante a missão servirá ao conjunto probatório destinado a concorrer para a condenação, no bojo da ação penal que venha a ser deflagrada a partir do material coletado por este e em outros meios de prova, seja em inquérito policial (IP) ou procedimento investigatório (PIC), a cargo do Ministério Público.

PARTE VI – DA INFILTRAÇÃO DE AGENTES DE POLÍCIA PARA A INVESTIGAÇÃO DE CRIMES CONTRA... 1271

Em qualquer caso, porém, a infiltração será ato privativo de agentes de polícia e deverá ser precedida de autorização judicial, ouvido o *Parquet* (inciso I), ocasião em que se delimitarão os alvos, o alcance das tarefas delegadas ao policial, bem como outras referências que permitam sua identificação, a partir do codinome e dados de conexão que utilize (inciso II e § 2º). O prazo máximo será de 90 (noventa) dias, renováveis até o limite de 720 (setecentos e vinte), desde que comprovada sua efetiva necessidade e imprescindibilidade (inciso III), requisito, aliás, indispensável desde a autorização inicial (§ 3º), nos moldes do que ocorre, igualmente, com a interceptação telefônica, prevista na Lei n. 9.296/96.

A competência para processar a cautelar que autorize a medida será do mesmo juízo, em regra criminal, destinatário da ação penal que venha a ser depois ajuizada, com base na prova aqui amealhada. Para outros comentários acerca do processo e julgamento de crimes contra criança e adolescente, *vide* comentários ao art. 226 dessa Lei. Ao cabo da apuração, os autos e registros eletrônicos da apuração serão encaminhados ao juiz e membro do Ministério Público que nele oficiaram, acompanhados de relatório circunstanciado, a serem apensados à ação penal que daí se origine. Não obstante o levantamento do sigilo após o oferecimento da denúncia, serão preservados os dados do policial infiltrado e das vítimas, crianças e adolescentes envolvidas (art. 190-E). Por esse motivo, não nos parece possível a utilização do testemunho do policial como prova durante a instrução probatória[1].

No curso da infiltração, cujo prazo limite está previsto no inciso III (há erro material na referência feita ao inciso pelo § 1º), o juiz ou membro do Ministério Público poderá determinar a vinda de relatórios parciais, para avaliar o progresso da medida. O membro ministerial será, em regra, o Promotor de Justiça, para os pedidos veiculados em primeira instância, salvo quando haja, dentre os alvos, detentor de foro por prerrogativa de função, caso em que a cautelar será conduzida pelo Tribunal respectivo.

Assim como outras medidas sigilosas, a infiltração correrá em autos com segredo de justiça, visando o resguardo à intimidade e privacidade dos envolvidos (art. 5º, X, da CF), até que se identifiquem os responsáveis pelos crimes e seja deflagrada a competente ação penal (art. 190-B).

A regra do art. 190-C é redundante, posto que, se autorizada judicialmente a infiltração, por óbvio que o policial nesta missão não praticará crime, ante a incidência de excludente de ilicitude, no caso o estrito cumprimento de dever legal (art. 23, III, do CP)[2]. No mesmo sentido, a ressalva do parágrafo único, quanto à punição de eventuais excessos, igualmente já encontra previsão na regra geral do

---

1   Em sentido diverso: NUCCI, Guilherme de Souza. *Estatuto da Criança e do Adolescente comentado*. 5. ed. rev., atual. e reform. Rio de Janeiro: Forense, 2021, p. 681.

2   No mesmo sentido: ISHIDA, Válter Kenji. *Estatuto da Criança e do Adolescente*: doutrina e jurisprudência. 25. ed. rev., atual. e ampl. São Paulo: Juspodivm, 2024, p. 768-769.

parágrafo único do mesmo art. 23 do diploma repressivo. Apenas um registro: no curso de apuração regularmente destinada à investigação dos crimes enumerados no *caput* do art. 190-A, caso se revelem indícios relacionados a delito diverso, deve o policial sinalizar o fato em seu relatório, permitindo que a prova seja regularmente aproveitada e, assim, emprestada a outro procedimento, já em curso ou que se instaure, ante a notícia da ocorrência de infrações penais diversas daquelas aqui apuradas[3].

O art. 190-D prevê, ainda, a criação de banco de dados sigiloso, destinado a reunir informações sobre agentes infiltrados na web, contendo suas alcunhas e outras referências, que atuem na apuração de crimes relacionados à vitimização de crianças e adolescentes.

REFERÊNCIAS

ISHIDA, Válter Kenji. *Estatuto da Criança e do Adolescente*: doutrina e jurisprudência. 25. ed. rev., atual. e ampl. São Paulo: JusPodivm, 2024.

NUCCI, Guilherme de Souza. *Estatuto da Criança e do Adolescente comentado*. 5. ed. rev., atual. e reform. Rio de Janeiro: Forense, 2021.

---

3   NUCCI, Guilherme de Souza. Op. cit., p. 684.

Parte VII
Dos Crimes

Parte VII

Dos Crimes

Dos crimes

Cláudia Canto Condack

1. INTRODUÇÃO

Neste capítulo, o Estatuto da Criança e do Adolescente segue o modelo de incluir a previsão de infrações penais também em diplomas da legislação extravagante, embora o próprio diploma repressivo já contemplasse, antes mesmo da edição do Estatuto, infrações penais vitimizando especificamente crianças e adolescentes[1]. Em outros dispositivos, a especial condição de criança ou adolescente do sujeito passivo já justificava a criação de tipos derivados, incidindo o agente, nestes casos, na sanção penal prevista para a figura qualificada do crime[2]. Por fim, naqueles delitos comuns, onde não figurem especificamente como sujeitos passivos, resta a incidência da agravante genérica do art. 61, II, *h*, neste caso apenas quando praticado o crime contra criança, ficando o adolescente excluído da previsão contida na parte geral, impedindo assim a incidência da circunstância nesta última hipótese, pela vedação de analogia *in malam partem*.

Ante tal contexto legislativo, impende fazer coro à parte da doutrina, na crítica ao fenômeno de pulverização de tipos penais em diversos diplomas legais, desconstruindo a necessária sistematização da legislação penal, transformada em verdadei-

---

1 *Vide* arts. 123, 133, 134, 135, 136, 173, 217-A, 218, 218-A, 218-B, 243, 244, 245, 246, 247, 248 e 249 do Código Penal.
2 *Vide* arts. 121, § 4º; 122, parágrafo único, II; 126, parágrafo único; 129, § 7º; 148, § 1º, IV; 149, § 2º, I; 159, § 1º; 203, § 2º; 213, § 1º; 216-A, § 2º; 227, § 1º; 230, § 1º; 231, § 2º, I, 231-A, § 2º, I, 288, parágrafo único, do Código Penal.

1276 CURSO DE DIREITO DA CRIANÇA E DO ADOLESCENTE

ra colcha de retalhos[3], fato, contudo, que não afasta a inegável necessidade de tutela, na seara penal, dos superiores interesses da infanto adolescência.

2. DISPOSIÇÕES GERAIS

> *Art. 225.* Este Capítulo dispõe sobre crimes praticados contra a criança e o adolescente, por ação ou omissão, sem prejuízo do disposto na legislação penal.

O dispositivo em exame é, inegavelmente, de uma total superfluidade. Isso porque, na sua primeira parte, declara do que trata o capítulo, quando essa conclusão deriva da simples leitura dos tipos penais que se seguem ou mesmo do próprio contexto legislativo onde tais infrações foram inseridas[4]. A seguir, esclarece a plena vigência da legislação penal, quando se sabe que sua inaplicabilidade dependeria de dispositivo expresso nesse sentido, inexistente no Estatuto. Ademais, havendo conflito aparente entre infração penal do Estatuto e outra do Código Penal, a solução virá, como regra, da aplicação do princípio da especialidade, que manda incidir a norma especial, quando contenha ela todos os elementos da norma geral, além de outros, denominados especializantes, sendo, por isso, hierarquicamente superior, prevalecendo. Assim, a norma estatutária, por agregar elementos próprios à hipótese normativa geral, prevista no diploma repressivo, seja para agravar ou atenuar a punição, em regra prevaleceria, ainda que no silêncio do legislador.

> *Art. 226.* Aplicam-se aos crimes definidos nesta Lei as normas da Parte Geral do Código Penal e, quanto ao processo, as pertinentes ao Código de Processo Penal.
>
> § 1º Aos crimes cometidos contra a criança e o adolescente, independentemente da pena prevista, não se aplica a Lei n. 9.099, de 26 de setembro de 1995. (Incluído pela Lei n. 14.344, de 2022)
>
> § 2º Nos casos de violência doméstica e familiar contra a criança e o adolescente, é vedada a aplicação de penas de cesta básica ou de outras de prestação pecuniária, bem como a substituição de pena que implique o pagamento isolado de multa. (Incluído pela Lei n. 14.344, de 2022)

O dispositivo repete a regra geral contida nos arts. 12 do Código Penal e 1º do Código de Processo Penal, que preveem a aplicação das normas gerais de direito substantivo, bem como aquelas do direito adjetivo, aos crimes previstos em leis especiais[5]. Apenas aos demais procedimentos regulados pelo ECA dar-se-á a apli-

---

3   Crítica lançada por Renato Cramer Peixoto, apud FRANCO, Alberto Silva *et al. Leis penais especiais e sua interpretação jurisprudencial.* 7. ed. São Paulo: Revista dos Tribunais, 2002, v. 1, p. 525.

4   *Vide* art. 5º do Estatuto.

5   Veja-se, em especial, o art. 111, V, do Código Penal, que estabelece o marco inicial de prescrição dos crimes praticados contra criança ou adolescente a partir da data em que

PARTE VII – DOS CRIMES

cação meramente subsidiária da legislação processual, nos termos do disposto no seu art. 152.

Relativamente à questão da competência para processo e julgamento dos crimes previstos no ECA ou quaisquer outros que vitimizem crianças e adolescentes, essa nos parece ser sempre da vara criminal da comarca do fato, seja pela aplicação da regra geral acima referida, seja pela inexistência, no Estatuto, de qualquer dispositivo que outorgue, ao Juízo especializado, a apreciação da matéria criminal[6], como se constata da leitura do art. 148[7]. A alteração introduzida pela Lei n. 14.344, de 24 de maio de 2022, conhecida como Lei Henry Borel, exclui expressamente a competência dos Juizados Especiais para os crimes que vitimizem criança ou adolescente, quaisquer que sejam os limites de pena impostos. Ainda a ratificar esse entendimento, temos o Provimento n. 165/2024 do CNJ, que institui o Código de Normas Nacional da Corregedoria Nacional de Justiça e prevê, no Título I, Capítulo I, destinado ao aprimoramento das Varas da Infância e Juventude, especificamente no seu artigo 62, inciso II que se *"evitem, onde não houver vara exclusiva da Infância e Juventude e sempre que possível, a cumulação de sua competência com a de uma vara Criminal"* (grifo nosso).

Veja-se, ainda, o disposto no art. 23 da Lei n. 13.431, de 4 de abril de 2017, que indica a competência *preferencial* dos Juizados de Violência Doméstica, *até que se criem Varas ou Juizados especializados em crimes contra a criança e adolescente*, o que, de toda sorte, dependerá de disposição nesse sentido, nos Códigos de Organização Judiciária de cada Estado[8].

O § 2º, introduzido pela mesma Lei n. 14.344/2022, impôs restrição à aplicação de penas substitutivas, previstas no rol do art. 43 do Código Penal, aos crimes praticados em situação de violência doméstica ou familiar contra criança ou ado-

---

completem 18 anos. A propósito do tema, registre-se a edição da Lei n. 13.431/2017, que estabelece o sistema de garantia de direitos da criança e adolescente vítima ou testemunha de crime. No mesmo sentido, a Resolução n. 20/2005 do ECOSOC (Conselho Econômico e Social das Nações Unidas), a Resolução n. 299/2019 do CNJ e a Resolução n. 287/2024 do CNMP.

6 Admitindo a competência do Juízo da Infância e Adolescência: LIBERATI, Wilson Donizeti. *Comentários ao Estatuto da Criança e do Adolescente.* 12. ed. rev. e ampl. de acordo com a Lei 13.058, de 22.12.2014. São Paulo: Malheiros, 2015, p. 286.

7 A Lei n. 6.956, de 13 de janeiro de 2015, que dispõe sobre a organização e divisão judiciárias do Estado do Rio de Janeiro, igualmente outorga aos juízos de direito criminais a competência para processar e julgar ações penais em geral, ressalvando apenas a competência da Vara de Execuções Penais (art. 53, I, *a*), bem como exclui qualquer referência ao processo e julgamento dos crimes previstos no Estatuto do rol de competências dos juízes de direito da infância, juventude e idoso (art. 51).

8 Neste sentido: ISHIDA, Válter Kenji. *Estatuto da Criança e do Adolescente:* doutrina e jurisprudência. 25. ed. rev., atual. e ampl. São Paulo: JusPodivm, 2024, p. 901, e o CC 182.534/RS do STJ.

1278 CURSO DE DIREITO DA CRIANÇA E DO ADOLESCENTE

lescente, assim identificados pelo art. 2º da Lei, vedando-lhes a aplicação daquelas de caráter exclusivamente pecuniário.

> *Art. 227.* Os crimes definidos nesta Lei são de ação pública incondicionada.

Sendo dever do Estado assegurar o respeito aos direitos da criança e do adolescente, nos termos do art. 227 da CF, coerente é que a ação penal pelos crimes previstos no ECA seja de iniciativa do Ministério Público, a quem incumbe não só promover, privativamente, a ação pública, nos termos dos arts. 129, I, da CF, e 100, § 1º, do Código Penal, mas também zelar, por força do art. 129, II, da CF, pela efetiva tutela dos direitos assegurados constitucionalmente, o que se faz, reflexamente, pela punição daqueles que pratiquem condutas atentatórias aos interesses consagrados no ECA e nele incriminados[9].

A atribuição para conhecer de inquérito policial ou peça de informação que traga notícia de crime contra criança ou adolescente deve ser do promotor de justiça com atribuição criminal, cabendo àquele que funcione em Juízo da Infância e Juventude encaminhar-lhe os autos ou papéis nos quais se noticie a existência de infração penal prevista na legislação comum ou extravagante. No Ministério Público do Estado do Rio de Janeiro, a Resolução GPGJ n. 786, de 2 de dezembro de 1997, que estabelece as atribuições das Promotorias de Justiça em matéria criminal, outorga, no seu art. 2º, inciso I, às Promotorias de Investigação Penal, a atribuição para promover, *lato sensu,* a ação penal pública, ressalvando apenas a atribuição das Promotorias de Justiça perante a Auditoria da Justiça Militar e das Promotorias de Justiça junto às Varas Criminais[10].

> *Art. 227-A.* Os efeitos da condenação prevista no inciso I do *caput* do art. 92 do Decreto-lei n. 2.848, de 7 de dezembro de 1940 (Código Penal), para os crimes previstos nesta Lei, praticados por servidores públicos com abuso de autoridade, são condicionados à ocorrência de reincidência.
>
> Parágrafo único. A perda do cargo, do mandato ou da função, nesse caso, independerá da pena aplicada na reincidência. (*Incluído pela Lei n. 13.869, de 5-9-2019.*)

---

9   *Vide* art. 201, VII, do Estatuto.

10 Relativamente à possibilidade de membro do Ministério Público conduzir diretamente as diligências investigatórias, veja-se a jurisprudência favorável do STJ, a exemplo do EDcl no AgRg nos EDcl no RHC 119.297/SC, bem como o teor de sua Súmula 234. No STF, foi firmada a tese de repercussão geral referente ao Tema 990, no seguinte sentido: É constitucional o compartilhamento dos relatórios de inteligência financeira da UIF e da íntegra do procedimento fiscalizatório da Receita Federal do Brasil, que define o lançamento do tributo, com os órgãos de persecução penal para fins criminais, sem a obrigatoriedade de prévia autorização judicial, devendo ser resguardado o sigilo das informações em procedimentos formalmente instaurados e sujeitos a posterior controle jurisdicional. O CNMP regulamentou, por meio da Resolução n. 181, de 7-8-2017, a instauração e tramitação de procedimentos investigatórios criminais (PIC) pelo Ministério Público.

PARTE VII – DOS CRIMES

Trata-se de dispositivo introduzido pela Lei n. 13.869/2019, que disciplina os crimes de abuso de autoridade, e, assim, passa a limitar a perda do cargo, mandato ou função, como efeito da condenação pelos crimes previstos no Estatuto, aos casos de réu reincidente (art. 63 do Código Penal). O parágrafo único esclarece que a perda do cargo ocorrerá sem prejuízo do aumento de pena derivado da reincidência (art. 61, I, do Código Penal).

3. DOS CRIMES EM ESPÉCIE

3.1. Omissão do registro de atividades ou do fornecimento da declaração de nascimento

> *Art. 228.* Deixar o encarregado de serviço ou o dirigente de estabelecimento de atenção à saúde de gestante de manter registro das atividades desenvolvidas, na forma e prazo referidos no art. 10 desta Lei, bem como de fornecer à parturiente ou a seu responsável, por ocasião da alta médica, declaração de nascimento, onde constem as intercorrências do parto e do desenvolvimento do neonato:
>
> Pena – detenção de seis meses a dois anos.
>
> Parágrafo único. Se o crime é culposo:
>
> Pena – detenção de dois a seis meses, ou multa.

A conduta delituosa em exame deriva da desobediência aos preceitos do art. 10, I e IV, que obrigam hospitais e demais estabelecimentos de atenção à saúde da gestante a manterem registro das atividades desenvolvidas, pelo prazo de 18 anos, ainda que neles não se realize o parto, bem como a fornecerem declaração de nascimento, contendo as intercorrências do parto e informações relativas ao neonato, tudo no escopo de viabilizar o regular desenvolvimento da gestação e do recém--nascido, que terá seu prontuário individualizado, desde o período de gestação, dando assim concretude ao seu direito fundamental à vida e à saúde.

Trata-se de delito próprio, imputável apenas a quem ostente a qualidade de encarregado de serviço ou dirigente do estabelecimento de atenção à saúde da gestante, assim entendido o centro hospitalar ou qualquer outro equipamento de saúde, público ou particular. A identificação, porém, daquele que tenha a incumbência de manter, em prontuários individuais e pelo prazo de 18 anos, o registro das atividades desenvolvidas e de fornecer a declaração de nascimento é vaga, podendo, em tese, recair no médico, no enfermeiro-chefe ou em empregado burocrático. Da mesma maneira, imprecisa é a indicação de quem seja, pela lei, considerado dirigente do estabelecimento, para fins de imputação da conduta típica, podendo-se pensar no diretor-médico, no diretor-geral ou no diretor-administrativo. Por tudo isso, parece clara a violação, nesse e em outros tipos penais do Estatuto, ao princípio da taxatividade (*nullum crimen nulla poena sine lege certa*), decorrência do princípio da legalidade, de clara conotação constitucional[11].

---

11 Vejam-se, a propósito, as críticas em FRANCO, Alberto Silva *et al.* Op. cit., p. 527.

1280   CURSO DE DIREITO DA CRIANÇA E DO ADOLESCENTE

Relativamente ao sujeito passivo, temos que o Estado figurará sempre no polo passivo de forma mediata, seja por deter o monopólio na aplicação da lei, o que o alça à condição de lesado toda vez que ela seja infringida, seja porque a Carta Magna outorgou-lhe dever especial de tutela dos direitos da criança e do adolescente. Nesse contexto, parece também lógico reconhecer que a criança ou o adolescente igualmente figurarão no polo passivo de todos os delitos, porém de forma imediata, posto ser justamente a ofensa ou atentado a seus direitos e interesses, o que justificou a inserção, na lei especial, de capítulo destinado ao tratamento da matéria criminal[12]. A genitora, que se pode supor também lesada pela omissão no registro das atividades desenvolvidas durante e após o parto, nos termos do art. 10, I, acima referido, não pode, porém, exigir a declaração de nascimento prevista no inciso IV do mesmo dispositivo, quando, por exemplo, abandone o neonato para que seja colocado em família substituta. É que aludido documento deve ser entregue a quem incumba acompanhar o desenvolvimento da criança, tendo finalidade distinta da atestação a que alude o art. 52, § 1º, da Lei n. 6.015/73, destinada ao Cartório do Registro Civil[13].

Sendo o verbo nuclear do tipo caracterizador de conduta omissiva própria, costuma-se negar a possibilidade de tentativa, ao argumento de que não se pode fracionar a inação. Ou o sujeito age e não há crime ou se omite e ele estará consumado, independentemente da produção de resultado, posto que os crimes omissivos próprios são sempre de mera conduta, não possuindo resultado naturalístico como produto possível da ação omitida. Derivam unicamente da omissão de um dever de agir, imposto normativamente. Assim, o crime só se consumaria quando vencido o momento adequado à realização do registro das atividades desenvolvidas ou quando concedida a alta médica, sem o fornecimento da declaração de nascimento. Enquanto se possa dizer possível a realização das condutas mandadas, não se pode falar em início de ação típica de crime e, portanto, em fato penalmente relevante.

O delito comporta previsão, tanto na modalidade dolosa quanto na culposa.

A competência, para todos os crimes que vitimizem criança ou adolescente, sejam os do Estatuto, previstos em outras leis extravagantes ou ainda no Códi-

---

12   A doutrina penal se refere ao Estado como o sujeito passivo formal dos crimes e ao titular do bem jurídico ofendido como o sujeito passivo material. *Vide,* por todos, GOMES, Luiz Flávio. *Direito penal:* parte geral. São Paulo: Revista dos Tribunais, 2004, v. 3, p. 97-98.

13   *Vide* REsp 1.698.726/RJ do STJ. A 9ª Câmara do Tribunal de Alçada Criminal de São Paulo, julgando o Recurso de Apelação 812.615/0, entendeu não configurado o crime na hipótese de não fornecimento da declaração à mãe que abandonou o recém-nascido no hospital (apud ISHIDA, Válter Kenji. Op. cit., p. 917-918). Incluindo a genitora no polo passivo do crime: Felício Pontes Jr. em CURY, Munir (coord.). *Estatuto da Criança e do Adolescente comentado*: comentários jurídicos e sociais. 13. ed. São Paulo: Malheiros, 2018, p. 1381.

PARTE VII – DOS CRIMES

1281

go Penal, será do Juízo criminal, nos termos da regra do art. 226, § 1º, acima comentada.

3.2. Omissão de identificação do neonato e da parturiente ou de realização de exames necessários

> *Art. 229.* Deixar o médico, enfermeiro ou dirigente de estabelecimento de atenção à saúde de gestante de identificar corretamente o neonato e a parturiente, por ocasião do parto, bem como deixar de proceder aos exames referidos no art. 10 desta Lei:
>
> Pena – detenção de seis meses a dois anos.
>
> Parágrafo único. Se o crime é culposo:
>
> Pena – detenção de dois a seis meses, ou multa.

O Estatuto prossegue tratando das condutas atentatórias à vida e à saúde da gestante e do neonato, impondo ao médico, enfermeiro ou dirigente de estabelecimento de saúde a obrigação de realizar os procedimentos previstos nos incisos II e III do art. 10 da lei.

Trata-se de crime próprio, imputável apenas àqueles que ostentem as qualidades exigidas pelo tipo penal. Assim, relativamente à primeira conduta típica, que consiste na omissão de identificação do neonato e da parturiente, podem figurar como sujeitos ativos do crime quaisquer das pessoas nele elencadas, a saber, o médico, enfermeiro ou dirigente do estabelecimento, valendo também aqui as observações relativas à imprecisão na indicação de quem seja o autor do delito, feitas nos comentários ao art. 228. Quanto à segunda modalidade típica, parece-nos que, embora somente o médico possa indicar exames de diagnóstico e terapia de anormalidades do neonato, podem o enfermeiro ou dirigente deixar de proceder ou autorizar tais exames, por meio do desatendimento à solicitação do médico. Assim, se pode o dirigente figurar como autor do crime de omissão na identificação da gestante ou neonato, não vemos motivo para excluí-lo do rol de sujeitos desta segunda figura delituosa[14].

A simples ausência, porém, de identificação da gestante ou do neonato, ou ainda de realização dos exames previstos em lei, não conduz, automaticamente, à punição desses agentes. Isso porque o direito penal contemporâneo já não mais se coaduna com a responsabilidade objetiva, derivada do simples advento do resultado típico, exigindo-se que o agente tenha obrado com dolo ou culpa. É a consagração do princípio *nullum crimen sine culpa*[15]. Sem a demonstração dos elementos

---

14   Em sentido contrário, FRANCO, Alberto Silva *et al.* Op. cit., p. 528.

15   "[...] o princípio da culpabilidade impõe a *subjetividade* da responsabilidade penal. Não cabe, em direito penal, uma responsabilidade objetiva, derivada tão só de uma associação causal entre a conduta e um resultado de lesão ou perigo para um bem ju-

caracterizadores de uma dessas duas formas de atuar típico, imperiosa será a decretação de atipicidade do fato, não por ausência de tipicidade objetiva, mas pela ausência de seu correspondente subjetivo, sem o qual a ação humana, desconsiderado o conteúdo da vontade, daria origem a um processo causal "cego". Com essa conceituação, o finalismo assume a ação em sua unidade final-causal, abandonando a cisão entre os aspectos objetivo e subjetivo, típica do causalismo[16].

A par da verificação da indispensável atuação dolosa ou culposa do agente, cabe também aqui discorrer sobre a possibilidade de coautoria ou participação em delito omissivo, como é o caso do dispositivo em exame. Nilo Batista decreta a impunidade do terceiro não obrigado à ação exigida pelo tipo, recusando a possibilidade de coautoria, ao argumento de que a falta de ação retira o pressuposto fundamental da coautoria, que é a divisão de trabalho. Relativamente à autoria mediata, se terceiro impede a realização da ação mandada por parte do obrigado, deve responder pelo crime, segundo afirma, a título de autoria direta por ação[17]. Caso não ostente os requisitos objetivo-pessoais de autoria exigidos pelo tipo, deve ficar impune, em respeito à opção legislativa que estabeleceu restrições à qualidade do autor punível dessa modalidade delituosa. Por fim, nega igualmente a participação, em qualquer de suas formas, de instigação ou cumplicidade, posto que representam, em última análise, uma dissuasão ao nada[18]. Juarez Tavares perfila igual entendimento, ao decretar o descabimento de concurso de pessoas nos crimes omissivos, uma vez que só será autor de crime omissivo próprio quem esteja apto a agir em determinada situação típica ou, nos omissivos impróprios, quando tenha condições de afastar o perigo e uma vinculação especial para com a vítima[19].

Em sentido contrário é o entendimento de Cezar Bitencourt e Rogério Greco, ante a possibilidade, ventilada pelos autores, de divisão de trabalho na coautoria em crime omissivo, quando duas pessoas igualmente obrigadas, deixem, de comum acordo, de realizar a ação mandada. Rogério Greco reconhece que a teoria do do-

---

rídico" (BATISTA, Nilo. *Introdução crítica ao direito penal brasileiro*. 10. ed. Rio de Janeiro: Revan, 2005, p. 104). Veja-se também em BITENCOURT, Cezar Roberto. *Tratado de direito penal*. Parte geral. 10. ed. São Paulo: Saraiva, 2006, v. 1, p. 20-21.

16 "A decomposição analítica das categorias constitutivas do conceito de ação demonstra uma estrutura *psicológico-causal*: a dimensão psicológica compreende a estrutura *subjetiva* da conduta e a dimensão causal compreende a estrutura *objetiva* da ação. [...] A estrutura *subjetiva* da ação é a *diretriz* que informa a sua estrutura *objetiva*, conferindo unidade à dimensão causal do seu conceito: constitui o *projeto de ação*" (SANTOS, Juarez Cirino dos. *Direito penal:* a nova parte geral. Rio de Janeiro: Forense, 1985, p. 57).

17 Hipótese de crime omissivo por comissão. Veja-se o conceito em CAPEZ, Fernando. *Curso de direito penal*. Parte geral. 10. ed. São Paulo: Saraiva, 2006, v. 1, p. 143.

18 BATISTA, Nilo. *Concurso de agentes*. 3. ed. Rio de Janeiro: Lumen Juris, 2005, p. 84-94.

19 TAVARES, Juarez. *As controvérsias em torno dos crimes omissivos*. Rio de Janeiro: Instituto Latino-Americano de Cooperação Penal, 1996, p. 85-86.

PARTE VII – DOS CRIMES

1283

mínio final do fato não se aplica aos crimes omissivos, como assevera Nilo Batista, mas isso, segundo ele, não impediria a coautoria, havendo entre os agentes vínculo psicológico. De acordo com Cezar Bitencourt, o comando, que é comum aos coautores do crime omissivo, seria equivalente à proibição nos crimes de ação[20]. Da mesma forma vislumbram a possibilidade de participação, por meio da instigação, para que o autor deixe de fazer aquilo a que está obrigado por lei. Neste particular, estão acompanhados de Fernando Capez, que, citando Aníbal Bruno, aceita a participação em crime omissivo próprio ou impróprio, tanto nas modalidades de induzimento, instigação e auxílio. Cezar Bitencourt adverte, porém, que a participação moral, por induzimento ou instigação, aqui se dará sempre por uma atividade positiva, já que não se pode instigar por meio da omissão, pela absoluta ineficácia causal dessa inatividade[21]. Assim, poderia o sujeito figurar como partícipe em crime omissivo toda vez que não ostentasse as qualidades necessárias para figurar como autor direto nem possuísse o domínio final do fato.

Relativamente à competência e ao descabimento de tentativa no delito em exame, reportamo-nos ao quanto já foi dito antes, nos comentários ao art. 228.

3.3. Privação ilegal da liberdade de criança ou adolescente

> *Art. 230.* Privar a criança ou o adolescente de sua liberdade, procedendo à sua apreensão sem estar em flagrante de ato infracional ou inexistindo ordem escrita da autoridade judiciária competente:
> Pena – detenção de seis meses a dois anos.
> Parágrafo único. Incide na mesma pena aquele que procede à apreensão sem observância das formalidades legais.

O ECA parte, nesse dispositivo, para a tutela da liberdade do adolescente, direito fundamental de qualquer pessoa, previsto na cláusula pétrea do *caput* e inciso LXI do art. 5º da CF, sancionando sua apreensão fora das hipóteses previstas no art. 106[22]. Note-se que a criança não deveria figurar como sujeito passivo do crime, na medida em que não pode, em hipótese alguma, ser apreendida, nem pela prática de ato infracional, tampouco por ordem de autoridade judiciária, condutas legais ao que sugere, *a contrario sensu*, o tipo[23]. Veja-se o art. 105, que a sujeita apenas às

---

20 BITENCOURT, Cezar Roberto. Op. cit., p. 529-531; GRECO, Rogério. *Curso de direito penal.* Parte geral. 7. ed. Rio de Janeiro: Impetus, 2006, p. 511.

21 CAPEZ, Fernando. Op. cit., p. 351; BITENCOURT, Cezar Roberto. Op. cit., p. 529-531; GRECO, Rogério. Op. cit., p. 512-513.

22 A respeito da execução de medidas socioeducativas por adolescentes em conflito com a lei, veja-se a Lei n. 12.594/2012, que institui o Sistema Nacional de Atendimento Socioeducativo (Sinase).

23 Em sentido contrário: DIGIÁCOMO, Murilo José e DIGIÁCOMO, Ildeara de Amorim. *Estatuto da Criança e do Adolescente comentado.* 8. ed. Curitiba: Ministério Público do

medidas protetivas do art. 101, incumbindo ao Conselho Tutelar o seu atendimento, nos termos do art. 136, I. Isso, claro, sem prejuízo de que a autoridade policial prenda, apreenda ou conduza investigação acerca da participação de terceiros, imputáveis ou adolescentes, no ato infracional envolvendo a criança, que, de toda sorte deve ser, repita-se, encaminhada ao Conselho Tutelar. Assim, parece-nos que a privação de liberdade de criança configurará crime comum, previsto no art. 148, § 1º, IV, do diploma repressivo e não o delito em exame.

A doutrina costuma classificá-lo como crime comum[24], embora seja forçoso concluir que a presença das condicionantes típicas da figura ora em comento, aptas a reunir, portanto, os elementos de convicção necessários para conferir justa causa à ação penal, só se dará caso o agente realize a "apreensão" ilegal do adolescente, o que só nos parece possível por parte daquele que possa, *a contrario sensu*, realizar sua apreensão legal, a saber, quem detenha a qualidade de agente da autoridade pública[25]. Do contrário, insistimos em que, assim como acontece com a privação de liberdade de criança, neste caso, qualquer que seja a situação, a apreensão de adolescente, quando inexistente o flagrante de ato infracional ou a ordem escrita da autoridade competente, por quem não detenha a qualidade exigida pelo tipo, configurará o crime de sequestro ou cárcere privado.

No conflito aparente entre a norma do art. 230 e as infrações penais previstas na Lei n. 13.869/2019, que hoje regula os crimes de abuso de autoridade, em especial a do art. 9º, parece claro que, aplicado o princípio da especialidade, prevalece a norma estatutária, que contém todos os elementos da norma geral, mais alguns, denominados especializantes, sendo, portanto, hierarquicamente superior a esta, ainda que, no caso concreto, estipule penas inferiores à hipótese abstrata geral. Não se trata de revogação, como sustentaram alguns autores ao tempo da vigência da Lei n. 4.898/65[26], na medida em que a norma geral continua em vigor, para regular todas as demais condutas delituosas não previstas na norma especial. A questão

---

Estado do Paraná. Centro de Apoio Operacional das Promotorias da Criança e do Adolescente, 2020, p. 429.

24 ISHIDA, Válter Kenji. Op. cit., p. 920; LIBERATI, Wilson Donizeti. Op. cit., p. 230; CERQUEIRA, Thales Tácito Pontes Luz de Pádua. *Manual do Estatuto da Criança e do Adolescente*. São Paulo: Premier Máxima, 2005, p. 475; FRANCO, Alberto Silva *et al*. Op. cit., p. 529.

25 "Pratica o delito do art. 230, do Estatuto da Criança e do Adolescente, o delegado de polícia que, desmunido de ordem judicial, priva de liberdade menor de treze anos, a pretexto de obter informações do mesmo retirando-o da escola onde assistia aula e o obrigando a acompanhá-lo em diligência para apontar a casa de parentes supostamente envolvidos na preparação de crime de homicídio" (TACRIM-SP, AC 800.161, Rel. Haroldo Luz, apud FRANCO, Alberto Silva *et al*. Op. cit., p. 530).

26 MARÇURA, Jurandir Norberto; CURY, Munir; DE PAULA, Paulo Affonso Garrido. *Estatuto da Criança e do Adolescente anotado*. 3. ed. São Paulo: Revista dos Tribunais, 2002, p. 203.

circunscreve-se à interpretação e aplicação da lei penal, quando várias leis se apresentam aparentemente aplicáveis (normas deslocadas), porém só uma (norma primária) tem real incidência no caso concreto. Os princípios norteadores do concurso aparente servem, então, para indicar qual norma penal esgota o total conteúdo de injusto da conduta. Seu fundamento reside, então, no princípio *ne bis in idem,* que veda dupla punição para um mesmo fato.

A primeira conduta típica está aqui representada pelo verbo *privar*, que consiste em tolher a liberdade do adolescente por meio de atividade comissiva. A consumação se dará com a apreensão por tempo relevante e persiste enquanto o menor não recupere sua liberdade, sendo, por isso, considerado crime permanente. Já o parágrafo único do art. 230 enuncia modalidade típica omissiva, consistente em apreender o adolescente sem observar as formalidades legais enunciadas nos arts. 106, parágrafo único, 171, 172, 173, 174, 175, 176 e 178, cujo desatendimento implicará a realização da conduta criminalizada. Ambas são figuras dolosas, não havendo previsão culposa para o delito em exame.

A tentativa é admissível apenas na modalidade comissiva, pelos motivos antes expostos nos comentários ao art. 228.

Para além dos omissivos, alinhava-se a recusa à possibilidade de tentativa nos seguintes crimes:

I. *Culposos*: já que neles o resultado lesivo é involuntário: há resultado sem intenção, enquanto na tentativa há intenção sem resultado. A única exceção ocorre nos casos de culpa imprópria, quando o agente atue em erro de tipo permissivo vencível, hipótese em que se aplica, em verdade, a fato doloso, praticado em erro, a pena de crime culposo, que pode ser diminuída no caso de tentativa. Ex.: morador atira no vigia acreditando ser ele o ladrão e o vigia sobrevive.

II. *Preterdolosos*: relativamente ao resultado mais grave, já que este evento de maior gravidade é punido a título culposo, cujo conceito é oposto ao da tentativa. É possível, porém, a tentativa de delito preterintencional quando não ocorra a consumação do evento previsto no antecedente doloso. Ex.: art. 127 – forma qualificada de aborto: haverá tentativa de aborto qualificado quando ocorra lesão grave ou morte da gestante, mas o aborto não se consume.

III. *Omissivos próprios*: já que não se pode fracionar a inação. Ou o sujeito age e não há crime ou se omite e ele estará consumado.

IV. *Unissubsistentes*: por não ser fracionável sua execução, perfazendo-se com um só ato.

V. *De atentado*: já que a sua punição consiste exatamente na criminalização da tentativa. Ex.: art. 359-L do Código Penal, inserido pela Lei n. 14.197/2021, que trata dos crimes contra o Estado Democrático de Direito. Retroceder a relevância penal a momento prévio ao de tais condutas implicaria a punição da cogitação.

VI. *Contravenções*: por uma opção legislativa, explicitada no art. 4º da LCP.

1286 — CURSO DE DIREITO DA CRIANÇA E DO ADOLESCENTE

VII. *Habituais*: segundo parte da doutrina, em razão da necessidade de reiteração de atos para que adquiram relevância penal. Zaffaroni, com propriedade, adverte contudo que tais crimes podem configurar-se com um só ato, desde que as circunstâncias demonstrem a peculiar tendência interna de habitualidade ou profissionalismo, a exemplo do sujeito que pretenda exercer ilegalmente a medicina e instale para tanto um consultório, onde vá atender seus pacientes. A habitualidade seria, portanto, elemento subjetivo distinto do dolo, a caracterizar uma particular disposição de ânimo do autor e não elemento de caráter objetivo, a ser materializado na conduta típica[27].

3.4. Omissão da comunicação de apreensão de criança ou adolescente

> *Art. 231.* Deixar a autoridade policial responsável pela apreensão de criança ou adolescente de fazer imediata comunicação à autoridade judiciária competente e à família do apreendido ou à pessoa por ele indicada:
>
> Pena – detenção de seis meses a dois anos.

Aqui, ao contrário do dispositivo anterior, a condição de autoridade é expressa na estrutura típica, tratando-se inequivocamente de crime próprio, imputável apenas a quem tenha sido responsável pela apreensão do adolescente. Relativamente à criança, valem aqui as observações feitas ao art. 230, posto que incumbe ao Conselho Tutelar seu atendimento, nos casos em que pratique fato análogo a crime, não podendo ser objeto de apreensão.

A comunicação à autoridade judiciária e à família ou pessoa indicada pelo menor devem ser imediatas, seja de forma pessoal, por meio escrito, telefônico ou qualquer outro equivalente, tanto na hipótese de apreensão por força de ordem judicial[28] ou no caso de flagrante de ato infracional, como se conclui pela leitura dos arts. 106 e 107 da lei. É garantia processual do adolescente a presença dos pais ou responsáveis, em qualquer fase do procedimento para apuração do ato infracional, nos termos do art. 111, VI, do Estatuto. O dispositivo tem arrimo ainda nos arts. 15 e 16 do Estatuto e no inciso LXII do art. 5º da CF, que prescrevem a obrigação de comunicação imediata da prisão de qualquer pessoa, o que inclui, com mais razão, a do adolescente apreendido.

A aparente incidência do art. 12 da Lei n. 13.869/2019 fica aqui afastada pela aplicação do princípio da especialidade, enunciado nos comentários ao artigo pre-

---

27 Para outros pormenores, ZAFFARONI, Eugenio Raúl; PIERANGELI, José Henrique. *Manual de direito penal brasileiro*. Parte geral. 6. ed. São Paulo: Revista dos Tribunais, 2006, p. 431-433.

28 Dispensável, segundo Renato Cramer Peixoto, já que neste caso é o próprio apreendido quem deve ser apresentado imediatamente, ante o que dispõe o art. 171 do Estatuto (PEIXOTO, Renato Cramer, apud FRANCO, Alberto Silva *et al*. Op. cit., p. 531).

PARTE VII - DOS CRIMES

cedente, prevalecendo o tipo penal do Estatuto quando a omissão de comunicação verse sobre a apreensão de adolescente.

Sendo conduta meramente omissiva não comporta tentativa. Também não se previu modalidade culposa para o delito.

3.5. Submissão de criança ou adolescente a vexame ou constrangimento

> *Art. 232.* Submeter criança ou adolescente sob sua autoridade, guarda ou vigilância a vexame ou a constrangimento:
>
> Pena – detenção de seis meses a dois anos.

Trata-se, uma vez mais, de crime próprio, imputável a quem tenha a criança ou adolescente sob sua autoridade, guarda ou vigilância, podendo ser os pais, tutores, curadores, guardiões, ou aqueles incumbidos da vigilância e cuidado provisório do menor, a exemplo das babás, educadores e agentes de segurança. Sendo a vítima maior, o crime será o do art. 13, II, Lei n. 13.869/2019.

Interessante discussão diz respeito à possibilidade de concurso de agentes em crime próprio. A princípio, nada impede que concorram para a infração penal terceiras pessoas, não dotadas das qualidades exigidas pelo tipo penal, desde que conhecedoras desta especial circunstância, sob pena de responsabilização a título meramente objetivo. Admite-se, assim, a coautoria, entendida pela contribuição a um projeto delituoso comum, por parte de terceiro que, tendo igual domínio final do fato, pratique parcela da conduta incriminada, sujeitando a vítima a vexame ou constrangimento[29]. Idêntico raciocínio se emprega para admitir a participação em crime próprio, seja por instigação ou cumplicidade, ao fundamento de que tais circunstâncias pessoais, conquanto sejam em regra incomunicáveis, aqui alcançam o coautor ou partícipe, para sujeitá-lo ao mesmo delito de seu comparsa, porque se constituem em elementares para tais crimes (art. 30 do CP). Relativamente à autoria mediata, igualmente possível será a sua caracterização naqueles casos em que o autor mediato detenha as qualidades demandadas pelo tipo penal, na medida em que os pressupostos para a punibilidade do fato devem estar no "homem de trás" e não no executor, que aqui atua na condição de mero instrumento do crime, subordinado ao mandante por força de erro, coação irresistível, de sua qualidade de inimputável ou ainda quando tenha sua conduta amparada por excludente de ilicitude[30].

O verbo nuclear do tipo, *submeter*, se exprime na sujeição ou subordinação da vítima a vexame ou constrangimento, com afetação de sua honra objetiva, objeto de especial tutela pelos arts. 4º, 15, 17 e 18 do Estatuto. Ditos elementos normati-

---

29 Em sentido contrário, Zaffaroni, para quem o *extraneus* seria "cúmplice necessário" e não coautor (ZAFFARONI, Eugenio Raúl; PIERANGELI, José Henrique. Op. cit., p. 596).

30 Veja-se o tema em BITENCOURT, Cezar Roberto. Op. cit., p. 536-537; GRECO, Rogério. Op. cit., p. 500-503; CAPEZ, Fernando. Op. cit., p. 353-355.

vos *vexame* e *constrangimento*, inseridos no tipo penal, revelam-se, respectivamente, na humilhação ou coação de qualquer ordem, a que se sujeite o infantoadolescente. Sendo tipo de ação livre, pode ser praticado com emprego de violência, grave ameaça ou por qualquer outra forma que conduza aos resultados materiais exigidos pelo tipo. Cite-se, como exemplo, a identificação datiloscópica de adolescente infrator que possua documento civil, vedada pelo art. 109 da lei, ou sua condução em compartimento fechado de veículo policial, com violação do art. 178, ou ainda o despropositado castigo e admoestação verbal feitos pelo professor contra um de seus alunos[31].

Além dos tipos penais dos arts. 146 do Código Penal e 13, II, da Lei n. 13.869/2019, aqui afastados pela incidência do princípio da especialidade, mesmo que praticado este último por quem ostente a qualidade de autoridade, nos termos do art. 2º daquele diploma, poder-se-ia pensar ainda na incidência da figura do art. 136 do Código Penal para casos em que o menor sofresse vexame ou constrangimento por força da privação de alimentos ou cuidados, ou por ser submetido a trabalho excessivo ou inadequado, ou, ainda, por sofrer abuso nos meios de correção e disciplina. Além de versar sobre objeto jurídico diverso, a saber, a periclitação da vida e saúde, o delito previsto no diploma repressivo exige que o agente atue com o especial fim de educação, ensino, tratamento ou custódia, ao contrário do crime estatutário, que tem sua tipicidade subjetiva composta unicamente pelo dolo de causar à vítima vexame ou constrangimento[32].

Assim, parece-nos que aquele que submeta criança ou adolescente a vexame ou constrangimento, ausente o especial fim de agir exigido pelo crime do Código Penal, incorrerá no tipo penal do ECA, podendo-se-lhe imputar, em concurso for-

---

31 "A conduta narrada, embora possa, até certo ponto, ser considerada reprovável, não é suficiente para justificar seu enquadramento no tipo penal em discussão. De fato, não se consegue extrair dos autos a prática de atos que expressam a submissão da vítima a situação evidente de vexame e humilhação. A controvérsia girou em torno de questionamentos sobre a análise histórico-política de determinada época nos EUA (ideologias e opiniões pessoais). Exame da jurisprudência do STJ a respeito do art. 232 do ECA. Distanciamento da hipótese vertente" (STJ, HC 548.875/BA). Em sentido oposto: "*In casu*, a denúncia traz a qualificação do recorrente, expõe os atos supostamente criminosos, com todas as suas circunstâncias, tendo consignado que o ora recorrente agrediu com socos, tapas e chutes sua ex-companheira", e nas "mesmas circunstâncias de tempo e lugar, de maneira livre e consciente, submeteu a criança sob sua autoridade a vexame e a constrangimento, uma vez que a filha do casal presenciou as agressões" (STJ, RHC 84.788/RJ).

32 "O elemento subjetivo que informa o delito previsto no art. 232 da Lei n. 8.069/90 é a vontade, a intenção, o propósito de submeter a criança ou adolescente a vexame ou constrangimento, não restando configurada a infração na conduta da professora que comete excessos verbais dirigidos a vários alunos, mas sem a intenção de humilhar" (TACRIM-SP, AC 998.481, Rel. Renê Ricupero; FRANCO, Alberto Silva *et al*. Op. cit., p. 532).

PARTE VII – DOS CRIMES

mal, as lesões graves ou morte que cause à vítima, posto que não há, nesse dispositivo, previsão de figura qualificada para quando ocorram tais resultados. O concurso, nesse caso, poderá ser próprio ou impróprio, conforme tenham tais resultados derivado de culpa ou dolo, respectivamente. No segundo caso, em razão da autonomia de desígnios, o agente receberá as penas correspondentes aos crimes em cúmulo material, nos termos do art. 70, 2ª parte, do CP.

Diversa é a hipótese da previsão típica do art. 21, parágrafo único, da Lei n. 13.869/2019, que dispõe especificamente sobre a manutenção de criança ou adolescente em privação de liberdade com maior de idade, tipo penal sem equivalente no Estatuto, que, assim, prevalece em relação à norma estatutária em questão.

Trata-se de crime material e instantâneo, consumado quando se verifique a ocorrência de vexame ou constrangimento[33]. Sendo plurissubsistente, admite o fracionamento de seu processo executório e, portanto, há possibilidade de tentativa.

3.6. Tortura

Art. 233. (*Revogado pela Lei n. 9.455, de 7-4-1997.*)

A Lei n. 9.455/97 dispõe:

Art. 1º Constitui crime de tortura:

I – constranger alguém com emprego de violência ou grave ameaça, causando-lhe sofrimento físico ou mental:

a) com o fim de obter informação, declaração ou confissão da vítima ou de terceira pessoa;

b) para provocar ação ou omissão de natureza criminosa;

c) em razão de discriminação racial ou religiosa;

II – submeter alguém, sob sua guarda, poder ou autoridade, com emprego de violência ou grave ameaça, a intenso sofrimento físico ou mental, como forma de aplicar castigo pessoal ou medida de caráter preventivo.

Pena – reclusão, de dois a oito anos.

§ 1º Na mesma pena incorre quem submete pessoa presa ou sujeita à medida de segurança a sofrimento físico ou mental, por intermédio da prática de ato não previsto em lei ou não resultante de medida legal.

§ 2º Aquele que se omite em face dessas condutas, quando tinha o dever de evitá-las ou apurá-las, incorre na pena de detenção de um a quatro anos.

§ 3º Se resulta lesão corporal de natureza grave ou gravíssima, a pena é de reclusão de quatro a dez anos; se resulta morte, a reclusão é de oito a dezesseis anos.

---

33 Wilson D. Liberati o classifica como crime permanente quando a vítima permaneça por tempo relevante realizando o comportamento imposto. LIBERATI, Wilson Donizeti. Op. cit., p. 293. Também admitindo a forma permanente do crime: Heitor Costa Jr. em CURY, Munir (coord.). Op. cit., p. 1393.

§ 4º Aumenta-se a pena de um sexto até um terço:

I – se o crime é cometido por agente público;

II – se o crime é cometido contra criança, gestante, portador de deficiência, adolescente ou maior de 60 (sessenta) anos; (Redação dada pela Lei n. 10.741/2003)

III – se o crime é cometido mediante sequestro.

§ 5º A condenação acarretará a perda do cargo, função ou emprego público e a interdição para seu exercício pelo dobro do prazo da pena aplicada.

§ 6º O crime de tortura é inafiançável e insuscetível de graça ou anistia.

§ 7º O condenado por crime previsto nesta Lei, salvo a hipótese do § 2º, iniciará o cumprimento da pena em regime fechado.

O dispositivo previsto no Estatuto foi inteiramente revogado pelo art. 4º da Lei n. 9.455/97, ficando a cargo do art. 1º da lei especial regular todas as manifestações de tortura, como forma de afetação da integridade física e psíquica da vítima.

Questão importante diz respeito à alegação de *abolitio criminis* relativamente ao tipo estatutário revogado. Isso porque a edição de lei nova, que retire a ilicitude da conduta antes incriminada, ao se presumir mais justa, deve sempre retroagir, para eliminar todos os efeitos penais da condenação, nos termos do art. 5º, XL, da CF e arts. 2º, *caput*, e 107, III, do Código Penal, subsistindo, porém, os efeitos extrapenais, já que o Estado não pode abdicar de direito que não lhe pertence, como é o caso da reparação civil (art. 91, I, do CP).

A hipótese aqui tratada não é, a toda evidência, essa. Lei nova, no escopo de assegurar cláusula pétrea insculpida no inciso III do art. 5º da CF, regulou inteiramente a matéria, dando à conduta incriminada, em atenção ao inciso XLIII do art. 5º da CF, tratamento equiparado ao autor de crime hediondo. Neste contexto, o que se verifica é mera sucessão de leis no tempo, passando a conduta revogada a outro dispositivo legal, num fenômeno de continuidade normativa típica[34].

Passando ao exame do tipo penal em vigor, temos que se trata de tipo misto, composto de dois verbos nucleares: *constranger* e *submeter*. *Constranger* significa coagir, forçar, enquanto *submeter* tem o sentido de sujeitar, dominar. Em ambas as modalidades típicas o crime é material, exigindo, para a sua consumação, que derive para a vítima intenso sofrimento físico ou mental. A intensa subjetividade re-

---

34 "Não se pode nunca confundir a mera revogação formal da lei penal com a *abolitio criminis*. A revogação da lei anterior é necessária para o processo da *abolitio criminis*, porém, não suficiente. Além da revogação formal impõe-se verificar se o conteúdo normativo revogado não foi (ao mesmo tempo) preservado em (ou deslocado para) outro dispositivo legal. [...] Para a *abolitio criminis*, como se vê, não basta a revogação da lei anterior, impõe-se sempre verificar se presente (ou não) a continuidade normativo-típica" (GOMES, Luiz Flávio. *Direito penal*: parte geral. 3. ed. São Paulo: Revista dos Tribunais, 2006, v. 1, p. 163)

PARTE VII – DOS CRIMES

clamada pela avaliação do que seja sofrimento mental leva, como adverte Sergio Salomão Shecaira, a uma grave ofensa ao princípio da legalidade, pelo emprego de elementos típicos sem qualquer precisão semântica[35]. A materialização de ambos os modelos típicos pode se dar por meio de violência ou grave ameaça, levando assim ao resultado de sofrimento.

Relativamente à figura do inciso I, temos que é crime comum, podendo ser praticado por qualquer pessoa, seja por meio de violência ou grave ameaça, causando à vítima grave sofrimento físico ou mental. Deve ser realizado visando ao atingimento de uma das especiais finalidades elencadas nas alíneas a[36] ou b daquele inciso ou ainda motivado pela razão elencada na alínea c do mesmo dispositivo. Assim, a coação exercida sobre a vítima deve estar orientada, ou pelo fim de obter dela informação, declaração ou confissão, ou, ainda, com o fim de provocá-la à prática de conduta criminosa, seja por ação ou omissão.

Não visando o agente a qualquer desses objetivos, se deverá demonstrar que agiu em razão de discriminação racial ou religiosa[37], sendo esta não a finalidade com que atua o agente, mas, antes, o motivo que o impulsiona, tratando-se, portanto, aqui, de questão relativa à culpabilidade do agente, a revelar a maior reprovabilidade de seu atuar, e não de elemento subjetivo distinto do dolo[38].

A doutrina critica essa construção do tipo penal com sujeito ativo comum, já que o Brasil é signatário de Convenções Internacionais sobre Tortura, que, por força dos §§ 1º, 2º e 3º do art. 5º da CF, têm integração automática ao direito interno, dispensando assim qualquer outra intermediação legislativa. Por força delas, a tortura seria crime próprio, praticado por funcionário público, por pessoa no exercício de função pública ou, ainda, por terceiro com a sua instigação, consentimento ou aquiescência. Nesse contexto, o legislador infraconstitucional, ao torná-lo crime comum, teria incorrido em manifesta inconstitucionalidade[39].

A figura do inciso II do art. 1º exige que o agente tenha a vítima sob sua guarda, poder ou autoridade, tratando-se, por isso, de crime próprio, praticável apenas por quem tenha a vítima sob seu poder hierárquico, por qualquer dos motivos acima, a exemplo do que ocorre com o delito do art. 232 do ECA. Exige-se, aqui, que o agente atue com o especial fim de aplicar à vítima castigo pessoal ou medida de caráter preventivo. Esta deve ser a orientação de ânimo com que atua o sujeito,

---

35 FRANCO, Alberto Silva. *Crimes hediondos*. 4. ed. São Paulo: Revista dos Tribunais, 2000, p. 120.

36 Considerando-o crime próprio: AgRg no HC 675.999/PB, STJ.

37 *Vide* Lei n. 7.716/89.

38 Veja-se o tema em ZAFFARONI, Eugenio Raúl; PIERANGELI, José Henrique. Op. cit., p. 502-505.

39 FRANCO, Alberto Silva *et al. Leis penais especiais e sua interpretação jurisprudencial*. 7. ed. São Paulo: Revista dos Tribunais, 2002, v. 2, p. 3100-3102.

para que se veja incurso no dispositivo em exame[40]. Trata-se, portanto, como no inciso I, de um tipo incongruente, posto que a parte subjetiva, que informa o atuar do agente, não se esgota na prática da conduta descrita no tipo, uma vez que a finalidade, embora narrada no tipo, não se concretiza plenamente em atos no mundo exterior. São os tipos penais que possuem na sua tipicidade subjetiva, além do dolo, seu elemento geral, também elementos subjetivos especiais, que servem para a descrição do ânimo com que atua o sujeito. Costuma-se falar, equivocadamente, nesses casos, em dolo específico[41].

Diferencia-se, assim, da figura de maus-tratos (art. 136 do Código Penal) não só no plano objetivo, mas também nos componentes subjetivos reclamados pela figura prevista no diploma repressivo, lá orientada pelo especial fim de educar, ensinar, tratar ou custodiar.

Arrematando, nos crimes em que estejam ausentes tais intenções especiais, temos os chamados tipos congruentes, quando a vontade se exaure na realização objetiva do tipo. São os tipos penais cuja tipicidade subjetiva se limita ao dolo. Nestes, os aspectos subjetivo e objetivo estão superpostos, já que o dolo coincide com a descrição objetiva do tipo. Nos incongruentes, não há essa coincidência, em razão da presença de elementos subjetivos especiais, que estão presentes no psiquismo do agente, mas não se materializam[42].

Finalmente, impende ainda ressaltar a existência, no § 1º, de crime comissivo próprio, praticado por aquele que, tendo a vítima sob sua autoridade por força de prisão ou medida de segurança, sujeita-a à realização de ato não previsto em lei, do qual lhe derive grave sofrimento físico ou mental, atentando, assim, contra o direito fundamental do inciso XLIX do art. 5º da CF, que tem todo preso ao respeito à sua integridade física e moral. Incidindo aqui o princípio da consunção, relativo ao conflito aparente de normas, parece não restar dúvida da absorção, por esta, das figuras previstas na Lei n. 13.869/2019, que hoje disciplina os crimes de abuso de autoridade. Da mesma forma, sendo essa figura, bem como aquela outra do

---

40 Vendo, na aplicação de castigo pessoal ou medida de caráter preventivo, o modo de execução dessa modalidade delituosa e não seu especial fim de agir: FRANCO, Alberto Silva *et al.* Op. cit., p. 3106.

41 Veja-se a acertada lição de Rogério Greco: "Fazia-se, quando prevalecia a teoria natural da ação, a distinção entre dolo genérico e dolo específico. Dizia-se que dolo genérico era aquele em que no tipo penal não havia indicativo algum do elemento subjetivo do agente ou, melhor dizendo, não havia indicação alguma da finalidade da conduta do agente. [...] Contudo, uma vez adotada a teoria finalista da ação, podemos dizer que em todo o tipo penal há uma finalidade que o difere de outro, embora não seja tão evidente quando o próprio artigo se preocupa em direcionar a conduta do sujeito, trazendo expressões dela indicativas" (GRECO, Rogério. Op. cit., p. 202-203).

42 Conforme ensinam ZAFFARONI, Eugenio Raúl; PIERANGELI, José Henrique. Op. cit., p. 429-430.

PARTE VII – DOS CRIMES

inciso II, construída com sujeito ativo próprio, pareceria *bis in idem* poder aqui incidir a causa de aumento de pena prevista no § 4º, I, já que somente o agente público pode figurar como autor de tais crimes.

Trata-se, todos, de delitos dolosos, comissivos, materiais e plurissubsistentes, comportando por isso a modalidade tentada, quando, iniciada a execução de uma das condutas típicas, não logre o agente alcançar o resultado por ela exigido, a saber, a causação de intenso sofrimento físico ou mental à sua vítima.

No § 2º encontra-se tipificada a conduta do suposto garantidor, que, tendo o dever de evitar ou apurar a conduta delituosa, se omite, incorrendo, assim, na pena mais branda, de detenção de um a quatro anos, aqui chamada de tortura imprópria[43]. Sua incriminação encontra respaldo na parte final do dispositivo constitucional do art. 5º, XLIII, que trata dos crimes hediondos e assemelhados, determinando a punição dos seus mandantes, executores e dos que, podendo evitá-lo, tenham se omitido. Ainda que se reconheça a relevância de cláusula pétrea no tratamento da questão, tal assertiva já constava da regra geral do art. 29 do Código Penal, que determina que todo aquele que colabore para o crime seja por ele responsabilizado, na medida de sua culpabilidade. A tal previsão legal já se encontram subordinadas todas as formas de autoria (direta, mediata, colateral e coautoria) e de participação (por instigação ou cumplicidade), abarcando, portanto, a pretensa punição do que chamou o constituinte de mandantes e executores do crime.

No mais, relativamente aos que podiam evitar o crime e não o fizeram, sua responsabilidade, a título comissivo por omissão, já está expressa em outro dispositivo do Código Penal, a saber, o art. 13, § 2º. Esses delitos, que são os de resultado, como o de tortura ora examinado, são atribuíveis apenas ao omitente que possua o dever jurídico de evitá-los. Não possuem tipologia própria, inserindo-se na tipificação comum dos delitos de resultado, o que implica a admissão da tentativa quando o agente devia, mas não agiu para impedir o resultado, que acaba não ocorrendo por fatores alheios à sua vontade. Assim, por trás de todo tipo ativo existiria um tipo omissivo impróprio não escrito, não sendo ele possível apenas naqueles delitos cuja ação típica exija, necessariamente, um comportamento ativo, como na bigamia. O fechamento desse tipo aberto é operado pelo juiz, ao fazer incidir a norma que disciplina a posição de garante. São delitos, portanto, em que

---

43   "O delito de tortura descrito no § 2º do inciso II do art. 1º da Lei n. 9.455/1997, denominado de tortura imprópria, implica a existência de vínculo hierárquico entre o executor imediato da tortura e a autoridade que se tornou omissa na obrigação de impedir ou apurar o ato delituoso. A referida figura delitiva possui como elemento objetivo do tipo a omissão decorrente de vontade livre, consciente e dirigida, de inação do superior diante do delito praticado pelo subordinado, tanto que, caso não tivesse sido prevista pelo legislador, eventualmente responderia o agente por crime de prevaricação ou de condescendência criminosa, situação que não se coaduna com a hipótese apresentada" (HC 467.015/SP, STJ).

1294 CURSO DE DIREITO DA CRIANÇA E DO ADOLESCENTE

a obrigação do agente é mais do que agir, como os delitos de dever, mas agir para impedir o resultado, constituindo-se em norma de dever de segundo grau. Enquanto a norma proibitiva, que configura os delitos de ação, é dirigida a qualquer pessoa que possa ser sujeito ativo do crime, essas normas de mandado de segundo grau são dirigidas apenas a quem tenha uma especial relação de proteção com o bem jurídico tutelado, devendo impedir que quaisquer processos causais lhe ocasionem dano. Sua essência não está, portanto, na violação de uma proibição, como nos crimes comissivos, mas de um comando, situado paralelamente à norma proibitiva, nos tipos de ação. A conduta comissiva prevista no tipo é praticada na forma omissiva pelo agente. Decorrem, portanto, de um *dever especial de proteção*.

Queremos assim dizer que poderia o legislador infraconstitucional ter omitido o § 2º caso pretendesse, seguindo a regra, punir o garantidor com a mesma pena do executor material do crime, a saber, aquele que realize qualquer das condutas típicas dos incisos I, II ou § 1º do art. 1º da Lei n. 9.455/97. Da forma como foi redigido, contudo, o dispositivo versa sobre mero crime omissivo próprio[44], na sua forma dolosa, que sendo, como deve ser, de mera conduta, possui sanção menor que aquela imposta a quem, por ação (crime comissivo) ou omissão imprópria (crime comissivo por omissão), dá causa ou não evita o resultado material. Assim, não obstante seja crime próprio, atribuível a quem tenha por lei obrigação de evitar ou apurar a conduta delituosa, seus reduzidos limites de pena podem levar à eventual aplicação do benefício de suspensão condicional da pena (art. 77 do CP), ante o silêncio do preceito constitucional e a expressa ressalva a essa modalidade delituosa, feita pelo § 7º da lei, no que tange ao cumprimento da pena em regime inicialmente fechado.

A omissão, tanto do legislador constituinte quanto do legislador ordinário, relativamente ao cabimento do *sursis* às demais modalidades delituosas previstas na Lei n. 9.455/97, bem como sua concessão aos delitos hediondos e assemelhados, conduziu a alguma hesitação, tanto em sede doutrinária quanto jurisprudencial, embora hoje amplamente acatada[45].

Relativamente à criança e ao adolescente, as condutas delituosas contra elas praticadas, previstas nos incisos I e II do art. 1º da lei, sofrerão aumento de pena, que variará de 1/6 a 1/3, em razão dessa especial condição da vítima, nos termos do inciso II do § 4º do mesmo dispositivo, que prevê, ainda, duas outras causas de aumento de pena. Uma para quando o crime seja praticado por aqueles que, nos termos do art. 327 do Código Penal, ostentem a qualidade de funcionário público (inciso I), para os quais se aplicam os efeitos da condenação previstos no § 5º, e outra quando o crime seja cometido mediante sequestro (inciso III).

---

44 Classificando-o como crime comissivo por omissão: FRANCO, Alberto Silva *et al*. Op. cit., p. 3106; TEIXEIRA, Flávia Camello. *Da tortura*. Belo Horizonte: Del Rey, 2004, p. 113.

45 FRANCO, Alberto Silva *et al*. Op. cit., p. 3111-3112.

PARTE VII – DOS CRIMES

A pena então, quando se trate de crime contra criança ou adolescente, variará, no tipo base, entre um mínimo de 2 anos e 4 meses e um máximo de 10 anos e 8 meses. O cálculo parte do pressuposto de que, na primeira etapa da dosimetria, por ocasião da análise das circunstâncias judiciais do art. 59 do Código Penal, deva o juiz ater-se aos limites mínimo e máximo previstos no preceito secundário do crime, não podendo, assim, a pena base ficar aquém do mínimo legal. Em seguida, na consideração acerca das circunstâncias atenuantes e agravantes dos arts. 61 e 65 do Código Penal, adotando-se o entendimento sufragado pelo verbete 231 das súmulas do STJ, não poderia o magistrado, tendo partido da pena mínima, fazer incidir causa atenuante que reduzisse a pena abaixo do limite legal, nem, de outro turno, aumentá-la, por força de circunstância agravante, acima do máximo legal. Neste contexto, chegando à terceira fase, na ocasião de fazer incidir as causas de aumento e diminuição de pena, como é o caso desta do inciso II do § 4º do art. 1º da Lei n. 9.455/97, teríamos uma pena, aplicado o aumento mínimo de 1/6, não inferior a 2 anos e 4 meses ou, ainda, incidindo o aumento máximo de 1/3, não superior a 10 anos e 8 meses.

Note-se, ainda, que o § 3º do mesmo art. 1º enuncia as formas qualificadas do crime para quando decorra lesão grave, gravíssima ou morte da vítima, estabelecendo a pena de 4 a 10 anos para os casos em que derive para a vítima qualquer dos resultados dos §§ 1º e 2º do art. 129 do Código Penal e pena de 8 a 16 anos para quando lhe advenha a morte. Assim, estando o agente incurso na figura qualificada de tortura, partindo-se dos limites de pena estabelecidos para o tipo derivado, ainda assim incidirá, na terceira etapa da dosimetria, caso se vitimize criança ou adolescente, a causa de aumento prevista no aludido § 4º, II, também aqui aumentando de 1/6 a 1/3 a pena previamente cominada[46].

Quer parecer-nos que o dispositivo *supra* retrate modalidade preterdolosa do crime, quando tenha o agente obrado com dolo na conduta antecedente de tortura, dela derivando, por culpa, qualquer dos resultados de lesão grave, gravíssima ou morte. Em sendo tais resultados qualificados derivados de dolo, direto ou eventual, deve o agente responder por eles em concurso formal impróprio com as figuras dos incisos I ou II em que esteja incurso, nos termos do art. 70, 2ª parte, do Código Penal.

---

46 "A condenação encontra-se devidamente fundamentada, pois as condutas descritas, referentes a despir, chicotear com uma corrente, dar socos e chutes, ameaçar mediante o uso arma de fogo e restrição da liberdade dos ofendidos, para obter uma confissão sobre o responsável pelo fornecimento de comandas falsas para o consumo no estabelecimento comercial dos sentenciados, se amoldam ao art. 1º, I, 'a' e § 3º, em relação a vítimas maiores de idade e ao ofendido que sofreu lesão grave e, bem como ao art. 1º, I, 'a' e § 4º, II, todos da Lei n. 9.455/97, em relação a vítimas menores de idade" (AgRg no AREsp 1.780.475/PR, STJ). Em sentido contrário: FRANCO, Alberto Silva *et al*. *Leis penais especiais e sua interpretação jurisprudencial*. 7. ed. São Paulo: Revista dos Tribunais, 2002, v. 2, p. 3108.

1296 CURSO DE DIREITO DA CRIANÇA E DO ADOLESCENTE

Note-se que a pluralidade de desígnios que conduz aqui ao cúmulo material de penas em nada se confunde com a pluralidade de condutas das quais decorre o concurso material, hipótese diversa, embora o sistema de aplicação de penas seja o mesmo em ambos os casos de concurso de crimes. Outra não pode ser a conclusão, sob pena de se conceber que o legislador, em grave ofensa ao princípio da proporcionalidade, tenha aqui incriminado aquele que quis a tortura e também o resultado morte com pena menor que aquela cominada a quem, sem causar grave sofrimento físico ou moral à vítima, com afetação de sua dignidade humana, ceifou--lhe diretamente a vida. Para Alberto Silva Franco, quando o agente queira torturar e queira matar, teremos duas ações distintas, representativas dos dois resultados desejados pelo agente, o que conduzirá, segundo seu entendimento, ao concurso material. Por outro lado, quando seja a tortura, assim entendida como qualquer suplício violento infligido à vítima, simples meio para alcançar o homicídio, prevaleceria apenas a figura qualificada do art. 121, § 2º, III, do Código Penal[47].

A condenação pelo crime de tortura gerará ainda, como efeito secundário e automático, ao contrário do que ocorre com as hipóteses do art. 92 do Código Penal, que dependem de declarada motivação na sentença, a perda do cargo, função ou emprego público[48], assim como a interdição para o seu exercício pelo dobro do prazo de pena aplicada. Assim, embora seus destinatários preferenciais sejam os condenados que tenham cometido o crime ostentando a qualidade de funcionário público, serão também alcançados pelo dispositivo todos os demais condenados pelo crime, que ficarão proibidos de acessar o serviço público pelo dobro do tempo de pena cominada[49].

Pelo art. 2º ficam instituídas duas causas de extraterritorialidade incondicionada da lei brasileira, em adição às hipóteses do art. 7º, I, do Código Penal. Assim, sendo a vítima de tortura cidadão brasileiro, pelo princípio da defesa, real ou da proteção, aplicar-se-á a lei nacional, independentemente do concurso de quaisquer condições. Da mesma forma, por força do princípio da competência universal ou justiça cosmopolita, incidirá a lei brasileira caso o autor de crime de tortura ingres-

---

47 FRANCO, Alberto Silva et al. Op. cit., p. 3106-3107.

48 Cargo público é o conjunto de atribuições e responsabilidades de um servidor, nos termos do art. 3º da Lei n. 8.112/90. Emprego público é o serviço por prazo determinado, previsto para atender à necessidade temporária de excepcional interesse público, sujeita a regime especial ou conforme a CLT, nos termos do art. 37, IX, da CF. Função pública é a atribuição ou atividade específica conferida a uma categoria profissional (PRADO, Luiz Regis. Curso de direito penal brasileiro. Parte especial. 4. ed. São Paulo: Revista dos Tribunais, 2006, v. 4, p. 452-453).

49 No mesmo sentido é a opinião de Luiz Flávio Gomes, que afasta, porém, tal efeito para os condenados pelo crime do § 2º. Entendendo que tal vedação aplica-se apenas a quem praticou o crime ostentando a qualidade de agente público, estão Alberto Silva Franco e Sergio Salomão Shecaira. Vejam-se todos em FRANCO, Alberto Silva et al. Op. cit., p. 3109.

PARTE VII – DOS CRIMES

1297

se em nosso território, qualquer que tenha sido o local do crime ou a nacionalidade dos envolvidos[50].

Assim como acontece com os hediondos, nos termos do art. 2º, I e II, da Lei n. 8.072/90, também os §§ 6º e 7º do art. 1º da Lei n. 9.455/97 lhes vedam a concessão de fiança, graça e anistia, ocorrendo o cumprimento da pena em regime inicialmente fechado. Como a Constituição Federal e a lei especial, no caso da tortura, não fazem vedação expressa ao indulto (art. 107, II, do CP), poder-se-ia alegar a inconstitucionalidade da recusa de sua concessão a esses delitos. Fernando Capez, com propriedade, adverte que a Lei n. 9.455/97, ao vedar a graça, utilizou-se da expressão em sentido amplo, para englobar também a vedação ao indulto, como faz expressamente, aliás, a Lei de Crimes Hediondos. Veja-se que a LEP também trata dos institutos com diversa nomenclatura, falando em indulto individual para referir-se à graça e indulto coletivo para referir-se ao indulto propriamente dito[51].

A questão da progressão de regime para condenados por crimes hediondos e assemelhados, inicialmente vedada, veio a ser alterada pela edição da Lei n. 11.464/2007, que modificou a redação do art. 2º da Lei n. 8.072/90, para suprimir a vedação à liberdade provisória, antes contida no inciso II, incluindo também no § 1º a possibilidade expressa de progressão de regime. O § 2º, que regulava a progressão de pena em 2/5 no caso de réu primário e 3/5 para os reincidentes, foi revogado pela Lei n. 13.964/2019, conhecida como *pacote anticrime*, ficando submetida às novas regras do art. 112 da Lei de Execuções Penais (LEP)[52].

3.7. Omissão na liberação de criança ou adolescente ilegalmente apreendido

Art. 234. Deixar a autoridade competente, sem justa causa, de ordenar a imediata liberação de criança ou adolescente, tão logo tenha conhecimento da ilegalidade da apreensão:

Pena – detenção de seis meses a dois anos.

---

50 Para Alberto Silva Franco, esta segunda hipótese seria de extraterritorialidade condicionada, nos termos do art. 7º, II, *a*, do Código Penal, a depender, portanto, da assinatura, pelo país, de Tratado ou Convenção em que se obrigasse a tal (FRANCO, Alberto Silva *et al.* Op. cit., p. 3113).

51 CAPEZ, Fernando. Op. cit., p. 543-544. Em sentido contrário, opinando pela concessão de indulto aos autores de crime de tortura: MORAES, Alexandre de; SMANIO, Gianpaolo Poggio. *Legislação penal especial*. 9. ed. São Paulo: Atlas, 2006, p. 70; GONÇALVES, Victor Eduardo Rios. *Crimes hediondos*: tóxicos, terrorismo, tortura. 2. ed. São Paulo: Saraiva, 2002, p. 104.

52 Sobre os percentuais de pena para progressão de regime, assim decidiu o STF, no Tema de repercussão geral 1.169: "Tendo em vista a legalidade e a taxatividade da norma penal (art. 5º, XXXIX, CF), a alteração promovida pela Lei 13.964/2019 no art. 112 da LEP não autoriza a incidência do percentual de 60% (inciso VII) aos condenados reincidentes não específicos para o fim de progressão de regime. Diante da omissão legislativa, impõe-se a analogia *in bonam partem*, para aplicação, inclusive retroativa, do inciso V do artigo 112 (lapso temporal de 40%) ao condenado por crime hediondo ou equiparado sem resultado morte reincidente não específico".

Prossegue o ECA tratando dos crimes que violam a liberdade física da criança ou adolescente, cuja proteção constitucional, contida nos art. 5º, *caput*, LXI e LXV, estende-se ao Estatuto, como se vê dos arts. 15 e 16, que tratam de alguns de seus direitos fundamentais.

Voltamos ao ponto do que nos pareceu uma falha legislativa na redação dos arts. 230 e 231, com a inclusão da criança como sujeito passivo daqueles crimes, na medida em que, não respondendo pela prática de ato infracional, nos termos do art. 105 da lei, não poderia, em hipótese alguma, ser apreendida. Embora se pudesse pensar ter o legislador incorrido aqui em idêntico vício, parece-nos que há explicação para o tipo penal em exame. É que se supõe plausível imaginar que, estando o adolescente apreendido ilegalmente, por força de uma das condutas insculpidas no art. 230, deverá a autoridade competente ordenar sua imediata liberação. Da mesma maneira, ante a absoluta ilegalidade na apreensão de criança, seja naquela hipótese do art. 230 ou em qualquer outra, deverá a autoridade, ao tomar conhecimento do fato, também ordenar sua soltura. Em ambos os casos, assim não agindo, ficará sujeita às penas previstas para a modalidade típica do art. 234.

Trata-se de crime próprio, praticável apenas por quem detenha a autoridade para ordenar a soltura da vítima. Poder-se-ia pensar em excluir o membro do Ministério Público do rol de possíveis autores do crime, pela ausência, dentre as atribuições que lhe foram outorgadas pelo art. 201 da lei, de previsão para a prática de ato desta natureza. Figurariam, portanto, como autores do crime, em primeiro lugar, por força do art. 146, a autoridade judiciária, quando recebesse comunicação de apreensão ilegal (art. 107), assim como a autoridade policial, no caso de adolescente apreendido ilegalmente (art. 172).

Parece, porém, um contrassenso imaginar que o membro do Ministério Público decida pelo arquivamento dos autos ou concessão da remissão e tenha que aguardar por uma deliberação judicial para que o adolescente reconquiste sua liberdade. Faltando justa causa para o oferecimento de representação, o que mais estaria a justificar a privação de liberdade do adolescente[53]? Nessa linha de raciocínio, imperioso atribuir ao membro do Ministério Público não a possibilidade, mas o dever de ordenar a liberação do adolescente em tais casos. Assim não agindo, realiza a conduta típica em exame, incluindo-se, portanto, no rol dos sujeitos ativos do crime[54].

---

53 Vejam-se, ainda, os lúcidos argumentos lançados nesta obra, pelas Autoras do capítulo destinado ao exame da prática do ato infracional.

54 No mesmo sentido: MARÇURA, Jurandir Norberto; CURY, Munir; DE PAULA, Paulo Affonso Garrido. Op. cit., p. 203; LIBERATI, Wilson Donizeti. Op. cit., p. 296; TAVARES, José de Farias. *Comentários do Estatuto da Criança e do Adolescente*. 8. ed. rev., ampl. e atual. de acordo com as leis correlatas. Rio de Janeiro: Forense, 2012, p. 193.

PARTE VII – DOS CRIMES

1299

De toda sorte, sendo o crime doloso, necessária se faz a prova de que a autoridade conhecia a ilegalidade da prisão, tendo o agente, assim, plena representação dos elementos configuradores do tipo de injusto. Do contrário, incorrerá em erro de tipo, excludente do dolo. Ainda que se trate de erro vencível (art. 20, *caput*, do CP), forçosa será a decretação de atipicidade do fato, ante a ausência de previsão para a modalidade culposa do crime.

Ademais, o tipo penal encerra ainda um elemento normativo, representado pela expressão "sem justa causa", demandando a demonstração de que, mesmo ciente da ilegalidade, o agente não procedeu à liberação quando podia fazê-lo. Trata-se de elemento normativo referido à noção de ilicitude, que, porém, aqui inserido, conduz à atipicidade do fato naqueles casos em que, a despeito da ilegalidade da apreensão, a falta de liberação tenha amparo em causa justa[55].

Pelo princípio da especialidade, o crime do ECA prevalece sobre aquele outro do art. 9º, parágrafo único, I, da Lei n. 13.869/2019, como já tivemos oportunidade de frisar nos comentários ao art. 230.

Sendo o tipo penal construído com verbo omissivo, valem aqui as mesmas observações já lançadas ao art. 228, quanto à inadmissibilidade de tentativa e à competência para seu processo e julgamento.

3.8. Descumprimento injustificado de prazo legal

> *Art. 235*. Descumprir, injustificadamente, prazo fixado nesta Lei em benefício de adolescente privado de liberdade:
> Pena – detenção de seis meses a dois anos.

Os prazos de que trata o ECA são: 1) internação provisória por 45 dias (arts. 108 e 183); 2) reavaliação da internação a cada 6 meses (art. 121, § 2º); 3) período máximo de internação de 3 anos (art. 121, § 3º); 4) liberação compulsória aos 21 anos (art. 121, § 5º); 5) internação pelo prazo máximo de 3 meses por descumprimento de outra das medidas do art. 112 (art. 122, § 1º); 6) apresentação do adolescente apreendido ao membro do Ministério Público no prazo de 24 horas (art. 175, §§ 1º e 2º); 7) transferência de adolescente provisoriamente internado em repartição policial para entidade de atendimento no prazo máximo de 5 dias (art. 185, § 2º)[56].

Considerando a natureza dos prazos estipulados em benefício do adolescente privado de sua liberdade por força de medida de internação, parece-nos, uma vez mais, que, sendo crime próprio, só poderão figurar como sujeitos ativos aquelas

---

55 Veja-se o conceito em PRADO, Luiz Regis. *Curso de direito penal*. Parte geral. 6. ed. São Paulo: Revista dos Tribunais, 2006, v. 1, p. 349.

56 MARÇURA, Jurandir Norberto; CURY, Munir; DE PAULA, Paulo Affonso Garrido. Op. cit., p. 204.

autoridades incumbidas de zelar pelo cumprimento de tais prazos[57], o que não parece incluir o membro do Ministério Público[58], que, verificando a violação a qualquer dos dispositivos acima, deveria provocar a autoridade competente a tomar as medidas cabíveis para sanar o vício, bem como, entendendo reunidos indícios mínimos da prática da conduta em exame, por uma das autoridades obrigadas, encaminhar peças ao órgão de execução com atribuição para a investigação penal, para os fins referidos nos comentários ao art. 227. Note-se, entretanto, que o Promotor de Justiça da Infância e Juventude está sujeito a um prazo específico, que é aquele do art. 178, quando deva proceder à oitiva informal do adolescente apreendido, no mesmo dia em que este lhe for apresentado. Assim, apenas no descumprimento injustificado desse prazo parece-nos que o membro do Ministério Público poderá figurar como autor do delito.

Oportuno aqui lembrar que, assim como acontece com a autoridade judiciária, também o membro do Ministério Público goza de foro por prerrogativa de função, nos termos do art. 96, III, da CF, só podendo ser processado perante o Tribunal de Justiça, o que torna o Procurador-Geral de Justiça o promotor natural para o oferecimento de denúncia contra tais agentes. Nesse contexto, denúncias por esse crime ou aquele do artigo antecedente só poderão ser oferecidas em primeira instância quando o sujeito ativo for, a princípio, delegado de polícia. Note-se, contudo, que a Constituição do Estado do Rio de Janeiro, em seu art. 161, IV, concedeu foro por prerrogativa aos delegados de polícia, alvo da ADI-MC 558, julgada pelo STF. A Súmula Vinculante 45, que repete o teor da Súmula 721 do STF, parece, paralelamente, admitir a previsão de tais hipóteses nas constituições estaduais.

O verbo típico *descumprir* se expressa pela conduta do sujeito que não obedece ao prazo fixado em lei. Mas não basta o descumprimento de qualquer prazo. É necessário, em obediência ao princípio da legalidade, que o agente descumpra prazo fixado em benefício do adolescente. Ademais, novamente inserido no tipo o elemento normativo representado pela expressão injustamente, impõe-se reconhecer que a conduta só encontrará plena tipicidade quando o descumprimento do prazo não encontrar motivação plausível.

Trata-se de crime doloso, omissivo[59] e, portanto, de mera conduta, além de unissubsistente, o que afasta a possibilidade de tentativa.

---

57 Alegando tratar-se de crime comum: LIBERATI, Wilson Donizeti. Op. cit., p. 297.

58 No sentido do texto: ISHIDA, Válter Kenji. Op. cit., p. 934.

59 Thales T. P. L. de Pádua Cerqueira e Rogério S. Cunha o classificam como crime comissivo, nada obstante nos pareça que para a realização do núcleo do tipo não seja necessária atividade positiva, bastando a inação do agente, que deixa fluir, injustificadamente, o prazo previsto em benefício do adolescente internado (CERQUEIRA, Thales Tácito Pontes Luz de Pádua. Op. cit., p. 478).

PARTE VII – DOS CRIMES

1301

3.9. Impedimento ou embaraço à ação de autoridades

> *Art. 236.* Impedir ou embaraçar a ação de autoridade judiciária, membro do Conselho Tutelar ou representante do Ministério Público no exercício de função prevista nesta Lei:
>
> Pena – detenção de seis meses a dois anos.

Trata-se de crime contra a administração da justiça, na medida em que, realizada a conduta típica, pode restar obstaculizado o regular desenvolvimento das atividades da Justiça de Infância e da Juventude, voltadas à efetivação daqueles direitos insculpidos no art. 4º da lei. Trata-se de tipo penal misto alternativo, caso em que as condutas se apresentam fungíveis entre si, não afetando a unidade de delito a realização de mais de um verbo nuclear, aqui representados pelas ações de *impedir* e *embaraçar*, que têm o sentido de inviabilizar ou atrapalhar a ação da autoridade judiciária, representante do Ministério Público ou membro do Conselho Tutelar, que figuram como os sujeitos passivos materiais do crime, representantes do Estado que são[60]. No primeiro caso, o crime é material, posto que exige, para a sua consumação, que a ação reste obstaculizada pela conduta do sujeito ativo. Na segunda modalidade típica o crime é formal, pois basta, para sua consumação, que o agente crie qualquer dificuldade à ação das autoridades ou membro do Conselho Tutelar, ainda que, ao final, se logre realizar o ato pretendido. De toda sorte, a caracterização do crime depende de que estejam tais pessoas no exercício de função prevista no ECA, a saber, cumprindo qualquer das atribuições ou competências que lhes foram outorgadas pelos arts. 136, 148, 149 e 201 da lei.

Parece-nos cabível o *conatus*, uma vez que, embora a tentativa de impedimento já configure a conduta alternativa de embaraço, é possível pensar no caso em que o agente tente atrapalhar a ação pretendida, mas não logre êxito em criar verdadeiro entrave. Estaria caracterizada, assim, a tentativa na segunda modalidade típica, salvo quando esta se dê por conduta omissiva, como no caso em que a inércia do agente cria embaraço ou empecilho à atuação dos sujeitos passivos, quando não se admitirá tentativa pela natureza da infração[61].

Sem previsão expressa de modalidade culposa, segue a regra do parágrafo único do art. 18 do CP, de punição apenas a título doloso.

---

60 "I – É possível o trancamento de ação penal quando é atípica a conduta descrita na exordial. II – Hipótese em que a conduta do Oficial da Polícia Militar, que negou passagem em barreira policial a Promotor de Justiça que, por sua vez, se negara a comprovar sua condição profissional, não se amolda a qualquer tipo penal. Ordem concedida" (HC 32.664/BA, STJ).

61 A exemplo do responsável por entidade de atendimento que deixa os portões fechados, impedindo a entrada do membro do Ministério Público em visita de fiscalização (ISHIDA, Válter Kenji. Op. cit., p. 936).

1302 CURSO DE DIREITO DA CRIANÇA E DO ADOLESCENTE

3.10. Subtração de criança ou adolescente

> *Art. 237.* Subtrair criança ou adolescente ao poder de quem o tem sob sua guarda em virtude de lei ou ordem judicial, com o fim de colocação em lar substituto:
> Pena – reclusão de dois a seis anos e multa.

Versando sobre a regular organização da família, natural ou substituta[62], e a preservação dos direitos inerentes ao poder familiar, tutela, curatela e guarda, trata-se de crime comum, que pode ser praticado por qualquer pessoa. A realização da conduta delituosa por parte dos pais, tutores, curadores ou guardiões depende de uma condição negativa, qual seja, estarem os primeiros destituídos do poder familiar e os segundos privados da tutela, curatela ou guarda, na medida em que a criança ou adolescente deve ser retirada do poder de quem tenha a sua guarda, por lei, como é o caso dos pais, ou por ordem judicial, como é o caso dos pais adotivos, tutores, curadores e guardiões, sendo estes os sujeitos passivos do crime, além dos próprios menores. Assim, forçoso concluir pela inexistência do crime quando a vítima seja subtraída ao poder de quem detenha sua guarda de fato, pela ausência de tal hipótese do rol de situações típicas[63].

O núcleo do tipo está representado pelo verbo *subtrair*, que significa retirar a criança ou adolescente da esfera de vigilância do sujeito passivo. Sendo crime de ação livre, a retirada pode se dar por violência, grave ameaça ou qualquer outro meio. A figura, dolosa, vem acompanhada de especial fim de agir, a saber, a intenção de colocação em lar substituto. Trata-se de finalidade interna transcendente[64], que dispensa materialização, porque presente apenas no psiquismo do autor, servindo de mera orientação ao seu atuar.

Podemos afirmar ser esse crime instantâneo, posto que a consumação ocorre sem a necessidade de uma contínua reiteração de atos executórios por parte do agente, bem como formal[65], consumando-se com a mera subtração da vítima, desde que provado o escopo do agente de colocá-la em lar substituto. Ausente tal orientação de ânimo, adotado o princípio da subsidiariedade do conflito aparente de normas, poderá o agente estar incurso nas penas do delito do art. 249 do Código Penal. Sendo plurissubsistente, nada impede o *conatus*.

Relativamente à conduta de retenção indevida do menor, quando deixe de ser entregue a quem legitimamente o reclame, a exemplo do pai, que recebe o filho

---

62 *Vide* arts. 19 e seguintes do Estatuto.

63 No mesmo sentido, Renato Cramer Peixoto, apud FRANCO, Alberto Silva *et al. Leis penais especiais e sua interpretação jurisprudencial*, v. 1, p. 536.

64 *Vide* comentários ao crime de tortura, substitutivo do revogado art. 233 do ECA, especialmente ao inciso II do art. 1º da Lei n. 9.455/97.

65 Classificando-o como crime permanente e exigindo a ocorrência de resultado: LIBERATI, Wilson Donizeti. Op. cit., p. 299.

PARTE VII – DOS CRIMES   1303

para a visitação, deixando de restituí-lo à mãe, pensamos que a moldura típica adequada a tal conduta seja a do art. 248, 3ª figura, do Código Penal, e não este dispositivo ou aquele do art. 249 do Código Penal, posto que, em ambos, o verbo nuclear é *subtrair*, exigindo, assim, o arrebatamento do menor, conduta diversa, portanto, da que ora se analisa.

Questão interessante é saber, pela similitude que guarda este crime com aquele do art. 249 do Código Penal, se teria o agente, também aqui, direito ao benefício do § 2º, nos casos de restituição voluntária da vítima, sem que tenha ela sofrido maus-tratos ou privações. A aplicação do perdão judicial ao delito do Estatuto não parece em tese possível, ante a redação do inciso IX do art. 107 do Código Penal, que exige expressa previsão legal para sua concessão. A hipótese, porém, é, em muito, semelhante àquela do Código de Trânsito Brasileiro (Lei n. 9.503/97), que deixou de conter previsão expressa de concessão de perdão judicial aos crimes de trânsito, por força do veto presidencial ao seu art. 300. Além das razões do veto, que mencionava a dispensabilidade do dispositivo, ante a sua previsão no § 5º do art. 121 e § 8º do art. 129, delitos análogos aos do CTB, opinou a doutrina, majoritariamente[66], pelo cabimento do instituto aos crimes de trânsito, também por força da norma do art. 291, *caput,* do CTB, que prevê a aplicação subsidiária do Código Penal àquela lei, o que permitiria, então, o recurso ao art. 107, IX, do diploma repressivo. O mesmo sucede aqui, por força do disposto no art. 226, que igualmente autoriza a remissão à parte geral do Código Penal, admitindo-se, por interpretação sistemática, o perdão judicial. Em se tratando de norma não incriminadora, esta nos parece ser a melhor solução.

Os limites de pena impostos ao crime o sujeitam à eventual formulação de acordo de não persecução penal, pelo Ministério Público, nos termos e requisitos do art. 28-A do CPP, introduzido pelo já mencionado pacote anticrime.

3.11. Promessa ou entrega de filho ou pupilo

> *Art. 238.* Prometer ou efetivar a entrega de filho ou pupilo a terceiro, mediante paga ou recompensa:
>
> Pena – reclusão de um a quatro anos e multa.
>
> Parágrafo único. Incide nas mesmas penas quem oferece ou efetiva a paga ou recompensa.

Objetiva-se resguardar aqui o interesse estatal na regular organização da família, natural ou substituta. Para fins de cometimento do crime, discute-se, além dos pais naturais ou tutores, claros destinatários da norma incriminadora, se poderão também figurar como sujeitos ativos os pais adotivos e guardiões. Quanto aos pais adotivos, dúvida não parece surgir, posto que, aquele a quem adotam é, inequivo-

---

66 Veja-se, por todos, GRECO, Rogério. Op. cit., p. 774-777.

camente, seu filho, nos termos da condição exigida pelo tipo para a vítima do delito. Relativamente ao guardião é que parece haver alguma margem para discussão. Como bem acentua Alberto Silva Franco, ainda que a denominação "pupilo" esteja tradicionalmente ligada ao menor posto sob tutela, não se pode afastar o guardião da condição de sujeito ativo do crime, posto que a ele são transferidos, ainda que precariamente, alguns dos atributos do poder familiar, figurando, por isso, aquele judicialmente nomeado também como executor do crime[67].

Relativamente ao nascituro, tendo em conta que o delito pode ser praticado por meio de mera promessa de entrega do filho, nada obsta que figure como sujeito passivo, já que o Código Civil, em seu art. 2º, embora decrete que a personalidade começa com o nascimento com vida, trata logo de ressalvar os direitos do nascituro desde a concepção, como fazem, também, os arts. 124 a 126 do Código Penal, criminalizando o aborto.

No parágrafo único consta expressa menção à realização da conduta típica também por aquele que ofereça ou efetive, ao pai, tutor ou guardião, a paga ou recompensa, sendo aqui crime comum, praticável por qualquer pessoa. Note-se que este terceiro será autor da conduta típica do parágrafo único e não mero partícipe da conduta do *caput*.

Cuida-se de tipo penal misto, composto pelos verbos *prometer*, *oferecer* e *efetivar*. Nos dois primeiros casos o crime é formal, bastando a oferta de recompensa pelo terceiro ou o compromisso de entrega futura pelo pai, tutor ou guardião, desde que feitos a pessoa determinada, num ato bilateral. A promessa ou oferta genérica não caracterizam o crime[68]. Já na terceira modalidade é material, consumando-se apenas quando o filho ou pupilo seja entregue pelo pai, tutor ou guardião ou a paga seja efetivada pelo terceiro. Exige-se, ainda, que o sujeito ativo da figura do *caput* tenha agido mediante o recebimento prévio de vantagem econômica (paga), ou tenha acordado recebê-la após a entrega da vítima (promessa de recompensa). Importante notar que tais hipóteses não caracterizam elementos subjetivos especiais do tipo, ou, noutros termos, o especial fim de agir com que atua o agente, a orientar sua conduta, como ocorre em tipos penais como o de tortura e aquele do artigo precedente, sendo aqui questão relativa à culpabilidade, reveladora do maior desvalor da conduta, exigindo-se, portanto, sua materialização no atuar típico. A ausência, por isso, de qualquer dessas situações faz desaparecer o crime, podendo a conduta restar, neste caso, subsumida aos arts. 133, 134 ou 245 do Código Penal.

---

67 FRANCO, Alberto Silva *et al.* Op. cit., p. 536.

68 "O vocábulo filho, empregado no tipo penal do art. 238 da Lei n. 8.069/90, abrange tanto os nascidos como os nascituros – Todavia, a proposta genérica sem endereço certo, sem vínculo de qualquer natureza entre a promitente e terceira pessoa que se proponha a realizar a condição, é ato unilateral imperfeito, sem maiores consequências, que não preenche os elementos essenciais do tipo em exame" (REsp 48.119/RS, STJ).

PARTE VII – DOS CRIMES

Aliás, este mesmo art. 245 enuncia, no § 1º, uma figura qualificada, sujeita à mesma pena de 1 a 4 anos para os casos em que o agente atue com fim de lucro ou o menor seja enviado ao exterior. Discordamos, porém, de que tenha ocorrido revogação tácita da primeira das figuras qualificadas do dispositivo previsto na legislação penal comum, agora regulada neste crime do Estatuto[69]. Isso porque, ausente a paga ou recompensa, estará afastado o delito do ECA, como dissemos linhas acima. Veja--se, contudo, que a mera promessa de entrega de filho menor pode afigurar-se em conduta atípica, posto que não prevista nem mesmo nos tipos penais acima enumerados. Já a entrega do filho (excluído o pupilo) a terceiro pode caracterizar o crime do *caput* do art. 245 (quando a entrega se dê a pessoa inidônea) ou o seu § 1º, quando o agente atue com o especial fim de lucro, que é coisa diversa de agir por paga ou mediante promessa de recompensa, que exige bilateralidade, ajuste entre duas pessoas. A atuação com fim de lucro, prevista no tipo do art. 245, ainda que não obtida pelo agente, revela-se, ela sim, numa tendência interna transcendente, dispensando sua materialização na conduta típica, como vimos enfatizando neste trabalho, razão pela qual se apresenta como situação diversa daquela tratada no Estatuto, implicando a plena vigência da figura prevista na legislação comum.

Sendo as condutas de *prometer* a entrega do filho ou pupilo ou *oferecer* a recompensa realizadas verbalmente, não caberá tentativa, pela impossibilidade de fracionamento do processo executório. Do contrário, sendo a promessa ou oferta formulada por escrito, assim como no caso da entrega do filho ou pupilo, por se revelarem condutas plurissubsistentes, nada impedirá o *conatus,* quando fator alheio à vontade do agente impedir o conhecimento da promessa ou oferta por terceiro ou a entrega do infante.

3.12. Tráfico internacional de criança ou adolescente

> *Art. 239.* Promover ou auxiliar a efetivação de ato destinado ao envio de criança ou adolescente para o exterior com inobservância das formalidades legais ou com o fito de obter lucro:
>
> Pena – reclusão de quatro a seis anos e multa.
>
> Parágrafo único. Se há emprego de violência, grave ameaça ou fraude: (Incluído pela Lei n. 10.764, de 12.11.2003)
>
> Pena – reclusão, de 6 (seis) a 8 (oito) anos, além da pena correspondente à violência.

Pune-se, neste delito, a nefasta prática de tráfico internacional de criança ou adolescente[70], sendo a adoção a medida legal cabível para a colocação de menor em

---

69 Nesse sentido, MARÇURA, Jurandir Norberto; CURY, Munir; DE PAULA, Paulo Affonso Garrido. Op. cit., p. 205.

70 *Vide* Decreto n. 2.740/98, que ratifica a Convenção Interamericana sobre Tráfico Internacional de Menores.

família substituta estrangeira, nos termos do art. 31 do ECA. Trata-se de crime comum, podendo qualquer pessoa ser sujeito ativo, figurando a criança e adolescente no seu polo passivo. Os verbos são *promover* e *auxiliar*, revelando-se, no segundo, o desejo de incluir, como autor da conduta, aquele terceiro que tenha realizado atos acessórios, no escopo de facilitar o envio da vítima para o exterior. Tem-se, portanto, participação alçada à conduta principal do tipo. Basta, assim, que o agente realize qualquer ato tendente a viabilizar a remessa de criança ou adolescente para o exterior[71].

Tais condutas, de promoção ou auxílio, devem ser realizadas com violação das formalidades dos arts. 39 e seguintes do ECA, ou, ainda, numa segunda hipótese, quando se tenham cumprido as exigências legais, mas o agente auxilie a efetivação da adoção por estrangeiro visando lucro, a exemplo de cooptadores de casais estrangeiros, que os tragam ao Brasil, facilitando e agilizando a localização de criança para adoção e os procedimentos legais para o pedido, pleiteando depois pagamento de vantagem pecuniária[72]. Existindo tal figura típica, nos moldes que aqui sustentamos, parece então clara a revogação do § 2º do art. 245 do Código Penal, que regula idêntico fato. A hipótese de revogação tácita parece hoje vedada pelo art. 9º da Lei Complementar n. 95/98, que dispõe sobre a redação, alteração e a consolidação das leis. Ocorre, porém, que a revogação da lei anterior pela posterior decorre do próprio art. 2º da Lei de Introdução às Normas de Direito Brasileiro, esse não revogado, nem pela LC n. 95, nem mesmo pelo vigente Código Civil. Além disso, por representar nova concepção jurídica sobre o fato, deve a lei nova aplicar-se aos fatos ocorridos durante sua vigência, podendo ainda retroagir, para alcançar fatos pretéritos, neste caso apenas quando, de qualquer modo, favoreça o agente, nos termos do parágrafo único do art. 2º do Código Penal e inciso XL do art. 5º da Constituição da República.

Sendo crime de ação livre, podem a promoção ou auxílio se realizar por qualquer meio. Havendo, porém, o emprego de violência, grave ameaça ou fraude, incorre o agente na figura qualificada do crime, prevista no parágrafo único, sujeitando-se à pena que passa de 4 a 6 anos para 6 a 8 anos.

A Lei n. 13.344, de 6 de outubro de 2016, que dispõe sobre a prevenção e repressão ao tráfico de pessoas, promoveu alterações no crime do art. 149-A do CP, que igualmente regula a matéria tratada no dispositivo estatutário. Lá, porém, violência, grave ameaça, coação, fraude ou abuso se configuram como elementares do tipo-base, a diferenciá-lo do crime do ECA, que as trata como formas qualificadas, salvo a coação e abuso, aqui não previstos. Além disso, o crime lá depende da

---

71 Incluindo no tipo a conduta de quem viole as formalidades dos arts. 84 e 85 do ECA, pretendendo o envio da criança ou adolescente ao exterior, ainda que para viagem ou sem fim de lucro: ISHIDA, Válter Kenji. Op. cit., p. 941.

72 No sentido do texto: ISHIDA, Válter Kenji. Op. cit., p. 941-942. Contra: Renato Cramer Peixoto, apud FRANCO, Alberto Silva *et al.* Op. cit., p. 538.

PARTE VII – DOS CRIMES

ocorrência de especiais orientações de ânimo, identificadas em seus cinco incisos, mas nenhuma delas se refere ao especial fim de lucro, que caracteriza a segunda figura típica do ECA. Há ainda previsão de aumento de pena quando a vítima, criança ou adolescente, for retirada do território nacional, além de outras hipóteses. Assim, reputamos plenamente vigente o dispositivo estatutário. Isso porque pode o sujeito promover o envio de criança ao exterior, com inobservância das formalidades, fraudando-as, mas aja para que o infante retome o convívio com genitor dele afastado por força de alienação parental, por exemplo. Tal situação fática, conquanto perfeitamente adequada à figura qualificada do ECA, não encontra plena tipicidade no CP. Assim, para o tráfico de pessoas, coexistem ambas as figuras típicas[73].

O preceito secundário da figura qualificada é ainda expresso em determinar que, no caso do emprego de violência física, receba o agente também as penas a ela relativas, já que a violência moral está implícita na grave ameaça e não leva ao cúmulo material de penas, por ausência de previsão legal.

Não se trata, como pode parecer, de concurso material de crimes, que exigiria a existência de duas condutas típicas diversas, das quais resultam duas infrações penais. O que se tem aqui é a violência usada como meio executório do crime, o que levaria, pelo princípio da consunção do conflito aparente de normas, à sua absorção pelo crime-fim. Como o legislador excepcionou a regra de consunção, temos que, por uma só ação, o agente receberá a sanção penal correspondente a dois crimes, o que apenas equivale à mesma solução do concurso formal de infrações (art. 70 do CP).

Dizemos que apenas equivale porque, no concurso formal próprio (art. 70, 1ª parte, do CP), o agente causa um segundo resultado a título de culpa, razão pela qual se impõe a ele apenas uma das penas, aumentada de um sexto à metade. De outro turno, no concurso formal impróprio (art. 70, 2ª parte, do CP), todos os resultados são queridos pelo agente, pois resultam de desígnios autônomos, o que justifica a aplicação cumulativa das penas. Nenhuma dessas situações se aplica aqui, já que a violência não era querida autonomamente pelo agente, que a utilizou como mero meio executório do crime. Concluímos, por isso, que a determinação contida no preceito sancionatório do parágrafo único do art. 239 traduz hipótese de crime único, no qual, por exceção, a violência, conquanto represente fase de execução do crime-fim, almejado pelo agente, será autônoma e cumulativamente punida. A questão, portanto, é de aplicação de pena, que aqui se dará pelo sistema de cúmulo material, não se referindo à teoria do delito, já que não há que se falar em concurso de crimes, em nenhuma de suas espécies.

---

73 O Conselho Nacional do Ministério Público editou a Resolução n. 43, de 13 de setembro de 2016, recomendando aos membros dos Ministérios Públicos estaduais e da União maior celeridade e efetividade nas investigações, denúncias e acompanhamento de ações penais relacionadas aos crimes de abuso e exploração sexual, tortura, maus-tratos e tráfico de crianças e adolescentes.

1308 CURSO DE DIREITO DA CRIANÇA E DO ADOLESCENTE

O elemento subjetivo geral é o dolo, estando, na segunda modalidade típica, acompanhado do especial fim de lucro, que move a ação do agente, sem que se exija sua efetiva obtenção para fins de caracterização do delito.

Trata-se de crime formal, bastando à consumação que o agente realize a promoção ou auxílio de ato que se destine ao envio da vítima ao exterior, ainda que isso não venha efetivamente a ocorrer[74].

Em qualquer caso, a competência será da Justiça Federal, nos termos do art. 109, V, da CF.

Podendo ser fracionado o processo executório, parece cabível a tentativa, em qualquer das modalidades típicas.

3.13. Utilização de criança ou adolescente em cena pornográfica ou de sexo explícito

Art. 240. Produzir, reproduzir, dirigir, fotografar, filmar ou registrar, por qualquer meio, cena de sexo explícito ou pornográfica, envolvendo criança ou adolescente: *(Redação dada pela Lei n. 11.829, de 2008)*

Pena – reclusão, de 4 (quatro) a 8 (oito) anos, e multa. *(Redação dada pela Lei n. 11.829, de 2008)*

§ 1º Incorre nas mesmas penas quem: *(Redação dada pela Lei nº 14.811, de 2024)*

I – agencia, facilita, recruta, coage ou de qualquer modo intermedeia a participação de criança ou adolescente nas cenas referidas no *caput* deste artigo, ou ainda quem com esses contracena; *(Incluído pela Lei nº 14.811, de 2024)*

II – exibe, transmite, auxilia ou facilita a exibição ou transmissão, em tempo real, pela internet, por aplicativos, por meio de dispositivo informático ou qualquer meio ou ambiente digital, de cena de sexo explícito ou pornográfica com a participação de criança ou adolescente. *(Incluído pela Lei nº 14.811, de 2024)*

§ 2º Aumenta-se a pena de 1/3 (um terço) se o agente comete o crime: *(Redação dada pela Lei n. 11.829, de 2008)*

I – no exercício de cargo ou função pública ou a pretexto de exercê-la; *(Redação dada pela Lei n. 11.829, de 2008)*

II – prevalecendo-se de relações domésticas, de coabitação ou de hospitalidade; ou *(Redação dada pela Lei n. 11.829, de 2008)*

III – prevalecendo-se de relações de parentesco consanguíneo ou afim até o terceiro grau, ou por adoção, de tutor, curador, preceptor, empregador da vítima ou de quem, a qualquer outro título, tenha autoridade sobre ela, ou com seu consentimento. *(Incluído pela Lei n. 11.829, de 2008)*

Uma vez mais se ampliaram os contornos desta figura típica, por conta de alterações introduzidas pela Lei n. 11.829/2008, originada da Comissão Parlamentar de Inquéri-

---

74   No julgamento do HC 39.332/RJ, em 9-12-2005, entendeu o STJ, por maioria, tratar-se de crime de mera conduta, vencido o Ministro Nilson Naves, que o considerava crime material.

PARTE VII – DOS CRIMES

to que cuidou da Pedofilia e que contou com a valorosa contribuição de membros do Ministério Público, Federal e Estadual (dentre eles Rio de Janeiro e Minas Gerais)[75], Polícia Federal e outras entidades ligadas ao tema, a cujas sugestões e esforços se devem creditar, em grande parte, os méritos pela sistematização dada ao tema[76].

Relativamente aos interesses protegidos, prossegue-se na tutela da dignidade, integridade física, psíquica e moral, assim como a honra objetiva e liberdade sexual da criança ou adolescente, todos eles bens jurídicos afetados pela realização das condutas incriminadas[77]. Vê-se, portanto, que o direito fundamental à livre expressão da atividade intelectual e artística, insculpido no art. 5º, IX, da CF, não é absoluto, encontrando restrições quando viole outros interesses de igual estatura constitucional, como ocorre com os da criança e adolescente, encampados pelo art. 227. Por isso, a participação de criança ou adolescente em espetáculos ou ensaios dependerá, em qualquer caso, de autorização judicial (art. 149, II, *a*, do ECA).

O crime, antes praticável apenas por quem produzisse, dirigisse ou, nos termos do § 1º, contracenasse com criança ou adolescente, tem agora sujeito ativo comum, a saber, qualquer pessoa que *produza, reproduza, dirija, fotografe, filme, registre* ou ainda, nos termos do § 1º, *agencie, facilite, recrute, coaja, intermedeie ou contracene* com criança e adolescente.

A figura equiparada do § 1º foi alvo de acréscimo, no bojo da Lei n. 14.811/2024, que institui medidas de proteção à criança e ao adolescente contra a violência nos estabelecimentos educacionais ou similares, para incluir um segundo inciso, tornando igualmente típica a conduta de quem *exibe, transmite, auxilia ou facilita* a exibição ou transmissão, pela internet, por aplicativos, dispositivo informático ou qualquer meio ou ambiente digital, de cena de sexo explícito ou pornográfica, com a participação de criança ou adolescente.

Em equívoco de sistematização, o legislador incluiu apenas a figura do § 1º no rol dos hediondos, com os consectários daí derivados. A figura do *caput*, contudo, permanece sem equiparação.

---

75 Registramos aqui nosso profundo agradecimento ao colega André Ubaldino, do Ministério Público do Estado de Minas Gerais, por sua profícua contribuição a esses comentários.

76 Também da mesma CPI da Pedofilia tramita, dentre outros, o Projeto de Lei n. 235/2009, que modifica a Lei n. 6.815/80, que regula a situação jurídica do estrangeiro no Brasil (Estatuto do Estrangeiro), para vedar a concessão de visto ao estrangeiro indiciado em outro país pela prática de crime contra a liberdade sexual ou o correspondente ao descrito nos arts. 240 e 241 da Lei nº 8.069, de 13 de julho de 1990 (Estatuto da Criança e do Adolescente). O projeto, aprovado no Senado, foi encaminhado à Câmara dos Deputados (PL n. 1.403/2011), onde recebeu parecer favorável das Comissões de Relações Exteriores (CREDN) e de Constituição, Justiça e Cidadania (CCJC) e, ainda hoje, aguarda apreciação em plenário.

77 *Vide* arts. 17 e 18 do ECA.

1310   CURSO DE DIREITO DA CRIANÇA E DO ADOLESCENTE

Neste amplo contexto legislativo, fica facilmente caracterizada até mesmo a punição da mãe que, por exemplo, facilite, coaja ou intermedeie a participação do infante
em cena pornográfica, sujeitando-a, inclusive, à causa de aumento de pena prevista
no § 2º, III, que veremos a seguir. A redação anterior do tipo penal exigia ainda que o
menor fosse envolvido em representação de cunho teatral, televisivo, cinematográfico,
fotográfico ou visual, exigência suprimida pela nova redação, bastando que a cena seja
"por qualquer meio" realizada, encerrando assim cláusula de interpretação extensiva,
permitindo ao aplicador a incriminação de quaisquer condutas que envolvam criança
ou adolescente em cena de sexo explícito ou pornográfica.

Por cena pornográfica entenda-se aquela que tenha cunho libidinoso, voltada
à satisfação da lascívia, ainda que não diga respeito propriamente à conjunção
carnal, anal ou oral, que caracterizam a cena de sexo explícito propriamente dita,
como, aliás, esclarece o art. 241-E, comentado a seguir. A utilização do menor em
cena vexatória, antes aqui tipificada, restou suprimida, subsistindo, para estes casos,
o crime do art. 232 do ECA, a cujos comentários nos reportamos.

Note-se que a conduta daquele que produza fotografias, cenas ou imagens de
pornografia ou sexo explícito, que sejam divulgadas por meio da rede mundial de
computadores, antes tipificada no subsequente art. 241, passou a este tipo penal, lá
restando apenas o crime do comercializador deste material. O mesmo sucede com o
diretor ou ator destas cenas, imagens ou fotos, quando divulgadas apenas pela internet.
Isso ocorre porque, tendo dirigido ou atuado em tais cenas, suas condutas já estarão
abarcadas pela norma incriminadora deste art. 240, não nos parecendo que incorra
em novo crime caso faça sua divulgação pela internet, sendo hipótese de *post factum*
impunível, absorvido pelo delito antecedente por força do princípio da consunção.
Até mesmo as penas previstas para os crimes são as mesmas, a corroborar a assertiva.

No § 2º estão previstas causas de aumento de pena, incidentes, como se sabe,
na terceira fase da dosimetria (art. 68 do Código Penal), para quando o crime seja
cometido: no exercício de cargo ou função pública[78] ou a pretexto de exercê-la
(inciso I), prevalecendo-se de relações domésticas[79], de coabitação ou hospitalidade (inciso II) ou de relações de parentesco natural, civil ou por afinidade, ou,
ainda, sendo o agente tutor, curador, preceptor, empregador ou tenha sobre ela
qualquer autoridade (inciso III). O crime, que no seu tipo fundamental até poderá

---

78 Cargo público é o conjunto de atribuições e responsabilidades de um servidor, nos
termos do art. 3º da Lei n. 8.112/90. Função pública é a atribuição ou atividade específica conferida a uma categoria profissional. Daí concluir-se que todo cargo tem função, mas nem toda função corresponde a um cargo.

79 A Lei n. 11.340/2006, que dispõe sobre a violência doméstica e familiar contra a mulher, conceitua, em seu art. 5º, I, o que se constitui por unidade doméstica, a saber "o
espaço de convívio permanente de pessoas, com ou sem vínculo familiar, inclusive as
esporadicamente agregadas".

PARTE VII – DOS CRIMES

ensejar a eventual aplicação de penas restritivas de direito, caso o réu seja condenado no limite mínimo do preceito secundário, tem aqui, por força da incidência dessas majorantes, encerrada qualquer discussão acerca do cabimento ou não da substituição, que resta matematicamente insuscetível.

Na primeira hipótese majorada (inciso I) incidem agora apenas os ocupantes de cargo ou função pública ou os que falseiam exercê-la com o fim de praticar o delito, consoante expressa exigência do tipo penal, demandando, neste caso, que o crime tenha sido facilitado pelo cargo ou função ocupado ou alegado pelo agente, guardando com ele relação de causalidade. Na segunda hipótese (inciso II) temos aqueles que se aproveitam de relações de proximidade com a vítima, facilitando, assim, a prática delituosa. Por fim, estão também aqui mais gravosamente reprovados aqueles que, por força das relações jurídicas elencadas no inciso III, exerçam sobre as vítimas qualquer autoridade ou mesmo quando, ausente tal relacionamento prévio, se valham de interposta pessoa, que exerça tal autoridade para dissuadir ou coagir a vítima. Neste último caso, obviamente que, pelo crime e sua majorante, responderão o detentor desta relação de proximidade com a vítima e o executor direto do agenciamento ou recrutamento da criança ou adolescente.

Caso a vítima, menor de 14 anos, seja induzida apenas a presenciar o ato de libidinagem envolvendo maiores, o crime será o do art. 218-A do Código Penal, com redação dada pela Lei n. 12.015/2009 e não este. Na mesma hipótese, em se tratando de maior de quatorze anos, o fato só encontra tipicidade do art. 247, II, 1ª figura, do Código Penal, dependendo, neste caso, de que haja comparecimento reiterado ao espetáculo perversivo ou ofensivo ao pudor.

De outro turno, embora o tipo penal em exame expressamente contemple a punição de quem contracena com a vítima, quer nos parecer que aquele que diretamente mantenha com a criança ou adolescente o contato sexual resultante da cena de sexo explícito ou pornográfico responderá pelos crimes contra a dignidade e liberdade sexual do Código Penal, cujo título recebeu ampla reforma por meio da Lei n. 12.015/2009, a que já nos referimos acima. Além de muitas outras alterações, a lei passou a tipificar, no art. 217-A, o chamado estupro de vulnerável, assim considerado qualquer ato libidinoso envolvendo menores de 14 anos ou alguém que não possa, por qualquer motivo, oferecer resistência, com pena que varia de 8 a 15 anos de reclusão. A lei aumentou em 1/3 a pena do crime de assédio sexual contra menores de 18 anos e também estabelece que tanto homens quanto mulheres possam ser vítimas de estupro, deixando assim de existir o crime de atentado violento ao pudor. Tal conclusão de incidência do Código Penal, a que nos referimos acima, deriva, acima de tudo, da necessidade de harmonizar a legislação penal prevista, tanto no diploma repressivo ordinário quanto a incluída em leis especiais, como o ECA. Não sendo assim, chegaremos à temerária conclusão de que, enquanto o contato sexual com menores de 14 anos passou a ser punido genericamente com pena de 8 a 15 anos, aquele que seja, de alguma forma, perpetuado por meio de produção, filmagem ou similar terá tratamento penal mais brando, punido com reclusão de 4 a 8 anos. A obediência aos princípios da proporcionalidade e igualdade afasta, por óbvio, tal assertiva.

O tipo subjetivo é aqui exclusivamente doloso. Reformulamos nosso entendimento de que o crime fosse, na redação anterior, formal. A consumação está condicionada à ocorrência de evento naturalístico, no caso a participação da vítima em cena pornográfica ou de sexo explícito, ainda que não veiculada. Delito material, portanto. Reputamos que todos os verbos típicos sejam plurissubsistentes, o que atrai a possibilidade de tentativa.

3.14. Comércio de material pedófilo

> *Art. 241.* Vender ou expor à venda fotografia, vídeo ou outro registro que contenha cena de sexo explícito ou pornográfica envolvendo criança ou adolescente: *(Redação dada pela Lei n. 11.829, de 2008)*
>
> Pena – reclusão, de 4 (quatro) a 8 (oito) anos, e multa. *(Redação dada pela Lei n. 11.829, de 2008)*

Este artigo foi também alterado pela Lei n. 11.829/2008, que, promovendo elogiável detalhamento das diversas condutas típicas relativas à pedofilia, a ele restringiu a criminalização de quem promova a comercialização de material pornográfico envolvendo criança ou adolescente, versando, não obstante, sobre a mesma objetividade jurídica do delito anterior. As penas cominadas ao tipo base foram também aumentadas, passando de 2 a 6 anos de reclusão para 4 a 8 anos, além da pena pecuniária. Sendo crime comum no seu polo ativo, tem no sujeito passivo apenas a criança ou adolescente, na medida em que a publicização de cenas pornográficas ou de sexo explícito envolvendo personagens fictícios ou maiores de 18 anos, com consentimento de seus participantes, é fato atípico, em obediência ao preceito constitucional do inciso IX do art. 5º.

O tipo é misto alternativo, como o anterior, estando agora representado apenas por dois verbos, a saber, *vender* e *expor à venda*. Com isso, a prática, pelo agente, de mais de uma modalidade típica não implica concurso de crimes, havendo fungibilidade entre os núcleos típicos, ficando os atos subsequentes absorvidos pelos anteriores, por força do princípio da consunção, já enunciado neste trabalho. Diversa seria a hipótese, caso fosse o tipo misto cumulativo, quando a prática de vários dos verbos típicos implicaria concurso de crimes, incidindo o agente nas penas do preceito secundário, tantas vezes quantas fossem as condutas delituosas por ele praticadas.

Seu objeto material é a fotografia, vídeo ou outro registro de cena pornográfica ou de sexo explícito, cuja diferença reside, como já dissemos, em que, na primeira, há cunho libidinoso, voltado à satisfação da lascívia, ainda que não diga respeito

PARTE VII – DOS CRIMES   1313

propriamente à conjunção carnal, anal ou oral, que caracterizam a cena de sexo explícito propriamente. O tipo penal anterior falava em fotografia, cena ou imagem pornográfica ou de sexo explícito, substituídas agora por conceito mais amplo, que engloba qualquer "registro" de cena com tal conotação.

Vale ainda lembrar que a realização de tais cenas (direção, produção, registro etc.) já encontra tipicidade no precedente art. 240. Reportando-nos ao quanto já foi dito aos seus comentários, e tendo em vista a similitude dos fatos tratados em ambos os dispositivos, parece-nos que, para evitar dupla apenação do mesmo fato, incorrendo em *bis in idem*, o correto será fazer incidir nesse dispositivo apenas aqueles que não participaram da confecção da cena ou imagem pornográfica ou de sexo explícito, a exemplo do diretor, produtor ou ator, que já estão lá incriminados, restringindo o tipo a quem, apenas, pretendeu comercializá-las.

Sem prejuízo, impende ainda ressaltar que pode o agente responder por este ou aquele crime do art. 240 em continuidade delitiva, quando cumpra os requisitos objetivos do art. 71 do Código Penal.

A identificação dessa relação entre as infrações, que permita concluir se os crimes subsequentes devem ser havidos como continuação do primeiro, depende da teoria que se adote para o reconhecimento do crime continuado: a) teoria objetiva (adotada pelo Código Penal, consoante se depura do item 59 de sua Exposição de Motivos): exige apenas a presença dos requisitos objetivos do art. 71, sem necessidade de aferir a existência de unidade de desígnio ou de resolução criminosa entre as infrações praticadas pelo agente; b) teoria subjetiva: independentemente dos requisitos objetivos, o que importa é a unidade de projeto delituoso, que pode ser executado pelo agente em fases. Exige que as condutas estejam conectadas por um dolo comum; c) teoria objetivo-subjetiva (adotada majoritariamente pela doutrina e jurisprudência): exige tanto a presença dos elementos externos da continuação (homogeneidade de *modus operandi*) como também uma programação inicial única (unidade de resolução criminosa), o que diferencia a continuação criminosa, que justifica um tratamento mais benigno, da reiteração criminosa, cuja culpabilidade intensa não se coaduna com o benefício[80].

O veículo pelo qual o agente expõe à venda a cena ou imagem pode ser, ante o silêncio da lei, qualquer meio de comunicação (revistas, jornais, televisão, fotografias, cartazes ou impressos em geral), inclusive a rede mundial de computadores ou internet, espancando assim a dúvida existente ao tempo de vigência da redação originária deste dispositivo, que tipificava apenas a publicação de cena de sexo explícito ou pornográfico envolvendo criança ou adolescente[81]. Em verdade, com

---

80   *Vide*, a respeito do tema, FONSECA NETO, Alcides da. *O crime continuado*. Rio de Janeiro: Lumen Juris, 2004, p. 47-73.

81   No dia 22 de outubro de 1999, o Ministério Público do Estado do Rio de Janeiro deflagrou operação de combate à pedofilia pela internet, batizada de "Operação Catedral", que resultou no oferecimento de denúncia contra várias pessoas, sendo a ação

1314 CURSO DE DIREITO DA CRIANÇA E DO ADOLESCENTE

as alterações promovidas pela Lei n. 11.829/2008, a mera posse ou difusão de material de pedofilia hoje encontram tipicidade autônoma, nos arts. 241-A e 241-B, que veremos a seguir. Embora louvável a atitude do legislador, criminalizando em todas as suas nuanças a nefasta prática, parece-nos, porém, que as condutas do novel dispositivo já estavam abarcadas, em sua maioria, pelo verbo "publicar" da redação original[82], sendo, portanto, típicas desde a edição do ECA, não havendo que se alegar, em relação a elas, que as Leis n. 10.764/2003 e 11.829/2008 tenham representado *novatio legis incriminadora*[83].

O delito é, em ambas as modalidades típicas, exclusivamente doloso.

Note-se que, nos delitos dos arts. 237 e seguintes, cuja apenação foi recrudescida em relação aos crimes anteriores, a aplicação de penas restritivas de direitos do art. 43 do Código Penal resulta possível, desde que cumpridas as balizas do § 2º do art. 226.

O delito é plurissubsistente em todas as suas formas, admitindo o *conatus*. A consumação, de seu turno, depende que o conteúdo do material pornográfico ou de sexo explícito chegue ao conhecimento de terceiros, que não aquelas pessoas envolvidas na conduta típica do art. 240, já que o crime aqui exige a veiculação do material.

3.15. Difusão de pedofilia

> *Art. 241-A.* Oferecer, trocar, disponibilizar, transmitir, distribuir, publicar ou divulgar por qualquer meio, inclusive por meio de sistema de informática ou telemático, fotografia, vídeo ou outro registro que contenha cena de sexo explícito ou pornográfica envolvendo criança ou adolescente: *(Incluído pela Lei n. 11.829, de 2008)*
>
> Pena – reclusão, de 3 (três) a 6 (seis) anos, e multa. *(Incluído pela Lei n. 11.829, de 2008)*
>
> § 1º Nas mesmas penas incorre quem: *(Incluído pela Lei n. 11.829, de 2008)*

---

penal trancada pelo TJRJ, por ocasião do julgamento do *Habeas Corpus* 1.916/2000, que considerou não incluída na conduta de publicação aquela de divulgação imputada aos réus. O STJ, apreciando o Recurso Especial 617.221/RJ, cassou o acórdão recorrido, por entender que toda difusão de imagem para número indeterminado de pessoas implicava publicação, determinando assim o prosseguimento da aludida ação penal, nos moldes em que fora proposta.

82 Nesse sentido é o precedente do STF, cujo julgamento ocorreu ainda ao tempo da vigência da redação original do dispositivo: 1ª T., HC 76.689/PB, Rel. Min. Sepúlveda Pertence, j. 22-9-1998, *DJ* 6-11-1998. Na doutrina, vejam-se, ilustrativamente, os argumentos então lançados à época da controvérsia inicial, por: MOREIRA, José Carlos Barbosa. Pedofilia na internet e o Estatuto da Criança e do Adolescente. *Revista Síntese de Direito Penal e Processual Penal*, v. 2, n. 8, p. 5-8, jun./jul. 2001; e LYRA, Romero Lallemant. O Ministério Público e o enfrentamento dos crimes de informática: o combate à pedofilia via internet. *Revista do Ministério Público. Ministério Público do Estado do Rio de Janeiro*, n. 13, p. 249-254, jan./jun. 2001.

83 Nesse sentido, elucidativo é o voto do Ministro Joaquim Barbosa no HC 84.561/PR do STF.

PARTE VII – DOS CRIMES

I – assegura os meios ou serviços para o armazenamento das fotografias, cenas ou imagens de que trata o *caput* deste artigo; *(Incluído pela Lei n. 11.829, de 2008)*

II – assegura, por qualquer meio, o acesso por rede de computadores às fotografias, cenas ou imagens de que trata o *caput* deste artigo. *(Incluído pela Lei n. 11.829, de 2008)*

§ 2º As condutas tipificadas nos incisos I e II do § 1º deste artigo são puníveis quando o responsável legal pela prestação do serviço, oficialmente notificado, deixa de desabilitar o acesso ao conteúdo ilícito de que trata o *caput* deste artigo. *(Incluído pela Lei n. 11.829, de 2008)*

Neste tipo penal, a Lei n. 11.829/2008 busca centrar a criminalização na conduta daqueles que, de alguma forma, divulguem o material de cunho pornográfico[84]. As penas são um pouco menores que as dos dois delitos anteriores, tanto nos limites mínimos quanto máximos, o que, em atenção ao princípio da proporcionalidade, revela o entendimento legislativo de que é maior o desvalor das condutas de realização (art. 240) e comercialização (art. 241) deste material, em comparação com a sua mera difusão.

O tipo é também misto alternativo, cujas consequências já abordamos acima, e está aqui representado pelos verbos *oferecer, trocar, disponibilizar, transmitir, distribuir, publicar* e *divulgar* as mesmas cenas de sexo explícito ou pornográfico envolvendo criança ou adolescente. Nas figuras equiparadas do § 1º se incrimina ainda quem *assegurar* o armazenamento ou acesso a dito material.

Também idêntico ao tipo penal precedente é o objeto material do crime, a saber, *fotografia, vídeo* ou *outro registro*, o que, à luz da própria justificativa inserta ao texto legal, implica uma criminalização mais ampla, se comparada ao texto anterior, que se restringia a fotografias, cenas ou imagens de tal teor.

Mais recentemente, a Lei n. 13.718/2018 introduziu, no art. 218-C do diploma penal, figura típica bastante assemelhada às dos arts. 241 e 241-A do Estatuto. Elogiável, portanto, que vítimas maiores de 18 anos tenham passado a merecer idêntica tutela penal, visto que, até então, a comercialização ou difusão de cena de sexo ou pornográfica envolvendo maiores de 18 anos encontrava difícil tipificação, no geral enquadrada em hipótese de injúria majorada (arts. 140 e 141, III).

---

84 A Polícia Federal deflagrou, no dia 18 de maio de 2009, a "Operação Turko", destinada a combater os crimes de pornografia infantil na internet, cumprindo 92 mandados de busca e apreensão em 20 estados e no Distrito Federal. A operação resultou de investigação sobre usuários de *site* de relacionamento utilizado para troca de material de pedofilia e marcou o Dia Nacional de Luta contra o Abuso e Exploração Sexual de Crianças e Adolescentes, instituído pela Lei n. 9.970/2000, que lembra crime bárbaro, que chocou o país e ficou conhecido como "caso Araceli", quando uma menina de oito anos de idade foi sequestrada, drogada, estuprada, morta e carbonizada por jovens de classe média de Vitória/ES.

Passou a ser também típica a divulgação de cena de estupro. Contudo, as figuras do Estatuto, sendo normas especiais, prevalecem na hipótese em que a vítima do estupro seja criança ou adolescente, cujas imagens tenham sido divulgadas ou comercializadas, vigorando o novel dispositivo para as demais situações.

Voltando ao crime do Estatuto, no § 1º estão condutas equiparadas às do *caput*, sujeitando o agente às mesmas penas, que variam de 3 a 6 anos. No inciso I está criminalizada a conduta daqueles que asseguram meios ou serviços que viabilizem o armazenamento das fotografias, vídeos ou registros, a exemplo de sócios de empresas que "hospedem" *sites* de internet onde o material será disponibilizado ao acesso, seja do público em geral, seja de grupo restrito de pessoas, posto que, em qualquer caso, basta para o crime que terceiros tomem conhecimento de seu conteúdo. Finalmente, no inciso II se pune aquele que viabilize o acesso ao aludido material na rede mundial, como é o caso dos provedores de acesso à internet.

O delito é exclusivamente doloso. Nunca é demais lembrar, porém, que, extirpada da nossa legislação penal a responsabilidade objetiva, a exigir, no setor psicológico, a sua atuação dolosa, seja direta ou eventual, não se pode admitir a punição de alguém simplesmente porque tenha um serviço de acesso à internet, que venha a ser utilizado por um de seus assinantes, para visitar *sites* com cenas como as que são aqui incriminadas. Sua punição dependerá da prova de que agiu, seja conhecendo e querendo a realização do fato, no caso do dolo direto, ou, ainda, conhecendo-o e assumindo-o como provável, na hipótese de dolo eventual.

Para aclarar esses conceitos, temos como espécies de dolo:

a) Dolo direto ou imediato: é a pretensão dirigida ao fim ou resultado típico. A realização do fato típico é, portanto, o fim imediato da ação deflagrada pelo agente. Esse fim pode ser certo ou meramente possível, já que eventos futuros são, de regra, apenas possíveis, mas o autor deve atribuir-se uma chance mínima de produzi-lo, excluindo-se, assim, os resultados meramente acidentais. Compõe-se do fim proposto, dos meios escolhidos para alcançá-lo e dos efeitos colaterais ou secundários, tidos como necessários ou possíveis diante dos meios empregados ou do fim proposto, estrutura essa que coincide com o modelo finalista da ação. As consequências decorrentes do fim proposto estão cobertas pelo dolo direto de 1º grau (chamado de intenção pelos funcionalistas), porque ligadas imediatamente à finalidade pretendida, ao passo que os efeitos colaterais representados como possíveis, seja ante a natureza do fim proposto ou dos meios empregados, situam-se no dolo direto de 2º grau ou de consequências necessárias (chamado de propósito mediato pelo funcionalismo), pois, embora abrangidos apenas mediatamente pela vontade do agente, possuem uma relação de necessidade com a produção do resultado. O agente pode até lamentar a sua ocorrência, mas, se os tem como inevitáveis no contexto de sua ação típica, constituem objeto do dolo direto.

PARTE VII – DOS CRIMES

b) Dolo eventual (ou propósito condicionado do funcionalismo): diz respeito à realização consciente de um tipo em que o resultado tomado como possível é aceito pelo agente, o que distingue precisamente o dolo da culpa, que representa uma leviana confiança na exclusão do resultado. A aceitação do resultado não se confunde com a mera esperança, insuficiente para caracterizar o dolo. Quando, porém, o agente realiza um tipo penal na dúvida acerca de seus elementos, aceitando a possibilidade de representar um ilícito (ex.: conjunção com menor de 14 anos), estará configurado o dolo eventual. A finalidade imediata do agente aqui pode ser lícita ou ilícita.

No dolo direto, concluindo, a vontade *surge por causa* do resultado, enquanto no dolo eventual a vontade existe *apesar* do resultado[85].

O § 2º do dispositivo estatutário contempla condição objetiva de punibilidade, segundo acentuado pelo próprio legislador em sua justificativa ao texto legal. O delito, assim, já perfeito em todos os seus elementos constitutivos, fica aqui com sua punibilidade suspensa até o advento da referida condição, no caso a notificação oficial para desabilitação do acesso ao conteúdo ilícito. O grupo de trabalho que elaborou o projeto de lei, contudo, previa que o provedor pudesse ser responsabilizado pelo crime sempre que permitisse o acesso após ser "formalmente comunicado" e não após ser "oficialmente notificado". O que se pretendia era, dessa forma, democratizar a participação popular no controle da divulgação criminosa. Assim, o provedor se sentiria instado, sob temor de responsabilidade criminal, a imediatamente retirar o conteúdo até mesmo quando fosse provocado por qualquer do povo, de forma que, por certo, as páginas indevidas seriam muito mais velozmente inabilitadas do que agora o são. Infelizmente, o texto final não acolheu esse entendimento. Nesse giro, os prestadores de serviço, incriminados pelo § 1º, que assegurem o armazenamento ou acesso ao material, só poderão ser punidos caso mantenham acessível o conteúdo proibido após serem instados oficialmente ao seu bloqueio.

Por fim, possível seria, em tese, a punição da modalidade tentada, ante a natureza plurissubsistente do crime, nada obstante se deva considerar a amplitude do verbo típico *disponibilizar*, pelo qual a simples veiculação do material já redundará em conduta típica, pouco importando que tenha logrado o agente oferecê-lo a alguém, trocá-lo, transmiti-lo, distribuí-lo, publicá-lo ou divulgá-lo. Assim, mesmo a realização incompleta das demais figuras típicas já integraliza essa modalidade, o que dificilmente levará à punição de alguém por esse crime, na forma tentada. Quando, porém, não logre o agente nem mesmo disponibilizar tal conteúdo, sua conduta será típica da modalidade subsequente, de posse do material, sem a neces-

---

85 *Vide*, para outros pormenores, a lição do mestre: SANTOS, Juarez Cirino dos. *Direito penal*. Parte geral. Curitiba: ICPC e Lumen Juris, 2006, p. 134-149.

1318　　CURSO DE DIREITO DA CRIANÇA E DO ADOLESCENTE

sidade de recorrer à norma extensiva do art. 14, II, para aqui puni-lo pelo comportamento parcial.

O STF, em julgamento de recurso extraordinário, com repercussão geral reconhecida, assentou o entendimento de que a divulgação de imagens pela *web* possibilita o acesso a partir de qualquer lugar do mundo, a justificar a competência da Justiça Federal para o julgamento dos crimes previstos nos arts. 241, 241-A e 241-B[86]. Ocorre que, ao acolher embargos de declaração opostos pela Procuradoria-Geral da República, o STF suplementou a tese de repercussão geral para esclarecer que a competência da Justiça Comum Federal se dá apenas na hipótese de acesso transnacional ao conteúdo. Assim, a tese referente ao Tema 393 da repercussão geral passou a ter a seguinte redação: "Compete à Justiça Federal processar e julgar os crimes consistentes em disponibilizar ou adquirir material pornográfico, acessível transnacionalmente, envolvendo criança ou adolescente, quando praticados por meio da rede mundial de computadores (arts. 241, 241-A e 241-B da Lei n. 8.069/1990)" (ED no RE 628.624, Rel. Min. Edson Fachin, Tribunal Pleno, julgamento virtual finalizado em 17-8-2020, *DJe* 10-9-2020, Informativo – STF, 7 a 11 de setembro de 2020)[87].

3.16. Posse de material pornográfico

> *Art. 241-B.* Adquirir, possuir ou armazenar, por qualquer meio, fotografia, vídeo ou outra forma de registro que contenha cena de sexo explícito ou pornográfica envolvendo criança ou adolescente: *(Incluído pela Lei n. 11.829, de 2008)*
>
> Pena – reclusão, de 1 (um) a 4 (quatro) anos, e multa. *(Incluído pela Lei n. 11.829, de 2008)*
>
> § 1º A pena é diminuída de 1 (um) a 2/3 (dois terços) se de pequena quantidade o material a que se refere o *caput* deste artigo. *(Incluído pela Lei n. 11.829, de 2008)*
>
> § 2º Não há crime se a posse ou o armazenamento tem a finalidade de comunicar às autoridades competentes a ocorrência das condutas descritas nos arts. 240, 241, 241-A e 241-C desta Lei, quando a comunicação for feita por: *(Incluído pela Lei n. 11.829, de 2008)*
>
> I – agente público no exercício de suas funções; *(Incluído pela Lei n. 11.829, de 2008)*
>
> II – membro de entidade, legalmente constituída, que inclua, entre suas finalidades institucionais, o recebimento, o processamento e o encaminhamento de notícia dos crimes referidos neste parágrafo; *(Incluído pela Lei n. 11.829, de 2008)*
>
> III – representante legal e funcionários responsáveis de provedor de acesso ou serviço prestado por meio de rede de computadores, até o recebimento do material relativo à notícia feita à autoridade policial, ao Ministério Público ou ao Poder Judiciário. *(Incluído pela Lei n. 11.829, de 2008)*

86　Para outros pormenores, *vide* inteiro teor do RE 628.624 do STF.
87　CC 182.534/RS, STJ.

PARTE VII – DOS CRIMES

§ 3º As pessoas referidas no § 2º deste artigo deverão manter sob sigilo o material ilícito referido. *(Incluído pela Lei n. 11.829, de 2008)*

Nesse novo tipo penal, a Lei n. 11.829/2008, buscando dar tratamento mais sistemático ao tema, cuida de criminalizar a posse de material relacionado à pornografia infantil, conduta atípica ao tempo da redação anterior. Neste compasso, impende desde logo dar relevo aos comandos constitucionais insculpidos nos incisos XXXIX e XL do art. 5º, repetidos no art. 1º do Código Penal, que enunciam os princípios da reserva legal e anterioridade, os quais exigem, em matéria de normas incriminadoras, que elas surjam apenas de leis editadas pelo Parlamento Federal (art. 22, I, da CF) e que sua eficácia atue apenas no limite entre a sua vigência e revogação. Assim sendo, as condutas aqui tipificadas só passaram a ser punidas a partir de 26 de novembro de 2008, quando entrou em vigor o texto legal.

As penas cominadas ao crime voltam a ser minoradas em relação aos delitos anteriores, tudo em razão do elogiável detalhamento dado à matéria, tipificando-se, autonomamente, as diversas condutas relacionadas ao tema, impondo-lhes distintas escalas penais. A estrutura dada à lei, nesse ponto, tem inegável inspiração na Lei de Drogas. As condutas foram corretamente grupadas sob a percepção de que a (sórdida) atividade é, essencialmente, econômica. Por isso, os tipos penais reuniram, primeiramente, a produção e outras condutas afins, em seguida a distribuição e comportamentos afins e, enfim, aqui, a posse e assemelhados, cominando penas proporcionais à respectiva gravidade do crime.

Resulta aqui afastada a incidência das regras previstas no art. 89 da Lei n. 9.099/95, que cuidam da suspensão condicional do processo para os crimes com pena mínima igual ou inferior a um ano, diante do que dispõe o § 1º do art. 226. Também a substituição das penas privativas de liberdade por penas restritivas sofreu restrições, ante a introdução da regra do § 2º, no mesmo art. 226, a cujos comentários nos reportamos.

Relativamente aos bens jurídicos tutelados e objeto material do crime, reportamo-nos aos comentários aos artigos precedentes.

O tipo penal é, também aqui, doloso e misto alternativo ou plurinuclear, como de regra nos crimes introduzidos pelo novel diploma legal, estando aqui representado pelos núcleos *adquirir, possuir* e *armazenar* conteúdo pornográfico infantil. Todos os verbos são plurissubsistentes e, portanto, passíveis de punição na forma tentada, mesmo o de possuir aludido material. Tome-se, aqui, o exemplo do sujeito que pede a um amigo que lhe ceda, temporariamente (afastando assim o dolo de adquirir), algumas fotos envolvendo pornografia infantil, sendo a correspondência interceptada pela autoridade policial, que monitorava os diálogos dos suspeitos.

O § 1º contempla causa especial de diminuição de pena, a incidir na 3ª fase da dosimetria (art. 68 do Código Penal), quando o material apreendido seja de pequena quantidade. Tratando-se de cláusula genérica, caberá ao Juiz, segundo seu prudente arbítrio e à luz do caso concreto, fixar o que significará essa pequena quantidade, hábil a reduzir o *quantum* final da reprovação imposta ao réu.

No § 2º trata o legislador de enunciar situações em que as condutas de posse e armazenamento não serão consideradas criminosas, desde que atue o agente com o especial fim de comunicar o fato às autoridades competentes para a apuração do crime. Trata-se, portanto, de hipótese de exclusão de tipicidade, visto que, presentes as situações ali contempladas, restará evidentemente afastado o dolo exigido para a configuração do crime.

Estão beneficiados pela excludente: o agente público a quem incumba a identificação ou investigação de tais crimes (inciso I), os representantes ou funcionários de organismos públicos ou privados, com ou sem fins lucrativos, que tenham, dentre suas finalidades institucionais, a identificação, *lato sensu,* de tais infrações (inciso II) e, finalmente, os representantes ou funcionários de provedores de acesso à rede mundial de computadores, aos quais incumba o armazenamento do material, até seu encaminhamento às autoridades competentes para sua apuração (inciso III).

Acerca da hipótese do inciso I, registre-se a alteração introduzida ao Estatuto da Criança e do Adolescente pela Lei n. 13.441/2017, que permite, em seu art. 190-C, a aquisição do material cibernético, por infiltração de agentes de polícia, ferramenta importante na investigação desses crimes, nos quais muitas vezes os investigadores precisam "adquirir" virtualmente o material para só então identificar e processar o seu fornecedor. Para os casos do inciso II, vale registrar a assinatura, no ano de 2008, de termo de ajustamento de conduta entre o Ministério Público Federal e o Google, no qual a empresa se obrigou a assegurar a retenção, preservação e fornecimento de diversas informações relativas às conexões utilizadas por usuários, que envolvam os crimes do art. 241 do ECA[88].

Por fim, o § 3º determina a tais pessoas o sigilo da informação contida no material ilícito, sendo oportuno que se tivesse cominado, desde logo, sanção penal para a indevida divulgação de seu conteúdo. Trata-se, assim, de norma imperfeita, com preceito, mas sem sanção para o seu descumprimento.

A competência para processo e julgamento desses crimes é da Justiça Estadual, salvo quando o delito tenha caráter transnacional, nos termos do art. 109, V, da CF,

---

88 Foi apresentado, no Senado Federal, o Projeto de Lei (PLS) n. 494/2008, que define a forma, os prazos e os meios de preservação e transferência de dados mantidos por fornecedores de serviço de informática a autoridades públicas, para fins de investigação de crimes praticados contra crianças e adolescentes. Aprovado em plenário, foi remetido à Câmara dos Deputados para revisão (PL n. 2.514/2015), onde recebeu parecer de aprovação pela Comissão de Ciência e Tecnologia (CCTCI) e aguarda análise na Comissão de Comunicação (CCOM). Ainda a respeito, vide a Lei n. 12.965/2014, em especial seu art. 29, nela estabelecendo-se princípios, garantias, direitos e deveres para o uso da internet no país.

PARTE VII – DOS CRIMES

como nas hipóteses referidas nos comentários ao artigo antecedente, que foram alvo de tese de repercussão geral firmada pelo STF.

A Lei n. 14.811/2024 incluiu o crime no rol dos hediondos, com os consectários daí derivados, previstos no art. 2º da Lei n. 8.072/90.

3.17. Simulacro de pedofilia

> *Art. 241-C.* Simular a participação de criança ou adolescente em cena de sexo explícito ou pornográfica por meio de adulteração, montagem ou modificação de fotografia, vídeo ou qualquer outra forma de representação visual: *(Incluído pela Lei n. 11.829, de 2008)*
>
> Pena – reclusão, de 1 (um) a 3 (três) anos, e multa. *(Incluído pela Lei n. 11.829, de 2008)*
>
> Parágrafo único. Incorre nas mesmas penas quem vende, expõe à venda, disponibiliza, distribui, publica ou divulga por qualquer meio, adquire, possui ou armazena o material produzido na forma do *caput* deste artigo. *(Incluído pela Lei n. 11.829, de 2008)*

O modelo penal em exame, também igualmente introduzido pela Lei n. 11.829/2008, inaugura hipótese de neocriminalização, já que não existia moldura típica semelhante a esta antes do advento da citada lei. A incriminação da simulação teve em consideração que, segundo tem revelado a experiência, esse é um artifício em geral empregado para banalizar a violência, a exemplo de histórias infantis em que práticas sexuais simuladas entre crianças e super-heróis são apresentadas com fisionomias revelando alegria, com o fim de mostrar às crianças que tais comportamentos seriam positivos. Em boa hora, portanto, a iniciativa criminalizante, originada no grupo de trabalho formado em colaboração à CPI da Pedofilia.

Tratando-se, portanto, de *novatio legis incriminadora*, valem aqui as mesmas observações feitas nos comentários ao crime precedente, no que respeita ao princípio da irretroatividade, impedindo assim que seja ele aplicado a fatos ocorridos antes da vigência da lei.

Prosseguindo na opção de prever, em tipos penais autônomos e em escala penal decrescente, as diversas condutas criminosas relacionadas à pedofilia, reportamo-nos igualmente ao quanto já foi dito precedentemente, em relação aos bens jurídicos tutelados, bem como no que concerne à restrita aplicabilidade, na hipótese, do art. 44 do Código Penal.

Relativamente ao objeto material do crime, temos aqui uma novidade em relação aos tipos anteriores. Enquanto nos demais crimes introduzidos pelo novel diploma legal se fala sempre em fotografia, vídeo ou outro registro de cena de sexo explícito ou pornográfico, como os objetos materializadores do ilícito, aqui a simulação deve recair em fotografia, vídeo ou qualquer outra forma de representação visual. Ainda que se tenham substituído as expressões, o fato é que ambas encerram cláusula de interpretação genérica, dando assim ao aplicador do direito uma elogiável elasticidade na aplicação do texto, de forma a permitir que não perca atualidade, caso a conduta criminosa venha a ser materializada em outro gênero, diverso daqueles expressamente previstos, no caso a fotografia e o vídeo.

O tipo penal é exclusivamente doloso e simples, já que adstrito a uma única modalidade delituosa, que é a de *simular*, ou seja, falsear a participação de criança ou adolescente em tais cenas. É, porém, de forma vinculada, já que o próprio legislador fez inserir no texto legal as modalidades pelas quais pode se dar tal simulação, no caso por meio de adulteração, montagem ou modificação. No primeiro caso, de adulteração, o sujeito vicia a cena original, introduzindo-lhe elementos que não constavam de sua versão original, hipótese bastante semelhante à modificação, que ocorre quando se altera, de alguma forma, a versão primitiva da cena envolvendo criança ou adolescente. Por fim, há ainda, como modalidade executória do crime, a de montagem, que consiste no ajuntamento de várias partes de outras cenas, reais ou fictas, criando uma nova.

No parágrafo único estão as figuras equiparadas à do *caput* e como tal merecedoras do mesmo grau de censura penal. Estão, portanto, igualmente incriminadas as condutas de *vender*, *expor à venda*, *disponibilizar*, *distribuir*, *publicar*, *divulgar*, *adquirir*, *possuir* e *armazenar* tais cenas simuladas de sexo explícito ou pornográficas envolvendo crianças ou adolescentes. Todos esses verbos, como também o do *caput*, são passíveis de fracionamento em seu processo executório, conduzindo, assim, à possibilidade de punição da modalidade tentada. Sucede, porém, que, dada a grande variedade de verbos típicos previstos na modalidade equiparada do crime, é bem provável que o sujeito que tenha realizado uma delas de forma incompleta já tenha, de outro turno, consumado outra modalidade prévia, dispensando assim o recurso ao art. 14, II, do Código Penal. É o caso do sujeito acusado pela tentativa de publicação ou divulgação desse material, que terá por certo já consumado os verbos de aquisição e posse, pelos quais deve ser punido, seguindo o método trifásico de dosimetria, dentro dos limites integrais do preceito secundário.

3.18. Aliciamento de menores

> *Art. 241-D. Aliciar, assediar, instigar ou constranger, por qualquer meio de comunicação, criança, com o fim de com ela praticar ato libidinoso: (Incluído pela Lei n. 11.829, de 2008)*
>
> *Pena – reclusão, de 1 (um) a 3 (três) anos, e multa. (Incluído pela Lei n. 11.829, de 2008)*
>
> *Parágrafo único. Nas mesmas penas incorre quem: (Incluído pela Lei n. 11.829, de 2008)*
>
> *I – facilita ou induz o acesso à criança de material contendo cena de sexo explícito ou pornográfica com o fim de com ela praticar ato libidinoso; (Incluído pela Lei n. 11.829, de 2008)*
>
> *II – pratica as condutas descritas no caput deste artigo com o fim de induzir criança a se exibir de forma pornográfica ou sexualmente explícita. (Incluído pela Lei n. 11.829, de 2008)*

PARTE VII – DOS CRIMES

1323

Chega-se aqui ao último dos modelos típicos introduzidos pela Lei n. 11.829/2009, mantendo-se nele a mesma escala penal do delito anterior. Por serem no todo aqui aplicáveis e para evitar desnecessária repetição de conceitos, reportamo-nos, uma vez mais, ao quanto já foi dito adrede, em relação à questão da aplicação da lei penal no tempo, aos bens jurídicos tutelados, bem como à substituição de penas, prevista no art. 44 do Código Penal, aqui limitada pelas condicionantes do art. 226, § 2º.

O tipo penal é misto alternativo, a significar a possibilidade de serem tais verbos praticados autônoma ou cumulativamente com outros núcleos. São eles: *aliciar*, *assediar*, *instigar* e *constranger* criança, único sujeito passivo do crime, excluindo-se, portanto, a criminalização das mesmas condutas contra adolescente. Os verbos, porém, são todos transitivos e, assim, exigiriam um complemento direto e outro indireto. Quem alicia, assedia, instiga ou constrange o faz contra alguém e para que se faça alguma coisa. O complemento direto foi corretamente identificado pelo legislador, já que o alvo das condutas típicas deve ser criança, sendo apenas ela a vítima do crime em comento, como dissemos. Mas silenciou o legislador em identificar o complemento indireto de tais verbos, já que não diz a que tais vítimas serão aliciadas, assediadas, instigadas ou constrangidas. Tal conclusão até se depreende da análise do especial fim de agir que deve comandar a ação do sujeito, ou seja, tais condutas devem ser praticadas com o fim de, com a vítima, praticar ato libidinoso. Da forma, porém, como foi construído o texto legal, sendo tal carga subjetiva adicional ao dolo, sua concretização é dispensável, concluindo-se pela consumação do crime desde que aperfeiçoado qualquer dos verbos típicos e evidenciado tal fim de agir, que, ante sua própria natureza de elemento subjetivo especial do tipo, basta que se apresente no psiquismo do sujeito, ao tempo da ação delituosa. Delito formal, portanto. Nada obstante, sendo todas elas condutas fracionáveis em sua execução, possível é a punição da tentativa.

Oportuna ressalva deve ser feita com relação ao veículo pelo qual tais crimes se aperfeiçoarão. Conquanto tenha o legislador adstrito o crime a *qualquer meio de comunicação*, tal expressão deve ser tomada em seu sentido amplo, a incluir o aliciamento feito não só por meio da imprensa escrita ou falada, por exemplo, mas também por carta ou bilhete enviado à vítima. Inegável, porém, a atipicidade do fato se o aliciamento ocorrer presencialmente, hipótese não contemplada na redação do dispositivo.

No parágrafo único estão previstas duas figuras equiparadas, a saber: incorrerá nas mesmas penas quem facilitar ou induzir o acesso de criança a material de cunho pornográfico ou sexual, desde que, também aqui, atue o agente com o mesmo elemento subjetivo que orienta a ação do *caput*, a saber, o fim de praticar com a vítima ato libidinoso, ou seja, voltado à satisfação da própria lascívia (inciso I). Incide também no tipo quem pratique qualquer dos verbos previstos no *caput* (aliciar, assediar, instigar ou constranger criança), com a especial orientação de fazê-la

1324 CURSO DE DIREITO DA CRIANÇA E DO ADOLESCENTE

exibir-se de forma pornográfica ou sexualmente explícita (inciso II). Valem, entretanto, as mesmas ressalvas, lá sublinhadas, com relação à desnecessidade de tal finalidade transcendente materializar-se, para fins de consumação do crime.

Tais características de ordem subjetiva não impedem, porém, aqui como no *caput*, que se possa admitir a modalidade tentada do crime. Sua natureza formal, entretanto, a dispensar a ocorrência do ato libidinoso para a consumação, torna tal situação bastante improvável, já que bastará que o conteúdo constrangedor chegue ao conhecimento da vítima, provada tal finalidade libidinosa, para que se dê por aperfeiçoado o crime.

3.19. Norma explicativa

> *Art. 241-E.* Para efeito dos crimes previstos nesta Lei, a expressão "cena de sexo explícito ou pornográfica" compreende qualquer situação que envolva criança ou adolescente em atividades sexuais explícitas, reais ou simuladas, ou exibição dos órgãos genitais de uma criança ou adolescente para fins primordialmente sexuais. *(Incluído pela Lei n. 11.829, de 2008)*

O dispositivo em exame, embora inserido no capítulo dos crimes em espécie, é norma não incriminadora, de caráter explicativo, cujo escopo é esclarecer o conceito de *cena de sexo explícito ou pornográfica*, elemento normativo geral a todas as figuras delituosas inseridas pela Lei n. 11.829/2008. Louvável a iniciativa, ainda que estivesse mais bem situada nas disposições gerais deste Capítulo, posto que, além de esclarecer que o conceito de cena de sexo explícito significa o envolvimento de criança ou adolescente em atividades sexuais propriamente ditas (conjunção carnal, oral e anal) e que cena pornográfica é qualquer uma que implique na exibição de órgãos genitais dessas vítimas para fins libidinosos, aduz importante ressalva de que a caracterização dos tipos penais poderá ocorrer em cenas reais ou mesmo simuladas, espancando assim eventual dúvida de atipicidade que tal hipótese concreta pudesse gerar.

3.20. Venda, fornecimento ou entrega de arma, munição ou explosivo

> *Art. 242.* Vender, fornecer ainda que gratuitamente ou entregar, de qualquer forma, a criança ou adolescente arma, munição ou explosivo:
> Pena – reclusão, de 3 (três) a 6 (seis) anos. *(Redação dada pela Lei n. 10.764, de 12.11.2003)*

Objetivando a tutela da integridade física da criança e adolescente bem como da incolumidade pública, incrimina-se a *venda*, *fornecimento* e *entrega* de quaisquer dos objetos materiais enunciados no tipo, conduta previamente vedada pelo art. 81, I, do Estatuto. Busca-se evitar, portanto, que tais artefatos cheguem às mãos das vítimas, a qualquer título.

Oportuno registrar que as contravenções dos arts. 18 e 19 do Decreto-lei n. 3.688/41, correlatas ao tema, estão de há muito extirpadas do ordenamento jurídico

PARTE VII – DOS CRIMES

1325

penal, por força do vigente Estatuto do Desarmamento. Nesta Lei n. 10.826/2003 encontra-se tipificada conduta idêntica à do ECA, conforme se vê da leitura do art. 16, parágrafo único, V, que incluiu, entre os objetos materiais do crime, além da arma de fogo, munição e explosivo, também qualquer acessório da arma, sendo assim forçoso concluir pela tipicidade do fato mesmo que a arma esteja desmuniciada, posto ser também criminosa a só entrega da munição, mesmo que desacompanhada da arma. Diante disso, de se admitir a especialização do tipo penal do Estatuto de Desarmamento, que deve prevalecer em relação a este[89]. Até a pena cominada é idêntica, reclusão de três a seis anos, sendo, porém, a Lei n. 10.826/2003 posterior àquela que alterou o limite de pena do crime do art. 242.

Sendo os verbos típicos comissivos, nada impede que o agente, realizando-os, venha a responder por delito mais grave, a título comissivo por omissão, quando, por exemplo, entregue arma a menor, que a dispare acidentalmente, causando a morte de alguém. Assim, tendo se alçado à condição de garantidor por força do art. 13, § 2º, c, do Código Penal, responde pelo resultado lesivo, seja a título doloso ou culposo. O crime do Estatuto do Desarmamento, neste caso, ficará absorvido, pelo princípio da consunção.

Sendo crime de perigo abstrato, dispensa a demonstração de que tenha havido efetiva ameaça, seja à integridade física da criança ou adolescente, seja à incolumidade pública, presumindo-se o perigo pela prática de qualquer das ações típicas, sem necessidade de comprovar o risco à coletividade[90]. A figura, apenas dolosa, admite tentativa, ante a possibilidade de fracionamento do processo executório, quando impedida a consumação por fatores alheios à vontade do agente.

3.21. Venda, fornecimento ou entrega de produto causador de dependência física ou psíquica

> Art. 243. Vender, fornecer, servir, ministrar ou entregar, ainda que gratuitamente, de qualquer forma, a criança ou a adolescente, bebida alcoólica ou, sem justa causa, outros produtos cujos componentes possam causar dependência física ou psíquica: (*Redação dada pela Lei n. 13.106, de 2015*)
>
> Pena – detenção de 2 (dois) a 4 (quatro) anos, e multa, se o fato não constitui crime mais grave. (*Redação dada pela Lei n. 13.106, de 2015*)

---

89 Opinando pela vigência do delito do Estatuto relativamente às armas brancas, não incluídas na Lei n. 10.826/2003, Martha de Toledo Machado em CURY, Munir (coord.). Op. cit., p. 1459.

90 Há quem sustente a inconstitucionalidade dos crimes de perigo abstrato, pela violação ao princípio da lesividade, embora nos pareça legítima tal estratégia estatal de defesa antecipada de certos bens jurídicos. *Vide,* p. ex., comentários ao art. 253 do CP em CAPEZ, Fernando. *Curso de direito penal.* Parte especial. 4. ed. São Paulo: Saraiva, 2006, v. 3, p. 174.

O dispositivo em questão foi em boa hora alterado pela Lei n. 13.106, de 2015, afastando divergência jurisprudencial e doutrinária a respeito da tipificação da conduta de venda de bebida alcoólica a menores, hoje claramente enquadrada no dispositivo estatutário. Buscando tutelar a saúde e integridade física e psíquica da criança e adolescente, o tipo em exame, misto alternativo, materializa-se por qualquer das condutas de *vender*, *fornecer*, *servir*, *ministrar* ou *entregar*, ainda que gratuitamente às vítimas, produtos ou bebidas alcoólicas que possam causar dependência física ou psíquica, nos termos do art. 81, II e III, do ECA. Introduziu-se, ainda, pena pecuniária e interdição do estabelecimento que viole aludida proibição, como se pode ver do art. 258-C. Sendo crime comum, pode ser praticado por qualquer pessoa, sejam pais, familiares, comerciantes, farmacêuticos etc. Sendo o tipo subjetivo meramente doloso, indispensável que o sujeito conheça tal circunstância, sob pena de responsabilidade penal objetiva. Assim, caso a bebida seja vendida a adolescente que apresente documento de maioridade contrafeito, estará o comerciante isento de responsabilidade penal, ante a ocorrência de erro de tipo, aqui provocado pelo menor. Sendo culposa a conduta do agente, poderá encontrar sua tipicidade no art. 38 da Lei n. 11.343/2006.

Não se exige o advento de dependência física ou psíquica, mas a sua mera possibilidade, sendo por isso crime formal e de perigo concreto. Permite a tentativa quando não logre o agente o aperfeiçoamento de qualquer dos verbos típicos, uma vez que todos eles são fracionáveis em sua execução.

Estando a elaboração do rol de substâncias entorpecentes a cargo do Ministério da Saúde, hoje a Portaria SVS/MS n. 344/98, temos aqui a chamada norma penal em branco, que é aquela que contém uma descrição incompleta da conduta proibida, requerendo um complemento, extraído de outras normas legais, sejam regulamentares ou administrativas, utilizando-se assim de um procedimento de remissão ou reenvio à outra espécie normativa[91]. São chamadas *normas penais em sentido amplo ou homogêneas ou de complementação homóloga* quando seu complemento seja oriundo da mesma fonte legislativa que editou a lei penal. Tal reenvio, neste caso, pode ser interno, quanto a outra disposição da própria lei, chamado assim de *complementação homóloga homovitelina* (ex.: arts. 312 e 327 do CP), ou externo, quando remeta a outra lei, de hierarquia idêntica ou superior, denominado *complementação homóloga heterovitelina* (ex.: arts. 237 do CP e 1.521 do CC). Diz-se, por outro lado, *norma penal em branco em sentido estrito ou heterogênea* quando seu complemento seja oriundo de fonte legislativa diversa daquela que editou a lei penal, como então é o caso do art. 243 do ECA.

Intenso é o debate doutrinário acerca da legitimidade desta última espécie normativa. Zaffaroni, Nilo Batista, Alagia e Slokar sustentam que as normas hete-

---

91 Veja-se o conceito em MARINHO, Alexandre Araripe; FREITAS, André Guilherme Tavares de. *Direito penal*. Rio de Janeiro: Lumen Juris, 2005, t. I, p. 94.

PARTE VII – DOS CRIMES

1327

rogêneas representam uma ofensa ao princípio da legalidade, na medida em que permitem que uma lei penal seja modificada por órgãos do Poder Executivo e não pelo legislador penal, que assim estaria renunciando à sua função de criminalização primária. Haveria aqui uma delegação legislativa constitucionalmente proibida, já que o art. 22, parágrafo único, da CF apenas admite que Estados legislem em matéria penal em questões específicas, de interesse meramente local. Já Regis Prado vê esse modelo legislativo como necessidade imposta pela regulação de certas matérias (meio ambiente, relações de consumo, saúde pública, ordem tributária) que exigem uma atividade normativa constante e variável, dando assim estabilidade ao preceito principal, cuja alteração demanda um processo complexo e moroso, sem que percam, assim, atualidade. Aqueles primeiros autores finalizam, rebatendo tal argumento, sustentando que não há matéria que requeira mudanças rápidas e que seriamente se possa dizer que careça de previsão punitiva, além do que, se trata de função constitucional irrenunciável do legislador[92]. A questão, como se vê, ainda que mereça dos autores elevado debate intelectual, não conta, no campo prático, com nota digna de registro. Nosso legislador permanece indiferente às lições da doutrina e aqui, como em outros diplomas legais, não é difícil encontrar normas penais em branco em sentido estrito. Também em nossos Tribunais o entendimento contrário à legalidade destas normas não parece encontrar eco.

O elemento normativo "sem justa causa", constante do preceito primário, revela a necessidade, para a plena tipicidade do fato, de que o agente tenha atuado sem amparo em motivo razoável, a exemplo da finalidade terapêutica, que pode ser o móvel de sua ação e conduzirá, devidamente provada, à ausência de crime.

No preceito secundário, que prevê pena de detenção de dois a quatro anos, está expressa a cláusula de subsidiariedade, enunciando o afastamento desse delito acaso se configure norma mais grave, chamada de delito principal, o que ocorrerá caso o fato se subsuma à norma do art. 33 da Lei n. 11.343/2006, caracterizando o tráfico de entorpecentes, isto na hipótese em que se prove que o sujeito está envolvido, de alguma forma, naquele nefasto comércio. Ademais, aqui o crime existe até mesmo quanto a produtos de circulação lícita, o que inocorre na Lei de Drogas, já que mesmo a ressalva do art. 2º do diploma legal apenas autoriza seu excepcional uso para fins medicinais ou farmacêuticos e não sua livre comercialização.

Igualmente típica será a venda de *thinner* e *cola de sapateiro*, produtos de circulação lícita, porém regrados pela Resolução n. 345, de 15 de dezembro de 2005, da Anvisa. Nela está evidenciado que o *thinner, colas* e *adesivos,* por conterem subs-

---

92   ZAFFARONI, Eugenio Raúl; BATISTA, Nilo; ALAGIA, Alejandro; SLOKAR, Alejandro. *Direito penal brasileiro*. Teoria geral do direito penal. Rio de Janeiro: Revan, 2003, v. 1, p. 206; PRADO, Luiz Regis. *Curso de direito penal*. Parte geral. 6. ed. São Paulo: Revista dos Tribunais, 2006, v. 1, p. 173-175.

1328

CURSO DE DIREITO DA CRIANÇA E DO ADOLESCENTE

tâncias inalantes nocivas ao sistema nervoso central, são aptos a causar dependência física ou psíquica, nos exatos termos deste art. 243, o que conduz à inegável tipicidade da conduta daquele que, realizando qualquer dos verbos típicos, faça-os chegar às mãos de criança ou adolescente[93].

Oportuno ainda registrar a inadequação típica do fato ao art. 278 do Código Penal, posto que lá a conduta ofende a saúde pública, numa tutela que transcende a esfera individual, o que implica a necessidade de que o comportamento ao menos exponha a perigo um número indeterminado de pessoas, numa afetação, ainda que potencial, da coletividade, exigência não contida no crime do Estatuto, que versa sobre bem jurídico individual, bastando aqui o atingimento de criança ou adolescente, singularmente considerada.

3.22. Venda, fornecimento ou entrega de fogos de estampido ou artifício

> *Art. 244.* Vender, fornecer ainda que gratuitamente ou entregar, de qualquer forma, a criança ou adolescente fogos de estampido ou de artifício, exceto aqueles que, pelo seu reduzido potencial, sejam incapazes de provocar qualquer dano físico em caso de utilização indevida:
>
> Pena – detenção de seis meses a dois anos, e multa

Restringindo-se à tutela da integridade física da criança e adolescente, repetem-se três dos núcleos típicos do crime anterior, a saber, *vender*, *fornecer* e *entregar* à vítima fogos de estampido ou de artifício. Sua venda está também vedada pelo art. 81, IV, do Estatuto.

Relativamente ao objeto material do crime, entendam-se por fogos de estampido aqueles capazes de provocar explosão, enquanto fogos de artifício são aqueles que causem mero efeito pirotécnico. Havendo necessidade de estabelecer parâmetros para identificação do que sejam fogos de estampido ou artifício, parece-nos que órgão federal deva desincumbir-se de tal mister, e não as Secretarias de Segurança Pública dos Estados ou o Juiz da Infância e Juventude, que nem têm essa atribuição elencada no rol dos arts. 148 e 149 do ECA, sob pena de grave ofensa ao princípio da legalidade[94].

Sendo crime que deixa vestígio, exige o exame de corpo de delito, direto ou indireto, nos termos do art. 158 do Código de Processo Penal[95].

Na medida da ressalva contida no preceito primário, afastando de tipicidade aqueles fogos que não tenham capacidade de provocar dano físico, mesmo se uti-

---

93   MARÇURA, Jurandir Norberto; CURY, Munir; DE PAULA, Paulo Affonso Garrido. Op. cit., p. 208, admitem a sua criminalização desde que acompanhando laudo pericial que ateste a presença dos componentes capazes de causar dependência.

94   A favor: TAVARES, José de Farias. Op. cit., p. 201. Acerca da alegada inconstitucionalidade das normas penais em branco em sentido estrito, *Vide* comentários ao artigo precedente.

95   Dispensando o exame: AC 744.295 do TACRIM-SP.

PARTE VII – DOS CRIMES

lizados indevidamente, somos levados à conclusão de que, aqui, o crime é também formal e de perigo concreto, significando que a existência do perigo apresenta-se como elemento normativo do tipo, só se consumando o delito com a real ocorrência do perigo. O perigo equivale, nestes delitos, ao resultado e deve ser uma qualidade inerente à ação, sendo necessário que o bem jurídico tutelado tenha entrado na esfera de ação do sujeito e que sua lesão seja, ao menos, provável ou, do contrário, não haverá crime.

O crime é doloso e plurissubsistente.

3.23. Exploração sexual de criança ou adolescente

> *Art. 244-A.* Submeter criança ou adolescente, como tais definidos no *caput* do art. 2º desta Lei, à prostituição ou à exploração sexual: *(Incluído pela Lei n. 9.975, de 23-6-2000)*
>
> Pena – reclusão de quatro a dez anos, e multa, além da perda de bens e valores utilizados na prática criminosa em favor do Fundo dos Direitos da Criança e do Adolescente da unidade da Federação (Estado ou Distrito Federal) em que foi cometido o crime, ressalvado o direito de terceiro de boa-fé. *(Redação dada pela Lei n. 13.440, de 2017)*
>
> § 1º Incorrem nas mesmas penas o proprietário, o gerente ou o responsável pelo local em que se verifique a submissão de criança ou adolescente às práticas referidas no *caput* deste artigo. *(Incluído pela Lei n. 9.975, de 23-6-2000)*
>
> § 2º Constitui efeito obrigatório da condenação a cassação da licença de localização e de funcionamento do estabelecimento. *(Incluído pela Lei n. 9.975, de 23-6-2000)*

Com a alteração introduzida pela Lei n. 12.015/2009 no Título VI do Código Penal, que trata dos crimes contra a dignidade sexual, modificando a redação do art. 218 e introduzindo um novo tipo penal no art. 218-B, com a rubrica "favorecimento da prostituição ou outra forma de exploração sexual de vulnerável"[96], sustentamos a revogação tácita deste crime do ECA, repetido que havia sido, em todos os seus termos, no novo diploma legal, que ainda previu dois outros verbos típicos, de indução e atração à prostituição, incluindo também as figuras equiparadas do § 1º e a previsão do § 2º. Contudo, em 2017, o legislador novamente alterou o dispositivo estatutário, prevendo efeito secundário da condenação, possibilitando a reversão de bens e valores em prol dos Fundos dos Direitos da Criança e do Adolescente. Assim, quer parecer-nos que, tendo o legislador entendido pela

---

96 A Lei n. 12.978/2014 incluiu o delito do art. 218-B, *caput* e seus parágrafos, no rol dos hediondos, alterando-lhe o nome jurídico para "favorecimento da prostituição ou outra forma de exploração sexual de criança ou adolescente ou de vulnerável", com os efeitos daí derivados. Para mais detalhes sobre a Lei n. 8.072/90, *vide* comentários ao delito de tortura, que revogou o art. 233 do ECA.

1330 CURSO DE DIREITO DA CRIANÇA E DO ADOLESCENTE

manutenção do dispositivo, o conflito aparente de normas daí advindo resultará na prevalência da norma estatutária, pelo princípio da especialidade, mantida a previsão do Código Penal para os demais sujeitos passivos, que não criança e adolescente e nas demais hipóteses de responsabilização criminal aqui não indicadas.

Trata-se de crime de ação única, consistente no verbo *submeter*, ou seja, sujeitar a vítima, criança ou adolescente, de qualquer sexo, à prostituição ou exploração sexual. Por exploração sexual entenda-se o gênero, designando toda forma de comércio do próprio corpo, com satisfação do desejo lúbrico de terceiro, incluindo sua mera exibição, sendo a prostituição uma de suas espécies, esta se referindo ao comércio carnal, com indeterminação de parceiros e habitualidade na promiscuidade. Com tais práticas, atinge-se a moralidade sexual e a formação da personalidade dos menores, indo até seu direito constitucional à liberdade, respeito e dignidade.

À conduta típica *submeter* estão subordinados não só os aliciadores, bem como aqueles que explorem sexualmente a vítima, de qualquer forma. Aos que, porém, mantenham o contato libidinoso com a vítima, o crime será o do art. 218-B, § 2º, I, do Código Penal, sendo a vítima maior de 14 anos ou o art. 217-A, para os menores de 14 anos, ante a ausência dessa previsão típica no Estatuto[97]. Vejam-se, a propósito, as importantes alterações introduzidas no diploma penal pela Lei n. 13.718/2018[98].

Nada impede, contudo, a punição do aliciador, por participação, no delito sexual praticado por quem mantenha o contato sexual, ainda que mercantilizado, com a vítima. É o caso, por exemplo, da mãe que "ofereça" sua filha menor de 14 anos a turistas sexuais. Por óbvio que, além do delito de favorecimento, deva ela também responder pelo auxílio material nos crimes sexuais que venham a ser praticados por terceiros contra a vítima.

Trata-se de crime material, posto que se exija da conduta típica efetiva mercantilização da vida sexual da vítima, sendo este o resultado naturalístico do crime, que, faltando, conduzirá à tentativa, quando se trate de submeter a vítima a exploração sexual. Já a prostituição exige habitualidade, tornando-a, neste verbo típico, insuscetível de *conatus*.

De outro turno, atendendo aos diversos bens jurídicos aqui protegidos, em modalidade, portanto, de delito pluriofensivo, não temos dúvidas em afirmar que o crime é de perigo abstrato, o que implica uma presunção de periculosidade da conduta, razão pela qual a consumação ocorre com a simples realização do fato típico, ou seja, com a efetiva prostituição ou exploração sexual. O perigo ao bem jurídico, nesses crimes, é mera inspiração para a criação da figura típica, não apa-

---

97 No mesmo sentido: Rafael Bueno da Rosa Moreira em CURY, Munir (coord.). Op. cit., p. 1468.

98 No Rio de Janeiro, a Lei Estadual n. 8.008/2018 "institui o programa de atenção às vítimas de estupro, com objetivo de dar apoio e identificar provas periciais".

PARTE VII – DOS CRIMES

1331

recendo como elemento do tipo objetivo, nem sendo necessária sua ocorrência para a consumação. Nesse contexto, pouco importa que se trate de menores de idade já iniciadas na prostituição, uma vez que, como providência estatal de proteção antecipada a bens jurídicos de alta relevância, como é o caso, presume-se, ainda que de forma relativa, que a conduta incriminada aprofunda continuamente a deterioração moral do menor[99]. O mesmo se diga em relação à irrelevância de seu consentimento para configurar sua submissão, ante a presunção de sua hipossuficiência volitiva, a justificar a incondicional proteção estatal[100].

Relativamente à conduta do § 1º do art. 244-A do ECA, sua incriminação já estaria garantida pela incidência da regra geral do art. 29 do Código Penal, relativa ao concurso de pessoas, que viabiliza a imputação do delito a qualquer pessoa que com ele colabore. É sempre bom lembrar que, extirpada a responsabilidade penal objetiva, a simples condição de *proprietário, gerente* ou *responsável* pelo estabelecimento não conduz à automática punição, exigindo-se prova de atuação dolosa, tal como sucede na figura do *caput* do mesmo dispositivo. Tais partícipes, alçados pelo tipo penal à condição de autores do crime, ficam sujeitos a uma pena bem mais elevada que aquela destinada aos autores do crime do art. 229 do Código Penal, lá reservado aos mantenedores de local destinado ao comércio carnal regular, exigência inexistente para a incidência, seja do crime do Estatuto ou do art. 218-B, § 2º, II, do Código Penal, imputável aos responsáveis, a qualquer título, por local onde se verifique a submissão da vítima, ainda que nele se desenvolva, paralelamente, outra atividade, mesmo que lícita.

No § 2º do crime do Estatuto está prevista, como efeito secundário da condenação, a cassação de licença de localização e funcionamento do estabelecimento onde ocorra a prostituição ou exploração sexual, hipótese agora também igualmente contemplada no art. 218-B, § 3º, do Código Penal. Pela Lei n. 13.440/2017, foi incluída a previsão, no preceito secundário do tipo base, de perda de bens e valores utilizados na prática criminosa, em favor do Fundo dos Direitos da Criança e do Adolescente, como dissemos acima.

Já tendo nos referido, no crime do art. 234 deste capítulo, à questão relativa ao erro de tipo, a ela voltamos para aduzir, derradeiramente, que, estando o agente em erro com relação à idade da vítima desses crimes todos do Estatuto, supondo-a maior, incorrerá no chamado erro de tipo incriminador (art. 20, *caput,* do CP), posto que, estando viciado o elemento cognoscitivo do dolo, a previsão, impedindo o conhecimento dos elementos do tipo, excluída é a tipicidade dolosa, ficando, porém, intactos os demais elementos caracterizadores do crime para a hipótese de

---

99   *Vide* REsp 884.333/SC e 820.018/MS do STJ. Neste particular, divergimos dos julgados aqui referidos, que rejeitam o enquadramento típico nos casos em que as vítimas já sejam dedicadas ao comércio carnal.

100 Nesse sentido o REsp 128.6947/RS do STJ.

1332 CURSO DE DIREITO DA CRIANÇA E DO ADOLESCENTE

o erro ser vencível e haver previsão culposa para o fato, o que não ocorre no crime em exame, conduzindo, por isso, à atipicidade do fato, mesmo na hipótese do erro vencível.

3.24. Corrupção de menores

> *Art. 244-B.* Corromper ou facilitar a corrupção de menor de 18 (dezoito) anos, com ele praticando infração penal ou induzindo-o a praticá-la: *(Incluído pela Lei n. 12.015, de 2009)*
>
> Pena – reclusão, de 1 (um) a 4 (quatro) anos. *(Incluído pela Lei n. 12.015, de 2009)*
>
> § 1º Incorre nas penas previstas no *caput* deste artigo quem pratica as condutas ali tipificadas utilizando-se de quaisquer meios eletrônicos, inclusive salas de bate-papo da Internet. *(Incluído pela Lei n. 12.015, de 2009)*
>
> § 2º As penas previstas no *caput* deste artigo são aumentadas de um terço no caso de a infração cometida ou induzida estar incluída no rol do art. 1º da Lei n. 8.072, de 25 de julho de 1990. *(Incluído pela Lei n. 12.015, de 2009)*

O tipo penal em comento foi introduzido pela Lei n. 12.015/2009, originada do relatório final da Comissão Parlamentar Mista de Inquérito, que tratou do tema da Exploração Sexual. Além de outras contundentes alterações promovidas no Título VI da Parte Especial do Código Penal, que trata dos crimes contra a dignidade sexual, aludido diploma substituiu o crime de corrupção de menores, então previsto na extinta Lei n. 2.252/54, por esta nova previsão legislativa, inserida no capítulo de crimes do ECA. Note-se, porém, que o tipo do art. 218 do Código Penal, que recebeu o mesmo *nomen juris* continua coexistindo, ainda que agora substancialmente alterado em sua redação.

A infração penal em si foi literalmente repetida neste novo tipo penal, o mesmo sucedendo com os limites de pena a ela impostos. Novidade mesmo só as disposições contidas nos §§ 1º e 2º.

Neste giro, relativamente aos interesses protegidos, prosseguimos na tutela da dignidade, formação psíquica e moral de crianças e adolescentes, bens jurídicos afetados pela realização das condutas incriminadas.

O tipo penal continua sendo misto alternativo, composto pelos verbos *corromper* (perverter ou depravar) e *facilitar* (auxiliar) a corrupção de menor de 18 anos, sendo, portanto, vítimas do crime tanto a criança como o adolescente.

Estando descrito, como elementar do crime, o resultado naturalístico derivado das condutas de corrupção ou facilitação, qual seja, a necessidade de que venha a ser praticada infração penal ou ato infracional a ela análogo, seja pelo menor vitimado, seja por ele em concurso com o maior, autor desse crime, mantemos a convicção de que se trata, por isso, de crime material, cuja consumação estará, portanto, condicionada ao advento desse acontecimento externo, para que se dê por integralizado o tipo penal. Ou seja, tais formas de conduta devem ser desenvolvidas

PARTE VII – DOS CRIMES

com o objetivo de levar o menor à prática de ilícito penal. Essa é a modificação operada no mundo *exterior* pela conduta incriminada. Estando ela descrita como elementar do tipo penal, tanto quanto o comportamento incriminável, chegamos à conclusão de que o crime se classifica na categoria dos materiais. Aqui reside nossa discordância com a posição majoritária, na doutrina e na jurisprudência. O resultado material a que alude o dispositivo é a prática da infração penal pelo menor. É esse o evento que se pode dizer perceptível aos sentidos e operado como consequência da conduta criminosa. Não a deterioração moral do menor. Esse efeito é consequência do atentado ao bem jurídico violado, algo imaterial, inconcreto, discussão portanto relacionada a ser o crime de dano ou de perigo. Dizê-lo formal, como o afirmam a doutrina e a jurisprudência[101], implicaria dispensar que tal resultado *naturalístico* – a prática da infração penal – ocorresse para se dar por integralizado o tipo penal. Não é o que se constata pela leitura do tipo penal, que descreve, como condição de tipicidade, tanto a realização de uma das condutas nucleares do tipo, como também seu efeito, qual seja, a ocorrência dessa modificação *externa, perceptível aos sentidos*, que é o advento de ilícito penal, como produto da influência sofrida pelo menor. Crime de *ação* e *resultado*, material, portanto.

A tentativa é, nesse contexto, perfeitamente possível, uma vez que fracionável o processo executório, como na hipótese em que o sujeito ativo do crime procure convencer o menor à prática de fato análogo a infração penal, emprestando-lhe instrumentos para o ato, mas este não seja concretizado pelo adolescente.

Coisa diversa é discutir a natureza dessa infração penal, à luz da necessidade de que produza, ou não, efetiva *lesão* aos bens jurídicos tutelados, ou seja, identificar se é crime de *dano* ou de *perigo*. No primeiro caso, sendo crime de dano e afirmada a necessidade de que a conduta típica promova efetivo ataque à dignidade, integridade física, psíquica e moral da vítima, teremos, então, de negar a ocorrência do crime nas hipóteses em que o menor já se mostre "corrompido", registrando histórico de atos infracionais anteriores. De outro turno, evidenciado que se trata de crime de perigo, estaremos, então, dispensados de tal questionamento, uma vez que prescindem estes últimos de um dano efetivo ao objeto da tutela penal.

Os crimes de perigo sofrem ainda uma subdivisão em delitos de perigo concreto e abstrato. Nos primeiros, o perigo deve se mostrar como uma qualidade inerente à ação típica, sendo necessário que o bem jurídico tutelado tenha entrado na esfera de ação do sujeito e que sua lesão seja, ao menos, provável, ou, do contrário, não haverá crime. Já na segunda categoria, de perigo abstrato, há uma presunção de que a conduta é perigosa, razão pela qual a consumação ocorre com a simples realização do fato típico. O perigo ao bem jurídico terá sido, neste último caso,

---

101 *Vide* AgRg no AREsp 319.524/DF, STJ. Na doutrina: NUCCI, Guilherme de Souza. *Estatuto da Criança e do Adolescente comentado.* 5. ed. rev., atual. e reform. Rio de Janeiro: Forense, 2021, p. 833-836.

mera inspiração para a criação da figura típica, não aparecendo como elemento do tipo objetivo, nem sendo necessária sua ocorrência para a consumação.

Assim posta a questão, o crime, parece-nos, estaria enquadrado como hipótese de *perigo abstrato, presumido* e não concreto, ante a ausência de qualquer referência, no tipo penal, à necessidade de prova de que a conduta típica atentou, *concretamente*, contra a formação moral do menor.

Essa nos parece a melhor opção, em especial se conjugada tal análise com os princípios da proteção integral à infantoadolescência. Isso porque, sendo a vítima um ser ainda em formação, não haveria sentido em negar a existência do crime ao argumento de que o menor já se encontra corrompido, vez que, a cada novo ilícito penal praticado, se aprofunda a deturpação moral da vítima. Raciocínio contrário implicaria negar qualquer possibilidade de regeneração sua, algo que não se concebe, nem mesmo em relação a imputáveis autores de crime. Oportuna é, neste sentido, a lição do Ministro Felix Fischer[102], que, julgando o tema, assim decidiu:

> A norma insculpida no art. 1º da Lei n. 2.252/54, uma dentre tantas que se destinam à proteção da infância e da juventude, tem por objetivo que os maiores não pratiquem, em concurso com menores, infrações penais e que, também, não os induzam a tanto. Exigências adicionais para a tipificação são extralegais e até esbarram no velho brocardo *commodissimum est, id accipi, quo res de qua agitur, magis valeat quam pereat* ("Prefira-se a inteligência dos textos que torne viável o seu objetivo, ao invés da que os reduz à inutilidade") [...].

O STJ, ao editar o verbete sumular 500, *verbis*: "A configuração do crime do art. 244-B do ECA independe da prova da efetiva corrupção do menor, por se tratar de delito formal", parece ter acolhido o entendimento esposado no texto, incidindo, contudo, no equívoco de conceitos relacionados a ser o crime material ou formal, de dano ou de perigo, como expusemos acima[103].

O delito dispensa habitualidade, ou seja, tantos quantos forem os crimes praticados pelo menor, com o favorecimento do corruptor, incidirá ele nas penas do

---

102 STJ, REsp 1.043.849/PR, Rel. Min. Felix Fischer, j. 26-6-2008. No mesmo sentido, já sobre o tipo vigente: STJ, REsp 1.160.429/MG e STF, HC 104.342/MT.

103 No mesmo sentido, o Enunciado 12 da Assessoria de Recursos Constitucionais do Ministério Público do Rio de Janeiro: Enunciado 12: "Penal. Art. 244-B da Lei n. 8.069/90 (ECA), acrescido pela Lei n. 12.015/2009. Crime Formal. Para configuração do crime previsto no art. 244-B da Lei n. 8.069/90 (antigo art. 1º da Lei n. 2.252/54) não há necessidade de comprovação de que a criança/adolescente não fosse previamente corrompida. O crime é formal e se consuma com a simples indução ou prática de crime em companhia do menor, não restando afastada a tipicidade da conduta, ainda que no caso concreto haja prova de que o menor praticou anterior ato infracional, porquanto o comportamento do maior de 18 anos cria novo risco ao bem jurídico tutelado (verbete Sumular n. 500 do STJ). Decisão em sentido contrário nega vigência ao art. 244-B da Lei n. 8.069/90" (*DO* de 24-11-2011).

PARTE VII – DOS CRIMES

preceito secundário. Aliás, por este outro crime deve responder também o sujeito imputável, em concurso material, seja na condição de coautor, quando participe de sua ação executiva, seja como autor mediato, na hipótese em que o menor pratique sozinho a infração penal.

O crime é doloso, dispensando a prova de qualquer intenção adicional ao tipo.

O § 1º esclarece que o crime restará caracterizado mesmo quando o ato de corrupção ou facilitação da corrupção seja praticado de forma virtual, por meio de mensagens eletrônicas (*e-mail*) ou salas de bate-papo (*chat*), dispensando, assim, sua execução presencial, numa elogiável sistematização com a Lei n. 11.829/2008, que introduziu os crimes relativos à pedofilia e ataca virtuosamente tais práticas, especialmente realizadas por meio da rede mundial de computadores.

Por fim, o § 2º cuida de introduzir causa de aumento de pena, de um terço, quando a infração penal cometida ou induzida esteja elencada no rol daquelas consideradas hediondas pela Lei n. 8.072/90[104]. Note-se, portanto, que tal aumento, a incidir na terceira fase da dosimetria, refere-se a este crime do art. 244-B do ECA, que em si não é hediondo. Portanto, ainda que conte com sua pena majorada, para essa infração não valem as restrições especificamente impostas aos hediondos e assemelhados pelo art. 2º da Lei n. 8.072/90, razão pela qual, uma vez mais, vale registrar a aplicabilidade do art. 44 do Código Penal aos processados ou condenados por tal crime, desde que cumpridos os requisitos do diploma repressivo e as condicionantes do § 2º do art. 226.

3.25. Omissão à comunicação de desaparecimento

> Art. 244-C. Deixar o pai, a mãe ou o responsável legal, de forma dolosa, de comunicar à autoridade pública o desaparecimento de criança ou adolescente: (*Incluído pela Lei n. 14.811, de 2024*)
>
> Pena – reclusão, de 2 (dois) a 4 (quatro) anos, e multa. (*Incluído pela Lei n. 14.811, de 2024*)

Ainda oriunda da mesma Lei n. 14.811/2024, temos a introdução desta nova figura típica, destinada à proteção da vida e incolumidade física de criança e adolescente, ante o risco de agravamento de condições de periclitação à sua vida e saúde, física e mental, derivadas do retardo na comunicação de seu desaparecimento. Dados

---

104 O rol de crimes hediondos e equiparados foi alvo de ampliação, no bojo da Lei n. 14.811/2024, que institui medidas de proteção à criança e ao adolescente contra a violência nos estabelecimentos educacionais ou similares, para nele incluir os delitos do art. 122, *caput* e § 4º; do art. 148, § 1º, IV; do art. 149-A, *caput*, I a V, e § 1º, II, do Código Penal; e do art. 240, § 1º, e do art. 241-B da Lei n. 8.069/90. Acrescenta, ainda, nova figura típica, no novo art. 244-C do ECA, criminalizando a conduta omissiva do pai, mãe ou responsável que deixe de comunicar à autoridade pública o desaparecimento de criança ou adolescente.

do Mapa de Desaparecidos no Brasil, de 2023, apontam a maior concentração desses casos na faixa etária de 12 a 17 anos[105], a revelar a gravidade do problema.

A incriminação, em sede penal, resulta de elogiável sistematização com a Lei n. 11.259/2005, que alterou o art. 208 do ECA, para determinar que a investigação se inicie imediatamente após a notificação dos órgãos competentes, bem como com a Lei n. 14.548/2023, que acrescentou o § 3º ao mesmo dispositivo, para impor a comunicação do fato ao Cadastro Nacional de Pessoas Desaparecidas e ao Cadastro Nacional de Crianças e Adolescentes Desaparecidos, este último criado pela Lei n. 12.127/2009. Ainda nessa mesma rede de proteção, no âmbito do CNMP, funciona o Sistema Nacional de Localização e Identificação de Desaparecidos (SINALID), criado a partir de projeto do MPRJ, denominado Programa de Localização e Identificação de Desaparecidos (PLID), premiado em 2010, funcionando o MPRJ como Gestor Técnico do Programa, ao qual aderiram as demais unidades e ramos do Ministério Público.

O tipo penal veio construído em figura omissiva, consistente em *deixar* de comunicar o desaparecimento do infante ou adolescente. Dado que se reveste de comportamento passivo, incabível é o fracionamento do processo executório e, portanto, a tentativa. Para outros pormenores sobre delitos de inação, vide comentários ao art. 228.

Sujeito ativo próprio, representado pelo pai, mãe ou responsável legal.

O crime, dada sua natureza omissiva, é de mera conduta e de perigo abstrato, posto que concretizável ainda que não resulte afetação direta à vida ou integridade física da vítima.

Delito instantâneo e exclusivamente doloso, no seu aspecto subjetivo, como expressamente sublinhado no texto legal, a dispensar a presença de elementos subjetivos especiais, que confiram especial tendência ao agir do autor do crime.

Sobre autoria e participação em crimes omissivos, nos reportamos aos comentários ao precedente art. 229.

A condenação pode ensejar aplicação de penas restritivas, previstas no art. 43 do Código Penal, desde que cumpridos os requisitos do art. 44 do diploma repressivo e as condicionantes do § 2º do art. 226 do ECA.

REFERÊNCIAS

ANDREUCCI, Ricardo Antônio. *Legislação Penal Especial*. 3. ed. São Paulo: Saraiva, 2007.

BATISTA, Nilo. *Introdução crítica ao direito penal brasileiro*. 10. ed. Rio de Janeiro: Revan, 2006.

---

105 BIANCHINI, Alice; BAZZO, Mariana; CHAKIAN, Silvia; TEIXEIRA, Tarcila Santos. *Crimes contra crianças e adolescentes*. 3. ed. rev., atual. e ampl. São Paulo: JusPodivm, 2025, p. 256.

PARTE VII – DOS CRIMES

BATISTA, Nilo. *Concurso de agentes.* 3. ed. Rio de Janeiro: Lumen Juris, 2005.

BIANCHINI, Alice; BAZZO, Mariana; CHAKIAN, Silvia; TEIXEIRA, Tarcila Santos. *Crimes contra Crianças e Adolescentes.* 3. ed. rev., atual. e ampl. São Paulo: JusPodivm, 2025.

BITENCOURT, Cezar Roberto. *Tratado de direito penal.* Parte geral. 8. ed. São Paulo: Saraiva, 2003. v. 1.

BRUNO, Aníbal. *Direito penal.* Parte geral. 3. ed. Rio de Janeiro: Forense, 1978. t. I.

CAPEZ, Fernando. *Curso de direito penal.* Parte geral. 10. ed. São Paulo: Saraiva, 2006. v. 1.

CAPEZ, Fernando. *Curso de direito penal.* Parte especial. 4. ed. São Paulo: Saraiva, 2006. v. 3.

CERQUEIRA, Thales Tácito Pontes Luz de Pádua. *Manual do Estatuto da Criança e do Adolescente.* São Paulo: Premier Máxima, 2005.

DIGIÁCOMO, Murilo José; DIGIÁCOMO, Ildeara de Amorim. *Estatuto da Criança e do Adolescente comentado.* 8. ed. Curitiba: Ministério Público do Estado do Paraná. Centro de Apoio Operacional das Promotorias da Criança e do Adolescente, 2020.

FONSECA NETO, Alcides da. *O crime continuado.* Rio de Janeiro: Lumen Juris, 2004.

FRANCO, Alberto Silva. *Crimes hediondos.* 4. ed. São Paulo: Revista dos Tribunais, 2000.

FRANCO, Alberto Silva *et al. Código Penal e sua interpretação jurisprudencial.* Parte geral. 7. ed. São Paulo: Revista dos Tribunais, 2001. v. 1.

FRANCO, Alberto Silva *et al. Leis penais especiais e sua interpretação jurisprudencial.* 7. ed. São Paulo: Revista dos Tribunais, 2002. v. 1.

FRANCO, Alberto Silva *et al. Leis penais especiais e sua interpretação jurisprudencial.* 7. ed. São Paulo: Revista dos Tribunais, 2002. v. 2.

GOMES, Luiz Flávio. *Direito penal:* parte geral. 3. ed. São Paulo: Revista dos Tribunais, 2006. v. 1.

GOMES, Luiz Flávio. *Direito penal:* parte geral. São Paulo: Revista dos Tribunais, 2004. v. 3.

GONÇALVES, Victor Eduardo Rios. *Crimes hediondos*: tóxicos, terrorismo, tortura. 2. ed. São Paulo: Saraiva, 2002.

GRECO, Rogério. *Curso de direito penal.* Parte geral. 7. ed. Rio de Janeiro: Impetus, 2006.

JESUS, Damásio E. de. *Direito penal.* Parte geral. 28. ed. São Paulo: Saraiva, 2006. v. 1.

ISHIDA, Válter Kenji. *Estatuto da Criança e do Adolescente:* doutrina e jurisprudência. 25 ed. rev., atual. e ampl. São Paulo: JusPodivm, 2024.

LIBERATI, Wilson Donizeti. *Comentários ao Estatuto da Criança e do Adolescente.* 12. ed. rev. e ampl. de acordo com a Lei 13.058, de 22.12.2014. São Paulo: Malheiros, 2015.

LYRA, Romero Lallemant. O Ministério Público e o enfrentamento dos crimes de informática: o combate à pedofilia via internet. *Revista do Ministério Público do Estado do Rio de Janeiro*, n. 13, jan./jun. 2001.

MARINHO, Alexandre Araripe; FREITAS, André Guilherme Tavares de. *Direito penal*. Rio de Janeiro: Lumen Juris, 2005. t. I.

MARÇURA, Jurandir Norberto; CURY, Munir; PAULA, Paulo Affonso Garrido de. *Estatuto da Criança e do Adolescente anotado*. 3. ed. São Paulo: Revista dos Tribunais, 2002.

MORAES, Alexandre de; SMANIO, Gianpaolo Poggio. *Legislação penal especial*. 9. ed. São Paulo: Atlas, 2006.

MOREIRA, José Carlos Barbosa. Pedofilia na internet e o Estatuto da Criança e do Adolescente. *Revista Síntese de Direito Penal e Processual Penal*, v. 2, n. 8, jun./ jul. 2001.

NUCCI, Guilherme de Souza. *Estatuto da Criança e do Adolescente comentado*. 5. ed. rev., atual. e reform. Rio de Janeiro: Forense, 2021.

PRADO, Luiz Regis. *Curso de direito penal*. Parte geral. 6. ed. São Paulo: Revista dos Tribunais, 2006. v. 1.

PRADO, Luiz Regis. *Curso de direito penal brasileiro*. Parte especial. 4. ed. São Paulo: Revista dos Tribunais, 2006. v. 4.

ROSSATO, Luciano Alves; LEPORE, Paulo. *Estatuto da Criança e do Adolescente comentado artigo por artigo*. 14. ed., rev., atual. e ampl. São Paulo: JusPodivm, 2024.

SANTOS, Juarez Cirino dos. *Direito penal*: a nova parte geral. Rio de Janeiro: Forense, 1985.

SANTOS, Juarez Cirino dos. *Direito penal*. Parte geral. Curitiba/Rio de Janeiro: ICPC/ Lumen Juris, 2006.

TAVARES, José de Farias. *Comentários do Estatuto da Criança e do Adolescente*. 8. ed. rev., ampl. e atual. de acordo com as leis correlatas. Rio de Janeiro: Forense, 2012.

TAVARES, Juarez. *As controvérsias em torno dos crimes omissivos*. Rio de Janeiro: Instituto Latino-Americano de Cooperação Penal, 1996.

TEIXEIRA, Flávia Camello. *Da tortura*. Belo Horizonte: Del Rey, 2004.

VERONESE, Josiane Rose Petry; SILVEIRA, Mayra; CURY, Munir (coord.). *Estatuto da Criança e do Adolescente comentado*: comentários jurídicos e sociais. 13. ed. São Paulo: Malheiros, 2018.

ZAFFARONI, Eugenio Raúl; PIERANGELI, José Henrique. *Manual de direito penal brasileiro*. Parte geral. 2. ed. São Paulo: Revista dos Tribunais, 1999.

ZAFFARONI, Eugenio Raúl; BATISTA, Nilo; ALAGIA, Alejandro; SLOKAR, Alejandro. *Direito penal brasileiro*. Teoria geral do direito penal. Rio de Janeiro: Revan, 2003. v. 1.